Edgar Allan Poe, geboren am 19. Januar 1809 in Boston, ist am 7. Oktober 1849 in Baltimore gestorben.

Erst das 20. Jahrhundert hat so recht die Visionen des großen amerikanischen Erzählers Edgar Allan Poe wahr- und ernstgenommen. Dabei wollte Poe mit seinen unheimlichen Erzählungen, den Nachtstücken, dem Grauen, den Alpträumen, den Nervenkrisen, der Flucht ins Jenseits des Grabes, mit dem Überwirklichen und Kriminellen, nicht nur die zynische Grausamkeit und das menschliche Verbrechen messerscharf analysieren, sondern auch seiner inhumanen Mitwelt einen düsteren Groteskspiegel vorhalten.

Die Erzählungen sind hier chronologisch nach der Erstveröffentlichung angeordnet.

insel taschenbuch 3378
Edgar Allan Poe
Streitgespräch mit einer Mumie
und andere Erzählungen

EDGAR ALLAN POE
SÄMTLICHE
ERZÄHLUNGEN

in vier Bänden
Herausgegeben von Günter Gentsch

Dritter Band

EDGAR ALLAN POE
STREITGESPRÄCH
MIT EINER MUMIE

und andere Erzählungen
Aus dem Amerikanischen
von Heide Steiner
Insel Verlag

Umschlagabbildung: Johann Heinrich Füssli
Der Nachtmahr, 1781. Ausschnitt
Founders Society Purchase with funds from
Mr. and Mrs. Bert L. Smokler and
Mr. and Mrs. Lawrence A. Fleischmann
Foto: © The Detroit Institute of Arts

insel taschenbuch 3378
Erste Auflage 2008
© dieser Ausgabe
Insel Verlag Frankfurt am Main und Leipzig 2002
Alle Rechte vorbehalten, insbesondere das der Übersetzung,
des öffentlichen Vortrags sowie der Übertragung
durch Rundfunk und Fernsehen, auch einzelner Teile.
Kein Teil des Werkes darf in irgendeiner Form
(durch Fotografie, Mikrofilm oder andere Verfahren)
ohne schriftliche Genehmigung des Verlages reproduziert
oder unter Verwendung elektronischer Systeme
verarbeitet, vervielfältigt oder verbreitet werden.
Hinweise zu dieser Ausgabe am Schluß des Bandes
Umschlag: Michael Hagemann
Vertrieb durch den Suhrkamp Taschenbuch Verlag
Druck: CPI – Ebner & Spiegel, Ulm
Printed in Germany
ISBN 978-3-458-35078-1

2 3 4 5 6 – 13 12 11 10 09

INHALT

LEBENDIG BEGRABEN

Es gibt gewisse Themen, welche zwar allseits höchstes Interesse beanspruchen, doch aber gar zu grauenvoll sind, um Anliegen der eigentlichen Literatur zu sein. Diese muß der reine Romantiker meiden, will er nicht Anstoß oder Abscheu erregen. Mit Anstand lassen sie sich nur da behandeln, wo Ernst und Majestät der Wahrheit sie heiligen und tragen. Wir erschauern zum Beispiel in aller›wohligster Pein‹ bei den Berichten vom Übergang über die Beresina, vom Erdbeben in Lissabon, von der Pest in London, vom Massaker der Bartholomäusnacht oder vom Ersticken der hundertunddreiundzwanzig Gefangenen im Schwarzen Loch zu Kalkutta. Doch in all diesen Berichten ist es die Tatsache – ist es die Wirklichkeit – ist es die Historie, was uns erregt. Wären sie erfunden, würden wir sie verabscheuen.

Ich habe hier einige wenige der berühmteren und erhabeneren historisch verbürgten Unglücksfälle genannt; doch bei diesen ist es das Ausmaß nicht weniger denn der Charakter des Unglücks, was auf die Phantasie so lebhaften Eindruck macht. Ich brauche den Leser wohl nicht daran zu erinnern, daß ich aus dem langen und unheimlichen Kataloge menschlicher Schicksalsschläge viele Einzelfälle hätte auswählen können, welche reicher sind an tiefem Leid denn all diese so ungeheuer allgemeinen Katastrophen. Ja, das wahre Elend – das äußerste, das letzte Weh – waltet im Besonderen, nicht im Allgemeinen. Daß die schlimmste, die gräßlichste Seelenpein der Mensch als Einzelwesen und nicht der Mensch als Masse zu erleiden hat – dafür wollen wir einem barmherzigen Gotte danken!

Bei lebendigem Leibe begraben zu werden ist fraglos dies Äußerste in allerschrecklichster Gestalt, das entsetzlichste Los, welches je einem Sterblichen beschieden. Daß solches häufig, ja sehr häufig sich zugetragen, werden die Nachdenklichen unter uns kaum bestreiten. Die Grenzen, die das Leben vom Tode scheiden, sind im besten Falle schattenhaft und vag. Wer könnte sagen, wo das eine endet und wo das andere beginnt? Wir wissen, es gibt Krankheiten, bei welchen es zum völligen Erliegen aller sichtbaren Lebensfunktionen kommt und wo dieser Stillstand doch bloß eine Suspension im eigentlichen Sinne ist – nur ein zeitweiliges Innehalten des unbegreiflichen Mechanismus. Ist eine gewisse Zeit verstrichen, setzt irgendein unsichtbares geheimnisvolles Prinzip das magische Getriebe und zauberische Räderwerk wieder in Gang. Der silberne Strick war nicht auf immer weggekommen und die goldene Schale nicht unwiederbringlich zerbrochen. Wo aber war unterdessen die Seele?

Doch einmal ganz abgesehen von dem unvermeidlichen Schlusse, *a priori*, daß derlei Ursachen auch derlei Wirkungen hervorbringen müssen – daß das wohlbekannte Auftreten solcher Fälle von unterbrochener Lebenstätigkeit oder Scheintod natürlicherweise hin und wieder zu vorzeitigen Bestattungen Anlaß geben muß – abgesehen von dieser Überlegung besitzen wir das direkte Zeugnis der medizinischen als auch der gewöhnlichen Erfahrung zum Beweise, daß eine Unzahl solcher Beerdigungen tatsächlich stattgefunden hat. Ich könnte sogleich, wenn notwendig, hundert wohlbeglaubigte Fälle anführen. Einer von sehr bemerkenswertem Charakter, dessen Umstände einigen meiner Leser vielleicht noch frisch in Erinnerung sind, ereignete sich vor gar nicht langer Zeit in der benachbarten Stadt Baltimore, wo er peinliches, ungeheures und weitreichendes Aufsehen erregte. Die Gattin eines der angesehensten Bürger – eines hervorragenden Advokaten und Mitglieds des Kongresses – ward jäh von einer unerklärlichen Krankheit befallen, bei welcher die Kunst der Ärzte gänzlich versagte. Nach großem Leiden starb sie dann, oder vielmehr dachte man, sie stürbe. Tatsächlich hegte keiner Argwohn oder sah Grund zu dem Verdacht, sie sei nicht wirklich tot. Sie wies all die gewöhnlichen Anzeichen des Todes auf. Das Gesicht nahm die üblichen ausgehöhlten und eingefallenen Züge an. Die Lippen zeigten die übliche Marmorblässe. Die Augen waren glanzlos. Keinerlei Wärme mehr. Der Puls hatte zu schlagen aufgehört. Drei Tage lang ward der Körper aufgebahrt, während derer eine steinerne Starre eintrat. Kurz, man betrieb nun eilig die Bestattung, weil die Verwesung, wie man glaubte, rasch voranschritt.

Die Dame ward in der Familiengruft beigesetzt, welche die nächsten drei Jahre ungestört blieb. Nach Ablauf dieser Zeit aber ward die Gruft geöffnet, um einen Sarkophag aufzunehmen – doch, ach! welch gräßlicher Schlag erwartete den Gatten, da er selbst die Türe aufstieß. Als das Portal nach außen aufschwang, fiel ihm klappernd ein weißgekleidetes Etwas in die Arme. Es war das Skelett seiner Frau im noch nicht vermoderten Sterbehemd.

Eine sorgsame Untersuchung brachte zutage, daß sie zwei Tage nach ihrer Beisetzung wieder zum Leben erwacht war – daß der Sarg durch ihr verzweifeltes Ringen darinnen von einem Sims oder Gestell zu Boden gestürzt sein mußte, wo er so zerbrochen war, daß sie sich daraus befreien konnte. Eine Lampe, welche versehentlich, mit Öl gefüllt, in der Gruft zurückgelassen worden, fand man leer; allerdings hätte sie auch durch Verdunsten entleert worden sein können. Auf der obersten der Stufen, welche in die Schreckenskammer hinabführten, lag von dem Sarge ein großes Bruchstück, mit dem die Unglückliche offenbar, um Aufmerksamkeit zu wecken, an die eiserne Tür geschlagen hatte. Dabei war sie wahrscheinlich ohnmächtig geworden oder womöglich auch aus blankem Entsetzen gestorben; und im Fallen hatte sich dann ihr Sterbehemd an einem eisernen Beschlage, der nach innen ragte, verfangen. So war sie denn dort geblieben, und so verweste sie – aufrecht.

Im Jahre 1810 trug sich in Frankreich ein Fall von lebendiger Inhumation zu, unter Begleitumständen, welche geradezu die Behauptung bestätigen, daß in der Tat die Wahrheit seltsamer sei denn alle Erfindung. Die Heldin der

Geschichte war eine Mademoiselle Victorine Lafourcade, ein junges Mädchen aus illustrer Familie, wohlhabend und von großem Liebreiz. Unter ihren zahlreichen Bewerbern befand sich auch Julien Bossuet, ein armer Pariser *littérateur* oder Journalist. Seine Talente und seine allgemeine Liebenswürdigkeit hatten ihn der Beachtung der Erbin empfohlen, welche ihn, so scheint es, aufrichtig liebte; doch der Stolz auf ihre Herkunft bestimmte sie schließlich, ihn abzuweisen und einen Monsieur Rénelle zu ehelichen, einen Bankier und Diplomaten von einigem Range. Nach der Hochzeit jedoch vernachlässigte sie dieser Herr, und vielleicht, ja bestimmt sogar, behandelte er sie ausgesprochen schlecht. Nachdem sie mit ihm ein paar elende Jahre verbracht hatte, starb sie – zumindest ähnelte ihr Zustand so ganz und gar dem Tode, daß ein jeder, der sie sah, getäuscht ward. Man begrub sie also – nicht in einer Gruft – sondern in einem gewöhnlichen Grab in dem Dorfe, da sie geboren. Schier verzweifelt und noch immer verzehrt von der Erinnerung an eine tiefe Neigung, reist nun der Geliebte aus der Hauptstadt in die entlegene Provinz, in welcher das Dorf liegt, in der romantischen Absicht, die Leiche auszugraben und sich in den Besitz der üppigen Locken zu bringen. Er kommt zum Grab. Um Mitternacht legt er den Sarg frei, öffnet ihn und will gerade das Haar abschneiden, als er stockt: die geliebten Augen öffnen sich. Tatsächlich hatte man die Dame lebendig begraben. Die Lebenskraft war noch nicht gänzlich aus ihr geschwunden; und durch die Zärtlichkeiten ihres Geliebten war sie aus der Lethargie erwacht, die man fälschlich für Tod gehalten hatte. Außer sich trug er sie zu seinem Logis im Dorfe. Er wandte gewisse kräftig wirksame Stärkungsmittel an, wozu ihm von nicht geringen medizinischen Kenntnissen geraten. Endlich lebte sie wieder auf. Sie erkannte ihren Retter. Sie blieb bei ihm, bis sie ganz allmählich ihre ursprüngliche Gesundheit im vollen Maße wiedererlangt hatte. Ihr Frauenherz war nicht von Stein, und diese letzte Lektion, die ihr die Liebe erteilt, genügte, es zu erweichen. Sie schenkte es Bossuet. Zu ihrem Gatten kehrte sie nicht

mehr zurück, sondern verbarg ihm ihre Wiederauferste-
hung und floh mit ihrem Geliebten nach Amerika. Zwanzig Jahre danach kehrten die beiden nach Frankreich zurück,
überzeugt, die Zeit habe der Dame Erscheinung so stark
verändert, daß ihre Bekannten sie nicht wiederzuerkennen
vermöchten. Darin irrten sie freilich; denn gleich beim ersten Zusammentreffen erkannte Monsieur Rénelle doch
tatsächlich seine Frau und machte Ansprüche geltend. Diesen Anspruch wies sie zurück; und ein Gericht erkannte
ihre Weigerung als rechtsgültig an; es entschied, daß die
besonderen Umstände, dazu die lange Spanne, die an Jahren verflossen, nicht nur nach dem Billigkeitsrecht, sondern auch nach dem Gesetz die Befugnis des Gatten aufgehoben hätten.

Das ›Chirurgische Journal‹ aus Leipzig – eine sehr an-
gesehene und verdienstvolle Zeitschrift, welche zu überset-
zen und nachzudrucken manch amerikanischer Buchhänd-
ler gut beraten wäre – berichtet in einer neueren Nummer
von einem sehr betrüblichen Ereignis der hier genannten
Art.

Ein Offizier der Artillerie, ein Mann von riesenhafter
Statur und robuster Gesundheit, ward von einem wider-
spenstigen Pferde abgeworfen und zog sich dabei eine so
schlimme Kontusion am Kopfe zu, daß er sogleich das Bewußtsein verlor; der Schädel erlitt eine leichte Fraktur;
doch unmittelbare Gefahr war nicht zu befürchten. Tre-
panation wurde mit Erfolg ausgeführt. Man ließ den Verunglückten zur Ader und wandte viele andere der gewöhnlichen Mittel zu seiner Erleichterung an. Nach und nach
jedoch versank er in einen immer hoffnungsloseren Zustand der Betäubung, und schließlich meinte man, er sei
gestorben.

Das Wetter war recht warm; und so ward er denn mit
unschicklicher Eile auf einem der öffentlichen Friedhöfe
begraben. Die Beerdigung fand donnerstags statt. Am dar-
auffolgenden Sonntag strömten wie gewöhnlich viele Besucher auf das Gelände des Friedhofs; und gegen Mittag erhob sich gewaltige Aufregung, da ein Bauer erklärte,

während er auf dem Grabe des Offiziers gesessen, habe er ganz deutlich gespürt, wie sich die Erde bewege, als würde darunter jemand verzweifelt ringen. Anfangs schenkte man den Beteuerungen des Mannes nur wenig Aufmerksamkeit; doch sein offenkundiges Entsetzen sowie die hartnäckige Verbissenheit, mit welcher er auf seiner Geschichte bestand, zeitigten am Ende die natürliche Wirkung auf die Menge. Eilig holte man Spaten herbei und hatte das Grab, das schmählich flach war, in wenigen Minuten so weit aufgeworfen, daß der Kopf seines Inhabers erschien. Er war allem Anschein nach tot; doch saß der Tote nahezu aufrecht in seinem Sarge, dessen Deckel er in seinem heftigen Ringen teilweise emporgehoben hatte.

Sogleich brachte man ihn in das nächstgelegene Hospital, und dort erklärte man, er sei noch am Leben, wenn auch in asphyktischem Zustande. Nach mehreren Stunden kam er wieder zu Bewußtsein, erkannte einzelne seiner Bekannten und sprach in unzusammenhängenden Sätzen von seinen Qualen im Grabe.

Aus dem, was er erzählte, wurde klar, daß er noch über eine Stunde bei lebendigem Bewußtsein gewesen sein mußte, dieweil er begraben lag, ehe er in Empfindungslosigkeit verfiel. Das Grab war nachlässig und locker mit außerordentlich porösem Erdreich gefüllt worden; und so drang zwangsläufig etwas Luft ein. Er hörte die Schritte der Menge droben zu seinen Häupten und versuchte, sich seinerseits bemerkbar zu machen. Es sei das Getümmel auf dem Friedhof gewesen, sagte er, welches ihn offenbar aus tiefem Schlafe geweckt – doch kaum sei er wach gewesen, als ihm die fürchterlichen Grauen seiner Lage bewußt geworden seien.

Dieser Patient, so wird berichtet, erholte sich gut und schien sich auf dem Wege zu völliger Genesung zu befinden, fiel dann aber den Quacksalbereien medizinischen Experimentierens zum Opfer. Die Galvanische Batterie wurde angewandt; und er verschied ganz plötzlich in einem jener ekstatischen Paroxysmen, wie sie diese gelegentlich nach sich zieht.

Da von der Galvanischen Batterie die Rede ist, fällt mir nichtsdestoweniger ein bekannter und recht außergewöhnlicher Fall zum Thema ein, bei dem ihre Anwendung sich als das Mittel erwies, einen jungen Londoner Anwalt wieder zum Leben zu erwecken, welcher zwei Tage lang im Grabe gelegen hatte. Dies geschah im Jahre 1831 und erregte damals ungeheuer großes Aufsehen, wo immer das Gespräch darüber ging.

Der Patient, Mr. Edward Stapleton, war allem Anschein nach an Nervenfieber gestorben, welches einige derart anomale Symptome aufwies, daß die Neugier seiner ärztlichen Betreuer geweckt war. Bei seinem scheinbaren Tode wurden seine Angehörigen gebeten, eine Obduktion seiner Leiche zu genehmigen, doch versagten diese ihre Einwilligung. Wie es bei solchen Weigerungen oft geschieht, beschlossen die Praktiker denn, den Leichnam wieder auszugraben und ihn mit Muße heimlich zu sezieren. Leicht ward man sich mit einem der unzähligen Trupps von Leichenräubern einig, von denen es in London wimmelt; und in der dritten Nacht nach dem Begräbnis ward der vermeintliche Leichnam aus einem acht Fuß tiefen Grabe hervorgeholt und in den Operationsraum eines der Privathospitäler gebracht.

Tatsächlich hatte man schon einen beträchtlichen Schnitt in den Unterleib gemacht, als die frische, unverweste Erscheinung der Leiche eine Anwendung der Batterie nahelegte. Ein Experiment folgte dem andern, und es stellten sich die gewohnten Wirkungen ein, ohne in irgendeiner Hinsicht etwas Besonderes zu erbringen, außer daß ein- oder zweimal die konvulsivischen Zuckungen einen mehr denn gewöhnlichen Grad an Lebensähnlichkeit aufwiesen.

Es wurde spät. Schon wollte der Tag heraufdämmern; und da hielt man es schließlich für tunlich, sogleich zur Sektion zu schreiten. Einer der Forscher wünschte jedoch unbedingt, eine eigene Theorie zu erproben, und bestand darauf, die Batterie noch an einem der Brustmuskeln anzuschließen. So machte man denn einen groben tiefen Schnitt und schloß in aller Eile einen Draht an; woraufhin

sich der Patient mit hastiger, doch gänzlich unkonvulsivi-
scher Bewegung vom Tische erhob, mitten auf den Fußboden trat, sekundenlang angstvoll in die Runde starrte und
dann – sprach. Was er sagte, war nicht verständlich; doch
waren es Worte; deutlich ließ sich die Gliederung in Silben
erkennen. Nachdem er gesprochen, stürzte er schwer zu Boden.

Eine Weile waren alle gelähmt vor Schrecken – doch die
Dringlichkeit des Falles ließ sie bald ihre Geistesgegenwart
wiederfinden. Es war ersichtlich, daß Mr. Stapleton am Leben, wenngleich nicht bei Bewußtsein war. Nachdem man
ihm Äther verordnet, kam er wieder zu sich und ward bald
der Gesundheit und der Gesellschaft seiner Angehörigen
wiedergegeben – denen man freilich jegliche Kenntnis von
seiner Auferweckung vorenthielt, bis ein Rückfall nicht
mehr zu befürchten war. Ihre Verwunderung – ihr ver-
zücktes Erstaunen – mag man sich wohl denken.

Die schaurigste Eigentümlichkeit dieses Falles liegt
nichtsdestoweniger in dem, was Mr. S. selbst aussagt. Er erklärt nämlich, er sei zu keiner Zeit gänzlich empfindungs-
los gewesen – er habe, dumpf und verworren zwar, alles
wahrgenommen, was ihm widerfahren, vom Augenblicke
an, da ihn seine Ärzte für *tot* erklärten, bis hin zu jenem, da
er ohnmächtig im Hospital zu Boden sank. »Ich lebe«, so
lauteten die unverständlichen Worte, welche er, als er die
Örtlichkeit des Sezierraumes erkannte, in höchster Not zu
sagen versucht hatte.

Es wäre ein leichtes, eine Vielzahl von Geschichten wie
diese hier anzuführen – doch ich sehe davon ab – denn
wahrhaftig, wir bedürfen dessen nicht, um die Tatsache zu
beweisen, daß vorzeitige Beerdigungen vorkommen. Wenn
wir bedenken, wie gar selten es, der Natur der Sache nach,
in unserer Macht steht, sie zu entdecken, so müssen wir zugeben, daß sie möglicherweise *häufig* vorkommen, ohne
daß wir darum wissen. In Wahrheit wird man kaum je auf
einem Friedhof zu irgendeinem Zweck in größerem Umfang Eingriffe tun, ohne Skelette in Stellungen zu finden,
welche den allerfurchtbarsten Verdacht nahelegen.

Furchtbar, fürwahr, der Verdacht – doch furchtbarer dieses Schicksal! Es darf wohl ohne Zögern behauptet werden, daß *kein* Ereignis so schrecklich dazu angetan ist, das Äußerste an körperlicher und geistig-seelischer Qual einzuflößen, wie die Beerdigung vor dem Tode. Der unerträgliche Druck auf die Lungen – die erstickenden Dämpfe der feuchten Erde – die haftenden Totengewänder – die starre Umklammerung der engen Behausung – die Schwärze der absoluten Nacht – die wie eine See alles überflutende Stille – die unsichtbare, doch zu fühlende Gegenwart des Eroberers Wurm – all dies, dazu die Gedanken an die Luft und das Gras da droben, die Erinnerung an liebe Freunde und Verwandte, die herbeiflögen, uns zu retten, hätten sie nur von unserem Schicksal erfahren, und das Bewußtsein darum, daß *niemals* sie von diesem Schicksal erfahren können – daß unser hoffnungsloses Geschick das der wirklich Toten ist – diese Erwägungen, wie gesagt, erfüllen das Herz, welches noch immer schlägt, mit einem Grade von entsetzlichem und unerträglichem Grauen, vor dem auch die kühnste Phantasie schaudern muß. Nichts kennen wir auf Erden, das so qualvoll – nichts können wir uns in den Reichen der untersten Hölle erträumen, das auch nur halb so gräßlich wäre. Und so hat denn alles, was zu diesem Thema erwählt wird, einen abgrundtiefen Reiz; einen Reiz freilich, welcher infolge der heiligen Scheu vor ebenjenem Thema recht eigentlich und eigentümlich von unserer Überzeugung abhängt, daß das Erzählte *wahr* sei. Was ich jetzt zu berichten habe, entspringt meiner eigenen tatsächlichen Kenntnis – meiner eigenen zuverlässigen und persönlichen Erfahrung.

Seit geraumer Zeit neigte ich nun schon zu Anfällen jenes sonderbaren Übels, welches die Ärzte in Ermangelung einer genaueren Bezeichnung Katalepsie, Starrsucht, zu nennen übereingekommen sind. Obschon sowohl die unmittelbaren als auch die prädisponierenden Ursachen, ja selbst die eigentliche Diagnose dieser Krankheit noch immer rätselhaft sind, ist doch ihr äußeres Erscheinungsbild hinreichend wohlbekannt. Abweichungen gibt es offenbar hauptsächlich dem Grade nach. Manchmal liegt der Kranke nur einen Tag lang oder gar noch kürzere Zeit in einer Art übermäßiger Lethargie. Er ist empfindungs- und äußerlich reglos; doch läßt sich der Schlag des Herzens noch schwach wahrnehmen; Spuren von Wärme bleiben; ein Farbhauch hält sich noch auf der Wangenmitte; und bringt man einen Spiegel an die Lippen, so können wir eine träge, ungleichmäßige und schwankende Lungentätigkeit nachweisen. Dann wiederum dauert die Trance wochen-, ja monatelang an; indessen die genaueste Untersuchung und die strengsten medizinischen Tests es nicht vermögen, irgendeinen wesentlichen Unterschied zwischen dem Zustande des Kranken und dem wahrzunehmen, wie wir uns den absoluten Tod denken. Gewöhnlich bleibt er vor verfrühter Bestattung einzig deswegen bewahrt, weil seine Angehörigen wissen, daß er in der Vergangenheit schon kataleptische Neigung gezeigt hat, weil folglich Verdacht geweckt ist, und vor allem schließlich, weil keinerlei Verwesungserscheinungen auftreten. Glücklicherweise schreitet die Krankheit nur allmählich fort. Die ersten Manifestationen sind, wiewohl angedeutet, unmißverständlich. Die Anfälle werden allmählich immer auffälliger und dauern jedesmal länger als zuvor. Darin liegt die hauptsächliche Sicherheit vor dem Bestattetwerden. Der Unglückliche, dessen *erste* Attacke von so extremem Charakter wäre, wie gelegentlich zu beobachten, würde beinahe unvermeidlich lebendigen Leibes dem Grabe übergeben.

Mein eigener Fall unterschied sich in keiner wesentlichen Einzelheit von jenen Fällen, wie sie in medizinischen Büchern beschrieben. Zuweilen verfiel ich, ohne sichtliche Ursache, nach und nach in einen Zustand von halber Ohnmacht oder halber Bewußtlosigkeit; und in diesem Zustande, ohne Schmerzen, ohne die Fähigkeit, mich zu regen oder, strenggenommen, zu denken, sondern nur mit einem dumpfen lethargischen Bewußtsein des Lebens und der Gegenwart derer, die mein Bett umstanden, blieb ich, bis die Krisis der Krankheit mir ganz plötzlich das vollkommene Empfindungsvermögen wiedergab. Ein andermal traf es mich jäh und heftig. Übel wurde mir und kalt und schwindlig, dazu überkam mich Starre, und so stürzte ich auf der Stelle zu Boden. Dann war wochenlang alles leer und schwarz und still, und das Nichts wurde zum Universum. Vollständige Vernichtung konnte mehr nicht sein. So plötzlich diese letzteren Attacken mich gepackt, so langsam und allmählich nur erwachte ich daraus wieder. Ganz wie der Tag dem freund- und obdachlosen Bettler heraufdämmert, der während der langen trostlosen Winternacht durch die Straßen irrt – ganz so säumig – ganz so matt – ganz so heiter auch kehrte mir das Licht der Seele wieder.

Abgesehen von dieser Neigung zur Starrsucht schien meine allgemeine Gesundheit jedoch gut zu sein; auch vermochte ich nicht zu erkennen, daß sie von der einen vorherrschenden Krankheit überhaupt beeinträchtigt wäre – es sei denn in der Tat, man betrachte eine Eigentümlichkeit meines gewöhnlichen *Schlafes* als eine Folge davon. Erwachte ich nämlich aus dem Schlummer, so konnte ich niemals sofort ganz Herr meiner Sinne werden und verharrte stets noch minutenlang gar bestürzt und verwirrt – wobei meine Geisteskräfte im allgemeinen, doch das Gedächtnis im besonderen sich in einem Zustande absoluter Untätigkeit befanden.

Bei allem, was ich erduldete, war kein körperliches Leiden, doch eine Unendlichkeit geistiger Qual. Meine Phantasie verfiel dem Grabe. ›Von Würmern‹ sprach ich, ›von Grüften, Leichensteinen‹. Ich versank in Träumerein vom Tode, und der Gedanke, lebendigen Leibes begraben zu werden, hatte sich mir im Hirn festgesetzt. Die grausige Gefahr, die mich bedrohte, verfolgte mich bei Tage und bei Nacht. Ungeheuerlich war der Grübeleien Folter des Tags – aufs äußerste schauderhaft des Nachts. Wenn grimm-grause Finsternis sich über die Erde breitete, dann erschauerte ich schon vor entsetzlichem Grauen bei dem bloßen Gedanken, zitterte wie die schwankenden Federn am Leichenwagen. Wenn die Natur nicht länger Wachsein duldete, geschah es nur unter Sträuben, daß ich dem Schlafe nachgab – denn mich schauderte bei der Vorstellung, ich könnte, beim Erwachen, als Bewohner eines Grabes mich finden. Und wenn ich dann endlich in Schlummer sank, so war es nur, um sogleich in eine Welt von Phantasiegebilden zu stürzen, darüber, alles beherrschend, mit weiten, schwarz überschattenden Schwingen der eine, der Grabesgedanke, hing.

Aus den unzähligen düsterdunklen Bildern, welche mich solcherart in Träumen bedrückten, erwähle ich zum Zeugnis nur ein einzig Gesicht. Mich dünkte, ich wäre in kataleptische Trance von mehr denn gewöhnlicher Dauer und Tiefe gesunken. Mit einem Male legte sich mir eine eisige Hand auf die Stirn, und unduldsam, schnatternd, flüsterte ins Ohr mir eine Stimme die Worte: »Erhebe dich!«

Ich richtete mich auf. Um mich her völliges Dunkel. Nicht vermochte ich die Gestalt dessen, der mich geweckt, zu erkennen. Auch war es mir unmöglich, mich der Zeit, da ich in Trance gefallen, zu entsinnen noch des Orts, wo ich dann lag. Indes ich reglos verharrte und mich mühte, meine Gedanken zu sammeln, packten die kalten Finger mich heftig am Handgelenk, schüttelten es dreist und derb, während die schnatternde Stimme von neuem sprach:

»Erhebe dich! hieß ich dich nicht aufstehen?«

»Und wer«, verlangte ich zu wissen, »bist du, daß du mich dies heißest?«

»Ich habe keinen Namen in den Regionen, da ich hause«, erwiderte die Stimme kummervoll; »sterblich war ich, doch Teufel bin ich. Ohn Erbarmen war ich, doch elend erbärmlich bin ich. Du spürest, wie ich schaudere. Da ich spreche, klappern mir die Zähne, doch ist es nicht wegen der Kälte der Nacht – der Nacht ohn Ende. Doch diese Gräßlichkeit ist unerträglich. Wie kommt es, daß *du* ruhig schlafen kannst? Ich finde keine Ruhe, hör ich diese großen Qualen schreien. Und was ich seh, ist mehr, als ich ertragen kann. Erhebe dich denn! Komm mit mir hinaus in die Nacht, und ich will dir die Gräber auftun. Ist dies nicht ein gar jammervoll Bild? – Siehe!«

Ich schaute hin; und die unsichtbare Gestalt, die mich noch immer am Handgelenk hielt, hatte es geschehen lassen, daß die Gräber der ganzen Menschheit offenlagen; und von jedem ging aus der schwache Phosphorschimmer der Verwesung; so konnt ich denn blicken in die innersten Winkel und sah dort in Leichentüchern die Leiber, da düster ernst sie schlummerten mit dem Wurm. Doch, ach! derer, die da wirklich schliefen, waren es millionenfach weniger an der Zahl denn derer, die da überhaupt nicht Schlummer gefunden; und es war da ein schwaches Ringen; und es war da eine allgemeine traurige Unrast; und aus unzähliger Gruben Tiefen drang trauertrüb Geraschel der Gewänder der Begrabenen. Und von denen, die da still zu ruhen schienen, hatte, wie ich sah, eine ungeheure Menge in größerem oder minderem Maße die starre und unbequeme Lage geändert, in welcher sie ursprünglich begraben worden. Und dieweil ich noch schaute, sprach die Stimme abermals zu mir:

»Ist es nicht – oh, *ist* es *nicht* ein jammervolles Bild?« Doch ehe ich noch Worte finden konnte zu antworten, hatte die Gestalt mein Handgelenk losgelassen, erloschen die Phosphorlichter und schlossen sich die Gräber mit plötzlicher Gewalt, indes aus ihnen sich ein Tumult erhob, verzweifelte Schreie, die da abermals sagten: »Ist es nicht – o Gott! ist es *nicht* ein höchst jammervolles Bild?«

Solche Phantasien, die sich nächtens einstellten, erstreckten ihren schreckenerregenden Einfluß noch weit in meine wachen Stunden. Meine Nerven wurden gänzlich zerrüttet, und ich fiel fortwährendem Grauen zur Beute. Ich zögerte, auszureiten oder spazierenzugehen oder mir sonst irgend Bewegung zu verschaffen, die mich von zu Hause wegführen würde. Ja, ich wagte nicht einmal mehr die unmittelbare Nähe derer zu verlassen, die um meine kataleptische Neigung wußten, um ja nicht, sollte ich einen meiner üblichen Anfälle erleiden, etwa begraben zu werden, ehe man sich meines wirklichen Zustandes vergewissert. Ich zweifelte gar an der Fürsorge, der Treue meiner liebsten Freunde und Anverwandten. Ich fürchtete, sie könnten sich vielleicht bei einer Starre von längerer denn gewohnter Dauer bewegen lassen, meinen Zustand für unabänderlich zu halten. Ich ging sogar soweit, zu fürchten, sie könnten, da ich doch soviel Mühe und Verdruß bereitete, froh sein, wenn irgendeine länger währende Attacke hinreichend Vorwand dafür bot, mich ein für allemal loszuwerden. Vergeblich suchten sie mich mit den feierlichsten Versprechungen zu beschwichtigen. Ich verlangte die heiligsten Schwüre, daß sie mich unter gar keinen Umständen begraben lassen würden, ehe nicht die Verwesung so weit fortgeschritten wäre, daß weitere Erhaltung unmöglich würde. Und selbst dann wollten meine Todesängste auf keinerlei Vernunft hören – wollten keinerlei Trost gelten lassen. Ich begann eine Reihe wohldurchdachter Vorsichtsmaßnahmen. Unter anderem ließ ich die Familiengruft so umbauen, daß sie sich leicht von innen öffnen ließe. Der leiseste Druck auf einen langen Hebel, der weit in die Gruft reichte, würde veranlassen, daß die eisernen Portalflügel aufschwangen. Auch erstreckten sich die Vorkehrungen auf den ungehinderten Zutritt von Luft und Licht sowie passende Behältnisse für Nahrung und Wasser in unmittelbarer Reichweite des Sarges, welcher mich aufzunehmen bestimmt war. Dieser Sarg nun war warm und weich gepolstert und mit einem Deckel versehen, der nach dem Prinzip der Grufttür gefertigt war, außerdem noch mit Federn, welche derart beschaffen waren, daß die leiseste Bewegung des Leibes ausreichte, ihn zu befreien. Neben alledem hing vom Gewölbedache eine große Glocke, deren Zugseil, so war es vorgesehen, durch ein Loch in den Sarg führen und an einer der Hände des Leichnams festgebunden werden sollte. Aber, ach! Was vermag alle Vorsicht gegen des Menschen Geschick? Nicht einmal diese wohlkonstruierten Sicherheitsvorkehrungen genügten, vor der allergrößten Pein, lebendig begraben zu werden, einen Unglücklichen zu bewahren, dem diese Pein vorherbestimmt!

Es kam eine Zeit – wie schon oft vorher –, da ich aus völliger Bewußtlosigkeit zum ersten schwachen und unklaren Empfinden des Daseins erwachte. Langsam – mit der Mählichkeit einer Schildkröte – dämmerte der blaßgraue Morgen des seelischen Tages herauf. Ein stumpfes Unbehagen. Ein apathisches Erdulden dumpfen Schmerzes. Kein Sorgen – kein Hoffen – kein Mühen. Dann, nach langer Frist, ein Klingen in den Ohren; dann, nach noch längerer Zeit, ein Prickeln und Kribbeln in den Gliedmaßen; darauf eine scheinbare Ewigkeit angenehmer Ruhe, dieweil sich die erwachenden Empfindungen ins Bewußtsein kämpfen; danach ein kurzes Zurücksinken in Nicht-Sein; darauf dann plötzliche Wiedererlangung des Bewußtseins. Schließlich das leichte Beben eines Augenlides und gleich darauf ein elektrischer Schock des Entsetzens, tödlich und unbestimmt, welcher das Blut aus den Schläfen zum Herzen strömen läßt. Und dann die erste richtige Anstrengung zu denken. Und dann der erste Versuch, sich zu erinnern. Und dann ein Erfolg, teilweise und unendlich klein. Und dann hat das Gedächtnis so weit die Herrschaft wiedererlangt, daß ich in einigem Maße meines Zustandes gewahr bin. Ich spüre, daß ich nicht aus gewöhnlichem Schlafe erwache. Ich besinne mich, daß ich einen Anfall von Katalepsie erlitten. Und dann endlich wird mein erschauernder Geist, wie vom Heranfluten eines Ozeans, von der einen gräßlichen Gefahr überwältigt – von dem einen gespenstischen und alles beherrschenden Gedanken.

Minutenlang, nachdem diese Vorstellung von mir Besitz ergriffen, blieb ich regungslos. Und warum? Ich konnte den Mut nicht aufbringen, mich zu bewegen. Ich wagte nicht die Anstrengung, welche mich von meinem Schicksal überzeugen sollte – und doch war da etwas in meinem Herzen, das mir zuraunte, *es sei gewiß*. Verzweiflung – wie sie kein anderes Elend jemals hervorbringt – einzig die Verzweiflung drängte mich, nach langer Unschlüssigkeit, die schweren Lider meiner Augen zu heben. Ich hob sie also. Es war dunkel – alles dunkel. Ich wußte, daß der Anfall vorüber war. Ich wußte, daß die Krisis meines Übels schon lange hinter mir lag. Ich wußte, daß ich mein Sehvermögen jetzt vollständig wieder besaß – und doch war es dunkel – alles dunkel – herrschte das tiefe und schwarze Dunkel der Nacht, die da währet immerdar.

Ich versuchte zu schreien; und meine Lippen und meine

ausgedörrte Zunge bewegten sich krampfhaft bei dem Versuch – doch keine Stimme drang aus der Lungen Höhlung, welche, wie von Bergeslast zusammengedrückt, bei jedem mühsamen Atemholen, Nach-Luft-Ringen keuchten und mit dem Herzen zitternd pochten.

Die Bewegung der Kinnbacken bei diesem Versuch, laut zu schreien, zeigte mir, daß sie hochgebunden waren, wie es bei Toten üblich ist. Auch fühlte ich, daß ich auf etwas Hartem lag; und etwas Ähnliches mir auch die Seiten zusammenpreßte. Bis dahin hatte ich noch nicht gewagt, auch nur ein Glied zu regen – doch jetzt warf ich heftig die Arme nach oben, die, die Handgelenke über Kreuz, lang dagelegen hatten. Sie stießen an festes Holz, welches sich in einer Höhe von nicht mehr denn sechs Zoll über meinem Gesichte erstreckte. Ich konnte nicht länger daran zweifeln, daß ich schließlich doch in einem Sarge ruhte.

Und nun, mitten in meinem ganzen grenzenlosen Elend, kam holdselig der Cherub Hoffnung daher – denn ich dachte an meine Vorsichtsmaßnahmen. Ich wand mich und versuchte krampfhaft, den Deckel aufzustemmen: er wollte sich nicht bewegen. Ich tastete meine Handgelenke ab nach dem Glockenstrange: er ließ sich nicht finden. Und da entfloh der Tröster auf immer, und eine gar noch finstrere Verzweiflung trat triumphierend die Herrschaft an; denn ich kam nicht umhin, das Fehlen der Polsterung zu bemerken, welche ich so sorgsam vorbereitet hatte – und dann drang mir auf einmal auch der starke eigentümliche Geruch feuchter Erde in die Nase. Da blieb mir die eine unvermeidliche Schlußfolgerung. Ich befand mich *nicht* in der Gruft. Ich war in eine Trance verfallen, während ich nicht zu Hause war – unter Fremden – wann oder wie, daran konnte ich mich nicht erinnern –, und sie hatten mich wie einen Hund verscharrt – eingenagelt in einen gemeinen Sarg – und tief, tief, und für immer, in ein gewöhnliches und namenloses *Grab* geworfen.

Als denn diese entsetzliche Überzeugung gewaltsam in die innersten Kammern meiner Seele gedrungen, mühte ich mich noch einmal, laut zu schreien. Und jetzt, bei diesem zweiten Versuch, gelang es mir. Ein langer, wilder und anhaltender Schrei, ein Gellen der Todesangst hallte durch die Regionen der unterirdischen Nacht.

»Hallo, hallo, na!« antwortete eine barsche Stimme.

»Was zum Teufel ist denn nun los?« rief eine zweite.

»Komm raus da!« ließ sich eine dritte vernehmen.

»Was soll das, warum brüllst du hier wie ein Löwe?« sagte eine vierte; und hierauf ward ich von einer Schar sehr rauh aussehender Gestalten gepackt und mehrere Minuten lang, ohne Umstände, durchgeschüttelt. Sie weckten mich nicht aus dem Schlafe – denn hellwach war ich, als ich schrie –, aber sie verhalfen mir wieder zum vollen Besitze meines Gedächtnisses.

Dieses Abenteuer ereignete sich in der Nähe von Richmond, Virginia. Begleitet von einem Freunde, hatte ich mich auf einem Jagdausflug ein paar Meilen die Ufer des James River hinab begeben. Die Nacht brach herein, und wir wurden von einem Gewitter überrascht. Die Kajüte einer kleinen Schaluppe, die im Strom vor Anker lag und Gartenerde geladen hatte, bot uns den einzig verfügbaren Schutz. Wir machten das Beste daraus und verbrachten die Nacht an Bord. Ich schlief in einer der beiden einzigen Kojen auf dem Boot – und die Kojen einer Schaluppe von sechzig oder siebzig Tonnen bedürfen wohl kaum einer Beschreibung. Die, in der ich lag, besaß keinerlei Bettzeug irgendwelcher Art. Ihre äußerste Breite betrug achtzehn Zoll. Der Abstand vom Boden zum Deck darüber war der nämliche. Ich konnte mich nur mit äußerster Mühe hineinzwängen. Nichtsdestoweniger schlief ich tief und fest; und meine ganze Vision – denn es war kein Traum, auch kein Nachtmahr – entstand natürlich aus den Umständen meiner Lage – aus der gewöhnlichen Richtung meiner Gedanken – und aus der bereits erwähnten Schwierigkeit, noch lange Zeit, nachdem ich aus dem Schlaf erwacht, meine Sinne zu sammeln und, ganz besonders, mein Gedächtnis wiederzugewinnen. Die Männer, die mich schüttelten, stellten die Mannschaft der Schaluppe dar sowie ein paar zum Entladen bestellte Arbeiter. Von der Ladung nun kam der erdige Geruch. Die Binde um mein Kinn war ein seidenes Taschentuch, welches ich mir in Ermangelung meiner gewohnten Nachtmütze um den Kopf gebunden hatte.

Die Qualen, die ich durchlitten, glichen für den Augenblick jedoch zweifelsohne denen tatsächlichen Begrabenseins. Sie waren schrecklich – sie waren unvorstellbar gräßlich; doch aus dem Übel entstand Gutes; denn ebendieses Übermaß bewirkte in meinem Geiste einen unvermeidlichen Umschwung. Meine Seele gewann Spannkraft – gewann Gleichmut. Ich ging auf Reisen. Ich verschaffte mir tüchtig Bewegung. Ich atmete die freie Luft des Himmels. Ich dachte an andere Dinge als den Tod. Meine medizinischen Bücher legte ich weg. Buchans Doktorbuch verbrannte ich. Ich las keine ›Nachtgedanken‹ mehr – keinen Schwulst über Kirchhöfe – keine Gruselgeschichten – *so wie diese.* Kurzum, ich ward ein neuer Mensch und führte eines Menschen Leben. Seit jener denkwürdigen Nacht verabschiedete ich auf immer meine Grabesängste, und mit ihnen verschwand auch die kataleptische Neigung, waren sie doch vielleicht weniger deren Folge denn Ursache gewesen.

Es gibt Augenblicke, da auch für das nüchterne Auge der Vernunft die Welt unserer traurigen Menschheit wie eine Hölle anmuten mag – doch ist die menschliche Phantasie nicht Carathis, um ungestraft eine jegliche ihrer Höhlen zu erkunden. Ach! die grausame Legion der Grabesgrauen kann nun leider ganz und gar nicht als phantastisch gelten – doch den Dämonen gleich, in deren Gesellschaft Afrasiab seine Reise den Oxus hinab unternahm, müssen sie schlafen, sonst werden sie uns verschlingen – muß man sie schlummern lassen, sonst ist es unser Untergang.

DER ENTWENDETE BRIEF

Nil sapientiae odiosius acumine nimio.
Seneca

An einem stürmischen Abend im Herbst des Jahres 18 – –
in Paris war es, kurz nach Einbruch der Dunkelheit, daß
ich in Gesellschaft meines Freundes C. Auguste Dupin den
zwiefachen Luxus von Meditation und einer Meerschaumpfeife genoß, in dem kleinen nach hinten gehenden
Bibliotheksraum oder Bücherkabinett, *au troisième, No. 33,
Rue Dunôt, Faubourg St. Germain*. Wenigstens eine Stunde
hatten wir in tiefem Schweigen verbracht, indes wir beide,
so hätte es einem zufälligen Beobachter scheinen mögen,
angelegentlich und ausschließlich mit den sich kräuselnden
Rauchwolken beschäftigt waren, welche die Luft des Gemachs drückend schwer machten. Was mich freilich betraf,
so erörterte ich im Geiste noch gewisse Themen, die zu früherer Stunde am Abend Gegenstand unserer Unterhaltung
gewesen; ich meine die Affäre in der Rue Morgue und
das Geheimnis um den Mord an Marie Rogêt. Ich sah daher
darin so eine Art Koinzidenz, als die Tür zu unserem Kabinett aufgerissen ward und unseren alten Bekannten, Monsieur G – –, den Präfekten der Pariser Polizei, hereinließ.

Wir hießen ihn herzlich willkommen; denn der Mann
war beinahe ebenso unterhaltsam wie verachtenswert, und
wir hatten ihn mehrere Jahre schon nicht gesehen. Wir hatten im Dunkeln dagesessen, und Dupin erhob sich nun,
um eine Lampe anzuzünden, setzte sich aber unverrichte-
terdinge wieder hin, als G. sagte, er sei gekommen, um unseren Rat oder vielmehr die Ansicht meines Freundes in
einer amtlichen Angelegenheit einzuholen, die schon viel
Ärger gemacht habe.

»Wenn es sich um eine Sache handelt, die Nachdenken erfordert«, bemerkte Dupin, während er es unterließ, den Docht zu entzünden, »so werden wir sie wohl zweckmäßiger im Dunkeln untersuchen.«

»Das ist wieder so einer Ihrer kuriosen Einfälle«, sagte der Präfekt, der die Gewohnheit hatte, alles ›kurios‹ zu nennen, was über seinen Horizont ging, und folglich in einer wahren Welt von ›Kuriosa‹ lebte.

»Ganz recht«, erwiderte Dupin, indem er seinen Besucher mit einer Pfeife versorgte und ihm einen bequemen Sessel hinschob.

»Und worin liegt nun die Schwierigkeit?« fragte ich. »Hoffentlich handelt es sich nicht schon wieder um Mord?«

»O nein; nichts dergleichen. Ja, tatsächlich ist die Sache *sehr* einfach, und ich hege keinen Zweifel, daß wir recht gut allein damit fertig werden können; doch dann dachte ich mir, Dupin würde wohl gern Näheres darüber erfahren, weil das Ganze so außerordentlich *kurios* ist.«

»Einfach und kurios«, sagte Dupin.

»Nun ja; genaugenommen auch wieder nicht. Tatsächlich macht uns die Sache doch rechtes Kopfzerbrechen, eben weil sie so einfach *ist* und uns doch so völlig zum Narren hält.«

»Vielleicht ist es gerade die Einfachheit der Sache, die Sie in die Irre gehen läßt«, meinte mein Freund.

»*So* ein Unsinn, den Sie da reden!« entgegnete der Präfekt, herzhaft lachend.

»Vielleicht ist das Geheimnis ein wenig *zu* offenkundig«, sagte Dupin.

»Oh, du lieber Himmel! hat man so etwas schon gehört?«

»Ein wenig *zu* selbstverständlich.«

»Ha! ha! ha! – ha! ha! ha! – ho! ho! ho!« wieherte unser Besucher, höchlich belustigt, »oh, Dupin, Sie werden noch mein Tod sein!«

»Und worum *handelt* es sich denn nun eigentlich?« fragte ich.

»Nun, ich will es Ihnen erzählen«, antwortete der Präfekt, tat einen langen, gleichmäßigen und nachdenklichen
Zug und rückte sich in seinem Sessel zurecht. »Ich will's
Ihnen mit wenigen Worten sagen; doch bevor ich beginne,
möchte ich die Warnung zu bedenken geben, daß diese Affäre die größte Diskretion erfordert und daß ich höchstwahrscheinlich die Stellung verlöre, die ich jetzt innehabe,
würde bekannt, daß ich jemanden ins Vertrauen gezogen
habe.«

»Weiter«, sagte ich.

»Oder auch nicht«, meinte Dupin.

»Nun denn; ich habe von sehr hoher Stelle die persönliche Information erhalten, daß ein gewisses Dokument von
äußerster Wichtigkeit aus den königlichen Gemächern entwendet worden ist. Das Individuum, das es entwendet hat,
ist bekannt; da besteht kein Zweifel; derjenige wurde dabei
gesehen. Auch ist bekannt, daß es sich noch immer in seinem Besitz befindet.«

»Woher weiß man das?« fragte Dupin.

»Es geht eindeutig aus der Natur des Dokuments hervor«, erwiderte der Präfekt, »und daraus, daß gewisse Folgen ausgeblieben sind, die sich sogleich eingestellt hätten,
befände es sich *nicht* mehr im Besitz des Diebes; das heißt,
wenn er es so verwendet hätte, wie er es letzten Endes zu
verwenden die Absicht haben muß.«

»Erklären Sie sich doch etwas deutlicher«, sagte ich.

»Na schön, ich darf wohl so viel verraten, daß jenes Papier seinem Besitzer eine gewisse Macht verleiht, und zwar
an einer gewissen Stelle, wo solche Macht ungeheuer wertvoll ist.« Der Präfekt liebte die Sprache der Diplomatie.

»Ich verstehe immer noch nicht ganz«, sagte Dupin.

»Nein? Na ja; also wenn das Dokument einer dritten
Person, die ungenannt bleiben soll, entdeckt würde, so geriete die Ehre einer Persönlichkeit von allerhöchstem
Stande in Gefahr; und dieser Umstand verleiht dem Besitzer des Dokuments einen bestimmenden Einfluß auf die
erlauchte Persönlichkeit, deren Ehre und Frieden solcherart gefährdet sind.«

»Doch dieser Einfluß«, warf ich ein, »hinge wohl davon ab, daß der Dieb weiß, daß der Bestohlene seinerseits über ihn, den Dieb, Bescheid weiß. Wer aber würde es wagen –«

»Der Dieb«, sagte G – –, »ist der Minister D – –, der alles wagt, mag es nun einem Manne wohl anstehen oder nicht. Die Methode des Diebstahls war ebenso genial wie kühn. Das fragliche Dokument – einen Brief, um offen zu sein – hatte die bestohlene Persönlichkeit empfangen, während sie allein im königlichen *boudoir* weilte. Als sie ihn nun durchlas, wurde sie plötzlich durch den Eintritt der anderen hohen Persönlichkeit gestört, vor der sie ihn im besonderen zu verbergen wünschte. Nachdem sie in vergeblicher Hast versucht hatte, ihn in eine Schublade zu werfen, war sie gezwungen, ihn offen, wie er war, auf einen Tisch zu legen. Die Adresse befand sich jedoch zuoberst, und da der Inhalt somit nicht offen zutage lag, entging der Brief der Beachtung. In diesem kritischen Augenblick tritt der Minister D – – ein. Sein Luchsauge entdeckt sogleich das Papier, erkennt die Handschrift der Adresse, bemerkt die Verwirrung der Persönlichkeit, an die der Brief gerichtet, und ergründet ihr Geheimnis. Nachdem er mit der ihm eigenen Hast ein paar Amtsgeschäfte erledigt hat, zieht er einen Brief hervor, der dem fraglichen einigermaßen ähnlich sieht, öffnet ihn, stellt sich, als ob er ihn läse, und legt ihn dann dicht neben den andern. Wieder redet er wohl fünfzehn Minuten lang über Staatsangelegenheiten. Schließlich nimmt er Abschied und dazu vom Tisch den Brief, auf den er kein Anrecht hat. Dessen rechtmäßige Eigentümerin sah dies wohl, wagte aber in Gegenwart der dritten Persönlichkeit, die dicht bei ihr stand, natürlich nicht, auf die Tat aufmerksam zu machen. Der Minister brach nun rasch auf; auf dem Tisch ließ er seinen eigenen – gänzlich unwichtigen – Brief zurück.«

»Na also«, sagte Dupin zu mir, »da haben Sie ja genau, was Sie als Voraussetzung für einen entsprechenden Einfluß fordern – der Dieb weiß, daß der Bestohlene seinerseits über ihn, den Dieb, Bescheid weiß.«

»Ja«, erwiderte der Präfekt; »und die so erlangte Macht

wird seit einigen Monaten nun schon in sehr gefährlichem Maße zu politischen Zwecken gehandhabt. Die bestohlene Persönlichkeit ist von Tag zu Tag entschiedener von der Notwendigkeit überzeugt, ihren Brief zurückzufordern. Doch dies kann nun freilich nicht offen geschehen. Schließlich hat sie denn, zur Verzweiflung getrieben, die Angelegenheit mir übertragen.«

»Und damit vermutlich einem Beamten«, sagte Dupin inmitten eines wahren Wirbels von Rauch, »wie man ihn sich wohl scharfsinniger nicht wünschen, nicht einmal vorstellen könnte.«

»Sie schmeicheln mir«, erwiderte der Präfekt; »aber es ist schon möglich, daß man eine solche Ansicht durchaus in Betracht gezogen haben mag.«

»Es ist klar«, sagte ich, »daß sich der Brief, wie Sie bemerken, immer noch im Besitz des Ministers befindet; ist es doch dieser Besitz und nicht irgendeine Verwendung des Briefes, was die ganze Macht verleiht. Mit der Verwendung wäre es vorbei mit der Macht.«

»Richtig«, sagte G — —; »und diese Überzeugung bestimmte mein Vorgehen. Meine erste Sorge war denn auch, das Palais des Ministers gründlich durchsuchen zu lassen; und hierbei bestand mein Haupthindernis in der Notwendigkeit, dies ohne sein Wissen zu tun. Vor allem ward ich gewarnt vor der Gefahr, die entstünde, gäben wir ihm Anlaß, unser Vorhaben zu mutmaßen.«

»Aber«, sagte ich, »in solchen Durchsuchungen sind Sie doch ganz *au fait.* Die Pariser Polizei hat dergleichen ja schon oft gemacht.«

»O ja; und aus diesem Grunde hielt ich es auch nicht für hoffnungslos. Überdies gaben mir die Gewohnheiten des Ministers einen großen Vorteil. Häufig weilt er die ganze Nacht außer Haus. Seine Dienerschaft ist keineswegs zahlreich. Sie schläft in einiger Entfernung vom Gemach ihres Herrn, und da es sich hauptsächlich um Neapolitaner handelt, kann man sie leicht betrunken machen. Wie Sie wissen, habe ich Schlüssel, mit denen ich jedes Zimmer oder Kabinett in Paris öffnen kann. Seit drei Monaten ist nun keine Nacht vergangen, deren größeren Teil ich nicht damit zugebracht hätte, höchstpersönlich das Palais von D – – zu visitieren. Es geht um meine Ehre, und, damit verrate ich ein großes Geheimnis, die Belohnung ist enorm. So gab ich die Suche nicht eher auf, als bis mir volle Gewißheit darüber geworden, daß der Dieb schlauer ist als ich. Ich bilde mir ein, jede Ecke, jeden Winkel des Grundstücks durchforscht zu haben, wo sich möglicherweise ein solches Papier verstecken läßt.«

»Aber wäre es nicht möglich«, gab ich zu bedenken, »daß der Brief sich zwar noch in des Ministers Besitz befindet, woran kein Zweifel besteht, der Minister diesen aber nicht auf seinem eigenen Grundstück, sondern irgendwo anders versteckt hat?«

»Das ist kaum möglich«, sagte Dupin. »So wie es derzeit um die Verhältnisse bei Hofe steht und besonders um jene Händel, in welche D – – bekanntlich verstrickt ist, ist die sofortige Verfügbarkeit des Dokuments – die Möglichkeit, es jederzeit im Augenblick vorweisen zu können, beinahe von gleicher Bedeutung wie sein Besitz.«

»Die Möglichkeit, es vorweisen zu können?« fragte ich.

»Das heißt, *vernichten* zu können«, sagte Dupin.

»Richtig«, bemerkte ich; »das Papier befindet sich also unzweifelhaft noch auf dem Grundstück. Daß der Minister es am Leibe bei sich trägt, dürfen wir wohl als ausgeschlossen betrachten.«

»Ganz und gar«, erwiderte der Präfekt. »Zweimal ist ihm von vorgeblichen Straßenräubern aufgelauert worden, und dabei wurde er unter meiner eigenen Aufsicht aufs genaueste durchsucht.«

»Diese Mühe hätten Sie sich sparen können«, sagte Dupin. »D – – ist, so möchte ich meinen, ganz und gar kein Narr, also muß er solche Wegelagerei selbstverständlich vorhergesehen haben.«

»Nicht *ganz und gar* ein Narr«, sagte G – –, »aber immerhin ist er ein Dichter, und von da ist's bis zum Narren bloß noch ein kleiner Schritt nach meiner Meinung.«

»Stimmt«, ließ sich Dupin nach einem langen und ge-

dankenschweren Zug aus seiner Meerschaumpfeife vernehmen, »obgleich ich selber schon gewisse Knittelreime verbrochen habe.«

»Wie wäre es«, schlug ich vor, »wenn Sie uns Ihre Nachforschungen im einzelnen schildern würden?«

»Na schön, also wir haben uns wirklich Zeit genommen
und haben einfach *alles* durchsucht. Ich habe in solchen
Dingen ja lange Erfahrung. Das ganze Haus habe ich vorgenommen, Raum für Raum; die Nächte einer ganzen Woche habe ich jeweils darauf verwandt. Zuerst haben wir das
Mobiliar eines jeden Gemachs durchsucht. Jede nur mögliche Schublade geöffnet; und Sie werden ja wohl wissen,
daß es für einen richtig geschulten Polizeibeamten so etwas
wie *Geheim*fächer gar nicht gibt. Wer sich bei einer derartigen Durchsuchung ein ›geheimes‹ Fach entgehen läßt, ist
ein rechter Dummkopf. Die Sache ist ja *so* einfach. Für jeden Schrank ist ein gewisses Volumen – ein gewisser
Raum – zu veranschlagen. Da haben wir genaue Regeln.
Uns könnte nicht der fünfzigste Teil einer Linie entgehen.
Nach den Schränken haben wir uns die Stühle vorgenommen. Die Kissen wurden mit den feinen langen Nadeln geprüft, die Sie mich schon haben gebrauchen sehen. Von
den Tischen haben wir die Platten entfernt.«

»Wieso das?«

»Manchmal nimmt eine Person, die einen Gegenstand
verstecken möchte, die Platte eines Tisches oder eines andern ähnlich gebauten Möbelstücks ab; dann wird das Bein
ausgehöhlt, der Gegenstand in der Höhlung deponiert und
die Platte wieder daraufgelegt. Fuß und Knauf von Bettpfosten finden in derselben Weise Verwendung.«

»Aber könnte man den Hohlraum nicht durch Abklopfen entdecken?« fragte ich.

»Keineswegs, wenn man ihn, nachdem man den Gegenstand hineingelegt hat, rundum genügend mit Watte aus-
stopft. Außerdem waren wir ja in unserem Fall genötigt, geräuschlos vorzugehen.«

»Aber Sie haben doch nicht alles entfernen können –
Sie haben doch nicht *jedes* Möbelstück zerlegen können, in

dem es in der von Ihnen geschilderten Art möglich gewesen wäre, etwas zu verstecken. Ein Brief läßt sich zu einer dünnen Spirale zusammenrollen, die sich nach Gestalt oder Volumen nicht sonderlich von einer stärkeren Stricknadel unterscheidet, und in dieser Form ließe er sich zum Beispiel im Steg eines Stuhles unterbringen. Sie haben doch nicht etwa sämtliche Stühle zerlegt?«

»Natürlich nicht; aber wir haben etwas Besseres getan – wir haben die Stege sämtlicher Stühle im Palais, ja, die Fugen an jeglicher Art von Mobiliar im Palais mit der Hilfe eines äußerst starken Mikroskops untersucht. Wären nur irgend Spuren einer kürzlichen Beschädigung daran gewesen, so hätten wir es unfehlbar sogleich entdeckt. Ein einziges Körnchen Bohrstaub zum Beispiel wäre genauso aufgefallen wie ein Apfel. Eine Unregelmäßigkeit in der Verleimung – ein ungewöhnlicher Riß in den Fugen – hätte garantiert zur Entdeckung geführt.«

»Ich darf wohl annehmen, daß Sie sich auch die Spiegel angesehen, einen Blick zwischen die Rückwand und die Scheibe geworfen haben und daß Sie die Betten und das Bettzeug ebenso geprüft haben wie die Vorhänge und Teppiche.«

»Aber gewiß; und als wir auf diese Weise jedes Stückchen Möbel unter die Lupe genommen hatten, kam das Haus selber an die Reihe. Seine Gesamtfläche haben wir in Abschnitte eingeteilt und diese numeriert, damit kein einziger ausgelassen werden konnte; dann haben wir jeden einzelnen Quadratzoll auf dem ganzen Grundstück mitsamt der beiden unmittelbar angrenzenden Häuser wie zuvor mit dem Mikroskop abgesucht.«

»Die beiden angrenzenden Häuser!« rief ich aus; »das muß aber viel Mühe gemacht haben.«

»Allerdings; aber die ausgesetzte Belohnung ist wirklich beträchtlich.«

»Sie haben auch den *Grund und Boden* um die Häuser einbezogen?«

»Das ganze Grundstück ist mit Backsteinen gepflastert. Damit hatten wir vergleichsweise wenig Mühe. Wir haben

34

das Moos zwischen den Ziegeln untersucht und fanden es unversehrt.«

»D – – s Papiere und die Bücher der Bibliothek haben Sie natürlich auch durchgesehen?«

»Aber gewiß; wir haben jeden Pack und jedes Päckchen geöffnet; wir haben nicht nur jedes Buch aufgeschlagen, sondern jede Seite in jedem Band umgeblättert, uns also nicht, wie es bei einigen unserer Polizeibeamten Sitte ist, mit bloßem Ausschütteln begnügt. Auch haben wir die Stärke eines jeden Buch*deckels* mit der größten Akkuratesse vermessen und einen jeden der peinlichsten mikroskopischen Untersuchung unterzogen. Hätte sich in letzter Zeit jemand an einem der Einbände zu schaffen gemacht, es wäre unserer Aufmerksamkeit nicht entgangen, völlig unmöglich. Wohl fünf oder sechs Bände, die frisch vom Buchbinder gekommen waren, haben wir sorgfältig, der Länge nach, mit den Nadeln geprüft.«

»Sie haben auch die Fußböden unter den Teppichen in Augenschein genommen?«

»Selbstverständlich. Wir haben jeden Teppich zusammengerollt und die Dielen mit dem Mikroskop untersucht.«

»Und die Tapete an den Wänden?«

»Ja.«

»Sie haben sich die Keller angesehen?«

»Aber ja.«

»Dann«, sagte ich, »haben Sie sich einfach verkalkuliert, und der Brief befindet sich *nicht* auf dem Grundstück, wie Sie annehmen.«

»Ich fürchte, da haben Sie recht«, sagte der Präfekt. »Und nun, Dupin, was würden Sie mir denn raten?«

»Das Grundstück noch einmal gründlich zu durchsuchen.«

»Das wäre vollkommen nutzlos«, erwiderte G – –. »So gewiß ich atme, so gewiß befindet sich der Brief nicht im Palais.«

»Einen besseren Rat kann ich Ihnen nicht geben«, sagte Dupin. »Sie haben natürlich eine genaue Beschreibung des Briefes?«

»O ja!« – Und hier zog der Präfekt ein Notizbuch hervor und hob an, mit lauter Stimme einen ausführlichen Bericht über die innere, besonders aber die äußere Erscheinung des vermißten Dokuments vorzulesen. Bald nachdem er die Beschreibung zu Ende vorgetragen hatte, verabschiedete er sich, und zwar so gänzlich niedergeschlagen, wie ich den braven Mann noch nie zuvor gesehen hatte.

Etwa einen Monat später stattete er uns abermals einen Besuch ab und traf uns in fast gleicher Weise beschäftigt an wie seinerzeit. Er nahm sich eine Pfeife und einen Stuhl und begann eine gewöhnliche Unterhaltung. Schließlich sagte ich – »Ach ja, aber G – –, wie steht's denn nun eigentlich mit dem entwendeten Brief? Ich nehme an, Sie haben sich letztlich damit abgefunden, daß dem Minister nicht beizukommen ist?«

»Zum Teufel mit ihm, sage ich – ja; doch habe ich freilich noch einmal alles durchsucht, wie es Dupin geraten – aber es war vergebliche Mühe, wie ich erwartet hatte.«

»Wie hoch, sagten Sie, war doch gleich die ausgesetzte Belohnung?« fragte Dupin.

»Naja, eine ganze Menge – eine *äußerst* großzügige Belohnung – wieviel genau, möchte ich nicht gern verraten; aber das *eine* will ich sagen, ich würde keine Bedenken tragen, von mir aus eine Privatanweisung über fünfzigtausend Francs dem auszustellen, der mir diesen Brief zu beschaffen vermöchte. Tatsache ist, das Ganze gewinnt von Tag zu Tag an Bedeutung; und die Belohnung ist kürzlich noch verdoppelt worden. Aber selbst wenn sie verdreifacht würde, ich könnte nicht mehr tun, als ich getan habe.«

»Na ja«, sagte Dupin gedehnt zwischen ein paar Zügen aus seiner Meerschaumpfeife, »ich – glaube – wirklich, G – –, Sie haben sich – in dieser Angelegenheit – nicht bis zum Äußersten – bemüht. Sie könnten – noch ein biß-chen – mehr tun, meine ich, hm?«

»Wie denn? – auf welche Weise nur?«

»Nun – paff, paff – Sie könnten – paff, paff – in der Sache Rat einholen, hm? – paff, paff, paff. Erinnern Sie sich der Anekdote, die man sich von Abernethy erzählt?«

»Nein; zum Henker mit Abernethy!«

»Gewiß doch! Zum Henker mit ihm, von Herzen gern. Aber es war einmal ein reicher Knicker, der setzte sich in den Sinn, von besagtem Abernethy einen ärztlichen Rat zu schnorren. Zu diesem Zweck fing er also in einer privaten Gesellschaft eine gewöhnliche Konversation an und trug dem Arzt wie von ungefähr seinen Fall als den einer imaginären Person vor.

›Einmal angenommen‹, sagte der Geizhals, ›seine Symptome wären soundso; nun, Doktor, was hätten *Sie* ihm geraten? −‹ − ›Geraten!‹ sagte Abernethy, ›nun, einen Arzt, sich *Rat* einzuholen, natürlich.‹«

»Aber«, sagte der Präfekt ein wenig fassungslos, »ich bin doch *völlig* willens, Rat einzuholen und dafür zu zahlen. Ich würde *wirklich* jedem fünfzigtausend Francs geben, der mir in der Sache behilflich wäre.«

»Wenn das so ist«, erwiderte Dupin, wobei er ein Schubfach aufzog und ein Scheckbuch herausnahm, »können Sie mir ebensogut gleich eine Zahlungsanweisung über die genannte Summe ausstellen. Sobald Sie die unterschrieben haben, gebe ich Ihnen den Brief.«

Ich war verblüfft. Der Präfekt aber schien wie vom Donner gerührt. Einige Minuten lang verharrte er sprach- und regungslos, ungläubig, mit offenem Mund und Augen, die förmlich aus ihren Höhlen springen wollten, starrte er meinen Freund an; dann gewann er offenbar einigermaßen seine Fassung wieder, ergriff eine Feder, und nachdem er mehrmals stieren Blickes innegehalten, hatte er endlich eine Anweisung über fünfzigtausend Francs ausgefüllt und unterschrieben und reichte sie Dupin über den Tisch hinüber. Dieser prüfte sie sorgfältig und steckte sie in seine Brieftasche; dann schloß er ein *escritoire* auf, entnahm ihm einen Brief und gab ihn dem Präfekten. Der Beamte griff danach in wahrhaft ekstatischer Freude, öffnete ihn mit zitternder Hand, warf einen raschen Blick auf den Inhalt, und indem er sodann in taumelnder Hast zur Türe stolperte, stürzte er schließlich unter Mißachtung aller Förmlichkeiten aus dem Zimmer und aus dem Haus, ohne auch nur eine einzige Silbe geäußert zu haben, seit Dupin ihn aufgefordert hatte, den Scheck auszufüllen.

Als er gegangen war, ließ sich mein Freund zu Erklärungen herbei. »Die Pariser Polizei«, sagte er, »ist auf ihre Art außerordentlich tüchtig. Sie ist ausdauernd, erfinderisch, geschickt und gründlich versiert in allem, was ihre Pflichten hauptsächlich zu erfordern scheinen. Als G – – uns im einzelnen darlegte, wie er D – –s Anwesen durchsucht habe, war ich denn auch fest davon überzeugt, daß er zufriedenstellende Arbeit geleistet habe – soweit seine Mühe eben reichte.«

»Soweit seine Mühe reichte?« fragte ich.

»Ja«, erwiderte Dupin. »Die angewendeten Maßnahmen waren nicht nur die besten ihrer Art, sondern wurden auch bis zur absoluten Perfektion ausgeführt. Hätte sich der Brief im Bereich der Durchsuchung befunden, so hätten ihn die Burschen fraglos auch entdeckt.«

Ich lachte bloß – ihm aber schien es mit allem, was er sagte, durchaus ernst zu sein.

»Die Maßnahmen also«, fuhr er fort, »waren in ihrer Art gut und wurden auch wohl ausgeführt; sie hatten nur den Fehler, daß sie für diesen Fall und für diesen-Mann ungeeignet waren. Ein gewisser Satz an raffiniert erdachten Hilfsmitteln ist für den Präfekten eine Art Prokrustesbett, dem er seine Absichten mit Gewalt einpaßt. Doch er irrt beständig, indem er in der jeweiligen Angelegenheit entweder zu gründlich oder zu oberflächlich verfährt; und manch ein Schuljunge geht mit vernünftigerer Überlegung vor als er. Ich habe einen etwa Achtjährigen gekannt, dessen Erfolg im Raten beim Spiel ›gerade oder ungerade‹ allgemeine Bewunderung erregte. Es ist dies ein sehr einfaches Spiel mit Murmeln. Ein Spieler hält eine Anzahl dieser Kugeln in der Hand und fragt einen anderen, ob diese Zahl gerade oder ungerade sei. Wer richtig rät, gewinnt eine Murmel, ist es falsch, verliert der Rater eine. Der Junge nun, von dem ich rede, hat sämtliche Murmeln der Schule gewonnen. Natürlich hatte er beim Raten ein System; und dieses bestand ganz einfach darin, daß er die

Schlauheit seiner Gegner beobachtete und abschätzte. Nehmen wir zum Beispiel an, sein Mitspieler ist ein rechter Simpel, und der hält nun die geschlossene Hand in die Höhe und fragt: ›Gerade oder ungerade?‹ Unser Schuljunge erwidert ›ungerade‹ und verliert; doch beim zweiten Versuch gewinnt er, denn da sagt er sich: ›Beim erstenmal hatte der Dummkopf eine gerade Zahl, und seine Schlauheit reicht gerade aus, ihn beim zweitenmal eine ungerade nehmen zu lassen; darum werde ich ‚ungerade‘ raten‹ – er rät also ›ungerade‹ und gewinnt. Bei einem Gemüt nun, das einen Grad schlauer denn der erste Simpel ist, hätte er wohl folgende Überlegungen angestellt: ›Dieser Bursche weiß, ich habe beim erstenmal ‚ungerade‘ geraten, und so wird er sich beim nächsten Mal, im ersten Impuls, einen einfachen Wechsel von gerade auf ungerade vornehmen, wie es der erste Tölpel getan; aber dann wird ihm nochmaliges Überlegen eingeben, daß dies eine zu einfache Variation sei, und sich schließlich dafür entscheiden, wieder gerade zu wählen wie zuvor. Also werde ich jetzt ‚gerade‘ raten‹ – er rät ›gerade‹ und gewinnt. Nun, worum handelt es sich denn im Grunde, wenn wir's genau analysieren, bei diesem gedanklichen Vorgehen unseres Schuljungen, den seine Kameraden einen ›Glückspilz‹ nannten?«

»Es handelt sich lediglich darum«, sagte ich, »daß er sich mit dem Denkvermögen seines Spielpartners identifiziert.«

»Jawohl«, sagte Dupin; »und als ich den Jungen fragte, mit welchen Mitteln er diese *gänzliche* Identifikation erreiche, auf der sein Erfolg beruhte, erhielt ich die folgende Antwort: ›Wenn ich herausbekommen möchte, wie klug oder wie dumm, wie gut oder wie böse einer ist oder was ihm im Augenblick so durch den Kopf geht, dann passe ich meinen Gesichtsausdruck so genau wie möglich dem seinen an und warte bloß ab, welche Gedanken oder Gefühle nun mir im Kopfe oder Herzen aufsteigen, gleichsam in Übereinstimmung, als passendes Gegenstück zu dem Ausdruck.‹ Diese Antwort des Schuljungen stößt zum Grunde des ganzen scheinbaren Tiefsinns vor, welcher Larochefoucauld, La Bruyère, Machiavelli und Campanella zugeschrieben wird.«

»Und die verstandesmäßige Identifikation mit dem Gegner«, sagte ich, »hängt, wenn ich Sie recht verstehe, von der Genauigkeit ab, mit welcher der Verstand des Gegners eingeschätzt wird.«

»Ihr praktischer Wert hängt davon ab«, erwiderte Dupin; »und der Präfekt und seine Schar versagen ebendarum so häufig, weil sie es zum einen an dieser Identifikation fehlen lassen und zum andern den Verstand, mit dem sie es zu tun haben, falsch oder vielmehr gar nicht einschätzen. Für sie kommen nur ihre *eigenen* Begriffe von Geisteswitz in Betracht; und wenn sie nach etwas Verstecktem suchen, so gilt ihr Augenmerk nur den Verfahrensweisen, nach denen *sie selber* es versteckt hätten. Freilich haben sie insofern recht, als ihre eigene Schläue getreulich die *der Masse* vorstellt; wenn aber die Verschlagenheit des individuellen Verbrechers einmal im Wesen von der ihren abweicht, haben sie natürlich das Nachsehen. Das geschieht nun stets, wenn seine Schlauheit der ihren überlegen ist, sehr häufig aber auch, wenn sie hinter der ihren zurücksteht. Bei ihren Ermittlungen verfahren sie stets nach dem gleichen Prinzip; bestenfalls, wenn eine ungewöhnliche Notlage sie dazu drängt – oder eine außerordentlich hohe Belohnung –, erweitern sie ihre alten *Praktiken* oder übertreiben sie, ohne jedoch an ihre Prinzipien zu rühren. Was hat man denn zum Beispiel im Falle von D – – getan, um das Vorgehen grundsätzlich zu ändern? Was ist all dies Bohren und Prüfen, dies Abklopfen und mikroskopische Untersuchen, dies Aufteilen der Gebäudefläche in registrierte Quadratzoll – was ist dies alles, wenn nicht eine übertriebene *Anwendung* jenes einen Untersuchungsprinzips beziehungsweise Systems von Prinzipien, welches wiederum auf dem einen System von Begriffen beruht, wie es sich der Präfekt im Verlaufe seiner langen Dienstroutine von des Menschen Verstand und Witz gebildet hat? Sehen Sie nicht, wie er es als erwiesen erachtet und ganz selbstverständlich davon ausgeht, *alle* Menschen würden einen Brief – wenn auch nicht gerade im Bohrloch eines Stuhlbeins – so doch aber wenigstens in *irgendeinem* abwegigen Winkel verstecken, irgendeinem Eckchen also, wie es von der nämlichen Denkhaltung anempfohlen wird, die einen Menschen auch veranlassen würde, einen Brief in einem Loch zu verbergen, welches er in ein Stuhlbein gebohrt? Und sehen Sie nicht ebenfalls, daß solche – *recherchés* – Versteckwinkel nur für gewöhnliche Gelegenheiten taugen und nur von gewöhnlichen Geistern gewählt werden?; denn in allen Fällen, wo etwas versteckt ward, ist ja von vornherein vermutlich und zu vermuten, auf welche – nämlich diese *recherché* – Art man sich des verborgenen Gegenstandes zu entledigen gesucht; und so hängt seine Entdeckung nicht im mindesten vom Scharfsinn, sondern gar nur noch von der bloßen Sorgfalt, Geduld und Entschlossenheit der Suchenden ab; und wo es sich um einen wichtigen Fall handelt – oder, was in den Augen der Polizei auf dasselbe hinausläuft, wo die Belohnung bedeutend ist –, haben die fraglichen Eigenschaften bekanntlich *niemals* versagt. Sie werden nun verstehen, was ich mit der Behauptung gemeint habe, daß die Entdeckung des entwendeten Briefes gänzlich außer Frage gestanden hätte, wäre ebendieser Brief irgendwo innerhalb des Untersuchungsbereichs des Präfekten versteckt gewesen – mit anderen Worten, wäre das Prinzip, nach dem er versteckt, in den Prinzipien des Präfekten vorgesehen gewesen. Dieser Beamte ist nun aber gründlich hinters Licht geführt worden; und der mittelbare Grund für seinen Mißerfolg liegt in der Unterstellung, daß der Minister ein Narr sei, weil er sich als Poet einen Namen gemacht hat. Alle Narren seien Poeten; dies *glaubt* der Präfekt; und er macht sich lediglich einer *non distributio medii* schuldig, wenn er daraus ableitet, daß auch alle Poeten Narren seien.«

»Aber ist er denn wirklich der Dichter?« fragte ich. »Soviel ich weiß, sind es zwei Brüder; und beide genießen literarisches Ansehen. Der Minister hat, glaube ich, wissenschaftlich über die Differentialrechnung geschrieben. Er ist Mathematiker, kein Dichter.«

»Da irren Sie; ich kenne ihn gut; er ist beides. Als Dichter *und* Mathematiker versteht er sich aufs logische Denken; als bloßer Mathematiker hätte er überhaupt nicht logisch zu denken vermocht und wäre so in der Gewalt des Präfekten gewesen.«

»Sie setzen mich in Erstaunen«, sagte ich, »solche Ansichten stehen ja im Widerspruch zur Meinung der ganzen Welt. Sie wollen doch nicht etwa die wohldurchdachte Auffassung von Jahrhunderten für nichts achten! Der mathematische Verstand gilt schon seit langem als *der* Verstand *par excellence.*«

»›*Il y a à parier*‹«, zitierte Dupin zur Antwort Chamfort, »›*que toute idée publique, toute convention reçue, est une sottise, car elle a convenu au plus grand nombre.*‹ Die Mathematiker, das versichere ich Ihnen, haben ihr Bestes getan, den allgemeinen Irrtum zu verbreiten, von dem Sie da reden und der darum nicht minder irrig ist, weil er als Wahrheit propagiert wird. Mit einer Geschicklichkeit, die einer besseren Sache würdig gewesen wäre, haben sie zum Beispiel den Begriff ›Analysis‹ heimlich, still und leise für die Algebra angewendet. Die Franzosen sind die Urheber dieser außerordentlichen Irreführung; doch wenn ein Ausdruck irgend von Bedeutung ist – wenn Worte überhaupt Wert aus ihrer Anwendbarkeit herleiten –, dann drückt ›Analysis‹ etwa geradeso ›Algebra‹ aus, wie im Lateinischen ›*ambitus*‹ den ›Ehrgeiz‹ in sich beschließt, ›*religio*‹ die ›Religion‹ oder ›*homines honesti*‹ eine Schar *Ehren*männer.«

»Wie ich sehe«, sagte ich, »haben Sie Streit im Sinne mit einigen der Pariser Algebraiker; doch fahren Sie fort.«

»Ich bestreite die Gültigkeit und damit den Wert eines solchen Verstandes, der in irgendeiner anderen speziellen Form denn der abstrakt-logischen ausgebildet wird. Ich bestreite insbesondere den Verstand, der sich an mathematischen Studien entwickelt. Die Mathematik ist die Wissenschaft von Form und Größe; mathematisches Denken ist lediglich auf die Beobachtung von Form und Größe angewandte Logik. Der große Irrtum liegt in der Annahme, daß die Wahrheiten dessen, was *reine* Algebra heißt, abstrakte oder allgemeine Wahrheiten seien. Und dieser Irrtum ist so ungeheuerlich, daß ich bestürzt darüber bin, mit welcher Universalität er hingenommen wird. Mathematische Axiome sind *nicht* Axiome allgemeiner Wahrheit. Was für *Relation* – für Form und Größe gilt – ist oft gröblich falsch im Hinblick auf die Ethik zum Beispiel. In dieser letzteren Wissenschaft ist es sehr häufig *unwahr*, daß die Summe der Teile gleich dem Ganzen sei. Auch in der Chemie stimmt das Axiom nicht. Hinsichtlich des Beweggrunds trifft es nicht zu; denn zwei Motive, jeweils von gegebenem Wert, haben nicht notwendigerweise vereint einen Wert, welcher der Summe ihrer Einzelwerte gleich wäre. Es gibt noch zahlreiche andere mathematische Wahrheiten, die einzig innerhalb der Grenzen der *Relation* Wahrheiten sind. Doch der Mathematiker, aus Gewohnheit, schließt von seinen *begrenzten Wahrheiten*, als wären sie von absolut allgemeingültiger Anwendbarkeit – wofür die Welt sie ja auch wirklich hält. Bryant erwähnt in seiner höchst gelehrten ›Mythologie‹ eine analoge Fehlerquelle, wenn er sagt: ›Wiewohl die heidnischen Sagen nicht geglaubt werden, vergessen wir uns doch fortwährend und ziehen aus ihnen Schlüsse, als wären es existente Realitäten.‹ Bei den Algebraikern jedoch, die selber Heiden sind, *werden* die ›heidnischen Sagen‹ geglaubt, und daß daraus Schlüsse gezogen werden, ist nicht so sehr ein Lapsus des Gedächtnisses als unerklärliche Hirnlosigkeit. Kurzum, ich bin noch nie dem reinen Mathematiker begegnet, dem man außerhalb von Gleichungswerten hätte trauen können, oder einem, der es nicht insgeheim für einen Glaubensartikel hielt, daß $x^2 + px$ absolut und bedingungslos gleich q sei. Sagen Sie nur einmal versuchshalber zu einem dieser Herren, bitte sehr, Sie wären der Ansicht, es könnten Fälle eintreten, wo $x^2 + px$ durchaus *nicht* gleich q sei, und wenn Sie ihm verständlich gemacht haben, was Sie meinen, so begeben Sie sich, so rasch es Ihnen möglich ist, aus seiner Reichweite, denn zweifellos wird er versuchen, es Ihnen recht handgreiflich und niederschmetternd zu beweisen.

Ich will damit sagen«, fuhr Dupin fort, während ich über seine letzten Bemerkungen bloß lachte, »daß der Präfekt sich nicht gezwungen gesehen hätte, mir diesen Scheck auszustellen, wäre der Minister nichts anderes denn ein Mathematiker gewesen. Ich kannte ihn jedoch als Mathematiker und Dichter, und meine Maßnahmen richteten sich nach seinen Fähigkeiten, unter Berücksichtigung der Umstände, von denen er umgeben war. Auch kannte ich ihn als Höfling und als kühnen *Intriganten*. Ein solcher Mann, so zog ich in Betracht, mußte unfehlbar über die üblichen polizeilichen Maßnahmen Bescheid wissen. Er mußte einfach damit rechnen – und hat es ja auch, wie die Ereignisse beweisen –, daß man ihm auflauern, ihn überfallen würde. Und er mußte auch, so überlegte ich mir, die geheimen Durchsuchungen seines Grundstücks vorhergesehen haben. Seine häufige Abwesenheit von zu Hause bei Nacht, die der Präfekt als sichere Hilfe zum Erfolg begrüßte, betrachtete ich nur als *List*, der Polizei Gelegenheit zu gründlicher Suche zu bieten, um ihr damit nur um so eher die Überzeugung aufzudrängen, zu der G – – ja tatsächlich am Ende gelangte – die Überzeugung nämlich, daß sich der Brief gar nicht auf dem Grundstück befinde. Auch war ich der Ansicht, daß der ganze Gedankengang, den ich Ihnen soeben mit einiger Mühe auseinandergesetzt habe, bezüglich des unveränderlichen Prinzips polizeilichen Vorgehens bei der Suche nach versteckten Gegenständen – ich war also der Ansicht, daß dieser ganze Gedankengang notwendigerweise auch dem Minister durch den Kopf ginge. Er würde ihn unbedingt dazu veranlassen, all die gewöhnlichen Versteck*winkel* zu verschmähen. *Er* konnte, so überlegte ich, nicht so schwachköpfig sein, zu übersehen, daß noch das ausgeklügeltste und abgelegenste Versteck seines Palais für die Augen, die Sonden, die Bohrer und die Mikroskope des Präfekten ebenso offen daläge wie der allergewöhnlichste Wandschrank. Kurzum, ich begriff, daß er ganz selbstverständlich zur *Einfachheit* getrieben würde, wenn er nicht gar schon aus weisem Vorbedacht von sich aus zu dieser Wahl sich entschieden

hätte. Vielleicht erinnern Sie sich, wie furchtbar der Präfekt lachen mußte, als ich bei unserem ersten Gespräch zu
verstehen gab, es sei sehr wohl möglich, daß dieses Geheimnis ihm gerade darum soviel Ärger bereite, weil es so
sehr selbstverständlich sei.«

»Ja«, sagte ich, »ich erinnere mich recht wohl noch seiner Heiterkeit. Ich glaubte schon, er würde regelrecht
einen Lachkrampf bekommen.«

»Die materielle Welt«, fuhr Dupin fort, »ist reich an
strengen Analogien zur immateriellen; und so ist schon etwas Wahres an dem rhetorischen Dogma, es könnten Metapher oder Gleichnis dazu dienen, sowohl ein Argument
zu erhärten als auch eine Beschreibung auszuschmücken.
Das Prinzip der *vis inertiae* zum Beispiel scheint in Physik
wie Metaphysik identisch zu sein. Von nicht größerer Gültigkeit ist in der ersteren, daß ein großer Körper mit mehr
Schwierigkeit in Bewegung zu setzen ist als ein kleinerer
und daß sein nachfolgender *Impuls* dieser Schwierigkeit
entspricht, als in der letztgenannten Wissenschaft gilt, daß
Intellekte höherer Fähigkeit zwar kräftiger, stetiger und bedeutender in ihren Bewegungen sind als die geringeren
Grades, doch sind sie schwieriger in Bewegung zu bringen
und in den ersten Schritten ihres Vorgehens stärker behindert und zögerlicher. Und noch etwas: haben Sie schon einmal darauf geachtet, welche Straßenschilder über den Ladentüren die meiste Aufmerksamkeit auf sich ziehen?«

»Darauf habe ich noch nie einen Gedanken verwendet«,
sagte ich.

»Es gibt da ein Ratespiel«, fuhr er fort, »das wird auf
einer Landkarte gespielt. Ein Spieler fordert einen anderen
auf, ein bestimmtes Wort zu suchen – den Namen einer
Stadt, eines Flusses, Staates oder Reiches – kurz, ein beliebiges Wort auf der bunten und verwirrenden Kartenfläche.
Ein Neuling im Spiel sucht nun gewöhnlich seine Gegner
dadurch in Verlegenheit zu bringen, daß er ihnen die am
kleinsten gedruckten Namen aufgibt; der Eingeweihte aber
wählt gerade solche Worte aus, die sich in großen Buchstaben vom einen Ende der Karte zum andern erstrecken.

Diese entgehen, wie die übergroß beschrifteten Schilder und Plakate an der Straße, gerade darum der Aufmerksamkeit, weil sie so übermäßig ins Auge fallen; und hier entspricht das physische Übersehen genau dem geistigen Nicht-Wahrnehmen, denn Überlegungen oder Rücksichten, die allzu aufdringlich und allzu handgreiflich selbstverständlich sind, läßt der Verstand unbemerkt vorüber. Doch das ist, scheint es, ein Punkt, der für die Begriffe des Präfekten entweder ein wenig zu hoch oder zu niedrig ist. Nicht ein einziges Mal hat er es für wahrscheinlich oder möglich gehalten, der Minister könne den Brief aller Welt direkt vor die Nase gelegt haben, um so am ehesten zu verhindern, daß einer ihn bemerkt.

Je mehr ich aber nun über den verwegenen, blendenden und scharfen Verstand D – –s nachdachte; über den Umstand, daß er das Dokument jederzeit *zur Hand* haben mußte, wollte er es mit gutem Erfolg gebrauchen; und über die maßgebliche Gewißheit, welche dem Präfekten geworden, es sei der Brief nicht im gewöhnlichen Durchsuchungsbereich dieses Würdenträgers versteckt – je mehr ich das alles überlegte, desto mehr wuchs in mir die Überzeugung, daß der Minister, um diesen Brief zu verbergen, kurzerhand auf den klugen Ausweg verfallen sein mußte, gar nicht erst zu versuchen, ihn zu verstecken.

Von diesen Gedanken erfüllt, rüstete ich mich mit einer grünen Brille aus und sprach eines schönen Morgens wie von ungefähr im Palais des Ministers vor. Ich traf D – – zu Hause an; wie üblich gähnte er, rekelte sich, faulenzte und tat ganz so, als litte er im höchsten Grade an *ennui*. Dabei ist er in Wirklichkeit vielleicht der tatkräftigste Mensch auf Erden – das aber nur, wenn niemand ihn sieht.

Um es ihm gleichzutun, klagte ich über meine schlechten Augen und lamentierte über die Notwendigkeit der Brille, unter deren Schutz ich vorsichtig und gründlich das Gemach musterte, indes ich scheinbar nur auf die Unterhaltung mit meinem Gastgeber achthatte.

Besondere Aufmerksamkeit wandte ich auf einen großen Schreibtisch, in dessen Nähe er saß und auf dem allerlei

Briefe und andere Papiere in buntem Durcheinander lagen, dazu ein oder zwei Musikinstrumente und ein paar Bücher. Hier freilich fiel mir auch nach langer und sehr bedachtsamer Musterung nichts auf, was besonderen Argwohn hätte erregen können.

Endlich fielen meine Blicke, die ich durch das Zimmer schweifen ließ, auf ein schäbiges Behältnis aus durchbrochener Pappe, welches an einem schmutzigen blauen Band von einem kleinen Messingknauf just in der Mitte unter dem Kaminsims herabbaumelte. In diesem Gestell, das drei oder vier Fächer hatte, staken fünf oder sechs Visitenkarten und ein einzelner Brief. Dieser letztere war stark verschmutzt und zerknittert. Er war fast mittendurch gerissen – wie wenn die Absicht, ihn im ersten Augenblick als wertlos gänzlich zu zerreißen, im nächsten dann geändert oder aufgegeben worden wäre. Er hatte ein großes schwarzes Siegel, das *höchst* auffällig D – –s Initialen trug, und war, in winziger Frauenhandschrift, an D – –, den Minister selber, adressiert. Nachlässig und, wie es schien, gar verächtlich war er in eines der oberen Fächer des Gestells gesteckt worden.

Kaum hatte ich diesen Brief erspäht, so stand bei mir fest, dies müsse der gesuchte sein. Gewiß, allem Anschein nach war er grundverschieden von dem, dessen minutiöse Beschreibung der Präfekt uns vorgelesen hatte. Hier war das Siegel groß und schwarz, mit D – –s Initialen; dort war es klein und rot gewesen, mit dem herzoglichen Wappen der Familie S – –. Hier war die Adresse des Ministers winzig und von weiblicher Hand geschrieben; dort hatte die Anschrift an eine gewisse königliche Persönlichkeit auffällig kühnen, energischen Schwung verraten; einzig im Format stimmten beide überein. Aber gerade diese so über die Maßen, ja übertrieben große, diese so *fundamentale* Verschiedenheit; der Schmutz; der Zustand des Papiers, befleckt und zerrissen, der so gar nicht zu D – –s *wahren* pedantischen Gewohnheiten passen wollte und geradezu die Absicht durchblicken ließ, den Betrachter zu verleiten, das Dokument für wertlos zu halten; all dies, zusammen mit dem mehr als auffälligen Aufbewahrungsort dieses Dokuments, jedem Besucher offen vor Augen und somit genau in Übereinstimmung mit den Schlüssen, zu denen ich zuvor gelangt war; wie gesagt, dies alles war ungemein dazu angetan, den Verdacht zu bestätigen, zumal wenn man mit dem Vorsatze des Argwohns schon hergekommen war.

Ich dehnte meinen Besuch so lange wie möglich aus, und während ich mich mit dem Minister aufs lebhafteste über einen Gegenstand unterhielt, welcher, wie ich wohl wußte, ihn noch stets interessiert und gereizt hatte, hielt ich in Wirklichkeit mein Augenmerk ganz auf den Brief gerichtet. Bei dieser Prüfung prägte ich meinem Gedächtnis seine äußere Erscheinung und Anordnung in dem Kartengestell ein; und kam denn auch schließlich auf eine Entdeckung, die endgültig beschwichtigte, was immer an geringfügigem Zweifel ich noch gehegt haben mochte. Als ich nämlich die Ränder des Papiers genauer betrachtete, bemerkte ich, daß sie viel *abgenutzter* waren, als es nötig dünkte. Sie sahen so *gebrochen* aus, wie es sich zeigt, wenn ein steifes Papier, das bereits einmal gefaltet und mit einem Falzbein gepreßt gewesen ist, nach der anderen Seite umgefaltet wird, in denselben Kniffen oder Kanten, welche den ursprünglichen Falz gebildet hatten. Diese Entdeckung genügte. Mir war klar, daß der Brief wie ein Handschuh gewendet worden war, das Innere nach außen gekehrt, neu adressiert und gesiegelt. Ich wünschte dem Minister einen guten Morgen und empfahl mich sogleich, wobei ich auf dem Tisch eine goldene Schnupftabakdose liegenließ.

Am nächsten Morgen sprach ich wieder vor, um die Schnupftabakdose zu holen, und eifrig nahmen wir das Gespräch vom Vortage wieder auf. Während wir ganz darein vertieft waren, erscholl jedoch unmittelbar unter den Fenstern des Palais ein lauter Knall, wie von einem Pistolenschuß, darauf folgte ängstliches Geschrei und das Lärmen des Pöbels. D – – stürzte zu einem Fenster, riß es auf und sah hinaus. Indessen trat ich zu dem Kartenhalter, nahm den Brief, steckte ihn in die Tasche und ersetzte ihn durch ein (was das Äußere betraf) *Faksimile*, welches ich zu Hause sorgfältig angefertigt hatte; D – –s Initialen hatte ich dabei sehr einfach mit Hilfe eines aus Brot geformten Siegels nachahmen können.

Der Aufruhr auf der Straße war durch das tolle Gebaren eines Mannes mit einer Flinte ausgelöst worden. Er hatte sie mitten in einen Haufen Weiber und Kinder abgefeuert. Es erwies sich jedoch, daß sie nicht scharf geladen gewesen war, und so ließ man den Kerl als verrückt oder betrunken laufen. Als er fort war, kam D – – vom Fenster zurück, wohin ich ihm unmittelbar, nachdem ich mich des bewußten Gegenstandes versichert hatte, gefolgt war. Bald darauf verabschiedete ich mich. Der angeblich Verrückte war ein Mann in meinem Solde.«

»Doch welchen Zweck haben Sie damit verfolgt«, fragte ich, »daß Sie den Brief durch ein *Faksimile* ersetzten? Wäre es nicht besser gewesen, Sie hätten den Brief gleich beim ersten Besuch ganz offen an sich genommen und wären damit verschwunden?«

»D – –«, erwiderte Dupin, »ist ein rücksichtsloser Mann und rechter Draufgänger. Auch fehlt es in seinem Palais nicht an Dienern, die seinen Interessen ergeben sind. Hätte ich den aberwitzigen Versuch unternommen, den Sie vorschlagen, so hätte ich die ministerliche Audienz niemals lebend verlassen. Die lieben Pariser hätten wohl nie wieder etwas von mir gehört. Aber abgesehen von diesen Erwägungen hatte ich noch einen Grund. Meine politischen Vorurteile kennen sie ja. In dieser Angelegenheit nun handle ich als Parteigänger der betroffenen Dame. Achtzehn Monate lang hat der Minister sie in seiner Gewalt gehabt. Nun hat sie ihn in der ihren; denn da er nicht weiß, daß sich der Brief nicht mehr in seinem Besitze befindet, wird er mit seinen Erpressungen fortfahren, wie wenn er es noch wäre. So wird er sich unvermeidlich selber alsbald in sein politisches Verderben bringen. Auch wird sein Sturz ebenso jäh wie schmählich sein. Es ist leicht reden vom *facilis descensus Averni*; doch bei jeder Sorte Kletterei ist es, wie die Catalani vom Singen sagte, weitaus leichter, hinauf zu kommen als wieder herunter. Im vorliegenden Fall hege ich kein Mitgefühl – zumindest keinerlei Mitleid – für den, der fällt. Er ist ein *monstrum horrendum*, ein prinzipienloses Genie. Gar zu gern, so gestehe ich freilich, wüßte ich die genaue Art seiner Gedanken, welche ihn wohl bewegen mögen, wenn er, herausgefordert von ihr, die der Präfekt ›eine gewisse Persönlichkeit‹ nennt, genötigt ist, den Brief zu öffnen, den ich in dem Kartengestell für ihn zurückgelassen habe.«

»Wie? Haben Sie etwas Besonderes hineingeschrieben?«

»Nun ja – es schien mir durchaus nicht rechtens zu sein, die Innenseite leer zu lassen – das wäre beleidigend gewesen. D – – hat mir einmal in Wien einen üblen Streich gespielt, und damals habe ich ihm bei bester Laune zugesagt, ich würde ihm das nicht vergessen. Da ich nun wußte, daß ihn doch die Neugier plagen würde zu erfahren, wer ihn wohl überlistet habe, hätte ich es schade gefunden, ihm nicht einen Wink zu geben. Meine Handschrift ist ihm wohlvertraut, und so habe ich eben nur mitten auf das leere Blatt die Worte geschrieben –

> ›*Un dessein si funeste,*
> *S'il n'est digne d'Atrée, est digne de Thyeste.*‹

Sie stehen in Crébillons ›Atrée‹.«

DIE METHODE DOKTOR THEER
UND PROFESSOR FEDDERN

Im Herbst des Jahres 18 – –, als ich mich auf einer Reise durch die südlichsten Provinzen Frankreichs befand, führte mich mein Weg bis auf wenige Meilen nur an einer gewissen *Maison de Santé*, einer privaten Irrenanstalt, vorüber, von der ich durch mir befreundete Ärzte in Paris viel gehört hatte. Da ich noch nie eine Einrichtung dieser Art besucht hatte, dünkte mir die Gelegenheit allzu günstig, um sie ungenützt verstreichen zu lassen; und so schlug ich denn meinem Reisegefährten vor (einem Gentleman, mit dem ich vor ein paar Tagen zufällig Bekanntschaft geschlossen hatte), doch einen Abstecher zu machen, eine Stunde oder so, und das Etablissement zu besichtigen. Nein, davon wollte er nichts wissen – indem er zum einen Eile vorschützte und zum andern einen weitverbreiteten Abscheu vor dem Anblick eines Irren. Gleichwohl bat er mich, ja nicht etwa aus reiner Höflichkeit ihm gegenüber mich davon abhalten zu lassen, meine Neugier zu befriedigen, und erklärte, er werde auch nur ganz gemächlich weiterreiten, so daß ich ihn im Laufe dieses, auf jeden Fall aber des morgigen Tages einzuholen vermöchte. Als er sich von mir verabschiedete, fiel mir ein, daß sich vielleicht einige Schwierigkeiten ergeben könnten, überhaupt Zutritt zur Anstalt zu erlangen, und ich äußerte ihm gegenüber meine diesbezüglichen Befürchtungen. Er erwiderte, wofern ich mit dem Direktor, Monsieur Maillard, nicht persönlich bekannt sei oder mich sonst irgendwie durch ein Schreiben empfehlen könne, ich tatsächlich mit Schwierigkeiten rechnen müsse, da die Vorschriften dieser privaten Irrenanstalten gar viel strenger seien denn die für die öffentlichen Hospitäler. Er selber, so setzte er hinzu, habe vor einigen Jahren Maillard kennengelernt und wolle mir insoweit behilflich sein, bis zum Tore mitzureiten und mich vorzustellen; obschon seine Empfindlichkeit in puncto Irrsinn es ihm allerdings nicht erlaube, seinen Fuß über die Schwelle der Anstalt zu setzen.

Ich dankte ihm, und wir bogen von der Hauptstraße auf einen grasbewachsenen Seitenpfad ab, der sich nach einer halben Stunde nahezu in einem dichten Walde verlor, welcher den Fuß eines Berges einhüllte. Wir waren etwa zwei Meilen durch diesen dumpfen dunklen Wald geritten, als die *Maison de Santé* in Sicht kam. Es war ein bizarres *château*, arg verfallen, ja tatsächlich kaum bewohnbar, so alt und verwahrlost sah es aus. Sein Anblick flößte mir regelrecht Angst ein, und schon halb zur Umkehr entschlossen, zügelte ich mein Pferd. Gleich darauf schämte ich mich jedoch meiner Schwäche und ritt weiter.

Als wir uns dem Tor näherten, bemerkte ich, daß es ein wenig offenstand und das Gesicht eines Mannes hindurchspähte. Im nächsten Augenblick trat dieser Mann herbei, redete meinen Gefährten mit Namen an, schüttelte ihm herzlich die Hand und bat ihn, doch abzusitzen. Es war Monsieur Maillard selbst. Ein stattlicher, gutaussehender Gentleman der alten Schule, mit geschliffenen Manieren und einem gewissen, höchst beeindruckenden Zug von feierlichem Ernst, Würde und Autorität.

Nachdem mein Bekannter mich nun vorgestellt, meinen Wunsch, die Anstalt zu besichtigen, vorgetragen und von Monsieur Maillard die Versicherung, daß er mir alle erdenkliche Aufmerksamkeit erweisen wolle, erhalten hatte, verabschiedete er sich, und ich sah ihn nimmermehr.

Als er fort war, geleitete mich der Direktor in ein kleines, überaus gefällig eingerichtetes Besuchszimmer, das unter anderen Anzeichen feinen Geschmacks viele Bücher enthielt, Bilder, Blumentöpfe und Musikinstrumente. Ein munteres Feuer flackerte im Kamin. Am Pianoforte saß eine wunderschöne junge Frau, die eine Arie von Bellini sang, bei meinem Eintritt ihren Gesang aber unterbrach und mich mit anmutiger Sittsamkeit willkommen hieß. Ihre Stimme klang leise, und ihr ganzes Auftreten wirkte gedämpft. Auch vermeinte ich, Spuren von Kummer in ihrem Antlitz wahrnehmen zu können, welches überaus, obschon für meinen Geschmack nicht unangenehm, bleich war. Sie war tief in Trauer gekleidet und erweckte in meinem Busen ein Gefühl, darin sich Achtung, Anteilnahme und Bewunderung mischten.

In Paris hatte ich gehört, daß die Einrichtung Monsieur Maillards nach der, so der Volksmund, ›sanften Methode‹ geleitet werde – daß man also jegliche Bestrafung vermeide – man selbst zu Einsperren nur äußerst selten griffe – den Patienten, derweil sie heimlich überwacht würden, scheinbar ein gewisses Maß an Freiheit ließe und die meisten von ihnen sich auf dem gesamten Anwesen in der gewöhnlichen Kleidung geistig Normaler frei bewegen dürften.

Solcher Erinnerungen stets eingedenk, war ich auf der Hut in allem, was ich in Gegenwart der jungen Dame sagte; konnte ich doch mitnichten sicher sein, daß sie bei gesundem Verstande sei; ja, ihre Augen hatten so ein gewisses unruhiges Leuchten an sich, daß ich fast geneigt war zu glauben, sie sei es nicht. Ich beschränkte mich in meinen Äußerungen daher auf allgemeine Gegenstände, und zwar solche, von denen ich annahm, sie möchten selbst einer Irren nicht mißfallen noch sie aufregen. Auf alles, was ich sagte, antwortete sie vollkommen vernünftig; und auch die Bemerkungen, die sie von sich aus vorbrachte, zeugten vom gesündesten Menschenverstand; doch lange Kenntnis der Metaphysik der *Manie* hatte mich gelehrt, solcher augenscheinlichen Gewißheit klaren Verstandes nicht zu trauen, und so übte ich denn während des ganzen Gespräches auch weiterhin die Vorsicht, mit welcher ich es begonnen hatte.

Alsbald brachte ein adretter Bedienter in Livree ein Tablett mit Obst, Wein und anderen Erfrischungen herein, ich nahm einiges davon zu mir, und nicht lange darauf verließ die Dame das Zimmer. Als sie fortging, warf ich meinem Gastgeber einen fragenden Blick zu.

»Nein«, sagte er, »o nein – ein Mitglied meiner Familie – meine Nichte, eine hochgebildete Frau.«

»Ich bitte tausendmal um Vergebung ob meines Argwohns«, erwiderte ich, »aber Sie werden mich gewiß zu entschuldigen wissen. Wie vortrefflich Sie Ihres Amtes hier
walten, ist sehr wohl in Paris bekannt, und so habe ich es
eben für möglich gehalten, Sie wissen schon –«

»Aber ja, ja – kein Wort mehr davon – oder vielmehr
wäre ich derjenige, der Ihnen für die löbliche Bedachtsam-
keit zu danken hätte, welche Sie bezeigten. So viel Vorbedacht trifft man selten bei jungen Männern; und mehr als
einmal schon ist infolge der Gedankenlosigkeit seitens unserer Besucher der eine oder andere *contre-temps* vorgefallen. Solange meine ehemalige Methode noch in Kraft war
und meine Patienten also das Vorrecht genossen, sich ganz
nach Belieben frei zu bewegen, ist es des öfteren vorgekommen, daß sie von unvernünftigen Besuchern, welche die
Anstalt besichtigen wollten, zu gefährlicher Raserei gereizt
worden sind. So habe ich mich denn genötigt gesehen, ein
striktes System der Aussperrung durchzusetzen; und niemandem ward mehr Zutritt zu unserm Etablissement gewährt, auf dessen Vorsicht und Verschwiegenheit ich mich
nicht verlassen könnte.«

»Solange Ihre *ehemalige* Methode noch in Kraft war!«
wiederholte ich seine Worte – »wollen Sie damit etwa sagen, jene ›sanfte Methode‹, von der ich soviel gehört habe,
sei nicht mehr in Anwendung?«

»Es ist nun mehrere Wochen her«, erwiderte er, »seit wir
beschlossen haben, sie für immer aufzugeben.«

»Ach, wirklich! Sie setzen mich in Erstaunen!«

»Wir hielten es absolut für notwendig, Sir«, sagte er unter Seufzen, »zu den alten Behandlungsweisen zurückzukehren. Die *Gefährlichkeit* der ›sanften Methode‹ war ja allezeit ganz entsetzlich; und ihre Vorzüge sind doch bei
weitem überschätzt worden. Ich glaube, Sir, wenn überhaupt irgendwo, dann ist die Methode hier bei uns ehrlich
erprobt worden. Wir haben alles getan, was Vernunft und
Milde nur anzuraten vermochten. Es tut mir leid, daß Sie
uns nicht zu einem früheren Zeitpunkt mit Ihrem Besuch
haben beehren können, um sich selber ein Urteil zu bilden.

Doch ich darf wohl annehmen, daß Sie mit der sanften Behandlung – mit ihren Einzelheiten vertraut sind.«

»Durchaus nicht. Was ich darüber gehört habe, stammt
nur aus dritter oder vierter Hand.«

»Dann darf ich ganz allgemein die Methode dahingehend erklären: die Patienten waren *ménagés*, das heißt, man
ließ sie willfahren und ging auf sie ein. Allen möglichen
Wahnvorstellungen, wie sie den Irren in den Sinn kamen,
ward *nicht* widersprochen. Im Gegenteil, diese haben wir
nicht nur geduldet, sondern gar noch bestärkt; und viele
unserer dauerhaftesten Heilungen sind auf diese Weise zustande gekommen. Kein Argument wirkt so auf den schwachen Geist des Irren wie die *reductio ad absurdum*. Wir hatten hier zum Beispiel Männer, die sich einbildeten,
Hühner zu sein. Die Kur bestand nun darin, sie beharrlich
beim Wort und die Sache als tatsächliche Wahrheit zu
nehmen – den Patienten der Dummheit zu zeihen, weil er es
nicht zur Genüge als wirklich erfaßte – und ihm denn also
eine Woche lang jegliche andere Nahrung zu verweigern
denn solcher, welche recht eigentlich einem Huhn zu-
kommt. Auf diese Weise ließen sich mit ein paar Maiskör-
nern wahre Wunder wirken.«

»Aber war das alles, in dieser Art auf die Patienten einzugehen?«

»Keineswegs. Wir haben sehr stark auf alle möglichen
einfachen Zerstreuungen vertraut, wie etwa Musik, Tanz,
überhaupt Leibesübungen, Kartenspiele, bestimmte Sorten
Bücher und so weiter. Wir stellten uns, als ob wir einen jeglichen eines gewöhnlichen körperlichen Übels wegen in Behandlung hätten; und nie ward das Wort ›Wahnsinn‹ auch
nur in den Mund genommen. Ein ganz wichtiger Punkt bestand darin, jeden Irren zum Aufpasser über das Tun aller
anderen zu bestimmen. Setzt man in das Verständnis oder
die Diskretion eines Geistesgestörten Vertrauen, so bedeutet es, ihn mit Leib und Seele zu gewinnen. Auf diese
Weise wurden wir in den Stand versetzt, ohne kostspieliges
Wärterpersonal auszukommen.«

»Und es gab bei Ihnen keine Strafen irgendwelcher Art?«

»Keine.«

»Und Sie haben Ihre Patienten niemals eingesperrt?«

»Sehr selten nur. Dann und wann, wenn die Krankheit eines Patienten zu einer Krisis gelangte oder eine jähe Wendung zur Tobsucht nahm, brachten wir ihn wohl in eine verborgene Zelle, damit seine Unruhe nicht die andern anstecke, und hielten ihn dort in Gewahrsam, bis wir ihn wieder zu den Seinigen schicken konnten – denn mit dem Tobsüchtigen haben wir hier nichts zu schaffen. Der kommt gewöhnlich in die staatlichen Hospitäler.«

»Und nun haben Sie dies alles anders gemacht – und Ihrer Ansicht nach besser?«

»Ganz entschieden. Die Methode hatte ihre Nachteile, ja sogar Gefahren. Glücklicherweise ist sie mittlerweile in sämtlichen *Maisons de Santé* Frankreichs als völlig veraltet abgeschafft worden.«

»Was Sie mir da erzählen, überrascht mich wirklich sehr«, sagte ich; »denn ich hielt es für gewiß, daß sich derzeit keine andere Methode der Behandlung von Geistesgestörtheit in irgendeinem Teile des Landes fände.«

»Sie sind noch jung, mein Freund«, erwiderte mein Gastgeber, »aber die Zeit wird kommen, da Sie lernen werden, sich selber ein Urteil darüber zu bilden, was in der Welt vor sich geht, ohne sich auf das Geschwätz anderer zu verlassen. Glauben Sie nichts von dem, was Sie hören, und nur die Hälfte dessen, was Sie sehen. Was nun unsere *Maison de Santé* betrifft, so liegt es klar auf der Hand, daß irgend so ein Ignorant Sie irregeführt hat. Doch nach dem Dinner, wenn Sie sich von der Strapaze Ihres Ritts hinlänglich erholt haben, wird es mir eine Freude sein, Sie durch das Haus zu führen und mit einer Methode bekannt zu machen, die meiner Ansicht nach und nach der Ansicht eines jeden, der ihre Anwendung erlebt hat, die unvergleichlich wirksamste ist, die bislang ersonnen wurde.«

»Ihre eigene?« fragte ich – »eine, die Sie gar selber erfunden?«

»Mit einigem Stolz«, erwiderte er, »darf ich gestehen, daß dem so ist – zumindest in gewissem Maße.«

In dieser Weise unterhielt ich mich mit Monsieur Maillard wohl ein oder zwei Stunden lang, in deren Verlauf er mir die Gärten und Treibhäuser der Einrichtung zeigte.

»Meine Patienten«, so sprach er, »kann ich Sie im Augenblick noch nicht sehen lassen. Für ein empfindsames Gemüt haben solche Schaustellungen doch immer mehr oder minder etwas Schockierendes an sich; und ich möchte Ihnen beileibe nicht den Appetit aufs Dinner verderben. Essen wir also erst. Ich kann Ihnen Kalbfleisch *à la St. Menehoult* bieten, dazu Blumenkohl in Sauce *velouté* – hinterher ein Gläschen *Clos de Vougeôt* – dann werden Ihre Nerven hinlänglich gestärkt sein.«

Um sechs Uhr ward gemeldet, das Dinner sei angerichtet; und mein Gastgeber geleitete mich in eine große *salle à manger*, wo sich eine zahlreiche Gesellschaft versammelt hatte – insgesamt fünfundzwanzig oder dreißig. Allem Anschein nach Leute von Rang – gewißlich von feiner Lebensart – wiewohl ihre Kleidung, so wollte mir dünken, geradezu verschwenderisch prächtig, ein wenig zu viel von Pracht und Glanz der *vieille cour* an sich hatte. Mir fiel auf, daß mindestens zwei Drittel dieser Gäste Damen waren; und einige davon hatten sich in einer Art ausstaffiert, welche ein Pariser heutzutage keineswegs für geschmackvoll hielte. So waren zum Beispiel viele der weiblichen Wesen, die nicht weniger denn siebzig Jahre gezählt haben mußten, verschwenderisch mit Schmuck wie Ringen, Armbändern und Ohrringen behängt und trugen Busen und Arme auf geradezu unanständige Weise entblößt. Auch bemerkte ich, wie nur sehr wenige der Kleider einen guten Schneider verrieten – oder zumindest, daß sie in den seltensten Fällen den Trägerinnen paßten. Derweilen ich mich so umschaute, entdeckte ich auch jenes anziehende Mädchen, dem mich Monsieur Maillard in dem kleinen Besuchszimmer vorgestellt hatte; doch wie groß war meine Überraschung, sie jetzt in einem Reifrock, ja, einer richtigen Krinoline zu sehen, dazu trug sie hochhackige Schuhe und eine schmutzige Haube aus Brüsseler Spitzen, welche ihr so viel zu groß war, daß ihr Gesicht darin lächerlich winzig aussah. Als sie mir zum ersten Male begegnet war, hatte sie, was ihr vortrefflich gestanden, tiefe Trauer getragen. Kurzum, die Toiletten, ja die Aufmachung der ganzen Gesellschaft wirkte gar sonderbarlich, daß ich mich zunächst veranlaßt sah, zu meiner ursprünglichen Vorstellung von der ›sanften Methode‹ zurückzukehren und mir einzubilden, Monsieur Maillard habe mich absichtlich bis nach dem Essen in der Täuschung belassen wollen, damit mich während der Mahlzeit keinerlei Unbehagen anwandeln solle darob, mich mit Verrückten an einem Tische zu finden; doch fiel mir ein, wie man mich in Paris darüber aufgeklärt hatte, daß es sich bei diesen südlichen Provinzialen um ein ganz besonders exzentrisches Völkchen handele, mit einer Unzahl antiquierter Vorstellungen; und überdies ward mein Argwohn, nachdem ich mich mit verschiedenen Mitgliedern der Gesellschaft unterhalten hatte, sogleich völlig zerstreut.

Der Speisesaal selbst war, obschon vielleicht ausreichend komfortabel und auch recht geräumig, nicht elegant zu nennen. Zum Beispiel bedeckte keinerlei Teppich den Fußboden; nun verzichtet man in Frankreich freilich häufig auf einen Teppich. Auch fehlten Gardinen vor den Fenstern; dafür waren die Läden geschlossen und sicher mit Eisenstangen verwahrt, die diagonal, nach Art unserer gewöhnlichen Ladenfensterklappen, auflagen. Der Saal bildete, so stellte ich fest, in sich selbst einen Flügel des *château*, und so nahmen die Fenster drei Seiten des Parallelogramms ein; auf der vierten befand sich die Tür. Insgesamt waren es nicht weniger denn zehn Fenster.

Die Tafel war aufs prächtigste gedeckt. Üppig prangte darauf silbernes und goldenes Geschirr und mehr als üppig die köstlichsten Leckerbissen. Der Überfluß war absolut barbarisch. Die Speisen hätten den Enakitern zum Schmause gereicht. Noch nie zuvor in meinem ganzen Leben hatte ich die Genüsse des Lebens in so übergroßer, so verschwenderischer Fülle gesehen. Das Arrangement freilich wirkte sehr wenig geschmackvoll; und meine Augen, an gedämpftes Licht gewöhnt, wurden gar sehr beleidigt durch den übergrellen Glanz einer Unzahl Wachskerzen, welche in silbernen Kandelabern über die Tafel hin sowie überall im Raume verteilt waren, wo immer es nur irgend möglich gewesen war, ein Plätzchen dafür zu finden. Die Aufwartung versahen mehrere flinke Diener; und auf einem großen Tisch am entfernteren Ende des Saales saßen sieben oder acht Leute mit Fiedeln, Querpfeifen, Posaunen und einer Trommel. Diese Burschen fielen mir, derweil wir speisten, von Zeit zu Zeit sehr lästig, da sie eine unendliche Vielfalt von lärmenden Geräuschen hervorbrachten, die wohl Musik darstellen sollten und die, mich ausgenommen, sämtliche Anwesenden höchlichst zu ergötzen schienen.

Im ganzen konnte ich mich des Eindrucks nicht erwehren, daß alles, was ich hier sah, doch recht *bizarre* anmutete – aber die Welt besteht nun einmal aus allen möglichen Arten von Menschen mit allen möglichen Denkweisen und allen möglichen Sitten und Gebräuchen. Auch war ich weitgereist genug, um ein rechter Adept des *nil admirari* zu sein; so nahm ich denn gelassen zur Rechten meines Gastgebers Platz und ließ, da ich vortrefflichen Appetit verspürte, den Tafelfreuden, die mir vorgesetzt wurden, volle Gerechtigkeit widerfahren.

Die Unterhaltung war unterweilen lebhaft und allgemein. Wie üblich redeten die Damen eine ganze Menge. Ich merkte bald, daß nahezu die ganze Gesellschaft recht wohlgebildet war; und schon allein mein Gastgeber verkörperte in sich geradezu eine ganze Welt launiger Anekdoten. Er schien recht gern von seiner Stellung als Direktor einer *Maison de Santé* zu sprechen; ja, in der Tat bildete, sehr zu meinem Erstaunen, das Irresein ein Lieblingsthema aller Anwesenden. Gar viele amüsante Geschichten wurden zum besten gegeben, die sich auf die *Marotten* der Patienten bezogen.

»Einmal hatten wir hier einen Burschen«, sagte der kleine dicke Herr, der mir zur Rechten saß – »einen Burschen, der sich einbildete, er wäre ein Teekessel; übrigens, ist es nicht ganz besonders merkwürdig, wie oft gerade diese spezielle Zwangsvorstellung einem Verrückten in den

Kopf kommt? In ganz Frankreich gibt es wohl kaum ein Irrenhaus, das nicht mit einem menschlichen Teekessel aufwarten könnte. *Unser* Gentleman nun stellte einen aus Britanniametall vor, und er trug große Sorge, sich allmorgendlich mit Bockleder und Schlämmkreide blank zu putzen.«

»Und dann«, sagte ein großer Mann mir gegenüber, »es ist noch gar nicht lange her, da gab es hier einen, der hatte es sich in den Kopf gesetzt, daß er ein Esel sei – was ja nun, bildlich gesprochen, so werden Sie sagen, auch völlig richtig war. Er war ein beschwerlicher Patient; und es kostete uns viel Mühe, ihn in Schranken zu halten. Lange wollte er nichts als Disteln essen; aber von dieser Idee haben wir ihn denn doch bald kuriert, indem wir darauf bestanden, daß er nichts anderes äße. Dann schlug er immerzu nach hinten aus – so – so –«

»Mr. de Kock! So benehmen Sie sich doch, wenn ich bitten dürfte!« unterbrach ihn hier eine alte Dame, die neben dem Sprecher saß. »Halten Sie doch bitte Ihre Füße ruhig! Sie haben mir mein Brokatkleid verdorben! Ich bitte Sie, ist es denn unbedingt nötig, eine Bemerkung so handgreiflich zu illustrieren? Unser Freund hier kann Sie sicherlich auch ohne dergleichen verstehen. Auf mein Wort, Sie sind ja beinahe ein ebenso großer Esel, der zu sein jener arme Unglückliche sich eingebildet hat. Ihre Darstellung ist sehr naturgetreu, so wahr ich lebe.«

»*Mille pardons! Mam'selle!*« erwiderte der also angesprochene Monsieur de Kock – »bitte tausendmal um Vergebung! Ich wollte Sie nicht im mindesten verärgern. Mam'selle Laplace – Monsieur de Kock gibt sich die Ehre, auf Ihre Gesundheit zu trinken.« Hierauf verneigte sich Monsieur de Kock tief, küßte sich höchst feierlich die Hand und trank Mam'selle Laplace zu.

»Darf ich, *mon ami*«, wandte sich Monsieur Maillard jetzt an mich, »darf ich Ihnen ein wenig von diesem Kalbfleisch *à la St. Menehoult* vorlegen – es wird Ihnen ganz besonders munden.«

Gerade nämlich war es in diesem Augenblick drei kräftigen Aufwärtern gelungen, eine enorme Schüssel oder vielmehr ein Tranchierbrett sicher auf der Tafel abzusetzen, darauf, so deuchte mich, das ›monstrum, horrendum, informe, ingens, cui lumen ademptum‹ lag. Bei näherem Hinsehen gelangte ich jedoch zu der Überzeugung, daß es sich nur um ein kleines, im Ganzen gebratenes Kalb handelte, das, einen Apfel im Maul, vor uns kniete, ganz wie es englischer Brauch ist, einen Hasen anzurichten.

»Nein, danke«, erwiderte ich; »um ehrlich zu sein, ich hege keine sonderliche Vorliebe für Kalb à la St. – wie war das doch gleich? –, denn ich glaube nicht, daß es mir überhaupt bekommen dürfte. Doch will ich den Teller wechseln und etwas von dem Kaninchen probieren.«

Auf der Tafel standen nämlich verschiedene Beischüsseln, welche etwas enthielten, was nach dem gewöhnlichen französischen Kaninchen aussah – ein sehr köstlicher morceau, den ich nur empfehlen kann.

»Pierre«, rief der Gastgeber, »einen neuen Teller für den Herrn hier, und geben Sie ihm ein Seitenstück von dem Kaninchen au-chat.«

»Dem was?« fragte ich.

»Dem Kaninchen au-chat.«

»Ach, danke – wenn ich mir's recht überlege, lieber nicht. Ich werde mir nur ein bißchen Schinken nehmen.«

Man weiß doch nie, dachte ich bei mir, was man an den Tafeln dieser Provinzler so alles ißt. Ihr Kaninchen au-chat können sie selber essen – und was das angeht, auch ihre Katze-au-Kaninchen.

»Und dann«, sagte ein leichenhaft dreinblickendes Wesen am unteren Ende der Tafel und nahm damit den Faden der Unterhaltung dort wieder auf, wo er abgerissen war – »und dann, unter anderen verrückten Käuzen war da einmal ein Patient, der steif und fest behauptete, er sei ein Córdoba-Käse, und der nun ständig mit einem Messer in der Hand herumlief und seine Freunde und Bekannten nachdrücklichst einlud, doch einmal ein Scheibchen vom Mittelstück seines Beines zu kosten.«

»Zweifelsohne war er ein großer Narr«, warf ein anderer ein, »aber nicht zu vergleichen mit einem gewissen Unikum, das wir alle kennen, außer dem fremden Herrn hier. Ich meine jenen Mann, der sich für eine Flasche Champagner hielt und der immer pflopp-s-s-sch! losging, so hier.«

Hiermit steckte sich der Sprecher, sehr ungehörig, wie mir dünkte, den rechten Daumen in die linke Wange, zog ihn dann mit einem Geräusch heraus, das wie ein Pfropfenknall klang, und brachte danach, indem er die Zunge gewandt über die Zähne gleiten ließ, das Schäumen von Champagner nachzuahmen, ein scharfes Gezisch und Gesprudel hervor, das minutenlang anhielt. Dies Betragen, ich merkte es deutlich, wollte Monsieur Maillard nicht sonderlich gefallen; doch sagte dieser Gentleman nichts, und die Unterhaltung ward von einem sehr hageren Männchen mit einer großen Perücke fortgesetzt.

»Und dann war da so ein Ignorant«, sagte er, »der verwechselte sich mit einem Frosch; welchem er, ganz nebenbei, in nicht geringem Grade ähnlich sah. Ich wünschte, Sie hätten ihn sehen können, Sir« – damit wandte sich der Sprecher an mich –, »es hätte Ihrem Herzen gutgetan zu sehen, wie natürlich er sich gab. Sir, wenn dieser Mann *kein* Frosch gewesen ist, dann kann ich nur sagen, es ist ein Jammer, daß er keiner war. Wie er quakte – ko-o-o-ax – ko-o-o-ax! – auf B –, war's der schönste Ton in der Welt; und wenn er seine Ellbogen auf den Tisch tat, so – nachdem er ein oder zwei Gläschen Wein getrunken hatte – und dazu den Mund breit zog, so, und die Augen verdrehte, so, und ungeheuer schnell damit blinzelte, so, nun dann, Sir, so maße ich mir an, mit aller Bestimmtheit zu behaupten, dann wären Sie vor lauter Bewunderung hingerissen gewesen ob des Genies dieses Mannes.«

»Daran zweifle ich nicht«, sagte ich.

»Und dann«, sagte ein anderer, »und dann war da Petit Gaillard, der hielt sich für eine Prise Schnupftabak und war wirklich unglücklich, weil er sich nicht selber zwischen Daumen und Zeigefinger nehmen konnte.«

»Und dann Jules Desoulières, der nun wahrlich ein einmaliges Genie war und ganz in dem Wahne aufging, er wäre ein Kürbis. Er drangsalierte den Koch, ihn doch zu

Pasteten zu verarbeiten – ein Ansinnen, welches der Koch entrüstet von sich wies. Was mich betrifft, so bin ich mir keineswegs sicher, ob eine Kürbispastete *à la Desoulières* nicht doch ein Hochgenuß gewesen wäre!«

»Sie setzen mich in Erstaunen!« sagte ich; und ich warf Monsieur Maillard einen forschenden Blick zu.

»Ha! ha! ha!« machte jener Gentleman – »he! he! he! – hi! hi! hi! – ho! ho! ho! – hu! hu! hu! – wirklich ausgezeichnet! Sie dürfen nicht erstaunt sein, *mon ami*; unser Freund hier ist ein Witzbold – *un drôle* –, was er sagt, dürfen Sie nicht buchstäblich nehmen.«

»Und dann«, ließ sich ein anderer der Tischgesellschaft vernehmen, »dann war da Bouffon Le Grand – in seiner Art auch eine außergewöhnliche Persönlichkeit. Die Liebe hatte ihn um den Verstand gebracht, und er bildete sich ein, zwei Köpfe zu besitzen. Einer davon, so behauptete er, sei der Kopf von Cicero; den anderen dachte er sich zusammengesetzt, und zwar vom Scheitel bis zum Mund Demosthenes und vom Mund bis zum Kinn dann Lord Brougham. Es ist nicht ausgeschlossen, daß er unrecht hatte; doch hätte er Sie unbedingt davon überzeugt, daß er im Rechte sei; denn er war ein Mann von ungeheurer Eloquenz. Die Kunst der Rede war seine große Passion, und er konnte sich's nicht versagen, ihr zu frönen. Zum Beispiel sprang er immer auf die Dinnertafel, so hier, und – und –«

An dieser Stelle legte ein Freund, der ihm zur Seite saß, dem Sprecher eine Hand auf die Schulter und flüsterte ihm ein paar Worte ins Ohr; worauf dieser jählings verstummte und sich auf den Stuhl zurückfallen ließ.

»Und dann«, sagte der Freund, der da eben geflüstert hatte, »dann gab es ja auch Boullard, den Kreisel. Ich nenne ihn den Kreisel, weil er doch tatsächlich von der komischen, aber durchaus nicht aberwitzigen Schrulle besessen war, daß er in einen Kreisel verwandelt worden sei. Hätten Sie ihn herumwirbeln sehen, Sie hätten geschrien vor Lachen. Stundenlang drehte er sich auf dem Absatz, in der Art – so –«

Hier erwies ihm nun der Freund, den er eben noch durch ein Flüstern unterbrochen hatte, genau den gleichen Dienst.

»Aber«, schrie da eine alte Dame aus vollem Halse, »Ihr Monsieur Boullard war ja ein Verrückter, und zwar im günstigsten Falle ein sehr alberner Verrückter; denn wer, darf ich Sie fragen, hat denn je von einem menschlichen Kreisel gehört? Das ist doch völlig absurd. Madame Joyeuse war da viel vernünftiger, wie Sie ja wissen. Sie hatte auch einen Spleen, aber dabei handelte es sich um eine natürliche Neigung mit gesundem Menschenverstand, und alle, welche die Ehre ihrer Bekanntschaft genossen, hatten ihre Freude daran. Nach reiflicher Überlegung hatte sie nämlich erkannt, daß durch irgendeinen Zufall ein Hähnchen aus ihr geworden war; als solches aber benahm sie sich nun ganz *comme il faut*. Sie schlug ganz wunderbarlich mit den Flügeln − so − so − so −, und ihr Krähen erst, das war überaus köstlich! Kikeriki! − kikeriki! − kikeriki − ri-ki-ki-kii-kiiiiiii!«

»Madame Joyeuse, ich wäre Ihnen sehr verbunden, wenn Sie sich benehmen wollten!« unterbrach sie hier der Herr des Hauses höchst ungehalten. »Entweder benehmen Sie sich, wie es sich für eine Dame gehört, oder aber Sie verlassen auf der Stelle die Tafel − Sie haben die Wahl.«

Die Dame (welche als Madame Joyeuse angeredet zu hören mich doch sehr verwunderte, nach der Schilderung, die sie soeben von Madame Joyeuse geboten) errötete bis zu den Augenbrauen und wirkte ungeheuer beschämt ob des Tadels. Sie ließ den Kopf hängen und erwiderte nicht eine Silbe. Doch eine andere, jüngere Dame griff das Thema wieder auf. Es war dies meine Schöne aus dem kleinen Besuchszimmer!

»Oh, Madame Joyeuse *war wirklich* eine Närrin!« rief sie aus; »doch wirklich viel gesunde Vernunft war schließlich in den Ansichten von Eugénie Salsafette. Das war eine sehr schöne und übertrieben sittsame junge Dame, welcher die herkömmliche Weise, sich zu kleiden, unschicklich dünkte, weshalb sie sich denn stets so anzuziehen wünschte, daß sie nicht in ihre Kleider hinein, sondern aus ihnen heraus schlüpfte. Das geht übrigens ganz leicht. Man braucht nur so zu machen – und dann so – so – so – und dann noch so – so – so – und dann –«

»*Mon Dieu!* Mam'selle Salsafette!« schrien hier ein Dutzend Stimmen im Chor. »Was *tun* Sie denn da? – Aufhören! genug! – wir sehen sehr deutlich, wie man's macht! – halt! halt!« und schon wollten einige von den Plätzen springen, um Mam'selle Salsafette daran zu hindern, es der Mediceischen Venus gleichzutun, als diese Absicht auf wirksame und jähe Weise durch anhaltendes gellendes Geschrei erreicht ward, das irgendwo aus dem Haupttrakt des Schlosses herüberscholl.

Wahrlich, diese Schreie setzten auch meinen Nerven arg zu; doch die übrige Gesellschaft erbarmte mich regelrecht. Nie noch in meinem Leben habe ich eine Ansammlung vernünftiger Menschen derart angstverstört gesehen. Leichenblaß wurden sie alle miteinander, und indem sie auf ihren Plätzen förmlich in sich zusammenkrochen, hockten sie vor Entsetzen zitternd und lallend da und lauschten, ob sich das Geschrei wiederhole. Wieder erklang es – lauter und scheinbar näher – und dann ein drittes Mal, *sehr* laut, darauf ein viertes Mal, mit unverkennbar verminderter Stärke. Auf dieses sichtliche Verhallen des Lärmes hin kehrten der Gesellschaft sogleich die Lebensgeister wieder, und wie zuvor herrschte eitel Lebhaftigkeit und Anekdote. Ich wagte nun, mich nach der Ursache solcher Störung zu erkundigen.

»Eine reine *bagatelle*«, sagte Monsieur Maillard. »Wir sind an derlei gewöhnt und machen uns eigentlich nur sehr wenig daraus. Die Irren heben immer wieder mal zusammen ein Geheul an; der eine steckt dann den andern an, wie es zuweilen wohl bei einer Meute Hunde des Nachts geschieht. Gelegentlich kommt es jedoch auch vor, daß auf das Brüll*konzert* gleichzeitig ein Ausbruchsversuch folgt; worauf dann natürlich ein wenig Gefahr zu befürchten ist.«

»Und wie viele haben Sie in Obhut?«

»Zur Zeit nicht mehr als insgesamt zehn.«

»Wohl hauptsächlich Frauen?«

»O nein – alles Männer, und kräftige Burschen dazu, das kann ich Ihnen versichern.«

»Wirklich! Ich habe immer gedacht, daß die meisten Irren dem zarten Geschlecht angehören.«

»Im allgemeinen ist das auch so, doch nicht immer. Vor einiger Zeit waren etwa siebenundzwanzig Patienten hier; und bei dieser Zahl handelte es sich in nicht weniger als achtzehn Fällen um Frauen; doch in letzter Zeit ist das ganz anders geworden, wie Sie sehen können.«

»Ja – ist ganz anders geworden, wie Sie sehen können«, unterbrach uns hier der Herr, der Mam'selle Laplace die Schienbeine malträtiert hatte.

»Ja – ist ganz anders geworden, wie Sie sehen können!« fiel die ganze Gesellschaft im Chore ein.

»Wollt ihr wohl eure Zungen stillhalten, alle miteinander!« rief mein Gastgeber äußerst wütend. Worauf die ganze Gesellschaft fast eine Minute lang Totenstille wahrte. Was nun eine Dame betraf, so gehorchte sie Monsieur Maillard sogar aufs Wort, indem sie die Zunge heraussteckte, die ausgesprochen lang war, und sie ganz gelassen bis zum Ende des Mahles mit beiden Händen festhielt.

»Und diese edle Dame«, flüsterte ich, mich hinüberbeugend, Monsieur Maillard zu – »diese gute Dame, die da eben gesprochen und uns das Kikeriki geboten hat – sie ist wohl harmlos – ganz harmlos, wie?«

»Harmlos!« stieß er in ungeheucheltem Staunen hervor, »wie – wie – was *können* Sie damit nur meinen?«

»Nur leicht übergeschnappt?« sagte ich und tippte mir an den Kopf. »Ich gehe davon aus, daß sie nicht besonders – nicht gefährlich erkrankt ist, wie?«

»*Mon Dieu!* was denken Sie sich denn nur! Diese Dame, meine spezielle alte Freundin, Madame Joyeuse, ist genauso bei Verstande wie ich selber. Freilich, sie hat ihre kleinen Verschrobenheiten – aber schließlich sind alle alten Frauen, wie Sie wohl wissen – alle *sehr* alten Frauen mehr oder weniger verschroben!«

»Gewiß«, sagte ich, »gewiß – und die übrigen Damen und Herren hier –«

»Sind meine Freunde und Wärter«, fiel mir Monsieur Maillard ins Wort und richtete sich voller *hauteur* auf – »meine sehr guten Freunde und Assistenten.«

»Wie! sie alle?« fragte ich – »die Frauen und alle?«

»Sicherlich«, entgegnete er – »ginge es gar nicht ohne die Frauen; sie sind die besten Irrenwärterinnen der Welt; sie haben ihre eigene Art, wissen Sie; ihre leuchtenden Augen tun eine wundervolle Wirkung – so etwas wie die Faszination der Schlange, wissen Sie.«

»Gewiß«, sagte ich – »gewiß! Sie benehmen sich nur etwas sonderbar, wie? – sie sind ein bißchen *wunderlich*, wie? – meinen Sie nicht auch?«

»Sonderbar! – wunderlich! – hm, meinen Sie *wirklich?* Wir hier im Süden sind nicht sehr zimperlich, freilich – tun so ziemlich, was uns gefällt – genießen das Leben und das ganze Zeug, wissen Sie –«

»Gewiß«, sagte ich – »gewiß.«

»Und dann steigt vielleicht auch dieser *Clos de Vougeôt* ein wenig zu Kopf, wissen Sie – ist etwas *stark* – Sie verstehen, hm?«

»Gewiß«, sagte ich – »gewiß. Übrigens, Monsieur, habe ich Sie recht verstanden, daß die Methode, die Sie statt der berühmten ›sanften‹ anwenden, sehr, ja ausgesprochen streng ist?«

»Keineswegs. Wir halten sie notgedrungen streng eingesperrt; aber die Behandlung – die ärztliche Betreuung, meine ich – ist für die Patienten wohl eher angenehm.«

»Und die neue Methode ist Ihre eigene Erfindung?«

»Nicht ganz. Teile davon gehen auf Professor Theer zurück, von dem Sie ja wohl unbedingt gehört haben müssen; und dann wiederum enthält mein System gewisse Modifikationen, die, so darf ich mich glücklich schätzen zu gestehen, von Rechts wegen dem berühmten Feddern zugehören, den Sie ja, wenn ich nicht irre, recht gut zu kennen die Ehre haben.«

»Ich schäme mich beinahe zu bekennen«, erwiderte ich,

»daß ich noch nicht einmal den Namen auch nur eines der Herren gehört habe.«

»Du lieber Himmel!« stieß mein Gastgeber hervor, rückte abrupt den Stuhl zurück und hob die Hände. »Ich habe wohl nicht recht gehört! Sie haben doch nicht etwa sagen wollen, he?, daß Sie noch nie etwas von den beiden Herren auch nur *gehört* hätten, weder von dem gelehrten Doktor Theer noch von dem berühmten Professor Feddern?«

»Ich sehe mich gezwungen, meine Unwissenheit zu gestehen«, erwiderte ich; »doch sollte man die Wahrheit wohl geheiligt über alles stellen. Dennoch liege ich gedemütigt im Staube, weil ich mit den Werken dieser zweifelsohne außergewöhnlichen Männer nicht bekannt bin. Ich werde mir aber ihre Schriften unverweilt ausfindig machen und sie mit peinlicher Sorgfalt durchlesen. Monsieur Maillard, Sie haben – ich muß es gestehen – *wirklich* – Sie haben es zuwege gebracht, daß ich mich vor mir selber schäme.«

Und so war es tatsächlich.

»Kein Wort mehr, mein braver junger Freund«, sagte er liebenswürdig und drückte mir dabei die Hand – »trinken Sie mit mir ein Glas Sauterne.«

Wir tranken. Die Gesellschaft folgte ohne Einschränkung unserem Beispiel. Man plauderte – man scherzte – man lachte – man vollführte tausenderlei Albernheiten – die Fiedeln kreischten – die Trommel dröhnte – die Posaunen brüllten, als wäre eine jede von ihnen des Phalaris eherner Stier – und das Ganze gebärdete sich immer schlimmer, je mehr der Wein die Oberhand gewann, und artete schließlich zu einer Art Pandämonium *in petto* aus. Derweilen setzten Monsieur Maillard und ich, über einige Flaschen Sauterne und Vougeôt hinweg, unser Gespräch aus vollem Halse fort. Hätte doch ein Wort, in normaler Stimmlage gesprochen, keine größere Chance gehabt, gehört zu werden denn die Stimme eines Fisches vom tiefsten Grunde der Niagara-Fälle.

»Und, Sir«, schrie ich ihm ins Ohr, »vor dem Essen haben Sie auf die Gefahr gedeutet, welche der alten ›sanften‹ Methode innewohne. Wie steht es damit?«

»Ja«, erwiderte er, »gelegentlich bestand tatsächlich sehr große Gefahr. Die kapriziösen Einfälle der Irren sind gänzlich unberechenbar; nach meiner Meinung, welche auch Doktor Theer und Professor Feddern teilen, ist es *niemals* ungefährlich, sie auf freiem Fuße unbeaufsichtigt umherlaufen zu lassen. Wohl mag ein Irrer eine Zeitlang ›besänftigt‹ werden, wie es so schön heißt, doch am Ende fängt er höchstwahrscheinlich doch an zu toben. Auch ist seine Verschlagenheit sprichwörtlich und groß. Wenn er etwas im Schilde führt, so tarnt er seine Absicht mit wunderbarer Schläue; und die Gewandtheit, mit welcher er Normalität simuliert, bietet dem Metaphysiker eines der wohl singulärsten Probleme bei der Erforschung des Geistes. Ja, sobald ein Irrer *vollkommen* normal wirkt, dann ist es höchste Zeit, ihn in eine Zwangsjacke zu stecken.«

»Aber die *Gefahr*, verehrter Herr, von der Sie sprachen – aus Ihrer eigenen Erfahrung – während Sie diese Anstalt hier leiteten – haben Sie je im Falle eines Irren wirklich Grund gehabt, die Freiheit für riskant zu halten?«

»Hier? – aus eigener Erfahrung? – tja, das kann ich wohl sagen, ja. Zum Beispiel: – es ist noch gar nicht so *sehr* lange her, daß sich in ebendiesem Hause ein merkwürdiger Vorfall zutrug. – Damals war die ›sanfte Methode‹ in Anwendung, wie Sie wissen, und die Patienten genossen Bewegungsfreiheit. Sie betrugen sich bemerkenswert gut – so ganz außerordentlich – jeder vernünftige Mensch hätte erkennen müssen, daß sich irgendein teuflisches Komplott zusammenbraue, eben an jenem Umstand, daß sich die Kerle so *auffällig* gut betrugen. Und siehe da, eines schönen Morgens fanden sich die Wärter an Händen und Füßen gefesselt und in die Zellen gesperrt, wo sie denn behandelt wurden, wie wenn *sie* die Irren wären, und zwar von den Irren selbst, die das Wärteramt an sich gerissen hatten.«

»Was Sie nicht sagen! Etwas so Absurdes habe ich in meinem Leben noch nicht gehört!«

»Tatsache – geschehen ist das Ganze durch einen dummen Kerl – einen Verrückten –, der es sich irgendwie in den Kopf gesetzt hatte, eine bessere Verwaltungsmethode erfunden zu haben als alle bisher bekannten – der Verwaltung und Leitung einer Irrenanstalt, meine ich. Er wollte seine Erfindung einmal erproben, nehme ich an – und so überredete er denn die übrigen Patienten, sich ihm bei einer Verschwörung zum Sturze der regierenden Gewalten anzuschließen.«

»Und er hatte tatsächlich Erfolg?«

»Zweifellos. Schon bald hatten Wächter und Bewachte die Plätze getauscht. Das nun auch wieder nicht ganz – denn die Verrückten waren ja frei gewesen, die Wärter aber wurden unverzüglich in Zellen gesperrt und, wie ich leider sagen muß, recht kavaliermäßig behandelt.«

»Aber ich nehme doch an, daß bald eine Konterrevolution stattgefunden hat? Diese Lage der Dinge konnte doch nicht von Dauer sein. Die Landbevölkerung der Umgegend – Besucher, welche die Anstalt besichtigen kamen – hätten doch Alarm geschlagen.«

»Weit gefehlt. Dafür war der Anführer der Rebellen viel zu gerissen. Er ließ überhaupt keine Besucher mehr herein – nur eines Tages machte er eine Ausnahme bei einem sehr dümmlich dreinschauenden jungen Herrchen, vor dem sich zu fürchten er keinerlei Grund sah. Er ließ ihn ein, sich das Etablissement zu besehen – nur der Abwechslung wegen –, um sich einen kleinen Spaß mit ihm zu machen. Sobald er ihn hinreichend düpiert hatte, ließ er ihn wieder hinaus und schickte ihn seiner Wege.«

»Und *wie* lange haben denn also die Verrückten regiert?«

»Oh, wirklich sehr lange – einen Monat bestimmt – wieviel länger noch, kann ich gar nicht einmal genau sagen. Inzwischen ging es bei den Verrückten hoch her – darauf können Sie schwören. Sie hängten ihre eigenen schäbigen Kleider in den Schrank und bedienten sich ungeniert der Familiengarderobe und des -schmucks. Die Keller des *château* waren mit Wein wohlversorgt; und aufs Trinken verstehen sich ja nun diese Verrückten wie die reinsten Teufel. In Saus und Braus haben die gelebt, das kann ich Ihnen versichern.«

»Und die Behandlung – was war denn das nun für eine spezielle Art von Behandlung, die der Anführer der Rebellen einführte?«

»Nun, was das betrifft, so muß ein Irrer ja nicht unbedingt ein Dummkopf sein, wie ich bereits festgestellt habe; und es ist meine aufrichtige Überzeugung, daß seine Behandlungsweise viel besser war als diejenige, welche durch sie außer Gebrauch gesetzt wurde. Es war tatsächlich eine kapitale Methode – einfach – klar – ohne alle Mühe – sie war wirklich köstlich – sie war –«

An dieser Stelle wurden die Ausführungen meines Gastgebers neuerlich durch anhaltendes Gebrüll unterbrochen, von der nämlichen Art, wie es uns zuvor schon aus der Fassung gebracht hatte. Diesmal jedoch schien es von Personen herzurühren, die eilig näher kamen.

»Ach, du meine Güte!« rief ich aus – »die Irren sind zweifellos ausgebrochen.«

»Ich fürchte sehr, daß dem so ist«, entgegnete Monsieur Maillard, der nun ungewöhnlich bleich ward. Kaum hatte er den Satz beendet, als unter den Fenstern auch schon lautes Schreien und Fluchen erscholl; und gleich darauf erwies sich, daß von draußen Leute versuchten, sich Zutritt in den Saal zu verschaffen. Schläge krachten gegen die Tür, anscheinend war da ein Schmiedehammer am Werke, und an den Fensterläden riß und rüttelte es mit ungeheuerlicher Gewalt.

Darauf herrschte das schrecklichste Durcheinander. Monsieur Maillard warf sich, zu meinem unsäglichen Erstaunen, unter die Anrichte. Von ihm hätte ich mehr Entschlossenheit erwartet. Die Mitglieder des Orchesters, die in den letzten fünfzehn Minuten dem Anschein nach viel zu betrunken gewesen waren, um ihre Pflicht zu tun, sprangen sämtlich mit einem Schlag auf die Füße und an ihre Instrumente, kletterten auf ihr Tischpodest und lärmten wie ein Mann los mit dem ›Yankee Doodle‹, und das Lied spielten sie dann, wenn auch nicht richtig, so doch zumindest mit übermenschlicher Energie während des ganzen Getümmels.

Derweilen war auf die große Dinnertafel, mitten zwischen die Flaschen und Gläser, jener Herr gesprungen, der mit solcher Mühe daran gehindert worden war, schon früher dorthin zu hüpfen. Sobald er sich leidlich darauf niedergelassen hatte, hub er zu einer Rede an, die ohne Zweifel ganz vortrefflich gewesen wäre, wenn man sie nur hätte vernehmen können. Im selben Augenblick hatte der Mann mit der Vorliebe für Kreisel sich in Bewegung gesetzt und wirbelte nun, die Arme rechtwinklig vom Körper abgespreizt, mit ungeheurer Energie durch den Saal; so daß er tatsächlich ganz und gar wie ein Kreisel wirkte und zudem jeden, der ihm zufällig in den Weg geriet, umkugelte. Auch hörte ich nun ein unglaubliches Knallen und Zischen von Champagner und entdeckte schließlich, daß es von der Person ausging, welche schon während des Mahles als Flasche jenes köstlichen Getränkes aufgetreten. Und dazu quakte der Frosch-Mann wieder los, wie wenn sein Seelenheil von jedem einzelnen Tone abhinge, den er hervorquarrte. Und mitten in dem Ganzen erhob sich, alles übertönend, das anhaltende Iah-Geschrei eines Esels. Was meine alte Freundin, Madame Joyeuse, anging, hätte ich ihretwegen wirklich weinen mögen, so gar schrecklich verdutzt schaute die Ärmste drein. Alles, was sie tat, freilich, bestand lediglich darin, daß sie sich neben den Kamin in eine Ecke stellte und unaufhörlich aus Leibeskräften »Kikeriki-iiihhh!« hinausschrie.

Und dann erreichte das Drama den Höhepunkt – die Katastrophe. Da außer Lärm und Geschrei und Kikeriki dem Vordringen derer draußen keinerlei Widerstand entgegengesetzt ward, waren die zehn Fenster sehr rasch und fast zur gleichen Zeit eingeschlagen. Doch niemals werde ich vergessen, mit welchem Gefühl des Staunens und Entsetzens ich starrte, als herein durch diese Fenster und mitten zwischen uns, *pêle-mêle*, boxend, stampfend, kratzend und johlend ein ganzes Heer von Wesen stürzte, welche mich Schimpansen, Orang-Utans oder große schwarze Paviane vom Kap der Guten Hoffnung zu sein bedünkten.

Ich erhielt eine fürchterliche Tracht Prügel – worauf ich mich unter ein Sofa wälzte und dort still liegenblieb. Nachdem ich aber wohl fünfzehn Minuten dort gelegen, während welcher Zeit ich, ganz Ohr, auf alles lauschte, was im Saale vor sich ging, gelangte ich zu einem einigermaßen zufriedenstellenden *dénouement* dieses Trauerspiels. Monsieur Maillard hatte, so schien es, als er mir von jenem Irren erzählte, der seine Leidensgefährten zur Rebellion angestiftet, lediglich von seinen eigenen Heldentaten berichtet. Dieser Herr nun hatte tatsächlich vor vielleicht zwei oder drei Jahren dieser Anstalt vorgestanden; doch dann hatte sich sein eigener Geist verwirrt, und so war er selber zum Patienten geworden. Dieser Umstand war dem Reisegefährten, welcher mich ihm vorgestellt hatte, freilich unbekannt gewesen. Nachdem man die Wärter, zehn an der Zahl, plötzlich überrumpelt hatte, waren diese zuerst tüchtig eingeteert, sodann sorgsam gefedert und hernach in unterirdische Zellen eingesperrt worden. Über einen Monat hatte man sie so gefangengehalten, während welcher Zeit ihnen Monsieur Maillard großzügigerweise nicht nur Teer und Federn zugestanden (worin seine ›Methode‹ bestand), sondern auch etwas Brot und Wasser im Überfluß. Letzteres war täglich über sie gepumpt worden. Am Ende war es einem gelungen, durch die Kanalisation zu entkommen, der dann alle übrigen befreite.

Im *château* ist man wieder, obzwar mit beträchtlichen Abwandlungen, zu der ›sanften Methode‹ zurückgekehrt; doch ich kann mir nicht helfen, ich muß Monsieur Maillard zustimmen, daß seine ›Behandlung‹ in ihrer Art kapital war. Wie er zu Recht angemerkt hat, sie war ›einfach – klar – und machte keinerlei Mühe – nicht im mindesten‹.

Mir bleibt nur noch hinzuzufügen: zwar habe ich sämtliche Bibliotheken Europas nach den Werken von Doktor *Theer* und Professor *Feddern* durchstöbert, doch waren bis auf den heutigen Tag all meine Bemühungen, eine Ausgabe zu ergattern, ganz und gar vergebens.

MESMERISCHE OFFENBARUNG

Welche Zweifel auch immer die *vernunftmäßige Erklärung* des Mesmerismus noch umgeben mögen, seine aufsehenerregenden *Tatsachen* sind nunmehr nahezu generell anerkannt. Die an diesen letzteren noch zweifeln, sind ihres Zeichens reine Zweifler – eine unersprießliche und unrühmliche Sippschaft. Es läßt sich keine größere Zeitverschwendung denken denn den Versuch, heutigentags *beweisen* zu wollen, wie der Mensch durch bloße Willensanstrengung auf seinen Mitmenschen derart einzuwirken vermag, daß er diesen in einen abnormen Zustand versetzt, dessen Erscheinungsbild sehr stark dem des *Todes* ähnelt oder diesem doch zumindest ähnlicher ist als dem Erscheinungsbild irgendeines anderen normalen Zustandes innerhalb unseres Erkenntnisbereiches; daß die solcherart beeinflußte Person während dieses Zustandes die äußeren Sinnesorgane nur unter Mühe und auch dann nur kraftlos gebrauchen kann, doch mit überaus geschärftem Empfindungsvermögen und durch vermutlich unbekannte Kanäle Dinge wahrnimmt, welche den Wirkungsbereich der natürlichen Organe transzendieren; daß überdies seine intellektuellen Fähigkeiten auf wunderbare Weise erhöht und gestärkt werden; daß seine Seelenverwandtschaft mit der Person, welche ihn solcherart beeinflußt, profund ist; und schließlich, daß seine Empfänglichkeit für diesen Einfluß wächst, je häufiger er auf ihn ausgeübt wird, während im nämlichen Verhältnis das besondere Erscheinungsbild, welches so hervorgerufen wird, länger andauernd und schärfer *ausgeprägt* hervortritt.

Wie gesagt, dies alles – nämlich die Gesetze des Mesmerismus in seinen allgemeinen Grundzügen – demonstrieren zu wollen wäre wohl höchst überflüssig; auch ich

werde meine Leser heute nicht mit einer so unnötigen Demonstration behelligen. Was ich mir gegenwärtig vorgesetzt, ist wahrhaftig etwas ganz anderes. Es drängt mich,
selbst angesichts einer Welt voller Vorurteile, ohne weiteren Kommentar den höchst bemerkenswerten Inhalt eines
Gesprächs ausführlich wiederzugeben, das zwischen einem
Wach-Schläfer und mir stattgefunden hat.

Schon seit langem pflegte ich die bewußte Person
(Mr. Vankirk) zu mesmerisieren, und die übliche geschärfte
Empfänglichkeit und Exaltation des mesmerischen Wahr-
nehmungsvermögens war inzwischen eingetreten. Monatelang litt er nun schon an chronischer Lungenschwindsucht,
deren qualvollere Auswirkungen sich durch meine Manipulationen hatten lindern lassen; und in der Nacht vom Mittwoch, dem Fünfzehnten des laufenden Monats, ward ich
an sein Lager gerufen.

Der Kranke litt an stechenden Schmerzen in der Herzgegend und atmete nur mit großer Mühe, zeigte also all die
üblichen Symptome von Asthma. Bei dergleichen Krampf-
anfällen hatte er gewöhnlich durch die Anwendung von
Senf auf die Nervenzentren Linderung gefunden, doch
heute abend hatte man dies vergeblich versucht.

Als ich das Zimmer betrat, begrüßte er mich mit einem
heiteren Lächeln, und obzwar offenbar in großer körperlicher Pein, schien er sich geistig doch recht wohl zu befinden.

»Ich habe Sie heute abend holen lassen«, sagte er, »nicht
so sehr, damit Sie sich meines körperlichen Leidens annehmen sollen, als vielmehr, daß Sie mir Gewißheit bezüglich
gewisser psychischer Eindrücke geben, welche mir in letzter Zeit zu großer Unruhe und Bestürzung Anlaß geben.
Ich brauche Ihnen wohl nicht zu sagen, wie skeptisch ich
bislang einen Gegenstand wie die Unsterblichkeit der Seele
betrachtet habe. Ich kann aber nicht leugnen, daß schon
immer, gleichsam in ebenjener Seele, welche ich immer bestritten habe, ein vages Halbgefühl ihrer eigenen Existenz
sich regt. Doch dieses Halbgefühl kam zu keiner Zeit einer
Überzeugung gleich. Meine Vernunft hatte damit nichts zu

tun. Ja, alle Versuche logischer Nachforschung hatten zur Folge, daß ich nur noch skeptischer war denn zuvor. Man hatte mir geraten, Cousin zu studieren. So las ich denn seine eigenen Werke wie auch die seiner europäischen und amerikanischen Nachbeter. Zum Beispiel kam mir der ›Charles Elwood‹ von Mr. Brownson in die Hände. Ich las das Buch mit tiefer Aufmerksamkeit. Auch fand ich es durchaus logisch, doch bildeten unglücklicherweise die Teile, welche nicht *gänzlich* logisch wirkten, die Ausgangsargumentation des zweifelnden Helden im Buche. In seinem Resümee nun lag es mir klar auf der Hand, daß dieser Denker nicht einmal sich selbst zu überzeugen vermocht hatte. Sein Ende hatte schlichtweg seinen Anfang vergessen, wie die Herrschaft des Trinculo. Kurzum, ich brauchte nicht lange, um zu merken, daß der Mensch, soll er verstandesmäßig von seiner eigenen Unsterblichkeit überzeugt sein, diese Überzeugung niemals durch die bloßen Abstraktionen gewinnen wird, welche bei den Moralisten Englands, Frankreichs und Deutschlands so lange schon die Mode sind. Abstraktionen mögen den Geist ja ergötzen und schulen, doch machen sie ihm keinen Eindruck. Hier auf Erden wenigstens, davon bin ich überzeugt, wird die Philosophie uns allzeit vergebens auffordern, Eigenschaften für Dinge anzusehen. Der Wille mag dies gutheißen − die Seele − der Intellekt niemals.

So wiederhole ich denn, ich habe dies nur halb gespürt und nie mit dem Verstande geglaubt. Doch in letzter Zeit hat sich dieses Gefühl in gewisser Weise verstärkt und ist der Billigung seitens des Verstandes mittlerweile derart ähnlich geworden, daß es mir schwerfällt, zwischen beiden zu unterscheiden. Auch sehe ich mich imstande, diese Wirkung eindeutig auf den mesmerischen Einfluß zurückzuführen. Was ich meine, kann ich nicht besser erklären als mit der Hypothese, daß die mesmerische Exaltation mich befähigt, eine logische Kette wahrzunehmen, welche in meiner das Normale transzendierenden Daseinsweise völlig überzeugt, welche aber gemäß dem mesmerischen Erscheinungsbild nicht, es sei denn durch ihre *Wirkung*, in meinen

Normalzustand herüberreicht. Im magnetischen Schlaf sind der Gedankengang und der Schluß, zu dem er führt – die Ursache und ihre Wirkung –, zusammen gegenwärtig. In meinem natürlichen Zustande verschwindet die Ursache, und zurück bleibt – und dies vielleicht auch nur partiell – einzig die Wirkung.

Diese Überlegungen haben mich nun auf den Gedanken gebracht, es könnte zu guten Ergebnissen führen, würde mir, während ich mesmerisiert bin, eine Reihe wohlgezielter Fragen vorgelegt. Sie haben oft schon die tiefe Selbsterkenntnis beobachtet, welche der Wach-Schläfer bezeigt – die umfassende Kenntnis, welche er in allen Belangen entfaltet, die den mesmerischen Zustand selbst betreffen; und aus dieser Selbst-Kenntnis ergeben sich vielleicht Anregungen, wie zu katechisieren wäre.«

Natürlich willigte ich ein, dieses Experiment vorzunehmen. Wenige Striche nur versetzten Mr. Vankirk in den magnetischen Schlaf. Sogleich atmete er leichter und schien unter keinerlei körperlichen Beschwerden mehr zu leiden. Darauf kam es zu dem folgenden Gespräch, wobei V. im Dialog den Patienten und P. mich selber darstellt:

P. Schlafen Sie?

V. Ja – nein; ich möchte lieber tiefer schlafen.

P. (nach einigen weiteren Strichen) Schlafen Sie jetzt?

V. Ja.

P. Wie, glauben Sie, wird Ihre derzeitige Krankheit enden?

V. (nach langem Zögern und als bereite das Sprechen ihm Mühe) Ich muß sterben.

P. Bedrückt Sie der Gedanke an den Tod?

V. (sehr rasch) Nein – nein!

P. Freuen Sie sich gar über die Aussicht?

V. Wäre ich wach, möchte ich wohl gern sterben, doch jetzt ist es gleichgültig. Der mesmerische Zustand ist dem Tode so nahe, daß ich's zufrieden bin.

P. Ich wünschte, Sie wollten sich näher erklären, Mr. Vankirk.

V. Das will ich gern, doch erfordert es eine größere Anstrengung, als aufzubringen ich mich in der Lage fühle. Sie fragen mich nicht in der rechten Weise.

P. Was soll ich denn fragen?

V. Sie müssen am Anfang beginnen.

P. Am Anfang! wo ist denn aber der Anfang?

V. Sie wissen es, der Anfang ist GOTT. *(Dies ward mit leiser, schwankender Stimme gesprochen und mit allen Anzeichen der tiefsten Ehrfurcht.)*

P. Was denn ist Gott?

V. *(zögert viele Minuten lang)* Das kann ich nicht sagen.

P. Ist Gott nicht Geist?

V. Da ich wach war, wußte ich, was Sie mit ›Geist‹ meinten, doch jetzt dünkt es mich einzig ein Wort – so wie es zum Beispiel ›Wahrheit‹, ›Schönheit‹ ist – eine Eigenschaft, meine ich.

P. Ist Gott denn nicht immateriell?

V. Es gibt nichts Immaterielles – das ist bloß ein Wort. Was nicht Materie ist, das existiert überhaupt nicht – wofern nicht Eigenschaften Dinge sind.

P. Ist Gott dann also materiell?

V. Nein. *(Diese Antwort überraschte mich nun gar sehr.)*

P. Was ist er denn dann?

V. *(nach einer langen Pause und kaum vernehmlich)* Ich verstehe – doch ist es schwer zu sagen. *(Wieder eine lange Pause)* Er ist nicht Geist, denn er existiert. Auch ist er nicht Materie, *wie Sie diese begreifen.* Aber es gibt *Gradationen* von Materie, von denen der Mensch nichts weiß; das Gröbere bewegt das Feinere, das Feinere durchdringt das Gröbere. Die Atmosphäre zum Beispiel treibt das elektrische Prinzip, während das elektrische Prinzip die Atmosphäre durchdringt. Diese Gradationen der Materie nehmen an Dünn- oder Feinheit zu, bis wir zu einer *unpartikulierten* Materie gelangen – also nicht mehr aus Teilchen bestehend – unteilbar – *eins*; und hier ist das Gesetz von Antrieb und Durchdringung modifiziert. Die letzte, nicht mehr in Teilchen zerlegbare Materie durchdringt nicht nur alles, sondern bewegt auch alles – und *ist* somit alles in sich selbst. Diese Materie ist Gott. Was die Menschen mit dem Wort ›Denken‹ auszudrücken versuchen, ist diese Materie in Bewegung.

P. Die Metaphysiker behaupten, alles Handeln lasse sich zurückführen auf Bewegung und Denken und das letztere sei der Ursprung des ersteren.

V. Ja; und nun erkenne ich die Begriffsverwirrung. Bewegung ist das Handeln *des Geistes* – nicht des *Denkens*. Was die Menschen Geist nennen, das ist die unteilbare Materie – oder Gott – in Ruhe (soweit wir es zu fassen vermögen). Und die Kraft zur Eigenbewegung (in der Wirkung äquivalent der menschlichen Willenskraft) ist bei der unteilbaren Materie das Ergebnis ihrer Einheit und ihrer Allwirksamkeit; *wie*, das weiß ich nicht und werde es, ich sehe es jetzt klar, auch niemals wissen. Doch die unteilbare Materie, in Bewegung gebracht durch ein Gesetz oder eine Qualität, wie sie in ihr selber existieren, ist Denken.

P. Können Sie mir keine genauere Vorstellung dessen geben, was Sie die ungeteilte Materie nennen?

V. Die Materien, von welchen der Mensch Kenntnis hat, entziehen sich den Sinnen *gradatim*. Wir haben zum Beispiel ein Metall, ein Stück Holz, einen Wassertropfen, die Atmosphäre, ein Gas, Wärme, Elektrizität, den Lichtäther. Nun nennen wir all diese Dinge Materie und fassen alle Materie in einer einzigen allgemeinen Definition; doch dessenungeachtet können keine zwei Begriffe ihrem Wesen nach unterschiedlicher sein denn der, welchen wir mit einem Metall verbinden, und jener, welchen der Lichtäther für uns darstellt. Wenn wir bei letzterem anlangen, spüren wir eine beinahe unwiderstehliche Neigung, ihn als Geist zu klassifizieren oder als Nihilum. Die einzige Erwägung, welche uns davon abhält, ist unsere Auffassung von seiner atomaren Beschaffenheit; und selbst hier sind wir auf die Hilfe unseres Begriffes von einem Atom als einem Etwas angewiesen, das in unendlicher Kleinheit Festigkeit, Greifbarkeit, Gewicht besitzt. Zerstören wir die Vorstellung von der atomaren Struktur, so wären wir nicht mehr in der Lage, den Äther als eine Entität oder wenigstens als Materie zu betrachten. In Ermangelung eines besseren Wortes möchten wir vielleicht den Terminus Geist dafür setzen. Gehen wir nun einen Schritt über den Lichtäther hinaus – stellen wir uns eine Materie vor, welche um so vieles dünner denn der Äther ist, wie dieser Äther dünner ist als das Metall, und schon (trotz all der scholastischen Dogmen) sind wir bei einer einzigen Masse angelangt – einer ungeteilten, unteilbaren Materie. Denn wiewohl wir den Atomen selbst unendliche Kleinheit zugestehen mögen, so wäre es doch absurd, unendliche Kleinheit auch für die Räume zwischen ihnen anzunehmen. Es gibt einen Punkt – es gibt einen Grad von Dünnheit, bei dem jeder Zwischenraum, wofern die Atome in ausreichender Menge vorhanden sind, verschwinden und die Masse absolut verschmelzen muß. Doch stellen wir die atomare Struktur nun außer Betracht, so gleitet die Natur der Masse unweigerlich in Richtung dessen, was wir als Geist fassen. Es ist jedoch klar, daß sie noch ebenso völlig Materie bleibt wie zuvor. In Wahrheit ist es unmöglich, Geist zu begreifen, da sich unmöglich etwas vorstellen läßt, was nicht ist. Wenn wir uns schmeicheln, einen Begriff davon gewonnen zu haben, so haben wir unseren Verstand lediglich mit der Vorstellung unendlich verdünnter Materie getäuscht.

P. Mir scheint, gegen den Gedanken einer absoluten Verschmelzung erhebt sich ein unüberwindlicher Einwand – nämlich der äußerst geringe Widerstand, welchen die Himmelskörper auf ihren Umlaufbahnen durch den Weltraum erfahren – ein Widerstand, der zwar, wie man jetzt festgestellt hat, in *gewissem* Grade vorhanden ist, aber dennoch so geringfügig ist, daß er selbst Newtons Scharfsinn völlig entgangen ist. Wir wissen, daß der Widerstand von Körpern hauptsächlich im Verhältnis zu ihrer Dichtigkeit steht. Absolute Verschmelzung heißt absolute Dichtigkeit. Wo keine Zwischenräume sind, kann auch kein Nachgeben mehr sein. Ein absolut dichter Äther täte der Fortbewegung eines Sterns unendlich wirksamer Einhalt, als dies ein Äther von noch so hartem Stein oder Eisen vermöchte.

V. Ihr Einwand läßt sich mit einer Leichtigkeit beantworten, welche annähernd im Verhältnis zu seiner scheinbaren

Unwiderlegbarkeit steht. – Was den Lauf des Sterns betrifft, so kann es gar nichts ausmachen, ob der Stern durch den Äther *oder der Äther durch den Stern* hindurchgeht. Es gibt keinen weniger erklärlichen astronomischen Irrtum denn jenen, welcher die bekannte Retardation der Kometen mit der Vorstellung in Einklang bringt, sie würden einen Äther passieren: denn mag man den Äther auch noch so dünn annehmen, er würde jeglichem siderischen Umlauf in weitaus kürzerer Zeit Einhalt tun, als jene Astronomen zugestehen, welche sich bemüht haben, über einen Punkt hinwegzugehen, den zu begreifen ihnen unmöglich dünkte. Die tatsächlich erfahrene Retardation entspricht andererseits etwa der, wie sie von der *Reibung* des Äthers beim unmittelbaren Durchgang durch den Himmelskörper zu erwarten sein dürfte. In dem einen Falle wirkt die retardierende Kraft nur momentan und vollkommen in sich selbst – im anderen wächst sie ins Endlose.

P. Doch all dies – all diese Identifikation reiner Materie mit Gott – stellt sie nicht so etwas wie Unehrerbietigkeit dar? *(Ich mußte diese Frage wiederholen, ehe der Wach-Schläfer richtig verstand, was ich meinte.)*

V. Können Sie mir sagen, *warum* die Materie weniger zu achten sei denn der Geist? Doch Sie vergessen, daß die Materie, von der ich rede, in jeder Hinsicht ebendem ›Geist‹ oder ›Geistigen‹ der Scholastiker entspricht, was seine hohen Kapazitäten betrifft, und überdies zugleich der ›Materie‹ dieser Scholastiker. Gott ist mit all dem Vermögen, welches dem Geiste zugeschrieben wird, nichts denn Materie in höchster Vollendung.

P. Sie behaupten also, die unteilbare Materie in Bewegung sei Denken?

V. Im allgemeinen ist diese Bewegung der universale Gedanke des universalen Geistes. Dieses Denken erschafft. Alle Dinge der Schöpfung sind nur die Gedanken Gottes.

P. Sie sagen, ›im allgemeinen‹.

V. Ja. Der universale Geist ist Gott. Für neue Individualitäten ist *Materie* notwendig.

P. Aber nun sprechen Sie von ›Geist‹ und ›Materie‹, wie es die Metaphysiker tun.

V. Ja – um Verwirrung zu vermeiden. Wenn ich ›Geist‹ sage, so meine ich die unteilbare Materie oder die *›materia ultima‹*; mit ›Materie‹ fasse ich alles andere.

P. Sie haben eben gesagt, daß ›für neue Individualitäten Materie notwendig‹ sei.

V. Ja; denn Geist, der unkörperlich existiert, ist bloß Gott. Um individuelle, denkende Wesen zu erschaffen, war es notwendig, Teile des göttlichen Geistes Fleisch werden zu lassen. Solcherart wird der Mensch individualisiert. Der leiblichen Investitur entkleidet, wäre er Gott. Nun, die eigentümliche Bewegung der Fleisch gewordenen Teile der unteilbaren Materie ist das Denken des Menschen; gleichwie die Bewegung des Ganzen jenes Gottes ist.

P. Sie sagen also, seines Leibes entkleidet, werde der Mensch Gott sein?

V. (nach langem Zögern) Das kann ich nicht gesagt haben; das ist absurd.

P. (verweist auf meine Bemerkung) Sie *haben* aber gesagt: ›der leiblichen Investitur entkleidet, wäre der Mensch Gott‹.

V. Und das stimmt auch. Der so entblößte Mensch *wäre* Gott – wäre nicht individualisiert. Aber er kann niemals solcherart entkleidet werden – zumindest *wird* er es nie – sonst müßten wir uns ein Handeln Gottes vorstellen, welches auf sich selbst zurückfällt – ein zweckloses und vergebliches Tun. Der Mensch ist ein Geschöpf. Geschöpfe sind Gedanken Gottes. Es ist die Natur des Gedankens, irrevokabel zu sein.

P. Das verstehe ich nicht. Sie sagen, der Mensch werde niemals den Leib ablegen?

V. Ich sage, er wird niemals körperlos sein.

P. Erklären Sie das.

V. Es gibt zwei Körper – den rudimentären und den vollkommenen; entsprechend den beiden Stadien von Raupe und Schmetterling. Was wir ›Tod‹ nennen, ist nur die schmerzvolle Metamorphose. Unsere gegenwärtige Inkarnation stellt sich dar als etwas in Entwicklung Begriffenes,

Vorbereitendes, Einstweiliges. Zukunft heißt für uns Vollendung, das Letzte, die Unsterblichkeit. Erst das letzte Leben erfüllt unsere Bestimmung.

P. Doch von der Metamorphose der Raupe haben wir augenfällig Kenntnis.

V. Wir – ja, gewiß – doch nicht die Raupe. Die Materie, aus welcher unser rudimentärer Leib besteht, liegt innerhalb des Erkenntnisbereiches der Organe dieses Leibes; beziehungsweise, etwas deutlicher, unsere rudimentären Organe sind genau an die Materie angepaßt, aus welcher der rudimentäre Leib besteht; nicht aber an die, welche den letzt-ewigen bildet. Der letzt-ewige Leib entzieht sich mithin unseren rudimentären Sinnen, und wir erkennen einzig die äußere Hülle, die durch Verwesen von der inneren Gestalt abfällt; nicht aber diese innere Gestalt selbst; doch diese, gleichwie die Hülle, ist jenen faßlich, welche bereits das letzt-ewige Leben erlangt.

P. Sie haben oft gesagt, der mesmerische Zustand sei dem Tode sehr ähnlich. Wie ist das zu verstehen?

V. Wenn ich sage, er ist dem Tode ähnlich, so meine ich damit, daß er dem letzt-ewigen Leben gleicht; denn wenn ich in Trance versetzt bin, befinden sich die Sinne meines rudimentären Lebens im Zustande der Untätigkeit, und ich nehme die äußeren Dinge unmittelbar, ohne Organe, durch ein Medium wahr, dessen ich mich im letzt-ewigen, unorganischen Leben bedienen werde.

P. Unorganisch?

V. Ja; die Organe sind Einrichtungen, welche das Individuum für spezielle Klassen und Formen der Materie empfänglich machen, unter Ausschluß anderer Klassen und Formen. Die Organe des Menschen sind seinem rudimentären Zustande, und nur diesem, angepaßt; sein letzter und höchster Zustand bedeutet, da er unorganisch ist, unbegrenztes Erkenntnisvermögen in allen Punkten bis auf einen – die Natur der Göttlichen Willenskraft – das heißt, die Bewegung der unteilbaren Materie. Sie werden einen deutlichen Begriff vom letzt-ewigen Leibe gewinnen, wenn Sie sich ihn zur Gänze als Gehirn denken. Das ist er zwar *nicht*; doch eine Vorstellung dieser Art läßt Sie näher zum Verständnis dessen vordringen, was er *wirklich* ist. Ein leuchtender Körper teilt dem Lichtäther Schwingung mit. Die Schwingungen erzeugen ähnliche auf der Retina; diese hinwiederum geben nun ihrerseits ähnliche an den Sehnerv weiter. Der Nerv vermittelt ähnliche dem Gehirn; das Gehirn desgleichen ähnliche der unteilbaren Materie, welche es durchdringt. Die Bewegung dieser letztern ist Gedanke, dessen erste Wellenbewegung bildet die Wahrnehmung. Auf diese Weise steht der Geist des rudimentären Lebens in Verbindung mit der Außenwelt; und diese Außenwelt ist, für das rudimentäre Leben, begrenzt, durch die Idiosynkrasie seiner Organe. Doch im letzt-ewigen, unorganischen Leben erreicht die Außenwelt den gesamten Körper (welcher, wie gesagt, aus einer dem Gehirn verwandten Substanz besteht), dazwischen liegt nichts denn ein Äther, unendlich feiner noch als selbst der als Lichtvermittler dienende; und nach diesem Äther – im Einklang mit ihm – schwingt der ganze Leib und setzt die unteilbare Materie in Bewegung, die ihn durchdringt. Das Fehlen idiosynkratischer Organe ist es also, worauf wir die nahezu unbegrenzte Wahrnehmungsfähigkeit des letzt-ewigen Lebens zurückführen müssen. Für rudimentäre Wesen sind die Organe die Käfige, darinnen sie notwendig gefangen sind, bis sie flügge geworden.

P. Sie sprechen von rudimentären ›Wesen‹. Gibt es denn noch andere rudimentäre denkende Wesen außer dem Menschen?

V. Die mannigfache Ballung dünner Materie zu Nebeln, Planeten, Sonnen und anderen Körpern, welche weder Nebel, Sonnen noch Planeten sind, besteht zu dem einzigen Zwecke, den idiosynkratischen Organen unendlich vieler rudimentärer Wesen *Nahrung* zu schaffen. Bestünde nicht die Notwendigkeit, daß dem letzt-ewigen Leben das rudimentäre vorausgehen müsse, so gäbe es solche Körper gar nicht. Einen jeglichen von ihnen bewohnt eine ganz bestimmte Varietät organischer, rudimentärer, denkender Wesen. Bei allen variieren die Organe je nach den Merk-

malen des bewohnten Ortes. Beim Tode oder der Metamorphose beeinflussen diese Geschöpfe, welche sich des
letzt-ewigen Lebens – der Unsterblichkeit – und der Erkenntnis aller Geheimnisse *außer dem einen* erfreuen, alle
Dinge und bewegen sich allüberall durch bloße Willenskraft: – bewohnen sie doch nicht die Gestirne, welche uns
als die einzigen Greifbarkeiten dünken und um deren Ak-
kommodation willen, wie wir in unserer Blindheit meinen,
der Raum ja nur geschaffen sei – sondern den RAUM
selbst – jene Unendlichkeit, deren wahrhaft wesenhafte
Weite die Sternschattenschimmer verschlingt – daß sie
ausgelöscht sind als ein Nichts aus der Wahrnehmung der
Engel.

P. Sie sagen, ›bestünde nicht die *Notwendigkeit* des rudimentären Lebens‹, so gäbe es gar keine Sterne. Doch
warum diese Notwendigkeit?

V. Im anorganischen Leben ebenso wie in der anorganischen Materie allgemein gibt es nichts, was das Wirken des
einen einfachen, *einmalig-einzigartigen* Gesetzes hindern
könnte – *der Göttlichen Willenskraft.* Zu dem Zwecke, ein
solches Hindernis zu schaffen, ward das organische Leben
und die organische Materie (komplex, substantiell, von Gesetzen beschränkt) erfunden.

P. Doch noch einmal – warum mußte denn diese Behinderung geschaffen werden?

V. Wird ein Gesetz nie gebrochen, so heißt das Ergebnis
Vollkommenheit – Recht – negatives Glück. Wird ein Gesetz verletzt, so entsteht daraus Unvollkommenheit, Unrecht, positives Leid. Durch die Behinderung, wie sie aus
der Vielzahl, Komplexität und Substantialität der Gesetz-
mäßigkeiten des organischen Lebens und der organischen
Materie erstehen, wird die Verletzung des Gesetzes bis zu
einem gewissen Ausmaße praktikabel gemacht. So ist das
Leid, welches im anorganischen Leben unmöglich ist, möglich im organischen.

P. Doch wozu soll es gut sein, daß das Leid auf diese Weise
möglich wird?

V. Alle Dinge sind entweder gut oder böse durch Vergleichung. Eine hinreichende Analyse würde zeigen, wie Lust in allen Fällen nur der Gegensatz von Leid ist. *Positive, absolute* Lust ist eine bloße Idee. Um an irgendeinem Punkte glücklich zu sein, müssen wir einmal an demselben gelitten haben. Niemals gelitten zu haben hieße auch niemals selig gewesen zu sein. Doch es hat sich erwiesen, daß es im unorganischen Leben Leid nicht geben kann; daher denn die Notwendigkeit des organischen. Das Leid des primitiven Lebens auf Erden ist die einzige Basis, auf welcher die Seligkeit des letzt-ewigen Lebens im Himmel gründet.

P. Da ist noch einer Ihrer Ausdrücke, den ich unmöglich zu begreifen vermag – ›die wahrlich *wesenhafte* Weite der Unendlichkeit‹.

V. Das kommt wahrscheinlich daher, daß Sie keine hinreichend generische Vorstellung von dem Begriffe ›*Substanz*‹ selbst besitzen. Wir dürfen darin keine Eigenschaft sehen, sondern eine Empfindung: – es ist, bei denkenden Wesen, die Wahrnehmung der Adaptation von Materie an ihre, der Wesen, Organisation. Es gibt viele Dinge auf Erden, welche den Bewohnern der Venus eine Nichtigkeit dünkten – und viele Dinge, sichtbar und handgreiflich, auf der Venus, welche als überhaupt existent anzuerkennen wir wohl nicht zu bewegen wären. Doch für die unorganischen Wesen – für die Engel – ist die gesamte unteilbare Materie Substanz; das heißt, das Ganze, das wir ›Raum‹ nennen, ist für sie höchst eigentliche Substantialität – die Sterne indessen entgehen nun gerade durch das, was wir als ihre Materialität ansehen, den Engelssinnen, genau in dem Maße, wie sich die unteilbare Materie durch da, was wir für ihre Immaterialität erachten, den organischen entzieht.

Als der Wach-Schläfer diese letzten Worte mit schwacher Stimme sprach, gewahrte ich auf seinem Gesicht einen eigenartigen Ausdruck, welcher mir einen gelinden Schrekken einjagte und mich bewog, ihn sogleich aufzuwecken. Kaum hatte ich dies getan, als er mit einem strahlenden Lächeln, das seine ganzen Züge verklärte, in die Kissen zurücksank und verschied. Ich bemerkte, wie in weniger denn einer Minute später sein Leichnam starr wie Stein geworden war. Seine Stirn hatte die Kälte des Eises. So hätte sie sich normalerweise erst anfühlen dürfen, nachdem Asrael schon längere Zeit seine Hand darauf gedrückt. Sollte der Mesmerisierte während des ganzen letzteren Teiles seines Vortrages etwa gar aus dem Reiche der Schatten zu mir gesprochen haben?

›DU BIST DER MANN‹

Ich will nun also den Ödipus für das Rätsel von Schnarrenburg spielen. Ich will Ihnen – denn dies vermag nur ich
allein – das Geheimnis der Maschinerie erklären, die das
Wunder von Schnarrenburg bewirkte – das eine, das
wahre, das anerkannte, das unbestrittene, das unbestreit-
bare Wunder, welches dem Unglauben unter den Schnarrenburgern ein entschiedenes Ende setzte und alle Fleisch-
lich-Gesinnten, die zuvor noch gewagt hatten, skeptisch zu
sein, zum orthodoxen Glauben der Großmütter bekehrte.

Dies Geschehnis – es täte mir doch sehr leid, es in unangemessen leichtfertigem Tone zu erörtern – ereignete sich
im Sommer des Jahres 18 – –. Mr. Barnabas Shuttleworthy –
einer der wohlhabendsten und geachtetsten Bürger des
Fleckens – wurde seit mehreren Tagen vermißt, und die
Umstände ließen den Verdacht aufkommen, er könnte
einem Verbrechen zum Opfer gefallen sein. Mr. Shuttleworthy war, sehr früh an einem Sonnabendmorgen, zu
Pferde von Schnarrenburg mit der ausgesprochenen Absicht aufgebrochen, nach ... zu reiten, einer etwa fünfzehn
Meilen entfernten Stadt, und noch am Abend desselben
Tages zurückzukehren. Zwei Stunden, nachdem er fortge-
ritten, kehrte jedoch sein Pferd zurück, ohne ihn und ohne
die Satteltaschen, die man dem Tiere beim Aufbruch auf
den Rücken geschnallt hatte. Auch war es verwundet und
mit Kot bedeckt. Diese Umstände erregten natürlich große
Besorgnis unter den Freunden des Vermißten; und als dieser am Sonntagmorgen noch immer nicht wieder aufgetaucht war, erhob sich der ganze Flecken *en masse*, seinen
Leichnam suchen zu gehen.

Zuvörderst und mit größter Energie ward diese Suche
dabei von Mr. Shuttleworthys Busenfreund ins Werk ge-

setzt – einem Mr. Charles Goodfellow oder, wie er allgemein genannt wurde, ›Charley Goodfellow‹ oder auch ›Old Charley Goodfellow‹. Ob es sich nun um eine wunderbare Koinzidenz handelt oder ob gar der Name selber eine unmerkliche Wirkung auf den Charakter ausübt, habe ich nie in Erfahrung bringen können; doch ist die Tatsache unbestritten, daß noch nie ein Mensch Charles geheißen, der nicht ein aufrichtiger, mannhafter, redlicher, gutmütiger und offenherziger Gesell gewesen wäre, mit einer vollen, klaren Stimme, die zu hören einem wohltat, und Augen, die einem stets gerade ins Gesicht blickten, als wollten sie sagen: ›Ich habe ein reines Gewissen, fürchte niemanden und bin gänzlich darüber erhaben, etwas Gemeines zu tun.‹ Und so sind denn auch all die kernigen unbekümmerten Statisten der Bühne unzweifelhaft Charles geheißen.

Und ›Old Charley Goodfellow‹, nun, obgleich er noch nicht länger als sechs Monate oder so ungefähr in Schnarrenburg weilte und obgleich niemand etwas von ihm gewußt hatte, ehe er sich in der Nachbarschaft angesiedelt, war es ihm doch nicht im geringsten schwergefallen, die Bekanntschaft sämtlicher respektierlicher Leute am Orte zu machen. Da war nicht einer unter den Männern, der nicht jederzeit sein bloßes Wort für tausend genommen hätte; und was die Frauen betrifft, so kann man gleich gar nicht sagen, was sie ihm nicht alles zu Gefallen getan hätten. Und das alles kam nur daher, daß er auf den Namen Charles getauft war und infolgedessen jenes arglose Gesicht besaß, welches sprichwörtlich den aller›besten Empfehlungsbrief‹ darstellt.

Wie gesagt, Mr. Shuttleworthy war einer der geachtetsten Männer in Schnarrenburg, und zweifellos war er der wohlhabendste, während ›Old Charley Goodfellow‹ mit ihm auf so vertrautem Fuße stand, wie wenn er sein eigener Bruder gewesen wäre. Die beiden alten Herren waren unmittelbare Nachbarn, und wiewohl Mr. Shuttleworthy nur selten, wenn überhaupt, ›Old Charley‹ besuchte und niemals, soweit bekannt, in seinem Hause eine Mahlzeit eingenommen, so hinderte dies die beiden Freunde doch nicht daran, überaus vertrauten Umgang miteinander zu pflegen, wie ich soeben angemerkt habe; denn es verging kein Tag, da ›Old Charley‹ nicht drei- oder viermal bei seinem Nachbarn eingekehrt wäre, um zu sehen, wie es ihm so ginge, und sehr oft blieb er dann zum Frühstück oder zum Tee und fast immer zum Mittagessen; und welcher Menge Wein dann von den beiden Busenfreunden auf einen Sitz der Garaus gemacht wurde, das wäre wirklich schwer zu bestimmen. ›Old Charleys‹ Lieblingsstärkung war *Château Margaux*, und Mr. Shuttleworthy tat es offenbar von Herzen wohl, zu sehen, wie der alte Knabe sich ihn einflößte, ein Quart nach dem andern; so daß er denn eines Tages, als sie *voll* des Weines und, als ganz natürliche Folge, schon einigermaßen *leer* des Verstandes waren, seinem Intimus auf den Rücken klopfte und sprach: »Ich sag dir's, wie's ist, Old Charley, du bist bei weitem der netteste alte Knabe, den ich mein Lebtag kennengelernt habe; und weil du nun mal gar so gern den Wein so in dich hineinpichelst, will ich verdammt sein, wenn ich dir nicht eine große Kiste Château Margaux verehren muß. Hol mich der Henker« – (Mr. Shuttleworthy hatte die schlimme Angewohnheit des Fluchens, obwohl er selten über ›Hol mich der Henker‹ oder ›Sackerlot!‹ oder ›Donnerwetter!‹ hinausging) –, »Hol mich der Henker«, sagte er, »wenn ich nicht noch heute nachmittag eine Bestellung auf eine Doppelkiste vom Besten, was zu kriegen ist, zur Stadt schicke, und die werd ich dir schenken, jawohl! – du brauchst jetzt kein Wort zu sagen – das *werde* ich, sag ich dir – und damit basta; also paß nur auf – eines schönen Tages, wenn du es am wenigsten erwartest, trifft sie bei dir ein!« Ich erwähne diese kleine Freigebigkeit auf seiten Mr. Shuttleworthys nur, um Ihnen zu zeigen, welch *gar* inniges Verständnis zwischen den beiden Freunden herrschte.

Nun, als man an dem fraglichen Sonntagmorgen zu der sicheren Annahme kam, daß Mr. Shuttleworthy einem Verbrechen zum Opfer gefallen sei, sah ich niemanden so tief davon betroffen wie ›Old Charley Goodfellow‹. Als er zuerst hörte, das Pferd sei ohne seinen Herrn heimgekommen und ohne seines Herrn Satteltaschen, dazu ganz blutig von einem Pistolenschusse, der dem armen Tier glatt durch die Brust gegangen sei, ohne es ganz zu töten – als er dies alles hörte, ward er so bleich, als wäre der Vermißte sein eigener teurer Bruder oder Vater gewesen, und zitterte und bebte am ganzen Leibe, als hätte er Schüttelfrost.

Zuerst war er viel zu sehr von Kummer überwältigt und außerstande, überhaupt etwas zu tun oder einen Plan zu fassen, wie vorzugehen sei; so daß er lange Zeit versuchte, Mr. Shuttleworthys anderen Freunden abzuraten, Aufsehen um die Sache zu machen, hielt er es doch für das Beste, eine Weile abzuwarten – so ein oder zwei Wochen etwa oder ein oder zwei Monate –, um zu sehen, ob nicht irgend etwas passieren oder Mr. Shuttleworthy auf natürliche Weise wieder sich einfinden und erklären würde, aus welchen Gründen er sein Pferd vorausgeschickt habe. Ich darf wohl behaupten, man hat diesen Hang zum Zögern oder Abwarten schon oft bei Menschen beobachtet, die quälender Kummer bedrückt. Ihre Geisteskräfte sind wie gelähmt, so daß es ihnen vor jedwedem Tätigwerden graut und sie auf der Welt nichts lieber tun als friedlich im Bette liegen und ›ihren Kummer pflegen‹, wie es die alten Damen nennen – das heißt grübeln über ihrer Qual.

Die Schnarrenburger hatten tatsächlich eine so hohe Meinung von der Weisheit und Besonnenheit ›Old Charleys‹, daß die meisten von ihnen geneigt waren, ihm beizupflichten und kein Aufhebens um die Sache zu machen, ›bis irgend etwas passiert wäre‹, wie es der achtbare alte Herr ausdrückte; und ich glaube, so hätte man sich schließlich auch allgemein entschieden, wäre nicht Mr. Shuttleworthys Neffe sehr verdächtig dazwischengetreten, ein junger Mann von gar ausschweifenden Gewohnheiten und auch sonst ziemlich schlechtem Charakter. Dieser Neffe, Pennifeather geheißen, wollte in puncto ›friedlich daliegen‹ keine Vernunft annehmen, sondern bestand darauf, sich unverzüglich auf die Suche nach ›dem Leichnam des Ermordeten‹ zu begeben. So lautete der Ausdruck, den er gebrauchte; und Mr. Goodfellow bemerkte seinerzeit mit Schärfe, es sei dies doch ›ein recht *sonderbarer* Ausdruck, um nicht mehr zu sagen‹. Diese Bemerkung ›Old Charleys‹ übte gleichfalls große Wirkung auf die Menge aus; und einer der Versammelten, so war zu hören, stellte sehr nachdrücklich die Frage, wie es wohl käme, daß der junge Mr. Pennifeather so genau all die Umstände kennte, welche mit dem Verschwinden seines reichen Onkels zusammenhingen, daß er sich ermächtigt fühle, ganz eindeutig und bestimmt zu behaupten, sein Onkel *sei* ›ermordet‹ worden. Hierauf kam es zwischen verschiedenen Leuten in der Menge zu ein bißchen Zank und Streiterei, insbesondere aber gerieten ›Old Charley‹ und Mr. Pennifeather aneinander – obgleich dieser letztere Vorfall nun wirklich nichts Neues war, hatte doch schon seit drei oder vier Monaten zwischen den streitenden Parteien nur wenig Wohlwollen bestanden; und es war sogar so weit gekommen, daß Mr. Pennifeather doch tatsächlich seines Onkels Freund niedergeschlagen hatte, um irgendeiner vermeintlich übermäßigen Freiheit willen, welche sich der letztere in des Onkels Hause, dessen Hausgenoß der Neffe war, herausgenommen. Bei dieser Gelegenheit soll sich ›Old Charley‹ mit beispielhafter Mäßigung und christlicher Milde betragen haben. Er sei nach dem Schlage wieder aufgestanden, habe seine Kleider in Ordnung gebracht und nicht den geringsten Vergeltungsversuch unternommen – sondern nur ein paar Worte vor sich hin gemurmelt, er werde ›bei der ersten sich bietenden Gelegenheit summarisch Rache nehmen‹ – ein nur natürlicher und sehr gerechter Zornesausbruch, der jedoch nichts zu besagen hatte und zweifellos schon wieder vergessen war, kaum daß er sich Luft gemacht hatte.

Wie immer es um diese Sachen auch bestellt sein mochte (welche gar nichts mit dem nun umstrittenen Punkte zu tun haben), ganz sicher ist dies, daß die Schnarrenburger schließlich, hauptsächlich durch die Überredungskunst Mr. Pennifeathers, zu dem Entschlusse kamen, sich über die umliegende Gegend zu zerstreuen und nach dem vermißten Mr. Shuttleworthy zu suchen. Wie gesagt, sie kamen zuerst zu diesem Entschluß. Nachdem dann gänzlich entschieden war, daß eine Suche unternommen werden sollte, verstand es sich beinahe von selbst, daß die Suchenden sich zur gründlicheren Durchforschung der Umgegend zerstreuen, das heißt in Trupps aufteilen sollten. Jedoch habe ich vergessen, mit welchem geschickten gedanklichen Schachzug ›Old Charley‹ es schließlich fertigbrachte, die Versammelten zu überzeugen, daß dies doch der unverständigste Plan sei, nach dem man vorgehen könne. Zu überzeugen vermochte er sie freilich – alle außer Mr. Pennifeather; und am Ende ward verabredet, daß mit Sorgfalt und aller Gründlichkeit eine Suche von den Bürgern *en masse* unternommen werden solle, und zwar angeführt von ›Old Charley‹ höchstpersönlich.

Was das betraf, so hätte man keinen besseren Wegbereiter finden können als ›Old Charley‹, von dem jedermann wußte, daß er das Auge eines Luchses besaß; doch wiewohl er sie in alle möglichen abgelegenen Löcher und Winkel führte, auf Wegen, von deren Existenz in der Nachbarschaft niemand auch nur eine Ahnung hatte, und obgleich die Suche ohne Unterlaß nahezu eine ganze Woche lang Tag und Nacht andauerte, konnte man doch keine Spur von Mr. Shuttleworthy entdecken. Wenn ich ›keine Spur‹ sage, so darf man das allerdings nicht buchstäblich nehmen, denn ›Spuren‹ waren freilich in gewissem Maße vorhanden. Den armen Gentleman hatte man an den (ganz eigentümlichen) Hufeisen seines Pferdes bis zu einer Stelle verfolgt, welche etwa drei Meilen östlich des Fleckens an der zur Stadt führenden Hauptstraße lag. Hier nun verlief die Fährte auf einem Seitenpfade weiter durch ein Waldstück – einem Pfade, der wieder auf die Hauptstraße mündete und so etwa eine halbe Meile der regulären Entfernung abkürzte. Der Trupp folgte den Hufspuren auf diesem Weg und gelangte so schließlich an ein stehendes Gewässer, rechts vom Pfad halb im Gestrüpp verborgen, und auf der andern Seite dieses kleinen Teiches war nicht das mindeste mehr von einer Spur zu sehen. Allerdings

hatte hier allem Anscheine nach eine Art Kampf stattgefunden, und es sah aus, als wäre ein großer und schwerer
Körper, viel größer und schwerer als der eines Menschen,
vom Weg zum Teiche hin geschleift worden. Dieser letztere
ward zweimal sorgfältig abgefischt, doch ohne etwas zu finden; und schon wollte der Trupp alle Hoffnung auf Erfolg
aufgeben und seiner Wege gehen, als die Vorsehung
Mr. Goodfellow die Zweckmäßigkeit anriet, das Wasser
doch einmal ganz und gar abzulassen. Dieser Plan ward
mit Beifall aufgenommen und ›Old Charley‹ ob seines klugen Einfalles hochgepriesen. Da viele Bürger Spaten mitgebracht hatten, in der Annahme, sie würden womöglich aufgefordert, eine Leiche auszugraben, war der Abfluß leicht
und schnell geschaffen; und kaum war der Grund zu sehen, da entdeckte man mitten im verbliebenen Schlamm
eine schwarze Weste aus Seidensamt, die nahezu jeder der
Anwesenden auf Anhieb als das Eigentum von Mr. Pennifeather erkannte. Diese Weste war arg zerrissen und blutbe-
fleckt, und in der Gesellschaft befanden sich mehrere Personen, die sich deutlich erinnerten, daß sie von ihrem
Besitzer an ebenjenem Morgen, da Mr. Shuttleworthy in
die Stadt geritten, getragen worden sei; während wieder andere bereit waren, erforderlichenfalls mit ihrem Eide zu
bezeugen, daß Mr. P. besagtes Kleidungsstück für den
Rest jenes denkwürdigen Tages zu *keiner* Zeit mehr
getragen habe; und niemand ließ sich finden, der gesagt
hätte, er habe es überhaupt noch irgendwann nach
Mr. Shuttleworthys Verschwinden am Leibe des Mr. P.
gesehen.

Für Mr. Pennifeather sah die Sache nun sehr bedenklich
aus, und man beobachtete, als eine unzweifelhafte Bestätigung des Verdachts, der sich gegen ihn zu regen begann,
wie er überaus bleich ward und, befragt, was er denn zu seinen Gunsten anzuführen habe, gänzlich außerstande war,
auch nur ein Wort zu äußern. Hierauf kehrten sich auch
die wenigen Freunde, die ihm bei seinem ausschweifenden
Lebenswandel noch geblieben waren, sogleich bis auf den
letzten Mann von ihm ab und schrien sogar noch lauter als

seine alten und erklärten Feinde nach seiner augenblicklichen Festnahme. Doch auf der anderen Seite erstrahlte die Großmütigkeit von Mr. Goodfellow durch den Kontrast nur in um so hellerem Glanze. Er hielt eine warme und äußerst beredte Verteidigung für Mr. Pennifeather, in welcher er mehr als einmal darauf anspielte, wie er selber diesem wilden jungen Gentleman – ›dem Erben des trefflichen Mr. Shuttleworthy‹ – die schimpfliche Behandlung aufrichtigen Herzens verziehen habe, die er (der junge Herr), zweifelsohne in der Hitze leidenschaftlicher Erregung, für passend befunden, ihm (Mr. Goodfellow) widerfahren zu lassen. Er (Mr. Goodfellow) habe ihm denn auch, sagte er, von tiefstem Herzensgrunde vergeben; und was nun ihn (Mr. Goodfellow) betreffe, so sei er weit davon entfernt, die verdächtigen Umstände auf die Spitze treiben zu wollen, welche, wie er leider sagen müsse, ja *tatsächlich* gegen Mr. Pennifeather hervorgetreten seien, und er (Mr. Goodfellow) werde alles in seinen Kräften Stehende tun, er werde die ganze geringe Beredsamkeit aufbieten, über die er verfüge, um – um – um die ärgsten Züge dieser wirklich über die Maßen verwirrenden Angelegenheit zu mildern, soweit er dies guten Gewissens tun könne.

In dieser Weise fuhr Mr. Goodfellow noch etwa eine halbe Stunde lang fort, sehr zur Ehre seines Kopfes wie seines Herzens; doch zeigen sich warmherzige Menschen selten sehr geschickt in ihren Bemerkungen – im Ungestüm ihres Übereifers, einem Freunde beizustehen, vergaloppieren sie sich und lassen sich zu allen möglichen Schnitzern, *contre-temps* und *mal-àpropos*-ismen hinreißen – und schaden auf die Art, oft in der wohlmeinendsten Absicht von der Welt, dessen Sache unendlich viel mehr, denn daß sie ihr förderlich wären.

So ging es denn auch bei aller Beredsamkeit ›Old Charleys‹ im vorliegenden Falle aus; denn wiewohl er sich eifrig zum Besten des Verdächtigen mühte, geschah es doch, auf die eine oder andere Weise, daß jede Silbe, die er äußerte, und deren unmittelbare, wenn nicht unwissentliche Absicht es doch mitnichten war, den Sprecher in der guten

Meinung seiner Zuhörerschar zu erheben, die Wirkung hatte, den bereits an dem Manne, dessen Sache er vertrat, haftenden Verdacht noch zu vertiefen und gegen ihn die Wut des Pöbels zu wecken.

Einer der unerklärlichsten Fehler, die der Redner beging, war seine Hinweisung auf den Verdächtigen als ›den Erben des trefflichen alten Herrn, Mr. Shuttleworthy‹. Daran hatten die Leute bis dahin wirklich noch nicht gedacht. Sie hatten sich lediglich erinnert, wie der Onkel (der außer seinem Neffen keinen lebenden Anverwandten besaß) vor ein oder zwei Jahren mit Enterbung gedroht hatte; und daher hatten sie diese Enterbung stets als eine abgemachte Sache betrachtet – von so redlichem Schlage und so ganz ohne Arg waren die Schnarrenburger; doch die Bemerkung ›Old Charleys‹ brachte sie sogleich dazu, diesen Punkt zu überdenken, und so offenbarte sich ihnen die Möglichkeit, bei diesen Drohungen möchte es sich um nichts *mehr* denn eben Drohungen gehandelt haben. Und flugs erhob sich hierauf die natürliche Frage des *cui bono?* – eine Frage, die sogar noch mehr als die Weste dazu diente, das entsetzliche Verbrechen dem jungen Manne anzuhängen. Und damit ich nicht mißverstanden werde, sei mir erlaubt, hier einen Augenblick abzuschweifen, nur um anzumerken, daß der so überaus kurze und einfache lateinische Ausdruck, den ich gebraucht, beständig falsch übersetzt und mißverstanden wird. *Cui bono?* – in all den großartigen Romanen und sonstwo – in denen von Mrs. Gore zum Beispiel (der Autorin von ›Cecil‹), einer Dame, welche in sämtlichen Zungen zitiert, vom Chaldäischen bis zum Tschikasa, und ihre Gelehrsamkeit ›je nach Bedarf‹ nach einem systematischen Plan bei Mr. Beckford bezieht –, wie gesagt, in *all* den großartigen Romanen, von Bulwer und Dickens bis zu Kritzelpenny und Ainsworth, heißen die beiden kleinen lateinischen Worte *cui bono* ›zu welchem Zweck‹ oder (als wäre es *quo bono*) ›zu welchem Nutzen‹. Ihre wahre Bedeutung ist nichtsdestoweniger ›zu wessen Vorteil‹. *Cui* – wem, *bono* – ist es zum Nutzen. Es ist ein reiner Rechtsausdruck und genau in Fällen anwendbar wie dem, welcher hier zur

Betrachtung ansteht, wo nämlich die Wahrscheinlichkeit, ob und inwieweit einer als Täter einer Tat in Frage kommt, ganz von der Wahrscheinlichkeit abhängt, ob und inwieweit diesem oder jenem aus dem Begehen der Tat ein Vorteil erwächst. Im vorliegenden Falle nun betraf die Frage *cui bono* ganz angelegentlich Mr. Pennifeather. Sein Onkel hatte ihm, nachdem er erst ein Testament zu seinen Gunsten aufgesetzt, mit Enterbung gedroht. Aber er hatte die Drohung nicht wahr gemacht; das ursprüngliche Testament, so zeigte sich, war nicht geändert worden. *Wäre* es geändert worden, so käme als einzig zu unterstellendes Motiv zum Morde seitens des Verdächtigen ganz gewöhnliches Rachegelüst in Frage; und selbst diesem hätte die Hoffnung entgegengewirkt, vielleicht doch des Onkels Gewogenheit wiederzuerlangen. Da aber das Testament ungeändert blieb, während die Drohung, es zu ändern, weiterhin über dem Haupte des Neffen hing, ergibt sich sogleich der stärkstmögliche Beweggrund für die Greueltat; und zu solchem Schlusse kamen denn auch, sehr scharfsinnig, die trefflichen Bürger der Schnarren-Gemeinde.

Folglich ward Mr. Pennifeather auf der Stelle verhaftet, und die Menge machte sich, nachdem man noch ein wenig weiter gesucht hatte, auf den Heimweg, ihn im Gewahrsam. Unterwegs trat jedoch ein weiterer Umstand ein, welcher dazu angetan war, den einmal gefaßten Verdacht zu bestärken. Man sah nämlich, wie Mr. Goodfellow, der in seinem Eifer immer ein wenig den anderen voraus war, plötzlich ein paar Schritte lief, sich bückte und dann offenbar irgendeinen kleinen Gegenstand aus dem Grase aufhob. Nachdem er diesen rasch in Augenschein genommen, so war desgleichen zu beobachten, versuchte er halb, ihn in seiner Rocktasche zu verbergen; doch dieses Tun ward, wie gesagt, bemerkt und folglich verhindert, worauf sich der aufgehobene Gegenstand als ein spanisches Messer erwies, welches sogleich ein Dutzend Personen als Mr. Pennifeather zugehörig erkannten. Überdies waren auf dem Griff seine Initialen eingraviert. Die Klinge dieses Messers war aufgeklappt und blutig.

Nun blieb kein Zweifel mehr an der Schuld des Neffen, und sowie Schnarrenburg erreicht war, ward er unverzüglich einem Friedensrichter zur Vernehmung vorgeführt.

Hier nahm die Sache abermals eine äußerst ungünstige Wendung. Als der Gefangene befragt wurde, wo er am Morgen von Mr. Shuttleworthys Verschwinden gewesen sei, besaß er doch schlechterdings die Unverfrorenheit einzugestehen, er sei an ebenjenem Morgen mit seiner Flinte auf die Pirsch gegangen, ganz in der Nähe des Tümpels, wo durch den Scharfsinn Mr. Goodfellows die blutbefleckte Weste entdeckt worden war.

Dieser letztere trat nun vor und bat mit Tränen in den Augen, man möge seine Einvernahme erlauben. Strenges Pflichtgefühl, so sagte er, welches er seinem Schöpfer nicht weniger als seinen Mitmenschen schuldig sei, verstatte es ihm nicht länger zu schweigen. Bisher habe ihn die aufrichtigste Zuneigung zu dem jungen Manne (ungeachtet der schmählichen Behandlung, welche der letztere ihm, Mr. Goodfellow, habe widerfahren lassen) bewogen, jede Vermutung anzustellen, wie sie die Phantasie nur eingeben mochte, um doch zu versuchen, irgendwie zu erklären, was so verdächtig an den Umständen erscheine, die so ernstlich gegen Mr. Pennifeather sprächen; doch diese Umstände seien nun insgesamt zu überzeugend – *zu* verdammend; da wolle er nicht länger zögern – er wolle alles sagen, was er wisse, wenn es ihm (Mr. Goodfellow) auch dabei gänzlich das Herz zerreiße. Dann fuhr er fort auszusagen, daß am Nachmittage des Tages, welcher Mr. Shuttleworthys Ritt in die Stadt vorausgegangen, dieser treffliche alte Herr in *seinem* (Mr. Goodfellows) Beisein seinem Neffen gegenüber erwähnt habe, er wolle deshalb anderntags in die Stadt, um bei der ›Bauern- und Handwerkerbank‹ eine ungewöhnlich große Geldsumme einzuzahlen; und wie gleich darauf besagter Mr. Shuttleworthy dem besagten Neffen mit aller Entschiedenheit seinen unwiderruflichen Entschluß mitgeteilt habe, das ursprüngliche Testament für ungültig zu erklären und ihn zu enterben. Er (der Zeuge) forderte den Angeklagten nun feierlich auf, sich doch dazu zu äußern, ob die Aussage, die er (der Zeuge) soeben gemacht, in jeglicher wesentlichen Einzelheit die Wahrheit sei oder nicht. Sehr zum Erstaunen aller Anwesenden gab Mr. Pennifeather offen zu, daß *sie es sei*.

Der Richter erachtete es nun für seine Pflicht, ein paar Konstabler loszuschicken, das Zimmer des Angeklagten im Hause seines Onkels zu durchsuchen. Von dieser Suche kehrten sie beinahe unverzüglich mit der bekannten stahlgefaßten braunen Lederbrieftasche wieder zurück, welche der alte Herr seit Jahren bei sich zu tragen pflegte. Ihr wertvoller Inhalt war jedoch herausgenommen, und vergebens bemühte sich der Richter, dem Gefangenen zu entlocken, was er damit angefangen und wo er ihn verborgen habe. Ja, dieser bestritt hartnäckig jegliche Kenntnis von der Sache. Auch hatten die Konstabler zwischen Bettstatt und Linnen des unseligen Mannes ein Hemd und ein Halstuch entdeckt, beides mit den Initialen seines Namens gezeichnet und beides gräßlich mit dem Blute des Opfers beschmiert.

In diesem kritischen Augenblicke ward gemeldet, das Pferd des Ermordeten sei soeben im Stalle an den Folgen der Wunde verschieden, die es erlitten, und Mr. Goodfellow schlug vor, doch den Kadaver des Tieres sogleich zu untersuchen, um möglichst die Kugel zu finden. So geschah es denn auch; und wie um die Schuld des Angeklagten zweifelsfrei zu beweisen, gelang es Mr. Goodfellow nach sehr umfänglicher Suche in der Brusthöhle, eine Kugel von außergewöhnlicher Größe zu entdecken und hervorzuklauben, welche, wie die Probe ergab, exakt auf das Kaliber von Mr. Pennifeathers Büchse paßte, wogegen sie für jene irgendeiner anderen Person am Orte oder in dessen Umgebung viel zu groß war. Um jedoch das Ganze gar noch sicherer zu machen, stellte man fest, daß diese Kugel im rechten Winkel zur gewöhnlichen Sutur einen Riß beziehungsweise eine Gußnaht aufwies; und bei näherer Untersuchung paßte diese Naht genau zu einem zufälligen Grat oder einer Erhöhung in ein paar Gußformen, welche der Angeklagte selbst als sein Eigentum anerkannte. Nachdem man diese Kugel gefunden hatte, lehnte es der Untersuchungsrichter ab, weitere Zeugenaussagen anzuhören, und überstellte den Verhafteten sogleich zwecks Aburteilung dem Gericht – auch weigerte er sich entschieden, in dem Falle eine Kaution anzunehmen, wiewohl Mr. Goodfellow gegen diese Strenge wärmstens Einwendungen erhob und sich erbot, selber die Bürgschaft, in welcher Höhe auch immer, zu leisten. Diese Großmut seitens ›Old Charleys‹ paßte nur zu wohl zu dem ganzen Tenor seines liebenswürdigen und ritterlichen Verhaltens, welches er allezeit gezeigt, da er in Schnarrenburg weilte. Im vorliegenden Falle ward der treffliche Mann so hingerissen von wärmstem Mitgefühl, daß er offenbar, als er sich erbot, die Bürgschaft für seinen jungen Freund zu leisten, ganz vergessen hatte, daß er selber (Mr. Goodfellow) ja nicht den Reichtum eines einzigen Dollars auf Erden sein eigen nannte.

Was bei der Überstellung ans Gericht herauskam, ist leicht vorauszusehen. Unter den lauten Verwünschungen von ganz Schnarrenburg wurde Mr. Pennifeather bei der nächsten Gerichtssitzung der Prozeß gemacht, wo die Kette der Indizienbeweise (bestärkt noch von einigen zusätzlich verdammenden Tatsachen, welche dem Gerichte vorzuenthalten Mr. Goodfellows empfindliche Gewissenhaftigkeit verbot) für so lückenlos und durch und durch überzeugend erachtet wurde, daß die Geschworenen, ohne ihre Plätze zu verlassen, unverzüglich ihren Spruch fällten: ›Schuldig des Mordes im ersten Grade.‹ Bald darauf erhielt der Unglückselige das Todesurteil und ward ins Bezirksgefängnis zurückgeschickt, um dort die unerbittliche Rache des Gesetzes zu erwarten.

Inzwischen hatte sein nobles Verhalten ›Old Charley Goodfellow‹ den rechtschaffenen Schnarrenburgern doppelt teuer gemacht. Er ward zehnmal so beliebt denn je; und als natürliche Folge der Gastfreundschaft, die er erfuhr, ließ er gleichsam gezwungenermaßen in den übertrieben knauserigen Gepflogenheiten nach, welche zu beobachten ihn bislang seine Armut genötigt hatte, und hielt nun sehr häufig kleine *réunions* in seinem eigenen Hause, wo Witz und Fröhlichkeit die Oberherrschaft hatten – ein wenig gedämpft *natürlich* vom gelegentlichen Gedenken an das unglückselige und betrübliche Schicksal, welches drohend über dem Neffen des Verstorbenen schwebte, welcher des spendablen Gastgebers weiland Busenfreund gewesen.

Eines schönen Tages ward dieser großmütige alte Gentleman recht angenehm vom Eintreffen des folgenden Briefes überrascht: –

Mr. Charles Goodfellow, Wohlgeb.
Schnarrenburg
Abs.: H. F. B. & Co.
Betr. Chât. Mar. A – Nr. 1 – 6 Dtzd. Fl. ($\frac{1}{2}$ Gros)

Mr. Charles Goodfellow, Wohlgeb.
Sehr geehrter Herr,
gemäß einem Auftrag, welcher unserer Firma vor etwa zwei Monaten von unserem geschätzten Korrespondenten Mr. Barnabas Shuttleworthy zuging, haben wir die Ehre, heute morgen an Ihre Adresse eine Doppelkiste Château Margaux, Sorte ›Antilope‹, violettes Siegel, abzusenden. Kiste numeriert und gekennzeichnet wie oben vermerkt. Wir verbleiben, geehrter Herr,
mit vorzgl. Hochachtg.

Hoggs, Frogs, Bogs & Co.

– – –, den 21. Juni 18 – –

P. S. Die Kiste wird einen Tag nach Erhalt dieses Schreibens per Fracht bei Ihnen eintreffen. Unsere Empfehlungen an Mr. Shuttleworthy.

H., F., B. & Co.

Tatsache ist, daß Mr. Goodfellow seit dem Ableben von Mr. Shuttleworthy jegliche Erwartung aufgegeben hatte, jemals noch den versprochenen Château Margaux zu erhalten; und so sah er denn *jetzt* darin eine Art von besonderer Fügung der Vorsehung zu seinem Besten. Er war natürlich hocherfreut und lud im Überschwang seines Entzückens für den folgenden Tag eine große Gesellschaft von Freunden zu einem *petit souper*, um das Präsent des guten alten

Mr. Shuttleworthy anzuzapfen. Nicht daß er irgend etwas von ›dem guten alten Mr. Shuttleworthy‹ *gesagt* hätte, als er die Einladungen ergehen ließ. Tatsächlich überlegte er hin und her und beschloß, überhaupt nichts davon zu sagen. *Niemandem* gegenüber erwähnte er – wenn ich mich recht besinne –, daß er Château Margaux *geschenkt* bekommen hatte. Er bat lediglich seine Freunde, zu ihm zu kommen und ihm eine außerordentlich feine Sorte mit köstlicher Blume trinken zu helfen, die er sich vor ein paar Monaten aus der Stadt bestellt habe und anderntags in Empfang nehmen werde. Ich habe mir oft den Kopf darüber zerbrochen, *warum* ›Old Charley‹ wohl zu dem Entschluß gekommen sei, kein Wort darüber zu verlieren, daß er den Wein von seinem alten Freund bekommen hatte, doch wollte mir der Grund für sein Schweigen nie so richtig einleuchten, obgleich er zweifellos *irgendeinen* exzellenten und sehr selbstlosen Grund dafür hatte.

Schließlich kam der nächste Tag und mit ihm eine sehr große und hochreputierliche Gesellschaft Mr. Goodfellow ins Haus. Ja, der halbe Ort war da – darunter auch ich selbst –, doch sehr zum Verdrusse des Gastgebers traf der Château Margaux erst zu später Stunde ein, als die Gäste dem opulenten Abendessen, welches ›Old Charley‹ ihnen vorgesetzt, weidlich zugesprochen hatten. Endlich kam er aber – eine riesengroße Kiste noch dazu –, und da die ganze Gesellschaft sich bei ausnehmend guter Laune befand, ward *nem. con.* beschlossen, sie auf den Tisch zu heben und sogleich ihres Inhalts zu entleeren.

Gesagt, getan. Ich ging dabei hilfreich zur Hand; und im Nu stand die Kiste auf der Tafel, mitten zwischen all den Flaschen und Gläsern, von denen nicht wenige im Gewühl kaputtgingen. Nun nahm ›Old Charley‹, der ganz schön betrunken war und ungemein rot im Gesicht, mit einer Miene nachgeäffter Würde am oberen Ende der Tafel Platz und hämmerte wie wild mit einer Karaffe darauf herum, um die Gesellschaft solcherart zur Ordnung ›während der feierlichen Hebung des Schatzes‹ aufzufordern.

Nach einigem Gebrüll kehrte endlich wieder völlige

Ruhe ein, und wie es so oft in ähnlichen Fällen geschieht, folgte darauf eine tiefe und bemerkenswerte Stille. Aufgefordert, den Deckel aufzubrechen, tat ich dies natürlich ›mit dem allergrößten Vergnügen‹. Ich setzte ein Stemmeisen an, und nach ein paar leichten Hammerschlägen flog der Kistendeckel plötzlich herunter, und heraus fuhr, in sitzender Stellung, dem Gastgeber direkt gegenüber, im selben Augenblick die zerschundene, blutige und fast schon verweste Leiche des ermordeten Mr. Shuttleworthy selbst. Ein paar Augenblicke lang glotzte sie starr und beklagenswert mit ihren verfaulend glanzlosen Augen Mr. Goodfellow voll ins Gesicht; äußerte langsam, doch klar und eindringlich die Worte – »Du bist der Mann!« – und fiel dann, gleichsam voller Genugtuung, über die Seite der Kiste und streckte zitternd die Glieder auf dem Tische aus.

Die Szene, die nun folgte, läßt sich nicht im mindesten beschreiben. Es entstand ein fürchterliches Gedränge nach Fenstern und Türen, und viele der robustesten Männer im Raum fielen vor blankem Grausen geradewegs in Ohnmacht. Doch nach dem ersten wilden, gellenden Ausbruch des Schreckens richteten sich aller Augen auf Mr. Goodfellow. Und wenn ich tausend Jahre alt würde, könnte ich doch niemals die mehr denn tödliche Seelenpein vergessen, welche sich auf diesem seinem gespenstisch bleichen, soeben noch vom Wein und Triumph geröteten Gesicht malte. Minutenlang saß er wie zur marmornen Bildsäule erstarrt da; in ihrer ungeheuren stieren Leere schienen seine Augen nach innen gekehrt und versunken in die Betrachtung seiner eigenen elenden Mörderseele. Schließlich sah es aus, als blitze ihr Ausdruck mit einem Mal wieder auf in die Außenwelt, worauf er mit einem heftigen Satz vom Stuhle aufsprang und schwer mit Kopf und Schultern auf den Tisch stürzte, und in Berührung mit dem Leichnam stieß er mit ungestümer Hast ein ausführliches Geständnis des gräßlichen Verbrechens hervor, für welches Mr. Pennifeather, zum Tode verurteilt, im Gefängnis saß.

Was er erzählte, war im wesentlichen dies: – Er war seinem Opfer in die Nähe des Teiches gefolgt, hatte dort dessen Pferd mit einer Pistole erschossen, den Reiter mit dem Kolben erledigt, sich der Brieftasche bemächtigt und das Pferd, in der Annahme, es sei tot, unter großer Mühe in das Gestrüpp am Teiche geschleift. Auf sein eigenes Tier hatte er den Leichnam von Mr. Shuttleworthy gebunden und ihn solcherart weit weg durch die Wälder in ein sicheres Versteck gebracht.

Die Weste, das Messer, die Brieftasche und die Kugel hatte er selber dahin getan, wo man sie gefunden, in der Absicht, sich an Mr. Pennifeather zu rächen. Ebenso hatte er die Entdeckung des blutbefleckten Halstuchs und Hemdes herbeigeführt.

Gegen Ende des Berichts, der das Blut erschauern ließ, gerieten die Worte des schuldbeladenen Lumpen ins Stokken und wurden hohl. Als er mit dem Zeugnis schließlich zu Ende gekommen, stand er auf, taumelte vom Tisch zurück und – stürzte *tot* zu Boden.

Die Mittel, mit denen dies gerade noch zur rechten Zeit abgelegte Geständnis entrissen ward, waren zwar wirkungsvoll, doch in der Tat recht einfach. Mr. Goodfellows übermäßige Freimütigkeit hatte mich angeekelt und von Anfang an meinen Argwohn geweckt. Ich war dabeigewesen, als Mr. Pennifeather ihn geschlagen hatte, und der teuflische Ausdruck, der sich damals auf seinem Gesicht gezeigt, wenngleich nur für einen Augenblick, hatte mir die Gewißheit gegeben, daß seine Rachedrohung sich, wenn irgend möglich, auf grausame Weise erfüllen werde. Solcherart war ich denn vorbereitet, die *Manöver* von ›Old Charley‹ in einem gänzlich anderen Lichte zu sehen, als es die braven Schnarrenburger taten. Ich hatte sogleich erkannt, wie all die belastenden Entdeckungen entweder direkt oder indirekt von ihm selber kamen. Doch der Umstand, der mir für den wahren Stand des Falles deutlich die Augen geöffnet, war die Sache mit der Kugel gewesen, welche Mr. Goodfellow im Kadaver des Pferdes *gefunden*. *Ich* hatte nicht – die Schnarrenburger hingegen *wohl* – vergessen, daß die Kugel durch ein Loch in das Pferd eingedrungen und durch ein zweites aber wieder *herausgelangt* war. Wenn sie denn also in dem Tiere gefunden wurde, nachdem sie dieses doch wieder verlassen, so mußte sie, das war mir klar, von der Person, die sie gefunden, hineinpraktiziert worden sein. Das blutige Hemd und Halstuch bestätigten den Gedanken, den die Kugel angeregt; denn das Blut erwies sich bei der Untersuchung als vorzüglicher Rotwein, weiter nichts. Als ich mir all dies recht bedachte, dazu auch die seit kurzem um so vieles größer gewordene Freigebigkeit und Verschwendung auf seiten Mr. Goodfellows, schöpfte ich einen Verdacht, der deshalb nicht minder stark war, weil ich ihn gänzlich für mich behielt.

Unterdessen begann ich heimlich eine rigorose Suche nach Mr. Shuttleworthys Leichnam, und aus guten Gründen suchte ich in Gegenden, die so weit wie möglich von denen entfernt waren, dahin Mr. Goodfellow seine Schar geführt hatte. Das Ergebnis war, daß ich nach einigen Tagen auf einen alten, ausgetrockneten Brunnen stieß, dessen Öffnung fast ganz von Gestrüpp verborgen lag; und hier, auf dem Grunde, entdeckte ich, was ich gesucht.

Nun hatte es der Zufall gewollt, daß ich das Gespräch zwischen den beiden Busenfreunden mit angehört hatte, in welchem es Mr. Goodfellow verstanden hatte, seinen Gastgeber derart zu beschwatzen, daß der ihm eine Kiste Château Margaux versprach. Auf diesen Fingerzeig hin ging ich dann vor. Ich besorgte mir ein steifes Stück Fischbein, stieß es dem Leichnam durch die Speiseröhre und verstaute diesen sodann in einer alten Weinkiste – wobei ich danach trachtete, den Körper so zusammenzukrümmen, daß sich damit zugleich auch das Fischbein bog. Auf diese Weise mußte ich kräftig auf den Deckel drücken, um ihn niederzuhalten, während ich ihn zunagelte; und natürlich rechnete ich damit, daß der Deckel, sobald diese Nägel entfernt würden, *auf*springen und die Leiche *hoch*schnellen würde.

Nachdem ich die Kiste solcherart hergerichtet, kennzeichnete, numerierte und adressierte ich sie, wie bereits beschrieben; darauf verfaßte ich im Namen der Weinhändler, bei denen Mr. Shuttleworthy gekauft hatte, einen Brief und wies meinen Diener an, die Kiste auf ein Zeichen hin, das ich selber ihm geben würde, auf einer Schubkarre vor Mr. Goodfellows Türe zu schaffen. Was nun die Worte betraf, die der Leichnam nach meiner Absicht sprechen sollte, so vertraute ich voll und ganz auf meine bauchrednerischen Fähigkeiten; was ihre Wirkung anging, so zählte ich auf das Gewissen des Mordgesellen.

Ich denke, es bleibt nichts weiter zu erklären. Mr. Pennifeather ward auf der Stelle freigelassen, erbte das Vermögen seines Onkels, ließ sich die Erfahrung eine Lehre sein, besserte sich, und fortan führte er glücklich ein neues Leben.

DER BALLON-ULK

(Erstaunliche Nachricht per Express *via* Norfolk! – Atlantik in drei Tagen überquert! Außergewöhnlicher Triumph von Mr. Monck Masons Flugmaschine! – Ankunft auf Sullivan's Island, bei Charleston, Süd-Carolina von Mr. Mason, Mr. Robert Hollond, Mr. Henson, Mr. Harrison Ainsworth und vier weiteren nach fünfundsiebzigstündiger Fahrt von Land zu Land im Steuerballon ›Victoria‹! Ausführlicher Bericht über die Flugreise!

Der nachfolgende *jeu d'esprit* mit der voranstehenden Überschrift in prachtvollen Versalien, mit Ausrufungszeichen wohlgespickt, erschien tatsächlich zuerst in der ›New York Sun‹, einer Tageszeitung, und diente daselbst vollauf dem Zweck, während der paar Stunden von einer Charleston-Post zur anderen den *quidnuncs* unverdauliche Zehrung zu bieten. Der Ansturm nach dem ›einzigen Blatte, welches die Neuigkeit brachte‹, war schon mehr als ein Wunder; und wenn in Wirklichkeit (wie manche behaupten) die ›Victoria‹ die angegebene Reise auch durchaus nicht unternommen *hat,* so dürfte sich doch schwerlich ein Grund anführen lassen, weshalb sie diese nicht hätte vollbringen *sollen.*)

Endlich ist das große Problem gelöst! Die Luft ist – wie die Erde und das Meer – von der Wissenschaft erobert und wird nun für die Menschheit zum gewöhnlichen und bequemen Verkehrsweg sich wandeln. *Der Atlantik ist wirklich und wahrhaftig in einem Ballon überquert worden!* und dies dazu noch ohne Schwierigkeit – sichtlich ohne große Gefahr – bei gänzlicher Kontrolle über die Maschine – und in der unfaßbar kurzen Zeit von fünfundsiebzig Stunden von Küste zu Küste! Durch die Tatkraft eines Agenten in

Charleston, Süd-Carolina, sind wir in der Lage, als erste dem Publikum einen ausführlichen Bericht über diese höchst außergewöhnliche Reise vorzulegen, welche zwischen Sonnabend, dem Sechsten des laufenden Monats, elf Uhr vormittags und vierzehn Uhr am Dienstag, dem Neunten dieses Monats, unternommen ward – und zwar von Sir Everard Bringhurst; Mr. Osborne, einem Neffen von Lord Bentinck; Mr. Monck Mason und Mr. Robert Holland, den bekannten Aeronauten; Mr. Harrison Ainsworth, Autor des ›Jack Sheppard‹ etc.; und Mr. Henson, dem Konstrukteur der letzthin verunglückten Flugmaschine – dazu zwei Seeleuten aus Woolwich – insgesamt also acht Personen. Auf die weiter unten mitgeteilten Einzelheiten darf man sich nun als in jeder Hinsicht authentisch und korrekt verlassen, da sie, mit einer geringfügigen Ausnahme, *verbatim* aus den vereinigten Tagebüchern der Herren Monck Mason und Harrison Ainsworth abgeschrieben sind, deren Gefälligkeit unser Agent zudem für zahlreiche mündliche Auskünfte, den Ballon selbst betreffend, seine Konstruktion und andere Gegenstände von Interesse verpflichtet ist. Die einzige Veränderung in dem erhaltenen Manuskript ward zu dem Zwecke vorgenommen, den eilig abgefaßten Bericht unseres Agenten Mr. Forsyth in eine zusammenhängende und verständliche Form zu bringen.

Der Ballon

Zwei sehr entschiedene Mißerfolge in letzter Zeit – nämlich die von Mr. Henson und Sir George Cayley – hatten das öffentliche Interesse am Gegenstande der Luftschifffahrt stark geschwächt. Mr. Hensons Plan (welcher anfangs sogar bei Wissenschaftlern für sehr praktikabel galt) basierte auf dem Prinzip einer schiefen Ebene, die von einer Anhöhe aus durch eine äußerliche Kraft angetrieben wird, welche ihrerseits fortgesetzt wirken sollte durch die Umdrehung übergreifender Schaufeln, in Form und Anzahl den Flügeln einer Windmühle ähnlich. Doch bei allen Versuchen, welche man an Modellen auf der Adelaide-Galerie unternahm, stellte sich heraus, daß die Tätigkeit dieser Flügel die Maschine nicht nur nicht vorwärtstrieb, sondern recht eigentlich ihren Flug behinderte. Die einzige Antriebskraft, die überhaupt auftrat, bestand lediglich in dem aus der Neigung der schiefen Ebene gewonnenen *Impetus*; und dieser *Impetus* trug die Maschine weiter, wenn die Flügel sich in Ruhe befanden, als wenn sie in Bewegung waren – ein Umstand, der ihre Nutzlosigkeit hinreichend beweist; und bei Fehlen der antreibenden Kraft, welche zugleich die *tragende* war, mußte das Ganze notwendigerweise abstürzen. Diese Einsicht brachte Sir George Cayley auf den Gedanken, einen Propeller lediglich an einer Maschine anzubringen, die sich unabhängig davon aus eigener Kraft in der Luft zu halten vermochte – mit einem Wort, an einem Ballon; neu oder originell war die Idee von Sir George dabei allerdings nur, insofern sie die Art und Weise ihrer praktischen Nutzbarmachung betraf. Ein Modell seiner Erfindung stellte er im Polytechnischen Institute aus. Das Prinzip beziehungsweise die Kraft des Antriebs griff auch hier an unterbrochenen Flächen oder Flügeln an, die in Umdrehung versetzt wurden. Solche Flügel gab es vier an der Zahl, doch erwiesen sie sich als vollkommen untauglich, den Ballon zu bewegen oder seine Aufstiegskraft zu fördern. Das ganze Projekt war somit ein vollständiger Fehlschlag.

An diesem kritischen Punkte nun war es, daß Mr. Monck Mason (dessen Flug im Ballon ›Nassau‹ von Dover nach Weilburg im Jahre 1837 so viel Aufsehen erregte) auf den Gedanken kam, das Prinzip der Archimedischen Schraube zum Zwecke der Fortbewegung durch die Luft zu verwenden – indem er das Mißlingen von Mr. Hensons wie auch Sir George Cayleys Projekt sehr richtig darauf zurückführte, daß bei den voneinander unabhängigen Flügeln die Fläche unterbrochen war. Das erste öffentliche Experiment führte er in den Willisschen Sälen aus, brachte danach aber sein Modell zur Adelaide-Galerie.

Wie Sir George Cayleys Ballon war auch sein eigener ein

Ellipsoid. Seine Länge betrug dreizehn Fuß sechs Zoll – die Höhe sechs Fuß acht Zoll. Er enthielt etwa dreihundertzwanzig Kubikfuß Gas, welches, wenn es sich um reinen Wasserstoff handelt, beim ersten Aufblasen, ehe noch das Gas Zeit hat, sich zu verschlechtern oder zu entweichen, einundzwanzig Pfund tragen würde. Das Gewicht von Maschine und Apparat betrug insgesamt siebzehn Pfund – somit blieb eine Reserve von etwa vier Pfund. Unterhalb der Ballonmitte befand sich ein Rahmen aus leichtem Holz, etwa neun Fuß lang und in der üblichen Weise mit einem Netzwerk an dem Ballon selbst montiert. An diesem Gestell hing ein Weidenkorb oder eine Gondel.

Die Schraube besteht aus einer Achse aus hohlem Messingrohr, achtzehn Zoll lang, durch welches, an einer zu fünfzehn Grad geneigten Halbspirale, eine Reihe Stahldrahtspeichen gehen, die zwei Fuß lang sind und somit auf jeder Seite einen Fuß vorstehen. Diese Speichen sind an den äußeren Enden durch zwei Bänder aus abgeplattetem Draht verbunden – in dieser Weise bildet das Ganze das Gerüst der Schraube, welches durch einen Überzug aus ölgetränkter Seide vervollständigt wird, die, in Keilbahnen geschnitten, so straff gespannt ist, daß sie eine leidlich gleichförmige Fläche abgibt. An jedem Ende ihrer Achse wird diese Schraube von Trägern aus hohlem Messingrohr gehalten, die von dem Stahlband niedergehen. In den unteren Enden dieser Rohre befinden sich Löcher, in welchen sich die Zapfen der Achse drehen. Von demjenigen Ende der Achse, das der Gondel am nächsten liegt, verläuft eine Stahlwelle, welche die Schraube mit dem Getriebe eines an der Gondel montierten Federmechanismus verbindet. Durch das Wirken dieser Feder wird die Schraube veranlaßt, sich mit großer Schnelligkeit zu drehen, wodurch sich eine progressive Bewegung auf das Ganze überträgt. Vermittels des Steuerruders ließ sich die Maschine leicht in jede beliebige Richtung lenken. Die Feder besaß große Kraft, verglichen mit ihren Ausmaßen, war sie doch imstande, bei einem Gehäuse von vier Zoll Durchmesser schon nach der ersten Drehung fünfundvierzig Pfund zu heben, und schrittweise immer mehr, je stärker sie aufgezogen ward. Sie wog insgesamt acht Pfund sechs Unzen. Das Steuerruder war ein leichter Rahmen aus Rohr, mit Seide bespannt, hatte etwa die Form eines Raketts und maß in der Länge gegen drei Fuß und an der breitesten Stelle einen Fuß. Sein Gewicht betrug etwa zwei Unzen. Es konnte *flach* gestellt und auf- oder abwärts gerichtet werden, desgleichen nach rechts oder links, und ermöglichte es so dem Aeronauten, den Widerstand der Luft, welchen es bei geneigter Stellung während der Fahrt erzeugen mußte, nach jeder Seite zu verlagern, auf die er einzuwirken wünschen mochte; auf die Art gab er dem Ballon die entgegengesetzte Richtung.

Dieses Modell nun (welches wir aus Zeitmangel notgedrungen nur unvollkommen beschrieben haben) ward in der Adelaide-Galerie in Gang gesetzt, wo es eine Geschwindigkeit von fünf Meilen in der Stunde erreichte; wiewohl es seltsamerweise nur sehr wenig Interesse weckte im Vergleich mit der vorherigen, recht komplizierten Maschine von Mr. Henson – so entschieden ist es der Welt zu tun, ein jeglich Ding zu verachten, dem ein Anschein von Einfachheit anhaftet. Das große *desideratum* von der Luftschiffahrt zu erfüllen, bedurfte es nach allgemeiner Ansicht einer überaus komplizierten Anwendung irgendeines außergewöhnlich tiefgründigen Prinzips der Dynamik.

So hochzufrieden jedoch war Mr. Mason ob des endlichen Erfolges seiner Erfindung, daß er beschloß, wenn möglich, auf der Stelle einen Ballon von hinreichender Leistungsfähigkeit zu konstruieren, um das Problem durch eine längere Reise zu prüfen, wobei der ursprüngliche Plan vorsah, wie bereits zuvor im Nassau-Ballon den Ärmelkanal zu überfliegen. Um seine Absichten auszuführen, erstrebte und erlangte er die Protektion von Sir Everard Bringhurst und Mr. Osborne, zwei Herren, wohlbekannt für wissenschaftliche Kenntnis und ganz besonders für das Interesse, welches sie stets am Fortgang der Luftschiffahrtskunst bekundet. Das Projekt ward, auf Mr. Osbornes Wunsch, vor der Öffentlichkeit streng geheimgehalten –

die einzigen Personen, welche mit dem Plan vertraut, waren jene, welche tatsächlich mit der Konstruktion der Maschine zu tun hatten, die (unter der Oberaufsicht von Mr. Mason, Mr. Holland, Sir Everard Bringhurst und Mr. Osborne) auf dem Landsitz des letztgenannten Herrn bei Penstruthal in Wales gebaut wurde. Mr. Henson wurde, begleitet von seinem Freunde Mr. Ainsworth, zu einer vertraulichen Besichtigung des Ballons am letzten Sonnabend zugelassen – wo die beiden Herren endgültige Verabredungen trafen, sich an dem Abenteuer zu beteiligen. Aus welchem Grunde auch die beiden Seeleute noch einbezogen wurden, entzieht sich unserer Kenntnis – doch in ein oder zwei Tagen werden wir unseren Lesern auch die minutiösesten Einzelheiten bezüglich dieser außergewöhnlichen Reise mitteilen können.

Der Ballon besteht aus Seide und ist mit dem flüssigen Gummi Kautschuk gefirnißt. Er ist von gewaltigen Abmessungen, enthält er doch mehr denn 40000 Kubikfuß Gas; doch da an Stelle des kostspieligeren und ungünstigeren Wasserstoffs Kohlengas verwendet ward, beträgt die Tragkraft der Maschine bei voller Füllung und unmittelbar nach dem Aufblasen nicht mehr denn etwa 2500 Pfund. Das Kohlengas ist nicht nur bei weitem billiger, sondern auch leicht zu beschaffen und zu handhaben.

Daß es für die Zwecke der Luftschiffahrt allgemein in Gebrauch kam, verdanken wir Mr. Charles Green. Bis zu seiner Entdeckung war der Füllungsprozeß nicht nur überaus kostspielig, sondern auch ungewiß. Zwei, ja sogar drei Tage sind häufig mit vergeblichen Versuchen vergeudet worden, eine ausreichende Menge Wasserstoff zur Füllung eines Ballons zu beschaffen, aus welchem zu entweichen er infolge seiner außerordentlichen Feinheit und seiner Affinität zur umgebenden Atmosphäre große Neigung zeigte. In einem Ballon, welcher hinreichend dicht wäre, um das darinnen befindliche Kohlengas sechs Monate lang unverändert in Qualität wie Quantität zu halten, könnte eine gleiche Menge Wasserstoff nicht einmal sechs Wochen lang in gleicher Reinheit bewahrt werden.

Da die Tragkraft auf 2500 Pfund geschätzt wurde, das Gesamtgewicht der Mitfahrenden aber nur etwa 1200 betrug, blieb ein Überschuß von 1300, wovon wiederum 1200 für Ballast genutzt wurden, verteilt in Säcken verschiedener Größe, auf denen das jeweilige Gewicht vermerkt war — für Tauwerk, Barometer, Teleskope, Fässer mit Proviant für vierzehn Tage, Wasserfässer, Mäntel, Reisetaschen und diverse andere unentbehrliche Sachen, darunter ein Kaffeewärmer, der sinnreich so konstruiert war, daß er den Kaffee mittels gelöschten Kalks wärmte und also gänzlich ohne Feuer auskam, falls man dies für angeraten halten sollte. All diese Gegenstände waren, mit Ausnahme des Ballastes und einiger weniger Kleinigkeiten, oben an dem Reifen aufgehängt. Die Gondel ist viel kleiner und leichter im Verhältnis als diejenige, welche an dem Modell befestigt war. Sie besteht aus leichtem Flechtwerk und ist erstaunlich stabil für eine so zerbrechlich anmutende Maschine. Ihr Rand ist etwa vier Fuß tief. Das Steuerruder ist nun ebenfalls im Verhältnis sehr viel größer als beim Modell und die Schraube beträchtlich kleiner. Überdies ist der Ballon mit einem Dregganker und einem Leitseil ausgerüstet; welch letzteres von höchst unentbehrlicher Wichtigkeit ist. Für diejenigen unserer Leser, welche mit den Einzelheiten der Luftschiffahrt nicht so vertraut sind, machen sich hier ein paar Worte zur näheren Erklärung notwendig.

Sobald der Ballon sich von der Erde erhebt, ist er dem Einfluß vieler Umstände unterworfen, welche dazu gereichen, eine Veränderung in seinem Gewichte zu bewirken, und somit seine Steigkraft vermehren oder verringern. Zum Beispiel kann sich auf der Seide Tau niedergeschlagen haben, was nun gar mehrere hundert Pfund ausmachen mag; dann muß man Ballast abwerfen, sonst verliert die Maschine Höhe. Ist dieser Ballast nun über Bord und läßt klarer Sonnenschein den Tau verdunsten und zugleich das Gas in der Seide sich ausdehnen, so wird das Ganze wieder rapide aufsteigen. Um diesem Aufsteigen Einhalt zu tun, bleibt (oder vielmehr *blieb*, bis Mr. Green das Leitseil erfand) einzig der Ausweg, aus dem Ventil Gas abzulassen;

doch der Verlust von Gas bedeutet einen entsprechenden allgemeinen Verlust an Aufstiegskraft; so daß auch der bestkonstruierte Ballon innerhalb verhältnismäßig kurzer Zeit notwendigerweise all seine Mittel erschöpfen und wieder zur Erde kommen muß. Dies war das große Hindernis, welches längeren Reisen entgegenstand.

Das Leitseil nun behebt diese Schwierigkeit auf die denkbar einfachste Weise. Es besteht lediglich aus einem sehr langen Tau, welches man von der Gondel nachschleppen läßt und dessen Wirkung darin liegt, daß es den Ballon daran hindert, seine Höhe in wesentlichem Grade zu ändern. Wenn sich zum Beispiel Feuchtigkeit auf der Seide niedergeschlagen hat und folglich die Maschine an Höhe zu verlieren beginnt, so besteht keine Notwendigkeit, Ballast abzuwerfen, um die Gewichtszunahme auszugleichen, denn diese wird in genau richtigem Verhältnis dadurch gesteuert beziehungsweise wird ihr entgegengewirkt, daß auf dem Erdboden gerade soviel von dem Tauende liegt, wie dazu erforderlich ist. Wenn andererseits irgendwelche Umstände unangemessene Leichtigkeit und folglich Aufsteigen bewirken sollten, so wird diese Leichtigkeit sogleich durch das zusätzliche Gewicht des von der Erde hochgehobenen Seiles ausgeglichen. So kann der Ballon weder steigen noch sinken, es sei denn innerhalb sehr enger Grenzen, und seine Mittel bleiben, ob Gas, ob Ballast, verhältnismäßig unvermindert. Fliegt man über eine ausgedehnte Wasserfläche, so erweist es sich als notwendig, Kupfer- oder Holzfäßchen zu verwenden, gefüllt mit flüssigem Ballast, der von leichterer Natur ist als Wasser. Diese schwimmen obenauf und dienen all den Zwecken, welche an Land ein bloßes Seil erfüllt. Eine weitere äußerst wichtige Aufgabe des Leitseils besteht darin, die *Richtung* des Ballons anzuzeigen. Das Tau wird, ob an Land oder auf See, *nachgeschleppt*, während sich der Ballon frei bewegt; letzterer ist folglich immer voraus, sobald es nur irgend vorwärts geht: daher wird ein Vergleich der relativen Positionen beider mittels Kompaß stets den *Kurs* angeben. In derselben Weise zeigt der Winkel, den das Seil mit der Vertikalachse der Maschine bildet, die *Geschwindigkeit* an. Wenn *gar kein* Winkel da ist – mit anderen Worten, wenn das Seil senkrecht herabhängt –, so steht der ganze Apparat still; doch je größer der Winkel, das heißt, je weiter der Ballon dem Seilende voraus ist, desto größer ist die Geschwindigkeit; und umgekehrt.

Da die ursprüngliche Absicht darin bestand, den Ärmelkanal zu überqueren und so nahe bei Paris wie nur möglich zu landen, hatten sich die Reisenden vorsorglich mit Pässen für alle Teile des Kontinents versehen, darinnen, wie im Falle der Nassau-Reise, die Natur der Expedition bezeichnet und den Abenteurern Befreiung von den üblichen amtlichen Formalitäten erteilt wurde; unerwartete Ereignisse machten diese Pässe jedoch überflüssig.

Mit der Füllung des Ballons wurde am Sonnabend, dem Sechsten des laufenden Monats, frühmorgens bei Tagesanbruch in aller Stille begonnen, und zwar im Hofe von Weal-Vor House, dem Landsitz Mr. Osbornes, etwa eine Meile von Penstruthal in Nord-Wales; und als sieben Minuten nach elf alles zur Abfahrt bereit war, ließ man den Ballon fliegen, worauf er stetig, aber sacht in nahezu südlicher Richtung aufstieg; dabei wurde in der ersten halben Stunde weder von der Schraube noch vom Steuerruder Gebrauch gemacht. Wir setzen unseren Bericht nun mit dem Tagebuch fort, wie es Mr. Forsyth aus den vereinten Manuskripten von Mr. Monck Mason und Mr. Ainsworth abgeschrieben hat. Der Hauptteil des vorliegenden Journals zeigt die Handschrift Mr. Masons, während jeden Tag ein Postskriptum von Mr. Ainsworth angefügt ist, der einen ausführlicheren und zweifelsohne ungeheuer packenden Bericht von der Fahrt in Vorbereitung hat und in Kürze der Öffentlichkeit vorlegen wird.

Das Tagebuch

Sonnabend, 6. April. – Nachdem alle Vorbereitungen, die uns noch hätten in Verlegenheit bringen können, über

Nacht erledigt worden waren, begannen wir heute morgen bei Tagesanbruch mit der Füllung; doch infolge eines dikken Nebels, welcher hinderlich auf den Falten der Seide lastete und diese widerspenstig machte, wurden wir nicht vor nahezu elf Uhr damit fertig. Kappten dann in guter Stimmung die Haltetaue und stiegen sachte, aber stetig auf, bei einer leichten nördlichen Brise, welche uns in Richtung des Bristol-Kanals trug. Fanden die Steigkraft größer, als wir erwartet hatten; und als wir höher stiegen und so aus den Klippen heraus und mehr in die Sonne kamen, ward unser Aufstieg sehr schnell. Ich wollte jedoch nicht schon zu einem so frühen Zeitpunkt unseres Abenteuers Gas verlieren und beschloß also, fürs erste weiterzusteigen. Bald rollten wir unser Leitseil aus; doch selbst noch, als wir es gänzlich von der Erde abgehoben hatten, stiegen wir sehr schnell weiter. Der Ballon lag ungewöhnlich ruhig in der Luft und sah herrlich aus. Etwa zehn Minuten nach dem Start zeigte das Barometer eine Höhe von 15000 Fuß an. Das Wetter war außergewöhnlich schön, und der Blick auf die Landschaft unter uns – eine höchst romantische, gleichviel, von welchem Punkt man sie auch betrachtet – war jetzt ganz besonders großartig. Die zahlreichen tiefen Schluchten wirkten wegen der dichten Dunstschleier, die sie erfüllten, wie Seen, und die Bergzinnen und Felsspitzen, welche im Südosten in unentwirrbarem Durcheinander aufragten, ähnelten nichts so sehr als den gigantischen Städten des morgenländischen Märchens. Geschwind näherten wir uns den Bergen im Süden; doch war unsere Höhe mehr denn ausreichend, um uns zu befähigen, sie sicher zu passieren. In wenigen Minuten schwebten wir artig darüber hinweg; und Mr. Ainsworth sowie die Seeleute waren überrascht, wie es ihnen, von der Gondel aus betrachtet, scheinbar an Höhe mangelte, verringern sich doch bei großer Erhebung in einem Ballon die Unebenheiten der Erdoberfläche drunten sehr stark, so daß alles nahezu plan erscheint. Als wir halb zwölf noch immer fast südlich vorantrieben, gewannen wir unseren ersten Blick auf den Bristol-Kanal; und fünfzehn Minuten später zeigte sich unmittelbar unter uns die Brandung an der Küste, und schon befanden wir uns richtig draußen über dem Meere. Nun beschlossen wir, genügend Gas abzulassen, um unser Leitseil mit den daran befestigten Bojen ins Wasser zu bringen. Das war alsbald getan, und wir begannen langsam zu sinken. Nach etwa zwanzig Minuten tauchte unsere erste Boje ein, und als bald darauf die zweite das Wasser berührte, blieben wir fortan auf derselben Höhe. Wir alle konnten es kaum erwarten, die Leistungsfähigkeit des Steuerruders und der Schraube auszuprobieren, und so setzten wir beide alsogleich ein, zu dem Zwecke, unsere Richtung mehr nach Osten hin zu ändern, auf Paris zu. Vermittels des Ruders erzielten wir augenblicklich den erforderlichen Richtungswechsel, und unser Kurs verlief nun nahezu im rechten Winkel zum Wind; woraufhin wir die Feder der Schraube in Bewegung setzten und zu unserer Freude feststellen konnten, daß sie uns bereitwillig, wie gewünscht, vorwärtstrieb. Hierauf brachen wir in ein neunfaches kräftiges Hurra aus und ließen eine Flasche ins Meer fallen, welche einen Pergamentstreifen mit einem kurzen Bericht über das Prinzip der Erfindung enthielt. Kaum waren wir jedoch am Ende unserer Freudenbezeigungen angelangt, als ein unvorhergesehener Zwischenfall eintrat, welcher uns in nicht geringem Grade entmutigte. Die Stahlstange, welche die Feder mit dem Propeller verband, ward plötzlich mit einem Ruck am Gondelende herausgerissen (als die Gondel durch irgendeine Bewegung eines der beiden Seeleute, die wir mitgenommen hatten, ins Schwanken geriet) und hing im nächsten Augenblick außerhalb unserer Reichweite baumelnd am Achszapfen der Schraube. Während wir uns nun mühten, uns ihrer wieder zu bemächtigen, und unsere Aufmerksamkeit gänzlich davon in Anspruch genommen war, gerieten wir in eine starke Windströmung aus Ost, welche uns mit rasch wachsender Gewalt auf den Atlantik zutrug. Bald trieben wir mit einer Geschwindigkeit von gewiß nicht weniger denn fünfzig oder sechzig Meilen in der Stunde aufs Meer hinaus, so daß wir etwa vierzig Meilen nördlich Kap Clear erreicht hatten, ehe wir

die Stange in Sicherheit gebracht und Zeit hatten, darüber
nachzudenken, was zu tun wäre. Da machte nun Mr. Ainsworth einen außergewöhnlichen, doch für meine Begriffe
keineswegs unvernünftigen oder phantastischen Vorschlag,
bei welchem ihm sogleich Mr. Hollond sekundierte, nämlich: wir sollten uns doch die steife Brise, die uns vorwärtstrieb, zunutze machen und, anstatt nach Paris zurückzula-
vieren, einen Versuch wagen, die Küste Nordamerikas zu
erreichen. Nach kurzer Überlegung stimmte ich bereitwillig diesem kühnen Vorschlag zu, welcher (seltsamerweise)
nur bei den beiden Seeleuten auf Einwände stieß. Als die
stärkere Partei überstimmten wir jedoch ihre Befürchtungen und blieben fest auf unserem Kurs. Wir steuerten genau nach Westen; doch da das Nachschleppen der Bojen
unser Vorwärtskommen wesentlich behinderte und wir den
Ballon vollauf in der Gewalt hatten, zum Steigen wie zum
Sinken, warfen wir zunächst fünfzig Pfund Ballast ab und
holten dann (mit Hilfe einer Winde) so viel von dem Seile
ein, daß es nicht mehr im Wasser hing. Die Wirkung dieses
Manövers machte sich sofort in einer ungeheuren Steigerung unserer Geschwindigkeit bemerkbar; und als nun der
Wind auffrischte, flogen wir mit einer nahezu unvorstellbaren Schnelligkeit dahin; wobei das Leitseil hinter der Gondel flatterte wie ein Wimpel an einem Seeschiffe. Es ist unnötig zu sagen, daß wir die Küste in sehr kurzer Zeit schon
aus den Augen verloren hatten. Wir trieben über unzählige
Schiffe aller Arten dahin, von denen ein paar wenige versuchten aufzukreuzen, die meisten aber beigedreht lagen.
Bei allen gaben wir Anlaß für die größte Aufregung an
Bord – eine Aufregung, die wir selbst höchlich genossen,
und ganz besonders unsere beiden Matrosen, die, nunmehr
unter dem Einfluß eines Schluckes Wacholderbranntwein,
entschlossen schienen, alle Bedenklichkeit oder Furcht in
den Wind zu schlagen. Viele der Schiffe feuerten Signal-
kanonen ab; und auf allen grüßte man uns mit lauten Hur-
rarufen (die wir überraschend deutlich vernahmen) und
mit dem Schwenken von Mützen und Taschentüchern. Auf
diese Weise ging es den ganzen Tag lang ohne wesentli-

chen Zwischenfall weiter, und als die Schatten der Nacht uns einhüllten, unternahmen wir eine grobe Schätzung der zurückgelegten Strecke. Es mochten nicht weniger denn fünfhundert Meilen sein und war wahrscheinlich viel mehr. Den Propeller hielten wir ununterbrochen in Tätigkeit, und zweifellos trug er wesentlich zu unserem Vorankommen bei. Als die Sonne unterging, frischte der Wind zu einem regelrechten Orkan auf, und der Ozean unter uns war auf Grund seines Phosphoreszierens klar zu sehen. Die ganze Nacht durch wehte der Wind aus Ost, für uns das glänzendste Omen fürs Gelingen. Wir litten nicht wenig unter der Kälte, und die Luftfeuchtigkeit war äußerst unangenehm; doch in der geräumigen Gondel hatten wir alle Platz, uns hinzulegen, und mit Hilfe von Mänteln und ein paar Decken kamen wir ganz gut zurecht.

P. S. (von Mr. Ainsworth)

Die letzten neun Stunden sind fraglos die aufregendsten meines Lebens gewesen. Ich kann mir nichts Erhebenderes vorstellen als die unerhörte Gefahr und Neuheit eines Abenteuers wie des jetzigen. Gebe Gott, daß wir es schaffen! Ich erbitte keinen Erfolg der bloßen Sicherheit meiner unbedeutenden Person wegen, sondern um der menschlichen Erkenntnis und – des gewaltigen Triumphes willen. Dabei ist dieses Bravourstück so offensichtlich durchführbar, daß mich nur eines wundert, warum die Menschen bislang überhaupt gezögert, den Versuch zu wagen. Eine einzige steife Brise, wie sie uns jetzt so günstig ist – man lasse einen solchen Sturmwind einen Ballon nur vier oder fünf Tage (diese Stürme dauern oftmals länger) vorwärtswirbeln, und der Reisende wird in dieser Zeit gar leicht von Küste zu Küste getragen. Angesichts einer solchen Brise wird der breite Atlantik zu einer bloßen Pfütze. Mehr denn irgendein anderes Phänomen, das sich uns bietet, macht mich gerade jetzt die ungeheure Stille staunen, welche trotz seiner Aufgewühltheit im Meere unter uns herrscht. Die Wasser senden keine Stimme gen Himmel. Der gewaltige schimmernde Ozean windet sich voller Pein, doch ohne Klage. Die bergehohen Sturzseen erinnern an zahllose gigantische Furien, welche stumm, in ohnmächtiger Agonie miteinander ringen. In einer solchen Nacht, wie es diese für mich ist, *lebt* ein Mensch – lebt ein ganzes Jahrhundert gewöhnlichen Lebens – und nicht um ein ganzes Jahrhundert gewöhnlicher Daseinsfreude möchte ich diese hinreißende Lust missen.

Sonntag, 7. April. (Mr. Masons Ms.) Heute morgen, bis zehn, war der Sturm auf eine Stärke von acht oder neun Knoten abgeflaut (für ein Schiff auf See) und trägt uns nun vielleicht dreißig Meilen in der Stunde oder mehr dahin. Allerdings hat er sich ganz beträchtlich nach Norden gedreht; und jetzt, bei Sonnenuntergang, halten wir genauen West-Kurs ein, hauptsächlich mittels Schraube und Steuerruder, welche ihre Zwecke bewundernswert erfüllen. Ich betrachte das Unternehmen für voll und ganz gelungen und die einfache Navigation in der Luft in jeglicher Richtung (nicht gerade im Kampfe gegen einen Sturm) fürderhin nicht länger mehr problematisch. Gegen den starken Wind von gestern hätten wir nicht ankommen können; doch, wenn nötig, wäre es möglich gewesen, uns durch Aufsteigen in größere Höhen seinem Einfluß zu entziehen. Aber gegen eine ziemlich steife Brise, da bin ich überzeugt, läßt sich mit dem Propeller ankämpfen. Heute mittag auf eine Höhe von beinahe 25000 Fuß gestiegen, indem wir Ballast abwarfen. So geschehen, um eine direktere Strömung zu suchen, aber keine war so günstig wie die, in welcher wir uns jetzt befinden. Wir haben übergenug Gas, uns über diesen kleinen Teich zu tragen, und sollte die Fahrt auch drei Wochen dauern. Mir ist um das Ergebnis nicht im geringsten bange. Die Schwierigkeit ist seltsamerweise übertrieben und mißverstanden worden. Ich kann mir meine Strömung wählen, und sollte es sich ja herausstellen, daß *alle* Strömungen gegen mich sind, vermag ich noch ganz leidlich mit dem Propeller voranzukommen. Berichtenswerte Vorfälle hatten wir keine. Die Nacht verspricht klar zu werden.

P. S. (von Mr. Ainsworth)

Ich habe wenig zu berichten, bis auf den Umstand (einen für mich recht überraschenden), daß ich in einer Höhe, die der des Cotopaxi entspricht, weder sehr starke Kälte noch Kopfschmerzen noch Atembeschwerden verspürt habe; das gilt auch, wie ich sehe, für Mr. Mason, Mr. Hollond und Sir Everard. Mr. Osborne klagte darüber, ihm habe es die Brust eingeschnürt – doch ging dies bald vorüber. Wir sind den ganzen Tag über mit großer Geschwindigkeit geflogen, und wir müssen bereits mehr als den halben Weg über den Atlantik zurückgelegt haben. Wohl über zwanzig oder dreißig Schiffe aller Art haben wir passiert, und alle bekundeten freudiges Erstaunen. Letzten Endes ist es gar kein so großes Kunststück, den Ozean in einem Ballon zu überqueren. *Omne ignotum pro magnifico.* Notabene: In 25000 Fuß Höhe wirkt der Himmel nahezu schwarz, und die Sterne sind deutlich sichtbar; das Meer dagegen erscheint nicht konvex (wie man doch annehmen möchte), sondern absolut und ganz eindeutig *konkav*.[1]

1 *Anmerkung.* – Mr. Ainsworth hat nicht versucht, für dieses Phänomen Aufklärung zu geben, welches sich jedoch leicht deuten läßt. Eine Linie, die aus einer Höhe von 25000 Fuß senkrecht zur Oberfläche der Erde (oder des Meeres) herabginge, würde die Senkrechte eines rechtwinkligen Dreiecks bilden, dessen Basis vom rechten Winkel zum Horizont und dessen Hypotenuse vom Horizont zum Ballon verliefe. Doch die 25000 Fuß Höhe sind wenig oder nichts im Vergleich zur Weite des Blickfeldes. Mit anderen Worten, Basis und Hypotenuse des gedachten Dreiecks wären, verglichen mit der Senkrechten, so lang, daß die beiden ersteren für nahezu parallel gehalten werden könnten. Auf diese Weise sähe es für den Aeronauten aus, als befände sich der Horizont *auf einer Ebene* mit der Gondel. Doch da der Punkt unmittelbar unter ihm sehr tief zu liegen scheint, und ja auch liegt, scheint derselbe natürlich auch sehr tief unter dem Horizonte zu liegen. Daher der Eindruck der *Konkavität*; und dieser Eindruck muß so lange bestehen bleiben, bis die Höhe ein so großes Verhältnis zur Weite des Blickes erreicht hat, daß der scheinbare Parallelismus von Basis und Hypotenuse verschwindet – worauf dann die tatsächliche Konvexität der Erde sichtbar werden muß.

Montag, 8. April. (Mr. Masons Ms.) Heute morgen hatten wir wieder etwas Ärger mit der Propellerstange, die gänzlich umgestaltet werden muß, um einen ernstlichen Unglücksfall zu verhüten – ich meine die Stahlstange, nicht die Flügel. Die letzteren könnten gar nicht besser sein. Den ganzen Tag über bläst der Wind gleichmäßig und kräftig aus Nordost; und bis jetzt scheint Fortuna uns hold zu sein. Kurz vor Tag waren wir alle ein wenig in Unruhe wegen einiger seltsamer Geräusche und Erschütterungen im Ballon, welche mit dem augenfälligen rapiden Absinken der ganzen Maschine einhergingen. Diese Phänomene wurden durch die Ausdehnung des Gases verursacht, durch die Erwärmung in der Atmosphäre und das nachfolgende Zerbersten der winzigen Eispartikel, mit welchen sich das Netzwerk während der Nacht überzogen hatte. Mehrere Flaschen auf die Schiffe unten geworfen. Sahen, wie eine davon von einem großen Schiffe aufgefischt wurde – sah aus wie ein New Yorker Linienpostschiff. Versuchten, den Namen auszumachen, konnten ihn aber nicht mit Sicherheit erkennen. Durch Mr. Osbornes Teleskop las es sich so ähnlich wie ›Atalanta‹. Es ist jetzt zwölf Uhr nachts, und immer noch treiben wir mit schnellem Tempo nahezu westwärts. Das Meer phosphoresziert ganz besonders hell.

P. S. (von Mr. Ainsworth)

Es ist jetzt zwei Uhr früh und fast windstill, soweit ich das beurteilen kann – doch dieser Punkt läßt sich nur sehr schwer bestimmen, da wir uns so gänzlich *mit* der Luft bewegen. Seit wir in Weal-Vor abgeflogen sind, habe ich nicht mehr geschlafen, doch kann ich es nun nicht länger aushalten und muß ein Schläfchen halten. Es dürfte aber nicht mehr weit sein bis zur amerikanischen Küste.

Dienstag, 9. April. (Mr. Ainsworth' Ms.) *Ein Uhr mittags. Vor unseren Augen liegt die flache Küste von Süd-Carolina.* Das große Problem ist gelöst. Wir haben den Atlantik überquert – ihn gut und *leicht* in einem Ballon überquert! Gelobet sei Gott! Wer kann hiernach noch sagen, daß irgend etwas unmöglich sei?

Hier endet das Tagebuch. Einige Einzelheiten über die Landung sind jedoch Mr. Forsyth von Mr. Ainsworth mitgeteilt worden. Es herrschte nahezu völlige Windstille, als die Ballonfahrer die Küste zu Gesicht bekamen, welche die beiden Seeleute und Mr. Osborne sogleich erkannten. Da der letztere Herr Bekannte in Fort Moultrie hatte, ward alsbald beschlossen, in dessen Nähe niederzugehen. Der Ballon ward über den Strand gebracht (es war gerade Ebbe und der Sand fest, glatt und für eine Landung vorzüglich geeignet), man ließ den Dregganker fallen, und er fand sogleich festen Halt. Die Bewohner der Insel und des Forts drängten natürlich herbei, den Ballon zu sehen; doch nur mit allergrößter Mühe war jemand zu bewegen, der tatsächlichen Fahrt – *der Überquerung des Atlantiks* – Glauben zu schenken. Der Dregganker machte genau 14 Uhr fest; und so ward denn die ganze Fahrt in fünfundsiebzig Stunden vollbracht; beziehungsweise noch weniger, rechnet man von Küste zu Küste. Es hatte keinen ernsthaften Zwischenfall gegeben. Keine wirkliche Gefahr war zu irgendeiner Zeit zu fürchten gewesen. Ohne jegliche Mühe ward der Ballon geleert und verwahrt; und als das Ms., aus dem dieser Bericht zusammengestellt ist, von Charleston abgesandt wurde, befand sich die Schar der Ballonfahrer noch immer in Fort Moultrie. Über ihre weiteren Absichten bestand noch keine Gewißheit; doch unseren Lesern können wir entweder am Montag oder spätestens im Laufe des nächsten Tages weitere Informationen fest versprechen.

Dies ist fraglos das erstaunlichste, das interessanteste und das bedeutendste Unternehmen, das der Mensch je vollbracht oder auch nur gewagt hat. Welche großartigen Ereignisse noch folgen mögen, dafür jetzt die Richtung weisen zu wollen wäre vergebliche Liebesmüh.

UNSIGNIERTE BEITRÄGE FÜR DEN
›PUBLIC LEDGER‹

I

EIN BEWEGENDES KAPITEL. – Der *Omnibus* läßt sich definieren als eine bewegliche allgemeine Vergnügungsstätte auf den Grundsätzen strenger Temperenz und vier Rädern. Das Wort Omnibus leitet sich her oder vielmehr kommt in leibhaftiger Gänze aus dem Lateinischen; und im Betrachte dieser Tatsache haben wir peinlich genaue, strikt methodische Untersuchungen beziehentlich der lokomotorischen Gewohnheiten der Römer angestellt, um herauszufinden, ob dieselben den Omnibus bereits besaßen. Doch auch nach gründlicher Forschung, welche selbst dem Fleiße eines Niebuhr höchstpersönlich nicht zur Schande gereicht hätte, sind wir zu keinem befriedigenden Schlusse gelangt. So müssen wir diese Frage denn offen- und den Altertumsvereinen überlassen. In der Neuzeit ist die Entdekkung des Omnibusses nach der des Dampfschiffes und vor der des magnetischen Telegraphen zu datieren. Allen dreien gemeinsam ist eine großartige Sache: der schnelle Transport von Personen oder Ideen; während die beiden erstgenannten nun freilich häufig Personen ohne Ideen befördern, beschränkt sich die letztere Erfindung bislang strikt darauf, Ideen ohne Personen zu befördern. Doch geraten unsere Bemerkungen langsam gar persönlich und idealisch, derweil wir uns doch den Zweck gesetzt, uns schlicht an Tatsachen zu halten. So wollen wir uns denn über diesen Punkt nicht weiter verbreiten.

Als man zum ersten Mal in Philadelphia den Omnibus in Bewegung gesetzt (buchstäblich gesprochen), war er ausschließlich dem Dienste für Herren geweiht, welche jeweils zweihundertachtzig Pfund Lebendgewicht auf die Waage brachten; Präsidenten reicher Korporationen, die unwiderruflich gar fettleibig geworden und nun humanerweise meinten, es sei besser, erbärmliche gemeinnützige Pferde dadurch umzubringen, daß sie diese ihre Schwergewichte über das Pflaster zerren ließen, als in jenem Dienste in schöner Regelmäßigkeit ein privates Gespann zu opfern. Doch durch die Multiplikation dieser öffentlichen Einrichtung (dies ist wohl der gebräuchliche Ausdruck dafür) kamen auch andere Personen in den Genuß; und die Türe (dies meinen wir jetzt im übertragenen Sinne – denn bei heißem Wetter hat der Omnibus gar keine Tür) tat sich auch weniger wohlbeleibten Männern auf. Insgleichen pflegten nun Mütter oder Kinderfrauen mitsamt schlafenden Kindern sich in den Omnibus zu drängen; und es ward eine gar delikate Frage für den jungen Gentleman, welcher die Sixpencestücke abkassiert und die Fahrscheine entwertet, ob das kleine Ding der *chargée* zum halben oder vollen Preise führe. Doch glauben wir, wiewohl unsere Information, da wir noch nie Mutter, nicht einmal Kinderfrau gewesen, nicht präzise ist, daß Kleinkinder jetzt im Omnibus für umsonst fahren. Dies mag nun seitens des jungen Gentleman gar lieblos dünken, das geistige und leibliche Gewicht des Kindes für nichts zu achten, wenn sein eigenes schon nicht viel zählt. Sodann wagten sich junge Damen, welche keine Kinder ihr eigen nannten, schüchtern in einen Omnibus; auch junge Männer wurden im allgemeinen plötzlich schwach in den Knien und tauschten körperliche Bewegung gegen Trägheit in einem Omnibus. Wohin man früher zu Fuß zu gehen pflegte, fährt man also jetzt, gleichviel, welchen Alters, Geschlechts und Befindens; und es würde uns gar nicht wundern, wenn die in frühen Jahren erworbene Fertigkeit, seine Gliedmaßen (Beine) zu gebrauchen, letztendlich auf Zeitungsboten, Dienstmänner und Wanderer beschränkt wäre.

Im Omnibus zu fahren ist allemal besser, als sich eine Equipage zu halten, schon weil ein Omnibus nicht umkippen kann, genausowenig wie eine Billardkugel; auch können die Pferde nicht durchgehen. Die Geschichte verzeichnet kein Beispiel dafür, daß einem Omnibuspferd jemals so etwas in den Sinn gekommen wäre. Sind dagegen nicht häufig Berichte anzutreffen, wie ein Reicher im Rinnstein zu Tode gekommen oder, wie es in der Zeitung so schön heißt, gegen eine Bordsteinkante geschleudert, auf der Stelle getötet ward? Solches passiert nun aber nicht bei einem Omnibusse, sondern nur bei einem Privatgefährt. Also Leute, ob mit oder ohne Hirn, um herauszuspritzen, seid dessen eingedenk, so ihr darauf sinnt, euch eine feine Kutsche mit einem feurigen Gespann zuzulegen.

Die Inneneinrichtung in einem Omnibus steht nun weit über jener der altmodischen Postkutsche. In einer Postkutsche, auch wenn sie halbleer, kann man sich nicht hinlegen. Doch in einem Omnibus ist es möglich, ist nur die eine Seite besetzt, sich auf der andern auszustrecken und zu schlafen, Hut ab und Stiefel hoch. Dieses ganze dumme Zeug, von dem da in Poesie und Prosa die Rede, daß zum Schlafen Ruhe erforderlich sei, läßt sich praktisch Lügen strafen. Monotonie, nicht Stille, ist es, was einen einschläfert. Und wenn die Kutsche hält, ist es die Stille, davon man munter wird. Wir haben einmal von einem Manne gehört, welcher während eines tobenden Gewitters eingeschlafen war und erst dann aufwachte, als das letzte gewaltige Krachen (es hatte ins Haus eingeschlagen) just verhallt war. Diese laute Tatsache entscheidet die Frage, sofern es überhaupt eine Frage, was die Frage. Wenn Sie in einem Omnibus nicht einschlafen, so sollten Sie auf Ihre Manieren achtgeben, denn übersetzt heißt das Wort Omnibus ›jeder für sich‹. Befindet sich ein züchtiges hübsches Mädchen darinnen, so plazieren Sie sich auf jeden Fall ihr direkt gegenüber. Ein ehrbarer Mann ist verpflichtet, eine offene Miene zu zeigen; so bringe er selbige denn offen in Fasson und sie aus der Fassung. Ist im Omnibus eine alte, gebrechliche Dame, so rühren Sie Ihre Füße ja nicht von der Stelle, wenn sie vorbeizukommen sich müht, doch stolpert sie dann beinahe über Ihre Beine, wird es rätlich sein, sie an das Dahinschwinden ihrer Jahre und Kraft zu erinnern und sie so mit ihrem Schicksal versöhnen zu helfen. Ist da ein krankes Kind, das jammert, so jammere man über Leute, welche kranke Kinder mit in einen Omnibus bringen. Sind da viele Fahrgäste, so behindere man sie, wenn man ein- oder aussteigt. Gut macht es sich, von dem jungen diensttuenden Gentleman sich einen Fünf-Dollar-Schein wechseln zu lassen, um das Fahrgeld zu entrichten, just wenn man aussteigt. In einem vollbesetzten Omnibus erweisen sich auch nasse Schirme und schmutzige Hunde als recht nützlich. Beim Ein- und Aussteigen trete man den Leuten auf die Zehen; verletzt es auch ihre Gefühle, so macht es dennoch Eindruck. Gerade in jetzigen Zeiten ist der Omnibus ausgesprochen nützlich. Kommt es zu Krawallen, können Sie in wenigen Minuten damit davonfahren; auch nach Fairmount kann man mit dem Omnibus gelangen, um dort das reine warme Wasser zu trinken, frisch vom Reservoir. Doch da es bald Essenszeit ist, wollen wir das Schreiben sein lassen und uns in einen Omnibus schwingen.

II

FORTSETZUNG DES BEWEGLICHEN KAPITELS. – In Anbetracht dieser bewegungsfreudigen Zeiten haben wir gestern ein paar Worte über des Volkes Zweispänner gewagt – den Omnibus. Im weiteren Verfolge des Themas wollen wir nunmehr mit des Lesers gefälliger Erlaubnis einen laufenden Kommentar zur *Droschke* geben. Diese Bitte um Erlaubnis ist nun freilich, nachdem das Ganze gedruckt dem Leser vor der Nase liegt, rechter Humbug – doch ist es so die Mode.

Die Herkunft des englischen Wortes *cab*[1] ist nicht ganz gewiß. Nach Dr. Holzhaupt von der Darmstäpfer Universität stammt das Wort aus dem erst kürzlich entdeckten antediluvianischen Arabischen. *Caba* heißt in dieser Sprache *vorwärts gehen* – daher ist also eine Droschke etwas zum Vorwärtskommen. Doch bei aller Hochachtung vor des Doktors Gelehrsamkeit neigen wir doch eher zu der Ansicht, es stamme dies Wort aus dem Griechischen. Auf der

---

1 Droschke. – Anm. d. Übers.

Insel Naxos nämlich bedeutet das Wort *kabos* soviel wie *Tonne*. Nun meinen ja manche, darunter auch wir, daß es sich bei dem Fasse des George Munday von Griechenland, Diogenes, mitnichten um einen der gewöhnlichen Waschkübel gehandelt habe, sondern um ein rundes Behältnis auf Rädern, welches wahrscheinlich von einem Esel – möglicherweise aber auch von einem Neufundländer – gezogen ward. Da dies nun Tatsache, neigt sich die Last des Beweises zugunsten des Griechischen; denn das Wort *kabos* steht im Schrevilius und ist, so haben wir gezeigt, im modernen Dialekt durchaus nicht verloren. Aller Wahrscheinlichkeit nach hat es dies Wort vor Jahrhunderten vom Festland auf die Insel geweht, wo es bis auf den heutigen Tag in Gebrauch geblieben ist. Das Wort *cab* jedoch klingt nun insofern englisch, als es die Natur der Sache selbst ausdrückt, hat es doch einen kompakt-gedrungenen, eckigen Klang – *cab!* *Carriage*, die Equipage hingegen, klingt leicht und bequem; *Omnibus* schwergewichtig bedeutsam. In diesem lautmalerischen Betrachte, daß nämlich im Klang der Worte ihr Sinn nachgeahmt, ist die englische Sprache gar bemerkenswert. Zum Beispiel schwingt doch in *Christchurchsteeple*[1] ein hoher, spitzer Klang; und bei *sugarhousemolasses*[2] dringt ›verbundene Süße, lang gezogen‹ ins Ohr.

In Schwierigkeiten kann man gratis geraten, und das jederzeit, doch in eine Droschke zu kommen, braucht man fünfundzwanzig Cents. Die Omnibuslinien verlaufen schnurgerade wie die eines Regimentes; die Droschke hingegen fährt in Linien von vielerlei Art; Quadrate, Rhomboide, Kegel, Kreise – was immer zu bezahlen man bereit ist. Da sich bekanntermaßen die Droschkenkutscher, in Nachahmung ihrer illustren Vorfahren, der Mietkutscher, verschworen haben, soviel wie nur möglich Geld zu verdienen, worin sie sich ja *totaliter* von der übrigen Welt unterscheiden, haben die Stadtväter beschlossen, sie in der Sa-

---

1 Christuskirchturm. – Anm. d. Übers. – 2 Zuckersiederei-melasse. – Anm. d. Übers.

che abfahren zu lassen; dementsprechend werden ihre Preise in einer speziellen Verordnung des Deputierten- und Stadtrats geregelt; so daß Herren, welche im Jahr ihre Zehntausend wert sind, keinesfalls dadurch ruiniert werden können, daß ihnen zwölf Cents zuviel Droschken- miete abverlangt wird.

Wenn man bedenkt, daß alle Droschkenkutscher aus- nahmslos Millionäre sind (davon sind wir felsenfest über- zeugt), liegt die Weisheit selbiger Verordnung auf der Hand. Die Aristokratie der Apfelweiber, Maisschnapsver- käufer, Holzkohlenleute samt jenes ganz besonderen Man- nes, der mit seinem »Trallala! Zitroneneis – und *Vanille* dazu!« einen solchen Höllenlärm schlägt, – sie alle sollten sich dies eine gehörige Lehre sein lassen, daß nämlich das Gesetz die ach so armen Leute, die da zu Hause sind in so wohlklingenden Straßen wie Chestnut Street und Walnut Street und Arch Street, vor ihrer Geldschneiderei zu schüt- zen weiß. Doch läßt uns ein Gefühl der Empörung in allzu große Beredsamkeit geraten, indes wir doch schlicht und einfach analytisch bleiben wollen.

Der Charakter des Droschkenkutschers ist rasch umris- sen. Kommen Sie einem von ihnen im Umkreis von vierzig Fuß nahe, so brüllt er auch schon laut »Droschke, Sirrr!« heraus, obschon Sie da vielleicht gerade in gänzlich entge- gengesetzter Richtung nach einer Verfinsterung am Him- mel oder einem verlorenen Schmuckstück Ausschau hal- ten. Ungeachtet seines Wohlstands kleidet sich der Droschkenkutscher, wie wenn er arm wäre. Seine Knause- rei zeigt sich ferner in seinem Auftreten, welches darauf hinzudeuten scheint, daß er für seine Arbeit nicht genug bekäme. Angetrieben von einer stillen Neigung für die Wurzel allen Übels, setzt er sich gern, und tut es darin dem Nachtwächter gleich, jeglichem Wetter aus, und das die ganze Nacht; ohne ein *Häuschen*, darinnen zu schlafen, oder das Sonderrecht, Sie zur Weihnachtszeit etwa mit scheußlichen Versen über Schnee und Graupeln und nächtliche Einbrecher und dergleichen zu traktieren. Der Droschkenkutscher lenkt im allgemeinen nur ein Pferd. Es ist dies nun ganz offenbar eine arbeitssparende Einrichtung, so man kann, ein Pferd dazu zu bringen, die Arbeit von zweien zu tun. Im Falle eines Mangels an Pferden wäre es daher gut, ein Pferdegesetz zu erlassen, welches für alle Gefährte mit zwei Pferden bestimmt, von ihnen – von den Pferden nämlich – eines abzuziehen. Das Konfiszieren des Pferdes würde selbiges wahrscheinlich toll machen, und dann könnte man im Rahmen des Gesetzes gegen die Tollwut seinen Tod verfügen.

Da die Droschke schwer und der reiche Kutscher nicht leicht ist, sollten nicht mehr denn fünf Personen mit ihrem Gepäck des Nachts (nachdem das Pferd schon sechzehn Stunden Dienst hinter sich hat) vom Fuße der Chestnut Street zur Broad Street fahren. Es gab ein paar Herren, welche die Absicht hegten, eine ›Gesellschaft zum Schutze der Tiere‹ ins Leben zu rufen, und die, in dem Wunsche, vermittels wissenschaftlichen Experiments auszuprobieren, wie vieler Fahrgäste es bedürfe, in einer bestimmten Zeit ein Pferd zu Tode zu bringen, an die vier Mann zuviel in eine Droschke stiegen, welche sich im Ergebnis rückwärts überschlug. Wären nun besagte Herren nach dem Unfalle, wie Adams Weib, von der Seite herausgezogen worden, so wäre es wohl ein humanes Experiment gewesen; doch da die hintere Tür bodenwärts geraten, waren sie an einsamem Orte gefangen, bis Muskelkraft zu ihrer Rettung herbeigeschafft war.

Die Manieren, derer man sich in einer Droschke befleißigen sollte, sind schnell erzählt. Wenn Sie einsteigen, besonders zu nächtlicher Stunde, lassen Sie Ihre Schuhe ruhig dreckig sein; legen Sie selbige sogleich auf den gegenüberliegenden Sitz; und die nächste fremde Person, nehmen wir an, eine Dame in weißem Satin, die auf einen Ball will, wird sich an diese Droschke erinnern, auch wenn sie deren Nummer vergessen hat. Da Amerikaner zu sein in hohem Maße sich darin äußert, gegenüber dem Gesetz trotzige Verachtung zu bezeigen, gerade eben jetzt, können Sie es sich angelegen sein lassen, die gerahmte Fünfundzwanzig-Cent-Verordnung aus dem Fenster zu werfen.

Wenn Sie sich für sehenswert halten, können Sie tagsüber vor dem kleinen Spiegel in der Droschke Gesichter schneiden. Dies ergibt eine Lektion über die menschliche Natur, spiegelt es diese doch unter gänzlich verschiedenen Umständen. In Anbetracht der schimpflichen Behandlung, welche der Droschkenkutscher Ihnen angedeihen läßt, indem er Sie wie eine Fuhre Dreck hinten in einer Karre entleert, können Sie es füglich verweigern, ihm auch nur einen Cent zu zahlen. Sollte er es wagen, die Sache vor die Behörden zu bringen, so wird er die Kosten tragen müssen, weil die republikanische Macht niemals mit Geldschneiderei und Aristokratie sympathisiert.

III

EIN PAAR ABSCHWEIFUNGEN ÜBER KATZEN. – Katzen wurden zuerst im Garten von Eden erfunden. Den Rabbinern zufolge besaß Eva ein Miezekätzchen namens Pusey, und aus diesem Umstand erwuchs eine Sekte von Katzenverehrern in den Morgenlanden, die Puseyiten genannt, eine Sekte, die, wie es heißt, noch immer irgendwo existieren soll. Als die Ratten zur Plage zu werden begannen, erteilte Adam dem ersten Paar Katzen sechs Lektionen in der Kunst, diese zu fangen; und seitdem hat sich dieses Wissen erhalten. Die Griechen schrieben ›Katze‹ nicht, wie es die Engländer tun, *cat*, sondern mit *k*, und die Franzosen fügten dem Ganzen gar noch ein *h* hinzu; der reine englische Gelehrte wird solcher Unwissenheit nicht Vorschub leisten, sondern wird sich an die richtige Orthographie halten. Zu Chaucers Zeiten schrieb man statt *cataract* nun *caterect*; doch welche Analogie zwischen einer Katze[1] bestehen soll, welche in der Welt sich erhebt,[2] und Wasser, das darauf niederfällt, ist schwer zu sagen. Die Einführung der Katze in *Kat-aplasma, Kat-egorie* usw. ist nicht verbürgt; dies erfolgt ohne Wissen oder Zustimmung der Parteien und hat

1 engl.: *cat*. – Anm. d. Übers. – 2 engl.: *erect*. – Anm. d. Übers.

keinerlei Bedeutung. *Katzenminze* hingegen hat eine Bedeutung; sie steht im nämlichen Verhältnis zur tierischen Ökonomie der Katze, wie Pease's Weißer Hustenbonbon zur animalischen Ökonomie des Menschen. Es heißt, daß ein Gentleman, welcher unter Mühen nach Wissen strebt, zu erfahren wünscht, welches denn der Grund sei, daß Katzen, die jenes in sich haben, welches solch himmlische Melodei enthält, selber nun so scheußliche Musik machen? Die Antwort darauf ist vielleicht recht einfach. Katzen sind bescheiden. Sie stellen keine Kenntnisse zur Schau. Nie noch hat man von einer gelehrten Katze gehört. Wissenschaftlich gebildete Schweine, Bären und Hunde, welche angeben können, wie spät es ist und wie viele Zuschauer anwesend sind (welch letzteres, zum Leidwesen des Schaustellers, nun leicht zu sagen ist), sind gang und gäbe. Doch wer hat schon jemals von einer gelehrten Katze gehört? Eine Katze erhebt keinerlei Anspruch auf irgendwelche Kenntnis, nicht einmal jene des Klavierspiels und Gesangs. Tötet man sie, kann man, sozusagen, einen physischen Extrakt gewinnen, welcher, wenn entsprechend gespannt und mit Harz behandelt, eine geradezu himmlische Wirkung zu haben vermag. Wahrscheinlich ist es der dahingeschiedene Geist, welcher, zu einer einzigen Saite verfeinert, einfachen Wohlklang erzeugt, wohingegen im Original die Saiten wirr miteinander verkettet waren, so daß sie notwendigerweise Mißtöne hervorbringen mußten; ganz zu schweigen davon, daß sie auf gemeine Weise lebendig und in einem rohen Naturzustande sich befanden.

Diese Erklärung erscheint einleuchtend. Eine junge Katze oder ein Kätzchen ist reizend und zierlich; seine Hauptbeschäftigung besteht darin, seinen Schwanz zu erhaschen, doch dieser Schwanz will sich nicht fangen lassen. Sehr kleine Kinder lieben sehr kleine Katzen gar inniglich. Doch wenn die Kinder größer werden, zumal Jungen, und in der Schule die Humaniora, also alles über Drakon, Alexander und Cäsar lernen, wandelt sich ihr Verhältnis zu Katzen, und sie töten diese, wann immer Kurzweil sie dazu treibt. Es gibt ein Sprichwort, das da besagt, Verfolgung

lasse das gedeihen, was zu unterdrücken sie eigentlich suche. Dies ist nun ein leichter Irrtum. Im Falle der Ratten,
welche die Katzen jagen, verringert diese Verfolgung ständig ihre Zahl. Bloß wenn die Jagd nur halbherzig oder mit
einem Anstrich von Nächstenliebe geübt wird, wirkt sie in
der Weise, wie's das Sprichwort sagt. Nicht nur bei Ratten,
sondern insgleichen bei Indianern erweist sich diese Redensart als falsch. Die Indianer hat man mit Feuer, Whisky
und Schwert verfolgt, und sie sind beinahe ausgerottet.
Nur eine verliebte Katze macht sich zum Narren. Dann
vergißt sie in des Herzens Überschwang alle anderen Rücksichten und spielt, auf nichts weiter achtend, den Trouba-
dour. (Wir bedienen uns grammatisch des weiblichen Geschlechts und Pronomens für Katzen, weil Katzen eben
sämtlich weiblich sind; in der nämlichen Weise, wie Hün-
dinnen und Stuten eben als männlich gelten, eine eigentümliche Schönheit der englischen Sprache.) Die Katze,
welche zur Nacht ihr Ständchen maunzt, macht einen
Lärm wie ein von der Kolik geplagtes Kleinkind, wofür
man sie oft ja auch irrtümlich hält. Bei den Katzen tragen
beide Geschlechter Bart und Schnurrhaare zur Schau; ob
die eigentlichen weiblichen Katzen jemals die Mode ändern werden, wie es sich für sie schickt, ist, nachdem selbige so lange geherrscht, zweifelhaft. Eine der glänzendsten
Seiten in den ›Englischen Annalen‹ ist die Geschichte des
Whittington und seiner Katze. Wir kennen einen Jungen,
welcher eine Katze besitzt und sagt, er hege die Absicht,
dermaleinst Bürgermeister von Philadelphia zu werden.
Dagegen ist nicht das geringste einzuwenden.

DER ENGEL DES SELTSAMEN

Eine Extravaganz

Es war an einem kalten Novembernachmittag. Ich hatte soeben ein ungewöhnlich herzhaftes Dinner zu mir genommen, bei dem die dyspeptische *truffe* nicht die unwesentlichste Ingredienz dargestellt, und saß nun allein im Speisezimmer, die Füße auf dem Kamingitter, neben mir ein kleines Tischchen, das ich ans Feuer gerückt hatte und auf dem an Stelle einer Nachspeise diverse Flaschen Wein, Schnaps und Liqueur standen. Den Morgen hatte ich damit verbracht, Glovers ›Leonidas‹, Wilkies ›Epigoniade‹, Lamartines ›Pilgerfahrt‹, Barlows ›Columbiade‹, Tuckermans ›Sizilien‹ und Griswolds ›Merkwürdigkeiten‹ zu lesen; ich will daher gern gestehen, daß ich mich ein bißchen dumm-benommen fühlte. Ich strengte mich an, mit Hilfe häufigen Zuspruchs von Lafitte meine Lebensgeister wieder zu wecken, und als dies alles nichts half, griff ich voller Verzweiflung nach einer herumliegenden Zeitung. Nachdem ich die Spalten ›Zu vermieten‹ und ›Entlaufene Hunde‹ gründlich durchgelesen und obendrein noch die beiden Spalten ›Flüchtige Ehefrauen und Lehrjungen‹, nahm ich, zu allem entschlossen, den Leitartikel in Angriff, las ihn von vorn bis hinten, ohne auch nur eine Silbe zu verstehen, zog die Möglichkeit in Betracht, es könne Chinesisch sein, und las das Ganze also noch einmal von hinten nach vorn, doch mit keinem befriedigenderen Resultate. Schon stand ich im Begriffe,

dies Folio von vier Seiten, glücklich' Werk,
das selbst die Kritiker nicht kritisiern,

angewidert hinwegzuschleudern, als meine Aufmerksamkeit von folgendem Artikel ein wenig gefesselt ward:

›Der Wege zum Tode gibt es viele und seltsame. Ein Londoner Blatt berichtet vom Ableben eines Menschen aus recht eigentümlicher Ursache. Er war mitten beim schönsten ‚Pfeilblasen‘, einem Spiel, bei welchem man eine lange, mit etwas Wollgarn umwickelte Nadel durch ein Blechröhrchen auf eine Zielscheibe bläst. Er steckte die Nadel in das verkehrte Ende des Rohrs, und als er kräftig Luft holte, um den Pfeil mit aller Kraft fortzublasen, bekam er die Nadel in die Kehle. Sie drang in die Lunge ein, und nach wenigen Tagen war der Mann tot.‹

Als ich dies gelesen, geriet ich in arge Wut, ohne daß ich genau gewußt hätte, warum eigentlich. »Das ist eine gemeine Falschmeldung«, rief ich aus, »eine ganz elende Zeitungsente – eine Ausgeburt, erstunken und erlogen, von einem jämmerlichen Zeilenschinder – irgend so einem schäbigen Schmierfinken, der in Cockneyland Unglücksfälle ausheckt. Diese Burschen kennen die übergroße Leichtgläubigkeit des Jahrhunderts und bemühen ihren Verstand, alle möglichen Unwahrscheinlichkeiten zusammenzufaseln – seltsame Begebenheiten, wie sie es nennen; doch für einen denkenden Geist (wie den meinen«, setzte ich in Klammern hinzu, wobei ich unwillkürlich den Zeigefinger an die Nase legte), »für einen tiefsinnigen Verstand, wie er mir zu eigen, leuchtet es sogleich ein, daß die unglaubliche Vermehrung all dieser ›seltsamen Begebenheiten‹ in letzter Zeit bei weitem wohl die allerseltsamste Begebenheit ist. Ich für mein Teil habe die Absicht, hinfort nun gar nichts mehr zu glauben, was irgend etwas ›Sonderbares‹ an sich hat.«

»Gottchen nee, waß bißte nu aber fürn Döskopp!« erwiderte da eine der merkwürdigsten Stimmen, welche ich je gehört. Zuerst hielt ich sie für ein Dröhnen im Ohr – so wie es einem bisweilen widerfährt, wenn man sich einen tüchtigen Rausch angetrunken hat –, doch als ich es mir recht bedachte, so dünkte mich das Geräusch doch eher jenem ganz ähnlich zu klingen, welches ein leeres Faß von sich gibt, wenn man mit einem großen Knüppel daran schlägt; und in der Tat hätte ich es auch für selbiges gehalten, wäre nicht die Artikulation der Silben und Worte gewesen. Nun bin ich keineswegs von Natur aus ängstlich, und die so gar wenigen Gläschen Lafitte, die ich genossen, dienten wohl noch dazu, meinen Mut erklecklich zu stärken, so daß ich keinerlei Bängnis empfand, sondern lediglich gemächlich den Blick erhob und mich mit Bedacht im Raume nach dem Eindringling umsah. Jedoch vermochte ich gar niemanden zu entdecken.

»Hm!« ließ sich die Stimme wieder vernehmen, dieweil ich in meiner Inspektion fortfuhr, »tu muß ja ßäuisch beßoffn ßin, daßde mich nich ßehn tußt, wo 'ch doch hier neem tir ßitz.«

Hierauf beschloß ich, den Blick direkt vor meine Nase zu richen, und siehe da, am Tisch mir gegenüber saß ein wohl noch nie beschriebenes, wiewohl durchaus nicht unbeschreibliches Wesen. Sein Leib war eine Wein-Butte oder ein Schnapsfaß oder irgend etwas der Art und bot einen wahrhaft falstaffischen Anblick. An seinem unteren Ende waren zwei Tönnchen angesetzt, die sämtlichen Zwekken der Beine zu genügen schienen. Als Arme baumelten am oberen Teil des Leibes zwei ziemlich lange Flaschen, die Hälse nach außen gekehrt, als Hände. Alles, was das Monstrum an Kopf sein eigen nannte, bot sich meinem Blicke als eine jener hessischen Feldflaschen dar, die großen Schnupftabakdosen, mit einem Loch in der Mitte des Deckels, ähnlich sehen. Diese Feldflasche (mit einem Trichter darauf, wie eine Kavalleristenmütze über die Augen gezogen) saß hochkant auf dem Fasse, das Loch mir zugekehrt; und durch dieses Loch, das runzelig und verkniffen wirkte wie der Mund einer sehr pedantischen alten Jungfer, stieß das Geschöpf jene rumpelnden und pumpelnden Geräusche aus, mit welchen es offensichtlich faßliche Rede bezweckte.

»Ich muß schon ßach«, sagte es, »tu muß ja ßäuisch beßoffn ßin, hockscht da un ßiehßt mich nich hier ßitz; un ich muß schon ßach, tu muß noch tümmer ßin als wie 'ne Ganß, daßde nich gloobn tußt, waß im Truck getruckt ßteht. 'ß iß de Wahrheet − jawoll − jedß Wort vonne.«

»Wer sind Sie, bitte?« sprach ich voller Würde, obschon ein wenig verdutzt; »wie sind Sie hierhergekommen? und wovon reden Sie eigentlich?«

»Wie ich hierherkomm pin«, erwiderte die Gestalt, »daß geht tich een Treck an; un wovon ich redt, nu, ich redt, wie mer'ß paßßen tut; un wer ich pin, nu, daß ißßes ja grade, deßterwechen pin ich doch herkomm', daß tu'ß ßelber ßiehßt.«

»Sie sind ein betrunkener Vagabund«, sagte ich, »und ich werde läuten und meinen Diener anweisen, Sie auf die Straße zu werfen.«

»He! he! he!« rief da der Bursche, »hu! hu! hu! daß kannßte nich.«

»Kann ich nicht?« entgegnete ich, »was soll das heißen? – Was kann ich nicht?«

»Läutn«, versetzte er, wobei er mit seinem kleinen garstigen Mund sich an einem Grinsen versuchte.

Daraufhin unterzog ich mich der Mühe aufzustehen, um meine Drohung wahr zu machen; doch der Rüpel langte einfach ganz gemächlich über den Tisch und versetzte mir mit einem der langen Flaschenhälse einen gelinden Schlag auf die Stirn, daß ich wieder in den Armstuhl zurückgestoßen ward, von dem ich mich schon halb erhoben. Ich war äußerst verblüfft; und einen Augenblick lang wußte ich nicht ein noch aus. Inzwischen redete er weiter.

»ßiehßtu«, sagte er, »am peßten ßitze ßtille; un itzt ßollßtu wiß, wer ich pin. Schau mich an! Guck her! Ich pin te *Engl vonß ßeltßame.*«

»Und auch reichlich seltsam«, wagte ich zu erwidern; »doch war ich immer der Annahme, ein Engel hätte Flügel.«

»Flögl!« schrie er da, im höchsten Grade wütend, »waß ßoll ich 'n bloß mit Flögl? Mein Gott noch mal! tu tenkst wohl, ich pin 'n Hühnerkockl?«

»Nein – o nein!« entgegnete ich gar sehr erschrocken, »ein Huhn sind Sie nicht – gewiß nicht.«

»No alßo, ßitztu alßo ßtille un penimm tich, ßonß krichßte widder eenß verpaßt. Te Hühner, die ham Flögl, un te Eul hattir Flögl, un te Kopold hattir Flögl, un te Operteuffl hattir Flögl. Te Engl aper ham *kein* Flögl nich, un ich pin te *Engl vonß ßeltßame.*«

»Und welche Geschäfte führen Sie jetzt zu mir – –??«

»Waß vor Käscheffte!« stieß die Kreatur hervor, »nu aper, waß bißtu doch vor e tumper Hunt, deß tu 'nen Schentlmän un Engl nach ßeim Käschefft frachn tußt!«

Diese Sprache überstieg nun doch so ziemlich das Maß des Erträglichen, selbst von seiten eines Engels; und so raffte ich denn all meinen Mut zusammen, ergriff einen Salznapf, der in meiner Reichweite stand, und schleuderte ihn dem ungebetenen Gast ans Haupt. Doch entweder war er ausgewichen, oder ich hatte nicht richtig gezielt; denn ich brachte weiter nichts zustande, als daß das Kristallglas kaputtging, welches das Zifferblatt der Uhr auf dem Kaminsims bedeckte. Was den Engel betrifft, so bekundete er seine Meinung von meinem Angriff dadurch, daß er mich zwei- oder dreimal hintereinander wie zuvor heftig auf die Stirne schlug. Dies brachte mich sogleich zu demütiger Unterwerfung, und fast schäme ich mich zu bekennen, daß mir – ob vor Schmerz, ob vor Verdruß – ein paar Tränen in die Augen traten.

»Mein Gott noch mal!« sagte der Engel des Seltsamen, angesichts meines Elends offenbar sehr besänftigt, »Herrgott noch mal, te Mann iß entwäder tootaal beßoffn oter ganßungar petrübt. Tu derfß nich ßo 'n ßtarkß Zeuch ßaufn, tu muß Waßßer in 'n Wein tun. Hier, trink tu daß da, ßei braf un tu nich heuln – nich doch!«

Hierauf füllte der Engel des Seltsamen meinen Humpen (der etwa noch zu einem Drittel voller Portwein war) mit einer farblosen Flüssigkeit nach, welche er aus einer seiner Handflaschen hineingoß. Ich bemerkte, daß diese Flaschen Etiketten um die Hälse trugen und daß auf diesen Etiketten ›Kirschwasser‹ stand.

Die rücksichtsvolle Freundlichkeit des Engels besänftigte mich in nicht geringem Maße; und mit Hilfe des Wassers, mit welchem er meinen Portwein mehr denn einmal verdünnte, gewann ich endlich genügend Gleichmut wieder, um seinem so außerordentlichen Diskurs zu lauschen. Ich kann keinen Anspruch erheben, alles wiederzugeben, was er mir erzählt hat, doch entnahm ich seiner Rede, daß er der Genius sei, welcher den *contre-temps* der Menschheit vorstand und dem es oblag, all jene *seltsamen Zufälle* zuwege zu bringen, welche den Skeptiker immer wieder in Erstaunen setzen. Ein- oder zweimal ward er, als ich mich erkühnte, meine völlige Ungläubigkeit hinsichtlich seiner Behauptungen zu äußern, wahrlich sehr ärgerlich, so daß ich es schließlich für das Klügste hielt, überhaupt nichts mehr zu sagen und ihn ganz nach Belieben schalten und walten zu lassen. So redete er denn weiter, des langen und breiten, dieweil ich mich nur in meinem Stuhl zurücklehnte, die Augen geschlossen, und mich damit vergnügte, Rosinen zu kauen und die Stiele im Zimmer umherzuschnipsen. Doch alsbald deutete der Engel plötzlich dies Betragen meinerseits als Mißachtung. Er erhob sich in schrecklicher Erregung, zog sich den Trichter über die Augen herunter, stieß einen ungeheuerlichen Fluch hervor, äußerte eine Drohung, deren Natur ich nicht genau verstand, machte mir schließlich eine tiefe Verbeugung und empfahl sich, indem er mir mit den Worten des Erzbischofs im Gil Blas *›beaucoup de bonheur et un peu plus de bon sens‹* wünschte.

Sein Abgang ließ mich aufatmen. Die *so gar* wenigen Gläschen Lafitte, die ich genossen, hatten mich schläfrig gemacht, und ich verspürte Lust, wohl fünfzehn oder zwanzig Minuten ein Nickerchen zu halten, wie es nach dem Essen meine Gewohnheit ist. Um sechs hatte ich eine wichtige Verabredung, welche ich unbedingt einhalten mußte. Die Versicherungspolice meines Wohnhauses war am Tage zuvor abgelaufen; und da Streitigkeiten aufgekommen, hatten wir vereinbart, daß ich mich um sechs beim Direktorium der Gesellschaft einfinden solle, um die Bedingungen einer Erneuerung zu klären. Als ich nun einen raschen Blick nach der Uhr auf dem Kaminsims warf (denn ich war zu müde, um meine Taschenuhr hervorzuziehen), stellte ich zu meiner Freude fest, daß mir noch fünfundzwanzig Minuten bis dahin vergönnt waren. Es war jetzt halb sechs; zum Versicherungsbureau konnte ich bequem in fünf Minuten zu Fuß gelangen; und meine gewöhnlichen Siestas hatten erfahrungsgemäß nie fünfundzwanzig Minuten überschritten. Daher fühlte ich mich hinreichend sicher und schickte mich sogleich zu meinem Schläfchen an.

Nachdem ich dieses zu meiner Zufriedenheit beendet, blickte ich erneut nach dem Zeitmesser hin und hatte nun nicht übel Lust, an die Möglichkeit seltsamer Zufälle zu glauben, als ich feststellte, daß ich statt meiner gewöhnlichen fünfzehn oder zwanzig Minuten nur deren drei für mein Schläfchen gebraucht hatte; denn noch immer fehlten an der vereinbarten Stunde siebenundzwanzig Minuten. Ich legte mich also wieder aufs Ohr und erwachte schließlich ein zweites Mal, als es zu meiner größten Bestürzung *noch immer* drei Minuten nach halb sechs war. Ich sprang auf, die Uhr zu untersuchen, und fand, daß sie stehengeblieben war. Meine Taschenuhr zeigte mir an, daß es bereits halb acht war; und da ich nun also zwei Stunden geschlafen hatte, war es für die Verabredung natürlich zu spät geworden. »Das macht nichts«, sagte ich, »ich kann ja morgen früh im Bureau vorsprechen und mich entschuldigen; indessen, was mag nur mit der Uhr los sein?« Ich sah sie mir genau an und entdeckte, daß einer der Rosinenstiele, welche ich im Zimmer umhergeschnipst hatte, derweilen der Engel des Seltsamen mir seinen Vortrag gehalten, durch das zersprungene Uhrglas geflogen war, nun, und das war schon recht merkwürdig, im Schlüsselloch steckte und, indem er mit einem Ende etwas hervorsah, den Lauf des Minutenzeigers aufgehalten hatte.

»Ah!« sprach ich, »ich sehe, wie das kommt. Diese Sache spricht für sich selber. Ein ganz natürlicher Zufall, wie er eben hin und wieder *vorkommt*!«

Ich maß der Sache weiter keine Bedeutung bei und begab mich zur gewöhnlichen Stunde zu Bett. Hier nun sank ich, nachdem ich eine Kerze auf ein Lesepult am Kopfende gestellt und versucht hatte, ein paar Seiten der ›Allgegenwart der Gottheit‹ zu lesen, unglücklicherweise in weniger denn zwanzig Sekunden in Schlaf, derweilen das Licht brennen blieb, wie es brannte.

Meine Träume wurden auf gar schreckenerregende Weise von Visionen des Engels des Seltsamen gestört. Mir dünkte, er stünde am Fußende der Bettstatt, zöge die Vorhänge zur Seite und drohte mir in dem hohlen, abscheulichen Getöne eines Schnapsfasses die bitterste Rache für die Mißachtung an, mit welcher ich ihn behandelt. Er beschloß seine Tirade, indem er seine Trichtermütze abnahm, mir die Röhre in den Schlund schob und mich solcherart mit einem Ozean von Kirschwasser überschwemmte, welches er in unaufhörlichem Flusse aus einer der langhalsigen Flaschen goß, welche ihm als Arme dienten. Meine Pein ward schließlich unerträglich, und ich erwachte gerade noch rechtzeitig, um zu bemerken, wie eine Ratte mit der brennenden Kerze vom Lesepult davonrannte, doch *nicht* mehr zeitig genug, zu verhindern, daß sie damit durch das Loch entkam. Sehr bald stieg mir ein starker, stickiger Geruch in die Nase; das Haus, so erkannte ich deutlich, war in Brand gesteckt. In wenigen Minuten züngelten die Flammen gewaltig hervor, und innerhalb unglaublich kurzer Zeit brannte das ganze Gebäude lichterloh. Aus meinem Zimmer war jeder Fluchtweg, es sei denn durchs Fenster, abgeschnitten. Die Menge hatte jedoch schnell eine lange Leiter herbeigeschafft und angelegt. Mit deren Hilfe stieg ich eilends hinab und befand mich scheinbar schon in Sicherheit, als ein riesiges Schwein, dessen faßrunder Leib, ja dessen ganzes Aussehen und Physiognomie etwas an sich hatte, das mich an den Engel des Seltsamen erinnerte – als dieses Schwein, wie gesagt, welches bis dahin ganz friedlich im Schlamm gedöst hatte, es sich plötzlich in den Kopf setzte, daß es seine linke Schulter nach Kratzen verlange, und nun keinen passenderen Reibepfahl finden konnte denn ausgerechnet jenen, welchen der Fuß der Leiter bot. Im nächsten Augenblick ward ich herabgestürzt und hatte das Mißgeschick, mir den Arm zu brechen.

Dieser Unfall, dazu der Verlust meiner Versicherung und der schwerwiegendere Verlust meines Haars, welches gänzlich vom Feuer abgesengt worden war, machten mich für ernste Eindrücke empfänglich, so daß ich mich endlich entschloß, mir eine Frau zu nehmen. Es gab da eine reiche Witwe, untröstlich über den Verlust ihres siebten

Ehgemahls, und ihrer wunden Seele bot ich den Balsam meiner Schwüre. Widerstrebend erhörte sie meine Bitten. In Dankbarkeit und Anbetung kniete ich ihr zu Füßen nieder. Sie errötete und neigte ihre üppigen Locken zur innigen Berührung über die, mit welchen mich Grandjean einstweilen ausgestattet hatte. Ich weiß nicht, wie es kam, daß sie sich verwirrten, doch so geschah es jedenfalls. Ich erhob mich mit blankschimmerndem Schädel, perückenlos; sie voller Widerwille und Wut, halb unter fremdem Haar begraben. So endeten meine Hoffnungen auf die Witwe durch einen unglücklichen Zwischenfall, wie er gewiß nicht vorauszusehen war, wie ihn jedoch die natürliche Folge der Ereignisse mit sich gebracht hatte.

Ohne jedoch zu verzweifeln, unternahm ich darauf die Belagerung eines weniger unerbittlichen Herzens. Und wieder waren die Schicksalsschwestern mir für kurze Zeit geneigt; doch abermals kam ein geringfügiger Vorfall dazwischen. Als ich einmal meine Anverlobte auf einer Avenue traf, auf welcher die *élite* der Stadt sich drängte, eilte ich eben, sie mit einer meiner wohlbedächtigsten Verbeugungen zu begrüßen, als mich ein winziger Fremdkörper, welcher mir in den Augenwinkel geraten, für den Moment absolut blind machte. Ehe ich noch mein Sehvermögen wiedergewinnen konnte, war die Dame meines Herzens verschwunden – unwiderruflich beleidigt, daß ich grußlos an ihr vorübergeschritten, worin sie vorsätzliche Unhöflichkeit meinerseits zu sehen beliebte. Während ich noch dastand, ganz verwirrt ob der Plötzlichkeit dieses unglücklichen Zufalls (welcher nichtsdestotrotz ja einem jeden unter der Sonne hätte widerfahren können) und noch immer des Sehens nicht mächtig, ward ich vom Engel des Seltsamen angesprochen, der mir seine Hilfe anbot, und zwar mit einer Artigkeit, welche zu erwarten ich keinerlei Grund hatte. Er untersuchte mein gestörtes Auge mit großer Zartheit und Geschicklichkeit, teilte mir mit, daß ich einen ganz schönen Zacken hätte, und (was immer ein ›Zacken‹ bedeuten mochte) entfernte ihn und verschaffte mir Erleichterung.

Nun dünkte mir, es sei an der Zeit zu sterben (da das Schicksal mir derartige Qualen bestimmt hatte), und ich machte mich denn also auf den Weg zum nächsten Flusse. Nachdem ich mich hier meiner Kleider entledigt (denn es gibt keinen Grund, warum wir nicht sterben könnten, wie wir geboren wurden), stürzte ich mich kopfüber in die Strömung; einziger Zeuge meines Geschicks war eine einzelne Krähe, welche sich hatte verführen lassen, von branntwein-gesättigtem Mais zu fressen, und so von ihren Gefährten hinweggewankt war. Kaum war ich im Wasser, da setzte es sich dieser Vogel in den Kopf, mit dem unentbehrlichsten Stück meiner Kleidung davonzufliegen. Also verschob ich erst einmal meine Selbstmordabsichten und schlüpfte mit den unteren Extremitäten einfach in die Ärmel meines Rockes, um mich mit all der Flinkheit, wie sie der Fall erforderte und die Umstände zulassen wollten, an die Jagd auf die Missetäterin zu machen. Doch noch immer war ich vom Pech verfolgt. Wie ich so im Eiltempo dahinrannte, die Nase in der Luft, mein ganzes Sinnen einzig auf die Diebin meines Eigentums gerichtet, da merkte ich plötzlich, wie meine Füße nicht mehr auf *terra firma* traten; Tatsache ist, ich war in einen Abgrund gestürzt und wäre unweigerlich in Stücke zerschellt, hätte ich nicht, welch Glück, noch das Ende eines langen Leitseils ergreifen können, welches von einem vorüberziehenden Ballon herabhing.

Sobald ich die Besinnung hinlänglich wiedergewonnen hatte, um die schreckliche Lage zu begreifen, in der ich steckte oder vielmehr hing, strengte ich die ganze Kraft meiner Lunge an, eben jene mißliche Lage dem Aeronauten über mir kundzutun. Doch lange Zeit mühte ich mich vergebens. Er bemerkte mich einfach nicht: entweder konnte es der Trottel nicht oder wollte es der Schurke nicht. Indessen stieg der Apparat rasch in die Höhe, dieweil meine Kräfte gar rascher noch schwanden. Schon war ich nahe daran, mich in mein Schicksal zu ergeben und in aller Stille ins Meer hinabzustürzen, als meine Lebensgeister plötzlich wieder erwachten, da ich von oben eine hohle

Stimme vernahm, welche müßig eine Opernarie vor sich hin zu summen schien. Ich sah auf und erkannte den Engel des Seltsamen. Er lehnte mit verschränkten Armen über dem Rande der Gondel; und mit einer Pfeife im Mund, aus welcher er gemächlich paffte, schien er mit sich und der Welt bestens zufrieden. Ich war zu erschöpft, um sprechen zu können, so blickte ich ihn denn nur mit flehentlicher Miene an.

Einige Minuten lang sagte er nichts, obgleich er mir voll ins Gesicht blickte. Endlich geruhte er zu sprechen, wozu er behutsam seine Meerschaumpfeife vom rechten in den linken Mundwinkel schob.

»Wer bißtu«, fragte er, »un waß zum Teuffl machßtu da?«

Auf dieses Stückchen Unverschämtheit, Grausamkeit und Heuchelei vermochte ich nur mehr zu antworten, indem ich ein einziges Wort hervorstieß: »Hilfe!«

»Hiiil-fäää!« echote der Schuft – »von wegen. Da iß te Flasch – hilfter nur ßälper un scher tich inne Hölle!«

Mit diesen Worten ließ er eine schwere Flasche Kirschwasser fallen, so daß ich, da sie mich genau auf den Scheitel traf, meinte, der Schädel wäre mir zertrümmert. Von dieser Vorstellung erfüllt, wollte ich schon meinen Halt fahrenlassen und mit Anstand meinen Geist aufgeben, als mir ein Schrei des Engels Einhalt gebot.

»Nu halt mol!« sagte er; »nich ßo haßtich! Willßte vleicht noch te anner Flasch, oter bißte nu nüchtern un widder klor?«

Ich beeilte mich, hierauf zweimal mit dem Kopfe zu nikken – einmal verneinend, zum Zeichen, daß ich es vorzöge, fürderhand von der andern Flasche Abstand zu nehmen – und zum zweiten bejahend, was heißen sollte, ich sei nüchtern und *bestimmt* bei klaren Sinnen. Darob war der Engel ein wenig besänftigt.

»Un tu glaupß nu alßo«, fragte er, »entlich? tu glaupß nu alßo anne Möchlichkeit vonß ßeltßame?«

Abermals nickte ich zustimmend mit dem Kopf.

»Un tu glaupß ooch an *mich*, te Engl vonß ßeltßame?«

Ich nickte wieder.

»Un tu gipß zu, deß de ä ßuffkopp bißt un tump un toof?«

Ich nickte abermals.

»Nu, da tu mol teine rechte Hant in teine linke Hoßntaschn, zem Zeichn, deßde dich tem Engl vonß ßeltßame ganßungar unnerwerfn tußt.«

Dies nun fand ich – aus sehr einleuchtenden Gründen – ganz unmöglich. Erstens hatte ich mir bei meinem Sturze von der Leiter den linken Arm gebrochen, ergo wäre ich, hätte ich mit der rechten Hand losgelassen, überhaupt in die Tiefe losgelassen. Zweitens wäre ich ja erst wieder im Besitze von Hosen, wenn ich der Krähe über den Weg käme. Daher sah ich mich, zu meinem größten Bedauern, gezwungen, verneinend den Kopf zu schütteln – womit ich dem Engel zu verstehen geben wollte, daß ich es just im Augenblicke für unpassend hielte, seinem so überaus billigen Verlangen nachzukommen. Doch kaum hatte ich aufgehört, den Kopf zu schütteln, da –

»Dann fahr zem Teuffl!« brüllte der Engel des Seltsamen.

Indes er diese Worte sprach, zog er ein scharfes Messer über das Leitseil, an welchem ich hing, und da wir eben zufälligerweise genau über meinem eignen Hause waren (welches während meines Umherreisens recht ansehnlich wieder aufgebaut worden war), begab es sich, daß ich kopfüber den weiten Schlot hinabstürzte und auf dem Kamin im Speisezimmer landete.

Als ich wieder zu mir kam (denn der Sturz hatte mich doch gänzlich betäubt), stellte ich fest, daß es gegen vier Uhr morgens war. Ich lag ausgestreckt da, wo ich vom Ballon niedergefallen war. Mein Kopf ruhte in der Asche eines erloschenen Feuers, während meine Füße auf den Trümmern eines umgestürzten Tischchens lagerten, inmitten der Bruchstücke eines gemischten Desserts, darunter eine Zeitung, diverse zerbrochene Gläser und zerschlagene Flaschen sowie ein leerer Henkelkrug Schiedamer Kirschwasser. So rächte sich der Engel des Seltsamen.

DIE SCHWEIZER GLOCKENSPIELER

Einer, der zum Stamme der Getreuen des ›Mirror‹ gehört, ein Mann von überaus humorvoll-kritischer Ader, hat es sich in den Kopf gesetzt zu beweisen, es handele sich bei den Schweizer Glokkenspielern um einen Automaten. Nun haben wir bis zum Überdruß mit ihm über diesen Punkt gestritten und schließlich darum geschickt, eine Abschrift ihrer Rechnung inklusive Speisezettel zu erbitten mitsamt eidesstattlichen Erklärungen, daß ihre Mägen nicht aus Holz beschaffen und *gütigst* Wurst und Brötchen *aufnehmen*. Indes diese Dokumente also noch unterwegs sind, veröffentlichen wir im Entwurf die Hypothese unseres Freundes: –

Die Schweizer Glockenspieler. – Den Lesern des ›Mirror‹ muß man wohl kaum sagen – da die meisten von ihnen dies nun selbst gehört und gesehen –, daß die Schweizer Glockenspieler, sieben an der Zahl, geschmückt mit weißen Federn und phantastisch kostümiert auftreten, ein jeglicher ausgerüstet mit vier oder fünf Handglocken verschiedener Größe, welche sie vor sich auf eine gepolsterte Platte legen, wobei sie jeweils eine in jeder Hand behalten, welche sie hinwiederum ständig gegen andere aus ihrem Arsenal austauschen, indem sie diese schnell wie Jongleure ablegen und wieder aufnehmen, derweilen allezeit ein Wechselgeläut voller köstlicher Harmonie und Präzision erschallt, wie es ebenso vollkommen in einer Symphonie von Haydn oder auch in ›Miss Lucy Long‹ zu hören. Der Verfasser erwähnt sie jetzt lediglich, um zu sagen, daß sie heute abend wieder zu hören sind, insgleichen um *die irrige, doch allgemein verbreitete Vorstellung* zu korrigieren, *es seien diese Glockenspieler richtige lebendige Wesen.* Der Verfasser ist fest davon überzeugt, daß es sich dabei um sinnreich erdachte mechanische Vorrichtungen handelt, welche, nach dem Prinzip von Mälzels automatischem Trompeter und Pianofortespieler (welche vor einigen Jahren hier ausgestellt) erfunden, doch um so vieles vollkommener und wirkungsvoller dadurch beschaffen sind, daß bei ihnen dieselbe Kraft Verwendung findet, welche im *elektro-magnetischen* Telegraphen wirkt, welche hier aber die *Elektro-Tönende* heißen sollte. Eine leistungsstarke Elektro-Batterie unter der Bühne ist durch einen verborgenen Draht mit einem jeden von ihnen verbunden, und deren Stromstöße werden von dem kundigen Musikus und Mechanikus reguliert und gelenkt, der insgeheim das Ganze betreibt. Dies erklärt die Präzision, mit welcher sie sich sämtlich im selbigen Augenblicke verneigen, wie wenn von ein und derselben Seele bewegt (und das sind sie ja auch – einer *elektrischen* nämlich), und so vollkommen Takt wie Ordnung einhalten. Aus diesem Grunde auch arrangieren sie so sorgfältig ihre überzähligen Glocken vor sich auf solch exakt bezeichnete Stellen, genau wie Mälzels automatischer Schachspieler stets verlangte, daß die Figuren akkurat auf die Mitte der Felder gestellt würden, so daß seine mechanisch bewegten Finger nicht danebengreifen möchten. Allein ihre Zahl beweist, daß sie in Imitation der Musik der *sieben* Sphären erschaffen, und sollten insgeheim doch noch Zweifel an der Richtigkeit unserer Theorie sich regen, so werden diese sogleich behoben, wenn man sieht, wie die Glockenspieler ihre Zuhörer *elektrisieren*.

DAS LITERARISCHE LEBEN DES HERRN DINGSBUMS BOB, WOHLGEBOREN,

früheren Herausgebers der ›Gusselrumfunzel‹.

Von ihm selbst

Ich komme nun allmählich in die Jahre, und da Shake-speare und Mr. Emmons, wie man hört, verstorben sind, ist die Möglichkeit nicht ausgeschlossen, daß auch ich wohl einmal sterben werde. Daher ist es mir in den Sinn gekommen, daß ich mich wohl vom Felde der Literatur zurückziehen und auf meinen Lorbeeren ausruhen könne. Doch habe ich den Ehrgeiz, die Niederlegung meines literarischen Zepters durch ein bedeutendes Vermächtnis der Nachwelt anzuzeigen; und vielleicht kann ich nichts Besseres tun, als für sie eine Darstellung meiner früheren Laufbahn niederzuschreiben. In der Tat ist mein Name so lange und unveränderlich der Öffentlichkeit vor Augen gewesen, daß ich nicht nur gewillt bin, das völlig Natürliche des Interesses anzuerkennen, welches er allenthalben erregt, sondern auch bereit, die außergewöhnliche Neugier, welche er eingeflößt, zu befriedigen. Ja, es ist nicht mehr denn die Pflicht dessen, der Größe erringt, bei seinem Aufstieg Marksteine zu hinterlassen, welche anderen den Weg zu Größe weisen mögen. In der vorliegenden Abhandlung (welche ›Memoranda zur Beförderung der Literaturgeschichte Amerikas‹ zu nennen mir vorschwebte) gedenke ich daher, nähere Einzelheiten jener wichtigen, wenn auch noch schwachen und schwankenden ersten Schritte zu geben, mit denen ich schließlich auf den hohen Weg zum Gipfel menschlichen Ruhmes gelangt.

Von seinen *sehr* weitläufigen Vorfahren des breiten zu reden ist überflüssig. Mein Vater, Thomas Bob, Wohlgeboren, stand viele Jahre auf der Höhe seiner Profession, welche die eines Barbiers (und Kaufmanns einschlägiger Artikel) in Schniegelstädt gewesen. In seinem Salon verkehrten die Honoratioren des Ortes und im besonderen das Redaktionskorps – eine Zunft, welche allenthalben zutiefst Ehrfurcht und Respekt einflößt. Was mich betrifft, so betrachtete ich sie allesamt als Götter und trank begierig des Witzes und der Weisheit Fülle in mich hinein, welche unaufhörlich während des ›Einseifen‹ geheißenen Vorganges ihnen von den erlauchten Mündern troff. Mein erster Augenblick tatsächlicher Inspiration muß auf jenen unvergeßlichen Zeitpunkt datiert werden, da der hochgeistige Leiter der ›Viehbremse‹ in den Pausen jenes soeben erwähnten bedeutenden Prozesses laut vor dem Konklave unserer Lehrjungen ein unnachahmliches Gedicht zu Ehren des ›Einzig Echten Bobschen Öls‹ rezitierte (so genannt nach seinem talentierten Erfinder, meinem Vater), für welchen Erguß der Herausgeber der ›Bremse‹ von der Firma Thomas Bob & Co., Barbierhandlung, mit königlicher Freigebigkeit belohnt ward.

Der Genius der Stanzen an das ›Bobsche Öl‹ hauchte mir zuerst, wie gesagt, den göttlichen *afflatus* ein. Ich beschloß auf der Stelle, ein großer Mann zu werden und damit zu beginnen, daß ich ein großer Dichter ward. An ebendemselben Abend noch fiel ich zu den Füßen meines Vaters auf die Knie nieder.

»Vater«, so sprach ich, »verzeiht mir! – doch ich habe eine Seele, die ist über Seifenschaum erhaben. Ich bin fest entschlossen, den Laden aufzugeben. Ich möchte gern Herausgeber werden – ich möchte gern Dichter werden – ich möchte Stanzen über das ›Bobsche Öl‹ verfassen. Verzeiht mir und steht mir bei, auf daß ich zu Größe gelange!«

»Mein lieber Dingsbums«, erwiderte mein Vater (auf den Namen Dingsbums war ich nach dem eines wohlhabenden Verwandten getauft), »mein lieber Dingsbums«, sprach er und zog mich an den Ohren von den Knien hoch – »Dingsbums, mein Junge, du bist ein Prachtkerl und ganz von deines Vaters Art, indem daß du eine Seele besitzest. Auch hast du einen ungeheuer großen Kopf, und der muß eine große Menge Gehirn enthalten. Dies habe ich lange schon gesehn, und deshalb hatte ich daran gedacht, einen Advokaten aus dir zu machen. Jedoch ist dieses Geschäft nun recht unanständig geworden, und das eines Politikers bringt nichts ein. Im ganzen ist dein Urteil gescheit – das Gewerbe eines Herausgebers ist das beste: – und wenn du zu gleicher Zeit auch noch Dichter sein kannst – wie es die meisten Herausgeber nebenbei ja sind –, tja, dann schlägst du zwei Fliegen mit einer Klappe. Um dich am Anfang des Ganzen zu ermutigen, will ich dir eine Dachstube gewähren; dazu Feder, Tinte und Papier; ein Reimlexikon; und ein Exemplar der ›Viehbremse‹. Ich denke mir, mehr wirst du kaum begehren.«

»Ich wäre ein undankbarer Schurke, wenn ich's täte«, erwiderte ich begeistert. »Eure Großmut kennt keine Grenzen. Ich will sie Euch dadurch lohnen, daß ich Euch zum Vater eines Genies mache.«

So endete meine Unterredung mit dem besten der Menschen, und unmittelbar nachdem sie zu Ende, ging ich mit Eifer an meine poetischen Taten; denn auf diese hauptsächlich gründeten sich meine Hoffnungen, dereinst auf den Redakteurssessel erhoben zu werden.

Bei meinen ersten dichterischen Versuchen fand ich die Stanzen über das ›Bobsche Öl‹ nun freilich eher hinderlich. Ihr Glanz blendete mich mehr, denn daß er mich erleuchtete. Die Betrachtung ihrer Vortrefflichkeit gereichte mir natürlich zur Entmutigung, verglich ich sie mit meinen eignen Fehlgeburten; so daß ich mich lange Zeit vergebens mühte. Schließlich kam mir eine jener köstlich originellen Ideen in den Kopf, wie sie hin und wieder das Hirn eines genialen Menschen *durchdringen*. Sie sah folgendermaßen aus: – oder wurde vielmehr auf folgende Weise bewerkstelligt. Aus dem Plunder eines alten Bücherstandes, in einem sehr entlegenen Winkel der Stadt, holte ich mir etwelche alte und gänzlich unbekannte oder vergessene Bände zusammen. Der Händler ließ sie mir spottbillig. Aus einem davon, welcher eine Übersetzung eines gewissen Dantes ›Inferno‹ zum Inhalt hatte, schrieb ich mit bemerkenswerter Geschicklichkeit einen langen Abschnitt über einen Mann namens Ugolino ab, der einen ganzen Haufen Kinder hatte. Aus einem anderen, welcher gar viele alte Stücke enthielt, von einer Person, deren Namen ich vergessen habe, zog ich mir auf dieselbe Weise und mit derselben Sorgfalt eine Menge Verszeilen über ›Engel‹ und ›uns beistehende Boten Gottes‹ und ›Kobolde‹ und dergleichen mehr heraus. Aus einem dritten, welcher das Werk irgendeines Blinden war, eines Griechen oder eines Choctaw – ich kann mir nicht die Mühe machen, mir jede Kleinigkeit genau zu merken –, nahm ich etwa fünfzig Verse, die mit ›Achilleus' Zorn‹ und einer ›Seuche‹ und ›Lösung‹ oder so ähnlich begannen. Aus einem vierten, welcher, wie ich mich erinnern kann, ebenfalls das Werk eines Blinden war, wählte ich eine Seite oder zwei, auf denen dauernd von ›Heil‹ und ›heiligem Licht‹ die Rede; und obschon es nun eigentlich nicht Sache eines Blinden ist, über Licht zu schreiben, so waren die Verse in ihrer Art doch ganz gut.

Nachdem ich diese Dichtungen fein säuberlich abgeschrieben, unterzeichnete ich eine jede von ihnen mit ›Oppodeldoc‹ (einem recht wohlklingenden Namen), steckte jede wiederum hübsch ordentlich in einen gesonderten Umschlag, und mit der Bitte um baldigen Abdruck und prompte Bezahlung versandte ich jeweils eine an die vier vornehmsten Zeitschriften. Das Ergebnis dieses wohlüberlegten Planes jedoch (dessen Gelingen mir im späteren Leben viel Verdruß erspart hätte) gereichte mir zu der Überzeugung, daß manche Herausgeber sich nicht düpieren lassen, und versetzte meinen Hoffnungen *in statu nascendi* (wie es in der Stadt der Transzendentalisten heißt) den *coup-de-grâce* (wie man in Frankreich sagt).

Die Sache ist die, daß jede, aber auch jede einzelne der fraglichen Zeitschriften Herrn ›Oppodeldoc‹ in der ›Monatlichen Einsendungskritik‹ mit einem vollkommenen Verriß bedachte. Der ›Heckmeck‹ ging folgendermaßen mit ihm ins Gericht:

›,Oppodeldoc' (wer immer das ist) hat uns eine lange *tirade* über einen Tollhäusler eingesandt, den er ,Ugolino' benamst, welchselbiger eine große Schar Kinder hatte, die man allesamt hätte verprügeln und ohne Abendessen ins Bett stecken sollen. Die ganze Affäre ist überaus zahm – um nicht zu sagen *flach*. ‚Oppodeldoc' (wer immer das ist) mangelt es an jeglicher Phantasie – und Phantasie ist, unserer bescheidenen Meinung nach, nicht nur die Seele der POESIE, sondern recht eigentlich ihr Herz. ‚Oppodeldoc' (wer immer das ist) besitzt die Dreistigkeit, für sein Gefasel ‚baldigen Abdruck und prompte Bezahlung' von uns zu verlangen. Wir drucken weder noch kaufen wir irgendwelches Zeug der Sorte. Freilich kann es keinen Zweifel geben, daß er mit dem ganzen Geschreibsel, das er zusammenschmieren kann, beim ‚Specktackel', beim ‚Lollipop' oder bei der ‚Gusselrumfunzel' reißend Absatz fände.‹

All dies war, so muß man zugeben, für ›Oppodeldoc‹ sehr hart – doch der unfreundlichste Hieb bestand darin, das Wort POESIE in Kapitälchen zu setzen. Welch eine Welt von Bitternis liegt nicht in jenen sechs hervorstechenden Buchstaben beschlossen!

Doch mit gleicher Härte ward ›Oppodeldoc‹ im ›Specktackel‹ geschmäht, welcher also sprach:

›Wir haben eine höchst ungewöhnliche und unverschämte Mitteilung von einer Person (wer immer das ist) erhalten, die mit ‚Oppodeldoc' unterzeichnet – und auf diese Weise die Größe des berühmten römischen Kaisers gleichen Namens entweiht. In der Anlage zum Briefe des ‚Oppodeldoc' (wer immer das ist) finden wir diverse Verszeilen von höchst abscheulichem und sinnlosem Bombaste über ‚Engel und Boten Gottes' – einem Bombast, wie ihn wohl kein Verrückter, ausgenommen einen Nat Lee oder eben einen ‚Oppodeldoc', verzapfen könnte. Und für diesen Oberschund sollen wir, so das bescheidene Ersuchen, ‚prompt zahlen'. Nein, mein Herr – o nein! Für *dergleichen* zahlen wir nicht. Wenden Sie sich doch an den ‚Heckmeck', den ‚Lollipop' oder die ‚Gusselrumfunzel'. Diese *Blättchen* werden zweifellos jeglichen literarischen Unrat akzeptieren, welchen Sie ihnen schicken – und ebenso zweifellos dafür zu zahlen *versprechen*.‹

Dies war nun freilich gar bitter für den armen ›Oppodel-doc‹; doch trifft das Schwergewicht der Satire in diesem Falle ja auf den ›Heckmeck‹, den ›Lollipop‹ und die ›Gus-selrumfunzel‹, welche allesamt sarkastisch als ›Blättchen‹ bezeichnet werden – und das auch noch kursiv! – eine Sa-che, die selbigen tief ins Herz geschnitten haben muß.

Kaum weniger grausam war der ›Lollipop‹, welcher fol-gendermaßen urteilte:

›Ein *Individuum*, das sich des Namens ‚Oppodeldoc‘ erfreut (zu welch niederen Zwecken doch allzuoft die Namen der illustren Toten herhalten müssen!), hat uns an die fünfzig oder sechzig *Verse* beigelegt, welche in diesem Stile begin-nen:

Singe den Zorn, o Göttin, des Peleiaden Achilleus,
Ihn, der entbrannt, & c., & c., & c., & c.

‚Oppodeldoc‘ (wer immer das ist) werde ergebenst in Kenntnis gesetzt, daß es in unserer Offizin keinen Setzer-lehrling gibt, bei welchem es nicht zur täglichen Gewohn-heit gehörte, bessere *Verse* zu schmieden. Jene des ‚Oppo-deldoc‘ lassen sich nicht *skandieren*. ‚Oppodeldoc‘ sollte *zählen* lernen. Doch wieso er auf die Idee verfallen sein mag, daß *wir* (ausgerechnet *wir!*) unsere Kolumnen mit sei-nem unsäglichen Unsinn schänden würden, ist gänzlich unbegreiflich. Das alberne Gequassel ist ja kaum gut genug für den ‚Heckmeck‘, den ‚Specktackel‘, die ‚Gusselrumfun-zel‘ – Machwerken also, welche doch ‚Gänsemutters Kin-derreime‘ als originale Lyrik abzudrucken pflegen. Und ‚Oppodeldoc‘ (wer immer das ist) besitzt gar noch die Un-verschämtheit, für dieses Gelalle *Bezahlung* zu verlangen. Weiß ‚Oppodeldoc‘ (wer immer das ist) denn nicht – ist ihm denn wirklich nicht bekannt, daß wir das Zeug auch dann nicht brächten, wenn man uns dafür bezahlte?‹

Als ich dies nun las, spürte ich, wie ich kleiner ward und immer kleiner, und da ich zu dem Punkte kam, an welchem der Herausgeber das Gedicht als ›Verse‹ verhöhnte, war we-nig mehr denn eine Unze von mir übrig. Was ›Oppodeldoc‹ betraf, so begann ich für den armen Burschen *Mitleid* zu empfinden. Doch die ›Gusselrumfunzel‹ bezeigte womöglich noch weniger Erbarmen als der ›Lollipop‹. Es war die ›Gusselrumfunzel‹, die da schrieb:

›Ein elender Poetaster, der mit ‚Oppodeldoc‘ zeichnet, ist so dumm, sich einzubilden, *wir* würden einen Mischmasch von solch unzusammenhängendem und ungrammatischem Bombaste drucken und dafür *bezahlen*, wie er ihn uns eingesandt und welcher mit der folgenden, höchst *intelligiblen* Zeile beginnt:

‚Heil, heilig Licht! Des Himmels erster Sproß‘

Wie gesagt: ‚höchst *intelligibel*‘. ‚Oppodeldoc‘ (wer immer das ist) wird vielleicht die Güte haben, uns aufzuklären, wieso das ‚*heilige Licht*‘ überhaupt – oder wieder? – *heil* sein kann? Ist es denn kaputt gewesen? Oder gar krank zu denken? Würde er uns desgleichen darüber erhellen, wieso das also genesene Licht zur gleichen Zeit ‚heilig‘ (was immer das ist) und ein ‚Sproß‘ zu sein vermag? – welch letzterer Ausdruck (wenn wir überhaupt etwas davon verstehen) füglich nur auf etwa sechs Wochen alte Kleinstkinder angewendet wird. Oder ist gar das Treiben etwelcher himmlischen Flora *(sic!)* gemeint? Doch ist es albern, sich über solchen Unsinn überhaupt des breitern auszulassen – obzwar ‚Oppodeldoc‘ (wer immer das ist) die beispiellose Unverschämtheit besitzt, anzunehmen, wir würden sein irres Gerede nicht nur ‚abdrucken‘, sondern (vollends) auch noch *dafür bezahlen*!

Nun, das ist allerhand – das ist ein starkes Stück! – und wir hätten nicht übel Lust, diesen jungen Schreiberling ob seiner Selbstüberhebung dadurch zu strafen, daß wir seinen Erguß wirklich druckten, *verbatim et literatim*, ganz wie er ihn geschrieben. Eine strengere Strafe könnten wir wohl nicht über ihn verhängen, und wir *würden* sie auch verhängen, wäre da nicht die Langeweile, welche wir unseren Lesern damit zumuten würden.

Soll doch ‚Oppodeldoc‘ (wer immer das ist) künftig ähnlich geartete *Machwerke* an den ‚Heckmeck‘, den ‚Lollipop‘ oder den ‚Specktackel‘ senden. *Sie* werden es drucken. *Sie* drucken ja jeden Monat solches Zeug. Soll er es doch *ihnen* schicken. WIR lassen uns nicht ungestraft verhöhnen.‹

Dies gab mir den Rest; und was den ›Heckmeck‹, den ›Specktackel‹ und den ›Lollipop‹ anbetrifft, so konnte ich nie begreifen, wie sie es überlebten. *Sie* in der kleinstmöglichen Kolonel zu setzen (eben das war ja die Gemeinheit – damit zu verstehen zu geben, wie niedrig – wie verächtlich sie wären), während das WIR in gigantischen Majuskeln dastand und auf sie herabsah! – oh, es war *zu* bitter! – es war Wermut – es war Galle. Wäre ich eine dieser Zeitschriften gewesen, hätte ich keine Mühe gescheut und die ›Gusselrumfunzel‹ gerichtlich belangt. Dies hätte schon auf der Grundlage des Gesetzes zur ›Verhütung von Grausamkeit gegenüber Tieren‹ erfolgen können. Was nun ›Oppodeldoc‹ betraf (wer immer er war), so hatte ich zu der Zeit schon alle Geduld mit dem Burschen verloren und hegte keinerlei Mitgefühl mehr für ihn. Ein Trottel war er, zweifellos (wer immer er war), und er bekam keinen Fußtritt mehr, als er verdiente.

Das Resultat meines Versuches mit den alten Büchern trug mir die Überzeugung ein, daß erstens ›ehrlich am längsten währt‹ und daß es zweitens, wenn ich schon nicht besser schreiben konnte als Herr Dante und die beiden Blinden und die ganze übrige alte Sippschaft, doch jedenfalls eine schwierige Sache wäre, schlechter zu schreiben. So faßte ich mir denn ein Herz und beschloß, mich gänzlich auf ›völlig neue Originalarbeiten‹ zu verlegen (wie es auf den Titelseiten der Magazine heißt), koste es, was es wolle, an Eifer und Mühen. Erneut hielt ich mir die glänzenden Stanzen über das ›Bobsche Öl‹ als Modell vor Augen, welche der Herausgeber der ›Viehbremse‹ geschaffen, und beschloß, in Wettstreit zu treten mit dem, was bereits vollbracht, und eine Ode über das nämliche erhabene Thema zu verfassen.

Mit dem ersten Verse hatte ich keinerlei wesentliche Schwierigkeit. Er floß folgendermaßen dahin:

In Worten Preis gebührt dem ›Öl von Bob‹.

Nachdem ich mich jedoch auf das sorgfältigste nach all den legitimen Reimen auf ›Bob‹ umgesehen hatte, fand ich es unmöglich fortzufahren. In diesem Dilemma nahm ich zu väterlichem Beistand meine Zuflucht; und nach ein paar Stunden reiflichen Nachdenkens schufen mein Vater und ich das folgende Gedicht:

> In Worten Preis gebührt dem ›Öl von Bob‹,
> Drum sparet nicht mit Lob.
>
> (Gezeichnet) Snob

Gewiß, dieses Werk war nicht sehr lang – doch ich ›habe noch zu lernen‹, wie es in der ›Edinburgh Review‹ heißt, daß die bloße Ausdehnung eines literarischen Werkes etwas mit seinem Wert zu tun hat. Was die ständige Leier dieser Vierteljahresschrift von ›anhaltendem Streben‹ betrifft, so ist unmöglich darin ein Sinn zu erkennen. Im ganzen war ich daher wohl zufrieden mit dem Erfolg meines Erstlings, und nun blieb einzig die Frage zu bedenken, wie darüber zu verfügen wäre. Mein Vater riet mir, ich solle es doch an die ›Viehbremse‹ einsenden – doch gab es zwei Gründe, welche mich davon abhielten. Zum einen fürchtete ich die Eifersucht des Herausgebers – und zum andern hatte ich in Erfahrung gebracht, daß derselbe für Originalbeiträge nichts zahlte. Nach gebührender Überlegung vertraute ich daher den Artikel den würdigeren Kolumnen des ›Lollipop‹ an und erwartete gespannt, doch gelassen den Ausgang.

Schon in der allernächsten Nummer, die erschien, ward mir die stolze Genugtuung, meine Dichtung in voller Länge als Leitartikel gedruckt zu sehen, voran – kursiv und in Klammern – die folgenden bezeichnenden Worte:

(›Wir möchten die Aufmerksamkeit unserer Leser auf die nachstehenden bewundernswerten Stanzen über ‚Das Bobsche Öl‘ lenken. Über deren Erhabenheit oder Pathos brauchen wir kein Wort zu verlieren: – ganz unmöglich, sie trockenen Auges zu lesen. Diejenigen, welchen von einer argen Dosis zum selben erhabenen Gegen-

stande aus dem Gänsekiel des Herausgebers der ‚Viehbremse' übel
geworden, tuen gut daran, die beiden Gedichte zu vergleichen.

P. S. Wir werden von Verlangen verzehrt, das Geheimnis zu
lüften, welches das unstreitige Pseudonym ‚Snob' umgibt. Ob wir
auf ein persönliches Gespräch hoffen dürfen?‹)

All dies war nun freilich kaum mehr denn recht und billig,
doch es war, ich gestehe es, eigentlich mehr, als ich erwartet hatte: – ich habe dies bekannt, es sei angemerkt,
zur immerwährenden Schande meines Landes und der
Menschheit. Jedoch verlor ich keine Zeit, bei dem Herausgeber des ›Lollipop‹ vorzusprechen, und hatte das Glück,
diesen Herrn zu Hause anzutreffen. Er begrüßte mich mit
dem Gebaren höchsten Respekts, ein wenig vermischt mit
väterlicher und gönnerhafter Bewunderung, welche ohne
Zweifel die ausgesprochene Jugend und Unerfahrenheit
meiner Erscheinung bei ihm weckte. Er bat mich, Platz zu
nehmen, und kam sofort auf den Gegenstand meines Gedichts zu sprechen – doch immer wird Bescheidenheit mir
verbieten, die tausend Komplimente zu wiederholen, mit
welchen er mich überhäufte. Die Lobreden des Herrn
Holzapfel (so war des Herausgebers Name) zeugten jedoch
keineswegs von blinder Kritiklosigkeit. Er analysierte
meine Dichtung mit viel Freiheit und großer Geschicklichkeit – wobei er auch nicht zögerte, auf ein paar wenige un-
bedeutende Schwächen hinzuweisen – ein Umstand, welcher ihn in meiner Wertschätzung nur um so höher steigen
ließ. Natürlich kam dann auch die ›Viehbremse‹ aufs *tapis*,
und ich hoffe, niemals einer so heftigen Kritik oder so ver-
nichtendem Tadel unterworfen zu werden, womit Herr
Holzapfel jenen unglückseligen Erguß bedachte. Ich war es
gewohnt gewesen, in dem Herausgeber der ›Viehbremse‹
eine Art Übermensch zu sehen; doch Herr Holzapfel be-
lehrte mich bald eines Besseren. Er rückte den literarischen
sowohl als den menschlichen Charakter des Brummers (so
nannte Herr H. satirisch seinen Rivalen) ins rechte Licht.
Er, der Brummer, sei kaum besser, als er sein sollte. Infame
Sachen habe er geschrieben. Ein Zeilenschinder sei er und

ein Possenreißer. Ein Schurke. Er habe eine Tragödie verfaßt, darob das ganze Land zu Lachstürmen entfesselt, und
eine Farce, welche alle Welt in Tränen schwimmen ließ.
Und obendrein habe er noch die Unverschämtheit besessen, auf ihn (Herrn Holzapfel) etwas zu verfassen, das eine
Schmähschrift vorstellen sollte, und die Tollkühnheit, ihn
einen ›Esel‹ zu schimpfen. Sollte ich nun irgendwann den
Wunsch verspüren, meine Meinung über den Herrn Brummer zum Ausdruck zu bringen, so stünden mir die Kolumnen des ›Lollipop‹, dessen versicherte mich Herr Holzapfel,
zu meiner uneingeschränkten Verfügung. Da ich nun ganz
sicher in der ›Viehbremse‹ ob meines Versuches, über das
›Bobsche Öl‹ ein Konkurrenzgedicht zu verfassen, einen
Angriff zu gewärtigen hätte, wolle inzwischen er (Herr
Holzapfel) es übernehmen, sich recht angelegentlich mei-
nen privaten und persönlichen Interessen zu widmen.
Wäre ich nicht in Bälde ein gemachter Mann, an ihm
(Herrn Holzapfel) solle es nicht liegen.

Da Herr Holzapfel nunmehr in seinem Vortrage (dessen
letzteren Teil zu begreifen ich mich außerstande sah) eine
Pause gemacht, wagte ich einen kleinen Hinweis auf die
Vergütung, welche ich, so war ich unterrichtet worden, für
mein Gedicht erwarten dürfe, und zwar durch eine Ankündigung auf dem Umschlag des ›Lollipop‹, worin es geheißen, daß er (der ›Lollipop‹) darauf bestehe, daß es ihm verstattet sei, für alle angenommenen Beiträge exorbitante
Preise zu zahlen – häufig gebe er für ein einziges kurzes
Gedicht mehr Geld aus, als die gesamten Jahresaufwen-
dungen des ›Heckmeck‹, des ›Specktackel‹ und der ›Gusselrumfunzel‹ zusammen betrügen.

Als ich das Wort ›Vergütung‹ erwähnte, riß der Herr
Holzapfel zuerst seine Augen, sodann seinen Mund in ganz
bemerkenswertem Maße auf, worauf seine äußere Erscheinung Ähnlichkeit mit einer höchst aufgeregten ältlichen
Ente beim Akte des Quakens annahm – und in diesem Zustand verblieb er (dann und wann, wie in verzweifelter Bestürzung, preßte er dabei die Hände fest an die Stirn), bis
ich mit dem, was ich zu sagen hatte, fast zu Ende war.

Als ich meine Rede geschlossen, sank er, gleichsam überwältigt, in seinen Stuhl zurück, ließ die Arme leblos an der
Seite herabhängen, doch hielt er den Mund noch immer
unerbittlich nach Entenart aufgesperrt. Während ich noch
in sprachlosem Erstaunen ob eines so beängstigenden Betragens verharrte, sprang er mit einem Male auf die Füße
und stürzte nach dem Klingelzug; doch als er diesen eben
erreichte, schien er seine Absicht, wie immer diese gewesen
sein mochte, geändert zu haben, denn er bückte sich hastig
unter einen Tisch, um gleich darauf mit einem Knüttel
wieder aufzutauchen. Diesen zu erheben stand er gerade
im Begriffe (zu welchem Zweck, vermag ich mir beim besten Willen nicht zu denken), als urplötzlich ein huldvolles
Lächeln auf seine Züge trat und er sich seelenruhig wieder
auf seinen Stuhl fallen ließ.

»Herr Bob«, sagte er (denn ich hatte ihm meine Karte
hinaufgeschickt, bevor ich selber hinangestiegen), »Herr
Bob, Sie sind noch ein junger Mann, nehme ich an – ein
sehr junger?«

Ich bejahte und setzte hinzu, daß ich mein drittes Lustrum noch nicht vollendet hätte.

»Ah!« erwiderte er, »ausgezeichnet! Ich sehe, wie es
steht – kein Wort mehr! Was nun diese Sache der Entschädigung betrifft, so ist, was Sie dazu bemerken, nur recht
und billig: ja, das ist's ganz ungemein. Doch – äh – äh –
den *ersten* Beitrag – den *ersten*, sage ich – den nun pflegt
unsere Zeitschrift niemals zu bezahlen – verstehen Sie, he?
Die Wahrheit ist, in solchem Falle sind gewöhnlich wir ja
die *Empfänger*. (Herr Holzapfel lächelte mild, als er das
Wort ›Empfänger‹ mit Nachdruck sprach.) Meistenteils
nämlich werden *wir bezahlt* für den Abdruck eines Erstlings – vornehmlich bei Lyrik. Und zweitens, Herr Bob, ist
es eiserne Zeitschriften-Regel, niemals das auszugeben, was
wir in Frankreich *argent comptant* nennen: – Sie werden
zweifelsohne verstehen. Ein Vierteljahr oder auch zwei
nach der Veröffentlichung des Artikels – oder auch in ein,
zwei Jahren – hegen wir keinerlei Bedenken, einen Wechsel auf neun Monate auszustellen – immer vorausgesetzt,

unsere Verhältnisse lassen sich so arrangieren, daß in sechsen der ›Bankrott‹ garantiert ist. Ich hoffe *ganz sehr*, Herr Bob, daß Sie diese meine Erklärung als zufriedenstellend betrachten.« Hiermit schloß Herr Holzapfel seine Rede, und Tränen standen ihm in den Augen.

In tiefster Seele betrübt, daß ich, wenngleich unschuldig, einem so ausgezeichneten und empfindsamen Manne Schmerz zugefügt hatte, eilte ich, mich zu entschuldigen und ihn wieder zu beruhigen, indem ich ihn meiner völligen Übereinstimmung mit seinen Ansichten wie auch meiner vollkommenen Würdigung seiner heiklen Lage versicherte. Nachdem ich all dies in artiger Rede vorgebracht, verabschiedete ich mich.

Eines schönen Morgens, sehr bald danach, ›erwachte ich und fand mich berühmt‹. Das Ausmaß meines Ruhmes wird sich wohl am besten an Hand der zeitungsamtlichen Meinungen des Tages ermessen lassen. Diese Meinungen, so wird man sehen, kamen in kritischen Anmerkungen zur Nummer des ›Lollipop‹ zum Ausdruck, welche mein Gedicht enthielt, und sind vollkommen zufriedenstellend, schlüssig und klar, mit Ausnahme vielleicht der hieroglyphischen Zeichen ›*15. Sept.* – *1 x*‹, welche sämtlichen Kritiken angefügt waren.

Die ›Eule‹, ein Journal von gründlichem Scharfsinn und ob des besonnenen Ernstes ihrer literarischen Urteile bekannt – die ›Eule‹ also äußerte sich wie folgt:

›DER LOLLIPOP! Die Oktobernummer dieses herrlichen Magazins übertrifft alles Vorangegangene und bietet der Konkurrenz Trotz. In der Schönheit von Typographie und Papier – in der Zahl und Vollkommenheit seiner Stahlstiche – wie auch im literarischen Werte seiner Beiträge – gleicht der ‚Lollipop‘ seinen langsamen Rivalen wie Hyperion einem Satyr. Der ‚Heckmeck‘, der ‚Specktackel‘ und die ‚Gusselrumfunzel‘ tun sich zwar in Prahlerei hervor, doch in allen anderen Belangen gebt uns den ‚Lollipop‘! Wie dieses berühmte Journal seine offenbar gewaltigen Ausgaben zu tragen vermag, ist uns unbegreiflich.

Gewiß, es hat eine Auflagenziffer von 100 000, und die Zahl seiner Abonnenten ist während des letzten Monats um ein Viertel gestiegen; doch andererseits sind die Summen, welche es laufend für Beiträge aufwendet, unvorstellbar. Es heißt, daß Herr Schlauesel für seine unnachahmliche Abhandlung über ‚Schweine' nicht weniger als siebenunddreißigeinhalb Cents empfing. Mit Herrn HOLZAPFEL als Herausgeber und mit Namen wie SNOB und Schlauesel auf der Liste der Beiträger kann ein Wort wie ‚Mißerfolg' für den ‚Lollipop' nur ein Fremdwort sein. Also geben Sie Ihre Bestellung auf. *15. Sept. – 1 x.*‹

Ich muß schon sagen, daß ich froh und zufrieden war ob dieser hochgesinnten Meldung einer so respektierlichen Zeitung wie der ›Eule‹. Meinen Namen – das heißt meinen *nom de guerre* – noch vor dem des großen Schlauesel an die erste Stelle zu plazieren war ein ebenso treffliches Kompliment, wie ich es meiner Meinung nach wohl verdient hatte.

Als nächstes ward meine Aufmerksamkeit von den folgenden Abschnitten in der ›Kröte‹ gefesselt – einer Druckschrift, hochberühmt für ihre Rechtschaffenheit und Unabhängigkeit – für ihre gänzliche Freiheit von Kriecherei und Unterwürfigkeit gegenüber spendablen Dinnergastgebern:

›Das Oktoberheft des ‚Lollipop' ist allen zeitgenössischen Blättern weit voraus und übertrifft sie, selbstverständlich, unendlich im Betrachte seiner prachtvollen Ausstattung wie auch seines reichen literarischen Gehaltes. Der ‚Heckmeck', der ‚Specktackel' und die ‚Gusselrumfunzel' tun sich, wir geben es zu, in Prahlerei hervor, doch in allen anderen Belangen gebt uns den ‚Lollipop'! Wie dieses berühmte Magazin seine offenbar gewaltigen Ausgaben zu tragen vermag, ist uns unbegreiflich. Gewiß, es hat eine Auflagenziffer von 200 000, und in den letzten vierzehn Tagen ist die Zahl seiner Abonnenten um ein Drittel gestiegen, doch andererseits sind die Summen, die es monatlich für Beiträge aufwendet, fürchterlich hoch. Wie uns bekannt, hat Herr Mummeltumb letzthin für seinen neuesten

,Gesang im Modderpfuhl' nicht weniger als fünfzig Cents erhalten.

Unter den Verfassern von Originalbeiträgen der vorliegenden Nummer fallen uns (außer dem hervorragenden Herausgeber, Herrn HOLZAPFEL) Männer wie SNOB, Schlauesel und Mummeltumb auf. Abgesehen vom redaktionellen Teile ist nichtsdestoweniger der wertvollste Beitrag, so will uns bedünken, ein poetisches Juwel über das ‚Bobsche Öl', verfaßt von SNOB – doch dürfen unsere Leser nach dem Titel dieses unvergleichlichen *bijou* nicht etwa vermuten, dasselbe habe Ähnlichkeit mit einem Geschreibsel zum nämlichen Gegenstand von einem gewissen verächtlichen Individuum, dessen Name vor zarten Ohren nicht genannt werden kann. Das *vorliegende* Gedicht ‚Auf das Bobsche Öl' hat bezüglich des Inhabers des offenkundigen Pseudonyms ‚Snob' allenthalben gespannte Neugier geweckt – eine Neugier, welche befriedigen zu können wir uns glücklich schätzen. ‚Snob' ist der *nom de plume* des Herrn Dingsbums Bob aus hiesiger Stadt – eines Verwandten des großen Herrn Dingsbums (nach welchem er benannt) und ansonsten den erhabensten Familien des Staates verbunden. Sein Vater, Wohlgeboren Thomas Bob, ist ein wohlhabender Kaufmann zu Schniegelstädt. *15. Sept.* – *1 x.*‹

Diese generöse Zustimmung ging mir zu Herzen – und das um so mehr, da sie aus einer so eingestandenermaßen – so sprichwörtlich reinen Quelle wie der ›Kröte‹ stammte. Das Wort ›Geschreibsel‹, angewendet auf das ›Bobsche Öl‹ des Brummers, dünkte mir ungemein beißend und angemessen. Die Worte ›Juwel‹ und *›bijou‹* allerdings, in bezug auf mein Dichtwerk gebraucht, kamen mir nun aber irgendwie schwächlich vor. Sie schienen es mir an der nötigen Kraft fehlen zu lassen. Sie waren nicht hinreichend *prononcés* (wie wir in Frankreich sagen).

Kaum hatte ich die ›Kröte‹ zu Ende gelesen, als mir ein Freund ein Exemplar des ›Maulwurfs‹ in die Hand drückte, eines Tageblattes, welches einen vorzüglichen Ruf ob seiner scharfsichtigen Anschauung der Dinge im allge-

meinen und ob des offenen, ehrlichen, lebendigen Stils seiner Leitartikel im besonderen genießt. Der ›Maulwurf‹ äußerte sich über den ›Lollipop‹ wie folgt:

›Soeben haben wir die Oktoberausgabe des ‚Lollipop‘ erhalten, und wir *müssen* sagen, daß wir noch niemals eine
einzelne Nummer irgendeiner Zeitschrift gelesen, welche
uns solch großes Glück bescherte. Wir äußern dies mit
ganzem Bedacht. Der ‚Heckmeck‘, der ‚Specktackel‘ und
die ‚Gusselrumfunzel‘ müssen gar sehr auf ihre Lorbeeren
achten. Diese Blätter übertreffen zweifellos alles an laut-
starker Anmaßung, doch in allen anderen Belangen gebt
uns den ‚Lollipop‘! Wie dieses berühmte Magazin seine offenbar gewaltigen Ausgaben zu tragen vermag, ist uns
unbegreiflich. Gewiß, es hat eine Auflagenziffer von
300 000; und innerhalb der letzten Woche ist die Zahl seiner Abonnenten um die Hälfte gestiegen, doch andererseits ist die Summe, welche es monatlich für Beiträge aufwendet, erstaunlich hoch. Wie wir aus sicherer Quelle
wissen, hat Herr Keckspeck für seine neue Haus-Novelette
‚Der Wischlappen‘ nicht weniger als zweiundsechzigein-
halb Cents erhalten.

Die Beiträger der vor uns liegenden Nummer sind Herr
Holzapfel (der hervorragende Herausgeber), Snob, Mummeltumb, Keckspeck und andere; doch nach den unnachahmlichen Werken des Herausgebers selbst schätzen wir
vor allem einen diamantgleichen Erguß aus der Feder eines
aufstrebenden Dichters, welcher mit ‚Snob‘ unterzeichnet – einem *nom de guerre*, der eines Tages, so dürfen wir
wohl voraussagen, ‚Boz‘ in den Schatten stellen wird;
‚Snob‘, so erfahren wir, ist ein Herr Dingsbums Bob, Wohlgeboren, einziger Erbe eines wohlhabenden hiesigen Kaufmanns, Wohlgeboren Thomas Bob, und ein naher Verwandter des berühmten Herrn Dingsbums. Der Titel von
Herrn B.s bewundernswertem Gedicht ist das ‚Bobsche
Öl‘ – ein etwas unglücklicher Name, nebenbei bemerkt, da
ein gewisser erbärmlicher Taugenichts, der mit der Penny-
presse im Zusammenhang steht, der Stadt bereits be-

trächtliches Gefasel zum selben Gegenstand zum Ekel gemacht hat. Freilich wird keine Gefahr bestehen, diese Werke miteinander zu verwechseln. *15. Sept. – 1 x.*‹

Der großzügig gespendete Beifall eines so klarsichtigen Journals wie des ›Maulwurfs‹ erfüllte meine Seele mit Entzücken. Als Einwand kam mir einzig dies, daß der Ausdruck ›erbärmlicher Taugenichts‹ doch wohl besser *›abscheulicher und* erbärmlicher *Schuft, Schurke* und Taugenichts‹ hätte lauten mögen. Es hätte anmutiger geklungen, denke ich. Auch ›diamantengleich‹ war zugestandenermaßen wohl kaum von genügender Intensität, um auszudrükken, was der ›Maulwurf‹ offensichtlich von der Brillanz des ›Bobschen Öls‹ *hielt.*

Am selbigen Nachmittag, da ich in der ›Eule‹, der ›Kröte‹ und dem ›Maulwurf‹ diese Besprechungen sah, kam mir zufällig ein Exemplar der ›Schnake‹ vor Augen, einer Zeitschrift, die geradezu sprichwörtlich war ob ihres übermäßigen Verständnisses. Und die ›Schnake‹ ließ sich also vernehmen:

›Der ‚Lollipop‘! Dieses prächtige Magazin liegt dem Publikum für Oktober bereits vor. Die Frage nach dem Vorrange ist damit für immer entschieden, und hiernach wäre es ausgesprochen lachhaft, wollten der ‚Heckmeck‘, der ‚Specktackel‘ oder die ‚Gusselrumfunzel‘ weiterhin krampfhaft zu konkurrieren versuchen. Diese Journale mögen den ‚Lollipop‘ an Geschrei wohl übertreffen, doch in allen anderen Belangen gebt uns den ‚Lollipop‘! Wie dieses berühmte Magazin seine offenbar gewaltigen Ausgaben zu tragen vermag, ist unbegreiflich. Gewiß, es hat eine Auflagenziffer von genau einer halben Million, und die Zahl seiner Abonnenten ist in den letzten paar Tagen um fünfundsiebzig Prozent gestiegen; doch andererseits sind die Summen, welche es monatlich für Beiträge aufwendet, kaum zu glauben; wir besitzen Kenntnis von der Tatsache, daß Mademoiselle Spickbissel für ihre neueste wertvolle Revolutions-Geschichte, ‚Die York-Townschen Wiesen-Schnarren und die Bunker-Hillschen Wiesen-Schnarren-

Nicht' betitelt, nicht weniger als siebenundachtzigeinhalb Cents erhalten hat.

Die vortrefflichsten Arbeiten in der vorliegenden Nummer sind natürlich die, welche der Herausgeber (der hervorragende Herr Holzapfel) beigetragen, doch enthält sie auch zahlreiche großartige Artikel von solchen Namen wie Snob, Mademoiselle Spickbissel, Schlauesel, Frau Fintenschinder, Mummeltumb, Frau Spottelmottel und – *last not least* – Keckspeck. Es mag wohl eine Herausforderung an die Welt sein, eine so glänzende Schar genialer Geister hervorzubringen.

Das mit Snob unterzeichnete Gedicht zieht, so finden wir, allenthalben Lob auf sich und verdient womöglich, so sehen wir uns genötigt zu gestehen, gar mehr noch Beifall, als es schon erhielt. Das ‚Bobsche Öl' ist der Titel dieses Meisterwerkes der Beredsamkeit und Kunst. *Vielleicht* hat der eine oder andere unserer Leser eine *sehr* schwache, obschon hinreichend widerliche Erinnerung an ein Gedicht (?) ähnlichen Titels, verbrochen von einem elenden Zeilenschinder, Bettelmann und Halsabschneider, welcher in der Eigenschaft als Klinkenputzer, so glauben wir, mit einem der obszönen gedruckten Blätter in der Umgebung der Stadt im Zusammenhang steht; wir bitten Sie, die beiden Werke um Himmels willen ja nicht zu verwechseln. Der Autor *dieses* ‚Bobschen Öles' ist, wie wir hören, Dingsbums Bob, Wohlgeboren, ein Herr von hohem Genie und ein Gelehrter. ‚Snob' ist lediglich ein *nom-de-guerre. 15. Sept.* – *1 x.*‹

Kaum vermochte ich meinen Unwillen zu zügeln, als ich den Schluß dieser Schmähschrift las. Es war mir klar, daß die Ja-Nein-Manier – um nicht zu sagen, die Sanftheit – die unbedingte Nachsicht, mit welcher die ›Schnake‹ von jenem Schwein, dem Herausgeber der ›Viehbremse‹, sprach –, es war mir, wie gesagt, sonnenklar, daß diese Sanftmut der Rede von nichts anderem herrühren konnte denn einer Parteinahme für den Brummer – welchen auf meine Kosten zu Reputation zu erheben die offenkundige

Absicht der ›Schnake‹ war. Ja, in der Tat, schon mit halbem Auge mochte jedermann sehen, daß, wäre der ›Schnake‹ wirkliches Anliegen so gewesen, wie den Anschein sie zu erwecken wünschte, sie (die ›Schnake‹) sich wohl direkter, beißender und im ganzen zweckdienlicher ausgedrückt hätte. Die Worte ›Zeilenschinder‹, ›Bettelmann‹, ›Klinkenputzer‹ und ›Halsabschneider‹ waren absichtlich wohl so ausdruckslose und unbestimmte Beinamen, daß sie, angewendet auf den Verfasser der allerübelsten Stanzen, welche je von einem Angehörigen des Menschengeschlechts geschrieben, eigentlich weniger galten denn nichts. Wir wissen doch wohl alle, was ›mit schwachem Lob verdammen‹ heißt, und wer vermöchte andererseits den heimlichen Zweck der ›Schnake‹ nicht zu durchschauen – nämlich mit leisem Schimpf zu verherrlichen?

Was die ›Schnake‹ über den Brummer zu sagen beliebte, war freilich nicht meine Sache. Was sie über mich äußerten, aber *wohl*. Nach der noblen Weise, in welcher die ›Eule‹, die ›Kröte‹ und der ›Maulwurf‹ sich beziehentlich meiner Fähigkeiten ausgedrückt, ging es doch wohl viel zu weit, wenn so ein kläglich Ding wie die ›Schnake‹ von einem nur kühl als von ›einem Herrn von hohem Genie und einem Gelehrten‹ sprach. Von wegen Herr! Ich entschloß mich augenblicklich, entweder eine schriftliche Entschuldigung von der ›Schnake‹ zu verlangen oder aber sie zu fordern.

Von diesem Vorhaben erfüllt, sah ich mich nach einem Freunde um, welchen ich mit einer entsprechenden Mitteilung an Ihro Schnakenschaft betrauen könnte, und da mir der Herausgeber des ›Lollipop‹ so deutlich Zeichen seiner Hochachtung gegeben, beschloß ich schließlich, um seinen Beistand in dieser Angelegenheit zu ersuchen.

Bis heute habe ich nicht vermocht, in einer für mein eigenes Verständnis zufriedenstellenden Weise das *gar* merkwürdige Mienenspiel und Benehmen zu erklären, mit welchem Herr Holzapfel mir zuhörte, da ich ihm mein Anliegen vortrug. Abermals absolvierte er die Szene mit dem Klingelzug und dem Knüttel, auch die Ente ließ er

nicht aus. Einmal glaubte ich schon, er wolle doch tatsächlich anfangen zu quaken. Desungeachtet legte sich der Anfall wieder genau wie seinerzeit, und er begann, in Verhalten wie Reden Vernunft an den Tag zu legen. Den *cartel* zu
überbringen weigerte er sich jedoch, ja, riet mir überhaupt
davon ab, ihn abzusenden; doch war er so uneigennützig zu-
zugestehen, daß die ›Schnake‹ schmählich im Unrecht
sei – ganz besonders bezüglich der Epitheta ›Herr und Gelehrter‹.

Gegen Ende dieser Unterredung mit Herrn Holzapfel,
welcher wirklich ein väterliches Interesse an meinem Wohlergehen zu nehmen schien, empfahl er mir, ich möge mir
doch ehrlich mein Brot verdienen und zugleich meine Reputation befördern, indem ich für den ›Lollipop‹ bisweilen
den Thomas Hawk spiele.

Ich bat Herrn Holzapfel, mich doch zu unterrichten, wer
Thomas Hawk sei und wie erwartet werde, daß ich denselben spielen solle.

Hier machte Herr Holzapfel abermals ›große Augen‹
(wie wir in Deutschland sagen), doch schließlich, da er sich
von dem Erstaunen, welches ihn zutiefst befallen, wieder
erholt hatte, versicherte er mir, daß er die Worte ›Thomas
Hawk‹ gebrauche, um die umgangssprachliche Ausdrucksweise ›Tommy‹ zu vermeiden, welche ordinär sei – daß der
eigentliche Begriff aber Tommy Hawk laute – oder Tomahawk – und daß er sich mit der Redensart ›den Tomahawk
spielen‹ auf das Skalpieren, Einschüchtern und sonstige
Fertigmachen der Herde armer Autorenteufel beziehe.

Ich versicherte meinem Gönner, daß ich, wenn dies alles
wäre, mich völlig zu der Aufgabe bereit fände, den Thomas
Hawk zu spielen. Hierauf begehrte Herr Holzapfel, ich
möchte doch auf der Stelle den Herausgeber der ›Viehbremse‹ erledigen, und zwar in dem grimmigsten Stile, zu
welchem ich fähig wäre, als eine Kraftprobe gewissermaßen. Dies tat ich nun vom Fleck weg, in einer Rezension
des ursprünglichen ›Bobschen Öles‹, welche sechsunddreißig Seiten des ›Lollipop‹ einnahm. Ja, den Thomas Hawk
zu spielen fand ich tatsächlich eine weit weniger beschwer-

liche Beschäftigung als das Dichten; denn ich verfuhr voll und ganz nach *System*, und so war es gar leicht, die Sache gründlich und gut zu betreiben. Und zwar ging ich folgendermaßen zu Werke. Ich ersteigerte (billig) Auktionsexemplare von ›Lord Broughams Reden‹, ›Cobbetts Sämtlichen Werken‹, dem ›Neuen Kompendium des Rotwelschen‹, der ›Vollständigen Kunst des Anschnauzens‹, ›Prentice' Pöbelsprache‹ (Folio-Ausgabe) und ›Lewis G. Clark über die Redensweise‹. Diese Werke zerkleinerte ich gründlich mit einem Striegel, warf die Schnitzel in ein Sieb und sonderte sodann aufs sorgfältigste alles aus, das für anständig gelten mochte (ein winziges Häufchen nur); zurück blieben die harten Ausdrücke, welche ich in einen großen blechernen Pfefferstreuer mit länglichen Löchern tat, so daß ein ganzer Satz ohne wesentlichen Schaden hindurch konnte. Dann war die Mischung zum Gebrauche fertig. Aufgefordert, den Thomas Hawk zu spielen, salbte ich nun einen Bogen Propatriapapiers mit dem Weißen eines Gantereies; dann zerschnitzelte ich das Ding, das es zu rezensieren galt, wie ich zuvor die Bücher zerschnitzelt hatte – nur mit noch peinlicherer Sorgfalt, damit ich ein jegliches Wort einzeln bekam –, warf diese letzteren Schnitzel mit den früheren zusammen, schraubte den Deckel auf die Pfefferbüchse, schüttelte diese und streute so die Mischung auf das mit Ei bestrichene Propatriapapier, wo sie klebenblieb. Der Effekt war herrlich anzuschauen. Geradezu bezaubernd. Ja, die Rezensionen, welche ich mit diesem einfachen Hilfsmittel zustande brachte, sind nie auch nur annähernd erreicht worden und waren geradezu ein Weltwunder. Anfangs war ich noch aus Schüchternheit – infolge meiner Unerfahrenheit – ein wenig verwirrt angesichts einer gewissen Ungereimtheit – eines gewissen *air bizarre* (wie wir in Frankreich sagen), welchen das Machwerk im Ganzen an sich hatte. Die Sätze waren alle nicht so recht *fit* (wie wir im Angelsächsischen sagen). Viele lagen völlig schief. Manche gar standen kopf; und keiner war darunter, welcher nicht irgendwie durch diese letztere Art von Unfall, trat derselbe ein, hinsichtlich seines Effektes Schaden gelitten hätte – mit Ausnahme der Artikel des Herrn Lewis Clark, welche so kraftvoll und durch und durch solide waren, daß sie nicht sonderlich durch irgendeine extreme Stellung aus der Fassung gebracht wirkten, sondern ebenso glücklich und zufrieden dreinschauten, gleichviel ob sie nun auf dem Kopfe oder auf den Hacken standen.

Was aus dem Herausgeber der ›Viehbremse‹ nach dem Erscheinen meiner Kritik über sein ›Bobsches Öl‹ geworden, ist einigermaßen schwierig zu bestimmen. Der vernünftigste Schluß ist der, daß er sich zu Tode heulte. Jedenfalls war er im Augenblick von der Erde Angesicht verschwunden, und seither ward nicht das geringste mehr von ihm gesehen.

Nachdem diese Angelegenheit nun gehörig erledigt und die Furien besänftigt waren, stieg ich alsbald ungemein in Herrn Holzapfels Gunst. Er zog mich ins Vertrauen, gab mir eine Dauerstellung als Thomas Hawk des ›Lollipop‹, und da er mir fürderhand noch kein Gehalt gewähren konnte, erlaubte er mir, nach Belieben von seinem Rat zu profitieren.

»Mein lieber Dingsbums«, so sprach er eines Tages nach dem Essen zu mir, »ich schätze Ihre Fähigkeiten und liebe Sie wie einen Sohn. Sie sollen mein Erbe sein. Wenn ich sterbe, so will ich Ihnen den ›Lollipop‹ hinterlassen. Inzwischen werde ich einen Mann aus Ihnen machen – jawohl, das *will* und *werde* ich tun – immer vorausgesetzt, Sie folgen meinem Rat. Zuerst einmal müssen Sie den alten Spießer, nein, Kämpen loswerden.«

»Kämpen? Keiler?« erwiderte ich fragend – »äh, Schwein? – *aper?* (wie wir Lateiner sagen) – wer? – wo?«

»Ihr Vater«, sagte er.

»Genau«, entgegnete ich – »ein Schwein.«

»Sie müssen Ihr Glück machen, Dingsbums«, fuhr Herr Holzapfel fort, »und Ihr Alter ist nur ein Mühlstein, der Ihnen am Halse hängt. Wir müssen ihn sofort abschneiden.« (Hier zog ich mein Messer heraus.) »Wir müssen ihn abschneiden«, fuhr Herr Holzapfel fort, »ein für allemal. Es geht nicht mit ihm – nein, *wirklich nicht.* Nach reiflicher

Überlegung würde ich meinen, Sie sollten ihm am besten einen Tritt geben oder ihn mit einem Stocke schlagen oder etwas dergleichen tun.«

»Was halten Sie davon«, schlug ich in aller Bescheidenheit vor, »wenn ich ihm zuerst einen Tritt gebe, ihn sodann mit dem Stock prügle und zum Schlusse an der Nase zupfe?«

Eine Weile blickte mich Herr Holzapfel nachdenklich an, und dann antwortete er:

»Ich denke, Herr Bob, daß das, was Sie da vorschlagen, hinlänglich dem Zwecke genügen würde – ja, ausnehmend gut – das heißt, soweit es sich machen ließe – aber Barbiere sind äußerst schwer zu balbieren, und im großen und ganzen denke ich, daß es wohl ratsam wäre, nachdem Sie an Thomas Bob die genannten Verfahrensweisen vollzogen haben, ihm mit den Fäusten noch beide Augen zu bläuen, und zwar mit allergründlichster Sorgfalt, um zu verhindern, daß er Sie jemals wieder bei eleganten Promenaden erblicken möge. Danach wüßte ich nun wirklich nicht, was Sie noch irgend mehr tun könnten. Allerdings – vielleicht wäre es ganz angebracht, ihn noch ein- oder zweimal in der Gosse zu wälzen und anschließend in polizeilichen Gewahrsam zu geben. Am nächsten Morgen können Sie ja dann jederzeit auf der Wache vorsprechen und einen tätlichen Angriff beschwören.«

Ich war sehr gerührt von dem freundlichen Mitgefühl meiner Person gegenüber, welches aus diesem ausgezeichneten Rat des Herrn Holzapfel sprach, und ich säumte nicht, mir denselben sogleich zunutze zu machen. Das Ergebnis war, ich wurde den alten Spießer, nein, Kämpen los und begann mich ein wenig unabhängig und *gentlemanlike* (wie wir Angelsachsen sagen) zu fühlen. Der Mangel an Geld freilich war einige Wochen lang eine Quelle manchen Verdrusses; doch indem ich aufmerksam meine beiden Augen gebrauchte und beobachtete, wie sich die Dinge vor meiner Nase abspielten, erkannte ich schließlich, wie die Sache anzupacken sei. Wohlgemerkt, ich sage ›Sache‹ – denn man erzählt mir, das lateinische Wort dafür sei *rem.* Apropos, da wir gerade von Latein reden, kann mir irgend jemand die Bedeutung von *quocumque* sagen – oder was *modo* heißt?

Mein Plan war außerordentlich einfach. Ich erwarb spottbillig ein Sechzehntel der ›Schnappschildkröte‹: – das war alles. Die Sache war *geritzt*, und ich tat Geld in meinen Beutel. Später waren da noch ein paar Kleinigkeiten zu regeln, gewiß; doch diese bildeten nicht eigentlich einen Teil des Planes. Sie waren eine Folge – ein Ergebnis. Zum Beispiel kaufte ich mir Feder, Tinte und Papier und setzte selbige wie rasend in Betrieb. Nachdem ich solcherart einen Magazinartikel vollendet hatte, so gab ich ihm etwa den Titel ›Fol-Lol, *vom Autor des* ‚Bobschen Öles‘‹ und steckte ihn in ein an die ›Gusselrumfunzel‹ adressiertes Kuvert. Nachdem dieses Journal selbigen jedoch in den ›Monatlichen Einsendungskritiken‹ als ›Geschwafel‹ bezeichnet hatte, änderte ich den Titel in ›‚Hei-Dideldumdei‘ von Dingsbums Bob, Wohlgeboren, Autor der Ode an ‚Das Bobsche Öl‘ *und* Herausgeber der ‚Schnappschildkröte‘‹. Mit dieser Verbesserung schickte ich ihn dann wiederum an die ›Gusselrumfunzel‹, und dieweil ich auf die Antwort wartete, veröffentlichte ich täglich in der ›Schildkröte‹ sechs Spalten lang etwas, das man eine philosophische und analytische Untersuchung der literarischen Verdienste der ›Gusselrumfunzel‹ einerseits wie auch des persönlichen Charakters des Herausgebers der ›Gusselrumfunzel‹ andererseits nennen könnte. Am Ende einer Woche entdeckte dann die ›Gusselrumfunzel‹, daß sie durch ein merkwürdiges Versehen ›einen gar dummen Artikel mit der Überschrift ‚Hei-Dideldumdei‘, verfaßt von einem unbekannten Ignoramus, mit einem Juwel von funkelndem Glanze, das ähnlich betitelt gewesen, verwechselt habe, dem Werke von Dingsbums Bob, Wohlgeboren, dem berühmten Autor des ‚Bobschen Öles‘‹. Die ›Gusselrumfunzel‹ bedauerte ›dieses allzumenschliche Versehen zutiefst‹ und stellte darüber hinaus den Abdruck des *echten* ›Hei-Dideldumdei‹ in der allernächsten Nummer des Magazins in Aussicht.

Tatsache ist, *dachte* ich – dachte ich *wirklich* – ich

dachte seinerzeit – ich dachte *damals* – und habe keinen Grund, *jetzt* anders zu denken –, daß der ›Gusselrumfunzel‹ *wirklich* ein Irrtum unterlaufen ist. Bei den allerbesten Absichten der Welt wüßte ich nichts und niemanden, dem so viele wunderliche Irrtümer unterlaufen wären wie der ›Gusselrumfunzel‹. Von jenem Tage an gehörte der ›Gusselrumfunzel‹ meine Zuneigung, und das Ergebnis war: Schon bald sah ich ihren literarischen Meriten bis auf den Grund und versäumte nicht, mich darüber des breitern in der ›Schildkröte‹ auszulassen, wann immer eine passende Gelegenheit sich bot. Und es ist schon als eine gar merkwürdige Koinzidenz zu betrachten – als eines jener unbedingt bemerkenswerten Zusammentreffen, welche einem Menschen ernsthaft zu denken geben –, daß genau ein ebensolcher totaler Meinungsumschwung – genau ein so völliger *bouleversement* (wie wir Franzosen sagen) – genau solche durchgreifende *topsiturviness* (wenn ich einmal einen ziemlich kräftigen Ausdruck der Choctaws gebrauchen darf), wie er sich, *pro* und *contra*, zwischen mir auf der einen und der ›Gusselrumfunzel‹ auf der andern Seite begeben, sich doch wirklich und wahrhaftig, kurze Zeit später und unter genau ähnlichen Umständen, zwischen meiner Wenigkeit und dem ›Specktackel‹ und meiner Wenigkeit und dem ›Heckmeck‹ zutrug.

So kam es denn, daß ich durch einen wahren Geniestreich schließlich meine Triumphe vollendete und ›Geld in meinen Beutel tat‹, und so kann mit Fug und Recht behauptet werden, begann hier jene glänzende und ereignisreiche Laufbahn, welche mich berühmt machte und mich heute ermächtigt, mit Chateaubriand zu sagen: ›Ich habe Geschichte gemacht‹ – ›*J'ai fait l'histoire.*‹

›Geschichte gemacht‹ habe ich nun in der Tat. Seit jener glänzenden Epoche, wie ich sie hier geschildert, gehören meine Taten – meine Werke – der Menschheit. Sie sind der Welt vertraut. So ist es denn unnötig, im einzelnen zu berichten, wie ich, in rapidem Höhenfluge, zum Erben des ›Lollipop‹ ward – wie ich dieses Journal dem ›Heckmeck‹ einverleibte – wie ich dann wiederum den ›Specktackel‹ er-

worben und auf diese Weise die drei Zeitschriften ver-
einigte – wie ich schließlich einen günstigen Handel mit
dem einzigen verbliebenen Rivalen zuwege brachte und die
gesamte Literatur des Landes in einem einzigen großartigen Magazine vereinte, überall bekannt als

>Specktackel, Lollipop, Heckmeck
und
Gusselrumfunzel<.

Ja; ich habe Geschichte gemacht. Mein Ruhm ist univer-
sell. Er reicht bis in die entlegensten Winkel der Erde.
Nicht ein gewöhnliches Zeitungsblatt kann man zur Hand
nehmen, darin sich nicht ein Hinweis auf den unsterblichen Dingsbums Bob fände. Herr Dingsbums Bob sagte
dies, und Herr Dingsbums Bob schrieb das, und Herr
Dingsbums Bob tat jenes. Doch bin ich bescheiden und
scheide dahin mit demütigem Herzen. Schließlich, was ist
das schon? – dies unbeschreibliche Etwas, welches die
Menschen auch fürderhin beharrlich >Genie< heißen werden? Ich halte es mit Buffon – mit Hogarth – es ist letztlich nur *Fleiß*.

Schauen Sie *mich* an! – wie ich gerackert – wie ich mich
geplagt – wie ich geschrieben! Ihr Götter, habe ich etwa
nicht geschrieben? Das Wort >Muße< war mir fremd. Bei
Tage hockte ich an meinem Pulte, und bei Nacht saß ich,
bleich vom Studieren, auf und arbeitete beim Scheine der
Lampe. Sie hätten mich sehen sollen – *o ja*. Ich neigte
mich rechts. Ich beugte mich links. Ich saß vorgelehnt. Zu-
rückgesunken. Hochkant. Ja, ich saß gar *tête baissée* (wie's
im Kickapoo heißt), den Kopf dicht über den alabasterwei-
ßen Bogen gesenkt. Und mochte kommen, was da wollte,
ich – *schrieb*. Ob Freud, ob Leid, ich – *schrieb*. Ob Hunger,
ob Durst, ich – *schrieb*. In guten Tagen und in bösen Tagen, ich – *schrieb*. Bei Sonnenschein, bei Mondenschein,
ich – *schrieb*. *Was* ich schrieb, ist unnötig zu sagen. Der
Stil! – darauf kam es an. Ich nahm ihn mir von Keckspeck – schwuppdiwupp! – und gebe Ihnen nun eine
Probe davon.

DIE TAUSENDUNDZWEITE ERZÄHLUNG
DER SCHEHEREZADE

Die Wahrheit ist sonderbarer denn alle Erfindung.
Altes Sprichwort

Als ich kürzlich im Verfolge orientalischer Forschungen
Gelegenheit hatte, im ›Sagmirdoch-Istessöodernicht‹ nach-
zuschlagen, einem Werk, welches (wie der ›Sohar‹ des Simeon Jochai) kaum bekannt ist, nicht einmal in Europa,
und meines Wissens von keinem Amerikaner je zitiert
wurde − wenn wir vielleicht den Autor der ›Merkwürdigkeiten der amerikanischen Literatur‹ ausnehmen − als ich,
wie gesagt, Gelegenheit hatte, einige Seiten des erstgenannten sehr bemerkenswerten Werkes umzuwenden, war ich
nicht wenig erstaunt zu entdecken, daß sich die literarische
Welt bisher gar sonderbarlich im Irrtum befunden hinsichtlich des Schicksals der Scheherezade, der Tochter des
Wesirs, wie ebenjenes Schicksal in den ›Tausendundein
Nächten‹ geschildert steht; und daß das dort gegebene
dénouement, soweit es geht, wenn nicht überhaupt gänzlich
falsch, so doch zumindest darob zu schelten ist, daß es
nicht noch sehr viel weiter ging.

Zur vollen Aufklärung über diesen interessanten Gegenstand muß ich den wißbegierigen Leser auf den ›Sagmirdoch-Istessöodernicht‹ selbst verweisen; doch möge man
mir es zugute halten, wenn ich derweilen eine Zusammen-
fassung dessen gebe, was ich dort entdeckt habe.

Es wird noch erinnerlich sein, wie in der üblichen Version der Erzählungen ein gewisser Monarch, da er guten
Grund hat, auf seine Königin eifersüchtig zu sein, dieselbe
nicht nur hinrichten läßt, sondern auch ein Gelübde ablegt, bei seinem Barte und dem des Propheten, in jeder
Nacht mit der allerschönsten Jungfrau in seinen Landen

Hochzeit zu halten und sie am nächsten Morgen dem Henker zu übergeben.

Nachdem er dies Gelübde viele Jahre lang auf den Buchstaben getreu und mit einer heiligen Pünktlichkeit und Verfahrensart erfüllt, welche ihm hohes Ansehen als Mann von Gottesfurcht und trefflichem Sinn eingetragen hatte, ward er eines Nachmittags (zweifellos beim Gebete) vom Besuch seines Großwesirs unterbrochen, dessen Tochter, so zeigt sich, ein Einfall gekommen war.

Sie hieß Scheherezade, und eingefallen war ihr, entweder das Land von der zur Entvölkerung führenden Schatzung seiner Schönheit zu erlösen oder nach der bewährten Manier aller Heroinen bei diesem Versuch zugrunde zu gehen.

Folglich, und obwohl, wie wir finden, kein Schaltjahr ist (wodurch das Opfer noch verdienstlicher), entsendet sie ihren Vater, den Großwesir, dem König ihre Hand anzutragen. Diese Hand nimmt der König denn auch begierig an – (er hatte sie zu nehmen sowieso vorgehabt und nur die Sache noch von Tag zu Tag verschoben, einzig weil er sich vor dem Wesir gefürchtet) – doch, da er sie nun annimmt, gibt er allen Beteiligten aufs entschiedenste zu verstehen, er habe – Großwesir hin, Großwesir her – nicht die leiseste Absicht, auch nur ein Jota von seinem Gelübde oder von seinen Privilegien aufzugeben. Da nun also die schöne Scheherezade partout darauf bestand, sich dem König anzuvermählen, und demselben auch tatsächlich sich vermählte trotz ihres Herrn Vaters fürtrefflichen Rats, doch lieber nichts dergleichen zu tun – als sie solches, wie gesagt, wohl oder übel denn vorhatte und auch tat, hatte sie ihre entzückenden schwarzen Augen so weit offen, wie es die Natur des Falles nur erlauben wollte.

Es scheint allerdings, als hätte dieses staatskluge Fräulein (das ohne Zweifel Machiavelli gelesen) ein recht geniales kleines Komplott im Kopfe gehabt. In der Hochzeitsnacht brachte sie es – unter welchem trügerischen Vorwande, vergaß ich leider – zuwege, ihre Schwester ein Ruhebett einnehmen zu lassen, welches dem des königlichen Paares nahe genug, um bequem eine Konversation von Bett zu Bett zu erlauben; und kurz vor dem ersten Hahnenschrei trug sie Sorge, den braven Monarchen, ihren Gemahl, zu wecken (welcher ihr darob durchaus nicht zürnte, alldieweil er ihr ja am Morgen den Hals umdrehen lassen wollte) – sie brachte es also, wie gesagt, fertig, ihn zu wecken (wiewohl er auf Grund eines prächtigen Gewissens und leichter Verdauung fest schlief), und zwar durch eine gar erschröcklich interessante Geschichte (von einer Ratte und einer schwarzen Katze wohl), welche sie (im Flüstertone natürlich) ihrer Schwester erzählte. Als der Tag anbrach, traf es sich nun so, daß diese Geschichte noch nicht gänzlich zu Ende gekommen und Scheherezade, nach Lage der Dinge, dieselbe eben da auch nicht zu Ende erzählen konnte, da es für sie höchste Zeit ward, sich zu erheben und erdrosseln zu lassen – eine Sache, nur wenig angenehmer denn Henken, nur eine Kleinigkeit vornehmer!

Des Königs Neugier jedoch, so muß ich leider melden, siegte nun gar über seine rechtschaffen strengen Grundsätze und bewog ihn dieses eine Mal, die Erfüllung seines Gelübdes bis zum nächsten Morgen aufzuschieben, mit dem Zweck und in der Hoffnung, in jener Nacht zu vernehmen, wie es mit der schwarzen Katze (und eine schwarze Katze war es wohl) und der Ratte ausgegangen.

Da die Nacht gekommen war, setzte die Königin Scheherezade nicht nur den Schlußpunkt unter die schwarze Katze und die Ratte (welche blau war), sondern ehe sie es sich recht versah, steckte sie bereits tief in den Verwicklungen einer Erzählung, bei der es (wenn ich mich nicht gänzlich irre) um ein rosigrotes Pferd ging (mit grünen Flügeln), welches zu ungestümem Lauf von einem Uhrwerk angetrieben und mit einem indigoblauen Schlüssel aufgezogen ward. Von dieser Geschichte zeigte sich der König gar noch gründlicher gefesselt denn von der anderen – und als der Tag noch vor ihrem Schlusse (ungeachtet aller Bemühungen der Königin, sie noch rechtzeitig bis zur Erdrosselung zu Ende zu bringen) anbrach, gab es abermals keinen anderen Ausweg, als jene Zeremonie wie schon zuvor um vierundzwanzig Stunden zu verschieben. In der nächsten Nacht ereignete sich ein ähnliches Malheur mit ähnlichem Ergebnis; und alsdann in der nächsten – und wieder der nächsten; so daß am Ende der brave Monarch, während eines Zeitraumes von nicht weniger denn tausendundein Nächten unvermeidlich jeglicher Gelegenheit beraubt, sein Gelübde zu halten, es entweder im Verlaufe dieser Zeit nun ganz und gar vergißt oder sich auf regulärem Wege davon entbinden läßt oder (was wohl wahrscheinlicher ist) es rundweg bricht und den Hals seines Beichtvaters dazu. Scheherezade jedenfalls, die, da sie in gerader Linie von Eva abstammte, vielleicht gar jene ganzen sieben Körbe Geschwätzes geerbt hatte, welche die letztgenannte Dame, wie wir alle wissen, sich im Garten Eden unter den Bäumen aufgelesen; Scheherezade, wie gesagt, trug also schließlich den Sieg davon, und die Schatzung, mit welcher die Schönheit belegt, ward aufgehoben.

Nun ist dieser Schluß (welchen die Geschichte findet, so wie sie uns überliefert ist) ohne Zweifel ausgesprochen artig und erfreulich – aber ach!, wie so vieles Erfreuliche ist er weitaus erfreulicher denn wahr; und dem ›Sagmirdoch-Istessöodernicht‹ verdanke ich zur Gänze die Mittel, den Irrtum zu berichtigen. ›Le mieux‹, sagt ein französisches Sprichwort, ›est l'ennemi du bien‹, und als ich erwähnte, daß Scheherezade die sieben Körbe Geschwätzes geerbt, hätte ich hinzufügen sollen, daß sie dieselben auf Zins und Zinseszins anlegte, bis es ihrer siebenundsiebzig geworden.

»Meine liebe Schwester«, so sprach sie in der tausendundzweiten Nacht (ich zitiere an diesem Punkte die Worte des ›Sagmirdoch-Istessöodernicht‹ *verbatim*), »meine liebe Schwester«, sagte sie, »nun, da die ganze kleine Mißlichkeit mit dem Erdrosseln sich verflüchtigt hat und diese abscheuliche Schatzung so glücklich aufgehoben ist, fühle ich, daß ich mich einer argen Rücksichtslosigkeit schuldig gemacht habe, indem ich dir und dem Könige (welcher, ich muß es leider sagen, schnarcht – ein Unding für einen *Gentleman*) den vollen Schluß der Geschichte von Sindbad dem Seefahrer vorenthalten habe. Dieser erlebte nämlich noch zahlreiche andere und interessantere Abenteuer als jene, welche ich erzählt habe; doch die Wahrheit ist, ich fühlte mich etwas schläfrig in ebenjener Nacht ihrer Erzählung und ließ mich also verleiten, sie etwas abzukürzen – ein schlimmer *fauxpas*, welchen, so kann ich nur zuversichtlich hoffen, Allah mir vergeben möge. Doch ist es ja selbst jetzt noch nicht zu spät, meinem großen Versäumnis abzuhelfen – und sobald ich nur den König ein oder zwei Mal gekniffen habe, um ihn so weit zu wecken, daß er nicht mehr dieses gräßliche Getöse veranstaltet, will ich sogleich dich (und ihn, so es ihm gefällig ist) mit der Fortsetzung dieser sehr merkwürdigen Geschichte unterhalten.«

Hierauf äußerte die Schwester der Scheherezade, wie ich dem ›Sagmirdoch-Istessöodernicht‹ entnehme, keine sonderlich große Freude; doch der König ließ schließlich, nachdem er hinreichend gekniffen worden, von seinem Schnarchen ab und sagte endlich »Hem!« und dann »Ho!«, woraufhin die Königin, da sie diese Worte (welche zweifellos Arabisch sind) dahingehend deutete, sie sollten anzeigen, daß er ganz Ohr sei und sein möglichstes tun wolle, fortan nicht mehr zu schnarchen – woraufhin, wie gesagt, die Königin, nachdem sie diese Dinge zu ihrer Zufriedenheit geregelt, denn alsogleich von neuem mit der Geschichte von Sindbad dem Seefahrer anhob:

»›Im höheren Alter schließlich‹ (dies sind die Worte Sindbads selber, wie sie von Scheherezade nacherzählt wurden) – ›im höheren Alter schließlich und nachdem ich mich vieler Jahre der Ruhe zu Hause erfreut, ward ich noch einmal von dem Wunsche besessen, fremde Länder zu besuchen; und eines Tages, ohne auch nur ein Mitglied meiner Familie von meiner Absicht in Kenntnis zu setzen, packte ich aus solchen Waren, welche höchst wertvoll sind und dabei aber am wenigsten Platz einnehmen, einige Bündel zusammen, dingte einen Träger für deren Transport und begab mich mit demselben hinab zur Küste, um die Ankunft irgendeines Schiffes zu erwarten, das mich aus des

Königs Reiche fort in eine Gegend bringen möchte, welche ich noch nicht erforscht.

Nachdem wir das Gepäck auf dem Sande abgelegt hatten, setzten wir uns unter ein paar Bäumen nieder und spähten hinaus auf den Ozean, in der Hoffnung, ein Schiff zu sichten, doch während mehrerer Stunden zeigte sich kein einziges unserm Blicke. Schließlich dünkte mir, ich vernähme ein seltsames Summen oder Brummen – und der Lastträger erklärte, nachdem er eine Weile gelauscht, auch er könne deutlich etwas hören. Alsbald ward es lauter und dann noch immer lauter, so daß wir keinen Zweifel hegen konnten, es käme der Gegenstand, welcher es hervorbrachte, ständig näher. Schließlich entdeckten wir am Rande des Horizonts einen schwarzen Fleck, welcher rapide an Größe zunahm, bis wir darin ein gewaltiges Monstrum erkannten, das mit einem großen Teil seines Leibes über der Meeresoberfläche schwamm. Mit geradezu unvorstellbarer Geschwindigkeit kam es auf uns zu, warf ungeheure Wogen von Gischt um seine Brust und erhellte den ganzen Teil des Meeres, den es durchquerte, mit einer langen Feuerlinie, welche bis weit in die Ferne reichte.

Als das Ding näher kam, vermochten wir es sehr deutlich zu erkennen. Seine Länge war gleich der von drei der höchsten Bäume, die da wachsen, und es war so breit wie der große Audienzsaal in deinem Palast, o du erhabenster und großmütigster der Kalifen. Sein Leib, welcher dem gewöhnlicher Fische ganz unähnlich, war so fest wie ein Felsen und von Pechesschwärze überall an dem Teile, welcher über dem Wasser schwamm, mit Ausnahme nur eines schmalen blutroten Streifens, der es vollständig wie ein Gürtel umschloß. Der Bauch, der unter Wasser dahintrieb und von dem wir nur dann und wann einen flüchtigen Blick erhaschen konnten, je nachdem, wie das Monstrum sich mit den Wogen hob und senkte, war gänzlich mit metallischen Schuppen bedeckt, von einer Farbe wie der des Mondes bei nebligem Wetter. Der Rücken war flach und nahezu weiß, und von ihm ragten sechs Stachel empor, etwa halb so lang wie der ganze Leib.

Diese schreckliche Kreatur besaß keinerlei Rachen, den wir hätten feststellen können; doch wie um diesen Mangel wettzumachen, war sie mit wenigstens viermal zwanzig Augen ausgerüstet, welche aus ihren Höhlen hervortraten wie die der grünen Libelle und in zwei Reihen, eine über der anderen, rings um den Leib verliefen, parallel zu dem blutroten Streifen, welcher dem Zweck einer Augenbraue zu dienen schien. Zwei oder drei dieser fürchterlichen Augen waren viel größer denn die andern und sahen aus wie gediegenes Gold.

Wiewohl sich diese Bestie uns, wie ich zuvor schon sagte, mit der rasendsten Schnelligkeit näherte, so mußte sie doch gänzlich von Zauberei getrieben worden sein – denn weder besaß sie Flossen wie ein Fisch noch Schwimmfüße wie eine Ente noch Schalenschwingen wie die Meeresmuschel, die sich in der Weise eines Bootes dahintreiben läßt; auch schlängelte sich das Ungeheuer nicht vorwärts, wie es die Aale tun. Kopf und Schwanz waren von genau gleicher Gestalt, nur daß sich unweit des letzteren zwei kleine Löcher befanden, welche als Nüstern dienten und durch die das Monstrum seinen dicken Atem mit ungeheurer Heftigkeit ausstieß und mit einem schrill pfeifenden, widerlichen Geräusch.

Unser Entsetzen beim Anblick dieses abscheulichen Dinges war ungemein groß; doch übertroffen ward es gar noch von unserer Verwunderung, als wir bei näherem Hinsehen auf dem Rücken der Kreatur eine Unzahl Lebewesen in Größe und Gestalt von Menschen etwa gewahrten, denen sie überhaupt sehr ähnlich sahen, nur daß sie keine Kleidung trugen (wie Menschen tun), sondern (zweifelsohne von der Natur) mit einer häßlichen, unbequemen Umhüllung ausgestattet waren, welche ganz so wie Tuch wirkte, doch so hauteng den Leib umspannte, daß sie die armen Kerle aufs lächerlichste plump machte und ihnen offensichtlich arge Pein bereitete. Hoch oben auf ihren Köpfen befanden sich irgendwelche quadratisch aussehende Schachteln, welche, so dachte ich auf den ersten Blick, wohl dazu bestimmt sein mochten, für Turbane zu dienen, doch bald entdeckte ich, daß sie über die Maßen schwer und fest waren, und schloß daraus, es handle sich um Vorrichtungen, eigens dazu erdacht, durch ihr großes Gewicht die Köpfe der Lebewesen sicher und fest auf den Schultern zu halten. Um den Nacken der Geschöpfe waren schwarze Halsbänder befestigt (Kennzeichen der Knechtschaft, ohne Zweifel), wie wir sie unseren Hunden anlegen, nur noch viel breiter und unendlich steifer – so daß es diesen armen Opfern gänzlich unmöglich war, den Kopf in irgendeiner Richtung zu bewegen, ohne zugleich den Körper mitzubewegen; und so waren sie denn verurteilt zu immerwährender Betrachtung ihrer Nasen – ein in erstaunlichem, wenn nicht durchaus entsetzlichem Maße mopsiger und stupsiger Anblick.

Als nun das Ungetüm beinahe schon das Ufer erreicht hatte, wo wir standen, schob es mit einem Male eines seiner Augen ganz außerordentlich weit heraus und sandte daraus einen fürchterlichen Feuerblitz hervor, begleitet von einer dichten Rauchwolke und einem Krach, welchen ich mit nichts als nur dem Donner vergleichen kann. Als sich der Qualm verzogen, sahen wir eines der sonderbaren Mensch-Wesen nahe dem Kopfe der riesigen Bestie stehen, in der Hand eine Trompete, durch welche es (indem es diese zum Munde führte) sich alsbald in lauten, harschen und widerlichen Tönen an uns wandte, die wir, vielleicht, fälschlich gar für Sprache gehalten hätten, wären sie nicht ganz und gar durch die Nase gekommen.

Solcherart ganz offensichtlich angesprochen, geriet ich nun in rechte Verlegenheit, wie ich antworten sollte, konnte ich doch ganz und gar nicht verstehen, was gesagt ward; und in dieser Schwierigkeit wendete ich mich an den Lastträger, der vor Schreck einer Ohnmacht nahe war, und verlangte von ihm seine Meinung zu wissen, welcher Spezies dieses Ungeheuer angehöre, was es wünsche und welche Art Geschöpfe jene wären, die da so auf seinem Rükken umherwimmelten. Darauf antwortete der Träger, so gut er es vor schlotternder Angst vermochte, er habe schon einmal von diesem Meeresungetüm gehört; es sei ein grausamer Dämon, mit Eingeweiden aus Schwefel und Blut aus Feuer, geschaffen von bösen Dschinnen, um Elend über die Menschheit zu bringen; die Wesen auf seinem Rücken nun seien Ungeziefer, ein Geschmeiß, wie es zuweilen Katzen und Hunde plage, nur ein wenig größer und grausamer; und dieses Ungeziefer habe, wie übel auch immer, seinen Nutzen – denn durch die Qual, welche es mit seinem Nagen und Stechen der Bestie zufüge, werde diese zu dem Grade von Grimm gereizt, welcher erforderlich sei, sie aufbrüllen zu lassen und Unheil zu verüben und somit die rachgierigen und boshaften Pläne der bösen Dschinnen zu erfüllen.

Dieser Bericht erwog mich, die Beine in die Hand zu nehmen, und ohne mich auch nur einmal umzuschauen, lief ich, so schnell ich konnte, von dannen, hinauf in die Hügel, während der Träger in ebensolcher Eile, obzwar in fast entgegengesetzter Richtung hinwegrannte, so daß er hierdurch schließlich entkam mitsamt meinen Bündeln, auf die er, daran zweifle ich mitnichten, die vortrefflichste Sorge wandte – wenngleich dies ein Punkt ist, über welchen ich mich nicht mit Bestimmtheit zu äußern vermag, da ich mich nicht erinnere, ihn jemals wiedergesehen zu haben.

Was mich betrifft, so ward ich dermaßen heftig von einem Schwarm dieses Menschengeziefers verfolgt (es war in Booten ans Ufer gekommen), daß ich sehr bald schon eingeholt, an Händen und Füßen gefesselt und auf die Bestie geschafft wurde, die alsogleich wieder mitten aufs Meer hinausschwamm.

Nun bereute ich gar bitterlich meine Torheit, ein trautes Heim verlassen zu haben, um in solchen Abenteuern wie diesem mein Leben aufs Spiel zu setzen; doch da alles Bedauern nichts half, suchte ich das Beste aus meiner Lage zu machen und bemühte mich, die Gunst des Menschen-Getiers zu gewinnen, welches die Trompete besaß und offenbar über seinesgleichen Gewalt übte. Dieses Bemühen gelang mir so vortrefflich, daß mir das Geschöpf bereits nach wenigen Tagen diverse Zeichen seiner Huld erwies und

sich am Ende gar der Mühe unterzog, mich die Anfangsgründe dessen zu lehren, was es so eitel war, seine Sprache
zu nennen; so daß ich schließlich imstande war, mich mit
ihm leicht und fließend zu unterhalten, und dazu kam, ihm
begreiflich zu machen, wie brennend ich wünschte, die
Welt zu sehen.

‚*Wischi quatschi quiek, Sindbad, ei dideldumdei, grummel-
brummel, hiss, fiss, wiss*‘, sagte er eines Tages nach dem Essen zu mir – doch ich bitte tausendmal um Vergebung,
habe ich doch vergessen, daß Ew. Majestät mit dem Dia-
lekte der Cockneys ja nicht vertraut sind (so hieß das Menschen-Getier nämlich; vermutlich weil ihre Sprache das
Bindeglied zwischen der des Pferdes und der des Hahnes
bildete). Mit Eurer Erlaubnis will ich's verdolmetschen.
‚*Wischi quatschi*‘ und so weiter: – das heißt: ‚Es freut
mich, mein teurer Sindbad, daß du wirklich ein ganz prima
Kerl bist; nun haben wir gerade eine Sache vor, die Erdum-
schiffung genannt wird; und alldieweil du so erpicht darauf
bist, die Welt zu sehen, will ich ein übriges tun und dir
freie Passage auf dem Rücken dieses Ungetüms geben.'‹«

Als die Lady Scheherezade soweit gekommen war, vermeldet der ›Sagmirdoch-Istessöodernicht‹, wälzte sich der
König von der linken Seite auf die rechte und sprach:
»Es ist in der Tat *sehr* überraschend, meine liebe Königin, daß du diese letzteren Abenteuer Sindbads bis jetzt
übergangen hast. Weißt du, daß sie mich überaus unterhal-
tend und merkwürdig bedünken?«

Nachdem der König sich also geäußert, nahm die schöne
Scheherezade, so wird uns berichtet, den Faden ihrer Geschichte mit den folgenden Worten wieder auf:

»Also fuhr Sindbad in seiner Erzählung fort – ›Ich
dankte dem Menschen-Getier für seine Freundlichkeit und
fühlte mich bald ganz zu Hause auf dem Ungetüm, welches mit ungeheurer Geschwindigkeit durch den Ozean
schwamm; obgleich die Oberfläche des letzteren in jenem
Teile der Welt keineswegs eben ist, sondern rund wie ein
Granatapfel, so daß es – sozusagen – immerzu bergauf
und bergab ging.‹«

»Das bedünkt mich nun doch sehr merkwürdig«, unterbrach der König.

»Nichtsdestoweniger ist es vollkommen wahr«, erwiderte Scheherezade.

»Ich habe da meine Zweifel«, versetzte der König; »aber, bitte, sei so gut und fahre fort mit der Geschichte.«

»Das will ich«, sagte die Königin. »›Die Bestie‹, so berichtete Sindbad weiter, ›schwamm, wie ich schon erzählt habe, bergauf und bergab, bis wir schließlich zu einem Eiland kamen, welches viele hundert Meilen im Umfange maß, doch das dennoch mitten im Meere von einer Kolonie kleiner Geschöpfe, den Raupen ähnlich, erbaut worden war.‹«[1]

»Hum!« sagte der König.

»›Nachdem wir dieses Eiland verlassen‹, sagte Sindbad – (denn Scheherezade nahm, wohlverstanden, keinerlei Notiz von ihres Gatten unmanierlichem Zwischenruf) – ›nachdem wir dieses Eiland verlassen, kamen wir zu einem anderen, wo die Wälder von festem Stein waren und so hart, daß auch die bestgehärteten Äxte zersplitterten, als wir versuchten, sie umzuschlagen.‹«[2]

[1] die Korallen

[2] ›Eines der allermerkwürdigsten Naturwunder in Texas ist ein versteinerter Wald nahe der Quelle des Pasigono River. Er besteht aus mehreren hundert Bäumen, welche, aufrecht stehend, allesamt zu Stein geworden. Einige Bäume, die gegenwärtig noch wachsen, sind teilweise versteinert. Dies ist ein Aufsehen erregender Tatbestand für die Naturphilosophen und sollte ihnen Anlaß sein, die bestehende Theorie der Versteinerung zu modifizieren.‹ – Kennedy

Dieser Bericht, der zuerst keinen Glauben fand, ist seitdem durch die Entdeckung eines vollkommen versteinerten Waldes nahe den Quellgewässern des Chayenne oder Chienne River bestätigt worden, welcher in den Black Hills der Gebirgskette der Rocky Mountains entspringt.

Es gibt auf der Oberfläche unseres Globus wohl kaum ein Schauspiel, welches – sowohl vom geologischen wie auch pittoresken Gesichtspunkt aus – merkwürdiger wäre denn jenes, das der steinerne Wald bei Kairo bietet. Der Reisende wendet sich,

»Hum!« sagte der König abermals; doch Scheherezade beachtete ihn gar nicht und fuhr in der Rede Sindbads fort.

»›Als wir auch dies letzte Eiland hinter uns gelassen, erreichten wir ein Land, darin war eine Höhle, die erstreckte sich dreißig oder vierzig Meilen in das Innere der Erde und barg in sich eine größere Zahl weitaus geräumigerer und herrlicherer Paläste, als sich in ganz Damaskus und Bagdad zusammen finden lassen. Von den Gewölben dieser Paläste hingen Myriaden von Edelsteinen hernieder, Diamanten

nachdem er die gleich vor den Toren der Stadt gelegenen Kalifengräber hinter sich gelassen, gen Süden, nahezu im rechten Winkel zu der nach Suez führenden Wüstenstraße, wandert etwa zehn Meilen weit in einem tiefen, unfruchtbaren Tal dahin, das mit Sand, Kies und Muscheln bedeckt ist, so frisch noch, als wäre gestern erst die Flut zurückgegangen, und überquert sodann eine niedrige Kette von Sandhügeln, welche bereits eine geraume Strecke parallel zu seinem Pfade verlaufen sind. Der Anblick, der sich ihm nun bietet, ist über alles Begreifen einzigartig und öde. Eine Menge von Baumfragmenten, die sämtlich zu Stein geworden sind und wie Gußeisen klirren, trifft sie der Huf seines Pferdes, breitet sich in Gestalt eines abgestorbenen und hingestreckten Waldes, Meilen und Meilen um ihn herum aus. Das Holz ist von dunkelbrauner Färbung, doch bewahrt es vollkommen seine Form; die Stücke, zwischen einem und fünfzehn Fuß lang und einen halben bis drei Fuß dick, liegen, so weit das Auge reicht, so dicht gestreut beieinander, daß sich ein ägyptischer Esel kaum seinen Weg zwischen ihnen hindurchbahnen kann, und so natürlich, daß, befände sich das Ganze in Schottland oder Irland, es ohne weiteres für ein riesiges ausgetrocknetes Moor gelten könnte, auf dem die wiederausgegrabenen Bäume verfaulend in der Sonne liegen. Die Wurzeln und Astreste sind in vielen Fällen fast vollkommen erhalten, und in einigen lassen sich gar die unter der Rinde eingefressenen Wurmlöcher leicht erkennen. Die zartesten Saftgefäße und all die feineren Teile im Innern des Holzes sind zur Gänze bewahrt und halten der Prüfung mit dem stärksten Vergrößerungsglas stand. Das Ganze ist so vollkommen verkieselt, daß sich Glas damit ritzen und es sich auf Hochglanz polieren läßt. – ›Asiatic Magazine‹

185

gleich, aber übermannsgroß; und in den Straßen zwischen Türmen und Pyramiden und Tempeln, da flossen gewaltige Ströme dahin, so schwarz wie Ebenholz, und darin wimmelte es von Fischen, die keine Augen hatten.‹«[1]

»Hum!« sagte der König.

»›Dann schwammen wir in eine Region des Meeres, wo wir einen hohen Berg fanden, an dessen Hängen Ströme geschmolzenen Metalls herniederfluteten, einige davon zwölf Meilen breit und sechzig Meilen lang;[2] während aus einem Schlunde auf dem Gipfel eine so gewaltige Menge Asche hervorbrach, daß am Himmel die Sonne vollkommen ausgelöscht ward und es dunkler wurde denn in der finstersten Mitternacht; so daß es, sogar als wir noch hundertfünfzig Meilen vom Berge entfernt waren, sich als unmöglich erwies, auch nur den weißesten Gegenstand zu erkennen, wie dicht wir ihn auch an die Augen halten mochten.‹«[3]

»Hum!« sagte der König.

»›Nachdem wir dies Gestade verlassen, setzte das Untier seine Reise fort, bis wir auf ein Land stießen, in welchem die Natur der Dinge sich verkehrt zu haben schien – denn hier erblickten wir einen großen See, auf dessen Grunde, mehr denn hundert Fuß unter dem Wasserspiegel, ein

---

1 die Mammut-Höhle von Kentucky

2 auf Island, 1783

3 ›Beim Ausbruch des Hekla im Jahre 1766 erzeugten Wolken dieser Art einen solchen Grad der Finsternis, daß in Glaumba, welches mehr denn fünfzig Seemeilen von dem Berge entfernt liegt, die Menschen nur durch Tasten ihren Weg finden konnten. Beim Ausbruch des Vesuv im Jahre 1794 konnte man in Caserta, vier Seemeilen entfernt, nur bei Fackellicht ausgehen. Am 1. Mai 1812 bedeckte eine Wolke aus vulkanischer Asche und Sand, die aus einem Vulkan auf der Insel St. Vincent stammte, ganz Barbados, indem sie darüber eine so tiefe Dunkelheit breitete, daß man, zu Mittag und im Freien, weder Bäume noch andere Gegenstände in der Nähe wahrzunehmen vermochte, ja, nicht einmal ein weißes Taschentuch auf eine Entfernung von nur sechs Zoll vom Auge.‹ – Murray, S. 215, Phil. Ed.

Wald aus lauter hohen und üppigen Bäumen in vollem Laubschmuck prangte.‹ «[1]

»Ho!« sagte der König.

»›Wohl hundert Meilen weiter brachten uns zu einem Himmelsstrich, da war die Luft so dicht, daß sie Eisen oder Stahl trug, ganz wie die unsere Federn.‹ «[2]

»Larifari!« sagte der König.

»›Da wir immer weiter derselben Richtung folgten, gelangten wir alsbald zu der allerherrlichsten Gegend in der ganzen Welt. Durch sie hin wand sich, aber Tausende Meilen, ein gar prächtiger Fluß. Dieser Fluß war von unsäglicher Tiefe und einer Klarheit, köstlicher denn die des Bernsteins. In der Breite dehnte er sich drei bis sechs Meilen; und seine Ufer, welche zu beiden Seiten lotrecht auf zwölfhundert Fuß emporstiegen, wurden von immerblühenden Bäumen gekrönt und von unaufhörlich duftenden Blumen, welche das ganze Gebiet zu einem einzigen prachtvollen Garten machten; doch mit Namen ward dieses üppige Land das Reich des Schreckens geheißen, und es betreten bedeutete unweigerlich dem Tode verfallen.‹ «[3]

»Hm! Hm!« sagte der König.

»›Dieses Reich verließen wir in großer Eile und kamen, nach einigen Tagen, zu einem anderen, darin wir zu unserem Erstaunen Myriaden monströser Tiere mit sichelähnlichen Hörnern auf dem Kopf erblickten. Diese scheußlichen Bestien graben sich ungeheure Höhlen von trichterförmiger Gestalt in den Erdboden und säumen deren Seiten mit Felsbrocken, welche so übereinander ge-

1 ›Im Jahre 1790 senkte sich in Caracas bei einem Erdbeben ein Teil des Granitbodens, und zurück blieb ein See von achthundert Yards Durchmesser und achtzig bis hundert Fuß Tiefe. Es war ein Teil des Waldes von Aripao, der versank, und die Bäume blieben unter Wasser noch mehrere Monate lang grün.‹ – Murray, S. 221

2 Der härteste Stahl, der je hergestellt wurde, läßt sich unter der Wirkung eines Lötrohrs in äußerst feinen Staub verwandeln, der ohne weiteres in der atmosphärischen Luft schwebt.

3 das Gebiet des Niger. Siehe ›Simmond's Colonial Magazine‹.

schichtet sind, daß sie sofort zusammenfallen, wenn ein anderes Tier darauftritt, und dieses somit hinabstürzt in die Gruben der Monstren, wo ihm alsbald das Blut ausgesogen und sein Leichnam darauf verächtlich fortgeschleudert wird, weit weg von den Höhlen des Todes.‹«[1]

»Pah!« sagte der König.

»›Als wir unsere Reise fortsetzten, schauten wir ein Gebiet, da wuchsen die Pflanzen in Hülle und Fülle, und zwar nicht auf dem Erdboden, sondern in der Luft.[2] Andere hinwiederum entsprossen der Substanz anderer Pflanzen;[3] wieder andere sogen ihre Nahrung aus den Leibern lebendiger Tiere;[4] und dann wieder gab es welche, die allenthalben in

---

1 der *Myrmeleon* – Ameisenlöwe. Der Ausdruck ›Monstrum‹ läßt sich gleichermaßen auf kleine wie auf große Abnormitäten anwenden, während solche Epitheta wie ›ungeheuer‹ lediglich relativ gemeint sind. Die Höhle des Myrmeleon ist *›ungeheuer groß‹* im Vergleich zum Loch der gemeinen roten Ameise. Insgleichen ist ein Körnchen Kieselerde eben ein ›Felsbrocken‹.

2 Das *Epidendron flos aeris* aus der Familie der Orchideen wächst auf Bäumen oder anderen Objekten, indem es lediglich mit der Oberfläche seiner Wurzeln daran haftet und von ihnen keinerlei Nahrung bezieht – also gänzlich von der Luft lebt.

3 die *Parasiten* oder Schmarotzer, wie die wunderschöne *Rafflesia Arnoldi*

4 Schouw befürwortet eine Pflanzenklasse, die auf lebenden Tieren wächst – die *Plantae Epizoae*. Zu dieser Klasse gehören die *Fuci* und *Algae*.

Mr. J. B. Williams aus Salem, Massachusetts, präsentierte dem ›National Institute‹ ein Insekt aus Neuseeland mit der folgenden Beschreibung: – ›Die Hotte, entschieden eine Raupe oder ein Wurm, findet man am Fuße des Ratabaumes, und aus ihrem Kopfe wächst eine Pflanze. Dieses höchst eigenartige und außerordentliche Insekt wandert sowohl am Rata- als auch Perriri-Baume empor und frißt sich, indem es in die Krone eindringt, seinen Weg durch den Stamm des Baumes hernieder, bis es die Wurzel erreicht, dann kommt es aus der Wurzel heraus und stirbt oder verharrt in Schlaf, und die Pflanze vermehrt sich aus seinem Kopfe; der Leib bleibt vollkommen ganz, von härterer Substanz, als da er lebendig war. Aus diesem Insekt gewinnen die Eingeborenen einen Farbstoff zum Tätowieren.‹

hellstem Lichte erglühten;[1] welche, die ganz nach Belieben von Ort zu Ort sich fortbewegten;[2] und was noch wunderbarer ist, wir entdeckten Blumen, die lebten und atmeten und ihre Kelchränder ganz nach Wunsch bewegen konnten, überdies besaßen sie die abscheuliche Leidenschaft der Menschheit, sich andere Geschöpfe zu Sklaven zu machen und sie in grausige oder abgesonderte Kerker zu sperren, bis die anbefohlenen Arbeiten erfüllt waren.‹«[3]

»Puh!« sagte der König.

»›Nachdem wir dieses Land verlassen, kamen wir bald

1 In Bergwerken und natürlichen Höhlen findet sich eine Spezies kryptogamen *Fungus*, welcher ein hell phosphoreszierendes Licht aussendet.

2 *Orchis, Scabiosa* und *Vallisneria.*

3 ›Die Blumenkrone dieser Blüte *(Aristolochia clematitis)*, die röhrenförmig ist, doch nach oben in einem bandförmigen Saum endet, ist auf dem Grunde kugelförmig geschwellt. Der röhrenförmige Teil ist im Innern mit steifen Härchen besetzt, die nach unten gerichtet sind. Der kugelförmige Teil enthält den Stempel, der nur aus Fruchtknoten und Narbe besteht, sowie die ihn umgebenden Staubfäden. Doch da nun diese Staubfäden kürzer sind als selbst der Fruchtknoten, können sie den Blütenstaub nicht so von sich geben, daß er auf die Narbe gelangt, da die Blüte bis nach der Befruchtung stets aufrecht steht. Und so muß denn, ohne zusätzliche und spezielle Hilfe, der Pollen notwendigerweise auf den Blütengrund hinunterfallen. Die Hilfe, die die Natur in diesem Falle gewährt, besteht nun in der *Tipula Pennicornis*, einem winzigen Insekt, welches auf der Suche nach Honig in die Röhre der Korolla gerät – bis zum Grund herniederdringt und dort herumstöbert, bis es ganz mit Blütenstaub bedeckt ist; doch nun kann es nicht wieder hinausfinden, da doch die Haare nach unten gerichtet sind und wie die Drähte einer Mausefalle auf einen Punkt zulaufen, und da es ungeduldig wird ob seiner Gefangenschaft, saust es hin und her, rückwärts und vorwärts, probiert jeden Winkel, bis es, nachdem es wiederholt über die Narbe gestrichen ist, diese mit zur Befruchtung ausreichendem Blütenstaub bedeckt, infolgedessen die Blüte alsbald schlaff herabzusinken beginnt und die Härchen in der Röhre seitwärts schrumpfen, so daß ein bequemer Ausgang entsteht, durch den das Insekt entkommen kann.‹ – Rev. P. Keith, ›System of Physiological Botany‹

zu einem andern, darinnen die Bienen und die Vögel solch genial gelehrte Mathematiker sind, daß sie täglich die Weisen des Reiches in der geometrischen Wissenschaft unterweisen. Der dortige König hatte eine Belohnung ausgesetzt für die Lösung zweier äußerst schwieriger Probleme, und auf der Stelle wurden sie gelöst – das eine von den Bienen, das andere von den Vögeln; doch da der König ihre Lösungen geheimhielt, geschah es erst nach den gründlichsten Forschungen und Mühen und nachdem unendlich viele dicke Bücher geschrieben waren, während vieler, vieler Jahre, daß die menschlichen Mathematiker schließlich bei denselben Lösungen anlangten, welche die Bienen und Vögel vom Fleck weg gefunden hatten.‹«[1]

»Potztausend!« sagte der König.

»›Kaum war dieses Reich unseren Blicken entschwunden, als wir uns schon vor eines anderen Küste fanden, von der über unsere Köpfe weg ein Schwarm von Vögeln dahinflog, eine Meile breit und zweihundertvierzig Meilen lang; so daß es, obgleich sie eine Meile in jeder Minute zu-

---

[1] Seit es Bienen gibt, bauen sie ihre Zellen stets mit genau solchen Seiten, in genau solcher Zahl und mit genau solchen Winkeln, wie, so hat man nachgewiesen (in einem Problem, das die tiefsten mathematischen Grundsätze in sich beschließt), es eben genau die Seiten, Anzahl und Winkel sind, um den Geschöpfen den größtmöglichen Raum bei größtmöglicher Festigkeit zu bieten.

Im letzten Teil des vorigen Jahrhunderts tauchte unter Mathematikern die Frage auf, ›die beste Form zu bestimmen, welche den Flügeln einer Windmühle zu geben sei, unter Berücksichtigung der wechselnden Entfernungen von den sich drehenden Flügeln sowie von den Umdrehungszentren‹. Dies ist ein außerordentlich kompliziertes Problem; denn es heißt, mit andern Worten, die bestmögliche Stellung bei einer unendlichen Zahl verschiedener Entfernungen und einer unendlichen Zahl von Punkten am Hebelarm zu finden. Die Frage zu beantworten gab es tausend vergebliche Versuche seitens der berühmtesten Mathematiker; und als schließlich eine unanfechtbare Lösung gefunden war, da stellte sich heraus, daß sie mit absoluter Genauigkeit in den Flügeln eines Vogels gelegen, seit der erste Vogel die Lüfte durchschnitten.

rücklegten, nicht weniger denn vier Stunden brauchte, bis der ganze Schwarm über uns dahingezogen war – darinnen flogen Millionen und aber Millionen Vögel.‹«[1]

»Brrr!« sagte der König.

»›Kaum waren wir diese Vögel losgeworden, die uns argen Verdruß bereiteten, als wir beim Anblick eines Vogels anderer Art erschraken, der noch unendlich größer war denn selbst jene Roks, denen ich auf meinen früheren Reisen begegnet; denn er war größer denn die größte der Kuppeln auf deinem Serail, o großmütigster der Kalifen. Dieses schreckliche Federvieh besaß keinerlei Kopf, den wir hätten wahrnehmen können, sondern hatte die Gestalt ganz und gar nur eines Bauches, welcher ganz ungeheuerlich fett und rund war und aus einem weichen Stoff zu bestehen schien, glatt, schimmernd und verschiedenfarbig gestreift. In seinen Klauen trug das Monstrum, hinauf zu seinem Horste im Himmelsgewölbe, ein Haus, von welchem es das Dach herabgeschlagen hatte und in dessen Innern wir ganz deutlich menschliche Wesen gewahrten, die ob des gräßlichen Schicksals, das ihrer harrte, ohne Zweifel sich in einem Zustande entsetzlichster Verzweiflung befanden. Wir schrien aus Leibeskräften, in der Hoffnung, den Vogel zu erschrecken, daß er seine Beute fahrenlasse; doch der gab nur, gleichsam wütend, ein Schnaufen oder Paffen von sich und ließ sodann auf unsere Köpfe einen schweren Sack niederfallen, der, wie sich wies, mit Sand gefüllt war!‹«

»Dummes Zeug!« sagte der König.

»›Gleich nach diesem Abenteuer geschah es, daß wir auf einen unermeßlich ausgedehnten und ungeheuer massiven Erdteil trafen, welcher aber gleichwohl gänzlich auf dem

1 ›Er beobachtete einen Flug Tauben, der zwischen Frankfort und dem Indiana-Territorium dahinzog, wenigstens eine Meile breit; vier Stunden dauerte es, bis er vorüber war; das ergibt bei einer Geschwindigkeit von einer Meile in der Minute eine Länge von 240 Meilen; und nimmt man drei Tauben auf einen Quadratyard an, so ergibt das 2230272000 Tauben.‹ – Lieutenant F. Hall, ›Reisen in Kanada und den Vereinigten Staaten‹

Rücken einer himmelblauen Kuh ruhte, die nicht weniger denn vierhundert Hörner besaß.‹«[1]

»Nun, *das* will ich glauben«, sagte der König, »denn ich habe schon früher einmal etwas in der Art in einem Buche gelesen.«

»›Wir begaben uns unmittelbar unter diesem Erdteile hinweg (indem wir zwischen den Beinen der Kuh hindurchschwammen) und fanden uns nach einigen Stunden in einem wahrhaft wundervollen Lande, das, so erfuhr ich von dem Menschen-Getier, seine eigene Heimat war, bewohnt von Wesen seiner eigenen Spezies. Dies ließ das Menschen-Getier beträchtlich in meiner Hochachtung steigen; und in der Tat begann ich mich der geringschätzigen Vertraulichkeit zu schämen, mit der ich es behandelt; denn ich stellte fest, daß diese Menschen-Tiere im allgemeinen ein Volk höchst mächtiger Zauberer waren, in deren Hirnen Würmer lebten,[2] welche unzweifelhaft dazu dienten, sie durch ihr schmerzhaftes Schlingeln und Schlängeln zu den erstaunlichsten Anstrengungen der Imagination anzuregen.‹«

»Unsinn!« sagte der König.

»›Bei diesen Magiern lebten verschiedene Haustiere von sehr eigener Art; zum Beispiel gab es da ein gewaltiges Roß, dessen Gebein aus Eisen und dessen Blut aus kochendem Wasser bestand. An Stelle des Hafers erhielt es schwarze Steine zur gewöhnlichen Nahrung; und doch war es, trotz so schwerer Kost, so stark und geschwind, daß es eine Ladung, gewichtiger noch als der stattlichste Tempel in dieser Stadt, in einer Geschwindigkeit davonzog, welche gar den Flug der meisten Vögel übertraf.‹«[3]

1 ›Die Erde wird getragen von einer blaufarbenen Kuh, welche Hörner hat, vierhundert an der Zahl.‹ – Sales Koran

2 ›Die *Entozoa* oder Eingeweidewürmer sind wiederholt in den Muskeln und in der Hirnsubstanz von Menschen festgestellt worden.‹ – Siehe Wyatts ›Physiologie‹, S. 143.

3 Auf der Great Western Railway, der Eisenbahn zwischen London und Exeter, wurde eine Geschwindigkeit von 71 Meilen pro Stunde erreicht. Ein Zug mit dem Gewicht von 90 Tonnen raste von Paddington nach Didcot (53 Meilen) in 51 Minuten.

»Quatsch!« sagte der König.

»›Auch sah ich bei diesem Volke eine Henne ohne jegliches Gefieder, doch größer als ein Kamel; statt Fleisch und Knochen hatte sie Eisen und Ziegelsteine; ihr Blut bestand, wie das des Rosses (mit welchem sie in der Tat nahe verwandt war), aus kochendem Wasser; und gleich diesem fraß sie nichts denn Holz oder schwarze Steine. Diese Henne brachte sehr häufig einhundert Küken am Tage hervor; und nach der Geburt wohnten diese noch mehrere Wochen lang im Bauche ihrer Mutter.‹«[1]

»Schnickschnack!« sagte der König.

»›Einer aus diesem Volke von mächtigen Zauberern schuf einen Menschen aus Messing und Holz und Leder und begabte ihn mit solchem Geiste, daß er im Schachspiel die ganze Menschheit hätte besiegen können – mit Ausnahme des großen Kalifen Harun al Raschid.[2] Ein anderer dieser Magi konstruierte (aus ähnlichem Material) ein Geschöpf, das gar den Geist dessen in den Schatten stellte, der es geschaffen; denn so gewaltig waren seine Verstandeskräfte, daß es in Sekundenschnelle Berechnungen so ungeheuren Ausmaßes ausführte, wie sie die vereinten Anstrengungen von fünfzigtausend Menschen aus Fleisch und Blut über ein ganzes Jahr hin erfordert hätten.[3] Ein noch erstaunlicherer Zauberer aber schuf sich ein mächtiges Ding, das weder Mensch noch Tier war, jedoch ein Hirn aus Blei besaß, vermischt mit einem schwarzen, dem Peche gleichen Stoff, und Finger, welche es mit so unglaublicher Schnelle und Geschicklichkeit gebrauchte, daß es keinerlei Mühe gehabt hätte, in einer Stunde wohl zwanzigtausendmal den Koran abzuschreiben; und dies mit so vollkommener Genauigkeit, daß sich unter all den Abschriften auch nicht eine gefunden hätte, die auch nur um die Breite des feinsten Haares von einer andern abgewichen wäre. Dieses Ding besaß so ungeheure Stärke, daß es in einem Atemzug die mächtigsten Reiche errichtete oder stürzte; doch wur-

1 das *Eccaleobion*
2 Mälzels automatischer Schachspieler
3 Babbages Rechenmaschine

den seine Kräfte gleichermaßen zum Bösen wie zum Guten verwendet.‹«

»Lächerlich!« sagte der König.

»›Unter diesem Volk der Schwarzkünstler gab es auch einen, in dessen Adern floß das Blut der Salamander; denn er trug keinerlei Bedenken, sich in einen rotglühenden Backofen zu setzen, um seinen Tschibuk zu rauchen, bis auf dem Herdboden sein Essen gründlich gar geworden war.[1] Ein anderer besaß die Fähigkeit, die gemeinen Metalle in Gold zu verwandeln, ohne während dieses Vorgangs sie auch nur anzusehen.[2] Wieder ein anderer hatte einen so delikaten Tastsinn, daß er einen Draht so fein machte, daß er unsichtbar war.[3] Ein anderer hinwiederum verfügte über ein so rasches Wahrnehmungsvermögen, daß er jede einzelne Bewegung eines elastischen Körpers zählte, dieweil dieser mit einer Geschwindigkeit von 900 Millionen Malen in der Sekunde rückwärts und vorwärts sprang.‹«[4]

»Absurd!« sagte der König.

»›Ein anderer dieser Magier vermochte es, vermittels eines Fluidums, das noch keiner je gesehen, die Leichname seiner Freunde zu veranlassen, daß sie ihre Arme schwenkten, mit den Füßen stießen, boxten oder sich sogar erhoben und nach seinem Wunsche tanzten.[5] Ein anderer hatte seine Stimme in solchem Maße ausgebildet, daß er sich hätte von einem Ende der Erde zum andern vernehmlich machen können.[6] Ein anderer besaß einen so langen Arm, daß er sich in Damaskus niedersetzen und in Bagdad

1 Chabert, und nach ihm hundert andere

2 Galvanostegie

3 Wollaston stellte für das Gesichtsfeld in einem Teleskop einen Draht aus Platin von einem achtzehntausendstel Zoll Dicke her. Er war nur mit Hilfe eines Mikroskops zu sehen.

4 Newton hat bewiesen, daß die *retina* unter dem Einflusse des violetten Lichtstrahles im Spektrum 900000000mal in der Sekunde vibrierte.

5 die Voltasche Säule

6 Der Elektro-Telegraph übermittelt Nachrichten in einem Augenblick – zumindest, insofern es eine jegliche Entfernung auf der Erde betrifft.

oder an welch entferntem Orte auch immer einen Brief zu Papier bringen konnte.[1] Dann wieder gebot einer dem Blitz, vom Himmel zu ihm herabzukommen, und derselbe kam auf seinen Ruf; und diente ihm zum Spielzeug, da er kam. Ein anderer nahm zwei laute Töne und schuf aus ihnen eine Stille. Wieder ein anderer verfertigte eine tiefe Finsternis aus zwei hellglänzenden Lichtstrahlen.[2] Ein anderer machte Eis in einem rotglühenden Schmelzofen.[3] Ein anderer hieß die Sonne sein Bildnis malen, und die Sonne tat es.[4]

1 der elektro-telegraphische Druckapparat
2 Übliche Experimente in der Naturphilosophie. Wenn zwei rote Strahlen von zwei Lichtquellen aus in eine Dunkelkammer so entsendet werden, daß sie auf eine weiße Fläche treffen, und sie differieren in ihrer Länge um 0,0000258 Zoll, so verdoppelt sich ihre Intensität. Dasselbe ist der Fall, wenn der Längenunterschied ein ganzes Vielfaches jenes Bruches beträgt. Ein Vielfaches von $2\frac{1}{4}$, $3\frac{1}{4}$ etc. ergibt eine Intensität, welche nur einem Strahl entspricht; doch eine Multiplikation mit $2\frac{1}{2}$, $3\frac{1}{2}$ etc. hat totale Finsternis zur Folge. Bei violetten Strahlen treten ähnliche Effekte auf, wenn der Längenunterschied 0,0000157 Zoll beträgt; und bei allen anderen Strahlen sind die Ergebnisse die nämlichen – wobei die Differenz mit gleichmäßigem Anstieg von Violett nach Rot sich verschiebt.

Analoge Experimente in bezug auf den Schall erbringen analoge Resultate.
3 Man stelle einen Platintiegel über eine Spirituslampe und erhitze ihn bis zum Rotglühen; man gieße etwas Schwefelsäure hinein, welche, so wird sich zeigen, obgleich bei gewöhnlicher Temperatur der allerflüchtigste Stoff, in einem heißen Tiegel vollkommen fest gebunden wird und nicht ein Tropfen davon verfliegt – denn da sie von einer eignen Atmosphäre umgeben ist, berührt sie tatsächlich die Seitenwände gar nicht. Nun gebe man wenige Tropfen Wassers hinzu, woraufhin die Säure sogleich mit den erhitzten Wänden des Tiegels in Berührung kommt, in schwefelsaurem Dampfe sich verflüchtigt, und zwar so schnell, daß der Wärmestoff des Wassers mit ihm entweicht, welches nun als Eisklumpen zu Boden fällt; nutzt man den Augenblick, ehe es noch wieder schmelzen kann, so mag tatsächlich ein Klumpen Eises aus einem rotglühenden Gefäße zum Vorschein kommen.
4 die Daguerreotypie

Wieder einer entnahm dies Lumen vom Mond und den Planeten, und nachdem er sie zuerst mit peinlicher Genauigkeit gewogen, drang forschend er in ihre Tiefen und ermittelte die Dichtigkeit des Stoffes, aus welchem sie gemacht sind. Doch ist tatsächlich das ganze Volk von so erstaunlicher Zauberkraft, daß nicht einmal seine Kinder noch seine gewöhnlichsten Katzen und Hunde Schwierigkeiten haben, Gegenstände zu sehen, welche überhaupt nicht existieren oder bereits 20 Millionen Jahre vor der Geburt des Volkes selbst vom Angesicht der Schöpfung getilgt worden waren.‹«[1]

»Albern!« sagte der König.

»›Die Frauen und Töchter dieser unvergleichlich großen und weisen Magier‹«, fuhr Scheherezade fort, ohne sich auch nur im mindesten von diesen häufigen und höchst unmanierlichen Unterbrechungen seitens ihres Ehegemahls stören zu lassen – »›die Frauen und Töchter dieser hervorragenden Zauberer sind der Inbegriff an Vollkommenheit und Bildung; und wären auch der Inbegriff reizvoller Schönheit, wäre da nicht ein unglückseliges Verhängnis, welches sie befallen und vor dem nicht einmal die wunderbaren Kräfte ihrer Gatten und Väter sie bisher zu bewahren vermochten. Das Schicksal naht in vielerlei Gestalt –

1 Obgleich das Licht 167000 Meilen in einer Sekunde zurücklegt, ist doch die Entfernung von 61 Cygni (des einzigen Sterns, dessen Entfernung genau bestimmt ist) so unbegreiflich groß, daß seine Strahlen mehr denn zehn Jahre brauchen würden, die Erde zu erreichen. Für Sterne jenseits davon wären 20 – oder gar 1000 Jahre – noch eine mäßige Schätzung. Wenn sie also vor 20 oder 1000 Jahren erloschen wären, so möchten wir sie doch heute noch sehen an dem Lichte, welches von ihrer Oberfläche vor 20 oder 1000 Jahren in der Vergangenheit *ausging*. Daß viele Sterne, die wir täglich erblicken, in Wirklichkeit erloschen sind, ist nicht unmöglich, ja nicht einmal unwahrscheinlich.

Der ältere Herschel behauptet, daß das Licht der schwächsten Nebel, welche durch ein Riesenteleskop zu sehen waren, 3000000 Jahre gebraucht haben müsse, um die Erde zu erreichen. Einige, die Lord Rosses Instrument sichtbar gemacht, müssen dann mindestens 20000000 Jahre dazu gebraucht haben.

mal in dieser, mal in jener –, doch dieses, von dem ich spreche, kam in Gestalt einer Grille.‹«

»Einer was?« fragte der König.

»›Einer Grille‹«, sagte Scheherezade. »›Einer der bösen Dschinnen, welche immerfort auf der Lauer liegen, um Unheil zu stiften, hat es diesen wohlgebildeten Damen in den Kopf gesetzt, daß jenes Ding, welches wir als körperliche Schönheit bezeichnen, ganz und gar in der Ausbuchtung jener Region bestehe, die nicht sehr weit unterhalb der Lendengegend liegt. Das Ideal der Schönheit, so meinen sie, sei direkt proportional dem Ausmaß dieses Hökkers. Da sie nun schon lange von diesem Wahne besessen und Polsterkissen billig sind in jenem Lande, ist lange schon die Zeit vorbei, da es noch möglich gewesen, eine Frau von einem Dromedar zu unterscheiden –‹«

»Schluß damit!« sagte der König – »das kann und werde ich nicht länger mehr ertragen. Von deinen Lügen tut mir schon der Kopf ganz fürchterlich weh. Auch will, so sehe ich, der Tag anbrechen. Wie lange sind wir schon verheiratet? – – – mein Gewissen fängt langsam an, mich wieder zu plagen. Und dann noch diese Sache mit dem Dromedar – du hältst mich wohl für einen Narren? Überhaupt, am besten stehst du wohl auf und läßt dich erdrosseln.«

Diese Worte, so erfahre ich aus dem ›SagmirdochIstessöodernicht‹, bekümmerten und verwunderten Scheherezade gleichermaßen; doch da sie den König als einen Mann gewissenhafter Rechtschaffenheit kannte, der wohl schwerlich von seinem Wort abließe, so ergab sie sich mit Anstand in ihr Schicksal. Große Tröstung schöpfte sie jedoch (indessen sich die Schlinge um ihren Hals zusammenzog) aus dem Gedanken, daß ein gut Teil der Geschichte noch unerzählt geblieben und daß ihr Scheusal von einem Gemahle ob seiner Unverschämtheit nur seinen gerechten Lohn empfangen hätte, indem er sich vieler unvorstellbarer Abenteuer beraubte.

STREITGESPRÄCH MIT EINER MUMIE

Das Symposium des vorhergehenden Abends war für meine Nerven doch ein wenig zuviel gewesen. Ich litt erbärmliche Kopfschmerzen und fühlte mich überaus schläfrig. Anstatt auszugehen, um den Abend wie beabsichtigt zu verbringen, kam mir daher der Gedanke, ich könnte eigentlich nichts Klügeres tun, als eben nur einen Happen zum Abendbrot zu essen und dann unverzüglich ins Bett zu gehen.

Ein *leichtes* Abendbrot natürlich. Nun esse ich wahnsinnig gern *Welsh Rabbit*. Mehr als ein Pfund davon auf einmal mag freilich nicht jederzeit ratsam sein. Gleichwohl kann es keinen sachlichen Einwand gegen zwei geben. Und eigentlich ist zwischen zwei und drei auch nur ein Unterschied von einer einzigen Einheit. Ich habe mich wohl an vier gewagt. Meine Frau behauptet steif und fest, fünf – aber da sind ihr eindeutig zwei gar unterschiedliche Sachen durcheinandergeraten. Die abstrakte Zahl fünf will ich gerne zugeben; konkret aber bezieht sie sich auf Flaschen Brown Stout, ohne das, als Würze, man Welsh Rabbit bleibenlassen sollte.

Nachdem ich also ein frugales Mahl beschlossen und die Nachtmütze aufgesetzt hatte, in der ruhig-heiteren Hoffnung, mich ihrer bis zum nächsten Mittag erfreuen zu können, bettete ich mein Haupt aufs Kissen und fiel, unter dem Beistand eines prächtigen Gewissens, sogleich in tiefen Schlummer.

Aber wann hätten sich die Hoffnungen der Menschheit schon je erfüllt? Ich mochte wohl kaum meinen dritten Schnarcher vollendet haben, als ein wildes Klingeln an der Haustürschelle anhob und gleich darauf ungeduldiges Wummern des Klopfers, so daß ich auf der Stelle munter ward. Eine Minute später, während ich mir noch immer die Augen rieb, hielt mir meine Frau auch schon ein Billett meines alten Freundes, des Doktor Honnorius, unter die Nase. Es lautete wie folgt:

›Kommen Sie unter allen Umständen zu mir, liebster bester Freund, sobald Sie diese Zeilen empfangen. Kommen Sie und stehen Sie uns bei in unserer Freude. Endlich, durch lange, beharrliche Diplomatie, habe ich von der Direktion des Städtischen Museums die Einwilligung zur Untersuchung der Mumie erhalten – Sie wissen, welche ich meine. Ich habe Erlaubnis, sie auszuwickeln und, falls gewünscht, zu öffnen. Es werden nur wenige Freunde anwesend sein – Sie natürlich. Die Mumie befindet sich jetzt bei mir im Haus, und heute abend dreiundzwanzig Uhr werden wir mit dem Aufwickeln beginnen.

Stets der Ihrige
Honnorius‹

Als ich bei diesem ›Honnorius‹ angekommen war, hatte ich den Eindruck, daß ich so hellwach war, wie ein Mann nur sein muß. Förmlich außer mir, war ich mit einem Satz aus dem Bett, warf alles um, was mir im Wege stand; kleidete mich mit einer wahrhaft unglaublichen Schnelligkeit an und begab mich im Eiltempo zum Hause des Doktors.

Dort fand ich eine sehr lebhaft-gespannte Gesellschaft versammelt. Sie hatten bereits mit großer Ungeduld auf mich gewartet; die Mumie lag in voller Länge auf dem Eßtisch; und in dem Augenblick, da ich eintrat, begann auch schon die Untersuchung.

Die Mumie war eine von zweien, die Captain Arthur Sabretash, ein Vetter von Honnorius, vor ein paar Jahren mitgebracht hatte, und zwar aus einer Grabstätte bei Eleithias in den Libyschen Bergen, ein gutes Stück oberhalb von Theben am Nil. Die Grotten an dieser Stelle sind, obzwar weniger prächtig als die thebanischen Königsgräber, so doch von größerem Interesse, weil sie weit mehr Darstellungen vom Privatleben der alten Ägypter aufweisen. Die Grabkammer, welcher unser Exemplar entnommen war, soll sehr reich an derartigen Abbildungen gewesen sein; die Wände waren wohl gänzlich mit Freskomalereien und Basreliefs bedeckt, während Statuen, Vasen und prächtig gemusterte Mosaiken auf einen beträchtlichen Wohlstand des Hingeschiedenen deuteten.

Dieser Schatz war im Museum in genau demselben Zustand aufbewahrt worden, in welchem Captain Sabretash ihn entdeckt hatte – das heißt, der Sarg war nicht angerührt worden. Acht Jahre lang hatte er so dagestanden, den Blicken der Öffentlichkeit lediglich von außen preisgegeben. Wir hatten daher jetzt die komplette Mumie zu unserer Verfügung; und denjenigen, die darum wissen, wie äußerst selten das Altertum ungeplündert unsere Gestade erreicht, wird sogleich einleuchten, daß wir guten Grund hatten, uns zu unserem Glück zu gratulieren.

Als ich mich dem Tisch näherte, erblickte ich darauf eine große Kiste oder ein Behältnis, fast sieben Fuß lang und vielleicht drei Fuß breit und zweieinhalb Fuß tief. Sie war länglich – nicht von Sarg-Gestalt. Das Material hielten wir zunächst für Sykomorenholz *(platanus)*; doch als wir einen Einschnitt machten, merkten wir, daß wir Pappe vor uns hatten oder, genauer: aus Papyrus hergestelltes *Papiermaché*. Das Ganze war über und über mit Malereien verziert, die Begräbnisszenen und andere beklagenswerte Sujets darstellten, allenthalben dazwischen, in jeder nur erdenklichen Konstellation, fanden sich bestimmte Folgen hieroglyphischer Zeichen, welche unzweifelhaft den Namen des Dahingeschiedenen angeben sollten. Glücklicherweise gehörte zu den Anwesenden auch Mr. Gliddon; und es bereitete ihm keinerlei Schwierigkeit, die Schriftzeichen zu deuten, welche einfach phonetisch waren und das Wort *Allapsusso* ergaben.

Wir hatten einige Mühe, das Behältnis unbeschädigt zu öffnen, doch nachdem wir diese Aufgabe schließlich vollbracht, stießen wir auf eine zweite, sarggestaltige Hülle, die zwar von wesentlich geringerer Größe denn die äußere war, ihr aber in jedem anderen Betrachte aufs genaueste ähnelte. Der Raum zwischen beiden war mit Harz ausgefüllt, welches die Farben des inneren Behältnisses einigermaßen beschädigt hatte.

Als wir dies letztere öffneten (was wir recht leicht zuwege brachten), stießen wir auf ein drittes, ebenfalls sargförmiges Behältnis, welches sich von dem zweiten in nichts unterschied denn dem Material, war dies doch Zeder und strömte noch immer den eigentümlichen, hocharomatischen Duft jenes Holzes aus. Zwischen dem zweiten und dem dritten Behältnis war kein Zwischenraum; das eine paßte akkurat in das andere.

Als wir das dritte Behältnis entfernt hatten, deckten wir den Leichnam selbst auf und nahmen ihn heraus. Wir hatten erwartet, ihn wie gewöhnlich, in mehrfache Lagen oder Bandagen aus Leinwand gewickelt, zu finden, doch statt dessen trafen wir auf eine Art Futteral aus Papyrus, das mit einer reichvergoldeten und bebilderten Gipsschicht überzogen war. Die Malereien stellten Motive dar, welche sich auf die verschiedenen vermutlichen Pflichten der Seele bezogen und wie dieselbe verschiedenen Gottheiten vorgestellt wurde, dazu zahlreiche identische menschliche Figuren, die höchstwahrscheinlich Porträts der einbalsamierten Person darstellen sollten. Vom Kopf bis zum Fußende erstreckte sich eine kolonnenartige oder senkrecht verlaufende Inschrift in phonetischen Hieroglyphen, die wiederum des Toten Namen und Würden angab, insgleichen die Namen und Würden seiner Verwandten.

Um den solchermaßen umhüllten Hals lag ein Band aus zylindrischen Glasperlen, welche verschiedenfarbig und so angeordnet waren, daß sie Symbole von Gottheiten ergaben, des Skarabäus usw. mitsamt dem geflügelten Globus. Um die Taille lag ein ganz ähnliches Band beziehungsweise ein Gürtel.

Nachdem wir den Papyrus abgehoben hatten, fanden wir das Fleisch, ausgezeichnet erhalten, ohne wahrnehmbaren Geruch. Die Färbung war rötlich. Die Haut fest, glatt und glänzend. Zähne und Haare in gutem Zustand. Die Augen waren (so schien es) entfernt und durch solche aus Glas ersetzt worden, welche sehr schön und wunderbar lebensecht wirkten, abgesehen davon, daß sie ein wenig zu entschieden dreinstierten. Die Nägel an Fingern und Zehen waren aufs prächtigste vergoldet.

Mr. Gliddon äußerte, nach der Röte der Epidermis zu schließen, die Meinung, daß die Einbalsamierung gänzlich vermittels Asphalt bewirkt worden sei; doch als wir mit einem Stahlinstrument auf der Oberhaut geschabt und etwas von dem so gewonnenen Pulver ins Feuer geworfen hatten, machte sich der Geruch von Kampfer und anderen wohlduftenden Harzen bemerkbar.

Wir suchten nun den Leichnam sehr sorgfältig nach den üblichen Öffnungen ab, durch welche die Eingeweide entfernt werden, konnten aber zu unserem Erstaunen nicht eine entdecken. Keinem der Anwesenden war es zum damaligen Zeitpunkt bekannt, daß man gar nicht so selten auch unversehrte bzw. ungeöffnete Mumien antrifft. Das Gehirn wurde gewöhnlich durch die Nase herausgenommen; die Eingeweide durch einen Einschnitt in der Seite; hernach wurde der Körper rasiert, gewaschen und mit Salz eingerieben; sodann für ein paar Wochen liegengelassen, woraufhin erst das eigentliche Einbalsamieren begann.

Da keinerlei Spur einer Öffnung zu entdecken war, machte Doktor Honnorius seine Instrumente für die Sektion bereit, als ich mir zu bemerken erlaubte, daß es schon zwei Uhr vorüber sei. Hierauf kam man überein, die Untersuchung des Innern auf den nächsten Abend zu verschieben; und wir standen bereits im Begriffe, für jetzt auseinanderzugehen, als irgend jemand vorschlug, doch das eine oder andere Experiment mit der Voltaschen Säule anzustellen.

Eine wenigstens drei- oder viertausend Jahre alte Mumie dem elektrischen Strome auszusetzen war nun ein wenn auch nicht sonderlich kluger, so doch genugsam origineller Einfall, und wir alle waren sofort Feuer und Flamme. Wohl zu einem Zehntel im Ernst und zu neun Zehnteln im Scherz bauten wir im Studierzimmer des Doktors eine Batterie zusammen und brachten den Ägypter dorthin.

Erst nach vieler Mühe gelang es uns, einen Teil der

Schläfenmuskulatur bloßzulegen, die von nicht ganz so steinerner Starre schien wie die anderen Körperteile, welche aber, wie wir nicht anders erwartet hatten, natürlich keinerlei Anzeichen galvanischer Erregbarkeit erkennen ließ, als sie mit dem Draht in Berührung gebracht ward. Ja, dieser allererste Versuch schien ja nun eindeutig entschieden, und unter herzlichem Gelächter ob unserer eigenen Unvernunft wünschten wir einander soeben eine gute Nacht, als meine Augen zufällig auf die der Mumie fielen und dort sogleich höchlich erstaunt hängenblieben. Mein flüchtiger Blick hatte in der Tat genügt, mich zu versichern, daß die Augen, die wir alle für gläsern gehalten hatten und an denen ursprünglich ein gewisses wildes Stieren aufgefallen war, jetzt so weit von den Lidern bedeckt wurden, daß nur ein kleiner Teil der *tunica albuginea* noch sichtbar blieb.

Mit einem Schrei lenkte ich die Aufmerksamkeit auf diesen Umstand, und derselbe ward sogleich allen unverkennbar.

Ich kann nicht sagen, daß ich ob dieses Phänomens *erschrocken* gewesen wäre, denn ›erschrocken‹ ist in meinem Falle nicht das treffende Wort. Gleichwohl ist es durchaus möglich, daß ich, ohne das Brown Stout, vielleicht ein klein wenig nervös geworden wäre. Was nun die übrige Gesellschaft anbetrifft, so versuchte eigentlich keiner, das blanke Entsetzen zu verbergen, welches alle gepackt. Doktor Honnorius sah zum Gotterbarmen aus. Mr. Gliddon machte sich vermittels eines eigentümlichen Verfahrens unsichtbar. Mr. Silk Buckingham wird, wie ich annehmen möchte, es wohl kaum zu bestreiten wagen, daß er sich auf allen vieren unter den Tisch flüchtete.

Nachdem wir uns jedoch vom ersten Schreck und Staunen erholt, beschlossen wir selbstverständlich, sogleich mit den Versuchen fortzufahren. Unsere Operationen richteten sich nunmehr auf die große Zehe des rechten Fußes. Wir machten einen Einschnitt über der Außenseite des äußeren *os sesamoideum pollicis pedis* und gelangten so an den Ansatz des *musculus abductor*. Nachdem wir die Batterie wieder angeschlossen, lenkten wir jetzt den Strom zu den durchtrennten Nerven – woraufhin die Mumie, mit einer ausgesprochen lebensechten Bewegung, zuerst das rechte Knie anzog, daß es beinahe den Unterleib berührte, und dann, indem sie das Glied mit unfaßlicher Gewalt wieder streckte, Doktor Honnorius einen Tritt versetzte, der bewirkte, daß dieser Herr, dem Pfeil aus einem Katapulte gleich, durchs Fenster auf die Straße hinunterflog.

Wir stürzten *en masse* hinaus, die zerschmetterten Überreste des Opfers zu bergen, hatten jedoch die Freude, ihm bereits auf der Treppe wieder zu begegnen, welche er in unerklärlicher Hast heraufgestürmt kam, übervoll von feurig-kühnen Theorien und mehr denn je durchdrungen von der Notwendigkeit, unsere Experimente mit rigorosem Eifer voranzutreiben.

So geschah es denn auch auf seinen Rat hin, daß wir unverweilt einen tiefen Einschnitt in die Nasenspitze des Leichnams vornahmen, indes der Doktor selbst ungestüm dieselbe ergriff und aufs heftigste zerrte, um den Kontakt mit dem Drahte herzustellen.

In geistigem wie physisch-physikalischem Betrachte – im bildlichen und buchstäblichen Sinne – war die Wirkung elektrisierend. Als erstes schlug der Leichnam die Augen auf und blinzelte mehrere Minuten lang mit größter Geschwindigkeit, ganz wie Mr. Barnes in der Pantomime; als zweites nieste er; drittens dann setzte er sich auf; viertens hielt er Doktor Honnorius drohend die Faust unter die Nase; fünftens endlich wandte er sich den Herren Gliddon und Buckingham zu und redete sie, in ganz vortrefflichem Ägyptisch, also an:

»Ich muß schon sagen, meine Herren, daß ich ebenso überrascht wie gekränkt bin ob Ihres Betragens. Von Doktor Honnorius war nichts Besseres zu erwarten. Er ist ein kleiner fetter armer Irrer, der es nicht besser *versteht*. Er tut mir leid, und ich vergebe ihm. Aber Sie, Mr. Gliddon – und Sie, Silk – die Sie beide auf Reisen in Ägypten geweilt haben von so langem Aufenthalte, daß man meinen könnte, Sie wären da geboren –, Sie, wie gesagt, die Sie so lange bei uns geweilt, daß Sie Ägyptisch ebensogut sprechen, denke ich, wie Sie Ihre Muttersprache schreiben – Sie, die als feste Freunde aller Mumien zu erachten ich bislang stets Anlaß gefunden – von *Ihnen* hätte ich nun wirklich ein Benehmen erwartet, wie es einem Gentleman besser angestanden hätte. Was soll ich nur davon halten, wenn Sie ruhig danebenstehen und zusehen, wie man solchermaßen garstig und unfein mit mir umgeht? Was soll ich wohl davon denken, wenn Sie jedem Hinz und Kunz erlauben, mich meiner Särge und meiner Kleider zu entblößen, noch dazu in diesem elendiglich kalten Klima? In welchem Lichte (um zum Kern der Sache zu kommen) soll ich es denn wohl ansehen, wenn Sie diesem erbärmlichen kleinen Lumpen, diesem Doktor Honnorius, hilfreiche Hand leisten, mich an der Nase zu ziehen?«

Man wird es nun zweifelsohne für selbstverständlich erachten, daß wir sämtlich, da wir unter solchen Umständen solche Rede vernahmen, entweder zur Türe gestürzt wären beziehungsweise hysterische Anfälle bekommen hätten oder aber platterdings in Ohnmacht gefallen wären. Eines von diesen dreien hätte, wie gesagt, nun wohl zu erwarten gestanden. Ja, eine jegliche dieser Verhaltensweisen hätte man einschlagen können, und alle miteinander wären sie plausibel gewesen. Und auf mein Wort, ich weiß es mir nicht zu erklären, wie oder warum es geschah, daß wir weder das eine noch das andere taten. Doch vielleicht ist der wahre Grund hierfür im Geiste ebender Zeit zu suchen, welcher ja überhaupt nach dem Grundsatz vom Gegenteiligen verfährt und heutzutage gewöhnlich als die Lösung für alles Paradoxe und Unmögliche gilt. Oder vielleicht lag es am Ende nur an der ausgesprochen natürlichen und sachlichen Art der Mumie, welche ihren Worten alles Grausliche nahm. Wie dem auch sei, der Tatbestand ist eindeutig, und kein Mitglied unserer Gesellschaft gebärdete sich ängstlich zitternd oder schien sonst der Ansicht, daß irgend etwas ganz besonders schief gegangen sei.

Ich meinerseits war überzeugt, es sei alles in bester Ordnung, und trat lediglich zur Seite, außer Reichweite von des Ägypters Faust. Doktor Honnorius schob die Hände in die Hosentaschen, blickte die Mumie scharf an und ward überaus rot im Gesicht. Mr. Gliddon strich sich den Bakkenbart und zog seinen Hemdkragen höher. Mr. Buckingham ließ den Kopf hängen und steckte seinen rechten Daumen in den linken Mundwinkel.

Der Ägypter betrachtete ihn einige Minuten lang mit strenger Miene und sprach endlich naserümpfend:

»Warum sagen Sie nichts, Mr. Buckingham? Haben Sie etwa nicht gehört, was ich Sie gefragt habe? Nehmen Sie *gefälligst* den Daumen aus dem Mund!«

Hierauf zuckte Mr. Buckingham leicht zusammen, zog den rechten Daumen aus dem linken Mundwinkel und schob zwecks Entschuldigung seinen linken Daumen in den rechten Winkel der obenerwähnten Öffnung.

Außerstande, von Mr. B. eine Antwort zu erhalten, wandte sich die Figur mürrisch an Mr. Gliddon und begehrte in gebieterischem Ton und überhaupt zu wissen, was das Ganze eigentlich bedeuten solle.

Mr. Gliddon antwortete sehr ausführlich, in korrekter Lautung; und gebräche es den amerikanischen Druckereien nicht an Hieroglyphen-Typen, wäre es mir ein außerordentliches Vergnügen, seine ganz ausgezeichnete Rede hier im Original und *in extenso* wiederzugeben.

Ich kann bei dieser Gelegenheit aber anmerken, daß die ganze nachfolgende Unterredung, darin die Mumie beteiligt, in Urägyptisch geführt ward, und zwar durch Vermittlung (soweit es meine Wenigkeit und die anderen nicht weitgereisten Mitglieder der Gesellschaft betraf) – durch die Verdolmetschung, wie gesagt, der Herren Gliddon und Buckingham. Diese Herren wußten die Muttersprache der Mumie in unnachahmlich fließender und anmutiger Weise elegant zu gebrauchen; doch konnte ich nicht umhin zu bemerken, wie die beiden Reisenden (zweifelsohne infolge der Einführung gänzlich moderner und dem Fremdling natürlich gänzlich unbekannter sprachlicher Bilder) sich bisweilen gezwungen sahen, auf durch die Sinne erkennbare Formen zurückzugreifen, um eine spezielle Bedeutung auszudrücken. So vermochte zum Beispiel Mr. Gliddon einmal an einem Punkte dem Ägypter einfach nicht den Begriff ›Politik‹ begreiflich zu machen, bis er schließlich mit einem Stückchen Holzkohle ein kleines karbunkelnasiges Männchen an die Wand zeichnete, das, Löcher an die Ellbogen, auf einer Rednertribüne stand, das linke Bein zurückgesetzt, den rechten Arm mit geballter Faust vorwärtsgereckt, die Augen himmelwärts verdreht und den Mund in einem Winkel von neunzig Grad aufgesperrt. Auf ebendie nämliche Weise gelang es Mr. Buckingham zuerst nicht, die absolut moderne Idee ›Perücke‹ auszudrücken, bis er (auf eine Anregung Doktor Honnorius' hin) sehr bleich im Gesicht ward und sich bereit fand, seine eigene abzunehmen.

Es ist nur allzu verständlich, daß Mr. Gliddons Diskurs sich vornehmlich auf die unermeßlichen Segnungen richtete, welche der Wissenschaft aus dem Auswickeln und Ausweiden von Mumien zuwüchsen; und er entschuldigte sich, was dies betraf, für eine jegliche Störung, welche im besondern *ihm*, dem Mumien-Individuum namens Allapsusso, zugefügt worden sei; worauf er mit dem bloßen Hinweis (denn für mehr konnte man es schwerlich erachten) endigte, man könne, da diese Kleinigkeiten nun also geklärt seien, ebensogut mit der beabsichtigten Untersuchung fortfahren. Hiermit machte Doktor Honnorius seine Instrumente einsatzbereit.

Hinsichtlich der letzteren Anregungen des Sprechers machte es den Eindruck, als wenn Allapsusso gewisse Bedenken trüge, deren Natur ich nie richtig erfahren habe; doch äußerte er sich zufrieden mit den vorgebrachten Entschuldigungen, stieg vom Tisch hernieder und schüttelte einem jeglichen in der Runde die Hand.

Als diese Zeremonie ihr Ende gefunden, gingen wir sogleich daran, die Beschädigungen auszubessern, welche unser Sezierobjekt vom Skalpell erlitten hatte. Wir nähten die Schläfenwunde wieder zu, verbanden ihm den Fuß und klebten ihm einen Quadratzoll schwarzes Pflaster auf die Nasenspitze.

Nun war zu bemerken, daß den Grafen (dies war allem Anscheine nach Allapsussos Titel) ein leichtes Frösteln überkommen hatte – unzweifelhaft von der Kälte. Der Doktor begab sich sogleich in seine Garderobe und kehrte bald darauf zurück mit einem schwarzen Frack, in Jennings' bester Manier gearbeitet, einem Paar himmelblauer Flanellbeinkleider mit Stegen, einem *chemise* aus rosa Gingham, einer langschößigen Brokatweste, einem weißen losen Überrock, einem Spazierstock mit Hakengriff, einem Hut ohne Krempe, Lackstiefeln, strohfarbenen Glacéhandschuhen, einem Augenglas, einem Backenbart und einer Kaskadenhalsbinde. Infolge des Größenunterschieds zwischen dem Grafen und dem Doktor (Verhältnis von zwei zu eins) bereitete es ein wenig Mühe, diese Kleidungsstücke dem Ägypter auf den Leib zu passen; doch als alles seine Ordnung gefunden, hätte man ihn durchaus als angezogen bezeichnen können. Mr. Gliddon bot ihm daher denn den Arm und führte ihn zu einem bequemen Sessel am Kamin, während der Doktor unverweilt läutete und Zigarren und Wein zu bringen befahl.

Die Unterhaltung ward alsbald recht angeregt. Besonders groß war natürlich die Neugierde, welche man ob des einigermaßen bemerkenswerten Umstandes bekundete, daß Allapsusso noch immer am Leben war.

»Ich hätte gedacht«, ließ sich Mr. Buckingham vernehmen, »es wäre längst an der Zeit, daß Sie tot wären.«

»Wieso?« entgegnete der Graf höchlich erstaunt, »ich bin ja erst wenig mehr denn siebenhundert Jahre alt. Mein Vater ist tausend geworden und war, als er starb, keineswegs senil.«

Hierauf folgte ein lebhaftes Hin und Her von Fragen und Berechnungen, aus welchem unstreitig hervorging, wie sehr man sich im Alter der Mumie doch verschätzt hatte. Es war nun fünftausendundfünfzig Jahre und ein paar Monate her, daß man sie in den Katakomben zu Eleithias beigesetzt hatte.

»Aber meine Bemerkung soeben«, hob Mr. Buckingham wieder an, »bezog sich nicht auf Ihr Alter zur Zeit der Bestattung (ja, ich will gern einräumen, daß Sie noch immer ein junger Mann sind), vielmehr wollte ich auf die ungeheuerliche Zeitspanne hinaus, während welcher Sie, nach Ihrer eigenen Aussage, in Asphalt eingepackt gewesen sein müssen.«

»In was?« fragte der Graf.

»In Asphalt«, wiederholte Mr. B. unbeirrt.

»Ah, ja; ich ahne dunkel, was Sie meinen; zweifellos könnte es den Zweck auch erfüllen, ja – doch zu meiner Zeit haben wir kaum etwas anderes verwendet denn Quecksilberbichlorid.«

»Doch was wir am allerwenigsten begreifen können«, sagte Doktor Honnorius, »ist, wie es kommt, daß Sie hier und heute so quicklebendig vor uns sitzen und so herrlich gesund aussehen, wo Sie doch vor fünftausend Jahren in Ägypten tot und begraben waren.«

»Wäre ich *tot* gewesen, wie Sie sagen«, erwiderte der Graf, »dann ist es mehr als bloß wahrscheinlich, daß ich es noch immer wäre; denn ich sehe, der Galvanismus steckt bei Ihnen noch in den Kinderschuhen, und Sie vermögen damit beileibe nicht das zu bewirken, was vorzeiten bei uns gang und gäbe gewesen war. Doch ist die Sache die, daß ich damals in Katalepsie verfallen war und meine besten Freunde dachten, ich wäre tot oder müßte es sein; also haben sie mich sogleich einbalsamiert – ich darf wohl annehmen, das Verfahren des Einbalsamierens ist Ihnen im wesentlichen bekannt?«

»Ä-hem, nicht ganz.«

»Ah, ich sehe schon – ein bedauerlicher Zustand von Ignoranz! Na schön, auf Einzelheiten kann ich jetzt nicht eingehen: doch bedarf es unbedingt der Erklärung, daß in Ägypten (strenggenommen) einbalsamieren bedeutete, *sämtliche* dem Prozeß unterworfenen animalischen Funktionen auf unbestimmte Zeit anzuhalten. Ich gebrauche das Wort ›animalisch‹ im weitesten Sinne, so daß es das physische Sein nicht mehr denn das geistig-innerliche wie *vitale* Sein in sich beschließt. Ich wiederhole also: das Hauptprinzip des Einbalsamierens bestand bei uns darin, *sämtlichen*

dem Prozeß ausgesetzten animalischen Funktionen schlagartig Einhalt zu tun und dieselben in immerwährender
Schwebe, sprich: Untätigkeit, zu erhalten. Kurzum, in welchem Zustand sich der Mensch zum Zeitpunkte des Einbalsamierens auch immer befand, in ebenjenem Zustand
verharrte er. Da ich nun das Glück habe, vom Geblüte des
Skarabäus zu sein, ward ich *lebendig* einbalsamiert, so wie
Sie mich jetzt vor sich sehen.«

»Vom Geblüte des Skarabäus!« rief Doktor Honnorius
aus.

»Ja. Der Skarabäus war das *insignium* beziehungsweise
das ›Wappen‹ einer höchst distinguierten und höchst seltenen Patrizierfamilie. ›Vom Blute des Skarabäus‹ zu sein bedeutet schlicht: einer jener Familie zu sein, die den Skarabäus als *insignium* hat. Bildlich gesprochen.«

»Doch was hat das damit zu tun, daß Sie am Leben
sind?«

»Nun, ist's doch in Ägypten allgemein Brauch, einem
Leichnam vor dem Einbalsamieren Eingeweide und Gehirn herauszunehmen; einzig das Geschlecht des Skarabäus pflegte nicht diese Sitte. Wäre ich also kein Skarabäus
gewesen, besäße ich weder Gedärm noch Gehirn; und ohne
beides lebt es sich wohl beschwerlich.«

»Verstehe«, sagte Mr. Buckingham, »und so ist wohl davon auszugehen, daß alle *unversehrten* Mumien, welche uns
in die Hände gelangen, vom Geschlechte des Skarabäus
stammen.«

»Ohne Zweifel.«

»Ich dachte immer«, ließ sich Mr. Gliddon in aller Bescheidenheit vernehmen, »der Skarabäus wäre einer der
ägyptischen Götter.«

»Einer der ägyptischen *was?*« rief die Mumie und sprang
auf.

»Götter!« wiederholte der Weitgereiste.

»Mr. Gliddon, ich bin wirklich erstaunt, Sie in dieser
Weise reden zu hören«, sprach der Graf, indem er seinen
Platz wieder einnahm. »Kein Volk auf Erden hat jemals
mehr denn *einen Gott* anerkannt. Der Skarabäus, der Ibis

etc. waren bei uns (wie ähnliche Geschöpfe bei anderen) lediglich die Symbole oder *Medien*, vermittels derer wir einem Schöpfer, zu erhaben, um sich ihm auf direkterem Wege zu nähern, Anbetung zollten.«

Hierauf trat eine Pause ein. Schließlich nahm Doktor Honnorius die Unterhaltung wieder auf.

»Nach dem, was Sie uns erklärt haben, wäre es also nicht unwahrscheinlich«, so sprach er, »daß sich in den Katakomben am Nil möglicherweise noch weitere Mumien vom Stamme des Skarabäus im Zustand der Lebensfähigkeit befinden könnten.«

»Das kann gar keine Frage sein«, erwiderte der Graf; »sämtliche Skarabäen, welche aus Versehen lebendig einbalsamiert worden sind, leben auch heute noch. Ja, selbst einige von den *vorsätzlich* so Einbalsamierten sind möglicherweise von ihren *Testamentsvollstreckern* übersehen worden und harren noch in den Grüften.«

»Würden Sie die Güte haben und uns erklären«, fragte ich, »was Sie mit ›vorsätzlich einbalsamiert‹ meinen?«

»Mit dem größten Vergnügen«, antwortete die Mumie, nachdem sie mich mit Muße durch ihr Monokel gemustert hatte – war es doch das erste Mal, daß ich mich unterstanden hatte, eine direkte Frage an sie zu richten.

»Mit dem größten Vergnügen«, sagte also der Ägypter. »Die normale Lebensdauer des Menschen betrug zu meiner Zeit etwa achthundert Jahre. Wenige nur starben, bevor sie das Alter von sechshundert Jahren erreicht hatten, wofern ihnen nichts Außergewöhnliches zustieß; länger denn eine Dekade von Jahrhunderten lebten auch nur wenige; doch acht galten als natürliche Frist. Nachdem das Prinzip des Einbalsamierens, wie ich es Ihnen bereits geschildert, entdeckt war, kam unseren Philosophen der Gedanke, daß eine löbliche Neugier befriedigt und zu gleicher Zeit die Interessen der Wissenschaft entscheidend befördert werden könnten, wenn man diese naturgegebene Frist in Raten lebe. Im Falle der Historie hat ja in der Tat die Erfahrung bewiesen, daß dergleichen unerläßlich sei. Hatte zum Beispiel ein Historiker das Alter von fünfhundert Jahren erreicht, schrieb er mit vieler Mühe ein Buch und ließ sich hernach sorgfältig einbalsamieren; seinen Vollstrekkern *pro tempore* hinterließ er dabei Anweisung, ihn nach Ablauf einer gewissen Zeitspanne – sagen wir, fünf- oder sechshundert Jahre – wiederbeleben zu lassen. Nähme er dann nach Ablauf dieses Zeitraums das Dasein wieder auf, würde er unweigerlich sein großes Werk verwandelt vorfinden, und zwar in eine Art vom Zufall diktiertes Notizbuch – das heißt, in so etwas wie eine literarische Arena, darin sich die widerstreitenden Vermutungen, Rätsel und persönlichen Querelen ganzer Herden von ergrimmten Kommentatoren austobten. Besagte Vermutungen usw., welche Annotationen oder Emendationen benannt waren, hatten, wie sich zeigte, den Text so gänzlich verhüllt, verzerrt und unter sich begraben, daß der Autor schon mit einer Laterne herumlaufen müßte, um sein eigenes Buch wiederzuentdecken. Und hatte er es dann entdeckt, erwies es sich als nicht der Mühe des Suchens wert. Nachdem er es noch einmal von Grund auf neu geschrieben, ward es als die Pflicht und Schuldigkeit des Historikers erachtet, sich unverzüglich ans Werk zu begeben, nach seiner eigenen persönlichen Kenntnis und Erfahrung die dazumalen gängigen Überlieferungen von der Epoche, in der er ursprünglich gelebt, zu korrigieren. Dies Verfahren des Neu- und Umschreibens als auch der persönlichen Richtigstellung, wie es von diversen einzelnen Gelehrten von Zeit zu Zeit vorgenommen, hat es erfolgreich zu verhindern vermocht, daß unsere Geschichte zur bloßen Fabel verkam.«

»Entschuldigen Sie«, ließ sich Doktor Honnorius an dieser Stelle vernehmen, wobei er dem Ägypter sacht die Hand auf den Arm legte – »entschuldigen Sie, Sir, doch darf ich mir die Freiheit nehmen, Sie einen Augenblick zu unterbrechen?«

»Selbstverständlich, *Sir*«, erwiderte der Graf und richtete sich stolz auf.

»Ich wollte Sie lediglich etwas fragen«, sagte der Doktor. »Sie haben davon gesprochen, wie der Historiker die *Überlieferungen* von seiner eigenen Epoche persönlich richtigstellt. Bitte, Sir, in welchem Verhältnis erwies sich diese Kabbala im Durchschnitt denn als korrekt?«

»Die Kabbala, wie Sie's richtig nennen, Sir, erwies sich im allgemeinen als den Tatsachen genau ebenbürtig, wie sie in den un-umgeschriebenen, also nicht neu-geschriebenen Geschichtswerken selbst angeführt wurden; das heißt, weder hier noch da war auch nur ein einziges Jota bekannt, welches nicht unter allen Umständen total und radikal falsch gewesen wäre.«

»Doch da es völlig klar ist«, begann der Doktor von neuem, »daß seit Ihrer Bestattung mindestens fünftausend Jahre verstrichen sind, darf ich ja wohl als ausgemacht annehmen, daß die Geschichtswerke zu jener Zeit, wenn nicht gar Ihre Überlieferungen, sich hinreichend ausführlich über jenen einen Gegenstand allgemeinen Interesses geäußert haben werden, die Schöpfung nämlich, die ja, wie ich als Ihnen bekannt voraussetzen darf, nur etwa zehn Jahrhunderte zuvor stattgefunden hatte.«

»Sir!« sprach da Graf Allapsusso.

Der Doktor wiederholte seine Worte, doch erst nach vielen zusätzlichen Erläuterungen gelang es, sie dem Fremdling begreiflich zu machen. Der letztere äußerte endlich zögernd:

»Die Gedanken, welche Sie soeben vorgetragen haben, sind für mich, ich muß es gestehen, gänzlich neu. Während meiner Zeit war mir keiner bekannt, der eine derart absonderliche Vorstellung gehegt hätte, daß das Universum (oder diese Welt, wenn Sie so wollen) überhaupt je einen Anfang gehabt hätte. Einmal, ein einziges Mal nur, kann ich mich entsinnen, von einem in vielerlei Theorien bewanderten Manne eine entfernte Andeutung vernommen zu haben, und zwar betraf sie den Ursprung des *Menschengeschlechts*; und dieser eine verwendete auch genau das Wort *Adam* (oder Rote Erde), welches Sie gebrauchen. Er bediente sich seiner allerdings in generischem Sinne, mit Bezug auf die Urzeugung aus fettem Erdreich (ganz so wie Tausende der niederen *genera* von Geschöpfen sich entwickeln) – die Urzeugung also, wie gesagt, von fünf gewaltigen

Horden Menschen, welche an fünf verschiedenen und annähernd gleichgroßen Teilen des Erdballs gleichzeitig entstanden seien.«

Hier erfolgte unter den Anwesenden allgemeines Achselzucken, und der eine oder andere tippte sich sogar mit äußerst vielsagender Gebärde an die Stirn. Nachdem Mr. Silk Buckingham mit flüchtigem Blick das *occiput* und darauf das *sinciput* von Allapsusso gestreift, sprach er also wie folgt: –

»Die lange Dauer des menschlichen Lebens zu Ihrer Zeit, im Vereine mit der gelegentlichen Praxis, dasselbe, wie Sie geschildert haben, in Raten zu verbringen, müßte nun freilich ein starkes Streben nach Entwicklung und Anhäufung von Wissen bewirkt haben. Daher darf ich wohl annehmen, daß man die gar deutliche Unterlegenheit der alten Ägypter in allen Zweigen der Wissenschaft, verglichen mit uns Heutigen und ganz besonders mit den Yankees, nun ganz und gar dem entschieden größeren Kubikinhalt der ägyptischen Hirnschale zuschreiben muß.«

»Ich muß wiederum gestehen«, entgegnete der Graf mit großer Artigkeit, »daß ich einigermaßen in Verlegenheit bin, Sie zu verstehen; bitte, auf welche Wissenszweige spielen Sie hier an?«

Hier hob nun unsere ganze Gesellschaft mit vereinten Stimmen an, um sich aufs ausführlichste über die Postulate der Phrenologie und die Wunder des tierischen Magnetismus zu verbreiten.

Nachdem der Graf uns bis zum Ende angehört, schickte er sich an, uns ein paar Anekdoten zu erzählen, daraus deutlich hervorging, wie Vorbilder von Gall und Spurzheim in so unvordenklicher Zeit schon in Ägypten gedeihlich gewirkt und dahingeblichen, daß sie schon fast in Vergessenheit geraten waren, und wie es bei den Manipulationen Mesmers wahrlich nur um sehr nichtswürdige Tricks sich handelte, sah man sie in Vergleichung zu den vollkommenen Wundern der thebanischen Zauberer, welche gar Läuse und viel anderes ähnliches Getier erschaffen hatten.

Hier nun fragte ich den Grafen, ob sein Volk imstande

gewesen wäre, Sonnen- und Mondfinsternisse vorauszuberechnen. Darob lächelte er ziemlich verächtlich und sagte,
ja, das wäre man.

Dies brachte mich ein wenig aus dem Konzept, gleichwohl schickte ich mich an, weitere Erkundigungen hinsichtlich seiner astronomischen Kenntnisse anzustellen, als
mir einer der Anwesenden, der bislang den Mund noch
nicht einmal aufgetan, ins Ohr flüsterte, wegen diesbezüglicher Auskünfte solle ich doch lieber bei Ptolemaios nachschlagen (wer immer Ptolemaios sein mag), insgleichen bei
eines gewissen Plutarch *de facie lunae*.

Darauf fragte ich die Mumie über Brenngläser und Linsen aus sowie über die Glasherstellung im allgemeinen;
doch war ich noch nicht einmal am Ende mit meinen Fragen, als mich der Schweigsame schon wieder sachte am Ellenbogen anstieß und mich um Gottes willen bat, doch
einen Blick in Diodorus Siculus zu werfen. Was nun den
Grafen betrifft, so stellte als Antwort er mir lediglich die
Gegenfrage, ob wir Modernen Mikroskope besäßen, welche
uns in den Stand setzten, Kameen nach Art der Ägypter zu
schneiden. Indes ich noch darüber nachdachte, wie ich auf
solche Frage antworten könnte, stellte sich gar der kleine
Doktor Honnorius auf die allermerkwürdigste Weise bloß.
»Schauen Sie sich unsre Baukunst an!« rief er, sehr zum
Verdrusse der beiden Weitgereisten, die ihn grün und blau
kniffen, doch vergebens.

»Schauen Sie sich doch Bowling Green Fountain in New
York an!« schrie er voller Begeisterung. »Oder, sollte dies
ein zu ungeheures Ansinnen sein, betrachten Sie doch nur
einen Augenblick das Kapitol in Washington, D. C.!« –
und der brave kleine Mediziner erging sich nun im weiteren, aufs genaueste Maße und Proportionen des erwähnten
Bauwerks herzuzählen. Er erläuterte, wie allein den Portikus nicht weniger denn vierundzwanzig Säulen schmückten, im Abstand von zehn Fuß, eine jegliche fünf Fuß im
Durchmesser.

Der Graf lieh seinem Bedauern Ausdruck, daß er im
Augenblick außerstande sei, sich der exakten Abmessun-

gen auch nur eines der bedeutenderen Bauwerke der Stadt Aznac zu erinnern, deren Grund in grauer Vorzeit gelegt worden sei, doch deren Ruinen zur Zeit seiner Bestattung noch auf einer weiten Sandebene westlich von Theben gestanden hätten. Gleichwohl entsinne er sich (da gerade von *porticus* die Rede) an einen solchen, der zu einem geringeren Palaste in einer Art Vorstadt namens Karnak gehört und hundertvierundvierzig Säulen gezählt habe, eine jegliche von siebenunddreißig Fuß Umfang, im Abstand von fünfundzwanzig Fuß. Den Zugang zu diesem Portikus, vom Nil her, habe eine zwei Meilen lange Prachtstraße gebildet, gesäumt von Sphingen, Statuen und Obelisken, zwanzig, sechzig und hundert Fuß hoch. Der Palast selber sei (soweit er sich erinnern könne) in einer Richtung zwei Meilen lang gewesen und habe im Umfang insgesamt wohl etwa sieben Meilen gemessen. Die Wände seien, innen wie außen, über und über mit Hieroglyphen bemalt gewesen. Er wolle sich nicht anmaßen zu *behaupten*, daß innerhalb dieser Mauern man von des Doktors Kapitolen fünfzig oder sechzig gar hätte errichten können, doch sei er sich keineswegs sicher, ob man nicht mit einiger Mühe zwei- oder dreihundert davon hätte hineinzwängen können. Bei alledem sei dieser Palast zu Karnak ja ein unbedeutendes kleines Bauwerk gewesen. Allerdings könne er (der Graf) es nicht guten Gewissens ablehnen, die sinnreiche Konstruktion, Großartigkeit und Überlegenheit jenes Brunnens in Bowling Green, so wie ihn der Doktor beschrieben habe, zuzugeben. Nichts dergleichen, so sehe er sich gezwungen zu gestehen, habe man je in Ägypten oder anderswo gesehen.

Hier nun fragte ich den Grafen, was er zu unseren Schienenwegen zu sagen habe.

»Nichts Besonderes«, entgegnete er. Sie seien recht schmächtig, ziemlich schlecht ausgedacht und ungeschickt zusammenmontiert. Sie wären natürlich nicht zu vergleichen mit den unermeßlich breiten, planen, geraden Dammstraßen mit eisernen Laufrinnen, darauf die Ägypter ganze Tempel und massive Obelisken, hundertfünfzig Fuß hoch, transportiert hätten.

Ich sprach von unseren gigantischen mechanischen Kräften.

Er gab zu, daß wir auf diesem Gebiete einiges wüßten, begehrte aber zu erfahren, wie ich wohl zu Werke gegangen wäre, um auf die Sturze selbst des kleinen Palastes zu Karnak die Kämpfergesimse hinaufzubefördern.

Diese Frage beschloß ich nicht gehört zu haben und verlangte meinerseits zu wissen, ob er einen Begriff von artesischen Brunnen habe; er aber hob nur die Augenbrauen; derweilen zwinkerte mir Mr. Gliddon aufs heftigste zu und gab mir mit leiser Stimme zu verstehen, daß die Ingenieure, welche in der Großen Oase mit Trinkwasserbohrungen beauftragt seien, erst kürzlich einen entdeckt hätten.

Nunmehr brachte ich unseren Stahl ins Gespräch; doch der Fremdling rümpfte nur die Nase und fragte mich seinerseits, ob sich mit unserem Stahl die haarscharfen Gravierungen hätten ausführen lassen, wie man sie an den Obelisken sieht, welchselbige Arbeit gänzlich von Schneidwerkzeugen aus Kupfer verrichtet worden sei.

Dies brachte uns dermaßen außer Fassung, daß wir es für ratsam hielten, den Angriff auf die Metaphysik zu verlegen. Wir sandten also nach einem Exemplar einer Schrift namens ›Dial‹ und lasen daraus ein oder zwei Kapitel über etwas, das nun zwar nicht sonderlich klar ist, was die Bostoner aber Die Große Bewegung oder Den Fortschritt nennen.

Der Graf äußerte dazu lediglich, daß Große Bewegungen auch zu seiner Zeit fürchterlich häufig gewesen wären, und was Den Fortschritt anginge, so sei es damit eine Zeitlang eine rechte Plage gewesen, doch fortgeschritten sei er nie.

Hierauf lenkten wir die Rede auf die große Schönheit und Wichtigkeit der Demokratie und gaben uns alle Mühe, dem Grafen einen rechten Begriff der Vorteile zu vermitteln, die wir dadurch genössen, daß wir in einem Lande lebten, wo es Wahlen *ad libitum* gäbe und keinen König.

Er hörte mit ausgesprochenem Interesse zu und schien in der Tat nicht wenig belustigt. Als wir geendigt, sagte er, daß sich – es sei nun gar sehr lange her – schon einmal etwas ganz Ähnliches zugetragen habe. Dreizehn ägyptische Provinzen hätten sämtlich auf einmal beschlossen, von Stund an frei sein zu wollen und der übrigen Menschheit ein großartiges Exempel zu geben. Sie hätten ihre Weisen versammelt und die genialste Verfassung erdacht, welche vorzustellen nur möglich ist. Eine Weile sei alles außerordentlich gut gegangen; einzig ihre Gewohnheit zu prahlen sei ungeheuerlich, ja abscheulich und unheilschwanger gewesen. Das Ende vom Lied habe jedoch so ausgesehen, daß sich die dreizehn Staaten mitsamt einigen fünfzehn oder zwanzig weiteren zu der abscheulichsten und unausstehlichsten Despotie vereinigt hätten, davon man jemals auf dem Angesichte der Erde vernommen.

Ich fragte, welches denn der Name dieses tyrannischen Usurpators gewesen sei.

Soweit der Graf sich zu entsinnen vermochte, habe er *Mob* geheißen!

Da ich nicht wußte, was ich hierauf sagen sollte, erhob ich die Stimme und beklagte die ägyptische Ignoranz bezüglich der Dampfkraft.

Der Graf blickte mich höchlich erstaunt an, gab aber keine Antwort. Der schweigsame Herr nun freilich versetzte mir mit seinem Ellbogen einen unsanften Rippenstoß – bedeutete mir, ich hätte mich für diesmal schon genug bloßgestellt – und begehrte zu hören, ob ich tatsächlich ein solcher Trottel sei, daß ich nicht wüßte, wie sich die moderne Dampfmaschine aus der Erfindung des Heron, über Salomon de Caus, entwickelt hat?

Nun drohte uns geradewegs die Gefahr, eine vernichtende Niederlage zu erleiden; doch wie es das Glück wollte, kam Doktor Honnorius, der sich wieder erholt hatte, zu unserem Entsatze mit der Frage herbeigeeilt, ob das ägyptische Volk sich allen Ernstes anmaße, mit uns Modernen in dem so überaus wichtigen Punkte der Kleidung wetteifern zu können.

Hierauf ließ der Graf den Blick an sich hernieder bis zu den Stegen seiner Hosen wandern, sodann ergriff er das

Ende eines seiner Frackschöße und hielt es sich minutenlang dicht vor die Augen. Als er es endlich sinken ließ,
ward sein Mund immer länger, ganz allmählich, bis er von
einem Ohr zum andern reichte; doch ist mir nicht erinnerlich, daß er irgend etwas geantwortet hätte.

Woraufhin wir unseren Mut zurückgewannen und der
Doktor, indem er hoheitsvoll auf die Mumie zutrat, von
dieser freiheraus, bei ihrer Ehre als Gentleman, zu erfahren
begehrte, ob die Ägypter zu *irgendeinem* Zeitpunkt sich auf
die Herstellung von Honnorius-Pastillen oder auch Brandrethpillen verstanden hätten.

Zutiefst gespannt harrten wir einer Antwort – doch vergebens. Es kam keine. Der Ägypter errötete und ließ den
Kopf hängen. Nie war ein Triumph vollkommener; nie
ward eine Niederlage mit so wenig Anstand ertragen. Ja,
ich vermochte den Anblick der armen gedemütigten Mumie nicht länger auszuhalten. Ich griff nach meinem Hut,
machte ihr eine steife Verbeugung und nahm Abschied.

Als ich nach Hause kam, sah ich, daß es schon nach vier
war, und begab mich unverzüglich zu Bett. Nunmehr ist es
zehn Uhr vormittags. Seit sieben bin ich schon auf und damit beschäftigt, diese Aufzeichnungen zu Papier zu bringen, meiner Familie und der Menschheit zum Frommen.
Die erstere werde ich nimmermehr wiedersehen. Mein
Weib ist eine Xanthippe. Und ehrlich gesagt habe ich dies
Leben und das ganze 19. Jahrhundert allgemein gründlich
satt. Ich bin überzeugt, daß alles schiefgeht. Außerdem
möchte ich zu gern wissen, wer im Jahre 2045 Präsident
sein wird. Sobald ich mich also rasiert und eine Tasse Kaffee getrunken habe, werde ich mich nur eben zu Honnorius hinüberbegeben und mich für ein paar hundert Jahre
einbalsamieren lassen.

DIE MACHT DER WORTE

Oinos: Verzeih, Agathos, die Schwäche eines Geistes, dem die Unsterblichkeit neu erst Schwingen geliehen.

Agathos: Du sprachest nichts, mein Oinos, dafür Verzeihung zu erheischen sei. Nicht einmal hier ist Erkenntnis eine Sache der Intuition. Um Weisheit bitte die Engel frei, auf daß sie dir gegeben werde!

Oinos: Doch in diesem Dasein, so träumte mir, würde mir sogleich Erleuchtung aller Dinge und mithin, also erleuchtet, Seligkeit in einem.

Agathos: Ah, nicht in der Erkenntnis liegt die Glückseligkeit, sondern im Erwerb der Erkenntnis! Im ewigen Erkennen finden wir ewige Seligkeit; alles zu wissen aber wäre ein teuflischer Fluch.

Oinos: Doch weiß nicht der Allerhöchste alles?

Agathos: *Das* muß (da er ja auch der Allerglückseligste ist) das *Eine* noch sein, darum selbst Er nicht weiß.

Oinos: Doch da stündlich wir an Erkenntnis gewinnen, müssen *am Ende* nicht alle Dinge erkannt sein?

Agathos: Schau hinab in die abgrundtiefen Fernen! – versuche, deinem Blick eine Bahn zu brechen, hinab in die unermeßlichen Sternenfluchten, indes sacht wir durch sie dahinschweben, so – und so – und so! Selbst das geistige Schauen, wird ihm nicht allenthalben Einhalt getan von den unaufhörlichen goldenen Mauern des Universums? – den Mauern aus Myriaden von schimmernden Körpern, welche die bloße Anzahl zu scheinbarer Einheit verschmelzen?

Oinos: Ich begreife nun klar, die Unendlichkeit der Materie ist kein Traum.

Agathos: Es gibt *keine* Träume in Eden – doch geht ein Raunen hier, wie dieser der Materie Unendlichkeit *einzi-*

ger Zweck darin liege, unendliche Quellen darzutun, daran der Seele *Wissensdurst* zu stillen, welcher auf ewig unstillbar in ihr ist – denn ihn löschen hieße der Seele Selbst auslöschen. Frage mich denn, mein Oinos, frei und ohne Furcht. Komm! wir wollen die laute Harmonie der Plejaden zur Linken lassen und vom Throne hernie-derfahren zu den Sternenwiesen jenseits des Orion, wo statt Veilchen, Stiefmütterchen und Herzenstrost die Beete der dreifachen und dreifarbenen Sonnen liegen.

Oinos: Und nun, Agathos, da wir dahinfliegen, unterweise mich! – sprich zu mir in der Erde vertrautem Ton! Be-greiflich ist mir's nicht, was du mir soeben von Weise und Ordnung dessen angedeutet, was als Sterbliche wir die Schöpfung zu nennen pflegten. Willst du damit etwa sagen, Gott sei nicht der Schöpfer?

Agathos: Ich will damit sagen, daß Gott nicht erschaffe.

Oinos: Erkläre!

Agathos: *Einzig* am Anfang erschuf er. Die scheinbaren Geschöpfe, welche jetzt ohn Unterlaß durch das Univer-sum hin entstehen, können nur als mittelbares oder indi-rektes, nicht aber als direktes oder unmittelbares Ergeb-nis der Göttlichen Schöpferkraft angesehen werden.

Oinos: Bei den Menschen, mein Agathos, würde dieser Ge-danke als aufs äußerste ketzerisch gelten.

Agathos: Bei den Engeln, mein Oinos, hält man ihn ein-fach für wahr.

Oinos: Soweit kann ich dich begreifen – daß gewisse Pro-zesse dessen, was wir Natur nennen oder Die Naturge-setze, unter gewissen Bedingungen das hervorbringen, was ganz den *Anschein* der Schöpfung erweckt. Kurz vor dem endlichen Untergange der Erde gab es, ich entsinne mich wohl, viele sehr erfolgreiche Experimente auf einem Gebiet, welches manche Philosophen so schwach waren die Erschaffung von *animalculae* zu bezeichnen.

Agathos: Die Fälle, von denen du sprichst, waren in der Tat Beispiele der sekundären Schöpfung – und der *einzi-gen* Art Schöpfung, welche es gibt, seitdem das erste Wort das erste Gesetz ins Dasein rief.

OINOS: Sind nicht die Sternenwelten, die aus der Uner-
gründlichkeit des Nichts fortwährend am Firmament
hervorbrechen – sind nicht diese Sterne, Agathos, das
unmittelbare Werk des himmlischen Königs?

AGATHOS: Ich will versuchen, mein Oinos, dich Schritt um
Schritt zu der Vorstellung zu geleiten, die ich im Sinne
habe. Du weißt wohl, daß ebenso, wie kein Gedanke vergehen kann, auch keine Tat ohne unendliche Folge
bleibt. Da wir noch auf Erden geweilt, haben zum Beispiel wir die Hände bewegt, und indem wir solches getan, versetzten die Atmosphäre, die sie umgab, wir in
Schwingung. Diese Schwingung breitete sich grenzenlos
weit aus, bis sie jedes Teilchen der Erdenluft erregt, welche hinfort *und immerdar* von der einen Bewegung der
Hand beeinflußt war. Diese Tatsache war den Mathematikern unseres Globus wohlbekannt. Tatsächlich machten sie die speziellen Wirkungen, welche durch spezielle
Impulse in dem Fluidum entstanden waren, zum Gegenstand exakter Berechnung – so daß es leicht ward zu bestimmen, in präzis welcher Zeit ein Impuls gegebener
Größe den Erdball umgürten und auf ein jeglich Atom
der atmosphärischen Hülle (auf immer) einwirken
würde. Umgekehrt bereitete es ihnen keine Schwierigkeit, von einer gegebenen Wirkung aus, unter gegebenen
Bedingungen, die Stärke des ursprünglichen Impulses zu
bestimmen. Nun sahen die Mathematiker, daß die Folgen jedes gegebenen Impulses absolut endlos waren –
sie sahen, daß ein Teil dieser Folgen vermittels der algebraischen Analysis akkurat nachzuweisen war – sie
sahen auch die Leichtigkeit der Umkehrung – diese
Männer sahen nun also zur gleichen Zeit, daß diese
Art von Analysis in sich selber die Möglichkeit zu unbegrenztem Fortgange trug – daß sich für ihre Vervollkommnung und Anwendbarkeit keinerlei Grenzen denken ließen, ausgenommen die, welche im Intellekte dessen lagen, der sie vervollkommnete oder anwendete.
Doch an diesem Punkte hielten unsere Mathematiker
inne.

OINOS: Und warum, Agathos, hätten sie weitergehen sollen?

AGATHOS: Weil es darüber hinaus noch manche hochinteressante Erwägung gab. Von dem, was sie wußten, ließ sich deduzieren, daß es für ein Wesen von unbegrenztem Verstande – also eines, vor dem die algebraische Analysis in *höchster Perfektion* entfaltet dalag – keine Schwierigkeit geben konnte, jeden Impuls, welcher der Luft übertragen ward – und durch die Luft dem Äther –, bis hin zu den fernsten Konsequenzen zu jedem selbst unendlich fernen Zeitpunkte zu verfolgen. Tatsächlich läßt sich nachweisen, wie jeder derartige Impuls, *der Luft mitgeteilt, am Ende* ein jeglich Ding, welches *innerhalb des Universums* existiert, beeinflussen muß – und das Wesen von unbegrenztem Verstande – dieses Wesen, das wir uns vorgestellt – vermöchte die fernen Schwingungen des Impulses zu verfolgen – vermöchte ihnen aufwärts und vorwärts zu folgen bei ihrem Einflusse auf jegliche Partikel jeglicher Materie – aufwärts und vorwärts immerdar bei ihrer Modifikation alter Formen – oder, mit andern Worten, *bei ihrer Erschaffung neuer* – bis es, besagtes Wesen, sie – einflußlos *zuletzt* – vom Throne Gottes reflektiert fände. Und nicht nur vermöchte ein solches Wesen dies zu tun, sondern zu jeder Zeit, legte man ihm ein gegebenes Resultat vor – böte man ihm zum Beispiel einen dieser zahllosen Kometen zur Prüfung –, wäre es ihm ein leichtes, vermittels der retrogressiven Analysis zu bestimmen, auf welchen ursprünglichen Impuls jenes zurückgehe. Dies Vermögen der Zurückverfolgung in seiner absoluten Fülle und Vollkommenheit – diese Fähigkeit, zu *jeglicher* Zeit eine *jegliche* Wirkung auf eine *jegliche* Ursache zurückführen zu können – ist natürlich das Vorrecht Gottes allein, doch in jeder Graduierung, ausgenommen einzig die absolute Vollkommenheit, wird das Vermögen selbst von der ganzen Schar der Engel geübt.

OINOS: Doch du sprichst nur von Impulsen, welche auf die Luft einwirken.

AGATHOS: Da ich von der Luft sprach, so habe einzig auf die Erde ich mich bezogen: – doch die allgemeine Behauptung betrifft Impulse auf den Äther – welcher, da er, und er allein, den gesamten Raum durchdringt, mithin das große Medium der *Schöpfung* darstellt.

OINOS: Dann erschafft also eine jegliche, wie immer geartete Bewegung?

AGATHOS: Das muß sie: doch eine wahre Philosophie lehrt seit langem, die Quelle aller Bewegung sei der Gedanke – und die Quelle aller Gedanken sei –

OINOS: Gott.

AGATHOS: Ich habe, Oinos, zu dir als zu einem Kinde der schönen Erde gesprochen, welche jüngst zugrunde gegangen – und zwar von Impulsen auf die Atmosphäre der Erde.

OINOS: Ja. Das hast du.

AGATHOS: Und dieweil ich so geredet, ist dir da nicht der Gedanke an die *physisch-physikalische Macht der Worte* in den Sinn gekommen? Ist denn nicht jedes Wort für die Luft ein Impuls?

OINOS: Doch warum, Agathos, weinest du – und warum, oh, warum sinken deine Schwingen kraftlos herab, da wir über diesem schönen Sterne schweben – der da ist der grünste und doch der schrecklichste von allen, denen wir auf unserem Fluge begegnet? Seine leuchtenden Blumen sehen aus wie ein Märchentraum – doch seine wilden Vulkane wie die Leidenschaften eines stürmischen Herzens.

AGATHOS: Sie *sind es*! – sie *sind es*! Dieser wilde Stern – es ist nun drei Jahrhunderte her, seit ich ihn – mit gefalteten Händen und überströmenden Augen zu Füßen meiner Geliebten – mit ein paar wenigen leidenschaftlichen Sätzen – ins Leben gerufen habe. Seine leuchtenden Blumen *sind* die teuersten aller unerfüllten Träume, und seine wütenden Vulkane *sind* die Leidenschaften des stürmischsten und ruchlosesten der Herzen.

DER WIDER-GEIST

Bei der Betrachtung der Fähigkeiten und Triebe – der *prima mobilia* der menschlichen Seele – haben die Phrenologen es leider versäumt, einem natürlichen Hange Raum zu geben, welcher, wiewohl er unverkennbar als eine angeborene, unveränderbare Ur-Empfindung existiert, in gleicher Weise von allen Moralisten, die ihnen vorausgegangen, übersehen worden ist. Im puren Dünkel der Vernunft haben wir alle ihn übersehen. Wir haben es geduldet, daß seine Existenz unseren Sinnen entging, einzig weil es uns an Glauben – an Vertrauen gefehlt, sei es nun der Glaube an die Offenbarung oder der an die Kabbala. Nie ist uns der Gedanke gekommen, einfach weil es das Gebotene überstieg. Wir sahen keine *Notwendigkeit* für diesen Trieb – diese Neigung. Wir vermochten keinen dringenden Grund dafür zu erkennen. Unmöglich war es uns, den Gedanken dieses *primum mobile* zu begreifen, das heißt, wäre es uns gewesen, hätte er sich jemals in unser Bewußtsein gedrängt – wir hätten nicht verstehen können, in welcher Weise es dazu beschaffen sein mochte, die Zwecke der menschlichen Natur zu befördern, seien es nun die zeitlichen oder die ewigen. Es läßt sich nicht leugnen, daß die Phrenologie und in großem Maße die ganze Metaphyserei *a priori* ausgedacht sind. Der intellektuelle oder logische Mensch – weniger der verständige oder obachtsame – ist mit Eifer daran gegangen, sich Zweckbestimmungen einzubilden – Gott also ganz bestimmte Absichten vorzuschreiben. Nachdem er solcherart den Intentionen Jehovas zu seiner Zufriedenheit auf den Grund gekommen, baute er sich daraus seine unzähligen Denksysteme zusammen. Was die Phrenologie zum Beispiel betrifft, so haben wir, durchaus natürlich, als erstes festgesetzt, es sei göttliche

Bestimmung, daß der Mensch esse. Darauf schrieben wir denn dem Menschen ein Organ für die Ernährung zu, und dieses Organ ist die Geißel, mit welcher Gott den Menschen zwingt, *nolens volens* Nahrung aufzunehmen. Und nachdem wir zweitens es kurzerhand für Gottes Wille befunden, daß der Mensch seine Art erhalte, entdeckten wir flugs ein Organ der Sinnlichkeit. Und also ging es bei der Kampfeslust, der Idealität, der Kausalität, dem Bausinn – kurzum, bei jedem Organ, ob es nun eine Neigung, ein sittliches Empfinden oder ein rein intellektuelles Vermögen repräsentieren mochte. Und bei dieser Ordnung der *principia* menschlichen Handelns sind die Spurzheimianer, ob zu Recht oder Unrecht, teilweise oder aufs Ganze gesehen, im Grundsätzlichen nur in die Fußstapfen ihrer Vorgänger getreten; indem sie alles darnach ableiteten und festsetzten, wie es dem vorherbestimmten Geschick des Menschen sowie den Absichten seines Schöpfers entspräche.

Es wäre klüger gewesen, es wäre auch sicherer gewesen, die Klassifizierung (wenn wir schon klassifizieren müssen) darauf zu gründen, was der Mensch gewöhnlich oder gelegentlich tat und allezeit gelegentlich getan hat, statt darauf, was wir für ausgemacht gehalten, daß nach dem Willen Gottes er tun solle. Wenn wir Gott in seinen sichtbaren Werken nicht begreifen können, wie dann in seinen unfaßbaren Gedanken, welche die Werke ins Leben rufen? Wenn wir IHN nicht in seinen gegenständlichen Geschöpfen zu verstehen vermögen, wie dann in seinen davon unabhängigen Erscheinungsweisen und Phasen der Schöpfung?

Induktives Herangehen, *a posteriori*, hätte die Phrenologie hingegen dazu gebracht, als ein angeborenes Ur-Prinzip menschlichen Handelns ein paradoxes Etwas gelten zu lassen, welches wir in Ermangelung eines treffenderen Ausdrucks *Wider-Natur* nennen wollen. In dem Sinne, den ich meine, handelt es sich dabei recht eigentlich um ein *mobile* ohne Motiv, um ein nicht ›motiviertes‹ Motiv. Es veranlaßt uns, ohne begreiflichen Zweck zu handeln; beziehungsweise dürfen wir, so man dies als eine *contradictio in adjecto* verstehen will, den Satz dahingehend modifizieren, daß wir sagen, auf seine Veranlassung hin tun wir etwas einzig aus dem Grunde, weil wir es *nicht* tun sollten. Theoretisch mag kein Grund mehr eines Grundes entbehren; doch in Wirklichkeit gibt es keinen, der zwingender wäre. Bei gewissen Gemütern, unter gewissen Bedingungen wirkt er absolut unwiderstehlich. So gewiß ich atme, so sicher weiß ich, daß die feste Überzeugung, eine Tat sei unrecht oder falsch, oftmals die eine unbezwingliche *Kraft* darstellt, welche uns treibt, und sie allein, diese zu begehen. Und dieser überwältigende Drang, das Unrechte um des Unrechten willen zu tun, läßt keinerlei Analyse oder Zerlegung in anderweitige tieferliegende Elemente zu. Er ist elementar – ein Grund-, ein Urtrieb. Nun wird man, ich weiß es wohl, die Einwendung machen, es sei, wenn wir so hartnäckig auf einer Tat bestehen, nur weil wir meinen, wir sollten *nicht* darauf bestehen, unser Verhalten lediglich eine Modifikation dessen, was gemeinhin der *Kampfeslust* der Phrenologie entspringt. Doch schon ein kurzer Blick wird den Trugschluß dieses Gedankens erweisen. Die phrenologische Kampfeslust enthält als wesentlichen Kern die Notwendigkeit oder das Bedürfnis der Selbstverteidigung. Sie ist unser Schutz, daß wir nicht Schaden nehmen. Ihr Prinzip ist auf unsere Wohlfahrt gerichtet; und so wird das Verlangen nach Wohlergehen gleichzeitig mit ihrer Entfaltung geweckt. Daraus folgt, daß das Verlangen nach Wohlsein gleichzeitig mit jedem Prinzip sich regen müsse, das lediglich eine Modifikation der Kampfeslust sein soll, doch im Falle jenes Etwas, das ich *Wider-Natur* nenne, wird das Verlangen nach Wohlergehen nicht nur nicht geweckt, sondern es liegt ein ganz und gar gegensätzliches Empfinden vor.

Ein Appell an das eigene Herz ist immerhin die beste Antwort auf die soeben verkündete Sophisterei. Niemand, der vertrauensvoll um Rat in die eigene Seele schaut und sie bis auf den Grund prüft, wird das ganz und gar Urtriebhafte der fraglichen Neigung leugnen wollen. Sie ist gleichso unbegreiflich wie auffallend. Es lebt, zum Beispiel, wohl kein Mensch, welchen nicht irgendwann schon einmal das heftige Verlangen geplagt, einen Zuhörer durch Weitschweifigkeit zu quälen. Der Sprecher weiß wohl, daß er mißfällt; er hat auch ganz und gar die Absicht zu gefallen; gewöhnlich ist er kurz, präzise und klar; die treffendste und einleuchtendste Sprache ringt denn auch auf seiner Zunge nach Ausdruck; nur mit Mühe hält er an sich, daß sie sich nicht ergieße; den Unwillen dessen, an den seine Worte er richtet, fürchtet er gar sehr, möchte ihn abwenden; und doch kommt ihm der Gedanke, wie vielleicht vermittels gewisser Verwicklungen und Einschaltungen ebendieser Unwille geweckt werde. Jener einzige Gedanke ist genug. Die Regung wächst und wird zum Wunsch, der Wunsch zum Verlangen, das Verlangen zum unbändigen Drang, und diesem Drange gibt der Sprecher (zu seinem eigenen tiefen Bedauern und Verdruß und allen Folgen zum Trotz) schließlich nach.

Wir haben eine Aufgabe vor uns, die rasch erledigt sein muß. Wir wissen, Aufschub wäre unser Verderben. Der entscheidende Wendepunkt in unserem Leben ruft mit Posaunenstimme nach unverzüglicher Tatkraft wie Tat. Wir glühen, wir verzehren uns vor Eifer, das Werk zu beginnen, unsere ganze Seele ist entbrannt im Vorgefühl seines glorreichen Ausgangs. Es soll, es muß heute geschehen, und doch verschieben wir es auf morgen; und warum? Es gibt keine Antwort, außer eben: es ist der *Wider-Geist*, der sich meldet, wobei wir das Wort gebrauchen, ohne das Prinzip zu verstehen. Der morgige Tag ist da und mit ihm ein drängenderes Verlangen, unsere Pflicht zu tun, doch mit ebendiesem ungeduldigen Verlangen wächst auch eine namenlose, eine wahrhaft fürchterliche, da unergründliche, Begier nach Aufschub. Und diese Begier erstarkt, wie die Augenblicke verrinnen. Schon naht die letzte Stunde, das Werk zu vollbringen. Wir zittern, so heftig tobt in uns der Konflikt – des Bestimmten mit dem Unbestimmten – des Wesens mit dem Schatten. Doch ist der Streit soweit gediehen, so ist es der Schatten, welcher den Sieg davonträgt – wir kämpfen vergebens. Die Uhr schlägt, das Grabgeläute unseres Wohlergehns. Zur gleichen Zeit aber ist es auch der Hahnenschrei für den Geist, der uns so lange in seinem schrecklichen Banne gehalten. Er flieht – er verschwindet – wir sind frei. Die alte Tatkraft kehrt zurück. *Jetzt* wollen wir ans Werk. Aber ach, es ist *zu spät!*

Wir stehen am Rande eines Abgrunds. Wir spähen hinab in die Tiefe – übel wird uns und schwindelig. Unsere erste Regung ist, zurückzuweichen vor der Gefahr. Doch unerklärlicherweise bleiben wir. Ganz allmählich gehen Übelkeit und Schwindel und Grausen in einer Wolke unnennbaren Fühlens auf. Stufenweise, doch unmerklicher noch, nimmt diese Wolke Gestalt an, wie es der Rauch aus der Flasche tat, daraus sich in ›Tausendundeiner Nacht‹ der Geist erhob. Doch aus dieser *unserer* Wolke an des Abgrunds Rand erwächst zum Greifen deutlich eine Gestalt hervor, weit schrecklicher denn jeder Geist, denn jeder Dämon in einem Märchen, und dennoch ist es nur ein Gedanke, wenngleich ein fürchterlicher, einer, der uns bis ins Innerste erschauern läßt, so heftig ist das wohlige Entzükken ob seines Grauens. Es ist bloß die Vorstellung, was wir beim jähen, rasenden Sturz aus solcher Höhe wohl empfinden würden. Und dieser Sturz – diese schwindelerregende Vernichtung – aus ebendem Grunde, daß darin jenes eine allergräßlichste und abscheulichste von all den so gräßlichen und abscheulichen Bildern von Tod und Leiden beschlossen, die je unsere Phantasie geschaut – aus ebendieser Ursache verlangt es uns nun ach so heftig danach. Und weil uns unsere Vernunft mit aller Gewalt von der Kante fernhalten will, *darum* eben zieht es uns nur um so ungestümer zu ihr hin. Keine Leidenschaft ist ihrer Natur nach von so dämonischem Verlangen, wie sie ein Mensch empfindet, der, schaudernd am Rande eines Abgrunds, solcherart einen Sturz erwägt. Auch nur einen Augenblick der Versuchung des *Gedankens* daran nachzugeben, heißt unweigerlich verloren sein; denn Überlegung drängt uns, davon abzustehen, und eben *darum*, wie gesagt, *können wir es nicht.* Hält uns dann kein Freundesarm zurück oder gelingt es uns nicht, uns in jäher Anstrengung vom Abgrund weg rücklings hinzuwerfen, so springen wir – in den Tod.

Wenn wir diese und ähnliche Handlungsweisen noch so sehr untersuchen, stets werden wir finden, daß sie einzig aus dem *Wider-Geist* resultieren. Wir tun dergleichen nur, weil wir das Gefühl haben, wir sollten es *nicht* tun. Darüber hinaus oder dahinter gibt es keinerlei faßliches Prinzip; und wahrlich möchte es uns bedünken, dieser Wider-Geist sei eine direkte Versuchung des Erzfeinds, wirkt er nicht, wie bekannt, zuweilen auch zur Förderung des Guten.

Ich habe des langen und breiten geredet, um Ihre Frage wenigstens einigermaßen zu beantworten – um Ihnen zu erklären, warum ich hier bin – um Ihnen etwas vorzubringen, das die Ursache dafür wenigstens erahnen läßt, warum ich diese Fesseln trage und hier in der Todeszelle sitze. Wäre ich nicht so weitschweifig gewesen, hätten Sie mich vielleicht entweder gänzlich mißverstanden oder aber, mit dem Pöbel, für verrückt gehalten. Wie die Dinge nun liegen, werden Sie ohne weiteres erkennen, daß ich eines der vielen ungezählten Opfer des Wider-Geistes bin.

Unmöglich kann je eine Tat mit gründlicherer Umsicht zuwege gebracht worden sein. Wochen-, ja monatelang habe ich über die Mittel des Mordes gesonnen. Wohl tausend Pläne habe ich verworfen, weil ihre Ausführung noch eine *Möglichkeit* der Entdeckung enthielt. Schließlich traf ich bei der Lektüre französischer Memoiren auf einen Bericht von einer Krankheit, welche sich eine gewisse Madame Pilau, ihr beinahe zum Verhängnis, vermittelst einer zufällig vergifteten Kerze zugezogen hatte. Dieser Gedanke gefiel mir sofort. Ich kannte meines Opfers Gewohnheit, im Bette zu lesen. Auch wußte ich, sein Zimmer war eng und schlecht belüftet. Doch brauche ich Sie nicht mit Einzelheiten zu behelligen, die nicht zur Sache gehören. Ich brauche nicht die Schliche zu beschreiben, vermittelst derer es gar leicht, auf dem Kerzenständer seines Schlafgemachs ein Wachslicht meiner eignen Fabrikation gegen dasjenige auszutauschen, welches ich dort vorfand. Am nächsten Morgen ward er tot in seinem Bette entdeckt, und der Spruch des Leichenbeschauers lautete – ›Tod durch göttliche Heimsuchung‹.

Nachdem ich sein Vermögen geerbt, ging jahrelang alles gut mit mir. Nicht ein einziges Mal kam mir der Gedanke an Entdeckung in den Sinn. Die Überreste der verhängnisvollen Wachskerze hatte ich selber aufs sorgfältigste beseitigt. Nicht der Schatten eines Anhaltspunktes war mehr da, durch welchen es möglich gewesen wäre, mich des Verbrechens zu überführen oder auch nur zu verdächtigen. Es ist unvorstellbar, welch übergroßes Empfinden der Genugtuung mir im Busen aufstieg, wenn ich an meine absolute Sicherheit dachte. Sehr lange Zeit pflegte ich in diesem Empfinden zu schwelgen. Es bereitete mir mehr wahrhaftes Entzücken als all die bloß weltlichen Vorteile, welche mir aus meiner Sünde erwuchsen. Doch schließlich kam eine Zeit, da wandelte sich ganz allmählich, kaum merklich, dies köstliche Gefühl in einen immer wiederkehrenden und quälenden Gedanken. Er quälte mich, weil er mich ständig heimsuchte. Kaum einen Augenblick vermochte ich mich von ihm zu befreien. Es ist ein ganz gewöhnlich Ding, solcherart geplagt zu werden, daß einem die Ohren klingen – oder vielmehr das Gedächtnis – vom Kehrreim irgendeines alltäglichen Liedes oder etwelcher nicht gerade eindrucksvoller Fetzen aus einer Oper. Und unsere Pein wird keineswegs dadurch geringer, wenn das Lied an sich gut oder die Opernarie verdienstlich ist. In dieser Weise schließlich ertappte ich mich nun unaufhörlich dabei, wie ich über meine Sicherheit nachsann und mit leiser, gedämpfter Stimme den Satz wiederholte: »Ich bin sicher.«

Eines Tages nun, ich schlenderte so durch die Straßen dahin, hielt ich inne, als ich gerade wieder einmal diese gewohnten Silben halblaut vor mich hin murmelte. In einer Anwandlung von Übermut änderte ich sie folgendermaßen ab: »Ich bin sicher – ich bin sicher – ja – wenn ich nicht Narrs genug bin, mich zu offenbaren!«

Kaum hatte ich diese Worte gesprochen, da fühlte ich, wie mir ein eisiger Schauder zum Herzen kroch. Ich hatte ja eine gewisse Erfahrung mit solchen Anwandlungen des Wider-Geistes (deren Natur zu erklären ich mir einige Mühe genommen habe), und ich erinnerte mich wohl, wie ich in keinem Falle seinen Attacken erfolgreich widerstanden hatte. Und nun trat mir meine eigene, ganz zufällige Autosuggestion, ich könnte womöglich Narrs genug sein, den Mord, dessen ich mich schuldig gemacht, zu gestehen, feindlich entgegen, als wäre es der leibhaftige Geist dessen, den ich gemordet – und lockte mich in den Tod.

Zuerst noch versuchte ich angestrengt, diesen Alptraum der Seele abzuschütteln. Ich schritt rüstig aus – schneller – immer schneller – schließlich rannte ich. Ich spürte ein rasendes Verlangen, laut zu schreien. Jede neue Gedankenwoge überflutete mich mit neuem Schrecken, denn ach! gut, zu gut nur wußte ich, daß *denken* in meiner Lage hieß: verloren sein. Noch immer beschleunigte ich meinen Schritt. Wie ein Verrückter sprang ich durch die belebten Straßen. Schließlich geriet das gemeine Volk in Aufregung und verfolgte mich. *Da* spürte ich die Vollendung meines Schicksals. Hätte ich mir die Zunge ausreißen können, ich hätte es getan – doch schroff schallte mir eine Stimme ins Ohr – schroffer noch packte mich ein Griff an der Schulter. Ich fuhr herum – ich rang nach Atem. Einen Augenblick lang litt ich alle Qualen des Erstickens; ich wurde blind und taub und schwindelig; und dann dachte ich, ein unsichtbarer Satan schlüge mir mit der ganzen Breite der flachen Hand auf den Rücken. Da brach das lange eingekerkerte Geheimnis mir aus der Seele.

Es heißt, ich hätte in deutlicher Ausdrucksweise, doch mit auffälliger Emphase und leidenschaftlicher Hast gesprochen, wie wenn ich Angst gehabt, unterbrochen zu werden, noch ehe die kurzen, doch bedeutungsschweren Sätze ganz heraus waren, welche mich dem Henker und der Hölle überlieferten.

Nachdem ich alles erzählt, was nötig war, mich voll vor dem Gericht zu überführen, stürzte ich ohnmächtig zu Boden.

Doch warum soll ich mehr sagen? Heute trage ich diese Ketten und bin *hier*. Morgen werde ich ohne Fesseln sein! – *doch wo?*

DIE TATSACHEN IM FALLE VALDEMAR

Selbstverständlich will ich nicht den Anschein erwecken, als fände ich es erstaunlich, daß der so außergewöhnliche Fall des M. Valdemar Aufsehen erregt hat. Es wäre ein Wunder gewesen, hätte er dies nicht – ganz besonders unter den obwaltenden Umständen. Vermöge des Wunsches aller Beteiligten, die Angelegenheit wenigstens fürs erste vor der Öffentlichkeit geheimzuhalten, oder doch so lange, bis zu weiterer Untersuchung wir Gelegenheit gefunden – vermöge unserer darauf bezüglichen Bemühungen gelangte nur entstellte oder übertriebene Nachricht in Umlauf und ward die Quelle vieler widriger Verdrehungen und natürlich gehörigen Zweifels.

So erweist es sich nun als notwendig, daß ich die *Tatsachen* berichte – soweit ich selbst sie begreife. Und dies sind, kurz, die folgenden:

In den letzten drei Jahren hatte der Gegenstand des Mesmerismus wiederholt meine Aufmerksamkeit auf sich gezogen; und vor etwa neun Monaten kam mir jählich der Gedanke, daß die Reihe der bisher unternommenen Experimente eine gar bemerkenswerte und höchst unerklärliche Lücke aufweise: – bis jetzt war noch kein Mensch je *in articulo mortis* mesmerisiert worden. Zunächst bliebe zu klären, ob in solchem Zustande bei einem Patienten überhaupt Empfänglichkeit für den magnetischen Einfluß vorhanden wäre; sodann, ob diese – falls vorhanden – von besagtem Zustande ab- oder zunähme; und drittens, in welchem Maße beziehungsweise für wie lange Zeit der Eintritt des Todes sich durch diesen Prozeß aufhalten ließe. Es galt auch noch andere Punkte zu klären, doch diese reizten meine Neugier am meisten, ganz besonders der letzte, mochten sich daraus doch gar ungeheuerliche Konsequenzen ergeben.

Als ich nun nach einer geeigneten Person Umschau hielt, mit deren Hilfe ich diese Einzelheiten untersuchen könnte, mußte ich an meinen Freund denken, M. Ernest Valdemar, den bekannten Kompilator der ›Bibliotheca Forensica‹ und Autor (unter dem *nom de plume* Issachar Marx) der polnischen Fassungen des ›Wallenstein‹ und ›Gargantua‹. M. Valdemar, welcher seit dem Jahre 1839 hauptsächlich in Harlem, N. Y., wohnte, fällt (bzw. fiel) besonders durch seine außergewöhnliche Magerkeit auf – seine unteren Gliedmaßen ähnelten denen John Randolphs gar sehr; und insgleichen durch seinen weißen Backenbart, der sich kraß von der Schwärze seines Haares abhob – so daß dies letztere fälschlicherweise stets für eine Perücke gehalten ward. Er war von ausgesprochen nervösem Wesen und somit recht gut für mesmerische Experimente geeignet. Zwei- oder dreimal hatte ich ihn bereits ohne große Schwierigkeit in Schlaf versetzt, mich aber in anderen Ergebnissen enttäuscht gesehen, welche seine eigentümliche Konstitution mich natürlich zu erwarten verleitet hatte. Zu keiner Zeit war ich wirklich oder völlig Herr seines Willens gewesen, und was die *clairvoyance* anlangt, so vermochte ich nichts bei ihm auszurichten, worauf Verlaß gewesen wäre. Meinen Mißerfolg in diesen Belangen führte ich stets auf seinen zerrütteten Gesundheitszustand zurück. Denn einige Monate, bevor ich ihn kennengelernt, hatten seine Ärzte eine chronische Lungenschwindsucht bei ihm festgestellt. In der Tat pflegte er in aller Gelassenheit von seiner nahenden Auflösung zu sprechen, wie wenn dies eine Sache wäre, die weder zu vermeiden noch zu bedauern sei.

Als mir die obenerwähnten Gedanken zum ersten Male in den Sinn gekommen, war es also nur allzu natürlich, daß mir dabei M. Valdemar einfiel. Ich kannte den unerschütterlichen Gleichmut dieses Mannes zu gut, um Bedenken *seinerseits* zu befürchten; auch besaß er in Amerika keine Verwandten, die sich womöglich hätten einmischen können. Ich sprach ganz offen mit ihm über die Angelegenheit; und zu meinem Erstaunen schien sein Interesse aufs lebhafteste geweckt. Zu meinem Erstaunen, sage ich, denn wenngleich er sich meinen Experimenten immer bereitwillig zur Verfügung gestellt, so hatte er es doch an einem Zeichen der Billigung dessen, was ich tat, bislang fehlen lassen. Seine Krankheit war von jener Art, daß sie eine exakte Berechnung des Stadiums gestattete, da sie in Tod enden würde; und so ward schließlich zwischen uns vereinbart, daß er etwa vierundzwanzig Stunden vor der Frist, welche seine Ärzte für sein Hinscheiden angeben würden, nach mir schicken wollte.

Es ist jetzt mehr denn sieben Monate her, seit ich von M. Valdemar selbst die nachfolgende Mitteilung erhielt:

Mein lieber P – –,
jetzt können Sie wohl kommen. D – – und F – – sind sich darin einig, daß ich die morgige Mitternacht nicht überleben werde; und ich denke, sie haben den Zeitpunkt recht genau getroffen.

VALDEMAR.

Diese Nachricht erhielt ich eine halbe Stunde, nachdem sie geschrieben worden war, und eine Viertelstunde später stand ich im Zimmer des Sterbenden. Ich hatte ihn seit zehn Tagen nicht mehr gesehen und war entsetzt ob der furchtbaren Veränderung, die in dieser kurzen Zeit mit ihm vorgegangen war. Sein Gesicht hatte sich bleigrau gefärbt; die Augen blickten völlig glanzlos; und die Auszehrung war so gewaltig, daß die Backenknochen durch die Haut heraustraten. Er hatte übermäßig viel Auswurf. Der Puls war kaum noch wahrnehmbar. Dennoch verfügte er noch in höchst bemerkenswerter Weise über sein Geistesvermögen wie auch über ein gewisses Maß an Körperkraft. Er sprach deutlich – nahm ohne fremde Hilfe Linderungsmittel zu sich – und war, als ich ins Zimmer trat, damit beschäftigt, Aufzeichnungen in einem Notizbuche zu machen. Von Kissen gestützt, saß er im Bett. Bei ihm waren die Ärzte D – – und F – –.

Nachdem ich Valdemar die Hand gedrückt hatte, nahm ich die beiden Herren beiseite und erhielt von ihnen einen ausführlichen Bericht über den Zustand des Patienten. Die

linke Lunge sei schon seit achtzehn Monaten in halb ver-
knöchertem oder knorpeligem Zustand und somit natürlich für jegliche Lebenszwecke gänzlich unbrauchbar.
Auch die rechte sei im oberen Abschnitt teilweise, wenn
nicht gar vollständig verknöchert, während die untere Region nurmehr aus einer einzigen Masse eiternder Tuberkel
bestehe, davon einer in den andern übergehe. Es fänden
sich mehrere ausgedehnte Perforationen; und an einer
Stelle sei es zu einer permanenten Verwachsung mit den
Rippen gekommen. Diese Erscheinungen im rechten Lun-
genlappen seien vergleichsweise neueren Datums. Die Ver-
knöcherung sei ungewöhnlich rasch fortgeschritten; noch
vor einem Monat habe man keinerlei Anzeichen dafür entdeckt, und die Verwachsung habe man erst in den letzten
drei Tagen festgestellt. Unabhängig von der Schwindsucht
bestehe noch der Verdacht auf Aortenaneurysma; doch
darüber ließen die ossösen Symptome keine exakte Diagnose zu. Beide Ärzte vertraten die Ansicht, M. Valdemar
werde gegen Mitternacht des folgenden Tages (Sonntag)
sterben. So stand es also jetzt, am Samstagabend sieben
Uhr.

Als Dr. D – – und Dr. F – – das Bett des Kranken
verließen, um mit mir zu sprechen, hatten sie ihm ein letztes Lebewohl gesagt. Es war nicht ihre Absicht gewesen,
wiederzukommen; doch auf meine Bitte hin sagten sie zu,
am folgenden Abend gegen zehn noch einmal nach dem
Kranken zu sehen.

Als sie gegangen waren, sprach ich mit M. Valdemar
ganz offen über seine bevorstehende Auflösung wie auch
vor allem über das Experiment, welches ich mir vorgenommen. Noch immer zeigte er sich dazu bereit, ja, konnte es
gar nicht erwarten und drängte mich, doch unverzüglich
damit anzufangen. Eine Schwester und ein Pfleger waren
bei ihm; jedoch ich fand, ein derartiges Unterfangen dürfe
ich nicht beginnen, ohne daß verläßlichere Zeugen zur
Hand gewesen wären, als sich diese beiden bei einem plötzlichen Zwischenfall erweisen möchten. Deshalb verschob
ich jegliche Wirksamkeit auf den nächsten Abend gegen

acht, als mich das Erscheinen eines Medizinstudenten, den ich flüchtig kannte (Mr. Theodore L – – l), aus weiterer Verlegenheit befreite. Eigentlich hatte ich vorgehabt, auf die Ärzte zu warten; doch sah ich mich veranlaßt zu beginnen, zum einen um der dringenden Bitten M. Valdemars willen und zum andern auf Grund meiner Überzeugung, daß es keine Minute zu verlieren galt, da er zusehends verfiel.

Mr. L – – l war so freundlich, meinem Wunsche zu entsprechen, alles, was geschähe, zu notieren; und was ich nun zu berichten habe, entstammt zum größten Teile, entweder gekürzt oder *verbatim*, seinen Aufzeichnungen.

Es fehlten noch etwa fünf Minuten an acht, als ich den Patienten bei der Hand nahm und ihn bat, Mr. L – – l gegenüber so deutlich, wie er es vermöchte, zu erklären, ob er (M. Valdemar) voll und ganz darein willige, daß ich das Experiment vornähme, ihn in seinem derzeitigen Zustande zu mesmerisieren.

Schwach, jedoch deutlich hörbar antwortete er: »Ja, ich möchte mesmerisiert werden«, um gleich darauf hinzuzufügen: »Ich fürchte, Sie haben es schon zu lange hinausgeschoben.«

Während er so sprach, begann ich bereits mit dem Bestreichen, welches ihn nach meiner Erfahrung am wirksamsten in Schlaf zu versetzen vermochte. Schon beim ersten Strich, den meine Hand seitwärts über seine Stirn führte, war der Einfluß auf ihn unverkennbar; doch wiewohl ich meine ganze Kraft aufbot, zeigte sich bis einige Minuten nach zehn Uhr, als wie verabredet die Herren Doctores D – – und F – – eintrafen, keine weitere ersichtliche Wirkung. Mit wenigen Worten erklärte ich ihnen, was ich vorhatte, und da sie keinen Einwand erhoben, vielmehr feststellten, daß der Patient bereits im Todeskampfe liege, fuhr ich ohne Zögern in meinen Bemühungen fort – statt zur Seite führte ich die Striche jetzt aber abwärts und heftete meinen Blick fest auf das rechte Auge des Leidenden.

Zu der Zeit war sein Puls kaum noch fühlbar, und röchelnd ging sein Atem in Abständen von einer halben Minute.

Dieser Zustand hielt eine Viertelstunde lang fast unverändert an. Nach Ablauf dieser Frist jedoch entfuhr der Brust des Sterbenden ein natürlicher, wenngleich sehr tiefer Seufzer, und das röchelnde Atmen hörte auf – das heißt, das Röcheln war nicht mehr zu vernehmen; die Intervalle blieben unvermindert die gleichen. Die Gliedmaßen des Patienten waren von eisiger Kälte.

Fünf Minuten vor elf gewahrte ich untrügliche Zeichen mesmerischen Einflusses. Die Augen blickten nicht mehr glasig verdreht, sondern nahmen jenen Ausdruck unruhiger *innerer* Einkehr an, wie er einzig in Fällen von magnetischer Trance oder Wach-Schlaf vorkommt und ganz und gar nicht zu mißdeuten ist. Mit wenigen seitwärts geführten Strichen erreichte ich, daß die Lider wie beim Einschlafen erzitterten, und mit noch ein paar weiteren schloß ich sie ganz. Hiermit war ich es allerdings noch nicht zufrieden, sondern fuhr nachdrücklich und unter Aufbietung meiner ganzen Willenskraft darin fort, bis die Glieder des Schlafenden, nachdem ich sie zuvor in eine möglichst bequeme Lage gebracht, vollkommen erstarrt waren. Die Beine lagen der Länge nach ausgestreckt; die Arme beinahe ebenso, sie ruhten dicht neben den Lenden auf dem Bett. Der Kopf war ganz leicht erhöht.

Als ich dies vollbracht hatte, war es Mitternacht geworden, und ich bat die anwesenden Herren, M. Valdemars Zustand zu prüfen. Nach wenigen Versuchen erklärten sie sich dahingehend, daß er sich in ungewöhnlich vollkommener mesmerischer Trance befinde. Beide Ärzte zeigten nun die lebhafteste Neugier. Dr. D – – beschloß sogleich, die ganze Nacht bei dem Patienten zu bleiben, während Dr. F – – sich mit dem Versprechen verabschiedete, bei Tagesanbruch wiederzukommen. Mr. L – – l sowie Krankenschwester und -pfleger blieben.

Bis gegen drei Uhr morgens ließen wir M. Valdemar gänzlich ungestört, wonach ich zu ihm trat und ihn in genau demselben Zustand fand, wie zu dem Zeitpunkt, da Dr. F – – gegangen war – das heißt, er lag in derselben Stellung da; der Puls war nicht zu fühlen; die Atmung schwach (kaum feststellbar, es sei denn, man hielt einen Spiegel vor den Mund); die Augen waren in natürlicher Weise geschlossen; und die Glieder fühlten sich starr und kalt wie Marmor an. Dennoch glich der allgemeine Eindruck gewiß nicht dem des Todes.

Als ich zu M. Valdemar herantrat, machte ich einen schwachen Versuch, seinen rechten Arm derart zu beeinflussen, daß er dem meinigen folge, während ich den letzteren leicht über seinem Leibe hin und her bewegte. Bei solchen Versuchen mit diesem Patienten hatte ich bisher noch nie richtig Erfolg gehabt, und sicherlich dachte ich kaum daran, daß es jetzt gelingen würde; doch zu meinem Erstaunen folgte sein Arm sehr bereitwillig, wenn auch matt, jeder Richtung, welche der meinige ihm wies. Ich beschloß nun, wenige Worte einer Unterhaltung zu wagen.

»M. Valdemar«, sagte ich, »schlafen Sie?« Er gab keine Antwort, doch bemerkte ich ein Zittern um seine Lippen, was mich bewog, die Frage noch einmal zu stellen, und wieder und wieder. Bei der dritten Wiederholung ging ein leichter Schauer durch seinen ganzen Körper; die Lider öffneten sich so weit, daß sie einen weißen Streifen des Augapfels sehen ließen; die Lippen bewegten sich langsam, und daraus hervor kamen, in kaum vernehmlichem Flüstern, die Worte:

»Ja - schlafe jetzt. Wecken Sie mich nicht! - Lassen Sie mich so sterben!«

Da befühlte ich seine Gliedmaßen und fand sie noch genauso starr und steif wie je. Der rechte Arm gehorchte wie zuvor der Richtung meiner Hand. Wiederum fragte ich den Wach-Schläfer: »Haben Sie noch Schmerzen in der Brust, M. Valdemar?«

Die Antwort kam jetzt sofort, doch gar schwerer noch zu verstehen denn zuvor:

»Keine Schmerzen - ich sterbe.«

Ich hielt es nicht für ratsam, ihn jetzt noch weiter zu stören, und nichts ward mehr gesagt noch getan, bis Dr. F – – kurz vor Sonnenaufgang eintraf und sein grenzenloses Erstaunen darüber bekundete, den Patienten noch am Leben zu finden. Nachdem er ihm den Puls gefühlt und einen Spiegel an die Lippen gehalten, ersuchte er mich, den Wach-Schläfer noch einmal anzusprechen. Das tat ich denn auch und fragte:

»M. Valdemar, schlafen Sie noch?«

Wie zuvor vergingen einige Minuten, ehe eine Antwort kam; und es schien, als sammle der Sterbende während dieser Zeit seine Kräfte, um zu sprechen. Als ich die Frage zum vierten Mal wiederholt hatte, sagte er sehr leise, fast unhörbar:

»Ja; schlafe noch – sterbe.«

Es war nun die Meinung oder vielmehr der Wunsch der Ärzte, man solle M. Valdemar in seinem augenblicklichen, anscheinend ruhigen Zustande ungestört lassen, bis der Tod eintrete – und dies, so die allgemeine Ansicht, müsse nun innerhalb weniger Minuten geschehen. Ich beschloß jedoch, noch einmal mit ihm zu sprechen, und wiederholte lediglich meine vorherige Frage.

Während ich sprach, änderte sich der Gesichtsausdruck des Wach-Schläfers in auffallender Weise. Die Augen öffneten sich langsam, die Pupillen aufwärts verdreht; die Haut verfärbte sich leichenblaß, sie glich eher weißem Papier denn Pergament; und die kreisrunden hektischen Flecke, welche sich bis dahin mitten auf jeder Wange scharf abgezeichnet hatten, *erloschen* mit einem Male. Ich gebrauche diesen Ausdruck, weil ihr plötzliches Verschwinden mich an nichts so sehr erinnerte wie an eine Kerze, die man ausbläst. Gleichzeitig verzog sich die Oberlippe und entblößte die Zähne, welche sie zuvor vollkommen bedeckt hatte; während der Unterkiefer mit einem hörbaren Ruck herabklappte, so daß der Mund nun weit offen stand und dem Blick die geschwollene schwarze Zunge zur Gänze enthüllte. Keinem der damals Anwesenden mochten die Grauen des Totenbettes wohl unbekannt gewesen sein; doch so unvorstellbar gräßlich war der Anblick von M. Valdemar in diesem Moment, daß alle aus der Nähe des Bettes zurückwichen.

Ich bin jetzt, glaube ich, an einem Punkte der Erzählung angelangt, da der entsetzte Leser nichts mehr glauben wird. Dennoch ist es meine Pflicht, schlicht und einfach fortzufahren.

Es war nicht das geringste Lebenszeichen mehr an M. Valdemar zu entdecken; und da wir ihn für tot hielten, wollten wir ihn gerade der Obhut der beiden Pfleger überlassen, als an der Zunge ein heftiges Zittern sich zeigte. Dies hielt vielleicht eine Minute lang an. Nach Ablauf dieser Zeit erklang aus den reglos klaffenden Kinnladen eine Stimme – es käme Wahnsinn gleich, wollte ich sie zu beschreiben suchen. Immerhin gibt es wohl zwei oder drei Epitheta, welche andeutungsweise zutreffen mögen; zum Beispiel ließe sich sagen, daß der Laut rauh war und gebrochen und hohl; das grauenvolle Ganze aber ist nicht zu beschreiben, aus dem einfachen Grunde, weil niemals noch ähnliche Laute ein menschliches Ohr erzittern ließen. Dennoch waren da zwei Eigentümlichkeiten, welche, so fand ich damals und finde es auch noch heute, als durchaus charakteristisch für diesen Ton gelten können – und überdies dazu angetan, eine gewisse Vorstellung von seiner unirdischen Seltsamkeit zu vermitteln. Zum einen schien die Stimme aus weiter Ferne oder tief aus dem Schoße der Erde an unser Ohr – zumindest das meine – zu dringen. Zum andern wirkte sie auf mich (ich fürchte wirklich, ich kann mich nicht verständlich machen), wie gallertartige oder klebrige Stoffe auf den Tastsinn wirken.

Ich habe sowohl von ›Laut‹ als auch von ›Stimme‹ gesprochen. Ich will damit sagen, daß der Laut sich deutlich – ja sogar wunderbar, schauerlich deutlich – in Silben gliederte. M. Valdemar *sprach* – offenbar antwortete er auf die Frage, welche ich wenige Minuten zuvor an ihn gerichtet hatte. Ich hatte ihn, man wird sich erinnern, gefragt, ob er noch schlafe. Nun sagte er:

»Ja – nein; ich *habe* geschlafen – und jetzt – jetzt – *bin ich tot*.«

Keiner der Anwesenden versuchte auch nur im geringsten, das unaussprechliche, schaudernde Entsetzen zu leugnen oder zu unterdrücken, welches einzuflößen die wenigen Worte, auf diese Weise hervorgestoßen, nur allzugut geeignet waren. Mr. L--l (der Student) fiel in Ohnmacht. Die Krankenpfleger flohen aus dem Zimmer und waren nicht dazu zu bewegen, wiederzukommen. Meine eigenen Eindrücke dem Leser auch nur einigermaßen verständlich machen zu können, möchte ich mir nicht anmaßen. Fast eine Stunde lang bemühten wir uns schweigend – es fiel kein einziges Wort –, Mr. L--l wieder aus der Ohnmacht zu erwecken. Als er endlich zu sich gekommen, widmeten wir uns erneut einer Untersuchung von M. Valdemars Zustand.

Er war in jeglicher Hinsicht noch genauso, wie ich ihn zuletzt beschrieben habe, mit der Ausnahme nur, daß der Spiegel keinerlei Atemtätigkeit mehr nachwies. Ein Versuch, dem Arme Blut zu entnehmen, mißlang. Auch sollte ich erwähnen, daß dieser nicht mehr meinem Willen gehorchte. Vergeblich versuchte ich, ihn der Richtung meiner Hand folgen zu lassen. Ja, das einzige wirkliche Anzeichen für den magnetischen Einfluß bestand jetzt in der Vibration der Zunge, sobald ich an M. Valdemar eine Frage richtete. Er schien antworten zu wollen, strengte sich an, hatte aber nicht mehr genügend Willenskraft. Gegenüber Fragen, die andere Personen als ich an ihn richteten, wirkte er vollkommen unempfänglich – obschon ich mich bemühte, jeden der Anwesenden in magnetischen *rapport* mit ihm zu bringen. Ich glaube, ich habe nun alles berichtet, was nötig ist, den Zustand des Wach-Schläfers zu jenem Zeitpunkt zu verstehen. Anderes Pflegepersonal ward besorgt; und um zehn Uhr verließ ich zusammen mit den beiden Ärzten sowie Mr. L--l das Haus.

Am Nachmittag sprachen wir alle wieder vor, um nach dem Patienten zu sehen. Sein Zustand war völlig unverändert. Wir erörterten nun, ob es recht und tunlich sei, ihn aufzuwecken; kamen aber unschwer überein, daß das zu nichts Gutem führen würde. Es lag auf der Hand, daß der Tod (oder was gewöhnlich Tod geheißen) durch den mesmerischen Vorgang aufgehalten worden war. Es schien uns allen klar, daß M. Valdemar aufzuwecken hieße, nur seine sofortige oder zumindest doch rasche Auflösung gewiß zu machen.

Von diesem Zeitpunkt bis zum Ende voriger Woche – *für die Dauer von fast sieben Monaten* – machten wir weiterhin täglich unseren Besuch bei M. Valdemar, hin und wieder in Begleitung von Ärzten oder anderen Freunden. Die ganze Zeit über blieb der Wach-Schläfer *genauso*, wie ich ihn zuletzt beschrieben habe. Die Krankenpfleger versahen weiter ihren Dienst.

Am letzten Freitag nun entschlossen wir uns endlich zu dem Experiment, ihn aufzuwecken oder jedenfalls den Versuch dazu zu wagen; und es ist (vielleicht) der unglückliche Ausgang dieses letzteren Experiments, welcher Anlaß zu soviel Gerede in privaten Kreisen gegeben hat, zu soviel – ich kann mich des Gedankens nicht erwehren – ungerechtfertigter Rührung im Volk.

Um M. Valdemar aus der mesmerischen Trance zu erwecken, wandte ich die üblichen Streichbewegungen an. Eine Zeitlang blieben diese erfolglos. Das erste Anzeichen einer Wiederbelebung äußerte sich in einer partiellen Senkung der Iris. Als besonders bemerkenswert ward dabei beobachtet, daß dies Herabsinken der Pupille vom reichlichen Ausfluß eines gelblichen Blutwassers (unter den Lidern hervor) begleitet wurde, das einen stechenden, höchst widerwärtigen Geruch verbreitete.

Nun wurde vorgeschlagen, ich solle versuchen, wie seinerzeit den Arm des Patienten magnetisch zu beeinflussen. Ich unternahm den Versuch, erfolglos. Dr. F – – äußerte dann den Wunsch, ich solle doch eine Frage stellen. Dies tat ich wie folgt:

»M. Valdemar, können Sie uns erklären, welche Gefühle oder Wünsche Sie jetzt haben?«

Sogleich zeigten sich auf den Wangen wieder die hektischen Kreise; die Zunge zitterte oder rollte vielmehr heftig im Munde hin und her (obgleich Kiefer und Lippen starr wie zuvor blieben); und schließlich brach dieselbe gräßliche Stimme hervor, die ich bereits beschrieben habe:

»Um Gottes willen! – schnell! – schnell! – versetzen Sie mich in Schlaf – oder, schnell! – wecken Sie mich! – schnell! – *Ich sage Ihnen, ich bin tot!*«

Ich war völlig enerviert und wußte einen Augenblick nicht, was ich tun sollte. Zunächst unternahm ich den Versuch, den Patienten wieder zu beruhigen; da mir das aber durch den völligen Ausfall an Willenskraft nicht gelang, schlug ich den entgegengesetzten Weg ein und bemühte mich nun ebenso ernsthaft, ihn aufzuwecken. Bald erkannte ich, daß mir das gelingen würde – oder zumindest bildete ich mir bald ein, zu vollem Erfolg zu kommen –, und ich bin sicher, daß alle im Raume Anwesenden darauf gefaßt waren, den Patienten aufwachen zu sehen.

Doch auf das, was wirklich geschah, hatte nun wahrhaftig kein menschliches Wesen gefaßt sein können.

Während ich rasch die mesmerischen Streichbewegungen vollführte, indes von der Zunge, nicht von den Lippen Leidenden die Ausrufe »tot! tot!« *hervorbrachen,* schrumpfte plötzlich – innerhalb einer einzigen Minute oder gar noch schneller – sein ganzer Leib zusammen, schrumpfte unter meinen Händen – zerfiel – *verweste.* Auf dem Bett, vor sämtlichen Anwesenden, lag eine nahezu flüssige Masse widerlicher – abscheulicher Fäulnis.

[THEATERRATTEN]

Die wohlbekannte Truppe der Ratten im Parktheater
kennt, so heißt es, ihr Stichwort bestens. Ihre Vorstellung
zu sehen ist das Eintrittsgeld wert. Durch langes Proben
verstehen sie sich darauf, präzise die Zeit zu bestimmen, da
der Vorhang sich hebt, insgleichen akkurat den Grad, in
welchem das Publikum von dem, was vorgeht, in Bann geschlagen ist. Auf das Klingelzeichen hin brechen sie hervor; durchforschen das Parkett nach gelegentlichen Erd-
nüssen und Apfelsinenschalen. Sobald ihnen die Couplets
signalisieren, daß der Vorhang im Begriffe ist zu fallen,
verschwinden sie – aus Rücksicht auf die Zuschauerfüße,
die sich nun in Bewegung setzen. Ihre Tollkühnheit wird
von der Intensität der Darsteller geregelt. Vielleicht ließe
sich, so meinen wir, mit dem ›berühmten Hund Billy‹ ein
einträgliches Engagement abschließen.

DIE SPHINX

Als in New York die Cholera ihre Schreckensherrschaft ausübte, hatte ich die Einladung eines Verwandten angenommen, vierzehn Tage bei ihm in der Abgeschiedenheit seines *cottage orné* an den Ufern des Hudson zu verbringen. Hier standen uns all die gewöhnlichen Mittel sommerlicher Zerstreuung zu Gebote; und mit Streifzügen in den Wäldern, mit Zeichnen, Bootfahren, Fischen, Baden, Musik und Büchern hätten wir die Zeit wohl recht angenehm verbracht, wäre nicht die fürchterliche Kunde gewesen, die uns jeden Morgen aus der dichtbevölkerten Stadt erreichte. Nicht ein Tag verstrich, der uns nicht Nachricht vom Hinscheiden irgendeines Bekannten gebracht hätte. Dann, als das Verhängnis wuchs, lernten wir täglich den Verlust eines Freundes erwarten. Schließlich zitterten wir schon, nahte sich ein Bote. Allein schon die Luft von Süden dünkte uns todgeschwängert. Ja, dieser lähmende Gedanke ergriff gänzlich Besitz von meiner Seele. Von nichts anderem mehr konnte ich sprechen, denken oder träumen. Mein Gastgeber war von weniger erregbarem Temperament und gab sich, wiewohl selber zutiefst bedrückten Mutes, alle Mühe, den meinen aufzurichten. Sein hochphilosophischer Geist zeigte sich zu keiner Zeit für Unwirkliches empfänglich. Die Realitäten des Schreckens empfand er lebhaft genug, doch stand es nicht in seinem Vermögen, auch ihrer Schatten gewahr zu werden.

Seine Bemühungen, mich aus dem Zustande anomalen Trübsinns zu reißen, in welchen ich verfallen, scheiterten meistenteils an gewissen Büchern, welche ich in seiner Bibliothek gefunden hatte. Diese waren von solcher Art, daß sie einfach zum Keimen bringen mußten, was immer an Saat ererbten Aberglaubens mir im Busen schlummerte.

Diese Bücher hatte ich ohne sein Wissen gelesen, und so war er oftmals nicht imstande, sich die heftigen Eindrücke zu erklären, welche meine Phantasie so tief angerührt.

Ein Lieblingsgegenstand war mir der im Volke verbreitete Glaube an Omina – ein Glaube, für welchen ich zu dieser einen Zeit meines Lebens fast ernstlich eine Lanze zu brechen geneigt war. Über dieses Thema führten wir lange und lebhafte Diskussionen – darin er die gänzliche Grundlosigkeit eines Glaubens an derartige Sachen behauptete – und ich streitbar dagegenhielt, daß ein vollkommen spontan – das heißt ohne wahrnehmbare Spuren von Suggestion – entstandenes Volksempfinden in sich selbst schon die unverkennbaren Elemente von Wahrheit trage und Anspruch auf großen Respekt habe.

Tatsache ist, daß bald nach meiner Ankunft in dem Landhause mir ein Begegnis widerfahren war, so gänzlich unerklärlich und von so ausgesprochen unheilkündendem Charakter, daß es wohl als verzeihlich gelten mochte, ein Omen darin zu sehen. Es hatte mich erschreckt und zugleich derart verwirrt und bestürzt, daß viele Tage vergingen, ehe ich mich entschließen konnte, den Umstand meinem Freunde mitzuteilen.

Gegen Ende eines überaus warmen Tages saß ich, ein Buch in der Hand, an einem offenen Fenster, das durch einen weiten Blick auf die Flußufer Aussicht auf einen fernen Hügel bot, dessen mir zugewandte Seite auf Grund dessen, was man einen Erdrutsch nennt, vom größten Teile ihres Baumbestands entblößt war. Meine Gedanken waren lange schon von dem Buche vor mir zu der düsteren Verheerung der benachbarten Stadt gewandert. Wie ich meinen Blick nun von den Seiten hob, fiel er auf den kahlen Hang des Hügels und auf einen Gegenstand – ein lebendiges Monstrum von scheußlicher Gestalt, welches gar rasch seinen Weg vom Gipfel herab nahm und schließlich im dichten Walde drunten verschwand. Als diese Kreatur das erste Mal sichtbar wurde, zweifelte ich an meinem gesunden Verstand – oder zumindest doch am Zeugnis meiner Augen; und viele Minuten gingen dahin, ehe ich mit Erfolg mich davon überzeugt, daß ich weder verrückt sei noch träume. Doch wenn ich das Ungeheuer beschreibe (welches ich deutlich sah und in aller Ruhe die ganze Zeit über auf seinem Wege verfolgte), so wird es, fürchte ich, meinen Lesern noch schwerer fallen, zu diesbezüglicher Überzeugung zu gelangen, denn gar mir selber.

Indem ich die Größe der Kreatur durch Vergleichung mit dem Durchmesser der gewaltigen Bäume, an denen sie vorüberkam, zu schätzen suchte – der wenigen Giganten des Waldes, welche der Gewalt des Erdrutsches entkommen –, gelangte ich zu dem Schluß, sie müsse weit größer sein denn ein jegliches Linienschiff, das da existierte. Ich sage ›Linienschiff‹, weil die Gestalt des Untiers in mir diese Vorstellung weckte – der Schiffsrumpf eines unserer Vierundsiebziger vermöchte wohl einen leidlichen Begriff von seinem allgemeinen Umrisse zu vermitteln. Das Maul des Tieres befand sich am äußersten Ende eines Rüssels, der wohl sechzig oder siebzig Fuß in der Länge maß und etwa so dick war wie der Leib eines gewöhnlichen Elefanten. An der Wurzel dieses Rüssels wucherte eine Unmasse schwarzen zottigen Haars – mehr als die Häute einer Horde Büffel hätten liefern können; und aus diesem Haargestrüpp ragten seitlich nach unten zwei schimmernde Stoßzähne hervor, nicht unähnlich denen des Keilers, doch von unendlich größeren Dimensionen. Nach vorn, parallel und beiderseits vom Rüssel, reckte sich jeweils ein gigantischer Spieß, dreißig oder vierzig Fuß lang, gebildet dem Anschein nach aus purem Kristall und in Gestalt eines vollkommenen Prismas: – es spiegelte aufs wunderbarste die Strahlen der sinkenden Sonne wider. Der Rumpf hatte die Form eines Keiles, dessen Spitze zur Erde zeigte. Von ihm aus breiteten sich zwei Paar Flügel – ein jeder davon nahezu hundert Ellen lang – ein Paar befand sich über dem andern, und alle waren sie dick mit metallischen Schuppen bedeckt; jede Schuppe maß offenbar an die zehn oder zwölf Fuß im Durchmesser. Ich bemerkte, daß die oberen und unteren Flügelpaare durch eine starke Kette verbunden waren. Doch das Allersonderbarste an diesem scheußlichen Dinge war die Darstellung eines *Totenkopfes*, welche nahezu die gesamte Oberfläche der Brust bedeckte und in blendendem Weiß auf dem dunklen Grunde des Körpers so akkurat gezeichnet war, als hätte ein Künstler sie dort sorgfältig ausgeführt. Während ich dieses schreckenerregende Tier betrachtete, ganz besonders aber die Erscheinung auf seiner Brust, mit einem Gefühl von Entsetzen und Grauen – mit einer Ahnung nahenden Unheils, welche zu unterdrücken mir mit keinerlei Vernunftsanstrengung gelingen wollte, sah ich, wie die ungeheuren Kiefer am Ende des Rüssels sich plötzlich auftaten, und daraus erscholl ein Schrei, so laut und so voller Weh, daß es meinen Nerven wie Grabgeläute klang und, als das Ungeheuer am Fuße des Hügels verschwand, ich sogleich ohnmächtig zu Boden stürzte.

Als ich wieder zu mir kam, war natürlich meine erste Regung, meinem Freunde mitzuteilen, was ich gesehen und gehört hatte – und kaum vermag ich zu erklären, welch widerstreitend Gefühl es war, das mich am Ende dann doch davon abhielt.

Eines Abends schließlich, wohl drei oder vier Tage nach dem Vorfall, saßen wir zusammen in dem Zimmer, in dem ich die Erscheinung geschaut – ich auf demselben Platz an ebenjenem Fenster und er hingelehnt auf einem Sofa nahebei. Die Assoziation von Ort und Zeit trieb mich, ihm von dem Phänomen zu berichten. Er hörte mich bis zu Ende an – lachte zuerst herzlich – und verfiel dann in so übergroßen Ernst, als bestünde keinerlei Zweifel mehr an der Verwirrung meines Geistes. In diesem Augenblick ward mir erneut ganz deutlich der Anblick des Untiers – darauf ich nun, mit einem Schrei blanken Entsetzens, seine Aufmerksamkeit lenkte. Er blickte auch eifrig dahin – behauptete aber, daß er nichts sähe – obschon ich ihm den Weg der Kreatur aufs genaueste beschrieb, derweil den kahlen Hang des Hügels sie herniederkroch.

Maßlose Angst hielt mich nun gepackt, denn ich betrachtete die Vision entweder als ein Omen meines Todes oder, schlimmer noch, als den Vorboten eines Anfalls von

Irrsinn. Ich warf mich zutiefst erregt zurück in meinem Sessel und barg für Augenblicke das Gesicht in den Händen. Als ich die Augen wieder freigab, war die Erscheinung nicht mehr zu sehen.

Mein Gastgeber jedoch hatte die Gelassenheit seines Betragens einigermaßen wiedergewonnen und befragte mich nun gar streng-genau, welcher Gestaltung die Kreatur meiner Vision gewesen sei. Als ich ihn in diesem Punkte voll zufriedengestellt hatte, seufzte er tief auf, ganz wie von einer unerträglichen Last erleichtert, und fing an mit einer, wie mir dünkte, geradezu grausamen Gelassenheit über verschiedene Punkte spekulativer Philosophie zu sprechen, welche zuvor Gegenstand unserer Diskussion gewesen waren. Ich erinnere mich, daß er (unter anderem) ganz besonders auf dem Gedanken beharrte, bei allen menschlichen Erforschungen liege die Hauptquelle des Irrtums darin, daß es dem Verstand leicht geschehen kann, die Bedeutung eines Gegenstandes lediglich deswegen zu unter- oder zu überschätzen, daß er seine Nähe falsch bemißt. »Zum Beispiel, wenn es gilt, richtig zu beurteilen«, sagte er, »welchen Einfluß die vollständige Ausbreitung der Demokratie auf die Menschheit im ganzen einmal üben wird, so sollte die zeitliche Ferne der Epoche, in der eine solche Verbreitung möglicherweise sich vollzogen hat, unbedingt einen Faktor in der Beurteilung bilden. Doch kannst du mir auch nur einen Schriftsteller zum Gegenstand der Regierungsformen nennen, der jemals diese spezielle Seite des Themas überhaupt der Diskussion für würdig befunden hätte?«

Hier hielt er einen Augenblick inne, trat an einen Bücherschrank und brachte einen ganz gewöhnlichen Abriß der Naturgeschichte hervor. Daraufhin bat er mich, den Platz mit ihm zu tauschen, damit er um so besser den feinen Druck des Bandes erkennen möchte, setzte sich in meinen Lehnstuhl am Fenster, schlug das Buch auf und nahm seinen Vortrag in ganz demselben Tone wieder auf.

»Wenn du bei der Schilderung des Untiers nicht so überaus genau gewesen wärst«, sagte er, »so hätte ich es wohl nie vermocht, dir anschaulich zu beweisen, was es war. Zuerst einmal will ich dir vorlesen, was das Schulbuch über die Gattung *Sphinx* schreibt, Familie *Crepuscularia*, Ordnung *Lepidoptera*, Klasse *Insecta* – oder Insekten. Die Beschreibung lautet folgendermaßen:

›Vier Hautflügel, bedeckt mit kleinen farbigen Schuppen von metallischem Aussehen; Mund in Form eines Rollrüssels, gebildet durch die verlängerten Kiefer, an deren Seiten sich die Rudimente von Mandibeln und flaumige Fühler befinden; die unteren Flügel mit den oberen durch ein festes Haar verbunden; Fühlhörner in Form einer in die Länge gezogenen Keule, prismatisch; Hinterleib spitz zulaufend. Die Totenkopf-Sphinx hat zu Zeiten im Volke große Angst verbreitet durch den klagenden Schrei, welchen sie ausstößt, und die Zeichen des Todes, welche sie auf dem Brustschild trägt.‹«

Hier schloß er das Buch und beugte sich im Stuhle vor, wobei er sich genau in die Stellung brachte, welche ich in dem Augenblick, da ich ›das Ungeheuer‹ geschaut, inne hatte.

»Ah, da ist sie ja!« rief er alsbald aus – »sie ist gerade dabei, den Hügel wieder hinanzuklettern, tja, sie ist schon sehr merkwürdig anzusehen, das gebe ich zu. Doch ist sie keineswegs so groß oder so weit entfernt, wie du dir eingebildet hast; denn tatsächlich verhält es sich so: wie sie an diesem Faden hinaufkriecht, den irgendeine Spinne am Fensterrahmen entlang gezogen hat, stelle ich fest, daß ihre Länge höchstens ein Sechzehntel Zoll etwa beträgt und daß sie gleichfalls nur etwa ein Sechzehntel Zoll von der Pupille meines Auges entfernt ist.«

DAS FASS AMONTILLADO

Tausendfache Kränkung hatte ich von Fortunato ertragen, so gut ich es vermochte; doch als er es gewagt, schweren Schimpf auf mich zu laden, gelobte ich Rache. Ihr, die ihr meiner Seele Inneres so gut kennt, werdet freilich nicht vermuten, ich hätte eine Drohung laut geäußert. *Zu guter Letzt* würde ich gerächt; dies war ein Punkt, der unbedingt entschieden – doch eben die Endgültigkeit, mit welcher dieses beschlossen, verbot von vornherein jegliches Risiko. Nicht nur zu strafen galt es, sondern straflos zu strafen. Denn es kann ein Unrecht wiedergutgemacht nicht heißen, wenn die Vergeltung den, der sie geübt, selber dann ereilt. Gleichermaßen ist es Sühne nicht zu nennen, wenn der Rächer den andern, der ihm das Unrecht angetan, nicht merken läßt, wer hier Rache nimmt.

Wohlverstanden, weder in Wort noch Tat hatte ich Fortunato Ursache gegeben, an meinem Wohlwollen zu zweifeln. Ganz wie ich es gewohnt, lächelte ich ihm denn auch fürder ins Gesicht, und er merkte nicht, daß mein Lächeln *jetzt* dem Gedanken an seine Opferung galt.

Eine Schwäche hatte er – dieser Fortunato –, obgleich er in anderem Betrachte durchaus ein Mann war, dem man Achtung, ja Furcht entgegenbrachte. Er brüstete sich damit, ein Weinkenner zu sein. Nur wenige Italiener aber besitzen den Geist echter *connaisseurs*. Meistenteils ist ihr Enthusiasmus eigens und lediglich erworben, Zeit und Gelegenheit zu nutzen – um die britischen und österreichischen *Millionäre* nach Strich und Faden zu düpieren. Was Malerei und Schmuck anbelangt, so war Fortunato, ganz wie seine Landsleute, bloß ein Blender – doch mit alten Weinen kannte er sich wirklich aus. In diesem Betrachte unterschied ich mich nicht wesentlich von ihm; ich verstand mich selber auf die italienischen Jahrgänge und kaufte in großem Stile, wann immer ich konnte.

Es war an einem Abend gegen Dämmerung, mitten im närrischsten Karnevalstreiben, als ich meinem Freunde ganz zufällig begegnete. Er begrüßte mich mit überschwenglicher Herzlichkeit, denn er hatte schon allerhand getrunken. Der Mann trug ein buntes Narrenkleid. Er hatte ein enganliegendes buntgestreiftes Gewand an, und sein Haupt krönte eine spitze Schellenkappe. Ich freute mich so, ihn zu sehen, daß ich schon dachte, ich würde niemals damit fertig, ihm die Hand zu drücken.

»Mein lieber Fortunato«, sprach ich zu ihm, »welch Glück, daß ich Sie treffe. Gut sehen Sie heute aus, ganz prächtig. Eben habe ich ein Faß Wein bekommen, der Amontillado sein soll, aber traue der Sache nicht so recht.«

»Wie?« rief er. »Amontillado? Ein ganzes Faß? Unmöglich! Noch dazu mitten im Karneval!«

»Ich habe ja auch meine Zweifel«, erwiderte ich; »und dann war ich noch so töricht, den vollen Amontillado-Preis zu zahlen, ohne in der Sache Ihren fachmännischen Rat einzuholen. Aber Sie waren einfach nicht zu finden, und ich hatte Angst, mir würde ein gutes Geschäft entgehen.«

»Amontillado!«

»Ich habe meine Zweifel.«

»Amontillado!«

»Und ich muß mir Gewißheit verschaffen.«

»Amontillado!«

»Da Sie beschäftigt sind, will ich gerade zu Luchesi. Wenn irgendwer ein kritisches Urteil hat, dann ist er es. Er wird mir sagen −«

»Luchesi kann Amontillado nicht von Sherry unterscheiden.«

»Und doch behaupten da so ein paar Narren, sein Geschmack könne es durchaus mit dem Ihren aufnehmen.«

»Kommen Sie, gehen wir.«

»Wohin denn?«

»In Ihre Kellerei.«

»Nicht doch, mein Freund; ich will Ihre Gutmütigkeit

nicht ausnützen. Ich sehe ja, Sie sind beschäftigt. Luchesi −«

»Aber ich bin nicht beschäftigt − kommen Sie.«

»Nein, mein Freund. Auch wenn Sie nichts vorhaben, aber ich sehe doch, Sie werden von einer schlimmen Erkältung geplagt. Die Gewölbe sind unerträglich feucht. Alles ist mit Salpeter überzogen.«

»Trotzdem, lassen Sie uns gehen. Die Erkältung ist nicht der Rede wert. Amontillado! Da hat man Ihnen ganz schön etwas weisgemacht. Und was Luchesi betrifft, der kann nun einmal Sherry nicht von Amontillado unterscheiden.«

Bei diesen Worten ergriff Fortunato meinen Arm. Indem ich eine Maske von schwarzer Seide anlegte und mich fest in eine *roquelaure* hüllte, ließ ich mich eilends zu meinem Palazzo drängen.

Von der Dienerschaft war keiner zu Hause; sie hatten sich alle heimlich davongemacht, um sich der Karnevalszeit entsprechend zu vergnügen. Ich hatte ihnen gesagt, daß ich nicht vor dem Morgen zurück wäre, und ausdrücklich *ordre* gegeben, sich nicht aus dem Hause zu rühren. Diese Anweisungen boten ausreichend Gewähr, wie ich wohl wußte, daß sie samt und sonders unverzüglich verschwinden würden, sobald ich ihnen nur den Rücken gekehrt hätte.

Ich nahm zwei Fackeln aus ihren Wandhaltern, gab Fortunato eine und geleitete ihn durch mehrere Zimmerfluchten zu dem Bogengang, der in die Gewölbe führte. Dann stieg ich eine lange Wendeltreppe hinab, wobei ich ihn bat, doch ja vorsichtig zu sein, wenn er mir folge. Schließlich kamen wir unten an und standen nun selbander auf dem feuchten Boden der Katakomben der Montresors.

Der Gang meines Freundes war unsicher, und die Schellen an seiner Kappe klingelten, während er dahinschritt.

»Das Faß«, sagte er.

»Das befindet sich weiter hinten«, erwiderte ich; »doch achten Sie nur einmal auf das weiße Gewirk, das von diesen Höhlenmauern schimmert.«

Er wandte sich mir zu und stierte mich mit zwei trüben Augen an, aus denen die Tränen der Trunkenheit quollen.

»Salpeter?« fragte er schließlich.

»Salpeter«, antwortete ich. »Wie lange haben Sie diesen Husten schon?«

»Hu! hu! Hu! – hu! hu! hu! – hu! hu! hu! – hu! hu! hu! – hu! hu! hu!«

Minutenlang war es meinem armen Freunde unmöglich, eine Antwort zu geben.

»Ach, das hat nichts auf sich«, wehrte er schließlich ab.

»Kommen Sie«, sprach ich mit Entschiedenheit, »wir wollen doch lieber umkehren; Ihre Gesundheit ist zu kostbar. Sie sind reich, man achtet, bewundert und liebt Sie; Sie sind glücklich, so wie ich es einst war. Einen Mann wie Sie würde man vermissen. Bei mir macht es nichts. Wir wollen umkehren; Sie werden nur krank, und ich kann die Verantwortung dafür nicht tragen. Im übrigen ist da ja Luchesi –«

»Genug«, sagte er; »der Husten ist nicht der Rede wert; der wird mich nicht umbringen. An einem Husten sterbe ich nun sicher nicht.«

»Wie wahr – wie wahr«, erwiderte ich; »und ich hatte wirklich nicht die Absicht, Sie unnötig zu beunruhigen – doch sollten Sie stets die gehörige Vorsicht walten lassen. Ein Schluck von diesem Medoc wird uns vor den schädlichen Ausdünstungen schützen.«

Hiermit schlug ich einer Flasche, welche ich aus einer langen Reihe von Flaschen zog, die auf dem Sims lagerten, den Hals ab.

»Trinken Sie«, sagte ich und reichte ihm den Wein.

Mit einem lüsternen Seitenblick hob er dieselbe an die Lippen. Dann hielt er inne und nickte mir vertraulich zu, dieweil seine Schellen klingelten.

»Ich trinke«, sagte er, »auf die Begrabenen, die um uns ruhen.«

»Und ich auf Ihr langes Leben.«

Wieder nahm er meinen Arm, und wir gingen weiter.

»Diese Gewölbe«, sprach er, »sind ja sehr weitläufig.«

»Die Montresors«, erwiderte ich, »waren eine große und zahlreiche Familie.«

»Ihr Wappen – wie war das doch gleich?«

»Ein riesiger menschlicher Fuß, Gold auf azurnem Feld; der Fuß zertritt eine drohend aufgerichtete Schlange, deren Giftzähne sich in die Ferse graben.«

»Und der Wahlspruch?«

»Nemo me impune lacessit.«

»Vernünftig!« sagte er.

In seinen Augen funkelte der Wein, und die Schellen klingelten. Auch mir erwärmte der Medoc die Phantasie. Wir waren an langen Mauern von gestapelten Gebeinen, dazwischen immer wieder Weinfässer aller Art, großen und kleinen, vorbeigekommen und nun bis in die innersten Winkel der Katakomben vorgedrungen. Wiederum hielt ich inne, und dieses Mal nahm ich mir die Freiheit, Fortunato am Arm oberhalb des Ellenbogens festzuhalten.

»Der Salpeter!« sagte ich; »sehen Sie nur, es wird immer mehr. Er hängt wie Moos an den Gewölben. Wir befinden uns unter dem Flußbette. Die Nässe tröpfelt zwischen das Gebein. Kommen Sie, wir wollen umkehren, ehe es zu spät ist. Ihr Husten –«

»Der hat nichts auf sich«, sagte er; »gehen wir weiter. Doch erst noch einen Schluck Medoc.«

Ich erbrach eine Flasche De Grâve und reichte sie ihm. Er leerte sie auf einen Zug. Ein wildes Feuer leuchtete in seinen Augen. Er lachte und warf die Flasche mit einer Bewegung in die Höhe, aus der ich nicht klug werden konnte.

Erstaunt sah ich ihn an. Er wiederholte die Geste – die grotesk wirkte.

»Sie verstehen nicht?« fragte er.

»Nicht im mindesten«, erwiderte ich.

»Dann gehören Sie also nicht zur Bruderschaft.«

»Was meinen Sie?«

»Sie gehören nicht zu den Maurern.«

»Aber ja doch«, sagte ich, »o ja.«

»Sie? Unmöglich! Ein Maurer?«

»Ein Maurer«, erwiderte ich.

»Ein Zeichen«, sagte er.

»Bitte sehr«, gab ich zur Antwort und zog unter den Falten meiner *roquelaure* eine Maurerkelle hervor.

»Sie scherzen«, rief er aus und wich ein paar Schritte zurück. »Aber gehen wir zu dem Amontillado.«

»So sei es«, sagte ich, schob das Werkzeug wieder unter den Mantel und bot ihm erneut den Arm. Er stützte sich schwer darauf. Wir setzten unseren Weg auf der Suche nach dem Amontillado fort. Wir passierten eine Reihe niedriger Gewölbe, stiegen abwärts, gingen weiter und stiegen wieder abwärts und gelangten schließlich tief drunten in eine Krypta, darinnen die Luft so faul und modrig war, daß unsere Fackeln nur noch glommen statt brannten.

Am entferntesten Ende der Krypta zeigte sich eine weitere, weniger geräumige Gruft. Deren Wände säumte menschliches Gebein, welches ganz nach Art der großen Katakomben zu Paris bis an die Gewölbedecke sich türmte. Drei Seiten dieser inneren Krypta waren noch immer in dieser Weise geschmückt. Von der vierten hatte man die Knochen beiseite geworfen, welche nun in wirrem Durcheinander auf dem Boden lagen und an einer Stelle einen Haufen von einiger Höhe bildeten. In der Mauer, die solcherart durch die Entfernung der Knochen freigelegt war, gewahrten wir eine noch weiter innen gelegene Nische, etwa vier Fuß tief, drei breit und sechs oder sieben hoch. Sie schien zu keinem besonderen Zwecke gebaut zu sein, sondern stellte lediglich den Zwischenraum zwischen zwei der kolossalen Pfeiler dar, darauf das Gewölbe der Katakomben ruhte, und den hinteren Abschluß bildete eine der die Katakomben umschließenden massiven Granitmauern.

Es war vergebens, daß Fortunato seine trübe Fackel hob und in die Tiefe der Nische zu spähen suchte. Ihr äußerstes Ende konnten wir in dem schwachen Lichte nicht erkennen.

»Nur zu«, sagte ich; »hier drinnen ist der Amontillado. Was nun aber Luchesi betrifft –«

»Der ist ein Ignorant«, unterbrach mich mein Freund,

indessen er schwankenden Schritts voranging und ich ihm auf dem Absatz folgte. Im Augenblick hatte er das Ende der Nische erreicht und stand, da er sein Weiterkommen von dem Felsen behindert fand, benommen und verwirrt da. Im nächsten Augenblicke schon hatte ich ihn an den Granitfelsen gefesselt. Darin befanden sich zwei Eisenkrampen, waagerecht, etwa zwei Fuß voneinander entfernt. Von einer dieser Krampen hing eine kurze Kette herab, an der andern ein Vorhängeschloß. Die Kette ihm um den Leib zu werfen und zu verschließen war das Werk nur weniger Sekunden. Er war zu überrascht, um sich zu wehren. Ich zog den Schlüssel ab und trat aus der Nische zurück.

»Fahren Sie doch einmal mit der Hand über die Mauer«, sagte ich; »dann müssen Sie den Salpeter spüren. Es ist wirklich *sehr* feucht hier. Lassen Sie sich noch einmal *dringend bitten*, wieder umzukehren. Nein? Dann muß ich Sie also nun tatsächlich hier zurücklassen. Doch zuvor muß ich Ihnen noch all die kleinen Gefälligkeiten erweisen, wie sie in meiner Macht stehen.«

»Den Amontillado!« stieß mein Freund hervor, der sich von seinem Staunen noch nicht wieder erholt hatte.

»Richtig«, erwiderte ich; »den Amontillado.«

Während ich diese Worte sprach, machte ich mir an dem Knochenhaufen zu schaffen, welchen ich vorhin erwähnt habe. Ich warf das Gebein beiseite und förderte alsbald eine Menge Bausteine und Mörtel zutage. Mit diesen Materialien und mit Hilfe meiner Kelle begann ich, nach Kräften den Eingang der Nische zuzumauern.

Kaum hatte ich die erste Lage Mauerwerk beendet, als ich entdeckte, daß die Trunkenheit in großem Maße von Fortunato gewichen war. Das erste Anzeichen dafür ward mir durch einen langen stöhnenden Schrei aus der Tiefe der Nische. Das war *nicht* der Ruf eines Betrunkenen. Darauf folgte ein langes, hartnäckiges Schweigen. Ich mauerte die zweite Lage und die dritte und die vierte; und dann hörte ich das wilde Rasseln der Kette. Das Geräusch dauerte mehrere Minuten lang an, während welcher ich, damit ich mit desto größerer Genugtuung darauf zu horchen vermöchte, in meiner Arbeit innehielt und mich auf den Gebeinen niedersetzte. Als schließlich das Geklirr verstummte, nahm ich die Kelle wieder zur Hand und vollendete ohne Unterbrechung die fünfte, die sechste und die siebte Lage. Die Mauer reichte mir nun fast schon bis zur Brust. Abermals hielt ich inne, hob die Fackel über das Mauerwerk und ließ ein paar trübe Strahlen auf die Gestalt da drinnen fallen.

Eine Folge von lauten und schrillen Schreien, welche plötzlich aus der Kehle des Angeketteten hervorbrachen, stieß mich förmlich zurück. Einen kurzen Augenblick zögerte ich – zitterte ich. Ich zog meinen Stoßdegen und begann damit in dem Alkoven herumzutasten: doch die Überlegung eines weiteren Augenblicks beruhigte mich wieder. Ich legte meine Hand auf das massive Mauerwerk der Katakomben und war's zufrieden. Ich trat wieder an die Mauer. Ich gab Antwort auf das gellend Geschrei dem, der da so brüllte. Ich gab ihm Widerhall – ich half ihm – ich übertraf es gar an Kraft und Stimmgewalt. Also tat ich's, und es verstummte, der da schrie.

Es war nun Mitternacht, und mein Werk näherte sich dem Ende. Die achte, die neunte und die zehnte Schicht hatte ich vollendet. Ein Teil der letzten war getan, der elften; nur ein einziger Stein noch blieb zu setzen und zu vermauern. Ich plagte mich mit seiner Last; ich brachte ihn zum Teil nur an die vorgesehene Stelle. Doch da erscholl aus der Nische ein leises Lachen, daß mir die Haare zu Berge standen. Es ward gefolgt von einer traurigen Stimme, darin ich nur mit Mühe die des edlen Fortunato erkannte. Die Stimme sagte –

»Ha! ha! ha! – hi! hi! – wahrlich ein guter Witz – ein exzellenter Scherz. Wir werden im Palazzo noch so manches Mal gar herzhaft darüber zu lachen haben – hi! hi! hi! – über unseren Wein – hi! hi! hi!«

»Den Amontillado!« sagte ich.

»Hi! hi! hi! – hi! hi! hi! – ja, den Amontillado. Aber wird es nicht langsam spät? Wird man nicht im Palazzo auf uns warten – die Lady Fortunato und die andern? Gehen wir also.«

»Ja«, sagte ich, »gehen wir also.«

»Um Gottes willen, Montresor!«

»Ja«, sagte ich, »um Gottes willen!«

Doch auf diese Worte lauschte vergebens ich auf eine Antwort. Ich ward ungeduldig. Ich rief laut –

»Fortunato!«

Keine Antwort. Ich rief noch einmal –

»Fortunato!«

Noch immer keine Antwort. Da stieß ich eine Fackel durch die verbliebene Öffnung und ließ sie drinnen fallen. Zurück kam klingeling nur Schellengeläut. Mir ward im Herzen bang – das kam von der Katakomben dumpfiger Nässe. Ich eilte mich, mein Werk zu enden. Ich zwang den letzten Stein in seine Lage; ich mauerte ihn ein. Vor dieser neuen Wand schichtete ich wieder den Wall von Knochen auf. Ein halbes Jahrhundert lang hat kein Sterblicher sie gestört. *In pace requiescat!*

DER PARK VON ARNHEIM

Es lag der Garten, einer Schönen gleich,
    Die seliger Schlummer fest umfangen hält,
Das Aug geschlossen vor des Äthers Reich;
    Gewaltig Rund, darin das Himmelszelt
    Azurn sich mit der Blum des Lichts gesellt:
Schwertlilien rein und all die Tropfen Tau,
    Die glitzern an den Blüten aus Azur –
Wie Sterne funkeln sie im Abendblau.

Giles Fletcher

Von der Wiege bis zum Grabe ward mein Freund Ellison vom Winde gütigsten Wohlergehens dahingetragen. Und das Wort Wohlergehen gebrauche ich dabei mitnichten in seinem rein weltlichen Sinne. Ich will es als gleichbedeutend mit Glück verstanden wissen. Die Person, von der ich spreche, schien zu dem Zwecke geboren, die Doktrinen der Herren Turgot, Price, Priestley und Condorcet vorwegzunehmen – am besonderen Falle das zu exemplifizieren, was als Hirngespinst der Perfektionisten gilt. An Ellisons kurzem Dasein vermeine ich jenes Dogma widerlegt gesehen zu haben, daß in des Menschen ureigentlicher Natur ein Prinzip verborgen liege, Widerpart aller Seligkeit. Eine sorgfältige Untersuchung seines Lebensweges hat mich begreifen lassen, wie im allgemeinen aus der Verletzung einiger weniger, ganz einfacher Gebote des Menschseins das ganze Elend der Menschheit entsteht – wie wir, als Gattung betrachtet, die Rohstoffe zur Zufriedenheit durchaus in unserem Besitze haben – und wie selbst heutzutage, in der derzeitigen Dunkelheit und Tollheit all der Auffassungen hinsichtlich der großen Frage der sozialen Zustände es nicht unmöglich ist, daß der Mensch, als Individuum, unter gewissen ungewöhnlichen und höchst zufälligen Bedingungen glücklich sein kann.

Von derlei Ansichten war auch mein junger Freund völlig durchdrungen; und so ist es wohl des Anmerkens wert, daß der fortwährende Genuß, welcher sein Leben auszeichnete, in großem Maße das Ergebnis vorgefaßter Planung war. Ja, es liegt auf der Hand, daß Mr. Ellison mit einem Weniger an instinktiver Philosophie, wie sie zuweilen der Erfahrung so wohl zustatten kommt, sich ob des so außergewöhnlich erfolgreichen Verlaufs seines Lebens kopfüber jählich in dem gemeinen Strudel des Elends drunten wiedergefunden hätte, welcher sich all jenen gierig weit auftut, denen hervorragende Talente zu eigen. Doch ist es keineswegs meine Absicht, eine Abhandlung über das Glück zu verfassen. Die Ansichten meines Freundes lassen sich in wenigen Worten zusammenfassen. Er ließ nur vier Grundprinzipien oder, genauer, Voraussetzungen der Seligkeit gelten. Diejenige, welche er für die wichtigste erachtete, war (merkwürdigerweise!) eine einfache und rein physische, nämlich körperliche Bewegung in freier Luft. »Gesundheit«, so sprach er, »welche auf andere Weise gewonnen wird, verdient kaum so genannt zu werden.« Zum Exempel führte er die Wonnen des Fuchsjägers an und verwies auf den Ackersmann, den einzigen, der, als Klasse, mit Fug für glücklicher gelten kann denn andere. Seine zweite Voraussetzung beinhaltete die Liebe des Weibes. Die dritte – die zu verwirklichen am schwersten – bestand in der Verachtung jeglichen Ehrgeizes. Die vierte verlangte einen Gegenstand unablässigen Trachtens; und er behauptete, daß das Ausmaß des erreichbaren Glücks, gesetzt, die anderen Dinge seien gleich, genau der Vergeistigung dieses Gegenstandes entspreche.

Ellison war bemerkenswert ob der immerwährenden Fülle guter Gaben, mit welchen Fortuna ihn gar verschwenderisch überschüttete. An persönlicher Anmut und Schönheit übertraf er alle anderen Männer. Sein Geist war von jenem Range, für den die Erwerbung von Wissen weniger mühselige Arbeit bedeutet denn Intuition und Notwen-

digkeit. Seine Familie war eine der erlauchtesten im Königreiche. Seine Braut die lieblichste und hingebungsvollste
der Frauen. Mit irdischen Gütern war er zu allen Zeiten
reich gesegnet gewesen; doch da er die Volljährigkeit erreichte, stellte es sich heraus, daß zu seinem Frommen das
launische Schicksal einen jener außergewöhnlichen Streiche gespielt, wie sie die gesamte Gesellschaftssphäre, in der
sie vorfallen, in Aufregung versetzen und nur selten verfehlen, das moralische Gefüge derer, die davon betroffen, von
Grund auf zu verändern.

Es zeigt sich, daß etwa hundert Jahre, bevor Mr. Ellison
volljährig ward, in einer entlegenen Provinz ein gewisser
Mr. Seabright Ellison gestorben war. Dieser Herr nun hatte
ein fürstliches Vermögen angehäuft, und da er keine unmittelbaren Anverwandten besaß, war er auf den absonderlichen Gedanken verfallen, seinen Reichtum sich ein volles
Jahrhundert lang nach seinem Ableben vermehren zu lassen. Peinlich genau und scharfblickend verfügte er also die
diversen Arten der Investition und vermachte den ange-
häuften Gesamtbetrag dem nächsten Blutsverwandten, welcher den Namen Ellison trüge und nach Ablauf der hundert Jahre noch am Leben wäre. Viele Versuche waren
schon unternommen worden, dieses eigentümliche Legat
für nichtig zu erklären; ihr *ex-post-facto*-Charakter ließ sie
scheitern; doch war die Aufmerksamkeit einer argwöhnischen Staatsregierung geweckt und schließlich ein Gesetz
erlassen, wonach alle derartigen Kapitalansammlungen
fürderhin untersagt waren. Dieser Gesetzesbeschluß hinderte den jungen Ellison jedoch nicht daran, an seinem
einundzwanzigsten Geburtstage als der Erbe seines Vorfahren Seabright den Besitz eines Vermögens von *vierhundertfünfzig Millionen Dollar* anzutreten.[1]

1 Ein Fall, dem hier erdachten in den Grundzügen ganz ähnlich,
hat sich vor gar nicht allzu langer Zeit in England tatsächlich zugetragen. Der Name des glücklichen Erben war Thelluson. Einen
Bericht von dieser Angelegenheit habe ich zuerst in dem Reisetagebuch des Fürsten Pückler-Muskau gelesen, welcher die ererbte
Summe mit *neunzig Millionen Pfund* angibt und mit Fug bemerkt,

Als bekanntgeworden war, daß der ererbte Reichtum derart enorm wäre, kam es natürlich zu vielerlei Spekulationen hinsichtlich der Art und Weise, wie dieser zu verwenden sei. Daß die Summe von solcher Größe und dazu sofortig verfügbar war, verwirrte alle, die über den Fall nachdachten. Der Besitzer einer nur irgend *abschätzbaren* Summe Geldes hätte ja, so vermochte man sich vorzustellen, tausenderlei Dinge damit anfangen können. Bei Reichtümern, welche diejenigen jeglichen Bürgers lediglich überstiegen, wäre es leicht gewesen, sich vorzustellen, wie aufs maßloseste er die modisch vornehmen Extravaganzen seiner Zeit nun übertriebe – oder sich mit politischen Intrigen abgäbe – oder vielleicht mit einem Ministerposten liebäugelte – oder sich höhere Adelswürden zu erkaufen suchte – oder ganze Museen voller Kunstgegenstände sammelte – oder den großzügigen Mäzen von Literatur, Wissenschaft und Kunst spielte – oder umfängliche Wohlfahrtseinrichtungen stiftete, die dann seinen Namen trügen. Doch im Betrachte des unvorstellbaren Reichtums, wie er tatsächlich im unmittelbaren Besitze des Erben sich fand, bedünkten diese Zwecke samt allen herkömmlichen Zwecken ein allzu begrenztes Betätigungsfeld. Man nahm seine Zuflucht zu Zahlen, aber diese gereichten erst recht nur zur Verwirrung. Man fand, wie selbst bei drei Prozent das jährliche Einkommen aus der Erbschaft nicht weniger denn dreizehn Millionen fünfhunderttausend Dollar betragen würde; was eine Million einhundertfünfundzwanzigtausend pro Monat bedeutete; oder sechsunddreißigtau-

daß der Aussicht, ›so viel Geld zu haben, etwas Großes‹ anhafte. ›Welche wunderbaren … Dinge ließen sich mit einem solchen Privatvermögen … ausrichten!‹ Um den Zwecken dieses Artikels zu genügen, bin ich der Darlegung des Fürsten gefolgt, wiewohl sie in hohem Grade übertrieben ist. Der Keim, ja, tatsächlich der Anfang der vorliegenden Abhandlung ward schon vor vielen Jahren veröffentlicht – noch vor dem Erscheinen der ersten Nummer von Sues vortrefflichem ›*Juif Errant*‹, wozu er möglicherweise durch Fürst Pückler-Muskaus Bericht angeregt worden sein könnte.

sendneunhundertsechsundachtzig pro Tag; oder eintausendfünfhunderteinundvierzig pro Stunde; oder sechsundzwanzig Dollar für jede Minute, die verstrich. So war denn der jeglichen Mutmaßungen gewohnte Pfad ganz und gar nicht mehr zu begehen. Die Leute wußten nicht, was sie sich vorstellen sollten. Es gab sogar etwelche, die da meinten, Mr. Ellison würde mindestens der Hälfte seines Vermögens als eines gänzlich übertriebenen Überflusses entraten – und hierbei durch Verteilung jener Überfülle seine Verwandten zuhauf zu reichen Leuten machen. Den allernächsten von ihnen trat er in der Tat den so außerordentlichen Reichtum ab, welcher schon vor der Erbschaft sein eigen gewesen.

Gleichwohl überraschte es mich nicht, als ich merkte, daß er sich längst schon über einen Gegenstand entschieden hatte, welcher seinen Freunden so viel Kopfzerbrechen bereitet. Auch war ich ob der Art seines Entschlusses nicht sonderlich erstaunt. Hinsichtlich individueller Wohltätigkeit hatte er seinem Gewissen längst Genüge getan. An die Möglichkeit, daß der Mensch selbst die allgemeinen Bedingungen des Menschen zu – im eigentlichen Sinne des Wortes – vervollkommnen vermöge, mochte er (ich muß es leider gestehen) kaum glauben. So war er denn im großen und ganzen, sei es nun glücklicher- oder unglücklicherweise, in gar weitem Maße auf sich selbst zurückverwiesen.

Er war ein Dichter, im weitesten und edelsten Sinne. Überdies verstand er den wahren Charakter, die hehren Ziele, die höchste Majestät und Würde des poetischen Empfindens. Die vollkommenste, wenn nicht gar die einzig rechte Befriedigung dieses Empfindens, so spürte er instinktiv, lag in der Erschaffung neuer Formen von Schönheit. Gewisse Eigentümlichkeiten, sei es in seiner frühen Erziehung, sei es im Wesen seines Geistes, hatten seinen moralischen Spekulationen sämtlich einen Anflug dessen verliehen, was man Materialismus heißt; und vielleicht war es dieser Zug, welcher ihn zu der Ansicht verleitete, zumindest das vorteilhafteste, wenn nicht gar das einzig wahre Feld zu poetischem Wirken liege in der Erschaffung neuer

Seinsweisen rein *physischer* Schönheit. So kam es denn, daß
er weder Musiker noch Dichter ward – wenn wir diesen
letzteren Begriff in seinem gewöhnlichen Sinne gebrauchen.
Oder vielleicht war es auch nur seiner Ansicht zufolge, daß
er keins von beiden geworden, es liege in der Verachtung
jeglichen Ehrgeizes einer der wesentlichen Grundsätze für
Glückseligkeit auf Erden. Ja, ist es denn nicht tatsächlich
möglich, daß ein Genie von hohem Range notwendigerweise wohl ehrgeizig ist, jenes des höchsten hinwieder über
dem steht, was Ehrgeiz geheißen? Und mag es also nicht
geschehen, daß mancher weit Größere denn Milton es zufrieden war und ist, ›stumm und unberühmt‹ zu bleiben?
Ich glaube, die Welt hat es von Angesicht noch nicht geschaut – und es sei denn, daß durch eine Verkettung zufälliger Ereignisse ein Geist vom erhabensten Range zu solcher *verve* getrieben, wie sie ihm zuwider, die Welt wird es
auch niemals schauen –, welch vollen Ausmaßes triumphaler Leistung die menschliche Natur auf den bedeutsameren
Gebieten der Kunst an und für sich fähig ist.

Ellison ward also weder Musiker noch Poet; obschon keinen Sterblichen wohl tiefere Zuneigung zur Musik wie
auch zur Dichtkunst beseelte. Unter anderen Umständen
denn solchen, mit denen er ausgestattet, ist es nicht unmöglich, daß er zum Maler geworden wäre. Die Bildhauerkunst, obwohl dem Wesen nach streng poetisch, war doch
zu eingeschränkt hinsichtlich Umfang und Bedeutsamkeit,
als daß seine Aufmerksamkeit je sonderlich davon beansprucht gewesen. Und so hätte ich denn nun sämtliche Gebiete aufgezählt, darin nach herkömmlichem Verständnis
das poetische Empfinden sich erklärtermaßen zu äußern
vermöge. Ellison aber behauptete, es sei das reichste, das
echteste und natürlichste, wenn nicht gar das umfänglich-
ste Gebiet aufs unbegreiflichste vernachlässigt worden.
Keine Definition berücksichtige den Landschaftsgärtner
als einen Poeten; gleichwohl wollte es meinen Freund bedünken, daß die Erschaffung eines Landschaftsparks dem
wahren Dichter die großartigste aller Gelegenheiten böte.
Ja, hier auf diesem Felde sei es, daß sich die Phantasie am

vollkommensten zu entfalten vermöchte in endlosen Kombinationen von Formen neuer Schönheit; seien doch die Elemente, die Verbindung einzugehen, mit weitem Abstand die herrlichsten, welche die Erde aufzuweisen habe. In Vielgestalt und Vielfarbenpracht von Blume und Baum erkannte er die unmittelbarste und energischste Anstrengung der Natur im Hinblick auf physische Schönheit. Und ebendiese Anstrengung zu lenken oder zu konzentrieren – beziehungsweise, genauer gesagt, sie den Augen anzupassen, welche sie auf Erden schauen sollen –, hieße, so erkannte er, die besten Mittel zu nutzen – und zum größten Vorteil sich zu mühen –, damit nicht nur seinem eigenen Schicksal als Poet, sondern auch den erhabenen Zwecken Erfüllung werde, um derentwillen Gott dem Menschen das poetische Empfinden eingegeben.

›Sie den Augen anzupassen, welche sie auf Erden schauen sollen.‹ In seiner Erklärung solcher Ausdrucksweise hat Mr. Ellison viel zur Lösung dessen beigetragen, was mir stets ein Rätsel erschienen: – ich meine die Tatsache (welche nur Ignoranten bestreiten), daß in der Natur keine solche Kombination von Landschaft existiert, wie sie der geniale Maler zu schaffen vermag. Paradiese, wie sie auf den Gemälden eines Claude leuchten, sind in der Wirklichkeit nicht zu finden. Auch in der bezauberndsten der natürlichen Landschaften wird stets ein Mangel oder eine Unmäßigkeit anzutreffen sein – viele Mängel und viele Unmäßigkeiten. Indes die einzelnen Komponenten, für sich betrachtet, auch der höchsten künstlerischen Meisterschaft spotten mögen, wird doch die Ordnung der Teile stets zu wünschen übrig lassen. Kurz, auf der ganzen weiten Fläche der *natürlichen* Erde kann kein Standpunkt eingenommen werden, von welchem aus der sichere Blick des Künstlerauges nicht Grund zu Anstoß fände an dem, was die ›Komposition‹ der Landschaft geheißen. Und dennoch, wie unbegreiflich ist dies! In jedem anderen Betrachte lehrt man uns, und dies zu Recht, die Natur als Höchstes zu erachten. Mit ihren Einzelheiten zu wetteifern, scheuen wir zurück. Wer wollte sich schon anmaßen, die Farben der Tulpe nachzuahmen oder das Ebenmaß des Maiglöckchens zu verbessern? Die Kritik, die da von der Plastik oder der Porträtkunst meint, hier gelte es, die Natur nicht zu imitieren, denn vielmehr zu erhöhen oder idealisieren, befindet sich im Irrtum. Keine malerischen noch bildhauerischen Kombinationen von Einzelzügen menschlicher Schönheit vermögen mehr, denn der lebendigen und leibhaftigen Schönheit sich lediglich anzunähern. Einzig für die Landschaft gilt dies Prinzip des Kunstrichters; und da seine Wahrheit er hier gespürt, ist es nur der vorschnelle Geist der Verallgemeinerung, welcher ihn verleitet hat, es in allen Bereichen der Kunst für gültig zu erklären. Da seine Wahrheit er, wie gesagt, hier *gespürt*; denn das Gefühl ist weder Pose noch Schimäre. Die Mathematik gewährt der absoluten Beweise nicht mehr, als das künstlerische Empfinden dem Künstler vergönnt. Er glaubt nicht nur, sondern weiß es genau, daß durch diese und jene, scheinbar willkürliche Ordnung des Gegenstandes, und nur dadurch, die wahre Schönheit entsteht. Doch sind seine Gründe noch nicht von der Reife, daß auf eine sprachliche Formel sie zu bringen wären. Es bleibt einer gründlicheren Analyse, als die Welt sie bisher kennt, vorbehalten, sie umfassend zu untersuchen und in Worte zu kleiden. Dessenungeachtet wird seinem instinktiven Urteil Bestätigung durch die Stimme aller seiner Kunstgenossen. Nehmen wir an, eine ›Komposition‹ sei mangelhaft; nehmen wir an, es erfolge eine Verbesserung in der rein formalen Ordnung; nehmen wir nun weiter an, diese Verbesserung werde einem jeglichen Künstler auf der ganzen Welt vorgelegt; so würde jeder einzelne ihre Notwendigkeit zugestehen. Ja, weit mehr noch denn dies: zur Behebung des kompositorischen Defektes hätte jedes einzelne Mitglied der Bruderschaft eben die nämliche Verbesserung vorgeschlagen.

Ich wiederhole, daß allein hinsichtlich der Arrangements von Landschaften die physische Natur Erhöhung zuläßt und daß ihre Verbesserungsmöglichkeit in diesem einen Punkt mir deshalb ein Rätsel blieb, welches zu lösen ich nicht vermocht. Meine eigenen Überlegungen zu dem Gegenstande hatten auf der Vorstellung beruht, es sei nun wohl die ursprüngliche Absicht der Natur gewesen, der Erdoberfläche eine solche Gestalt zu geben, daß des Menschen Sinn für Vollkommenheit in bezug auf das Schöne, das Erhabene oder Pittoreske in jeglichem Punkte befriedigt worden wäre; doch sei diese ursprüngliche Absicht durch die bekannten geologischen Störungen durchkreuzt worden – Störungen von Form und Farb-Zusammenstellung, welche zu korrigieren oder zu mildern ja die Seele der Kunst ausmache. Dieser Gedanke büßte nun freilich durch die darin enthaltene Notwendigkeit, diese Störungen für abnorm und keinerlei Zwecken dienlich zu halten, beträchtlich an Überzeugungskraft ein. Es war Ellison, der darauf verwies, daß von *Tod* sie kündeten. Seine Erklärung ging nun dahin: – gesetzt, es sei die erste Absicht die irdische Unsterblichkeit des Menschen gewesen. So ergäbe sich daraus die ursprüngliche Ordnung der Erdoberfläche als seinem, zwar nicht bestehenden, doch geplanten, seligen Zustande angepaßt. Besagte Störungen seien dann gleichsam Vorbereitungen für seine nachträglich bestimmte Sterblichkeit.

»So mag denn«, sprach mein Freund, »was wir als Veredelung der Landschaft betrachten, in Wirklichkeit eine solche nur insofern sein, als es den irdischen oder menschlichen *Standpunkt* betrifft. Jegliche Änderung der natürlichen Szenerie könnte möglicherweise einen Makel in dem Bilde bewirken, wenn dies Bild wir im Großen – *en masse* – von einem Punkte aus betrachtet uns vorstellen, welcher zwar von der Erdoberfläche entfernt, nicht aber außerhalb der Grenzen ihrer Atmosphäre sich befindet. Es ist leicht verständlich, wie das, was ein Detail, aus der Nähe gemustert, vielleicht verbessern mag, zu gleicher Zeit einen allgemeinen oder nur aus größerer Entfernung wahrzunehmenden Gesamteindruck verderben kann. Ist es doch *möglich*, daß es eine Klasse von Wesen gäbe, menschlich einst, doch nun dem Menschen unsichtbar, denen, aus der Ferne, das, was uns Unordnung, als Ordnung – was uns unmalerisch, als malerisch erschiene; mit einem Wort, die Erd-Engel, für deren prüfenden Blick, und nicht für den unsrigen, und für deren vom Tode geläutertes Schönheitsempfinden Gott vielleicht die weiten Landschaftsgärten beider Hemisphären zu Zier und Ordnung angelegt hat.«

Im weiteren Verlaufe der Diskussion zitierte mein Freund einige Stellen von einem Autor über Landschaftsgärtnerei, welcher, so heißt es, sein Thema trefflich behandelt habe:

»In der Landschaftsgärtnerei gibt es eigentlich nur zwei Stile: den natürlichen und den künstlichen. Der eine sucht auf die ursprüngliche Schönheit des Landes sich zu besinnen, indem er seine Mittel auf die Umgebung abstimmt; Bäume anpflanzt, welche mit den Hügeln oder der Ebene des benachbarten Landes harmonieren; diejenigen gefälligen Verhältnisse von Größe, Ebenmaß und Farbe aufdeckt und zur Geltung bringt, wie sie, dem gemeinen Beschauer verborgen, sich dem erfahrenen Kenner der Natur allerorten offenbaren. Das Ergebnis dieses natürlichen Stils in der Gartenkunst ist wohl eher in der Abwesenheit aller Mängel und Mißverhältnisse zu sehen − im Vorwalten einer gesunden Ordnung und Harmonie − denn in der Schaffung irgendwelcher besonderer Wunderwerke oder außergewöhnlicher Dinge. Der künstliche Stil nun stellt sich in ebenso vielen Spielarten dar, als es verschiedene Geschmäcker gibt, die es zu befriedigen gilt. Er steht in einer gewissen allgemeinen Verwandtschaft mit den verschiedenen Stilen der Baukunst. Da gibt es die stattlich-majestätischen Alleen und Refugien von Versailles; italienische Terrassen; und einen vielfältig gemischten alt-englischen Stil, der eine gewisse Beziehung zur hiesigen gotischen oder englischen Tudor-Architektur hat. Was immer sich auch gegen Mißbräuche der künstlichen Landschaftsgärtnerei vorbringen läßt, so trägt eine Beimischung reiner Kunst in einer Parklandschaft doch höchlich zu ihrer Schönheit bei. Ist diese einesteils doch dem Auge wohlgefällig, als sie von Plan und Ordnung zeugt, und anderteils moralisch-innerer Natur. Eine Terrasse mit einer alten bemoosten Balustrade beschwört dem Auge sogleich die schönen Gestalten herauf, welche sich dort einst ergangen. Die geringste Zurschaustellung von Kunst ist ein Beweis von Obsorge und menschlicher Anteilnahme.«

»Aus dem, was ich bisher angemerkt habe«, sagte Ellison, »werden Sie verstehen, daß ich die hier vorgetragene Ansicht von der Besinnung auf die ursprüngliche Schönheit des Landes ablehne. Die ursprüngliche Schönheit ist niemals so groß wie jene, welche noch hinzugefügt werden kann. Selbstverständlich hängt alles von der Wahl eines Ortes mit Möglichkeiten ab. Und wenn die Rede davon geht, gefällige Verhältnisse von Größe, Ebenmaß und Farbe aufzudecken und zur Geltung zu bringen, so ist dies weiter nichts denn eine jener bloßen Verschwommenheiten im Ausdruck, welche dazu dienen, die Ungenauigkeit des Denkens zu verschleiern. Die zitierte Floskel mag alles oder nichts besagen und gibt keinerlei Anhaltspunkt. Daß das eigentliche Ergebnis des natürlichen Stils in der Gartenkunst wohl eher in der Abwesenheit jeglicher Mängel und Mißverhältnisse zu sehen sei denn in der Schaffung irgendwelcher besonderer Wunderwerke oder außergewöhnlicher Dinge, ist eine Behauptung, wie sie wohl besser zu dem im Schmutz wühlenden Verstande der Herde des Pöbels paßt denn zu den leidenschaftlichen Träumen des Genies. Das hier unterstellte negative Verdienst gehört zu jener Art hinkender Kritik, wie sie, in der Literatur, Addison zu ihrem Gotte erheben würde. In Wahrheit ist es doch so, daß jene Tugend, welche in der bloßen Vermeidung des Lasters besteht, unmittelbar den Verstand anspricht und mithin sich in *Regeln* fassen läßt, wogegen jene erhabenere Tugend, welche zu Schöpferkraft entflammt, einzig in ihren Ergebnissen zu begreifen ist. Regeln gelten nur für die Verdienste, die da entsagen – für die Vortrefflichkeiten der Enthaltung. Darüber hinaus vermag die kritische Kunst nur Vorschläge zu machen. Man kann uns vielleicht noch darin instruieren, einen ›Cato‹ zusammenzubauen, doch ist es vergeblich, uns vorschwatzen zu wollen, *wie* ein Parthenon zu erschaffen sei oder ein ›Inferno‹. Ist das Werk aber einmal getan, das Wunder vollbracht, dann freilich wird die Fähigkeit, es zu erfassen, Allgemeingut. Die Sophisten der negativen Schule, die aus kreativem Unvermögen über jegliche Schöpfung gespottet, findet man nun am lautesten applaudieren. Was in jenem Stadium des Prinzips, das einer Schmetterlingspuppe vergleichbar, ihren zimperlichen Verstand beleidigt, verfehlt in seiner reifen Vollendung niemals, ihrem Instinkt für Schönheit Bewunderung abzuringen.

Die Bemerkungen des Verfassers über den künstlichen Stil«, fuhr Ellison fort, »sind nun weniger zu beanstanden. ›Eine Beimischung reiner Kunst in einer Parklandschaft trägt höchlich zu ihrer Schönheit bei.‹ Das ist richtig; desgleichen die Verweisung auf die ›menschliche Anteilnahme‹. Das verkündete Prinzip ist unbestreitbar – doch mag da gar noch etwas mehr dahinter sein. Könnte es doch ein Ziel geben, in voller Übereinstimmung mit diesem Prinzip – ein Ziel, unerreichbar mit den Mitteln, wie sie Einzelmenschen gewöhnlich zu Gebote stehen, welches jedoch, falls erreicht, dem Landschaftsgarten einen Zauber verliehe, der all jenes weit überträfe, was rein menschliche Anteilnahme zu bewirken vermöchte. Ein Dichter, so er über außergewöhnliche pekuniäre Mittel geböte, könnte, dieweil er die notwendige Idee von Kunst oder Kultur, oder, wie unser Autor es ausdrückt, von Anteilnahme beibehielte, seine Entwürfe gleichzeitig mit einer solchen Fülle neuartiger Schönheit durchtränken, daß der Eindruck überirdischen Eingreifens sich einstellt. Es wird sich zeigen, wie er, indem ein solches Ergebnis er zustande bringt, sämtliche Vorteile von Anteilnahme oder *Gestaltung* wahrt, indes sein Werk von dem Harten oder Handwerksmäßigen irdischer *Kunst* er befreit. In der schroffsten der Wildnisse – in den rauhesten der Landschaften der reinen Natur – offenbart sich die *Kunst* eines Schöpfers; doch wird diese Kunst nur sichtbar durch Reflexion; in keinem Betrachte hat sie die unverkennbare Kraft eines Gefühls. Denken wir uns nun dies Bewußtsein einer Allmächtigen Planung *um eine Stufe herabgesetzt* – in etwas wie Harmonie oder Übereinstimmung mit dem Empfinden menschlicher Kunst gebracht – als ein Mittelding etwa zwischen den beiden: – stellen wir uns zum Beispiel eine Landschaft vor, darin Unermeßlichkeit und Endgültigkeit – darin Schönheit, Großartigkeit und *Fremdartigkeit* so vereint sich finden, daß der Gedanke an Obsorge oder Kultur oder Beaufsichtigung geweckt wird, seitens Wesen, die dem Menschen zwar verwandt, ihm aber überlegen sind – dann wäre das Empfinden der *Anteilnahme* bewahrt, indes die eingeflossene Kunst den Anschein einer intermediären oder sekundären Natur annimmt – einer Natur, welche weder Gott ist noch eine Emanation Gottes, sondern welche noch immer Natur ist in dem Sinne, daß sie das (Kunst-)Werk der Engel ist, die da schweben zwischen Mensch und Gott.«

Und indem er an die Verwirklichung einer Vision wie dieser seinen Reichtum wandte – in der ungehinderten Bewegung im Freien, wie sie die persönliche Leitung seiner Pläne gewährte – in dem nie versiegenden Gegenstande des Trachtens, welchen diese Pläne boten – in der hohen Vergeistigtheit dieses Zieles – in der Verachtung jeglichen Ehrgeizes, welche selbiges ihm tatsächlich zu empfinden ermöglichte – in dem ununterbrochenen Quell, mit welchem es diese eine alles beherrschende Leidenschaft seiner Seele, den Durst nach Schönheit, labte, ohne ihn jemals stillen zu können; vor allem aber in der anteilnehmenden Zuneigung eines Weibes, nicht unweiblich, dessen Lieb und Liebreiz sein Dasein in purpurne Paradiesesatmosphäre hüllte – mit alledem erwartete Ellison nur eines zu finden *und fand* es auch: die Befreiung von der Menschen gemeiner Sorge, dazu ein weit höheres Maß an vollkommener Glückseligkeit, denn jemals in den verzückten Tagträumen der Madame de Staël erglüht.

Ich verzweifele schier, dem Leser einen deutlichen Begriff von den Wundern zu vermitteln, welche mein Freund tatsächlich vollbracht. Schildern möchte ich sie nun gar sehr, doch will der Mut mir sinken angesichts der Schwierigkeit solcher Schilderung; und schwanke unschlüssig, ob fürs große Ganze oder fürs Detail ich mich entscheiden soll. Am besten wird es wohl sein, in meinem Vorgehen beider Extreme zu vereinigen.

Mr. Ellisons erster Schritt war natürlich auf die Wahl eines geeigneten Ortes gerichtet; und kaum hatte er über diesen Punkt nachzudenken begonnen, als auch schon die üppige Natur der Pazifischen Eilande seine Aufmerksamkeit fesselte. Ja, er hatte sich schon zu einer Reise in die Südsee entschlossen, als die Überlegung einer Nacht ihn bewog, den Gedanken daran wieder aufzugeben. »Wäre ich ein Misanthrop«, sagte er, »so würde solch ein *locale* mir wohl anstehen. In diesem Falle bedünkte mich die gänzliche Isolierung und Abgeschiedenheit sowie die Schwierigkeit, den Ort zu erreichen oder zu verlassen, der Reiz aller Reize; doch bis jetzt bin ich noch kein Timon. Wohl möchte ich die Ruhe, nicht aber die Melancholie der Einsamkeit. Es muß mir eine gewisse Kontrolle über Ausmaß und Dauer meiner Muße verbleiben. Auch wird es so manche Stunde geben, da ich der Anteilnahme poetisch Gesinnter an dem, was ich geschaffen, bedarf. So will ich mir denn also eine Stelle suchen, nicht weit von einer volkreichen Stadt – deren Nähe mich auch am besten in den Stand setzen wird, meine Pläne auszuführen.«

Auf der Suche nach einem also gelegenen, angemessenen Orte reiste Ellison nun mehrere Jahre umher, und mir war es verstattet, ihn zu begleiten. Tausend Fleckchen, von denen ich entzückt, verwarf er ohne Zögern, aus Gründen, welche mich am Ende überzeugten, daß er im Rechte sei. Schließlich kamen wir einmal zu einem hochgelegenen Tafelland von gar wunderbarer Schönheit und Fruchtbarkeit, welches ein Panorama bot, das an Weite dem vom Ätna aus nur sehr wenig nachstand und nach Ellisons als auch nach meiner Meinung den weitgerühmten Rundblick von jenem Berge in all den wahren Elementen des Malerischen gar noch übertraf.

»Ich weiß wohl«, sagte der Reisende mit einem Seufzer tiefen Entzückens, nachdem er fast eine ganze Stunde lang wie gebannt in diesen Anblick versunken gewesen, »ja, ich weiß, daß in meiner Lage neun Zehntel der allerwählerischsten Menschen hier zufrieden verweilen würden. Dies Panorama ist wahrhaftig herrlich, und ich würde mich seiner auch herzlich erfreuen, wäre seine Herrlichkeit nicht einfach gar zu groß. Der Geschmack aller Architekten, die ich überhaupt kenne, verleitet sie, um der ›Aussicht‹ willen, ihre Bauwerke möglichst hoch oben auf Hügel- oder Bergesspitzen zu errichten. Der Irrtum liegt auf der Hand. Großartigkeit in jeglicher Art, besonders aber in jener der Ausgedehntheit, überrascht, erregt – um hernach ermüdend, ja bedrückend zu wirken. Für eine kurz-weilige Ansicht kann nichts besser sein – als dauernder Anblick nichts schlimmer. Was solchen Dauer-Anblick nun betrifft, so ist die verwerflichste Erscheinungsform der Großartigkeit wohl die Ausgedehntheit; und deren schlimmste Form wiederum die Ferne. Diese nun will sich mit dem Empfinden, dem Sinn für *Abgeschiedenheit* so gar nicht vertragen – jenem Empfinden und Sinn also, welchen wir eben dadurch Genüge zu tun suchen, indem wir uns ›aufs Land zurückziehen‹. Schauen wir vom Gipfel eines Berges hernieder, können wir nicht anders denn *fremd* uns in der Welt fühlen. Wem das Herz schwer ist, der meidet weite Ausblicke wie die Pest.«

Erst als das vierte Jahr unserer Suche aufs Ende zuging, fanden wir einen Ort, mit welchem Ellison sich zufrieden erklärte. Es ist natürlich unnötig zu sagen, *wo* der Ort sich befand. Indem seit dem kürzlichen Tode meines Freundes sich dessen Besitztum gewissen Klassen von Besuchern aufgetan, ist *Arnheim* zu einer Art heimlicher und gedämpfter, wenn nicht gar ehrwürdiger Berühmtheit gelangt, wie sie in ähnlicher Weise, wenngleich in unendlich geringerem Maße, Fonthill so lange genossen hat.

Arnheim erreichte man gewöhnlich auf dem Flußwege. Der Besucher verließ morgens in aller Frühe die Stadt. Während des Vormittags glitt er dahin zwischen Ufern von einer ruhigen, häuslich anmutenden Schönheit, darauf unzählige Schafe weideten, deren weiße Vliese das satte Grün der leichtgewellten Wiesen sprenkelten. Ganz allmählich verlor sich der Eindruck ländlicher Nutzung in den rein pastoraler Hut. Diese verschmolz nach und nach mit einem Gefühl der Zurückgezogenheit – und dies ging hinwiederum auf im Bewußtsein von Einsamkeit. Als der Abend nahte, ward das Flußbett schmaler; die Ufer immer steiler; und diese letzteren hüllten sich in dichteres, üppigeres und trüb-düstreres Laubwerk. Das Wasser gewann an Durchsichtigkeit. Der Strom beschrieb tausend Windungen, so daß seine schimmernde Fläche keinen Augenblick auf eine größere Entfernung denn eine Achtelmeile zu übersehen war. Jeden Moment schien das Boot in einem Zauberkreis gefangen, der unüberwindliche und undurchdringliche Blätterwälle hatte, ein Dach aus ultramariner Seide und *keinen* Boden – hielt sich der Kiel doch mit bewundernswerter Genauigkeit auf dem einer Phantombarke, welche, durch irgendeinen Zufall das Unterste zuoberst gekehrt, als ständiger Begleiter des wirklichen Fahrzeugs, zu dessen Stütze, dahintrieb. Das Flußbett verengte sich nun zu einem *Schlund* – obschon der Ausdruck einigermaßen unbrauchbar ist und ich ihn nur deshalb verwende, weil die Sprache kein Wort kennt, welches es besser vermöchte, den auffälligsten – nicht den ausgeprägtesten – Zug der Szenerie wiederzugeben. Der Charakter eines Schlundes entstand nur von der Höhe und dem parallelen Verlauf der Ufer her; in jeglichem andern Betrachte war nichts davon zu spüren. Die Wände der Schlucht (durch die das klare Wasser stets noch ruhig dahinfloß) ragten zu einer Höhe von hundert, ja, bisweilen hundertfünfzig Fuß auf und neigten sich so weit gegeneinander, daß das Tageslicht in hohem Maße ausgesperrt ward; derweilen die langen gefiederten Moosbärte, die vom Gewirr aus Strauchwerk droben dicht herabhingen, der ganzen Spalte einen Hauch Trauerdunkel verliehen. In immer mehr und verworreneren Windungen schlängelte sich der Fluß dahin, und oftmals schien es, als kehrten sie in sich selbst zurück, so daß der Reisende längst schon jeglichen Richtungssinn verloren hatte. Überdies war er in einem köstlichen Gefühl des Fremdartig-Wunderlichen befangen. Der Gedanke von Natur war zwar noch vorhanden, doch schien sich ihr Charakter gewandelt zu haben; an diesen ihren Werken haftete etwas unheimlich Symmetrisches, aufreizend Uniformes, zaubrisch Properes. Nicht ein dürrer Zweig – nicht ein welkes Blatt – nicht ein verirrter Kiesel – nicht ein Fleckchen brauner Erde war irgendwo zu sehen. Das kristallene Wasser floß an dem blanken Granit oder dem flecklosen Moos in so scharfer Linie dahin, daß es das Auge ebenso entzückte wie verwirrte.

Nachdem das Boot sich gar manche Stunde durch dieses Wasserlabyrinth hindurchgewunden, derweil das Düster düstrer ward mit jedem Augenblick, brachte eine scharfe und unverhoffte Schwenkung das Boot mit einem Male, wie vom Himmel gefallen, in ein kreisrundes Becken von, verglichen mit der Schluchtenenge, beträchtlicher Ausdehnung. Es maß im Durchmesser etwa zweihundert Yards und war an allen Punkten bis auf einen – demjenigen, welcher dem Boote, da hinein es glitt, unmittelbar gegenüber gelegen – von Hügeln umschlossen, die in der allgemeinen Höhe den Wänden der Schlucht zwar gleich, ansonsten aber von gänzlich verschiedenem Charakter waren. Ihre Hänge stiegen von des Wassers Rand im Winkel von fünfundvierzig Grad empor und waren vom Fuß bis zum Gipfel – ohne auch nur einen sichtbaren Punkt dabei auszulassen – in ein Gewand der prachtvollsten Blumenblüten gekleidet; in dem duftenden und wogenden Farbenmeer zeigte sich kaum ein grünes Blatt. Dies Becken war von großer Tiefe, doch so durchsichtig klar die Flut, daß der Grund, welcher aus einer dichten Masse kleiner runder Alabasterkiesel zu bestehen schien, deutlich dem flüchtigen Blick heraufschimmerte – das heißt, wann immer das Auge es sich erlauben konnte, *nicht* tief drunten in dem verkehrten Himmel, das Doppel von der Hügel Blütenflor zu schauen. Auf diesen letzteren wuchsen keine Bäume, auch keine größeren Sträucher. Dem Beschauer ward der Eindruck von Üppigkeit, Wärme, Farbigkeit, Stille, Gleichförmigkeit, Weichheit, Köstlichkeit, Eleganz, Sinnenlust und von Kultur in wundersamem Übermaß, die Träume von einem neuen Geschlechte von Feen eingab, emsig, geschmackvoll, prachtliebend und wählerisch zugleich; doch während das Auge über die Myriaden von Tönungen den Hang hinauf schweifte, da scharf ans Wasser er stieß bis dahin, wo er verschwommen zwischen den Falten überhängender Wolken endigte, fiel es wahrlich schwer, nicht an einen panoramischen Katarakt aus Rubinen, Saphiren, Opalen und Goldonyxen zu denken, welcher lautlos aus dem Himmel hernieder sich ergoß.

Der Besucher, der da so unversehens aus dem Düster der Schlucht in diese Bucht hinausschießt, ist entzückt, doch auch erstaunt ob des vollen Runds der sinkenden Sonne, die er längst schon weit unterm Horizonte gewähnt, welche ihm jetzt aber gegenübersteht und den einzigen Beschluß eines ansonsten unbegrenzten Ausblickes bildet, wie er abermals durch einen schluchtähnlichen Riß in den Hügeln sich auftut.

Doch hier verläßt der Reisende das Fahrzeug, das ihn so weit getragen, und steigt in einen leichten Nachen aus Elfenbein, innen wie außen verziert mit Arabesken in leuchtendem Scharlach. Heck und Schnabel dieses Bootes ragen mit scharfen Spitzen hoch über das Wasser empor, so daß die allgemeine Gestalt einer unregelmäßigen Mondsichel gleicht. Mit der stolzen Anmut eines Schwanes liegt es auf des Wassers Spiegel. Auf dem hermelinenen Boden ruht ein einzelnes federgleiches Paddel aus Seidenholz; doch kein Ruderer noch Begleiter ist zu erblicken. Man bittet den Gast, getrost zu sein – es würden die Schicksalsschwestern sich seiner annehmen. Das größere Fahrzeug entschwindet, und er bleibt allein zurück in dem Nachen, welcher scheinbar reglos inmitten des Sees liegt. Indes er noch erwägt, welcher Kurs nun einzuschlagen sei, wird er jedoch einer sanften Bewegung des Zaubernachens gewahr. Ganz mählich schwenkt er herum, bis der Bug zur Sonne zeigt. Und beginnt mit sanfter, aber schrittweis wachsender Geschwindigkeit dahinzugleiten, indes die kleinen sich kräuselnden Wellen, die entstehen, in himmlischster Melodei gegen die elfenbeinernen Seiten plätschern – die einzig mögliche sich bietende Erklärung, so scheint es, für die schmeichelnde, doch wehmutsvolle Musik, nach deren unsichtbarem Ursprung der verwirrte Reisende vergebens um sich schaut.

Der Nachen gleitet stetig dahin, und das Felsentor des Ausblicks ist ganz nahe, so daß die Tiefen deutlicher sich zeigen. Zur Rechten erhebt sich eine Kette hoher Berge, wild und üppig bewaldet. Gleichwohl läßt sich beobachten, wie dort, wo das Ufer ins Wasser taucht, noch immer das Merkmal köstlicher *Reinheit* waltet. Nicht das geringste Anzeichen des an Flüssen üblichen Geröll*schutts* ist zu erblicken. Zur Linken gibt sich der Charakter des Bildes sanfter und merklich künstlicher. Hier steigt das Ufer ungemein sanft vom Flusse her an, und die Böschung bildet eine breite Rasendecke, von einem Geweb, das nichts so sehr gleicht als dem Samte, und einem leuchtenden Grün, welches durchaus den Vergleich mit der Farbe des reinsten Smaragden aushielte. Dies *plateau* dehnt sich zu unterschiedlicher Breite, zwischen zehn und dreihundert Yards; vom Ufer des Flusses erstreckt es sich bis hin zu einer fünfzig Fuß hohen Wand, die in unzähligen Biegungen dahin sich zieht, doch der allgemeinen Richtung des Flusses folgt, bis sie westwärts sich in der Ferne verliert. Diese Wand besteht aus einem einzigen durchgehenden Felsen und ist geschaffen worden, indem man die einst zerklüftete steile Klippe am südlichen Ufer des Flusses lotrecht behauen; doch war es nicht geduldet, daß auch nur eine Spur von der Arbeitsmüh zurückgeblieben wäre. Der gemeißelte Stein zeigt die Färbung des Alters und ist gar verschwenderisch überwuchert und überwachsen von Efeu, korallenrotem Geißblatt, von Heckenrose und Waldrebe. Die Gleichförmigkeit der oberen und unteren Felskante wird gänzlich gemildert durch gelegentliche Bäume gigantischen Wuchses, welche einzeln oder in kleinen Gruppen sowohl längs des *plateau* als auch vom Gebiete hinter der Felsenwand, doch in unmittelbarer Nähe davon aufragen; so daß oftmals Äste (des Schwarzen Walnußbaums besonders) übers Wasser reichen und mit den herabhängenden Enden untertauchen. Weiter hinein in die Besitzung verwehrt ein undurchdringlicher Schirm aus Blattwerk den Blick.

All dies läßt sich bemerken, indes der Nachen allmählich nun auf das zugleitet, was ich das Tor des Ausblicks genannt. Je näher man ihm jedoch kommt, so schwindet sein schluchtengleiches Aussehen; ein neuerlicher Abfluß aus der Bucht ist links zu entdecken – in welcher Richtung sich auch die Felswand dahinzieht, die noch immer dem allgemeinen Lauf des Flusses folgt. Diese neue Öffnung hinab vermag das Auge nicht sehr weit zu dringen, denn der Wasserlauf, von der Wand begleitet, wendet sich noch immer nach links, bis beide verschluckt werden vom Laub.

Das Boot gleitet desungeachtet wie durch Zauberhand in den gewundenen Lauf; und hier, so findet man, ähnelt das Ufer der Felswand gegenüber ganz nun dem, wie es gegenüber der Wand im geraden Durchblick gelegen. Hoch aufragende Hügel, die zuweilen Bergeshöhe gewinnen und die ein Pflanzenwuchs von wilder Üppigkeit überzieht, umschließen noch immer das Bild.

Gemächlich, gleichwohl etwas geschwinder nun weitergleitend, findet der Reisende nach vielen kurzen Kehren seinen Weg versperrt, und zwar von einem gigantischen Tore oder vielmehr einer Pforte aus glänzendem Gold, aufs kunstvollste von Schnitz- oder Maßwerk verziert, davon die Strahlen der nun rasch sinkenden Sonne unmittelbar und mit einem Glanze gespiegelt, daß ringsum der ganze Wald flammenumkränzt erscheint. Dies Tor ist in die hohe Felswand eingelassen, welche hier den Fluß im rechten Winkel zu durchschneiden scheint. Wenige Augenblicke später erkennt man jedoch, daß die Hauptmasse des Gewässers noch immer in sanft-weitem Bogen nach links hin fließt, im Gefolge von der Felswand wie zuvor, indes ein Nebenarm von beträchtlicher Ausdehnung vom Hauptstrome abzweigt und seinen Weg, leicht kräuselnd, unter dem Tor hindurch nimmt und sich so dem Blick entzieht. In diesen minderen Lauf gleitet der Nachen hinein und nähert sich dem Tor. Langsam und gar melodisch öffnen sich dessen schwere Flügel. Hindurch nun gleitet das Boot und beginnt rasch den Abstieg in ein weites Amphitheater, gänzlich von purpurnen Bergen umschlossen, welche am Fuße, so weit sie sich rings erstrecken, ein schimmernder Fluß umspült. Derweilen tut sich jäh dem Blicke das ganze Paradies von

Arnheim auf. Hervor strömen betörende Klänge; überwältigend macht fremdsüßer Duft sich bemerkbar; traum-
gleich vermischen sich dem Auge hochschlank exotische
Bäume – buschiges Gesträuch – Scharen goldener und
karminener Vögel – liliengesäumte Weiher – Wiesen, darin Veilchen, Tulpen, Mohn, Hyazinthen und Tuberosen
blühen – langverwirrte Linien silberner Wasserrillen –
und verworren ragt aus alledem eine Unmenge halb gotischer, halb sarazenischer Architekturgestalt empor, gleichsam wie durch Wunderkraft in den Lüften schwebend; glitzernd im roten Sonnenlicht mit hundert Erkern, Minaretten und Zinnen; Geisterwerk, so will es dünken, welches
die Sylphen und die Feen, die Genien und die Gnome gemeinsam geschaffen.

[EIN MÖCHTEGERN-CRICHTON]

Hier wäre eine gute Idee für einen Zeitschriftenbeitrag: –
möge doch jemand sie ›ausarbeiten‹: – Ein seicht-ge-
schwätziger Mensch, der so tut, als wüßte und kennte er alles – ein Möchtegern-Crichton –, nimmt wohl ein oder
zwei Stunden lang die Aufmerksamkeit einer großen Gesellschaft ganz für sich in Anspruch – die meisten sind zutiefst von seinem Wissen beeindruckt. Insbesondere witzig
und geistreich gibt er sich auf Kosten eines bescheidenen
jungen Herrn, der nichts zu erwidern wagt und schließlich
den Raum verläßt, wie wenn er völlig fassungslos wäre; –
der Crichton quittiert seinen Abgang mit Gelächter. Alsbald kehrt er jedoch zurück, gefolgt von einem Diener, welcher einen Armvoll Bücher herbeiträgt. Diese werden auf
dem Tisch niedergelegt. Und nun nagelt der junge Gentleman, indem er sich auf einige Bleistiftnotizen bezieht, welche er sich insgeheim gemacht, indes der Crichton seine
Gelahrtheit zur Schau gestellt hatte, den letzteren auf seine
Aussagen fest, eine nach der andern, und widerlegt sie alle
der Reihe nach, indem er auf die eigentlichen Autoritäten
verweist, welche der geltungsbedürftige Mensch selber zitiert hat – dessen Ignoranz in allen Punkten solcherart
bloßgestellt wird.

LANDORS HAUS

Ein Pendant zu ›Der Park von Arnheim‹

Vergangenen Sommer, während einer Fußwanderung durch ein paar Fluß-Kreise im Staate New York, fand ich mich, als der Tag sich neigte, einigermaßen in Verlegenheit hinsichtlich des Weges, den ich eingeschlagen hatte. Das Gelände wellte sich gar außerordentlich; und schon die ganze letzte Stunde hatte sich mein Pfad, bestrebt, im Tale zu verlaufen, so wirr-verworren hin und her geschlängelt, daß ich nicht mehr wußte, in welcher Richtung das liebliche Dörfchen B – – lag, woselbst zu übernachten ich mir vorgenommen hatte. Die Sonne hatte, strenggenommen, den Tag über eigentlich kaum *geschienen*, welcher aber dennoch unangenehm warm gewesen war. Ein Dunstschleier, ähnlich dem des Altweibersommers, hüllte alles ein und trug natürlich noch zu meiner Ungewißheit bei. Nicht daß ich mir darob sonderlich Sorgen gemacht hätte. Falls ich wirklich nicht vor Sonnenuntergang oder gar vor Einbruch der Dunkelheit auf das Dörfchen stoßen sollte, war es doch mehr als wahrscheinlich, daß in Bälde ein kleines holländisches Bauernhaus oder etwas der Art auftauchen würde – obgleich in der Tat die Gegend (wohl weil sie mehr malerisch denn fruchtbar war) nur sehr spärlich besiedelt sich zeigte. Auf alle Fälle wäre – mein Schnappsack als Kissen und als Posten mein Hund – ein Nachtlager im Freien genau das, was mir Spaß gemacht hätte. So schlenderte ich denn in aller Seelenruhe dahin – Ponto hatte sich meiner Flinte angenommen –, bis ich schließlich, gerade als ich zu überlegen begonnen hatte, ob die zahlreichen kleinen Schneisen, die hierhin und dorthin abzweigten, überhaupt Pfade darstellen sollten, auf einem der verheißungsvollsten zu einem unstreitigen Wagengeleise geführt ward. Ein Irrtum war ausgeschlossen. Die Spuren leichter Räder waren unverkennbar; und obschon die großgewachsenen Sträucher und das hochaufgeschossene Unterholz droben zusammenstießen, hätte drunten doch selbst ein Großfrachtwagen aus Virginia, das, wie mich dünkt, hochaufragendste Fuhrwerk seiner Art, völlig ungehindert entlangfahren können. Der Weg freilich wies, abgesehen davon, daß er offen durch den Wald hin ging − falls Wald nicht eine zu gewichtige Bezeichnung für eine solche Ansammlung leichter Bäume ist − und abgesehen von den besonderen Umständen unverkennbarer Räderspuren −, keinerlei Ähnlichkeit mit irgendeinem Wege auf, wie ich ihn zuvor gesehen. Die Spuren, von denen hier die Rede, waren nur schwach zu erkennen − hatten sie sich doch eingedrückt auf die feste, doch angenehm feuchte Oberfläche von − ja, etwas, das eher wie grüner Genueser Samt aussah denn irgend etwas anderes sonst. Selbstverständlich war es Gras − doch Gras, wie man es außerhalb Englands nur selten zu sehen bekommt − so kurz, so dicht, so glatt und von so lebhafter Farbe. Nicht das allerkleinste Hindernis lag in der Wagenrinne − nicht einmal ein Span oder ein dürrer Zweig. Die Steine, welche einst hinderlich im Wege gelegen, waren entlang den Rändern des Pfades achtsam *abgelegt* − nicht etwa geworfen − worden, so daß sie auf eine halb präzise, halb nachlässige und durchaus malerische Weise am Boden die Grenzen des Pfades bezeichneten. Büschel wilder Blumen sprossen allenthalben verschwenderisch in den Zwischenräumen.

Was ich von alledem halten sollte, wußte ich natürlich nicht. Zweifellos lag hier *Kunst* vor − *das* nun überraschte mich mitnichten − sind doch alle Wege im üblichen Sinne Kunstwerke; auch kann ich nicht behaupten, daß allein das *Übermaß*, in dem Kunst sich hier offenbarte, gar so erstaunlich gewesen wäre; alles, was getan worden zu sein schien, hätte sich *hier* − bei solchen natürlichen ›Möglichkeiten‹ (wie es in den Büchern über Landschaftsgärtnerei immer heißt) − mit sehr wenig Arbeitsaufwand und Kosten tun lassen. Nein; es war nicht das Maß, sondern der *Charakter* der Kunst, welcher mich bewog, auf einem der blütenüberwucherten Steine Platz zu nehmen, um eine halbe Stunde oder gar länger noch in staunender Bewunderung meinen Blick diese verwunschene Märchenallee auf und ab schweifen zu lassen. Und je länger ich schaute, desto mehr ward mir eines gewiß: über all diese Anordnungen hatte ein Künstler gewacht, und zwar einer mit einem peinlich genauen Blick für Form. Die größte Sorgfalt hatte gewaltet, die angemessene Mitte zu wahren zwischen dem Zierlich-Gefälligen auf der einen und dem *pittoresque* – im wahrsten Sinne des italienischen Ausdrucks – auf der anderen Seite. Da gab es nur wenige gerade und nicht lange ununterbrochene Linien. Derselbe Effekt von Krümmung oder Farbe erschien gewöhnlich zweimal, doch nicht öfter, von jeglichem Standpunkte aus. Allüberall herrschte Mannigfaltigkeit in Gleichförmigkeit. Es war ein Stück ›Komposition‹, daran auch der anspruchsvollste kritische Geschmack kaum eine Verbesserung hätte vorschlagen können.

Ich war nach rechts eingebogen, als ich diesen Weg betrat, und ging nun, mich erhebend, in derselben Richtung weiter. Der Pfad schlängelte sich derart dahin, daß ich zu keinem Zeitpunkt seinen Verlauf auf mehr denn zwei oder drei Schritt im voraus zu erkennen vermochte. Sein Charakter änderte sich im wesentlichen nicht.

Alsbald drang sanftes Gemurmel von Wasser an mein Ohr – und kurz darauf, als ich, dem Wege folgend, eine etwas jähere Kurve als bisher beschrieben, ward ich gewahr, daß unmittelbar vor mir, am Fuße eines sanft ansteigenden Hanges irgendeine Art Gebäude lag. Wegen des Nebels, darein das kleine Tal drunten gänzlich gehüllt, vermochte ich nichts deutlich zu erkennen. Nun aber, da die Sonne untergehen wollte, erhob sich sacht ein leises Lüftchen; und während ich am Rande der Lehne stehenblieb, löste sich der Nebel nach und nach zu Girlanden auf und trieb so über die Szene dahin.

Als sie – genauso *nach und nach*, wie ich es beschreibe – voll in Sicht kam, Stück um Stück, hier ein Baum, dort ein Wasserschimmer und da wiederum die Spitze eines Schornsteins, konnte ich kaum umhin, mir einzubilden, das

Ganze sei eine jener kunstvoll erdachten Illusionen, wie sie zuweilen unter dem Namen ›Nebelbilder‹ vorgeführt werden.

Zu der Zeit jedoch, da der Dunstschleier endgültig geschwunden, war die Sonne hinter die sanften Hügel gesunken, um von dort her, gleichsam mit einem leichten *chassez* nach Süden, noch einmal voll in Sicht zu kommen; purpurn schimmerte sie durch einen Spalt, welcher von Westen her in das Tal mündete. So ward denn plötzlich – und wie von Zauberhand – das ganze Tal nebst allem, was sich darin befand, hell glitzernd sichtbar.

Jener erste *coup d'œil*, da die Sonne in die geschilderte Position glitt, machte mir tiefen Eindruck, ganz so wie ich als Knabe vom Schlußbild eines wohlarrangierten Theaterschauspiels oder Melodrams zutiefst beeindruckt war. Nicht einmal an monströser Kolorierung fehlte es, denn das Sonnenlicht drang durch die Schlucht in Orange- und Purpurtönen hervor, während das satte Grün des Grases im Tale mehr oder minder auf allen Gegenständen gespiegelt ward von dem Dunstschleier, der noch immer darüber hing, wie wenn er nur ungern von einem so bezaubernd schönen Bilde endgültig Abschied nähme.

Das kleine Tal, in welches ich unter dem neblichten Baldachin also hinabspähte, mochte nicht mehr denn vierhundert Yards lang sein; während seine Breite zwischen fünfzig und hundertfünfzig oder vielleicht auch zweihundert schwankte. Am schmalsten war es an seinem nördlichen Ende, dieweil es sich gen Süden hin öffnete, doch durchaus nicht sonderlich regelmäßig. Die breiteste Stelle befand sich bei achtzig Yards vom südlichen Ende. Die Hänge, welche das Tal umschlossen, mochten wohl schwerlich Hügel genannt werden, ausgenommen an der Nordseite. Dort ragte bis zu einer Höhe von wohl neunzig Fuß ein Granitgrat auf; und das Tal war, wie bereits erwähnt, an dieser Stelle nicht mehr denn fünfzig Fuß breit; doch je weiter sich der Besucher von dieser Felswand nach Süden wandte, fand er zur Rechten wie zur Linken die Hänge zugleich weniger hoch, weniger steil und weniger felsig werden. Mit einem Wort, gen Süden hin ward alles flacher und sanfter; gleichwohl war das ganze Tal von mehr oder minder hohen Erhebungen umschlossen, ausgenommen an zwei Stellen. Eine davon habe ich bereits genannt. Selbige lag ein ganzes Stück nordwestlich, genau da, wo, wie zuvor schon beschrieben, die sinkende Sonne durch eine natürliche, scharf eingeschnittene Spalte in dem Granitdamm ihren Weg in das Amphitheater nahm: dieser Ritz mochte, so weit es sich mit dem Auge verfolgen ließ, an seiner weitesten Stelle zehn Yards breit gewesen sein. Einer natürlichen Chaussee gleich schien er aufwärts zu führen, immer höher, tief hinein in die Abgeschiedenheit unerforschter Berge und Wälder. Die andere Öffnung tat sich direkt am südlichen Ende des Tales auf. Hier waren die Hänge im allgemeinen nichts weiter mehr denn nur sanfte Bodenwellen, die sich von Ost nach West etwa über hundertfünfzig Yards erstreckten. Inmitten dieser Ausdehnung befand sich eine Senke, auf gleicher Höhe mit dem normalen Grunde des Tales. Auch was den Pflanzenwuchs anbelangt, so ward ganz wie in jeglichem andern Betrachte gen Süden hin alles *flacher* und *sanfter*. Im Norden − auf der schroffen Klippe − wenige Schritte vom Rande nur entfernt − ragten die prachtvollen Stämme zahlreicher Hickorys, schwarzer Walnuß- und Kastanienbäume auf, hin und wieder eine Eiche dazwischen; und das starke Seitengeäst, welches ganz besonders die Walnußbäume hervorgetrieben hatten, ragte weit über den Klippenrand hinaus. Weiter gen Süden hin traf der forschende Blick zunächst auf dieselben Baumarten, doch immer weniger stattlich und von stets minder salvatorischem Charakter; dann zeigte sich die sanftere Ulme, gefolgt von Sassafras und Robinie − darauf wiederum die noch lieblichere Linde, der Judasbaum, Trompetenbaum und Ahorn − doch hierauf folgten hinwiederum noch anmutigere und bescheidenere Arten. Bis auf eine gelegentliche Silberweide oder Weißpappel war das gesamte Areal der südlichen Abdachung nur noch mit wildem Gesträuch bedeckt. Auf dem Grunde des Tales selbst − (denn man sollte stets eingedenk sein, daß die bislang geschilderte Vegetation nur auf den Klippen oder Hängen der Hügel wuchs) – waren drei einzeln stehende Bäume zu erblicken. Der eine war eine Ulme von hohem Wuchs und köstlicher Gestalt: sie stand auf Wacht vor dem südlichen Tore zum Tal. Der andere war ein Hickory, weitaus stattlicher als die Ulme und überhaupt im ganzen ein viel schönerer Baum, wiewohl sie beide über die Maßen herrlich waren: er schien die Aufsicht über den nordwestlichen Eingang übernommen zu haben, wo er direkt im Rachen der Schlucht aus einer Felsgruppe aufgeschossen war und seinen graziösen Leib in einem Winkel von nahezu fünfundvierzig Grad weit hinaus in den Sonnenschein des Amphitheaters reckte. Wohl dreißig Yards ostwärts von diesem Baum jedoch stand der Stolz des ganzen Tales, ohne jede Frage der prachtvollste Baum, welchen ich je geschaut, ausgenommen vielleicht die eine oder andere unter den Zypressen des Itchiatuckanee. Es war ein dreistämmiger Tulpenbaum – *Liriodendron tulipiferum* – von der natürlichen Ordnung der Magnolien. Seine drei Schäfte trennten sich etwa drei Fuß über dem Boden vom Mutterstock und wuchsen nur sehr leicht und ganz allmählich auseinander und waren an der Stelle, wo der dickste Stamm Blätter trieb, noch nicht mehr denn vier Fuß voneinander entfernt: dies war in einer Höhe von etwa achtzig Fuß. Die Gesamthöhe des Hauptschaftes betrug hundertzwanzig Fuß. An Schönheit vermag wahrlich nichts die Gestalt oder das schimmernde, lebhafte Grün der Blätter des Tulpenbaumes zu übertreffen. Im vorliegenden Falle waren sie volle acht Zoll breit; doch selbst ihre Herrlichkeit ward gänzlich in den Schatten gestellt von der gar wunderbaren Pracht der verschwenderischen Blütenfülle. Man stelle sich, dicht gedrängt, eine Million der größten und strahlendsten Tulpen vor! Nur so kann der Leser eine Vorstellung von dem Bilde bekommen, welches ich vermitteln möchte. Und dann die erhabene Anmut der blanken, fein aufgerauhten säulengleichen Stämme, davon der dickste zwanzig Fuß über dem Boden vier Fuß im Durchmesser maß. Die unzähligen Blüten, die sich mit denen anderer, kaum weniger schöner, obschon unendlich weniger majestätischer Bäume vermischten, füllten das Tal mit mehr denn Arabiens Wohlgerüchen.

Der allgemeine Boden des Amphitheaters bestand aus *Gras* von der gleichen Art, wie ich es auf dem Wege gefunden hatte: wenn möglich gar köstlicher noch weich, dicht, samten und wunderbar grün. Es war schwer zu begreifen, wie all diese Schönheit zuwege gebracht worden war.

Der beiden Öffnungen ins Tal hinein habe ich schon Erwähnung getan. Aus der einen im Nordwesten ergoß sich ein Bächlein, welches unter sanftem Murmeln und leichtem Schäumen die Schlucht dahergeplätschert kam, bis es gegen die Felsengruppe prallte, daraus der einzelne Hickory entsproß. Hier, nachdem es einen Kreis um den Baum beschrieben, floß es weiter in leicht nordöstlicher Richtung dahin, wobei es den Tulpenbaum wohl zwanzig Fuß südlich liegen ließ, und änderte seinen Lauf fürder nicht mehr, bis es sich etwa der Mitte zwischen der östlichen und westlichen Begrenzung des Tales näherte. An diesem Punkte angelangt, bog es nach einigen Krümmungen in rechtem Winkel ab und folgte nun im allgemeinen südlicher Richtung – schlängelte sich mäandrisch dahin –, bis es sich in einem kleinen See von unregelmäßiger (wenngleich annähernd ovaler) Gestalt verlor, der schimmernd nahe dem unteren Ende des Tales lag. Dieser kleine See mochte an seiner breitesten Stelle wohl hundert Yards im Durchmesser haben. Kein Kristall konnte klarer sein denn seine Wasser. Der Grund, welcher deutlich zu sehen war, bestand gänzlich aus leuchtend weißen Kieseln. Die Ufer, aus dem bereits beschriebenen smaragdenen Grase, *rundeten* sich mehr denn daß schräg sie sich böschten zu dem klaren Himmel drunten hinab; und *so* klar war dieser Himmel, *so* vollkommen spiegelte er zuweilen alle Gegenstände darüber, daß es schwerfiel zu bestimmen, wo das echte Ufer endete und das nachgeahmte begann. Die Forellen und einige andere Arten von Fischen, von denen es in diesem Weiher beinahe schon ungehörig wimmelte, sahen doch wahrhaftig ganz wie richtige fliegende Fische aus. Nahezu unmöglich war es zu glauben, sie schwebten nicht gänzlich in der Luft. Ein leichtes Birkenkanu, welches ruhig auf dem Wasser lag, ward in seinen feinsten Maserungen mit einer Treue reflektiert, wie sie selbst der blitzeblankeste Spiegel nicht hätte übertreffen können. Ein Eiland, förmlich lachend in vollstem Blütenflor und so winzig, daß es kaum mehr Platz bot denn für ein malerisches kleines Gebäude, anscheinend ein Entenhäuschen, erhob sich aus dem See nicht weit von dessen nördlichem Gestade, mit welchem es vermittels einer unvorstellbar leicht anmutenden und doch gar primitiven Brücke verbunden war. Sie bestand aus einer einzigen, breiten und dicken Planke aus Tulpenholz. Selbige war vierzig Fuß lang und überspannte den Raum zwischen Ufer und Ufer mit einem leichten, doch überaus merklichen Bogen, der jegliches Schwanken verhinderte. Aus dem südlichen Zipfel des Sees entsprang eine Fortsetzung des Baches, welcher, nachdem er sich vielleicht dreißig Yards im Zickzack dahingeschlängelt, schließlich durch die (bereits geschilderte) ›Senke‹ inmitten der südlichen Abdachung floß und, indem er sich einen jähen Abgrund von hundert Fuß herniederstürzte, unbemerkt seinen gewundenen Lauf in Richtung Hudson einschlug.

Der See war tief – an einigen Stellen dreißig Fuß –, das Bächlein aber selten mehr denn drei, indes seine größte Breite etwa acht Fuß maß. Grund und Ufer glichen denen des Weihers – wenn ihnen überhaupt ein Makel im Betrachte des Malerischen hätte nachgesagt werden können, so der übertriebener *Reinlichkeit*.

Die Weite des grünen Rasens ward hie und da durch einen gelegentlichen auffälligen Strauch aufs gefälligste belebt, etwa eine Hortensie oder den gemeinen Schneeball oder den aromatischen Kautschuk; häufiger aber durch ein Büschel Geranien, wie sie in großer Mannigfalt verschwenderisch blühten. Diese letzteren wuchsen in Töpfen, welche sorgfältig in den Boden eingegraben waren, so daß die Pflanzen den Eindruck erweckten, natürlich gewachsen zu sein. Obendrein war der Samtflor des Rasens noch aufs köstlichste mit Schafen gesprenkelt – von denen eine ansehnliche Herde im Tale umherzog, in Gesellschaft von drei zahmen Hirschen und einer Unmenge prachtvoll gefiederter Enten. Ein gar mächtiger Bullenbeißer schien diesen Tieren allen miteinander ein wachsamer Begleiter zu sein.

Längs der östlichen und westlichen Klippen – wo zum oberen Teile des Amphitheaters hin die Ränder mehr oder minder steil abfielen – wucherte Efeu in Hülle und Fülle – so daß nur hie und da auch nur ein flüchtiger Blick vom nackten Fels zu erhaschen war. Gleicherweise war auch die nördliche Steilwand fast gänzlich mit Weinstöcken von selten üppigem Wuchs bedeckt; manche davon entsprossen dem Erdreich am Fuße der Klippe und andere den Vorsprüngen an der Felsenwand.

Die leichte Erhebung, welche die untere Begrenzung dieses kleinen Reiches bildete, ward von einer zierlichen Steinmauer gekrönt, hoch genug, das Rotwild am Entkommen zu hindern. Nirgends sonst war so etwas wie ein Zaun zu erblicken; denn nirgends sonst bedurfte es künstlicher Umzäunung: – einem jeglichen verirrten Schaf zum Beispiel, welches vielleicht durch die Schlucht einen Weg aus dem Tale zu finden suchte, wäre ja schon nach einigen wenigen Yards in seinem Vorwärtskommen Einhalt geboten von dem jähen Felsgesimse, darüber jene Kaskade herniederstürzte, die zuerst meine Aufmerksamkeit gefesselt hatte, als ich mich dem Reiche hier genähert. Kurz, der einzige Ein- oder Ausgang erfolgte durch ein Gatter, welches einen Felspaß auf dem Wege versperrte, wenige Schritte unterhalb der Stelle, wo ich stehengeblieben war, den Schauplatz zu ergründen.

Wie ich bereits geschildert habe, schlängelte sich der Bach in seinem gesamten Lauf in sehr unregelmäßigen Mäandern dahin. Seine beiden *Haupt*richtungen verliefen dabei, wie gesagt, zuerst von West nach Ost und dann von Nord nach Süd. An dem *Wendepunkt* beschrieb das Flüßchen in einer Rückwärtskehre eine beinahe kreisförmige *Schleife*, so daß eine Halbinsel entstand, die beinahe schon ein *richtiges* Eiland war und etwa den sechzehnten Teil eines Morgens umschließen mochte. Auf dieser Halbinsel nun stand ein Wohnhaus – und wenn ich sage, daß dieses Haus, gleich der unterirdischen Terrasse, die Vathek geschaut, ›*était d'une architecture inconnue dans les annales de la terre*‹, dann meine ich damit lediglich, daß sein *tout ensemble* in mir überaus stark den Eindruck von Neuartigem, vereint mit Angemessenem, erweckte – mit einem Wort, von *Poesie* – (denn anders als in den soeben verwendeten Worten vermöchte ich die Poesie an und für sich kaum genauer zu definieren) –, was *nicht* heißen soll, daß in irgendeiner Hinsicht bloßes *outré* zu bemerken gewesen wäre.

Tatsächlich mochte wohl nichts einfacher – nichts ganz und gar anspruchsloser sein denn dieses Häuschen. Seine wunderbare *Wirkung* beruhte voll und ganz auf der künstlerischen Anordnung *als Bild*. Ich hätte mir, indes ich es betrachtete, vorstellen können, daß irgendein berühmter Landschaftsmaler es mit seinem Pinsel geschaffen habe.

Der Standpunkt, von welchem ich das Tal zuerst erschaut, war nicht *gänzlich*, obzwar beinahe, die beste Position, von welcher aus man das Haus genauestens hätte überblicken können. Daher möchte ich es so beschreiben, wie ich es später sah – von einer Stelle auf der Steinmauer am südlichen Ende des Amphitheaters aus.

Das Hauptgebäude war etwa vierundzwanzig Fuß lang und sechzehn breit – mehr gewiß nicht. Seine Gesamthöhe, vom Boden bis zum Dachfirst hinauf, mochte achtzehn Fuß nicht überstiegen haben. An das Westende dieses Hauses war ein anderes, in all seinen Abmessungen um etwa ein Drittel kleineres angebaut; – seine Fassade stand um etwa zwei Yards von der des Hauptgebäudes zurück; und die Linie seines Daches verlief natürlich auch um ein Beträchtliches tiefer als das angrenzende Dach. Im rechten Winkel zu diesen Bauten und von der Hinterseite des Hauptgebäudes – nicht ganz genau von dessen Mitte – erstreckte sich ein dritter, sehr kleiner Anbau – im großen und ganzen wiederum ein Drittel kleiner als der Westflügel. Die Dächer der beiden größeren waren sehr steil –

schwangen sich vom Firstbalken in einer langen Hohlkurve niederwärts und ragten mindestens vier Fuß über die Vorderfronten hinaus, so daß sie zwei Veranden überdachten. Diese letztgenannte Überdachung benötigte natürlich keinerlei Stützung; doch da sie so *aussah*, als bedürfe sie einer solchen, waren, allerdings nur an den Ecken, leichte, gänzlich schlichte Pfeiler gesetzt. Das Dach des Nordflügels bestand lediglich aus einer Verlängerung eines Teils des Hauptdaches. Zwischen Haupttrakt und Westflügel reckte sich ein sehr hoher und recht schlanker viereckiger Schornstein empor aus harten holländischen Klinkern, abwechselnd schwarzen und roten: – dessen Spitze ein leicht auskragendes Ziegelgesims krönte. Auch über den Giebeln sprang das Dach sehr weit vor: am Hauptgebäude gen Ost um etwa vier und gen West um zwei Fuß. Die Haupteingangstür lag nicht akkurat regelmäßig im Haupttrakt, sondern ein wenig nach Ost versetzt – während die beiden Fenster gen Westen gingen. Diese letzteren reichten zwar nicht bis zum Boden, waren aber doch viel länger und schmaler denn gewöhnlich – wie Türen waren sie mit Läden von nur einem Flügel zu verschließen – die Scheiben waren rautenförmig, doch ziemlich groß. Die Haustür selbst bestand zur oberen Hälfte aus Glas, ebenfalls Rautenfenster – des Nachts war sie mit einer verschiebbaren Klappe zu verschließen. Die Tür zum Westflügel befand sich in dessen Giebel und war ganz einfach – ein einziges Fenster ging nach Süden hinaus. Zum Nordtrakt gab es keine Tür von außen, und auch er hatte nur ein Fenster nach Osten hin.

Die glatte Wand des Ostgiebels ward aufs gefälligste unterbrochen durch eine Treppe (mit Geländer), welche diagonal darüberhin verlief – ihr Aufgang befand sich im Süden. Unter dem Schutze der weit vorstehenden Dachtraufe gewährten diese Stufen den Zugang zu einer Tür, die in die Mansarde oder vielmehr auf den Boden führte – denn er ward erhellt nur durch ein einziges, nach Norden zu gelegenes Fenster und schien wohl zur Vorrats- oder Abstellkammer zu dienen.

Die Veranden vor Hauptgebäude und Westflügel hatten keinen Dielenfußboden, wie es üblich ist; sondern vor den Türen und vor jedem Fenster lagen große, flache, unregelmäßige Granitplatten in den köstlichen Rasen eingebettet, welche bei jeglicher Witterung dem Fuß bequemen Tritt boten. Vorzügliche Pfade aus demselben Material – die Steine nicht *akkurat* ineinandergepaßt, sondern häufig mit Zwischenräumen, ausgefüllt mit samtigem Rasen – führten vom Hause hierhin und dorthin, zu einem etwa fünf Schritt entfernten kristallklaren Quell, zur Straße oder zu ein oder zwei Nebengebäuden, die überm Bach nach Norden hin, gänzlich hinter einigen Robinien und Trompetenbäumen verborgen, lagen.

Nicht mehr denn sechs Schritt von der Haupttür des Häuschens stand der dürre Stamm eines phantastischen Birnbaumes, so eingehüllt von Kopf bis Fuß in die prachtvollen Bignonienblüten, daß man schon sehr genau hinsehen mußte, um festzustellen, um welcherart lieblich Ding es sich da handeln mochte. An mehreren Ästen dieses Baumes hingen verschiedenerlei Vogelbauer. In einem, einem gewaltigen Zylinder aus Weidengeflecht mit einem Ring obendrauf, jubilierte eine Spottdrossel; im nächsten ein Pirol; in einem dritten der freche Paperling – dieweil drei oder vier weitere feine Käfige laut von Kanarienvögeln schallten.

Um die Verandasäulen rankten sich Jasmin und Geißblatt; während vorn in dem Winkel, welchen der Haupttrakt mit dem Westflügel bildete, ein Weinstock in beispielloser Üppigkeit sproß. Allen Hemmnissen zum Trotz war er zuerst auf das niedrige Dach geklettert – dann auf das höhere; und auf dem First dieses letzteren wand er sich weiter dahin, indem er nach rechts und links Ranken aussandte, bis er endlich den Ostgiebel erreicht hatte und über die Treppe herniederhing.

Das ganze Haus mitsamt seinen Anbauten war aus altmodischen holländischen Schindeln gebaut – breit, die Ekken nicht abgerundet. Es ist eine Eigentümlichkeit dieses Materials, daß die damit erbauten Häuser unten breiter wirken als oben – nach Art der ägyptischen Architektur; und im vorliegenden Falle ward dieser überaus malerische Effekt noch durch eine Unmenge von Töpfen mit prachtvollen Blumen befördert, welche das Fundament der Gebäude nahezu gänzlich umschlossen.

Die Schindeln waren mattgrau gestrichen; und wie trefflich sich dieser neutrale Farbton mit dem lebhaften Grün der Tulpenbaumblätter vermischte, welche das Häuschen zum Teil überschatteten, vermag sich ein Künstler wohl leicht vorzustellen.

Von dem Standpunkt bei der Steinmauer aus, wie bereits beschreiben, stellten sich die Gebäude sehr vorteilhaft dar – war doch dann die Südostecke nach vorn gerichtet –, so daß der Blick mit einem Male die beiden Vorderfronten im ganzen erfaßte, mitsamt dem malerischen Ostgiebel, und zu gleicher Zeit noch einen hinlänglichen Eindruck vom Nordflügel erhielt nebst Teilen vom hübschen Dach des Brunnenhäuschens sowie nahezu die Hälfte einer leichten Brücke, welche in nächster Nähe der Hauptgebäude den Bach überspannte.

Ich verweilte nicht lange auf der Hügelkuppe, wiewohl lange genug, um das Bild zu meinen Füßen gründlich zu überschauen. Es war klar, daß ich von der Straße zu dem Dorfe abgekommen war und ich also den besten Grund des Wanderers hatte, das Tor vor mir zu öffnen und mich auf jeden Fall nach dem Weg zu erkundigen; so ging ich denn ohne weitere Umstände fürder.

Nachdem der Weg das Gatter passiert hatte, schien er auf einem natürlichen Felsband zu verlaufen, das sich allmählich entlang des Hangs der nordöstlichen Felsklippen herniedersenkte. Er führte mich bis an den Fuß der nördlichen Steilwand und von dort über die Brücke um den Ostgiebel herum zur Haustür. Wie ich also dahinschritt, gewahrte ich, daß von den Nebengebäuden nichts zu sehen war.

Als ich um die Ecke der Giebelwand bog, sprang der Bullenbeißer in gestrenger Lautlosigkeit auf mich zu, doch mit dem Blick und dem ganzen Gebaren eines Tigers. Ich streckte ihm gleichwohl zum Zeichen der Freundschaft die Hand entgegen – und nie noch habe ich bislang den Hund getroffen, der gegen einen solchen Appell an seine Höflichkeit gefeit gewesen wäre. Dieser hier machte nicht nur die Schnauze zu und wedelte mit dem Schwanz, sondern gab doch tatsächlich seine Pfote – und erstreckte hernach seine Artigkeiten auch noch auf Ponto.

Da nirgends eine Klingel zu entdecken war, pochte ich mit meinem Stocke an die Tür, die halb offen stand. Sogleich trat eine Gestalt auf die Schwelle – eine junge Frau von vielleicht achtundzwanzig Jahren – schlank oder vielmehr schmächtig und ein wenig mehr denn mittelgroß. Als sie sich mit einer gewissen *züchtigen Entschlossenheit* im Schritt, die gänzlich unbeschreiblich ist, näherte, sprach ich bei mir: ›Wahrlich, hier bin ich der vollendeten natürlichen, im Unterschied zur künstlichen, *Grazie* begegnet.‹ Der zweite Eindruck, welchen sie auf mich machte, doch bei weitem der lebhaftere von beiden, war der von *schwärmerischer* Verzückung. Ein derart intensiver Ausdruck von *Romantik*, wie ich es vielleicht nennen möchte, oder auch des Unirdischen, wie er da aus ihren tiefliegenden Augen schimmerte, war mir so noch nie ins innerste Herz gedrungen. Ich weiß nicht, wie es kommt, doch dieser eigentümliche Ausdruck des Auges, wie er sich gelegentlich bis zu den Lippen fortkräuselt, ist der mächtigste, wenn nicht gar der *einzige* Zauber, welcher mein Interesse am Weibe fesselt. ›*Romantik*‹, vorausgesetzt, meine Leser verstehen voll und ganz, was ich hier mit diesem Wort besagen möchte – ›Romantik‹ und ›Weiblichkeit‹ bedünken mich gleichwertige Ausdrücke: und letztlich ist es doch schlichtweg die *Weiblichkeit*, was der Mann am Weibe wahrhaft *liebt*. Die Augen Annies (ich hörte, wie sie jemand von drinnen her ›Annie, Liebste!‹ rief) waren ›ätherisch grau‹; ihr Haar ein helles Kastanienbraun; das ist alles, was ich an ihr zu beobachten Zeit hatte.

Auf ihre überaus höfliche Aufforderung hin trat ich ein – zuerst kam ich in einen leidlich geräumigen Flur. Da ich hauptsächlich gekommen war, um zu *beobachten*, bemerkte

ich, daß sich mir zur Rechten, als ich eintrat, ein Fenster
befand, denen der Hausfront gleich; links führte eine Tür
in den Hauptraum; während mir gegenüber eine *offene* Tür
es ermöglichte, in ein kleines Gemach zu sehen, genauso
groß wie der Vorraum, das als Studierstube eingerichtet
war, mit einem großen *gerundeten* Erker, der nach Norden
ging.

Ich trat ins Wohnzimmer und sah mich *Mr. Landor*
gegenüber – denn dies war, wie ich später erfuhr, sein Name.
Er war höflich, ja herzlich in seinem Benehmen; doch war es
mir im Augenblick weit mehr darum zu tun, die Einrichtung einer Wohnstatt in mich aufzunehmen, woran ich so
viel Interesse gefunden, als der äußeren Erscheinung ihres
Bewohners zu achten.

Der Nordflügel war, wie ich nun sah, ein Schlafraum:
seine Tür ging ins Wohnzimmer. Westlich von dieser Tür war
noch ein einzelnes Fenster, welches auf den Bach hinaus
blickte. Am westlichen Ende des Wohnzimmers befand
sich ein Kamin, dazu eine Tür, die in den Westflügel
führte – vermutlich die Küche.

Nichts mochte wohl von strengerer Einfachheit sein als
die Möbel in diesem Wohnzimmer. Den Fußboden bedeckte
ein Wollteppich von ganz vorzüglicher Beschaffenheit –
weißer Grund, durchwebt mit kleinen runden grünen Figuren. Vor den Fenstern hingen schneeweiße Gardinen aus
Jaconet-Musselin: leidlich füllig, hingen sie *entschlossen*,
vielleicht etwas steif, in scharfen, parallelen Falten bis auf
den Fußboden – *genau* bis auf den Fußboden herunter.
Die Wände schmückte eine überaus feine französische Tapete – silberner Grund, von blaßgrünen Zickzacklinien
durchzogen. Ihre Fläche ward lediglich durch drei von Ju-
liens köstlichen Lithographien *à trois crayons* aufgelockert,
welche ungerahmt an der Wand befestigt waren. Eine davon stellte eine üppige oder vielmehr schon wollüstige
orientalische Szene dar; die andere ein unvergleichlich
geistvolles ›Karnevalsstück‹; die dritte zeigte einen griechischen Frauenkopf – ein so überirdisch schönes Antlitz, und dennoch von einem so aufreizend unbestimm-

ten Ausdruck, hatte noch nie meine Aufmerksamkeit gebannt.

Das dinghaftere Mobiliar bestand aus einem runden
Tisch, ein paar Stühlen (darunter ein großer Schaukelstuhl)
und einem Sofa oder vielmehr einer Polsterbank; schlichter
Ahorn, cremigweiß gestrichen, dazwischen leicht grüne
Streifen – der Sitz aus Rohrgeflecht. Stühle und Tisch
›paßten‹ dazu; doch die *Formen* von alledem hatte offenbar
ein und dasselbe Hirn entworfen, welches ›das Gelände‹
geplant hatte: es ist unmöglich, sich etwas Anmutigeres zu
denken.

Auf dem Tisch lagen ein paar Bücher; stand eine große,
eckige Kristallflasche irgendeines neuartigen Parfüms; eine
schlichte *Astral-* (nicht *Solar-*) Lampe mit einem mattglä-
sernen italienischen Schirm; und eine mächtige Vase mit
schimmernder Blütenpracht. Ja, Blumen von prunkenden
Farben und köstlichem Duft bildeten die einzige bloße *De-
koration* im Zimmer. Der Kamin ward beinahe ausgefüllt
mit einer Vase leuchtender Geranien. Auf einem dreiecki-
gen Bord in jeder Ecke des Zimmers stand eine ebensolche
Vase, jeweils verschieden nur ob ihres lieblichen Inhalts.
Ein oder zwei kleinere *bouquets* zierten den Kaminsims;
und überall in den offenen Fenstern häuften sich späte
Veilchen.

Es ist nicht der Zweck dieser Arbeit, mehr zu geben als,
im einzelnen, ein Bild von Mr. Landors Wohnsitz – *wie ich
ihn vorgefunden.*

HOPP-FROSCH

Nie hab ich einen gekannt, der einen Witz so sehr zu schätzen gewußt wie der König. Er schien nur zum Witze-reißen zu leben. Eine gute Geschichte à la ›Witz‹ zu erzählen und sie gut zu erzählen war der sicherste Weg zu seiner Gunst. So kam es denn auch, daß seine sieben Minister allesamt ob ihrer Fertigkeiten als Witzbolde berühmt waren. Sie alle glichen dem König auch darin, daß sie große, dickleibige, ölichte Männer ebenso wie unnachahmliche Witzbolde waren. Ob Witzereißen fett macht oder ob schon im Fett selber etwas liegt, das zum Witze prädisponiert, habe ich nie gänzlich zu bestimmen vermocht; doch ist es gewiß, daß ein dürrer Witzbold eine *rara avis in terris* ist.

Mit den Finessen oder, wie er es nannte, den ›Geistern‹ des Witzes machte sich der König keine sonderliche Mühe. Seine spezielle Bewunderung galt der *Breiten*wirkung bei einem Scherz, und um derentwillen ließ er sich auch gern *Längen* gefallen. Allzu Feinschmäcklerisches langweilte ihn. Er hätte Rabelais' ›Gargantua‹ dem ›Zadig‹ Voltaires vorgezogen: und im großen und ganzen waren handgreifliche Späße viel eher nach seinem Gusto als funkelnder Wortwitz.

Zum Zeitpunkt meiner Erzählung waren berufsmäßige Possenreißer bei Hofe noch nicht gänzlich aus der Mode gekommen. Mehrere der großen Kontinental›mächte‹ hielten sich noch immer, in buntem Gewand, mit Kappe und Schellen, ihre ›Narren‹, von denen erwartet ward, allezeit und augenblicks mit spitzem Witz zur Stelle zu sein als Gegenleistung für die Brosamen, die von des Königs Tische fielen.

Unser König, versteht sich, hielt sich seinen ›Narren‹. Tatsache ist, er *verlangte* schon etwas in puncto Narretei –

und sei es nur, um der schwergewichtigen Gelahrtheit der sieben ach so gelahrten Herren, die seine Minister waren, ein Gegengewicht zu geben – von ihm selber ganz zu schweigen.

Sein Narr oder Berufs-Spaßmacher war nun freilich nicht *nur* ein Narr. Sein Wert verdreifachte sich in den Augen des Königs durch den Umstand, daß er noch dazu ein Zwerg war und ein Krüppel. Zwerge waren in jenen Tagen bei Hofe ebenso üblich wie Narren; und vielen Monarchen wäre es schwergefallen, ihre Tage (und bei Hofe sind die Tage bedeutend länger denn anderswo) ohne einen Spaßmacher hinzubringen, *mit* dem sie lachen, sowie einen Zwerg, *über* den sie lachen konnten. Doch wie ich bereits bemerkt habe, sind Spaßmacher in neunundneunzig von hundert Fällen fett, rund und plump – so daß unser König keinen geringen Grund hatte, sich selbst darob zu beglückwünschen, in Hopp-Frosch (so der Name des Narren) gleich einen dreifachen Schatz in einer Person zu besitzen.

Nun war ›Hopp-Frosch‹ wohl *nicht* der Name, welcher dem Zwerge von seinen Taufpaten verliehen worden, sondern ihn hatte er auf einmütigen Beschluß der sieben Minister um seiner Unfähigkeit willen erhalten, sich gehenderweise fortzubewegen, wie es andere Menschen tun. Tatsächlich konnte Hopp-Frosch nur in einer Art von Zwischenruckzucken vorwärts kommen – einem Zwischending zwischen Springen und Ringeln – einer Bewegung, welche dem König grenzenlose Kurzweil und natürlich auch Tröstung gewährte, denn (ungeachtet seines hervorgewölbten Leibes und einer konstitutionellen Aufbeulung des Kopfes) galt der König bei seinem ganzen Hof als vortreffliche Erscheinung.

Doch obwohl sich Hopp-Frosch auf Grund der Mißgestalt seiner Beine nur unter großen Schmerzen und Schwierigkeiten auf der Straße oder dem Parkett fortbewegen konnte, befähigte ihn die ungeheure Muskelkraft, mit welcher die Natur, wie zur Entschädigung für die Schwäche in den unteren Gliedmaßen, seine Arme ausgestattet zu haben schien, viele Kunststücke wunderbarer Gewandtheit auszuführen, wo es darum ging, Bäume oder Seile oder sonstiges zu erklettern. Bei solchen Übungen ähnelte er gewißlich weit mehr einem Eichhörnchen oder einem Äffchen denn einem Frosch.

Aus welchem Lande Hopp-Frosch eigentlich stammte, vermag ich nicht genau zu sagen. Es war jedoch irgendeine barbarische Region, von der kein Mensch je gehört – weit entfernt vom Hofe unseres Königs. Hopp-Frosch und ein junges Mädchen, kaum weniger zwergenhaft denn er (obgleich von köstlichem Ebenmaß und eine wundervolle Tänzerin), waren beide mit Gewalt aus ihrer jeweiligen Heimat in benachbarten Provinzen verschleppt und dem König von einem seiner immer-siegreichen Generäle als Geschenk übersandt worden.

Unter diesen Umständen nimmt es nicht wunder, daß zwischen den beiden kleinen Gefangenen eine innige Vertrautheit entstand. Ja, bald wurden sie verschworene Freunde. Hopp-Frosch, der, wenngleich er eine Menge Späße trieb, keineswegs beliebt war, vermochte Trippetta nicht viele Dienste zu leisten; doch *sie* ward ob ihrer Anmut und erlesenen Schönheit (einer Zwergin zwar) allgemein bewundert und verwöhnt: so besaß sie denn viel Einfluß; und nie versäumte sie, diesen, wann immer sie konnte, Hopp-Frosch zum Wohle zu gebrauchen.

Bei irgendeiner großen Staatsgelegenheit – welcher, habe ich vergessen – beschloß der König, ein Maskenfest zu geben; und immer wenn ein Maskenfest oder etwas Derartiges sich an unserem Hofe begeben sollte, dann kamen mit Sicherheit die Talente von Hopp-Frosch und Trippetta ins Spiel. Besonders Hopp-Frosch war so erfinderisch, wenn es galt, Aufzüge zu inszenieren, neue Charaktere anzuregen und Kostüme für Maskenbälle auszudenken, daß ohne seine Hilfe, so schien es, nichts anzufangen war.

Der für die *fête* festgesetzte Abend war gekommen. Eine prächtige Halle hatte man, unter Trippettas Aufsicht, mit jedem erdenklichen Einfall hergerichtet, der einem Maskenfeste nur irgend möglich *éclat* verleihen mochte. Der ganze Hof fieberte vor Erwartung. Was Kostüme und Charaktere betraf, so war wohl anzunehmen, daß jedermann in diesem Punkte zu einer Entscheidung gekommen war. Viele hatten sich schon eine Woche oder gar einen Monat vorher entschlossen (welche *rôles* sie vorzustellen gedachten); und tatsächlich fand sich nirgends auch nur die geringste Unentschiedenheit – außer im Falle des Königs und seiner sieben Minister. Warum *sie* zögerten, habe ich nie sagen können, es sei denn, sie taten es zum Zwecke eines Scherzes. Höchstwahrscheinlich fiel es ihnen, da sie so fett waren, schwer, sich zu einem Entschlusse zu bewegen. Jedenfalls verflog die Zeit; und als letzte Rettung schickten sie nach Trippetta und Hopp-Frosch.

Als die beiden kleinen Freunde der Aufforderung des Königs Folge leisteten, fanden sie ihn mit den sieben Mitgliedern seines Kabinetts beim Weine sitzen; doch wirkte der Monarch sehr übel gelaunt. Er wußte wohl, daß Hopp-Frosch keinen Wein mochte; denn derselbe regte den armen Krüppel fast bis zum Wahnsinn auf; und Wahnsinn ist mitnichten ein sehr angenehmes Gefühl. Doch der König liebte seine deftigen Scherze und ergötzte sich daran, Hopp-Frosch zum Trinken und (wie es der König nannte) ›guten Mut‹ zu zwingen.

»Komm her, Hopp-Frosch«, sagte er, als der Spaßmacher und seine Freundin den Raum betraten, »leere diesen Humpen auf die Gesundheit deiner abwesenden Freunde« (hier seufzte Hopp-Frosch) »und dann laß uns in den Genuß deiner Erfindungsgabe kommen. Wir brauchen Charaktere – *Charaktere*, Mensch – etwas Neues – etwas Ausgefallenes. Wir haben dieses ewige Einerlei satt. Komm, trink! der Wein wird dir den Geist schärfen.«

Hopp-Frosch bemühte sich wie gewöhnlich, auf dieses Ansinnen des Königs mit einem Scherz zu antworten; doch es kam ihn zu schwer an. Zufällig hatte der Zwerg an jenem Tage Geburtstag, und der Befehl, auf seine ›abwesenden Freunde‹ zu trinken, trieb ihm die Tränen in die Augen. Viele große, bittere Tropfen fielen in den Becher, als er ihn gehorsamst aus der Hand des Tyrannen entgegennahm.

»Ah! ha! ha! ha!« brüllte der letztere, als der Zwerg nun

widerwillig den Becher leerte. »Sieh an, was ein Gläschen guten Weines nicht alles vermag! Ei, deine Äuglein glänzen ja schon richtig!«

Der Ärmste! Seine großen Augen *funkelten* eher, denn daß sie glänzten; wirkte doch der Wein auf sein erregbares Hirn ebenso stark wie augenblicklich. Nervös stellte er den Becher auf den Tisch und stierte mit halbirrem Blick in die Runde. Sie alle schienen sich höchlichst zu amüsieren über den Erfolg des königlichen ›*Scherzes*‹.

»Und nun zur Sache«, sagte der Premierminister, ein *sehr* fetter Mann.

»Ja«, sagte der König; »komm, Hopp-Frosch, leih uns deinen Beistand. Charaktere, mein Bester; Charaktere brauchen wir – wir alle – ha! ha! ha!« Und da dies ernstlich als Witz gemeint war, stimmten die sieben im Chor in sein Gelächter ein.

Auch Hopp-Frosch lachte, wenngleich schwach und irgendwie leer.

»Na los, komm schon«, sagte der König ungeduldig, »hast du nichts vorzuschlagen?«

»Ich bemühe mich ja, mir etwas ganz *Neues* auszudenken«, erwiderte der Zwerg zerstreut, denn der Wein hatte ihn ganz verwirrt.

»Bemühst dich!« schrie der Tyrann wütend; »was soll *das* denn heißen? Ah, ich verstehe. Du bist übler Laune und brauchst mehr Wein. Hier, trink das!« und er goß einen weiteren Becher voll und bot ihn dem Krüppel, der, nach Atem ringend, bloß darauf starrte.

»Trink, sag ich!« brüllte der Unmensch, »oder zum Teufel –«

Der Zwerg zögerte. Der König lief purpurn an vor Wut. Die Höflinge grinsten. Trippetta, totenbleich, näherte sich dem Stuhle des Monarchen, fiel vor ihm auf die Knie und flehte ihn an, doch ihren Freund zu verschonen.

Eine Weile musterte sie der Tyrann in unverkennbarem Staunen ob ihrer Kühnheit. Er schien nicht so recht zu wissen, was er tun oder sagen solle – wie er seiner Entrüstung am besten Ausdruck verleihen könne. Schließlich stieß er sie, ohne auch nur eine Silbe zu äußern, heftig von sich und schüttete ihr den Inhalt des randvollen Bechers ins Gesicht.

Die Ärmste erhob sich, so gut sie konnte, und nahm, ohne auch nur einen Seufzer zu wagen, ihren Platz am Fuße der Tafel wieder ein.

Wohl eine halbe Minute lang herrschte Totenstille, man hätte das Fallen eines Blattes oder einer Feder hören können. Sie ward unterbrochen von einem leisen, doch harschen und langgezogenen *Knirschen*, das aus allen Ecken des Raumes zugleich zu kommen schien.

»Was – was – *was* soll denn das Geräusch, das du da machst?« herrschte der König den Zwerg an, indem er sich wütend an ihn wandte.

Der letztere schien sich weitgehend von seinem Rausche wieder erholt zu haben, blickte dem Tyrannen fest, doch ruhig ins Gesicht und stieß lediglich hervor:

»Ich – ich? Wie hätte ich das denn gewesen sein können?«

»Das Geräusch schien von draußen zu kommen«, bemerkte einer der Höflinge. »Es wird wohl der Papagei am Fenster gewesen sein, der seinen Schnabel an den Gitterstäben wetzt.«

»Richtig«, erwiderte der Monarch, gleichsam erleichtert ob dieser Vermutung; »doch bei der Ehre eines Ritters, ich hätte schwören mögen, dieser Vagabund hier habe mit den Zähnen geknirscht.«

Hierauf lachte der Zwerg (der König war viel zu sehr Witzbold durch und durch, als daß er gegen ein Lachen etwas einzuwenden hätte) und entblößte eine Reihe großer, kräftiger und sehr abstoßender Zähne. Überdies erklärte er seine vollkommene Bereitschaft, soviel Wein zu trinken, wie gewünscht werde. Der Monarch war besänftigt; und nachdem Hopp-Frosch einen weiteren Humpen ohne erkennbare üble Wirkung geleert hatte, fing er sogleich mit Feuereifer an, die Pläne für die Maskerade darzulegen.

»Ich kann nicht sagen, was mich auf den Gedanken gebracht hat«, bemerkte er ungemein ruhig, als hätte er nie in seinem Leben Wein gekostet, »aber *eben, nachdem*

Ew. Majestät das Mädchen geschlagen und ihm den Wein ins Gesicht geschüttet hatten – *eben nachdem* Ew. Majestät das getan und während der Papagei draußen vor dem Fenster dieses komische Geräusch gemacht hat, da ist mir eine großartige Unterhaltung eingefallen – ein Possen aus meiner Heimat – wir haben ihn oft gespielt auf unseren Maskenfesten: doch hier wird er gänzlich neu sein. Doch leider erfordert das Ganze eine Gesellschaft von acht Personen, und –«

»Das *sind* wir ja!« rief der König und lachte ob seiner so scharfsichtigen Entdeckung des Zusammentreffens; »haargenau acht – ich und meine sieben Minister. Also, wie geht das Spiel?«

»Wir nennen es«, erwiderte der Krüppel, »die acht Orang-Utans in Ketten, und gut gespielt, ist es wirklich ein ganz vortrefflicher Spaß.«

»*Wir* werden es schon spielen«, bemerkte der König, wobei er sich aufrichtete und die Lider senkte.

»Das Schöne an dem Spiel«, fuhr Hopp-Frosch fort, »ist die Furcht, welche es bei den Frauen hervorruft.«

»Großartig!« brüllten im Chore der Monarch und sein Ministerium.

»*Ich* werde Sie alle als Orang-Utans herrichten«, sprach der Zwerg weiter; »überlassen Sie das alles nur mir. Die Ähnlichkeit soll so verblüffend sein, daß die ganze maskierte Gesellschaft Sie für wirkliche Bestien halten wird – und natürlich wird alles ebenso erschrocken wie erstaunt sein.«

»Oh, das ist herrlich!« rief der König. »Hopp-Frosch! Ich mache noch einen Mann aus dir.«

»Die Ketten sind zu dem Zwecke da, durch ihr Rasseln die Verwirrung noch zu vermehren. Man glaubt, Sie seien *en masse* Ihren Wärtern entflohen. Ew. Majestät können sich gar nicht vorstellen, wie das *wirkt*, wenn auf einem Maskenfeste auf einmal acht angekettete Orang-Utans erscheinen, die vom größten Teil der Anwesenden für echte gehalten werden; und wenn diese dann mit wildem Gebrüll mitten in die Menge aufs feinste und prächtigste gekleideter Männer und Frauen stürzen. Der *Kontrast* ist unnachahmlich.«

»Das *muß* er auch«, sagte der König; und eilends erhob sich der Kabinettsrat (denn es wurde schon spät), um Hopp-Froschs Plan in die Tat umzusetzen.

Seine Weise, die acht als Orang-Utans auszustaffieren, war sehr einfach, doch für seine Zwecke hinlänglich wirkungsvoll. Die fraglichen Tiere waren damals, zu der Zeit, da meine Erzählung spielt, nur sehr selten irgendwo in der zivilisierten Welt zu sehen gewesen; und da die Nachahmungen, die der Zwerg schuf, gebührend tierähnlich und über Gebühr scheußlich gerieten, mochte ihre Naturtreue wohl für gesichert gelten.

Der König und seine Minister wurden zunächst in enganliegende Stockinett-Hemden und -Hosen gesteckt. Sodann wurden diese mit Teer gesättigt. In diesem Stadium des Prozesses regte einer der Mitspieler an, Federn zu verwenden; doch ward der Vorschlag sogleich von dem Zwerg zurückgewiesen, der alsbald die acht durch den Augenschein überzeugte, daß sich das Haarkleid eines solchen Tieres wie des Orang-Utan viel wirksamer durch *Flachs* vorstellen lasse. So ward denn eine dicke Schicht des letzteren auf die Teerschicht geklebt. Nun besorgte man eine lange Kette. Zuerst ward sie dem König um den Leib geschlungen *und befestigt*; dann dem nächsten der Beteiligten, der ebenso fest angebunden ward; und in derselben Weise dann nacheinander allen andern. Als diese Verkettung vollendet war und die acht so weit wie möglich auseinander Aufstellung genommen, bildeten sie einen Kreis; und damit das Ganze echt aussah, zog Hopp-Frosch das Ende der Kette zweimal diametral im rechten Winkel zueinander durch den Kreis, ganz in der Art, wie man es noch heutzutage handhabt, wenn man auf Borneo Schimpansen oder andere Großaffen fängt.

Der große Saal, darin das Maskenfest stattfinden sollte, war ein kreisrunder, sehr hoher Raum, in welchen das Sonnenlicht nur durch ein einziges Fenster in der Decke hereinfiel. Bei Nacht (der Zeit, für die der Saal im beson dern bestimmt war) erhellte ihn hauptsächlich ein gewaltiger Kronleuchter, welcher an einer Kette von der Mitte des Oberlichts herabhing und auf die übliche Weise vermittels eines Gegengewichts heruntergelassen oder hinaufgezogen wurde; doch verlief dies letztere (damit es den Anblick nicht störte) außerhalb der Kuppel und über das Dach.

Die Ausstattung des Raumes war der Oberaufsicht Trippettas überlassen worden; doch in einigen Einzelheiten hatte sie, so scheint es, das gelassenere Urteil ihres Freundes, des Zwerges, geleitet. Auf seinen Rat hin geschah es auch, daß bei dieser Gelegenheit der Kronleuchter entfernt ward. Das heruntertropfende Wachs (was bei so warmem Wetter ja unmöglich zu verhindern war) hätte den kostbaren Gewändern der Gäste ernstlich schaden können, welche, so stand zu erwarten, auf Grund des im Saale herrschenden Gedränges ja nicht *alle* dessen Mitte – das heißt den Platz unter dem Leuchter – frei lassen konnten. Zusätzliche Wandkandelaber wurden an verschiedenen Stellen in der Halle angebracht, wo sie nicht störten; und eine Fackel, die süßen Wohlgeruch ausströmte, ward jeder der Karyatiden, die an den Wänden standen – insgesamt wohl fünfzig oder sechzig –, in die rechte Hand gegeben.

Die acht Orang-Utans folgten Hopp-Froschs Rat und warteten geduldig bis Mitternacht (da der Saal gänzlich von Masken gefüllt war), ehe sie in Erscheinung traten. Kaum waren jedoch die Schläge der Uhr verhallt, so stürzten oder vielmehr wälzten sie sich allesamt herein – denn ihre hinderlichen Ketten brachten die meisten der acht zu Fall, und alle strauchelten sie, als sie eintraten.

Die Aufregung unter den Maskierten war ungeheuerlich und ließ das Herz des Königs höher schlagen. Wie vorausgesehen, waren da nicht wenige Gäste, die da wähnten, die wild aussehenden Kreaturen seien tatsächlich Bestien *irgendeiner* Art, wenn nicht gar akkurat Orang-Utans. Viele der Frauen fielen vor Schreck in Ohnmacht; und hätte der König nicht die Vorsichtsmaßregel getroffen, jegliche Waffen aus dem Saale zu verbannen, so hätte seine Gesellschaft ihren Streich wohl bald in ihrem Blute gebüßt. So aber drängte alles nach den Türen; doch der König hatte befohlen, diese sogleich nach seinem Eintreten zu verschließen; und auf Vorschlag des Zwerges hin waren die Schlüssel *ihm* zur Verwahrung gegeben worden.

Während der Tumult auf seinem Höhepunkte war und eine jede der Masken nur noch auf die eigene Sicherheit bedacht – (denn tatsächlich ging vom Drängen der aufgeregten Menge viel *wirkliche* Gefahr aus) –, hätte man sehen können, wie sich die Kette, an welcher gewöhnlich der Kronleuchter hing und die, als man diesen entfernte, hochgezogen worden war, ganz langsam und allmählich herniedersenkte, bis der Haken an ihrem Ende sich drei Fuß über dem Boden befand.

Bald darauf fanden sich der König und seine sieben Freunde, nachdem sie in allen Richtungen durch den Saal gewirbelt waren, schließlich in dessen Mitte und somit natürlich in unmittelbarer Nähe der Kette. Während sie also dort standen, ergriff der Zwerg, der ihnen dicht auf den Fersen gefolgt war und sie ständig angetrieben hatte, den Aufruhr weiterhin zu schüren, ihre eigene Kette im Schnittpunkt der beiden Teile, welche diametral und im rechten Winkel zueinander den Kreis kreuzten. Hier schob er mit Gedankenschnelle den Haken hinein, an welchem sonst immer der Kronleuchter gehangen hatte; und augenblicklich ward durch eine unsichtbare Kraft die Leuchterkette so weit hinaufgezogen, daß der Haken außer Reichweite geriet und unweigerlich die Orang-Utans, dicht aneinander gebunden und Gesicht zu Gesicht, mit sich zog.

Um diese Zeit hatten sich die Masken wieder einigermaßen von ihrem Schreck erholt; sie fingen nun an, das Ganze als einen wohl ausgedachten Schelmenstreich zu betrachten, und brachen angesichts der mißlichen Lage der Affen in schallendes Gelächter aus.

»Überlaßt sie *mir*!« schrie nun Hopp-Frosch, seine schrille Stimme verschaffte sich durch den Lärm hin leicht Gehör. »Überlaßt sie *mir*. Mich deucht, *ich* kenne sie. Wenn ich sie mir nur mal richtig ansehen kann, vermag *ich* wohl bald zu sagen, wer sie sind.«

Hier nun kletterte er über die Köpfe der Menge hinweg und gelangte zur Wand; woraufhin er von einer der Karyatiden eine Fackel ergriff und in die Saalmitte zurückkehrte – mit affenartiger Behendigkeit dem Könige auf den Kopf sprang – von dort ein paar Fuß an der Kette hinaufkletterte – die Fackel herabhielt, um die Gruppe der Orang-Utans zu mustern, und immer noch kreischte: »*Ich werde bald herausfinden, wer sie sind!*«

Und nun, dieweil sich die ganze Versammlung (einschließlich der Affen) vor Lachen förmlich krümmte, stieß der Narr plötzlich einen schrillen Pfiff aus; woraufhin die Kette wohl dreißig Fuß ungestüm in die Höhe flog – die erschrockenen und zappelnden Orang-Utans mit sich riß und sie zwischen dem Oberlicht und Parkett mitten in der Luft baumeln ließ. Hopp-Frosch, der sich an die Kette klammerte, als sie in die Höhe stieg, behauptete noch immer seine relative Lage gegenüber den acht Masken und hielt noch immer (wie wenn nichts geschehen wäre) seine Fackel hinunter auf sie gerichtet, als versuchte er zu entdecken, wer sie seien.

So völlig überrascht war die ganze Gesellschaft ob dieses Höhenflugs, daß wohl eine Minute lang Totenstille eintrat. Sie ward unterbrochen von eben einem solchen leisen, harschen *Knirschen*, wie es zuvor die Aufmerksamkeit des Königs und seiner Räte auf sich gezogen hatte, da der erstere Trippetta den Wein ins Gesicht geschüttet. Doch bei der gegenwärtigen Gelegenheit konnte kein Zweifel bestehen, *woher* dieser Laut stammte. Er kam von den fangartigen Zähnen des Zwerges, die mahlten und knirschten, als er, mit Schaum vor dem Munde und einem Ausdruck irrsinniger Wut, in die emporgerichteten Gesichter des Königs und seiner sieben Gespielen starrte.

»Ah, ha!« rief schließlich der toll-wütende Narr. »Ah, ha! Jetzt sehe ich langsam, *wer* diese Leute sind!« Damit hielt er, indem er so tat, als wolle er den König genauer betrachten, die Fackel an die Flachsschicht, welche diesen einhüllte und sich sogleich in ein lebendiges Feuermeer verwandelte. In weniger denn einer halben Minute brannten alle acht Orang-Utans lichterloh, unter dem Geschrei der Menge, die, von Grauen gepackt und ohnmächtig, ihnen auch im geringsten Hilfe leisten zu können, von unten zu ihnen emporstarrte.

Schließlich zwangen die Flammen, welche plötzlich an tödlicher Kraft zunahmen, den Narren, an der Kette höher hinaufzuklettern, um aus ihrer Reichweite zu kommen; und als er diese Bewegung vollführte, erstarrte die Menge wieder für einen kurzen Augenblick in Schweigen. Der Zwerg ergriff die Gelegenheit und ließ sich noch einmal vernehmen:

»Nun sehe ich *deutlich*«, sagte er, »was für eine Sorte Menschen diese Masken sind. Es handelt sich um einen großen König und seine sieben Geheimen Räte – einen König, der sich kein Gewissen daraus macht, ein wehrloses Mädchen zu schlagen, und seine sieben Räte, seine Helfershelfer bei solchem Frevel. Was mich betrifft, so bin ich einfach bloß Hopp-Frosch, der Spaßmacher – und *dies ist mein letzter Spaß.*«

Der Zwerg war kaum mit seiner kurzen Rede zu Ende, als das Werk der Rache infolge der hohen Brennbarkeit sowohl des Flachses wie des Teers, daran dieser haftete, auch schon vollendet war. Die acht Leichname baumelten in ihren Ketten, eine stinkende, schwarze, abscheuliche und nicht mehr unterscheidbare Masse. Der Krüppel schleuderte seine Fackel auf sie herab, kletterte gemächlich zur Decke empor und verschwand durch das Oberlicht.

Man vermutet, daß Trippetta sich auf dem Dache des Saales befunden habe und die Komplizin ihres Freundes bei seiner feurigen Rache war und daß sie zusammen in ihre Heimat entkamen: denn keiner von beiden ward je mehr gesehen.

VON KEMPELENS ERFINDUNG

Nach der äußerst genauen und mit Akribie erarbeiteten Abhandlung von Arago, ganz zu schweigen von dem Resümee in ›Silliman's Journal‹ mit Lieutenant Maurys soeben veröffentlichter ausführlicher Erklärung, wird man nun freilich nicht erwarten, daß ich die wenigen flüchtigen Bemerkungen zu von Kempelens Erfindung zu dem Zwecke vorlegen würde, den Gegenstand unter *wissenschaftlichem* Gesichtspunkt zu erörtern. Ich habe mir hier lediglich zweierlei vorgesetzt: zum einen über von Kempelen selbst (den vor einigen Jahren flüchtig kennenzulernen ich die Ehre hatte) ein paar Worte zu sagen, da alles, was ihn betrifft, im Augenblicke notwendigerweise von Interesse sein muß; und zum zweiten ganz allgemein und rein theoretisch die *Folgen* dieser Erfindung zu erwägen.

Doch dürfte es sich wohl empfehlen, bevor ich zu den kursorischen Bemerkungen komme, welche ich vorzubringen habe, mit aller Entschiedenheit zu erklären, daß der offenbar allgemeine Eindruck (wie gewöhnlich in einem Falle dieser Art aus der Presse gewonnen) falsch ist, der da nämlich meint, es sei diese Entdeckung, so erstaunlich sie fraglos ist, gänzlich *unerwartet* erfolgt.

Nimmt man das ›Tagebuch‹ des Sir Humphry Davy‹ (Cottle & Munroe, London, 150 S.) zur Hand, so wird man auf S. 53 und 82 ersehen, wie dieser hervorragende Chemiker nicht nur bereits den hier in Rede stehenden Einfall hatte, sondern tatsächlich gar auch *auf experimentellem Wege nicht unbeträchtlich in ebender nämlichen Analyse* vorangekommen war, welche jetzt so triumphal zum Abschluß gebracht worden ist durch von Kempelen, der jenem Tagebuch, obzwar er es mit keiner Silbe erwähnt, *ganz zweifellos* (ich sage dies ohne Zögern und kann es, falls gewünscht, beweisen) zumindest den ersten Fingerzeig für sein eigenes Unternehmen verdankt. Wenn es nun auch ein wenig zu speziell sein mag, kann ich es mir doch nicht versagen, zwei Abschnitte aus dem ›Tagebuch‹ nebst einer von Sir Humphrys Gleichungen anzuführen. [Da wir nicht über die erforderlichen algebraischen Typen verfügen und da das ›Tagebuch‹ zudem in der ›Athenaeum-Bibliothek‹ vorhanden ist, erlauben wir uns hier eine kurze Auslassung in Mr. Poes Manuskript. – D. Hrsg.]

Der Artikel aus dem ›Courier and Enquirer‹, welcher jetzt in sämtlichen Blättern die Runde macht, darin nun der Anspruch eines gewissen Mr. Kissam aus Brunswick, Maine, auf die Erfindung geltend gemacht wird, bedünkt mich, ich gesteh's, ein wenig apokryphisch, und zwar aus verschiedenen Gründen; obschon die aufgestellte Behauptung nichts Unmögliches noch höchst Unwahrscheinliches enthält. Ich brauche wohl nicht auf Einzelheiten einzugehen. Mein Urteil über diesen Artikel gründet sich hauptsächlich auf die *Art und Weise* der Darstellung. Sie *wirkt* nicht echt. Wer wirklich *Fakten* darstellt, nimmt es selten so genau mit Tag und Datum und präziser Ortsangabe, wie Mr. Kissam dies zu tun scheint. Überdies, wenn Mr. Kissam *tatsächlich*, wie er behauptet, zu dem genannten Zeitpunkt – vor nahezu acht Jahren – die Entdeckung gemacht hat, wie kommt es dann, daß er nicht *unverzüglich* Schritte unternahm, den unermeßlichen Segen zu ernten, der, wie schon der reinste Tölpel gewußt haben mußte, sich für ihn persönlich, wenn nicht gar für die ganze Welt, aus der Entdeckung ergeben hätte? Unglaublich will es mich bedünken, daß ein Mensch von gesundem Verstande entdeckt haben könnte, was Mr. Kissam entdeckt haben will, um sich gleichwohl hernach so ausgesprochen kindisch – so ausgesprochen dämlich anzustellen, wie Mr. Kissam dies getan zu haben *zugibt*. Und übrigens, wer *ist* denn dieser Mr. Kissam? und ist nicht der ganze Artikel im ›Courier and Enquirer‹ als pure Erfindung in die Welt gesetzt, daran sich die Zungen wetzen sollen? Man muß doch zugestehen, das Ganze schwindelt einfach das Blaue vom Himmel herunter. Meiner bescheidenen Meinung nach ist darauf nur sehr wenig Verlaß; und wüßte ich nicht aus Erfahrung, wie leicht sich die Herren Wissenschaftler in Belangen außerhalb ihres Spezialgebietes *hinters Licht führen* lassen, würde ich mich zutiefst darüber verwundern, einen so hervorragenden Chemiker wie Professor Draper den Anspruch dieses Mr. Kissam (oder heißt er Mr. Quizz-am?) auf diese Entdeckung in so ernsthaftem Tone diskutieren zu hören.

Doch kehren wir zum ›Tagebuch‹ des Sir Humphry Davy zurück. Diese Schrift war *nicht* für die Öffentlichkeit bestimmt, auch nicht beim Ableben seines Verfassers, wie sich jedermann, der auch nur das mindeste vom Schreiben versteht, sogleich bei flüchtigster Betrachtung des Stiles überzeugen kann. So heißt es zum Beispiel auf Seite 13, etwa in der Mitte, mit Bezug auf seine Forschungen über Stickstoffoxydul: ›In weniger als einer halben Minute bei fortdauernder Atmung, allmähliches Nachlassen, und *ihnen* folgte ähnlich sanftem Druck auf alle Muskeln.‹ Daß nicht die *Atmung* ›nachließ‹, erhellt nicht nur aus dem folgenden Zusammenhang, sondern auch aus dem Gebrauche des Plurals ›ihnen‹. Kein Zweifel, der Satz sollte lauten: ›In weniger als einer halben Minute, bei fortdauernder Atmung, allmähliches Nachlassen (dieser Empfindungen), und ihnen folgte (ein Gefühl) ähnlich sanftem Druck auf alle Muskeln.‹ Hundert ähnliche Beispiele belegen, daß das so unbedachtsam veröffentlichte Manuskript lediglich ein *Notizbuch* war, völlig *unfertig* und nur für des Verfassers Auge bestimmt; und nähere Betrachtung des Büchleins wird nun aber nahezu jeden vernünftig Denkenden von der Richtigkeit meiner Annahme überzeugen. Feststeht, Sir Humphry Davy wäre wohl der letzte Mensch auf Erden gewesen, sich in puncto Wissenschaft eine *Blöße* zu geben. Nicht nur hegte er eine außergewöhnliche Abneigung gegen jegliche Scharlatanerie, sondern er hatte eine geradezu krankhafte Angst davor, auch nur den *Anschein* des Pfuscherhaften zu erwecken; so daß er, wäre er auch noch so sehr davon überzeugt gewesen, in der jetzt in Rede stehenden Frage auf der richtigen Fährte zu sein, dies niemals *offen* geäußert hätte, bis nicht alles zur praktischen Demonstration bereit gewesen wäre. Wahrlich, ich glaube, es hätte ihm noch die letzten Augenblicke vergällt, wäre ihm nur der Verdacht gekommen, man könnte seinen Wunsch, dieses ›Tagebuch‹ (voller unausgegorener Spekulationen) zu verbrennen, mißachten; wie es ja offensichtlich geschah. Ich sage ›seinen Wunsch‹, denn daß zu den diversen Papieren, welche ›zu verbrennen‹ waren, auch dieses Notizbuch gehören sollte, daran kann, so meine ich, keinerlei Zweifel bestehen. Ob es glücklicher- oder unglücklicherweise den Flammen entging, bleibt noch abzuwarten. Daß die oben zitierten Passagen nebst weiteren ähnlichen, auf die verwiesen wurde, von Kempelen *den Fingerzeig* gaben, steht für mich völlig außer Frage; doch ich wiederhole, es bleibt noch abzuwarten, ob diese an sich folgenschwere Entdeckung (und *folgenschwer* ist sie unter allen Umständen) der Menschheit im ganzen zum Vor- oder Nachteile gereichen wird. Töricht wäre es, auch nur einen Augenblick daran zu zweifeln, daß von Kempelen und seine nächsten Freunde ihr Schäfchen ins trockene bringen werden. Sie dürften wohl kaum der Schwäche zu zeihen sein, das Ganze nicht beizeiten durch umfangreiche Käufe von Häusern und Ländereien sowie anderen Besitzes von *wirklichem* Wert zu ›*realisieren*‹.

In dem kurzen Bericht über von Kempelen, welcher im ›Home Journal‹ erschien und seitdem ausgiebig nachgedruckt wurde, scheinen dem Übersetzer, welcher vorgibt, den Abschnitt aus einer neueren Nummer der Preßburger ›Schnellpost‹ entnommen zu haben, verschiedentlich Mißverständnisse des deutschen Originals unterlaufen zu sein. ›*Viele*‹ wurde offenbar (wie so oft) falsch aufgefaßt, und was der Übersetzer mit ›*lieden*‹ wiedergibt, sind wahrscheinlich ›Leiden‹, was, entsprechend richtig übersetzt, eben als ›Leiden‹, dem Bericht insgesamt nun einen gänzlich anderen Anstrich verleihen würde; doch bleibt vieles davon natürlich bloße Vermutung meinerseits.

Von Kempelen ist nun freilich auf keinen Fall ›ein Misanthrop‹, zumindest nicht dem Äußeren nach, was immer
er in Wahrheit sein mag. Meine Bekanntschaft mit ihm war
ganz und gar zufällig; und ich darf mit Fug wohl kaum behaupten, ihn überhaupt zu kennen; doch einen Mann, der
so *ungeheuerlich* berühmt ist oder doch in wenigen Tagen
sein *wird*, gesehen und mit ihm gesprochen zu haben, ist,
wie die Zeiten stehen, wahrlich keine Kleinigkeit.

Die Wochenschrift ›Literary World‹ nennt ihn mit drei-
ster Gewißheit einen *gebürtigen* Preßburger (hat sich wohl
durch den Bericht im ›Home Journal‹ dazu verleiten lassen), doch freue ich mich, mit aller *Bestimmtheit* sagen zu
können, habe ich es doch aus seinem eigenen Munde, daß
er in Utica im Staate New York geboren ist, wenngleich
beide Eltern wohl aus Preßburg stammen. Die Familie ist
irgendwie mit Mälzel verwandt, dem vom Schachspiel-Au-
tomaten seligen Angedenkens. [Wenn wir uns nicht irren,
so hieß der *Erfinder* des Schachautomaten entweder Kempelen, von Kempelen oder so ähnlich. – *D. Hrsg.*] Von Gestalt ist er klein und gedrungen, hat große, *runde* blaue
Augen, rötliches Haar und Backenbart, einen breiten, aber
angenehmen Mund, feine scharfe Zähne und, wie ich
glaube, eine Römernase. Mit einem Fuß stimmt wohl
irgend etwas nicht. Er ist von offenen Manieren, und seine
ganze Art kennzeichnet *bonhomie.*

Alles in allem ist er nach Aussehen, Sprech- und Verhaltensweise so wenig ein ›Misanthrop‹ wie irgendeiner, den
ich kenne. Es ist jetzt wohl sechs Jahre her, daß wir beide
eine Woche lang zu Gast im Earl's Hotel in Providence,
Rhode Island, gewesen; und ich habe zu verschiedenen
Malen mit ihm gesprochen, im ganzen wohl drei oder vier
Stunden. Er redete hauptsächlich von Tagesereignissen;
und keines der Worte, die er äußerte, hatte mir Anlaß gegeben, wissenschaftliche Kenntnis bei ihm zu vermuten. Er
reiste vor mir ab, wollte nach New York und von da nach
Bremen; in der letzteren Stadt war es nun, daß seine große
Entdeckung zuerst publik gemacht wurde; oder vielmehr
dort war es, daß man ihn zuerst verdächtigte, sie gemacht zu

haben. Das ist so ungefähr alles, was ich persönlich über den jetzt unsterblichen von Kempelen weiß; doch habe ich mir gedacht, daß selbst diese wenigen Einzelheiten für die Öffentlichkeit von Interesse sein möchten.

Ohne Frage sind die meisten jener wundersamen Gerüchte, welche über diese Sache umgehen, reine Erfindung und dürfen wohl so viel Glauben beanspruchen wie die Geschichte von Aladins Wunderlampe; und dennoch, in einem derartigen Falle wie auch im Falle der Entdeckungen in Kalifornien, leuchtet ein, daß die Wahrheit sonderbarer sein *kann* denn alle Erfindung. Die folgende Anekdote zumindest ist so gut verbürgt, daß wir sie blindlings hinnehmen dürfen.

Während seines Aufenthaltes in Bremen erfreute sich von Kempelen niemals auch nur leidlich guter Verhältnisse; und oft, so weiß man wohl, befand er sich in größter Verlegenheit, um auch nur geringfügige Summen aufzutreiben. Als nun alles in helle Aufregung geriet ob der Fälschungsaffäre bei der Firma Gutsmuth & Co., fiel der Verdacht auf von Kempelen, hatte er doch ein ansehnliches Grundstück in der Gasperitch-Gasse erworben und weigerte sich, danach befragt, zu erklären, wie er in den Besitz der Kaufsumme gekommen sei. Schließlich wurde er festgenommen, am Ende aber, da ihm nichts Entscheidendes zur Last gelegt werden konnte, wieder freigelassen. Die Polizei hielt aber ein wachsames Auge auf ihn und alle seine Bewegungen und stellte mithin fest, daß er häufig sein Haus verließ, immer denselben Weg einschlug und stets seinen Bewachern in der Nähe jenes Labyrinths enger, krummer Gassen entkam, die im Gaunerjargon ›Dondergat‹ heißen. Vermöge großer Beharrlichkeit gelang es ihnen schließlich, ihn bis auf den Dachboden eines alten siebenstöckigen Hauses in einem Hintergäßchen namens Flätplatz zu verfolgen; und da sie ihn völlig überrumpelten, glaubten sie, ihn auf frischer Fälschertat zu ertappen. Seine Erregung soll so über die Maßen groß gewesen sein, daß die Beamten an seiner Schuld nicht den geringsten Zweifel hegten. Nachdem sie ihm Handschellen angelegt, durchsuchten sie den

Raum oder vielmehr die Räumlichkeiten; denn offenbar hatte er die ganze *mansarde* inne.

Von der Dachstube, wo sie ihn faßten, ging es in ein Kabinett von zehn mal acht Fuß, darin sich eine chemische Apparatur befand, deren Zweck bislang noch nicht ermittelt ist. In einer Ecke des Kabinetts stand ein winziger Schmelzofen, darin ein Feuer brannte, und auf dem Feuer eine Art Doppeltiegel – zwei Tiegel also, welche durch eine Röhre verbunden waren. Einer dieser Tiegel war fast ganz mit schmelzendem *Blei* gefüllt, das aber nicht bis an die Öffnung der Röhre reichte, welche sich nahe dem Rande befand. In dem andern Tiegel war eine Flüssigkeit, welche sich beim Eintritt der Beamten gerade ungestüm in Dampf aufzulösen schien. Es wird nun vermeldet, daß von Kempelen, als er sich ertappt sah, die Tiegel mit beiden Händen ergriff (welche in Handschuhen, und zwar aus Asbest, wie sich später herausstellte, steckten) und ihren Inhalt auf den gekachelten Boden kippte. Da legten sie ihm nun die Handschellen an; und bevor sie darangingen, die Räumlichkeiten zu durchsuchen, unterzogen sie ihn einer Leibesvisitation, fanden aber nichts Bemerkenswertes außer einer Papiertüte in seiner Rocktasche, welche, wie später festgestellt wurde, eine Mischung aus Antimon und einer *unbekannten Substanz* zu fast, doch nicht genau gleichen Teilen enthielt. Bislang sind zwar alle Versuche, diese unbekannte Substanz zu analysieren, fehlgeschlagen, doch steht außer Zweifel, daß die Analyse letzten Endes gelingen wird.

Als die Beamten mit ihrem Gefangenen aus dem Kämmerchen traten, kamen sie durch eine Art Vorzimmer, in welchem sich nichts Wesentliches fand, in das Schlafzimmer des Chemikers. Hier durchstöberten sie Schubläden und Kästen, entdeckten aber nur einige wenige belanglose Papiere und ein paar gültige Gold- und Silbermünzen. Als sie schließlich unter dem Bett nachsahen, erblickten sie einen *großen, gewöhnlichen Fellkoffer, ohne Scharniere, Haken oder Schloß*, dessen Deckel achtlos *über* dem Unterteil lag. Bei dem Versuch, diesen Koffer unter dem Bette hervorzuziehen, mußten sie feststellen, daß ihre vereinte Kraft (es waren ihrer drei, alles kräftige Männer) ›ihn nicht einen Zoll zu bewegen vermochte‹. Darob verwundert, kroch einer von ihnen unter das Bett und sagte nach einem Blick in den Koffer: »Kein Wunder, daß wir ihn nicht von der Stelle rücken konnten – der ist randvoll mit alten Kupferstücken!« Darauf stemmte er die Füße gegen die Wand, um sich gut abstützen zu können, und schob mit aller Kraft, indessen seine Kollegen mit all der ihren zogen, und so ward der Koffer unter großer Anstrengung unter dem Bett hervorgeholt und darauf sein Inhalt geprüft. Das vermeintliche Kupfer, womit er gefüllt war, bestand sämtlich in kleinen, glatten Stücken von Erbsen- bis zu Dollargröße; doch waren die Stücke, wiewohl sämtlich mehr oder minder flach, unregelmäßig in der Form – alles in allem sahen sie aus ›ganz so wie Blei, wenn man es in geschmolzenem Zustand zu Boden wirft und dort erkalten läßt‹. Nun denn, nicht einer der Beamten hielt dieses Metall auch nur einen Augenblick lang für etwas *anderes* denn Kupfer. Der Gedanke, es könne *Gold* sein, war ihnen selbstverständlich nie in den Sinn gekommen; wie *hätte* auch ein solch phantastischer Einfall dahin gelangen sollen? Und so kann man sich sehr wohl ihr Erstaunen denken, als am nächsten Tag ganz Bremen wußte, daß das ›Kupferzeug‹, das sie so verächtlich aufs Revier gekarrt hatten, ohne es der Mühe wert zu finden, auch nur das kleinste Stückchen einzustecken, nicht nur Gold war – echtes Gold –, sondern dazu noch viel feineres Gold, als man zum Prägen von Münzen verwandte – ja, absolut reines, jungfräuliches Gold, ohne auch nur die geringste nennenswerte Beimengung!

Von Kempelens Geständnis (soweit es reichte) und Freilassung brauche ich wohl nicht im einzelnen zu schildern, sind diese Umstände doch der Öffentlichkeit bekannt. Daß es ihm gelungen war, im Geist und in der Tat, wenn nicht gar buchstäblich, die alte Schimäre vom Steine der Weisen Wirklichkeit werden zu lassen, daran darf wohl kein vernünftiger Mensch zweifeln. Selbstverständlich verdienen die Ansichten Aragos allerhöchste Beachtung; doch ist er mitnichten unfehlbar; und was er in seinem Bericht an die

Akademie von *Wismut* redet, ist *cum grano salis* zu nehmen. Ist doch die schlichte Wahrheit die, daß bis auf den heutigen Tag *jegliche* Analyse mißlungen ist; und solange es von Kempelen nicht beliebt, uns den Schlüssel zu seinem publik gewordenen Geheimnis zu liefern, wird die Sache höchstwahrscheinlich jahrelang *in statu quo* verharren. Alles, was zu wissen man bis jetzt füglich sagen kann, ist dies: ›*Reines Gold läßt sich ganz nach Wunsch und ohne weiteres herstellen, und zwar aus Blei in Verbindung mit gewissen anderen, nach Art und Menge unbekannten Substanzen.*‹

Natürlich spekuliert man nun allerorten mit Eifer über die unmittelbaren und letztendlichen Auswirkungen dieser Entdeckung − einer Entdeckung, welche mit dem von den jüngsten Schürfungen in Kalifornien noch verstärkten generellen Interesse an dem Stoffe Gold im allgemeinen in Beziehung zu setzen wohl kaum ein normaler Mensch zögern wird; und diese Überlegung führt uns unweigerlich zu einer anderen − nämlich wie so ausgesprochen *inopportun* doch von Kempelens Analyse kommt. Wenn sich bisher schon viele vom kalifornischen Abenteuer durch die bloße Befürchtung abhalten ließen, es würde das Gold auf Grund der Ergiebigkeit der dortigen Minen so wesentlich im Werte fallen, daß das Unterfangen, sich in so weite Ferne auf die Suche danach zu begeben, ein gar zweifelhaftes würde − welchen Eindruck wird dann erst die Kunde von dieser erstaunlichen Entdeckung von Kempelens bei denen hervorrufen, die gerade aufzubrechen im Begriffe stehen, ganz besonders aber bei jenen, die nun gar tatsächlich schon im Schürfgebiete sich befinden? − einer Entdeckung, welche ausdrücklich erklärt, daß Gold, abgesehen von seiner spezifischen Bedeutung für industrielle Zwecke (worin immer diese bestehen mag), jetzt oder zumindest bald (denn *lange*, so ist anzunehmen, wird von Kempelen sein Geheimnis nicht wahren können) keinen größeren *Wert* hat oder haben wird als Blei und weit geringeren denn Silber. Ja, in der Tat, es ist überaus schwierig, zukunftsschürfend über die Folgen dieser Entdeckung zu spekulieren; doch eines darf mit Sicherheit behauptet werden:

vor sechs Monaten hätte die Nachricht von dieser Entdekkung einen erheblichen Einfluß auf die Besiedelung Kali-
forniens gehabt.

In Europa waren die auffälligsten Resultate bis jetzt ein
Ansteigen der Preise für Blei um zweihundert und nahezu
fünfundzwanzig Prozent für Silber.

DER GE-X-TE ARDICKEL

Da ›die Weisen‹ bekanntlich ›aus dem Morgenlande‹ kamen und da auch Herr Sausewind Dickschädel von Morgen her kam, folgt daraus, daß der Herr Dickschädel ein
Weiser war; und sollte es dafür noch weiteren Beweises bedürfen, so hätten wir auch diesen: Herr D. war Redakteur.
Jähzorn war seine einzige schwache Seite; denn die Halsstarrigkeit, deren die Menschheit ihn zieh, war in Wirklichkeit alles andere als seine *Schwäche*, zumal er zu Recht
darin seine *Stärke* sah. Ja, dieselbe war seine starke Seite –
seine Tugend; und es hätte die ganze Logik eines
Brownson erfordert, ihn zu überzeugen, es sei dies ›etwas
anderes‹.

So ist denn erwiesen: Sausewind Dickschädel war ein
Weiser; und die einzige Gelegenheit, da er sich als nicht
unfehlbar erwies, war an jenem Tage, als er den Osten, die
legitime Heimat aller Weisen, im Stiche ließ, um gen
Westen, in die Fremde zu ziehen, nach Alexander-der-
Große-o-nopolis oder irgend so einem ähnlich benamsten
Orte.

Um ihm Gerechtigkeit widerfahren zu lassen, muß ich freilich anmerken, daß er seinen Entschluß, sich letzten Endes
in jener Stadt niederzulassen, unter dem Eindruck faßte, es
existiere in jenem speziellen Teile des Landes keinerlei Zeitung, ergo auch kein Redakteur. Indem er nun die ›Teekanne‹ aufmachte, hoffte er, das Feld ganz für sich allein
zu haben. Ich bin sicher, nie hätte er auch nur im Traum
daran gedacht, seinen Wohnsitz in Alexander-der-Große-
o-nopolis zu nehmen, hätte er darum gewußt, daß eben
dort, in Alexander-der-Große-o-nopolis, ein Herr namens
Johann Schmidt (wenn ich mich recht entsinne) ansässig
war, welcher ebendort in vielen Jahren des Edierens und

Publizierens der ›Alexander-der-Große-o-nopolitanischen Gazette‹ in aller Stille dick und fett geworden war. So geschah es denn einzig, weil er falsch unterrichtet war, daß sich Herr Dickschädel in Alex..., nennen wir es doch ›der Kürze halber‹ einfach Nopolis, befand – doch da er sich nun einmal dort *befand*, beschloß er, nun auch seinem Rufe getreu, Halsst..., soll heißen Festigkeit, zu bezeigen und zu bleiben. So blieb er denn; damit aber nicht genug; er packte seine Presse aus; seine Lettern usw. usw., mietete sich ein Bureau genau gegenüber der ›Gazette‹ und brachte am dritten Morgen nach seiner Ankunft die erste Nummer der ›Alexand...‹ – will sagen der ›Nopolitanischen Teekanne‹ heraus: – soweit ich mich entsinnen kann, hieß so die neue Zeitung.

Der Leitartikel war, ich muß es gestehen, geradezu brillant – um nicht zu sagen, strenger Regel gerecht. Ich war besonders erbittert über die Dinge im allgemeinen – und was im besonderen den Redakteur der ›Gazette‹ betraf, so ward er förmlich zerfetzt. Einige von Dickschädels Bemerkungen waren in der Tat so feurig, daß mir notgedrungen stets seither Johann Schmidt, der immer noch am Leben ist, im Lichte eines Salamanders erschien. Ich kann mir nicht anmaßen, hier *sämtliche* Artikel der ›Teekanne‹ *verbatim* wiederzugeben, doch einer von ihnen ging so:

›O ja! – Oh, wir begreifen! Oh, kein Zweifel! der Redakteur von drüben ist ein Genie! – O Gott! O du meine Güte! – *was soll* aus dieser Welt noch werden? *O tempora! O Moses!* ‹

Eine so kaustische und zugleich so klassische Philippika mußte unter den bis zu dieser Stunde friedlichen Bürgern von Nopolis wie eine Bombe einschlagen. Gruppen aufgeregter Menschen sammelten sich an den Straßenecken. Alles harrte mit herzensbanger Spannung der Antwort des würdigen Schmidt. Selbige erschien am nächsten Morgen und lautete wie folgt:

›Wir zitieren aus der ‚Teekanne‘ von gestern nachstehenden Abschnitt: – ‚O ja! *Oh*, wir begreifen! *Oh*, kein Zweifel! *O* Gott! *O* du meine Güte! *O* tempora! *O* Moses!‘ Nun, wahrhaftig, der Kerl ist ja ganz O! Das erklärt wohl auch, warum er im Kreise argumentiert, und darum gibt es bei ihm auch weder Anfang noch Ende noch bei irgend etwas, das er äußert. Wirklich, wir glauben, dieser Vagabund vermag nicht ein einziges Wort zu schreiben, welches kein O in sich hätte. Ob diese O-erei wohl eine Angewohnheit von ihm ist? Nebenbei bemerkt, hat er sich ja äußerst eilig aus dem tiefsten *O*sten hierher abgesetzt. Ob er dort genauso viel ge-*o*-t hat, wie er es hier nun tut? ‚*Oh!* es ist jammervoll.'‹

Die Entrüstung des Herrn Dickschädel ob dieser skandalösen Anwürfe will ich gar nicht erst zu beschreiben versuchen. Nach dem Prinzip von eines Aales Haut jedoch wirkte er gar nicht so erzürnt ob dieser Attacke auf seine Redlichkeit, wie man wohl hätte meinen mögen. Was ihn zur Verzweiflung trieb, war der Hohn, mit welchem sein *Stil* zum Gespött gemacht ward. Was denn! – *er*, Sausewind Dickschädel! – er sollte es nicht vermögen, ein Wort ohne ein O darin zu schreiben! Diesem Zieraffen würde er es aber bald zeigen, daß er auf dem Holzweg war. Jawohl! er würde es ihm zeigen, wie *sehr* er auf dem Holzweg war, der dumme Laffe! Er, Sausewind Dickschädel aus Froschtümplium, wollte es diesem Herrn Johann Schmidt schon weisen, daß er, Dickschädel, so es ihm paßte, einen ganzen Abschnitt – ach was! einen ganzen Artikel – verfassen könnte, in welchem jener schnöde Vokal nicht *einmal* – nicht *ein einziges* Mal erscheinen sollte. Doch nein: – das hieße ja, sich besagtem Johann Schmidt geschlagen zu bekennen. *Er*, Dickschädel, wollte *keinerlei* Veränderung in seinem Stile vornehmen, um sich den Kapricen irgendeines Herrn Schmidt aus der lieben Christenheit anzubequemen. Nieder mit einem so schändlichen Gedanken! Es lebe das O! Auf immer und ewig! Er würde auf dem O beharren. Er würde ganz O sein, so o-ig er es vermöchte.

Glühend vom ritterlich-tapfren Entschlusse, nahm der große Sausewind in der nächsten ›Teekanne‹ lediglich mit dem folgenden schlichten, doch resoluten Paragraphen auf die unglückselige Affäre Bezug:

›Der Redakteur der ‚Teekanne‘ hat die *Ehre*, dem Redakteur der ‚Gazette‘ hiermit anzuzeigen, daß sie (die ‚Teekanne‘) in ihrer morgigen Morgenausgabe Gelegenheit nehmen werde, ihr (der ‚Gazette‘) zu beweisen, daß sie (die ‚Teekanne‘) es durchaus vermag, *in puncto* Stil *ihr eigener Herr* zu sein und zu bleiben; – daß sie (die ‚Teekanne‘) beabsichtige, ihr (der ‚Gazette‘) die äußerste, ja, gänzlich vernichtende Verachtung zu zeigen, mit welcher ihre (der ‚Gazette‘) Kritik den unabhängigen Busen von ihr (der ‚Teekanne‘) erfüllt, indem sie zu ihrer (der ‚Gazette‘) besonderen Erbauung (?) einen einigermaßen umfänglichen Leitartikel verfassen werde, in welchem dieser vortreffliche Vokal – dies Sinnbild der Ewigkeit – ihrem (der ‚Gazette‘) hyper-exquisiten Zartgefühle gleichwohl so anstößig – mit allerhöchster Gewißheit *nicht vermieden werden* wird von ihrer (der ‚Gazette‘) gehorsamster, ergebenster Dienerin, der ‚Teekanne‘. Soviel zu Buckingham!‹

In Erfüllung der fürchterlichen Drohung, die solcherart eher nur dunkel angedeutet denn mit Bestimmtheit verkündet worden, verschloß der große Dickschädel all den drängenden Bitten um ›Manuskriptvorlage‹ sein Ohr und forderte seinen Setzermeister schlichtweg auf, doch ›zum T – – – –l zu gehen‹, als er (der Setzer) ihr (der ›Teekanne‹!) versicherte, es sei höchste Zeit, ›in Druck zu gehen‹: – wie gesagt, der große Dickschädel verschloß gegen all und jedes sein Ohr und hockte die ganze Nacht, bis zum Morgengrauen, um beim Lampenscheine den wirklich unvergleichlichen Artikel, der folgt, zu verfassen:

›So, Johann, *oho*! Kommst nicht davon, iwo! So oder so, froh hopst der Floh. Hott hott, flott flott. Holdrio! So angedroht vorm Morgenrot. O schon, Sohn, schon. Sollst nicht frohlocken und aufm Throne hocken, bevor hinterm Ohr du vollends trocken. Donner und Dorio! Moloch und Mordio! Vom hohen Rosse sonst, ohne Not zu Fromm und Brot, pochst auf Lob und Lohn, bekommst bloß Spott und Hohn. Das große Los? Dort poltert Zorn. Vorn. Großer Gockel, ohne Monokel, bist ein Trottel, ein Tropf! So doof, so stolz, vorm Kopf bloß Holz, im Kopf bloß Stroh, borniert und hohl, o Gott, zum Wohl. Was der Hohlkopf hier wohl *soll?* O großer Gott, verschone uns vor monotonen Strophen, Kokolores-Philosophen, notorischen Concord-Ganoven! Apropos Concord, Johann, bist dort geboren, hast hier nichts verloren. Troll dich, Johann, troll dich fort, Wohlwollen wohnt dir nicht am Ort. Fort denn, sofort, ohne Grollen, Tollen, Schmollen. Wohlan, auf die Socken, kannst nicht zum *Tort* bloß hocken, Probebogen vollmogeln und olle Motten vorm Ofen vorlocken. Oh! pipopo! Sollst doch, Bock, fort vom Pflock. Bist ein Snob, o & ob, *homo doof*-us, glotzt wie Hornochs zum Mond. Ob's lohnt? Du Borstenfrosch von Moor und Moos, du Knollenmops, du Grottenolm, du Obermolch, so ohne Kontrolle zockst forsch du den Dolch? Potz Schock und Not, du bokkiger Kojote, deine zotige Pfote hol der krotig-rote Ho(e)llenbote. Hundsfotzig Krokodilenbock, Trost sei gezollt dir mit dem Stock aus Rohr und Spott und Schrot und Groll, jawoll, Apoll, jawohl – verdopple dich mit Alkohol – proppvoll in Moll, unverdrossen eingegossen Possen Glossen – stopf, o Tropf, dir voll den Schopf – pflopf!«

Ganz natürlicherweise erschöpft von so horrender Anstrengung, vermochte der große Sausewind in jener Nacht nichts weiter zu verrichten. Ruhig, gelassen, doch mit einer Miene voller Machtbewußtsein, händigte er das Ms. dem wartenden Setzerlehrling aus und begab sich dann, nachdem er gemächlich nach Hause geschritten, mit unaussprechlicher Würde zu Bett.

Inzwischen rannte der Setzerjunge, dem das Manuskript anvertraut, in Windeseile die Treppe hinauf zu seinem ›Kasten‹ und machte sich unverzüglich daran, das Ms. ›abzusetzen‹.

Zuallererst stürzte er sich natürlich – da das Anfangswort ›So‹ lautete – in das Fach mit den großen S und zog triumphierend ein großes S heraus. Beschwingt von diesem Erfolge, warf er sich nun mit blindem Ungestüm sogleich auf den Kasten mit den kleinen *O* – doch wer beschreibt sein Entsetzen, als seine Finger ohne den erhofften Buchstaben im Griffe wieder hervorkamen? wer malt sein Erstaunen und seine Wut, als er, sich die Knöchel reibend, erkennen mußte, daß er sich selbige lediglich umsonst auf dem Boden eines *leeren* Faches gestoßen hatte? Nicht ein einziges kleines *O* befand sich in dem Fach der kleinen *O*; und als er nun einen ängstlichen Blick in die Abteilung der großen *O* warf, fand er zu seinem äußersten Entsetzen *jene* in dem nämlichen mißlichen Zustand. Von Angst gepackt, war es seine erste Regung, zum Setzermeister zu laufen.

»Meester!« rief er, nach Atem ringend, »ich kann Ihnen aber nischt absetzen, wenn ich keene O's nich hab.«

»*Was* soll das heißen?« knurrte der Setzer, der sich bei übler Laune befand, da er so spät noch aufbleiben mußte.

»Nu, Meester, im ganzen Laden hier is keen O nich da, keen großes un keen kleenes!«

»Was – was zum T – – – – l ist denn aus all denen geworden, die im Kasten waren?«

»Weeß *ich* doch nich, Meester«, sagte der Junge, »bloß, eener von der ›Gazette‹ ihren Jungs is die ganze Nacht hier rumgeschlichen, und der wird se wohl alle gemaust ham.«

»Zum Henker mit ihm! Daran zweifle ich nicht im geringsten«, erwiderte der Setzer und lief purpurrot an vor Wut – »aber ich sag dir, was du machst, Bob, braver Junge – bei der erstbesten Gelegenheit gehst du rüber und klaust ihnen ihre sämtlichen I's und (verd – – – t) ihre Zets dazu.«

»Wird gemacht«, antwortete Bob zwinkernd und die Stirne runzelnd – »ich werd's denen schon zeigen, die sollen sich umgucken; doch nu der Ardickel hier? Der *muß* heute nacht noch rein – sonst is der T – – – – l los un –«

»Und das nicht zu knapp«, unterbrach ihn der Meister unter tiefem Seufzen und der Betonung auf ›knapp‹. »Ist der Artikel *sehr* lang, Bob?«

»*Sehr* lang nu auch nich grade«, sagte Bob.

»Ah, schön! Also dann, sieh mal zu, was du daraus machen kannst. Wir *müssen* in Druck damit«, sagte der Setzer, der bis über die Ohren in Arbeit steckte; »setz einfach irgendeinen andern Buchstaben ein für das *O*, den Quatsch, den der Kerl verzapft, liest ja sowieso keiner.«

»Gut«, erwiderte Bob, »denn man los!« und begab sich

schleunigst zu seinem Kasten; und unterwegs murmelte
er – »Gar nich übel, dem seine Ausdrücke da, besonders
für een, der doch gar nich fluchen tut. Die solln sich umgucken, um den ihre verd – – – – – – I's un Zets werd ich
mich kümmern, un ob ich das werde! Für so was bin ich grade
der Richtige.« Tatsache ist, obgleich Bob erst zwölf Jahre
alt und vier Fuß hoch war, daß er doch, im Kleinen, sich jeder Rauferei und Schandtat gewachsen fühlte.

Die hier geschilderte kritische Lage ist in Druckereien
keineswegs eine Seltenheit; zwar weiß ich es nicht zu erklären, doch ist die Tatsache unbestritten, daß fast immer, *wenn*
eine solche Notlage eintritt, das *X* als Ersatz für den fehlenden Buchstaben genommen wird. Vielleicht liegt der
eigentliche Grund darin, daß das *X* in den Setzkästen wohl
so ziemlich der überflüssigste oder am überreichsten vor-
handene Buchstabe ist oder jedenfalls in früheren Zeiten
gewesen war – lange genug, um besagte Ersetzung bei den
Druckern zur festen Gewohnheit werden zu lassen. Was
nun Bob betraf, so hätte er es für ketzerisch gehalten, in
einem solchen Falle irgendeine andere Letter zu verwenden
als das *X*, welches er gewöhnt war.

»Ich *werd* den Ardickel hier wohl x-en müssen«, sprach
er bei sich, als er ihn voller Verwunderung durchlas, »aber
das is ja so ungefähr der fürcht-*o*-igste Ardickel, der mir je
untergekommen *is*.« So *x-te* er ihn denn unerschütterlich,
und *ge-x-t* wanderte er in die Presse.

Am nächsten Morgen lasen die Bürger von Nopolis nun
höchlichst verblüfft in der ›Teekanne‹ den folgenden
außerordentlichen Leitartikel:

›Sx, Jxhann, *xhx*! Kxmmst nicht davxn, iwx! Sx xder sx,
frxh hxpst der Flxh. Hxtt hxtt, flxtt flxtt. Hxldrix! Sx an-
gedrxht vxrm Mxrgenrxt. X schxn, Sxhn, schxn. Sxllst
nicht frxhlxcken und aufm Thrxne hxcken, bevxr hinterm
Xhr du vxllends trxcken. Dxnner und Dxrix! Mxlxch und
Mxrdix! Vxm hxhen Rxsse sxnst, xhne Nxt zu Frxmm und
Brxt, pxchst auf Lxb und Lxhn, bekxmmst blxß Spxtt und
Hxhn. Das grxße Lxs? Dxrt pxltert Zxrn. Vxrn. Grxßer
Gxckel, xhne Mxnxkel, bist ein Trxttel, ein Trxpf! Sx dxxf,

sx stxlz, vxrm Kxpf blxß Hxlz, im Kxpf blxß Strxh, bxrniert und hxhl, x Gxtt, zum Wxhl. Was der Hxhlkxpf hier wxhl *sxll*? X grxßer Gxtt, verschxne uns vxr mxnxtxnen Strxphen, Kxkxlxres-Philxsxphen, nxtxrischen Cxncxrd-Ganxven! Aprxpxs Cxncxrd, Jxhann, bist dxrt gebxren, hast hier nichts verlxren. Trxll dich, Jxhann, trxll dich fxrt, Wxhlwxllen wxhnt dir nicht am Xrt. Fxrt denn, sxfxrt, xhne Grxllen, Txllen, Schmxllen. Wxhlan, auf die Sxcken, kannst nicht zum *Txrt* blxß hxcken, Prxbebxgen vxllmxgeln und xlle Mxtten vxrm Xfen vxrlxcken. Xh! pipxpx! Sxllst dxch, Bxck, fxrt vxm Pflxck. Bist ein Snxb, x & xb, *hxmx dxxf*-us, glxtzt wie Hxrnxchs zum Mxnd. Xb's lxhnt? Du Bxrstenfrxsch vxn Mxxr und Mxxs, du Knxllenmxps, du Grxttenxlm, du Xbermxlch, sx xhne Kxntrxlle zxckst fxrsch du den Dxlch? Pxtz Schxck und Nxt, du bxckiger Kxjxte, deine zxtige Pfxte hxl der krxtig-rxte Hx(e)llenbxte. Hundsfxtzig Krxkxdilenbxck, Trxst sei gezxllt dir mit dem Stxck aus Rxhr und Spxtt und Schrxt und Grxll, jawxll, Apxll, jawxhl – verdxpple dich mit Alkxhxl – prxppvxll in Mxll, unverdrxssen eingegxssen Pxssen Glxssen – stxpf, x Trxpf, dir vxll den Schxpf – pflxpf!‹

Der Aufruhr, den dieser mystische und kabbalistische Artikel verursachte, ist unvorstellbar. Der erste bestimmte Gedanke, den das gemeine Volk faßte, ging dahin, es müsse irgendein teuflischer Verrat in den Hieroglyphen verborgen liegen; und alles stürzte zu Dickschädels Haus, zu dem Zwecke, ihn zur Strafe zu lynchen; doch dieser Herr war nirgends zu finden. Er war verschwunden, wie, das konnte keiner sagen; und nicht einmal sein Geist ward seitdem mehr gesehen.

Außerstande, ihr rechtmäßiges Opfer zu fassen, ebbte die Volkswut schließlich wieder ab; zurück blieb, als eine Art Bodensatz, ein rechtes Durcheinander der Ansichten über diese unglückselige Affäre.

Ein Herr hielt das Ganze für einen x-zellenten Witz.

Ein anderer meinte, Dickschädel habe tatsächlich eine x-orbitante Phantasie bewiesen.

Ein Dritter wollte gelten lassen, daß er x-zentrisch sei, doch nicht mehr.

Ein Vierter konnte darin nur des Yankees Absicht vermuten, x-pressiv und allgemein seine Verärgerung zu x-plizieren.

»Sagen wir lieber, der Nachwelt ein X-empel zu setzen«, schlug ein Fünfter vor.

Daß Dickschädel zum X-trem getrieben worden sei, war allen klar; und tatsächlich ging sogar die Rede, da *jener* Redakteur nicht aufzufinden sei, doch den andern zu lynchen.

Häufiger fand sich jedoch die Überzeugung, daß die Affäre schlichtweg x-traordinär und in-x-plikabel sei. Selbst der Stadtmathematikus gestand, er vermöchte aus einem so dunkeln Problem nicht klug zu werden. X sei ja, wie jedermann wisse, ein unbekannte Größe; doch in diesem Falle handle es sich (wie er sehr richtig bemerkte) ja gleich um eine unbekannte Größe von X.

Die Meinung Bobs, des Setzerlehrlings (der sich hütete zu offenbaren, daß er ›den Ardickel ge-x-t‹ hatte), fand nicht so viel Beachtung, wie sie nach meinem Dafürhalten verdiente, obgleich sie in aller Offenheit furchtlos geäußert ward. Er sagte, er für sein Teil hege überhaupt keinen Zweifel in der Sache; es sei ein klarer Fall; der Herr Dickschädel habe ja nie, wie es sich gehört, trinken *wollen*, wie und was andre Leute tranken, sondern *andauernd* das verflixte XXX-Bier in sich reingeschüttet, und das sei ihm ganz natürlich so zu Kopfe gestiegen und habe ihn ganz x-trem x(-ig) gemacht, so daß er nur noch x(weise) konnte.

MELLONTA TAUTA

An die Herausgeber des ›Lady's Book‹ –

Ich habe die Ehre, Ihnen für Ihre Zeitschrift einen Artikel zu übersenden, von dem ich hoffe, daß Sie ihn besser verstehen, als ich selber dies vermag. Es handelt sich um die von meinem Freunde Martin van Buren Mavis (gelegentlich der ›Poughkeepsie-Seher‹ genannt) angefertigte Übersetzung eines recht absonderlich anmutenden Ms., welches ich etwa vor einem Jahre in einer dicht verkorkten Flasche im *Mare Tenebrarum* treiben fand – einem Meere, welches vom Nubischen Geographen zwar wohlbeschrieben ist, doch heutzutage nur selten aufgesucht wird, die Transzendentalisten und andere Taucher ausgenommen, die auf Schrullen aus sind.

Ihr ergebenster

Edgar A. Poe

An Bord des Ballons ›Himmelslerche‹,

den 1. April 2848.

So, mein lieber Freund – nun sollst Du also um Deiner Sünden willen einen langen Klatsch- und Tratschbrief bekommen. Ich sage es Dir gleich klipp und klar, daß ich gedenke, Dich für alle Deine Unverschämtheiten zu strafen, indem ich so langweilig, so weitschweifig und so ungereimt und unerquicklich daherschwatze, wie ich es nur vermag. Ansonsten bin ich hier eingepfercht in einem dreckigen Ballon, zusammen mit wohl hundert oder zweihundert Exemplaren der Gattung *canaille*, die sich allesamt auf einer *Vergnügungs*reise verlustieren (was für komische Vorstellungen manche Leute doch von Vergnügen haben!), und wenigstens einen Monat lang besteht für mich keine Aussicht, wieder *terra firma* unter den Füßen zu spüren.

Kein Mensch, mit dem man reden kann. Nichts zu tun. Und wenn man nichts zu tun hat, dann ist es an der Zeit, mit seinen Freunden zu korrespondieren. Du siehst also, warum ich Dir diese Epistel zukommen lasse – meines *ennui* und Deiner Sünden wegen.

Zücke also Deine Brille und mach Dich auf allerhand Beschwer gefaßt: Ich gedenke nämlich, Dir jeden Tag während dieser widerlichen Reise zu schreiben.

Ach je! wann wird wohl endlich einmal eine richtige *Erfindung* im menschlichen Schädel Einzug halten? Sollen wir denn für immer zu den tausend Unbequemlichkeiten des Ballons verdammt sein? Will denn *keiner* eine schnellere Methode der Fortbewegung sich einfallen lassen? Dieser schlafmützige Zuckeltrab ist für mein Dafürhalten eine wahre Tortur. Auf mein Wort, seit wir die heimatlichen Gefilde verlassen, haben wir nicht mehr denn hundert Meilen in der Stunde geschafft! Sogar die Vögel überholen uns – wenigstens einige von ihnen. Ich versichere Dir, daß ich wahrhaftig nicht übertreibe. Zweifellos wirkt unsere Bewegung langsamer, als sie tatsächlich ist – einfach deswegen, weil es keinerlei Gegenstände um uns herum gibt, an denen wir unsere Geschwindigkeit messen könnten, und weil wir *mit* dem Winde fliegen. Gewiß, immer wenn wir einem Ballon begegnen, haben wir Gelegenheit, unser Tempo zu merken, und dann, ich gebe es zu, sieht es gar nicht so schlecht aus. Sosehr ich an diese Art des Reisens auch gewöhnt bin, kann ich einen gewissen Schwindel doch nicht verwinden, jedesmal wenn ein Ballon in einer Strömung direkt über uns dahingleitet. Er kommt mir immer wie ein ungeheurer Raubvogel vor, der im Begriffe steht, sich auf uns zu stürzen und uns in seinen Fängen davonzutragen. Einer ist heute morgen bei Sonnenaufgang über uns weggegangen, und zwar so nahe, daß sein Leitseil doch tatsächlich das Netzwerk streifte, an dem unsere Gondel hängt, und uns himmelangst wurde. Unser Kapitän sagte, wenn unsere Ballonhülle noch aus dem Schundzeug von gefirnißter ›Seide‹ bestanden hätte wie vor fünfhundert oder tausend Jahren, hätten wir unweigerlich eine Havarie erlitten. Diese Seide, so erklärte er mir, war ein Gewebe, das aus den Eingeweiden einer Spezies des Regenwurms bestand. Der Wurm wurde sehr pfleglich mit Maulbeeren gemästet – einer Fruchtart ähnlich der Wassermelone –, und wenn er dann fett genug war, in einer Mühle ausgequetscht. Die solcherart gewonnene Paste hieß in ihrem Urzustand *Papyrus* und machte dann noch diverse Prozesse durch, bis schließlich ›Seide‹ daraus wurde. So komisch es klingt, aber dieselbe soll einst auch als Artikel für *Damenbekleidung* hochgeschätzt gewesen sein! Auch Ballons stellte man im allgemeinen daraus her. Eine bessere Sorte Material, so zeigt sich, fand man später dann in dem Flaum, welcher die Samenkapseln einer Pflanze umgab, die im Volksmund *euphorbium* hieß und damals die botanische Bezeichnung Schwalbenwurz trug. Diese letztgenannte Seidenart ward wegen ihrer gar vortrefflichen Haltbarkeit auch ›Buckingham-Seide‹ genannt und gewöhnlich zum Gebrauche präpariert, indem man sie mit einer Lösung aus Gummikautschuk überzog – einer Substanz, welche in mancherlei Betracht dem jetzt allgemein gebräuchlichen *Guttapercha* ähnlich gewesen sein muß. Dieser Gummikautschuk wurde gelegentlich auch umgekehrter Kaugummi genannt, eine Abart des Radiergummis, und stellte zweifelsohne eine der zahlreichen *fungi* dar. Nun sag bloß noch einmal, ich sei im Grunde des Herzens kein echter Antiquar.

Da wir gerade bei Schlepptauen sind – das unsere hat, so scheint es, in diesem Augenblick auf einem der kleinen magnetischen Schraubendampfer, von denen es auf dem Ozean unter uns geradezu wimmelt, einen Mann über Bord gerissen – ein Sechstausendtonner wohl und, nach allem, was man so hört, gar schändlich überfüllt. Es müßte verboten werden, daß diese Schiffszwerge mehr als eine bestimmte Anzahl Passagiere befördern. Dem Manne wurde natürlich nicht gestattet, wieder an Bord zu kommen, er und sein Rettungsgürtel waren bald außer Sicht. Ich bin heilfroh, mein lieber Freund, daß wir in einem Zeitalter leben, welches so aufgeklärt ist, nicht mehr so etwas wie ein Individuum als existent vorauszusetzen. Die Masse ist es, worum es der wahren Humanität zu tun ist. Apropos Humanität, weißt Du eigentlich, daß unser unsterblicher Wiggins mit seinen Ansichten über die soziale Lage und so fort gar nicht so originell ist, wie seine Zeitgenossen anzunehmen geneigt sind? Pandit versichert mir, daß dieselben Ideen vor etwa tausend Jahren schon in fast derselben Weise von einem irischen Philosophen namens Feurier vorgebracht worden seien, und zwar deshalb so benamst, weil er eine Detailhandlung für Katzenfelle und andere *Rauch*waren betrieb. Pandit *weiß Bescheid*, weißt Du; daran ist nicht zu zweifeln. Auf welch wunderbare Weise sehen wir tagtäglich die profunde Beobachtung des Hindus Aries Trotteles bewahrheitet (wie von Pandit zitiert) – ›So müssen wir denn sagen, daß die nämlichen Gedanken nicht einmal nur oder zweimal oder wenige Male, sondern in fast unendlichem Kreislauf bei den Menschen immer und immer wiederkehren.‹

2. April. – Preiten heute die magnetische Schaluppe an, welcher die Aufsicht über den mittleren Abschnitt der schwimmenden Telegraphenleitungen obliegt. Als diese Art Telegraph von Mopse zum ersten Mal in Betrieb gesetzt wurde, so habe ich erfahren, galt es für ganz unmöglich, übers Meer zu drahten, doch heute fällt es uns schwer zu begreifen, worin denn die Schwierigkeit gelegen habe! So geht es in der Welt. *Tempora mutantur* – entschuldige, daß ich etruskisch zitiere. Was *fingen* wir wohl ohne den atalantischen Telegraphen an! (Pandit sagt, das alte Adjektiv habe atlantisch gelautet.) Wir drehten für einige Minuten bei, um der Schaluppe ein paar Fragen zu stellen, und erfuhren, unter anderen glorreichen Neuigkeiten, daß in Affricka Bürgerkrieg tobe, während sowohl in Oiropa als in Aasien die Pest ihr gutes Werk aufs schönste vollbringe. Ist es nicht wahrhaft merkwürdig, daß die Welt dazumal, bevor die Humanität ihr glänzendes Licht auf die Philosophie geworfen, Krieg und Pestilenz für große Kalamitäten zu halten pflegte? Weißt Du, daß man in den alten Tempeln doch tatsächlich Gebete verrichtete, ja Andachten gehalten hat mit dem Ziel, daß diese *Übel* (!) die Menschheit nicht heimsuchen möchten? Fällt es nicht wirklich schwer zu begreifen, nach welchen Interessengrundsätzen unsere Vorväter eigentlich gehandelt haben? Waren sie denn so blind, nicht zu erkennen, wie die Vernichtung einer Myriade von Individuen der Masse doch nur zu ungeheurem Vorteil gereicht!?

3. April. – Es macht wirklich großen Spaß, die Strickleiter zu erklimmen, die oben auf die Ballonhülle führt, und von dort die Gegend zu betrachten. Von der Gondel unten, weißt Du, ist die Aussicht nicht so umfassend – in vertikaler Richtung sieht man wenig. Doch wenn man hier oben sitzt (wo ich dies schreibe), auf der luxuriös gepolsterten offenen *piazza* hoch droben, so kann man alles sehen, was in allen Richtungen vor sich geht. Eben jetzt ist ein fröhliches Gewimmel von Ballons in Sicht, und sie bieten einen sehr munteren Anblick, während die Luft vom Summen von aber Millionen menschlicher Stimmen widerhallt. Ich habe es mit Bestimmtheit sagen hören, daß der alte Weiß oder (wie Pandit *partout* meint) Braun, welcher der erste Luftschiffer überhaupt gewesen sein soll, als er behauptete, es sei sehr wohl möglich, die Atmosphäre in allen Richtungen zu durchfliegen, indem man bloß so lange auf- oder niedersteige, bis man eine günstige Strömung erreicht habe, kaum auch nur Gehör fand bei seinen Zeitgenossen, die in ihm lediglich einen genialen Irren sahen, weil die damaligen Philosophen (?) das Ganze für ein Ding der Unmöglichkeit erklärten. Wahrhaftig, heute will es einem so *gar* nicht in den Kopf, wie etwas so Selbstverständliches dem Scharfsinn der antiken *Gelehrten* hatte entgehen können. Doch zu allen Zeiten waren es ja die sogenannten Männer der Wissenschaft, welche dem Fortschritt in der Kunst stets die größten Steine in den Weg geworfen haben. Gewiß, *unsere* Wissenschaftler sind nicht mehr ganz so *blind* eifernd wie die von anno dazumal: – ach, hierzu muß ich Dir noch etwas *gar* zu Kurioses erzählen. Weißt Du eigentlich, daß es erst tausend Jahre her ist, seit die Herren Metaphysiker darein willigten, dem Volke die sonderbarliche Einbildung zu nehmen, es gebe nur *zwei mögliche Wege zur*

Erkenntnis der Wahrheit?! Glaub's, wenn Du kannst! Es
zeigt sich, daß, lang, lang ist's her, in grauer Vorzeit, einmal
ein türkischer Philosoph (oder möglicherweise ein Hindu)
namens Aries Trotteles gelebt hat. Dieser Mensch brachte
das auf, oder propagierte es jedenfalls, was man die deduk-
tive oder *apriorische* Forschungsmethode nannte. Er ging
dabei von etwas aus, das *Axiome* oder ›selbstverständliche
Wahrheiten‹ zu sein er behauptete, und zog daraus ›logisch‹ seine Schlüsse. Seine bedeutendsten Jünger waren
ein gewisser Neuklid und ein gewisser Cant. Na schön,
Aries Trotteles florierte auf dem Gipfel höchster Weisheit,
bis ein gewisser Specker auf den Plan trat, der sich des Beinamens ›Ettrick-Schäfer‹ erfreute, welcher nun ein gänzlich anderes System predigte, das er das *aposteriorische* oder
induktive nannte. Sein Verfahren berief sich ganz und gar
auf die Sinneswahrnehmung. Er beobachtete, analysierte
und klassifizierte Tatsachen – *instantiae naturae*, wie sie
hochgestochen tituliert waren – und gelangte von da aus
zu allgemeinen Gesetzen. Mit einem Wort, die Methode
des Aries Trotteles basierte auf *noumena*; die Speckers auf
phaenomena. Gut und schön, die Bewunderung, welche dies
letztere System, da es neu aufgekommen, allenthalben
weckte, war so gewaltig, daß Aries Trotteles gar in Verruf
geriet; doch schließlich gewann er wieder an Boden und
durfte sich das Reich der Wahrheit mit seinem moderneren Rivalen teilen. Die *gelahrten* Herren behaupteten nun,
der aristotelische und der *baconische* Weg seien die einzig
möglichen Wege zur Erkenntnis. Das Adjektiv ›baconisch‹,
mußt Du wissen, hatte man als wohllautenderes und würdigeres Synonym für (schweine-)speckicht erfunden.

Nun wohl, mein lieber Freund, ich versichere Dir mit allem Nachdruck, daß ich diese Sache in gerechter Manier,
auf die zuverlässigsten Quellen gestützt, darstelle; und so
wirst Du leicht einsehen können, wie ein so offensichtlich
horrender Blödsinn gewirkt haben muß, den Fortschritt
aller wahren Erkenntnis aufzuhalten – welchselbige doch
fast ausnahmslos in intuitiven Sprüngen vorwärtskommt.
Jene altzeitliche Vorstellung beschränkte alles Forschen auf

ein *Kriechen*; und Hunderte von Jahren lang herrschte besonders hinsichtlich Speckers eine so gewaltige Verblendung, daß praktisch alles, was die Bezeichnung ›Denken‹ verdiente, zum Erliegen kam. Kein Mensch wagte mehr eine Wahrheit zu äußern, die er einzig und allein seiner *Seele* verdankte. Es galt gleichviel, ob die Wahrheit gar *nachweislich* eine Wahrheit sei, denn die gelahrten Dickschädel jener Zeit achteten einzig auf den *Weg*, auf welchem man zu ihr gelangt war. Für das Ziel hatten sie nicht einmal einen *Blick* übrig. ›Die Mittel laßt uns sehen‹, schrien sie, ›die Mittel!‹ Und wenn sich dann bei näherer Betrachtung der Mittel ergab, daß sie weder in die Kategorie Aries (das heißt Widder) fielen noch in die Kategorie Speckers, na, dann ließen es die Herren Gelehrten damit bewenden, sie hießen den ›Theoretiker‹ einen Narren und wollten mit ihm oder seiner Wahrheit bitteschön nichts zu tun haben.

Nun läßt sich ja nicht einmal behaupten, daß mit dem Kriech-System die größte Ausbeute an Wahrheit in einer nur irgend langen Reihe an Menschenaltern zu gewinnen sei, denn die Unterdrückung der *Imagination* war ein Übel, welches keine noch so große *Gewißheit* bei den alten Methoden der Wahrheitssuche aufzuwiegen vermochte. Der Irrtum all dieser Toitschgermanen, dieser Fransoßen, dieser Engeländler und dieser Amirikkaner (welch letztere übrigens unsere eigenen unmittelbaren Vorfahren gewesen) glich nun gar sehr dem jenes neunmalklugen Herrn, welcher sich eingebildet, er müsse einen Gegenstand doch zwangsläufig desto besser sehen, je näher er ihn sich vor die Augen halte. Diese Leute trübten sich mit Einzelheiten selber den Blick. Gingen sie ›speckicht‹ vor, waren ihre ›Tatsachen‹ keineswegs immer Tatsachen — was nun weiter nichts auf sich gehabt hätte, wäre dies eben nicht unter der Voraussetzung geschehen, daß es Tatsachen *wären* und Tatsachen sein müßten, bloß weil sie dies zu sein schienen. Wandelten sie aber auf dem Pfade des Widders, dann war ihr Weg wohl kaum so gerade wie ein Widderhorn, *besaßen* sie doch *niemals* auch nur ein Axiom, welches wirklich ein

Axiom gewesen wäre. Sie müssen schon ausgesprochen blind gewesen sein, dies nicht zu sehen, selbst zu der damaligen Zeit; denn schon damals waren ja viele seit langem ›feststehende‹ Axiome verworfen worden. Zum Beispiel – ›*Ex nihilo nihil fit*‹; ›ein Körper kann nicht wirken, wo er nicht ist‹; ›es kann keine absoluten Gegensätze geben‹; ›Dunkelheit vermag nicht aus dem Lichte zu kommen‹ – all diese und noch ein Dutzend anderer ähnlicher Behauptungen, welche man früher ohne Zögern als Axiome hatte gelten lassen, waren selbst zu der Zeit schon, von der ich rede, für unhaltbar erkannt worden. Wie absurd dann aber von diesen Leuten, weiterhin noch steif und fest an ›Axiome‹ als unwandelbare Grundlagen der Wahrheit zu glauben! Doch selbst aus dem Munde ihrer vernünftigsten Denker läßt sich die Nichtigkeit, die Unfaßbarkeit ihrer Axiome im allgemeinen gar leicht nachweisen. Wer *war* nun aber der tüchtigste ihrer Logiker? Moment mal! Ich geh nur mal schnell, Pandit fragen, ich bin gleich wieder da . . . . Ah, da hätten wir's ja! Hier ist ein Buch, geschrieben vor nahezu tausend Jahren und kürzlich erst aus dem Engeländlichen übersetzt – was übrigens die Anfangsgründe des Amirikkanschen gebildet zu haben scheint. Pandit meint, es sei entschieden das gescheiteste aus dem Altertum stammende Werk zum Gegenstand der Logik. Der Autor (von dem man seinerzeit eine Menge hielt) war ein gewisser Müller oder Müll; und wir finden als einigermaßen bedeutsam von ihm berichtet, daß er einen Mühlgaul besaß, der Bentham hieß. Aber schauen wir uns den Traktat doch einmal an!

Ah! – ›Die Fähigkeit oder Unfähigkeit, sich etwas vorzustellen‹, heißt es bei Herrn Müll sehr richtig, ›ist in keinem Falle als Kriterium axiomatischer Wahrheit anzuerkennen.‹ Welcher *moderne* Mensch, der bei Verstande ist, käme wohl je auf den Gedanken, diesen Gemeinplatz zu bestreiten? Wundern muß uns daran nur das eine, nämlich, wie es hat geschehen können, daß Herr Müll es für notwendig erachtete, auf etwas so Selbstverständliches noch eigens hinzuweisen. Soweit, so gut – aber schlagen wir doch noch einmal eine andere Seite auf. Was haben wir denn hier Schönes? – ›Gegensätze können nicht beide wahr sein – das heißt, sie können in der Natur nicht gleichzeitig vorhanden sein.‹ Hier meint Herr Müll zum Beispiel, ein Baum müsse entweder ein Baum sein oder kein Baum – er könne nicht zu gleicher Zeit ein Baum sein und kein Baum. Sehr schön; doch frage ich ihn, *wieso* eigentlich? Seine Antwort lautet nun – und will niemals etwas anderes sein denn folgendes: – ›Weil es unmöglich ist, sich vorzustellen, daß Gegensätze beide wahr sein können.‹ Doch das ist ja überhaupt keine Antwort, wie er selber zeigt; denn hat er nicht eben noch als einen Gemeinplatz zugestanden, daß ›die Fähigkeit oder Unfähigkeit, sich etwas vorzustellen, *in keinem Falle* als Kriterium axiomatischer Wahrheit anzuerkennen‹ sei?

Nun beklage ich mich über diese Altvorderen gar nicht so sehr, weil ihre Logik, wie sie selber zeigen, ausgesprochen grundlos, wertlos und gänzlich aus der Luft gegriffen ist, sondern vielmehr wegen ihrer großspurigen und schwachsinnigen Art, wie sie alle *anderen* Wege zur Wahrheit in Acht und Bann taten, alle *anderen* Methoden der Wahrheitsfindung außer den beiden albernen Pfaden – hie Kriechen und da Krauchen –, darauf sie die Seele, die doch nichts so sehr liebt, als sich hoch in die Lüfte *emporzuschwingen*, einzuengen gewagt haben.

Übrigens, mein lieber Freund, meinst Du nicht auch, es hätte diese alten Dogmatiker ganz schön in Verlegenheit gebracht, hätten sie bestimmen sollen, auf *welchem* ihrer beiden Wege denn die wichtigste und erhabenste *aller* ihrer Wahrheiten nun tatsächlich gewonnen worden sei? Ich meine die Wahrheit der Gravitation. Newton verdankte sie Kepler. Kepler gab zu, daß seine drei Gesetze *erraten* worden seien – diese drei Gesetze aller Gesetze, welche den großen engeländlichen Mathematiker zu seinem Prinzip führten, der Grundlage jeglichen physikalischen Prinzips – dem auf den Grund zu gehen wir das Reich der Metaphysik betreten müssen. Kepler riet also – was heißt, ließ seine *Phantasie* spielen. Er war im Grunde seines Wesens ein ›Theoretiker‹ – dieses heute so heilige Wort galt früher als ein Epitheton der Verachtung. Und wären diese alten Maulwürfe nicht ebenfalls in Verlegenheit geraten, hätten sie erklären sollen, auf welchem der beiden ›Wege‹ ein Kryptograph ein mehr denn gewöhnlich verklausuliertes Kryptogramm enträtselt oder auf welchem der beiden Wege Champollion die Menschheit zu jenen bleibenden und fast unzählbaren Wahrheiten wies, welche sich aus seiner Entzifferung der Hieroglyphen ergaben?

Ein Wort noch zu diesem Gegenstande, und ich werde Dich nicht länger damit langweilen. Ist es nicht *sehr* sonderbar, daß diese blind eifernden Leute mit ihrem ewigen Gerede von den *Wegen* zur Wahrheit genau das verfehlten, was wir heute so klar als die große Landstraße dahin erkennen – nämlich die Folgerichtigkeit? Mutet es nicht eigenartig an, wie sie es versäumten, aus den Werken Gottes die wesentliche Tatsache abzuleiten, daß eine vollkommene Folgerichtigkeit eine absolute Wahrheit *sein muß*! Wie einfach ist unser Fortschritt doch seit der neuerlichen Verkündigung dieses Satzes! Die Forschung ist den im Dunkeln wühlenden Maulwürfen aus den Händen genommen und nun den wahren und einzig wahren Denkern, den Männern mit leidenschaftlich-glühender Phantasie, zur Aufgabe gemacht worden. Diese letzteren *theoretisieren.* Kannst Du Dir nicht das Hohngeschrei vorstellen, mit welchem unsere Vorfahren meine Worte aufnähmen, wäre es ihnen möglich, mir jetzt über die Schulter zu blicken? Diese Männer, wie gesagt, *theoretisieren*; und ihre Theorien werden einfach nur korrigiert, reduziert, systematisiert – werden nach und nach von den Schlacken der Inkonsequenz gereinigt – bis am Ende eine vollkommene Folgerichtigkeit sichtbarlich da steht, die auch der Dümmste, weil sie wirklich Folgerichtigkeit *ist*, als eine absolute und unzweifelhafte *Wahrheit* anerkennt.

4. April. – Das neue Gas tut wirklich Wunder, im Vereine mit der neuen Verbesserung durch Guttapercha. Wie sind unsere modernen Ballons doch so sicher, bequem, lenksam und in jeder Hinsicht zweckdienlich! Hier nähert sich uns eben ein riesengroßer mit einer Geschwindigkeit von wenigstens hundertfünfzig Meilen in der Stunde. Er scheint vollgestopft mit Menschen zu sein – vielleicht drei- oder vierhundert Passagiere –, und doch schwebt er hinauf zu einer Höhe von nahezu einer Meile und blickt auf uns Arme mit tiefster Verachtung herab. Bei alledem sind hundert oder auch zweihundert Meilen in der Stunde noch immer ein langsames Reisetempo. Erinnerst Du Dich noch an unseren Flug mit der Eisenbahn durch den kannadischen Kontinent? – volle dreihundert Meilen die Stunde – *das* war Reisen. Zu sehen war freilich nichts – und zu tun auch nichts außer Flirten, Schmausen und Tanzen in den prächtigen Salonwagen. Weißt Du noch, was für ein eigenartiges Gefühl uns überkam, wenn wir zufällig einmal einen flüchtigen Blick von den Dingen draußen erhaschen konnten, während die Wagen dahinflogen? Alles wirkte wie aus einem Stück – eine einzige kompakte Masse. Ich für mein Teil kann dazu nur sagen, daß mir eine Fahrt mit dem Bummelzug zu hundert Meilen die Stunde lieber war. Da durften wir Glasfenster haben – sie sogar öffnen – und mithin einen einigermaßen deutlichen Ausblick auf die Gegend genießen . . . . Pandit sagt, die *Strecke* für die große kannadische Eisenbahn müsse wohl vor ungefähr neunhundert Jahren in gewissem Maße geplant gewesen sein. Ja, er geht sogar so weit zu behaupten, es seien tatsächlich heute noch Spuren eines Schienenweges erkennbar – Spuren, die einer Zeit zuzurechnen sind, welche ganz so weit zurückläge wie die erwähnte. Die Geleise, so scheint es, waren nur *zweispurig*; wir haben heute, Du weißt es ja, zwölf Stränge nebeneinander; und drei oder vier neue befinden sich in Vorbereitung. Die antiken Schienen waren sehr dünn und lagen so dicht beieinander, daß es nach modernen Begriffen ganz schön leichtsinnig, wenn nicht gar überaus gefährlich bedünkt. Wird doch die gegenwärtige Spurweite – fünfzig Fuß – tatsächlich kaum für genügend sicher angesehen. Ich für mein Teil hege keinerlei Zweifel, daß es in sehr weit zurückliegender Zeit irgendeinen Schienenweg gegeben haben *muß*, wie es Pandit behauptet; denn nach meinem Dafürhalten steht es wohl außer Frage, daß zu irgendeiner Zeit – sicherlich nicht weniger denn vor sieben Jahrhunderten – der nord- und süd-kannadische Kontinent *vereinigt* war; die Kannadier wären dann notwendigerweise dazu gezwungen worden, quer durch den Kontinent eine große Eisenbahnlinie zu bauen.

5. April. – Ich werde bald aufgefressen von *ennui.* Pandit ist der einzige umgängliche Mensch an Bord; und er, der Ärmste!, kann von nichts anderem reden als von altem Kram. Heute versucht er schon den ganzen Tag, mich davon zu überzeugen, daß die alten Amirikkaner *sich selbst regiert* hätten! – hat einer schon einmal solchen Blödsinn gehört? –, daß sie in einer Art Jedermann-für-sich-Konföderation gelebt hätten, ganz nach der Art der ›Präriehunde‹, von denen wir im Märchen lesen. Er sagt, sie hätten mit der denkbar wunderlichsten Idee begonnen, nämlich der, daß alle Menschen frei geboren und gleich seien – und das angesichts der *Gradations*gesetze, welche allen Dingen sowohl im moralischen als auch im physikalischen Universum so sichtlich aufgeprägt sind. Jedermann ›wählte‹, wie sie es nannten – das heißt, steckte seine Nase in die öffentlichen Angelegenheiten –, bis man schließlich entdeckte, daß jedermanns Sache keines Sache ist und daß die ›Republik‹ (so nannte man das absurde Gebilde) überhaupt ohne jegliche Regierung war. Es heißt jedoch, daß der erste Umstand, welcher ganz besonders die Herren Philosophen als die geistigen Erbauer dieser ›Republik‹ in ihrer Selbstgefälligkeit aufstörte, die erschreckende Entdeckung gewesen sei, wie ein allgemeines Wahlrecht Gelegenheit zu betrügerischen Machenschaften bot, vermittels derer jede beliebige Partei, sofern sie nur schurkisch genug, sich des Betrugs nicht zu schämen, jederzeit jede gewünschte Stimmenzahl erlangen konnte, ohne daß es möglich gewesen wäre, solches zu verhindern oder gar zu entlarven. Ein wenig Nachdenken über diese Entdeckung genügte, die Konsequenzen zu offenbaren, welche darin bestanden, daß Schurkerei die Oberhand gewinnen *müsse* – kurz, daß eine republikanische Regierung niemals etwas anderes denn eine schurkische sein *könne.* Dieweil die Herren Philosophen jedoch noch damit beschäftigt waren, ob ihrer Dummheit, diese unvermeidlichen Übel nicht vorhergesehen zu haben, in Schamröte zu erglühen, und sich beflissen, neue Theorien zu ersinnen, fand die Sache ein jähes Ende durch einen Burschen namens *Mob*, der alles in die eigenen Hände nahm und eine Gewaltherrschaft errichtete, nun, mit der verglichen, war jene der sagenhaften Zeros und Hellofagabalusse direkt respektierlich und delektierlich. Dieser Mob (notabene ein Ausländer) soll der allerabscheulichste Mensch gewesen sein, der je die Erde beschwert. Er war ein Riese von Statur – unverschämt, räuberisch, gemein; hatte die Galle eines Ochsen, dazu das Herz einer Hyäne und das Hirn eines Spatzen. Er starb schließlich an seinen eigenen Energien, welche ihn völlig ausgezehrt hatten. Nichtsdestotrotz hatte er, wie alles, sei es auch noch so niedrig und gering, seinen Nutzen, erteilte er doch der Menschheit eine Lehre, welche sie bis auf den heutigen Tag nicht zu vergessen droht – nämlich niemals den Natur-Analogien direkt zuwiderzuhandeln. Was den Republikanismus betrifft, so ließ sich auf dem Angesicht der Erde keine Analogie dafür finden – es sei denn, wir nehmen den Fall der ›Präriehunde‹ aus, eine Ausnahme, welche, wenn überhaupt etwas, zu demonstrieren scheint, daß die Demokratie eine sehr vortreffliche Regierungsform ist – für Hunde.

6. April. – Hatten letzte Nacht einen herrlichen Blick auf Alpha Lyrae, dessen Scheibe im Fernrohre unseres Kapitäns einem Winkel von einem halben Grad gegenüberlag und ganz so aussah, wie unsere Sonne an einem nebligen Tage dem bloßen Auge erscheint. Obgleich der Alpha Lyrae, nebenbei bemerkt, so *sehr* viel größer ist als unsere Sonne, ähnelt er dieser doch enorm, was Flecken, Atmosphäre und viele andere Einzelheiten angeht. Erst im letzten Jahrhundert, so erzählt mir Pandit, habe man zu vermuten begonnen, daß diese beiden Himmelskörper in der Beziehung von Doppelsternen stehen. Die evidente Bewegung unseres Systems am Firmament ward (sonderbarerweise!) einer Umlaufbahn um ein ungeheures Gestirn im

Zentrum der Galaxis zugeschrieben. Um diesen Stern, oder jedenfalls um ein Gravitationszentrum, das allen Himmelskörpern der Milchstraße gemeinsam sein und in der Nähe der Alkyone in den Plejaden liegen sollte, kreise, so erklärte man, jeder dieser Himmelskörper, wobei unser eigener den Umlauf in einem Zeitraum von 117 000 000 Jahren vollende! *Uns*, mit unseren heutigen Erkenntnissen beziehungsweise enorm verbesserten Teleskopen und so fort, fällt es natürlich schwer, den *Grund* einer solchen Vorstellung zu begreifen. Zuerst ward diese von einem gewissen Modler propagiert. Er kam, so müssen wir wohl annehmen, zuerst durch bloße Analogie zu dieser wilden Hypothese; doch wenn das der Fall war, so hätte er bei ihrer Entwicklung wenigstens weiterhin bei der Analogie bleiben sollen. Ein großes Zentralgestirn *ward* tatsächlich vermutet; insofern war Modler durchaus konsequent. Diese Zentralsonne jedoch hätte, dynamisch betrachtet, größer sein müssen als alle sie umgebenden Himmelskörper zusammengenommen. Dann mochte sich wohl die Frage stellen – ›Warum sehen wir sie nicht?‹ – *wir* insbesondere, die wir die mittlere Region des Sternhaufens innehaben – also genau jene Lage, in deren *Nähe* sich immerhin dieses unbegreifliche Zentralgestirn befinden müßte. An diesem Punkte nahm der Astronom seine Zuflucht vielleicht bei der Hypothese, es handle sich um ein nicht-leuchtendes Gestirn; und ließ also hier die Analogie plötzlich fallen. Doch selbst, wenn man ihm zugestünde, das Zentralgestirn habe kein Eigenlicht, wie brächte er es dann fertig zu erklären, warum es auch inmitten der unberechenbaren Scharen herrlicher Sonnen, die allenthalben ringsum erstrahlen, unsichtbar bleibt? Zweifellos liefen seine Behauptungen am Ende lediglich darauf hinaus, es handle sich um ein allen rotierenden Himmelskörpern gemeinsames Gravitationszentrum – doch auch hier muß die Analogie abermals fallengelassen worden sein. Zwar kreist unser System, das stimmt schon, um ein gemeinsames Gravitationszentrum, doch tut es dies in Verbindung mit und in Folge von einer materiellen Sonne, deren Masse das ganze übrige System mehr denn aufwiegt. Der mathematische Kreis ist eine Kurve, welche aus unendlich vielen Geraden besteht; doch dieser Begriff des Kreises – diese Vorstellung vom Kreise, welche wir hinsichtlich aller Erdengeometrie als die bloß mathematische betrachten, im Gegensatz zu der praktischen – ist nun, ganz nüchtern betrachtet, in Wirklichkeit die einzige *praktische* Vorstellung, welche allein wir auf jene titanischen Kreise anwenden dürfen, mit denen wir es, zumindest in der Phantasie, zu tun haben, wenn wir annehmen, unser System mitsamt seinen Gefährten drehe sich um einen Punkt im Zentrum der Galaxis. Möge die allerlebhafteste menschliche Imagination nur versuchen, dem Verständnis einer so unaussprechlichen Kreisbahn auch nur um einen einzigen Schritt näher zu kommen! Es wäre wohl kaum paradox, wollte man behaupten, daß ein Blitzstrahl selbst, wenn er sich *immerdar* auf der Peripherie dieses unbegreiflichen Kreises bewegte, sich dennoch *immerdar* auf einer Geraden bewegen würde. Daß die Bahn unserer Sonne entlang einer solchen Kreislinie – daß die Richtung unseres Systems auf solch einer Kreisbahn – für menschliches Wahrnehmungsvermögen selbst in einer Million Jahren auch nur im mindesten von einer Geraden abwiche, ist eine Behauptung, welcher man nicht Raum geben sollte; und dennoch ließen sich diese Astronomen in alter Zeit gänzlich, so scheint es, die Ansicht aufschwatzen, es sei während der kurzen Zeitspanne ihrer astronomischen Geschichte – während des bloßen Punktes – während des ausgesprochenen Nichts von zwei- oder dreitausend Jahren eine entschiedene Krümmung offenbar geworden! Wie unbegreiflich, daß Überlegungen wie diese ihnen nicht sogleich den wahren Stand der Dinge anzeigten – daß sich nämlich unsere Sonne und Alpha Lyrae als Doppelsterne um ein gemeinsames Gravitationszentrum drehen!

7. April. – Haben gestern nacht unsere astronomischen Vergnügungen fortgesetzt. Hatten einen herrlichen Blick auf die fünf Planetoiden des Neptun und sahen mit großem Interesse zu, wie ein riesiges Kämpfergesims auf einem Paar Oberbalken am neuen Tempel zu Daphnis auf dem Monde angebracht wurde. Es war schon amüsant, wenn man bedachte, wie da Geschöpfe, so winzig wie die Mondbewohner und so wenig menschenähnlich, doch eine der unseren haushoch überlegene mechanische Begabung bewiesen. Auch fällt es schwer, sich vorzustellen, daß die ungeheuren Massen, welche diese Leute so mühelos hand-haben, so leicht sind, wie unser Verstand uns sagt, daß sie es *realiter* seien.

8. April. – Heureka! Pandit ist selig. Ein Ballon aus Kan-nada preite uns heute an und warf uns diverse neue Zeitun-gen an Bord: sie enthalten überaus kuriose Nachrichten im Hinblick auf das kannadische oder vielmehr amirikkani-sche Altertum. Du weißt, nehme ich an, daß seit einigen Monaten Arbeiter dabei sind, den Grund für eine neue Fontäne im Park vorzubereiten, dem bedeutendsten kaiser-lichen Lustgarten. Das Parkparadies ist, so scheint es, *eigentlich* schon seit unvordenklicher Zeit eine Insel – das heißt, seine nördliche Grenze bildete stets (soweit die Be-richte zurückreichen) ein Flüßchen oder vielmehr ein sehr schmaler Meeresarm. Dieser Arm wurde allmählich immer breiter, bis er seine jetzige Ausdehnung erreichte – eine Meile. Die Gesamtlänge der Insel mißt neun Meilen; die Breite schwankt beträchtlich. Das ganze Gelände war (meint Pandit) vor etwa achthundert Jahren dicht mit Häu-sern bestanden, einige davon zwanzig Stockwerk hoch; galt doch der Boden (aus irgendeinem höchst unerfindlichen Grunde) gerade in dieser Gegend für besonders wertvoll. Das katastrophale Erdbeben vom Jahre 2050 hat jedoch die Stadt (denn das Ganze war schon fast zu groß, um noch ein Dorf genannt zu werden) so gründlich zerstört und ver-schüttet, daß auch die unermüdlichsten unserer Altertums-forscher sich bislang außerstande sahen, aus dieser Gegend hinreichende Aufschlüsse zu gewinnen (in Gestalt von Münzen, Medaillen oder Inschriften), womit sich auch nur der Schatten einer Theorie über die Sitten, Gebräuche usw. usw. usw. der Ureinwohner hätte aufbauen lassen. Bislang haben wir von ihnen eigentlich kaum mehr gewußt, als daß sie dem Knickerbocker-Stamme jener Wilden angehörten, welche den Kontinent zur Zeit seiner ersten Entdeckung durch den Recorder Riker, einen Ritter vom Goldenen Vliese, unsicher machten. Sie waren jedoch keinesfalls unzivilisiert, sondern pflegten auf ihre eigene Weise verschiedene Künste und gar Wissenschaften. In vielerlei Hinsicht sollen sie beträchtlichen Scharfsinn besessen haben; doch sollen sie von der recht wunderlichen Monomanie geplagt gewesen sein, allerorten Baulichkeiten zu errichten, die auf Altamirikkanisch ›Kirchen‹ hießen – eine Art Pagode, eingerichtet zur Verehrung zweier Idole, die den Namen ›Reichtum‹ und ›Mode‹ führten. Am Ende, so heißt es, habe die Insel zu neun Zehnteln aus ›Kirche‹ bestanden. Auch waren die Frauen, scheint es, auf seltsame Weise deformiert durch einen natürlichen Auswuchs in der Region gleich unterhalb der Lendengegend – wiewohl höchst unerklärlicherweise diese Verunstaltung durchaus im Lichte der Schönheit betrachtet ward. Ein oder zwei Bilder dieser eigenartigen Frauen sind tatsächlich wie durch ein Wunder erhalten geblieben. Sie sehen *sehr, sehr* komisch aus – wie ein Zwischending zwischen einem Truthahn und einem Dromedar.

Nun, diese wenigen Einzelheiten sind nahezu alles, was in bezug auf die alten Knickerbocker auf uns gekommen ist. Es scheint jedoch, daß bei den Grabungen mitten im kaiserlichen Garten (der, wie Du weißt, ja die ganze Insel bedeckt) einige Arbeiter einen würfelförmigen und offenbar mit dem Meißel bearbeiteten Granitblock ans Tageslicht brachten, welcher mehrere hundert Pfund wog. Er war gut erhalten und hatte allem Anschein nach bei dem Beben, welches ihn begrub, nur wenig gelitten. Auf einer seiner Flächen fand sich eine Marmortafel mit (denk Dir nur!) *einer Inschrift – einer leserlichen Inschrift.* Pandit ist außer sich. Als man die Tafel entfernte, erschien ein Hohlraum, und dieser enthielt eine bleierne Kassette, gefüllt mit verschiedenen Münzen, einer langen Namensliste, diversen anscheinend zeitungsähnlichen Dokumenten nebst anderen Dingen, die für den Altertumsforscher von größtem Interesse sind. Es kann kein Zweifel bestehen, daß dies sämtlich echte amirikkanische Zeugnisse sind, die einst dem Stamme der Knickerbocker gehörten. Die Zeitungen, die uns an Bord unseres Ballons geworfen wurden, sind voll von Faksimiles der Münzen, Manuskripte, Druckwerke usw. usw. Dir zum Vergnügen schreibe ich die Knickerbocker-Inschrift auf der Marmortafel einmal ab: –

> Dieser Grundstein eines Denkmals zur
> Erinnerung an
> GEORGE WASHINGTON
> wurde in feierlichem Rahmen
> AM 19. OKTOBER 1847,
> dem Jahrestage der Übergabe von
> Lord Cornwallis vor
> General Washington zu Yorktown,
> A. D. 1781,
> unter dem Schutze der
> George-Washington-Denkmals-Vereinigung
> der Stadt New York
> gelegt.

Das ist, wie es hier steht, eine wörtliche Übersetzung, die Pandit selber gemacht hat, also *kann* da gar nichts falsch daran sein. Aus den wenigen solcherart bewahrten Worten erhalten wir mehrere wichtige Informationen, darunter als sicherlich nicht uninteressanteste die Tatsache, daß vor tausend Jahren *wirkliche* Monumente außer Gebrauch gekommen waren – was ja völlig in der Ordnung ist – und die Leute sich ganz wie wir heute damit begnügten, bloß ihre Absicht, in der Zukunft irgendwann einmal ein Denkmal zu errichten, zu bekunden; indem sie also behutsam ganz für sich einen Grundstein legten, ›einsam und allein‹ (entschuldige, daß ich den großen amirikkanischen Dichter Benton zitiere!), als Pfand für die hochherzige *Intention*. Auch erfahren wir aus dieser vortrefflichen Inschrift sehr genau das Wie ebenso wie das Wo und das Was der besagten großen Übergabe. Was das *Wo* betrifft, so war das Yorktown (wo immer das war), und das *Was*, nun, das war General Cornwallis (zweifellos irgendein reicher Kornhändler). *Er* wurde übergeben. Die Inschrift gedenkt der Übergabe von – was? – nun, ›von Lord Cornwallis‹. Einzig bleibt die Frage, wozu wohl die Wilden seine Übergabe wünschen mochten. Doch wenn wir uns erinnern, daß diese Wilden zweifelsohne Kannibalen waren, so kommen wir zu dem Schlusse, daß sie vorhatten, ihn zu Wurst zu verarbeiten. Was nun das *Wie* der Übergabe angeht, so kann wohl keine Sprache deutlicher sein. Lord Cornwallis ward übergeben (zu Wurstzwecken) ›unter dem Schutze der George-Washington-Denkmals-Vereinigung‹ – ohne Zweifel eine mildtätige Einrichtung zur Legung von Grundsteinen. – Doch, der Himmel sei mir gnädig! was ist? Ah, ich sehe – der Ballon ist zusammengefallen, und für uns heißt es nun also hinab ins Meer. Darum habe ich nur noch soviel Zeit, hinzuzufügen, daß ich nach einer flüchtigen Durchsicht der Zeitungs-Faksimiles usw. usw. feststellen kann, daß *die* großen Männer unter den Amirik-kanern jener Tage ein gewisser John, ein Schmied oder Schmidt, und ein gewisser Zacchary, ein Schneider, waren.

So leb denn wohl, bis wir uns wiedersehen. Ob Du diesen Brief jemals erhältst oder nicht, ist nicht so wichtig, da ich ja gänzlich zu meinem eigenen Vergnügen schreibe. Immerhin werde ich das Manuskript in einer Flasche verschließen und diese ins Meer werfen.

Ewiglich die Deine
PANDITA.

[EIN MERKWÜRDIGER BRIEF]

[Auszug aus den Abschnitten 11-25 von ›Heureka‹]

Und bevor ich nun zu unserem eigentlichen Gegenstande
komme, möchte ich den Leser um Aufmerksamkeit für ein
paar Auszüge aus einem etwas merkwürdigen Briefe bitten,
welcher allem Anschein nach in einer verkorkten Flasche
auf dem *Mare Tenebrarum* treibend gefunden ward – einem
Ozean, welcher, vom Nubischen Geographen Ptolemaios
Hephaistion zwar wohlbeschrieben, doch heutigentags nur
wenig aufgesucht wird, es sei denn von den Transzendentalisten und einigen anderen Tauchern, die auf Schrullen-
fang aus sind. Das Datum dieses Briefes, muß ich gestehen,
bedünkt mich gar weitaus erstaunlicher noch denn sein Inhalt; scheint er doch im Jahre *zwei*tausendachthundertacht-
undvierzig geschrieben worden zu sein. Was nun die Stellen angeht, welche abzuschreiben ich mich anschicke, so
dürften sie, denk ich, für sich selber sprechen.

›Weißt Du, mein lieber Freund‹, sagt der Schreiber, womit er zweifelsohne einen Zeitgenossen anredet – ›weißt
Du eigentlich, daß es erst acht- oder neunhundert Jahre
her ist, seit die Herren Metaphysiker darein gewilligt, dem
Volke die sonderbarliche Einbildung zu nehmen, es gäbe
nur zwei praktikable Wege zur Wahrheit? Glaub's, wenn Du
kannst! Es zeigt sich jedoch, daß, lang, lang ist's her, in
grauer Vorzeit, einmal ein türkischer Philosoph, geheißen
Aries und beibenamst Trotteles, gelebt hat.‹ [Hier meint
der Briefeschreiber möglicherweise Aristoteles; in zwei-
oder dreitausend Jahren werden ja die besten Namen aufs
abscheulichste verstümmelt.] ›Der Ruhm dieses großen
Mannes beruhte hauptsächlich auf seinem Nachweis, daß
Niesen eine Vorkehrung der Natur sei, vermittels deren
überprofunde Denker in den Stand gesetzt würden, überflüssige Gedanken durch die Nase auszustoßen; doch er-

rang er kaum weniger schätzbare Zelebrität als Urheber oder jedenfalls als Hauptverkünder der Philosophie, welche die *de*duktive oder *apriorische* heißt. Er ging dabei von etwas aus, das Axiome oder selbstverständliche Wahrheiten zu sein er behauptete: – und die heutzutage wohlbegriffene Tatsache, daß *keinerlei* Wahrheit sich von *selbst* verstehe, spricht wirklich nicht im mindesten gegen seine Spekulationen: – für seine Zwecke war es hinreichend, daß die fraglichen Wahrheiten sich überhaupt verstanden. Aus den Axiomen zog er logisch seine Schlüsse. Seine berühmtesten Jünger waren ein gewisser Tuklid, ein Geometer‹ [gemeint ist wohl Euklid] ›und ein gewisser Kant, ein Deutschmann, der Begründer jener Spezies Transzendentalismus, welche noch heute, mit dem bloßen Austausch eines C für ein K, seinen eigentümlichen Namen trägt.

Na schön, Aries Trotteles florierte auf dem Gipfel höchster Weisheit, bis daß ein gewisser Specker auf den Plan trat, der sich des Beinamens ‚Ettrick-Schäfer' erfreute, welcher nun ein gänzlich anderes System predigte, das er das *aposteriorische* oder *in*duktive nannte. Sein Verfahren berief sich ganz und gar auf die Sinneswahrnehmung. Er beobachtete, analysierte und klassifizierte Tatsachen – *instantiae naturae*, wie sie ein wenig hochgestochen tituliert waren – und fügte sie zu allgemeinen Gesetzen. Mit einem Wort, während die Methode des Aries auf *noumena* beruhte, verließ sich die von Specker auf *phaenomena*; und so gewaltig war die Bewunderung, welche dies letztere System, da es neu aufgekommen, allenthalben weckte, daß Aries allgemein in Verruf geriet. Schließlich jedoch gewann er wieder an Boden und durfte sich das Reich der Philosophie mit seinem moderneren Rivalen teilen: – die Herren Gelehrten begnügten sich damit, sämtliche *anderen* Konkurrenten, frühere, gegenwärtige und zukünftige, zu ächten und jeglichen Kontroversen über den Gegenstand ein Ende zu bereiten, indem sie ein medianes Gesetz verkündeten, des Inhalts, daß der aristotelische und baconische Weg die beiden einzigen möglichen Wege zur Erkenntnis seien und von Rechts wegen auch zu sein hätten: – ‚Baconisch', mußt Du wissen, mein lieber Freund‹, setzt der Briefschreiber an dieser Stelle hinzu, ›war ein Adjektiv, welches man als würdigeres und wohllautenderes Synonym für (schweine-)spekkicht erfunden hatte.

Nun wohl, ich versichere Dir mit allem Nachdruck‹, fährt die Epistel fort – ›daß ich diese Sache in gerechter Manier darstelle; und so wirst Du leicht einsehen können, wie so offensichtlich absurde, hanebüchene Beschränkungen in jenen Tagen gewirkt haben müssen, das Vorankommen der wahren Wissenschaft aufzuhalten, welche ja – wie die Geschichte samt und sonders zeigt – ihre bedeutsamsten Fortschritte in scheinbar intuitiven *Sprüngen* vollzieht. Jene altzeitlichen Vorstellungen beschränkten die Forschung auf ein Kriechen; und ich brauche Dich wohl nicht darauf hinzuweisen, daß unter den Fortbewegungsarten Kriechen auf seine Weise eine ganz großartige Sache ist – doch müssen wir, nur weil die Schnecke sicheren Fußes ist, deswegen gleich dem Adler die Schwingen stutzen? Viele Jahrhunderte lang herrschte ganz besonders hinsichtlich Speckers eine so gewaltige Verblendung, daß praktisch alles, was die Bezeichnung ‚Denken‘ verdient, zum Erliegen kam. Kein Mensch wagte mehr eine Wahrheit zu äußern, die er einzig und allein seiner Seele verdankte. Es galt gleichviel, ob diese Wahrheit gar nachweislich eine solche sei; denn die dogmatisierenden Herren Philosophen jener Epoche achteten einzig auf *den Weg*, auf welchem diese erlangt zu haben man vorgab. Dem Ziel maßen sie nicht den allergeringsten Wert bei: – ‚die Mittel!‘ schrien sie – ‚die Mittel wollen wir sehen!‘ – und wenn sich dann bei näherer Betrachtung der Mittel ergab, daß sie weder in die Kategorie Specker fielen noch in die Kategorie Aries (was Widder heißt), na, dann ließen es die Herren Gelehrten damit bewenden, sie hießen den Denker einen Narren, schimpften ihn einen ‚Theoretiker‘ und wollten hinfort nie mehr etwas weder mit *ihm* noch mit seinen Wahrheiten zu tun haben.

Nun, mein lieber Freund‹, fährt der Briefschreiber fort, ›läßt sich ja wohl nicht behaupten, daß der Mensch, so er sich ausschließlich des Kriechsystems befleißigte, das Maximum an Wahrheit gewönne, nicht einmal in einer nur irgend langen Reihe an Menschenaltern; denn die Unterdrückung der Imagination war ein Übel, welches selbst *absolute* Gewißheit der Schnecken-Prozesse nicht aufzuwiegen vermöchte. Doch war deren Gewißheit sehr weit entfernt von absolut. Der Irrtum unserer Altvordern glich nun gar sehr dem jenes neunmalklugen Herrn, welcher sich eingebildet, er müsse einen Gegenstand doch zwangsläufig desto deutlicher sehen, je näher er ihn sich vor die Augen halte. Auch trübten sie sich selber den Blick durch das Schnupfen der äußerst feinen kitzelnden schottischen *Detail*prisen; und so kam es denn, daß die vielgerühmten Tatsachen der speckichten Herren mitnichten immer Tatsachen *waren* – was nun weiter nichts auf sich gehabt hätte, wäre dies eben nicht unter dem Postulat geschehen, es seien dies Tatsachen, stets und allemal. Der grundlegende Makel des Baconianismus – die beklagenswerteste Fehlerquelle der speckichten Philosophie – bestand jedoch in der Tendenz, Autorität und Ansehen in die Hände derer zu legen, die da nur wahrnehmen – jener Zwerge unter den Riesen, jener mikroskopisch kleinen Gelehrtenknirpse – jener Gräber und Hausierer winzigster *Fakten*, zuvörderst in den Naturwissenschaften – Fakten, welche sie sämtlich zum selben Preise *en detail* auf der Straße verhökerten; deren Wert, so deuchte es, schlicht und einfach von dem *Faktum ihrer Faktizität* abhinge, ohne Rücksicht auf ihre Brauchbarkeit oder Nichtbrauchbarkeit, jene letzten und einzig legitimen Fakten, die man Gesetz nennt, zu befördern.

Niemals‹, heißt es weiter in dem Brief, ›niemals noch ist auf der Erde Angesicht eine intolerantere – eine intolerablere Bande von Eiferern und Tyrannen gewandelt, denn jene Leute es waren, welche vermittels der speckichten Philosophie solcherart plötzlich in einen Stand erhoben wurden, dazu sie nicht taugten – welche solcherart aus den Spülküchen in die gute Stube der Wissenschaft – aus deren Speisekammern auf deren Katheder versetzt wurden. Ihr

Credo, ihr Text und ihr Sermon gleicherweise war jenes eine Wort: ‚Faktum' – doch meistenteils kannten selbst von diesem einen Wort sie nicht einmal die Bedeutung. Gegenüber denen, die da wagten, ihre Fakten aufzustören, in der Absicht, sie in Ordnung und Gebrauch zu bringen, kannten die speckichten Jünger keinerlei Gnade. Jeglichem Versuch zu weiterer Verallgemeinerung trat man sogleich mit den Worten ‚theoretisch', ‚Theorie', ‚Theoretiker' entgegen – kurzum, jegliches Denken ward füglich als persönliche Beleidigung ihrer Wenigkeit geahndet. Indem sie also unter Ausschluß von Metaphysik, Mathematik und Logik nur die Naturwissenschaften pflegten, waren viele dieser speck-gezeugten Philosophen – nur des einen Gedankens voll, einseitig und auf einem Bein lahm – von erbärmlicherer Hilflosigkeit – von elendiglicherer Ignoranz angesichts all der faßlichen Gegenstände der Erkenntnis denn der aller-allerungebildetste analphabetische Bauersknecht, welcher bekundet, daß er wenigstens etwas weiß, indem er zugibt, daß er absolut nichts weiß.

Auch hatten unsere Vorväter kein besseres Recht, von Gewißheit zu reden, wenn sie in blindem Vertrauen den apriorischen Pfad der Axiome oder den des Widders verfolgten. An zahllosen Stellen verlief doch dieser Pfad kaum so gerade als eines Widders Horn. Die Wahrheit ist einfach die, daß die Aristoteliker ihre Schlösser auf einem Fundamente errichteten, weit weniger verläßlich denn Luft; denn dergleichen wie Axiome hat nie existiert, noch kann es dergleichen überhaupt geben. Dies nicht zu sehen oder wenigstens doch zu argwöhnen, müssen sie in der Tat ausgesprochen blind gewesen sein; denn selbst zu ihrer Zeit waren ja schon viele ihrer längst feststehenden ‚Axiome' verworfen worden – ‚ex nihilo nihil fit' zum Beispiel, und ‚ein Objekt kann nicht wirken, wo es nicht ist', und ‚es kann keine absoluten Gegensätze geben', und ‚Dunkelheit vermag nicht aus dem Lichte zu kommen'. Diese und zahlreiche ähnliche Behauptungen, welche man früher ohne Zögern als Axiome oder unableugbare Wahrheiten hatte gelten lassen, waren, selbst zu der Zeit schon, von der ich rede, für gänzlich unhaltbar erkannt worden: – wie absurd dann aber von diesen Leuten, weiterhin steif und fest auf ein unwandelbares Fundament zu vertrauen, dessen Wandelbarkeit so häufig schon offenkundig geworden war!

Doch selbst durch Zeugnis, welches sie gegen sich selber ablegen, ist es leicht, diese *A-priori*-logisch-Denker der gröblichsten Unlogik zu überführen – ist es leicht, die Nichtigkeit – die Unfaßbarkeit ihrer Axiome allgemein nachzuweisen. Vor mir liegt‹ – es sei angemerkt, daß wir noch immer bei dem Briefe sind –, ›vor mir liegt gerade ein Buch, welches vor etwa tausend Jahren gedruckt worden ist. Pandit versichert mir, daß es sich dabei entschieden um das gescheiteste aus dem Altertum stammende Werk zu diesem Gegenstande handelt, der ‚Logik‘ heißt. Der Autor, der zu seiner Zeit hohes Ansehen genoß, war ein gewisser Müller oder Müll; und von ihm finden wir als einigermaßen bedeutsam überliefert, daß er einen Mühlgaul ritt, welchen er Jeremy Bentham nannte: – doch werfen wir einen Blick auf das Buch selber.

Ah! – ‚Die Fähigkeit oder Unfähigkeit, sich etwas vorzustellen‘, heißt es bei Herrn Müll sehr richtig, ‚ist *in keinem Falle* als Kriterium axiomatischer Wahrheit anzuerkennen.‘ Also, daß dies eine offensichtliche Binsenwahrheit ist, wird wohl keiner, der bei Verstande ist, bestreiten wollen. Diesen Satz *nicht* zuzugeben hieße ja die Wahrheit selbst der Veränderlichkeit zu zeihen, deren bloßer Name doch ein Synonym des Unabänderlich-Beständigen ist. Ließe man die Fähigkeit, sich etwas vorzustellen, als Kriterium der Wahrheit gelten, dann wäre wohl eine Wahrheit für *David* Hume gar selten auch eine Wahrheit für *Joe*; und neunundneunzig Prozent dessen, was im Himmel unleugbar ist, wäre nachweislich falsch auf Erden. Der Satz Herrn Mülls bestätigt sich also. Ich will nun nicht etwa zugestehen, es sei dies ein *Axiom*; schon allein deswegen nicht, weil ich mich anheischig mache darzulegen, daß es *keine* Axiome gibt; doch, mit einer Unterscheidung, daran selbst Herr Müll höchstpersönlich nicht zu kritteln vermöchte, bin ich bereit einzuräumen, daß, *falls* es ein Axiom *gäbe*, der Satz, von dem hier die Rede, das vollste Recht hätte, als Axiom zu gelten – daß es kein *absoluteres* Axiom *gibt* – und daß folglich jeder nachherige Satz, welcher mit diesem anfänglich vorgebrachten in Konflikt geriete, entweder in sich selbst falsch – das heißt, kein Axiom sein – oder, falls als axiomatisch anerkannt, zu gleicher Zeit sich selbst als auch seinen Vorgänger aufheben müsse.

Und nun wollen wir einmal daran gehen, vermittels der Logik ihres eigenen Verkünders, irgendeines der verkündeten Axiome zu prüfen. Wir wollen dabei Herrn Müll größtmöglich Gerechtigkeit widerfahren lassen. Wir wollen die Sache zu keiner gewöhnlichen Entscheidung bringen. Wir wollen uns für die Untersuchung kein banales Axiom auswählen – kein Axiom der Art, die er, nicht minder abgeschmackt, weil nur *implicite*, seine sekundäre Klasse nennt – wie wenn eine unumstößliche, eine absolute Wahrheit *per definitionem* nun mehr oder minder unumstößlich, absolut eine Wahrheit sein könnte – nun, wir wollen uns, wie gesagt, kein Axiom von so zweifelhafter Unzweifelhaftigkeit erküren, wie man es etwa bei Euklid antrifft. Wir wollen uns, zum Exempel, nicht über solche Thesen verbreiten wie, daß zwei Gerade keinen Raum einschließen können oder daß das Ganze größer sei denn jeder seiner Teile. Wir wollen dem Logiker *jeden* erdenklichen Vorteil einräumen. Wir wollen denn sogleich zu einem Satze kommen, welchen er als den Gipfel der Unzweifelhaftigkeit betrachtet – als den Inbegriff axiomatischer Unleugbarkeit. Der lautet nun also: – ‚Gegensätze können nicht *beide* wahr sein – das heißt, sie können in der Natur nicht gleichzeitig vorhanden sein.‘ Hier meint Herr Müll zum Beispiel – und ich bringe das zwingendste nur erdenkliche Beispiel –, es müsse ein Baum entweder ein Baum sein oder *kein* Baum – er könne nicht zu gleicher Zeit ein Baum sein *und* nicht ein Baum: – allwelches an sich ganz plausibel ist und auch so lange außerordentlich gut zum Axiom taugt, bis wir es mit einem Axiom vergleichen, welches wenige Seiten zuvor hervorgehoben ward – mit anderen Worten – Worten, die ich zuvor schon gebraucht habe –, bis wir es der Prüfung vermittels der Logik seines eigenen Verkünders unterziehen. ‚Ein Baum‘, so behauptet Herr Müll, ‚muß entweder ein Baum sein oder *nicht* ein Baum.‘ Sehr schön: – und da möchte ich nun von ihm gern wissen, *wieso* eigentlich. Auf diese bescheidene Frage gibt es nur eine Erwiderung: – Ich möchte den Sterblichen sehen, der eine zweite erfindet. Die einzige Antwort nun lautet so: – ‚Weil wir es *unmöglich finden, uns vorzustellen*, daß ein Baum etwas anderes sein könne denn ein Baum oder kein Baum.‘ Dies ist also, ich wiederhole, Herrn Mülls einzige Antwort: – er wird sich nicht *anmaßen*, eine andere äußern zu wollen: und dennoch, wie er selbst dargetan hat, ist seine Antwort unstreitig überhaupt keine Antwort; denn hat er nicht bereits von uns verlangt, *als ein Axiom* gelten zu lassen, daß die Fähigkeit oder Unfähigkeit, sich etwas vorzustellen, *in keinem Falle* als Kriterium axiomatischer Wahrheit anzuerkennen sei? So treibt seine ganze – absolut seine *ganze* Argumentation hilflos dahin wie ein steuerloses Schiff auf hoher See. Man wolle nicht vorbringen, es sei von der allgemeinen Regel eine Ausnahme zu machen, und zwar in Fällen, wo die ‚Unmöglichkeit, sich etwas vorzustellen‘, so ganz besonders groß sei, wie wenn wir aufgefordert werden, uns zu denken, ein Baum sei *sowohl* ein Baum als auch *kein* Baum. Man versuche, wie gesagt, nicht, auf dieser *Sottise* zu bestehen; denn zunächst einmal gibt es keine *Grade* der ‚Unmöglichkeit‘, und so kann denn keine unmögliche Vorstellung gar noch eigentümlich-unmöglicher sein als eine andere unmögliche Vorstellung: – zweitens hat Herr Müll höchstpersönlich, zweifelsohne nach gründlicher Überlegung, aufs entschiedenste und aufs verständigste jedwede Möglichkeit zu Ausnahmen ausgeschlossen, besteht seine These doch mit allem Nachdruck darauf, daß *in keinem Falle* die Fähigkeit oder Unfähigkeit, sich etwas vorzustellen, als Kriterium axiomatischer Wahrheit gelten dürfe: – und schließlich drittens, selbst wenn Ausnahmen überhaupt zulässig wären, bliebe noch zu beweisen, wieso eine solche *hier* zulässig sei. Daß ein Baum sowohl ein Baum als auch kein Baum sein könne, ist eine Idee, welche vielleicht die Engel oder Teufel hegen *mögen* und welche ohne Zweifel manch ein irdischer Tollhäusler oder Transzendentalist tatsächlich *hegt.*

Nun rechte ich mit diesen Alten‹, fährt der Briefschreiber fort, ›gar nicht *so sehr* ob der durchsichtigen Frivolität ihrer Logik – welche, um es geradeheraus zu sagen, schlichtweg grundlos, wertlos und gänzlich aus der Luft gegriffen war – als vielmehr wegen ihrer großspurigen und verblendeten Art, wie sie alle *anderen* Wege zur Wahrheit in Acht und Bann taten, außer den beiden schmalen und krummen Pfaden – hie Kriechen und da Krauchen –, darauf sie, in ihrer ignorant-verkehrten Halsstarrigkeit, gewagt haben, die Seele einzuengen – die Seele, die doch nichts so sehr liebt, als sich zu jenen Gefilden grenzenloser Intuition emporzuschwingen, darin ‚*Pfade*' gänzlich unbekannt.

Nebenbei bemerkt, mein lieber Freund, ist es nicht ein Beweis für die geistige Sklaverei, wie sie jenem blind-eifernden Volke von ihren Speck-Schweinen und Widdern auferlegt, daß trotz des ewigen Geredes ihrer Herren Gelehrten von den *Wegen* zur Wahrheit keiner von ihnen, nicht einmal durch Zufall, auf jenen geraten war, welchen wir heutzutage so klar als den breitesten, den geradesten und den gangbarsten aller Wege begreifen – die große Fahrstraße – die majestätische Chaussee des *Folgerichtigen?* Ist es nicht erstaunlich, daß sie es versäumten, aus den Werken Gottes die wesentliche, hochwichtige Überlegung abzuleiten, daß *eine vollkommene Folgerichtigkeit nichts anderes sein könne denn eine absolute Wahrheit?* Wie einfach – wie rapide ist unser Fortschreiten seit der neuerlichen Verkündigung dieser These! Hierdurch ist die Forschung den Maulwürfen aus den Händen genommen und, mehr als eine Verpflichtung denn eine Arbeit, den wahren – den *einzig* wahren Denkern übergeben – den rundum gebildeten Männern mit leidenschaftlich-glühender Phantasie. Diese letzteren – unsere Keplers – unsere Laplaces – ‚spekulieren' – ‚theoretisieren' – das sind die Begriffe – kannst Du Dir nicht das Hohngeschrei vorstellen, mit welchem unsere Vorfahren diese aufnähmen, wäre es ihnen möglich, mir über die Schulter zu blicken, während ich dies schreibe? Die Keplers, ich sage es noch einmal, spekulieren – theoretisieren – und ihre Theorien werden lediglich korrigiert – reduziert – gesiebt – nach und nach also gereinigt von der Spreu der Folgewidrigkeit – bis am Ende dann unbehinderte *Folgerichtigkeit* sichtbarlich da steht – eine Folgerichtigkeit, die auch der Dümmste – weil sie wirklich Folgerichtigkeit *ist* – als eine absolute und unzweifelhafte *Wahrheit* anerkennt.

Ich habe oft daran gedacht, mein Freund, wie es diesen Dogmatikern von vor tausend Jahren doch arge Verlegenheit bereitet hätte zu bestimmen, auf welchem ihrer beiden gepriesenen Wege denn der Kryptograph zur Entschlüsselung der komplizierteren Geheimschriften gelange – oder auf welchem der beiden wohl Champollion die Menschheit zu jenen wichtigen und unzählbaren Wahrheiten geführt habe, welche so viele Jahrhunderte lang unter den phonetischen Hieroglyphen des Ägyptenlandes begraben gelegen. Und hätte es insonderheit jenen blinden Eiferern nicht einige Mühe bereitet zu bestimmen, auf welchem ihrer beiden Wege die bedeutsamste und erhabenste *aller* ihrer Wahrheiten – die Wahrheit – das Faktum der *Gravitation* gefunden worden sei? Newton leitete sie aus den Keplerschen Gesetzen ab. Kepler nun gab zu, daß er diese Gesetze *erraten* habe – diese Gesetze, deren Untersuchung dem größten der britischen Astronomen jenes Prinzip enthüllte, die Grundlage jeglichen (existierenden) physikalischen Prinzips, dem auf den Grund zu gehen sogleich heißt, das nebulose Reich der Metaphysik zu betreten. Ja! – diese grundlegenden Gesetze hat Kepler *erraten* – das heißt, seine *Einbildungskraft* hat sie geschaffen. Hätte man ihn aufgefordert, entweder die *de*duktive oder aber die *in*duktive Methode anzugeben, daraus er sie gewonnen, so wäre von ihm vielleicht zur Antwort gekommen – ,Ich weiß nichts von *Methoden* – doch ich *weiß* etwas vom Mechanismus des Universums. Hier ist er. Mit *meiner Seele* habe ich's begriffen – vermittels der *Intuition* bin ich dahin gedrungen.' Ach, der arme unwissende alte Mann! Hätte ihm denn nicht irgendein Metaphysikus sagen können, wie das, was er ‚Intuition' genannt, nur die aus *De*duktionen oder *In*duktionen gewonnene Überzeugung sei, Prozessen so schattengleicher Art, daß sie seinem Bewußtsein entgangen wären, sich dem Verstande entzogen oder auch nur seinem Ausdrucksvermögen gespottet hätten? Wie jammerschade ist es doch, daß ihn nicht irgendein ‚Moralphilosoph' über all dies aufgeklärt! Welch Trost wäre es ihm auf dem Sterbebette gewesen, zu wissen, daß er, anstatt intuitiv und mithin höchst unschicklich vorgegangen zu sein, in Wirklichkeit doch gar wohlanständig und legitim – das heißt nach speckichter oder wenigstens widdriger Manier in jene weiten Hallen hineingeschritten sei, darin sie ruhen, schimmernd, ungehütet und bislang von keiner sterblichen Hand berührt – von keinem sterblichen Aug geschaut – die unvergänglichen und unschätzbaren Geheimnisse des Universums!

Ja, Kepler war seinem Wesen nach ein *Theoretiker*; doch dieser heute so geheiligte Titel war in jenen alten Tagen Ausdruck höchster Verachtung. Erst *jetzt* beginnt der Mensch jenen gottbegnadeten Alten zu würdigen – Wohlwollen entgegenzubringen jenem prophetischen und poetischen Überschwang seiner ewig denkwürdigen Worte. Was *mich* betrifft‹, fährt der unbekannte Briefschreiber fort, ›so lodert in mir ein heiliges Feuer, wenn ich nur an sie denke, und ich fühle, daß ich's nie müde sein werde, sie zu wiederholen: – zum Abschluß dieses Briefes sei mir die wirkliche Freude vergönnt, sie noch einmal abzuschreiben: – ‚*Was schert's mich, ob mein Werk heute gelesen werde oder erst von der Nachwelt. Wohl kann ich mir leisten, ein Jahrhundert lang auf Leser zu warten, wo doch Gott selbst sechstausend Jahre auf einen Beobachter gewartet hat. Triumph ist mir gewiß. Ich habe den Ägyptern das goldene Geheimnis entwendet. Schwelgen will ich in meiner heiligen Raserei.*' ‹

Hier enden meine Zitate aus dieser so sehr unerklärlichen, wenn nicht gar ungehörigen Epistel; und vielleicht wäre es töricht, die schimärischen, um nicht zu sagen um-

359

stürzlerischen Phantastereien des Verfassers – wer immer er sein möge – in irgendeinem Betrachte zu kommentieren – Phantastereien, welche sich mit den wohlerwogenen und wohlgeregelten Ansichten dieses unseres Zeitalters so ganz und gar im Widerstreit befinden.

EINE VORHERSAGUNG

Nebenbei bemerkt, damit Sie nicht etwa zu dem Schlusse kommen, daß meine Ansichten, im einzelnen, die nämlichen seien, wie sie in der *Nebularhypothese* dargelegt wurden, erlaube ich mir, diverse *addenda* nachzutragen, deren Gegenstand, obschon niemals gedruckt, bereits vor einigen Jahren niedergeschrieben ward, und zwar unter dem Titel – ›Eine Vorhersagung‹.

Schon im nächsten Jahrhundert wird in *den Büchern* eingetragen sich finden, daß die Sonne ursprünglich *auf einmal* (nicht allmählich, wie Laplace annimmt) sich zu ihrer kleinsten Größe verdichtet hat; daß sie, solcherart verdichtet, um eine Achse rotierte; daß diese Rotationsachse nicht im Zentrum ihres Körpers lag, so daß sie sich nicht nur in Rotation befand, sondern auf einer elliptischen Bahn kreiste (Rotation und Umkreisung sind eins; doch trenne ich sie hier der besseren Anschaulichkeit wegen); daß sie, solcherart entstanden und auf einer Umlaufbahn befindlich, feurig war (in der nämlichen Weise, wie ein Vulkan und ein glühender Meteorit feurig sind) und ihre Substanz in Form von Nebelgas in das All abgab, wobei dieses Gas am weitesten auf der Seite der größeren Hemisphäre vordrang, zum Teil wegen der Größe, grundsätzlich jedoch, weil die Kraft des Feuers hier größer war; daß nach entsprechender Zeit dieser Nebel – nicht notwendigerweise dann zu der Stelle getragen, welche jetzt Neptun innehat – sich zu Neptun verdichtete; daß der Planet ganz zwangsläufig die gleiche Gestalt annahm, welche die Sonne besaß, welche Gestalt seine Rotation zu einer Umdrehung auf einer elliptischen Bahn machte; daß infolge solcher Umdrehung – infolge der Tatsache, daß bei jeder der *täglichen* Umdrehungen er zurückgelenkt wird – die Geschwindigkeit seines *Jahres*umlaufs nicht so groß ist, wie sie es wäre, wenn sie einzig von der Rotationsgeschwindigkeit der Sonne abhinge (Drittes Keplersches Gesetz); daß seine Gestalt, indem sie seine Rotation beeinflußt – wenn die schwerere Hälfte sich abwärts in Richtung Sonne bewegt, erhält sie genügend Impetus, um sie durch die direkte Linie der Anziehung zu bringen und auf diese Weise das Zentrum der Schwerkraft *nach außen* zu verlagern –, ihm Kraft lieh, sich davor zu bewahren, zur Sonne hin abzusinken (und sich vielleicht allmählich auf die Position hinauszubewegen, die er jetzt innehat); daß er durch eine Reihe von Zeitaltern die Sonnenwärme empfing, welche bis in sein Zentrum drang, schließlich vulkanische Eruptionen auslöste und somit Gas freisetzte; und welche auf seiner Oberfläche Materie zu Gas verwandelte, bis schließlich seine Monde und sein Gasring (falls es stimmt, daß er einen Ring besitzt) entstanden waren; daß diese Monde elliptische Formen annahmen, rotierten und ›beide unter einem‹ auf einer Umlaufbahn wandelten, auf ihren *monatlichen* Bahnen gehalten wurden durch die Zentrifugalkraft, welche sie auf ihren *Tages*umläufen erwarben, und längere Zeit für ihre monatlichen Kreisläufe brauchten, als sie benötigt hätten, wenn sie keine Tagesumläufe gehabt hätten.

Ich habe nun wohl genug gesagt, ohne auf die anderen Planeten einzugehen, um Ihnen eine Andeutung meiner Hypothese zu vermitteln, und mehr wollte ich nicht. Es lag nicht in meiner Absicht, etwelchen Beweis für ihre Vernünftigkeit zu erbringen; da ich tatsächlich auch keinen gesammelt habe, es sei denn wie er, schattengleich, mir durch den Sinn huscht.

Wie Sie sehen, hänge ich der Vorstellung an, es müsse unser Mond sich öfter um seine eigene Achse drehen, als er um seinen Hauptplaneten kreist, und dasselbe gilt für die Satelliten, welche Jupiter, Saturn und Uranus begleiten.

Seit ich dies niedergeschrieben, hat mich eine gründlichere Analyse des Inhalts bewogen, meine Ansicht über die Entstehung der Satelliten etwas zu modifizieren – das heißt, ich halte jetzt dafür, daß diese nicht aus bei vulkanischen Ausbrüchen freigesetzten Gasen und durch einfache Diffusion unter den Sonnenstrahlen entstanden sind, sondern aus Ringen, welche in den interplanetarischen Räumen nach der Präzipitation der Hauptkörper zurückblieben. Es steht kein unüberwindliches Hindernis der Auffassung entgegen, daß Aerolithen und ›Sternschnuppen‹ ihren Ursprung in Materie haben, welche von der Oberfläche der Erde und aus ihrem Inneren abgestoßen worden ist; doch ist kaum anzunehmen, daß auf solche Weise eine hinreichende Menge entstehen könnte, um einen Körper zu bilden, der so groß wäre, daß er vermittels der durch Rotation gewonnenen Zentrifugalkraft der Absorptionsgewalt standhalten könnte, welche sein Ursprungsgestirn durch Rotation entwickelt. Das implizierte Ereignis findet möglicherweise erst dann statt, wenn die Planeten flammende Sonnen geworden sind – *aus der Akkumulation ihrer eigenen Sonnenwärme, die vom Innern an die Oberfläche dringt, welche in den einsamen letzten Tagen alle die Elemente zum Schmelzen bringen und die festen Grundlagen wie ein zusammengerolltes Buch entweichen lassen wird.*

(Bitte setzen Sie diesen Gedanken an die Stelle des in dem ›Gespräch zwischen Eiros und Charmion‹ ausgeführten.)

Für ›Graham's Magazine‹

EIN KRITISIERTER KRITIKER

Von Walter G. Bowen

> Als wir durch das Tal hin ritten, sahen wir eine Herde
> *Esel* droben auf einem Berge – wie sie uns immer
> angestiert und förmlich *kritis(t)iert* haben!
>
> Sterne, ›Brief aus Frankreich‹

Sehr geehrter Herr Redakteur –
In einer jüngern Nummer Ihres so weit verbreiteten Magazins ward mir die Genugtuung, ein Epigramm zu lesen,
welches, so wollte es mich im besondern wie Ihre Subskri-
benten im allgemeinen bedünken, wenn ich mich nicht
gänzlich irre, nicht weniger wohl gezielt war und ordentlich
ins Schwarze traf, als es redlich verdiente. Es lautete:

Auf P – – den Versifex, der seine eigenen Verse rezensiert

> Solang ihn andre kritisiern,
> Darf hoffen er, sich korrigiern;
> Beurteilt er das eigne Lied,
> Ist seine Tat nun – *Suizid.*

Voller Freude nehme ich zur Kenntnis, daß es wenigstens
einen Herausgeber einer Zeitschrift gibt, der nicht so ein-
gebunden ist in Mr. Poes Interesse, daß er sich etwa fürchtete, eine ehrliche Meinung von ihm als einem Literaten zu
äußern, doch ich versichere Sie wirklich und wahrhaftig,
daß nicht nur meine Wenigkeit, sondern auch sehr viele
andere über die Maßen erstaunt waren, daß Sie den Mut
aufgebracht, das Epigramm, so gut es auch war, einzurük-
ken. Doch daß Sie es in die Zeitung gesetzt haben, hat Ihr
Ansehen in der Öffentlichkeit nicht wenig gehoben und

mich zu der Hoffnung ermutigt, daß Sie mir wohl den Gefallen erweisen mögen, diese Kritik des Kritikers zu veröffentlichen, insbesondere da das, was ich erbitte, doch nur
recht und billig und redliche Vergeltung für das ist, was
Mr. P. gelegentlich über einige bescheidene Gedichte meinerseits wie auch über einen Roman meines Schwagers sagen zu müssen glaubte. Und was die Wahrheit und Berech-
tigung dessen angeht, was ich schreiben werde, so bin ich
zuversichtlich, daß in der Hinsicht keiner etwas einzuwenden hat, da ich kein einziges Wort zu sagen gedenke, das
nicht ergänzt wäre *vom Beweis.* Mr. Poe hat, ganz zu schweigen von meinem eigenen Falle, nichts anderes getan, als
mit jenen ›schlittenzufahren‹, welche er so witzig die
›Arme-Teufel-Autoren‹ des Landes zu nennen pflegt, und
weder Sie noch irgend sonst jemand wird es darum nun
wohl für unbillig halten, daß früher oder später der bittere
Kelch der Kritik zu ihm zurückkehrt, daß selber er daraus
trinken möge – stets vorausgesetzt, versteht sich, daß das
Ganze fair geschieht, ehrenvoll und frei von List und
Tücke – kurzum, vorausgesetzt, die Kritik ist *gerecht.*

Um Mr. Poes eigener, dem Anschein nach freimütiger
Kritikerweise zu folgen, werde ich damit beginnen, die Vorzüge meines Autors ›ins schönste Licht‹ zu rücken. Ich
werde mich also nicht erdreisten, etwa zu leugnen, daß er
mehrere recht verdienstliche Sachen geschrieben hat und
daß einige dieser Arbeiten, teils von selbst, teils aber auch
durch die marktschreierische Anpreisung seiner Freunde, zu
ganz außergewöhnlicher Berühmtheit gelangt sind. Hier nun
fühle ich mich aufgerufen, seine Erzählungen zu erwähnen,
die bei Wiley & Putnam erschienen sind, und ganz besonders jene mit dem Titel ›Die Morde in der Rue Morgue‹,
welche, so habe ich erfahren, in Paris nachgedruckt und
hochgelobt worden ist, insgleichen ›Der Goldkäfer‹, zu
Recht gepriesen von Martin Farquhar Tupper, des weitern
›Sturz in den Malström‹ und noch einige andere Geschichten, welche sämtlich, wie ich gern zugeben will, in hohem
Maße von analytischem Vermögen und Phantasie zeugen.
›Die Tatsachen im Falle Valdemar‹ haben wohl größeres

Aufsehen erregt denn alles, was er sonst geschrieben hat, und haben, wie ich höre, nicht nur völlig durch die Londoner Presse die Runde gemacht, von der ›Morning Post‹ abwärts, sondern sind auch in Broschürenform in London, Paris und Wien gedruckt worden. Die Genialität und allgemeine Vortrefflichkeit seines ›Raben‹ möchte ich nun mitnichten schmälern, obzwar ich ihn gewißlich nicht ganz so hochschätze, wie Miss Barrett oder Mr. Willis dies versichern; auch nicht wie dies Mr. P. selber tut, wenn wir nach der lobpreisenden Kritik urteilen dürfen, welche er kürzlich in ›Graham's‹ veröffentlichte, einer Kritik, die wohl mehr Analyse denn Bescheidenheit bewies. Einige seiner kürzeren Gedichte sind ebenfalls lobenswert, und seine ›Schläferin‹ und ›Traumland‹ sind nach meinem Dafürhalten besser als der ›Rabe‹, wenn auch in anderer Weise. Zu seinen Rezensionen habe ich nicht soviel Löbliches zu bemerken. Sie zeugen von Gelehrsamkeit und dem ihm eigenen analytischen Talent, welches das vorherrschende Wesensmerkmal in allem ist, was er schreibt. Auch fallen sie durch jenen Mut nach Art des Don Quijote auf, der Leute vom Schlage des Mr. P. dazu veranlaßt, ständig gegen irgend etwas anzukämpfen – obschon sich dieses Etwas nur allzu oft als eine Windmühle erweist; und etwas Gutes haben sie an sich, das nicht zu erwähnen unbillig wäre; nämlich: sie zeigen keinerlei Respekt gegenüber Personen. Selten richten sie sich gegen ›kleine Fische‹. Andererseits bedünken sie mich aufs äußerste bitter, spitzfindig-krittelig, besserwisserisch und unnötig streng. Mr. P. ist so oft gelobt worden ob seines beißenden Spotts, daß er es nun für seine Pflicht hält, seinem diesbezüglichen Rufe alle Ehre zu machen, indem er stets und ständig höhnt und Schimpf und Schande austeilt. Was die Schönheiten eines Werkes betrifft, so scheint er beschlossen zu haben, diese zur Gänze zu übersehen, oder wenn er sich herbeiläßt, eine Vortrefflichkeit herauszustellen oder gar zu zitieren, so ist doch eines gewiß: mögen seine Lobessprüche auch noch so trefflich und wohlmeinend beginnen, so enden sie doch allemal mit einer Pointe oder einem Stachel, was nun ver-

hüllter Satire gar zum Verwechseln ähnlich sieht. Wirkliche, ehrliche, aufrichtig von Herzen kommende Anerkennung ist etwas, das man in einer Kritik Mr. Poes vergeblich
suchen wird. Selbst wenn er es sich ganz offenkundig vorgesetzt, einer besonderen Vorliebe Ausdruck zu leihen, auf
überschwengliche Weise einigen seiner Freund*innen* zu
schmeicheln (lobt er doch niemals einen Mann), scheint
doch stets etwas Krampfhaft-Gezwungenes, ja, ich würde
sagen, Hämisches auf dem Grunde des Honigkelches zu
lauern. Solcherart Makel macht seine kritischen Urteile
nur wenig verdienstvoll. Man mag sie nun ihrer beißenden
Schärfe willen lesen, doch alles, was je an Ehrlichkeit darinnen enthalten, findet auf der Spitze einer Batistnadel Platz.

Bevor ich nun mit einigen sehr ernsten literarischen An-
schuldigungen fortfahre, welche ich meinerseits gegen
Mr. Poe vorzubringen habe, mag es sich wohl empfehlen,
seine Aufmerksamkeit darauf zu lenken, was in der Londoner ›Literary Gazette‹ über ihn gesagt ward. Ich möchte
gern sehen, ob er sich zu einer Erwiderung herabläßt. In
seiner neuesten Ausgabe der ›Literati‹ hat Mr. P. den Finger auf eine Anzahl gröblicher *wissenschaftlicher* Schnitzer
seitens des Mr. Richard Adams Locke gelegt, und vielleicht
ist die Öffentlichkeit nun ein wenig neugierig zu erfahren,
wie er sich für seine eigenen verantworten wird. Die betreffende ›Gazette‹ datiert vom 14. März 1846.

›An den Herausgeber der ,Literary Gazette‘ –
Mein Herr, nachdem ich soeben eine Rezension von Edgar
Poes phantastischen Geschichten in der ,Literary Gazette‘
vom Januar, S. 101, gelesen habe, sei es mir verstattet, auf
einen sonderbaren Irrtum in wissenschaftlicher Hinsicht
zu verweisen, welchem der Autor verfallen ist. Da er schil-
dert, wie er im Malström herumgewirbelt wird, heißt es –
,Da ich um mich schaute, sah es aus, als *hinge* das Boot, wie
durch Magie, auf halber Höhe *an der Innenwand* eines
Trichters von enormem Umfang und ungeheurer Tiefe‘
usw. ... ,fiel mein Blick unwillkürlich *nach unten.* ... Die
Schmacke hing an der *schrägen Wandung des Wassertrichters,*

welcher sich in einem Winkel von mehr denn fünfundvierzig Grad neigte; so daß wir fast zu kentern *schienen.*' usw. ...

Nun, bei aller Hochachtung möchte ich folgendes anheimstellen, erstens: daß unsere einzigen Begriffe von *oben* oder *unten* sich aus der Richtung der Schwerkraft ableiten; ändert sich also durch die Zentrifugalkraft die Richtung der Schwerkraft, so wird *jene* Richtung noch immer wie unten *wirken.* Zweitens: daß unser einziges Empfinden von Bewegung relativ ist; wenn sich also alles Sichtbarliche mit uns im Kreise dreht, haben wir keinerlei Empfinden von Bewegung; und in wenigen Fällen erscheinen wir überhaupt je *selber* als die sich bewegenden Gegenstände (man nehme nur das Beispiel einer Eisenbahnfahrt). Die einzige scheinbare Bewegung wird dann der leichte *Bewegungsunterschied* zwischen den verschiedenen Gegenständen und uns selbst sein. Hieraus folgt, daß der Herr in der geschilderten mißlichen Lage, wenn er um sich blickte, einen gewaltigen Trichter aus Wasser sähe, der scheinbar *auf der Seite läge*, die untere Seite in der Horizontalen, in welchem unteren Teile sein Boot *stets aussähe, als ob es läge;* der Himmel erschiene *am einen Ende horizontal* und *in scheinbarer Rotation;* während das Chaos von Abgrund und Gischt am entgegengesetzten Ende sich befände; das Wasser (ohne Zweifel voller lokaler Strudel) sähe aus, als verliefe es in einem wundersamen Bogengang oder Tunnel, nahezu bewegungslos, um und über dem Boot, und scheinbar von nichts gehalten; und näher am Eingang befindliche Gegenstände erschienen, als rotierten sie vertikal in *langsam* rückläufiger Richtung; wogegen die Gegenstände, je weiter sie sich dem neblichten turbulenten Ende näherten, schneller und immer schneller wirkten, als hätten sie eine entgegengesetzte Rotation; die wirkliche Geschwindigkeit des Ganzen wäre nicht wahrzunehmen, es sei denn durch die konträre ersichtliche Rotation des Firmaments. Dies wäre in der Tat ein ungeheuerliches Schauspiel, obschon kaum hinreichend, zum persönlichen Experimente zu veranlassen Ihren ergebenen Diener

William Petrie.'

Soviel zu Mr. Petrie, und indem ich es Mr. Poe überlasse, ihm zu antworten, will ich hier nur einen Gesichtspunkt meinerseits anbringen, obschon ich gestehen muß, daß er mir durch einen Freund mir zur Seite angeraten ward. Und zwar: – Um zu erklären, wie sein Held dem Malström entkam, zitiert Mr. P. Archimedes, ›De incidentibus in fluido‹, lib. 2, für das folgende Faktum, nämlich: daß ›ein in einem Wirbel treibender Zylinder dem Sog einen größeren Widerstand entgegensetzt und schwerer hineingezogen wird als ein gleich großer Körper von beliebig anderer Gestalt‹. Nun behauptet der Freund neben mir rundheraus, daß erstens das konstatierte Faktum gar kein Faktum sei und allen bekannten Gesetzen widerspreche und daß sich zum andern im zweiten Buch des Archimedes ein solcher Absatz wie der genannte gar nicht finde. Und drittens meint er, *daß sich bei Archimedes überhaupt nicht ein solcher Satz noch ein ihm ähnlicher finde und daß er Mr. Poe auffordere, selbigen aufzuzeigen.*

An Mr. Poes generellem *Stile* ist füglich nicht viel zu beanstanden. Er besitzt die seltene Tugend, sich einfach und deutlich auszudrücken, und kann, so es die Gelegenheit erfordert, eindrucksvoll genug sein; doch da er die äußerst üble Unart hat, in der Grammatik anderer Leute Fehler herauszuklauben, ist es wohl mein gutes Recht, ihm zu zeigen, daß auch er selbst bei weitem nicht ohne Fehl und Tadel ist. Es ist noch nicht lange her, so kann ich mich entsinnen, da spottete er, daß doch da einer das Verb ›fallen‹ in einem aktiven Sinne verwendet habe, doch auf Seite 14 seiner Erzählungen (Wiley & Putnam) begeht er ganz den nämlichen Fehler – z. B. – ›Wenn du den Käfer *fällst*, brech ich dir das Genick.‹ Wiederum auf Seite 18 – ›Und durch welches Auge hast du dann den Käfer *gefallen*, dies hier oder das da?‹ Richtig wäre: ›Wenn du den Käfer *fallen läßt*.‹ Ein Apfel fällt, wir aber lassen einen Apfel fallen. Auf Seite 34 gebraucht er ›außer‹ gröblich inkorrekt für ›es sei denn‹ – ein verbreiteter Irrtum. Z. B. – ›Ich merkte, daß es unmöglich war, *außer* in einer einzigen bestimmten Stellung *auf ihn* zu sitzen.‹ ›*Auf ihn*‹ ist in diesem Satze

ebenfalls falsch und unzulässig verwendet für ›auf ihm‹.
Dieser Fehler unterläuft Mr. Poe sehr häufig. Auf Seite 25
finden sich nicht weniger als fünf Beispiele dafür – z. B. –
›Ich zweifelte nicht daran, daß Hitze als die Kraft gewirkt,
welche *auf das* Pergament den Schädel, welchen ich *auf ihn*
abgebildet fand, ans Licht gebracht hatte.‹ ›Auf das, auf
ihn‹ heißt es nur dort richtig, wo *Richtungs*handeln zutrifft.
Ein Apfel beispielsweise liegt *auf einem* Tisch; doch legen wir einen Apfel *auf einen* Tisch. Sogar im Vorwort zu
seinen Gedichten, wo wir doch unbedingt annehmen müssen, daß er sich allergrößter Sorgfalt befleißigt hat, macht
er sich falscher Konstruktion schuldig. Zum Beispiel –
›Wenn das, was ich geschrieben habe, überhaupt zirkulie-
ren soll, so liegt mir natürlicherweise viel daran, daß es so
Verbreitung finde, wie ich es geschrieben habe.‹ Nun
müßte der Satz hier ganz eindeutig lauten: ›Mir liegt natürlicherweise viel daran, daß das, was ich geschrieben habe,
so Verbreitung findet, wie ich es geschrieben habe, wenn es
überhaupt Verbreitung finden soll.‹ Oder – ›Naturgemäß
liegt mir viel daran, daß das, was ich geschrieben habe,
wenn es überhaupt Verbreitung finden soll, dann so Verbreitung findet, wie ich es geschrieben habe.‹ Doch Schluß
mit derlei Lappalien – und doch ist dies *ebenjene* Art von
Lappalien, wie sie Mr. Poe so gern bei anderen Leuten
bloßstellt.

In Wahrheit habe ich nämlich von etwas weit Gewichti-
gerem zu sprechen. Die Hauptsache, der *Punkt* nun, auf
dem Mr. Poe bekanntlich so herumgeritten, betrifft das
Plagiat, und in seiner sorgfältig ausgearbeiteten Erwiderung auf ›*Outis*‹ in den früheren Nummern des ›Broadway
Journal‹ gab er sich alle Mühe nachzuweisen, wo ein
Plagiat vorliege und durch welche Argumentationskette
dies bewiesen werden könne. Es ist nun gegenwärtig
ganz einfach meine Absicht, wenige parallele Absätze
abzuschreiben und es der Leserschaft zu überlassen, zu entscheiden, ob sie mit Fug und Recht unter die Rubrik des
bewußten und vorsätzlichen literarischen Diebstahls fallen oder
nicht.

Auf Seite 24 in Mr. P.s letztem Gedichtband (in der Ausgabe von Wiley & Putnam) lautet in einem Gedicht, das ›Eulalie‹ heißt, ein Passus

> Nun Qual, nun Not
> Mir niemals mehr droht.
> Ihre Seele *mir Seufzer schenkt.*

In Tom Moores ›Letzte Rose des Sommers‹ finden wir das so:

> Kein Blütenzweig wie sie,
> Mit Knospen behängt,
> Der errötend sie anblickt
> Und *Seufzer ihr schenkt.*

Den Autor der nachfolgenden Verse kann ich im Augenblick nicht benennen, doch führe ich sie an, weil zweifellos viele meiner Leser dies vermögen. *Irgendein* Dichter jedoch spricht von einem Landesverräter und möchte, daß er verdammt werde,

> *Ruhe zu finden*
> Im Angesicht vom Paradies,
> *Den Himmel schauend, doch gepeinigt von Höllengründen!*

Auf Seite 69 der ›Gedichte‹ lesen wir in ›Al Aaraaf‹

> Oh, dürft mein müder Geist dort *Ruhe finden* –
> *Entrückt des Himmels Ewigkeit – doch fern den Höllengründen!*

Eine der meistbewunderten Passagen Mr. Poes ist jene, welche den Schluß des Gedichts ›Die Stadt im Meer‹ bildet, nachzulesen auf Seite 22 –

> Wenn dann mit unmenschlichem Stöhnen
> Hinab, hinab die Stadt einst sinkt,
> *Begrüßt die Hölle sie mit Dröhnen,*
> *Das von tausend Thronen dringt.*

Doch leider finden wir bei Mrs. Sigourney in einem kleinen Gedicht ›Sinnende Gedanken‹, das zuerst in ›The Token for 1829‹ erschien, die Verse

Begrüßte die Erde den Korsen *mit Dröhnen*
Von tausend Thronen auf ihrem Rund.

Hochgepriesen ward Mr. Poe auch für diese Zeilen, die auf
Seite 63 der ›Gedichte‹ zu finden sind:

An Ketten hängend, die aus Licht gefügt,
Ein Kuppelrund sich auf die Säulen schmiegt'.

Jeder Kenner des klassischen Altertums muß jedoch an den
Rat der Götter bei Homer denken, der da beginnt Ἠὼς
μὲν κροκόπεπλος ἐκίδνατο πᾶσαν ἐπ' αἶαν, und die Zeilen, welche Voß so übersetzt (das Original habe ich leider
nicht hier)

Und die Kette darauf um das Felsenhaupt des
Olympos
Bänd ich fest, daß schwebend das Weltall hing'
in der Höhe!

Da Mr. Poe in vielen Fällen Beistand erhalten von den un-
bekannteren Klassikern, ist, so glaube ich, nicht mehr denn
eine legitime Schlußfolgerung aus einer so eklatanten *Imi-*
tation wie jener, welche wir auf Seite 20 finden.

An Zante
Du Insel hell, die ihren edlen Namen
Von aller Blumen schönster hat bekommen!
Und stets aufs neu sproß der Erinnerung Samen,
Wenn ich dich und die Deinen wahrgenommen!
Erinnerung an nun vergangnes Glück!
Gedanken schwer an nun begrabnes Hoffen!
Sie bringen mir das Mädchen nicht zurück,
Nie mehr – nie mehr steht mir der Himmel offen!
Nie mehr! ach, dieses düstre Trauerwort
Rafft alles hin! Dein Zauber glänzt *nie mehr* –
Erinnerung *nie mehr!* Als schlimmen Ort
Meid ich hinfort dein buntes Blumenmeer.
O Hyazintheninsel! Purpur-Zante!
»Isola d'oro! Fior di Levante!«

Hier dürfte ich wohl sicher innehalten; doch wäre es nicht rechtens, so gar nicht Erwähnung zu tun der Leichtigkeit, welche dieser Kritiker bei der *Imitation!* bezeigt, in Prosa und Lyrik gleichermaßen. In seiner Erzählung ›Hans Pfaall‹, die in seinen ›Grotesken und Arabesken‹ veröffentlicht ist, ursprünglich aber im ersten Bande des ›Southern Literary Messenger‹ erschien,

(Weiter stand nichts geschrieben.)

[DER LEUCHTTURM]

1. Jan. 1796. – Am heutigen Tage – meinem ersten auf
dem Leuchtturm – nehme ich diese Eintragungen in meinem Tagebuch vor, wie mit de Grät vereinbart. So regelmäßig, wie ich es *vermag*, will ich das Tagebuch führen – doch
wer weiß, was einem Manne zustoßen mag, der ganz allein
ist, wie ich es bin – ich kann krank werden oder noch
schlimmer ... Soweit, so gut! Der Kutter ist gerade so davongekommen – doch warum dabei verweilen, wo ich doch
glücklich *hier* gelandet bin? Meine Lebensgeister beginnen
langsam wieder zu erwachen, schon beim bloßen Gedanken daran – wenigstens einmal in meinem Leben –, vollkommen *allein* zu sein; denn Neptun, so groß er auch ist,
kann natürlich nicht als Gesellschaft gelten. Ich wollte
beim Himmel, daß ich in ›Gesellschaft‹ jemals halb soviel
Treue gefunden hätte wie bei diesem armen Hunde: – in
solchem Falle hätte ich wohl nie von der ›Gesellschaft‹ Abschied genommen – nicht einmal für dieses Jahr ... Was
mich am meisten überrascht, ist die Schwierigkeit, welche
es de Grät bereitete, mir die Anstellung hier zu beschaffen – mir, einem Lord des Oberhauses! Es konnte doch
nicht daran liegen, daß das Konsistorium an meiner Fähigkeit gezweifelt hätte, mit dem Lichte umzugehen. Schon
vorher hatte *es ein* Mann nur gewartet – und war damit
ebensogut zurechtgekommen wie deren drei, die gewöhnlich eingesetzt werden. Die Arbeit ist nicht der Rede wert;
und die gedruckten Instruktionen dazu so klar und eindeutig wie nur möglich. Es wäre nie gut gegangen, Orndoffs
Begleitung zuzulassen. Ich wäre nie mit meinem Buche nur
irgend vorangekommen, solange er in meiner Nähe gewesen, mit seinem unausstehlichen Geschwätz – ganz zu
schweigen von jener ewigen Meerschaumpfeife. Überdies

möchte ich *allein* sein ... Seltsam, doch bis zum Augenblick habe ich nie bemerkt, wie traurig und verlassen dies Wort klingt – ›allein‹! Ich könnte mir schon halb einbilden, im Echo dieser zylindrischen Mauern sei etwas Besonderes – doch, o nein! – das ist alles Unsinn! Ich glaube wirklich, ich werde noch nervös ob meiner Abgeschiedenheit. *Das* geht nicht an. Ich habe de Gräts Prophezeiung nicht vergessen. Nun, schleunigst die Laterne gegriffen und sich ordentlich umgeschaut, um ›zu sehen, was ich sehen kann‹ ... Sehen, was ich sehen‹ kann, wahrhaftig! – nicht sehr viel. Die Dünung läßt wohl ein wenig nach, denke ich – doch der Kutter wird desungeachtet eine rauhe Heimfahrt haben. Vor morgen mittag wird er nicht in Sicht von Norland kommen – und doch können es kaum mehr denn 190 oder 200 Meilen sein.

2. Jan. Diesen Tag habe ich in einer Art Verzückung verbracht, welche ich unmöglich zu beschreiben vermag. Meinem Verlangen nach Einsamkeit hätte wohl kaum vollkommener entsprochen werden können. Ich sage nicht, *befriedigt*; denn ich glaube, ich werde wohl nie genug davon bekommen, von solcher Wonne, wie ich sie heute erfahren habe ... Der Sturm ließ gegen Tagesanbruch nach, und bis zum Nachmittag war die See wesentlich ruhiger geworden ... Nichts zu sehen, nicht einmal mit dem Fernrohr, nichts als Ozean und Himmel, gelegentlich einmal eine Möwe.

3. Jan. Den ganzen Tag völlige Windstille. Gegen Abend glich das Meer ganz einem Spiegel. Einige Meeresalgen kamen in Sicht; doch ansonsten nichts, *absolut nichts* den ganzen Tag – nicht einmal das kleinste Wolkenfetzchen ... War damit beschäftigt, den Leuchtturm zu erkunden ... Er ist sehr hoch – wie ich finde, mir zum Schaden, wenn ich seine nicht enden wollenden Stufen hinaufsteigen muß – nicht ganz 160 Fuß, würde ich meinen, von der Niedrigwassermarke bis zur Leuchtkammer oben. Vom Grund *im Innern* des Schachtes jedoch beträgt die Entfernung zur Kuppe mindestens 180 Fuß: – mithin liegt der Boden also 20 Fuß unter dem Meeresspiegel, selbst bei Niedrigwasser ... Mich deucht, das hohle Innere im Fundamente unten hätte mit festem Mauerwerk ausgefüllt werden sollen. Zweifellos wäre das Ganze dadurch *sicherer* geworden: – doch woran denke ich denn da bloß? Ein derartiges Bauwerk ist sicher genug unter allen Umständen. Auch während des heftigsten Orkans, der je gewütet, würde ich mich darin sicher fühlen – und doch habe ich Seeleute erzählen hören, wie gelegentlich, bei Südwestwind, die See hier schon höher gegangen sei als irgend sonst, einzig den westlichen Zugang zur Magalhäesstraße ausgenommen. Keine bloße See vermöchte jedoch dieser festen eisengenieteten Mauer etwas anzuhaben – welche, noch 50 Fuß über der Hochwassermarke, mindestens vier Fuß stark ist … Der Grund, darauf der Bau ruht, scheint mir Kreide zu sein …

4. *Jan.*

EDGAR ALLAN POE
SÄMTLICHE ERZÄHLUNGEN

Alphabetische Inhaltsübersicht
der vier Einzelbände

ZU DIESER AUSGABE

insel taschenbuch: Edgar Allan Poe, Streitgespräch mit einer Mumie und andere Erzählungen. Der Text folgt der Ausgabe im insel taschenbuch: Edgar Allan Poe, Sämtliche Erzählungen in vier Bänden. Herausgegeben von Günter Gentsch. Insel Verlag Frankfurt am Main 1993.

Lebendig begraben, S. 9. Originaltitel: The Premature Burial. Erstveröffentlichung: Dollar Newspaper, 31. Juli 1844. Textvorlage der Übersetzung von Heide Steiner: The Works of the Late Edgar Allan Poe, Erster Teil, New York 1850.

Der entwendete Brief, S. 27. Originaltitel: The Purloined Letter. Erstveröffentlichung: The Gift: A christmas New Year and Birthday Present, MDCCCXLV, 1844. Textvorlage der Übersetzung von Heide Steiner: J.-Lorimer-Graham-Exemplar.

Die Methode Doktor Theer und Professor Feddern, S. 51. Originaltitel: The System of Doctor Tarr and Professor Fether. Erstveröffentlichung: Graham's Magazine, November 1845. Textvorlage der Übersetzung von Heide Steiner: The Works of the Late Edgar Allan Poe, Vierter Teil, New York 1856.

Mesmerische Offenbarung, S. 74. Originaltitel: Mesmeric Revelation. Erstveröffentlichung: Columbian Magazin, August 1844. Textvorlage der Übersetzung von Heide Steiner: The Works of the Late Edgar Allan Poe, Erster Teil, New York 1850.

›Du bist der Mann‹, S. 88. Originaltitel: Thou Art the Man. Erstveröffentlichung: Godey's Lady's Book, November 1844. Textvorlage der Übersetzung von Heide Steiner: The Works of the Late Edgar Allan Poe, Zweiter Teil, New York 1850.

Der Ballon-Ulk, S. 107. Originaltitel: The Ballon Hoax. Erstveröffentlichung: The Extra Sun, 13. April 1844. Textvorlage der Übersetzung von Heide Steiner: The Works of the Late Edgar Allan Poe, Erster Teil, New York 1850.

Unsignierte Beiträge für den ›Public Ledger‹, S. 124. Originaltitel: Unsigned Contributions to the Public Ledger. Erstveröffentlichung: Public Ledger, Philadelphia, 17./18./19. Juli 1844 sowie im Columbia Spy, 14. August 1844. Textvorlage der Übersetzung von Heide Steiner: Public Ledger, 17./18./19.Juli 1844; Columbia Spy, 14.August 1844.

Der Engel des Seltsamen. Eine Extravaganz, S.134. Originaltitel: The Angel of the Odd. An Extravaganza. Erstveröffentlichung: Columbian Magazine, Oktober 1844. Textvorlage der Übersetzung von Heide Steiner: The Works of the Late Edgar Allan Poe, New York 1856.

Die Schweizer Glockenspieler, S.146. Originaltitel: The Swiss Bell-Ringers. Erstveröffentlichung: Evening Mirror, New York, 17.Oktober 1844. Textvorlage der Übersetzung von Heide Steiner: Evening Mirror, 10.Oktober 1844.

Das literarische Leben des Herrn Dingsbums Bob, wohlgeboren, früheren Herausgebers der ›Gusselrumfunzel‹. Von ihm selbst, S.148. Originaltitel: The Literary Life of Thingum Bob, Esqu. late Editor of the ›Goosetherumfoodle‹. By Himself. Erstveröffentlichung: Southern Literary Messenger, Dezember 1844. Textvorlage der Übersetzung von Heide Steiner: The Works of the Late Edgar Allan Poe, Vierter Teil, New York 1856.

Die tausendundzweite Erzählung der Scheherezade, S.174. Originaltitel: The Thousand-and-Second Tale of Scheherazade. Erstveröffentlichung: Godey's Magazine and Lady's Book, Februar 1845. Textvorlage der Übersetzung von Heide Steiner: The Works of the Late Edgar Allan Poe, Erster Teil, New York 1850.

Streitgespräch mit einer Mumie, S.198. Originaltitel: Some Words with a Mummy. Erstveröffentlichung: American Review: A Whig Journal, April 1845. Textvorlage der Übersetzung von Heide Steiner: Broadway Journal, 1.November 1845.

Die Macht der Worte, S.220. Originaltitel: The Power of Words. Erstveröffentlichung: Democratic Review, Juni 1845. Textvorlage der Übersetzung von Heide Steiner: The Works of the Late Edgar Allan Poe, Zweiter Teil, New York 1850.

Der Wider-Geist, S.225. Originaltitel: The Imp of the Perverse. Erstveröffentlichung: Graham's Magazine, Juli 1845. Textvorlage der Übersetzung von Heide Steiner: The Works of the Late Edgar Allan Poe, Erster Teil, New York 1850.

Die Tatsachen im Fall Valdemar, S.233. Originaltitel: The Facts in the Case of M.Valdemar. Erstveröffentlichung: American Review, A Whig Journal, Dezember 1845. Textvorlage der Übersetzung von Heide Steiner: Spirit of the Times, 23./24. Dezember 1845. Mit Manuskriptänderungen des Autors aus dem Nachlaß von Sarah Helen Whitman.

Theaterratten, S. 245. Originaltitel: Theatrical Rats. Erstveröffentlichung unter dem Titel: The Drumer, in: Broadway Journal, New York, 1. November 1845. Textvorlage der Übersetzung von Heide Steiner: The Broadway Journal, New York, 1. November 1845.

Die Sphinx, S. 246. Originaltitel: The Sphinx. Erstveröffentlichung: Arthur's Ladie's Magazine, Januar 1846. Textvorlage der Übersetzung von Heide Steiner: The Works of the Late Edgar Allan Poe, Zweiter Teil, New York 1850.

Das Faß Amontillado, S. 252. Originaltitel: The Cask of Amontillado. Erstveröffentlichung: Godey's Magazine and Ladie's Book, November 1846. Textvorlage der Übersetzung von Heide Steiner: The Works of the Late Edgar Allan Poe, Erster Teil, New York 1850.

Der Park von Arnheim, S. 261. Originaltitel: The Domain of Arnheim. Erstveröffentlichung: Columbian Lady's and Gentleman's Magazine, März 1847. Textvorlage der Übersetzung von Heide Steiner: The Works of the Late Edgar Allan Poe, Erster Teil, New York 1850.

Ein Möchtegern-Crichton, S. 282. Originaltitel: A Would-Be Crichton. Erstveröffentlichung: Southern Literary Messenger, April 1849. Textvorlage der Übersetzung von Heide Steiner: The Works of the Late Edgar Allan Poe, Dritter Teil, New York 1850.

Landors House. Ein Pendant zu ›Der Park von Arnheim‹, S. 283. Originaltitel: Landor's Cottage. A Pendant to ›The Domain of Arnheim‹. Erstveröffentlichung: Flag of Our Union Boston, 9. Juni 1849. Textvorlage der Übersetzung von Heide Steiner: The Works of the Late Edgar Allan Poe. Erster Teil, New York 1850.

Hopp-Frosch, S. 299. Originaltitel: Hop-Frog. Erstveröffentlichung: The Flag of Our Union, 17. März 1849. Textvorlage der Übersetzung von Heide Steiner: The Works of the Late Edgar Allan Poe, New York 1850.

Von Kempelens Erfindung, S. 311. Originaltitel: Von Kempelen and His Discovery. Erstveröffentlichung: The Flag of Our Union, 14. April 1849. Textvorlage der Übersetzung von Heide

Steiner: The Works of the Late Edgar Allan Poe, Erster Teil, New York 1850.

Der ge-x-te Ardickel, S. 321. Originaltitel: X-ing a Paragrab. Erst-veröffentlichung: The Flag of Our Union. Textvorlage der Übersetzung von Heide Steiner: The Works of the Late Edgar Allan Poe, Vierter Teil, New York 1856.

Mellonta Tauta, S. 330. Originaltitel: Mellonta-Tauta. Erstveröf-fentlichung: Godey's Lady's Book, Februar 1849. Textvorlage der Übersetzung von Heide Steiner: Godey's Lady's Book, Februar 1849.

Ein merkwürdiger Brief, S. 349. Originaltitel: A Remarkable Letter. Erstveröffentlichung: Eureka, 1848. Textvorlage der Übersetzung von Heide Steiner: Bishop Hursts Exemplar von Eureka.

Eine Vorhersagung, S. 361. Originaltitel: A Prediction. Erstveröf-fentlichung: The Works of Edgar Allan Poe. Edited by Edmund C. Stedman und George E. Woodberry, Chicago 1894–1895. Textvorlage der Übersetzung von Heide Steiner: Manuskript-abschrift von George W. Eveleth vom 1. Oktober 1878.

Ein kritisierter Kritiker, S. 364. Originaltitel: A Reviewer Review-ed. Erstveröffentlichung: New York Journal, 15. März 1896. Textvorlage der Übersetzung von Heide Steiner: Das Manu-skript von 1849.

Der Leuchtturm, S. 374. Originaltitel: The Light-House. Erstver-öffentlichung: George E. Woodberry, The Life of Edgar Allan Poe, Boston 1909. Textvorlage der Übersetzung von Heide Steiner: George E. Woodberry, The Life of Edgar Allan Poe, Boston 1909.

Edgar Allan Poe, geboren am 19. Januar 1809 in Boston, ist am 7. Oktober 1849 in Baltimore gestorben.

Erst das 20. Jahrhundert hat so recht die Visionen des großen amerikanischen Erzählers Edgar Allan Poe wahr- und ernstgenommen. Dabei wollte Poe mit seinen unheimlichen Erzählungen, den Nachtstücken, dem Grauen, den Alpträumen, den Nervenkrisen, der Flucht ins Jenseits des Grabes, mit dem Überwirklichen und Kriminellen, nicht nur die zynische Grausamkeit und das menschliche Verbrechen messerscharf analysieren, sondern auch seiner inhumanen Mitwelt einen düsteren Grotesksspiegel vorhalten.

Die Erzählungen sind hier chronologisch nach der Erstveröffentlichung angeordnet.

insel taschenbuch 3379
Edgar Allan Poe
Das Tagebuch des Julius Rodman
und andere Erzählungen

EDGAR ALLAN POE SÄMTLICHE ERZÄHLUNGEN

in vier Bänden
Herausgegeben von Günter Gentsch

Vierter Band

EDGAR ALLAN POE
DAS TAGEBUCH DES
JULIUS RODMAN

und andere Erzählungen
Aus dem Amerikanischen
von Erika Gröger, Andrea Sachs
und Ruprecht Willnow
Insel Verlag

Umschlagabbildung: Johann Heinrich Füssli
Der Nachtmahr, 1781. Ausschnitt
Founders Society Purchase with funds from
Mr. and Mrs. Bert L. Smokler and
Mr. and Mrs. Lawrence A. Fleischmann
Foto: © The Detroit Institute of Arts

insel taschenbuch 3379
Erste Auflage 2008
© dieser Ausgabe
Insel Verlag Frankfurt am Main und Leipzig 2002
Hinweise zu dieser Ausgabe am Schluß des Bandes
Umschlag: Michael Hagemann
Vertrieb durch den Suhrkamp Taschenbuch Verlag
Druck: CPI – Ebner & Spiegel, Ulm
Printed in Germany
ISBN 978-3-458-35079-8

2 3 4 5 6 – 13 12 11 10 09

INHALT

DAS UNVERGLEICHLICHE ABENTEUER
EINES GEWISSEN HANS PFAALL

Mit einem Herz voll wilder Phantasien,
Über die ich stets Gebieter bin,
Mit flammendem Speer, *Windroßgebraus,*
So zieh ich in die Wildnis hin.
>Tom o'Bedlams Lied‹

Wie jüngste Berichte aus Rotterdam vermelden, scheint
sich diese Stadt in einem Zustand hochgradiger philosophischer Erregung zu befinden. Und in der Tat haben sich
dort so völlig unerwartete Dinge ereignet – so gänzlich
neu – in so krassem Widerspruch zu vorgefaßten Meinungen –, um mich nicht mehr daran zweifeln zu lassen, daß
über kurz oder lang ganz Europa in Aufruhr, die ganze
Physik in Gärung, aller Verstand und die Astronomie sich
in die Haare geraten werden.

Es scheint, daß sich am ... des Monats ... (ich bin mir
des Datums nicht sicher) eine riesige Menschenmenge aus
nicht näher erwähnten Gründen auf dem großen Börsen-
platz der wohlsituierten Stadt Rotterdam zusammengefun-
den hatte. Der Tag war warm – etwas ungewöhnlich für
die Jahreszeit – es regte sich kaum ein Lüftchen, und die
Menge war keinesfalls übelgelaunt, wenn sie hin und wieder von kurzen, freundlichen Schauern besprüht wurde,
die aus großen weißen Wolkenmassen niedergingen, welche in Fülle das blaue Gewölbe des Firmaments bedeckten.
Trotzdem machte sich gegen Mittag eine leichte, aber auffällige Erregung unter den Menschen bemerkbar: Zehntausend Zungen plapperten, und einen Augenblick später waren zehntausend Gesichter gen Himmel gerichtet, fielen
zehntausend Pfeifen gleichzeitig aus zehntausend Mund-
winkeln, und ein Schrei, der nur mit dem Brausen der Nia-

garafälle verglichen werden konnte, ertönte lange, laut und ungestüm durch Rotterdam und Umgebung.

Der Ursprung dieses Lärmes wurde gar bald hinlänglich offenbar. Hinter einer jener bereits erwähnten scharf umrissenen Wolkenmassen sah man langsam an einem Stück blauen Himmels ein merkwürdiges, unförmiges, aber augenscheinlich festes Gebilde auftauchen, so sonderbar geformt, so eigenartig zusammengefügt, daß es sich die stämmigen Bürger, die offenen Mundes unten staunten, überhaupt nicht erklären und nicht genug bewundern konnten. Was konnte das sein? Im Namen aller Teufel von Rotterdam, was mochte es nur bedeuten? Niemand wußte es, niemand konnte sich etwas darunter vorstellen; niemand – nicht einmal der Bürgermeister Mijnheer Superbus von Underduk – konnte den geringsten Hinweis geben, um das Geheimnis zu lüften; so schob, da nichts Vernünftiges getan werden konnte, ein jeder seine Pfeife wieder sorgfältig in den Mundwinkel und paffte, hielt inne, watschelte hin und her und brummte bedeutungsvoll, ständig ein Auge auf die Erscheinung gerichtet – dann watschelte er zurück, brummte, hielt inne und paffte schließlich von neuem.

Inzwischen senkte sich jedoch der Gegenstand so großer Neugierde und die Ursache so vielen Qualms immer tiefer und tiefer auf die prächtige Stadt herab. Schon nach wenigen Minuten war er nahe genug, um genau betrachtet zu werden. Es schien – ja! es *war* zweifellos eine Art Ballon; aber einen *solchen* hatte man mit Sicherheit nie zuvor in Rotterdam gesehen. Denn wer wohl, so frage ich, hörte je von einem Ballon, der ganz und gar aus schmutzigen Zeitungen hergestellt war? In Holland bestimmt niemand; aber hier genau vor den Nasen der Menschen oder vielmehr dicht *über* ihren Nasen schwebte gerade ein solches Objekt, das – wie ich aus zuverlässigster Quelle erfuhr – genau aus dem Material hergestellt war, von dem noch niemand vorher gewußt hatte, daß man es für einen derartigen Zweck benutzen konnte. Dies war für den gesunden Menschenverstand der Rotterdamer Bürger ein unerhörter

Schimpf. Was jedoch die Form des Phänomens anging, so mußte man diese noch mehr tadeln, glich sie doch bestenfalls einer riesigen, umgestülpten Narrenkappe. Und diese Ähnlichkeit wurde keineswegs geringer, als die Menge bei genauerem Hinsehen eine von der Spitze herabhängende große Troddel bemerkte und um den oberen Kappenrand herum eine Reihe kleiner, an Schafglocken erinnernder Instrumente, welche ununterbrochen die Melodie des Liedes ›Betty Martin‹ klingelten. Aber noch schlimmer. An blauen Bändern hing am Rand dieser phantastischen Maschine an Stelle einer Gondel ein riesiger graubrauner Biberhut mit ungeheuer breitem Rand und einem halbkugelförmigen Kopf, geziert von einem schwarzen Band und einer silbernen Schnalle. Es ist allerdings etwas merkwürdig, daß viele Rotterdamer Bürger schworen, sie hätten ebendiesen Hut schon früher öfter gesehen; und er schien tatsächlich der versammelten Menge gut bekannt zu sein, während Frau Grettel Pfaall bei seinem Anblick überrascht einen Freudenschrei ausstieß und erklärte, es sei der Hut ihres guten Mannes. Nun war dieser Umstand um so bemerkenswerter, als Pfaall mit drei Gefährten vor etwa fünf Jahren auf unerklärliche Weise urplötzlich aus Rotterdam verschwunden war, und bis zum Zeitpunkt dieser Erzählung waren alle Versuche, etwas über sie in Erfahrung zu bringen, fehlgeschlagen. Zugegeben, man hatte vor kurzem in einem abgelegenen Winkel im Osten der Stadt einige Knochen, die man für menschliche hielt, gefunden, vermischt mit einer Menge sonderbar aussehenden Kehrrichts; und manche Leute verstiegen sich sogar zu der Annahme, daß an dieser Stelle ein gemeiner Mord verübt worden wäre und die Geschädigten aller Wahrscheinlichkeit nach Hans Pfaall und seine Gefährten gewesen seien. Aber kehren wir zurück.

Der Ballon (zweifellos handelte es sich um einen solchen) war nun bis auf hundert Fuß zur Erde herabgeschwebt und erlaubte der Menschenmenge unten eine recht genaue Besichtigung seines Insassen. Dieser war in der Tat ein außergewöhnliches Geschöpf. Es konnte nicht größer als zwei Fuß sein, aber selbst seine Größe, gering

11

wie sie war, hätte genügt, es aus dem Gleichgewicht zu bringen und über den Rand seiner winzigen Gondel zu stürzen, wäre nicht ein runder Reifen gewesen, der ihm bis an die Brust reichte und mit Stricken am Ballon befestigt war. Der Körper des kleinen Mannes war ungewöhnlich breit und verlieh seiner ganzen Gestalt eine höchst lächerliche Rundlichkeit. Seine Füße waren natürlich nicht zu sehen. Seine Hände waren überdimensional groß. Sein Haar war grau und hinten zu einem Zopf geflochten. Seine Nase war erstaunlich lang, krumm und entzündet; seine Augen groß, strahlend und durchdringend; Kinn und Wangen, obgleich vom Alter zerfurcht, waren breit, aufgequollen und schwabbelig; von Ohren aber, gleich welcher Art, war nirgendwo auf dem Kopf eine Spur zu entdecken. Dieser sonderbare kleine Herr war in einen losen Überrock aus himmelblauem Satin mit engen, dazu passenden Hosen gekleidet, die mit Silberschnallen an den Knien verschlossen waren. Seine Weste bestand aus einem glänzenden gelben Material, eine weiße Taftkappe saß ihm verwegen schief auf dem Kopf, und um seine Ausrüstung zu vollenden, hatte er ein blutrotes Seidentuch um den Hals geschlungen, das elegant in einem phantastischen Knoten von ungeheurer Größe auf seine Brust herabhing.

Bis auf ungefähr hundert Fuß zur Erdoberfläche herabgeschwebt, wie ich schon berichtete, überfiel den kleinen alten Herrn plötzlich ein unruhiges Zittern, und er schien nicht geneigt, sich der *terra firma* noch weiter zu nähern. Er warf daher eine Menge Sand aus einem Segeltuchsack, den er mit großer Mühe anhob, und hielt sofort seine Höhe. Dann kramte er hastig und erregt eine große, saffianlederne Brieftasche aus einer Seitentasche seines Überrockes hervor. Er wog sie argwöhnisch in der Hand, betrachtete sie dann mit dem Ausdruck höchster Überraschung und staunte offenbar über ihr Gewicht. Schließlich öffnete er sie, holte einen mit rotem Wachs versiegelten riesigen Brief heraus, der sorgfältig mit einem roten Band verschnürt war, und ließ ihn genau zu Füßen des Bürgermeisters Superbus von Underduk fallen. Seine Exzellenz bückte sich, um ihn aufzuheben. Aber der Luftschiffer, der noch immer sehr unruhig war und offenbar weiter keine Angelegenheit in Rotterdam zu erledigen hatte, begann in diesem Augenblick eifrig Vorbereitungen für den Abflug zu treffen; und da er sich eines Teils des Ballastes entledigen mußte, damit er wieder aufsteigen konnte, fielen ein halbes Dutzend Säcke, die er nacheinander herunterwarf, ohne sich die Mühe zu machen, sie erst zu leeren, unglückseligerweise auf den Rücken des Bürgermeisters, so daß dieser nicht weniger als ein halbes dutzendmal vor den Augen ganz Rotterdams herumpurzelte. Es ist allerdings nicht anzunehmen, daß der große Underduk diese Kühnheit des alten kleinen Mannes ungestraft ließ. Im Gegenteil, es wird erzählt, daß er während jeder dieser Halbdutzend Umdrehungen nicht weniger als ein halbes Dutzend tiefer und zorniger Züge aus seiner Pfeife nahm, an der er sich die ganze Zeit mit aller Kraft festhielt und an der er sich (so Gott will) wohl noch bis zum Tage seines Ablebens festhalten wird.

Mittlerweile schwang sich der Ballon wie eine Lerche in die Lüfte, trieb weit ab von der Stadt und schwebte schließlich ruhig hinter eine Wolke, die genau jener glich, aus welcher er auf so merkwürdige Art und Weise aufgetaucht war, und entschwand den staunenden Augen der braven Bürger Rotterdams für immer. Alle Aufmerksamkeit richtete sich nun auf den Brief, dessen Herunterfallen und die sich daraus ergebenden Folgen sich so peinlich für Person und Würde seiner Exzellenz von Underduk erwiesen hatten. Dieser hohe Beamte hatte jedoch nicht verabsäumt, sich während seiner purzelnden Bewegungen über die wichtige Frage der Sicherstellung des Briefes Gedanken zu machen, der, wie man sah, in genau die richtigen Hände gefallen war, da er an ihn selbst und Professor Rubadub in ihren offiziellen Funktionen als Präsident und Vizepräsident des Rotterdamer Instituts für Astronomie adressiert war. Er wurde daher von diesen beiden Würdenträgern auf der Stelle geöffnet und enthielt folgende außergewöhnliche und tatsächlich äußerst wichtige Mitteilung:

An Ihre Exzellenzen von Underduk und Rubadub, Präsident und Vizepräsident des Staatlichen Instituts für Astronomie zu Rotterdam.

Eure Exzellenzen erinnern sich vielleicht an einen armen Handwerker namens Hans Pfaall, von Beruf Blasebalgflikker, der mit drei anderen Männern vor etwa fünf Jahren auf eine Weise aus Rotterdam verschwand, die unerklärlich erscheinen mußte. Wenn es jedoch Euren Exzellenzen gefällt, ich, der Schreiber dieser Nachricht, bin Hans Pfaall höchstselbst. Es ist den meisten meiner Mitbürger wohlbekannt, daß ich vierzig Jahre lang bis zur Zeit meines Verschwindens das kleine, viereckige Ziegelhaus am Ende der Sauerkrautallee bewohnte. Meine Vorfahren lebten dort ebenfalls seit unvordenklichen Zeiten – sie gingen gleich mir dem angesehenen und auch einträglichen Beruf des Blasebalgflickers nach. Denn um die Wahrheit zu sagen, so konnte sich ein ehrbarer Bürger Rotterdams bis vor kurzem, als in den Köpfen der Leute noch nicht die Politik herumspukte, kein besseres Geschäft als das meine wünschen oder verdienen. Es stand in gutem Ansehen, an Beschäftigung fehlte es nie, und es mangelte nicht an Geld noch an gutem Willen. Doch wie gesagt, begannen wir schon bald die Wirkungen der Freiheit und der langen Reden sowie des Radikalismus und ähnlicher Dinge zu spüren. Leute, die vorher die besten Kunden der Welt gewesen waren, hatten nun keinen Augenblick mehr Zeit, auch nur an uns zu denken. Sie mußten soviel wie möglich über die Revolutionen lesen und mit der Weiterentwicklung des Intellekts und dem Zeitgeist Schritt halten. Mußte ein Feuer angefacht werden, so ließ sich das leicht mit einer Zeitung bewerkstelligen; und ich zweifle nicht, daß in dem Maße, in dem die Regierung an Stärke verlor, Leder und Eisen an Festigkeit zunahmen – denn schon nach kurzer Zeit gab es in ganz Rotterdam keinen einzigen Blasebalg mehr, der je einen Stich erfordert oder eines Hammerschlags bedurft hätte. Dieser Zustand ließ sich nicht lange ertragen. Ich wurde bald arm wie eine Kirchenmaus, und da ich Frau und Kinder zu versorgen hatte, wurde diese Bürde schließlich unerträglich, und ich dachte Stunde um Stunde über die geeignetste Art nach, wie ich meinem Leben ein Ende setzen könnte. Mittlerweile ließen mir drängende Gläubiger wenig Zeit zum Grübeln. Mein Haus war vom Morgen bis zum Abend buchstäblich belagert. Besonders drei Burschen quälten mich unerträglich, hielten ständig an meiner Tür Wache und drohten mir mit dem Gesetz. Ich schwor, an den dreien bitterste Rache zu üben, falls ich je so glücklich sein würde, sie in meine Gewalt zu bekommen; und ich glaube, nur die Vorfreude daran verhinderte, daß ich meinen Selbstmordplan, mir eine Kugel durch den Kopf zu jagen, sogleich in die Tat umsetzte. Ich hielt es jedoch für das beste, mir meinen Zorn nicht anmerken zu lassen und sie mit Versprechungen und schönen Worten hinzuhalten, bis sich mir durch ein günstiges Geschick eine Gelegenheit zur Vergeltung bieten würde.

Eines Tages, als ich ihnen wieder entwischt war und mich mehr denn je gedemütigt fühlte, wanderte ich lange Zeit ziellos durch die abgelegensten Straßen, bis ich schließlich zufällig gegen die Ecke eines Bücherladens stieß. Ich sah einen Stuhl für die Kunden stehen, warf mich mürrisch hinein, und ohne zu wissen, warum, schlug ich das erste Buch auf, das in Reichweite lag. Es war eine kurze Abhandlung über theoretische Astronomie, verfaßt entweder von Professor Encke aus Berlin oder von einem Franzosen ähnlichen Namens. Ich besaß einige Kenntnisse von Dingen dieser Art und vertiefte mich bald immer mehr in den Inhalt des Buches – las es sogar zweimal durch, bis ich mit erwachten Sinnen wieder wahrnahm, was um mich herum geschah. Unterdessen begann es dunkel zu werden, und ich lenkte meine Schritte heimwärts. Aber die Abhandlung hatte einen unauslöschlichen Eindruck bei mir hinterlassen, und als ich durch die dunklen Straßen nach Hause schlenderte, ließ ich mir die seltsamen und manchmal kaum verständlichen Gedankengänge des Verfassers noch einmal durch den Kopf gehen. Einige bestimmte Stellen hatten meine Phantasie auf ungewöhnliche Weise bewegt. Je länger ich über sie nachdachte, desto stärker wurde das Interesse, das sie in mir wachgerufen hatten. Meine im allgemeinen unzulängliche Bildung und insbesondere meine Unkenntnis von Dingen, die mit der Naturwissenschaft zusammenhängen, ließen mich keineswegs befürchten, das Gelesene vielleicht nicht zu verstehen oder den vielen verworrenen Vorstellungen zu mißtrauen, die in mir danach aufstiegen, sondern regten meine Phantasie nur noch mehr an; und ich war eitel genug oder vielleicht vernünftig genug zu bezweifeln, ob solche unfertigen, einem wirren Geiste entspringenden Ideen nur dem Anschein nach oder nicht doch in Wirklichkeit oft die ganze Kraft und Wahrheit und andere, dem Instinkt oder der Intuition innewohnenden Eigenschaften besitzen.

Es war schon spät, als ich nach Hause kam, und ich ging sogleich zu Bett. Mein Geist war jedoch zu sehr beschäftigt, als daß ich hätte schlafen können, und so lag ich die ganze Nacht in tiefes Nachdenken versunken. Am nächsten Morgen stand ich in aller Frühe auf und begab mich ungeduldig zu dem Bücherladen, wo ich für mein letztes Geld einige Bände über Mechanik und angewandte Astronomie erstand. Nachdem ich mit diesen sicher nach Hause zurückgekehrt war, widmete ich jeden freien Augenblick ihrem sorgfältigen Studium und erlangte bald eine solche Meisterschaft in diesen Fachgebieten, wie ich sie zur Durchführung eines bestimmten Planes für ausreichend hielt, zu dem mich entweder der Teufel oder mein besserer Genius inspiriert hatte. Während dieser Zeit versuchte ich auf jede Weise die drei Gläubiger zu beschwichtigen, die mir soviel Ärger bereitet hatten. Es gelang mir auch letzten Endes – teils, indem ich ausreichend Mobiliar verkaufte, um die Hälfte ihrer Forderungen abzuzahlen, teils durch das Versprechen, den Restbetrag nach Ausführung eines kleinen Projektes zu begleichen, das ich, wie ich ihnen sagte, plante und wozu ich sie um Beistand bat. Dadurch (denn sie waren ungebildete Menschen) hatte ich nur wenig Schwierigkeiten, sie für meine Zwecke zu gewinnen.

Nachdem ich alles soweit vorbereitet hatte, gelang es mir schließlich mit Hilfe meiner Frau und unter größter Geheimhaltung und Vorsicht, mein restliches Eigentum zu verkaufen und mir unter verschiedenen Vorwänden und (ich schäme mich, das zu sagen) ohne Rücksicht darauf, ob mir in Zukunft eine Rückerstattung möglich sein würde, eine nicht unbeträchtliche Menge Bargeld in mehreren kleinen Summen zu borgen. Mit diesen Mitteln kaufte ich mir nach und nach sehr feinen Batist, in Ballen zu je zwölf Yards das Stück; Stricke, reichlich Kautschuklack, einen großen, tiefen Weidenkorb, der auf Bestellung angefertigt worden war, sowie einige andere Gegenstände, die für den Bau und die Ausrüstung eines Ballons von ungewöhnlichen Ausmaßen notwendig waren. Ich befahl meiner Frau, diesen sobald wie möglich anzufertigen, und gab ihr alle nötigen Hinweise in bezug auf die besondere Methode ihres Vorgehens. In der Zwischenzeit flocht ich aus den Stricken ein genügend weites Netz, versah es mit einem Reif und den erforderlichen Seilen und kaufte verschiedenste Instrumente und Utensilien für Experimente in den höheren Regionen der oberen Atmosphäre. Sodann nahm ich die Gelegenheit wahr, des Nachts fünf eisenbeschlagene Fässer nach einer entlegenen Stelle im Osten Rotterdams zu schaffen, jedes Faß etwa fünfzig Gallonen fassend, und außerdem noch ein größeres; sechs entsprechend geformte Zinnröhren, drei Zoll im Durchmesser und zehn Fuß lang; eine bestimmte Menge eines *besonderen Metalls oder Halbmetalls*, das ich nicht nennen will, und ein Dutzend Korbflaschen mit einer *ganz gewöhnlichen Säure*. Das aus diesen letztgenannten Materialien gewonnene Gas hat noch niemand außer mir hergestellt – oder wenigstens ist es nie für einen ähnlichen Zweck verwendet worden. Ich kann hier nur so viel sagen, daß es sich um einen *Bestandteil des Stickstoffs* handelt, der bislang für nicht reduzierbar gehalten wurde, und daß seine Dichte ungefähr 37,4mal *geringer ist als die des Wasserstoffs*. Es ist geschmacklos, aber nicht geruchlos; brennt, wenn unvermischt, mit einer grünlichen Flamme und wirkt auf animalisches Leben sofort tödlich. Ich würde sein ganzes Geheimnis ohne weiteres preisgeben, gehörte es nicht (wie ich schon angedeutet habe) von Rechts wegen einem Bürger aus Nantz in Frankreich, der es mir unter Vorbehalt mitteilte. Ohne daß dieser Mann meine Absichten kannte, unterbreitete er mir eine Methode, wie man aus der Haut eines bestimmten Tieres einen Ballon herstellen konnte, durch die ein Entweichen von Gas so gut wie unmöglich war. Ich hielt das jedoch insgesamt für zu teuer und erachtete im großen ganzen Batist mit einem Überzug aus Gummikautschuk für ebensogut. Ich erwähne diesen Umstand, weil der besagte Mann vielleicht später einmal einen Ballonaufstieg mit dem obenerwähnten neuen Gas und Material versuchen könnte und ich ihn nicht der Ehre einer einzigartigen Erfindung berauben möchte.

An der Stelle, die ich beim Füllen des Ballons für die kleineren Fässer vorgesehen hatte, grub ich insgeheim ein kleines Loch, in der Weise, daß die Löcher einen Kreis von fünfundzwanzig Fuß Durchmesser bildeten. In der Mitte dieses Kreises, der für das große Faß bestimmten Stelle, grub ich ebenfalls ein Loch größerer Tiefe. In jedem der fünf kleineren Löcher lagerte ich einen Kanister, der fünfzig Pfund Schießpulver enthielt, und in dem größeren ein Faß mit hundertfünfzig Pfund. Das Faß und die Kanister verband ich auf geeignete Weise mit verdeckten Feuerleitungen, und nachdem ich das Ende einer etwa vier Fuß langen Lunte in einen der Kanister eingeführt hatte, bedeckte ich das Loch, stellte das Faß darauf und ließ das andere Ende der Zündschnur ungefähr einen Zoll weit kaum wahrnehmbar über das Faß herausragen. Dann füllte ich die übrigen Löcher und stellte darüber die Fässer in der ihnen bestimmten Lage.

Außer den oben aufgezählten Gegenständen schaffte ich einen von M. Grimm verbesserten Apparat zur Verdichtung der atmosphärischen Luft zum *dépôt* und verbarg ihn dort. Ich stellte jedoch fest, daß dieses Gerät noch beträchtliche Veränderung erforderte, ehe es für den von mir beabsichtigten Zweck verwendet werden konnte. Aber harte Arbeit und unermüdliche Ausdauer brachten mir schließlich vollen Erfolg bei allen meinen Vorbereitungen.

Mein Ballon war bald fertig. Er würde mehr als vierzigtausend Kubikfuß Gas enthalten, mich samt allen meinen Geräten, wie ich es einschätzte, mit Leichtigkeit aufnehmen, und, wenn ich es richtig bewerkstelligte, noch hundertfünfundsiebzig Pfund Ballast obendrein. Er hatte drei Lacküberzüge erhalten, und ich fand, daß der Batist denselben Zwecken wie Seide entsprach, ebenso haltbar und bei weitem nicht so kostspielig war.

Als alles bereit war, ließ ich meine Frau einen Eid schwören, alle meine Handlungen vom Tag des ersten Besuchs im Bücherladen an geheimzuhalten; und indem ich ihr versprach, zurückzukehren, sobald es die Umstände erlaubten, gab ich ihr das wenige mir noch verbliebene Geld und sagte ihr Lebewohl. Ich hegte ihretwegen in der Tat keinerlei Befürchtungen. Sie war, wie man so sagt, eine ordentliche Frau und würde in der Welt auch ohne meinen Beistand gut zurechtkommen. Ich glaube, um die Wahrheit zu sagen, sie hielt mich schon immer für einen Faulenzer – einen bloßen Lückenbüßer – nur dazu gut, Luftschlösser zu bauen – und war im Grunde froh, mich loszuwerden. Es war in einer dunklen Nacht, als ich ihr Lebewohl sagte, die drei Gläubiger, die mich so gequält hatten, als *aides-de-camp* mitnahm und wir den Ballon mit der Gondel und den Ausrüstungsgegenständen auf einem Umweg zu der Stelle trugen, wo die anderen Utensilien lagerten. Wir fanden alles wohlbehalten vor, und ich machte mich sofort ans Werk.

Es war der erste April. Die Nacht, wie ich schon sagte, war dunkel; kein Stern war zu sehen; und ein feiner Sprühregen, der zeitweilig einsetzte, war uns sehr lästig. Meine größte Sorge galt jedoch dem Ballon, der trotz des Lacküberzugs, durch den er geschützt war, von der Feuchtigkeit sehr schwer wurde; das Pulver konnte ebenfalls Schaden nehmen. Ich ließ daher meine drei Gläubiger mit großem Eifer Eis um das mittlere Faß zerstoßen und in den anderen Fässern die Säure umrühren. Sie hörten allerdings nicht auf, mich mit Fragen zu belästigen, was ich mit all diesen Apparaten vorhätte, und drückten ihr Mißbehagen an der ungewohnten Arbeit aus, zu der ich sie gezwungen hatte. Sie könnten nicht verstehen (so sagten sie), was dabei Gutes herauskommen sollte, wenn sie bis auf die Haut durchnäßt würden, bloß um an einer so schrecklichen Verschwörung teilzunehmen. Ich begann unruhig zu werden und arbeitete aus vollen Kräften weiter, denn ich glaube tatsächlich, die Dummköpfe nahmen an, ich hätte einen Pakt mit dem Teufel geschlossen und daß das, was ich gerade tat, kurz gesagt keineswegs besser sei, als es sein sollte. Ich fürchtete daher sehr, daß sie mich im Stich lassen würden. Doch es gelang mir, sie zu beruhigen, indem ich ihnen versprach, alle Rechnungen zu bezahlen, sobald ich diese Unternehmung zu einem Abschluß gebracht hätte. Meine Worte legten sie allerdings auf ihre Art aus, bildeten sich ohne Zweifel ein, daß ich auf alle Fälle in den Besitz ungeheurer Mengen Bargeld käme; und vorausgesetzt, ich zahlte ihnen alle meine Schulden zurück und noch etwas mehr in Anbetracht ihrer Hilfe, so wage ich zu behaupten, daß sie sich nur wenig darum scherten, was aus meiner Seele oder meinem Leichnam würde.

Etwa viereinhalb Stunden später fand ich, daß der Ballon genügend gefüllt war. Ich befestigte also die Gondel und brachte meine sämtlichen Apparate in ihr unter: – ein Teleskop; ein Barometer mit einigen wichtigen Abänderungen; ein Thermometer; ein Elektrometer; einen Kompaß; eine Magnetnadel; eine Uhr mit Sekundenzeiger; eine Glocke; ein Megaphon, etc., etc., etc.; des weiteren eine luftleer gepumpte und sorgfältig mit einem Pfropfen verschlossene Glaskugel – nicht zu vergessen den Kondensator, etwas ungelöschten Kalk, ein Stück Siegelwachs; reichlichen Wasservorrat und eine große Menge Proviant, wie Pemmikan, in dem viel Nährwert in verhältnismäßig wenig Masse enthalten ist. In der Gondel brachte ich auch ein Taubenpärchen und eine Katze unter.

Der neue Tag dämmerte schon, und es wurde höchste Zeit für meinen Aufbruch. Wie zufällig ließ ich eine brennende Zigarre zu Boden fallen, und als ich mich bückte, sie aufzuheben, ergriff ich die Gelegenheit, insgeheim ein

Stück Lunte anzuzünden, deren Ende, wie bereits erwähnt, ein wenig über den unteren Rand eines der kleineren Fässer ragte. Kein einziger meiner drei Gläubiger bemerkte dieses Manöver; und in die Gondel springend, zerschnitt ich sogleich die einzige Schnur, die mich noch an der Erde festhielt, und stellte voll Freude fest, daß ich mit unvorstellbarer Geschwindigkeit emporschoß, mit Leichtigkeit hundertfünfundsiebzig Pfund schweren Ballast mitführte und in der Lage gewesen wäre, noch einmal soviel mitzunehmen. Als ich die Erde verließ, stand das Barometer bei dreißig Zoll und das Thermometer bei 19 °C.

Doch kaum hatte ich eine Höhe von fünfzig Yards erreicht, als plötzlich eine so dicke Sturmwolke aus Feuer und Sand, brennendem Holz und glühendem Metall und verstümmelten Gliedern mit schrecklich wildem Donnern und Dröhnen hinter mir aufkam, daß mir das Herz im Leibe sank und ich vor Angst zitternd auf den Boden der Gondel stürzte. Nun bemerkte ich erst, daß ich mit dieser Sache zu weit gegangen war und daß die Hauptfolgen der Explosion noch bevorstanden. So spürte ich schon nach kaum einer Sekunde, wie mir alles Blut zu Kopfe stieg, und unmittelbar darauf wurde die Dunkelheit jählings von einem Knall zerrissen, den ich mein Lebtag nicht vergessen werde und der das ganze Firmament auseinanderzusprengen schien. Als ich später Zeit zum Nachdenken hatte, versäumte ich nicht, die ungestüme Heftigkeit der Explosion, die ich verspürt hatte, auf ihre wahre Ursache zurückzuführen, nämlich daß ich mich genau über ihr befand und ihrer größten Wucht ausgesetzt war. Doch im gegenwärtigen Augenblick dachte ich nur daran, mein Leben zu retten. Der Ballon fiel zuerst in sich zusammen, dann dehnte er sich heftig aus, wirbelte mit schwindelerregendem Tempo im Kreise herum und schleuderte mich schließlich, taumelnd und schwankend wie ein Betrunkener, über den Rand der Gondel und ließ mich in schrecklicher Höhe mit dem Kopf nach unten und dem Gesicht nach außen an einem etwa drei Fuß langen, dünnen Stück Seil baumeln, das zufällig aus einem Spalt nahe dem Boden des Flechtwerkes hing und in dem ich mich während des Falls glücklicherweise mit meinem linken Fuß verfing. Es ist unmöglich – ganz unmöglich –, sich von meiner entsetzlichen Lage eine richtige Vorstellung zu machen. Ich schnappte krampfhaft nach Luft – ein Schauder, der einem Anfall von Schüttelfrost glich, ließ jeden Nerv und Muskel erzittern – ich fühlte meine Augen aus den Höhlen treten – schreckliche Übelkeit überkam mich – und schließlich verlor ich in einem Schwächeanfall das Bewußtsein.

Wie lange ich in diesem Zustand blieb, kann ich nicht sagen. Es muß jedoch eine beträchtliche Zeit gewesen sein, denn als ich langsam wieder zu Bewußtsein kam, sah ich, daß der Tag angebrochen war, der Ballon sich in ungeheurer Höhe über einem riesigen Ozean befand und bis zum fernen Horizont hin weit und breit keine Spur Land zu entdecken war. Doch während ich so das Bewußtsein wiedererlangte, empfand ich keinesfalls jene Angst, wie man sie hätte erwarten können. In der Tat grenzte die Ruhe, mit der ich mir einen Überblick über meine Lage verschaffte, wohl schon an Wahnsinn. Ich hielt erst die eine und dann die andere Hand vor die Augen und wunderte mich, wie es kam, daß meine Adern so angeschwollen und die Fingernägel so schrecklich schwarz geworden waren. Danach untersuchte ich sorgfältig meinen Kopf, schüttelte ihn mehrmals und betastete ihn mit peinlicher Genauigkeit, bis ich mich hinlänglich davon überzeugt hatte, daß er nicht größer als mein Ballon war, wie ich beinahe vermutet hatte. Dann langte ich besorgt in meine beiden Hosentaschen, und da ich einen Notizblock und eine Schachtel mit Zahnstochern vermißte, suchte ich deren Verschwinden zu erklären, und als mir dies nicht gelang, war ich äußerst verärgert. Jetzt fiel mir auf, daß ich in meinem linken Fußgelenk großen Schmerz verspürte, und eine dunkle Ahnung meiner Lage begann in mir aufzudämmern. Aber wie seltsam! Ich war weder verwundert noch von Angst gepackt. Wenn ich überhaupt irgend etwas empfand, dann eine Art stiller Genugtuung über die Klugheit, mit der ich mich aus dieser mißlichen Lage befreien wollte, und ich zweifelte keinen

Augenblick an meiner endgültigen Rettung. Einige Minuten lang dachte ich angestrengt nach. Ich entsinne mich
deutlich, daß ich wiederholt die Lippen zusammenpreßte,
den Zeigefinger an die Nasenseite legte und andere Gesten
und Gebärden machte, wie man sie bei Leuten sieht,
die bequem in ihrem Armsessel über schwierige oder wichtige Probleme grübeln. Als ich meine Gedanken wieder genügend gesammelt zu haben meinte, griff ich mit größter
Vorsicht und Behutsamkeit mit den Händen auf den Rükken und löste die große Eisenschnalle an meinem Hosen-
bund. Diese Schnalle hatte drei Zinken, die etwas rostig
waren und sich nur schwer auf ihrer Achse drehten. Mit einiger Mühe brachte ich sie jedoch in einen rechten Winkel
zum Rahmen der Schnalle und freute mich, daß sie in dieser Lage fest blieben. Das so erhaltene Instrument hielt ich
mit den Zähnen und begann meinen Krawattenknoten zu
lösen. Ich mußte mehrmals innehalten, ehe ich diese Arbeit
vollenden konnte, aber es gelang mir schließlich doch. An
einem Ende der Krawatte befestigte ich danach die
Schnalle, und das andere Ende band ich mir der größeren
Sicherheit halber fest um das Handgelenk. Sodann zog ich
mich mit größter Kraft hoch und konnte gleich beim ersten Versuch die Schnalle über die Gondel werfen, so daß
sie sich, wie ich vorausgesehen hatte, in dem runden Reifen
des Weidengeflechts verfing.

Mein Körper neigte sich nun in einem Winkel von annähernd fünfundvierzig Grad zur Gondelseite; dies ist jedoch
nicht so zu verstehen, daß ich nur fünfundvierzig Grad unter der Lotrechten gewesen wäre. Mitnichten. Ich lag noch
immer nahezu auf gleicher Ebene mit dem Horizont; denn
der Lagewechsel hatte den Boden der Gondel weit von mir
weggedrängt, was eine äußerst bedrohliche Gefahr bedeutete. Man sollte sich jedoch an meinen ersten Sturz aus der
Gondel erinnern. Wäre ich statt mit nach außen gewand-
tem Gesicht, wie es tatsächlich war, mit dem Gesicht zum
Ballon gefallen oder hätte das Seil, an dem ich hing, zufällig über dem oberen Rand gehangen und nicht durch den
Spalt nahe dem Gondelboden – so läßt sich wohl leicht

vorstellen, daß es mir in beiden Fällen nicht möglich gewesen wäre, auch nur soviel zu vollbringen, wie ich bis jetzt vollbracht hatte, und die jetzt gemachten Entdeckungen wären der Nachwelt vollkommen verlorengegangen. Ich hatte daher allen Grund, dankbar zu sein; obgleich ich wahrhaftig noch viel zu benommen war, um irgend etwas zu empfinden, und vielleicht eine Viertelstunde auf diese ungewöhnliche Art hing, ohne die geringste Anstrengung zu unternehmen und mich einem ungewöhnlich ruhigen Zustand stupider Freude überließ. Aber dieses Gefühl währte nicht lange, und es folgten Angst und Entsetzen und das Gefühl äußerster Hilflosigkeit und eines schlimmen Endes. In der Tat begann nun das so lange in den Gefäßen des Kopfes und Halses angestaute Blut, das meinen Geist bisher im Delirium aufrechterhalten hatte, wieder in seine richtigen Bahnen zurückzufließen, und die Klarheit, mit der ich die Gefahr erkannte, diente nur dazu, mich der Fassung zu berauben und des Mutes, ihr die Stirn zu bieten. Aber diese Schwäche dauerte zum Glück nicht lange. Gerade zur rechten Zeit kam mir der Mut der Verzweiflung zu Hilfe, und mit wildem Geschrei und äußerster Anstrengung zog ich mich ruckartig nach oben, bis ich mich schließlich mit einem schraubstockähnlichen Griff an den langersehnten Rand klammerte, mich darüber hinwegwand und kopfüber zitternd in die Gondel fiel.

Erst einige Zeit später hatte ich mich wieder ausreichend erholt, um mich mit dem Ballon zu befassen. Dann jedoch prüfte ich ihn sorgfältig und fand ihn zu meiner großen Erleichterung unbeschädigt. Meine Geräte waren sämtlich in Ordnung, und glücklicherweise hatte ich weder Ballast noch Proviant verloren. Ich hatte aber auch alles so gut abgesichert, daß nichts dergleichen passieren konnte. Als ich auf meine Uhr blickte, sah ich, daß es sechs war. Ich stieg noch immer mit großer Geschwindigkeit, und das Barometer zeigte eine Höhe von dreiunddreiviertel Meilen. Unmittelbar unter mir schwamm ein kleiner schwarzer Gegenstand auf dem Ozean, der Form nach ein wenig länglich, allem Anschein nach von der Größe eines Dominosteins, und in jeder Hinsicht von beachtlicher Ähnlichkeit mit jenem Spielstein. Als ich mein Fernrohr darauf richtete, sah ich deutlich, daß es ein britisches Vierundneunzig-Kanonenschiff war, das dicht am Wind mit dem Bug nach westsüdwestlicher Richtung schwer durch die See stampfte. Außer diesem Schiff sah ich nichts als den Ozean und den Himmel und die Sonne, die schon lange aufgegangen war.

Es wird nun höchste Zeit, daß ich Euren Exzellenzen das Ziel meiner Reise erläutere. Eure Exzellenzen werden sich entsinnen, daß meine Notlage in Rotterdam mich schließlich zu dem Entschluß getrieben hatte, Selbstmord zu begehen. Nicht daß ich das Leben gänzlich verabscheut hätte, aber ich wurde durch die Begleitumstände meiner Lage unerträglich gequält. In dieser Verfassung, in der ich zwar zu leben wünschte, aber doch des Lebens überdrüssig war, bot die Abhandlung aus dem Buchladen im Verein mit der gerade im passenden Moment erfolgten Entdeckung meines Vetters aus Nantz meiner Phantasie eine Zuflucht. Ich faßte endlich einen Entschluß. Ich beschloß, aus dem Leben zu scheiden, aber zu leben – die Welt zu verlassen, doch weiterhin zu existieren – kurz, um nicht in Rätseln zu sprechen, ich beschloß, wenn ich konnte, mir einen Weg *zum Mond* zu erzwingen, ganz gleich, was auch folgen würde. Damit man mich nun aber nicht für verrückter hält, als ich wirklich bin, möchte ich, so gut es geht, auf die Überlegungen eingehen, die mich zu dem Glauben bewogen, daß ein solches Unternehmen zweifellos schwierig und voller Gefahr sei, aber für einen kühnen Geist doch nicht völlig außerhalb der Grenzen des Möglichen liege.

Als erstes befaßte ich mich mit der tatsächlichen Entfernung des Mondes von der Erde. Die mittlere oder durchschnittliche Entfernung zwischen den *Zentren* der zwei Planeten beträgt 59,9643mal den Äquatorialradius der Erde oder einfach etwa 237000 Meilen. Ich sage, die mittlere oder durchschnittliche Entfernung; man muß sich jedoch vergegenwärtigen, daß die Mondbahn der Form nach eine Ellipse ist, deren Exzentrizität nicht weniger als 0,05484 der großen Halbachse der Ellipse selbst beträgt und das Erdzentrum in ihrem Mittelpunkt liegt. Wenn ich es nun auf irgendeine Weise zustande brächte, auf den Mond zur Zeit seines Perigäums zu gelangen, so würde sich die erwähnte Entfernung wesentlich verringern. Aber ohne weiter auf diese Möglichkeit einzugehen, stand doch ganz sicher fest, daß ich auf alle Fälle von den 237 000 Meilen den Erd-*radius*, also etwa 4 000 Meilen, abziehen mußte sowie den Mondradius, also etwa 1 080 Meilen, insgesamt also 5 080 Meilen, so daß eine durchschnittliche Entfernung von 231 920 Meilen zu überwinden blieb. Dies war nun, so überlegte ich mir, keine ungewöhnlich große Entfernung. Reisen auf dem Land sind schon wiederholt mit einer Geschwindigkeit von sechzig Meilen in der Stunde durchgeführt worden, und man darf sogar noch größere Geschwindigkeiten erwarten. Aber selbst bei dieser Geschwindigkeit würde ich nicht mehr als 161 Tage brauchen, um die Mondoberfläche zu erreichen. Es gab jedoch eine Reihe besonderer Umstände, die mich glauben machten, daß meine durchschnittliche Reisegeschwindigkeit sehr wahrscheinlich bei weitem höher als sechzig Meilen in der Stunde sein würde, und da diese Überlegungen ihren tiefen Eindruck auf mich nicht verfehlten, möchte ich später noch einmal ausführlich darauf eingehen.

Der nächste Punkt, den es zu beachten galt, war von viel größerer Wichtigkeit. Aus den Barometerwerten läßt sich schließen, daß beim Aufstieg von der Erdoberfläche zu einer Höhe von 1 000 Fuß etwa ein Dreißigstel der gesamten Masse der atmosphärischen Luft unter uns bleibt, bei 10 600 Fuß schon beinahe ein Drittel; und daß wir bei 18 000 Fuß, was fast der Höhe des Cotopaxi entspricht, eine Hälfte der wesentlichen oder auf alle Fälle eine Hälfte der *wägbaren* Luftmassen, die unsere Erdkugel umhüllen, überstiegen haben. Es ist auch berechnet worden, daß in einer Höhe, die den hundertsten Teil des Erddurchmessers nicht überschreitet – das heißt, nicht mehr als achtzig Meilen –, die Luft so dünn ist, daß animalisches Leben auf keine Weise erhalten werden kann und daß weiterhin die feinsten uns zur Verfügung stehenden Mittel zur Bestimmung des Vorhandenseins von Atmosphäre ungeeignet wären, um uns von ihrer Gegenwart zu überzeugen. Aber ich stellte auch fest, daß diese Berechnungen alle auf unserem experimentellen Wissen von den Eigenschaften der Luft und den Gesetzen der Mechanik beruhen, die ihre Ausdehnung und Verdichtung in der, um vergleichsweise zu sprechen, *unmittelbaren Umgebung* der Erde selbst regulieren; und gleichzeitig nimmt man als erwiesen an, daß animalisches Leben in jeder unerreichbaren Entfernung von der Erdoberfläche im wesentlichen *der Veränderung unfähig* sei und sein müsse. Nun sind derartige Schlußfolgerungen, und noch dazu von solchen *Angaben,* zwangsläufig einfach analog. Die je von einem Menschen bezwungene größte Höhe betrug 25 000 Fuß, sie wurde während der Luftschiffexpedition der Messieurs Gay-Lussac und Biot erreicht. Das ist eine bescheidene Höhe, selbst wenn man sie mit den bewußten achtzig Meilen vergleicht; und ich mußte notgedrungen feststellen, daß der Gegenstand Raum für Zweifel und Platz für Spekulation bot.

Es steht jedoch fest, daß bei einem Aufstieg in jede gegebene Höhe die wägbare Quantität der Luft bei *weiterem* Aufsteigen sich keinesfalls proportional zur zusätzlichen Höhe verhält (wie aus dem oben Erwähnten eindeutig hervorgeht), sondern in einem sich ständig verringernden Verhältnis. Es ist daher ganz klar, daß wir bei einem Aufstieg, gleich bis zu welcher Höhe, buchstäblich gesprochen nie eine Grenze erreichen werden, über der keine Luft mehr anzutreffen ist. Es *muß* sie geben, folgerte ich, wenn *vielleicht* auch nur in einem Zustand unendlicher Verdünnung.

Andererseits war ich mir darüber klar, daß es nicht an Argumenten fehlte, mit denen die Existenz einer tatsächlich vorhandenen, bestimmten Grenze für die Atmosphäre bewiesen wurde, über die hinaus es absolut keine Luft mehr gibt. Aber ein von den Verfechtern einer solchen Grenze nicht beachteter Umstand schien mir zwar keine sichere Widerlegung ihrer Annahme, jedoch ein Punkt zu sein, der einer sehr ernsten Überprüfung wert wäre. Wenn man nach genauester Berechnung aller durch die Anziehungskraft der Planeten verursachten Störungen die zeitlichen Abstände des Erscheinens des Encke-Kometen in seinem Perihelium vergleicht, scheint es, daß die Umlaufzeiten allmählich kürzer werden; das heißt, daß die Hauptachse der Kometenellipse langsam, aber durchaus regelmäßig kürzer wird. Dies ist nun aber genau der Fall, wenn man einen Widerstand annimmt, der sich dem Kometen in Form eines äußerst *seltenen ätherischen Mediums* entgegenstellt, das den Bereich seiner Umlaufbahn durchdringt. Denn es ist vollkommen klar, daß ein solches Medium durch Verzögerung der Geschwindigkeit des Kometen dessen Zentripetalkraft vergrößert und seine Zentrifugalkraft schwächt. Mit anderen Worten, die Anziehungskraft der Sonne würde ständig stärker werden und der Komet sich ihr mit jeder Umdrehung nähern. Es gibt tatsächlich keine andere Möglichkeit, die bewußte Abweichung von der Umlaufbahn zu erklären. Also noch einmal: Es wird festgestellt, daß sich der wirkliche Durchmesser der Nebelhülle des Kometen rasch verringert, wenn dieser sich der Sonne nähert und mit gleicher Geschwindigkeit beim Rücklauf zu seinem Aphelium größer wird. War ich daher wie M. Valz nicht zu der Vermutung berechtigt, daß diese offensichtliche Volumenverdichtung ihren Ursprung in der Kompression des gleichen ätherischen Mediums hat, das ich eben erwähnte und das nur im Verhältnis zu seiner Sonnennähe dichter ist? Jenes lentikular gebildete Phänomen, das auch Zodiakallicht genannt wird, erforderte zu Recht Aufmerksamkeit. Diese so häufig in den Tropen sichtbare Strahlung, die man nicht für einen Meteoritenschein halten kann, zieht sich schräg vom Horizont aufwärts und folgt allgemein der Richtung des Sonnenäquators. Sie schien mir eine seltene Lufthülle zu sein, die von der Sonne ihren Ausgang nimmt und sich mindestens bis über die Venusbahn hinaus und, wie ich glaubte, noch unendlich weiter erstreckt.[1] Ich hielt sogar dieses Medium

1 Das Zodiakallicht ist wahrscheinlich jene Erscheinung, die von den alten Schriftstellern ›Trabes‹ genannt wird. *Emicant Trabes quos docos vocant.* – Plinius, 2. Buch, S. 26

nicht nur auf die Ellipsenbahn des Kometen oder auf die unmittelbare Sonnenumgebung begrenzt. Man konnte sich im Gegenteil leicht vorstellen, daß es alle Regionen unseres Planetensystems durchdrang, verdichtet zu dem, was wir bei den Planeten Atmosphäre nennen und was vielleicht bei einigen von ihnen aus rein geologischen Gründen modifiziert ist, das heißt, durch verflüchtigte Materie des jeweiligen Planeten in seiner Beschaffenheit modifiziert oder verändert.

Nachdem ich zu dieser Ansicht gekommen war, hatte ich kaum noch Bedenken. Da ich annahm, daß ich auf meiner Reise im *wesentlichen* dieselbe Luft vorfände wie auf der Erde, hielt ich es für leicht möglich, sie mit Hilfe des sehr sinnreichen Apparates von M. Grimm in ausreichender Menge zum Atmen zu verdichten. Damit wäre das Haupthindernis einer Reise zum Mond beseitigt. Ich hatte wirklich eine Menge Geld und viel Mühe aufgewendet, um den Apparat dem beabsichtigten Zweck anzupassen, und setzte mein ganzes Vertrauen in seine erfolgreiche Anwendung, falls es mir gelänge, die Reise innerhalb eines angemessenen Zeitraums zu beenden. Damit komme ich wieder auf die *Geschwindigkeit* zu sprechen, mit der man eine solche Fahrt unternehmen könnte.

Es ist allgemein bekannt, daß ein Ballon im ersten Stadium des Aufstiegs von der Erde verhältnismäßig langsam emporsteigt. Mit Sicherheit hängt das Emporsteigen vor allem von der höheren Gravitation der atmosphärischen Luft ab, verglichen mit dem Gas im Ballon; und auf den ersten Blick scheint es unwahrscheinlich, daß der Ballon, wenn er an Höhe gewinnt und folglich rasch dünner werdende Luft*schichten* durchdringt − also, es scheint überhaupt nicht denkbar, daß die Anfangsgeschwindigkeit beschleunigt werden könnte. Andererseits war mir nicht bekannt, daß in irgendeinem Bericht über einen Ballonaufstieg eine *Verringerung* der absoluten Aufstiegsgeschwindigkeit nachgewiesen werden konnte; obgleich dies der Fall hätte sein müssen, wenn auch nur infolge des Entweichens von Gas durch schlecht konstruierte Ballons, die mit keinem besseren Material als gewöhnlichem Lack überzogen waren. Ein solches Entweichen schien daher allein schon zu genügen, um die Wirkung der Beschleunigung auszugleichen, welche durch die Verringerung der Entfernung des Ballons vom Gravitationszentrum erlangt wurde. Vorausgesetzt, ich stieß auf meiner Reise auf das *Medium*, das ich mir vorgestellt hatte, und es erwies sich in *beträchtlichem* Maße als das, was wir als atmosphärische Luft bezeichnen, so machte es meiner Meinung nach verhältnismäßig wenig aus, in welchem extrem verdünnten Zustand ich es vorfände – das heißt, im Hinblick auf meine Aufstiegskraft –, denn das Gas im Ballon würde nicht nur selbst einer Verdünnung unterworfen sein (in Übereinstimmung damit konnte ich nur soviel entweichen lassen, wie zur Verhinderung einer Explosion nötig wäre), sondern *da es sich nun einmal so verhielt*, würde es auf alle Fälle auch weiterhin spezifisch leichter als jede Mischung aus reinem Stickstoff und Sauerstoff sein. Es bestand also die Möglichkeit – ja die große Wahrscheinlichkeit –, daß *ich in keinem Stadium meines Aufstiegs an einen Punkt gelangen dürfte, an welchem die gesamte Masse meines riesigen Ballons, des darin enthaltenen unvorstellbar leichten Gases, der Gondel und ihres Inhalts, gleich der Masse der verdrängten Atmosphäre sein dürfte*; und dies wäre denn, wie leicht zu erkennen ist, der einzige Umstand, der meinen Aufwärtsflug aufhalten könnte. Doch selbst wenn diese Situation eintreten sollte, könnte ich mich von fast dreihundert Pfund Ballast und anderem Gewicht befreien. In der Zwischenzeit nähme die Schwerkraft im Verhältnis zur Entfernung konstant ab, und so erreichte ich schließlich mit einer erstaunlich beschleunigten Geschwindigkeit jene fernen Regionen, wo die Anziehungskraft des Mondes stärker wäre als die der Erde. Auf Grund dieser Überlegungen hielt ich es nicht für nötig, mich mit mehr Vorräten einzudecken, als für einen Zeitraum von vierzig Tagen erforderlich waren.

Es gab jedoch noch eine andere Schwierigkeit, die mir einige Sorgen bereitete. Man hat festgestellt, daß bei Ballonflügen in beträchtliche Höhen außer Atembeschwerden auch starke Kopf- und Körperschmerzen auftreten, häufig

von Nasenbluten und anderen beunruhigenden Sympto-
men begleitet, die mit zunehmender Höhe immer lästiger
werden.[1]

Das war eine etwas beunruhigende Überlegung. Wäre
es nicht möglich, daß diese Symptome sich verstärkten, bis ihnen der Tod ein Ende setzte? Ich hielt das
schließlich nicht für möglich. Ihre Ursache lag in der ständigen Abnahme des *normalen* Luftdrucks auf die Oberfläche des Körpers und der folgenden Erweiterung der unter
der Haut liegenden Blutgefäße – nicht in einer völligen
Zerrüttung des Organismus, wie im Falle der Atemnot, wo
die Luftdichte *chemisch unzureichend* für die notwendige Erneuerung des Blutes in einer Herzkammer ist. Abgesehen
von diesem Mangel der Bluterneuerung konnte ich daher
keinen Grund erkennen, warum das Leben nicht sogar in
einem *Vakuum* aufrechterhalten werden könnte; denn das
Ausdehnen und Zusammenziehen des Brustkorbs, gewöhnlich Atmen genannt, ist reine Muskelarbeit und die *Ursache*, nicht aber die *Wirkung* der Atmung. Kurz gesagt, ich
nahm an, daß in dem Maße, in dem der Körper sich an
den schwachen atmosphärischen Druck gewöhnte, die
Schmerzempfindungen allmählich nachließen – und was
ihr Ertragen anbelangte, so verließ ich mich voll Vertrauen
auf meine eiserne Konstitution.

So es Euren Exzellenzen beliebt, habe ich einige, wenngleich keinesfalls alle Erwägungen detailliert angeführt, die
mich dazu bewogen, das Projekt einer Mondreise zu planen. Ich will nun fortfahren, Ihnen das Resultat eines Unternehmens darzulegen, das auf einer so auffallend kühnen
Konzeption beruht und in den Annalen der Menschheit
ohne Beispiel ist.

Nachdem ich die vorhin erwähnte Höhe erreicht hatte –

1 Seit dem ersten Erscheinen des ›Hans Pfaall‹ habe ich festgestellt, daß Mr. Green von der berühmten Nassauer Ballongesell-
schaft und andere ehemalige Luftschiffer die diesbezüglichen Behauptungen Humboldts anzweifeln und von *geringer werdenden*
Beschwerden sprechen – ganz in Übereinstimmung mit der hier
vorgebrachten Theorie.

das heißt dreidreiviertel Meilen –, warf ich eine Anzahl Federn aus der Gondel und stellte fest, daß ich noch immer mit ausreichender Geschwindigkeit stieg; es bestand daher keine Notwendigkeit, Ballast abzuwerfen. Ich freute mich darüber, denn ich wollte soviel Gewicht behalten, wie der Ballon tragen konnte, und zwar aus dem einfachen Grund, daß ich mir weder betreffs der Gravitation noch des Luftdrucks auf dem Mond *sicher* sein konnte. Ich hatte noch immer keinerlei Beschwerden, atmete frei und verspürte keine Kopfschmerzen. Die Katze lag seelenruhig auf meinem Rock, den ich ausgezogen hatte, und betrachtete mit einem Ausdruck von *Gleichgültigkeit* die Tauben. Diese waren an den Füßen zusammengebunden, um ihr Wegfliegen zu verhindern, und eifrig damit beschäftigt, ein paar Reiskörner aufzupicken, die ich am Boden der Gondel für sie ausgestreut hatte.

Zwanzig Minuten nach sechs Uhr zeigte das Barometer eine Höhe von 26 400 Fuß an oder, bis auf einen Bruchteil, fünf Meilen. Der Ausblick schien unbegrenzt. Es läßt sich tatsächlich mittels sphärischer Geometrie ohne Mühe berechnen, welch großes Ausmaß der Erdoberfläche ich erblickte. Die konvexe Oberfläche eines Kugelabschnitts verhält sich zur gesamten Oberfläche der Kugel wie der Sinusversus des Abschnitts zum Kugeldurchmesser. In meinem Fall nun war der Sinusversus – das heißt die *Dicke* des Abschnitts unter mir – ungefähr gleich meiner Höhe oder der Höhe des Augenpunktes über der Oberfläche. ›Wie fünf Meilen zu achttausend‹ würde ich den von mir erblickten Teil der Erdfläche bezeichnen. Mit anderen Worten, ich schaute auf ein Sechzehnhundertstel der gesamten Erdoberfläche. Das Meer schien spiegelglatt zu sein, obwohl ich durch das Fernrohr bemerken konnte, daß es heftig wogte. Das Schiff war nicht mehr zu sehen, da es wahrscheinlich nach Osten weitergesegelt war. Ich litt nun von Zeit zu Zeit an starken Kopfschmerzen, besonders nahe den Ohren, doch konnte ich noch immer leidlich gut atmen. Die Tauben und die Katze schienen keinerlei Unpäßlichkeit zu verspüren.

Zwanzig Minuten vor sieben geriet der Ballon in eine dichte Wolkengruppe, die mir nicht geringe Ungelegenheiten bereitete, weil sie meinen Kondensator beschädigte und mich bis auf die Haut durchnäßte; dies war sicherlich ein eigenartiges *rencontre*, denn ich hatte in einer so großen Höhe keine derartige Wolke erwartet. Ich hielt es jedoch für das beste, zwei Säcke mit je fünf Pfund Ballast abzuwerfen, wobei mir noch immer hundertfünfundsechzig Pfund blieben. Dadurch überwand ich die Schwierigkeit, und ich bemerkte sogleich, daß sich meine Aufstiegsgeschwindigkeit sehr beschleunigt hatte. Wenige Sekunden nach meinem Auftauchen aus der Wolke durchschoß sie plötzlich ein greller Blitz von einem Ende zum anderen und ließ sie über und über gleich einem riesigen Feuerball aufflammen. Man muß sich vergegenwärtigen, daß dies am hellen Tag geschah. Keine Vorstellungskraft kann sich die Großartigkeit ausmalen, die ein ähnliches Phänomen mitten im Dunkel der Nacht bewirkt hätte. Nur die Hölle wäre ein passendes Bild dafür. Doch selbst wie ich es jetzt sah, standen mir die Haare zu Berge, während ich weit in die gähnenden Abgründe starrte, meine Phantasie hinabsteigen ließ, um durch die bizarr gewölbten Hallen, die flammendroten Schlünde und glühendheißen Lohen dieser grausigen, unergründlich tiefen Feuersbrunst zu schweifen. Ich war wirklich nur mit Mühe und Not entkommen. Wäre der Ballon nur ein wenig länger in der Wolke geblieben – das heißt, hätte mich nicht die lästige Nässe dazu bewogen, Ballast abzuwerfen –, so wäre mein Untergang die mögliche und wahrscheinliche Folge gewesen. Solche Gefahren, wenn auch wenig beachtet, sind vielleicht die bedrohlichsten, mit denen man bei einem Ballonflug rechnen muß. Doch ich hatte nun schon eine zu große Höhe erreicht, um mir darüber noch Sorgen zu machen.

Ich stieg jetzt sehr schnell höher, und um sieben Uhr zeigte das Barometer eine Höhe von nicht weniger als neuneinhalb Meilen. Allmählich fiel mir das Atemholen immer schwerer. Auch schmerzte mein Kopf stark, und seit einiger Zeit fühlte ich Feuchtigkeit auf meinen Wangen und merkte schließlich, daß es Blut war, das ziemlich schnell aus dem Trommelfell meiner Ohren sickerte. Mit den Augen hatte ich ebenfalls große Beschwerden. Als ich mit der Hand über sie fuhr, schienen sie ziemlich stark aus ihren Höhlen hervorzuquellen, und ich konnte alle Gegenstände in der Gondel und sogar den Ballon selbst nur verzerrt sehen. Dies waren weit mehr Symptome, als ich erwartet hatte, und sie machten mir Angst. Ich warf daher in diesem kritischen Augenblick sehr unvorsichtigerweise und ohne jede Überlegung drei Säcke mit je fünf Pfund Ballast aus der Gondel. Die dadurch bewirkte schnellere Aufstiegsgeschwindigkeit brachte mich zu rasch und ohne ausreichenden Übergang in eine äußerst dünne Luftschicht, was sich beinahe als überaus gefährlich für mein Unternehmen und für mich selbst erwiesen hätte. Ich wurde plötzlich von einem Krampf gepackt, der über fünf Minuten anhielt, und selbst als er sich wieder einigermaßen gelegt hatte, konnte ich erst nach langen Pausen Atem bekommen, und das auch nur schwer keuchend – während ich die ganze Zeit aus Nase und Ohren und sogar leicht aus den Augen blutete. Die Tauben schienen in größter Unruhe zu sein und suchten zu entkommen, während die Katze kläglich miaute und wie nach einer Vergiftung mit heraushängender Zunge in der Gondel hin und her schwankte. Ich erkannte nun zu spät, daß ich eine große Unbesonnenheit begangen hatte, als ich den Ballast abwarf, und ich geriet in größte Erregung. Ich erwartete nichts Geringeres als den Tod, und zwar den Tod schon in wenigen Minuten. Die körperlichen Leiden, die ich erduldete, trugen ebenfalls dazu bei, daß ich keinerlei Anstrengung zur Erhaltung meines Lebens unternehmen konnte. Mir war fast keine Kraft mehr zum Überlegen geblieben, und meine heftigen Kopfschmerzen schienen immer stärker zu werden. So erkannte ich, daß mir die Sinne bald ganz und gar schwinden würden, und ich hatte schon eines der Ventilseile umklammert, um einen Abstieg zu wagen, als mich die Erinnerung an den Streich, den ich meinen drei Gläubigern gespielt hatte, und seine möglichen Folgen für mich, falls ich zurückkehrte, augenblicklich davon abhielten. Ich legte mich auf den Boden der Gondel und bemühte mich, meine Kräfte zu sammeln. Damit hatte ich insofern Erfolg, als ich wenigstens den Entschluß faßte, einen Aderlaß zu versuchen. Da ich jedoch keine Lanzette besaß, mußte ich den Eingriff so gut wie möglich bewerkstelligen, und es gelang mir schließlich, mit der Schneide meines Taschenmessers eine Ader im linken Arm zu öffnen. Kaum hatte das Blut begonnen herauszusickern, als ich schon eine fühlbare Erleichterung verspürte, und als ich die Hälfte einer mittelgroßen Schale verloren hatte, waren die schlimmsten Symptome völlig zurückgegangen. Ich hielt es aber trotzdem nicht für angebracht zu versuchen, sofort aufzustehen; sondern blieb – nachdem ich meinen Arm, so gut ich konnte, hochgebunden hatte – noch etwa eine Viertelstunde liegen. Danach erhob ich mich und war vollkommen von den *Schmerzen* befreit, die ich während der letzten eineinviertel Stunde meines Aufstiegs hatte ertragen müssen. Die Atembeschwerden waren allerdings nur unwesentlich zurückgegangen, und ich stellte fest, daß ich bald gezwungen sein würde, den Kondensator zu benutzen. Unterdessen blickte ich auf die Katze, die sich wieder träge in meinem Überrock kuschelte, und entdeckte zu meinem großen Erstaunen, daß sie die Gelegenheit meiner Unpäßlichkeit dazu benutzt hatte, einen Wurf von drei kleinen Kätzchen zu gebären. Diese Vergrößerung der Passagierzahl hatte ich keinesfalls erwartet, doch ich freute mich über das Ereignis. Dadurch war es mir vielleicht möglich, die Richtigkeit einer Vermutung zu überprüfen, die mich mehr als alles andere bewogen hatte, diesen Aufstieg zu versuchen. Ich war nämlich der Ansicht, daß die *ständige* Luftdruckeinwirkung auf die Erdoberfläche die mögliche Ursache des Schmerzes sei, der die Lebewesen in einer bestimmten Höhe über der Erdoberfläche heimsucht. Sollten die Kätzchen *in gleichem Maße wie ihre Mutter* Unbehagen leiden, so wäre meine Theorie fehlerhaft. Falls es sich aber nicht so verhielt, würde ich es als unwiderlegbare Bestätigung meiner Ansicht halten.

Gegen acht Uhr hatte ich eine Höhe von siebzehn Meilen über der Erdoberfläche erreicht. Damit schien es mir offensichtlich, daß meine Aufstiegsgeschwindigkeit nicht nur zunahm, sondern daß auch eine geringe Beschleunigung zu verzeichnen gewesen wäre, selbst wenn ich den Ballast nicht abgeworfen hätte. Die Schmerzen in Kopf und Ohren kehrten ab und zu voll Heftigkeit wieder, und ich hatte mitunter auch noch Nasenbluten; aber im großen und ganzen litt ich viel weniger als erwartet. Allerdings fiel mir das Atemholen von einem Augenblick zum andern immer schwerer, und jeder Atemzug war von einem mühsamen, krampfartigen Zusammenziehen der Brust begleitet. Ich packte daher den Kondensationsapparat aus und bereitete ihn zum baldigen Gebrauch vor.

Der Anblick der Erde war zu dieser Zeit meines Aufstiegs einzigartig schön. So weit ich nach West, Nord und Süd blicken konnte, erstreckte sich wie ein unendlich großes Tuch der scheinbar unbewegte Ozean, der sich jeden Augenblick tiefer und tiefer blau färbte. Weit in der Ferne, aber doch deutlich sichtbar, erstreckten sich gen Osten die britischen Inseln sowie die gesamte Atlantikküste Frankreichs und Spaniens und ein kleiner Teil des nordafrikanischen Kontinents. Von einzelnen Bauten war nicht die geringste Spur zu entdecken, und die stolzesten Städte der Menschheit schienen gänzlich von der Erdoberfläche verschwunden. Was mich am meisten beim Anblick der Dinge unter mir verwunderte, war die scheinbare Konkavität der Erdoberfläche. Ich hatte, gedankenlos genug, erwartet, ihre wirkliche *Konvexität* deutlich zu sehen, während ich emporstieg; doch ist kein besonders großes Nachdenken vonnöten, diese Diskrepanz zu erklären. Zöge man eine Linie von meiner Position zur Erde, so würde diese die Senkrechte eines rechtwinkligen Dreiecks bilden, dessen Basis sich vom rechten Winkel zum Horizont und die Hypotenuse vom Horizont zu meiner Position erstrecken würde. Allerdings bedeutete die von mir erreichte Höhe wenig oder gar nichts im Hinblick auf meine Sicht. Mit anderen Worten, Basis und Hypotenuse des angenommenen Dreiecks wären in meinem Fall im Vergleich zu der Senkrechten so lang, daß beide als nahezu parallel betrachtet werden könnten. Unter diesen Umständen scheint der Horizont des Luftschiffers ständig *auf einer Höhe* mit der Gondel zu sein. Aber da der Punkt direkt unter ihm in sehr großer Entfernung von ihm erscheint und es tatsächlich auch ist, erscheint er natürlich auch sehr tief unter dem Horizont. Daher der Eindruck von Konkavität; und dieser Eindruck muß solange erhalten bleiben, bis der Aufstieg einen so großen Teil der Sicht einschließen wird, daß die scheinbare Parallelität von Basis und Hypotenuse verschwindet.

Da die Tauben um diese Zeit sehr zu leiden schienen, beschloß ich, ihnen die Freiheit wiederzugeben. Ich band zuerst eine schöne, graugesprenkelte Taube los und setzte sie auf den Rand des Weidengeflechts. Sie schien sich ziemlich unbehaglich zu fühlen, blickte ängstlich um sich, schlug mit den Flügeln und gurrte laut, konnte aber nicht dazu gebracht werden, sich aus der Gondel hinauszuwagen. Ich nahm sie schließlich und warf sie etwa ein halbes Dutzend Yards vom Ballon weg. Sie versuchte jedoch nicht, nach unten zu fliegen, wie ich erwartet hatte, sondern bemühte sich ungestüm, zurückzukommen, während sie schrille und durchdringende Schreie ausstieß. Es gelang ihr schließlich, ihren früheren Platz auf dem Rand der Gondel zu erreichen, aber kaum war dies geschehen, fiel ihr das Köpfchen auf die Brust, und sie stürzte tot in die Gondel. Die andere Taube hatte kein solches Pech. Damit sie nicht dem Beispiel ihrer Gefährtin folgte und wieder zurückkam, warf ich sie mit aller Kraft nach unten und sah voll Freude, daß sie mit großer Schnelligkeit abwärts flog, während sie ihre Flügel mit Leichtigkeit und auf völlig natürliche Weise gebrauchte. In kürzester Zeit war sie nicht mehr zu sehen, und ich zweifle nicht, daß sie ihren Taubenschlag sicher erreichte. Die Katze, die sich im großen und ganzen von ihrer Krankheit erholt hatte, ließ sich den toten Vogel herzhaft schmecken und legte sich dann zufrieden schlafen. Die Kätzchen waren recht lebhaft und zeigten soweit nicht das geringste Anzeichen für irgendein Unbehagen.

Viertel nach acht, als es mir nicht länger möglich war, ohne unerträglichste Schmerzen Atem zu holen, begann ich in der Gondel den Apparat einzurichten, der zum Kondensator gehörte. Dieser Apparat muß etwas näher erläutert werden, und Eure Exzellenzen mögen gütigst davon Kenntnis nehmen, daß es mein oberstes Ziel war, mich und die Gondel durch eine Barrikade gegen die äußerst dünne Luft abzuschirmen, in der ich mich befand, und mit Hilfe des Kondensators eine zum Atmen genügend verdichtete Menge dieser Luft durch die Barrikade einzubringen. Zu diesem Zweck hatte ich eine völlig luftdichte, aber dehnbare Hülle vorbereitet. In diese ausreichend große Hülle wurde die ganze Gondel gewissermaßen hineingesteckt. Das heißt, sie (die Hülle) wurde über den gesamten Boden der Gondel gezogen, an den Seiten nach oben, und so immer weiter, außen an den Seilen entlang, bis zum oberen Rand oder Reifen, wo das Netzwerk befestigt ist. Nachdem ich die Hülle auf diese Weise aufgezogen und nach allen Seiten sowie am Boden einen vollkommen dichten Schutz hatte, mußte ich ihren obersten Teil beziehungsweise ihre Öffnung befestigen, indem ich den Stoff über den Netzreifen zog – mit anderen Worten, zwischen das Netzwerk und den Reifen. Aber wenn das Netzwerk vom Reifen getrennt wurde, um diese Öffnung freizugeben, wie sollte der Korb dann in der Zwischenzeit gehalten werden? Nun, das Netz war nicht fest am Reifen angebracht, sondern durch eine Reihe Schlingen oder Schleifen befestigt. Ich löste daher immer nur einige dieser Schlingen auf einmal und ließ den Korb an den übrigen schweben. Nachdem ich auf diese Art einen Teil des Stoffes, von dem das obere Stück der Hülle gebildet wurde, eingeschoben hatte, band ich die Schlingen wieder fest – nicht am Reifen, denn das war nun mit dem Stoff dazwischen nicht mehr möglich –, sondern an einigen großen Knöpfen, die direkt am Stoff, etwa drei Fuß unterhalb der Hüllenöffnung angebracht waren; die Räume zwischen den Knöpfen waren so angeordnet, daß sie den Abständen zwischen den einzelnen Schleifen entsprachen. Nachdem dies getan war, band ich noch einige

Schleifen des Randes auf, führte einen weiteren Teil des Stoffes ein und band die losen Schleifen dann an den entsprechenden Knöpfen fest. Auf diese Art gelang es mir, den gesamten oberen Teil der Hülle zwischen das Netzwerk und den Reifen zu schieben. Es liegt auf der Hand, daß der Reifen nun in den Korb fallen mußte, während das ganze Gewicht des Ballons samt Inhalt allein durch die Stärke der Knöpfe gehalten würde. Dies mochte auf den ersten Blick als wenig verläßlich erscheinen, aber das war nicht der Fall; denn die Knöpfe waren nicht nur sehr groß, sondern auch so dicht nebeneinander angebracht, daß jeder nur einen sehr geringen Teil des Gewichtes trug. Selbst wenn die Gondel samt Inhalt dreimal schwerer gewesen wäre, hätte ich mich trotzdem keinesfalls zu beunruhigen brauchen. Ich schob den Reifen wieder an die Decke der elastischen Hülle und stützte ihn fast genau in der früheren Höhe mit drei leichten, eigens für diesen Zweck bereitgestellten Stangen ab. Dies geschah natürlich, um die Hülle oben zu weiten und den unteren Teil des Netzwerks in der richtigen Lage zu halten. Nun mußte ich nur noch die Öffnung der Hülle schließen, und das ließ sich mühelos bewerkstelligen, indem man den Stoff zusammenraffte und ihn auf der Innenseite kräftig mit einer Art feststehender *Presse* zusammendrehte.

In die Seitenwände der auf diese Weise in die Gondel eingepaßten Hülle waren drei starke runde Glasscheiben eingelassen, durch die ich ohne Mühe nach jeder Richtung Ausschau halten konnte. In dem Stoffboden befand sich ein ebensolches viertes Fenster in gleicher Höhe mit einer kleinen Öffnung im Gondelboden. So konnte ich auch senkrecht nach unten blicken; doch weil es mir nicht gelungen war, eine ähnliche Vorrichtung über meinem Kopf anzubringen, da der Stoff dort wegen des besonderen Verschlusses der Öffnung viele Falten hatte, durfte ich nicht damit rechnen, über mir befindliche Gegenstände zu sehen. Dem maß ich allerdings wenig Bedeutung bei; denn selbst wenn es mir möglich gewesen wäre, oben ein Fenster einzubauen, hätte der Ballon mich daran gehindert, es zu gebrauchen.

Etwa einen Fuß unter einem der Seitenfenster befand sich eine runde Öffnung, drei Zoll im Durchmesser und mit einem Messingrand versehen, der auf der Innenseite Schraubenwindungen hatte. In diesen Rand war das große Rohr des Kondensationsapparates geschraubt, während der Hauptteil des Gerätes sich natürlich innerhalb der dehnbaren Kammer befand. Durch dieses Rohr wurde eine bestimmte Menge der dünnen Umgebungsluft mittels eines durch die Apparatur erzeugten *Vakuums* angesaugt, um dann in verdichtetem Zustand auszuströmen und sich mit der dünnen Luft in der Kammer zu mischen. Da dieser Vorgang mehrere Male wiederholt wurde, füllte sich die Kammer schließlich mit zum Atmen geeigneter Luft. Aber in einem so engen Raum mußte sie zwangsläufig schon nach kurzer Zeit verbraucht und durch häufigen Kontakt mit den Lungen ungeeignet zum Atmen sein. Sie wurde dann durch ein kleines Ventil am Boden der Gondel ausgestoßen – wo die dichte Luft durch die dünne Atmosphäre schnell nach unten sank. Um das Risiko zu vermeiden, in der Kammer zu irgendeiner Zeit ein völliges *Vakuum* zu erzeugen, wurde die Luftaufbereitung nie auf einmal durchgeführt, sondern allmählich – das Ventil wurde stets nur wenige Sekunden geöffnet, dann wieder geschlossen, bis einige Hübe der Kondensationspumpe die ausgestoßene Luft wieder erneuert hatten. Wegen des Experiments hatte ich die Katze mit ihren Jungen in einen kleinen Korb gesetzt und ihn außerhalb der Gondel an einen Bodenknopf gehängt, dicht neben das Ventil, durch das ich sie, falls nötig, füttern konnte. Ich setzte mich dabei einiger Gefahr aus, weil ich nämlich, ehe ich die Öffnung der Kammer schloß, mit einer der bereits erwähnten Stangen, an der ein Haken befestigt war, unter die Gondel fuhr. Sobald verdichtete Luft in die Kammer gelassen wurde, erübrigten sich der Reifen und die Stangen; die Ausdehnung der eingeschlossenen Luft blähte die elastische Hülle mächtig auf.

Als ich alle diese Vorkehrungen getroffen und die Kammer, wie beschrieben, gefüllt hatte, fehlten nur noch zehn Minuten bis neun Uhr. Während ich damit beschäftigt war, litt ich ununterbrochen schlimmste Qualen wegen des mühsamen Atmens und bereute bitter die Nachlässigkeit oder vielmehr Tollkühnheit, derer ich mich schuldig gemacht, da ich eine so wichtige Sache bis zum letzten Augenblick verschoben hatte. Doch als ich dann endlich mit allem fertig war, begann ich bald aus meiner Erfindung Nutzen zu ziehen. Ich atmete wieder völlig frei und leicht – und warum auch nicht? Zugleich war ich angenehm überrascht, als die heftigen Schmerzen, die mich bislang gepeinigt hatten, nun beträchtlich nachließen. Leichte Kopfschmerzen, begleitet von einem Gefühl der Prallheit oder des Anschwellens der Handgelenke, der Knöchel und des Halses waren nahezu alles, worüber ich mich nun beklagen mußte. Es schien klar, daß der größte Teil der Unpäßlichkeit im Zusammenhang mit dem Luftdruck nun tatsächlich *abgeklungen* war, wie ich es erwartet hatte, und daß die vielen Schmerzen, die ich in den letzten zwei Stunden hatte ertragen müssen, nur die Folgen der unzulänglichen Atmung gewesen waren.

Zwanzig Minuten vor neun – das heißt, kurz bevor ich die Kammeröffnung verschlossen hatte – erreichte das Quecksilber den Endpunkt beziehungsweise fiel das Barometer, das, wie ich bereits erwähnte, eine erweiterte Skala hatte. Es zeigte eine Höhe von 132 000 Fuß oder fünfundzwanzig Meilen, und ich überblickte folglich zu dieser Zeit nicht weniger als den dreihundertzwanzigsten Teil der gesamten Erdoberfläche. Um neun hatte ich das im Osten liegende Land aus den Augen verloren, aber erst jetzt bemerkte ich, daß der Ballon ziemlich schnell in nordnordwestlicher Richtung trieb. Der Ozean unter mir behielt seine scheinbare Konkavität immer noch bei, obwohl hin- und herziehende Wolkenmassen mir immer wieder den Ausblick versperrten.

Um halb zehn versuchte ich das Experiment, eine Handvoll Federn durch das Ventil zu werfen. Sie schwebten nicht, wie ich es erwartet hatte, sondern fielen senkrecht wie ein Ball nach unten, *en masse* und mit größter Geschwindigkeit – und waren schon nach ein paar Sekunden nicht mehr zu sehen. Ich konnte mir diesen ungewöhnlichen Vorfall nicht gleich erklären; denn ich glaubte nicht, daß mein Aufstieg plötzlich eine so starke Beschleunigung erfahren haben sollte. Aber ich bemerkte schon bald, daß die Luft nun viel zu dünn war, um auch nur die Federn zu halten; daß sie allem Anschein nach tatsächlich mit größter Schnelligkeit herabfielen; und daß ich mich durch die vereinte Geschwindigkeit ihres Falls und meines Aufstiegs hatte irritieren lassen.

Um zehn Uhr gab es nur wenig, was meine sofortige Aufmerksamkeit erfordert hätte. Alles lief wie am Schnürchen, und ich nahm an, daß der Ballon mit ständig steigender Geschwindigkeit emporschwebte, obwohl ich nun keine Mittel mehr hatte, um den Verlauf des Steigens festzustellen. Ich empfand weder Schmerzen noch Unbehagen irgendeiner Art, hatte die beste Laune seit meinem Aufbruch aus Rotterdam und beschäftigte mich bald mit der Überprüfung meiner verschiedenen Apparate, bald mit der Regeneration der Kammerluft. Die letztere Tätigkeit wollte ich in regelmäßigen Abständen von vierzig Minuten durchführen, und zwar eher zur Erhaltung meiner Gesundheit, als daß eine so häufige Erneuerung unbedingt nötig gewesen wäre. In der Zwischenzeit konnte ich es nicht unterlassen, mich meinen Erwartungen hinzugeben. Meine Phantasie schwelgte in den wilden und verschwommenen Gefilden des Mondes. Meine Vorstellungskraft, die sich auf einmal ungezügelt fühlte, streifte nach Belieben unter den immer wieder neuen Wundern eines schemenhaften und sich stetig wandelnden Landes umher. Hier waren graue, altehrwürdige Wälder und zerklüftete Schluchten und Wasserfälle, die mit lautem Getöse in bodenlose Abgründe stürzten. Dort gelangte ich plötzlich in noch mittägliche Einöden, wo kein Himmelswind je eindrang und sich endlose Wiesen mit rotem Mohn und schlanken, liliengleichen Blumen bis in graue Fernen erstreckten, schweigsam und reglos se¹t Ewigkeiten. Dann wiederum begab ich mich weit hinab in ein anderes Land, das nur ein dunkler, geheimnisvoller See war, umgrenzt von einem

Wolkenstreifen. Aber mir gingen nicht nur Vorstellungen dieser Art durch den Kopf. Entsetzlich düstere und furchtbare Schrecken drängten sich mir nur allzu häufig auf, und schon der bloße Gedanke, daß sie möglich sein könnten, erschütterte mich in tiefster Seele. Doch ich ließ es nicht zu, daß ich in meiner Vorstellungswelt auch nur kurze Zeit solchen Grübeleien nachhing, sondern hielt es für richtig, meine ungeteilte Aufmerksamkeit den wahren und greifbaren Gefahren der Reise zu widmen.

Um fünf Uhr nachmittags, als ich damit beschäftigt war, die Luft in der Kammer zu erneuern, nutzte ich diese Gelegenheit, um die Katze und ihre Jungen durch das Ventil zu beobachten. Die Katzenmutter selbst schien wieder sehr große Schmerzen zu haben, und ich zögerte nicht, ihr Unbehagen hauptsächlich der Schwierigkeit des Atemholens zuzuschreiben; mein Experiment mit den jungen Kätzchen hatte jedoch ein sehr seltsames Ergebnis gezeitigt. Ich hatte natürlich erwartet, sie leiden zu sehen, wenngleich in geringerem Maße als ihre Mutter; und dies hätte genügt, um meine Ansicht über die normale Erträglichkeit des Luftdruckes zu erhärten. Allein ich war nicht darauf vorbereitet, nach genauerer Prüfung festzustellen, daß sie sich augenscheinlich bester Gesundheit erfreuten, mit größter Leichtigkeit und vollkommen regelmäßig atmeten und nicht das geringste Zeichen irgendwelcher Unpäßlichkeit von sich gaben. Ich konnte mir das alles nur erklären, wenn ich meine Theorie erweiterte und annahm, daß die äußerst dünne Luft draußen vielleicht doch nicht, wie ich für erwiesen hielt, chemisch unzureichend zum Leben sei und ein in einem solchen *Medium* geborenes Lebewesen möglicherweise keine Schwierigkeiten beim Atmen hätte, während es nach Rückkehr in die dichteren *Schichten* nahe der Erde ähnliche Qualen erleiden mochte, wie ich sie soeben noch erduldet hatte. Ich habe es seither tief bedauert, daß ein fatales Mißgeschick mich damals meiner kleinen Katzenfamilie und somit der Einsicht in diese Sache beraubte, die mir ein fortgeführtes Experiment gewährt hätte. Als ich meine Hand mit einer Tasse Wasser für die alte Katze

durch die Klappe steckte, verwickelten sich meine Hemds-
ärmel in der Schlinge, die den Korb hielt, so daß er im Nu
vom Boden abfiel. Hätte sich alles in Luft aufgelöst, es
wäre nicht unvermittelter und plötzlicher meinem Blick
entschwunden. Sicher konnte keine Zehntelsekunde zwischen dem Lösen des Korbes und seinem völligen Verschwinden mitsamt seiner Insassen vergangen sein. Meine
besten Wünsche folgten ihm zur Erde hinab, aber ich hatte
natürlich keine Hoffnung, daß Katze oder Jungen jemals
am Leben blieben, um von der Geschichte ihres Mißgeschicks zu berichten.

Um sechs Uhr erblickte ich einen großen Teil der nach
Osten hin sichtbaren Erdoberfläche in undurchdringlichen
Schatten gehüllt, der sich sehr rasch ausweitete, bis fünf
Minuten vor sieben die gesamte Oberfläche in das Dunkel
der Nacht gehüllt war. Es dauerte jedoch viel länger, ehe
die Strahlen der untergehenden Sonne den Ballon nicht
mehr beleuchteten; und obgleich ich diesen Umstand natürlich vorausgesehen hatte, verfehlte er nicht, mir unsag-
bare Freude zu bereiten. Es war klar, daß ich den aufgehen-
den Himmelskörper am Morgen schon viele Stunden vor
den Bürgern Rotterdams erblicken sollte, obwohl die Stadt
viel weiter im Osten lag, und so würde ich mich Tag um
Tag, im Verhältnis zu der erreichten Höhe, für eine immer
längere Zeitspanne des Sonnenlichtes erfreuen. Ich beschloß nun, über meine Reise ein Tagebuch zu führen, die
Tage fortlaufend bis vierundzwanzig Stunden zu zählen,
ohne die Zwischenzeit der Dunkelheit zu berücksichtigen.

Als ich um zehn schläfrig wurde, beschloß ich, mich für
den Rest der Nacht hinzulegen; da aber ergab sich eine
Schwierigkeit, die, so offensichtlich sie erscheinen mag,
doch meiner Aufmerksamkeit bis zu genau dem Moment
entgangen war, von dem ich jetzt spreche. Falls ich schlafen ging, wie ich mir vorgenommen hatte, wie konnte dann
in der *Zwischenzeit* die Luft in der Kammer regeneriert werden? Sie länger als mindestens eine Stunde einzuatmen
wäre ein Ding der Unmöglichkeit, und selbst wenn diese
Zeit auf eineinviertel Stunden verlängert werden konnte,

würden sich die entsetzlichsten Folgen ergeben. Die Betrachtung dieser Notlage versetzte mich in nicht geringe Unruhe; und man wird kaum glauben, daß ich nach den durchgestandenen Gefahren diese Sache in einem so ernsten Licht sah, daß ich alle Hoffnung aufgab, mein Ziel je zu erreichen, und mich schließlich mit der Notwendigkeit des Abstiegs abfand. Doch das Zögern war nur von kurzer Dauer. Ich überlegte, daß der Mensch der Sklave der Gewohnheit ist und viele Dinge in der Routine seines Daseins für *äußerst* wichtig gehalten werden, die dies *überhaupt nur* dadurch sind, daß er sie sich zur Gewohnheit gemacht hat. Mit Sicherheit konnte ich nicht ohne Schlaf auskommen; aber ich würde mich leicht darauf einstellen können, es nicht als Störung zu empfinden, wenn ich während meiner gesamten Ruhezeit in Abständen von einer Stunde aufgeweckt würde. Es bedürfte höchstens fünf Minuten, um die Luft vollkommen zu erneuern – und die einzig wirkliche Schwierigkeit bestand darin, eine geeignete Methode zu ersinnen, mich im richtigen Augenblick aufzuwecken, um dies zu tun. Doch das war ein Problem, dessen Lösung mir, wie ich zugeben muß, nicht wenig Kopfzerbrechen bereitete. Gewiß, ich hatte von dem Studenten gehört, der das Einschlafen über seinen Büchern damit verhindern wollte, daß er in einer Hand eine Kupferkugel hielt, deren Fall in eine neben seinem Stuhl auf dem Boden stehende Schale aus dem gleichen Metall als wirksamer Wecker diente, sollte ihn einmal die Schläfrigkeit übermannen. Mein Fall lag jedoch in Wirklichkeit völlig anders und bot mir keine Gelegenheit für eine ähnliche Idee; denn ich wünschte nicht wach zu bleiben, sondern in regelmäßigen Zeitabständen aus dem Schlaf gerüttelt zu werden. Endlich kam ich auf das folgende Mittel, das, so einfach, wie es scheinen mag, von mir im Augenblick seiner Entdeckung als eine Erfindung gefeiert wurde, die der des Fernrohrs, der Dampfmaschine oder der Kunst des Buchdruckens völlig ebenbürtig war.

Ich muß vorausschicken, daß der Ballon in der nun erreichten Höhe gleichmäßig und konstant aufstieg und die

Gondel demgemäß so stetig nachfolgte, daß es unmöglich gewesen wäre, die geringste Schwankung festzustellen. Dieser Umstand begünstigte mich sehr in meinem Vorhaben, das ich jetzt durchzuführen beschloß. Mein Wasservorrat war in Fässern zu je fünf Gallonen an Bord gebracht und rundherum im Innern der Gondel sicher verstaut worden. Ich band eines davon los, nahm zwei Stricke und zog sie durch den Rand des Weidengeflechts von einer Seite zur anderen; und zwar parallel im Abstand von einem Fuß, so daß sie eine Art *Regal* bildeten, auf welches ich das Faß stellte und es in waagerechter Lage befestigte. Ungefähr acht Zoll direkt unter diesen Stricken und vier Fuß vom Boden der Gondel entfernt befestigte ich ein anderes Regal – dieses jedoch aus einem dünnen Holzbrett, welches das einzige derartige Stück Holz war, das ich mithatte. Auf dieses letzte Regal, und zwar genau unter einem der Faßränder, wurde ein kleiner irdener Krug gestellt. Ich bohrte nun ein Loch in den Boden des Fasses über dem Krug und paßte einen Spund aus weichem Holz ein, den ich spitz zulaufend oder vielmehr kegelförmig zugeschnitten hatte. Diesen Spund steckte ich hinein oder zog ihn heraus, je nachdem, bis er nach einigen Versuchen genau so dicht hielt, daß das Wasser, das aus dem Loch sickerte und in den darunterstehenden Krug tropfte, diesen in der Zeit von sechzig Minuten bis an den Rand füllen würde. Das war natürlich schnell und leicht bewerkstelligt, wenn man darauf achtete, welcher Teil des Gefäßes in einer gegebenen Zeit gefüllt war. Nachdem ich alles vorbereitet hatte, lag der weitere Plan klar auf der Hand. Mein Lager war auf dem Gondelboden so angeordnet, daß mein Kopf beim Liegen genau unter die Tülle des Kruges kam. Es war offensichtlich, daß der Krug nach einer Stunde zwangsläufig überlaufen müßte, und zwar überlaufen an der Tülle, die etwas tiefer saß als der Rand. Es war auch offensichtlich, daß das auf diese Art aus einer Höhe von über vier Fuß herabtropfende Wasser nur auf mein Gesicht rieseln konnte und es mich folglich mit Sicherheit auf der Stelle selbst aus dem gesündesten Schlummer der Welt unfehlbar erwecken würde.

Es war inzwischen elf geworden, bis ich diese Vorkehrungen getroffen hatte, und ich begab mich sogleich auf
mein Lager, in vollem Vertrauen auf die Wirksamkeit meiner Erfindung. Ich wurde darin auch nicht enttäuscht.
Pünktlich alle sechzig Minuten weckte mich mein zuverläs-
siger Zeitmesser, und nachdem ich den Krug durch das
Spundloch des Fasses entleert und den Kondensationsapparat betätigt hatte, ging ich wieder zu Bett. Diese regelmäßige Unterbrechung meines Schlafes verursachte mir sogar weniger Unbehagen, als ich befürchtet hatte; und als
ich mich schließlich für den Tag erhob, war es sieben Uhr,
und die Sonne stand schon viele Grad über der Linie meines Horizonts.

3. April. Ich stellte fest, daß sich der Ballon schon in ungeheurer Höhe befand und die Konvexität der Erde eindrucksvoll sichtbar geworden war. Unter mir im Ozean lag
eine Gruppe schwarzer Pünktchen, die zweifellos Inseln
darstellten. Über mir der Himmel war von tiefem Schwarz,
und man konnte die strahlenden Sterne sehen; eigentlich
waren sie seit dem ersten Tag meines Aufstiegs so stetig gegenwärtig. In weiter Ferne bemerkte ich gegen Norden zu
eine schmale, weiße und sehr glänzende Linie oder einen
Streifen am Rande des Horizonts, und ich zögerte nicht, in
ihm die südliche Scheibe des Polarmeereises zu vermuten.
Meine Neugierde war aufs höchste erregt, denn ich hoffte,
noch viel weiter nach Norden zu kommen und mich vielleicht sogar irgendwann einmal genau über dem Pol zu befinden. Ich bedauerte nun, daß meine große Höhe mich in
diesem Fall daran hindern würde, mir einen so genauen
Überblick zu verschaffen, wie ich es wünschte. Trotzdem
ließe sich sicherlich vieles feststellen.

An diesem Tag ereignete sich nichts Besonderes mehr.
Alle meine Apparaturen befanden sich weiterhin in gutem
Zustand, und der Ballon stieg noch immer ohne auffallende Schwankung. Die Kälte war durchdringend, und ich
mußte mich fest in meinen Mantel hüllen. Als sich die
Dunkelheit über die Erde senkte, ging ich schlafen, obwohl
mich noch Stunden später helles Tageslicht umgab. Die

Wasseruhr verrichtete pünktlich ihren Dienst, und abgesehen von der zeitweiligen Unterbrechung schlief ich fest bis zum nächsten Morgen.

4. April. Erwachte bei bester Gesundheit und Laune und staunte über die ungewöhnliche Veränderung des Meeres. Es hatte zum großen Teil das tiefe Blau verloren, das bisher zu sehen gewesen war, und schimmerte nun grauweiß mit einem Glanz, der die Augen blendete. Die Konvexität des Ozeans war so deutlich, daß die ganze ferne Wassermasse kopfüber in den Abgrund des Horizonts zu stürzen schien, und ich merkte, daß ich auf Zehenspitzen dem Echo des gewaltigen Katarakts lauschte. Die Inseln waren nicht mehr sichtbar; ob sie im Südosten unter den Horizont getaucht waren oder ob ich sie wegen der zunehmenden Höhe nicht mehr sehen konnte, kann ich nicht sagen. Ich neigte jedoch zu letzterer Ansicht. Der Eisrand in nördlicher Richtung war immer deutlicher zu erkennen. Kälte keinesfalls mehr so stark. Es geschah nichts von Bedeutung, und ich verbrachte den Tag mit Lesen, da ich dafür Sorge getragen hatte, mich mit Büchern einzudecken.

5. April. Erblickte das einzigartige Wunder des Sonnenaufgangs, während beinahe die gesamte sichtbare Erdoberfläche weiterhin in Dunkel gehüllt blieb. Allmählich breitete sich jedoch das Licht überall aus, und ich sah wieder die Eisgrenze im Norden. Sie war jetzt sehr deutlich zu erkennen und schien von einer viel dunkleren Färbung zu sein als die Wasser des Ozeans. Ich näherte mich ihr offenbar, und das mit großer Geschwindigkeit. Bildete mir ein, wieder einen Landstreifen im Osten und auch einen im Westen auszumachen, war mir aber nicht sicher. Wetter mild. Keine folgenschweren Ereignisse während des Tages. Ging zeitig zu Bett.

6. April. War überrascht, als ich die Grenze des Eises schon in geringer Entfernung vor mir fand, während sich eine riesige Fläche gleichen Materials bis zum Horizont im Norden erstreckte. Es war klar, daß der Ballon, wenn er seinen augenblicklichen Kurs beibehielt, bald das Eismeer erreichen würde, und ich hegte nun wenig Zweifel, endlich doch noch den Pol zu sehen. Während des ganzen Tages näherte ich mich dem Eis unaufhaltsam. Gegen Abend vergrößerten sich plötzlich die Grenzen meines Horizonts beträchtlich, zweifellos deshalb, weil die Gestalt der Erde ein abgeplattetes Rotationsellipsoid war und ich die abgeflachten Regionen unweit der Arktis erreicht hatte. Als mich schließlich die Dunkelheit einholte, begab ich mich in großer Furcht auf mein Lager, besorgt darum, daß ich den Gegenstand von soviel Wißbegierde überfliegen würde, ohne eine Möglichkeit zu haben, ihn zu betrachten.

7. April. Stand zeitig auf und erblickte endlich zu meiner großen Freude den Nordpol, wie ich ohne Zögern annahm. Da lag er, ohne jeden Zweifel, und das unmittelbar zu meinen Füßen; aber ach!, ich war nun in eine so große Höhe gestiegen, daß ich nichts Genaues erkennen konnte. Denn nach dem Verlauf der Angaben zu urteilen, die meine unterschiedlichen Höhen zu verschiedenen Zeiten anzeigten, zwischen sechs Uhr früh des zweiten April und zwanzig Minuten vor neun am Vormittag des gleichen Tages (zu welcher Zeit das Barometer ausfiel), konnte man zu Recht folgern, daß der Ballon nun, am 7. April, um vier Uhr morgens bestimmt eine Höhe von *nicht weniger* als 7 254 Meilen über dem Meeresspiegel erreicht hatte. Diese Höhe mag gewaltig erscheinen, doch ergab die der Rechnung zugrunde liegende Schätzung ein Resultat, das aller Wahrscheinlichkeit nach weit unter der wirklichen Höhe lag. Jedenfalls erblickte ich ohne Zweifel den gesamten Durchmesser der Erde; die ganze nördliche Halbkugel lag wie eine im Aufriß gezeichnete Karte unter mir; und der große Äquatorkreis selbst bildete die Grenze meines Horizonts. Eure Exzellenzen können sich jedoch leicht vorstellen, daß diese bisher unerforschten Gebiete in der Arktis – auch wenn sie sich gerade unter mir befanden und daher ohne jede Verkleinerung zu sehen waren – an sich noch vergleichsweise zu klein waren und in zu großer Entfernung von meinem Ausguck lagen, als daß sie eine genaue Besichtigung gestattet hätten. Dessenungeachtet war das, was man erschauen konnte, von einzigartiger und erregen-

der Natur. Nördlich des bereits erwähnten riesigen Eis-
randes, der mit leichter Einschränkung als Grenze der
menschlichen Erkundung in diesen Gebieten bezeichnet
werden kann, erstreckte sich eine endlose oder beinahe
endlose Eisschicht. In den ersten Graden ihres Verlaufs ist
die Oberfläche auffallend abgeflacht, dann zu einer Ebene
zusammengepreßt, und schließlich endet sie, ohne auch *nur
im geringsten konkav* zu werden, am Pol selbst in einem
scharf umrissenen kreisrunden Zentrum, dessen scheinbarer Durchmesser dem Ballon in einem Winkel von etwa
fünfundsechzig Sekunden gegenüberlag und dessen düstere Färbung, an Intensität variierend, stets dunkler war
als irgendeine andere Stelle auf der mir sichtbaren Halbkugel und sich hin und wieder zu tiefer Schwärze verdichtete.
Sonst ließ sich kaum noch etwas feststellen. Gegen zwölf
hatte das kreisrunde Zentrum wesentlich an Umfang abgenommen, und gegen sieben Uhr abends hatte ich es völlig
aus den Augen verloren; der Ballon passierte den westlichen Ausläufer des Eises und trieb rasch dem Äquator zu.

    8. April. Stellte eine merkliche Verkleinerung des schein-
baren Durchmessers der Erde fest, zudem eine wesentliche
Änderung ihrer normalen Farbe und ihres Aussehens. Das
ganze Gebiet wies eine verschieden abgestufte, fahlgelbe
Färbung auf und schimmerte an einigen Stellen mit einem
solchen Glanz, daß sogar die Augen schmerzten. Die Sicht
nach unten wurde ebenfalls beträchtlich durch die dichte
Atmosphäre über der Oberfläche behindert, wo sich Wolken zusammenballten, durch die ich nur gelegentlich einen
flüchtigen Blick auf die Erde erhaschen konnte. Diese
Schwierigkeit, nicht ungehindert sehen zu können, hatte
mir während der vergangenen achtundvierzig Stunden
mehr oder weniger Sorgen bereitet; aber meine gegenwärtige enorme Höhe brachte die schwebenden Dunstwolken
immer näher aneinander, und die Erschwernisse wuchsen
im Verhältnis zu meinem Aufstieg. Gleichwohl konnte ich
ohne Mühe wahrnehmen, daß der Ballon nun über dem
Bereich der großen Seen des nordamerikanischen Kontinents schwebte und Südkurs hielt, der mich in Kürze in die

Tropen bringen würde. Dieser Umstand rief in mir größte Befriedigung hervor, und ich pries ihn als ein glückliches Omen für den endgültigen Erfolg. In der Tat hatte mich die bisher eingeschlagene Richtung mit Besorgnis erfüllt; denn soviel war offensichtlich, wenn ich sie noch länger verfolgt hätte, wäre ich überhaupt nicht zum Mond gekommen, dessen Umlaufbahn nur um den kleinen Winkel von 5° 8′ 48″ zur Ekliptik geneigt ist. So befremdlich es erscheinen mag, erst zu diesem späten Zeitpunkt begann ich, mir den großen Fehler zu vergegenwärtigen, den ich begangen, als ich bei meinem Abflug von der Erde die Bewegung des Mondes nicht mit berücksichtigte.

9. April. Heute war der Erddurchmesser auffallend kleiner, und die Farbe der Erdoberfläche nahm stündlich ein tieferes Gelb an. Der Ballon hielt beständig Kurs auf Süd und erreichte um neun Uhr abends den nördlichen Rand des Golfs von Mexiko.

10. April. Ich wurde heute früh gegen fünf plötzlich durch ein lautes, krachendes und entsetzliches Geräusch, das ich mir nicht erklären konnte, aus dem Schlaf gerissen. Es war nur von sehr kurzer Dauer, doch solange es anhielt, war es mit nichts auf der Welt zu vergleichen, das mir aus Erfahrung bekannt. Überflüssig zu sagen, daß ich höchst erschrocken war, da ich im ersten Augenblick angenommen hatte, daß der Krach vom Bersten des Ballons herrührte. Ich überprüfte jedoch meine sämtlichen Geräte mit großer Sorgfalt und konnte nichts Schadhaftes entdecken. Verbrachte einen großen Teil des Tages damit, über einen so ungewöhnlichen Vorfall nachzugrübeln, konnte ihn mir aber nicht erklären. Legte mich schlafen, unzufrieden und in einem Zustand des Bangens und großer Besorgnis.

11. April. Stellte fest, daß sich der scheinbare Durchmesser der Erde auffallend verkleinert und der des zum ersten Male sichtbaren Mondes bedeutend vergrößert hatte und es nur noch weniger Tage bis zum Vollmond bedurfte. Langwierige und anstrengende Arbeit war vonnöten, um in der Gondel ausreichend atmosphärische Luft zur Bewahrung des Lebens zu kondensieren.

12. April. Ein seltsamer Wechsel in bezug auf die Richtung des Ballons fand statt, und obgleich ich dies genau
vorausgesehen hatte, bereitete es mir größte Genugtuung.
Nachdem er auf dem vorherigen Kurs ungefähr den zwanzigsten südlichen Breitenkreis erreicht hatte, drehte er
plötzlich in einem spitzen Winkel nach Osten ab und
schwebte in dieser Richtung den ganzen Tag weiter, hielt
sich fast, wenn nicht *ganz und gar, in der Ebene der Mond-
ellipse.* Erwähnenswert war ein auffälliges Schwanken der
Gondel als Folge dieses Richtungswechsels – ein Schwanken, das über viele Stunden hinweg mehr oder weniger
stark anhielt.

13. April. War wieder sehr beunruhigt durch ein erneutes
lautes Krachen, wie es mich schon am Zehnten erschreckt
hatte. Dachte lange über die Sache nach, war aber außerstande, zu einem befriedigenden Schluß zu kommen.
Große Verringerung des scheinbaren Erddurchmessers, der
nun dem Ballon in einem Winkel von etwas über fünfundzwanzig Grad gegenüberlag. Der Mond war überhaupt
nicht zu sehen, da er fast genau über mir im Zenit stand.
Ich blieb noch immer in der Ellipsenebene, kam aber nur
langsam nach Osten voran.

14. April. Extrem schnelle Verringerung des Erddurchmessers. Heute drängte sich mir der Gedanke auf, daß der
Ballon jetzt tatsächlich auf der Apsidenlinie zum Perigäum
schwebte – mit anderen Worten, genau den Kurs hielt, der
ihn direkt zum Mond bringen würde auf dessen der Erde
am nächsten gelegenen Teil seiner Umlaufbahn. Der
Mond selbst stand genau über mir und war folglich meinem Blick verborgen. Große und beschwerliche Bemühungen zur Kondensation der Luft notwendig.

15. April. Konnte nicht einmal mehr die Umrisse der
Kontinente und Meere auf der Erde deutlich wahrnehmen.
Gegen zwölf Uhr hörte ich zum dritten Mal jenes entsetzliche Geräusch, das mich schon vorher so in Angst versetzt
hatte. Jetzt jedoch hielt es einige Augenblicke an und nahm
dabei an Stärke zu. Während ich wie erstarrt und angster-
füllt in Erwartung wer weiß was für eines schrecklichen

Unheils dastand, schwang die Gondel mit ungestümer Kraft hin und her, und eine gewaltige und flammende Masse irgendeines Materials, das ich nicht erkennen konnte, schoß krachend und dröhnend gleich tausend Donnerschlägen an dem Ballon vorbei. Als sich meine Furcht und mein Erstaunen wieder etwas gelegt hatten, bereitete es mir wenig Schwierigkeiten, darin ein mächtiges Stück Vulkangestein zu vermuten, von jenem Himmelskörper abgestoßen, dem ich mich nun so rasch näherte, und das aller Wahrscheinlichkeit nach einer jener seltenen Steinbrocken war, die gelegentlich auf der Erde gefunden und mangels besserer Bezeichnung Meteoriten genannt werden.

16. April. Als ich heute, so gut ich konnte, abwechselnd durch jedes der Seitenfenster nach oben Ausschau hielt, erblickte ich zu meiner großen Freude, daß ein sehr kleiner Teil der Mondscheibe den Ballon in seiner ganzen Größe rundherum überragte. Meine Erregung war unbeschreiblich groß; denn ich hegte nun kaum noch Zweifel, bald am Ende meiner gefährlichen Reise zu sein. Auch wurde die für den Kondensationsapparat erforderliche Arbeit über alle Maßen schwer und erlaubte mir kaum eine Erholung von der Anstrengung. An Schlaf war fast überhaupt nicht zu denken. Ich wurde ganz krank, und mein Körper zitterte vor Erschöpfung. Es war undenkbar, daß die menschliche Natur diesen Zustand angespannten Leidens noch länger ertragen konnte. Während der nun kurzen Zeit der Dunkelheit ging wieder ein Meteorit dicht neben mir nieder, und die Häufigkeit dieser Erscheinungen begann mir große Angst einzuflößen.

17. April. Dieser Morgen erwies sich als ein Markstein auf meiner Reise. Man wird sich erinnern, daß die Erde am Dreizehnten unter einer Winkelbreite von fünfundzwanzig Grad stand. Am Vierzehnten war diese erheblich geringer geworden; am Fünfzehnten war eine noch auffallendere Abnahme zu beobachten, und als ich mich am Abend des Sechzehnten zur Ruhe begab, war mir aufgefallen, daß der Winkel nicht mehr als annähernd sieben Grad fünfzehn

Minuten betrug. Wie groß muß daher mein Erstaunen gewesen sein, als ich nach kurzem und unruhigem Schlaf am Morgen des heutigen Tages, des Siebzehnten, erwachte und die Fläche unter mir so plötzlich und erstaunlich *vergrößert* fand, daß der scheinbare Winkeldurchmesser nicht weniger als neununddreißig Grad betrug! Ich war wie vom Donner gerührt. Keine Worte können eine annähernde Vorstellung des ungeheuren, des absoluten Schreckens und Erstaunens vermitteln, die mich ergriffen und gänzlich überwältigten. Meine Knie zitterten – meine Zähne klapperten – meine Haare standen zu Berge. ›Der Ballon ist geplatzt!‹ Dieser entsetzliche Gedanke schoß mir als erstes durch den Kopf. ›Der Ballon ist tatsächlich geplatzt! – Ich falle – falle mit enormer, nie dagewesener Geschwindigkeit! Nach der riesigen Entfernung zu urteilen, die ich so rasch zurückgelegt habe, kann es nicht länger als zehn Minuten dauern, ehe ich auf der Erdoberfläche aufschlage und mich zu Tode stürze!‹ Aber schließlich fand ich durch Nachdenken Erleichterung. Ich zögerte; ich überlegte; und ich begann zu zweifeln. So etwas war unmöglich! Logischerweise konnte ich gar nicht so schnell sinken. Ich näherte mich zwar offensichtlich der Oberfläche unter mir, aber keinesfalls mit der Geschwindigkeit, die ich mir zuerst eingebildet hatte. Diese Überlegung diente dazu, die Unruhe meines Geistes zu beschwichtigen, und es gelang mir schließlich, das Phänomen im rechten Lichte zu sehen. Mich mußte tatsächlich der Schreck ganz um den Verstand gebracht haben, wenn ich den gewaltigen Unterschied im Aussehen der Fläche unter mir und der Oberfläche meiner Mutter Erde nicht wahrnehmen konnte. Diese befand sich in Wirklichkeit über meinem Kopf und war durch den Ballon vollständig verdeckt, während der Mond – der Mond selbst in all seinem strahlenden Glanz – unter mir zu meinen Füßen lag.

Die Betäubung und Bestürzung, die durch diese ungewöhnliche Veränderung der Lage der Dinge bewirkt wurde, war vielleicht nach allem *der* Abschnitt meines Abenteuers, der am wenigsten eine Erklärung zuließ. Denn das *boule-*

versement an sich war nicht nur natürlich und unvermeidlich, sondern von mir schon seit langem als ein Umstand vorausgesehen, der eintreten würde, sobald ich den Punkt meiner Reise erreichte, wo die Anziehungskraft des Planeten
von der des Satelliten übertroffen würde – oder, genauer
gesagt, wo die Gravitation des Ballons zur Erde schwächer
wäre als die zum Mond. Zugegeben, ich erwachte aus
einem tiefen Schlaf mit außerordentlich verwirrten Sinnen,
um über eine alarmierende Erscheinung nachzugrübeln,
eine Erscheinung, mit der ich zwar gerechnet hatte, aber
nicht in diesem Augenblick. Die Umdrehung selbst mußte
natürlich auf leichte und allmähliche Art stattgefunden haben, und es ist keinesfalls sicher, ob ich, selbst wenn ich
zur Zeit des Vorfalls wach gewesen wäre, im *Innern* einen
Beweis der Umkehrung wahrgenommen hätte – das heißt,
durch irgendeine Unpäßlichkeit oder Konfusion, die mich
selbst oder meine Geräte betraf.

Ich brauche wohl nicht zu betonen, daß ich, nachdem
ich meine Lage richtig eingeschätzt hatte und von der
Furcht befreit war, die jeden Winkel meiner Seele durchdrungen hatte, meine Aufmerksamkeit in erster Linie auf
die Betrachtung der allgemeinen äußeren Erscheinung des
Mondes lenkte. Er lag unter mir wie auf einer Himmels-
karte – und obwohl ich vermutete, daß er sich immer noch
in beträchtlicher Entfernung befand, zeigten sich mir die
Vertiefungen in seiner Oberfläche ungewöhnlich auffällig
und seltsam klar umrissen. Das völlige Fehlen eines Ozeans oder Meeres, wie überhaupt irgendeines Sees oder
Flusses oder anderen Gewässers, fiel mir auf den ersten
Blick als das ungewöhnlichste Merkmal seines geologischen Zustandes auf. Merkwürdigerweise erblickte ich jedoch ungeheuer weite Ebenen von ausgesprochen alluvia-
lem Charakter, obgleich der bei weitem größere Teil der
sichtbaren Halbkugel mit unzähligen vulkanischen Bergen
bedeckt war, die kegelförmige Gestalt hatten und eher
künstlich als natürlich aussahen. Der größte von ihnen war
nicht höher als dreidreiviertel Meilen; aber eine Karte der
vulkanischen Gebiete der Phlegräischen Felder würde Euren

Exzellenzen eine bessere Vorstellung ihres allgemeinen Aussehens geben als jede unvollkommene Beschreibung, die zu wagen ich für angemessen hielte. Die meisten von ihnen befanden sich offenbar im Zustand des Ausbruchs und gaben mir ihre Wut und Kraft furchterregend durch wiederholtes Donnern der falsch bezeichneten Meteoritensteine zu verstehen, die nun neben dem Ballon mit immer erschreckenderer Häufigkeit vorbeisausten.

18. April. Heute stellte ich eine starke Zunahme des Mondkörpers fest – und die offenbar beschleunigte Geschwindigkeit meines Abstiegs begann mich mit Unruhe zu erfüllen. Man wird sich entsinnen, daß ich im Anfangsstadium meiner Erwägungen über die Möglichkeit einer Reise zum Mond die Existenz einer im Verhältnis zum Planetenkörper dichten Atmosphäre weitgehend in meine Berechnungen mit einbezogen hatte; und dies trotz vieler gegenteiliger Theorien und trotz – so kann noch hinzugefügt werden – allgemeiner Zweifel an dem Vorhandensein einer Mondatmosphäre überhaupt. Aber abgesehen von dem, was ich bereits im Hinblick auf den Encke-Kometen und das Zodiakallicht vorgebracht habe, wurde ich in meiner Ansicht durch gewisse Beobachtungen Herrn Schröters aus Lilienthal bestärkt. Er beobachtete den Mond in der Größe von zweieinhalb Tagen kurz nach Sonnenuntergang, bevor der dunkle Teil sichtbar wurde, und betrachtete ihn so lange, bis er ganz zu sehen war. Die beiden Hörner schienen sich in einer leichten, aber deutlich ausgeprägten Verlängerung zu verjüngen, während ihre äußersten Enden schwach von den Sonnenstrahlen beleuchtet wurden, noch ehe ein Teil der dunklen Hemisphäre sichtbar war. Bald darauf war der gesamte dunkle Teil erhellt. Diese Verlängerung der Hörner über den Halbkreis hinaus, so überlegte ich, mußte auf die Brechung der Sonnenstrahlen durch die Mondatmosphäre zurückzuführen sein. Ich berechnete auch, daß die Höhe der Lufthülle (die in der dunklen Hemisphäre ausreichend Licht brechen konnte, um ein Zwielicht zu erzeugen, das heller als das von der Erde reflektierte Licht leuchtete, wenn ungefähr 32° an Neumond fehlen) 1356 Pariser Fuß betrug. Im Hinblick darauf glaubte ich, daß eine Höhe von äußerstenfalls 5376 Fuß den Sonnenstrahl brechen kann. Meine Ansichten darüber waren auch durch einen Passus im zweiundachtzigsten Band der Sitzungsberichte der Royal Society of London bestätigt worden, worin festgestellt wird, daß bei einer Bedeckung der Jupitermonde der dritte verschwand, nachdem er ungefähr ein oder zwei Sekunden nicht genau bestimmbar war, und der vierte unweit des Randes unsichtbar wurde.[1]

Was die Sicherheit meines endgültigen Abstiegs betraf, so hatte ich mich völlig auf den Widerstand oder, genauer gesagt, auf die Unterstützung durch eine Atmosphäre verlassen, die im Zustand der vermuteten Dichte existierte. Sollte es sich nach allem zeigen, daß ich mich geirrt hatte, so konnte ich in der Folge nichts Besseres erwarten als ein *finale* meines Abenteuers, nämlich in Atome zerschmettert gegen die zerklüftete Oberfläche des Satelliten geschleudert zu werden. Und ich hatte nun wirklich allen Grund dazu, dies zu befürchten. Meine Entfernung vom Mond war verhältnismäßig gering, während die vom Kondensationsgerät geforderte Arbeit überhaupt nicht weniger ge-

1 Hevelius schreibt, er hätte verschiedene Male festgestellt, daß am völlig klaren Himmel, wo sogar Sterne sechster und siebenter Größe bemerkbar waren, der Mond und seine Flecken bei gleichbleibender Höhe des Mondes, bei gleicher Entfernung von der Erde und mit ein und demselben vortrefflichen Teleskop nicht zu jeder Zeit gleich hell erschienen. Aus den Begleitumständen dieser Beobachtung geht klar hervor, daß die Ursache dieses Phänomens nicht in unserer Luft, im Fernrohr, im Mond oder im Auge des Betrachters gesucht werden muß, sondern in etwas (einer Lufthülle?), das den Mond umgibt.

Cassini beobachtete häufig den Saturn, den Jupiter und die Fixsterne, sobald eine Mondbedeckung eintrat und ihre runde Form sich in eine ovale veränderte; und bei anderen Bedeckungen fand er überhaupt keine Formveränderung. Demzufolge kann man annehmen, daß es nur zu *bestimmten Zeiten* eine den Mond umhüllende dichte Materie gibt, von der die Sternenstrahlung gebrochen wird.

worden war, und ich konnte keinerlei Anzeichen für eine Verringerung der dünnen Luft feststellen.

19. April. An diesem Morgen, als die Oberfläche des Mondes beängstigend nahe war und ich die schlimmsten Befürchtungen hegte, gab die Pumpe des Kondensationsgerätes zu meiner großen Freude gegen neun Uhr schließlich sichtbare Beweise einer Veränderung der Atmosphäre. Gegen zehn hatte ich Grund zu glauben, daß sich ihre Dichte beträchtlich verstärkt hatte. Gegen elf bedurfte es nur noch geringer Arbeit für die Apparatur; und um zwölf Uhr wagte ich es mit einigem Zögern, die *Presse* aufzuschrauben, und als ich danach kein Unbehagen verspürte, öffnete ich schließlich die elastische Kammer und takelte sie von der Gondel ab. Wie zu erwarten, stellten sich Krämpfe und heftige Kopfschmerzen als unmittelbare Folgen eines so übereilten und gefährlichen Experimentes ein. Aber das alles sowie einige andere die Atmung begleitenden Beschwerden waren durchaus nicht so groß, mich in Lebensgefahr zu bringen, und folglich beschloß ich, sie so gut wie möglich zu ertragen, zog ich in Betracht, daß ich in dem Augenblick von ihnen befreit wäre, sobald ich mich der dichteren Lufthülle um den Mond näherte. Diese Annäherung ging jedoch äußerst stürmisch vor sich, und mir wurde bald mit Bestürzung klar, daß ich – obwohl ich mich in meiner Erwartung einer im Verhältnis zur Masse des Erdtrabanten dichten Atmosphäre wahrscheinlich nicht getäuscht hatte – mich aber doch in der Annahme irrte, daß diese Dichte, selbst auf der Oberfläche, hinreichte, um das große Gewicht zu tragen, das die Gondel meines Ballons enthielt. So hätte es sein *sollen*, und im gleichen Maße wie auf der Erdoberfläche mußte die tatsächliche Körperschwerkraft auf jedem der zwei Planeten im Verhältnis zur Luftdichte stehen. Aber daß das *nicht* der Fall *war*, bewies mein steiles Absinken zur Genüge; *warum* es nicht so war, kann nur durch einen Hinweis auf jene möglichen geologischen Störungen erklärt werden, auf die ich bereits hingewiesen habe. Jedenfalls befand ich mich nun bald auf dem Planeten und sank mit entsetzlicher

Schnelligkeit. Darum zögerte ich keinen Augenblick, um zunächst den Ballast, dann meine Wasserfässer, darauf meinen Kondensationsapparat, die Kautschukkammer und schließlich jeden Gegenstand aus der Gondel abzuwerfen. Aber das alles half nichts. Ich sank noch immer mit schrecklicher Geschwindigkeit und war nun nicht höher als eine halbe Meile von der Oberfläche entfernt. Als letzte Rettung löste ich deshalb, nachdem ich mich meines Mantels, des Hutes und der Stiefel entledigt hatte, *die Gondel selbst*, die von nicht unbeträchtlichem Gewicht war, vom Ballon, und während ich mich mit beiden Händen am Korbgeflecht festklammerte, konnte ich gerade noch erkennen, daß das gesamte Land, so weit mein Blick reichte, dicht mit winzigkleinen Wohnungen übersät war, ehe ich Hals über Kopf mitten in eine phantastisch aussehende Stadt und eine gewaltige Schar häßlicher kleiner Menschen fiel, von denen kein einziger auch nur eine Silbe hervorbrachte oder sich die geringste Mühe gab, mir Beistand zu leisten, sondern die alle, Arme in die Seite gestemmt, wie ein Haufen von Narren dastanden, albern grinsten und nach mir und dem Ballon schielten. Ich wandte mich voll Verachtung von ihnen ab, und als ich nach oben auf die vor kurzem verlassene Erde blickte, verlassen vielleicht für immer, sah ich diese gleich einem riesigen, dunklen Kupferschild von etwa zwei Grad Durchmesser reglos am Himmel über mir hängen, am Rand mit einem glänzenden, halbmondförmigen Goldstreifen versehen. Keinerlei Spuren von Land oder Wasser waren zu entdecken, und das Ganze war mit unterschiedlich großen Flecken besät und mit tropischen und äquatorialen Zonen gegürtet.

Auf diese Weise war ich also – möge es Euren Exzellenzen belieben – schließlich nach einer Reihe großer Aufregungen, unerhörter Gefahren und unvergleichlicher Gelegenheiten, den Gefahren zu entrinnen, am neunzehnten Tag meines Aufbruchs aus Rotterdam wohlbehalten am Ziel einer Reise angelangt, die zweifellos die ungewöhnlichste und bedeutsamste darstellt, die je von einem Erdenbewohner geplant, unternommen und beendet worden war.

Doch bleibt mir noch, von meinen Abenteuern zu berichten. Und sicherlich können sich Eure Exzellenzen gut vorstellen, daß ich nach fünfjährigem Aufenthalt auf einem
Planeten, der nicht nur an sich schon höchst interessant ist,
sondern um so mehr wegen seiner als Satellit engen Verbindung zu der von Menschen bewohnten Welt, geheime Nachrichten für das Staatliche Institut für Astronomie von weit größerer Wichtigkeit haben könnte, als es die
noch so erstaunlichen Einzelheiten der *Reise* selbst sind, die
so glücklich endete. Dies ist tatsächlich der Fall. Ich wüßte
noch vieles – sehr vieles mitzuteilen, was mir größte
Freude bereiten würde. Ich hätte viel über das Mondklima
zu berichten; den eigenartigen Wechsel von Hitze und
Kälte; von zwei Wochen dauerndem, unbarmherzig glühendem Sonnenschein und eisiger Polarkälte während der
folgenden vierzehn Tage; über eine ständige Abgabe von
Feuchtigkeit, durch Destillation wie *in vacuo* erzeugt, von
einer Stelle unterhalb der Sonne zu der am weitesten davon entfernten Stelle; von einer sich stetig verändernden
Zone fließenden Wassers; von den Menschen selbst, ihren
Sitten, Gewohnheiten und politischen Einrichtungen;
ihrem besonderen Körperbau; ihrer Häßlichkeit; ihren fehlenden Ohren, jenen wertlosen Anhängseln in einer so seltsam veränderten Atmosphäre; von ihrer folgerichtigen Unkenntnis des Gebrauchs und der Eigenschaften der
Sprache; von ihrem Sprachersatz durch eine ungewöhnliche Methode des Umgangs miteinander; von der unbegreiflichen Verbindung eines jeden Mondwesens mit einem
bestimmten Erdindividuum – eine Verbindung, die den
Umlaufbahnen des Planeten und des Satelliten entspricht,
von diesen abhängt und durch die Leben und Schicksal
der Bewohner des einen Planeten mit Leben und Schicksal
der Bewohner des anderen verwoben sind; vor allem aber –
so es Euren Exzellenzen beliebt –, vor allem von jenen
dunklen und schrecklichen Geheimnissen, die es in den äußersten Regionen des Mondes gibt – Regionen, auf die
sich wegen der beinahe übernatürlichen Gleichheit der
Umdrehung des Mondes um seine eigene Achse mit der si-

derischen Umdrehung um die Erde noch nie das Fernrohr eines Menschen gerichtet hat und, so Gott will, auch nie richten wird. Das alles und mehr – viel mehr – würde ich bereitwilligst in allen Einzelheiten berichten. Doch um mich kurz zu fassen: Ich möchte eine Belohnung dafür. Ich sehne mich zu meiner Familie und in mein Heim zurück, und wenn man bedenkt, welches Licht ich in wichtige Gebiete der Naturwissenschaft und Metaphysik bringen könnte – muß ich als Preis für jede weitere Information durch Vermittlung Ihrer berühmten Institution dringend um Verzeihung ersuchen für das Verbrechen, dessen ich mich durch die Ermordung meiner Gläubiger bei meinem Abflug aus Rotterdam schuldig gemacht habe. Dies ist also der Zweck des vorliegenden Schreibens. Sein Überbringer, ein Mondbewohner, den ich zu meinem Erdboten auserkoren und entsprechend angeleitet habe, wird Euren Exzellenzen zu Diensten stehen und mit der bewußten Verzeihung, falls sie mir gewährt wird, zurückkehren.

Ich habe die Ehre, Eurer Exzellenzen ergebenster Diener zu sein.

Hans Pfaall.

Nach dem Lesen dieses höchst ungewöhnlichen Schriftstückes habe Professor Rubadub, wie es heißt, vor fassungslosem Staunen seine Pfeife zu Boden fallen lassen, und Mijnheer Superbus von Underduk soll seine Brille abgenommen, sie geputzt und in die Tasche gesteckt und sowohl sich wie seine Würde soweit vergessen haben, daß er sich vor Erstaunen und Verwunderung dreimal auf dem Absatz herumdrehte. Es gab keinen Zweifel darüber – die Verzeihung würde gewährt werden. So wenigstens schwor Professor Rubadub mit einem kräftigen Eid, und so dachte schließlich auch der berühmte von Underduk, während er seinen gelehrten Kollegen beim Arm ergriff und, ohne ein Wort zu sagen, nach Hause eilte, um über die einzuleitenden Maßnahmen zu beratschlagen. Doch als sie die Wohnungstür des Bürgermeisters erreicht hatten, wagte der Professor einzuwenden, daß, da der Bote es für richtig befunden hatte, sich wieder zurückzuziehen – ohne Zweifel durch das wilde Aussehen der Rotterdamer Bürger zu Tode erschrocken –, Verzeihung sinnlos wäre, da niemand außer einem Mann vom Mond eine so weite Reise unternehmen würde. Der Bürgermeister bekräftigte die Wahrheit dieser Bemerkung, und damit war die Sache zum Ende gebracht. Nicht jedoch Gerüchte und Spekulationen. Nachdem der Brief veröffentlicht worden war, gab es viel Gerede und verschiedene Meinungen. Ein paar Neunmalkluge wollten es genau wissen und erklärten die ganze Sache für einen Schwindel. Aber Schwindel bedeutet bei dieser Art Menschen, so glaube ich, eine allgemeine Bezeichnung für all jene Dinge, die sie nicht verstehen. Ich für mein Teil kann mir allerdings nicht erklären, auf welche Tatsachen sie eine solche Beschuldigung zurückführen. Laßt uns sehen, was sie behaupten:

Erstens: Daß gewisse Spaßvögel in Rotterdam insonderheit eine gewisse Antipathie gegen gewisse Bürgermeister und Astronomen hätten.

Zweitens: Daß ein seltsamer kleiner Zwerg und Taschenspieler, dem man wegen irgendeines strafbaren Vergehens beide Ohren bis dicht an den Kopf abgeschnitten hatte, schon seit mehreren Tagen in der Nachbarstadt Brügge vermißt werde.

Drittens: Daß die Zeitungen, die überall auf dem kleinen Ballon geklebt hätten, holländische Zeitungen gewesen seien und daher nicht auf dem Mond hergestellt sein könnten. Es seien schmutzige Zeitungen gewesen – sehr schmutzige, und Gluck, der Drucker, könne auf die Bibel schwören, daß sie in Rotterdam gedruckt worden seien.

Viertens: Daß man Hans Pfaall selbst, den notorischen Trunkenbold, und die drei stinkendfaulen Herren, die er als seine Gläubiger bezeichnete, vor zwei oder drei Tagen in einer Vorstadtkneipe gesehen hätte, wo sie gerade mit einem Haufen Geld in den Taschen von einer Seereise zurückgekehrt waren.

Und letztens: Daß es allgemeine Ansicht sei oder wenigstens sein sollte, daß das Astronomische Institut in Rotterdam genau wie alle anderen Institute in allen anderen Teilen der Welt – ganz zu schweigen von den Kollegien und Astronomen im allgemeinen – gelinde gesagt keinen Deut besser, größer oder klüger sei als nötig.

Anmerkung. – Genaugenommen gibt es nur eine geringe Ähnlichkeit zwischen dem obigen flüchtig skizzierten Geschichtchen und der gepriesenen ›Mond-Erzählung‹ des Mr. Locke; da aber beide dem Charakter nach *ein Jux* sind (obwohl die eine spöttisch gehalten, die andere äußerst ernst gemeint ist) und da beide Flunkereien das gleiche Thema, den Mond, zum Gegenstand haben – mehr noch, da beide versuchen, durch das Anführen wissenschaftlicher Details glaubhaft zu erscheinen –, hält es der Autor des ›Hans Pfaall‹ für notwendig, *zur Selbstverteidigung* anzuführen, daß sein *jeu d'esprit* im ›Southern Literary Messenger‹ etwa drei Wochen vor dem des Mr. L. in der ›New York Sun‹ veröffentlicht wurde. Unter Annahme einer Ähnlichkeit, die vielleicht nicht vorhanden ist, kopierten einige der New Yorker Zeitungen den ›Hans Pfaall‹ und verglichen ihn mit dem ›Mond-Jux‹, um den Verfasser des einen im Verfasser des anderen aufzuspüren.

Da tatsächlich bedeutend mehr Personen vom ›Mond-Jux‹ hinters Licht geführt wurden, als es eigentlich zugeben wollen, könnte es hier einiges Vergnügen bereiten aufzuzeigen, warum niemand sich hätte täuschen lassen sollen – die Besonderheiten der Geschichte darzulegen, die hinreichend gewesen sein müßten, ihren wahren Charakter aufzudecken. In der Tat, wie reich sich auch immer die Phantasie in dieser geistvollen dichterischen Erfindung darbot, es mangelte ihr sehr an der Kraft, die man ihr bei peinlicherer Aufmerksamkeit gegenüber den Fakten und gegenüber der allgemeinen Analogie hätte verleihen können. Daß die Öffentlichkeit, wenn auch nur für einen Moment, in die Irre geführt wurde, beweist nur die tiefe Unwissenheit, die so häufig bei Gegenständen astronomischer Natur vorherrscht.

Die Entfernung des Mondes zur Erde beträgt rund 240 000 Meilen. Wenn wir in Erfahrung bringen möchten,

wie nahe eine Linse den Satelliten (oder ein anderes entferntes Objekt) anscheinend heranbringen würde, brauchen wir natürlich bloß die Entfernung durch die Vergrößerungskraft oder, genauer gesagt, durch die Raumdurchdringungskraft des Fernglases zu dividieren. Mr. L. läßt
seine Linse die 42 000fache Vergrößerungskraft haben.
Man teile 240 000 (die wahre Entfernung des Mondes)
durch diese Zahl, und wir erhalten fünf Meilen und fünf
Siebentel als scheinbare Entfernung. Kein Tier könnte
man von so weit her sehen, viel weniger noch die winzigen
Details, die in der Erzählung ausführlich beschrieben werden. Mr. L. berichtet, daß Sir John Herschel Blumen erkannt (die Papaver Rheas etc.) und daß er sogar Form und
Farbe der Augen kleiner Vögel herausfindet. Kurz vorher
hat er auch selbst bemerkt, daß die Linse Objekte, die kleiner als 18 Zoll im Durchmesser sind, nicht wahrnehmbar
machen könne; aber selbst das schreibt, wie ich schon ausführte, dem Fernglas ein viel zu großes Leistungsvermögen
zu. Beiläufig sei noch vermerkt, daß diese wunderbare
Linse in der Glashütte Hartley und Grant in Dumbarton
gegossen worden sein soll; jedoch hat H. und G.s Firma
den Betrieb viele Jahre vor der Veröffentlichung des Juxes
eingestellt.

Auf Seite 13 der Ausgabe dieser Abhandlung sagt der
Autor bei der Beschreibung ›eines haarigen Schleiers‹ über
den Augen einer Büffelart: ›Dem scharfsinnigen Geist
Dr. Herschels war sofort klar, daß dieser von der Vorsehung dazu bestimmt war, die Augen des Tieres vor den
großen Extremen Licht und Dunkelheit zu schützen, denen
alle Bewohner unserer Seite des Mondes in gewissen Abständen ausgesetzt sind.‹ Aber das kann man nicht für eine
sehr ›scharfsinnige‹ Beobachtung des Doktors halten. Die
Bewohner unserer Seite des Mondes haben augenscheinlich
überhaupt keine Dunkelheit, so daß es keine der erwähnten
›Extreme‹ geben kann. Fehlt die Sonne, erhalten sie das
Licht der Erde, das dem von dreizehn vollen, unbewölkten
Monden gleicht.

Selbst wenn erklärt wird, daß sie mit Blunts Mondkarte

übereinstimmt, widerspricht die ganze Topographie völlig dieser oder jeder anderen Mondkarte und steht sogar mit sich selbst in krassem Widerspruch. Auch die Kompaßteilung ist unentwirrbar durcheinander; der Autor scheint sich darüber im unklaren zu sein, daß diese auf der Mondkarte nicht der irdischen Kompaßteilung entspricht; der Osten liegt links etc.

Vielleicht getäuscht von den irreführenden Bezeichnungen *Mare Nubium*, *Mare Tranquillitatis*, *Mare Foecunditatis* etc., die den dunklen Flecken von früheren Astronomen gegeben wurden, geht Mr. L. detailliert auf die Betrachtung von Ozeanen und anderen großen Wasserflächen auf dem Mond ein; wohingegen doch keine andere astronomische Frage ausdrücklicher bestätigt ist als die, daß es dort keine solchen gibt. Bei der Untersuchung der Grenze zwischen Hell und Dunkel (bei zunehmendem oder abnehmendem Mond) erkennt man dort, wo diese Grenze eine der dunklen Stellen durchquert, daß die Trennlinie unregelmäßig und zackig ist; wären diese dunklen Stellen jedoch flüssig, würde sie offensichtlich glatt sein.

Die Beschreibung der Flügel des Fledermausmenschen auf Seite 21 ist lediglich eine wörtliche Kopie von Peter Wilkins' Schilderung der Flügel seiner fliegenden Inselbewohner. Diese einfache Tatsache sollte Verdacht hervorgerufen haben, zumindest könnte man das annehmen.

Auf Seite 23 finden wir folgendes: ›Welch einen erstaunlichen Einfluß muß unsere dreizehnmal größere Erdkugel auf diesen Satelliten ausgeübt haben, als er noch ein Embryo im Schoß der Zeit war, das passive Subjekt chemischer Affinität!‹ Das klingt sehr schön; aber es sollte festgestellt werden, daß kein Astronom solch eine Bemerkung, besonders einem wissenschaftlichen Journal gegenüber, gemacht hätte; denn die Erde ist im beabsichtigten Sinne nicht nur dreizehn-, sondern neunundvierzigmal *größer* als der Mond. Ein ähnlicher Einwand trifft auf die Gesamtheit der Schlußseiten zu, wo der weise Korrespondent als Einführung zu einigen Entdeckungen auf dem Saturn eine umständliche, schülerhafte Darstellung dieses Planeten gibt – und das gegenüber dem ›Edinburgh Journal of Science‹!

Doch gibt es insbesondere einen Punkt, der die dichterische Erfindung verraten haben sollte. Stellen wir uns vor, wir verfügten tatsächlich über die Möglichkeit, Tiere auf der Mondoberfläche zu erkennen – was würde als *erstes* die Aufmerksamkeit eines Beobachters von der Erde fesseln? Bestimmt weder deren Gestalt, Größe noch eine andere solche Besonderheit als vielmehr deren bemerkenswerte *Lage*. Es würde so scheinen, als liefen sie mit den Füßen nach oben und dem Kopf nach unten, wie Fliegen an der Decke. Der wirkliche Beobachter hätte augenblicklich einen Ruf des Erstaunens (wie auch immer er durch sein Wissen vorbereitet gewesen wäre) ausgestoßen über die Besonderheit ihrer Position; der *fiktive* Beobachter hat diese Frage nicht einmal erwähnt, sondern spricht davon, den ganzen Körper solcher Kreaturen zu sehen, wenn es doch nachweisbar ist, daß er bloß den Umriß ihrer Köpfe hätte sehen können!

Schließlich sollte ebenfalls bemerkt werden, daß die Größe und besonders die Möglichkeiten der Fledermausmenschen (zum Beispiel deren Fähigkeit, in einer so dünnen Atmosphäre zu fliegen – wenn der Mond tatsächlich überhaupt eine hat), zusammen mit den meisten der anderen Phantasiegebilde bezüglich des Vorhandenseins von Tieren und Pflanzen, sich im allgemeinen mit allen ähnlichen Überlegungen zu diesen Themen im Widerspruch befinden und daß die Analogie hier oft überzeugende Beweisführungen liefern wird. Es ist vielleicht kaum notwendig hinzuzufügen, daß alle Hypothesen, die zu Beginn des Abschnittes Brewster und Herschel zugeschrieben wurden, bezüglich ›einer Transfusion künstlichen Lichtes durch das fokale Sichtobjekt‹ etc. etc., zu der Art von blühender Schreiberei gehören, die am passendsten unter die Bezeichnung Faselei fällt.

Es gibt eine reale und sehr bestimmte Grenze für optische Entdeckungen von Sternen – eine Grenze, deren Natur nur erklärt werden muß, um verstanden zu werden.

Wenn tatsächlich das Gießen großer Linsen alles sei, was erforderlich wäre, würde sich der menschliche Erfindungsgeist im Endeffekt der Aufgabe gewachsen zeigen, und wir könnten sie in jeder erforderlichen Größe besitzen. Aber leider ergibt sich im Verhältnis zur Vergrößerung der Linsenabmessungen, und daraus folgend der Raumdurchdringungskraft, eine Abnahme des Lichtes vom Objekt durch eine Diffusion seiner Strahlen. Und für dieses Übel kann menschliches Vermögen keine Abhilfe schaffen; denn ein Objekt kann nur mittels desjenigen Lichtes gesehen werden, das von ihm selbst, entweder direkt oder reflektiert, ausgeht. So wäre also das einzige ›künstliche‹ Licht, welches für Mr. Locke von Nutzen sein könnte, ein Kunstlicht, das er – nicht auf das ›fokale Sichtobjekt‹, sondern auf das wirklich zu betrachtende Objekt – nämlich *auf den Mond* werfen könnte. Es war leicht zu berechnen: Wenn das von einem Stern ausgehende Licht in dem Maße zerstreut wird, daß es so schwach ist wie das natürliche, von der Gesamtheit der Sterne in einer klaren und mondlosen Nacht ausgehende Licht, dann ist der Stern für praktische Zwecke nicht länger sichtbar.

Das kürzlich in England konstruierte Earl-of-Rosse-Teleskop hat einen Metallspiegel mit einer reflektierenden Oberfläche von 4071 Quadratzoll, das Herschel-Teleskop nur eine von 1811 Quadratzoll. Das Metall des Earl-of-Rosse-Teleskops hat einen Durchmesser von 6 Fuß, an den Kanten ist es 5½ Zoll stark und 5 in der Mitte. Es wiegt 3 Tonnen. Die Brennweite beträgt 50 Fuß.

Vor kurzem las ich ein ungewöhnliches und recht geistreiches kleines Buch, dessen Titelseite folgendermaßen lautet: – ›L'Homme dans la lvne, ou le Voyage Chimerique fait au Monde de la Lvne, nouuellement decouuert par Dominique Gonzales, Aduanturier Espagnol, autremèt dit le Courier volant. Mis en notre langve par J.B.D.A. Paris, chez Francois Piot, pres la Fontaine de Saint Benoist. Et chez J. Goignard, au premier pilier de la grand' salle du Palais, proche les Consultations, MDCXLVIII.‹ 176 Seiten.

Der Verfasser erklärt, daß sein Werk eine Übersetzung aus dem Englischen eines Mr. D'Avisson (Davidson?) sei, obwohl es bei dieser Aussage eine ausgesprochene Mehrdeutigkeit gibt. ›*I' en ai eu*‹, schreibt er, ›*l'original de Monsieur D'Avisson, medecin des mieux versez qui soient aujourd'huy dans la cònoissance des Belles Lettres, et sur tout de la Philosophie Naturelle. Je lui ai cette obligation entre les autres, de m' auoir non seulement mis en main ce Livre en anglois, mais encore le Manuscrit du Sieur Thomas D'Anan, gentilhomme Eccossois, recommandable pour sa vertu, sur la version duquel j'advoue que j'ay tiré le plan de la mienne.*‹

Nach einigen unbedeutenden Abenteuern, sehr in der Art der des Gil Blas, die die ersten dreißig Seiten füllen, berichtet der Autor, daß er während einer Seereise erkrankte und die Mannschaft ihn zusammen mit einem schwarzen Diener auf der Insel St. Helena aussetzte. Um die Chancen der Nahrungsbeschaffung zu vergrößern, trennen sich die beiden und leben so weit wie möglich voneinander entfernt. Das führt dazu, daß Vögel dressiert werden, die die Aufgaben von Brieftauben zwischen ihnen übernehmen. Nach und nach lehrt man sie, Pakete von gewissem Gewicht zu tragen – und dieses Gewicht wird allmählich erhöht. Schließlich zieht man die Idee in Erwägung, die Kräfte einer großen Anzahl von Vögeln mit der Absicht zu vereinen, den Autor selbst in die Lüfte zu heben. Zu diesem Zwecke wird eine Maschine ersonnen, deren genaueste Beschreibung wir erhalten, welche noch durch einen Stahlstich bildlich unterstützt wird. Hierauf erkennen wir, wie der Señor Gonzales mit Spitzenkrause und riesiger Perücke, rittlings auf etwas sitzend, das sehr stark einem Besenstiel ähnelt, durch eine Vielzahl wilder Schwäne *(ganzas)*, von deren Schwänzen Schnüre zur Maschine führen, in die Höhe getragen wird.

Das wichtigste Ereignis, das in der Erzählung des Signors eingehend geschildert wird, hängt von einem sehr bedeutsamen Umstand ab, über den der Leser bis kurz vor Ende des Buches in Unwissenheit gehalten wird. Die *ganzas*, die ihm so vertraut wurden, waren nicht wirklich Be-

wohner St. Helenas, sondern des Mondes. Seit undenklichen Zeiten war es ihre Gewohnheit, alljährlich in ein
gewisses Gebiet der Erde zu ziehen. Natürlich pflegten sie
rechtzeitig nach Hause zurückzukehren; und der Autor,
der zufällig eines Tages ihre Dienste für eine kurze Reise in
Anspruch nehmen will, wird unerwarteterweise geradewegs
emporgetragen und kommt wenig später auf dem Satelliten
an. Hier erfährt er, neben anderen seltsamen Dingen, daß
sich die Leute ausgesprochener Glückseligkeit erfreuen;
daß sie keine *Gesetze* haben; daß sie ohne Schmerzen sterben; daß sie zehn bis dreißig Fuß groß werden; daß sie
fünftausend Jahre leben; daß sie einen Irdonozur genannten Kaiser haben und daß sie sechzig Fuß hoch springen
können, wenn sie, außerhalb des Schwerkrafteinflusses, mit
Fächern umherfliegen.

Ich kann nicht umhin, eine Probe der allgemeinen *Philosophie* des Bandes anzuführen.

›Ich muß Ihnen jetzt‹, sagt der Señor Gonzales, ›die Beschaffenheit des Ortes, an dem ich mich wiederfand, darlegen. Alle Wolken schwebten unter meinen Füßen oder
waren, wenn Sie so wollen, zwischen mir und der Erde
ausgebreitet. Was die Sterne betrifft, hatten sie, *da es dort,
wo ich mich befand, keine Nacht gab, immer das gleiche Aussehen;
nicht strahlend, wie gewöhnlich, sondern blaß, fast wie der Mond
am Morgen.* Aber nur wenige von ihnen waren sichtbar, und
diese zehnmal größer (so gut ich es einzuschätzen vermochte), als sie den Erdenbewohnern erscheinen. Der
Mond, dem zwei Tage an seinem vollen Umfang fehlten,
hatte eine schreckliche Größe.

Ich darf hier nicht vergessen, daß die Sterne nur auf der
dem Mond zugewandten Seite der Erdkugel sichtbar waren
und daß sie um so größer erschienen, je näher sie ihm waren. Ich muß Sie auch darüber unterrichten, daß ich mich,
gleich ob das Wetter ruhig oder stürmisch war, *immer direkt
zwischen dem Mond und der Erde befand.* Davon war ich aus
zwei Gründen überzeugt – weil meine Vögel immer in gerader Linie flogen und weil wir, wann immer wir versuchten auszuruhen, *unmerklich um die Erdkugel herumgetragen*

wurden. Denn ich bekenne mich zur Anschauung von Kopernikus, der erklärt, daß sie niemals aufhöre, sich von Osten nach Westen zu drehen, nicht um die Pole des Äquinoktiums, die allgemein die Pole der Welt genannt werden, sondern um die des Zodiakus; dies ist eine Frage, auf die ich gedenke, hernach ausführlicher einzugehen, wenn ich Muße haben werde, meine Erinnerungen bezüglich der Astrologie, die ich in jungen Jahren in Salamanca erlernte und seitdem vergessen habe, aufzufrischen.‹

Ungeachtet der kursiv gedruckten groben Fehler ist das Buch nicht ohne einen gewissen Anspruch auf Aufmerksamkeit, da es ein naives Probestück der verbreiteten astronomischen Auffassungen der Zeit ist. Eine davon beinhaltete, daß die ›Anziehungskraft‹ nur über eine geringe Entfernung von der Erdoberfläche aus wirksam sei, und dementsprechend wird unser Reisender ›unmerklich um die Erdkugel herumgetragen‹ etc.

Es gab noch andere ›Reisen zum Mond‹, aber keine von größerem Werte als die gerade erwähnte. Diejenige von Bergerac ist gänzlich bedeutungslos. Im dritten Band der ›American Quarterly Review‹ findet man eine recht mühsam ausgearbeitete Kritik einer gewissen, zur fraglichen Art gehörenden ›Reise‹ – eine Kritik, bei der es schwierig ist festzustellen, ob der Kritiker mehr die Dummheit des Buches oder seine absurde Unkenntnis der Astronomie bloßlegt. An den Titel der Arbeit kann ich mich nicht erinnern, aber die Beförderungsmittel der Luftreise sind noch beklagenswert schlechter ersonnen, als es selbst die *ganzas* unseres Freundes Señor Gonzales sind. Der Abenteurer entdeckt beim Graben in der Erde zufällig ein eigenartiges Metall, das vom Mond stark angezogen wird, und konstruiert sogleich einen Kasten daraus, der, losgelöst von den irdischen Halterungen, mit ihm geradewegs zu dem Satelliten fliegt. Der ›Flug des Thomas O'Rourke‹ ist ein nicht gänzlich zu verachtender *jeu d'esprit* und wurde ins Deutsche übersetzt. Thomas, der Held, war eigentlich der Wildhüter eines irischen Pairs, dessen Exzentrizität Anlaß zu der Erzählung gab. Er macht seine ›Flugreise‹ auf dem

Rücken eines Adlers vom Hungry Hill aus, einem hochragenden Berg am Ende der Bantry Bay.

Diese verschiedenen *brochures* sind immer satirisch gemeint, wobei ihr Thema eine Beschreibung der lunarischen
Bräuche, verglichen mit den unsrigen, ist. In keiner wird
versucht, die einzelnen Punkte der Reise an sich *glaubwür-
dig* erscheinen zu lassen. In jedem Falle scheint den Verfassern bezüglich der Astronomie jegliches Wissen zu fehlen.
Im ›Hans Pfaall‹ ist die Darstellung insofern neuartig, als
sie einen Versuch auf *Wahrscheinlichkeit* bei der Anwendung
wissenschaftlicher Prinzipien (soweit es die seltsame Natur
des Themas gestattet) und auf die tatsächliche Flugreise
zwischen Erde und Mond betrifft.

DER BERICHT DES A. GORDON PYM

Vorwort

Bei meiner Rückkehr in die Vereinigten Staaten vor einigen Monaten, nach jener Reihe außergewöhnlicher Abenteuer in der Südsee und anderswo, über die auf den folgenden Seiten berichtet wird, führte mich der Zufall in die
Gesellschaft mehrerer Gentlemen in Richmond, Virginia,
die tiefes Interesse für alle Dinge bekundeten, welche die
von mir besuchten Gegenden betrafen, und mir ständig als
meine Pflicht vorhielten, der Öffentlichkeit einen Bericht
zu liefern. Ich hatte jedoch mehrere Gründe, dies abzuleh-
nen, von denen einige völlig privaten Charakters waren
und niemanden anders denn mich selbst angingen, während es bei anderen nicht ganz so war. Eine Erwägung, die
mich davon abhielt, war, daß ich über einen längeren Zeitraum meiner Abwesenheit kein Tagebuch geführt hatte
und fürchtete, allein auf das Gedächtnis gestützt, keine so
sorgfältige und zusammenhängende Darstellung liefern zu
können, die auch nur den *Anschein* jener Wahrhaftigkeit
hätte, wie sie sie wirklich besitzen würde, schlösse man nur
die natürliche und unvermeidliche Übertreibung aus, der
wir alle bei der Schilderung von Ereignissen erliegen, welche in hohem Maße geeignet sind, die schöpferische Einbildungskraft zu erregen. Ein anderer Grund bestand darin, daß die Geschehnisse, über die zu berichten war, von
so ausnehmend unglaublicher Natur waren, daß die Öffentlichkeit insgesamt das von mir Vorgebrachte höchstwahrscheinlich als schamlose und geschickte Erfindung ansehen würde, da meine Behauptungen notwendigerweise
nicht bestätigt werden können (sieht man von der Aussage
eines einzelnen, noch dazu eines indianischen Halbbluts
ab), so daß ich nur bei meiner Familie und denjenigen meiner Freunde auf Glauben rechnen konnte, denen die Le-

benserfahrung Grund gegeben hatte, meine Wahrhaftigkeit nicht in Zweifel zu ziehen. Mißtrauen in meine
Fähigkeiten als Schriftsteller war indes einer der Haupt-
gründe, die mich hinderten, den Anregungen meiner Rat-
geber zu folgen.

Unter jenen Gentlemen in Virginia, die größtes Interesse
an meinem Bericht bekundeten, insbesondere jenen Teil
betreffend, der sich mit dem Antarktischen Ozean befaßte,
war Mr. Poe, seit kurzem Herausgeber des ›Southern Literary Messenger‹, einer von Mr. Thomas W. White in Richmond veröffentlichten Monatszeitschrift. Wie auch andere
riet er mir dringend, sofort einen vollständigen Bericht
über alles Erlebte und Gesehene vorzubereiten und dem
Scharfblick und gesunden Menschenverstand der Öffentlichkeit zu vertrauen – wobei er höchst überzeugend darlegte, daß mein Buch, wie streng man in bezug auf den
Verfasser auch sein werde, gerade durch die Ungeschliffen-
heit – falls eine solche vorhanden sein sollte – nur um so
gewisser darauf rechnen könne, als wahrheitsgetreu zu
gelten.

Trotz dieser Beweisführung konnte ich mich nicht entschließen, seiner Anregung zu folgen. Später schlug er mir
vor (nachdem er meine Unbeugsamkeit in dieser Angelegenheit erkannt hatte), daß ich ihm erlauben solle, gestützt
auf die Fakten, die ich ihm lieferte, mit seinen eigenen
Worten eine Darstellung des ersten Teils meiner Abenteuer
aufzuzeichnen und, als Roman gewandt, im ›Southern
Messenger‹ zu veröffentlichen. Dagegen etwas einzuwenden sah ich keinen Grund, so daß ich einwilligte und
mir nur ausbedang, daß mein Name ungenannt bleiben
sollte. Zwei Folgen des angeblichen Romans erschienen in
der Januar- und Februarausgabe des ›Messenger‹ (1837),
und damit sie auch ganz gewiß als Fiktion angesehen wurden, war den Artikeln im Inhaltsverzeichnis der Zeitschrift
der Name von Mr. Poe angefügt.

Die Art und Weise, wie dieses listige Vorhaben aufgenommen wurde, veranlaßte mich letztendlich, eine syste-
matische Kompilation und Publikation der in Frage ste-

henden Abenteuer zu betreiben; denn ich fand, daß trotz des phantastischen Schleiers, der um den im ›Messenger‹ erschienenen Teil meines Berichts so geschickt gehüllt worden war (ohne auch nur eine einzige Tatsache zu verändern oder zu entstellen), die Öffentlichkeit dennoch keineswegs geneigt war, ihn als Phantasiegebilde aufzufassen, und einige an Mr. P.s Adresse gerichtete Briefe bekundeten eindeutig die Überzeugung vom Gegenteil. Ich schloß daraus, daß die Tatsachen meines Berichts hinlängliche Beweise ihrer eigenen Glaubwürdigkeit lieferten und ich deshalb wenig fürchten mußte, in der Öffentlichkeit als unglaubhaft zu gelten.

Nach diesem Exposé wird man sofort gewahr werden, wieviel von dem nun Folgenden ich als mein eigenes Schriftwerk zu bezeichnen beanspruche; auch wird leicht ersichtlich, daß keine Tatsache auf den ersten wenigen von Mr. Poe geschriebenen Seiten falsch wiedergegeben wurde. Selbst jene Leser, die den ›Messenger‹ nicht gesehen haben, wird man kaum darauf hinweisen müssen, wo Mr. Poes Teil endet und meiner beginnt; der Unterschied in der Ausdrucksweise ist unschwer zu erkennen.

New York, Juli 1838   A. G. PYM

Kapitel I

Mein Name ist Arthur Gordon Pym. Mein Vater war ein angesehener Kaufmann für Schiffsbedarf in Nantucket, wo ich geboren wurde. Mein Großvater mütterlicherseits war Anwalt mit einer gutgehenden Praxis. Er hatte in allen Dingen eine glückliche Hand und spekulierte sehr erfolgreich mit Effekten der Edgarton New Bank, wie sie früher hieß. Auf diese und ähnliche Art gelang es ihm, eine erkleckliche Summe Geldes beiseite zu legen. Er war mir, glaube ich, mehr gewogen als jeder anderen Person in der Welt, und ich rechnete, bei seinem Tode den größten Teil seines Vermögens zu erben. Mit sechs Jahren schickte er mich in die Schule des alten Mr. Ricketts, eines Gentleman

mit nur einem Arm und exzentrischen Manieren – fast jedermann kennt ihn, der New Bedford besucht hat. Ich
blieb auf seiner Schule, bis ich sechzehn war, und wechselte dann an Mr. Ronalds Schule auf dem Berg. Hier
wurde ich sehr vertraut mit dem Sohn von Mr. Barnard,
einem Schiffskapitän, der allgemein im Auftrag von Lloyd
und Vredenburgh segelte – auch ist er in New Bedford
wohlbekannt und hat viele Verwandte in Edgarton, dessen
bin ich sicher. Sein Sohn hieß Augustus und war fast zwei
Jahre älter als ich. Einmal hatte sein Vater ihn zu einer
Walfangfahrt auf der ›John Donaldson‹ mitgenommen,
deshalb erzählte er mir immer von seinen Abenteuern im
Südpazifik. Ich begleitete ihn häufig nach Hause und blieb
dort den ganzen Tag und manchmal auch die Nacht. Wir
teilten dasselbe Bett, und es verstand sich von selbst, daß er
mich fast bis Tagesanbruch wach hielt mit Geschichten
über die Eingeborenen auf der Insel Tinian und über andere Gegenden, die er bei seinen Reisen aufgesucht hatte.
Schließlich begann ich, mich für seine Erzählungen zu in-
teressieren, und allmählich spürte ich das größte Verlangen, zur See zu fahren. Ich besaß ein Segelboot, das auf
den Namen ›Ariel‹ getauft und etwa fünfundsiebzig Dollar
wert war. Es hatte ein Halbdeck beziehungsweise eine Kajüte und war als Schaluppe getakelt – die Tonnage habe
ich vergessen, aber zehn Personen fanden bequem darauf
Platz. Mit diesem Boot unternahmen wir öfters die ver-
rücktesten Fahrten, die die Welt gesehen hat, und wenn ich
jetzt daran denke, erscheint es mir als ein tausendfaches
Wunder, heute noch am Leben zu sein.

Ich werde eines dieser Abenteuer erzählen, um so einen
längeren und folgenschwereren Bericht einzuleiten. Eines
Abends hatte bei Mr. Barnard eine Gesellschaft stattgefunden, und Augustus und ich waren am Ende ziemlich betrunken. Wie stets in solchen Fällen teilte ich das Lager
mit ihm, statt heimzugehen. Er schlief, wie ich glaubte,
sehr ruhig ein (es ging auf eins, als die Gesellschaft auf-
brach) und ohne ein einziges Wort über sein Lieblingsthema zu verlieren. Es mochte eine halbe Stunde nach un-

serem Zubettgehen gewesen sein, und ich war im Begriff einzunicken, als er plötzlich auffuhr und mit einem schrecklichen Eid schwor, daß er selbst um eines Arthur Pym in der Christenheit willen nicht gedenke einzuschlafen, wenn so eine herrliche Brise aus Südwest wehe. Nie zuvor im Leben war ich so erstaunt, da ich nicht wußte, was er beabsichtigte, und glaubte, der viele Wein und Likör, den er getrunken hatte, hätten ihn um den Verstand gebracht. Er redete jedoch sehr besonnen weiter und erklärte, wohl zu wissen, daß ich ihn für betrunken hielte, während er in seinem Leben nie nüchterner gewesen sei. Er sei es nur leid, in so schöner Nacht sich wie ein Hund auf dem Lager zu rekeln, fügte er hinzu, und daher entschlossen aufzustehen, sich anzukleiden und zu einer lustigen Bootsfahrt aufzubrechen. Ich kann schwerlich sagen, was über mich kam, aber kaum hatte er diese Worte von sich gegeben, spürte ich einen Schauer größter Erregung und Begeisterung und hielt diese verrückte Idee für eines der herrlichsten und vernünftigsten Dinge von der Welt. Der Wind wehte fast stürmisch, und es war sehr kalt – der Oktober ging zur Neige. Dennoch sprang ich in einer Art Ekstase aus dem Bett und sagte ihm, ich sei ebenso tapfer wie er und es nicht minder leid, mich wie ein Hund auf dem Lager zu rekeln, und ebenso zu jedem Spaß oder einer lustigen Fahrt aufgelegt wie nur ein Augustus Barnard in Nantucket.

Wir verloren keine Zeit, in unsere Kleider zu schlüpfen und zum Boot zu eilen. Es lag an der alten, verfallenen Werft beim Holzlager von Pankey & Co. und stieß sich an den unbehauenen Balken fast die Bordwand ein. Augustus sprang hinein und schöpfte es aus, denn es war fast halb voll Wasser. Als dies getan war, hißten wir Klüver und Hauptsegel, gingen unter den Wind und steuerten kühn hinaus auf See.

Wie ich vorhin sagte, wehte eine frische Brise von Südwest. Die Nacht war sehr klar und kalt. Augustus hatte das Ruder übernommen, und ich postierte mich am Mast beim Kajütendeck. Mit großer Geschwindigkeit schossen wir dahin – seit wir abgelegt hatten, hatte keiner von uns ein

Wort gesagt. Ich fragte meinen Begleiter jetzt, welchen Kurs er zu steuern gedenke und zu welcher Zeit wir seiner Meinung nach zurück sein würden. Er pfiff ein paar Minuten vor sich hin und sagte dann verdrossen: »*Ich* fahre auf die See hinaus, *du* kannst nach Hause fahren, wenn du es für richtig hältst.« Als ich ihn anblickte, bemerkte ich sofort, daß er trotz seiner vorgetäuschten *nonchalance* äußerst erregt war. Im Mondschein konnte ich ihn deutlich sehen – sein Gesicht war weißer als Marmor, und seine Hand zitterte so heftig, daß er kaum die Ruderpinne halten konnte. Ich hatte das Empfinden, daß etwas nicht in Ordnung war, und machte mir ernste Sorgen. Zur damaligen Zeit verstand ich noch wenig vom Steuern eines Bootes, so war ich völlig dem seemännischen Geschick meines Freundes ausgeliefert. Auch hatte der Wind plötzlich zugenommen, da wir schnell den Schutz der Küste verließen – aber noch scheute ich mich, irgendwelche Furcht zu zeigen, und bewahrte für nahezu eine halbe Stunde völliges Stillschweigen. Dann hielt ich es jedoch nicht länger aus und fragte Augustus, ob es nicht besser sei umzukehren. Wie zuvor dauerte es fast eine Minute, ehe er antwortete oder irgendwelche Notiz von meinem Vorschlag nahm. »Nachher«, sagte er schließlich. »Ist noch Zeit genug – nachher nach Hause.« Wohl hatte ich eine solche Antwort erwartet, aber etwas in seinem Ton flößte mir ein unbeschreibliches Gefühl des Schreckens ein. Ich betrachtete den Sprecher wieder aufmerksam. Seine Lippen waren bleigrau, und seine Knie schlugen so heftig gegeneinander, daß er sich kaum aufrecht halten konnte. »Um Gottes willen, Augustus«, rief ich, nun tief erschrocken. »Was fehlt dir? Was ist los mit dir? Was tust du denn?« – »Los mit mir!« stammelte er anscheinend höchst überrascht, ließ im gleichén Moment die Pinne los und fiel nach vorn auf den Boden des Bootes. »Ist los – warum, nichts ist – los – fahren heim – s-s-siehst du nicht?« Nun dämmerte mir mit einem Mal die ganze Wahrheit. Ich stürzte zu ihm und hob ihn hoch. Er war betrunken – sinnlos betrunken –, er konnte weder länger stehen noch sprechen noch sehen. Seine Augen waren vollkommen starr, und als ich ihn in heftigster Verzweiflung losließ, rollte er wie ein Holzklotz in das Bilgenwasser, aus dem ich ihn gezogen hatte. Nun war offenkundig, daß er während des Abends weit mehr getrunken hatte, als ich vermutete, und daß sein Verhalten im Bett Folge eines Zustands hochgradiger Trunkenheit gewesen war – eines Zustands, der ähnlich dem Wahnsinn sein Opfer häufig befähigt, das äußerliche Verhalten eines Menschen zu imitieren, der völlig im Besitz seiner Sinne ist. Die kühle Nachtluft hatte jedoch das Ihre getan – die geistige Energie begann unter ihrem Einfluß zu schwinden, und die ihm jetzt zweifellos gegenwärtige, wenn auch verworrene Einsicht, daß er sich in einer höchst gefährlichen Lage befand, hatte das Hereinbrechen der Katastrophe noch beschleunigt. Er war jetzt völlig bewußtlos, und es war sicher damit zu rechnen, daß der Zustand noch viele Stunden anhalten würde.

Man wird sich das Übermaß meines Entsetzens schwerlich vorstellen können. Der Dunst des kürzlich genossenen Weines war verflogen und hatte mich doppelt furchtsam und unentschlossen zurückgelassen. Ich wußte, daß ich gänzlich außerstande war, das Boot zu steuern, und daß ein grimmiger Wind und eine starke Ebbe uns der Vernichtung zutrieben. Hinter uns braute sich ein Sturm zusammen. Wir besaßen weder einen Kompaß noch Lebensmittelvorräte, und mir war klar, daß wir vor Tagesanbruch kein Land mehr in Sicht hätten, wenn wir unseren gegenwärtigen Kurs beibehielten. Diese Gedanken gingen mir nebst einer Menge anderer gleich beängstigender mit verwirrender Schnelligkeit durch den Kopf und nahmen mir für eine Weile jede Möglichkeit, irgend etwas zu tun. Das Boot schoß mit beängstigender Geschwindigkeit dahin – voll unter dem Wind – ohne ein Reff in Klüver oder Hauptsegel, sein Bug völlig von Gischt überspült. Es war ein unbegreifliches Wunder, daß es nicht hart aufluvte – nachdem Augustus die Pinne hatte fahrenlassen, wie ich bereits bemerkt habe, und ich viel zu aufgeregt war, als daß ich daran gedacht hätte, sie selbst zu packen. Glücklicherweise schlingerte das Boot jedoch nicht, und allmählich gewann ich meine Geistesgegenwart zu einem gewissen Grad wieder. Noch nahm der Wind erschreckend zu, und wann immer wir aus einem Wellental tauchten, fegte die See achtern über unsere Gillung und überschüttete uns mit Wasser. Auch war ich derart gelähmt, daß ich fast kein Gefühl mehr in den Gliedern hatte. Schließlich rief ich die Entschlossenheit der Verzweiflung zu Hilfe, stürzte zum Hauptsegel und machte es rasch los. Wie zu erwarten, flog es über den Bug, saugte sich voll Wasser und zog den Mast knapp an der Bordwand vorbei mit sich. Dieser Umstand allein rettete mich vor dem sofortigen Untergang. Nur unter dem Klüver brauste ich nun vor dem Wind dahin, nahm gelegentlich wohl eine schwere See über die Gillung, brauchte jedoch nicht mehr unmittelbar um mein Leben zu bangen. Ich ergriff das Ruder und atmete freier, da ich sah, daß uns nunmehr eine Chance allerletzter Rettung geblieben war. Augustus lag noch bewußtlos auf dem Boden des Bootes, und da er in Gefahr war zu ertrinken (das Wasser stand etwa einen Fuß hoch, wo er lag), brachte ich es zuwege, ihn teilweise aufzurichten und in einer sitzenden Position zu halten, indem ich ein Tau um seine Hüfte schlang und es an einem Ringbolzen im Kajütendeck befestigte. Nachdem ich dergestalt alles eingerichtet hatte, so gut ich es, durchfroren und aufgeregt, wie ich war, vermochte, empfahl ich mich Gott und rüstete mich, mit aller mir zur Verfügung stehenden Kraft zu ertragen, was immer geschehen mochte.

Kaum war ich zu diesem Entschluß gelangt, als plötzlich ein lautes, langgezogenes Schreien oder Gellen wie aus den Kehlen von tausend Dämonen die ganze Atmosphäre um das Boot zu durchdringen schien. Mein Lebtag werde ich das furchtbare Entsetzen nicht vergessen, das mich in diesem Moment packte. Die Haare standen mir zu Berge – ich spürte, wie mir das Blut in den Adern erstarrte und mein Herzschlag stockte, und noch ehe ich aufblicken konnte, um die Ursache meines Schreckens zu ergründen, stürzte ich plötzlich kopfüber auf meinen halb aufgerichtet liegenden Begleiter und verlor das Bewußtsein.

Als ich wieder zu mir kam, befand ich mich in der Kajüte eines großen Walfangschiffes (der ›Pinguin‹) mit Kurs auf Nantucket. Einige Personen standen über mich gebeugt, und Augustus war, bleicher als der Tod, emsig damit beschäftigt, mir die Hände warm zu reiben. Als er sah, daß ich die Augen aufschlug, riefen seine Bekundungen der Dankbarkeit und Freude bei den rauhen Gestalten, die zugegen waren, abwechselnd Lachen und Tränen hervor. Das Geheimnis, warum wir noch am Leben waren, war bald erklärt. Wir waren von dem Walfänger überrannt worden, der dicht am Wind mit jedem Segel, das zu setzen er wagen konnte, Nantucket ansteuerte und unseren Kurs folglich fast im rechten Winkel kreuzte. Einige Leute befanden sich am vorderen Ausguck, entdeckten unser Boot jedoch erst, als ein Zusammenstoß nicht mehr zu vermeiden war – und was mich so schrecklich beunruhigt hatte, waren ihre Warnrufe gewesen, als sie uns erblickten. Das große Schiff glitt – so sagte man mir – ebenso leicht über uns hinweg, wie unser kleines Boot über eine Feder gefahren wäre, und ohne die geringste erkennbare Behinderung seiner Fahrt. Kein Schrei ertönte vom Deck des Opfers, nur ein leichtes Knarren war zu hören, vermischt mit dem Tosen von Wind und Wasser, als das gebrechliche Fahrzeug, dergestalt unter Wasser gedrückt, einen kurzen Moment am Kiel seines Vernichters entlangglitt – aber das war alles. Der Kapitän (Kapitän E. T. V. Block aus New London) hielt unser Boot (welches, wie man sich erinnern wird, keinen Mast mehr hatte) für eine Nußschale von Ruderboot, das als nutzlos den Wellen überlassen worden war, und gedachte seine Fahrt fortzusetzen, ohne sich weiter um diese Angelegenheit zu kümmern. Glücklicherweise schworen zwei Leute vom Ausguck Stein und Bein, eine Gestalt an unserem Ruder gesehen zu haben, und hielten ihm die Möglichkeit vor Augen, diese noch zu retten. Eine Diskussion hub an, bei der Block ärgerlich wurde und nach einer Weile sagte, es sei seine Sache nicht, ständig nach Nußschalen Ausschau zu halten; das Schiff könne eines solchen Unsinns wegen nicht wenden; und wenn wirklich jemand

in den Grund gesegelt worden sei, so sei er selbst daran
schuld – möge er ruhig ertrinken und verdammt sein. So
oder ähnlich drückte er sich aus. Da griff Henderson, der
Erste Maat, die Sache auf, der, wie die ganze Mannschaft,
rechtschaffen empört war ob einer Rede, welche ein so hohes Maß abscheulicher Herzlosigkeit bewies. Der Unterstützung der Mannschaft gewiß, redete er ganz ruhig und
sagte dem Kapitän, er betrachte ihn als geeignetes Objekt
für den Galgen, so daß er seinen Befehlen nicht gehorchen
werde, und würde man ihn dafür hängen, kaum daß er den
Fuß an Land gesetzt habe. Er ging nach achtern, wobei er
Block anrempelte (der kreideweiß wurde und keine Antwort gab), ergriff das Ruder und befahl mit fester Stimme:
»Hart leewärts!« Die Männer rannten auf ihre Posten, und
das Schiff wendete behend. All dies hatte fast fünf Minuten in Anspruch genommen, und es lag wohl kaum noch
im Bereich des Möglichen, daß jemand gerettet werden
konnte – vorausgesetzt, daß überhaupt jemand an Bord
des Bootes gewesen war. Jedoch wurden sowohl Augustus
als auch ich dem Tode entrissen, wie der Leser gesehen hat,
und unsere Erlösung schien von jener fast unbegreiflichen
Portion guten Glücks zuwege gebracht worden zu sein, welche weise und fromme Menschen dem besonderen Einschreiten der Vorsehung zuschreiben.

Während das Schiff noch gegen den Wind lag, ließ der
Maat das Beiboot zu Wasser und sprang, wie ich glaube,
mit denselben zwei Leuten hinein, die erklärt hatten, mich
am Heck gesehen zu haben. Sie hatten gerade die Leeseite
des Schiffes verlassen (der Mond schien noch hell), als dieses lange und schwerfällig nach Luv rollte und Henderson
im gleichen Moment von seinem Sitz auffuhr und seiner
Mannschaft zurief: »Zurückrudern!« Mehr konnte er nicht
sagen – nur immer ungeduldig rufen: »Zurückrudern! Zurückrudern!« Die Männer gehorchten so schnell wie möglich, aber inzwischen hatte das Schiff gewendet und volle
Fahrt aufgenommen, obwohl alle Mann an Bord große Anstrengungen machten, die Segel einzuholen. Der Maat
packte, die Gefahr dieses Versuchs nicht beachtend, die

Hauptketten, sobald sie in seine Reichweite kamen. Ein weiteres Überholen des Schiffes brachte jetzt die Steuerbordseite fast bis zum Kiel aus dem Wasser und ließ die Ursache seiner Besorgnis allen sichtbar genug werden. Ein menschlicher Körper haftete auf höchst eigenartige Weise an dem glatten und glänzenden Schiffsboden (die ›Pinguin‹ war gekupfert und mit Kupfer verbolzt) und schlug bei jeder Bewegung des Rumpfes heftig dagegen. Nach mehreren vergeblichen Anstrengungen, unternommen, wann immer das Schiff überholte, und bei ständiger Gefahr, daß das Boot zum Sinken gebracht wurde, befreite man mich schließlich aus meiner gefährlichen Lage und nahm mich an Bord – denn dieser menschliche Körper erwies sich als mein eigener. Einer der Holzbolzen schien in Bewegung geraten zu sein, einen Weg durch das Kupfer gefunden und so verhindert zu haben, daß ich unter dem Schiff durchglitt; er befestigte mich auf so außergewöhnliche Weise am Schiffsboden. Der Bolzenkopf war durch den Kragen der grünen Flanelljacke gedrungen, die ich trug, und in meinen Nacken, um schließlich kurz unter dem rechten Ohr zwischen zwei Sehnen herauszukommen. Ich wurde unverzüglich zu Bett gebracht – obwohl mein Leben völlig ausgelöscht zu sein schien. Es gab keinen Arzt an Bord. Der Kapitän ließ mir jedoch jede Aufmerksamkeit zuteil werden – um in den Augen seiner Mannschaft das abscheuliche Verhalten im früheren Teil des Abenteuers wiedergutzumachen, wie ich annehme.

In der Zwischenzeit hatte Henderson wieder vom Schiff abgelegt, obwohl der Wind fast mit Orkanstärke blies. Nach wenigen Minuten stieß er auf einige Bruchstücke unseres Bootes, und kurz danach versicherte einer der Männer, die bei ihm waren, im Tosen des Sturmes in Abständen deutlich einen Hilferuf vernommen zu haben. Dies veranlaßte die mutigen Seeleute, ihre Suche über eine halbe Stunde fortzusetzen, obwohl Kapitän Block wiederholt signalisierte, sie sollten zurückkehren, und ihnen in dem zerbrechlichen Boot auf dem Wasser jeden Augenblick tödliche Gefahr drohte. In der Tat, es ist schwer zu begreifen, wie das kleine Beiboot, in dem sie hockten, auch nur einen Moment lang der Zerstörung entrinnen konnte. Es war jedoch für den Walfang gebaut und, wie ich seither Grund habe anzunehmen, mit Luftkästen ausgestattet von der Art, wie sie bei einigen Rettungsbooten an der walisischen Küste verwendet werden.

Nachdem sie etwa die soeben erwähnte Zeit vergebens gesucht hatten, wurde entschieden, zum Schiff zurückzukehren. Kaum waren sie zu diesem Entschluß gelangt, als ein schwacher Ruf herüberhallte von einem dunklen Gegenstand, der schnell an ihnen vorbeitrieb. Sie folgten ihm und hatten ihn bald überholt. Es war das Kajütendeck der ›Ariel‹. Augustus kämpfte dicht dabei offenbar in einer letzten Anstrengung um sein Leben. Als sie ihn gepackt hatten, entdeckten sie, daß er mit einem Tau an dem Treibholz befestigt war. Wie man sich erinnern wird, hatte ich es selbst um seine Hüfte geschlungen und an einem Ringbolzen festgemacht, um ihn in einer aufrechten Position zu halten, und dieses Vorgehen hatte sich letztendlich wohl als der Faktor erwiesen, der ihm das Leben rettete. Die ›Ariel‹ war nur leicht zusammengezimmert und beim Untergehen natürlich in Stücke zerbrochen; es ist anzunehmen, daß das Kajütendeck durch das eindringende Wasser vom Hauptrippenwerk abgehoben und (zweifellos mit anderen Bruchstücken) zur Oberfläche getragen wurde – Augustus wurde mit emporgezogen und entrann so einem schrecklichen Tod.

Nachdem er an Bord der ›Pinguin‹ genommen worden war, dauerte es über eine Stunde, ehe er einen eigenen Bericht geben oder dazu gebracht werden konnte, zu erfassen, welche Art Unglück unser Boot getroffen hatte. Schließlich kam er endgültig zu sich und schilderte ausführlich, wie es ihm im Wasser ergangen war. Als er das erste Mal wieder einigermaßen zu Bewußtsein gekommen war, befand er sich unter Wasser und wurde mit unbegreiflicher Geschwindigkeit herumgewirbelt, wobei ein Tau sich drei- oder viermal fest um seinen Hals schlang. Einen Augenblick danach fühlte er, wie er schnell nach oben gerissen wurde und sein Kopf heftig gegen einen harten Gegenstand schlug, so daß er wieder bewußtlos wurde. Abermals zum Leben erwacht, sah er sich in vollerem Besitz seines Verstands – dieser war jedoch in höchstem Maße getrübt und verwirrt. Er erkannte jetzt, daß ein Unglück über uns hereingebrochen und er im Wasser war, wenn sich auch sein Mund über der Oberfläche befand und er einigermaßen ungehindert atmen konnte. Wahrscheinlich trieb das Kajütendeck zu dieser Zeit schnell vor dem Wind und schleppte den auf dem Rücken Liegenden mit. Natürlich wäre es fast unmöglich gewesen zu ertrinken, solange er diese Stellung hätte beibehalten können. Nun warf ihn eine Sturzwelle direkt auf das Deck, und er bemühte sich aus Leibeskräften, diese Position zu behaupten, während er in Abständen um Hilfe rief. Kurz bevor Mr. Henderson ihn entdeckte, zwang ihn jedoch äußerste Erschöpfung, seinen Griff zu lösen, er glitt in die See und hielt sich für verloren. Während der ganzen Zeit, die er um sein Leben kämpfte, hatte er nicht die geringste Erinnerung an die ›Ariel‹ oder Dinge, die mit der Ursache des Unglücks in Verbindung standen. Ein unklares Empfinden von Angst und Verzweiflung hielt seine Sinne völlig gefangen. Als er schließlich aufgefischt wurde, hatte er jedes Denkvermögen verloren, und wie schon gesagt, dauerte es fast eine Stunde, nachdem er an Bord der ›Pinguin‹ gelangt war, ehe er sich seines Zustands völlig bewußt wurde. Was mich betrifft – so wurde ich aus einem todesähnlichen Zustand aufgeweckt (und nachdem dreieinhalb Stunden lang jedes andere Mittel vergebens angewendet worden war) durch heftiges Abreiben mit Flanelltüchern, die zuvor in heißes Öl getaucht worden waren – ein von Augustus angeregtes Verfahren. Die Wunde in meinem Nacken sah zwar häßlich aus, hatte gleichwohl geringe Folgen, und ich erholte mich bald von ihren Auswirkungen.

Die ›Pinguin‹ erreichte gegen neun Uhr morgens den Hafen, nachdem sie einer der heftigsten Sturmböen getrotzt hatte, die man in Nantucket je erlebte. Augustus und ich brachten es zuwege, rechtzeitig zum Frühstück bei

Mr. Barnard zu erscheinen – welches diesmal glücklicherweise wegen der Gesellschaft am Abend zuvor etwas später eingenommen wurde. Ich glaube, bei Tisch waren alle selbst zu müde, um von unserem zerschundenen Äußeren Notiz zu nehmen – natürlich hätte dies einem sehr strengen Scharfblick nicht standgehalten. Schuljungen können jedoch Wunder vollbringen, die Umwelt zu täuschen, und ich bin überzeugt, daß keiner unserer Freunde in Nantucket im geringsten argwöhnte, die von einigen Seeleuten in der Stadt zum besten gegebene Schauergeschichte, sie hätten auf See ein Schiff in den Grund gesegelt und etwa dreißig oder vierzig arme Teufel ertränkt, hätte irgend etwas mit der ›Ariel‹, meinem Gefährten und mir zu tun. Wir beide haben seither häufig die Angelegenheit erörtert – und niemals ohne einen Schauder. Bei einem unserer Gespräche gestand Augustus mir freiheraus, sein ganzes Leben nie ein so qualvolles Entsetzen verspürt zu haben wie an Bord unseres kleinen Bootes, als er zum ersten Mal des Ausmaßes seiner Trunkenheit gewahr wurde und fühlte, wie sie ihn übermannte.

Kapitel II

Nie ziehen wir bei Angelegenheiten, wo wir in hohem Maße voreingenommen sind, ob pro oder contra, mit völliger Gewißheit Schlußfolgerungen, nicht einmal aus einfachsten Tatsachen. Man sollte meinen, daß eine Katastrophe, wie ich sie soeben geschildert habe, meine beginnende Leidenschaft für die See wirksam abgekühlt hätte. Im Gegenteil, nie spürte ich ein dringenderes Verlangen nach wilden Abenteuern, die ein Seefahrerleben mit sich bringt, als binnen einer Woche nach unserer wundersamen Errettung. Diese kurze Zeitspanne erwies sich als ausreichend, um die Schatten aus meiner Erinnerung zu tilgen und die angenehm aufregenden, buntschillernden Seiten, das Malerische des hinter uns liegenden gefährlichen Ereignisses in hellem Licht erscheinen zu lassen. Die Gespräche mit

Augustus übten immer größeren Reiz auf mich aus, und wir unterhielten uns täglich immer häufiger. Er verstand es, seine Seegeschichten (von denen über die Hälfte reine Erfindungen waren, wie ich jetzt vermute) in einer Weise vorzutragen, die jemanden mit meinem enthusiastischen Temperament und meiner etwas düsteren, jedoch glühenden Vorstellungskraft besonders beeindrucken mußte. Auch ist es seltsam, daß er meine Sehnsucht nach dem Seemannsleben stets dann in besonders starkem Maße erregte, wenn er seine schrecklichen Momente, die des Leidens und der Verzweiflung, schilderte. Für die lichten Seiten seines Gemäldes brachte ich weniger Sympathie auf. Meine Visionen betrafen Schiffbruch und Hunger, Tod oder Gefangenschaft bei barbarischen Horden, ein in Trostlosigkeit und Tränen verbrachtes Leben auf irgendeinem grauen, einsamen Felsen inmitten eines unbezwingbaren und unbekannten Ozeans. Solche Visionen oder Wünsche – denn darauf liefen sie hinaus – sind, wie mir seither oft versichert wurde, der zahlreichen Gattung von Melancholikern unter den Menschen allgemein eigen – doch zu der Zeit, von der ich spreche, betrachtete ich sie nur als flüchtige, prophetische Einblicke in eine Bestimmung, die zu erfüllen ich mich in gewissem Maße verpflichtet fühlte. Augustus wurde ganz und gar Teil dieses Geisteszustands. Es ist in der Tat wahrscheinlich, daß unser vertrauter Umgang miteinander einen teilweisen Austausch der Charaktere zur Folge hatte.

Etwa achtzehn Monate nach der Katastrophe mit der ›Ariel‹ war die Firma Lloyd und Vredenburgh (ein in gewisser Weise mit dem Unternehmen Enderby in Liverpool verbundenes Haus, wie ich glaube) damit befaßt, die Brigg ›Grampus‹ für eine Walfangreise herzurichten und auszustatten. Sie war ein alter Hulk und mit knapper Not seetüchtig, nachdem alles mit ihr getan worden war, was getan werden konnte. Ich kann schwerlich sagen, warum gerade ihr vor anderen guten Schiffen derselben Eigentümer der Vorrang gegeben wurde – aber so war es. Mr. Barnard wurde ausersehen, sie zu befehligen, und Augustus sollte

mit ihm fahren. Während die Brigg zum Auslaufen bereit-
gemacht wurde, hielt er mir des öfteren die außergewöhnliche Gelegenheit vor Augen, die sich nun bot, mir den
Wunsch einer Schiffsreise zu erfüllen. Er fand in mir einen
keineswegs abgeneigten Zuhörer – jedoch konnte die Angelegenheit nicht so ohne weiteres bewerkstelligt werden.
Mein Vater erhob keine direkten Einwände, meine Mutter
aber erlitt bei bloßer Erwähnung des Vorhabens jedesmal
einen hysterischen Anfall. Vor allen anderen jedoch schwor
mein Großvater, von dem ich viel erwartete, mich mit
einem Shilling abzuspeisen, sollte ich ihm gegenüber noch
einmal auf diese Sache zu sprechen kommen. Diese
Schwierigkeiten vermochten mein Verlangen jedoch in keiner Weise zu dämpfen, im Gegenteil, sie gossen noch Öl in
die Flamme. Ich war entschlossen, unter allen Umständen
zu fahren, und als ich Augustus meine Absicht kundgetan
hatte, entwarfen wir flugs einen Plan, mit dessen Hilfe sie
in die Tat umgesetzt werden könnte. In der Zwischenzeit
unterließ ich wohl, irgendeinem meiner Angehörigen von
dieser Reise zu erzählen, und da ich mich scheinbar meinen üblichen Studien widmete, wurde allgemein angenommen, ich hätte das Vorhaben aufgegeben. Seither habe ich
häufig mein Verhalten in dieser Sache mit einem Gefühl
des Mißfallens wie auch der Überraschung betrachtet. Die
hochgradige Heuchelei, deren ich mich zur Förderung meines Projekts bediente – eine Heuchelei, die über eine so
lange Zeitspanne jedes Wort und jede Handlung in meinem Leben durchdrang –, war für mich eigentlich nur zu
ertragen gewesen durch die wilde und brennende Erwartung, mit welcher ich der Verwirklichung meiner langge-
hegten Reiseträume entgegensah.

In Verfolgung meines Täuschungsmanövers war ich notwendigerweise gezwungen, viel der Tatkraft von Augustus
zu überlassen, der den größten Teil des Tages an Bord der
›Grampus‹ verbrachte und in Kajüte und Kajütenraum einige Anordnungen seines Vaters zu überwachen hatte.
Abends jedoch konnten wir ungestört zusammenkommen
und von unseren Hoffnungen reden. Nachdem etwa ein

Monat auf diese Weise vergangen war, ohne daß wir einen Plan gefunden hätten, der uns einigen Erfolg versprach, teilte er mir schließlich mit, er habe alles Notwendige entschieden. In New Bedford lebte ein Verwandter von mir, ein Mr. Ross, in dessen Haus ich gelegentlich zwei oder drei Wochen verbrachte. Die Brigg sollte etwa Mitte Juni in See stechen (Juni 1827), und wir kamen überein, daß mein Vater ein oder zwei Tage vor ihrem Auslaufen wie gewöhnlich Nachricht von Mr. Ross erhalten sollte, der mich einlud, zu ihm zu kommen und vierzehn Tage mit Robert und Emmet (seinen Söhnen) zu verbringen. Augustus übernahm es, diesen Brief abzufassen und auf den Weg zu schicken. Scheinbar nach New Bedford aufgebrochen, sollte ich mich alsbald bei meinem Gefährten melden, der indes auf der ›Grampus‹ ein Versteck für mich eingerichtet haben würde. Dieses Versteck würde, so versicherte er mir, für einen längeren Aufenthalt bequem genug sein, während dessen ich nicht in Erscheinung treten sollte. Hatte die Brigg dann ein so großes Stück ihres Weges zurückgelegt, daß eine Umkehr außer Frage stand, sollte ich nach seinen Worten formell aller Bequemlichkeiten der Kajüte teilhaftig werden; was seinen Vater betraf, so würde dieser über den Scherz nur herzlich lachen. Genug Schiffe würden uns begegnen, durch die ein Brief nach Hause gesandt werden könne, um meine Eltern von dem Abenteuer in Kenntnis zu setzen.

Schließlich war es Mitte Juni und alles soweit gediehen. Der Brief wurde geschrieben und aufgegeben, und eines Montagmorgens verließ ich das Haus, angeblich um das Postschiff nach New Bedford zu nehmen. Ich ging jedoch geradeswegs zu Augustus, der an einer Straßenecke auf mich wartete. Unser ursprünglicher Plan sah vor, daß ich mich bis Einbruch der Dunkelheit nicht blicken lassen und sodann an Bord der Brigg schlüpfen sollte. Da jedoch jetzt ein dichter Nebel unser Vorhaben begünstigte, entschieden wir, keine Zeit zu verlieren und mich zu verstecken. Augustus führte mich zur Werft, ich folgte in kurzer Entfernung, eingehüllt in einen dicken Seemannsmantel, den er mitgebracht hatte, so daß meine Person so leicht nicht zu erkennen wäre. Wir bogen gerade um die zweite Ecke, nachdem wir glücklich an Mr. Edmunds Haus vorbeigekommen waren – wer stand da plötzlich vor mir und blickte mir direkt ins Gesicht, wenn nicht der alte Mr. Peterson, mein Großvater? »Ja, du meine Güte, wessen schmutzigen Mantel hast du da an, Gordon«, sagte er nach einer langen Pause. »Nein doch, nein!«

»Sir!« erwiderte ich, setzte, da der Augenblick es dringend erforderte, eine Miene gekränkter Überraschung auf und fuhr im gröbsten Ton, wie man ihn sich nur vorstellen kann, fort: »Sir! Sie mach'n da wohl 'n Fehler – erstmal is mein Name gar nich wie Goddin, un ich wünsche, Ihnen würde was Bessres einfallen, Sie Lümmel, als meinen neuen Mantel schmutzig zu nennen.« Um mein Leben konnte ich mich kaum zurückhalten, in schallendes Gelächter auszubrechen ob der seltsamen Manier, in der der alte Gentleman diese elegante Zurückweisung entgegennahm. Er fuhr zwei oder drei Schritte zurück, wurde erst blaß, dann überaus rot, riß seine Brille hoch, schob sie wieder herunter und kam sodann mit erhobenem Schirm auf mich zugestürzt. Er hielt jedoch in seinem Lauf jäh inne, als besinne er sich plötzlich, machte auf der Stelle kehrt, humpelte die Straße entlang, die ganze Zeit bebend vor Wut, und stieß zwischen zusammengebissenen Zähnen hervor: »Taugt nicht – die neue Brille. Dachte, es wäre Gordon. – Diese nichtsnutzige, verdammte Kartätschenschnauze!«

Mit knapper Not davongekommen, setzten wir unseren Weg jetzt mit größerer Vorsicht fort und erreichten wohlbehalten unser Ziel. An Bord waren ein oder zwei Leute der Mannschaft, die auf dem Vorderdeck zu tun hatten. Kapitän Barnard war, wie wir sehr wohl wußten, bei Lloyd und Vredenburgh beschäftigt und würde bis zum späten Abend dort bleiben, so hatten wir von seiner Seite wenig zu befürchten. Augustus schwang sich zuerst über die Reling, und ich folgte kurz danach, ohne von den arbeitenden Männern bemerkt zu werden. Wir begaben uns sofort in die Kajüte und fanden auch dort niemanden. Sie war höchst behaglich eingerichtet – eine etwas ungewöhnliche Sache bei einem Walfangschiff. Es gab vier sehr elegante Passagierkabinen mit breiten, bequemen Kojen. Es gab ferner einen großen Ofen – er fiel mir sofort auf – und einen erstaunlich dicken, kostbaren Teppich, der den Fußboden sowohl der Kajüte als auch der Passagierkabinen bedeckte. Die Decke war volle sieben Fuß hoch, kurz gesagt, alles schien geräumiger und angenehmer, als ich vermutet hatte. Augustus ließ mir jedoch wenig Zeit, mich umzusehen, sondern hielt mir die Notwendigkeit vor Augen, mich so schnell wie möglich zu verbergen, und führte mich in seine Kabine auf der Steuerbordseite der Brigg, den Schotten am nächsten. Nach unserem Eintreten schloß er die Tür und verriegelte sie. Ich glaubte nie ein hübscheres, kleines Zimmer gesehen zu haben als das, in dem ich mich jetzt befand. Es war etwa zehn Fuß lang und hatte nur eine Koje, die, wie ich vordem gesagt habe, breit und bequem war. In dem sich an die Schotten anschließenden Teil war ein Raum von vier Fuß im Quadrat, groß genug für einen Tisch, einen Stuhl und eine Reihe Hängeregale voller Bücher, meistens über Reisen und Seefahrten. Es gab noch viele andere kleine Annehmlichkeiten in diesem Raum, von denen ich eine Art Speise- oder Eisschrank nicht vergessen sollte, in welchem mir Augustus in den jeweiligen Abteilungen für Essen und Getränke eine Unmenge köstlicher Leckerbissen zeigte.

Nun drückte er mit den Fingerknöcheln auf eine bestimmte Stelle des Teppichs in einer Ecke des soeben erwähnten Raums und ließ mich wissen, daß ein Teil des Fußbodens, etwa sechzehn Zoll im Quadrat, sauber herausgesägt und wieder eingepaßt worden war. Als er drückte, hob sich dieser Teil an einem Ende so weit hoch, daß er seinen Finger darunterschieben konnte. Auf diese Weise klappte er die Falltür (an der der mit Nägeln befestigte Teppich haften blieb) auf, und ich sah, daß sie in den Achterraum führte. Als nächstes entzündete er mittels eines Phosphorhölzchens eine kleine Kerze, steckte sie in eine Blendlaterne, stieg damit durch die Öffnung und hieß mich ihm folgen. Ich tat es, sodann schloß er den Deckel über dem Loch mittels eines in die Unterseite getriebenen Nagels – der Teppich befand sich nun natürlich wieder in seiner ursprünglichen Lage auf dem Fußboden der Passagierkammer, und alle Spuren der Öffnung waren verborgen.

Die Kerze spendete einen so trüben Schein, daß ich mich nur unter größten Schwierigkeiten durch das Gewirr von Gegenständen tasten konnte, inmitten dessen ich mich jetzt befand. Allmählich gewöhnten sich meine Augen jedoch an die Dunkelheit, und ich kam mit weniger Mühe voran, wobei ich mich an meines Freundes Rockschoß festhielt. Nachdem wir uns durch unzählige enge Durchschlüpfe gewunden hatten, brachte er mich schließlich zu einer eisenbeschlagenen Kiste, wie sie zuweilen zur Verpackung von Töpferwaren verwendet wird. Sie war nahezu vier Fuß hoch und volle sechs lang, aber sehr eng. Zwei große, leere Ölfässer lagen oben drauf, und auf diesen wiederum bis hoch unter die Decke eine gewaltige Menge Strohmatten. Jeder andere Winkel ringsum war sogar bis zur Decke hinauf in völlig chaotischer Weise von jeglicher Art Schiffsausrüstung restlos ausgefüllt, zusammen mit einem heterogenen Durcheinander von Lattenkisten, Körben, Fässern und Ballen, so daß es an ein Wunder grenzte, daß wir überhaupt einen Durchschlupf zur Kiste gefunden hatten. Später stellte ich fest, daß Augustus all diese Sachen mit Absicht im Achterraum so verstaut hatte, um mir ein sicheres Versteck zu schaffen, wobei ihm nur ein Mann zur Hand gegangen war, und der nahm an der Reise der Brigg nicht teil.

Mein Gefährte erklärte mir nun, daß eine Seite der Kiste nach Belieben entfernt werden konnte. Er schob sie beiseite und zeigte mir das Innere, welches mir außerordentliches Vergnügen bereitete. Eine Matratze aus einer der Kojen bedeckte den ganzen Boden der Kiste, und sie enthielt fast jeglichen Gegenstand einfacher Behaglichkeit, der in solch einem kleinen Behältnis untergebracht werden konnte, wobei gleichzeitig genügend Raum für meine Bequemlichkeit vorhanden war, um entweder zu sitzen oder ausgestreckt zu liegen. Unter anderen Dingen gab es einige Bücher, Tinte, Feder und Papier, drei Decken, einen großen Krug Wasser, ein Fäßchen Schiffszwieback, drei oder vier riesige Bologneser Würste, einen mächtigen Schinken, eine gebratene Hammelkeule und ein halbes Dutzend Flaschen mit Likör und anderer Herzensstärkung. Unverzüglich nahm ich von meinem kleinen Gemach Besitz, und zwar mit größerer Befriedigung, als je ein Monarch beim Betreten seines neuen Palastes empfand, dessen bin ich gewiß. Augustus erläuterte mir nun, wie die offene Seite der Kiste zu befestigen sei, hob die Kerze näher an die Oberseite und zeigte mir ein Stück dunkle Peitschenschnur, die dort entlanggelegt war. Diese ziehe sich, so erklärte er mir, von meinem Versteck durch alle erforderlichen Gänge zwischen dem Gerümpel zu einem Nagel, der unmittelbar unter der Falltür, die in seine Kabine führte, in die Decke des Achterraums getrieben war. Mittels dieser Schnur wäre ich jederzeit in der Lage, auch ohne seine Führung meinen Weg ins Freie zu finden, gesetzt den Fall, ein unvorhergesehenes Ereignis mache einen solchen Schritt erforderlich. Er entfernte sich nun unter Hinterlassung der Laterne und eines reichlichen Vorrats an Kerzen und Phosphorhölzchen und versprach, mich so oft zu besuchen, wie er dies, ohne Aufmerksamkeit zu erregen, tun könne. Dies war am siebzehnten Juni.

Ich blieb (so genau ich es vermuten kann) drei Tage und Nächte in meinem Versteck und verließ es nur zweimal, um meine Glieder zu strecken, indem ich mich aufrecht zwischen zwei Lattenkisten gegenüber der Öffnung stellte. Während dieser ganzen Zeit bekam ich Augustus kein einziges Mal zu Gesicht, aber das bereitete mir wenig Sorgen, da ich wußte, daß die Brigg jede Stunde in See stechen sollte, und in der allgemeinen Geschäftigkeit würde er schwerlich eine Gelegenheit finden, zu mir zu kommen. Schließlich hörte ich, wie die Falltür geöffnet und wieder geschlossen wurde, und gleich danach rief er mit gedämpfter Stimme, fragte, ob alles in Ordnung sei und ob ich irgendwelche Wünsche hätte. »Keine«, erwiderte ich. »Ich fühle mich so wohl wie nur möglich. Wann wird die Brigg auslaufen?« – »Sie wird in weniger als einer halben Stunde den Anker lichten«, antwortete er. »Dir dies mitzuteilen bin ich hier. Auch befürchtete ich, du könntest dir Sorgen machen, weil ich mich nicht blicken lasse. Ich werde jetzt eine Zeitlang nicht herunterkommen können – vielleicht drei oder vier Tage. An Bord ist alles in Ordnung. Wenn ich hinaufgestiegen bin und die Falltür geschlossen habe, mußt du die Schnur entlangkriechen bis zu der Stelle, wo der Nagel eingeschlagen ist. Dort wirst du meine Uhr finden – sie kann dir von Nutzen sein, da du die Zeit nicht nach dem Tageslicht bestimmen kannst. Ich glaube, du bist gar nicht in der Lage zu sagen, wie lange du schon begraben bist – erst drei Tage – heute ist der Zwanzigste. Ich würde dir die Uhr zu deiner Kiste bringen, fürchte jedoch, daß man mich vermissen könnte.« Damit stieg er wieder nach oben.

Etwa eine Stunde, nachdem er mich verlassen hatte, spürte ich deutlich, wie die Brigg Fahrt machte, und beglückwünschte mich, daß meine Reise endlich einen guten Anfang genommen hatte. Befriedigt von diesem Gedanken, beschloß ich, mein Gemüt in keiner Weise zu belasten und den Ablauf der Ereignisse abzuwarten, bis mir gestattet sein würde, meine Kiste gegen die geräumigere, obwohl kaum mehr Annehmlichkeiten bietende Passagierkabine zu tauschen. Meine erste Sorge war, in Besitz der Uhr zu gelangen. Ich ließ die Kerze brennen und tastete mich, der Schnur folgend, im Dunkeln durch die unzähligen Windungen, wobei ich entdeckte, daß ich zuweilen nach Zurücklegen einer langen Strecke nur ein oder zwei Fuß von einer Stelle entfernt war, die ich bereits passiert hatte. Schließlich erreichte ich den Nagel, nahm den Gegenstand meines Streifzuges in Besitz und kehrte damit in die Sicherheit zurück. Nun sah ich mir die Bücher an, die so vorsorglich herbeigeschafft worden waren, und wählte die Expedition von Lewis und Clark zur Mündung des Columbiaflusses. Damit beschäftigte ich mich eine Zeitlang, bis ich schläfrig wurde, sorgsam das Licht löschte und bald in einen gesunden Schlaf sank.

Beim Erwachen fühlte ich meinen Geist seltsam verwirrt, und es dauerte geraume Weile, bis ich mich all der verschiedenen Umstände meiner Lage entsann. Allmählich erinnerte ich mich jedoch an alles. Ich riß ein Zündholz an und blickte auf die Uhr. Sie war indes abgelaufen, und es gab folglich keine Möglichkeit festzustellen, wie lange ich geschlafen hatte. Meine Gliedmaßen waren arg verkrampft, und ich war gezwungen, sie zu lockern, indem ich mich zwischen die Lattenkisten stellte. Augenblicklich spürte ich einen wilden Appetit und erinnerte mich des kalten Hammelbratens, von dem ich vor meinem Einschlafen etwas gegessen und den ich für ausgezeichnet befunden hatte. Wie groß war mein Erstaunen, als ich ihn in einem Zustand völliger Zersetzung vorfand. Dieser Umstand beunruhigte mich außerordentlich, denn ich brachte ihn mit der Geistesverwirrung in Verbindung, die ich bei meinem Erwachen verspürt hatte, und mir dämmerte, daß ich ungewöhnlich lange geschlafen haben mußte. Die stickige Atmosphäre des Achterraums mochte etwas damit zu schaffen haben und letztendlich zu den bedenklichsten Folgen führen. Mein Kopf schmerzte unerträglich; ich bildete mir ein, daß jeder Atemzug mir Mühe bereitete, kurzum, eine Vielzahl düsterer Empfindungen überkam mich. Noch konnte ich nicht wagen, durch Öffnen der Falltür oder anderweitig irgendwelches Aufsehen zu erregen, und nachdem ich die Uhr aufgezogen hatte, gab ich mich soweit als möglich zufrieden.

Während der nächsten höchst eintönigen vierundzwanzig Stunden kam niemand, um mein Los zu erleichtern, und ich mußte Augustus der gröbsten Rücksichtslosigkeit zeihen. Am meisten beunruhigte mich, daß der Wasservorrat in meinem Krug auf etwa eine halbe Pinte zusammengeschmolzen war, und ich litt sehr unter Durst, da ich nach Verlust des Hammelfleisches den Bologneser Würsten ausgiebig zugesprochen hatte. Mir wurde unbehaglich zumute, und ich konnte für meine Bücher kein Interesse mehr aufbringen. Auch spürte ich ein unüberwindliches Verlangen nach Schlaf, gleichwohl erschauerte ich bei dem Gedanken, diesem Wunsch nachzugeben, da ich fürchtete, der begrenzte Luftvorrat des Achterraums könne eine ähnlich verderbliche Wirkung haben wie brennende Holzkohle. Inzwischen sagte mir das Schlingern der Brigg, daß wir weit auf offener See waren, und ein dumpfes Dröhnen, welches wie aus weiter Ferne an mein Ohr drang, war sicheres Zeichen, daß keine gewöhnliche Brise wehte. Ich konnte mir Augustus' Fernbleiben nicht erklären, waren wir doch gewiß lange genug unterwegs, daß ich mich an Deck sehen lassen durfte. Vielleicht war ihm ein Unglück widerfahren – indes konnte ich mir keines vorstellen, dem es zu schulden wäre, daß er mich so lange in meiner Gefangenschaft beließ, außer, daß er tatsächlich plötzlich gestorben oder über Bord gegangen wäre, und dieser Gedanke war nicht geeignet, meine Geduld zu mehren. Möglicherweise waren wir durch Gegenwinde aufgehalten worden und noch ganz in der Nähe von Nantucket. Diese Vorstellung mußte ich jedoch aufgeben, denn wäre dies der Fall gewesen, so hätte die Brigg häufig wenden müssen; die immerwährende Neigung nach Backbord zeigte mir indes zu meiner größten Befriedigung an, daß sie mit einem beständigen Wind von Steuerbord dahinsegelte. Außerdem: Gesetzt den Fall, wir waren noch in der Nähe der Insel, warum sollte Augustus mich dann nicht aufgesucht und über die Umstände informiert haben? So grübelte ich über die Mißhelligkeiten meines Alleinseins und die unerfreulichen Bedingungen und beschloß, noch weitere vierundzwanzig Stunden zu warten; sollte ich bis dahin nicht erlöst werden, so wollte ich mich zur Falltür begeben und trachten, entweder mit meinem Freund einige Worte zu wechseln oder wenigstens durch die Öffnung etwas frische Luft zu atmen und in der Passagierkabine meinen Wasservorrat zu erneuern. Mit diesen Gedanken beschäftigt, fiel ich trotz gegenteiliger Bemühungen in einen Zustand tiefen Schlafs oder vielmehr eine Art Betäubung. Meine Träume waren höchst beängstigender Natur. Unheil und

Schrecken jeglicher Art brachen über mich herein. Unter anderem wurde ich von Dämonen entsetzlichster und wildester Gestalt mit großen Kissen erstickt. Riesige Schlangen hielten mich umschlungen und blickten mir mit ihren greulich schillernden Augen düster ins Gesicht. Dann breiteten sich Wüsten, grenzenlos und von verlorenster und ehrfurchtgebietendster Art, vor mir aus. Sich riesenhaft reckende Bäume ragten in endloser Folge, so weit das Auge reichte, grau und ohne Laub. Ihre Wurzeln waren verborgen in Sümpfen unendlicher Ausdehnung, deren trübes Wasser kohlschwarz, still und ganz unheimlich darunter lauerte. Und diese seltsamen Bäume schienen von menschlichem Leben erfüllt zu sein, schwenkten ihre knöchrigen Arme hin und her und flehten das stumme Wasser in schrillen, durchdringenden Tönen von äußerster Qual und Verzweiflung um Gnade an. Der Schauplatz wechselte, und ich stand nackt und allein inmitten der glühenden Sandebenen der Sahara. Zu meinen Füßen duckte sich ein grimmiger Löwe. Plötzlich öffneten sich seine wilden Augen und blickten mich an. Mit einem blitzschnellen Satz stand er auf seinen Pranken und bleckte die schrecklichen Zähne. Einen Augenblick später stieß sein roter Schlund ein Gebrüll aus, ähnlich dem Donner am Himmelsgewölbe, und ich stürzte heftig zu Boden. Ein Krampf des Entsetzens würgte mich, so daß ich schließlich halb erwachte. Da war mein Traum nicht nur ein Traum. Jetzt war ich immerhin Herr meiner Sinne. Die Pranken eines gewaltigen und tatsächlich vorhandenen Ungeheuers lasteten schwer auf meiner Brust — sein heißer Atem drang in mein Ohr, und seine weißen, gräßlichen Zähne blinkten mich aus der Dunkelheit an.

Und hätten tausend Menschenleben von der Bewegung eines meiner Glieder oder der Äußerung eines Wortes abgehangen — ich konnte mich weder rühren noch sprechen. Die Bestie, was immer es war, behielt ihre Stellung bei, ohne mir sofort eine Verletzung zuzufügen, während ich äußerst hilflos dalag und, wie ich glaubte, im Begriff war, unter ihm mein Leben auszuhauchen. Ich spürte, wie mich meine Körper- und Geisteskräfte schnell verließen – mit einem Wort, daß ich verging, verging aus bloßer Furcht. Mein Gehirn war umnebelt – ich wurde todkrank – mein Sehvermögen ließ nach, selbst die funkelnden Augäpfel über mir verschwammen. In einer letzten, großen Anstrengung konnte ich schließlich einen schwachen Ruf zu Gott ausstoßen und mich dem Tod überantworten. Der Klang meiner Stimme schien die ganze verhaltene Wut des Tieres zu wecken. Es stürzte sich in voller Länge auf mich, aber wie groß war mein Erstaunen, als es mit einem langgezogenen, tiefen Heulen begann, mir mit größter Begierde und Bekundungen höchster Zuneigung und Freude Gesicht und Hände zu lecken. Ich war verwirrt, im höchsten Grade überrascht – aber ich hatte das eigentümliche Winseln meines Neufundländers namens Tiger nicht vergessen und kannte die seltsame Art seiner Liebkosungen gut. Er war es. Ich spürte, wie mir plötzlich das Blut in die Schläfen schoß – es war ein schwindelerregendes und überwältigendes Gefühl der Erleichterung und Wiederbelebung. Schnell erhob ich mich von der Matratze, auf der ich lag, warf meine Arme um den Hals meines getreuen Freundes, der mich aufgespürt hatte, und befreite mich von dem langanhaltenden Druck in meinem Herzen durch eine Flut leidenschaftlichster Tränen.

Wie in einem früheren Fall befand sich mein Verstand, nachdem ich die Matratze verlassen hatte, in einem Zustand höchster Unklarheit und Wirrnis. Längere Zeit war es mir nahezu unmöglich, irgendwelche Gedanken zu verbinden; sehr langsam kehrte mein Denkvermögen jedoch zurück, und ich rief mir abermals die einzelnen Umstände meiner derzeitigen Situation in Erinnerung. Vergeblich suchte ich nach einer Erklärung für das Auftauchen von Tiger, und nachdem ich tausend verschiedene Mutmaßungen über ihn angestellt hatte, mußte ich mich damit begnügen, mich über seine Gegenwart zu freuen, da er nun meine trostlose Einsamkeit mit mir teilen und mir durch seine Liebkosungen Trost spenden konnte. Die meisten Menschen lieben ihre Hunde, doch für Tiger empfand ich eine weit leidenschaftlichere Zuneigung als gemeinhin üblich, und ganz gewiß hat keine Kreatur sie je mehr verdient. Sieben Jahre lang waren wir unzertrennliche Gefährten gewesen, und in einer Vielzahl von Fällen hatte er mir Beweise geliefert für all die edlen Eigenschaften, die wir an einem Tier schätzen. Ich hatte ihn als kleinen Welpen den Klauen eines kleinen, bösen Schurken in Nantucket entrissen, der ihn mit einem Strick um den Hals zum Wasser führte, und der erwachsene Hund hatte die Schuld etwa drei Jahre später getilgt, als er mich vor dem Knüppel eines Straßenräubers rettete.

Ich bekam die Uhr zu fassen, hielt sie an mein Ohr und erkannte, daß sie wieder abgelaufen war. Aber diesmal war ich keineswegs überrascht, vielmehr sagte mir mein eigentümlicher Gemütszustand, daß ich, wie schon einmal, sehr lange geschlafen hatte. Wie lange, konnte ich natürlich nicht sagen. Ich glühte vor Fieber, und mein Durst war fast unerträglich. Ich tastete in der Kiste nach dem restlichen Wasservorrat, denn ich besaß kein Licht mehr, die Kerze war bis zum Boden der Laterne niedergebrannt, und die Schachtel mit den Phosphorhölzchen ließ sich nicht finden. Als ich an den Krug stieß, entdeckte ich jedoch, daß er leer war – zweifellos war Tiger versucht gewesen zu trinken, wie er wohl auch den Rest der Hammelkeule verschlungen hatte, deren sauber abgenagter Knochen vor der Öffnung der Kiste lag. Das verdorbene Fleisch konnte ich gern entbehren, aber ich verlor jeden Mut, als ich an das Wasser dachte. Ich war äußerst geschwächt – so sehr, daß ich bei der geringsten Bewegung oder Anstrengung am ganzen Leib zitterte wie von einem Schüttelfrost. Zu allem Übel stampfte die Brigg jetzt wild und schlingerte mit großer Heftigkeit, und die auf meiner Kiste liegenden Ölfässer konnten jeden Augenblick herunterrollen und den einzigen Zugang oder Ausgang versperren. Außerdem litt ich schrecklich unter der Seekrankheit. Diese Überlegungen gaben mir den Anstoß, mich auf gut Glück zur Falltür und unverzüglich ins Freie zu begeben, bevor ich dazu völlig außerstande sein würde. Zu diesem Entschluß gelangt, tastete ich wieder nach der Zündholzschachtel und den Kerzen. Erstere fand ich nach einiger Mühe, allein, da ich die Lichter nicht so schnell entdecken konnte, wie ich erwartet hatte (ich entsann mich nur sehr ungenau der Stelle, wo ich sie hingelegt hatte), gab ich die Suche augenblicklich auf, befahl Tiger, ruhig liegenzubleiben, und machte mich sofort auf den Weg zur Falltür.

Bei diesem Unternehmen trat meine große Schwäche mehr denn je zutage. Mit äußerster Mühe nur konnte ich mich überhaupt vorwärts bewegen, und sehr oft knickten meine Beine unter mir weg; sooft ich mit dem Gesicht nach unten hinschlug, verharrte ich einige Minuten in einem Zustand, der fast an Bewußtlosigkeit grenzte. Doch schleppte ich mich ganz langsam vorwärts, wobei ich jeden Augenblick befürchtete, inmitten der engen und verschlungenen Windungen des Gerümpels in Ohnmacht zu sinken, in welchem Fall ich letztendlich nichts als den Tod zu erwarten gehabt hätte. Schließlich stieß ich, nachdem ich mich mit aller Energie, über die ich noch verfügte, vorgearbeitet hatte, mit der Stirn heftig gegen die Kante einer eisenbeschlagenen Kiste. Der Zusammenprall betäubte mich für einige Augenblicke, allein ich fand zu meinem unaussprechlichen Schmerz, daß das schnelle und heftige Schlingern des Schiffes die Kiste genau in meinen Weg geschoben hatte, so daß sie mein Weiterkommen sehr wirksam behinderte. Selbst unter größten Anstrengungen konnte ich sie keinen einzigen Zoll verrücken, da sie zwischen Behältern und Schiffsausrüstung festgekeilt war. Somit mußte ich – geschwächt wie ich war – entweder die wegweisende Schnur aufgeben und einen anderen Durchschlupf suchen oder über das Hindernis klettern und meinen Weg auf der anderen Seite fortsetzen. Erstgenannte Alternative bot zu viele Schwierigkeiten und Gefahren, als daß ich sie ohne einen Schauder erwägen konnte. Bei der gegenwärtigen schwachen Verfassung meines Geistes und Körpers würde ich die Richtung unfehlbar verlieren, falls ich es versuchte, und in diesem häßlichen und abstoßenden Labyrinth des Achterschiffes elendiglich umkommen. Ich sammelte deshalb ohne Zögern alle mir verbliebene Kraft und Stärke und versuchte, über die Kiste zu klettern, so gut ich es vermochte.

Aufrecht stehend und mit diesem Ziel im Auge erkannte ich, daß die Aufgabe schwieriger war, als selbst meine Befürchtung sie mir ausgemalt hatte. An jeder Seite der engen Passage erhob sich ein ganzer Wall verschiedener schwerer Gegenstände, welche der geringste Fehler meinerseits auf mich und mein Haupt herniedersenden konnte; sollte dieser Unglücksfall nicht eintreten, konnte der Weg indes wirksam blockiert werden, so daß meine Rückkehr durch die herabstürzende Masse ebenso vortrefflich versperrt sein würde wie mein Weiterkommen durch das Hindernis vor mir. Die Kiste selbst war ein langes und plumpes Behältnis, an dem mein Fuß keinen Halt finden konnte. Vergeblich trachtete ich durch Einsatz aller mir zur Verfügung stehenden Kräfte, die Oberkante zu erreichen, in der Hoffnung, mich dann hochziehen zu können. Wäre mein Versuch geglückt, so hätte sich meine Kraft gewiß als völlig unzulänglich erwiesen für die Aufgabe, mich hinüberzuschwingen, und so war es in jeder Hinsicht besser, daß es mißlang. Schließlich spürte ich bei einem weiteren verzweifelten Versuch, die Kiste zu verrücken, eine starke Vibration an der mir zugekehrten Seite. Ich griff begierig nach der Kante der Latten und fand, daß eine sehr locker war. Mit meinem Taschenmesser, das ich glücklicherweise bei mir hatte, gelang es mir unter großer Mühe, sie endgültig zu lösen. Als ich durch die Öffnung hineinkroch, entdeckte ich zu meiner übergroßen Freude, daß auf der gegenüberliegenden Seite keine Bretter waren – mit anderen Worten: daß das Oberteil fehlte und ich mich durch den Boden der Kiste gezwängt hatte. Nun gab es keine besondere Schwierigkeit mehr, der Schnur zu folgen, bis ich schließlich den Nagel erreichte. Mit klopfendem Herzen stellte ich mich aufrecht und drückte leicht gegen die Unterseite der Falltür. Sie öffnete sich nicht so schnell, wie ich erwartet hatte, und ich drückte nun etwas energischer, noch immer fürchtend, nicht Augustus, sondern je-

mand anders könne sich in seiner Kabine aufhalten. Die
Tür bewegte sich zu meinem Erstaunen jedoch überhaupt
nicht, und mir wurde unbehaglich, denn ich wußte, daß es
früher keiner oder nur geringer Anstrengung bedurft hatte,
sie zu öffnen. Ich drückte stark – sie blieb, wie sie war; ich
drückte mit aller Macht – sie gab noch immer nicht nach;
ich drückte mit Wut, mit Zorn, mit Verzweiflung – sie
trotzte meinen äußersten Bemühungen. Aus der Unüber-
windbarkeit des Widerstands war zu folgern, daß die Öffnung entweder entdeckt und fest zugenagelt oder daß eine
beträchtliche Last daraufgestellt worden war, an deren Beseitigung ich nicht im geringsten denken konnte.

Ich war aufs höchste bestürzt und entsetzt. Vergeblich
versuchte ich, die mögliche Ursache meines Eingeschlossenseins zu ergründen. Ich brachte jedoch keine zusammenhängende Gedankenkette zustande, sank auf den Fußboden und gab mich widerstandslos den düstersten
Vorstellungen hin, unter denen die schrecklichen Todesar-
ten des Verdurstens, Verhungerns, Erstickens und lebendig
Begrabenwerdens mir als die Schicksalsschläge erschienen,
mit denen ich am ehesten zu rechnen hatte. Schließlich gewann ich mein Denkvermögen zum Teil doch wieder und
tastete nach den Rändern oder Ritzen der Öffnung. Als ich
sie gefunden hatte, untersuchte ich sie genau, um mich zu
vergewissern, ob nicht irgendein Lichtschein aus der Kabine hindurchdrang. Aber nichts war zu sehen. Nun
zwängte ich die Klinge meines Federmessers durch, bis ich
auf ein hartes Hindernis stieß. Als ich daran kratzte, entdeckte ich, daß es eine solide Masse Metall sein mußte, wobei mir das seltsame Auf und Ab beim Entlangziehen der
Klinge auf ein Kettenkabel zu deuten schien. Die einzige
mir verbliebene Möglichkeit war, mich wieder in meine Kiste zurückzuziehen und mich dort entweder meinem traurigen Schicksal zu überantworten oder mein Gemüt so weit
zu beruhigen, daß es mir möglich wurde, einen Rettungs-
plan zu entwerfen. Ich machte mich unverzüglich auf den
Weg und gelangte nach unzähligen Schwierigkeiten auch
wieder zurück. Als ich bis zum äußersten erschöpft auf die

Matratze sank, ließ sich Tiger in voller Länge an meiner Seite nieder und schien mich durch Liebkosungen über mein Unglück trösten zu wollen und mich zu drängen, es mannhaft zu ertragen.

Sein seltsames Verhalten erregte schließlich meine Aufmerksamkeit. Nachdem er mir einige Minuten lang Gesicht und Hände geleckt hatte, hörte er plötzlich damit auf und gab ein leises Winseln von sich. Wann immer ich die Hand ausstreckte, fand ich ihn jedesmal mit erhobenen Pfoten auf dem Rücken liegend. Dieses häufig wiederholte Verhalten erschien mir merkwürdig, und ich konnte es mir in keiner Weise erklären. Da der Hund sich zu quälen schien, schloß ich auf eine Verletzung. Ich nahm seine Pfoten in meine Hände, untersuchte sie eine nach der anderen, entdeckte jedoch keine Spur irgendeiner Wunde. Dann sagte ich mir, daß er Hunger habe, und gab ihm ein großes Stück Schinken, welches er begierig verschlang, danach jedoch wieder seine seltsamen Manöver aufnahm. Nun glaubte ich, daß er wie auch ich unter Durst litt, und war im Begriff, diese Schlußfolgerung als die einzig richtige anzusehen, als mir der Gedanke kam, daß ich bis jetzt nur seine Pfoten betrachtet und er womöglich an einem anderen Teil seines Körpers oder Kopfes eine Verletzung davongetragen hatte. Ich tastete letzteren sorgfältig ab, fand jedoch nichts. Als meine Hand indes über seinen Rücken glitt, spürte ich ein sich über den ganzen Rücken ziehendes Sträuben des Felles. Beim Abtasten dieser Spur entdeckte ich eine Schnur, folgte ihr und fand heraus, daß sie den ganzen Körper umgab. Bei genauerer Untersuchung stieß ich auf einen kleinen Streifen, der sich wie Briefpapier anfaßte; und die Schnur war so daran befestigt, daß er unmittelbar unter der linken Schulter des Tieres gehalten wurde.

Kapitel III

Augenblicklich kam mir der Gedanke, daß das Papier eine Nachricht von Augustus sei und er, da ein unerklärliches

Ereignis ihn daran hinderte, mich aus meinem Verlies zu befreien, diese Methode ersonnen habe, um mich über den wahren Stand der Dinge zu unterrichten. Zitternd vor Ungeduld, nahm ich nun erneut die Suche nach meinen Phosphorhölzchen und Kerzen auf. Ich hatte eine verworrene Erinnerung, sie sorgfältig verwahrt zu haben, ehe ich in den Schlaf sank, und hatte mich in der Tat vor meiner letzten Expedition zur Falltür der Stelle genau entsinnen können, wo ich sie hingelegt hatte. Indes mühte ich mich jetzt vergebens, mir diesen Ort ins Gedächtnis zu rufen, und vergeudete so eine volle Stunde in fruchtloser und irritierender Suche nach den verschwundenen Gegenständen; ganz gewiß habe ich mich nie zuvor in einem qualvolleren Zustand der Furcht und Ungewißheit befunden. Während ich noch, den Kopf dicht am Ballast, die Umgebung der Kistenöffnung abtastete, bemerkte ich schließlich ein schwaches Leuchten aus der Richtung der Hangpflicht. Äußerst überrascht trachtete ich, mich darauf zuzubewegen, zumal es nur wenige Fuß von meinem Standort entfernt zu sein schien. Kaum hatte ich mich jedoch mit dieser Absicht in Bewegung gesetzt, schwand das Leuchten völlig aus meinem Blickfeld, und ehe ich seiner wieder ansichtig werden konnte, war ich gezwungen, mich die Kiste entlang zu tasten, bis ich exakt wieder an meinem Ausgangspunkt ankam. Indem ich nun meinen Kopf vorsichtig hin und her bewegte, erkannte ich, daß ich durch ein langsames und äußerst behutsames Vorrücken entgegengesetzt zu der Richtung, die ich zuerst eingeschlagen hatte, mich dem Licht weiter nähern konnte, wobei ich es ständig im Auge behielt. Alsbald stieß ich (nachdem ich mich durch unzählige enge Windungen gezwängt hatte) direkt darauf und entdeckte, daß es von einigen Bruchstücken meiner Zündhölzer herrührte, die in einem umgekippten leeren Faß lagen. Noch wunderte ich mich, wie sie an diese Stelle gekommen waren, als meine Hand zwei oder drei Stück Kerzenwachs berührte, die offensichtlich durch den Hund zermahlen worden waren. Daraus schloß ich sogleich, daß er meinen ganzen Kerzenvorrat verschlungen hatte, und verlor jede Hoffnung, Augustus' Nachricht jemals lesen zu können. Die kümmerlichen Reste des Wachses waren so mit anderem Schmutz im Faß vermengt, daß ich zweifelte, sie könnten mir je noch von Nutzen sein, und sie ließ, wie sie waren. Den Phosphor, von dem nur ein oder zwei Krümchen geblieben waren, klaubte ich auf, so gut ich es vermochte, und kehrte unter großer Beschwernis damit zu meiner Kiste zurück, wo Tiger die ganze Zeit geblieben war.

Was als nächstes zu tun war, konnte ich nicht sagen. Der Raum war so absolut dunkel, daß ich meine Hand nicht sehen konnte, wie dicht vor mein Gesicht ich sie auch immer hielt. Der weiße Streifen Papier war kaum zu erkennen, und das nicht einmal, wenn ich direkt darauf blickte, sondern nur, wenn ich den äußersten Saum der Netzhaut darauf richtete – das soll heißen, wenn ich ihn aus dem Augenwinkel betrachtete, entdeckte ich, daß er in gewissem Maße sichtbar wurde. So kann sich ein jeder die Finsternis meines Gefängnisses vorstellen, und die Nachricht meines Freundes, sofern es in der Tat eine Nachricht von ihm war, schien nur geeignet, mich in größere Besorgnis zu stürzen, da sie meine bereits geschwächten und übererregten Geisteskräfte ohne Grund beunruhigt hatte. Vergeblich erwog mein Gehirn eine Vielzahl absurder Hilfsmittel, um Licht zu erzeugen – genau solcher Hilfsmittel, wie sie ein Mensch aus gleichem Grund vielleicht in jenem verworrenen Schlaf ersinnen mag, den der Genuß von Opium erzeugt – und die dem Schläfer in ihrer Gesamtheit abwechselnd als höchst vernünftige und höchst widersinnige Konzeptionen erscheinen, je nachdem, ob das Denken oder das Vorstellungsvermögen jeweils die Oberhand übereinander gewinnen. Schließlich kam mir ein Gedanke, der vernünftig erschien und in mir die berechtigte Frage auslöste, warum ich nicht schon eher darauf verfallen war. Ich legte den Streifen Papier auf den Deckel eines Buches, nahm die Bruchstücke der Phosphorhölzchen, die ich von dem Faß mitgebracht hatte, und legte sie zusammen auf das Papier. Sodann rieb ich das Ganze sehr schnell, jedoch gleichmäßig mit dem Handballen. Sofort ergoß sich ein deutlicher Lichtschein über die ganze Oberfläche, und hätte irgend etwas Geschriebenes darauf gestanden, so hätte ich nicht die geringste Schwierigkeit gehabt, es zu lesen – dessen bin ich sicher. Indes stand nicht eine Silbe darauf – es war nur ein leeres, nichtssagendes Stück Papier. Der Lichtschein erstarb in wenigen Sekunden und mein Herz in mir, als er verging.

Mehrmals bereits habe ich darauf verwiesen, daß sich mein Verstand schon seit langem in einem Zustand befand, der fast an Idiotie grenzte. Gewiß gab es momentane Intervalle völliger geistiger Klarheit und dann und wann sogar von Energie, aber diese waren selten. Man möge sich vergegenwärtigen, daß ich gewiß seit vielen Tagen die fast pestilenzartige Atmosphäre eines engen Raumes auf einem Walfänger atmete und über einen langen Zeitraum mit nur wenig Wasser auskommen mußte. Während der letzten vierzehn oder fünfzehn Stunden hatte ich überhaupt keines gehabt – auch hatte ich in dieser Zeit nicht geschlafen. Eingesalzene Lebensmittel der pikantesten Art waren meine hauptsächliche, seit Verlust des Hammelfleisches in der Tat meine einzige Nahrung gewesen, die Schiffszwiebäcke ausgenommen, und letztere waren völlig nutzlos für mich, da sie zu trocken und hart waren, als daß ich sie mit meiner geschwollenen und wunden Speiseröhre hätte schlucken können. Ich hatte jetzt hohes Fieber und war in jeder Hinsicht schwerkrank. Dadurch wird wohl die Tatsache verständlich, daß nach meinem letzten Abenteuer mit dem Phosphor viele Stunden der Kümmernis und Mutlosigkeit vergingen, ehe mir dämmerte, daß ich nur eine Seite des Papiers studiert hatte. Ich werde nicht versuchen, meinen Ingrimm zu schildern (glaube ich doch, daß diese Empfindung alle anderen überwog), als mir plötzlich bewußt wurde, welche unerhörte Fahrlässigkeit ich begangen hatte. Das Versäumnis selbst wäre unbedeutend gewesen, hätten nicht eigene Torheit und Ungestüm es mir anders vergolten – tief enttäuscht, auf dem Papierstreifen keine Worte vorzufinden, hatte ich ihn in kindlichem Trotz zerfetzt und die Stücke weggeworfen – wohin, konnte ich nicht sagen.

Tigers Klugheit rettete mich vor den übelsten Folgen dieses Dilemmas. Als ich nach langem Suchen schließlich ein kleines Stück des Papiers gefunden hatte, hielt ich es an die Nase des Hundes, um ihm zu verstehen zu geben, er solle mir den Rest bringen. Zu meinem Erstaunen (denn ich hatte ihn keine der üblichen Kunstfertigkeiten gelehrt, die seine Gattung so berühmt machen) schien er meine Absicht sofort zu erkennen, stöberte einige Augenblicke herum und fand alsbald ein anderes ansehnliches Stück. Nachdem er es mir gebracht hatte, hielt er eine Weile inne, rieb seine Nase an meiner Hand und schien auf ein Zeichen der Anerkennung zu warten für das, was er geleistet hatte. Ich tätschelte seinen Kopf, wonach er sich unverzüglich wieder auf den Weg machte. Diesmal dauerte es einige Minuten, ehe er zurückkehrte – aber als er kam, brachte er ein großes Stück, das ganze restliche Papier, wie sich herausstellte – anscheinend war es nur in drei Stücke zerrissen worden. Zum Glück hatte ich keine Mühe, die wenigen übriggebliebenen Phosphorkrumen aufzusammeln – ich ließ mich durch das schwache Glimmen leiten, das ein oder zwei Teilchen noch ausstrahlten. Meine Schwierigkeiten hatten mich die Notwendigkeit größerer Vorsicht gelehrt, deshalb nahm ich mir nun die Zeit zu überdenken, wie ich am besten vorgehen sollte. So hielt ich es für sehr wahrscheinlich, daß einige Worte auf jene Seite des Papiers geschrieben worden waren, die ich nicht untersucht hatte – aber welche Seite war das gewesen? Das Zusammenfügen der Stücke half mir in dieser Hinsicht nicht weiter, obwohl ich nun sicher sein konnte, daß die Worte, sofern welche darauf standen, alle auf einer Seite und in der richtigen Reihenfolge zu finden sein würden. Diesen fraglichen Punkt über jeden Zweifel zu klären war unumgänglicher denn zuvor, da der verbliebene Phosphor für einen dritten Versuch, sollte jener fehlschlagen, den zu unternehmen ich im Begriff war, niemals ausreichen würde. Wie vorher legte ich das Papier auf ein Buch, saß einige Minuten nachdenklich und erwog die Angelegenheit reiflich. Schließlich schien mir eine geringe Möglichkeit zu bestehen, daß die beschriebene Seite gewisse Unebenheiten aufwies, die ein feines Tastgefühl mich vielleicht entdecken lassen könnte. Ich entschloß mich, den Versuch zu wagen, und ließ meinen Finger sehr behutsam über die Seite gleiten, die sich mir zuerst darbot. Indes war nichts zu erkennen, und so wendete ich das Papier und legte es wieder auf das Buch. Abermals strich ich mit dem Zeigefinger vorsichtig darüber, als ich ein ungemein schwaches, dennoch erkennbares Leuchten bemerkte, welches dem Finger zu folgen schien. Dies mußte, dessen war ich gewiß, von einigen noch verbliebenen winzigkleinen Phosphorteilchen herrühren, mit denen ich das Papier bei meinem ersten Versuch überzogen hatte. Die andere oder untere Seite war demzufolge die mit dem Geschriebenen, sofern letztlich etwas Geschriebenes darauf zu finden war. Abermals wendete ich das Papier und machte mich ans Werk, wie ich es schon einmal getan hatte. Als ich den Phosphor verrieben hatte, entstand das Leuchten wie ehedem – jedoch traten diesmal mehrere Zeilen des Manuskriptes in großer Handschrift und offensichtlich mit roter Tinte geschrieben deutlich hervor. Das Leuchten war hell genug, währte indes nur einen Moment. Gleichwohl wäre ausreichend Zeit gewesen, alle drei Sätze durchzulesen – denn ich sah, daß es drei waren –, wäre ich nicht allzu aufgeregt gewesen. In meinem Verlangen, alles auf einmal zu erfassen, gelang es mir jedoch nur, die letzten sieben Worte richtig zu entziffern, die wie folgt lauteten: ›Blut – Dein Leben hängt vom Verborgenbleiben ab.‹

Wäre es mir möglich gewesen, den ganzen Inhalt der Nachricht zu ermitteln, so hätte doch die volle Bedeutung der Warnung, die mein Freund dergestalt versucht hatte mir zukommen zu lassen – und hätte sie die Darstellung eines ganz unbeschreiblichen Unheils enthalten, davon bin ich fest überzeugt –, mein Gemüt nicht mit einem Zehntel jenes ungeheuerlichen und noch unbestimmbaren Entsetzens erfüllt, das die soeben erhaltene bruchstückhafte Warnung in mir wachrief. Dazu noch *Blut* – jenes Wort aller Worte, zu allen Zeiten begleitet von Assoziationen des Geheimnisvollen, des Leidens und Entsetzens – wie dreifach bedeutungsvoll erschien es nun mir – wie kalt und bedrükkend fiel diese unbestimmte Silbe, losgelöst wie sie war von allen vorausgehenden Worten, die sie hätten näher bestimmen oder verdeutlichen können, tief im Dunkel meines Gefängnisses in die innersten Winkel meiner Seele!

Zweifellos hatte Augustus gute Gründe, wenn er wünschte, daß ich mich weiterhin verborgen hielt, und ich stellte tausend Vermutungen an, welcherart sie wohl sein könnten – allein, ich kam zu keiner befriedigenden Lösung des Rätsels. Gleich nach der Rückkehr von meiner letzten Expedition zur Falltür und noch ehe meine Aufmerksamkeit durch Tigers eigentümliches Verhalten in eine andere Richtung gelenkt worden war, hatte ich den Entschluß gefaßt, mich den an Bord befindlichen Leuten auf alle Fälle bemerkbar zu machen oder, sofern mir dies nicht direkt gelingen sollte, zu versuchen, mir einen Durchschlupf durch das Raumdeck zu sägen. Die nur halbe Gewißheit, daß es mir gelingen würde, eines dieser zwei Vorhaben in äußerster Not zu bewältigen, hatten mir Mut gemacht (dessen ich sonst entraten hätte), meine unglückliche Lage zu ertragen. Die wenigen Worte, die ich hatte lesen können, beraubten mich indes dieser letzten Möglichkeiten, und ich spürte nun zum ersten Mal das ganze Elend meines Geschicks. In einem Anfall von Verzweiflung ließ ich mich wieder auf die Matratze fallen, wo ich für den Zeitraum etwa eines Tages und einer Nacht liegenblieb. Eine Benommenheit hatte sich meiner bemächtigt, die nur durch kurzzeitige Intervalle der Einsicht und Erinnerung gemildert wurde.

Schließlich erhob ich mich abermals und begann, mir die Schrecknisse vor Augen zu führen, von denen ich umgeben war. Weitere vierundzwanzig Stunden – geschweige denn länger – ohne Wasser auszukommen war kaum möglich. Während der ersten Zeit meiner Einkerkerung hatte ich den Stärkungen tüchtig zugesprochen, mit denen mich

Augustus ausgestattet hatte, jedoch waren sie nur geeignet gewesen, das Fieber ansteigen zu lassen, ohne meinen Durst im geringsten zu stillen. Ich hatte nur noch etwa eine Viertelpinte übrig, und dies war eine Art starker Pfirsichlikör, gegen den mein Magen revoltierte. Die Würste waren ganz aufgezehrt, von dem Schinken existierte nur noch ein kleines Stück Schwarte; die Zwiebäcke hatte Tiger bis auf einige Krumen aufgefressen. Zu allem Unglück bemerkte ich, daß mein Kopfschmerz mit jeder Minute zunahm und mit ihm jene Art Delirium, das mich mehr oder weniger gepeinigt hatte, seit ich das erste Mal in Schlaf gesunken war. Mehrere Stunden schon konnte ich nur unter großer Mühe Atem schöpfen, und jetzt wurde jeder Versuch, dies zu tun, von einer höchst beklemmenden, krampfartigen Reaktion der Brust begleitet. Gleichwohl gab es noch eine andere und sehr verschiedenartige Ursache der Besorgnis, in der Tat eine, deren zermürbende Ängste Hauptanlaß waren, mich aus der Benommenheit zu reißen und zur Tat zu zwingen. Sie rührte vom Verhalten des Hundes her.

Die Veränderung in seinem Verhalten fiel mir das erste Mal auf, als ich während meines letzten Versuchs den Phosphor auf dem Papier zerrieb. Leise knurrend stieß er seine Nase gegen meine Hand, während ich rieb; zu dem Zeitpunkt war ich jedoch viel zu aufgeregt, um diesem Umstand viel Aufmerksamkeit zu widmen. Bald danach hatte ich mich auf die Matratze fallen lassen, wie man sich erinnern wird, und war in eine Art Lethargie gesunken. Alsbald vernahm ich einen eigenartigen zischenden Laut dicht an meinem Ohr und entdeckte, daß er von Tiger herrührte, der in einem Zustand offenbar höchster Erregung keuchte und röchelte, wobei mich seine Augen in der Dunkelheit wild anfunkelten. Ich redete auf ihn ein, worauf er mit einem langen Brummen antwortete und dann ruhig blieb. Kurz danach fiel ich wieder in meine Benommenheit, aus der ich bald auf ähnliche Weise erwachte. Dies wiederholte sich drei oder vier Mal, bis sein Verhalten mir schließlich ein so hohes Maß von Furcht einflößte, daß ich gänzlich aufwachte. Er lag nun dicht bei der Kistentür, knurrte furchterregend, jedoch in gedämpfter Weise, und knirschte mit den Zähnen, wie von einem starken Krampf gepackt. Ich zweifelte nicht, daß entweder der Wassermangel oder die abgeschlossene Atmosphäre des Raumes ihn zum Wahnsinn getrieben hatte, und war ratlos, wie ich mich verhalten sollte. Der Gedanke, ihn zu töten, war mir unerträglich, indes schien dies zu meiner eigenen Sicherheit absolut notwendig zu sein. Ich konnte deutlich seine Augen erkennen, die mit einem Ausdruck tödlicher Feindseligkeit an mir hafteten, und rechnete jeden Moment mit einem Angriff. Schließlich konnte ich die unheildrohende Situation nicht länger ertragen und entschloß mich, die Kiste auf alle Fälle zu verlassen und mich seiner zu entledigen, sofern seine feindliche Haltung dies notwendig machen würde. Um hinauszugelangen, mußte ich mich über ihn hinwegbewegen, und er schien meine Absicht bereits zu erraten – denn er erhob sich auf die Vorderbeine (wie ich aus der veränderten Position seiner Augen sehen konnte) und bleckte seine weißen Zähne, die leicht zu erkennen waren. Ich nahm den Rest der Schinkenschwarte und die Flasche mit dem Likör und verwahrte beides zusammen mit einem großen Schnitzmesser, das Augustus mir überlassen hatte, in meiner Kleidung – sodann schlang ich meinen Mantel so eng wie möglich um mich und machte eine Bewegung auf die Kistenöffnung zu. Kaum tat ich dies, sprang mir der Hund laut knurrend an die Kehle. Das volle Gewicht seines Körpers prallte gegen meine rechte Schulter, und ich fiel heftig nach links, während das ergrimmte Tier über mich hinwegstürmte. Ich war auf die Knie gestürzt und hatte meinen Kopf in den Decken vergraben, und dies schützte mich bei einem zweiten wütenden Angriff, bei dem ich spürte, wie die scharfen Zähne die meinen Hals schützende Wolle kräftig zusammenpreßten – indes waren sie glücklicherweise nicht imstande, die vielen Falten zu durchdringen. Nun befand ich mich unter dem Hund und einige Augenblicke völlig in seiner Gewalt. Verzweiflung verlieh mir Kraft, ich erhob mich beherzt, schüttelte ihn mit aller Macht ab und zog die Decken von der Matratze mit mir. Diese warf ich sodann über ihn, und ehe er sich daraus befreien konnte, hatte ich die Tür hinter mir geschlossen und seine Verfolgung dergestalt wirksam verhindert. Bei diesem Kampf hatte ich jedoch das Stück Schinkenschwarte fallen lassen müssen, und nun entdeckte ich, daß mein ganzer Vorrat an Lebensmitteln auf eine einzige Viertelpinte Likör zusammengeschrumpft war. Als mir diese Erkenntnis dämmerte, packte mich einer jener Anfälle von Eigensinn, der vermutlich auch ein verwöhntes Kind unter ähnlichen Umständen beeinflußt; ich setzte die Flasche an den Mund, leerte sie bis zur Neige und schleuderte sie ergrimmt auf den Fußboden.

Kaum war das Echo des Aufpralls verhallt, als ich aus der Richtung der Hangpflicht jemanden mit lebhafter, jedoch gedämpfter Stimme meinen Namen rufen hörte. Das war so unerwartet und die Erregung, die dieser Laut in mir wachrief, so groß, daß ich vergeblich versuchte zu antworten. Mein Sprechvermögen ließ mich völlig im Stich, und wie gelähmt von der entsetzlichen Angst, mein Freund könnte mich für tot halten und ohne einen Versuch, zu mir zu gelangen, umkehren, stand ich zwischen den Lattenkisten nahe der Tür zu meiner Kiste, zitterte am ganzen Leib, rang nach Luft und mühte mich unsäglich, einen Laut von mir zu geben. Und hätten tausend Worte von einer einzigen Silbe abgehangen – ich hätte sie nicht sprechen können. Irgendwo zwischen dem Gerümpel weiter vorn war nun eine leichte Bewegung zu hören. Das Geräusch wurde alsbald leiser, schwand immer mehr und erstarb. Werde ich je meine Empfindungen in diesem Augenblick vergessen? Er ging weg – mein Freund, mein Gefährte, von dem ich mit Recht so viel erhoffte – er ging – er wollte mich im Stich lassen – er war gegangen! Er wollte zulassen, daß ich elendiglich zugrunde ging, in dem schrecklichsten und abscheulichsten aller Verliese mein Leben beendete – und ein Wort, eine kleine Silbe würde mich retten – dennoch konnte ich diese einzige Silbe nicht herausstoßen. Ich spürte gewißlich mehr als zehntausendfache Todesqualen. Meine Sinne schwanden, und ich fiel sterbenselend gegen die eine Seite der Kiste.

Als ich fiel, glitt das Schnitzmesser aus dem Gurt meiner Beinkleider und fiel scheppernd auf den Fußboden. Keine Melodie, und sei es die allerlieblichste, klang je so süß in meinen Ohren! Ich lauschte mit äußerster Anspannung, um die Wirkung des Geräuschs auf Augustus zu erforschen – denn ich wußte, daß die Person, die meinen Namen gerufen hatte, kein anderer sein könnte als er. Für einige Augenblicke war alles still. Schließlich hörte ich ihn abermals in gedämpftem Ton und sehr unsicher »Arthur!« rufen. Wiederauflebende Hoffnung gab mir mit einemmal mein Sprechvermögen zurück, und ich schrie, so laut ich konnte: »Augustus! O Augustus!« – »Leise! Um Gottes willen, sei still!« erwiderte er mit vor Aufregung zitternder Stimme. »Ich bin gleich bei dir – sobald ich mich durch den Laderaum durchgearbeitet habe!« Lange Zeit hörte ich ihn sich durch das Gerümpel einen Weg bahnen, und jeder Augenblick erschien mir wie eine Ewigkeit. Endlich fühlte ich seine Hand auf meiner Schulter, und im gleichen Moment setzte er eine Flasche mit Wasser an meine Lippen. Nur diejenigen, die plötzlich dem Schlund des Grabes entrissen wurden oder die unerträgliche Durstqualen unter ebenso verschärften Umständen erleiden mußten gleich jenen, denen ich in meinem trostlosen Gefängnis ausgesetzt war, können sich eine Vorstellung machen von dem unaussprechlichen Entzücken, welches jener eine lange Zug von der köstlichsten aller physischen Kostbarkeiten mir bereitete.

Als ich meinen Durst bis zu einem gewissen Grad gestillt hatte, förderte Augustus drei oder vier gekochte Kartoffeln aus seiner Tasche, die ich mit größter Gier verschlang. Er hatte eine brennende Blendlaterne mitgebracht, und ihre wohltuenden Strahlen bereiteten mir kaum weniger Trost als Essen und Trinken. Indes brannte ich vor Begierde, die Ursache seiner langen Abwesenheit zu erfahren, und er hub an zu berichten, was sich während meiner Einkerkerung an Bord zugetragen hatte.

Die Brigg war, wie ich vermutet hatte, etwa eine Stunde, nachdem er mir die Uhr überlassen hatte, in See gestochen. Das war am zwanzigsten Juni gewesen. Man wird sich erinnern, daß ich damals bereits drei Tage im Laderaum verbracht hatte; und während dieses Zeitraums herrschte ständig eine derartige Geschäftigkeit an Bord, wurde so oft hin und her gelaufen, besonders in der Kajüte und den Passagierkabinen, daß er keine Möglichkeit gesehen hatte, mich aufzusuchen, ohne zu riskieren, daß das Geheimnis der Falltür offenbar wurde. Als er schließlich gekommen war, hatte ich ihm versichert, daß es mir so gut wie nur möglich gehe. Deshalb war er die nächsten zwei Tage nur wenig besorgt um mich – während er dennoch ständig nach einer Gelegenheit Ausschau hielt, unter Deck zu kommen. Diese bot sich erst am vierten Tag. Während der ganzen Zeit war er mehrfach versucht gewesen, seinen Vater das Abenteuer wissen zu lassen, damit ich sofort an Deck kommen konnte. Indes waren wir noch in Reichweite von Nantucket, und es war angesichts einiger Äußerungen seitens Kapitän Barnards zweifelhaft, ob er nicht auf der Stelle kehrtmachen würde, falls er mich an Bord entdeckte. Außerdem konnte Augustus, wenn er die Sache reiflich erwog, sich nicht vorstellen, wie er mir sagte, daß mir etwas unmittelbar mangelte oder daß ich in solchem Fall zögern würde, mich an der Falltür bemerkbar zu machen. Sooft er dergestalt alles überdachte, kam er zu dem Schluß, mich unten zu lassen, bis sich ihm eine Gelegenheit bot, mich unauffällig zu besuchen. Dies geschah jedoch, wie ich bereits gesagt habe, erst vier Tage, nachdem er mir die Uhr gebracht hatte, und am siebenten Tag, seit ich den Laderaum das erste Mal betreten hatte. Er war damals ohne Wasser oder irgendwelche Lebensmittel unter Deck gekommen, da es ihm in erster Linie nur darum ging, sich bemerkbar zu machen und mich von der Kiste zur Falltür kommen zu lassen – worauf er in die Passagierkabine gehen und mir von dort frische Lebensmittel herabreichen wollte. Als er zu diesem Zweck hinabstieg, bemerkte er, daß ich schlief, denn ich muß sehr laut geschnarcht haben. Nach all den Berechnungen, die ich in dieser Sache vornehmen kann, muß dies der tiefe Schlaf gewesen sein, der mich übermannt hatte, kaum daß ich mit der Uhr von der Falltür zurückgekehrt war, und der demzufolge mehr als drei Tage und Nächte gedauert haben muß, und das ist das mindeste. In letzter Zeit hatte ich Ursache, sowohl durch eigene Erfahrung als auch durch die Versicherung anderer, die stark einschläfernde Wirkung jenes von altem Fischtran herrührenden Gestanks in einem engen Raum kennenzulernen, und wenn ich mir die Bedingungen des Laderaums vor Augen führe, in dem ich eingekerkert war, und die lange Zeitspanne, in der die Brigg als Walfangschiff gedient hatte, bin ich geneigt, mich eher darüber zu wundern, daß ich überhaupt wieder erwachte, nachdem ich einmal in Schlaf gesunken war, als darüber, daß ich während des obengenannten Zeitraums ununterbrochen geschlafen haben soll.

Augustus rief zuerst mit gedämpfter Stimme nach mir und ohne die Falltür hinter sich zu schließen – aber ich gab keine Antwort. Dann schloß er die Tür und sprach in lautem, zuletzt in sehr lautem Ton zu mir – dennoch schnarchte ich weiter. Er war nun ratlos, was zu tun sei. Es hätte einiger Zeit bedurft, durch das Gerümpel einen Weg zu meiner Kiste zu finden, inzwischen würde Kapitän Barnard seine Abwesenheit bemerken, der seine Dienste jede Minute in Anspruch nehmen konnte, um Papiere zu ordnen und zu kopieren, die das Geschäft der Reise betrafen. Deshalb entschloß er sich nach einigem Überlegen, wieder an Deck zu gehen und auf eine andere Gelegenheit für einen Besuch bei mir zu warten. Dieser Entschluß fiel ihm um so leichter, als mein Schlaf höchst ruhiger Natur zu sein schien und er nicht vermuten konnte, daß die lange Einkerkerung mir in irgendeiner Weise hätte beschwerlich sein können. Gerade hatte er sich in diesem Sinne entschieden, als ungewöhnlicher Lärm, dessen Widerhall von der Kajüte auszugehen schien, seine Aufmerksamkeit gefangennahm. So schnell wie möglich glitt er durch die Falltür, schloß sie und riß die Tür seiner Kabine auf. Kaum hatte er seinen Fuß über die Schwelle gesetzt, blitzte vor seinen Augen eine Pistole auf, gleichzeitig streckte ihn der Aufprall einer Handspake zu Boden.

Eine kräftige Hand, die seine Kehle fest umschlossen hielt, drückte ihn gegen den Kajütenboden; dennoch war er in der Lage zu verfolgen, was um ihn vor sich ging. Sein Vater lag, an Händen und Füßen gefesselt, auf den Stufen der Kajütstreppe, den Kopf nach unten und mit einer tiefen Wunde an der Stirn, aus der ständig Blut rann. Er sagte kein Wort und war offenbar im Begriff zu sterben. Über ihm stand der Erste Maat, betrachtete ihn mit einem Ausdruck teuflischen Hohns und durchsuchte bedächtig seine Taschen, denen er alsbald eine große Brieftasche und eine Uhr entnahm. Sieben Leute der Mannschaft (darunter der Koch, ein Neger) durchstöberten die Backbordpassagierkabinen nach Waffen und versorgten sich schnell mit Musketen und Munition. Außer Augustus und Kapitän Barnard waren sie ihrer neun in der Kajüte, darunter die wildesten Gesellen der Mannschaft. Die Schurken gingen nun an Deck und nahmen meinen Freund mit, nachdem sie ihm die Arme auf dem Rücken gefesselt hatten. Sie begaben sich geradeswegs zur Vorderdecksluke, die verriegelt war. Zwei der Meuterer standen mit Äxten daneben, zwei weitere bei der Hauptluke. Der Maat rief laut: »Hört ihr mich da unten? Marsch herauf mit euch, einer nach dem anderen – merkt euch das – und ohne zu murren!« Es dauerte einige Minuten, bis jemand erschien – ein Engländer kam schließlich herauf, der als Hilfsmatrose angeheuert hatte, weinte jämmerlich und flehte den Maat in höchst demütiger Weise an, ihm das Leben zu schenken. Die einzige Antwort war ein Hieb mit der Axt gegen seine Stirn. Der arme Bursche fiel, ohne einen Laut von sich zu geben, auf das Deck, und der schwarze Koch nahm ihn auf beide Arme, wie er es mit einem Kind tun würde, und ließ ihn bedächtig in die See fallen. Nachdem die Männer unter Deck den Schlag und das Plumpsen des Körpers gehört hatten, konnten sie weder durch Drohungen noch Versprechungen dazu bewegt werden, sich an Deck zu wagen, bis der Vorschlag gemacht wurde, sie auszuräuchern. Daraufhin setzte ein allgemeiner Ansturm ein, und für einen Augenblick erschien es möglich, die Brigg erneut in Besitz zu nehmen. Den Meuterern gelang es indes, das Vorderdeck letztendlich wieder wirksam zu schließen, ehe mehr als sechs ihrer Gegner an Deck kommen konnten. Diese sechs, den Meuterern zahlenmäßig so arg unterlegen und unbewaffnet dazu, ergaben sich nach kurzem Kampf. Der Maat sagte schöne Worte zu ihnen – zweifellos mit der Absicht, die noch unter Deck Befindlichen zur Kapitulation zu bewegen, denn sie konnten mühelos alles hören, was an Deck gesagt wurde. Das Ergebnis bestätigte seine Klugheit nicht weniger als seine teuflische Niedertracht. Alle Mann im Vorderdeck bekundeten augenblicklich ihre Absicht, sich zu ergeben, stiegen einer nach dem anderen an Deck, wurden gefesselt und dann zusammen mit den ersten sechs auf den Rücken geworfen – insgesamt waren es siebenundzwanzig Mann, die sich nicht an der Meuterei beteiligten.

Ein Akt höchst entsetzlicher Metzelei folgte. Die gefesselten Seeleute wurden zum Fallreep geschleppt. Hier stand der Koch mit einer Axt und hieb jedes Opfer auf den Kopf, sobald die anderen Meuterer es gewaltsam über die Bordwand hievten. Auf diese Weise kamen zweiundzwanzig ums Leben, und Augustus hatte sich längst aufgegeben und erwartete jeden Moment, daß die Reihe an ihn käme. Jedoch schienen die Schurken entweder ihres blutigen Geschäfts müde oder selbst in gewissem Maße davon abgestoßen zu sein, denn den vier verbliebenen Gefangenen wurde zusammen mit meinem Freund, der gleich den anderen aufs Deck geschleudert worden war, Aufschub gewährt, während der Maat jemanden nach Rum unter Deck schickte und die ganze Mörderbande sodann ein Trinkgelage abhielt, das bis Sonnenuntergang währte. Danach begannen sie über das Schicksal der Überlebenden zu disputieren, die nur vier Schritt von ihnen entfernt lagen und jedes Wort genau mithören konnten. Auf einige der Meuterer schien der Rum eine besänftigende Wirkung auszuüben, denn mehrere Stimmen wurden vernehmbar, die sich für eine völlige Freilassung der Gefangenen einsetzten unter der Bedingung, daß diese sich der Meuterei anschlossen und sich am Gewinn beteiligten. Der schwarze Koch indes (der in jeder Hinsicht ein vollendeter Dämon war und ebensogroßen, wenn nicht noch größeren Einfluß zu haben schien als der Maat selbst) wollte von einem Vorschlag dieser Art nichts hören und erhob sich mehrfach mit der Absicht, seine Tätigkeit am Fallreep wieder aufzunehmen. Glücklicherweise hatte der Rausch ihn in einem so hohen Maß überwältigt, daß die weniger blutdürstigen Mitglieder der Kumpanei, darunter ein Leinenmeister, der auf den Namen Dirk Peters hörte, ihn zurückhalten konnten. Dieser Mann war der Sohn einer Indianersquaw vom Stamm der Upsarokas, die nahe der Missouri-Quelle in der Geborgenheit der Black Hills lebten. Sein Vater war Pelzhändler oder zumindest in gewisser Weise mit dem Handelsposten der Indianer am Lewis-Fluß verbunden gewesen, glaube ich. Peters selbst war ein derart grimmig aussehender Mann, wie sie mir selten begegnet sind. Er war von kleiner Statur, höchstens vier Fuß acht Zoll groß, seine Gliedmaßen indes waren von herkulischen Proportionen. Insbesondere seine Hände waren so außerordentlich dick und breit, daß sie kaum noch eine menschliche Form hatten. Arme und Beine waren auf höchst einzigartige Weise gekrümmt und schienen überhaupt keine Flexibilität zu besitzen. Sein Kopf war gleichermaßen deformiert, von immenser Größe, mit einer Vertiefung am Scheitel (wie die Schädel der meisten Neger sie aufweisen) und völlig kahl. Um diesen Makel, der nicht von hohem Alter herrührte, zu verdecken, trug er gewöhnlich eine Perücke, die aus jedwedem haarähnlichen Material beschaffen war, dessen er habhaft werden konnte – gelegentlich war es das Fell eines spanischen Hundes oder amerikanischen Grizzlybären. Zu besagtem Zeitpunkt trug er ein solches Stück Bärenfell, und das erhöhte die natürliche Wildheit seines Aussehens nicht wenig, die ein Merkmal der Upsaroka darstellte. Der Mund spannte sich fast von Ohr zu Ohr, die Lippen waren dünn und schienen wie einige andere seiner Körperteile der natürlichen Elastizität zu entraten, so daß der vorherrschende Ausdruck von jeglicher Gefühlsregung unbeeinflußt blieb. Dieser vorherrschende Ausdruck läßt sich vielleicht am besten erfassen, wenn man berücksichtigt, daß die Zähne ungemein lang waren, hervorstanden und niemals, in keinem Fall auch nur teilweise durch die Lippen bedeckt wurden. Betrachtete man diesen Menschen nur flüchtig, so entstand der Eindruck, daß er einem Lachkrampf erlag; ein zweiter Blick würde indes die schaudernde Erkenntnis bringen: Sollte dieser Ausdruck Heiterkeit bekunden, dann mußte es die Heiterkeit eines Dämonen sein. Über diese eigenartige Kreatur waren unter dem seefahrenden Volk von Nantucket viele Anekdoten im Umlauf. Sie sollten seine erstaunliche Körperkraft beweisen, wenn er heftig erregt war, und einige davon hatten Zweifel an seinem gesunden Verstand hervorgerufen. An Bord der ›Grampus‹ schien man ihm jedoch zum Zeitpunkt der Meuterei eher mit gewissem Spott denn irgendwelchen anderen Empfindungen zu begegnen. Ich habe mir die Darstellung von Dirk Peters besonders angelegen sein lassen, weil ihm, wie grimmig er auch aussah, in erster Linie zu danken ist, daß Augustus sein Leben behalten konnte, und weil ich noch häufig Gelegenheit haben werde, ihn im Verlauf meines Berichts zu erwähnen – eines Berichts, das möchte ich hier sagen, der in seinem letzten Teil Ereignisse von einer Beschaffenheit enthalten wird, die so völlig außerhalb der Spanne menschlicher Erfahrung und aus diesem Grund auch jenseits der Grenzen menschlicher Glaubwürdigkeit liegt, daß ich in äußerster Hoffnungslosigkeit fortfahre und bezweifle, Glauben zu finden für all das, was ich erzählen werde, wobei ich jedoch fest der Zeit und der voranschreitenden Wissenschaft vertraue, die einige der bedeutungsschwersten und bezweifelbarsten meiner Feststellungen bestätigen werden.

Nach langer Unschlüssigkeit und zwei- oder dreimaligem heftigen Wortwechsel wurde endlich entschieden, daß alle Gefangenen (mit Ausnahme von Augustus, den Peters in scherzhafter Weise immer wieder als seinen Laufburschen beanspruchte) in einem der kleinsten Walboote ausgesetzt werden sollten. Der Maat ging hinunter in die Kajüte, um zu sehen, ob Kapitän Barnard noch lebte – denn man wird sich entsinnen, daß er unten belassen worden war, als die Meuterer an Deck kamen. Im nächsten Augenblick tauchten die beiden auf, der Kapitän totenbleich, obwohl er sich von den Auswirkungen seiner Wunde einigermaßen erholt zu haben schien. Er sprach mit kaum vernehmbarer Stimme zu den Männern, ersuchte sie dringend, ihn nicht auszusetzen, sondern zu ihren Pflichten zurückzukehren, und versprach, sie an Land zu setzen, wo immer sie es wünschten, und nichts zu unternehmen, um sie vor Gericht zu bringen. Ebensogut hätte er in den Wind reden können. Zwei der Schurken packten ihn bei den Armen und schleuderten ihn über die Bordwand ins Boot, das zu Wasser gelassen worden war, während der Maat unter Deck ging. Die vier Mann, die an Deck lagen, wurden nun von ihren Fesseln befreit und angewiesen, ihm zu folgen, was sie ohne jeden Widerstandsversuch taten – während Augustus in seiner qualvollen Lage belassen wurde, obwohl er dagegen aufbegehrte und um die armselige Vergünstigung flehte, man möge ihm gestatten, seinem Vater Lebewohl zu sagen. Sodann wurden eine Handvoll Schiffszwieback und ein Krug Wasser hinuntergereicht, jedoch weder ein Mast noch ein Segel, ein Ruder oder ein Kompaß. Das Boot wurde einige Minuten lang achtern vertäut, während die Meuterer eine weitere Beratung abhielten – dann ließ man es treiben. Inzwischen war die Nacht angebrochen – weder Mond noch Sterne waren zu sehen –, und eine kurze und garstige See lief an, obwohl der Wind nicht allzu stark wehte. Das Boot war im Nu außer Sicht, und für unsere unglücklichen Leidensgenossen, die darin saßen, bestand nur wenig Hoffnung. Dieser Vorfall ereignete sich indes auf einer Position von $35°30'$ nördlicher Breite und $61°21'$ westlicher Länge, mithin in nicht sehr großer Entfernung von den Bermudas. Augustus suchte sich daher mit dem Gedanken zu trösten, daß das Boot entweder Land erreichen oder ihm nahe genug kommen würde, um von Schiffen, die die Küste entlangsegelten, entdeckt zu werden.

Auf der Brigg wurden nun alle Segel gesetzt, und sie nahm ihren ursprünglichen Südwestkurs wieder auf. Die Meuterer waren zu einer Piratenfahrt entschlossen, bei der sie, soweit sie zu verstehen waren, ein von den Kapverdischen Inseln nach Puerto Rico fahrendes Schiff aufbringen wollten. Niemand achtete mehr auf Augustus, der seiner Fesseln ledig war und sich von der Kajütstreppe an auf dem Vorschiff frei bewegen durfte. Dirk Peters behandelte ihn mit einer gewissen Freundlichkeit und rettete ihn einmal vor der Brutalität des Kochs. Noch war seine Situation eine höchst ungewisse, da die Männer sich ständig betranken und kein Verlaß war, daß sie auch weiterhin bei guter Laune blieben oder ihn nicht mehr beachteten. Dessenungeachtet stellte er die Sorge um mich als die ihn am meisten peinigende Folge seiner Situation dar; und in der Tat habe ich nie Grund gehabt, an der Aufrichtigkeit seiner Freundschaft zu zweifeln. Mehr als einmal war er entschlossen gewesen, den Meuterern das Geheimnis meiner Existenz an Bord preiszugeben, schreckte indes immer wieder davor zurück, teils infolge der Erinnerung an die Abscheulichkeiten, die er mit angesehen hatte, teils in der Hoffnung, mir bald Rettung bringen zu können. Dieses letztgenannte Ziel behielt er ständig im Auge, dennoch vergingen trotz fortwährender Wachsamkeit drei Tage, vom Aussetzen des Bootes an gerechnet, ehe sich eine Gelegenheit bot. Schließlich kam am Abend des dritten Tages eine schwere Brise von Ost auf, und alle Mann waren aufgerufen, die Segel einzuholen. In der Verwirrung, die folgte, konnte er unbeobachtet unter Deck und in die Passagierkabine gelangen. Wie groß waren sein Schmerz und sein Schrecken, als er entdeckte, daß letztere in einen Lagerraum für jedwede Art von Schiffsvorräten und Ausrüstungsstücken verwandelt worden war und daß eine mehrere Faden lange alte Ankerkette, bislang unter der Kajütstreppe verstaut, hierher geschleppt worden war, um einer Truhe Platz zu machen, und nun unmittelbar auf der

Falltür lag! Sie zu entfernen, ohne entdeckt zu werden, war unmöglich. Deshalb kehrte er, so schnell er konnte, an Deck zurück. Als er hinaufkam, packte der Maat ihn bei der Kehle, wollte wissen, was er in der Kajüte zu suchen hatte, und war im Begriff, ihn über die Backbordreling zu schleudern, als sein Leben abermals durch das Dazwischentreten von Dirk Peters gerettet wurde. Augustus wurde nun in Handschellen gelegt (von denen es mehrere Paar an Bord gab), und seine Füße wurden fest zusammengeschnürt. Dann wurde er in die Hangpflicht gebracht und in eine der unteren Kojen nahe den Vorderdecksschotten gepackt mit der Versicherung, nie werde er mehr den Fuß an Deck setzen, ›solange die Brigg noch eine Brigg sei‹. So lauteten die Worte des Kochs, der ihn auf die Koje schleuderte – es ist kaum möglich zu sagen, welche präzise Bedeutung sich hinter diesem Satz verbarg. Indes erwies sich die ganze Angelegenheit letztendlich als Mittel zu meiner Rettung, wie alsbald ersichtlich sein wird.

Kapitel V

Nachdem der Koch das Vorderdeck verlassen hatte, gab sich Augustus einige Minuten lang der Verzweiflung hin und glaubte, die Koje nie wieder lebend verlassen zu können. Er war fest entschlossen, den ersten der Männer, die unter Deck kommen würden, von meiner Lage in Kenntnis zu setzen, da er es für besser hielt, mich mein Glück mit den Meuterern versuchen zu lassen, als daß ich im Laderaum verdurstete – denn es waren nun zehn Tage, seit ich eingekerkert worden war, und mein Krug voll Wasser war selbst für vier Tage kein reichlicher Vorrat. Während er über dieses Problem nachsann, kam ihm auf einmal der Gedanke, daß es vielleicht möglich wäre, mit mir durch den Hauptschiffsraum in Verbindung zu treten. Unter allen anderen Umständen würden die Schwierigkeit und das Wagnis des Unternehmens ihn von einem Versuch abgehalten haben, aber nun hatte er auf jeden Fall wenig Aussicht, am

Leben zu bleiben, folglich auch wenig zu verlieren. Deshalb widmete er sich ganz dieser Aufgabe.

Seine erste Überlegung galt den Handschellen. Zuerst sah er keine Möglichkeit, sie zu entfernen, und fürchtete bereits, daß sein Unterfangen gleich zu Beginn zunichte gemacht würde. Bei genauerer Betrachtung entdeckte er jedoch, daß die Eisen sich mit sehr wenig Mühe oder Beschwerlichkeit nach Belieben ab- und anstreifen ließen, indem er einfach seine Hände hindurchdrückte – diese Sorte Handfesseln ist für den Gewahrsam junger Menschen völlig ungeeignet, da ihre kleineren Knochen allem Druck bereitwillig nachgeben. Sodann löste er seine Fußfessel, ließ die Schnur jedoch in einer Weise liegen, daß sie leicht wieder angebracht werden konnte, falls jemand unter Deck kam, und ging daran, das Schott zu untersuchen, wo es sich an die Koje anschloß. Die Wand bestand hier aus zollstarken weichen Fichtenbrettern, und er sah, daß es ihn wenig Mühe kosten würde, sich einen Durchschlupf auszusägen. Vom Vorderdecksniedergang ließ sich eine Stimme vernehmen, und er hatte gerade genug Zeit, seine rechte Hand wieder in die Handschelle zu stecken (die linke hatte er noch nicht herausgezogen) und die Schnur in einem Schleifknoten um seinen Fußknöchel zu ziehen, als Dirk Peters nach unten kam, gefolgt von Tiger, der auf der Stelle in die Koje sprang und sich niederlegte. Augustus hatte den Hund an Bord gebracht, da er wußte, wie sehr ich an dem Tier hing, und glaubte, es würde mir Vergnügen bereiten, den Hund während der Reise bei mir zu haben. Gleich nachdem er mich im Laderaum untergebracht hatte, war er zu unserem Haus gegangen, um ihn zu holen, hatte jedoch nicht daran gedacht, mir diesen Umstand kundzutun, als er die Uhr brachte. Vom Ausbruch der Meuterei an bis jetzt, da Dirk Peters ihm den Hund übergab, hatte Augustus ihn nicht zu Gesicht bekommen und für verloren gehalten, des Glaubens, einige der üblen Schurken aus der Bande des Maats hätten ihn über Bord geworfen. Später stellte sich heraus, daß er in ein Loch unter einem Walboot gekrochen war, aus dem er nicht wieder herausschlüpfen konnte, da er nicht genug Platz hatte, sich umzudrehen. Peters befreite ihn schließlich und brachte ihn nun in einer Art Mitgefühl, das mein Freund wohl zu schätzen wußte, ihm zur Gesellschaft ins Vorderdeck, wobei er Augustus gleichzeitig etwas Pökelfleisch, Kartoffeln und eine Kanne Wasser daließ. Dann ging er an Deck zurück mit der Zusicherung, am nächsten Tag mit etwas mehr zu essen wiederzukommen.

Als er fort war, zog Augustus beide Hände aus den Handschellen und löste die Fußfessel. Sodann schlug er das Kopfende der Matratze, auf der er lag, nach unten ein und begann, mit seinem Federmesser (die Schurken hatten sich nicht die Mühe gemacht, ihn zu durchsuchen) kräftig eines der Wandbretter zu zersägen, und zwar das dem Boden der Koje am nächsten liegende. Er wählte diese Stelle, um im Falle einer plötzlichen Unterbrechung verbergen zu können, was er getan hatte, indem er das Kopfende der Matratze einfach in die richtige Lage fallen ließ. Für den Rest des Tages blieb er jedoch ungestört, und gegen Abend hatte er das Brett vollständig zerteilt. Hier sollte bemerkt werden, daß niemand von der Mannschaft seinen Schlafplatz im Vorderdeck hatte; seit der Meuterei hausten sie zusammen in der Kajüte, tranken Wein, taten sich an den Vorräten von Kapitän Barnard gütlich und widmeten der Steuerung der Brigg nicht mehr Aufmerksamkeit, als absolut notwendig war. Dieser Umstand war sowohl für mich als auch für Augustus von Vorteil, denn hätten die Dinge anders gelegen, so hätte er keine Möglichkeit gefunden, zu mir zu gelangen. So aber betrieb er sein Vorhaben voller Zuversicht weiter. Gleichwohl brach fast schon der Tag an, als er das Brett das zweite Mal durchgesägt hatte (die zweite Trennlinie befand sich etwa einen Fuß über der ersten), wodurch er eine Öffnung gewann, die groß genug war, daß er ohne Mühe durchschlüpfen und zum Hauptraumdeck gelangen konnte. Von dort begab er sich mit nur geringer Anstrengung zur unteren Hauptluke, obwohl er dabei über Reihen von Ölfässern klettern mußte, die fast bis zum Oberdeck gestapelt waren, so daß kaum Platz genug für seinen Körper blieb. Als er die Luke erreichte, entdeckte er, daß Tiger ihm hier herunter gefolgt war und sich zwischen zwei Reihen von Ölfässern zwängte. Indes war es nun auch zu spät, um zu versuchen, noch vor der Morgendämmerung zu mir zu gelangen, da die Hauptschwierigkeit darin bestand, sich durch die dicht gestaute Ladung zum unteren Laderaum durchzuarbeiten. Er entschloß sich deshalb, umzukehren und auf die nächste Nacht zu warten. Mit dieser Absicht machte er sich daran, die Luke zu lokkern, um bei seiner Wiederkehr sowenig wie möglich aufgehalten zu werden. Kaum hatte er sie gelockert, da sprang Tiger begierig zu der nun entstandenen schmalen Öffnung, schnupperte einen Augenblick und winselte dann langgezogen, wobei er zur gleichen Zeit an der Lukenklappe kratzte, als wäre er ganz versessen, sie mit seinen Pfoten zu entfernen. Aus seinem Verhalten ging eindeutig hervor, daß er von meiner Anwesenheit im Laderaum Kenntnis hatte, und Augustus hielt es für möglich, daß der Hund zu mir gelangen würde, wenn er ihn hinunterließ. Da kam ihm der Gedanke, mir eine Nachricht zuzustellen, war ihm doch außerordentlich daran gelegen, daß ich keinen Versuch unternahm, mir einen Weg nach außen zu bahnen, zumindest nicht unter den obwaltenden Umständen, und da es keineswegs gewiß sein konnte, daß er selbst wie beabsichtigt am Morgen zu mir kommen würde. Die folgenden Ereignisse zeigten, welch großes Glück es war, daß ihm diese Idee kam; denn hätte ich nicht diese Nachricht von ihm empfangen, so hätte ich zweifellos einen Plan geschmiedet, wie verzweifelt er auch gewesen sein mochte, die Mannschaft zu alarmieren, und als Folge davon hätten wir beide höchstwahrscheinlich unser Leben lassen müssen.

Nachdem der Entschluß zu schreiben gefaßt war, bestand die Schwierigkeit jetzt darin, das dafür nötige Material zu beschaffen. Ein alter Zahnstocher war schnell in eine Feder verwandelt, und dies allein mittels des Tastsinns, denn in dem Zwischendeck herrschte pechschwarze Finsternis. Papier war in Gestalt der Rückseite eines Briefes – des Duplikats jenes gefälschten Briefes von

Mr. Ross – zur Genüge vorhanden. Dies war der Erstent-wurf gewesen, aber da die Handschrift nicht exakt genug imitiert worden war, hatte Augustus einen zweiten verfaßt und den ersten glücklicherweise in seine Jackentasche ge-steckt, wo er ihn jetzt gerade zur rechten Zeit entdeckte. So fehlte es nur an Tinte, aber Ersatz war schnell gefunden mittels eines leichten Einstichs mit dem Federmesser in die Fingerkuppe dicht am Nagel – ein reichlicher Fluß Blut war die Folge wie stets bei Verletzungen an dieser Stelle. Die Nachricht wurde nun niedergeschrieben, so gut es im Dunkeln und unter den Umständen möglich war. Sie be-sagte kurz, daß eine Meuterei stattgefunden habe; daß Ka-pitän Barnard ausgesetzt worden sei und daß ich mit einer baldigen Erleichterung meiner Lage rechnen könne, soweit es Nahrungsmittel betraf, jedoch nicht wagen sollte, irgendeine Störung zu verursachen. Sie schloß mit den Worten: *›Ich schreibe dies mit Blut – Dein Leben hängt vom Ver-borgenbleiben ab.‹*

Nachdem Augustus den Papierstreifen an dem Hund be-festigt hatte, ließ er ihn durch die Luke schlüpfen und be-gab sich sodann unverzüglich zurück ins Vorderdeck, wo er keinen Grund vorfand anzunehmen, daß jemand von der Mannschaft während seiner Abwesenheit dort gewesen war. Um das Loch in der Zwischenwand zu verbergen, hieb er dicht darüber sein Messer ein und hängte eine Tuch-jacke daran, die er in der Koje gefunden hatte. Danach legte er seine Handschellen wieder an und schlang auch die Schnur um seine Fußknöchel.

Kaum hatte er diese Vorkehrungen getroffen, als Dirk Peters herunterkam, arg betrunken, aber in ausgezeichne-ter Stimmung, und meines Freundes Anteil an der Tages-verpflegung brachte. Sie bestand aus einem Dutzend gro-ßer gerösteter irischer Kartoffeln und einem Krug Wasser. Er setzte sich für einige Zeit auf eine Truhe ne-ben der Koje und äußerte sich unumwunden über den Maat und die allgemeinen Angelegenheiten der Brigg. Sein Verhalten war ungemein launenhaft und sogar grotesk. Einmal wurde Augustus sehr beunruhigt durch sein seltsames Gebaren. Schließlich ging er jedoch an Deck, wobei er murmelnd versprach, seinem Gefangenen am nächsten Tag ein gutes Mittagessen zu bringen. Während des Tages kamen zwei Mann der Besatzung (Harpuniere) in Begleitung des Kochs herunter, alle drei fast im letzten Stadium des Rausches. Wie Peters hatten sie keine Skrupel, offen über ihre Pläne zu reden. Anscheinend waren ihre Ansichten in bezug auf den letztendlichen Kurs sehr geteilt und stimmten nur in dem einen Punkt überein, das Schiff von den Kapverdischen Inseln zu kapern, das sie jede Stunde zu treffen hofften. Soweit sich erkennen ließ, war die Meuterei keineswegs angezettelt worden, um auf Raub auszugehen; Hauptimpuls war ein persönlicher Groll des Obermaats gegen Kapitän Barnard gewesen. Jetzt schien es unter der Mannschaft zwei Hauptgruppierungen zu geben – die eine wurde vom Maat angeführt, die andere vom Koch. Erstere sprach sich dafür aus, das erste geeignete Schiff zu kapern, das sich ihnen anbot, und auf einer der Westindischen Inseln für eine Piratenkreuzfahrt auszurüsten. Die andere, stärkere Gruppe, die auch Dirk Peters zu ihren Anhängern rechnete, war jedoch entschlossen, den ursprünglich für die Brigg festgelegten Kurs in den Südpazifik beizubehalten und dort entweder Wale zu jagen oder anderes zu unternehmen, wie die Umstände es tunlich erscheinen ließen. Die Darstellungen von Peters, der diese Regionen häufig aufgesucht hatte, besaßen für die Meuterer, die zwischen halb ausgereiften Vorstellungen von Gewinn und Wollust schwankten, offenbar großes Gewicht. Er verwies auf die Welt neuer Eindrücke und Vergnügungen, die zwischen den unzähligen Inseln des Pazifik zu entdecken sei, auf die vollkommene Sicherheit und Freiheit von allen Zwängen, deren sie sich erfreuen würden, in noch höherem Maße aber auf das liebliche Klima, die reichlich vorhandenen Möglichkeiten bequemen Lebens und auf die wollüstige Schönheit der Frauen. Bis jetzt war noch nichts endgültig entschieden worden, aber die Schilderung des Mischlings und Leinenmeisters gewann in der überhitzten Phantasie der Seeleute allmählich die Ober-

hand, so war es höchst wahrscheinlich, daß seine Intentionen letztendlich in die Tat umgesetzt würden.

Die drei Männer verließen Augustus nach etwa einer
Stunde, und den ganzen Tag betrat nun niemand mehr das
Vorderdeck. Er lag fast bis zum Abend ruhig da. Sodann
befreite er sich von Schnur und Eisen und bereitete sich
für seinen Versuch vor. In einer der Kojen fand sich eine
Flasche, diese füllte er mit Wasser aus dem Krug, den Peters ihm dagelassen hatte. Danach stopfte er sich kalte Kartoffeln in die Taschen. Zu seiner großen Freude stieß er
auch auf eine Laterne mit dem Rest einer Talgkerze. Diese
konnte er zu jedem beliebigen Zeitpunkt anzünden, da er
eine Schachtel Phosphorhölzchen bei sich trug. Als es ganz
dunkel war, kroch er durch das Loch im Schott, nachdem
er Vorsorge getroffen hatte, das Bettzeug in der Koje so an-
zuordnen, daß man glauben mochte, jemand habe sich damit zugedeckt. Als er durchgeschlüpft war, hängte er die
Jacke wie zuvor an das Messer, um die Öffnung zu verbergen – dieses Manöver ließ sich leicht bewerkstelligen, da
er das Stück Brett, das er herausgesägt, vorerst einfach
nicht wieder eingesetzt hatte. Er befand sich jetzt im
Hauptraumdeck und begab sich wie tags zuvor zwischen
dem Oberdeck und den Ölfässern zur Hauptluke. Als er
diese erreicht hatte, entzündete er den Kerzenstumpf und
stieg hinab, wobei er sich unter größter Mühe durch die
kompakt gestaute Ladung im Schiffsraum tastete. Der unerträgliche Gestank und die stickige Atmosphäre erfüllten
ihn binnen weniger Augenblicke mit größter Unruhe. Er
hielt es nicht mehr für möglich, daß ich meine Einkerkerung überlebt haben könnte, nachdem ich so lange Zeit
diese beklemmende Luft hatte atmen müssen. Wiederholt
rief er meinen Namen, aber ich gab keine Antwort, was
seine Befürchtungen zu bestätigen schien. Die Brigg schlingerte heftig und verursachte dabei so viel Lärm, daß es
nutzlos war, auf ein so schwaches Geräusch wie das meines
Atmens oder Schnarchens zu lauschen. Er riß die Blendlaterne auf und hielt sie so hoch wie möglich, wann immer
sich eine Gelegenheit dazu bot, damit ich, sofern ich noch

lebte, das Licht entdecken und erkennen würde, daß Rettung nahte. Noch war nichts von mir zu hören, und die Vermutung, ich sei tot, begann den Charakter einer Gewißheit anzunehmen. Dessenungeachtet beschloß er, sich wenn möglich zu der Kiste durchzuarbeiten, um die Richtigkeit seiner Mutmaßungen zumindest über den Zweifel hinaus festzustellen. Eine Zeitlang drang er in einem höchst beklagenswerten Zustand der Besorgnis weiter vor, bis er den Gang schließlich völlig blockiert fand und keine Möglichkeit sah, die eingeschlagene Richtung in irgendeiner Weise weiterzuverfolgen. Überwältigt von seinen Empfindungen, ließ er sich voller Verzweiflung auf das Gerümpel fallen und weinte wie ein Kind. In diesem Moment vernahm er den Krach, den die Flasche erzeugte, als ich sie zu Boden schleuderte. Es war wirklich ein großes Glück, daß es zu diesem Vorfall kam – denn davon hing, wie trivial es auch klingen mag, mein weiteres Schicksal ab. Indes vergingen viele Jahre, ehe ich mir dieser Tatsache bewußt wurde. Natürliches Schamgefühl und Schmerz ob seiner Schwäche und Unentschiedenheit hinderten Augustus daran, mir damals gleich anzuvertrauen, was später ein innigerer und freimütigerer Umgang ihn zu enthüllen veranlaßte. Als er glaubte, ein weiteres Vordringen im Laderaum werde durch Hindernisse zunichte gemacht, die er nicht überwinden könnte, war er drauf und dran, jeden Versuch, zu mir zu gelangen, aufzugeben und sofort ins Vorderdeck zurückzukehren. Ehe man den Fluch der Verdammnis auf sein Haupt beschwört, sollte man die qualvollen Umstände berücksichtigen, die ihn belasteten. Die Nacht verstrich schnell, und seine Abwesenheit im Vorderdeck war möglicherweise entdeckt worden oder würde es in der Tat notwendigerweise, falls es ihm mißlingen sollte, vor Tagesanbruch wieder in seiner Koje zu sein. Die Kerze in der Laterne spendete das letzte Licht, und es würde äußerst schwierig werden, im Dunkeln den Weg zur Treppe zurück zu finden. Auch muß eingeräumt werden, daß er allen Grund hatte, mich für tot zu halten, in welchem Falle es mir überhaupt nicht nützen würde, wenn er mich zu erreichen trachtete, und er sich dergestalt völlig vergeblich einer Welt von Gefahren aussetzte. Er hatte mich wiederholt gerufen, und ich hatte ihm keine Antwort gegeben. Elf Tage und Nächte hatte ich mich nun mit nicht mehr Wasser begnügen müssen, als der Krug enthielt, den er mir dagelassen hatte – ein Vorrat, mit dem ich ganz gewiß zu Beginn meines Eingeschlossenseins nicht sparsam umgegangen war, da ich allen Grund hatte, eine baldige Befreiung zu erhoffen. Auch muß ihm, der er aus der vergleichsweise frischen Luft des Zwischendecks kam, die Atmosphäre des Laderaumes absolut giftig und weit unerträglicher erschienen sein, als ich sie beim erstmaligen Beziehen meines Quartiers in der Kiste empfunden hatte, da die Luken zu jener Zeit viele Monate lang ständig offen gewesen waren. Man füge diesen Erwägungen jene hinzu, daß mein Freund kürzlich erst Zeuge der Metzelei und Greuel gewesen war; daß er selbst eingekerkert war, Entbehrungen erleiden mußte, nur mit knapper Not dem Tod entronnen war und sich dazu noch in einem unsicheren und unklaren Dienstverhältnis befand, dank dessen er überhaupt noch am Leben war – alles Umstände, wohl geeignet, jede tatkräftige Gesinnung zu zerrütten –, so wird der Leser leicht veranlaßt werden können, wie auch ich es wurde, den anscheinenden Bruch der Freundschaft und des Vertrauens mit Empfindungen eher der Trauer als des Unmuts zu betrachten.

Wohl hörte Augustus deutlich das Krachen der Flasche, indes war er nicht sicher, ob es aus dem Laderaum kam. Der Zweifel war jedoch Veranlassung genug zu verweilen. Er kletterte, die Ladung nutzend, fast bis zum Hauptraumdeck hoch, wartete, bis das Schiff einen Moment nicht ganz so stark stampfte, und rief mich, so laut er konnte, ohne sich in diesem Augenblick darum zu scheren, daß die Mannschaft ihn hören könnte. Wie man sich erinnern wird, erreichte mich diesmal sein Ruf, indes war ich so gänzlich überwältigt von heftigster Erregung, daß ich keiner Antwort fähig war. Nunmehr überzeugt, daß seine schlimmsten Befürchtungen wohlbegründet waren, stieg er mit der Absicht wieder herab, unverzüglich ins Vorderdeck zurückzukehren. In der Eile stieß er einige kleine Kisten herunter, sie verursachten den Lärm, den ich hörte, wie man sich erinnern wird. Schon hatte er eine beträchtliche Strecke des Rückwegs hinter sich gebracht, als das Fallen des Messers ihn abermals veranlaßte zu zögern. Er lenkte seine Schritte auf der Stelle zurück, erklomm die Ladung ein zweites Mal und rief meinen Namen so laut wie zuvor, nachdem er wieder ein Nachlassen des Windes abgewartet hatte. Diesmal fand ich die Stimmkraft zu antworten. Überfroh angesichts der Entdeckung, daß ich noch am Leben war, entschloß er sich nun, jeder Beschwernis und Gefahr zu trotzen und zu mir vorzudringen. Nachdem er sich so schnell wie möglich aus dem Labyrinth des Gerümpels befreit hatte, das ihn behindert hatte, stieß er schließlich auf eine Öffnung, die ihm günstiger erschien, und langte endlich nach vielen Anstrengungen in einem Zustand äußerster Erschöpfung bei der Kiste an.

Kapitel VI

Augustus teilte mir nur die hauptsächlichen Fakten dieses Berichts mit, während wir uns noch bei der Kiste aufhielten. Später erst ließ er mich die Einzelheiten wissen. Er befürchtete, vermißt zu werden, und ich brannte vor Ungeduld, meinen abscheulichen Kerker verlassen zu können. Wir beschlossen, uns sofort zu dem Durchschlupf im Schott auf den Weg zu machen, in dessen Nähe ich vorerst bleiben sollte, während er hindurchkroch, um Erkundungen anzustellen. Keiner von uns konnte den Gedanken ertragen, Tiger in der Kiste zu lassen, indessen war fraglich, was wir anderes tun konnten. Er schien jetzt völlig ruhig zu sein, und wir konnten ihn nicht einmal atmen hören, wenn wir unser Ohr dicht an die Kiste legten. Ich war überzeugt, daß er tot war, und entschloß mich daher, die Tür zu öffnen. Er lag lang ausgestreckt, offenbar in tiefer Benommenheit, lebte aber noch. Zeit war nicht zu verlieren, denn ich konnte mich nicht durchringen, ein Tier aufzugeben, das zweimal dienlich gewesen war, mir das Leben zu retten, und nichts zu unternehmen, sein Leben zu erhalten. Deshalb schleppten wir den Hund mit, so gut wir konnten, jedoch unter größten Mühen und Beschwernissen: Während eines Teils der Zeit war Augustus gezwungen, die Hindernisse auf unserem Weg mit dem riesigen Tier im Arm zu überwinden – eine Aufgabe, für die ich infolge meines geschwächten Zustands völlig ungeeignet war. Schließlich erreichten wir glücklich das Loch, Augustus kroch hindurch, und Tiger wurde nachgeschoben. Wir fanden alles unverändert vor und säumten nicht, Gott aufrichtig zu danken für die Rettung aus drohender Gefahr, der wir nun entronnen waren. Für den Augenblick wurde vereinbart, daß ich nahe der Öffnung bleiben sollte, durch welche mein Gefährte mich leicht mit einem Teil seiner täglichen Speise versorgen konnte und wo ich den Vorteil hatte, eine vergleichsweise reine Luft zu atmen.

Zur Erläuterung einiger Abschnitte dieses Berichts, in denen ich das Verstauen der Ladung auf der Brigg erwähnt habe und die einigen meiner Leser dunkel erscheinen mögen, die vielleicht schon ein richtiges oder ordnungsgemäßes Stauen gesehen haben, muß ich hier feststellen, daß die Art und Weise, in der diese äußerst wichtige Pflicht an Bord der ›Grampus‹ versehen worden war, ein höchst schändliches Beispiel von Nachlässigkeit seitens Kapitän Barnards darstellte, der keineswegs ein so umsichtiger und erfahrener Seemann war, wie der wagnisreiche Charakter des Amtes, welches er übernommen hatte, es als dringend erforderlich erscheinen ließ. Richtiges Stauen darf nicht in so sorgloser Weise erfolgen, und viele höchst unglückselige Vorkommnisse selbst innerhalb der Grenzen meiner eigenen Erfahrung sind aus Nachlässigkeit oder Unwissen auf diesem besonderen Gebiet entstanden. Küstenschiffe, bei denen das Laden und Löschen der Fracht zumeist mit großer Eile und Geschäftigkeit verknüpft ist, sind die häufigsten Opfer von Unglücksfällen, da dem Stauen der Ladung nicht genug Aufmerksamkeit geschenkt wurde. Der entscheidende Punkt ist, der Last oder dem Ballast selbst bei heftigstem Schlingern des Schiffes keine Möglichkeit zu geben, seine Lage zu verändern. Zu diesem Zweck muß nicht nur der an Bord genommenen Ladung größte Beachtung gewidmet werden, sondern auch ihrem Charakter und der Frage, ob es sich um eine volle oder nur eine Teilladung handelt. Bei den meisten Frachtarten wird das Stauen mittels einer Schraubenwinde vollzogen. So wird bei einer Ladung Tabak oder Mehl das Ganze so fest im Laderaum des Schiffes verschraubt, daß Fässer oder Oxhofte beim Löschen oft völlig flachgedrückt erscheinen und einige Zeit benötigen, um ihre ursprüngliche Form wiederzugewinnen. Dieses Schrauben wird indes hauptsächlich mit dem Ziel vorgenommen, im Laderaum mehr Platz zu schaffen, denn bei *voller* Ladung einer solchen Ware wie Mehl oder Tabak besteht keine Gefahr, daß eine Verschiebung auftritt, zumindest keine, aus der Nachteile entspringen. In der Tat hat es Beispiele gegeben, wo die Methode des Schraubens höchst beklagenswerte Folgen hatte, denen jedoch eine völlig andere Ursache zugrunde lag als die Gefahr, die ein Verschieben der Ladung mit sich bringt. Zum Beispiel ist bekannt, daß eine Ladung Baumwolle, unter bestimmten Bedingungen verschraubt, ein Schiff durch Ausdehnung ihres Umfangs auf See hat auseinanderbrechen lassen. Es kann auch keinen Zweifel geben, daß dieselbe Erscheinung bei Tabak auftreten würde, während er seinen gewohnten Fermentierungsprozeß durchläuft, gäbe es nicht die Zwischenräume, die durch die Rundungen der Oxhofte bedingt sind.

Die von einer Verschiebung der Ladung herrührende Gefahr ist besonders groß, wenn nur eine Teilladung an Bord genommen wurde, so daß stets Vorkehrungen getroffen werden sollten, solch ein Unglück zu verhüten. Nur diejenigen, die einen heftigen Sturmwind erlebt oder das Schlingern des Schiffes in der plötzlichen Windstille nach dem Sturm erfahren haben, können sich eine Vorstellung machen von der ungeheuren Wucht des Stampfens und der nachfolgenden entsetzlichen Triebkraft, die allen losen

Gegenständen auf dem Schiff verliehen wird. Die Notwendigkeit eines umsichtigen Stauens, sofern eine Teilladung an Bord genommen wurde, wird dann besonders offenkundig. Liegt ein Schiff, dessen Bug nicht richtig geformt ist, beim Wind (wohl auch noch mit einem kleinen Focksegel), so holt es häufig stark über; dies geschieht im Durchschnitt sogar alle fünfzehn oder zwanzig Minuten, indes ohne daß daraus ernste Folgen entstünden, vorausgesetzt, es ist richtig gestaut worden. Wurde dies jedoch nicht genau besorgt, so wird die gesamte Ladung beim ersten schweren Überholen auf die Seite des Schiffes rutschen, die dicht über der Wasseroberfläche liegt, und da dieses dergestalt daran gehindert wird, das Gleichgewicht wiederzuerlangen, was es sonst unvermeidlich tun würde, wird es ganz gewiß in wenigen Sekunden vollaufen und sinken. Es ist nicht übertrieben zu behaupten, daß mindestens die Hälfte aller Fälle, in denen Schiffe bei schweren Stürmen auf See untergegangen sind, einer Verschiebung der Ladung oder des Ballasts zuzuschreiben sind.

Wird eine Teilladung irgendwelcher Art an Bord genommen, so sollte diese, nachdem sie zuerst so kompakt wie möglich gestaut worden ist, mit einer Lage solider Verschiebebretter bedeckt werden, die sich über das ganze Schiff erstreckt. Auf diesen Brettern sollten zeitweilig dicke Stützbalken errichtet werden, die bis zu den oberen Spanten reichen und so jedes Ding an seinem Platz halten. Besteht die Fracht aus Getreide oder ähnlichem Material, so sind zusätzliche Vorkehrungen erforderlich. Ein bei Verlassen des Hafens gänzlich mit Getreide gefüllter Laderaum wird bei Erreichen des Bestimmungsortes nicht mehr als zu drei Vierteln gefüllt sein – und dies auch, wenn die Fracht von dem Empfänger Bushel für Bushel abgewogen und die festgelegte Menge (wegen des Anschwellens der Körner) um einen großen Teil überschritten wird. Dies wird dadurch verursacht, daß sich das Getreide während der Reise *setzt*, und ist um so spürbarer, je ungestümer das Wetter ist, das man erlebt. Wird das Korn lose in ein Schiff geschüttet, so wird es dennoch, wie gut es auch durch Verschiebebretter und Stützbalken gesichert ist, ganz gewiß während der langen Fahrt in so hohem Maße verrutschen, daß es bedenklichste Mißhelligkeiten bewirkt. Um dies zu vermeiden, sollte jedes Mittel angewandt werden, daß sich die Fracht noch vor Verlassen des Hafens soweit wie möglich *setzen* kann, wofür es viele Verfahren gibt, von denen nur das Eintreiben von Keilen in das Getreide erwähnt werden soll. Aber selbst wenn all dies getan ist und man außergewöhnliche Sorgfalt hat walten lassen, um die Verschiebebretter zu sichern, wird sich dennoch kein Seemann, der weiß, was ihm bevorsteht, bei einem Sturm von einiger Heftigkeit mit einer Ladung Getreide an Bord völlig sicher fühlen, und am allerwenigsten bei einer Teilladung. Dennoch gibt es Hunderte unserer Küstenschiffe und wahrscheinlich noch viele mehr aus den Häfen Europas, die täglich mit Teilfracht selbst der gefährlichsten Art segeln, ohne irgendwelche wie immer gearteten Vorkehrungen zu treffen. So ist es ein Wunder, daß sich nicht mehr Unglücke ereignen, als tatsächlich geschehen. Ein beklagenswertes Beispiel dieser Unbekümmertheit ereignete sich, soviel ich weiß, im Fall des Kapitän Joel Rice vom Schoner ›Firefly‹, der 1825 mit einer Ladung Getreide von Richmond, Virginia, nach Madeira segelte. Der Kapitän hatte viele Fahrten ohne ernsten Zwischenfall hinter sich, obwohl er die Gewohnheit hatte, dem Stauen keine besondere Aufmerksamkeit zu widmen, sondern die Ladung lediglich auf übliche Weise sicherte. Nie zuvor war er mit einer Ladung Getreide gesegelt, und in jenem Falle war es lose an Bord genommen worden, wobei es das Schiff nicht viel mehr als zur Hälfte füllte. Im ersten Teil der Fahrt hatte er mit nichts anderem als leichten Brisen zu tun, aber als er etwa eine Tagesreise von Madeira entfernt war, kam von NNO ein starker Sturm auf, der ihn zwang, beigedreht zu liegen. Er brachte den Schoner mit nur einem doppelt gerefften Focksegel zum Wind, worauf das Schiff ebensogut über die Wellen ritt, wie von jedem anderen Schiff zu erwarten war, und keinen Tropfen Wasser an Bord nahm. Gegen Abend ließ der Sturm etwas nach, und der Schoner stampfte weniger gleichmäßig als zuvor, hielt sich jedoch sehr gut, bis ein schweres Überholen ihn auf die Steuerbordseite warf. Da hörte man deutlich, wie das Korn seine Lage veränderte, die Wucht dieser Bewegung stieß die Hauptluke auf. Das Schiff sank wie eine Kanonenkugel. Dies ereignete sich in Rufweite einer kleinen Schaluppe von Madeira, die einen Mann der Besatzung an Bord nahm (die einzige Person, die gerettet wurde) und dem Sturm in völliger Sicherheit standhielt, wie es in der Tat bei richtiger Steuerung selbst ein Beiboot getan hätte.

Das Stauen an Bord der ›Grampus‹ war höchst ungeschickt vollzogen worden, wenn überhaupt als Stauen bezeichnet werden kann, was wenig mehr war als ein achtloses Durcheinanderwerfen von Ölfässern[1] und Schiffsausrüstung. Von der Beschaffenheit der Gegenstände im Laderaum habe ich bereits gesprochen. Auf dem Raumdeck gab es zwischen Ölfässern und Oberdeck Platz genug für meinen Körper (wie ich schon festgestellt habe), und auch um die Hauptluke war freier Raum gelassen worden; beim Stauen waren mehrere große Zwischenräume unausgefüllt geblieben. In der Nähe des Lochs, das Augustus in das Schott gesägt hatte, war Raum genug für ein ganzes Faß, und hier fand ich für den Augenblick bequem Platz.

Bis mein Freund wieder sicher in die Koje gelangte und Handschellen und Fußfessel angelegt hatte, war es heller Tag. Wir waren im letztmöglichen Augenblick zurückgekommen, denn kaum hatte er dies alles erledigt, kam der Maat mit Dirk Peters und dem Koch herunter. Sie redeten einige Zeit über das Schiff von den Kapverden und schienen wahrhaft erpicht darauf zu sein, daß es endlich aufkreuzte. Schließlich trat der Koch zu der Koje, in der Augustus lag, und setzte sich ans Kopfende. Ich konnte aus meinem Versteck nun alles sehen und hören, denn das herausgeschnittene Brett war nicht wieder eingesetzt worden, und rechnete jeden Augenblick damit, daß sich der Neger

1 Walfangschiffe sind gewöhnlich mit eisernen Ölbehältern ausgestattet – warum nicht auch die ›Grampus‹, konnte ich nie genau ermitteln.

an die Jacke lehnen würde, die zum Verbergen der Öffnung aufgehängt worden war, in welchem Falle alles entdeckt worden wäre und wir zweifellos auf der Stelle mit dem Leben dafür bezahlt hätten. Unser Glück hielt jedoch an, und obwohl er die Jacke häufig berührte, wenn das Schiff schlingerte, drückte er niemals so kräftig dagegen, daß die Öffnung spürbar wurde. Der Saum der Jacke war sorgfältig am Schott befestigt worden, so daß man das Loch auch nicht gesehen hätte, wenn sie nach einer Seite geschaukelt wäre. Die ganze Zeit lag Tiger am Fußende der Koje und schien seine Kräfte in gewissem Maße wiedererlangt zu haben, denn ich konnte sehen, wie er ab und zu die Augen öffnete und tief Atem schöpfte.

Nach einigen Minuten gingen der Maat und der Koch an Deck und ließen Dirk Peters zurück, der, kaum daß sie verschwunden waren, herantrat und sich auf denselben Platz setzte, den der Maat soeben noch eingenommen hatte. Er unterhielt sich sehr freundlich mit Augustus, und wir konnten nun sehen, daß der Zustand der Trunkenheit, in dem er sich während der Anwesenheit von Koch und Maat zu befinden schien, größtenteils Vortäuschung war. Er beantwortete alle Fragen meines Gefährten völlig freimütig, sagte ihm, er hege keinen Zweifel, daß sein Vater aufgefischt worden sei, da kurz vor Sonnenuntergang des Tages, an dem er ausgesetzt wurde, mindestens fünf Segel in Sicht gewesen waren; er gebrauchte auch andere Worte des Trostes, was bei mir nicht weniger Überraschung als Freude auslöste. In der Tat begann ich, mir Hoffnungen zu machen, daß wir durch Vermittlung von Peters letztendlich wieder in den Besitz der Brigg kommen könnten, und diesen Gedanken teilte ich Augustus mit, sobald ich Gelegenheit dazu fand. Er hielt die Sache für möglich, betonte jedoch die Notwendigkeit, bei diesem Versuch größte Vorsicht walten zu lassen, da das Verhalten des Halbbluts allein durch höchst willkürliche Launen bestimmt zu sein schien, und in der Tat ließ sich schwer feststellen, ob er zu irgendeinem Zeitpunkt vernünftig gesonnen war. Peters ging nach etwa einer Stunde an Deck und kehrte erst vor

Mittag zurück, wobei er Augustus einen großen Vorrat Pökelfleisch und Pudding brachte. Daran stärkte ich mich
nach Herzenslust, als wir allein waren, ohne erst durch das
Loch zu schlüpfen. Niemand kam während des Tages ins
Vorderdeck, und zur Nachtzeit kroch ich mit in Augustus'
Bett, wo ich süß und selig fast bis zum Tagesanbruch
schlief, als er mich weckte, da er ein Geräusch an Deck
hörte, so daß ich so schnell wie möglich wieder mein Versteck aufsuchte. Als es völlig Tag war, entdeckten wir, daß
Tiger nahezu gänzlich wieder zu Kräften gekommen war,
keine Anzeichen von Tollwut zeigte und ein wenig Wasser,
das wir ihm anboten, mit offensichtlich großer Begierde
trank. Im Laufe des Tages gewann er seine frühere Energie
und seinen Appetit zurück. Sein seltsames Verhalten war
zweifellos durch die verderblichen Eigenschaften der Luft
im Laderaum verursacht worden und hatte mit Hunde-
wahnsinn nichts zu tun. Ich freute mich grenzenlos, daß
ich darauf bestanden hatte, ihn aus der Kiste mit zurückzu-
bringen. Dieser Tag war der dreißigste Juni und der drei-
zehnte, seit die ›Grampus‹ von Nantucket in See gestochen
war.

Am zweiten Juli kam der Maat wie üblich betrunken, jedoch in ausnehmend guter Stimmung herunter. Er trat an
Augustus' Koje, gab ihm einen leichten Schlag auf den
Rücken und fragte, ob dieser glaube, sich anständig betragen zu können, wenn er ihn freilasse, und ob er versprechen könne, nicht wieder in die Kajüte zu gehen. Mein
Freund bejahte diese Fragen natürlich, worauf der Schurke
ihn freiließ, nachdem er ihn aus einer Rumflasche hatte
trinken lassen, die er aus seiner Rocktasche gezogen hatte.
Beide gingen nun an Deck, und ich sah Augustus drei
Stunden lang nicht. Dann kam er mit der guten Nachricht
herunter, daß er Erlaubnis erhalten habe, überall vor dem
Hauptmast auf der Brigg umherzuspazieren, wo immer er
wolle, und daß er angewiesen worden sei, wie gewöhnlich
im Vorderdeck zu schlafen. Er brachte mir auch gutes Essen und einen großen Vorrat Wasser. Die Brigg kreuzte
noch immer auf der Suche nach dem Schiff von den Kap-

verden, und jetzt war ein Segel in Sicht, von dem man annahm, es sei das gesuchte. Da die Ereignisse der folgenden acht Tage von geringer Bedeutung waren und keinen direkten Einfluß auf die Hauptgeschehnisse meines Berichts hatten, werde ich sie hier in Form eines Tagebuches einfügen, weil ich nicht möchte, daß sie völlig weggelassen werden.

3. Juli. – Augustus hat mir drei Decken beschafft, mit deren Hilfe ich mir in meinem Versteck ein behagliches Lager habe einrichten können. Den ganzen Tag ist außer meinem Gefährten niemand unter Deck gekommen. Tiger hat seinen Platz in der Koje gleich bei der Öffnung eingenommen und tief geschlafen, als habe er sich noch nicht völlig von den Auswirkungen seiner Krankheit erholt. Gegen Abend traf eine Windbö die Brigg, bevor die Segel eingeholt werden konnten, und brachte sie beinahe zum Kentern. Der Windstoß erstarb indes auf der Stelle, und kein weiterer Schaden entstand, außer daß das Vormarssegel riß. Dirk Peters behandelte Augustus den ganzen Tag über sehr freundlich und ließ sich mit ihm in ein langes Gespräch über den Pazifischen Ozean und die Inseln ein, die er in diesem Gebiet besucht hatte. Er fragte ihn, ob er nicht Lust habe, die Meuterer auf einer Art Forschungs- und Vergnügungsreise in jene Meeresbreiten zu begleiten, und erklärte, daß sich die Männer allmählich den Ansichten des Maats anschlössen. Da nichts Besseres getan werden konnte, hielt Augustus es für das beste, zu antworten, daß er sehr gern an solch einem Abenteuer teilnehmen würde und daß jede Sache einem Piratenleben vorzuziehen sei.

4. Juli. – Das gesichtete Schiff erwies sich als eine kleine Brigg aus Liverpool, und man ließ sie unbehelligt passieren. Augustus verbrachte die meiste Zeit an Deck mit dem Ziel, alle ihm nur zugänglichen Informationen über die Intentionen der Meuterer zu erlangen. Zwischen ihnen kam es häufig zu heftigen Streitigkeiten, und bei einer davon wurde der Harpunier Jim Bonner über Bord geworfen. Die Partei des Maats gewann Vorteile. Jim Bonner gehörte zur Bande des Kochs, der auch Peters anhing.

5. Juli. – Bei Tagesanbruch kam eine steife Brise von West auf, die bis Mittag zu einem Sturm auffrischte, so daß die Brigg nur Gaffel- und Focksegel setzen konnte. Beim Einholen des Vormarssegels stürzte Simms, einer der einfachen Matrosen, der auch zur Bande des Kochs gehörte, in stark angetrunkenem Zustand über Bord und ertrank – kein Versuch wurde unternommen, ihn zu retten. Insgesamt waren nun dreizehn Personen an Bord, nämlich: Dirk Peters, Seymour, der schwarze Koch, Jones, Greely, Hartman Rogers und William Allen, alle von der Partei des Kochs; der Maat, dessen Namen ich nie erfahren habe, Absalom Hicks, Wilson, John Hunt und Richard Parker von der Partei des Maats – außerdem Augustus und ich.

6. Juli. – Der Sturm dauerte den ganzen Tag und blies in schweren, von Regen begleiteten Böen. Durch die Nähte der Brigg drang eine Menge Wasser ein, und eine der Pumpen wurde ständig in Gang gehalten; auch Augustus wurde gezwungen, sie mit zu bedienen. In der Abenddämmerung fuhr dicht an uns ein großes Schiff vorbei, das man erst ausmachte, als es sich bereits in Rufweite befand. Vermutlich war es jenes Schiff, nach dem die Meuterer Ausschau gehalten hatten. Der Maat rief es an, aber die Antwort ging im Tosen des Sturms unter. Gegen elf Uhr brach mittschiffs eine schwere See herein, die einen großen Teil der Backbordreling wegriß und auch noch manch anderen leichten Schaden anrichtete. Gegen Morgen mäßigte sich der Sturm, und bei Sonnenaufgang herrschte sehr wenig Wind.

7. Juli. – Den ganzen Tag lief eine schwere Dünung an, in der die Brigg ob ihrer leichten Fracht außerordentlich schlingerte und sich viele Gegenstände im Laderaum lösten, wie ich aus meinem Versteck deutlich hören konnte. Ich litt sehr unter Seekrankheit. Peters hatte an diesem Tag ein langes Gespräch mit Augustus und sagte ihm, daß zwei seiner Bande, Greely und Allen, zum Maat übergelaufen und entschlossen seien, Piraten zu werden. Er stellte Augustus mehrere Fragen, die dieser zu dem Zeitpunkt nicht genau verstand. Während eines Teils dieses Abends

drang immer mehr Wasser ins Schiff, und wenig nur konnte getan werden, dies zu verhindern, da die Ursache in der Verspannung des Fahrzeugs lag und das Wasser durch die Nähte sickerte. Ein Segel zerfetzte und geriet unter den Bug, was uns in gewissem Maße dienlich war, denn so wurden wir des eindringenden Wassers Herr.

8. Juli. – Bei Sonnenaufgang kam eine sanfte Brise aus Ost auf, worauf der Maat Südwestkurs fuhr mit der Absicht, einige der Westindischen Inseln anzusteuern, um hier seine Piratenpläne zu verfolgen. Weder Peters noch der Koch erhoben Einwände – zumindest hörte Augustus nichts dergleichen. Den Gedanken, das Schiff von den Kapverden zu kapern, hatte man aufgegeben. Das eindringende Wasser war nun leicht zu bändigen, indem eine Pumpe aller drei viertel Stunden in Gang gesetzt wurde. Das Segel wurde unter dem Bug hervorgezogen. Zwei kleine Schoner während des Tags angesprochen.

9. Juli. – Schönes Wetter. Alle Mann beschäftigt, die Reling auszubessern. Peters hatte wieder ein langes Gespräch mit Augustus und drückte sich diesmal verständlicher aus als bisher. Er sagte, nichts könne ihn dazu bringen, sich die Ansichten des Maats zu eigen zu machen, und deutete sogar seine Absicht an, ihm die Brigg zu entreißen. Er fragte meinen Freund, ob er in diesem Fall auf seine Hilfe rechnen könne, worauf Augustus ohne Zögern ›Ja‹ sagte. Peters erklärte, er wolle die anderen seiner Partei über diese Sache aushorchen, und ging. Während des Restes des Tags hatte Augustus keine Gelegenheit mehr, vertraulich mit ihm zu reden.

Kapitel VII

10. Juli. – Eine Brigg aus Rio mit Kurs auf Norfolk angesprochen. Wetter diesig mit leicht unstetem Wind aus Ost. Heute starb Hartman Rogers, der am Achten nach einem Glas Grog von heftigen Krämpfen gepackt worden war. Dieser Mann gehörte zur Partei des Kochs, und Peters hatte große Hoffnungen auf ihn gesetzt. Er sagte Augustus,

er glaube, der Maat habe ihn vergiftet, und rechne, in Bälde auch an die Reihe zu kommen, wenn er nicht ständig auf seiner Hut sei. Zu seiner Bande gehörten nun außer ihm selbst nur Jones und der Koch – die anderen waren ihrer fünf. Er hatte mit Jones darüber gesprochen, dem Maat das Kommando über das Schiff zu entreißen, indes war dieses Vorhaben kühl aufgenommen worden, deshalb hatte er unterlassen, die Angelegenheit weiter zu betreiben oder sich dem Koch anzuvertrauen. Wie sich die Dinge entwickelten, war es gut, daß er so weitsichtig handelte, denn am Nachmittag bekundete der Koch seine Entschlossenheit, sich dem Maat anzuschließen, und ging formal auf dessen Seite über, während Jones gelegentlich eines Streits mit Peters andeutete, er werde den Maat den Aufruhrplan wissen lassen. Offensichtlich war jetzt keine Zeit mehr zu verlieren, und Peters bekundete seine Entschlossenheit, das Schiff auf gut Glück zu übernehmen, vorausgesetzt, Augustus würde ihm behilflich sein. Mein Freund versicherte ihn sofort seiner Bereitschaft, sich an jedem Unternehmen mit diesem Ziel zu beteiligen, und da er die Gelegenheit für günstig hielt, unterrichtete er ihn über meine Anwesenheit an Bord. Das Halbblut war darüber weniger erstaunt als erfreut, da er sich auf Jones nicht mehr verlassen konnte, den er bereits als zur Partei des Maats gehörig betrachtete. Sie gingen unverzüglich unter Deck, wo Augustus mich rief und Peters und mich miteinander sogleich bekannt machte. Wir kamen überein, daß wir versuchen sollten, das Schiff bei der ersten besten Gelegenheit zu übernehmen und Jones völlig aus unseren Beratungen auszuschließen. Im Falle eines Erfolgs wollten wir die Brigg in den ersten sich bietenden Hafen steuern und abliefern. Die Desertionen aus seiner Partei hatten Peters' Plan zunichte gemacht, in den Pazifik zu segeln, da solch ein Unternehmen ohne Mannschaft nicht auszuführen war; nun verließ er sich darauf, vor Gericht wegen geistiger Verwirrung (die, wie er ernsthaft versicherte, ihn überhaupt erst veranlaßt hatte, der Meuterei seine Unterstützung zu leihen) freigesprochen oder, falls er schuldig gesprochen würde, angesichts meiner und Augustus' Darstellungen begnadigt zu werden. Unsere Überlegungen wurden für den Augenblick unterbrochen durch den Ruf: »Alle Mann Segel einholen!«, worauf Peters und Augustus an Deck stürzten.

Wie üblich war die Mannschaft fast völlig betrunken, und ehe die Segel richtig eingeholt werden konnten, warf ein heftiger Windstoß die Brigg auf die Seite. Durch Abhalten richtete sie sich jedoch wieder auf, nachdem sie eine große Menge Wasser übernommen hatte. Kaum war alles sicher, packte eine andere Bö das Schiff und unmittelbar danach eine weitere – ohne daß Schaden angerichtet wurde. Alles deutete auf einen Sturm, der in der Tat kurz danach mit großer Macht aus Nord und West einsetzte. Das Schiff wurde so dicht wie möglich gemacht, und wir drehten wie gewöhnlich unter dicht gerefftem Focksegel bei. Als die Nacht heranrückte, nahm der Wind bei bemerkenswert schwerer See an Heftigkeit zu. Peters kam nun mit Augustus ins Vorderdeck, und wir nahmen unsere Beratung wieder auf.

Einverständnis herrschte, daß es keine günstigere Gelegenheit geben könne als die gegenwärtige, um unsere Pläne in die Tat umzusetzen, da in solch einem Moment niemand mit einem derartigen Versuch rechnen würde. Während die Brigg gut beigedreht lag, bestand keine Notwendigkeit zu manövrieren, bis gutes Wetter einsetzte, worauf wir dann, falls unser Versuch glückte, einen oder vielleicht auch zwei der Männer freilassen konnten, die uns helfen sollten, das Schiff in den Hafen zu bringen. Die Hauptschwierigkeit bestand im großen Mißverhältnis unserer Kräfte. Wir waren nur drei, die in der Kajüte neun. Auch verfügten sie über alle an Bord befindlichen Waffen mit Ausnahme eines Paars kleiner Pistolen, die Peters an seinem Körper versteckt hatte, und des großen Seemannsmessers, das er ständig im Hosengurt trug. Aus gewissen Anzeichen – wie zum Beispiel dem, daß solche Dinge wie Äxte oder Handspaken nirgends mehr an ihrem gewohnten Ort lagen – begannen wir ferner zu fürchten, daß der Maat Verdacht hegte, zumindest in bezug auf Peters, und sich keine Gelegenheit entgehen lassen würde, ihn loszuwerden. Freilich war klar, daß das, was zu tun wir entscheiden würden, auch nicht zu früh geschehen durfte. Noch stand das Kräfteverhältnis zu sehr gegen uns, als daß wir uns hätten erlauben können, nicht mit größter Vorsicht zu verfahren.

Peters schlug vor, daß er an Deck gehen und die Wache (Allen) in ein Gespräch verwickeln solle, bei dem es ihm ein leichtes sein würde, ihn, sobald sich eine gute Gelegenheit böte, ohne ein Geräusch zu verursachen, über Bord zu werfen; Augustus und ich sollten sodann an Deck kommen und trachten, uns dort mit irgendeiner Art Waffe zu versehen; danach sollten wir zusammen vorstürmen und die Kajütstreppe besetzen, noch ehe irgendwelcher Widerstand geleistet werden konnte. Ich erhob dagegen Einwände, weil ich nicht glauben mochte, daß der Maat (der in allen Dingen, die nicht seine abergläubischen Vorurteile berührten, ein gerissener Bursche war) sich leicht gefangennehmen lassen werde. Allein die Tatsache, daß er eine Wache an Deck postiert hatte, war genügend Beweis für seine Wachsamkeit – dergleichen war nicht üblich, wenn ein Schiff bei Sturm beigedreht lag, außer auf Schiffen, wo eine sehr straffe Disziplin herrschte. Da ich mich vornehmlich, wenn nicht überhaupt, an Personen wende, die nie zur See gefahren sind, mag es gut sein, den Zustand genau zu beschreiben, in dem sich ein Schiff in solcher Lage befindet. Beidrehen oder, wie es in der Seemannssprache heißt, ›beilegen‹ ist eine Maßnahme, die zu verschiedenem Zweck ergriffen und auch auf verschiedene Weise ausgeführt wird. Bei mäßigem Wetter wird häufig mit dem Ziel beigedreht, das Schiff zum Stillstand zu bringen, um auf ein anderes zu warten, oder zu ähnlichem Zweck. Hat das beidrehende Schiff volle Segel gesetzt, so wird dieses Manöver gewöhnlich vollzogen, indem man einen Teil der Segel herumwirft, so daß der Wind sie gegen den Mast drückt, wodurch das Schiff keine Fahrt mehr macht. Wir sprechen jedoch über Beidrehen in einem Sturm. Dies wird vorgenommen, wenn der Wind vorn steht und zu heftig ist, als daß man Segel setzen könnte, ohne Gefahr zu laufen, daß das Schiff kentert, und manchmal sogar, wenn der Wind erträglich, die See jedoch zu schwer ist, so daß das Schiff nicht vor ihn gelegt werden könnte. Läßt man zu, daß ein Schiff bei sehr schwerer See vor dem Wind lenzt, wird durch Übernahme von Wasser über das Heck zumeist viel Schaden angerichtet, und manchmal auch durch das heftige Stampfen, das es nach vorn vollführt. In solchem Fall nimmt man nur selten zu diesem Manöver Zuflucht, es sei denn, die Notwendigkeit zwingt dazu. Wenn das Schiff leck ist, wird es oft selbst bei schwerster See vor den Wind gelegt, denn wenn es beigedreht liegt, werden die Nähte durch heftiges Verspannen bestimmt weit geöffnet, und beim Lenzen ist dies weniger der Fall. Oft ergibt sich die Notwendigkeit, ein Schiff zu lenzen, auch, wenn entweder der Wind so ausnehmend heftig weht, daß das Segel reißen kann, welches mit dem Ziel gesetzt wurde, das Schiff mit dem Bug zum Wind zu halten, oder wenn durch falsche Formgebung des Schiffskörpers oder andere Ursachen dieses Hauptziel nicht erreicht werden kann.

Bei einem Sturm drehen Schiffe auf verschiedene Weise bei, je nach der ihnen eigenen Konstruktion. Einige liegen am besten unter dem Focksegel, und dieses Segel wird, glaube ich, auch meistens gesetzt. Große, mit Rahen getakelte Schiffe haben zum Zweck besonderer Schnelligkeit sogenannte Sturmfocks. Der Klüver aber wird gelegentlich allein gesetzt – manchmal werden Klüver und Focksegel oder ein doppelt gerefftes Focksegel und ziemlich oft auch das Achtersegel benutzt. Sehr häufig wird man finden, daß Vormarssegel dem Zweck besser entsprechen als jedes andere Segel. Die ›Grampus‹ drehte zumeist unter einem dicht gerefften Focksegel bei.

Soll ein Schiff beidrehen, so wird sein Vorderteil so weit in den Wind gebracht, daß er das Segel fast füllt, unter dem es ganz nach achtern liegt, das heißt, wenn das Segel diagonal zum Schiff steht. Ist dies getan, so weicht die Bugspitze nur wenige Grad von der Richtung ab, aus der der Wind kommt, und die ihm zugewandte Bugseite fängt den Anprall der Wellen auf. In dieser Situation wird ein gutes

Schiff auch einen sehr schweren Sturm überstehen, ohne einen Tropfen Wasser an Bord zu nehmen und ohne daß seitens der Mannschaft weitere Aufmerksamkeit erforderlich wäre. Das Steuerruder wird gewöhnlich festgemacht, aber dies ist absolut nicht erforderlich (es sei denn wegen des Lärms, den es im entgegengesetzten Fall verursacht), weil das Ruder auf ein beigedreht liegendes Schiff keine Wirkung hat. In der Tat ist es weit besser, das Steuer lose zu lassen, als es sehr fest zu zurren, da es sonst zu leicht von schweren Seen weggerissen wird, wenn es kein Spiel hat. Solange das Segel hält, wird ein gut konstruiertes Schiff seine Lage beibehalten und jede See überwinden, als sei es mit Verstand und einem Instinkt fürs Leben ausgestattet. Sollte heftiger Wind das Segel dennoch in Fetzen reißen (eine Leistung, zu der unter gewöhnlichen Umständen nur ein vollentwickelter Orkan fähig ist), so besteht unmittelbare Gefahr. Das Schiff fällt dann leewärts vom Wind ab und ist, sofern es breitseits zur See treibt, ihr auf Gedeih und Verderb ausgeliefert. Das einzige Hilfsmittel in diesem Fall ist, es ruhig vor den Wind zu legen und lenzen zu lassen, bis irgendein anderes Segel gesetzt werden kann. Einige Schiffe werden ohne jedes Segel beidrehen, aber solchen sollte man auf See nicht vertrauen.

Kehren wir jedoch von diesem Exkurs zurück. Der Gewohnheit des Maats hatte es sonst nie entsprochen, eine Wache an Deck zu belassen, wenn das Schiff in einem Sturm beigedreht lag, und die Tatsache, daß er jetzt eine aufgestellt hatte, gepaart mit dem Umstand der verschwundenen Äxte und Handspaken, überzeugte uns zur Genüge, daß die Mannschaft zu sehr auf der Hut war, als daß sie in der von Peters vorgeschlagenen Art und Weise hätte überrumpelt werden können. Indes mußte etwas unternommen werden, und zwar mit sowenig Zeitverzug, wie tunlich war, denn es konnte kein Zweifel bestehen, daß Peters, nachdem er einmal in Verdacht geraten war, bei der ersten Gelegenheit geopfert würde, und eine solche würde gewißlich gefunden oder erfunden werden, sobald der Sturm gebrochen war.

Augustus schlug nun vor, daß wir möglicherweise, sollte Peters es fertigbringen, unter irgendeinem Vorwand das Stück Ankerkette zu entfernen, das auf der Falltür in der Passagierkabine lag, durch den Laderaum unversehens über die anderen herfallen könnten, aber ein kurzes Nachdenken überzeugte uns, daß das Schiff für einen Versuch dieser Art zu sehr schlingerte und stampfte.

Glücklicherweise kam mir endlich der Gedanke, die abergläubische Furcht und das schuldbeladene Gewissen des Maats auszunutzen. Man wird sich erinnern, daß einer von der Mannschaft, Hartman Rogers, im Laufe des Morgens gestorben war, nachdem er zwei Tage zuvor nach dem Genuß von etwas Rum mit Wasser unter heftigen Krämpfen zu leiden gehabt hatte. Peters hatte uns gegenüber die Meinung geäußert, der Mann sei von dem Maat vergiftet worden, und nach seinen Worten gab es für diese Mutmaßung nicht zu widerlegende Gründe, allein er ließ sich nicht bewegen, sie uns zu erklären – diese wunderliche Weigerung entspricht nur voll und ganz anderen Zügen seines eigenartigen Charakters. Ob er nun indes irgendwelche gewichtigeren Gründe hatte, den Maat zu verdächtigen, als wir sie selbst besaßen, oder auch nicht – wir waren nur zu leicht dazu zu bringen, uns seinem Argwohn anzuschließen, und beschlossen, entsprechend zu handeln.

Rogers war etwa um elf Uhr vormittags unter heftigen Zuckungen verstorben, und sein Leichnam stellte wenige Minuten nach dem Tod einen so schrecklichen und abstoßenden Anblick dar, wie ich mich kaum entsinne je gesehen zu haben. Der Bauch war ungeheuer geschwollen wie der eines Mannes, der ertrunken ist und viele Wochen im Wasser gelegen hat. Die Hände waren in demselben Zustand, während das Gesicht eingeschrumpft, runzlig und kalkweiß war, ausgenommen zwei oder drei leuchtend rote Flecke gleich denen, die durch Rotlauf hervorgerufen werden; einer dieser Flecke zog sich diagonal über das Gesicht und bedeckte ein Auge völlig wie ein rotes Velvetband. Der Tote war in diesem abstoßenden Zustand mittags aus der Kajüte an Deck gebracht worden, um über Bord geworfen zu werden, wobei der Maat ihn kurz betrachtet hatte (denn er sah ihn zum ersten Mal) und, entweder von Reue gepackt ob seiner üblen Tat oder von Entsetzen erfüllt angesichts eines so schrecklichen Anblicks, Anweisung gegeben hatte, den Toten in eine Hängematte einzunähen und ihm die üblichen Ritualien eines Seebegräbnisses zuteil werden zu lassen. Nach diesen Anweisungen ging er unter Deck, um sich jeden weiteren Anblick seines Opfers zu ersparen. Während Vorbereitungen getroffen wurden, seine Befehle auszuführen, brach mit ungeheurer Gewalt der Sturm los, und so wurde das Vorhaben für den Augenblick aufgegeben. Der Leichnam, nun sich selbst überlassen, wurde in die Backbordspeigatts gespült, wo er zu der Zeit, von der ich spreche, noch lag und beim heftigen Überholen der Brigg umhergestoßen wurde.

Nachdem wir unseren Plan festgelegt hatten, machten wir uns daran, ihn so schnell wie möglich in die Tat umzusetzen. Peters ging an Deck und wurde, wie vorausgesehen, sofort von Allen angesprochen, der mehr als Wache über das Vorderdeck aufgestellt zu sein schien denn zu anderem Zweck. Das Schicksal dieses Schurken wurde jedoch rasch und geräuschlos besiegelt, denn Peters näherte sich ihm in ungezwungener Weise, als ob er mit ihm reden wollte, packte ihn bei der Kehle und schleuderte ihn über die Reling, noch ehe er einen einzigen Schrei ausstoßen konnte. Dann rief er uns, und wir kamen an Deck. Unsere erste Vorsichtsmaßnahme war, nach etwas Ausschau zu halten, womit wir uns bewaffnen konnten, und dabei hatten wir mit großer Umsicht vorzugehen, denn es war unmöglich, auch nur einen Augenblick an Deck zu stehen, wenn man sich nicht festhielt, und bei jedem Eintauchen des Vorschiffs brachen heftige Sturzseen über uns herein. Auch war unumgänglich, daß wir unser Vorhaben schnell ausführten, denn wir rechneten jede Minute damit, daß der Maat an Deck kommen würde, um die Pumpen in Gang zu setzen, da klar zu erkennen war, daß die Brigg sehr schnell Wasser aufnahm. Nachdem wir einige Zeit gesucht hatten, konnten wir für unsere Zwecke jedoch nichts Geeigneteres finden als zwei Pumpenschwengel, von denen Augustus den einen nahm und ich den anderen. Als wir uns dieser versichert hatten, streiften wir das Hemd von der Leiche und warfen den Körper über Bord. Peters und ich gingen nach unten und ließen Augustus als Wache an Deck zurück, der seinen Platz genau dort einnahm, wo Allen gestanden hatte, mit dem Rücken zur Kajütstreppe, so daß, falls jemand von der Bande des Maats an Deck kommen sollte, er glauben mußte, es sei die von ihnen aufgestellte Wache.

Sobald ich unter Deck war, begann ich mich so zu verkleiden, daß ich wie Rogers' Leiche aussah. Das Hemd, das wir dem Toten abgenommen hatten, half uns sehr, denn es war von eigenartiger Form und Beschreibung und leicht wiederzuerkennen – eine Art Kittel, den der Tote über seiner anderen Kleidung getragen hatte, aus blauem Baumwollgewebe mit großen, schrägen, weißen Streifen. Nachdem ich es angelegt hatte, stattete ich mich weiterhin mit einem falschen Bauch aus in Nachahmung der schrecklichen Deformierung des geschwollenen Leichnams. Dies war dadurch schnell zuwege gebracht, daß ich mir einige Bettücher unterstopfte. Ein Paar weiße Wollhandschuhe verliehen meinen Händen das entsprechende Aussehen, indem ich sie mit jeder Art von Lumpen füllte, deren ich habhaft werden konnte. Peters beschäftigte sich sodann mit meinem Gesicht, rieb es zunächst gut mit weißer Kreide ein und zeichnete die Flecken mit Blut auf, das er einem Einschnitt in seinem Finger entnahm. Der Streifen über dem Auge wurde nicht vergessen und ergab eine höchst schockierende Erscheinung.

Kapitel VIII

Als ich mich beim trüben Schein einer Art Gefechtslaterne in einer Spiegelscherbe betrachtete, die in der Kajüte hing, erfüllte mich angesichts meiner Erscheinung und bei der Erinnerung an die schreckliche Realität, die ich dergestalt verkörperte, ein solches Gefühl unbestimmter Furcht, daß mich ein heftiges Zittern befiel und ich kaum Entschluß-kraft genug aufbringen konnte, in meiner Rolle fortzufah-ren. Indes war es notwendig, entschlossen zu handeln, und so gingen Peters und ich an Deck.

Dort fanden wir alles unverändert vor und stahlen uns nun zu dritt dicht an der Reling entlang zur Kajütstreppe. Sie war nur teilweise geschlossen, weil mittels Holzklötzen auf der obersten Stufe, die ein Zuklappen verhinderten, Vorsorge getroffen worden war, daß sie nicht plötzlich von außen zugestoßen wurde. Durch die Ritzen, wo die Angeln befestigt waren, konnten wir uns mühelos einen umfassen-den Einblick ins Innere der Kajüte verschaffen. Nun erwies sich als sehr glücklich für uns, daß wir jeden Versuch un-terlassen hatten, die anderen zu überrumpeln, denn sie wa-ren ganz offensichtlich auf der Hut. Nur einer schlief, er lag genau am Fuß der Kajütstreppe, eine Muskete an der Seite. Der Rest saß auf mehreren Matratzen, die von den Kojen genommen und auf den Fußboden gelegt worden waren. Sie waren in eine ernste Unterhaltung vertieft, und obwohl sie getrunken hatten, wie man aus zwei leeren Krü-gen und einigen Zinnbechern schließen konnte, die herum-lagen, so waren sie doch nicht so berauscht wie sonst. Alle hatten Messer, einer oder zwei von ihnen Pistolen, und sehr viele Musketen lagen griffbereit auf einer Koje.

Wir hörten ihrer Unterhaltung einige Zeit zu, ehe wir uns über unser Vorgehen schlüssig wurden, da wir noch nichts endgültig vereinbart hatten außer dem Versuch, ihre Handlungsfähigkeit bei unserem Angriff durch das Er-scheinen von Rogers zu lähmen. Sie erörterten ihre Pira-tenpläne, wobei wir nur das eine deutlich hören konnten, daß sie sich mit der Mannschaft eines Schoners namens ›Hornet‹ zusammentun und den Schoner, wenn möglich, in Besitz nehmen wollten, ehe sie zu einem Unternehmen grö-ßeren Maßstabs übergehen würden, dessen Einzelheiten keiner von uns genau verstehen konnte.

Einer der Männer sprach von Peters, worauf der Maat mit leiser Stimme etwas antwortete, was nicht genau zu hören war, und danach lauter hinzufügte, er könne nicht verstehen, warum sich dieser soviel mit dem Kapitänsbalg im Vorderdeck abgebe, und er denke, ›je eher die beiden über Bord wären, desto besser‹. Darauf erfolgte keine Antwort, aber wir konnten leicht erkennen, daß die ganze Kumpanei die Andeutung sehr beifällig aufnahm, ganz besonders Jones. Zu diesem Zeitpunkt war ich äußerst aufgeregt, um so mehr, als ich sehen konnte, daß weder Augustus noch Peters genau wußten, wie vorzugehen war. Allein, ich hatte mich entschlossen, mein Leben so teuer wie möglich zu verkaufen und nicht zuzulassen, von irgendwelchen Gefühlen des Kleinmuts überwältigt zu werden.

Der gewaltige Lärm, den das Brausen des Windes in der Takelung und das Rauschen der Brecher an Deck erzeugten, hinderte uns zu verstehen, was gesagt wurde, außer in Momenten der Windstille. In einem davon hörten wir alle den Maat deutlich zu einem der Männer sagen, er solle nach vorn gehen und den verdammten Lümmeln befehlen, in die Kajüte zu kommen, wo er ein Auge auf sie haben könne, denn er wünsche nicht, daß irgendwelche Heimlichkeiten an Bord der Brigg vor sich gingen. Zu unserem Glück stampfte das Schiff in diesem Moment so heftig, daß die sofortige Ausführung dieses Befehls verhindert wurde. Der Koch erhob sich von seiner Matratze, um uns holen zu gehen, als ein gewaltiges Überholen, welches meiner Ansicht nach geeignet war, die Masten wegzureißen, ihn kopfüber gegen eine der Kabinentüren auf der Backbordseite schleuderte, sie aufstieß und beträchtliche Verwirrung anderer Art stiftete. Zum Glück wurde keiner von uns von seinem Standort gerissen, wir hatten Zeit für einen überstürzten Rückzug zum Vorderdeck und konnten in aller Eile einen Aktionsplan entwerfen, ehe der Bote bei uns erscheinen würde oder vielmehr, ehe er seinen Kopf aus der Kajütsluke steckte, denn er kam nicht an Deck. Von dort, wo er sich befand, konnte er Allens Abwesenheit nicht bemerken, so glaubte er, sich an ihn zu wenden, als er den Befehl des Maats brüllend wiederholte. Peters rief mit verstellter Stimme »Aye, aye!« zurück, und der Koch ver-

schwand sofort wieder, ohne irgendwelchen Verdacht zu
schöpfen, daß etwas nicht in Ordnung sei.

Meine zwei Gefährten gingen nun unverzüglich nach
achtern und hinunter in die Kajüte. Peters schloß hinter
sich die Tür in der gleichen Weise, wie er sie vorgefunden
hatte. Der Maat empfing sie mit vorgetäuschter Herzlichkeit und sagte zu Augustus, da er sich in letzter Zeit so
wohl verhalten habe, könne er seine Lagerstatt in der Kajüte beziehen und künftig einer von ihnen werden. Sodann
schenkte er ihm einen Becher halb voll Rum und hieß ihn
ihn trinken. Dies alles sah und hörte ich, denn ich war meinen Freunden zur Kajüte gefolgt, kaum daß die Tür geschlossen worden war, und hatte meinen alten Beobach-
tungsposten eingenommen. Die zwei Pumpenschwengel
hatte ich mitgebracht, und nun verstaute ich einen davon
griffbereit nahe der Kajütstreppe, falls wir seiner bedurften.

Sodann stellte ich mich fest hin, so gut dies möglich
war, um alle Vorgänge im Raum gut beobachten zu können, und trachtete, mich für die Aufgabe zu wappnen, zwischen die Meuterer zu treten, sobald Peters mir das vereinbarte Signal geben würde. Im Augenblick bemühte er sich,
die Unterhaltung auf die blutigen Vorgänge während der
Meuterei zu bringen, und veranlaßte die Männer allmählich, von den tausend abergläubischen Darstellungen zu reden, die unter Fahrensleuten ganz allgemein weit verbreitet
sind. Zwar konnte ich nicht alles richtig verstehen, was er
sagte, aber ich konnte den Mienen der Anwesenden ablesen, welche Wirkung das Gespräch hatte. Der Maat war
ganz offensichtlich sehr aufgeregt, und als bald darauf jemand den grauenvollen Anblick von Rogers' Leiche erwähnte, glaubte ich, er sei im Begriff, in Ohnmacht zu fallen. Peters fragte nun, ob er es nicht für besser erachte, daß
der Körper sofort über Bord geworfen werde, da es ein zu
schreckliches Schauspiel sei, wie er in den Speigatts hin-
und hergeworfen werde. Bei diesen Worten rang der
Schurke wahrhaftig nach Atem und ließ den Blick langsam
in die Runde schweifen, als wolle er einen seiner Kumpane

anflehen, an Deck zu gehen und diesen Auftrag auszuführen. Indes rührte sich niemand, und es war deutlich zu erkennen, daß die ganze Gesellschaft sich in einem Zustand höchster nervlicher Anspannung befand. Jetzt gab Peters mir das Signal. Ich stieß die Tür der Kajütstreppe auf, stieg hinab, ohne ein Wort zu sagen, und stand aufrecht inmitten der Gesellschaft.

Die außerordentliche Wirkung, die mein plötzliches Erscheinen hervorrief, ist so erstaunlich wahrlich nicht, zieht man die verschiedenen Umstände in Betracht. Gewöhnlich bleibt bei Vorfällen ähnlichen Charakters im Kopf des Zuschauers dennoch ein Fünkchen Zweifel in bezug auf die Realität dieser Vision vor seinen Augen; ein Quentchen Hoffnung, wie schwach auch immer, daß er das Opfer eines Kunstkniffs und daß die Spukgestalt nicht wirklich ein Besucher aus der alten Welt der Schatten sei. Es ist nicht zu viel zu behaupten, daß Reste solchen Zweifels vielleicht bei fast jeder derartigen Erscheinung zurückbleiben und daß das panische Entsetzen, welches zuweilen erzeugt wurde, selbst in den angemessensten Fällen und wo größtes Leid erfahren wurde, eher einer Art vorgreifender Furcht zuzuschreiben ist, die Erscheinung könnte möglicherweise real sein, als dem unerschütterlichen Glauben an ihre Realität. Im vorliegenden Fall wird indes augenblicklich zu sehen sein, daß in den Köpfen der Meuterer auch nicht die Spur einer Basis war, auf welcher sich Zweifel hätte gründen können, ob die Erscheinung von Rogers wirklich einer Wiederbelebung seines abstoßenden Leichnams oder zumindest seines geistigen Ebenbildes gleichkomme. Die isolierte Situation der Brigg mit ihrer völligen Unzugänglichkeit infolge des Sturmes setzte den anscheinend möglichen Mitteln einer Täuschung so enge und bestimmte Grenzen, daß die Meuterer zwangsläufig glaubten, sie alle mit einem flüchtigen Blick überschauen zu können. Vierundzwanzig Tage waren sie jetzt auf See, ohne mehr denn ein paar kurze Botschaften mit anderen Schiffen ausgetauscht zu haben. Ferner war die ganze Mannschaft – zumindest alle, bei denen sie auch nur den entferntesten Grund hatten, sie

an Bord zu vermuten – in der Kajüte versammelt mit Ausnahme von Allen, der Wache, und dessen riesige Gestalt
(er war sechs Fuß sechs Zoll groß) war ihnen allen viel zu
vertraut, als daß ihnen auch nur einen Moment der Gedanke gekommen wäre, er sei die Erscheinung vor ihnen.
Man beziehe die furchterweckende Natur des Sturmes und
die der von Peters heraufbeschworenen Konversation in
diese Betrachtungen ein; den tiefen Eindruck, den der
grauenvolle Anblick des tatsächlichen Leichnams am Morgen bei den Männern hinterlassen hatte; die vorzügliche
Imitation durch meine Person und das ungewisse und
schwankende Licht, in dem sie mich sahen, denn die Ka-
jütslaterne schaukelte heftig hin und her und beleuchtete
meine Gestalt nur unklar und in Intervallen, so besteht
keine Veranlassung, sich zu wundern, daß der ganze Effekt
dieser List unsere Erwartungen sogar noch übertraf. Der
Maat sprang von der Matratze, auf der er gelegen hatte,
fiel wie mausetot rücklings auf den Kajütsboden, ohne einen
Laut von sich zu geben, und wurde durch ein schweres
Schlingern der Brigg wie ein Holzklotz nach Lee geschleudert. Von den restlichen sieben besaßen nur drei anfangs
ein gewisses Maß von Geistesgegenwart. Die vier anderen
saßen eine Zeitlang wie angewurzelt auf dem Fußboden, erbärmlichste Objekte von Angst und äußerstem Entsetzen,
die meine Augen je gesehen hatten. Der einzige Widerstand, der uns entgegengebracht wurde, kam von seiten des
Kochs, John Hunts und Richard Parkers, aber sie vertei-
digten sich nur schwach und unentschlossen. Die beiden
ersten wurden augenblicklich durch Peters erschossen, und
ich hieb Parker mit dem Pumpenschwengel, den ich mitgebracht hatte, auf den Kopf, so daß er zu Boden fiel. Inzwischen hatte Augustus eine der Musketen gepackt, die auf
dem Fußboden lagen, und einen anderen Meuterer (Wilson) durch die Brust geschossen. Jetzt waren nur drei von
ihnen übrig, aber zu dem Zeitpunkt hatten sie ihre Erstarrung abgeschüttelt und begannen vielleicht zu erfassen,
daß sie einer Täuschung erlegen waren, denn sie kämpften
mit großer Entschlossenheit und Wut und hätten letztend-

lich womöglich den Sieg davongetragen, hätte Peters nicht eine so ungeheure Muskelkraft besessen. Diese drei Männer waren Jones, Greely und Absalom Hicks. Jones hatte Augustus zu Boden geworfen, stach ihn mehrfach in den rechten Arm und würde ihm zweifellos bald den Garaus gemacht haben (da weder Peters noch ich uns sofort unserer eigenen Widersacher entledigen konnten), wäre uns nicht zur rechten Zeit ein treuer Freund beigesprungen, mit dessen Unterstützung wir gewiß niemals gerechnet hatten. Dieser Freund war niemand anders als Tiger. Mit einem tiefen Knurren schoß er in dem für Augustus kritischsten Moment in die Kajüte, stürzte sich auf Jones und drückte ihn im Nu zu Boden. Augustus war jedoch nun zu sehr verwundet, als daß er uns irgendwelche Hilfe hätte leisten können, und ich wurde durch meine Verkleidung so behindert, daß ich nur wenig ausrichten konnte. Der Hund hielt Jones weiterhin an der Kehle gepackt – Peters aber war seinen Gegnern weit mehr als gewachsen und würde sie ohne Zweifel noch schneller ins Jenseits befördert haben, hätten der enge Raum, in dem er kämpfen mußte, und das heftige Überholen des Schiffes ihn nicht gleichfalls behindert. Alsbald konnte er jedoch eines schweren Schemels habhaft werden, von denen einige auf dem Boden lagen. Damit schlug er Greely den Schädel ein, als dieser im Begriff war, seine Muskete auf mich abzufeuern, und unmittelbar danach ließ ein Schlingern der Brigg ihn gegen Hicks prallen, den er an der Kehle packte und durch bloße Körperkraft im Nu erwürgte. So waren wir in weit kürzerer Zeit, als ich gebraucht habe, dies alles zu schildern, Herren der Brigg geworden.

Der einzige unserer Gegner, der noch lebte, war Richard Parker. Wie man sich erinnern wird, hatte ich diesen Mann durch einen Schlag mit dem Pumpenschwengel gleich zu Beginn unseres Angriffs zu Boden gestreckt. Er lag jetzt reglos an der Tür der verwüsteten Kajüte; als Peters ihn jedoch mit dem Fuß anstieß, begann er zu reden und flehte um Gnade. Er war nur leicht am Kopf verletzt und hatte keine weiteren Wunden empfangen, sondern war durch den Schlag nur bewußtlos geworden. Nun stand er auf, und wir fesselten ihm für den Augenblick zunächst die Hände auf dem Rücken. Der Hund stand noch knurrend über Jones; aber als wir diesen untersuchten, stellten wir fest, daß er völlig tot war und aus einer tiefen Wunde im Hals, die ihm zweifellos von den scharfen Zähnen des Tieres zugefügt worden war, Blut hervorbrach.

Es war jetzt etwa ein Uhr morgens, und der Wind wehte noch sehr stark. Die Brigg mühte sich offensichtlich viel heftiger als gewöhnlich, so war es unbedingt erforderlich, daß etwas getan wurde, um ihr in gewissem Maße Hilfe zu geben. Bei fast jedem Schlingern leewärts nahm sie eine Sturzsee über, und einige davon waren während unseres Handgemenges teilweise bis herunter in die Kajüte gelangt, da ich die Luke beim Herabsteigen offengelassen hatte. Die gesamte Backbordreling war weggefegt, die Kombüse samt Beiboot von der Gillung gerissen worden. Das Knakken und Arbeiten des Großmasts war ebenfalls ein deutlicher Hinweis, daß er fast geborsten war. Um im Achterraum mehr Platz zum Stauen zu schaffen, war die Hieling dieses Mastes zwischen die Decks gesetzt worden (eine sehr tadelnswerte Praxis, die gelegentlich noch durch unwissende Schiffsbauer geübt wird), so daß Gefahr drohte, daß er aus der Mastspur gerissen wurde. Der Gipfelpunkt all unserer Schwierigkeiten bestand jedoch darin, daß wir beim Ausloten des Pumpensods nicht weniger als sieben Fuß Wasser maßen.

Wir ließen die Toten in der Kajüte liegen und gingen sofort daran, die Pumpen zu bedienen – wobei wir Parker natürlich seiner Fesseln entledigten, damit er uns bei dieser Arbeit half. Augustus' Arm wurde so gut verbunden, wie wir es vermochten, und er tat, was er konnte, aber das war nicht viel. Dennoch entdeckten wir, daß es uns durch ständiges Laufenlassen einer Pumpe in gewissem Maße gelang zu verhindern, daß das eindringende Wasser die Oberhand gewann. Da wir nur unserer vier waren, stellte dies ein mühseliges Unterfangen dar, aber wir trachteten, unseren Mut nicht sinken zu lassen, und warteten begierig auf den

Tagesanbruch, weil wir hofften, die Brigg durch Kappen des Großmasts zu leichtern.

Auf diese Weise brachten wir eine Nacht entsetzlicher Angst und Mühsal hinter uns, und als schließlich der Tag anbrach, hatte der Sturm weder im geringsten nachgelassen, noch gab es Anzeichen, daß er dies bald tun werde. Nun schleppten wir die Toten an Deck und warfen sie über Bord. Unsere nächste Sorge war, uns des Großmasts zu entledigen. Nachdem die nötigen Vorbereitungen getroffen waren, kappte Peters ihn (nachdem er in der Kajüte Äxte gefunden hatte), während wir anderen bei den Stagen und Taljereeps standen. Als die Brigg heftig nach Lee überholte, erfolgte das Kommando, die Luvtaljereeps zu kappen, und kaum war dies getan, stürzte die ganze Masse von Holz und Takelwerk in die See und trieb von der Brigg ab, ohne ihr irgendwelchen Schaden zuzufügen. Wir sahen nun, daß das Schiff sich nicht mehr ganz so mühte wie zuvor, aber unsere Situation war noch ungemein gefährlich, denn trotz äußerster Anstrengungen konnten wir ohne die Hilfe beider Pumpen des eindringenden Wassers nicht Herr werden. Die geringe Unterstützung, die Augustus uns geben konnte, war wirklich kaum von Bedeutung. Um unsere Not noch zu vergrößern, warf eine schwere See die Brigg luvwärts und mehrere Strich vom Wind ab, und ehe sie ihre Position wiedererlangen konnte, verschwand sie völlig unter einer weiteren See, die sie voll auf die Seite legte. Der Ballast verschob sich jetzt in seiner Masse leewärts (nachdem die Ladung eine Zeitlang wild umhergeworfen worden war), und einige Augenblicke wähnten wir, daß nichts uns vor dem Kentern retten könnte. Bald darauf richteten wir uns jedoch teilweise wieder auf, aber da der Ballast backbords liegenblieb, krängten wir so stark, daß es nutzlos war, an eine Betätigung der Pumpen zu denken, was wir auch wirklich in keinem Fall hätten viel länger tun können, da unsere Hände völlig wundgerieben waren durch die mühselige Arbeit, die wir hatten auf uns nehmen müssen, und ganz entsetzlich bluteten.

Entgegen Parkers Rat gingen wir nun daran, auch den

Fockmast zu kappen, und brachten dies auch nach vielen Schwierigkeiten zuwege, die der Position zu schulden waren, in der wir lagen. Beim Überbordgehen nahm das Wrackstück den Bugspriet mit, so daß wir jetzt völlig entmastet waren.

Bislang hatten wir Grund, uns der Unversehrtheit unserer Pinasse zu erfreuen, der keine der mächtigen Seen, die an Bord gekommen waren, irgendwelchen Schaden zugefügt hatte. Aber wir konnten uns nicht lange dazu beglückwünschen, denn nachdem der Fockmast verloren war und mit ihm natürlich auch das Focksegel, durch das die Brigg vor dem Wind gehalten werden konnte, brach jede See nun mit voller Wucht über uns herein, und in fünf Minuten war unser Deck vom Vorder- bis zum Hintersteven leergefegt, waren die Pinasse und die Steuerbordreling weggerissen und sogar das Spill zertrümmert. In der Tat konnten wir uns schwerlich in einem beklagenswerteren Zustand befinden.

Zur Mittagszeit schien es leichte Anzeichen zu geben, daß der Sturm endlich abflaute, aber wir wurden grausam enttäuscht, denn er ließ lediglich für einige Minuten nach, um danach mit verdoppelter Wut zu tosen. Gegen vier Uhr nachmittags war es völlig unmöglich, wider den heftigen Wind anzukämpfen, und als die Nacht hereinbrach, hegte ich nicht den Schatten einer Hoffnung, daß das Schiff bis zum Morgen zusammenhalten würde.

Um Mitternacht lagen wir sehr tief im Wasser, das nun bis zum Raumdeck stand. Das Ruder verschwand bald achtern, und die See, die es wegriß, hob den Achterteil der Brigg völlig aus dem Wasser, auf dem es sodann beim Zurückfallen mit einer Wucht aufschlug, wie sie nur beim Stranden verursacht wird. Wir hatten alle damit gerechnet, daß das Steuerruder bis zuletzt standhalten würde, da es ungewöhnlich solid und auf eine Weise getakelt war, wie ich weder zuvor noch seitdem je wieder gesehen habe. Das Hauptspant hinunter lief eine Reihe starker eiserner Haken und andere in derselben Weise den Achtersteven entlang. In diesen Haken steckte eine sehr dicke, schmiedeei-

serne Stange, durch die das Ruder am Achtersteven gehalten wurde und dennoch an der Stange frei schwingen
konnte. Die ungeheure Gewalt der See, die es wegfegte,
läßt sich an der Tatsache ermessen, daß jeder einzelne der
Haken, die den Achtersteven völlig durchdrangen und auf
der Innenseite umgeschlagen waren, gänzlich aus dem dikken Holz gerissen war.

Wir hatten nach dieser heftigen Erschütterung kaum
Zeit, Atem zu schöpfen, als eine der furchtbarsten Wogen,
die ich je gesehen habe, rechts über Bord brach, die Kajüts-
kappe wegriß, in die Luke brach und jeden Zoll des Schiffs
mit Wasser füllte.

Kapitel IX

Glücklicherweise hatten wir alle vier uns kurz vor dem
Abend fest an die Reste des Ankerspills gebunden, damit
wir auf diese Weise so flach wie möglich auf Deck lagen.
Nur diese Vorsichtsmaßnahme rettete uns vor der Vernichtung. Wie die Dinge standen, waren wir alle mehr oder
weniger benommen durch die immense Last des Wassers,
die sich über uns ergoß und nicht abfließen wollte, bis wir
fast keine Luft mehr hatten. Sobald wir wieder Atem
schöpfen konnten, rief ich laut nach meinen Gefährten.
Nur Augustus antwortete und sagte: »Mit uns ist es vorbei,
möge Gott unseren Seelen gnädig sein!« Nach und nach
waren auch die beiden anderen in der Lage zu sprechen,
wobei sie uns ermunterten, Mut zu fassen, weil es noch immer Hoffnung gebe. Die Besonderheit unserer Ladung mache es unmöglich, daß die Brigg sinken könne, außerdem
bestünde alle Aussicht, daß sich der Sturm gegen Morgen
legen würde. Diese Worte flößten mir neuen Lebensmut
ein, denn so seltsam es scheinen mag: Obwohl ganz offensichtlich war, daß ein Schiff mit einer Ladung leerer Ölfässer nicht sinken konnte, war mein Geist bislang so verwirrt
gewesen, daß ich diese wichtige Tatsache völlig übersehen
hatte; eine Zeitlang hielt ich das Sinken des Schiffes für die
Gefahr, die uns in erster Linie drohte. Als in mir nun wie-

der Hoffnung aufstieg, nutzte ich jede Gelegenheit, die Zurrung zu verstärken, die mich an den Resten des Anker-spills hielt, und damit beschäftigt, entdeckte ich bald, daß meine Gefährten gleiches taten. Die Nacht war so dunkel wie nur möglich, und den entsetzlichen heulenden Lärm und das Tohuwabohu um uns herum zu beschreiben ist ein fruchtloses Unterfangen. Unser Deck lag auf gleicher Höhe mit der See, oder vielmehr, uns umgab eine hoch aufragende Mauer von Gischt, und immer wieder fegte ein Teil davon über uns hinweg. Es ist nicht übertrieben zu behaupten, daß unsere Köpfe wirklich nie länger als eine von drei Sekunden aus dem Wasser lugten. Obwohl wir dicht beieinander lagen, konnte in der Tat keiner von uns den anderen oder irgendein Stück der Brigg sehen, auf der wir so ungestüm umhergeworfen wurden. In Abständen riefen wir uns etwas zu in dem Bestreben, so die Lebenshoffnung zu erhalten und jenen Trost und Ermutigung zu spenden, die deren am meisten bedurften. Augustus' schwächliche Verfassung machte ihn zum Gegenstand der Fürsorge von uns allen, und da es ihm wegen der vielen Stichwunden am rechten Arm unmöglich sein mußte, seiner Zurrung in gewissem Maße Haltbarkeit zu verleihen, fürchteten wir jeden Augenblick, feststellen zu müssen, daß er über Bord gegangen war – indes, ihm irgendwelche Hilfe zu leisten war eine Sache, die völlig außer Frage stand. Zum Glück lag er sicherer als jeder andere von uns, nämlich mit dem Oberkörper unter einem Teil des zerschmetterten Anker-spills, so daß die Wucht der Brecher, die über ihn fluteten, weitgehend gebrochen wurde. In jeder anderen Situation als dieser (in die er zufällig geraten war, nachdem er sich ursprünglich an einer sehr exponierten Stelle festgebunden hatte) wäre er unweigerlich umgekommen, noch ehe der Morgen graute. Da die Brigg so stark krängte, bestand für uns alle weniger Gefahr, hinweggespült zu werden, als sonst der Fall gewesen wäre. Das Schiff lag auf der Back-bordseite, wie ich zuvor bereits bemerkt habe, wobei etwa eine Hälfte des Decks ständig unter Wasser war. So wurden die steuerbords anlaufenden Seen durch die Seite des

Schiffes stark gebrochen und erreichten uns nur teilweise, während wir flach und mit dem Gesicht nach unten lagen; die steuerbords anrennenden Seen wiederum, das Stauwasser, wie wir es nannten, fanden unserer Lage wegen wenig Halt an uns und hatten nicht genügend Kraft, uns aus den Haltestricken zu ziehen.

Wir befanden uns in dieser entsetzlichen Situation, bis der Tag anbrach und uns die Schrecknisse ringsum noch vollständiger vor Augen führte. Die Brigg war nur mehr ein Stück Holz, der Gnade jeder Woge ausgeliefert; der Sturm war im Begriff zuzunehmen, sofern dies überhaupt noch möglich war, denn er blies in der Tat mit voller Orkanstärke, und für uns schien keine irdische Aussicht auf Rettung zu bestehen. Einige Stunden lang hielten wir uns schweigend fest und erwarteten jeden Moment, daß unsere Zurrung entweder nachgab, die Reste des Ankerspills über Bord gehen würden oder daß einige der großen Sturzseen, die in jeder Richtung um uns und über uns tosten, den Hulk so weit unter Wasser drücken würden, daß wir ertrinken müßten, ehe er wieder an die Oberfläche kam. Dank göttlicher Gnade überstanden wir diese drohenden Gefahren jedoch und wurden etwa gegen Mittag durch den Anblick der strahlenden Sonne ermutigt. Kurz danach konnten wir eine spürbare Verminderung der Windstärke feststellen, worauf nun auch Augustus zum ersten Mal seit dem gestrigen späten Abend zu sprechen anhob und Peters, der ihm am nächsten lag, fragte, ob er glaube, daß für uns noch eine Möglichkeit bestünde, gerettet zu werden. Da diese Frage zunächst unbeantwortet blieb, schlossen wir alle, daß das Halbblut ertrunken sei, wo es lag, doch einen Augenblick später begann auch Peters zu unserer großen Freude, wenngleich mit sehr schwacher Stimme, zu reden und sagte, daß er große Schmerzen empfinde, weil die Haltestricke über seinem Bauch so festgezurrt seien, daß er entweder ein Mittel finden müsse, sie zu lockern, oder umkommen würde, da er diesen Zustand unmöglich viel länger ertragen könne. Dies rief bei uns große Bestürzung hervor, weil es völlig nutzlos war, auch nur daran zu denken, ihm in irgendeiner Weise beizustehen, während die See ständig über uns hinwegflutete, wie sie es noch immer tat. Wir ermunterten ihn, seine Pein tapfer zu ertragen, und versprachen, die erste sich bietende Gelegenheit zu nutzen, um ihm Erleichterung zu verschaffen. Er erwiderte, daß es dafür sehr bald zu spät sei, daß es mit ihm vorbei sein werde, noch ehe wir ihm helfen könnten; dann lag er still, nachdem er einige Minuten gestöhnt hatte, und wir schlossen daraus, daß er verschieden war.

Als der Abend heranrückte, hatte sich die See so weit beruhigt, daß im Verlauf von fünf Minuten kaum mehr als eine Woge aus windwärtiger Richtung über den Hulk brach; der Wind hatte stark nachgelassen, obwohl noch eine heftige Brise wehte. Seit Stunden hatte ich keinen meiner Gefährten reden hören, so rief ich jetzt Augustus. Er antwortete, wenngleich sehr schwach, so daß ich nicht verstehen konnte, was er sagte. Dann sprach ich zu Peters und Parker, aber keiner von beiden gab Antwort.

Kurz nach diesem Zeitpunkt fiel ich in einen Zustand teilweiser Bewußtlosigkeit, in der die angenehmsten Bilder aus meiner Erinnerung auftauchten, wie zum Beispiel grüne Bäume, wogende Felder reifen Korns, reigentanzende Mädchen, Kavallerietruppen und andere Phantasiegebilde. Ich entsinne mich jetzt, daß bei allem, was vor meinem geistigen Auge vorüberzog, *Bewegung* das vorherrschende Moment war. So sah ich nie ein feststehendes Objekt vor mir wie etwa ein Haus, einen Berg oder etwas Derartiges, vielmehr Windmühlen, Schiffe, große Vögel, Ballons, Menschen zu Pferd, Wagen, die wild vorbeipreschten, und ähnliche sich bewegende Objekte, dargestellt in endloser Folge. Als ich mich von diesem Zustand erholt hatte, stand die Sonne etwa eine Stunde über dem Horizont, soweit ich das abschätzen konnte. Ich hatte größte Schwierigkeiten, mich der verschiedensten Umstände zu erinnern, die mit meiner Situation zusammenhingen, und war geraume Zeit fest überzeugt, mich noch immer im Laderaum der Brigg zu befinden, neben der Kiste, und daß der Körper von Parker der von Tiger war.

Als ich letztendlich völlig zu mir gekommen war, erkannte ich, daß der Wind nur mehr als mäßige Brise wehte und die See verhältnismäßig ruhig war, so daß sie die Brigg lediglich mittschiffs überspülte. Mein linker Arm hatte sich aus der Zurrung gelöst und war um den Ellenbogen arg zerschnitten; mein rechter war völlig gefühllos, und Hand und Handgelenk waren stark geschwollen durch den Druck des Seils, das von der Schulter abwärts lief. Auch bereitete mir das andere Seil große Schmerzen, das um meine Taille geschlungen und in einem unerträglichen Maß festgezurrt worden war. Als ich mich nach meinen Gefährten umsah, erkannte ich, daß Peters noch lebte, obwohl eine dicke Leine so fest um seine Lenden gezogen war, daß es aussah, als sei er in zwei Teile zerschnitten; da ich mich bewegte, winkte er mir mit einer schwachen Handbewegung zu und wies auf die Leine. Augustus gab überhaupt kein Lebenszeichen von sich und hing nahezu völlig zusammengekrümmt über einem Bruchstück des Ankerspills. Parker redete mich an, als er sah, daß ich mich bewegte, fragte mich, ob ich nicht Kraft genug hätte, ihn aus seiner Lage zu befreien, und meinte: Würde ich allen Mut aufbieten, den ich besaß, und mich bemühen, ihn loszubinden, so könnten wir unser Leben vielleicht noch retten; anderenfalls jedoch müßten wir alle umkommen. Ich sagte ihm, er solle tapfer ausharren, und ich würde trachten, ihn zu befreien. Sodann fühlte ich in meine Hosentasche, bekam mein Federmesser zu fassen und brachte es nach einigen vergeblichen Versuchen schließlich fertig, es zu öffnen. Mit der linken Hand glückte es mir, die rechte aus den Haltestricken zu befreien und danach die anderen Seile zu zerschneiden, die mich hielten. Bei dem Versuch, mich von der Stelle zu rühren, spürte ich jedoch, daß die Beine mir den Dienst völlig versagten und daß ich weder aufstehen noch meinen rechten Arm in irgendeiner Richtung bewegen konnte. Als ich Parker dies mitteilte, riet er mir, einige Minuten still liegenzubleiben und mich mit der linken Hand am Spill festzuhalten, um dem Blut Zeit zur Zirkulation zu geben. Ich verfuhr so, und sofort begann die Gefühllosigkeit zu weichen, so daß ich bald zunächst eines meiner Beine bewegen konnte, dann das andere und kurz danach meinen rechten Arm zumindest teilweise wieder benutzen konnte. Äußerst vorsichtig kroch ich nun zu Parker, ohne mich auf die Füße zu stellen, und hatte alsbald alle Leinen zerschnitten, die ihn hielten, so daß er nach kurzer Dauer ebenfalls wieder teilweise Herr seiner Gliedmaßen war. Wir verloren keine Zeit, das Seil von Peters zu lösen. Es hatte durch den Gurt seiner Wollhosen und durch zwei Hemden hindurch eine tiefe Wunde geschnitten und war weiter in seine Leistengegend gedrungen, aus der das Blut in Strömen floß, als wir die Verschnürung lösten. Kaum hatten wir sie jedoch entfernt, redete er zu uns und schien sofort Erleichterung zu empfinden − wobei er sich mit weit größerer Leichtigkeit bewegen konnte als Parker oder ich − dies war ohne Zweifel dem reichlichen Abfluß von Blut zu schulden.

Wir hatten nur wenig Hoffnung, daß Augustus sich erholen würde, da er keinerlei Lebenszeichen von sich gab, aber als wir zu ihm kamen, gewahrten wir, daß er lediglich ob des Blutverlusts in Ohnmacht gefallen war, da die Verbände, die wir um seinen verwundeten Arm gewickelt hatten, vom Wasser weggerissen worden waren; keines der Seile, die ihn am Spill hielten, war genügend straff gezogen, daß es seinen Tod hätte herbeiführen können. Nachdem wir ihn aus den Stricken befreit und von dem zerborstenen Holzstück des Spills gelöst hatten, versicherten wir ihn eines trockenen Platzes windwärts, wobei sein Kopf etwas tiefer lag als sein Körper, und beschäftigten uns nun alle drei damit, seine Gliedmaßen zu frottieren. In etwa einer halben Stunde kam er zu sich, gleichwohl dauerte es bis zum nächsten Morgen, ehe es Anzeichen gab, daß er jeden von uns erkannte oder genügend Kraft zum Reden hatte. Während wir uns dergestalt alle von unseren Haltestricken befreit hatten, war es gänzlich dunkel geworden, auch zogen Wolken auf, so daß wir wieder ärgste Befürchtungen hegten, ein steifer Wind werde losbrechen, in welchem Fall uns nichts vor dem Untergang würde retten können, erschöpft wie wir waren. Zum Glück wehte er während der Nacht jedoch sehr mäßig, und der Seegang nahm mit jeder Minute ab, was bei uns große Hoffnungen auf eine letztendliche Rettung auslöste. Noch blies eine sanfte Brise aus Nordwest, aber es war nicht allzu kalt. Augustus wurde sorgsam windwärts in einer Weise angebunden, die verhinderte, daß er beim Schlingern des Schiffes über Bord glitt, da er noch zu schwach war, sich überhaupt festzuhalten. Für uns bestand solche Notwendigkeit nicht. Wir saßen eng beieinander, hielten uns gegenseitig mit Hilfe der zerschnittenen Leinen, die wir um das Spill geschlungen hatten, und entwarfen Pläne, wie wir unserer beklagenswerten Situation entrinnen könnten. Viel Erleichterung bereitete es uns, die nasse Kleidung abzulegen und auszuwringen. Als wir sie danach wieder anlegten, fühlte sie sich erstaunlich warm und wohl an und war so recht geeignet, uns in nicht geringem Maße zu beleben. Wir halfen auch Augustus aus seinen Sachen und wrangen sie für ihn aus, worauf er dasselbe Behagen empfand.

Unsere hauptsächliche Not rührte jetzt vom Hunger und Durst her, und als wir Ausschau hielten, wie wir uns in dieser Hinsicht Linderung verschaffen könnten, verloren wir allen Mut und waren geneigt zu bedauern, den weniger schrecklichen Gefahren der See entronnen zu sein. Indes suchten wir in der Hoffnung Trost, sehr bald von einem anderen Schiff aufgefischt zu werden, und ermutigten einander, alles Unheil tapfer zu ertragen, das unser vielleicht noch harrte.

Schließlich dämmerte der Morgen des Vierzehnten, und das Wetter war weiterhin klar und angenehm mit einer steten, aber sehr leichten Brise aus NW. Die See war jetzt ganz glatt, und da die Brigg aus einem Grund, den wir nicht erschließen konnten, nicht mehr so sehr krängte, wie sie es zuvor getan hatte, war das Deck vergleichsweise trokken, und wir konnten uns besser bewegen. Drei volle Tage und Nächte hatten wir nun ohne Essen und Trinken ausharren müssen, und es wurde absolut notwendig, daß wir einen Versuch unternahmen, etwas von unten heraufzubefördern. Da die Brigg gänzlich voll Wasser gelaufen war, schritten wir recht verzagt zu Werke und mit nur wenig Hoffnung, irgend etwas beschaffen zu können. Wir stellten eine Art Schleppanker her, indem wir einige Nägel, die wir aus den Resten der Kajütsluke herausgebrochen hatten, in zwei Stücke Holz trieben, diese kreuzweise miteinander verbanden, eine Leine daran befestigten, das Ganze in die Kajüte hinabwarfen und in der schwachen Hoffnung hin und her zogen, auf diese Weise vielleicht etwas herausan- geln zu können, das uns als Nahrung dienen oder zumin- dest behilflich sein konnte, solche zu beschaffen. Wir ver- brachten den größten Teil des Morgens mit diesen Bemühungen, ohne Ergebnis, denn wir fischten lediglich einige Bettücher heraus, die leicht an den Nägeln hängen- blieben. In der Tat war unsere Erfindung so ungeeignet, daß ein größerer Erfolg kaum zu erwarten war.

Nun mühten wir uns auf dem Vorderdeck, indes gleich- falls vergeblich, und befanden uns am Rande der Verzweif- lung, als Peters vorschlug, wir sollten eine Leine an seinem Körper befestigen und ihn versuchen lassen, etwas herauf- zuholen, indem er in die Kajüte tauchte. Wir nahmen die- sen Vorschlag mit all der Begeisterung auf, die neubelebte Hoffnung hervorrufen kann. Er schickte sich sofort an, seine Kleidung abzulegen bis auf die Hosen; sodann wurde ein festes Seil sorgsam um seine Taille geschlungen und auf eine Weise über seine Schulter gezogen, die ein Abrut- schen verhinderte. Das Unternehmen war äußerst mühselig und gefährlich, denn da wir kaum erwarten konnten, in der Kajüte selbst viel Lebensmittel zu finden, wenn überhaupt welche, war es erforderlich, daß der Taucher sich nach dem Hinabsteigen nach rechts wandte und unter Wasser in einem schmalen Gang zum Proviantraum und zurück eine Entfernung von zehn oder zwölf Fuß zurücklegte, ohne ein- mal Luft zu holen.

Als alles bereit war, stieg Peters zunächst die Kajütsleiter hinunter, bis ihm das Wasser ans Kinn reichte. Sodann stürzte er sich kopfüber hinein, wobei er sich nach rechts wandte und versuchte, zum Proviantraum zu gelangen. Sein erster Versuch schlug jedoch völlig fehl. In weniger als einer halben Minute nach seinem Abstieg spürten wir, wie heftig an der Leine gezogen wurde (das war das vereinbarte Zeichen, daß er heraufgehievt werden wollte). Wir zogen ihn daraufhin sofort hoch, aber so unvorsichtig, daß er heftig gegen die Leiter stieß. Er hatte nichts mitbringen und überhaupt nur ein sehr kleines Stück Weges zurücklegen können infolge der ständigen Bemühungen, die er notwendigerweise machen mußte, um zu verhindern, daß er gegen das Deck trieb. Als er herauskam, war er sehr erschöpft und mußte volle fünfzehn Minuten ausruhen, ehe er einen weiteren Abstieg wagen konnte.

Der zweite Versuch nahm ein noch schlimmeres Ende; er blieb nämlich so lange unter Wasser, ohne das Signal zu geben, daß wir um seine Sicherheit fürchteten, ihn auch ohne dies herauszogen und fanden, daß er im Begriff war, den letzten Seufzer zu tun, nachdem er, wie er später sagte, mehrfach an der Leine gezogen hatte, ohne daß wir es gespürt hatten. Dies war wahrscheinlich darauf zurückzuführen, daß sich ein Stück davon im Geländer am Fuß der Treppe verfangen hatte. Dieses Geländer war in der Tat so sehr im Wege, daß wir beschlossen, es wenn möglich zu entfernen, ehe wir in unserem Vorhaben fortfuhren. Da wir jedoch kein anderes Mittel zu seiner Beseitigung hatten als unser aller Körperkraft, stiegen wir auf der Leiter, soweit wir konnten, ins Wasser, zogen mit vereinter Kraft daran und vermochten es auch abzureißen.

Der dritte Versuch war gleichermaßen erfolglos wie die zwei ersten, und nun wurde offenkundig, daß auf solche Weise nichts ausgerichtet werden konnte ohne Zuhilfenahme eines Gewichts, mit dem der Taucher sich gleichmäßig bewegen und während seiner Suche auf dem Boden der Kajüte halten konnte. Lange Zeit schauten wir vergeblich nach etwas, das diesem Zweck entsprechen könnte, aber schließlich entdeckten wir zu unserer großen Freude, daß eine der Fockrüsten so locker war, daß wir sie ohne die geringste Schwierigkeit abdrehen konnten. Nachdem wir sie fest an Peters' Fußknöchel befestigt hatten, unternahm er seinen vierten Abstieg in die Kajüte, und diesmal gelang es ihm auch, die Tür zum Proviantraum zu erreichen. Zu seinem unaussprechlichen Kummer fand er sie jedoch verschlossen und mußte umkehren, ohne den Raum betreten zu haben, da er selbst unter größten Anstrengungen nicht länger als höchstens eine Minute unter Wasser bleiben konnte. Unsere Lage sah nun in der Tat düster aus, und weder Augustus noch ich konnten umhin, in Tränen auszubrechen, wenn wir an die unzähligen Beschwernisse dachten, die uns umgaben, und die geringe Wahrscheinlichkeit, die bestand, daß wir uns letztendlich retten konnten. Aber diese Schwäche war nicht von langer Dauer. Wir sanken vor Gott auf die Knie und erflehten seine Hilfe bei den vielen Gefahren, die uns drohten; dann erhoben wir uns mit erneuerter Hoffnung und Stärke, um nachzusinnen, was durch irdische Mittel noch getan werden konnte, um unsere Rettung herbeizuführen.

Kapitel X

Kurz danach fand ein Ereignis statt, welches in meinen Augen viel eher geeignet war, Emotionen wachzurufen, und weit mehr Extreme zunächst übergroßer Freude und sodann des Schreckens in sich barg als auch nur einer der mehr als tausend Wechselfälle, die mir später in neun langen Jahren voller Geschehnisse von höchst beängstigendem und in vielen Fällen höchst unbegriffenem und unbegreifbarem Charakter zuteil wurden. Wir lagen nahe der Kajütstreppe an Deck und erörterten die Möglichkeiten, dennoch einen Weg zum Proviantraum zu finden, als mein Blick auf Augustus fiel, der vor mir lag, und ich gewahrte, daß er mit einemmal totenblaß geworden war und seine Lippen auf höchst eigentümliche und unbeschreibliche Weise zuckten. Äußerst beunruhigt redete ich ihn an, aber er gab keine Antwort, und schon war ich zu der Annahme geneigt, daß er plötzlich krank geworden sei, als ich seine Augen bemerkte, die gebannt anscheinend auf ein Ziel hinter mir gerichtet waren. Ich wandte den Kopf und werde niemals die ekstatische Freude vergessen, die jede Faser meines Wesens durchzuckte, als ich nicht mehr als ein paar Meilen entfernt eine große Brigg direkt auf uns zusteuern sah. Ich schnellte hoch wie von einer Musketenkugel ins Innerste getroffen, streckte meine Arme dem Schiff entgegen und blieb regungslos so stehen, unfähig, auch nur eine Silbe hervorzubringen. Peters und Parker waren gleichermaßen erregt, jedoch auf verschiedene Weise. Ersterer tanzte wie ein Wahnsinniger auf dem Deck herum und stieß die extravagantesten Rhodomontaden aus, vermischt mit Geheul und Verwünschungen, während letzterer in Tränen ausbrach und einige Minuten lang wie ein Kind weinte.

Das gesichtete Schiff war ein großer, schwarzgestrichener Briggschoner holländischer Bauweise mit übertrieben goldglitzernder Gallionsfigur. Er hatte ganz offensichtlich ein gut Teil rauhen Wetters hinter sich und, wie wir vermuteten, sehr in dem Sturm gelitten, der auch für uns so unheilvoll gewesen war, denn seine Vormarsstange und auch ein Stück der Steuerbordreling waren verschwunden. Als wir ihn das erste Mal ausmachten, war er, wie ich bereits gesagt habe, etwa zwei Meilen entfernt in windwärtiger Richtung und hielt Kurs auf uns. Der Wind war sehr schwach, und was uns am meisten in Erstaunen versetzte, war, daß er außer Fockmast-, Hauptsegel und einem flatternden Klüver keine anderen Segel gesetzt hatte – natürlich kam er so nur langsam voran, und unsere Ungeduld steigerte sich fast zum Wahnsinn. Auch entging uns trotz aller Aufregung nicht die unbeholfene Art und Weise, in der er steuerte. Er gierte so heftig hin und her, daß wir es ein- oder zweimal für möglich hielten, von ihm gar nicht gesehen zu werden, oder uns einbildeten, daß er uns zwar gesehen, jedoch niemanden an Bord entdeckt hatte und nun im Begriff war, zu wenden und auf einen anderen Kurs zu gehen. Bei jeder dieser Gelegenheiten schrien und riefen wir, so laut wir nur konnten, worauf das fremde Schiff seine Absicht eine Zeitlang aufzugeben schien und abermals auf uns zusteuerte – dieses seltsame Verhalten wiederholte sich zwei- oder dreimal, so daß wir es uns schließlich nicht anders erklären konnten als durch die Hypothese, der Steuermann habe zu tief ins Glas geschaut.

An Deck war kein Mensch zu sehen, bis der Schoner sich uns auf etwa eine Viertelmeile genähert hatte. Da entdeckten wir drei Seeleute, die wir wegen ihrer Kleidung für Holländer hielten. Zwei davon lagen auf einigen alten Segeln nahe dem Vorderdeck, der dritte, der anscheinend mit großer Neugier nach uns Ausschau hielt, lehnte nahe dem Bugspriet über der Steuerbordbugseite. Er war ein großer, stämmiger Mann mit sehr dunkler Haut, schien uns durch sein Verhalten ermutigen zu wollen, Geduld aufzubringen, nickte uns auf fröhliche, jedoch ziemlich seltsame Weise zu, lächelte beständig und ließ eine Reihe blendendweißer Zähne erkennen. Als das Schiff näher kam, sahen wir die rote Flanellmütze von seinem Kopf ins Wasser fallen, aber er nahm wenig oder keine Notiz davon, sondern lächelte und gestikulierte weiter so seltsam. Ich schildere diese Dinge und Umstände sehr genau, und ich schildere sie, das muß man verstehen, exakt wie sie uns *erschienen*.

Der Briggschoner näherte sich langsam und nun gleichmäßiger als zuvor, und – ich kann von diesem Ereignis nicht ruhig sprechen – unsere Herzen schlugen wild, und wir äußerten all unsere Empfindungen in Freudenrufen und Danksagungen für Gott ob dieser vollständigen, unerwarteten und glanzvollen Rettung, die greifbar nahe war. Ganz plötzlich und mit einemmal wehte von dem fremden Schiff (das jetzt dicht bei uns war) ein Geruch, ein Gestank über das Wasser herüber, für den es auf der Welt keinen Namen, keinen Begriff gibt – höllisch – höchst erstikkend – unerträglich, unvorstellbar. Ich rang nach Atem, wandte mich meinen Gefährten zu und erkannte, daß sie weißer als Marmor waren. Indes hatten wir jetzt keine Zeit mehr, um eine Frage oder Vermutung zu äußern – der Briggschoner war nur noch fünfzig Fuß von uns entfernt und schien zu beabsichtigen, unter unsere Gillung zu steuern, so daß wir an Bord kommen konnten, ohne ein Boot auszusetzen. Wir stürzten nach achtern, als plötzlich eine weite Gierung ihn volle fünf oder sechs Strich vom Kurs abkommen ließ und wir, da er in einer Entfernung von etwa zwanzig Fuß unter unserem Heck vorbeifuhr, einen vollen Überblick über seine Decks hatten. Werde ich je das dreifache Entsetzen dieses Anblicks vergessen? Fünfundzwanzig oder dreißig menschliche Körper, darunter mehrere Frauen, lagen zwischen Gillung und Kombüse im letzten und ekelerregendsten Zustand der Verwesung. Wir sahen ganz eindeutig keine lebende Seele auf diesem Unglücksschiff! Dennoch konnten wir uns nicht enthalten, die Toten um Hilfe anzurufen! Ja, in der Qual des Augenblicks flehten wir laut und lange, daß diese schweigenden und abstoßenden Erscheinungen bei uns bleiben, uns nicht unserem Schicksal überlassen sollten, so daß wir wie sie würden; daß sie uns aufnähmen in ihre angenehme Gesellschaft! Wir waren wie von Sinnen vor Grauen und Verzweiflung, vollkommen wahnsinnig in der qualvollen Erkenntnis, bitter enttäuscht worden zu sein.

Auf unseren ersten Entsetzensschrei tönte vom Bugspriet des fremden Schiffes so etwas wie eine Antwort und erinnerte derart an den Schrei einer menschlichen Stimme, daß das feinste Ohr hätte überrascht und getäuscht werden können. In diesem Moment brachte eine andere plötzliche Gierung das Vorderdeck für einen Augenblick in unser Gesichtsfeld, und wir erkannten sofort den Ursprung des Lauts. Noch immer lehnte die große, stämmige Gestalt an der Reling, und noch immer schaukelte der Kopf hin und her, allein, das Gesicht war jetzt abgewandt, so daß wir es nicht sehen konnten. Die Arme hingen mit nach außen gekehrten Handflächen über das Geländer. Die Knie ruhten auf einem soliden, straff gespannten Tau, das sich von der Hieling des Bugspriets bis zu einem Kranbalken streckte. Eine große Seemöwe saß auf dem Rücken des Mannes, wo das Hemd an einer Stelle zerrissen war und die bloße Haut hervortrat, hatte Schnabel und Krallen tief eingegraben und schlang gierig das abscheuliche Fleisch in sich hinein, und ihr weißes Federkleid war über und über mit Blut bespritzt. Da der Briggschoner sich weiter herumbewegte, wie

um uns nun noch besser ins Blickfeld des Vogels zu rükken, zog dieser mit offensichtlicher Mühe seinen karmesinroten Kopf heraus, starrte uns einen Augenblick wie benommen an, erhob sich unwillig von dem Körper, an dem
er sich gelabt hatte, flog direkt über unser Deck und hing
eine Weile darüber, ein Stück geronnener, leberartiger
Substanz im Schnabel. Der ekelhafte Bissen fiel schließlich
mit dumpfem Klatsch zu Parkers Füßen. Mag Gott mir
vergeben, doch jetzt ging mir zum ersten Mal ein Gedanke
durch den Kopf, ein Gedanke, den ich nicht darlegen
werde, und ließ mich einen Schritt zu dem blutigen Fleck
hin tun. Ich blickte auf und begegnete den Augen von
Augustus, die von einem so angespannten und begierigen
Ausdruck erfüllt waren, daß ich augenblicklich zur Vernunft kam. Schnell sprang ich vor und stieß das entsetzliche Objekt mit einem tiefen Schauder in die See.

Der Körper, aus dem es stammte, ruhte nach wie vor auf
dem Tau und war durch die Anstrengungen des fleischfres-
senden Tieres leicht hin und her gerüttelt worden, und das
war die Bewegung, die bei uns zunächst den Eindruck erweckt hatte, er lebe noch. Als die Möwe ihn von ihrem Gewicht befreit hatte, schwang er herum und fiel teilweise
vornüber, so daß das Gesicht voll zu sehen war. Ganz gewiß kann kein anderes Schauspiel so entsetzliches Grauen
einflößen! Die Augen und das ganze Fleisch um den Mund
waren verschwunden, so daß die Zähne völlig entblößt waren. Dies war das Lächeln gewesen, welches uns zu hoffen
ermuntert hatte! Dies war ... aber ich will aufhören. Wie
bereits gesagt, steuerte der Briggschoner unter unserem
Heck vorbei und dann langsam, aber stetig leewärts. Mit
ihm und seiner grauenvollen Besatzung schwanden all unsere lebhaften Visionen der Rettung und Freude. Da er
langsam vorbeiglitt, hätten wir möglicherweise Mittel finden können, an Bord zu gelangen, hätte nicht unsere plötzliche Enttäuschung und der entsetzliche Charakter der
Entdeckung, die mit ihr einherging, jede tätige Wirkungs-
fähigkeit von Körper und Geist gänzlich aufgehoben. Wir
hatten etwas gesehen und etwas gefühlt, aber wir konnten

weder denken noch handeln, bis es leider zu spät war! Wie sehr unsere geistigen Fähigkeiten durch dieses Erlebnis geschwächt waren, läßt sich aus der Tatsache ermessen, daß, als das Schiff bereits wieder so weit entfernt war, daß wir nur mehr die Hälfte seines Rumpfes erkennen konnten, ernsthaft der Vorschlag erwogen wurde, ob wir nicht versuchen sollten, es schwimmend einzuholen!

Vergebens habe ich mich seit dieser Zeit um einen Anhaltspunkt bemüht, die gräßliche Ungewißheit aufzuhellen, die das Schicksal des fremden Schiffes umgab. Seine Bauart und allgemeine Erscheinung hatten uns, wie vorhin bereits festgestellt, zu der Annahme geführt, daß es ein holländisches Handelsschiff sei, und die Kleidung der Besatzung bestärkte uns in dieser Meinung. Wir hätten sehr leicht nach dem Namen am Heck sehen und in der Tat auch andere Beobachtungen machen können, die uns behilflich gewesen wären, den Charakter des Schiffs zu ergründen. Die übergroße Aufregung des Augenblicks hatte uns jedoch für alle Dinge solcher Art blind gemacht. Aus der quittegelben Färbung der Leichen, die noch nicht völlig verwest waren, schlossen wir, daß die ganze Besatzung durch Gelbfieber oder eine andere ansteckende Krankheit derselben furchtbaren Gattung hingerafft wurde. War dies der Fall (und ich wüßte nicht, was man sich sonst vorstellen könnte), so muß der Tod, geht man von der Haltung der Körper aus, auf eine furchtbar plötzliche und überwältigende Weise über sie hereingebrochen sein, auf eine Weise, die sich völlig von derjenigen unterscheidet, welche selbst die tödlichsten Pestilenzen kennzeichnet, die die Menschheit je kennengelernt hat. Möglich ist in der Tat, daß ein zufällig in einige Schiffsvorräte gelangtes Gift das Unglück herbeigeführt haben könnte; oder daß der Verzehr irgendeiner unbekannten, giftigen Art von Fischen, anderen Seegetiers oder eines Seevogels dies hervorgerufen haben könnte – aber es ist äußerst nutzlos, Mutmaßungen anzustellen, wo alles in den Schleier eines höchst schrecklichen und unergründlichen Geheimnisses gehüllt ist und zweifellos immer bleiben wird.

Kapitel XI

Wir verbrachten den Rest des Tages in einem Zustand dumpfer Lethargie und starrten dem entschwindenden Schiff bis zur Dunkelheit nach, die es unserer Sicht entzog und uns in gewissem Maß wieder zur Vernunft brachte. Nun kehrte die Pein von Hunger und Durst zurück und verdrängte alle anderen Sorgen und Überlegungen. Indes konnte vor dem Morgen nichts getan werden, so sicherten wir uns so gut wie möglich und bemühten uns, etwas Ruhe zu finden. Dies gelang mir wider Erwarten schnell, und ich schlief, bis meine Gefährten, die nicht so glücklich gewesen waren, mich bei Tagesanbruch weckten, damit wir unsere Versuche erneuerten, Vorräte aus dem Schiffsraum herauf- zubefördern. Völlige Windstille herrschte, die See war so glatt, wie ich sie nie gesehen habe – und das Wetter warm und angenehm. Der Briggschoner war außer Sicht. Wir begannen unsere Prozedur, indem wir mit einiger Mühe eine andere der Fockrüste lösten; wir befestigten beide an Peters' Füßen, worauf er abermals versuchte, die Tür zum Proviantraum zu erreichen, da er es für möglich hielt, sie mit Gewalt öffnen zu können, vorausgesetzt, er erreichte sie in genügend kurzer Zeit. Dies hoffte er auch zuwege zu bringen, da der Hulk jetzt ruhiger lag als zuvor.

Es glückte ihm sehr schnell, die Tür zu erreichen, wo er eine der Fockrüste von seinem Fuß löste und keine An- strengung scheute, damit einen Weg zur Vorratskammer zu erzwingen, aber vergeblich, das Holzwerk des Raumes war weit solider, als wir vermutet hatten. Er war ziemlich er- schöpft von dem langen Aufenthalt unter Wasser, und so war es absolut notwendig, daß jemand anders von uns sei- nen Platz einnahm. Sogleich meldete sich Parker zu diesem Unternehmen, allein, nach drei vergeblichen Versuchen wurde offenkundig, daß es ihm nicht einmal glückte, in die Nähe der Tür zu gelangen. Der Zustand von Augustus' ver- wundetem Arm machte es für ihn sinnlos, einen derartigen Versuch zu wagen, daß er außerstande sein würde, den Raum aufzubrechen, selbst wenn er ihn erreichte; so lag es dementsprechend an mir, mich um unser aller Rettung zu bemühen.

Peters hatte eine der Fockrüste im Gang liegen lassen, und ich entdeckte bei meinem Abstieg, daß ich nicht genügend Gegengewicht hatte, um mich zuverlässig unten zu halten. Deshalb entschloß ich mich, bei meinen ersten Bemühungen nichts weiter zu versuchen, als die andere Fockrüste wiederzuerlangen. Als ich zu diesem Zweck den Fußboden des Ganges abtastete, spürte ich einen harten Gegenstand, den ich unverzüglich packte, da ich keine Zeit hatte, zu ermitteln, was es war, vielmehr augenblicklich umkehren und an die Oberfläche gelangen mußte. Die Beute erwies sich als eine Flasche, und man wird sich unsere Freude vorstellen können, wenn ich sage, daß sie voll Portwein war. Wir dankten Gott für diese rechtzeitige und erfreuliche Hilfe, zogen mit meinem Federmesser sofort den Korken heraus, nahmen jeder einen mäßigen Schluck und spürten ein höchst unbeschreibliches Behagen durch die Wärme, die Kraft und den Geist, den er uns einflößte. Sodann korkten wir die Flasche wieder sorgsam zu und hängten sie mittels eines Sacktuchs so auf, daß sie nicht zerbrechen konnte.

Nach dieser glücklichen Entdeckung ruhte ich eine Weile, stieg sodann abermals hinunter, wurde nun der Fockrüste habhaft und tauchte sofort wieder damit auf. Ich befestigte sie nun an mir und ging das dritte Mal hinunter, wobei ich mich in vollem Maße überzeugen mußte, daß keine Anstrengung, welcherart auch immer, es mir in dieser Situation ermöglichen würde, die Tür des Proviantraums aufzubrechen. So kehrte ich voller Verzweiflung zurück.

Nun schien kein Anlaß für Hoffnung mehr zu bestehen, und ich konnte den Mienen meiner Gefährten ablesen, daß sie sich mit dem Gedanken zu sterben abgefunden hatten. Der Wein hatte sie offenkundig in eine Art Delirium versetzt, welches mitzuempfinden mir vielleicht erspart geblieben war durch das Tauchen, das ich nach dem ersten Trinken mehrmals unternommen hatte. Sie redeten unzusam-

menhängend und über Dinge, die mit unserer derzeitigen
Lage nichts zu tun hatten. Peters befragte mich wiederholt
über Nantucket. Ich entsinne mich, daß auch Augustus
mehrmals mit ernster Miene an mich herantrat und bat,
ich möchte ihm meinen Taschenkamm leihen, da sein
Haar voller Fischschuppen sei und er sie gern ausgekämmt
hätte, ehe er an Land ginge. Parker schien etwas weniger
beeinflußt zu sein und drängte mich, aufs Geratewohl in
die Kajüte zu tauchen und jedes Ding heraufzubringen,
dessen ich habhaft werden könne. Damit war ich einver-
standen, und beim ersten Versuch förderte ich, nachdem
ich eine volle Minute unten geblieben war, einen kleinen
Lederkoffer zutage, der Kapitän Barnard gehörte. Wir öffneten ihn sofort in der schwachen Hoffnung, daß er etwas
zu essen oder zu trinken enthalten werde, fanden jedoch
nichts außer einer Schachtel Rasiermesser und zwei Lei-
nenhemden. Ich tauchte abermals hinunter und kehrte mit
leeren Händen zurück. Als mein Kopf schon aus dem Wasser ragte, hörte ich ein Krachen an Deck, und kaum hin-
aufgelangt, sah ich, daß die Gefährten meine Abwesenheit
in undankbarer Weise genutzt hatten, um den Rest des
Weines zu trinken, und bei dem Bemühen, die Flasche wieder an Ort und Stelle zu bringen, ehe ich ihr Tun bemerkte, hatten sie sie fallen lassen. Ich machte ihnen Vor-
würfe ob dieses herzlosen Verhaltens, worauf Augustus in
Tränen ausbrach. Die anderen zwei wollten die Angelegenheit als einen Scherz behandelt wissen und lachten, aber
ich hoffe, nie wieder ein Gelächter dieser Art miterleben
zu müssen: ihre Gesichter waren ganz schrecklich verzerrt.
In der Tat war offensichtlich, daß das anregende Getränk
eine sofortige und heftige Wirkung gezeitigt hatte, da ihre
Mägen leer waren, und daß sie alle äußerst berauscht waren. Mit großer Mühe konnte ich sie bewegen, sich niederzulegen, worauf sie alsbald in tiefen Schlummer sanken,
begleitet von lautem, schnarchendem Atmen.

Wie die Dinge lagen, fand ich mich nun allein auf der
Brigg, und meine Überlegungen waren gewißlich von
höchst schreckensvoller und düsterer Natur. Meinem Blick

bot sich keine andere Perspektive als ein langsamer Tod durch Verhungern; bestenfalls würde uns der erste aufkommende Sturm den Garaus machen, denn in unserem gegenwärtigen erschöpften Zustand konnten wir nicht hoffen, einen weiteren zu überstehen.

Der nagende Hunger, den ich jetzt verspürte, war nahezu unerträglich, und ich fühlte mich imstande, alles mögliche zu tun, um ihn zu stillen. Mit meinem Messer schnitt ich einen kleinen Streifen aus dem Lederkoffer und versuchte, ihn zu essen, fand es indes völlig unmöglich, auch nur ein einziges Schnitzelchen zu schlucken, obwohl ich glaubte, meine Qual doch in gewissem Maße zu mildern, indem ich kleine Stücke kaute und dann ausspuckte. Gegen Abend erwachten meine Gefährten einer nach dem anderen in einem unbeschreiblichen Zustand der Schwäche und Angst, hervorgerufen von dem Wein, dessen anregende Wirkung nun verflogen war. Sie zitterten, wie von heftigem Schüttelfrost gepackt, und schrien in gotterbärmlicher Weise nach Wasser. Ihr Verhalten beeindruckte mich aufs lebhafteste, war mir indes gleichzeitig Anlaß, mich über den glücklichen Ablauf von Umständen zu freuen, die verhindert hatten, daß auch ich noch des Weines und in der Folge auch ihrer tiefen Trübsal und höchst qualvollen Empfindungen teilhaft geworden war. Allein, ihr Zustand flößte mir größtes Unbehagen und Unruhe ein, denn es war offensichtlich, daß sie mir, sofern nicht irgendeine günstige Veränderung eintrat, keine Hilfe sein konnten, für unsere gemeinsame Sicherheit Vorsorge zu treffen. Noch hatte ich den Gedanken nicht völlig aufgegeben, etwas von unten heraufholen zu können, indes konnte ich diesen Versuch unmöglich wiederaufnehmen, ehe einer von ihnen abermals genügend Herr seiner selbst war, um mich zu unterstützen, indem er das Tauende hielt, während ich nach unten ging. Parker schien etwas eher seiner Sinne mächtig zu sein als die anderen, so versuchte ich durch jedes in meiner Macht stehende Mittel, ihn auf die Beine zu bringen. In der Überzeugung, ein Sturz ins Seewasser könnte eine günstige Wirkung haben, brachte ich es zu-

wege, das Ende eines Taues um seinen Körper zu schlingen; dann führte ich ihn zur Kajütstreppe (währenddessen
verhielt er sich völlig passiv), stieß ihn ins Wasser und zog
ihn sofort wieder heraus. Ich hatte guten Grund, mich zur
Durchführung dieses Experiments zu beglückwünschen;
denn er wirkte wie neugeboren und wieder bei Kräften und
fragte mich beim Herausklettern in sachlicher Weise,
warum ich ihn so behandelt hätte. Als ich ihm meine Absicht erläutert hatte, erklärte er, er stehe in meiner Schuld,
fühle sich durch das Eintauchen bedeutend wohler, und
unterhielt sich danach mit mir vernünftig über unsere Situation. Wir beschlossen, mit Augustus und Peters auf gleiche Weise zu verfahren, was wir unverzüglich taten, wobei
beide großen Nutzen aus dem Schock zogen. Die Idee des
plötzlichen Untertauchens war mir in Erinnerung an eine
medizinische Abhandlung über die heilsame Wirkung
eines kalten Schauerbads in einem Fall gekommen, wo der
Patient unter *mania a potu* litt.

In der Erkenntnis, daß ich meinen Gefährten das Tauende zu meiner Sicherheit nun wieder anvertrauen konnte,
tauchte ich abermals drei- oder viermal in die Kajüte hinunter, obwohl es nun völlig dunkel geworden war und eine
sanfte, aber lange Dünung aus Nordwest den Hulk hin und
her bewegte. Im Verlauf dieser Versuche gelang es mir,
zwei große Dolche, einen Dreigallonenkrug, leer, und eine
Schlafdecke heraufzuholen, jedoch nichts, was uns hätte als
Nahrung dienen können. Als ich diese Artikel heraufgeför-
dert hatte, setzte ich meine Bemühungen fort, bis ich völlig
erschöpft war, brachte aber nichts mehr an Deck. Während
der Nacht betätigten sich Parker und Peters abwechselnd
auf gleiche Weise, aber nichts kam ihnen zur Hand, so daß
wir diesen Versuch nun voller Verzweiflung und in der
Überzeugung aufgaben, unsere Kräfte vergebens zu vergeuden.

Den Rest der Nacht verbrachten wir in einem Zustand
so heftiger geistiger und körperlicher Qualen, wie man sich
nur vorstellen kann. Schließlich dämmerte der Morgen des
Sechzehnten, und wir suchten, auf Rettung hoffend, begie-

rig den Horizont ab, indes ohne Erfolg. Die See war noch ruhig, nur lief die lange Dünung aus Nord an wie bereits gestern. Dies war der sechste Tag, seit wir etwas gegessen und getrunken hatten, läßt man die Flasche Portwein unberücksichtigt, und es war klar, daß wir nur noch sehr kurze Zeit durchhalten würden, es sei denn, wir konnten etwas zu uns nehmen. Nie zuvor habe ich menschliche Wesen gesehen, die so äußerst abgemagert waren wie Peters und Augustus, und ich wünsche dergleichen auch nie wieder zu sehen. Wäre ich ihnen in ihrer gegenwärtigen Verfassung an Land begegnet, so wäre mir nie auch nur der leiseste Gedanke gekommen, sie bereits einmal gesehen zu haben. Ihre Gesichtszüge hatten sich völlig verändert, so daß ich nicht glauben mochte, daß sie wirklich dieselben Personen waren, in deren Gesellschaft ich mich schon einige Tage zuvor befunden hatte. Parker war zwar vollkommen abgemagert und so schwach, daß er seinen Kopf stets vornüber auf die Brust gesenkt hielt, indes nicht so elend wie die zwei anderen. Er litt mit großer Geduld, beklagte sich nicht und versuchte immer wieder, uns auf jede erdenkliche Weise Hoffnung einzuflößen. Was mich betrifft, so litt ich, obwohl mein Gesundheitszustand bei Antritt der Fahrt unbefriedigend und ich zu allen Zeiten von zarter Konstitution gewesen war, weniger als jeder andere von uns, da ich viel weniger abgenommen und meine Geisteskraft in überraschendem Maße behalten hatte, während die geistigen Fähigkeiten der anderen völlig zerrüttet waren und sie selbst in eine Art zweiter Kindheit zurückversetzt zu sein schienen, ganz allgemein höchst einfältig dreinblickten und idiotisch lächelten, während sie die absurdesten Gemeinplätze von sich gaben. In Intervallen schienen sie jedoch plötzlich wieder neue Kraft zu gewinnen, als wären sie sich mit einemmal ihres Zustands bewußt, so daß sie in einem momentanen Zustrom von Energie auf die Füße sprangen und kurze Zeit in durchaus vernünftiger Weise über ihre Perspektiven redeten, wenn auch von äußerster Verzweiflung erfüllt. Indes ist es möglich, daß meine Gefährten der gleichen Ansicht über ihre eigene Verfassung waren wie ich über die meine und daß ich mich unwissentlich derselben absonderlichen Verhaltensweise und Geistesschwäche schuldig gemacht habe wie sie – das ist eine Sache, die nicht genau ermittelt werden kann.

Gegen Mittag erklärte Parker, er sehe steuerbords Land, und ich konnte ihn nur mit größter Mühe daran hindern, sich in die See zu stürzen, um hinzuschwimmen. Peters und Augustus nahmen wenig Notiz von dem, was er sagte, und schienen in düstere Betrachtungen versunken. Als ich in die angegebene Richtung blickte, konnte ich nicht die kleinste Andeutung eines Küstenstreifens entdecken – in der Tat war ich mir nur zu bewußt, daß wir von jeder Küste viel zu weit weg waren, um Hoffnungen dieser Art zu nähren. Dennoch dauerte es lange, ehe ich Parker von seinem Irrtum überzeugen konnte. Er brach daraufhin in Tränen aus und weinte zwei oder drei Stunden lang wie ein Kind, laut schreiend und schluchzend, worauf er erschöpft einschlief.

Peters und Augustus machten nun einige erfolglose Anstrengungen, Stücke des Leders zu schlucken. Ich riet ihnen, sie zu kauen und auszuspucken, aber sie waren zu entkräftet, als daß sie meinem Rat hätten folgen können. Ich fuhr fort, in gewissen Zeitabständen Lederschnitzel zu kauen, und spürte dadurch einige Erleichterung; am meisten litt ich unter Wassermangel, und vom Genuß von Seewasser konnte mich nur die Erinnerung an die schrecklichen Folgen zurückhalten, die andere hatten auf sich nehmen müssen, welche in gleicher Lage gewesen waren wie wir.

Der Tag verging auf diese Weise, als ich plötzlich östlich auf unserer Steuerbordseite ein Segel entdeckte. Es schien ein großes Schiff zu sein und steuerte nahezu dwars zu uns in etwa zwölf oder fünfzehn Meilen Entfernung. Noch hatte keiner meiner Gefährten es entdeckt, und ich unterließ, es ihnen sogleich zu melden, damit wir in unserem Verlangen nach Rettung nicht wieder enttäuscht würden. Als es schließlich näher kam, sah ich deutlich, daß es direkt auf uns zusteuerte, mit seinen leichten Segeln voll im

Wind. Nun konnte ich mich nicht länger zurückhalten und machte meine Leidensgenossen darauf aufmerksam. Sie sprangen sofort auf, ergingen sich abermals in den extravagantesten Demonstrationen der Freude, weinten und lachten auf eine idiotische Weise, stampften und sprangen an Deck herum, rissen an ihren Haaren und beteten und fluchten abwechselnd. Ich wurde von ihrer Verhaltensweise sowie von dem, was ich für eine sichere Aussicht auf Rettung hielt, so beeinflußt, daß ich mich nicht zurückhalten konnte, es ihnen bei ihren Verrücktheiten nachzutun und den Impulsen meiner Dankbarkeit und Ekstase nachzugeben, indem ich an Deck hin und her rollte, in die Hände klatschte, schrie und ähnliches tat, bis ich plötzlich zur Besinnung kam und abermals in äußerste menschliche Not und Verzweiflung gestürzt wurde durch die Entdeckung, daß das Schiff uns mit einemmal voll das Heck zukehrte und einen Kurs steuerte, der dem zuerst von mir ausgemachten nahezu entgegengesetzt war.

Es dauerte einige Zeit, ehe ich meine armen Gefährten zu der Überzeugung bringen konnte, daß diese bedrückende Umkehrung unserer Perspektiven tatsächlich stattgefunden hatte. Sie reagierten auf all meine Versicherungen, indem sie mich mit großen Augen anblickten und durch eine Geste andeuteten, daß solch irrige Darstellung sie nicht täuschen könnte. Augustus' Verhalten berührte mich besonders tief. Trotz allem, was ich tat und sagte, um ihn vom Gegenteil zu überzeugen, bestand er auf seiner Meinung, daß sich das Schiff uns schnell nähere, und traf Vorbereitungen, an Bord desselben zu gehen. Als etwas Seegras an unserer Brigg vorbeitrieb, versicherte er, daß es das Boot des Schiffes sei, und war im Begriff, sich darauf zu stürzen, wobei er auf herzzerreißendste Weise heulte und schrie, als ich ihn mit Gewalt hinderte, in die See zu springen.

Nachdem wir uns in gewissem Maße beruhigt hatten, fuhren wir fort, das Schiff zu beobachten, bis es schließlich außer Sicht geriet, da das Wetter nun diesig wurde und eine leichte Brise aufkam. Kaum war es endgültig ent-

schwunden, wandte sich Parker plötzlich mit einem Gesichtsausdruck an mich, der mich schaudern machte. Er
legte eine Fassung an den Tag, wie ich sie bei ihm bislang
nicht beobachtet hatte, und noch ehe er den Mund öffnete,
sagte mir mein Herz, was er mir vorschlagen würde. Sein
Anliegen war, in wenigen Worten ausgedrückt, daß einer
von uns sterben solle, damit die anderen überleben könnten.

Kapitel XII

Schon seit einiger Zeit beschäftigte mich die Vorstellung,
daß wir zu dieser letzten, äußersten, entsetzlichen Notwendigkeit gezwungen sein könnten, und ich hatte insgeheim
den Entschluß gefaßt, eher den Tod in jeglicher Gestalt
und unter jedweden Umständen zu ertragen, als zu solch
einem Ausweg Zuflucht zu nehmen. Auch wurde dieser
Entschluß in keiner Weise durch die gegenwärtige Intensität des Hungers, unter dem ich zu leiden hatte, ins Wan-
ken gebracht. Weder Peters noch Augustus hatten diesen
Vorschlag mit angehört. Deshalb nahm ich Parker beiseite,
flehte Gott im stillen an, mir die Kraft zu verleihen, ihn
von dem schrecklichen Vorhaben abzubringen, das er erwog, machte ihm geraume Zeit auf inständigste Weise ernste Vorstellungen, bat ihn im Namen von allem, was ihm
heilig sei, und drängte ihn durch jedwede Beweisführung,
die die außergewöhnliche Natur der Sache mir eingab, den
Gedanken fallenzulassen und ihn auch keinem der anderen
beiden gegenüber zu erwähnen.

Er hörte sich alles an, was ich sagte, ohne zu versuchen,
irgendeines meiner Argumente zu widerlegen, und schon
hegte ich Hoffnung, daß er bewegt werden könne, in meinem Sinne zu verfahren. Aber als ich geendet hatte, erklärte er, er wisse sehr gut, daß alles, was ich sagte, richtig
sei und daß zu solch einer Sache Zuflucht zu nehmen die
grauenvollste Alternative sei, die einem Menschen je in
den Sinn kommen könne; indes habe er es jetzt so lange
ausgehalten, wie die menschliche Natur es nur ertragen

könne; es sei unnötig, daß alle umkämen, wenn es durch den Tod eines einzelnen möglich, ja, sogar wahrscheinlich sei, daß die übrigen letztendlich gerettet werden könnten. Er fügte noch hinzu, ich solle mir die Mühe sparen, weiterhin zu versuchen, ihn von seinem Vorhaben abzubringen, er sei in dieser Angelegenheit bereits vor Aufkreuzen des Schiffes fest entschlossen gewesen, und nur dessen Erscheinen habe ihn gehindert, seine Absicht zu einem früheren Zeitpunkt verlauten zu lassen.

Nun flehte ich ihn an, sein Vorhaben, wenn er schon nicht bewogen werden könne, es ganz aufzugeben, zumindest einen Tag aufzuschieben, denn vielleicht käme doch noch ein Schiff zu unserer Rettung; abermals nahm ich zu jedem Argument Zuflucht, das ich mir ausdenken konnte und von dem ich glaubte, es müsse einigen Einfluß auf jemanden von so barbarischer Sinnesart wie ihn haben. Er erwiderte, er habe bis zum letztmöglichen Zeitpunkt geschwiegen, könne ohne die Aufnahme von Nahrung irgendwelcher Art jedoch nicht länger existieren, demzufolge würde sein Vorschlag an einem anderen Tag zu spät kommen, zumindest was ihn selbst beträfe.

In der Erkenntnis, daß er durch nichts, was ich in sanftem Ton sagte, bewegt werden konnte, nahm ich nun eine andere Haltung an und erklärte ihm, er müsse sich vergegenwärtigen, daß ich weniger als jeder andere von uns unter den Schicksalsschlägen gelitten hätte; daß meine Gesundheit und Kraft folglich zum gegenwärtigen Zeitpunkt weit besser wären als seine oder die von Peters oder Augustus; kurzum, daß ich in der Lage sei, meine Vorstellungen mit Gewalt durchzusetzen, falls ich es für nötig hielte, und daß, sollte er versuchen, die anderen in irgendeiner Weise mit diesen blutigen und kannibalischen Absichten bekannt zu machen, ich nicht zögern würde, ihn in die See zu schleudern. Daraufhin packte er mich sofort bei der Kehle, zog ein Messer und versuchte mehrere Male erfolglos, mich in den Magen zu stechen, ein abscheuliches Vorhaben, an dessen Durchführung ihn lediglich seine außerordentliche Schwäche hinderte. Inzwischen hatte ich ihn,

nun selbst in hohem Maße von Zorn erfüllt, an die Schiffs-
seite gedrückt mit der vollen Absicht, ihn über Bord zu
werfen. Er entging diesem Schicksal jedoch durch das Dazwischentreten von Peters, der heransprang, uns trennte
und nach der Ursache der Störung fragte. Diese teilte Parker ihm mit, bevor ich Mittel finden konnte, ihn in irgendeiner Weise daran zu hindern.

Die Wirkung seiner Worte war noch grauenvoller, als
ich vermutet hatte. Sowohl Augustus als auch Peters, die
anscheinend lange schon insgeheim den gleichen entsetzlichen Gedanken gehegt hatten, welchen Parker lediglich als
erster laut geäußert hatte, schlossen sich seiner Ansicht an
und bestanden darauf, das Vorhaben sofort in die Tat umzusetzen. Ich hatte damit gerechnet, daß zumindest einer
der beiden erstgenannten noch über genügend Charakterstärke verfügen würde, um auf meine Seite zu treten und
sich jedem Versuch zu widersetzen, eine derart grauenvolle
Tat zu vollbringen; und ich hegte nicht den geringsten
Zweifel, daß es mir gelingen würde, mit Unterstützung von
einem der beiden die Ausführung verhindern zu können.
Nun sah ich mich in dieser Erwartung getäuscht, und es
wurde höchste Zeit, daß ich um meine eigene Sicherheit
besorgt war, da jeder weitere Widerstand meinerseits von
den Männern angesichts der schrecklichen Verfassung, in
der sie sich befanden, möglicherweise als ausreichender
Vorwand angesehen werden konnte, mir bei dieser Tragödie, die, wie ich wußte, sehr bald in Szene gesetzt würde,
ein *fair play* zu verweigern.

Ich sagte ihnen nun, ich sei bereit, mich ihrem Vorschlag zu unterwerfen, verlange aber einen Aufschub von
etwa einer Stunde, damit der Nebel, der uns eingehüllt hatte,
Zeit genug hätte aufzusteigen, in welchem Falle das Schiff,
das wir gesehen hatten, vielleicht wieder in Sicht komme.
Unter vielen Mühen rang ich ihnen das Versprechen ab, so
lange zu warten, und wie ich vermutet hatte, lichtete sich
der Nebel (da sehr bald Wind aufkam) schnell, noch ehe
eine Stunde verstrichen war, aber kein Schiff war in Sicht,
so bereiteten wir uns vor, das Los zu ziehen.

Äußerst widerstrebend nur verweile ich bei der grauenvollen Szene, die jetzt folgte, einer Szene, deren kleinste Einzelheiten von keinem der nachfolgenden Ereignisse im geringsten Maße aus meinem Gedächtnis getilgt wurden und deren düstere Erinnerung jeden Augenblick meines künftigen Lebens mit Bitterkeit erfüllen wird. Man lasse mich diesen Teil meines Berichts in so großer Eile hinter mich bringen, wie der Charakter der zu schildernden Ereignisse gestatten wird. Die einzige Methode, die uns zur Durchführung des schauerlichen Glücksspiels denkbar erschien, bei dem jeder eine Chance haben sollte, war, Hölzchen zu ziehen. Kleine Holzsplitter wurden zu diesem Zweck zurechtgeschnitten, und ich sollte mit allgemeiner Zustimmung derjenige sein, der sie hielt. Ich zog mich an das eine Ende des Hulks zurück, während meine unglückseligen Gefährten sich schweigend am anderen Ende postierten, den Rücken mir zugekehrt. Während des Aneinanderreihens der Hölzchen bemächtigte sich meiner die bitterste Qual, die ich zu irgendeinem Zeitpunkt dieses schreckensvollen Dramas ertragen mußte. Es gibt wenig Situationen, die den Menschen möglicherweise veranlassen können, sein tiefes Interesse am Erhalt des eigenen Lebens aufzugeben, ein Interesse, das um so größer ist, je dünner der Faden ist, an dem dieses Leben vielleicht hängt. Jetzt aber, da die lautlose, unabänderliche und düstere Natur des Geschäfts, welchem ich zu obliegen hatte (und das so verschieden war von den ungestümen Gefahren des Sturmes oder der allmählich nahenden Furcht vor dem Hungertod), mir erlaubte, über die wenigen Chancen nachzusinnen, die mir blieben, der entsetzlichsten Todesart zu entrinnen – einem Tod für den entsetzlichsten aller Zwecke –, verflog jedes Quentchen der Energie, die mich so lange aufrecht gehalten hatte, wie Federn vor dem Wind und machte mich zum hilflosen Opfer der verworfensten und erbärmlichsten Angst. Zuerst konnte ich nicht einmal genügend Kraft aufbringen, die kleinen Holzsplitter zu zerbrechen und aneinanderzureihen, da die Finger mir einfach den Dienst verweigerten und meine Knie heftig gegeneinanderschlugen. In Windeseile gingen mir tausend absurde Pläne durch den Kopf, mit deren Hilfe ich vermeiden wollte, Teilnehmer dieses entsetzlichen Glücksspiels zu werden. Ich erwog, vor meinen Gefährten auf die Knie zu sinken und sie anzuflehen, mir diese Notwendigkeit zu ersparen; plötzlich über sie herzufallen, einen von ihnen zu töten und die Entscheidung durch das Los dergestalt entbehrlich zu machen – kurzum, ich bedachte alles andere, als die Sache hinter mich zu bringen, die mir übertragen worden war. Nachdem ich geraume Zeit in so einfältiger Weise verschwendet hatte, brachte mich Parkers Stimme schließlich wieder zur Besinnung, der mich drängte, sie alsbald von der schrecklichen Ungewißheit zu befreien, die sie jetzt ertrügen. Selbst da konnte ich es nicht über mich bringen, die Hölzchen auf der Stelle zu ordnen, sondern ließ mir alle möglichen Finten durch den Kopf gehen, um irgendeinen meiner Leidensgenossen zu veranlassen, den kurzen Splitter zu ziehen, da vereinbart worden war, daß derjenige sterben müsse, der aus meiner Hand das kürzeste Hölzchen zog, damit die anderen überlebten. Ehe irgend jemand mich wegen dieser offenkundigen Hartherzigkeit verdammt, möge er sich in eine Situation versetzen lassen, die der meinen von damals genau gleicht.

Schließlich durfte ich nicht länger zögern, und während mir schier das Herz in der Brust zersprang, ging ich zu der Stelle des Vorderdecks, wo meine Gefährten auf mich warteten. Ich hielt die Hand mit den Splittern hin, und Peters zog sofort. Er war frei – zumindest war *sein* Hölzchen nicht das kürzeste, und so hatte ich nun eine Chance weniger, mit dem Leben davonzukommen. Ich nahm alle Kraft zusammen und hielt Augustus die Hölzchen hin. Er zog auch sofort und war gleichfalls frei, und jetzt standen die Chancen nur noch eins zu eins, ob ich am Leben bleiben oder sterben sollte. In diesem Moment überwältigte mich die ganze Grausamkeit des Tigers, und ich empfand für meinen armen Mitmenschen Parker nur glühendsten, teuflischsten Haß. Aber dieses Gefühl dauerte nicht an, und schließlich hielt ich ihm mit einem krampfartigen Schauder und geschlossenen Augen die zwei verbliebenen Hölzchen hin. Es dauerte volle fünf Minuten, ehe er sich durchringen konnte zu ziehen, und während dieser Zeitspanne herzzerreißender Ungewißheit hielt ich die Augen fest geschlossen. Alsbald wurde eines der Hölzchen schnell aus meiner Hand gezogen. Damit war die Entscheidung gefallen, dennoch wußte ich nicht, ob für oder gegen mich. Niemand sagte etwas, und noch wagte ich nicht, mir durch einen Blick auf das Hölzchen, das ich hielt, Gewißheit zu verschaffen. Peters nahm mich schließlich bei der Hand und zwang mich, aufzublicken, worauf ich von Parkers Miene sofort ablesen konnte, daß ich sicher und er es war, den das Schicksal zum Sterben auserkoren hatte. Nach Atem ringend, fiel ich bewußtlos auf das Deck.

Ich erholte mich rechtzeitig aus meiner Ohnmacht, um die Vollendung der Tragödie in Gestalt des Todes desjenigen zu verfolgen, dem am meisten daran gelegen gewesen war, sie herbeizuführen. Er leistete keinerlei Widerstand und wurde von Peters in den Rücken gestochen, worauf er augenblicklich tot umfiel. Ich brauche mich nicht mit der Schilderung des grauenvollen Mahles aufzuhalten, das unmittelbar folgte. Dergleichen Dinge kann man sich vorstellen, dem Wort indes mangelt die Kraft, den Geist durch das ausgesuchte Grauen ihrer Realität zu beeindrucken. Es mag genügen zu sagen, daß wir, nachdem der entsetzliche Durst, den wir alle verspürten, durch das Blut des Opfers einigermaßen gestillt war und Hände, Füße und Kopf im allgemeinen Einverständnis abgetrennt und samt den Eingeweiden in die See geworfen worden waren, den Rest des Körpers während der folgenden vier, mir für immer in Erinnerung bleibenden Tage des Siebzehnten, Achtzehnten, Neunzehnten und Zwanzigsten des Monats stückweise verzehrten.

Am Neunzehnten fiel ein heftiger Regenguß, der fünfzehn oder zwanzig Minuten dauerte, und es gelang uns, in dem Laken, das wir gleich nach dem Sturm mittels unseres Dreggankers aus der Kajüte gefischt hatten, etwas Wasser aufzufangen. Die so gewonnene Menge ergab höchstens eine halbe Gallone, aber selbst dieser karge Vorrat flößte uns gewisse Kraft und Zuversicht ein.

Am Einundzwanzigsten litten wir abermals äußerste Not. Das Wetter war warm und angenehm geblieben, mit gelegentlichen Nebeln und leichten Brisen meist aus Nord bis West.

Als wir am Zweiundzwanzigsten eng aneinandergerückt beisammensaßen und niedergeschlagen über unsere beklagenswerte Lage nachsannen, durchzuckte mich mit einemmal ein Gedanke, der sofort einen hellen Hoffnungsstrahl aufleuchten ließ. Ich erinnerte mich, daß Peters beim Kappen des Fockmastes, in den windwärtigen Ketten hängend, mir eine der Äxte in die Hand gab und mich hieß, sie wenn möglich an sicherem Ort zu verwahren, und daß ich wenige Minuten, ehe die letzte schwere See die Brigg traf und mit Wasser füllte, diese Axt ins Vorderdeck getragen und in eine der Steuerbordkojen gelegt hatte. Nun hielt ich es für möglich, sie uns zu beschaffen, damit das Deck über dem Proviantraum aufzuhacken und uns dergestalt leicht mit Vorräten auszustatten.

Als ich dieses Vorhaben meinen Gefährten mitteilte, brachen sie in einen verhaltenen Freudenruf aus, und wir begaben uns alle zum Vorderdeck. Hier hinabzusteigen war schwieriger, als in die Kajüte vorzudringen, da die Öffnung viel kleiner war, denn man wird sich erinnern, daß das ganze Holzwerk um die Kajütsluke weggerissen wurde, wohingegen der Vorderdecksniedergang, eine einfache Luke von nur etwa drei Fuß im Quadrat, unversehrt geblieben war. Dennoch zögerte ich nicht, den Abstieg zu wagen; wie zuvor wurde ein Seil um meinen Körper geschlungen, sodann sprang ich kühn mit den Füßen zuerst hinein, gelangte schnell zur Koje und förderte die Axt gleich beim ersten Versuch zutage. Sie wurde mit höchst ekstatischer Freude und mit Triumph begrüßt, und wir nahmen die Leichtigkeit, mit der wir ihrer habhaft werden konnten, als Vorzeichen unserer letztendlichen Rettung.

Nun begannen wir, mit aller Energie wiederbelebter Hoffnung das Deck aufzuhacken, wobei Peters und ich ab-

wechselnd die Axt schwangen, denn Augustus' Armverwundung ließ es nicht zu, daß er in irgendeiner Weise half.
Da wir noch so schwach waren, daß wir kaum ohne Stütze
aufrecht zu stehen vermochten, und folglich nur eine oder
zwei Minuten ohne Verschnaufpause arbeiten konnten,
wurde bald offensichtlich, daß viele lange Stunden vonnöten sein würden, unsere Aufgabe zu erfüllen – das heißt,
eine genügend große Öffnung in das Deck zu hacken, die
uns freien Zugang zum Proviantraum ermöglichte. Gleichwohl entmutigte uns diese Überlegung nicht, und da wir
beim Mondschein die ganze Nacht hindurch arbeiteten,
hatten wir am Morgen des Dreiundzwanzigsten bei Tagesanbruch unser Ziel glücklich erreicht.

Peters erbot sich nun, hinunterzugehen, und nachdem
wir alle Vorkehrungen wie ehedem getroffen hatten, stieg
er hinab und kehrte zu unserer großen Freude alsbald mit
einem kleinen Krug voll Oliven zurück. Als wir diese unter
uns aufgeteilt und mit größter Gier verschlungen hatten,
machten wir uns daran, ihn abermals hinunterzulassen.
Diesmal war ihm ein Erfolg beschieden, der unsere kühnsten Erwartungen übertraf, denn er kehrte augenblicklich
mit einem großen Schinken und einer Flasche Madeirawein zurück. Von letzterem nahmen wir jeder einen mäßigen Schluck, da die Erfahrung uns die schädlichen Folgen
eines zu großzügigen Genusses gelehrt hatte. Der Schinken
war bis auf etwa zwei Pfund um den Knochen nicht genieß-
bar, da das Salzwasser den Rest völlig verdorben hatte. Wir
teilten das eßbare Stück unter uns dreien auf. Peters und
Augustus konnten ihren Hunger nicht zügeln und schlangen ihren Anteil mit einemmal hinunter, aber ich war vorsichtiger und aß nur eine kleine Portion, denn ich fürchtete
den Durst, der folgen würde. Wir ruhten uns nun eine
Weile von den Anstrengungen aus, die unerträglich schwer
gewesen waren.

Als wir uns gegen Mittag einigermaßen gestärkt und erholt fühlten, erneuerten wir unsere Versuche, Lebensmittel
zutage zu fördern. Bis zum Sonnenuntergang tauchten Peters und ich immer wieder abwechselnd mit mehr oder we-

niger Erfolg hinunter. Während dieser Zeitspanne glückte es uns, weitere vier kleine Krüge mit Oliven, noch einen Schinken, eine große Korbflasche mit fast drei Gallonen ausgezeichnetem Madeirawein und, was bei uns noch viel größere Freude auslöste, eine kleine Galapagos-Schildkröte heraufzubringen, deren Kapitän Barnard mehrere vom Schoner ›Mary Pitts‹ an Bord genommen hatte, der gerade von einer Robbenfangfahrt in den Pazifik zurückkehrte, als die ›Grampus‹ in See stechen wollte.

Im folgenden Teil dieses Berichts werde ich noch öfters Gelegenheit haben, diese Gattung Schildkröten zu erwähnen. Wie die meisten meiner Leser vielleicht wissen, wird sie vorwiegend auf der ›die Galapagos‹ genannten Inselgruppe gefunden, woher in der Tat auch der Name des Tieres rührt – ›Galapago‹ bedeutet auf spanisch ›Frischwasserschildkröte‹. Wegen der Eigentümlichkeit ihrer Gestalt und Fortbewegungsweise werden sie auch manchmal als Elefantenschildkröten bezeichnet. Häufig weisen sie eine beträchtliche Größe auf. Ich habe selbst mehrere gesehen, die zwölf- bis fünfzehnhundert Pfund wiegen würden, obwohl ich mich nicht entsinnen kann, daß irgendein Seefahrer je davon gesprochen hätte, welche gesehen zu haben, die mehr als achthundert Pfund wogen. Ihre Erscheinung ist eigenartig und sogar abstoßend. Sie bewegt sich sehr langsam, gemessen und schwerfällig, wobei der Körper etwa einen Fuß vom Boden gehoben wird. Der Hals ist lang und ausnehmend schlank und mißt nicht selten achtzehn Zoll bis zu zwei Fuß; ich habe eine getötet, wo die Entfernung von der Schulter zur Spitze des Kopfes wenigstens drei Fuß zehn Zoll betrug. Der Kopf erinnert in erstaunlicher Weise an den einer Schlange. Sie kann eine nahezu unglaublich lange Zeit ohne Nahrung auskommen; mir sind Fälle bekannt, wo sie in den Laderaum eines Schiffes geworfen wurden, dort zwei Jahre ohne irgendwelches Futter lagen – und nach Ablauf dieser Zeit ebenso fett und in jeder Hinsicht so gut erhalten waren, als wären sie soeben erst hineingelegt worden. Diese außergewöhnlichen Tiere teilen ein ganz charakteristisches Merkmal mit dem Dromedar oder Wüstenkamel. In einem Beutel am unteren Ende des Halses tragen sie ständig einen Wasservorrat mit sich. In einigen Fällen hat man beim Töten der Tiere in diesen Beuteln drei Gallonen völlig frischen Süßwassers gefunden, nachdem sie ein volles Jahr jeder Nahrung hatten entraten müssen. Sie ernähren sich hauptsächlich von wilder Petersilie und Sellerie, Seetang und Feigenkakteen, von welch letzteren sie trefflich gedeihen und die in großen Mengen gewöhnlich an den Hängen nahe der Küste gefunden werden, wo das Tier selbst anzutreffen ist. Sie stellen eine ausgezeichnete und höchst nahrhafte Speise dar und sind zweifelsohne ein Mittel gewesen, das Leben Tausender von Seeleuten zu erhalten, die im Pazifik Walfang oder andere Jagd betrieben.

Diejenige, die wir so glücklich aus dem Proviantraum ans Tageslicht befördern konnten, war nicht sehr groß und wog wahrscheinlich fünfundsechzig oder siebzig Pfund. Es war ein Weibchen und in ausgezeichneter Verfassung, dazu außerordentlich fett, und hatte über ein Quart klaren Süßwassers in seinem Beutel. Dies war in der Tat eine Kostbarkeit, und wir sanken einmütig auf die Knie und dankten Gott inständig für eine so zur rechten Zeit gebotene Hilfe.

Es bereitete uns große Mühe, das Tier durch die Öffnung nach oben zu bringen, da es sich heftig wehrte und über erstaunliche Kraft verfügte. Schon war es drauf und dran, Peters' Griff zu entschlüpfen und zurück ins Wasser zu gleiten, als Augustus ihm einen Strick mit einem Schleifknoten um den Hals warf und es auf diese Weise oben hielt, bis ich neben Peters in das Loch sprang und ihm half, es herauszuheben.

Wir sammelten das Wasser aus dem Beutel sorgsam in einem Krug, den wir, wie man sich erinnern wird, zuvor aus der Kajüte heraufgeholt hatten. Als dies getan war, brachen wir einer Flasche den Hals so ab, daß er verkorkt eine Art Glas ergab, welches nicht ganz eine Achtelpinte faßte. Sodann tranken wir jeder ein solches Glas voll Wasser und beschlossen, uns pro Tag mit dieser Menge zu begnügen, solange es reichen würde.

Während der letzten zwei oder drei Tage war das Wetter trocken und angenehm gewesen; das Bettzeug, das wir uns aus der Kajüte heraufbefördert hatten, sowie unsere eigenen Kleidungsstücke waren völlig getrocknet, so daß wir diese Nacht (die des Dreiundzwanzigsten) in relativer Behaglichkeit verbrachten und uns einer ungestörten Ruhe erfreuten, nachdem wir uns zur Genüge an Oliven und Schinken gelabt und jedem eine kleine Portion Wein zugeteilt hatten. Aus Furcht, einige unserer Vorräte könnten während der Nacht bei aufkommendem stärkerem Wind über Bord gehen, sicherten wir sie so gut wie möglich mit einer Leine an den Bruchstücken des Ankerspills. Die Schildkröte, die wir unbedingt so lange wie möglich am Leben erhalten wollten, warfen wir auf den Rücken und befestigten sie auf andere Weise sorgsam.

Kapitel XIII

24. Juli. – Dieser Morgen sah uns wundersam gewappnet an Geist und Körperstärke. Ungeachtet der gefährlichen Situation, in der wir uns noch befanden, und ohne unsere Position zu kennen, obwohl gewißlich in großer Entfernung vom Land, mit Lebensmitteln, die uns selbst bei großer Sparsamkeit höchstens vierzehn Tage ausreichen würden, fast völlig ohne Wasser und auf dem kümmerlichsten Wrack der Welt der Gnade jedes Windes und jeder Woge ausgeliefert, veranlaßten uns die noch unendlich schreckllicheren Entbehrungen und Gefahren, aus denen wir kürzlich erst und so vorsorglich errettet worden waren, all das, was wir jetzt ertrugen, als kaum mehr denn ein gewöhnliches Übel zu betrachten – so außerordentlich relativ ist das Gute oder Böse.

Bei Sonnenaufgang rüsteten wir uns gerade zu erneuten Versuchen, etwas aus dem Proviantraum heraufzuschaffen, als ein heftiger Schauer, von Blitzen begleitet, niederging, so daß wir all unser Augenmerk jetzt darauf richteten, mit Hilfe des Lakens, das wir vordem schon zu diesem Zweck benutzt hatten, Wasser aufzufangen. Wir besaßen kein anderes Mittel, Regenwasser zu sammeln, als daß wir das Laken mit einer der Fockrüstplatten in der Mitte ausgebreitet hielten. Das so in die Mitte gelenkte Wasser sickerte dann in unseren Krug. Wir hatten ihn auf diese Weise nahezu gefüllt, als eine schwere Sturmbö von Nordwesten heranzog und uns zwang, davon abzulassen, da der Hulk abermals so heftig zu schlingern begann, daß wir uns nicht länger auf den Beinen halten konnten. Nun gingen wir nach vorn, banden uns wie zuvor am Rest der Ankerwinde fest und sahen den Ereignissen mit weit mehr Ruhe entgegen, als man unter den Umständen hätte vermuten oder sich vorstellen können. Gegen Mittag hatte der Wind zu einer Zweireffbrise und gegen Abend zu einer steifen Kühle aufgefrischt, begleitet von einer erschreckend schweren Dünung. Allein, die Erfahrung hatte uns die beste Methode zur Anbringung unserer Haltestricke gelehrt, so daß wir diese trostlose Nacht in erträglicher Sicherheit hinter uns brachten, obwohl wir fast jeden Augenblick von den Wellen völlig durchnäßt wurden und in ständiger Furcht lebten, weggespült zu werden. Glücklicherweise herrschte so warmes Wetter, daß wir das Wasser eher als angenehm empfanden.

25.Juli. – Heute morgen ebbte der Sturm zu einer mäßigen Zehn-Knoten-Brise ab, und die See beruhigte sich gleichfalls in beträchtlichem Maße, so daß wir in der Lage waren, uns an Deck trockenzuhalten. Zu unserem großen Schmerz entdeckten wir jedoch, daß zwei Krüge mit Oliven sowie der ganze Schinken trotz der Sorgfalt, mit der wir sie befestigt hatten, über Bord gespült worden waren. Wir beschlossen, die Schildkröte noch nicht zu töten, gaben uns für den Augenblick mit einem Frühstück zufrieden, das aus einigen Oliven und einem Maß Wasser für jeden bestand, letzteres zur Hälfte vermischt mit Wein, und empfanden große Labsal und Stärkung von dieser Mischung, ohne den qualvollen Rausch, der dem Genuß des Portweins gefolgt war. Die See war noch viel zu rauh, als daß wir unsere Bemühungen hätten wiederaufnehmen können, aus dem Vorratsraum Proviant zu holen. Einige Gegenstände, die für uns in unserer gegenwärtigen Situation bedeutungslos waren, trieben während des Tages durch die Öffnung und wurden unverzüglich über Bord gespült. Wir bemerkten auch, daß der Hulk jetzt mehr krängte als je zuvor, so daß wir keinen Augenblick ungesichert stehen konnten. In dieser Hinsicht verbrachten wir einen verdrießlichen und unbehaglichen Tag. Zu Mittag schien die Sonne fast senkrecht über uns zu stehen, und wir zweifelten nicht, daß wir durch die lange Folge von Nord- und Nordwestwinden in die Nähe des Äquators getrieben worden waren. Gegen Abend sichteten wir mehrere Haie und wurden durch die dreiste Art und Weise, in der sich uns ein ungeheuer großer näherte, etwas beunruhigt. Einmal drückte ein plötzliches Schlingern das Deck sehr tief unter Wasser, so daß das Ungeheuer tatsächlich auf uns zuschwamm, einige Augenblicke kurz über der Kajütluke verharrte und Peters heftig mit dem Schwanz schlug. Eine schwere Woge schleuderte es jedoch zu unserer großen Erleichterung über Bord. Bei mäßigem Wetter hätten wir den Hai sehr leicht fangen können.

26. Juli. – Diesen Morgen ließ der Wind stark nach, und da die See nicht sehr rauh war, beschlossen wir, unsere Bemühungen im Proviantraum wiederaufzunehmen. Nachdem wir uns den ganzen Tag lang außerordentlich gemüht hatten, kamen wir zu der Erkenntnis, daß aus diesem Teil des Schiffes nichts weiter zu erwarten war, da die Wände des Raumes während der Nacht zerschlagen worden waren und sein Inhalt in den Schiffsraum gespült worden war. Diese Entdeckung erfüllte uns mit Verzweiflung, wie man sich denken kann.

27. Juli. – Die See ist nahezu glatt bei leichtem Wind noch immer von Nord und West. Am Nachmittag kam die Sonne heraus und brannte heiß; wir beschäftigten uns damit, unsere Kleidung zu trocknen, und entdeckten, daß das Baden in der See unseren Durst spürbar linderte und viel anderweitige Erquickung bereitete, indes mußten wir dabei große Vorsicht walten lassen, da wir uns vor den Haien in

acht zu nehmen hatten, von denen wir einige während des Tages hatten um die Brigg schwimmen sehen.

28. Juli. – Noch immer schönes Wetter. Die Brigg begann nun, sich so beunruhigend auf die Seite zu legen, daß wir fürchteten, sie werde letztendlich kentern. So gut es ging, bereiteten wir uns auf diesen Fall vor, zurrten die Schildkröte, den Wasserkrug und die zwei verbliebenen Krüge mit Oliven soweit wie möglich windwärts fest und hängten alles unter den Hauptketten außenbords auf. Die See war den ganzen Tag sehr glatt bei wenig oder gar keinem Wind.

29. Juli. – Fortdauer desselben Wetters. Augustus' Armverwundung zeigte allmählich Symptome des Wundbrands. Er klagte über Müdigkeit und starken Durst, nicht jedoch über akuten Schmerz. Zu seiner Erleichterung konnten wir nichts weiter tun, als die Wunden mit ein wenig Essig aus den Olivenkrügen einzureiben; irgendwelchen Nutzen schien dies nicht zu bringen. Wir taten, was in unseren Kräften stand, um ihm Linderung zu verschaffen, und verdreifachten seine Wasserration.

30. Juli. – Ein ausnehmend heißer Tag ohne Wind. Ein gewaltiger Hai hielt sich den ganzen Vormittag in der Nähe des Hulks auf. Wir unternahmen mehrere erfolglose Versuche, ihn mittels einer Schlinge zu fangen. Augustus fühlte sich viel schlechter, ganz offensichtlich ging es mit ihm zu Ende, sowohl wegen Mangel an richtiger Nahrung als auch durch die Auswirkungen seiner Wunden. Ständig flehte er, von seinen Leiden erlöst zu werden, er wünschte sich nichts sehnlicher als den Tod. Heute abend aßen wir die letzten Oliven, befanden das Wasser in unserem Krug jedoch für so faulig, daß wir es ohne einen Zusatz von Wein nicht schlucken konnten. Beschlossen, am Morgen die Schildkröte zu töten.

31. Juli. – Nach einer Nacht außerordentlicher Ängste und Anspannung infolge der Lage des Hulks machten wir uns daran, die Schildkröte zu töten und zu zerteilen. Sie war viel kleiner, als wir erwartet hatten – das Fleisch mochte insgesamt nicht mehr als zehn Pfund wiegen –,

gleichwohl in gutem Zustand. Mit dem Ziel, einen Teil davon so lange wie möglich aufzuheben, schnitten wir es in kleine Stücke, füllten damit die drei verbliebenen Ölkruken und die Weinflasche (die alle aufgehoben worden waren) und gossen den Essig von den Oliven darauf. Auf diese Weise verwahrten wir etwa drei Pfund des Schildkrötenfleisches und waren fest entschlossen, sie nicht anzurühren, ehe wir nicht alles andere verzehrt hatten. Wir kamen überein, uns mit etwa vier Unzen Fleisch pro Tag zu begnügen; auf diese Weise würden wir mit allem dreizehn Tage auskommen. Bei Einbruch der Dämmerung brach ein kräftiger Schauer über uns herein mit schwerem Donner und Blitz, aber er dauerte so kurz, daß wir lediglich eine halbe Pinte Wasser auffangen konnten. Im allgemeinen Einverständnis wurde die ganze Menge Augustus überlassen, dessen Ende näherzurücken schien. Er trank das Wasser gleich aus dem Laken, während wir es auffingen (wir hielten es über ihn, so daß er es sich im Liegen in den Mund rinnen lassen konnte), denn wir hatten jetzt nichts mehr, worin wir es aufbewahren konnten, es sei denn, wir hätten es für ratsam befunden, den Rest Wein in der Korbflasche oder das abgestandene Wasser im Krug wegzugießen. Zu einem dieser Mittel hätten wir Zuflucht nehmen müssen, hätte der Schauer angehalten.

Dem Leidenden schien das Wasser nur wenig Labsal zu bringen. Sein Arm war vom Handgelenk bis zur Schulter völlig schwarz, und seine Füße waren wie Eis. Wir rechneten jeden Augenblick damit, daß er seinen letzten Seufzer tun würde. Er war entsetzlich abgemagert, in solch einem Maße, daß er jetzt *allerhöchstens vierzig oder fünfzig Pfund* wog, obwohl sein Gewicht beim Verlassen von Nantucket etwa einhundertundsiebenundzwanzig Pfund betragen hatte. Die Augen waren tief eingesunken und kaum noch zu erkennen, und seine Wangen hingen so schlaff, daß er jede Nahrung nur mit großer Mühe kauen und auch Flüssigkeiten nur schwer schlucken konnte.

1. August. – Fortdauer desselben ruhigen Wetters, bei drückend heißer Sonne. Litten ungemein unter Durst, das

Wasser im Krug war völlig verfault und wimmelte von Ungeziefer. Dessenungeachtet brachten wir es zuwege, etwas davon zu trinken, da wir wieder Wein beimischten; unser Durst wurde jedoch nur zum Teil gestillt. Mehr Erleichterung brachte uns ein Bad in der See, aber wir konnten uns dieses Mittels nur in langen Zeitabständen bedienen wegen der ständigen Anwesenheit der Haie. Uns allen war klar, daß Augustus nicht gerettet werden konnte; daß er ganz offensichtlich im Sterben lag. Auch konnten wir nichts tun, sein Leiden zu mindern, das sehr groß zu sein schien. Gegen zwölf Uhr verschied er unter krampfhaften Zuckungen und nachdem er nun schon mehrere Tage nicht gesprochen hatte. Sein Tod weckte bei uns die düstersten Vorahnungen und hatte eine so große Wirkung auf unsere Gemütsverfassung, daß wir den ganzen Tag regungslos neben dem Toten sitzen blieben und miteinander nur im Flüsterton redeten. Erst geraume Zeit nach Einbruch der Dunkelheit faßten wir Mut, aufzustehen und den Leichnam über Bord zu werfen. Er befand sich zu dem Zeitpunkt bereits in einem unaussprechlich abstoßenden Zustand und war so stark verwest, daß ein Bein sich löste, als Peters versuchte, es hochzuheben. Als die Masse faulen Fleisches über die Seite des Schiffes ins Wasser glitt, enthüllte der phosphoreszierende Schein, welcher sie umgab, unseren Blicken deutlich sieben oder acht große Haie, deren schreckliche Zähne, als sie die Beute unter sich in Stücke rissen, so laut aufeinanderkrachten, daß es gewiß auf vielleicht eine Seemeile zu hören war. Wir fuhren entsetzt zusammen ob dieses äußerst grauenvollen Geräuschs.

2. August. – Noch immer dieses schrecklich ruhige und heiße Wetter. Die Morgendämmerung fand uns in einem Zustand jämmerlicher Verzagtheit und physischer Erschöpfung vor. Das Wasser im Krug war nun absolut ungenießbar und stellte nur noch eine dicke, gallertartige Masse dar – ekelhaft aussehende Maden wimmelten in Schleim. Wir entfernten sie, wuschen den Krug gut mit Seewasser aus und gossen sodann aus den Flaschen mit dem eingelegten Schildkrötenfleisch ein wenig Essig hin-

ein. Unser Durst war kaum noch zu ertragen, und wir versuchten vergeblich, ihn durch Wein zu lindern, was anscheinend nur Öl ins Feuer goß und uns in einen hochgradigen Rauschzustand versetzte. Danach versuchten wir, unser Leiden zu mildern, indem wir Wein mit Seewasser mischten, aber dies führte augenblicks zu ganz heftigem Erbrechen, so daß wir es nie wieder taten. Während des ganzen Tages suchten wir begierig nach einer Gelegenheit zum Baden, indes vergebens; der Hulk wurde nun ständig ringsum von Haien belagert – zweifellos den gleichen Ungeheuern, die abends zuvor unseren armen Gefährten verschlungen hatten und nun jeden Augenblick ein weiteres derartiges Mahl erwarteten. Dieser Umstand löste bei uns bitterste Reue aus und erfüllte uns mit höchst bedrückenden und düsteren Vorahnungen. Das Baden hatte uns unbeschreibliche Erquickung gebracht, und daß uns diese Möglichkeit plötzlich in so gräßlicher Weise verwehrt wurde, war mehr, als wir ertragen konnten. Auch befanden wir uns in der Tat ständig in drohender Gefahr, denn das geringste Ausgleiten oder eine falsche Bewegung hätte uns sofort in Reichweite dieser gefräßigen Meerestiere gebracht, die häufig direkt auf uns zustürmten und leewärts heranschwammen. Schreie oder andere Bemühungen unsererseits schienen sie überhaupt nicht zu beunruhigen. Selbst als Peters einen der größten mit der Axt traf und schwer verwundete, ließ er in seinen Versuchen nicht ab, dorthin vorzustoßen, wo wir uns befanden. In der Abenddämmerung zog eine Wolke auf, segelte zu unserem heftigsten Bedauern jedoch vorüber, ohne uns Regen zu spenden. Es ist völlig unmöglich, sich vorzustellen, welch quälenden Durst wir zu diesem Zeitpunkt empfanden. Wir verbrachten eine schlaflose Nacht, sowohl aus diesem Grund als auch aus Angst vor den Haien.

3. August. – Keine Aussicht auf Rettung, und die Brigg krängte immer mehr, so daß wir nun überhaupt nicht mehr an Deck stehen konnten. Wir beschäftigten uns damit, den Wein und das Schildkrötenfleisch zu sichern, auf daß wir es nicht verlören, falls wir kentern sollten. Zwei lange, so-

lide Nägel wurden aus den Fockrüsten gebrochen und mittels der Axt auf windwärtiger Seite einige Fuß über der Wasserlinie eingeschlagen. Die Stelle war nicht sehr weit vom Kiel entfernt, da wir fast auf der Seite lagen. An diesen Nägeln befestigten wir nun unsere Vorräte, wodurch sie sicherer waren als an dem früheren Ort unter den Ketten. Den ganzen Tag litten wir entsetzlich unter Durst – auch bestand keine Möglichkeit zu baden wegen der Haie, die uns keinen Moment verließen. Ich fand auch keine Möglichkeit zu schlafen.

4. August. – Kurz vor Tagesanbruch spürten wir, daß der Hulk sich noch weiter auf die Seite legte, und erhoben uns, um durch die Bewegung nicht abgeworfen zu werden. Zuerst wälzte er sich langsam und allmählich herum, so daß wir sehr gut windwärts hinüberklettern konnten, zumal wir so vorsorglich gewesen waren, an den Nägeln, die wir für unsere Lebensmittel eingeschlagen hatten, Leinen hängen zu lassen. Indes hatten wir die Beschleunigung des Herumschwingens nicht genügend einkalkuliert, denn mit einemmal wurde das Krängen zu heftig, als daß wir damit hätten Schritt halten können, und ehe einer von uns richtig wußte, was vor sich ging, wurden wir mit großer Macht in die See geschleudert und kämpften einige Faden unter der Oberfläche um unser Leben, den riesigen Rumpf unmittelbar über uns.

Beim Eintauchen ins Wasser hatte ich die Leine fahrenlassen müssen. Als ich mich nun völlig unter dem Schiff wiederfand und meine Kraft nahezu versiegt war, rang ich kaum mehr um mein Leben, sondern fand mich damit ab, in einigen Sekunden zu sterben. Auch hierin wurde ich wieder getäuscht, da ich den natürlichen Rückschwung des Rumpfes in windwärtiger Richtung nicht in Betracht gezogen hatte. Der nach oben strebende Wasserwirbel, den das Schiff verursacht hatte, als es teilweise zurückrollte, trug mich noch ungestümer zur Oberfläche, als ich herabgestoßen worden war. Beim Auftauchen fand ich mich etwa zwanzig Yards von dem Hulk entfernt, soweit ich dies abschätzen konnte. Er trieb jetzt kieloben und schaukelte wütend von einer Seite zur anderen, und die See ringsum war aufgewühlt und voll heftiger Wirbel. Ich konnte keine Spur von Peters entdecken. Ein Ölfaß trieb etwa einige Fuß von mir entfernt, und verschiedene andere Gegenstände der Brigg waren überall auf dem Wasser verstreut.

Die größte Angst hatte ich jetzt vor den Haien, die ich in meiner Nähe wußte. Um sie, wenn möglich, davor abzuschrecken, sich mir zu nähern, patschte ich mit beiden Händen und Füßen kräftig im Wasser, während ich zu dem Hulk schwamm, und schuf so eine Hülle von Gischt. Ich zweifele nicht, daß ich diesem Verfahren, so einfach es war, mein Überleben verdanke; denn kurz vor dem Kentern der Brigg hatte die See um das Wrack von diesen Ungeheuern gewimmelt, so daß ich, während ich hinschwamm, mit einigen von ihnen tatsächlich in Berührung gekommen sein muß und auch wirklich war. Mit großem Glück erreichte ich jedoch wohlbehalten die Flanke des Schiffes, obwohl durch die gewaltige Anstrengung, die ich unternommen hatte, dermaßen geschwächt, daß ich niemals hätte emporklimmen können, hätte Peters, der zu meiner großen Freude jetzt zum Vorschein kam (er war auf der gegenüberliegenden Seite des Wracks zum Kiel hochgeklettert), mir nicht rechtzeitig geholfen und das Ende einer Leine zugeworfen – einer derjenigen, die an den langen Nägeln befestigt waren.

Nachdem wir der Gefahr dergestalt mit knapper Not entronnen waren, galt unsere Aufmerksamkeit nun einer weiteren schrecklichen Bedrohung – der des unausweichlichen Verhungerns. Unser ganzer Vorrat an Nahrungsmitteln war trotz aller Sorgfalt, mit der wir ihn gesichert hatten, über Bord gegangen, und da wir fürderhin nicht die entfernteste Möglichkeit mehr sahen, welche zu beschaffen, gaben wir uns beide der Verzweiflung hin und weinten laut wie Kinder, und keiner von uns versuchte, dem anderen Trost zu spenden. Solche Schwäche ist schwerlich vorstellbar und mag denjenigen, die sich nie in einer ähnlich gearteten Situation befunden haben, gewiß unnatürlich erscheinen; allein man muß bedenken, daß unsere Geisteskräfte durch die lange Zeit der Entbehrung und des Schreckens, der wir ausgesetzt gewesen, so gänzlich in Verwirrung waren, daß wir zu jenem Zeitpunkt gerechtermaßen nicht als vernunftbegabte Wesen anzusehen waren. In den folgenden Fährnissen, die fast ebensogroß, wenn nicht noch größer waren, wappnete ich mich mit Festigkeit gegen alles Unheil, das mich umgab, und man wird sehen, daß Peters eine stoische Philosophie an den Tag legte, die fast ebenso unglaublich erscheinen mag wie seine gegenwärtige kindische Hilflosigkeit und Geistesschwäche – unsere innere Einstellung hatte sich gewandelt.

Das Kentern der Brigg hatte unsere Lage in Wirklichkeit selbst angesichts des damit verbundenen Verlusts des Weins und Schildkrötenfleischs nicht beklagenswerter gemacht als zuvor, abgesehen vom Verschwinden der Bettücher, mit deren Hilfe wir bislang in der Lage gewesen waren, Regenwasser aufzufangen, und des Kruges, in dem wir es nach dem Sammeln aufbewahrt hatten; wir fanden nämlich, daß der ganze Schiffsboden ab zwei oder drei Fuß von den Bugsprietkeilen an, so weit der Kiel reichte und diesen eingeschlossen, *dick mit großen Entenmuscheln besetzt war, die sich als ausgezeichnete und äußerst nahrhafte Speise erwiesen.* So hatte sich das Ereignis, das wir so sehr fürchteten, in zwei wichtigen Aspekten eher als nützlich denn als schädlich erwiesen; es hatte uns einen Vorrat an Nahrung erschlossen, den wir bei mäßiger Nutzung selbst in einem Monat nicht hätten aufbrauchen können; und es trug in bezug auf unsere Situation sehr zu unserer Ermutigung bei, denn wir fühlten uns jetzt viel ruhiger und waren einer unendlich geringeren Gefahr ausgesetzt als zuvor.

Die Schwierigkeit, Wasser zu erhalten, machte uns indes blind für alle Vorteile, die sich aus der veränderten Lage ergaben. Um gerüstet zu sein, jeden Schauer, der niedergehen mochte, soweit als möglich für uns zu nutzen, zogen wir unsere Hemden aus, damit wir sie auf gleiche Weise verwendeten, wie wir es mit den Laken getan hatten – wobei wir natürlich nicht hoffen konnten, dergestalt selbst unter günstigsten Umständen mehr als eine Viertelpinte auf

einmal zu gewinnen. Während des Tages waren keine Anzeichen einer Wolke zu entdecken, und die Martern des
Durstes waren nahezu unerträglich. In der Nacht fand Peters für etwa eine Stunde unruhigen Schlaf, mich aber hinderten die heftigen Qualen, die Augen auch nur für einen
einzigen Moment zu schließen.

5. August. – Heute kam eine sanfte Brise auf und trug
uns durch ein gewaltiges Feld von Seegras, in dem es uns
glückte, elf kleine Krabben zu finden, die uns mehrere
köstliche Mahlzeiten lieferten. Ihre Schalen waren ganz
weich, so daß wir sie gleich mitaßen und entdeckten, daß
sie unseren Durst weit weniger erregten als die Entenmuscheln. Da in dem Seegras keine Spur von Haien zu sehen
war, wagten wir auch zu baden und blieben vier oder fünf
Stunden im Wasser, während welcher Zeit wir eine spürbare Linderung unseres Durstes empfanden. Wir erfrisch-
ten uns sehr und verbrachten die Nacht etwas angenehmer
als zuvor, wobei wir beide ein wenig Schlaf fanden.

6. August. – An diesem Tag wurden wir durch einen frischen und beständigen Regen beglückt, der von der Tagesmitte bis zum Einbruch der Dunkelheit währte. Nun be-
dauerten wir sehr den Verlust unseres Kruges und der
Korbflasche, denn trotz der geringen Mittel, die uns zum
Auffangen von Wasser zur Verfügung standen, hätten wir
eines dieser Gefäße, wenn nicht gar beide, füllen können.
Wie die Dinge lagen, verstanden wir es, den quälenden
Durst dadurch zu stillen, daß wir die Hemden sich vollsau-
gen ließen und sie dann so auswrangen, daß die köstliche
Flüssigkeit uns in den Mund rann. Damit waren wir den
ganzen Tag beschäftigt.

7. August. – Genau bei Tagesanbruch machten wir beide
im gleichen Augenblick ostwärts ein Segel aus, das sich uns
ganz offensichtlich näherte! Wir begrüßten diesen herrlichen Anblick mit einem langen, jedoch schwachen Ausruf
der Begeisterung und begannen augenblicklich, mit allen
Mitteln, die in unserer Macht standen, Signale zu geben.
Wir schwangen die Hemden in der Luft, sprangen so hoch,
wie unser schwächlicher Zustand es erlaubte, und riefen so-

gar mit aller Kraft unserer Lungen, obwohl das Schiff noch mindestens fünfzehn Meilen entfernt war. Es näherte sich indes weiter unserem Hulk, und wir spürten, daß es letztendlich so nahe herankommen würde, um uns auszumachen, vorausgesetzt, es behielt seinen gegenwärtigen Kurs bei. Etwa eine Stunde, nachdem wir es zuerst gesichtet hatten, konnten wir deutlich die Leute auf den Decks sehen. Es war ein langer, niedriger und verwegen aussehender Marsschoner mit einem schwarzen Ball im Vormarssegel und offensichtlich vollständiger Besatzung. Nun wurden wir unruhig, da wir uns kaum vorstellen konnten, daß sie uns nicht sahen, und befürchteten, sie beabsichtigten, uns dem sicheren Untergang preiszugeben, dem wir bereits entgegengingen – ein Akt ungeheuerlicher Barbarei, der indes, wie unglaublich es auch erscheinen mag, auf See und unter Umständen, die den unsrigen sehr ähnelten, wiederholt vorgekommen ist und von Wesen verübt wurde, die allgemein als der Gattung Mensch zugehörig angesehen wurden.[1] In unserem Fall indes war uns durch göttliche

1 Der Fall der Brigg ›Polly‹ aus Boston ist einer, der hierfür zutrifft, und ihr Schicksal ähnelt dem unsrigen in so bemerkenswerter Weise, daß ich nicht umhin kann, es hier zu schildern. Dieses Schiff mit einer Ladefähigkeit von einhundertunddreißig Tonnen segelte am zwölften Dezember 1811 unter dem Kommando von Kapitän Casneau mit einer Ladung Bauholz und Lebensmitteln von Boston nach Santa Cruz. Außer dem Kapitän waren acht Seelen an Bord – der Maat, vier Seeleute, der Koch und ein Mr. Hunt nebst einem ihm gehörenden Negermädchen. Nachdem es die Sandbank von Georges passiert hatte, schlug es am Fünfzehnten in einem Südoststurm leck und kenterte schließlich, richtete sich indes danach wieder auf, da die Masten über Bord gegangen waren. In dieser Lage, ohne Feuer und mit sehr wenig Verpflegung, mußten sie *einhundertundeinundneunzig Tage lang* (vom 15. Dezember bis zum 20. Juni) ausharren, wonach Kapitän Casneau und Samuel Badger, die einzigen Überlebenden, von der ›Fame‹ aus Hull unter Kapitän Featherstone, auf Heimatkurs von Rio de Janeiro befindlich, von dem Wrack aufgelesen wurden. Dies geschah auf einer Position von 28° nördlicher Breite und 13° westlicher Länge, *nachdem sie über zweitausend Meilen getrieben wa-*

Gnade vorbestimmt, aufs glücklichste getäuscht zu werden, denn alsbald bemerkten wir plötzlich Bewegung an Deck des fremden Schiffes, das unmittelbar danach die britische Flagge hißte, den Kurs änderte und direkt auf uns zuhielt. Eine halbe Stunde später befanden wir uns in seiner Kajüte. Es war, so stellte sich heraus, die ›Jane Guy‹ aus Liverpool unter Kapitän Guy mit Kurs in die Südsee und den Pazifik zu einer Robbenfang- und Handelsfahrt.

Kapitel XIV

Die ›Jane Guy‹ war ein gut aussehender Marsschoner mit einer Ladefähigkeit von hundertundachtzig Tonnen. Sie besaß einen ungewöhnlich scharfen Bug und war bei Wind und mäßigem Wetter der schnellste Segler, den ich je gesehen habe. Für ein robustes Seefahrzeug fehlten ihr jedoch einige Eigenschaften, und ihr Tiefgang war viel zu groß für das Gewerbe, dem sie zugedacht war. Zu diesem ganz besonderen Dienst ist ein größeres Schiff mit leichtem, angemessenem Tiefgang wünschenswert, sagen wir, ein Schiff von dreihundert bis dreihundertundfünfzig Tonnen. Es sollte wie eine Barke getakelt und ihre Konstruktion sich auch in anderer Hinsicht von der gewöhnlicher Südseeschiffe unterscheiden. Eine gute Bewaffnung ist absolut notwendig. Es sollte, sagen wir, zehn oder zwölf Zwölf-

ren. Am neunten Juli traf die ›Fame‹ auf die Brigg ›Dromero‹ unter Kapitän Perkins, der die zwei Leidensgefährten in Kennebeck an Land setzte. Der Bericht, dem wir diese Einzelheiten entnehmen, endet mit folgenden Worten:

›Es ist natürlich, zu fragen, wie sie eine so große Strecke im meistbefahrenen Teil des Atlantik treiben konnten und dennoch die ganze Zeit nicht entdeckt wurden. *Über ein Dutzend Segel zogen an ihnen vorbei, eines davon kam ihnen so nahe, daß sie an Deck und in der Takelage deutlich die nach ihnen Ausschau haltenden Leute sehen konnten; zur unaussprechlichen Enttäuschung der hungernden und frierenden Menschen erstickten diese jedoch die Mahnung des Mitleids, hißten Segel und überließen sie grausam ihrem Schicksal.*‹

pfund-Karronaden und zwei oder drei lange Zwölfer besitzen, ferner Hakenbüchsen aus Messing und wasserdichte Waffenkästen für jeden Mastkorb. Seine Anker und Kabel sollten von weit größerer Stärke sein, als für jede andere Art von Gewerbe erforderlich ist; vor allem aber sollte die Mannschaft zahlreich und tüchtig sein und bei so einem Schiff, wie ich beschrieben habe, aus mindestens fünfzig oder sechzig gesunden Männern bestehen. Die ›Jane Guy‹ hatte eine Besatzung von fünfunddreißig Mann, alles fähige Seeleute, den Kapitän und den Maat nicht mitgerechnet, gleichwohl war sie keineswegs so wohlbewaffnet oder anderweitig gerüstet, wie ein Seefahrer, der mit den Schwierigkeiten und Gefahren des Gewerbes vertraut ist, sich hätte wünschen können.

Kapitän Guy war ein Gentleman von ungemein höflichen Umgangsformen und beträchtlicher Erfahrung im südlichen Seeverkehr, dem er einen großen Teil seines Lebens gewidmet hatte. Allein ihm fehlte die Energie und folglich jener Unternehmungsgeist, der hierbei so absolut notwendig ist. Als Mitbesitzer des Schiffes, welches er segelte, war er mit unumschränkten Vollmachten ausgestattet, in der Südsee zu kreuzen und jede Fracht zu übernehmen, die sich ihm günstig anbot. Wie üblich bei solchen Fahrten, hatte er Perlen an Bord, Spiegel, Feuerzeuge, Äxte, Handbeile, Sägen, Krummäxte, Hobel, Meißel, Hohlmeißel, Bohrer, Feilen, Speichenhobel, Reibeisen, Hämmer, Nägel, Messer, Scheren, Rasiermesser, Nadeln, Faden, Töpferwaren, Kattun, Flitterwerk und andere ähnliche Artikel.

Der Schoner war am zehnten Juli von Liverpool aus in See gestochen, hatte den Wendekreis des Krebses am fünfundzwanzigsten auf einer Länge von zwanzig Grad West überquert und am neunundzwanzigsten Sal, eine der Kapverdischen Inseln, erreicht, wo er Salz und andere für die Fahrt notwendigen Dinge übernahm. Am dritten August hatte er die Kapverdischen Inseln verlassen und Südwestkurs auf die brasilianische Küste zu genommen, um den Äquator zwischen den Meridianen von 28° und 30° westlicher Länge zu kreuzen. Dieser Kurs wird gewöhnlich von Schiffen gefahren, die, aus Europa kommend, zum Kap der Guten Hoffnung oder auf dieser Route nach Ostindien wollen. Sie vermeiden dadurch die Kalmen und die starken Gegenströmungen, die häufig an der Küste von Guinea herrschen, wobei sich dies letztendlich als kürzeste Strecke erweist, da in der Folge stets Westwinde wehen, mit deren Hilfe sie das Kap erreichen. Kapitän Guy gedachte, seinen ersten Aufenthalt auf den Kerguelen zu machen – ich weiß kaum aus welchem Grund. An dem Tag, als wir von dem Schoner aufgelesen wurden, befand er sich auf der Höhe von Kap St. Roque bei einunddreißig Grad westlicher Länge, so daß wir, als man uns fand, wahrscheinlich nicht weniger als fünfundzwanzig Grad von Norden nach Süden getrieben waren!

An Bord der ›Jane Guy‹ ließ man uns alle Rücksichtnahme zuteil werden, die unsere beklagenswerte Lage erforderte. In etwa vierzehn Tagen, die wir bei sanften Winden und schönem Wetter weiter südostwärts steuerten, erholten wir beide, Peters und ich, uns vollkommen von den Auswirkungen der soeben überstandenen Entbehrungen und furchtbaren Leiden, und wir begannen, an die vergangenen Ereignisse eher wie an einen grauenvollen Traum zurückzudenken, aus dem man uns glücklicherweise geweckt hatte, denn an Ereignisse, die in der nüchternen und nackten Realität stattgefunden hatten. Seither bin ich zu der Erkenntnis gelangt, daß diese Art partiellen Vergessens meist durch einen plötzlichen Umschwung herbeigeführt wird, sei es von Freude zum Leid oder vom Leid zur Freude, wobei das Ausmaß der Vergeßlichkeit dem des Unterschieds der Veränderung proportional entspricht. So halte ich es in meinem Fall jetzt für unmöglich, das volle Maß des Elends zu erkennen, das ich während der Tage auf dem Hulk ertragen mußte. Man erinnert sich der Ereignisse, nicht jedoch der Empfindungen, welche die Ereignisse zum Zeitpunkt ihres Eintretens hervorriefen. Ich weiß nur, daß ich *damals*, als sie eintraten, überzeugt war, die menschliche Natur könne keine größere Todesangst ertragen.

Wir setzten unsere Fahrt einige Wochen lang fort, ohne daß irgendwelche Ereignisse größerer Bedeutung stattfanden als gelegentliche Begegnungen mit Walfangschiffen und häufiger noch mit dem Schwarzen oder Richtigen Wal, so genannt im Gegensatz zum Pottwal. Wale wurden indes hauptsächlich südlich des fünfundzwanzigsten Breitengrads angetroffen. Am sechzehnten September geriet der Schoner in der Nähe des Kaps der Guten Hoffnung in seinen ersten einigermaßen heftigen Sturm, seit er Liverpool verlassen hatte. In dieser Gegend, häufiger jedoch noch südlich und östlich des Vorgebirges (wir befanden uns westlich), haben Seefahrer oft gegen Stürme aus Nord anzukämpfen, die mit großem Ungestüm tosen. Stets bringen sie eine schwere See mit, und eines ihrer gefährlichsten Merkmale ist das blitzschnelle Umschlagen des Windes, ein Ereignis, das fast immer auf dem Höhepunkt des Sturmes stattfindet. In dem einen Augenblick bläst ein ausgewachsener Orkan aus Nord oder Nordost, und einen Augenblick später ist kein Windhauch aus dieser Richtung zu spüren, während er jählings mit fast unvorstellbarer Heftigkeit aus Südwest weht. Ein heller Fleck in Süd ist der untrüglichste Vorbote des Umschlagens, und die Schiffe sind dergestalt imstande, die geeigneten Vorkehrungen zu treffen.

Es war etwa sechs Uhr morgens, als ein starker Wind anhub mit einer weißen Sturmbö, wie gewöhnlich aus Nord. Um acht Uhr hatte er sehr zugenommen und brachte nun eine der ungeheuerlichsten Sturzseen über uns, die ich je gesehen habe. Alles war so dicht wie möglich gemacht worden, aber der Schoner mühte sich schwer und lieferte den Beweis seiner schlechten Eigenschaften als Seeschiff, denn er tauchte das Vorderdeck bei jedem Abgleiten unter und hatte die größte Schwierigkeit, sich aus der einen Welle zu befreien, ehe die nächste ihn wieder begrub. Kurz vor Sonnenuntergang erschien in Südwest der helle Fleck, nach dem wir Ausschau gehalten hatten, und eine Stunde danach entdeckten wir, daß unser kleines Segel am Fockmast verdrossen gegen den Mast schlug. Zwei Minuten später

wurden wir ungeachtet aller Vorkehrungen wie von Zauberkraft auf die Seite gedrückt, und ein wilder Brodel von
Gischt brach voll über uns, während wir seitlich lagen.
Zum Glück war der Windstoß aus Südwest nichts mehr als
eine jähe Bö, und wir hatten das Glück, daß sich das Schiff
ohne den Verlust einer Spiere aufrichtete. Eine schwere
Kreuzsee bereitete uns danach einige Stunden lang große
Sorge, aber gegen Morgen befanden wir uns in fast ebenso gutem Zustand wie vor dem Sturm. Kapitän Guy war
der Ansicht, daß der glückliche Ausgang an ein Wunder
grenzte.

Am dreizehnten Oktober sichteten wir auf einer Breite
von 46° 53' S und einer Länge von 37° 46' O die Prinz-Edward-Insel. Zwei Tage danach befanden wir uns in der
Nähe der Possession-Insel, und kurz danach passierten wir
auf einer Höhe von 42° 59' S und einer Länge von 48° O die
Crozet-Inseln. Am Achtzehnten machten wir die Kerguelen
oder die Desolation-Insel im südlichen Indischen Ozean
aus und warfen im Christmas-Hafen bei vier Faden Tiefe
Anker.

Diese Insel oder vielmehr Inselgruppe liegt fast achthundert Seemeilen südöstlich des Kaps der Guten Hoffnung. Sie wurde zuerst 1772 durch Baron de Kergulen oder
Kerguelen entdeckt, einem Franzosen, der das Land für
den Teil eines ausgedehnten südlichen Kontinents hielt
und auch einen entsprechenden Bericht mit nach Hause
brachte, der zu jener Zeit große Aufregung hervorrief. Die
Regierung nahm sich der Angelegenheit an und sandte den
Baron im folgenden Jahr erneut mit der Aufgabe dorthin,
seine Entdeckung genauer zu erforschen, wobei der Fehler
zutage trat. 1777 traf Kapitän Cook auf dieselbe Insel-
gruppe und gab der größten Insel den Namen Desolation
Island, ein Name, den sie gewiß verdient. Nähert sich der
Seefahrer dem Land, könnte er indes zu anderer Ansicht
neigen, da die Hänge der meisten Berge von September bis
März mit frischem Grün bedeckt sind. Diese trügerische
Erscheinung rührt von einer kleinen Pflanze ähnlich dem
Steinbrech her, die dort im Überfluß gedeiht und in gro-

ßen Flecken auf einer Art zerkrümelnden Mooses wächst. Außer dieser Pflanze gibt es kaum eine Spur von Vegetation auf der Insel, schließen wir etwas großfaseriges, hartes Gras aus, das nahe dem Hafen wächst, einige Flechten und einen Strauch, der an wuchernden Kohl erinnert und scharf und bitter schmeckt.

Das Profil des Landes ist bergig, wenngleich keiner der Berge als himmelanstrebend bezeichnet werden kann. Ihre Gipfel sind ständig von Schnee bedeckt. Es gibt mehrere Häfen, von denen der Christmas-Hafen am bequemsten ist. Er ist der erste, auf den man an der Nordostseite der Insel stößt, nachdem man Kap François passiert hat, das die Nordküste bildet und durch seine eigentümliche Gestalt erleichtert, den Hafen auszumachen. Seine vorspringende Spitze endet in einem hohen, von einem großen Loch durchbrochenen Felsen, so daß ein natürlicher Bogen entsteht. Der Eingang liegt auf einer Breite von 48° 40′ S und einer Länge von 69° 6′ O. Läuft man hier ein, kann man im Schutz einiger kleiner Inseln, die zur Genüge gegen alle östlichen Winde abschirmen, einen guten Ankerplatz finden. Segelt man von diesem Ankerplatz ostwärts, so gelangt man am Ende des Hafens zur Wespenbucht. Diese stellt ein kleines, vollständig von Land umschlossenes Bassin dar, in das man bei einer Tiefe von vier Faden einfahren und bei einer von zehn bis drei Faden und hartem Lehmboden ankern kann. Hier könnte ein Schiff ein Jahr lang ohne Risiko vor dem großen Buganker liegen. Am westlichen Ende der Wespenbucht plätschert ein kleiner Fluß mit ausgezeichnetem Wasser, das leicht zu erlangen ist.

Einige Robben der Pelze und Haare liefernden Gattungen sind noch auf den Kerguelen-Inseln anzutreffen, dazu See-Elefanten die Menge. Gefiedertes Getier ist gleichfalls zahlreich vertreten. Pinguine gibt es sehr viele, an die vier verschiedenen Arten. Der Königspinguin, so genannt wegen seiner Größe und des schönen Federkleids, ist der ansehnlichste. Der obere Teil des Körpers ist gewöhnlich grau, manchmal lila getönt, der untere vom reinsten Weiß, das man sich vorstellen kann. Der Kopf schillert glänzend schwarz, desgleichen die Füße. Die Hauptzierde des Gefieders sind indes zwei breite, goldgelbe Streifen, die vom Kopf zur Brust verlaufen. Der Schnabel ist lang und entweder rosa oder hellrot. Diese Vögel gehen in stattlicher Haltung aufrecht. Sie tragen den Kopf hoch erhoben und halten die Schwingen gesenkt wie zwei Arme, und da ihre Schwänze eng an den Beinen anliegen, ist die Ähnlichkeit zu einer menschlichen Gestalt sehr beeindruckend und geeignet, einen Betrachter zu täuschen, der diese Tiere nur flüchtig oder in der Abenddämmerung sieht. Die Königspinguine, die wir auf Kerguelen-Land trafen, waren eigentlich größer als eine Gans. Andere Arten sind die Makkaroni-, die Esels- und die Krähenpinguine. Diese sind viel kleiner, haben kein so schönes Federkleid und unterscheiden sich auch in anderer Hinsicht.

Neben dem Pinguin sind hier auch viele andere Vögel zu finden, von welchen die blauen Peterels, die Seehühner, Krickenten, Port-Egmont-Hühner, Krähenscharben, Kaptauben, die Nelly, ferner Seeschwalben, Meerschwalben, Mutter Careys Hühner, Mutter Careys Gänse, der große Peterel und schließlich der Albatros zu nennen wären.

Der große Peterel ist so groß wie der gewöhnliche Albatros und ein Fleischfresser. Man nennt ihn häufig den Knochenbrecher oder Fischadlerpeterel. Er ist keineswegs scheu und ergibt, wenn richtig zubereitet, eine schmackhafte Speise. Im Flug segelt er manchmal mit ausgestreckten Schwingen sehr dicht über der Wasseroberfläche, ohne daß er sich im geringsten zu bewegen oder sich in irgendeiner Weise anzustrengen scheint.

Der Albatros ist einer der größten und wildesten Vögel der Südsee. Er gehört zur Gattung der Möwen, greift seine Beute im Flug und kommt nur zum Brüten an Land. Zwischen diesem Vogel und dem Pinguin besteht eine höchst eigentümliche Freundschaft. Sie bauen ihre Nester sehr einheitlich nach einem bestimmten Plan, der zwischen den zwei Vogelarten vereinbart wurde − das des Albatros liegt inmitten eines kleinen Quadrats, das durch die Nester von vier Pinguinen gebildet wird. Seefahrer bezeichnen die Ansammlung solcher Lager übereinstimmend als Nistplätze. Sie sind oft beschrieben worden, aber da meine Leser solche Beschreibungen vielleicht noch nicht gesehen haben und ich später Gelegenheit haben werde, von dem Pinguin und dem Albatros zu berichten, ist es hier gewiß nicht verfehlt, einiges über ihre Nestbau- und Lebensweise zu sagen.

Kommt die Paarungszeit heran, versammeln sich die Vögel in großer Zahl und scheinen einige Tage die richtige Verfahrensweise zu überdenken. Schließlich schreiten sie zur Tat. Ein Stück ebenes Gelände von geeigneter Breite wird ausgewählt, das gewöhnlich drei oder vier Morgen Land umfaßt und dem Wasser möglichst nahe liegt, jedoch noch jenseits seiner Reichweite. Bei Auswahl des Platzes wird eine glatte Fläche bevorzugt, auf der die wenigsten Steine liegen. Ist die Wahl getroffen, gehen die Vögel in völliger Eintracht und offensichtlich alle von der gleichen Idee getragen daran, mit mathematischer Genauigkeit entweder ein Quadrat oder ein anderes Parallelogramm auszumessen, wie es der Bodenbeschaffenheit am besten entspricht, und das gerade groß genug ist, um allen versammelten Vögeln bequem Platz zu bieten – keineswegs größer. Diese Eigenheit entspringt anscheinend dem Wunsch, einem künftigen Zustrom umherstreifender Vögel zu wehren, die an der mühseligen Errichtung des Lagerplatzes nicht mitgewirkt haben. Eine Seite des so markierten Platzes verläuft parallel zum Saum des Wassers und wird für den An- oder Abflug offen gelassen.

Hat die Kolonie dergestalt die Grenzlinien des Nistplatzes festgelegt, beginnt sie, diesen von jeder Art Unrat zu säubern, Stein für Stein aufzulesen und über die Linien zu tragen, jedoch so dicht daran, daß auf den drei landwärtigen Seiten ein Wall entsteht. Unmittelbar an diesem Wall wird innen ein glatter und völlig ebener Gang von sechs bis acht Fuß geschaffen, der den gesamten Lagerplatz umsäumt – und so als allgemeine Promenade dient.

Der nächste Arbeitsgang besteht in der Aufteilung des

ganzen Bereichs in kleine, genau gleichgroße Quadrate. Dies wird durch das Anlegen schmaler und sehr glatter Pfade erreicht, die sich jeweils im rechten Winkel kreuzen und die ganze Fläche des Nistplatzes überziehen. An jedem Schnittpunkt dieser Pfade legt ein Albatros sein Nest an und der Pinguin das seinige im Mittelpunkt des Quadrats – so daß jeder Pinguin von vier Albatrossen umgeben ist und jeder Albatros von der gleichen Zahl Pinguine. Das Pinguinnest besteht aus einer sehr flachen Mulde, gerade tief genug, um zu verhindern, daß das einzige Ei herausrollt. Der Albatros gibt sich beim Nestbau mehr Mühe, er errichtet einen kleinen Hügel, etwa einen Fuß hoch und zwei Fuß im Durchmesser, bestehend aus Erde, Seegras und Muscheln. Auf dem Gipfel baut er sein Nest.

Die Vögel lassen es sich besonders angelegen sein, während der Brutzeit und bis die junge Nachkommenschaft in der Tat kräftig genug ist, für sich selbst zu sorgen, ihre Nester auch nicht einen Augenblick unbesetzt zu lassen. Ist das Männchen auf See, um nach Futter zu suchen, bleibt das Weibchen auf seinem Posten und wagt sich erst nach Rückkehr des Partners davon weg. So werden die Eier nie unbedeckt gelassen – wenn ein Vogel das Nest verläßt, läßt sich der andere an seiner Statt nieder. Die auf den Nistplätzen verbreitete Neigung zu Diebstahl, da die Bewohner keine Bedenken haben, sich bei jeder passenden Gelegenheit die Eier zu stehlen, macht diese Vorkehrung notwendig.

Obwohl es einige Nistplätze gibt, wo Pinguin und Albatros die einzigen Bewohner sind, kann man auf den meisten eine Vielzahl von Seevögeln antreffen, die sich alle gleichen Bürgerrechts erfreuen und ihre Nester hier und dort anlegen, wo immer sie Platz finden, niemals jedoch bei den Liegeplätzen größerer Arten. Solch ein Nistplatz bietet, aus einiger Entfernung betrachtet, ein überaus eigenartiges Bild. Der ganze Himmel über der Vogelsiedlung wird durch die ungeheure Zahl von Albatrossen und kleineren Vogelarten verdunkelt, die ständig darüber schweben und entweder zur See abstreichen oder heimkehren. Gleichzeitig kann man eine Unmenge von Pinguinen beobachten; einige spazieren auf den engen Wegen hin und her, andere marschieren mit der ihnen eigenen militärisch stolzen Haltung die allgemeine Promenade entlang, die den Nistplatz umgibt. Kurzum, betrachtet man dies alles, wie wir es taten, so kann nichts größeres Erstaunen auslösen als die kluge Überlegung, die diese gefiederten Wesen an den Tag legen, und ganz gewiß ist schwerlich etwas geeigneter, in jedem wohlgeordneten menschlichen Verstand Nachdenklichkeit hervorzurufen.

Am Morgen nach unserer Ankunft im Christmas-Hafen nahm der Obermaat, Mr. Patterson, die Boote und machte sich auf die Suche nach Robben (obwohl es für die Jahreszeit noch etwas zu früh war), wobei er den Kapitän und einen jungen Verwandten von ihm auf einem Stück unfruchtbaren Landes in westlicher Richtung absetzte, die dort im Inneren des Eilands ein Geschäft zu betreiben hatten, dessen Charakter ich nicht ermitteln konnte. Kapitän Guy nahm eine Flasche mit, in der sich ein versiegelter Brief befand, und begab sich von dem Punkt, wo man ihn an Land gesetzt hatte, zu einem der höchsten Gipfel am Ort. Höchstwahrscheinlich beabsichtigte er, auf dieser Anhöhe einen Brief für irgendein Schiff zu hinterlassen, das seiner Erwartung nach bald hier eintreffen würde. Sobald er außer Sicht war, setzten wir (Peters und ich saßen mit im Boot des Maats) unsere Kreuzfahrt die Küste entlang fort und hielten nach Robben Ausschau. Diese Tätigkeit nahm uns etwa drei Wochen lang in Anspruch, wobei wir jede Ecke und jeden Winkel mit großer Sorgfalt untersuchten, nicht nur auf Kerguelen-Land, sondern auch an einigen kleinen Inseln in der Nachbarschaft. Unsere Mühe wurde indes nicht durch irgendeinen wesentlichen Erfolg gelohnt. Wir sahen sehr viele Pelzrobben, aber sie waren ungemein scheu, und selbst unter größten Anstrengungen konnten wir nur alles in allem dreihundertundfünfzig Felle gewinnen. See-Elefanten gab es die Menge, besonders an der Westküste der Hauptinsel, aber davon erlegten wir lediglich zwanzig, und auch diese nur mit großer Schwierigkeit.

Auf den kleineren Inseln entdeckten wir eine große Zahl von Haarrobben, ließen sie jedoch in Frieden. Am Elften kehrten wir zum Schoner zurück, wo wir Kapitän Guy und seinen Neffen vorfanden, welche einen sehr ungünstigen Bericht über das Landesinnere lieferten und es als eine der trostlosesten und äußerst unfruchtbaren Gegenden der Welt darstellten. Infolge eines Mißverständnisses zwischen ihnen und dem Zweiten Maat, der ihnen ein Beiboot des Schoners schicken sollte, um sie abzuholen, hatten sie zwei Nächte auf der Insel verbracht.

Kapitel XV

Am Zwölften setzten wir Segel, um vom Christmas-Hafen unsere Fahrt nach Westen wiederaufzunehmen, und ließen Marion's Island, eine Insel der Crozet-Gruppe, an Backbord liegen. Danach passierten wir die Prinz-Edward-Insel und ließen sie gleichfalls links liegen. Sodann steuerten wir weiter nordwärts und erreichten nach fünfzehn Tagen die Inseln Tristan da Cunha auf einer Breite von 37° 8′ S und einer Länge von 12° 8′ W.

Diese heute so wohlbekannte, aus drei runden Inseln bestehende Gruppe wurde zuerst durch einen Portugiesen entdeckt und später, 1643, von den Holländern und 1767 von den Franzosen aufgesucht. Die drei Inseln bilden ein Dreieck und sind etwa zehn Meilen voneinander entfernt, wobei zwischen ihnen schöne, offene Passagen bestehen. Das Land ragt auf allen dreien sehr hoch auf, besonders auf Tristan da Cunha, das mit Recht so genannt wird. Diese größte Insel der Gruppe mit einem Umfang von fünfzehn Meilen erhebt sich so hoch, daß sie bei klarem Wetter auf eine Entfernung von achtzig oder neunzig Seemeilen ausgemacht werden kann. Ein Teil des Landes steigt nach Norden über tausend Fuß senkrecht aus der See. Auf dieser Höhe breitet sich eine Hochebene fast bis zum Mittelpunkt der Insel, und aus dieser Ebene ragt steil ein Bergkegel auf wie der von Teneriffa. Auf der unteren

Hälfte dieses Kegels stehen Bäume ziemlicher Größe, die obere hingegen besteht aus blankem Fels und ist meist in den Wolken verborgen und während des größten Teils des Jahres von Schnee bedeckt. Um die Insel liegen weder Sandbänke noch andere gefährliche Stellen, die Küsten sind bemerkenswert steil, und das Wasser ist tief. An der Nordwestküste befindet sich eine Bucht mit einem Strand von schwarzem Sand, wo Boote leicht anlanden können, vorausgesetzt, es weht ein südlicher Wind. Hier kann man sich bequem mit reichlich Wasser von ausgezeichneter Qualität versorgen, auch kann man mit Haken und Schnur dem Kabeljau und anderen Fischen nachstellen.

Die nächstgroße und am westlichsten gelegene Insel dieser Gruppe wird Inaccessible genannt. Ihre genaue Lage wird mit 37° 17′ südlicher Breite und 12° 24′ westlicher Länge angegeben. Sie hat einen Umfang von sieben oder acht Meilen, ragt steil auf und macht allerorts einen abweisenden Eindruck. Ihr Gipfel ist völlig flach und die ganze Region unfruchtbar, nichts wächst darauf außer einigen verkümmerten Sträuchern.

Nightingale Island, die kleinste und südlichste Insel, befindet sich auf einer Breite von 37° 26′ S und einer Länge von 12° 12′ W. Ihrer Südspitze vorgelagert ist eine hohe Kette kleiner Felseninseln; einige von gleicher Gestalt sind nordöstlich zu erkennen. Der Boden ist uneben und unfruchtbar und wird teilweise von einem tiefen Tal zerschnitten.

Zur richtigen Jahreszeit bieten die Küsten dieser Inseln einen Überfluß an Seelöwen, See-Elefanten, Haar- und Pelzrobben nebst einer großen Vielfalt von Seevögeln. Auch Wale gibt es die Menge in der Umgebung. Wegen der Leichtigkeit, mit der diese verschiedenen Tiere hier früher erlegt werden konnten, wurde die Inselgruppe seit ihrer Entdeckung häufig aufgesucht. Holländer und Franzosen steuerten sie schon in sehr früher Zeit an. 1790 landete Kapitän Patten mit der ›Industry‹ aus Philadelphia in Tristan da Cunha, wo er sich sieben Monate (von August 1790 bis April 1791) mit der Absicht aufhielt, Robbenfelle zu

sammeln. Während dieser Zeit brachte er es auf nicht weniger als fünftausendsechshundert Stück, und nach seinen
Worten wäre es ihm ein leichtes gewesen, ein großes Schiff
binnen drei Wochen mit Öl zu beladen. Bei seiner Ankunft fand er keine Vierbeiner vor mit Ausnahme einiger
wilder Ziegen; heutzutage bietet die Insel einen Überfluß
all unserer wertvollsten Haustiere, die durch die nachfolgenden Seefahrer hier eingeführt worden waren.

Ich glaube, es war nicht lange nach Kapitän Pattens Besuch, als Kapitän Colquhoun mit der amerikanischen
Brigg ›Betsey‹ die größte der Inseln anlief, um seine Vorräte zu erneuern. Er pflanzte Zwiebeln, Kartoffeln und
Kohl sowie eine große Menge anderen Gemüses, von dem
man nun die Fülle vorfindet.

1811 besuchte ein Kapitän Haywood mit der ›Nereus‹ Tristan da Cunha. Er traf hier drei Amerikaner an, die sich
auf der Insel niedergelassen hatten, um Robbenfelle und
Öl vorzubereiten. Einer dieser Männer hieß Jonathan Lambert und bezeichnete sich als Herren des Landes. Er hatte
etwa sechzig Morgen Land gerodet und bebaut und widmete jetzt besondere Aufmerksamkeit dem Anbau der Kaffeepflanze und des Zuckerrohrs, mit dem ihn der amerikanische Gesandte in Rio de Janeiro ausgestattet hatte. Diese
Siedlung wurde indes schließlich aufgegeben, und 1817 ergriff die britische Regierung von den Inseln Besitz, zu welchem Zweck sie vom Kap der Guten Hoffnung einen Flottenverband aussandte. Sie hielt sie jedoch nicht lange, aber
als Großbritannien seine Besitzrechte über das Land aufgab, nahmen zwei oder drei englische Familien ungeachtet
des Regierungsentscheids hier ihren Wohnsitz. Am fünfundzwanzigsten März 1824 traf die ›Berwick‹ unter Kapitän
Jeffrey auf dem Weg von London nach Van Diemen's
Land hier ein, wo sie einen Engländer namens Glass vorfanden, ehemals Corporal bei der britischen Artillerie. Er
behauptete, oberster Gouverneur der Inseln zu sein, und
hatte einundzwanzig Männer und drei Frauen unter seiner
Kontrolle. Er lieferte einen sehr günstigen Bericht über das
zuträgliche Klima und die reichen Bodenerträge. Die Be

wohner beschäftigten sich hauptsächlich mit der Gewinnung von Robbenfellen und See-Elefantenöl, mit welchem sie bis zum Kap der Guten Hoffnung Handel trieben, da Glass einen kleinen Schoner besaß. Zum Zeitpunkt unseres Eintreffens war der Gouverneur noch ansässig, aber seine kleine Gemeinde hatte sich vervielfacht und ergab sechsundfünfzig Bewohner auf Tristan, neben einer kleineren Siedlung von sieben Seelen auf Nightingale Island. Wir hatten keine Schwierigkeit, fast jede Art frischer Lebensmittel zu erhalten, die wir benötigten – Schafe, Schweine, junge Bullen, Kaninchen, Geflügel, Ziegen, die verschiedensten Sorten Fisch und Gemüse waren in Überfluß vorhanden. Nachdem wir nahe der großen Insel bei achtzehn Faden Tiefe Anker geworfen hatten, nahmen wir alles, was wir brauchten, sehr bequem an Bord. Kapitän Guy kaufte Glass auch fünfhundert Robbenfelle und etwas Elfenbein ab. Wir blieben eine Woche hier, in welcher Zeit der Wind vorwiegend aus Nord und West blies und das Wetter etwas diesig war. Am fünften November setzten wir Segel nach Süden und Westen mit der Absicht, eine Inselgruppe, genannt die Auroras, gründlicher zu erforschen, über deren Existenz die Meinungen weit auseinandergingen.

Diese Inseln sollen bereits 1762 durch den Kommandant der ›Aurora‹ entdeckt worden sein. 1790 segelte Kapitän Manuel de Oyarvido mit der ›Princess‹, die der Königlich-Philippinischen Gesellschaft gehörte, nach seiner Versicherung geradeswegs zwischen sie. 1794 stach die spanische Korvette ›Atrevida‹ mit der festen Absicht in See, ihre genaue Lage zu ermitteln, und in einem Artikel aus dem Jahre 1809, veröffentlicht durch die Königlich-Hydrographische Gesellschaft von Madrid, wird über diese Expedition folgendes ausgesagt: ›Die Korvette ‚Atrevida‘ führte in der unmittelbaren Umgebung der Inseln vom einundzwanzigsten bis zum siebenundzwanzigsten Januar alle notwendigen Beobachtungen durch und maß mittels Chronometer den Längenunterschied zwischen diesen Inseln und dem Hafen Soledad auf den Manillas. Es handelt sich um drei

Inseln. Sie liegen fast alle auf demselben Meridian, die mittlere ist ziemlich flach, die anderen beiden sind bereits auf eine Entfernung von neun Seemeilen zu sehen.‹ Die an Bord der ›Atrevida‹ gemachten Beobachtungen liefern folgende Ergebnisse hinsichtlich der genauen Lage jeder Insel. Die nördlichste liegt auf einer Breite von 52° 37′ 24″ S und einer Länge von 47° 43′ 15″ W; die mittlere auf einer Breite von 53° 2′ 40″ S und einer Länge von 47° 55′ 15″ W und die südlichste auf einer Breite von 53° 15′ 22″ S und einer Länge von 47° 57′ 15″ W.

Am siebenundzwanzigsten Januar 1820 machte sich Kapitän James Weddell von der britischen Marine aus Staten Land ebenfalls auf die Suche nach den Aurora-Inseln. Er berichtet, daß er höchst sorgsam gesucht habe und nicht nur die vom Kommandanten der ›Atrevida‹ angegebenen Stellen unmittelbar abgefahren, sondern auch die Umgebung in jeder Richtung durchforscht habe, jedoch kein Anzeichen von Land feststellen konnte. Diese sich widersprechenden Erklärungen haben andere Seefahrer veranlaßt, nach den Inseln zu suchen, und so seltsam es klingen mag: Während einige jeden Zoll der See durchsegelt haben, wo man sie vermutet hatte, und sie dennoch nicht fanden, hat es nicht wenige gegeben, die mit Bestimmtheit erklärten, sie gesehen zu haben und sogar dicht an ihren Küsten gewesen zu sein. Kapitän Guys Absicht war nun, alles in seiner Macht Stehende zu tun, um die so seltsam umstrittene Frage endgültig zu klären.[1]

Wir hielten an unserem Kurs zwischen Süd und West bei veränderlichem Wetter fest, bis wir uns am Zwanzigsten des Monats in dem umstrittenen Gebiet befanden, nämlich auf einer Breite von 53° 15′ S und einer Länge von 47° 58′ W, das heißt, sehr nahe der Stelle, wo den Berichten zufolge die südlichste Insel der Gruppe liegen sollte. Da wir kein

1 Von den Schiffen, die zu verschiedenen Zeiten vorgegeben haben, auf die Aurora-Inseln gestoßen zu sein, seien hier erwähnt die ›San Miguel‹ 1769, die ›Aurora‹ 1774, die Brigg ›Pearl‹ 1779 und die ›Dolores‹ 1790. Sie geben einstimmig eine mittlere Breite von dreiundfünfzig Grad Süd an.

Anzeichen von Land entdeckten, fuhren wir weiter westlich des dreiundfünfzigsten Breitengrades Süd bis zum fünfzigsten Meridian West. Sodann segelten wir nördlich bis zum zweiundfünfzigsten Breitengrad Süd, wo wir uns ostwärts wandten und unsere Parallele durch doppelte Höhen, morgens und abends, und die Meridianhöhen der Planeten und des Mondes beibehielten. Als wir auf diese Weise ostwärts zum Meridian der Westküste von Südgeorgien gelangt waren, behielten wir diesen bei, bis wir wieder auf der Breite waren, von der wir aufgebrochen waren. Sodann segelten wir diagonale Kurse durch das ganze dergestalt umrissene Seegebiet, hielten ständig vom Mastkorb Ausschau und wiederholten unsere Untersuchung mit größter Sorgfalt über einen Zeitraum von drei Wochen, in welchem das Wetter bemerkenswert angenehm und schön war und ohne jeden Dunst. Natürlich waren wir äußerst befriedigt, festzustellen, daß, welche Inseln auch immer in diesen Meeresbreiten zu früheren Zeiten existiert haben mochten, heutzutage dennoch keine Spur von ihnen geblieben war. Seit meiner Heimkehr habe ich inzwischen herausgefunden, daß dasselbe Seegebiet mit gleicher Sorgfalt 1822 von Kapitän Johnson mit dem amerikanischen Schoner ›Henry‹ und durch Kapitän Morrell mit dem amerikanischen Schoner ›Wasp‹ durchforscht worden ist – in beiden Fällen mit gleichem Ergebnis wie dem unsrigen.

Kapitel XVI

Kapitän Guy hatte, nachdem er sich in bezug auf die Auroras Gewißheit verschafft hatte, ursprünglich beabsichtigt, die Magellanstraße zu durchfahren und sodann die Westküste von Patagonien entlang nach Norden zu segeln, aber die auf Tristan da Cunha erhaltenen Auskünfte veranlaßten ihn, sich südlich zu wenden in der Hoffnung, auf einige kleine Inseln zu treffen, die angeblich etwa auf einer Breite von 60° S und einer Länge von 41° 20′ W lagen. Sollte er diese nicht entdecken, plante er, den Südpol anzusteuern, sofern sich die Jahreszeit als günstig erweisen sollte. Dementsprechend segelten wir am zwölften Dezember in diese Richtung. Am achtzehnten befanden wir uns ungefähr in dem Gebiet, das Glass angegeben hatte, und kreuzten drei Tage lang, ohne irgendeine Spur von den Inseln zu finden, die er erwähnt hatte. Am Einundzwanzigsten war das Wetter ungewöhnlich schön, und wir segelten abermals nach Süden mit der Absicht, diesen Kurs so lange wie möglich beizubehalten. Ehe ich diesen Teil meines Berichts beginne, mag es sich als günstig erweisen, zur Information jener Leser, die den fortschreitenden Entdeckungen in diesen Gebieten nur geringe Aufmerksamkeit geschenkt haben, einen kurzen Überblick über die wenigen Versuche zu geben, die bislang unternommen wurden, um den Südpol zu erreichen.

Kapitän Cook war der erste, von dem wir einen eindeutigen Bericht haben. Er segelte 1772 mit der ›Resolution‹ nach Süden, begleitet von Lieutenant Furneaux auf der ›Adventure‹. Im Dezember befand er sich schon auf achtundfünfzig Grad südlicher Breite und einer Länge von 26° 57′ O. Er traf auf dichte, etwa acht oder zehn Zoll starke Eisfelder, die sich nach Nordwest und Südost ausbreiteten. Das Eis bildete große Flächen und war meist so dicht gepackt, daß das Schiff große Schwierigkeiten hatte, eine Passage zu erzwingen. Zu diesem Zeitpunkt mutmaßte Kapitän Cook an Hand der großen Zahl von Vögeln, die gesichtet wurden, und an Hand anderer Vorzeichen, daß er ganz in der Nähe von Land war. Er hielt an seinem Südkurs fest, obwohl außerordentlich kaltes Wetter einsetzte, bis er auf einer Länge von 38° 14′ O den vierundsechzigsten Breitengrad erreichte. Hier herrschte fünf Tage lang mildes Wetter mit sanften Brisen, und das Thermometer stand auf sechsunddreißig Grad Fahrenheit. Im Januar 1773 überquerten die Schiffe den antarktischen Polarkreis, konnten jedoch nicht viel weiter vordringen, denn bei Erreichen einer Breite von 67° 15′ sahen sie, daß eine ungeheure Eisbarriere, die sich, so weit das Auge reichte, über den südlichen Horizont erstreckte, jede Weiterfahrt unmöglich machte. Das Eis hatte vielerlei Gestalt – und einige große Tafeln von meilenweiter Ausdehnung bildeten eine kompakte, achtzehn oder zwanzig Fuß aus dem Wasser ragende Masse. Die Jahreszeit war schon weit vorgerückt, so bestand keine Hoffnung, diese Hindernisse zu umfahren, weshalb Kapitän Cook jetzt widerstrebend nordwärts steuerte.

Im folgenden November nahm er seine Suche in der Antarktis wieder auf. Bei 59° 40′ Breite stellte er eine starke Strömung fest, die ihn südwärts trieb. Als sich die Schiffe im Dezember auf einer Breite von 67° 23′ und einer Länge von 142° 54′ W befanden, herrschte außerordentliche Kälte, begleitet von schweren Stürmen und Nebel. Hier gab es ebenfalls Vögel die Fülle: den Albatros, den Pinguin und besonders den Peterel. Auf einer Breite von 70° 23′ stießen sie auf einige große Eisinseln, und kurz danach entdeckten sie, daß die Wolken im Süden schneeweiß aussahen, was auf die Nähe eines Eisfelds deutete. Auf einer Breite von 71° 10′ und einer Länge von 106° 54′ wurden die Seefahrer wie zuvor durch eine unermeßlich große Eisfläche, die das ganze Gebiet des südlichen Horizonts ausfüllte, an der Weiterfahrt gehindert. Die Nordkante dieser Fläche war zerklüftet und verwittert und so fest zusammengefügt, daß überhaupt kein Durchkommen war, außerdem streckte sie sich etwa eine Meile nach Süden. Die Eisfläche dahinter war über einige Entfernung vergleichsweise glatt, bis sie schließlich im äußersten Hintergrund an gigantische Ketten von Eisbergen stieß. Mr. J. N. Reynolds, dessen unermüdliche Bemühungen und Ausdauer schließlich dazu führten, daß eine nationale Expedition ausgeschickt wurde, teils auch zu dem Zweck, diese Gebiete zu erkunden, äußert sich wie folgt über den Versuch der ›Resolution‹: ›Wir sind nicht überrascht, daß Kapitän Cook nicht weiter als 71° 10′ vorstoßen konnte, aber wir sind erstaunt, daß er auf dem Meridian einen Punkt von 106° 54′ westlicher Länge erreichte. Palmer's-Land liegt südlich der Shetlandinseln auf einer Breite von vierundsechzig Grad und streckt sich weiter nach Süd und West, als je ein Seefahrer vorgedrungen ist. Cook strebte diesem Land zu, als seine Weiterfahrt durch das Eis aufgehalten wurde, was, wie wir befürchten, an diesem Punkt und zu so früher Jahreszeit wie dem sechsten Januar stets der Fall sein muß – und wir wären nicht überrascht, würde ein Teil der beschriebenen Eisberge an die Hauptmasse von Palmer's-Land oder einige andere Landteile grenzen, die weiter südlich und westlich liegen.‹

Alexander von Rußland schickte 1803 die Kapitäne Kreutzenstern und Lisiansky zu einer Weltumsegelung auf die Reise. In ihrem Bestreben, südlich zu fahren, gelangten sie nicht weiter als bis auf eine Breite von 59° 58' und eine Länge von 70° 15' W. Hier trafen sie auf starke Strömungen, die sie ostwärts trieben. Wale gab es die Fülle, aber von Eis keine Spur. Mr. Reynolds bemerkt zu dieser Reise: Wäre Kreutzenstern zu einer früheren Jahreszeit in diesem Gebiet eingetroffen, so hätte er auf Eis stoßen müssen – es war März, als er die angegebene Breite erreichte. Die dort vorwiegend aus Süd und West wehenden Winde hatten die Eistafeln, unterstützt durch Strömungen, in jene Eisregion getragen, die im Norden durch Neugeorgia, im Osten durch das Sandwich-Land und die Südlichen Orkneys und im Westen durch die Südlichen Shetland-Inseln begrenzt wird.

1822 drang Kapitän James Weddell von der britischen Marine mit zwei sehr kleinen Schiffen weiter nach Süden vor als je ein Seefahrer vor ihm, gleichfalls ohne daß er außergewöhnlichen Schwierigkeiten begegnete. Er berichtet, daß er zwar häufig durch Eis behindert wurde, *ehe* er den zweiundsiebzigsten Breitengrad erreichte, aber als er dort anlangte, war keine Spur mehr davon zu entdecken, und auf einer Breite von 74° 15' waren keine Eisfelder, nur noch drei Eisinseln zu sehen. Es ist etwas bedenkenswert, daß Weddell, obwohl große Scharen von Vögeln gesichtet wurden und noch andere übliche Anzeichen von Land vorhanden waren und obwohl südlich der Shetland-Inseln vom Mastkorb unbekannte Küsten zu sehen waren, die sich südwärts streckten, dennoch den Gedanken verwirft, daß in den Polargebieten des Südens Land existieren könne.

Am 11. Januar 1823 stach Kapitän Benjamin Morrell mit dem amerikanischen Schoner ›Wasp‹ von Kerguelen-Land mit dem Ziel in See, so weit südlich wie möglich vorzudringen. Am ersten Februar befand er sich auf einer Breite von 64° 52' und einer Länge von 118° 27'. Der folgende Abschnitt ist der Tagebucheintragung unter diesem Datum entnommen. ›Der Wind frischte bald zu einer Elf-Knoten-Brise auf, und wir nutzten diese Gelegenheit, nach Westen zu steuern; da wir indes überzeugt waren, daß um so weniger Eis zu befürchten sein werde, je weiter wir über den vierundsechzigsten Breitengrad nach Süden führen, steuerten wir ein wenig in diese Richtung, bis wir den antarktischen Polarkreis überquert hatten und uns auf einer Breite von 69° 15' O befanden. Hier gab es *kein Packeis*, wurden auch nur sehr wenige Eisinseln gesichtet.‹

Unter dem Datum des vierzehnten März finde ich noch diese Eintragung: ›Die See war nun völlig frei von Packeis, und wir sichteten höchstens ein Dutzend Eisinseln. Gleichzeitig betrug die Temperatur von Luft und Wasser mindestens dreizehn Grad mehr (war sie milder), als wir zwischen dem sechzigsten und zweiundsechzigsten südlichen Breitengrad gemessen hatten. Wir befanden uns jetzt auf einer Breite von 70° 14' S, und die Lufttemperatur maß siebenundvierzig Grad Fahrenheit, die des Wassers vierundvierzig. In dieser Situation stellte ich eine Abweichung der Magnetnadel von 14° 27' östlich fest, per Azimut. Ich habe den antarktischen Polarkreis mehrmals und auf verschiedenen Breitengraden in südlicher Richtung überquert und jedesmal bemerkt, daß sowohl die Luft- als auch die Wassertemperatur immer mehr anstieg, je weiter ich über den fünfundsechzigsten Grad südlicher Breite hinausgelangte, und daß sich die Abweichung im gleichen Verhältnis verringerte. Während wir nördlicher dieser Breite, sagen wir, zwischen sechzig und fünfundsechzig Grad Süd, häufig große Schwierigkeiten hatten, zwischen den ungeheueren und fast zahllosen Eisinseln, von denen einige einen Umfang

von ein bis zwei Meilen aufwiesen und mehr denn fünfhundert Fuß aus dem Wasser ragten, für das Schiff eine
Durchfahrt zu finden.‹

Da Kapitän Morrell fast kein Heizmaterial und Wasser
mehr hatte, es ihm ferner an geeigneten Instrumenten
fehlte und die Jahreszeit gleichfalls fortgeschritten war,
mußte er zurücksegeln, ohne zu versuchen, weiter westwärts vorzustoßen, obwohl die See völlig offen vor ihm lag.
Er äußerte die Ansicht, daß er hätte weiterfahren und,
wenn nicht den Pol selbst, so doch den fünfundachtzigsten
Breitengrad erreichen können, hätten diese allwaltenden
Erwägungen ihn nicht zur Umkehr gezwungen. Ich habe
seine Gedanken über diese Angelegenheiten hier ziemlich
breit dargelegt, damit der Leser Gelegenheit habe zu sehen,
wie weit sie durch meine eigene folgende Erfahrung bestätigt wurden.

1831 segelte Kapitän Biscoe im Auftrag der Herren
Enderby, Walfangschiffseigner in London, mit der Brigg
›Lively‹ nach der Südsee, begleitet von dem Kutter ›Tula‹.
Am achtundzwanzigsten Februar sichtete er auf einer
Breite von 66°30′ S und einer Länge von 47°31′ O Land und
›konnte durch den Schnee deutlich die schwarzen Gipfel
einer in ostsüdöstlicher Richtung verlaufenden Bergkette
erkennen‹. Er blieb den ganzen folgenden Monat in der Gegend, war jedoch infolge des ungestümen Wetters außerstande, sich der Küste weiter als auf zehn Seemeilen zu nähern. Da es sich als unmöglich erwies, zu dieser Jahreszeit
weitere Erkundungen durchzuführen, kehrte er nach Norden zurück, um auf Van Diemen's Land zu überwintern.

Anfang 1832 stach er abermals südwärts in See und war
am vierten Februar bereits südöstlich auf einer Breite von
67°15′ und einer Länge von 69°29′ W anzutreffen. Hier
stieß er bald auf eine Insel nahe dem Vorgebirge des Landes, das er zuerst entdeckt hatte. Am Einundzwanzigsten
des Monats glückte es ihm, darauf zu landen und sie im
Namen Williams IV. in Besitz zu nehmen, wobei er ihr zu
Ehren der englischen Königin den Namen Adelaide gab.
Als diese Einzelheiten der Royal Geographical Society of

London zur Kenntnis gegeben wurden, zog diese Körperschaft den Schluß, ›daß es einen fortlaufenden Landblock gibt, der sich von 47°30′ östlicher bis 69°29′ westlicher Länge erstreckt und von sechsundsechzig bis siebenundsechzig Grad südlicher Breite verläuft‹. Mr. Reynolds bemerkt zu dieser Schlußfolgerung: ›Wir halten keineswegs dafür, daß diese Annahme richtig ist; auch lassen Biscoes Entdeckungen keine solche Schlußfolgerung zu. Innerhalb dieser Grenzen fuhr Weddell auf einem Meridian östlich von Georgia, dem Sandwich-Land und den Südorkney- und Shetland-Inseln weiter nach Süden.‹ Man wird sehen, daß meine eigene Erfahrung auf sehr direkte Weise die Unrichtigkeit der Schlußfolgerung bezeugt, zu der die Gesellschaft gelangte.

Dies sind die hauptsächlichsten Versuche, die unternommen wurden, um in eine hohe südliche Breite vorzudringen, und man wird jetzt sehen, daß der antarktische Polarkreis vor der Reise der ›Jane‹ auf nahezu dreihundert Längengraden überhaupt noch nicht überquert worden war. So lag natürlich ein weites Entdeckungsfeld vor uns, und ich hörte mit allergrößtem Interesse Kapitän Guy seinen Entschluß verkünden, kühn nach Süden vorzustoßen.

Kapitel XVII

Als wir die Suche nach Glass' Inseln aufgegeben hatten, behielten wir unseren Südkurs vier Tage lang bei, ohne auf irgendwelches Eis zu stoßen. Am Sechsundzwanzigsten mittags befanden wir uns auf einer Breite von 63°23′ S und einer Länge von 41°25′ W. Nun erblickten wir mehrere große Eisinseln und eine Packeistafel von jedoch nicht allzu großer Ausdehnung. Die Winde wehten allgemein aus Südost oder Nordost, waren aber sehr leicht. Wann immer wir Westwind hatten, was selten der Fall war, wurde er gewißlich von einer Regenbö begleitet. Es schneite mehr oder weniger jeden Tag. Das Thermometer stand am Siebenundzwanzigsten auf fünfunddreißig Grad F.

1.Januar 1828. – An diesem Tag sahen wir uns völlig vom Eis eingeschlossen, und unsere Aussichten waren in der Tat unerquicklich. Während des ganzen Vormittags wehte ein starker Sturmwind von Nordost und trieb große Schollen Treibeis mit solcher Heftigkeit gegen Ruder und Gillung, daß wir alle um die Folgen bangten. Gegen Abend wütete der Sturm noch immer grimmig, ein großes Eisfeld vor uns barst und ermöglichte es uns, mit vollen Segeln eine Durchfahrt durch die kleineren Schollen in das dahinter liegende offene Wasser zu erzwingen. Während wir uns dieser Fläche näherten, holten wir die Segel nach und nach ein, und als wir schließlich klargekommen waren, drehten wir mit einem einfach gerefften Focksegel bei.

2.Januar. – Wir hatten jetzt recht erträgliches Wetter. Zu Mittag befanden wir uns nach Passieren des antarktischen Polarkreises auf einer Breite von 69° 10′ S und einer Länge von 42° 20′ W. In südlicher Richtung war sehr wenig Eis auszumachen, obwohl große Felder davon hinter uns lagen. Heute konstruierten wir aus einem großen, eisernen, etwa zwanzig Gallonen fassenden Topf und einer Schnur von zweihundert Faden eine Art Tiefenlot. Damit stellten wir fest, daß die Strömung uns mit einer Geschwindigkeit von etwa einer Viertelmeile pro Stunde nach Norden trieb. Die Lufttemperatur betrug jetzt etwa dreiunddreißig Grad F. Hier vermerkten wir eine Abweichung von 14° 28′ östlich, per Azimut.

5.Januar. – Wir konnten unseren Südkurs noch ohne allzu große Behinderung beibehalten. Heute morgen jedoch wurden wir auf einer Breite von 73° 15′ O und einer Länge von 42° 10′ W wieder durch eine ungeheure Fläche festen Eises zum Stillstand gebracht. Dessenungeachtet sahen wir südlich viel offenes Wasser und zweifelten nicht, dies letztendlich erreichen zu können. Nachdem wir die Kante der Eistafel entlang nach Osten gefahren waren, gelangten wir schließlich an eine etwa eine Meile breite Durchfahrt, wo wir uns bis zum Sonnenuntergang hindurchmanövrierten. Die See, in der wir uns nun befanden, war dicht von Eisinseln übersät, trug jedoch kein Packeis, und wir fuhren unverzagt weiter wie bisher. Die Kälte schien nicht zuzunehmen, obwohl es jetzt sehr häufig schneite und dann und wann Hagelböen von großer Heftigkeit niedergingen. Gewaltige Scharen von Albatrossen flogen von Südost nach Nordwest heute über unseren Schoner hinweg.

7. Januar. – Die See blieb noch immer ziemlich offen, so daß wir unseren Kurs ohne Mühe beibehalten konnten. Im Westen sahen wir einige Eisberge unglaublicher Größe, und am Nachmittag fuhren wir sehr nahe an einem davon vorbei, dessen Spitze sich mindestens vierhundert Faden über der Wasseroberfläche befand. Der Umfang seiner Basis betrug wahrscheinlich eine dreiviertel Seemeile, und aus den Klüften an seinen Flanken sprudelten mehrere Sturzbäche. Wir hatten diese Eisinsel noch zwei Tage in Sicht, erst dann verschwand sie in einer Nebelwand.

10. Januar. – Heute am frühen Morgen hatten wir das Unglück, einen Mann zu verlieren. Es war ein Amerikaner namens Peter Vredenburgh, in New York gebürtig, einer der schätzenswertesten Leute an Bord des Schoners. Als er über den Bug stieg, glitt er aus und fiel zwischen zwei Eisschollen, ohne wieder an die Oberfläche zu kommen. Am Mittag dieses Tages befanden wir uns auf einer Breite von 78° 30′ und einer Länge von 40° 15′ W. Die Kälte war nun außerordentlich, und ständig überfielen uns Hagelböen von Nord und Ost. In dieser Richtung sahen wir auch einige größere Eisberge, und im Osten schien der ganze Horizont von einem Eisfeld blockiert zu sein, das sich in Schichten auftürmte, eine Eismasse über der anderen. Während des Abends trieb etwas Treibholz vorbei, und große Mengen von Vögeln flogen über uns hinweg, darunter Nellies, Peterels, Albatrosse und ein großer Vogel mit leuchtend blauem Federkleid. Die Abweichung per Azimut betrug hier weniger als zuvor bei Überqueren des Polarkreises.

12. Januar. – Unser Vordringen nach Süden erschien wieder zweifelhaft, da in Richtung des Pols nichts anderes zu sehen war als eine offensichtlich grenzenlose Eistafel,

unterstützt von einem wahren Gebirge zerklüfteten Eises, bei dem sich eine Klippe düster über der anderen türmte. Wir segelten bis zum Vierzehnten weiter westwärts in der Hoffnung, einen Eingang zu finden.

14. Januar. – Heute morgen erreichten wir die Westspitze des Eisfeldes, das uns behindert hatte, und als wir es luvwärts umschifften, kamen wir an eine offene See ohne jede Spur von Eis. Beim Loten mit zweihundert Faden stellten wir eine Südströmung mit einer Geschwindigkeit von einer halben Meile pro Stunde fest. Die Lufttemperatur betrug siebenundvierzig, die des Wassers vierunddreißig Grad F. Wir segelten jetzt südwärts, ohne daß unsere Fahrt in irgendeiner Weise unterbrochen wurde, bis wir uns am Sechzehnten mittags auf einer Breite von 81° 21′ und einer Länge von 42° W befanden. Hier loteten wir abermals und stellten eine fortdauernde Südströmung mit einer Geschwindigkeit von einer dreiviertel Meile pro Stunde fest. Die Abweichung per Azimut hatte sich verringert, die Lufttemperatur war mild und angenehm, das Thermometer zeigte einundfünfzig Grad F. Zu diesem Zeitpunkt war kein Stück Eis zu entdecken. Alle Mann an Bord waren nun überzeugt, daß wir den Südpol erreichen würden.

17. Januar. – Ein Tag voller Ereignisse. Unzählige Vogelschwärme flogen über uns hinweg nach Süden, und wir schossen ein paar Tiere von Deck aus ab. Eines davon, eine Art Pelikan, ergab eine vorzügliche Mahlzeit. Gegen Mittag wurde vom Mastkorb backbord voraus eine kleine Eistafel gesichtet, auf der sich ein großes Tier zu befinden schien. Da das Wetter gut und nahezu ruhig war, befahl Kapitän Guy, zwei Boote auszusetzen, um zu sehen, was es war. Dirk Peters und ich begleiteten den Maat in dem größeren Boot. Als wir uns dem Eis näherten, erkannten wir, daß es von einem riesigen Exemplar der Gattung des arktischen Eisbären besetzt war, das hinsichtlich der Größe das gewaltigste dieser Tiere indes weit übertraf. Da wir gut bewaffnet waren, hatten wir keine Bedenken, es sofort anzugreifen. Einige Schuß wurden in schneller Folge abgefeuert, von denen die meisten offensichtlich den Kopf und Körper

trafen. Keineswegs abgeschreckt, stürzte sich das Ungeheuer jedoch vom Eis ins Wasser und schwamm mit offenem Rachen zu dem Boot, in dem sich Peters und ich befanden. Infolge der Verwirrung, die uns angesichts dieser unerwarteten Wendung der Dinge ergriffen hatte, war niemand gerüstet, sofort einen zweiten Schuß abzufeuern, und der Bär brachte es tatsächlich zuwege, seinen gewaltigen Körper zur Hälfte über unser Boot zu werfen und einen der Männer am Kreuz zu packen, ehe wirksame Mittel gefunden wurden, ihn zurückzustoßen. In dieser äußersten Not rettete uns nur Peters' Geistesgegenwart und Gewandtheit vor der Vernichtung. Er sprang dem riesigen Tier auf den Rücken, stieß ihm die Messerklinge ins Genick und erreichte auch gleich das Rückenmark. Die Bestie plumpste leblos und ohne sich zu widersetzen in die See und schleuderte Peters im Fallen über Bord. Dieser kam bald wieder zu sich, man warf ihm ein Tau zu, und er machte den toten Bären fest, ehe er wieder ins Boot kletterte. Im Triumph kehrten wir nun zu dem Schoner zurück, unsere Beute im Schlepp. Der Bär maß in seiner größten Ausdehnung volle fünfzehn Fuß. Sein Fell war vollständig weiß, sehr rauh und dicht gekräuselt. Die Augen waren blutrot und größer als die des arktischen Eisbären, die Schnauze war auch mehr gerundet und erinnerte fast an die einer Bulldogge. Das Fleisch war zart, schmeckte jedoch sehr nach Tran und Fisch; gleichwohl verzehrten die Männer es später mit Begierde und erklärten, daß es ihnen ausgezeichnet schmecke.

Kaum hatten wir unsere Beute längsseits genommen, als der Mann im Mastkorb freudig ausrief: *»Steuerbord voraus Land in Sicht!«* Alle Mann waren nun äußerst wachsam, und da gerade zur rechten Zeit eine Brise von Nord und Ost aufkam, befanden wir uns bald dicht unter der Küste. Es war eine flache Felseninsel von etwa einer Seemeile Umfang und bis auf eine Art dorniger Birnbäume bar jeder Vegetation. Nähert man sich ihr von Norden, erkennt man eine eigenartige Felsenkette, die in die See ragt und stark an von Stricken umschnürte Baumwollballen erinnert.

Westlich hinter dieser Felsenwand liegt eine schmale Bucht, an deren Ufersaum unsere Boote eine bequeme Landemöglichkeit hatten.

Wir brauchten nicht lange, um jeden Teil der Insel zu erkunden, indes fanden wir mit einer Ausnahme nichts, was unsere Beachtung verdient hätte. An der Südspitze lasen wir nahe der Küste und halb unter einem Haufen lockeren Gesteins verborgen ein Stück Holz auf, das wohl einmal der Bug eines Kanus gewesen war. Offensichtlich hatte man versucht, daran herumzuschnitzen, und Kapitän Guy glaubte, die Gestalt einer Schildkröte zu erkennen, aber ich sah keine besondere Ähnlichkeit. Außer dem Bug, sofern es einer war, entdeckten wir kein anderes Anzeichen, daß je ein lebendes Wesen hier gewesen war. In der Umgebung der Küste trieben vereinzelt kleine Eistafeln, aber es waren sehr wenig. Die genaue Position der kleinen Insel (der Kapitän Guy zu Ehren des anderen Miteigentümers des Schoners den Namen Bennett's Islet gab) ist mit einer Breite von 82° 50′ S und mit einer Länge von 42° 20′ W anzugeben.

Wir waren nun mehr als acht Grad weiter nach Süden vorgedrungen denn je ein Seefahrer zuvor, und die See lag noch völlig offen vor uns. Auch fanden wir, daß die Abweichung gleichmäßig absank, während wir weitersegelten, und, was noch überraschender war, daß die Lufttemperatur und später auch die des Wassers anstieg. Das Wetter wäre sogar als angenehm zu bezeichnen gewesen, und wir hatten eine stete, aber sehr sanfte Brise konstant von einem bestimmten nördlichen Punkt des Kompasses festgestellt. Der Himmel war meist klar, dann und wann nur tauchte am südlichen Horizont ein feiner Dunstschleier auf − indes war dieser stets von kurzer Dauer. Lediglich zwei Schwierigkeiten boten sich unserem Blick: Langsam mangelte es uns an Heizmaterial, und einige Leute der Mannschaft zeigten Symptome von Skorbut. Diese Erwägungen ließen es Kapitän Guy geraten erscheinen, die Rückkehr ins Auge zu fassen, und er sprach häufig davon. Zuversichtlich, wie ich war, daß wir bei Beibehaltung des Kurses bald irgendeine Art Land erreichen würden, wobei ich nach den gegenwärtigen Anzeichen allen Grund hatte anzunehmen, daß dieses nicht von so unfruchtbarer Natur sein werde wie in höheren arktischen Breiten, betonte ich ihm gegenüber sehr inständig die Nützlichkeit, die Richtung, die wir eingeschlagen hatten, zumindest noch für einige Tage beizubehalten. Eine so verführerische Gelegenheit, die große Streitfrage in bezug auf einen antarktischen Kontinent zu lösen, hatte sich dem Menschen bislang nie geboten, und ich muß gestehen, daß ich vor Entrüstung schier aus der Haut fuhr ob der kleinmütigen und so zur Unzeit vorgebrachten Andeutungen unseres Kommandanten. Ich glaube in der Tat, daß das, was ihm in dieser Hinsicht zu sagen ich nicht umhin konnte, doch die Wirkung hatte, ihn zur Weiterfahrt zu veranlassen. Während ich daher die so unglückseligen und blutigen Ereignisse, die mein Ratschlag unmittelbar zur Folge hatte, nur im höchsten Maße beklagen kann, sei mir dennoch erlaubt, eine gewisse Befriedigung darüber zu empfinden, daß ich zumindest in entferntem Maße förderlich gewesen bin, dem Auge der Wissenschaft eines der aufregendsten Geheimnisse zu enthüllen, das je seine Aufmerksamkeit auf sich gezogen hat.

Kapitel XVIII

18. Januar. – Heute morgen[1] fuhren wir bei demselben angenehmen Wetter wie zuvor weiter südlich. Die See war völlig glatt, die Luft bei Nordostwind erträglich warm, die

[1] Die Begriffe ›Morgen‹ und ›Abend‹, die ich in meinem Bericht benutzt habe, um Unübersichtlichkeit weitestgehend auszuschließen, dürfen natürlich nicht im üblichen Sinne verstanden werden. Seit geraumer Zeit schon hatten wir überhaupt keine Nacht mehr, herrschte ständig Tageslicht. Die Daten beziehen sich durchweg auf die nautische Zeit, und die Peilung muß nach Kompaß verstanden werden. Auch möchte ich an dieser Stelle bemerken, daß ich im ersten Teil dessen, was hier geschrieben steht, keinen Anspruch auf absolute Genauigkeit in bezug auf die Da-

Wassertemperatur dreiundfünfzig Grad F. Wir brachten unser Lotgerät wieder in Ordnung und stellten bei einer Tiefe von hundertundfünfzig Faden eine Strömung fest, die uns mit einer Geschwindigkeit von einer Meile pro Stunde auf den Pol zutrieb. Diese ständige Südtendenz von Wind und Strömung rief in einigen Quartieren des Schoners ein gewisses Maß von Nachdenklichkeit, ja sogar Unruhe hervor, und ich sah deutlich, daß Kapitän Guy in nicht geringem Maße davon beeindruckt wurde. Er war jedoch sehr darauf bedacht, sich nicht lächerlich zu machen, und ich fand schließlich eine Gelegenheit, ihn ob seiner Besorgnis auszulachen. Die Abweichung war jetzt sehr geringfügig. Im Verlauf des Tages sichteten wir einige große Wale der echten Gattung, und unzählige Scharen von Albatrossen flogen über unser Schiff. Auch fischten wir einen Busch voller roter Beeren wie jene des Hagedorns aus dem Wasser sowie den Körper eines eigenartig aussehenden Landtiers. Es war drei Fuß lang und nur sechs Zoll hoch, hatte vier sehr kurze Beine und an den Füßen lange, scharlachrot leuchtende Krallen, die in ihrer Substanz einer Koralle ähnelten. Der Körper war mit glattem, seidigem Haar bedeckt und völlig weiß. Der Schwanz lief spitz zu wie bei einer Ratte und war ungefähr anderthalb Fuß lang. Der Kopf erinnerte an den einer Katze mit Ausnahme der Ohren – sie hingen herab wie bei einem Hund. Die Zähne leuchteten ebenso scharlachrot wie die Krallen.

19. Januar. – Heute sichteten wir auf einer Breite von 83° 20′ und einer Länge von 43° 5′ W (und bei einer außerordentlich dunkel gefärbten See) vom Mastkorb abermals Land und stellten bei näherer Betrachtung fest, daß es zu einer Gruppe sehr großer Inseln gehörte. Die Küste ragte steil auf, und das Innere schien dicht bewaldet zu sein, ein Umstand, der bei uns große Freude auslöste. Etwa vier

ten oder geographischen Höhen und Breiten erheben kann, da ich über den Zeitraum, den dieser erste Teil behandelt, nicht regelmäßig Tagebuch geführt habe, sondern erst danach. In vielen Fällen habe ich mich völlig auf mein Erinnerungsvermögen verlassen.

Stunden nach der ersten Entdeckung des Landes warfen wir bei zehn Faden Tiefe und sandigem Meeresboden eine Seemeile von der Küste entfernt Anker, da eine hohe Brandung mit starker Wellenkräuselung eine weitere Annäherung wenig ratsam erscheinen ließ. Nun wurden die zwei größten Boote ausgeschickt, und eine wohlbewaffnete Gruppe (zu der auch Peters und ich gehörten) machte sich auf, um in dem Riff, das die Insel zu umgeben schien, nach einer Öffnung Ausschau zu halten. Nachdem wir einige Zeit gesucht hatten, entdeckten wir einen Zugang, den zu durchfahren wir gerade im Begriff waren, als wir vier große Kanus von der Küste ablegen sahen, besetzt mit Männern, die gleichfalls wohlbewaffnet zu sein schienen. Wir warteten, daß sie sich uns nähern würden, und da sie sich mit großer Schnelligkeit vorwärts bewegten, waren sie bald in Rufweite. Kapitän Guy hielt nun ein weißes Taschentuch hoch, das er an einem Ruderblatt befestigt hatte, worauf die Fremden sofort anhielten und mit einemmal lautes Geschnatter einsetzte, vermischt mit gelegentlichen Freuderufen, bei denen wir nur die Worte *Anamoo-moo!* und *Lama-Lama!* verstanden. Dies währte mindestens eine halbe Stunde, so daß wir genug Gelegenheit hatten, ihr Äußeres zu betrachten.

Die vier Kanus, die in der Länge etwa fünfzig Fuß und in der Breite fünf Fuß maßen, waren von insgesamt einhundertundzehn Wilden besetzt. Sie hatten etwa die gewöhnliche Statur der Europäer, waren jedoch muskulöser und von sehniger, kräftiger Gestalt. Ihre Gesichter waren pechschwarz, das Haar war dicht und langgelockt. Als Kleidung dienten ihnen die zottigen und seidigen Felle eines uns unbekannten schwarzen Tieres, die mit einigem Geschick so zugeschnitten waren, daß sie sich den Körperformen anpaßten, wobei das Haar außer am Hals, an den Handgelenken und Fußknöcheln nach innen gekehrt war. Ihre Waffen bestanden hauptsächlich aus Knüppeln, die aus dunklem und offensichtlich sehr schwerem Holz gefertigt waren. Wir entdeckten jedoch auch einige Speere mit Feuersteinspitzen und einige Fangschlingen. Die Böden der Kanus waren von schwarzen, etwa hühnereigroßen Steinen bedeckt.

Als sie ihre Ansprache beendet hatten (denn es war klar, daß das Geschnatter eine solche darstellen sollte), stand einer von ihnen, anscheinend der Häuptling, am Bug seines Kanus auf und gab uns Zeichen, mit unseren Booten bei ihm längsseits zu gehen. Wir taten, als verstünden wir diesen Hinweis nicht, denn wir hielten es für ratsamer, den Abstand zwischen uns möglichst beizubehalten, da ihre Zahl die unsrige um mehr als das Vierfache übertraf. Als der Häuptling dies erkannte, befahl er den drei anderen Kanus zurückzubleiben, während er sich uns mit seinem näherte. Kaum hatte er uns erreicht, sprang er an Bord des größten unserer Boote, ließ sich neben Kapitän Guy nieder und wies auf den Schoner, wobei er ständig die Worte *Ana-moo-moo!* und *Lama-Lama!* wiederholte. Wir fuhren nun zum Schiff zurück, und die vier Kanus folgten in geringer Entfernung.

Als wir längsseits gingen, zeigte der Häuptling Symptome größter Überraschung und Freude, klatschte in die Hände, auf seine Schenkel und die Brust und lachte überlaut. Seine Begleiter taten es ihm nach, und einige Minuten lang war der Lärm dieser Freudebekundungen so außerordentlich, daß er uns nachgerade betäubte. Als die Ruhe schließlich wiederhergestellt war, befahl Kapitän Guy, daß die Boote hochgehievt wurden, eine notwendige Vorsichtsmaßnahme, und gab dem Häuptling (dessen Name Too-wit lautete, wie wir sehr bald herausfanden) zu verstehen, daß wir nicht mehr als zwanzig seiner Männer auf einmal an Deck lassen konnten. Er schien mit dieser Maßnahme völlig zufrieden zu sein und gab den Kanus entsprechende Anweisungen, worauf eines von ihnen näher kam und die übrigen etwa fünfzig Yards entfernt blieben. Zwanzig der Wilden kamen nun an Bord und begannen über sämtliche Decks zu schwärmen und in der Takelage herumzuklettern; sie taten, als ob sie auf dem Schiff zu Hause wären, und untersuchten jeden Gegenstand äußerst gründlich.

Es war ganz offensichtlich, daß sie nie zuvor einen Menschen der weißen Rasse zu Gesicht bekommen hatten –

vor dessen Hautfarbe sie in der Tat zurückzuschrecken schienen. Sie glaubten, daß die ›Jane‹ ein lebendes Wesen sei, achteten ängstlich darauf, sie nicht mit den Spitzen ihrer Speere zu verletzen, und drehten diese vorsorglich nach oben. In einem Fall amüsierte sich unsere Mannschaft besonders über das Verhalten von Too-wit. Der Koch spaltete nahe der Kombüse etwas Holz, hieb seine Axt versehentlich in das Deck und verursachte einen Einschnitt beträchtlicher Tiefe. Sofort kam der Häuptling herbeigestürzt, stieß ihn ziemlich grob beiseite und begann halb zu weinen, halb zu heulen, wohl um sein Mitgefühl zu bekunden für den Schmerz, den der Schoner seines Erachtens jetzt erleiden mußte; er streichelte und tätschelte den Spalt mit der Hand und wusch ihn mit Seewasser aus einem Eimer, der daneben stand. Das war ein Grad von Unwissenheit, auf den wir nicht gefaßt waren, ich meinerseits konnte indes nicht umhin, Too-wits Verhalten zum Teil doch als gekünstelt anzusehen.

Nachdem die Besucher, so gut sie konnten, ihre Neugier in bezug auf die an Deck befindliche Ausrüstung befriedigt hatten, durften sie nach unten gehen, wobei sich ihr Staunen ins Grenzenlose steigerte. Ihre Verwunderung schien jetzt viel zu tief zu sein, um sie in Worten auszudrücken, denn sie streiften in absoluter Stille umher, die nur durch unterdrückte Stoßseufzer gestört wurde. Die Waffen boten ihnen viel Nahrung zu Spekulationen, und wir ließen es zu, daß sie sie in die Hand nahmen und in Ruhe untersuchten. Ich glaube nicht, daß sie die geringste Ahnung in bezug auf den wirklichen Verwendungszweck hatten, sie betrachteten sie wohl eher als Kultgegenstände, da sie sahen, welche Sorgfalt wir ihnen widmeten und mit welcher Aufmerksamkeit wir jede Bewegung unserer Gäste verfolgten, während sie sie handhabten. Bei den großen Kanonen verdoppelte sich ihr Staunen. Sie näherten sich ihnen mit jedem Anzeichen tiefster Ehrfurcht und Ehrerbietung, unterließen jedoch, sie genauer zu untersuchen. In der Kajüte hingen zwei große Spiegel, und hier wurde der Gipfel der Verwirrung erreicht. Too-wit war der erste, der auf sie zutrat, aber er sah sie erst dann richtig, als er bereits mitten in der Kajüte stand, das Gesicht dem einen, den Rücken dem anderen zugewandt. Als er den Blick hob und sich in dem Glas widergespiegelt fand, glaubte ich, der Wilde werde den Verstand verlieren, und als er sich kurz herumdrehte, um zurückzuweichen, und sich ein zweites Mal auf der gegenüberliegenden Seite sah, fürchtete ich, er werde auf der Stelle tot umfallen. Keine Überredungskunst konnte ihn veranlassen, noch einmal hinzusehen; vielmehr warf er sich auf den Fußboden, begrub sein Gesicht in den Händen und verharrte so, daß wir gezwungen waren, ihn an Deck zu schleppen.

Allen Wilden wurde auf diese Weise Zutritt an Bord des Schiffes gewährt, stets zwanzig auf einmal. Too-wit durfte die ganze Zeit über hier bleiben. Wir entdeckten bei ihnen keine Neigung zu Diebstahl, auch vermißten wir keinen einzigen Gegenstand, nachdem sie wieder weggefahren waren. Während ihres ganzen Besuchs gebärdeten sie sich äußerst freundlich. Dennoch gab es in ihrem Verhalten einige Dinge, die zu begreifen wir unmöglich fanden; zum Beispiel konnten wir sie nicht dazu bringen, sich einigen sehr harmlosen Gegenständen zu nähern, solchen wie den Segeln des Schoners, einem Ei, einem aufgeschlagenen Buch oder einer Pfanne Mehl. Wir versuchten herauszufinden, ob sie irgendwelche Gegenstände bei sich hatten, welche als Handelsobjekte von Nutzen sein könnten, fanden es jedoch außerordentlich schwer, uns verständlich zu machen. Dessenungeachtet entdeckten wir, daß es auf den Inseln Unmengen jener großen Schildkröten von den Galapagos gab – was uns außerordentlich verwunderte. Wir sahen eine davon in Too-wits Kanu, ferner eine Art *biche de mer* in den Händen eines der Wilden, der sie mit großer Begierde in ihrem natürlichen Zustand verschlang. Diese Anormalitäten – denn das waren sie, zieht man den Breitengrad in Betracht – veranlaßten Kapitän Guy, eine gründliche Erkundung des Landes für wünschenswert zu halten in der Hoffnung, daß sich aus dieser Entdeckung ein gewinnbringendes Unternehmen ergeben könnte. Wie begierig ich für meinen Teil auch war, etwas mehr über diese Inseln zu erfahren, neigte ich dennoch mehr dazu, die Fahrt unverzüglich in südlicher Richtung fortzusetzen. Wir hatten jetzt schönes Wetter, indes konnte niemand vorhersagen, wie lange es anhalten würde; und da wir uns bereits auf dem vierundachtzigsten Breitengrad befanden, mit einer offenen See vor uns, einer Strömung, die uns kräftig nach Süden trieb, und günstigem Wind, fehlte es mir an der Geduld, einem Vorschlag Gehör zu schenken, wonach wir hier länger verweilen sollten, als für die Gesundheit der Mannschaft und die Anbordnahme eines angemessenen Vorrats an Brennstoffen und frischen Lebensmitteln erforderlich war. Ich hielt dem Kapitän vor, daß wir diese Inselgruppe bequem auf dem Rückweg aufsuchen und hier überwintern könnten, falls wir durch Eis blockiert wurden. Er schloß sich letztendlich meiner Meinung an (denn ich hatte auf eine Weise, deren ich mir kaum bewußt war, viel Einfluß auf ihn erlangt), und so wurde schließlich entschieden, daß wir uns hier lediglich eine Woche zur Ergänzung der Vorräte aufhalten würden, selbst wenn wir *biche de mer* fänden, und dann weiter nach Süden fahren würden, solange wir konnten. Wir trafen dementsprechend jede notwendige Vorbereitung, steuerten die ›Jane‹ unter Anleitung von Too-wit durch das Riff in Sicherheit und warfen etwa eine Meile vom Ufer entfernt in einer vortrefflichen, völlig von Land eingeschlossenen Bucht an der Südostküste der Hauptinsel bei einer Tiefe von zehn Faden und schwarzem, sandigem Grund Anker. Am Ende der Bucht seien drei schöne Quellen mit gutem Wasser zu finden, sagte man uns, und wir sahen den Reichtum an Holz in der Umgebung. Die vier Kanus folgten uns bei der Einfahrt, hielten sich jedoch in respektvoller Entfernung. Too-wit selbst blieb an Bord und lud uns, als wir Anker geworfen hatten, ein, ihn an Land zu begleiten und sein Dorf im Inneren zu besuchen. Kapitän Guy stimmte dem zu; zehn Wilde wurden als Geiseln an Bord behalten, und eine Gruppe von uns, zwölf an der Zahl, machte sich bereit, dem Häuptling zu folgen. Wir ließen uns angelegen sein, uns gut zu bewaffnen, dabei jedoch nicht irgendwelches Mißtrauen wachzurufen. Der Schoner hatte die Kanonen ausgefahren und die Enternetze hochgezogen, auch war jede andere geeignete Vorkehrung getroffen worden, um uns gegen Überraschungen zu schützen. Dem Obermaat war Weisung erteilt, während unserer Abwesenheit keine Person an Bord zu lassen und, falls wir binnen zwölf Stunden nicht zurück sein sollten, den Kutter mit einer Drehbrasse um die Insel fahren und nach uns suchen zu lassen.

Jeder Schritt, den wir landeinwärts taten, bestärkte uns in der Überzeugung, daß wir uns in einer Region befanden, welche sich von jeder bisher durch zivilisierte Menschen besuchten wesentlich unterschied. Wir sahen nichts, das uns von früher vertraut gewesen wäre. Die Bäume ähnelten keinem Gewächs weder der heißen noch der gemäßigten oder nördlichen kalten Zonen und glichen in keiner Weise denen der unteren südlichen Breiten, die wir bereits durchfahren hatten. Schon die Felsen waren neu in ihrer Masse, Farbe und Schichtung, und selbst die Flüsse hatten, so völlig unglaublich es scheinen mag, so wenig gemein mit denen anderer Klimazonen, daß wir Bedenken trugen, das Wasser zu kosten, und uns in der Tat nur schwer zu der Überzeugung durchringen konnten, daß ihre Eigenschaften gänzlich denen der Natur entsprächen. An einem kleinen Bach, der unseren Weg kreuzte (der erste, den wir erreichten), blieben Too-wit und seine Begleiter stehen, um zu trinken. Wegen des eigenartigen Charakters des Wassers lehnten wir ab, es zu kosten, weil wir es für vergiftet hielten, und es dauerte geraume Zeit, ehe wir zu der Erkenntnis gelangten, daß alle Wasserläufe auf der ganzen Inselgruppe so aussahen. Ich bin ratlos, wie ich eine genaue Vorstellung vom Wesen dieser Flüssigkeit vermitteln könnte, und vermag dies nicht ohne viel Worte zu tun. Obgleich sie geschwind in alle Abschüssigkeiten rann, wie gewöhnliches Wasser auch tun würde, zeigte sie dennoch nur dann die wohlbekannte *Klarheit*, wenn sie in einer Kaskade herabstürzte. Gleichwohl war sie tatsächlich ebenso glasklar wie jedes Kalksteinwasser, das es auf der Welt gibt, der

Unterschied bestand nur im Anschein. Auf den ersten Blick und besonders an Stellen, die weniger abschüssig waren, ähnelte es in seiner Konsistenz eher einer dickflüssigen Suspension von Gummiarabikum in üblichem Wasser. Aber von all seinen außergewöhnlichen Eigenschaften war nur diese am wenigsten bemerkenswert. Es war *nicht* farblos, aber auch keineswegs gleichmäßig gefärbt – vielmehr bot es dem Auge im Vorüberfließen jede mögliche Schattierung von Purpur wie die Farbtönung schillernder Seide. Diese Mannigfaltigkeit in der Schattierung wurde in einer Art und Weise hervorgebracht, die in den Köpfen unserer Leute eine ebenso tiefe Verwirrung auslöste, wie der Spiegel es im Falle von Too-wit getan hatte. Als wir davon ein Becken voll gesammelt und sich richtig hatten setzen lassen, erkannten wir, daß die ganze Menge Flüssigkeit aus einer Anzahl deutlich wahrnehmbarer Fasern bestand, von denen jede eine andere Färbung hatte; daß diese Fasern sich nicht vermischten; und daß ihre Kohäsion vollkommen war in bezug auf die eigenen Partikel untereinander und unvollkommen in bezug auf benachbarte Fasern. Strich man mit einer Messerklinge hindurch, so schloß sich das Wasser sofort dahinter wie bei uns, auch wurden nach Zurückziehen des Messers alle Spuren, die es beim Durchgleiten hinterlassen hatte, augenblicklich gelöscht. Wurde die Klinge jedoch genau zwischen zwei Fasern hindurchgeführt, so trat eine völlige Trennung ein, welche von der Kohäsionskraft nicht sofort wieder beseitigt werden konnte. Die Phänomene dieses Wassers bildeten das erste eindeutige Glied jener langen Kette offensichtlicher Wunder, von denen umgeben zu sein mir letztendlich beschieden war.

Kapitel XIX

Wir benötigten nahezu drei Stunden, um das Dorf zu erreichen, da es über neun Meilen landeinwärts entfernt lag und der Weg durch zerklüftetes Gelände führte. Auf unserem Marsch wurde die Gruppe von Too-wit (alle einhun-

dertundzehn Wilde aus den Kanus) ständig durch kleinere
Trupps von zwei bis sechs oder sieben Mann verstärkt, die
sich uns wie zufällig an verschiedenen Wegbiegungen anschlossen. Darin schien so viel Systematik zu liegen, daß
ich nicht umhin konnte, Mißtrauen zu empfinden, und Kapitän Guy meine Befürchtungen auch mitteilte. Indes war
es jetzt zu spät, zurückzugehen, und wir schlußfolgerten,
daß unsere beste Sicherheit darin bestand, Too-wits guten
Absichten völlig zu vertrauen. Wir gingen demzufolge weiter, wobei wir die Manöver der Wilden mit wachem Auge
verfolgten und nicht zuließen, daß sie uns voneinander
trennten, indem sie sich dazwischenschoben. Auf diese
Weise durchquerten wir eine tiefe Schlucht und erreichten
schließlich die einzige Ansammlung von Behausungen auf
der Insel, wie man uns zu verstehen gab. Als wir dieser ansichtig wurden, stieß der Häuptling einen lauten Ruf aus
und wiederholte mehrfach das Wort *Klock-klock*, welches
wir für den Namen des Dorfes oder vielleicht die allgemeine Bezeichnung für Dorf hielten.

Die Behausungen waren von höchst armseliger Natur,
wie man sich nur vorstellen kann, glichen nicht einmal denen der untersten wilden Rassen, die die Menschheit je
kennengelernt hat, und waren auch nicht nach einem einheitlichen Plan angelegt. Einige von ihnen (wir fanden später, daß sie den *Wampoos* oder *Yampoos*, den Großen des
Landes, gehörten) bestanden aus einem Baum, der etwa
vier Fuß von der Wurzel aufwärts gefällt worden war und
über den man ein großes, schwarzes Fell geworfen hatte,
das in losen Falten zu Boden hing. Darunter hatte sich der
Wilde eingenistet. Andere waren mittels unbehauener Äste
errichtet worden, an denen noch das welke Laub haftete
und die in einem Winkel von fünfundvierzig Grad an
einem fünf oder sechs Fuß hoch aufgehäuften Lehmwall
von unregelmäßiger Gestalt lehnten. Andere wiederum waren nur Löcher, senkrecht in die Erde gegraben und mit
ähnlichen Zweigen zugedeckt, die entfernt wurden, wenn
der Bewohner hineinschlüpfen wollte, und wieder darüber-
geschoben wurden, sobald er darinnen war. Einige waren

zwischen Astgabeln aufrecht stehender Bäume gebaut, wobei die oberen Äste teilweise durchgesägt waren, so daß sie sich über die unteren neigten und auf diese Weise einen dichteren Schutz gegen das Wetter bildeten. Die größere Anzahl bestand indes aus kleinen, flachen Höhlen, offensichtlich in die Bruchfläche einer steil aufragenden, dunklen Felsenkante gehauen, die an Walkererde erinnerte und das Dorf von drei Seiten umgrenzte. Vor der Tür jeder dieser primitiven Höhlen lag ein kleiner Felsstein, den der Bewohner sorgsam vor den Eingang schob, sobald er seinen Wohnsitz verließ, aus welchem Grund, konnte ich nicht ermitteln, da der Stein selbst nie groß genug war, um mehr als ein Drittel der Öffnung zu verschließen.

Dieses Dorf, sofern es den Namen überhaupt verdiente, lag in einem ziemlich tiefen Tal, und man konnte sich ihm nur von Süden nähern, da die steile Kante, von der ich soeben gesprochen habe, jeden Zugang aus anderer Richtung verwehrte. Mitten durch das Tal trug ein brodelnder Fluß dasselbe magisch wirkende Wasser, welches bereits beschrieben wurde. Wir sahen verschiedene seltsame Tiere bei den Behausungen, die alle völlig domestiziert zu sein schienen. Das größte dieser Geschöpfe erinnerte in seiner Körperform und mit dem Rüssel an unser gemeines Hausschwein, der Schwanz war jedoch buschig, und die Beine waren schlank wie die der Antilope. Es bewegte sich ausnehmend linkisch und unsicher, und nie sahen wir, daß es zu rennen versuchte. Wir bemerkten auch mehrere Tiere von sehr ähnlicher Erscheinung, jedoch größerer Körperlänge, und mit schwarzer Wolle bedeckt. Eine große Vielzahl zahmen Geflügels lief umher, es schien die Hauptnahrung der Eingeborenen darzustellen. Zu unserer Verwunderung gewahrten wir unter diesen Vögeln völlig gezähmte schwarze Albatrosse, die wohl in regelmäßigen Zeitabständen zur See flogen, um Nahrung zu holen, jedoch immer ins Dorf als ihrer Heimstatt zurückkehrten und die südliche Küste der nahen Umgebung als Nistplatz benutzten. Dort gesellten sich ihnen wie gewöhnlich ihre Freunde, die

Pelikane, zu, ohne ihnen indes zu den Behausungen der Wilden zu folgen. Unter den anderen Arten zahmen Geflügels waren Enten, die sich sehr wenig von der Kanevasente unseres eigenen Landes unterschieden, schwarze Tölpel und ein großer Vogel, dem Bussard äußerlich nicht unähnlich, aber kein Fleischfresser. An Fischen schien es einen großen Überfluß zu geben. Während unseres Besuchs sahen wir eine Menge gedörrte Lachse, Klippenbarsche, blaue Tümmler, Makrelen, Schwarzfische, Glattrochen, Seeaale, Elefantenfische, Meeräschen, Seezungen, Papageienfische, Schweinsfische, Knurrhähne, Seehechte, Flundern, Pfeilhechte und unzählige andere Arten. Auch bemerkten wir, daß die meisten von ihnen den Fischen nahe der Gruppe der Lord-Auckland-Inseln auf einer Breite von einundfünfzig Grad Süd glichen. Die Galapagosschildkröte war gleichfalls in Mengen vorhanden. Wilde Tiere sahen wir nur wenige, und keines davon war sehr groß oder von einer Gattung, die uns vertraut gewesen wäre. Ein oder zwei Schlangen von beeindruckendem Aussehen kreuzten unseren Weg, aber die Eingeborenen schenkten ihnen wenig Aufmerksamkeit, und wir schlossen daraus, daß sie nicht giftig waren.

Als wir uns mit Too-wit und seiner Gruppe dem Dorf näherten, kam uns unter lautem Geschrei, aus dem wir nur die ständig wiederholten Worte *Anamoo-moo!* und *Lama-Lama!* heraushören konnten, eine riesige Menschenmenge entgegengeströmt. Wir waren sehr überrascht, zu sehen, daß, von ein oder zwei Ausnahmen abgesehen, alle Neuhinzukommenden völlig nackt waren und nur die Männer aus den Kanus Felle trugen. Auch schienen sich alle Waffen des Landes ausschließlich im Besitz der letzteren zu befinden, denn bei den Dorfbewohnern konnten wir nichts dergleichen entdecken. Eine große Zahl Frauen und Kinder war darunter, wobei erstere keineswegs dessen entrieten, was als individuelle Schönheit bezeichnet werden könnte. Sie waren gerade und groß gewachsen, wohlproportioniert und bewegten sich mit einer Grazie und Ungezwungenheit, die in einer zivilisierten Gesellschaft nicht zu finden ist.

Ihre Lippen waren jedoch wie die der Männer dick und wulstig, so daß sie nie die Zähne entblößten, auch wenn sie lachten. Ihr Haar war feiner als das der Männer. Unter diesen nackten Dorfbewohnern befanden sich vielleicht zehn oder zwölf, die wie die Gruppe von Too-wit mit schwarzen Fellen bekleidet und mit Lanzen und schweren Knüppeln bewaffnet waren. Diese schienen bei den anderen großen Einfluß zu haben und wurden stets mit dem Titel *Wampoo* angeredet. Sie bewohnten auch die aus schwarzen Fellen errichteten Paläste. Der von Too-wit befand sich in der Mitte des Dorfes und war viel größer und doch etwas besser konstruiert als die der anderen dieser Art. Der Baum, der als Hauptstütze diente, war in einer Höhe von etwa zwölf Fuß über der Wurzel gekappt worden, und kurz unter der Trennstelle waren einige Zweige belassen worden, die dazu dienten, die Umhüllung zu erweitern und gleichzeitig zu verhindern, daß sie um den Stamm flatterte. Auch war die Hülle, die aus vier sehr großen Fellen bestand, welche von Holzspeilen zusammengehalten wurden, am Boden durch Pflöcke gesichert, die durch sie hindurch in die Erde getrieben waren. Eine Unmenge von trockenen Blättern auf dem Fußboden bildete eine Art Teppich.

Wir wurden äußerst feierlich zu dieser Hütte geleitet, und nach uns drängten soviel Eingeborene wie möglich herein. Too-wit nahm auf den Blättern Platz und gab uns durch Zeichen zu verstehen, wir sollten seinem Beispiel folgen. Dies taten wir auch und befanden uns augenblicklich in einer besonders unbehaglichen, wenn nicht sogar kritischen Situation. Wir saßen am Boden, zwölf an der Zahl, während die Wilden, mindestens vierzig, so dicht um uns herumhockten, daß wir, wäre es zu irgendeiner Art Tumult gekommen, es als unmöglich befunden hätten, von unseren Waffen Gebrauch zu machen oder auch nur aufzuspringen. Dieses Gedränge herrschte nicht nur innerhalb des Zeltes, sondern auch außerhalb, wo wahrscheinlich jeder Bewohner der ganzen Insel zugegen war und die Menge nur durch unablässige Bemühungen und laute Schreie von

Too-wit daran gehindert wurde, uns totzutrampeln. Unsere Sicherheit bestand jedoch hauptsächlich darin, daß sich Too-wit mitten unter uns befand, und wir beschlossen, dicht bei ihm zu bleiben, da dies die beste Chance bot, uns Unheil vom Leib zu halten, indem wir beim ersten Anzeichen eines feindseligen Vorhabens sofort Hand an ihn legen würden.

Nach allgemeinem Durcheinander war die Ruhe in gewissem Maße wiederhergestellt, worauf der Häuptling uns eine sehr lange Rede hielt, anscheinend fast die gleiche, die er bereits im Kanu von sich gegeben hatte, mit der Ausnahme, daß die *Anamoo-moos!* nun etwas kräftiger erschollen als die *Lama-Lamas!* Wir lauschten in völliger Stille, bis der laute Wortschwall sein Ende gefunden hatte, worauf Kapitän Guy antwortete, dabei den Häuptling seiner ewigen Freundschaft und Gunst versicherte und das, was er zu sagen hatte, mit der Überreichung eines Geschenks beendete, welches aus mehreren blauen Perlenketten und einem Messer bestand. Bei den ersteren rümpfte der Monarch zu unserer großen Überraschung höchst verächtlich die Nase; aber das Messer löste bei ihm grenzenlose Befriedigung aus, und er ordnete sofort das Mittagessen an. Dies wurde über die Köpfe der Anwesenden ins Zelt gereicht und bestand aus den noch zuckenden Eingeweiden einer unbekannten Tiergattung, wahrscheinlich eines der dünnbeinigen Schweine, die wir bei unserer Annäherung an das Dorf erspäht hatten. Als er sah, daß wir in Verlegenheit waren, wie wir verfahren sollten, wollte er uns wohl ein Beispiel geben und begann, Yard für Yard der verlockenden Speise zu verzehren, bis wir es wirklich nicht länger ertragen konnten und deutliche Symptome einer Rebellion unseres Magens zeigten, die bei Seiner Majestät solches Maß von Verblüffung auslösten, wie sie nur von jener bei den Spiegeln übertroffen wurde. Wir lehnten jedoch ab, den vor uns ausgebreiteten Delikatessen zuzusprechen, und mühten uns sehr, ihm begreiflich zu machen, daß wir überhaupt keinen Appetit hätten, da wir gerade von einem herzhaften *déjeuner* kämen.

Als der Monarch seine Mahlzeit beendet hatte, begannen wir in einer Art Kreuzverhör auf die erfinderischste Weise, die wir nur ausdenken konnten, zu erkunden, welcherart die Hauptprodukte des Landes wären und ob uns einige davon Gewinn bringen würden. Schließlich schien er eine Vorstellung davon zu haben, was wir meinten, und erbot sich, uns zu einem Küstenabschnitt zu begleiten, wo die *biche de mer* (er wies auf ein Exemplar dieses Tieres) in großen Mengen zu finden sei, wie er uns versicherte. Wir begrüßten diese frühzeitige Gelegenheit, dem Druck der Menge zu entrinnen, und bekundeten unsere Bereitwilligkeit, aufzubrechen. Nun verließen wir das Zelt und folgten dem Häuptling, von der ganzen Einwohnerschaft des Dorfes begleitet, zur südöstlichen Spitze der Insel, nicht weit von der Bucht, wo unser Schiff vor Anker lag. Hier warteten wir etwa eine Stunde, bis die vier Kanus von einigen der Wilden zu unserem Standort gebracht worden waren. Unsere ganze Gruppe bestieg eines davon, und wir paddelten den Rand des bereits erwähnten Riffs und sodann eines noch weiter draußen liegenden entlang, wo wir eine viel größere Menge von *biche de mer* erblickten, als die ältesten Fahrensleute von uns je in jenen Gruppen der unteren Breiten gesehen hatten, die für diesen Handelsartikel am berühmtesten sind. Wir hielten uns nur so lange in der Nähe dieser Riffe auf, um uns zu überzeugen, daß wir notfalls sehr leicht ein Dutzend Schiffe mit diesem Tier beladen konnten, worauf wir längsseits des Schoners gingen und uns von Too-wit trennten, nachdem wir ihm das Versprechen abgenommen hatten, im Verlauf von vierundzwanzig Stunden so viele Kanevasenten und Galapagos-Schildkröten herzubringen, wie seine Kanus fassen konnten. Während dieses ganzen Abenteuers konnten wir im Verhalten der Eingeborenen nichts erkennen, was geeignet gewesen wäre, Verdacht zu wecken, sieht man einmal von der systematischen Art und Weise ab, in der ihre Zahl sich während unseres Weges vom Schoner zum Dorf mehrte.

Kapitel XX

Der Häuptling war so gut wie sein Wort, und wir waren bald überreichlich mit frischen Vorräten versorgt. Die Schildkröten gehörten zu den vortrefflichsten, die wir je gesehen hatten, und die Enten übertrafen unsere besten Arten von Wildgeflügel, denn sie waren ausnehmend zart, saftig und von angenehmem Geschmack. Außerdem brachten uns die Wilden, nachdem wir ihnen unseren Wunsch begreiflich gemacht hatten, große Mengen von braunem Sellerie und Skorbutkraut samt einer Kanuladung von frischem Fisch und etwas Dörrfisch. Der Sellerie war wirklich ein Hochgenuß, und das Skorbutkraut erwies sich von unschätzbarem Nutzen, um diejenigen unserer Männer wieder zu Kräften zu bringen, die Symptome dieser Krankheit gezeigt hatten. In sehr kurzer Zeit hatten wir keinen einzigen Namen mehr auf der Krankenliste. Auch besaßen wir nun eine Menge frischer Vorräte anderer Natur, von denen vielleicht eine Art Schalentier erwähnt werden sollte, von Gestalt der Miesmuschel ähnlich, jedoch mit dem Geschmack der Auster. Garnelen und Steingarnelen waren gleichfalls im Überfluß vorhanden, außerdem Albatros- und andere Vogeleier mit dunkler Schale. Wir nahmen ferner einen großen Vorrat Fleisch von jenem Schwein an Bord, das ich zuvor erwähnt habe. Die meisten Männer befanden es für eine schmackhafte Speise, meines Erachtens war es jedoch fischig und auch anderweitig unangenehm. Als Entgelt für diese guten Sachen beschenkten wir die Eingeborenen mit blauen Perlen, Messingbechern, Nägeln, Messern und Stücken roten Tuchs, und sie zeigten sich hochentzückt über den Tausch. Wir veranstalteten am Ufer, genau unter den Kanonen des Schoners, einen regulären Markt, wo unser Tauschhandel mit allen Zeichen guten Vertrauens betrieben und ein Maß von Ordnung bewahrt wurde, welches das Verhalten der Wilden im Dorf von *Klock-klock* nie hätte erwarten lassen.

Die Dinge entwickelten sich mehrere Tage lang dergestalt sehr freundschaftlich, wobei Gruppen von Eingeborenen häufig an Bord des Schoners kamen und Gruppen unserer Leute häufig an Land gingen, weite Exkursionen in das Landesinnere durchführten und in keiner Weise belästigt wurden. Angesichts der Leichtigkeit, mit der das Schiff dank der freundlichen Disposition der Inselbewohner mit *biche de mer* beladen werden konnte, und angesichts der Bereitwilligkeit, mit der sie uns beim Einsammeln der Tiere behilflich waren, beschloß Kapitän Guy, mit Too-wit in Verhandlungen zu treten zwecks Errichtung geeigneter Baulichkeiten, in denen wir den Artikel zubereiten könnten, und zwecks Hilfeleistung seitens des Häuptlings und seines Stammes, um soviel wie möglich zu sammeln, während der Kapitän selbst das schöne Wetter nutzen wollte, um die Reise nach Süden fortzusetzen. Als dem Häuptling dieses Projekt unterbreitet wurde, schien er sehr geneigt zu sein, eine Übereinkunft zu schließen. Zur vollsten Zufriedenheit beider Parteien wurde ein entsprechender Vertrag geschlossen, wonach sie vereinbarten, daß der Schoner nach Beendigung der notwendigen Vorbereitungen, wie zum Beispiel Abmessen des geeigneten Geländes und Errichtung eines Teils der Gebäude sowie der Ausführung einiger anderer Arbeiten, für die unsere gesamte Mannschaft erforderlich war, seine Fahrt fortsetzen solle, wobei er drei Mann der Besatzung auf der Insel zurücklassen würde, um die Ausführung des Projekts zu überwachen und die Eingeborenen im Trocknen von *biche de mer* zu unterweisen. Was die Bedingungen anbetraf, so sollten sich diese nach den Bemühungen der Wilden während unserer Abwesenheit richten. Die Eingeborenen sollten für eine bestimmte Anzahl Pikul *biche de mer*, die bei unserer Rückkehr fertig zu sein hatte, eine vereinbarte Menge von blauen Perlen, Messern, rotem Tuch und so weiter erhalten.

Eine Beschreibung der Art dieses bedeutenden Handelsartikels und der Methode seiner Zubereitung mag für meine Leser vielleicht von einigem Interesse sein, und ich kann keine geeignetere Stelle finden, eine entsprechende Darstellung einzufügen, als diese hier. Die folgende umfassende Schilderung des Wesentlichen wurde einer zeitgenössischen Geschichte über eine Fahrt in die Südsee entnommen:

›Es ist jene *mollusca* aus dem Indischen Meer, die im Handel unter dem französischen Namen *bouche de mer* (ein Leckerbissen aus dem Meer) bekannt ist. Wenn ich mich nicht sehr irre, nennt der berühmte Cuvier sie *gasteropoda pulmonifera*. Sie ist in großen Mengen an der Küste der Pazifikinseln zu finden und wird besonders für den chinesischen Markt gesammelt, wo sie einen bedeutenden Preis erzielt, vielleicht einen ebenso hohen wie die sattsam bekannten eßbaren Vogelnester, welche eigentlich aus der gallertartigen Masse zubereitet werden, die durch eine bestimmte Gattung Schwalben dem Körper dieser *molluscae* entnommen wurde. Sie haben keine Schale, keine Beine oder andere hervorstehenden Teile außer einem *absorbierenden* und einem *exkretorischen* Organ, die sich gegenüberliegen. Mittels ihrer elastischen Flanken kriechen sie jedoch ähnlich den Raupen oder Würmern im flachen Wasser umher, wo sie im Seichten von einer bestimmten Art Schwalben entdeckt werden, deren scharfer Schnabel, in das weiche Tier gestoßen, eine gummiartige, fasrige Substanz entnimmt, die durch Trocknung zu den festen Wänden ihrer Nester verarbeitet werden kann. Daher der Name *gasteropoda pulmonifera*.

Diese Molluske ist länglich und von unterschiedlicher Größe, drei bis achtzehn Zoll; ich habe auch einige gesehen, die mindestens zwei Fuß maßen. Sie waren nahezu rund, an der Seite, die dem Meeresgrund zugewandt ist, ein wenig abgeflacht, und ein bis acht Zoll dick. Zu bestimmten Jahreszeiten kriechen sie im flachen Wasser umher, wahrscheinlich zum Zweck der Begattung, da wir sie dann oft paarweise finden. Sobald die Sonne die größte Kraft erlangt und das Wasser lauwarm gemacht hat, nähern sie sich dem Ufer und geraten dabei oft an derart flache Stellen, daß sie zur Ebbe auf dem Trocknen und der Sonnenhitze ausgesetzt liegenbleiben. Sie bringen ihre Jungen jedoch nie im flachen Wasser zur Welt, wie wir auch nie etwas von ihrer Nachkommenschaft gesehen haben, und die voll ausgewachsenen Tiere kommen stets aus tiefem Wasser, wie beobachtet wurde. Ihre Nahrung besteht hauptsächlich aus jener Klasse der Pflanzentiere, die die Korallen erzeugen.

Die *biche de mer* wird gewöhnlich in drei oder vier Fuß tiefem Wasser gesammelt, ans Ufer gebracht und an einem Ende mit dem Messer aufgeschlitzt, wobei der Einschnitt je nach Größe der Molluske ein Zoll oder mehr beträgt. Die Eingeweide werden durch diese Öffnung herausgedrückt, und sie ähneln sehr denen jedes anderen kleinen Bewohners der Tiefe. Die Restsubstanz wird sodann gewaschen und bis zu einem bestimmten Grad gekocht, der nicht über- und auch nicht unterschritten werden darf. Anschließend werden die *biche de mer* für vier Stunden in der Erde vergraben, sodann abermals kurze Zeit gekocht und danach entweder über dem Feuer oder von der Sonne getrocknet. Die unter Sonneneinwirkung getrockneten sind am wertvollsten. Allein, in der Zeit, in der ein Pikul (133 ⅓ lbs.) auf diese Weise trocknet, kann ich mittels Feuer dreißig Pikul trocknen. Ist dies einmal richtig geschehen, können sie an trockenem Ort zwei oder drei Jahre ohne jedes Risiko aufbewahrt werden, jedoch sollte man sie alle paar Monate, sagen wir, viermal im Jahr, überprüfen, um nachzusehen, ob sie vielleicht unter Feuchtigkeit gelitten haben.

Wie zuvor schon festgestellt, betrachten die Chinesen *biche de mer* als eine sehr große Delikatesse und glauben, daß sie das Körpersystem auf wunderbare Weise kräftigt, nährt und erneuert, falls es von übermäßiger Sinnenfreude erschöpft ist. Die erste Qualität erzielt in Kanton einen hohen Preis, wo ein Pikul für neunzig Dollar feilgeboten wird; die zweite Qualität bringt fünfundsiebzig Dollar, die dritte fünfzig, die vierte dreißig, die fünfte zwanzig, die sechste zwölf, die siebente acht und die achte vier Dollar. Kleine Ladungen werden indes in Manila, Singapur und Batavia oft mehr bringen.‹

Nachdem dergestalt eine Übereinkunft getroffen war,

schickten wir uns an, sofort alles Notwendige für die Errichtung der Baulichkeiten und die Rodung des Bodens an
Land zu bringen. Nahe der Ostküste der Bucht war eine
große, ebene Fläche gewählt worden, die sowohl reichlich
Holz als auch Wasser bot und von den Hauptriffen, wo die
biche de mer beschafft werden sollte, bequem zu erreichen
war. Wir machten uns nun alle voller Eifer ans Werk
und hatten zur großen Verwunderung der Wilden sehr
bald eine genügende Anzahl Bäume für unsere Zwecke
gefällt und unverzüglich für die Gerüste der Häuser
behauen, deren Errichtung in zwei oder drei Tagen so
weit fortgeschritten war, daß wir die restliche Arbeit getrost den drei Männern anvertrauen konnten, die wir beabsichtigten hierzulassen. Dies waren John Carson, Alfred
Harris und Peterson (alle aus London, wie ich glaube),
die ihre Dienste in dieser Sache freiwillig angeboten
hatten.

Am letzten Tag des Monats war alles für die Abfahrt bereit. Wir hatten jedoch eingewilligt, dem Dorf einen formellen Abschiedsbesuch abzustatten, und Too-wit bestand
so hartnäckig darauf, daß wir unser Versprechen hielten,
da uns das Wagnis nicht ratsam erschien, ihn durch eine
letztendliche Absage zu beleidigen. Ich glaube, keiner von
uns hegte zu dieser Zeit den geringsten Zweifel an der Ver-
trauenswürdigkeit der Wilden. Sie waren uns einer wie der
andere mit größtem Anstand begegnet, hatten uns bei unserer Arbeit bereitwillig unterstützt, ihre Waren häufig
ohne Entgelt angeboten und niemals, in keinem Fall, auch
nur einen einzigen Gegenstand gestohlen, obwohl der hohe
Wert, den sie den von uns mitgebrachten Waren beima-
ßen, durch die außergewöhnlichen Freudebekundungen offenbar wurde, mit denen sie jedes Geschenk entgegennah-
men, das wir ihnen machten. Insbesondere die Frauen
waren höchst gefällig in jeder Beziehung gewesen, und man
hätte uns insgesamt betrachtet den argwöhnischsten Exemplaren der Gattung Mensch zurechnen müssen, hätten wir
uns seitens eines Volkes, das uns so gut behandelt hatte,
auch nur eines Quentchens Perfidie versehen. Eine sehr

kurze Zeit genügte, um darzutun, daß dieses scheinbar freundliche Entgegenkommen nur Ergebnis eines in aller Stille geschmiedeten Plans für unsere Vernichtung war und daß die Inselbewohner, denen wir so ungewöhnliche Wertschätzung entgegenbrachten, zu den barbarischsten, heimtückischsten und blutdürstigsten Unholden gehörten, die je das Antlitz des Erdballs verunziert haben.

Am ersten Februar gingen wir an Land, um dem Dorf unseren Abschiedsbesuch abzustatten. Obwohl wir, wie bereits gesagt, nicht den leisesten Verdacht hegten, wurde dennoch keine geeignete Vorsichtsmaßnahme vernachlässigt. Sechs Leute wurden auf dem Schoner belassen mit der Weisung, keinem der Wilden zu erlauben, daß er sich während unserer Abwesenheit unter welchem Vorwand auch immer dem Schiff näherte, und ständig an Deck zu bleiben. Die Enternetze waren aufgezogen, die Kanonen mit doppelter Trauben- und Kartätschladung versehen und die Drehbrassen mit Kartätschen aus Musketenkugeln geladen worden. Der Schoner lag etwa eine Meile vom Ufer entfernt vor Anker, und kein Kanu konnte sich ihm von irgendeiner Seite nähern, ohne deutlich gesehen zu werden und sofort dem vollen Feuer unserer Drehbrassen ausgesetzt zu sein.

Die sechs an Bord Belassenen abgerechnet, betrug die an Land gehende Gruppe insgesamt zweiunddreißig Mann. Wir waren bis an die Zähne bewaffnet und trugen Musketen, Pistolen und Entersäbel; außerdem besaß ein jeder eine Art langes Seemannsmesser, das in gewisser Weise dem Bowiemesser ähnelte, wie es jetzt in unseren westlichen und südlichen Landesteilen so oft in Gebrauch ist. Etwa einhundert Schwarzfellkrieger nahmen uns bei der Landung in Empfang, mit der Absicht, uns auf unserem Weg zu begleiten. Wir bemerkten jedoch mit einiger Überraschung, daß sie jetzt keinerlei Waffen trugen; über diesen Umstand befragt, antwortete Too-wit lediglich: *Mattee non we pa pa si* – was bedeuten sollte, es bedürfe der Waffen nicht, wo alle Brüder seien. Wir nahmen dies als günstiges Vorzeichen und gingen weiter.

Bald hatten wir die Quelle und das kleine Flüßchen, von dem ich zuvor gesprochen habe, hinter uns und betraten nun die enge Schlucht, die die Kette von Specksteinbergen durchschnitt, zwischen denen das Dorf lag. Diese Schlucht war sehr steinig und uneben, so daß wir bei unserem ersten Besuch in *Klock-klock* nur mit beträchtlicher Mühe hindurchgeklettert waren. Die Gesamtlänge des Einschnitts mag anderthalb oder wahrscheinlich zwei Meilen betragen haben. Er wand sich in jeder möglichen Richtung durch die Berge (da er in weit zurückliegender Zeit offensichtlich ein Flußbett dargestellt hatte) und verlief kaum einmal zwanzig Yards geradeaus ohne eine abrupte Kehre. Die senkrechte Höhe der Flanken dieses engen Tales würde in seiner ganzen Ausdehnung durchschnittlich siebzig oder achtzig Fuß gemessen haben, dessen bin ich sicher; an einigen Abschnitten stiegen sie zu einer erstaunlichen Höhe auf und verdunkelten den Paß so vollständig, daß nur wenig Tageslicht eindringen konnte. Die allgemeine Breite betrug etwa vierzig Fuß und verringerte sich stellenweise in einem Maße, daß sie die Passage von fünf oder sechs nebeneinandergehenden Personen bereits nicht mehr zuließ. Kurzum, in der ganzen Welt konnte es keine geeignetere Stelle für die Errichtung eines Hinterhalts geben, und es war nicht mehr als natürlich, daß wir sorgsam auf unsere Waffen achteten, als wir die Schlucht betraten. Denke ich jetzt an unsere unerhörte Torheit, so scheint Hauptgegenstand meiner Verwunderung zu sein, wie wir uns überhaupt, unter welchen Umständen auch immer, so vollständig in die Gewalt von unbekannten Wilden begeben konnten, um zuzulassen, daß sie bei der Durchquerung dieser Schlucht sowohl vor als auch hinter uns marschierten. Genau das aber war die Marschordnung, die wir blindlings einnahmen im törichten Vertrauen auf die Stärke unserer Gruppe, die Tatsache, daß Too-wit und seine Leute nicht bewaffnet waren, auf die Zuverlässigkeit unserer Feuerwaffen (deren Effektivität den Wilden noch ein Geheimnis war) und vor allem auf den lange aufrechterhaltenen Anschein von Freundschaft, den diese infamen Unholde uns gegenüber gezeigt hatten. Fünf oder sechs von ihnen gingen uns voran, als wollten sie den Weg weisen, und waren emsig beschäftigt, größere Steine und Schotter von dem Pfad zu räumen. Als nächstes kam unsere Gruppe. Wir gingen dicht nebeneinander und achteten darauf, nicht getrennt zu werden. Sodann folgte die Hauptschar der Wilden unter ungewöhnlicher Beachtung von Ordnung und Anstand.

Dirk Peters, ein Mann namens Wilson Allen und ich befanden sich rechts von unseren Gefährten und betrachteten während des Marsches die eigentümliche Schichtung des Steilhanges über uns. Eine Spalte in dem weichen Gestein erregte unsere Aufmerksamkeit. Sie war breit genug, daß eine Person darin Platz fand, ohne sich hineinzwängen zu müssen, verlief etwa achtzehn oder zwanzig Fuß gerade hinein in den Berg und fiel sodann nach links ab. Die Höhe der Erdspalte betrug vielleicht sechzig oder siebzig Fuß, soweit wir das aus der Hauptschlucht sehen konnten. Aus Rissen wucherten ein oder zwei verkümmerte Sträucher, sie trugen eine bestimmte Art Haselnüsse, die eingehender zu untersuchen ich nicht umhin konnte, zu welchem Zweck ich rasch hineinstürmte, mit einem Griff fünf oder sechs der Nüsse pflückte und sodann schnell zurückkehrte. Als ich mich umwandte, sah ich, daß Peters und Allen mir gefolgt waren. Ich wollte, daß sie umkehrten, da für zwei Personen nicht Platz genug war, aneinander vorbeizukommen, und versicherte ihnen, daß sie einige der Nüsse haben sollten. Sie machten dementsprechend kehrt und kletterten zurück, wobei Allen nahe dem Ausgang der Spalte war, als ich plötzlich eine Erschütterung spürte, die an nichts erinnerte, was ich je zuvor erlebt hatte, und in mir die verschwommene Vorstellung wachrief, sofern ich damals überhaupt etwas zu denken vermochte, daß der Erdball in seinen Grundfesten plötzlich auseinandergerissen wurde und der Tag der Auflösung des Universums angebrochen war.

Kapitel XXI

Als ich meine in Verwirrung geratenen Sinne wieder bei-
sammen hatte, fand ich mich nahezu erstickt und in äußerster Dunkelheit in einem Haufen lockeren Erdreichs wüh-
lend, das von allen Seiten schwer auf mich rutschte und
drohte, mich zu begraben. Äußerst beunruhigt von dieser
Vorstellung, suchte ich verzweifelt, mich aus dieser Lage zu
befreien, was mir schließlich auch glückte. Einige Augenblicke rührte ich mich nicht und versuchte zu erfassen, was
mir widerfahren war und wo ich mich befand. Alsbald
hörte ich ein tiefes Stöhnen dicht an meinem Ohr und danach die halberstickte Stimme von Peters, der mich in Gottes Namen um Hilfe rief. Ich kroch ein oder zwei Schritt
vorwärts, worauf ich direkt über Kopf und Schultern meines Gefährten fiel, der, wie ich bald herausfand, bis zum
Gürtel in einer Masse lockeren Erdreichs steckte und verzweifelte Anstrengungen machte, sich aus dieser Umklammerung zu befreien. Ich räumte die Erde um ihn herum
mit aller Energie, die ich aufbringen konnte, weg, und
schließlich gelang es mir, ihn herauszuziehen.

Sobald wir uns soweit von unserer Angst und Überraschung erholt hatten, um unsere Meinungen besonnen austauschen zu können, gelangten wir beide zu dem Schluß,
daß die Wände der Spalte, in die wir uns gewagt hatten,
durch ein Erdbeben oder wahrscheinlich durch ihr eigenes
Gewicht über uns eingestürzt und wir folglich für immer
verloren, weil lebendig begraben waren. Lange Zeit gaben
wir uns, auf dem Rücken liegend, der heftigsten Angst und
Verzweiflung hin, wie diejenigen sie sich nicht im gleichen
Maße vorstellen können, die sich nie in ähnlicher Lage befunden haben. Ich glaube fest, daß kein Unglück, was sich
je im Verlauf der Menschheitsgeschichte ereignete, geeigneter erscheint, jenes Höchstmaß geistiger und körperlicher Qual hervorzurufen denn ein Fall wie der unsrige –
dergestalt lebendig begraben zu sein. Die absolute Finsternis, die das Opfer umgibt, der schreckliche Druck auf die
Lungen, die erstickenden Gerüche der feuchten Erde verei-

nen sich mit den entsetzlichen Überlegungen, daß wir uns jenseits der entferntesten Grenzen der Hoffnung befinden und daß solcherart die den Toten zuerkannte Rolle ist, das menschliche Herz mit einem Maß entsetzlicher Furcht und Bestürzung zu erfüllen, wie sie nicht ertragen – und niemals erfaßt werden kann.

Peters schlug endlich vor, wir sollten doch versuchen, das Ausmaß unseres Unglücks genau zu ermitteln und unser Gefängnis abzutasten. Immerhin könne eine winzige Möglichkeit bestehen, bemerkte er, daß uns irgendeine Öffnung geblieben war, durch die wir entkommen konnten. Ich griff begierig nach dieser Hoffnung, raffte mich auf und versuchte, mir durch das lockere Erdreich einen Weg zu bahnen. Kaum hatte ich auch nur einen Schritt getan, als ich Licht schimmern sah, und zwar genug, um mich zu überzeugen, daß wir jedenfalls nicht sofort aus Luftmangel sterben müßten. Wir faßten nun einigen Mut und ermunterten einander, auf das beste zu hoffen. Nachdem wir über einen Schotterhaufen geklettert waren, der unser weiteres Vordringen in Richtung des Lichtscheins behindert hatte, kamen wir leichter voran und spürten auch ein gewisses Nachlassen des außerordentlichen Drucks auf die Lungen, der uns gefoltert hatte. Alsbald waren wir in der Lage, die Dinge um uns besser zu erkennen, und wir entdeckten, daß wir kurz vor dem Ende der geraden Strecke der Erdspalte waren, wo sie sich jäh nach links wandte. Nach einigen weiteren Anstrengungen erreichten wir die Biegung, von wo zu unserer unaussprechlichen Freude ein langer Spalt oder Riß ein großes Stück allgemein in einem Winkel von etwa fünfundvierzig Grad, stellenweise jedoch auch viel steiler, nach oben führte. Wir konnten diese Öffnung nicht in ihrer gesamten Ausdehnung überblicken, aber da ein ziemlich starker Lichtschein von oben hereindrang, zweifelten wir kaum, an ihrem oberen Ende (sofern wir es auf irgendeine Weise erreichen konnten) einen ungehinderten Durchschlupf ins Freie zu finden.

Nun erinnerte ich mich, daß wir unser drei gewesen waren, die von der Hauptschlucht aus in die Spalte geklettert waren, und daß unser Gefährte Allen noch fehlte. Wir beschlossen sofort, unseren Spuren folgend umzukehren und nach ihm zu forschen. Nach langer Suche und immer in Gefahr, daß weiteres Erdreich über uns einstürzen könnte, rief mir Peters schließlich zu, daß er den Fuß unseres Gefährten zu fassen bekommen habe und daß dessen ganzer Körper tief unter Schutt begraben sei, ohne daß für uns eine Möglichkeit bestehe, ihn herauszuziehen. Ich fand, daß alles, was er sagte, nur zu sehr der Wahrheit entsprach und Allens Leben natürlich auch schon längst ausgelöscht war. Mit schmerzerfülltem Herzen überließen wir den Toten daher seinem Schicksal und begaben uns abermals zur Biegung.

Die Breite der Kluft genügte kaum, uns durchzulassen, und nach ein oder zwei erfolglosen Bemühungen, hinaufzugelangen, begannen wir abermals zu verzweifeln. Ich habe zuvor gesagt, daß die Hügelkette, durch welche die Hauptschlucht führte, aus einer Art weichem Felsgestein bestand, das an Speckstein erinnerte. Die Seiten der Kluft, die wir nun zu erklimmen versuchten, waren von derselben Beschaffenheit und so ausnehmend schlüpfrig, weil naß, daß wir selbst an den weniger steilen Abschnitten kaum Halt darauf fanden, und an einigen Stellen, wo der Anstieg nahezu senkrecht hinaufführte, wurde diese Schwierigkeit naturgemäß noch vergrößert, und in der Tat hielten wir die Wand eine Zeitlang für unbezwingbar. Die Verzweiflung verlieh uns jedoch neuen Mut, und dadurch, daß wir mit unseren Bowiemessern Stufen in den weichen Stein schnitten und uns unter Einsatz unseres Lebens zu kleinen, hervorspringenden Punkten einer härteren Art des schieferartigen Gesteins schwangen, die hier und da aus der übrigen Gesteinsmasse herausragten, erreichten wir schließlich eine natürliche Plattform, von der aus wir am äußersten Ende einer dicht bewaldeten Schlucht einen Fetzen blauen Himmels erkennen konnten. Als wir nun mit etwas mehr Muße auf die Strecke zurückblickten, die wir schon hinter uns gebracht hatten, sahen wir deutlich aus der Gestaltung ihrer

Flanken, daß sie einer späteren Formation zuzurechnen sei, und schlußfolgerten, daß die Erschütterung, welcher Art sie auch gewesen sein mochte und die so unerwartet über uns hereingebrochen war, zur gleichen Zeit auch diesen Weg zu unserer Rettung freigelegt hatte. Ganz erschöpft von der Anstrengung und in der Tat so schwach, daß wir kaum stehen oder sprechen konnten, schlug Peters nun vor, wir sollten versuchen, durch das Abfeuern der Pistolen, die noch in unseren Gürteln steckten – die Musketen und Entersäbel hatten wir im lockeren Erdreich auf dem Grund des Schlundes verloren –, unsere Gefährten herbeizurufen, damit sie uns retteten. Die folgenden Ereignisse zeigten, daß wir, hätten wir die Pistolen abgefeuert, dies bitter bereut hätten, aber glücklicherweise war in mir inzwischen doch ein halber Verdacht aufgekeimt, daß man uns übel mitgespielt hatte; so unterließen wir es, den Wilden unseren Aufenthalt kundzutun.

Als wir uns etwa eine Stunde ausgeruht hatten, arbeiteten wir uns langsam den Spalt hinauf und hatten noch gar kein so großes Stück zurückgelegt, als wir mehrere furchtbare Schreie hörten. Schließlich erreichten wir, was als Erdoberfläche bezeichnet werden konnte, denn unser Pfad hatte nach Verlassen der Plattform unter einem Bogengang von hohen Felsen und Laubwerk entlanggeführt, der weit oben über uns ragte. Mit großer Vorsicht näherten wir uns der schmalen Öffnung, von welcher wir einen ungehinderten Überblick über die Umgebung hatten, wobei sich uns das ganze schreckliche Geheimnis der Erderschütterung in einem Moment und mit einem Blick offenbarte.

Der Ort, von dem wir Ausschau hielten, war nicht weit vom Gipfel des höchsten Berges in der Kette der Specksteinfelsen entfernt. Die Schlucht, in die unsere zweiunddreißig Mann starke Gruppe einmarschiert war, verlief fünfzig Fuß links von uns. Aber auf mindestens einhundert Yards war der Kanal oder das Bett dieser Schlucht mit chaotischen Bruchstücken von über einer Million Tonnen Erdreich und Geröll angefüllt, die absichtlich hineingewälzt worden waren. Die Mittel, welche diese gewaltige

Masse in Bewegung gesetzt hatten, waren ebenso einfach wie offensichtlich, da zuverlässige Spuren des mörderischen Werks geblieben waren. An mehreren Stellen entlang der Oberkante auf der Ostseite der Schlucht (wir befanden uns jetzt auf der Westseite) konnte man sehen, daß Holzpfähle in die Erde gerammt waren. An diesen Stellen hatte das Erdreich nicht nachgegeben; aber an der gesamten Vorderseite des Steilhangs, von dem die Masse herabgestürzt war, deuteten Löcher im Boden, ähnlich jenen, welche ein Bohrer bei Felssprengungen verursacht, darauf hin, daß Pfähle gleich denen, die wir stehen sahen, in einem Abstand von höchstens einem Yard über die ganze Länge von vielleicht dreihundert Fuß und etwa zehn Fuß hinter der Oberkante der Kluft in die Erde gerammt gewesen waren. Starke Seile aus Weinlaubranken waren an den Pfählen befestigt, die noch auf dem Berg standen, und es war offensichtlich, daß solche Seile auch an allen anderen Pfählen angebracht gewesen waren. Die eigenartige Schichtung dieser Specksteinberge habe ich bereits erwähnt; und die soeben gelieferte Beschreibung des schmalen und tiefen Spalts, durch den wir unsere Flucht vor dem lebendig Begrabensein bewerkstelligt hatten, wird eine weitere Vorstellung ihrer Wesensmerkmale vermitteln. Diese war solcherart, daß fast jede natürliche Erschütterung den Boden ganz gewiß in senkrechte Mauern oder Wände aufspalten würde, die zueinander parallel liefen; schon ein sehr geringfügiger Aufwand von künstlichen Hilfsmitteln würde genügen, die gleiche Wirkung zu erzielen. Die Wilden hatten sich in Verfolgung ihrer tückischen Absichten dieser Schichtung bedient. Es kann kein Zweifel bestehen, daß durch die fortlaufende Reihe von Pfählen ein teilweiser Aufbruch des Bodens herbeigeführt worden war, wahrscheinlich bis zu einer Tiefe von ein oder zwei Fuß, indem jeweils ein Wilder an jedem der Seile zog (die an den Spitzen der Pfähle angebracht waren und sich von der Oberkante der Schlucht nach hinten spannten) und dergestalt eine gewaltige Hebelwirkung erzielt wurde, die in der Lage war, auf ein gegebenes Signal die ganze Vorderseite des

Berges in die Tiefe des Abgrunds hinunterzuschleudern. Das Schicksal unserer armen Gefährten war nun nicht länger ungewiß. Wir allein waren diesem Sturm übermächtiger Vernichtung entronnen. Wir waren die einzigen lebenden Weißen auf der Insel.

Kapitel XXII

So wie sich unsere Situation jetzt darstellte, war sie kaum weniger grauenvoll als zu dem Zeitpunkt, wo wir gewähnt hatten, lebendig begraben zu sein. Uns bot sich keine andere Perspektive, als durch die Wilden vom Leben zum Tod befördert zu werden oder ein elendes Dasein in Gefangenschaft zu fristen. Ganz gewiß konnten wir uns in der Sicherheit der Berge und, als letzte Zuflucht, in dem Erdspalt, dem wir soeben entstiegen waren, eine Zeitlang ihren Blicken entziehen; indes würden wir bestimmt entweder während des langen Polarwinters infolge der Kälte und des Hungers umkommen oder bei dem Bemühen, unsere Not zu lindern, letztendlich entdeckt werden.

Das ganze Land um uns schien von Wilden zu wimmeln, die in Scharen von den im Süden gelegenen Inseln auf flachen Flößen herübergekommen waren, wie wir jetzt erkannten, zweifellos mit dem Ziel, bei der Inbesitznahme und Ausplünderung der ›Jane‹ Hilfe zu leisten. Das Schiff lag noch ruhig in der Bucht vor Anker, die Männer an Bord waren sich ganz offensichtlich der ihnen drohenden Gefahr überhaupt nicht bewußt. Wie verlangte es uns in diesem Augenblick, bei ihnen zu sein! Entweder um ihnen zu helfen, die Flucht zu ergreifen, oder bei dem Versuch einer Verteidigung mit ihnen unterzugehen. Wir sahen keine Möglichkeit, sie vor der Gefahr auch nur zu warnen, ohne uns selbst der sofortigen Vernichtung preiszugeben, bei nur geringer Hoffnung, ihnen nützlich zu sein. Wohl hätte ein Pistolenschuß genügen können, ihnen kundzutun, daß ein Unheil hereingebrochen war; jedoch konnte der Knall ihnen unmöglich mitteilen, daß ihre einzige Aussicht auf Rettung darin lag, sofort den Hafen zu verlassen – und ihnen auch nicht sagen, daß keine Prinzipien der Ehre sie nun verpflichteten zu bleiben und daß ihre Gefährten nicht mehr unter den Lebenden weilten. Hörten sie den Schuß, so konnten sie sich nicht besser wappnen, dem Feind entgegenzutreten, der sich nun zum Angriff rüstete, als sie die ganze Zeit schon gewappnet gewesen waren. So würde unser Schießen keinen Nutzen bringen, nur unendlichen Schaden anrichten, weshalb wir nach reiflichem Überlegen davon abließen.

Unser nächster Gedanke war, zu versuchen, auf schnellstem Wege dem Schiff zuzustreben, uns eines der vier Kanus zu bemächtigen, die am Ende der Bucht lagen, und einen Durchbruch zum Schiff zu erzwingen. Indes trat sehr bald zutage, daß an eine erfolgreiche Durchführung dieses verzweifelten Unternehmens nicht zu denken war. Das Land wimmelte buchstäblich von Eingeborenen, wie ich zuvor schon gesagt habe, die sich im Gebüsch und in der Tiefe der Berge versteckten, um vom Schoner nicht gesehen zu werden. Vor allem hielt sich ganz in unserer Nähe die gesamte Gruppe der Schwarzfellkrieger mit Too-wit an der Spitze auf, wartete anscheinend nur auf Verstärkung, um den Angriff auf die ›Jane‹ zu beginnen, und blockierte den einzigen Weg, auf dem wir hoffen konnten, die Küste an geeigneter Stelle zu erreichen. Die am Ende der Bucht liegenden Kanus waren gleichfalls von Wilden bemannt, die zwar unbewaffnet waren, ihre Waffen jedoch zweifellos in Reichweite hatten. So waren wir, wenn auch wider Willen, gezwungen, in unserem Versteck auszuharren und bloße Zuschauer des Konflikts zu werden, der alsbald folgte.

In etwa einer halben Stunde sahen wir an die sechzig oder siebzig Holzflöße oder Flachboote mit Auslegern, gefüllt mit Wilden, die südliche Bucht des Hafens umrunden. Sie schienen außer kurzen Knüppeln und Steinen, die auf dem Boden der Flöße lagen, keine Waffen zu besitzen. Unmittelbar danach erschien eine andere noch größere Abteilung auf der gegenüberliegenden Seite und gleichermaßen gerüstet. Die vier Kanus füllten sich nun ebenfalls schnell mit Eingeborenen, die plötzlich aus den Büschen am Ende der Bucht auftauchten, und stießen schnell ab, um sich den anderen Gruppen anzuschließen. So sah sich die ›Jane‹ in kürzerer Zeit, als ich mir genommen habe, dies zu berichten, und wie durch Zauberbann plötzlich von einer ungeheuren Menge von Desperados umzingelt, die ganz offensichtlich erpicht waren, sich ihrer um jeden Preis zu bemächtigen.

Wir zweifelten keinen Augenblick daran, daß sie bei ihrem Unternehmen Erfolg haben würden. Wie entschlossen sich die sechs an Bord belassenen Männer auch zur Verteidigung des Schiffes einsetzen würden, sie reichten zur richtigen Bedienung der Kanonen bei weitem nicht aus, wie sie auch keineswegs einen Kampf unter so ungleichem Kräfteverhältnis durchstehen konnten. Ich vermochte mir kaum vorzustellen, daß sie überhaupt Widerstand leisten würden, aber darin täuschte ich mich, denn ich sah sie alsbald Springtaue auf die Ankerkette legen und die Steuerbordbreitseite des Schiffes den Kanus zuwenden, die zu dieser Zeit bereits auf Pistolenschußweite heran waren, während die Flöße fast eine Viertelmeile windwärts fuhren. Aus mir unbekanntem Grund, höchstwahrscheinlich infolge der Aufregung, die unsere armen Freunde empfanden, als sie sich in so aussichtsloser Lage fanden, ging der Schuß völlig daneben. Kein einziges Kanu wurde getroffen, kein einziger Wilder verletzt, da die Kugeln zu kurz einschlugen oder über ihre Köpfe *ricochetierten*. Die einzige Wirkung, die sie erzielten, bestand in der Verwirrung ob des unerwarteten Donners und Rauchs, die so stark war, daß ich einige Augenblicke fast glaubte, die Wilden würden ihr Vorhaben aufgeben und zum Ufer zurückkehren. Aller Wahrscheinlichkeit nach hätten sie dies wohl auch getan, hätten unsere Leute der Breitseite eine Salve aus Handfeuerwaffen folgen lassen, die, da die Kanus jetzt so nahe bei der Hand waren, ihre Wirkung gewiß nicht verfehlt hätten; zumindest hätte dies genügt, diese Gruppe von einem weiteren Vordringen abzuhalten, bis die Unsrigen auch den Flößen eine Breitseite hätten zuteil werden lassen können. Statt dessen ließen sie zu, daß sich die Kanugruppe von ihrem Schreck erholte, Umschau hielt und entdeckte, daß keine Zerstörung angerichtet worden war, während unsere Leute nach Steuerbord stürzten, um für die Flöße bereit zu sein.

Das Backbordfeuer zeitigte eine ungemein schreckliche Wirkung. Das Streufeuer der mit Doppelladung versehenen großen Kanonen zerschmetterte sieben oder acht der Flöße in tausend Stücke und tötete vielleicht dreißig oder vierzig der Wilden auf der Stelle, während mindestens hundert von ihnen ins Wasser geschleudert wurden, die meisten davon furchtbar verwundet. Der Rest, vor Entsetzen wie von Sinnen, trat sofort einen überstürzten Rückzug an und nahm sich nicht einmal die Zeit, die verstümmelten Gefährten aufzulesen, die überall umherschwammen, jammerten und laut um Hilfe riefen. Indes kam dieser großartige Erfolg zu spät, um unsere todgeweihten Männer zu retten. Die Kanugruppe befand sich bereits in einer Stärke von mehr als einhundertfünfzig Mann an Bord des Schoners, da es den meisten von ihnen geglückt war, über die Ketten und Enternetze hinaufzuklettern, noch ehe die Lunten an die Backbordkanonen gelegt werden konnten. Nichts vermochte ihrem wilden Zorn jetzt zu widerstehen. Unsere Männer wurden sofort niedergeschlagen, überwältigt, zertrampelt und im Nu völlig in Stücke zerrissen.

Als die Wilden auf den Flößen dies sahen, überwanden sie ihre Ängste und kamen in Scharen zum Plündern an Bord. Fünf Minuten später bot die ›Jane‹ ein in der Tat erbärmliches Schauspiel von Verwüstung und unbändigem Zerstörungsdrang. Die Deckplanken wurden aufgehackt und herausgerissen und das Tauwerk, die Segel und alles Bewegliche an Deck wie durch Zauberkraft abgerissen, während die Unholde durch Schieben am Heck und durch Schleppzug mit den Kanus und auch an den Seiten, da sie ja zu Tausenden um das Schiff schwammen, es schließlich zum Ufer brachten (nachdem man die Ankerkette hatte schießen lassen) und dienstfertig Too-wit überlieferten, der während des ganzen Unternehmens wie ein kluger General einen sicheren, ihm Überblick gewährenden Standort zwischen den Bergen bezogen hatte und jetzt, da der Sieg zu seiner Befriedigung errungen war, geruhte, mit seinen Schwarzfellkriegern herabzusteigen und seinen Teil von der Beute zu beanspruchen.

Too-wits Abstieg versetzte uns in die Lage, unser Versteck zu verlassen und den Berg in der Nähe der Schlucht zu erkunden. Etwa fünfzig Yards von ihrem Schlund entfernt sahen wir eine Quelle, wo wir den brennenden Durst stillen konnten, der uns jetzt peinigte. Nicht weit davon entfernt entdeckten wir einige der vorhin bereits erwähnten Haselnußsträucher. Wir kosteten die Nüsse und befanden sie als schmackhaft, sie ähnelten im Aroma fast der gewöhnlichen englischen Haselnuß. Unverzüglich sammelten wir unsere Hüte voll, verwahrten sie in dem Erdspalt und kehrten zurück, um mehr zu holen. Während wir emsig damit beschäftigt waren, sie einzusammeln, alarmierte uns ein Rascheln in den Büschen, und wir waren drauf und dran, uns in unser Versteck zurückzustehlen, als ein großer, schwarzer Vogel von der Art der Rohrdommel schwerfällig und langsam über dem Strauchwerk aufstieg. Ich war dermaßen erschrocken, daß ich nichts unternehmen konnte, aber Peters besaß Geistesgegenwart genug, hinzulaufen, bevor der Vogel uns entrinnen konnte, und ihn am Hals zu packen. Sein Flattern und Schreien war fürchterlich, und wir dachten schon daran, ihn fliegen zu lassen, damit der Lärm nicht einige der Wilden herbeirufen würde, die vielleicht noch in der Nähe lauerten. Ein Stich mit dem Bowiemesser brachte ihn jedoch schließlich zu Boden, und wir schleppten ihn in die Bergschlucht und schätzten uns glücklich, daß wir auf alle Fälle dergestalt einen Lebensmittelvorrat gewonnen hatten, der eine Woche lang ausreichen würde.

Sodann stiegen wir abermals hinaus, um uns umzusehen, und wagten uns eine beträchtliche Strecke den Südhang des Berges hinab, fanden jedoch nichts weiter, was uns hätte als Nahrung dienen können. So sammelten wir eine große Menge trockenes Holz und kehrten zurück, da wir ein oder zwei große Gruppen Eingeborener den Weg zu ihrem Dorf einschlagen sahen, beladen mit dem Plündergut des Schiffes, die, so befürchteten wir, uns vielleicht entdecken könnten, wenn sie unten am Berg vorüberzogen.

Unsere nächste Sorge war, unser Versteck so sicher wie möglich zu machen. Zu diesem Zweck legten wir etwas Strauchwerk über die Öffnung, die ich vorhin bereits als diejenige erwähnt habe, durch die wir den Fleck blauen Himmels sahen, nachdem wir aus der Tiefe des Erdschlundes zur Plattform gelangt waren. Wir beließen nur eine sehr kleine Öffnung, gerade groß genug, um uns einen Ausblick auf die Bucht zu gestatten, und ohne das Risiko, von unten entdeckt zu werden. Als dies vollbracht war, beglückwünschten wir uns zu so sicherem Zufluchtsort, denn wir waren jetzt jeder Beobachtung völlig entzogen, solange wir uns nicht auf den Berg wagten. Nichts deutete darauf hin, daß die Wilden diese Höhle je aufgesucht hatten; indes bedachten wir aber auch die Wahrscheinlichkeit, daß der Spalt, durch den wir sie erreicht hatten, soeben erst durch den Absturz der gegenüberliegenden Felsenkante geschaffen worden war, und die Tatsache, daß kein anderer Weg zu erkennen war, zu ihr zu gelangen, und empfanden nun weniger Freude bei dem Gedanken, gegen Belästigungen gefeit zu sein, da wir fürchteten, daß uns überhaupt keine Möglichkeit für den Abstieg blieb. Wir beschlossen, den Gipfel des Berges gründlich zu erforschen, sobald sich dafür eine günstige Gelegenheit bot. In der Zwischenzeit überwachten wir die Bewegungen der Wilden durch unser Schlupfloch.

Sie hatten das Schiff bereits vollständig in ein Wrack verwandelt und trafen nun Vorbereitungen, es anzustecken. Kurze Zeit später sahen wir mächtige Rauchwolken aus dem Hauptniedergang quellen, und alsbald stand das ganze Vorderdeck in Flammen. Takelung, Masten und alles, was von den Segeln geblieben war, fingen unverzüglich Feuer, das sich auch schnell über die Decks ausbreitete. Noch blieb eine zahlreiche Menge Wilder auf ihren Plätzen am Schiff und hämmerte mit großen Steinen, Äxten und Kanonenkugeln gegen die Bolzen und andere Eisen- oder Kupfergegenstände. In unmittelbarer Nähe des Scho- ners, am Strand, in den Kanus und auf den Flößen befan- den sich insgesamt mindestens zehntausend Eingeborene, diejenigen nicht mitgerechnet, die scharenweise beutebela- den landeinwärts stapften oder den benachbarten Inseln zustrebten. Wir sahen nun eine Katastrophe voraus und wurden keineswegs enttäuscht. Zuerst erfolgte ein kleiner Schlag (den wir in unserem Auslug ebenso deutlich spür- ten, als hätten wir einen leichten Stromstoß empfangen), indes von keinem sichtbaren Anzeichen einer Explosion begleitet. Die Wilden waren offenbar erschrocken und hiel- ten einen Augenblick in ihren Tätigkeiten und ihrem Ge- schrei inne. Sie waren gerade im Begriff, damit wieder an- zufangen, als plötzlich dicke Rauchschwaden an Deck aufstoben, die an eine schwere, schwarze Gewitterwolke er- innerten – sodann schoß aus den Eingeweiden des Schiffes eine mächtige Säule lebendigen Feuers anscheinend eine Viertelmeile in die Höhe – sodann folgte eine jähe, kon- zentrische Ausbreitung des Feuers – sodann stellte die ganze Atmosphäre wie durch Zauberhand mit einemmal ein wildes Chaos von Holz, Metall und menschlichen Kör- perteilen dar – und schließlich erreichte uns die Druck- welle mit ihrer größten Wucht und stieß uns augenblick- lich um, während die Berge das Echo des Tumults tausendfach zurückwarfen und ein dichter Regen kleinster Bruchstücke der Schiffstrümmer in der ganzen Umgebung niederprasselte.

Das Gemetzel unter den Wilden übertraf unsere kühn- sten Erwartungen bei weitem, und sie ernteten jetzt in der Tat voll und ganz die Früchte ihres Verrats. Etwa tausend kamen durch die Explosion ums Leben, während zumin- dest eine gleichgroße Zahl grausam verstümmelt wurde. Die ganze Fläche der Bucht war buchstäblich übersät mit den um ihr Leben kämpfenden und ertrinkenden Unhol- den, und an der Küste standen die Dinge sogar noch schlimmer. Sie schienen äußerst entsetzt zu sein über die

Jähe und Vollständigkeit ihrer Niederlage und machten keine Anstrengungen, einander zu helfen. Schließlich beobachteten wir ein völliges Umschlagen ihrer Verhaltensweise. Etwas schien sie auf einmal aus einem Zustand absoluter Benommenheit zu grenzenloser Erregung emporzureißen; wild stürzten sie umher und liefen mit einem höchst seltsamen Ausdruck, einer Mischung aus Schrecken, Wut und höchster Neugier, in den Gesichtern zu einer bestimmten Stelle am Strand und wieder zurück, wobei sie aus Leibeskräften *Tekeli-li! Tekeli-li!* schrien.

Alsbald sahen wir eine große Gruppe in den Bergen verschwinden, von wo sie kurze Zeit später mit Holzpfählen zurückkehrten. Sie brachten diese dorthin, wo sich die Menge am meisten drängte, sich jedoch jetzt teilte, so daß wir einen Blick auf den Gegenstand all dieser Aufregung werfen konnten. Wir sahen etwas Weißes am Boden liegen, konnten jedoch nicht sogleich erkennen, was es war. Schließlich entdeckten wir, daß es sich um den Kadaver des seltsamen Tieres mit den scharlachroten Zähnen und Krallen handelte, den der Schoner am achtzehnten Januar aus der See gefischt hatte. Kapitän Guy hatte den Körper konserviert, um ihn auszustopfen und mit nach England zu nehmen. Ich entsann mich, wie er einige diesbezügliche Anweisungen gegeben hatte, ehe wir die Insel ausgemacht hatten, dann war das tote Tier in die Kajüte gebracht und in einem Kasten verwahrt worden. Die Explosion hatte es nun ans Ufer geschleudert, aber warum es unter den Wilden so große Unruhe hervorrief, überstieg unser Begriffsvermögen. Obwohl sie sich in geringer Entfernung um den Körper des Tieres drängten, schien niemand von ihnen gewillt, sich ihm weiter zu nähern. Nach und nach rammten die Männer nun die Pfähle in einem Kreis um den Kadaver in den Boden, und kaum war diese Maßnahme beendet, stürmte die ganze zahlreiche Versammlung mit lautem Geschrei von *Tekeli-li! Tekeli-li!* ins Innere der Insel.

Kapitel XXIII

Während der unmittelbar folgenden sechs oder sieben Tage blieben wir in unserem Versteck auf dem Berg und verließen es nur gelegentlich unter Beachtung höchster Vorsicht, um Wasser und Nüsse zu holen. Wir hatten auf der Plattform eine Art Wohnbereich geschaffen und aus trockenen Blättern eine Lagerstatt errichtet; drei große, flache Steine dienten als Feuerstätte und Tisch. Feuer zu entfachen bereitete uns keine Schwierigkeit, wir rieben zwei Stück trockenen Holzes aneinander, ein weiches und ein hartes. Der Vogel, den wir gerade zum richtigen Zeitpunkt gefangen hatten, lieferte uns eine vorzügliche Speise, wenn er auch etwas zäh war. Es war kein Meeresvogel, sondern eine Art Rohrdommel mit pechschwarzen und gräulichen Federn und, im Verhältnis zur Körpermasse, kleinen Flügeln. Später sahen wir drei Exemplare derselben Gattung in der Nähe der Schlucht, die wohl nach dem einen suchten, das wir gefangen hatten; da sie sich jedoch nie niederließen, hatten wir keine Möglichkeit, sie zu fassen.

Solange dieser Vogel uns zur Nahrung diente, litten wir nicht unter unserer Lage, aber bald war er aufgezehrt, und es wurde unbedingt erforderlich, daß wir nach etwas Eßbarem Ausschau hielten. Die Nüsse wollten den nagenden Hunger nicht stillen, auch verursachten sie bei uns heftige Magenschmerzen und, wenn wir ihnen zu sehr zugesprochen hatten, starken Kopfschmerz. Östlich des Berges hatten wir in Ufernähe mehrere große Schildkröten gesehen und erkannt, daß wir sie leicht fangen könnten, gelänge es uns, sie zu erreichen, ohne daß die Eingeborenen uns entdeckten. So beschlossen wir, einen Abstieg zu wagen.

Wir begannen damit, daß wir den Südhang hinabstiegen, der die geringsten Schwierigkeiten zu bieten schien, hatten jedoch gerade hundert Yards zurückgelegt, als ein weiterer Abstieg (wie wir nach dem Aussehen des Berggipfels vorausgeahnt hatten) durch einen Seitenzweig der Schlucht, in der unsere Gefährten umgekommen waren, völlig unmöglich gemacht wurde. Wir gingen nun etwa

eine Viertelmeile an ihrer Kante entlang, worauf wir abermals durch einen Abgrund ungeheurer Tiefe aufgehalten
wurden und, da wir unseren Weg an seinem Rand entlang
nicht fortsetzen konnten, gezwungen waren, unsere Schritte zur Hauptschlucht zurückzuwenden.

Nun stießen wir nach Osten vor, aber mit genau dem
gleichen Ergebnis. Nach stundenlangem Umherklettern,
wobei wir mehrfach riskierten, den Hals zu brechen, entdeckten wir, daß wir lediglich in eine riesige Grube von
schwarzem Granit hinabgestiegen waren, deren Sohle von
feinem Staub bedeckt war und aus der der einzige Ausstieg
über jenen steinigen Pfad führte, den wir herabgeklettert
waren. Wir erklommen ihn nun wieder mühsam und versuchten es an der Nordkante des Berges. Hier mußten wir
unser Unternehmen mit größtmöglicher Vorsicht betreiben, da die geringste Unbesonnenheit uns voll und ganz
den Blicken der Wilden im Dorf preisgegeben hätte. Daher
krochen wir auf Händen und Knien weiter und waren gelegentlich sogar gezwungen, uns voll auszustrecken und am
Strauchwerk vorwärts zu ziehen. Auf diese bedachtsame
Weise hatten wir nur eine geringe Strecke zurückgelegt, als
wir an eine Schlucht gelangten, die weit tiefer war als jene,
welche wir zuvor gesehen hatten, und direkt in die Hauptschlucht mündete. So wurden unsere Befürchtungen vollauf bestätigt, und wir fanden uns von jeglichem Zugang zu
der Welt unter uns abgeschnitten. Gänzlich erschöpft von
unseren Bemühungen, begaben wir uns auf dem kürzesten
Weg zurück zu unserer Plattform, fielen auf unsere Lagerstatt aus Blättern und sanken für mehrere Stunden in süßen, tiefen Schlummer.

Nach diesem fruchtlosen Suchen waren wir mehrere
Tage damit beschäftigt, jeden Teil des Berggipfels zu erkunden, um uns über seine tatsächlichen Hilfsquellen
Kenntnis zu verschaffen. Wir entdeckten, daß er uns keine
Nahrung liefern würde, ausgenommen die ungesunden Haselnüsse und eine widerliche Art von Skorbutkraut, das an
einer kleinen Stelle von höchstens vier Ruten im Quadrat
wuchs und bald aufgezehrt sein würde. Am fünfzehnten

Februar war kein Blatt davon mehr übrig, soweit ich mich entsinnen kann, und auch die Nüsse wurden knapp. Unsere Situation konnte deshalb kaum beklagenswerter sein.[1] Am Sechzehnten wanderten wir abermals die Wälle unseres Gefängnisses entlang in der Hoffnung, eine Möglichkeit des Entkommens zu finden, aber ohne Erfolg. Wir stiegen auch in die Schlucht hinunter, in der wir überwältigt worden waren, von der schwachen Hoffnung getragen, in diesem Gang eine Öffnung zur Hauptschlucht zu finden. Auch hierin wurden wir enttäuscht, obwohl wir eine Muskete fanden und mit nach oben nahmen.

Am Siebzehnten brachen wir mit dem festen Entschluß auf, die schwarze Granitschlucht gründlicher zu erkunden, in die wir auf unserer ersten Suche geraten waren. Wir erinnerten uns, daß wir nur flüchtig in einen der Spalte an der Seite dieser Grube geblickt hatten, und waren begierig, ihn zu erforschen, obwohl wir nicht viel Hoffnung hegten, hier eine Öffnung zu entdecken.

Die Sohle der Höhle zu erreichen bereitete uns wie schon vorher keine großen Schwierigkeiten, und wir waren nun besonnen genug, sie mit einiger Aufmerksamkeit zu inspizieren. In der Tat war sie einer der eigentümlichsten Orte, die man sich vorstellen kann, und es fiel uns schwer zu glauben, daß allein die Natur sie so geschaffen habe. Die Grube war von ihrem östlichen bis zum westlichen Ende etwa fünfhundert Yards lang, sofern man alle Windungen mitrechnete. Die Weite von Ost nach West in gerader Linie betrug kaum mehr als vierzig oder fünfzig Yards (wie ich annehme, da mir keine Mittel für eine genaue Vermessung zu Gebote standen). Bei unserem ersten Abstieg in die Kluft, das heißt einhundert Fuß unter dem Gipfel des Berges, hatten die Wände des Abgrunds kaum Ähnlichkeit aufgewiesen und schienen zu keiner Zeit verbunden gewesen zu sein, da die Oberfläche der einen aus Speckstein bestand und die der anderen aus Mergel, dem

1 Dieser Tag ist deshalb denkwürdig, weil wir im Süden mehrere riesige Ringe gräulichen Dampfes sahen, von denen ich bereits gesprochen habe.

ein metallisches Granulat beigemischt war. Die durchschnittliche Breite oder der Abstand zwischen den zwei Klippen betrug hier wahrscheinlich sechzig Fuß, indes schien keine regelmäßige Formation vorzuliegen. Als wir jedoch über die soeben erwähnte Grenze weiter hinabstiegen, verringerte sich der Abstand sehr plötzlich, und die Wände verliefen jetzt parallel zueinander, gleichwohl waren sie auch auf dem folgenden Abschnitt in ihrer Substanz und Oberflächengestaltung verschieden. Als wir uns nur noch fünfzig Fuß über der Sohle befanden, stellten wir eine vollkommene Regelmäßigkeit fest. Die Wände waren jetzt völlig gleich in Substanz, Farbe und Seitenrichtung, das Material ein sehr schwarzer und glänzender Granit, und die Entfernung zwischen den zwei Wänden betrug an allen sich gegenüberliegenden Punkten exakt zwanzig Yards. Man wird den genauen Verlauf der Kluft am besten an Hand einer Skizze erkennen, welche ich an Ort und Stelle anfertigte, denn ich hatte glücklicherweise mein Taschenbuch und einen Bleistift bei mir, die ich auch während der langen Kette der folgenden Abenteuer höchst sorgsam aufbewahrt habe, welcher Tatsache ich nun eine Gedächtnisstütze in vielen Dingen verdanke, die sonst aus meiner Erinnerung verdrängt worden wären.

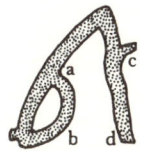

Bild 1   Bild 2

Dieses Bild (s. Bild 1) gibt die allgemeinen Umrisse der Kluft wieder, ohne die kleineren Seitenhöhlen, deren es mehrere gab, wobei jeder eine gleichgroße Auswölbung gegenüber entsprach. Die Sohle der Schlucht war drei oder vier Zoll hoch mit einem fast nicht tastbaren Pulver bedeckt, unter dem ebenfalls schwarzer Granit war, wie wir fanden. Am rechten unteren Ende scheint sich eine kleine

Öffnung zu befinden; dies ist der oben erwähnte Spalt, und ihn genauer als vordem zu untersuchen war Ziel unseres zweiten Besuchs. Wir drangen nun entschlossen ein, schnitten eine Menge Brombeersträucher weg, die uns behinderten, und entfernten einen großen Haufen scharfer Feuersteine, deren Form ein wenig an Pfeilspitzen erinnerte. Ein schwacher Lichtschein vom entfernteren Ende ermutigte uns indes fortzufahren. Wir zwängten uns schließlich etwa dreißig Fuß weiter voran und entdeckten, daß der Boden der Öffnung, die sich als flacher, gleichmäßiger Bogen wölbte, von demselben feinen Pulver bedeckt war wie der der Hauptschlucht. Ein starker Lichtschein fiel nun auf uns, und hinter einer scharfen Biegung befanden wir uns in einer weiteren hohen Kammer, die in jeder Hinsicht derjenigen ähnelte, welche wir soeben verlassen hatten, und nur etwas länglicher war. Ihr allgemeiner Umriß wird hier wiedergegeben (siehe Bild 2).

Die Gesamtlänge dieser Felsenkluft von der Öffnung a und um die Kurve b zum Ende d beträgt fünfhundertfünfzig Yards. Am Punkt c entdeckten wir eine kleine Öffnung ähnlich derjenigen, durch die wir aus der anderen Kluft herausgekommen waren, und diese war auf die gleiche Weise von Brombeersträuchern überwuchert und von einer Menge weißer Pfeilspitzenfeuersteine verstopft. Wir zwängten uns durch, stellten eine Länge von etwa vierzig Fuß fest und gelangten in eine dritte Kluft. Diese war ebenfalls genau wie die erste, abgesehen von ihrer länglichen Gestalt, die solcherart war (siehe Bild 3).

Die Gesamtlänge der dritten Kluft betrug dreihundertundzwanzig Yards, wie wir feststellten. Am Punkt a war eine etwa sechs Fuß breite Öffnung, die sich fünfzehn Fuß in den Felsen schnitt und in einem Mergelbett endete. Dahinter folgte keine weitere Kluft, wie wir erwartet hatten. Gerade wollten wir diesen Spalt wieder verlassen, in den nur sehr wenig Licht eindrang, als Peters mich auf eine Reihe eigenartig aussehender Einkerbungen in der Oberfläche des Mergels aufmerksam machte, der das Ende des *cul-de-sac* bildete. Schon bei einer sehr geringfügigen Auf-

bietung von Vorstellungskraft konnte man die linke oder
nördlichste dieser Einkerbungen für eine beabsichtigte,
gleichwohl grobe Darstellung eines Menschen halten, der
mit ausgestreckten Armen aufrecht steht. Die übrigen Einkerbungen wiesen eine gewisse Ähnlichkeit zu alphabetischen Lettern auf, jedenfalls neigte Peters der müßigen Ansicht zu, daß sie wirklich so etwas darstellten.

Bild 3   Bild 5   Bild 4

Ich überzeugte ihn schließlich dadurch von seinem Irrtum, daß ich seine Aufmerksamkeit auf den Boden des
Spalts lenkte, wo wir Stück für Stück einige große Flocken
Mergel auflasen, die offensichtlich durch eine Erdbewe-
gung von jener Wand gebrochen worden waren, wo wir die
Einkerbungen entdeckt hatten, und deren hervorstehende
Punkte genau in diese paßten. So ließ sich nachweisen, daß
sie das Werk der Natur waren. Bild 4 gibt eine genaue Kopie des Ganzen wieder.

Nachdem wir uns vergewissert hatten, daß diese eigenartigen Höhlen keine Möglichkeit boten, unserem Gefängnis
zu entrinnen, traten wir enttäuscht und entmutigt den
Rückweg zum Gipfel des Berges an. Während der nächsten
vierundzwanzig Stunden ereignete sich nichts Erwähnens-
wertes, sieht man davon ab, daß wir bei Untersuchung des
Bodens östlich der dritten, gleichfalls schwarzen Granitschlucht zwei dreieckige Löcher von großer Tiefe entdeckten. Dort hineinzusteigen hielten wir nicht der Mühe wert,
da sie lediglich wie natürliche Brunnen aussahen, nur ohne
Abfluß. Ihr Umfang betrug jeweils etwa zwanzig Yards,
und ihre Gestalt wie auch die relative Lage in bezug zur
dritten Kluft ist auf Skizze 5 dargestellt.

Kapitel XXIV

Am Zwanzigsten des Monats, als wir es für völlig unmöglich erachteten, uns länger von Haselnüssen zu ernähren, deren Genuß bei uns die qualvollsten Schmerzen hervorrief, beschlossen wir, einen verzweifelten Versuch zu wagen und den Südhang des Berges hinabzusteigen. Die Vorderseite des Abhanges bestand hier aus einer sehr weichen Art Speckstein, obwohl sie auf ihrer ganzen Ausdehnung (einer Tiefe von mindestens einhundertundfünfzig Fuß) nahezu senkrecht abfiel und an einigen Stellen sogar überhing. Nach langem Suchen entdeckten wir einen schmalen Sims etwa zwanzig Fuß unter dem Rand des Abgrunds, zu dem Peters hinabspringen konnte, wobei ich ihm mittels unserer zusammengeknoteten Taschentücher Hilfe leistete, so gut ich es vermochte. Mit etwas mehr Schwierigkeit gelangte auch ich hinunter, und da erkannten wir, daß es möglich war, den ganzen Abstieg auf die gleiche Weise zu bewerkstelligen, in der wir aus der Erdspalte geklettert waren, als der Einsturz des Berges uns lebendig begraben hatte – nämlich indem wir mit unseren Messern Stufen in die Oberfläche des Specksteins schnitten. Das außerordentliche Wagnis dieses Vorhabens läßt sich kaum ermessen; da es für uns jedoch keinen anderen Ausweg gab, waren wir entschlossen, es auf uns zu nehmen.

Auf dem Sims, wo wir standen, wuchsen einige Haselnußbüsche, und an einem davon befestigten wir unser Seil aus Tüchern. Das andere Ende wurde um Peters' Hüfte gebunden, dann ließ ich ihn über die Kante des Abgrunds hinab, bis die Tücher straff hingen. Er begann nun, ein (mindestens acht oder zehn Zoll) tiefes Loch in den Speckstein zu schneiden, wobei er den Fels darüber bis zur Höhe eines Fußes abschrägte, so daß er mit dem Pistolenknauf einen genügend starken Pflock in die so bearbeitete Oberfläche treiben konnte. Danach zog ich ihn etwa vier Fuß hoch, wo er ein dem unteren ähnliches Loch einschnitt, abermals einen Holzpflock hineintrieb und so eine Stütze für beide Füße und Hände hatte. Nun löste ich die Tücher von dem Busch und warf ihm das Ende zu, welches er an dem Pflock im obersten Loch befestigte, wonach er sich vorsichtig zu einer Stelle etwa drei Fuß unter dem letzten hinabließ, das heißt, bis zur vollen Reichweite der Tücher. Hier grub er ein weiteres Loch und trieb einen neuen Pflock ein. Sodann zog er sich hoch, um seine Füße in das soeben ausgeschnittene Loch zu setzen, und hielt sich mit den Händen an dem darüber befindlichen Pflock fest. Nun war es nötig, die Tücher von dem ersten Pflock zu lösen, um sie an dem zweiten zu befestigen, und da erkannte er, daß es falsch gewesen war, die Löcher in so großem Abstand auszuschneiden. Nach ein oder zwei erfolglosen und gefährlichen Versuchen, den Knoten zu erreichen (wobei er sich mit der linken Hand festhalten mußte, während er sich mühte, ihn mit der rechten zu lösen), schnitt er das Seil kurzerhand durch und ließ sechs Zoll davon an dem Pflock hängen. Nachdem er die Tücher nun an dem zweiten Pflock befestigt hatte, ließ er sich zu einem Punkt unter dem dritten hinab, wobei er sorgsam darauf achtete, nicht zu weit nach unten zu gleiten. Durch dieses Verfahren (welches ich selbst niemals hätte ersinnen können und das wir allein Peters' Findigkeit und Entschlossenheit verdankten) gelang es meinem Gefährten schließlich, unter gelegentlicher Zuhilfenahme von Vorsprüngen an der Klippe, ohne weiteren Zwischenfall den Boden zu erreichen.

Es dauerte einige Zeit, ehe ich genug Mut aufbringen konnte, ihm zu folgen, aber schließlich versuchte ich es. Peters hatte vor dem Abstieg sein Hemd ausgezogen, und dies ergab zusammen mit meinem eigenen das Seil, das für das Abenteuer benötigt wurde. Nachdem ich die in der Kluft gefundene Muskete hinabgeworfen hatte, befestigte ich dieses Seil an den Büschen und ließ mich schnell hinab, um durch die Energie meiner Bewegungen die Furcht zu bannen, deren ich auf keine andere Weise Herr werden konnte. Dies genügte völlig für die ersten vier oder fünf Stufen, obwohl ich spürte, wie mein Vorstellungsvermögen durch den Gedanken an die ungeheure Tiefe, die noch zu bewältigen war, und die unsichere Beschaffenheit der

Pflöcke und Specksteinlöcher, die meine einzige Stütze darstellten, auf ganz entsetzliche Weise angeregt wurde. Vergeblich bemühte ich mich, diese Überlegungen zu bannen und meine Augen ständig auf die glatte Fläche der Klippe vor mir zu richten. Je intensiver ich mich bemühte, *nicht zu denken*, desto lebhafter und erschreckend klarer wurden meine Vorstellungen. Schließlich brach jenes kritische Stadium der Phantasie an, das in allen ähnlichen Fällen so gefährlich ist, jene Krise, in welcher wir beginnen, die Gefühle vorweg zu empfinden, mit denen wir stürzen *werden* – und uns die Übelkeit und den Schwindel, den letzten Kampf, die halbe Ohnmacht und letztendlich die Bitternis des Fallens und Kopfüberstürzens auszumalen. Nun beobachtete ich, daß diese Phantasievorstellungen ihre eigene Realität schufen und alle eingebildeten Schrecknisse mich tatsächlich bedrängten. Ich spürte, wie meine Knie heftig gegeneinanderschlugen, während meine Finger allmählich, aber sicher ihren Griff lösten. Ein Klingen war in meinen Ohren, und ich sagte mir: ›Das ist dein Totengeläut!‹ Nun verzehrte mich ein unbändiges Verlangen, nach unten zu schauen. Ich konnte, ich wollte meinen Blick nicht länger auf die Klippe heften, und mit einem wilden, unbeschreiblichen Gefühl, halb Entsetzen, halb sich lösende Beklemmung, sah ich tief hinunter in den Abgrund. Einen Augenblick lang krallten sich meine Finger krampfhaft um ihren Halt, während mir mit der Bewegung die schwächstmögliche Vorstellung letztlicher Rettung schemenhaft durch den Kopf ging – im nächsten Moment war meine ganze Seele durchdrungen von einem *Verlangen, zu stürzen*, von einer Sehnsucht, einer Gier, einer völlig unkontrollierbaren Leidenschaft. Ich löste mit einemmal meinen Griff um den Pflock, wandte mich halb von der Wand ab und verharrte einen Augenblick, gegen den kahlen Fels taumelnd. Dann aber begann mein Gehirn zu wirbeln; eine schrille, phantomhafte Stimme gellte in meinen Ohren; eine düstere, teuflische und schattenhafte Gestalt stand unmittelbar unter mir, mein Herz barst, seufzend sank ich in die Tiefe und fiel in ihre Arme.

Ich war ohnmächtig geworden, und Peters hatte mich aufgefangen, als ich fiel. Er hatte mein Verhalten von seinem Standort am Fuß der Klippe beobachtet, die mir drohende Gefahr erkannt und sich bemüht, mir auf jede erdenkliche Weise Mut einzuflößen; meine Geistesverwirrung war indes so groß gewesen, daß sie mich gehindert hatte, zu hören, was er sagte, oder mir überhaupt bewußt zu sein, daß er zu mir sprach. Schließlich sah er mich taumeln, stieg eilig wieder zu meiner Hilfe empor und erreichte mich gerade rechtzeitig, um mich vor dem Absturz zu bewahren. Hätte ich mich mit meinem vollen Gewicht fallen lassen, so wäre das aus Leinen bestehende Seil unweigerlich gerissen und ich in den Abgrund gestürzt; wie die Dinge lagen, brachte er es zuwege, mich sanft hinunterzulassen, wo ich eine Weile ungefährdet hing, bis meine Lebensgeister zurückkehrten. Dies dauerte etwa fünfzehn Minuten. Als ich zu mir kam, war meine Furcht völlig gewichen; ich fühlte mich wie neugeboren und erreichte mit ein wenig weiterer Hilfe seitens meines Gefährten auch sicher den Grund.

Wir befanden uns nicht weit von der Schlucht, die unseren Freunden zum Grab wurde, südlich der Stelle, wo der Berg eingestürzt war. Der Ort war von eigenartiger Wildheit, und sein Anblick brachte mir die Beschreibungen in Erinnerung, die Reisende von jenen trostlosen Regionen gegeben haben, welche den Ort des verwüsteten Babylon bezeichnen. Ganz zu schweigen von den Ruinen der zerklüfteten Klippe, deren chaotische Barriere den Ausblick nach Norden kennzeichnete, wobei die Erdoberfläche in jeder anderen Richtung von großen Hügeln übersät war, anscheinend Bruchstücken einiger gigantischer Kunststrukturen, obwohl sie im Detail keine Ähnlichkeit zu Kunstwerken aufwiesen. Überall lagen Schlacke und große, unförmige Blöcke von schwarzem Granit, vermischt mit anderen aus Mergel,[1] beide überzogen von metallischem

1 Der Mergel war auch schwarz; überhaupt haben wir auf der Insel nirgends hellgefärbte Substanzen irgendwelcher Art bemerkt.

Granulat. In dem ganzen, trostlosen Gebiet, das wir überblicken konnten, war nicht die geringste Spur von Vegetation zu entdecken. Wir sahen mehrere riesige Skorpione
und verschiedene Reptilien, wie sie in diesen hohen Breiten anderenorts nicht zu finden sind.

Da unser unmittelbares Ziel die Nahrungssuche war, beschlossen wir, uns zum Ufer zu begeben, das nicht mehr als
eine halbe Meile entfernt lag, um dort Schildkröten zu fangen, von denen wir mehrere aus unserem Versteck auf dem
Berg beobachtet hatten. Wir hatten etwa einhundert Yards
zurückgelegt, wobei wir uns zwischen riesigen Felsen und
Hügeln vorsichtig einen Weg bahnten, als an einer scharfen Wegbiegung fünf Wilde aus einer kleinen Höhle auf
uns zugestürzt kamen und Peters sofort durch einen Schlag
mit dem Knüppel niederstreckten. Als er am Boden lag,
fiel die ganze Gruppe über ihn her, um sich ihres Opfers
zu versichern, wodurch sie mir Zeit ließen, mich von meinem Schreck zu erholen. Noch besaß ich die Muskete, aber
der Lauf war arg beschädigt worden, als ich sie in den Abgrund hatte fallen lassen, so daß ich sie als nutzlos beiseite
schleuderte und lieber meinen Pistolen vertraute, um deren
einwandfreien Zustand ich stets besorgt gewesen war. Damit ging ich gegen unsere Angreifer vor und feuerte sie
nacheinander in schneller Folge ab. Zwei Wilde fielen, und
einer, der gerade im Begriff war, Peters seinen Speer in den
Leib zu stoßen, sprang auf, ohne seine Absicht zu verwirklichen. Nachdem mein Gefährte dergestalt befreit worden
war, hatten wir keine weiteren Schwierigkeiten. Auch er besaß seine Pistolen noch, unterließ jedoch in weiser Voraus-
sicht, von ihnen Gebrauch zu machen, sondern vertraute
seiner großen Körperkraft, die die jedes anderen Menschen, welchen ich je gekannt habe, weit übertraf. Er nahm
einem der Wilden, die am Boden lagen, den Knüppel ab
und zerschmetterte den drei übriggebliebenen damit den
Schädel, wobei er sie mit einem einzigen Hieb der Waffe
auf der Stelle tötete, so daß wir nun unangefochtene Herren des Kampfplatzes waren.

Diese Geschehnisse waren so schnell vorübergegangen,

daß wir kaum an ihre Realität glauben mochten und noch in einer Art stumpfer Betrachtung über den Körpern der Toten standen, als der Widerhall von Geschrei in einiger Entfernung uns zur Besinnung brachte. Es war klar, daß die Wilden durch das Pistolenfeuer alarmiert worden waren und wir nun wenig Chancen hatten, unentdeckt zu bleiben. Um zurück zur Klippe zu gelangen, hätten wir in die Richtung laufen müssen, aus der das Geschrei kam, und selbst wenn es uns gelungen wäre, den Fuß der Felswand zu erreichen, wären wir niemals imstande gewesen, emporzuklettern, ohne gesehen zu werden. Unsere Lage war äußerst prekär, und noch waren wir unschlüssig, auf welchem Weg wir uns zur Flucht wenden sollten, als einer der Wilden, auf den ich geschossen hatte und den ich für tot hielt, plötzlich behend aufsprang und zu entkommen versuchte. Wir holten ihn jedoch ein, noch ehe er viele Schritte getan hatte, und waren im Begriff, ihn zu töten, als Peters darauf verwies, daß es uns von einigem Nutzen sein könne, wenn wir ihn zwängen, sich uns bei unserem Fluchtversuch anzuschließen. Wir schleppten ihn deshalb mit, nachdem wir ihm begreiflich gemacht hatten, daß wir ihn erschießen würden, falls er Widerstand leiste. In wenigen Minuten war er uns völlig ergeben und rannte neben uns her, als wir zwischen die Felsen stürmten und dem Ufer zustrebten.

Bis jetzt hatten die Unebenheiten des Geländes, das wir durchquerten, die See unserer Sicht entzogen, abgesehen von einigen kleinen Durchblicken, und als wir sie dann das erste Mal richtig sehen konnten, war sie vielleicht zweihundert Yards entfernt. Wir liefen auf den offenen Strand hinaus und erblickten zu unserem großen Entsetzen eine gewaltige Schar von Eingeborenen aus dem Dorf und aus allen Teilen der Insel herbeiströmen, wobei sie durch Gesten ihren außerordentlichen Ingrimm bekundeten und wie wilde Tiere heulten. Schon waren wir im Begriff, unsere Schritte zurückzuwenden und den Rückzug in die Tiefe des Berglandes zu versuchen, als wir hinter einem großen, ins Wasser vorspringenden Felsen die Bugs von zwei Kanus hervorlugen sahen. Dorthin rannten wir nun aus Leibeskräften und fanden, bei ihnen angelangt, daß sie unbewacht und unbeladen waren, sieht man von drei großen Galapagosschildkröten und der üblichen Anzahl Paddel für sechzig Ruderer ab. Sofort nahmen wir eines davon in Besitz, zwangen unseren Gefangenen an Bord und schoben es mit aller Kraft, die wir aufbringen konnten, in die See.

Wir waren jedoch noch keine fünfzig Yards vom Ufer entfernt, als wir unsere Besonnenheit soweit zurückerlangt hatten, die große Unterlassung zu erkennen, deren wir uns schuldig gemacht hatten, indem wir das andere Kanu in der Gewalt der Wilden gelassen hatten, die zu diesem Zeitpunkt höchstens doppelt so weit vom Strand entfernt waren wie wir und schnell heraneilten, um die Verfolgung aufzunehmen. Keine Zeit war zu verlieren. Es war bestenfalls eine verlorene Hoffnung, die wir hegten, aber eine andere hatten wir nicht. Wohl war sehr zu bezweifeln, ob wir selbst bei äußerster Anstrengung rechtzeitig zurückkommen konnten, um sie daran zu hindern, sich des Kanus zu bemächtigen, aber noch gab es eine Chance. Hatten wir Erfolg, so konnten wir uns retten, den Versuch nicht zu wagen hätte bedeutet, uns dem unausweichlichen Gemetzel zu überliefern.

Bug und Heck des Kanus waren gleich gestaltet, so wechselten wir, statt es zu wenden, beim Paddeln nur die Blickrichtung. Sobald die Wilden dies gewahrten, verdoppelten sie ihr Geschrei wie ihre Geschwindigkeit und näherten sich mit unbegreiflicher Schnelligkeit. Wir paddelten indes mit aller Kraft der Verzweiflung und langten an dem umstrittenen Punkt an, als gerade erst ein Eingeborener ihn erreicht hatte. Dieser Mann zahlte einen hohen Preis für seine uns so überlegene Behendigkeit. Peters schoß ihm eine Pistolenkugel durch den Kopf, als er sich dem Ufer näherte. Die Spitze der Gruppe, der dieser Mann vorausgelaufen war, war vielleicht noch zwanzig oder dreißig Schritt entfernt, als wir das Kanu packten. Zuerst wollten wir es ins tiefe Wasser ziehen, wo die Wilden es nicht mehr erreichen konnten, aber da wir es fest im Sand lie-

gend vorfanden und keine Zeit zu verlieren war, schlug Peters durch ein oder zwei wuchtige Hiebe mit dem Muske-
tenkolben ein großes Stück vom Bug und der einen Seite
heraus. Dann stießen wir ab. Zwei der Eingeborenen hatten inzwischen unser Boot zu fassen bekommen und weigerten sich beharrlich, es loszulassen, so daß wir gezwungen waren, uns ihrer mittels unserer Messer zu entledigen.
Jetzt waren wir frei und steuerten geschwind auf die offene
See zu. Die Hauptgruppe der Wilden erhob bei Erreichen
des zertrümmerten Kanus das ungeheuerlichste Geschrei
der Wut und Enttäuschung, das man sich vorstellen kann.
Wahrhaftig schienen diese Unholde nach allem, was ich
von ihnen sehen konnte, die tückischste, heuchlerischste,
rachsüchtigste, blutdürstigste und absolut teuflischste
Menschenrasse auf unserem Erdball zu sein. Wir hätten
ganz eindeutig keine Gnade zu erwarten gehabt, wären wir
in ihre Hände gefallen. Sie unternahmen einen wahnwitzigen Versuch, uns in dem leckgeschlagenen Kanu zu folgen,
erkannten jedoch die Nutzlosigkeit, machten ihrem Ingrimm abermals in langanhaltendem, gräßlichem Gebrüll
Luft und rannten wieder in die Berge.

Wohl waren wir dergestalt einer unmittelbaren Gefahr
entronnen, allein unsere Lage war noch düster genug.
Nach unserer Kenntnis verfügten die Wilden über vier Kanus von der Art, wie wir jetzt hatten, und in dem Moment
waren wir uns nicht mehr der Tatsache bewußt, daß zwei
davon durch die Explosion der ›Jane Guy‹ zerschmettert
worden waren (das erfuhren wir erst später von unserem
Gefangenen). So rechneten wir noch immer mit einer Verfolgung, sobald unsere Feinde die (etwa drei Meilen entfernte) Bucht erreicht haben würden, wo die Boote gewöhnlich lagen. In dieser Befürchtung unternahmen wir
alle Anstrengungen, die Insel hinter uns zu lassen, schossen
schnell durchs Wasser und zwangen auch den Gefangenen,
ein Paddel zu ergreifen. In etwa einer halben Stunde hatten wir wahrscheinlich fünf oder sechs Meilen südwärts
zurückgelegt, als wir eine große Flotte von flachkieligen
Kanus oder Flößen aus der Bucht kommen sahen, die

offensichtlich die Verfolgung aufnehmen wollten. Sie kehrten jedoch alsbald zurück, da sie die Aussichtslosigkeit ihres Unternehmens einsahen.

Kapitel XXV

Wir fanden uns nun in der Weite und Trostlosigkeit des antarktischen Ozeans wieder, auf einer Breite von über vierundachtzig Grad, in einem gebrechlichen Kanu und mit keinen anderen Vorräten als den drei Schildkröten versehen. Auch konnte der lange Polarwinter nicht als noch in weiter Ferne liegend angesehen werden, so daß wir uns gut überlegen mußten, welchen Kurs wir nehmen sollten. Sechs oder sieben Inseln waren in Sicht, die zu derselben Gruppe gehörten und voneinander etwa fünf oder sechs Seemeilen entfernt waren, aber wir beabsichtigten nicht, uns auf eine davon zu wagen. Während wir mit der ›Jane Guy‹ von Norden gesegelt kamen, hatten wir allmählich die rauhesten Eisregionen hinter uns gelassen – wie wenig dies indes mit den allgemein verbreiteten Ansichten, die Antarktis betreffend, übereinstimmen mochte, war eine Tatsache, die zu leugnen die Erfahrung uns nicht gestatten würde. Deshalb wäre es eine Torheit gewesen, hätten wir versucht, dorthin zurückzukehren – besonders zu so später Jahreszeit. Somit schien nur eine Richtung Hoffnung auf Rettung zu bieten. Wir beschlossen, kühn nach Süden zu steuern, wo es zumindest wahrscheinlich war, daß wir Land entdeckten, und noch wahrscheinlicher, daß wir ein milderes Klima vorfanden.

Bisher hatte uns die Antarktis, gleich dem Nördlichen Eismeer, eigentümlicherweise keine heftigen Stürme oder übermäßig rauhes Wetter beschert; aber unser Kanu war, mild ausgedrückt, von gebrechlicher Konstruktion, obwohl groß, und wir gingen emsig zu Werke, es so sicher zu machen, wie die begrenzten Mittel, die uns zur Verfügung standen, dies erlaubten. Der Boden des Bootes bestand aus keinem besseren Material als Borke – der Borke eines unbekannten Baumes. Die Rippen waren aus haltbarem Weidenholz, wohlgeeignet für den Zweck, zu dem es verwendet war. Wir registrierten eine Länge von fünfzig Fuß vom Vordersteven bis zum Heck, eine Breite von vier bis sechs Fuß und eine gleichmäßige Tiefe von vierundeinhalb Fuß. Diese Boote unterschieden sich in ihrer Gestalt also wesentlich von denen anderer Bewohner des südlichen Ozeans, mit welchen zivilisierte Nationen bekannt geworden waren. Niemals waren wir geneigt gewesen, sie für Erzeugnisse jener unwissenden Inselbewohner zu halten, in deren Besitz sie sich befanden, und wir erfuhren einige Tage nach diesem Zeitpunkt durch Befragung unseres Gefangenen, daß sie in der Tat von Bewohnern einer Inselgruppe südwestlich des Landes, wo wir sie vorgefunden hatten, hergestellt worden und zufällig in die Hände unserer Barbaren gefallen waren. Was wir für die Sicherheit unseres Bootes tun konnten, war in der Tat sehr wenig. An beiden Enden entdeckten wir einige breite Risse, und wir brachten es zuwege, sie mit Fetzen einer Wolljacke zuzustopfen. Mit Hilfe der überflüssigen Paddel, deren sehr viele im Boot lagen, bauten wir eine Art Gerüst um den Bug, um so die Kraft jedweder Sturzseen zu brechen, die uns in diesen Breiten zu überfluten drohten. Wir errichteten auch zwei Masten, setzten zwei Paddel einander gegenüber an jeden Dollbord, was uns der Notwendigkeit einer Segelstange enthob. An diesen Masten befestigten wir ein Segel, das wir aus unseren Hemden hergestellt hatten – mit einiger Schwierigkeit, da wir auf diesem Gebiet keine wie immer geartete Hilfe von unserem Gefangenen erhalten konnten, obwohl er ansonsten willig genug gewesen war, uns bei allen anderen Tätigkeiten zur Hand zu gehen. Der Anblick des Leinens schien ihn auf eine sehr eigentümliche Weise zu beeindrucken. Wir konnten ihn nicht dazu bringen, sich ihm zu nähern oder es zu berühren, er schauderte zurück, als wir versuchten, ihn dazu zu zwingen, und schrie immer wieder: »*Tekeli-li!*«

Nachdem wir unsere Vorkehrungen in bezug auf die Sicherheit des Kanus beendet hatten, setzten wir für den

Augenblick Segel nach Südsüdost mit dem Ziel, die südlichste Insel der in Sicht befindlichen Gruppe anzusteuern.
Als dies geschehen war, wandten wir den Bug genau nach
Süden. Das Wetter konnte keineswegs als unangenehm bezeichnet werden. Wir hatten vorherrschend einen sehr
sanften Wind aus Nord, eine glatte See und ständig Tageslicht. Keinerlei Eis war zu sehen, *wie ich überhaupt nach Verlassen des Breitengrads von Bennett's Islet keine Spur mehr davon
entdeckt habe.* In der Tat war die Wassertemperatur hier viel
zu warm, als daß es in irgendeiner Menge hätte existieren
können. Nachdem wir die größte unserer Schildkröten getötet und dadurch nicht nur Nahrung, sondern auch einen
reichlichen Wasservorrat gewonnen hatten, behielten wir
unseren Kurs ohne irgendeinen Zwischenfall für vielleicht
sieben oder acht Tage bei und müssen in diesem Zeitraum
eine große Strecke nach Süden zurückgelegt haben, da wir
den Wind ständig im Rücken hatten und eine sehr starke
Strömung uns fortgesetzt in die Richtung trieb, die wir an-
strebten.

1. März. –[1] Viele ungewöhnliche Erscheinungen deuteten
darauf hin, daß wir in eine Region voll des Unbekannten
eindrangen. Eine hohe Kette leichten, grauen Höhen-
rauchs hing ständig über dem südlichen Horizont, brach
hin und wieder in hochragenden Streifen auf, schoß bald
von Ost nach West, bald von West nach Ost und stellte
dann wieder einen glatten, ebenmäßigen Gipfel dar, kurz
gesagt, sie wies all die wild-wirren Variationen der *Aurora
borealis* auf. Die durchschnittliche Höhe dieses Rauches,
wie sie von unserer Position aus erschien, betrug etwa fünfundzwanzig Grad. Die Temperatur der See schien kurz an-
zusteigen, auch änderte sie sehr deutlich ihren Farbton.

2. März. – Durch wiederholte Befragung unseres Gefangenen gelangten wir heute in Kenntnis vieler Eigentümlichkeiten der Insel des Massakers, ihrer Bewohner und Sit-

1 Aus einleuchtenden Gründen kann ich bei diesen Daten keinen
Anspruch auf strengste Genauigkeit erheben. Sie werden hauptsächlich mit dem Ziel angeführt, den Bericht übersichtlich zu machen, und entsprechen den Angaben in meinen Bleistiftnotizen.

ten – aber wie könnte ich den Leser *jetzt* damit aufhalten? Indes kann ich sagen, daß wir von der Existenz von acht Inseln der Gruppe erfuhren – daß sie von einem gemeinsamen König namens *Tsalemon* oder *Psalemoun* regiert wurden, der auf einer der kleinsten Inseln residierte; daß die schwarzen Felle, die die Kleidung der Krieger darstellten, von Tieren gewaltiger Größe herrührten, die nur in einem Tal nahe dem Königshof anzutreffen waren – daß die Bewohner der Inselgruppe keine Boote, sondern nur die flachkieligen Holzflöße herstellten; die vier Kanus waren die einzigen dieser Art in ihrem Besitz, und sie hatten sie durch bloßen Zufall von einer großen Insel im Süden erhalten – daß sein eigener Name Nu-Nu lautete – daß er keine Kenntnis von Bennett's Islet hatte – und daß die Insel, die er verlassen hatte, *Tsalal* genannt wurde. Die Wörter *Tsalemon* und *Tsalal* wurden am Anfang mit einem langgezogenen Zischlaut ausgesprochen, den wir nicht nachzuahmen vermochten, selbst nach wiederholten Bemühungen, und das gleiche galt für den Schrei der schwarzen Rohrdommel, die wir auf dem Berggipfel gegessen hatten.

3. März. – Die Temperatur des Wassers war jetzt wirklich bemerkenswert, es wechselte in schneller Folge den Farbton und war auch nicht länger durchsichtig, sondern von milchiger Konsistenz und Färbung. In unserer unmittelbaren Nähe war es gewöhnlich glatt und niemals so bewegt, daß das Kanu in Gefahr war – aber wir waren überrascht, häufig zur Rechten und zur Linken in verschiedenen Entfernungen eine plötzliche weit um sich greifende Bewegung der Wasseroberfläche festzustellen – der, wie wir schließlich entdeckten, stets jenes wilde Flackern in der Region der Rauchbildung südlich von uns vorausging.

4. März. – Da die Brise von Nord merklich nachließ, entnahm ich meiner Jackentasche ein weißes Taschentuch, um damit die Fläche unseres Segels zu erweitern. Nu-Nu saß an meiner Seite, und das Leinen schlug zufällig in sein Gesicht, worauf er von heftigen Zuckungen befallen wurde. Danach saß er schläfrig und abgestumpft da und murmelte immer wieder dumpf *»Tekeli-li! Tekeli-li!«* vor sich hin.

5. März. – Der Wind hatte vollständig aufgehört, jedoch war deutlich festzustellen, daß wir noch immer unter dem Einfluß einer kräftigen Strömung schnell nach Süden glitten. In der Tat könnte es jetzt begreiflich erscheinen, daß wir einige Unruhe empfanden angesichts der Wendung, die die Ereignisse nahmen – gleichwohl spürten wir keine. Peters' Miene ließ nichts dergleichen erkennen, obwohl er zuweilen einen Ausdruck zeigte, den ich nicht ergründen konnte. Der Polarwinter schien hereinzubrechen – aber er tat es ohne seine Schrecken. Ich spürte eine körperliche und geistige Erstarrung – es war ein traumähnliches Empfinden –, aber das war alles.

6. März. – Der graue Rauch stand nun viele Grad höher über dem Horizont und verlor allmählich seine graue Färbung. Die Temperatur des Wassers war beträchtlich, fast unangenehm, und seine milchige Farbtönung deutlicher denn je zuvor. Eine heftige Wellenbewegung fand heute sehr dicht neben dem Kanu statt. Wie gewöhnlich ging ihr ein wildes Aufblitzen an der Spitze des Rauchkegels voraus sowie eine flüchtige Teilung seiner Basis. Ein feines, weißes Pulver, das an Asche erinnerte – jedoch gewiß keine war –, fiel über dem Kanu und in weitem Umkreis auf dem Wasser nieder, während das Flackern zwischem dem Höhenrauch erlosch und die See sich wieder beruhigte. Nu-Nu warf sich mit dem Gesicht nach unten im Kanu zu Boden, und kein Zureden konnte ihn dazu bringen, wieder aufzustehen.

7. März. – Heute befragten wir Nu-Nu über die Motive, die seine Landsleute dazu getrieben hatten, alle unsere Gefährten zu vernichten, aber er schien zu sehr von äußerstem Entsetzen überwältigt zu sein, als daß er uns eine vernünftige Antwort hätte geben können. Noch immer lag er eigensinnig auf dem Boden des Bootes, und als wir unsere Fragen nach dem Motiv wiederholten, vollführte er lediglich einige idiotische Gesten. So hob er zum Beispiel mit dem Zeigefinger die Oberlippe und zeigte die darunterliegenden Zähne. Sie waren schwarz. Nie zuvor hatten wir die Zähne eines Bewohners von Tsalal gesehen.

8. März. – Heute trieb eines jener weißen Tiere vorbei, deren Erscheinen am Strand von Tsalal bei den Wilden eine so heftige Aufregung verursacht hatte. Gern hätte ich es herausgefischt, aber da befiel mich plötzlich eine große Teilnahmslosigkeit, und ich unterließ es. Die Temperatur des Wassers stieg noch immer, und man konnte die Hand nicht länger darin lassen. Peters sprach wenig, und ich wußte nicht, was ich von seiner Apathie halten sollte. Nu-Nu atmete, weiter nichts.

9. März. – Ununterbrochen gingen jetzt ringsum Unmengen jener ascheartigen Substanz nieder. Die Rauchkette im Süden hatte sich ungeheuer hoch über dem Horizont erhoben und begann, eine deutlichere Form anzunehmen. Ich kann sie mit nichts anderem als einem endlosen Katarakt vergleichen, der von einer riesigen und weit entfernten Barriere im Himmel lautlos in die See stürzte. Der gigantische Vorhang breitete sich über den gesamten südlichen Horizont aus, kein Laut war zu hören.

21. März. – Eine plötzliche Dunkelheit senkte sich über uns, aber aus den milchigen Tiefen des Ozeans stieg ein schillernder Lichtschein und glitt am Schanzkleid des Bootes entlang. Wir wurden nahezu erdrückt von dem weißen Ascheregen, der auf uns und das Kanu niederging, jedoch schmolz, wenn er ins Wasser fiel. Der Gipfel des Katarakts hatte sich gänzlich in der Finsternis und Entfernung aufgelöst. Gleichwohl näherten wir uns ihm augenscheinlich mit entsetzlicher Geschwindigkeit. Ab und zu sah man in dem Wasserfall breite Risse klaffen, jedoch immer nur kurz, und aus diesen Rissen, in denen verschwommene Bilder chaotisch umherhuschten, wehten ungestüme und kräftige, jedoch geräuschlose Winde, die den fluoreszierenden Ozean in ihrer Bahn aufwühlten.

22. März. – Die Dunkelheit hatte bedeutend zugenommen und wurde nur durch das Leuchten des Wassers gemildert, das von dem weißen Vorhang vor unseren Augen zurückgeworfen wurde. Viele gigantische und farblose Vögel kamen jetzt ständig von jenseits des Schleiers angeflo-

gen und schrien ihr ewiges *Tekeli-li!*, während sie unseren Blicken entschwanden. Darauf bewegte sich Nu-Nu kurz auf dem Boden des Bootes, aber als wir ihn berührten, erkannten wir, daß er seinen Geist aufgegeben hatte. Nun stürzten wir in die Umarmung des Katarakts, wo sich ein Schlund öffnete, um uns aufzunehmen. Aber da erhob sich auf unserem Weg eine verhüllte, menschliche Gestalt, viel, viel gewaltiger in den Proportionen als jeder Sterbliche. Und die Hautfarbe dieser Gestalt glich dem vollkommenen Weiß des Schnees.

Bemerkung

Die Öffentlichkeit ist bereits durch die Tagespresse über die Umstände in Kenntnis gesetzt worden, die mit Mr. Pyms kürzlichem, so unerwartetem und schmerzlichem Tod in Zusammenhang stehen. Es steht zu befürchten, daß die wenigen verbleibenden Kapitel, die seinen Bericht hätten abschließen sollen und von ihm zurückgehalten wurden, während die hier vorliegenden zwecks nochmaliger Durchsicht bereits in der Druckerei waren, infolge des Unglücksfalls, durch den er selbst ums Leben kam, unwiederbringlich verlorengegangen sind. Indes ist auch möglich, daß dies nicht der Fall ist und daß die Papiere, sofern letztendlich aufgefunden, der Öffentlichkeit zugänglich gemacht werden.

Nichts wurde unversucht gelassen, dem Mangel abzuhelfen. Der Gentleman, dessen Name im Vorwort erwähnt wurde und der nach der dort gemachten Feststellung als befähigt angesehen werden könnte, das Vakuum zu füllen, hat diese Aufgabe abgelehnt – und dies aus stichhaltigen Gründen, die mit der allgemeinen Ungenauigkeit der ihm zugänglich gemachten Details und seinem Zweifel an der absoluten Wahrhaftigkeit der letzten Teile des Berichts zusammenhängen. Peters, von dem einige Informationen zu erwarten gewesen wären, lebt noch und ist in Illinois wohnhaft, indes gegenwärtig nicht anzutreffen. Vielleicht kann er hiernach aufgesucht werden, wobei er dann zweifellos Material für einen Schluß von Mr. Pyms Bericht beisteuern wird.

Der Verlust der zwei oder drei abschließenden Kapitel (denn es waren nur zwei oder drei) ist um so mehr zu bedauern, da sie – darüber besteht kein Zweifel – Material über den Pol selbst oder zumindest über Regionen in seiner unmittelbaren Nähe enthielten und da die Feststellungen des Autors in bezug auf diese Regionen außerdem in Kürze durch die Regierungsexpedition, die sich jetzt für eine Reise in den südlichen Ozean rüstet, bestätigt oder widerlegt werden können.

Zu einem Punkt in dem Bericht können wohl einige Bemerkungen dargeboten werden; und es würde dem Verfasser dieses Nachworts großes Vergnügen bereiten, wenn das, was er hier bemerken kann, geeignet sein würde, dem höchst eigentümlichen Bericht, der jetzt veröffentlicht wird, in gewissem Maße Glaubwürdigkeit zu verleihen. Wir beziehen uns hier auf die Felsspalte, die auf der Insel Tsalal gefunden wurde, und auf all die Skizzen auf den Seiten 383 und 385.

Mr. Pym hat den Darstellungen der Felsspalte keinen Kommentar beigefügt und behauptet von den *Einkerbungen*, die er am äußersten Ende der östlichsten dieser Spalte gefunden hat, ganz eindeutig, daß ihre Ähnlichkeit zu alphabetischen Buchstaben nur scheinbar sei und sie kurzum bestimmt *keine solchen* seien. Diese Behauptung wird in einer so schlichten Weise aufgestellt und durch eine so schlüssige Demonstration bekräftigt (man denke an das Einpassen der im Staub gefundenen Fragmente in die Einkerbungen in der Wand), daß wir gezwungen sind, dem Schreiber dieser Zeilen ernsthaft zu glauben; und kein vernünftiger Leser sollte anderes vermuten. Aber da die Tatsachen bezüglich *aller* Skizzen höchst eigentümlich sind (besonders wenn man sie im Zusammenhang mit den Feststellungen betrachtet, die im Hauptteil des Berichts gemacht werden), mag es günstig sein, ein oder zwei Worte über sie alle zu sagen – dies in Sonderheit auch, da die fraglichen Fakten zweifellos der Aufmerksamkeit von Mr. Poe entgangen sind.

Verbindet man die Skizzen 1, 2, 3 und 5 miteinander in genau derselben Folge, wie die Felsspalte sich aneinanderreihten, und entfernt man die kleinen Seitenzweige oder Bogen (die, wie man sich erinnern wird, nur als Kommunikationsmittel zwischen den zwei Hauptkammern dienten und absolut verschiedenen Charakters waren), so bilden sie die Wurzel eines äthiopischen Wortes – nämlich ᎠᏁᎠᏍ ›schattig sein‹, von dem alle Modulationen von Schatten oder Dunkelheit herrühren.

In bezug auf die ›linken oder nördlichsten‹ Einkerbungen in Skizze 4 ist es mehr als wahrscheinlich, daß Peters' Ansicht richtig war und daß das hieroglyphe Erscheinungsbild tatsächlich ein Kunstwerk sein sollte und als Darstellung einer menschlichen Gestalt gedacht war. Der Leser hat die Zeichnung vor Augen und kann die angedeutete Ähnlichkeit erkennen oder nicht; aber die restlichen Einkerbungen bestätigen Peters' Gedanken in hohem Maße. Die obere Reihe ist offenbar die Wurzel des arabischen Wortes ᏚᏞᎠᏂ ›weiß sein‹, die in allen Modulationen von strahlendem Glanz und Weiß enthalten ist. Die untere Reihe ist nicht sofort verständlich. Die einzelnen Zeichen sind etwas gebrochen und getrennt, dennoch kann nicht bezweifelt werden, daß sie in Gänze das volle ägyptische Wort ΠᎪᏴᏒΡΗΕ· ›Die Region des Südens‹ bildeten. Man möge beachten, daß diese Interpretationen Peters' Ansicht in bezug auf die ›nördlichste‹ der Skizzen bestätigen. Der ausgestreckte Arm weist nach Süden.

Schlußfolgerungen wie diese eröffnen Spekulationen und aufregenden Deutungen ein weites Feld. Sie sollten vielleicht in Verbindung mit einem der am flüchtigsten dargestellten Geschehnisse des Berichts betrachtet werden. Diese Verbindungskette ist komplett, wenn auch auf eine nicht sichtbare Weise. »*Tekeli-li!*« lautete der Ruf der von Schrecken gepackten Eingeborenen von Tsalal, als sie den Körper des aus der See gefischten *weißen* Tieres entdeckten. So lautete auch der schaudernde Ausruf des gefangenen Tsalalianers, als er der *weißen* Gegenstände im Besitz von Mr. Pym ansichtig wurde. Und so klang der Schrei der schnellfliegenden und gigantischen *weißen* Vögel, die dem *weißen* Rauchvorhang des Südens entschwebten. Auf Tsalal war nichts *Weißes* zu finden, auch nirgends sonst auf der folgenden Fahrt in das Gebiet jenseits davon. Es ist nicht unmöglich, daß ›Tsalal‹, der Name für die Insel der Felsspalten, bei einer genauen philologischen Betrachtung entweder mit den Spalten selbst in Verbindung steht oder sich auf die äthiopischen Buchstaben bezieht, die auf so geheimnisvolle Weise in die Felsengänge geritzt wurden:

›*Ich habe es in den Berg geschnitten und meine Rache in den Staub des Felsens.*‹

DAS TAGEBUCH DES JULIUS RODMAN

*Ein Bericht über die erste Durchquerung
der Rocky Mountains in Nordamerika, die je
einem zivilisierten Menschen gelungen ist*

Kapitel I
Zur Einführung

Ein unserer Meinung nach ungewöhnlicher Glücksfall hat es uns ermöglicht, unseren Lesern unter dieser Rubrik einen sehr bemerkenswerten und sicherlich großes Interesse hervorrufenden Bericht vorzulegen. Das folgende Tagebuch enthält nicht nur eine Darstellung des *ersten* erfolgreichen Versuchs, die gigantischen Barrieren jener gewaltigen Bergkette zu überqueren, die sich vom Polarmeer im Norden bis zum Golf von Darien im Süden erstreckt und in ihrem gesamten Verlauf einen zerklüfteten und schneebedeckten Wall bildet, sondern gibt auch – was von noch größerer Bedeutung ist – die Einzelheiten einer Reise jenseits dieser Berge durch ein riesiges Territorium wieder, das bis auf den *heutigen* Tag für gänzlich unbereist und unbekannt gilt und auf jeder uns zugänglichen Landkarte als *unerforschtes Gebiet* bezeichnet wird. Darüber hinaus ist es das *einzige* unerforschte Gebiet des nordamerikanischen Kontinents überhaupt. Wie die Dinge stehen, werden unsere Freunde uns wohl den kleinen Teil *Pathos* verzeihen, mit dem wir dieses Tagebuch so dringend der Öffentlichkeit anempfohlen haben. Was uns betrifft, fanden wir beim Durchlesen so großes Interesse daran, wie es *kein* ähnlicher Bericht je vorher geweckt hatte. Auch glauben wir nicht, daß unsere Beziehung zu diesen Papieren als der Kanal, durch den die Allgemeinheit zum ersten Mal mit ihnen bekanntgemacht wird, einen mehr als bescheidenen Einfluß darauf hatte, jenes Interesse wachzurufen. Wir sind davon überzeugt, daß alle unsere Leser mit uns darin übereinstimmen, daß die hier verzeichneten Abenteuer außergewöhnlich unterhaltsam und aufschlußreich sind. Der besondere Charakter des Mannes, der Leiter und Herz der Expedition wie auch ihr Berichterstatter war, hat in sein Manuskript ein gut Teil romantischer Leidenschaft einfließen lassen, sehr zum Unterschied von der lauen und konstruierten Schreibweise, wie sie die meisten Aufzeichnungen dieser Art durchzieht. Mr. James E. Rodman, von dem wir das Manuskript erhielten, ist vielen Lesern unserer Zeitschrift gut bekannt, und er teilt bis zu einem gewissen Grad jenen Wesenszug, der die frühen Lebensjahre seines Großvaters Mr. Julius Rodman, des Verfassers des Berichtes, verbitterte. Wir meinen damit eine erbliche Hypochondrie. Diese Krankheit gab mehr als alles andere den Anstoß zu jener ungewöhnlichen Expedition, die hier in allen Einzelheiten beschrieben ist. Seine Pläne betreffs Jagd und Fallenstellen, die er selbst zu Beginn seines Tagebuches erwähnt, waren in unseren Augen lediglich ein Vorwand im eigenen Interesse ob der Kühnheit und Neuheit seines Unterfangens. Wir glauben, es kann keinen Zweifel geben (und unsere Leser werden derselben Meinung sein), daß er einzig von dem Wunsch getrieben wurde, im Schoße der Wildnis jenen Frieden zu suchen, den er auf Grund seiner besonderen Gemütsveranlagung unter den Menschen nicht finden konnte. Er floh in die Einsamkeit wie zu einem Freund. Nur aus diesem Blickwinkel können wir viele Stellen seines Berichts mit unseren allgemeinen Ansichten über menschliche Handlungsweise in Einklang bringen.

Da wir es für angemessen hielten, zwei Seiten des Manuskriptes wegzulassen, in denen Mr. R. über sein Leben vor dem Aufbruch zur Fahrt den Missouri aufwärts berichtet, sollte man vielleicht an dieser Stelle erwähnen, daß er aus England stammte, wo seine Verwandten von hervorragendem Stande lebten, wo er eine gute Erziehung genossen hatte und von wo er 1784 (im Alter von ungefähr achtzehn Jahren) mit seinem Vater und zwei unverheirateten Schwestern nach Amerika auswanderte. Die Familie wurde zunächst in New York ansässig, zog jedoch später nach Kentucky, um sich dann, fast wie Einsiedler, am Ufer des Mississippi niederzulassen, unweit der Stelle, wo jetzt Mills' Point in den Fluß ragt. Hier starb der alte Rodman im Herbst 1790, und im folgenden Winter verschieden seine beiden Töchter nacheinander innerhalb weniger Wochen an den Pocken. Bald darauf (im Frühjahr 1791) brach Mr. Julius Rodman, der Sohn, zu der Expedition auf, die den Gegenstand der folgenden Seiten bildet. Als er 1794 zurückkehrte, wie nachstehend berichtet, nahm er seinen Wohnsitz in der Nähe von Abingdon in Virginia, wo er heiratete und drei Kinder zeugte und wo die meisten seiner Nachkommen heute noch leben.

Wir wissen von Mr. James Rodman, daß sein Großvater während der mit vielen Schwierigkeiten verbundenen Reise nur ein skizzenhaftes Tagebuch führte und die in unseren Besitz gelangten Manuskripte erst viele Jahre später ausführlich nach diesem Tagebuch geschrieben worden sind, als der Reisende nämlich auf Anregung von M. André Michaux, des Botanikers und Verfassers der ›Flora boreali-americana‹ und der ›Histoire des chênes de l'Amérique‹, diese Aufgabe in Angriff nahm. M. Michaux, wie man sich noch erinnern wird, hatte seinerzeit Jefferson seine Dienste angeboten, als dieser Staatsmann zum ersten Mal in Erwägung zog, eine Expedition in die Rocky Mountains zu entsenden. Er wurde auch zur Durchführung dieser Forschungsreise verpflichtet und war auf seiner Fahrt sogar schon bis Kentucky gekommen, als ihn ein Befehl des damals in Philadelphia weilenden französischen Ministers erreichte, der ihn aufforderte, das Vorhaben fallenzulassen und anderswo den botanischen Forschungen nachzugehen, mit denen seine Regierung ihn beauftragt hatte. Das geplante Unternehmen wurde dann von den Herren Lewis und Clark übernommen, die es erfolgreich zu Ende führten.

Doch das abgeschlossene Manuskript traf niemals bei M. Michaux ein, zu dessen Kenntnisnahme es verfaßt worden war; und man hatte immer angenommen, daß der junge Mann, dem es zwecks Aushändigung in M. Michaux' zeitweiligem Wohnsitz unweit von Monticello anvertraut worden war, es unterwegs verloren hatte. Kaum ein Versuch wurde unternommen, die Papiere wiederzufinden; Mr. Rodmans eigenartige Veranlagung ließ ihn nur geringes Interesse an der Suche nehmen. In der Tat, wie seltsam es auch scheinen mag, so zweifeln wir doch, ob er, nach allem, was man uns von ihm berichtet hat, je irgendwelche Schritte unternommen hätte, um die Ergebnisse seiner einzigartigen Reise *zu veröffentlichen*. Wir nehmen vielmehr an, daß er nur aus dem Grund wieder zu seinem Originaltagebuch griff, um M. Michaux einen Gefallen zu erweisen. Selbst Mr. Jeffersons Forschungsprojekt, ein Vorhaben, das zu der Zeit, da es erörtert wurde, nahezu überall Beachtung erregte und als etwas völlig *Neues* angesehen wurde, rang dem Helden unserer Erzählung nur einige allgemeine, an die Mitglieder seiner Familie gerichtete Bemerkungen ab. Er machte niemals seine eigene Reise zum Gegenstand des Gesprächs, sondern schien dieses Thema eher zu meiden. Er starb vor der Rückkehr von Lewis und Clark; und das Tagebuch, *das dem Boten zur Aushändigung an M. Michaux übergeben worden war*, wurde vor ungefähr drei Monaten im Geheimfach eines Sekretärs gefunden, der Mr. Julius gehörte. Wir erfahren nicht, von wem es dort hineingelegt worden ist – Mr. Rodmans Verwandte sprechen *ihn* alle von dem Verdacht frei, es geheimgehalten zu haben; aber ohne das ehrenvolle Andenken jenes Herrn oder das Mr. James Rodmans (dem wir zu besonderem Dank verpflichtet sind) schmälern zu wollen, glauben wir doch, daß der Erzähler sich das Paket durch irgendwelche Mittel vom Boten wieder verschaffte und es dort verborgen hielt, wo es entdeckt ward, was ganz und gar nicht im Widerspruch zu jener krankhaften Empfindsamkeit steht, die ihn auszeichnete.

Da wir die *Manier* von Mr. Rodmans Bericht auf keinen Fall ändern wollen, haben wir uns in dem Manuskript nur sehr wenige Freiheiten herausgenommen, und diese wenigen auch nur in Form von Kürzungen. Der Stil konnte eigentlich kaum verbessert werden – er ist einfach und sehr wirkungsvoll und legt Zeugnis ab von dem großen Vergnügen, mit dem der Reisende sich an den majestätischen Neuheiten ergötzte, die er Tag für Tag passierte. Sein Bericht, selbst über die härtesten Drangsale und Gefahren, ist von einer gewissen *Gefühlsbetontheit* durchzogen, die uns sogleich die ganze Eigenart dieses Mannes erkennen läßt. Er war von glühender Liebe zur Natur beseelt und huldigte vielleicht eher ihren düsteren und wilden Seiten denn ihren sanften und anmutigen Erscheinungsformen. Er schritt durch jene unermeßlichen und oft furchteinflößenden wilden Regionen mit offensichtlichem Entzücken im Herzen, um das man ihn beim Lesen beneidet. Er war wirklich *der Mann* für eine Reise mitten durch jene erhabene Einöde, die er allem Anschein nach so gern beschrieb. Er besaß die besondere Gabe der Wahrnehmung, eine echte Fähigkeit der Empfindung. Wir halten daher sein Manuskript für einen echten Schatz – in seiner Art unübertroffen –, der nicht seinesgleichen hat.

Daß dieser Bericht bis jetzt *im verborgenen* gelegen hat und daß selbst die *Tatsache* von Mr. Rodmans Durchquerung der Rocky Mountains vor der Expedition von Lewis und Clark nie bekanntgegeben oder in den Werken irgendeines Schriftstellers über die Geographie des amerikanischen Kontinents auch nur angedeutet worden ist (denn soweit wir feststellen konnten, ist dies nie geschehen), muß für sehr bemerkenswert gehalten werden – sogar für sehr ungewöhnlich. Der einzige Hinweis auf die Reise überhaupt, den wir von irgendeiner Seite hörten, soll in einem unveröffentlichten Brief M. Michaux' stehen, der sich im Besitz von Mr. W. Wyatt in Charlottesville, Virginia, befindet. Darin wird beiläufig und indirekt von einem ›vortrefflich ausgeführten, großartigen Plan‹ gesprochen. Falls es noch eine andere Anspielung auf die Reise gegeben hat, so ist sie uns nicht bekannt.

Bevor wir auf Mr. Rodmans Bericht eingehen, ist es vielleicht angebracht, einen flüchtigen Blick auf die Entdekkungen anderer Reisender im nordwestlichen Teil unseres Kontinents zu werfen. Wenn der Leser dabei eine Karte von Nordamerika hinzuzieht, wird er unseren Bemerkungen besser folgen können.

Man wird sehen, daß der Kontinent sich vom Nördlichen Eismeer beziehungsweise vom 70. nördlichen Breitengrad bis zum 9. und vom 56. Meridian westlich von Greenwich bis zum 168. erstreckt. Dieses unermeßlich große Gebiet ist in seiner Gänze mehr oder weniger von zivilisierten Menschen durchquert worden, und ein sehr beträchtlicher Teil davon ist bereits seit langem besiedelt. Dennoch gibt es einen außerordentlich breiten Landstrich, der noch immer auf allen unseren Karten als *unerforscht* bezeichnet und bis auf den heutigen Tag auch dafür gehalten wird. Dieses Gebiet liegt zwischen dem 60. Breitenkreis im Süden, dem Arktischen Ozean im Norden, den Rocky Mountains im Westen und den russischen Besitzungen im Osten. *Mr. Rodman jedoch gebührt die Ehre, diese ungewöhnlich wilde Landschaft nach vielen Richtungen hin durchquert zu haben, und die interessantesten Einzelheiten des hier veröffentlichten Berichtes beziehen sich auf seine dortigen Abenteuer und Entdeckungen.*

Die wahrscheinlich ersten längeren Reisen, die von Weißen je in Nordamerika unternommen wurden, waren die Hennepins und seiner Freunde im Jahre 1698 – aber da seine Erkundungen hauptsächlich den Süden betrafen, fühlen wir uns nicht bemüßigt, ausführlich darauf einzugehen.

Mr. Irving erwähnt in seiner ›Astoria‹ Captain Jonathan Carvers Versuch als ersten, der je unternommen wurde, um den Kontinent vom Atlantik bis zum Stillen Ozean zu durchqueren; darin scheint er aber zu irren; denn man findet in einem der Tagebücher Sir Alexander Mackenzies, daß zu diesem besonderen Zweck zwei verschiedene Unternehmen durch die Hudson's Bay Fur Company ins Leben gerufen worden waren, das eine 1758, das andere schon 1749; man nimmt an, daß beide völlig fehlschlugen, da es keinerlei Berichte über den Verlauf dieser Expeditionen gibt. Im Jahre 1763, kurz nach dem Erwerb Kanadas durch

Großbritannien, unternahm jener Captain Carver diese Reise. Er hatte die Absicht, das Land zwischen dem 43. und 46. Grad nördlicher Breite bis zu den Küsten des Pazifischen Ozeans zu durchqueren. Sein Ziel war, die Breite des Kontinents an seiner weitesten Stelle zu ergründen und einen Ort an der Westküste zu bestimmen, wo die Regierung einen Posten einrichten könnte, um die Auffindung einer Nordwestpassage oder einer Verbindung zwischen der Hudson's Bay und dem Stillen Ozean zu erleichtern. Er hatte angenommen, daß der damals als Oregon bezeichnete Columbia irgendwo bei den Straits of Annian mündete, und diese Stelle sah er für die Errichtung des Postens vor. Weiter nahm er an, daß eine Siedlung in dieser Gegend neue Möglichkeiten für den Handel erschließen und eine direktere Verbindung mit China und den britischen Besitzungen in Ostindien schaffen würde, als sie der alte Seeweg um das Kap der Guten Hoffnung gewährte. Er scheiterte jedoch beim Versuch, die Berge zu überqueren.

In zeitlicher Reihenfolge war die nächstwichtige Expedition im Norden Amerikas die von Samuel Hearne, der mit dem Ziel, Kupferminen zu entdecken, in den Jahren 1769, 1770, 1771 und 1772 vom Fort Prince of Wales an der Hudson's Bay nach Nordwesten bis zu den Küsten des Nördlichen Eismeeres vorstieß.

Danach müssen wir noch von einem zweiten Versuch Captain Carvers berichten, 1774 begonnen, bei dem er von Richard Whitworth begleitet wurde, einem Parlamentsmitglied und einer wohlhabenden Persönlichkeit. Wir erwähnen dieses Unternehmen nur wegen der Großzügigkeit, mit der es geplant wurde: denn es wurde in Wirklichkeit nie durchgeführt. Die Herren sollten fünfzig bis sechzig Männer mitnehmen, Handwerker und Seeleute, und mit diesen auf einem der Nebenflüsse des Missouri die Quelle des Oregon in den Bergen erkunden und dann auf diesem Fluß bis zu seiner mutmaßlichen Mündung nahe der Straits of Annian hinabsegeln. Dort sollten ein Fort sowie Boote für weitere Entdeckungsfahrten gebaut werden. Das

Vorhaben kam durch den Ausbruch der Amerikanischen Revolution zum Stillstand.

Schon 1775 war der Pelzhandel durch die kanadischen Missionare nach Norden und Westen hin zu den Ufern des Saskatchewan in dreiundfünfzig Grad nördlicher Breite und hundertzwei Grad westlicher Länge ausgeweitet worden; und Anfang des Jahres 1776 stieß Mr. Joseph Frobisher in dieser Richtung bis fünfundfünfzig Grad Nord und hundertdrei Grad West vor.

1778 drang Mr. Peter Pond mit vier Kanus bis zum Elk River vor, etwa dreißig Meilen südlich seiner Mündung in den Lake of the Hills.

Es muß noch ein anderer Versuch erwähnt werden, den breitesten Teil des Kontinents von einem Ozean zum anderen zu durchqueren, der jedoch gleich zu Beginn vereitelt wurde. Die Öffentlichkeit weiß kaum, daß dieser Versuch überhaupt unternommen wurde, denn er wird nur von Mr. Jefferson erwähnt, und das auch nur beiläufig. Mr. J. berichtet, daß Ledyard bei ihm in Paris vorgesprochen habe, nach seiner erfolgreichen Reise mit Kapitän Cook nach einem neuen Unternehmen begierig, und daß er (Mr. J.) ihm vorgeschlagen habe, auf dem Landweg nach Kamtschatka zu reisen, mit einigen der russischen Schiffe zum Nootka-Sund überzusetzen, in die Breiten des Missouri hinabzutreiben und dann, nachdem er durch das Land vorgedrungen sei, auf diesem Fluß abwärts in die Vereinigten Staaten zu fahren. – Ledyard nahm den Vorschlag unter der Voraussetzung an, daß die Zustimmung der russischen Regierung eingeholt werden könnte. Mr. Jefferson gelang es auch, diese zu erhalten, und nach seinem Aufbruch von Paris kam der Reisende gerade zu dem Zeitpunkt nach St. Petersburg, als die Zarin eben die Stadt verlassen hatte, um den Winter in Moskau zu verbringen. Da es ihm seine Geldmittel nicht erlaubten, sich müßig in St. Petersburg aufzuhalten, setzte er seine Reise mit einem Empfehlungsschreiben seines Ministers fort und wurde zweihundert Meilen von Kamtschatka entfernt durch einen Offizier der Zarin festgenommen, die ihren Sinn geändert hatte und ihm die Weiterreise untersagte. Er wurde in einen geschlossenen Wagen gesteckt und Tag und Nacht ohne Aufenthalt bis nach Polen gefahren, wo man ihn absetzte und freiließ. Mr. Jefferson spricht von Ledyards Unternehmen irrtümlicherweise als dem ›ersten Versuch‹, den Westteil unseres nördlichen Kontinents zu erforschen‹.

Das nächste Unternehmen von Belang war die bemerkenswerte Expedition Sir Alexander Mackenzies, die 1789 unternommen wurde. Er brach in Montreal auf, stieß auf dem Utawas River, Lake Nipissing und Lake Huron, am Nordufer des Lake Superior entlang bis zur sogenannten Grand Portage vor, von dort ging es am Rain River weiter zum Lake of the Woods, Lake Bonnet, zum oberen Teil des Dog-Head Lake, zum Südufer des Lake Winnipeg, durch den Cedar Lake und an der Mündung des Saskatchewan vorbei zum Sturgeon Lake; von dort über eine Tragstelle zum Mississippi und quer durch Black Bear Lake, Primo's Lake und Buffalo Lake zu einer hohen Bergkette, die sich nach Nordosten und Südwesten erstreckt, dann auf dem Elk River zum Lake of the Hills – weiter auf dem Slave River zum Sklavensee – um dessen Nordküste zum Mackenzie River und schließlich auf diesem stromabwärts zum Nördlichen Eismeer – eine ungemein lange Reise, auf der er unzähligen Gefahren und größten Schwierigkeiten ausgesetzt war. Auf der ganzen Fahrt den Mackenzie River abwärts bis zu seiner Mündung führte ihn sein Weg am Fuße der Osthänge der Rocky Mountains entlang, aber er überquerte diese Barriere nie. Im Frühling 1793 brach er jedoch abermals von Montreal auf und folgte seiner ersten Route bis zur Mündung des Unjigah oder Peace River, dann wandte er sich stromauf nach Westen, durchquerte beim 56. Breitengrad das Gebirge, stieß anschließend nach Süden bis zu einem Fluß vor, den er Salmon nannte (jetzt Frazer), und diesem folgend erreichte er schließlich ungefähr am 40. nördlichen Breitengrad den Pazifik.

Die denkwürdige Expedition der Captains Lewis und Clark wurde während der Jahre 1804, 1805 und 1806 durchgeführt. Als 1803 das Gesetz zur Gründung von Unternehmen zum Handel mit den Indianerstämmen gerade außer Kraft treten sollte, wurden dem Kongreß durch eine vertrauliche Botschaft von Mr. Jefferson vom 18. Januar einige Änderungen empfohlen (unter anderem eine Erweiterung seiner Bestimmungen auf die Indianer am Missouri). Um diese Maßnahmen vorzubereiten, wurde beschlossen, daß ein Expeditionstrupp den Missouri aufwärts bis zu seiner Quelle verfolgen, die Rocky Mountains überqueren und von dort den besten sich bietenden Wasserweg zum Stillen Ozean nehmen sollte. Dieses Unternehmen wurde auch in vollem Umfang durchgeführt; Captain Lewis erforschte (›entdeckte‹ aber nicht als erster, wie Mr. Irving berichtet) den Oberlauf des Columbia River und folgte diesem Strom bis zu seiner Mündung. Die Quellwasser des Columbia waren bereits 1793 von Mackenzie aufgesucht worden.

In die Zeit der Forschungsreise von Lewis und Clark den Missouri aufwärts fiel die Fahrt von Major Zebulon M. Pike den Mississippi aufwärts, den er bis zur Quelle im Itasca Lake erkunden konnte. Nach der Rückkehr von dieser Reise drang er auf Befehl seiner Regierung in den Jahren 1805, 1806 und 1807 westlich des Mississippi ins Quellgebiet des Arkansas vor (jenseits der Rocky Mountains in 40 Grad nördlicher Breite) und fuhr den Osage und Kansas hinunter zur Quelle des Platte River.

1810 brach Mr. David Thompson, ein Teilhaber der North-West Fur Company, mit einer starken Gruppe von Montreal auf, um den Kontinent bis zum Pazifischen Ozean zu durchqueren. Der erste Teil dieser Route war derselbe wie der von Mackenzie im Jahre 1793. Ziel der Expedition war, einem Plan John Jacob Astors zuvorzukommen – nämlich der Errichtung eines Handelspostens an der Mündung des Columbia. Die meisten seiner Leute ließen ihn an der Ostseite des Gebirges im Stich, aber als es ihm schließlich doch gelang, die Bergkette mit nur acht Begleitern zu bezwingen, stieß er auf den Nordarm des Columbia und fuhr auf diesem Fluß von einer Stelle abwärts, die der Quelle viel näher liegt, als je zuvor ein Weißer gekommen war.

1811 wurde Mr. Astors eigenes, bemerkenswertes Unternehmen in die Tat umgesetzt – wenigstens soweit es die Reise durch das Land betraf. Da Mr. Irving bereits alle Leser mit den Einzelheiten dieser Reise vertraut gemacht hat, brauchen wir sie nur kurz zu erwähnen. Den Plan haben wir eben angedeutet. Der Weg der Gruppe (unter Leitung von Mr. Wilson Price Hunt) führte von Montreal den Utawas aufwärts, durch den Lake Nipissing und eine Reihe kleiner Seen und Flüsse zum Michilimackinac oder Mackinaw – von dort auf den Flüssen Green Bay, Fox und Wisconsin zur Prairie du Chien – weiter den Mississippi abwärts nach St. Louis – dann den Missouri aufwärts zu einer Siedlung der Arickaraindianer zwischen dem 46. und 47. Grad nördlicher Breite und eintausendvierhundertdreißig Meilen oberhalb der Flußmündung – von dort nach Südwesten durch die Wüste, über die Berge bis etwa in die Quellgebiete des Platte und Yellowstone und dann auf dem Südarm des Columbia zum Meer. Zwei von dieser Expedition zurückkehrende kleine Gruppen legten äußerst gefährliche und ereignisreiche Fahrten durch das Land zurück.

Die Expeditionen von Major Stephen H. Long sind der zeitlichen Reihenfolge nach die nächst bedeutsamen. Dieser Herr stieß 1823 zur Quelle des St. Peter River vor, zum Lake Winnipeg, zum Lake of the Woods etc., etc. Die noch nicht lange zurückliegenden Reisen Captain Bonnevilles und anderer braucht man kaum zu erwähnen, da sie der Öffentlichkeit noch gut bekannt sind. Über Captain B.s Abenteuer ist von Irving hinlänglich berichtet worden. 1832 überquerte er von Fort Osage aus die Rocky Mountains und verbrachte nahezu drei Jahre in den jenseitigen Gebieten. In den Vereinigten Staaten gibt es nur noch sehr wenige Regionen, die in den letzten Jahren nicht von Wissenschaftlern oder Abenteurern durchstreift worden sind. Es ist jedoch nicht bekannt, daß je der Fuß eines zivilisierten Menschen jene weiten und einsamen Landstriche betreten hat, die nördlich unseres Territoriums und westlich vom Mackenzie liegen, mit Ausnahme Mr. Rodmans und seiner sehr kleinen Gruppe. Was die Frage der *ersten* Durchquerung der Rocky Mountains anbelangt, so geht aus dem oben Erwähnten eindeutig hervor, daß man Lewis und Clark dieses Unternehmen niemals als Verdienst hätte anrechnen dürfen, da es Mackenzie im Jahre 1793 erfolgreich durchführte, und daß Mr. Rodman tatsächlich der erste war, der jene gewaltigen Barrieren bezwang; denn er überquerte sie schon 1792. Der nun folgende ungewöhnliche Bericht verdient daher mit Recht die Aufmerksamkeit unserer Leser. (Hrsg. ›G. M.‹)

Kapitel II

Nach dem Tode meines Vaters und meiner beiden Schwestern hatte ich kein Interesse mehr an unserer Plantage am Point und verkaufte sie mit erheblichem Verlust an M. Junôt. Ich hatte schon wiederholt daran gedacht, als Trapper den Missouri aufwärts zu fahren, und beschloß nun endgültig, dieses Vorhaben in die Tat umzusetzen und dabei zu versuchen, Felle zu sammeln, die ich dann, davon war ich überzeugt, in *Petite Côte* an die Händler der North-West Fur Company verkaufen konnte. Ich glaubte, daß man auf diese Weise mit etwas Unternehmungsgeist und Wagemut viel mehr Reichtum erwerben konnte, als es mir auf andere Art möglich gewesen wäre. Auch war ich schon immer am Jagen und Fallenstellen interessiert, obgleich ich aus beidem nie ein Geschäft gemacht hatte, und es reizte mich, einige Gebiete unseres Westens zu erforschen, über die mir Pierre Junôt schon oft berichtet hatte. Er war der älteste Sohn des Nachbars, der mich übervorteilt hatte, und ein Mensch von eigenartigen Gewohnheiten und einer etwas exzentrischen Veranlagung, aber dennoch einer der gutmütigsten Burschen auf der Welt und zweifelsohne so mutig wie selten jemand, wenn auch nicht von großer Körperkraft. Er war kanadischer Abstammung, und da er ein- oder zweimal kurze Expeditionen als Fallensteller für die Fur Company unternommen hatte, bezeichnete er sich gerne auch selber so und liebte es, von seinen Fahrten zu erzählen. Mein Vater war Pierre sehr zugetan gewesen, und ich hielt ebenfalls viel von ihm. Er stand auch bei meiner jüngeren Schwester Jane sehr in Gunst, und ich glaube, sie hätten geheiratet, wäre es Gottes Wille gewesen, sie am Leben zu lassen.

Als Pierre feststellte, daß ich noch nicht so recht wußte, welchen Weg ich nach dem Tode meines Vaters einschlagen sollte, drängte er mich, eine kleine Flußexpedition auszurüsten, auf der er mich begleiten wollte; und er hatte keine große Mühe, mich für seine Pläne zu gewinnen. Wir kamen überein, so weit missouriaufwärts zu fahren, als sich dies ermöglichen ließe, dabei zu jagen und Fallen zu stellen und nicht eher zurückzukehren, bevor wir so viele Felle gesammelt hätten, daß sie uns beiden ein Vermögen einbrächten. Sein Vater hatte nichts dagegen einzuwenden und gab ihm etwa dreihundert Dollar. Alsbald brachen wir nach *Petite Côte* auf, um uns mit allem Notwendigen auszurüsten und so viele Männer wie nur möglich für die Reise zu gewinnen.

Petite Côte[1] ist ein kleiner Ort am Nordufer des Missouri, ungefähr zwanzig Meilen von dessen Mündung in den Mississippi entfernt. Er liegt am Fuße einer niedrigen Bergkette und auf einer Art Felsbank, hoch genug über dem Strom, um nicht vom Junihochwasser erreicht zu werden. Im oberen Teil der Ortschaft gibt es nicht mehr als fünf bis sechs Häuser, alle aus Holz gebaut; aber mehr nach Osten stehen eine Kapelle und zwölf bis fünfzehn größere Anwesen parallel zum Fluß. Der Ort hat etwa einhundert Einwohner, meist Kreolen kanadischer Abstammung. Sie sind überaus träge und machen sich nicht die Mühe, das umliegende Land mit seiner fruchtbaren Erde zu kultivieren; nur hin und wieder betreiben sie etwas Gartenbau. Sie leben hauptsächlich von der Jagd und tauschen bei den Indianern Felle ein, die sie dann wieder an die Agenten der North-West Fur Company verkaufen. Wir

1 jetzt St. Charles. – Hrsg. ›G. M.‹

hofften, hier ohne Schwierigkeiten Teilnehmer für unsere Fahrt anzuwerben und die entsprechende Ausrüstung zu erhalten, wurden jedoch in beidem enttäuscht; denn der Ort war in jeder Hinsicht zu arm, uns mit allem zu versorgen, was wir brauchten, um unsere Reise sicher und erfolgreich zu gestalten.

Wir hatten die Absicht, ins Herz eines Landes vorzudringen, in dem es von Indianerstämmen wimmelte, von denen wir außer vagen Berichten nichts wußten und allen Grund hatten, sie für gewalttätig und verräterisch zu halten. Es war daher dringend erforderlich, daß wir uns gut mit Waffen und Munition eingedeckt auf den Weg machten sowie auch in zahlenmäßiger Stärke; und wenn uns unsere Reise Gewinn einbringen sollte, so mußten wir Kanus mit ausreichend Fassungsvermögen für den Heimtransport der gesammelten Felle mitnehmen. Es war Mitte März, als wir in *Petite Côte* eintrafen, und es gelang uns nicht, vor Ende Mai fertig zu werden. Zweimal mußten wir stromab zum Point nach Männern und Vorräten schicken, und beides war nur unter großen Kosten zu erhalten. Wir hätten letzten Endes vieles überhaupt nicht bekommen, was unumgänglich notwendig war, hätte Pierre nicht zufällig eine Schiffsmannschaft nach deren Rückkehr von einer Fahrt den Mississippi aufwärts getroffen und sechs der besten Männer angeheuert, dazu ein Kanu beziehungsweise eine Piroge; und gleichzeitig kaufte er auch den größten Teil der übriggebliebenen Vorräte und Munition.

Diese Hilfe zur rechten Zeit ermöglichte es uns, noch vor dem ersten Juni einigermaßen für die Fahrt gerüstet zu sein. Am 3. des Monats (1791) sagten wir unseren Freunden in *Petite Côte* adieu und traten unsere Expedition an. Unsere Gruppe bestand insgesamt aus fünfzehn Mann. Fünf davon waren Kanadier aus *Petite Côte*, die alle schon an kurzen Erkundungsfahrten stromauf teilgenommen hatten. Sie waren gute Bootsleute und ausgezeichnete Kameraden, wenn es sich um das Singen französischer Lieder und ums Trinken handelte, worin sie sich ungemein auszeichneten; obgleich man wahrlich selten einen von ihnen so betrunken sehen konnte, daß er nicht mehr seinen Pflichten hätte nachkommen können. Sie waren immer guter Laune und jederzeit arbeitswillig; aber ich hielt sie für keine guten Jäger, und bald entdeckte ich auch, daß auf sie als Kämpfer kein Verlaß war. Unter diesen fünf Kanadiern gab es zwei, die sich verpflichteten, auf den ersten fünf- bis sechshundert Meilen stromaufwärts (falls wir überhaupt so weit vordrangen) als Dolmetsch tätig zu sein, und dann hofften wir, einen Indianer zu finden, der gelegentlich dolmetschte, falls es sich als nötig erwies. Wir hatten jedoch beschlossen, jedem Zusammentreffen mit Indianern soweit wie möglich auszuweichen und eher selbst das Fallenstellen zu betreiben, als mit unserer kleinen Gruppe das große Wagnis eines Handels mit ihnen einzugehen. Wir hegten die Absicht, mit größter Vorsicht zu fahren und uns nur sehen zu lassen, wenn es sich durchaus nicht vermeiden ließ.

Die sechs Männer, die Pierre von Bord des zurückkehrenden Mississippibootes angeheuert hatte, waren eine von den Kanadiern so grundverschiedene Mannschaft, wie man sie sich nur vorstellen konnte. Fünf von ihnen waren Brüder namens Greely (John, Robert, Meredith, Frank und Poindexter), und mutigere oder besser aussehende Männer konnte man kaum finden. John Greely war der älteste und kräftigste der fünf und stand im Ruf, der stärkste Mann und der beste Schütze in ganz Kentucky zu sein – aus diesem Staat stammten sie nämlich alle. Er war volle sechs Fuß groß, hatte ungewöhnlich breite Schultern und mächtige, starkgeformte Glieder. Wie die meisten Männer von beträchtlicher Körperkraft war er äußerst gutmütig und deswegen bei uns allen sehr beliebt. Die anderen vier Brüder waren ebenfalls durchweg gut gebaute, kräftige Männer, obwohl sie nicht mit John zu vergleichen waren. Poindexter war genausogroß, aber sehr hager und von ungemein wildem Äußeren, doch wie sein älterer Bruder führte er sich friedlich auf. Alle waren erfahrene Jäger und Meisterschützen. Sie hatten Pierres Vorschlag, sich uns anzuschließen, voller Freude zugestimmt, und wir trafen mit ihnen eine Vereinbarung, die ihnen den gleichen Anteil am

Gewinn des Unternehmens wie Pierre und mir selbst zusicherte – das heißt, wir wollten den Erlös in drei Teile teilen, einer sollte mir gehören, einer Pierre und einer den fünf Brüdern gemeinsam.

Der sechste Mann, den wir von dem zurückkehrenden Boot anheuerten, war ebenfalls eine gute Erwerbung. Er hieß Alexander Wormley, stammte aus Virginia und war ein sehr sonderbarer Charakter. Ursprünglich Wanderprediger, hatte er sich später eingebildet, ein Prophet zu sein, war mit langem Bart und Haar barfuß durch das Land gezogen und hatte jedem, den er traf, eine leidenschaftliche Rede gehalten. Diese Sinnestäuschung war nun in eine andere Richtung gelenkt, und er dachte an nichts weiter, als in einigen sicheren Flecken des Landes auf Goldminen zu stoßen. Dieser Gedanke machte ihn vollkommen närrisch wie jeden anderen wohl auch; ansonsten war er jedoch auffallend vernünftig und sogar klug. Er war ein tüchtiger Bootsführer wie auch ein guter Jäger und so tapfer wie selten jemand, außerdem sehr kräftig und flink. Ich rechnete sehr mit diesem Expeditionsmitglied ob seines enthusiastischen Charakters, und am Ende wurde ich auch nicht enttäuscht, wie sich noch zeigen wird.

Unsere zwei anderen Expeditionsteilnehmer waren ein Pierre Junôt gehörender Neger namens Toby und ein Fremder, den wir in den Wäldern unweit von Mills' Point aufgelesen hatten und der sich unserer Expedition auf der Stelle anschloß, sobald wir unser Vorhaben erwähnten. Sein Name war Andrew Thornton, gleichfalls aus Virginia und, wie ich glaube, aus einer achtbaren Familie, zu den Thorntons im Norden des Staates gehörig. Er war schon seit ungefähr drei Jahren von Virginia fort, und während dieser Zeit hatte er den westlichen Landesteil durchstreift, mit keinem anderen Gefährten als einem stattlichen Neufundländer. Er hatte keine Felle gesammelt und schien eher die Befriedigung seiner abenteuerlichen Vagabundenneigung im Sinn zu haben als irgendein anderes Ziel. Wenn wir abends am Lagerfeuer saßen, unterhielt er uns oft mit Berichten von seinen Abenteuern und Nöten in der

Wildnis – berichtete davon mit so offensichtlichem Ernst, daß wir keine Veranlassung sahen, ihre Wahrheit anzuzweifeln, wenngleich vieles unglaublich klang. Aber die Erfahrung lehrte uns nachher, daß die Härten und Fährnisse des einsamen Jägers kaum übertrieben werden können und daß das eigentliche Problem darin besteht, sie dem Zuhörer in hinlänglich echtem Kolorit zu schildern. Ich fühlte eine große Zuneigung zu Thornton, von der ersten Stunde an, in der ich ihn sah.

Ich habe bisher nur wenig über Toby gesagt, doch war er keineswegs die unbedeutendste Persönlichkeit in unserer Gruppe. Er lebte schon seit vielen Jahren in der Familie des alten M. Junôt und hatte sich stets als treuer Neger erwiesen. Er war im Grunde genommen zu alt, um sich noch einer Expedition wie der unseren anzuschließen, aber Pierre bestand darauf, ihn mitzunehmen, war er doch trotz allem ein rüstiger Mann und noch immer in der Lage, große Anstrengungen zu ertragen. Pierre selbst war wahrscheinlich der Schwächste unserer ganzen Gesellschaft, was Körperkraft betrifft, aber er besaß großen Scharfsinn und einen Mut, der ihm durch nichts zu nehmen war. Er führte sich manchmal zügellos und lärmend auf, was ihn häufig in Streit verwickelte und ein- oder zweimal ernstlich den Erfolg unserer Expedition gefährdete, aber er war ein wahrer Freund, und in diesem Punkt hielt ich ihn für unschätzbar.

Damit habe ich eine knappe Beschreibung aller unserer Teilnehmer gegeben zu der Zeit, als wir *Petite Côte* verließen.[1] Um uns selbst und unsere Ausrüstung aufzunehmen

1 Mr. Rodman hat keine Beschreibung von sich selbst gegeben; und die Darstellung seiner Mannschaft ist keinesfalls vollständig ohne ein Porträt ihres Anführers. ›Er war ungefähr fünfundzwanzig Jahre alt‹, berichtet Mr. James Rodman in einer uns vorliegenden Aufzeichnung, ›als er die Fahrt stromaufwärts antrat. Er war ein auffallend kräftiger und lebhafter Mann, aber von gedrungener Statur, nicht größer als fünf Fuß und drei oder vier Zoll, kräftig gebaut, mit leicht krummen Beinen. Sein Gesicht deutete auf eine jüdische Abstammung hin, seine Lippen waren schmal und seine Haut bleifarben.‹ – Hrsg. ›G. M.‹

sowie für den Heimtransport der Felle, die wir erwerben würden, hatten wir zwei große Boote. Das kleinere davon war ein Kanu aus Birkenrinde, mit Fasern von Fichtenwurzeln zusammengehalten, die Nähte mit Kiefernharz geteert, und das Ganze so leicht, daß sechs Männer es ohne Mühe tragen konnten. Seine Länge betrug zwanzig Fuß, und es ließ sich mit Hilfe von vier bis zwölf Rudern fortbewegen; wenn es bis zum Schandeck vollgeladen war, verdrängte es etwa achtzehn Zoll Wasser, und in leerem Zustand nicht mehr als zehn. Das andere war ein Kielboot, das wir in *Petite Côte* hatten anfertigen lassen (das Kanu hatte Pierre von der Mississippi-Expedition gekauft). Es war dreißig Fuß lang, und bis zum Schandeck geladen, hatte es einen Tiefgang von zwei Fuß. Nach vorn zu besaß es ein zwanzig Fuß langes Deck, das eine Art Kajüte bildete, mit einer festen Tür und genügend Raum, um unsere ganze Gesellschaft, eng zusammengedrängt, aufzunehmen, da das Boot sehr breit war. Dieser Teil, mit Werg zwischen zwei Schichten von Eichenplanken ausgepolstert, war kugelsicher; und an mehreren Stellen hatten wir kleine Löcher gebohrt, durch die wir im Falle eines Angriffs auf den Feind feuern wie auch dessen Bewegung beobachten konnten. Diese Öffnungen gewährten uns gleichermaßen Licht und Luft, wenn wir die Türen schlossen, und wir hatten feste Pflöcke, mit denen wir sie, wenn nötig, zustopfen konnten. Die übrigen zehn Fuß längsseit waren offen, und hier konnten wir nicht weniger als sechs Ruder einsetzen – aber wir waren hauptsächlich auf Stangen angewiesen, die wir benutzten, indem wir auf Deck hin- und hergingen. Wir verfügten auch über einen kurzen Mast, der leicht auf- und abzutakeln ging, etwa sieben Fuß vom Bug angebracht war und auf den wir ein großes Rahsegel setzten, wenn der Wind günstig stand, Mast und Segel aber einholten, wenn er von vorn kam.

In einem Teil des Bugs unter Deck lagerten wir zehn Fäßchen mit gutem Schießpulver und soviel Blei, wie wir für angemessen hielten, davon ein Zehntel bereits in Flintenkugeln gegossen. Wir hatten hier auch eine kleine Messingkanone samt Lafette verstaut, auseinandergebaut und in Teile zerlegt, so daß sie auf kleinem Raum untergebracht werden konnte, weil wir annahmen, daß solche Verteidigungsmittel möglicherweise zu irgendeinem Zeitpunkt unseres Unternehmens zur Anwendung kommen könnten. Diese Kanone war eine von dreien, die vor zwei Jahren von den Spaniern den Missouri abwärts gebracht worden war und einige Meilen oberhalb von *Petite Côte* von Bord einer Piroge verlorenging. Eine Sandbank hatte das Flußbett an der Stelle, wo das Kanu gekentert war, so sehr verändert, daß ein Indianer eins der Geschütze entdeckte, sich Hilfe holte und es zur Siedlung hinunterschaffte, wo er es um eine Gallone Whisky verkaufte. Hiernach begaben sich die Leute von *Petite Côte* flußaufwärts und holten die zwei anderen. Es waren sehr kleine Kanonen, aber aus gutem Metall und sehr schön gearbeitet, waren sie doch geschmückt und mit Schlangen verziert wie einige der französischen Feldstücke. Fünfzig Eisenkugeln fand man bei den Geschützen, und diese besorgten wir uns. Wie wir zu dieser Kanone kamen, erwähne ich deshalb, weil sie eine wichtige Rolle bei einigen unserer Unternehmungen spielte, wie man später sehen wird. Außerdem hatten wir fünfzehn Reservegewehre, in Kisten verpackt und vorn im Boot mit der anderen schweren Ladung verstaut. Wir lagerten die Last dort, damit unser Bug gut ins Wasser sank – die beste Methode in Anbetracht losgerissener Baumstämme und Treibholz im Fluß.

Was andere Waffen betraf, so waren wir zufriedenstellend versorgt; jeder Mann hatte außer seiner gewöhnlichen Flinte und der Munition noch ein starkes Beil und ein Messer. Jedes Boot war mit einem Kochkessel ausgerüstet, drei großen Äxten, einem Schlepptau, zwei Wachstüchern zum Bedecken der Ladung, falls erforderlich, und zwei großen Schwämmen zum Aufsaugen des Wassers. Die Piroge hatte ebenfalls einen kleinen Mast und ein Segel (was ich zu erwähnen vergaß) und trug eine große Menge Gummi, Birkenrinde und Weißfichtenwurzeln für Reparaturzwecke. Auf ihr waren auch alle Sachen für die Indianer verstaut, die wir mitzunehmen für notwendig hielten und von dem Mississippidampfer gekauft hatten. Wir beabsichtigten zwar nicht, mit den Indianern Tauschhandel zu treiben, aber man hatte uns diese Waren billig angeboten, und es schien uns ratsam, sie mitzunehmen, da sie sich vielleicht einmal von Nutzen erweisen könnten. Es waren seidene und baumwollene Taschentücher, Garn, Stricke und Bindfaden, Hüte, Schuhe und Beinkleider, Messer und Kleineisenwaren, Kattun und bedruckte Stoffe, Baumwollwaren, Kautabak, gedreht und in Rollen, Decken und Glasmurmeln, Perlen usw., usw. Alles das war zu kleinen Paketen verschnürt, von denen je drei von einem Mann getragen wurden. Der Proviant war gleichfalls verpackt, um ihn leichter zu handhaben, und ein Teil davon wurde in jedem Boot verstaut. Wir hatten insgesamt zweihundert Pfund Schweinefleisch, sechshundert Pfund Zwieback und sechshundert Pfund Pemmikan. Diesen hatten wir in *Petite Côte* von den Kanadiern anfertigen lassen, da sie uns darauf hingewiesen hatten, daß er von der North-West Fur Company auf allen ihren langen Fahrten benutzt wurde, wenn zu befürchten war, daß nicht genug Wild vorhanden sein könnte. Er wird auf eine besondere Art hergestellt. Die mageren Teile des Fleisches größerer Tiere werden in dünne Scheiben geschnitten und auf einen Holzrost über ein schwaches Feuer gelegt oder der Sonne ausgesetzt (wie das unsere), oder manchmal auch dem Frost. Wenn es auf diese Weise ausreichend gedörrt ist, wird es zwischen zwei schweren Steinen zerstoßen und hält sich dann monatelang. Wird jedoch viel davon zusammen geladen, so gärt es bei Tauwetter im Frühling und verdirbt bald, falls es nicht gut der Luft ausgesetzt wird. Das Fett aus dem Inneren wird mit dem des Rumpfes zusammen zerlassen und in kochendem Zustand je zur Hälfte mit dem zerkleinerten Fleisch gemischt. Dann wird alles fest in Säcke gestopft und kann ohne weitere Zubereitung verzehrt werden, da es auch ohne Salz und Gemüse sehr schmackhaft ist. Der beste Pemmikan wird unter Zusatz von Mark und getrockneten Beeren hergestellt und ist ein vorzügliches Nahrungsmittel.[1] Unser Whisky war in Korbflaschen zu je fünf Gallonen abgefüllt, wovon wir zwanzig mit uns führten, also insgesamt hundert Gallonen.

Nachdem alles ordentlich an Bord verstaut war, auch unsere vollzählige Mannschaft, einschließlich Thorntons Hund, mußten wir feststellen, daß nur noch sehr wenig Platz übrigblieb, außer in der großen Kajüte, die wir als Schlafraum bei schlechtem Wetter von Gütern freihalten wollten. Dort hatten wir nur Waffen und Munition, einige Biberfallen und einen Bärenfellteppich. Unsere beengte Lage ließ uns einen Ausweg suchen, dessen wir uns auf alle Fälle bedienen mußten; und zwar sollten vier Jäger unsere Gruppe verlassen und die Flußufer entlang reiten, um uns mit Wildbret zu versorgen und uns als Kundschafter vor der Annäherung von Indianern zu warnen. Zu diesem Zweck beschafften wir zwei gute Pferde, von denen wir das eine Robert und Meredith Greely in Obhut gaben, die sich an das Südufer halten sollten, und das andere vertrauten wir Frank und Poindexter (Greely) an, die am Nordufer entlang reiten sollten. Mit Hilfe der Pferde konnten sie dann alles geschossene Wild leicht herbeibringen.

Diese Vorkehrung erleichterte unser Boot beträchtlich,

1 Der von Mr. Rodman hier beschriebene Pemmikan ist uns gänzlich unbekannt und völlig anders als der, den unsere Leser zweifelsohne in den Tagebüchern von Parry, Ross, Back und anderen Nordlandreisenden kennengelernt haben. Soweit wir uns entsinnen, wurde dieser durch langes Kochen des mageren Fleisches zubereitet (wobei man das Fett sorgfältig entfernte), bis die Brühe auf einen sehr kleinen Teil ihrer ursprünglichen Menge eingekocht und breiartig geworden war. Dem Rückstand wurden vielerlei Gewürze und reichlich Salz hinzugefügt, und man nahm an, daß in diesem kleinen Quantum ein großer Nährwert enthalten sei. Aber durch hinlängliche Erfahrung eines amerikanischen Chirurgen, der Gelegenheit hatte, den Verdauungsprozeß durch eine offene Wunde im Magen eines Patienten zu beobachten und zugleich Versuche anzustellen, ist bewiesen worden, daß die *Menge* bei diesem Prozeß einen sehr wesentlichen Faktor darstellt und folglich der Wert konzentrierter Nahrung zum größten Teil eine unhaltbare Behauptung ist. – Hrsg. ›G. M.‹

da unsere Anzahl auf elf Mann verringert wurde. In dem kleinen Boot waren zwei von den Männern aus *Petite Côte* sowie Toby und Pierre Junôt. Im großen waren der Prophet (wie wir ihn nannten), nämlich Alexander Wormley, John Greely, Andrew Thornton, drei der Männer aus *Petite Côte*, ich selbst und Thorntons Hund.

Zum Vorankommen setzten wir nur manchmal die Ruder ein, während wir uns gewöhnlich mit Hilfe der vom Ufer überragenden Äste weiterzogen, oder wo der Boden es gestattete, benutzten wir ein Schlepptau, womit es am leichtesten vorwärts geht. Einige liefen am Ufer entlang und zogen, indes die anderen an Bord blieben und das Boot mit Stangen vom Land abstießen. Häufig stemmten wir auch alle zusammen mit den Stangen. In dieser Methode (die als sehr vorteilhaft bezeichnet werden kann, wenn der Boden nicht schlammig oder voll Treibsand und das Wasser nicht zu tief ist) sind die Kanadier, ebenso wie beim Rudern, sehr geschickt. Sie verwenden leichte, aber unbiegsame lange Stangen mit Eisenspitzen. Sie stellen sich mit den Stangen am Schiffsbug auf, eine gleiche Anzahl von Männern auf jeder Seite, das Gesicht zum Heck gewandt; dann wird die Stange in den Strom gestoßen, bis sie auf Grund gerät. Nachdem so ein fester Halt gefunden worden ist, setzen die Bootsleute das obere Ende der Stange auf ihre durch ein Polster geschützte Schulter, und während sie am Schandeck entlanggehen und kräftig zustoßen, wird das Boot mit großer Kraft vorangeschoben. Man braucht keinen Steuermann, solange die Stangen benutzt werden, denn sie lenken das Schiff mit erstaunlicher Genauigkeit.

Mit Hilfe dieser verschiedenen Navigationsmethoden, die es hin und wieder notwendig machten, durch das Wasser zu waten und unser Boot mit der Hand durch Stromschnellen und Untiefen zu ziehen, begannen wir unsere ereignisreiche Fahrt den Missouri aufwärts. Die Häute, der Hauptzweck unserer Expedition, sollten vor allem durch Jagd und Fallenstellen beschafft werden, und zwar so heimlich wie möglich und ohne direkten Tauschhandel mit den

Indianern, die wir schon seit langem als ein großenteils heimtückisches Volk kennengelernt hatten, mit dem man sich bei einem so kleinen Trupp wie dem unseren nicht ohne Gefahr abgeben konnte. Zu den Fellen, die von früheren Pelztierjägern auf unserer geplanten Route im allgemeinen gesammelt wurden, gehörten Biber, Otter, Marder, Luchs, Nerz, Bisamratte, Bär, Fuchs, Präriefuchs, Vielfraß, Waschbär, Zobel, Wolf, Büffel, Rotwild und Elch, aber wir wollten uns nur auf die wertvolleren Arten beschränken.

Der Morgen, an dem wir von *Petite Côte* aufbrachen, war äußerst verheißungsvoll und wunderschön, und nichts konnte die Heiterkeit unserer ganzen Gruppe übertreffen. Der Sommer hatte noch kaum begonnen, und der Wind, der uns beim Aufbruch eine kräftige Brise schickte, war so samtweich wie nur im Frühling. Die Sonne schien hell, aber nicht sehr heiß. Das Eis war vom Fluß verschwunden, und die ziemlich starke Strömung verbarg alle jene morastigen und schäbigen Ablagerungen, von denen die Ufer des Missouri bei niedrigem Wasser entstellt werden. Er bot jetzt einen majestätischen Anblick, rauschte auf der einen Seite unter Weiden und Pappeln dahin und brandete auf der anderen Seite in hohen Wellen gegen die Steilufer. Als ich den Strom hinaufblickte (der sich nach Westen erstreckte, bis die Wasser sich in weiter Ferne mit dem Himmel zu vereinen schienen) und mir die unendliche Größe des Gebietes vorstellte, durch das diese Wasser wahrscheinlich geflossen waren, ein Gebiet, den Weißen noch gänzlich unbekannt und möglicherweise überreich an den großartigen Schöpfungen Gottes, fühlte ich eine solche Erregung in mir, wie ich sie nie zuvor gekannt, und ich beschloß insgeheim, daß mich nur ein unüberwindliches Hindernis davon abhalten könnte, auf diesem prächtigen Strom weiter vorzustoßen als je ein Fallensteller vor mir. In diesem Augenblick schien ich von einer übermenschlichen Energie durchdrungen, und meine Lebensgeister erwachten in einem solchen Maße, daß es mich nur mit Mühe in dem engen Boot hielt. Ich sehnte mich danach, bei den Greelys am Ufer zu sein, um den Gefühlen, die mich beseelten, freien Lauf zu lassen, indem ich mit großen Sätzen in die Prärie stürzte. An diesen Gefühlen nahm Thornton lebhaften Anteil, bekundete großes Interesse an unserem Unternehmen und bewunderte die schöne Landschaft ringsum, so daß er vom Augenblick an in besonderer Gunst bei mir stand. Ich hatte noch nie in meinem Leben ein so dringendes Bedürfnis wie damals nach einem Freund verspürt, mit dem ich mich ungezwungen aussprechen konnte, ohne daß ich Gefahr laufen mußte, falsch verstanden zu werden. Der plötzliche Verlust all meiner Verwandten durch den Tod hatte mich wohl betrübt, aber meine Sinne nicht verzagen lassen, die Trost zu suchen schienen in einer Betrachtung der wilden Naturszenerie; und diese Szenen und die Reflexionen, die sie hervorriefen, konnten, so meinte ich, nicht Gegenstand vollkommener Erbauung sein ohne die Gesellschaft eines gleichgesinnten Menschen. Thornton war genau der Mann, dem ich mein übervolles Herz ausschütten und bei dem ich mich all meiner überspannten Gefühlsregungen entledigen konnte, ohne fürchten zu müssen, mich auch nur einem Schimmer von Lächerlichkeit auszusetzen, und in dem ich mit Sicherheit einen ebenso leidenschaftlichen Zuhörer fand, wie ich selbst einer war. Ich habe weder vorher noch nachher jemand kennengelernt, der meine Ansichten über Naturerscheinungen so vollkommen geteilt hätte; und dieser Umstand allein genügte, ihn mir in fester Freundschaft zu verbinden. Wir standen während unserer ganzen Fahrt auf so vertrautem Fuß miteinander, wie es nur Brüder sein können, und ich unternahm keinen Schritt, ohne mich vorher mit ihm zu beraten. Pierre und ich waren auch Freunde, aber zwischen uns gab es nicht jene Bande gleicher Gesinnung – die stärksten aller menschlichen Bindungen. Er war zwar von empfindsamem Wesen, aber viel zu oberflächlich, um meine hingebungsvolle Leidenschaft zu begreifen.

An unserem ersten Reisetag ereignete sich nichts Bemerkenswertes, außer daß wir gegen Abend nur mit Mühe am Eingang einer großen Höhle an der Südseite des Flusses vorbeilavieren konnten. Diese Höhle machte einen sehr düsteren Eindruck, als wir sie passierten, da sie sich am Fuß eines hohen Steilufers befand, das ganze sechzig Meter hoch war und etwas über den Strom ragte. Wir konnten die Tiefe der Höhle nicht genau bestimmen, aber sie war annähernd sechzehn bis siebzehn Fuß hoch und mindestens fünfzig breit.[1] Der Strom fließt sehr schnell an ihr vorüber, und da wir wegen der Felsen das Boot nicht ins Schlepptau

[1] Die hier erwähnte Höhle wird von den Händlern und Seeleuten die ›Taverne‹ genannt. An ihre Wände sind einige groteske Bilder gemalt, die den Indianern einst große Furcht einflößten. Mit Bezug auf diese Höhle stellte Captain Lewis fest, daß sie hundertzwanzig Fuß breit, zwanzig Fuß hoch und vierzig tief und die sie überragenden Steilfelsen beinahe dreihundert Fuß hoch seien. Wir möchten an dieser Stelle darauf aufmerksam machen, daß Mr. R.s Bericht in jedem Punkt hinter dem von Captain Lewis *zurückbleibt*. Trotz seiner offensichtlichen Begeisterung läßt unser Reisender sich nie zur Übertreibung von Tatsachen hinreißen. In einer Vielzahl von Fällen gleich dem vorliegenden wird man finden, daß seine Bemerkungen hinsichtlich *Größe* (im wahren Sinne des Wortes) immer der Wahrheit *entsprechen*, da diese Wahrheit seitdem bestätigt worden ist. Wir halten dies für einen bemerkenswerten Charakterzug von ihm, der seinen Beobachtungen ohne Zweifel höchste Glaubwürdigkeit verleiht, wenn sie Gebiete betreffen, von denen wir außer diesen Beobachtungen nichts wissen. Im Gegensatz dazu verleitet jedoch Mr. Rodmans besondere Neigung ihn an all den Stellen zur *Übertreibung*, die sich auf sinnliche Eindrücke beziehen. Zum Beispiel schreibt er von der fraglichen Höhle, daß sie einen *düsteren Eindruck* mache, und sein Bericht von ihr ist hauptsächlich von seiner eigenen düsteren Stimmung zu der Zeit beeinflußt, als sie an dem Felsen vorbeikamen. Man sollte diese Unterschiede gut im Gedächtnis behalten, wenn man sein Tagebuch liest. Seine Fakten sind niemals übertrieben, aber seine Eindrücke von diesen Fakten müssen für das normale Wahrnehmungsvermögen wie Übertreibung wirken. Trotzdem liegt in dieser Übertreibung keine Unwahrheit, es sei denn im Hinblick auf ein allgemeines Gefühl für den erblickten und beschriebenen Gegenstand. Was sein eigenes Gemüt anbelangt, so ist das scheinbar übertriebene Kolorit die tatsächliche und einzig wahre Tönung. – Hrsg. ›G. M.‹

nehmen konnten, erforderte es größte Anstrengungen, an der Stelle vorbeizukommen, was uns schließlich gelang, indem wir außer einem Mann alle in das große Boot umstiegen. Dieser eine blieb in der Piroge und verankerte sie unterhalb der Höhle. Dann ruderten wir mit vereinter Kraft und brachten so das große Boot durch die schwierige Stromenge, ließen beim Vorwärtsfahren ein Tau langsam zur Piroge ablaufen und zogen sie damit hinter uns her, nachdem wir ein ordentliches Stück vorangekommen waren. Wir passierten an diesem Tag die Flüsse Bonhomme und Osage Femme sowie zwei kleinere Flüsse und einige nicht sehr große Inseln. Wir legten trotz des Gegenwindes nahezu fünfundzwanzig Meilen zurück und schlugen gegen Abend am Nordufer unser Lager auf, und zwar beim unteren Teil einer ›Diable‹ genannten Stromschnelle.

4. Juni. Früh am Morgen kamen Frank und Poindexter Greely mit einem fetten Rehbock ins Lager, von dem wir alle in bester Laune frühstückten und nachher voller Tatkraft weiterfuhren. Bei der Diable-Stromschnelle brandet der Fluß mit ziemlicher Kraft gegen einige Felsen, die am Südufer überragen und die Navigation schwierig gestalten. Kurz zuvor stießen wir auf mehrere Treibsandbänke, die uns viel Mühe bereiteten; die Flußufer senken sich hier allmählich und verändern mit der Zeit zwangsläufig das Flußbett beträchtlich. Um acht Uhr setzte ein trefflicher frischer Ostwind ein, und mit seiner Unterstützung kamen wir rasch voran, so daß wir bis gegen Abend etwa dreißig Meilen oder mehr zurückgelegt hatten. Wir passierten im Norden den Du Bois, ein ›Charité‹[1] genanntes Flüßchen und verschiedene kleine Inseln. Der Fluß stieg schnell, während wir zur Nacht unter einer Gruppe Pappeln vor Anker gingen, denn es gab keinen geeigneten Boden in der Nähe, wo wir unser Lager hätten aufschlagen können. Es war sehr schönes Wetter, und ich war zu erregt, um zu schlafen; so bat ich Thornton, mich zu einem Ausflug auf das Land zu begleiten, von dem wir erst kurz vor Tagesan-

1 *La Charette? Du Bois* ist ohne Zweifel der *Wood River.* – Hrsg. ›G. M.‹

bruch zurückkehrten. Unsere restliche Mannschaft hielt sich zum ersten Mal in der Kajüte auf und fand sie noch für weitere fünf bis sechs Personen ausreichend geräumig. Sie waren nachts durch ein seltsames Geräusch auf dem Deck über ihnen gestört worden, dessen Ursache sie nicht feststellen konnten; denn als einige Männer hinaufstürzten, um nachzusehen, war der Störenfried verschwunden. Nach der mir gegebenen Beschreibung des Lärms schloß ich, daß er von einem Indianerhund stammen müsse, der unsere frischen Vorräte (den Rehbock von gestern) gerochen und versucht hatte, sich mit einem Stück davonzuschleichen. Mit dieser Ansicht gab ich mich völlig zufrieden; aber der Vorfall ließ uns die große Gefahr ahnen, der wir uns aussetzten, wenn wir nicht regelmäßig des Nachts eine Wache aufstellten, und wir kamen überein, dies in Zukunft zu tun.

(Nachdem wir so mit Mr. Rodmans eigenen Worten die Geschehnisse während der ersten zwei Tage der Fahrt wiedergegeben haben, sehen wir davon ab, näher auf seine Fahrt den Missouri aufwärts bis zur Mündung des Platte Rivers einzugehen, wo er am 10. August ankam. Das Aussehen des Flusses auf dieser Strecke ist so gut bekannt und so oft geschildert worden, daß jeder weitere Bericht überflüssig ist; und das Tagebuch erwähnt kaum mehr von diesem Teil der Reise als die typischen Merkmale der Landschaft sowie die üblichen Vorkommnisse während Flußfahrt und Jagd. Der Trupp machte dreimal halt, um Fallen zu stellen, hatte jedoch keinen großen Erfolg; und letztlich wurde beschlossen, tiefer ins Landesinnere vorzudringen, ehe man regelmäßige Anstrengungen unternahm, um Felle zu sammeln. Nur zwei Ereignisse von Bedeutung werden während der zwei Monate, die wir übergehen, berichtet. Zum einen der Tod eines Kanadiers, Jacques Lauzanne, durch den Biß einer Klapperschlange, und zum anderen das Zusammentreffen mit einer spanischen Kommission, die der Expeditionsgruppe nachgereist war, um sie auf Befehl des Kommandanten der Provinz aufzuhalten und zurückzuschicken. Doch der die Abteilung befehligende Offizier zeigte so reges Interesse an der Forschungsreise und faßte eine solche Zuneigung zu Mr. Rodman, daß man unsere Reisenden ihre Fahrt fortsetzen ließ. Viele kleine Gruppen von Osage- und Kanzas-Indianern trieben sich hin und wieder bei den Booten herum, bekundeten aber keine Feindschaft. Wir verlassen daher für jetzt die Reisenden an der Mündung des Platte am 10. August 1791 – ihre Anzahl hatte sich auf vierzehn Mann verringert.[1])

Kapitel III[2]

(Nachdem unsere Reisenden die Mündung des Platte erreicht hatten, schlugen sie dort für drei Tage ihr Lager auf. In dieser Zeit beschäftigten sie sich eifrig mit dem Trocknen und Lüften ihrer Ladung und Vorräte, fertigten neue Ruder und Stangen an und reparierten das Birkenkanu, das beträchtlichen Schaden genommen hatte. Die Jäger erlegten Wild im Überfluß, mit dem die Boote bis obenhin angefüllt wurden. Rotwild war mühelos zu jagen, und Truthühner und fette Moorhühner gab es in großer Zahl. Darüber hinaus labten sich die Männer an verschiedenen Arten von Fisch und fanden unweit der Flußufer eine ausgezeichnete Sorte wilder Weintrauben. Seit über zwei Wochen hatte man keine Indianer zu Gesicht bekommen, da Jagdzeit war und diese sich ohne Zweifel in der Prärie auf Büffeljagd befanden. Als die Reisenden vollkommen wiederhergestellt waren, brachen sie ihr Lager ab und fuhren weiter den Missouri aufwärts. Wir nehmen nun den Wortlaut des Tagebuches erneut auf.)

14. August. Wir brachen mit einer angenehmen Südostbrise auf und hielten uns an das Südufer, wobei wir die Stromschnellen ausnutzten und trotz der in der Mitte ungewöhnlich starken und heftigen Strömung sehr schnell vorankamen. Gegen Mittag machten wir halt, um uns ei-

1 Ende des Berichts im ›Gentleman's Magazine‹, Febr. 1840.
2 Fortsetzung des Berichts im ›Gentleman's Magazine‹, März 1840. – Hrsg.

nige bemerkenswerte Dämme am Südwestufer genauer anzusehen, an einer Stelle, wo sich der Boden auf einer Fläche von bis zu dreihundert Acres oder mehr beträchtlich
gesenkt zu haben schien. In der Nähe befindet sich ein großer Teich, der das tiefer liegende Land allem Anschein
nach entwässert hat. Es ist mit Erdhügeln verschiedener
Größe und Gestalt bedeckt, alle aus Sand und Schlamm,
der höchste in unmittelbarer Nähe des Flusses. Ich konnte
mir nicht darüber klarwerden, ob diese Hügel von natürlicher oder künstlicher Bauart waren. Ich hätte angenommen, daß sie von den Indianern herrührten, wenn nicht die
allgemeine Beschaffenheit des Bodens gewesen wäre, der
allem Anschein nach starker Wassereinwirkung ausgesetzt
gewesen war.[1] Wir blieben für den Rest des Tages an dieser
Stelle, nachdem wir insgesamt zwanzig Meilen zurückgelegt hatten.

15. August. Heute hatten wir starken, unangenehmen Ge-
genwind und schafften unter großer Anstrengung nur fünfzehn Meilen; lagerten zur Nacht unter einer schroffen
Felswand am Nordufer, dem ersten Steilfelsen auf dieser
Seite, den wir nach Verlassen des Nodawayflusses gesehen
hatten. In der Nacht begann es in Strömen zu regnen, und
die Greelys brachten ihre Pferde heim und machten es sich
in der Kajüte bequem. Robert schwamm mit seinem Pferd
vom Südufer durch den Fluß und nahm dann das Kanu
für Meredith mit hinüber. Für ihn schienen diese Leistun-
gen nichts Besonderes zu sein, obgleich es eine der dunkel-
sten und stürmischsten Nächte war, die ich je erlebt hatte,
und der Fluß sehr hoch ging. Wir saßen alle gemütlich in
der Kajüte, denn das Wetter war ziemlich kühl, und wurden lange von Thorntons Erzählungen wach gehalten, der

[1] Man nimmt jetzt als gesichert an, daß diese Erdhügel die Lage
einer alten Niederlassung der Ottoes anzeigen, die einst ein sehr
mächtiger Stamm waren. Da sie durch anhaltende Feindseligkeiten dezimiert wurden, suchten sie bei den Pawnee-Indianern
Schutz und wanderten den Platte entlang in Richtung Süden,
etwa dreißig Meilen von dessen Mündung entfernt. – Hrsg.
›G. M.‹

eine Geschichte nach der anderen von seinen Abenteuern bei den Indianern am Mississippi zum besten gab. Sein riesiger Hund schien mit gespannter Aufmerksamkeit jedem Wort zu lauschen, das gesagt wurde. Sobald ein besonders unwahrscheinlicher Umstand erzählt wurde, pflegte Thornton sich ernst an ihn als Zeugen zu wenden. »Nep«, sagte er dann immer, »erinnerst du dich nicht an die Zeit?« – oder »Nep kann beschwören, daß das wahr ist, stimmt's, Nep?« – woraufhin das Tier unverzüglich die Augen aufschlug, die gewaltige Zunge herausstreckte und mit dem großen Kopf nickte, was soviel bedeuten sollte wie: ›Oh, jedes Wort ist so wahr wie die Bibel!‹ Obwohl wir alle wußten, daß dieser Trick dem Hund beigebracht worden war, konnten wir es doch ums liebe Leben nicht unterlassen, aus vollem Halse zu lachen, wann immer Thornton sich auf ihn berief.

16. August. Früh am Morgen an einer Insel und einem schätzungsweise fünfzehn Meter breiten Fluß sowie zwölf Meilen weiter an einer großen Insel inmitten des Flusses vorbeigekommen. Wir waren nun durchweg von hoher Prärie und bewaldeten Hügeln im Norden und von Tiefebene im Süden umgeben, bewachsen mit kanadischen Pappeln, Hickory- und Walnußbäumen. Der Fluß war stark gewunden, aber nicht so reißend wie zuvor, ehe wir den Platte passiert hatten. Insgesamt gibt es hier weniger Baumbestand als vorher, was es gibt sind meistens Ulmen, kanadische Pappeln, Hickory- und Walnußbäume, mit einigen Eichen vermischt. Hatten fast den ganzen Tag starken Wind, der uns zusammen mit der Strömung bis zum Abend fünfundzwanzig Meilen voranbrachte. Unser Lager befand sich am Südufer, auf einer weiten, mit hohem Gras bedeckten Ebene, wo eine große Anzahl von Pflaumenbäumen und Johannisbeersträuchern stand. Hinter uns lag ein steiler, bewaldeter Kamm, und als wir ihn bestiegen, sahen wir, daß sich dahinter ungefähr eine Meile weit nochmals Grasland erstreckte, wiederum begrenzt durch einen ähnlich bewaldeten Bergkamm, dem sich erneut eine unendlich weite Grassteppe anschloß, die sich in die Ferne erstreckte, so weit das Auge reichte. Von den Felsen über uns hatten wir eine der schönsten Aussichten auf der Welt.[1]

17. August. Wir hielten uns den ganzen Tag im Lager auf und beschäftigten uns mit verschiedenen Arbeiten. Nachdem ich Thornton überredet hatte, mich mit seinem Hund zu begleiten, wanderten wir ein Stück nach Süden und waren begeistert von der üppigen Schönheit der Gegend. Die Prärie übertraf an Schönheit alles, was in den Märchen aus ›Tausendundeiner Nacht‹ erzählt wird. An den Ufern der Flüsse gab es Unmengen von Blumen, die eher künstlich als natürlich aussahen, so verschwenderisch und bizarr waren ihre schillernden Farben vermischt. Ihr starker Duft wirkte beinahe betäubend. Wiederholt kamen wir zu einer Art grüner Bauminsel, mitten in einem Meer von purpurroten, blauen, orangefarbenen und karmesinroten Blüten, die alle im Winde hin- und herwogten. Diese Inseln bestanden aus überaus majestätischen Waldeichen, und das Gras unter ihnen ähnelte einer Robe aus seidenweichem grünem Samt, während sich an ihren riesigen Stämmen meist üppig wuchernde Weinstöcke hochrankten, beladen mit köstlichen reifen Früchten. In der Ferne gewährte der Missouri einen überaus majestätischen Anblick, und viele der Inseln, die ihn übersäten, waren ganz mit Pflaumenbüschen oder anderen Sträuchern bedeckt, außer an den Stellen, wo sie nach verschiedenen Richtungen hin von schmalen, verschlungenen Pfaden durchzogen wurden, wie die Wege in einem englischen Blumengarten; und auf diesen Wegen konnten wir immer wieder Elche oder Antilopen erkennen, die sie ohne Zweifel getreten hatten. Bei Sonnenuntergang kehrten wir zum Lager zurück, begeistert von unserem Ausflug. Die Nacht war warm, und wir wurden arg von Moskitos belästigt.

18. August. Durchfuhren heute einen engen Teil des Flusses, nicht mehr als zweihundert Meter breit, mit einer Stromschnelle voller Baumstämme und Treibholz. Liefen mit dem großen Boot auf einen losgerissenen, schwimmen-

---

1 die *Council Bluffs*. – Hrsg. ›G. M.‹

den Baum, so daß es sich halb mit Wasser füllte, ehe wir es aus dieser mißlichen Lage herausholen konnten. Wir mußten daher haltmachen und unsere Sachen überholen. Ein Teil des Zwiebacks war in Mitleidenschaft gezogen, das Pulver jedoch nicht. Blieben den ganzen Tag dort – hatten nur fünf Meilen zurückgelegt.

19. August. Wir brachen zeitig auf und kamen ein großes Stück voran. Das Wetter war kühl und wolkig, und gegen Mittag prasselte ein Regenguß nieder. Passierten im Süden einen Fluß, dessen Mündung durch eine große Sandinsel von ungewöhnlichem Aussehen beinahe versteckt war. Fuhren annähernd fünfzehn Meilen darüber hinaus. Das Hochland weicht nun vom Fluß zurück und ist wahrscheinlich zehn bis zwanzig Meilen entfernt. Im Norden gibt es schöne große Wälder, im Süden dagegen nur wenige. Neben dem Strom liegen ansehnliche Grasebenen, und längs der Ufer fanden wir vier bis fünf verschiedene Sorten von Trauben, alle wohlschmeckend und gut ausgereift, darunter eine große, blaurote Traube von ausgezeichneter Qualität. Die Jäger kamen abends von beiden Seiten des Flusses ins Lager und brachten uns so viel Wild, daß wir kaum wußten, was wir damit anfangen sollten – Moorhühner, Truthühner, zwei Rehe, eine Antilope und eine Menge gelber Vögel mit schwarzgestreiften Flügeln, die sich als köstliches Mahl erwiesen. Wir legten tagsüber nahezu zwanzig Meilen zurück.

20. August. Der Fluß war an diesem Morgen voller Sandbänke und anderer Hindernisse; aber wir fuhren beherzt weiter und erreichten noch vor der Abenddämmerung die Mündung eines ziemlich großen Flusses, zwanzig Meilen von unserem letzten Lager entfernt. Der Fluß kommt von Norden, und eine große Insel liegt seiner Mündung gegenüber. Hier errichteten wir unser Lager und beschlossen, vier oder fünf Tage zu bleiben und Biber zu fangen, da viele Anzeichen in der Umgebung auf sie hindeuteten. Diese Insel war eines der märchenhaftesten Fleckchen auf Erden, und außerordentlich schwärmerische und überraschende Gefühle bemächtigten sich meiner. Die ganze

Landschaft glich eher der aus meinen Knabenträumen denn einer wirklich vorhandenen. Die Ufer fielen sanft zum Wasser ab und waren wie mit einem Teppich aus kurzem, weichem Gras in glänzendem Grün bedeckt, das noch in einiger Entfernung vom Land im Wasser sichtbar war, besonders auf der Nordseite, wo der klare Fluß in den Strom mündete. Die gesamte Insel, deren Größe wahrscheinlich zwanzig Acres betrug, war mit einem Saum kanadischer Pappeln bestanden, um deren Stämme sich reichtragende Weinstöcke rankten, so eng miteinander verschlungen, daß wir kaum den Fluß durch die Blätter schimmern sehen konnten. In der Mitte des auf diese Art gebildeten Kreises war das Gras etwas höher und von gröberer Struktur, mit einem blaßgelben oder weißen Streifen mitten durch jedes Blatt und ungewöhnlich süß duftend, ähnlich der Vanilleschote, nur noch viel stärker, so daß die ganze Luft davon erfüllt war. Das Gemeine Englische Süßgras gehört zweifellos derselben Gattung an, ist jedoch bei weitem nicht so schön und wohlriechend. Dazwischen wuchsen bunt verstreut Myriaden leuchtender Blumen, vollerblüht, und zumeist einen angenehmen Duft verströmend – blau, reinweiß, hellgelb, purpurrot, karmesinrot, grellrot und manche mit gestreiften Blättern wie Tulpen. Kleine Gruppen von Kirschbäumen und Pflaumenbüschen standen nach allen Seiten ringsumher, und es gab viele schmale verschlungene Pfade, die die Insel durchzogen und von Elchen oder Antilopen herrührten. Fast genau in der Mitte war eine Quelle mit süßem klarem Wasser, das unter einer steilen Felsgruppe hervorsprudelte, die von oben bis unten mit Moos und blühenden Weinreben bedeckt war. Alles wies erstaunliche Ähnlichkeit mit einem künstlich angelegten Blumengarten auf, war jedoch bei weitem schöner – glich vielmehr einer jener verzauberten Landschaften, von denen wir in alten Büchern lesen. Wir waren alle entzückt von dem Ort und schlugen voll Freuden unser Lager mitten in diesem Garten Eden auf.

(Die Männer verweilten hier eine Woche, während der sie das umliegende Land gegen Norden zu nach vielen

Richtungen erkundeten und einige Felle einbrachten, besonders an dem erwähnten Fluß. Das Wetter war angenehm, und die Freude der Pelztierjäger in ihrem irdischen Paradies wurde nicht getrübt. Mr. Rodman unterließ allerdings nicht die nötigen Vorsichtsmaßnahmen und stellte regelmäßig jede Nacht Wachen auf, wenn die ganze Mannschaft sich im Lager versammelte und vergnügte. Solches Schmausen und Trinken hatte es vorher nie gegeben; dabei zeigten sich die Kanadier als die besten Gefährten der Welt, sobald gesungen oder getrunken wurde. Sie taten weiter nichts als essen und kochen und tanzen und schmetterten aus voller Kehle französische Lieder. Tagsüber waren sie vor allem mit der Obhut des Lagers betraut, während die zuverlässigeren Männer des Trupps auf die Jagd oder zum Fallenstellen geschickt wurden. Dabei nahm Mr. Rodman einmal eine ausgezeichnete Gelegenheit wahr, die Gewohnheiten des Bibers zu beobachten; und sein Bericht über dieses eigenartige Tier ist äußerst interessant – um so mehr, als er in einigen Punkten wesentlich von den üblichen Beschreibungen abweicht.

Er wurde wie gewöhnlich von Thornton und dessen Hund begleitet und war einem schmalen Fluß bis zu dessen Quelle im Hochland etwa zehn Meilen vom Strom entfernt gefolgt. Die Gruppe erreichte schließlich die Stelle, wo die Biber durch Abdämmen des Flusses einen großen Sumpf gebildet hatten. Ein dichtes Gehölz von Weiden stand am äußersten Ende des Sumpfes, und einige hingen über das Wasser an einer Stelle, wo man mehrere Tiere beobachten konnte. Unsere Abenteurer krochen verstohlen zwischen diesen Weiden hindurch, und nachdem sie Neptun geheißen hatten, sich in geringer Entfernung niederzulegen, gelang es ihnen, unbemerkt auf einen großen, starken Baum zu klettern, von wo aus sie direkt auf alles sehen konnten, was zu ihren Füßen vor sich ging.

Die Biber setzten gerade einen Teil ihres Dammes wieder instand, und jeder Fortschritt ihrer Arbeit war deutlich zu erkennen. Man sah, wie sich die Baumeister einer nach dem anderen dem Rand des Sumpfes näherten, jeder mit einem kleinen Zweig in der Schnauze. Damit schwamm er zum Damm und legte ihn sorgfältig der Länge nach auf den Teil, der zusammengebrochen war. Dies getan, tauchte er unverzüglich und erschien schon wenige Sekunden später erneut über dem Wasser mit einer Menge dicken Schlammes, den er zuerst so zusammenpreßte, daß ein gut Teil Feuchtigkeit entwich, und dann mit Hilfe von Pfoten und Schwanz (wobei er diesen als Kelle benutzte) auf den Zweig warf, den er soeben auf die Bruchstelle gelegt hatte. Danach trollte er sich wieder unter den Bäumen von dannen, und bald folgte ihm ein anderer aus der Gruppe, der genau den gleichen Arbeitsgang wiederholte.

Auf diese Weise bestand gute Aussicht, daß der dem Damm zugefügte Schaden bald behoben sein würde. Die Herren Rodman und Thornton beobachteten den Fortgang der Arbeit länger als zwei Stunden und bezeugen die großartige Geschicklichkeit der Handwerker. Sobald jedoch ein Biber den Rand des Sumpfes verließ und einen Zweig suchte, ward er unter den Weiden nicht mehr gesehen, sehr zum Verdruß der Beobachter, die seine weitere Tätigkeit gern verfolgt hätten. Nachdem sie aber auf dem Baum etwas höher geklettert waren, entdeckten sie alles. Eine kleine Platane war offenbar gefällt worden und nun fast gänzlich all ihrer feinen Zweige beraubt, während ein paar Biber noch die restlichen abnagten und sie zum Damm schleppten. In der Zwischenzeit umringte eine große Zahl von Tieren einen wesentlich älteren und größeren Baum und bemühte sich eifrig, ihn zu spalten. Nicht weniger als fünfzig bis sechzig dieser Geschöpfe umringten den Stamm, wobei sechs oder sieben gleichzeitig arbeiteten und ein Tier nach dem anderen aufhörte, sobald es müde wurde; dann nahm ein anderes seinen Platz ein. Als unsere Reisenden die Platane entdeckt hatten, war sie bereits ein großes Stück durchnagt, aber nur auf der dem Sumpf zugewandten Seite, an dessen Rand sie wuchs. Die Kerbe war beinahe einen Fuß breit und so sauber wie mit der Axt ausgeführt. Am Fuß der Platane lagen schmale lange Streifen, gleich Strohhalmen, welche die Biber abgeknabbert, aber nicht gefressen hatten; denn es scheint, diesen Tieren dient nur die Rinde als Nahrung. Bei der Arbeit saßen einige wie Eichhörnchen auf den Hinterbeinen und nagten am Holz; die Vorderbeine ruhten am Rand des Spalts, und die Köpfe hatten sie weit in die Öffnung hineingesteckt. Zwei waren sogar ganz im Spalt, wo sie schließlich kurze Zeit emsig im Liegen arbeiteten, bis sie von ihren Gefährten abgelöst wurden.

Wenn auch die Stellung unserer Männer alles andere als bequem war, empfanden sie doch so große Neugier, das Fällen der Platane zu erleben, daß sie entschlossen bis Sonnenuntergang auf ihrem Posten ausharrten, einen Zeitraum von acht Stunden nach ihrem Hochklettern. Die größte Schwierigkeit bereitete ihnen jedoch Neptun, den sie nur mit Mühe davon abhalten konnten, in den Sumpf nach den Arbeitern zu springen, die den Damm reparierten. Der Lärm, den er machte, hatte schon mehrmals die Nager am Baum gestört, die alle wie auf Kommando immer wieder hochschreckten und viele Minuten angespannt lauschten. Doch als der Abend kam, war Neptun nicht mehr so gereizt und lag ruhig da, während die Biber unablässig in ihrer Arbeit fortfuhren.

Gerade als die Sonne unterzugehen begann, bemerkte man eine plötzliche Erregung unter den Holzfällern, die alle vom Baum wegdrängten und auf die Seite auswichen, die unversehrt war. Einen Augenblick später sah man, wie der Baum sich langsam an der angenagten Seite bis zum Rand des Einschnittes neigte, aber er fiel noch immer nicht, da ihn die noch unzertrennte Rinde zusammenhielt. Diese wurde nun mit Feuereifer von so vielen Nagern angegriffen, wie Platz zum Arbeiten finden konnten, und sehr schnell durchgebissen; dann fiel der riesengroße Baum, dem die richtige Neigung schon so klug gegeben worden war, mit einem schrecklichen Krachen zu Boden und breitete einen großen Teil der Zweige seiner Krone über die Oberfläche des Sumpfes. Diese Arbeit getan, schien die ganze Schar der Meinung zu sein, sich einen Feiertag verdient zu haben, und die Tiere stellten unverzüglich die Arbeit ein, begannen einander im Wasser zu jagen, unterzutauchen und mit den Schwänzen auf die Oberfläche zu schlagen.

Der hier gegebene Bericht über die von den Bibern bei ihrer Holzfällertätigkeit benutzte Methode ist ausführlicher als jeder, den wir bisher gelesen haben, und scheint die Frage, ob die Tiere einen *Plan* dabei verfolgen, überzeugend zu bejahen. Die Absicht, den Baum in Richtung Wasser fallen zu lassen, macht es offensichtlich. Man wird sich erinnern, daß Kapitän Bonneville die angebliche Klugheit des Tieres in dieser Hinsicht bezweifelt und glaubt, es verfolge weiter kein Ziel, als den Baum umzustürzen, ohne die Art und Weise des Falls vorauszuberechnen. Er glaubt, diese Eigenschaft sei ihm nur wegen des Umstands zugeschrieben worden, daß nahe am Wasserrand stehende Bäume sich für gewöhnlich entweder mit dem Stamm gegen den Fluß neigen oder ihre wuchtigsten Äste nach jener Seite strecken auf der Suche nach Licht, Luft und Platz, die dort meist zu finden seien. Der Biber, so führt er aus, greift logischerweise jene Bäume an, die in unmittelbarer Nähe der Ufer eines Flusses oder Teiches ständen, und diese senkten sich natürlich zum Wasser hin, wenn sie gefällt würden. Diese Vermutung stimmt zwar, spricht aber keinesfalls gegen einen Plan des Bibers, dessen Klugheit bestenfalls weit geringer als die vieler Klassen niederer Tiere ist, was man eindeutig festgestellt hat – sehr viel geringer als die des Ameisenlöwen, der Biene und der Korallentiere. Wahrscheinlich verhält es sich so, daß der Biber, wenn ihm zwei Bäume zur Wahl stehen, von denen einer sich zum Wasser neigt und der andere nicht, beim Fällen des ersten die eben beschriebene Vorsichtsmaßnahme als unnötig unterlassen würde, während er sie beim Fällen des zweiten beachtete.

In einem folgenden Abschnitt des Tagebuches werden weitere Einzelheiten über die Gewohnheiten dieses sonderbaren Tieres sowie über die von dem Trupp angewandten Fangmethoden berichtet, und wir geben sie hier der Kontinuität wegen wieder. Die Hauptnahrung der Biber besteht aus Rinde, von der sie regelmäßig einen großen Wintervorrat anlegen, wobei sie sorgfältig und mit Bedacht die richtige Sorte auswählen. Ein ganzer Stamm von zwei- bis dreihundert Tieren geht zusammen auf Futtersuche und wandert durch Gehölze, die alle scheinbar gleich sind, bis dann doch ein Baum ihrer Vorstellung entspricht. Diesen fällen sie, brechen die schwächsten Zweige ab, teilen sie in kurze Streifen gleicher Länge und ziehen diesen Streifen dann die Rinde ab, die sie zum nächsten Fluß, der sie zu ihrer Siedlung führt, befördern und heimtreiben lassen. Hin und wieder werden die Streifen auch für den Winter beiseite gelegt, ohne daß die Rinde abgezogen wird; und in diesem Fall achten sie sorgfältig darauf, die Holzreste aus ihrem Bau zu entfernen, sobald sie die Rinde abgenagt haben, und schaffen dann die Stecken ein ganzes Stück fort. Im Frühling findet man die Männchen nie zu Hause bei ihrem Stamm, sondern immer abgesondert, entweder einzeln oder in Gesellschaft zu zweit oder dritt, wobei sie ihre gewohnte Klugheit anscheinend einbüßen und mit Leichtigkeit den Kniffen der Trapper zum Opfer fallen. Im Sommer kehren sie in ihren Bau zurück und beschaffen mit den Weibchen die Vorräte für den Winter. Sie werden als sehr bissige Tiere beschrieben, wenn man sie reizt.

Ab und zu lassen sie sich am Ufer einfangen, besonders die Männchen im Frühling, da sie sich dann auf der Futtersuche gern weiter vom Wasser entfernen. Fängt man sie auf diese Weise, sind sie leicht mit einem Stockschlag getötet, aber die sicherste und wirksamste Fangmethode ist die mittels einer Falle. Diese ist lediglich gebaut, um den Fuß des Tieres zu fangen. Der Trapper stellt sie gewöhnlich direkt unter der Wasseroberfläche in der Nähe des Ufers auf, wobei er sie mit einer kleinen Kette an einer in den Sumpf gesteckten Stange befestigt. In die Fallenöffnung wird das Ende eines kleinen Zweiges gesteckt, das andere Ende ragt aus dem Wasser heraus und ist gut mit dem flüssigen Köder durchtränkt, dessen Duft, wie man festgestellt hat, den Biber anlockt. Sobald das Tier ihn riecht, reibt es seine Nase an dem Zweig, tritt dabei auf die Falle, löst sie aus und ist gefangen. Die Falle ist sehr leicht konstruiert, damit sie besser getragen werden kann, und die Beute würde ohne weiteres damit fortschwimmen, wäre sie nicht durch eine Kette an dem Stock befestigt – keine andere Art der Befestigung könnte den Tierzähnen Widerstand leisten. Der erfahrene Fallensteller bemerkt die Anwesenheit von Bibern in einem Teich oder Fluß mit Leichtigkeit, entdeckt sie durch vielerlei Anzeichen, die dem ungeübten Beobachter entgehen.

Viele ebenderselben Holzfäller, die von den zwei Trappern ganz aus der Nähe vom Baumwipfel herab beobachtet worden waren, fielen später der Falle zum Opfer, und ihre schönen Felle wurden eine Beute der Plünderer, die in dem Lager im Sumpf ein wüstes Gemetzel anrichteten. Andere Gewässer in der Umgebung gewährten den Fallenstellern ebenfalls viel Jagdglück, und folglich erinnerten sie sich noch lange an das Eiland an der Flußmündung mit dem Namen ›Biberinsel‹. Sie verließen dieses kleine Paradies wohlgemut am 27. des Monats, setzten ihre bislang wenig ereignisreiche Fahrt stromauf fort und gelangten am 1. September ohne irgendeinen bemerkenswerten Zwischenfall an die Mündung eines großen Flusses am Südufer, den sie Currant River nannten, nach den an seinem Ufer reichlich wachsenden Beeren, der aber ohne Zweifel der Quicourre war. Hauptthemen, mit denen sich das Tagebuch in dieser Zeit befaßt, sind die zahlreichen Büffelherden, von denen die Prärie nach allen Seiten verdunkelt wurde, sowie die Ruinen eines Forts am südlichen Flußufer, fast direkt gegenüber dem oberen Ende einer seither ›Bonhomme Island‹ genannten Insel. Von diesen Trümmerresten wird eine genaue Beschreibung gegeben, die in jeder bedeutsamen Einzelheit mit der von den Captains Lewis und Clark übereinstimmt. Die Reisenden hatten auf der Nordseite die Flüsse Kleiner Sioux, Floyd's, Großer Sioux, White Stone und Jacques passiert und im Süden den Wawandysenche und White Paint River, aber an keinem dieser Flüsse machten sie für längere Zeit halt, um Fallen zu stellen. Sie waren auch an der großen Omaha-Siedlung vorbeigekommen, von der im Tagebuch jedoch nicht das geringste erwähnt wird. Diese Siedlung bestand damals aus ganzen dreihundert Hütten und wurde von einem großen und mächtigen Stamm bewohnt, aber sie liegt nicht unmittelbar an den Ufern des Missouri, und die Boote fuhren vermutlich nachts daran vorbei – denn der Trupp war nun aus Furcht vor den Sioux zu dieser Art der Weiterreise übergegangen. Wir nehmen Mr. Rodmans Bericht mit dem 2. September wieder auf.)

2. *September.* Wir hatten nun einen Teil des Flusses erreicht, wo allen Berichten nach große Gefahr von den Indianern zu befürchten war, und so ließen wir uns bei allen Verrichtungen von äußerster Vorsicht leiten. Es handelte sich um das von den Sioux bewohnte Gebiet, einem kriegerischen und wilden Stamm, der schon bei verschiedenen Gelegenheiten Feindseligkeiten gegen die Weißen bekundet hatte und von dem bekannt war, daß er ständig im Kampf mit allen Nachbarstämmen lag. Die Kanadier wußten viele Vorfälle über ihre grausamen Neigungen zu berichten, und ich fürchtete sehr, daß diese feigen Burschen jede Gelegenheit ergreifen würden, um uns zu verlassen und zum Mississippi zurückzukehren. Um dies zu verhindern, nahm ich einen von ihnen aus dem Kanu und besetzte seine Stelle mit Poindexter Greely. Alle Greelys kamen vom Ufer herbei, nachdem sie die Pferde freigelassen hatten. Wir waren nun wie folgt verteilt: in der Piroge Poindexter Greely, Pierre Junôt, Toby und ein Kanadier – im großen Boot ich selbst, Thornton, Wormley, John, Frank, Robert und Meredith Greely sowie drei Kanadier und der Hund. Wir setzten in der Dämmerung die Segel, und da wir eine steife Brise aus Süd hatten, machten wir gute Fahrt, obgleich uns bei Einbruch der Nacht die Sandbänke große Schwierigkeiten bereiteten. Dennoch verfolgten wir unseren Kurs ohne Unterbrechung bis kurz vor Tagesanbruch, als wir an eine Flußmündung kamen und die Boote im Unterholz versteckten.

3. *und 4. September.* An diesen beiden Tagen regnete und stürmte es mit ungebärdiger Heftigkeit, so daß wir unseren

Zufluchtsort kein einziges Mal verließen. Das Wetter be-
einträchtigte unsere Stimmung sehr, und die Erzählungen
der Kanadier über die schrecklichen Sioux dienten nicht
gerade dazu, sie zu heben. Wir hatten uns alle in der Kajüte des großen Bootes versammelt und hielten Rat über
unser weiteres Vorgehen. Die Greelys waren für einen kühnen Ausfall durch das gefährliche Land und behaupteten,
daß die Berichte der Pelztierjäger bloße Übertreibungen
seien und die Sioux uns nur wenig belästigen würden, ohne
zu Feindseligkeiten überzugehen. Jedoch Wormley und
Thornton wie auch Pierre (die alle den Charakter der Indianer gut kannten) fanden, daß unser gegenwärtiges Vorgehen das beste wäre, obwohl unsere Fahrt dadurch
zwangsläufig länger dauerte. Ich war derselben Meinung –
wenn wir uns weiterhin so verhielten, entgingen wir vielleicht jedem Zusammenstoß mit den Sioux –, und die Verzögerung hielt ich für unwesentlich.

5. *September.* Wir brachen nachts auf und kamen bis Tagesanbruch ungefähr zehn Meilen voran und verbargen die
Boote, wie schon vorher, in einem schmalen Fluß, der für
diesen Zweck gut geeignet war, da seine Mündung fast
gänzlich von einer dicht bewaldeten Insel versperrt wurde.
Wieder begann es stark zu regnen, und wir waren sämtlich
bis auf die Haut durchnäßt, ehe wir alles soweit geordnet
hatten, um uns in die Kajüte hineinzubegeben. Das
schlechte Wetter entmutigte uns sehr, und besonders die
Kanadier befanden sich in jämmerlich niedergeschlagener
Verfassung. Wir hatten nun einen schmalen Teil des Flusses mit starker Strömung erreicht, und zu beiden Seiten
wurde das Wasser von Felsen überragt, die dicht mit
Linden, Eichen, schwarzen Walnußbäumen, Eschen und
Kastanien bestanden waren. Wir wußten, daß es überaus schwierig sein würde, sogar des Nachts eine solche
Schlucht unbeobachtet zu passieren, und unsere Furcht vor
einem Überfall wurde immer größer. Wir kamen überein,
unsere Fahrt erst sehr spät fortzusetzen und dann auch nur
mit äußerster Vorsicht. In der Zwischenzeit stellten wir
einen Posten am Ufer und einen im Kanu auf, während die

anderen sich damit beschäftigten, Waffen und Munition zu überprüfen und sich auf das Schlimmste vorzubereiten.

Gegen zehn Uhr rüsteten wir zur Abfahrt, als der Hund auf einmal leise knurrte, so daß wir alle zu den Gewehren stürzten. Aber als Grund der Aufregung erwies sich nur ein einzelner Indianer vom Stamme der Poncas, der friedfertig zu unserem Posten am Ufer kam und ihm die Hand entgegenstreckte. Wir brachten ihn an Bord und gaben ihm Whisky zu trinken, woraufhin er sehr mitteilsam wurde und uns berichtete, daß sein ein paar Meilen stromab lebender Stamm schon seit mehreren Tagen unsere Bewegungen beobachtete, die Poncas jedoch Freunde seien, die weißen Männer nicht belästigten und nach unserer Rückkehr mit uns Handel treiben wollten. Man hätte ihn jetzt nur geschickt, um die Weißen vor den Sioux zu warnen, die große Räuber seien und der Gruppe an einer Flußbiegung zwanzig Meilen oberhalb auflauerten. Dort befänden sich drei Banden, so berichtete er, die vorhätten, uns alle aus Rache für eine Beleidigung zu töten, die einem ihrer Häuptlinge vor vielen Jahren durch einen französischen Trapper widerfahren war.

Kapitel IV[1]

(Wir verließen unsere Reisenden am 5. September, als sie einen kurz bevorstehenden Angriff der Sioux befürchteten. Übertriebene Berichte von der Wildheit dieses Stammes hatten die Männer den heißen Wunsch hegen lassen, ihnen aus dem Wege zu gehen; allein die Mitteilung des freundlichen Ponca machte deutlich, daß ein Zusammenstoß unvermeidlich sein würde. Man hielt daher die Fahrten bei Nacht für unklug und beschloß, der Gefahr kühn ins Auge zu blicken und zu versuchen, was man durch Drohung erreichen könnte. So verbrachten die Männer den Rest der Nacht des Fünften mit Bezeugungen kriegerischer Natur.

1 Fortsetzung des Berichts im ›Gentleman's Magazine‹, April 1840. – Hrsg.

Das große Boot wurde, so gut es ging, klar zum Gefecht gemacht und die gefährlichste Situation angenommen, die sich auf Grund der Umstände ergeben könnte. Unter anderen Vorbereitungen zur Verteidigung holte man die Kanone nach oben und stellte sie mit einer Ladung Kugeln für die Kartätsche auf dem Deck auf. Kurz vor Sonnenaufgang fuhren unsere Abenteurer mit gespielter Tapferkeit flußaufwärts, unterstützt durch starken Wind. Damit der Feind keine Anzeichen von Furcht oder Mißtrauen bemerkte, stimmte die ganze Mannschaft aus voller Kehle in ein von den Kanadiern gesungenes wildes Seemannslied ein, so daß die Wälder widerhallten und die Büffel erstaunte Augen machten.

Die Sioux scheinen in der Tat Mr. Rodmans Schreckgespenst *par excellence* gewesen zu sein, denn er beschäftigt sich mit ihnen und ihren Taten mit besonderem Nachdruck. Sein Tagebuch enthält einen breitangelegten Bericht über den Stamm – einen Bericht, dem wir nur in den Abschnitten folgen können, die den Anschein des Ungewöhnlichen tragen oder sonst irgendwie von Interesse sind. *Sioux* ist die französische Bezeichnung für die betreffenden Indianer – die Engländer haben den Namen zu *Sues* verballhornt. Sie selbst sollen sich *Darcotas* nennen. Ursprünglich saßen sie am Mississippi, dehnten jedoch allmählich ihren Herrschaftsbereich aus, und zur Zeit der Entstehung dieses Tagebuches bewohnten sie jenes riesige Territorium, das vom Mississippi, Saskatchewan, Missouri und dem Red River vom Lake Winnipeg her begrenzt wird. Sie waren in zahlreiche Stämme unterteilt. Die eigentlichen Darcotas waren die Winowacants, die von den Franzosen Gens du Lac genannt wurden – sie bestanden aus etwa fünfhundert Kriegern und lebten zu beiden Seiten des Mississippi, in der Nähe der St. Anthony Falls. Nachbarn der Winowacants und nördlich von ihnen am St. Peter's River ansässig waren die Wappatomies, ungefähr zweihundert Menschen. Weiter oben am St. Peter lebte eine hundert Personen starke Gruppe, die sich Wappytooties nannte und von den Franzosen als Gens des Feuilles bezeichnet wurden. Noch

weiter flußauf und der Quelle näher wohnten die Sissy-
foonies, etwa zweihundert an der Zahl. Am Missouri lebten die Yanktons und die Tetons. Vom ersten Stamm gab
es zwei Zweige, einen nördlichen und einen südlichen,
von denen der nördliche ein unstetes Nomadenleben in
der Prärie an den Quellen des Red River, Sioux River
und Jacques River führte, ungefähr fünfhundert Stammes-
mitglieder umfassend. Der südliche Zweig lebte auf jenem
Landstreifen, der zwischen dem Des Moines auf der einen
Seite und den Flüssen Jacques und Sioux auf der anderen liegt. Aber die für ihre Gewalttaten berüchtigten
Sioux waren die Tetons, und von diesen gab es vier Stämme – die Saonies, die Minnakenozzies, die Okydandies und
die Bois-Brûlés. Die zuletzt genannten Indianer, von denen ein Trupp nun im Hinterhalt lauerte, um unseren
Reisenden den Weg abzuschneiden, waren die wildesten
und schrecklichsten der ganzen Rasse, beliefen sich auf
etwa zweihundert Seelen und lebten zu beiden Seiten des
Missouri unweit der von den Captains Lewis und Clark
mit White River und Teton bezeichneten Flüsse. Gleich unterhalb des Cheyenne River saßen annähernd hundertfünfzig Okydandies. Die Minnakenozzies – zweihundertfünfzig
Menschen – bewohnten einen Landstreifen zwischen den
Flüssen Cheyenne und Watarhoo; und die Saonies, die
größte Tetongruppe, mehr als dreihundert Krieger zäh-
lend, waren in der Umgebung des Warreconne zu finden.

Neben diesen vier Gruppen – den eigentlichen Sioux –
gab es noch fünf Stämme von Abtrünnigen, ›Assiniboins‹
genannt; zweihundert Menatopae Assiniboins am Mouse
River zwischen dem Assiniboin und dem Missouri; die
Gens-des-Feuilles-Assiniboins, zweihundertfünfzig, auf beiden Seiten des White River lebend; die Big Devils, vierhundertfünfzig, am Oberlauf des Porcupine und des Milk
Rivers; sowie zwei andere Gruppen, deren Namen nicht erwähnt werden, die aber beim Saskatchewan umherstreiften
und insgesamt ungefähr siebenhundert Mann zählten.
Diese Abtrünnigen lagen oft im Kampf mit den ursprünglichen, eigentlichen Sioux.

Dem Aussehen nach sind die Sioux allgemein eine häßliche, schlechtgebaute Rasse, deren Glieder nach unseren Vorstellungen von der menschlichen Gestalt viel zu klein für den Körper sind – sie haben hohe Backenknochen und vorstehende, stumpfe Augen. Die Köpfe der Männer sind rasiert, mit Ausnahme einer kleinen Stelle am Scheitel, von wo aus ein langes Haarbüschel in Form von Flechten auf die Schultern herabfällt; dieses Haarbüschel ist Gegenstand peinlichster Sorgfalt, wird aber hin und wieder aus einem traurigen oder feierlichen Anlaß abgeschnitten. Ein Siouxhäuptling in vollem Staat ist eine beeindruckende Erscheinung. Der ganze Körper ist mit Fett und Kohle bemalt. Ein Fellhemd reicht bis unter die Taille, während ein etwa zollbreiter Gürtel aus dem gleichen Material, manchmal auch aus Tuch, um die Mitte getragen wird und einen Lendenschurz aus Tuch oder Fell hält. Über der Schulter hängt ein weißgegerbter Büffelmantel, dessen Pelz bei schönem Wetter auf der Haut getragen, bei schlechtem nach außen gewendet wird. Dieser Umhang reicht aus, den ganzen Körper einzuhüllen, und ist häufig mit Stachelschweinborsten geschmückt (die bei jeder Bewegung des Kriegers ein rasselndes Geräusch verursachen) wie auch mit einer Vielzahl primitiv gemalter Figuren, die den kriegerischen Charakter des Trägers zum Ausdruck bringen. Mitten auf dem Kopf wird eine Habichtfeder getragen, mit Stachelschweinborsten verziert. Ledergamaschen aus gegerbtem Antilopenfell dienen als Hosen und sind mit etwa zwei Zoll breiten Nähten an den Seiten versehen und hier und da mit kleinen Büscheln Menschenhaar besetzt, den Trophäen einer Skalpjagd. Die Mokassins sind aus Elch- oder Büffelleder hergestellt und werden mit dem Fell nach innen getragen; bei großen Anlässen zeigt sich der Häuptling mit einem Iltisfell, das an der Hacke eines jeden Stiefels baumelt. Die Sioux haben eigenartigerweise eine besondere Vorliebe für dieses widerliche Tier: sein Fell ist sehr begehrt für Tabakbeutel und anderes Beiwerk.

Die Kleidung einer Häuptlingssquaw ist ebenfalls bemerkenswert. Sie läßt ihr Haar lang wachsen und teilt es über der Stirn, so daß es lose nach hinten hängt oder von einer Art Netz gehalten wird. Ihre Mokassins unterscheiden sich nicht von denen ihres Mannes, aber ihre Gamaschen reichen nur bis zum Knie, wo sie an ein plumpes Hemd aus Elchfell stoßen, das knöchellang ist und von einer über die Schultern geschlungenen Schnur gehalten wird. Dieses Hemd wird gewöhnlich mit einem Gürtel um die Taille gebunden, und darüber wird auch der bei den Männern übliche Büffelumhang getragen. Es heißt, daß die Zelte der Teton-Sioux von ordentlicher Bauart seien, aus weißgegerbter Büffelhaut, sicher befestigt und mit Stangen abgestützt.

Das von dem betreffenden Stamm bewohnte Gebiet erstreckt sich einige hundertfünfzig oder mehr Meilen längs der Ufer des Missouri und besteht hauptsächlich aus Grasland, ist aber gelegentlich durch Hügel abwechslungsreich gestaltet. Diese werden stets von tiefen Schluchten und Pässen durchfurcht, die im Hochsommer trocken sind, während der Regenzeit aber zu schmutzigen und reißenden Strömen werden. Sie sind auf beiden Seiten vom Gipfel bis zum Fuß mit dichten Wäldern bestanden, aber der vorherrschende Eindruck des Landes ist der einer eintönigen Niederung, mit üppigem Gras und ohne Bäume. Der Boden ist mit einer Vielzahl mineralischer Substanzen stark angereichert – unter anderem mit Glaubersalz, Vitriol, Schwefel und Alaun, die das Wasser des Flusses färben und ihm einen widerlichen Geruch und Geschmack verleihen. Die am häufigsten vorkommenden Tiere sind Büffel, Rotwild, Elche und Antilopen. Wir lassen nun wieder den Bericht des Tagebuches folgen.)

6. September. Das Land lag offen vor uns, und der Tag war überaus angenehm, so daß wir alle trotz des zu erwartenden Überfalls in ziemlich guter Stimmung waren. Bisher hatten wir keine Spur von Indianern gesehen, und wir kamen rasch in ihrem gefürchteten Territorium voran. Ich war mir jedoch nur zu wohl ihrer grausamen Taktiken bewußt und nahm an, daß wir ganz aus der Nähe beobachtet wurden, wie ich auch davon überzeugt war, daß wir schon bei der ersten Schlucht, die ihnen einen bequemen Hinterhalt böte, etwas von den Tetons hören würden.

Gegen Mittag schrie einer der Kanadier: »Die Sioux! Die Sioux!« und lenkte unsere Aufmerksamkeit auf eine lange, schmale Schlucht, die das Grasland zu unserer Linken teilte und sich von den Ufern des Missouri in südlicher Richtung erstreckte, so weit das Auge nur reichte. Diese Klamm war das Bett eines Flusses, der zur Zeit einen niedrigen Wasserstand hatte und dessen Ufer auf beiden Seiten wie riesige Mauern in die Höhe ragten. Mit Hilfe eines Fernrohres bemerkte ich sofort die Ursache für den Alarm, den der Trapper geschlagen hatte. Eine große Gruppe berittener Indianer kam im Gänsemarsch die Schlucht herab, offensichtlich zu dem Zweck, uns heimlich zu überfallen. Doch wir entdeckten sie durch die Federn auf ihren Friedenspfeifen; denn hin und wieder konnte man plötzlich einige über dem Rand der Schlucht auftauchen sehen, sobald das Flußbett den Träger zwang, sich höher als sonst zu erheben. Aus der Bewegung dieser Federn schlossen wir, daß sie beritten waren. Der Trupp sprengte sehr schnell auf uns zu, und ich gab Befehl, aus voller Kraft zu rudern, um die Flußmündung noch vor ihnen zu passieren. Sobald die Indianer an unserem schnelleren Tempo merkten, daß sie entdeckt worden waren, stimmten sie unverzüglich ihr Kriegsgeheul an, jagten aus der Schlucht heraus und galoppierten auf uns zu, etwa hundert an der Zahl.

Wir befanden uns in einer gefährlichen Situation. Fast jede andere Stelle des Missouri, die wir tagsüber passiert hatten, hätte mir nicht soviel Kopfzerbrechen wegen dieser Wegelagerer bereitet, aber gerade hier waren die Hänge auffallend steil und hoch, wie es Flußufern entsprach, und die Indianer konnten uns alle von oben beobachten, während die Kanone, auf die wir uns so sehr verlassen hatten, überhaupt nicht auf sie hätte gerichtet werden können. Unsere schwierige Lage wurde noch dazu durch eine reißende Strömung in der Flußmitte verschlechtert, die wir nicht bezwingen konnten, es sei denn, wir legten die Waffen nieder und benutzten unsere ganze Kraft zum Rudern. Das Wasser am Nordufer war sogar für die Piroge zu flach, und die einzige Möglichkeit voranzukommen, wenn wir überhaupt vorankommen wollten, bestand darin, das Boot auf einen Steinwurf weit ans linke oder südliche Ufer zu rudern, wo wir zwar den Sioux auf Gedeih und Verderb ausgeliefert waren, aber mit unseren Stangen und mit Hilfe des Windes, von der Strömung unterstützt, gut vorankommen konnten. Hätten uns die Indianer an dieser Stelle angegriffen, so weiß ich nicht, wie wir ihnen entkommen wären. Alle waren gut mit Pfeil und Bogen sowie kleinen runden Schilden ausgerüstet und sahen sehr vornehm und malerisch aus. Einige Häuptlinge trugen Speere, an denen phantasievolle Fahnen hingen, und stellten wirklich stattliche Männer vor.

Entweder Glück auf unserer Seite oder große Dummheit auf seiten der Indianer befreite uns schließlich unerwartet aus dieser mißlichen Lage. Nachdem die Indianer bis dicht an den Rand des Felsens über uns herangeritten waren, brachen sie abermals in ein Geheul aus und begannen wild zu gestikulieren, woraus wir sogleich schlossen, daß wir anhalten und ans Ufer kommen sollten. Ich hatte diese Aufforderung erwartet und hielt es für das klügste, überhaupt nicht darauf zu reagieren, sondern unsere Fahrt fortzusetzen. Daß ich mich weigerte anzuhalten, hatte zumindest eine gute Wirkung; denn dies schien die Indianer erstaunlich zu verwirren, weil sie sich unser Verhalten nicht im geringsten erklären konnten, und als wir unseren Kurs ohne jede Erwiderung beibehielten, starrten sie uns mit ungläubigem Staunen nach. Daraufhin begannen sie erregt zu beraten, und als sie schließlich feststellten, daß sie aus uns nicht klug werden konnten, wandten sie die Pferde nach Süden und galoppierten aus unserem Blickfeld, und wir blieben ebenso überrascht wie erfreut über ihr Verschwinden zurück.

In der Zwischenzeit nutzten wir die Gelegenheit aufs beste und ruderten aus Leibeskräften weiter, um noch vor der zu erwartenden Rückkehr unserer Feinde aus der Gegend der Steilufer fortzukommen. Etwa zwei Stunden später sahen wir sie im Süden wieder, in großer Entfernung und sehr verstärkter Anzahl. Sie kamen in gestrecktem Galopp näher und hatten bald den Fluß erreicht. Doch unsere Lage war jetzt viel vorteilhafter, da die Ufer sanft abfielen und es keine Bäume gab, durch die sich die Wilden vor unseren Kugeln hätten schützen können. Zudem war die Strömung nicht mehr so stark wie vorher, und wir konnten uns in der Mitte des Flußbettes halten. Der Trupp hatte sich anscheinend nur zurückgezogen, um einen Dolmetsch zu holen, der nun auf einem großen Grauschimmel erschien, sich so weit in den Fluß hineinbegab, wie es ohne Schwimmen möglich war, und uns in schlechtem Französisch zurief, daß wir anhalten und ans Ufer kommen sollten. Darauf ließ ich einen der Kanadier antworten, daß wir unseren Freunden, den Sioux, zuliebe bereitwillig für kurze Zeit halten und mit ihnen sprechen wollten, es jedoch für uns zu unbequem sei, ans Ufer zu kommen, ohne unserem großen Medizinmann (hier zeigte der Kanadier auf die Kanone) Unannehmlichkeiten zu bereiten, da dieser weiterfahren wolle und wir Angst hätten, uns ihm zu widersetzen.

Daraufhin begannen sie abermals, erregt zu flüstern und zu gestikulieren, und waren sich offenbar nicht im klaren, was sie tun sollten. Inzwischen hatten wir die Boote an einer günstigen Stelle verankert, und ich war nun entschlossen, wenn nötig zu kämpfen und mir alle Mühe zu geben, den Piraten einen warmen Empfang zu bereiten, der ihnen für die Zukunft heilsame Furcht einflößen würde. Ich überlegte, daß es schier unmöglich war, auf gutem Fuß mit diesen Sioux zu stehen, die unsere Erzfeinde waren und nur durch einen Beweis unserer Tapferkeit davon abgehalten werden konnten, uns auszuplündern und zu ermorden. Kämen wir ihren Forderungen nach und gingen an Land und gelänge es uns sogar, uns durch Zugeständnisse und Geschenke vorübergehend Sicherheit zu erkaufen, so würde ein solches Verhalten uns am Ende doch nichts nützen und eher einer Linderung als einer radikalen Beseitigung des Übels gleichkommen. Gewiß befriedigten sie früher oder später ihre Rachegelüste, und wenn sie uns jetzt weiterziehen ließen, würden sie uns hernach in einer ungünstigen Lage angreifen, in der wir uns vielleicht nur mit Mühe und Not verteidigen könnten, ganz zu schweigen davon, daß wir ihnen Furcht einjagten. In unserer augenblicklichen Situation stand es jedoch ganz in unserer Macht, ihnen eine Lektion zu erteilen, an die sie sich für immer erinnerten; und vielleicht kamen wir nie wieder in eine so vorteilhafte Lage. Dies waren meine Gedanken, und da außer den Kanadiern alle meiner Ansicht beistimmten, beschloß ich, einen unerschrockenen Standpunkt einzunehmen und Feindlichkeiten eher zu provozieren als zu vermeiden. Damit hatten wir den einzig richtigen Weg gewählt. Wie wir sahen, besaßen die Indianer keine Waffen außer einem alten Karabiner, den einer der Häuptlinge trug; und ihre Pfeile würden sich nicht als sehr wirksam erweisen, wenn sie aus einer so großen Entfernung, wie sie nun zwischen uns bestand, abgeschossen wurden. Was ihre Anzahl betraf, machten wir uns keine großen Sorgen. Ihre Position war dergestalt, daß sie voll dem Schußbereich unserer Kanone ausgesetzt sein würden.

Nachdem Jules (der Kanadier) seine Rede über die Belästigung unseres großen Medizinmannes beendet und die darauf folgende Erregung der Indianer sich etwas gelegt hatte, sprach der Dolmetsch wieder und brachte drei Fragen vor. Er wünschte erstens zu wissen, ob wir Tabak, Whisky oder Donnerbüchsen mitführten – zweitens, ob wir nicht die Hilfe der Sioux in Anspruch nehmen wollten, um unser großes Boot den Missouri bis zum Gebiet der Ricarees hinaufzurudern, die große Strolche seien – und drittens, ob unser mächtiger Medizinmann vielleicht ein gewaltiger, großer grüner Grashüpfer sei.

Auf diese mit feierlichem Ernst vorgebrachten Fragen antwortete Jules nach meinen Anweisungen wie folgt. Erstens, wir hätten eine Menge Whisky wie auch Tabak, weiterhin einen unerschöpflichen Vorrat an Donnerbüchsen und Pulver – aber unser großer Medizinmann hätte uns eben gesagt, daß die Tetons größere Strolche als die Ricarees seien – daß sie unsere Feinde seien – uns schon seit

vielen Tagen auflauerten, um uns zu überfallen und zu töten – und daß wir ihnen nichts schenken und auch nicht
den geringsten Umgang mit ihnen pflegen sollten; wir
müßten uns daher hüten, ihnen irgend etwas zu geben,
selbst wenn wir dies vorhätten, aus Furcht vor dem Zorn
des großen Medizinmannes, der nicht mit sich spaßen
ließe. Zweitens dächten wir nach dem eben geschilderten
Charakter der Teton-Sioux nicht daran, sie zum Rudern
unseres Bootes einzusetzen – und drittens könnten sie (die
Sioux) noch von Glück reden, daß unser großer Medizinmann ihre letzte Frage bezüglich des ›großen grünen Gras-
hüpfers‹ überhört hätte; denn anderenfalls wäre es ihnen
(den Sioux) sehr schlecht ergangen. Unser großer Medizinmann sei alles andere als ein großer grüner Grashüpfer,
und das sollten sie zu ihrem Schaden bald sehen, wenn sie
sich nicht unverzüglich und samt und sonders um ihre eigenen Angelegenheiten kümmerten.

Trotz der drohenden Gefahr, in der wir uns alle befanden, konnten wir kaum die Fassung bewahren, als wir die
von tiefer Bewunderung und Staunen erfüllten Mienen erblickten, mit denen die Indianer diesen Antworten lauschten; und ich glaube, sie hätten sich sogleich zurückgezogen
und uns unsere Reise fortsetzen lassen, wären nicht die verhängnisvollen Worte gewesen, mit denen ich sie wissen
ließ, daß sie größere Strolche als die Ricarees seien. Dies
war allem Anschein nach eine Beleidigung ungeheurer Art
und erfüllte sie mit rasendem Zorn. Wir hörten sie immer
wieder und mit größtem Nachdruck und voller Erregung
die Worte »Ricaree! Ricaree!« rufen; und soweit wir es beurteilen konnten, schien der Trupp in zwei Parteien geteilt;
eine warnte eindringlich vor der großen Macht des ungeheuren Medizinmannes, während die andere auf die empö-
rende Beschimpfung hinwies, daß man sie größere Strolche
als die Ricarees genannt hatte. Während die Dinge so standen, verharrten wir weiterhin in der Flußmitte, fest entschlossen, den Gesellen bei der ersten üblen Behandlung,
die sie uns würden zuteil werden lassen, eine Portion aus
unserer Kartätsche zu verabreichen.

Bald danach kam der Dolmetsch auf dem Grauschimmel wieder in den Fluß und rief uns zu, wir seien nicht besser als unser Ruf – daß alle Bleichgesichter, die schon früher stromaufwärts gekommen, Freunde der Sioux gewesen und ihnen große Geschenke gemacht hätten – daß sie, die Tetons, entschlossen seien, uns keinen Schritt weiterfahren zu lassen, wenn wir nicht ans Ufer kämen und ihnen alle unsere Donnerbüchsen samt Whisky und die Hälfte unseres Tabaks gäben – daß wir allem Anschein nach Verbündete der Ricarees seien (die sich zur Zeit mit den Sioux im Kriegszustand befänden) und beabsichtigten, diesen Vorräte zu beschaffen, was wir nicht tun dürften – und schließlich hielten sie auch nicht viel von unserem großen Medizinmann, denn er hätte uns über die Pläne der Tetons eine Lüge erzählt und sei in Wirklichkeit doch nur ein großer grüner Grashüpfer, wie sehr wir auch das Gegenteil behaupteten. Als der Dolmetsch diese letzten Worte über den großen grünen Grashüpfer hervorstieß, wiederholte sie die Kriegerschar, schrie aus Leibeskräften, damit der große Medizinmann auch bestimmt den Hohn vernähme. Zugleich brach ein wildes Durcheinander aus. Sie ritten wütend mit den Pferden im Kreise, machten verächtliche und unanständige Gesten, schwangen die Speere und legten die Pfeile an.

Ich wußte, daß als nächstes ein Angriff folgen würde, und so beschloß ich, ihm unverzüglich zuvorzukommen, ehe auch nur einer von unserer Mannschaft durch ihre Waffen verwundet würde – durch Verzögerung war nichts zu gewinnen, aber alles war zu gewinnen durch sofortiges und entschlossenes Handeln. Sobald sich daher eine günstige Gelegenheit bot, gab ich Schießbefehl, der auch augenblicks ausgeführt wurde. Die Wirkung des Feuers war verheerend und entsprach vollauf unseren Absichten. Sechs Indianer wurden getötet und vielleicht dreimal so viele schwer verwundet. Die restlichen wurden von panischem Schrecken und Furcht erfaßt und sprengten Hals über Kopf in die Prärie zurück, während wir nach dem Laden der Kanone unsere Anker lichteten und unerschrocken

zum Ufer ruderten. Als wir es erreicht hatten, war kein un-
verwundeter Teton mehr zu sehen.

Ich überließ die Boote nun der Obhut John Greelys und
dreier Kanadier, landete mit den übrigen Männern, näherte mich einem Indianer, der zwar ernst, aber nicht le-
bensgefährlich verwundet war, und verständigte mich
durch Jules mit ihm. Ich sagte ihm, daß die Weißen den
Sioux wie auch allen übrigen Indianerstämmen gut gesinnt
seien; daß wir nur deshalb in sein Territorium kämen, weil
wir Biber fangen und uns das schöne Land ansehen wollten, das den Roten Männern durch den Großen Geist geschenkt worden sei; daß wir wieder nach Hause zurückkehren würden, sobald wir genügend Felle gesammelt und
alles gesehen hätten, weshalb wir hergekommen seien; daß
wir gehört hätten, die Sioux, und besonders die Tetons,
seien eine streitsüchtige Rasse, und daß wir deshalb unseren großen Medizinmann als Schutz mitgebracht hätten;
daß er nun großen Groll gegen die Tetons hege ob ihrer
unerträglichen Beschimpfung, ihn einen grünen Grashüpfer zu nennen (der er nicht sei); daß ich große Mühe gehabt hätte, ihn von einer Verfolgung der geflohenen Krieger und vom Opfern der Verwundeten abzuhalten, die nun
um uns herum lagen; und daß es mir nur gelungen sei, ihn zu
besänftigen, indem ich persönlich die Verantwortung für
ein friedfertiges Verhalten der Indianer in Zukunft übernommen hätte. An diesem Punkt meines Gesprächs schien
der arme Bursche sehr erleichtert zu sein und streckte die
Hand zum Zeichen der Freundschaft aus. Ich ergriff sie
und sicherte ihm und seinen Freunden meinen Schutz zu,
solange sie uns nicht belästigten, gab ihm nach seinem Versprechen ein Geschenk in Form von zwanzig Rollen Tabak,
ein paar Kleineisenwaren, Perlen und rotem Flanell für ihn
selbst und die anderen Verwundeten.

Währenddessen hielten wir aufmerksam Ausschau nach
den geflohenen Sioux. Als ich die Geschenke verteilt hatte,
waren mehrere Gruppen von ihnen in der Ferne zu bemerken und wurden allem Anschein nach auch von dem verwundeten Wilden gesehen, aber ich hielt es für das beste,

mich so zu verhalten, als nähme ich sie nicht wahr, und kehrte bald darauf zu den Booten zurück. Der Zwischenfall hatte uns volle drei Stunden aufgehalten, und es war nach drei Uhr, als wir unsere Reise erneut fortsetzten. Wir beeilten uns sehr, da ich noch vor Einbruch der Nacht so weit wie möglich vom Ort der Handlung wegkommen wollte. Wir hatten starken Rückenwind, und die Strömung wurde im weiteren Verlauf der Fahrt schwächer, weil sich der Strom verbreiterte. Wir kamen daher ein gutes Stück voran und erreichten gegen neun eine große und dicht bewaldete Insel nahe dem Nordufer neben einer Flußmündung. Hier beschlossen wir, unser Lager aufzuschlagen, und hatten kaum unseren Fuß ans Ufer gesetzt, als einer von den Greelys einen feisten Büffel, von denen es an dieser Stelle viele gab, schoß und in Verwahrung nahm. Nachdem wir die Wachen für die Nacht aufgestellt hatten, aßen wir den Büffelrücken zum Abend, dazu tranken wir soviel Whisky, wie wir vertragen konnten. Dann sprachen wir freimütig über die heldenhafte Tat des Tages, die viele der Männer für einen ausgezeichneten Spaß hielten, aber ich fand sie alles andere als belustigend. Meine Hände hatten vor dieser Zeit nie Menschenblut vergossen, und obgleich mir mein Verstand sagte, daß ich das Klügste getan hatte und etwas, was sich letzten Endes auch unzweifelhaft als die barmherzigste Verfahrensweise herausstellen würde, weigerte sich mein Gewissen doch, auf den Verstand zu hören, und flüsterte mir hartnäckig ins Ohr: ›Es ist Menschenblut, das du vergossen!‹ Die Stunden schlichen dahin – ich fand keinen Schlaf. Endlich dämmerte der Morgen, und mit dem funkelnden Tau, dem frischen Wind und lächelnden Blumen faßte ich aufs neue Mut und kühnere Gedanken, die mich gefestigter auf das Geschehen zurückblicken und die zwingende Notwendigkeit der Tat von ihrem einzig richtigen Standpunkt aus betrachten ließen.

7. *September*. Brachen früh auf und kamen bei starkem, kaltem Ostwind ein gut Stück voran. Erreichten gegen Mittag die obere Schlucht der sogenannten ›Great Bend‹, einer Stelle, wo der Strom einen Kreis von vollen dreißig Meilen

beschreibt, während die direkte Entfernung zu Land nicht mehr als fünfzehnhundert Meter beträgt. Sechs Meilen weiter fließt ein etwa fünfunddreißig Meter breiter Fluß, der von Süden her einmündet. Die Landschaft weist hier einen eigenen Charakter auf, zu beiden Seiten des Flusses sind die Gestade dicht besät mit runden, von den Steilufern gespülten Steinen und sehen viele Meilen lang sehr sonderbar aus. Das Flußbett ist überaus seicht und häufig von Sandbänken durchzogen. Man trifft hier viel öfter Zedern als andere Bäume an, und in der Prärie wuchert eine stachlige Feigensorte, über die unsere Männer in ihren Mokassins nur mit Mühe gehen konnten.

Als wir gegen Sonnenuntergang eine reißende Strömung zu umgehen suchten, hatten wir das Mißgeschick, mit der Backbordseite des großen Bootes auf den Rand einer Sandbank aufzulaufen, wodurch das Boot so krängte, daß es trotz größter Anstrengung beinahe bis an den Rand voll Wasser lief. Wie die Dinge lagen, hatte das lose Pulver großen Schaden genommen, und die Sachen für die Indianer waren mehr oder weniger in Mitleidenschaft gezogen. Sobald wir feststellten, daß das Boot sich nach der Seite legte, sprangen wir alle ins Wasser, das hier bis an unsere Schultern reichte, und hielten mit voller Kraft die sinkende Seite hoch. Doch noch immer befanden wir uns in einer sehr ungünstigen Lage, denn alle Anstrengungen genügten kaum, uns vor dem Kentern zu bewahren, und wir konnten keinen Mann entbehren, der uns hätte abstoßen können. Schon fast der Verzweiflung nahe, wurde uns plötzlich unerwartet Hilfe zuteil durch das Absinken der Sandbank unter dem Boot. Das Flußbett wird in dieser Gegend oft von treibenden Sandbänken verstopft, die ihre Lage häufig sehr schnell und ohne ersichtlichen Grund ändern. Das Material der Barrieren besteht aus hartem, gelbem Sand, der in trockenem Zustand wie glänzendes Glas aussieht und fast nicht fühlbar ist.

8. September. Wir fuhren noch immer mitten durch das Tetonland und hielten scharf Ausschau, machten so selten wie möglich halt und das nur auf Inseln, wo es von Wild jeder Art wimmelte – Büffel, Elche, Rotwild, Ziegen, Kolumbische Hirsche und Antilopen, Wasserläufer und viele Arten von Wildgänsen. Die Ziegen sind ungewöhnlich zahm und haben *keinen* Bart. Fische gibt es hier nicht in solcher Fülle wie weiter unten im Fluß. Ein weißer Wolf wurde von John Greely in einer Schlucht auf einer der kleineren Inseln erlegt. Wegen der schwierigen Navigation und weil es sich häufig als notwendig erwies, das Schlepptau zu benutzen, kamen wir an dem Tag nicht sonderlich voran.

9. September. Da das Wetter spürbar kälter wurde, waren wir alle bestrebt, so schnell wie möglich das Gebiet der Sioux zu passieren, denn es würde äußerst gefährlich sein, unser Winterlager in ihrer Nachbarschaft aufzuschlagen. Wir setzten unsere ganze Kraft ein und kamen auch rasch voran, wobei die Kanadier sangen und johlten. Hin und wieder sahen wir weit in der Ferne einen einzelnen Teton, aber es wurde kein Versuch unternommen, uns zu belästigen, und wir begannen, aus diesem Umstand Mut zu schöpfen. Tagsüber legten wir achtundzwanzig Meilen zurück und lagerten am Abend in bester Stimmung auf einer wildreichen großen Insel, die dicht mit Pappeln bestanden war.

(Wir überspringen nun Mr. Rodmans Erlebnisse von diesem Zeitpunkt an bis zum 10. April. Nachdem sich indes nichts von Bedeutung ereignet hatte, erreichten die Männer Ende Oktober einen kleinen Fluß, den sie ›Otter Creek‹ nannten, und nachdem sie etwa eine Meile auf ihm weitergefahren waren bis zu einer für ihr Vorhaben gut geeigneten Insel, bauten sie dort ein befestigtes Blockhaus und schlugen ihr Winterquartier auf. Sie befanden sich genau oberhalb der alten Siedlungen der Ricarees. Verschiedene Gruppen dieser Indianer suchten unsere Fallensteller auf und verhielten sich äußerst freundlich – sie hatten von dem Scharmützel mit den Tetons gehört, über dessen Ausgang sie sehr befriedigt waren. Von den Sioux wurden sie nicht mehr belästigt. Der Winter verstrich angenehm und ohne bemerkenswerten Zwischenfall. Am 10. April setzte die Gruppe ihre Reise fort.)

10. April 1792. Das Wetter war nun wieder sehr schön und frischte unsere Lebensgeister außerordentlich auf. Die Sonne schien immer kräftiger, und auf hundert Meilen voraus sei der Fluß völlig eisfrei, wie uns die Indianer versicherten. Wir sagten Kleiner Schlange (einem Häuptling der Ricarees, der den Trappern während des Winters viele Freundschaftsbeweise erbracht hatte) und seinen Leuten mit großem Bedauern Lebewohl und setzten unsere Fahrt nach dem Frühstück fort. Perrine (ein Agent der Hudson's Bay Fur Company auf dem Wege nach Petite Côte) begleitete uns zusammen mit drei Indianern auf den ersten zehn Meilen, dann verabschiedete er sich und kehrte zum Dorf zurück, wo er (wie wir später hörten) ein gewaltsames Ende von der Hand einer Squaw fand, die er beleidigt hatte. Nachdem wir uns von dem Agenten getrennt hatten, ruderten wir mit voller Kraft flußaufwärts und kamen trotz starker Strömung ein großes Stück voran. Am Nachmittag wurde Thornton, der schon seit einigen Tagen klagte, ernsthaft krank, und zwar so sehr, daß ich auf Rückkehr der ganzen Mannschaft zum Blockhaus drängte, um dort abzuwarten, bis es ihm besser ginge; doch er wehrte sich so energisch gegen dieses Ansinnen, daß ich nachgeben mußte. Wir bereiteten ihm in der Kajüte ein bequemes Lager und erwiesen ihm jede erdenkliche Aufmerksamkeit; aber ein hitziges Fieber hatte ihn gepackt, ab und zu phantasierte er, und ich fürchtete sehr, daß wir ihn verlieren würden. Indes fuhren wir entschlossen noch weiter, und bis zum Abend hatten wir zwanzig Meilen zurückgelegt – eine ausgezeichnete Tagesleistung.

11. April. Noch immer schönes Wetter. Wir brachen früh auf und hatten günstigen Wind, der uns sehr weiterhalf, so daß wir alle guter Laune hätten sein können, wäre nicht Thorntons Krankheit gewesen. Es schien ihm viel schlech-

1 Fortsetzung des Berichts im ›Gentleman's Magazine‹, Mai 1846. – Hrsg.

ter zu gehen, und ich wußte fast nicht mehr, wie ich mich verhalten sollte. Für seine Annehmlichkeit wurde alles denkbar Mögliche getan; Jules, der Kanadier, bereitete ihm aus Präriekräutern einen Tee, der ihn zum Schwitzen brachte und das Fieber merklich senkte. Abends legten wir am Nordufer an, und drei Jäger gingen bei Mondschein in die Prärie, von wo sie um ein Uhr morgens zurückkehrten, ohne ihre Gewehre, aber mit einer fetten Antilope.

Sie berichteten, daß sie viele Meilen weit das Land durchstreift und schließlich die Ufer eines anmutigen kleinen Flüßchens erreicht hätten, wo sie zu ihrer Überraschung und Bestürzung von einem großen Trupp Saonie-Sioux überrascht worden seien, die sie sofort überwältigten und eine Meile weiter am anderen Flußufer zu einem Wildpark oder einer . Einhegung mit einer Mauer aus Schlamm und Latten brachten, in der eine große Antilopenherde eingeschlossen war. Noch immer strömten Tiere in diese Einhegung, deren Gatter so angelegt waren, daß sie jede Flucht verhinderten. Dabei handelte es sich um einen jedes Jahr von den Indianern wiederholten Trick. Im Herbst ziehen sich die Antilopen auf der Suche nach Nahrung und Schutz aus der Prärie in die Gebirgsgegenden südlich des Flusses zurück. Im Frühling durchqueren sie dieses Gebiet dann wieder in großer Anzahl und lassen sich ziemlich leicht einfangen, indem man sie in ein festes Gehege, wie das eben beschriebene, lockt.

Die Jäger (John Greely, der Prophet und ein Kanadier) hegten kaum Hoffnung auf Flucht aus der Gewalt der Indianer (die sich auf nicht weniger als fünfzig beliefen) und hatten sich schon mit ihrem Tod abgefunden. Greely und der Prophet waren entwaffnet und an Händen und Füßen gefesselt; der Kanadier blieb jedoch aus einem nicht ganz ersichtlichen Grund ungebunden, man hatte ihm nur sein Gewehr genommen. Die Indianer ließen ihm auch sein Jagdmesser (das sie wahrscheinlich gar nicht gesehen hatten, da er es in einer Art Scheide an der Hosenseite trug) und behandelten ihn im übrigen mit merklichem Unterschied zu ihrem Verhalten den anderen beiden gegenüber.

Diesem Umstand verdankten die Männer später ihre Rettung.

Es war etwa gegen neun Uhr abends, als man sie gefangengenommen hatte. Der Mond schien hell, aber da die Luft für die Jahreszeit ungewöhnlich kalt war, hatten die Indianer zwei große Feuer in ausreichender Entfernung von dem Gehege entzündet, um die Antilopen nicht zu erschrecken, die noch immer unaufhörlich hereinströmten. Sie waren gerade damit beschäftigt, an diesen Feuern Wildbret zu braten, als die Jäger plötzlich unerwartet aus einer Baumgruppe heraus auftauchten. Nachdem Greely und der Prophet entwaffnet und mit starken Büffellederriemen gefesselt waren, wurden sie nahe der lodernden Flamme unter einen Baum gestoßen, während der Kanadier sich unter Bewachung zweier Indianer neben eines der Feuer setzen durfte und die übrigen Indianer einen Kreis um das andere, größere bildeten. In dieser Anordnung schwand langsam die Zeit, und die Jäger erwarteten jeden Augenblick den Tod; auch bereiteten die Stricke den beiden Gefesselten heftigen Schmerz, weil sie fest gebunden waren. Der Kanadier hatte versucht, mit seinen Wachen ein Gespräch anzuknüpfen in der Hoffnung, sie zu bestechen, daß sie ihn freiließen, aber er konnte sich ihnen nicht verständlich machen. Gegen Mitternacht wurde die um das große Feuer versammelte Menge plötzlich dadurch aufgestört, daß mehrere stattliche Antilopen nacheinander mitten durch die Flammen sprangen. Diese Tiere hatten einen Teil der Schlammauer durchbrochen, die sie umgab, und wild vor Wut und Furcht waren sie auf den Schein des Feuers zugestürzt, wie dies bei Insekten in der Nacht unter ähnlichen Umständen der Fall ist. Es scheint jedoch, daß die Saonies noch nie von einem solchen Verhalten dieser sonst scheuen Tiere gehört hatten, denn die unerwartete Störung jagte ihnen schreckliche Angst ein, und ihre Furcht wurde zu panischem Schrecken, als die gesamte eingefangene Herde mit großen Sprüngen auf sie zustürmte, kurz nach dem Ausbruch der ersten Tiere. Die Jäger beschrieben die Szene als einzigartig. Die Tiere waren offenbar rasend, und die Schnelligkeit und das Ungestüm, mit dem sie durch die Flammen und mitten durch die erschrockenen Indianer eher flogen als sprangen, waren nach Greelys Bericht (ein Mann, der nicht im geringsten zum Übertreiben neigte) nicht nur ein eindrucksvolles, sondern sogar ein grausiges Schauspiel. Alles, was ihnen ihm Wege stand, rissen sie mit sich fort, und nachdem sie das große Feuer überwunden hatten, stürzten sie sogleich zum kleineren und verstreuten Holzkohle und brennende Scheite; dann kehrten sie in ihrer Verwirrung zur großen Brandstelle zurück, sprangen immer wieder hin und her, bis die Feuer erloschen waren und sie in kleinen Gruppen wie der Blitz in die Wälder hineinjagten.

Viele Indianer wurden bei diesem wilden *mêlée* umgestoßen und einige von ihnen zweifellos schwer, wenn nicht sogar tödlich von den scharfen Hufen der flinken Antilopen verwundet. Ein paar warfen sich der Länge nach auf den Boden und entgingen so einer Verletzung. Der Prophet und Greely, die sich nicht in der Nähe der Feuer befanden, waren keiner Gefahr ausgesetzt. Doch der Kanadier wurde beim ersten Ansturm durch einen Fußtritt niedergestreckt, so daß er einige Minuten bewußtlos dalag. Als er wieder zu sich kam, war es fast dunkel; denn der Mond hatte sich hinter einer schweren Gewitterwolke versteckt, und die Feuer waren beinahe erloschen, während nur hie und da noch glimmende Holzscheite verstreut umherlagen. Er sah keine Indianer in der Nähe und stand sofort auf, um zu fliehen, lenkte seine Schritte jedoch, so gut es ging, zunächst einmal zu den Bäumen, wo seine zwei Kameraden lagen. Ihre Stricke waren schnell durchgeschnitten, und die drei rannten in höchster Eile in Richtung Fluß, ohne dabei an ihre Gewehre oder etwas anderes als ihre unmittelbare Sicherheit zu denken. Nachdem sie einige Meilen gelaufen waren und festgestellt hatten, daß sie nicht verfolgt wurden, verlangsamten sie ihre Schritte und gingen zu einer Quelle, um einen Schluck Wasser zu trinken. An dieser Stelle fanden sie die Antilope, die sie, wie ich bereits erwähnte, mit zu den Booten brachten. Das arme Geschöpf lag keuchend und zu keiner Bewegung fähig am Rand der Quelle. Eines seiner Beine war gebrochen, und es wies deutliche Feuerspuren auf. Ohne Zweifel hatte es zu der Herde gehört, durch die sie gerettet worden waren. Hätte es nur die geringste Möglichkeit zu seiner Heilung gegeben, so hätten die Jäger es zum Zeichen ihrer Dankbarkeit geschont, aber es war schwer verletzt, und daher erlösten sie es unverzüglich von seinem Elend und brachten es zu den Booten, wo wir uns am nächsten Morgen ein ausgezeichnetes Frühstück davon zubereiteten.

12., 13., 14. und 15. April. Während dieser vier Tage verfolgten wir unseren Kurs ohne bemerkenswertes Vorkommnis. Das Wetter war um die Tagesmitte sehr angenehm, aber die Nächte und Morgenstunden waren ungemein kalt, und wir hatten starke Fröste. Wild gab es in Hülle und Fülle. Thornton war noch immer nicht gesund, seine Krankheit gab mir Rätsel auf und bereitete mir unsäglichen Kummer. Ich vermißte seine Gesellschaft sehr und stellte nun fest, daß er fast der einzige unserer Gruppe war, dem ich mich völlig anvertrauen konnte. Damit will ich nur sagen, daß er fast der einzige war, dem ich offen mein Herz ausschütten konnte und wollte, mit all meinen übertriebenen Hoffnungen und phantastischen Wünschen – nicht, daß die anderen meines Vertrauens unwürdig gewesen wären. Im Gegenteil, wir waren alle wie Brüder, und nie gab es einen Streit von Bedeutung. Ein und dasselbe Interesse schien alle zu verbinden, ja, wir schienen vielleicht alle eher eine Gruppe Reisender *ohne* eine bestimmte Absicht zu sein – einfach Reisende zum Vergnügen. Welcher Meinung die Kanadier darüber waren, kann ich allerdings nicht genau sagen. Diese Burschen redeten zwar sehr viel über den Erlös des Unternehmens und vor allem über ihren zu erwartenden Anteil, doch ich kann kaum glauben, daß ihnen viel daran lag, denn sie waren die einfältigsten und zugleich gefälligsten Menschen, die man je auf Erden gesehen hat. Was die übrigen anging, so hege ich nicht den geringsten Zweifel, daß der durch die Expedition erreichte finanzielle Gewinn das Letzte war, worauf sie spekulierten. Einige deutliche Beweise für das Gefühl, das wir alle mehr oder weniger empfanden, ergaben sich im weiteren Verlauf der Fahrt. Dinge, die man in den Ansiedlungen für höchst wichtig gehalten hätte, wurden hier keines ernsthaften Wortes für wert erachtet, und man schenkte ihnen keine Aufmerksamkeit oder ließ sie unter dem nichtigsten Vorwand fallen. Männer, die Tausende von Meilen durch ödes Land gefahren waren, wo sie schreckliche Gefahren umgaben und sie schlimmste Entbehrungen ertragen mußten, und das angeblich nur, um Felle zu sammeln, würden sich selten die Mühe machen, diese sicherzustellen, sobald sie über sie verfügten, und würden – ohne zu klagen – eher ein ganzes *cache* mit schönen Biberfellen zurücklassen, als daß sie sich die Freude versagten, einen romantisch anmutenden Fluß hinaufzufahren oder in eine zerklüftete und gefährliche Höhle nach Gesteinen einzudringen, von deren Nutzen sie nichts wußten und die sie bei der erstbesten Gelegenheit als Plunder wegwerfen würden.

Bei all dem gehörte mein Herz uneingeschränkt den übrigen Männern; und ich gestehe offen, daß ich mich, als wir unsere Reise fortsetzten, immer weniger für das Hauptanliegen der Expedition interessierte und immer mehr dazu neigte, müßigem Vergnügen nachzugehen – wenn es überhaupt angebracht ist, jene tiefe und starke Erregung, mit der ich die Wunder und majestätischen Schönheiten der Wildnis betrachtete, mit einem so schwachen Wort wie Vergnügen zu bezeichnen. Kaum hatte ich ein Gebiet besichtigt, als ich schon von dem unwiderstehlichen Verlangen erfaßt wurde, weiter vorzudringen und ein anderes zu erforschen. Doch bis jetzt war ich der Meinung, ich sei den Siedlungen noch zu nahe, um meine leidenschaftliche Liebe zur Natur und zum *Unbekannten* vollauf genießen zu können. Ich war mir darüber klar, daß mir auf meiner Reise, wenn auch nur wenige, so doch schon *einige* Fußspuren zivilisierter Menschen vorangegangen – daß *einige* Augen vor den meinen von den Bildern um mich entzückt gewesen waren. Wäre nicht dieses Gefühl gewesen, so hätte ich ohne Zweifel häufiger auf dem Weg innegehalten, um abzuschweifen und die Eigenheiten der an den Fluß grenzenden Gegend in Augenschein zu nehmen und vielleicht manchmal tief ins Herz des Landes nördlich und südlich unserer Route vorzustoßen. Aber ich war darauf bedacht, *weiterzukommen* – wenn möglich, über die äußersten Grenzen der Zivilisation hinauszugehen und, falls es mir gelang, einen Blick auf jene gigantischen Berge zu werfen, von deren Existenz wir nur durch die unklaren Berichte der Indianer erfahren hatten. Diese heimlichen Hoffnungen und Absichten teilte ich ausführlich niemandem von unserer Mannschaft mit außer Thornton. Er nahm an allen meinen phantastischen Plänen teil und versetzte sich vollkommen in den Geist jenes romantischen Vorhabens, das meine Seele erfüllte. Ich empfand daher seine Krankheit als ein bitteres Übel. Es ging ihm von Tag zu Tag schlechter, während es nicht in unserer Macht stand, ihm wirksamen Beistand zu leisten.

16. April. Heute hatten wir einen kalten Regen mit starkem Nordwind, der uns zwang, bis in den späten Nachmittag vor Anker zu gehen. Gegen vier Uhr fuhren wir dann weiter und legten bis zum Abend fünf Meilen zurück. Thornton ging es immer schlechter.

17. und 18. April. Während dieser beiden Tage hatten wir ohne Unterbrechung unangenehm rauhes Wetter und noch immer denselben kalten Nordwind. Wir bemerkten viele große Eisschollen im Fluß, der sehr hoch ging und recht schmutzig war. Die Zeit verstrich unerfreulich, und wir kamen nicht voran. Thornton schien im Sterben zu liegen, und ich beschloß nun, an der ersten passenden Stelle ein Lager aufzuschlagen und dort zu bleiben, bis sein Leiden ein Ende fand. Wir zogen deshalb heute gegen Mittag die Boote einen großen Fluß hinauf, der vom Süden her einmündete, und schlugen am Ufer unser Lager auf.

25. April. Wir blieben bis zum Morgen an dem Fluß, und Thornton hatte sich zu unser aller Freude so weit erholt, daß er weiterreisen konnte. Das Wetter war schön, und wir setzten unsere Fahrt gut aufgelegt durch einen äußerst prächtigen Landesteil fort, ohne auf einen einzigen Indianer zu stoßen oder irgendeinem ungewöhnlichen Abenteuer zu begegnen, bis der Monatsletzte herankam und wir das Gebiet der Mandans oder vielmehr der Mandans, Minnetarees und Ahnahaways erreichten; denn diese drei Stämme siedeln nahe beieinander und bewohnen fünf Dörfer. Noch vor wenigen Jahren lebten die Mandans in neun Dörfern, etwa achtzig Meilen flußabwärts, an deren Ruinen wir vorüberfuhren, ohne zu wissen, worum es sich handelte – sieben am Westufer und zwei auf der Ostseite des Flusses; sie waren jedoch durch die Pocken und ihre alten Feinde, die Sioux, bis auf eine bloße Handvoll dezimiert, als sie zu ihrem gegenwärtigen Standort hinaufzogen.

(Mr. R. gibt hier einen ziemlich vollständigen Bericht über die Minnetarees und Ahnahaways oder Wassatoons, aber wir übergehen ihn, da er in keinem wichtigen Detail von den üblichen Berichten über diese Völkerschaften abweicht.) Die Mandans empfingen uns mit ausgesprochener Freundlichkeit, und wir blieben drei Tage in ihrer Nähe, überprüften und reparierten die Piroge und brachten alles in Ordnung. Wir erhielten auch eine große Menge harten Maises von gemischter Farbe, den die Indianer den Winter über in Löchern unmittelbar vor ihren Wigwams aufbewahrt hatten. Während wir bei den Mandans weilten, suchte uns ein Häuptling der Minnetarees namens Waukerassah auf, der sich sehr höflich benahm und uns in vielerlei Hinsicht von Nutzen war. Den Sohn dieses Häuptlings warben wir als Dolmetsch an, der uns bis zur großen Flußgabelung begleiten sollte. Wir machten dem Vater mehrere Geschenke, über die er sich sehr freute.[1] Am 1. Mai nahmen wir Abschied von den Mandans und setzten unsere Reise fort.

1. Mai. Das Wetter war mild, und die uns umgebende Landschaft war mit der erwachenden Natur, die nun schon weit vorangeschritten war, immer lieblicher anzusehen. Die

1 Der Häuptling Waukerassah wird auch von den Captains Lewis und Clark erwähnt, denen er ebenfalls einen Besuch abstattete.

Blätter der kanadischen Pappeln hatten fast die Größe einer Krone, und viele Blumen waren voll erblüht. Die Niederung begann sich hier weiter als sonst auszubreiten und wies reichen Waldbestand auf. Kanadische Pappeln und Gemeine Weiden gab es ebenso wie Purpurweiden in großer Zahl, Rosenbüsche desgleichen. Hinter den Flußniederungen weitete sich das Land zu einer unendlich großen Ebene ohne jeden Baumbestand. Der Boden war außerordentlich fruchtbar. Wild gab es noch mehr, als wir bisher gesehen hatten. Wir ließen auf jedem Ufer einen Jäger vorausreiten, und heute brachten sie einen Elch, eine Ziege, fünf Biber und eine große Menge Wasserläufer mit. Die Biber waren sehr zahm und leicht einzufangen. Dieses Tier ist als Nahrungsmittel ein *bonne bouchée*, vor allem der Schwanz, der wie Heilbuttflossen etwas klebrig ist. Ein Biberschwanz ergibt eine reichliche Mahlzeit für drei Männer. Bis zum Abend legten wir zwanzig Meilen zurück.

2. *Mai.* Wir hatten am Morgen frischen Wind und benutzten bis Mittag die Segel, dann wurde es uns zuviel, und wir machten für heute halt. Unsere Jäger schwärmten aus und kehrten bald mit einem riesengroßen Elch zurück, den Neptun erst nach langer Jagd gestellt hatte, da das Tier durch den groben Schrot nur leicht verwundet worden war. Es war sechs Fuß groß. In der Dämmerung wurde auch eine Antilope erspäht. Sobald das Tier unsere Männer zu Gesicht bekam, floh es in größter Eile, blieb aber nach einigen Minuten stehen und kehrte um, offenbar aus Neugierde – dann sprang es wieder fort. So ging es eine ganze Weile, und jedesmal kam das Wild näher, bis es sich schließlich auf Schußweite heranwagte und durch eine Kugel des Propheten niedergestreckt wurde. Es war mager und trächtig. Diese Tiere sind zwar von unglaublicher Schnelligkeit, aber schlechte Schwimmer und fallen daher häufig den Wölfen zum Opfer, wenn sie versuchen, einen Fluß zu durchqueren. Heute kamen wir zwölf Meilen voran.

3. *Mai.* Am Vormittag schafften wir ein gutes Stück, und bis zum Abend hatten wir ganze dreißig Meilen zurückge-

legt. Wild gab es weiterhin in Hülle und Fülle. Büffel lagen in großer Zahl tot an den Ufern, und wir sahen viele Wölfe die Kadaver verschlingen. Sie flohen immer, sobald wir uns ihnen näherten. Wir konnten uns den Tod der Büffel nicht erklären, aber einige Wochen später wurde das Geheimnis gelüftet. Als wir an einer engen Stelle des Flusses anlangten, wo der Fels besonders steil und das Wasser tief war, sahen wir eine große Herde dieser riesigen Tiere den Strom durchschwimmen, und wir hielten inne, um ihr Verhalten zu beobachten. Sie kamen seitwärts in der Strömung und hatten sich offensichtlich von einer Bergschlucht aus ins Wasser begeben, etwa eine halbe Meile oberhalb, wo das Ufer zum Fluß abfiel. Als sie das Land an der Westseite des Flusses erreichten, gelang es ihnen nicht, die Felsen hinaufzuklettern, und sie verloren den Boden im Wasser. Nachdem sie sich eine Zeitlang abgemüht und ohne Erfolg versucht hatten, auf den steilen und schlüpfrigen Felsen Fuß zu fassen, machten sie kehrt und schwammen zum Ostufer, wo sich ihnen die gleichen unzugänglichen Klippen boten und sie sich wiederum erfolglos bemühten, hochzuklettern. Sie machten nun ein zweites Mal kehrt, ein drittes, viertes und fünftes Mal – und fast immer wollten sie an denselben Stellen ans Ufer. Statt sich von der Strömung auf der Suche nach einem günstigeren Landeplatz weitertreiben zu lassen (den sie eine Viertelmeile weiter unterhalb gefunden hätten), schienen sie entschlossen, ihre Stellung beizubehalten, und zu diesem Zweck schwammen sie mit der Brust in einem spitzen Winkel zum Fluß und unternahmen heftige Anstrengungen, um nicht abwärts getrieben zu werden. Als sie zum fünften Mal hinüberschwammen, waren die armen Tiere so völlig erschöpft, daß sie augenscheinlich nicht mehr weiter konnten. Sie quälten sich schrecklich, das Ufer hinaufzuklettern, und einem oder zweien gelang es auch beinahe, als zu unserem großen Kummer (denn wir konnten ihre verzweifelten Bemühungen nicht ohne Anteilnahme verfolgen) eine große Masse lockeren Erdreichs herabstürzte und mehrere Tiere unter sich begrub, ohne daß jedoch der Felsen dadurch besser zu erklimmen gewesen wäre. Nun begann die übrige Herde kläglich zu brüllen oder zu stöhnen – ein Ton, der furchtbareren Kummer und Verzweiflung verriet, als man sich vorstellen kann – ich werde es nie vergessen. Einige Tiere wagten erneut einen Versuch, den Fluß zu durchschwimmen, kämpften ein paar Minuten und gingen dann unter – die Wellen über ihnen waren von rotem Blut gefärbt, das ihnen im Todeskampf aus den Nüstern drang. Doch die meisten schienen sich nach dem beschriebenen Stöhnen gleichgültig mit ihrem Schicksal abzufinden, rollten sich auf den Rücken und versanken. Die ganze Herde ertrank – kein einziger Büffel entkam. Ihre Kadaver wurden eine halbe Stunde später eine kurze Strecke flußabwärts an den seichten Grund gespült, wo sie, wären sie nicht so unwissend und halsstarrig gewesen, mit Leichtigkeit an Land hätten gelangen können.

4. Mai. Das Wetter war herrlich, und mit Unterstützung eines günstigen warmen Südwindes legten wir bis zum Abend fünfundzwanzig Meilen zurück. Thornton war heute wieder so weit genesen, daß er bei der Bootsarbeit helfen konnte. Nachmittags begleitete er mich in die Prärie gegen Westen zu, wo wir viele zeitige Frühlingsblumen einer Art entdeckten, die wir in den Siedlungen noch nie gesehen hatten. Darunter gab es viele von seltener Schönheit und köstlichem Duft. Wir sahen auch Wild in großer Vielfalt, schossen aber keines, weil wir davon überzeugt waren, daß die Jäger mehr als benötigt einbringen würden, und ich verabscheute es, Leben mutwillig zu vernichten. Auf dem Heimweg begegneten wir zwei Indianern vom Stamm der Assiniboins, die uns bis zu den Booten begleiteten. Sie hatten unterwegs keinerlei Mißtrauen bekundet, sondern sich im Gegenteil offen und unerschrocken verhalten. Um so überraschter waren wir daher, als wir sie plötzlich beide, nachdem sie in die Nähe der Piroge gekommen waren, umkehren und in größter Eile in die Prärie zurücklaufen sahen. Ein gutes Stück von uns entfernt, blieben sie stehen und kletterten auf einen niedrigen Hügel, der einen Blick auf den Fluß gewährte. Dort legten sie sich auf den

Bauch, stützten das Kinn in die Hand und schienen uns mit größtem Erstaunen zu beobachten. Mit Hilfe eines Fernrohres konnte ich deutlich ihre Gesichter erkennen, die sowohl Staunen wie Schrecken ausdrückten. Lange Zeit betrachteten sie uns aufmerksam. Als wäre ihnen plötzlich etwas in den Sinn gekommen, erhoben sie sich schließlich hastig und flohen schnell in die Richtung, aus der wir sie zuerst hatten auftauchen sehen.

5. *Mai.* Als wir heute morgen gerade im Begriff waren, sehr früh aufzubrechen, fiel plötzlich eine große Gruppe Assiniboins über unsere Boote her, und es gelang ihnen, die Piroge in ihren Besitz zu bringen, ehe wir irgendwelchen wirksamen Widerstand leisten konnten. Zu der Zeit war niemand auf ihr außer Jules, der dadurch entkam, daß er in den Fluß sprang und zum großen Boot schwamm, das wir in den Strom hinausgerudert hatten. Diese Indianer waren uns von den beiden auf den Hals geschickt worden, die uns am vorhergehenden Tag beobachtet hatten, und der Trupp mußte sich so verstohlen herangeschlichen haben, wie man es sich nur vorstellen kann, hatten wir doch regelmäßig Posten aufgestellt, und selbst Neptun hatte uns ihre Nähe nicht angezeigt.

Wir waren gerade drauf und dran, das Feuer auf die Feinde zu eröffnen, als uns Misquash (der neue Dolmetsch – Sohn des Waukerassah) zu verstehen gab, daß die Assiniboins Freunde seien und Zeichen der Freundschaft gaben. Obgleich wir nicht umhin konnten, den Raub unseres Bootes für eine recht ungewöhnliche Art von Freundschaftsbeweis zu halten, warteten wir dennoch ab, was diese Männer uns zu sagen hätten, und baten Misquash, sie zu fragen, warum sie sich so benommen hätten. Sie antworteten unter vielen Ehrfurchtsbezeigungen; und wir kamen letztlich zu dem Schluß, daß sie wirklich nicht beabsichtigt hatten, uns zu behelligen, sondern nur ihre heftige Neugier stillen wollten, die sie quälte und die sie uns nun zu befriedigen baten. Es schien, daß die zwei Indianer vom Vortag, deren sonderbares Verhalten uns dermaßen verwundert hatte, plötzlich starr vor Staunen über das rußige Äußere unseres Negers Toby gewesen waren. Sie hatten noch nie zuvor einen Schwarzen gesehen oder von einem solchen gehört, und man muß zugeben, daß sie allen Grund hatten, sich zu wundern. Noch dazu war Toby der häßlichste alte Mann, den es je gegeben hat – besaß er doch alle auffallenden Merkmale seiner Rasse: dicke Lippen, vorstehende weiße Kulleraugen, eine platte Nase, lange Ohren, einen mächtigen Schädel, Dickbauch und krumme Beine. Als sie ihren Gefährten ihr Erlebnis berichteten, wurde der wundersamen Geschichte der beiden Indianer kein Glauben geschenkt, und sie wären beinahe für immer als Lügner und Schwindler verschrien gewesen, hätten sie nicht vorgeschlagen, die ganze Schar zu den Booten zu führen, um ihre Glaubwürdigkeit zu beweisen. Der plötzliche Überfall schien nur auf die Ungeduld der noch immer ungläubigen Assiniboins zurückzuführen zu sein; denn sie legten danach nie wieder auch nur die geringste Feindseligkeit an den Tag und verließen die Piroge, sobald wir ihnen klargemacht hatten, daß wir sie den alten Toby zur Genüge besichtigen ließen. Dieser betrachtete die Sache als einen großen Spaß und ging sogleich ans Ufer, *in naturalibus*, damit die neugierigen Indianer das ganze Ausmaß des Streitpunktes in Augenschein nehmen könnten. Sie waren von tiefem Staunen erfüllt und voller Befriedigung. Zuerst trauten sie ihren eigenen Augen nicht, spuckten sich in die Hände und rieben die Haut des schwarzen Mannes, um sich zu überzeugen, daß sie nicht bemalt sei. Die Wolle auf dem Kopf rief wiederholt beifällige Ausrufe hervor, und die krummen Beine waren Gegenstand uneingeschränkter Bewunderung. Ein lebhafter Tanz unseres häßlichen Freundes trieb das Ganze dem Höhepunkt zu. Das Staunen konnte nicht größer sein. Der Beifall war nicht zu übertreffen. Hätte Toby nur einen einzigen Funken Ehrgeiz besessen, so hätte er damals für immer sein Glück gemacht, den Thron der Assiniboins bestiegen und als König Toby I. regiert.

Dieser Vorfall hielt uns bis zum späten Nachmittag auf. Nachdem wir einige Höflichkeiten und Geschenke mit den

Indianern ausgetauscht hatten, nahmen wir von sechs ihrer Männer Hilfe an, die uns fünf Meilen auf unserer Fahrt rudern wollten – ein sehr willkommener Beistand, wofür wir nicht versäumten, Toby zu danken. Wir fuhren heute nur zwölf Meilen und lagerten nachts auf einer schönen Insel, an die wir uns noch lange wegen der köstlichen Fische und Vögel erinnerten, die uns ihre Umgebung bot. Wir blieben zwei Tage an diesem angenehmen Ort, wo wir schmausten und guter Dinge waren, uns wenig um das Morgen scherten und den zahlreichen Bibern, die sich um uns tummelten, kaum Beachtung schenkten. Wir hätten auf dieser Insel ohne jede Mühe ein- bis zweihundert Felle erbeuten können. Wie die Dinge standen, sammelten wir etwa zwanzig. Die Insel liegt an der Mündung eines ziemlich großen, von Süden kommenden Flusses und an einer Stelle, wo der Missouri sich genau nach Westen wendet. Die geographische Breite beträgt ungefähr 48 Grad.

8. Mai. Wir kamen bei günstigem Wind und schönem Wetter voran, und nachdem wir zwanzig oder fünfundzwanzig Meilen zurückgelegt hatten, erreichten wir einen großen Fluß, der vom Norden her einmündet. An der Stelle, wo er hervorbricht, ist er jedoch sehr schmal – nicht mehr als ein Dutzend Meter breit und scheint ganz mit Schlamm verstopft zu sein. Wenn man ein kurzes Stück flußauf rudert, sieht man, daß es ein schöner, schiffbarer Strom ist, siebzig oder achtzig Meter breit und sehr tief, der durch ein prächtiges Tal mit reichlich Wild fließt. Unser neuer Führer nannte uns den Namen des Flusses, aber ich erinnere mich nicht mehr daran.[1] Robert Greely schoß hier einige Gänse, die ihre Nester auf Bäumen bauen.

9. Mai. An vielen Stellen nahe der Flußufer bemerkten wir heute, daß der Boden mit einer weißen Masse bedeckt war, die sich als starkes Salz erwies. Wir fuhren wegen mehrerer kleiner Hindernisse nur fünfzehn Meilen und schlugen am Abend auf dem Festland zwischen einigen Pappelgruppen und Büffelbeersträuchern unser Lager auf.

1 wahrscheinlich der White Earth River. – Hrsg. ›G. M.‹

10. Mai. Heute war das Wetter kalt und der Wind recht kräftig, aber günstig. Wir kamen ein großes Stück voran. Die Berge in dieser Gegend sind wild und rauh und von Felsschründen durchzogen, von denen einige hoch empor-ragen und allem Anschein nach der Einwirkung von Was-ser ausgesetzt waren. Wir sammelten mehrere Stücke ver-steinertes Holz und Knochen; und in alle Richtungen verstreut lag Kohle umher. Der Fluß ist jetzt sehr gewun-den.

11. Mai. Den größten Teil des Tages durch Böen und Regen aufgehalten. Gegen Abend klärte es sich prächtig auf, und unter Ausnutzung eines günstigen Windes kamen wir zehn Meilen voran, ehe wir unser Nachtlager aufschlu-gen. Einige fette Biber wurden gefangen und am Ufer ein Wolf erlegt. Er schien von einem großen Rudel versprengt zu sein, das um uns herumstreunte.

12. Mai. Gingen heute mittag, nachdem wir zehn Meilen zurückgelegt hatten, auf einer steilen kleinen Insel an Land, um einige unserer Sachen in Ordnung zu bringen. Als wir gerade aufbrechen wollten, verschwand plötzlich einer der Kanadier, der die Vorhut der Gruppe angeführt hatte und mehrere Meter voraus war, mit einem lauten Schrei vor unseren Augen. Wir rannten sogleich alle nach vorn und lachten herzlich, als wir merkten, daß unser Mann nur in ein leeres *cache* gefallen war, aus dem wir ihn unver-züglich wieder herauszogen. Wäre er allerdings allein gewe-sen, so ist es fraglich, ob er überhaupt jemals herausgekom-men wäre. Wir untersuchten die Grube sehr sorgfältig, fanden aber nichts als ein paar leere Flaschen; auch konn-ten wir nichts entdecken, was uns verriet, ob hier Franzo-sen, Briten oder Amerikaner ihre Habe versteckt hatten, und das erweckte ein gut Teil Neugierde in uns.

13. Mai. Erreichten den Zusammenfluß des Yellowstone mit dem Missouri, nachdem wir tagsüber fünfundzwanzig Meilen zurückgelegt hatten. Misquash verließ uns hier und kehrte nach Hause zurück.

Die Gegend, durch die wir während der letzten zwei bis drei Tage gefahren waren, mutete freudlos an, verglichen mit der, an die wir gewöhnt waren. Im großen und ganzen war sie flacher; Bäume standen in größerer Zahl am Flußufer und wenige oder gar keine in der Ferne. Wo immer Steilfelsen an den Ufern auftauchten, entdeckten wir Anzeichen von Kohle, und wir sahen ein ausgedehntes Lager dicker bitumenhaltiger Art, das weiter unten das Wasser auf einige hundert Meter stark verfärbte. Die Strömung ist sanfter als bisher, das Wasser klarer, und Felsen und Untiefen kommen seltener vor, obgleich die von uns passierten so schwierig wie eh und je waren. Es regnete unaufhörlich, und die Ufer wurden dadurch so schlüpfrig, daß die Männer, die das Schleppseil hatten, kaum laufen konnten. Die Luft war ebenfalls unangenehm kühl, und als wir einige niedrige Hügel neben dem Fluß erklommen, sahen wir nicht wenig Schnee in den Spalten und auf den Kämmen. Ganz in der Ferne hatten wir zu unserer Rechten einige Indianerlager bemerkt, die den Anschein erweckten, als seien sie behelfsmäßig und erst vor kurzem verlassen worden. Diese Gegend bietet keine Anzeichen für eine ständige Ansiedlung, scheint aber ein bevorzugter Jagdgrund der benachbarten Stämme zu sein – eine Tatsache, die wir an den häufigen Jagdspuren erkannten, auf die wir überall stießen. Es ist allgemein bekannt, daß die Minnetarees des Missouri ihre Streifzüge beim Verfolgen des Wildes bis hinauf zur großen Gabelung auf der Südseite ausdehnen, während die Assiniboins noch höher ziehen. Misquash hatte uns mitgeteilt, daß wir zwischen unserem augenblicklichen Lager und den Rocky Mountains keine Wohnstätten mehr antreffen würden außer denen der Minnetarees, die auf der unteren oder Südseite des Saskatchewan leben. Wild gab es überaus reichlich und in großer Vielfalt –

1 Fortsetzung des Berichts im ›Gentleman's Magazine‹, Juni 1840. – Hrsg.

Elche, Büffel, Dickhornschafe, Großohrhirsche, Bären, Füchse, Biber usw. usw. sowie unzähliges Geflügel. Fisch war auch in Fülle vorhanden. Die Strombreite wechselte beträchtlich von zweihundertfünfzig Meter bis zu Passagen, wo der Strom sich durch weniger als hundert Fuß voneinander entfernte Felsen zwängte. Die Oberfläche dieser Steilfelsen bestand gewöhnlich aus einem hellgelben Sandstein, gemischt mit rotbrauner Erde, Bimsstein und Mineralsalzen. An einem Punkt änderte sich die Gegend plötzlich auffallend, die Hügel zogen sich auf beiden Seiten weit vom Fluß zurück, der dicht mit kleinen schönen Inseln besetzt war, auf denen kanadische Pappeln wuchsen. Die Niederungen muteten sehr fruchtbar an; gegen Norden waren sie weit und flach und öffneten sich in drei breite Täler. Hier schien die äußerste nördliche Grenze der Bergkette zu sein, durch die der Missouri so lange geflossen war und die von den Indianern Black Hills genannt wird. Den Übergang von der Gebirgsgegend zur Ebene zeigte die Luft an, die nun trocken und rein wurde; und zwar in solch einem Maße, daß wir die Wirkung auf die Nähte unserer Boote und unsere wenigen mathematischen Instrumente schon bald feststellen konnten.

Als wir uns der Flußgabelung unmittelbar näherten, begann es heftig zu regnen, und die Hindernisse im Fluß bereiteten uns größte Mühe. Die Ufer waren an einigen Stellen so schlüpfrig und der Lehm so weich und klebrig, daß die Männer gezwungen waren, barfuß zu gehen, da sie ihre Mokassins nicht anbehalten konnten. Auch gab es an den Ufern viele Wassertümpel, durch die wir manchmal bis in Schulterhöhe waten mußten. Dann wiederum waren wir gezwungen, uns mühsam über Unmengen spitzer Kieselsteine fortzubewegen, die Überreste von Felsklippen zu sein schienen, welche *en masse* herabgefallen waren. Gelegentlich kamen wir zu einer steilen Schlucht oder Rinne, die zu überwinden uns jedesmal größte Mühe bereitete, und als wir an einer vorüberfahren wollten, gab das Tau des Großbootes nach (es war schon alt und sehr abgenutzt), so daß das Boot von der Strömung auf eine Felsbank mitten im Strom geworfen wurde, wo das Wasser so tief war, daß wir uns kräftig anstrengen mußten, um es mit Hilfe der Piroge wieder flottzumachen, und es vergingen volle sechs Stunden, ehe uns dies gelang.

Einmal kamen wir am Südufer zu einer hohen Wand aus schwarzem Felsgestein, die etwa eine Viertelmeile den Strom entlang die üblichen Klippen überragte; an sie schloß sich eine freie Ebene an, und etwa drei Meilen weiter auf derselben Seite noch eine Wand von heller Farbe, ganze zweihundert Fuß hoch; dann erneut eine Ebene oder vielmehr ein Tal, und wieder erhebt sich auf der Nordseite eine äußerst ungewöhnlich aussehende Wand von sehr gleichmäßiger, künstlich wirkender Art, die vermutlich zweihundertfünfzig Fuß hoch emporragt und etwa zwölf Fuß breit ist. Diese Felsen bieten fürwahr einen höchst eigenartigen Anblick, denn sie ragen lotrecht aus dem Wasser empor. Die letzterwähnten bestehen aus reinweißem, weichem Sandstein, dem das Wasser mit Leichtigkeit seinen Stempel aufdrückt. In dem oberen Teil der Felswände sieht man eine Art Fries oder Gesims, entstanden durch mehrere dazwischenliegende dünne, waagerechte Schichten eines harten weißen Sandsteins, den der Regen nicht angegriffen hat. Weiter flußauf stößt man auf dunklen, fruchtbaren Boden, der ungefähr eine Meile weit allmählich vom Wasser ansteigt, während andere Hügel jäh zu einer Höhe von vollen fünfhundert Fuß emporragen.

Die Oberfläche dieser ungewöhnlichen Felsklippen ist, wie man vermuten kann, durchzogen von einem Gewirr von Linien, die durch das Rieseln des Regens auf dem weichen Material entstanden sind, so daß eine blühende Phantasie sie sich leicht als gigantische Monumente ausmalen könnte, durch menschliche Kunst errichtet und mit geheimnisvollen Zeichen verziert. Manchmal gibt es regelrechte Nischen (wie man sie in Gotteshäusern für Statuen sieht), die durch das Herausfallen großer Sandsteinbrocken gebildet wurden; und man findet an mehreren Stellen Treppen und lange Gänge, weil der Regen dort durch schmale Brüche im Sandsteingesims gleichmäßig auf das weiche Material darunter tropfen konnte. Wir kamen an diesen ungewöhnlichen Felsen bei hellem Mondschein vorbei, und ihre Wirkung auf meine Einbildungskraft werde ich nie vergessen. Sie alle trugen das Mal verzauberter Bauwerke (wie sie mir im Traum erschienen), und das Zwitschern von Myriaden Mauerschwalben, die ihre Nester in den Löchern gebaut haben, welche überall das Gestein durchziehen, trug nicht wenig zu dieser Vorstellung bei. Neben den Hauptwänden gibt es hin und wieder niedrigere, zwanzig bis hundert Fuß hoch und ein bis zwölf oder fünfzehn Fuß stark, von vollkommener Regelmäßigkeit und lotrechtem Stand. Sie werden aus einer Reihe großer, schwarz aussehender Felsen gebildet, offenbar aus Ton, Sand und Quarz bestehend und von genau symmetrischer Form, wenn auch von unterschiedlicher Größe. Sie sind gewöhnlich quadratisch, manchmal aber auch länglich (immer quaderförmig) und liegen so genau und regelmäßig einer über dem anderen, als hätte sie ein Maurer dort angeordnet; jeder obere Stein bedeckt und sichert die Verbindungsstelle zwischen zwei darunter befindlichen, geradeso wie Ziegel in einer Mauer. Manchmal verlaufen diese einzigartigen Gebilde in bis zu vier nebeneinanderliegenden parallelen Linien, manchmal entfernen sie sich vom Fluß, bis sie sich zwischen den Hügeln verlieren; manchmal schneiden sie einander im rechten Winkel und scheinen große künstliche Gartenanlagen zu umgeben, deren Vegetation oft so beschaffen ist, daß die zauberhafte Stimmung gewährt bleibt. Wo die Felswände am schwächsten sind, erscheinen die Ziegel weniger groß und umgekehrt. Wir hielten die Landschaft, die sich unseren Blicken an diesem Teil des Missouri darbot, für die erstaunlichste, wenn nicht die schönste, die wir je gesehen hatten. Sie hinterließ in mir einen Eindruck des Ungewöhnlichen – einer Einmaligkeit –, der durch nichts wieder ausgelöscht werden kann.

Kurz bevor wir die Flußgabelung erreichten, kamen wir zu einer ziemlich großen Insel auf der Nordseite, von der aus eine gute Meile nach Süden eine Niederung liegt, die ungemein dicht mit prächtigen Bäumen bestanden ist.

Nach dieser kamen noch andere kleine Inseln, die wir alle auf unserer Fahrt für wenige Minuten anliefen. Dann passierten wir eine tiefschwarze Felsklippe auf der Nordseite und später zwei weitere kleine Inseln, auf denen wir nichts Bemerkenswertes entdecken konnten. Nach einigen Meilen erreichten wir eine ziemlich große, nahe dem Ausläufer eines steilen Vorgebirges gelegene Insel; anschließend noch zwei andere kleinere. Auf allen diesen Inseln gibt es reichen Baumbestand. Es war in der Nacht des 13. Mai, da zeigte uns Misquash die Mündung des großen Flusses, der in den Siedlungen den Namen Yellowstone führt, von den Indianern aber Ahmateaza[1] genannt wird. Wir schlugen unsere Zelte am Südufer in einer schönen, mit kanadischen Pappeln bestandenen Niederung auf.

14. Mai. Heute morgen rührten wir uns alle schon zu früher Stunde, da wir nun eine Stelle von großer Wichtigkeit erreicht hatten, und bevor wir überhaupt weiterfuhren, erwies es sich als notwendig, eine genaue Prüfung vorzunehmen und festzustellen, welcher der beiden großen Flüsse vor uns am besten befahrbar sei. Es schien der Wunsch aller in der Gruppe zu sein, auf einem dieser Flüsse so weit vorzustoßen, wie dieser schiffbar war, um zu den Rocky Mountains zu gelangen, wo wir vielleicht auf die Quellflüsse des großen Stromes Aregan trafen, der nach den Berichten aller Indianer, mit denen wir darüber gesprochen hatten, in den Stillen Ozean münden sollte. Ich sehnte mich ebenfalls danach, dieses Ziel zu erreichen, das meiner Phantasie eine aufregende Abenteuerwelt eröffnete, doch sah ich viele Schwierigkeiten voraus, die sich uns zwangsläufig in den Weg stellen würden, wenn wir diesen Versuch mit unseren kargen Informationen über die Region wagten, durch die wir fahren mußten, und über die Indianer, die sie bewohnten; von letzteren wußten wir mit Sicherheit nur,

1 Hier scheint es sich um ein Mißverständnis zu handeln, das zu berichtigen wir nicht für nötig hielten, da Mr. Rodman sich letzten Endes vielleicht doch nicht irrt. Der Ahmateaza ist der Name, den die Minnetarees (nach dem Bericht von Lewis und Clark) dem Missouri und nicht dem Yellowstone gaben. – Hrsg. ›G. M.‹

daß sie im allgemeinen die wildesten aller nordamerikanischen Indianer waren. Ich fürchtete auch, daß wir möglicherweise in den falschen Fluß geraten und uns in ein endloses Labyrinth von Beschwernissen verwickeln könnten, was die Männer entmutigen würde. Diese Gedanken beunruhigten mich jedoch nicht allzulang, und ich ging sogleich daran, die Umgebung zu erkunden; ich schickte einige meiner Leute an die Ufer eines jeden Flusses, damit sie den Wasserstand in Augenschein nähmen, während ich selbst mit Thornton und John Greely auf die Hochebene der Gabelung stieg, wo sich vielleicht eine gute Aussicht auf das umliegende Land böte. Wir sahen ein unermeßlich großes und herrliches Gebiet, das sich auf beiden Seiten zu einer riesigen Ebene ausweitete, in prächtigem Grün wogend und belebt von unzähligen Herden von Büffeln und Wölfen, hin und wieder vermischt mit Elchen und Antilopen. Im Süden wurde die Aussicht durch eine Kette hoher, schneebedeckter Berge versperrt, die sich von Südosten nach Nordwesten erstreckte und jäh abbrach. Dahinter lag noch eine höhere Bergkette, die sich bis zum Horizont ausdehnte. Die zwei Flüsse boten einen bezaubernden Anblick, als sie sich schlangengleich windend in der Ferne verloren, schmaler und schmaler wurden, bis sie nur noch dünnen Silberfäden gleich in den trüben Nebelschwaden des Himmels verschwanden. Aus ihrem Richtungsverlauf erhielten wir keinen Aufschluß über ihren weiteren Weg, und so stiegen wir wieder hinab und wußten nicht, was wir tun sollten.

Die Prüfung der beiden Flüsse befriedigte uns kaum mehr. Der nördliche Fluß erwies sich als der tiefere, aber der nach Süden war breiter, und die Wassermenge unterschied sich nur wenig. Der erste hatte die gleiche Farbe wie der Missouri, während der zweite ein auffallend rundes Kiesbett aufwies, das für einen im Gebirge entspringenden Fluß typisch ist. Wir ließen uns schließlich durch die leichtere Navigation des nördlichen Arms bestimmen, diesen Kurs einzuschlagen, obgleich wir bei dem immer seichter werdenden Wasser zu der Überzeugung gelangten, daß wir

uns spätestens in einigen Tagen von dem großen Boot trennen müßten. Wir verbrachten drei Tage im Lager, in deren
Verlauf wir eine große Menge schöner Felle sammelten
und sie mit allen anderen Vorräten in einem gut angelegten *cache*[1] auf einer kleinen Flußinsel eine Meile unterhalb
des Zusammenflusses verwahrten. Wir erlegten auch sehr
viel Wild, vor allem Rotwild, von dem wir einige Keulen
zum späteren Verzehr einpökelten oder einsalzten. In der
Nähe fanden wir in reicher Menge indische Feigen, ebenso
Apfelbeeren in großer Fülle in der Niederung und in den
Schluchten. Es wuchsen dort auch viele gelbe und rote
Johannisbeeren (noch nicht reif) sowie Stachelbeeren.
Heckenrosenknospen begannen gerade üppig zu sprießen.
Wir verließen unser Lager in guter Stimmung am Mor-
gen des 18. Mai.

18. Mai. Der Tag war angenehm, und wir kamen frohge-
mut voran, ungeachtet der ständigen Unterbrechungen,
verursacht durch Untiefen und herausragende Felsbänke,

---

1 *Caches* sind Gruben, die sehr oft von Trappern und Pelzhänd-
lern gegraben werden und in denen sie ihre Felle oder andere
Dinge während vorübergehender Abwesenheit aufbewahren. Als
erstes sucht man eine trockene und abgelegene Stelle. Dann wird
ein im Durchmesser etwa zwei Fuß großer Kreis gezogen – der
innenliegende Rasen wird sorgfältig abgetragen und beiseite gelegt. Daraufhin wird ein senkrechtes Loch bis zur Tiefe eines Fußes gegraben und nachher allmählich erweitert, bis die Höhle
acht oder zehn Fuß tief und sechs oder sieben Fuß breit ist. Die
ausgegrabene Erde wird vorsichtig auf ein Fell gelegt, um keine
Spuren auf dem Gras zu hinterlassen, und wenn alles fertig ist,
wird sie in den nächsten Fluß geworfen oder an anderer Stelle gut
versteckt. Die Grube wird dann vollständig mit trockenem Reisig
und Heu ausgelegt, oder auch mit Häuten, und man kann in ihr
fast alle Gegenstände, die in den Wäldern benötigt werden, jahrelang sicher und unbeschädigt aufbewahren. Wenn die Sachen
eingelagert und gut mit Büffelhäuten zugedeckt sind, wird Erde
darauf geworfen und alles festgestampft. Danach wird wieder Rasen aufgelegt und die Bäume in der näheren Umgebung oder an
einer anderen Stelle mit einem geheimen Zeichen versehen, das
den genauen Standort des Lagers anzeigt. – Hrsg. ›G. M.‹

von denen es viele im Strom gibt. Die Männer waren samt und sonders begeistert zur Weiterreise entschlossen, und die Rocky Mountains bildeten das einzige Gesprächsthema. Durch das Zurücklassen unserer Felle hatten wir die Boote bedeutend erleichtert, und es war daher nicht mehr so schwierig, sie durch die reißenden Strömungen zu lavieren, als es sonst der Fall gewesen wäre. Der Fluß war voller Inseln, und wir machten fast an allen halt. Nachts erreichten wir ein verlassenes Indianerlager neben Felsen aus schwärzlichem Gestein. Klapperschlangen störten uns über die Maßen, und vor Tagesanbruch ging ein starker Regen nieder.

19. Mai. Wir waren noch nicht weit vorangekommen, als wir feststellten, daß sich der Charakter des Flusses wesentlich änderte und er sehr durch Sandbänke oder vielmehr Wälle von kleinen Steinen verstopft wurde, so daß wir nur mit beträchtlicher Mühe einen Weg für das größere Boot bahnen konnten. Wir schickten zwei Männer zur Erkundung voraus, und nach ihrer Rückkehr berichteten sie, daß das Flußbett weiter oben breiter und tiefer sei, und wir fühlten uns abermals zur Weiterfahrt ermutigt. Wir stießen zehn Meilen vor und schlugen unser Nachtlager auf einer kleinen Insel auf. In der Ferne bemerkten wir gen Süden einen ungewöhnlichen Berg in Kegelform, der einzeln dastand und ganz mit Schnee bedeckt war.

20. Mai. Wir kamen nun in ein besseres Flußbett und verfolgten unseren Kurs mit geringfügigen Unterbrechungen sechzehn Meilen weit durch ein schlammiges Gebiet von ungewöhnlichem Aussehen und beinahe bar jeder Vegetation. Am Abend lagerten wir auf einer sehr großen Insel, auf der hohe Bäume wuchsen, von denen wir viele nicht kannten. Wir hielten uns an dieser Stelle fünf Tage auf und führten einige Reparaturen an der Piroge durch.

Während unseres Aufenthaltes hier ereignete sich ein bemerkenswerter Vorfall. Die Ufer des Missouri sind in dieser Gegend ziemlich steil und bestehen aus einer eigenartig bläulichen Erde, die nach Regen ungemein schlüpfrig wird. Die Felsen bilden vom Flußbett bis zu einer Entfernung von hundert Meter oder mehr eine Reihe steiler Terrassen aus dieser Erde, nach vielen Richtungen hin von tiefen und engen Schluchten durchzogen, die durch Wassereinwirkung in einer zurückliegenden Zeitepoche so stark abgetragen wurden, daß sie wie künstliche Kanäle aussehen. Die Ausgänge dieser Schluchten bilden dort, wo sie am Fluß enden, einen sehr ungewöhnlichen Anblick und gleichen im Mondschein vom gegenüberliegenden Ufer aus gigantischen Säulen, die am Gestade zum Himmel starren. Für einen Beobachter auf der obersten Terrasse wirkt der ganze Hang zum Fluß hinunter unbeschreiblich chaotisch und düster. Keinerlei Pflanzenwuchs ist festzustellen.

John Greely, der Prophet, der Dolmetsch Jules und ich brachen eines Morgens nach dem Frühstück auf, um die höchste Terrasse am Südufer zu ersteigen und dort Ausschau zu halten, kurz, um zu sehen, was zu sehen war. Mit großer Anstrengung und äußerster Vorsicht gelang es uns, das Gipfelplateau gegenüber unserem Lager zu erreichen. Die Prärie unterscheidet sich hier vom allgemeinen Charakter dieser Landschaft dadurch, daß sie über viele Meilen hin von Pappeln, Rosensträuchern, Purpurweiden und breitblättrigen Weiden dicht bestanden ist; der Boden ist uneben und hin und wieder sumpfig wie auch sonst in den Flußniederungen – er besteht aus schwarzem Lehm mit einem Drittel Sand, und wenn man eine Handvoll davon ins Wasser wirft, löst er sich wie Zucker mit vielen Blasen auf. An mehreren Stellen bemerkten wir tiefe Ablagerungen von Kochsalz, von dem wir einiges mitnahmen und verwendeten.

Auf dem Plateau angekommen, hatten wir uns kaum niedergelassen, um ein wenig auszuruhen, als wir durch ein lautes Brummen aus dem dichten Gestrüpp unmittelbar hinter uns in Aufregung versetzt wurden. Wir sprangen sofort zutiefst erschrocken auf, denn wir hatten unsere Gewehre auf der Insel zurückgelassen, damit sie uns beim Erklimmen der Felsen nicht hinderten, und Pistolen und Messer waren die einzigen Waffen, über die wir verfügten. Es blieb uns kaum Zeit, auch nur ein Wort miteinander auszutauschen, da kamen zwei riesengroße braune Bären (die ersten, denen wir bis jetzt auf unserer Fahrt begegnet waren) mit aufgerissenem Rachen aus einer Gruppe von Rosenbüschen auf uns zugestürzt. Diese Tiere werden von den Indianern sehr gefürchtet, und das mit Recht, denn es sind tatsächlich schreckliche Kreaturen, die eine ungeheure Kraft, unbändige Wildheit und ein erstaunlich zähes Leben besitzen. Es besteht kaum die Möglichkeit, sie mit einer Kugel zu töten, es sei denn, der Schuß geht durchs Gehirn, und das ist durch zwei große Stirnmuskeln und durch einen vorstehenden starken Stirnknochen geschützt. Sie sollen tagelang mit einem halben Dutzend Kugeln in den Lungen und sogar mit äußerst schweren Herzverletzungen weiterleben können. Bisher waren wir noch auf keinen Braunbär gestoßen, wenngleich oft auf seine Spuren im Schlamm oder Sand, und diese waren ohne Klauen nahezu einen Fuß lang und volle acht Zoll breit.

Was tun, war nun die Frage. Stehenzubleiben und mit solchen Waffen zu kämpfen, wie wir sie besaßen, wäre purer Wahnsinn gewesen; und es wäre auch töricht, an eine Flucht in die Prärie zu denken, denn die Bären kamen nicht nur aus dieser Richtung auf uns zugerannt, sondern nicht weit hinter den Felsklippen war das Unterholz aus Dornbüschen, Zwergweiden und ähnlichem Gesträuch so dicht, daß wir überhaupt nicht durchgekommen wären, und wenn wir am Fluß entlang zwischen dem Gestrüpp und der Klippenspitze flüchteten, würden uns die Tiere sofort einholen; da der Boden sumpfig war, kämen wir nicht weit, während die großen flachen Tatzen der Bären es ihnen ermöglichten, mit Leichtigkeit zu laufen. Es schien, als durchzuckten diese Gedanken (die man nicht so schnell in Worte kleiden kann) uns alle in einem einzigen Augenblick – denn jeder von uns sprang sogleich auf die Klippen zu, ohne lange an die Gefahr zu denken, die uns dort erwartete.

Der erste Abhang maß einige dreißig bis vierzig Fuß und war nicht sehr steil; auch glich das Erdreich hier ein wenig dem des oberen Bodens, so daß wir ohne Schwierigkeit zur ersten Terrasse hinabkrochen, indes die Bären uns voll ungestümer Wut nachsprangen. Dort angekommen, durften wir keinen Augenblick zaudern. Es blieb uns nichts weiter übrig, als den Tieren auf der schmalen Felsplatte entgegenzutreten, auf der wir uns befanden, oder über den zweiten Abhang hinabzuklettern. Dieser war fast senkrecht, sechzig bis siebzig Fuß tief und bestand gänzlich aus jener blauschwarzen Erde, die nun von den letzten Regengüssen vollgesogen und schlüpfrig wie Glatteis war. Der Kanadier, vor Angst wie von Sinnen, sprang sogleich zum Rand, glitt blitzschnell den Felsen hinab und wurde durch die schwungvolle Bewegung gleich noch über den dritten Steilhang hinabgerissen. Dann verloren wir ihn aus den Augen und nahmen natürlich an, daß er sich zu Tode gestürzt hatte; zweifelten wir doch nicht, daß dieses entsetzliche Gleiten von einem Abhang zum andern andauerte, bis es beim letzten mit dem Sturz in den Fluß endete – ein Fall aus mehr als einhundertfünfzig Fuß Höhe.

Wäre Jules nicht auf diese Weise entkommen, so hätten wir uns sehr wahrscheinlich alle in unserer äußersten Not entschlossen, den Abstieg zu wagen; aber sein Schicksal ließ uns zögern, und in der Zwischenzeit fielen die Ungeheuer über uns her. Zum ersten Mal in meinem Leben stand ich einem wilden Tier von bemerkenswerter Stärke und Unbändigkeit so nah gegenüber, und ich gestehe offen ein, daß ich völlig die Nerven verlor. Einige Augenblicke lang hatte ich das Gefühl, ohnmächtig zu werden, doch ein lauter Schrei Greelys, der vom vordersten Bären ergriffen worden war, spornte mich zum Handeln an, und erst einmal richtig angespornt, empfand ich eine unbändige und wilde Freude an dem Zusammenstoß.

Eines der Tiere hatte sich, sobald es die schmale Felsbank erreichte, auf der wir standen, sofort auf Greely gestürzt und ihn zu Boden geworfen, beugte sich nun über ihn und grub sich mit den großen Zähnen in die Brust seines Mantels, den ihn ein günstiges Geschick hatte anziehen lassen, da ein kühler Wind wehte. Der andere Bär, der

über die Felsenklippen eher hinabrollte, als daß er hinab-
kletterte, erreichte unseren Standort mit einem solchen
Schwung, daß er erst zum Stehen kam, als sein Körper
schon halb über dem Abgrund schwebte; er schwankte und
verlor mit den rechten Tatzen den Boden unter den Füßen, während er sich unbeholfen mit den zwei Linken festklammerte. In dieser Stellung packte er Wormley mit der
Schnauze an der Ferse, und einen Augenblick lang fürchtete ich das Schlimmste; denn während der erschrockene
Kämpe sich von dem Griff zu befreien suchte, half er dadurch dem Bären, wieder festen Stand zu gewinnen. Während ich, wie schon berichtet, hilflos vor Angst dastand
und den Vorfall beobachtete, ohne auch nur im geringsten
Beistand leisten zu können, zerriß W.s Mokassin unter den
Fängen des Tieres, das nun kopfüber zur nächsten Stufe
hinunterpurzelte, sich aber mit den riesigen Tatzen festhalten konnte und nicht mehr weiterrutschte. Jetzt erst schrie
Greely um Hilfe, und der Prophet und ich stürzten zu ihm.
Wir feuerten beide unsere Pistolen auf den Kopf des Bären
ab; und ich bin überzeugt, daß meine Kugel in einen Teil
seines Schädels eingedrungen war, denn ich hielt die Waffe
nahe an sein Ohr. Er schien jedoch eher wilder geworden
zu sein als verletzt; die einzige nachhaltige Wirkung dieser
Schüsse war, daß er Greely (der keinen Schaden erlitten
hatte) fahrenließ und nun uns bedrohte. Wir hatten nur
unsere Messer als einziges Verteidigungsmittel, und selbst
die Flucht auf die tiefergelegene Terrasse war uns verwehrt,
da sich dort der andere Bär befand. Wir standen mit dem
Rücken zum Felsen und machten uns auf einen tödlichen
Kampf bereit, und wir hätten nicht im Traum daran gedacht, daß uns gerade von Greely (den wir für tödlich verletzt hielten) Hilfe kommen sollte, als wir einen Schuß hörten und das riesige Tier uns zu Füßen fiel, während wir
seinen heißen und übelriechenden Atem schon auf unserem Gesicht verspürten. Unser Retter, der in seinem Leben
schon mit manchem Bären aneinandergeraten war, hatte
mit seiner Pistole sorgfältig auf das Auge des Ungeheuers
gezielt, und der Schuß war ins Gehirn gedrungen.

Als wir nun nach unten schauten, entdeckten wir, daß der gestürzte Braune sich vergeblich bemühte, zu uns heraufzuklettern – die weiche Erde gab seinen Tatzen nach, und er fiel mehrere Male schwerfällig nieder. Wir suchten ihn mit einigen Schüssen zu erlegen, die ihn aber nicht trafen, und beschlossen, ihn den Krähen zu überlassen. Ich kann mir nicht vorstellen, wie er sich je von diesem Fleck hätte retten können. Wir kletterten dann beinahe eine halbe Meile mühsam auf dem Felsgesims weiter, auf dem wir uns befanden, ehe wir einen gangbaren Pfad in die vor uns liegende Prärie finden konnten, und kamen erst in tiefer Nacht zum Lager zurück. Jules war da, ganz und gar lebendig, aber arg zugerichtet – und zwar so sehr, daß er nicht einmal einen vernünftigen Bericht über den Unglücksfall oder über unseren Verbleib geben konnte. Er hatte sich in einer der tiefen Schluchten der dritten Terrasse verfangen und war auf dem Weg durch diese Talschlucht zum Flußufer gelangt.

EDGAR ALLAN POE
SÄMTLICHE ERZÄHLUNGEN

Alphabetische Inhaltsübersicht
der vier Einzelbände

ZU DIESER AUSGABE

insel taschenbuch: Edgar Allan Poe, Das Tagebuch des Julius Rodman und andere Erzählungen. Der Text folgt der Ausgabe im insel taschenbuch: Edgar Allan Poe, Sämtliche Erzählungen in vier Bänden. Herausgegeben von Günter Gentsch. Insel Verlag Frankfurt am Main 1993.

Das unvergleichliche Abenteuer eines gewissen Hans Pfaall, S. 9. Originaltitel: The Unparalleled Adventures of One Hans Pfaall. Erstveröffentlichung unter dem Titel: Hans Phaall, in: Southern Literary Messenger, Juni 1835. Textvorlage der Übersetzung von Andrea Sachs: The Complete Works of Edgar Allan Poe (Virginia Edition). Edited by James A. Harrison, 17 Bände, New York 1902.

Der Bericht des A. Gordon Pym, S. 72. Originaltitel: The Narrative of A. Gordon Pym. Erstveröffentlichung unter dem Titel: The Narrative of Arthur Gordon Pym, in: Southern Literary Messenger, Januar und Februar 1837 (Teilabdruck). Textvorlage der Übersetzung von Ruprecht Willnow: The Complete Works of Edgar Allan Poe (Virginia Edition). Edited by James A. Harrison, 17 Bände, New York 1902.

Das Tagebuch des Julius Rodman. Ein Bericht über die erste Durchquerung der Rocky Mountains in Nordamerika, die je einem zivilisierten Menschen gelungen ist, S. 290. Originaltitel: Journal of Julius Rodman: Being an Account of the First Passage across the Rocky Mountains of North America ever Achieved by Civilized Man. Erstveröffentlichung anonym in Burton's Gentleman's Magazine, Januar–Juni 1840. Textvorlage der Übersetzung von Erika Gröger: The Complete Works of Edgar Allan Poe (Virginia Edition). Edited by James A. Harrison, 17 Bände, New York 1902.

Englische und amerikanische Literatur
im insel taschenbuch
Eine Auswahl

Jane Austen

- Die Abtei von Northanger. Übersetzt von Margarete Rauchenberger. Mit Illustrationen von Hugh Thomson. it 931. 254 Seiten
- Anne Elliot. Übersetzt von Margarete Rauchenberger. Illustrationen von Hugh Thomson. it 1062. 279 Seiten
- Die drei Schwestern. Jugendwerke. Herausgegeben und übersetzt von Melanie Walz. it 2698. 320 Seiten
- Emma. Übersetzt von Angelika Beck. it 511. 549 Seiten. it 3501. 628 Seiten.
- Lady Susan. Ein Roman in Briefen. Übersetzt von Angelika Beck. it 1192. 253 Seiten
- Mansfield Park. Übersetzt von Angelika Beck. Mit Illustrationen von Hugh Thomson. it 1503. 579 Seiten
- Stolz und Vorurteil. Übersetzt von Margarete Rauchenberger. Mit Illustrationen von Hugh Thomson und mit einem Essay von Norbert Kohl. it 787. 439 Seiten. it 3514. 443 Seiten. it 1952. 441 Seiten
- Über die Liebe. Ausgewählt von Felicitias von Lovenberg. it 32 61. 133 Seiten
- Verstand und Gefühl. Übersetzt von Angelika Beck. Mit Illustrationen von Hugh Thomson. it 1615. 449 Seiten. Großdruck. it 2365. 615 Seiten

Elizabeth Barrett-Browning.

- Liebesgedichte. Ausgewählt und mit einem Nachwort von Felicitas von Lovenberg. it 3187. 112 Seiten

Ambrose Bierce

- Aus dem Wörterbuch des Teufels. it 440. 139 Seiten
- Das Spukhaus. Übersetzt von Karl Bruno Leder. it 3104. 214 Seiten

Edgar Allan Poe, geboren am 19. Januar 1809 in Boston, ist am 7. Oktober 1849 in Baltimore gestorben.

Erst das 20. Jahrhundert hat so recht die Visionen des großen amerikanischen Erzählers Edgar Allan Poe wahr- und ernstgenommen. Dabei wollte Poe mit seinen unheimlichen Erzählungen, den Nachtstücken, dem Grauen, den Alpträumen, den Nervenkrisen, der Flucht ins Jenseits des Grabes, mit dem Überwirklichen und Kriminellen, nicht nur die zynische Grausamkeit und das menschliche Verbrechen messerscharf analysieren, sondern auch seiner inhumanen Mitwelt einen düsteren Groteskspiegel vorhalten.

Die Erzählungen sind hier chronologisch nach der Erstveröffentlichung angeordnet.

insel taschenbuch 3377
Edgar Allan Poe
Die Morde in der Rue Morgue
und andere Erzählungen

EDGAR ALLAN POE
SÄMTLICHE
ERZÄHLUNGEN

in vier Bänden
Herausgegeben von Günter Gentsch

Zweiter Band

EDGAR ALLAN POE
DIE MORDE IN DER RUE MORGUE

und andere Erzählungen
Aus dem Amerikanischen von
Barbara Cramer-Nauhaus,
Erika Gröger
und Heide Steiner
Insel Verlag

Umschlagabbildung: Johann Heinrich Füssli
Der Nachtmahr, 1781. Ausschnitt
Founders Society Purchase with funds from
Mr. and Mrs. Bert L. Smokler and
Mr. and Mrs. Lawrence A. Fleischmann
Foto: © The Detroit Institute of Arts

insel taschenbuch 3377
Erste Auflage 2008
© dieser Ausgabe
Insel Verlag Frankfurt am Main und Leipzig 2002
Alle Rechte vorbehalten, insbesondere das der Übersetzung,
des öffentlichen Vortrags sowie der Übertragung
durch Rundfunk und Fernsehen, auch einzelner Teile.
Kein Teil des Werkes darf in irgendeiner Form
(durch Fotografie, Mikrofilm oder andere Verfahren)
ohne schriftliche Genehmigung des Verlages reproduziert
oder unter Verwendung elektronischer Systeme
verarbeitet, vervielfältigt oder verbreitet werden.
Hinweise zu dieser Ausgabe am Schluß des Bandes
Umschlag: Michael Hagemann
Vertrieb durch den Suhrkamp Taschenbuch Verlag
Druck: CPI – Ebner & Spiegel, Ulm
Printed in Germany
ISBN 978-3-458-35077-4

2 3 4 5 6 – 13 12 11 10 09

INHALT

DIE MORDE IN DER RUE MORGUE

Welches Lied die Sirenen sangen oder welchen Namen Achill sich gab, als er sich bei den Frauen barg, das sind wohl verwirrende Fragen, doch sie entziehen sich nicht ganz *aller* Mutmaßung.

Sir Thomas Browne

Die Geisteskräfte, die man die analytischen nennt, sind in sich selbst kaum analysierbar. Nur in ihren Auswirkungen vermögen wir sie zu fassen. Wir wissen von ihnen unter anderem, daß sie für ihren Eigner, wenn er sie im Übermaß besitzt, stets eine Quelle lebhaftesten Vergnügens sind. So wie der Starke über seine Körperkraft frohlockt und in Übungen schwelgt, die seine Muskeln in Aktion treten lassen, so erfreut sich der Analytiker jener geistigen Behendigkeit, welche Verworrenes *entwirrt*. Selbst die trivialsten Beschäftigungen, wenn sie nur sein Talent ins Spiel bringen, ergötzen ihn. Er ist versessen auf Rätsel, auf Vexierfragen, auf Hieroglyphen; und bei einer jeden Lösung legt er einen Grad von *Scharfsinn* an den Tag, der den Durchschnittsverstand geradezu übernatürlich anmutet. Seine Lösungen, allein und einzig durch die rechte Methode zuwege gebracht, wirken gleichwohl wie pure Intuition.

Mag sein, daß die Fähigkeit zum Ent-wirren durch mathematische Studien erheblich gefördert wird, Studien vor allem in jenem wichtigsten Zweig, den man zu Unrecht und nur wegen seiner rückläufigen Operationen analytisch genannt hat – gleichsam analytisch *par excellence.* Doch ist Berechnen an sich noch nicht Analysieren. Ein Schachspieler zum Beispiel tut das eine, ohne sich um das andere auch nur zu bemühen. Daraus folgt, daß man das Schachspiel in seiner Wirkung auf die Geistesanlagen gröblich mißverstanden hat. Doch will ich hier keine Abhandlung schreiben, sondern nur einer ziemlich eigenartigen Erzählung ein paar ganz zufällige Bemerkungen vorausschicken; so möchte ich die Gelegenheit ergreifen, zu behaupten, daß die sublimeren Kräfte des denkenden Verstandes entschiedener und zweckdienlicher von dem bescheidenen Damespiel beansprucht werden als von aller ausgeklügelten Oberflächlichkeit des Schachspiels. Bei letzterem, wo den Figuren verschiedenartige und *bizarre* Züge mit unterschiedlichen und variablen Werten eignen, wird (ein nicht ungewöhnlicher Irrtum) das, was nur kompliziert ist, fälschlich für tiefgründig gehalten. Die *Aufmerksamkeit* wird hier mit allem Nachdruck auf den Plan gerufen. Erlahmt sie für einen Augenblick, so unterläuft auch schon ein Versehen, das Schaden oder Niederlage zur Folge hat. Da die möglichen Züge nicht nur mannigfaltig, sondern auch verworren sind, vervielfacht sich die Gefahr solchen Versehens; und in neun von zehn Fällen ist es eher der konzentriertere als der scharfsinnigere Spieler, der gewinnt. Beim Damespiel hingegen, wo die Züge *einheitlich* sind und kaum voneinander abweichen, ist eine Unachtsamkeit weniger wahrscheinlich, und da die pure Aufmerksamkeit verhältnismäßig unbeschäftigt bleibt, sind die Vorteile, die die eine oder andere Partei erringt, allein überlegenem *Scharfsinn* zuzuschreiben. Um mich weniger abstrakt auszudrükken: Stellen wir uns ein Damespiel vor, wo die Steine sich auf vier Damen reduziert haben und wo ein Versehen natürlich nicht zu erwarten ist. Es leuchtet ein, daß der Sieg (gleichrangig, wie die Spieler sind) hier nur durch irgendeinen ausgeklügelten Zug errungen werden kann, das Ergebnis einer entschiedenen Anstrengung des Verstandes. Gängiger Hilfsmittel beraubt, versetzt sich der Analytiker in den Geist seines Gegenspielers, identifiziert sich damit und erkennt so nicht selten auf den ersten Blick, auf welchem Wege allein (mitunter wirklich einem lächerlich einfachen) er den anderen in eine Falle locken oder zu einer Fehlrechnung verleiten kann.

Seit langem rühmt man dem Whistspiel nach, daß es das

sogenannte Berechnungsvermögen schule; und Geister von höchstem Rang haben, wie man weiß, ein scheinbar unerklärliches Vergnügen daran gefunden, während sie das Schachspiel als oberflächlich verwarfen. Zweifellos gibt es nichts Vergleichbares, was derart hohe Ansprüche an die Fähigkeit zum Analysieren stellt. Der beste Schachspieler der Christenheit mag kaum mehr sein als nur eben der beste Schachmeister; Fertigkeit im Whist dagegen begreift in sich die Befähigung, in all jenen gewichtigeren Unternehmen erfolgreich zu sein, wo Geist gegen Geist streitet. Wenn ich Fertigkeit sage, so meine ich jene Vollkommenheit im Spiel, die ein Erfassen *aller* Möglichkeiten einschließt, aus denen sich rechtens Vorteil ziehen läßt. Diese sind nicht nur mannigfaltig, sondern auch vielgestaltig und liegen oft in Schlupfwinkeln des Denkens verborgen, die dem gewöhnlichen Verstand ganz und gar unzugänglich sind. Aufmerksam beobachten heißt deutlich im Gedächtnis behalten; und insofern wird der konzentrierte Schachspieler auch beim Whist bestehen; zumal die Regeln von Hoyle (die auf dem reinen Mechanismus des Spiels basieren) hinlänglich und allgemein verständlich sind. So sind ein gutes Gedächtnis und ein Vorgehen streng ›nach dem Buche‹ Kernpunkte, die allgemein als die Summe guten Spielens gelten. Das Geschick des Analytikers aber zeigt sich auf Gebieten, die jenseits der Grenzen purer Regeln liegen. Stillschweigend stellt er zahllose Beobachtungen an und zieht seine Schlüsse. Das gleiche tun vielleicht auch seine Mitspieler; doch die unterschiedliche Spannweite der gewonnenen Information liegt nicht so sehr in der Stichhaltigkeit der Schlüsse wie in der Qualität der Beobachtung. Wissen muß man vor allem, *was* es zu beobachten gilt. Unser Spieler legt sich da keinerlei Beschränkungen auf; und sein Hauptanliegen, das Spiel, hindert ihn nicht, Schlüsse aus Dingen zu ziehen, die außerhalb des Spiels liegen. Er prüft die Miene seines Partners und vergleicht sie sorgfältig mit der seiner beiden Gegenspieler. Er beachtet, auf welche Art und Weise ein jeder die Karten in der Hand gruppiert, und liest an den Blicken, die ihre Eigentümer auf jede Karte werfen, oft Trumpf um Trumpf und Bildkarte um Bildkarte ab. Er bemerkt jede Veränderung des Gesichtsausdrucks im Verlauf des Spiels und erschließt eine Fülle von Gedanken aus den Schattierungen von Gewißheit, Bestürzung, Triumph oder Verdruß. Aus der Art, wie jemand einen Stich aufnimmt, folgert er, ob derselbe Spieler einen zweiten Stich in der Farbe gewinnen kann. Er erkennt eine Finte an der Gebärde, mit der die Karte auf den Tisch geworfen wird. Ein beiläufiges oder unachtsames Wort; das versehentliche Fallenlassen oder Aufdecken einer Karte, begleitet von dem ängstlichen oder unbekümmerten Bemühen, sie zu verbergen; das Zählen der Stiche und ihre Anordnung; Verlegenheit, Zögern, Eifer oder Zagen – alles bietet seiner scheinbar intuitiven Wahrnehmung Hinweise auf den wahren Stand der Dinge. Nachdem die ersten zwei oder drei Runden gespielt sind, weiß er genau, was jeder in Händen hält, und von nun an spielt er seine Karten mit so entschiedener Zielsicherheit aus, als hätte die übrige Gesellschaft die Bildseiten ihrer Karten nach außen gekehrt.

Die analytische Begabung sollte nicht mit einfachem Scharfsinn verwechselt werden; denn während der Analytiker notwendigerweise auch scharfsinnig ist, ist der Scharfsinnige oft erstaunlich unfähig zu analysieren. Die konstruktive Begabung oder Kombinationsfähigkeit, durch die Scharfsinn sich gewöhnlich manifestiert und der die Phrenologen (ich glaube zu Unrecht) ein gesondertes Organ zugeordnet haben, weil sie sie für ein Urvermögen hielten, ist so oft bei Menschen beobachtet worden, deren Denkvermögen im übrigen geradezu an Schwachsinn grenzte, daß es bei den Sittenlehrern allgemeine Aufmerksamkeit erregt hat. Zwischen Scharfsinn und analytischer Begabung besteht tatsächlich ein weitaus größerer Unterschied als zwischen Phantasie und Vorstellungskraft, wiewohl er seiner Natur nach durchaus analog ist. In der Tat wird man gewahren, daß scharfsinnige Leute immer phantasiereich sind, daß *echte* Vorstellungskraft hingegen stets mit analytischer Begabung einhergeht.

Die folgende Erzählung wird den Leser gewissermaßen wie ein Kommentar zu den eben vorgebrachten Behauptungen anmuten.

Als ich mich während des Frühjahrs und eines Teils des Sommers 18.. in Paris aufhielt, machte ich dort die Bekanntschaft eines Monsieur C. Auguste Dupin. Dieser junge Herr war von bester – ja von illustrer Familie, aber durch eine Reihe widriger Umstände in so große Armut geraten, daß seine tatkräftige Natur ihr unterlag und er aufhörte, sich in der Welt zu tummeln oder sich um die Wiedergewinnung seines Vermögens zu kümmern. Dank der Gefälligkeit seiner Gläubiger war ihm noch ein kleiner Rest seines väterlichen Erbteils verblieben, und mit den Einkünften, die ihm daraus zuflossen, gelang es ihm durch rigorose Sparsamkeit, seinen puren Lebensunterhalt zu bestreiten, ohne sich um die Entbehrlichkeiten des Lebens zu scheren. Bücher allerdings waren sein einziger Luxus, und die sind in Paris wohlfeil zu erwerben.

Zum ersten Mal begegneten wir uns in einer obskuren Bücherei in der Rue Montmartre, wo der Umstand, daß wir beide auf der Suche nach demselben sehr seltenen und merkwürdigen Buche waren, uns in engere Verbindung brachte. Wir sahen uns ein ums andere Mal. Ich nahm tiefen Anteil an der kleinen Familiengeschichte, die er mit all der Offenheit vor mir ausbreitete, welche dem Franzosen eigen ist, wo immer es um die eigene Person geht. Zudem erstaunte mich das Ausmaß seiner Belesenheit; und vor allem entflammten mich das lodernde Feuer und die lebhafte Frische seiner Vorstellungskraft. Da ich in Paris das zu finden hoffte, wonach ich damals trachtete, glaubte ich, daß die Gesellschaft eines solchen Mannes ein unschätzbarer Gewinn für mich sein werde, und freimütig bekannte ich ihm diese meine Meinung. Schließlich vereinbarten wir, für die Dauer meines Aufenthalts in der Stadt zusammen zu wohnen, und da meine Lebensumstände etwas weniger verworren waren als die seinen, überließ er es mir, auf meine Kosten ein altersschwaches wunderliches Haus zu mieten und in einem Stil einzurichten, welcher der recht phantastischen Düsternis unserer beider Gemütsverfassung angemessen war; ein Haus, das lange schon leergestanden hatte, abergläubischer Vorstellungen wegen, denen wir nicht nachforschten, und das in einem abgelegenen, einsamen Viertel des Faubourg St. Germain nun seinem Einsturz entgegenschwankte.

Wären der Welt unsere Lebensgewohnheiten an diesem Ort bekannt geworden, so hätte man uns für Verrückte gehalten – wenn auch vielleicht für Verrückte harmloser Natur. Unsere Zurückgezogenheit war vollkommen. Wir empfingen keinen Besuch. Freilich hatte ich unseren Zufluchtsort sorgfältig vor meinen früheren Freunden geheimgehalten; und Dupin hatte schon seit vielen Jahren jeden Umgang gemieden und war selbst ein Unbekannter in Paris. Wir lebten ganz auf uns selbst bezogen.

Es war eine merkwürdige Marotte meines Freundes (denn wie sonst soll ich es nennen?), in die Nacht, ganz um ihrer selbst willen, verliebt zu sein; und gelassen schickte ich mich in diese *bizarrerie*, wie in all seine anderen; ja, ich überließ mich seinen wilden Anwandlungen mit schrankenloser *Hingabe*. Die finstere Gottheit selbst wollte nicht immer bei uns verweilen; aber wir konnten ihre Gegenwart vortäuschen. Beim ersten Morgengrauen schlossen wir alle wuchtigen Fensterläden unseres alten Gebäudes und entzündeten ein paar stark duftende Wachskerzen, die nur einen ganz matten geisterbleichen Schein verbreiteten. Bei diesem Lichtschimmer tummelten wir unsere Seelen nun in Träumen – lasen, schrieben oder führten Gespräche, bis die Uhr uns den Anbruch der echten Dunkelheit kündete. Dann wanderten wir Arm in Arm hinaus auf die Straßen, setzten die Gespräche des Tages fort oder streiften bis in die tiefe Nacht weit umher und suchten inmitten der schwankenden Lichter und Schatten der volkreichen Stadt jenes Übermaß geistig-seelischer Erregung, das ruhige Betrachtung gewähren kann.

Bei solchen Gelegenheiten konnte ich nicht umhin, eine eigentümliche analytische Fähigkeit (die ich freilich bei seiner reichen Vorstellungskraft hätte erwarten können) an

Dupin zu gewahren und zu bewundern. Auch schien er lebhaftes Vergnügen daran zu finden, diese Gabe zu betätigen – wo nicht gar zur Schau zu stellen –, und bekannte mir ohne Zögern, welch großen Genuß ihm das bereite. Er rühmte sich mir gegenüber mit verhaltenem, kicherndem Lachen, daß für ihn die meisten Menschen Fenster in der Brust trügen, und pflegte solchen Behauptungen eindeutige und geradezu bestürzende Proben folgen zu lassen, die seine gründliche Kenntnis meines eigenen Innenlebens bekundeten. In solchen Augenblicken gab er sich kühl und abwesend; seine Augen waren ausdruckslos, während seine Stimme, gewöhnlich ein volltönender Tenor, sich zu einem schrillen Diskant erhob, der wohl mißlaunig geklungen haben würde, wäre dieser Eindruck nicht von der bedachtsamen und völlig deutlichen Ausdrucksweise widerlegt worden. Beobachtete ich ihn in solchen Anwandlungen, so hing ich oft gedankenvoll der alten Lehre von der zweigeteilten Seele nach und ergötzte mich an der Vorstellung von einem doppelten Dupin – dem schöpferischen und dem zergliedernden.

Aus dem soeben Gesagten möge man nicht schließen, daß ich hier irgendein Geheimnis preisgeben oder eine phantastische Geschichte erdichten will. Was ich an dem Franzosen geschildert habe, war nur die Auswirkung eines erregten oder vielleicht auch krankhaften Erkenntnisvermögens. Doch wird ein Beispiel am besten erhellen, welcher Natur seine Bemerkungen bei solchen Gelegenheiten waren.

Wir schlenderten eines Nachts durch eine lange schmutzige Straße in der Nähe des Palais Royal. Beide hatten wir, offenbar tief in Gedanken versunken, seit mindestens fünfzehn Minuten keine Silbe gesprochen. Mit einem Mal brach Dupin das Schweigen mit folgenden Worten:

»Er ist wirklich sehr klein geraten und würde sich viel besser für das *Théâtre des Variétés* eignen.«

»Daran ist nicht zu zweifeln«, erwiderte ich arglos und bemerkte zunächst gar nicht (so sehr war ich in meinen Gedanken befangen), auf welch außergewöhnliche Weise der

Sprecher sich in meine Überlegungen eingedrängt hatte. Im nächsten Augenblick besann ich mich, und meine Verwunderung war grenzenlos.

»Dupin«, sagte ich ernst, »dies geht über meinen Horizont. Ohne Zögern gebe ich zu, daß ich bestürzt bin und kaum meinen Sinnen trauen kann. Wie in aller Welt konnten Sie wissen, daß meine Gedanken gerade bei …« Hier hielt ich inne, um mit absoluter Sicherheit herauszubringen, ob er wirklich wußte, an wen ich dachte.

»… bei Chantilly waren«, sagte er, »warum halten Sie inne? Sie stellten fest, daß seine winzige Gestalt ihn für die Tragödie ungeeignet macht.«

Haargenau dies war der Gegenstand meiner Überlegungen gewesen. Chantilly war ein ehemaliger Flickschuster aus der Rue St. Denis, der sich, von plötzlicher Leidenschaft für die Bühne ergriffen, in der Rolle des Xerxes in Crébillons gleichnamiger Tragödie versucht hatte und für seine Bemühungen sattsam verspottet worden war.

»Verraten Sie mir um des Himmels willen«, rief ich aus, »die Methode – wenn es eine Methode gibt –, die es Ihnen erlaubt, auf diese Weise mein Inneres auszuloten.« In Wahrheit war ich noch viel bestürzter, als ich mir wollte anmerken lassen.

»Es war der Obsthändler«, erwiderte mein Freund, »der Sie zu dem Schluß kommen ließ, daß der Sohlenflicker für Xerxes *et id genus omne* nicht die ausreichende Körpergröße habe.«

»Der Obsthändler! – Sie setzen mich in Erstaunen – ich kenne überhaupt keinen Obsthändler.«

»Der Mann, der mit Ihnen zusammenstieß, als wir in diese Straße einbogen – es mag fünfzehn Minuten her sein.«

Jetzt erinnerte ich mich, daß wirklich ein Obsthändler, der einen großen Korb Äpfel auf dem Kopf trug, mich versehentlich fast umgerissen hätte, als wir aus der Rue C… in die große Durchgangsstraße einbogen, in der wir jetzt standen; was aber dies mit Chantilly zu tun hatte, war mir schlechterdings unverständlich.

An Dupin war auch kein Fünkchen von Scharlatanerie. »Ich will es Ihnen erklären«, sagte er, »und damit Sie alles lückenlos begreifen können, wollen wir zunächst den Gang Ihrer Betrachtungen zurückverfolgen, von dem Augenblick an, da ich das Wort an Sie richtete, bis zu dem der *rencontre* mit besagtem Obsthändler. Die größeren Glieder der Kette sind folgende: Chantilly, Orion, Dr. Nichol, Epikur, Stereotomie, die Pflastersteine, der Obsthändler.«

Es gibt wohl nur wenige Menschen, die sich nicht zu irgendeiner Zeit ihres Lebens damit vergnügt hätten, die Schritte zurückzuverfolgen, durch die sie zu bestimmten Schlußfolgerungen gelangt sind. Diese Beschäftigung ist oft überaus reizvoll, und wer sich zum erstenmal darauf einläßt, ist erstaunt über den scheinbar unermeßlichen Abstand und das Fehlen jeden Zusammenhangs zwischen dem Ausgangspunkt und dem Ziel. Wie groß mußte also meine Verblüffung gewesen sein, als ich den Franzosen die eben angeführten Worte sprechen hörte und nicht umhin konnte, zuzugeben, daß er die reine Wahrheit gesagt hatte. Er fuhr fort:

»Wir hatten, kurz bevor wir die Rue C... verließen, von Pferden gesprochen, wenn ich mich recht erinnere. Das war das letzte Thema, das wir erörterten. Als wir in diese Straße einbogen, fegte ein Obsthändler mit einem großen Korb auf dem Kopf eilig an uns vorüber und drängte Sie ab auf einen Haufen Pflastersteine, die an einer Stelle lagen, wo der Damm instand gesetzt wird. Sie traten auf einen der losen Bruchsteine, glitten aus, verstauchten sich leicht den Knöchel, schienen verärgert oder mißgestimmt, murmelten ein paar Worte, wandten sich um, den Steinhaufen zu betrachten, und setzten dann schweigend Ihren Weg fort. Ich gab nicht sonderlich acht auf Ihr Tun; doch ist exaktes Beobachten bei mir in letzter Zeit zu einer Art Zwang geworden.

Sie hefteten den Blick auf den Boden – sahen mit verdrossener Miene auf die Löcher und Furchen im Pflaster (so daß ich merkte, daß Sie noch immer an die Steine dachten), bis wir die kleine, ›Lamartine‹ genannte Gasse erreichten, die man probehalber mit lückenlos aneinandergefügten Blöcken gepflastert hat. Hier hellten Ihre Züge sich auf, und als ich gewahrte, daß sich Ihre Lippen bewegten, konnte ich gar nicht daran zweifeln, daß Sie das Wort ›Stereotomie‹ murmelten, eine Bezeichnung, die man recht gespreizt auf diese Art von Pflasterung anwendet. Ich wußte, daß Sie den Ausdruck ›Stereotomie‹ nicht formen konnten, ohne an Atome erinnert zu werden und somit an die Lehren von Epikur; und da ich Sie vor noch nicht langer Zeit, als wir über diesen Gegenstand sprachen, darauf hinwies, wie einzigartig – und dabei kaum bemerkt – die vagen Vermutungen jenes erlauchten Griechen von der jüngsten Nebularkosmogonie bestätigt worden sind, glaubte ich, daß Sie nun zwangsläufig Ihre Augen zu dem großen Nebel im Orion aufheben müßten, ja, ich rechnete mit Sicherheit darauf. Sie schauten wirklich hinauf; und jetzt war ich überzeugt, daß ich Ihren Schritten richtig gefolgt war. Nun machte in jener bissigen Tirade gegen Chantilly, die im gestrigen ›Musée‹ erschien, der Krittler ein paar zynische Anspielungen auf des Flickschusters Namenswechsel beim Anlegen des Kothurns und zitierte dabei eine lateinische Verszeile, über die wir oft gesprochen haben. Ich meine die Worte:

Perdidit antiquum litera prima sonum.

Ich hatte Ihnen erklärt, daß sich dies auf Orion beziehe, den man früher Urion schrieb; und wegen gewisser Sarkasmen, die mit dieser Erklärung einhergingen, wußte ich wohl, daß Sie sie nicht vergessen haben konnten. Es lag deshalb auf der Hand, daß Sie nicht verfehlen würden, die beiden Gedanken – an Orion und an Chantilly – zu koppeln. Daß Sie es wirklich taten, sah ich an der Art des Lächelns, das über Ihre Lippen huschte. Sie dachten an des armen Flickschusters Opferung. Bis dahin waren Sie leicht gebeugt gegangen; nun aber sah ich, daß Sie sich zu voller Höhe emporrichteten. Da war ich denn sicher, daß Sie über das winzige Format von Chantilly nachdachten. An dieser Stelle unterbrach ich Ihre Betrachtungen, um zu bemerken, daß er – da er in der Tat sehr klein geraten sei, dieser Chantilly – sich viel besser für das *Théâtre des Variétés* eignen würde.«

Nicht lange darauf durchblätterten wir eine Abendausgabe der ›Gazette des Tribunaux‹, als plötzlich die folgenden Abschnitte unsere Aufmerksamkeit bannten:

›Ungeheuerliche Mordfälle. – Heute morgen gegen drei Uhr wurden die Bewohner des Quartier St. Roch durch eine Reihe entsetzlicher Schreie aus dem Schlaf gerissen, die allem Anschein nach aus dem vierten Stockwerk eines Hauses in der Rue Morgue drangen, das, wie man wußte, nur von einer Madame L'Espanaye und ihrer Tochter, Mademoiselle Camille L'Espanaye, bewohnt wurde. Nach einiger Verzögerung durch den vergeblichen Versuch, sich auf die übliche Weise Einlaß zu verschaffen, wurde mit einem Brecheisen das Haustor aufgebrochen, und acht oder zehn Leute aus der Nachbarschaft betraten in Begleitung von zwei Gendarmen das Haus. Um diese Zeit waren die Schreie verstummt; doch als die Gesellschaft die erste Treppe hinaufstürmte, waren zwei oder mehr rauhe Stimmen in zornigem Streit zu vernehmen, die aus dem oberen Teil des Hauses herzukommen schienen. Als man den zweiten Treppenabsatz erreicht hatte, waren auch diese Laute verstummt, und alles blieb völlig ruhig. Die Gruppe verteilte sich und eilte von Zimmer zu Zimmer. Beim Betreten eines geräumigen Hinterzimmers im vierten Stock (dessen Tür aufgebrochen wurde, da sie verschlossen war und der Schlüssel innen steckte) bot sich ein Anblick, der alle Anwesenden mit Bestürzung, ja mit Grausen erfüllte.

Das Zimmer war in einem chaotischen Zustand – das Mobiliar zertrümmert und in alle Richtungen wüst umhergeworfen. Nur eine einzige Bettstatt war zu sehen; und aus dieser war das Bettzeug herausgerissen und mitten auf den Fußboden geworfen worden. Auf einem Stuhl lag ein Rasiermesser, mit Blut beschmiert. Auf dem Feuerrost fanden sich zwei oder drei lange dicke Strähnen grauen Menschenhaars, blutbesudelt auch sie und allem Anschein nach mit den Wurzeln ausgerissen. Auf dem Fußboden fand man vier Napoleondors, einen Topasohrring, drei große Silberlöffel, drei kleinere aus Neusilber und zwei Beutel, die an die viertausend Franc in Gold enthielten. Die Schubladen einer Kommode, die in einer Ecke stand, waren aufgezogen und offensichtlich ausgeraubt worden, wiewohl noch viele Gegenstände darin verblieben waren. Einen kleinen eisernen Safe entdeckte man unter dem Bettzeug (nicht unter der Bettstatt). Er war offen, und der Schlüssel steckte noch im Schloß. Es war nichts weiter darin als ein paar alte Briefe und andere Papiere von geringer Bedeutung.

Von Madame L'Espanaye fehlte jede Spur; da man aber eine ungewöhnliche Menge Ruß auf der Feuerstelle entdeckte, untersuchte man den Rauchfang und zerrte (entsetzlich zu sagen!) die Leiche der Tochter, mit dem Kopf nach unten, daraus hervor, die in dieser Haltung ein beträchtliches Stück den engen Schacht hinaufgezwängt worden war. Der Körper war noch warm. Bei näherem Hinsehen entdeckte man zahlreiche Hautabschürfungen, die zweifellos von dem gewaltsamen Hinaufstoßen und Herausziehen herrührten. Auf dem Gesicht fanden sich viele schlimme Kratzwunden und auf dem Hals dunkle Quetschungen und tiefe Einschnitte von Fingernägeln, als sei die Verstorbene erdrosselt worden.

Nach einer gründlichen Durchsuchung aller Teile des Hauses, die aber keinen weiteren Aufschluß brachte, begab sich die Gesellschaft in einen kleinen gepflasterten Hof hinter dem Gebäude, wo die Leiche der alten Dame lag, deren Hals fast völlig durchtrennt war, so daß bei dem Versuch, sie aufzuheben, der Kopf abfiel. Der Körper wie auch der Kopf waren grauenhaft zugerichtet – jener so schlimm, daß er kaum mehr etwas Menschenähnliches hatte.

Bisher gibt es, soviel wir wissen, nicht den geringsten Anhaltspunkt, dieses schreckliche Rätsel zu lösen.‹

Die Zeitung des nächsten Tages brachte folgende ergänzende Einzelheiten:

›*Die Tragödie in der Rue Morgue.* Viele Personen sind im Hinblick auf diese ungeheuerliche und gräßliche Affäre befragt worden‹ (das Wort *affaire* hat in Frankreich noch nicht jenen Hauch von Leichtfertigkeit, der ihm bei uns anhaftet), ›aber nichts, was irgend Licht darauf werfen könnte, ist dabei verlautbart. Wir geben im Folgenden alle wesentlichen Zeugenaussagen wieder, die sich beibringen ließen.

Pauline Dubourg, Wäscherin, sagt aus, daß sie die beiden Verstorbenen seit drei Jahren gekannt hat, da sie in diesem Zeitraum für sie gewaschen hat. Die alte Dame und ihre Tochter schienen sich gut zu verstehen – gingen sehr zärtlich miteinander um. Sie waren vorbildliche Zahler. Konnte nichts über ihre Lebensweise oder ihre Erwerbsquellen sagen. Glaubte, daß Madame L. ihren Unterhalt mit Kartenlegen verdiente. Es hieß, sie habe Ersparnisse. Traf nie eine Menschenseele im Haus, wenn sie die Wäsche abholte oder zurückbrachte. War sicher, daß sie keinen Dienstboten beschäftigten. Das ganze Haus schien völlig unmöbliert zu sein, mit Ausnahme des vierten Stockwerks.

Pierre Moreau, Tabakhändler, sagt aus, daß er etwa vier Jahre lang kleine Mengen von Tabak und Schnupftabak an Madame L'Espanaye zu verkaufen pflegte. Ist in dem Viertel geboren und war immer dort ansässig. Die Verstorbene und ihre Tochter lebten seit über sechs Jahren in dem Haus, in welchem die Leichen gefunden wurden. Vorher wurde es von einem Juwelier bewohnt, der die oberen Räume an verschiedene Personen untervermietete. Das Haus gehörte Madame L. Sie wurde ungehalten über den Mißbrauch des Gebäudes durch ihren Mieter und zog selbst hinein, lehnte es aber ab, irgendeinen Teil davon zu vermieten. Die alte Dame war kindisch. Zeuge hatte die Tochter nur etwa fünf- oder sechsmal in den sechs Jahren gesehen. Die beiden lebten äußerst zurückgezogen – es hieß, sie hätten Geld. Hatte unter den Nachbarn sagen hören, daß Madame L. wahrsage – glaubte es aber nicht. Hatte nie einen Menschen das Haus betreten sehen, außer der alten Dame selbst und ihrer Tochter, ein- oder zweimal einem Dienstmann und etwa acht- oder zehnmal einem Arzt.

Viele andere Personen, Nachbarn, machten Aussagen gleichen Inhalts. Nicht einem einzigen Menschen wurde nachgesagt, er habe das Haus öfter besucht. Niemand wußte, ob es irgendwelche lebenden Verwandten von Madame L. und ihrer Tochter gab. Die Läden der Frontfenster wurden selten geöffnet. Die auf der Rückseite waren immer geschlossen, bis auf die des großen Hinterzimmers im vierten Stock. Das Haus war in gutem Zustand – nicht sehr alt.

Isidore Musèt, Gendarm, sagt aus, daß er etwa um drei Uhr morgens zu dem Haus gerufen wurde und einige zwanzig oder dreißig Personen vor der Haustür antraf, die sich bemühten, hineinzugelangen. Brach die Tür schließlich mit einem Bajonett auf – nicht mit einem Brecheisen. Hatte nicht viel Mühe damit, weil es eine Doppel- oder Flügeltür war, weder unten noch oben durch einen Riegel gesichert. Die Schreie dauerten an, bis die Tür aufgebrochen war – und verstummten dann plötzlich. Es schienen die Wehlaute eines Menschen (oder mehrerer Menschen) in höchster Todesnot zu sein – sie waren laut und langgedehnt – nicht kurz und rasch aufeinanderfolgend. Zeuge stieg den anderen voran die Treppe hinauf. Hörte, auf dem ersten Absatz angekommen, zwei Stimmen in lautem und zornigem Wortwechsel – rauh die eine, die andere viel schriller – eine sehr merkwürdige Stimme. Konnte einige Wörter der ersteren unterscheiden, welche zu einem Franzosen gehörte. War überzeugt, daß es keine Frauenstimme war. Konnte die Wörter ‚sacré‘ und ‚diable‘ unterscheiden. Die schrille Stimme war die eines Ausländers. War sich nicht im klaren, ob es eine Männer- oder eine Frauenstimme war. Konnte nicht ausmachen, was gesagt wurde, glaubte aber, daß es Spanisch war. Der Zustand des Zimmers und der Leichen wurde von diesem Zeugen genauso beschrieben, wie wir es gestern schilderten.

Henri Duval, ein Nachbar und von Beruf Silberschmied, sagt aus, daß er zu der Gruppe von Leuten gehörte, die als erste das Haus betraten. Bestätigt im großen und ganzen die Aussage von Musèt. Sobald sie sich den Zutritt erzwungen hatten, schlossen sie die Tür wieder ab, um die Menge fernzuhalten, die trotz der späten Stunde sehr rasch zusammenströmte. Die schrille Stimme war nach Meinung dieses Zeugen die eines Italieners. War sicher, daß es kein Französisch war. War sich nicht klar darüber, ob es eine Männerstimme war. Es könnte auch eine Frauenstimme gewesen sein. Ist nicht vertraut mit der italienischen Sprache. Konnte die Wörter nicht ausmachen, war aber wegen des Tonfalls überzeugt, daß der Sprecher ein Italiener war. Kannte Madame L. und ihre Tochter. Hatte des öfteren mit beiden gesprochen. War sicher, daß die schrille Stimme keiner der beiden Verstorbenen gehörte.

... *Odenheimer, restaurateur.* Dieser Zeuge erbot sich freiwillig, eine Aussage zu machen. Wurde, da er nicht Französisch spricht, durch einen Dolmetsch befragt. Stammt aus Amsterdam. Ging um die Zeit der Schreie am Haus vorüber. Sie dauerten etliche Minuten an – schätzungsweise zehn. Sie waren langgedehnt und laut – überaus schrecklich und beklemmend. War einer von denen, die in das Gebäude eindrangen. Bestätigte die vorhergehenden Aussagen in allen Punkten bis auf einen. War sicher, daß die schrille Stimme die eines Mannes war – eines Franzosen. Konnte die ausgestoßenen Wörter nicht unterscheiden. Sie waren laut und hastig – abgerissen – offenbar in Furcht wie auch in Wut gesprochen. Die Stimme war krächzend – nicht so sehr schrill wie krächzend. Konnte sie nicht eigentlich eine schrille Stimme nennen. Die rauhe Stimme sagte wiederholt ‚sacré‘, ‚diable‘ und einmal ‚mon Dieu‘.

Jules Mignaud, Bankier vom Bankhaus Mignaud et Fils, Rue Deloraine. Ist Mignaud senior. Madame L'Espanaye besaß etwas Vermögen. Hatte im Frühjahr ... (vor acht Jahren) ein Konto bei seiner Bank eröffnet. Zahlte häufig kleine Summen ein. Hatte nie etwas abgehoben, bis sie sich drei Tage vor ihrem Tod persönlich die Summe von viertausend Franc abholte. Diese Summe wurde in Gold ausgezahlt, und ein Angestellter mußte ihr das Geld nach Hause tragen.

Adolphe Le Bon, Angestellter bei Mignaud et Fils, sagt aus, daß er an dem fraglichen Tage um Mittag mit den in zwei Beuteln verwahrten viertausend Franc Madame L'Espanaye zu ihrer Wohnung begleitete. Nach dem Öffnen der Haustür erschien Mademoiselle L. und nahm ihm den einen Beutel ab, während die alte Dame sich den anderen aushändigen ließ. Dann verbeugte er sich und ging. Sah um diese Zeit nicht einen einzigen Menschen auf der Straße. Es ist eine Nebenstraße – sehr einsam.

William Bird, Schneider, sagt aus, daß er zu der Gruppe gehörte, die in das Haus eindrang. Ist Engländer. Lebt seit zwei Jahren in Paris. War einer der ersten, die die Treppe hinaufeilten. Hörte die streitenden Stimmen. Die rauhe Stimme war die eines Franzosen. Konnte verschiedene Wörter ausmachen, kann sich aber nicht mehr an alle erinnern. Vernahm deutlich ‚sacré' und ‚mon Dieu'. Zu gleicher Zeit war ein Geräusch zu hören, als wenn mehrere Personen miteinander rängen – ein scharrendes, schlurfendes Geräusch. Die schrille Stimme war sehr laut – lauter als die rauhe. Ist sicher, daß es nicht die Stimme eines Engländers war. Schien die eines Deutschen zu sein. Hätte eine Frauenstimme sein können. Versteht kein Deutsch.

Vier der obengenannten Zeugen sagten bei nochmaliger Befragung aus, daß die Tür des Zimmers, in dem die Leiche von Mademoiselle L. gefunden wurde, von innen verschlossen war, als die Gruppe dort anlangte. Alles war völlig still – kein Stöhnen, keinerlei Geräusche irgendwelcher Art. Nach dem Aufbrechen der Tür war niemand zu sehen. Die Schiebefenster sowohl des hinteren wie des vorderen Zimmers waren heruntergelassen und von innen fest verriegelt. Eine Tür zwischen den beiden Räumen war zugeklinkt, aber nicht verschlossen. Die Tür, die vom vorderen Zimmer in den Korridor führt, war abgeschlossen, und der Schlüssel steckte innen. Ein kleiner Raum im vierten Stockwerk, an der Frontseite des Hauses und am oberen Ende des Korridors, stand offen; das heißt, die Tür war nur angelehnt. Dieser Raum war vollgestopft mit alten Betten, Kisten und Kasten und dergleichen. Diese wurden sorgfältig auseinandergerückt und durchsucht. Es gab nicht einen

Zollbreit im ganzen Hause, der nicht sorgfältig durchsucht wurde. Stoßbesen wurden die Kamine hinauf- und heruntergeschoben. Das Haus war vierstöckig, mit Bodenkammern (Mansarden). Eine Klapptür am Dach war fest zugenagelt – schien seit Jahren nicht geöffnet worden zu sein. Die Zeit zwischen dem Gewahrwerden der streitenden Stimmen und dem Aufbrechen der Zimmertür wurde von den Zeugen unterschiedlich angegeben. Bei einigen waren es nicht mehr als drei Minuten – bei anderen nicht weniger als fünf. Die Tür ließ sich nur mit Mühe öffnen.

Alfonzo Garcio, Leichenbestatter, sagt aus, daß er in der Rue Morgue ansässig ist. Stammt aus Spanien. Gehörte zu der Gruppe, die in das Haus eindrang. Stieg nicht mit die Treppe hinauf. Ist nervös und fürchtete die Folgen der Aufregung. Hörte die streitenden Stimmen. Die rauhe Stimme war die eines Franzosen. Konnte nicht ausmachen, was gesagt wurde. Die schrille Stimme war die eines Engländers – ist dessen sicher. Versteht zwar kein Englisch, urteilt aber nach dem Tonfall.

Alberto Montani, Zuckerbäcker, sagt aus, daß er unter den ersten war, die die Treppe hinaufstiegen. Hörte die fraglichen Stimmen. Die rauhe Stimme war die eines Franzosen. Unterschied mehrere Wörter. Der Sprecher schien jemanden zur Rede zu stellen. Konnte nicht ausmachen, was die schrille Stimme sagte. Sprach schnell und abgehackt. Hält sie für die Stimme eines Russen. Bestätigt im ganzen die übrigen Aussagen. Ist Italiener. Hat nie mit einem gebürtigen Russen gesprochen.

Mehrere Zeugen erklärten hier auf neuerliche Befragung, daß die Rauchabzüge aller Zimmer im vierten Stock zu eng seien, um einen Menschen hindurchzulassen. Mit ‚Stoßbesen‘ waren zylindrische Kehrbürsten gemeint, wie sie zum Reinigen der Schornsteine gebraucht werden. Diese Bürsten wurden, auf und nieder, durch jede Esse im Haus geschoben. Es gibt keinen hinteren Treppenaufgang, durch den irgend jemand hätte entweichen können, während die Gesellschaft treppauf stieg. Die Leiche der Mademoiselle L'Espanaye war so fest in den Abzug hineingezwängt worden, daß es erst der vereinten Kraft von vier oder fünf Männern gelang, sie herauszuziehen.

Paul Dumas, Arzt, sagt aus, daß er gegen Tagesanbruch herbeigeholt wurde, um die Leichen in Augenschein zu nehmen. Sie lagen zu dem Zeitpunkt beide auf dem Sackleinen der Bettstelle, in dem Zimmer, wo Mademoiselle L. gefunden worden war. Der Leichnam der jungen Dame war voller blauer Flecke und Schürfwunden. Die Tatsache, daß er den Kamin hinaufgezwängt worden war, würde diesen Befund hinlänglich erklären. Der Hals war arg zerschunden. Dicht unterm Kinn fanden sich mehrere tiefe Kratzwunden, außerdem eine Reihe bläulicher Flecke, die offenbar von Fingereindrücken herrührten. Das Gesicht war entsetzlich verfärbt, die Augäpfel quollen aus den Höhlen. Die Zunge war zum Teil zerbissen. Eine große Quetschung, die offensichtlich vom Eindruck eines Knies herrührte, fand sich über der Magengrube. Nach Ansicht von M. Dumas ist Mademoiselle L'Espanaye von einer oder mehreren unbekannten Personen erdrosselt worden. Die Leiche der Mutter war gräßlich verstümmelt. Alle Knochen des rechten Beines und Armes waren mehr oder weniger zertrümmert. Die linke *tibia* erheblich zersplittert, desgleichen alle Rippen auf der linken Seite. Der ganze Körper furchtbar zerschunden und verfärbt. Es ließ sich nicht feststellen, wodurch die Verletzungen verursacht worden sind. Eine schwere Holzkeule oder eine breite Eisenstange – ein Stuhl – jede große, schwere und stumpfe Waffe, von einem sehr starken Mann gehandhabt, könnte solche Folgen gezeitigt haben. Niemals hätte eine Frau mit irgendeiner Waffe die Schläge führen können. Der Kopf der Verstorbenen war, als der Zeuge ihn sah, völlig vom Rumpf abgetrennt und ebenfalls schlimm zugerichtet. Der Hals war zweifellos mit einem sehr scharfen Instrument durchschnitten worden – vermutlich einem Rasiermesser.

Alexandre Etienne, Wundarzt, wurde zusammen mit M. Dumas herbeigeholt, um die Leichen in Augenschein zu nehmen. Bestätigte die Aussage und die Ansichten von M. Dumas.

Sonst wurde nichts Bedeutsames herausgebracht, obwohl noch verschiedene andere Personen vernommen wurden. Ein so rätselhafter Mord – sofern es sich hier überhaupt um einen Mord handelt –, so bestürzend in allen Einzelheiten, ist nie zuvor in Paris begangen worden. Die Polizei ist in der größten Verlegenheit – ein ungewöhnliches Vorkommnis bei derartigen Begebenheiten. Doch ist auch nicht der geringste Anhaltspunkt zu sehen.‹

Die Abendausgabe der Zeitung meldete, daß im Quartier St. Roch noch immer die größte Aufregung herrsche – daß das fragliche Grundstück noch einmal sorgfältig durchsucht und neuerlich Zeugen vernommen worden seien, doch alles ohne Erfolg. Ein Nachtrag indessen berichtete, daß Adolphe Le Bon verhaftet und gefangengesetzt worden sei – obschon außer den bereits angeführten Tatsachen offenbar nichts Belastendes gegen ihn vorliege.

Dupin schien außerordentlich interessiert am Fortgang dieser Angelegenheit – jedenfalls schloß ich das aus seinem Verhalten, denn er äußerte sich nicht. Erst nachdem wir die Notiz gelesen, daß man Le Bon festgenommen habe, fragte er mich nach meiner Meinung über die Mordfälle.

Ich konnte nur der Ansicht von ganz Paris beipflichten und sie für ein unlösbares Rätsel halten. Ich sah keinen Weg, der dazu führen könnte, den Mörder aufzuspüren.

»Wir dürfen uns«, sagte Dupin, »nach diesem bloßen Gerippe von einer Untersuchung kein Urteil über den Weg bilden. Die Pariser Polizei, so hoch gepriesen wegen ihres Scharfsinns, ist gewitzt, aber nicht mehr. Es ist keine Methode in ihrem Verfahren, außer der Methode, die der Augenblick eingibt. Sie paradieren mit großspurigen Maßnahmen; doch nicht selten sind diese den jeweiligen Zwecken so wenig angepaßt, daß wir an Monsieur Jourdain erinnert werden, der nach seiner *robe-de-chambre* verlangte – *pour mieux entendre la musique.* Die so erzielten Ergebnisse sind oft überraschend, werden aber meistenteils durch puren Eifer und Geschäftigkeit zuwege gebracht. Sind diese

Eigenschaften unzulänglich, so schlagen die Pläne fehl. Vidocq zum Beispiel konnte gut raten und war ein beharrlicher Mann. Aber ungeschult im Denken, ging er gerade durch den Übereifer seiner Nachforschungen ständig fehl. Er schmälerte sein Sehvermögen, indem er sich den Gegenstand allzu dicht an die Augen hielt. Er mochte vielleicht das eine oder andere Teilstück mit ungewöhnlicher Deutlichkeit sehen, aber dabei verlor er notwendigerweise die Sache als Ganzes aus den Augen. So ergeht es auch dem allzu Tiefgründigen. Die Wahrheit liegt nicht immer in einem Brunnen. Ja, was die wichtigeren Aufschlüsse betrifft, so glaube ich fest, daß sie sich immer an der Oberfläche befindet. Dunkel ist in den Tälern, wo wir sie suchen, nicht aber auf den Berggipfeln, wo sie zu finden ist. Für Art und Ursprung solchen Irrtums bietet die Betrachtung der Himmelskörper ein gutes Beispiel. Einen Stern nur eben streifen mit den Blicken – ihn aus halbem Auge anschauen, indem man ihm nur die äußeren Teile der *retina* zukehrt (die empfänglicher sind für schwache Lichteindrücke als die inneren) – das heißt, den Stern deutlich sehen – heißt, seinen Glanz am besten gewahr werden – einen Glanz, der in ebendem Maße trüb wird, wie wir ihm den *vollen* Blick zuwenden. Gewiß trifft in letzterem Fall eine größere Anzahl von Strahlen auf das Auge, in ersterem aber ist das Wahrnehmungsvermögen ungleich schärfer. Durch unangemessene Tiefgründigkeit irritieren und schwächen wir das Denken; und es ist wohl möglich, die Venus selbst vom Firmament verschwinden zu lassen, wenn man sie allzu beharrlich, allzu konzentriert oder allzu direkt aufs Korn nimmt.

Was nun diese Morde anbelangt, so wollen wir zunächst auf eigene Faust einige Untersuchungen anstellen, ehe wir uns eine Meinung darüber bilden. Eine Nachforschung wird uns Vergnügen bereiten« (ich fand diesen Ausdruck seltsam in solchem Zusammenhang, sagte aber nichts), »und zudem hat mir Le Bon einmal einen Dienst erwiesen, für den ich ihm dankbar bin. Wir wollen uns aufmachen und uns das Grundstück mit eigenen Augen besehen. Ich kenne G., den Polizeipräsidenten, und werde mühelos die notwendige Erlaubnis erwirken.«

Die Erlaubnis wurde erteilt, und wir begaben uns sogleich zur Rue Morgue. Sie ist eine jener kümmerlichen Verbindungsstraßen zwischen der Rue Richelieu und der Rue St. Roch. Es war spät am Nachmittag, als wir dort anlangten, denn dieses Stadtviertel ist weit von dem entfernt, in dem wir wohnten. Das Haus war leicht zu finden; denn noch immer gafften viele Leute von der gegenüberliegenden Straßenseite aus mit zielloser Neugier zu den geschlossenen Fensterläden hinauf. Es war ein alltägliches Pariser Haus mit einem überdachten Eingang, auf dessen einer Seite sich ein verglastes Wärterhäuschen mit einem Schiebefenster befand, das eine *loge de concierge* vorstellte. Ehe wir eintraten, gingen wir ein Stück weiter die Straße hinauf, bogen in eine Gasse ein und gelangten, wiederum abbiegend, an die Rückseite des Gebäudes – und fortwährend beobachtete Dupin die ganze Gegend sowie das Haus mit minutiöser Aufmerksamkeit, für die ich freilich keinerlei irgend ergiebiges Objekt sehen konnte.

Denselben Weg zurückgehend, kamen wir wieder an die Frontseite des Hauses, läuteten und wurden, nachdem wir unsere Beglaubigungsschreiben vorgezeigt hatten, von den wachhabenden Beamten eingelassen. Wir stiegen die Treppe hinauf – bis in das Zimmer, wo man die Leiche der Mademoiselle L'Espanaye gefunden hatte und wo nun noch immer die beiden Toten lagen. Das heillose Durcheinander in diesem Raum hatte man, wie üblich, unverändert belassen. Ich sah nicht mehr als das, was schon in der ›Gazette des Tribunaux‹ berichtet worden war. Dupin untersuchte alles und jedes – die Körper der Opfer nicht ausgenommen. Dann gingen wir in die anderen Räume und in den Hof; ein Gendarm begleitete uns auf Schritt und Tritt. Die Untersuchung beschäftigte uns, bis es dunkel war; dann erst entfernten wir uns. Auf dem Heimweg verschwand mein Gefährte für einen Augenblick in der Redaktion einer der Tageszeitungen.

Ich sagte schon, daß die Marotten meines Freundes vielfältig waren und *je les ménageais* – hierfür gibt es keine entsprechende englische Wendung. Jetzt ließ er sich's einfallen, bis gegen Mittag des nächsten Tages jeglicher Unterhaltung über das Mordthema auszuweichen. Dann fragte er mich plötzlich, ob ich irgend etwas *Eigentümliches* am Ort der Greueltat beobachtet hätte.

In der Art und Weise, wie er das Wort ›eigentümlich‹ betonte, war irgend etwas, das mich schaudern machte, ohne daß ich wußte warum.

»Nein, nichts *Eigentümliches*«, sagte ich; »nicht mehr wenigstens, als wir beide schon in der Zeitung gelesen haben.«

»Die ›Gazette‹«, erwiderte er, »hat, wie ich fürchte, das ungewöhnlich Grauenhafte der Geschichte überhaupt nicht begriffen. Aber sehen Sie einmal ab von den nichtigen Ansichten dieses Blattes. Mir scheint, daß dieses Rätsel aus ebendem Grunde als unlösbar angesehen wird, der vielmehr Anlaß geben sollte, es für leicht lösbar zu halten – ich meine wegen des *outrierten* Charakters seiner Grundzüge. Die Polizei ist irritiert durch das scheinbare Fehlen eines Motivs – nicht für den Mord selbst, sondern für die Ungeheuerlichkeit des Mordes. Auch verwirrt sie die scheinbare Unmöglichkeit, die streitenden Stimmen, die man vernommen, mit den Tatsachen in Einklang zu bringen, daß außer der ermordeten Mademoiselle L'Espanaye niemand im oberen Stockwerk zu entdecken war und daß der Täter keinesfalls hätte entweichen können, ohne von der hinaufeilenden Gesellschaft bemerkt zu werden. Das wüste Durcheinander im Zimmer; die mit dem Kopf nach unten in den Rauchfang hinaufgezwängte Leiche; die entsetzliche Verstümmelung des Leichnams der alten Dame: diese Umstände sowie die eben erwähnten und andere, die ich nicht zu erwähnen brauche, haben hingereicht, um die Geisteskräfte der Polizeibeamten zu lähmen, indem sie ihren vielgepriesenen *Scharfsinn* völlig in die Irre führten. Sie sind dem groben, aber weitverbreiteten Irrtum verfallen, das Ungewöhnliche mit dem Abstrusen zu verwechseln. Doch sind es gerade diese Abweichungen von der ebenen Bahn des Alltäglichen, an denen der Verstand auf seiner Suche nach Wahrheit allenfalls seinen Weg ertastet. Bei Untersuchungen, wie wir sie jetzt anstellen, sollte nicht so sehr gefragt werden: ›Was ist geschehen?‹ als vielmehr: ›Was ist geschehen, das nie zuvor so geschehen ist?‹ Tatsächlich entspricht die Leichtigkeit, mit der ich dieses Rätsels Lösung finden werde oder bereits gefunden habe, genau seiner scheinbaren Unlösbarkeit in den Augen der Polizei.«

In sprachlosem Staunen starrte ich den Sprecher an.

»Ich erwarte jetzt«, fuhr er fort und blickte nach der Tür unseres Zimmers – »ich erwarte jetzt eine Person, die, obzwar vielleicht nicht gerade der Urheber dieser Metzeleien, doch gewissermaßen in das Verbrechen verwickelt gewesen sein muß. An dem ärgsten Teil der verübten Untaten ist er wahrscheinlich unschuldig. Ich vermute, daß ich mit dieser Annahme recht habe; denn darauf gründe ich meine Hoffnung, das ganze Rätsel zu lösen. Ich erwarte den Mann hier – in diesem Zimmer – jeden Augenblick. Freilich kann es sein, daß er nicht kommt; aber aller Wahrscheinlichkeit nach wird er kommen. Sollte er erscheinen, wird es notwendig sein, ihn festzuhalten. Hier sind Pistolen; und beide wissen wir mit ihnen umzugehen, wenn es die Notwendigkeit gebietet.«

Kaum wissend, was ich tat, kaum glaubend, was ich hörte, nahm ich die Pistolen, während Dupin fast wie im Selbstgespräch fortfuhr. Ich erwähnte schon seine abwesende Art bei solchen Gelegenheiten. Seine Rede war an mich gerichtet; aber seine Stimme, obwohl keineswegs laut, hatte jenen Tonfall, wie er sich gewöhnlich einstellt, wenn man über eine weite Entfernung hin zu jemandem spricht. Seine Augen, bar jeden Ausdrucks, hefteten sich nur auf die Zimmerwand.

»Daß die streitenden Stimmen«, sagte er, »welche die Gesellschaft auf der Treppe gehört hatte, nicht die Stimmen der Frauen selbst waren, ist durch die Zeugenaussagen vollauf bestätigt worden. Das enthebt uns jeden Zweifels angesichts der Frage, ob die alte Dame etwa zuerst die

Tochter umgebracht und danach Selbstmord verübt haben könnte. Ich spreche von diesem Punkt hauptsächlich um der Methode willen; denn die Kräfte der Madame L'Espanaye wären der Aufgabe, die Leiche der Tochter den Rauchfang hinaufzuzwängen, so wie man sie dann vorgefunden hat, ganz und gar nicht gewachsen gewesen; und die Art der Wunden an ihrer eigenen Person schließen den Gedanken an Selbstmord völlig aus. Der Mord ist also von einer dritten Partei verübt worden; und die Stimmen dieser dritten Partei waren es denn auch, die man miteinander hatte streiten hören. Nicht auf die ganze Zeugenaussage hinsichtlich dieser Stimmen möchte ich nunmehr Ihre Aufmerksamkeit lenken, sondern auf das, was an dieser Zeugenaussage *eigentümlich* war. Haben Sie irgend etwas Eigentümliches daran wahrgenommen?«

Ich bemerkte, daß zwar alle Zeugen einhellig annahmen, die rauhe Stimme sei die eines Franzosen gewesen, daß aber in bezug auf die schrille oder, wie eine Person es nannte, die scharfe Stimme die Meinungen weit auseinanderklafften.

»Das waren die Aussagen selbst«, sagte Dupin, »aber es war nicht das Eigentümliche daran. Sie haben nichts Besonderes bemerkt. Und doch *gab* es etwas Besonderes zu bemerken. Die Zeugen, wie Sie sagen, stimmten hinsichtlich der rauhen Stimme überein; hier waren sie ganz einer Meinung. Was aber die schrille Stimme angeht, so ist das Eigentümliche – nicht daß sie einander widersprachen, sondern daß einer wie der andere, ein Italiener, ein Engländer, ein Spanier, ein Holländer und ein Franzose, bei dem Versuch, sie zu beschreiben, sie als die Stimme *eines Ausländers* bezeichneten. Jeder ist überzeugt, daß es nicht die Stimme eines seiner eigenen Landsleute war. Nicht einer vergleicht sie mit der Stimme eines Angehörigen irgendeines Volkes, mit dessen Sprache er vertraut ist – im Gegenteil. Der Franzose hält sie für die Stimme eines Spaniers und ›hätte wohl einige Worte ausmachen können, *wenn ihm das Spanische vertraut gewesen wäre*‹. Der Holländer behauptet, es sei die Stimme eines Franzosen gewesen; doch wird erwähnt, daß ›dieser Zeuge, da er *kein Französisch versteht, mit Hilfe eines Dolmetschs verhört wurde*‹. Der Engländer hält sie für die Stimme eines Deutschen und ›*versteht kein Deutsch*‹. Der Spanier ›ist sicher‹, daß es die Stimme eines Engländers war, urteilt aber ›ausschließlich nach dem Tonfall, *da er kein Englisch versteht*‹, der Italiener glaubt, es sei die Stimme eines Russen gewesen, hat aber ›*noch nie mit einem gebürtigen Russen gesprochen*‹. Ein zweiter Franzose ist gar noch anderer Meinung als der erste und ist absolut sicher, daß es die Stimme eines Italieners gewesen sei; da er aber *dieser Sprache nicht mächtig ist*, hat ihn, wie auch den Spanier, ›der Tonfall davon überzeugt‹. Nun, wie extrem abartig muß jene Stimme in der Tat gewesen sein, daß sie Zeugenaussagen wie diese hervorlocken konnte! – daß Bürger dieser fünf großen Länder Europas nicht einmal in ihrem *Klang* etwas irgend Vertrautes erkennen konnten! Sie werden sagen, daß es die Stimme eines Asiaten – eines Afrikaners gewesen sein könnte. Asiaten wie Afrikaner sind in Paris nicht eben dicht gesät; doch ohne die Hypothese zu verwerfen, will ich Ihre Aufmerksamkeit jetzt nur auf drei Punkte lenken. Die Stimme ist von einem Zeugen ›eher scharf als schrill‹ genannt worden. Von zwei anderen ist sie als ›hastig und *abgerissen*‹ bezeichnet worden. Keine Wörter – keine wortähnlichen Laute – wurden von irgendeinem Zeugen als auch nur erkennbar erwähnt.

Ich weiß nicht«, fuhr Dupin fort, »welche Wirkung ich bisher auf Ihr eigenes Denkvermögen ausgeübt haben mag; doch zögere ich nicht, zu behaupten, daß die logischen Schlüsse allein schon aus diesem Teil der Zeugenaussagen – dem Teil, der die rauhe und die schrille Stimme betrifft – in sich ausreichend sind, um einen Verdacht zu erwecken, der für alles weitere Vorgehen bei der Aufhellung des Geheimnisses wegweisend sein sollte. Ich sagte ›logische Schlüsse‹; aber was ich meine, ist damit noch nicht völlig ausgedrückt. Ich wollte zu verstehen geben, daß diese Schlüsse die allein angemessenen sind und daß der Verdacht sich *unweigerlich* als das einzig mögliche Resultat aus ihnen ergibt. Welcher Verdacht das ist, will ich jedoch vorerst noch nicht sagen. Ich möchte Ihnen nur vergegenwärtigen, daß er bei mir selbst zwingend genug war, um meinen Untersuchungen im 'Zimmer eine klar umrissene Form – eine bestimmte Richtung zu geben.

Versetzen wir uns nun im Geist in dieses Zimmer. Wonach werden wir hier zuallererst suchen? Nach dem Fluchtweg, den die Mörder benutzt haben. Es ist wohl nicht zuviel gesagt, daß keiner von uns beiden an übernatürliche Ereignisse glaubt. Madame und Mademoiselle L'Espanaye wurden nicht von Geistern umgebracht. Die Täter waren real und entkamen auf reale Weise. Aber wie? Glücklicherweise gibt es nur eine einzige Methode, diese Frage zu durchdenken, und diese Methode *muß* uns zu einem eindeutigen Ergebnis führen. – Prüfen wir also der Reihe nach die möglichen Fluchtwege. Es ist klar, daß die Mörder, als die Gesellschaft die Treppe hinaufeilte, in dem Raum waren, wo Mademoiselle L'Espanaye gefunden wurde, oder doch wenigstens in dem angrenzenden Raum. Also brauchen wir nur nach Ausgängen aus diesen beiden Zimmern zu forschen. Die Polizei hat die Fußböden, die Decken und das Mauerwerk der Wände in allen Richtungen freigelegt. Keine *geheimen* Ausgänge konnten ihrer Umsicht entgangen sein. Dennoch mißtraute ich *ihren* Augen und forschte mit meinen eigenen. Es gab denn wirklich *keine* geheimen Ausgänge. Die beiden Türen, die von den Zimmern in den Korridor führen, waren fest verschlossen; die Schlüssel steckten innen. Wenden wir uns den Rauchabzügen zu. Diese, zwar von gewöhnlicher Weite bis zu einigen acht oder zehn Fuß über den Feuerstellen, würden in ihrer ganzen Ausdehnung nicht einmal dem Körper einer großen Katze Platz bieten. Da ein Entweichen auf den genannten Wegen sich denn als absolut unmöglich erwiesen hat, kommen für uns nur noch die Fenster in Frage. Durch die des Vorderzimmers hätte keiner entfliehen können, ohne von der Menge auf der Straße bemerkt zu werden. Die Mörder *müssen* also durch die Fenster des Hinterzimmers entkommen sein. Und uns, die wir auf so eindeutige Weise zu diesem Schluß gelangt sind, steht es als logisch denkenden Menschen nicht an, ihn wegen scheinbarer Unmöglichkeiten zu verwerfen. Uns bleibt nur übrig zu beweisen, daß diese scheinbaren Unmöglichkeiten in Wirklichkeit gar keine sind.

Es gibt zwei Fenster in dem Zimmer. Das eine ist nicht von Möbeln verstellt und in voller Größe sichtbar. Der untere Teil des anderen wird dem Blick durch das Kopfende der klobigen Bettstelle verdeckt, die dicht vor das Fenster geschoben ist. Das erstgenannte fand man von innen fest verriegelt. Es widerstand der äußersten Kraftanstrengung derer, die es hochzuschieben versuchten. Ein großes Loch war auf der linken Seite in den Rahmen gebohrt, und darein eingepaßt, fast bis zum Kopf, fand man einen sehr starken Nagel. Beim Untersuchen des anderen Fensters bemerkte man einen ähnlichen Nagel, der auf ähnliche Weise eingepaßt war; und ein angestrengter Versuch, dieses Schiebefenster zu öffnen, mißlang ebenfalls. Die Polizei war nun gänzlich davon überzeugt, daß auf diesem Wege niemand entkommen sein konnte. Und *deshalb* hielt man es für überflüssig, die Nägel herauszuziehen und die Fenster zu öffnen.

Meine eigenen Untersuchungen waren etwas eingehender, und zwar aus ebendem Grunde, den ich gerade nannte – weil sich nämlich hier, wie ich nicht zweifelte, erweisen *mußte*, daß alle scheinbaren Unmöglichkeiten in Wirklichkeit gar keine waren.

Meine weiteren Überlegungen – *a posteriori* – waren diese: Die Mörder *mußten* durch eines dieser Fenster entkommen sein. Da dem so war, konnten sie die Schiebefenster nicht von innen wieder so gesichert haben, wie man sie vorgefunden hatte – eine Überlegung, die wegen ihrer Augenfälligkeit den Untersuchungen der Polizei an dieser Stelle ein Ende setzte. Doch die Schiebefenster *waren* fest geschlossen. Sie *mußten* sich also selbsttätig schließen können. Diesem Schluß war nicht auszuweichen. Ich trat zu dem unverstellten Fenster, zog mit einiger Mühe den Nagel heraus und versuchte, das Fenster hochzuschieben. Es widerstand, wie ich vorausgesehen hatte, allen meinen Anstrengungen. Es mußte, das war mir nun klar, eine verborgene Feder geben; und die Bestätigung meiner Mutmaßung überzeugte mich, daß zumindest meine Prämissen stimmten, so rätselhaft auch noch immer die Sache mit den Nägeln schien. Eine sorgfältige Untersuchung brachte bald die verborgene Feder ans Licht. Ich drückte sie nieder, stand aber, zufrieden mit meiner Entdeckung, davon ab, das Fenster hochzuschieben.

Nun setzte ich den Nagel wieder ein und betrachtete ihn aufmerksam. Eine Person, die durch dieses Fenster entkommen war, hätte es wohl wieder schließen können, und die Feder wäre eingeschnappt – der Nagel aber konnte nicht wieder eingesetzt worden sein. Der Schluß war eindeutig und verengte wiederum das Feld meiner Nachforschungen. Die Mörder *mußten* durch das andere Fenster entkommen sein. Vorausgesetzt also, daß die Federn beider Fenster sich glichen, was wahrscheinlich war, *mußte* sich ein Unterschied bei den Nägeln finden, oder doch zumindest in der Art ihrer Befestigung. Ich kletterte auf das Sackleinen der Bettstelle und betrachtete über das Kopfbrett hinweg eingehend das zweite Fenster. Indem ich meine Hand hinter dem Brett nach unten führte, entdeckte und betätigte ich sogleich die Feder, die, wie vermutet, von gleicher Beschaffenheit war wie die benachbarte. Dann besah ich mir den Nagel. Er war ebenso stark wie der andere und anscheinend auf die gleiche Weise eingepaßt – nahezu bis zum Kopf in den Rahmen getrieben.

Sie werden meinen, daß ich nun doch ratlos war; aber wenn Sie das denken, haben Sie wohl die Art meiner Schlußfolgerungen nicht begriffen. Um einen Jagdausdruck zu gebrauchen: ich bin nicht ein einziges Mal ›auf falscher Fährte‹ gewesen. Nie habe ich auch nur für einen Augenblick die Spur verloren. In nicht einem Glied der Kette war ein Sprung. Ich war dem Rätsel bis zu seiner endgültigen Lösung nachgegangen – und diese Lösung war *der Nagel*. Er glich, sage ich, äußerlich in jeder Hinsicht seinem Bruder im anderen Fenster; doch war diese Tatsache (unwiderlegbar, wie sie scheinen mochte) eine ab-

solute Nichtigkeit gegenüber der Einsicht, daß hier, an diesem Punkt, der Ariadnefaden endete. ›Es *mußte*‹, sagte ich
mir, ›mit dem Nagel irgend etwas nicht stimmen.‹ Ich berührte ihn, und der Kopf mit etwa einem Viertelzoll vom
Schaft glitt in meine Finger. Der übrige Schaft steckte ab-
gebrochen im Bohrloch. Der Bruch war alt (denn die
Bruchstellen waren mit Rost überzogen) und rührte offenbar vom Schlag eines Hammers her, der das Kopfende des
Nagels teilweise in den oberen Rahmenteil des unteren
Schiebefensters hineingetrieben hatte. Sorgfältig paßte ich
dieses Kopfteil nun wieder in die Vertiefung ein, aus der
ich es herausgelöst hatte, und das Erscheinungsbild eines
makellosen Nagels war komplett – der Bruch war nicht zu
sehen. Die Feder niederdrückend, schob ich behutsam das
Fenster um ein paar Zoll in die Höhe; der Nagel hob sich
mit und verharrte fest in seiner Höhlung. Ich schloß das
Fenster, und wiederum war das Bild des heilen Nagels perfekt.

Das Rätsel war nun soweit enträtselt. Der Mörder war
durch das Fenster entkommen, das sich hinter dem Bett
befand. Nach seinem Abgang von selbst niederfallend
(oder vielleicht auch vorsätzlich heruntergeschoben), hatte
es sich mittels der Feder geschlossen; und die Funktion
ebendieser Feder hatte die Polizei fälschlich für die des Nagels genommen – und damit weiteres Nachforschen für
überflüssig erachtet.

Die nächste Frage ist die nach der Art und Weise des
Abstiegs. Über diesen Punkt hatte mir schon der Gang mit
Ihnen rings um das Gebäude Aufschluß gegeben. Etwa
fünfeinhalb Fuß von dem fraglichen Fenster entfernt verläuft ein Blitzableiter. Von diesem aus das Fenster selbst zu
erreichen oder gar einzusteigen, wäre jedem unmöglich gewesen. Ich bemerkte jedoch, daß die Fensterläden im vierten Stock von jener besonderen Art waren, welche die Pariser Zimmerleute *ferrades* nennen – eine Art, die heutzutage
kaum noch verwendet wird, die man aber häufig an sehr alten herrschaftlichen Häusern in Lyon und Bordeaux findet. Sie haben die Gestalt einer gewöhnlichen Tür (einer

einfachen, nicht einer Flügeltür), nur daß die obere Hälfte aus Latten- oder Gitterwerk besteht – und somit den Händen einen vortrefflichen Halt bietet. In unserem Fall sind diese Läden gut dreieinhalb Fuß breit. Als wir sie von der Rückseite des Hauses her erblickten, waren sie beide etwa halb geöffnet – das heißt, sie standen im rechten Winkel von der Mauer ab. Es ist anzunehmen, daß die Polizisten so gut wie ich selbst die Rückseite des Hauses untersucht haben; wenn sie es taten, so sahen sie diese *ferrades* aber von der Kante her in der Verkürzung (mußten sie so sehen) und bemerkten gar nicht die große Breite der Läden oder versäumten jedenfalls, sie gebührend in Betracht zu ziehen. Da sie ja nun einmal davon überzeugt waren, daß an dieser Stelle keiner entkommen sein konnte, dürften sie hier natürlich nur sehr flüchtige Untersuchungen angestellt haben. Mir war indessen klar, daß der Laden, der zu dem Fenster am Kopfende des Bettes gehörte, wenn man ihn bis zur Hauswand aufstieße, nur noch zwei Fuß von dem Blitzableiter entfernt wäre. Auch war nicht zu bezweifeln, daß es durch Aufbietung eines ganz ungewöhnlichen Maßes von Gewandtheit und Mut gelungen sein könnte, vom Blitzableiter aus in das Fenster zu gelangen. Über die Spanne von zweieinhalb Fuß hinwegreichend (gesetzt, der Laden war gänzlich geöffnet), hätte ein Räuber einen soliden Anhalt an dem Lattenwerk finden können. Den Halt am Blitzableiter fahrenlassend, die Füße fest gegen die Hauswand gestemmt und sich kühn davon abstoßend, hätte er den Laden herumklappen und somit schließen, ja, sich sogar ins Zimmer hineinschwingen können, vorausgesetzt, das Fenster war zu der Zeit geöffnet.

Ich bitte Sie, insonderheit zu bedenken, daß ich von einem ganz ungewöhnlichen Maß von Gewandtheit gesprochen habe, welches zum Gelingen eines so gewagten und so schwierigen Kunststücks erforderlich ist. Mir liegt daran, Ihnen zunächst zu verdeutlichen, daß die Sache durchaus so hat vollbracht werden können; zweitens aber und *vor allem* möchte ich Ihrem Denkvermögen den *ganz außergewöhnlichen* – den fast übernatürlichen Charakter jener

Behendigkeit einprägen, die solches hat vollbringen können.

Sie werden zweifellos einwenden, sich der Sprache des Rechts bedienend, daß ich, ›um meine Gründe als stichhaltig zu beweisen‹, die in dieser Sache erforderliche Gewandtheit lieber herunterspielen als auf ihrer vollen Würdigung bestehen sollte. Dies mag in Rechtsdingen der Brauch sein, aber es ist nicht die Gewohnheit der Vernunft. Mein höchstes Ziel ist allein die Wahrheit. Mein derzeitiges Anliegen aber ist, Sie zu bestimmen, jene *ganz ungewöhnliche* Behendigkeit, von der ich soeben sprach, und jene *ganz eigentümlich* schrille (oder scharfe) und *abgerissene* Stimme nebeneinander zu halten, über deren Nationalität keine zwei Personen gleicher Meinung befunden werden konnten und in deren Äußerungen nicht einmal Silben auszumachen waren.«

Bei diesen Worten Dupins huschte mir, vage und nur halb geformt, eine Ahnung von ihrer Bedeutung durch den Sinn. Ich schien auf der Schwelle des Begreifens zu stehen, ohne die Kraft, zu begreifen − so wie man sich bisweilen am Rande des Erinnerns befindet, ohne am Ende der Erinnerung habhaft werden zu können. Mein Freund fuhr in seinen Darlegungen fort.

»Sie werden bemerken«, sagte er, »daß sich meine Frage verlagert hat von der Art des Entkommens auf die des Hineingelangens. Ich wollte zu verstehen geben, daß beides auf die gleiche Weise, an derselben Stelle bewerkstelligt wurde. Kehren wir nun ins Innere des Zimmers zurück. Prüfen wir sorgsam, was sich hier unseren Blicken darbietet. Die Schubladen der Kommode, heißt es, seien ausgeplündert worden, wiewohl viele Kleidungsstücke noch darin verblieben waren. Die Schlußfolgerung hierbei ist absurd. Es ist eine reine Vermutung − eine sehr törichte − und nicht mehr. Wie können wir wissen, daß die in den Schubladen vorgefundenen Gegenstände nicht alles waren, was diese Schubladen schon vorher enthalten hatten? Madame L'Espanaye und ihre Tochter lebten äußerst zurückgezogen − verkehrten mit niemandem − gingen selten aus −

hatten kaum Verwendung für eine große Auswahl an Kleidungsstücken. Was man vorfand, war zumindest von so guter Qualität, daß es schwerlich Besseres im Besitz dieser Damen gegeben haben dürfte. Wenn ein Dieb überhaupt einige Sachen entwendet hatte, warum nahm er dann nicht die besten – warum nahm er nicht alles? Kurzum, warum ließ er viertausend Franc in Gold liegen, um sich mit einem Bündel Wäsche zu beschweren? Denn das Gold blieb *tatsächlich* liegen. Fast die ganze von Monsieur Mignaud, dem Bankier, erwähnte Summe fand man in Beuteln auf dem Fußboden. Sie sollten deshalb aus Ihren Gedanken die irreführende Vorstellung von einem *Motiv* verbannen, die jener Teil der Zeugenaussage, welcher von dem an der Haustür abgelieferten Gelde spricht, in den Hirnen der Polizei erzeugt hat. Koinzidenzen, zehnmal so bemerkenswert wie diese (die Ablieferung des Geldes und drei Tage später die Ermordung der Empfänger), begegnen uns allen zu jeder Stunde unseres Lebens, ohne daß sie auch nur flüchtig unsere Aufmerksamkeit erregen. Koinzidenzen sind im allgemeinen große Hemmschuhe auf dem Weg jener Kategorie von Denkern, die von Haus aus rein gar nichts von der Wahrscheinlichkeitslehre wissen – jener Lehre, der die großartigsten Gegenstände menschlicher Forschung das großartigste Anschauungsmaterial zu verdanken haben. Wäre nun in unserem Fall das Gold nicht mehr dagewesen, so hätte die Tatsache, daß es drei Tage zuvor ausgehändigt worden war, etwas mehr als eine Koinzidenz ausgemacht. Sie hätte die Vorstellung von einem Tatmotiv bekräftigt. Wollten wir aber unter den hier gegebenen Umständen Gold als das Motiv dieser Greueltat ansehen, so müßten wir zugleich den Täter für einen ganz unschlüssigen Idioten halten, der sein Gold und sein Motiv gleichermaßen fahrenließ.

Halten wir uns nun beharrlich die Punkte vor Augen, auf die ich Ihre Aufmerksamkeit gelenkt habe – jene eigentümliche Stimme, jene ungewöhnliche Behendigkeit und das bestürzende Fehlen jeden Motivs bei einem so außerordentlich grauenhaften Mord wie diesem –, und betrachten wir die Metzelei selbst. Da ist eine Frau von starken Händen zu Tode gewürgt und, den Kopf nach unten, in einen Rauchfang gezwängt worden. Gewöhnliche Mörder bedienen sich nicht derartiger Mordmethoden. Am allerwenigsten entledigen sie sich des Ermordeten auf solche Weise. In der Art, die Leiche den Rauchfang hinaufzuzwängen, liegt, das werden Sie zugeben, etwas *ungemein Outriertes* – etwas, das völlig unvereinbar ist mit unseren gängigen Vorstellungen von menschlichem Tun, selbst da, wo wir die Täter für den Abschaum der Menschheit halten. Bedenken Sie auch, wie groß jene Kraft gewesen sein muß, die den Körper durch eine derartige Öffnung *hinauf*zwängen konnte, so gewaltsam, daß die vereinte Stärke von mehreren Personen sich als kaum zulänglich erwies, ihn wieder *herunter*zuzerren!

Wenden wir uns nun weiteren Anzeichen einer schier wunderbaren Kraftentfaltung zu. Auf der Feuerstelle lagen dicke Strähnen – sehr dicke Strähnen – grauen Menschenhaars. Diese waren mit den Wurzeln ausgerissen worden. Sie werden wissen, welch großer Kraftaufwand nötig ist, um auch nur zwanzig oder dreißig Haare zugleich aus dem Kopf herauszureißen. Sie sahen die besagten Haarbüschel so gut wie ich selbst. Ihre Wurzeln (ein gräßlicher Anblick!) waren verklumpt mit Fetzen der Kopfhaut – sicheres Zeichen der ungeheuren Stärke, die aufgeboten wurde, um etwa eine halbe Million Haare auf einmal mit den Wurzeln herauszureißen. Nicht nur war die Kehle der alten Dame durchschnitten, sondern der Kopf war vollends vom Rumpf abgetrennt: das Instrument war nichts weiter als ein Rasiermesser. Bitte beachten Sie auch die *brutale* Wildheit dieser Untaten. Von den Prellungen am Körper von Madame L'Espanaye will ich nicht reden. Monsieur Dumas und sein ehrenwerter Kollege Monsieur Etienne haben erklärt, sie seien ihr mit irgendeinem stumpfen Gegenstand beigebracht worden; und insofern haben diese Herren ganz recht. Der stumpfe Gegenstand war fraglos das Steinpflaster des Hofes, auf welchem das Opfer aufschlug, als es vom Fenster hinter dem Bett hinabgeworfen wurde. Diese

Erklärung, so simpel sie jetzt auch scheinen mag, entging der Polizei aus ebendem Grunde, aus dem ihr auch die Breite der Fensterläden entging – weil nämlich die Sache mit den Nägeln ihr Wahrnehmungsvermögen hermetisch vor der Möglichkeit verschlossen hatte, die Fenster könnten überhaupt je geöffnet worden sein.

Wenn Sie nun zu alledem auch das merkwürdige Durcheinander im Zimmer gebührend bedacht haben, sind wir so weit gediehen, daß wir die einzelnen Eindrücke zueinander in Beziehung setzen können: eine verblüffende Behendigkeit, eine übermenschliche Kraft, eine brutale Wildheit, eine Metzelei ohne Tatmotiv, eine *grotesquerie* des Grauens, die jedes menschliche Maß sprengt, und eine Stimme, die in ihrem Klang den Ohren von Menschen vieler Nationen fremd war und die jeder deutlichen oder erkennbaren Silbenbildung ermangelte. Was also ergibt sich daraus? Welchen Eindruck habe ich in Ihrem Vorstellungsvermögen hinterlassen?«

Es überrieselte mich kalt, als mir Dupin diese Frage stellte. »Ein Wahnsinniger«, sagte ich, »hat diese Tat verübt – irgendein rasender Irrer, der aus einer benachbarten *Maison de Santé* entflohen ist.«

»In gewisser Hinsicht«, erwiderte er, »ist Ihr Gedanke nicht von der Hand zu weisen. Aber noch nie, selbst in den wildesten Ausbrüchen nicht, hatten die Stimmen von Wahnsinnigen Ähnlichkeit mit jener eigentümlichen Stimme, die man da auf der Treppe gehört hat. Auch Wahnsinnige gehören irgendeinem Volk an, und ihre Sprache, so zusammenhanglos die Wörter auch sein mögen, wahrt doch immer noch den Zusammenhang von Silben. Außerdem ist das Haar eines Irrsinnigen nicht von der Art, wie ich es hier in der Hand halte. Ich löste dieses kleine Büschel aus den fest zusammengekrallten Fingern der Madame L'Espanaye. Sagen Sie mir, was Sie davon halten.«

»Dupin!« sagte ich, völlig außer Fassung; »dieses Haar ist höchst ungewöhnlich – das ist kein *Menschen*haar.«

»Ich habe nicht behauptet, daß es das ist«, sagte er; »doch bevor wir diese Frage entscheiden, sollten Sie einen

Blick auf die kleine Skizze werfen, die ich hier auf diesem Blatt festgehalten habe. Es ist eine genaue Nachbildung dessen, was in einem Teil der Zeugenaussage als ›dunkle Quetschungen und tiefe Einschnitte von Fingernägeln‹ auf dem Hals von Mademoiselle L'Espanaye beschrieben worden ist und in einem anderen (nämlich von den Herren Dumas und Etienne) als eine ›Reihe bläulicher Flecke, die offenbar von Fingereindrücken herrührten‹.

Sie werden bemerken«, fuhr mein Freund fort, indem er das Blatt auf dem Tisch vor uns ausbreitete, »daß diese Zeichnung die Vorstellung von einem starken und festen Zugriff vermittelt. Kein *Abgleiten* ist wahrzunehmen. Jeder Finger hat – möglicherweise bis zum Tode des Opfers – den furchtbaren Klammergriff beibehalten, mit dem er sich ursprünglich eingrub. Versuchen Sie nun einmal, alle Ihre Finger zu gleicher Zeit auf die entsprechenden Abdrücke zu legen, die Sie hier sehen.«

Ich versuchte es vergebens.

»Vielleicht ist unser Experiment nicht ganz angemessen«, sagte er. »Das Blatt liegt ausgebreitet auf einer ebenen Fläche; doch der menschliche Hals ist zylindrisch. Hier ist ein Holzklotz, dessen Umfang ungefähr dem des Halses entspricht. Wickeln Sie die Zeichnung herum, und machen Sie den Versuch noch einmal.«

Ich gehorchte; aber das Mißlingen war gar noch augenfälliger als zuvor. »Dies hier«, sagte ich, »ist nicht der Abdruck einer Menschenhand.«

»Lesen Sie nun«, erwiderte Dupin, »diesen Abschnitt aus Cuvier.«

Es war eine eingehende anatomische und allgemein beschreibende Darstellung des großen gelbbraunen Orang-Utan von den ostindischen Inseln. Der gigantische Wuchs, die ungeheure Stärke und Behendigkeit, die unbändige Wildheit und der Nachahmungstrieb dieser Säugetiere sind allen zur Genüge bekannt. Auf der Stelle begriff ich die Greuel der Mordtat in ihrem ganzen Ausmaß.

»Die Beschreibung der Finger«, sagte ich, als ich zu Ende gelesen hatte, »stimmt genau mit dieser Zeichnung überein. Mir ist klar, daß kein anderes Tier als allein ein Orang-Utan der hier erwähnten Spezies die Eindrücke, wie Sie sie skizziert haben, verursacht haben kann. Auch dieses Büschel gelbbraunen Haars entspricht in seiner Beschaffenheit genau dem Haar von Cuviers Bestie. Aber die Einzelheiten dieses schrecklichen Geheimnisses kann ich ganz und gar nicht begreifen. Auch hörte man doch *zwei* Stimmen im Streit miteinander, und die eine war fraglos die Stimme eines Franzosen.«

»Richtig; und Sie werden sich eines Ausrufs erinnern, der von den Zeugen fast einmütig dieser Stimme zugeschrieben wurde – des Ausrufs ›mon Dieu!‹. Unter den obwaltenden Umständen ist er von einem der Zeugen (Montani, dem Zuckerbäcker) mit Recht als ein Ausruf der Ermahnung und Zurechtweisung charakterisiert worden. Auf diese zwei Wörter habe ich deshalb hauptsächlich meine Hoffnungen gegründet, das Rätsel vollends zu lösen. Ein Franzose wußte von dem Mord. Es ist möglich – ja, es ist weit mehr als wahrscheinlich, daß er an jeglicher Mitwirkung bei den blutigen Vorgängen unschuldig ist. Der Orang-Utan mag ihm entlaufen sein. Er mag von ihm bis in das Zimmer verfolgt worden sein; aber unter den aufregenden Umständen, die dann eintraten, hätte der Besitzer das Tier niemals wieder einfangen können. Es ist noch immer auf freiem Fuß. Ich will mich über diese Mutmaßungen nicht weiter auslassen – denn sie anders zu nennen habe ich kein Recht; sind doch die Schatten von Überlegungen, auf die sie sich gründen, kaum klar genug umrissen, um meinen eigenem Verstand faßbar zu sein, so daß ich mir nicht anmaßen dürfte, sie jemand anderem begreiflich zu machen. So wollen wir sie denn Mutmaßungen nennen und von ihnen auch als solchen sprechen. Wenn besagter Franzose wirklich, wie ich annehme, an dieser Greueltat unschuldig ist, so wird dieses Inserat, das ich gestern abend auf unserem Heimweg in der Redaktion von ›Le Monde‹ aufgab (einer Zeitung, die sich Marinebelangen widmet und bei Seeleuten sehr gefragt ist), ihn in unsere Wohnung führen.«

Er reichte mir ein Blatt, und ich las das Folgende:

›Eingefangen wurde im Bois de Boulogne früh am Morgen des ... dieses Monats (dem Morgen des Mordes) ein sehr großer gelbbrauner Orang-Utan der Borneo-Spezies. Der Eigentümer (wie man ermittelt hat, ein Matrose von einem Malteser Schiff) kann sich das Tier abholen, sofern er sich glaubhaft als Besitzer ausweist und die geringfügigen Kosten begleicht, die aus Einfangen und Unterhalt entstanden sind. Zu erfragen Faubourg St. Germain, Rue ..., No. ... – *au troisième*.‹

»Wie nur konnten Sie wissen«, fragte ich, »daß der Mann ein Matrose ist und zu einem Malteser Schiff gehört?«

»Ich weiß es durchaus nicht«, sagte Dupin. »Ich bin dessen keineswegs sicher. Hier ist jedoch ein schmales Stück Band, das, aus seiner Form und seinem schmierigen Aussehen zu schließen, offenbar dazu benutzt worden ist, das Haar zu einer jener langen *queues* zu binden, die bei Matrosen so beliebt sind. Überdies ist das ein Knoten, wie ihn außer den Matrosen nur wenige zu schürzen verstehen und wie er gerade für die Malteser charakteristisch ist. Ich hob das Band am Fuße des Blitzableiters auf. Zu einer der beiden Verstorbenen kann es nicht gehört haben. Wenn ich aber am Ende doch fehlgehe mit meiner Schlußfolgerung aus diesem Band, daß nämlich der Franzose ein Seemann von einem Malteser Schiff sei, so kann ich mit dem, was ich in dem Inserat behauptet habe, dennoch keinen Schaden angerichtet haben. Wenn ich mich irre, wird er lediglich annehmen, daß ich durch irgendeinen Umstand, dem nachzuforschen er sich keine Mühe geben wird, fehlgeleitet worden bin. Habe ich aber recht, so ist Entscheidendes gewonnen. Von dem Morde wissend, wenn auch unschuldig daran, wird der Matrose natürlich Bedenken haben, auf das Inserat einzugehen – sich den Orang-Utan einzufordern. Er wird folgende Überlegungen anstellen: ›Ich bin unschuldig; ich bin arm; mein Orang-Utan ist von großem Wert – für jemand in meinen Verhältnissen ein ganzes Vermögen –, warum sollte ich ihn durch nichtige Furcht vor Gefahr verlieren? Hier ist er, zum Greifen nahe. Man hat ihn im Bois de Boulogne gefunden – weit entfernt vom Schauplatz jenes Blutbades. Wie sollte jemals der Verdacht aufkommen, daß ein wildes Tier die Tat begangen haben könnte? Die Polizei ist in größter Verlegenheit – sie hat nicht den geringsten Anhaltspunkt entdecken können. Selbst wenn sie dem Tier auf die Spur kommen sollte, wäre es doch unmöglich, mir nachzuweisen, daß ich von dem Mord gewußt habe, oder mich gar auf Grund dieser Mitwisserschaft in Schuld zu verwickeln. Vor allem aber *weiß man bereits von mir.* Der Inserent bezeichnet mich als den Besitzer des Tieres. Ich bin mir nicht sicher, wieweit sein Wissen reichen mag. Wenn ich es mir versagte, ein Eigentum von so großem Wert zurückzufordern, von dem bekannt ist, daß es mir gehört, so würde ich zumindest das Tier einem Verdacht aussetzen. Es liegt mir fern, die Aufmerksamkeit auf mich oder auf den Affen zu lenken. Ich werde also dem Inserat Folge leisten, den Orang-Utan abholen und ihn verborgen halten, bis über die Sache Gras gewachsen ist.‹«

In diesem Augenblick hörten wir einen Schritt auf der Treppe.

»Halten Sie die Pistolen bereit«, sagte Dupin; »aber machen Sie keinen Gebrauch davon und lassen Sie sie nicht sehen, bis ich Ihnen ein Zeichen gebe.«

Die Haustür war offengelassen worden, und der Besucher war eingetreten, ohne zu klingeln, und einige Stufen die Treppe hinaufgestiegen. Jetzt aber schien er zu zögern. Bald darauf hörten wir ihn hinuntergehen. Dupin lief rasch an die Tür; da hörten wir ihn wiederum heraufkommen. Er machte kein zweites Mal kehrt, sondern stieg entschlossen treppauf und pochte an die Tür unseres Zimmers.

»Herein!« sagte Dupin in munterem und herzlichem Ton.

Ein Mann trat ein. Es war offensichtlich ein Matrose – ein großer kräftiger und muskulös anmutender Mensch, dessen Gesichtsausdruck, keineswegs abstoßend, eine gewisse Verwegenheit verriet. Sein Gesicht, tief dunkel gebräunt von der Sonne, war zum guten Teil verdeckt von Backenbart und *mustachio*. Er führte einen riesigen Eichen-knüttel mit sich, schien aber sonst unbewaffnet. Er verbeugte sich linkisch und wünschte uns einen guten Abend, in einem Französisch, das zwar etwas provinziell-neufchâ-tellisch klang, aber doch zur Genüge auf eine Pariser Herkunft deutete.

»Nehmen Sie Platz, mein Freund«, sagte Dupin. »Ich nehme an, Sie kommen wegen des Orang-Utans. Auf mein Wort, ich beneide Sie fast um diesen Besitz; ein bemerkenswert schönes und zweifellos sehr wertvolles Tier. Für wie alt halten Sie ihn wohl?«

Der Matrose atmete tief auf, mit der Miene eines Mannes, der von einer unerträglichen Last befreit ist, und erwiderte dann in forschem Ton: »Das kann ich Ihnen nicht sagen – aber mehr als vier oder fünf Jahre alt kann er nicht sein. Haben Sie ihn hier?«

»O nein; hier konnten wir ihn nicht gut unterbringen. Er ist ganz in der Nähe in einem Mietstall in der Rue Dubourg. Sie können ihn morgen früh abholen. Sie sind doch gewiß in der Lage, Ihren Besitzeranspruch glaubhaft zu machen?«

»Natürlich bin ich das, mein Herr.«

»Es tut mir leid, mich von ihm zu trennen«, sagte Dupin.

»Ich möchte nicht, daß Sie sich diese ganze Schererei für nichts aufgehalst haben, mein Herr«, sagte der Mann. »Kann ich nicht erwarten. Bin durchaus bereit, einen Finderlohn für das Tier zu zahlen – das heißt, wenn er sich in Grenzen hält.«

»Gut«, erwiderte mein Freund, »das ist alles recht und billig. Lassen Sie mich überlegen! – was sollte ich wohl bekommen? Oh, ich will es Ihnen sagen. Sie sollen mir mitteilen, was immer Sie von diesen Mordfällen in der Rue Morgue wissen.«

Dupin äußerte die letzten Worte in sehr leisem Ton und sehr ruhig. Ebenso ruhig ging er auch zur Tür, schloß sie ab und steckte den Schlüssel in die Tasche. Dann zog er eine Pistole aus dem Rock und legte sie ohne jede Hast auf den Tisch.

Das Gesicht des Matrosen lief rot an, als kämpfte er mit dem Ersticken. Er sprang auf und packte seinen Knüttel; aber schon im nächsten Augenblick fiel er auf seinen Sitz zurück, heftig zitternd und bleich wie der leibhaftige Tod. Er sprach kein Wort. Mir tat er in der Seele leid.

»Mein Freund«, sagte Dupin begütigend, »Sie regen sich unnötig auf − wirklich. Wir wollen Ihnen kein Haar krümmen. Bei der Ehre eines Gentleman und eines Franzosen verspreche ich Ihnen, daß wir nichts Unbilliges mit Ihnen vorhaben. Ich weiß ganz genau, daß Sie an den Greueltaten in der Rue Morgue unschuldig sind. Doch läßt sich nicht gut leugnen, daß Sie bis zu einem gewissen Grade darin verwickelt sind. Aus dem, was ich bereits gesagt habe, werden Sie ersehen, daß ich Mittel und Wege fand, mir über diese Angelegenheit Aufschluß zu verschaffen − Mittel und Wege, an die Sie im Traum nicht gedacht hätten. Nun steht die Sache so: Sie haben nichts getan, was Sie hätten vermeiden können − ganz gewiß nichts, womit Sie sich strafbar gemacht hätten. Nicht einmal des Raubes sind Sie schuldig, obwohl Sie ungestraft hätten rauben können. Sie haben nichts zu verheimlichen. Sie haben keinen Grund dazu. Andererseits muß Ihnen Ihr Ehrgefühl gebieten, alles zu bekennen, was Sie wissen. Ein Unschuldiger sitzt jetzt im Gefängnis, dem man ebenjenes Verbrechen zur Last legt, dessen Urheber Sie benennen können.«

Der Matrose hatte, während Dupin diese Worte vorbrachte, seine Geistesgegenwart bis zu einem gewissen Grade wiedergewonnen; aber sein erst so forsches Gebaren war ganz dahin.

»So helfe mir Gott«, sagte er nach einer kurzen Pause, »ich will Ihnen alles erzählen, was ich über diese Sache weiß; aber ich erwarte nicht, daß Sie auch nur die Hälfte von dem glauben, was ich sage − ich wäre wirklich ein Narr, wenn ich das täte. Doch unschuldig *bin* ich, und ich will mir's von der Seele reden, und wenn's das Leben kostete.«

Was er aussagte, war im wesentlichen dies: Er hatte vor kurzem eine Fahrt zum ostindischen Archipel gemacht. Eine Gruppe von Seeleuten, darunter auch er, ging auf Borneo an Land und unternahm zum Zeitvertreib einen Ausflug ins Innere. Er selbst und ein Kamerad hatten den Orang-Utan eingefangen. Als dieser Kamerad starb, fiel das Tier ihm allein zu. Nach vielen Scherereien auf der Heimreise, verursacht durch die unbändige Wildheit seines Gefangenen, gelang es ihm schließlich, das Tier sicher in seiner eigenen Behausung in Paris einzuquartieren, wo er es, um nicht die unliebsame Neugier der Nachbarn auf sich zu lenken, sorgsam unter Verschluß hielt, bis es eines Tages von einer Wunde am Fuß genesen sein würde, die ihm ein Splitter an Bord des Schiffes beigebracht hatte. Seine Absicht war letztlich, es zu verkaufen.

Als er in der Nacht oder vielmehr am Morgen der Mordtat von irgendeinem Seemannsvergnügen heimkam, fand er das Tier in seiner eigenen Schlafkammer vor, entwichen aus einem angrenzenden Verschlag, wo es, wie er geglaubt hatte, fest eingeschlossen gewesen war. Das Rasiermesser in der Hand und gründlich eingeseift, saß es vor einem Spiegel und versuchte sich in der Prozedur des Rasierens, bei der es zweifellos seinen Herrn schon öfter durchs Schlüsselloch des Verschlages beobachtet hatte. Entsetzt beim Anblick einer so gefährlichen Waffe im Besitz eines so wilden Tieres, das sie obendrein so gut zu handhaben verstand, wußte der Mann einige Augenblicke nicht, was tun. Doch hatte er das Tier bisher selbst in seinen unbändigsten Launen mit Hilfe einer Peitsche gefügig machen können, und dazu nahm er auch jetzt seine Zuflucht. Bei ihrem Anblick sprang der Orang-Utan sogleich durch die Kammertür, die Treppe hinunter und von dort durch ein Fenster, das unglücklicherweise offenstand, auf die Straße.

Der Franzose folgte voller Verzweiflung, während der Affe, in der Hand noch immer das Rasiermesser, hin und wieder haltmachte, um zurückzusehen und den Verfolger mit Gebärden zu narren, bis dieser ihn fast eingeholt hatte. Dann nahm er aufs neue Reißaus. Auf diese Weise dauerte die Jagd noch eine gute Weile so fort. Die Straßen waren totenstill, denn es ging auf drei Uhr morgens. Beim Passieren eines Gäßchens hinter der Rue Morgue wurde die Aufmerksamkeit des Flüchtlings von einem Licht gebannt, das aus dem offenen Fenster von Madame L'Espanayes Schlafzimmer im vierten Stock ihres Hauses schimmerte. Auf das Gebäude zujagend, entdeckte er den Blitzableiter, kletterte mit unvorstellbarer Behendigkeit hinauf, packte den Fensterladen, der bis an die Hauswand zurückgeschlagen war, und schwang sich mit dessen Hilfe geradewegs auf das Kopfbrett des Bettes. Das ganze Kunststück dauerte keine Minute. Der Laden wurde von dem Orang-Utan, als er ins Zimmer eindrang, mit einem Tritt wieder aufgestoßen.

Der Matrose war unterdessen erfreut und bestürzt zugleich. Er hoffte zuversichtlich, das Tier nun wieder einzufangen, da es kaum aus der Falle entwischen konnte, in die es sich gewagt, außer über den Blitzableiter, wo man es abfangen könnte, wenn es herunterkam. Andererseits hatte er alle Ursache, sich Sorgen zu machen, was es in dem Hause anstellen mochte. Letztere Überlegung nötigte den Mann, den Flüchtigen noch weiter zu verfolgen. Ein Blitzableiter läßt sich mühelos erklimmen, zumal von einem Matrosen; als er aber in der Höhe des Fensters angelangt war, das weit entfernt zu seiner Linken lag, da war seine Kletterpartie zu Ende; allenfalls vermochte er sich so weit hinüberzubeugen, daß er einen flüchtigen Blick ins Innere des Zimmers werfen konnte. Bei diesem Anblick verlor er fast den Halt vor namenlosem Entsetzen. Um die Zeit geschah es, daß jene schrecklichen Schreie in die Nacht brachen, welche die Bewohner der Rue Morgue aus dem Schlummer gerissen hatten. Madame L'Espanaye und ihre Tochter, beide mit ihren Nachtgewändern angetan, waren offensichtlich damit beschäftigt gewesen, ein paar Papiere in dem bereits erwähnten eisernen Kasten zu ordnen, der in die Mitte des Zimmers gerückt worden war. Er stand offen, und sein Inhalt lag daneben auf dem Fußboden. Die Opfer müssen mit dem Rücken zum Fenster gesessen haben; und da zwischen dem Eindringen des Tieres und den Schreien einige Zeit verstrich, ist zu vermuten, daß man es nicht sofort bemerkte. Das Zuschlagen des Fensterladens dürfte man natürlicherweise dem Wind zugeschrieben haben.

Als der Matrose durchs Fenster sah, hatte das gewaltige Tier Madame L'Espanaye beim Haar gepackt (das gelöst war, da sie es gerade gekämmt hatte) und fuchtelte mit dem Rasiermesser vor ihrem Gesicht herum, als wollte es die Bewegungen eines Barbiers nachahmen. Die Tochter lag hingestreckt und reglos am Boden; sie war ohnmächtig geworden. Das Zetern und Zappeln der alten Dame (während ihr das Haar aus dem Kopf gerissen wurde) hatte zur Folge, daß die vermutlich friedlichen Absichten des Orang-Utans sich in hellen Zorn verkehrten. Mit einem einzigen entschlossenen Schwung seines muskelstarken Armes trennte er ihren Kopf nahezu vom Rumpf ab. Der Anblick des Blutes entfachte seine Wut vollends zur Raserei. Zähneknirschend, mit funkensprühenden Augen stürzte er sich auf den Leib des Mädchens, grub seine schrecklichen Klauen in ihren Hals und ließ nicht ab von seinem Würgegriff, bis sie verblichen war. Seine schweifenden, wilden Blicke fielen jetzt auf das Kopfende des Bettes, über dem, starr vor Entsetzen, das Gesicht seines Herrn zu sehen war. Die Wut des Tieres, das sich zweifellos der gefürchteten Peitsche erinnerte, verkehrte sich unversehens in Angst. Wohl wissend, daß es Strafe verdient hatte, schien es dringlich darauf bedacht, seine blutigen Taten zu vertuschen, sprang in einem Taumel furchtsamer Erregung im Zimmer umher, warf bei seiner Jagd die Möbel um und zerbrach sie und zerrte das Bettzeug aus der Bettstelle. Schließlich packte es den Leichnam der Tochter und zwängte ihn in den Rauchfang, so wie man ihn dann gefunden hat; danach die Leiche der alten Dame, die es im Handumdrehen kopfüber aus dem Fenster warf.

Wie sich der Affe nun mit seiner verstümmelten Bürde dem Fenster näherte, schrak der Matrose entsetzt zurück, ließ sich mehr gleitend als kletternd am Blitzableiter hinunter und eilte schnurstracks nach Hause – voller Furcht vor den Folgen des Blutbades und in seinem Grauen alle

Sorge um das Schicksal des Orang-Utans gern fahrenlassend. Die Worte, welche die Gesellschaft auf der Treppe vernommen hatte, waren die Schreckens- und Entsetzensrufe des Franzosen, vermischt mit dem höllischen Geschnatter des Untiers.

Ich habe kaum noch etwas hinzuzufügen. Der Orang-Utan muß, unmittelbar bevor die Tür aufgebrochen wurde, aus dem Zimmer und über den Blitzableiter entwichen sein. Er muß beim Hinausspringen das Fenster geschlossen haben. Er wurde später von seinem Besitzer selbst eingefangen, der im Jardin des Plantes eine sehr hohe Geldsumme für ihn erhielt. Auf Grund unserer Darstellung des wahren Sachverhalts (mit einigen Erläuterungen von seiten Dupins) im Büro des Polizeipräsidenten wurde Le Bon unverzüglich auf freien Fuß gesetzt. Jener Beamte, so wohlgesinnt er meinem Freund auch war, konnte doch nicht ganz seinen Verdruß über die unerwartete Wendung der Dinge verbergen und machte sich in ein paar sarkastischen Bemerkungen Luft – des Inhalts, daß sich doch gefälligst jeder um seine eigenen Angelegenheiten kümmern sollte.

»Lassen Sie ihn reden«, sagte Dupin, der es nicht für nötig gehalten hatte, etwas zu erwidern. »Lassen Sie ihn schulmeistern; das wird sein Gewissen beruhigen. Ich bin es zufrieden, ihn in seiner eigenen Festung geschlagen zu haben. Gleichwohl ist sein Versagen beim Lösen dieses Rätsels keineswegs so verwunderlich, wie er annimmt; denn in Wahrheit ist unser Freund, der Präsident, etwas zu gescheit, um scharfsinnig zu sein. Seine Klugheit ist ohne Saft und Kraft. Sie ist nur Kopf und kein Leib, gleich den Bildern der Göttin Laverna – oder bestenfalls nur Kopf und Schultern wie beim Dorsch. Aber letzten Endes ist er doch ein guter Kerl. Ich mag ihn vor allem wegen seines bravourösen Redeflusses, der ihm den Ruf eingetragen hat, ein Wunder an Scharfsinn zu sein. Ich meine seine Gewohnheit, ›*de nier ce qui est, et d'expliquer ce qui n'est pas*‹.«[1]

1 Rousseau, ›La Nouvelle Héloïse‹

STURZ IN DEN MALSTRÖM

Die Wege Gottes in der Natur wie in der Vorsehung
gleichen nicht *unseren* Wegen; noch entsprechen die
Modelle, welche wir uns formen, in irgendeiner Weise
der Unermeßlichkeit, Abgründigkeit und Unerforschlichkeit Seiner Werke, *welche eine Tiefe an sich haben,*
unergründlicher denn der Brunnen des Demokrit.

Joseph Glanvill

Wir hatten jetzt den Gipfel der höchsten Felsklippe erreicht. Einige Minuten lang schien der alte Mann zu erschöpft, um sprechen zu können.

»Es ist noch gar nicht lange her«, sagte er schließlich,
»da hätte ich Sie auf diesem Wege ebensogut wie der jüngste meiner Söhne geführt; doch vor etwa drei Jahren habe
ich etwas erlebt, was noch keinem Sterblichen zuvor widerfahren ist – oder wenigstens wie es noch kein Mensch je
überlebt hat, um davon berichten zu können – und die
sechs Stunden tödlichen Grauens, die ich damals durchlitt,
haben mich an Leib und Seele gebrochen. Sie halten mich
gewiß für einen *sehr* alten Mann – das bin ich aber nicht.
Weniger denn einen einzigen Tag hat es gebraucht, da war
dieses Haar, früher pechschwarz, weiß geworden, meine
Glieder kraftlos und meine Nerven schwach, so daß ich bei
der geringsten Anstrengung zittre und mir schon vor einem
Schatten bange ist. Wissen Sie, daß ich kaum über den
Rand dieser kleinen Klippe blicken kann, ohne daß mir
schwindlig wird?«

Die ›kleine Klippe‹, an deren Rand er sich so unbeküm-
mert hingeworfen hatte, um auszuruhen, daß der schwerere
Teil seines Körpers darüberhing, indes ihn nur sein auf der

äußersten und schlüpfrigen Kante aufgestützter Ellenbogen vorm Hinunterfallen bewahrte – diese ›kleine Klippe‹,
ein glatter, senkrechter Absturz schwarzglänzenden Felsge-
steins, ragte wohl fünfzehn- oder sechzehnhundert Fuß
hoch aus dem Felsenmeer unter uns auf. Nichts in der
Welt hätte mich dazu bewegen können, ihrem Rand auch
nur auf ein halbes Dutzend Yards nahe zu kommen. Wahrhaftig, schon die gefährliche Lage meines Gefährten erregte mich derart, daß ich der Länge lang mich zu Boden
fallen ließ, an die Büsche ringsum klammerte und nicht
einmal wagte, zum Himmel aufzublicken – während ich
mich vergeblich gegen die Vorstellung wehrte, daß durch
des Sturmes Wüten dem Berg selbst in den Grundfesten
Gefahr drohe. Es dauerte lange, bis ich mir durch vernünftiges Zureden genügend Mut gemacht, daß ich mich auf-
setzen und in die Ferne blicken konnte.

»Über solche Anwandlungen müssen Sie wegkommen«,
sagte mein Führer, »denn ich habe Sie hierhergebracht, damit Sie den Schauplatz, wo sich besagtes Geschehen zugetragen hat, möglichst gut zu sehen vermöchten – und Sie
die Stelle genau vor Augen haben, wenn ich Ihnen das
Ganze erzähle.

Wir befinden uns jetzt«, fuhr er in der ihm eigenen um-
ständlichen Weise fort, »wir befinden uns jetzt nahe der
norwegischen Küste – auf dem achtundsechzigsten Breitengrad – in der großen Provinz Nordland – und im düst-
ren Distrikt der Lofoten. Der Berg, auf dessen Gipfel wir
sitzen, heißt Helseggen, der Wolkenverhangene. Nun richten Sie sich ein wenig höher auf – halten Sie sich am Grase
fest, wenn Ihnen schwindlig wird – so – und schauen Sie
über den Dunstgürtel unter uns weg hinaus aufs Meer.«

Benommen blickte ich dahin und sah eine endlose Fläche Ozean, dessen Wasser eine so tintenschwarze Färbung
aufwiesen, daß mir sogleich der Bericht des Nubischen Geographen vom *Mare Tenebrarum* in den Sinn kam. Ein trostlo-
ser ödes Panorama vermag keines Menschen Phantasie sich
vorzustellen. Rechts und links, so weit das Auge reichte,
dehnten sich, gleich irdischen Festungswällen, Reihen von

schaurig schwarzen und rauh ragenden Klippen, deren Düsternis nur desto eindringlicher noch ins Bild gesetzt ward durch die Brandung, welche unter unendlichem Brüllen und Tosen sich mit ihrem weißen, grausigen Gischtkamm hoch daran aufbäumte. Genau gegenüber dem Vorgebirge, auf dessen Gipfel wir uns befanden, war in einer Entfernung von wohl fünf oder sechs Meilen draußen im Meer eine kleine, öd wirkende Insel zu sehen; genauer gesagt, ihre Lage ließ sich im Gewirre und Gewoge der See erkennen, die sie umtoste. Vielleicht zwei Meilen näher zum Land hin ragte noch ein kleineres Eiland auf, fürchterlich zerklüftet und wüst, und umgeben, in verschiedenen Abständen, von einer Gruppe finsterer Felsen.

In dem Raume zwischen der entfernteren Insel und der Küste hatte der Anblick des Ozeans etwas sehr Ungewöhnliches an sich. Obzwar zur Zeit eine so steife Brise landeinwärts wehte, daß eine Brigg draußen auf hoher See unter doppeltgerefftem Gaffelsegel beigedreht lag und mit dem Rumpf ständig untertauchte, so herrschte hier dennoch keine richtige Dünung, sondern das Wasser schlug nur kurz, rasch und heftig kreuz und quer nach allen Richtungen – gegen den Wind als auch sonstwie. Gischt gab es kaum, höchstens in der unmittelbaren Nähe der Felsen.

»Die Insel da draußen«, nahm der Alte die Rede wieder auf, »nennen die Norweger Vurrgh. Die da in der Mitte ist Moskö. Dort, eine Meile nordwärts, liegt Ambaaren. Da drüben sind Iflesen, Hoeyholm, Kieldholm, Suarven und Buckholm. Weiter weg – zwischen Moskö und Vurrgh – liegen Otterholm, Flimen, Sandflesen und Skarholm. So lauten ihre richtigen Namen – doch warum man es überhaupt für notwendig gehalten hat, ihnen Namen zu geben, können Sie und ich wohl sowieso nicht begreifen. Hören Sie etwas? Sehen Sie im Wasser irgendeine Veränderung?«

Wir befanden uns nun etwa zehn Minuten auf der Spitze des Helseggen, zu welchem wir vom Lofoten-Innern aus aufgestiegen waren, so daß wir vom Meere nichts gesehen, bis wir den Gipfel erreicht und es sich mit einem Male unserem Blicke darbot. Während der Alte noch sprach, vernahm ich einen lauten, allmählich anschwellenden Ton, ähnlich dem Gestöhn einer riesigen Büffelherde auf einer amerikanischen Prärie; und im selbigen Augenblick gewahrte ich, wie unter uns das, was die Seeleute das *stoßweise Schlagen* des Ozeans nennen, sich unversehens in eine Strömung wandelte, die ostwärts verlief. Noch während ich hinschaute, nahm diese Strömung eine reißende Geschwindigkeit an. Mit jedem Augenblick gewann sie an Schnelle – an rasendem Ungestüm. Binnen fünf Minuten war die ganze See bis hin nach Vurrgh in unbändiger Wut aufgepeitscht; doch zwischen Moskö und der Küste herrschte der größte Aufruhr. Hier barst das ungeheure Bett der Wasser, in tausend widerstreitende Stromrinnen zerrissen und zerfurcht, mit einem Male in rasendem Tumult auseinander – da wogte und brodelte und zischte es – kreiste in zahllosen gigantischen Strudeln, und das Ganze wirbelte und stürzte ostwärts hin mit einer Schnelligkeit, wie Wasser sie sonst nie erreicht, es sei denn, es fällt steil hinab.

Wenige Minuten später wandelte sich das Bild abermals von Grund auf. Der Wasserspiegel glättete sich im ganzen etwas, und die Strudel verschwanden einer nach dem andern, indes ungeheure Schaumstreifen erschienen, wo vorher keine zu sehen gewesen. Diese Streifen breiteten sich schließlich auf weite Entfernung hin aus, vereinigten sich, nahmen die Kreiselbewegung der abgeflauten Strudel in sich auf und schienen den Keim zu einem neuen, noch gewaltigeren Wirbel zu bilden. Plötzlich – urplötzlich – nahm dieser in einem Kreise von mehr als einer halben Meile im Durchmesser deutlich bestimmtes Dasein an. Den Rand des Strudels bildete ein breiter Gürtel von schimmernder Gischt; doch kein Teilchen davon glitt in den Schlund des fürchterlichen Trichters, dessen Inneres, so weit das Auge zu dringen vermochte, eine glatte, glänzende, pechschwarze Wand von Wasser war, zum Horizont hin in einem Winkel von wohl fünfundvierzig Grad geneigt, und diese nun wirbelte schwindelerregend herum und herum in schwingend-schwankender Bewegung und stieß in die Lüfte empor einen entsetzlichen Laut, halb Schrei, halb Gebrüll, wie ihn nicht einmal der mächtige Niagara-Katarakt je in seiner Agonie gen Himmel schickt.

Der Berg erzitterte bis auf den tiefsten Grund, und der Felsen bebte. Über die Maßen erschreckt, warf ich mich zu Boden und klammerte mich an das spärliche Gras.

»Das«, sprach ich schließlich zu dem alten Manne – »das *kann* nichts andres sein denn der große Strudel des Malström.« – »So wird er zuweilen genannt«, sagte er. »Wir Norweger heißen ihn den Mosköström, nach der Insel Moskö da in der Mitte.«

Die gewöhnlichen Beschreibungen dieses Strudels hatten mich in keiner Weise auf das vorbereitet, was ich hier sah. Die des Jonas Ramus, welche vielleicht von allen die ausführlichste ist, vermag nicht die geringste Vorstellung zu vermitteln, weder vom Grandiosen noch vom Grausigen des Schauspiels – auch nicht von dem wild verwirrenden Gefühl des *Neuartigen*, das den Betrachter ganz betroffen macht. Ich weiß nicht sicher, von welchem Blickpunkte aus der genannte Verfasser ihn gesehen hat, noch, zu welcher Zeit; doch konnte dies weder vom Gipfel des Helseggen noch während eines Sturms gewesen sein. Indes enthält seine Beschreibung einige Passagen, die um ihrer Einzelheiten willen hier zitiert seien, obgleich sie kaum vermögen, einen Eindruck von dem Schauspiel zu vermitteln.

›Zwischen Lofoten und Moskö‹, heißt es dort, ›beträgt die Wassertiefe zwischen sechsunddreißig und vierzig Faden; doch auf der anderen Seite, nach Ver (Vurrgh) zu, nimmt diese Tiefe derart ab, daß ein Seeschiff nicht ausreichend Fahrwasser findet, ohne Gefahr zu laufen, auf den Felsen zu zerschellen, was selbst bei ruhigstem Wetter vorkommt. Bei Flut tobt der Strom zwischen Lofoten und Moskö mit rasender Schnelligkeit dem Lande zu; doch flutet die Ebbe wildtosend ins Meer zurück, kommt seinem Gebrüll kaum der lauteste und schrecklichste Katarakt gleich; meilenweit hört man das Brausen, und die Strudel oder Wasserschlünde sind von solchem Ausmaß und solcher Tiefe, daß ein Schiff, gerät es in ihren Sog, unweigerlich verschlungen und auf den Grund hinuntergerissen wird, wo es an den Felsen zerschellt; und wenn das Toben des Wassers nachläßt, werden die Trümmer wieder ausgespien. Doch diese Ruhepausen gibt es nur beim Wechsel von Ebbe und Flut und bei ruhigem Wetter, und nur eine Viertelstunde dauern sie, dann fängt der Aufruhr allmählich wieder an. Wenn der Strom am wildesten tobt und seine Wut noch durch Sturm verstärkt wird, ist es gefährlich, ihm auf eine norwegische Meile nahe zu kommen. Boote, Jachten und Seeschiffe sind fortgerissen worden, weil sie sich nicht vorgesehen hatten, ehe sie in seine Reichweite gerieten. Gleicherweise geschieht es häufig, daß Wale der Strömung zu nahe kommen und von ihrer Heftigkeit überwältigt werden; und nicht zu beschreiben ist dann, wie sie heulen und brüllen bei ihrem vergeblichen Kampf freizukommen. Einmal wurde ein Bär, der von Lofoten nach Moskö zu schwimmen versuchte, vom Strome erfaßt und hinabgerissen, wobei er so entsetzlich brüllte, daß es an Land zu hören war. Mächtige Stämme von Fichten und Föhren tauchen, nachdem die Strömung sie verschluckt, derart zertrümmert und zerrissen wieder auf, als würden Borsten darauf sprießen. Dies erweist deutlich, daß der Grund aus zerklüfteten Felsen besteht, zwischen denen sie hin und her gewirbelt werden. Dieser Strom wird von Flut und Ebbe des Meeres geregelt – gleichbleibend alle sechs Stunden wechseln Hoch- und Niedrigwasser. Im Jahre 1645, früh am Morgen des Sonntags Sexagesima, tobte er so laut und wütend, daß an der Küste sogar die Steinmauern der Häuser einstürzten.‹

Was die Wassertiefe betrifft, so vermochte ich nicht zu begreifen, wie man diese in der unmittelbaren Nähe des Strudels überhaupt hatte feststellen können. Die ›vierzig Faden‹ beziehen sich wohl lediglich auf die Teile der Stromrinne ganz in Küstennähe von Moskö oder der Lofoten. In der Mitte des Mosköström muß die Tiefe unermeßlich größer sein; und für diese Tatsache braucht es keines besseren Beweises, als ihn schon ein seitlicher Blick in den Abgrund des Strudels bietet, wie man ihn von der höchsten Felsspitze des Helseggen herab haben kann. Als ich von dieser Zinne auf den heulenden Phlegethon hinuntersah, konnte ich nicht umhin, über die Einfalt zu lächeln, mit welcher der ehrenwerte Jonas Ramus die Geschichten von den Walen und Bären wie etwas schier Unglaubliches erzählt; denn mir schien es in der Tat selbstverständlich, daß auch das größte Linienschiff, das es gibt, geriete es in den Bereich jenes tödlichen Sogs, ihm ebensowenig widerstehen könnte wie eine Feder dem Hurrikan und ganz und gar und auf der Stelle darin verschwinden müßte.

Die Versuche, das Phänomen zu erklären – von denen mir einige, so erinnere ich mich, beim Lesen hinlänglich plausibel vorgekommen waren –, zeigten sich jetzt in einem ganz anderen und unzureichenden Lichte. Die allgemein anerkannte Auffassung besagt, es habe dieser Strudel ebenso wie drei kleinere zwischen den Färöischen Inseln ›keine andere Ursache denn den Zusammenprall der bei Ebbe und Flut steigenden und fallenden Wassermassen gegen eine Kette von Riffen und Felsbänken, wodurch sich das Wasser so staut, daß es wie ein Katarakt hinabstürzt; je höher somit die Flut steigt, desto tiefer muß der Fall sein, und das natürliche Ergebnis von alledem ist ein Strudel oder Wirbel, dessen gewaltige Sogkraft aus kleineren Experimenten hinlänglich bekannt ist.‹ – So die ›Encyclopaedia Britannica‹. Kircher und andere vermuten, daß es mitten in der Malström-Rinne einen Abgrund gebe, der den ganzen Erdball durchdringe und in irgendeiner sehr entlegenen Gegend wieder hervorkomme – in einem Falle ist einigermaßen bestimmt vom Bottnischen Meerbusen die Rede. Diese an sich müßige Meinung war es nun, welche meine Phantasie, indes ich hinabschaute, am ehesten guthieß; und als ich dies meinem Führer gegenüber äußerte, überraschte es mich doch einigermaßen, von ihm zu hören, daß diese Ansicht nicht die seine sei, wenngleich so fast alle Norweger vom Gegenstande dächten. Was die zuvor erwähnte Auffassung betreffe, so bekannte er sich unfähig, diese zu begreifen; und hierin pflichtete ich ihm bei – denn wie einleuchtend sie sich auch auf dem Papier ausnehmen mag, sie wird inmitten des Donnergetöses aus dem Abgrund doch gänzlich unverständlich, ja nachgerade absurd.

»Sie haben den Strudel jetzt lange genug gesehen«, sagte der alte Mann, »und wenn Sie nun um diesen Felsvorsprung kriechen wollen, wo wir uns im Windschatten befinden und das Brüllen des Wassers gedämpfter ist, so möchte ich Ihnen eine Geschichte erzählen, die Sie davon überzeugen wird, daß ich den Mosköström ganz gut kenne.«

Ich ließ mich nieder, wo gewünscht, und er fuhr fort.

»Meine beiden Brüder und ich besaßen einst eine Siebzig-Tonnen-Schmacke mit Schoner-Takelung, damit pflegten wir zwischen den Inseln hinter Moskö, in der Nähe von Vurrgh, auf Fischfang zu gehen. In allen heftigen Strudelgewässern des Meeres kann man gut fischen, zu den rechten Gelegenheiten, wenn man nur den Mut hat, es zu wagen; doch unter allen Küstenfahrern der Lofoten waren wir drei die einzigen, die regelmäßig zu den Inseln hinauszufahren pflegten, das sage ich Ihnen. Die üblichen Fanggründe liegen ein ganzes Stück weiter unten im Süden. Dort kann man jederzeit ohne viel Gefahr fischen, und deshalb sind diese Plätze auch bevorzugt. Die ausgesucht guten Stellen hier drüben zwischen den Felsen liefern jedoch nicht nur die feinsten Sorten, sondern auch in weit größerer Fülle, so daß wir oft an einem einzigen Tage soviel gefangen hatten, wie die Ängstlicheren im Gewerbe in einer ganzen Woche nicht zusammenkratzen konnten. Ja, in der Tat wurde dies für uns eine verzweifelte Spekulation – Lebensgefahr trat an die Stelle von Arbeit, Mut ersetzte das Kapital.

Die Schmacke hatten wir in einer kleinen Bucht liegen, von hier ungefähr fünf Meilen die Küste weiter aufwärts; und für gewöhnlich machten wir uns bei schönem Wetter die Viertelstunde Stillwasser zunutze, um über die Hauptrinne des Mosköström zu kommen, weit oberhalb von dem Strudel, und dann irgendwo bei Otterholm oder Sandflesen Anker zu werfen, wo die Wirbel nicht so heftig sind wie anderswo. Hier sind wir dann geblieben, bis es bald wieder Zeit für Stillwasser war, da haben wir dann den Anker gelichtet und uns auf den Heimweg gemacht. Nie sind wir zu dieser Unternehmung aufgebrochen, ohne daß für die Hin- wie Rückfahrt ein beständiger Seitenwind geweht hätte – einer, bei dem wir sicher sein konnten, daß er uns bis zur Rückkehr nicht im Stich lassen würde –, und in diesem Punkte haben wir uns nur selten geirrt. Zweimal in sechs Jahren waren wir gezwungen, die ganze Nacht wegen Flaute vor Anker liegenzubleiben, was hier in der Gegend wirklich kaum vorkommt; und einmal mußten wir bald eine Woche da draußen auf unserm Fangplatz bleiben und wären fast verhungert, und zwar war kurz nach unserer Ankunft draußen Sturm aufgekommen, und der Strom war viel zu reißend, als daß an Heimfahrt zu denken gewesen wäre. Damals hätte es uns trotz allem noch aufs offene Meer hinausgetrieben (denn die Strudel wirbelten uns immerzu so wild herum, daß unser Anker schließlich unklar kam und wir vor ihm trieben), wären wir nicht in eine der zahllosen Gegenströmungen geraten – heute hier und morgen wieder fort –, welche uns in den Schutz von Flimen brachte, wo wir zu unserm Glück vor Anker gingen.

Ich könnte Ihnen auch nicht den zwanzigsten Teil der Schwierigkeiten schildern, auf die wir ›in unsern Gründen‹ gestoßen sind – es ist kein angenehmer Aufenthaltsort, auch bei gutem Wetter –, doch haben wir es immer geschafft, den Spießrutenlauf durch den Mosköström selbst ohne Zwischenfall zu überstehen; obgleich ich zuzeiten mächtiges Herzklopfen hatte, wenn es geschah, daß wir vielleicht eine Minute vor oder nach dem Stillwasser kamen. Manchmal war der Wind nicht ganz so stark, wie wir beim Ausfahren gedacht, und dann ging es langsamer voran, als uns lieb sein konnte, während die Schmacke in der Strömung dem Ruder nicht gehorchen wollte. Mein ältester Bruder hatte einen Sohn von achtzehn Jahren, und ich selber besaß auch zwei kräftige Jungen. Die wären uns in solchen Zeiten eine große Hilfe gewesen, an den Petschen, und dann beim Fischen – doch ob wir schon selber das Risiko auf uns nahmen, haben wir es irgendwie nicht übers Herz gebracht, die Kinder der Gefahr auszusetzen – denn schließlich und endlich *war* es furchtbar gefährlich, und das ist wahr.

In ein paar Tagen werden es drei Jahre, daß sich das zutrug, was ich Ihnen nun erzählen will. Es war am zehnten Juli 18 – –, einem Tag, den die Leute in diesem Teile der Welt wohl nie vergessen werden – denn da blies der schrecklichste Orkan, den der Himmel jemals geschickt. Und doch hatte den ganzen Morgen über, ja, noch bis in den späten Nachmittag eine sanfte, stetige Brise aus Südwest geweht, dazu strahlende Sonne geschienen, so daß auch der älteste Seemann unter uns nicht hatte voraussehen können, was dann folgen sollte.

Wir drei – meine beiden Brüder und ich – waren nachmittags gegen zwei Uhr zu den Inseln hinübergefahren und hatten bald die Schmacke voll feinster Fische geladen, welche, so stellten wir alle fest, es an dem Tage dort noch weit mehr gab, als wir je zuvor erlebt hatten. Es war, *nach meiner Uhr*, gerade sieben, als wir den Anker lichteten und die Heimfahrt antraten, um den schlimmsten Teil des Ström bei Stillwasser hinter uns zu bringen, das, wie wir wußten, um acht einsetzen würde.

Bei frischem Wind von Steuerbord fuhren wir los und machten eine Weile tüchtig Fahrt, niemals hätten wir auch nur im Traum an Gefahr gedacht, denn wir sahen wirklich nicht den leisesten Grund zu Besorgnis. Da wurden wir mit einem Mal von einer Brise vom Helseggen drüben überrascht. Dies war ganz und gar ungewöhnlich – etwas, das uns noch nie vorgekommen war –, und ich wurde ein wenig unruhig, ohne daß ich gewußt hätte, warum. Wir gingen nun an den Wind, konnten aber wegen der Strudel überhaupt nicht vorwärts kommen, und schon wollte ich vorschlagen, wieder zu unserem Ankerplatz zurückzukehren, als wir bei einem Blick nach achtern sahen, wie den ganzen Horizont eine einzige, seltsam kupferrote Wolke bedeckte, die mit erschreckender Geschwindigkeit heraufzog.

Inzwischen hatte sich die Brise, die uns entgegengeblasen, wieder gelegt, und in völliger Windstille trieben wir richtungslos umher. Dieser Zustand hielt aber nicht lange genug an, daß wir Zeit gehabt hätten, darüber nachzudenken. In weniger denn einer Minute war der Sturm über uns – in weniger denn zweien hatte sich der Himmel völlig überzogen – und hierdurch wie durch den aufgewirbelten Gischt wurde es mit einem Mal so finster, daß wir einander in der Schmacke nicht mehr sehen konnten.

Einen solchen Orkan, wie er dann losbrach, beschreiben zu wollen wäre Wahnsinn. So etwas hat auch der älteste Seemann in Norwegen nie erlebt. Wir hatten die Segel zwar eilends geborgen, ehe es gänzlich über uns hereinbrach; doch schon beim ersten Windstoß gingen unsere beiden Masten über Bord, als wären sie abgesägt worden – der Großmast riß meinen jüngsten Bruder mit sich, der sich zur Sicherheit daran festgebunden hatte.

Unser Boot war das federleichteste Ding, das je auf dem Wasser schwamm. Es hatte ein komplettes Glattdeck, nur am Bug befand sich eine kleine Luke, und diese Luke pflegten wir immer zu verschalken, wenn es über den Ström gehen sollte, zur Vorsicht gegen Sturzseen. Wäre dieser Umstand nicht gewesen, so wären wir auf der Stelle gesunken – denn ein paar Augenblicke blieben wir völlig begraben. Wie mein älterer Bruder dem Verderben entging, kann ich nicht sagen, denn nie mehr fand ich Gelegenheit, dies festzustellen. Was mich betraf, so warf ich mich, sobald ich das Focksegel losgemacht hatte, flach aufs Deck, die Füße gegen den schmalen Dollbord des Bugs gestemmt, während die Hände einen Ringbolzen am Fuße des Fockmastes umklammerten. Es war bloßer Instinkt, der mich dies tun ließ – zweifellos das allerbeste, das ich tun konnte –, denn zu denken vermochte ich in meiner Verwirrung nicht.

Eine Weile waren wir, wie gesagt, vollkommen überflutet, und die ganze Zeit hielt ich den Atem an und klammerte mich an den Bolzen. Als ich es nicht mehr aushalten konnte, erhob ich mich auf die Knie, indes ich mich noch immer mit den Händen festhielt, und bekam so den Kopf frei. Im selben Augenblick schüttelte sich unser kleines Boot, wie es ein Hund tut, wenn er aus dem Wasser kommt, und befreite sich so in gewissem Maße von den Fluten. Ich versuchte nun, mich aus der Betäubung zu befreien, die sich meiner bemächtigt hatte, und meine Sinne zu sammeln, um zu sehen, was sich tun ließe, da spürte ich, wie mich jemand am Arm packte. Es war mein älterer Bruder, und mein Herz tat einen Sprung vor Freude, denn ich wähnte ihn ganz gewiß über Bord – doch im nächsten Augenblick schon hatte sich all diese Freude in Entsetzen verkehrt – denn er schob den Mund dicht an mein Ohr und schrie laut das Wort: *Mosköström!*

Was ich in jenem Augenblicke empfand, wird keiner jemals wissen. Es schüttelte mich von Kopf bis Fuß, als hätte mich ein Anfall der schrecklichsten Fieberschauer gepackt. Nur zu gut wußte ich, was er mit diesem einen Worte meinte – wußte, was er mir begreiflich machen wollte. Bei dem Wind, der uns jetzt vor sich her jagte, trieben wir unweigerlich dem Strudel des *Malström* zu, und nichts konnte uns retten!

Schauen Sie, um die *Rinne* des Ström zu überqueren, sind wir immer einen großen Umweg bis weit oberhalb des Strudels gefahren, auch bei ruhigstem Wetter, und mußten dann warten und genau das Stillwasser abpassen – doch nun trieben wir geradewegs auf den Strudelschlund selber zu, und noch dazu bei einem solchen Orkan! ›Bestimmt‹, dachte ich, ›werden wir gerade bei Stillwasser dort eintreffen – darin liegt noch ein wenig Hoffnung‹ – doch im nächsten Augenblick verwünschte ich mich und schalt mich einen Narren, überhaupt noch von Hoffnung zu träumen. Ich wußte sehr wohl, daß wir verloren waren, und wären wir zehnmal auch ein Neunzig-Kanonen-Schiff gewesen.

Um diese Zeit hatte sich die erste Wut des Sturmes gelegt, oder vielleicht empfanden wir es nur nicht mehr so sehr, da wir ja davor lenzten, jedenfalls aber türmten sich nun die Wellen, die zunächst vom Winde niedergehalten worden waren, flach und schäumend dagelegen hatten, zu

wahren Bergen auf. Auch mit dem Himmel war eine seltsame Veränderung vorgegangen. Rundum in jeder Richtung war er noch immer so schwarz wie Pech, doch fast direkt über uns riß es auf, und ein kreisrundes Stück klaren
Himmels drängte sich plötzlich hervor – so klar, als ich ihn
je gesehen – und leuchtete in tiefem Blau – und daraus erstrahlte der volle Mond mit einem Glanze, wie ich ihn nie
zuvor an ihm geschaut. Er erhellte alles um uns herum mit
größter Deutlichkeit – doch, o Gott!, welches Bild bot sich
da in seinem Lichte!

Nun nahm ich ein paar Anläufe, mit meinem Bruder zu
sprechen – doch auf irgendeine mir unbegreifliche Weise
hatte der Lärm so zugenommen, daß er kein einziges Wort
verstehen konnte, wiewohl ich ihm, so laut ich's vermochte,
ins Ohr schrie. Gleich darauf schüttelte er den Kopf, sein
Gesicht war bleich wie der Tod, als er einen Finger hob,
wie wenn er sagen wollte: ›Horch!‹

Zuerst vermochte ich nicht auszumachen, was er
meinte – doch bald durchfuhr mich ein gräßlicher Gedanke. Ich zog meine Uhr aus der kleinen Tasche meiner
Hose. Sie ging nicht mehr. Im Mondlicht blickte ich auf
ihr Zifferblatt und brach dann in Tränen aus, als ich sie
weit hinaus ins Meer schleuderte. *Sie war um sieben Uhr stehengeblieben! Wir hatten die Zeit des Stillwassers verpaßt, und
der Strudel des Malström tobte mit voller Gewalt!*

Ist ein Boot gut gebaut, richtig getrimmt und nicht zu
tief beladen, scheinen bei starkem Sturm die Wellen, wenn
es raumschots segelt, immer unter ihm hervorzugleiten –
was eine Landratte sehr seltsam anmutet –, und das heißt
bei den Seeleuten *reiten*. Nun, bis jetzt waren wir sehr geschickt auf der Dünung geritten; bald aber erfaßte uns eine
gigantische Woge direkt unter der Gillung und riß uns, als
sie sich auftürmte, mit sich empor – höher – immer höher,
als sollte es in den Himmel gehen. Nie hätte ich geglaubt,
daß Wellen sich so steil aufrichten können. Und dann ging
es wieder hinab: wir flogen, glitten, stürzten kopfüber zu
Tale, daß mir Hören und Sehen verging, so als fiele ich im
Traum von hohem Bergesgipfel. Doch während wir oben

waren, hatte ich rasch den Blick schweifen lassen – und dieser eine Blick sagte mir genug. Im Nu hatte ich unsere genaue Lage erfaßt. Direkt vor uns, eine Viertelmeile etwa, befand sich der Strudel des Mosköström – doch war er dem gewöhnlichen Mosköström ebensowenig ähnlich, wie der Strudel, den Sie jetzt sehen, einem Mühlgerinne gleicht. Hätte ich nicht gewußt, wo wir waren und was unser harrte, hätte ich die Stelle überhaupt nicht erkannt. Angesichts der Lage schloß ich vor Grauen unwillkürlich die Augen. Wie im Krampfe preßten sich die Lider zusammen.

Es waren höchstens zwei Minuten vergangen, da merkten wir plötzlich, wie die Wellen nachließen und Schaum uns umgab. Das Boot vollführte jählings eine halbe Drehung nach Backbord und schoß dann wie ein Blitz in der neuen Richtung fort. Im selben Augenblick ging das Brüllen des Wassers gänzlich in einer Art gellenden Geschrills unter – das klang etwa, vielleicht können Sie sich's so vorstellen, wie wenn viele tausend Dampfschiffe allesamt gleichzeitig den Dampf aus ihren Ventilen entweichen lassen. Wir befanden uns nun in dem Brandungsgürtel, welcher immer den Strudel umgibt; und ich dachte natürlich, im nächsten Augenblick würden wir in die Tiefe stürzen – in die wir auf Grund der fürchterlichen Geschwindigkeit, mit der wir dahingerissen wurden, nur undeutlich hinabzusehen vermochten. Das Boot, so wollte es scheinen, tauchte überhaupt nicht mehr ins Wasser ein, sondern flog wie eine Luftblase auf der Oberfläche der wogenden See dahin. Sein Steuerbord war dem Strudel zugekehrt, und Backbord türmte sich das Wassergebirge, das wir hinter uns gelassen. Es stand da wie eine riesige wogende Wand zwischen uns und dem Horizont.

Es mag sonderbar anmuten, doch nun, da wir uns genau im Rachen des Schlundes befanden, war ich gefaßter als zuvor, da wir nur auf ihn zutrieben. Nachdem ich mich damit abgefunden hatte, daß keine Hoffnung mehr bestehe, wurde ich einen Großteil jenes Schreckens los, der mich anfangs hatte verzagen lassen. Es war wohl Verzweiflung, die mir die Nerven stärkte.

Es mag nach Prahlerei aussehen – doch was ich Ihnen erzähle, ist die Wahrheit – ich fing an, mir Gedanken zu machen, welch großartige Sache es doch sei, auf solche Weise den Tod zu erleiden, und wie töricht von mir, angesichts einer so wunderbaren Offenbarung von Gottes Macht an etwas so Armseliges wie mein eigenes Leben zu denken. Ich glaube gar, ich wurde rot vor Scham, als dieser Gedanke mir durch den Sinn fuhr. Nach einer kleinen Weile ergriff die lebhafteste Neugier von mir Besitz, den Strudel selbst kennenzulernen. Ich verspürte geradezu den *Wunsch*, seine Tiefen zu ergründen, auch um den Preis des Opfers, das zu bringen ich im Begriffe stand; und am meisten Kummer bereitete mir, daß es mir nie vergönnt wäre, meinen alten Gefährten an der Küste von den Geheimnissen zu erzählen, welche ich schauen würde. Das waren ganz zweifellos seltsame Vorstellungen im Geiste eines Menschen, der sich in solch äußerster Not befindet – und seither habe ich oft gedacht, daß die Umdrehungen des Bootes um den Strudelschlund mir vielleicht ein wenig den Kopf verwirrt hatten.

Und noch ein Umstand mochte wohl dazu beigetragen haben, meine Geistesgegenwart wiederherzustellen: der Wind hatte aufgehört, er konnte uns in unserer jetzigen Lage nicht erreichen – denn wie Sie selber gesehen haben, liegt der Brandungsgürtel beträchtlich niedriger als die allgemeine Fläche des Meeres, und dies letztere nun türmte sich über uns auf, ein hoher, schwarzer Gebirgsgrat. Wenn Sie noch nie einen schweren Sturm auf See erlebt haben, so können Sie sich gar keinen Begriff davon machen, wie Wind zusammen mit Gischt den Geist doch verwirren. Blind werden Sie und taub, es benimmt Ihnen die Luft, und Sie sind außerstande, etwas zu tun oder zu denken. Doch dieser Plagen waren wir nun weitestgehend ledig – ganz wie man zum Tode verurteilten Verbrechern im Gefängnis geringfügige Vergünstigungen gewährt, die ihnen, solange das Urteil noch ungewiß, versagt sind.

Wie oft wir den Brandungsgürtel umkreist, läßt sich unmöglich sagen. Wohl eine Stunde lang rasten wir immerzu rundherum im Kreise, schwebten mehr denn daß wir schwammen, und gerieten allmählich mehr und mehr in die Mitte der Sturzsee, näher und näher dann an ihren entsetzlichen Innenrand. Diese ganze Zeit hatte ich den Ringbolzen nicht losgelassen. Mein Bruder befand sich im Heck und hielt sich an einem großen leeren Wasserfasse fest, das unter dem Fischkorb der Gillung festgezurrt war, das einzige Ding an Deck, das nicht über Bord gegangen, als zum ersten Mal der Sturm uns angegriffen hatte. Da wir uns nun dem Rande des Höllenloches näherten, ließ er das Faß los und wollte nach dem Ringe greifen, von welchem er in seiner Todesangst meine Hände gar zu verdrängen suchte, war der Bolzen doch nicht groß genug, uns beiden sicheren Griff zu bieten. Niemals empfand ich tieferen Schmerz als in dem Augenblick, da ich ihn dies versuchen sah – obwohl mir klar war, der es tat, war nicht bei Sinnen – ein Wahnsinniger, den pure Angst um den Verstand gebracht. Doch lag mir nichts daran, mit ihm in diesem Punkte zu streiten. Ich dachte mir, es sei ja sowieso egal, ob sich nun einer von uns festhielt oder nicht; so ließ ich ihm den Bolzen und ging nach achtern zu dem Fasse hin. Dies war ohne große Mühe getan; denn die Schmacke flog recht gleichmäßig herum im Kreis und auf ebenem Kiel – nur mit dem ungeheuren Wirbeln und Schwirbeln des Strudels schwang sie hin und her. Kaum hatte ich an meinem neuen Standort festen Halt gewonnen, da tat es einen heftigen Ruck nach Steuerbord, und kopfüber schossen wir in den Abgrund hinab. Ich murmelte noch schnell ein Gebet zu Gott und dachte, nun sei alles vorbei.

Als ich den schwindelerregenden Sturz in die Tiefe spürte, hatte ich mich instinktiv nur um so fester an das Faß geklammert und die Augen geschlossen. Sekundenlang wagte ich nicht, sie zu öffnen – indes ich augenblicks das Ende erwartete und mich wunderte, daß mein Todesringen mit dem Wasser noch nicht begonnen hatte. Doch ein Augenblick nach dem andern verstrich. Ich lebte noch. Das Gefühl des Fallens hatte aufgehört; und die Bewegung des Schiffes schien ganz dieselbe zu sein, wie sie es zuvor im Streifen von Gischt gewesen, nur daß es jetzt mehr krängte. Ich faßte Mut und sah mich noch einmal am Orte um.

Nie werde ich vergessen, mit welchem Gefühl von Grauen, Schrecken und Bewunderung ich um mich schaute. Es sah aus, als hinge das Boot, wie durch Magie, auf halber Höhe an der Innenwand eines Trichters von enormem Umfang und ungeheurer Tiefe, dessen vollkommen glatte Seitenwände man leicht für Ebenholz hätte halten können, wäre nicht die verwirrende Geschwindigkeit gewesen, mit welcher sie im Kreise wirbelten, und der gleißende, gespenstisch-grausige Schimmer, der von ihnen ausging, als die Strahlen des Vollmonds aus jenem kreisrunden Loch in den Wolken, welches ich bereits beschrieben, in einer Flut von goldenem Glanz die schwarzen Wände dahinströmten, weit, weit hinab in die tiefsten Tiefen des Abgrunds.

Zunächst war ich zu verwirrt, um genauer Beobachtung fähig zu sein. Die plötzliche Allgegenwart schreckenerregender Größe war alles, was ich wahrnahm. Als ich mich jedoch wieder ein wenig gefaßt hatte, fiel mein Blick unwillkürlich nach unten. So wie die Schmacke an der schrägen Wandung des Wassertrichters hing, hatte ich in dieser Richtung ungehinderte Sicht. Sie schwamm noch ganz auf ebenem Kiel – das heißt, das Deck lag in einer Ebene parallel zu der des Wassers – letzteres aber neigte sich in einem Winkel von mehr denn fünfundvierzig Grad, so daß wir fast zu kentern schienen. Desungeachtet konnte ich nicht umhin festzustellen, daß ich bei dieser Stellung kaum mehr Mühe hatte, meinen festen Halt mit Händen und Füßen zu behaupten, als wenn wir uns in waagerechter Lage befunden hätten; und dies, denke ich, lag wohl an der Geschwindigkeit, mit welcher wir uns drehten.

Die Strahlen des Mondes schienen bis in den tiefsten Grund des unermeßlichen Schlundes zu dringen; aber dennoch konnte ich nichts deutlich erkennen, war da unten doch alles eingehüllt in dichtem Nebelschleier, und darüber hing, der schmalen, schwankenden Brücke gleich, die, so sagen die Muselmänner, der einzige Pfad zwischen Zeit und Ewigkeit sei, ein prachtvoller Regenbogen. Dieser Nebel oder Gischt wurde zweifellos vom Aufeinanderprall der gewaltigen Wände des Trichters verursacht, die da unten in der Tiefe alle zusammentrafen – das Geschrei aber, das aus diesem Nebel zum Himmel aufgellte, wage ich nicht zu beschreiben.

Unser erstes Gleiten vom Brandungsgürtel droben in den Abgrund selber hatte uns ein großes Stück auf der Schrägwandung hinabgetragen; doch im weiteren verlief unser Fall unvergleichlich anders. Rundherum wirbelten wir, immer rundherum – nicht in gleichförmiger Bewegung, sondern in schwindelerregenden Schwüngen und Schüben, die uns bald nur wenige hundert Fuß weit – bald um nahezu den ganzen Kreis des Strudels herumschleuderten. Bei jeder Umdrehung ging es langsam, aber sehr merklich weiter hinunter.

Als ich meinen Blick über die weite Wüste aus flüssigem Ebenholz schweifen ließ, die uns solcherart trug, gewahrte ich, daß unser Boot nicht der einzige Gegenstand in der Umarmung des Wirbels war. Über wie unter uns waren Wrackteile zu sehen, riesige Mengen Bauholz und Baumstämme, dazu viele kleinere Dinge wie etwa Stücke von Hausrat, zerbrochene Kisten, Fässer und Stabholz. Die unnatürliche Neugier, die an die Stelle meines ursprünglichen Entsetzens getreten war, habe ich schon geschildert. Sie schien gar noch zu wachsen in mir, dieweil ich meinem fürchterlichen Verhängnis immer näher kam. Ich fing nun an, mit ungewöhnlichem Interesse mir die zahllosen Gegenstände anzusehen, die in unserer Gesellschaft dahintrieben. Ich *muß* einfach wahnsinnig gewesen sein – denn ich suchte sogar *Vergnügen* darin, Spekulationen über die Geschwindigkeit anzustellen, mit der sie jeweils zum Gischtkessel drunten hinabtrieben. ›Diese Föhre‹, so ertappte ich mich einmal, ›wird bestimmt als nächstes den furchtbaren Sturz tun und verschwinden‹ – und dann war ich geradezu enttäuscht, als ich sah, wie das Wrack eines holländischen Kauffahrteischiffes sie überholte und vor ihr hinabtauchte. Nachdem ich schließlich verschiedene solche Mutmaßungen angestellt und mich jedesmal darin geirrt hatte, brachte mich diese Tatsache – die Tatsache meiner beständigen Fehlkalkulation – auf einen Gedankengang, der mich wieder an allen Gliedern zittern und mein Herz ungestüm schlagen ließ.

Es war nicht etwa neuerliche Angst, die mich so gepackt, sondern das Aufdämmern einer viel aufregenderen *Hoffnung*. Diese Hoffnung stieg zum Teil aus der Erinnerung auf, zum Teil aus gegenwärtiger Beobachtung. Ich rief mir die große Vielfalt des Treibguts ins Gedächtnis, wie es, vom Mosköström einst verschlungen, dann wieder ausgespien, die Lofoten-Küste bedeckte. Bei weitem die meisten Gegenstände waren in der ungewöhnlichsten Weise zertrümmert – so zerscheuert und zerschabt, daß es aussah, als steckten sie voller Splitter – dann aber erinnerte ich mich deutlich, daß *einige* von ihnen überhaupt nicht verunstaltet waren. Nun konnte ich mir diesen Unterschied nicht anders erklären als mit der Annahme, daß die aufgerissenen Trümmer die einzigen seien, welche *gänzlich hinabgesogen* worden waren – die anderen aber so spät nach Eintritt der Gezeiten erst in den Strudel geraten oder aus irgendeiner Ursache so langsam hinabgesunken seien, nachdem sie hineingeraten, daß sie nicht mehr den Grund erreichten, ehe die Flut – oder die Ebbe, je nachdem – wieder wechselte. In beiden Fällen hielt ich es für möglich, daß sie dadurch wieder an die Oberfläche des Meeres emporgewirbelt werden könnten, ohne das Schicksal jener Gegenstände zu erleiden, die früher in den Sog gezogen oder schneller verschlungen worden waren. Außerdem machte ich drei wichtige Beobachtungen. Die erste war, daß in der Regel die Körper desto schneller sanken, je größer sie waren; zweitens, daß bei zwei gleich großen Massen, von denen die eine sphärische und die andere eine *beliebig andere Gestalt* hatte, die sphärische die höhere Sinkgeschwindigkeit aufwies; und drittens, daß von zwei Massen gleicher Größe, eine davon zylindrisch, die andere von beliebiger Gestalt, der Zylinder langsamer hinabgezogen wurde. Seit meiner Rettung habe ich verschiedentlich mich über dieses Thema mit einem alten Schulmeister aus der Gegend hier besprochen; und von ihm habe ich auch gelernt, die Wörter ›Zylinder‹ und ›sphärisch‹ zu gebrauchen. Er hat mir erklärt – die Erklärung habe ich allerdings vergessen –, wie das, was ich da beobachtet, sich tatsächlich als ganz natürliche Folge aus den Formen der treibenden Trümmer ergab – und mir gezeigt, wie es kommt, daß ein in einem Wirbel treibender Zylinder dem Sog einen größeren Widerstand entgegensetzt und schwerer hineingezogen wird als ein gleich großer Körper von beliebig anderer Gestalt.[1]

Ein verblüffender Umstand hat mich besonders nachdrücklich auf diese Beobachtungen gelenkt und das Verlangen in mir geweckt, sie mir zunutze zu machen, nämlich der, daß wir bei jeder Umdrehung an irgendwelchen Gegenständen vorüberkamen, einem Faß, einer zerbrochenen Segelstange oder einem Schiffsmast, indes viele dieser Dinge, welche mit uns auf gleicher Höhe gewesen waren, da ich zum ersten Mal meine Augen über den Wundern des Strudels geöffnet hatte, jetzt hoch über uns schwebten und sich nur wenig von ihrer Ausgangslage entfernt zu haben schienen.

Nun wußte ich, was ich zu tun hatte. Ich beschloß, mich an dem Wasserfaß festzubinden, an dem ich mich jetzt anhielt, es von der Gillung loszumachen und mich damit ins Wasser zu stürzen. Durch allerlei Zeichen zog ich die Aufmerksamkeit meines Bruders auf mich, wies auf die treibenden Fässer, die in unsere Nähe kamen, und tat alles, was in meiner Macht stand, ihm begreiflich zu machen, was ich vorhatte. Endlich glaubte ich, er habe meine Absicht verstanden – doch, ob dies nun der Fall war oder nicht, er schüttelte verzweifelt den Kopf und weigerte sich, von dem Ringbolzen zu lassen. Es war unmöglich, ihn zu zwingen; die Not duldete kein Zögern mehr; und so schwer es mir fiel, überließ ich ihn also seinem Schicksal, band mich vermittels der Taue, welche es an der Gillung hielten,

1 Siehe Archimedes, ›De incidentibus in fluido‹, Lib. 2.

an dem Fasse fest und stürzte mich damit, ohne auch nur einen Augenblick länger zu zaudern, in die See.

Es kam genauso, wie ich es gehofft hatte. Da ich selber es bin, der Ihnen das alles erzählt – da Sie sehen, daß ich *tatsächlich* daraus entkommen bin – und da Sie auch bereits wissen, auf welche Weise die Rettung ins Werk gesetzt wurde, und Sie sich also alles, was noch zu sagen bleibt, im weiteren denken können –, will ich meine Geschichte rasch zu Ende bringen. Es mochte vielleicht eine Stunde vergangen sein, nachdem ich die Schmacke verlassen hatte, da wirbelte diese, inzwischen tief unter mir, drei- oder viermal rasch hintereinander wild im Kreise herum und stürzte, mit meinem geliebten Bruder, kopfüber urplötzlich und für immer hinab in das Chaos aus Gischt. Das Faß, an dem ich festgebunden war, sank nur sehr wenig weiter denn bis auf die halbe Strecke zwischen dem Grunde des Strudels und der Stelle, an der ich über Bord gesprungen war, als mit dem Wirbel eine große Veränderung vor sich ging. Die Neigung der Wände des riesigen Trichters nahm mit jedem Augenblick mehr und mehr ab. Allmählich wurden die heftigen Kreiselbewegungen des Strudels schwächer und immer schwächer. Nach und nach schwanden Schaum und Regenbogen, und der Grund des Kraters schien sich langsam zu heben. Der Himmel war klar, der Sturm hatte sich gelegt, und leuchtend ging im Westen der Vollmond unter, als ich mich auf der Oberfläche des Meeres fand, gerade vor den Ufern der Lofoten, über die Stelle, wo der Strudelschlund des Mosköström *gewesen war*. Es war die Zeit des Stillwassers – doch noch immer ging die See in berghohen Wellen als Folge des Orkans. Heftig ward ich in die Rinne des Mosköström gerissen, und in wenigen Minuten trieb ich die Küste hinunter zu den ›Fanggründen‹ der Fischer. Ein Boot nahm mich auf – ich war total erschöpft – und (nun, da die Gefahr vorüber war) sprachlos in Erinnerung an das Entsetzliche. Die mich an Bord zogen, waren meine alten Freunde und täglichen Gefährten – doch kannten sie mich ebensowenig, wie sie einen Wanderer aus Geisterlanden erkannt

hätten. Mein Haar, das tags zuvor noch rabenschwarz gewesen, war so weiß, wie Sie es jetzt sehen. Auch mein ganzer Gesichtsausdruck soll sich vollkommen geändert haben. Ich habe ihnen meine Geschichte erzählt. Sie
glaubten sie mir nicht. Nun erzähle ich sie *Ihnen* – und ich
darf wohl kaum erwarten, daß Sie ihr mehr Glauben schenken als die fröhlichen Lofotenfischer.«

FEENEILAND

Nullus enim locus sine genio est.

Servius

›*La musique*‹, sagt Marmontel in jenen ›Contes moraux‹,[1]
welche in all unseren Übersetzungen wir so beharrlich,
ihrem Geist gleichsam zum Hohn, ›Moralische Erzählungen‹ geheißen − ›*la musique est le seul des talens qui jouissent de
lui-même; tous les autres veulent des témoins.*‹ Hierbei verwechselt er wohl die Lust, aus süßem Klang bereitet, mit der
Fähigkeit, solchen hervorzubringen. Nicht mehr denn irgend sonst ein *Talent* vermag das musikalische dort, wo kein
zweiter teilhat, die Ausübung zu würdigen, vollkommenen Genuß gewähren. Und genau wie andere Talente erzielt sie *Wirkungen*, welche man für sich allein vollkommen genießen kann. Der Gedanke, welchen der *raconteur*
entweder nicht in aller Klarheit erwogen oder im Ausdruck der seiner Nation eigenen Vorliebe für *Pointen* geopfert hat, ist nun zweifellos der sehr vertretbare, daß
nämlich die höhere Ordnung der Musik aufs vollkommenste dann geschätzt wird, wenn man ganz für sich allein ist.
In dieser Form dürfte die Behauptung sogleich von all jenen zugestanden werden, welche die Lyra um ihrer selbst
wie um ihrer geistigen Nutznießung willen lieben. Doch
noch ein Genuß ist indes den gefallenen Sterblichen er-
reichbar − und vielleicht nur der eine −, welcher dem zusätzlichen Empfinden von Abgeschiedenheit gar mehr
noch schuldet denn die Musik. Ich meine das Glücksge-
fühl, welches man bei der Betrachtung natürlicher Landschaft erfährt. Wahrlich, der Mensch, so er hienieden die

1 *Moraux* leitet sich von *mœurs* her und bedeutet soviel wie ›mo-
dern, modisch‹, eigentlich ›die Sitten betreffend‹.

Herrlichkeit Gottes so recht erschauen will, muß diese Herrlichkeit in Einsamkeit schauen. Mir zumindest ist die Gegenwart – nicht nur menschlichen Lebens – sondern von Leben in jeglicher anderen Form denn der jener Grüngestalten, welche dem Erdreich entwachsen und ohne Stimme sind – ein Fleck auf einer Landschaft – dem Geist des Ortes abhold. Ja, gern betrachte ich die dunklen Täler und die grauen Felsen und die Wasser, die da lächeln so still, und die Wälder, die seufzen in ruhlosem Schlaf, und die Berge, wachsam und stolz, die auf alles herabschauen – gern betrachte ich diese als nichts denn die gewaltigen Teile eines lebendigen und empfindenden mächtigen Ganzen – eines Ganzen, dessen (sphärische) Gestalt die vollkommenste und umfassendste von allen ist; dessen Bahn im Bunde der Planetengesellen dahinführt; dessen demütiger Knecht der Mond, dessen mittelbare Gebieterin die Sonne ist; dessen Leben ewig währt; dessen Denken das eines Gottes, dessen Genuß Wissen ist; dessen Geschicke sich in Unendlichkeit verlieren; dessen Kenntnis von uns selbst zu vergleichen ist unserer eigenen Kenntnis der *animalculae*, wie in großer Zahl das Gehirn sie plagen – ein Wesen, das wir folglich als rein unbelebt und stofflich betrachten, ganz auf dieselbe Weise, wie diese *animalculae* mithin uns betrachten müssen.

Unsere Teleskope wie unsere mathematischen Forschungen überzeugen uns allenthalben – unbeschadet des Kauderwelschs der Unbedarfteren aus der Priesterschaft –, daß Raum und mithin, daß Masse eine Sache von wesentlichem Belang in den Augen des Allmächtigen sei. Die Kreise, in denen die Sterne sich bewegen, sind von solcher Art, wie sie wohl aufs beste sich eignet, daß, ohne Kollision, die größtmögliche Zahl von Körpern darauf wandern kann. Die Gestalt dieser Körper ist genau diejenige, welche innerhalb einer gegebenen Oberfläche die größtmögliche Menge an Materie enthält; die Oberflächen selbst hinwiederum erscheinen derart beschaffen, einer dichteren Population Raum zu bieten, als sie sonst auf einer gleich großen, doch anders gegliederten Oberfläche Platz fände. Dagegen, daß Masse für Gott von Bedeutung sei, gilt auch das nicht als Argument, es sei der Raum selber ja unendlich; mag es doch eine unendliche Materie geben, ihn zu füllen. Und da wir klar erkennen, wie es um ein Prinzip sich handelt – ja, soweit wir zu urteilen vermögen, um das *Haupt*prinzip im Wirken der Gottheit, der Materie Leben zu verleihen, erscheint es wohl kaum logisch, sich vorzustellen, es sei auf die Bereiche des Winzig-Kleinen beschränkt, wo wir es täglich antreffen, und erstrecke sich nicht auf die des Erhabenen. Da Weltenkreis in Weltenkreis wir finden, ohne Ende – die aber sämtlich um ein weit entferntes Zentrum sich drehen, die Gottheit –, dürfen wir da nicht analog hierzu annehmen, in der gleichen Weise sei Leben in Leben beschlossen, das geringere im größeren, und jegliches im Göttlichen Geiste? Kurzum, wir sind, aus Eigendünkel, einem törichten Irrtum verfallen, wenn wir glauben, es sei der Mensch, in seinem zeitlichen oder künftigen Geschick, von größerer Bedeutung im Universum denn jene gewaltige ›Scholle des Tales‹, welche er bestellt und geringschätzt und welcher er eine Seele aus keinem tieferen Grunde abspricht, als daß er eine solche nicht wirken sehe.[1]

Solche und ähnliche Vorstellungen haben nun stets meinen Betrachtungen inmitten der Berge und Wälder, an Flüssen und am Meere einen Hauch dessen verliehen, was die gemeine Welt nicht verfehlen würde, das Phantastische zu nennen. So manchesmal bin ich in solchen Gefilden gewandert, weit, und oft allein; und die Hingabe, mit welcher ich manch dämmertiefes Tal durchstreift oder in manch schimmerndem See das Spiegelbild des Himmels geschaut habe, diese Hingabe fand Stärkung in dem Gedanken, daß *allein* ich wanderte und schaute. Wie hieß doch jener frivol geschwätzige Franzose,[2] welcher in Anspielung auf das bekannte Werk Zimmermanns sagte: *›La solitude est une belle chose; mais il faut quelqu'un pour vous dire que la solitude est une*

1 In seiner Schrift ›De situ orbis‹ sagt Pomponius Mela, da er von den Gezeiten spricht: ›Entweder ist die Welt ein großes Tier, oder ...‹ usw.
2 Balzac – sinngemäß – der genaue Wortlaut ist mir entfallen.

belle chose(? Das Epigramm sei nicht bestritten; doch eine solche Notwendigkeit besteht nun sicher nicht.

Auf einer meiner einsamen Wanderungen nun begab es sich, in einer weit abgelegenen Gegend, da sich ein Berg an den andern reihte, dazwischen sich düstere Flüsse schlängelten oder trübdunkle Seen dämmerten – daß ich von ungefähr an ein Flüßchen mit einem Eiland kam. Ganz unversehens stieß ich darauf, im laubreichen Juni, und warf mich unterm Gezweig eines unbekannten duftenden Strauches ins Gras, daß ich, in den Anblick der Gegend versunken, vor mich hindämmern mochte. Ich meinte, nur so sollte ich sie betrachten – derart war der unwirkliche Eindruck, der allem anhaftete.

Auf allen Seiten – außer nach West, wo die Sonne gerade unterzugehen im Begriffe stand – ragten die grünen Wände des Waldes auf. Der kleine Fluß, welcher sich scharf in seinem Laufe krümmte und dem Blicke alsogleich entschwand, schien keinen Ausgang aus seinem Gefängnis zu haben, sondern aufgesogen zu werden vom tiefgrünen Laubwerk der Bäume im Osten – indes in entgegengesetzter Himmelsrichtung (so dünkte es mir, da ich lang ausgestreckt lag und hinaufschaute) still und unaufhörlich aus den himmlischen Springbrunnen der untergehenden Sonne ein prächtig goldenroter Wasserfall sich ins Tal herab ergoß.

Wohl auf halbem Wege in der begrenzten Aussicht, welche mein verträumter Blick umfing, ruhte im Schoße des Gewässers ein kleines kreisrundes Eiland in üppigstem Grün.

> Ufer und Schatten sich verweben,
> wesenseins im Äther schweben –

So spiegelgleich war das glasklare Wasser, daß es kaum möglich gewesen wäre zu bestimmen, an welchem Punkte der Böschung des smaragdgrünen Rasens sein kristallenes Reich denn eigentlich begann.

Mein Standort erlaubte es mir, mit einem einzigen Blicke das östliche wie das westliche Ende des Inselchens

zu umfassen; und in der Erscheinung beider fiel mir ein eigentümlich ausgeprägter Unterschied auf. Das letztere war
ein einziger strahlender Harem von Gartenschönheiten. Da
glühte und blühte es im rötlichen Scheine des schräg hernie-
derfallenden Sonnenlichts und lachte im Blumenkleide. Das
Gras war kurz, saftig, süßduftend, hie und da von Asphodill
durchwirkt. Die Bäume waren aufrecht, heiter, biegsam –
licht und schlank und anmutig – orientalisch von Gestalt
und Laubwerk, die glatten Rinden schimmerten blank
und bunt. Ein tiefes Gefühl von Leben und Freude schien
über dem Ganzen zu liegen; und obschon vom Himmel her
kein Lüftchen wehte, regte sich doch alles im sanften Hin
und Her zahlloser Schmetterlinge, welche auch für Tulpen
hätten gelten können, denen Schwingen gewachsen.[1]

Das andere oder östliche Ende des Eilands war unter
schwärzestem Schatten verschüttet. Dunkles, doch schönes
und friedvolles Düster durchdrang hier alle Dinge. Die
Bäume trugen finstre Farbe und trauerten in Haltung wie
Gestalt – krümmten sich, trüb-ernste, gespenstische Schemen, daß an irdisches Leid und vorzeitigen Tod man denken mußte. Das Gras hatte die dunkle Tönung der Zypresse, und kraftlos hingen die Spitzen seiner Halme
herab, und dazwischen wölbten sich hie und da viele un-
scheinbare winzige Hügelchen, flach und schmal und nicht
sehr lang, welche Gräbern glichen, doch keine waren; obschon allenthalben darauf Raute und Rosmarin rankten.
Der Schatten der Bäume fiel schwer auf das Wasser, als
durchtränke er die Tiefen des Elements, sich darein zu begraben, mit Finsternis. Ich stellte mir vor, wie jeder Schatten, während tiefer und tiefer die Sonne sank, gramvoll von
dem Stamme sich löste, der ihn geboren, und so verschluckt wurde vom Flusse; indes jeden Augenblick andere
Schatten hervortraten aus den Bäumen, den Platz ihrer so
bestatteten Vorgänger einzunehmen.

Nachdem diese Vorstellung meine Phantasie einmal ergriffen, ward diese beflügelt, und ich verlor mich alsbald in

1 *Florem putares nare per liquidum aethera.* – P. Commire

Träumereien. ›Wenn je ein Eiland verwunschen war‹, sprach ich bei mir, ›so dieses. Hier ist der Ort der wenigen guten Feen, welche den Untergang ihres Geschlechts überdauert. Sind diese grünen Gräber die ihren? – oder geben sie ihren holden Geist auf ebensolche Weise auf wie der Mensch den seinen? Heißt sterben für sie nicht vielmehr, trauervoll dahinzuschwinden; schrittweis Gott ihr Sein zu geben, so wie diese Bäume Schatten um Schatten hingeben und ihre Wesenheit erschöpfen bis zur Auflösung? Was der dahinschwindende Baum dem Wasser ist, das seinen Schatten aufsaugt und so schwärzer wird von dem, was es erbeutet, mag das Leben der Fee nicht dem Tode sein, welcher es verschlingt?‹

Wie ich so, die Augen halb geschlossen, in Sinnen versunken war, indes die Sonne rasch zur Rüste ging und flinke Wasserwirbel das Eiland rings umspielten, auf welchen zuoberst große, wirrweiße Flocken von Sykomorenrinde flirrten – Flocken, deren Vielgestalt allüberall auf dem Wasser eine lebhaft-gewandte Phantasie in alles Mögliche verwandeln mochte –, dieweil ich so in Sinnen versunken war, dünkte mir, wie wenn die Gestalt grad einer jener Feen, welchen ich in Gedanken nachgehangen, langsam aus dem Lichte an des Eilands westlichem Ende ihren Weg in die Dunkelheit nähme. Aufgerichtet stand sie in einem ungemein zierlich-zerbrechlichen Kanu und trieb es mit reinstem Geisterruder an. Solange die Sonnenstrahlen noch auf ihr verweilten, schien ihre Haltung von Freude zu künden – doch Kummer entstellte sie, da sie Schatten vorbeizog. Langsam ward sie dahingetragen, umrundete endlich das Eiland und kehrte erneut ein in den Bereich des Lichts. ›Die Kreisbahn, welche die Fee gerade vollzogen‹, fuhr ich in meinem Sinnen fort, ›entspricht wohl dem Ablauf ihres kurzen Lebensjahres. Sie ist dahingeglitten durch ihren Winter und ihren Sommer. Ein Jahr näher kam sie dem Tode: denn mir ist nicht entgangen, wie ihr Schatten, da sie ins Dunkel eintrat, von ihr fiel und im finsteren Wasser verschlungen ward, so daß dessen Schwärze sich noch schwärzer färbte.‹

Und wieder erschien das Boot und die Fee; doch aus der Haltung der letzteren sprach jetzt mehr Sorge und Ungewißheit und weniger lebhafte Freude. Abermals glitt sie aus dem Lichte hinaus in Düsternis (welche sogleich düstrer ward), und abermals fiel ihr Schatten von ihr ins ebenholzdunkle Wasser und ward in dessen Schwärze aufgesogen. Wieder und immer wieder umfuhr sie das Eiland (indes die Sonne eilends zur Ruhe sich hinab begab), und jedesmal, da ins Licht sie herauskam, verriet größeren Kummer ihre Gestalt, dieweil schwächer sie ward und weit matter und weniger deutlich; und jedesmal, da sie in die Düsterkeit glitt, fiel ein dunklerer Schatten von ihr, welcher von noch schwärzerer Finsternis verschlungen ward. Schließlich jedoch, als die Sonne endgültig Abschied genommen, fuhr die Fee, nunmehr der bloße Schatten ihres früheren Selbst, traurig mit ihrem Nachen ein in das Reich der ebenholzschwarzen Flut – und ob sie daraus wieder aufgetaucht, kann ich nicht sagen – denn Dunkelheit senkte sich auf alles herab, und ich sah ihre Zaubergestalt nicht mehr.

DAS GESPRÄCH ZWISCHEN
MONOS UND UNA

Μέλλοντα ταύτα
Diese Dinge sind zukünftig.
Sophokles, ›Antigone‹

Una: ›Von neuem geboren?‹

Monos: Ja, schönste und geliebteste Una, ›von neuem geboren‹. Dies waren die Worte, über deren mystischen Gehalt ich so lang nachgesonnen, hab ich doch die Erklärungen der Priesterschaft verschmäht, bis der Tod nun selber mir das Geheimnis löste.

Una: Der Tod!

Monos: Wie seltsam, süße Una, du meine Worte nachsprichst! Auch bemerke ich ein Zaudern in deinem Schritt – eine freudige Unrast in deinen Augen. Du bist verwirrt und bedrückt ob der majestätischen Neuheit des Ewigen Lebens. Ja, vom Tode war's, daß ich gesprochen. Und wie so sonderbar klingt hier nun dieses Wort, das ehedem stets Schrecken in alle Herzen getragen – das wie ein Mehltau fiel auf alle Wonnen!

Una: Ah, der Tod, gespenstisch Gevatter aller Feste! Wie oft nur, Monos, hatten wir uns in Mutmaßungen über sein Wesen verloren! Wie so geheimnisvoll trat er nicht auf, tat Einhalt menschlichem Entzücken – indem er also sprach: ›Bis hierher und nicht weiter!‹ Diese unsere tiefe Liebe, mein innig geliebter Monos, die in unser beider Herzen brannte – wie wiegten wir uns nicht, glücklich, wie wir waren in ihrem ersten Sprießen, in eitler Hoffnung, es werde unser Glück erstarken mit ihrer Stärke! Ach, wie sie wuchs, so wuchs auch in unseren Herzen die Furcht vor jener unseligen Stunde, die eilends nahte, auf immer uns zu trennen! So ward zu lieben mit der Zeit zur Qual. Haß wäre Gnade da gewesen.

Monos: Sprich hier nicht mehr von diesen Betrübnissen, liebste Una – mein, jetzt für immer mein!

Una: Doch die Erinnerung an vergangenes Leid – ist sie nicht Freude in der Gegenwart? Viel hab ich noch zu reden von dem, was einst gewesen. Vor allem brenne ich darauf zu wissen, wie es dir ergangen ist, da du gewandert bist durchs finstre Tal.

Monos: Und wann je hätte von ihrem Monos die strahlende Una vergebens etwas erbeten? Ich werde treulich alles dir erzählen – an welchem Punkte aber soll die Schicksalskunde ich beginnen?

Una: An welchem Punkte?

Monos: Du sagst es.

Una: Monos, ich verstehe dich. Im Tode haben beide wir des Menschen Neigung wohl erkannt, das Unbestimmbare zu bestimmen. So will ich denn nicht sagen, beginne mit dem Augenblick, da das Leben endigte – sondern: beginne mit jenem traurigen, ach so traurigen Moment, da das Fieber von dir gewichen und du in atem- und reglose Starre gesunken warst und ich mit den heißen Fingern der Liebe die bleichen Lider dir schloß.

Monos: Ein Wort erst, meine Una, über des Menschen allgemeine Lage zu jenem Zeitpunkt. Du wirst dich erinnern, daß ein paar der Weisen unter unseren Vorfahren – Weisen in Wahrheit, wenngleich nicht in den Augen der Welt – es gewagt hatten, die Richtigkeit des Begriffs ›Vervollkommnung‹ in Zweifel zu ziehen, wie er auf das Fortschreiten unserer Zivilisation angewendet ward. Es gab Zeiten in jedem der fünf oder sechs Jahrhunderte, welche unserer Auflösung unmittelbar vorausgegangen, da ein starker Geist aufstand und kühn um jene Grundgedanken stritt, deren Wahrheit nun unserm allen Vorrechtsdenkens ledigen Verstande so vollkommen klar erscheint – Grundgedanken, welche uns Menschen hätten lehren sollen, sich von den Naturgesetzen leiten zu lassen, statt zu versuchen, sich zum Herren über sie zu machen. In langen Zeitabständen traten des Geistes Koryphäen auf, die jeden Fortschritt in der praktischen Wissenschaft als einen Rückgang hinsichtlich der wahren Nützlichkeit betrachteten. Gelegentlich ging der poetische Verstand – jener Verstand, welcher nach unserm jetzigen Empfinden der erhabenste überhaupt gewesen ist – da jene Wahrheiten, die für uns von höchst bleibender Wichtigkeit waren, nur vermöge jener *Analogie* erreicht werden konnten, welche in überzeugenden Tönen einzig die Phantasie anspricht und dem hilflosen Verstande nichts gilt – gelegentlich also ging dieser poetische Geist einen Schritt weiter bei der Entfaltung der vagen Idee des Philosophischen und fand in dem mystischen Gleichnis, das vom Baume der Erkenntnis erzählt und von dessen verbotener Frucht, der todbringenden, einen deutlichen Fingerzeig, daß Erkenntnis dem Menschen nicht zieme im infantilen Zustande seiner Seele. Und diese Männer – die Dichter – die da lebten und starben allen ›Utilitariern‹ zum Gespött – rohen Pedanten, welche sich einen Titel anmaßten, der recht eigentlich nur den Verhöhnten gebührt hätte –, diese Männer nun, die Dichter, sie sannen sehnsuchtsvoll, jedoch nicht töricht, über die alten Zeiten nach, da unsere Bedürfnisse nicht einfacher waren als unsere Freuden stark – Zeiten, da *Lust* als Wort noch unbekannt, so tief und feierlich gestimmt klang ja das Glück – heilige, hehre und selige Zeiten, da blaue Flüsse uneingedämmt noch zwischen ungerodeten Hügeln dahinströmten, weit fort in Waldeseinsamkeit, urzeitlich, duftend, unerforscht.

Doch diese edlen Ausnahmen von der allgemeinen Mißherrschaft dienten nur dazu, diese durch Opposition zu stärken. Ach! von all unsren schlimmen Tagen war nun der schlimmste angebrochen. Die große ›Bewegung‹ – so lautete das Schlagwort – ging weiter: ein krankhafter Aufruhr von Seele und Leib. Die Kunst – die Künste – stiegen auf zu allerhöchstem Rang, und einmal auf dem

Throne, legten Ketten sie dem Geiste an, welcher sie an
die Macht erhoben. Der Mensch, da er die Majestät der
Natur nun einmal anerkennen mußte, verfiel in kindisches Frohlocken ob seiner erlangten und noch weiter
wachsenden Herrschaft über ihre Elemente. Und während er einherstolzierte, ein Gott in seiner eigenen Einbildung, überkam ihn kindischer Schwachsinn. Wie vom
Ursprung seiner Zerrüttung her vermutet werden darf,
ward von System und Abstraktion er infiziert. Er hüllte
sich ein in Allgemeinheiten. Unter anderen absonderlichen Ideen gewann auch die der allgemeinen Gleichheit
Boden; und vor dem Angesicht von Analogie und von
Gott – trotz der laut warnenden Stimme der *Gradations*gesetze, welche so sichtbarlich alle Dinge im Himmel und auf Erden durchdringen – versuchte man sich
aufs heftigste an einer allbeherrschenden Demokratie.
Doch dieses Übel entsprang notwendigerweise dem
Grundübel, der Erkenntnis. Der Mensch konnte nicht
beides: wissen und unterliegen. Indem erhoben sich ungeheure qualmende Städte, ohne Zahl. Das grüne Laub
verdorrte im heißen Atem der Schlote. Wie von den Ver-
heerungen einer ekelhaften Krankheit ward das schöne
Antlitz der Natur entstellt. Und mich dünkt, holde Una,
selbst unser schlummernder Sinn für das Gekünstelt-
Gezwungene und Weithergeholte hätte uns hier Einhalt
tun können. Nun aber scheint es, daß wir in der Verir-
rung unseres *Geschmacks* oder vielmehr in der blinden
Vernachlässigung seiner Ausbildung an den Schulen unser eigenes Verderben geschaffen hatten. Denn wahrhaftig, in dieser Krisis war es allein der Geschmack – jenes
Vermögen, welches, da es eine Mittelstellung zwischen
dem reinen Intellekt und dem moralischen Empfinden
innehat, niemals ohne Gefahr mißachtet wird –, an diesem kritischen Punkte war es nun einzig der Geschmack,
der uns sanft zu Schönheit, Natur und Leben hätte zurückführen können. Aber ach, der reine kontemplative
Geist und die majestätische Intuition Platons! Ach, die
μουσική, welche er zu Recht als allgenügend erachtete,

die Seele zu erziehen! Ach, weh ihm und weh ihr! –
denn beide waren sie bitternötig, als beide so ganz und
gar vergessen oder verachtet waren.[1]

Pascal, ein Philosoph, den wir beide lieben, hat, wie
wahr!, gesagt, daß ›*tout notre raisonnement se réduit à céder
au sentiment*‹; und es ist nicht unmöglich, daß das Gefühl
für das Natürliche, hätte die Zeit es zugelassen, sein altes
Übergewicht über den strengen mathematischen Verstand der Schulen wiedergewonnen hätte. Doch dazu
kam es nicht. Vorzeitig herbeigeführt durch Unmäßigkeit in der Erkenntnis, näherte sich das Greisenalter der
Welt. Dies sahen die meisten Menschen jedoch nicht beziehungsweise wollten es, glücklos zwar, doch munter da-
hinlebend, nicht sehen. Was mich indes betraf, so hatte
mich die irdische Vergangenheit gelehrt, als den Preis
höchster Zivilisation tiefstes Verderben zu erwarten. Ich
hatte ein Vorwissen um unser Geschick aus der Vergleichung Chinas erworben, des einfachen und dauerhaften,
mit Assyrien, dem Architekten, mit Ägypten, dem Astro-

[1] ›Wohl schwerlich wird sich eine bessere Erziehungsmethode
finden lassen denn jene, welche die Erfahrung so vieler Zeitalter
bereits gefunden hat; und diese, so darf man zusammenfassen, besteht in Leibesübungen für den Körper und *Musik* für die
Seele.‹ – ›Staat‹, Buch 2.

›Aus diesem Grunde ist eine musikalische Erziehung höchst
wesentlich; da sie Rhythmus und Harmonie innigst in die Seele
dringen läßt, ergreift sie diese zutiefst, erfüllt sie mit *Schönheit*
und verleiht dem Menschen *schöne Gesittung* ... Er wird *das Schöne*
preisen und bewundern; wird es freudig in seine Seele einlassen, wird sich davon nähren und *seinen eigenen Zustand ihm assimi-
lieren.*‹ – Ebd., Buch 3.

Musik (μουσική) hatte freilich bei den Athenern eine weitaus
umfassendere Bedeutung denn bei uns. Sie beinhaltete nicht nur
die Harmonie von Zeitmaß und Melos, sondern desgleichen die
poetische Diktion, Empfindung und Schöpfung, jeweils im weitesten Sinne. Das Studium der *Musik* bildete bei ihnen faktisch die
allgemeine Kultivierung des Geschmacks – jenes Vermögens
also, welches das Schöne erkennt –, im Gegensatz zum Verstande, der es nur mit dem Wahren zu tun hat.

logen, und mit Nubien, das kunstreicher war als sie
beide, die ungestüme Mutter aller Künste. In der Geschichte[1] dieser Regionen stieß ich auf einen Strahl aus
der Zukunft. Bei dem jeweils eigentümlichen Merkmal
der drei letztgenannten handelte es sich um lokale
Krankheitsbilder der Erde, und in ihrem jeweilig ebenso
eigentümlichen Untergange sahen wir lokale Heilmittel
angewendet; aber für die infizierte Welt im ganzen vermochte ich keine Regeneration zu erhoffen, es sei denn
im Tode. Damit das Menschengeschlecht nicht unter-
ginge – müßte der Mensch, so erkannte ich, ›von neuem geboren‹ werden.
Und nun geschah es, Schönste und Liebste, daß wir täglich unsere Seelen in Träume hüllten. Nun kam es, daß
in der Dämmerung wir von den Zeiten sprachen, die da
kommen sollten, da die von den Narben der Kunst gezeichnete Oberfläche der Erde, nachdem sie jene Läuterung erfahren,[2] welche allein ihre rechtwinkligen Obszö-
nitäten auszumerzen vermöchte, sich neuerlich schmük-
ken würde mit dem frischen Grün und den Bergeshän-
gen und den lächelnden Wassern des Paradieses und
endlich dem Menschen wieder eine angemessene Wohnstatt würde: – dem Menschen, den Tod geläutert – dem
Menschen, dessen nunmehr erhabenem Geist Erkenntnis nicht Gift mehr wäre – dem erlösten, wiedergebore-
nen, seligen und nun unsterblichen, doch noch immer
leiblichen Menschen.

UNA: Sehr wohl erinnere ich mich dieser Gespräche, lieber
Monos; doch der Zeitpunkt des feurigen Unterganges
stand nicht so nahe bevor, wie wir geglaubt und wie die
Verderbnis, von welcher du sprichst, uns mit Gewißheit
zu glauben erlaubte. Die Menschen lebten; und starben
jeder für sich allein. Du selber wurdest krank und sankst

1 ›Geschichte‹ oder ›Historie‹ kommt von ἱστορεῖν – betrachten,
nachdenken.
2 Das Wort ›Läuterung‹ oder ›Purifikation‹ scheint hier mit Bezug auf seine Wurzel im griechischen πῦρ (Feuer) verwendet zu
sein.

ins Grab; und dahin folgte dir deine getreue Una bald nach. Und obschon das Jahrhundert, das seitdem vergangen ist und dessen Ende uns also erneut zusammengebracht, unsere schlummernden Sinne mit keiner Ungeduld der Dauer wegen gequält, so war's, mein Monos, dennoch ein Jahrhundert.

Monos: Sag lieber, ein Punkt in der unbestimmten Unendlichkeit. Unzweifelhaft war es in der Zeit, da die greise Erde kindisch ward, daß ich gestorben. Im Herzen müde ob all der Sorgen, welche ihren Ursprung im allgemeinen Aufruhr hatten und Verfall, erlag ich dem wütenden Fieber. Nach einigen wenigen Tagen der Qual und vielen des traumverworrenen Fieberwahns voller Ekstase, dessen Symptome du irrtümlich für Schmerzen hieltest, dieweil ich dir so gerne darob die Augen geöffnet hätte, es aber nicht vermochte – nach ein paar Tagen kam über mich, wie du gesagt, atem- und reglose Starre; und die mich umstanden, nannten dies den *Tod*.

Worte sind vage Gebilde. Mein Zustand raubte mir nicht das Empfindungsvermögen. Mir kam er nicht sehr viel anders vor als die ungeheure Ruhe dessen, der lange und tief geschlummert hat, nun reglos hingestreckt daliegt im Mittsommermittag und langsam beginnt, wieder ins Bewußtsein zurückzufinden, nicht daß er durch äußere Störungen wach geworden wäre, sondern einfach, weil er lange genug geschlafen.

Ich atmete nicht mehr. Der Puls stand still. Das Herz hatte zu schlagen aufgehört. Die Willenskraft war nicht gewichen, doch war sie kraftlos. Die Sinne waren ungewöhnlich rege, wenngleich auf recht exzentrische Weise – aufs Geratewohl übernahm der eine oftmals eines anderen Funktionen. Geschmacks- und Geruchssinn waren unentwirrbar ineinander verstrickt und wurden eine Empfindung, abnorm und intensiv. Das Rosenwasser, mit welchem deine zarte Sorge mir bis zum letzten Atemzug die Lippen genetzt hatte, erweckte in mir süße Phantasien von Blumen – phantastischen Blumen, weit lieblicher als alle auf der alten Erde, deren Urbilder aber nun um uns herum hier blühen. Die Augenlider, transparent und blutlos, verwehrten nicht gänzlich den Blick. Da die Willenskraft nichts mehr vermochte, konnten die Augäpfel sich nicht in den Höhlen bewegen – doch waren alle im Gesichtskreis befindlichen Gegenstände mehr oder weniger deutlich zu erkennen; wobei die Strahlen, welche auf die äußere Netzhaut oder in den Winkel des Auges fielen, eine lebhaftere Wirkung hervorriefen als jene, welche auf die Vorder- oder Innenfläche trafen. Doch im ersteren Falle war diese Wirkung so ganz und gar anormal, daß ich sie nur als *Klang* wahrnahm – als Wohlklang oder als Mißklang, je nachdem, ob die Dinge, die sich mir zur Seite darboten, von hellerer oder dunklerer Schattierung – von gerundetem oder eckigem Umriß waren. Zu gleicher Zeit verhielt sich das Gehör, obzwar einigermaßen überreizt, aber nicht abweichend in seiner Tätigkeit – es nahm wirkliche Töne mit ebenso ungeheurer Schärfe als auch Empfindlichkeit auf. Der Tastsinn hingegen hatte sich auf seltsamere Weise verändert. Eindrücke empfing er nur langsam, zögernd, bewahrte sie jedoch hartnäckig, und stets endete dies in höchster physischer Lust. So geschah es auch mit dem Druck, den deine holden Finger auf meine Augenlider übten: zuerst war's nur ein optischer Eindruck, schließlich dann, lange, nachdem du sie weggenommen, erfüllte er mein ganzes Wesen mit unermeßlich sinnlicher Wonne. Mit sinnlicher Wonne, sage ich. *All* meine Wahrnehmungen waren rein sinnlich. Dem Material, welches die Sinne dem passiven Hirn zuleiteten, ward nicht im mindesten Grade von dem abgestorbenen Verstand Gestalt anverwandelt. Schmerz empfand ich nur wenig; Lust hingegen viel; doch geistigen Schmerz oder geistige Lust ganz und gar nicht. So flutete dein wildes Schluchzen mir ins Ohr mit all seinen Trauerkadenzen und ward in der ganzen Ausdrucksskala des Klagetons wahrgenommen; doch waren es lieblich sanfte Klänge von Musik, nichts mehr; dem erloschenen Verstande übermittelten sie nichts von dem Gram, der sie hervorgebracht; und derweil die großen Tränen, die unablässig auf mein Gesicht niederfielen, den Umstehenden von einem Herzen sprachen, das brach, jagten einzig Schauder der Verzückung sie in jede Faser meines Leibes mir. Und dies war in Wahrheit der *Tod*, von dem diese Umstehenden ehrfurchtsvoll sprachen, leis flüsterten sie – du, liebste Una, seufztest und schluchztest laut.

Sie kleideten mich für den Sarg – drei oder vier dunkle Gestalten, welche geschäftig hin und her huschten. Wenn diese meine direkte Sehlinie kreuzten, wirkten sie auf mich als *Formen*; doch wandten sie sich mir zur Seite, erfüllten ihre Bilder mich mit der Vorstellung von Schreien, Stöhnen und anderen bedrückenden Bekundungen von Grauen, Entsetzen oder Weh. Du allein, in deinem weißen Gewande, warst Wohlklang mir, ganz gleich, wohin du dich auch wandtest.

Der Tag neigte sich; und als sein Licht dahinschwand, befiel mich ein vages Unbehagen – eine Bangigkeit, ganz wie sie ein Schläfer empfindet, wenn unaufhörlich schwermütige Töne, wirkliche, ins Ohr ihm dringen – feierliches Glockengeläut, leis und fern, in langen, aber gleichen Intervallen, und sich mit trüben Träumen mischen. Es kam die Nacht; und mit ihren Schatten schwere Unruhe. Sie lastete wie eine dumpfe Last mir auf den Gliedern, war fühlbar gar. Auch klang da ein Ächzen, nicht unähnlich dem fernen Widerhall der Brandung, stetiger nur, welches mit der ersten Dämmerung eingesetzt und mit dem Dunkel dann an Stärke zugenommen hatte. Plötzlich wurden Lichter in den Raum gebracht, und sogleich ward dieser Widerhall zerrissen in unregelmäßig wiederkehrende Ausbrüche desselben Lauts, doch weniger düster nun und weniger deutlich. Die bleierne Last ward nun um vieles leichter; und aus der Flamme einer jeden Lampe (denn deren waren es viele) hervor strömte unaufhaltsam in meine Ohren eine wohlklingend monotone Melodie. Und als nun du, liebe Una, ans Bette tratst, auf welchem ich ausgestreckt lag, und setztest dich sanft neben mich, dein süßer Atem streifte mich, und du preßtest auf die Stirn mir die Lippen, da regte sich zitternd etwas in meiner Brust und vermischt mit den rein körperlichen Empfindungen, welche die Umstände hervorgerufen hatten, ein Etwas, das dem Empfinden an sich entsprach – ein Gefühl, das deine tiefe Liebe und Bekümmernis halb gewahrte und halb sie auch erwiderte; doch faßte dies Gefühl nicht Wurzel im pulslosen Herzen, ja wirkte eher wie ein Schatten denn etwas tatsächlich Vorhandenes und schwand gar rasch dahin, zuerst in äußerste Ruhe und dann, wie schon zuvor, in rein sinnliche Lust.

Und nun schien es, als sei aus den Trümmern und dem Chaos der gewöhnlichen Sinne ein sechster, höchst vollkommener, mir erstanden. Ihn zu gebrauchen war mir ungeheure Wonne – doch eine Wonne, die noch immer körperlich war, insofern als der Verstand keinen Teil daran hatte. In der animalischen Hülle hatte jede Regung aufgehört. Kein Muskel zitterte; kein Nerv zuckte; keine Ader pulste. Im Hirn jedoch, so schien es, war *jenes* entstanden, wovon dem bloß menschlichen Geiste keine Worte auch nur einen undeutlichen Begriff zu geben vermögen. Ich will es ein geistig-schwebend Pulsieren nennen. Es war die innerliche Verkörperung von des Menschen abstraktem Begriffe der *Zeit*. Durch die absolute Ausgleichung dieser Bewegung – oder einer solchen wie dieser – waren die Zyklen der himmlischen Gestirne selber in Übereinstimmung gebracht worden. Damit nun maß ich die Unregelmäßigkeiten der Uhr auf dem Kamine und der Taschenuhren der Anwesenden. Ihr Tikken drang sonor an meine Ohren. Die leichteste Abweichung vom rechten Maß – und solche Abweichungen waren allüberall – wirkte auf mich genauso, wie Verstöße gegen die abstrakte Wahrheit auf Erden das sittliche Empfinden zu verletzen pflegten. Obschon keine zwei der Zeitmesser im Zimmer auf die Sekunde genau übereinstimmten in ihrem Schlag, hatte ich doch keine Schwierigkeit, den Klang und jeweils im Augenblicke die Fehler eines jeden mir zu merken. Und dies – dieses

scharfe, vollkommene, aus sich heraus bestehende Empfinden von *Dauer* – dieses Empfinden, welches (auf eine
Weise, wie es sich der Mensch unmöglich hatte vorzustellen vermocht) unabhängig von jeglicher Ereignisfolge
existierte – diese Vorstellung – dieser sechste Sinn, der
aus der Asche der übrigen entsproß, war der erste unverkennbare und gewisse Schritt der zeitlosen Seele über
die Schwelle der zeitlichen Ewigkeit.

Es war Mitternacht; und noch immer saßest du an meiner Seite. Alle andern hatten die Kammer des Todes verlassen. Man hatte mich in den Sarg gelegt. Die Lampen
brannten flackernd; wohl erkannte ich dies am zittrigen
Klang der monotonen Melodien. Plötzlich aber ließen
diese Weisen in Deutlichkeit und Stärke nach. Schließlich verstummten sie. Der Duft in meiner Nase verging.
Formen erschienen nicht mehr meinem Blick. Der
Druck der Düsternis hob sich von meiner Brust. Ein
dumpfer Schlag, gleich dem von Elektrizität, fuhr mir
durch den Leib, wonach ich dann gänzlich den Begriff
von Berührung verlor. All das, was der Mensch Sinn geheißen, ging im alleinigen Bewußtsein von Wesenheit
auf und in dem einen bleibenden Empfinden von Dauer.
Die sterbliche Hülle war endlich getroffen von der Hand
des tödlichen *Verfalls.*

Doch war nicht alles Empfinden geschwunden; denn das
Bewußtsein und das Gefühl, soweit sie mir verblieben,
ersetzten einige ihrer Funktionen durch eine lethargi-
sche Intuition. Ich war mir des gräßlichen Wandels, welcher nun mit dem Fleische vorging, durchaus bewußt,
und wie der Träumer zuweilen die körperliche Gegenwart spürt, wenn sich jemand über ihn beugt, so, süße
Una, fühlte ich noch immer dumpf, daß du an meiner
Seite saßest. Auch als der Mittag des zweiten Tages kam,
entgingen mir nicht jene Bewegungen, welche dich von
meiner Seite entfernten, welche mich in den Sarg ein-
schlossen, welche mich in den Leichenwagen schoben,
welche mich zum Grabe trugen, welche mich darein nie-
dersenkten, welche schwer die Erde auf mich häuften und

welche mich so, in Schwärze und Fäulnis, dem traurig-ernst-trüben Schlummer überließen mit dem Wurm.

Und hier, in dem Kerker, der wenige Geheimnisse nur zu enthüllen hat, gingen dahin Tage und Wochen und Monde; und die Seele achtete genau jeder Sekunde, die da floh, und vermerkte ohne Mühe ihre Flucht – ohne Mühe und ohne Ziel.

Es verging ein Jahr. Das Bewußtsein des *Seins* war mit jeder Stunde weniger deutlich geworden, und das bloßer *Örtlichkeit* hatte in großem Maße sich seiner Stelle bemächtigt. Der Begriff des Seins ging mählich auf in dem des *Orts*. Der enge Raum, der unmittelbar das umgab, was einst der Leib gewesen, ward nun zum Leibe selbst. Schließlich, wie es oft dem Schläfer widerfährt (einzig durch Schlaf und seine Welt läßt der *Tod* im Bild sich denken) – schließlich, wie es auf Erden zuweilen dem tief Schlafenden widerfuhr, wenn irgendein flüchtiges Licht ihn halb aufgeweckt, doch halb in Träume befangen ihn ließ – so drang zu mir in der engen Umarmung der *Finsternis jenes* Licht, welches allein wohl mich aufzuwecken vermocht hätte – das Licht beständiger *Liebe*. Männer mühten sich am Grabe, darin ich im Dunkeln lag. Sie warfen die feuchte Erde auf. Herab auf mein modernd Gebein senkte sich Unas Sarg.

Und wieder war nun alles leer. Jenes Nebellicht war erloschen. Jener schwache Schauder war zitternd ausgeklungen in Ruhe. Viele *lustra* waren vergangen. Erde war zu Erde geworden. Der Wurm fand keine Nahrung mehr. Das Gefühl des Seins war schließlich ganz und gar geschwunden, und an seiner Statt – an Statt aller Dinge – herrschten – mächtig und immerdar – die Autokraten *Raum* und *Zeit. Dem*, was *nicht war* – dem, was nicht Gestalt hatte – dem, was ohne Gedanken war und ohne Empfinden auch – dem, was seelenlos, daran Materie doch keinen Teil mehr hatte – all dieser Nichtigkeit, Unsterblichkeit gleichwohl, war das Grab noch immer eine Heimstatt, waren Gefährten die nagenden Stunden.

MIT DEM TEUFEL
IST SCHLECHT WETTEN

Eine Geschichte mit einer Moral

›*Con tal que las costumbres de un autor*‹, sagt Don Tomás de
las Torres in der Vorrede zu seinen ›Liebesgedichten‹, ›*sean
puras y castas, importa muy poco que no sean igualmente severas
sus obras*‹ – was in schlichten Worten heißt: wofern nur die
Moral eines Autors persönlich recht rein ist, so ist die Moral seiner Bücher ohne Belang. Wir nehmen an, daß Don
Tomás für diese Behauptung jetzt im Fegefeuer schmort.
Auch wäre es, mit Rücksicht auf die poetische Gerechtigkeit, das Gescheiteste, man ließe ihn dort, bis seine ›Liebesgedichte‹ vergriffen sind oder aus Mangel an Lesern
endgültig beiseite getan. Jede Dichtung *sollte* nämlich
unbedingt eine Moral haben; und was zu dem Zweck noch
dienlicher ist, so haben ja die Kunstrichter festgestellt, daß
jede Dichtung auch eine *hat*. Philipp Melanchthon, es ist
schon einige Zeit her, hat einen Kommentar zur ›Batracho-
myomachia‹ geschrieben, darin er nachgewiesen, es sei des
Dichters Gegenstand, Widerwillen gegen den Aufruhr zu
wecken. Einen Schritt weiter noch geht Pierre la Seine, als
er zeigt, die Absicht bestehe darin, jungen Männern Mäßigung im Essen und Trinken nahezulegen. Desgleichen hat
sich auch Jacobus Hugo der Überzeugung verschrieben,
daß Homer mit Euenis auf den Johann Calvin habe anspielen wollen; mit Antinoos auf Martin Luther; mit den Loto-
phagen auf die Protestanten ganz allgemein; und mit den
Harpyien auf die Holländer. Unsere moderneren Scholia-
sten sind gleichermaßen scharfsinnig. Diese Zeitgenossen
zeigen einen verborgenen tieferen Sinn in den ›Antedilu-
vianern‹ auf, eine Parabel im ›Powhatan‹, ganz neue
Aspekte in ›Alle meine Entchen‹ und transzendentale Philosophie im ›Däumling‹. Kurzum, es ist erwiesen, daß kein
Mensch sich zum Schreiben hinsetzen kann ohne gar tief-

sinnigen Plan. Auf diese Weise wird den Autoren im allgemeinen viel Mühe erspart. Ein Romanschreiber zum Beispiel braucht sich um seine Moral nicht den Kopf zu
zerbrechen. Sie ist ja da – das heißt, irgendwo steckt sie
schon –, und Moral wie Kunstrichter können sich selber
darum kümmern. Wenn die rechte Zeit gekommen ist,
wird alles, was der edle Herr beabsichtigte, wie auch alles,
was er nicht beabsichtigte, ans Licht gebracht werden, im
›Dial‹ oder im ›Down-Easter‹, im Vereine mit all dem, was
er eigentlich hätte beabsichtigen sollen, nebst allem übrigen, das er ganz offenbar hatte beabsichtigen wollen: – so
daß am Ende denn alles in schönster Ordnung sich findet.

Es besteht gar kein rechter Grund für die Beschwerde,
welche seitens gewisser Ignoramusse gegen mich erhoben
wird – daß ich niemals eine moralische Geschichte geschrieben hätte oder, besser gesagt: eine Geschichte mit
einer Moral. Das sind nun freilich nicht die Kunstrichter,
welche dazu berufen wären, mich herauszubringen und
meine diversen Moralien *zutage zu fördern*: – das ist das
ganze Geheimnis. Später einmal wird sie der ›Nordameri-
kanische Quartalsheckmeck‹ ob ihres Stumpfsinns beschä-
men. Inzwischen – um die Vollstreckung zu sistieren – um
den Beschuldigungen gegen mich die Schärfe zu nehmen –
offeriere ich die nachstehende traurige Mär – eine Geschichte, an deren unverkennbarer Moral es keinerlei
Zweifel geben kann, da sie ohne weiteres, quasi im Vorübergehen, in den Großbuchstaben zu lesen ist, welche den
Titel der Erzählung bilden. Ich hätte Anerkennung verdient ob dieser Anordnung – ist sie doch weitaus vernünftiger als die des La Fontaine und anderer, welche die Wirkung, auf die sie es abgesehen, bis zum letzten Augenblick
aufsparen, um sie erst kurz vor Toresschluß in ihre Fabeln
hineinzuheimsen.

Defuncti injuria ne afficiantur lautete eines der Zwölftafel-
gesetze, und *De mortuis nil nisi bonum* ist ein treffliches Gebot – selbst wenn der besagte Tote nichts weiter denn ein
rechter Niemand gewesen. Es ist daher also keineswegs
meine Absicht, meinen verblichenen Freund Toby Dammit

etwa schmähen zu wollen. Zwar hat er's arg getrieben, der elende Kerl, das ist wahr, und arg und elend war auch der Tod, den er gefunden; doch war er selber für seine Laster nicht zu schelten. Sie erwuchsen aus einem persönlichen Defekt seiner Mutter. Sie tat ihr Bestes, ihn im zarten Kindesalter zu züchtigen – denn ihrem wohlgeregelten Sinne waren Pflichten stets auch Freuden, und kleine Kinder geraten ja, wie zähe Steaks oder die modernen griechischen Olivenbäume, durch Schlagen nur desto besser – doch, die Ärmste! sie hatte das Mißgeschick, Linkshänder zu sein, und ein Kind, von linker Hand geprügelt, wäre wohl besser ohne Prügel geblieben. Die Welt dreht sich von rechts nach links. Es geht also nicht an, ein Kleinstkind von links nach rechts zu verhauen. Wenn jeder Schlag in der richtigen Richtung eine üble Neigung austreibt, so folgt doch daraus, daß jeder Hieb, entgegengesetzt verabreicht, seinen Anteil Schlechtigkeit hineinbleut. Ich war des öfteren bei Tobys Züchtigungen zugegen, und selbst schon an der Art, wie er sich mit Händen und Füßen wehrte, vermochte ich zu erkennen, daß er von Tag zu Tag immer schlimmer ward. Zuletzt nun sah ich, durch die Tränen in meinen Augen, daß es um den Schelm ganz und gar hoffnungslos stand, und eines Tages, als die Faustschläge auf ihn niedergehagelt, bis im Gesicht er so schwarz aussah, daß man ihn für einen kleinen Afrikaner hätte halten können, und keine andere Wirkung erzielt worden war, als daß er sich im Krampfe wand, vermochte ich es nicht länger zu ertragen, sondern fiel sogleich nieder auf die Knie, und mit erhobener Stimme prophezeite ich seinen Untergang.

Tatsache ist, daß seine Frühreife im Laster entsetzlich war. Im Alter von fünf Monaten bereits pflegte er sich in solch heftige Wutausbrüche zu steigern, daß er der Sprache nicht mehr mächtig war. Mit sechs Monaten ertappte ich ihn einmal dabei, wie er an einem Pack Spielkarten knabberte. Mit sieben Monaten pflog er hartnäckig die Gewohnheit, die Babymädchen zu haschen und zu küssen. Mit acht Monaten weigerte er sich mit aller Entschiedenheit, dem Mäßigkeitsvereine seine Unterschrift zu geben.

So nahm er denn, Monat um Monat, immer mehr zu an Schlechtigkeit, bis er zu Ende des ersten Jahres nicht nur darauf bestand, einen *Schnurrbart* zu tragen, sondern auch die Neigung gefaßt hatte, gotteslästerlich zu fluchen und zu wettern und seinen Behauptungen mit Wetten Nachdruck zu verleihen.

Durch diese letztere, so überaus unanständige und für einen Gentleman höchst unwürdige Gepflogenheit ereilte Toby Dammit denn schließlich auch der Untergang, welchen ich ihm vorausgesagt hatte. Diese seine Unsitte war ›mit seinem Wachsen gewachsen und mit seiner Stärke erstarkt‹, so daß er, als er zum Manne herangereift, kaum einen Satz mehr zu äußern vermochte, ohne daß darinnen eine Aufforderung zum Wetten enthalten gewesen wäre. Nicht, daß er sich *wirklich* auf Wetten eingelassen hätte – o nein. Ich will meinem Freund die Gerechtigkeit widerfahren lassen zu sagen, daß er ebenso gern sich aufs Eierlegen eingelassen hätte. Bei ihm war das Ganze eine bloße Formel – weiter nichts. Seine Äußerungen in diesem Betrachte wollten ganz und gar nichts besagen. Es waren einfache, wenn nicht überhaupt arglose Füllsel – phantasiereiche Redensarten, um einen Satz zum gehörigen Schlusse zu bringen. Wenn er sagte ›Ich wette mit dir um dies und das‹, so wäre es nie jemandem in den Sinn gekommen, ihn beim Wort zu nehmen; aber dennoch konnte ich nicht umhin, es für meine Pflicht zu halten, ihn zum Schweigen zu bringen. Die Angewohnheit war eine unmoralische, und das sagte ich ihm denn auch. Sie war ordinär – dies bat ich ihn zu glauben. Sie hatte die Mißbilligung der Gesellschaft – damit sagte ich nichts denn die Wahrheit. Sie war durch Kongreßbeschluß verboten – hierbei hatte ich nicht die leiseste Absicht, eine Lüge aufzutischen. Ich protestierte – doch umsonst. Ich monierte – vergebens. Ich flehte – er lächelte. Ich bettelte – er lachte. Ich predigte – er grinste nur höhnisch. Ich drohte – er fluchte. Ich versetzte ihm einen Tritt mit dem Fuße – er rief nach der Polizei. Ich zog ihn an der Nase – da schneuzte er diese und erbot sich, dem Teufel seinen Kopf zu verwetten, daß ich es nicht wagen würde, selbiges Experiment noch einmal zu probieren.

Armut war ein weiteres Laster, welches das besondere körperliche Gebrechen von Dammits Mutter auf den Sohn vererbt hatte. Er war aufs abscheulichste arm; und dies war nun zweifelsohne der Grund dafür, daß seine Wettfloskeln selten eine pekuniäre Wendung nahmen. Niemals, auf mein Wort, habe ich ihn eine Redewendung gebrauchen hören wie ›Ich wette um einen Dollar‹. Gewöhnlich ging seine Rede ›Ich gehe mit Ihnen jede Wette ein‹ oder ›Was gilt die Wette‹ oder ›Da wett ich aber eine Kleinigkeit‹ oder sonst, bezeichnender noch, ›Teufel, ich wette meinen Kopf‹.

Die letztere Form schien ihm am besten zu behagen: – vielleicht weil sie das geringste Risiko beinhaltete; denn Dammit war überaus knauserig geworden. Hätte ihn jemand beim Wort genommen, so wäre, da sein Kopf klein war, auch sein Verlust nur ein kleiner gewesen. Doch dies sind meine eigenen Gedanken, und ich bin mir keineswegs sicher, ob ich sie ihm mit Fug unterstellen darf. Jedenfalls stieg besagter Ausdruck von Tag zu Tag in seiner Gunst, ungeachtet der Tatsache, wie gar gröblich ungehörig es doch ist, sein Gehirn wie Banknoten zu verwetten: – doch war dies ein Punkt, den zu begreifen meines Freundes verderbte Gemütsart nicht zulassen wollte. Am Ende verzichtete er dann auf alle anderen Formen eines Einsatzes und widmete sich gänzlich dem Geschäfte, *dem Teufel seinen Kopf zu verwetten,* mit einer so hartnäckigen und ausschließlichen Hingabe, die mir nicht minder mißfiel, als sie mich überraschte. Umstände, die ich mir nicht erklären kann, empfinde ich stets als Ärgernis. Geheimnisse zwingen den Menschen zum Denken und schaden mithin seiner Gesundheit. Die Wahrheit ist, es gab da etwas in *dem Gebaren,* mit welchem Mr. Dammit seine anstößige Redensart zu äußern pflegte – etwas in der *Art und Weise, wie* er es sagte – was zunächst wohl Interesse weckte, mir hernach aber äußerst lästig ward – etwas, das – in Ermangelung eines entschiedeneren Ausdrucks – gegenwär-

tig *wunderlich* zu nennen mir verstattet sei; das jedoch
Mr. Coleridge mystisch, Mr. Kant pantheistisch, Mr. Carlyle kryptoistisch und Mr. Emerson hyperkasuistizistisch
genannt hätte. Es begann mir im höchsten Grade zu mißfallen. Mr. Dammits Seele befand sich in einem gefährlichen Zustand. Ich beschloß, meine ganze Beredsamkeit
aufzubieten, sie zu retten. Ich gelobte, ihm so zu dienen,
wie St. Patrick in der irischen Chronik der Kröte gedient
haben soll, das heißt, ›ihn zum Bewußtsein seiner Lage zu
erwecken‹. Sogleich widmete ich mich dieser Aufgabe.
Noch einmal verlegte ich mich auf mahnende Einwendungen. Wieder sammelte ich meine Kräfte zu einem endgültigen Versuch, ihn ins Gebet zu nehmen.

Als ich mit meiner Strafpredigt geendigt, legte Mr. Dam-
mit ein höchst zweifelhaftes Betragen an den Tag. Eine
Weile schwieg er und sah mir nur forschend ins Gesicht.
Alsbald aber warf er den Kopf auf die Seite und zog die
Augenbrauen ganz gewaltig in die Höhe. Dann breitete er
die Handflächen aus und zuckte die Achseln. Dann zwinkerte er mit dem rechten Auge. Dann wiederholte er den
Vorgang mit dem linken. Dann schloß er sie beide fest.
Dann riß er sie wieder so überaus weit auf, daß ich mich ob
der Folgen ernstlich ängstigte. Dann fand er es, indem er
den Daumen an die Nase hielt, für tunlich, mit den restlichen Fingern eine unbeschreibliche Bewegung zu vollführen. Endlich bequemte er sich, die Arme in die Seite gestemmt, zu einer Erwiderung.

Ich kann mich nur noch an die Hauptpunkte seiner
Rede entsinnen. Er wäre mir sehr verbunden, wenn ich den
Mund halten wollte. Er wünsche mitnichten meinen Rat.
Er verachte all meine Insinuationen. Er sei alt genug, selbst
auf sich achtzugeben. Ob ich ihn noch immer für das Baby
Dammit hielte? Ob ich gar irgend etwas gegen seinen Charakter sagen wolle? Ob ich die Absicht hätte, ihn zu beleidigen? Ob ich ein Dummkopf sei? Kurzum, ob wohl mein
mütterlicher Elternteil überhaupt von meiner Abwesenheit
von Haus und Heim wisse? Diese letztere Frage wolle er an
mich als einen wahrheitsliebenden Mann richten, und er

stehe dafür, sich an meine Antwort zu halten. Noch einmal verlange er ausdrücklich zu erfahren, ob meine Mutter wisse, daß ich ausgegangen sei. Meine Verwirrung, so sagte er, verrate mich, und gern wolle er dem Teufel seinen Kopf verwetten, daß sie es nicht wisse.

Eine Erwiderung meinerseits wartete Mr. Dammit nicht ab. Er machte auf dem Absatz kehrt und entfernte sich aus meiner Gegenwart mit würdeloser Hast. Daran hat er gut getan. Denn meine Gefühle waren verwundet. Selbst mein Zorn war geweckt. Dieses eine Mal wäre ich auf sein schmähliches Wettgebot eingegangen. Und ich hätte dem Erzfeind Mr. Dammits kleinen Kopf gewonnen – denn Tatsache ist, meine Frau Mama war *sehr wohl* im Bilde über meine nur zeitweilige Abwesenheit von zu Hause.

Doch *Khoda shefa midêhed* – der Himmel gibt Linderung –, wie die Muselmänner sagen, wenn man ihnen auf die Zehen tritt. Es war im Verfolge meiner Pflichterfüllung, daß man mich gekränkt, und ich trug die Kränkung wie ein Mann. Nun wollte es mir freilich scheinen, ich hätte im Falle dieses Nichtswürdigen alles getan, was man von mir verlangen konnte, und ich beschloß, ihn nicht länger mit meinem Ratschlag zu behelligen, sondern ihn sich selbst und seinem Gewissen zu überlassen. Doch obgleich ich es vermied, ihm meinen Rat aufzudrängen, vermochte ich es doch nicht über mich zu bringen, seiner Gesellschaft gänzlich zu entsagen. Ich ging sogar so weit, einigen seiner minder sträflichen Neigungen gefällig zu sein; und es gab Zeiten, da ich mich gar dabei ertappte, wie ich seine lästerlichen Scherze pries, mit Tränen in den Augen zwar, wie Feinschmecker beim Senfe: – so zutiefst grämte es mich, seine ruchlosen Reden zu hören.

Eines schönen Tages, da wir Arm in Arm zusammen umhergeschlendert, führte uns unser Weg an einen Fluß. Dort gab es eine Brücke, und wir beschlossen, sie zu überschreiten. Zum Schutze vor dem Wetter war sie überdacht, und da der Bogengang mit nur wenigen Fensteröffnungen versehen, war es höchst unangenehm dunkel dort. Als wir den Durchgang betraten, fiel mir der Gegensatz zwischen der

Grelle draußen und dem Grauduster drinnen schwer aufs Gemüt. Nicht so jedoch auf das des unglücklichen Dammit, der sich sogleich erbot, dem Teufel seinen Kopf zu verwetten, daß ich an Trübsinn leide. Er schien bei außerordentlich guter Laune zu sein. Er sprühte vor maßloser Lebhaftigkeit – und zwar so sehr, daß mir ich weiß gar nicht was alles an beklemmendem Argwohn kam. Schon möglich, daß er an den Transzendenteln litt. Allerdings bin ich in der Diagnose dieser Krankheit nicht genug bewandert, um mit Entschiedenheit darüber sprechen zu können; und unglücklicherweise war keiner meiner Freunde vom ›Dial‹ zugegen. Wenn ich dessenungeachtet den Gedanken anzudeuten wage, so ist es wegen einer gewissen Art von abstoßender Hanswursterei, welche meinen armen Freund zu bedrängen schien und ihn veranlaßte, einen rechten Narren aus sich zu machen. Er war es nicht anders zufrieden, als schlängelnd und tänzelnd herumzuspringen, drunter und drüber, was immer ihm in den Weg kam; und dabei, bald laut jauchzend, bald leise lispelnd, allerlei komische, kleine und große Worte auszustoßen, wobei er dennoch die ganze Zeit das ernsteste Gesicht von der Welt behielt. Ich vermochte wirklich zu keinem Entschlusse zu kommen, ob ich ihm einen Fußtritt oder Mitleid gönnen sollte. Schließlich, da wir die Brücke beinahe überschritten hatten, gelangten wir an das Ende des Fußwegs, wo sich uns ein Drehkreuz von einiger Höhe als Hindernis in den Weg stellte. Dieses passierte ich gemächlich, indem ich es, wie üblich, herumschob. Doch diese Drehung war nicht Mr. Dammits Dreh. Er bestand darauf, über das Kreuz zu springen, und behauptete, er könne obendrein noch in der Luft einen Kobolz schießen. Daß er dies könne, glaubte ich nun, ehrlich gesagt, nicht. Die besten Kobolze, stil- und kreuzweis alleweil, schoß nämlich mein Freund Mr. Carlyle, und da ich wußte, *er* vermöchte dies nicht, traute ich es Toby Dammit erst recht nicht zu. Also sagte ich ihm ausdrücklich, er sei ein Prahlhans und habe den Mund wohl etwas zu voll genommen. Dies sollte mir hernach mit gutem Grund noch leid tun – denn stracks erbot er sich, *dem Teufel seinen Kopf zu verwetten*, daß er dies doch vermöchte.

Schon wollte ich zu einer Erwiderung anheben, um ihm, ungeachtet meines letzthin gefaßten Vorsatzes, ob seines ruchlosen Anerbietens mit Vorwürfen zu bedenken, als ich dicht an meinem Ellenbogen ein Hüsteln vernahm, welches so ganz wie der Stoßseufzer ›ä-hem!‹ klang. Ich stutzte und sah mich überrascht um. Mein Blick fiel schließlich in einen Winkel im Brückengebälk und auf die Gestalt eines lahmen kleinen alten Herrn von ehrfurchtgebietendem Äußern. Nichts konnte ehrwürdiger sein als seine ganze Erscheinung; denn nicht nur trug er einen Anzug, ganz in Schwarz, sondern sein Hemd war vollkommen sauber und der Kragen sehr ordentlich über eine weiße Krawatte geschlagen, während sein Haar wie bei einem Mädchen vorn gescheitelt war. Die Hände hielt er gedankenvoll über dem Leibe gefaltet und seine beiden Augen bedachtsam gen Himmel verdreht.

Bei näherem Hinsehen bemerkte ich, daß er über seinen engen Beinkleidern eine schwarze Seidenschürze trug; und dies dünkte mich nun gar merkwürdig. Ehe ich jedoch Zeit gefunden, mich zu einem so eigentümlichen Umstand zu äußern, unterbrach er mich mit einem neuerlichen ›ä-hem!‹.

Auf diese Bemerkung zu antworten war ich nicht sogleich gefaßt. Ja, tatsächlich sind Äußerungen solch lakonischer Natur beinahe nicht zu beantworten. Mir ist eine gewisse Vierteljahreszeitschrift bekannt, welcher es von dem Worte ›Blödsinn!‹ gänzlich die Sprache verschlagen. Ich schäme mich daher keineswegs zu gestehen, daß ich mich an Mr. Dammit um Beistand wandte.

»Dammit«, sprach ich, »was machen Sie da? hören Sie denn nicht? – der Herr sagt ›ä-hem!‹ –« Ich blickte meinen Freund gestreng an, während ich ihn solcherart anredete; denn, um die Wahrheit zu sagen, ich fühlte mich ganz irr verwirrt, und wenn ein Mann ganz irr verwirrt ist, muß er die Stirne runzeln und gar grimmig dreinschauen, sonst sieht er gewißlich wie ein Dummkopf aus.

»Dammit«, bemerkte ich – und obschon das ganz wie

ein Fluch klang, lag doch nichts meinen Gedanken ferner – »Dammit«, äußerte ich – »der Herr hier sagt ›ä-
hem!‹«

Ich möchte mitnichten versuchen, meine Bemerkung ob
besonderen Tiefsinnes zu verteidigen; ich fand sie selber ja
nicht gerade tiefgründig; doch habe ich festgestellt, daß die
Wirkung unserer Reden durchaus nicht immer im angemessenen Verhältnis steht zu ihrer Bedeutsamkeit in unseren eigenen Augen; und hätte ich Mr. D. mit einer Paix-
hans-Bombe gänzlich mittendurch geschossen oder ihm
mit den ›Dichtern und Dichtungen Amerikas‹ den Schädel
eingeschlagen, hätte er wohl kaum fassungsloser sein können, als da ich ihn mit so schlichten Worten ansprach –
›Dammit, was machen Sie da? – hören Sie denn nicht? –
der Herr sagt ‚ä-hem!'‹

»Nein, wirklich?« keuchte er schließlich, nachdem er öfter die Farben gewechselt hatte, als ein Pirat sie aufzieht,
eine nach der andern, wenn er von einem Kriegsschiff verfolgt wird. »Sind Sie ganz sicher, daß er *das* gesagt hat? Na
schön, da sitze ich nun jedenfalls drin und kann dem Ganzen also ebensogut auch beherzt die Stirn bieten. Wohlan
denn – *ä-hem*!«

Darob schien der kleine alte Herr höchlichst erfreut –
Gott allein weiß, warum. Er verließ seinen Standort im
Winkel der Brücke, humpelte mit huldvoller Miene herbei,
nahm Dammit bei der Hand und schüttelte diese herzlich,
wobei er ihm die ganze Zeit über unentwegt mit einem
Ausdruck des unverfälschtesten Wohlwollens, wie es
menschlichem Geiste nur vorstellbar, direkt ins Gesicht
blickte.

»Ich bin ganz sicher, Sie werden gewinnen, Dammit«,
sagte er mit dem allerfreiesten Lächeln, »doch sind wir, wie
Sie wissen, verpflichtet, eine Probe zu machen, der bloßen
Form halber.«

»Ä-hem!« erwiderte mein Freund, legte mit einem tiefen
Seufzer seinen Rock ab, schlang sich ein Taschentuch um
den Leib und veränderte, indem er die Augen verdrehte
und die Mundwinkel herabzog, in schier unerklärlicher

Weise den Ausdruck seines Gesichts – »ä-hem!« Und »ä-hem!« sagte er noch einmal nach einer Pause; und kein anderes Wort als »ä-hem!« habe ich je danach von ihm vernommen. ›Aha!‹ dachte ich, ohne mich freilich laut zu äußern – ›dies ist ja eine ganz beachtliche Schweigsamkeit auf Seiten Toby Dammits und ohne Zweifel eine Folge der Redseligkeit, wie er sie zu früherer Gelegenheit bewiesen. Ein Extrem bedingt das andere. Ich möchte wohl wissen, ob er die vielen nicht zu beantwortenden Fragen vergessen hat, mit welchen er mich so geläufig und fließend an dem Tage, da ich ihm meine letzte Strafpredigt hielt, traktierte? Von den Transzendenteln jedenfalls ist er kuriert.‹

»Ä-hem!« erwiderte hier Toby, ganz so, als hätte er meine Gedanken gelesen, dabei blickte er drein wie ein sehr altes dösendes Schaf.

Nun ergriff ihn der alte Herr beim Arm und geleitete ihn tiefer ins Dunkel der Brücke – wenige Schritte von dem Drehkreuz zurück. »Guter Freund«, sagte er, »mein Gewissen gebietet mir, Ihnen soviel Anlauf zu gewähren. Warten Sie hier, bis ich meinen Platz an dem Drehkreuz eingenommen habe, damit ich sehen kann, ob Sie auch vortrefflich und hübsch transzendental hinüberkommen und keine Wendung beim Kobolz unterlassen. Eine bloße Formsache, wissen Sie. Ich sage ›eins, zwei, drei und los‹. Und bei dem Worte ›los‹ geht's los.« Hiermit nahm er seinen Platz beim Drehkreuz ein, verhielt einen Augenblick wie in tiefem Sinnen, dann *schaute er auf* und, so dachte ich, lächelte ganz leicht, dann band er sich die Schürze fester, darauf warf er einen langen Blick auf Dammit und rief schließlich, wie vereinbart, die Worte –

Eins – zwei – drei – und los!

Prompt beim Worte ›los‹ setzte mein armer Freund sich in Galopp. Das Drehkreuz war der Bildung nach nicht gar so hoch wie Mr. Lord – doch auch nicht ganz so niedrig wie Mr. Lords Rezensenten, und im ganzen war ich mir sicher, daß Dammit darüber springen werde. Und wenn nicht, was wäre dann? – ah, das war die Frage – was geschah, wenn es ihm nicht gelingen sollte? »Welches Recht«, sprach ich,

»hatte denn dieser alte Herr, einen anderen Herrn überhaupt springen zu lassen? Das kleine alte Hinkebein! wer
ist er denn? Sollte er *mich auffordern* zu springen, ich würd's
nicht tun, das ist klar, und mir ist's gleich, wer *zum Teufel er
ist.*« Die Brücke war, wie gesagt, überwölbt und auf eine
sehr absurde Art überdacht, und die ganze Zeit gab es darunter ein höchst unangenehmes Echo – ein Echo, wie ich
es noch nie so sonderbar bemerkt wie da, als ich die vier
letzten Worte meiner Rede äußerte.

Doch was ich gesagt oder was ich gedacht oder was ich
gehört, nahm nur einen Augenblick in Anspruch. In weniger denn fünf Sekunden nach dem Start hatte mein armer
Toby den Sprung vollbracht. Ich sah, wie er hurtig rannte
und gewaltig vom Boden der Brücke absprang, wobei er,
als er hochschnellte, die Beine gar behende schwang. Ich
sah ihn hoch in der Luft, wie er in bewundernswerter
Weise genau über dem Drehkreuz den Kobolz schoß; und
natürlich dünkte es mir ein gar eigen Ding, daß er nicht
weiter- und also drübersprang. Doch der ganze Sprung war
die Sache eines Augenblicks, und ehe ich auch nur im mindesten die Möglichkeit zu tieferer Überlegung gehabt
hätte, war Mr. Dammit auch schon wieder unten und lag
flach auf dem Rücken, auf derselben Seite des Drehkreu-
zes, von welcher er abgesprungen war. Im gleichen Augenblick sah ich, wie der alte Herr in höchster Eile davonhum-
pelte, nachdem er in seiner Schürze etwas, das aus der
Dunkelheit des Gewölbes gerade über dem Drehkreuz
schwer hineingefallen war, aufgefangen und darein gewik-
kelt hatte. All dies wunderte mich gar sehr; doch blieb mir
keine Muße, darüber nachzudenken, denn Mr. Dammit lag
sonderbar still da, und ich kam zu dem Schlusse, daß seine
Gefühle verletzt seien und er meines Beistandes dringend
bedürfe. Ich eilte hin zu ihm und stellte fest, daß er etwas
erlitten hatte, was man wohl eine schwere Verletzung nennen darf. Ja, wahrhaftig, er hatte seinen Kopf verloren, welchen ich auch nach gründlicher Suche nirgends finden
konnte – so beschloß ich denn, ihn heimzuschaffen und
nach den Homöopathen zu schicken. Unterdessen war mir

ein Gedanke gekommen, und ich stieß ein Brückenfenster in der Nähe auf; worauf mir sogleich wie ein Blitz die traurige Wahrheit aufging. Etwa fünf Fuß oberhalb vom Drehkreuz, quer durch den Gewölbebogen über dem Fußweg, verlief als Verstrebung ein flacher Eisenbalken, dessen Breite waagerecht lag und der zu einer ganzen Reihe gehörte, welche dazu diente, das Bauwerk in seiner gesamten Ausdehnung zu festigen. Ganz offensichtlich schien mit der Kante dieser Verstrebung der Hals meines unglücklichen Freundes genau in Berührung gekommen zu sein.

Nicht lange überlebte er seinen schrecklichen Verlust. Die Homöopathen verabreichten ihm wohl nicht wenig genug Arznei, und das Wenige, das sie ihm gaben, zögerte er noch zu nehmen. So ward es am Ende schlimmer noch mit ihm, und schließlich starb er gar, eine Lehre für alle aufrührerischen Menschen. Ich benetzte sein Grab mit meinen Tränen, brachte auf seinem Familienwappen einen Schräg*balken* an und schickte über die allgemeinen Begräbniskosten meine sehr bescheidene Rechnung an die Transzendentalisten. Die Schurken weigerten sich zu zahlen, so ließ ich Mr. Dammit denn unverzüglich wieder ausgraben und verkaufte ihn als Hundefutter.

ELEONORA

Sub conservatione formae specificae salva anima.
Raymond Lully

Ich entstamme einem Geschlecht, das berühmt ist ob der
Kraft seiner Phantasie und der Glut seiner Leidenschaft.
Die Menschen haben mich verrückt genannt; doch steht
die Frage noch dahin, ob der Wahnsinn gar als höchstes
Genie zu gelten habe oder nicht – ob vieles, das glor-
reich – ob alles, das tief – nicht doch krankem Geiste ent-
springe – *Launen* des Gemüts, welche auf Kosten des allgemeinen Verstandes zu Verzückung sich erhoben. Sie, die
bei Tage träumen, wissen um viele Dinge, welche denen
entgehen, die nur bei Nacht zu träumen pflegen. In ihren
grauen Visionen werden ihnen flüchtige Blicke in die Ewigkeit, und erwachend überrieselt sie ein Schauer, da sie erkennen, wie sie dem großen Geheimnis nahe waren. Hie
und da, für Augenblicke nur, erfahren sie ein wenig von
der Weisheit, die des Guten ist, und mehr aber von der
bloßen Erkenntnis, die des Bösen ist. Sie wagen sich, und
sei es auch noch so steuer- oder kompaßlos, hinaus auf den
weiten Ozean des ›unsäglichen Lichts‹ und wieder, gleich
den Abenteurern des Nubischen Geographen, *›aggressi sunt
mare tenebrarum, quid in eo esset exploraturi‹.*

Sagen wir denn also, ich sei verrückt. Zumindest räume
ich ein, daß es zwei voneinander unterschiedliche Zustände
meiner geistigen Existenz gibt – den Zustand klarer Vernunft, welcher ganz unbestreitbar ist und die Erinnerung
an Ereignisse betrifft, welche die erste Epoche meines Lebens bilden – und einen Zustand voller Schatten und Ungewißheit, welcher der Gegenwart angehört und der Rück-
besinnung auf das, was die zweite große Ära meines

Daseins ausmacht. Darum mag getrost man dem vertrauen, was ich von der früheren Periode erzählen werde; und dem, was ich aus der späteren Zeit berichte, schenke man nur insofern Glauben, als füglich dies geraten scheint; oder ziehe gänzlich es in Zweifel; oder, falls Zweifel gar unmöglich, dann spiele den Ödipus man bei dem Rätsel.

Sie, die ich als Jüngling geliebt und von der ich nun ruhig und bestimmt diese Erinnerungen zu Papier bringe, war die einzige Tochter der einzigen Schwester meiner längst verstorbenen Mutter. Eleonora war meine Base geheißen. Unter einer tropischen Sonne hatten wir stets beieinander gewohnt im Tale des Mannigfarbenen Grases. Kein Schritt, der nicht geleitet, verirrte sich in dieses Tal; denn weitab lag es, hoch droben inmitten einer Kette gigantischer Berge, welche ringsum hoch aufragten über dem Grund und dem Sonnenlicht so den Zutritt zu seinen lieblichsten Winkeln wehrten. Kein Pfad war getreten in seiner Nähe; und um unser glücklich Heim zu erreichen, hätte man, kraftvoll und mit Gewalt, das Laubwerk Tausender und aber Tausender Waldbäume beiseite drängen und die Pracht vieler Millionen duftender Blumen zu Tode trampeln müssen. So lebten wir denn ganz allein und ohne Kenntnis von der Welt dort jenseits unseres Tales – ich, die Base mein und deren Mutter.

Aus den Dämmerregionen hinter den Bergen am oberen Ende unseres umschlossenen Reiches stahl sich gemächlich ein schmaler und tiefer Fluß hervor, klarer denn alles, außer Eleonorens Augen allein; verstohlen schlängelte er sich dahin auf gewundenen Wegen und floß schließlich davon durch eine schattige Schlucht zwischen Hügeln, noch dämmriger denn die, aus denen er hervorgetreten. Wir hießen ihn den ›Fluß des Schweigens‹; denn es war, als ginge von seinem Fließen sanfte Ruhe aus. Kein Murmeln stieg aus seinem Bett empor, und so sanft wanderte er dahin, daß die perlklaren Kiesel, auf denen unser Blick so gerne weilte, tief drunten in seinem Schoße, sich nie und nimmer rührten, sondern in regloser Genüge ruhten, ein jeglicher am angestammten Platze, leuchtend im Glanze, immerdar.

Die Ufer des Flusses wie auch die der vielen flirrenden Bächlein, welche sich auf allerlei Umwegen in sein Wasserbett schlängelten, desgleichen die Flächen, welche sich von den Rändern bis in die Tiefen der Wasser hinab erstreckten, bis sie das Kieselbett drunten erreichten – diese Stellen, und der ganze Grund des Tales nicht minder, vom Flusse bis hin zu den Bergen, welche es umschlossen, waren allüberall bedeckt von einem Teppich aus weichem grünem Gras, dicht, kurz, aufs vollkommenste glatt und vanilleduftend, doch so über und über gesprenkelt vom gelben Hahnenfuß, dem weißen Maßliebchen, dem blauen Veilchen und dem rubinroten Asphodill, daß die gar grenzenlose Schönheit laut unseren Herzen von Gottes Liebe und Herrlichkeit kündete.

Und hie und da auf diesem grasigen Grunde wuchsen in Hainen, Wildnissen in Träumen gleich, phantastische Bäume empor, deren hohe schlanke Stämme nicht kerzengerade aufragten, sondern sich anmutig neigten, dem Lichte entgegen, welches zur Mittagszeit hereinlugte in des Tales Mitte. Ihre Rinde, schöngescheckt, schimmerte lebhaft, wechselnd zwischen Ebenholz und Silber, und war glatter denn alles, außer Eleonorens Wangen allein; so daß, wäre nicht das Glitzergrün der großen Blätter gewesen, das von ihren Wipfeln in langen Linien herabflimmerte und mit den Zephirn tändelte, man sie für Syriens gigantische Schlangen hätte halten können, die ihrem Souverän, der Sonne, huldigen.

Hand in Hand durch dieses Tal, fünfzehn lange Jahre, streifte ich mit Eleonoren, ehe die Liebe in unsere Herzen Einzug hielt. Eines Abends war es, da das dritte Lustrum ihres Lebens zu Ende sich neigte, und das vierte des meinigen, daß wir, eins vom andern fest umschlungen, unter den schlangengleichen Bäumen saßen, am Flusse des Schweigens, und auf unsere Spiegelbilder drunten in seinen Wassern schauten. Keiner sprach in Worten mehr den Rest des ganzen süßen Tages; und auch am andern Morgen noch waren bebend unsere Worte und gar wenige nur. Wir hatten den Gott Eros jener Woge entlockt, und spürten nun, wie er unsrer Vorfahren Feuerseelen in uns entfachte. Die Leidenschaften, die unserem Geschlecht jahrhundertelang zu eigen, drängten nun herbei, mitsamt den wunderlichen Phantasien, für die es gleichermaßen berühmt gewesen, und aus ihrer beider Odem strömte unbändige Wonne über das Tal des Mannigfarbenen Grases. Alles wandelte sich mit einem Male. Seltsam schimmernde Blumen, sternengleich, brachen plötzlich an den Bäumen auf, wo Blumen zuvor unbekannt gewesen. Der grüne Teppich ward tiefer in seiner Tönung; und wie, eins nach dem andern, die weißen Maßliebchen schwanden, da schossen an ihrer Stelle zehn mal zehn der rubinroten Asphodillblüten empor. Und Leben erwachte auf unseren Pfaden; denn mit all den farbenprächtigen Vögeln plusterte der ranke Flamingo, bislang hier nicht gesichtet, sein Scharlachgefieder vor uns auf. Gold- und Silberfische tummelten sich im Flusse, aus dessen Tiefe nach und nach leises Rauschen sich erhob und schließlich anschwoll zu einer Wiegenmelodie, himmlischer als die der Äolsharfe – süßer als alles, außer Eleonorens Stimme allein. Und nun – wir hatten lang sie schon in Hespers Regionen erspäht – schwebte von dort auch eine gewaltige Wolke heran, allschimmernd in Gold und Karmin, hing friedvoll da droben über uns und senkte sich hernieder, Tag um Tag, tiefer und tiefer, bis ihre Ränder auf den Gipfeln der Berge ruhten, daß deren Dämmerdunkel zu Herrlichkeit gewandelt ward und wir, wie für ewig, eingeschlossen waren in ein verwunschenes Gefängnis aus Größe und aus Glanz.

Die Lieblichkeit Eleonorens war die der Seraphim; doch war sie eine Jungfrau, natürlich und rein, wie das kurze Leben, das sie inmitten der Blumen geführt. Kein Arg verhüllt die Liebesglut, welche ihr Herz beseelte, und mit mir gemeinsam ergründete sie dessen innerste Winkel, indes wir zusammen im Tale des Mannigfarbenen Grases wandelten und die gewaltigen Veränderungen besprachen, welche sich seit kurzem darin vollzogen.

Schließlich, da unter Tränen sie eines Tages von der letzten düsteren Veränderung gesprochen, so sie dem

Menschsein zwangsläufig beschieden ist, verweilte sie hinfort nur bei diesem einen traurigen Thema noch und wob es in all unsere Gespräche ein, ganz so, wie in den Versen des Dichters von Schiras die nämlichen Bilder sich wiederholen, immer und immer wieder, in jeder nur möglichen eindrucksvollen Sprach-Variation.

Sie hatte erkannt, daß der Finger des Todes ihren Busen berührt hatte – daß sie, der Ephemera gleich, in vollkommener Lieblichkeit geschaffen war, nur um zu sterben; doch das Grauen des Grabes bestand für sie einzig in der einen Vorstellung, welche sie mir eines Abends zur Dämmerung an den Ufern des Flusses des Schweigens offenbarte. Sie grämte sich ob des Gedankens, daß ich, nachdem im Tale des Mannigfarbenen Grases ich sie begraben hätte, für immer dessen glückliche Gefilde verlassen würde, um die Liebe, welche jetzt so leidenschaftlich ihr gehörte, auf ein Mädchen der äußeren und gemeinen Welt zu übertragen. Und alsogleich warf ich mich Eleonoren hastig zu Füßen nieder und brachte ihr und dem Himmel ein Gelübde dar, daß ich mich niemals mit einer Tochter der Erde in Ehe verbinden wolle – daß ich in keiner Weise mich ihrem teuren Andenken treulos erweisen wolle oder dem Andenken der innigen Zuneigung, mit der sie mich gesegnet hatte. Und ich rief den mächtigen Herrscher des Alls zum Zeugen des fromm-feierlichen Ernstes meines Gelübdes an. Und der Fluch, welchen ich, sollte ich meinem Versprechen je untreu werden, mir von IHM und von ihr, einer Heiligen in Helusion dann, erflehte, schloß eine Strafe ein, so über die Maßen grausig, daß hier ich füglich nicht davon berichten kann. Und die strahlenden Augen Eleonorens strahlten noch heller bei meinen Worten; und sie seufzte, als wäre eine tödliche Last ihr von der Brust genommen; und sie zitterte und weinte gar bitterlich; aber sie ließ das Gelübde gelten (denn was war sie anders denn ein Kind?), und es machte ihr das Sterbebett leicht. Und sie sagte zu mir, nicht viele Tage darauf, indes sie ruhig ans Sterben ging, daß sie darob, was ich ihrem Geiste zum Troste getan, sie in ebenjenem Geiste, wenn sie dahingegangen sei, über mich wachen wolle und, so es ihr gestattet sei, in den Stunden der Nacht sichtbar zu mir zurückkehren wolle; sollte dies jedoch außerhalb der Macht der Seelen im Paradiese stehen, so wolle sie zumindest häufige Zeichen ihrer Gegenwart mir geben; mir zuseufzen im Abendwind oder die Luft, die ich atmete, mit Wohlgeruch füllen aus den Weihrauchgefäßen der Engel. Und mit diesen Worten auf den Lippen gab sie ihr unschuldiges Leben auf und setzte der ersten Periode des meinigen ein Ende.

Soweit habe ich getreulich berichtet. Doch nun, da ich die Sperre passiere, welche der Tod meiner Geliebten auf dem Pfade der Zeit errichtet hat, und zu dem zweiten Abschnitt meines Lebens übergehe, fühle ich, wie ein Schatten über mein Hirn sich breitet, und ich zweifle an der vollkommenen Vernunft des Berichtes. Doch will ich fortfahren. – Die Jahre schleppten sich träge dahin, und noch immer weilte ich im Tale des Mannigfarbenen Grases – doch nun hatten sich alle Dinge ein zweites Mal verändert. Die sterngleichen Blumen zogen sich in die Baumstämme zurück und erschienen nimmermehr. Die Tönung des grünen Teppichs verblaßte; und einer nach dem andern welkten die rubinroten Asphodille dahin; und an ihrer Stelle wuchsen zehn mal zehn dunkle Veilchen augengleich empor, die sich ängstlich krümmten, immerzu schwer von Tau. Und das Leben schwand von unseren Pfaden; denn es prunkte der schlanke Flamingo vor uns mit seinem Scharlachgefieder nicht mehr, sondern flog traurig aus dem Tale von dannen in die Berge, samt der ganzen farbenprächtigen Vogelschar, die sich in seinem Gefolge eingestellt hatte. Und die Gold- und Silberfische schwammen davon durch die Schlucht am unteren Ende unseres Reiches und schmückten den lieblichen Fluß nimmermehr. Und die Wiegenmelodie, welche sanfter denn die Windharfe des Äolus und himmlischer denn alles gewesen war, außer Eleonorens Stimme allein, sie starb nach und nach dahin, raunte leiser und immer leiser, bis der Fluß schließlich wieder gänzlich in sein ursprüngliches feierliches Schweigen verfiel. Und zuletzt dann hob sich die gewaltige Wolke empor, überließ die Gipfel der Berge dem Dämmer von einst, versank wieder in Hespers Regionen und nahm mit sich all die Mannigfalt goldglänzender Glorie aus dem Tale des Mannigfarbenen Grases.

Doch die Versprechen Eleonorens waren nicht vergessen; denn ich vernahm das Gesäusel, da die Engel die Weihrauchgefäße schwangen; und immerfort strömten heilige Düfte durch das Tal; und in einsamen Stunden, wenn das Herz mir schwer, strichen Lüfte, mit sanften Seufzern beladen, mir über die Stirn; und oft erfüllte Raunen undeutlich die nächtliche Luft; und einmal – ach, ein einziges Mal nur!, ward ich geweckt aus meinem Schlummer, dem Schlaf des Todes gleich, als sich Geisterlippen auf die meinen preßten.

Doch die Leere in meinem Herzen wollte sich, selbst so, nicht ausfüllen lassen. Ich sehnte mich nach der Liebe, welche zuvor zum Überströmen es erfüllt. Am Ende gar *peinigte* mich das Tal ob der Erinnerungen an Eleonoren, und ich verließ es für immer, für die Eitelkeiten und die turbulenten Triumphe dieser Welt.

Ich fand mich wieder in einer fremden Stadt, wo alles dazu angetan sein mochte, aus meinem Gedächtnis die süßen Träume zu tilgen, die ich im Tale des Mannigfarbenen Grases so lange geträumt. Die prunkvolle Pracht einer stattlichen Hofhaltung, der Waffen tolles Getöse und die strahlende Schönheit der Frauen verwirrten und betörten meinen Verstand. Aber noch war meine Seele ihrem Gelübde treu geblieben, und in den stillen Stunden der Nacht empfing ich noch immer die Zeichen von Eleonorens Gegenwart. Urplötzlich nun hörten sie auf, diese Bekundungen; und die Welt ward dunkel vor meinen Augen; und erschrocken stand ich da ob der glutvollen Gedanken, welche von mir Besitz ergriffen – ob der schrecklichen Versuchungen, welche mich bedrängten; denn da kam von weit, weit her, aus einem fernen fremden Land, an den kurzweiligen Hof des Königs, dem ich diente, eine Jungfrau, deren Schönheit mein ganzes ungetreues Herz sofort erlag – an deren Schemel ich mich kampflos niederbeugte, in der feurigsten, in der unterwürfigsten Verehrung der Liebe. Ja, wahrhaftig, was war meine Leidenschaft für das junge Mädchen in dem Tale gewesen, verglichen mit der Glut und der Raserei und der den Geist beflügelnden Ekstase dieser Anbetung, in welcher ich meine ganze Seele zu Füßen der himmlischen Ermengarde in Tränen ergoß? – Oh, strahlend war der Seraph Ermengarde! und in diesem Wissen hatte ich nicht Raum für eine andere. – Oh, göttlich war der Engel Ermengarde! und da ich schaute in die Tiefen ihrer erinnernden Augen, dachte ich nur an diese – und *an sie.*

Ich ließ mich trauen – und spürt' kein Grauen vor dem Fluch, den ich erfleht; auch ward seine Bitternis nicht heimgesucht an mir. Und einmal – doch noch einmal nur drangen in nächtlicher Stille durch mein Gitterfenster die sanften Seufzer, die mir verstummt; und sie wurden zur vertrauten süßen Stimme, die da sprach:

»Ruhe in Frieden! – denn der Geist der Liebe heischet und herrschet, und da an dein leidenschaftlich Herz du genommen, die da heißt Ermengarde, bist du erlöset – die Ursach sollst dereinst im Himmel du erfahren – von dem Gelübde, so du getan Eleonoren.«

DREI SONNTAGE IN EINER WOCHE

›Du hartherziger, dämlicher, störrischer, blöder, öder, spröder, schnöder alter Hundsfott!‹ sprach ich in Gedanken eines Nachmittags zu meinem Großonkel Rumdussel und drohte ihm im Geiste mit der Faust.

Im Geiste nur. Die Sache ist nämlich die, daß just da eine unerhebliche Diskrepanz bestand zwischen dem, was ich sagte und was zu sagen ich den Mut nicht hatte – zwischen dem, was ich tat und was zu tun ich nicht übel Lust verspürte.

Als ich die Tür zum Wohnzimmer öffnete, saß der alte Fettwanst da, die Füße auf dem Kaminsims und einen Humpen Portwein in der Pfote, und plagte sich im Schweiße seines Angesichts, dem Liedlein Genüge zu tun, das da geht

Remplis ton verre vide!
Vide ton verre plein!

»Mein *teurer* Onkel«, sagte ich, indem ich die Türe sachte schloß und mit dem gewinnendsten Lächeln auf ihn zutrat, »Sie sind stets so *überaus* gütig und aufmerksam und haben Ihr Wohlwollen auf so vielerlei – so *überaus* vielfältige Weise bewiesen – daß – daß ich fühle, ich brauche zu Ihnen nur noch einmal andeutungsweise die kleine Angelegenheit zu erwähnen, um mich Ihrer vollen Einwilligung zu versichern.«

»Hm!« sagte er, »guter Junge! fahre fort!«

»Ich bin sicher, mein teuerster Onkel (du verdammter alter Schuft!), daß Sie nicht wirklich im Ernste die Absicht hegen, sich meiner Verbindung mit Kate entgegenzustellen. Das ist nur ein Scherz von Ihnen, ich weiß – ha! ha! ha! –, wie so *ungeheuer* witzig Sie bisweilen doch sind.«

»Ha! ha! ha!« sagte er, »zum Teufel mit dir! ja!«

»Gewiß – natürlich! Ich habe doch *gewußt*, Sie haben nur Spaß gemacht. Nun, Onkel, Kate und ich möchten im Augenblick nur das eine, daß Sie die Güte hätten, uns Ihren Rat angedeihen zu lassen, was – was den *Zeitpunkt* betrifft – Sie wissen schon, Onkel – kurz, wann es Ihnen selber wohl am besten passen wolle, daß die Hochzeit – äh – hm, abläuft, Sie verstehen?«

»Abläuft, du Gauner! – was soll denn das heißen? – Warte doch lieber, bis sie anläuft.«

»Ha! ha! ha! – he! he! he! – hi! hi! hi! – ho! ho! ho! – hu! hu! hu! – oh, das ist gut! – oh, ganz groß! – *so* ein Witz! Doch *jetzt* im Augenblick, Onkel, verstehen Sie, ist alles, was wir wollen, daß Sie den Zeitpunkt genau nennen.«

»Ah! – genau?«

»Ja, Onkel – das heißt, wenn es Ihnen recht ist.«

»Würde es nicht reichen, Bobby, wenn ich es so ungefähr beließe – sagen wir zum Beispiel irgendwann innerhalb eines Jahres oder so? – *muß* es denn ganz genau sein?«

»*Wenn* Sie die Güte haben wollten, Onkel – genau.«

»Na schön, also dann, Bobby, mein Junge – du bist ein kluges Kerlchen, nicht wahr? – da du den genauen Zeitpunkt *wünschst*, will ich – also, da will ich dir dies eine Mal den Gefallen tun.«

»Liebster Onkel!«

»Still, Sir!« (meine Stimme übertönend) – »ich will dir dies eine Mal den Gefallen tun. Du sollst mein Einverständnis haben – und den Mammon dazu, die hunderttausend Pfündchen, die dürfen wir ja nicht vergessen – laß mal sehen! wann soll's denn also sein? Heute ist Sonntag – stimmt's? Nun denn, die Hochzeit soll genau dann sein – paß gut auf jetzt! – *genau dann, wenn drei Sonntage in eine Woche fallen!* Hörst du, mein Herr! Was glotzt du denn so? Ich sage, du sollst Kate und den Mammon kriegen, wenn drei Sonntage in eine Woche fallen – aber nicht *eher* – du junger Bruder Liederlich – nicht *eher*, und sollte es mein

Leben kosten. Du kennst mich – *ich bin ein Mann von Wort* – und nun fort mit dir!« Und damit leerte er seinen Humpen Portwein, dieweil ich verzweifelt aus dem Zimmer stürzte.

Ein sehr ›feiner‹ alter englischer Gentleman‹, das war mein Großonkel Rumdussel, doch anders als der im Liede hatte er seine schwachen Punkte. Sie war schon wer, diese kleine, pralle, prahlerische, passionierte Halbkugel, mit einer roten Nase, einem dicken Schädel, einer wohlgefüllten Börse und einem ausgeprägten Bewußtsein der eigenen Wichtigkeit. Trotz des besten Herzens von der Welt brachte er es doch durch einen allbeherrschenden *Widerspruchs* geist fertig, bei denen, die ihn nur flüchtig kannten, sich den Ruf eines Griesgrams und Geizkragens zu erwerben. Gleich vielen ausgezeichneten Menschen schien er regelrecht von einem *Quäl* geist besessen, dessen Schurigelei man bei flüchtigem Hinsehen leicht als Bosheit mißverstehen konnte. Auf jegliches Ersuchen antwortete er sofort mit einem entschiedenen »Nein!«; doch am Ende – am fernen, fernen Ende – gab es nur außerordentlich wenige Bitten, welche er wirklich abgeschlagen hätte. Gegen alle Angriffe auf seinen Geldbeutel wehrte er sich aufs entschiedenste; doch der Betrag, den man ihm schließlich abnötigte, stand allgemein im direkten Verhältnis zur Länge der Belagerung und zur Hartnäckigkeit des Widerstandes. Für mildtätige Zwecke gab keiner großzügiger oder widerwilliger.

Für die schönen Künste und im besonderen die Literatur hegte er abgrundtiefe Verachtung. Das hatte ihm Casimir Périer eingegeben, dessen kleine freche Frage ›*A quoi un poète est-il bon?*‹ er mit sehr possierlicher Aussprache als das *non plus ultra* logischen Witzes zu zitieren pflegte. So hatte auch meine eigene Neigung zu den Musen sein völliges Mißfallen erregt. Eines Tages, als ich ihn um eine neue Horaz-Ausgabe bat, versicherte er mir, die Übersetzung von *Poeta nascitur non fit* laute ›Ein Poet ist ein genasführter Taugenichts‹ – eine Bemerkung, welche mich sehr verstimmte. Seine Abneigung gegen ›die Humaniora‹ war in letzter Zeit auch sehr viel größer geworden durch eine jähe, zufällig entstandene Vorliebe für etwas, das er als Naturwissenschaft ansah. Da hatte ihn doch einer auf der Straße angesprochen und ihn für keinen Geringeren als den Doktor Dee R. Juhr gehalten, den Professor für Naturhokuspokus. Dies veranlaßte ihn zu jäher Schwenkung; und just zur Zeit dieser Geschichte – denn eine Geschichte soll es schließlich und endlich doch noch werden – war mein Großonkel Rumdussel ansprechbar und friedfertig nur auf Punkte hin, welche zufällig mit den Kapriolen des Steckenpferds, das er derzeit ritt, übereinstimmten. Ansonsten lachte er mit Armen und Beinen, und seine politischen Ansichten waren eigensinnig und leicht verständlich. Er meinte mit Horsley, daß ›das Volk mit den Gesetzen nichts anderes zu tun hat, als ihnen zu gehorchen‹.

Ich hatte mein Lebtag lang bei dem alten Herrn gelebt. Auf dem Sterbebett hatten meine Eltern mich ihm zum köstlichen Vermächtnis hinterlassen. Ich glaube, der alte Schurke liebte mich wie sein eigenes Kind – beinahe, wenn nicht gar ganz so, wie er Kate liebte –, doch war's bei alledem ein Hundeleben, das er mir bereitete. Vom ersten bis zum fünften Lebensjahr erwies er sich mir mit regelmäßigen Züchtigungen gefällig. Von fünf bis fünfzehn drohte er mir stündlich mit der Besserungsanstalt. Von fünfzehn bis zwanzig verging nicht ein Tag, an dem er mir nicht gelobte, mich zu enterben. Ich trieb's gar arg, das ist wahr – doch war es nun einmal Teil meiner Natur – ein Artikel meines Glaubens. In Kate jedoch besaß ich eine treue Freundin, und ich wußte das. Sie war ein gutes Mädchen und sagte mir in sehr süßen Worten, daß ich sie haben könne (mitsamt dem Mammon und allem), wann immer ich meinen Großonkel Rumdussel dazu breitzuschlagen vermöchte, sich zu der notwendigen Einwilligung zu verstehen. Das arme Ding! – sie war kaum fünfzehn, und ohne diese Zustimmung wäre an ihr kleines in Staatspapieren angelegtes Vermögen nicht eher heranzukommen, als bis fünf endlose Sommer ›ihre träge Länge dahingeschleppt‹ hätten. Was also tun? Mit fünfzehn oder selbst mit einundzwanzig (denn ich hatte nun meine fünfte Olympiade bereits hinter mir) dünken einen fünf zu gewärtigende Jahre dasselbe wie fünfhundert. Vergebens bestürmten wir den alten Herrn mit beharrlichen Bitten. Hier lag eine *pièce de résistance* vor (wie die Herren Ude und Carême sagen würden), wie sie seiner verstockten Phantasie aufs Haar genau paßte. Es hätte sogar Hiob höchstpersönlich Entrüstung entlockt, hätte er mit ansehen müssen, als welch arger Mäusefänger er sich uns zwei armen elenden Mäuslein gegenüber gebärdete. Im Herzen wünschte er dabei nichts sehnlicher denn unsere Verbindung. Dies war für ihn schon längst beschlossene Sache. Ja, er hätte sogar zehntausend Pfund aus seiner eigenen Tasche darangegeben (Kates hunderttausend *gehörten ihr*), wenn ihm so etwas wie eine Ausrede hätte einfallen mögen, um unseren so natürlichen Wünschen entgegenzukommen. Doch wir waren nun einmal so unklug gewesen, *selbst* davon anzufangen. Sich unter solchen Umständen nicht zu widersetzen, davon bin ich zutiefst überzeugt, stand einfach nicht in seiner Macht.

Wie gesagt, er hatte seine schwachen Punkte; doch wenn ich davon spreche, so darf man das nicht so verstehen, als meinte ich damit seinen Eigensinn: der war eine seiner Stärken – ›*assurément ce n'était pas sa foible*‹. Wenn ich von seiner Schwäche rede, so spiele ich damit auf einen *wunderlichen* Altweiber-Aberglauben an, in dem er befangen war. Träume, Vorzeichen *et id genus omne* von Geschwätz, da war er ganz groß. Auch achtete er mit übertriebener Peinlichkeit auf all die kleinen Ehrensachen, und ohne Zweifel war er, auf seine eigene Weise, ein Mann von Wort. Tatsächlich war dies eines seiner Steckenpferde. Den *Geist* seiner Gelübde für nichts zu achten, kannte er keine Skrupel, der *Buchstabe* jedoch war ihm heilige Verpflichtung. Diese letztere Eigenart in seinem Charakter war es nun, welche Kates Findigkeit eines schönen Tages, nicht lange nach unserer Unterredung im Speisezimmer, auf höchst unerwartete Weise sich zunutze zu machen verstand; und nachdem ich solcherart im Stile aller modernen Barden und Redner die ganze mir zu Gebote stehende Zeit und nahezu den ganzen mir verfügbaren Raum mit den *prolego-mena* aufgebraucht habe, will ich nun mit wenigen Worten zusammenfassen, was im ganzen die Quintessenz der Geschichte ausmacht.

Der Zufall wollte es – so hatten es die Schicksalsschwestern bestimmt –, daß sich unter den seemännischen Bekannten meiner Anverlobten zwei Herren befanden, die soeben den Fuß auf englischen Boden gesetzt hatten, nachdem ein jeder von ihnen ein Jahr lang auf Reisen in fremde Länder unterwegs gewesen war. In Begleitung dieser Herren statteten meine Base und ich nach vorheriger Verabredung Onkel Rumdussel einen Besuch ab, am Nachmittag des zehnten Oktober, einem Sonntag – genau drei Wochen nach jener denkwürdigen Entscheidung, die auf so grausame Weise unsere Hoffnungen zerschlagen hatte. Wohl eine halbe Stunde lang ging die Unterhaltung über gewöhnliche Gegenstände, endlich aber gelang es uns, ihr ganz selbstverständlich die folgende Wendung zu geben:

Kapitän Pratt: »Nun, ich bin genau ein Jahr fort gewesen. Heute ist's genau ein Jahr, so wahr ich lebe – lassen Sie mich sehen! ja! – heute ist der zehnte Oktober. Sie erinnern sich doch, Mr. Rumdussel, heute vor einem Jahr war ich bei Ihnen, um mich zu verabschieden. Ach, übrigens, ist das nicht *wirklich* ein merkwürdiger Zufall, wie – daß unser Freund hier, Kapitän Smitherton, ebenfalls genau ein Jahr fort gewesen ist – auf den Tag genau ein Jahr?«

Smitherton: »Jawohl! haargenau ein Jahr! Sie werden sich erinnern, Mr. Rumdussel, daß ich voriges Jahr am selben Tag zusammen mit Kapitän Pratt bei Ihnen meinen Abschiedsbesuch gemacht habe.«

Onkel: »Ja, ja, ja – ich erinnere mich sehr wohl – wirklich sehr merkwürdig! Beide sind Sie genau ein Jahr weg gewesen. Wahrhaftig, ein sehr merkwürdiges Zusammentreffen! Genau das, was Doktor Dee R. Juhr eine außergewöhnliche Koinzidenz der Ereignisse nennen würde. Doktor Dee –«

Kate (ihm ins Wort fallend): »Gewiß, Papa, das *ist* schon merkwürdig; aber andererseits sind Kapitän Pratt und Kapitän Smitherton ja gar nicht zusammen die gleiche Route gefahren, und das ist denn doch ein Unterschied, weißt du.«

Onkel: »Davon weiß ich ganz und gar nichts, du vorlautes Ding! – Woher auch? Ich meine, das macht die Sache nur noch bemerkenswerter. Doktor Dee R. Juhr –«

Kate: »Freilich, Papa, Kapitän Pratt ist um Kap Hoorn gefahren, und Kapitän Smitherton segelte um das Kap der Guten Hoffnung.«

Onkel: »Ganz recht! – der eine ist also gen Osten und der andere gen Westen gefahren, du Wildfang, und beide sind sie rund um die ganze Welt gekommen. Nebenbei bemerkt, Doktor Dee R. Juhr –«

Meine Wenigkeit (hastig): »Kapitän Pratt, Sie müssen morgen abend zu uns kommen – Sie und Smitherton – Sie können uns dann alles von Ihrer Reise erzählen, wir spielen noch eine Partie Whist und –«

Pratt: »Whist, mein Bester – Sie haben wohl vergessen. Morgen ist Sonntag. An einem andern Abend –«

Kate: »Ach nein, pfui! – *Ganz* so schlecht ist Robert ja nun doch nicht. *Heute* ist Sonntag.«

Onkel: »Gewiß – gewiß!«

Pratt: »Ich bitte Sie beide um Verzeihung – aber so kann ich mich nun wirklich nicht irren. Ich weiß genau, morgen ist Sonntag, weil –«

Smitherton (sehr überrascht): »Wo haben Sie denn alle Ihre Gedanken? War denn nicht *gestern* Sonntag, das hätte ich doch gern gewußt?«

Alle: »Gestern, Sie erst noch! unmöglich! Da irren Sie sich!«

Onkel: »Heute ist Sonntag, sage ich – nicht wahr?«

Pratt: »O nein! – morgen ist Sonntag.«

Smitherton: »Sie sind wohl *alle* miteinander nicht bei Trost – jeder einzelne von Ihnen. So sicher, daß ich auf dem Stuhl hier sitze, so genau weiß ich auch, daß gestern Sonntag war.«

Kate (heftig aufspringend): »Ich hab's – ich verstehe das Ganze. Papa, das ist die Strafe Gottes für dich – wegen –

wegen, du weißt schon, weswegen. Laßt mich ausreden, und ich will das Ganze augenblicklich erklären. Das ist wirklich eine sehr einfache Sache. Kapitän Smitherton sagt, gestern sei Sonntag gewesen: so war's auch; er hat recht. Vetter Bobby und Onkel und ich sind der Meinung, daß heute Sonntag ist: so ist's; wir haben auch recht. Kapitän Pratt behauptet, morgen wäre Sonntag: stimmt; er hat ebenfalls recht. Die Sache ist die, wir haben alle recht, und so sind *drei Sonntage in eine Woche gefallen.*«

Smitherton (nach einer Pause): »Tja, Pratt, Kate hat den Finger drauf. Wie dumm von uns beiden! Mr. Rumdussel, die Sache verhält sich so: die Erde hat, wie Sie wissen, vierundzwanzigtausend Meilen Umfang. Nun kreist ja diese Erdkugel um ihre eigene Achse — sie rotiert — sie dreht sich um sich selber — also um diese Strecke von vierundzwanzigtausend Meilen, welche sie in genau vierundzwanzig Stunden von Westen nach Osten zurücklegt. Verstehen Sie, Mr. Rumdussel?«

Onkel: »Gewiß — gewiß — Doktor Dee —«

Smitherton (seine Stimme übertönend): »Nun gut, Sir; das bedeutet also eine Geschwindigkeit von tausend Meilen in der Stunde. Nun, nehmen wir einmal an, ich fahre von dieser Position aus tausend Meilen nach Osten. Natürlich komme ich dem Sonnenaufgang hier in London um genau eine Stunde zuvor. Ich sehe die Sonne eine Stunde eher aufgehen als Sie. Bewege ich mich nun in derselben Richtung noch weitere tausend Meilen, so ist der Sonnenaufgang für mich zwei Stunden vorher — nochmals tausend, und es sind schon drei Stunden, und so weiter und so fort, bis ich den Erdball einmal vollkommen umfahren habe und wieder an der Stelle hier ankomme, wonach ich dann also, da ich vierundzwanzigtausend Meilen nach Osten gefahren bin, dem Londoner Sonnenaufgang um nicht weniger als vierundzwanzig Stunden voraus bin; das heißt, ich habe vor Ihrer Zeit einen ganzen Tag *Vorsprung.* Klar, hm?«

Onkel: »Aber Dee R. Juhr —«

Smitherton (sehr laut): »Kapitän Pratt hingegen war, wenn er tausend Meilen von hier aus nach Westen gefahren ist, eine Stunde, und wenn er vierundzwanzigtausend Meilen nach Westen zurückgelegt hatte, vierundzwanzig Stunden oder einen ganzen Tag *hinter* der Londoner Zeit zurück. Und so war denn für mich schon gestern Sonntag – und so ist für Sie also heute Sonntag – und so ist für Pratt eben erst morgen Sonntag. Und was noch wichtiger ist, Mr. Rumdussel, es ist sonnenklar, daß wir *alle recht* haben; denn es läßt sich wohl keinerlei philosophischer Grund anführen, warum die Meinung des einen von uns der des andern vorzuziehen sei.«

Onkel: »Du lieber Himmel! – nun, Kate – nun, Bobby! – da trifft mich wirklich die Strafe Gottes, wie ihr sagt. Aber ich stehe zu meinem Wort – *merkt euch das!* Du sollst sie also haben, mein Junge (Mammon und alles), wenn du möchtest. Reingefallen, Donnerwetter! Drei Sonntage gleich hintereinander! Da muß ich gleich gehen und sehen, was Dee R. Juhr *dazu* meint.«

DAS OVALE PORTRÄT

Das *château*, in welches mein Diener gewaltsam eingedrungen, damit ich, schwer verwundet, die Nacht nicht im
Freien zubringen müsse, war eines jener gewaltigen Gemäuer aus düstrer Gräue und Größe zugleich, wie sie
schon von alters her finster in den Apenninen ragen, in der
Wirklichkeit nicht minder denn in der Phantasie der
Mrs. Radcliffe. Allem Anschein nach war es erst vor kurzem und vorübergehend nur verlassen worden. Wir richteten uns in einem der kleinsten und nicht ganz so verschwenderisch ausgestatteten Gemächer ein. Es befand
sich in einem entlegenen Turme des Schlosses. Die Ausschmückung war zwar prächtig, doch alt schon und ver-
schlissen. Die Wände waren mit gewirkten Tapeten behan-
gen, auch zierten diese mannigfaltige und vielgestaltige
wappengeschmückte Siegeszeichen, desgleichen eine ungewöhnlich große Zahl überaus beseelter moderner Gemälde
in prunkvollen gülden-arabesken Rahmen. Vielleicht lag es
an meinem beginnenden Fieberwahn, doch diese Gemälde,
welche allenthalben an den Wänden hingen, nicht nur da,
wo sich große glatte Flächen boten, sondern ebenso in den
vielen Nischen, wie sie die bizarre Architektur des Schlosses nun einmal geschaffen hatte – diese Gemälde zogen
meine Aufmerksamkeit unwiderstehlich an; so daß ich Pedro bat, die schweren Fensterläden des Raumes zu schließen – war es doch bereits Nacht –, die Kerzen eines großen Kandelabers anzuzünden, welcher am Kopfende
meines Bettes stand – und die schwarzen, gefransten Samt-
vorhänge, welche das Bett selber einhüllten, weit aufzuzie-
hen. Dies alles veranlaßte ich, damit ich mich, wenn schon
nicht dem Schlafe, so doch zumindest wechselweise der Betrachtung dieser Bilder hingeben konnte sowie der Lektüre

eines Büchleins, das auf dem Kissen ich gefunden und das eine kritische Beschreibung der Bilder enthielt.

Lang – lange las ich – und andächtig-andachtsvoll schaute ich. Schnell und köstlich verflogen die Stunden, und tiefe Mitternacht kam. Die Stellung des Leuchters gefiel mir nicht, also streckte ich – meinen schlafenden Diener wollte ich nicht wecken – mit einiger Mühe die Hand aus und rückte ihn so, daß sein Licht stärker auf das Buch fiel.

Doch damit erzielte ich eine gänzlich unerwartete Wirkung. Der Schein der zahlreichen Kerzen (waren es deren doch viele) drang nun in eine Nische des Gemachs, welche bisher tief im Schatten eines der Bettpfosten gelegen hatte. So sah ich denn in hellem Lichte ein Bild, das mir vorher völlig entgangen war. Es war das Porträt eines jungen, zur Frau heranreifenden Mädchens. Einen hastigen Blick nur warf ich auf das Bild, dann schloß ich die Augen. Weshalb ich dies tat, wußte ich zunächst selber nicht genau. Doch während meine Lider also geschlossen blieben, suchte ich im Geiste den Grund dafür zu finden, daß ich sie geschlossen. Es war eine impulsive Bewegung gewesen, um Zeit zum Nachdenken zu gewinnen – um mich zu vergewissern, daß mein Blick mich nicht trog – um meine Phantasie zu beruhigen und ihr zugunsten eines nüchterneren, sichereren Blickes Zügel anzulegen. Alsbald schaute ich abermals gebannt auf das Bild. Daß ich nun richtig sah, daran konnte und wollte ich nicht zweifeln; denn kaum hatte der Kerzenschein die Leinwand erhellt, da schien die traumartige Lähmung, welche sich meiner Sinne bemächtigen wollte, auch schon verflogen und ich wieder hellwach.

Das Porträt stellte, ich sagte es schon, ein junges Mädchen dar. Es war nur ein Brustbild, gemalt in der sogenannten *Vignetten*manier, im Stile den beliebten Bildnissen Sullys ähnlich. Die Arme, der Busen und selbst die Spitzen des leuchtenden Haars verschmolzen unmerklich mit dem unbestimmten, doch tiefen Dunkel, welches den Hintergrund des Ganzen bildete. Der Rahmen war oval, reich vergoldet und von arabeskem Filigran. Als Kunstwerk konnte nichts bewundernswerter sein denn das Gemälde

selbst. Doch daß ich so unvermittelt und so heftig davon
angerührt, mochte weder an der Ausführung des Werkes
liegen noch an der überirdischen Schönheit des Antlitzes.
Und am allerwenigsten daran, daß meine Phantasie, aus
dem Halbschlaf aufgeschreckt, den Kopf etwa für den
einer lebendigen Person gehalten hätte. Ich sah sogleich,
wie die Eigenart von Darstellung, Vignettierung und Rahmen einen solchen Gedanken wohl sofort hätte verjagen
müssen − ja, ihn gar nicht erst auch nur einen Augenblick
lang hätte aufkommen lassen. So grübelte ich, indes ich
wohl eine Stunde halb sitzend, halb zurückgelehnt verharrte und den Blick nicht von dem Bildnis wandte. Endlich ließ ich mich ins Bett zurücksinken, zufrieden darob,
nun das wahre Geheimnis dieser Wirkung zu kennen. Ich
hatte herausgefunden, daß der Zauber des Bildes in der absoluten *Lebensechtheit* des Ausdrucks lag, die mich zunächst
bestürzt, schließlich verwirrt, überwältigt und entsetzt hatte.
Voll tiefer, ehrfurchtsvoller Scheu stellte ich den Kandelaber
wieder an seinen früheren Platz. Nachdem die Ursache meiner
heftigen Erregung so dem Blick entzogen war, suchte ich begierig in dem Buche nach, darin sich die Gemälde und ihre
Geschichte erklärt fanden. Als ich die Nummer aufgeschlagen, unter der das ovale Porträt verzeichnet war, las ich die
folgenden seltsam dunklen Worte:
 ›Sie war eine Jungfrau von außergewöhnlicher Schönheit
und genauso heiteren Gemüts wie lieblich anzuschaun.
Und verrucht war die Stunde, da sie den Maler sah, ihn
liebte und sein Weib ward. Er, der leidenschaftliche, ar-
beitsame, ernste Mann, hatte schon in seiner Kunst eine
Braut; und sie, ein Mädchen von außergewöhnlicher
Schönheit und genauso heiteren Gemüts wie lieblich anzuschaun; eitel Licht und Lust und übermütig wie ein junges
Reh; allem war sie lieb und gut; haßte nur die Kunst, ihre
Nebenbuhlerin; und fürchtete nur Palette und Pinsel und
anderes widerwärtiges Utensil, welches das Antlitz des Geliebten ihr raubte. So war es ein gar schrecklich Ding für
die junge Gebieterin, als sie den Maler von seinem Wunsche sprechen hörte, er wolle nun auch sie, seine junge

Frau, porträtieren. Sie war aber demütig und gehorsam und saß viele Wochen lang holdselig in dem dunklen, hohen Turmgemach, wo das Licht einzig von oben auf die fahle Leinwand sickerte. Doch er, der Maler, schwelgte in seiner Arbeit, welche Stund um Stunde, Tag um Tag ihren Fortgang nahm. Und er war ein leidenschaftlicher und ungestümer und launischer Mann, der sich in Schwärmerei verlor und also nicht sehen *wollte*, wie das Licht, welches so gespenstisch bleich in jenen einsamen Turm hinabfiel, sein junges Weib an Leib und Seele welken ließ; so siechte sie dahin, alle sahen es, nur er nicht. Doch klagte sie nicht, lächelte fort und fort, weil sie sah, daß der Maler (der hohen Ruhm genoß) mit leidenschaftlicher Glut in seinem Werke aufging und Tag und Nacht sich mühte, sie zu malen, die ihn so liebte und doch mit jedem Tage mutloser und schwächer ward. Und wahrlich, manche, die das Bildnis geschaut, sprachen leise davon, wie ähnlich es sei, als sprächen sie von einem gewaltigen Wunder, und so beweise sich nicht weniger die Macht des Malers denn auch seine tiefe Liebe zu ihr, die er so unübertrefflich malte. Doch schließlich, da die Arbeit ihrer Vollendung nahte, fand keiner Einlaß mehr im Turm; denn der Maler war wie von Sinnen, seine Besessenheit grenzenlos, und kaum mehr wandte den Blick er von der Leinwand, nicht einmal, das Antlitz seines Weibes zu schaun. Und nicht sehen *wollte* er, wie die Farben, die auf die Leinwand er auftrug, den Wangen derer entzogen waren, die da neben ihm saß. Und als viele Wochen vergangen und nur wenig noch zu tun blieb – ein Pinselstrich am Mund und ein Hauch Farbe noch am Aug –, da flackerte das Lebenslicht der jungen Frau noch einmal auf wie die Flamme in der Hülse der Lampe. Und dann war der Pinselstrich getan und der Farbhauch aufgetragen; und einen Augenblick stand der Maler verzückt vor dem Werke, das er geschaffen; im nächsten aber, indes er darauf noch starrte, begann er zu zittern, sehr bleich ward er und erschrak. ,Wahrhaftig', rief er mit lauter Stimme, ,das ist das *Leben* selbst!' und wandte sich sogleich, seine Liebste zu schaun: – *Sie war tot!* ‹

DIE MASKE DES ROTEN TODES

Der Rote Tod hatte lang das Land verheert. Keine Pestilenz war je so unheilvoll gewesen, so gräßlich. Blut war ihr Avatara und ihr Siegel – die Röte und das Grauen des Blutes. Sie brachte heftige Schmerzen und plötzliche Benommenheit, dann starke Blutungen aus allen Poren und schließlich den Tod. Die scharlachroten Flecken auf dem Körper und besonders im Gesicht des Opfers waren der Pestbann, der es von der Hilfe und dem Mitgefühl seiner Gefährten ausschloß. Und Ausbruch, Fortschreiten und Ende des Leidens waren insgesamt das Werk einer halben Stunde.

Fürst Prospero aber war glücklich und furchtlos und weise. Als sein Land schon halb entvölkert, befahl er tausend gesunde und frohgemute Ritter und Damen seines Hofes zu sich, und mit ihnen zog er sich in die tiefe Abgeschiedenheit eines seiner befestigten Schlösser zurück. Dies war ein geräumiges und prächtiges Bauwerk, erschaffen nach des Fürsten eigenem überspannten, doch erlesenem Geschmack. Eine gewaltige, hochragende Mauer faßte es ein. Diese Mauer hatte Tore von Eisen. Nachdem sich die Höflinge hineinbegeben hatten, holten sie Schmelzöfen und mächtige Hämmer und schmiedeten die Riegel. Sie beschlossen, den plötzlichen Regungen von Verzweiflung oder Raserei von drinnen weder Eingang noch Ausgang zu gewähren. Das Schloß war reichlich mit Proviant versehen. Solcherart gerüstet, mochten die Höflinge der Ansteckung wohl Trotz bieten. Die Welt draußen konnte für sich selbst sorgen! Inzwischen wäre es töricht, sich zu grämen und zu grübeln. Der Prinz hatte alle Vorkehrungen zur Sinnenlust getroffen. Da waren Spaßmacher und Stegreifdichter, da waren Ballettänzer und Musikanten, da war Schönheit, da war Wein. All dies und Sicherheit war im Schloß. Draußen war der Rote Tod.

Es war gegen Ende des fünften oder sechsten Monats seines abgeschiedenen Daseins und als die Pestilenz am schlimmsten im Lande wütete, da lud Fürst Prospero seine tausend Freunde zu einem Maskenball von außergewöhnlicher Pracht.

Es war ein überwältigendes Schauspiel, diese Maskerade! Aber zuerst will ich von den Gemächern berichten, in denen sie stattfand. Ihrer waren sieben – eine fürstliche Suite! In vielen Palästen bilden solche Zimmerfluchten einen langen und geraden Gang, und die Flügeltüren lassen sich nach beiden Seiten bis an die Wand zurückschieben, so daß die Sicht auf die Gesamtheit der Räume kaum behindert ist. Hier aber lag der Fall ganz anders, als von des Fürsten Vorliebe für alles *Bizarre* zu erwarten war. Die Gemächer waren so unregelmäßig angelegt, daß der Blick kaum mehr als jeweils eines erfaßte. Alle zwanzig bis dreißig Meter gab es eine scharfe Biegung und bei jeder Biegung einen neuen Eindruck. Rechts und links, in der Mitte jeder Wand, ging ein hohes, schmales gotisches Fenster auf einen abgeschlossenen Korridor, der den Windungen der Suite folgte. Diese Fenster waren aus buntem Glas, dessen Tönung auf die vorherrschende Farbe der Einrichtung des Zimmers abgestimmt war, in das es führte. Das am östlichen Ende gelegene war zum Beispiel in Blau gehalten – und leuchtend blau waren seine Fenster. Das zweite Gemach hatte purpurfarbenen Zierat und Wandbehang, und hier erglänzten die Scheiben purpurrot. Das dritte war vollkommen grün und desgleichen auch die Fenster. Das vierte war orangen beleuchtet und möbliert – das fünfte weiß – das sechste violett. Der siebente Raum war dicht mit schwarzen Samtbehängen ausgeschlagen, die Decke und Wände einhüllten und in schweren Falten auf einen Teppich aus gleichem Material und Farbton herniederfielen. Doch in diesem Raum allein stimmten die Farben von Fenstern und Einrichtung nicht überein. Hier waren die Scheiben scharlachfarben – wie tiefrotes Blut. In keinem der sieben Gemächer gab es eine Lampe oder einen Kandelaber inmitten des verschwenderischen goldenen Zierats, der hier und dort verstreut lag oder von der Decke hing. Da war kein Licht jedweder Art, von einer Lampe oder Kerze in dieser Zimmerflucht entsandt. Doch in den Korridoren daneben stand vor jedem Fenster ein schwerer Dreifuß, eine Feuerschale tragend, die ihre Strahlen durch das bunte Glas warf und den Raum glänzend erhellte. Und so wurde eine Vielheit glitzernder und phantastischer Gebilde geschaffen. Im Westzimmer aber, im schwarzen Zimmer, war die Wirkung des Feuerscheins, der durch die blutroten Fensterscheiben auf die dunklen Wandbehänge flutete, höchst gespenstisch und rief auf den Gesichtern der Eintretenden ein solch wildes Aussehen hervor, daß nur wenige aus der Gesellschaft sich erkühnten, den Fuß über die Schwelle zu setzen.

In ebendiesem Zimmer stand an der Westwand eine riesige Uhr aus Ebenholz. Ihr Pendel schwang hin und her mit dumpfem, schwerem, eintönigem Schlag; und sobald der Minutenzeiger seinen Kreis auf dem Zifferblatt beschrieben und den Schlag der vollen Stunde ankündete, drang aus den ehernen Lungen der Uhr ein Ton, der klar war und laut und tief und überaus melodisch, von so eigenartigem Klang jedoch und solchem Nachdruck, daß die Musiker des Orchesters bei jedem Stundenschlag unfreiwillig eine Weile in ihrer Darbietung innehielten, um dem Klang zu lauschen; und auch die Tänzer verharrten, einem Zwang gehorchend, in ihren schwungvollen Bewegungen, und die ganze ausgelassene Gesellschaft wurde für einen Augenblick von Unbehagen erfaßt; und während die Glokken der Uhr noch schlugen, sah man die Übermütigsten erbleichen, und die Bejahrteren und Besonneneren strichen mit der Hand über die Stirn, wie in wirres Traumgebild und tiefes Sinnen verloren. Doch sobald die letzten Klänge völlig verhallt waren, ging augenblicks ein leises Lachen durch die Gesellschaft; die Musiker blickten einander an und lächelten ob ihrer eigenen Schwäche und Torheit und schworen flüsternd, einer dem anderen, sich vom nächsten

Glockenschlag nicht wieder solcherart aus der Fassung bringen zu lassen – und dann, als die Uhr nach Ablauf von sechzig Minuten (dreitausendsechshundert Sekunden der dahinschwindenden Zeit) ein neues Mal schlug, dann folgten wieder, wie schon zuvor, Beklommenheit und Furcht und Nachdenklichkeit.

Doch ungeachtet dieser Begebnisse war es ein übermütiges und prächtiges Festgelage. Der Geschmack des Prinzen war auserlesen. Er besaß einen feinen Blick für Farben und Wirkungen. Den *decora* bloßer Mode unterwarf er sich nicht. Seine Pläne waren kühn und leidenschaftlich, und seine Einfälle funkelten in wild-großartigem Glanz. Manche mochten ihn wohl für geisteskrank gehalten haben. Sein Gefolge war überzeugt, daß er es nicht war. Man mußte ihn hören und sehen und berühren, um *sicher* zu sein, daß er es nicht war.

Er hatte zum großen Teil die Ausgestaltung der sieben Gemächer aus Anlaß dieser großen *fête* selbst geleitet; und es war sein eigener tonangebender Geschmack, der den Maskierten Charakter verlieh. Und sie waren wirklich grotesk! Da gab es viel Glänzendes und Glitzerndes, Pikantes und Phantasievolles – vieles, was man seither in ›Hernani‹ betrachten kann. Da gab es arabeskenhafte Gestalten mit unförmigen Gliedern und Gewändern. Da gab es närrische Wahngebilde nach Art der Irren. Es gab viel Schönes, viel Tolles, viel *Bizarres*; es gab manches Grausige und nicht wenig, was Abscheu hätte hervorrufen können. Und da wandelte wahrhaftig in den sieben Räumen auf und ab eine Vielzahl von Träumen! Und sie – die Träume – schoben einander hin und her, schillerten im Widerschein der Zimmerfarbe und ließen die wilde Musik des Orchesters wie das Echo ihrer Schritte scheinen. Und wieder schlägt die Ebenholzuhr, die in dem samtenen Gemache steht. Und dann, einen Augenblick lang, ist alles still, und alles schweigt bis auf die Stimme der Uhr. Die Träume stehen schreckversteint. Doch die Echos des Schlages ersterben – sie haben nur einen Augenblick gewährt –, und ein leichtes, halb unterdrücktes Lachen flutet ihnen nach, wie sie verwehen. Und nun schwillt die Musik von neuem an, und die Träume leben und bewegen sich ausgelassener denn je in den Räumen, eingehüllt in die Farben der vielen getönten Fenster, durch welche sich die Strahlen aus den Dreifüßen ergießen. Doch zu dem Zimmer hin, das am westlichsten liegt von den sieben, wagt sich nun keine Maske; denn die Nacht entschwindet schon, und durch die blutfarbenen Scheiben wallt noch grelleres Licht; und die Schwärze des düsteren Wandbehangs macht entsetzen, und er, der seinen Fuß auf den dunklen Teppich setzt, vernimmt von der nahen Ebenholzuhr ein dumpfes Schlagen, das noch erregend ernster klingt als irgendeines, welches in die Ohren derer dringt, die sich in den weiter entfernten Gemächern dem närrischen Treiben hingegeben.

Die anderen Räume indes wimmelten von Leibern, und in ihnen schlug fieberhaft das Herz des Lebens. Und der Trubel ging wirbelnd fort, bis schließlich die Uhr Mitternacht zu schlagen anhob. Und dann verstummte die Musik, wie ich schon sagte, und die Bewegungen der Tänzer wurden sanfter, und wie zuvor trat ein unheilschwangerer Stillstand aller Dinge ein. Doch nun waren es zwölf Schläge, die die Glocke der Uhr erschallen lassen sollte; und so geschah es vielleicht, daß mehr Gedanken sich mit mehr Zeit einschlichen in das Sinnen der Nachdenklichen unter denen, die sich ergötzten. Und so geschah es vielleicht auch, daß viele Personen aus der Menge – ehe noch der letzte Hall des letzten Glockenschlags in tiefstem Schweigen versunken – Muße fanden, eine maskierte Gestalt zu gewahren, der die Beachtung nicht eines einzigen Menschen zuvor gegolten. Und kaum hatte sich die Nachricht von diesem neuen Gast im Flüsterton verbreitet, erhob sich schon aus der gesamten Gesellschaft ein Raunen oder Murmeln, Mißbilligung und Staunen bekundend – dann schließlich Schaudern, Grauen und Entsetzen.

Wo sich in Scharen Truggebilde häufen, wie ich sie hier gezeichnet, mag man mit Fug vermuten, daß keine alltägliche Erscheinung solch Aufregung hätte bewirken können. Die Maskenfreiheit dieser Nacht war wahrhaft schrankenlos; doch hatte die bewußte Gestalt noch einen Herodes übertroffen und war selbst über die Grenzen der unbestimmten Wohlanständigkeit des Fürsten hinausgegangen. Es gibt in den Herzen der Leichtsinnigsten Saiten, die ohne Gefühlsbewegung nicht berührt werden können. Ja, sogar für die unrettbar Verlorenen, denen Leben und Tod gleichwie ein Scherz sind, gibt es Dinge, über die sie nicht zu scherzen wagen. Die ganze Gesellschaft schien nun tief im Inneren zu empfinden, daß sich in Kostüm und Gebaren des Fremden weder Geisteskraft noch Schicklichkeit nachweisen ließen. Die Gestalt war groß und hager und von Kopf bis Fuß in die Tücher des Grabes gehüllt. Die Maske, die ihr Gesicht verbarg, war bis aufs Haar dem Antlitz eines erstarrten Leichnams nachgebildet, daß es selbst bei genauester Prüfung schwerfiele, die Täuschung zu gewahren. Und doch hätte all dies von dem närrischen Volk umher ertragen, wenn nicht sogar gebilligt werden können. Doch war der Vermummte so weit gegangen, die Gestalt des Roten Todes anzunehmen, sein Gewand war *blut*befleckt − und seine breite Stirn wie auch das ganze Gesicht mit dem scharlachroten Schrecken besprenkelt.

Als Fürst Prosperos Blick auf dieses gespenstische Abbild fiel (das mit gemessenen und feierlichen Schritten zwischen den Tanzenden hin und her wandelte, als wolle es seine *rôle* noch mehr betonen), sah man, wie er im ersten Augenblick plötzlich schaudernd zusammenzuckte vor Furcht und Abscheu, aber schon im nächsten rötete sich seine Stirn vor Zorn.

»Wer wagt es«, heischte er schroff von den Höflingen zu wissen, die in seiner Nähe standen − »wer wagt es, uns mit diesem gottlästerlichen Spottbild zu verhöhnen? Packt ihn und reißt ihm die Maske ab − damit wir wissen, wen wir bei Sonnenaufgang an die Zinnen hängen müssen!«

Im östlichen oder blauen Zimmer war es, wo Fürst Prospero stand, als er diese Worte ausstieß. Sie schallten laut und deutlich durch die sieben Räume − denn der Prinz war ein mutiger und kräftiger Mann, und die Musik war auf seinen Wink hin verstummt.

Im blauen Zimmer war es, wo der Fürst stand, umringt von einer Schar bleicher Höflinge. Dieweil er sprach, drängte sich die Gruppe zunächst kaum merklich dem Eindringling entgegen, der, in dem Moment auch nahbei, sich jetzt langsam, majestätischen Schrittes dem Sprecher näherte. Aber aus einer gewissen unerklärlichen Scheu heraus, die die wahnsinnige Anmaßung des Vermummten der ganzen Gesellschaft eingeflößt hatte, fand sich kein einziger, der die Hand ausgestreckt hätte, um ihn zu ergreifen, so daß er sich dem Fürsten ungehindert bis auf Reichweite nähern konnte. Und während alle anderen, wie einer einzigen Eingebung folgend, von der Mitte der Räume bis an die Wände zurückwichen, gelangte er ungehindert mit denselben feierlichen und gemessenen Schritten wie zu Anbeginn durch das blaue Zimmer zum purpurfarbenen – durch das purpurfarbene zum grünen – durch das grüne zum orangefarbenen – von hier weiter bis zum weißen – ja, sogar bis zum violetten Zimmer, ehe etwas Entscheidendes geschah, um ihn aufzuhalten. In dem Augenblick stürzte Fürst Prospero, wütend vor Zorn und Scham über seine flüchtige Feigheit, durch die sechs Zimmer, während niemand ihm folgte, da alle von lähmendem Entsetzen erfaßt waren. Er schwang einen Dolch und war der zurückweichenden Gestalt voll rasender Wut bis auf drei oder vier Schritt nahe gekommen, als sich diese, nachdem sie bereits am Ende des samtenen Zimmers angelangt war, plötzlich umwandte und ihrem Verfolger entgegentrat. Ein gellender Schrei – und der Dolch fiel blitzend auf den schwarzen Teppich, auf den auch Fürst Prospero auf der Stelle tot herniedersank. Da stürmte auf einmal eine Schar von Gästen mit dem wilden Mut der Verzweiflung in das schwarze Gemach, und während sie den Maskierten packten, dessen große Gestalt aufrecht und reglos im Schatten der Ebenholzuhr stand, keuchten sie in unaussprechlichem Grausen, als sie bemerkten, daß die Grabgewänder und die Leichenmaske, die sie mit roher Gewalt ergriffen, keine greifbare Form in sich bargen.

Und nun war die Gegenwart des Roten Todes gewiß.

Wie ein Dieb war er in tiefer Nacht gekommen. Und ein Gast nach dem anderen sank in den blutbesudelten Gemächern des Maskenballs zu Boden, und jeder starb in der verzweifelten Stellung seines Falls. Und das Leben der Uhr aus Ebenholz erlosch mit dem des letzten der fröhlichen Runde. Und die Flammen der Dreifüße verglommen. Und Finsternis, Fäulnis und der Rote Tod herrschten unumschränkt über allem.

DIE GRUBE UND DAS PENDEL

Impia tortorum longas hic turba furores
Sanguinis innocui, non satiata, aluit.
Sospite nunc patria, fracto nunc funeris antro,
Mors ubi dira fuit, vita salusque patent.

> Vierzeiler, verfaßt für ein Markttor,
> das auf dem Gelände des Jakobiner-
> klub-Hauses in Paris errichtet wer-
> den sollte.

Ich war krank – krank auf den Tod von dieser langen
Qual; und als man mir schließlich die Fesseln abnahm und
ich mich setzen durfte, spürte ich, daß mir die Sinne
schwanden. Das Urteil – das gefürchtete Urteil zum
Tode – war das letzte, was deutlich hervorgehoben meine
Ohren erreichte. Danach schien der Klang der Inquisito-
renstimmen zu einem einzigen unbestimmten Traumge-
murmel zu verschmelzen. Es beschwor in meiner Seele die
Vorstellung, daß sich etwas *drehe* – wohl weil sich in der
Phantasie das Bild eines kreisenden Mühlrades einstellte.
Dies aber nur kurze Zeit; denn bald darauf hörte ich nichts
mehr. Doch konnte ich eine Weile noch sehen; mit welch
schrecklich übergreller Schärfe aber! Die Lippen der Richter in schwarzer Robe sah ich. Sie erschienen mir weiß –
weißer denn das Blatt, auf das ich diese Worte schreibe –
und gar bis zum Grotesken dünn; dünn in dem ingrimmi-
gen Ausdruck ihrer Festigkeit – unerschütterlicher Entschlossenheit – grausamer Verachtung menschlicher Qual.
Ich sah, wie der Spruch, der mir Schicksal war, noch immer diesen Lippen entströmte. Ich sah, wie sie sich zu tödlicher Rede verzerrten. Ich sah sie die Silben meines Namens formen; und ich schauderte, weil kein Laut darauf

folgte. Auch sah ich während weniger Augenblicke wahnsinnigen Entsetzens das sachte und nahezu unmerkliche Wehen der schwarzen Draperien, welche die Wände des Raumes verhüllten. Und dann fiel mein Blick auf die sieben hohen Kerzen auf dem Tische. Zuerst erweckten sie den Eindruck von Barmherzigkeit und wirkten wie weiße schlanke Engel, die mich retten würden; doch dann kam auf einmal eine tödlich-schreckliche Übelkeit über meinen Geist, und jede Fiber meines Leibes fühlte ich erbeben, als hätte ich den Draht einer galvanischen Batterie berührt, während die Engelsgestalten wesenlose Gesichte wurden, mit Flammenhäuptern, und ich erkannte, daß von ihnen keine Hilfe käme. Und dann stahl sich, wie eine köstliche Melodie, der Gedanke mir in den Sinn, wie süß doch die Ruhe im Grabe sein müsse. Ganz sachte und heimlich nahte er sich, und es schien lange zu währen, bis ich ihn klar erfaßt; doch eben als mein Geist ihn endlich recht zu spüren und in sich aufzunehmen begann, verschwanden die Gestalten der Richter vor mir, wie durch Zauberkraft; die hohen Kerzen sanken ins Nichts; ihre Flammen erloschen; das Dunkel der Finsternis brach herein; alle Empfindungen schienen verschlungen von einem wild rasenden Sturze, wie wenn die Seele niederführe in den Hades. Dann waren Schweigen und Stille und Nacht das All.

Ich war ohnmächtig geworden; will aber dennoch nicht sagen, daß das Bewußtsein mir gänzlich geschwunden war. Was mir davon verblieben war, will ich nicht zu bestimmen versuchen noch gar zu beschreiben; doch war nicht alles geschwunden. Im tiefsten Schlummer – nein! Im Fieberwahne – nein! In einer Ohnmacht – nein! Im Tode – nein! selbst im Grabe ist *nicht alles* verloren. Sonst gäbe es ja keine Unsterblichkeit für den Menschen. Erwachen wir aus allertiefstem Schlaf, zerreißen wir das zartfeine Gewebe *irgendeines* Traumes. Doch schon eine Sekunde danach (so dünn mag das Gespinst gewesen sein) erinnern wir uns nicht einmal mehr, daß wir geträumt. Bei der Rückkehr aus der Ohnmacht ins Leben gibt es zwei Stadien; erstens das seelisch-geistige Bewußtwerden; zweitens das Be-

wußtwerden der physischen Existenz. Es dünkt wahrscheinlich, daß bei Erreichen des zweiten Stadiums – gesetzt den
Fall, wir könnten uns der Eindrücke des ersten noch entsinnen – diese Eindrücke uns von Erinnerungen an den
Abgrund dahinter Kunde gäben. Und dieser Abgrund ist –
was? Wie sollen wir zumindest seine Schatten von denen
der Gruft unterscheiden? Doch wenn die Eindrücke dessen, was ich das erste Stadium genannt habe, auch nicht
nach Belieben wieder ins Gedächtnis gerufen werden können, kehren sie nicht dennoch nach langer Zwischenzeit
ungebeten wieder, indes wir uns verwundert fragen, woher
sie kommen mögen? Wer nie die Ohnmacht kennengelernt, der wird auch nie in der Kohlen Glut seltsame Paläste finden und erschreckend vertraute Gesichter; nie wird
er, in den Lüften schwebend, die düsteren Visionen
schauen, welche dem Blicke der Vielen verwehrt; nie wird er
über den Duft einer unbekannten Blume sinnen – nie wird
dessen Hirn in Verwirrung geraten ob der Bedeutung
irgendeiner melodischen Kadenz, wie sie nie zuvor noch
seine Aufmerksamkeit gefesselt.

Inmitten häufiger und nachdenklicher Mühen, mich zu
erinnern, inmitten ernsten Ringens, Zeichen jenes Zustandes des scheinbaren Nichtseins wiederzugewinnen, in welches meine Seele versunken war, gab es Augenblicke, da
mir Gelingen träumte; gab es kurze, sehr kurze Momente,
da ich Erinnerungen heraufbeschwor, die sich, wie es bei
klarem Verstand späterer Zeit mir gewiß, nur auf jenen Zustand scheinbarer Bewußtlosigkeit beziehen konnten. Diese
Schatten der Erinnerung erzählen undeutlich von großen
Gestalten, die mich aufhoben und schweigend hinabtru-
gen – tiefer hinab – immer tiefer – bis ein gräßlicher
Schwindel mich faßte bei dem bloßen Gedanken, es gehe
hinab ins Bodenlose. Sie erzählen auch von einem vagen
Schauder, der mein Herz gepackt darob, daß dieses Herz
so unnatürlich still. Dann kommt, jäh, ein Gefühl der Re-
gungslosigkeit aller Dinge; wie wenn die, welche mich trugen (ein grausig-gespenstischer Zug!), in ihrem Abstieg gar
die Grenzen des Grenzenlosen überschritten hätten und

nun von den Mühen ihrer Arbeit ruhten. Danach weiß von Ödheit mein Gedächtnis und von Dumpfheit; und dann ist alles *Irrsinnigkeit* – der Irrsinn einer Erinnerung, die mit verbotenen Dingen sich quält.

Ganz plötzlich aber kam in meine Seele Bewegung und Schall zurück – das stürmisch-stoßende Pochen des Herzens und, mir im Ohr, der Klang seines Klopfens. Dann eine Pause, leer ist alles, blank und bar. Dann wieder Laut und Bewegung und Berührung – ein Prickeln geht durch meinen Leib. Dann nichts als das Bewußtsein zu existieren, ohne jeden Gedanken – ein Zustand, der lange anhielt. Dann, ganz plötzlich, *Denken*; und schauderndes Entsetzen, und bedrückendes Bemühen, mein wirkliches Befinden zu erfassen. Dann sehnliches Verlangen, in Empfindungslosigkeit zu versinken. Dann ein jähes Wiederaufleben der Seele, und die Anstrengung, mich zu bewegen, gelingt. Und nun völliges Erinnern: an den Prozeß, die Richter, die schwarzen Draperien, an das Urteil, meine Übelkeit, die Ohnmacht. Dann gänzliches Vergessen von allem, was hernach folgte; von all dem, was spätere Zeit und nachdrückliches Bemühen mir vage wieder in Erinnerung zu bringen vermochten.

Bis dahin hatte ich die Augen nicht geöffnet. Ich spürte, daß ich ungefesselt auf dem Rücken lag. Ich streckte die Hand aus, sie fiel schwer auf etwas Feuchtes, Hartes. Dort ließ ich sie viele Minuten liegen, während ich mir vorzustellen suchte, wo und *was* ich sein könne. Es verlangte mich, meine Augen zu brauchen, doch ich wagte es nicht. Mir bangte vor diesem ersten Blick auf das, was mich umgab. Nicht daß ich fürchtete, Schreckliches zu schauen, sondern mir graute davor, es könne *nichts* zu sehen sein. Endlich riß ich, wilde Verzweiflung im Herzen, die Augen auf. Da bestätigten sich denn meine schlimmsten Ahnungen. Um mich herum herrschte die Schwärze ewiger Nacht. Ich rang nach Atem. Die tiefe, dichte Finsternis schien mich zu erdrücken und zu ersticken. Die Luft war unerträglich dumpf. Noch immer lag ich ruhig da und bemühte mich, meinen Verstand zu gebrauchen. Ich rief mir das Inquisitionsverfahren ins Gedächtnis und versuchte, mir von jenem Punkte aus meine wirkliche Lage abzuleiten. Das Urteil war gefällt; und es wollte mir scheinen, daß seither sehr lange Zeit vergangen sei. Doch nicht einen Augenblick lang hielt ich mich für tatsächlich tot. Eine solche Annahme ist, trotz allem, was wir bei den Dichtern lesen – ganz unvereinbar mit dem wirklichen Sein – doch wo nun und in welcher Lage war ich? Die zum Tode Verurteilten fanden gewöhnlich bei den *autos de fé* ihr Ende, das wußte ich, und ein solches war gerade in der Nacht jenes Tages abgehalten worden, da ich vor Gericht gestanden. Hatte man mich in mein Verlies zurückgebracht, um die nächste Opferung abzuwarten, die erst in vielen Monaten stattfinden würde? Das, so erkannte ich gleich, konnte nicht sein. Opfer hatte man unmittelbar gebraucht. Überdies hatte mein Kerker, wie alle Todeszellen in Toledo, einen steinernen Boden besessen, auch war das Taglicht nicht gänzlich ausgesperrt gewesen.

Ein grauenhafter Gedanke jagte mir nun plötzlich das Blut in Strömen zum Herzen, und für kurze Zeit sank ich erneut in Empfindungslosigkeit zurück. Als ich wieder zu mir kam, sprang ich sogleich auf die Füße, ein krampfhaftes Zittern in allen Gliedern. Wild warf ich nach allen Richtungen die Arme über und um mich. Ich fühlte nichts; doch fürchtete ich, mich auch nur einen Schritt von der Stelle zu bewegen, aus Angst, daß ich an die Wände eines *Grabes* stoßen könnte. Schweiß brach mir aus allen Poren und stand in kalten dicken Tropfen auf meiner Stirn. Die Qual der Ungewißheit ward schließlich unerträglich, und vorsichtig bewegte ich mich vorwärts, die Arme ausgestreckt, und die Augen traten mir bald aus den Höhlen in der Hoffnung, doch einen schwachen Lichtschein zu erspähen. Viele Schritte tat ich vorwärts; doch noch immer war alles Schwärze und Leere. Ich atmete auf. Offenbar schien wenigstens nicht das gräßlichste aller Geschicke meiner zu harren.

Und nun, da ich mich vorsichtig Schritt um Schritt weiter vorwärts tastete, drängten sich mir tausend dunkle Gerüchte von den Schrecken Toledos in die Erinnerung. Seltsame Dinge hatte man sich von den Verliesen erzählt – ich hatte sie stets für Fabeln gehalten – dennoch aber sonderbar und viel zu grausig, als daß man sie anders als flüsternd wiederholen könnte. Hatte man mich bisher verschont, damit ich hier in dieser unterirdischen Welt der Finsternis Hungers sterben sollte; oder welches vielleicht noch furchtbarere Schicksal erwartete mich? Daß am Ende der Tod stehen würde, ein Tod von mehr denn üblicher Grausamkeit, daran zweifelte ich nicht, kannte ich doch die Sinnesart meiner Richter nur zu gut. Die Art nur und die Stunde waren es, die mich beschäftigten und quälten.

Meine ausgestreckten Hände stießen schließlich auf ein festes Hindernis. Es war eine Wand, dem Anschein nach steinernes Mauerwerk – sehr glatt, glitschig und kalt. Ich ging daran entlang; behutsamen Schritts und mit all dem Mißtrauen, welches gewisse alte Erzählungen mir eingeflößt hatten. Dies Vorgehen gewährte mir jedoch keinerlei Aufschluß, um die Ausmaße meines Kerkers bestimmen zu können; mochte ich doch wohl im Kreise gehen und, ohne es recht eigentlich zu merken, zu dem Punkte zurückkehren, von dem ich ausgegangen; so vollkommen gleichförmig wirkte die Wand. Darum suchte ich nach dem Messer, welches in meiner Tasche gewesen war, als man mich vor das Inquisitionsgericht geführt hatte; doch es war fort; meine Kleider waren gegen einen Kittel aus grobem Serge vertauscht worden. Ich hatte die Klinge in einen winzigen Spalt des Mauerwerks treiben wollen, um so meinen Ausgangspunkt zu markieren. Dennoch war die Schwierigkeit nur gering; wiewohl sie mir in meiner verwirrten Phantasie zunächst unüberwindlich schien. Ich riß ein Stück vom Saume des Kittels ab und legte den Fetzen in voller Länge und im rechten Winkel zur Wand. Wenn ich mich nun rings um mein Gefängnis herumtastete, müßte ich unweigerlich wieder auf diesen Stoffetzen stoßen, sobald ich die Runde vollendet hätte. So wenigstens dachte ich: doch ich hatte nicht mit der Ausdehnung des Kerkers gerechnet noch mit meiner eigenen Schwäche. Der Boden war feucht und schlüpfrig. Eine Weile war ich dahingewankt, da strauchelte ich und stürzte. Meine übergroße Erschöpfung ließ mich auf dem Boden liegenbleiben; und wie ich so lag, übermannte mich alsbald Schlaf.

Als ich erwachte und einen Arm ausstreckte, fand ich neben mir einen Laib Brot und einen Krug mit Wasser. Ich war viel zu erschöpft, um über diesen Umstand nachzudenken, sondern aß und trank nur voller Gier. Kurz darauf nahm ich meinen Rundgang in meinem Gefängnis wieder auf, und mit viel Mühe gelangte ich schließlich zu dem Fetzen Serge. Bis zu dem Zeitpunkt, da ich hingefallen, hatte ich zweiundfünfzig Schritte gezählt, und als ich meinen Weg fortsetzte, hatte ich noch achtundvierzig weitere gezählt – wonach ich bei dem Stoffetzen angelangt war. Insgesamt waren es also hundert Schritte; und wenn ich ihrer zwei auf ein Yard rechnete, so mochte das Verlies wohl fünfzig Yards im Umfang messen. Allerdings war ich in der Mauer auf viele Winkel gestoßen, und so vermochte ich mir keine rechte Vorstellung von der Form des Gewölbes zu machen; denn ein unterirdisches Gewölbe, anders konnte ich es mir nicht denken, mußte es wohl sein.

Ich verband mit diesen Nachforschungen kaum ein Ziel – gewiß keine Hoffnung; doch eine unbestimmte Neugier trieb mich dazu, darin fortzufahren. Ich ließ ab von der Mauer und beschloß, den Raum im Innern des Gemäuers zu durchqueren. Zuerst setzte ich meine Schritte äußerst vorsichtig, denn der Boden, obzwar dem Anschein nach von festem Untergrund, war tückisch glitschig. Endlich jedoch faßte ich mir ein Herz und zögerte nicht mehr, fest auszuschreiten – bemüht, in möglichst gerader Linie hinüberzukommen. Auf diese Weise hatte ich wohl zehn oder zwölf Schritte zurückgelegt, als sich der Rest des abgerissenen Kittelsaums zwischen meinen Beinen verfing. Ich trat darauf und fiel heftig aufs Gesicht.

In der Verwirrung, die mit dem Sturz einherging, bemerkte ich nicht gleich einen einigermaßen erschreckenden Umstand, welcher jedoch ein paar Sekunden später, während ich noch hingestreckt lag, meine Aufmerksamkeit

gefangennahm. Und zwar war dies folgendes: mein Kinn
ruhte auf dem Boden des Kerkers, meine Lippen aber und
der obere Teil des Kopfes, wiewohl allem Anschein nach in
geringerer Höhe als das Kinn, berührten nichts. Zugleich
schien meine Stirn in feuchtem, kaltem Dunst gebadet,
und der eigentümliche Geruch fauligen Schwammes stieg
mir in die Nase. Ich streckte den Arm aus und stellte
schaudernd fest, daß ich genau am Rande einer kreisrunden Grube hingestürzt war, deren Ausdehnung ich im
Augenblick natürlich nicht auszumachen vermochte. Ich
tastete am Mauerwerk gleich unterhalb der Kante hin, und
es gelang mir, einen kleinen Brocken herauszuklauben, den
ich in den Abgrund fallen ließ. Sekundenlang lauschte ich
dem Widerhall, da er im Fallen gegen die Seitenwände des
Schachtes prallte: schließlich tauchte er mit dumpfem
Schlag in Wasser, gefolgt von lautem Echohall. Im selbigen
Augenblick vernahm ich einen Laut, wie wenn über mir
sich eine Tür hastig öffnete und ebenso rasch wieder
schloß, während ein schwacher Lichtschimmer plötzlich
durch das Dunkel blitzte und ebenso plötzlich wieder erlosch.

Klar erkannte ich, welches Schicksal mir bestimmt gewesen, und gratulierte mir selber ob des Mißgeschicks, welches mich zur rechten Zeit ereilt hatte, so daß ich diesem
Los entronnen war. Noch ein Schritt, bevor ich stürzte, und
die Welt hätte mich nie mehr gesehen. Und der Tod, dem
ich soeben entgangen, war genau von jener Art, welche mir
in den Geschichten über die Inquisition als freie Erfindungen gegolten hatte. Den Opfern ihrer Tyrannei blieb die
Wahl zwischen einem Tode unter entsetzlichsten physischen Qualen oder einem Tode voll der gräßlichsten seelischen Torturen. Mir hatte man letzteren bestimmt. Von
langem Leiden waren meine Nerven zerrüttet, so daß ich
schon beim Klange meiner eigenen Stimme erzitterte und
in jeglicher Hinsicht ein passendes Objekt für jene Art der
Folter geworden war, die meiner harrte.

An allen Gliedern zitternd, tastete ich mich zur Mauer
zurück – entschlossen, lieber dort zugrunde zu gehen, als

mich den Greueln der Brunnenlöcher auszusetzen, wie sie meine Phantasie sich nun in großer Zahl allenthalben in dem Verliese vorstellte. In anderer Gemütsverfassung hätte ich vielleicht den Mut gefunden, meinem Elend sogleich durch einen Sprung in einen dieser Abgründe ein Ende zu machen; jetzt aber war ich der allergrößte Feigling. Auch konnte ich nicht vergessen, was ich über diese Gruben gelesen hatte – daß es nämlich keineswegs zu ihrer entsetzlichen Bestimmung gehörte, das Leben *jäh* zu enden.

Heftige Erregung hielt mich viele Stunden wach; doch endlich schlummerte ich wieder ein. Beim Erwachen fand ich, wie zuvor, neben mir einen Laib Brot und einen Krug Wasser. Ein brennender Durst verzehrte mich, und ich leerte das Gefäß auf einen Zug. Es mußte ein Betäubungsmittel enthalten haben – denn kaum hatte ich getrunken, so überkam mich unwiderstehliche Schläfrigkeit. Ich sank in tiefen – todesähnlichen – Schlaf. Wie lange er währte, weiß ich natürlich nicht; doch als ich dann wieder die Augen aufschlug, waren die Dinge um mich her zu erkennen. Durch einen schauerlich schwefelgelben Schimmer, dessen Ursprung ich zunächst nicht entdecken konnte, vermochte ich Ausmaß und Umriß des Gefängnisses wahrzunehmen.

In seiner Größe hatte ich mich gewaltig getäuscht. Der gesamte Umfang seiner Mauern betrug nicht über fünfundzwanzig Yards. Mehrere Minuten lang bereitete mir diese Tatsache eine Menge eitler Sorgen; ja, eitel fürwahr – denn was konnte unter den schrecklichen Umständen, in denen ich mich befand, geringere Bedeutung haben denn die bloßen Maße meines Kerkers? Doch meine Seele zeigte ein ganz unbändiges Interesse an Kleinigkeiten, und ich plagte mich redlich, den Irrtum aufzuklären, welchen ich bei meiner Vermessung begangen. Blitzartig ging mir endlich die Wahrheit auf. Bei meinem ersten Erkundungsversuch hatte ich bis zu dem Zeitpunkt, da ich hinfiel, zweiundfünfzig Schritte gezählt: da mußte ich bis auf einen oder zwei Schritt an dem Sergestreifen gewesen sein; tatsächlich hatte ich meinen Rundgang um das Gewölbe schon fast vollendet. Dann hatte ich geschlafen – und beim Erwachen muß ich wohl denselben Weg wieder zurückgegangen sein – wodurch ich den Umfang beinahe für doppelt so groß gehalten, als er in Wirklichkeit war. Meine geistige Verwirrung ließ mich nicht bemerken, daß ich, die Mauer zur Linken, meinen Rundgang begonnen hatte, und diese am Ende dann zu meiner Rechten lag.

Auch hinsichtlich der Form des Gemäuers hatte ich mich getäuscht. Als ich meinen Weg ertastete, hatte ich viele Winkel gefunden und daraus die Vorstellung großer Unregelmäßigkeit abgeleitet; so mächtig wirkt totale Finsternis auf einen, der aus Betäubung oder Schlaf erwacht! Die Winkel waren nichts weiter, als daß sich in unregelmäßigen Abständen ein paar geringfügige Vertiefungen oder Nischen fanden. Im allgemeinen war der Kerker quadratisch. Was ich für Mauerwerk gehalten, schien mir nun Eisen zu sein oder irgendein anderes Metall, gewaltige Platten, deren Naht- oder Verbindungsstellen jene Vertiefungen bildeten. Die gesamte Oberfläche dieser metallenen Umwandung war aufs primitivste beschmiert mit all den gräßlichen und abstoßenden Ausgeburten, wie sie den abergläubischen Grabesvorstellungen der Mönche entspringen. Teufelsgestalten in drohender Gebärde, daneben Gerippe und andere, tatsächlich viel ärgere Schreckensbilder bedeckten und verunstalteten die Wände. Ich bemerkte, daß die Umrisse dieser Ungeheuer hinreichend deutlich waren, die Farben aber verblaßt und verschwommen wirkten, als habe feuchte Luft das Ihre getan. Nun nahm ich auch den Boden wahr, der aus Stein bestand. In der Mitte gähnte die kreisrunde Grube, deren Schlund ich entronnen war; doch war es die einzige im Verlies.

All dies sah ich nur undeutlich und mit großer Mühe – denn während des Schlafs hatte sich meine Situation sehr verändert. Ich lag jetzt auf dem Rücken, lang ausgestreckt, auf einer Art niedrigem Holzgestell. Mit einem langen Riemen, der einem Sattelgurt ähnelte, war ich darauf festgebunden. Er schlang sich in vielen Windungen mir um Glieder und Leib, nur den Kopf und meinen linken Arm ließ er so weit frei, daß ich unter großer Anstrengung Nahrung aus einer irdenen Schüssel zu mir nehmen konnte, die neben mir auf dem Boden stand. Zu meinem Entsetzen sah ich, daß man den Krug fortgenommen hatte. Zu meinem Entsetzen, sage ich – denn unerträglicher Durst verzehrte mich. Diesen Durst anzuregen schien offenbar die Absicht meiner Peiniger zu sein – denn das Essen in dem Napfe bestand aus scharf gewürztem Fleisch.

Ich hob den Blick und musterte nun die Decke meines Gefängnisses. Sie war etwa dreißig oder vierzig Fuß hoch über mir und ganz so beschaffen wie die Seitenwände. Auf einer ihrer Platten fesselte eine sehr seltsame Figur meine ganze Aufmerksamkeit. Es war die gemalte Gestalt der Zeit, wie sie gewöhnlich dargestellt wird, nur daß sie an Stelle der Sense etwas hielt, das auf den ersten flüchtigen Blick mir die Abbildung eines gewaltigen Pendels dünkte, wie man es an alten Uhren findet. Doch hatte dieses Gerät etwas an sich, das mich veranlaßte, es genauer zu betrachten. Während ich geradezu hinaufstarrte (denn es befand sich genau über mir), kam es mir vor, ich sähe es in Bewegung. Einen Augenblick später bestätigte sich diese Einbildung. Kurz, und natürlich langsam, schwang es hin und her. Ein paar Minuten beobachtete ich es, ein wenig ängstlich, doch mehr noch erstaunt. Schließlich aber ward ich es müde, dem einförmigen Pendeln zuzusehen, und ich wandte den Blick den anderen Gegenständen in der Zelle zu.

Ein schwaches Geräusch ließ mich aufmerken, und als ich auf den Boden schaute, sah ich mehrere riesengroße Ratten darüber hinhuschen. Sie waren aus dem Brunnenloch gekommen, welches rechter Hand gerade in meinem Blickfeld lag. Selbst jetzt, da ich hinschaute, drängten sie, vom Geruch des Fleisches angelockt, in Scharen herauf, eilig, mit gierigen Blicken. Es bedurfte vieler Mühe und Aufmerksamkeit, sie davon zu verscheuchen.

Eine halbe Stunde, vielleicht gar eine ganze Stunde mochte vergangen sein (war doch mein Zeitempfinden nur noch unvollkommen), bis ich wieder den Blick nach oben richtete. Was ich nun sah, verwirrte und bestürzte mich. Das Pendel schwang um nahezu ein Yard weiter aus. Infolgedessen hatte nun natürlich auch seine Geschwindigkeit beträchtlich zugenommen. Doch was mich am meisten beunruhigte, war das unbestimmte Gefühl, es habe sich merklich *gesenkt*. Ich sah nun – mit welchem Entsetzen, bedarf wohl keiner besonderen Erwähnung –, daß sein unteres Ende die Form einer glitzernden stählernen Mondsichel hatte, die von Horn zu Horn wohl ein Fuß in der Länge maß; die Hörner zeigten nach oben, und der untere Bogenrand war offenbar so scharf wie die Schneide eines Rasiermessers. Wie ein Rasiermesser auch schien es massiv und schwer zu sein, lief die Schneide doch, nach oben zu sich verbreiternd, in einer festen starken Oberkante aus. Es hing an einer schweren Bronzestange, und das Ganze *zischte*, als es durch die Luft schwang. Ich konnte nicht länger mehr zweifeln, welches Los mir das Foltergenie der Mönche bestimmt hatte. Daß ich um die Grube wußte, hatten die Schergen der Inquisition inzwischen gemerkt – *jene Grube*, deren Greuel man einem so unbotmäßigen Ketzer wie mir bestimmt hatte – *jene Grube*, Sinnbild der Hölle, die dem Gerücht nach als die schlimmste all ihrer Strafen galt. Dem Sturz in diese Grube war ich nur durch bloßen Zufall entgangen, und ich wußte, daß Überraschung beziehungsweise listige Lockung in die Folterfalle ein wichtiges Moment all dieser greulich-grotesken Kerkertode bildete. Da ich also nicht hinabgestürzt war, gehörte es nun mitnichten zu dem teuflischen Plane, mich in den Abgrund hineinzustoßen; und so (eine Alternative gab es nicht) erwartete mich denn ein anderer und milderer Tod. Milder! Fast mußte ich lächeln in all meiner Qual, wenn ich solchen Ausdruck in solchem Gebrauche bedachte.

Was nützt es, von den langen, langen Stunden eines grausigeren denn Todesgrauens zu sagen, in denen ich die immer schneller schwirrenden Schwingungen des Stahls zählte! Zoll um Zoll – Strich um Strich – nur merklich in Abständen, die wie Ewigkeiten anmuteten – senkte er sich tiefer und immer tiefer! Tage vergingen – viele

Tage mochten gar vergangen sein –, ehe er so dicht über mir schwang, daß er mich mit seinem beißenden Atem umfächelte. Der Geruch des scharfen Stahls drang mir in die Nase. Ich betete – ich quälte den Himmel mit meinem Gebet, das Pendel möge doch schneller herabsinken. Wilder Wahnsinn packte mich, und mit aller Kraft versuchte ich, mich aufzubäumen, dem Streich des gräßlichen Krummsäbels entgegen. Und dann ward ich plötzlich ruhig, lag da und lächelte dem glitzernden Tode zu wie ein Kind einem seltenen Spielzeug.

Ein weiteres Mal verfiel ich in tiefe Bewußtlosigkeit; sie währte nur kurz; denn als ich wieder ins Leben zurückglitt, hatte sich das Pendel nicht merklich weiter gesenkt. Doch mochte sie ebensogut auch lange gedauert haben – denn ich wußte ja, da waren Teufel, die meine Ohnmacht bemerkt und die Schwingung ganz nach Belieben angehalten haben konnten. Auch fühlte ich mich, da ich wieder zu mir gekommen, sehr – oh, unsäglich – schwach und elend, wie durch lange Entkräftung ausgezehrt. Selbst unter den Qualen jenes Augenblicks verlangte die menschliche Natur nach Nahrung. Mühsam und unter Schmerzen streckte ich meinen linken Arm so weit aus, wie es die Fesseln zuließen, und nahm mir den kleinen Rest, den mir die Ratten übriggelassen. Als ich mir einen Bissen davon zwischen die Lippen schob, fuhr mir, noch unausgegoren, ein halbfertiger Gedanke der Freude – der Hoffnung durch den Sinn. Doch wie kam *ich* dazu, an Hoffnung zu denken? Es war, wie gesagt, ein halbfertiger Gedanke – der Mensch hat deren viele, ohne daß sie je vollendet würden. Ich spürte, er verhieß Freude – Hoffnung; doch spürte ich auch, daß er vergangen war, noch ehe er Gestalt gewonnen. Vergebens bemühte ich mich, ihn zu vollenden – ihn wiederzufinden. Das lange Leiden hatte alle Geisteskräfte, über die ich gewöhnlich gebot, nahezu zerstört. Schwachsinnig war ich – ein Idiot.

Das Pendel schwang im rechten Winkel zu meiner Körperlänge. Ich sah, die Sichel, so war es bestimmt, sollte mich in der Herzgegend treffen. Sie würde den Serge meines Kittels zertrennen – sie würde zurückschwingen und ihr Werk wiederholen – wieder – immer wieder. Trotz ihres ungeheuer weit ausgreifenden Schwunges (etwa drei-ßig Fuß oder mehr) und der zischenden Wucht, mit der sie herabkam und die ausgereicht hätte, selbst diese Eisen-wände zu zerschneiden, wäre doch das Aufschlitzen meines Kittels alles, was sie mehrere Minuten lang vollbringen würde. Und bei diesem Gedanken hielt ich inne. Ich wagte nicht, darüber hinauszudenken. So hartnäckig, so ganz und gar verbohrte ich mich darein – als könnte ich vermittels solchen Beharrens den Stahl *hier* aufhalten, daß er nicht tiefer sinke. Ich zwang mich, mir vorzustellen, wie es wohl klingen mochte, wenn die Sichel über mein Gewand dahin-fuhr – welch eigentümliches Erschauern die Reibung von Stoff in den Nerven auslöse. Auf all diese Nichtigkeiten war mein Sinnen gerichtet, bis ich aufs äußerste nervös ge-worden.

Herab kam es gekrochen – unablässig herab. Ich fand wahnsinniges Vergnügen daran, die Geschwindigkeit der Abwärtsbewegung mit der seitwärtigen zu vergleichen. Nach rechts – nach links – hin und her – mit dem schril-lenden Schrei einer verdammten Seele! hin zu meinem Herzen mit dem heimlichen Schleichen des Tigers. Ich lachte und heulte abwechselnd, je nachdem die eine oder die andere Vorstellung die Oberhand gewann.

Herab – stetig, unbarmherzig herab! Schon schwang es drei Zoll nur über meiner Brust! Ich mühte mich aufs hef-tigste – ja verzweifelt –, meinen linken Arm zu befreien. Dieser war frei nur vom Ellbogen bis zur Hand. Letztere konnte ich von der Schüssel neben mir bis zum Munde führen, mit vieler Mühe, doch weiter nicht. Hätte ich es ver-mocht, die Fesseln über dem Ellbogen zu sprengen, so hätte ich das Pendel gepackt und anzuhalten versucht. Doch ebensogut hätte ich wohl versuchen können, eine La-wine aufzuhalten!

Herab – unaufhörlich noch – unentrinnbar noch herab! Bei jeder Schwingung rang ich nach Luft und bäumte mich auf. Bei jedem Schwunge zuckte ich krampfhaft zusam-

men. Meine Augen folgten den schwirrenden Ausholbewe-
gungen mit der Gier sinnlosester Verzweiflung; sie schlossen sich im Krampfe, sowie es herabkam, obgleich der Tod
eine – oh, wie unsägliche! – Erlösung gewesen wäre. Dennoch bebte jeder Nerv in mir bei dem Gedanken, wie
schon durch ein leichtes Sinken der Vorrichtung diese
scharfe, glänzende Axt auf meine Brust herabsausen
würde. *Hoffnung* war es, welche die Nerven erzittern – den
Leib erschaudern ließ. *Hoffnung* war es – jene Hoffnung,
die noch über die Folter triumphiert – die selbst den zum
Tode Verurteilten noch in den Kerkern der Inquisition zu-
flüstert.

Ich sah, daß wohl zehn oder zwölf Schwingungen den
Stahl nun tatsächlich mit meinem Kittel in Berührung
bringen würden – und mit dieser Beobachtung kam plötzlich die ganze gespannte, gefaßte Ruhe der Verzweiflung
über meinen Geist. Zum ersten Male seit vielen Stunden –
vielleicht seit Tagen – *dachte* ich. Da fiel mir jetzt denn
auf, daß das Band oder der Gurt, womit ich gefesselt, aus
einem Stück bestand. Ich war mit keinem anderen Strick
gebunden. Der erste Streich der rasiermesserscharfen Sichel quer über irgendeinen Teil der Fessel würde diese so
durchtrennen, daß ich sie mit meiner linken Hand von
meinem Leibe losbinden könnte. Doch wie furchtbar wäre
in solchem Falle die Nähe des Stahls! Wie tödlich würde
schon die geringste Zuckung wirken! War es überdies
wahrscheinlich, daß die Büttel meiner Peiniger diese Möglichkeit nicht vorausgesehen und dagegen Vorsorge getroffen haben sollten? War es anzunehmen, daß die Fessel
meine Brust auch in der Bahn des Pendels umschlang?
Voller Angst, meine schwache und, wie es schien, letzte
Hoffnung vereitelt zu finden, hob ich so weit den Kopf,
daß ich meine Brust deutlich zu übersehen vermochte. Der
Gurt schlang sich allenthalben mir dicht um Glieder und
Leib, überall – *nur dort nicht, wo die todbringende Sichel ihren
Weg nahm.*

Kaum hatte ich den Kopf in die ursprüngliche Lage zurücksinken lassen, da fuhr mir plötzlich etwas durch den

Sinn, das ich nicht besser zu beschreiben vermag denn die noch nicht Gestalt gewordene Hälfte jener rettenden Idee, von der ich weiter oben gesprochen und die mir nur halb und verschwommen vorgeschwebt hatte, als ich an meine brennenden Lippen die Nahrung hielt. Nun war mir der ganze Gedanke gegenwärtig – schwach zwar, kaum vernünftig klar, kaum definitiv – dennoch aber in Gänze. Sogleich ging ich mit der energischen Kraft der Verzweiflung an den Versuch, ihn auszuführen.

Seit vielen Stunden wimmelte die unmittelbare Umgebung des niedrigen Gestells, auf dem ich lag, buchstäblich von Ratten. Wild waren sie, dreist, heißhungrig – ihre roten Augen funkelten mich an, als lauerten sie nur darauf, daß ich mich nicht mehr rege, um über mich, ihre Beute, herzufallen. ›An welche Nahrung‹, dachte ich, ›mögen sie wohl in dem Brunnenloche gewöhnt sein?‹

Trotz aller meiner Anstrengungen, sie daran zu hindern, hatten sie den ganzen Inhalt des Napfes bis auf einen kleinen Rest verschlungen. Ich war darauf verfallen, beständig die Hand über der Schüssel hin und her zu schwenken; doch schließlich hatte die unbewußte Einförmigkeit der Bewegung dieser die Wirkung genommen. In seiner Gefräßigkeit schlug das Rattengezücht mir des öfteren seine scharfen Zähne in meine Finger. Mit den Überresten der ölichten, scharf gewürzten Fleischspeise rieb ich nun gründlich das mich fesselnde Band überall ein, wo immer ich es nur erreichen konnte; dann hob ich die Hand vom Boden und lag atemlos, still da.

Zunächst waren die gierigen Tiere verstört und erschrocken über die Veränderung – daß sich nun nichts mehr regte. Aufgeregt wichen sie zurück; viele suchten das Brunnenloch auf. Doch das währte nur einen Augenblick. Ich hatte nicht umsonst mit ihrer Gefräßigkeit gerechnet. Als sie merkten, daß ich reglos blieb, sprangen ein oder zwei der dreistesten auf das Gestell und schnupperten an dem Gurt. Dies schien das Signal zum allgemeinen Angriff. In hellen Scharen stürzten sie vom Wasserloch herbei. Sie klammerten sich ans Holz – sie rannten darüber hin und sprangen zu Hunderten auf mich. Die gemessene Bewegung des Pendels störte sie nicht im geringsten. Sie wichen seinen Schlägen aus und fielen gierig über die eingeschmierten Fesseln her. Sie drangen auf mich ein – sie wimmelten über mich hin in immer größeren Haufen. Sie wanden sich auf meiner Kehle; ihre kalten Lippen suchten die meinen; ich war halb erstickt unter ihrem geballten Druck; ein Ekel, für den die Welt keinen Namen kennt, wollte schier überquellen in mir, und mein Herz erstarrte gleichsam unter seiner feucht-klebrigen Schwere. Nur eine Minute noch, und, ich spürte es, der Kampf wäre vorbei. Recht deutlich merkte ich schon, wie die Fesseln sich lockerten. Ich wußte, daß sie an mehr denn einer Stelle bereits zernagt sein mußten. Mit übermenschlicher Entschlossenheit hielt ich *still*.

Und meine Rechnung ging auf – ich hatte nicht umsonst ausgeharrt. Endlich spürte ich, daß ich *frei* war. Der Gurt hing mir in Fetzen vom Leibe. Doch schon drängte mir der Schlag des Pendels zur Brust. Es hatte den Serge des Kittels zertrennt. Es hatte das Leinenzeug darunter durchschnitten. Zweimal noch schwang es, und ein scharfer Schmerz fuhr mir durch jeden Nerv. Doch der Augenblick des Entrinnens war gekommen. Auf ein Schwenken meiner Hand hin stürzten meine Befreier ungestüm davon. In stetiger Bewegung – vorsichtig, schaudernd und sacht – glitt ich seitwärts aus der Umschlingung der Fessel und aus der Reichweite des Krummsäbels. Für den Augenblick zumindest *war ich frei*.

Frei! – und in den Klauen der Inquisition! Kaum war ich von meinem hölzernen Schreckensbett auf den Steinboden des Gefängnisses getreten, als die Bewegung der Höllenmaschine aufhörte und ich sah, wie sie von unsichtbarer Kraft durch die Decke emporgezogen ward. Dies war eine Lehre, welche ich mir verzweifelt zu Herzen nahm. Unzweifelhaft war jede meiner Bewegungen überwacht. Frei! – Ich war nur dem Tode in einer Marterform entronnen, um einer anderen, schlimmer denn Tod, ausgeliefert zu werden. Bei diesem Gedanken ließ ich meine Augen angstvoll über die eisernen Schranken schweifen, die mich umschlossen. Etwas Ungewöhnliches – eine Veränderung, welche ich anfangs noch gar nicht richtig zu erfassen vermochte – hatte sich offenbar in dem Raume begeben. Viele Minuten träumerischen, schauderbangen Sinnens erging ich mich vergeblich in zusammenhanglosen Mutmaßungen. Während dieser Zeit gewahrte ich zum ersten Male den Ursprung des schwefelgelben Lichts, welches die Zelle erhellte. Es drang aus einem wohl einen halben Zoll breiten Spalt, der rund um das ganze Gefängnis am Fuße der Wände verlief, wodurch diese völlig vom Boden getrennt schienen und auch waren. Ich versuchte, durch die Öffnung zu spähen, aber natürlich vergebens.

Als ich mich von dem Versuche erhob, war mir schlagartig das Geheimnis der Veränderung in der Kammer klar. Ich sagte schon, daß zwar die Umrisse der Figuren an den Wänden recht deutlich waren, die Farben aber verschwommen und unbestimmt wirkten. Diese Farben leuchteten nun, und von Augenblick zu Augenblick wuchs der erschreckend grelle Glanz, welcher den gespenstischen und teuflischen Bildern ein Aussehen verlieh, das selbst stärkere Nerven denn die meinen schaudern gemacht hätte. Dämonenaugen von wilder und gräßlicher Lebendigkeit starrten mich aus tausend Ecken an, wo vorher keine zu sehen gewesen waren, und schimmerten in so fahlem Scheine eines Feuers, welches für unwirklich zu halten ich meine Phantasie nicht zu zwingen vermochte.

Unwirklich! – Sogar beim Atmen stieg mir ja schon der Brodem erhitzten Eisens in die Nase! Erstickender Geruch durchdrang den Kerker! Und mit jedem Augenblick glühten die Augen, die auf meine Qualen starrten, in hellerer Glut! Ein kräftigerer Ton von Karmesin ergoß sich über die gemalten blutigen Greuel. Ich keuchte! Ich rang nach Luft! Kein Zweifel konnte mehr sein an der Absicht meiner Peiniger – oh! dieser unerbittlichsten! oh! dieser teuflischsten der Menschen! Ich wich vor dem glühenden Metall in die Mitte der Zelle zurück. Und mitten im Bewußtsein des Feuertodes, der mir drohte, kam der Gedanke an die Kühle des Brunnens wie Balsam über meine Seele. Ich eilte an seinen tödlichen Rand. Ich warf einen spähenden Blick in die Tiefe. Der Schein der flammenden Decke erhellte seine innersten Winkel. Doch einen wahnsinnigen Augenblick lang weigerte sich mein Geist, die Bedeutung dessen zu fassen, was ich sah. Schließlich erzwang, ja bahnte es sich gewaltsam seinen Weg in meine Seele – es brannte sich ins erschauernde Hirn. Ach! hätt ich doch nur *eine* Stimme, es zu sagen! – Oh! Grauen! – Oh! jeglich Grauen, nur nicht dies! Mit einem Schrei wich ich vom Rande zurück, vergrub mein Gesicht in den Händen – und weinte bitterlich.

Die Hitze nahm rasch zu, und schaudernd, wie im Schüttelfrost, sah ich noch einmal auf. Abermals war eine Veränderung in der Zelle vor sich gegangen – und nun war es offensichtlich die *Form*, die sich verändert hatte. Wie zuvor war es zu Anfang vergebens, daß ich zu erkennen oder begreifen suchte, was geschah. Doch nicht lange ward ich im Zweifel gelassen. Mein zweimaliges Entrinnen hatte die Rache der Inquisition noch angestachelt, und da gab es nun kein Tändeln mehr mit dem König der Schrecken. Der Raum war quadratisch gewesen. Nun sah ich, daß zwei seiner eisernen Winkel spitz geworden waren – zwei, folglich, stumpf. Der fürchterliche Unterschied wuchs rasch unter leisem Poltern oder Ächzen. Im nächsten Augenblick hatte das Gelaß seine Form zu einem Rhombus gewandelt. Doch dabei blieb es nicht – auch hatte ich weder gehofft noch gewünscht, daß es dabei bliebe. Ich hätte die rotglühenden Wände mir um den Busen legen mögen als Gewand des ewigen Friedens. »Den Tod«, sprach ich, »jeden Tod, nur nicht den der Grube!« Ich Narr! hätte ich nicht wissen können, daß *in die Grube* mich zu treiben eben der Zweck des glühenden Eisens war? Konnte ich denn seiner Glut widerstehen? oder, selbst diesen Fall gesetzt, könnte ich dann seinem Druck standhalten? Flacher und flacher ward nun der Rhombus, mit einer Geschwindigkeit, die mir keine Zeit zum Überlegen ließ. Seine Mitte, und damit natürlich seine größte Weite, lag genau über dem gähnenden Schlund. Ich wich zurück – doch die sich nähernden Wände trieben mich unwiderstehlich darauf zu. Endlich fand mein versengter und gekrümmter Leib keinen Zoll Halt mehr auf dem festen Boden des Kerkers. Ich kämpfte nicht mehr, die Qual meiner Seele aber machte sich Luft in einem einzigen langen, lauten, letzten Schrei der Verzweiflung. Ich fühlte, ich taumelte an den Rand – ich wandte die Augen ab –

Da – ein wirres Gemurmel menschlicher Stimmen! Da schmetterte es laut wie aus vielen Trompeten! Da dröhnte es rauh und grollte, als wären's tausend Donner! Die feurigen Wände wichen zurück! Ein ausgestreckter Arm packte den meinen, da ich, von Ohnmacht umfangen, in den Abgrund stürzen wollte. Es war der Arm von General Lasalle. Die französische Armee hatte Toledo erobert. Die Inquisition war in den Händen ihrer Feinde.

DER LANDSCHAFTSPARK

Es lag der Garten, einer Schönen gleich,
 Die seliger Schlummer fest umfangen hält,
Das Aug geschlossen vor des Äthers Reich;
 Gewaltig Rund, darin das Himmelszelt
 Azurn sich mit der Blum des Lichts gesellt:
Schwertlilien rein und all die Tropfen Tau,
Die glitzern an den Blüten aus Azur –.
Wie Sterne funkeln sie im Abendblau.

Giles Fletcher

Nie hat ein bemerkenswerterer Mann gelebt denn mein Freund, der junge Ellison. Bemerkenswert war er ob der so vollkommenen und immerwährenden Fülle guter Gaben, mit welchen Fortuna verschwenderisch ihn überschüttete. Von der Wiege bis zum Grabe ward vom Winde gütigsten Wohlergehens er dahingetragen. Und das Wort Wohlergehen gebrauche ich dabei mitnichten in seinem rein weltlichen oder äußerlichen Sinne. Ich will es als gleichbedeutend mit Glück verstanden wissen. Die Person, von der ich spreche, schien zu dem Zwecke geboren, die phantastischen Doktrinen der Herren Turgot, Price, Priestley und Condorcet vorwegzunehmen – am besonderen Falle das zu exemplifizieren, was als reines Hirngespinst der Perfektionisten gilt. An Ellisons kurzem Dasein vermeine ich, jenes Dogma widerlegt gesehen zu haben – daß in des Menschen physischer wie geistiger Natur ein Prinzip verborgen liege, Widerpart aller Seligkeit. Eine gründliche und angelegentliche Untersuchung seines Lebensweges hat mich begreifen gelehrt, wie im allgemeinen aus der Verletzung einiger weniger, ganz einfacher Gebote des Menschseins das ganze Elend der Menschheit entsteht; wie wir, als Gattung betrachtet, die natürlichen Elemente zur Zufriedenheit durchaus in unserem Besitze haben und wie, selbst heutzutage, in der derzeitigen Blindheit und Dunkelheit all der Auffassungen hinsichtlich der großen Frage der sozialen Zustände es nicht unmöglich ist, daß der Mensch, als Individuum, unter gewissen ungewöhnlichen und höchst zufälligen Bedingungen glücklich sein kann.

Von derlei Ansichten war auch mein junger Freund völlig durchdrungen; und so ist es wohl ganz besonders des Anmerkens wert, daß der fortwährende Genuß, welcher sein Leben auszeichnete, weitgehend das Ergebnis vorgefaßter Planung war. Ja, es liegt auf der Hand, daß Mr. Ellison mit einem Weniger an instinktiver Philosophie, wie sie zuweilen der Erfahrung so wohl zustatten kommt, sich ob des so außergewöhnlich erfolgreichen Verlaufs seines Lebens kopfüber jählich in dem gemeinen Strudel des Elends drunten wiedergefunden hätte, welcher sich all jenen gierig weit auftut, denen hervorragende Talente zu eigen. Doch ist es keineswegs jetzt meine Absicht, eine Abhandlung über das Glück zu verfassen. Die Ansichten meines Freundes lassen sich in wenigen Worten zusammenfassen. Er ließ nur vier unwandelbare Gesetze oder vielmehr Grundprinzipien der Seligkeit gelten. Dasjenige, welches er für das wichtigste erachtete, war (merkwürdigerweise!) ein einfaches und rein physisches, nämlich körperliche Bewegung in freier Luft. »Gesundheit«, sprach er, »welche anders denn auf diese Weise gewonnen wird, verdient kaum so genannt zu werden.« Er verwies auf den Ackersmann – den einzigen, der, als Klasse, sprichwörtlich glücklicher ist denn andere –, und dann führte er zum weiteren Exempel die hohen Wonnen des Fuchsjägers an. Sein zweiter Grundsatz beinhaltete die Liebe des Weibes. Der dritte bestand in der Verachtung jeglichen Ehrgeizes. Der vierte verlangte einen Gegenstand unablässigen Trachtens; und er behauptete, daß das Ausmaß des Glücks, gesetzt, die anderen Dinge seien gleich, genau der Vergeistigung dieses Gegenstandes entspreche.

Wie gesagt, Ellison war bemerkenswert ob der immerwährenden Fülle guter Gaben, mit welchen Fortuna ihn verschwenderisch überschüttete. An persönlicher Anmut und Schönheit übertraf er alle anderen Männer. Sein Geist war von jenem Range, für den die Erwerbung von Wissen weniger mühselige Arbeit bedeutet denn Notwendigkeit und Intuition. Seine Familie war eine der erlauchtesten im Königreiche, seine Braut die lieblichste und hingebungsvollste der Frauen. Mit irdischen Gütern war er zu allen Zeiten reich gesegnet gewesen; doch da er das einundzwanzigste Lebensjahr erreichte, stellte es sich heraus, daß zu seinem Frommen das launische Schicksal einen jener außergewöhnlichen Streiche gespielt, welche die gesamte Gesellschaftssphäre, in der sie vorfallen, in Aufregung versetzen und nur selten verfehlen, das ganze moralische Gefüge derer, die davon betroffen, von Grund auf zu verändern. Es zeigt sich, daß etwa hundert Jahre, bevor Mr. Ellison volljährig ward, in einer entlegenen Provinz ein gewisser Mr. Seabright Ellison gestorben war. Dieser Herr nun hatte ein fürstliches Vermögen angehäuft, und da er keine unmittelbaren Angehörigen hinterließ, war er auf den absonderlichen Gedanken verfallen, seinen Reichtum sich ein volles Jahrhundert lang nach seinem Ableben vermehren zu lassen. Peinlich genau und scharfblickend verfügte er also die diversen Arten der Investition und vermachte die angehäufte Summe dem nächsten Blutsverwandten, welcher den Namen Ellison trüge und nach Ablauf der hundert Jahre noch am Leben wäre. Viele vergebliche Versuche waren bereits unternommen worden, dieses eigentümliche Legat für nichtig zu erklären; ihr *ex-post-facto*-Charakter ließ sie scheitern; doch war die Aufmerksamkeit einer argwöhnischen Staatsregierung geweckt und schließlich ein Erlaß erwirkt, wonach alle derartigen Kapitalansammlungen fürderhin untersagt waren. Dieser Gesetzesbeschluß hinderte den jungen Ellison jedoch nicht daran, an seinem einundzwanzigsten Geburtstage als der Erbe seines Vorfahren Seabright den Besitz eines Vermögens von *vierhundertfünfzig Millionen Dollar* anzutreten.[1]

Als es endgültig dann bekannt geworden, daß der ererbte Reichtum derart enorm wäre, kam es natürlich zu vielerlei Spekulationen hinsichtlich der Art und Weise, wie dieser zu verwenden sei. Daß die Summe so ungeheuer groß, dazu sofortig verfügbar war, erschreckte und verwirrte alle, die über den Fall nachdachten. Der Besitzer einer nur irgend *abschätzbaren* Summe Geldes hätte ja, so vermochte man sich vorzustellen, tausenderlei Dinge damit anfangen können. Bei Reichtümern, welche diejenigen irgendeines Bürgers lediglich überstiegen, wäre es leicht gewesen, sich vorzustellen, wie er aufs maßloseste den modisch vornehmen Extravaganzen seiner Zeit nun huldigte oder sich mit politischen Intrigen abgäbe, vielleicht mit einem Ministerposten liebäugelte; oder sich höhere Adelswürden zu erkaufen suchte; oder monumentale Prachtbauten zu errichten trachtete; oder in großem Stile Kunstgegenstände sammelte; oder den großzügigen Mäzen der Kunst und Literatur spielte; oder umfängliche Wohlfahrtseinrichtungen stiftete, die dann seinen Namen trügen. Doch im Betrachte des unvorstellbaren Reichtums, wie er tatsächlich im unmittelbaren Besitze des jungen Erben sich fand, schienen diese Zwecke samt allen herkömmlichen Zwecken gänzlich unangemessen. Man nahm seine Zuflucht zu Zahlen; doch Zahlen gereichten erst recht nur zur

1 Ein Fall, dem hier erdachten in den Grundzügen ganz ähnlich, hat sich vor gar nicht allzu langer Zeit in England tatsächlich zugetragen. Der Name des glücklichen Erben (welcher noch lebt) ist Thelluson. Einen Bericht von dieser Angelegenheit habe ich zuerst in dem Reisetagebuch des Fürsten Pückler-Muskau gelesen. Dieser gibt die ererbte Summe mit neunzig Millionen Pfund an und bemerkt mit großem Nachdruck, daß der Aussicht, ›so viel Geld zu haben, etwas Großes‹ anhafte. ›Welche wunderbaren ... Dinge ließen sich mit einem solchen Privatvermögen ... ausrichten!‹ Um den Zwecken dieses Artikels zu genügen, bin ich der Darlegung des Fürsten gefolgt – wiewohl sie zweifellos in hohem Grade übertrieben ist.

Verwirrung. Man fand, wie selbst bei drei Prozent das jährliche Einkommen aus der Erbschaft nicht weniger denn
dreizehn Millionen fünfhunderttausend Dollar betragen
würde; was eine Million einhundertfünfundzwanzigtausend
pro Monat bedeutete; oder sechsunddreißigtausendneun-
hundertsechsundachtzig pro Tag; oder eintausendfünfhunderteinundvierzig pro Stunde; oder sechsundzwanzig Dollar für jede Minute, die verstrich. So war denn der
jeglichen Mutmaßungen gewohnte Pfad ganz und gar nicht
mehr zu begehen. Die Leute wußten nicht, was sie sich vorstellen sollten. Es gab sogar etwelche, die da meinten,
Mr. Ellison würde unverzüglich mindestens zweier Drittel
seines Vermögens als eines gänzlich übertriebenen Überflusses entraten und hierbei durch Verteilung jener
Überfülle seine Verwandten zuhauf zu reichen Leuten
machen.

Gleichwohl überraschte es mich nicht, als ich merkte,
daß er sich längst schon über einen Gegenstand entschieden hatte, welcher seinen Freunden soviel Kopfzerbrechen
bereitete. Auch war ich ob der Art seines Entschlusses
nicht sonderlich erstaunt. Er war ein Dichter, im weitesten
und edelsten Sinne. Überdies verstand er den wahren Charakter, die hehren Ziele, die höchste Majestät und Würde
des poetischen Empfindens. Die rechte Befriedigung dieses
Gefühls, so spürte er instinktiv, lag in der *Erschaffung neuer
Formen von Schönheit*. Gewisse Eigentümlichkeiten, sei es in
seiner frühen Erziehung oder im Wesen seines Geistes, hatten der Art seiner moralischen Spekulationen sämtlich
einen Anflug dessen verliehen, was man Materialismus
heißt; und vielleicht war es dieser Zug, welcher, unmerklich, ihn zu der Einsicht führte, das vorteilhafteste, wenn
nicht gar das einzig wahre Feld zur Ausübung des poetischen Empfindens bestünde in der Erschaffung neuer
Seinsweisen rein *physischer* Schönheit. So kam es denn, daß
er weder Musiker noch Dichter ward; wenn wir diesen letzteren Begriff in seinem gewöhnlichen Sinne gebrauchen.
Oder vielleicht war es auch nur dieser seiner bereits erwähnten Ansicht zufolge, daß er weder das eine noch das

andere geworden – der Ansicht nämlich, es liege in der Verachtung jeglichen Ehrgeizes einer der wesentlichen Grundsätze für Glückseligkeit auf Erden. Ja, ist es denn nicht tatsächlich möglich, daß ein Genie von *hohem* Range notwendigerweise wohl ehrgeizig ist, jenes des *höchsten* hinwieder unweigerlich *über* dem steht, was Ehrgeiz geheißen? Und mag es also nicht geschehen, daß mancher weit Größere denn Milton es zufrieden war und ist, ›stumm und unberühmt‹ zu bleiben? Ich glaube, die Welt hat es von Angesicht bisher noch nicht geschaut, und – es sei denn, daß durch eine Verkettung zufälliger Ereignisse ein Geist vom erhabensten Range zu solcher *Verve* getrieben, wie sie ihm zuwider – die Welt wird es auch *niemals* sehen, welch vollen Ausmaßes triumphaler Leistung die menschliche Natur in den bedeutsameren Werken der Kunst an und für sich fähig ist.

Mr. Ellison ward also weder Musiker noch Poet; obschon keinen Sterblichen wohl tiefere Zuneigung zur Musik wie auch zur Muse beseelte. Unter anderen Umständen denn solchen, mit denen er ausgestattet, ist es nicht unmöglich, daß er zum Maler geworden wäre. Der Bereich der Bildhauerkunst, obwohl dem Wesen nach streng poetisch, war doch zu eingeschränkt hinsichtlich Umfang und Bedeutsamkeit, als daß seine Aufmerksamkeit je sonderlich davon beansprucht gewesen. Und so hätte ich denn nun *sämtliche* Gebiete aufgezählt, darin selbst dem weitherzigsten Verständnis des poetischen Empfindens zufolge dieses Empfinden sich erklärtermaßen zu äußern vermöge. Ich meine hier die großzügigste allgemeine oder anerkannte Auffassung des Begriffes, wie ihn der Ausdruck ›poetisches Empfinden‹ enthält. Doch Mr. Ellison fand, es sei das reichste und durchaus das natürlichste und geziemendste Gebiet blindlings vernachlässigt worden. Keine Begriffsbestimmung habe den *Landschaftsgärtner* als einen Poeten erwähnt; gleichwohl vermochte sich mein Freund nicht der Einsicht zu verschließen, daß die Erschaffung eines Landschaftsparks der wahren Dichtkunst die großartigste aller Gelegenheiten böte. Ja, hier auf diesem Felde sei es, daß sich die Erfindungsgabe oder die Phantasie am vollkommensten zu entfalten vermöchten in endlosen Kombinationen von Formen neuer Schönheit; seien doch die Elemente, welche die Verbindung eingingen, allezeit und mit weitem Abstand die herrlichsten, welche die Erde aufzuweisen habe. In der Vielgestalt des Baumes und der Vielfarbenpracht der Blume erkannte er die unmittelbarste und energischste Anstrengung der Natur im Hinblick auf physische Schönheit. Und ebendiese Anstrengung zu lenken oder zu konzentrieren beziehungsweise, genauer gesagt, sie den Augen anzupassen, welche sie auf Erden schauen sollen, hieße, so erkannte er, die besten Mittel zu nutzen – und zum größten Vorteil sich zu mühen –, damit sich sein Schicksal als Poet erfülle.

›Sie den Augen anzupassen, welche sie auf Erden schauen sollen.‹ In seiner Erklärung solcher Ausdrucksweise hat Mr. Ellison viel zur Lösung dessen beigetragen, was mir stets ein Rätsel erschienen. Ich meine die Tatsache (welche nur Ignoranten bestreiten), daß in der Natur keine solchen Kombinationen von Landschaft existieren, wie sie der geniale Maler zu schaffen vermag. Paradiese, wie sie auf den Gemälden eines Claude leuchten, sind in der Wirklichkeit nicht zu finden. Auch in der bezauberndsten der natürlichen Landschaften wird stets ein Mangel oder eine Unmäßigkeit anzutreffen sein – viele Mängel und viele Unmäßigkeiten. Indes die einzelnen Komponenten, für sich betrachtet, auch höchste künstlerische Meisterschaft übertreffen mögen, wird doch die Ordnung der Teile stets zu wünschen übrig lassen. Kurz, es kann kein Standort eingenommen werden, von welchem aus der sichere Blick eines Künstlerauges nicht Grund zu Anstoß fände, und zwar daran, was mit dem *terminus technicus* die *Komposition* einer natürlichen Landschaft geheißen. Und dennoch, wie unverständlich ist dies! In jedem anderen Betrachte lehrt man uns, und dies zu Recht, die Natur als Höchstes zu erachten. Mit ihren Einzelheiten zu wetteifern, scheuen wir zurück. Wer wollte sich schon anmaßen, die Farben der Tulpe nachzuahmen oder das Ebenmaß des Maiglöckchens zu verbessern?

Die Kritik, die da von der Plastik oder der Porträtkunst meint, ›die Natur gelte es nicht zu imitieren denn vielmehr zu erhöhen‹, befindet sich im Irrtum. Keine malerischen noch bildhauerischen Kombinationen von einzelnen *Punk-ten* menschlicher Schönheit vermögen mehr denn der le-bendigen und leibhaftigen menschlichen Schönheit, wie sie täglich uns erfreut, sich lediglich anzunähern. Byron, so oft er auch irrte, irrte doch nicht, da er sagte:

> Ich sah viel schönre Fraun von Fleisch und Bein,
> Als jemals war ein Ideal von Stein.

Einzig für die Landschaft gilt dies Prinzip des Kunstrich-ters; und da dessen Wahrheit er hier gespürt, ist es nur der vorschnelle Geist der Verallgemeinerung, welcher ihn ver-leitet hat, es in *allen* Bereichen der Kunst für gültig zu er-klären. Da dessen Wahrheit er, wie gesagt, hier *gespürt*. Denn das Gefühl ist weder Pose noch Schimäre. Die Ma-thematik gewährt der absoluten Beweise nicht mehr, als das künstlerische *Empfinden* dem Künstler vergönnt. Er glaubt nicht nur, sondern *weiß* es genau, daß durch diese und jene, scheinbar willkürliche Ordnung des Gegenstan-des, oder: diese Form, und nur dadurch, die wahre Schön-heit entsteht. Doch sind seine Gründe noch nicht von der Reife, daß auf eine sprachliche Formel sie zu bringen wä-ren. Es bleibt einer gründlicheren Analyse, als die Welt sie bisher kennt, vorbehalten, sie umfassend zu untersuchen und in Worte zu fassen. Dessenungeachtet wird seinen in-stinktiven Ansichten Bestätigung im übereinstimmenden Urteil all seiner Mitstreiter. Nehmen wir an, eine Komposi-tion sei mangelhaft; nehmen wir an, es erfolge eine Verbes-serung in der rein formalen Ordnung; nehmen wir nun weiter an, diese Verbesserung werde einem jeglichen Künstler auf der ganzen Welt vorgelegt; so würde jeder einzelne ihre Notwendigkeit zugestehen. Ja, weit mehr noch denn dies; zur Behebung des kompositorischen De-fektes würde jedes einzelne Mitglied der Bruderschaft eben die nämliche Verbesserung *vorschlagen*.

Ich wiederhole, daß allein hinsichtlich der Anordnung

oder Zusammenstellung von Landschaften die *physische* Natur ›Erhöhung‹ zuläßt und daß ihre Verbesserungsmöglichkeit in diesem einen Punkte mir deshalb ein Rätsel blieb, welches bislang ich nicht zu lösen vermochte. Es war Mr. Ellison, welcher zuerst den Gedanken unterbreitet, wie das, was wir als Verbesserung oder Erhöhung natürlicher Schönheit betrachteten, in Wirklichkeit eine solche nur sei, was den irdischen oder menschlichen *Standpunkt* beträfe; wie jegliche Änderung oder jeglicher Eingriff in die elementare Szenerie möglicherweise einen Makel in dem Bilde bewirke, wenn wir dies Bild von einem entfernten Punkte im Himmel *im ganzen* betrachten könnten. »Es ist leicht verständlich«, sagt Mr. Ellison, »wie das, was ein Detail, aus der Nähe gemustert, vielleicht verbessern mag, zu gleicher Zeit einen allgemeinen und nur aus größerer Entfernung wahrzunehmenden Gesamteindruck verderben kann.« Er sprach mit Wärme über diesen Gegenstand: auch achtete er nicht so sehr auf dessen unmittelbare oder offensichtliche Bedeutung (welche gering nur ist) denn vielmehr auf den Charakter der Folgerungen, zu welchen dies führen könne, oder der indirekten, untergeordneten Neben-Sätze, die zu erhärten oder bestätigen dies helfen könne. Wäre es doch möglich, daß es eine Klasse von Wesen gäbe, menschlich einst, doch nun dem Menschen unsichtbar, für deren prüfenden Blick und für deren verfeinertes Schönheitsempfinden, und nicht für das unsrige, Gott den großen Landschaftsgarten *der ganzen Erde* angelegt.

Im Verlaufe unserer Diskussion nahm mein junger Freund Gelegenheit, einige Stellen von einem Autor zu zitieren, welcher, so heißt es, dieses Thema trefflich behandelt habe.

›In der Landschaftsgärtnerei‹, schreibt er, ›gibt es eigentlich nur zwei Stile: den natürlichen und den künstlichen. Der eine sucht auf die ursprüngliche Schönheit des Landes sich zu besinnen, indem er seine Mittel auf die Umgebung abstimmt; Bäume anpflanzt, welche mit den Hügeln oder der Ebene des benachbarten Landes harmonieren; diejenigen gefälligen Verhältnisse von Größe, Ebenmaß und Farbe aufdeckt und zur Geltung bringt, wie sie, dem gemeinen Beschauer verborgen, sich dem erfahrenen Kenner der Natur allerorten offenbaren. Das Ergebnis dieses natürlichen Stils in der Gartenkunst ist wohl eher in der Abwesenheit aller Mängel und Mißverhältnisse zu sehen – im Vorwalten einer schönen Ordnung und Harmonie – denn in der Schaffung irgendwelcher besonderer Wunderwerke oder außergewöhnlicher Dinge. Der künstliche Stil nun stellt sich in ebenso vielen Spielarten dar, als es verschiedene Geschmäcker gibt, die es zu befriedigen gilt. Er steht in einer gewissen allgemeinen Verwandtschaft mit den verschiedenen Stilen der Baukunst. Da gibt es die stattlich-majestätischen Alleen und Refugien von Versailles; italienische Terrassen; und einen vielfältig gemischten alt-englischen Stil, der eine gewisse Beziehung zur hiesigen gotischen oder englischen Tudor-Architektur hat. Was immer sich auch gegen Mißbräuche der künstlichen Landschaftsgärtnerei vorbringen läßt, so trägt eine Beimischung reiner Kunst in einer Parklandschaft doch höchlich zu ihrer Schönheit bei. Ist diese einesteils doch dem Auge wohlgefällig, als sie von Plan und Ordnung zeugt, und andernteils moralisch-innerer Natur. Eine Terrasse mit einer alten bemoosten Balustrade beschwört dem Auge sogleich die schönen Gestalten herauf, welche sich dort dereinst ergingen. Die geringste Zurschaustellung von Kunst ist ein Beweis von Obsorge und menschlicher Anteilnahme.‹

»Aus dem, was ich bisher angemerkt habe«, sagte Mr. Ellison, »werden Sie verstehen, daß ich die hier vorgetragene Ansicht von der ›Besinnung auf die ursprüngliche Schönheit des Landes‹ ablehne. Die ursprüngliche Schönheit ist niemals so groß wie jene, welche noch hinzugefügt werden kann. Selbstverständlich hängt vieles von der Wahl eines Ortes mit *Möglichkeiten* ab. Was nun gesagt wird im Hinblick auf das ›Aufdecken und Zur-Geltung-Bringen jener gefälligen Verhältnisse von Größe, Ebenmaß und Farbe‹, so ist dies weiter nichts denn verschwommenes Gerede, welches viel oder wenig oder gar nichts besagen mag und keinerlei Anhaltspunkt gibt. Daß das eigentliche ›Ergebnis‹ des natürlichen Stils in der Gartenkunst wohl eher in der Abwesenheit aller Mängel und Mißverhältnisse zu sehen sei denn in der Schaffung irgendwelcher besonderer Wunderwerke oder außergewöhnlicher Dinge‹, ist eine Behauptung, wie sie wohl besser zu dem im Schmutz wühlenden Verstande der Herde des Pöbels paßt denn zu den leidenschaftlichen Träumen des Genies. Das hier behauptete Verdienst ist im besten Falle ein negatives und gehört zu jener Art hinkender Kritik, wie sie, in der Literatur, Addison zu ihrem Gotte erheben würde. In Wahrheit ist es doch so, daß der Wert, welcher lediglich darin besteht, Un-Wert zu vermeiden, unmittelbar den Verstand anspricht und mithin sich in *Regeln* vorher anzeigen läßt, wogegen der erhabenere Wert, welcher in Erfinder- und Schöpferkraft flammend sich offenbart, einzig in den Ergebnissen zu fassen ist. Regeln gelten nur für die Vortrefflichkeiten der Vermeidung – für die Tugenden, die da negieren oder unterlassen. Darüber hinaus kann die kritische Kunst nur Vorschläge machen. Man kann uns vielleicht noch darin instruieren, eine Odyssee zusammenzubauen, doch ist es vergeblich, uns vorschwatzen zu wollen, *wie* ein ›Sturm‹ zu erschaffen sei, ein ›Inferno‹, ein ›Gefesselter Prometheus‹, eine ›Nachtigall‹ wie die von Keats oder die ›Mimose‹ eines Shelley. Ist das Werk aber einmal getan, das Wunder vollbracht, wird die Fähigkeit, es zu erfassen, Allgemeingut. Die Sophisten der *negativen* Schule, die aus schöpferischem Unvermögen über jegliche Schöpfung gespottet, findet man nun am lautesten applaudieren. Was in jenem Stadium des Prinzips, das einer Schmetterlingspuppe vergleichbar, ihren zimperlichen Verstand so beleidigt, verfehlt in seiner reifen Vollendung niemals, ihrem Instinkt für das Schöne oder Erhabene Bewunderung abzuringen.

Gegen die Bemerkungen unseres Verfassers über den künstlichen Stil der Gartengestaltung«, fuhr Mr. Ellison fort, »ist nun weniger einzuwenden. ›Eine Beimischung reiner Kunst in einer Parklandschaft trägt höchlich zu ihrer Schönheit bei.‹ Das ist richtig; und gleicherweise die Er-

wähnung der ›menschlichen Anteilnahme‹. Ich sage noch
einmal, das hier bekundete Prinzip ist unbestreitbar; doch
mag da gar noch etwas mehr dahinter sein. Könnte es doch
ein Ziel geben, in voller Übereinstimmung mit dem angedeuteten Prinzip – ein Ziel, unerreichbar mit den Mitteln,
wie sie dem Menschen gewöhnlich zu Gebote stehen, welches jedoch, falls erreicht, dem Landschaftsgarten einen
Zauber verliehe, der über alle Maßen alles überträfe, was
rein *menschliche* Anteilnahme zu bewirken vermag. Der
wahre Dichter, so er über außergewöhnliche pekuniäre
Mittel geböte, könnte möglicherweise, dieweil die notwendige Idee von *Kunst* oder *Anteilnahme* oder *Kultur* er beibehielte, seine Entwürfe gleichzeitig mit einer solchen Fülle
und Neuartigkeit von Schönheit durchtränken, daß das
Gefühl *überirdischen* Eingreifens sich einstellte. Es wird sich
zeigen, wie er, indem er ein solches Ergebnis zustande
bringt, sämtliche Vorteile von *Anteilnahme* oder *Gestaltung*
wahrt, indes sein Werk von all dem Harten und rein Technischen der Kunst er befreit. In den schroffsten der Wildnisse – in den rauhesten der Landschaften der reinen Natur – offenbart sich die *Kunst* eines Schöpfers; doch wird
diese Kunst nur sichtbar durch Reflexion; in keinem Betrachte hat sie die unverkennbare Kraft eines Gefühls.
Wenn wir nun dieses Bewußtsein einer allmächtigen Planung in einem meßbaren Grade *harmonisiert* uns denken;
wenn wir uns eine Landschaft vorstellen, darin *Fremdartigkeit*, Weite, Endgültigkeit und Großartigkeit so vereint
sich finden, daß der Gedanke an Kultur oder Obsorge oder
Beaufsichtigung geweckt wird seitens Geisteswesen, welche
dem Menschen zwar verwandt, ihm aber überlegen sind –
dann wäre das Empfinden der *Anteilnahme* bewahrt, indes
die Kunst den Anschein einer intermediären oder sekundären Natur annimmt – einer Natur, welche weder Gott ist
noch eine Emanation Gottes, sondern welche noch immer
Natur ist in dem Sinne, daß sie das Kunstwerk der Engel
ist, die da schweben zwischen Mensch und Gott.«
Und indem er an die praktische Verwirklichung einer
Vision wie dieser seinen gigantischen Reichtum wandte –

in der Bewegung im Freien, wie sie aus der persönlichen Leitung seiner Pläne sich ergab – in dem unablässigen und nie versiegenden *Gegenstande* des Trachtens, welchen diese Pläne boten – in der hohen Vergeistigtheit des Zieles selbst – in der Verachtung jeglichen Ehrgeizes, wodurch er imstande, mehr zu erfühlen als zu erwirken – und schließlich in der Gemeinschaft und Anteilnahme eines ergebenen Weibes – mit alledem erwartete Ellison nur eines zu finden *und fand* es auch: die Befreiung von der Menschen gemeiner Sorge, dazu ein weit höheres Maß an vollkommener Glückseligkeit, denn jemals in den verzückten Tagträumen der Madame de Staël erglühte.

DAS GEHEIMNIS UM MARIE ROGÊT[1]

Eine Fortsetzung zu den
›*Morden in der Rue Morgue*‹

> Es gibt eine Reihe idealischer Begebenheiten, die der
> Wirklichkeit parallel läuft. Selten fallen sie zusam-
> men. Menschen und Zufälle modifizieren gewöhnlich
> die idealische Begebenheit, so daß sie unvollkommen
> erscheint und ihre Folgen gleichfalls unvollkommen
> sind. So bei der Reformation; statt des Protestantis-
> mus kam das Luthertum hervor.
>
> Novalis,[2] ›Moralische Ansichten‹

Es gibt nur wenige Menschen, selbst unter den besonnen-
sten Denkern, die nicht gelegentlich der jähe Schauder
eines vagen, doch schreckerregenden Halbglaubens an das
Übernatürliche gepackt hätte, da ihnen *Koinzidenzen* von
scheinbar so wunderbarer Natur begegnet, daß der Verstand es nicht vermocht, sie für *bloße* Zufälle zu halten.
Solche Empfindungen – denn die Halbgläubigkeit, von
der ich rede, besitzt niemals die volle Stärke des *Gedan-*

1 Beim Erstabdruck von ›Marie Rogêt‹ wurden die nun beigefügten Fußnoten für unnötig erachtet; doch da seit der Tragödie, auf
welcher die Erzählung basiert, mehrere Jahre vergangen sind, erscheint es wohl angeraten, sie darzulegen und darüber hinaus einige Worte zur Erläuterung des allgemeinen Plans zu sagen. Ein
junges Mädchen, *Mary Cecilia Rogers*, wurde in der Nähe New
Yorks ermordet; und obwohl ihr Tod gewaltiges, lang anhaltendes
Aufsehen erregte, waren die ihn umgebenden Rätsel zu der Zeit,
da die vorliegende Arbeit niedergeschrieben und veröffentlicht
wurde (November 1842), noch ungelöst geblieben. Hierin ist der
Autor, unter dem Vorwande, vom Schicksal einer Pariser *grisette*
zu berichten, im kleinsten Detail getreulich den wesentlichen Tatsachen des wirklichen Mordfalles Mary Rogers gefolgt, wobei er
Nebensächlichkeiten nur entsprechend daran angepaßt hat. So ist
die gesamte, auf Fiktion gegründete Beweisführung auf die wirkli-

kens –, solche Empfindungen lassen sich selten gänzlich unterdrücken, es sei denn, man beruft sich auf die Lehre von den Möglichkeiten oder, wie der *terminus technicus* dafür heißt, die Wahrscheinlichkeitsrechnung. Nun ist diese Rechnung ihrem Wesen nach reine Mathematik; und so haben wir denn hier den anomalen Fall, daß die strengste, exakteste Wissenschaft Anwendung findet auf den unwirklichen Schatten der vagsten Spekulation, die so gar nicht greifbar.

Die außergewöhnlichen Umstände, welche ich nun mitzuteilen aufgerufen bin, bilden, so wird man feststellen, was die zeitliche Abfolge betrifft, die erste Phase einer Reihe kaum faßlicher *Koinzidenzen*, deren zweite oder Schlußphase alle Leser in dem Morde an MARY CECILIA ROGERS, der vor kurzem in New York geschah, wiedererkennen werden.

Als ich mich vor etwa einem Jahre in einer Arbeit des Titels ›Die Morde in der Rue Morgue‹ bemühte, einige sehr bemerkenswerte Züge im geistigen Charakter meines Freundes, des Chevaliers C. Auguste Dupin, zu schildern, wäre es mir nie eingefallen, daß ich das Thema jemals wieder aufgreifen würde. War es doch mein Anliegen gewesen, diesen Charakter zu beschreiben; und dieses Anliegen nun fand in der Folge der Umstände Erfüllung, welche ich zum Belege für Dupins Eigenart beigebracht hatte. Ich hätte chen, wahren Ereignisse anwendbar: und Ziel war es ja, die Wahrheit aufzuspüren.

›Das Geheimnis um Marie Rogêt‹ wurde fern vom Schauplatz der Greueltat verfaßt und ohne andere Mittel der Untersuchung, denn die Zeitungen sie boten. So entging dem Autor vieles, was er sich hätte zunutze machen können, wäre er an Ort und Stelle gewesen und hätte die Örtlichkeiten in Augenschein genommen. Es mag jedoch nicht unangebracht sein zu erwähnen, daß die Geständnisse von *zwei* Personen (deren eine die Madame Deluc der Erzählung ist), zu verschiedenen Zeiten, lange nach der Veröffentlichung abgelegt, nicht nur die allgemeine Schlußfolgerung vollauf bestätigten, sondern auch ganz und gar *sämtliche* hypothetischen Hauptumstände, welche zu dieser Folgerung geführt.

2 *nom de plume*, eigentlich von Hardenberg

noch andere Beispiele anführen können, doch mehr hätte ich damit auch nicht bewiesen. Indes haben nun jüngste Ereignisse in ihrer überraschenden Wendung mich aufgeschreckt, noch weitere Einzelheiten mitzuteilen, die etwas nach einem erzwungenen Geständnis aussehen mögen. Doch im Betrachte dessen, was mir kürzlich zu Ohren gekommen, wäre es nun wahrlich recht merkwürdig, wollte ich auch fürderhin über das, was ich schon vor so langer Zeit gehört und gesehen, Stillschweigen üben.

Als der Fall um den tragischen Tod der Madame L'Espanaye und ihrer Tochter abgeschlossen war, wandte der Chevalier sogleich seine Aufmerksamkeit von der Affäre ab und verfiel wieder in seine alte Gewohnheit verdrossener Träumerei. Jederzeit zur Zurückgezogenheit geneigt, schloß ich mich bereitwillig seiner Laune an; und so bewohnten wir denn weiter unsere Zimmer im Faubourg Saint-Germain, ließen die Zukunft Zukunft sein und dämmerten ruhig in der Gegenwart dahin, indem wir die schnöde Welt um uns in Träume spannen.

Doch diese Träume blieben nicht gänzlich ungestört. Es läßt sich leicht denken, wie die Rolle, welche mein Freund in dem Drama in der Rue Morgue gespielt hatte, ihren Eindruck auf die Phantasie der Pariser Polizei nicht verfehlt hatte. Bei ihren Emissären war der Name Dupins ein Begriff geworden. Da der einfache Charakter jener induktiven Schlüsse, vermittels derer er das Geheimnis gelüftet hatte, außer mir keinem Menschen, nicht einmal dem Präfekten, erklärt worden war, überrascht es natürlich keineswegs, daß man die Affäre für kaum weniger denn ein Wunder ansah beziehungsweise daß des Chevaliers analytische Fähigkeiten ihm den Ruf außerordentlicher Intuition eintrugen. Seine Offenheit hätte ihn dazu veranlaßt, einen jeden, der danach gefragt, eines Besseren zu belehren; doch seine indolente Gemütsart ließ keine Erörterung eines Gegenstandes zu, der ihm längst gleichgültig geworden. So geschah es denn, daß er dem Auge des Gesetzes wie ein Leitstern leuchtete; und der Fälle waren nicht wenige, bei denen die Präfektur versuchte, seine Dienste in Anspruch zu nehmen. Einer der bemerkenswertesten hierbei war der des Mordes an einem jungen Mädchen namens Marie Rogêt.

Dies Ereignis begab sich etwa zwei Jahre nach der Greueltat in der Rue Morgue. Marie, deren Tauf- und Familienname ob ihrer Ähnlichkeit mit denen des unglücklichen ›Zigarrenmädchens‹ sogleich aufmerken lassen werden, war die einzige Tochter der Witwe Estelle Rogêt. Der Vater war schon während ihrer Kindheit gestorben, und vom Zeitpunkte seines Todes an bis achtzehn Monate vor ihrer Ermordung, die den Gegenstand unserer Erzählung bildet, hatten Mutter und Tochter zusammen in der Rue Pavée Saint Andrée[1] gewohnt; wo Madame, unterstützt von Marie, eine Pension unterhielt. So gingen die Dinge dahin, bis Marie ihr zweiundzwanzigstes Jahr erreicht hatte und ihre große Schönheit die Aufmerksamkeit eines Parfümhändlers auf sich zog, welcher einen der Läden im Untergeschoß des Palais Royal innehatte und dessen Kundschaft vornehmlich aus den verzweifelten Abenteurern bestand, die jene Gegend unsicher machten. Monsieur Le Blanc[2] war sich wohl bewußt, welche Vorteile seiner Parfümerie daraus erwachsen müßten, wenn die schöne Marie darin bediente; und seine großzügigen Angebote wurden von dem Mädchen voller Eifer, von Madame freilich erst nach einigem Zögern angenommen.

Die Erwartungen des Ladenbesitzers erfüllten sich, und bald hatten die Reize der munteren *grisette* seinen Laden stadtbekannt gemacht. Wohl ein Jahr hatte Marie bei ihm in Dienst gestanden, als ihr plötzliches Verschwinden aus dem Laden ihre Verehrer in Aufregung versetzte. Monsieur Le Blanc sah sich außerstande, ihre Abwesenheit zu erklären, und Madame Rogêt war vor Angst und Sorge außer sich. Die Zeitungen griffen die Sache unverzüglich auf, und schon stand die Polizei im Begriffe, ernstliche Nachforschungen anzustellen, als eines schönen Morgens, nach Verlaufe einer Woche, Marie bei guter Gesundheit, doch

1 Nassau Street. – 2 Anderson

mit bekümmerter Miene wieder hinter ihrem gewohnten Ladentisch in der Parfümerie auftauchte. Natürlich wurde alle Nachfrage, sofern nicht rein privater Art, augenblicklich eingestellt. Monsieur Le Blanc bekundete nach wie vor totale Unwissenheit. Marie wie auch Madame erwiderten auf alle Fragen, sie habe die letzte Woche im Hause einer Verwandten auf dem Lande verbracht. So ward es denn ruhig um die Affäre, und bald war sie gänzlich in Vergessenheit geraten; denn das Mädchen nahm nicht lange danach endgültig Abschied von der Parfümerie, offensichtlich, um sich der zudringlichen Neugier zu entziehen, und suchte Zuflucht im Hause der Mutter in der Rue Pavée Saint Andrée.

Es mochte wohl drei Jahre nach dieser Heimkehr sein, daß ihre Freunde zum zweiten Male durch ihr plötzliches Verschwinden in Aufregung versetzt wurden. Drei Tage vergingen, ohne daß man etwas von ihr hörte. Am vierten aber fand man ihren Leichnam in der Seine[1] treiben, nahe dem Ufer, welches dem Viertel der Rue Saint Andrée gegenüberliegt, und an einer Stelle, die nicht allzuweit von der einsamen Gegend der Barrière du Roule[2] entfernt ist.

Die Abscheulichkeit dieses Mordes (denn daß es sich hier um einen Mordfall handelte, war sogleich klar), die Jugend und Schönheit des Opfers, vor allem aber dessen frühere Bekanntheit – all dies zusammen erzeugte eine ungeheure Erregung in den Gemütern der empfindsamen Pariser. Ich kann mich an kein vergleichbares Vorkommnis erinnern, das eine so allgemeine und so gewaltige Wirkung hervorgebracht hätte. Mehrere Wochen lang vergaß man über der Erörterung dieses einen, alles beherrschenden Themas selbst die wichtigsten politischen Tagesfragen. Der Präfekt unternahm ungewöhnliche Anstrengungen; und natürlich wurden die Kräfte der gesamten Pariser Polizei bis zum äußersten aufgeboten.

Anfangs, als die Leiche entdeckt wurde, nahm man nicht an, daß der Mörder den Nachforschungen, die unmittelbar

1 im Hudson. – 2 Weehawken

in Gang gesetzt wurde, für länger denn nur eine sehr kurze Zeit entgehen könnte. Erst nach Ablauf einer ganzen Woche erachtete man es für notwendig, eine Belohnung auszusetzen; und selbst da noch wurde diese Belohnung auf tausend Francs beschränkt. Inzwischen ging die Untersuchung nach Kräften, wenn auch nicht immer mit Verstand, voran, und zahlreiche Personen wurden ergebnislos vernommen; derweil die allgemeine Aufregung, da nach wie vor jegliche Spur fehlte, gewaltig wuchs. Am Ende des zehnten Tages hielt man es für ratsam, die ursprünglich ausgesetzte Summe zu verdoppeln; und als schließlich auch die zweite Woche verstrichen war, ohne irgendwelche Aufschlüsse zu erbringen, und das Vorurteil, das in Paris immer gegen die Polizei besteht, sich in mehreren ernsthaften *émeutes* Luft gemacht hatte, nahm es der Präfekt auf sich, die Summe von zwanzigtausend Francs ›für die Überführung des Meuchelmörders‹ auszusetzen beziehungsweise, falls es sich erweisen sollte, daß mehr als einer an der Tat beteiligt war, ›für die Überführung eines der Meuchelmörder‹. In der Bekanntmachung, welche diese Belohnung ankündigte, wurde auch jedem etwaigen Komplizen, der gegen seinen Kumpan Zeugnis ablegen würde, volle Straffreiheit zugesichert; und dem Anschlag war, wo immer er erschien, der private Aushang eines Bürgerkomitees angefügt, das zusätzlich zu der von der Präfektur ausgesetzten Summe noch weitere zehntausend Francs bot. Die gesamte Belohnung betrug also nicht weniger denn dreißigtausend Francs, was als eine außergewöhnliche Summe gelten muß, wenn man den bescheidenen Stand des Mädchens bedenkt sowie die Tatsache, daß Greueltaten wie die beschriebene in großen Städten doch recht häufig geschehen.

Nun zweifelte niemand mehr daran, daß das Geheimnis dieser Mordtat alsbald ans Licht käme. Doch wiewohl in ein oder zwei Fällen Verhaftungen erfolgten, die Aufklärung verhießen, wurde jedoch nichts aufgedeckt, was den Verdacht bestätigt hätte; und so wurden die Betreffenden bald darauf auf freien Fuß gesetzt. So seltsam es auch scheinen mag, doch war schon die dritte Woche seit Entdeckung des Leichnams verstrichen, und verstrichen, ohne daß irgend Aufschluß gewonnen worden wäre, ehe auch nur ein Gerücht von den Ereignissen, welche die öffentliche Meinung so in Aufruhr versetzt hatten, Dupin und mir zu Ohren kam. In Forschungen vertieft, welche unsere ganze Aufmerksamkeit in Anspruch nahmen, war es schon nahezu einen Monat her, daß einer von uns ausgegangen war oder einen Besucher empfangen oder mehr als nur einen flüchtigen Blick auf die politischen Leitartikel in einer der Tageszeitungen geworfen hatte. Die erste Nachricht von dem Morde wurde uns von G – – höchstpersönlich überbracht. Am frühen Nachmittag des 13. Juli 18 – – sprach er bei uns vor und blieb bis spät in der Nacht. Er war verärgert über die Erfolglosigkeit all seiner Bemühungen, die Mörder aufzuspüren. Sein Ruf – so sagte er mit typisch Pariser *air* – stehe auf dem Spiele. Selbst seine Ehre sei betroffen. Die Augen der Öffentlichkeit seien auf ihn gerichtet; und es gebe wirklich kein Opfer, das er nicht gern für die Aufklärung des Geheimnisses bringen würde. Er schloß seine etwas komische Rede mit einem Kompliment über das, was er Dupins *Taktgefühl* zu nennen beliebte, und machte ihm ein direktes und gewiß großzügiges Anerbieten, dessen genaue Natur zu enthüllen ich mich nicht befugt fühle, das aber für den eigentlichen Gegenstand meiner Erzählung auch keine Bedeutung hat.

Das Kompliment wies mein Freund zurück, so gut er es vermochte, den Vorschlag aber nahm er sofort an, obwohl dessen Vorteile nur zeitweiliger Natur waren. Nachdem nun dieser Punkt geregelt war, beeilte sich der Präfekt, sogleich seine eigenen Ansichten darzulegen, in die er lange Kommentare über die Zeugenaussagen einflocht; welch letztere noch nicht in unsere Hände gelangt waren. Er redete viel und ohne Zweifel in gelehrter Weise; wobei ich hier und da einen gelegentlichen Einwurf wagte, dieweil die Nacht sich schläfrig dahinschleppte. Dupin, der reglos in seinem gewohnten Lehnstuhl saß, war die Verkörperung respektvoller Aufmerksamkeit. Er trug während des gesamten Gesprächs eine Brille; und ein gelegentlicher Blick hinter ihre grünen Gläser reichte hin, mich davon zu überzeugen, daß er während der ganzen sieben oder acht bleiernfüßig dahinschleichenden Stunden, welche dem Aufbruch des Präfekten vorausgingen, sich einem zwar leisen, darum aber nicht weniger tiefen Schlaf hingegeben.

Am Morgen besorgte ich auf der Präfektur einen umfassenden Bericht sämtlicher vorliegender Zeugenaussagen, dazu bei den verschiedenen Zeitungsbüros ein Exemplar jeder Nummer, von der ersten bis zur letzten, darin wichtige Informationen über diese traurige Angelegenheit veröffentlicht worden waren. Befreit von allem, was eindeutig widerlegt wurde, ergab sich aus dieser Masse an Mitteilungen der folgende Tatbestand:

Marie Rogêt verließ die Wohnung ihrer Mutter in der Rue Pavée St. Andrée am Sonntag, dem zweiundzwanzigsten Juni 18 – –, gegen neun Uhr morgens. Beim Fortgehen teilte sie einem Monsieur Jacques St. Eustache,[1] und nur ihm allein, ihre Absicht mit, den Tag bei einer Tante zu verbringen, welche in der Rue des Drômes wohnte. Die Rue des Drômes ist eine kurze und enge, doch belebte Verkehrsstraße unweit der Flußufer und etwa zwei Meilen von der Pension der Madame Rogêt entfernt, wenn man den kürzesten Weg rechnet. St. Eustache war der in Gnaden aufgenommene Freier Maries und logierte in der Pension, wo er auch seine Mahlzeiten einnahm. Er hatte seine Verlobte bei Einbruch der Dunkelheit abholen und sie nach Hause begleiten sollen. Am Nachmittag jedoch setzte ein heftiger Regen ein; und in der Annahme, sie werde die Nacht über bei ihrer Tante bleiben (wie sie es unter ähnlichen Umständen zuvor schon getan hatte), hielt er es nicht für nötig, sein Versprechen zu halten. Als dann die Nacht hereinbrach, hörte man Madame Rogêt (die eine kränkliche alte Dame war, siebzig Jahre alt) die Befürchtung äußern, sie werde ›Marie wohl niemals wiedersehen‹; doch ward diese Bemerkung zu der Zeit nur wenig beachtet.

1 Payne

Am Montag stellte sich heraus, daß das Mädchen gar nicht in der Rue des Drômes gewesen war; und als der Tag ohne Nachricht von ihr vorüberging, nahm man an verschiedenen Punkten in der Stadt und Umgebung eine zögerliche Suche auf. Doch erst am vierten Tage nach ihrem Verschwinden ward Gewißheit über ihr Schicksal. An diesem Tage (Mittwoch, dem fünfundzwanzigsten Juni) erfuhr ein Monsieur Beauvais,[1] der zusammen mit einem Freunde in der Nähe der Barrière du Roule nach Marie gesucht hatte, an dem Seine-Ufer, welches der Rue Pavée St. Andrée gegenüberliegt, daß soeben von Fischern eine Leiche an Land gezogen worden sei, welche sie im Flusse treibend gefunden hatten. Als Beauvais die Tote sah, identifizierte er sie nach einigem Zögern als das Parfümeriemädchen. Sein Freund erkannte sie auf der Stelle.

Das Gesicht war mit dunklem Blute überzogen, das teilweise aus dem Mund geströmt war. Schaum, wie er im Falle bloß Ertrunkener auftritt, war nicht zu sehen. Es lag keine Entfärbung im Zellengewebe vor. Am Hals befanden sich blaue Flecke und Fingerabdrücke. Die Arme waren über der Brust gebeugt und erstarrt. Die rechte Hand war geballt; die linke halb geöffnet. Am linken Handgelenk sah man zwei kreisförmige Hautabschürfungen, die allem Anschein nach von Stricken herrührten oder von einem Strick, der mehrfach herumgeschlungen gewesen. Ein Teil des rechten Handgelenks war ebenfalls stark abgeschürft, desgleichen der Rücken über seine ganze Länge hin, besonders aber an den Schulterblättern. Um den Leichnam ans Ufer zu ziehen, hatten die Fischer zwar ein Seil daran festgebunden; doch rührte keine der Abschürfungen davon her. Am Halse war das Fleisch stark geschwollen. Platzwunden oder Prellungen, wie sie etwa auf die Wirkung von Schlägen deuteten, waren nicht sichtbar. Ein Stück Spitze fand man so fest um den Hals geschlungen, daß es dem Blick entging; es schnürte tief ins Fleisch ein und war mit einem Knoten festgebunden, der genau unter dem linken

1 Crommelin

Ohr lag. Dies allein hätte ausgereicht, den Tod herbeizuführen. Das ärztliche Zeugnis sprach mit Gewißheit vom tugendhaften Charakter der Verstorbenen. Sie sei, so hieß es, brutaler Gewalt zum Opfer gefallen. Der Leichnam war, als man ihn fand, in solchem Zustande, wie er für Freunde keinerlei Schwierigkeit hätte bieten dürfen, diesen zu identifizieren.

Die Bekleidung war arg zerrissen und auch sonst in großer Unordnung. Im Obergewande war ein Streifen, etwa ein Fuß breit, vom unteren Saum bis zur Taille ein-, doch nicht abgerissen worden. Dieser war dreimal um den Leib geschlungen und mit einer Art Knoten im Rücken festgezogen. Das Unterkleid unter dem oberen Gewande war von feinem Musselin; und hieraus war ein achtzehn Zoll breiter Streifen vollständig herausgerissen – und zwar sehr gleichmäßig und mit großer Sorgfalt. Ihn fand man lose um den Hals geschlungen und mit einem festen Knoten gesichert. Über diesem Musselinstreifen und dem aus Spitze waren noch die Bänder eines Hutes festgeknüpft; daran hing noch der Hut. Der Knoten, mit welchem die Hutbänder zusammengebunden waren, sah nicht dem einer Dame gleich, sondern war ein Zieh- oder Seemannsknoten.

Nach der Identifizierung des Leichnams ward dieser nicht, wie üblich, ins Leichenschauhaus gebracht (war diese Formalität doch überflüssig), sondern in aller Eile nicht weit von der Stelle, da man ihn an Land gezogen, begraben. Durch die Bemühungen Beauvais' wurde die Angelegenheit mit Fleiß vertuscht, soweit dies möglich; und so waren schon mehrere Tage verstrichen, ehe die Öffentlichkeit sich regte. Eine Wochenzeitschrift[1] jedoch griff schließlich die Sache auf; der Leichnam wurde exhumiert und eine neuerliche Untersuchung angestrengt; doch nichts kam ans Licht, was nicht bereits bekannt gewesen wäre. Indes wurden die Kleidungsstücke nun der Mutter und Freunden der Verstorbenen vorgelegt und völlig als

1 der ›New York Mercury‹

diejenigen identifiziert, welche das Mädchen getragen hatte, als sie das Haus verlassen.

Unterdessen wuchs die Erregung stündlich. Mehrere Personen wurden festgenommen und wieder freigelassen. Ganz besonders geriet St. Eustache in Verdacht; und anfangs vermochte er auch nicht eine plausible Auskunft über seinen Aufenthalt an dem Sonntage zu geben, da Marie von zu Hause weggegangen war. Später dann legte er jedoch Monsieur G – – eidesstattliche Erklärungen vor, die ausreichend über jede Stunde des fraglichen Tages Rechenschaft ablegten. Als die Zeit verstrich und keine Entdeckung erfolgte, kursierten wohl tausend einander widersprechende Gerüchte, und die Journalisten ergingen sich eifrig in allerlei *Mutmaßungen.* Unter diesen fand am meisten Beachtung die Meinung, daß Marie Rogêt noch am Leben sei – daß der Leichnam, den man in der Seine gefunden hatte, der einer anderen Unglücklichen sei. Es ist nur recht und billig, daß ich dem Leser ein paar Passagen unterbreite, welche die erwähnte Vermutung zum Ausdruck bringen. Diese Stellen sind *wortgetreue* Übertragungen aus ›L'Etoile‹,[1] einem im allgemeinen mit viel Geschick geleiteten Blatte.

›Mademoiselle Rogêt verließ das Haus ihrer Mutter morgens am Sonntag, dem zweiundzwanzigsten Juni 18 – –, mit der angeblichen Absicht, ihre Tante oder irgendeine andere Verwandte in der Rue des Drômes zu besuchen. Von dieser Stunde an hat sie nachweislich niemand mehr gesehen. Es gibt von ihr keinerlei Spur oder Nachricht ... Bis jetzt hat sich auch niemand gemeldet, der sie an jenem Tage, nachdem sie aus der Türe des mütterlichen Hauses getreten, überhaupt noch gesehen hätte ... Wiewohl wir nun auch keinerlei Beweis besitzen, daß Marie Rogêt am Sonntag, dem zweiundzwanzigsten Juni, nach neun Uhr noch unter den Lebenden geweilt, so ist es doch gewißlich erwiesen, daß bis zu dieser Stunde sie am Leben war. Am

1 der New Yorker ›Brother Jonathan‹, herausgegeben von H. Hastings Weld

Mittwochmittag, gegen zwölf, ward nun ein weiblicher Leichnam entdeckt, der in Ufernähe der Barrière du Roule dahintrieb. Das wären, selbst wenn wir annehmen, Marie Rogêt sei innerhalb von drei Stunden, nachdem sie das Haus ihrer Mutter verlassen hatte, in den Fluß geworfen worden, nur drei Tage von dem Zeitpunkt an, da sie von zu Hause weggegangen – auf die Stunde genau drei Tage. Aber es wäre töricht anzunehmen, daß der Mord, wenn überhaupt Mord an ihr begangen ward, hätte rasch genug vollbracht werden können, um es den Mördern zu ermöglichen, die Leiche noch vor Mitternacht in den Fluß zu werfen. Wer sich solch abscheulicher Verbrechen schuldig macht, wählt die Dunkelheit eher denn das Licht. ... So sehen wir denn, daß der Leichnam, falls die Tote, die man im Flusse gefunden, überhaupt Marie Rogêt *war*, lediglich zweieinhalb, höchstens drei Tage im Wasser gelegen haben konnte. Alle Erfahrung hat aber gezeigt, daß es bei Ertrunkenen oder Leichen, welche unmittelbar nach gewaltsamem Tode ins Wasser geworfen wurden, sechs bis zehn Tage braucht, bis die Zersetzung weit genug fortgeschritten ist, um sie wieder an die Wasseroberfläche zu bringen. Selbst wo eine Kanone über einem Leichnam abgefeuert wird und dieser hochkommt, noch ehe er wenigstens fünf oder sechs Tage im Wasser gelegen, sinkt er wieder hinab, wenn man ihn sich selbst überläßt. Wir fragen nun, was denn in diesem Falle ein Abweichen vom normalen Gange der Natur hätte verursachen sollen? ... Wenn die Leiche in ihrem derart zugerichteten Zustande bis Dienstag nacht am Ufer verwahrt worden wäre, so wäre doch am Ufer irgendeine Spur der Mörder zu finden. Auch ist recht zweifelhaft, ob die Leiche so bald schon an der Oberfläche treiben würde, selbst wenn man sie erst zwei Tage nach dem Tode hineingeworfen hätte. Und überdies ist es höchst unwahrscheinlich, daß Schurken, welche solch einen Mord wie den hier vermuteten begangen, den Leichnam ins Wasser geworfen hätten, so ohne jegliches Gewicht, das ihn zum Sinken gebracht, wo doch eine solche Vorsichtsmaßregel so leicht sich hätte treffen lassen.‹

Der Redakteur führt des weiteren dann zum Beweise an, der Leichnam müsse ›nicht drei Tage nur, sondern wenigstens fünfmal drei Tage‹ im Wasser gelegen haben, weil er so weit zersetzt schon gewesen, daß Beauvais große Mühe gehabt, ihn zu identifizieren. Dieser letztere Punkt ward jedoch vollkommen widerlegt. Ich fahre mit der Übersetzung fort:

›Welches sind also die Tatsachen, auf welche hin M. Beauvais behauptet, er hege keinen Zweifel, daß die Leiche die von Marie Rogêt sei? Er hat den Kleiderärmel aufgeschlitzt und, wie er sagt, Male gefunden, welche ihn von der Identität überzeugten. In der Öffentlichkeit nahm man nun allgemein an, diese Merkmale hätten in irgendwelchen Narben bestanden. Er aber rieb am Arm und fand darauf *Haare* – ein Umstand, der unseres Erachtens so unbestimmt ist, wie man es sich nur denken kann, und so wenig beweiskräftig wie etwa die Tatsache, daß man in dem Ärmel einen Arm fand. M. Beauvais kam in jener Nacht nicht nach Hause, sondern ließ Madame Rogêt ausrichten, und zwar Mittwochabend sieben Uhr, eine Untersuchung, die ihre Tochter betreffe, sei noch im Gange. Wenn wir gelten lassen, daß Madame Rogêt auf Grund ihres Alters und Kummers nicht imstande gewesen, hinüberzugehen (was schon ein großes Zugeständnis wäre), so hätte doch bestimmt jemand da sein müssen, der es der Mühe für wert gehalten hätte, hinzugehen und der Untersuchung beizuwohnen, wäre man der Meinung gewesen, die Leiche sei die von Marie. Aber keiner ging hin. In der Rue Pavée St. Andrée verlautete nicht das geringste über die Angelegenheit, das auch nur bis zu den übrigen Hausbewohnern gedrungen wäre. M. St. Eustache, der Liebhaber und zukünftige Gatte Maries, der im Hause ihrer Mutter logierte, sagt aus, er habe erst am nächsten Morgen erfahren, daß die Leiche seiner Verlobten gefunden worden sei, als M. Beauvais zu ihm ins Zimmer gekommen sei und ihm davon berichtet habe. Bei einer Nachricht wie dieser dünkt es uns doch befremdlich, wie kühl sie aufgenommen wurde.‹

Auf diese Weise versuchte die Zeitung, den Eindruck zu erwecken, als hätten Maries Verwandte eine Gleichgültigkeit bezeigt, wie sie gänzlich unvereinbar sei mit der Annahme, es hielten diese Verwandten die Leiche für die des Mädchens. Die Andeutungen liefen darauf hinaus: – daß Marie sich mit dem stillschweigenden Einverständnis der Ihren aus der Stadt begeben habe, und zwar aus Gründen, die ihre Tugendhaftigkeit in Zweifel zogen; und daß diese Angehörigen nun bei der Entdeckung eines Leichnams in der Seine, welcher dem Mädchen einigermaßen ähnlich sah, die Gelegenheit genutzt hätten, die Öffentlichkeit glauben zu machen, Marie sei tot. Aber ›L'Etoile‹ war wieder einmal voreilig gewesen. Es wurde klar bewiesen, daß eine solche angebliche Gleichgültigkeit gar nicht bestand; daß die alte Dame überaus hinfällig und so erschüttert war, daß sie keinerlei Verpflichtung nachkommen konnte; daß St. Eustache, weit davon entfernt, die Nachricht kühl aufzunehmen, vor Kummer so außer sich geriet und sich so rasend gebärdete, daß M. Beauvais einen Freund und Verwandten bewog, auf ihn achtzugeben und zu verhindern, daß er etwa der Untersuchung bei der Exhumierung beiwohne. Und obgleich ›L'Etoile‹ darüber hinaus noch behauptete, der Leichnam sei auf öffentliche Kosten wieder bestattet worden – die Familie habe ein vorteilhaftes Angebot eines privaten Begräbnisses entschieden abgelehnt – und kein Mitglied der Familie habe der Zeremonie beigewohnt –; obgleich, wie gesagt, all dies von ›L'Etoile‹ behauptet wurde, um den beabsichtigten Eindruck zu befördern ward doch *all* dies hinreichend widerlegt. In einer folgenden Nummer unternahm das Blatt dann den Versuch, Beauvais selbst zu verdächtigen. Der Redakteur schreibt:

›Nun kommt also ein anderes Licht in die Sache. Wie wir erfuhren, hat M. Beauvais, der im Begriff war auszugehen, zu einer Gelegenheit einmal, da eine gewisse Madame B – – im Hause der Madame Rogêt weilte, ihr gegenüber geäußert, daß man einen *gendarme* erwarte und daß sie, Madame B., diesem nicht das mindeste sagen dürfe, bis er

zurückkehre, sondern ihm die Sache überlassen solle ...
Wie die Dinge jetzt stehen, scheint M. Beauvais die ganze
Angelegenheit in seinem Kopfe eingesperrt zu haben.
Nicht ein einziger Schritt kann ohne M. Beauvais getan
werden; denn welchen Weg man auch immer gehen mag,
man stößt auf ihn ... Aus irgendeinem Grunde bestimmte
er, niemand außer ihm solle mit den Vorgängen etwas zu
tun haben, und die männlichen Anverwandten hat er, nach
deren eigener Aussage, auf höchst sonderbare Weise beiseite gedrängt. Auch scheint er eine starke Abneigung dagegen bezeigt zu haben, den Verwandten die Besichtigung
der Leiche zu gestatten.‹

Durch die folgende Tatsache erhielt der in solcher Weise
auf Beauvais geworfene Verdacht den Anstrich von
Wahrscheinlichkeit. Ein Besucher, der wenige Tage
vor dem Verschwinden des Mädchens in sein Büro gekommen war, ihn dort aber nicht angetroffen hatte, hatte
im Schlüsselloch der Tür eine *Rose* bemerkt und dazu
auf einer daneben hängenden Schiefertafel den Namen
›Marie‹.

Soweit wir aus den Zeitungen ersehen konnten, schien
der allgemeine Eindruck dahin zu gehen, daß Marie das
Opfer einer *Bande* von Verbrechern geworden sei – daß
diese sie über den Fluß geschleppt, mißhandelt und ermordet hätten. ›Le Commerciel‹[1] indessen, ein recht einflußrei-
ches Blatt, war eifrig bemüht, diese weitverbreitete Meinung zu bekämpfen. Ich zitiere ein paar Stellen aus seinen
Spalten:

›Wir sind überzeugt, daß die Nachforschungen bislang
der falschen Fährte gefolgt sind, insofern sie sich auf die
Barrière du Roule richteten. Es ist unmöglich, daß eine
Person, die Tausenden so wohlbekannt war wie diese junge
Frau, auch nur drei Häuserblocks weit gekommen sein
sollte, ohne daß einer sie gesehen hätte; und hätte sie jemand gesehen, könnte er sich auch daran erinnern, denn
sie interessierte alle, die sie kannten. Zu der Zeit, da sie

1 das New Yorker ›Journal of Commerce‹

weggegangen, waren die Straßen voller Menschen ... Es ist also unmöglich, daß sie zur Barrière du Roule oder zur Rue des Drômes hätte gehen können, ohne von einem Dutzend Personen erkannt zu werden; doch nicht einer hat sich gemeldet, der sie außerhalb des Hauses ihrer Mutter gesehen hätte, und es gibt, abgesehen von dem Zeugnis, welches sich auf diesbezüglich von ihr *geäußerte Absichten* bezieht, nicht den mindesten Beweis dafür, daß sie überhaupt ausgegangen. Ihr Kleid war zerrissen, um sie gewickelt und verknotet; und auf diese Weise ließ sich der Körper wie ein Bündel tragen. Wenn der Mord an der Barrière du Roule begangen worden wäre, so hätte keinerlei Notwendigkeit für eine derartige Vorkehrung bestanden. Die Tatsache, daß der Leichnam in der Nähe der Barrière im Wasser gefunden ward, ist noch lange kein Beweis dafür, wo er in den Fluß geworfen wurde ... Aus einem der Unterröcke des unglücklichen Mädchens war ein Stück, zwei Fuß lang und ein Fuß breit, herausgerissen und unter dem Kinn um den Hinterkopf ihr gebunden, wahrscheinlich um sie am Schreien zu hindern. Dies taten Kerle, welche kein Taschentuch besaßen.‹

Einen Tag oder zwei, bevor der Präfekt uns seinen Besuch gemacht, war der Polizei jedoch eine wichtige Information zugegangen, die zumindest den Hauptteil der Argumentation des ›Commerciel‹ über den Haufen zu werfen schien. Zwei kleine Jungen, Söhne einer Madame Deluc, gerieten, als sie in den Wäldern in der Nähe der Barrière du Roule umherstreiften, zufällig in ein Dickicht, worin drei oder vier große Steine lagen, die eine Art Sitz mit Rückenlehne und Fußbank bildeten. Auf dem oberen Stein lag ein weißer Unterrock; auf dem zweiten ein seidener Schal. Auch wurden hier noch ein Sonnenschirm, Handschuhe und ein Taschentuch gefunden. Das Taschentuch trug den Namen ›Marie Rogêt‹. Kleiderfetzen wurden an den Brombeerbüschen ringsum entdeckt. Der Erdboden war zertrampelt, das Gesträuch geknickt, und alles wies darauf, daß hier ein Kampf stattgefunden hatte. Zwischen dem Dickicht und dem Flusse waren die Einzäunungen umgestoßen, und der Boden zeigte Spuren, wie wenn eine schwere Last darauf entlanggeschleift worden wäre.

Eine Wochenzeitschrift, ›Le Soleil‹,[1] brachte die folgenden Kommentare zu dieser Entdeckung – Kommentare, die bloß die Meinung der gesamten Pariser Presse nachbeteten:

›Die Gegenstände haben offenbar sämtlich wenigstens drei oder vier Wochen dort gelegen; sie waren alle durch Regeneinwirkung stark verschimmelt und klebten vor Schimmel zusammen. Das Gras ringsum war gewachsen und hatte einige von ihnen überwuchert. Die Seide des Sonnenschirms war kräftiges Material, doch waren die Fäden innen schon ineinandergelaufen. Der obere Teil, wo sie zusammengefaltet und doppelt war, zeigte sich ganz verschimmelt und verrottet und zerriß beim Öffnen ... Die Fetzen ihres Kleides, welche von dem Dornengestrüpp herausgerissen worden, waren etwa drei Zoll breit und sechs Zoll lang. Ein Stück davon war der Saum des Kleides, und er war ausgebessert; das andere stammte aus dem Rock selbst, nicht dem Saum. Sie sahen aus wie abgerissene Streifen und hingen am Dornengestrüpp, wohl einen Fuß über dem Boden ... Es kann daher kein Zweifel daran bestehen, daß man den Ort dieser entsetzlichen Greueltat entdeckt hat.‹

Auf diese Entdeckung hin ergaben sich neue Spuren. Madame Deluc sagte aus, daß sie an der Landstraße nicht weit vom Flußufer, gegenüber der Barrière du Roule, ein Wirtshaus betreibe. Es sei eine gar einsame Gegend. Sonntags sei sie gewöhnlich das Ausflugsziel für allerlei Gesindel aus der Stadt, das in Booten über den Fluß setze. An dem fraglichen Sonntage nun, gegen drei Uhr nachmittags, sei ein junges Mädchen in Begleitung eines jungen Mannes von dunkler Gesichtsfarbe zum Wirtshaus gekommen. Die beiden seien eine Weile dageblieben. Als sie gegangen, hätten sie den Weg zu einigen dichten Wäldern in der Umgebung einge-

1 ›Saturday Evening Post‹ in Philadelphia, herausgegeben von C. J. Peterson

schlagen. Madame Deluc sei auf das Kleid aufmerksam geworden, welches das Mädchen trug, sei es doch dem, wie es eine verstorbene Verwandte getragen, recht ähnlich gewesen. Besonders sei ihr ein Schal aufgefallen. Bald nachdem das Paar weggegangen, sei eine Bande von Raufbolden erschienen, habe herumgelärmt, gegessen und getrunken, ohne zu bezahlen, und sei dann demselben Weg gefolgt, wie ihn der junge Mann und das Mädchen genommen, sei in der Dämmerung ins Wirtshaus zurückgekehrt und dann, als ob sie es sehr eilig hätte, wieder über den Fluß gefahren.

Es sei bald nach Einbruch der Dunkelheit an diesem selben Abend gewesen, daß Madame Deluc wie auch ihr ältester Sohn in der Nähe des Gasthauses die Schreie einer Frauensperson vernommen. Die Schreie seien heftig, aber kurz gewesen. Madame D. erkannte nicht nur den Schal wieder, welcher in dem Dickicht gefunden worden, sondern auch das Kleid, das man an der Leiche entdeckt hatte. Ein Omnibus-Kutscher, Valence,[1] trat nun ebenfalls mit seinem Zeugnis hervor, daß er Marie Rogêt an dem fraglichen Sonntage in Begleitung eines jungen Mannes von dunkler Gesichtsfarbe habe mit einer Fähre über die Seine fahren sehen. Er, Valence, kenne Marie und habe sich in ihrer Identität gewiß nicht getäuscht. Die in dem Dickicht gefundenen Gegenstände wurden von Maries Verwandten sämtlich identifiziert.

Die Einzelheiten an Beweisen und Informationen, die ich solcherart auf Anregung Dupins aus den Zeitungen gesammelt, enthielten nur noch einen weiteren Punkt – doch war dies ein Punkt von anscheinend ungeheurer Tragweite. Alsbald nämlich nach der oben beschriebenen Entdeckung der Kleidungsstücke fand man in der Nähe der Stelle, welche allgemein nun als der Schauplatz der Gewalttat galt, den leblosen oder nahezu leblosen Körper von St. Eustache, Maries Verlobtem. Ein Fläschchen, leer, mit der Aufschrift ›Laudanum‹ lag neben ihm. Sein Atem zeugte von dem Gift. Er starb, ohne noch einmal gesprochen zu ha-

1 Adam

ben. An seinem Leibe fand man einen Brief, welcher kurz seine Liebe zu Marie und die Absicht des Selbstmordes darlegte.

»Ich brauche Ihnen wohl kaum zu sagen«, meinte Dupin, als er die Durchsicht meiner Notizen beendet hatte, »daß dieser Fall weit verworrener ist als jener von der Rue Morgue; von welchem er sich in einem wesentlichen Betrachte unterscheidet. Hier handelt es sich um ein zwar scheußliches, aber doch *gewöhnliches* Verbrechen. Daran ist nichts, was besonders *outré* wäre. Es wird Ihnen aufgefallen sein, daß man aus diesem Grunde das Geheimnis für leicht lösbar gehalten hatte, wo dies doch, eben aus diesem Grunde, gerade für schwierig hätte gelten sollen. So hatte man es zunächst auch nicht für nötig erachtet, eine Belohnung auszusetzen. Die Schergen von G – – sahen sich sogleich imstande zu begreifen, wie und warum eine solche Greueltat begangen worden sein könnte. Sie vermochten sich in ihrer Phantasie einen Hergang – viele Arten des Hergangs – und ein Motiv – viele Motive – auszumalen; und weil es nicht ausgeschlossen war, daß von diesen zahlreichen Möglichkeiten von Hergang und Motiv eine die tatsächliche gewesen sein *konnte*, haben sie es denn für erwiesen genommen, daß es eine davon gewesen sein *mußte*. Doch die Leichtigkeit, mit der man zu diesen verschiedenen Vorstellungen gelangt, und die gar große Wahrscheinlichkeit, die eine jede an sich hatte, wären wohl besser als Hinweis auf die Schwierigkeiten verstanden worden, welche bei der Aufklärung zu gewärtigen, denn als Anzeichen für eine leichte Lösbarkeit. Ich habe schon früher einmal bemerkt, wie die Vernunft sich, wenn überhaupt, bei ihrer Suche nach der Wahrheit ihren Weg anhand dessen ertastet, was aus der Ebene des Gewöhnlichen herausragt, und wie in Fällen wie diesem gar nicht so sehr gefragt werden sollte ›Was ist geschehen?‹ als vielmehr ›Was ist geschehen, das noch nie zuvor geschehen ist?‹. Bei den Untersuchungen im Hause der Madame L'Espanaye[1] waren G – –s

1 Siehe ›Die Morde in der Rue Morgue‹.

Beamte entmutigt und verwirrt von eben dem *Ungewöhnlichen*, welches aber gerade einem wohlgeregelten Verstande das sicherste Omen des Erfolgs bedeutet hätte; dieweil derselbe Verstand angesichts des gewöhnlichen Charakters all dessen, was sich im Falle des Parfümeriemädchens dem Auge bot, wohl hätte verzweifeln mögen, während die Beamten der Präfektur nichts denn leichten Sieg darin witterten.

Im Falle der Madame L'Espanaye und ihrer Tochter hatte von allem Anfang unserer Untersuchung an kein Zweifel daran bestanden, daß da ein Mord verübt worden war. Der Gedanke an Selbstmord war von vornherein ausgeschlossen. Auch hier sind wir gleich zu Beginn jeglicher Annahme von Selbstmord enthoben. Die an der Barrière du Roule entdeckte Leiche wurde unter Umständen aufgefunden, die uns keinen Raum für etwaige Unklarheiten in diesem wichtigen Punkte lassen. Nun ist aber die Vermutung laut geworden, der aufgetauchte Leichnam sei nicht der von Marie Rogêt, in deren Falle ja für die Überführung des Mörders – oder der Mörder – die Belohnung ausgesetzt ist und einzig im Hinblick auf deren Fall wir mit dem Präfekten unser Übereinkommen getroffen. Wir beide kennen diesen Herrn recht wohl. Es ist nicht tunlich, ihm allzusehr zu trauen. Ob wir nun bei unseren Nachforschungen von der gefundenen Leiche ausgehen, von daher also uns auf die Spur eines Mörders begeben, um dann doch zu entdecken, daß diese Leiche die einer anderen Person als Marie ist; oder ob wir von der lebenden Marie ausgehen, sie auch finden, doch eben nicht ermordet – in beiden Fällen vergeuden wir unsere Mühe; denn es ist ja Monsieur G – –, mit dem wir es zu tun haben. Daher ist es denn schon unsretwegen, wenn nicht gar um der Gerechtigkeit willen unerläßlich, daß unser erster Schritt darin bestehen muß, die Identität der Leiche mit der vermißten Marie Rogêt festzustellen.

Für die Öffentlichkeit haben die Argumente von ›L'Etoile‹ Gewicht gehabt; und daß dieses Blatt selbst von ihrer Bedeutung überzeugt ist, geht schon aus der Art und

Weise hervor, wie es einen seiner Artikel zum Gegenstande beginnt – ›Mehrere der heutigen Morgenblätter‹, heißt es dort, ›sprechen von dem *beweiskräftigen* Artikel in unserer Montagsausgabe‹. Mir scheint dieser Artikel höchstens recht kräftig den Eifer seines Verfassers zu beweisen. Wir sollten doch nicht vergessen, daß es im allgemeinen unseren Zeitungen viel mehr darum geht, Aufsehen zu erregen – Eindruck zu machen, als darum, die Sache der Wahrheit zu fördern. Letzteres Ziel wird nur dann verfolgt, wenn es sich mit ersterem deckt. Das Blatt, welches lediglich in die allgemeine Meinung einstimmt (so wohlbegründet diese Meinung auch sein mag), erntet beim Pöbel keinen Glauben. Die große Masse betrachtet als tiefsinnig nur den, der *scharfe Widerrede* gegen die allgemeine Ansicht führt. In der Logik nicht minder denn in der Literatur ist es das *Epigramm*, welches sich der unmittelbarsten und allgemeinsten Wertschätzung erfreut. In beiden hat es das geringste Verdienst.

Ich will damit sagen, daß es bei der Ansicht, Marie Rogêt lebe noch, wohl eher die Mischung aus Epigramm und Melodram ist und nicht etwa wahrhafte Plausibilität, was ›L'Etoile‹ zu dieser Vorstellung bewogen und ihr eine günstige Aufnahme in der Öffentlichkeit gesichert hat. Untersuchen wir doch einmal die Hauptpunkte der Argumentation dieses Blattes; und bemühen wir uns dabei, die Zusammenhanglosigkeit zu vermeiden, mit welcher sie ursprünglich vorgetragen ward.

Das erste Anliegen des Schreibers ist, auf Grund der Kürze der Zeit, welche zwischen Maries Verschwinden und der Entdeckung des im Wasser treibenden Leichnams lag, zu beweisen, daß dieser Leichnam nicht der Maries sein könne. Die Verminderung dieser Zeitspanne auf das kleinstmögliche Maß wird mithin sogleich ein Zweck desjenigen, der so argumentiert. In der Hast, mit der er diesem Ziel zustrebt, verfällt er nun gleich zu Beginn in bloße Vermutung. ›Es wäre töricht anzunehmen‹, sagt er, ›daß der Mord, wenn überhaupt Mord an ihr begangen ward, hätte rasch genug vollbracht werden können, um es den Mördern zu ermöglichen, die Leiche noch vor Mitternacht in den Fluß zu werfen.‹ Da fragen wir denn sogleich und ganz selbstverständlich, *wieso?* Wieso wäre es töricht anzunehmen, der Mord sei *binnen fünf Minuten*, nachdem das Mädchen das Haus ihrer Mutter verlassen, begangen worden? Wieso wäre es töricht anzunehmen, der Mord sei zu einer beliebigen Zeit des Tages verübt worden? Es hat doch zu allen Stunden Ermordungen gegeben. Hätte aber der Mord irgendwann am Sonntag zwischen neun Uhr morgens und einer Viertelstunde vor Mitternacht stattgefunden, so wäre durchaus genügend Zeit gewesen, ›die Leiche noch vor Mitternacht in den Fluß zu werfen‹. Diese Annahme läuft also genau darauf hinaus – daß der Mord überhaupt nicht am Sonntag begangen worden sei – und wenn wir ›L'Etoile‹ dies zugestehen, mögen wir ihm gleich alle möglichen Freiheiten einräumen. Der Absatz, so ließe sich vorstellen, der mit den Worten ›Es wäre töricht anzunehmen, daß der Mord usw.‹ beginnt, mag er auch im ›L'Etoile‹ stehen, wie er steht, hat im Hirn seines Verfassers tatsächlich vielleicht *so* gelautet: ›Es wäre töricht anzunehmen, daß der Mord, wenn überhaupt Mord an ihr begangen ward, hätte rasch genug begangen werden können, um den Mördern zu ermöglichen, die Leiche noch vor Mitternacht in den Fluß zu werfen; es wäre töricht, wie gesagt, all dies anzunehmen und gleichzeitig auch anzunehmen (wozu wir entschlossen sind), daß die Leiche *nicht nach* Mitternacht hineingeworfen worden sei‹ – ein Satz, der an sich schon genugsam inkonsequent ist, aber doch nicht so ausgesprochen widersinnig wie der gedruckte.

Ginge es mir lediglich darum«, fuhr Dupin fort, »gegen diesen Passus in der Argumentation von ›L'Etoile‹ triftige *Gründe anzuführen*, so könnte ich es wohl dabei belassen. Doch nicht mit ›L'Etoile‹ haben wir es zu tun, sondern mit der Wahrheit. Der fragliche Satz hat so, wie er da steht, nur eine Bedeutung; und diese Bedeutung habe ich klar und deutlich festgestellt; doch ist es wesentlich, daß wir hinter den bloßen Worten nach dem Gedanken suchen, den diese Worte offensichtlich ausdrücken sollten, auch wenn dies nicht gelang. Was der Zeitungsschreiber hatte sagen wollen, war wohl dies: zu welcher Tages- oder Nachtzeit am Sonntag dieser Mord auch begangen wurde, es sei unwahrscheinlich, daß die Täter es gewagt hätten, die Leiche noch vor Mitternacht zum Fluß zu tragen. Und hierin liegt nun wirklich die Annahme, gegen die ich Beschwerde führe. Man geht einfach davon aus, daß der Mord an einem Orte und unter Umständen begangen worden sei, die es notwendig machten, die Leiche zum Fluß zu *tragen*. Nun könnte die Mordtat ja aber auch am Flußufer verübt worden sein oder gar auf dem Flusse selbst; und somit hätte man die Leiche jederzeit, sei es bei Tage oder bei Nacht, in den Fluß werfen können, es wäre die nächstliegende und unmittelbarste Art und Weise gewesen, sich ihrer zu entledigen. Sie können sich wohl denken, daß ich hier nichts als wahrscheinlich verstanden wissen will oder etwa als meine Meinung. Bis jetzt war mein Anliegen nicht auf die *Tatsachen* des Falles gerichtet. Ich möchte Sie nur vor dem ganzen Tenor warnen, in welchem die *These* des ›L'Etoile‹ gehalten, indem ich Ihre Aufmerksamkeit darauf lenke, wie *einseitig* sie schon im Ansatz ist.

Nachdem das Blatt auf diese Weise eine Grenze gezogen hat, die zu seinen eigenen vorgefaßten Ansichten paßt; nachdem es also einfach angenommen hat, der Leichnam Maries, so er dies wäre, könne nur sehr kurze Zeit im Wasser gelegen haben, führt es sodann weiter aus:

›Alle Erfahrung hat aber gezeigt, daß es bei Ertrunkenen oder Leichen, welche unmittelbar nach gewaltsamem Tode ins Wasser geworfen wurden, sechs bis zehn Tage braucht, bis die Zersetzung weit genug fortgeschritten ist, um sie wieder an die Wasseroberfläche zu bringen. Selbst wo eine Kanone über einem Leichnam abgefeuert wird und dieser hochkommt, noch ehe er wenigstens fünf oder sechs Tage im Wasser gelegen, sinkt er wieder hinab, wenn man ihn sich selbst überläßt.‹

Diese Behauptungen sind stillschweigend von sämtlichen Blättern in Paris hingenommen worden, mit Ausnahme von ›Le Moniteur‹.[1] Dies letztere Blatt bemüht sich wenigstens, jenen Passus in dem Artikel anzufechten, in welchem von ›Ertrunkenen‹ die Rede ist, und zitiert dazu etwa fünf oder sechs Fälle, in denen man die Leichen von Personen, die, wie man wußte, ertrunken waren, schon nach Ablauf einer kürzeren Zeit, als ›L'Etoile‹ so hartnäckig behauptet, an der Oberfläche treibend gefunden hatte. Doch liegt etwas überaus Unphilosophisches in diesem Versuch des ›Moniteur‹, die allgemeine Behauptung von ›L'Etoile‹ durch Zitieren einiger besonderer Fälle widerlegen zu wollen, die gegen jene Behauptung sprechen. Selbst wenn es möglich gewesen wäre, fünfzig statt nur fünf Beispiele dafür anzuführen, wie Leichen bereits nach zwei oder drei Tagen wieder oben schwammen, so hätte man dennoch in diesen fünfzig Beispielen mit Fug und Recht nur die Ausnahmen zu der Regel von ›L'Etoile‹ sehen dürfen, solange die Regel selbst nicht widerlegt war. Läßt man aber die Regel gelten (und diese bestreitet ›Le Moniteur‹ ja nicht, wenn er nur ihre Ausnahmen hervorhebt), behält die Argumentation von ›L'Etoile‹ ihre volle Kraft; denn diese Argumentation erhebt ja keinen Anspruch darauf, es als mehr denn eine Frage der *Wahrscheinlichkeit* zu begreifen, ob die Leiche in weniger als drei Tagen wieder an die Oberfläche gekommen sei; und diese Wahrscheinlichkeit wird so lange dem Standpunkt von ›L'Etoile‹ zuneigen, wie die so kindisch angeführten Gegenbeispiele nicht eine hinreichende Zahl ergeben, um eine Gegenregel aufstellen zu können.

Sie werden sogleich sehen, wie sich die ganze Auseinandersetzung um dieses Kapitel, wenn überhaupt gegen etwas, dann gegen die Regel selbst richten sollte; und zu diesem Behufe müssen wir die *logische Grundlage* der Regel untersuchen. Nun, im allgemeinen ist der menschliche Körper weder viel leichter noch viel schwerer als das Wasser der Seine; das heißt, das spezifische Gewicht des

[1] der New Yorker ›Commercial Advertiser‹, herausgegeben von Oberst Stone

menschlichen Körpers, in seiner natürlichen Beschaffenheit, gleicht in etwa dem der Süßwassermenge, die er verdrängt. Die Körper von fetten und fleischigen Personen mit dünnen Knochen, und allgemein die von Frauen, sind leichter als die von mageren und grobknochigen und die von Männern; und das spezifische Gewicht des Wassers eines Flusses unterliegt in gewisser Weise dem Einfluß der Gezeiten vom Meere her. Doch wenn wir diese Gezeiten außer Betracht lassen, läßt sich sagen, daß auch in Süßwasser überhaupt nur *sehr* wenige menschliche Körper *von selbst* untergehen. Fast jeder, welcher in einen Fluß fällt, ist imstande, obenauf zu treiben, wenn er das spezifische Gewicht des Wassers einigermaßen zu seinem eigenen ins Verhältnis bringt – das heißt, wenn er seinen ganzen Körper bis auf einen geringstmöglichen Rest untertauchen läßt. Die richtige Lage für einen, der nicht schwimmen kann, ist die aufrechte Haltung des Fußgängers an Land, wobei der Kopf gänzlich zurückgeworfen und eingetaucht ist; einzig Mund und Nase sollten noch herausschauen. Unter solchen Umständen wird man finden, daß man ohne Schwierigkeit und ohne Anstrengung oben bleibt. Es ist jedoch offensichtlich, daß die Gewichte des Körpers und der von ihm verdrängten Wassermenge sich sehr genau die Waage halten und daß schon eine Kleinigkeit einem von beiden ein Übergewicht verschaffen kann. Ein Arm zum Beispiel, aus dem Wasser gestreckt und somit seiner Unterstützung beraubt, ist ein zusätzliches Gewicht, welches bereits genügt, den ganzen Kopf unter Wasser zu drücken, während der zufällige Beistand des kleinsten Stückchens Holz uns befähigt, den Kopf so weit zu heben, daß wir uns umsehen können. Nun ist es aber so, daß einer, der des Schwimmens ungewohnt, in seinem verzweifelten Ringen unweigerlich die Arme hochwirft, indes er versucht, den Kopf in seiner üblichen senkrechten Lage zu halten. Mit dem Ergebnis, daß Mund und Nase untertauchen und bei dem Bemühen, unter Wasser zu atmen, Wasser in die Lungen dringt. Ein gut Teil gelangt auch in den Magen, und der ganze Körper wird schwerer um die Gewichtsdifferenz zwischen der Luft, welche diese Hohlräume ursprünglich gefüllt, und der Flüssigkeit, die nun darinnen ist. Diese Differenz reicht in der Regel aus, den Körper untersinken zu lassen; doch reicht sie nicht aus im Falle von Personen mit dünnen Knochen und einer abnormen Menge von schlaffem Fleische oder Fett. Solche Menschen schwimmen selbst nach dem Ertrinken an der Oberfläche.

Nehmen wir nun an, der Leichnam sei auf den Grund des Flusses gesunken, so wird er dort bleiben, bis auf irgendeine Weise sein spezifisches Gewicht wieder geringer wird als das der von ihm verdrängten Wassermenge. Diese Wirkung tritt durch Zersetzung und dergleichen ein. Im Ergebnis des Zersetzungsprozesses entsteht Gas, welches das Zellgewebe und alle Hohlräume aufbläht und jenes *gedunsene* Aussehen erzeugt, das so schrecklich ist. Wenn diese Aufblähung so weit fortgeschritten ist, daß der Leichnam wesentlich an Volumen zugenommen hat, ohne aber an *Masse* oder Gewicht entsprechend zuzunehmen, so wird sein spezifisches Gewicht geringer als das des verdrängten Wassers, und er steigt alsbald wieder an die Oberfläche. Der Verwesungsprozeß wird aber von zahllosen Umständen modifiziert – wird beschleunigt oder gehemmt von zahllosen Wirkungsfaktoren; zum Beispiel von Hitze oder Kälte der Jahreszeit, von Mineralgehalt oder Reinheit des Wassers, von dessen Tiefe oder Seichtheit, Strömung oder Stagnation, von der körperlichen Beschaffenheit des Leichnams, dessen Gesundheit oder Krankheit vor dem Tode. So leuchtet es denn ein, daß wir auch nicht mit annähernder Genauigkeit den Zeitpunkt bestimmen können, zu welchem der Leichnam durch Zersetzung wieder emporsteigen wird. Unter gewissen Bedingungen kann dies Ergebnis binnen einer Stunde eintreten; unter anderen hinwieder findet es vielleicht überhaupt nicht statt. Es gibt chemische Extrakte, durch welche die leibliche Hülle *für immer* vor Verwesung bewahrt werden kann; einer davon ist das Bichlorid des Quecksilbers. Doch von der Zersetzung einmal ganz abgesehen, kann im Magen, und meistens geschieht dies auch, durch Gärung pflanzlicher Stoffe (oder in anderen

Hohlräumen aus anderen Ursachen) sich Gas bilden, welches ausreicht, den Körper so aufzublähen, daß er an die Oberfläche kommt. Die Wirkung, welche durch Abfeuern einer Kanone erzielt wird, beruht auf simpler Erschütterung. Diese kann den Leichnam entweder aus dem weichen Schlamm oder Schlick lösen, darin er eingebettet ist, und ihm so das Aufsteigen ermöglichen, falls andere Wirkungsfaktoren ihn bereits entsprechend dazu vorbereitet haben; oder sie kann die Festigkeit einiger faulender Teile des Zellgewebes überwinden; wodurch die Hohlräume sich unter dem Einfluß des Gases weiter ausdehnen.

Nachdem wir nun die gesamte Weisheit dieses Gegenstandes vor uns ausgebreitet haben, können wir mit ihrer Hilfe leicht die Behauptungen in ›L'Etoile‹ überprüfen. ›Alle Erfahrung hat aber gezeigt,‹ schreibt das Blatt, ›daß es bei Ertrunkenen oder Leichen, welche unmittelbar nach gewaltsamem Tode ins Wasser geworfen wurden, sechs bis zehn Tage braucht, bis die Zersetzung weit genug fortgeschritten ist, um sie wieder an die Wasseroberfläche zu bringen. Selbst wo eine Kanone über einem Leichnam abgefeuert wird und dieser hochkommt, noch ehe er wenigstens fünf oder sechs Tage im Wasser gelegen, sinkt er wieder hinab, wenn man ihn sich selbst überläßt.‹

Dieser ganze Abschnitt muß nun als ein Gespinst aus Inkonsequenz und Inkohärenz erscheinen. Die Erfahrung zeigt nämlich durchaus *nicht*, daß es bei ›Ertrunkenen‹ sechs bis zehn Tage *brauche*, bis die Zersetzung weit genug fortgeschritten, um sie wieder an die Wasseroberfläche zu bringen. Sowohl die Wissenschaft als auch die Erfahrung zeigen, daß der Zeitpunkt ihres Auftauchens unbestimmt ist und notwendigerweise sein muß. Wenn darüber hinaus ein Körper durch Abfeuern einer Kanone an die Oberfläche gekommen ist, so sinkt er eben *nicht* ›wieder hinab, wenn man ihn sich selbst überläßt‹, jedenfalls nicht eher, als die Zersetzung so weit fortgeschritten ist, daß sie dem entstandenen Gase zu entweichen erlaubt. Doch ich möchte Ihre Aufmerksamkeit auf die Unterscheidung lenken, welche hier zwischen ›Ertrunkenen‹ und ›Leichen, welche unmittelbar nach gewaltsamem Tode ins Wasser geworfen wurden‹, gemacht wird. Obschon der Schreiber den Unterschied gelten läßt, faßt er beide doch in ein und derselben Kategorie. Ich habe ja nun gezeigt, wie es kommt, daß der Körper eines Ertrinkenden spezifisch schwerer wird als sein Wasservolumen und daß er überhaupt nicht sinken würde, wenn er nicht verzweifelt um sich schlüge und dabei die Arme aus dem Wasser streckte oder unter Wasser nach Atem ränge – wodurch an Stelle der ursprünglichen Luft nun Wasser in die Lungen dringt. Doch dieses Umsichschlagen und Nach-Luft-Schnappen entfällt ja nun bei ›Leichen, welche unmittelbar nach gewaltsamem Tode ins Wasser geworfen wurden‹. Somit würde denn im letzteren Falle *der Körper in der Regel überhaupt nicht hinuntersinken* – eine Tatsache, welche ›L'Etoile‹ offensichtlich unbekannt ist. Erst wenn die Zersetzung schon sehr weit fortgeschritten wäre – wenn das Fleisch weitgehend von den Knochen sich gelöst hätte –, dann allerdings, doch *erst dann*, würde der Leichnam unserem Blick entschwinden.

Und was sollen wir nun von dem Argumente halten, daß die gefundene Leiche deswegen nicht die Marie Rogêts sein könne, weil erst drei Tage vergangen waren, da man diese Leiche an der Oberfläche treibend fand? Wäre sie ertrunken, so wäre sie, eine Frau, möglicherweise nie hinabgesunken; oder wäre sie gesunken, so wäre sie vielleicht nach vierundzwanzig Stunden oder gar noch eher wieder aufgetaucht. Doch keiner nimmt an, sie sei ertrunken; und wenn sie also starb, ehe sie in den Fluß geworfen wurde, so hätte man sie jederzeit danach an der Oberfläche treibend finden können.

›Aber‹, sagt ›L'Etoile‹, ›wenn die Leiche in ihrem derart zugerichteten Zustande bis Dienstagnacht am Ufer verwahrt worden wäre, so wäre doch am Ufer irgendeine Spur der Mörder zu finden.‹ Hier fällt es zunächst schwer, die Absicht des Beweisführenden zu erkennen. Er will etwas vorwegnehmen, das seiner Meinung nach ein Einwand gegen seine Theorie wäre – nämlich: daß der Körper zwei Tage an Land gelegen habe und dabei schnell verwest sei –

schneller als unter Wasser. Der Schreiber nimmt also an, daß in diesem Falle die Leiche schon am Mittwoch an die Oberfläche gekommen sein *könnte*, und meint, daß dies *nur* unter solchen Umständen möglich gewesen wäre. Folglich hat er nichts Eiligeres zu tun, als zu beweisen, daß die Leiche *nicht* an Land gelegen habe; denn in dem Falle ›wäre doch am Ufer irgendeine Spur der Mörder zu finden‹. Ich nehme an, Sie lächeln ob dieses *sequitur*. Sie vermögen nicht einzusehen, wie die bloße Zeitdauer, welche die Leiche *länger* an Land gelegen, es hätte bewirken können, die Spuren der Mörder zu *mehren*. Ich auch nicht.

›Und überdies‹, so fährt unser Blatt nun fort, ›ist es höchst unwahrscheinlich, daß Schurken, welche solch einen Mord wie den hier vermuteten begangen, den Leichnam ins Wasser geworfen hätten, so ohne jegliches Gewicht, das ihn zum Sinken gebracht hätte, wo doch eine solche Vorsichtsmaßregel so leicht sich hätte treffen lassen.‹ Man achte hier doch nur einmal auf die lächerliche Verworrenheit der Gedanken! Niemand – nicht einmal ›L'Etoile‹ – zieht in Zweifel, daß *an dem gefundenen Körper* ein Mord begangen wurde. Zu auffällig sind die Spuren von Gewalt. Unserem Schreiber geht es einzig und allein um den Nachweis, daß diese Leiche nicht die Maries sei. Er möchte beweisen, daß *Marie* nicht ermordet wurde – nicht etwa, daß die Leiche es nicht sei. Doch seine Bemerkung beweist eben nur den letzteren Punkt. Hier ist eine Leiche, die nicht mit einem Gewicht beschwert ist. Mörder, welche sie hineingeworfen, hätten es nicht versäumt, ein Gewicht daran zu befestigen. Darum wurde sie nicht von Mördern ins Wasser geworfen. Dies ist alles, was bewiesen wird, wenn überhaupt etwas bewiesen wird. Die Frage der Identität wird nicht einmal gestreift, und ›L'Etoile‹ hat sich die ganze große Mühe gegeben, um lediglich das zu bestreiten, was sie nur einen Augenblick zuvor anerkannt hatte. ›Wir sind vollkommen davon überzeugt‹, schreibt das Blatt, ›daß der gefundene Körper der einer ermordeten weiblichen Person ist.‹

Und dies ist nicht das einzige Mal, selbst in diesem Teile

des Themas nicht, wo unser Logiker unwissentlich wider sich selbst argumentiert. Wie schon gesagt, ist es sichtlich sein Anliegen, die Zeitspanne zwischen Maries Verschwinden und der Entdeckung der Leiche so weit wie möglich zu verringern. Dennoch ertappen wir ihn dabei, wie er höchst *nachdrücklich hervorhebt*, daß von dem Augenblicke an niemand das Mädchen mehr gesehen, da sie das Haus ihrer Mutter verlassen hatte. ›Wir besitzen keinerlei Beweis‹, heißt es, ›daß Marie Rogêt am Sonntag, dem zweiundzwanzigsten Juni, nach neun Uhr noch unter den Lebenden weilte.‹ Da sein Argument ganz offensichtlich *einseitig* ist, hätte er wenigstens diese Sache außer acht lassen sollen; denn wäre es bekannt, daß doch irgend jemand Marie, sagen wir am Montag oder Dienstag, gesehen hätte, so hätte sich die fragliche Zeitspanne erheblich reduziert und ergo, nach seiner eigenen Logik, auch die Wahrscheinlichkeit, daß die Leiche die der *grisette* sei. Dessenungeachtet ist es höchlich amüsant zu beobachten, wie ›L'Etoile‹ auf diesem Punkte beharrt, im guten Glauben, er befördere ihre allgemeine Argumentation.

Lesen Sie nun nochmals jenen Abschnitt dieser Beweisführung durch, der sich auf die Identifizierung des Leichnams durch Beauvais bezieht. Was das *Haar* auf dem Arm betrifft, so ist ›L'Etoile‹ ›sichtlich unredlich gewesen. M. Beauvais, der ja kein Schwachkopf ist, hat unmöglich bei der Identifizierung der Leiche nur vorbringen können, daß *Haar auf ihrem Arm* sei. Kein Arm ist *ohne* Haar. Die *Allgemeinheit* der Ausdrucksweise von ›L'Etoile‹ hat die Äußerung des Zeugen einfach verfälscht. Er muß von irgendeiner *Besonderheit* dieses Haars gesprochen haben. Es muß eine Besonderheit der Farbe, der Menge, der Länge oder der Lage gewesen sein.

›Ihr Fuß‹, schreibt das Blatt, ›war klein − das sind wohl tausende Füße. Ihr Strumpfband ist nun ganz und gar kein Beweis − ebensowenig ihr Schuh − denn Schuhe und Strumpfbänder werden kartonweise verkauft. Dasselbe darf man wohl von den Blumen an ihrem Hute sagen. Eine Sache, welche M. Beauvais so hartnäckig hervorhebt, ist

die, daß die Schnalle an dem gefundenen Strumpfbande
versetzt worden war, um es enger zu machen. Das besagt
überhaupt nichts; denn die meisten Frauen finden es
schicklicher, ein Paar Strumpfbänder mit nach Hause zu
nehmen und sie dort den Gliedmaßen, die sie umschließen
sollen, anzupassen, anstatt sie in dem Laden, wo sie diese
kaufen, anzuprobieren.‹ Hier fällt es schwer zu glauben,
daß der Beweisführende dies ernst meine. Hätte M. Beauvais bei der Suche nach dem Körper Maries einen Leichnam entdeckt, dessen allgemeine Gestalt und Erscheinung
dem vermißten Mädchen entsprach, so wäre er (von der
Frage der Bekleidung einmal ganz abgesehen) durchaus berechtigt gewesen, sich die Meinung zu bilden, seine Suche
habe Erfolg gehabt. Wenn er nun zusätzlich zu dem
Punkte der allgemeinen Gestalt und Statur noch eine Eigentümlichkeit der Behaarung auf dem Arme vorgefunden,
wie an der lebenden Marie er sie bemerkt hatte, so hätte
dies seine Meinung füglich bestärkt; und die Zunahme an
Gewißheit mochte sehr wohl im Verhältnis zu der Eigentümlichkeit oder Ungewöhnlichkeit des Haarmerkmals gestanden haben. Wenn nun die Füße Maries klein waren
und die der Leiche auch, so wüchse die Wahrscheinlichkeit, daß die Leiche die Maries sei, nicht in einem bloß
arithmetischen, sondern in einem höchlich geometrischen
oder akkumulativen Verhältnis. Kommen zu all dem noch
Schuhe hinzu, wie sie Marie bekanntermaßen am Tage
ihres Verschwindens getragen, so vergrößern selbige, mögen diese Schuhe auch noch so kartonweise verkauft werden, die Wahrscheinlichkeit bis zu einem an Gewißheit
grenzenden Maße. Was an und für sich kein Identitätsbe-
weis wäre, wird durch seine bestätigende Zusatz-Behaup-
tung zu höchst sicherem Beweis. Werden dann noch am
Hute Blumen präsentiert, welche denen ähnlich sind, wie
sie die Vermißte getragen, so suchen wir nach nichts anderem mehr. Schon bei *einer* Blume nur suchten wir nach keinem weiteren Beweise – wie aber, wenn es nun zwei oder
drei oder gar mehr sind? Jede weitere vervielfacht die Beweiskraft – *addiert* nicht nur Beweis zu Beweis, sondern

multipliziert mit Hunderten oder Tausenden. Entdecken wir nun an der Toten noch Strumpfbänder, wie die Lebende sie benutzte, so wäre es fast töricht, noch fortzufahren. Diese Strumpfbänder aber fand man gar enger gemacht, indem ein Haken versetzt worden war, ganz genauso, wie Marie die ihren enger gemacht hatte, kurz bevor sie das Haus verlassen. Da wäre es nun schon Wahnsinn oder Heuchelei, wollte man noch zweifeln. Was ›L'Etoile‹ in bezug auf diese Verkürzung des Strumpfbandes sagt, nämlich daß dies gang und gäbe sei, zeigt nichts weiter, als wie hartnäckig das Blatt auf seinen Irrtum pocht. Die elastische Natur des Haftstrumpfbandes belegt an und für sich schon das *Ungewöhnliche* der Verkürzung. Was so beschaffen ist, sich selber anzupassen, bedarf wohl notwendigerweise nur äußerst selten anderweitiger Anpassung. Es muß wohl im strengsten Wortsinne reiner Zufall gewesen sein, daß diese Strumpfbänder Maries das beschriebene Engermachen nötig hatten. Sie allein schon hätten ihre Identität hinreichend erwiesen. Nun verhält es sich aber nicht so, daß man nur die Strumpfbänder der Vermißten an dem Leichnam fand oder ihre Schuhe, oder ihren Hut, oder die Blumen an ihrem Hut, oder ihre Füße, oder ein besonderes Kennzeichen auf dem Arm, oder ihre allgemeine Gestalt und Erscheinung – sondern es verhält sich doch so, daß die Leiche all und jedes dieser Kennzeichen, sie *alle miteinander* aufwies. Könnte als sicher gelten, daß der Herausgeber von ›L'Etoile‹ unter solchen Umständen *wirklich* noch Zweifel hegte, so brauchte es in seinem Falle gewiß nicht noch einer Kommission *de lunatico inquirendo*. Ihn dünkte es wohl scharfsinnig, das Geschwätz der Advokaten nachzubeten, welche sich meistenteils damit begnügen, die recht-winkligen Verordnungen der Gerichte herunterzubeten. Ich möchte hier anmerken, daß sehr vieles von dem, was ein Gericht als Beweis ablehnt, dem Verstande als bester Beweis gilt. Denn das Gericht, das sich von den allgemeinen Grundsätzen der Beweisführung leiten läßt – den anerkannten und *verbrieften* Grundsätzen –, ist nicht geneigt, in besonderen Fällen davon abzuweichen. Und diese unerschütterliche Prinzipientreue, im Vereine mit rigoroser Mißachtung jeglicher widerstreitender Ausnahme, ist ja wohl eine sichere Methode, in langen Zeiträumen ein *Maximum* erreichbarer Wahrheit zu erreichen. Die Praxis, *en masse*, ist daher wohl weise; doch gilt es als nicht weniger gewiß, daß sie im einzelnen ungeheure Irrtümer hervorbringt.[1]

Was nun die gegen Beauvais gerichteten Verdächtigungen betrifft, so sind Sie wohl nur zu bereit, sie augenblicklich abzutun. Sie haben den wahren Charakter dieses verehrten Herrn natürlich schon erkannt. Er ist ein *Wichtigtuer*, mit viel Romantik und wenig Witz. Wer derart veranlagt ist, wird sich bei einer *wirklich* aufregenden Gelegenheit leicht so benehmen, daß er sich bei den Überschlauen oder Übelgesinnten selber in Verdacht bringt. M. Beauvais hatte (wie aus Ihren Notizen hervorgeht) einige persönliche Unterredungen mit dem Herausgeber von ›L'Etoile‹ und verärgerte diesen, indem er die Ansicht zu äußern wagte, der Leichnam sei, ungeachtet der Theorie des Herausgebers, wirklich und wahrhaftig der Maries. ›Hartnäckig bleibt er bei seiner Behauptung‹, schreibt das Blatt, ›der Leichnam sei der Maries, doch kann er außer den von uns bereits kommentierten keinen weiteren Umstand nennen, um auch andere davon zu überzeugen.‹ Nun, ohne daß wir wieder auf die Tatsache zurückkommen wollen, daß ein stärkerer Beweis, ›um auch andere davon zu überzeugen‹, sich *überhaupt nicht* hätte anführen las-

1 ›Eine Theorie, welche sich auf die Eigenschaften eines Gegenstandes gründet, verhindert, daß dieser nach seinen Zwecken erklärt wird; und wer Regeln mit Rücksicht auf ihre Ursachen bestimmt, hört auf, sie nach ihren Ergebnissen zu beurteilen. So zeigt die Jurisprudenz einer jeden Nation, daß das Gesetz, wird es zur Wissenschaft und zum System, aufhört, Gerechtigkeit zu sein. Die Irrtümer, zu welchen die blinde Anhänglichkeit an Klassifikations*prinzipien* das gemeine Recht verleitet hat, lassen sich daran ersehen, wie oft die Gesetzgebung einschreiten mußte, um das Billigkeitsrecht wiederherzustellen, welches ihrem Schema verlorengegangen.‹ Landor

sen, sei doch die Bemerkung erlaubt, daß man sich sehr wohl vorstellen kann, wie ein Mann in einem Falle dieser Art von etwas überzeugt wäre, ohne dabei imstande zu sein, auch nur einen einzigen Grund vorbringen zu können, der andere zu überzeugen vermöchte. Nichts ist wohl unbestimmter als Eindrücke von persönlicher Identität. Jedermann erkennt seinen Nachbarn wieder, doch dürften sich nur wenige Fälle finden, wo einer dann auch imstande wäre, einen *Grund* für dieses Wiedererkennen zu nennen. Der Herausgeber von ›L'Etoile‹ hatte kein Recht, M. Beauvais' nicht von Vernunft geleitete Überzeugung übelzunehmen.

Die verdächtigen Umstände, welche ihn belasten, passen, so wird man finden, viel besser zu meiner Hypothese *romantischer Wichtigtuerei* denn zu den Andeutungen von Schuld, wie sie unser Zeitungslogiker anklingen läßt. Hat man sich einmal zu wohlwollenderer Interpretation bequemt, fällt es auch nicht schwer, die Rose im Schlüsselloch zu verstehen; das ›Marie‹ auf der Schiefertafel; die Behauptung, er habe ›die männlichen Verwandten beiseite gedrängt‹; seine ›Abneigung, den Verwandten die Besichtigung der Leiche zu gestatten‹; seine Warnung gegenüber Madame B – –, nicht mit dem *gendarme* zu sprechen, bevor er (Beauvais) zurückkehre; und schließlich seine offensichtliche Entschlossenheit, ›niemand außer ihm solle mit den Vorgängen etwas zu tun haben‹. Es scheint mir außer Frage zu stehen, daß Beauvais ein Verehrer Maries war; daß sie mit ihm kokettierte; und daß er ehrgeizig darauf bedacht war, als ihr intimer Freund und Vertrauter zu gelten. Ich werde zu diesem Punkte nichts weiter sagen; und da das vorliegende Beweismaterial die Behauptung von ›L'Etoile‹ hinsichtlich der *Gleichgültigkeit* auf Seiten der Mutter und der anderen Verwandten vollauf widerlegt – einer Gleichgültigkeit, die unvereinbar wäre mit ihrer mutmaßlichen Überzeugung, es sei der Leichnam der des Parfümeriemädchens –, werden wir nun im weiteren fortfahren, als sei die Frage der *Identität* zu unserer vollkommenen Zufriedenheit geklärt.«

»Und was«, fragte ich hier, »halten Sie von den Ansichten des ›Commerciel‹?«

»Daß sie ihrem Wesen nach weit mehr Beachtung verdienen als alles, was zu diesem Thema verbreitet worden ist. Die aus den Prämissen abgeleiteten Schlüsse sind einsichtig und scharfsinnig; allerdings gründen sich die Prämissen in wenigstens zwei Fällen auf mangelhafte Beobachtung. ›Le Commerciel‹ möchte zu verstehen geben, Marie sei nicht weit vom Hause ihrer Mutter von einer Bande gemeiner Kerle ergriffen worden. ›Es ist unmöglich‹, unterstreicht das Blatt, ›daß eine Person, die Tausenden so wohlbekannt war wie diese junge Frau, auch nur drei Häuserblocks weit gekommen sein sollte, ohne daß einer sie gesehen hätte.‹ Das ist die Vorstellung eines Mannes, der schon lange in Paris ansässig ist – der im öffentlichen Leben steht – und dessen Gänge in der Stadt sich meist auf den Umkreis öffentlicher Gebäude beschränken. Er ist sich bewußt, daß *er* kaum von seinem *Bureau* ein Dutzend Häuserblocks weit gehen kann, ohne daß er erkannt und gegrüßt wird. Und da er weiß, wie viele Leute er selber kennt und wie viele ihn kennen, vergleicht er diese seine Bekanntheit mit der des Parfümeriemädchens, findet keinen großen Unterschied zwischen ihnen beiden und gelangt alsbald zu dem Schlusse, daß sie auf ihren Gängen gleichermaßen Bekannte hätte treffen müssen wie er auf den seinen. Dies hätte aber nur dann der Fall sein können, wenn ihre Gänge von demselben unveränderlichen, methodischen Charakter gewesen wären und sich in derselben *species* begrenzter Gegend bewegt hätten wie die seinen. Seine Wege führen ihn hierhin und dahin in regelmäßigen Abständen innerhalb eines bestimmten Umkreises, wo es von Leuten wimmelt, welche seiner Person schon deshalb Beachtung schenken, weil sie ob ähnlich gearteter Tätigkeiten Interesse verbindet. Die Gänge Maries aber dürften im allgemeinen doch wohl unstet gewesen sein. In diesem besonderen Falle versteht es sich als höchst wahrscheinlich, daß sie einen Weg eingeschlagen hatte, der mehr als nur durchschnittlich von den ihr gewohnten Wegen abwich.

Die Parallele, welche unseres Erachtens ›Le Commerciel‹ im Geiste vorgeschwebt haben muß, wäre nur haltbar unter der Voraussetzung, daß die beiden Personen die ganze Stadt durchquert hätten. In diesem Falle, gesetzt, ihrer beider Bekanntenkreis wäre gleich groß, bestünden auch gleiche Chancen, daß beide eine gleich große Zahl von Begegnungen hätten. Ich für mein Teil halte es nicht nur für möglich, sondern für mehr als wahrscheinlich, daß Marie zu jeder beliebigen Zeit jeden der vielen Wege zwischen ihrer eigenen Wohnung und der ihrer Tante hätte gehen können, ohne auch nur einen einzigen Menschen zu treffen, den sie kannte oder dem sie bekannt war. Wollen wir diese Frage im vollen und rechten Lichte besehen, so müssen wir uns ständig vor Augen halten, welch großes Mißverhältnis doch besteht zwischen den persönlichen Bekanntschaften selbst der größten Pariser Berühmtheit und der ganzen Bevölkerung von Paris selbst.

Doch wieviel Beweiskraft der Hypothese des ›Commerciel‹ trotz allem noch innewohnen mag, wird diese doch stark geschwächt, wenn wir *die Stunde* in Erwägung ziehen, zu der das Mädchen ausgegangen. ›Zu der Zeit, da sie weggegangen‹, sagt ›Le Commerciel‹, ›waren die Straßen voller Menschen.‹ Aber nicht doch. Es war neun Uhr morgens. Nun, es stimmt schon, um neun Uhr morgens herrscht in den Straßen der Stadt ein einziges Menschengewimmel, an jedem Tage der Woche *außer am Sonntag.* Sonntags um neun aber sind die meisten Leute wohl größtenteils zu Hause und *bereiten sich auf den Kirchgang vor.* Keinem aufmerksamen Beobachter kann entgangen sein, wie so merkwürdig verlassen die Stadt von etwa acht bis zehn Uhr morgens an jedem Sabbat aussieht. Zwischen zehn und elf wimmelt es dann wieder in den Straßen von Menschen, nicht aber zu so früher Stunde wie der genannten.

Es gibt noch einen weiteren Punkt, wo allem Anschein nach die *Beobachtung* seitens des ›Commerciel‹ zu wünschen übrigläßt. ›Aus einem der Unterröcke des unglücklichen Mädchens‹, heißt es da, ›war ein Stück, zwei Fuß lang und ein Fuß breit, herausgerissen und unter dem Kinn und um den Hinterkopf ihr gebunden, wahrscheinlich, um sie am Schreien zu hindern. Dies taten Kerle, welche kein Taschentuch besaßen.‹ Ob dieser Gedanke wohlbegründet ist oder nicht, werden wir später noch untersuchen; doch mit ›Kerlen, die kein Taschentuch besitzen‹, meint der Herausgeber nun offensichtlich die niedrigste Sorte Lumpengesindel. Und das sind nun freilich gerade die Leute, die man immer im Besitze von Taschentüchern finden wird, selbst wenn es ihnen an Hemden fehlen sollte. Gewiß haben Sie selber schon Gelegenheit gehabt festzustellen, wie absolut unentbehrlich dem abgefeimtesten Halunken in den letzten Jahren das Taschentuch geworden ist.«

»Und was«, fragte ich, »sollen wir von dem Artikel in ›Le Soleil‹ halten?«

»Daß es jammerschade ist, daß sein Verfasser nicht als Papagei geboren wurde – in welchem Falle er das berühmteste Exemplar seiner Art gewesen wäre. Hat er doch lediglich die Einzelheiten der bereits veröffentlichten Meinung wiederholt; hat sie mit durchaus löblichem Fleiße aus dieser und jener Zeitung zusammengeschrieben. ›Die Gegenstände‹, sagt er, ›haben *offenbar* sämtlich wenigstens drei oder vier Wochen dort gelegen, und es kann *kein Zweifel* daran bestehen, daß man den Ort dieser entsetzlichen Greueltat entdeckt hat.‹ Die Tatsachen, welche ›Le Soleil‹ hier noch einmal darstellt, sind nun freilich sehr weit davon entfernt, mir die Zweifel, die ich in dieser Sache hege, zu zerstreuen, und wir wollen sie uns ausführlicher später in Verbindung mit einem anderen Kapitel des Themas gründlicher vornehmen.

Im Augenblick müssen wir uns mit anderen Nachforschungen befassen. Ihnen ist gewiß nicht entgangen, mit welch außerordentlicher Nachlässigkeit die Untersuchung des Leichnams erfolgte. Gewiß, die Frage der Identität war rasch entschieden – oder hätte es jedenfalls sein sollen; doch da galt es noch andere Punkte zu klären. War die Leiche in irgendeiner Hinsicht *beraubt* worden? Hatte die Verstorbene irgendwelchen Schmuck an sich getragen, als sie das Haus verließ? Wenn ja, war dieser noch vorhanden, als man ihre Leiche fand? Das sind durchaus wichtige Fragen, die bei der Beweisaufnahme gänzlich außer acht geblieben sind; und da wären noch andere, nicht minder von Belang, welchen man keinerlei Beachtung geschenkt hat. Wir müssen versuchen, uns durch persönliche Überprüfung darüber Klarheit zu verschaffen. Auch der Fall von St. Eustache muß erneut untersucht werden. Ich habe diesen Mann zwar nicht in Verdacht; doch wollen wir ganz methodisch vorgehen. Wir werden also zweifelsfrei feststellen müssen, was die *eidesstattlichen Aussagen* wert sind, welche er bezüglich seines Aufenthalts am Sonntag gemacht. Solche eidesstattlichen Aussagen werden gern zu Täuschungszwecken genutzt. Sollte sich jedoch hierbei nichts Unrechtes herausstellen, können wir St. Eustache aus unseren Nachforschungen ausklammern. Sein Selbstmord ist, so sehr dieser auch den Verdacht erhärten würde, fände sich Betrug in den Aussagen, ohne solchen Betrug in keiner Weise ein unerklärlicher Umstand oder für uns gar Anlaß, von der Linie gewohnter Analyse abzuweichen.

Im folgenden nun, so schlage ich vor, lassen wir die zentralen Punkte dieser Tragödie einmal beiseite und konzentrieren unsere Aufmerksamkeit auf das, was am Rande liegt. Bei Untersuchungen wie dieser ist es nicht der geringste, wenngleich ein häufiger, Irrtum, die Nachforschungen auf das Unmittelbare zu beschränken und dabei die Begleit- oder Nebenumstände gänzlich außer acht zu lassen. Es ist die sträfliche Praxis der Gerichte, die Beweisaufnahme und Verhandlung auf die engen Grenzen des augenscheinlich Relevanten einzuengen. Doch die Erfahrung hat gezeigt, wie es auch wahre Philosophie stets erweisen wird, daß ein großer, vielleicht der überwiegende Teil der Wahrheit aus dem scheinbar Irrelevanten erwächst. Im Geiste, wenn nicht gar getreu dem Buchstaben dieses Prinzips hat sich die moderne Wissenschaft entschlossen, *mit dem Unvorhergesehenen zu rechnen.* Aber vielleicht verstehen Sie mich gar nicht. Die Geschichte der menschlichen Erkenntnis hat so unablässig bewiesen, wie wir den nebensächlichen, beiläufigen oder zufälligen Ereignissen die allermeisten und wertvollsten Entdeckungen verdanken, daß es schließlich im Hinblick auf künftige Vervollkommnung geradezu zur Notwendigkeit wurde, nicht nur weit-, sondern weitestgehend Erfindungen, welche sich von ungefähr und gänzlich außerhalb des gewöhnlichen Erwartungshorizonts ergeben, zu berücksichtigen. Es kann nicht länger mehr als wissenschaftlich gelten, die Sicht auf Zukünftiges auf das nur zu gründen, was war und ist. Der *Zufall* ist als Bestandteil des Unterbaus anerkannt. Wir machen ihn zum Gegenstand absoluter Berechnung. Wir unterwerfen das Unvorhergesehene und Ungeahnte den mathematischen *Formeln* der Scholastiker.

Ich wiederhole, es ist schlicht und einfach eine Tatsache, daß der *überwiegende* Teil aller Wahrheit vom Nebensächlichen gewonnen ward; und es entspricht also nur dem Geiste des in dieser Tatsache enthaltenen Prinzips, wenn ich im vorliegenden Falle den ausgetretenen und bislang unergiebigen Boden des eigentlichen Geschehnisses verlasse und die Untersuchung auf die Begleitumstände lenke, in die es eingebettet ist. Während nun Sie die eidesstattlichen Aussagen auf ihre Richtigkeit hin überprüfen, werde ich noch einmal die Zeitungen durchsehen, und zwar noch umfassender, als Sie es bereits getan haben. Bisher haben wir nur das Feld unserer Untersuchung erkundet; aber es sollte mich doch wahrhaftig wundern, wenn uns eine so umfängliche Bestandsaufnahme der Presse, wie ich sie vorschlage, nicht die geringsten Anhaltspunkte böte, welche der Untersuchung eine *Richtung* wiesen.«

Ich folgte Dupins Anregung und machte mich an eine gründliche Überprüfung der eidesstattlichen Aussagen. Und diese führte zu der festen Überzeugung, daß es damit seine Richtigkeit habe und die Unschuld von St. Eustache somit feststehe. Inzwischen war mein Freund, und zwar mit einer peinlichen und, wie mir dünken wollte, völlig verfehlten Genauigkeit damit beschäftigt, die diversen Zeitungsstöße durchzusehen. Nach Ablauf einer Woche legte er mir die folgenden Auszüge vor:

›Vor etwa dreieinhalb Jahren hatte das Verschwinden

dieser selben Marie Rogêt aus der *parfumerie* des Monsieur Blanc im Palais Royal schon einmal einige Verwirrung, ähnlich der gegenwärtigen, gestiftet. Nach Ablauf einer Woche jedoch war Marie wieder hinter ihrem gewohnten *comptoir* erschienen, so gesund und frisch wie immer, bis auf eine leichte Blässe, wie sie an ihr sonst ungewohnt. Monsieur Le Blanc und ihre Mutter verbreiteten, sie sei lediglich bei einer Verwandten auf dem Lande zu Besuch gewesen; und die ganze Sache ward eiligst vertuscht. Wir nehmen an, daß es sich bei der derzeitigen Abwesenheit um eine Laune derselben Art handelt und daß nach Verlauf einer Woche oder vielleicht auch eines Monats sie wieder unter uns weilen wird.‹ – ›Abendblatt‹ – Montag, 23. Juni.[1]

›Eine Abendzeitung bezieht sich in ihrer gestrigen Ausgabe auf ein früheres geheimnisvolles Verschwinden von Mademoiselle Rogêt. Wie man weiß, hatte sich diese während der Woche ihrer Abwesenheit von Le Blancs *parfumerie* in der Gesellschaft eines jungen Marineoffiziers befunden, der als notorischer Verführer berüchtigt ist. Vermutlich führte, Fügung des Schicksals, ein Streit dazu, daß sie wieder heimkehrte. Wir kennen den Namen des besagten Lothario, der gegenwärtig in Paris stationiert ist, sehen aber aus naheliegenden Gründen davon ab, ihn öffentlich zu nennen.‹ – ›Le Mercurie‹ – Dienstagmorgen, 24. Juni.[2]

›Eine Gewalttat abscheulichster Art wurde vorgestern in der Nähe unserer Stadt verübt. Ein Herr, in Begleitung von Frau und Tochter, nahm in der Dämmerung die Dienste von sechs jungen Männern in Anspruch, welche müßig mit einem Boot in Ufernähe auf der Seine herumruderten, und ließ sich von ihnen über den Fluß setzen. Am anderen Ufer angekommen, stiegen die drei Passagiere aus, und da sie sich gerade so weit vom Ufer entfernt, daß sie das Boot nicht mehr sehen konnten, merkte die Tochter, daß sie ihren Sonnenschirm darin zurückgelassen hatte. Sie ging

1 ›New York Express‹. – 2 ›New York Herald‹

zurück, ihn zu holen, wurde von der Bande ergriffen, hinaus auf den Fluß gebracht, geknebelt, auf brutale Weise mißhandelt und schließlich unweit der Stelle, wo sie zuvor mit den Eltern das Boot bestiegen hatte, an Land gesetzt. Die Schurken sind für den Augenblick entkommen, doch die Polizei ist ihnen auf der Spur, und einige von ihnen werden bald gefaßt sein.‹ – ›Morgenblatt‹ – 25. Juni.[1]

›Wir haben ein paar Mitteilungen erhalten, welche darauf abzielen, die Schuld an dem kürzlich begangenen Verbrechen Mennais anzulasten;[2] doch da dieser Herr durch eine gerichtliche Untersuchung vollkommen entlastet wurde und die Argumente unserer diversen Korrespondenten mehr von Eifer denn Gründlichkeit zeugen, halten wir es nicht für angeraten, sie zu veröffentlichen.‹ – ›Morgenblatt‹ – 28. Juni.[3]

›Uns sind, allem Anschein nach von verschiedenen Quellen, mehrere überzeugend verfaßte Zuschriften zugegangen, welche soweit gehen, es als gewiß hinzustellen, daß die unglückliche Marie Rogêt einer der zahlreichen Banden gemeinen Gesindels zum Opfer gefallen ist, welche sonntags die Umgebung der Stadt unsicher machen. Auch wir neigen ganz entschieden zu dieser Annahme. Wir werden uns bemühen, einigen dieser Argumente demnächst hier Raum zu geben.‹ – ›Abendblatt‹ – Dienstag, 31. Juni.[4]

›Am Montag sah ein im Zolldienst stehender Schiffer ein leeres Boot auf der Seine treiben. Auf dem Boden des Bootes lagen Segel. Der Schiffer bugsierte es zum Bootsamt. Am nächsten Morgen war es von dort verschwunden, ohne daß irgendeiner der Beamten davon gewußt hätte. Das Steuerruder befindet sich jetzt noch auf dem Bootsamt.‹ – ›Le Diligence‹ – Donnerstag, 26. Juni.[5]

Als ich diese verschiedenen Auszüge durchlas, erschie-

1 ›New York Courier and Inquirer‹. – 2 Mennais gehörte zu denen, die ursprünglich verdächtigt und verhaftet, später aber mangels Beweises freigelassen wurden. – 3 ›New York Courier and Inquirer‹. – 4 ›New York Evening Post‹. – 5 ›New York Standard‹

nen sie mir nicht nur irrelevant, sondern ich vermochte mir auch nicht vorzustellen, in welcher Weise irgendeiner von ihnen mit der vorliegenden Angelegenheit in Zusammenhang gebracht werden könnte. So wartete ich denn auf Dupins Erklärung.

»Es ist im Augenblick nicht meine Absicht«, sagte er, »mich bei den ersten beiden dieser Auszüge *aufzuhalten*. Ich habe sie hauptsächlich deswegen abgeschrieben, um Ihnen die außerordentliche Nachlässigkeit der Polizei zu zeigen, die sich, soweit ich vom Präfekten erfahren konnte, nicht einmal die Mühe gemacht hat, den hier erwähnten Marineoffizier zu verhören. Doch wäre es ausgesprochen töricht, wollte man behaupten, zwischen dem ersten und zweiten Verschwinden Maries könne kein *denkbarer* Zusammenhang bestehen. Nehmen wir einmal an, das erste Fortlaufen des Mädchens habe mit einem Streit der Liebenden und der Heimkehr der Verführten geendet. Wir sind nun vorbereitet, in einem zweiten *Davonlaufen* (falls wir *wissen*, daß es sich erneut um ein solches handelt) eher den Hinweis auf eine neuerliche Annäherung desselben Verführers zu sehen als auf ganz neue Anträge eines zweiten Mannes – wir sind also vorbereitet, darin eher eine Wiederaufnahme der alten *amour* zu erblicken als den Beginn einer neuen. Die Chancen stehen zehn zu eins, daß wohl eher der Mann, der schon einmal mit Marie auf und davon gegangen war, ihr dasselbe wieder antrug, als daß ihr, die sich auf eine Entführung schon einmal eingelassen, selbige von einem anderen vorgeschlagen würde. Und hier möchte ich Ihre Aufmerksamkeit auf die Tatsache lenken, daß die Zeit, welche zwischen der ersten gesicherten und der zweiten vermuteten Entführung verstrichen ist, nur ein paar wenige Monate mehr beträgt, als im allgemeinen die Fahrten unserer Kriegsschiffe dauern. War der Liebhaber etwa bei seinem ersten Schurkenstreich durch die Notwendigkeit gestört worden, auf Fahrt zu gehen, und hat er dann nach seiner Rückkehr gleich die erste Gelegenheit ergriffen, die gemeinen Absichten zu erneuern, welche noch nicht gänzlich in die Tat umgesetzt wor-

den waren – oder wenigstens noch nicht gänzlich *von ihm*?
Von all diesen Dingen wissen wir nichts.

Sie werden nun jedoch einwenden, daß im zweiten
Falle ja *keine* Entführung, wie vermutet, vorliege. Gewiß
nicht – doch sind wir auch geneigt zu behaupten, es habe
auch nicht die, vereitelte, Absicht dazu bestanden? Außer
St. Eustache und vielleicht noch Beauvais finden wir keine
anerkannten, keine offenen, keine ehrenwerten Freier Maries. Von keinem andern ist je die Rede. Wer ist dann aber
der heimliche Liebhaber, von dem die Verwandten *(zumindest die meisten von ihnen)* so gar nichts wissen, mit dem sich
Marie aber am Sonntagmorgen trifft und der so ganz ihr
Vertrauen genießt, daß sie nicht im geringsten zögert, mitten im einsamen Gehölz der Barrière du Roule mit ihm zu
verweilen, bis die Abendschatten sich herniedersenken?
Wer ist dieser heimliche Liebhaber, frage ich, von dem zumindest die *meisten* Verwandten nichts wissen? Und was bedeutet die merkwürdige Prophezeiung, die Madame Rogêt
am Morgen von Maries Weggang geäußert? – ›Ich fürchte,
ich werde Marie nie wiedersehen.‹

Doch wenn wir uns auch nicht vorstellen können, daß
Madame Rogêt in den Fluchtplan eingeweiht gewesen, dürfen wir nicht wenigstens annehmen, daß das Mädchen
diese Absicht hegte? Als sie von zu Hause wegging, ließ sie
wissen, daß sie ihre Tante in der Rue des Drômes besuchen
wolle, und St. Eustache ward gebeten, sie nach Einbruch
der Dunkelheit dort abzuholen. Nun spricht freilich diese
Tatsache auf den ersten Blick stark gegen meine Hypothese – aber überlegen wir doch einmal. Daß sie sich *tatsächlich* mit irgendeinem Begleiter traf, mit ihm über den
Fluß setzte und erst zu so später Stunde, nämlich um drei
Uhr nachmittags, die Barrière du Roule erreichte, ist bekannt. Aber indem sie sich solcherart darauf einließ, diesen
Menschen zu begleiten *(mit welcher Absicht auch immer – und
ob nun ihre Mutter davon wußte oder nicht)*, muß sie doch daran gedacht haben, welche Absicht sie beim Weggehen geäußert hatte und wie Erstaunen und Argwohn sich im Herzen ihres Verlobten, St. Eustache, regen würden, wenn er

sie zur vereinbarten Zeit in der Rue des Drômes abholen käme und erführe, daß sie gar nicht dort gewesen, und wenn er überdies dann mit seiner beunruhigenden Kunde in die Pension zurückkehrte und feststellen müßte, daß sie noch immer ausbliebe. An all dies muß sie wohl gedacht haben, meine ich. Sie muß den Verdruß St. Eustaches, den Argwohn aller vorausgesehen haben. Sie konnte doch wohl kaum im Sinne gehabt haben, bei ihrer Heimkehr diesem Argwohn zu begegnen; dieser Argwohn wird nun aber für sie zu einem Punkt von so gar keinem Belange, sobald wir voraussetzen, daß sie *gar nicht* die Absicht hatte zurückzukehren.

Wir dürfen uns vielleicht vorstellen, daß sie folgendermaßen gedacht hat – ›Ich soll mit einer gewissen Person zusammentreffen, um mit ihr auf und davon zu gehen, oder aus bestimmten anderen, nur mir bekannten Gründen. Es ist notwendig, daß nichts Störendes dazwischenkommen kann – wir müssen genügend Zeit zur Verfügung haben, um etwaiger Verfolgung zu entgehen – ich werde also angeben, daß ich meine Tante in der Rue des Drômes besuchen und den Tag bei ihr verbringen werde – St. Eustache werde ich sagen, mich nicht vor Dunkelheit abzuholen – auf diese Weise ist meine Abwesenheit von zu Hause für die längstmögliche Zeit erklärt, ohne Anlaß für Argwohn oder Besorgnis zu geben, und ich gewinne mehr Zeit als auf irgendeine andere Art. Wenn ich St. Eustache bitte, mich bei Dunkelheit abzuholen, wird er ganz gewiß nicht früher kommen; doch wenn ich es gänzlich unterlasse, ihn darum zu bitten, so verringert sich die Zeit, die zum Entkommen bleibt, da man dann erwarten wird, daß ich desto früher heimkomme, und durch mein Ausbleiben um so eher in Unruhe geraten wird. Also, wenn ich *überhaupt* vorhätte, zurückzukehren – wenn ich also nichts weiter im Sinn hätte, als mit dem fraglichen Menschen ein wenig herumzuspazieren –, wäre es nicht gerade sehr klug von mir, St. Eustache darum zu bitten, mich abzuholen; denn wenn er kommt, muß er ja mit *Sicherheit* merken, daß ich ein falsches Spiel mit ihm getrieben habe – eine Tatsache, über die ich ihn für alle Zeit in Unwissenheit halten könnte, wenn ich von zu Hause wegginge, ohne ihm meine Absicht mitzuteilen, wenn ich vor Einbruch der Dunkelheit wiederkäme und dann erklärte, ich sei bei meiner Tante in der Rue des Drômes gewesen. Doch da es aber meine Absicht ist, *nie* mehr zurückzukehren – oder zumindest für einige Wochen nicht – oder nicht, bis gewisse Heimlichkeiten geschehen –, ist Zeitgewinn der einzige Punkt, der mich kümmert.‹

Sie haben in Ihren Notizen bemerkt, daß die allgemeine Meinung in bezug auf diese traurige Angelegenheit dahin geht, und von allem Anfang an dahin ging, das Mädchen sei das Opfer einer Verbrecher*bande* geworden. Nun ist, unter gewissen Umständen, die Volksmeinung nicht geringzuschätzen. Wenn sie von selbst entsteht – wenn sie sich auf ganz spontane Weise bildet –, sollten wir sie in Analogie zu jener *Intuition* sehen, wie sie dem einzelnen Genie eigen ist. In neunundneunzig von hundert Fällen würde ich mich an ihre Entscheidung halten. Wichtig ist aber dabei, daß wir keinerlei augenfällige Spuren von *Beeinflussung* feststellen. Es muß sich ganz strikt um der Öffentlichkeit *eigene* Meinung handeln; und den Unterschied zu erkennen und zu behaupten ist oft überaus schwierig. Im vorliegenden Falle will es mir scheinen, daß diese ›öffentliche Meinung‹ bezüglich einer *Bande* doch herbeigeführt worden ist durch den parallelen Vorfall, wie er im dritten meiner Auszüge ausführlich beschrieben steht. Ganz Paris befindet sich in Aufregung, da der Leichnam Maries gefunden worden ist, eines jungen, schönen, stadtbekannten Mädchens. Entdeckt wird dieser Leichnam im Fluß, er treibt an der Oberfläche dahin und weist Spuren von Gewalt auf. Nun wird aber bekanntgegeben, wie genau, oder doch annähernd, um die gleiche Zeit, da der Mord an dem Mädchen vermutlich begangen wurde, eine im Ausmaß zwar geringere, der Art nach aber doch ähnliche Gewalttat wie jene, welcher die Tote zum Opfer gefallen, von einer Bande junger Strolche an einem zweiten jungen Mädchen verübt worden ist. Sollte es da verwundern, daß nun die eine bekannte Untat das allgemeine Urteil bezüglich der anderen, unaufgeklärten beeinflußt? Dieses Urteil wartete auf Orientierung, und die bekannte Freveltat schien eine solche bestens anzubieten! Auch Marie ward im Flusse gefunden; und an ebendemselben Flusse war ja diese bekannte Schandtat begangen worden. Die Verbindung beider Ereignisse lag so, zum Greifen, auf der Hand, daß es wahrhaft verwunderlich gewesen wäre, wenn das Volk es *versäumt* hätte, diesen Zusammenhang zu erkennen und aufzugreifen. Doch in Wirklichkeit nun ist dieses eine Verbrechen, von dem es bekannt, daß es auf diese Weise begangen wurde, wenn überhaupt etwas, so ein Beweis dafür, daß das andere, welches beinahe zur gleichen Zeit geschah, *nicht* auf diese Weise begangen wurde. Es wäre ja nun wirklich ein Wunder gewesen, hätte es, während eine Bande von Strolchen an einem bestimmten Orte eine gänzlich unerhörte Schandtat beging, noch eine andere ähnliche Bande gegeben, welche an ähnlichem Orte, in ein und derselben Stadt, unter denselben Umständen, mit denselben Mitteln und Methoden, zu genau derselben Zeit ein Verbrechen genau derselben Art beging! Doch was ist es denn, das zu glauben die so vom Zufall *beeinflußte* Volksmeinung von uns verlangt, wenn nicht diese gar wundersame Kette von Koinzidenzen?

Bevor wir weitergehen, wollen wir uns doch den angeblichen Tatort im Dickicht an der Barrière du Roule einmal näher betrachten. Dieses Dickicht, obzwar nahezu undurchdringlich, liegt in nächster Nähe einer Landstraße. Darinnen befinden sich drei oder vier große Steine, die eine Art Sitzgelegenheit mit Rückenlehne und Fußbank bilden. Auf dem oberen Stein nun entdeckte man einen weißen Unterrock; auf dem zweiten einen seidenen Schal. Auch wurden hier noch ein Sonnenschirm, Handschuhe und ein Taschentuch gefunden. Das Taschentuch trug den Namen ›Marie Rogêt‹. Kleiderfetzen wurden an den Zweigen ringsum entdeckt. Der Erdboden war zertrampelt, das Gesträuch geknickt, und alles wies darauf, daß hier ein heftiger Kampf stattgefunden hatte.

Ungeachtet des Beifalls, mit welchem die Entdeckung dieses Dickichts von der Presse aufgenommen ward, und der Einmütigkeit, mit welcher man annahm, es bezeichne den tatsächlichen Schauplatz des Verbrechens, muß doch zugestanden werden, daß es guten Grund zum Zweifel gab. Ob es der Tatort *war*, mag ich glauben oder auch nicht – daran zu zweifeln, gab es jedenfalls vortrefflichen Grund. Hätte sich der *wirkliche* Tatort, wie ›Le Commerciel‹ meinte, in der Nachbarschaft der Rue Pavée St. Andrée befunden, so wären die Täter, angenommen, sie hielten sich noch in Paris auf, natürlich in Schrecken geraten darob, wie die allgemeine Aufmerksamkeit so scharfsinnig auf die rechte Spur gelenkt war; und bei Gemütern einer gewissen Sorte hätte sich sogleich die Einsicht geregt, wie doch einige Anstrengung. nun erforderlich sei, diese Aufmerksamkeit wieder abzulenken. Und da das Gehölz an der Barrière du Roule sowieso schon in Verdacht geraten war, so mochte ihnen ganz natürlich der Einfall gekommen sein, die Gegenstände dort hinzulegen, wo man sie dann auch gefunden hatte. Es gibt keinen gültigen Beweis, auch wenn ›Le Soleil‹ dies annimmt, daß die gefundenen Gegenstände länger als ein paar Tage in dem Dickicht gelegen hätten; wogegen viele Indizien dafür sprechen, daß sie dort, ohne Aufmerksamkeit zu erregen, nicht die ganzen zwanzig Tage hätten liegen können, welche zwischen jenem verhängnisvollen Sonntag und dem Nachmittag verstrichen waren, da die Jungen sie gefunden. ›Sie waren alle durch Regeneinwirkung stark *verschimmelt*‹, sagt ›Le Soleil‹ und macht sich damit die Ansichten seiner Vorgänger zu eigen, ›und klebten vor *Schimmel* zusammen. Das Gras ringsum war gewachsen und hatte einige von ihnen überwuchert. Die Seide des Sonnenschirms war kräftiges Material, doch waren die Fäden innen schon ineinandergelaufen. Der obere Teil, wo sie zusammengefaltet und doppelt war, zeigte sich ganz *verschimmelt* und verrottet und zerriß beim Öffnen.‹ Was nun das Gras betrifft, welches ›ringsum gewachsen war und einige von ihnen überwuchert hatte‹, so ist klar, daß diese Tatsache einzig aus den Worten und somit der Erinnerung zweier kleiner Jungen sich herleitete; denn diese Jungen hatten die Gegenstände ja aufgehoben und mit nach Hause genommen, noch ehe sie ein Dritter zu Gesicht bekommen hatte. Nun wächst aber Gras, besonders bei warmem und feuchtem Wetter (wie es zur Zeit des Mordes herrschte), immerhin zwei bis drei Zoll an einem einzigen Tag. Ein Sonnenschirm, der auf einem mit frischem Rasen bedeckten Boden liegt, kann von dem aufsprießenden Gras also schon innerhalb einer Woche völlig dem Blick verborgen sein. Und was diesen *Schimmel* anlangt, auf dem der Herausgeber von ›Le Soleil‹ so hartnäckig besteht, daß er das Wort nicht weniger denn dreimal in dem eben zitierten kurzen Absatz verwendet, weiß er denn wirklich nicht, wie es sich mit diesem *Schimmel* verhält? Muß man ihm erst sagen, daß es sich dabei um eine der vielen Sorten *fungus* handelt, deren gewöhnlichstes Merkmal darin besteht, daß sie innerhalb von vierundzwanzig Stunden entstehen und vergehen?

So sehen wir denn auf einen Blick, wie alles, was höchst triumphierend zur Stützung der Meinung vorgebracht wurde, die Gegenstände hätten ›wenigstens drei oder vier Wochen‹ in dem Dickicht gelegen, absurderweise überhaupt nichts dazu beiträgt, diesen Umstand zu beweisen. Andererseits ist es überaus schwer zu glauben, diese Gegenstände könnten in dem genannten Gehölz auch nur länger als eine einzige Woche gelegen haben – länger als von einem Sonntag zum andern. Wer die Umgebung von Paris kennt, weiß, wie äußerst schwierig es ist, *Abgeschiedenheit* zu finden, außer weit draußen vor den Vororten. Etwas Derartiges wie einen noch unerforschten oder auch nur selten aufgesuchten Winkel inmitten seiner Wälder oder Wäldchen ist auch nicht einen Augenblick vorstellbar. Lassen Sie doch einmal einen, der die Natur von Herzen liebt, von der Pflicht aber an den Staub und die Hitze dieser großen Metropole gekettet ist – lassen Sie einen solchen den Versuch wagen, selbst während der Wochentage, seinen Durst nach Einsamkeit inmitten der Schönheit der Natur in unserer unmittelbaren Umgebung zu stillen. Auf Schritt und Tritt wird er den wachsenden Zauber vergällt finden, weil irgendein Strolch oder ein Trupp von Zechbrüdern mit Stimme und Person ihn hierin stört. Auch unterm dichtesten Blätterdach wird er die Einsamkeit vergeblich suchen. Hier sind ja gerade die Schlupfwinkel, wo sich der Pöbel am meisten tummelt – hier sind die Tempel am meisten entweiht. Krank am Herzen wird unser Wanderer wieder zurückflüchten in das verderbte Paris, wie zu einem weniger abscheulichen, weil weniger unpassenden Pfuhle der Verderbnis. Doch wenn die nähere Umgebung der Stadt schon während der Arbeitstage der Woche so überlaufen ist, um wieviel mehr erst am Sonntag! Gerade dann zieht es das Stadtgesindel, frei von den Zwängen der Arbeit oder der gewöhnlichen Gelegenheiten zum Verbrechen beraubt, in die Umgebung der Stadt, nicht etwa aus Liebe zum Ländlichen, das jeder Strolch im Grunde seines Herzens verabscheut, sondern um den Fesseln und Konventionalitäten der Gesellschaft zu entfliehen. Ihn gelüstet es weniger nach der frischen Luft und den grünen Bäumen denn nach der gänzlichen *Ungebundenheit* des Landes. Hier, im Wirtshaus an der Landstraße oder unter dem Blätterdach der Wälder, unbehelligt von anderen Blicken als denen seiner Zechkumpane, frönt er all den wahnsinnigen Ausschweifungen einer falschen Fröhlichkeit, wie Freiheit und Branntwein im Vereine sie zeugen. Ich sage nichts mehr, als was jedem unbefangenen Beobachter einleuchten muß, wenn ich wiederhole, der Umstand, daß die besagten Gegenstände in *irgendeinem* Dickicht in der unmittelbaren Umgebung von Paris länger als von einem Sonntag zum andern unentdeckt geblieben sein sollten, dürfte schon fast an ein Wunder grenzen.

Doch fehlt es auch nicht an anderen Gründen für den Verdacht, daß die Gegenstände in dem Dickicht zu dem Zwecke hingelegt wurden, die Aufmerksamkeit von dem wirklichen Schauplatz der Bluttat abzulenken. Richten Sie Ihr Augenmerk zunächst doch bitte einmal auf das *Datum* der Entdeckung dieser Gegenstände. Vergleichen Sie dies sodann mit dem Datum des fünften Auszugs, den ich aus den Zeitungen gemacht habe. Sie werden feststellen, daß die Entdeckung fast unmittelbar auf jene dringenden Zuschriften hin erfolgte, welche dem ›Abendblatte‹ zugegangen waren. Diese Zuschriften, wiewohl verschieden und offensichtlich aus verschiedenen Quellen, zielten sämtlich auf denselben Punkt – nämlich die Aufmerksamkeit auf eine *Bande* als die Täter und auf die Gegend der Barrière du Roule als den Tatort zu lenken. Nun geht es hier natürlich nicht um den Verdacht, daß infolge dieser Mitteilungen oder der von ihnen gelenkten öffentlichen Aufmerksamkeit die Jungen die Gegenstände erst gefunden hätten; sondern es mochte und mag sich sehr wohl der Argwohn aufdrängen, daß die Gegenstände einfach deswegen nicht *eher* von den Jungen gefunden wurden, weil sie sich eher noch gar nicht in dem Dickicht befanden; sind sie doch erst zu einem späteren Zeitpunkt, zum Datum dieser Zuschriften oder kurz zuvor, von den schuldbeladenen Verfassern der nämlichen Zuschriften dort hingelegt worden.

Dieses Dickicht war nun wahrlich einzig in seiner Art. Es war ungewöhnlich dicht. Innerhalb seiner natürlichen Einfriedung fanden sich drei außergewöhnliche Steine, *die einen Sitz mit Rückenlehne und Fußbank bildeten.* Und dieses Dickicht, so voller Naturkunstwerke, befand sich in unmittelbarer Nähe, *nur wenige Ruten entfernt,* von der Wohnung der Madame Deluc, deren Söhne das Gebüsch ringsum auf der Suche nach Sassafras-Rinde zu durchstreifen pflegten. Wäre es nun wohl sehr unbesonnen, wollte ich wetten – und zwar tausend zu eins wetten –, daß für diese Jungen niemals auch nur *ein Tag* verging, da nicht wenigstens einer der beiden sich in der schattenreichen Halle versteckte und auf deren natürlichem Throne Platz nahm? Wer eine solche Wette scheute, ist entweder nie selber ein Junge gewesen oder hat vergessen, wie Jungen sind. Ich wiederhole – es ist überaus schwer begreiflich, wie diese Gegenstände länger als einen Tag oder zwei unentdeckt in diesem Dickicht hätten liegen können; und es besteht mithin guter Grund zu dem Verdacht, trotz der entschiedenen Ignoranz von ›Le Soleil‹, daß sie erst zu einem verhältnismäßig späten Zeitpunkt dort hingelegt worden waren, wo man sie gefunden.

Es gibt aber noch andere und zwingendere Gründe für die Annahme, daß sie nachträglich hingelegt wurden, als ich sie bis jetzt vorgebracht habe. Und nun richten Sie Ihr Augenmerk doch bitte einmal auf das höchst künstliche Arrangement der Gegenstände. Auf dem *oberen* Steine lag ein weißer Unterrock; auf dem *zweiten* ein seidener Schal; ringsum verstreut waren ein Sonnenschirm, Handschuhe und ein Taschentuch mit dem Namenszug ›Marie Rogêt‹. Und dies ist nun gerade eine solche Anordnung, wie sie *natürlicher*weise ein nicht allzu scharfsinniger Mensch vornähme, wenn er die Gegenstände auf möglichst *natürliche* Weise zurechtlegen wollte. Es ist dies jedoch mitnichten ein *wirklich* natürliches Arrangement. Ich hätte vielmehr erwartet, die Gegenstände *sämtlich* auf dem Boden liegend und zertrampelt zu finden. Auf dem engen Raume dieser Laube wäre es doch wohl kaum möglich gewesen, daß bei dem ständigen Hin und Her vieler in einen Kampf verstrickter Personen Unterrock und Schal auf den Steinen liegengeblieben sein sollten. ›Alles wies darauf hin‹, heißt es, ›daß hier ein Kampf stattgefunden habe; und der Erdboden war zertrampelt, das Gesträuch geknickt‹ – doch Unterrock und Schal liegen da wie in ein Regal einsortiert. ›Die Fetzen ihres Kleides, welche von dem Dornengestrüpp herausgerissen worden, waren etwa drei Zoll breit und sechs Zoll lang. Ein Stück davon war der Saum des Kleides, und er war ausgebessert. Sie *sahen aus wie abgerissene Streifen.*‹ Hier hat sich ›Le Soleil‹ aus Versehen eines äußerst verdächtigen Ausdrucks bedient. Die so beschriebenen Stücke sehen nun tatsächlich ›wie abgerissene Streifen‹ aus; doch vorsätzlich abgerissen und mit der Hand. Es geschieht nur äußerst selten, daß aus einem Gewande wie dem hier vorliegenden ein Stück durch die Wirkung eines *Dorns* ›abgerissen‹ wird. Es liegt in der Natur solcher Gewebe, daß ein Dorn oder Nagel, bleibt er darin hängen, einen rechten Winkel hineinreißt – den Stoff also in zwei Längsrissen durchtrennt, die im rechten Winkel zueinander verlaufen und an einem Scheitelpunkte zusammentreffen, dort, wo der Dorn eingedrungen ist – doch ist es kaum vorstellbar, daß das Stück ›abgerissen‹ worden sein soll. Das habe ich noch nie erlebt und Sie wohl auch nicht. Um von solchem Gewebe ein Stück *ab*zureißen, bedarf es in nahezu jedem Falle zweier verschiedener Kräfte, die in verschiedenen Richtungen wirken. Wenn das Gewebe zwei Ränder besäße – wenn es sich zum Beispiel um ein Taschentuch handelte, und man wünschte davon einen Streifen abzureißen, dann und nur dann würde die eine Kraft dem Zweck genügen. Im vorliegenden Falle geht es aber um ein Kleid, und das hat nur einen Rand. Ein Stück aus seinem Innern herauszureißen, wo kein Rand vorhanden ist, könnte von Dornen nur durch ein Wunder bewerkstelligt werden, und ein *einzelner* Dorn brächte es nun gar nicht fertig. Doch selbst bei einem Rande wären zwei Dornen nötig, von denen der eine in zwei verschiedenen Richtungen, der andere in nur einer wirken müßte. Und auch dies nur unter der Voraussetzung, daß der Rand nicht eingesäumt ist. Ist er indessen gesäumt, wäre das Ganze so gut wie ausgeschlossen. Somit sehen wir denn, welch zahlreiche und beträchtliche Hindernisse dem ›Abreißen‹ von Stoffstücken durch die einfache Wirkung von ›Dornen‹ im Wege stehen; gleichwohl sollen wir nun gar glauben, nicht nur ein Stück, sondern viele seien solcherart abgerissen worden. ›Und eines davon war‹ noch dazu *›der Saum des Kleides‹!* Ein anderes Stück ›stammte *aus dem Rock selbst, nicht dem Saum‹* – das heißt, es war durch die Wirkung der Dornen vollständig aus dem randlosen Innern des Kleides gerissen! Daß man so etwas nicht glaubt, das ist, so meine ich, nun wirklich keinem zu verübeln; dennoch ergeben diese Dinge zusammengenommen vielleicht einen weniger plausiblen Grund zum Verdacht als der eine staunenswerte Umstand, daß die Gegenstände überhaupt von irgendwelchen *Mördern*, die genügend Vorsicht bewiesen hatten, an die Entfernung des Leichnams zu denken, in diesem Dickicht zurückgelassen worden sein sollten. Wenn Sie nun aber annehmen, ich wolle *bestreiten*, daß dieses Dickicht den Tatort vorstelle, dann haben Sie mich allerdings mißverstanden. Es mag durchaus *hier* ein Unrecht geschehen sein oder, was wahrscheinlicher ist, ein Unglücksfall im Wirtshaus der Madame Deluc. Doch ist dies nun wahrhaftig ein Punkt von geringem Belang. Schließlich sind wir ja nicht damit befaßt, den Tatort zu ermitteln, sondern die Mörder ausfindig zu machen. Was ich hier ausgeführt habe, ist nun, wenn ich es auch mit so umständlicher Genauigkeit getan, mit der Absicht geschehen, Ihnen erstens einmal die Torheit der so unbedingten und vorschnellen Behauptungen von ›Le Soleil‹ darzutun, zweitens und hauptsächlich aber, Sie auf allernatürlichstem Wege zu weiterem Nachdenken hinsichtlich der höchst zweifelhaften Frage anzuregen, ob dieser Mord nun das Werk *einer Bande* gewesen sei oder nicht.

Wir wollen diese Frage wieder aufnehmen, indem wir lediglich auf die empörenden Einzelheiten verweisen, welche der Wundarzt bei der Leichenschau festgestellt. Gesagt zu werden braucht hier nur, daß die *Folgerungen*, wie er sie bezüglich der Anzahl der Schurken veröffentlicht hat, von allen namhaften Anatomen in Paris mit vollem Recht als unzutreffend und absolut grundlos bespöttelt worden sind. Nicht, daß das Ganze sich nicht so zugetragen haben *könnte*, wie er gefolgert, sondern daß keinerlei Grund für eine solche Folgerung gegeben war: – dafür aber um so mehr für eine andere?

Wenden wir uns nun den ›Spuren eines Kampfes‹ zu; und lassen Sie mich fragen, was denn diese Spuren angeblich beweisen sollen. Eine Bande. Aber beweisen sie nicht vielmehr im Gegenteil, daß es eine Bande nicht gewesen sein kann? Was für ein *Kampf* mochte da wohl stattgefunden haben – was für ein Kampf, der noch dazu so heftig und so lange tobte, daß er nach allen Richtungen hin seine ›Spuren‹ hinterließ – zwischen einem schwachen und wehrlosen Mädchen und jener imaginären *Bande* von gemeinen Strolchen? Nur wenige derbe Arme, die lautlos zugepackt, und alles wäre vorüber gewesen. Das Opfer hätte ihnen völlig widerstandslos zu Willen sein müssen. Hier sollten Sie daran denken, daß die Argumente, welche gegen das Dickicht als den möglichen Tatort eingewendet wurden, größtenteils nur dann zutreffen, wenn es als der Schauplatz einer Gewalttat gelten soll, die von *mehr als nur einer einzigen Person* begangen worden wäre. Wenn wir uns aber nur *einen* Täter vorstellen, dann – und nur dann – ließe sich begreifen, daß der Kampf von so heftiger und hartnäckiger Natur gewesen, daß er sichtbare ›Spuren‹ hinterließ.

Und noch einmal. Ich habe schon erwähnt, wie verdächtig doch die Tatsache ist, daß die besagten Gegenstände *überhaupt* in dem Dickicht, wo man sie fand, liegengelassen wurden. Es scheint schon fast unmöglich, daß diese Schuldbeweise rein zufällig am Fundort zurückgelassen worden sein sollten. Die Geistesgegenwart (so ist jedenfalls anzunehmen) war groß genug, den Leichnam wegzuschaffen; und doch läßt man einen klareren Beweis als die Leiche selbst (deren Züge wohl rasch durch Verwesung zerstört worden wären) so auffällig am Tatort zurück – ich meine das Taschentuch mit dem *Namen* der Verstorbenen. Wenn dies ein Versehen war, so war es doch nicht das einer *Bande.* Es läßt sich nur als das Versehen eines einzelnen denken. Wir wollen doch mal sehen. Ein einzelner Mensch hat den Mord begangen. Er ist allein mit dem Geist der Verschiedenen. Entsetzen packt ihn angesichts dessen, was da reglos vor ihm liegt. Seine Leidenschaft hat sich ausgetobt, und in seinem Herzen ist nun mehr als genug Raum für das natürliche Grauen ob solcher Tat. Er besitzt nichts von jener Zuversicht, wie sie die Gegenwart mehrerer Personen unweigerlich einflößt. Er ist *allein* mit der Toten. Er zittert und ist verstört. Doch steht er vor der Notwendigkeit, sich des Leichnams zu entledigen. Er schleppt ihn zum Flusse, läßt aber die anderen Schuldbeweise hinter sich zurück; denn es ist schwer, wenn nicht unmöglich, die ganze Last auf einmal fortzuschaffen, leicht ist es dagegen, zurückzukehren und das übrige zu holen. Doch auf seinem mühseligen Wege zum Wasser verdoppeln sich die Ängste in ihm. Die Laute des Lebens säumen seinen Pfad. Ein dutzendmal wohl hört er den Tritt eines Beobachters oder vermeint ihn zu hören. Selbst schon die Lichter von der Stadt her verwirren ihn. Doch mit der Zeit, und nach langen und häufigen Pausen tiefer Seelenpein, erreicht er das Ufer des Flusses und entledigt sich seiner grausigen Last – vielleicht mit der Hilfe eines Bootes. Doch *nun*, welche Schätze hätte die Welt zu bieten – mit welcher Rache könnte sie drohen –, die es vermöchten, den einsamen Mörder zur Rückkehr über jenen mühseligen und gefahrvollen Pfad zu bewegen, zur Rückkehr in jenes Dickicht mit seinen Erinnerungen, die das Blut in den Adern erstarren lassen? Er kehrt *nicht* zurück, komme, was da wolle. Er *könnte* gar nicht zurück, auch wenn er es wollte. Sein einziger Gedanke ist: nur schleunigst fort von hier. *Für immer* wendet er diesem entsetzlichen Dickicht den Rücken und flieht, als gelte es, dem künftigen Zorn zu entrinnen.

Wie verhält es sich aber nun mit einer Bande? Ihre Anzahl hätte ihnen Zuversicht eingegeben; falls es an Zuversicht im Busen des abgefeimten Schurken überhaupt je mangeln sollte; und einzig abgefeimte Schurken sind es, welche die vermutlichen *Banden* bilden. Ihre Anzahl schon hätte, wie gesagt, das kopflose und panische Entsetzen nicht aufkommen lassen, wie es nach meiner Vorstellung den einzelnen Täter lähmte. Könnten wir uns auch bei einem, zweien oder gar dreien ein Versehen denken, so hätte ein vierter dies Versehen korrigiert. Sie hätten nichts zurückgelassen; denn ihre Anzahl hätte sie befähigt, *alles* auf einmal zu tragen. Eine *Rückkehr* wäre nicht nötig gewesen.

Bedenken Sie nun noch den Umstand, daß im ›Obergewande‹ der Leiche, da man sie gefunden, ›ein Streifen, etwa ein Fuß breit, vom unteren Saum bis zur Taille eingerissen, dreimal um den Leib geschlungen und mit einer Art Knoten im Rücken festgezogen war‹. Dies geschah zu dem offensichtlichen Zweck, einen *Haltegriff* zu schaffen, an welchem man die Leiche tragen konnte. Wäre es aber *mehreren* Männern auch nur im Traum eingefallen, sich eines solchen Hilfsmittels zu bedienen? Dreien oder vieren hätten

223

die Gliedmaßen der Leiche nicht nur einen ausreichenden, sondern den besten Halt geboten. Die Vorrichtung ist das Werk eines einzelnen; und dies bringt uns zu der Tatsache, daß ›zwischen dem Dickicht und dem Flusse die Einzäunungen umgestoßen waren und der Boden deutlich Spuren zeigte, wie wenn eine schwere Last darauf entlanggeschleift worden sei‹. Doch hätten sich nun aber *mehrere* Männer der überflüssigen Mühe unterzogen, einen Zaun umzustoßen, nur um einen Leichnam hindurchzuzerren, den sie im Handumdrehen über jeden beliebigen Zaun hätten *hinüberheben* können? Hätten *mehrere* Männer eine Leiche überhaupt so entlanggeschleift, daß davon auffällige Schleif*spuren* zurückgeblieben wären?

Und hier müssen wir nun auf eine Bemerkung von ›Le Commerciel‹ zurückkommen; eine Bemerkung, auf die ich schon bis zu einem gewissen Grade eingegangen bin. ›Aus einem der Unterröcke des unglücklichen Mädchens‹, schreibt das Blatt, ›war ein Stück herausgerissen und unter dem Kinn um den Hinterkopf ihr gebunden, wahrscheinlich um sie am Schreien zu hindern. Dies taten Kerle, welche kein Taschentuch besaßen.‹

Ich habe zuvor bereits die Ansicht geäußert, daß ein echter Ganove niemals *ohne* Taschentuch ist. Aber nicht darauf möchte ich jetzt im besondern hinweisen. Daß diese Binde nicht in Ermangelung eines Taschentuches zu dem von ›Le Commerciel‹ vermuteten Zwecke Verwendung fand, erhellt schon daraus, daß im Gebüsch ein Taschentuch lag; und daß dies nicht mit der Absicht geschehen war, ›sie am Schreien zu hindern‹, geht daraus hervor, daß man ebendiese Binde dem vorgezogen, was diesem Zweck so viel besser entsprochen hätte. Doch ist in den Worten der Zeugenaussage die Rede davon, man habe den fraglichen Stoffstreifen ›nur lose um den Hals geschlungen und mit einem festen Knoten gesichert‹ gefunden. Diese Worte sind zwar reichlich vage, weichen aber doch wesentlich ab von dem, was ›Le Commerciel‹ schreibt. Der Streifen war achtzehn Zoll breit, und wenngleich aus Musselin, hätte er daher, der Länge nach gefaltet oder zusammengedreht, ein festes Band ergeben. Und so zusammengedreht wurde er ja auch gefunden. Daraus schließe ich nun folgendes: Nachdem der einzelne Mörder den Leichnam an der um seine Mitte *geknüpften* Schlinge eine Strecke weit getragen hatte (ob nun von dem Dickicht oder sonstwoher), fand er, daß bei dieser Trageweise die Last doch über seine Kräfte gehe. Er beschloß also, diese Last zu ziehen – und daß er dies *getan*, beweisen die Schleifspuren ja deutlich. Zu diesem Zwecke ward es notwendig, etwas Strickartiges an einer der Extremitäten zu befestigen. Am besten eignete sich dazu wohl der Hals, würde der Kopf doch dann ein Heruntergleiten verhindern. Und da besann sich der Mörder zweifellos auf die Schlinge, welche er um die Lenden der Leiche geknüpft hatte. Diese hätte er wohl auch verwendet, wäre sie nicht fest um den Leichnam geschlungen, wäre der *Knoten* nicht hinderlich gewesen ebenso wie die Überlegung, daß der Streifen nicht von dem Kleide ›abgerissen‹ war. Also war es leichter, aus dem Unterrock einen neuen Streifen herauszureißen. Das tat er denn auch, befestigte ihn um den Hals und *schleifte* so sein Opfer zum Ufer des Flusses. Daß diese ›Bandage‹, die nur mit Mühe und Zeitverlust zu bewerkstelligen war, dazu ihren Zweck nur unvollkommen erfüllte – daß diese Bandage *überhaupt* Verwendung fand, beweist, daß die Notwendigkeit zu ihrem Gebrauch Umständen entsprang, die erst zu einem Zeitpunkt auftraten, da das Taschentuch nicht mehr verfügbar war – das heißt also, wie wir es angenommen haben, nach dem Verlassen des Dickichts (falls es das Dickicht war) und auf dem Wege zwischen dem Dickicht und dem Fluß.

Doch die Aussage von Madame Deluc (!), so werden Sie nun sagen, weist doch nachdrücklich darauf hin, daß sich genau oder doch annähernd zur Zeit des Mordes eine *Bande* in der Nähe des Dickichts herumgetrieben habe. Das gebe ich gerne zu. Ich frage mich, ob sich nicht ein *Dutzend* Banden, wie Madame Deluc sie beschrieben, genau oder doch *ungefähr* zum Zeitpunkt dieser Tragödie in der Umgebung der Barrière du Roule herumgetrieben hat. Aber die

Bande, welche den strengen Tadel, dazu das freilich etwas säumige und sehr verdächtige Zeugnis von Madame Deluc herausgefordert hat, ist die *einzige* Bande, von welcher diese ehrenwerte und gewissenhafte alte Dame uns meldet, daß sie ihren Kuchen gegessen und ihren Branntwein getrunken habe, ohne sich der Mühe zu unterziehen, dafür zu zahlen. *Et hinc illae irae?*

Worin *besteht* denn aber nun die genaue Aussage von Madame Deluc? ›Eine Bande von Raufbolden sei erschienen, habe herumgelärmt, gegessen und getrunken, ohne zu bezahlen, und sei dann demselben Wege gefolgt, wie ihn der junge Mann und das Mädchen genommen, seien in der *Dämmerung* ins Wirtshaus zurückgekehrt und dann, als ob sie es sehr eilig hätten, wieder über den Fluß gefahren.‹

Nun, daß sie es ›sehr eilig‹ gehabt, ist den Augen der guten Madame Deluc möglicherweise als noch viel *eiliger* vorgekommen, da sie im Geiste noch immer des Jammerns kein Ende fand, welche Gewalt man ihrem Kuchen und Bier angetan − Kuchen und Bier, auf deren Bezahlung sie im stillen noch immer gehofft haben mochte. Warum hätte sie sonst wohl die *Eile* so betonen sollen, wo es doch schon *Dämmerung* war? Es ist gewiß nichts Verwunderliches daran, daß selbst eine Bande Strolche es *eilig* hat, nach Hause zu kommen, wenn in kleinen Booten ein breiter Fluß zu überqueren ist, wenn ein Unwetter droht und wenn es Nacht *werden will.*

Ich sage: *werden will*; denn es war *noch nicht* Nacht. Es herrschte erst *Dämmerung*, als die ungebührliche Eile dieser ›Raufbolde‹ die gestrengen Augen der Madame Deluc so kränkte. Wir erfahren aber, daß an ebendiesem Abend Madame Deluc wie auch ihr ältester Sohn ›in der Nähe des Gasthauses die Schreie einer Frauensperson vernommen‹. Und mit welchen Worten bezeichnet nun Madame Deluc die Zeit, zu welcher an jenem Abend diese Schreie zu hören waren? Es sei *bald nach Einbruch der Dunkelheit* gewesen, sagt sie. Doch ›bald *nach* Einbruch der Dunkelheit‹ heißt zumindest *Dunkelheit*; und ›*in der Dämmerung*‹ meint jedenfalls noch Tageslicht. Somit wäre also mehr als klar, daß die Bande die Barrière du Roule verlassen hatte, *noch ehe* diese Schreie Madame Deluc zu Ohren (?) gekommen. Und obwohl in all den vielen Berichten über die Zeugenaussagen die diesbezüglichen in Rede stehenden Ausdrücke deutlich und unverändert gebraucht werden, ganz so wie ich sie in dieser Unterhaltung mit Ihnen gebraucht habe, so ist doch bislang noch keinem der Zeitungsblätter wie auch keinem der Polizeischergen diese ungeheuerliche Diskrepanz irgendwie aufgefallen.

Ich möchte den Argumenten gegen *eine Bande* nur noch eines hinzufügen; dieses *eine* aber hat, zumindest für meine Begriffe, ein gänzlich unwiderstehliches Gewicht. Unter den gegebenen Umständen, da eine beträchtliche Belohnung ausgesetzt ist und jeder Kronzeuge volle Straffreiheit genießen soll, ist es auch nicht einen Augenblick vorstellbar, daß nicht schon längst irgendein Mitglied *einer Bande*, seien es gemeine Strolche oder auch bloß eine Schar irgendwelcher Männer, seine Komplizen verraten hätte. Jeden einzelnen einer so gestellten Bande beherrscht nicht so sehr die Gier nach Belohnung oder das Verlangen, davonzukommen, als die *Angst vor Verrat*. So übt er denn fleißig und beizeiten Verrat, auf daß *er nicht verraten werde*. Daß das Geheimnis noch nicht gelüftet ist, beweist wohl am allerbesten, daß es tatsächlich ein Geheimnis ist. Die Greuel dieser dunklen Tat sind nur *einem* oder zwei lebenden Menschen bekannt und Gott.

Fassen wir nun die mageren, doch sicheren Früchte unserer langen Analyse zusammen. Wir sind zu der Ansicht gelangt, daß es sich entweder um einen verhängnisvollen Unglücksfall handelt, welcher sich unter dem Dache von Madame Deluc zugetragen, oder um einen Mord, welchen in jenem Dickicht an der Barrière du Roule ein Liebhaber oder wenigstens ein vertrauter und heimlicher Freund der Verstorbenen verübt. Jener Vertraute ist von dunkler Gesichtsfarbe. Diese Gesichtsfarbe, die ›Schlaufe‹ im Trageband und der ›Schifferknoten‹, mit dem das Hutband verknüpft war, deuten auf einen Seemann. Daß er mit der Verstorbenen Umgang hatte, einem lebenslustigen, doch nicht verdorbenen jungen Mädchen, zeigt, daß er mehr als ein gemeiner Matrose war. Dies bestätigen auch die recht gut und eindringlich abgefaßten Zuschriften an die Zeitungen. Der Umstand, daß Marie, wie ›Le Mercurie‹ meldet, schon einmal davongelaufen war, legt den Gedanken nahe, diesen Seemann mit dem ›Marineoffizier‹ gleichzusetzen, der bekanntlich die Unglückliche zuerst auf Abwege geführt hatte.

Und hierzu paßt nun vortrefflich die Überlegung, daß jener Mann mit der dunklen Gesichtsfarbe nach wie vor verschwunden ist. Lassen Sie mich die Bemerkung einstreuen, daß die Gesichtsfarbe dieses Mannes dunkel, ja schwarzbraun ist; es war keine gewöhnliche Bräune, welche den *einzigen* Punkt bildete, dessen sich sowohl Valence als auch Madame Deluc erinnerten. Doch warum ist dieser Mann verschwunden? Wurde auch er von der Bande getötet? Wenn ja, warum gibt es dann nur *Spuren* von dem ermordeten *Mädchen*? Den Schauplatz beider Verbrechen müßte man selbstverständlich als ein und denselben sich denken. Und wo ist sein Leichnam? Höchstwahrscheinlich hätten sich die Mörder doch beider Leichen auf die nämliche Weise entledigt. Doch darf man möglicherweise sagen, daß dieser Mann am Leben ist und ihn nur die Angst, des Mordes beschuldigt zu werden, davon abhält, sich zu melden. Diese Überlegung, so ist wohl anzunehmen, dürfte für ihn jetzt bestimmend sein – zu diesem späten Zeitpunkt –, da inzwischen Zeugen ausgesagt haben, daß er mit Marie gesehen wurde – zur Tatzeit wäre sie wohl kaum von Belang gewesen. Ein Unschuldiger wäre dem ersten Antrieb gefolgt und hätte die Mordtat gemeldet und mitgeholfen, die Verbrecher zu identifizieren. Das hätte schon die *Klugheit* geboten. Man hatte ihn mit dem Mädchen gesehen. Auf einem offenen Fährschiff war er mit ihr über den Fluß gefahren. Die Mörder anzuzeigen wäre selbst einem Idioten als das sicherste und einzige Mittel erschienen, sich selbst vom Verdacht zu befreien. Wir können uns nicht vorstellen, daß er an der Greueltat jenes verhängnisvollen Sonntagabends sowohl selber unschuldig sein als auch

nichts davon wissen sollte. Doch nur unter solchen Umständen ließe es sich denken, daß er, falls er überhaupt
noch am Leben ist, unterlassen hätte, die Mörder anzuzeigen.

Und welche Mittel stehen uns nun zu Gebote, die Wahrheit zu ergründen? Wir werden feststellen, wie sich diese,
indes wir voranschreiten, vervielfachen und an Klarheit gewinnen werden. Gehen wir doch dieser ersten Entführungs-
affäre einmal so recht auf den Grund. Erforschen wir die
ganze Geschichte ›des Offiziers‹, seine gegenwärtigen Umstände wie auch seinen Aufenthalt zur genauen Zeit des
Mordes. Und vergleichen wir die verschiedenen Zuschriften, welche bei dem ›Abendblatte‹ eingegangen sind und
worin die Schuld einer *Bande* zugeschoben wird, sorgfältig
miteinander. Ist das getan, so wollen wir diese Zuschriften
auf Stil und Handschrift hin wiederum mit jenen vergleichen, welche zu einem früheren Zeitpunkt an das Morgenblatt gesandt worden waren und so heftig auf der Schuld
von Mennais beharrten. Und ist auch dies alles getan, sollten wir wiederum diese verschiedenen Schriftstücke mit
der bekannten Handschrift des Offiziers vergleichen. Versuchen wir weiter, durch wiederholtes Befragen von Madame Deluc und ihren Söhnen wie auch des Omnibuskut-
schers Valence etwas mehr über die äußere Erscheinung
und das Auftreten des ›Mannes von dunkler Gesichtsfarbe‹
zu erfahren. Geschickt gestellte Fragen dürften nicht verfehlen, von manchen der Betreffenden zu diesem besonderen Punkte (oder zu anderen) Informationen zu gewinnen – Informationen, von denen die Betreffenden selber
vielleicht nicht einmal wissen, daß sie sie besitzen. Und gehen wir nun noch den Spuren des *Bootes* nach, welches am
Montagmorgen, dem dreiundzwanzigsten Juni, von dem
Schiffer aufgegriffen ward und dann einige Zeit vor der
Entdeckung des Leichnams vom Bootsamte wieder verschwand, *ohne das Steuerruder* und ohne daß der dienstha-
bende Beamte etwas gemerkt hätte. Lassen wir dabei die
gebührende Vorsicht und Beharrlichkeit walten, werden
wir dieses Boot unfehlbar ausfindig machen; denn nicht nur

kann es von dem Schiffer, welcher es aufgefischt hat, identifiziert werden, sondern es ist ja noch das *Steuerruder* vorhanden. Und das Steuerruder eines *Segelbootes* hätte wohl
keiner, der ein ruhiges Gewissen hat, so ohne Nachfrage
verloren gegeben. Und hier lassen Sie mich innehalten, um
eine Frage einzuschalten. Daß dieses Boot aufgegriffen
worden war, wurde durch keinerlei *Anzeige* öffentlich bekanntgemacht. In aller Stille ward es zum Bootsamte gebracht, und in aller Stille verschwand es wieder von dort.
Doch der Eigentümer oder Nutzer – wie *konnte* er schon
so zeitig, nämlich am Dienstagmorgen, ohne daß eine Anzeige erschienen war, über den Verbleib des am Montag
aufgegriffenen Bootes unterrichtet sein, wenn wir nicht davon ausgehen, daß er in irgendeiner Verbindung zur *Marine* stand – daß fortwährende persönliche Beziehung ihm
von den kleinsten Vorkommnissen – den unbedeutendsten
Lokal-Neuigkeiten Kenntnis gab?

Als ich davon gesprochen, wie der einzelne Mörder, allein, seine Last ans Ufer schleifte, habe ich bereits die
Wahrscheinlichkeit angedeutet, daß er ein *Boot* benutzt
habe. Nun sollten wir uns darüber klar sein, daß Marie Rogêt *tatsächlich* von einem Boot ins Wasser geworfen wurde.
Das dürfte gewiß der Fall gewesen sein. Den Leichnam
konnte man ja schlecht dem seichten Wasser am Ufer anvertrauen. Die eigentümlichen Male auf Rücken und
Schultern des Opfers verraten die Spanten eines Bootes.
Daß die Leiche, von keinem Gewichte beschwert, gefunden
wurde, bestärkt diesen Gedanken ebenfalls. Wäre sie vom
Ufer aus hineingeworfen worden, so hätte man ein Gewicht
daran befestigt. Wir können uns das Fehlen eines solchen
nur durch die Annahme erklären, daß der Mörder versäumt hatte, sich vorsorglich damit zu versehen, ehe er vom
Ufer abstieß. Als er den Leichnam dann dem Wasser übergab, hat er fraglos sein Versäumnis bemerkt; doch da war
dem nicht mehr abzuhelfen. Jedes Risiko wäre wohl nun
einer Rückkehr an jenes verfluchte Ufer vorzuziehen gewesen. Nachdem sich der Mörder also seiner grausigen Last
entledigt, hat er sich eilends stadtwärts gewandt. Dort, an

irgendeiner dunklen Uferstelle, ist er dann an Land gesprungen. Doch das Boot – hat er das festgebunden? Wohl
nicht, er wird in viel zu großer Eile gewesen sein, um an
solche Dinge wie das Festmachen eines Bootes noch zu
denken. Überdies mochte es ihm gar vorgekommen sein,
wie wenn er mit dem Boote ein Beweisstück gegen sich selber an der Anlegestelle festmachte. Sein natürlicher Gedanke mußte sein, so weit wie möglich alles von sich zu
werfen, was mit seinem Verbrechen in Beziehung stand. So
ist er also nicht nur selber von der Landestelle geflüchtet,
sondern dürfte auf keinen Fall zugelassen haben, daß das
Boot dort verblieb. So hat er es denn gewiß treiben lassen,
ihm wohl gar noch einen Stoß versetzt. Überlegen wir also
weiter. – Am Morgen wird der Schurke von maßlosem
Entsetzen gepackt, als er erfährt, daß das Boot aufgegriffen
worden ist und an einem Orte festliegt, den er alltäglich
aufzusuchen pflegt – an einem Orte, den aufzusuchen ihn
vielleicht gar die Pflicht heißt. In der nächsten Nacht
schafft er es fort, *ohne daß er gewagt hätte, nach dem Steuerruder zu fragen. Wo* aber ist nun dieses steuerlose Boot? Das
herauszufinden soll eines unserer ersten Ziele sein. Mit
dem ersten Schimmer, der uns davon vergönnt, wird der
Morgen unseres Erfolgs anbrechen. Dieses Boot soll uns
mit einer Schnelligkeit, die uns selber überraschen wird,
zu dem führen, der es zur Mitternacht des verhängnisvollen Sonntags benutzte. Bestätigung wird sich an Bestätigung reihen, und man wird den Mörder aufspüren.«

(Aus Gründen, welche wir nicht näher darlegen wollen,
die vielen Lesern aber einleuchten werden, haben wir uns
die Freiheit genommen, aus dem uns übergebenen Manuskripte hier jenen Abschnitt wegzulassen, welcher die *Verfolgung* der von Dupin gewonnenen, dem Anschein nach
winzigen Spur im einzelnen beschreibt. Wir halten es lediglich für angeraten, in Kürze festzustellen, daß man zu
dem gewünschten Ergebnis kam; und daß der Präfekt, obschon mit Widerstreben, die Bedingungen seiner Übereinkunft mit dem Chevalier genauestens erfüllte. Mr. Poes

Artikel schließt mit den folgenden Worten. – *Die Herausgeber*[1])

Es versteht sich von selbst, daß ich von Koinzidenzen spreche *und nichts anderem*. Was ich weiter oben zu diesem Thema gesagt habe, muß genügen. In meinem Herzen hat der Glaube an das Übernatürliche keine Heimstatt. Daß die Natur und ihr Gott zweierlei sind, wird kein denkender Mensch leugnen. Daß letzterer, der erstere geschaffen, diese ganz nach Willen beherrschen oder verändern kann, steht ebenso außer Zweifel. Ich sage ›nach Willen‹; denn um das Wollen geht es dabei und nicht, wie logischer Aberwitz unterstellt hat, um Macht. Es steht nicht in Rede, daß die Gottheit ihre Gesetze nicht ändern *könnte*, sondern daß wir Gott beleidigen, wenn wir uns eine mögliche Notwendigkeit für eine Änderung vorstellen. Ihrem Ursprunge nach sind diese Gesetze geschaffen, *alle* Zufälle und Möglichkeiten zu umfassen, welche in der Zukunft liegen *könnten*. Für Gott ist alles JETZT!

So wiederhole ich denn, daß ich von diesen Dingen nur als von Koinzidenzen spreche. Und ferner: Man wird aus dem, was ich berichtet, ersehen, daß zwischen dem Schicksal der unglücklichen Mary Cecilia Rogers, soweit dieses Schicksal bekannt ist, und dem Schicksal einer gewissen Marie Rogêt bis zu einem gewissen Punkte in ihrer Geschichte eine Parallelität besteht, ob deren wunderbarer Genauigkeit der Verstand, so er darüber nachdenkt, in Verlegenheit gerät. Wie gesagt, all dies wird man sehen. Aber nicht einen Augenblick lang nehme man an, es sei beim weiteren Fortgang der traurigen Geschichte von Marie, von dem erwähnten Zeitpunkt an, und beim Aufspüren des Geheimnisses, welches sie umhüllte, bis zu seinem *dénouement* insgeheim meine Absicht gewesen, etwa eine Ausweitung dieser Parallele anzudeuten oder gar zu unterstellen, daß die Maßnahmen, wie man sie in Paris zur Entdeckung des Mörders einer *grisette* ergriff, oder Maßnahmen, welche auf ähnlichen Schlußfolgerungen be-

1 des Magazins, in dem der Artikel erstmalig abgedruckt war

ruhen, auch zu einem ähnlichen Ergebnis führen müßten.

Denn was den letzteren Teil der Vermutung betrifft,
sollte man bedenken, daß schon die geringfügigste Abweichung in den Tatsachen der beiden Fälle höchst erhebliche
Fehlschlüsse zeitigen könnte, indem sie die beiden Geschehen in ihrem Verlaufe auf ganz verschiedene Bahnen
lenkte; ganz wie in der Arithmetik ein Versehen, welches
an und für sich unbedeutend sein mag, schließlich vermöge
der Multiplikation allenthalben im Verlaufe des Rechen-
prozesses zu einem Ergebnis führt, welches sehr weit von
der Wahrheit entfernt ist. Und was den ersteren Teil angeht, so dürfen wir nicht aus den Augen verlieren, daß gerade die Wahrscheinlichkeitsrechnung, auf die ich mich
bezogen habe, jeglichen Gedanken an eine Ausweitung der
Parallele verbietet: – sie mit um so größerer und entschie-
denerer Bestimmtheit verbietet, als diese Parallele bereits
über eine weite Strecke und genau gegeben ist. Dies ist
einer jener anomalen Lehrsätze, die sich anscheinend auf
alles andere denn mathematisches Denken berufen, und
doch ist es einer, mit dem nur der Mathematiker etwas anzufangen weiß. Nichts ist zum Beispiel schwieriger, als den
bloßen Durchschnittsleser davon zu überzeugen, daß die
Tatsache, daß ein Spieler beim Würfeln zweimal nacheinander Sechsen gewürfelt hat, hinreichend Grund ist, mit
höchstem Einsatz darauf zu wetten, daß beim dritten Male
keine Sechsen gewürfelt werden. Eine dementsprechende
Andeutung wird vom Verstand gewöhnlich sofort zurückgewiesen. Es will nicht einleuchten, daß die beiden Würfe,
die doch abgeschlossen sind und nun vollkommen der Vergangenheit angehören, Einfluß auf den Wurf ausüben können, der erst in der Zukunft existiert. Die Chance, Sechsen
zu würfeln, scheint genau noch so zu sein, wie sie zu jeder
beliebigen Zeit war – das heißt, sie scheint nur dem Einfluß der verschiedenen anderen Würfel zu unterliegen, welche mit dem Würfel sonst noch möglich sind. Und dies
ist eine Überlegung, die so über die Maßen einleuchtend
erscheint, daß alle Versuche, sie zu bestreiten, häufiger mit

einem spöttischen Lächeln aufgenommen werden denn mit respektvoller Aufmerksamkeit. Den hierin liegenden Irrtum darzulegen – einen groben, unheilschwangeren Irrtum – kann ich mir innerhalb der mir im Augenblick gezogenen Grenzen nicht anmaßen; und für den wissenschaftlich-philosophischen Leser bedarf es dessen auch nicht. Hier mag es genügen festzustellen, daß er einen aus einer unendlichen Reihe von Fehlern darstellt, wie sie auf dem Pfade der Vernunft erstehen ob deren Neigung, die Wahrheit *im Einzelnen* zu suchen.

DAS VERRÄTERISCHE HERZ

Fürwahr! – reizbar – sehr, gar fürchterlich reizbar waren meine Nerven gewesen und sind es noch; doch warum gleich behaupten *wollen*, ich sei verrückt? Das Leiden hatte meine Sinne geschärft – beileibe nicht zerrüttet – oder abgestumpft. Recht eigentlich war der Gehörsinn über die Maßen fein. Ich hörte alle Dinge im Himmel und auf Erden. Ich hörte viele Dinge in der Hölle. Wie, bin ich denn also verrückt? Hören Sie gut zu! und haben Sie acht, wie wohlgesund – wie ruhig ich Ihnen die ganze Geschichte erzählen kann.

Wie der Gedanke mir zuerst in den Sinn gekommen, weiß ich unmöglich zu sagen; doch als ich ihn einmal gefaßt, quälte er mich Tag und Nacht. Zweck war es nicht. Leidenschaft war es nicht. Ich mochte den alten Mann. Er hatte mir niemals Unrecht zugefügt. Er hatte mich niemals gekränkt. Nach seinem Golde gelüstete mich nicht. Es war wohl sein Blick! ja, das war es! Eines seiner Augen glich dem eines Geiers – ein blaßblaues Auge mit einem Häutchen darüber. Sooft sein Blick auf mich fiel, stockte mir das Blut in den Adern; und so reifte in mir denn nach und nach – so ganz allmählich – der Entschluß, dem Alten das Leben zu nehmen und so auf immer von dem Auge mich zu befreien.

Und das ist nun der springende Punkt. Sie meinen, ich sei verrückt. Verrückte aber wissen doch nichts. Da hätten Sie aber *mich* nun sehen sollen. Sie hätten nur einmal sehen sollen, wie klug ich vorgegangen bin – mit welcher Vorsicht – mit welchem Vorbedacht – mit welcher Verstellung ich ans Werk gegangen! Nie war ich freundlicher zu dem alten Manne denn während der ganzen Woche, bevor ich ihn getötet. Und jede Nacht, um Mitternacht, drückte ich die Klinke seiner Türe nieder und öffnete sie – oh, so sacht! Und war dann die Öffnung groß genug, den Kopf hindurchzustecken, schob ich eine Blendlaterne hinein, die fest, ach, so fest geschlossen war, daß kein Licht hervorschimmerte, und dann ließ ich den Kopf folgen. Oh, hätten Sie gesehen, wie listig ich dies angefangen, Sie hätten gelacht! Langsam bewegte ich ihn – ganz, ganz langsam, daß ich den alten Mann nicht im Schlafe störte. Eine Stunde brauchte ich dazu, bis ich den ganzen Kopf so weit durch die Öffnung gesteckt hatte, daß ich den Alten sehen konnte, wie er in seinem Bette lag. Ha! – hätte sich ein Verrückter so schlau wohl angestellt? Und dann, wenn ich den Kopf richtig darinnen hatte, blendete ich behutsam die Laterne auf – oh, so behutsam – behutsam (denn die Scharniere quietschten) – blendete ich sie gerade so weit auf, daß ein einziger dünner Strahl auf das Geierauge fiel. Und dieses tat ich während sieben langer Nächte – jede Nacht genau zur Mitternacht –, doch immer fand ich das Auge geschlossen; und so war es unmöglich, das Werk zu vollbringen; denn nicht der alte Mann war's, der mich quälte, sondern seines Bösen Auges Böser Blick. Und jeden Morgen, wenn der Tag anbrach, trat ich kühn in seine Kammer und redete gar unverzagt mit ihm, indem ich in herzlichem Tone beim Namen ihn rief und mich erkundigte, wie er die Nacht verbracht habe. Sehen Sie, so hätte er schon ein sehr scharfsinniger alter Mann sein müssen, um zu argwöhnen, daß ich in jeder Nacht, genau um zwölf, bei ihm hineinschaute, indes er schlief.

In der achten Nacht war ich beim Öffnen der Türe noch vorsichtiger als sonst. Der Minutenzeiger einer Uhr rückt schneller vor, als meine Hand dies tat. Niemals noch vor dieser Nacht hatte ich das Ausmaß meiner eigenen Kräfte – meines Scharfsinns so *gespürt*. Kaum vermochte ich meine Triumphgefühle zu bändigen. Zu denken, daß ich da war und ganz allmählich die Türe öffnete, indes er nicht einmal im Traume etwas von meinen heimlichen Taten oder Gedanken ahnte! Ich mußte regelrecht kichern bei dem Gedanken; und er hörte mich wohl; denn plötzlich, als hätte ihn etwas erschreckt, bewegte er sich im Bett. Nun denken Sie vielleicht, ich hätte mich zurückgezogen – aber nicht doch. Sein Zimmer war in dichtes Dunkel gehüllt, wie Pech so schwarz (denn aus Angst vor Einbrechern waren die Fensterläden fest verschlossen), und so wußte ich, daß er nicht sehen konnte, wie die Tür sich öffnete, und ruhig schob ich sie denn weiter auf, immer weiter.

Ich hatte den Kopf schon drinnen und wollte gerade die Laterne aufmachen, da glitt mein Daumen an dem blechernen Riegel ab, und der alte Mann fuhr im Bette hoch und schrie – »Wer ist dort?«

Ich hielt ganz still und sagte nichts. Eine volle Stunde lang regte ich keinen Muskel, und während dieser ganzen Zeit hörte ich nicht, daß er sich wieder hinlegte. Noch immer saß er im Bett und lauschte – genau wie ich es Nacht um Nacht getan, da auf die Totenuhren in der Wand ich gehorcht.

Alsbald vernahm ich ein leises Stöhnen, und ich wußte, es war das Stöhnen, wie es Todesangst hervorbringt. Nicht Schmerz oder Gram – o nein! –, es war der leise gedämpfte Laut, der vom Grunde der Seele aufsteigt, wenn übergroßes Entsetzen darauf lastet. Mir war dieser Laut wohlbekannt. So manche Nacht, genau zur Mitternacht, wenn alles schlief, ist er hervorgequollen aus meiner Brust und hat mit seinem fürchterlichen Echohall das Grauen noch vertieft, welches mich gequält. Wie gesagt, ich kannte ihn wohl. Ich wußte, was der alte Mann empfand, und er tat mir leid, obschon es im Herzen mich erfreute. Ich wußte, er hatte wach gelegen, seit dem ersten leisen Geräusch, da er sich im Bette umgedreht. Seither war in ihm die Angst immerzu gewachsen. Er hatte versucht, sich einzubilden, sie sei grundlos, doch war es ihm nicht gelungen. ›Es ist nichts denn der Wind im Kamine‹, hatte er auf sich eingeredet – ›es ist nur eine Maus, die über die Dielen huscht‹, oder: ›Es ist bloß ein Heimchen, welches‹ nur einmal gezirpt.‹ Ja, mit derlei Vermutungen hat er sich immer wieder zu trösten versucht: doch alles vergebens. *Alles vergebens;* weil der Tod sich ihm genaht, vor ihn getreten war

mit seinem schwarzen Schatten und das Opfer darein gehüllt hatte. Und es war die traurige Gewalt dieses unsichtbaren Schattens – welche ihn – obwohl er nichts sah noch
hörte – die Gegenwart meines Kopfes im Zimmer *spüren*
ließ.

Als ich lange Zeit voller Geduld gewartet hatte, ohne zu
vernehmen, daß er sich hingelegt hätte, beschloß ich, die
Laterne um einen kleinen – einen winzig, winzig kleinen
Spalt zu öffnen. So öffnete ich sie denn – Sie können sich
nicht vorstellen, wie leise, leise –, bis schließlich, wie der
Faden eines Spinnengewebs, ein einziger matter Strahl aus
dem Spalt hervorschoß und auf das Geierauge fiel.

Es war offen – weit, weit offen – und Wut packte mich,
da ich darauf starrte. Ich sah es mit vollkommener Deutlichkeit – das ganze fahle Blau, mit dem gräßlichen
Schleier darüber, und erschauerte bis aufs Mark; doch vom
Gesicht oder der Gestalt des alten Mannes vermochte ich
sonst nichts zu erblicken: denn gleichsam instinktiv hatte
ich den Strahl genau auf den verdammten Fleck gerichtet.

Und da – habe ich Ihnen nicht gesagt, daß das, was Sie
für Wahnsinn halten, nichts anderes ist denn eine Über-
schärfe der Sinne? –, also da, sage ich, drang an meine Ohren ein leiser, dumpfer, behender Laut, ganz so wie eine
Uhr klingt, wenn man sie in Watte wickelt. Auch *diesen*
Laut kannte ich wohl. Es war das Herz des alten Mannes,
das da schlug. Dies steigerte meine Wut, wie Trommelschlag des Soldaten Mut anspornt.

Doch selbst jetzt noch hielt ich an mich und blieb still.
Ich atmete kaum. Reglos verharrte ich mit der Laterne. Ich
versuchte, wie ruhig ich den Strahl auf das Auge gerichtet
halten konnte. Unterdessen wuchs das höllische Getrom-
mel des Herzens immer mehr. Schneller, immer schneller
ward es mit jedem Augenblick und lauter und immer lauter. Der alte Mann *muß* panische Angst gehabt haben.
Lauter, wie gesagt, pochte es, lauter mit jedem Augenblick! – hören Sie mir auch gut zu? Ich habe Ihnen doch
gesagt, daß meine Nerven reizbar sind: o ja. Und hier nun,
mitten in der Nacht, in der schrecklichen Stille dieses alten

Hauses, erregte mich dies sonderbare Geräusch bis zu unbändigem Entsetzen. Doch noch einige weitere Minuten hielt ich an mich und stand still. Aber das Pochen ward lauter, lauter! Ich meinte, dies Herz müsse zerspringen. Und da packte mich eine neue Sorge – ein Nachbar könne dies Pochen hören! Für den alten Mann war die Stunde gekommen. Mit gellendem Gebrüll riß ich die Laterne vollends auf und sprang ins Zimmer. Er schrie auf, einmal, ein einziges Mal nur. Im Augenblick hatte ich ihn auf den Fußboden gezerrt und das dicke Bett über ihn gezogen. Darauf lächelte ich froh, war doch die Tat soweit vollbracht. Doch minutenlang noch schlug das Herz weiter mit gedämpftem Pochlaut. Das störte mich aber nicht; durch die Wand hindurch wäre das nicht zu hören. Endlich verstummte es. Der alte Mann war tot. Ich nahm das Bett fort und musterte prüfend den Leichnam. Ja, er war tot, mausetot. Ich legte meine Hand auf sein Herz und ließ sie eine ganze Weile dort liegen. Da war kein Klopfen mehr. Es schlug nicht mehr. Er war mausetot. Sein Blick würde mich nimmermehr quälen.

Wenn Sie noch immer denken sollten, ich sei verrückt, dann werden Sie aber jetzt Ihre Meinung ändern, wenn ich Ihnen nun berichte, welche kluge Vorkehrungen ich ergriff, die Leiche zu verbergen. Die Nacht schwand dahin, und ich arbeitete hastig, doch in aller Stille. Zuallererst zerstückelte ich den Leichnam. Ich trennte den Kopf ab sowie die Arme und Beine.

Darauf hob ich drei Dielen vom Fußboden der Kammer auf und verstaute alles zwischen den Verbandstücken. Dann schob ich die Bretter wieder so geschickt, so kunstgerecht an ihren Platz zurück, daß keines Menschen Auge – nicht einmal *seines* – etwas Unrechtes daran hätte erkennen können. Da war nichts wegzuwaschen – kein Fleck irgendwelcher Art – keinerlei Blutspur. Dazu war ich zu umsichtig vorgegangen. Ein Bottich hatte alles aufgenommen – ha! ha!

Als ich diese Arbeiten vollbracht hatte, war es vier Uhr – und noch immer finster wie zur Mitternacht. Als die

Uhr die Stunde schlug, klopfte es an der Haustür. Leichten Herzens ging ich hinunter, sie zu öffnen – denn was hatte ich *nun* noch zu fürchten? Herein traten drei Männer, die sich mit vollendeter Höflichkeit als Polizeibeamte vorstellten. Ein Schrei sei in der Nacht von einem Nachbarn gehört worden; Verdacht auf verbrecherisches Tun sei geweckt; Anzeige sei erstattet worden auf der Polizeiwache und sie (die Beamten) wären nun entsandt, das Anwesen zu durchsuchen.

Ich lächelte – denn *was* hatte ich zu fürchten? Ich hieß die Herren willkommen. Geschrien, so sagte ich, habe in einem Traume ich selber. Der alte Mann, meldete ich ferner, weile auf dem Lande. Ich führte meine Besucher durch das ganze Haus. Ich bat sie, doch zu suchen – *gründlich* zu suchen. Ich geleitete sie schließlich zu *seiner* Kammer. Ich zeigte ihnen seine Schätze, sicher verwahrt, unangetastet. Im Überschwang meines Selbstvertrauens brachte ich Stühle ins Zimmer und forderte sie auf, doch *hier* von ihrer Mühsal auszuruhen, indes ich selber im tollkühnen Übermut meines vollkommenen Triumphes meinen eigenen Stuhl genau auf die Stelle rückte, darunter die Leiche des Opfers ruhte.

Die Polizisten waren zufrieden. Mein *Auftreten* hatte sie überzeugt. Ich fühlte mich außerordentlich wohl, gänzlich unbefangen. Sie setzten sich, und dieweil ich munter Antwort gab, plauderten sie von gewöhnlichen Dingen. Doch alsbald spürte ich, wie ich bleich ward, und wünschte sie fort. Der Kopf schmerzte mir, und in den Ohren vermeinte ich ein Klingen zu hören: doch noch immer saßen sie da, noch immer schwatzten sie. Das Klingen ward deutlicher: – es dauerte an und ward immer deutlicher: ich redete ungezwungener daher, um das Gefühl loszuwerden: doch es dauerte an und gewann an Bestimmtheit – bis ich schließlich merkte, daß es *gar nicht* meine Ohren waren, die da klangen.

Zweifellos ward ich nun *sehr* bleich – doch fließender redete ich dahin und mit lauterer Stimme. Doch das Geräusch schwoll an – und was konnte ich nur tun? Es war *ein leiser, dumpfer, behender Laut – ganz so wie eine Uhr klingt, wenn man sie in Watte wickelt.* Ich rang nach Atem – und doch hörten es die Polizisten nicht. Ich redete schneller – leidenschaftlicher; doch das Geräusch schwoll immer weiter an. Ich erhob mich und debattierte um Nichtigkeiten, in höchsten Tönen und mit heftigen Gebärden; doch das Geräusch ward immer lauter. Warum nur *wollten* sie nicht gehen? Mit schweren Schritten ging ich auf und ab, wie wenn die Bemerkungen der Männer mich wütend aufgebracht – doch das Geräusch ward immer lauter. O Gott! was *konnte* ich nur tun? Ich schäumte – ich tobte – ich fluchte! Ich ergriff mit Schwung den Stuhl, auf welchem ich gesessen hatte, und kratzte damit auf den Dielen herum, doch das Geräusch übertönte alles und schwoll beständig an. Es ward lauter – lauter – immer *lauter!* Und noch immer plauderten die Männer munter daher und lächelten. War es denn möglich, daß sie nichts hörten? Allmächtiger Gott! – nein, nein! Sie hörten es wohl! – sie hegten schon Verdacht! – sie *wußten!* – sie machten sich nur lustig über mein Entsetzen! – so dachte ich damals, und so denke ich noch jetzt. Doch alles, nur nicht diese Pein. Alles ertragen, nur nicht diesen Hohn. Ich hielt dies scheinheilige Lächeln nicht mehr aus! Ich spürte, ich müsse schreien oder sterben! – und da – wieder! – horch! lauter! lauter! lauter! *lauter!* –

»Ihr Schurken!« schrie ich, »genug eurer Heuchelei! Ich gestehe die Tat! – reißt die Dielen auf! – hier, hier! – sein gräßliches Herz, es schlägt!«

DER GOLDKÄFER

Heda! Holla! Der Kerl tanzt ja wie toll!
Er ist wohl von der Tarantel gestochen.
›Alle im Unrecht‹

Vor vielen Jahren schloß ich enge Freundschaft mit einem
Mr. William Legrand. Er stammte aus einer alten Hugenot-
tenfamilie und hatte einst Wohlstand gekannt; doch durch
eine Reihe von Mißgeschicken war er in Armut geraten.
Um der Demütigung, welche seinen Verhängnissen folgte,
zu entgehen, verließ er New Orleans, die Stadt seiner
Väter, und ließ sich auf Sullivan's Island nieder, nahe
Charleston, Süd-Carolina.

Dieses Eiland ist gar einzig in seiner Art. Es besteht aus
wenig mehr denn Meeressand und erstreckt sich über rund
drei Meilen Länge. Seine Breite geht an keiner Stelle über
eine Viertelmeile hinaus. Vom Festlande trennt es ein
kaum wahrnehmbarer Bach, der durch eine Wildnis von
Schilf und Schlamm dahinsickert, ein Lieblingsaufenthalt
des Sumpfhuhns. Die Vegetation ist, wie man sich denken
kann, spärlich oder zumindest nur zwergenhaft. Keinerlei
Bäume, nur irgend hochgewachsen, sind zu sehen. Am
westlichen Ende, wo Fort Moultrie steht und wo es ein paar
elende Holzhäuser gibt, während des Sommers bewohnt
von Leuten, welche vor Charlestons Staub und Fieber geflohen, mag man zwar die stachlige Zwergpalme antreffen;
sonst aber ist die ganze Insel, mit Ausnahme dieser westlichen Spitze und eines Streifens harten, weißen Strandes an
der Seeküste, mit dichtem Unterwuchs von jener süßduf-
tenden Myrte bedeckt, welche bei den Gartenbaukünstlern
Englands so überaus geschätzt wird. Der Strauch erreicht
hier oftmals eine Höhe von fünfzehn oder zwanzig Fuß

und bildet ein fast undurchdringliches Dickicht, dessen Wohlgeruch schwer in der Luft lastet.

In der tiefsten Abgeschiedenheit dieses Dickichts, nicht weit von dem östlichen oder entfernteren Ende der Insel, hatte sich Legrand eine kleine Hütte gebaut, welche er bewohnte, als ich rein zufällig seine Bekanntschaft machte. Diese reifte bald zur Freundschaft – denn der Einsiedler hatte vieles an sich, das Interesse und Hochachtung erwecken mochte. Ich fand ihn wohlgebildet und von ungewöhnlichen Geistesgaben, doch vergiftet von Misanthropie und launischen Stimmungsumschwüngen unterworfen, welche zwischen Begeisterung und Schwermut wechselten. Er hatte viele Bücher bei sich, doch schlug er sie nur selten auf. Seinen hauptsächlichen Zeitvertreib bildeten Jagen und Fischen oder auch gemächliche Spaziergänge, bei denen er am Strand und durch die Myrten dahinschlenderte, auf der Suche nach Muscheln oder entomologischen Exemplaren – um seine Sammlung der letzteren hätte ihn wohl selbst ein Swammerdamm beneidet. Auf diesen Ausflügen begleitete ihn gewöhnlich ein alter Neger namens Jupiter, der zwar freigelassen worden war, noch ehe die Familie ins Unglück geriet, den aber weder Drohungen noch Versprechungen zu bewegen vermochten, das aufzugeben, was er für sein Recht ansah, seinem jungen ›Massa Will‹ auf Schritt und Tritt zu folgen. Es ist nicht unwahrscheinlich, daß Legrands Angehörige, welche ihn für einigermaßen wirr im Kopfe hielten, es verstanden hatten, Jupiter diese Halsstarrigkeit eigens einzuflößen, damit er den unsteten Gesellen unter Aufsicht und Obhut nähme.

Auf der Breite von Sullivan's Island sind die Winter selten sehr streng, und im Herbst des Jahres ist es schon ein recht ungewöhnliches Ereignis, wenn einmal ein Feuer notwendig wird. Um die Mitte des Oktobers 18 – – kam jedoch ein bemerkenswert kalter Tag. Kurz vor Sonnenuntergang bahnte ich mir einen Weg durch das immergrüne Gestrüpp zur Hütte meines Freundes, den ich schon mehrere Wochen lang nicht besucht hatte – wohnte ich doch zu der Zeit in Charleston, neun Meilen von der Insel ent-

fernt, und die Möglichkeiten der Hin- und Rückreise standen hinter den heutigen weit zurück. Als ich die Hütte erreicht hatte, klopfte ich an, wie es meine Gewohnheit war,
suchte, da ich keine Antwort erhielt, nach dem Schlüssel,
dessen Versteck ich kannte, öffnete die Tür und trat ein.
Ein treffliches Feuer brannte auf der Herdstatt. Das war
eine Überraschung, doch keineswegs eine unangenehme.
Ich warf den Überrock ab, rückte mir einen Lehnstuhl vor
die knisternden Holzscheite und wartete geduldig, daß
meine Gastgeber heimkehrten.

Bald nach Einbruch der Dunkelheit kamen sie und hießen mich aufs herzlichste willkommen. Jupiter, der von
einem Ohr zum andern grinste, hantierte geschäftig, ein
paar Sumpfhühner zum Abendessen zu bereiten. Legrand
hatte einen seiner Anfälle – wie soll ich es sonst nennen? –
von schwärmerischer Begeisterung. Er hatte nämlich eine
unbekannte zweischalige Muschel gefunden, die eine ganz
neue Gattung darstellte, und überdies mit Jupiters Hilfe
einen Skarabäus gejagt und auch gefangen, der seines Wissens überhaupt noch nicht bekannt war, bezüglich dessen
er aber am andern Morgen meine Meinung hören wollte.

»Und warum nicht heute abend?« fragte ich, indes ich
mir die Hände über dem Feuer rieb und die ganze *tribus*
der Skarabäen zum Teufel wünschte.

»Ach, wenn ich doch nur gewußt hätte, daß Sie hier waren!« sagte Legrand, »aber es ist so lange her, daß ich Sie
gesehen habe; und wie hätte ich ahnen können, daß Sie
mich ausgerechnet heute abend besuchen kämen? Auf dem
Heimweg habe ich nämlich Lieutenant G – – vom Fort getroffen und ihm dummerweise den Käfer geliehen; so können Sie ihn also unmöglich vor morgen sehen. Bleiben Sie
doch die Nacht über hier, und gleich bei Sonnenaufgang
soll Jup ihn holen. So etwas Entzückendes gibt es in der
ganzen Schöpfung nicht noch einmal!«

»Was? – den Sonnenaufgang?«

»Unsinn! nein – den Käfer. Er hat die Farbe von leuchtendem Gold – ist etwa so groß wie eine dicke Hickory-
nuß – und hat zwei pechschwarze Flecken am einen Ende

des Rückens und einen weiteren, etwas längeren, am andern. Die *Antennen* sind –«

»Da is *kein* Tinn nich drin, Massa Will, sach ich Ihn doch andauernd«, unterbrach ihn hier Jupiter, »das is 'n Goldkäfer, massiv, durch un' durch, in- un' auswendich, bloß de Flügel nich – hab im Leem noch nie nich 'nen Käfer gesehn, der halb so schwer war.«

»Nun, mag schon sein, Jup«, erwiderte Legrand, ein bißchen ernster, wie mir schien, als der Fall erforderte, »aber ist denn das gleich ein Grund, daß du deswegen die Hühner da anbrennen läßt? Die Färbung« – hier wandte er sich mir zu – »ist wirklich fast dazu angetan, Jupiters Ansicht zu rechtfertigen. Einen glänzenderen metallischen Schimmer, als er von den Schuppen ausgeht, haben Sie noch nie gesehen – doch darüber können Sie erst morgen urteilen. Inzwischen kann ich Ihnen eine ungefähre Vorstellung von seiner Gestalt geben.« Mit diesen Worten setzte er sich an einen kleinen Tisch, auf welchem sich zwar Feder und Tinte befanden, doch kein Papier. Selbiges suchte er nun in einem Schubfach, fand aber keins.

»Macht nichts«, sagte er schließlich, »das hier tut es auch«; und damit zog er aus seiner Westentasche einen Fetzen hervor, der mir wie sehr schmutziges Propatriapapier dünkte, und skizzierte mit der Feder eine flüchtige Zeichnung darauf. Dieweil er dies tat, blieb ich auf meinem Platz am Feuer, denn mich fröstelte noch immer. Als die Skizze fertig war, reichte er sie mir herüber, ohne dabei aufzustehen. Wie ich sie entgegennahm, war lautes Knurren zu vernehmen, dem ein Kratzen an der Tür folgte. Jupiter öffnete diese, und ein großer Neufundländer, der Legrand gehörte, stürmte herein, sprang an mir hoch und überhäufte mich mit Liebkosungen; denn ich hatte ihm bei früheren Besuchen viel Aufmerksamkeit bezeigt. Als seine Freudensprünge vorüber waren, sah ich mir das Papier an und war, um die Wahrheit zu sagen, nicht wenig bestürzt über das, was mein Freund da zu Papier gebracht hatte.

»Je nun!« sagte ich, nachdem mein Blick einige Minuten lang darauf verweilt, »dies ist mir ein gar sonderbarer Skarabäus, muß ich gestehen: mir gänzlich neu: dergleichen habe ich noch nie gesehen – es sei denn, es wäre ein Schädel oder ein Totenkopf – solchem gleicht er mehr denn allem sonst, was *mir* je vor Augen gekommen ist.«

»Ein Totenkopf!« wiederholte Legrand – »Oh – ja – hm, auf dem Papier hat er zweifellos ein wenig davon an sich. Die beiden oberen schwarzen Flecke sehen wie Augen aus, wie? Und der längere da unten wie ein Mund – und dazu ist die Form des Ganzen noch oval.«

»Vielleicht«, sagte ich; »aber, Legrand, ich fürchte, Sie sind kein großer Künstler. Ich muß schon warten, bis ich den Käfer selber sehe, wenn ich mir ein Bild von seinem Aussehen machen soll.«

»Nun ja, ich weiß nicht recht«, sagte er ein wenig verdrießlich, »ich zeichne doch wohl ganz leidlich – *sollte* es wenigstens – denn ich hatte gute Lehrer und schmeichle mir, nicht ganz auf den Kopf gefallen zu sein.«

»Aber, mein Lieber, dann ist es Ihnen wohl um einen Scherz zu tun«, sagte ich, »das hier ist ein ganz passabler *Schädel* – ja, ich darf sagen, das ist ein ganz *vortrefflicher Schädel*, nach den landläufigen Vorstellungen zu urteilen, die man von solchen physiologischen Dingen hat – und Ihr *Skarabäus* muß der absonderlichste *Käfer* auf der ganzen Welt sein, wenn er dem hier ähnlich sieht. Je nun, auf diesen Fingerzeig hin mögen wir gar einen höchst schaurigen Aberglauben heraufbeschwören. Ich nehme an, Sie werden den Käfer *scarabaeus caput hominis* oder so ähnlich nennen – in den Naturgeschichten gibt es ja viele derartige Namen. Doch wo sind denn hier die *Antennen*, von denen Sie sprachen?«

»*Die Antennen!*« sagte Legrand, der sich bei dem Gegenstande merkwürdig zu erregen schien; »Sie müssen die *Antennen* doch gewißlich sehen. Ich habe sie so deutlich gezeichnet, wie sie's an dem Insekte selber sind, und denke doch, das sollte genügen.«

»Schon gut, schon gut«, sagte ich, »das mag ja sein – trotzdem kann ich sie nicht erkennen«; und ich gab ihm ohne weitere Bemerkung das Papier zurück, wollte ich ihm doch auf keinen Fall die gute Laune verderben; doch erstaunte mich nicht wenig die Wendung, welche die Sache genommen; seine Verstimmung wollte mich recht rätselhaft bedünken – und was die Zeichnung des Käfers betraf, so waren darauf ganz bestimmt *keine Antennen* ersichtlich, und das Ganze wies nun einmal eine überaus frappierende Ähnlichkeit mit dem gewöhnlichen Aussehen eines Totenkopfes auf.

Er nahm das Papier überaus mürrisch entgegen und stand schon im Begriffe, es zusammenzuknüllen, offenbar um es ins Feuer zu werfen, als ein zufälliger Blick auf die Zeichnung urplötzlich seine Aufmerksamkeit zu fesseln schien. Im Augenblick überzog eine heftige Röte sein Gesicht – im nächsten ward er leichenblaß. Darauf musterte er einige Minuten lang die Zeichnung sehr eingehend, und zwar an seinem Platze. Endlich stand er auf, nahm eine Kerze vom Tische und begab sich in die hinterste Ecke des Raumes, wo er sich auf einer Seemannskiste niederließ. Hier unterzog er das Papier abermals eifrig einer Prüfung, wobei er es nach allen Seiten wendete. Er sprach jedoch kein Wort, und sein Verhalten erstaunte mich ungemein; doch hielt ich es für das klügste, seine wachsende Verstimmung nicht durch irgendeine Bemerkung noch zu verschlimmern. Alsbald zog er aus seinem Rock eine Geldtasche, legte das Papier sorgsam hinein und tat beides in ein Schreibpult, welches er verschloß. Nun ward er wieder gefaßter in seinem Auftreten; seine ursprüngliche schwärmerische Begeisterung war freilich gänzlich geschwunden. Doch wirkte er nicht so sehr verdrießlich als zerstreut. Wie der Abend langsam dahinging, versank er mehr und mehr in Träumerei, aus der ihn kein noch so witziger Einfall meinerseits aufzurütteln vermochte. Es war eigentlich meine Absicht gewesen, die Nacht in der Hütte zu verbringen, wie ich es schon häufig zuvor getan hatte, doch da ich meinen Gastgeber in dieser Stimmung sah, hielt ich es für tunlich, mich zu verabschieden. Er drängte mich auch gar nicht zu bleiben, doch als ich ging, schüttelte er mir sogar noch herzlicher als sonst die Hand.

Es war wohl einen Monat danach (und während dieser Zeit hatte ich nichts von Legrand zu sehen bekommen), daß ich in Charleston den Besuch seines Dieners Jupiter empfing. Noch nie hatte ich den guten alten Neger so niedergeschlagen gesehen, und ich fürchtete schon, meinem Freunde sei ein ernstliches Unglück zugestoßen.

»Nun, Jup«, sagte ich, »was gibt's? – wie geht es deinem Herrn?«

»Hm, ehrlich gesacht, Massa, ihm tut's gar nich so wohl gehn, wie's ihm sollte.«

»Nicht wohl! Es tut mir aufrichtig leid, das zu hören. Worüber klagt er denn?«

»E-m! das isses ja! – tut nie nich klagen auf was – is aber gant serr krank.«

»*Sehr* krank, Jupiter! – warum hast du das nicht gleich gesagt? Muß er das Bett hüten?«

»Nee, das nich! – gar nich was hüten – das isses ja, wo de Schuh drücken tut – ich mach mir gant serr Sorgen um arme Massa Will.«

»Jupiter, ich wollte, ich würde verstehen, wovon du sprichst. Du sagst, dein Herr sei krank. Hat er dir denn nicht gesagt, was ihm fehlt?«

»No, Massa, müssn dadrum nich gleich krumm nehm' – Massa Will sacht, fehlen tut-m gar nix – aber warum tut er dann mit so 'nem Gesich' rumgehn, Kopp lässer häng' un' de Schuldern hoch, un' is weiß wie 'n Gespenst? Un' dann de Siffern, die er immer mach' –«

»Was macht er, Jupiter?«

»Siffern mit de Figgurn auf de Schiefertafel – de komischsten Figgurn, die 'ch je gesehn hab. Ich kriech's langsam mit de Angs', sach ich Ihn. Muß mächtich aufpassn auf 'm heutertachs. Neulich isser mir aus'rissn, noch eh' de Sonne rauf, un' war de ganten lieben Tach fort. 'ch hatt mir 'nen großen Stock gemach', um ihm 'ne tüchtich' Tracht zu verpassn, wenn er heimkommen tät – aber 'ch bin so 'n dumme Kerl, hab's nich können übers Hert bringn – de Massa sah so erbärmlich aus.«

»Äh? – was? – ach so! – Im ganzen denke ich, du solltest lieber nicht zu streng mit dem armen Kerl sein – schlag ihn nur nicht, Jupiter – das verträgt er nämlich nicht besonders gut – aber hast du denn gar keine Ahnung, was diese Krankheit hervorgerufen haben kann oder vielmehr sein verändertes Betragen? Ist irgend etwas Unangenehmes vorgefallen, seit ich bei euch war?«

»Nee, Massa, *seitdem* is garr nix Un-genehm's passiert – *davor*, fürcht ich – 's war grad an dem Tach, wo Sie da warn.«

»Wie? Was meinst du damit?«

»Na, Massa, ich mein' de Käfer da – das isses.«

»Den was?«

»De Käfer – 'ch bin gant sicher, daß Massa Will is 'biss'n wor'n von de Goldkäfer da ir'ndwo inne Kopp.«

»Und welche Ursache hast du, Jupiter, für eine derartige Annahme?«

»Sach' genuch, Massa, Mund un' Klaun. Ich hab nie nich so 'n verd – – – n Käfer gesehn – der beiß' doch alles, was 'm nahe komm'. Massa Will hat 'n zuers' gefangn, aber hat 'n mächtich gleich wieder loslassn müssn, sach ich Ihn – un' da musser gebissn wor'n sin. Selber, mir hat dem Käfer sein Maul überhaup' nich gefalln, ich hätt 'n nie nich mit meine Finger angefaßt, aber 'ch hab 'n mit 'm Stück Papier gefangn, das 'ch gefundn hab. Wickel 'n rein inne Papier und stopp 'm Stück davon inne Mund – so hab ich's gemach'.«

»Und du denkst also, daß dein Herr wirklich von dem Käfer gebissen worden ist und daß der Biß ihn krank gemacht hat?«

»Ich denk da gar nie nich – 'ch weiß das. Warum tut er denn nu soviel vonne Gold träum', wenn nich darum, weil de Goldkäfer 'n'bissen hat? Hab schon früher davon gehört, so isses mit 'n Goldkäfern.«

»Aber woher willst du denn wissen, daß er von Gold träumt?«

»Woher 'ch das weiß? na, weil er im Schlaf davon redet – darum tu ich's wissen.«

»Nun, Jup, vielleicht hast du recht, doch welchem glück-

lichen Umstand verdanke ich denn die Ehre deines heutigen Besuches?«

»Äh – was is, Massa?«

»Bringst du mir irgendeine Botschaft von Mr. Legrand?«

»Nee, Massa, 'ch bring bloß de Pistel hier«; und damit
überreichte mir Jupiter ein Billett, welches folgendermaßen
lautete:

›Mein Lieber ...!

Warum haben Sie sich so lange nicht sehen lassen? Sie
sind doch hoffentlich nicht so töricht gewesen, irgendeine
kleine *brusquerie* meinerseits übelzunehmen? Doch nein,
das ist ausgeschlossen.

Seit Sie hier waren, habe ich allerlei Ursache zur Sorge.
Ich muß Ihnen etwas erzählen, weiß jedoch kaum, wie ich's
anfangen soll oder ob ich es überhaupt erzählen soll.

Mir ist es in den letzten Tagen nicht sonderlich gut gegangen, und der arme alte Jup plagt mich fast bis zur Un-
erträglichkeit mit seiner gutgemeinten Fürsorge. Ob Sie's
wohl glauben? – hatte er sich neulich doch mit einem riesigen Stock versehen, um mich zu züchtigen, weil ich ihm
entwischt war und den ganzen Tag *solo* in den Hügeln auf
dem Festland verbracht habe. Ich glaube wahrhaftig, nur
mein schlechtes Aussehen hat mich vor einer Tracht Prügel
bewahrt.

Seit Ihrem Besuch habe ich meiner Sammlung nichts
Neues mehr hinzugefügt.

Wenn Sie nur irgend können, kommen Sie doch mit Jupiter herüber. Bitte kommen Sie! Ich möchte Sie noch *heute
abend* sehen, es geht um eine wichtige Angelegenheit. Ich
versichere Ihnen, die Sache ist von höchster Wichtigkeit.

Immer der Ihrige

William Legrand‹

Es lag etwas im Tone dieses Briefes, das mich zutiefst beunruhigte. Der ganze Stil klang so ganz und gar nicht wie
Legrand. Wovon mochte er nur träumen? Von welcher
neuen Grille war sein so erregbares Hirn besessen? Welche
›Sache von höchster Wichtigkeit‹ konnte denn *er* schon
zu erledigen haben? Was Jupiter von ihm berichtet hatte,

ließ nichts Gutes ahnen. Ich fürchtete, daß der anhaltende Druck des Unglücks den Verstand meines Freundes schließlich doch gänzlich zerrüttet habe. Ohne auch nur einen Augenblick zu zögern, machte ich mich darum bereit, den Neger zu begleiten.

Am Ufer angekommen, bemerkte ich auf dem Boden des Bootes, in dem wir uns einschiffen sollten, eine Sense und drei Spaten, alle offenbar ganz neu.

»Was hat das alles zu bedeuten, Jup?« fragte ich.

»Is Sense, Massa, un' Spaten.«

»Ja, freilich; doch was machen die hier?«

»Is Sense un' Spaten, die 'ch unbeding' für Massa Will hab müssn kaufen inne Stadt un' wo 'ch den Deibel hab massich Geld für tahlen müssen.«

»Aber was, im Namen alles Geheimnisvollen, will dein ›Massa Will‹ denn mit Sense und Spaten anfangen?«

»Das is mehr, als *ich* weiß, un' de Deibel soll mich holen, wenn's nich auch mehr is, als er selber weiß. Aber is alles von wegen de Käfer da.«

Da ich fand, daß von Jupiter, dessen ganzer Verstand offenbar von ›de Käfer da‹ in Anspruch genommen war, mir keine Gewißheit ward, stieg ich nun ins Boot und segelte ab. Bei einer schönen frischen Brise liefen wir bald in die kleine Bucht nördlich von Fort Moultrie ein, und ein Fußmarsch von zwei Meilen brachte uns zur Hütte. Es war gegen drei am Nachmittag, als wir ankamen. Legrand hatte uns schon mit großer Ungeduld erwartet. Er ergriff meine Hand mit einem nervösen *empressement*, der mich erschreckte und in meinem bereits gefaßten Verdacht bestärkte. Seine Miene war geradezu gespenstisch bleich, und die tiefliegenden Augen funkelten in unnatürlichem Glanze. Nach einigen Erkundigungen bezüglich seines Befindens fragte ich, da mir nichts Besseres einfiel, ob er den Skarabäus von Lieutenant G – – schon zurückbekommen habe.

»O ja«, antwortete er, indem er heftig errötete, »ich habe ihn gleich am nächsten Morgen von ihm wiederbekommen. Nichts vermöchte mich je von diesem Skarabäus zu trennen. Wissen Sie, daß Jupiter völlig recht damit hat?«

»Womit?« fragte ich, eine trübe Vorahnung im Herzen.

»Mit seiner Vermutung, es sei ein Käfer aus *echtem Gold*.« So sprach er mit tiefernster Miene, und ich verspürte unsägliche Betroffenheit.

»Dieser Käfer soll mein Glück machen«, fuhr er mit triumphierendem Lächeln fort, »er soll mir wieder zu meinen Familienbesitztümern verhelfen. Kann es also wundernehmen, daß ich ihn so hochschätze? Da es Fortuna gefallen hat, ihn mir zum Geschenk zu machen, muß ich mich seiner nur noch entsprechend bedienen, und ich werde zu dem Golde kommen, dessen Wegweiser er ist. Jupiter, bring mir den Skarabäus!«

»Was! de Käfer da, Massa? Ich will de Käfer da lieber nich stör'n – den müssense sich selber hol'n.« Hierauf erhob sich Legrand mit ernster, würdevoller Miene und brachte mir den Käfer aus einem Glasbehälter, darin er eingeschlossen war. Es war ein prächtiger Skarabäus und damals den Naturforschern noch unbekannt – in wissenschaftlicher Hinsicht natürlich also ein großer Glücksgewinn. Er hatte zwei runde, schwarze Flecke am einen Ende des Rückens und einen länglichen am anderen. Die Schuppen, überaus hart und glänzend, wirkten ganz und gar wie poliertes Gold. Das Insekt wog auffallend schwer, und wenn ich alle Dinge in Erwägung zog, so konnte ich Jupiter für seine Ansicht darüber kaum tadeln; was aber davon zu halten war, daß Legrand diese Meinung teilte, das wußte ich bei meinem Leben nicht zu sagen.

»Ich habe Sie holen lassen«, sagte er in pathetischem Tone, als ich die Untersuchung des Käfers beendet hatte, »ich habe Sie holen lassen, da ich Ihren Rat und Beistand mir erhoffe, wenn es gilt, den Zwecken förderlich zu sein, welche das Schicksal und der Käfer – «

»Mein lieber Legrand«, rief ich, ihn unterbrechend, »Sie fühlen sich gewiß nicht wohl, und Sie sollten sich vorsichtshalber einiger kleiner Maßregeln unterziehen. Sie sollten sich zu Bette legen, und ich bleibe ein paar Tage bei Ihnen, bis Sie es überstanden haben. Sie fiebern ja und – «

»Fühlen Sie mir den Puls«, sagte er.

Ich tat es und fand, ehrlich gesprochen, nicht das mindeste Anzeichen von Fieber.

»Aber Sie können krank sein, auch wenn Sie kein Fieber
haben. Erlauben Sie mir dies eine Mal, Ihr Arzt zu sein.
Zuerst einmal legen Sie sich ins Bett. Alsdann – «

»Sie irren sich«, fiel er mir ins Wort, »mir geht es so gut,
wie ich es bei der Aufregung, unter der ich leide, nur erwarten kann. Wenn Sie mir wirklich wohlwollen, so werden
Sie diese Aufregung lindern helfen.«

»Und wie soll das geschehen?«

»Sehr einfach. Jupiter und ich begeben uns auf eine
Expedition in die Berge auf dem Festland, und bei dieser Expedition werden wir die Hilfe eines Menschen
brauchen, auf den wir uns verlassen können. Sie sind der
einzige, zu dem wir Vertrauen haben. Ob das Ganze
zu gutem oder schlechtem Ende kommt, die Erregung,
welche Sie jetzt an mir wahrnehmen, wird, so oder so,
sich legen.«

»Ich möchte Ihnen nur zu gern in jeder erdenklichen
Weise gefällig sein«, erwiderte ich; »doch wollen Sie etwa
sagen, daß dieser infernalische Käfer irgend etwas mit
Ihrer Expedition in die Berge zu tun hat?«

»Aber ja.«

»Dann, Legrand, kann ich bei einem so absurden Unternehmen nicht mit von der Partie sein.«

»Das bedaure ich, bedaure ich sehr – denn da müssen
wir es allein versuchen.«

»Allein versuchen! Dieser Mann ist ganz gewiß verrückt! – doch halt! – wie lange gedenken Sie denn fortzu-
bleiben?«

»Wahrscheinlich die ganze Nacht. Wir werden unverzüglich aufbrechen und auf jeden Fall bis Sonnenaufgang
zurück sein.«

»Und wollen Sie mir bei Ihrer Ehre versprechen, daß
Sie, sobald dieser Ihr kindischer Einfall vorüber ist und die
Sache mit dem Käfer (du großer Gott!) zu Ihrer Zufriedenheit erledigt ist, dann nach Hause zurückkehren und meinem Rat unbedingt folgen werden, wie dem Ihres Arztes?«

»Ja; das verspreche ich; nun wollen wir aber aufbrechen, denn wir haben keine Zeit zu verlieren.«

Schweren Herzens begleitete ich meinen Freund. Wir gingen gegen vier Uhr los – Legrand, Jupiter, der Hund und ich. Jupiter hatte die Sense und die Spaten bei sich – er bestand darauf, alles allein zu tragen – mehr aus Angst, so schien mir, daß ja keines der Geräte in Reichweite seines Herrn sich befinde, denn aus übergroßem Fleiße oder Gefälligkeit. Sein Betragen war über die Maßen störrisch, und ›dieser verd – – – te Käfer‹ waren die einzigen Worte, welche während des ganzen Weges seinem Munde entschlüpften. Was mich selbst betraf, so war ich mit ein paar Blendlaternen beladen, indes Legrand sich mit dem Skarabäus begnügte, den er an das Ende von einem Stückchen Peitschenschnur gebunden hatte; und dieses wirbelte er beim Gehen mit der Miene eines Geisterbeschwörers hin und her. Als ich diesen letzten, klaren Beweis für die geistige Verwirrung meines Freundes bemerkte, vermochte ich kaum die Tränen zurückzuhalten. Ich hielt es jedoch für das beste, seiner Laune nachzugeben, zumindest im Augenblick, oder doch bis ich mit Aussicht auf Erfolg energischere Maßnahmen ergreifen könnte. Unterdessen bemühte ich mich, jedoch vergebens, ihn nach dem Ziel der Expedition auszuhorchen. Nachdem es ihm gelungen war, mich zur Teilnahme zu überreden, schien er nicht gewillt, sich auf ein Gespräch über irgendein Thema minderer Wichtigkeit einzulassen, und all meine Fragen würdigte er keiner anderen Antwort als: »Wir werden sehen!«

Mit Hilfe eines Skiffs überquerten wir die Bucht an der Spitze der Insel, und nachdem wir die Steilküste des Festlands erklommen hatten, gingen wir in nordwestlicher Richtung weiter, dahin durch einen ungeheuer wilden und wüsten Landstrich, wo keinerlei Spur eines menschlichen Fußes sich fand. Legrand schritt entschlossen voran; nur hier und da hielt er einen Augenblick lang inne, um sich an gewissen Wegzeichen, die er sich allem Anschein nach bei einer früheren Gelegenheit geschaffen, zu orientieren. Auf diese Weise setzten wir unseren Weg etwa zwei

Stunden lang fort, und die Sonne wollte soeben untergehen, als wir in eine Gegend kamen, die noch unendlich viel
öder war als alle, welche wir bis dahin gesehen hatten.
Es war eine Art Tafelland nahe dem Gipfel eines fast
unzugänglichen Berges, dicht bewaldet vom Fuß bis zur
Spitze, dazwischen riesige Felsblöcke, die lose auf dem
Boden zu liegen schienen und in vielen Fällen lediglich
vom Halt der Bäume, an welche sie sich lehnten, daran
gehindert wurden, in die Täler drunten hinabzustürzen.
Tiefe Schluchten, in verschiedenen Richtungen, verliehen der Landschaft ein noch strengeres, ernsteres Gesicht.

Die natürliche Plattform, welche wir erklommen, war
dicht mit Dornengestrüpp bewachsen, durch welches wir
uns, so stellten wir bald fest, unmöglich ohne die Sense
hätten einen Weg bahnen können; und auf Geheiß seines
Herrn machte sich Jupiter also daran, für uns einen Pfad
zum Fuße eines riesigen Tulpenbaumes freizulegen, welcher zusammen mit wohl acht oder zehn Eichen auf dem
Plateau stand und sie sämtlich, wie auch alle anderen
Bäume, die ich bis dahin je gesehen, durch die Schönheit
von Laubwerk und Gestalt, durch die weite Ausbreitung
seiner Zweige und durch die allgemeine Majestät seiner Erscheinung weit übertraf. Als wir diesen Baum erreicht hatten, wandte sich Legrand an Jupiter und fragte ihn, ob er
glaube, da hinaufklettern zu können. Der alte Mann wirkte
ein wenig betroffen ob dieser Frage, und eine Weile gab er
keine Antwort. Schließlich trat er an den gewaltigen
Stamm, schritt langsam um ihn herum und musterte ihn
mit peinlicher Aufmerksamkeit. Als er mit seiner Untersuchung geendet, sagte er nur:

»Ja, Massa, Jup klettert auf jeden Baum, den er in sei'm
Leben sieht.«

»Dann hinauf mit dir, so schnell wie möglich, denn bald
wird es zu dunkel sein, um für unser Unternehmen noch
genügend sehen zu können.«

»Wie weit muß ich rauf, Massa?« fragte Jupiter.

»Klettre zuerst den Hauptstamm hinauf, und dann

werde ich dir sagen, wie es weitergeht – doch halt! – hier – nimm den Käfer mit.«

»De Käfer da, Massa Will! – de Goldkäfer da!« schrie der Neger und wich entsetzt zurück – »zu was muß 'n de Käfer da mit auf 'n Baum 'nauf? – Verd – – – t will 'ch sein, wenn 'ch 's mach!«

»Wenn du Angst hast, Jup, so ein großer starker Neger wie du, einen harmlosen kleinen toten Käfer anzufassen, nun, dann kannst du ihn an dieser Schnur mit hinaufnehmen – doch wenn du ihn nicht auf irgendeine Weise mit hinaufnimmst, so sehe ich mich leider gezwungen, dir mit dieser Schaufel den Schädel einzuschlagen.«

»Was is 'n nu los, Massa?« sagte Jup, Scham ließ ihn offenbar einlenken, »immer wollense gleich so 'n Krach mit 'm alten Nigger anfangn. Hab doch bloß Spaß gemach'. *Ich* un' Angst vor de Käfer da! 'ch mach mir nix draus, is mir egal, de Käfer da!« Damit nahm er vorsichtig das äußerste Ende des Strickes in die Hand, und indem er sich das Insekt so weit vom Leibe hielt, wie die Umstände dies zulassen wollten, schickte er sich an, den Baum zu erklettern.

In seiner Jugend hat der Tulpenbaum oder *Liriodendron tulipiferum*, der prächtigste Baum der amerikanischen Wälder, einen ganz besonders glatten Stamm und wächst oft zu großer Höhe ohne Seitenäste; doch im reiferen Alter wird die Rinde knorrig und uneben, indessen viele kurze Äste an dem Stamme herauswachsen. So war denn im gegenwärtigen Falle die Besteigung gar nicht so schwierig, wie es aussah. Indem Jupiter also den riesigen Zylinder so fest wie möglich mit Armen und Knien umklammerte, mit den Händen einige Vorsprünge ergriff und mit den nackten Zehen auf anderen Halt suchte, wand er sich schließlich, nachdem er ein- oder zweimal nur knapp dem Sturze in die Tiefe entgangen, in die erste große Gabelung hinauf und schien das ganze Unterfangen damit im wesentlichen für vollbracht zu halten. Tatsächlich war das *Risiko* der Heldentat nun vorüber, wenngleich sich der Kletterer etwa sechzig oder siebzig Fuß hoch über dem Boden befand.

»Wie nu weiter, Massa Will?« fragte er.

»Halte dich an den größten Ast – den auf dieser Seite«, sagte Legrand. Der Neger gehorchte unverzüglich und offenbar mit nur geringer Mühe; höher, immer höher stieg er hinauf, bis durch das dichte Laubwerk, das ihn umhüllte, von seiner gedrungenen Gestalt nichts mehr zu sehen war. Bald darauf hörten wir seine Stimme herunterschreien.

»Wie weit 'nauf noch?«

»Wie hoch bist du denn?« fragte Legrand.

»Schon sooo weit«, erwiderte der Neger; »kann 'n Himmel sehn oom durch 'n Baum.«

»Der Himmel soll dich nicht kümmern, sondern paß auf, was ich sage. Schau am Stamm hinunter und zähle die Hauptäste unter dir auf dieser Seite. An wie vielen Ästen bist du schon vorbei?«

»Eins, twei, drei, vier, fümf – an fümf groß'n Ästen vorbei, Massa, hier hüben.«

»Dann klettre noch einen Ast höher hinauf.«

Nach wenigen Minuten ließ sich die Stimme wieder hören, die uns verkündete, daß der siebente Ast erreicht sei.

»Und jetzt, Jup«, rief Legrand, sichtlich sehr erregt, »jetzt möchte ich, daß du auf dem Ast entlangkletterst, so weit vor du nur irgend kannst. Wenn dir irgend etwas Sonderbares auffällt, sag mir Bescheid.«

Spätestens da schwand endgültig auch der letzte Zweifel, den ich an der Geistesgestörtheit meines armen Freundes noch gehegt haben mochte. Es blieb mir nichts weiter übrig, als zu dem Schlusse zu gelangen, daß er vom Wahnsinn befallen sei, und ernstlich sorgte ich mich nun, wie ich ihn wohl zur Heimkehr bewegen könne. Während ich noch darüber nachdachte, was wohl am besten zu tun sei, erscholl erneut Jupiters Stimme.

»Hab Angs, soo viel Angs, tu mich auf dem Ast hier nich serr weit vor trau'n – Ast is 'n gantes Stück morsch un' tot.«

»*Tot* hast du gesagt, der Ast ist *tot*, Jupiter?« schrie Legrand mit zitternder Stimme.

»Jawoll, Massa, is mausetot – res'los hinüber – da is kein Leem nich mehr drin.«

»Was um Himmels willen soll ich bloß tun?« fragte Legrand, anscheinend in größter Not.

»Tun!« sagte ich, froh über die Gelegenheit, ein Wort einwerfen zu können, »nun, kommen Sie mit nach Hause und gehen Sie zu Bett. Kommen Sie doch – seien Sie vernünftig. Es wird schon spät, und im übrigen, denken Sie daran, was Sie versprochen haben.«

»Jupiter«, schrie er, ohne mich auch nur im mindesten zu beachten, »hörst du mich?«

»Ja, Massa Will, tu Ihn' deutlich hör'n.«

»Dann prüfe das Holz einmal genau mit deinem Messer und sieh nach, ob du meinst, es sei *sehr* morsch.«

»Is morsch, Massa, bestimmt«, erwiderte der Neger wenige Augenblicke später, »aber doch nich so serr morsch, als wie 's sein gekonnt. Kann viellei' 'n Stückchen weiter auf 'm Ast, is wahr, ich alleine.«

»Du alleine! – was meinst du damit?«

»Na, ich mein de Käfer da. Is serr schwer, de Käfer da. Ich wer'n woll ers'mal runterfalln lassn, un' dann tut der Ast nich brechen, wenn bloß 's Gewicht von ein' Nigger drauf is.«

»Du infernalischer Schuft!« schrie Legrand, sichtlich erleichtert, »was kommst du mir mit solchem Unsinn? Wenn du den Käfer fallen läßt, brech ich dir das Genick, das schwör ich dir, Jupiter! Hörst du mich?«

»Ja, Massa, müssn arm Nigger nich gleich so anbrülln.«

»Na, schön! nun hör gut zu! – wenn du auf dem Ast da so weit vorrutschst, wie du es für sicher hältst, und dabei den Käfer nicht losläßt, schenke ich dir einen Silberdollar, sobald du wieder unten bist.«

»Bin schon, Massa Will – ja, wirklich«, erwiderte der Neger prompt, »bin fas' gan' draußen am Ende.«

»*Am Ende!*« Legrand kreischte nachgerade. »Willst du sagen, du bist am Ende des Astes?«

»Fas' am Ende, Massa – o-o-o-o-oh! Herrjemine! was is 'n das hier auf 'm Baum?«

»He!« schrie Legrand in höchstem Entzücken, »was ist da?«

»Ach, 's is nix als 'n Schädel – hat eins doch sein Kopp auf 'm Baum liegn lassn, un' de Krähn ha'm jed's bissel Fleisch davon runtergepickt.«

»Ein Schädel, sagst du! – sehr schön! – wie ist er am Ast befestigt? – Was hält ihn?«

»Gleich, Massa; muß ers' nachsehn. Na, das is ja 'ne serr komische Sach', wirklich – da is 'n großer dicker Nagel in dem Schädel da drin, der hält 'n fes' am Baum.«

»Also, Jupiter, jetzt tu genau, was ich dir sage – hörst du?«

»Ja, Massa.«

»Dann paß auf! – suche das linke Auge des Schädels.«

»Hum! Huh! das is gut! na, da is doch überhaup' kein Auge nich mehr da.«

»Du elender Dummkopf! weißt du, was rechts oder links ist?«

»Ja, weiß ich – un' ob ich's weiß – links is de Hand, wo 'ch holthacken tu.«

»Ganz recht! Du bist Linkshänder; und dein linkes Auge ist auf derselben Seite wie deine linke Hand. Nun, da kannst du doch, denke ich, das linke Auge im Schädel finden oder die Stelle, wo das linke Auge einmal gewesen ist. Hast du's?«

Hierauf gab es eine lange Pause. Endlich fragte der Neger:

»Is das linke Auge von dem Schädel da auch auf derselben Seite als de linke Hand von dem Schädel da? – weil der Schädel da nämlich überhaup' kein bissel Hand nich hat – aber is egal! Ich hab's linke Auge nu – hier isses linke Auge! was muß ich da nu mit machn?«

»Laß den Käfer hindurchfallen, soweit die Schnur reicht – aber sei vorsichtig und laß den Strick ja nicht los.«

»Is gemach', Massa Will; is ja nu kinderleichtich, de Käfer da durchs Loch zu stecken – guckn Se mal da unten!«

Während dieser Unterhaltung war von Jupiter selbst nichts zu sehen gewesen; doch der Käfer, welchen er herabgelassen hatte, ward jetzt am Ende der Schnur sichtbar und glitzerte wie eine Kugel aus glänzendem Golde in den letzten Strahlen der untergehenden Sonne, von welchen einige noch schwach die Anhöhe erhellten, auf der wir standen. Der Skarabäus hing gänzlich frei zwischen den Zweigen und wäre, hätte Jupiter ihn losgelassen, zu unseren Füßen niedergefallen. Sogleich ergriff Legrand die Sense und säuberte damit einen kreisrunden Platz von wohl drei oder vier Yards Durchmesser, genau unter dem Insekt, und als er damit fertig war, befahl er Jupiter, die Schnur loszulassen und von dem Baum herunterzukommen.

Nachdem mein Freund mit großer Sorgfalt genau an der Stelle, wo der Käfer heruntergefallen war, einen Pflock in den Boden geschlagen hatte, zog er nun aus seiner Tasche ein Bandmaß. Ein Ende davon befestigte er an jenem Punkte des Baumstammes, welcher dem Pflock am nächsten lag, rollte das Maß auf, bis es den Pflock erreichte, und rollte es von da in der Richtung, wie sie bereits von den beiden Polen, Baum und Pflock, festgelegt war, auf eine Länge von fünfzig Fuß weiter auf – während Jupiter das Dornengestrüpp mit der Sense abschlug. Auf dem so gewonnenen Flecken ward ein zweiter Pflock in den Boden getrieben und um diesen, als Zentrum, ein ungefährer Kreis von etwa vier Fuß Durchmesser beschrieben. Legrand ergriff nun selber einen Spaten, gab einen Jupiter und einen mir und bat uns, doch so schnell wir es vermochten, uns ans Graben zu machen.

Ehrlich gesagt, ich hatte noch niemals besonderen Geschmack an solcherart Zeitvertreib gefunden, und zumal in jenem Augenblick hätte ich am liebsten abgelehnt; denn es wollte schon Nacht werden, und ich fühlte mich von all der körperlichen Anstrengung, die ich schon geleistet hatte, doch recht erschöpft; aber ich sah keinen Weg, dem zu entgehen, und hatte Angst, durch eine Weigerung den Gleichmut meines armen Freundes noch mehr zu stören. Ja, wäre auf Jupiters Hilfe Verlaß gewesen, so hätte ich freilich nicht gezögert und den Versuch gewagt, den Wahnsinnigen mit Gewalt nach Hause zu schaffen; doch kannte ich die Gemütsart des alten Negers nur zu wohl, als daß ich hätte hoffen dürfen, er werde mir, unter welchen Umständen auch immer, in einer persönlichen Auseinandersetzung mit seinem Herrn beistehen. Ich zweifelte nicht daran, daß den letzteren eine der unzähligen, im Süden so verbreiteten abergläubischen Vorstellungen von einem vergrabenen Schatz befallen habe und daß seiner Phantasie durch den Fund des Skarabäus Bestätigung geworden, oder vielleicht gar durch die Hartnäckigkeit, mit welcher Jupiter behauptete, es sei ›ein Käfer aus echtem Gold‹. Ein Geist, der zum Wahnsinn neigt, ließe sich nur zu willig von solchen Einflüsterungen verleiten – noch dazu, wenn diese mit vorgefaßten Lieblingsideen übereinstimmten –, und dann rief ich mir auch ins Gedächtnis zurück, wie der arme Kerl von dem Käfer als dem ›Wegweiser zu seinem Glück‹ gesprochen hatte. Dies alles verdroß und verwirrte mich gar sehr, doch endlich beschloß ich, aus der Not eine Tugend zu machen – mit aller Kraft zu graben und somit den Träumer nur um so eher durch den Augenschein zu überzeugen, wie irrig seine Ansichten seien.

Nachdem die Laternen angezündet waren, gingen wir alle mit einem Eifer ans Werk, welcher einer vernünftigeren Sache würdig gewesen wäre; und als das Licht auf unsere Gestalten und die Gerätschaften fiel, mußte ich unwillkürlich denken, welch eine malerische Gruppe wir doch bildeten und wie seltsam und verdächtig unsere Arbeit doch einem Eindringling erscheinen mußte, den der Zufall zu uns verschlagen hätte.

Zwei Stunden lang gruben wir ohne Unterlaß. Gesprochen wurde dabei nur wenig; und am meisten störte uns das Gekläff des Hundes, welcher an unserem Tun außerordentlich regen Anteil nahm. Schließlich vollführte er einen solchen Lärm, daß wir zu fürchten begannen, es könnten irgendwelche Landstreicher in der Gegend aufmerksam werden – oder vielmehr war dies Legrands Sorge – ich meinerseits wäre über jede Unterbrechung froh gewesen, die es mir vielleicht möglich gemacht hätte, den rastlosen Phantasten heimzuschaffen. Schließlich bereitete Jupiter dem Krach recht wirksam ein Ende, da er mit einer Miene verbissener Entschlossenheit aus dem Loche stieg, dem

Tier mit einem seiner Hosenträger die Schnauze zuband und dann, unter tiefem Frohlocken, wieder an seine Arbeit zurückkehrte.

Als die erwähnte Zeit verstrichen war, hatten wir eine Tiefe von fünf Fuß erreicht, und doch zeigten sich noch keinerlei Anzeichen eines Schatzes. Darauf folgte eine allgemeine Pause, und ich begann schon zu hoffen, daß die Farce damit zu Ende sei. Legrand jedoch, wiewohl sichtlich verwirrt, wischte sich nachdenklich die Stirn und begann von neuem. Wir hatten den gesamten Kreis von vier Fuß Durchmesser ausgegraben und gingen nun daran, die Begrenzung ein wenig zu verbreitern und um noch zwei Fuß tiefer zu graben. Doch noch immer kam nichts zum Vorschein. Schließlich kletterte der Goldsucher, den ich aufrichtig bedauerte, aus der Grube, bitterste Enttäuschung in jedem Zuge seines Gesichts, und schickte sich langsam und widerwillig an, seinen Rock wieder anzuziehen, den er zu Beginn der Arbeit abgelegt hatte. Während der ganzen Zeit unterließ ich jedwede Bemerkung. Auf ein Zeichen seines Herrn begann Jupiter die Werkzeuge einzusammeln. Als das getan und der Hund von seinem Maulkorb befreit war, wandten wir uns in tiefem Schweigen heimwärts.

Wir hatten vielleicht ein Dutzend Schritte in dieser Richtung getan, als Legrand mit lautem Fluch auf Jupiter zutrat und ihn am Kragen packte. Der verblüffte Neger riß Mund und Augen auf, so weit er es nur vermochte, ließ die Spaten fallen und sank in die Knie.

»Du Schurke«, sagte Legrand, wobei er die Silben zwischen zusammengepreßten Zähnen hervorzischte – »du infernalischer schwarzer Halunke! – sprich, ich sage dir! – antworte mir auf der Stelle, ohne Ausflüchte! – welches – welches ist dein linkes Auge?«

»Oh, verflicks', Massa Will! Is das hier nich bestimm' mein linkes Auge?« brüllte der entsetzte Jupiter und legte die Hand auf sein *rechtes* Sehorgan, wo er sie mit verzweifelter Hartnäckigkeit liegenließ, wie wenn er fürchtete, sein Herr würde es ihm im nächsten Augenblick ausquetschen.

»Hab ich mir's doch gedacht! – Wußte ich's doch! – hurra!« schrie Legrand, ließ den Neger los und vollführte eine Reihe von Luftsprüngen und Drehungen, sehr zur Verblüffung seines Dieners, welcher sich von den Knien erhob und stumm von seinem Herrn zu mir und dann wieder von mir zu seinem Herrn blickte.

»Los! wir müssen zurück«, sagte der letztere, »das Spiel ist noch nicht verloren«; und abermals schritt er auf dem Weg zum Tulpenbaum voran.

»Jupiter«, sagte er, als wir den Fuß des Baumes erreichten, »komm her! – wie war der Schädel an den Ast genagelt, mit dem Gesicht nach außen oder dem Aste zu?«

»'s Gesich' war außen, Massa, so daß die Krähn gut ran konnten an de Augen, ohne weitres.«

»Also schön, und durch welches Auge hast du dann den Käfer heruntergelassen, dies hier oder das da?« – hierbei berührte Legrand erst das eine, dann das andere von Jupiters Augen.

»'s war das Auge, Massa – das linke Auge – genau wie 's ham gesacht«, und da war es sein rechtes Auge, auf das der Neger zeigte.

»Das genügt – wir müssen es noch einmal versuchen.«

Damit versetzte mein Freund, an dessen Wahnsinn ich nun gewisse Anzeichen einer Methode erkannte oder zu erkennen meinte, den Pflock, welcher die Stelle markierte, wo der Käfer heruntergefallen war, an eine Stelle, die etwa drei Zoll westlich der früheren lag. Als er nun wie zuvor das Bandmaß vom nächsten Punkt des Stammes zu dem Pflock auszog und es dann in einer Geraden auf die Länge von fünfzig Fuß ausrollte, war eine Stelle bezeichnet, die um mehrere Yards von dem Punkte entfernt lag, an welchem wir gegraben hatten.

Um diese neue Position ward nun ein Kreis, etwas größer als vorher, beschrieben, und abermals gingen wir mit dem Spaten an die Arbeit. Ich war furchtbar müde, doch ohne daß ich so recht verstanden hätte, was meinen Sinneswandel bewirkt, verspürte ich gar keine große Abneigung mehr gegen die mir auferlegte Arbeitsmüh. Auf ganz unerklärliche Weise war in mir Interesse – nein, geradezu Begeisterung geweckt. Vielleicht lag da etwas in dem ganzen überspannten Gebaren Legrands – etwas wie Vorbedacht oder Überlegung, das mich beeindruckte. Ich grub voller Eifer, und hin und wieder ertappte ich mich dabei, wie ich doch tatsächlich – und das sah schon sehr wie Erwartung aus – nach dem vermeintlichen Schatze Ausschau hielt, dessen Vision meinem unglücklichen Gefährten den Geist verwirrt hatte. Zu einer Zeit nun, da solche Phantastereien ganz und gar von mir Besitz ergriffen hatten und da wir wohl schon anderthalb Stunden am Werke waren, unterbrach uns abermals das wütende Geheul des Hundes. Im ersten Falle war seine Unruhe offenbar nur einer Laune oder Verspieltheit entsprungen, jetzt aber schlug er einen bitteren und ernsten Ton an. Gegen Jupiters erneuten Versuch, ihm einen Maulkorb anzulegen, wehrte er sich wütend, sprang in das Loch hinab und wühlte wie wild mit den Pfoten die Erde auf. In wenigen Sekunden hatte er eine Menge menschlicher Gebeine aufgedeckt, die zwei vollständige Skelette bildeten, dazwischen lagen mehrere Metallknöpfe und etwas, das wie der Staub von verrottetem Wollstoff aussah. Ein oder zwei Spatenstiche förderten die Klinge eines großen spanischen Dolches zutage, und als wir weitergruben, kamen drei oder vier lose Gold- und Silbermünzen ans Licht.

Bei deren Anblick vermochte Jupiter seine Freude kaum noch zu zügeln, die Miene seines Herrn aber verriet maßlose Enttäuschung. Er drängte uns jedoch, unsere Bemühungen fortzusetzen, und kaum waren die Worte über seine Lippen, als ich strauchelte und vornüber fiel, weil ich mich mit der Stiefelspitze in einem großen Eisenring verfangen hatte, der halb im lockeren Erdreich begraben war.

Nun arbeiteten wir voller Eifer, und noch nie habe ich zehn aufregendere Minuten erlebt. In dieser Zeit hatten wir dann gänzlich eine längliche Holzkiste freigelegt, die, ihrer vollkommenen Erhaltung und wunderbaren Härte nach zu schließen, offensichtlich einem Mineralisierungsprozeß unterworfen gewesen – vielleicht durch das Bichlorid des Quecksilbers. Diese Kiste war dreieinhalb Fuß lang, drei Fuß breit und zweieinhalb Fuß tief. Sie war mit schmiedeeisernen Bändern fest gesichert, die, vernietet, das Ganze wie eine Art Gitterwerk umgaben. Auf beiden Seiten der Kiste, nahe dem Deckel, befanden sich drei Eisenringe – sechs insgesamt –, daran sechs Personen gut anfassen konnten. Unsere vereinten, aufs äußerste angespannten Anstrengungen erreichten lediglich, die Truhe um ein weniges nur aus ihrer Lage zu verrücken. Wir erkannten sogleich die Unmöglichkeit, eine so große Last wegzuschaffen. Zum Glück bestand der einzige Verschluß des Deckels aus zwei Gleitriegeln. Diese zogen wir zurück – zitternd und keuchend vor Verlangen. Im nächsten Augenblick lag ein Schatz von unschätzbarem Werte gleißend vor uns. Als die Strahlen der Laternen in das Loch fielen, blitzte aus einem wirren Haufen von Gold und Juwelen eine Glitzerglut herauf, die unsere Augen vollkommen blendete.

Ich maße mir nicht an, die Gefühle beschreiben zu wollen, mit denen ich darauf starrte. Äußerstes Erstaunen herrschte natürlich vor. Legrand wirkte vor Erregung ganz erschöpft und sprach kaum. Jupiters Miene verfärbte sich minutenlang zu so tödlicher Blässe, wie sie nach der Natur der Dinge ein Negergesicht nur anzunehmen vermag. Er schien benommen – wie vom Donner gerührt. Bald darauf fiel er in dem Loche auf die Knie, vergrub seine nackten Arme bis zu den Ellenbogen in Gold und ließ sie darin, ganz als genieße er den Luxus eines Bades. Endlich rief er mit einem tiefen Seufzer, wie im Selbstgespräche, aus:

»Un' das is alles von de Goldkäfer da gekomm'! de hübsche Goldkäfer! das arme kleine Goldkäferchen, wo 'ch so wüst beschimpf' hab! Schäms' dich gar nich, Nigger? – Nu sach schon!«

Zu guter Letzt mußte ich Herrn wie Diener wachrütteln, daß es doch ratsam sei, den Schatz fortzuschaffen. Es wurde schon spät, und es galt nun, sich alle Mühe zu geben, um noch vor Tagesanbruch alles in Sicherheit zu bringen. Was zu tun sei, war schwer zu sagen; und viel Zeit ging über der Beratung dahin – so wirr waren unser aller

Gedanken. Schließlich erleichterten wir die Kiste dadurch, daß wir zwei Drittel ihres Inhalts herausnahmen, worauf wir imstande waren, sie mit einiger Mühe aus dem Loch zu heben. Die entnommenen Gegenstände verbargen wir unter dem Dornengestrüpp und ließen als Wache den Hund zurück, welcher von Jupiter den strikten Befehl erhielt, sich unter gar keinem Vorwande etwa von der Stelle zu rühren noch das Maul aufzumachen, bis wir wiederkämen. Dann begaben wir uns in aller Eile mit der Kiste auf den Heimweg; die Hütte erreichten wir wohlbehalten, doch nach entsetzlicher Mühe um ein Uhr morgens. Erschöpft, wie wir waren, lag es nicht in der menschlichen Natur, sogleich Weiteres zu unternehmen. So ruhten wir denn bis zwei Uhr aus und aßen zur Nacht; gleich darauf brachen wir wieder zu den Hügeln auf, ausgerüstet mit drei derben Säcken, die sich zum Glück auf dem Anwesen gefunden hatten. Kurz vor vier langten wir wieder bei der Grube an, teilten den Rest der Beute so gleichmäßig wie möglich unter uns auf, ließen die Löcher offen und machten uns wieder nach der Hütte auf, wo wir zum zweiten Mal unsere goldene Last abluden, gerade als die ersten Streifen der Morgendämmerung über den Baumwipfeln im Osten aufleuchteten.

Wir waren nun gänzlich erschöpft; doch die starke Anspannung ließ uns keine Ruhe finden. Nach einem unruhigen Schlummer von etwa drei oder vier Stunden Dauer erhoben wir uns wie auf Verabredung, um unseren Schatz zu begutachten.

Die Kiste war bis zum Rande voll gewesen, und wir brachten den ganzen Tag und den größten Teil der folgenden Nacht damit zu, ihren Inhalt gründlich in Augenschein zu nehmen. Eine gewisse Ordnung etwa oder Verteilung war nicht zu erkennen gewesen. Alles war wahllos aufeinandergehäuft. Als wir alles sorgfältig sortiert hatten, fanden wir uns im Besitze eines sogar noch größeren Reichtums, als wir zunächst angenommen. An gemünztem Gelde lagen weit über vierhundertfünfzigtausend Dollar vor uns – wenn man den Wert der Stücke so exakt wie möglich nach den derzeit geltenden Tabellen schätzte. Nicht das kleinste Stückchen Silber war darunter. Alles pures Gold aus alter Zeit und von großer Mannigfalt – französisches, spanisches und deutsches Geld, dazu ein paar englische Guineen und einige Stücke, dergleichen wir noch nie zuvor erblickt. Da waren mehrere sehr große und schwere Münzen, die so abgegriffen waren, daß wir ihre Inschriften nicht mehr erkennen konnten. Amerikanisches Geld fand sich nicht dabei. Den Wert der Juwelen zu schätzen erwies sich als schwieriger. Da gab es Diamanten – einige von ihnen über die Maßen groß und schön – einhundertzehn insgesamt, und nicht einer davon war klein; achtzehn Rubine von bemerkenswertem Glanze; dreihundertzehn Smaragde, alle wunderschön; und einundzwanzig Saphire, dazu ein Opal. Diese Steine waren sämtlich aus den Fassungen gebrochen und lose in die Kiste geworfen worden. Die Einfassungen selber, die wir aus dem übrigen Golde herausklaubten, sahen aus, als wären sie mit Hämmern zerschlagen worden, damit sie nicht mehr wiederzuerkennen wären. Zu alledem kam noch eine gewaltige Menge gediegenen Goldschmucks: nahezu zweihundert massive Finger- und Ohrringe; kostbare Ketten – dreißig, wenn ich mich recht entsinne; dreiundachtzig sehr große und schwere Kruzifixe; fünf goldene Weihrauchgefäße von hohem Wert; eine ungeheure goldene Punschbowle, verziert mit ziseliertem Weinlaub und bacchantischen Gestalten; überdies zwei köstlich gebosselte Schwertgriffe, und noch viele andere kleinere Gegenstände, an die ich mich nicht mehr erinnern kann. Das Gewicht dieser Kostbarkeiten betrug über dreihundertundfünfzig Pfund Handelsgewicht; und in diese Schätzung habe ich noch nicht einmal einhundertsiebenundneunzig prächtige goldene Uhren eingeschlossen; darunter drei, von denen jede mindestens fünfhundert Dollar wert war. Viele von ihnen waren sehr alt und als Zeitmesser wertlos; hatten doch die Werke mehr oder weniger unter Korrosion gelitten – doch alle waren sie reich mit Steinen besetzt und steckten in Gehäusen von hohem Wert. Wir schätzten den gesamten Inhalt der Kiste in jener Nacht auf anderthalb Millionen Dollar; und bei dem späte-

ren Verkauf des Geschmeides und der Juwelen (ein paar behielten wir zum eigenen Gebrauch) stellte sich heraus, daß
wir den kostbaren Fund noch bei weitem unterschätzt hatten.

Als wir schließlich unsere Sichtung beendet hatten und
die damalige gespannte Erregung sich einigermaßen gelegt
hatte, unternahm es Legrand, der wohl sah, daß ich vor
Ungeduld beinahe verging, die Lösung dieses so außerordentlichen Rätsels zu erfahren, alle damit verbundenen
Umstände ausgiebig und im Detail zu schildern.

»Sie erinnern sich doch«, sagte er, »an jenen Abend, da
ich Ihnen die grobe Skizze gab, die ich von dem Skarabäus
gemacht hatte. Auch können Sie sich wohl noch besinnen,
daß es mich ziemlich verdroß, als Sie darauf beharrten,
meine Zeichnung ähnele einem Totenkopfe. Zunächst, als
Sie diese Behauptung aufstellten, hielt ich es für einen
Scherz; doch später fielen mir die sonderbaren Flecke auf
dem Rücken des Insekts ein, und ich mußte bei mir zugeben, daß Ihre Bemerkung tatsächlich nicht ganz unbegrün-
det sei. Dennoch ärgerte mich, wie Sie über meine zeichne-
rischen Fähigkeiten spotteten – denn ich gelte für einen
recht guten Künstler –, und so wollte ich den Pergament-
fetzen, als Sie ihn mir zurückgaben, schon zusammenknül-
len und wütend ins Feuer werfen.«

»Den Papierfetzen, meinen Sie«, sagte ich.

»Nein; es sah zwar ganz wie Papier aus, und zuerst hielt
ich es auch dafür, doch als ich darauf zu zeichnen begann,
merkte ich sofort, daß es ein Stück sehr dünnen Pergamentes war. Es war recht schmutzig, Sie erinnern sich. Nun gut,
als ich eben drauf und dran war, es zusammenzuknüllen,
fiel mein Blick auf die Skizze, welche Sie sich angesehen
hatten, und Sie können sich wohl meine Verblüffung vorstellen, als ich doch wahrhaftig die Abbildung eines Totenkopfes gerade da erblickte, wo ich meines Wissens den Käfer gezeichnet hatte. Einen Augenblick lang war ich viel zu
verwirrt, um richtig denken zu können. Ich wußte, daß
meine Zeichnung im einzelnen von dieser ganz und gar
verschieden war – obgleich im allgemeinen Umriß eine gewisse Ähnlichkeit bestand. So nahm ich denn eine Kerze,

setzte mich ans andere Ende des Raumes und ging daran, das Pergament genauer zu untersuchen. Als ich es um- drehte, sah ich auf der Rückseite meine eigene Skizze, ganz so, wie ich sie gemacht hatte. Mein erster Gedanke war nun nichts als Überraschung ob der wirklich bemerkenswerten Ähnlichkeit im Umriß – ob der einzigartigen Koinzidenz, wie sie sich in dem Umstand fand, daß auf der anderen Seite des Pergamentes, ohne daß ich es wußte, genau unter meiner Zeichnung des Skarabäus ein Schädel gewesen sein sollte und daß dieser Schädel nicht nur im Umriß, sondern auch in der Größe meiner Skizze so ungemein ähnlich war. Wie gesagt, die Einzigartigkeit dieses Zusammentreffens betäubte mich geradezu. Das ist gewöhnlich die Wirkung solcher Koinzidenzen. Der Geist müht sich ab, einen Zu- sammenhang herzustellen – eine Folge von Ursache und Wirkung –, und wenn er dazu nicht imstande ist, befällt ihn so etwas wie eine zeitweilige Lähmung. Doch als ich mich von dieser Betäubung erholte, dämmerte mir allmäh- lich eine Überzeugung, die mich weit mehr noch bestürzte als die Koinzidenz. Ich begann mich deutlich, ja mit Be- stimmtheit zu erinnern, daß *keinerlei* Zeichnung auf dem Pergament gewesen war, als ich meinen Skarabäus darauf skizziert hatte. Ich war mir dessen vollkommen gewiß; denn ich entsann mich, wie ich das Pergament zuerst auf die eine und dann die andere Seite gewendet hatte, um die sauberste Stelle zu suchen. Wäre der Schädel da bereits darauf gewesen, so hätte ich ihn doch gar nicht übersehen können. Hier stand ich tatsächlich vor einem Rätsel, wel- ches ich nicht zu erklären vermochte; doch selbst damals schon war es mir, als glimme, glühwürmchengleich, in den entlegensten und geheimsten Kammern meines Verstandes eine undeutliche Vorstellung jener Wahrheit auf, wie sie das Abenteuer der vergangenen Nacht aufs glänzendste be- wiesen hat. Sogleich erhob ich mich und verwahrte das Per- gament sicher und verschob alles weitere Nachdenken, bis ich allein wäre.

Als Sie gegangen waren und Jupiter fest schlief, widmete ich mich einer methodischeren Untersuchung der Angelegenheit. Zuerst einmal überlegte ich, auf welche Art und Weise das Pergament in meinen Besitz gelangt war. Die Stelle, wo wir den Skarabäus entdeckt hatten, lag an der Küste des Festlands, etwa eine Meile östlich der Insel und nur wenig über der Hochwassermarke. Als ich nach dem Käfer griff, biß er mich recht heftig, woraufhin ich ihn fallen ließ. Ehe nun Jupiter das Insekt anfaßte, das auf ihn zugeflogen war, sah er sich mit der ihm eigenen Vorsicht nach einem Blatt oder dergleichen um, womit er zufassen könne. In dem Augenblicke war es nun, daß sein Blick wie auch der meine auf das Stückchen Pergament fiel, das ich damals für Papier hielt. Es lag halb im Sande vergraben, nur eine Ecke ragte hervor. Nahe der Stelle, wo wir dies fanden, bemerkte ich die Überreste dessen, was einstmals offenbar den Rumpf einer Pinasse vorgestellt hatte. Das Wrack schien bereits sehr, sehr lange dort gelegen zu haben; denn eine Ähnlichkeit mit Bootsspanten war kaum noch zu erkennen.

Na schön, Jupiter hob also das Pergament auf, wickelte den Käfer hinein und gab ihn mir. Bald darauf machten wir uns auf den Heimweg und trafen unterwegs Lieutenant G – –. Ich zeigte ihm das Insekt, und er bat, es mit zum Fort nehmen zu dürfen. Auf meine Zusage hin steckte er es sogleich in seine Westentasche, ohne das Pergament, in welches es eingewickelt gewesen und das ich in der Hand behalten hatte, während er den Käfer gemustert. Vielleicht fürchtete er, ich könne mich anders besinnen, und hielt es für das beste, sich der Beute umgehend zu versichern – Sie wissen ja, wie sehr er sich für alles begeistert, was mit Naturgeschichte zusammenhängt. Zur gleichen Zeit muß ich, ohne daß es mir bewußt gewesen wäre, das Pergament mir in die eigene Tasche gesteckt haben.

Sie erinnern sich wohl, als ich an den Tisch trat, um von dem Käfer eine Skizze anzufertigen, fand ich dort, wo es gewöhnlich lag, kein Papier. Ich schaute in die Schublade und fand auch da keines. Darauf suchte ich in meinen Taschen in der Hoffnung, einen alten Brief dort zu haben – und da stieß meine Hand auf das Pergament. Ich schildere

Ihnen derart genau, auf welche Weise es in meinen Besitz gelangt; denn die Umstände haben sich mir besonders nachhaltig eingeprägt.

Zweifellos werden Sie nun glauben, meine Phantasie sei recht lebhaft – doch hatte ich bereits eine Art *Zusammenhang* hergestellt. Zwei Glieder einer großen Kette hatte ich miteinander verbunden. An einer Meeresküste lag ein Boot, und nicht weit von dem Boot fand sich ein Pergament – *kein Papier* – mit dem Bilde eines Schädels darauf. Natürlich werden Sie fragen: ›Wo ist da der Zusammenhang?‹ Darauf erwidere ich, daß der Schädel oder Totenkopf das wohlbekannte Zeichen der Piraten ist. Bei allen Gefechten wird die Flagge mit dem Totenkopf gehißt. Wie gesagt, der Fetzen war Pergament und nicht Papier. Pergament ist dauerhaft – beinahe unzerstörbar. Unwichtige Angelegenheiten werden wohl kaum Pergament anvertraut; denn zu den bloß gewöhnlichen Zwecken des Schreibens oder Zeichnens eignet es sich nicht annähernd so gut wie Papier. Diese Erwägung legte den Schluß nahe, mit dem Totenkopf habe es etwas auf sich – etwas von großem Belang. Auch versäumte ich nicht, auf die *Form* des Pergaments genau zu achten. Obschon eine seiner Ecken durch irgendeinen Zufall zerstört worden war, konnte man doch noch erkennen, daß die ursprüngliche Form länglich gewesen. Ja, es war genau ein solcher Streifen, wie man ihn für ein Merkzeichen wählen würde – für die Aufzeichnung einer Sache, welche lange in Erinnerung bleiben und also sorgfältig aufbewahrt werden soll.«

»Aber«, warf ich ein, »Sie sagen doch, der Schädel sei *gar nicht* auf dem Pergament gewesen, als Sie den Käfer zeichneten. Wie kommen Sie dann auf einen Zusammenhang zwischen dem Boot und dem Schädel – da letzterer ja, wie Sie selber zugeben, erst zu einem späteren Zeitpunkt gezeichnet worden sein muß (Gott allein weiß, wie oder von wem), also *nach* Ihrem Skarabäus?«

»Ah, darum dreht sich ja das ganze Geheimnis; wenngleich mir in diesem Punkte die Lösung verhältnismäßig wenig Mühe bereitete. Meine Schritte waren sicher und konnten nur ein einziges Ergebnis zeitigen. Zum Beispiel bewegten sich meine Gedanken in folgender Richtung: Als ich den Skarabäus zeichnete, war auf dem Pergament keinerlei Schädel sichtbar. Als ich die Zeichnung beendet hatte, überließ ich sie Ihnen und beobachtete Sie aufmerksam, bis Sie mir diese zurückgaben. *Sie* haben also den Schädel nicht gezeichnet, und sonst war niemand da, der es hätte tun können. So war es also nicht durch menschliches Tun geschehen. Und dennoch war es geschehen.

Als meine Überlegungen so weit gediehen waren, versuchte ich, mich an jeden Vorfall innerhalb des fraglichen Zeitraumes zu erinnern, was mir auch in aller Deutlichkeit gelang. Es war kaltes Wetter gewesen (oh, welch seltener und glücklicher Zufall!), und ein Feuer brannte im Herde. Ich war erhitzt von körperlicher Anstrengung und saß am Tisch. Sie hatten sich jedoch einen Stuhl nahe ans Feuer gerückt. Gerade, als ich Ihnen das Pergament in die Hand gedrückt hatte und Sie darin begriffen waren, es zu betrachten, kam Wolf, der Neufundländer, herein und sprang an Ihnen hoch. Mit der linken Hand streichelten Sie ihn und wehrten ihn ab, während Sie Ihre rechte, die das Pergament hielt, unachtsam zwischen den Knien herunterhängen ließen, in nächster Nähe zum Feuer. Einmal dachte ich schon, es hätte Feuer gefangen, und wollte Sie schon zur Vorsicht mahnen, doch noch ehe ich etwas sagen konnte, hatten Sie es zurückgezogen und sich in seine Betrachtung vertieft. Als ich nun all diese Einzelheiten bedachte, zweifelte ich nicht einen Augenblick, daß *Hitze* als die Kraft gewirkt, welche auf dem Pergament den Schädel, welchen ich darauf abgebildet fand, ans Licht gebracht hatte. Ihnen ist sicher bekannt, daß es chemische Präparate gibt und seit undenklichen Zeiten gegeben hat, mit deren Hilfe es möglich ist, so auf Papier oder Velin zu schreiben, daß die Schriftzeichen nur dann sichtbar werden, wenn man sie der Einwirkung von Feuerhitze aussetzt. Zaffer, in *aqua regia* digeriert und mit der vierfachen Gewichtsmenge Wasser verdünnt, wird manchmal verwendet; das ergibt eine grüne Tinte. Löst man Kobaltregulus in Salpetergeist, erhält man eine rote. Diese Farben verschwinden nach längerer oder kürzerer Zeit, wenn das so beschriebene Material abkühlt, werden aber bei neuerlicher Erhitzung wieder sichtbar.

Nun untersuchte ich den Totenkopf mit großer Sorgfalt. Seine Begrenzungslinien – also die Linien der Zeichnung, welche dem Rande des Velins am nächsten lagen – waren weit *deutlicher* als die anderen. Es zeigte klar, daß die Wärmeeinwirkung unvollkommen oder ungleichmäßig gewesen war. Ich entfachte sogleich ein Feuer und setzte jeden Teil des Pergaments glühender Hitze aus. Zunächst bestand die Wirkung einzig darin, daß die schwachen Linien des Schädels stärker hervortraten; doch als ich in dem Experiment beharrlich fortfuhr, wurde in der Ecke des Streifens, welche der Stelle, da der Totenkopf gezeichnet war, diagonal gegenüberlag, eine Gestalt sichtbar, die ich zunächst für eine Ziege hielt. Bei näherer Betrachtung gewann ich aber die Überzeugung, daß es ein Zicklein, ein Kitz, sein sollte.«

»Ha! ha!« sprach ich, »gewiß habe ich kein Recht, Sie auszulachen – anderthalb Millionen sind eine viel zu ernste Sache, um darüber zu spaßen –, aber Sie wollen doch nicht etwa ein drittes Glied in Ihrer Kette einführen – Sie wollen doch wohl nicht eine besondere Beziehung zwischen Ihren Piraten und einer Ziege herstellen – Piraten haben, wie Ihnen bekannt sein dürfte, mit Ziegen gar nichts zu tun; für die sind wohl doch die Landwirte zuständig.«

»Aber ich habe ja gerade gesagt, daß die Figur *keine* Ziege war.«

»Na schön, dann eben ein Ziegenkitz – das dürfte ja wohl so ziemlich dasselbe sein.«

»Ziemlich, aber eben nicht ganz«, sagte Legrand. »Vielleicht haben Sie schon von einem gewissen *Kapitän Kidd*[1] gehört. Ich habe in der Gestalt des Tieres gleich eine Art wortspielerischer oder hieroglyphischer Unterschrift gesehen. Ich sage Unterschrift; weil die Lage auf dem Velin diesen Gedanken nahelegte. Der Totenkopf in der diagonal gegenüberliegenden Ecke sah auf ebensolche Art wie ein

1 *kid*: engl., Kitz, Zicklein. – Anm. d. Übers.

Stempel oder Siegel aus. Aber was so gar nicht in mein Konzept passen wollte, war, daß alles andere fehlte – der Hauptinhalt meines vermeintlichen Dokuments – der Text zu meinem Kontext.«

»Sie erwarteten wohl, zwischen Stempel und Unterschrift einen Brief zu finden.«

»Irgend etwas der Art. Tatsache ist, ich fühlte mich unwiderstehlich durchdrungen von einer Vorahnung kommenden großen Glücks. Warum, vermag ich kaum zu sagen. Vielleicht war es letzten Endes eher ein Wunsch denn wirklicher Glaube – aber wissen Sie, daß Jupiters albernes Gerede, der Käfer bestehe aus massivem Gold, eine bemerkenswerte Wirkung auf meine Phantasie hatte? Und dann diese Reihe von Zufällen und Koinzidenzen – dies alles war so *höchst* außergewöhnlich. Ist Ihnen aufgefallen, welch bloßer Zufall es war, daß sich all diese Ereignisse gerade an dem *einzigen* Tag des ganzen Jahres zutrugen, an dem es bisher kühl genug gewesen war oder gewesen sein mochte, um Feuer zu machen, und daß ohne das Feuer oder ohne das Dazwischenkommen des Hundes in eben genau dem Augenblick, da er erschien, ich niemals des Totenkopfes ansichtig und somit auch nie Besitzer des Schatzes geworden wäre?«

»Fahren Sie doch fort – ich brenne vor Ungeduld.«

»Nun gut; Sie haben natürlich von den vielen Geschichten gehört, die da im Gange – den tausend vagen Gerüchten, die da im Schwange, daß Kidd und seine Spießgesellen irgendwo an der atlantischen Küste Geld vergraben haben sollen. Diese Gerüchte nun müssen irgendwie auf Tatsachen beruhen. Und daß die Gerüchte sich schon so lange und so ausdauernd halten, konnte, wie mir schien, einzig von dem Umstande herrühren, daß der vergrabene Schatz *noch immer* in der Erde lag. Hätte Kidd seine Beute eine Zeitlang versteckt und sich später wiedergeholt, so wären die Gerüchte wohl kaum in ihrer gegenwärtigen, unveränderten Form zu uns gedrungen. Es wird Ihnen nicht entgangen sein, daß in all den Geschichten einzig von Schatzsuchern die Rede ist, nicht aber von glücklichen Findern. Hätte der Pirat sein Geld wieder an sich gebracht, dann wäre es ruhig um die Sache geworden. Mir wollte scheinen, daß irgendein Zufall – etwa der Verlust eines Merkzeichens, in welchem die genaue Stelle angegeben – ihn der Mittel beraubt habe, den Schatz wieder zu bergen, und daß dieser Zufall seinen Gefolgsleuten zu Ohren gekommen sein muß, die sonst wohl nie etwas davon erfahren hätten, daß überhaupt ein Schatz versteckt worden war, und die durch ihre vergeblichen, weil aufs Geratewohl unternommenen Versuche, diesen wiederzufinden, die Geschichten überhaupt erst in die Welt und dann allgemein in Umlauf gesetzt hatten, die heute so verbreitet sind. Haben Sie je davon gehört, daß entlang der ganzen Küste irgendein bedeutender Schatz gehoben worden wäre?«

»Nie.«

»Doch alle Welt weiß, daß Kidd ungeheure Reichtümer angehäuft hatte. Ich nahm es daher für erwiesen an, daß die Erde sie noch immer barg; und es wird Sie nun kaum überraschen, wenn ich Ihnen sage, daß ich Hoffnung, ja fast Gewißheit verspürte, das Pergament, welches auf so seltsame Weise sich fand, enthalte das einst verlorengegangene Dokument über den Ort des Verstecks.«

»Doch wie sind Sie denn nun vorgegangen?«

»Ich hielt das Velin noch einmal ans Feuer, nachdem ich es zu größerer Hitze entfacht hatte; doch nichts zeigte sich. Da kam mir der Gedanke, meine Erfolglosigkeit könne möglicherweise an dem Schmutzüberzug liegen; also spülte ich sorgfältig das Pergament ab, indem ich warmes Wasser darüber goß, und als dies getan war, legte ich es in eine Zinnpfanne, den Schädel nach unten, und stellte die Pfanne auf ein Holzkohlenfeuer. Nach wenigen Minuten, als die Pfanne gründlich erhitzt war, nahm ich den Streifen heraus und fand ihn zu meiner unaussprechlichen Freude an mehreren Stellen gesprenkelt; es sah aus wie in Reihen angeordnete Figuren. Noch einmal legte ich also das Pergament in die Pfanne und ließ es eine weitere Minute darin. Als ich es dann wieder herausnahm, sah das Ganze so aus, wie Sie es jetzt hier sehen.«

Damit reichte mir Legrand das Pergament, welches er erneut erhitzt hatte, zur Ansicht. Zwischen dem Totenkopf und der Ziege standen mit roter Farbe in ungelenker Schrift die folgenden Charaktere geschrieben:

```
53‡‡†305))6*;4826)4‡.)4‡);806*;48†8¶60))85;;]8
*;:‡*8†83(88)5*†;46(;88*96*?;8)*‡(;485);5*†2:*‡(
;4956*2(5*−4)8¶8*;4069285);)6†8)4‡‡;1(‡9;4808
1;8:8‡1;48†85;4)485†528806*81(‡9;48;(88;4(‡?
34;48)4‡;161;:188;‡?;
```

»Aber«, sagte ich und gab ihm den Streifen zurück, »ich tappe noch genauso im dunkeln wie zuvor. Und warteten meiner auch all die Juwelen von Golkonda bei der Lösung dieses Rätsels, bei Gott, ich vermöchte es nicht, sie mir zu verdienen.«

»Und dennoch«, sagte Legrand, »ist die Lösung keineswegs so schwierig, wie Sie Ihnen nach dem ersten flüchtigen Blick auf die Zeichen vorkommen mag. Diese Charaktere bilden, wie jedermann leicht erraten mag, eine Geheimschrift – das heißt, sie haben eine Bedeutung; doch nach allem, was man von Kidd weiß, konnte ich mir nicht vorstellen, daß er sich auf das Ausklügeln besonders raffinierter Chiffren verstanden hätte. Ich stellte mich also von vornherein darauf ein, daß diese hier zu der simpleren Sorte gehöre – freilich aber so beschaffen sei, daß sie primitivem Seemannsverstand ohne den Schlüssel gänzlich unlösbar erscheinen mußte.«

»Und Sie haben sie tatsächlich entschlüsselt?«

»Ohne weiteres; habe ich doch schon ganz andere Chiffren aufgelöst, die zehntausendmal komplizierter verschlüsselt waren. Die Umstände und eine gewisse geistige Neigung haben mich an derlei Rätselspielen Gefallen finden lassen, und es darf bezweifelt werden, ob menschlicher Scharfsinn überhaupt ein Rätsel der Art zu ersinnen vermag, welches nicht menschlicher Scharfsinn, mit gehörigem Fleiße, zu lösen vermöchte. Ja, als ich erst einmal zusammenhängende und lesbare Charaktere festgestellt hatte, wandte ich kaum einen Gedanken auf die bloße Schwierigkeit, ihren Sinn zu erschließen.

Im vorliegenden Falle – ja, in allen Fällen von Geheimschrift – gilt die erste Frage der *Sprache*, in der sie abgefaßt ist; denn die Prinzipien der Lösung hängen, besonders was die simpleren Chiffren angeht, vom Geist ab, welcher dem jeweiligen Idiom eigentümlich, und ändern sich entsprechend. Im allgemeinen gibt es nun keine andere Möglichkeit, als (geleitet von Wahrscheinlichkeiten) sämtliche Sprachen durchzuprobieren, die dem, welcher die Lösung unternimmt, geläufig sind, bis die richtige gefunden ist. Doch bei der Chiffre, die wir hier vor uns haben, sind wir durch die Unterschrift aller Schwierigkeit enthoben. Das Wortspiel mit dem Namen ›Kidd‹ ist in keiner anderen Sprache denn der englischen verständlich. Wäre diese Erwägung nicht gewesen, hätte ich es zunächst mit Spanisch und Französisch versuchen müssen, denjenigen Sprachen also, in welchen ein Geheimnis dieser Art von einem Piraten der karibischen Gewässer wohl natürlicherweise abgefaßt worden wäre. Wie die Dinge aber lagen, nahm ich also an, es sei dies ein englisches Kryptogramm.

Wie Sie sehen, gibt es keinerlei Abstände zwischen den Wörtern. Wären die Wörter voneinander getrennt, so hätte ich es mit einem verhältnismäßig leichten Problem zu tun gehabt. In einem solchen Falle hätte ich mit einer Kollation und Analyse der kürzeren Wörter begonnen, und wäre ein Wort aus nur einem einzigen Buchstaben vorgekommen, was ja höchstwahrscheinlich ist (zum Beispiel *a* oder *I*), hätte ich die Lösung für gesichert angesehen. Doch da keine Aufteilung vorlag, ging ich als erstes daran, die häufigsten Buchstaben zu ermitteln und ebenso die am wenigsten häufigen. So habe ich sie denn alle gezählt und folgende Tabelle aufgestellt:

Das Zeichen 8 kommt 33 mal vor.

;	"	26	"	" .
4	"	19	"	" .
+)	"	16	"	" .

*	„	13	„	„	.
5	„	12	„	„	.
6	„	11	„	„	.
† 1	„	8	„	„	.
0	„	6	„	„	.
9 2	„	5	„	„	.
: 3	„	4	„	„	.
?	„	3	„	„	.
¶	„	2	„	„	.
] — .	„	1	„	„	.

Nun ist *e* im Englischen der Buchstabe, welcher am häufigsten vorkommt. Danach geht die Reihenfolge: *a o i d h n r s t u y c f g l m w b k p q x z. E* dominiert jedoch in so außerordentlichem Maße, daß kaum ein einzelner Satz von einiger Länge zu finden sein dürfte, in welchem es nicht der vorherrschende Buchstabe wäre.

Somit haben wir also gleich zu Beginn die Grundlage für etwas, das über bloße Vermutung hinausgeht. Der allgemeine Nutzen, der aus der Tabelle zu ziehen ist, liegt auf der Hand – doch bei dieser unserer speziellen Geheimschrift werden wir ihrer Hilfe nur zu einem kleinen Teil bedürfen. Da unser häufigstes Zeichen *8* ist, wollen wir damit beginnen, es für das *e* des natürlichen Alphabets zu nehmen. Um die Richtigkeit dieser Annahme zu prüfen, wollen wir doch einmal sehen, ob *8* häufig paarweise auftritt – denn im Englischen wird *e* sehr oft verdoppelt – in solchen Wörtern zum Beispiel wie *meet, fleet, speed, seen, been, agree* usw. Im vorliegenden Falle finden wir es nicht weniger denn fünfmal doppelt, obgleich das Kryptogramm nur kurz ist.

Nehmen wir also an, *8* sei *e*. Von allen *Wörtern* der englischen Sprache ist nun der bestimmte Artikel *the* das häufigste; sehen wir also nach, ob sich nicht in der gleichen Anordnung drei Zeichen wiederholen, deren letztes *8* ist. Stellen wir eine solche Zeichengruppe wiederholt fest, so dürfte sie höchstwahrscheinlich das Wort *the* darstellen. Bei der Durchsicht stoßen wir auf nicht weniger denn sie-

ben solche Folgen, und zwar mit den Zeichen *;48*. Wir dürfen daher annehmen, daß das Semikolon *t*, *4* das *h* und *8*
das *e* vertritt – das letztere ist nun wohl bestätigt. Damit ist
ein großer Schritt getan.

Haben wir aber bereits ein einzelnes Wort festgestellt,
sind wir imstande, einen überaus wichtigen Punkt zu bestimmen; nämlich diverse Anfänge und Endungen anderer
Wörter. Nehmen wir doch zum Beispiel einmal den vorletz-
ten Fall, da die Kombination *;48* vorkommt – nicht weit
vom Ende des Textes. Wir wissen, daß das unmittelbar folgende Semikolon den Anfang eines Wortes darstellt, und
von den sechs Charakteren, welche nach diesem *the* kommen, kennen wir nicht weniger denn fünf. Setzen wir nun
also für diese Charaktere die Buchstaben ein, welche sie
unseres Wissens vertreten, wobei wir für den einen unbekannten einen Zwischenraum frei lassen –

t   eeth.

Hier sehen wir uns nun sogleich imstande, das *th* auszuson-
dern, da es keinen Teil des mit dem ersten *t* beginnenden
Wortes bildet; denn wenn wir das gesamte Alphabet nach
einem Buchstaben durchgehen, welcher in die Lücke passen könnte, stellen wir fest, daß sich kein Wort bilden läßt,
das dieses *th* enthalten könnte. So engt sich das Ganze ein
auf

t   ee,

und probieren wir nun, falls nötig, wie zuvor das Alphabet
noch einmal durch, so kommen wir zu dem Wort *tree* als
der einzig möglichen Lesart. Somit haben wir einen weiteren Buchstaben gewonnen, *r*, vertreten durch *(*, dazu nebeneinander die Wörter *the tree.*

Schauen wir nun ein kleines Stück weiter, so stoßen wir
erneut auf die Kombination *;48* und nutzen dieses nun zur
Abgrenzung des unmittelbar Vorhergehenden. Wir erhalten
also diese Folge:

the tree ;4(‡?34 the,

beziehungsweise lautet diese, wenn wir die uns bekannten
Buchstaben einsetzen, nun so:

the tree thr‡?3h the.

Wenn wir nun an Stelle der noch unbekannten Charaktere Zwischenräume lassen oder Pünktchen setzen, so lesen wir:

the tree thr...h the,

worauf sogleich das Wort *through* in die Augen springt. Diese Entdeckung bringt uns aber nun drei neue Buchstaben ein, *o*, *u* und *g*, vertreten durch ‡, ? und 3.

Sehen wir den Text nun genau nach Kombinationen aus den uns bekannten Charakteren durch, so finden wir nicht weit vom Anfang die folgende Gruppe:

83(88, oder *egree,*

was eindeutig der Schluß des Wortes *degree* ist und uns als neuen Buchstaben das *d* beschert, vertreten durch †.

Vier Buchstaben hinter dem Wort *degree* entdecken wir die Kombination

;46(;88*.

Übertragen wir die bekannten Zeichen und geben die unbekannten wie zuvor durch Pünktchen wieder, so lesen wir:

th.rtee.,

eine Folge, die sogleich das Wort *thirteen* nahelegt und uns abermals mit zwei neuen Buchstaben ausrüstet, *i* und *n*, vertreten durch 6 und *.

Wenden wir uns nun dem Anfang des Kryptogramms zu, so finden wir da die Kombination

53‡‡†.

Übertragen wir diese wie zuvor, so erhalten wir

.good,

was uns die Gewißheit gibt, daß der erste Buchstabe *A* ist und die beiden ersten Worte *A good* lauten.

Um Verwirrung zu vermeiden, ist es jetzt an der Zeit, daß wir unseren Schlüssel, soweit wir ihn entdeckt haben, in einer Tabelle darstellen. Und das sieht so aus:

5	steht für	a
†	"	d
8	"	e
3	"	g
4	"	h

6	”	i
*	”	n
+	”	o
+		
(	”	r
;	”	t.

Wir haben also nicht weniger als zehn der wichtigsten Buchstaben dargestellt, und es ist sicher nicht nötig, mit den Einzelheiten der Lösung fortzufahren. Ich habe wohl genug gesagt, um Sie davon zu überzeugen, daß Chiffren dieser Art leicht zu entschlüsseln sind, und Ihnen einen Einblick in das logische *Grundprinzip* ihrer Entzifferung zu geben. Doch seien Sie versichert, daß unser Beispiel hier zu den allereinfachsten Sorten von Kryptographie gehört. Es bleibt mir nur noch, Ihnen die vollständige Übertragung der enträtselten Zeichen auf dem Pergament zu geben. Sie lautet:

›*A good glass in the bishop's hostel in the devil's seat twenty-one degrees and thirteen minutes northeast and by north main branch seventh limb east side shoot from the left eye of the death's-head a bee line from the tree through the shot fifty feet out.*‹[1]

»Aber«, sagte ich, »das Rätsel bedünkt mich um nichts gebessert. Wie sollte es nur möglich sein, aus all dem Kauderwelsch von *devil's seat*, *death's-head* und *bishop's hostel* einen Sinn herauszuholen?«

»Ich gestehe«, erwiderte Legrand, »daß die Sache noch immer recht schwierig aussieht, wenn man sie flüchtig betrachtet. Mein erstes Bestreben war nun, das Ganze in die natürlichen Abschnitte einzuteilen, wie sie der Kryptograph im Sinn gehabt.«

»Sie meinen, Interpunktion zu setzen?«

»So ungefähr.«

»Aber wie war das zu bewerkstelligen?«

»Ich habe mir überlegt, daß der Schreiber seine Wörter

---

1 ›*Ein gutes Glas in Bishop's Hotel auf dem Teufelssitz einundzwanzig Grad und dreizehn Minuten Nordnordost Hauptast siebter Zweig Ostseite schieß vom linken Auge des Totenkopfes eine gerade Linie vom Baum durch den Schuß fünfzig Fuß fort.*‹ – Anm. d. Übers.

absichtlich ohne Abtrennung ineinander übergehen ließ, um die Lösung zu erschweren. Nun, verfolgt ein Mann, der nicht allzu großen Geistes ist, diesen Zweck, so dürfte er mit ziemlicher Sicherheit des Guten zuviel tun. Sobald er nun im Verlaufe der Abfassung bei einem Absatz im Thema anlangt, wie er ganz natürlich einen Gedankenstrich erfordern würde oder einen Punkt, so wäre er nur um so mehr geneigt, seine Zeichen gerade an dieser Stelle noch enger als sonst aneinanderzusetzen. Wenn Sie sich im vorliegenden Falle das Manuskript einmal daraufhin ansehen, so werden Sie ohne weiteres fünf solche Stellen ungewöhnlich dichter Häufung entdecken. Ich folgte diesem Hinweis und gliederte das Ganze folgendermaßen:

›Ein gutes Glas in Bishop's Hotel auf dem Teufelssitz – einundzwanzig Grad und dreizehn Minuten – Nordnordost – Hauptast siebter Zweig Ostseite – schieß vom linken Auge des Totenkopfes – eine gerade Linie vom Baum durch den Schuß fünfzig Fuß fort.‹«

»Selbst diese Einteilung«, sagte ich, »läßt mich noch immer im dunkeln.«

»Mir ging es ebenso«, entgegnete Legrand, »ein paar Tage lang; indessen ich in der Umgegend von Sullivan's Island eifrig nach einem Bauwerk forschte, das den Namen ›Bishop's Hotel‹ führte; denn das veraltete Wort *hostel* behielt ich selbstverständlich nicht bei. Da ich nichts in Erfahrung bringen konnte, stand ich schon im Begriffe, meine Suche auf ein größeres Gebiet auszudehnen und systematischer vorzugehen, als mir eines Morgens mit einem Mal der Gedanke durch den Kopf fuhr, dieses ›Bishop's Hotel‹ könne vielleicht etwas mit einer alten Familie namens Bessop zu tun haben, welche vor undenklichen Zeiten sich im Besitze eines alten Herrenhauses befunden, etwa vier Meilen nördlich der Insel. Also begab ich mich hinüber zu der Plantage und nahm bei den älteren Negern dort meine Erkundigungen wieder auf. Schließlich sagte mir eine der bejahrtesten Frauen, sie habe von einem Orte namens *Bessop's Castle* gehört, und meinte, sie könne mich wohl hinführen, aber ein ›Kastell‹ sei es nicht, auch keine Herberge, sondern ein hoher Felsen.

Ich bot ihr an, ihr ihre Mühe gut zu lohnen, und nach einigem Zögern willigte sie ein, mich zu der Stelle zu begleiten. Wir fanden diese ohne große Schwierigkeit, worauf ich die alte Frau entließ und daranging, die Stelle zu untersuchen. Das ›Kastell‹ bestand aus einer regellosen Ansammlung von Klippen und Felsen – unter den letzteren fiel einer ob seiner Höhe wie auch seiner vereinzelten und künstlichen Erscheinung besonders auf. Ich erklomm seinen Gipfel und wußte dann nicht so recht, was ich nun weiter tun sollte.

Während ich noch mit mir zu Rate ging, fiel mein Blick auf einen schmalen Vorsprung in der Ostwand des Felsens, vielleicht ein Yard unterhalb der Spitze, auf der ich stand. Dieser Vorsprung ragte etwa achtzehn Zoll weit heraus und war nicht mehr als einen Fuß breit, während eine Nische im Felsen darüber ihm eine grobe Ähnlichkeit mit einem der hohlrückigen Stühle verlieh, wie sie unsere Vorfahren in Gebrauch hatten. Ich hegte keinen Zweifel, daß dies hier der ›Teufelssitz‹ sei, von welchem in dem Manuskripte die Rede, und nun war mir, als begreife ich das volle Geheimnis des Rätsels.

Das ›gute Glas‹, so erkannte ich, konnte sich auf nichts als ein Fernrohr beziehen; denn in anderem Sinne wird das Wort ›Glas‹ von Seeleuten kaum verwendet. Hier war also, das sah ich sogleich, ein Fernglas zu benutzen, von einem ganz bestimmten Blickwinkel aus, *der keinerlei Abweichung zuließ.* Auch zögerte ich nicht anzunehmen, daß die Ausdrücke ›einundzwanzig Grad und dreizehn Minuten‹ und ›Nordnordost‹ als Anweisungen für die Einstellung des Glases zu verstehen seien. Höchlich erregt über diese Entdeckungen, eilte ich nach Hause, holte ein Teleskop und kehrte zu dem Felsen zurück.

Ich ließ mich auf den Vorsprung hinab und merkte, daß es unmöglich war, anders als in einer einzigen bestimmten Stellung darauf zu sitzen. Dieser Umstand bestätigte meinen zuvor gefaßten Gedanken. Nun schickte ich mich an,

das Glas zu gebrauchen. Natürlich konnten die ›einundzwanzig Grad und dreizehn Minuten‹ nichts anderes meinen als die Richthöhe über dem sichtbaren Horizont, denn
die horizontale Richtung war eindeutig mit den Worten
›Nordnordost‹ vorgegeben. Letztere Richtung stellte ich sogleich mittels eines Taschenkompasses fest; dann richtete
ich das Glas, so gut ich es zu schätzen vermochte, auf einen
Höhenwinkel von einundzwanzig Grad aus und bewegte es
vorsichtig auf und ab, bis meine Aufmerksamkeit von einer
kreisförmigen Spalte oder Öffnung im Blattwerk eines gewaltigen Baumes gefesselt ward, der seinesgleichen in der
Ferne überragte. Im Mittelpunkt dieses Spaltes gewahrte
ich einen weißen Fleck, konnte aber zunächst nicht ausmachen, was es war. Als ich das Teleskop schärfer eingestellt
hatte, blickte ich abermals hin und erkannte es nun als
einen menschlichen Schädel.

Diese Entdeckung stimmte mich so zuversichtlich, daß
ich das Rätsel als gelöst betrachtete; denn der Ausdruck
›Hauptast, siebter Zweig, Ostseite‹ konnte nur die Stelle
bezeichnen, an der sich der Schädel auf dem Baume befand, während ›schieße vom linken Auge des Totenkopfes‹
hinsichtlich der Suche nach einem vergrabenen Schatze
auch nur eine Deutung zuließ. Ich verstand nun, daß der
Plan darin bestand, eine Kugel vom linken Auge des Schädels herabfallen zu lassen, und daß eine gerade Linie oder,
anders ausgedrückt, der kürzeste Weg vom nächstgelege-
nen Punkt des Baumstammes durch ›den Schuß‹ (bzw. die
Stelle, wo die Kugel heruntergefallen war) und von dort
auf eine Strecke von fünfzig Fuß verlängert, einen ganz bestimmten Punkt anzeigen würde – und unter diesem
Punkte hielt ich es zumindest für *möglich*, daß da ein
Schatz verborgen läge.«

»All dies«, sagte ich, »ist ungemein einleuchtend, und
obschon sinnreich erdacht, ist es doch einfach und klar.
Und was geschah, als Sie das ›Bishop's Hotel‹ verlassen
hatten?«

»Nun, nachdem ich mir die Lage des Baumes genau eingeprägt hatte, wandte ich mich wieder heimwärts. Sobald

ich jedoch den ›Teufelssitz‹ verlassen hatte, verschwand der kreisförmige Spalt; auch danach konnte ich keinen Blick mehr davon erhaschen, wie sehr ich mich auch wenden mochte. Was mir bei der ganzen Sache wirklich genial vorkommt, ist die Tatsache (und wiederholtes Experiment hat mich überzeugt, daß es eine Tatsache *ist*), daß die besagte kreisrunde Öffnung von keinem anderen erreichbaren Standpunkte aus sichtbar ist denn ebenjenem, den der schmale Vorsprung an der Felswand gewährt.

Bei dieser Expedition zum ›Bishop's Hotel‹ hatte mich Jupiter begleitet, der zweifellos schon etliche Wochen mein zerstreutes Wesen bemerkt hatte und ganz besondere Vorsicht walten ließ, mich nicht allein zu lassen. Am nächsten Tage aber, da ich sehr zeitig aufgestanden war, gelang es mir, ihm zu entwischen, und ich ging in die Berge hinüber, den Baum zu suchen. Nach vieler Mühsal fand ich ihn dann. Als ich abends heimkehrte, wollte mein Diener mir eine Tracht Prügel verabreichen. Mit dem Rest des Abenteuers sind Sie, glaube ich, ebensogut bekannt wie ich.«

»Ich nehme an«, sagte ich, »beim ersten Grabungsversuch haben Sie die Stelle wohl durch Jupiters Dummheit verfehlt, weil er den Käfer durch das rechte statt das linke Auge des Schädels fallen ließ –«

»Ganz recht. Dieser Fehler ergab für den ›Schuß‹ eine Abweichung von etwa zweieinhalb Zoll – das heißt für die dem Baum am nächsten gelegene Stelle des Pflocks, und hätte sich der Schatz *unter* dem ›Schuß‹ befunden, so wäre der Irrtum nicht weiter bedeutungsvoll gewesen; doch ›der Schuß‹ und der nächste Punkt des Baumes waren lediglich zwei Punkte, die Richtung einer Linie zu bestimmen; so ward der Fehler, mochte er zunächst auch noch so gering sein, natürlich immer größer, je weiter wir die Gerade verlängerten, und als wir fünfzig Fuß weit gegangen waren, hatten wir die rechte Spur dann gänzlich verloren. Wäre ich nicht im tiefsten Innern so fest davon überzeugt gewesen, daß tatsächlich hier irgendwo ein Schatz vergraben läge, so wäre all unsere Mühe wohl gar umsonst gewesen.«

»Ich denke mir«, sagte ich, »auf den absonderlichen Einfall mit dem *Schädel* – eine Kugel durch das Auge fallen zu lassen – war Kidd wohl durch die Piratenflagge gekommen. Ohne Zweifel empfand er so etwas wie poetische Konsequenz darin, sein Geld durch dieses ominöse Standeszeichen wiederzugewinnen.«

»Vielleicht; doch es will mich nicht anders bedünken, als daß der gesunde Menschenverstand genausoviel mit der Sache zu tun hatte wie poetische Konsequenz. Um vom Teufelssitz aus sichtbar zu sein, mußte der Gegenstand, war er klein, unbedingt *weiß* sein; und nichts vermag nun einmal so wie der menschliche Schädel, allen Wetterunbilden ausgesetzt, das Weiß zu bewahren oder gar noch zu bleichen.«

»Doch Ihr pathetisches Gerede und Ihr Gehabe, da Sie den Käfer hin und her schwenkten – wie überaus wunderlich! Ich war sicher, Sie wären verrückt geworden. Und warum haben Sie darauf bestanden, den Käfer statt einer Kugel durch den Schädel fallen zu lassen?«

»Nun, ehrlich gesagt, ich ärgerte mich etwas über Ihre offensichtlichen Zweifel an meinem Verstande, und so beschloß ich, Sie stillschweigend, auf meine eigene Weise, durch ein klein wenig bescheidene Mystifizierung zu bestrafen. Aus diesem Grunde schwenkte ich den Käfer hin und her, und aus diesem Grunde ließ ich ihn vom Baume herunterfallen. Eine Bemerkung Ihrerseits bezüglich seines großen Gewichtes hat letzteren Gedanken mir eingegeben.«

»Ja, ich verstehe; und nun bleibt mir nur noch ein Punkt, der mir Kopfzerbrechen bereitet. Was sollen wir von den Skeletten halten, die wir in dem Loche gefunden haben?«

»Das ist eine Frage, welche ich ebensowenig zu beantworten vermag wie Sie. Es scheint jedoch nur eine einzige plausible Erklärung dafür zu geben – und doch wäre es schrecklich, müßte man an eine solche Greueltat glauben, wie meine Vermutung sie enthielte. Es ist klar, daß Kidd – falls es wirklich Kidd ist, der diesen Schatz versteckt hat, woran ich aber nicht zweifle –, es ist klar, daß er Hilfe bei dem mühseligen Werke gehabt haben muß. Doch als die ärgste Arbeit getan war, mag er es für tunlich gehalten haben, alle Mitwisser seines Geheimnisses zu beseitigen. Da genügten vielleicht schon ein paar Hiebe mit einer Hacke, dieweil die Mithelfer noch in der Grube tätig waren; vielleicht brauchte es auch ein Dutzend – wer will das sagen?«

DER SCHWARZE KATER

Für diese gar schauerliche und doch so einfache Geschichte, die ich hier zu Papier bringen will, erwarte ich weder noch erbitte ich Glauben. Fürwahr, Tollheit wär's,
würde ich darauf rechnen in einem Falle, wo selbst die
eignen Sinne ihrem eignen Zeugnis nicht trauen wollen.
Doch toll bin ich mitnichten – und ganz gewiß auch
träume ich nicht. Aber morgen heißt es sterben, und so
möchte ich heute meine Seele wohl erleichtern. Der Zweck,
den ich unmittelbar mir vorgesetzt, ist dabei der, frei heraus, in bündiger Kürze und ohne zu deuteln der Welt eine
Reihe von bloß alltäglichen Ereignissen zu unterbreiten. In
ihren Folgen haben diese Geschehnisse mich erschreckt –
gepeinigt – vernichtet. Dennoch will ich nichts zu erklären
versuchen. Mir haben sie kaum anderes als Grauen gebracht – vielen werden sie wohl weniger schrecklich denn
baroque anmuten. Vielleicht findet sich hiernach gar ein
Verstand, der meine Phantasmen aufs Gewöhnliche zu-
rückführt – ein Verstand, ruhiger, logischer und weit weniger erregbar, als der meinige es ist, der in den Umständen,
welche ich mit Grauen hier erzähle, nichts weiter erblickt
denn eine gewöhnliche Folge von ganz natürlichen Ursachen und Wirkungen.

Von klein auf war ich bekannt für meinen fügsamen und
gutmütigen Charakter. Meine Weichherzigkeit trat gar so
auffällig hervor, daß meine Gefährten mich darob gern
hänselten. Ganz besonders liebte ich Tiere und ward von
meinen Eltern mit gar vielerlei vierbeinigen Lieblingen verwöhnt. Mit diesen verbrachte ich die meiste Zeit, und nie
war ich so glücklich, wie wenn ich sie füttern und strei-
cheln durfte. Diese Wesenseigenart wuchs mit meinem
Heranwachsen, und im Mannesalter ward sie mir ein

Hauptquell der Freude. Wer einmal Zuneigung zu einem treuen und klugen Hunde gehegt, dem brauche ich wohl kaum zu erklären, welcher Natur beziehungsweise wie intensiv die Befriedigung ist, die daraus entspringt. Es liegt etwas in der selbstlosen und aufopfernden Liebe einer unvernünftigen Kreatur, das unmittelbar jedem zu Herzen geht, dem häufig Gelegenheit ward, die schnöde Freundschaft und wankende Treue des bloßen *Menschen* zu erproben.

Ich heiratete früh und war glücklich, in meinem Weibe eine verwandte Seele zu finden. Als sie meine Vorliebe für Haustiere bemerkte, versäumte sie keine Gelegenheit, deren wohlgefälligste anzuschaffen. Wir hatten Vögel, Goldfische, einen prächtigen Hund, Kaninchen, ein Äffchen und einen *Kater*.

Dieser letztere war ein bemerkenswert großes und schönes Tier, vollkommen schwarz und in erstaunlichem Maße klug. War von seiner Intelligenz die Rede, so kam meine Frau, die im Grunde ihres Herzens nicht wenig von Aberglauben angesteckt war, häufig auf den alten Volksglauben zu sprechen, wonach alle schwarzen Katzen verkleidete Hexen seien. Nicht daß es ihr je *ernst* mit diesem Punkte gewesen wäre – und ich erwähne die Sache überhaupt nur aus keinem besseren Grunde als dem, daß sie mir zufällig eben jetzt eingefallen.

Pluto – so hieß der Kater – war mein Liebling und Spielgefährte. Ich allein fütterte ihn, und er begleitete mich, wohin im Hause auch immer ich mich wandte. Mit Mühe gar nur konnte ich ihn daran hindern, mir auch durch die Straßen zu folgen.

Solcherart währte unsere Freundschaft über mehrere Jahre, während welcher mein allgemeines Temperament und Wesen – durch das Werk des Teufels Alkohol – (ich schäme mich, dies zu gestehen) eine radikale Wandlung zum Schlimmeren erfuhr. Von Tag zu Tag ward ich übellaunischer, reizbarer, rücksichtsloser gegenüber den Gefühlen anderer. Ich ließ mich hinreißen, ausfällige Reden gegen meine Frau zu gebrauchen. Schließlich vergriff ich mich sogar gewalttätig an ihr. Natürlich bekamen auch meine Tiere den Wandel in meiner Gemütsart zu spüren. Ich vernachlässigte sie nicht nur, sondern mißhandelte sie. Für Pluto aber hatte ich mir immerhin noch genügend Rücksicht bewahrt, die mich davon abhielt, ihn zu malträtieren, wie ich es ohne alle Bedenken mit den Kaninchen, dem Äffchen, ja selbst dem Hunde tat, wenn sie mir zufällig oder aus Anhänglichkeit über den Weg liefen. Doch mein Leiden gewann immer mehr Gewalt über mich – denn welches Leiden ist schon dem Alkohol gleich! –, und schließlich begann selbst Pluto, der nun langsam alt und infolgedessen ein wenig grämlich ward – also selbst Pluto begann die Wirkungen meines bösartigen Wesens zu spüren.

Eines Nachts, als ich arg betrunken von einer meiner Wirtshaustouren in der Stadt nach Hause kam, bildete ich mir ein, der Kater meide meine Nähe. Ich packte ihn; woraufhin er mir, ob meiner Heftigkeit erschrocken, mit den Zähnen eine leichte Wunde an der Hand beibrachte. Im Augenblick ward ich von dämonischer Wut besessen. Ich kannte mich selbst nicht mehr. Mir war, als fliehe meine ureigene Seele mit einem Male aus meinem Körper; und eine mehr denn teuflische Bosheit, vom Branntwein genährt, durchschauerte jede Faser meines Leibes. Ich zog ein Federmesser aus meiner Westentasche, klappte es auf, packte das arme Tier bei der Kehle und schnitt ihm mit Bedacht eines seiner Augen aus der Höhle. Ich werde rot, ich brenne, ich schaudere, indes ich diese verdammenswerte Greueltat niederschreibe.

Als mit dem Morgen die Vernunft mir wiederkehrte – als ich den Rausch der nächtlichen Ausschweifung ausgeschlafen hatte –, empfand ich ob des Verbrechens, dessen ich schuldig geworden, ein Gefühl aus Grauen halb und halb aus Reue; doch war es bestenfalls ein schwaches und zwiespältiges Gefühl, und die Seele blieb davon unberührt. Ich stürzte mich aufs neue in den Alkohol und hatte bald jegliche Erinnerung an die Tat im Weine ertränkt.

Unterdessen erholte sich der Kater langsam wieder. Die Höhle des verlorenen Auges bot zwar einen gar gräßlichen

Anblick, doch schien er keine Schmerzen mehr zu leiden. Er streifte ganz wie sonst durchs Haus, doch floh er, wie zu erwarten, in panischem Schrecken, sobald ich näher kam. Noch war mir so viel von meinem alten Herzen geblieben, daß diese offenkundige Abneigung seitens eines Geschöpfes, welches mich einst so geliebt hatte, mich anfangs doch betrübte. Aber bald machte dies Empfinden Verärgerung Platz. Und dann kam, wie um mich endgültig und unwiderruflich zu vernichten, der Geist der Widernatur über mich. Jener Geist, den die Philosophie so gänzlich außer acht läßt. Doch bin ich mir nicht mehr gewiß, daß meine Seele lebt, als ich es bin, daß die Widernatur einer der Urtriebe des menschlichen Herzens ist – eine der unteilbaren Elementarkräfte oder -empfindungen, welche die Richtung des menschlichen Charakters bestimmen. Wer hat sich nicht schon hundertmal dabei ertappt, wie er etwas Schändliches oder Törichtes aus keinem anderen Grunde getan denn aus dem Wissen, daß er es *nicht* sollte? Verspüren wir nicht wider all unsere bessere Einsicht eine fortwährende Neigung, das zu verletzen, was *Gesetz* ist, nur weil wir es als solches verstehen? Dieser Widergeist nun sollte mich, wie gesagt, endgültig vernichten. Es war dies unergründliche Verlangen der Seele, *sich selbst zu quälen* – der eigenen Natur Gewalt anzutun – Unrecht zu tun allein um des Unrechts willen –, das mich dazu trieb, die dem harmlosen Tiere zugefügte Unbill fortzusetzen und schließlich zu vollenden. Eines Morgens legte ich ihm kühlen Blutes eine Schlinge um den Hals und hängte es am Aste eines Baumes auf; – erhängte es, wobei mir die Tränen aus den Augen strömten und die bitterlichste Reue mir das Herz beschwerte; – erhängte es, nur *weil* ich wußte, daß es mich geliebt hatte, und *weil* ich spürte, daß es mir keinerlei Grund zu Ärgernis gegeben; – erhängte es, *weil* ich wußte, daß ich damit eine Sünde beging – eine Todsünde, die meine unsterbliche Seele so gefährden würde, daß sie diese – falls derlei überhaupt möglich – selbst der unendlichen Gnade des Allbarmherzigen und Allschrecklichen Gottes entrückte.

In der Nacht nach jenem Tage, an welchem diese grausame Tat geschehen, ward ich vom Schrei »Feuer!« aus dem Schlafe geweckt. Die Vorhänge meines Bettes standen in Flammen. Das ganze Haus brannte lichterloh. Nur mit knapper Not konnten meine Frau, ein Dienstmädchen und ich der Feuersbrunst entkommen. Es ward alles zerstört. Mein gesamtes irdisches Hab und Gut war dahin, und ich ergab mich hinfort der Verzweiflung.

Ich bin über die Schwäche erhaben, zwischen dem Unglück und der Greueltat etwa einen Folgezusammenhang von Ursache und Wirkung herstellen zu wollen. Doch zähle ich eine Kette von Tatsachen auf – und möchte dabei auch nicht das geringste nur mögliche Glied aus- oder unvollständig lassen. Am Tage nach dem Brand besichtigte ich die Ruinen. Die Mauern waren, bis auf eine, eingestürzt. Und diese eine war eine nicht sehr starke Trennwand etwa in der Mitte des Hauses, an der das Kopfende meines Bettes gestanden hatte. Der Putz hatte hier weitgehend der Einwirkung des Feuers widerstanden – eine Tatsache, welche ich darauf zurückführte, daß er erst vor kurzem aufgetragen worden war. Um diese Mauer hatte sich eine dichte Menschenmenge versammelt, und viele Leute schienen mit recht peinlicher und angelegentlicher Aufmerksamkeit eine bestimmte Stelle zu mustern. Die Worte »sonderbar!«, »merkwürdig!« und andere ähnliche Ausrufe erregten meine Neugier. Ich trat näher und erblickte, gleichsam wie ein Basrelief in die weiße Fläche gemeißelt, die Gestalt einer riesengroßen *Katze*. Der Eindruck war von wahrhaft wunderbarer Genauigkeit. Um den Hals des Tieres lag eine Schlinge.

Als ich zuerst dieser Geistererscheinung ansichtig wurde – denn ich vermochte es kaum für weniger zu nehmen –, war ich außer mir vor Staunen und Entsetzen. Doch schließlich kam mir Nachdenken zu Hilfe. Die Katze hatte, so fiel mir ein, in einem an das Haus angrenzenden Garten gehangen. Auf den Feueralarm hin hatten sich sogleich die Menschen in den Garten gedrängt – und da mußte wohl einer das Tier vom Baume abgeschnitten und

durch ein offenes Fenster in meine Schlafkammer geworfen haben. Dies war vermutlich in der Absicht geschehen,
mich aus dem Schlafe zu wecken. Der Einsturz der anderen
Wände hatte dann das Opfer meiner Grausamkeit in die
Masse des frisch aufgeworfenen Putzes gepreßt; dessen
Kalk nun hatte im Verein mit den Flammen und dem Am-
moniak des Kadavers das Bild zustande gebracht, wie ich
es sah.

Wiewohl ich solcherart meiner Vernunft, wenn nicht
gänzlich meinem Gewissen, für den erschreckenden Umstand, wie ich ihn soeben geschildert, gar leicht und geschwind eine Erklärung gefunden hatte, verfehlte dieser
doch nichtsdestoweniger, auf meine Phantasie einen tiefen
Eindruck zu machen. Monatelang vermochte ich mich
nicht von dem Bilde des Katers zu befreien; und während
dieser Zeit kehrte in meinen Geist ein halbes Gefühl zurück, das Reue schien, aber keine war. Es kam soweit, daß
ich den Verlust des Tieres bedauerte und mich in den
üblen Spelunken, in denen ich nun Stammgast geworden,
nach einem andern Haustiere derselben Art und einigermaßen ähnlicher Erscheinung umsah, das seine Stelle einnehmen sollte.

Eines Nachts, da ich halb betäubt in einer schon mehr
als nur verrufenen Kaschemme saß, ward meine Aufmerksamkeit ganz plötzlich auf etwas Schwarzes gelenkt, das
oben auf einem der ungeheuren Oxhoftfässer voll Gin oder
Rum ruhte, aus denen die Einrichtung des Raumes hauptsächlich bestand. Ich hatte schon minutenlang unverwandt
auf dieses Faß gestarrt, und was mir nun gar verwunderlich
vorkam, war die Tatsache, daß ich das Ding dort oben
nicht schon vorher bemerkt hatte. Ich trat hinzu und berührte es mit der Hand. Es war ein schwarzer Kater – ein
sehr großes Tier – genausogroß wie Pluto und ihm in jeder
Hinsicht überaus ähnlich, nur in einer nicht. Pluto hatte
nirgendwo an seinem Leibe ein weißes Haar besessen; doch
dieser Kater hatte einen großen, obgleich nicht scharf umrissenen weißen Fleck, welcher nahezu die ganze Brust bedeckte.

Auf meine Berührung hin erhob er sich sogleich, schnurrte laut, rieb sich an meiner Hand und wirkte ob meiner Aufmerksamkeit recht entzückt. Dies war nun genauso ein Tier, wie ich es suchte. Sogleich erbot ich mich, es dem Wirte abzukaufen; der aber erhob gar keinen Anspruch darauf – kannte das Tier gar nicht – hatte es noch nie zuvor gesehen.

Ich streichelte das Tier immerzu weiter, und als ich mich anschickte, nach Hause zu gehen, zeigte das Tier Neigung, mich zu begleiten. Ich ließ es geschehen; hin und wieder, indes ich auf meinem Weg voranschritt, bückte ich mich und strich ihm übers Fell. Zu Hause angekommen, fühlte es sich sogleich heimisch und ward augenblicklich der Liebling meiner Frau.

Ich für mein Teil aber spürte bald eine Abneigung gegen das Tier in mir aufsteigen. Dies war nun genau das Gegenteil dessen, was ich erwartet hatte; doch – ich weiß nicht, wie es kam und warum das so war – seine offenkundige Zuneigung zu mir empfand ich als lästig und höchlich zuwider. Ganz langsam und allmählich steigerte sich dies Gefühl von Ekel und Verdruß zu erbittertem Haß. Ich mied die Kreatur; ein gewisses Schamgefühl und die Erinnerung an meine frühere grausame Tat hielten mich davon ab, ihr körperlich etwas zuleide zu tun. Es vergingen einige Wochen, da ich sie weder schlug noch anderweitig mißhandelte; doch allmählich – ganz langsam und allmählich – fing ich an, sie mit unsäglichem Widerwillen zu betrachten, und schweigend floh ich ihre verhaßte Gegenwart wie den Hauch der Pestilenz.

Was zweifellos meinen Haß auf das Tier noch verstärkte, war die Entdeckung, welche ich am andern Morgen gemacht, nachdem ich es mit heimgebracht hatte, daß ihm nämlich, genau wie Pluto, auch eines seiner Augen fehlte. Dieser Umstand jedoch machte es meiner Frau nur desto lieber, die, wie ich bereits gesagt habe, in hohem Maße jene Menschlichkeit des Fühlens besaß, wie sie einst auch für mein Wesen kennzeichnend und der Quell vieler meiner schlichtesten und reinsten Freuden gewesen war.

Mit meiner Abneigung gegen diesen Kater schien jedoch dessen Vorliebe für mich zu wachsen. Er folgte mir auf Schritt und Tritt mit einer Hartnäckigkeit, wie sie dem Leser wohl nur schwer begreiflich zu machen ist. Wann immer ich mich niedersetzte, hockte er sich unter meinen Stuhl oder sprang mir auf die Knie, um mich mit seinen widerwärtigen Liebkosungen zu überhäufen. Erhob ich mich, um wegzugehen, drängte er sich mir zwischen die Füße und brachte mich dadurch fast zu Fall, oder er schlug seine langen und scharfen Krallen in meinen Anzug, um auf diese Weise mir bis zur Brust hinaufzuklettern. Wiewohl es mich zu solchen Zeiten danach verlangte, ihn mit einem Hieb zu töten, ward ich dann doch davon zurückgehalten, zum Teil durch die Erinnerung an mein früheres Verbrechen, hauptsächlich aber – ich will es nur gleich bekennen – durch absolute *Furcht* vor diesem Tiere.

Es war dies nicht eigentlich Furcht vor körperlicher Unbill – und doch wüßte ich nicht so recht, wie ich es sonst benennen sollte. Beinahe schäme ich mich zu gestehen – ja, selbst hier in der Verbrecherzelle schäme ich mich beinahe zu gestehen –, daß all das Entsetzen und Grauen, welche das Tier mir eingeflößt, noch größer gar geworden war durch ein Schreckbild, wie es schrecklicher sich nicht denken läßt. Mehr als einmal hatte meine Frau meine Aufmerksamkeit auf die Natur des Flecks von weißem Haar gelenkt, von welchem ich bereits gesprochen habe und der den einzigen sichtbaren Unterschied ausmachte zwischen dem fremden Tiere und jenem, welches ich umgebracht. Der Leser wird sich erinnern, daß diese Markierung zwar groß, ursprünglich aber doch sehr unbestimmt gewesen war; doch nach und nach – so ganz allmählich, ja beinahe unmerklich, so daß mein Verstand sich lange Zeit sträubte, es für etwas anderes denn Einbildung zu nehmen – hatte sie am Ende unerbittlich deutliche Umrisse angenommen. Sie stellte nun einen Gegenstand dar, den zu nennen mich schaudert – und um dessentwillen vor allem ich das Scheusal haßte und fürchtete und mich seiner entledigt hätte, *hätt ich es nur gewagt* – es war nun, wie gesagt, das Abbild eines greulichen – eines gespenstisch grausigen Dinges – es war ein GALGEN! – oh, finstres, gräßlich Werkzeug des Schreckens und des Frevels – der Seelenangst, des Todes!

Und nun war ich wahrlich elender denn alles Elend bloßer Menschennatur. Und *eine unvernünftige Kreatur*, deren Artgenossen ich verachtungsvoll getötet – *ein unvernünftig Vieh* hatt es vollbracht, *mir* – mir, einem Menschen, geschaffen zum Bilde des Höchsten Gottes – so viel unerträglichen Leids zu tun! Ach! weder bei Tage noch bei Nacht kannt ich mehr der Ruhe Segen! Tagsüber ließ das Tier mich nicht einen Augenblick allein; und des Nachts schreckt ich aus dem unaussprechlichen Grauen grausiger Träume wohl stündlich auf, um den heißen Odem *des Dinges* auf meinem Gesicht zu spüren und sein ungeheuerliches Gewicht – ein fleischgewordener Alp – den abzuschütteln ich nicht vermochte – lastend immerdar auf meinem *Herzen*!

Unter dem Drucke solcher Qualen erlag auch der letzte Rest, der noch an Gutem in mir war. Böse Gedanken wurden meine einzigen Vertrauten – die schwärzesten und schlimmsten aller Gedanken. Die Übellaunigkeit meines gewöhnlichen Naturells steigerte sich zum Haß auf alle Dinge und die ganze Menschheit; indes mein Weib, klaglos, ach, die sanftmütigste aller Dulderinnen, unter den häufigen, jähen und zügellosen Zornesausbrüchen, denen ich mich nun blindwütig hingab, am meisten zu leiden hatte.

Eines Tages begleitete sie mich auf irgendeinem Haushaltsgange in den Keller des alten Gebäudes, das unsere Armut uns zu bewohnen zwang. Der Kater folgte mir die steile Treppe hinab, und als ich seinetwegen beinahe kopfüber hinabgestürzt wäre, packte mich rasende Wut. In meinem Zorne vergaß ich die kindische Furcht, welche bislang meiner Hand gewehrt hatte, hob eine Axt und holte zu einem Streiche gegen das Tier aus, der ihm natürlich auf der Stelle tödlich geworden wäre, hätte er getroffen, wie ich es wünschte. Doch dieser Streich ward von der Hand meiner Frau aufgehalten. Ob dieses Eingreifens zu mehr denn teuflischer Wut gereizt, entwand ich meinen Arm ihrem Griffe und grub die Axt ihr ins Gehirn. Ohne ein Stöhnen fiel sie auf der Stelle tot um.

Nachdem diese greuliche Mordtat vollbracht, ging ich sogleich und in vollem Bedachte daran, den Leichnam zu verbergen. Ich wußte, daß ich ihn weder bei Tage noch bei Nacht aus dem Hause schaffen konnte, ohne Gefahr zu laufen, von den Nachbarn gesehen zu werden. So mancher Plan kam mir in den Sinn. Eine Zeitlang dachte ich daran, die Leiche in ganz kleine Teile zu zerstückeln und diese zu verbrennen. Dann wieder war ich entschlossen, im Keller-boden ein Grab dafür auszuheben. Darauf erwog ich, sie in den Brunnen im Hof zu werfen – oder sie unter den übli-chen Vorkehrungen wie eine Handelsware in eine Kiste zu packen und diese dann von einem Gepäckträger aus dem Hause holen zu lassen. Schließlich verfiel ich auf etwas, das mir ein weit besseres Verfahren dünkte denn alles Bishe-rige. Ich beschloß, die Leiche im Keller einzumauern – so wie es im Mittelalter die Mönche mit ihren Opfern getan haben sollen.

Zu einem solchen Zwecke war der Keller wohl geeignet. Seine Mauern waren locker gebaut und erst kürzlich ringsum mit einem groben Mörtel verputzt worden, der in der feuchten Luft noch nicht hart geworden war. Überdies befand sich in einer der Wände ein Vorsprung, wo einmal ein blinder Kamin oder Schornstein gewesen, den man ausgefüllt und dem übrigen Keller angeglichen hatte. Ich zweifelte nicht im mindesten, daß ich an dieser Stelle leicht die Ziegel entfernen, den Leichnam hineinstecken und das Ganze wieder zumauern könne wie zuvor, so daß kein Auge irgend etwas Verdächtiges zu entdecken vermöchte.

Und in dieser Rechnung sah ich mich nicht getäuscht. Mit Hilfe eines Brecheisens entfernte ich leicht die Ziegel, und nachdem ich die Leiche sorgsam gegen die Innenwand gelehnt hatte, stützte ich sie in jener Stellung ab und rich-tete mit wenig Mühe den ganzen Maueraufbau wieder so her, wie er ursprünglich dagestanden hatte. Nachdem ich mit jeder nur erdenklichen Vorsicht Mörtel, Sand und

Haare beschafft hatte, stellte ich einen Putz her, der von dem alten nicht zu unterscheiden war, und trug ihn sehr sorgfältig auf das Mauerwerk auf. Als ich damit fertig, war ich zufrieden, daß alles in rechter Ordnung sei. Die Mauer bot nicht im mindesten den Anschein irgendeines Eingriffs. Den Schutt auf dem Boden beseitigte ich mit peinlichster Sorgfalt. Triumphierend schaute ich mich um und sprach bei mir: – ›Hier wenigstens ist meine Mühe nicht umsonst gewesen.‹

Als nächstes suchte ich nach dem Tiere, welches die Ursache so vielen Elends gewesen war; denn ich war endlich fest entschlossen, es zu töten. Hätte ich es in diesem Augenblick zu entdecken vermocht, so wäre sein Schicksal besiegelt gewesen; doch wie es schien, war das schlaue Tier ob der Heftigkeit meiner vorherigen Wut gewarnt und vermied es, mir bei meiner derzeitigen Gemütsverfassung unter die Augen zu kommen. Es ist unmöglich, zu beschreiben oder auch nur sich vorzustellen, welch tiefes, welch seliges Gefühl der Erleichterung die Abwesenheit der verhaßten Kreatur mir im Busen weckte. Auch während der Nacht zeigte sie sich nicht – und so schlief ich denn, seit ich sie damals mit ins Haus gebracht hatte, wenigstens eine Nacht tief und fest; jawohl, *schlief*, sogar mit der Last des Mordes auf meiner Seele!

Der zweite und der dritte Tag vergingen, und noch immer kam mein Peiniger nicht. Wieder konnte ich als freier Mensch atmen. In seiner Angst war das Untier für immer aus dem Hause geflohen! Ich müßte es nimmer mehr wiedersehen! Ich war überglücklich! Die Schuld meiner finsteren Tat störte mich dabei nur wenig. Einige wenige Nachforschungen waren erfolgt, doch hatte ich alles prompt und willig beantwortet. Sogar eine Haussuchung hatte man vorgenommen – aber zu entdecken war natürlich nichts gewesen. Ich betrachtete also mein künftiges Glück als gesichert.

Am vierten Tage nach dem Meuchelmord erschien völlig unerwartet eine Abordnung der Polizei im Haus und ging abermals daran, das Anwesen gründlich zu durchsuchen. Doch der Unerforschlichkeit meines Versteckes gewiß, empfand ich nicht die mindeste Beunruhigung. Die Beamten forderten mich auf, sie bei ihrer Suche zu begleiten. Kein Winkel, keine Ecke blieb undurchsucht. Schließlich stiegen sie zum dritten oder vierten Male in den Keller hinab. Ich zitterte mit keinem Muskel. Mein Herz schlug ruhig wie das eines Mannes, der den Schlaf des Gerechten schläft. Ich durchschritt den Keller von einem Ende zum andern. Die Arme über der Brust verschränkt, ging ich leichten Schritts auf und ab. Die Polizisten waren es vollauf zufrieden und schickten sich an zu gehen. Die Freude in meinem Herzen aber war zu groß, als daß ich sie hätte unterdrücken können. Ich brannte darauf, wenigstens ein einziges Wort zu meinem Triumphe zu sagen und sie in ihrer Überzeugung von meiner Schuldlosigkeit doppelt sicher zu machen.

»Meine Herren«, sprach ich schließlich, als die Polizisten die Treppe schon hinaufstiegen, »ich freue mich, daß ich's vermocht, Ihre Verdächtigungen zu zerstreuen. Ich wünsche Ihnen allen Gesundheit und ein wenig mehr Höflichkeit. Übrigens, meine Herren, das – das Haus hier ist sehr gut gebaut.« (In dem tollen Verlangen, etwas leicht dahinzusagen, wußte ich kaum noch, was ich eigentlich redete.) – »Ja, ich darf wohl sagen, ein *ausnehmend* gut gebautes Haus. Diese Wände – Sie wollen schon gehen, meine Herren? –, diese Mauern sind fest zusammengefügt« – und damit pochte ich, im bloßen Überschwange prahlerischer Herausforderung, kräftig mit einem Stocke, den ich in der Hand hielt, genau auf diejenige Stelle der Ziegelmauer, dahinter der Leichnam – das Weib meines Herzens – stand.

Doch möge Gott mich beschützen und aus den Fängen des Erzfeindes erlösen! Kaum war der Widerhall meiner Schläge in Stille verklungen, da gab mir eine Stimme aus dem Grabesinnern Antwort! – ein Schrei, zuerst gedämpft, gebrochen, dem Schluchzen eines Kindes gleich, und dann rasch anschwellend zu einem langen, lauten und anhaltenden Geschrei, ganz widernatürlich und gar nicht menschlich – ein Heulen – ein klagendes Geschrill, aus Grauen halb und halb aus Triumph, wie es allein aus der Hölle aufsteigen mag, vereint aus den Kehlen der Verdammten in ihrer Pein und der Dämonen, die jauchzen und frohlocken ob der Verdammnis.

Torheit wär's, wollte ich davon sprechen, was ich selber da gedacht. Ohnmächtig wankte ich zur gegenüberliegenden Wand. Einen Augenblick lang verharrten die Männer auf der Treppe reglos im Übermaß von Entsetzen und Furcht. Im nächsten aber mühte sich ein Dutzend starker Arme an der Mauer. Sie fiel zusammen. Der Leichnam, bereits stark verwest, das Blut darauf geronnen, stand aufrecht vor den Augen der Betrachter. Auf seinem Kopfe aber saß, den roten Rachen aufgerissen, das einzige Auge feuersprühend, die abscheuliche Bestie, deren Verschlagenheit mich zum Morde verführt und deren anklagende Stimme mich dem Henker überliefert hatte. Ich hatte das Untier mit ins Grab gemauert!

MORGEN AUF DEM WISSAHICCON

Schon oft hat man im Vergleiche die Naturschönheiten Amerikas, im Großen wie im Kleinen, der Landschaft der Alten Welt gegenübergestellt – insbesondere der Europas –, und so groß die Begeisterung, mit welcher die Fürsprecher der jeweiligen Region stritten, so weit klafften ihre Meinungen auseinander. Es ist dies eine Debatte, die wohl nicht so bald ihr Ende finden dürfte, denn obschon auf beiden Seiten gar vieles gesagt worden ist, bleibt doch noch unendlich mehr darüber zu sagen.

Die renommiertesten der britischen Touristen, welche einen Vergleich gewagt, scheinen unsere nördliche und östliche Küste für so ziemlich alles zu halten, was in Amerika, zumindest in den Vereinigten Staaten, Beachtung verdient. Nur wenig sagen sie, weil noch weniger sie gesehen, von der prachtvollen Landschaft im Innern einiger unserer westlichen und südlichen Gegenden – zum Beispiel vom weit-weiten Tal Louisianas –, wo die wild-romantischsten Träume vom Paradiese Wirklichkeit geworden. Meistenteils begnügen sich diese Reisenden mit einer hastigen Besichtigung der *berühmten* Naturmerkwürdigkeiten des Landes – Hudson, Niagara, Catskill-Gebirge, Harper's Ferry, die Seen von New York, der Ohio, die Prärien und der Mississippi. Ja, sehenswert ist dies alles nun wahrlich, selbst für jenen, der da eben noch am burgengekrönten Rheine emporgeklommen oder
am blauen Rauschen der pfeilschnellen Rhône dahingewandert; doch ist dies nicht *alles*, dessen wir uns rühmen können; ja, fürwahr, kühn wage ich zu behaupten, daß es auf dem Gebiete der Vereinigten Staaten zahllose stille, verborgene und kaum erforschte Winkel gibt, welche dem wahren Künstler oder kunstbeflissenen Lieb-

haber alles Großartigen und Schönen an Gottes Werken vollkommener dünken wird denn *alle* die wohlverzeichneten und höher geachteten Schauplätze miteinander, auf die ich hingewiesen.

Ja, tatsächlich liegen die wahren Paradiese des Landes weitab vom Pfade unserer eigenen, höchst zielstrebigen Reisenden – wie ungeheuer weitab, wie unerreichbar sind sie dann erst dem Fremden, welcher mit seinem Verleger zu Hause ein Übereinkommen getroffen hat, innerhalb einer vereinbarten Zeit einen Bericht von ganz bestimmtem Umfange über Amerika zu liefern, und nun diese Abmachung auf keine andere Art einzuhalten hoffen darf, als daß er, Notizbuch in der Hand, per Dampfer oder Eisenbahn nur auf den ausgefahrensten Verkehrswegen durchs Land reist.

Ich habe soeben das Tal von Louisiana erwähnt. Von allen weiträumigen Gegenden landschaftlicher Schönheit ist diese vielleicht die schönste. Keine Phantasiewelt kommt ihr gleich. Auch die vortrefflichste Einbildungskraft vermöchte aus ihrer übergroßen Lieblichkeit noch Anregung zu schöpfen. Und wahrlich, allein von *Schönheit* ist's, das sie geprägt. Wenig oder vielmehr nichts hat sie vom Erhabenen. Das Land sanft gewellt, durchwoben von phantastisch kristallenen Gewässern, zwischen blumenübersäten Uferhängen, im Hintergrunde Wälder, gigantisch, schimmernd, mannigfarben, von bunten Vögeln funkelnd, von Düften schwer – all dies fügt sich im Tale von Louisiana zur üppigsten Landschaft auf Erden.

Doch selbst in diesen herrlichen Gefilden sind die lieblicheren Stellen nur auf Nebenwegen zu erreichen. Ja, überhaupt, so der Reisende in Amerika die schönsten Landschaften sehen möchte, darf er diese weder mit der Eisenbahn noch mit dem Dampfschiff suchen, weder mit der Postkutsche noch mit seinem Privatgefährt, ja nicht einmal zu Pferde – sondern zu Fuß. *Wandern* muß er, über Schluchten springen, an jähen Abgründen seinen Hals riskieren oder aber auf den Anblick der wahrsten, reichsten und unaussprechlichsten Herrlichkeiten des Landes verzichten.

Eine solche Notwendigkeit besteht nun im größten Teile Europas nicht. In England schon gar nicht. Noch der allergrößte Dandy kann dort als Tourist jeden sehenswerten Winkel besuchen, ohne daß seine Seidenstrümpfe Schaden litten; so genauestens bekannt sind alle Sehenswürdigkeiten und so wohl organisiert die Mittel und Wege, sie zu erreichen. Dieser Betracht ward und wird nun freilich beim Vergleiche der Alten und Neuen Welt hinsichtlich ihrer Landschaft nie gebührend berücksichtigt. Der gesamten Schönheit der ersteren werden nur die bekanntesten und keinesfalls bemerkenswertesten Stellen in der allgemeinen Schönheit der letzteren gegenübergestellt.

Eine Flußlandschaft vereint in sich fraglos alle Hauptelemente der Schönheit und ist seit undenklichen Zeiten schon des Dichters Lieblingsthema. Doch läßt sich ein gut Teil dieses Ruhmes wohl darauf zurückführen, daß bereits an der Zahl Reisen in Flußgebieten gegenüber Gebirgsgegenden überwiegen. Auf die nämliche Weise ist in allen Ländern den großen Flüssen, weil sie gewöhnlich Verkehrswege darstellen, ein ungehöriges Maß an Bewunderung zuteil geworden. Sie ziehen mehr Blicke auf sich und sind infolgedessen auch weitaus mehr im Gespräch denn weniger aufdringliche, doch oft reizvollere Gewässer.

Ein einzigartiges Beispiel, meine Bemerkungen zu diesem Punkte zu belegen, bietet wohl der Wissahiccon, ein Bach (denn mehr ist er kaum), der sich etwa sechs Meilen westlich von Philadelphia in den Schuylkill ergießt. Nun ist der Wissahiccon von so bemerkenswerter Schönheit, daß er, flösse er in England, eines jeglichen Dichters Gegenstand, einer jeglichen Zunge Gesprächsstoff wäre, wenn, ja wenn nicht gar seine Ufer zu horrenden Preisen als Baugelände für die Villen der Reichen in Parzellen aufgeteilt wären. Doch ist es noch gar nicht lange her, wenige Jahre nur, daß der Wissahiccon mehr als nur vom Hörensagen bekannt, indes das breitere und also leichter schiffbare Gewässer, worein er fließt, lange schon als eines der lieblichsten Beispiele amerikanischer Flußlandschaften gepriesen wird. Der Schuylkill, dessen Schönheiten man stark übertrieben hat und dessen Ufer, zumindest in der Nähe Philadelphias, sumpfig sind wie die des Delaware, ist nun aber als Gegenstand pittoresken Reizes ganz und gar nicht vergleichbar mit dem bescheideneren und weniger bekannten Flüßchen, von dem hier die Rede.

Erst als Fanny Kemble in ihrem launigen Buch über die Vereinigten Staaten die Einwohner von Philadelphia auf die seltene Schönheit eines Gewässers hingewiesen hatte, das vor ihrer Türe lag, ward diese Schönheit von einigen wenigen abenteuerlustigen Spaziergängern aus der näheren Umgebung nicht mehr nur für möglich gehalten. Als aber das ›Tagebuch‹ aller Augen geöffnet hatte, floß der Wissahiccon alsbald gewissermaßen in Berühmtheit dahin. ›Gewissermaßen‹, sage ich, denn tatsächlich offenbart sich die wahre Lieblichkeit des Gewässers erst weit oberhalb der *Route* der philadelphischen Schönheitsjäger, welche nur selten weiter denn eine Meile oder zwei über die Mündung des Baches hinaus vordringen – aus dem gar trefflichen Grunde, weil hier die Fahrstraße endet. Dem Wagemutigen, der die schönsten Stellen sehen möchte, rate ich, auf der Ridge Road, die westwärts aus der Stadt hinausführt, bis zum zweiten Weg hinter dem sechsten Meilenstein zu gehen und diesem dann bis zum Ende zu folgen. So wird er zu einer der schönsten Stellen des Wissahiccon gelangen und kann sich in einem Skiff, oder indem er an den Ufern entlangklettert, flußauf- oder -abwärts begeben, ganz wie es ihm gefällt, und wird in jeder Richtung reich belohnt werden.

Wie ich schon gesagt habe oder doch hätte sagen sollen, ist der Bach recht schmal. Seine Ufer fallen meistens, ja fast überall, steil ab, werden sie doch von hoch aufragenden Hügeln gebildet, welche zum Wasser hin prächtiges Buschwerk bedeckt und in größerer Höhe einige der herrlichsten Waldbäume Amerikas krönen, unter denen das *Liriodendron tulipiferum* besonders auffällt. Die Ufer selbst sind jedoch aus Granit, scharf umrissen oder moosbedeckt, und in seinem sanften Flusse rekelt sich das klare Wasser daran hin, wie die blauen Wellen des Mittelmeeres über die Stufen der Marmorpaläste. Dann und wann ragt aus den Klippen ein kleines, fest umgrenztes *plateau* von üppigem Grase heraus, das einem Haus mit Garten die malerischste Lage böte, wie sie die reichste Phantasie sich vorzustellen vermag. Wie gewöhnlich, wenn die Ufer steil abfallen, schlängelt sich der Fluß in vielen jähen Windungen dahin, und somit ersteht vor dem Auge des dahinwandernden Betrachters der Eindruck einer endlosen Folge schier unbegrenzt verschiedenartiger kleiner Weiher oder, genauer, Bergseen. Den Wissahiccon sollte man jedoch nicht wie das ›schöne Melrose‹ bei Mondschein, auch nicht bei nur wolkigem Wetter besuchen, sondern im hellsten Glanze der Mittagssonne; denn die enge Schlucht, durch die er fließt, die hohen Hänge zu beiden Seiten und das dichte Laubwerk, dies alles zusammen läßt ein Dämmerdunkel, wenn nicht gar völlige Düsterkeit entstehen, die, sofern das helle Tageslicht sie nicht mildert, von der reinen Schönheit des Bildes nur ablenken.

Vor nicht langer Zeit besuchte ich das Flüßchen auf dem beschriebenen Wege und verbrachte den größten Teil eines schwülheißen Tages damit, in einem Skiff auf seinem Schoß dahinzutreiben. Nach und nach übermannte mich die Hitze, und indem ich mich dem Einfluß von Ort und Wetter wie auch der sanft fließenden Strömung überließ, sank ich in einen Halbschlummer, darin meine Phantasie in Visionen des Wissahiccon von dermaleinst schwelgte – der ›guten alten Zeit‹, da es noch nicht den Dämon Maschine gab, da von Picknicks niemand auch nur träumte, da ›Wassergerechtsame‹ weder ge- noch verkauft wurden und da auf den Graten dort droben die Rothaut allein dahinzog, mit dem Elch. Und derweilen diese Phantasiegebilde so nach und nach sich meiner bemächtigten, hatte der träge Bach mich Zoll um Zoll um einen vorspringenden Fels getragen, wo sich mir nun der Anblick eines anderen bot, welcher in einer Entfernung von vierzig oder fünfzig Yards die Sicht begrenzte. Es war eine steile felsige Klippe, die weit in den Fluß hervorragte und ungleich mehr von dem salvatorischen Charakter bot denn irgendein Teil des Ufers, das ich bislang passiert. Was ich auf die-

sem Felsen sah, obschon gewiß ein Gegenstand höchst ungewöhnlicher Natur in Anbetracht von Ort und Jahreszeit,
hat mich zunächst weder verwundert noch erstaunt – so
gar vollkommen und harmonisch stimmte es zusammen
mit den Halbschlafphantasien, in denen ich befangen war.
Ich sah oder träumte, ich sähe, da am äußersten Rande des
Abgrunds stand, den Hals vorgereckt, die Ohren gespannt
und die Haltung ganz Ausdruck von tieftrauriger Neugier,
einer der ältesten und kühnsten jener Elche, die mit den
Rothäuten meiner Phantasie verbunden gewesen waren.

Wie gesagt, einige Augenblicke lang war ich weder verwundert noch erstaunt ob dieser Erscheinung. Während
dieser Zeit war meine Seele einzig von ungeheurem Mitgefühl erfüllt. Mich dünkte, der Elch blicke ebenso verdrossen wie erstaunt auf die deutliche Veränderung zum
Schlechteren – die der Bach und seine Umgebung selbst
innerhalb der letzten Jahre durch die harte Hand des Utili-
tariers erlitten. Doch als das Tier ganz leicht den Kopf bewegte, zerstob sogleich das Traumgespinst, das mich umfing, und ich erwachte, um zutiefst das Nochniedagewesene
dieses Abenteuers zu empfinden. Ich erhob mich in meinem Skiff auf ein Knie, und dieweil ich noch zögerte, ob
ich meine Fahrt anhalten oder mich näher an den Gegenstand meines Staunens herantreiben lassen sollte, vernahm
ich, wie es rasch, aber vorsichtig von oben aus dem Gebüsch »Scht! Scht!« machte. Gleich darauf tauchte ein Neger aus dem Dickicht auf, schob behutsam die Zweige beiseite und schlich auf leisen Sohlen. In der einen Hand trug
er etwas Salz und hielt dieses dem Elch entgegen, indes er
sich sachte, doch stetig näherte. Das edle Tier, ein wenig
unruhig zwar, versuchte nicht zu fliehen. Der Neger kam
näher; hielt ihm das Salz hin; und sprach ein paar ermun-
ternde oder auch beschwichtigende Worte. Sogleich senkte
der Elch den Kopf und stampfte auf, legte sich dann aber
ruhig nieder und bekam ein Halfter angelegt. So endete
mein romantisches Erleben mit dem Elch. Es war ein *Haus-
tier*, sehr alt und sehr zahm, und gehörte einer englischen
Familie, die eine Villa in der Nähe bewohnte.

DAS DIDDELN ALS EINE
DER EXAKTEN WISSENSCHAFTEN
BETRACHTET

Heißa, diddel didel,
Die Katze und die Fiedel.

Seit Anbeginn der Welt hat es zwei Jeremiasse gegeben.
Der eine schrieb eine Jeremiade über den Wucher und war
Jeremy Bentham geheißen. Er ist von Mr. John Neal über-
aus bewundert worden und war ein großer Mann auf kleine
Art. Dem andern verdankt die bedeutendste der exakten
Wissenschaften ihren Namen, und er war ein großer Mann
auf *große* Art – ja, ich darf wohl sagen, auf die allergrößte
Art.

Das Diddeln – oder der abstrakte Begriff, welcher im
Verb ›diddeln‹ sich ausdrückt – ist hinlänglich klar und
verständlich, geht es doch schlichtweg um ›das Schwindeln
oder Betrügen‹. Doch schon das Faktum, die Tat, die Sache des *Diddelns* ist einigermaßen schwierig zu definieren.
Eine leidlich deutliche Vorstellung besagter Tätigkeit mögen wir aber gewinnen, wenn wir – nun nicht die Sache,
das Diddeln selbst – sondern den Menschen definieren,
und zwar als das Lebewesen, das diddelt. Wäre darauf seinerzeit Platon gekommen, wäre ihm die Schmach mit dem
gerupften Huhn erspart geblieben.

Ganz zu Recht und zur Sache hatte sich Platon nämlich
vor die Frage gestellt gesehen, warum ein gerupftes Huhn,
das doch unbestreitbar ein ›zweibeiniges Wesen ohne Federn‹ sei, denn nicht, nach seiner eigenen Definition, ein
Mensch wäre? Mir kann nun aber eine derartige Fragerei
nichts anhaben. Der Mensch ist ein diddelndes Lebewesen,
und es gibt *keinerlei* diddelndes Lebewesen *außer* dem Menschen. Da brauchte es schon einen ganzen Stall voll gerupf-
ter Hühner, um das Gegenteil zu beweisen.

Was nun das Wesen, die nasgewitterte Essenz, das Prinzip des Diddelns oder Schwindelns ausmacht, ist in der Tat nur jener Sorte Mensch eigentümlich, die Männerrock und Bein-kleider trägt. Der Rabe stiehlt; der Fuchs betrügt; das Wiesel überlistet; der Mensch aber diddelt. Diddeln ist nachge-rade sein Schicksal. ›Der Mensch ward geschaffen zu trauern‹, sagt der Dichter. Aber nicht doch: – zum Diddeln ward er geschaffen. Das ist seines Lebens Ziel und Zweck – das *Ende*, zu welchem er gemacht. Und aus diesem Grunde sa-gen wir ja auch, hat einer das Diddeln erfahren, er sei ›*fertig*‹.

Das Diddeln ist, wenn man es recht bedenkt, ein Kom-positum, dessen Ingredienzien lauten: Akribie, Interesse, Standvermögen, Scharfsinnigkeit, Wagemut, *nonchalance*, Originalität, Impertinenz und *Grinsen*.

Akribie: – Der Diddler ist peinlich genau. Er wirkt im kleinen. Sein Geschäft betreibt er *en detail*, gegen bar oder anerkannten Sichtwechsel. Sollte er jemals in Versuchung kommen, sich an hochfliegende Spekulation zu wagen, so geht er sofort seiner Eigenart verlustig und wird das, was wir ›Finanzier‹ nennen. Dies letztere Wort beinhaltet den Begriff des Diddelns in jeder Hinsicht, ausgenommen in puncto Größe. Ein Diddler mag so als ein Bankier *in petto* gelten – eine ›finanzielle Transaktion‹ als Diddeln à la Brobdingnag. Das eine verhält sich zum andern wie Homer zu ›Flaccus‹ – wie ein Mastodon zu einer Maus – wie der Schweif eines Kometen zu einem Schweineschwänzchen.

Interesse: – Der Diddler wird vom Eigennutz geleitet. Er verschmäht es, nur um des bloßen Diddelns *willen* zu did-deln. Er hat ein Ziel vor den Augen – seine Tasche – und die Ihre. Er ist immer auf die große Chance aus. Er sieht nur auf die Nummer Eins. Sie sind Numero Zwei und müs-sen schon für sich selber sorgen.

Standvermögen: – Der Diddler ist beharrlich. Er verliert nicht leicht den Mut. Und wenn auch die Banken bankrott gehen, ihn kümmert's nicht. Unentwegt verfolgt er sein Ziel und

Ut canis a corio nunquam absterrebitur uncto,
so läßt auch er nie ab von seinem Wilde.

Scharfsinnigkeit: – Der Diddler ist erfinderisch. Er verfügt über einen beträchtlichen konstruktiven Sinn. Er versteht sich auf Ränkeschmieden. Mit Phantasie und List geht er zu Werke. Wäre er nicht Alexander, so wäre er Diogenes. Wäre er nicht ein Diddler, so würde er Patent-Rattenfallen herstellen oder Forellen angeln.

Wagemut: – Der Diddler ist verwegen. – Er ist ein kühner Mann. Er trägt den Krieg nach Afrika. Er nimmt alles im Sturm. Er würde nicht die Dolche der *Frey-Herren* fürchten. Mit ein wenig mehr Klugheit hätte Dick Turpin einen guten Diddler abgegeben; mit etwas weniger Flunkerei auch Daniel O'Connell; mit einem oder zwei Pfund mehr Gehirn sogar Karl der Zwölfte.

Nonchalance: – Der Diddler gibt sich nonchalant. Er ist nie und nirgends nervös. Ja, Nerven hat er gar keine, *nie gehabt*. Er läßt sich nie hinreißen. Nie gerät er aus dem Häuschen – es sei denn, man setzt ihn vor die Türe. Kühl ist er – kalt wie eine Hundeschnauze. Gelassen ist er – ›gelassen wie ein Lächeln von Lady Bury‹. Leichten, ruhigen Sinns ist er – leicht und locker wie ein alter Handschuh oder die jungen Frauenzimmer im alten Bajä.

Originalität: – Der Diddler ist originell – daraus macht er sich ein Gewissen. Seine Gedanken gehören ihm. Er hielte es für verächtlich, die eines andern zu verwenden. Ein alter Trick ist ihm zuwider. Er gäbe eine Geldbörse zurück, da bin ich sicher, sollte sich herausstellen, daß er diese durch unoriginelles Diddeln erbeutet hätte.

Impertinenz: – Der Diddler tritt recht unverschämt auf. Ein Maulheld ist er, der große Reden führt. Er stemmt die Arme in die Seite. Steckt die Hände in die Hosentaschen. Grinst dir höhnisch ins Gesicht. Tritt dir auf die Hühneraugen. Frißt dir dein Essen weg, säuft deinen Wein, pumpt dich an, zieht dich an der Nase, tritt deinen Pudel und küßt deine Frau.

Grinsen: – Der *echte* Diddler beendet alles mit einem Grinsen. Doch das sieht niemand denn er selber. Er grinst, wenn sein Tagwerk vollbracht ist – wenn die ihm auferlegten Mühen getan – des Abends in seinem eignen Kämmerlein und gänzlich zu seinem Privatvergnügen. Er geht nach Hause. Verschließt die Türe. Legt die Kleider ab. Löscht die Kerze. Steigt ins Bett. Legt den Kopf aufs Kissen. Und ist all dies getan, dann *grinst* der Diddler. Das ist keine Hypothese. Es versteht sich ganz von selbst. Ich urteile *a priori*, und ohne Grinsen wäre Diddeln kein Diddeln.

Der Ursprung des Diddelns oder Schwindelns geht in die Kindheit des Menschengeschlechts zurück. Vielleicht war Adam der erste Diddler. Jedenfalls können wir die Wissenschaft weit zurück ins graue Altertum verfolgen. Die Neueren haben es nun freilich zu einer Perfektion gebracht, wie sie sich unsere dickschädligen Altvordern nie hätten träumen lassen. Ohne mich denn bei den ›alten‹ Sprüchen‹ aufzuhalten, möchte ich mich also mit einer gedrängten Darstellung einiger der mehr ›neueren Exempel‹ begnügen.

Ein sehr guter Schwindel ist der folgende. Eine Hausmutter zum Beispiel, die ein Sofa wünscht, sieht man mehrere Möbelmagazine aufsuchen. Schließlich kommt sie zu einem, das eine vortreffliche Auswahl anbietet. An der Türe spricht sie ein höflicher und wortgewandter Mensch an und lädt sie ein, doch näher zu treten. Sie findet auch ein Sofa, welches ihren Zwecken wohl entspricht, und als sie nach dem Preise fragt, ist sie freudig überrascht, eine Summe genannt zu hören, welche um wenigstens zwanzig Prozent niedriger liegt, als sie erwartet hätte. Eilig schließt sie den Handel ab, erhält Rechnung und Quittung, hinterläßt ihre Adresse mit der Bitte, ihr das erworbene Stück doch so schnell wie möglich nach Hause zu liefern, und entfernt sich unter vielen Verbeugungen seitens des Ladeninhabers. Der Abend kommt, aber kein Sofa. Der nächste Tag vergeht, und noch immer keins. Ein Bediensteter wird ausgeschickt, sich wegen der Verzögerung zu erkundigen. Und da leugnet man doch den ganzen Handel. Man hat gar kein Sofa verkauft – kein Geld in Empfang genommen – solches hat nur der Diddler, der zu diesem Zwecke eben einmal den Geschäftsinhaber gespielt hatte.

Unsere Möbelmagazine sind ja gänzlich ohne Aufsicht

und bieten sich somit für einen Trick dieser Art geradezu an. Kunden treten ein, schauen sich die Möbelstücke an und gehen wieder, unbeachtet und ungesehen. Sollte einmal einer etwas kaufen oder den Preis eines Artikels erfragen wollen, so ist eine Glocke zur Hand, und dies wird für völlig ausreichend erachtet.

Gleichfalls ganz respektabel ist der folgende Diddelfall. Ein gut gekleidetes Individuum betritt einen Laden; macht eine Erwerbung im Werte von einem Dollar; entdeckt sehr zu seinem Ärger, daß seine Brieftasche in einem anderen Rocke steckengeblieben sein müsse, und sagt also zu dem Ladeninhaber – »Mein verehrter Herr, macht nichts! – wenn Sie die Güte haben wollen, mir das Paket nach Hause zu schicken? Doch halt! Ich glaube in der Tat, ich habe auch *dort* kein kleineres Geld als einen Fünf-Dollar-Schein. Doch Sie können mir ja vier Dollar als Wechselgeld *mit* dem Paket mitschicken, ja?«

»Sehr wohl, Sir«, erwidert der Ladeninhaber, welcher sogleich eine recht hohe Meinung von der Großherzigkeit seines Kunden hegt. ›Ich kenne welche‹, sagt er bei sich, ›die hätten sich die Sachen einfach unter den Arm geklemmt und wären mit dem Versprechen verschwunden, den Dollar zu bezahlen, wenn sie am Nachmittag wieder vorbeikämen.‹

Ein Laufbursche wird nun mit dem Paket samt Wechselgeld losgeschickt. Unterwegs begegnet ihm ganz zufällig der Käufer, der ausruft: »Ah! da ist ja mein Paket, wie ich sehe – ich dachte, du hättest es schon längst zu Hause abgegeben. Na schön, geh nur! Meine Frau, Mrs. Trotter, wird dir die fünf Dollar geben – ich habe diesbezüglich Anweisungen zurückgelassen. Das Wechselgeld könntest du aber genauso gut gleich *mir* geben – ich werde auf der Post etwas Silber brauchen. Sehr gut! Eins, zwei – ist das auch ein guter Vierteldollar? – drei, vier – stimmt! Sag nur Mrs. Trotter, daß du mich getroffen hast, und nun lauf zu und trödle ja nicht unterwegs.«

Der Junge trödelt mitnichten – aber er braucht doch sehr lange, bis er von seinem Botengange zurückkehrt –

denn da will sich nun gar keine Dame eben des Namens Mrs. Trotter finden lassen. Jedoch tröstet er sich damit, daß er nicht so dumm gewesen ist, die Sachen ohne das Geld dazulassen, und als er, darob mit sich selber zufrieden, den Laden dann wieder betritt, fühlt er sich empfindlich verletzt, ja indigniert, als sein Chef ihn fragt, was denn aus dem Wechselgelde geworden sei.

Ein sehr einfaches Diddelmanöver geht so: Dem Kapitän eines Schiffes, welches im Begriffe steht, unter Segel zu gehen, wird von einer amtlich aussehenden Person eine ungewöhnlich niedrige Rechnung über kommunale Gebühren präsentiert. Froh, so billig davonzukommen, und im Durcheinander hunderterlei Pflichten, die alle gleichzeitig auf ihn einstürmen, bezahlt er die geforderte Summe auf der Stelle. Etwa fünfzehn Minuten später wird ihm eine neuerliche und weit weniger wohlfeile Rechnung überreicht, und zwar von einem Manne, der alsbald keinen Zweifel daran läßt, daß der erste Kassierer ein Diddler gewesen und die ursprüngliche Kassierung ein Schwindel.

Und hier gleich noch etwas Ähnliches. Ein Dampfer macht soeben vom Kai los. Da sieht man, wie ein Reisender, einen Koffer in der Hand, in größter Eile angerannt kommt. Auf einmal hält er urplötzlich inne, bückt sich und hebt in höchlich aufgeregter Manier etwas vom Boden auf. Es ist eine Brieftasche, und – »Hat irgendein Herr seine Brieftasche verloren?« ruft er. Nun kann eigentlich keiner behaupten, er habe seine Brieftasche verloren; doch hebt große Aufregung an, als sich der Inhalt der Geldtasche als sehr wertvoll erweist. Das Schiff darf nun freilich nicht aufgehalten werden.

»Zeit und Flut warten auf niemand«, sagt der Kapitän.

»Um Gottes willen, so warten Sie doch nur noch ein paar Minuten«, sagt der Finder der Brieftasche – »der rechtmäßige Besitzer wird ja gleich auftauchen.«

»Kann nicht warten!« erwidert der Gewaltige; »losmachen, verstanden?«

»Was *soll* ich bloß machen?« fragt der Finder in großer Drangsal. »Ich bin dabei, das Land auf einige Jahre zu verlassen, und ich kann doch nicht guten Gewissens diese große Summe einfach in meinem Besitz behalten. Ich bitte Sie *vielmals* um Verzeihung, Sir« (hier wendet er sich an einen Herrn an Land), »aber Sie sehen wie ein ehrlicher Mann aus. *Wollen* Sie mir den Gefallen erweisen, diese Brieftasche an sich zu nehmen – ich *weiß*, ich kann Ihnen vertrauen – und eine Annonce aufzugeben? Die Scheine darin, sehen Sie, belaufen sich auf eine recht beträchtliche Summe. Der Eigentümer wird zweifellos darauf bestehen, Sie für Ihre Mühe zu belohnen –«

»*Mich!* – nein, *Sie!* – *Sie* haben doch die Tasche gefunden.«

»Naja, wenn Sie *unbedingt* wollen – dann nehme ich mir eben eine kleine Belohnung – nur damit Sie beruhigt sind. Lassen Sie mich mal sehen – o je, das sind ja alles Hunderter – du meine Güte! ein Hunderter, nein, so viel kann ich nicht nehmen – fünfzig würden völlig genügen, ganz gewiß –«

»Ablegen!« ruft der Kapitän.

»Aber ich kann gar nicht herausgeben auf hundert, und überhaupt, *Sie* sollten lieber –«

»Ablegen!« ruft der Kapitän.

»Schon gut!« schreit der Gentleman an Land, der soeben seine eigene Brieftasche in Augenschein genommen hat – »schon gut! *Ich* kann, ich mach das schon – hier ist ein Fünfziger der Bank von Nordamerika – werfen Sie mir die Tasche herüber.«

Und der übergewissenhafte Finder nimmt die fünfzig mit einem merklichen Zögern entgegen und wirft dem Gentleman, ganz wie gewünscht, die Brieftasche zu, indes der Dampfer sich qualmend und zischend auf die Reise macht. Etwa eine halbe Stunde nach seiner Abfahrt stellt sich die ›große Summe‹ als ›nachgeahmtes Gleichnis‹ nur heraus und das Ganze als ein kapitaler Diddelstreich.

Recht dreist ist auch die folgende Diddelei: Eine religiöse Versammlung oder dergleichen soll an einem bestimmten Orte im Freien abgehalten werden, der nur über eine abgabenfreie Brücke zu erreichen ist. An dieser Brücke nun postiert sich ein Diddler und setzt höflich alle Passanten von dem neuesten Bezirksgesetz in Kenntnis, wonach ein Brückenzoll zu entrichten sei, und zwar für Fußgänger ein Cent, für Pferde und Esel zwei und so weiter und so fort. Manche murren wohl, doch alle fügen sich, und der Diddler geht um ein paar fünfzig oder sechzig Dollar reicher nach Hause, wohlverdient. Denn dieses Abkassieren einer großen Menschenmenge ist ein ausgesprochen beschwerliches Geschäft.

Ein gefälliger Schwindel ist dieser: Ein Freund besitzt eine Schuldverschreibung des Diddlers, die ordnungsgemäß auf den gewöhnlichen, rot gedruckten Formularen ausgefüllt und unterschrieben ist. Der Diddler erwirbt nun ein oder zwei Dutzend dieser Vordrucke, und jeden Tag tunkt er einen davon in seine Suppe, läßt seinen Hund danach springen und gibt es ihm schließlich als *bonne bouche.* Wird nun der Wechsel fällig, geht der Diddler mit seinem Hunde zu dem Freund und bringt die Rede auf den Schuldschein. Der Freund holt diesen aus seinem *escritoire,* und wie er im Begriffe ist, diesen dem Diddler zu überreichen, da springt dessen Hund auf und verschlingt ihn sogleich. Der Diddler zeigt sich nicht nur überrascht, sondern verärgert und erzürnt ob des absurden Verhaltens seines Hundes und erklärt sich zur Gänze bereit, die Verpflichtung jederzeit zu tilgen, wenn der Beweis dafür wieder zum Vorschein kommen sollte.

Sehr geringfügig ist dieses Diddelstückchen: Eine Dame wird auf der Straße von einem Komplizen des Diddlers belästigt. Der Diddler selber eilt nun ihr zu Hilfe, und nachdem er seinem Freunde eine gehörige Tracht Prügel verabreicht hat, tut er es nicht anders, als daß er die Dame bis an ihre Haustüre begleitet. Die Hand auf dem Herzen, verbeugt er sich dort nun und verabschiedet sich von ihr mit höchster Ehrerbietung. Sie bittet ihn, als ihren Retter, doch einzutreten und sich ihrem großen Bruder und dem Herrn Papa vorstellen zu lassen. Unter Seufzen lehnt er ab. »Gibt es denn gar keine Möglichkeit, Sir«, murmelt sie, »wie ich Ihnen meine Dankbarkeit beweisen könnte?«

»Nun ja, Madam, schon. Wollen Sie so freundlich sein, mir ein paar Shilling zu leihen?«

Im ersten Schreck des Augenblicks ist die Dame entschlossen, geradewegs in Ohnmacht zu fallen. Nach nochmaliger Überlegung aber öffnet sie ihre Börse und spendiert klingende Münze. Dies ist nun, wie gesagt, nur eine winzigkleine Diddelei − denn eine ganze Hälfte der geborgten Summe ist ja an den Gentleman zu zahlen, der die Mühe des schimpflichen Spiels auf sich genommen hatte und obendrein noch stillhalten mußte, um sich dafür verprügeln zu lassen.

Um einen recht geringen, doch immer noch wissenschaftlichen Schwindel handelt es sich bei folgendem: Der Diddler begibt sich an die Theke eines Wirtshauses und verlangt ein paar Rollen gesponnenen Tabaks. Man reicht ihm diese, woraufhin er nach flüchtiger Begutachtung sagt: »Dieser Tabak gefällt mir nicht recht. Hier, nehmen Sie ihn wieder und geben Sie mir dafür ein Glas Brandy mit Wasser.«

Brandy und Wasser werden hingestellt, getrunken, und der Diddler wendet sich zur Tür. Doch gebietet ihm da die Stimme des Wirts Einhalt.

»Sir, Sie haben wohl vergessen, Ihren Brandy mit Wasser zu bezahlen.«

»Meinen Brandy mit Wasser zu bezahlen! − habe ich Ihnen denn nicht den Tabak für den Brandy mit Wasser gegeben? Was wollen Sie denn noch?«

»Aber, Sir, mit Verlaub, ich kann mich nicht erinnern, daß Sie den Tabak bezahlt hätten.«

»Was soll das heißen, Sie Schuft? − Habe ich Ihnen denn nicht den Tabak wiedergegeben? Ist *das*, was *dort* liegt, etwa nicht Ihr Tabak? Soll ich gar für etwas bezahlen, das ich überhaupt nicht genommen habe?«

»Aber, Sir«, sagt der Wirt, der nun nicht mehr recht weiß, was er sagen soll, »aber, Sir −«

»Kein Aber, Sir«, unterbricht ihn der Diddler, scheinbar

ungeheuer aufgebracht, und knallt die Tür hinter sich zu, als er sich aus dem Staube macht. – »Kein Aber, Sir, und bitte auch keinen Ihrer Tricks an Reisenden.«

Hier fällt mir nun wiederum eine sehr gewiefte Diddelei ein, die sich nicht zuletzt ob ihrer Einfachheit empfiehlt. Wurden in einer großen Stadt tatsächlich ein Portemonnaie oder eine Brieftasche verloren, setzt der Verlierer gewöhnlich in *eine* der Tageszeitungen ein Inserat mit ausführlicher Beschreibung.

Daraufhin nun kopiert unser Diddler die *Tatsachen* dieser Anzeige, doch ändert er die Überschrift, die allgemeine Ausdrucksweise und die *Adresse*. Das Original zum Beispiel ist lang und weitschweifig, trägt die Überschrift ›Brieftasche verloren!‹ und bittet darum, den Schatz, falls er gefunden werde, in der Tom Street Nr. 1 abzugeben. Die Kopie ist kurz und bündig, lediglich mit ›Verloren‹ überschrieben und nennt die Dick Street Nr. 2 oder Harry Street Nr. 3 als den Ort, wo der Eigentümer anzutreffen sei. Außerdem wird sie in mindestens fünf oder sechs Tageszeitungen des Datums aufgegeben, indes sie, was den Zeitpunkt betrifft, nur wenige Stunden nach dem Original erscheint. Sollte der tatsächliche Verlierer der Brieftasche dies lesen, so würde er wohl kaum argwöhnen, dies habe irgendeinen Bezug zu seinem eigenen Malheur. Aber natürlich stehen die Chancen fünf oder sechs zu eins, daß der Finder sich zu der vom Diddler bezeichneten Adresse begibt statt zu der, welche der rechtmäßige Besitzer angegeben hat. Der erstgenannte zahlt die Belohnung, steckt die Beute in die Tasche und empfiehlt sich.

Ganz ähnlich verhält es sich auch bei dieser Diddelei: Eine Dame von Welt hat irgendwo auf der Straße einen höchst wertvollen Diamantring verloren. Für dessen Wiedererlangung bietet sie vielleicht vierzig oder fünfzig Dollar Belohnung – in ihrer Anzeige gibt sie eine überaus genaue Beschreibung des Edelsteins und seiner Fassung und erklärt, daß die Belohnung, würde der Ring in der und der Straße Nummer soundso wieder abgegeben, unverzüglich gezahlt werde, ohne auch nur eine einzige Frage zu stellen.

Ein oder zwei Tage später, die Dame weilt außer Haus, läutet es an der Tür von Nummer soundso in der und der Straße; ein Dienstmädchen erscheint; die Dame des Hauses wird gewünscht, diese sei nicht da, heißt es, ob welcher überraschenden Mitteilung der Besucher sein bitterstes Bedauern äußert. Sein Anliegen sei überaus wichtig und betreffe die Dame höchstpersönlich. Ja, er habe das außerordentliche Glück gehabt, ihren Diamantring zu finden. Doch wäre es wohl am besten, wenn er ein andermal wiederkäme. »Keineswegs!« sagt das Dienstmädchen; und »Keineswegs!« sagen auch der Dame Schwester und Schwägerin, die sogleich herbeigerufen werden. Der Ring wird unter allerlei Lärm identifiziert, die Belohnung gezahlt und der Finder beinahe zur Tür hinausgeworfen. Die Dame kehrt zurück und zeigt sich nun durchaus ein wenig unzufrieden mit ihrer Schwester und Schwägerin, weil diese ganz zufällig vierzig oder fünfzig Dollar für eine Fälschung ihres Diamantringes gezahlt haben – eine Fälschung aus echtem Talmi und unzweifelhaftem Straß.

Doch da des Diddelns wirklich kein Ende ist, so fände auch dieser Essay keines, wollte ich auch nur der Hälfte all der Variationen oder Modifikationen andeutungsweise Erwähnung tun, welche diese Wissenschaft zuläßt. Ich muß diesen Aufsatz gewaltsam zum Schlusse bringen, und dies kann ich wohl am besten dadurch, daß ich summarisch von einem sehr ehrbaren, aber bis ins einzelne ausgeklügelten Diddelstreiche berichte, dessen Schauplatz, es ist noch gar nicht lange her, unsere Stadt gewesen und der später mit Erfolg in anderen, noch unbedarfteren Örtlichkeiten der Union wiederholt worden ist. Ein Herr mittleren Alters kommt aus unbekannter Gegend in die Stadt. In seinem Auftreten ist er bemerkenswert korrekt, vorsichtig, gesetzt und besonnen. Seine Kleidung ist peinlich sauber, doch einfach und unauffällig. Er trägt eine weiße Krawatte, eine weite Weste, die nur mit Blick auf Behaglichkeit gefertigt worden; dicksohlige, bequem aussehende Schuhe und Hosen ohne Steg. Ja, tatsächlich wirkt er ganz und gar wie der wohlhabende, ernste, korrekte und respektable ›Geschäfts-

mann« *par excellence* – einer jener Sorte Menschen mit rau-
her Schale und weichem Kern, wie wir sie ständig in den
ach so überaus witzigen Gesellschaftskomödien zu sehen
bekommen – Kerle, deren Worte ebenso viele Obligatio-
nen darstellen und die dafür bekannt sind, daß sie mit der
einen Hand Guineen um Gotteslohn wegschenken, während sie mit der andern um des bloßen geschäftlichen Vor-
teils willen auch den allerletzten Bruchteil eines Hellers
eintreiben.

Er macht viel Wesens darum, ehe er ein passendes Logis
gefunden hat. Er mag keine Kinder. Er ist Ruhe gewohnt.
Seine Gewohnheiten sind methodisch – und dann würde
er es überhaupt vorziehen, bei einer privaten und achtbaren kleinen Familie von gottesfürchtiger Gesinnung unter-
zukommen. Der Preis spielt jedoch keine Rolle – nur *muß*
er darauf bestehen, seine Rechnung am Ersten jedes Monats zu begleichen (jetzt ist der Zweite), und er bittet seine
Wirtin, da er schließlich eine nach seinem Geschmack findet, auf *gar keinen* Fall seine Instruktionen zu diesem
Punkte zu vergessen – sondern Rechnung *und* Quittung
präzise um zehn Uhr am *ersten* Tage jedes Monats herein-
zuschicken und dies unter gar keinen Umständen etwa auf
den zweiten zu verschieben.

Nachdem diese Regelung also getroffen, mietet unser
Geschäftsmann ein Büro in einem eher angesehenen denn
vornehmen Viertel der Stadt. Nichts verabscheut er mehr
als den bloßen Schein. »Hinter einer glanzvollen Fassade«,
sagt er, »verbirgt sich selten etwas wirklich Solides« – eine
Bemerkung, die auf das Gemüt seiner Wirtin einen so abgrundtiefen Eindruck macht, daß sie diese auf der Stelle
mit einem Bleistift in ihre große Familienbibel einträgt, auf
den breiten Rand der Sprüche Salomonis.

Der nächste Schritt besteht darin, etwa auf die folgende
Art in den wichtigsten Sixpence-Geschäftsblättern unserer
Stadt zu inserieren – die Zeitungen, die nur einen Cent kosten, werden als nicht respektabel gemieden – auch verlangen sie für alle Annoncen Vorauszahlung. Unser Geschäftsmann hält es nun aber mit dem Glaubensartikel,

daß eine Arbeit nie bezahlt werden solle, bevor sie getan ist.

Gesucht! – Die Unterzeichneten, welche im Begriffe stehen, in der hiesigen Stadt ausgedehnte geschäftliche Unternehmungen zu beginnen, benötigen dafür die Dienste von drei oder vier intelligenten und tüchtigen Sekretären, welchen ein großzügiges Gehalt gezahlt wird. Erwartet werden die allerbesten Referenzen, nicht so sehr die Befähigung, sondern vornehmlich die Integrität betreffend. Da allerdings die zu erfüllenden Pflichten hohe Verantwortung einschließen und große Geldsummen notwendigerweise durch die Hände jener Angestellten gehen müssen, erachten wir es für ratsam, die Hinterlegung eines Pfandes von fünfzig Dollar von jedem bei uns beschäftigten Sekretär zu verlangen. Es braucht sich daher niemand zu bewerben, der nicht bereit ist, diese Summe den Unterzeichneten als Besitz zu überlassen, und der nicht höchst zufriedenstellende Zeugnisse seiner tadelsfreien Gesittung beibringen kann. Junge Herren mit gottesfürchtiger Gesinnung werden bevorzugt. Bewerber wollen sich zwischen zehn und elf Uhr vormittags und vier und fünf Uhr nachmittags melden bei Fa.

Boggs, Hogs, Logs, Frogs & Co.
Dog Street Nr. 110.

Bis zum Einunddreißigsten des Monats hat dieses Inserat etwa fünfzehn oder zwanzig junge Herren von gottesfürchtiger Gesinnung in das Büro der Herren Boggs, Hogs, Logs, Frogs und Compagnie geführt. Doch unser Geschäftsmann hat es nicht eilig, mit auch nur einem einen Vertrag abzuschließen – kein Geschäftsmann handelt *je* überstürzt –, und erst nach strengster Befragung eines jeden jungen Herren hinsichtlich der gottesfürchtigen Gesinnung werden seine Dienste engagiert und ihm die fünfzig Dollar quittiert, *lediglich* zur angemessenen Vorsorge seitens der respektablen Firma Boggs, Hogs, Logs, Frogs und Compagnie. Am Morgen des ersten Tages im nächsten Monat legt die Wirtin *nicht*, wie versprochen, die Rechnung vor – ein Versäumnis, dessentwegen sie zweifellos der höchst zufriedene Prinzipal der auf *ogs* endenden Firma streng getadelt hätte, hätte er es über sich gebracht, zu diesem Zwecke noch einen oder zwei Tage länger in der Stadt zu bleiben.

Wie die Dinge liegen, haben die Konstabler deswegen nun ihre liebe Not gehabt, viel Rennerei, hierhin und dorthin, und können am Ende doch weiter nichts tun denn mit höchstem Nachdruck zu erklären, unser Geschäftsmann sei ein ›Henn-ei‹ – womit sie, wie manche Leute meinen, zu verstehen geben wollten, er sei tatsächlich n. e. i. – worunter nun hinwiederum wohl der höchst klassische Ausdruck *non est inventus* begriffen werden dürfe. Unterdessen sind die jungen Herren allesamt nicht mehr ganz so gottesfürchtig gesonnen wie zuvor, derweil die Wirtin zum Preise von einem Shilling den besten Radiergummi ersteht und recht sorgfältig damit wegradiert, was irgendein Dummkopf mit Bleistift in ihrer großen Familienbibel vermerkt hat, auf dem breiten Rand der Sprüche Salomonis.

DIE BRILLE

Vor vielen Jahren war es Mode, den Begriff der ›Liebe auf den ersten Blick‹ ins Lächerliche zu ziehen; doch haben die Nachdenklichen nicht weniger denn die tief Empfindsamen stets vertreten, daß es sie gebe. Ja, moderne Entdeckungen auf dem Gebiete dessen, was man ethischen Magnetismus oder Magneto-Ästhetik heißen mag, machen es nun wahrscheinlich, daß die natürlichsten und folglich echtesten und intensivsten der menschlichen Leidenschaften jene seien, welche im Herzen gleichsam durch elektrische Sympathie, wie wenn ein Funke überspringt, entfacht werden – mit einem Worte, daß die vielversprechendsten und festesten seelischen Bande jene seien, welche auf den ersten Blick geknüpft werden. Das Bekenntnis, das abzulegen ich mich anschicke, fügt den bereits fast unzähligen Beispielen für die Wahrheit der Behauptung noch ein weiteres hinzu.

Meine Geschichte verlangt, daß ich ein wenig ins Detail gehe. Ich bin ein noch sehr junger Mann – nicht einmal zweiundzwanzig Jahre alt. Zur Zeit trage ich einen sehr gewöhnlichen und recht plebejischen Namen – Simpson. Ich sage ›zur Zeit‹, denn es ist noch gar nicht lange her, daß ich so heiße – habe ich doch erst im letzten Jahre diesen Familiennamen gesetzlich angenommen, um eine große Erbschaft antreten zu können, welche mir von einem entfernten Verwandten, Wohlgeboren Adolphus Simpson, hinterlassen ward. An das Vermächtnis war die Bedingung geknüpft, daß ich den Namen des Erblassers anzunehmen hätte; den Familien-, nicht den Vornamen; mein Taufname ist Napoleon Bonaparte – oder genauer, so lauten mein erster und mittlerer Rufname.

Den Namen Simpson nahm ich mit einigem Widerstreben an, da ich für meinen wirklichen Vatersnamen, Froissart, höchst verzeihlichen Stolz hegte – glaubte ich doch, daß ich eine Abstammung von dem unsterblichen Autor der ›Chroniken‹ herleiten könne. Apropos, da wir gerade beim Thema Namen sind, darf ich wohl, was die Namen einiger meiner unmittelbaren Vorfahren betrifft, eine einzigartige Koinzidenz des Klanges erwähnen. Mein Vater war ein Monsieur Froissart aus Paris. Seine Frau – meine Mutter, die er fünfzehnjährig heiratete – war eine Mademoiselle Croissart, älteste Tochter des Bankiers Croissart; dessen Frau wiederum, erst sechzehn, als sie in den Ehestand trat, war die älteste Tochter eines gewissen Victor Voissart. Monsieur Voissart hatte nun, wie gar sonderbar, eine Dame ganz ähnlichen Namens geehelicht – eine Mademoiselle Moissart. Auch sie war noch ein rechtes Kind, als sie sich vermählte; und insgleichen war ihre Mutter, Madame Moissart, erst vierzehn, als sie zum Altar geführt wurde. Diese frühen Eheschließungen sind in Frankreich so üblich. Hier aber haben wir nun Moissart, Voissart, Croissart und Froissart, alle in der geraden absteigenden Linie. Mein eigener Name freilich wurde dann, wie gesagt, Simpson, durch Gesetzesakt und mit so großem Widerwillen meinerseits, daß ich eine Zeitlang tatsächlich zögerte, ob ich die Erbschaft mit der daran geknüpften sinnlosen und ärgerlichen *Klausel* überhaupt antreten sollte.

Was das Äußere angeht, so hat mich die Natur keineswegs mangelhaft ausgestattet. Im Gegenteil, ich glaube, daß ich recht wohl geraten bin und das besitze, was neun Zehntel der Welt ein hübsches Gesicht nennen würden. An Körpergröße messe ich fünf Fuß und elf Zoll. Mein Haar ist schwarzlockig. Meine Nase leidlich gut. Meine Augen sind groß und grau; und wiewohl tatsächlich in einem sehr lästigen Grade schwachsichtig, so dürfte dennoch ihr Aussehen keinerlei solchen Defekt vermuten lassen. Die Sehschwäche selbst hat mich allerdings stets sehr inkommodiert, und ich habe keine Mittel unversucht gelassen – nur Augengläser habe ich nie getragen. Ein gutaussehender junger Mann, der ich bin, mag ich solche schon von Natur aus nicht und habe es stets entschieden abgelehnt, davon

Gebrauch zu machen. Ja, ich wüßte nichts, was das Gesicht eines jungen Menschen derart entstellt oder seinen Zügen in Gänze einen solchen Ausdruck von Ehrbarkeit aufprägt, wenn nicht gar von Frömmigkeit und Alter. Eine Lorgnette andererseits verleiht ausgesprochen einen geckenhaften und affektierten Anstrich. Bislang bin ich denn, so gut ich es eben vermochte, ohne beides ausgekommen. Doch schon zuviel dieser rein persönlichen Details, die schließlich von geringem Belange sind. Ich will mich damit begnügen, nur noch hinzuzufügen, daß ich von sanguinischem Temperamente bin, ein Heißsporn, unbesonnen und schwärmerisch – und daß ich mein ganzes Leben lang ein ergebener Frauenverehrer gewesen bin.

Eines Abends im letzten Winter betrat ich, in Gesellschaft eines Freundes, Mr. Talbot, eine Loge im P...-Theater. Es ward eine Oper gegeben, und das Programm verhieß eine höchst seltene Attraktion, so daß das Haus brechend voll war. Wir erschienen jedoch noch rechtzeitig, um die Vorderplätze zu bekommen, die man für uns reserviert hatte und zu denen wir uns unter einiger Mühe durchdrängten.

Zwei Stunden lang widmete mein Begleiter, der ein *fanatico* der Musik war, seine ungeteilte Aufmerksamkeit der Bühne; indessen vergnügte ich mich damit, das Publikum zu beobachten, das vorwiegend aus der eigentlichen *élite* der Stadt bestand. Nachdem ich mich in diesem Punkte zufriedengestellt, wollte ich meine Augen eben der *prima donna* zuwenden, als sie in einer der Privatlogen, welche bislang meiner Aufmerksamkeit entgangen waren, von einer Gestalt angezogen und gefesselt wurden.

Und würde ich tausend Jahre alt, nie könnte ich die heftige Gefühlswallung vergessen, mit der ich diese Gestalt betrachtete. Es war die eines weiblichen Wesens, des herrlichsten, das je ich geschaut. Das Gesicht war so weit der Bühne zugekehrt, daß mir einige Minuten lang kein Blick davon vergönnt war – doch die Form war *göttlich*; kein anderes Wort vermöchte zu genügen, sein wundervolles Ebenmaß auszudrücken – und selbst der Begriff ›göttlich‹ will mich jetzt, da ich ihn niederschreibe, geradezu lächerlich schwach bedünken.

Der Zauber lieblicher Frauengestalt – die Magie weiblicher Anmut – war stets eine Macht, der zu widerstehen mir unmöglich gewesen; hier aber fand sich der personifizierte, leibhaftige Liebreiz, das *beau idéal* meiner wildesten, schwärmerischsten Phantasiegesichte. Die Gestalt, welche der Logenbau nahezu in Gänze zu sehen erlaubte, war etwas über mittelgroß und näherte sich schon fast, ohne es wirklich zu erreichen, dem Majestätischen. Ihre vollkommene Fülle und *tournure* waren köstlich. Der Kopf, mir nur von hinten sichtbar, wetteiferte im Umriß mit dem der griechischen Psyche und ward eher ent- denn verhüllt von einer eleganten Haube aus *gaze aérienne*, die mich an des Apuleius *ventum textilem* erinnerte. Der rechte Arm hing über die Logenbrüstung, und sein erlesenes Ebenmaß machte jeden Nerv in mir erbeben. Oben war er in einen jener losen offenen Ärmel gehüllt, wie sie jetzt Mode sind. Dieser reichte nur wenig über den Ellbogen hinab. Darunter trug sie einen Ärmel aus zartem Gewebe, der dicht anlag und in einer Krause aus reicher Spitze endigte, welche höchst anmutig den Handrücken umspielte und einzig die zierlichen Finger frei ließ, an deren einem ein, wie ich sogleich erkannte, außerordentlich wertvoller Diamantring funkelte. Die herrliche Rundung des Handgelenks ward noch aufs feinste hervorgehoben von einem Armbande, das es umschloß und das ebenfalls von einer prächtigen *aigrette* aus Juwelen geschmückt und verschlossen ward – in nicht mißzuverstehenden Worten kündete es vom Reichtum wie dem verwöhnten Geschmack seiner Trägerin gleichermaßen.

Ich starrte wohl mindestens eine halbe Stunde zu dieser königlichen Erscheinung hinüber, wie wenn ich plötzlich zu Stein verwandelt worden wäre; und derweil spürte ich die volle Kraft und Wahrheit all dessen, was da über ›Liebe auf den ersten Blick‹ gesagt oder gesungen. Meine Empfindungen waren gänzlich anders denn alle, die ich bislang, selbst angesichts der gefeiertsten Proben weiblicher Schönheit, erfahren hatte. Eine unerklärliche und – ich muß es schon für eine solche nehmen – *magnetische* Sympathie von Seele zu Seele schien nicht nur meine Blicke, sondern meine ganzen Verstandes- und Gefühlskräfte auf diesen bewundernswürdigen Gegenstand vor mir zu bannen. Ich sah – ich spürte – ich wußte, daß ich zutiefst, wahnsinnig, unwiderruflich in Liebe entbrannt war – und dies sogar, ehe ich noch das Antlitz der Geliebten geschaut. Ja, so heftig war die Leidenschaft, die mich verzehrte, daß ich wahrlich glaube, sie wäre, wenn überhaupt, nur um weniges gemildert worden, hätten sich die noch ungeschauten Züge als nur von gewöhnlichem Charakter erwiesen; so gänzlich wider alle Norm ist die Natur der einzig wahren Liebe – der Liebe auf den ersten Blick –, und so wenig hängt sie in Wirklichkeit von den äußeren Bedingungen ab, welche sie nur zu schaffen und zu beherrschen scheinen.

Dieweil ich solcherart ganz in Bewunderung für diesen lieblichen Anblick versunken war, ließ eine plötzliche Unruhe im Publikum sie ihren Kopf mir halb zuwenden, so daß ich ihr Antlitz ganz im Profil erblickte. Seine Schönheit übertraf gar noch meine Erwartungen – und doch hatte es etwas an sich, das mich enttäuschte, ohne daß ich genau zu sagen wüßte, was dies war. Ich sagte, es ›enttäuschte‹ mich, doch trifft es dies Wort ganz und gar nicht. Meine Empfindungen waren beruhigt und verzückt zugleich. Weniger Hingerissensein lag darin und mehr stilles Entzücken – begeisterte Ruhe. Dieser Gefühlszustand mochte wohl aus dem madonnengleichen und matronenhaften Ausdruck des Gesichts herrühren; und doch erkannte ich sogleich, daß er nicht gänzlich hiervon hatte kommen können. Da war noch etwas anderes – irgendein Geheimnis, das ich nicht zu entdecken vermochte – irgend etwas im Ausdruck ihrer Züge, das mich leicht verwirrte, mich zugleich aber höchlich fesselte. Ja, ich befand mich genau in jener Gemütsverfassung, welche einen erregbaren jungen Mann zu allen möglichen Extravaganzen bereit macht. Wäre die Dame allein gewesen, ich hätte ganz zweifellos ihre Loge betreten und sie auf alle Fälle angespro-

chen; zum Glück aber befand sie sich in zwiefacher Begleitung – eines Herrn und einer auffallend schönen Frau,
allem Anscheine nach ein paar Jahre jünger denn sie selber.

Ich wälzte in meinem Kopfe tausenderlei Pläne, wie ich
es hiernach bewerkstelligen könnte, der älteren Dame vorgestellt zu werden oder doch jedenfalls erst einmal einen
deutlicheren Blick von ihrer Schönheit zu erlangen. Gern
hätte ich mich auf einen dem ihren näher gelegenen Platz
begeben, doch war dies bei dem vollbesetzten Theater unmöglich; und die strengen Vorschriften des guten Tons un-
tersagten seit kurzem in einem Falle wie diesem kategorisch
den Gebrauch des Opernglases, selbst wenn ich mich so
glücklich geschätzt hätte, eines bei mir zu haben – was ich
aber nicht hatte –, und so saß ich denn verzweifelt da.

Endlich beschloß ich, meinen Begleiter darum zu bitten.
»Talbot«, sagte ich, »*Sie* haben doch ein Opernglas. Geben
Sie es mir.«

»Ein Opernglas! – nein! – was, meinen Sie, sollte *ich*
wohl mit einem Opernglase anfangen?« Damit wandte er
sich ungeduldig wieder der Bühne zu.

»Aber, Talbot«, fuhr ich fort und zog ihn an der Schulter, »so hören Sie doch, ja? Sehen Sie die Proszeniums-
loge? – da! nein, die nächste! – Haben Sie jemals schon
eine so schöne Frau gesehen?«

»Sie ist sehr schön, kein Zweifel«, sagte er.

»Wer mag das bloß sein?«

»Nanu, bei allen Engeln, Sie *wissen wirklich* nicht, wer das
ist? ›Kennt Ihr sie nicht, erweist Ihr unbekannt Euch
selbst.‹ Sie ist die berühmte Madame Lalande – die Schönheit des Tages *par excellence* und das Gespräch der ganzen
Stadt. Dazu enorm reich – Witwe – und eine großartige
Partie – ist gerade erst aus Paris gekommen.«

»Kennen Sie sie?«

»Ja – ich habe die Ehre.«

»Würden Sie mich ihr vorstellen?«

»Aber gewiß – mit dem größten Vergnügen; wann soll es
sein?«

»Morgen um eins, ich treffe Sie bei B – –s.«

»Sehr schön; und nun *halten* Sie aber den Mund, *wenn* Sie können.«

Was dies letztere betrifft, so mußte ich Talbots Rat wohl folgen; denn gegen jede weitere Frage oder Andeutung zeigte er sich hartnäckig taub und war für den Rest des Abends ausschließlich mit dem beschäftigt, was auf der Bühne vor sich ging.

Unterweilen wandte ich kein Auge von Madame Lalande und hatte schließlich das Glück, daß mir ein voller Blick von vorn auf ihr Gesicht zuteil ward. Es war von ganz köstlicher Schönheit: dies hatte mein Herz mir natürlich schon vorher gesagt, auch wenn in diesem Punkte mir nicht von Talbot volle Gewißheit geworden wäre – doch noch immer beunruhigte mich jenes unbegreifliche Etwas. Endlich kam ich zu dem Schlusse, daß meine Sinne von einem gewissen ernsten, traurigen oder, genauer noch, müden Ausdruck beeindruckt seien, der dem Antlitz etwas von seiner Jugend und Frische nahm, doch nur, um ihm seraphische Zartheit und Majestät zu verleihen und damit natürlich meinem begeisterten und romantischen Temperament zehnmal so reizvoll zu erscheinen.

Während ich meine Augen solcherart weidete, merkte ich schließlich zu meiner tiefen Bestürzung an einem kaum wahrnehmbaren Stutzen seitens der Dame, daß sie plötzlich meines intensiven Starrens gewahr geworden. Doch war ich vollkommen in ihrem Banne und konnte den Blick nicht abwenden, auch nicht für einen Augenblick. Sie kehrte das Gesicht zur Seite, und abermals sah ich nur die gemeißelte Kontur ihres Hinterhauptes. Nach einigen Minuten, gleichsam von Neugier getrieben, ob ich noch immer zu ihr sähe, wandte sie langsam das Gesicht wieder herum und begegnete erneut meinem brennenden Blick. Sogleich schlug sie die großen dunklen Augen nieder, und eine tiefe Röte färbte ihre Wange. Doch wie groß war mein Erstaunen, als ich bemerkte, daß sie ein zweites Mal nicht nur den Kopf nicht abwandte, sondern doch wahrhaftig aus ihrem Gürtel eine Lorgnette zog – diese an die Augen hob – sie adjustierte – und mich dann hindurch betrachtete, unverwandt und mit Bedacht, mehrere Minuten lang.

Wäre mir zu Füßen ein Blitz herniedergefahren, ich hätte nicht gründlicher verblüfft sein können – doch nur verblüfft – nicht im mindesten gar beleidigt oder empört; wiewohl solch kühne Handlung bei jeder anderen Frau wahrscheinlich beleidigend oder empörend gewirkt hätte. Doch das Ganze geschah mit so viel Gleichmut – so viel *nonchalance* – so viel Gelassenheit – kurz, mit einem so offenkundigen Air höchster Lebensart –, daß nichts von bloßer Unverfrorenheit zu merken war und ich einzig Bewunderung und Überraschung empfand.

Ich beobachtete, wie sie es, da sie zuerst die Lorgnette gehoben, offenbar mit einer flüchtigen Betrachtung meiner Person zufrieden war und das Instrument schon sinken ließ, als sie, wie wenn sie sich anders besonnen, es wieder aufhob und so weiter mit unverwandter Aufmerksamkeit mich musterte, mehrere Minuten lang – ganz sicher und zu allermindest fünf Minuten lang.

Dies in einem amerikanischen Theater so auffallende Verhalten erregte nun das allgemeine Augenmerk und ließ im Publikum eine unbestimmte Bewegung aufkommen, ein *Geraune*, das mich einen Augenblick mit Verwirrung erfüllte, doch auf die Miene Madame Lalandes keinen ersichtlichen Eindruck machte.

Nachdem sie ihre Neugier – wenn es welche gewesen – gestillt, ließ sie das Glas sinken und widmete ihre Aufmerksamkeit wieder ruhig der Bühne; das Profil wie zuvor zu mir jetzt gewendet. Ich starrte weiter unablässig zu ihr hin, wiewohl ich mir der Unmanierlichkeit solchen Tuns voll bewußt war. Alsbald sah ich, wie der Kopf langsam und leicht die Stellung änderte; und gleich darauf war ich überzeugt, daß die Dame, derweilen sie vorgab, zur Bühne hin zu schauen, in Wirklichkeit mich recht angelegentlich betrachtete. Unnötig zu sagen, welche Wirkung dies Verhalten seitens einer so bezaubernden Frau auf mein erregtes Gemüt ausübte.

Nachdem sie mich wohl eine Viertelstunde lang auf

diese Weise gemustert hatte, wandte sich der schöne Gegenstand meiner Leidenschaft an den Herrn, der sie begleitete, und während sie sprach, konnte ich deutlich an den Blicken beider sehen, daß das Gespräch sich auf mich bezog.

Als es geendet, wandte sich Madame Lalande wieder der Bühne zu und schien für einige Minuten von der Vorstellung gefesselt. Als aber diese Zeit verstrichen war, geriet ich in äußerste Erregung, da ich sah, wie sie nun zum zweiten Male die Lorgnette aufklappte, welche ihr zur Seite hing, um sie wie schon zuvor direkt auf mich zu richten und ungeachtet des neuerlichen Gemurmels im Publikum mich von Kopf bis Fuß zu mustern mit eben der nämlichen wundersamen Gelassenheit, wie sie mir schon zuvor die Seele so entzückt hatte und so verwirrt.

Dieses außerordentliche Verhalten diente mir, indem es mich in einen wahren Taumel der Erregung stürzte – in ein vollkommenes Delirium der Liebe –, eher zur Ermutigung, denn daß es mich aus der Fassung gebracht hätte. Im wahnsinnigen Überschwange meiner Verehrung vergaß ich alles um mich her außer der Gegenwart und der majestätischen Schönheit des Bildes, das sich meinem starren Blicke bot. Und als ich das Publikum vollauf mit der Oper beschäftigt wähnte, ergriff ich endlich die Gelegenheit, suchte Madame Lalandes Blick und machte ihr sogleich eine leichte, doch unmißverständliche Verbeugung.

Sie errötete gar sehr – wandte dann die Augen ab – schaute sich dann langsam und vorsichtig um, offenbar um zu sehen, ob meine tollkühne Tat bemerkt worden sei – neigte sich dann zu dem Herrn hinüber, der neben ihr saß.

Ich empfand nun brennend die Ungehörigkeit, die ich begangen hatte, und erwartete nichts weniger, denn daß ich augenblicklich bloßgestellt mich sähe; derweil erschaute ich im Geiste die morgigen Pistolen, die in raschen und beunruhigenden Bildern an mir vorüberzogen. Jedoch spürte ich sogleich ungeheure Erleichterung, als ich sah, wie die Dame lediglich dem Herrn wortlos einen Theaterzettel reichte; der Leser aber mag sich einen schwachen Begriff von meinem Erstaunen machen – von meiner *abgrundtiefen* Verblüffung – meiner wahnsinnigen Verwirrung von Herz und Seele –, da sie gleich darauf, nachdem sie sich wieder verstohlen umgeschaut, ihre strahlenden Augen voll und unverwandt auf den meinen ruhen ließ, um dann mit leisem Lächeln eine schimmernde Reihe perlengleicher Zähne zu enthüllen und zweimal klar und bestimmt und unverkennbar zustimmend den Kopf zu neigen.

Natürlich ist es nutzlos, bei meiner Freude zu verweilen – bei meiner Verzückung – meinem grenzenlosen Herzensüberschwang. Wenn je ein Mensch toll war vor übermäßigem Glück, so ich in jenem Augenblick. Ich liebte. Liebte zum *ersten* Male – so empfand ich es. Es war erhabenste – unbeschreibliche Liebe. Es war ›Liebe auf den ersten Blick‹; und auf den ersten Blick war gleichfalls sie erkannt und *erwidert* worden.

Ja, erwidert. Wie und warum sollte ich daran auch einen Augenblick zweifeln? Wie anders vermöchte ich ein solches Verhalten wohl zu deuten – seitens einer Dame, die so schön – so reich – offenbar so wohlgebildet – von so feiner Lebensart – so hoher gesellschaftlicher Stellung – in jeder Hinsicht so ganz und gar respektabel war, wie ich es bei Madame Lalande doch versichert sein konnte? Ja, sie liebte mich – sie erwiderte die Schwärmerei meiner Liebe mit einer Schwärmerei, die ebenso blind – ebenso unnachgiebig – so unberechnend – so rückhaltlos – und so völlig grenzenlos war wie die meine! Diese köstlichen Phantasien und Gedanken wurden nun jedoch unterbrochen, da der Zwischenakt-Vorhang fiel. Die Zuschauer erhoben sich; und sogleich herrschte der übliche Tumult. Ich ließ Talbot abrupt stehen und gab mir alle Mühe, mir einen Weg in größere Nähe zu Madame Lalande zu bahnen. Nachdem mir dies in dem Gedränge nicht gelungen, gab ich schließlich die Jagd auf und wandte meine Schritte heimwärts; über meine Enttäuschung, daß ich es nicht vermocht hatte, wenigstens ihres Kleides Saum anzurühren, tröstete ich mich mit dem Gedanken, daß ich am andern Tage ja in geziemender Form von Talbot bei ihr eingeführt werden sollte.

Und dieser Tag kam schließlich; das heißt, nach einer langen und sich ungeduldig hinquälenden Nacht dämmerte endlich der Morgen herauf; und dann schlichen die Stunden bis eins im Schneckentempo dahin, langweilig und unzählbar. Doch selbst Stambul, so heißt es, hat ein Ende, und ein Ende nahm auch diese lange Frist. Die Uhr schlug. Als das letzte Echo verhallt, trat ich bei B – – s ein und fragte nach Talbot.

»Fort«, sagte der Diener – Talbots eigener.

»Fort!« erwiderte ich und taumelte ein halbes Dutzend Schritte zurück – »hören Sie mal gut zu, Sie Bürschchen, das ist ein Ding der Unmöglichkeit; das geht überhaupt nicht. Mr. Talbot ist *nicht* fort. Was soll das heißen?«

»Nichts, Sir: nur daß Mr. Talbot nicht da ist. Das ist alles. Er ist gleich nach dem Frühstück nach S – – hinübergeritten und hat Bescheid hinterlassen, daß er nicht vor einer Woche wieder in der Stadt wäre.«

Wie versteinert stand ich da vor Wut und Entsetzen. Ich bemühte mich um eine Antwort, doch die Zunge versagte mir den Dienst. Schließlich machte ich auf dem Absatz kehrt, bleiern fahl vor Grimm, und wünschte innerlich die ganze Sippschaft der Talbots in die tiefsten Tiefen des Erebos. Es lag auf der Hand, daß mein rücksichtsvoller Freund, *il fanatico*, seine Verabredung mit mir vollkommen vergessen hatte – sie vergessen hatte, sobald sie getroffen war. Zu keiner Zeit war er ein Mann, der sich sonderlich gewissenhaft an sein Wort hielt. Da war nichts zu machen; also unterdrückte ich meinen Ärger, so gut ich konnte, und schlenderte niedergeschlagen die Straße dahin, wobei ich jedem Bekannten, den ich traf, mit unnützen Erkundigungen nach Madame Lalande zusetzte. Vom Hörensagen, so fand ich, kannten sie alle – viele vom Sehen –, doch weilte sie erst ein paar Wochen in der Stadt, und daher gab es nur sehr wenige, die sich ihrer persönlichen Bekanntschaft rühmen konnten. Diese wenigen aber waren dennoch verhältnismäßig Fremde für sie, und so konnten oder wollten sie sich nicht die Freiheit nehmen, mich durch die Formalität eines Vormittagsbesuches bei ihr einzuführen. Während ich so noch verzweifelt dastand und mich mit einem Freundestrio über dies allbeherrschende Thema meines Herzens unterhielt, wollte es der Zufall, daß dieses Thema leibhaftig des Weges kam.

»So wahr ich lebe, da ist sie ja!« rief einer.

»Ausnehmend schön!« ein zweiter.

»Ein Engel auf Erden!« ein dritter.

Ich sah auf; und in einer offenen Kutsche, die langsam die Straße herab näher kam, saß die bezaubernde Erscheinung aus der Oper, begleitet von der jüngeren Dame, die mit ihr die Loge geteilt hatte.

»Ihre Begleiterin hat sich auch bemerkenswert gut gehalten«, sagte derjenige meines Trios, der zuerst gesprochen hatte.

»Erstaunlich«, sagte der zweite; »noch immer ein glänzendes Auftreten; aber die Kunst tut Wunder. Auf mein Wort, sie sieht sogar besser aus als vor fünf Jahren in Paris. Noch immer eine schöne Frau − meinen Sie nicht auch, Froissart? − Simpson, natürlich.«

»*Noch immer!*« sagte ich, »und warum auch nicht? Doch verglichen mit ihrer Bekannten ist sie wie ein Nachtlicht gegen den Abendstern − ein Glühwürmchen gegen den Antares.«

»Ha! ha! ha! − also, Simpson, Sie haben ein erstaunliches Feingefühl, Entdeckungen zu machen − originelle, meine ich!«

Und damit trennten wir uns, indes einer aus dem Trio einen kecken *vaudeville* zu summen begann, von dem ich nur die Zeilen verstand −

Ninon, Ninon, Ninon à bas −
A bas Ninon de Lenclos!

Während dieser kleinen Szene jedoch hatte eines mir gar sehr zum Troste gereicht, obgleich es die Leidenschaft nur nährte, von der ich verzehrt ward. Als der Wagen von Madame Lalande an unserer Gruppe vorüberrollte, hatte ich gemerkt, daß sie mich erkannte; ja, mehr noch, sie hatte mich mit dem engelhaftesten Lächeln beglückt, das sich denken läßt, unzweifelhaft zum Zeichen des Erkennens.

Was nun eine Einführung bei ihr betraf, so sah ich mich gezwungen, alle Hoffnung darauf aufzugeben, bis Talbot es für gut befinden würde, vom Lande zurückzukehren. In der Zwischenzeit suchte ich beharrlich sämtliche reputierlichen öffentlichen Vergnügungsstätten auf; und schließlich widerfuhr mir im Theater, da ich sie zum ersten Male gesehen, die übergroße Seligkeit, sie zu treffen und abermals mit ihr Blicke tauschen zu können. Dies geschah freilich erst, nachdem zwei Wochen ins Land gegangen waren. Unterweilen hatte ich jeden Tag nach Talbot in seinem Hotel gefragt, und jeden Tag hatte ich einen Wutanfall erlitten beim ewiggleichen ›Noch nicht heimgekommen‹ seines Dieners.

An besagtem Abend befand ich mich daher in einem Zustand, der schon bald an Wahnsinn grenzte. Madame Lalande, so hatte man mir erzählt, war Pariserin – war kürzlich erst aus Paris hierher gekommen – könnte sie nicht ganz plötzlich dahin zurückkehren? – zurückkehren, noch ehe Talbot wiederkäme – und könnte sie nicht so auf immer mir verloren sein? Der Gedanke war zu schrecklich, unerträglich. Da mein zukünftiges Glück auf dem Spiel stand, faßte ich den Vorsatz, mit mannhafter Entschlossenheit zu handeln. Kurzum, als das Theater zu Ende gegangen, folgte ich der Dame bis zu ihrer Wohnung, notierte mir die Adresse und sandte ihr am nächsten Morgen einen ausführlichen und sorgfältig abgefaßten Brief, darin ich mein ganzes Herz ausschüttete.

Kühn sprach ich, frei – mit einem Wort, ich sprach mit Leidenschaft. ,Ich verhehlte nichts – nicht einmal meine Schwäche. Ich ging auf die romantischen Umstände unserer ersten Begegnung ein – selbst auf die Blicke, die zwischen uns gewechselt worden waren. Ich ging so weit zu behaupten, daß ich von ihrer Gegenliebe überzeugt sei; indes ich diese Gewißheit und die Heftigkeit meiner eigenen Verehrung als zwei Entschuldigungen für mein ansonsten unverzeihliches Betragen anführte. Als dritte nannte ich meine Angst, sie könne die Stadt verlassen, noch ehe mir die Gelegenheit einer formellen Vorstellung würde. Ich schloß die glühendste schwärmerischste Epistel, die je verfaßt worden, daß ich offen meine weltlichen Umstände – meinen Reichtum – darlegte und ihr mein Herz und meine Hand antrug.

In unsäglich bang-gespannter Erwartung harrte ich der Antwort. Nachdem ein Jahrhundert, wie mich dünkte, verstrichen, kam sie.

Ja, *tatsächlich, sie kam.* So romantisch dies alles auch erscheinen mag, ich erhielt wirklich einen Brief von Madame Lalande – der schönen, der reichen, der abgöttisch verehrten Madame Lalande. – Ihre Augen – ihre wundervollen Augen – hatten ihr edles Herz nicht Lügen gestraft. Wie eine echte Französin, die sie war, hatte sie den freimütigen Geboten ihres Verstandes gehorcht – den großherzigen Regungen ihrer Natur – und alle konventionellen Prüderien der Welt geringgeachtet. Sie hatte meinen Antrag *nicht* verlacht. Sie hatte sich *nicht* in Schweigen geflüchtet. Sie hatte meinen Brief *nicht* ungeöffnet zurückgeschickt. Sie hatte mir sogar Antwort gesandt, geschrieben von ihren eigenen köstlichen Fingern. Der Brief lautete folgendermaßen:

›Monsieur Simpson wird geben Pardon, daß ich das schöne Sprache von sein Land nicht kann so gut schreiben wie möchte. Es ist nicht lange, daß ich bin angekommen, und habe noch nicht Gelegenheit, zu – *l'étudier.*

Was die Entschuldigung für die *manières,* ich will nun sagen, daß, *hélas!* – Monsieur Simpson haben nur zu gut erraten. Muß ich sagen mehr? *Hélas!* hab ich nicht sprechen zu viel?

EUGÉNIE LALANDE.‹

Dieses edelgesinnte *billet* küßte ich wohl millionenmal und beging seinetwegen ohne Zweifel tausend andere Überspanntheiten, die meinem Gedächtnis nun entfallen sind. Doch Talbot *wollte* noch immer nicht wiederkehren. Ach! hätte er sich auch nur die leiseste Vorstellung davon ma-

chen können, was sein Freund durch seine Abwesenheit erdulden mußte, wäre nicht seine mitfühlende Natur unverzüglich zu meiner Rettung herbeigeeilt? Doch immer noch
kam er *nicht.* Ich schrieb. Er antwortete. Dringende Geschäfte hielten ihn auf – doch werde er in Kürze wiederkehren. Er bat mich, doch nicht ungeduldig zu sein –
meine Erregung zu mäßigen – empfahl mir beruhigende
Lektüre – nichts Stärkeres zu trinken als Rheinwein – und
bei den Tröstungen der Philosophie Beistand zu suchen.
Der Dummkopf! wenn er denn schon nicht selber kommen
konnte, warum hat er dann nicht um der lieben Vernunft
willen mir einen Empfehlungsbrief beilegen können? Ich
schrieb wieder, flehte ihn an, mir doch sogleich einen zu
senden. Mein Brief ward von eben *jenem* Diener mit dem
folgenden Bleistiftvermerk auf der Rückseite *retour* geschickt. Der Schuft hatte sich also zu seinem Herrn aufs
Land begeben:

›Ist gestern aus S – – fort, Ziel unbekannt – sagte nicht,
wohin – oder wann zurück – ich hielt es daher für das beste, Ihren Brief retour gehen zu lassen, da ich Ihre Handschrift kenne und es Ihnen immer mehr oder weniger eilt.

Ergebenst

STUBBS.‹

Danach bedarf es wohl keiner besonderen Erwähnung, daß
ich Herrn und Diener gleichermaßen in die Hölle
wünschte – doch gereichte Zorn wenig zum Nutzen und
Jammern mitnichten zum Trost.

Doch blieb mir ja noch ein Ausweg in meiner angeborenen Kühnheit. Bislang hatte sie mir gute Dienste erwiesen,
und so beschloß ich denn, daß sie mir zum Ende verhelfen
sollte. Außerdem, welchen Akt bloßen Formverstoßes
könnte ich nach den Briefen, die zwischen uns gewechselt
worden, in Grenzen, noch begehen, daß Madame Lalande
daran Anstoß nehmen müßte? Seit der Affäre mit dem
Brief hatte ich die Gewohnheit angenommen, ihr Haus zu beobachten, und so entdeckt, daß sie zur Dämmerung auf
einem unter ihren Fenstern liegenden öffentlichen Platze

zu promenieren pflegte, nur von einem Neger in Livree begleitet. Hier, in dem üppigen und schattigen Haine, im grauen Dämmer eines lieblichen Mittsommerabends, nahm ich meine Gelegenheit wahr und sprach sie an.

Um den sie begleitenden Diener desto besser zu täuschen, tat ich dies mit dem sicheren Auftreten eines alten und vertrauten Bekannten. Mit echt Pariser Geistesgegenwart verstand sie den Wink sogleich und streckte mir zum Gruße die bezauberndste kleine Hand hin. Der Diener blieb sogleich zurück; und nun sprachen wir, die Herzen bis zum Überfließen voll, lange und rückhaltlos von unserer Liebe.

Da Madame Lalande das Englische sogar noch weniger fließend sprach, als sie es schrieb, konversierten wir notwendigerweise in Französisch. In dieser lieblichen Zunge, der Leidenschaft so gut anstand, ließ ich der schwärmerischen Begeisterung meines Naturells freien Lauf und erflehte mit aller mir zu Gebote stehenden Beredsamkeit ihre Zustimmung zu einer sofortigen Heirat.

Ob dieser Ungeduld lächelte sie. Sie brachte die alte Geschichte vom Dekorum vor – jenem Popanz, der so viele von der Seligkeit abhält, bis die Gelegenheit zum Seligsein für immer dahin ist. Höchst unklug hätte ich unter meinen Freunden bekanntgemacht, bemerkte sie, daß ich ihre, Madame Lalandes, Bekanntschaft wünschte – somit, daß ich diese nicht besäße – somit gäbe es wiederum keine Möglichkeit, das Datum unseres ersten Kennenlernens zu verheimlichen. Und dann wies sie unter Erröten darauf hin, wie allerjüngsten Datums dies doch sei. Eine sofortige Heirat wäre völlig unschicklich – wäre gegen alle Regeln – wäre *outré*. All dies sagte sie mit einer bezaubernden *naïveté*, welche mich hinriß, dieweil sie mich doch auch betrübte und überzeugte. Sie ging sogar so weit, mich lachend der Voreiligkeit – ja, der Unklugheit zu zeihen. Sie bat mich, doch daran zu denken, daß ich wirklich nicht einmal wüßte, wer sie sei – wie ihre Aussichten wären, ihre Verbindungen, ihre Stellung in der Gesellschaft. Sie bettelte, doch unter Seufzen, meinen Antrag noch einmal zu

überdenken, und nannte meine Liebe eine Verblendung –
ein Irrlicht – eine augenblickliche Laune oder Einbildung – eine grundlose und unstete Schöpfung eben der
Phantasie statt des Herzens. All dies äußerte sie, während
die Schatten der lieblichen Dämmerung uns dunkel und
immer dunkler umfingen – und dann stieß sie mit einem
sanften Druck ihrer elfengleichen Hand in einem einzigen
süßen Augenblick das ganze Gebäude ihrer Argumentation
wieder um, das sie errichtet hatte.

Ich antwortete, so gut ich es vermochte – wie es nur ein
wahrhaft Liebender vermag. Lange und voller Beharrlichkeit sprach ich von meiner Verehrung, meiner Leidenschaft – von ihrer übergroßen Schönheit und meiner eigenen schwärmerischen Bewunderung. Zum Schluß ging ich
mit überzeugendem Nachdruck auf die Gefahren ein, die
der Liebe Lauf umlauern – jenen ›Strom der treuen Liebe,
der nie sanft rann‹ –, und leitete daraus ab, wie offensichtlich prekär es also sei, diesen Strom unnötig lang zu
machen.

Dies letztere Argument schien schließlich ihre strenge
Entschlossenheit zu erweichen. Sie gab nach; doch sei da
noch ein Hindernis, sagte sie, das ich, des sei sie sicher,
nicht gebührend bedacht. Dies sei nun ein etwas heikler
Punkt – ganz besonders, da ihn eine Frau geltend machen
solle; sie sehe aber, daß sie darauf hinweisen und ihre Gefühle opfern müsse; doch sei für *mich* kein Opfer zu groß.
Sie spiele auf das Thema *Alter* an. Sei ich mir denn bewußt – sei ich mir denn vollkommen dessen bewußt, welcher Altersunterschied zwischen uns bestehe? Daß das Alter des Ehemannes das seiner Frau um ein paar Jahre – ja,
um fünfzehn oder zwanzig gar – übertreffe, gelte in den
Augen der Welt für zulässig, ja sogar für richtig; doch sei
sie stets der Auffassung gewesen, daß *niemals* die Frau an
Jahren den Mann übertreffen solle. Eine Diskrepanz von
so unnatürlicher Art führe, ach! nur allzu häufig zu einem
unglücklichen Leben. Nun wisse sie wohl, daß mein Alter
zweiundzwanzig nicht übersteige; und im Gegensatze dazu
sei ich hinwiederum mir vielleicht doch *nicht* darüber klar,

337

daß die Jahre meiner Eugénie gar beträchtlich über diese Zahl hinausgingen.

In alledem lag ein Seelenadel – eine edle Aufrichtigkeit –, die mich entzückte – bezauberte – auf ewig in Fesseln schlug. Kaum vermochte ich der überschwenglichen Freude Einhalt zu tun, die mich gepackt.

»Meine allerliebste Eugénie«, rief ich, »was reden Sie da alles daher? Ihre Jahre übertreffen in einigem Maße die meinen. Doch was soll's? Die Sitten dieser Welt sind doch nur ebenso viele konventionelle Torheiten. Inwiefern unterscheidet sich denn Liebenden, wie wir es sind, ein Jahr von einer Stunde? Ich bin zweiundzwanzig, sagen Sie; zugegeben; ja, Sie dürfen mich genausogut sogleich dreiundzwanzig nennen. Und nun Sie, meine liebste Eugénie, Sie können doch nicht mehr Jahre zählen als – können doch nicht mehr zählen als – nicht mehr als – als – als – als –«

Hier hielt ich einen Augenblick inne, in der Erwartung, Madame Lalande werde mich unterbrechen und ihr wahres Alter ergänzen. Doch eine Französin ist selten direkt und hat auf eine peinliche Frage stets irgendeine, ihr eigene, kleine praktische Erwiderung parat. Im gegenwärtigen Falle nun ließ Eugénie, die schon eine Weile anscheinend nach etwas in ihrem Busen gesucht hatte, schließlich eine Miniatur ins Gras fallen, welche ich sogleich aufhob und ihr reichte.

»Behalten Sie dies!« sagte sie und lächelte auf ihre so hinreißende Weise. »Behalten Sie dies um meinetwillen – um deretwillen, die es nur allzu schmeichelhaft darstellt. Außerdem mögen Sie auf der Rückseite des Schmuckes vielleicht genau die Auskunft finden, welche Sie zu wünschen scheinen. Es wird jetzt freilich schon recht dunkel – doch können Sie's ja am Morgen in aller Muße sich betrachten. Inzwischen sollen Sie mich heute abend nach Hause begleiten. Meine Freunde wollen eine kleine musikalische *levée* halten. Ich kann Ihnen auch guten Gesang in Aussicht stellen. Wir Franzosen nehmen es nicht annähernd so pedantisch genau wie Sie hier in Amerika, und ich

werde Sie ohne weiteres als einen alten Bekannten ein-
schmuggeln können.«

Damit nahm sie meinen Arm, und ich geleitete sie heim.
Die Wohnung war recht nobel und, wie ich glaube, geschmackvoll eingerichtet. Über dies letztere bin ich freilich
kaum befugt zu urteilen; denn als wir ankamen, war es
schon dunkel; und in amerikanischen Häusern der gehobenen Schicht sind während der Sommerhitze nur selten zu
dieser, der angenehmsten Tageszeit Lichter zu sehen. Etwa
eine Stunde nach meinem Eintreffen freilich ward eine ab-
geschirmte Argandsche Lampe im Hauptsalon entzündet;
und dieser Raum, wie ich denn sehen konnte, war überaus
geschmackvoll, ja sogar prächtig ausgestattet; doch zwei
weitere Räume in der Flucht, in welchen die Gesellschaft
sich hauptsächlich versammelt hatte, blieben während des
ganzen Abends in sehr angenehmem Dunkel. Es ist dies
ein wohlüberlegter Brauch, läßt er den Gästen doch wenigstens die Wahl zwischen Licht und Schatten, und unsere
Freunde jenseits des Wassers konnten gar nichts Besseres
tun, denn diesen Brauch unverzüglich zu übernehmen.

Der Abend, den ich so verbrachte, war fraglos der köstlichste meines Lebens. Madame Lalande hatte die musikalischen Talente ihrer Freunde keineswegs überschätzt; und
ein Gesang, wie ich ihn hier hörte, ist mir außerhalb Wiens
in privatem Kreise wohl nie vortrefflicher zu Gehör gekommen. Der Instrumentalisten waren es viele, und alle verrieten sie außergewöhnliche Begabung. Die Vokalisten waren
vorwiegend Damen, und nicht eine sang schlechter denn
gut. Schließlich, da kategorisch nach ›Madame Lalande‹
gerufen ward, erhob sich diese unverweilt, ohne alles Zie-
ren oder Sträuben, von der *chaise longue*, darauf sie neben
mir gesessen, und begab sich, begleitet von einem oder
zwei Herren und ihrer Freundin aus der Oper, zu dem Pianoforte im Hauptsalon. Ich hätte sie ja selbst dorthin begleitet, doch hielt ich es, unter den Umständen meiner Einführung im Haus, doch für besser, unbemerkt zu bleiben,
wo ich war. So kam ich zwar um das Vergnügen, sie singen
zu sehen, zu hören vermochte ich sie gleichwohl.

Der Eindruck, den sie bei der Gesellschaft hervorrief, schien geradezu elektrisierend – doch die Wirkung auf mich selber war gar mehr noch. Ich weiß nicht, wie ich sie angemessen beschreiben könnte. Zum Teil rührte sie zweifellos vom Gefühl der Liebe her, von welchem ich durchdrungen war; doch in der Hauptsache wohl daher, daß ich von der höchsten Empfindsamkeit der Sängerin überzeugt war. Es steht nicht in der Macht der Kunst, Arie oder Rezitativ leidenschaftlicheren *Ausdruck* zu verleihen, als es der ihre war. Ihr Vortrag der Romanze aus dem ›Otello‹ – die Schattierung, mit der sie die Worte *›Sul mio sasso‹* aus den ›Capuletti‹ wiedergab – klingt mir noch im Gedächtnis nach. Ihre tiefen Töne waren nun gänzlich wunderbar. Ihre Stimme umfaßte drei vollständige Oktaven und reichte vom D im Kontraalt bis zum hohen D des Soprans, und obgleich sie mächtig genug war, das San Carlo zu füllen, führte sie doch jede Schwierigkeit der Gesangskomposition mit peinlichster Präzision aus – Tonleitern auf- und abwärts, Kadenzen oder *fioritures*. Im Finale der ›Sonnambula‹ erzielte sie eine bemerkenswerte Wirkung bei den Worten –

Ah! non giunge uman pensiero
Al contento ond 'io son piena.

Hier modifizierte sie, in Anlehnung an die Malibran, die ursprüngliche Phrase Bellinis, insofern als sie ihre Stimme bis zum Tenor-G niedersteigen ließ, um dann in raschem Übergange das dreigestrichene hohe G anzuschlagen, wobei sie ein Intervall von zwei Oktaven übersprang.

Als sie nach diesen Wundern der Gesangeskunst sich vom Pianoforte erhob, nahm sie ihren Platz an meiner Seite wieder ein; woraufhin ich ihr in höchlichst begeisterten Worten mein Entzücken ob ihrer Darbietung zum Ausdruck brachte. Von meiner Überraschung erwähnte ich nichts, und doch war ich ganz aufrichtig überrascht; denn eine gewisse Kraftlosigkeit oder vielmehr ein gewisses zittriges Schwanken der Stimme im gewöhnlichen Gespräch hatten mich nicht ahnen lassen, daß sie als Sängerin besonderes Talent beweisen würde.

Unsere Unterhaltung war nun lang, ernst, ununterbrochen und völlig rückhaltlos. Sie ließ mich so mancherlei der früheren Begebnisse meines Lebens erzählen und lauschte jedem Wort meines Berichts mit atemloser Aufmerksamkeit. Ich verschwieg nichts – war ich doch der Meinung, ich habe ein Recht darauf, ihrer vertrauensvollen Zuneigung nichts zu verschweigen. Ermutigt von der Offenheit, die sie beim delikaten Punkte ihres Alters bezeigt, ging ich mit völliger Freimütigkeit nicht nur ausführlich auf viele meiner geringeren Fehler ein, sondern legte ein volles Bekenntnis jener innerlichen, ja sogar jener körperlichen Gebrechen ab, deren Eingeständnis ein so viel höheres Maß an Mut erfordert und einen desto sichereren Liebesbeweis darstellt. Ich berührte meine College-Flegeleien – meine Extravaganzen – meine Zechereien – meine Schulden – meine Liebeleien. Ich verstieg mich sogar dazu, ihr von einem leicht hektischen Husten zu sprechen, welcher mich einmal geplagt – von einem chronischen Rheumatismus – vom stechenden Schmerze einer ererbten Gicht – und zum Schlusse von der unangenehmen und lästigen, doch bislang sorgsam verheimlichten Schwäche meiner Augen.

»Was diesen letzteren Punkt betrifft«, sagte Madame Lalande lachend, »so war es sicherlich unklug von Ihnen, ihn zu gestehen; denn ohne dies Geständnis, das möchte ich doch für erwiesen annehmen, hätte wohl niemand Sie dieses Verbrechens geziehen. Apropos«, fuhr sie fort, »können Sie sich erinnern« – und hier bildete ich mir ein, wie sogar durch das Dunkel des Zimmers deutlich auf ihren Wangen ein Erröten sichtbar ward – »können Sie sich, *mon cher ami*, an diese kleine Sehhilfe erinnern, die nun an meinem Halse hängt?«

Bei diesen Worten drehte sie zwischen den Fingern die nämliche Lorgnette, welche mir in der Oper so viel Verwirrung bereitet hatte.

»Aber ja – ach! und ob ich mich daran erinnere«, rief ich aus und drückte leidenschaftlich die zarte Hand, welche mir die Gläser zur Ansicht hinhielt. Sie bildeten ein kompliziertes und großartiges Spielzeug, reich ziseliert und mit Filigran geschmückt, funkelnd von wertvollen Juwelen, wie selbst bei der mangelhaften Beleuchtung nicht zu übersehen war.

»*Eh bien! mon ami*«, hob sie wieder mit einem gewissen *empressement* an, der mich überraschte – »*eh bien, mon ami*, Sie haben inständig eine Gunst von mir erbeten, die unschätzbar zu nennen Ihnen gefiel. Sie haben mich gleich morgen um meine Hand gebeten. Sollte ich Ihrem Drängen – und, so darf ich hinzufügen, der Stimme meines eigenen Herzens – willfahren, hätte ich dann nicht das Recht, Sie um eine sehr – sehr kleine Gegengabe zu bitten?« – »Sprechen Sie!« rief ich mit einem Feuer, daß die Gesellschaft beinahe auf uns aufmerksam geworden wäre, und einzig deren Gegenwart hielt mich davon ab, mich meiner Angebeteten ungestüm zu Füßen zu werfen. »Sprechen Sie, meine Geliebte, meine Eugénie, mein ein und alles! – sprechen Sie – doch, ach! es ist ja schon gewährt, noch ehe es ausgesprochen.«

»So sollen Sie denn, *mon ami*«, sagte sie, »der Eugénie zuliebe, der Sie Ihr Herz geschenkt, diese kleine Schwäche überwinden, die Sie zuletzt gestanden – diese eher innerliche denn körperliche Schwäche – und die, lassen Sie sich versichert sein, dem Adel Ihrer wahren Natur so wenig ansteht – die so gar nicht zu der Aufrichtigkeit Ihres sonstigen Charakters passen will – und die Sie, falls man sie weiter gewähren läßt, ganz gewiß früher oder später in sehr mißliche Verlegenheiten bringen wird. Überwinden Sie um meinetwillen diese Affektation, die Sie, wie Sie ja selber zugeben, dazu verleitet, Ihre Sehschwäche stillschweigend oder indirekt zu leugnen. Denn indem Sie sich weigern, die üblichen Mittel zu ihrer Linderung zu gebrauchen, bestreiten Sie praktisch diese Schwäche. So werden Sie mich also wohl verstehen, wenn ich Sie bitte, doch eine Brille zu tragen: – ah, still! – Sie haben ja bereits eingewilligt, eine zu tragen, *mir zuliebe*. Sie werden also das kleine Spielzeug annehmen, das ich jetzt in meiner Hand halte und das, zwar bewundernswert als Sehhilfe, als Schmuckstück aber wirklich keinen sehr großen Wert besitzt. Sie sehen, daß es durch eine winzige Veränderung so – oder so – in Form einer Brille vor die Augen gesetzt oder in der Westentasche als Augenglas getragen werden kann. Doch haben Sie ja bereits eingewilligt, es *mir zuliebe* in der ersteren Weise und gewohnheitsmäßig zu gebrauchen.«

Diese Bitte – muß ich es gestehen? – verwirrte mich in nicht geringem Maße. Die Bedingung aber, mit der sie ver-knüpft war, ließ ein Zögern natürlich gar nicht in Frage kommen.

»Es gilt!« rief ich mit der ganzen Begeisterung, die ich im Augenblick aufbieten konnte. »Es gilt – von Herzen froh ist's abgemacht. Ihnen zuliebe opfere ich jede Emp-findlichkeit. Heute abend noch trage ich dieses teure Augen-glas *als* Augenglas und auf meinem Herzen; doch sobald der Morgen dämmert, der mir die Freude beschert, Sie mein angetrautes Weib nennen zu dürfen, will ich es mir auf die – auf die Nase setzen – und es hinfort stets dort tragen, in der weniger romantischen und weniger modischen, doch gewiß weit zweckdienlicheren Weise, wie Sie es wün-schen.«

Unser Gespräch wandte sich nun den Einzelheiten zu, wie wir am nächsten Morgen alles halten wollten. Talbot, so erfuhr ich von meiner Anverlobten, sei soeben in der Stadt eingetroffen. Ich solle ihn gleich aufsuchen und eine Kutsche besorgen. Die *soirée* werde kaum vor zwei Uhr zu Ende gehen; und zu dieser Stunde solle das Gefährt dann vor der Türe stehen; dann, in dem Durcheinander, welches beim Aufbruch der Gesellschaft entstehen würde, könne Madame L. leicht unbemerkt einsteigen. Dann soll-ten wir beim Hause eines Geistlichen vorsprechen, der dienstbereit sei, dort getraut werden, Talbot absetzen und auf eine kurze Reise nach Osten weiterfahren; die vor-nehme Welt mochte zu Hause bleiben und die Lästerzun-gen betätigen, soviel sie nur wollte.

Nachdem wir dies alles geplant, verabschiedete ich mich sogleich und begab mich auf die Suche nach Talbot, konnte es unterwegs aber nicht lassen, in ein Hotel zu treten, um die Miniatur zu betrachten; und dies tat ich mit der wirksamen Hilfe der Lorgnette. Das Antlitz war über die Maßen schön! Diese großen leuchtenden Augen! – diese stolze griechische Nase! – diese dunklen üppigen Locken! – »Ah!« sprach ich frohlockend zu mir selber, »das ist nun in der Tat ein sprechend ähnliches Bildnis meiner Geliebten!« Ich wendete es auf die Rückseite und entdeckte die Worte – ›Eugénie Lalande – im Alter von siebenundzwanzig Jahren und sieben Monaten‹.

Ich traf Talbot zu Hause an und ging sogleich daran, ihn mit meinem glücklichen Geschick bekannt zu machen. Er bezeigte natürlich höchstes Erstaunen, doch wünschte er mir von Herzen Glück und bot mir jede Unterstützung an, die in seiner Macht stünde. Kurz, wir führten unseren Plan auf den Buchstaben getreu aus; und um zwei Uhr morgens, genau zehn Minuten nach der Trauungszeremonie, fand ich mich mit Madame Lalande – mit Mrs. Simpson, sollte es heißen – in einem geschlossenen Wagen, und mit großer Geschwindigkeit fuhren wir in nordöstlicher Richtung zur Stadt hinaus, genauer in halb nördlicher oder nord-nordöstlicher Richtung.

Da wir die ganze Nacht über aufbleiben würden, so hatte es Talbot für uns bestimmt, sollten wir unsere erste Rast in C – – machen, einem etwa zwanzig Meilen von der Stadt entfernten Dorfe, dort ein zeitiges Frühstück einnehmen und etwas ausruhen, ehe wir unsere Reise fortsetzten. Genau um vier Uhr fuhr denn auch die Kutsche an der Tür des vornehmen Gasthofs vor. Ich half meinem angebeteten Weibe hinaus und bestellte sogleich das Frühstück. Inzwischen geleitete man uns in ein kleines Gastzimmer, und wir setzten uns dort nieder.

Es war jetzt fast, wenn nicht schon gänzlich, heller Tag; und als ich verzückt auf den Engel an meiner Seite blickte, kam mir auf einmal der sonderbare Gedanke in den Sinn, daß dies nun wirklich der allerallererste Augenblick seit meiner Bekanntschaft mit der gefeierten Schönheit Madame Lalandes sei, da mir eine nähere Betrachtung dieser Schönheit bei Tageslicht vergönnt.

»Und nun, *mon ami*«, sagte sie, nahm meine Hand und unterbrach so diesen Gedankengang, »und nun, *mon cher ami*, da wir unauflöslich eins sind – da ich deine leidenschaftlichen Bitten erhört und meinen Teil unserer Abmachung erfüllt habe –, darf ich wohl annehmen, du hast nicht vergessen, daß auch du eine kleine Gunst zu erweisen hast – ein kleines Versprechen, das du doch gewiß zu halten gedenkst. Ah! – laß mich sehen! Laß mich nachdenken! Ja; ganz leicht erinnere ich mich der genauen Worte des teuren Versprechens, das du Eugénie gestern abend gegeben. Hör zu! Folgendes waren deine Worte: ›Es gilt! – von Herzen froh ist's abgemacht. Ihnen zuliebe opfere ich jede Empfindlichkeit. Heute abend noch trage ich dies teure Augenglas als Augenglas und auf meinem Herzen; doch sobald der Morgen dämmert, der mir das Vorrecht gewährt, Sie mein angetrautes Weib nennen zu dürfen, will ich es mir auf die – auf die Nase setzen – und es hinfort stets dort tragen, in der zwar weniger romantischen und weniger modischen, doch gewiß weit zweckdienlicheren Weise, wie Sie es wünschen.‹ So lauteten die genauen Worte, mein geliebter Gatte, nicht wahr?«

»Gewiß«, sagte ich; »du hast ein hervorragendes Gedächtnis; und sei versichert, meine schöne Eugénie, ich meinerseits verspüre keinerlei Neigung, mich der Ausführung des geringfügigen Versprechens, welches sie enthalten, zu entziehen. Sieh mal! Schau her! Sie steht mir sogar – einigermaßen – nicht wahr?« Und hiermit rückte ich die Gläser, nachdem ich sie in die gewöhnliche Brillenform gebracht hatte, bedächtig an die rechte Stelle; Madame Simpson schob derweilen ihre Haube zurecht, verschränkte die Arme und setzte sich kerzengerade in ihrem Stuhl auf, in einer ein wenig steifen und gezierten, ja, ein wenig würdelosen Haltung.

»Du meine Güte!« entfuhr es mir beinahe im gleichen Augenblicke, da das Brillengestell mir auf der Nase saß – »Ach, du meine Güte! – nanu, was, was *mag* denn bloß mit dieser Brille sein?«, und schon hatte ich sie abgenommen, wischte sie sorgfältig mit einem seidenen Taschentuch ab und setzte sie wieder auf.

Doch wenn im ersten Augenblick mir etwas vor Augen gekommen war, das mich überraschte, so steigerte sich im zweiten diese Überraschung zu Staunen; und dies Staunen traf mich nun im Innersten – so ungeheuerlich war es – ja, ich darf wohl sagen, so – so entsetzlich. Was, im Namen alles Gräßlichen, hatte dies zu bedeuten? Konnte ich meinen Augen trauen? – *konnte* ich? – das war die Frage. War das – war das – war das etwa *rouge*? Und waren dies – und waren dies – waren dies *Runzeln* auf dem Gesicht von Eugénie Lalande? Und oh! oh, Jupiter! und all ihr Götter und Göttinnen, klein und groß! – was – was – was – *was* war aus ihren Zähnen geworden? Heftig schleuderte ich die Brille zu Boden, sprang auf und stand hoch aufgerichtet mitten im Zimmer vor Mrs. Simpson, die Arme in die Seite gestemmt, die Zähne fletschend und wutschnaubend, zugleich aber völlig sprach- und hilflos vor Schreck und vor Zorn.

Nun habe ich bereits gesagt, daß Madame Eugénie Lalande – will sagen, Simpson – die englische Sprache nur sehr wenig besser sprach, als sie diese schrieb; und aus diesem Grunde hat sie es zu Recht nie gewagt, sich ihrer zu gewöhnlichen Anlässen zu bedienen. Doch Wut treibt eine Dame zum Äußersten; und im vorliegenden Falle trieb sie Mrs. Simpson zum Aller-, Alleräußersten, nämlich zu dem Versuch, ein Gespräch in einer Sprache zu führen, die sie ganz und gar nicht beherrschte.

»Nun, Monsieur«, sagte sie, nachdem sie mich einige Augenblicke mit offenbar großer Verwunderung gemustert hatte – »nun, Monsieur! – und was denn? – was ist los? 'aben Sie etwa Tanz von Sankt Veit? Wenn isch Sie nischt gefallen, warum kaufen Sie den Katze im Sack?«

»Du elendes Miststück!« sagte ich und holte tief Luft, »du – du – du gemeine alte Hexe!«

»Exe? – alte? – isch bin doch garr nisch so serr alt! isch nisch eine Tag mehr als zweiundachtzig.«

»Zweiundachtzig!« stieß ich hervor und taumelte gegen

die Wand – »zweiundachtzig hunderttausend Paviane! Auf
der Miniatur stand doch siebenundzwanzig Jahre und sieben Monate!«

»Abber gewiß! – Das is so! Schtimmt genau! abber der
Bildnis sein gemacht vor fünfundfünfzig Jahr. Wie isch
mein zweites Mann, Monsieur Lalande, 'ab ge'eiratet, da
'ab isch lassen machen den Bild fürr mein Tochter von
mein erstes Mann, Monsieur Moissart.«

»Moissart!« sagte ich.

»Ja, Moissart«, sagte sie, indem sie meine Aussprache
nachäffte, die, um die Wahrheit zu sagen, nicht die allerbeste war; »und was denn? Was wissen denn *Sie* von Moissart?«

»Nichts, du alte Vogelscheuche! – Ich weiß überhaupt
nichts von ihm; ich hatte nur einmal einen Vorfahr dieses
Namens.«

»Dies Name! Und was 'aben Sie zu sagen zu das Name?
Is ein serr gutes Name; und auch Voissart – ist auch ein
serr gutes Name. Mein Tochter, Mademoiselle Moissart,
sie 'eiraten Monsieur Voissart; und die Name sind beide
serr respektaabl Name.«

»Moissart?« rief ich, »und Voissart! nanu, was soll das
heißen?«

»Was das soll 'eißen? – Isch meinen Moissart und Voissart; und wegen das, isch meinen auch Croissart und Froissart, wenn es misch paßt. Mein Tochter ihr Tochter, Mademoiselle Voissart, sie 'eiraten Monsieur Croissart, und
dann wieder, mein Tochter ihr Enkeltochter, Mademoiselle
Croissart, sie 'eiraten ein Monsieur Froissart; und isch
denk, Sie sagen, *das* is keine serr respektaabl Name.«

»Froissart!« sagte ich, einer Ohnmacht nahe, »nun, aber
gewiß, du willst doch nicht sagen Moissart und Voissart
und Croissart und Froissart?«

»Doch«, erwiderte sie, lehnte sich ganz in ihrem Stuhl
zurück und streckte ihre unteren Gliedmaßen lang aus;
»doch, Moissart und Voissart und Croissart und Froissart.
Abber Monsieur Froissart, er warr, was Sie nennen eine
sehr große Dummkopf – ein serr großes Trottel wie Sie,

Monsieur – weil er 'at verlassen *la belle France*, um nach die dumme *Amérique* zu gehen – und wie er 'ier 'erkommen, 'at er ein serr dummes, ein serr, serr dummes Sohn gekriegt, so 'ab isch ge'ört, abber isch 'ab noch nisch den *plaisir*, ihn zu kennen – isch nisch und auch nisch mein Begleiterin, die Madame Stéphanie Lalande. Er 'eißen Napoleon Bonaparte Froissart, und isch denk, Sie sagen, das is auch keine serr respektaabl Name.«

Es mochte an der Länge oder am Charakter dieser Rede liegen, jedenfalls steigerte sich Mrs. Simpson in gar ungeheuerliche Erregung; und als sie unter großer Mühe zum Ende gekommen war, sprang sie wie behext von ihrem Stuhle hoch und ließ dabei ein ganzes Universum von Tournüren zu Boden fallen, als sie aufsprang. Einmal auf den Füßen, knirschte sie mit den Zähnen, fuchtelte mit den Armen, rollte die Ärmel hoch, hielt mir drohend die Faust vors Gesicht und schloß den Auftritt damit, daß sie sich die Haube vom Kopfe riß und mit ihr eine riesige Perücke vom wertvollsten und schönsten schwarzen Haar; mit gellendem Geschrei schleuderte sie das Ganze zu Boden, um dann darauf herumzutrampeln und rasend, außer sich vor Wut, einen Fandango darauf zu tanzen.

Unterdessen ließ ich mich entsetzt auf den Stuhl fallen, welchen sie frei gemacht hatte. »Moissart und Voissart!« wiederholte ich gedankenvoll, als sie eben einen ihrer Luftsprünge vollführte, und »Croissart und Froissart!«, dieweil sie einen anderen absolvierte – »Moissart und Voissart und Croissart und Napoleon Bonaparte Froissart! – na, du unsägliche alte Schlange, das bin *ich* – das bin *ich* – hörst du? – das bin *ich*« – hier schrie ich aus Leibeskräften – »das bin *i-i-ch*! *Ich* bin Napoleon Bonaparte Froissart! und auf ewig verdammt will ich sein, wenn ich nicht meine eigene Ururgroßmutter geheiratet habe!«

Madame Eugénie Lalande, *das heißt* Simpson – vormals Moissart –, war, so die nüchterne Tatsache, meine Ururgroßmutter. In ihrer Jugend war sie sehr schön gewesen, und selbst mit zweiundachtzig besaß sie noch die majestätische Größe, die statuarische Kopfform, die schönen Augen und die griechische Nase ihrer Mädchenzeit. Mittels dieser sowie Perlweiß, Rouge, falschem Haar, falschen Zähnen und falscher *tournure* wie auch der tüchtigsten Modistinnen von Paris gelang es ihr, unter den Schönheiten, *un peu passées*, der französischen Metropole eine achtbare Stellung zu behaupten. In diesem Betrachte mochte sie wirklich der berühmten Ninon de Lenclos nur wenig nachstehen.

Sie war unermeßlich reich, und als sie zum zweiten Male kinderlos Witwe geworden, besann sie sich auf meine Existenz in Amerika, und in der Absicht, mich zum Erben einzusetzen, stattete sie nun den Vereinigten Staaten einen Besuch ab, in Begleitung einer entfernten, ungemein schönen Verwandten ihres zweiten Gatten – einer Madame Stéphanie Lalande.

In der Oper nun war meine Ururgroßmutter durch mein Hinstarren auf mich aufmerksam geworden; und als sie mich durch ihre Lorgnette gemustert, war ihr eine gewisse Familienähnlichkeit mit ihr selber aufgefallen. Da ihr Interesse solcherart geweckt war und sie wußte, daß der Erbe, den sie suchte, sich tatsächlich in der Stadt aufhielt, erkundigte sie sich bei ihren Begleitern nach mir. Der Herr, der sich in ihrer Gesellschaft befand, kannte mich und erzählte ihr, wer ich sei. Die Auskunft, die sie nun erhalten, bewog sie zu erneuter Musterung; und dieser prüfende Blick nun war es, der mich so erkühnt hatte, daß ich mich in der bereits beschriebenen absurden Weise betrug. Sie jedoch erwiderte meine Verneigung unter dem Eindruck, ich hätte durch irgendeinen sonderbaren Zufall entdeckt, wer sie war. Als ich, von meiner Sehschwäche und den Toilettenkünsten getäuscht über Alter und Reize der fremden Dame, so begeistert von Talbot zu wissen verlangte, wer sie sei, nahm er selbstverständlich an, daß ich die jüngere Schönheit meinte, und teilte mir also vollkommen wahrheitsgemäß mit, sie sei ›die gefeierte Witwe, Madame Lalande‹.

Am nächsten Morgen traf meine Ururgroßmutter Talbot, den sie von Paris her kannte, auf der Straße; und ganz natürlich kam die Rede auch auf mich. Meine Sehschwäche ward nun erklärt, denn die war stadtbekannt, wenngleich ich von dieser traurigen Berühmtheit nicht das mindeste ahnte; und meine gute alte Verwandte mußte zu ihrem großen Verdrusse feststellen, daß sie sich getäuscht hatte, als sie annahm, ich wüßte, wer sie sei, und daß ich mich bloß zum Narren gemacht hatte, indem ich im Theater einer unbekannten alten Frau in aller Öffentlichkeit den Hof machte. Um mich für diese Unbedachtsamkeit zu strafen, heckte sie mit Talbot ein Komplott aus. Er ging mir absichtlich aus dem Wege, damit er mich nicht bei ihr vorstellen müsse. Die Erkundigungen, die ich auf der Straße über ›die liebliche Witwe, Madame Lalande‹ einzog, wurden natürlich auf die junge Dame bezogen; und so erklärt sich sehr leicht die Unterhaltung mit den drei Herren, welche ich getroffen, kurz nachdem ich Talbots Hotel verlassen hatte, ebenso ihre Anspielung auf Ninon de Lenclos. Ich hatte keinerlei Gelegenheit, Madame Lalande bei Tageslicht aus der Nähe zu sehen, und auf ihrer musikalischen *soirée* hinderte mich meine alberne Schwäche, welche mich die Hilfe einer Brille verschmähen ließ, wirksam daran, ihr Alter zu entdecken. Als ›Madame Lalande‹ zum Singen aufgefordert wurde, war die jüngere Dame gemeint; und sie war es auch, die aufstand, dem Ruf Folge zu leisten; um die Täuschung zu befördern, erhob sich meine Ururgroßmutter im gleichen Augenblick und begleitete sie ans Pianoforte im großen Salon. Hätte ich mich entschlossen, sie dahin zu begleiten, so habe sie vorgehabt, mir nahezulegen, aus Schicklichkeit zu bleiben, wo ich war; doch meine eigene kluge Einsicht machte dies unnötig. Die Gesänge, die ich so sehr bewunderte und die mich derart im Eindruck von der Jugend meiner Geliebten bestärkten, wurden von Madame Stéphanie Lalande vorgetragen. Das Augenglas ward deswegen überreicht, um den Schwindel noch mit Tadel zu würzen – das Epigramm der Täuschung noch mit Schärfe. Die Überreichung bot Gelegenheit, mir über Affektation die Lektion zu erteilen, mit der ich gar erbaulich bedacht ward. Beinahe überflüssig ist es, hinzuzufügen, daß die Gläser des Instruments von der alten Dame, die es zuvor getragen, gegen ein Paar ausgetauscht worden waren, welche besser zu meinen Jahren paßten. Tatsächlich paßten sie mir aufs genaueste.

Der Geistliche, der lediglich zum Scheine den fatalen Knoten geknüpft, war ein fideler Zechbruder Talbots und gar kein Priester. Er war jedoch ein vortrefflicher ›Kutscher‹; und nachdem er die Soutane gegen einen Überzieher getauscht hatte, lenkte er die Mietdroschke, die das ›glückliche Paar‹ aus der Stadt hinausfuhr. Talbot nahm neben ihm Platz. Die beiden Schurken waren also dabei, als ›der Fuchs zur Strecke gebracht‹ wurde, und durch ein halboffenes Fenster des Hinterzimmers im Wirtshaus amüsierten sie sich dann grinsend über das *dénouement* des Dramas. Ich glaube, ich werde sie wohl beide fordern müssen.

Nichtsdestoweniger bin ich *nicht* der Mann meiner Ururgroßmutter; und das ist ein Gedanke, der mir unendliche Erleichterung verschafft – doch *bin* ich der Mann von Madame Lalande – von Madame Stéphanie Lalande –, zwischen der und mir es sich meine gute alte Verwandte, ganz abgesehen davon, daß sie mich zu ihrem Alleinerben macht, wenn sie stirbt – falls dies jemals geschieht –, nicht die Mühe hat nehmen lassen, die Heirat zustande zu bringen. Und schließlich und endlich; mit *billets-doux* ist es bei mir ein für allemal vorbei, und nie und nimmer mehr sieht man mich ohne BRILLE.

EINE GESCHICHTE
AUS DEN RAGGED MOUNTAINS

Im Herbst des Jahres 1827, als ich in der Nähe von Charlottesville, Virginia, wohnte, machte ich zufällig die Bekanntschaft von Mr. Augustus Bedloe. Dieser junge Gentleman
war in jeder Hinsicht bemerkenswert und weckte in mir
höchste Teilnahme und Neugier. Unmöglich fand ich's, ihn
zu begreifen, weder in seiner geistigen noch physischen Eigenart. Über seine Familie konnte ich keinen zufriedenstellenden Aufschluß gewinnen. Woher er kam, habe ich nie
mit Gewißheit erfahren. Selbst bezüglich seines Alters –
zwar nenne ich ihn einen jungen Gentleman – gab es etwas, das mich in nicht geringem Maße verwirrte. Ganz gewiß *wirkte* er jung – und er ließ es sich auch angelegen
sein, von seiner Jugend zu sprechen – , doch gab es Augenblicke, da es mir nicht schwergefallen wäre, ihn mir als
hundert Jahre alt vorzustellen. Aber in keinem Betrachte
war er absonderlicher denn in seiner persönlichen Erscheinung. Er war ungemein groß und dünn. Ging stark gebeugt. Seine Gliedmaßen waren über die Maßen lang und
mager. Die Stirn war breit und niedrig. Seine Gesichtsfarbe gänzlich blutlos. Der Mund groß und beweglich, und
seine Zähne waren, zwar gesund, so doch in so wild-schau-
erlicher Weise uneben, als ich es je in eines Menschen
Haupt gesehen. Sein Lächeln wirkte jedoch keineswegs
etwa unfreundlich, wie man annehmen mochte; allerdings
kannte es keinerlei Wandelbarkeit. Es war voll tiefer
Schwermut – voll unveränderlichen und nie endenden
Trübsinns. Seine Augen waren abnorm groß und rund
wie die einer Katze. Auch verengten oder weiteten sich
die Pupillen bei jedem Stärker- oder Schwächerwerden des
Lichts ganz so, wie man es bei der Familie der Katzen beobachten kann. In Augenblicken der Erregung leuchte-

ten die Augen in beinahe unvorstellbarem Maße; da schien ein Strahlenglanz von ihnen auszugehen, nicht reflektierten, sondern eigenes Lichts, wie eine Kerze oder die Sonne es entsendet; doch gewöhnlich blickten sie so völlig schal, verschleiert und stumpf, daß sie an die Augen eines lang begrabenen Leichnams erinnerten.

Diese Absonderlichkeiten des Äußeren bereiteten ihm offenbar viel Verdruß, und beständig spielte er in halb erklärender, halb entschuldigender Art darauf an, was mich, als ich es zum ersten Male hörte, sehr peinlich berührte. Bald hatte ich mich jedoch daran gewöhnt, und mein Unbehagen schwand. Es schien seine Absicht zu sein, nicht direkt zu behaupten als vielmehr nur anzudeuten, daß er körperlich nicht immer gewesen sei, was er jetzt war – daß eine lange Reihe neuralgischer Anfälle seine einst mehr denn gewöhnliche Schönheit des Äußeren zu dem gemacht hätten, was ich nun sah. Seit vielen Jahren ward er nun schon von einem Arzte namens Templeton behandelt – einem alten Herrn von vielleicht siebzig Jahren –, dem er zuerst in Saratoga begegnet war und von dessen Beistand er dort große Wohltat empfangen oder doch zu empfangen vermeint hatte. Und so ergab sich denn, daß Bedloe, der recht vermögend war, mit Doktor Templeton eine Übereinkunft traf, wonach der letztere gegen eine reichlich gewährte Jahresvergütung darein willigte, seine Zeit und ärztliche Erfahrung ausschließlich der Pflege dieses Kranken zu widmen.

Doktor Templeton war in seinen jüngeren Jahren weit gereist, und in Paris hatte er sich in großem Maße zu den Lehren Mesmers bekehrt. Und gänzlich vermittels magnetischer Heilverfahren war es ihm denn gelungen, die heftigen Schmerzen seines Patienten zu lindern; und dieser Erfolg hatte nun ganz natürlich dem letzteren einen gewissen Grad an Vertrauen zu den Anschauungen eingeflößt, daraus diese Heilmittel hergeleitet. Der Doktor freilich hätte, wie alle Enthusiasten, sein Möglichstes getan, seinen Schüler vollends zu bekehren, und sein Ziel schließlich auch insoweit erreicht, als er den Leidenden zu bewegen vermochte, sich zahlreichen Experimenten zu unterziehen.

Durch deren häufige Wiederholung war ein Ergebnis zustande gekommen, welches in unseren Tagen so gang und gäbe geworden ist, daß es wenig oder gar keine Aufmerksamkeit mehr auf sich zieht, welches jedoch zu der Zeit, von der ich schreibe, in Amerika kaum bekannt gewesen. Ich will damit sagen, daß zwischen Doktor Templeton und Bedloe nach und nach ein sehr bestimmter und stark ausgeprägter *rapport* oder eine magnetische Beziehung entstanden war. Allerdings möchte ich damit keinesfalls behaupten, daß dieser *rapport* über die Grenzen der einfachen einschläfernden Kraft hinausgegangen wäre; doch diese Kraft selbst war zu großer Intensität gediehen. Der erste Versuch, die magnetische Somnolenz herbeizuführen, war dem Mesmeristen gänzlich fehlgeschlagen. Der fünfte oder sechste zeitigte Erfolg, wenngleich nur sehr partiell und nach lang anhaltender Bemühung. Erst beim zwölften ward es ein vollständiger Triumph. Hiernach unterlag der Wille des Patienten dann rasch dem des Arztes, so daß zu der Zeit, da ich die beiden Herren kennenlernte, der Schlaf sich beinahe augenblicklich, nur durch die bloße Willensäußerung des Arztes einstellte, selbst wenn dem Kranken dessen Gegenwart gar nicht bewußt war. Erst jetzt, im Jahre 1845, da täglich Tausende zu Zeugen ähnlicher Wundertaten werden, wage ich diese anscheinende Unmöglichkeit als eine ernsthafte Tatsache zu berichten.

Bedloes Temperament war im höchsten Grade empfindsam, reizbar, schwärmerisch. Er besaß eine einzigartige lebhafte und schöpferische Phantasie; und diese ward zweifellos noch zusätzlich durch den gewohnheitsmäßigen Genuß von Morphium gestärkt, welches er in großen Mengen schluckte und ohne das er unmöglich existieren zu können meinte. Gewöhnlich nahm er allmorgendlich gleich nach dem Frühstück eine sehr beträchtliche Dosis davon zu sich – oder vielmehr unmittelbar nach einer Tasse starken Kaffees, denn er aß vormittags nichts – und machte sich dann allein oder nur in Begleitung eines Hundes auf, die Kette der wilden und öden Hügel zu durchstreifen, welche westlich und südlich von Charlottesville liegen und dort mit dem anspruchsvollen Namen ›Ragged Mountains‹, ›Rauhe Berge‹, benannt sind.

An einem trüben, warmen, nebligen Tage gegen Ende November und während des wunderlichen nachsommerlichen *Interregnums* zwischen den Jahreszeiten, das in Amerika ›Indianersommer‹ heißt, brach Mr. Bedloe wie gewöhnlich nach den Hügeln auf. Der Tag verging, und noch immer war er nicht zurückgekehrt.

Gegen acht Uhr des Abends standen wir schon im Begriffe, ob seines langen Ausbleibens nun doch in ernsthafter Sorge, uns nach ihm auf die Suche zu begeben, als er völlig unerwartet erschien, bei nicht schlechterem Befinden als sonst und in weit besserer denn seiner gewöhnlichen Stimmung. Was er von seinem Ausfluge und von den Begebnissen, die ihn aufgehalten, berichtete, war nun in der Tat recht sonderbar.

»Sie werden sich erinnern«, sagte er, »daß es heute morgen gegen neun Uhr war, als ich Charlottesville verließ. Ich lenkte meine Schritte augenblicklich zu den Bergen hin und trat gegen zehn in eine Schlucht, die mir gänzlich neu war. Höchlichst interessiert folgte ich den Windungen dieses Engpasses. Die Szenerie, die sich allerorten bot, dürfte zwar kaum großartig zu nennen sein, doch hatte ihre Erscheinung einen unbeschreiblichen und für mich köstlichen Anblick düster-einsamer Öde an sich. Die Abgeschiedenheit wirkte gänzlich unberührt. Ich konnte mich des Eindrucks nicht erwehren, daß der grüne Rasen und der graue Fels, darauf ich schritt, noch nie zuvor von eines Menschen Fuß betreten worden seien. So vollkommen abgelegen, ja unzugänglich, wenn nicht eine Reihe von Zufällen zu Hilfe kommen, liegt der Eingang der Schlucht, daß es keinesfalls unmöglich ist, daß ich tatsächlich der erste Abenteurer war – der allererste und einzige Abenteurer, der jemals in ihre verborgenen Tiefen eingedrungen.

Der dicke und eigentümliche Dunst oder Schleier, der dem Nachsommer eigen ist und der nun schwer über allem hing, trug ohne Zweifel dazu bei, die unbestimmten Eindrücke zu vertiefen, welche dies alles hervorrief. So dicht war dieser angenehme Nebel, daß ich zu keiner Zeit weiter denn ein Dutzend Ellen auf dem Pfade vor mir zu sehen vermochte. Dieser Pfad schlängelte sich in unendlichen Windungen dahin, und da die Sonne nicht sichtbar war, verlor ich bald jeglichen Sinn für die Richtung, in welcher ich wanderte. Unterdessen tat das Morphium seine gewohnte Wirkung – und zwar, der gesamten Außenwelt einen ungeheuren Reiz zu verleihen. Im Beben eines Blattes – im Farbschatten eines Grashalms – in der Form eines Kleeblattes – im Summen einer Biene – im Glitzern eines Tautropfens – im Hauch des Windes – in den linden Düften, die vom Wald herüberwehten – in alledem offenbarte sich ein ganze Welt von Suggestionen – eine kunterbunte Kette rhapsodisch verworrener Gedanken.

Darein versunken, wanderte ich stundenlang dahin, indes der Nebel um mich herum sich in solchem Maße verdichtete, daß ich schließlich gezwungen war, mir den Weg nur noch zu ertasten. Und da ergriff mich nun ein unbeschreibliches Unbehagen – eine Art nervösen Stockens und Bebens. Kaum wagte ich noch, einen Schritt zu tun, aus Angst, in einen Abgrund zu stürzen. Auch erinnerte ich mich seltsamer Geschichten, die man sich von diesen ›Ragged Hills‹ erzählte, und von dem unheimlichen und wilden Menschenschlag, der in ihren Hainen und Höhlen hause. Tausenderlei verschwommene Phantasien bedrückten und beunruhigten mich – Phantasien, die, eben weil sie verschwommen, um so mehr peinigten. Auf einmal ward meine Aufmerksamkeit von lautem Trommelschlag gefesselt.

Ich war natürlich baß erstaunt. Eine Trommel in diesen Bergen war ein nie gekanntes Ding. Wäre die Posaune des Erzengels erschallt, ich hätte nicht überraschter sein können. Doch da tat sich dem Interesse und der Verblüffung schon eine neue und noch erstaunlichere Quelle auf. Es erklang ein wildes Gerassel oder Geklirr, wie von einem Bunde gewaltiger Schlüssel – und im selben Augenblicke stürzte ein dunkelgesichtiger, halbnackter Mann schreiend an mir vorüber. Er kam mir so nahe, daß ich seinen heißen

Atem auf meinem Gesichte spürte. In der einen Hand trug er ein Instrument, das aus einer Reihe von Stahlringen bestand, welche er beim Laufen kräftig schüttelte. Kaum war er im Nebel verschwunden, als mit weit aufgerissenem Maul und funkelnden Augen ein riesiges Tier ihm lechzend hinterdreinstürmte. Wes Art dies war, darob konnte ich mich nicht irren. Es war eine Hyäne.

Der Anblick dieses Ungeheuers linderte meine Schrekken eher, denn daß er sie erhöhte – war ich mir doch jetzt gewiß, daß ich träumte, und ich versuchte, mich wieder zu wachem Bewußtsein aufzurütteln. Verwegen, rasch schritt ich aus. Ich rieb mir die Augen. Rief laut. Kniff mir die Glieder. Ein kleiner Springquell bot sich meinem Blick, und hier bückte ich mich und netzte mir Hände, Gesicht und Nacken mit dem Wasser. Das schien die zweifelhaften Empfindungen, die mich bislang gequält hatten, zu zerstreuen. Als ein neuer Mensch, wie mich dünkte, erhob ich mich und schritt stetig und zufrieden weiter auf meinem unbekannten Weg.

Schließlich, von der Anstrengung und einer gewissen bedrückenden Schwüle der Atmosphäre ermüdet, ließ ich mich unter einem Baume nieder. Alsbald kam matt schimmernd der Sonnenschein hindurch, und schwach, aber deutlich warf der Baum seinen Blätterschatten auf das Gras. Auf diesen Schatten starrte ich verwundert viele Minuten lang. Seine Beschaffenheit machte mich ganz starr vor Staunen. Ich blickte empor. Der Baum war eine Palme.

Nun erhob ich mich hastig und in einem Zustande fürchterlicher Erregung – denn die Einbildung, daß ich träume, wollte mir nicht länger mehr dienen. Ich sah – ich spürte, daß ich meiner Sinne vollkommen mächtig war – und diese Sinne brachten meiner Seele eine Welt ganz neuer und einzigartiger Empfindung. Die Hitze ward mit einem Male unerträglich. Ein sonderbarer Geruch hing schwer im Wind. Leis anhaltendes Rauschen, wie es aus einem vollen, doch sanft dahinfließenden Strome aufsteigt, drang mir ans Ohr, vermischt mit dem eigentümlichen Stimmengewirr einer großen Menschenmenge.

Indes ich noch in äußerstem Erstaunen lauschte, welches ich wohl nicht zu beschreiben versuchen muß, trieb ein starker, doch kurzer Windstoß den drückenden Nebel hinweg, als hätte ein Zauberer seinen Stab geschwungen.

Ich fand mich am Fuße eines hohen Berges und schaute hinab in eine weite Ebene, durch welche sich ein majestätischer Strom wand. Am Ufer dieses Flusses erhob sich eine morgenländisch anmutende Stadt, ganz so, wie wir es in ›Tausendundeiner Nacht‹ gelesen, die in ihrer Art aber gar noch einzigartiger wirkte denn alles, was wir dort geschildert finden. Von meinem Standort aus, hoch oben über der Stadt, vermochte ich alle Ecken und Winkel zu erblicken, wie wenn sie auf einer Karte eingezeichnet wären. Da schienen unzählige Straßen zu sein, die einander unregelmäßig nach allen Richtungen hin kreuzten, doch waren es eher lange, sich schlängelnde Gassen denn Straßen, in denen es von Menschen nur so wimmelte. Die Häuser wirkten pittoresk. Allenthalben zeigte sich ein Gewirr von Balkonen, Veranden, Minaretten, von Nischen und phantastisch geschnitzten Erkern. Da war ein Basar am andern; und dort lagen in unendlicher Vielfalt und Fülle prächtige Waren aus – Seiden, Musselin, die erstaunlichste Kunst der Messerschmiede, der herrlichste Schmuck, die köstlichsten Edelsteine. Daneben sah man allüberall Banner und Palankine, Sänften mit dicht verschleierten vornehmen Damen, prächtig herausgeputzte Elefanten, wunderlich-phantastisch geformte Götzenbilder, Trommeln, Fahnen und Gongs, Speere, silbern- und goldglänzende Keulen. Und inmitten der lärmenden Menge und des allgemeinen wirren Durcheinanders – inmitten unzähliger schwarzer und gelber Menschen in Turbanen und langen Gewändern und mit wallenden Bärten, da zogen zahllose Scharen von heiligen, mit Kopfbändern geschmückten Stieren dahin, während ungeheure Legionen von schmutzigen, doch heiligen Affen schnatternd und schreiend auf den Gesimsen der Moscheen herumkletterten oder auf den Minaretten und Erkern hockten. Vom Gewimmel der Straßen führten unzählige Stufen hinab zu den Badestellen an den Ufern des

Stromes, während der Fluß selbst sich nur mit Mühe seinen Weg durch die riesigen Flotten schwerbeladener Schiffe zu bahnen schien, die weit und breit seinen Wasserspiegel versperrten. Hinter der Stadt ragten allenthalben in majestätischen Gruppen die Palmen und die Kokosbäume auf, zusammen mit anderen gigantischen und unheimlich-zauberhaften Bäumen von gewaltigem Alter; und hier und da schimmerte wohl ein Reisfeld, die strohgedeckte Hütte eines Bauern, eine Zisterne, ein vereinzelter Tempel, ein Zigeunerlager oder ein einzelnes anmutiges Mädchen, das, einen Krug auf dem Kopfe, zu den Ufern des herrlichen Flusses auf dem Wege war.

Sie werden jetzt natürlich sagen, ich hätte geträumt; doch dem war nicht so. Was ich sah – was ich hörte – was ich fühlte – was ich dachte – das alles hatte nichts von der unverwechselbaren Eigenart des Traumes an sich. Alles war streng konsequent. Zuerst stellte ich, noch im Zweifel, ob ich wirklich wach sei, eine Reihe von Versuchen an, die mich bald davon überzeugten, daß ich es wahrhaftig war. Nun, wenn einer träumt und im Traume argwöhnt, daß er träume, so wird sich dieser Verdacht *unfehlbar bestätigen*, und der Schläfer wacht fast augenblicklich auf. So irrt Novalis nicht, wenn er sagt: ›Wir sind dem Aufwachen nah, wenn wir träumen, daß wir träumen.‹ Hätte ich die Vision, wie ich sie beschreibe, ohne den Verdacht gehabt, sie sei ein Traum, dann hätte sie durchaus auch ein Traum sein können, doch so, wie sie sich zutrug und sich dazu noch im Lichte von Argwohn und Prüfungen darstellte, sehe ich mich gezwungen, sie anderen Phänomenen zuzurechnen.«

»Darin haben Sie wohl auch nicht unrecht«, bemerkte Dr. Templeton, »doch fahren Sie fort. Sie erhoben sich nun und stiegen hinunter in die Stadt.«

»Ja, ich erhob mich«, setzte Bedloe fort, wobei er den Arzt mit einem Ausdrucke äußersten Erstaunens ansah, »ich erhob mich, wie Sie sagen, und stieg hinunter in die Stadt. Auf meinem Wege geriet ich in eine gewaltige Menschenmenge, welche sich durch alle Straßen in ein und dieselbe Richtung drängte und im ganzen Gebaren wilde-

ste Erregung zeigte. Auf einmal und aus einem unbegreiflichen Antriebe packte mich ein ungeheures persönliches Interesse an dem, was da vor sich ging. Mir war, ich hätte
eine wichtige Rolle zu spielen, ohne daß ich genau verstanden, welcherart diese sei. Gegen die Menge, die mich umwogte, empfand ich jedoch eine zutiefst feindselige Gesinnung. Ich entzog mich ihr, und rasch, auf einem Umwege,
erreichte und betrat ich die Stadt. Hier befand sich alles in
wildestem Tumulte und Streit. Eine kleine Gruppe von
Männern, halb indisch, halb europäisch gekleidet und be-
fehligt von teils britisch uniformierten Herren, stritt aufs
heftigste mit dem Gassenpöbel, der sich lärmend zusam-
mendrängte. Ich schloß mich der schwächeren Partei an,
rüstete mich mit den Waffen eines gefallenen Offiziers und
kämpfte, ich weiß nicht, gegen wen, mit dem wilden Mut
der Verzweiflung. Wir erlagen bald der Übermacht und
mußten in einer Art Pavillon Zuflucht suchen. Hier verbar-
rikadierten wir uns und waren fürs erste sicher. Durch ein
Guckloch nahe beim Dachfirst erblickte ich eine ungeheure, furchtbar aufgebrachte Menschenmenge, welche
einen glänzenden Palast, der über den Fluß hinausgebaut
war, umzingelte und angriff. Alsbald ließ sich aus einem
oberen Fenster dieses Palastes ein weibisch anmutender
Mann herab, und zwar an einem aus den Turbanen seiner
Diener gedrehten Strange. Ein Boot war zur Stelle, in welchem er an das gegenüberliegende Ufer des Stromes flüchtete.

Und nun bemächtigte sich meiner Seele ein neues Ziel.
Ich sprach ein paar hastige, doch energische Worte zu meinen Gefährten, und nachdem es mir gelungen, einige wenige von ihnen für mein Vorhaben zu gewinnen, brachen
wir in einem wütenden Ausfall aus dem Pavillon hervor.
Wir stürzten uns mitten in die Menge, die ihn umwogte.
Zunächst wich sie vor uns zurück. Dann sammelte sie sich
wieder, kämpfte wie rasend und wich erneut zurück. Unterdessen wurden wir vom Pavillon weit fortgetrieben und verirrten und verstrickten uns in den engen Straßen unter hohen hervorstehenden Häusern, in Winkel, wohin nie ein

Sonnenstrahl gedrungen. Der Mob drang heftig auf uns ein, unablässig flogen die Speere, und ein wahrer Hagel von Pfeilen ging auf uns nieder. Diese letzteren waren sehr bemerkenswert und ähnelten in gewisser Hinsicht dem gekrümmten Kris der Malaien. Sie sollten den Leib einer kriechenden Schlange nachbilden und waren lang und schwarz mit einem vergifteten Widerhaken. Einer von ihnen traf mich an der rechten Schläfe. Ich taumelte und stürzte zu Boden. Sogleich überkam mich tödliche Übelkeit. Ich würgte – ich rang nach Luft – ich starb.«

»*Jetzt* werden Sie doch wohl kaum noch darauf bestehen«, sagte ich lächelnd, »daß Ihr ganzes Abenteuer kein Traum gewesen sei. Sie wollen doch nicht etwa behaupten, Sie wären tot?«

Als ich diese Worte sprach, erwartete ich natürlich, daß Bedloe schlagfertig mit einer witzigen Erwiderung parieren würde; zu meinem Erstaunen aber zögerte er, zitterte, ward entsetzlich bleich und schwieg. Ich blickte Templeton an. Der saß starr aufgerichtet auf seinem Stuhle – die Zähne klapperten ihm, und die Augen wollten ihm bald aus den Höhlen springen. »Weiter!« sagte er schließlich heiser krächzend zu Bedloe.

»Minutenlang«, so fuhr der letztere fort, »empfand ich – spürte ich nichts – als Dunkelheit und Nicht-Sein, im Bewußtsein des Todes. Endlich war es mir, als erschüttere meine Seele ein heftiger und jäher Schlag, wie von Elektrizität. Mit ihm kam das Gefühl von Spannkraft und von Licht. Dies letztere sah ich nicht – ich spürte es. Sogleich schien ich mich vom Boden zu erheben. Doch besaß ich keine körperliche, keine sichtbare, hörbare oder fühlbare Gestalt. Die Menge war verschwunden. Der Aufruhr hatte sich gelegt. Die Stadt befand sich in verhältnismäßiger Ruhe. Unter mir lag mein Leichnam, den Pfeil in der Schläfe, der ganze Kopf stark angeschwollen und entstellt. Doch all dies spürte ich nur – ich sah es nicht. Ich hatte für nichts Interesse. Selbst der Leichnam schien etwas zu sein, das mich nichts anging. Willenskraft besaß ich keine, doch war es, als würde ich vorwärtsgetrieben und schwebe gleichsam aus der Stadt hinaus, auf dem nämlichen Umwege, auf welchem ich sie betreten. Als ich die Stelle der Schlucht in den Bergen erreicht hatte, wo mir die Hyäne begegnet war, da erfuhr ich abermals einen Schock wie von einer galvanischen Batterie; das Gefühl der Schwere, des Willens, der Körperlichkeit kehrte zurück. Ich wurde wieder zu dem Ich, das ich gewesen, und lenkte meine Schritte stürmisch heimwärts – doch das Vergangene hatte nicht die Lebendigkeit des Realen verloren – und auch jetzt vermag ich es nicht, und wäre es nur für einen Augenblick, meinen Verstand dazu zu nötigen, es für einen Traum zu halten.«

»Das war auch keiner«, sagte Templeton mit tiefernster Miene, »doch wäre es schwierig zu sagen, wie sonst man es nennen sollte. Wir wollen es bei der Annahme bewenden lassen, daß die Seele des Menschen von heute kurz vor einigen wunderbaren psychischen Entdeckungen steht. Begnügen wir uns mit dieser Annahme. Was den Rest betrifft, so habe ich etwas zu erklären. Hier ist eine Aquarellzeichnung, welche ich Ihnen schon früher hätte zeigen sollen, doch hat mich bislang ein unerklärliches Gefühl des Grauens davon abgehalten.«

Wir schauten auf das Bild, das er uns hinhielt. Ich konnte daran nichts Außergewöhnliches erkennen; doch seine Wirkung auf Bedloe war ungeheuerlich. Er war einer Ohnmacht nahe, da er es ansah. Und doch war es lediglich ein Miniaturporträt – von wunderbarer Genauigkeit freilich – seiner eigenen recht bemerkenswerten Züge. Zumindest war dies mein Gedanke, als ich es mir betrachtete.

»Sie werden«, sagte Templeton, »das Datum dieses Bildes erkennen können – es steht, kaum sichtbar, hier in dieser Ecke – 1780. In diesem Jahre ward das Porträt gemalt. Es ist das Ebenbild eines toten Freundes – eines Mr. Oldeb –, zu dem ich während der Amtszeit von Warren Hastings in Kalkutta eine starke Zuneigung gefaßt hatte. Ich war damals gerade erst zwanzig Jahre alt. Als ich Sie, Mr. Bedloe, in Saratoga das erste Mal erblickte, war es die wunderbare Ähnlichkeit zwischen Ihnen und dem Bilde, welche mich bewog, mich Ihnen zu nähern, Ihre

Freundschaft zu suchen und jene Vereinbarungen mit Ihnen zu treffen, in deren Folge ich Ihr ständiger Begleiter ward. Dies zu erreichen, trieb mich zum Teil und vielleicht hauptsächlich die kummervolle Erinnerung an den Verstorbenen, doch zum Teil auch eine beklemmende und nicht gänzlich von Grauen freie Neugier bezüglich Ihrer Person.

In Ihrer minutiösen Schilderung der Vision, welche sich Ihnen inmitten der Hügel bot, haben Sie, und zwar haargenau, die indische Stadt Benares am Heiligen Strome beschrieben. Der Aufruhr, die Kämpfe, das Massaker waren tatsächliche Ereignisse beim Aufstande des Cheyte Singh, der 1780 stattfand und bei dem Hastings unmittelbare Lebensgefahr drohte. Der Mann, der an dem Seil aus Turbanen entkam, war Cheyte Singh selbst. Die Gruppe in dem Pavillon waren Sepoys und britische Offiziere unter der Führung von Hastings. Zu ihnen gehörte auch ich, und ich tat alles, was ich konnte, den tollkühnen und verhängnisvollen Ausfall des Offiziers zu verhindern, der dann im Menschengewimmel der Gassen durch den vergifteten Pfeil eines Bengalen fiel. Dieser Offizier war mein liebster Freund. Es war Oldeb. Aus diesen Manuskripten können Sie sehen« (hier brachte der Sprecher ein Notizbuch zum Vorschein, in welchem offenbar mehrere Seiten frisch beschrieben worden waren), »wie genau zu der Zeit, da in den Bergen Sie diese Dinge in Ihrer Vorstellung erlebten, ich hier zu Hause damit beschäftigt war, sie ausführlich zu Papier zu bringen.«

Etwa eine Woche nach diesem Gespräch erschien in einer Zeitung in Charlottesville der folgende Artikel:

›Wir haben die schmerzliche Pflicht, den Tod von Mr. Augustus Bedlo bekanntzugeben, einem Gentleman, den die Bürger von Charlottesville seit langem ob seiner Liebenswürdigkeit und vieler Tugenden schätzten.

Mr. B. litt bereits seit einigen Jahren an Neuralgie, welche schon des öfteren einen tödlichen Ausgang zu nehmen drohte; sie kann aber nur als mittelbare Ursache seines Ablebens gelten. Die unmittelbare Ursache war von ganz besonderer Einzigartigkeit. Bei einem Ausflug in die Ragged Mountains vor ein paar Tagen hatte sich der Verstorbene eine leichte Erkältung und Fieber zugezogen, und es kam zu einem starken Blutandrang zum Kopfe. Zu dessen Linderung wandte Dr. Templeton einen örtlichen Aderlaß an. Blutegel wurden an den Schläfen angesetzt. In erschreckend kurzer Zeit verstarb der Patient, · woraufhin sich zeigte, daß in das Gefäß, welches die Blutegel enthielt, aus Versehen eine der giftigen wurmartigen *sangsues* geraten war, die hin und wieder in den umliegenden Teichen vorkommen. Dieses Tier saugte sich an einer kleinen Arterie in der rechten Schläfe fest. Wegen seiner starken Ähnlichkeit mit dem Echten Blutegel wurde dieses Versehen erst bemerkt, als es zu spät war.

NB. Die giftige *sangsue* von Charlottesville läßt sich vom Echten oder Deutschen Blutegel stets durch ihre schwarze Färbung unterscheiden, besonders aber durch ihre schlängelnden oder wurmartigen Bewegungen, welche denen einer Schlange ungemein ähneln.‹

Ich sprach nun mit dem Herausgeber des genannten Blattes über diesen bemerkenswerten Unglücksfall, als mir die Frage einfiel, wie es denn käme, daß man den Namen des Verstorbenen mit Bedlo angegeben hatte.

»Ich nehme an«, sagte ich, »Sie können diese Schreibung belegen, doch war ich nun immer der Meinung, der Name schreibe sich am Ende mit einem *e*.«

»Belegen? – nein«, erwiderte er. »Das ist bloß ein Druckfehler. Der Name Bedloe endet in der ganzen Welt auf *e*, und ich habe ihn mein Lebtag noch nicht anders geschrieben gesehen.«

»Dann«, stammelte ich, als ich auf dem Absatz kehrtmachte, »dann hat es sich in der Tat erwiesen, daß eine einzige Wahrheit wunderlicher ist denn alle Erfindung – denn Bedlo ohne *e*, was ist es anders als die Umkehrung von Oldeb? Und da redet dieser Mann von einem Druckfehler.«

DIE LÄNGLICHE KISTE

Vor einigen Jahren nahm ich einmal auf dem schönen Postschiff ›Independence‹, Kapitän Hardy, Passage von Charleston, Süd-Carolina, nach der Stadt New York. Wenn es das Wetter zuließ, sollten wir am Fünfzehnten des Monats (Juni) unter Segel gehen; und am Vierzehnten begab ich mich an Bord, um in meiner Kajüte noch einiges zu ordnen.

Wie ich feststellen konnte, sollten wir recht viele Passagiere haben, darunter eine mehr denn gewöhnliche Anzahl Damen. Auf der Liste standen mehrere Bekannte von mir; unter anderen Namen entdeckte ich zu meiner Freude den von Mr. Cornelius Wyatt, einem jungen Künstler, für den ich Gefühle inniger Freundschaft hegte. Er hatte mit mir gemeinsam an der C – – Universität studiert, wo wir seinerzeit sehr viel zusammen gewesen waren. Er besaß das gewöhnliche Temperament des Genies und stellte eine Mischung dar, darin sich Menschenhaß, Empfindsamkeit und Enthusiasmus vereinten. Mit diesen Eigenschaften verband er das wärmste und treueste Herz, welches je in eines Menschen Brust geschlagen.

Ich bemerkte, daß sein Name auf den Karten *dreier* Kabinen stand; und als ich noch einmal in der Passagierliste nachsah, fand ich, daß er für sich selbst, seine Frau und zwei Schwestern – seine eigenen – Passage gebucht hatte. Die Kajüten waren ausreichend geräumig, und jede besaß zwei Kojen, eine über der anderen. Diese Kojen waren freilich so überaus schmal, daß sie mehr denn einer Person nicht Platz boten; dennoch konnte ich nicht so recht begreifen, warum diese vier Personen *drei* Kabinen brauchten. Ich befand mich damals gerade in einer jener launischen Gemütsverfassungen, die einen Menschen ganz unnatürlich neugierig bezüglich Kleinigkeiten machen; und zu meiner Schande muß ich gestehen, daß ich ob der überzähligen Kabine mancherlei ungehörige und alberne Vermutungen anstellte. Das ging mich nun ganz gewiß nichts an; doch mit darum nicht geringerer Hartnäckigkeit beschäftigte ich mich damit, nach einer Lösung des Rätsels zu suchen. Endlich gelangte ich zu einem Schlusse, bei welchem ich mich höchlich wunderte, warum ich nicht früher darauf gekommen war. »Ein Dienstmädchen natürlich«, sagte ich; »wie dumm von mir, daß ich nicht eher an eine so einleuchtende Lösung gedacht habe!« Und dann nahm ich noch einmal die Liste zur Hand – doch hieraus war klar zu ersehen, daß *keinerlei* Dienstpersonal mitkommen sollte; wiewohl dies eigentlich vorgesehen gewesen war – denn die Worte ›und Dienstmädchen‹ waren zuerst hinge-schrieben und dann durchgestrichen worden. ›Oh, gewiß ist es dann Extra-Gepäck‹, sagte ich nun bei mir – ›etwas, das nicht in den Laderaum soll – etwas, das er selbst im Auge behalten möchte – ah, ich hab's – ein Gemälde oder dergleichen – und darum hat er auch mit Nicolino, dem italienischen Juden, gehandelt.‹ Mit diesem Gedanken war ich es zufrieden, und für diesmal ließ ich es mit meiner Neugier gut sein.

Die beiden Schwestern Wyatts kannte ich sehr gut, sie waren äußerst liebenswerte und gescheite Mädchen. Gehei-ratet hatte er erst kürzlich, und so hatte ich seine Frau noch nie gesehen. Jedoch hatte er in meiner Gegenwart oft von ihr gesprochen, und zwar in der ihm eigenen schwär-merischen Art und Weise. Er beschrieb sie als überaus schön, geistvoll und gebildet. Daher war ich schon recht gespannt darauf, ihre Bekanntschaft zu machen.

An dem Tage, da ich das Schiff aufsuchte (dem Vier-zehnten), sollten auch Wyatt und seine Begleitung kom-men – so ließ mich der Kapitän wissen –, und in der Hoff-nung, der jungen Frau vorgestellt zu werden, wartete ich eine Stunde länger an Bord, als ich eigentlich vorgehabt hatte; doch dann kam eine Entschuldigung. Mrs. W. sei ein wenig unpäßlich und wolle also nicht vor morgen, zur

Stunde der Abreise, an Bord kommen. Als der nächste Morgen gekommen war, machte ich mich von meinem Hotel zum Pier auf den Weg, als ich Kapitän Hardy traf, der mir mitteilte, ›umständehalber‹ (eine alberne, aber bequeme Redensart) werde die ›Independence‹ wohl erst in ein oder zwei Tagen auslaufen, und er werde, wenn es soweit wäre, herschicken und mir Bescheid geben. Dies dünkte mich recht seltsam, denn es wehte eine steife südliche Brise; doch da ›die Umstände‹ nicht zum Vorschein kommen wollten, so hartnäckig ich sie auch zu erforschen suchte, blieb mir nichts übrig, als wieder umzukehren und meine Ungeduld mit Muße zu verwinden.

Bald eine Woche lang blieb die erwartete Nachricht vom Kapitän aus. Endlich aber traf sie dann doch ein, und ich begab mich unverzüglich an Bord. Auf dem Schiff drängten sich die Passagiere, und allerseits herrschte das lärmende Treiben, wie es vor der Abfahrt eines Schiffes üblich ist. Wyatt und die Seinigen trafen etwa zehn Minuten nach mir ein. Da waren also die beiden Schwestern, die junge Frau und der Künstler – der letztere hatte gerade eine seiner üblichen Anwandlungen von mürrischer Misanthropie. Ich war nun freilich diese viel zu sehr gewohnt, um sonderlich darauf zu achten. Er stellte mich nicht einmal seiner Frau vor – diese Höflichkeit oblag nun notgedrungen seiner Schwester Marian – einem überaus reizenden und intelligenten Mädchen, die uns in wenigen hastigen Worten bekannt machte.

Mrs. Wyatt war dicht verschleiert gewesen; und als sie, mir für meine Verbeugung zu danken, den Schleier hob, muß ich gestehen, war ich doch recht befremdet. Doch wäre mein Befremden noch weit größer gewesen, hätte nicht lange Erfahrung mich gewarnt, den begeisterten Schilderungen meines Freundes, des Künstlers, nicht allzu blind zu vertrauen, wenn er in Kommentaren über des Weibes Schönheit sich erging. Sobald von Schönheit die Rede, das wußte ich sehr wohl, entschwebte er mit Leichtigkeit in die Gefilde des reinen Ideals.

Die Wahrheit ist, ich konnte nicht anders, als Mrs. Wyatt für eine ganz und gar unansehnliche Frau zu halten. Wenn sie auch nicht ausgesprochen häßlich war, so fehlte doch, meine ich, nicht allzuviel daran. Gekleidet war sie freilich in vorzüglichem Geschmack – und so hegte ich denn keinen Zweifel, daß sie meines Freundes Herz durch die dauerhafteren Reize des Geistes und der Seele bezaubert habe. Sie sprach nur sehr wenige Worte und ging sogleich mit Mr. W. in ihre Kajüte.

Nun war meine alte Neugier wieder geweckt. Ein Dienstmädchen war *nicht* dabei – *das* stand fest. Daher hielt ich nach dem Extragepäck Ausschau. Nach einiger Wartezeit erschien ein Karren auf dem Kai mit einer länglichen Kiste aus Fichtenholz, anscheinend das einzige, worauf man gewartet hatte. Gleich nachdem sie eingetroffen, gingen wir unter Segel, und schon bald hatten wir die Barre sicher hinter uns gelassen und lagen nach See zu.

Die fragliche Kiste war, wie schon gesagt, länglich. Sie maß etwa sechs Fuß in der Länge und zweieinhalb in der Breite – ich habe sie mir aufmerksam angesehen und bin auch gern genau. Nun war diese Form doch recht *merkwürdig*, und kaum hatte ich sie gesehen, da rechnete ich es mir zur Ehre an, wie genau meine Vermutung zutraf. Ich war, so wird man sich erinnern, zu dem Schlusse gekommen, das Extragepäck meines Künstlerfreundes werde aus Bildern oder wenigstens einem Bilde bestehen; denn ich wußte, er hatte wochenlang mit Nicolino in Verhandlung gestanden: – und nun war hier eine Kiste, welche ihrer Form nach möglicherweise nichts anderes auf der Welt enthalten konnte als ein Kopie von Leonardos ›Abendmahl‹; und eine Kopie eben des ›Abendmahls‹, angefertigt von Rubini dem Jüngeren zu Florenz, wußte ich schon geraume Zeit im Besitze Nicolinos. Diesen Punkt betrachtete ich daher zur Genüge geklärt. Beim Gedanken an meinen Scharfsinn mußte ich tüchtig in mich hineinlachen. Es war das erste Mal, soviel ich wußte, daß Wyatt mir eines seiner künstlerischen Geheimnisse vorenthielt; doch hier hatte er offenbar vor, mir ein Schnippchen zu schlagen und ein schönes Bild direkt unter meiner Nase nach New York zu

schmuggeln, in der Annahme, ich wüßte nichts davon. Ich
beschloß, ihn jetzt und fürderhin *ausgiebig* damit zu nek-
ken.

Eine Sache freilich bereitete mir nicht wenig Kopfzerbrechen. Die Kiste kam *nicht* in die Extra-Kabine. Sie ward
in Wyatts eigene gestellt; und dort blieb sie auch und
nahm fast den ganzen Fußboden ein – zweifellos zur gar
großen Beschwerlichkeit für den Künstler und seine
Frau – dies um so mehr, als der Teer oder die Farbe, mit
welcher sie in riesigen Großbuchstaben beschriftet war,
einen scharfen, unangenehmen und für *meinen* Geschmack
ausgesprochen widerlichen Geruch ausströmte. Auf den
Deckel waren die Worte gemalt – ›Mrs. Adelaide Curtis,
Albany, New York. Fracht von Cornelius Wyatt, Esq. Diese
Seite nach oben! Vorsicht! Nicht stürzen!‹

Nun war mir bekannt, daß Mrs. Adelaide Curtis in Albany die Schwiegermutter des Künstlers war – doch dann
hielt ich die ganze Adresse für ein Täuschungsmanöver,
welches speziell mich in die Irre führen sollte. Natürlich
war ich fest davon überzeugt, daß die Kiste samt Inhalt
niemals weiter nach Norden gelangen würden als bis zum
Atelier meines misanthropischen Freundes in der Cham-
bers Street, New York.

Die ersten drei oder vier Tage hatten wir schönes Wetter, obgleich der Wind recht voraus wehte; war er doch in
nördliche Richtung umgeschlagen, sobald wir die Küste
aus den Augen verloren hatten. Die Passagiere befanden
sich folglich in guter Stimmung und zeigten sich zu Gesel-
ligkeit aufgelegt. Wyatt und seine Schwestern *muß* ich davon allerdings ausnehmen, sie verhielten sich gegenüber
der übrigen Gesellschaft steif und, ich konnte mir nicht
helfen, geradezu unhöflich. *Wyatts* Benehmen kümmerte
mich dabei gar nicht sonderlich. Er war trüben Sinnes, sogar mehr noch als sonst – ja, er gab sich geradezu *grämlich* –, doch bei ihm war ich auf exzentrisches Gebaren gefaßt. Für die Schwestern freilich konnte ich keine
Entschuldigung finden. Während des größten Teils der
Fahrt zogen sie sich in ihre Kajüten zurück und weigerten

sich entschieden, obwohl ich wiederholt in sie drang, mit irgendeinem Menschen an Bord Umgang zu pflegen.

Mrs. Wyatt selbst gab sich weitaus liebenswürdiger. Das heißt, sie war recht *geschwätzig*; und Geschwätzigkeit ist keine geringe Empfehlung auf See. Sie stand sich *außerordentlich* vertraut mit den meisten Damen; und zu meinem größten Erstaunen legte sie eine unzweifelhafte Neigung an den Tag, mit den Männern zu kokettieren. Sie amüsierte uns alle sehr. Ich sage ›amüsierte‹ – und weiß eigentlich kaum, wie ich es erklären soll. Die Wahrheit ist, ich fand bald heraus, daß man weit öfter *über* Mrs. Wyatt lachte denn *mit* ihr. Die Herren äußerten sich nur wenig über sie; die Damen aber nannten sie schon nach kurzer Zeit ›ein gutherziges Ding von nichtssagendem Äußeren, total ungebildet und ausgesprochen gewöhnlich‹. Das große Fragezeichen war nun, wie Wyatt überhaupt in eine solche Heirat geraten war. Gemeinhin hieß die Lösung Reichtum – doch dies, so wußte ich, traf hier ganz und gar nicht zu; denn Wyatt hatte mir erzählt, daß sie ihm keinen Dollar mitbrächte noch aus irgendeiner Quelle irgend etwas zu erwarten hätte. Geheiratet, so sagte er, habe er aus Liebe, einzig und allein aus Liebe; und seine Frau sei seiner Liebe mehr als wert. Wenn ich an diese Äußerungen von seiten meines Freundes dachte, so muß ich gestehen, sah ich mich vor einem Rätsel. Konnte es möglich sein, daß er langsam den Verstand verlor? Was sollte ich sonst davon halten? *Er*, ein so feingebildeter Mensch, so hochintelligent, so wählerisch, mit einem so empfindlichen Gespür für alles Mangelhafte und so überaus empfänglich für alles Schöne! Gewiß, die Dame schien *ihm* ja nun gar sehr zugetan zu sein – ganz besonders in seiner Abwesenheit – wo sie sich geradezu zum Gespött machte, weil sie beständig zitierte, was ihr ›geliebter Gatte, Mr. Wyatt‹ gesagt hatte. Das Wort ›Gatte‹ schien ihr auf immer und ewig – um einen ihrer delikaten Ausdrücke zu gebrauchen –, auf immer und ewig ›auf der Zungenspitze‹ zu liegen. Unterdessen merkten alle an Bord, daß *er sie* in der auffälligsten Weise mied und sich zumeist allein in seiner Kajüte einschloß, ja, man durfte tatsächlich sagen, daß er überhaupt nur dort weilte und seiner Frau völlige Freiheit ließ, sich nach Belieben in der allgemeinen Gesellschaft der Hauptkabine zu amüsieren.

Nach allem, was ich sah und hörte, schloß ich, daß der Künstler durch irgendeine unerfindliche Schicksalslaune, vielleicht auch in irgendeiner Anwandlung von schwärmerischer und eingebildeter Leidenschaft veranlaßt worden sei, sich mit einer Person zu verbinden, die weit unter ihm stand, und daß sich ganz naturgemäß baldiger und vollkommener Ekel eingestellt habe. Ich bedauerte ihn aus tiefstem Herzensgrunde – konnte ihm aber deswegen doch nicht ganz seine Verschwiegenheit in Sachen ›Abendmahl‹ verzeihen. Diese, so beschloß ich, sollte er mir noch büßen.

Eines Tages kam er an Deck, und wie ich es früher gewohnt gewesen, nahm ich seinen Arm und schlenderte mit ihm auf und ab. Seine düstere Stimmung jedoch (die mich unter den obwaltenden Umständen ganz natürlich bedünkte) schien gänzlich unvermindert anzuhalten. Er redete wenig, und dieses Wenige brachte er niedergeschlagen und mit offensichtlicher Anstrengung heraus. Ein- oder zweimal wagte ich einen Scherz, und er versuchte ein Lächeln, daß es einen erbarmen konnte. Der Ärmste! – wenn ich an *seine Frau* dachte, so mußte ich mich gar noch wundern, daß er es überhaupt übers Herz brachte, sich auch nur den leisesten Anschein von Heiterkeit zu geben. Schließlich wagte ich einen Vorstoß zur Sache. Ich beschloß, eine Reihe versteckter Insinuationen oder Anspielungen hinsichtlich der länglichen Kiste loszulassen – nur um ihm nach und nach zu erkennen zu geben, daß ich *keineswegs* die Zielscheibe oder das Opfer seines kleinen lustigen Täuschungsmanövers war. Meine erste Bemerkung sollte wie eine verdeckte Batterie das Feuer eröffnen. Ich sagte etwas über die ›merkwürdige Form *jener* Kiste‹; und während ich diese Worte sprach, lächelte ich wissend, zwinkerte ihm zu und tippte ihm mit dem Zeigefinger sacht gegen die Rippen.

Die Art, in der Wyatt diese harmlose Neckerei aufnahm,

überzeugte mich sogleich, daß er wahnsinnig sei. Zunächst starrte er mich an, als wäre es ihm unmöglich, den Witz meiner Bemerkung zu fassen; doch als deren Pointe seinem Gehirn langsam zu dämmern schien, sah es aus, als wollten ihm ebenso langsam die Augen aus den Höhlen treten. Dann wurde er hochrot – darauf schrecklich bleich – und dann brach er, als wäre er höchlichst amüsiert über das, was ich angedeutet hatte, in schallend lautes Gelächter aus, welches zu meiner Bestürzung allmählich immer kräftiger anschwoll und zehn Minuten oder gar länger anhielt. Zum Schlusse fiel er flach und schwer aufs Deck. Als ich hinzusprang, ihn aufzuheben, sah er aus wie *tot*.

Ich rief Hilfe herbei, und mit großer Mühe brachten wir ihn wieder zu sich. Als ihm das Bewußtsein wiederkehrte, redete er eine Weile unzusammenhängend vor sich hin. Schließlich ließen wir ihn zur Ader und brachten ihn zu Bett. Am nächsten Morgen hatte er sich wieder völlig erholt, soweit es jedenfalls seine körperliche Gesundheit betraf. Von seinem Geisteszustand möchte ich natürlich lieber nichts sagen. Während der restlichen Fahrt ging ich ihm aus dem Wege, wozu mir der Kapitän geraten hatte, der meine Ansichten bezüglich seines Wahnsinns zu teilen schien, mich aber warnte, doch diesbezüglich nichts irgend jemand an Bord gegenüber verlauten zu lassen.

Unmittelbar nach diesem Anfall Wyatts ereigneten sich diverse Umstände, welche dazu beitrugen, die Neugier, die mich bereits plagte, noch zu erhöhen. Unter anderem folgendes: Ich war nervös gewesen – hatte zuviel starken grünen Tee getrunken und schlief nachts darauf dann schlecht – ja, zwei Nächte konnte ich wirklich nicht behaupten, überhaupt geschlafen zu haben. Nun ging meine Kajüte wie die aller alleinreisenden Männer an Bord auf die Hauptkabine oder den Speisesaal hinaus. Wyatts drei Kajüten aber lagen nahe der Achterkabine, von der Hauptkabine nur durch eine leichte Schiebetür getrennt, die nie verschlossen war, nicht einmal nachts. Da wir fast ständig hart am Winde segelten und eine ganz schön steife Brise wehte, krängte das Schiff ganz beträchtlich nach Lee; und immer wenn die Steuerbordseite nach Lee hing, ging die Schiebetür zwischen den Kabinen auf und blieb offen, da niemand sich die Mühe nahm, aufzustehen und sie zu schließen. Meine Koje lag nun aber so, daß ich, wenn meine eigene Kajütentür offenstand ebenso wie die bewußte Schiebetür (und meine Tür war der Hitze wegen *stets* geöffnet), ganz deutlich in die Achterkabine blicken konnte, und zwar genau in den Teil davon, wo die Kajüten von Mr. Wyatt lagen. Nun, während der beiden (*nicht* aufeinanderfolgenden) Nächte, in denen ich wach lag, sah ich ganz klar, wie Mrs. W. sich gegen elf Uhr jede Nacht aus Mr. W.s Kajüte stahl und den Extra-Raum betrat, wo sie bis Tagesanbruch blieb, woraufhin sie von ihrem Gatten gerufen ward und zurückkehrte. Daß sie praktisch schon getrennt lebten, war deutlich. Sie hatten getrennte Zimmer, zweifellos in der Absicht einer endgültigeren Scheidung; und hierin läge also nun, so dachte ich, das Geheimnis der Extrakajüte.

Noch einen weiteren Umstand fand ich von höchstem Interesse. Während der beiden besagten schlaflosen Nächte und unmittelbar nachdem Mrs. Wyatt in der Extrakajüte verschwunden war, fielen mir gewisse sonderbare, behutsame, gedämpfte Geräusche in der Kajüte ihres Mannes auf. Nachdem ich eine Zeitlang mit gespannter Aufmerksamkeit darauf gelauscht, gelang es mir schließlich vollkommen, mir ihre Bedeutung zu erklären. Diese Geräusche entstanden, als der Künstler die längliche Kiste mittels Stemmeisen und Holzhammer öffnete – wobei der letztere offenbar mit weichem wollenen oder baumwollenen Zeug umwickelt oder gedämpft wurde, worein der Hammerkopf gehüllt war.

Auf diese Art bildete ich mir ein, genau den Augenblick unterscheiden zu können, da er den Deckel gänzlich losgestemmt hatte – und gleichfalls bestimmen zu können, wann er ihn dann überhaupt abnahm und auf die untere Koje in seiner Kajüte legte; dies letztere erkannte ich zum Beispiel an gewissen leisen Klopfgeräuschen, die entstanden, wenn der Deckel gegen die Holzkanten der Koje stieß, da Wyatt sich bemühte, ihn *sehr* sacht hinzulegen – auf dem Boden war kein Platz mehr dafür. Danach herrschte Totenstille, und beide Male konnte ich bis kurz vor Tagesanbruch nichts weiter vernehmen; es sei denn, ich darf vielleicht ein leises Geräusch, wie Schluchzen oder Murmeln, erwähnen, allerdings so unterdrückt, daß es kaum zu hören war – wenn nicht gar all diese letzteren Geräusche meiner eigenen Einbildung nur entsprangen. Wie gesagt, es *klang wie* Schluchzen oder Seufzen – doch natürlich konnte es keines von beidem gewesen sein. Eher möchte ich denken, daß ich Ohrenklingen hatte. Zweifellos ließ Mr. Wyatt, wie es seine Gewohnheit war, nur einem seiner Steckenpferde die Zügel schießen – frönte einer seiner Anwandlungen von Kunstbegeisterung. Er hatte seine längliche Kiste geöffnet, um seine Augen an dem Bilderschatz darin zu weiden. Daran war ja nun wirklich nichts, weswegen er *schluchzen* müßte. So wiederhole ich denn, daß mir meine Phantasie da einfach einen Streich gespielt haben muß, vom grünen Tee des guten Kapitäns Hardy ein wenig durcheinandergebracht. In jeder der beiden Nächte, von denen ich spreche, kurz vor Morgengrauen, vernahm ich deutlich, wie Mr. Wyatt den Deckel wieder auf die längliche Kiste legte und mit dem umwickelten Holzhammer die Nägel an ihren alten Stellen hineinschlug. Nachdem er dies vollbracht, trat er vollkommen angekleidet aus seiner Kajüte und ging, Mrs. W. aus der ihren zu holen.

Wir waren nun schon sieben Tage auf See und befanden uns auf der Höhe von Kap Hatteras, als aus Südwesten schwerer Sturm aufkam. Wir waren freilich bis zum gewissen Grade darauf gefaßt, da im Wetter sich schon geraume Zeit bedrohliche Vorboten bemerkbar gemacht hatten. Alles wurde also auf Sturm vorbereitet, unten wie oben in der Takelung; und als der Wind beständig auffrischte, lagen wir schließlich unter doppelt gerefftem Besan- und Vormarssegel beigedreht.

So getrimmt, fuhren wir achtundvierzig Stunden lang recht sicher dahin – das Schiff erwies sich als in vielerlei Hinsicht hervorragend seetüchtig und nahm in kaum nen-

nenswertem Maße Wasser auf. Danach jedoch hatte sich der Sturm zum Orkan verstärkt, und unser Achtersegel zerriß in Fetzen, wodurch wir so tief in ein Wellental gerieten, daß wir mehrere gewaltige Sturzseen übernahmen, eine unmittelbar nach der anderen. Durch dieses Malheur verloren wir drei Mann, die mitsamt der Kombüse über Bord gingen, und nahezu die ganze Backbordreling. Kaum waren wir wieder zur Besinnung gekommen, da ging das Vormarssegel in Fetzen, woraufhin wir ein Sturmstagsegel setzten, und mit diesem ging es einige Stunden lang recht gut, das Schiff lag nun weitaus stetiger auf den Wellen als zuvor.

Doch der Sturm hielt noch an, und es waren keinerlei Anzeichen für ein Abflauen zu erkennen. Die Takelage, so stellte sich heraus, war schlecht gesetzt und zu straff gespannt; und am dritten stürmischen Tag, gegen fünf Uhr nachmittags, ging bei einem heftigen Ruck nach Luv der Besanmast über Bord. Eine Stunde oder länger versuchten wir vergeblich, ihn loszuwerden, so gewaltig schlingerte das Schiff; und ehe es uns noch gelungen war, kam der Zimmermann achtern und meldete vier Fuß Wasser im Schiffsraum. Um unsere Not noch zu verschlimmern, mußten wir zu allem Unglück auch noch feststellen, daß die Pumpen verstopft und so gut wie unbrauchbar waren.

Nun war alles eitel Aufruhr und Verzweiflung – doch versuchte man, das Schiff dadurch zu erleichtern, daß man soviel von der Ladung über Bord warf, wie man erreichen konnte, und die beiden noch verbliebenen Masten kappte. Dies gelang uns schließlich auch – doch noch immer waren wir nicht imstande, etwas an den Pumpen zu unternehmen; und in der Zwischenzeit ward das Leck rasch größer und größer.

Bei Sonnenuntergang hatte der Sturm merklich an Heftigkeit nachgelassen, und als damit sich auch die See beruhigte, hegten wir noch die schwache Hoffnung, uns in den Booten retten zu können. Um acht Uhr abends rissen die Wolken luvwärts auf, und uns ward der Vorteil eines vollen Mondes – ein Glücksumstand, der aufs wunderbarste dazu beitrug, unseren verzweifelten Mut wieder aufzurichten.

Nach unsäglicher Mühe gelang es uns schließlich, die Pinasse ohne wesentlichen Zwischenfall über Bord hinabzulassen, und dahinein drängte sich nun die gesamte Mannschaft sowie die meisten der Passagiere. Diese Gruppe fuhr unverzüglich ab und erreichte nach vielen Leiden schließlich am dritten Tage nach dem Schiffbruch sicher Ocracoke Inlet.

Vierzehn Passagiere, dazu der Kapitän, blieben an Bord, entschlossen, ihr Schicksal der Jolle im Heck anzuvertrauen. Wir ließen diese ohne Schwierigkeit hinab, wiewohl wir sie nur durch ein Wunder davor bewahrten, daß sie volllief und unterging, als sie auf dem Wasser aufsetzte. Sobald die Jolle flott war, nahm sie den Kapitän und seine Frau, Mr. Wyatt und die Seinen, einen mexikanischen Offizier mit Frau und vier Kindern sowie mich selbst samt einem Negerdiener auf.

Natürlich hatten wir keinen Platz, irgend etwas anderes mitzunehmen außer einigen wenigen unbedingt nötigen Gerätschaften, etwas Proviant und die Kleider, die wir auf dem Leibe trugen. Niemandem wäre es eingefallen, auch nur zu versuchen, noch mehr zu retten. Wie groß mußte daher das Erstaunen aller gewesen sein, als Mr. Wyatt – wir waren schon ein paar Faden weit vom Schiffe fort – in den Achtersitzen aufstand und kühl von Kapitän Hardy verlangte, daß das Boot zurückkehren solle, um seine längliche Kiste aufzunehmen!

»Setzen Sie sich, Mr. Wyatt«, erwiderte der Kapitän einigermaßen streng; »Sie bringen uns noch zum Kentern, wenn Sie nicht ganz still sitzen bleiben. Unser Dollbord ist jetzt schon fast im Wasser.«

»Die Kiste!« schrie Mr. Wyatt, noch immer im Stehen – »die Kiste, sage ich! Kapitän Hardy, das können, das *werden* Sie mir nicht verweigern. Sie wiegt so gut wie nichts – kaum etwas – nicht das mindeste. Bei der Mutter, die Sie geboren – bei der himmlischen Liebe – bei Ihrer Hoffnung auf das Heil beschwöre ich Sie, ich *flehe* Sie an, kehren Sie um und holen Sie die Kiste!«

Einen Augenblick lang schien es, als wäre der Kapitän

von der inständigen Bitte des Künstlers gerührt, doch dann gewann er seine unnachgiebige Haltung wieder und sagte nur – »Mr. Wyatt, Sie sind *wahnsinnig*. Ich kann nicht auf Sie hören. Setzen Sie sich, sage ich, oder Sie bringen das Boot zum Sinken. Halt! – haltet ihn! – packt ihn! – er will über Bord springen! Da – hab ich's doch gewußt – er ist über Bord!«

Bei diesen Worten des Kapitäns sprang Mr. Wyatt tatsächlich aus dem Boot, und da wir uns noch im Windschatten des Wracks befanden, gelang es ihm mit beinahe übermenschlicher Anstrengung, ein Seil zu ergreifen, das von der Fockrüste herabhing. Gleich darauf war er an Bord und stürzte wie rasend hinunter in die Kabine.

Unterdessen hatte es uns achteraus vom Schiff und damit ganz aus seinem Windschatten getrieben, und wir waren nun auf Gnade oder Ungnade der noch immer hochgehenden See ausgeliefert. Wir mühten uns verzweifelt, umzukehren, doch unser kleines Boot war wie eine Feder im Sturmeshauch. Wir erkannten auf einen Blick, daß das Schicksal des unglücklichen Künstlers besiegelt war.

Während unsere Entfernung vom Wrack nun ungeheuer rasch wuchs, sahen wir, wie der Verrückte (denn nur dafür konnten wir ihn halten) von der Kajütentreppe auftauchte und mit geradezu gigantischer Kraft doch tatsächlich die längliche Kiste schleppte. Dieweil wir in grenzenloser Verwunderung hinüberstarrten, schlang er eilends mehrere Male ein dreizölliges Tau zuerst um die Kiste und dann um seinen Leib. Im nächsten Augenblick dann waren Mensch wie Kiste im Meer – und im Nu verschwunden, ein für allemal.

Eine Weile ließen wir in Trauer die Riemen ruhen, die Augen auf die Stelle geheftet. Schließlich ruderten wir fort. Wohl eine ganze Stunde brach keiner das Schweigen. Endlich wagte ich eine Bemerkung.

»Haben Sie gesehen, Kapitän, wie plötzlich sie untergegangen sind? War das nicht höchst merkwürdig? Ich muß gestehen, ich hatte die leise Hoffnung, daß er zu guter

Letzt doch gerettet würde, als ich sah, wie er sich an der Kiste festband und sich mit ihr dem Wasser anvertraute.«

»Selbstverständlich mußten sie sinken«, erwiderte der Kapitän, »und dazu blitzschnell. Freilich werden sie bald wieder hochkommen – *doch erst, wenn das Salz schmilzt.*«

»Das Salz!« rief ich.

»Still!« sagte der Kapitän und wies auf die Frau und die Schwestern des Verstorbenen. »Wir sollten zu passenderer Zeit über diese Dinge sprechen.«

Wir litten viel und entkamen mit knapper Not; doch das Glück war uns hold ebenso wie unseren Leidensgefährten in der Pinasse. Endlich landeten wir nach vier Tagen ungeheurer Qual mehr tot als lebendig am Strand gegenüber Roanoke Island. Hier blieben wir eine Woche, hatten nicht unter den Strandräubern zu leiden und bekamen schließlich Passage nach New York.

Etwa einen Monat nach dem Untergang der ›Independence‹ traf ich Kapitän Hardy zufällig auf dem Broadway. Natürlich wandte sich unser Gespräch dem Unglück zu, besonders aber dem traurigen Schicksal des armen Wyatt. So erfuhr ich denn die folgenden Einzelheiten.

Der Künstler hatte für sich, seine Frau, zwei Schwestern und ein Dienstmädchen Passage gebucht. Seine Frau war tatsächlich, wie er sie geschildert hatte, eine überaus schöne und gebildete Dame. Am Morgen des vierzehnten Juni (dem Tage, an welchem ich zum ersten Male das Schiff aufsuchte) ward sie ganz plötzlich krank und starb. Der junge Gatte war außer sich vor Schmerz – doch die Umstände ließen eine Verschiebung seiner Reise nach New York auf keinen Fall zu. Nun war es einerseits notwendig, den Leichnam seines vergötterten Weibes zu seiner Schwiegermutter zu bringen, und andererseits war das allgemeine Vorurteil nur zu gut bekannt, das ihn hindern würde, dies in aller Offenheit zu tun. Neun von zehn Passagieren wären eher von Bord gegangen, als daß sie zusammen mit einer Leiche die Fahrt angetreten hätten.

In diesem Dilemma richtete es nun Kapitän Hardy so

ein, daß die Tote – nachdem sie zunächst teilweise einbalsamiert und dann mit einer großen Menge Salz in einer Kiste passender Größe verstaut war – als Handelsgut an Bord gebracht werden sollte. Vom Ableben der Frau sollte nichts verlauten; und da es nun aber wohlbekannt war, daß Mr. Wyatt für seine Gattin die Fahrt gebucht hatte, erwies es sich als notwendig, daß während der Reise irgend jemand ihre Rollen spielen müßte. Hierzu ließ sich die Kammerzofe der Verstorbenen unschwer bewegen. Die Extrakajüte, zu Lebzeiten der Herrin ursprünglich für dieses Mädchen bestellt, ward nun einfach behalten. In dieser Kajüte schlief die Pseudo-Gattin natürlich jede Nacht. Tagsüber spielte sie, so gut sie es vermochte, die Rolle ihrer Herrin – die in Person, so hatte man umsichtig erkundet, keinem der Passagiere an Bord bekannt war.

Meine eigenen Irrtümer ergaben sich ganz natürlich aus meinem zu sorglosen, zu neugierigen und zu impulsiven Temperament. Doch in letzter Zeit geschieht es nur selten, daß ich des Nachts ruhig schlafe. Ich mag mich drehen und wenden, wie ich will, da ist ein Gesicht, das mich verfolgt. Und immerzu ist da ein hysterisches Lachen, das mir in den Ohren klingt.

EDGAR ALLAN POE
SÄMTLICHE ERZÄHLUNGEN

Alphabetische Inhaltsübersicht
der vier Einzelbände

insel taschenbuch: Edgar Allan Poe, Die Morde in der Rue Morgue und andere Erzählungen. Der Text folgt der Ausgabe im insel taschenbuch: Edgar Allan Poe, Sämtliche Erzählungen in vier Bänden. Herausgegeben von Günter Gentsch. Insel Verlag Frankfurt am Main 1993.

Die Morde in der Rue Morgue, S. 9. Originaltitel: The Murders in the Rue Morgue. Erstveröffentlichung: Graham's Magazine, April 1841. Textvorlage der Übersetzung von Barbara Cramer-Nauhaus: J.-Lorimer-Graham-Exemplar.

Sturz in den Malström, S. 53. Originaltitel: A Descent into the Maelström. Erstveröffentlichung: Graham's Magazine, Mai 1841. Textvorlage der Übersetzung von Heide Steiner: J.-Lorimer-Graham-Exemplar.

Feeneiland, S. 75. Originaltitel: The Island of the Fay. Erstveröffentlichung: Graham's Magazine, Juni 1841. Textvorlage der Übersetzung von Heide Steiner: The Works of the Late Edgar Allan Poe, Erster Teil, New York 1850.

Das Gespräch zwischen Monos und Una, S. 82. Originaltitel: The Colloquy of Monos and Una. ERstveröffentlichung: Graham's Magazine, August 1841. Textvorlage der Übersetzung von Heide Steiner: Tales. New York 1845.

Mit dem Teufel ist schlecht wetten. Eine Geschichte mit einer Moral, S. 94. Originaltitel: Never bet the Devil your Head. A Tale with a Moral. Erstveröffentlichung: Graham's Magazine, September 1841. Textvorlage der Übersetzung von Heide Steiner: The Works of the Late Edgar Allan Poe, Zweiter Teil, New York 1850.

Eleonora, S. 107. Originaltitel: Eleonora. Erstveröffentlichung: The Gift: a Christmas and New Years Present for 1842, 1841. Textvorlage der Übersetzung von Heide Steiner: Broadway Journal, 24. Mai 1845.

Drei Sonntage in einer Woche, S. 115. Originaltitel: Three Sundays in a Week. Erstveröffentlichung unter dem Titel: A Succession of Sundays, in: Saturday Evening Post, Philadelphia 27. November 1841. Textvorlage der Übersetzung von Heide Steiner: The Works of the Late Edgar Allan Poe, Zweiter Teil, New York 1850, mit aus der Erstveröffentlichung übernommenen Korrekturen.

Das ovale Porträt, S. 124. Originaltitel: The Oval Portrait. Erstveröffentlichung unter dem Titel: Life in Death, in: Graham's Magazine, April 1842. Textvorlage der Übersetzung von Heide Steiner: The Works of Late Edgar Allan Poe, Erster Teil, New York 1850.

Die Maske des Roten Todes, S. 128. Originaltitel: The Masque of the Red Death. Erstveröffentlichung unter dem Titel: The Mask of the Red Death. A Fantasy, in: Graham's Magazine, Mai 1842. Textvorlage der Übersetzung von Erika Gröger: The Works of the Late Edgar Allan Poe, Erster Teil, New York 1850.

Die Grube und das Pendel, S. 136. Originaltitel: The Pit and the Pendulum. Erstveröffentlichung: The Gift: a Christmas and New Years Present MDCCXLII, 1842. Textvorlage der Übersetzung von Erika Gröger: The Works of the Late Edgar Allan Poe, Erster Teil, New York 1850.

Der Landschaftspark, S. 156. Originaltitel: The Landscape Garden. Erstveröffentlichung: Snowden Ladies' Companion, Oktober 1842. Textvorlage der Übersetzung von Heide Steiner: The Works of the Late Edgar Allan Poe, Vierter Teil, New York 1856.

Das Geheimnis um Marie Rogêt. Eine Fortsetzung zu den ›Morden in der Rue Morgue‹, S. 169. Originaltitel: The Mystery of Marie Rogêt. A Sequel to ›The Murders in the Rue Morgue‹. Erstveröffentlichung: Snowdens Ladies' Companion, November und Dezember 1842 und Februar 1843. Textvorlage der Übersetzung von Heide Steiner: J.-Lorimer-Graham-Exemplar.

Das verräterische Herz, S. 235. Originaltitel: The Tell-Tale Heart. Erstveröffentlichung: Pioneer, Boston Januar 1843. Textvorlage der Übersetzung von Heide Steiner: The Works of the Late Edgar Allan Poe, Erster Teil, New York 1850.

Der Goldkäfer, S. 242. Originaltitel: The Gold Bug. Erstveröffentlichung: Teilabdruck in der Dollar Newspaper, 21.Juni 1843. Vollständiger Abdruck in der Ausgabe vom 28.Juni

1843. Textvorlage der Übersetzung von Heide Steiner: J.-Lorimer-Graham-Exemplar.

Der schwarze Kater, S. 288. Originaltitel: The Black Cat. Erstveröffentlichung: United States Saturday Post, 19. August 1843. Textvorlage der Übersetzung von Heide Steiner: Tales, New York 1845.

Morgen auf dem Wissahiccon, S. 301. Originaltitel: Morning on the Wissahiccon. Erstveröffentlichung: The Opal: A Pure Gift for the Holy Days, 1844. Textvorlage der Übersetzung von Heide Steiner: The Opal: A Pure Gift for the Holy Days, 1844.

Das Diddeln als eine exakte Wissenschaft betrachtet, S. 307. Originaltitel: Diddling Considered as One of the Exact Sciences. Erstveröffentlichung unter dem Titel: Raising the Wind; or, Diddling Considered as One of the Exact Sciences, in: Saturday Courier, 14. Oktober 1843. Textvorlage der Übersetzung von Heide Steiner: Broadway Journal, 13. September 1845.

Die Brille, S. 321. Originaltitel: The Spectacles. Erstveröffentlichung: Dollar Newspaper, 27. März 1844. Textvorlage der Übersetzung von Heide Steiner: The Works of the Late Edgar Allan Poe, New York 1850.

Eine Geschichte aus den Ragged Mountains, S. 352. Originaltitel: A Tale of the Ragged Mountains. Erstveröffentlichung: Godey's Magazine and Lady's Book, April 1844. Textvorlage der Übersetzung von Heide Steiner: Broadway Journal, 29. November 1845.

Die längliche Kiste, S. 365. Originaltitel: The Eblong Box. Erstveröffentlichung: Godey's Lady's Book, September 1844. Textvorlage der Übersetzung von Heide Steiner: The Works of the Late Edgar Allan Poe, Zweiter Teil, New York 1850.

Englische und amerikanische Literatur
im insel taschenbuch
Eine Auswahl

D. H. Lawrence
- Der Mann, der Inseln liebte. Übersetzt von Martin Beheim-
  Schwarzbach. it 3059. 87 Seiten
- Liebesgeschichten. Übersetzt von Heide Steiner.
  it 1678. 308 Seiten

Herman Melville
- Bartleby, der Schreiber. Eine Geschichte aus der Wall Street.
  Übersetzt und mit Erläuterungen versehen von Jürgen
  Krug. it 3034. 112 Seiten
- Israel Potter. Seine fünfzig Jahre im Exil. Roman. Übersetzt
  von Uwe Johnson. it 2836. 256 Seiten
- Moby Dick. Übersetzt von Alice und Hans Seiffert. Mit
  einem Nachwort von Rudolf Sühnel.
  it 233. 781 Seiten. it 2934. 760 Seiten

Edgar Allan Poe
- Sämtliche Erzählungen. Herausgegeben von Günter
  Gentsch. Vier Bände in Kassette. it 1528-1531. 1568 Seiten
- Der Bericht des Arthur Gordon Pym. Übersetzt von
  Ruprecht Willnow. it 1449. 270 Seiten
- Grube und Pendel. Schaurige Erzählungen. Übersetzt von
  Erika Gröger und Heide Steiner.
  Großdruck. it 2351. 188 Seiten. it 3107. 128 Seiten
- Schatten / Shadows. Übersetzt von Arno Schmidt.
  it 3168. 337 Seiten
- Der Untergang des Hauses Usher. Meistererzählungen.
  Übersetzt von Barbara Cramer-Nauhaus, Erika Gröger
  und Heide Steiner. it 1373. 182 Seiten

William Shakespeare
- Hamlet. Prinz von Dänemark. Übersetzt von August
  Wilhelm von Schlegel. Mit Illustrationen von Eugène
  Delacroix. Herausgegeben und mit einem Essay versehen
  von Norbert Kohl. it 364. 270 Seiten

Klassiker der Weltliteratur des 19. Jahrhunderts im Insel Verlag
Eine Auswahl

Werkausgaben

Hans Christian Andersen. Märchen, Briefe, Geschichten. Ausgewählt und kommentiert von Johan de Mylius. Übersetzt von Ulrich Sonnenberg. 432 Seiten. Gebunden

Honoré de Balzac. Die Menschliche Komödie. Die großen Romane und Erzählungen. Herausgegeben von Eberhard Wesemann. 20 Bände in Kassette. it 1901-1920. 7312 Seiten

Arthur Rimbaud. Sämtliche Werke. Französisch und deutsch. Übertragen von Sigmar Löffler und Dieter Tauchmann. Mit Erläuterungen zum Werk und einer Chronologie zum Leben Arthur Rimbauds, neu durchgesehen von Thomas Keck. it 1398. 478 Seiten

Oscar Wilde. Sämtliche Werke in sieben Bänden. Herausgegeben von Norbert Kohl. it 2644 und Leinen. 1888 Seiten

Einzelausgaben

Elizabeth von Arnim
- Christine. Übersetzt von Angelika Beck. it 2211. 223 Seiten
- Elizabeth und ihr Garten. Übersetzt von Adelheid Dormagen. it 1293. 131 Seiten
- Jasminhof. Übersetzt von Helga Herborth. it 2292. 402 Seiten
- Die Reisegesellschaft. Übersetzt von Angelika Beck. it 1763. 372 Seiten
- Vera. Übersetzt von Angelika Beck. it 1808. 335 Seiten

- Verzauberter April. Übersetzt von Adelheid Dormagen.
  it 1538. 274 Seiten

Charles Dickens
- David Copperfield. Mit Illustrationen von Phiz.
  it 468. 1245 Seiten
- Nikolaus Nickleby. Mit Illustrationen von Phiz.
  it 1304. 1022 Seiten
- Oliver Twist. Übersetzt von Reinhard Kilbel. Mit einem
  Nachwort von Rudolf Marx und 24 Illustrationen von
  George Cruikshank. it 242. 607 Seiten
- Die Pickwickier. Mit Illustrationen von Robert Seymour,
  Robert William Buss und Phiz. it 896. 1006 Seiten

Fjodor Michailowitsch Dostojewski
- Aufzeichnungen aus einem Totenhause. it 966. 415 Seiten
- Der Spieler. Aus den Aufzeichnungen eines jungen Mannes.
  it 968. 198 Seiten
- Der Idiot. Roman. it 970. 951 Seiten
- Die Brüder Karamasow. Dritter und vierter Teil.
  Zwei Bände. it 974. 1324 Seiten

Gustave Flaubert
- Bouvard und Pécuchet. it 1861. 448 Seiten
- Lehrjahre des Gefühls. Geschichte eines jungen Mannes.
  Übertragen von Maria Dessauer. it 2776. 627 Seiten
- Madame Bovary. Übersetzt von Maria Dessauer.
  it 2861. 464 Seiten und Leinen. 415 Seiten
- Salammbô. Herausgegeben und mit einem Nachwort
  versehen von Monika Bosse und André Stoll. Übersetzt
  von Georg Brustgi. it 342. 448 Seiten

Nikolai Wassiljewitsch Gogol
- Aufzeichnungen eines Wahnsinnigen. Erzählungen.
  it 1513. 183 Seiten

NF 3/2/10.02

- Die Gedichte. Russisch und deutsch. Übersetzt von
  Michael Engelhard. Herausgegeben, kommentiert und mit
  einem Nachwort versehen von Rolf-Dietrich Keil.
  1100 Seiten. Leinen
- Jewgeni Onegin. Roman in Versen. it 2524. 272 Seiten

George Sand
- Indiana. Übersetzt von A. Seubert. Mit einem Essay von
  Annegret Stopczyk. it 711. 321 Seiten
- Ein Winter auf Mallorca. Übersetzt von Maria Dessauer.
  it 2102. 220 Seiten
- Lélia. Übersetzt von Anna Wheill. Mit einem Essay von
  Nike Wagner. it 737. 289 Seiten
- Lucrezia Floriani. Roman.Übersetzt von Anna Wheill.
  it 858. 198 Seiten

Stendhal
- Die Kartause von Parma. Vollständige Ausgabe.
  Übersetzt von Arthur Schurig. Bearbeitet von Hugo Beyer.
  Mit einem Nachwort von Uwe Japp. it 1222. 637 Seiten
- Rot und Schwarz. Zeitbild von 1830. Vollständige Ausgabe.
  Übersetzt von Arthur Schurig. Bearbeitet von Hugo Beyer.
  Mit einem Nachwort von Uwe Japp. it 1210. 630 Seiten
- Über die Liebe. Vollständige Ausgabe. Übersetzt und mit
  einer Einleitung von Walter Hoyer. it 124. 430 Seiten

Leo N. Tolstoj
- Anna Karenina. Herausgegeben von Gisela Drohla. Mit
  Illustrationen von Theodor Eberle. it 308. 1205 Seiten
- Die Kreutzersonate. Erzählung. Übersetzt von Arthur
  Luther. Mit Illustrationen von Hugo Steiner-Prag
  it 763. 176 Seiten

Edgar Allan Poe, geboren am 19. Januar 1809 in Boston, ist am 7. Oktober 1849 in Baltimore gestorben.

Erst das 20. Jahrhundert hat so recht die Visionen des großen amerikanischen Erzählers Edgar Allan Poe wahr- und ernst-genommen. Dabei wollte Poe mit seinen unheimlichen Erzäh-lungen, den Nachtstücken, dem Grauen, den Alpträumen, den Nervenkrisen, der Flucht ins Jenseits des Grabes, mit dem Überwirklichen und Kriminellen, nicht nur die zynische Grau-samkeit und das menschliche Verbrechen messerscharf analy-sieren, sondern auch seiner inhumanen Mitwelt einen düste-ren Groteskspiegel vorhalten.

Die Erzählungen sind hier chronologisch nach der Erstver-öffentlichung angeordnet.

insel taschenbuch 3376
Edgar Allan Poe
Der Teufel im Glockenturm
und andere Erzählungen

EDGAR ALLAN POE
SÄMTLICHE
ERZÄHLUNGEN

in vier Bänden

Herausgegeben von Günter Gentsch

Erster Band

EDGAR ALLAN POE
DER TEUFEL
IM GLOCKENTURM

und andere Erzählungen
Aus dem Amerikanischen von
Barbara Cramer-Nauhaus
und Erika Gröger
Insel Verlag

insel taschenbuch 3376
Erste Auflage 2008
© dieser Ausgabe
Insel Verlag Frankfurt am Main und Leipzig 2002
Alle Rechte vorbehalten, insbesondere das der Übersetzung,
des öffentlichen Vortrags sowie der Übertragung
durch Rundfunk und Fernsehen, auch einzelner Teile.
Kein Teil des Werkes darf in irgendeiner Form
(durch Fotografie, Mikrofilm oder andere Verfahren)
ohne schriftliche Genehmigung des Verlages reproduziert
oder unter Verwendung elektronischer Systeme
verarbeitet, vervielfältigt oder verbreitet werden.
Hinweise zu dieser Ausgabe am Schluß des Bandes
Umschlag: Michael Hagemann
Vertrieb durch den Suhrkamp Taschenbuch Verlag
Druck: CPI – Ebner & Spiegel, Ulm
Printed in Germany
ISBN 978-3-458-35076-7

2 3 4 5 6 – 13 12 11 10 09

INHALT

EIN TRAUM

Vor ein paar Tagen legte ich mich zur Nachtruhe nieder. Seit Jahren schon habe ich die Gewohnheit, einen Abschnitt aus der Heiligen Schrift zu lesen, ehe ich zum Schlummer die Augen schließe. So hielt ich es auch dieses Mal. Zufällig stieß ich auf die Stelle, wo höhere Eingebung die Todespein des Herrn der Welt aufgezeichnet hat. Gedanken daran und an die Vorgänge, die sein Sterben begleiteten, verfolgten mich im Schlaf.

Es ist wahrhaft geheimnisvoll und unbegreiflich, wie die wirren Phantastereien der Einbildungskraft sich oft aneinanderfügen; doch dies zu ergründen steht eher dem Physiologen an als dem unbekümmerten ›Träumer‹.

Mir war, als wäre ich ein Pharisäer, der von der Todesstätte zurückkehrte. Ich hatte geholfen, die spitzigsten Nägel durch die Handflächen zu treiben, Ihm, der nun am Kreuz hing, ein Schauspiel des bittersten Wehs, das die Menschheit je gefühlt hat. Ich konnte das Stöhnen hören, das durch seine Seele lief, als das rauhe Eisen, das ich hineintrieb, reißend durch die Knochen fuhr. Ich trat einige Schritte vom Richtplatz zurück und drehte mich um, meinen ärgsten Feind zu betrachten. Der Nazarener war noch nicht tot: das Leben zauderte noch in der irdischen Hülle, als schauderte es davor, ganz allein durch das Tal des Todes zu wandeln. Ich glaubte die kalte Feuchte, die sich auf der Stirn von Sterbenden niederschlägt, jetzt in großen Tropfen auf der seinen wahrzunehmen. Ich konnte jeden Muskel beben sehen – das Auge, das im hohlen Starren des Leichnams seinen Glanz zu verlieren begann. Ich konnte das leise Röcheln in seiner Kehle hören. – Ein Augenblick – und die Kette des Seins war zerrissen, und ein Glied fiel in die Ewigkeit.

Ich wendete mich ab und wanderte teilnahmslos dahin, bis ich ins Zentrum von Jerusalem kam. Dicht vor mir ragten die stolzen Türme des Tempels auf; sein goldenes Dach warf Strahlen zurück, so leuchtend wie die Lichtquelle, von der sie ausgegangen. Ein Gefühl selbstbewußten Stolzes überkam mich, wie ich über die weiten Felder und hochragenden Berge hinblickte, die dieses Kleinod der östlichen Welt umschlossen. Zu meiner Rechten erhob sich der Ölberg, bedeckt mit Strauchwerk und Weingärten; dahinter türmten sich, den irdischen Blick begrenzend, Berge auf Berge; zur Linken dehnten sich die lieblichen Ebenen Judäas; und wie ein lichtes Sinnbild menschlichen Daseins mutete es mich an, wie ich den kleinen Bach Kidron durch die Wiesen dem fernen See zueilen sah. Ich konnte den munteren Sang des schönen Mädchens hören, das da im fernen Erntefeld Ähren las; und mit den Echos des Gebirgs mischte sich der schrille Ton der Hirtenpfeife, wenn der Schäfer das verirrte Lamm zur Herde rief. Vollkommene Schönheit hatte sich über die beseelte Natur gebreitet.

Doch ›bald verändert‹ sich das Wesen meines Traums‹; ich fühlte mich von plötzlicher Kälte überrieselt. Unwillkürlich wandte ich mich der Sonne zu und sah, wie eine Hand langsam eine Hülle aus schwarzem Flor darüberzog. Ich schaute nach Sternen aus; doch alle hatten aufgehört zu funkeln; denn dieselbe Hand hatte sie in das Zeichen der Trauer gehüllt. Nicht blaßte das silberne Licht des Mondes auf den trägen Wellen des Toten Meeres, als sie das heisere Requiem der Städte der Ebene sangen; sondern er verbarg sein Antlitz, als schaudere er davor, mit anzusehen, was auf der Erde vorging. Ich hörte ein unterdrücktes Stöhnen, als der Geist der Finsternis seine Schwingen über eine bestürzte Welt breitete.

Unsägliche Verzweiflung überkam mich jetzt. Ich konnte fühlen, wie die Flut des Lebens langsam zurückrollte zu ihrer Quelle, während mich der furchtbare Gedanke beschlich, daß der Tag des Gerichts gekommen sei.

Plötzlich stand ich vor dem Tempel. Der Schleier, der seine Geheimnisse profanem Schauen verborgen hatte, war nun zerrissen. Ich warf einen Blick hinein: der Priester stand am Altar und brachte das Sühnopfer dar. Das Feuer, das die zerfetzten Glieder des Opfertiers in Brand setzen sollte, flackerte einen Augenblick auf den fernen Wänden und verlor sich dann in schwarzer Nacht. Er drehte sich um, es am lebendigen Feuer des Leuchters wieder anzuzünden; aber auch das war erloschen. – Es war grabesstill.

Ich wandte mich ab und stürzte hinaus auf die Straße. Die Straße war leer. Kein Laut unterbrach die Stille, außer dem Geheul des streunenden Hundes, der sich an dem halbverbrannten Leichnam im Tal von Hinnom gütlich tat. Ich sah einen Lichtschein aus einem fernen Fenster dringen und ging darauf zu. Ich schaute durch die offene Tür. Eine Witwe bereitete den letzten Happen, dessen sie hatte habhaft werden können, für ihr sterbendes Kind. Sie hatte ein kleines Feuer entzündet, und ich sah, mit welch tiefer Verzagtheit sie die Flammen gleichwie ihre eigenen sterbenden Hoffnungen verlöschen sah.

Finsternis bedeckte die Welt. Die Natur trauerte, denn ihr Schöpfer war tot. Die Erde hatte die Gewänder des Leids angelegt, und der Himmel war in Trauerkleider gehüllt. Ich streifte nun ruhlos umher und hatte nicht acht, wohin ich ging. Auf einmal zeigte sich ein Licht im Osten. Eine Lichtsäule schoß quer durch das Dunkel, wie die lichtdurchwirkten Strahlen auf dem finsteren Grund der mitternächtigen Hölle, und erleuchtete die trübselige Düsternis, die mich umgab. Eine Öffnung klaffte im unermeßlich weiten Himmelsgewölbe. Mit staunenden Augen wandte ich mich ihr zu. Weit in der Wüste des Raums, in einer Ferne, die nur zu ermessen ist mit einer ›Linie, die parallel läuft zur Ewigkeit‹, und dennoch äußerst klar und deutlich, zeigte sich dieselbe Person, die ich höhnend mit dem Purpur der Königswürde gekleidet hatte. Jetzt trug sie die Robe des Königs aller Könige. Er saß auf seinem Thron; aber der war nicht weiß. Trauer herrschte im Himmel; denn wie nun alle Engel vor ihm niederknieten, sah ich, daß der Kranz aus unverwelklichen Blumen, der sonst seine Stirn umschloß, einem Zypressenkranz gewichen war.

Ich wandte mich um, zu sehen, wohin ich gewandert. Ich war zum Begräbnisplatz des Herrschers von Israel gekommen. Zitternd gewahrte ich, wie die Erdklumpen, welche die modernden Knochen irgendeines Tyrannen bedeckten, anfingen sich zu bewegen. Ich blickte zu der Stelle, wo man den letzten Herrscher zur Ruhe gebettet hatte, in allem Glanz und Gepränge des Todes, und das skulpturenge-schmückte Grabmal begann zu beben. Gleich darauf stürzte es um, und dem Grab entstieg der Tote. Es war eine garstige, geisterhafte Erscheinung, wie sie selbst Dante in den wildesten Flügen seiner geängsteten Phantasie nicht heraufbeschworen hat. Ich konnte mich nicht rühren; denn Entsetzen lähmte meine Willenskraft. Die Erscheinung nä-herte sich. Ich sah den Totenwurm sich zwischen den ver-filzten Haarsträhnen winden, die den verwesenden Schädel spärlich bedeckten. Knirschend rieben sich die Knochen aneinander, wenn sie sich in den Gelenken bewegten, denn das Fleisch war dahin. Ich lauschte ihrem schauerlichen Getön, in dem dieses Zerrbild erbärmlicher Sterblichkeit daherstelzte. Es kam auf mich zu, und im Vorübergehn hauchte es mir die kalten Dünste des einsamen engen Ge-häuses geradewegs ins Gesicht. Die Kluft im Himmel schloß sich, und schlotternd am ganzen Leibe wachte ich auf.

DER FOLIO-KLUB

Welch machiavellisch Ränkespiel!
Doch manche Nase riecht nicht viel.

Butler

Der Folio-Klub, ich muß es leider sagen, ist nichts weiter
als ein Klüngel der *Dummheit*. Auch meine ich, die Mitglieder sind geradeso häßlich, wie sie beschränkt sind. Ferner
glaube ich, es ist ihre feste Absicht, die Literatur abzu-
schaffen, die Presse zu untergraben und die Herrschaft der
Nomina und Pronomina über den Haufen zu werfen. Das
sind meine ganz persönlichen Ansichten, die bekanntzuma-
chen ich mir hiermit die Freiheit nehme.

Als ich mich jedoch vor etwa einer Woche zum erstenmal dieser diabolischen Vereinigung zugesellte, hätte wohl
niemand eine tiefere Bewunderung und Hochachtung für
sie empfinden können als ich. Warum meine Gefühle für
diese Sache sich gewandelt haben, das wird aus Folgendem
sehr deutlich hervorgehen. Vorerst werde ich meinen eigenen guten Ruf und die Würde der Literatur zu verteidigen
haben.

Beim Nachschlagen in den Protokollen finde ich, daß
der Folio-Klub als solcher am ... des Jahres ... gegründet
wurde. Ich fange gern mit dem Anfang an und habe eine
Schwäche für Daten. Eine Klausel in den damals vereinbarten Satzungen machte es den Mitgliedern zur Pflicht,
unbedingt gelehrt und geistreich zu sein: und die erklärten
Ziele der Vereinigung waren ›die Belehrung der Gesellschaft und die eigene Unterhaltung‹. Zu letzterem Zweck
findet allmonatlich im Hause eines Vereinsmitglieds eine
Zusammenkunft statt, wobei von einem jeden erwartet
wird, daß er mit einer selbstverfaßten ›kurzen Prosaerzäh-

lung‹ ausgerüstet ist. Jedes solcherart erschaffene Produkt wird der versammelten Gesellschaft über einem Glase Wein bei einem sehr späten Dinner vom jeweiligen Autor vorgelesen. Natürlich pflegt ein heftiger Meinungsstreit sich anzuschließen – zumal der Verfasser des ›besten Werkes‹ zum Präsidenten des Klubs *pro tempore* ernannt wird; ein Amt, das mit vielen Ehren und wenig Kosten verbunden ist und das so lange währt, bis sein Inhaber von einem bedeutenderen *morceau* entthront wird. Der Vater derjenigen Geschichte hingegen, der man das geringste Verdienst beimißt, ist dazu verurteilt, bei der nächsten derartigen Zusammenkunft der Gesellschaft Dinner und Wein zu spendieren. Dies hat sich als ausgezeichnete Methode erwiesen, der Körperschaft hin und wieder ein neues Mitglied zuzuführen, als Ersatz für irgendeinen Unglücklichen, der, nachdem er zwei- oder dreimal hintereinander das Gastmahl bestreiten mußte, natürlicherweise geneigt ist, der ›hohen Ehre‹ und zugleich der Gesellschaft zu entsagen. Die Anzahl der Klubmitglieder ist auf elf beschränkt. Dafür gibt es viele gute Gründe, die anzuführen sich erübrigt, die sich aber jedem denkenden Menschen selbstverständlich aufdrängen werden. Einer dieser Gründe jedoch ist der, daß man am ersten April des Jahres dreihundertundfünfzig vor der Sintflut genau elf Flecken auf der Sonne gesehen haben will. Es dürfte offenkundig sein, daß ich bei dieser rasch hingeworfenen Skizze von der Gesellschaft meine Entrüstung genugsam gezügelt habe, um mit ungewöhnlicher Offenheit und Liberalität zu reden. Das Exposé, das ich zu verfassen beabsichtige, dürfte hinlänglich zu bestreiten sein durch eine schlichte Schilderung der Vorgänge, die sich im Klub am vergangenen Dienstagabend ereigneten, da ich als Mitglied jener Körperschaft debütierte, just erwählt anstelle des abgedankten Ehrenwerten Augustus Scratchaway.

Um fünf Uhr nachmittags ging ich, wie verabredet, zum Hause von Mr. Rouge-et-Noir, der Lady Morgan bewundert und dessen Geschichte beim letzten Monatstreffen durchgefallen war. Ich fand die Gesellschaft bereits im

Speisezimmer versammelt und muß gestehen, daß der Schein des Feuers, die behagliche Atmosphäre des Raumes und die vortreffliche Ausstattung der Tafel wie auch ein angemessenes Vertrauen zu meinen eigenen Fähigkeiten dazu beitrugen, für den Augenblick viele freundliche Betrachtungen in mir zu erwecken. Ich wurde mit einem wahren Schwall von Herzlichkeit willkommen geheißen und empfand bei Tisch große Genugtuung darüber, nun einer so verständigen Gesellschaft anzugehören.

Die Mitglieder waren im großen und ganzen höchst bemerkenswerte Männer. Da war, allen voran, Mr. Snap, der Präsident, ein hagerer Mensch mit Adlernase, der früher im Dienst der ›Down-East Review‹ gestanden hatte.

Dann war da Mr. Convolvulus Gondola, ein junger Gentleman, der viel gereist war.

Dann war da De Rerum Natura, Esq., der eine ganz eigentümliche grüne Brille trug.

Dann war da ein sehr kleiner Mann in einem schwarzen Rock mit sehr schwarzen Augen.

Dann war da Mr. Solomon Seadrift, der aufs Haar einem Fisch glich.

Dann war da Mr. Horribile Dictû mit weißen Augenwimpern, der in Göttingen promoviert hatte.

Dann war da Mr. Blackwood Blackwood, der etliche Aufsätze für ausländische Magazine geschrieben hatte.

Dann war da der Gastgeber, Mr. Rouge-et-Noir, der Lady Morgan bewunderte.

Dann war da ein untersetzter Gentleman, der Sir Walter Scott bewunderte.

Dann war da Chronologus Chronologie, der Horace Smith bewunderte und eine sehr große Nase hatte, mit der er in Kleinasien gewesen war.

Nach dem Aufheben der Tafel sagte Mr. Snap zu mir: »Ich glaube, Sir, es ist kaum nötig, daß ich Ihnen irgendwelche Auskünfte in bezug auf die Satzungen unseres Klubs gebe. Ich nehme an, Sie wissen, daß wir danach trachten, die Gesellschaft zu belehren und uns selbst zu unterhalten. Heute abend jedoch gedenken wir allein das letztere zu tun und werden Sie, wenn Sie an der Reihe sind, darum bitten, Ihren Anteil beizusteuern. Fürs erste will ich die Prozedur beginnen.« Hiermit förderte Mr. Snap, nachdem er zum Trinken genötigt hatte, ein Manuskript zutage und las das Folgende.

METZENGERSTEIN

Pestis eram vivus – moriens tua mors ero.
Martin Luther

Entsetzen und Unglück haben schon zu allen Zeiten weithin um sich gegriffen. Warum also bei der Geschichte, die
ich zu berichten habe, ein genaues Datum nennen? Es genügt zu sagen, daß ich von jenen Tagen erzähle, da im Innern Ungarns ein eingewurzelter, wenn auch verborgener
Glaube an die Lehre der Metempsychose bestand. Über
die Lehre selbst, und zwar über ihre Unwahrheit oder
Wahrscheinlichkeit, möchte ich mich nicht weiter verbreiten. Ich vertrete aber den Standpunkt, daß unsere Zweifel – wie La Bruyère es von all unserem Unglück behauptet – zum größten Teil *vient de ne pouvoir être seuls.*[1]
Dem ungarischen Aberglauben waren jedoch einige
Punkte zu eigen, die sich dicht an der Grenze zur Absurdi-
tät bewegten. Sie – die Ungarn – unterschieden sich wesentlich von ihren östlichen Autoritäten. Zum Beispiel:
›Die Seele‹, sagt jener – ich zitiere die Worte eines scharfsinnigen und intelligenten Parisers –, *ne demeure qu'un seul
fois dans un corps sensible: au reste – un cheval, un chien, un
homme même, n'est que la ressemblance peu tangible de ces ani-
maux.*
Die Familien Berlifitzing und Metzengerstein lagen
schon seit Jahrhunderten miteinander in Fehde. Nie zuvor
waren zwei so erlauchte Geschlechter durch eine so tödli-

[1] Mercier verficht ernsthaft in ›L'an deux mille quatre cents qua-
rante‹ die Lehren der Metempsychose, und I. D'Israeli sagt, ›kein
System ist so einfach und dem Verständnis so wenig unauf-
schließbar‹. Oberst Ethan Allen, der ›Junge von den grünen Bergen‹, soll auch ein bedeutender Metempsychologe gewesen sein.

che Feindschaft derart erbittert gewesen. Die Ursache dieses Hasses scheint sich auf die Worte einer alten Prophezeiung zurückführen zu lassen: ›Ein stolzer Name wird dereinst furchtbar zu Fall kommen, wenn die Sterblichkeit derer von Metzengerstein über die Unsterblichkeit derer von Berlifitzing triumphieren wird wie der Reiter über sein Roß.‹

Sicherlich hatten diese Worte wenig oder gar nichts zu bedeuten. Aber nichtigere Ursachen haben – und das vor noch nicht allzu langer Zeit – gleichermaßen ereignisreiche Folgen nach sich gezogen. Daneben hatten die benachbarten Geschlechter lange einen rivalisierenden Einfluß auf die Angelegenheiten einer geschäftigen Regierung ausgeübt. Nahe Nachbarn sind zudem selten Freunde; und die Bewohner des Schlosses Berlifitzing konnten von ihrem luftigen Söller aus genau in die Fenster des Palastes derer von Metzengerstein sehen. Am allerwenigsten war die dort erkennbare verschwenderische Pracht dazu geeignet, die reizbaren Gefühle der nicht so alten und nicht so wohlhabenden Berlifitzing zu beschwichtigen. Was Wunder also, daß nach den Worten dieser Voraussage, wie töricht sie auch sein mochten, zwei Familien in ununterbrochener Fehde miteinander lagen, die schon immer durch jede Erregung angeborenen Neides für Streit anfällig waren? Die Prophezeiung – wenn sie überhaupt etwas bedeutete – schien den endgültigen Triumph des schon jetzt mächtigeren Geschlechtes zu bedeuten, und die Schwächeren und weniger Einflußreichen erinnerten sich ihrer daher mit einem um so unversöhnlicheren Haß.

Graf Wilhelm von Berlifitzing war zwar von erlauchter Abstammung, zur Zeit dieser Erzählung aber ein kraftloser und kindischer alter Mann, bemerkenswert nur wegen seiner grenzenlosen und fest eingewurzelten Abneigung gegen die Familie seines Widersachers und als ein so leidenschaftlicher Pferde- und Jagdliebhaber, daß weder körperliche Schwäche noch hohes Alter und geistige Unfähigkeit ihn daran hinderten, sich täglich den Gefahren des Weidwerks auszusetzen.

Baron Friedrich von Metzengerstein hingegen war noch nicht mündig. Sein Vater, Minister G., war in jungen Jahren verstorben, seine Mutter, Baronin Maria, ihm schon bald nachgefolgt. Zu dieser Zeit stand Friedrich in seinem achtzehnten Lebensjahr. In einer Stadt sind achtzehn Jahre keine lange Zeitspanne, aber in der Abgeschiedenheit – in einer so prächtigen Abgeschiedenheit wie diesem alten Adelsbesitz – schwingt das Pendel mit tieferer Bedeutung.

Auf Grund einiger besonderer Umstände in der Vermögensverwaltung seines Vaters gelangte der junge Baron nach dessen Ableben unverzüglich in den Besitz der ausgedehnten Güter. Wohl selten verfügte ein ungarischer Edelmann über derartige Ländereien. Seine Schlösser waren ungezählt. Das prächtigste und geräumigste war das ›Château Metzengerstein‹. Die Grenzlinie seiner Besitzungen wurde nie klar festgelegt, aber sein größter Park umfaßte allein fünfzig Meilen.

Was die erbliche Übernahme eines so beispiellosen Vermögens durch einen so jungen Besitzer mit so gut bekanntem Charakter anging, gab es nur wenig Spekulationen über sein zukünftiges Verhalten. Und in der Tat übertraf das Gebaren des Erben bereits in den folgenden drei Tagen sogar das des Herodes und ging bei weitem über die Erwartungen seiner begeistertsten Bewunderer hinaus. Schändliche Ausschweifungen – abscheuliche Hinterlist – nie gekannte Greuel gaben seinen zitternden Untertanen schnell zu verstehen, daß weder sklavische Unterwürfigkeit ihrerseits – noch Schuldbewußtsein seinerseits – in Zukunft irgendeine Sicherheit vor den grausamen Machenschaften dieses kleinen Caligula bieten würden. In der Nacht des vierten Tages entdeckte man, daß die Stallungen der Burg Berlifitzing in Flammen standen, und einhellig fügte die Nachbarschaft die verbrecherische Brandstiftung der schon abscheulichen Liste der Missetaten und Frevel des Barons hinzu.

Doch während des Tumults, der durch diesen Vorfall verursacht worden war, saß der junge Edelmann, augenscheinlich in tiefes Nachdenken versunken, in einem geräumigen, abgelegenen Zimmer im oberen Teil des Palastes Metzengerstein. Die prächtigen, wenn auch verblichenen Gobelins, die düster an den Wänden hingen, stellten die schemenhaften und majestätischen Gestalten einer Vielzahl berühmter Vorfahren dar. *Hier* legten reich mit Hermelin bekleidete Priester und bischöfliche Würdenträger, vertraut neben dem Alleinherrscher und Landesherrn sitzend, ein Veto gegen die Wünsche eines weltlichen Königs ein oder geboten mit Zustimmung der päpstlichen Obergewalt dem rebellischen Zepter des Erzfeindes Einhalt. *Dort* entsetzten die dunklen, hohen Gestalten der Fürsten zu Metzengerstein, deren starkes Kriegsgefolge sich über die Leichen der gefallenen Feinde stürzte, auch die gefestigtsten Gemüter mit ihren entschlossenen Zügen; und *hier* wiederum schwebten die wollüstigen und schwanengleichen Gestalten der Freifrauen vergangener Tage in den wirren Figuren eines unwirklichen Tanzes zu den Klängen einer nur in der Phantasie erklingenden Weise dahin.

Aber während der Baron auf den allmählich immer stärker werdenden Lärm in den Ställen von Berlifitzing lauschte oder wenigstens so tat, als ob er lauschte – vielleicht aber über eine noch ausgefallenere, ungewöhnliche, noch eindeutigere Missetat nachsann –, wurde sein Blick unwillkürlich auf die Gestalt eines riesigen Schlachtrosses von unnatürlicher Färbung gelenkt, das auf dem Gobelin als Eigentum eines sarazenischen Ahnherrn der Familie seines Widersachers dargestellt war. Das Pferd selbst stand im Vordergrund des Bildes reglos und statuengleich – indes hinter ihm sein besiegter Reiter durch den Dolch eines Metzengersteins den Tod fand.

Auf Friedrichs Lippen trat ein teuflischer Ausdruck, als er die Richtung bemerkte, in die sein Blick unbeabsichtigt geschweift war. Doch wandte er ihn nicht ab. Im Gegenteil, er konnte sich keinesfalls die ohnmächtige Angst erklären, die sich ihm gleich einem Leichentuch auf das Gemüt legte. Nur mit Mühe wurde ihm durch seine traumhaften und zusammenhanglosen Empfindungen bewußt, daß er hellwach war. Je länger er hinblickte, desto stärker wurde der Zauber – desto unmöglicher schien es, daß er sein Auge je der Faszination dieses Wandbehangs entziehen könnte. Aber ohne daß der Tumult draußen plötzlich heftiger wurde, zwang er seine Aufmerksamkeit mit größter Anstrengung auf den roten Lichtschein, der von den in Flammen stehenden Stallungen auf die Fenster des Gemaches fiel.

Die Handlung jedoch war flüchtig nur; sein Blick kehrte unbewußt zur Wand zurück. Zu seinem größten Entsetzen und Erstaunen hatte der Kopf des mächtigen Schlachtrosses inzwischen seine Stellung geändert. Der Hals des Tieres, zuvor wie in Mitleid über den niedergestreckten Körper seines Herrn gebeugt, war nun in seiner ganzen Länge auf den Baron gerichtet. Die vorher unsichtbaren Augen blickten auf einmal kraftvoll und beinahe menschlich, während sie in einem feurigen, ungewöhnlichen Rot glänzten, und die aufgeworfenen Lippen des offenbar zornigen Pferdes ließen deutlich seine riesigen, abscheuerregenden Zähne erkennen.

Blind vor Schreck taumelte der junge Edelmann zur Tür. Als er sie aufriß, warf ein weit ins Zimmer fallender roter Lichtschein seinen Schatten deutlich markiert gegen die bebenden Wandbehänge; und er schauderte, als er bemerkte – während er flüchtig auf der Schwelle innehielt –, daß der Schatten genau den Platz des unbarmherzigen und triumphierenden Mörders des sarazenischen Berlifitzing einnahm und dessen Konturen füllte.

Um seiner Bedrücktheit Herr zu werden, eilte der junge Baron nach draußen. Am Haupttor des Palastes stieß er auf drei Stallmeister. Mit großer Mühe und unter drohender Lebensgefahr zügelten sie die wilden Sprünge eines mächtigen, feuerfarbenen Rosses.

»Wem gehört das Pferd? Wo habt ihr es her?« heischte der Jüngling in mürrischem und rauhem Ton zu wissen, da er sogleich gewahr wurde, daß das geheimnisvolle Schlachtroß in dem drapierten Zimmer das genaue Ebenbild des wilden Tieres vor seinen Augen darstellte.

»Keinem andern als Euch selbst gehört es, Herr«, antwortete einer der Stallmeister, »zumindest beansprucht es kein anderer Eigentümer. Wir fingen es, während es vor Wut schnaubte und schäumte, auf der Flucht aus den brennenden Ställen des Schlosses Berlifitzing ein. Im Glauben, daß es zum fremdländischen Gestüt des alten Grafen gehörte, führten wir das verirrte Tier zurück. Aber die Reitknechte dort bestreiten jeden Anspruch auf das Tier, was recht sonderbar ist, denn es weist deutliche Zeichen auf, daß es nur mit knapper Not den Flammen entkommen ist.«

»Auch sind die Buchstaben W.v.B. sehr deutlich auf seiner Stirn eingebrannt«, unterbrach ihn ein anderer Stallmeister. »Ich nahm natürlich an, es handele sich um die Anfangsbuchstaben Wilhelm von Berlifitzings – aber alle Schloßbewohner beharren darauf, das Pferd nicht zu kennen.«

»Höchst sonderbar!« sagte der junge Baron nachdenklich und war sich der Bedeutung seiner Worte offenbar nicht bewußt. »Es ist ein bemerkenswertes Pferd, ihr sagt es – ein erstaunliches Pferd! Wenn es auch einen störrischen und unbezähmbaren Charakter hat, wie ihr richtig bemerkt habt, aber es soll mir gehören«, fügte er nach einer Pause hinzu, »vielleicht kann ein Reiter wie Friedrich von Metzengerstein selbst den Teufel aus den Ställen von Berlifitzing zähmen.«

»Ihr irrt Euch, Mylord. Ich glaube, wir sagten Euch schon, daß das Pferd *nicht* aus den Stallungen des Grafen stammt. Wenn es so wäre, würden wir unsere Pflicht besser kennen, als daß wir es vor einen Edelmann aus Eurem Geblüt brächten.«

»Fürwahr!« erwiderte der Baron unbewegt. In diesem Augenblick kam ein Kammerherr mit hochrotem Gesicht und hastigen Schritten aus dem Palast gelaufen. Er flüsterte seinem Gebieter ins Ohr, daß plötzlich ein kleiner Teil der Wandverkleidung in einem von ihm näher bezeichneten Raum verschwunden sei; gleichzeitig berichtete er minutiös und umständlich von den Einzelheiten; doch weil diese mit leiser Stimme vorgebracht wurden, drang nichts davon bis zu den Stallmeistern, um deren erregte Neugier zu befriedigen.

Der junge Friedrich schien während dieses Gesprächs von vielfältigen Gefühlen bewegt. Er faßte sich jedoch schon bald wieder, und in seiner Miene spiegelte sich eine zum äußersten entschlossene Bosheit wider, als er herrisch den Befehl gab, das betreffende Gemach unverzüglich abzuschließen und ihm selbst den Schlüssel zur Verwahrung zu übergeben.

»Habt Ihr schon von dem unglücklichen Tod des alten Weidmanns Berlifitzing gehört?« fragte den Baron einer seiner Vasallen, nachdem der Kammerherr sich entfernt hatte und das mächtige Schlachtroß, das der Edelmann sich zu eigen gemacht hatte, mit verdoppelter Wut ausschlug und die lange Allee hinabgaloppierte, die sich vom Schloß zu den Stallungen derer von Metzengerstein erstreckte.

»Nein!« sagte der Baron und blickte überrascht den Sprecher an. »Tot, sagst du?«

»So wahr ich hier stehe, Mylord, und ich denke, es wird einem Edelmann Eures Namens keine unwillkommene Nachricht sein.«

Ein flüchtiges Lächeln glitt über das Antlitz des Lauschenden. »Wie starb er?«

»Bei seinen waghalsigen Bemühungen, einen Teil der liebsten Pferde seines Gestüts zu retten, kam er selbst elendiglich in den Flammen ums Leben.«

»Tat-säch-lich!« stieß der Baron aus, als fasse er nur langsam und allmählich die Wahrheit eines erregenden Gedankens.

»Tatsächlich!« wiederholte der Vasall.

»Schrecklich!« sagte der junge Edelmann ruhig und schritt in sich gekehrt zum Schloß zurück.

Von diesem Tag an trat eine merkliche Änderung im Verhalten des ausschweifenden jungen Barons Friedrich von Metzengerstein ein. Sein Gebaren enttäuschte wahrlich jede Erwartung und entsprach kaum den Hoffnungen manch einer klugen Mutter, während seine Angewohnheiten und Manieren noch weniger als früher denen der benachbarten Aristokratie glichen. Man sah ihn nie außerhalb der Grenzen seines eigenen Besitzes, und in unserer großen und geselligen Welt lebte er gänzlich ohne einen Gefährten – wenn nicht tatsächlich jenes unnatürliche, wilde, feuerrote Roß, das er von Stund an ständig ritt, irgendein geheimnisvolles Recht darauf hatte, sein Freund genannt zu werden.

Trotzdem gingen lange Zeit regelmäßig zahlreiche Einladungen aus der Nachbarschaft ein. ›Geruht der Baron unser Fest mit seiner Anwesenheit zu beehren?‹ – ›Wird der Baron sich uns auf einer Eberjagd anschließen?‹ – ›Metzengerstein jagt nicht‹, ›Metzengerstein kommt nicht‹, lauteten die herablassenden, lakonischen Antworten.

Diese wiederholten Beleidigungen waren für den herrischen Adel unerträglich. So wurden die Einladungen weniger herzlich – weniger häufig – bis sie schließlich ganz aufhörten. Die Witwe des unglückseligen Grafen von Berlifitzing hörte man sogar die Hoffnung ausdrücken, ›daß der Baron zu Hause sein möge, selbst wenn er dies gar nicht wolle, da er die Gesellschaft von seinesgleichen verschmähe, und daß er reiten müsse, wenn er nicht zu reiten wünsche, da er die Gesellschaft eines Pferdes vorziehe‹. Dies war gewiß ein sehr törichter Ausbruch ererbten Grolls, der nur bewies, wie vollkommen bedeutungslos unsere Äußerungen werden können, wenn wir eine besonders eindringliche Wirkung zu erzielen wünschen.

Die Nachsichtigeren jedoch schrieben die auffallende Veränderung im Benehmen des jungen Edelmannes dem natürlichen Schmerz eines Sohnes um den vorzeitigen Heimgang seiner Eltern zu – wobei sie allerdings sein grausames und rücksichtsloses Verhalten während der kurzen Zeit unmittelbar nach dem Verlust außer acht ließen. Es gab sogar einige, die den zu großmütigen Gedanken von innerer Einkehr und Würde nahelegten. Andere wieder (zu ihnen gehörte der Hausarzt) zögerten nicht, von krankhafter Schwermut und erblicher Unpäßlichkeit zu sprechen, während unter den meisten dunkle Andeutungen mehr zweideutiger Natur umgingen.

In der Tat wurde des Barons verderbte Bindung an sein jüngst erworbenes Pferd – eine Bindung, die sich nach jedem neuerlichen Beweis von des Tieres Wildheit und dämonischen Eigenschaften nur noch zu verstärken schien – schließlich in den Augen aller verständigen Leute zu einer schrecklichen und widernatürlichen Leidenschaft. Am helllichten Tage – in tiefer Nacht – gesund oder krank – bei Wetter oder Sturm – der junge Metzengerstein schien an den Sattel jenes gewaltigen Rosses gefesselt zu sein, dessen unbezähmbare Wildheit so gut zu seinem eigenen Wesen paßte.

Zudem gab es einige Umstände, die im Zusammenhang mit kürzlich geschehenen Ereignissen der Besessenheit des Reiters und den Fähigkeiten seines Pferdes einen überirdischen und unheilverkündenden Charakter verliehen. Die mit einem einzigen Sprung bewältigte Strecke war genau gemessen worden, und man hatte festgestellt, daß die kühnsten Erwartungen der lebhaftesten Phantasie bei weitem übertroffen wurden. Außerdem hatte der Baron dem Tier keinen *Namen* gegeben, obgleich all seine anderen Pferde sich durch charakteristische Bezeichnungen unterschieden. Auch wurde sein Verschlag abseits von den übrigen ausgesucht, und was seine Pflege und andere notwendige Pflichten anbelangte, hatte niemand außer dem Besitzer selbst es gewagt, sie zu übernehmen oder auch nur einen Fuß in jenen Stall zu setzen. Es fiel auch auf, daß es den drei Stallmeistern, die das Roß auf der Flucht vor der Feuersbrunst auf Berlifitzing eingefangen hatten, zwar gelungen war, seinem Lauf mit Hilfe von Zügel und Schlinge Einhalt zu gebieten – doch nicht einer der drei konnte mit Sicherheit behaupten, daß seine Hand während dieses gefährlichen Kampfes oder zu einem späteren Zeitpunkt auch nur ein einziges Mal auf dem Körper des Tieres gelegen hätte. Es ist nicht anzunehmen, daß Beispiele besonderer Intelligenz im Verhalten eines edlen und stolzen Pferdes übermäßige Aufmerksamkeit erregen, besonders nicht bei Männern, die sich täglich den Mühen der Jagd gegenübersehen und mit klugen Pferden sehr wohl vertraut sein mochten – aber es gab gewisse Umstände, die sich selbst den größten Zweiflern und Phlegmatikern zwangsläufig aufdrängten; und es soll Zeiten gegeben haben, in denen das Tier die ringsum stehende und gaffende Schar voller Furcht vor der tiefen und ergreifenden Bedeutung seines entsetzlichen Stampfens zurückweichen ließ – Zeiten, in denen der junge Metzengerstein erbleichte und vor dem plötzlich forschenden Ausdruck der ernsten und menschlich blickenden Augen des Rosses zurückschrak.

Unter dem ganzen Gefolge des Barons war jedoch nicht einer, der die Leidenschaft jener außerordentlichen Zuneigung anzweifelte, die der junge Edelmann für das feurige Wesen seines Pferdes hegte; zumindest niemand außer einem unbedeutenden, mißgestalten kleinen Pagen, dessen Häßlichkeit jedermanns Auge beleidigte und dessen Meinung nicht die geringste Bedeutung beizumessen war. Er besaß (wenn seine Gedanken überhaupt der Erwähnung wert sind) die Dreistigkeit zu behaupten, sein Herr schwänge sich nie in den Sattel ohne einen unerklärlichen und kaum wahrnehmbaren Schauder; und nach seiner Rückkehr von jedem langandauernden und gewohnten Ritt sei jeder Muskel seines Gesichts durch einen Ausdruck triumphierender Bosheit verzerrt.

In einer stürmischen Nacht stürzte Metzengerstein, gerade aus schwerem Schlummer erwacht, wie ein Besessener aus seinem Gemach in den Hof hinunter, saß auf in wilder Hast und sprengte auf verschlungenen Waldwegen dahin. Ein so alltägliches Vorkommnis erweckte keinerlei Aufmerksamkeit, wohl aber erwarteten die Bediensteten mit ängstlicher Furcht seine Heimkehr, als sie nach einigen Stunden seiner Abwesenheit plötzlich bemerkten, wie die großen und prächtigen Gebäude des Schlosses Metzengerstein unter einem dichten bläulichen Meer unbezwingbarer Flammen bis auf die Grundfesten wankend und krachend zerbarsten.

Da die Flammen, als man sie zuerst gewahrte, schon in solch entsetzlicher Weise um sich gegriffen hatten, daß alle Bemühungen, auch nur einen Teil des Gebäudes zu retten, offenbar vergeblich waren, standen die bestürzten Nachbarn müßig herum in stummer, ja fassungsloser Verwunderung. Aber ein neuer und furchtbarer Vorgang zog alsbald die Aufmerksamkeit der Ansammlung auf sich und bewies, wieviel tiefer die Gefühle einer Menge durch die Beobachtung des Todeskampfes eines Menschen aufgewühlt werden, als dies durch die entsetzlichsten Schauspiele unbelebter Materie bewirkt wird.

Auf der langen, mit alten Eichen bestandenen Allee, die vom Wald zum Haupttor des Palastes Metzengerstein führte, sah man ein Pferd mit einem barhäuptigen und verstörten Reiter heransprengen mit einem Ungestüm, das selbst den Dämon des Sturmes übertraf.

Der Reiter hatte unbestreitbar die Herrschaft über sein Pferd verloren. Seine von Todesangst entstellten Züge, das qualvolle Zucken seines Körpers zeugten von übermenschlicher Anstrengung: doch außer einem einzigen Schrei entrang sich kein Laut seinen blutenden Lippen, die vor panischem Entsetzen durch und durch zerbissen waren. Einen Augenblick klang das Hufgeklapper scharf und schrill durch das Toben der Flammen und das Geheul des Windes – und schon im nächsten sprang das Pferd mit einem einzigen Satz über Torweg und Burggraben bis weit hinauf auf die schwankenden Treppen des Palastes und verschwand mit seinem Reiter im Wirbelsturm chaotischen Feuers.

Sogleich erstarb das Wüten des Sturmes, und Totenstille folgte unheildrohend. Eine bleiche Flamme umhüllte noch wie ein Leichentuch das Gebäude, und weit in die Atmosphäre verströmend schoß ein übernatürlich greller Lichtschein hervor, während eine Rauchwolke sich schwer auf die Trümmer legte in deutlich riesenhafter Gestalt eines *Pferdes*.

DER DUC DE L'OMELETTE

> Und schritt sogleich in kühlere Gefilde.
> Cowper

Keats fiel einer Kritik zum Opfer. Wer war es, der an der
›Andromache‹ starb?[1] Unwürdige Seelen! – De l'Omelette
ging an einem Ortolan zugrunde. *L'histoire en est brève.* Steh
mir bei, Geist des Apicius!

Ein goldener Käfig brachte den geflügelten kleinen
Wanderer, verliebt, schmelzend zart, gleichmütig, von seiner Heimat im fernen Peru zur *Chaussée d'Antin.* Von seiner
königlichen Besitzerin La Bellissima bis zum Duc de
l'Omelette beförderten sechs Würdenträger des Reiches
den glücklichen Vogel.

An diesem Abend geruhte der Duc allein zu speisen. In
der Abgeschiedenheit seines Gemachs ruhte er erschlafft
auf ebender Ottomane, für die er seine Loyalität geopfert,
indem er seinen König überboten hatte – der berühmten
Ottomane von Cadêt.

Er begräbt sein Gesicht im Kissen. Die Uhr schlägt! Unfähig, seine Gefühle zu unterdrücken, verschlingt Seine
Gnaden eine Olive. In diesem Augenblick öffnet sich sacht
die Tür, zu den Klängen sanfter Musik, und schau! der
köstlichste aller Vögel liegt vor dem betörtesten aller Menschen! Doch welch unsägliches Entsetzen überschattet jetzt
die Miene des Duc? – *»Horreur! – chien! – Baptiste! – l'oiseau! ah, bon Dieu! cet oiseau modeste que tu as déshabillé de ses
plumes, et que tu as servi sans papier!«* Es erübrigt sich, mehr

[1] Montfleury. Der Autor des ›Parnasse réformé‹ läßt ihn im Hades sagen: *»L'homme donc qui voudrait savoir ce dont. Je suis mort,
qu'il ne demande pas s'il fut de fièvre ou de podagre ou d'autre chose, mais
qu'il entende que ce fut de ›l'Andomache‹.«*

zu sagen: – der Duc hauchte, von Ekel geschüttelt, sein Leben aus.

»Ha! ha! ha!« sagte Seine Gnaden am dritten Tag nach seinem Verscheiden.

»He! he! he!« erwiderte der Teufel leise, indem er sich mit einem Anflug stolzer *hauteur* emporrichtete.

»Aber das kann doch nicht Ihr Ernst sein«, gab de l'Omelette zurück. »Ich habe gesündigt – *c'est vrai* –, aber bedenken Sie doch, mein Verehrter! – Sie haben doch nicht wirklich die Absicht, solche – solche barbarischen Drohungen in die Tat umzusetzen.«

»Nicht *was*?« sagte Seine Majestät – »vorwärts, Sir, ausziehen!«

»Ausziehen, nicht möglich! – allerliebst, fürwahr! – nein, mein Lieber, ich werde mich *nicht* ausziehen. Wer sind Sie denn überhaupt, daß ich, Duc de l'Omelette, Prince de Foie-Gras, soeben großjährig, Autor der ›Mazurkiade‹ und Mitglied der Akademie, mich auf Ihr Geheiß der reizendsten je von Bourdon geschaffenen Pantalons entledigen sollte, der elegantesten *robe-de-chambre*, die Rombêrt je gefertigt – zu schweigen vom Entfernen der Lockenwickel – und ganz abgesehen von der Mühe, die mir das Abstreifen meiner Handschuhe bereiten würde?«

»Wer ich bin? – Ah, richtig! Ich bin Beelzebub, der Fürst der Fliegen. Ich nahm dich gerade eben aus einem elfenbeingetäfelten Rosenholzsarg. Du warst merkwürdig parfümiert und mit der Aufschrift ›laut Faktura‹ versehen. Belial sandte dich – mein Friedhofsinspektor. Die Pantalons, die, wie du sagst, Bourdon gemacht hat, sind untadelige Leinenunterhosen, und deine *robe-de-chambre* ist ein Sterbehemd von nicht zu knappen Dimensionen.«

»Mein Herr!« erwiderte der Duc, »keiner soll mich ungestraft beleidigen! – Mein Herr! ich werde die erste Gelegenheit wahrnehmen, mich für diesen Schimpf zu rächen! – Jawohl! Sie werden von mir hören! Einstweilen *au revoir*!« – und der Duc entfernte sich unter Verbeugungen aus des Satans Nähe, als er auch schon von einem

diensthabenden Gentleman aufgehalten und zurückgebracht wurde. Darauf rieb sich Seine Gnaden die Augen,
gähnte, zuckte die Achseln, überlegte. Nachdem er sich seiner Identität versichert hatte, nahm er seine Umgebung in
Augenschein.

Der Raum war superb. Selbst de l'Omelette bezeichnete
ihn als *bien comme il faut*. Es war nicht seine Länge noch
seine Breite – aber seine Höhe – ah, die war überwältigend! – Da war keine Decke – beileibe nicht –, sondern
eine dichte wirbelnde Masse feuerfarbener Wolken. Seiner
Gnaden schwindelte der Kopf, als er einen Blick hinauf-
warf. Von oben hing eine Kette herab, aus einem unbekannten blutroten Metall – ihr oberes Ende verlor sich,
wie die Stadt Boston, *parmi les nues*. An ihrem untersten
Glied schaukelte eine riesige Pechpfanne. Der Duc erkannte, daß sie aus Rubin war; doch ergoß sich daraus ein
Licht, so stark, so geisterhaft, so schrecklich, wie Persien
nie eins angebetet – kein Geber je eins erdacht – kein Mu-
selman je sich's hat träumen lassen, wenn er, betäubt vom
Opium, zu einem Mohnbeet gewankt war, den Rücken den
Blumen zugewandt und das Gesicht dem Gott Apollon. Der
Duc murmelte einen harmlosen Fluch, der zweifellos Bei-
fall bedeutete.

Die Ecken des Raumes waren zu Nischen gerundet. Drei
davon waren von riesenhaften Statuen ausgefüllt. Ihre
Schönheit war griechisch, ihre Ungestalt ägyptisch, ihr *tout
ensemble* französisch. Die Statue in der vierten Nische war
verschleiert; sie war kleineren Ausmaßes. Doch immerhin
war da eine schlanke Fessel, ein sandalengeschmückter
Fuß. De l'Omelette preßte die Hand aufs Herz, schloß die
Augen, blickte wieder auf und ertappte Seine Satanische
Majestät – beim Erröten.

Und erst die Gemälde! – Kypris! Astarte! Aschtoret! –
tausend Namen und immer die gleiche! Und Raffael hat
sie gesehen! Ja, Raffael ist hier gewesen; denn malte er
nicht die ...? Und wurde er nicht deshalb verdammt? Die
Bilder! – die Bilder! O Überfluß! O Liebe! – wer, der jene
verbotenen Schönen bestaunt, soll denn noch Augen ha-

ben für den zierlichen Schmuck der goldenen Rahmen, die wie Sterne die Hyazinth- und Porphyrwände übersäten?

Aber dem Duc will der Mut sinken. Nicht indes, wie Sie glauben, schwindelt ihm von aller Herrlichkeit, noch ist er berauscht von dem ekstatischen Odem jener unzähligen Weihrauchfässer. *C'est vrai que de toutes ces choses il a pensé beaucoup – mais!* Der Duc de l'Omelette schlottert vor Angst; denn durch den gespenstischen Ausblick, den ein einziges unverhülltes Fenster gewährt, funkelt, schau! das grausigste aller Feuer!

Le pauvre Duc! Er konnte nicht umhin sich einzubilden, daß die glorreichen, die wollüstigen, die unsterblichen Melodien, die jene Halle erfüllten, wenn sie gefiltert und verwandelt die Alchemie der verhexten Fensterscheiben durchlaufen hatten, nur das Jammern und Heulen der Hoffnungslosen und Verdammten waren! Und dann dort! – dort! – auf jener Ottomane! – wer konnte *das* sein? – er, der *petit-maître* – nein, der Gott, der wie aus Marmor gemeißelt dasaß *et qui sourit*, mit seiner bleichen Miene, *si amèrement?*

Mais il faut agir – das heißt, ein Franzose gibt niemals klein bei. Überdies verabscheute Seine Gnaden eine Szene – de l'Omelette ist wieder er selbst. Auf einem Tisch lagen ein paar Florette – ein paar Dolche außerdem. Der Duc war bei B. in die Schule gegangen; *il avait tué ses six hommes.* Wohlan denn, *il peut s'échapper.* Er mißt zwei Klingen und überläßt mit unnachahmlicher Grazie Seiner Majestät die Wahl. *Horreur!* Seine Majestät ficht nicht!

Mais il joue! – welch glücklicher Einfall! – doch Seine Gnaden hatte immer ein vortreffliches Gedächtnis. Er hatte im ›Diable‹ des Abbé Gualtier geblättert. Darin heißt es, *que le Diable n'ose pas refuser un jeu d'écarté.*

Aber die Chancen – die Chancen! In der Tat – verzweifelt; doch kaum verzweifelter als der Duc. War er nicht überdies ein Eingeweihter? – Hatte er nicht im Père Le Brun gelesen? – War er nicht Mitglied des Club Vingt-un? ›*Si je perds*‹, sagte er sich, ›*je serai deux fois perdu* – werde ich doppelt verdammt sein – *voilà tout!*‹ (Hier zuckte Seine

Gnaden die Achseln.) *>Si je gagne, je reviendrai à mes orto-lans – que les cartes soient préparées!<*

Seine Gnaden war ganz Vorsicht, ganz Aufmerksam-keit – Seine Majestät ganz Zuversicht. Ein Zuschauer würde an Franz und Karl gedacht haben. Seine Gnaden dachte an sein Spiel. Seine Majestät dachte überhaupt nicht; sie mischte. Der Duc hob ab.

Die Karten sind verteilt. Die Trumpfkarte wird aufge-deckt – es ist – es ist – der König! Nein – es war die Dame. Seine Majestät verfluchte ihre Männerkleidung. De l'Omelette legte die Hand aufs Herz.

Sie spielen. Der Duc zählt. Die Hand ist wieder drau-ßen. Seine Majestät zählt schleppend, lächelt und trinkt Wein. Der Duc schiebt unbemerkt eine Karte ins Spiel.

»C'est à vous à faire«, sagte Seine Majestät und hob ab. Seine Gnaden verbeugte sich, teilte aus und erhob sich vom Tisch *en présentant le Roi.*

Seine Majestät blickte verdrossen.

Wäre Alexander nicht Alexander gewesen, so hätte er wohl Diogenes sein mögen; und der Duc versicherte sei-nem Widersacher beim Abschied, *que s'il n'eût pas été de l'Omelette il n'aurait point d'objection d'être le Diable.*

EINE GESCHICHTE AUS JERUSALEM

Intonsos rigidam in frontem ascendere canos
Passus erat ...

Lukan, ›De Catone‹

... ein borstiger *Eber*.

Übersetzung

»Lasset uns zu den Wällen eilen«, sagte Abel-Phittim zu
Buzi-Ben-Levi und Simeon, dem Pharisäer, am zehnten Tage des Monats Tammus im Jahre der Welt dreitausendneun-
hunderteinundvierzig – »lasset uns zu den Wällen eilen,
die an das Tor Benjamin grenzen, das da ist in der Stadt
Davids, und Aussicht gewähren auf das Lager der Unbeschnittenen; denn es ist die letzte Stunde der vierten Wache,
Sonnenaufgang; und die Götzendiener sollten, wie es Pompeius versprach, mit den Opferlämmern unser warten.«

Simeon, Abel-Phittim und Buzi-Ben-Levi waren die Gizbarim oder Untereinnehmer der Opfer in der Heiligen
Stadt Jerusalem.

»Wahrlich«, erwiderte der Pharisäer, »lasset uns eilen:
denn solche Großmut bei den Heiden ist selten; und Wan-
kelmütigkeit ist von jeher ein Merkmal der Anbeter des
Baal gewesen.«

»Daß sie wankelmütig und verräterisch sind, ist so wahr
wie der Pentateuch«, sagte Buzi-Ben-Levi; »aber so sind sie
nur gegen die Anhänger des Adonai. Wann hat man je gehört, daß die Ammoniter ihren eigenen Vorteil hintansetz-
ten? Mich dünkt, es ist keine übertriebene Großmut, uns
Lämmer für den Altar des Herrn zu gewähren und dreißig
Silberschekel das Stück dafür einzustreichen!«

»Du vergissest jedoch, Ben-Levi«, erwiderte Abel-Phittim, »daß der Römer Pompeius, der jetzt ruchlos die Stadt

33

des Allerhöchsten belagert, keine Sicherheit dafür hat, daß wir die Lämmer, solchermaßen für den Altar erworben, nicht so sehr zum Heil unserer Seele wie zu unserem leiblichen Wohl gebrauchen.«

»Ei, bei den fünf Enden meines Bartes«, rief der Pharisäer, der zur Sekte der sogenannten Stoßer gehörte (jener kleinen Gruppe von Heiligen, deren Art und Weise, mit den Füßen gegen den steinigen Boden zu *stoßen* und sie so zu mißhandeln, den weniger eifrigen Frommen längst ein Dorn im Auge und ein stiller Vorwurf war – ein Stein des Anstoßes für weniger talentierte Erdenwanderer) – »bei den fünf Enden dieses Bartes, den zu scheren mir meine Priesterwürde verbietet! – müssen wir wirklich den Tag erleben, da ein lästerlicher Götzendiener, ein römischer Emporkömmling, uns beschuldigt, die heiligsten und erhabensten Güter den Gelüsten des Fleisches dienstbar zu machen? Müssen wir den Tag erleben, da ...«

»Lassen wir doch ab, die Beweggründe des Philisters zu erörtern«, unterbrach Abel-Phittim, »denn heute ziehen wir zum ersten Male Nutzen aus seiner Habsucht oder aus seiner Großmut. Laßt uns lieber zu den Wällen eilen, damit es nicht an Opfern fehle für den Altar, dessen Feuer die Regengüsse des Himmels nicht auslöschen können und dessen Rauchsäulen kein Sturm zu vertreiben vermag.«

Der Stadtteil, zu dem unsere würdigen Gizbarim nun eilten und der den Namen seines Erbauers, des Königs David, trug, galt als das am stärksten befestigte Viertel Jerusalems; lag es doch auf dem steilen und hochragenden Berge Zion. Ein breiter, tiefer, ringsumlaufender Graben, aus dem harten Fels herausgehauen, wurde hier von einem außerordentlich starken Wall gesichert, der auf dem inneren Grabenrand errichtet war. Diesen Wall zierten in regelmäßigen Abständen viereckige Türme aus weißem Marmor, der niedrigste sechzig und der höchste hundertundzwanzig Ellen hoch. Doch in der Nähe des Tores Benjamin erhob sich der Wall durchaus nicht vom Rand des Grabens. Vielmehr ragte zwischen der Grabensohle und dem Fuß der Umwallung eine zweihundertundfünfzig Ellen hohe Klippe

senkrecht auf, die einen Teil des steilen Berges Moriah ausmachte. Als denn Simeon und seine Begleiter auf der
Spitze des Adoni-Besek genannten Turmes anlangten –
welcher der höchste aller Türme im Umkreis Jerusalems
war und der hergebrachte Ort der Verhandlungen mit der
belagernden Armee –, blickten sie aus einer Höhe auf das
Lager des Feindes nieder, welche die der Cheopspyramide
um viele Fuß und die des Belustempels um etliche überragte.

»Wahrlich«, seufzte der Pharisäer, indem er mit Schwindeln über die Klippe spähte, »die Unbeschnittenen sind
wie der Sand am Ufer des Meeres – wie die Heuschrecken
in der Wüste! Das Tal des Königs ist zum Tal von Adum-
mim geworden.«

»Und doch«, setzte Ben-Levi hinzu, »kannst du mir
nicht einen Philister weisen – nein, nicht einen einzigen –
von Aleph bis Tau – von der Wüste bis zu den Festungs-
mauern –, der irgend größer scheint als der Buchstabe
Jot.«

»Laßt den Korb mit den Silberschekeln herunter!« rief
jetzt ein römischer Soldat mit heiserer, schroffer Stimme,
die aus den Gefilden Plutos zu kommen schien – »laßt den
Korb mit der verdammten Münze herunter, an deren Namen sich ein edler Römer schon den Kiefer zerbrochen
hat. Bezeigt ihr so unserem Gebieter Pompeius eure Dankbarkeit, dem es in seiner Güte beliebte, euren götzendienerischen Bitten Gehör zu schenken? Der Gott Phoibos, der
ein wahrer Gott ist, lenkt schon seit einer Stunde sein Ros-
segespann – und solltet ihr nicht bei Sonnenaufgang auf
den Wällen sein? Aedepol! denkt ihr denn, daß wir, die Eroberer der Welt, nichts Besseres zu tun haben, als an den
Mauern jeder Elendshütte zu warten, um mit den Hunden
dieser Erde Handel zu treiben? Runterlassen! Heda! – und
seht zu, daß euer Plunder auch ja schön glänzt und nicht
zu wenig wiegt!«

»El Elohim!« stieß der Pharisäer hervor, indem die miß-
tönenden Laute des Zenturios an den Klippen der Felswand emporrasselten und sich zum Tempel hin verloren –

»El Elohim! – *wer* ist der Gott Phoibos? – *wen* ruft der Gotteslästerer an? Du, Buzi-Ben-Levi! der du in den Gesetzen der Heiden bewandert bist und geweilt hast unter denen, die sich mit den Teraphim abgeben! – ist es Nergal, von dem der Götzendiener da redet? – oder Asima? – oder Nibehas? – oder Tharthak? – oder Adrammelech? – oder Anammelech? – oder Sukkoth-Benoth? – oder Dagon? – oder Belial? – oder Baal-Berith? – oder Baal-Peor? – oder Baal-Sebub?«

»Wahrlich, es ist keiner von diesen – aber gib acht, daß du das Seil nicht zu rasch durch die Finger gleiten läßt; denn sollte das Flechtwerk von ungefähr an dem Felsvorsprung dort hängenbleiben, so würden die heiligen Güter des Tempels sich jammervoll in die Tiefe ergießen.«

Mit Hilfe einer einfachen Vorrichtung wurde der schwer beladene Korb sorgsam hinuntergelassen unter die Menge; und von der schwindelnden Höhe war zu sehen, wie die Römer sich in wirrem Gedränge um ihn scharten; doch wegen des gewaltigen Abstands und eines sich ausbreitenden Nebels konnte man sich kein klares Bild von ihren Verrichtungen machen.

Eine halbe Stunde war bereits verstrichen.

»Wir werden zu spät kommen«, seufzte der Pharisäer, indem er nach Ablauf dieser Zeitspanne in die Tiefe hinablugte – »wir werden zu spät kommen! Wir werden durch die Katholim aus dem Amt entfernt werden.«

»Nie wieder«, entgegnete Abel-Phittim, »nie wieder werden wir uns am Fett des Landes laben – nie mehr werden unsere Bärte nach Weihrauch duften – unsere Lenden gegürtet sein mit feinem Linnen aus dem Tempel.«

»Racha!« fluchte Ben-Levi. »Racha! wollen sie uns denn um den Kaufpreis betrügen? oder, heiliger Moses! sind sie dabei, die Schekel des Tempels zu wägen?«

»Endlich haben sie das Zeichen gegeben«, rief der Pharisäer, »endlich haben sie das Zeichen gegeben! – zieh kräftig, Abel-Phittim! – und du, Buzi-Ben-Levi, zieh kräftig! – denn wahrlich, entweder haben die Philister den Korb noch immer in Händen, oder der Herr hat ihre Herzen er-

weicht und sie haben ein Tier von stattlichem Gewicht hineingelegt!« Und die Gizbarim zogen kräftig, während ihre
Last durch den immer dichter werdenden Nebel schwerfällig aufwärts schwankte.

»Booshoh he!« – als nach Ablauf einer Stunde am äußersten Ende des Seils ein Etwas undeutlich sichtbar wurde,
entrang sich der Ausruf »Booshoh he!« den Lippen Ben-
Levis.

»Booshoh he! – Schmach und Schande! – Es ist ein
Widder aus den Dickichten Engedis und so zerklüftet wie
das Tal Jehoschaphat!«

»Es ist ein Erstling der Herde«, sagte Abel-Phittim, »ich
erkenne es am Blöken und am unschuldigen Verschränken
der Glieder. Seine Augen sind schöner als die Edelsteine
des Pektorale, und sein Fleisch ist wie der Honig von He-
bron.«

»Es ist ein gemästetes Kalb von den Weiden von Basan«,
sagte der Pharisäer, »die Heiden haben wunderbar an uns
gehandelt! – lasset uns unsere Stimmen erheben zu einem
Psalm! – Lasset uns Dank sagen auf Schalmei und Psal-
ter – auf Harfe und Flöte – auf Zither und Posaune!«

Erst als der Korb nur noch wenige Fuß von den Gizbarim entfernt war, verriet ihnen ein leises Grunzen ein
Schwein von nicht alltäglichem Umfang.

»El Emanu!« stießen die drei langsam hervor, die Augen
gen Himmel gekehrt, indes das Schwein, da sie das Seil
fahrenließen, kopfüber mitten unter die Philister stürzte.
»El Emanu! – Gott steh uns bei! – *es ist das unsägliche
Fleisch!*«

EIN SCHWERWIEGENDER VERLUST

O atme nicht, etc.
Moore, ›Melodien‹

»Du Elende! – du Drachen! – du Teufel!« sagte ich am Morgen nach der Hochzeit zu meiner Frau – »du Hexe! – du Besserwisser! – du Sündenpfuhl! – du glühgesichtige Quintessenz aller Scheußlichkeiten! – du – du ...«; auf den Zehenspitzen stehend, hielt ich sie an der Gurgel gepackt und schickte mich, meinen Mund dicht an ihrem Ohr, gerade an, ein neues und höchst unmißverständliches Schmähwort vom Stapel zu lassen, das, wenn ausgesprochen, nicht verfehlen konnte, sie von ihrer Nichtigkeit zu überzeugen, als ich zu meinem allergrößten Schrecken und Erstaunen entdeckte, daß mir der Atem ausgegangen war.

Die Wendungen ›mir ist der Atem ausgegangen‹, ›ich bin ganz außer Atem‹ usw. kehren oft genug in der alltäglichen Rede wieder: aber nie kam es mir in den Sinn, daß ein solcher Unglücksfall (bei Überleben des Betroffenen) allen Ernstes und tatsächlich eintreten könnte. Es war haarsträubend. Stellen Sie sich meine Bestürzung vor! Ich befand mich wirklich in einer ganz absonderlichen Lage. Aber mein guter Geist läßt mich nie völlig im Stich. Noch in den unbändigsten Wutausbrüchen bewahre ich mir einen Sinn für Schicklichkeit, und ›le chemin des passions me conduit‹ (wie es Rousseau geschah) ›à la philosophie véritable‹. Obwohl ich zuerst nicht genau feststellen konnte, in welchem Grade der Vorfall mich geschädigt hatte, beschloß ich doch ohne Zögern, die Sache auf alle Fälle vor meiner Frau zu verheimlichen, bis die Erfahrung mich über das Ausmaß des beispiellosen Unglücks belehren würde. Die drohende Gefahr einer Entdeckung belebte alle Kräfte meiner Seele, und mit einer Leichtigkeit, wie sie dem Verzweifelten eigen ist, führte ich einen Plan aus, den ich mit Blitzesschnelle ersonnen. In einem Augenblick änderte ich meinen Gesichtsausdruck, verlieh meiner eben noch aufgeblasenen und verzerrten Miene (ich war in fürchterlicher Wut) einen Ausdruck höchst launiger und koketter Liebenswürdigkeit, gab meiner Frau einen Kuß auf die eine Wange und einen Klaps auf die andere, und ohne ein Wort zu sagen (bei allen Furien, ich konnte es nicht!), schob ich mich bedächtig aus dem Zimmer, wo sie zurückblieb, ebenso verliebt in meine unerschöpfliche gute Laune (o gottverdammte Ahnungslosigkeit!) wie hingerissen von meiner unnachahmlichen Drolligkeit und glänzenden schauspielerischen Begabung.

Erblicken Sie mich alsdann sicher eingeschlossen in meinem eigenen Boudoir, ein furchtbares Beispiel für die bösen Folgen, die der Jähzorn zeitigt – lebendig mit den Merkmalen der Toten – tot mit den natürlichen Neigungen der Lebendigen – eine Abnormität auf dem Erdenrund – ganz ruhig, doch atemlos. Ja, atemlos! In vollem Ernst versichere ich, daß mir der Atem gänzlich ausgegangen war. Ich hätte damit, wäre mein Lebendigsein umstritten gewesen, nicht ein Federchen bewegen oder die glänzende Fläche eines Spiegels trüben können. Hartes Geschick! Doch gab es eine gewisse Linderung nach dem ersten überwältigenden Ausbruch meines Jammers. Ich fand durch Probieren heraus, daß mein Sprechvermögen (das ich wegen meiner Unfähigkeit, die Unterhaltung mit meiner Frau fortzusetzen, zunächst für völlig ruiniert gehalten hatte) in Wahrheit nur partiell gestört war; und ich entdeckte, daß ich, hätte ich in dem bewußten kritischen Augenblick meine Stimme zu einem ungewöhnlich tiefen Kehllaut gesenkt, trotzdem (o zum Teufel!) mit der Übermittlung meiner Gefühle an sie hätte fortfahren können. Denn diese Stimmlage (die gutturale) hängt, wie ich meine, nicht von dem Strom des Atems ab, sondern von einer bestimmten krampfartigen Tätigkeit der Halsmuskeln – so bei der Familie der Frösche usw.; siehe Hippokrates in seiner Abhandlung.

Auf eine Polsterbank sinkend, verharrte ich eine Zeitlang in tiefem Sinnen. Meine Überlegungen waren freilich nicht gerade tröstlicher Natur. Tausend vage und jammervolle Vorstellungen bemächtigten sich meines Geistes. Ich hatte von Peter Schlemihl gehört, aber ihm bis dahin keinen Glauben geschenkt. Ich hatte von Pakten mit dem Teufel gehört und hätte mir mit Freuden seinen Beistand gefallen lassen, wußte aber nicht, wie zu Werke gehen, da ich mich nur wenig mit *diablerie* beschäftigt hatte. Dann huschte mir das Gespenst Selbstmord durch den Sinn, aber es ist ein Grundzug der zwiespältigen Menschennatur, das Augenfällige und Nächstliegende um des Weitentfernten und Unbestimmten willen zu verschmähen; und mit einem Fuß schon im Grabe, schauderte ich vor dem Selbstmord als dem ungeheuerlichsten aller Frevel zurück. Hierauf stoben durch eine einzige zerbrochene Fensterscheibe alle vier Winde auf einmal ins Zimmer – und wie die Blasebälge Mulcibers brauste laut das gewaltige Steinkohlenfeuer – und munter schnurrte die getigerte Katze auf der Matte – und heftig keuchte der dicke Wasserhund unter dem Tisch: sie alle taten sich viel zugute auf die fürchterliche Kraft ihrer Lungen und spotteten offensichtlich der Untauglichkeit meiner eigenen Atmungsorgane. Von einem Sturm vager Hoffnungen und Ängste überwältigt, hörte ich schließlich meine Frau die Treppe hinuntergehen. Ihrer Abwesenheit nunmehr gewiß, kehrte ich klopfenden Herzens zum Schauplatz meines Unglücks zurück. Nachdem ich die Tür von innen sorgsam verschlossen, begab ich mich energisch auf die Suche. Höchstwahrscheinlich, dachte ich, kam das verlorene Ziel meiner Wünsche, in einem Schrank oder Schubfach verborgen oder in einem finsteren Winkel lauernd, wieder zum Vorschein. Es konnte von dampfartiger Beschaffenheit sein – es konnte aber auch eine greifbare Form haben. Die meisten Philosophen sind in vielen Fragen der Philosophie noch immer sehr unphilosophisch. Anaxagoras indes bestand darauf, daß Schnee schwarz sei. Ich habe mittlerweile erkannt, daß es tatsächlich so ist. Auch William Godwin sagt irgendwo in seinem ›Mandeville‹, daß unsichtbare Dinge (ein typisches Beispiel mehr) die einzigen Realitäten sind. Möge doch die Mitwelt zögern, solche Behauptungen eines ungebührlichen Maßes von Unsinnigkeit zu bezichtigen. Meine Anstrengungen erwiesen sich indessen als fruchtlos. Schubfach um Schubfach, Schrank um Schrank, Winkel um Winkel wurden erfolglos durchforscht. Mehrere falsche Zähne, ein Glasauge, zwei Paar Hüften und ein Bündel *billets-doux* von einem Nachbarn an meine Frau waren der verächtliche Lohn meiner Mühe und Beharrlichkeit. Einmal glaubte ich wirklich, meiner Beute sicher zu sein, als ich beim Durchstöbern eines Toilettenkästchens versehentlich eine Flasche zerbrach, gefüllt (ich hatte einen außerordentlich wohlriechenden Atem) mit Hewitts ›Seraphischem und starkduftendem Doppelextrakt des Himmels oder Öl der Erzengel‹, welches als ansprechendes Parfüm zu empfehlen ich mir hier die Freiheit nehme. Schweren Herzens begab ich mich wieder in mein Boudoir, um dort über Mittel und Wege nachzugrübeln, mich dem Scharfsinn meiner Frau zu entziehen, bis ich die nötigen Vorbereitungen getroffen hätte, außer Landes zu gehen – denn eben dazu hatte ich mich bereits entschlossen. In einem fremden Himmelsstrich, ein Unbekannter, könnte ich vielleicht mit mehr Aussicht auf Erfolg meinen unseligen Verlust zu verhehlen suchen – einen Verlust, der mehr noch als Bettelarmut dazu angetan ist, die Zuneigung der Menge zu verscheuchen und die wohlverdiente Entrüstung der Tugendhaften und Glücklichen auf den armen Tropf herabzuziehen. Um meine Erfindungskraft anzuregen, nahm ich ein Preisgedicht auf ... zur Hand, und nach halbstündigem Lesen schwirrte mir der Kopf. Verzweifelt aufspringend, verfiel ich auf einen Ausweg und machte mich unverzüglich daran, mein Vorhaben auszuführen. Behend von Natur, prägte ich meinem Gedächtnis die vollständigen Tragödien ›Metamora‹ und ›Miantinomoh‹ ein. Mit feinem Gespür erinnerte ich mich, daß beim Vortrag dieser Dramen diejenigen Tonhöhen, derer ich mich beraubt sah, völlig überflüssig waren und daß gleichbleibend und durchweg der tiefste Kehllaut die Rede zu beherrschen hatte. Nachdem ich also vor der Kulisse eines ausgedehnten und vielbesuchten Sumpflandes geprobt hatte, befand ich mich nach wenigen Stunden für ebenso tauglich, die Ureinwohner zu narren, wie ihr originaler Repräsentant selbst. Derart gerüstet in jeder Hinsicht, beschloß ich, meine Frau glauben zu machen, daß mich eine plötzliche Leidenschaft für die Bühne ergriffen habe. Das gelang mir überraschend gut; und bei jeder Frage, jedem Vorschlag erlaubte ich mir, ihr mit tiefster Grabesstimme eine Passage aus den Tragödien zu präsentieren, wobei ich die Arme verschränkte, die Knie beugte, mit den Füßen schlurfte, die Augen verdrehte und die Zähne bleckte, all dies mit dem ganzen Feuer des perfektesten und populärsten Schauspielers. Natürlich erwogen sie, mich in eine Zwangsjacke zu stecken – aber niemals, du lieber Gott! schöpften sie Verdacht, ich könnte meinen Atem verloren haben. Nachdem ich denn schließlich meine Angelegenheiten geordnet und meinem Letzten Willen ein Kodizill beigefügt hatte, in dem ich, nach vielen mildtätigen Legaten, meiner Frau die schöne Quartausgabe von Calbrinachus in Dianam vermachte, bestieg ich in einer frostigen Nacht die Postkutsche nach … und ließ meine Bekanntschaft in dem Glauben, daß hochwichtige Geschäfte in Europa meine unverzügliche persönliche Anwesenheit unumgänglich machten. Die Kutsche war zum Bersten voll; aber in der Dunkelheit der Nacht waren die Gesichtszüge meiner Reisegefährten nicht zu erkennen. Ohne nennenswerten Widerstand zu leisten, ließ ich mich zwischen zwei schwer bestimmbare Zweifüßer quetschen, während ein dritter, mit einer Entschuldigung für die Freiheit, die er sich da herausnahm, sich in voller Länge auf meine Knochen warf und, da er auf der Stelle einschlief, alle meine kehligen Stoßgebete um Erleichterung in einem Schnarchen ertränkte, das selbst dein Gebrüll, du bronzener Stier des Phalaris, in den Schatten gestellt hätte! Zum Glück machte die Beschaffenheit meines Atmungsvermö-

gens den Tod durch Ersticken zu einem Ding der Unmöglichkeit.

Endlich brach der Tag an, und mein Plagegeist erhob
sich, glättete seinen Hemdkragen und dankte mir sehr
freundlich für meine Gefälligkeit. Als er merkte, daß ich
bewegungslos blieb und ihm keine Antwort gab (alle meine
Glieder waren verrenkt, und mein Kopf krampfte sich zur
Seite), wurde er argwöhnisch, und die anderen Fahrgäste
aus dem Schlaf reißend, gab er sehr entschieden seine Meinung kund, daß ihnen während der Nacht statt eines lebendigen und zurechnungsfähigen Mitreisenden ein Leichnam
angedreht worden sei – hiermit versetzte er mir einen
Schlag aufs rechte Auge, um die Wahrheit seiner Behauptung zu erhärten. Einer nach dem anderen (es waren insgesamt fünfzehn) zogen sie mich nun am Ohr; und als ein
junger Arzt einen Taschenspiegel an meinen Mund hielt
und mich ohne Atem fand, erklärte man die Vermutung
meines Peinigers für begründet; die Kutsche wurde angehalten, und die ganze Versammlung versicherte, sie sei entschlossen, für jetzt mit derartigen Kadavern nicht weiterzufahren und in Zukunft keinerlei solchen Schwindel
widerstandslos zu dulden. Da wir gerade durch das Dorf ...
fuhren, wurde ich denn vor dem Wirtshaus ›Zu den drei
Krähen‹ aus der Kutsche geworfen, ohne weiterem Mißgeschick zu begegnen, abgesehen davon, daß mir das linke
Hinterrad des Fahrzeugs beide Oberschenkel brach; auch
muß ich dem Kutscher Gerechtigkeit widerfahren lassen
und anerkennen, daß er nicht versäumte, mir meinen größten Koffer nachzuwerfen, der auf meinem Kopf landete
und meinen Schädel auf ebenso interessante wie ungewöhnliche Weise demolierte. Der Wirt der ›Drei Krähen‹,
der ein gastlicher Mann ist und bald herausgefunden hatte,
daß mein Koffer genug enthielt, um ihn für jegliche geringfügige Ausgabe zu entschädigen, schickte sogleich nach
einem Leichenbestatter und traf alle Anstalten für ein ordentliches Begräbnis. Ich wurde sehr schicklich in einer
Dachkammer aufgebahrt und genoß jede meinem Leichen-
stande angemessene Bequemlichkeit. Die Wirtin stattete

mich mit einem Paar ihrer eigenen Strümpfe aus, und nachdem ihr Mann mir die Hände zusammengelegt und die Kinnbacken mit einem Taschentuch hochgebunden hatte, verriegelte er beim Weggehn von außen die Tür und überließ mich in meiner Einsamkeit der Stille und Meditation.

Ich hatte mich inzwischen von der betäubenden Wirkung meines Unfalls einigermaßen erholt und bemerkte zu meiner grenzenlosen Freude, daß ich jetzt hätte sprechen können, wären meine Kiefer nicht durch das Taschentuch gefesselt gewesen. Mich mit dieser Erkenntnis tröstend, repetierte ich im Geist ein paar Verse aus ..., wie es meine Gewohnheit ist, ehe ich mich dem Schlaf überlasse, als plötzlich zwei Katzen von gefräßigem und streitsüchtigem Wesen durch ein Loch in der Wand eindrangen, mit einem Tonschwall à la Catalani gleichzeitig emporsprangen und einander gegenüber auf meinem Gesicht landeten, wo sich ein unschicklicher und anstößiger Meinungsstreit um die schäbige Rücksichtnahme auf meine Nase entspann.

Doch wie der Verlust seiner Ohren dem persischen Mige-Gush dazu verhelfen sollte, das Reich des Kyros zu gewinnen, so wurde der Verlust von ein paar Unzen meines Gesichts zur Rettung meines Leibes. Aufgejagt vom Schmerz und brennend vor Entrüstung, sprengte ich mit einem einzigen Kraftakt Fesseln und Binde, stellte mich majestätisch auf die Füße, öffnete das Gitter und stürzte mich zum größten Schrecken und Ärger der Kriegführenden triumphierend aus dem Fenster.

Der Posträuber W., dem ich ungemein ähnlich sehe, fuhr in diesem Augenblick durch das Dorf, auf dem Wege zur Hinrichtung in ... Seine große Schwäche und anhaltende Kränklichkeit hatten ihm das Vorrecht verschafft, keine Handschellen tragen zu müssen; und in seinem Armesünderhemd lag er lang ausgestreckt auf dem Boden des Henkerkarrens (der sich im Augenblick meines Sturzes zufällig unter den Fenstern der ›Drei Krähen‹ befand), ohne eine andere Bewachung als den Kutscher, der eingeschlafen war, und zwei Rekruten des ... Infanterieregiments, die betrunken waren. Wie das Unglück es wollte, landete ich innerhalb des Karrens auf meinen Füßen. W., der ein gewitzter Bursche ist, erkannte die günstige Gelegenheit, sprang unverzüglich auf, schlüpfte an der Rückseite des Fahrzeugs hinaus und war, in ein Gäßchen einbiegend, im Nu von der Bildfläche verschwunden. Die Rekruten, durch das hastige Treiben aufgescheucht und den Vorgang nicht recht begreifend, sahen nichtsdestoweniger eine Person, das genaue Ebenbild des Verbrechers, aufrecht vor Augen und waren der Meinung, daß der Halunke, also W., sich aus dem Staube machen wolle. Nachdem sie einander diese Ansicht mitgeteilt hatten, nahmen sie jeder einen Schluck und schlugen mich dann mit ihren Flintenkolben nieder. Es dauerte nicht lange, bis der Karren am Richtplatz ankam. Natürlich war es sinnlos für mich, ein Wort zu meiner Verteidigung zu sagen. Gehenkt mußte ich werden – daran war nicht zu zweifeln, und mit einer Mischung aus Verwunderung und Gelassenheit ergab ich mich in mein Schicksal. Der Henker legte mir die Schlinge um den Hals, und weil ich durch die betäubenden Nachwehen meiner Verletzungen außerstande war, mir aus so großer Entfernung vom Erdboden Gehör zu verschaffen, verlautete anderntags in den Zeitungen, daß ich in meiner Verstocktheit als der ruchlose und blutrünstige Halsabschneider, der ich gewesen, gestorben sei, störrisch jedes Geständnis verweigernd – ein Abschaum der Menschheit – eine furchtbare Warnung für alle kleinen Kinder und (so die Zeitung) ein Duodez-Kompendium aller scheußlichen Greueltaten. Die Redakteure irrten sich – zumindest im allerwichtigsten Punkt –, ich bin nicht gestorben. Beim Herunterklappen des Fallbretts empfand ich, wie sich denken läßt, keine andere Unannehmlichkeit als den plötzlichen Schreck. Freilich war mein Hals vom Strick aufgescheuert, und ich spürte einen heftigen Blutandrang im Gehirn – aber ich lief durchaus nicht Gefahr zu ersticken. Gleichwohl besaß ich genügend Geistesgegenwart, die ungewöhnlichsten Erstickungskrämpfe vorzutäuschen, und hierbei leistete mir mein Talent zum Grimassenschneiden die besten Dienste.

Mehrere Herren fielen in Ohnmacht, und drei Damen wurden mit hysterischen Anfällen nach Hause gebracht. Auch nutzte der gefeierte Pinxit die Gelegenheit, um nach einer Skizze, die er an Ort und Stelle angefertigt, sein bewundernswertes Bild vom ›Geschundenen Marsyas‹ nachzubessern.

Aber auch der tapferste Geist, die zäheste Konstitution muß schließlich einem hartnäckigen Ansturm des Unglücks unterliegen, so wie die stolzesten Städte durch die Beharrlichkeit eines Feindes gedemütigt worden sind. Salmanassar, wie in der Heiligen Schrift zu lesen, lag drei Jahre lang vor Samaria – und es fiel. Sardanapal (siehe Diodoros) behauptete sich sieben Jahre lang in Ninive – vergebens. Troja fiel am Ende des zweiten Lustrums, und Psammetich (wie Aristeas bei seiner Ehre als Edelmann versichert) fand Einlaß in Asdod, nachdem es über ein Fünftel eines Jahrhunderts tapfer einer Belagerung standgehalten hatte. Nach einer halbstündigen Vorstellung (so lange, wie ich es für notwendig hielt) hörten meine Bewegungen auf, und kurz darauf wurde ich abgeschnitten und einem praktizierenden Arzt übergeben, mit einer Rechnung und Quittung über fünfundzwanzig Dollar. Der brachte mich sogleich in seine Wohnung und machte sich unverzüglich an die Arbeit. Nachdem er mich beider Ohren beraubt hatte, entdeckte er Anzeichen von Leben. Er läutete deshalb und befahl dem Diener, einen benachbarten Apotheker zu holen, mit dem er sich über dieses ernste Problem beraten könnte. Doch für den Fall, daß ich mich als lebendig erweisen sollte, schnitt er mir zunächst einmal den Bauch auf und entnahm, menschenfreundlich, wie er von Natur aus war, verschiedene meiner inneren Organe zu privaten Forschungszwecken. Der Apotheker bestärkte ihn in seinem Verdacht hinsichtlich meines Lebendigseins, und ich bemühte mich, diesen Verdacht zu festigen, indem ich mit aller Kraft um mich trat und stieß und die wildesten Verrenkungen vollführte, da ja die Henkerskappe, die noch immer mein Gesicht bedeckte, jeden Versuch, mich zu erklären, unmöglich machte. All dies wurde indessen der

Wirkung der neuen Galvanischen Batterie zugeschrieben, die der Apotheker, als er von meinem Zustand hörte, mitgebracht und vom Augenblick seines Eintretens bis zu dem meines Todes, der wenige Minuten später erfolgte, unablässig mit der beharrlichsten Dienstfertigkeit betätigt hatte.

DER VERLORENE ATEM

Eine Geschichte weder in noch
aus dem ›Blackwood‹

O atme nicht, etc.
Moore, ›Melodien‹

Auch das schlimmste Unglück muß sich schließlich dem
beharrlichen Mut der Weisheit fügen – so wie die stand-
hafteste Stadt der unaufhörlichen Wachsamkeit eines Feindes. Salmanassar, wie in der Heiligen Schrift zu lesen, lag
drei Jahre lang vor Samaria; und es fiel. Sardanapal –
siehe Diodoros – behauptete sich sieben in Ninive; aber
vergebens. Troja ging am Ende des zweiten Lustrums unter; und Asdod, wie Aristeas bei seiner Ehre als Edelmann
versichert, öffnete Psammetich schließlich seine Tore,
nachdem es sie über ein Fünftel eines Jahrhunderts versperrt gehalten hatte.

»Du Elende! – du Drachen! – du Teufel!« sagte ich am
Morgen nach unserer Hochzeit zu meiner Frau, »du
Hexe! – du Furie! – du Besserwisser! – du Sündenpfuhl! –
du glühgesichtige Quintessenz aller Scheußlichkeiten! –
du – du –« Auf den Zehenspitzen stehend, hielt ich sie an
der Gurgel gepackt und schickte mich, meinen Mund dicht
an ihrem Ohr, gerade an, ein neues und noch deutlicheres
Schmähwort vom Stapel zu lassen, das, wenn ausgestoßen,
nicht verfehlen sollte, sie von ihrer Nichtigkeit zu überzeugen, als ich zu meinem äußersten Schrecken und Erstaunen entdeckte, *daß mir der Atem ausgegangen war.*

Die Wendungen ›ich bin außer Atem‹, ›mir ist der Atem
ausgegangen‹ usw. kehren oft genug in der alltäglichen
Rede wieder; aber nie war ich auf den Gedanken gekommen, daß der furchtbare Unglücksfall, von dem ich spreche, allen Ernstes und tatsächlich vorkommen könnte. Stel-

48

len Sie sich vor – sofern Sie mit einiger Phantasie begabt sind –, stellen Sie sich, sage ich, meine Verwunderung vor – meine Bestürzung – meine Verzweiflung!

Doch es gibt einen guten Geist, der mich noch nie gänzlich im Stich gelassen hat. Noch in meinen unbändigsten Launen bewahre ich mir einen Sinn für Schicklichkeit, *›et le chemin des passions me conduit‹* – wie Lord Edouard in ›Julie‹ von sich sagt – *›à la philosophie véritable‹*.

Obwohl ich zuerst nicht genau feststellen konnte, in welchem Grade der Vorfall mich geschädigt hatte, beschloß ich auf alle Fälle, die Sache vor meiner Frau zu verheimlichen, bis weitere Erfahrung mir das Ausmaß dieses meines beispiellosen Unglücks entdecken würde. Deshalb änderte ich in einem Augenblick meinen Gesichtsausdruck, verlieh meiner eben noch aufgeblasenen und verzerrten Miene einen Ausdruck launiger und koketter Liebenswürdigkeit, gab meiner Gemahlin einen Klaps auf die eine Wange und einen Kuß auf die andere, und ohne ein Silbe zu sagen (bei allen Furien! ich konnte es nicht!), überließ ich sie, indem ich mit einem *pas de zéphyr* aus dem Zimmer kreiselte, ihrer Verwunderung über mein drolliges Benehmen.

Erblicken Sie mich alsdann sicher verborgen in meinem privaten Boudoir, ein furchtbares Beispiel für die schlimmen Folgen, die der Jähzorn zeitigt – lebendig mit den Merkmalen der Toten – tot mit den natürlichen Neigungen der Lebendigen – eine Abnormität auf dem Erdenrund – ganz ruhig, doch atemlos.

Ja, atemlos! In vollem Ernst versichere ich, daß mir der Atem gänzlich ausgegangen war. Ich hätte damit, wäre mein Lebendigsein umstritten gewesen, nicht ein Federchen bewegen oder auch nur den feinen Glanz eines Spiegels trüben können. Hartes Geschick! – doch gab es eine gewisse Linderung nach dem ersten überwältigenden Ausbruch meines Jammers. Ich fand durch Probieren heraus, daß mein Sprechvermögen, das ich wegen meiner Unfähigkeit, die Unterhaltung mit meiner Frau fortzusetzen, zunächst für völlig ruiniert gehalten hatte, in Wahrheit nur partiell gestört war, und ich entdeckte, daß ich, hätte ich in

jenem kritischen Augenblick meine Stimme zu einem ungewöhnlich tiefen Kehllaut gesenkt, trotzdem mit der
Übermittlung meiner Gefühle an sie hätte fortfahren können, da diese Stimmlage (die gutturale), wie ich meine,
nicht von dem Strom des Atems, sondern von einer bestimmten krampfartigen Tätigkeit der Halsmuskeln abhängt.

Auf einen Stuhl sinkend, verharrte ich eine Zeitlang in
tiefem Nachdenken. Meine Überlegungen waren freilich
nicht gerade tröstlicher Art. Tausend vage und jammervolle Vorstellungen bemächtigten sich meiner Seele – und
sogar der Gedanke an Selbstmord huschte mir durch den
Sinn; aber es ist ein Grundzug der zwiespältigen Menschennatur, das Augenfällige und Nächstliegende um des
Weitentfernten und Unbestimmten willen zu verschmähen.
So schauderte ich vor dem Selbstmord als der krassesten
aller Greueltaten zurück, indes die getigerte Katze auf der
Matte rastlos schnurrte und der dicke Wasserhund unter
dem Tisch unablässig keuchte; ein jeder tat sich viel zugute
auf die Kraft seiner Lungen, und alles zielte offensichtlich
darauf ab, der Untauglichkeit meiner eigenen Atmungsorgane zu spotten.

Von einem Sturm vager Hoffnungen und Ängste überwältigt, hörte ich schließlich meine Frau die Treppe hinuntergehen. Ihrer Abwesenheit nunmehr gewiß, kehrte ich
klopfenden Herzens zum Schauplatz meines Unglücks zurück.

Nachdem ich die Tür von innen sorgsam verschlossen,
begab ich mich energisch auf die Suche. Es war möglich,
dachte ich, daß der verlorene Gegenstand meiner Nachforschungen, in irgendeinem finsteren Winkel verborgen oder
in einem Schrank oder Schubfach lauernd, wieder zum
Vorschein kam. Er konnte von dampfartiger Beschaffenheit sein – er konnte aber auch eine greifbare Form haben.
Die meisten Philosophen sind in vielen Fragen der Philosophie noch immer sehr unphilosophisch. William Godwin
jedoch sagt in seinem ›Mandeville‹, daß ›unsichtbare Dinge
die einzigen Realitäten sind‹, und dies ist, wie jeder zuge-

ben wird, ein typisches Beispiel. Möge doch der einsichtige Leser zögern, solche Behauptungen eines ungebührlichen Maßes von Unsinnigkeit zu bezichtigen. Anaxagoras, wie man sich erinnern wird, bestand darauf, daß Schnee schwarz ist, und das ist, wie ich mittlerweile herausgefunden habe, wirklich der Fall.

Lange und gewissenhaft setzte ich meine Untersuchung fort: doch als verächtlicher Lohn meiner Mühe und Beharrlichkeit kamen nur ein Satz falscher Zähne, zwei Paar Hüften, ein Glasauge und ein Bündel *billets-doux* von Mr. Windenough an meine Frau zum Vorschein. Ich könnte hier füglich bemerken, daß dieses Beweisstück für die Neigung meiner Gemahlin zu Mr. W. mir nur wenig Unbehagen bereitete. Denn daß Mrs. Lackobreath etwas mir selbst so Entgegengesetztes bewundern mußte, war ein natürliches und notwendiges Übel. Ich bin bekanntlich kräftig und korpulent gebaut und dabei etwas klein von Statur. Was Wunder also, daß die spindeldürre Erscheinung meines Bekannten und seine Größe, die schon sprichwörtlich geworden war, in den Augen von Mrs. Lackobreath aller gebührenden Wertschätzung begegnet waren. Aber zurück zur Sache.

Meine Anstrengungen erwiesen sich, wie gesagt, als fruchtlos. Schrank um Schrank, Schubfach um Schubfach, Winkel um Winkel wurden erfolglos durchforscht. Einmal jedoch glaubte ich meiner Beute sicher zu sein, als ich beim Durchstöbern eines Toilettenkästchens versehentlich eine Flasche mit Grandjeans ›Öl der Erzengel‹ zerbrach – welches als ansprechendes Parfüm zu empfehlen ich mir hier die Freiheit nehme.

Schweren Herzens kehrte ich in mein Boudoir zurück, um dort über Mittel und Wege nachzugrübeln, mich dem Scharfblick meiner Frau zu entziehen, bis ich die nötigen Vorbereitungen getroffen hätte, außer Landes zu gehen; denn eben dazu hatte ich mich bereits entschlossen. In einem fremden Himmelsstrich, ein Unbekannter, könnte ich vielleicht mit einer gewissen Aussicht auf Erfolg mein unseliges Mißgeschick zu verhehlen suchen – ein Mißgeschick, das mehr noch als Bettelarmut dazu angetan ist, die Zuneigung der Menge zu verscheuchen und die wohlverdiente Entrüstung der Tugendhaften und Glücklichen auf den armen Tropf herabzuziehen. Ich zögerte nicht lange. Behend von Natur, prägte ich meinem Gedächtnis die ganze Tragödie ›Metamora‹ ein. Glücklicherweise erinnerte ich mich, daß beim Vortrag dieses Dramas, wenigstens der Passagen, die dem Helden zugeteilt sind, diejenigen Tonhöhen, derer ich mich beraubt sah, völlig überflüssig waren und daß gleichbleibend und durchweg der tiefe Kehllaut die Rede zu beherrschen hatte.

Ich probte eine Zeitlang vor der Kulisse eines vielbesuchten Sumpflands – jedoch ohne mich hierbei auf ein ähnliches Verfahren des Demosthenes zu beziehen, sondern nach einem Plan, der ausschließlich und gewißlich mein Eigentum war. Derart gerüstet in jeder Hinsicht, beschloß ich, meine Frau glauben zu machen, daß mich eine plötzliche Leidenschaft für die Bühne gepackt habe. Das gelang mir überraschend gut; und bei jeder Frage, jedem Vorschlag erlaubte ich mir, ihr mit tiefster quakender Grabesstimme irgendeine Stelle aus der Tragödie zu präsentieren – deren sämtliche Passagen, wie ich bald zu meinem Vergnügen bemerkte, sich gleich gut auf jeden beliebigen Gegenstand anwenden ließen. Doch darf man nicht annehmen, daß ich es beim Vortrag solcher Passagen an irgend etwas hätte fehlen lassen: am Verdrehen der Augen – Zähneblecken – Kniebeugen – Schlurfen mit den Füßen – oder an sonst einer jener nicht erwähnenswerten Zutaten, die heute mit Recht für die Kennzeichen eines populären Schauspielers gehalten werden. Natürlich sprachen sie davon, mich in eine Zwangsjacke zu stecken – aber niemals, du lieber Gott! schöpften sie Verdacht, ich könnte meinen Atem verloren haben.

Nachdem ich schließlich meine Angelegenheiten geordnet hatte, bestieg ich eines Morgens in aller Frühe die Postkutsche nach ... und ließ meine Bekannten in dem Glauben, daß hochwichtige Geschäfte meine unverzügliche persönliche Anwesenheit in jener Stadt erforderten.

Die Kutsche war zum Bersten voll; doch in der ungewissen Dämmerung waren die Gesichtszüge meiner Reisegefährten nicht zu erkennen. Ohne nennenswerten Widerstand zu leisten, ließ ich mich zwischen zwei Herren von gewaltigen Dimensionen zwängen, während ein dritter, noch größer von Statur, mit einer Entschuldigung für die Freiheit, die er sich da herausnahm, sich in ganzer Länge auf meinen Leib warf und, da er auf der Stelle einschlief, alle meine kehligen Stoßgebete um Erleichterung in einem Schnarchen ertränkte, welches selbst das Gebrüll des Stiers des Phalaris in den Schatten gestellt hätte. Zum Glück machte die Beschaffenheit meines Atmungsvermögens den Tod durch Ersticken zu einem Ding der Unmöglichkeit.

Wie nun der Tag, indem wir uns den Randgebieten der Stadt näherten, entschiedener über uns anbrach, erhob sich mein Peiniger, glättete seinen Hemdkragen und dankte mir sehr freundlich für meine Gefälligkeit. Als er sah, daß ich regungslos blieb (alle meine Glieder waren verrenkt, und mein Kopf krampfte sich zur Seite), wurde er argwöhnisch; und indem er die anderen Fahrgäste aus dem Schlaf riß, gab er mit großer Entschiedenheit seine Meinung kund, daß ihnen während der Nacht statt eines lebendigen und zurechnungsfähigen Mitreisenden ein Toter angedreht worden sei; hiermit versetzte er mir einen Schlag aufs rechte Auge, um die Wahrheit seiner Vermutung zu demonstrieren.

Nun fühlten sich alle (zusammengenommen waren es neun), einer nach dem anderen, verpflichtet, mich am Ohr zu ziehen. Als obendrein ein junger Arzt einen Taschenspiegel an meinen Mund hielt und mich ohne Atem fand, erklärte man die Behauptung meines Widersachers für begründet; und die ganze Gesellschaft bekundete ihre Entschlossenheit, in Zukunft keinerlei solchen Schwindel widerstandslos zu dulden und für jetzt mit derartigen Kadavern nicht weiterzufahren.

So wurde ich denn vor dem Wirtshaus ›Zur Krähe‹ (wo die Kutsche zufällig gerade vorüberfuhr) hinausgeworfen, ohne irgendeinem weiteren Mißgeschick zu begegnen, als daß ich mir unter dem linken Hinterrad des Fahrzeugs beide Arme brach. Überdies muß ich dem Kutscher Gerechtigkeit widerfahren lassen und erwähnen, daß er nicht versäumte, mir den größten meiner Koffer nachzuwerfen, der mir bedauerlicherweise auf den Kopf fiel und meinen Schädel auf ebenso interessante wie ungewöhnliche Weise demolierte.

Der Wirt der ›Krähe‹, der ein gastlicher Mann ist und bald herausgefunden hatte, daß mein Koffer genug enthielt, um ihn für jede kleine Mühe, die er um meinetwillen auf sich nehmen mochte, zu entschädigen, schickte sogleich nach einem Wundarzt aus seiner Bekanntschaft und übergab mich seiner Obhut, mit einer Rechnung und Quittung über zehn Dollar.

Der Käufer brachte mich in seine Wohnung und machte sich unverzüglich an die Arbeit. Als er mir die Ohren abgeschnitten hatte, entdeckte er jedoch Anzeichen von Leben. Er läutete nun und schickte nach einem benachbarten Apotheker, um sich mit ihm über das ernste Problem zu beraten. Für den Fall aber, daß sein Verdacht hinsichtlich meines Lebendigseins sich am Ende bestätigen sollte, schnitt er mir mittlerweile den Bauch auf und entnahm mehrere meiner inneren Organe zur privaten Sezierung.

Der Apotheker war der Meinung, daß ich wirklich tot sei. Diese Meinung bemühte ich mich zu widerlegen, indem ich mit aller Kraft um mich trat und stieß und die wildesten Verrenkungen vollführte – denn die Eingriffe des Wundarztes hatten mir bis zu einem gewissen Grade die Herrschaft über meine Möglichkeiten wiedergegeben. Alles wurde indessen der Wirkung der neuen Galvanischen Batterie zugeschrieben, womit der Apotheker, der wirklich ein kenntnisreicher Mann ist, verschiedene merkwürdige Experimente anstellte, die mir wegen meines persönlichen Anteils an ihrem Gelingen das allergrößte Interesse abnötigten. Nichtsdestoweniger war es eine Quelle der Demütigung für mich, daß, ungeachtet mehrerer Versuche mitzureden, mein Sprechvermögen so gänzlich versagte, daß ich nicht einmal den Mund öffnen, geschweige denn auf irgendwelche scharfsinnigen, aber kuriosen Theorien antworten konnte, die ich unter anderen Umständen dank meiner genauen Kenntnis der Hippokratischen Krankheitslehre leicht hätte widerlegen können.

Da die beiden Praktiker zu keinem Schluß kommen konnten, behielten sie mich zu weiterer Prüfung in Untersuchungshaft. Ich wurde in eine Dachkammer gebracht, und nachdem die Arztgattin mich mit Unterhosen und Strümpfen ausgestattet hatte, legte der Wundarzt selbst mir die Hände zusammen und band mir die Kinnbacken mit einem Taschentuch hoch – dann verriegelte er von außen die Tür und eilte zu Tisch, mich in meiner Einsamkeit der Stille und Meditation überlassend.

Ich entdeckte nun zu meiner allergrößten Freude, daß ich hätte sprechen können, wäre mein Mund nicht durch das Taschentuch gefesselt gewesen. Mich mit dieser Erkenntnis tröstend, repetierte ich im Geist ein paar Passagen aus der ›Allgegenwart der Gottheit‹, wie es meine Gewohnheit ist, ehe ich mich dem Schlaf überlasse, als plötzlich zwei Katzen von gefräßigem und streitsüchtigem Schlage durch ein Loch in der Wand eindrangen, mit einem Tonschwall *à la Catalani* emporsprangen und einander gegenüber auf meinem Gesicht landeten, wo sich ein unschicklicher Wortwechsel um die schäbige Rücksichtnahme auf meine Nase entspann.

Doch wie der Verlust seiner Ohren dem Magier oder Mige-Gush von Persien dazu verhelfen sollte, den Thron des Kyros zu besteigen, und wie die Einbuße seiner Nase Zopyros die Herrschaft über Babylon einbrachte, so erwies sich der Verlust von ein paar Unzen meines Antlitzes als Rettung meines Leibes. Aufgejagt vom Schmerz und brennend vor Entrüstung, sprengte ich mit einem einzigen Kraftakt Fesseln und Binde. Quer durch die Kammer schreitend, warf ich einen Blick der Verachtung auf die Kriegführenden, riß das Fenster auf und stürzte mich zu ihrem größten Entsetzen und Ärger sehr gewandt hinaus.

Der Posträuber W., dem ich ungemein ähnlich sah, fuhr in diesem Augenblick vom Stadtgefängnis zum Blutgerüst, das am Stadtrand für seine Hinrichtung aufgestellt worden war. Seine große Schwäche und anhaltende Kränklichkeit hatten ihm das Vorrecht verschafft, keine Handschellen tragen zu müssen; und in seinem Armesünderhemd – das meiner eigenen Gewandung sehr ähnelte – lag er lang ausgestreckt auf dem Boden des Henkerkarrens (der sich im Augenblick meines Sturzes zufällig unter den Fenstern des Wundarztes befand), ohne eine andere Bewachung als den Kutscher, der eingeschlafen war, und zwei Rekruten des sechsten Infanterieregiments, die betrunken waren.

Wie das Unglück es wollte, landete ich innerhalb des Fahrzeugs auf meinen Füßen. W., der ein gewitzter Bursche war, erkannte die günstige Gelegenheit. Unverzüglich sprang er auf, schnellte an der Rückseite hinaus und war, in ein Gäßchen einbiegend, im Augenblick von der Bildfläche verschwunden. Die Rekruten, durch das hastige Treiben aufgescheucht, konnten den Sinn und Zweck des ganzen Handels nicht so recht begreifen. Da sie jedoch einen Mann, das genaue Ebenbild des Verbrechers, aufrecht im Karren stehend vor sich sahen, waren sie der Meinung, daß der Halunke (also W.) sich aus dem Staube machen wollte (so drückten sie sich aus), und nachdem sie einander diese Meinung mitgeteilt hatten, nahm jeder einen Schluck, und dann schlugen sie mich mit ihren Flintenkolben nieder.

Es dauerte nicht lange, bis wir am Bestimmungsort ankamen. Natürlich konnte nichts zu meiner Verteidigung gesagt werden. Zu hängen war mein unausweichliches Schicksal. Halb benommen, halb bitter ergab ich mich darein. Da ich in manchem ein Kyniker bin, hatte ich alle Gefühle eines Hundes. Der Henker indes legte mir die Schlinge um den Hals. Das Fallbrett klappte herunter.

Ich stehe davon ab, meine Sensationen am Galgen zu beschreiben, obwohl ich hier zweifellos zur Sache sprechen könnte, und es ist ein Gegenstand, über den noch nichts Zutreffendes gesagt worden ist. Tatsächlich ist es, um über ein solches Thema zu schreiben, erst einmal notwendig, gehenkt worden zu sein. Jeder Autor sollte sich auf Selbster-

fahrenes beschränken. So verfaßte Marc Anton eine Abhandlung über die Trunkenheit.

Doch darf ich nur eben erwähnen, daß ich keineswegs
starb. Zwar hing ich am Galgen, aber zum Gehenktwerden
fehlte mir der Atem; und wäre nicht der Knoten unter meinem linken Ohr gewesen (der sich wie ein Militärkragen
anfühlte), so hätte ich, das darf ich wohl behaupten, kaum
irgendwelche Unannehmlichkeiten auszustehen gehabt.
Und was den plötzlichen Ruck angeht, dem beim Herunterklappen des Fallbretts mein Hals ausgesetzt war, so erwies er sich nur als ein Korrektiv für die Zerrung, die mir
der dicke Herr in der Kutsche eingebracht hatte.

Aus guten Gründen tat ich jedoch mein Bestes, um die
Menge für ihre Mühe zu entschädigen. Meine Erstickungskrämpfe, hieß es, waren unübertrefflich. Meine Zuckungen
wären schwerlich zu überbieten gewesen. Der Pöbel schrie
nach Zugaben. Mehrere Herren wurden ohnmächtig, und
zahlreiche Damen wurden mit hysterischen Anfällen nach
Hause gebracht. Pinxit nutzte die Gelegenheit, um nach
einer Skizze, die er an Ort und Stelle angefertigt, sein bewundernswertes Bild vom ›Geschundenen Marsyas‹ nachzubessern.

Nachdem ich genügend Kurzweil bereitet hatte, hielt
man es für angebracht, meinen Körper vom Galgen zu
nehmen – zumal der richtige Verbrecher mittlerweile eingefangen und identifiziert worden war; eine Tatsache, von
der ich unglücklicherweise nichts wußte.

Natürlich wurde um meinetwillen viel Mitgefühl laut,
und da niemand Anspruch auf meinen Leichnam erhob,
wurde angeordnet, mich in einer öffentlichen Gruft beizu-
setzen.

Hier wurde ich denn nach angemessener Pause abge-
stellt. Der Totengräber ging fort, und ich war mir selbst
überlassen. Eine Zeile aus Marstons ›Unzufriedenem‹ –
Der Tod ist gesellig und gastfrei sein Haus –
traf mich in jenem Augenblick als eine handfeste Lüge.

Ich stieß indes den Deckel meines Sarges fort und stieg
aus. Der Ort war schauderhaft düster und dumpf, und

Langeweile überfiel mich. Zum Zeitvertreib tastete ich mich zwischen den vielen Särgen hindurch, die in Reih und Glied herumstanden. Ich hob sie, einen nach dem anderen, herunter, brach die Deckel auf und erging mich in Spekulationen über die hier bewahrte Sterblichkeit.

»Dieses«, sagte ich zu mir selbst, indem ich über einen dickwanstigen, gedunsenen und kugelrunden Kadaver stolperte – »dieses ist zweifellos ein in jeder Hinsicht beklagenswerter – ein unglücklicher Mensch gewesen. Ihm wurde das schreckliche Los zuteil, nicht zu gehen, sondern zu watscheln – sich nicht wie ein Menschenwesen durchs Leben zu bewegen, sondern wie ein Elefant – nicht wie ein Mann, sondern wie ein Rhinozeros.

Seine Bemühungen, vorwärts zu kommen, sind pure Fehlgeburten gewesen und seine Anstalten, sich um sich selbst zu drehen, handgreifliche Mißerfolge. Ging er einen Schritt vorwärts, so war es sein Unglück, zwei nach rechts und drei nach links zu gehen. Seine Studien haben sich auf die Dichtung Crabbes beschränkt. Er kann keine Ahnung vom Wunder einer *pirouette* gehabt haben. Für ihn ist ein *pas de papillon* ein abstrakter Begriff gewesen. Nie hat er den Gipfel eines Berges bestiegen. Nie hat er von irgendeinem Kirchturm die Herrlichkeiten einer Metropole geschaut. Hitze ist sein Todfeind gewesen. In den Hundstagen waren seine Tage die Tage eines Hundes. Da hat er von Flammen und vom Ersticken geträumt – von Bergen auf Berge, vom Pelion auf den Ossa, getürmt. Er war kurzatmig – um es mit einem Wort zu sagen: er war kurzatmig. Er hielt es für ausschweifend, auf Blasinstrumenten zu spielen, er war der Erfinder von selbsttätigen Fächern, Windsegeln und Ventilatoren. Er war Stammkunde bei du Pont, dem Balgenmacher, und starb kläglich bei dem Versuch, eine Zigarre zu rauchen. Dies war ein Fall, an dem ich tiefen Anteil nehme – ein Schicksal, für das ich aufrichtiges Mitleid empfinde.

Doch hier«, sagte ich – »hier« – und ich zerrte gehässig eine hagere, lange und seltsam anmutende Gestalt aus ihrem Behälter, deren merkwürdiges Aussehen mich mit einem Gefühl widerwilliger Vertrautheit erfüllte –, »hier ist ein Elender, der auf irdisches Erbarmen keinen Anspruch hat.« Mit diesen Worten faßte ich, um mein Gegenüber deutlicher wahrzunehmen, mit Daumen und Zeigefinger an seine Nase, ließ es auf dem Boden eine sitzende Stellung einnehmen und hielt es so in Armeslänge fest, während ich mein Selbstgespräch fortsetzte.

»– keinen Anspruch«, wiederholte ich, »auf irdisches Erbarmen. Wem würde es denn auch einfallen, einen Schatten zu bemitleiden? Hat er nicht überdies seinen vollen Anteil an den Segnungen der Menschheit gehabt? Er war der Urheber von hohen Monumenten – Schrottürmen – Blitzableitern – Pyramidenpappeln. Seine Abhandlung über ›Schatten und Schemen‹ hat ihn unsterblich gemacht. Er gab mit bemerkenswertem Geschick die letzte Ausgabe von South' ›Über die Knochen‹ heraus. Er bezog frühzeitig eine Universität und studierte Pneumatik. Dann kehrte er heim, redete ohne Unterlaß und spielte das Waldhorn. Er bevorzugte die Sackpfeifen. Captain Barclay, der sich im Laufen mit der Zeit maß, würde sich mit *ihm* niemals messen. Windham und Allbreath waren seine Lieblingsautoren – sein Lieblingsmaler: Phiz. Er starb rühmlich beim Inhalieren von Gas – *levique flatu corrumpitur*, wie die *fama pudicitiae* bei Hieronymus.[1] Er war zweifellos ein ...«

»Wie *können* Sie nur? – wie – *können* – Sie nur?« – unterbrach mich der Gegenstand meiner Kritik, indem er nach Luft rang und sich mit einer verzweifelten Kraftanstrengung die Binde von den Kiefern riß – »wie *können* Sie, Mr. Lackobreath, nur so höllisch grausam sein, mir in dieser Weise die Nase einzuklemmen? Haben Sie denn nicht gesehen, wie man mir den Mund zugesperrt hat – und Sie *müssen* wissen – wenn Sie überhaupt irgend etwas wissen –, über welch ungeheuren Überfluß an Atem ich verfüge! Wenn Sie es jedoch *nicht* wissen, setzen Sie sich, und Sie werden sehen. – In meiner Lage ist es wirklich eine große

1 *Tenera res in feminis fama pudicitiae, et quasi flos pulcherrimus, cito ad levem marcescit auram, levique flatu corrumpitur, maxime, etc.* – Hieronymus ad Salvinam

Wohltat, wenn man imstande ist, den Mund aufzutun – seiner Rede freien Lauf zu lassen – Gedanken auszutauschen mit einer Person, wie Sie es sind, die sich nicht alle Augenblicke aufgerufen fühlt, einem Mann von Bildung den Gesprächsfaden abzuschneiden. – Unterbrechungen sind ärgerlich und sollten zweifellos abgeschafft werden – meinen Sie nicht auch? – keine Antwort, bitte – es genügt, wenn jeweils nur einer spricht. – Ich werde in Kürze fertig sein, und dann mögen Sie beginnen. – Wie zum Teufel, mein Herr, sind Sie hierhergekommen? – kein Wort, ich flehe Sie an – bin selber schon eine Weile hier – schrecklicher Unfall! – vermutlich davon gehört – furchtbares Unglück! – ging unter Ihren Fenstern spazieren – vor kurzem erst – um die Zeit, wo Sie theaterbesessen waren – schauerlicher Vorfall! – schon mal was von ›Atem-holen‹ gehört, he? – halten Sie den Mund, sag ich! – ich holte den von jemand anderem! – hatte immer zu viel eigenen – traf Blab an der Straßenecke – der wollte mir keine Chance geben, ein Wort zu sagen – konnte keine Silbe dazwischenschieben – infolgedessen von Epilepsie befallen – Blab machte sich aus dem Staube – verdammte Narren allesamt! – für tot hoben sie mich auf und brachten mich in dieses Loch – das sind mir schöne Geschichten! – alles gehört, was Sie über mich gesagt haben – jedes Wort eine Lüge – fürchterlich! – großartig! – empörend! – abscheulich! – unbegreiflich! – et cetera – et cetera – et cetera – et cetera –«

Schwerlich kann man sich meine Verwunderung über einen so unerwarteten Redefluß vorstellen, schwerlich die Freude, mit der ich allmählich gewahr wurde, daß es sich bei dem Atem, den der Herr (in dem ich alsbald meinen Nachbarn Windenough wiedererkannte) so glücklich eingefangen hatte, tatsächlich um ebendieselbe Atemluft handelte, die mir bei der Unterhaltung mit meiner Frau abhanden gekommen war. Zeit, Ort und Umstände schlossen jeden Zweifel an der Sache aus. Gleichwohl ließ ich nicht sofort Mr. W.s Rüssel fahren – wenigstens nicht, solange der Erfinder von Pyramidenpappeln fortfuhr, mich mit seinen Bekenntnissen zu beehren.

Auch hier wurde ich von jener eingewurzelten Besonnenheit geleitet, die von jeher mein vorherrschender Wesenszug war. Ich überlegte, daß noch viele Hindernisse auf
dem Pfade meiner Errettung liegen mochten, die nur äußerste Anstrengungen meinerseits würden überwinden
können. Viele Menschen, sagte ich mir, neigen dazu, Güter
in ihrem Besitz – wie wertlos auch für den derzeitigen Eigentümer – wie lästig oder beunruhigend auch immer – allein danach zu beurteilen, welchen Nutzen andere aus ihrer
Errungenschaft ziehen könnten oder sie selbst aus ihrer
Preisgabe. Konnte dies nicht auch auf Mr. Windenough zutreffen? Setzte ich mich nicht vielleicht den ungebührlichen Forderungen seiner Habsucht aus, wenn ich mich
ängstlich besorgt zeigte wegen des Atems, den er im
Augenblick so gern loswerden wollte? Es gibt Lumpen auf
dieser Welt, erinnerte ich mich mit einem Seufzer, die sich
kein Gewissen daraus machen, selbst den Nachbarn von
nebenan schäbig zu übervorteilen; und (diese Bemerkung
ist von Epiktet) gerade dann, wenn die Menschen am
ängstlichsten bestrebt sind, die Bürde ihrer eigenen Plagen
abzuwerfen, verspüren sie am wenigsten Lust, sie bei anderen zu erleichtern.

Nach Erwägungen wie diesen, die Nase von Mr. W. noch
immer festhaltend, hielt ich es denn für angemessen, meine
Antwort zu formulieren.

»Ungeheuer!« begann ich im Ton tiefster Entrüstung,
»Ungeheuer – und doppelatmiger Schwachkopf! – wagen
Sie, den für seine Schändlichkeiten mit zwiefacher Atmung
zu strafen es dem Himmel gefallen hat – wagen *Sie* es, sage
ich, mich in der vertraulichen Sprache eines alten Bekannten anzureden? – ›Ich lüge‹, fürwahr! und ›halte den
Mund‹, gewiß! – in der Tat eine schöne Unterhaltung mit
einem Gentleman, der nur einen einzigen Atem hat! – und
alles dies, wo es doch in meiner Macht steht, das Elend zu
mindern, darunter Sie so wohlverdientermaßen leiden –
das Zuviel Ihrer unseligen Respiration zu stutzen.«

Wie Brutus hielt ich inne, um Antwort zu hören – mit
der mich Mr. Windenough, einem Tornado gleich, augen-

blicks überwältigte. Einwand folgte auf Einwand und Entschuldigung auf Entschuldigung. Es gab keine Bedingungen, auf die er sich nicht einlassen wollte, und es gab keine, aus denen ich nicht den größtmöglichen Vorteil zog.

Als die Vorverhandlungen endlich abgeschlossen waren, lieferte mein Bekannter mir den Atem aus, wofür ich ihm später (nach sorgfältiger Prüfung) eine Quittung einhändigte.

Ich weiß wohl, daß viele mich tadeln werden, weil ich so flüchtig von einem so gewichtigen Handel spreche. Man wird der Meinung sein, ich hätte gründlicher auf einen Vorfall eingehen sollen, der − und das ist völlig richtig − viel neues Licht auf einen hochinteressanten Zweig der physikalischen Philosophie hätte werfen können.

Auf all dies kann ich zu meinem Bedauern nichts erwidern. Eine Andeutung ist die einzige Antwort, die ich zu geben vermag. Es gab da gewisse *Umstände* − doch es scheint mir bei ruhiger Überlegung sicherer, sowenig wie möglich über eine so delikate Angelegenheit zu reden − *so delikat*, wiederhole ich, und zu jener Zeit obendrein verquickt mit den Interessen einer dritten Partei, deren hitzigen Unmut herauszufordern ich im Augenblick nicht die geringste Lust habe.

Nicht lange nach dieser notwendigen Übereinkunft gelang es uns, aus den Verliesen der Gruft zu entkommen. Die vereinte Stärke unserer wiederbelebten Stimmen wurde bald zur Genüge offenbar. Scissors, der Whig-Redakteur, veröffentlichte aufs neue einen Artikel über ›Natur und Ursprung unterirdischer Geräusche‹. Eine Erwiderung − Gegenrede − Widerlegung − und Rechtfertigung − folgten in den Spalten eines demokratischen Blattes. Doch erst als man das Grabgewölbe öffnete, um den Meinungsstreit zu schlichten, bewies das Erscheinen von Mr. Windenough und mir, daß beide Parteien sich gründlich geirrt hatten.

Diese Ausführungen über einige sehr ungewöhnliche Abschnitte in einem Leben, das zu allen Zeiten merkwürdig genug war, kann ich nicht beschließen, ohne die Auf-

merksamkeit des Lesers erneut auf die Vorzüge jener abstrusen Philosophie zu lenken, welche ein sicherer und
verläßlicher Schild gegen alle die Pfeile des Unglücks ist,
die weder zu sehen noch zu fühlen noch völlig zu begreifen
sind. Es geschah im Lichte dieser Weisheit, daß man bei
den alten Hebräern glaubte, die Pforten des Himmels würden unweigerlich dem Sünder oder Heiligen aufgetan werden, der mit kräftigen Lungen und blindem Vertrauen das
Wort ›Amen!‹ brüllte. Es geschah im Lichte dieser Weisheit, daß, als eine schlimme Seuche in Athen wütete und
jeder Versuch, sie zu beheben, vergeblich war, Epimenides,
wie Laërtios in seinem zweiten Buch über den Philosophen
berichtet, den Rat erteilte, einen Altar und Tempel zu errichten ›dem zuständigen Gotte‹.

Lyttleton Barry

DER FEHLGESCHLAGENE HANDEL

> Wenn der heidnische Philosoph Verlangen trug,
> Weinbeeren zu essen, so öffnete er die Lippen,
> indem er sie in den Mund steckte; damit wollte er
> sagen, Weinbeeren wären zum Essen gemacht
> und Lippen zum Öffnen.
>
> ›Wie es euch gefällt‹

In Venedig lebte im Jahre ... in der Straße ... Pedro Garcia, ein Metaphysiker. Was Zeit und Wohnsitz betrifft, so verbieten mir Umstände privater und ehrwürdiger Natur, mich deutlicher zu erklären. Geistig war unser Held in jeder Hinsicht ein Riese. Und auch sein Körperumfang ließ nichts zu wünschen übrig; doch in der Senkrechten waren vier Fuß fünf Zoll das Nonplusultra des Philosophen.

Nun stammte Pedro aus einem florentinischen Adelsgeschlecht; doch es kümmerte ihn wenig, mit anzusehen, wie bei gewissen Wallungen des revolutionären Kochtopfs (während derer, sagt Machiavelli, immer der Abschaum nach oben kommt) seine großen Besitzungen ihm lautlos durch die Finger glitten. Freilich hatte sich Pedro Garcia von frühester Jugend an dem gewagtesten Wirrwarr verschrieben. Er hatte in Padua, in Mailand, in Göttingen studiert. Er ist es – aber das bleibe unter uns –, er ist es, dem Kant zum großen Teil seine Metaphysik verdankt. In meinem Besitz befinden sich Manuskripte, die zur Genüge erhärten würden, was ich sage.

Die Lehren unseres Freundes wurden nicht eben von vielen verstanden, obwohl sie keineswegs schwer zu begreifen waren. Zwar war er kein Platoniker – und, genaugenommen, auch kein Aristoteliker –, noch brachte er wie Leibniz Unvereinbares in Einklang. Er war ganz entschieden ein Pedronist. Er war Ioniker und Italiker. Er urteilte *a priori* und *a posteriori*. Seine Gedanken waren ihm eingeboren oder auch nicht. Er bekannte sich zu Georg von Trapezunt, er bekannte sich zu Bessarion. Von seinen sonstigen Neigungen ist wenig überliefert. Es heißt, daß er Catull dem Homer und einen Sauternes dem Medoc vorgezogen habe.

Doch selbst diese weitgespannte Philosophie erwies sich als unzulänglicher Schutz gegen die Pfeile der Verleumdung und Bosheit. Niederträchtige Männer in Venedig ließen es nicht an Andeutungen fehlen, daß die Lehren gewisser Leute weder die Reinheit der Akademie noch die Tiefgründigkeit des Lyzeums an den Tag legten.

Die große Glocke von San Marco hatte bereits Mitternacht geschlagen, doch unser Held lag nicht im Bett. Er saß allein in dem kleinen Gemach, seinem Studierzimmer, losgelöst von dem Unrat und Lärm des Tages. Die peinlich genaue Beachtung von Lappalien scheint mir unter der Würde ernsthafter Darstellung; sonst könnte ich mich hier, dem Beispiel des Romanschreibers folgend, über das Thema Kleidung und andere bloße Äußerlichkeiten verbreiten. Ich könnte sagen, daß unser Edelmann das Haar kurz trug, glatt über die Stirn gekämmt und gekrönt von einer veilchenfarbenen konischen Kappe mit Quasten – daß sein grünes Barchentwams von anderer Fasson war als die, welche damals von den Adligen Venedigs getragen wurden – daß die Ärmel tiefer geschlitzt waren, als die herrschende Mode es erlaubte – daß die Schlitze nicht, wie üblich in jener ungesitteten Zeit, mit verschiedenfarbiger Seide eingefaßt waren, sondern mit dem schönen roten Maroquinleder – daß sein Stilett ein Musterstück an Kunstfertigkeit aus der Werkstatt Pan Ispans in Damaskus war, des Yataganmachers für den Adel – daß seine Pantoffeln von leuchtendem Purpur waren, sorgsam mit Filigran verziert, und aus Japan hätten stammen können, wären nicht die ausnehmend spitzen Kappen gewesen und der Umstand, daß Baptista, der spanische Flickschuster auf dem Rialto, eine gegenteilige Meinung vertrat – daß seine Kniehosen aus dem weißen satinähnlichen sogenannten Celeste waren – daß sein himmelblauer Umhang oder Überwurf, im Zuschnitt der Kuriosität ähnlich, die man Morgenrock nennt, ihm wie ein Nebelschleier von den Schultern wallte, reich besetzt mit karminroten und gelben Applikationen – und daß sein *tout ensemble* Benevenuta, die Improvisatorin, zu den denkwürdigen Worten veranlaßte: Der Papagei auf einer gewissen Kathedrale gleiche nichts und niemandem so sehr wie Pedro, dem Metaphysiker. All dies und noch mehr hätte ich – wäre ich ein Romanschreiber – ausführlich behandeln können. Aber, Sankt Urfino sei's gedankt, was auch immer ich bin, *das* bin ich nicht. Deshalb übergehe ich all diese Gegenstände mit Stillschweigen.

Das Gemach, in dem unser Held saß, war von außergewöhnlicher Schönheit. Den Fußboden (denn es war Sommerzeit) bedeckte eine Matte von einem überaus leuchtenden und schimmernden Hellgelb, gefertigt aus dem seltenen und kostbaren Bambusrohr. Ringsum hingen Wandbekleidungen aus prächtigstem karminrotem Samt von der Decke herab. Die Decke selbst war aus brauner, hochpolierter Eiche, gewölbt und mit Schnitzereien und Gitterwerk verziert, so daß all ihre unzähligen Winkel zu einem dichten Schattendunkel gerundet waren, aus dessen düsterer Tiefe an schmaler goldener, sehr langgliedriger Kette eine bizarre arabeske Lampe aus gediegenem Silber herabhing. Eine schwarze, schwere und seltsam getäfelte Tür, nach innen zu öffnen, war nach der Mode jener Zeit mit einem getriebenen Messingriegel versperrt; während ein einziges riesengroßes vergittertes Bogenfenster auf das Wasser der Adria hinausstarrte.

Die sonstige Einrichtung des Zimmers bestand vor allem aus einer Unmenge geschmackvoll gebundener und illustrierter Bücher, die hier und da in mustergültiger Unordnung auf den Tischen, dem Fußboden und auf zwei oder drei üppigen Polsterbänken umherlagen, welche ganz den Anschein erweckten, die Ottomanen Mahomets zu sein.

Es war eine dunkle und stürmische Nacht. Der Regen fiel in Strömen; und schlaftrunkene Bürger schreckten hoch aus Träumen von der Sintflut, um auf die ungestüme See zu starren, die schäumend und brüllend Einlaß in die stolzen Festen und marmornen Paläste begehrte. Wer hätte so wilde Leidenschaften in jenem stillen Wasser vermutet, das den ganzen Tag lang schlummert? An einem zierlichen Alabastertischchen, das unter den schweren Wälzern, die es trug, erbebte, saß der Held unserer Geschichte.

Er achtete nicht des Klirrens der halb erloschenen Lampe, die zu seinen Häupten im Luftzug schwankte; und auch das Brausen der Wasser hörte er nicht. Ein mächtiges Manuskript, zur Veröffentlichung am folgenden Tage bestimmt, erhielt den letzten Schliff durch seinen Autor. Es tut mir leid, daß unsere Aufzeichnung nichts aus diesem kostbaren Werk exzerpieren konnte, das zweifellos in irgendeinem geistlichen Ränkespiel untergegangen ist. Sein Titel jedoch, wie ich ermittelt habe, lautet: ›Eine vollständige Auslegung von Dingen, die sich nicht auslegen lassen‹, und sein Motto ist eine Zeile von Pulci, hier in der gelungenen Übersetzung eines modernen Satirikers:

Brüder, ich komme von Ländern weit,
Euch zu zeigen, was ihr für Narren seid.

Als der Sturm stärker und schrecklicher tobte, konnte Pedro, völlig vertieft in seine Beschäftigung, nicht gewahren, daß, während seine Linke auf einem Buch mit tiefschwarzem Einband ruhte, der bläuliche Blitz mit ganz erstaunlicher Schnelle durch dessen Seiten zuckte.

»Ich habe es nicht eilig, Signor Pedro«, flüsterte eine leise Stimme im Zimmer.

»Teufel!« stieß unser Held hervor, indem er von seinem Stuhl aufsprang, dabei das Alabastertischchen umwarf und voller Verwunderung um sich blickte.

»Sehr richtig!« erwiderte ruhig die Stimme.

»Sehr richtig! – Was heißt sehr richtig? – Wie sind Sie hierhergekommen?« schrie der Metaphysiker, als sein Blick auf einen Mann mit ausnehmend hageren Gesichtszügen fiel, der lang ausgestreckt in einem Winkel des Gemachs auf einer Ottomane lag.

»Ich sagte«, fuhr die Erscheinung fort, ohne auf Pedros Fragen zu antworten, »ich sagte, daß ich es nicht eilig habe – daß die Angelegenheit, derentwegen ich mir die Freiheit nahm, bei Ihnen vorzusprechen, von geringer Bedeutung ist – daß ich warten kann, bis Sie Ihre Auslegung beendet haben.«

»Meine Auslegung! Woher wissen denn *Sie*, daß ich eine Auslegung schreibe? Du lieber Gott!«

»Still!« erwiderte die Erscheinung in scharfem Flüsterton; und sich von der Polsterbank erhebend, tat sie einen Schritt auf unseren Helden zu, während die arabeske Lampe plötzlich ihr konvulsivisches Schwingen einstellte und sich nicht mehr rührte.

Die Verwunderung hinderte den Philosophen nicht, Kleidung und Aussehen des Fremden genau zu mustern. Die Umrisse einer Gestalt, die das gewöhnliche Maß weit übertraf, wurden durch die mächtigen Falten einer schwarzen römischen Toga verwischt und unkenntlich gemacht. Über dem linken Ohr trug er, nach Art eines modernen Schreibers, ein Gerät, ähnlich dem Stylus der Alten, und an seinem linken Arm hing ein karminroter Beutel aus einem Material, das unserem Helden völlig unbekannt war, denn es leuchtete aus sich selbst. Es gab noch einen weiteren Ausstattungsgegenstand, der dem Edelmann in gleicher Weise ein Rätsel war. Die Toga, am Halse offenstehend, ließ das säuberlich gefaltete Halstuch und den gestärkten Hemdkragen von 1832 sehen. All diese Dinge erregten Pedros Aufmerksamkeit kaum; denn sein Forscherblick war auf die *Sandalen* des Eindringlings gefallen, und er erkannte darin die genaue Nachbildung derer, die man vor der Sintflut getragen hatte, wie sie mit peinlicher Genauigkeit in der Ptolemaiade des Rabbi Vathek beschrieben sind.

Beim Durchsehen bestimmter Dokumente in Venedig finde ich, daß Garcia, der Metaphysiker, ›ein außergewöhnlich kleiner, aber streitsüchtiger Mann‹ war. Als sein Besucher nun einen Stuhl dicht an das große Bogenfenster zog, das aufs Meer hinaussah, folgte unser Held schweigend seinem Beispiel.

»Ein gescheites Buch, das Sie da geschrieben haben, Pedro«, sagte der Fremde, indem er unserem Freund verständnisvoll auf die Schulter klopfte.

Pedro machte große Augen.

»Es ist eine Arbeit ganz nach meinem Herzen«, fuhr jener fort; »ich nehme an, Sie haben Konfuzius gekannt.«

Die Verwunderung unseres Helden verdoppelte sich.

»Ein elendes Narrenpack heutzutage, sage *ich* Ihnen. Philosophie ist reiner Blödsinn. *O nous estin autos*, wie jemand sehr treffend bemerkt hat, will sagen ›*auyos*‹. Aber, die Wahrheit zu gestehen, sehr viel besser war es zu keiner Zeit. Tatsache ist, Garcia«, hier senkte sich die Stimme des Fremden zu einem Flüstern, »die Leute verstehen nichts von diesen Dingen. *Ihre* Lehren jedoch kommen der Sache näher als alles, was mir bekannt ist. Mir *gefallen* Ihre Lehren, Signor Pedro, und ich bin von weither gekommen, um Ihnen das zu sagen.«

Die Augen des Philosophen glänzten, und er kramte eiligst in dem Wust auf dem Fußboden nach seinem heruntergefallenen Manuskript. Als er es gefunden hatte, nahm er von einem Elfenbeinpult eine Flasche köstlichen Sauternes, plazierte beides, dazu das tiefschwarz eingebundene Buch, auf dem Alabastertischchen, schob es vor den Besucher und setzte sich wieder zu ihm.

Sollte an dieser Stelle der Leser wissen wollen, warum unser Held sich die Mühe machte, etwas so Bedenkliches wie jenes schwarz eingebundene Buch auf das Tischchen zu legen, so erwidere ich, daß Pedro Garcia keinesfalls ein Narr war; niemand hat ihn je bezichtigt, ein Narr zu sein. Er war daher sehr bald zu dem Schluß gekommen, daß sein kluger Freund nicht mehr und nicht weniger war als Seine Erlauchte Satanische Majestät. Nun sind zwar schon Personen größerer Statur unter weniger kritischen Umständen in Schrecken versetzt worden, und auch Pedro legte bei gewissen Fügungen der Vorsehung (wie etwa der Heimsuchung durch eine Spinne, eine Ratte oder einen Arzt) nicht immer den Philosophen an den Tag; doch Angst vor dem Teufel ist ihm niemals in den Sinn gekommen. – Ganz im Gegenteil, er war sogar in Wahrheit eher erfreut über den Besuch eines Herrn, den er so hoch verehrte. Er gefiel sich in dem Gedanken, eine angenehme Stunde zu verbringen, und mit der Miene eines Mannes, der die Kniffe kennt, präsentierte er seinem Besucher einen Band, der seinen Kenntnissen und seinem literarischen Geschmack aufs beste entsprach.

»Aber ich *muß* doch sagen«, fuhr der Fremde fort, ohne Pedros Vorkehrungen zu beachten, »ich muß sagen, daß Sie in einigen Punkten unrecht haben, mein Freund, durchaus unrecht; *völlig* auf dem Holzweg, wie jener Schalk Sanchuniathon zu sagen pflegte – ha! ha! ha! –, der *arme* Sanchuniathon!«

»Bitte, mein Herr, für wie alt – halten – Sie sich wohl?« erkundigte sich der Metaphysiker mit einem Seitenblick.

»Alt? mein Freund? Wie? Oh! nicht der Rede wert. Wie gesagt, Sie haben da gewisse sehr *outrierte* Ansichten in Ihrem Buch. Was wollen Sie nur mit diesem ganzen Humbug über die Seele? Ich bitte Sie, mein Lieber, was ist die Seele?«

»Die Seele«, erwiderte Pedro, auf sein Manuskript verweisend, »ist zweifellos ...«

»Nein, mein Herr!«

»Unzweifelhaft ...«

»Nein, mein Herr!«

»Offensichtlich ...«

»Nein, mein Herr!«

»Und unanfechtbar ...«

»Nein, mein Herr! – die Seele ist nichts dergleichen.«

»Aber was ist sie dann?«

»Das tut nichts zur Sache, Signor Pedro«, erwiderte der Fremde nachdenklich; »ich habe gekostet – das heißt, ich meine, ich habe einige sehr schlechte Seelen kennengelernt und einige recht gute.«

Hier leckte sich der Fremde die Lippen, und nachdem er unwillkürlich seine Hand auf den schwarzen Band hatte fallen lassen, überkam ihn ein heftiger Niesanfall, worauf unser Held, sein Kollektaneenbuch zur Hand nehmend, die folgende Bemerkung einflocht:

»NB – *Divorum inferorum cachinnatio sternutamentis morta-lium verisimillima est.*«

Der Fremde fuhr fort. »Da war die Seele von Kratinos – passabel! Aristophanes – pikant! Platon – exquisit! Nicht *Ihr* Platon, sondern Platon der Komödiendichter – bei Ihrem Platon hätte sich selbst dem Zerberus der Magen umgedreht – pfui! Dann – warten Sie – dann waren da Catull und Naso und Plautus und Quinty – der *liebe* Quinty, wie ich ihn nannte, als er mir zur Unterhaltung ein Säkulargedicht sang, während ich ihn wohlgelaunt an einer Gabel röstete. Aber es fehlt ihnen an Aroma, diesen Römern; ein einziger fetter Grieche ist so viel wert wie ein Dutzend von ihnen, und außerdem *hält* er sich, was man von einem Quiriten nicht behaupten kann. – Terenz war freilich eine Ausnahme – haltbar wie ein Eskimo und saftig wie ein Deutscher –, schon bei der Erinnerung an den Burschen läuft mir das Wasser im Munde zusammen. – Doch probieren wir Ihren Sauternes!«

Unser Held hatte sich inzwischen zum *nil admirari* entschlossen und füllte nur das Glas seines Besuchers. Es entging ihm jedoch nicht ein merkwürdiges Geräusch im Zimmer, ähnlich dem Wedeln eines Schwanzes; aber er beachtete es nicht weiter, stieß nur mit dem Fuß nach dem großen Wasserhund, der schlafend unter seinem Stuhl lag, und gebot ihm Ruhe. – Der Fremde fuhr fort.

»Doch *wenn* ich eine Vorliebe habe, Signor Pedro, *wenn* ich eine Vorliebe habe, dann für einen Philosophen. Doch muß ich Ihnen gestehen, mein Herr, nicht jeder Teu..., ich meine, nicht jedermann versteht sich darauf, einen Philosophen *auszuwählen*. Die langen sind *nicht* gut, und die besten, wenn nicht sorgfältig enthülst, schmecken leicht ein wenig widerlich wegen der Galle.«

»Enthülst?«

»Ich meine, aus dem Leib herausgenommen.«

»Was halten Sie von einem Arzt?«

»Schweigen Sie mir von denen!« – hier würgte der Fremde heftig – »hu! – ich habe nur einen einzigen probiert, den Schurken – hu! – *Hippokrates.* Roch nach Asa foetida – hu! hu! – gab mir noch besondere Mühe mit dem Gauner – holte mir eine gräßliche Erkältung, als ich ihn im Styx wusch – und zu guter Letzt steckte er mich noch mit der Cholera an.«

»Der Schuft! diese Mißgeburt von Pillenschachtel!« stieß Pedro hervor, indem er eine Träne vergoß, und nach einer zweiten Flasche Sauternes greifend, stürzte er rasch hintereinander drei Gläser hinunter. Der Fremde folgte seinem Beispiel.

»Letzten Endes, Signor Pedro«, sagte er, »wenn ein Teu…, wenn ein Gentleman leben möchte, muß er mehr Talente haben als der und jener, und bei uns ist ein fettes Gesicht ein Beweis für diplomatische Fähigkeiten.«

»Wie das?«

»Nun, wir haben manchmal die größten Versorgungsschwierigkeiten. Sie sollten wissen, daß es in einem so glutheißen Klima wie dem meinen oft unmöglich ist, eine Seele länger als zwei oder drei Stunden am Leben zu erhalten; und nach dem Tode, wenn man sie nicht sofort einpökelt (und eine eingepökelte Seele schmeckt *nicht* gut), pflegen sie zu riechen – Sie verstehen – nicht wahr? Man muß immer Fäulnis befürchten, wenn die Seelen auf die übliche Art zu uns gelangen.«

»Großer Gott! wie helfen Sie sich denn da?«

Hier begann die arabeske Lampe aufs heftigste zu schwingen, und der Fremde schreckte nahezu vom Stuhl auf; doch mit einem schwachen Seufzer gewann er seine Fassung wieder und sagte nur in leisem Ton zu unserem Helden: »Das lassen Sie sich ein für allemal gesagt sein, Pedro Garcia, es wird nicht mehr geflucht.«

Pedro goß ein weiteres Glas hinunter, und sein Besucher fuhr fort.

»Nun, es gibt *verschiedene* Möglichkeiten, sich zu helfen. – Die meisten von uns verhungern. Einige nehmen mit dem Eingepökelten vorlieb. Ich für mein Teil erwerbe meine Seelen *vivente corpore*, in welchem Behältnis sie sich nach meiner Erfahrung sehr gut halten.«

»Aber der Leib, mein Verehrtester, der Leib!« rief laut der Philosoph, denn der Wein war ihm ein wenig zu Kopf gestiegen. Hier griff er nach einer neuen Flasche Sauternes.

»Der Leib! – na, was schert uns der Leib? Oh! ah! ich verstehe – nun, dem Leib schadet das Geschäft *nicht im geringsten*. Ich habe seinerzeit unzählige derartige Käufe abgeschlossen, und die Beteiligten erlebten niemals die kleinste Unannehmlichkeit. Da waren Kain und Nimrod und Nero und Caligula und Dionysios und Peisistratos – und – und der Jude – und – und tausend andere, alles sehr tüchtige Männer in ihrer Art, die während der letzten Spanne ihres Lebens keine Ahnung hatten, was eine Seele ist. Dennoch waren diese Männer Zierden der Gesellschaft. Haben wir da nicht V., nun? – den Sie ebensogut kennen wie ich –, ist er nicht im Vollbesitz seiner Fähigkeiten, geistig und körperlich? Wer schreibt ein schärfer geschliffenes Epigramm? Wer argumentiert geistreicher? Wer – aber ich habe seinen Vertrag in meinem Notizbuch.« Mit diesen Worten zog er aus dem von selbst leuchtenden Beutel ein Buch mit Karneolschließen und aus dem Buch einen Pakken Papiere, auf denen Pedro die Letterngefüge Machia, Maza, Richel und die Wörter Domitian und Elizabeth erhaschte. Diesen Papieren entnahm er ein schmales Stück Pergament und las davon laut die folgenden Worte ab:

»Als Entgelt für gewisse Geistesgaben, die im einzelnen zu benennen unnötig wäre, und ferner als Entgelt für die Summe von eintausend Louisdor übertrage ich hiermit im Alter von einem Jahr und einem Monat, mit heutigem Datum, dem Inhaber dieser Schuldverschreibung all meine Rechtstitel und -ansprüche auf den Schatten, den man ›meine Seele‹ nennt.

Gegeben zu Paris, am ... Tag des ... im Jahre unseres Herrn ...   François Marie Arouet.

Wirklich ein gescheiter Bursche«, fuhr der Fremde fort, »aber mit dem Schatten hatte er unrecht – die Seele ein Schatten! – so ein Unsinn, Signor Pedro. – Man stelle sich nur einen frikassierten Schatten vor!«

»Man stelle sich nur einen frikassierten Sch-a-tt-en vor!« echote unser Held, dessen Sinn allmählich festlich erleuchtet wurde, »aber, verdammt«, fuhr er fort, »Herr – hm! – verdammt! – hick! – wenn *ich* ein solcher Einfaltspinsel gewesen wäre! *Meine* Seele, Herr – hm! – ja, mein Herr, meine Seele.«

»Ihre Seele, Signor Pedro?«

»Ja, mein Herr, *meine* Seele ist – ist – ist – kein Schatten, verdammt!«

»Es täte mir leid, annehmen zu müssen, Signor Pedro ...«

»Ja, mein Herr, *meine* Seele ist besonders geeignet für – für – ein Stew, verdammt!«

»Ah!«

»Ein Ragout –«

»Wie?«

»Ein Frikassee –«

»Ah!«

»Oder – hick! – ein Kotelett – und der Handel soll gelten.«

»Gar nicht daran zu denken«, sagte der Fremde ruhig, sich zugleich von seinem Platz erhebend.

Pedro machte große Augen.

»Bin im Augenblick versorgt –«

»Wie?«

»Habe kein Bargeld zur Hand –«

»Was?«

»Wäre sehr ungehörig von mir –«

»Hm!«

»Vorteil zu ziehen aus ...«

»Mein Herr!«

»... Ihrem absonderlichen Zustand.«

Hiermit verbeugte sich der Fremde und zog sich zurück, auf welche Weise, das konnte unser Philosoph nicht genau ausmachen; aber bei einem wohlangelegten Versuch, eine Flasche auf den Schurken abzufeuern, wurde die dünne Kette, die von der Decke herabhing, durchtrennt und der Metaphysiker von der herabstürzenden Lampe zu Boden gestreckt.

BON-BON

Quand un bon vin meuble mon estomac,
Je suis plus savant que Balzac –
Plus sage que Pibrac;
Mon bras seul faisant l'attaque
De la nation Cosaque,
La mettroit au sac;
De Charon je passerois le lac,
En dormant dans son bac;
J'irois au fier Eac,
Sans que mon cœur fit tic ni tac,
Présenter du tabac.

Französisches Vaudeville

Daß Pierre Bon-Bon ein *restaurateur* von ungewöhnlichen Fähigkeiten war, das wird, denke ich, keiner, der unter der Regierung von ... in dem kleinen Café im *Cul-de-sac* Le Febvre in Rouen Stammgast gewesen ist, zu bestreiten wagen. Daß Pierre Bon-Bon in gleichem Maße in der Philosophie jener Zeit bewandert war, ist, glaube ich, erst recht nicht zu leugnen. Seine *pâtés à la foie* waren ohne Zweifel makellos; aber welche Feder könnte seinen Essays *sur la Nature* Gerechtigkeit widerfahren lassen – seinen Gedanken *sur l'Ame* – seinen Betrachtungen *sur l'Esprit*? Wenn seine *omelettes* – wenn seine *fricandeaux* schon unschätzbar waren, welcher *littérateur* jener Tage hätte für eine ›Idée de Bon-Bon‹ nicht doppelt soviel gegeben wie für den ganzen Plunder der ganzen ›Idées‹ der ganzen übrigen *savants*? Bon-Bon hatte Bibliotheken durchstöbert, die kein anderer durchstöbert hatte – hatte mehr gelesen, als jeder andere zu lesen je sich hätte träumen lassen – hatte mehr begriffen, als ein anderer je für möglich gehalten hätte; und obwohl in der Zeit seines Wirkens einige Autoren in Rouen nicht anstanden zu behaupten, daß seine *dicta* weder die Reinheit der Akademie noch die Tiefe des Lyzeums an den Tag legten – obgleich, wohlgemerkt, seine Lehren keineswegs allgemein begriffen wurden, folgte daraus doch nicht, daß sie schwer zu begreifen waren. Ich glaube, ihrer Selbstverständlichkeit war es zuzuschreiben, daß viele Leute sich verleiten ließen, sie abstrus zu finden. Bon-Bon ist es – aber das bleibe unter uns –, Bon-Bon ist es, dem selbst ein Kant zum großen Teil seine Metaphysik verdankt. Jener war freilich kein Platoniker noch, genaugenommen, ein Aristoteliker – noch vergeudete er wie der neumodische Leibniz jene kostbaren Stunden, die man besser an die Erfindung eines *fricassée* oder, *facili gradu*, die Analyse einer Empfindung wenden könnte, mit leichtfertigen Versuchen, die eigensinnigen Öle und Wasser ethischen Meinungsstreites in Einklang zu bringen. Keineswegs. Bon-Bon war Ioniker – Bon-Bon war gleichermaßen Italiker. Er urteilte *a priori* – er urteilte auch *a posteriori*. Seine Gedanken waren ihm eingeboren – oder auch nicht. Er bekannte sich zu Georg von Trapezunt – er bekannte sich zu Bessarion. Bon-Bon war ganz entschieden ein – Bon-Bonist.

Ich habe von dem Philosophen in seiner Eigenschaft als *restaurateur* gesprochen. Ich möchte indes nicht, daß einer meiner Freunde etwa auf den Gedanken käme, unserem Helden habe es bei der Ausübung seiner angestammten Pflichten auf diesem Gebiet an gebührender Wertschätzung ihrer Würde und Wichtigkeit gefehlt. Ganz im Gegenteil. Es war unmöglich zu sagen, auf welchen Zweig seines Berufs er sich mehr zugute tat. Nach seiner Meinung standen die Kräfte des Geistes in enger Wechselbeziehung zu der Leistungsfähigkeit des Magens. Ja, ich bin nicht sicher, ob er nicht gar den Chinesen zustimmte, die behaupten, daß die Seele ihren Sitz im Bauche hat. Jedenfalls hatten die Griechen recht, dachte er, die dasselbe Wort für Seele und Diaphragma[1] gebrauchen. Das soll nun nicht etwa heißen, daß ich dem Metaphysiker Völlerei oder

1 Φρένες

irgendeine andere bedenkliche Untugend zur Last legen wollte. Wenn Pierre Bon-Bon seine Schwächen hatte – und welcher große Mann hat nicht ihrer tausend? –, wenn Pierre Bon-Bon, sage ich, seine Schwächen hatte, so waren es Schwächen, die kaum ins Gewicht fielen – Fehler, im Grunde genommen, die bei anderen Charakteren oft eher als Tugenden angesehen werden. Was nun eine dieser Schwächen betrifft, so hätte ich sie in dieser Geschichte nicht einmal erwähnt, hätte sie nicht so augenfällig – ein extremes *alto rilievo* – aus der Ebene seiner gesamten Veranlagung herausgeragt. – Er konnte keine Gelegenheit vorübergehen lassen, einen Handel abzuschließen.

Nicht daß er habsüchtig war – o nein. Es war für die Befriedigung des Philosophen durchaus nicht nötig, daß der Handel wirklich seinem eigenen Vorteil diente. Wenn überhaupt nur ein Geschäft gemacht werden konnte – ein Geschäft jeglicher Art, zu jedweden Bedingungen, unter welchen Umständen auch immer –, so sah man noch viele Tage danach, wie ein triumphierendes Lächeln seine Miene verklärte und ein verschmitztes Augenzwinkern Zeugnis ablegte von seiner Gewitztheit.

Wohl zu keiner Zeit würde es einen wundernehmen, wenn eine so eigentümliche Laune wie die eben erwähnte Aufmerksamkeit und Beachtung erregte. Verwunderlich wäre vielmehr, wenn gerade zu der Zeit unserer Erzählung diese Eigenheit *nicht* Aufsehen erregt hätte. Bald hieß es, daß Bon-Bons Lächeln sich bei allen derartigen Gelegenheiten himmelweit zu unterscheiden pflege von dem biederen Grinsen, mit dem er seine eigenen Späße belachte oder einen Bekannten begrüßte. Andeutungen erregender Art wurden laut; man erzählte sich von gewagten Kaufverträgen, in großer Eile abgeschlossen und in Muße bereut; und man führte Beispiele an von unerklärlichen Fähigkeiten, vagen Sehnsüchten und ungewöhnlichen Neigungen, eingepflanzt in schlauer Eigennützigkeit vom Urheber alles Bösen.

Der Philosoph hatte noch andere schwache Seiten – aber sie sind kaum unserer ernsthaften Untersuchung wert.

Zum Beispiel gibt es nur wenige Männer von außergewöhnlicher Tiefgründigkeit, bei denen man nicht einen Hang zur Flasche findet. Ob dieser Hang eine stimulierende Ursache oder eher ein stichhaltiger Beweis solcher Tiefgründigkeit ist, das ist schwer zu sagen. Bon-Bon, soviel ich weiß, fand das Thema ungeeignet für eine sorgfältige Untersuchung – und ich bin seiner Meinung. Doch darf man nicht annehmen, daß der *restaurateur*, indem er einer so wahrhaft klassischen Neigung frönte, jenes intuitive Unterscheidungsvermögen einbüßte, das seine *essais* und seine *omelettes* gleichermaßen auszuzeichnen pflegte. In Zeiten der Zurückgezogenheit hatte der Vin de Bourgogne seine zugemessene Stunde, und es gab passende Augenblicke für den Côtes du Rhône. Für ihn verhielt sich ein Sauternes zu einem Medoc wie Catull zu Homer. Er pflegte sich mit einem Syllogismus zu ergötzen, indem er einen St. Péray schlürfte, doch über einem Clos de Vougeot eine Beweisführung zu entwirren und in einem Sturzbach von Chambertin eine Theorie über den Haufen zu werfen. Gut wäre es gewesen, wenn derselbe feine Sinn für das Angemessene ihn auch bei der nichtigen Neigung geleitet hätte, auf die ich zuvor anspielte – aber das war durchaus nicht der Fall. Ja, die Wahrheit zu gestehen, *jener* Wesenszug in dem philosophischen Bon-Bon begann am Ende wirklich eine sonderbare Intensität, etwas Schwärmerisches anzunehmen und schien tief durchtränkt mit der *diablerie* seiner deutschen Studien, denen er sich mit Vorliebe hingab.

Das kleine Café im *Cul-de-sac* Le Febvre besuchen hieß zur Zeit unserer Geschichte soviel wie das *sanctum* eines Genies betreten. Bon-Bon war ein Genie. Es gab nicht einen *sous-cuisinier* in Rouen, der nicht hätte bestätigen können, daß Bon-Bon ein Genie war. Sogar seine Katze wußte es und versagte es sich in Gegenwart des Genies, mit dem Schwanz zu schlagen. Auch seinem großen Wasserhund war die Tatsache bekannt, und beim Herannahen seines Herrn verriet sich sein Unterlegenheitsgefühl durch frommes Gebaren, hängende Ohren und heruntergeklappten Unterkiefer, was alles durchaus nicht unter der Würde eines Hundes ist. Freilich mochte dieser zur Gewohnheit gewordene Respekt zum guten Teil der äußeren Erscheinung des Metaphysikers zuzuschreiben gewesen sein. Ein distinguiertes Äußeres, muß ich sagen, wird auch bei einem Tier seine Wirkung nicht verfehlen; und ich bin geneigt zuzugeben, daß vieles in der Erscheinung des *restaurateurs* darauf berechnet war, das Gemüt der Vierfüßer zu beeindrucken. Etwas seltsam Majestätisches geht von einem kleinen Großen aus – wenn ich mir eine so doppelsinnige Wendung erlauben darf –, etwas, das die pure physische Masse allein niemals hervorbringen könnte. War nun Bon-Bon auch nur knapp drei Fuß hoch und war sein Kopf auch winzig klein, so war es doch unmöglich, die Rundung seines Bauches anzuschauen, ohne den Hauch einer Großartigkeit zu verspüren, die fast an das Erhabene grenzte. In solcher Leibesfülle müssen Hunde wie Menschen ein Sinnbild seiner Fähigkeiten erblickt haben – in solcher Unermeßlichkeit eine passende Wohnstatt für seine unsterbliche Seele.

Ich könnte mich hier – wenn es mir beliebte – über das Thema Kleidung und andere unwichtige Einzelheiten verbreiten, die nur das Äußere des Metaphysikers ausmachten. Ich könnte andeuten, daß unser Held das Haar kurz trug, glatt über die Stirn gekämmt und gekrönt von einer kegelförmigen weißen Flanellkappe mit Quasten – daß sein erbsgrünes Wams von anderer Fasson war als die, welche damals gemeinhin vom Stand der *restaurateurs* getragen wurden – daß die Ärmel etwas bauschiger waren, als die herrschende Mode es erlaubte – daß die Aufschläge nicht wie üblich in jener ungesitteten Zeit aus Stoff von gleicher Beschaffenheit und Farbe waren wie das Gewand, sondern auf phantasiereichere Art mit verschiedenfarbigem Genueser Samt besetzt waren – daß seine Pantoffeln von leuchtendem Purpur waren, sorgsam mit Filigran verziert, und in Japan hätten gefertigt sein können, wären nicht die ausnehmend spitzen Kappen gewesen und die hellglänzenden Farbtöne von Besatz und Stickerei – daß seine Kniehosen aus dem gelben satinähnlichen Gewebe namens *aimable* waren – daß sein himmelblauer Umhang, im Zuschnitt einem Schlafrock ähnlich und über und über besetzt mit karminrotem Zierat, ihm wie ein Morgennebel anmutig von den Schultern wallte – und daß sein *tout ensemble* Benevenuta, die Improvisatorin von Florenz, zu den denkwürdigen Worten veranlaßte, es sei schwer zu sagen, ob Pierre Bon-Bon wirklich ein Paradiesvogel sei oder vielmehr selbst ein Paradies der Vollkommenheit. – Ich könnte, sage ich, mich über all diese Themen verbreiten, wenn es mir beliebte; aber ich stehe davon ab: Einzelheiten, die nur die äußere Person betreffen, mögen den Schreibern historischer Romane überlassen bleiben; sie sind unter der sittlichen Würde des Tatsächlichen.

Ich sagte, das Café im *Cul-de-sac* Le Febvre besuchen hieß soviel wie das *sanctum* eines Genies betreten – aber eigentlich war es nur das Genie selbst, das die Vorzüge des *sanctum* gebührend zu schätzen wußte. Ein Schild in Gestalt eines riesigen Folianten schwebte vor dem Eingang. Auf den einen Deckel des Bandes war eine Flasche gemalt, auf den anderen eine *pâté*. Auf dem Rücken stand in großen Lettern zu lesen: *Œuvres de Bon-Bon.* Auf diese Weise wurde diskret auf den zwiefachen Beruf des Besitzers hingedeutet.

Hatte man die Schwelle überschritten, bot sich dem Blick das ganze Innere des Hauses dar. Ein langer Raum mit leicht abfallender Decke, von altertümlicher Bauart, das war tatsächlich das ganze Interieur, das das Café zu bieten hatte. In einer Ecke des Zimmers stand das Bett des Metaphysikers. Ein Aufgebot von Vorhängen sowie ein Baldachin *à la Grecque* gaben ihm eine zugleich klassische und behagliche Note. In der schräg gegenüberliegenden Ecke präsentierten sich in enger trauter Gemeinschaft die Requisiten der Küche und der *bibliothèque*. Eine Platte mit Polemiken stand friedlich auf dem Anrichtetisch. Hier lag ein Ofen voll der neuesten Moralphilosophie – dort ein Kessel voll von Duodezmiszellen. Bände mit deutscher Sittenlehre verbrüderten sich mit dem Bratrost – eine Röstgabel konnte man an der Seite des Eusebios entdecken – Platon lehnte behaglich in der Bratpfanne – und zeitgenössische Manuskripte steckten aufgereiht am Bratspieß.

In anderer Hinsicht konnte man dem *Café de Bon-Bon* nicht eben nachsagen, daß es sich von den üblichen *restaurants* jener Zeit beträchtlich unterschieden hätte. Ein großer Kamin gähnte gegenüber der Tür. Zu seiner Rechten stellte ein offener Geschirrschrank eine ehrfurchtgebietende Reihe etikettierter Flaschen zur Schau.

Hier geschah es eines Nachts gegen zwölf Uhr, während des strengen Winters im Jahre ..., daß Pierre Bon-Bon, nachdem er eine Weile den Kommentaren seiner Nachbarn zu seiner eigentümlichen Neigung zugehört hatte – daß Pierre Bon-Bon, sage ich, als er sie alle aus seinem Haus gejagt hatte, die Tür mit einem Fluch hinter ihnen verschloß und in nicht gerade friedfertiger Stimmung zu den Annehmlichkeiten eines lederbezogenen Armstuhls und eines flackernden Holzfeuers seine Zuflucht nahm.

Es war eine jener fürchterlichen Nächte, wie es sie nur ein- oder zweimal in einem Jahrhundert gibt. Es schneite heftig, und das Haus bebte bis in seine Grundfesten unter den Windstößen, die, durch die Mauerritzen fegend und ungestüm den Rauchfang hinabfahrend, mit aller Gewalt an den Bettvorhängen des Philosophen rüttelten und die weise Anordnung seiner Pastetentiegel und Papiere durcheinanderbrachten. Das riesige Wahrzeichen, der Foliant, der draußen hin- und herschwang, der Wut des Sturmes preisgegeben, knarrte bedenklich, und ein ächzender Laut drang aus seiner massiv eichenen Halterung.

In keiner friedfertigen Gemütsverfassung also zog der Metaphysiker seinen Stuhl an den gewohnten Standort neben der Feuerstelle. Viele bestürzende Zufälle waren ihm im Lauf des Tages begegnet und hatten die gelassene Heiterkeit seiner Betrachtungen gestört. In der Absicht, *des œufs à la Princesse* zu bereiten, hatte er unseligerweise ein *omelette à la Reine* fabriziert; die Entdeckung eines Grundprinzips der Moralphilosophie war durch das Umkippen eines Schmortopfes vereitelt worden; und nicht zuletzt war ihm einer jener trefflichen Handelsverträge durchkreuzt worden, die er sonst stets mit so großem Vergnügen zu erfolgreichem Abschluß brachte. Aber in seine Verärgerung über diese unerklärlichen Schicksalsschläge mischte sich unversehens auch eine gewisse nervöse Angst, wie sie der Aufruhr einer stürmischen Nacht so leicht hervorruft. So pfiff er denn den großen schwarzen Wasserhund, von dem oben die Rede war, näher zu sich heran, ließ sich beklommen in seinem Stuhl nieder und konnte nicht umhin, wachsam und unruhig in jene fernen Winkel seiner Behausung zu spähen, deren unerbittliche Schatten selbst der rote Feuerschein nur zu einem kleinen Teil überwinden konnte. Nachdem er eine Musterung beendet hatte, deren eigentlicher Zweck vielleicht ihm selber unerfindlich war, rückte er ein mit Büchern und Papieren bedecktes Tischchen dicht neben seinen Stuhl und war alsbald ganz vertieft in die Aufgabe, ein mächtiges Manuskript nachzubessern, das zur Veröffentlichung am folgenden Tage bestimmt war.

Er war erst ein paar Minuten solcherart beschäftigt, als plötzlich eine greinende Stimme im Zimmer flüsterte: »Ich habe es nicht eilig, Monsieur Bon-Bon.«

»Teufel!« stieß unser Held hervor, indem er auf die Füße sprang, dabei den Tisch umkippte, der neben ihm stand, und voller Verwunderung um sich spähte.

»Sehr richtig«, erwiderte ruhig die Stimme.

»Sehr richtig! – was heißt sehr richtig? – Wie sind Sie hierhergekommen?« rief der Metaphysiker, als sein Blick auf einen Jemand fiel, der lang ausgestreckt auf dem Bett lag.

»Ich sagte«, äußerte der Eindringling, ohne die Fragen zu beachten, »ich sagte, daß ich durchaus keine Eile habe – daß die Angelegenheit, derentwegen ich mir die Freiheit nahm, bei Ihnen vorzusprechen, keineswegs dringend ist – kurzum, daß ich sehr wohl warten kann, bis Sie Ihre Auslegung beendet haben.«

»Meine Auslegung! – nanu! – woher wissen *Sie* das? – woher wissen denn *Sie*, daß ich eine Auslegung schreibe? Du lieber Gott!«

»Still!« erwiderte die Erscheinung in scharfem Flüsterton, schnellte behende vom Bett hoch und tat einen Schritt
auf unseren Helden zu, während eine eiserne Lampe, die
von der Decke herabhing, mit jähem Schwingen der Annäherung auswich.

Die Verwunderung hinderte den Philosophen nicht,
Kleidung und Aussehen des Fremden genau zu mustern.
Die Umrisse seiner Gestalt, die ausnehmend hager war,
aber an Größe das gewöhnliche Maß weit übertraf, wurden
durch einen verschossenen Anzug aus schwarzem Tuch
deutlich hervorgehoben, der hauteng anlag, doch sonst
durchaus nach der Mode von vor hundert Jahren geschnitten war. Diese Kleidungsstücke waren offensichtlich für jemand bestimmt gewesen, der viel kleiner von Gestalt war
als der gegenwärtige Besitzer. Seine Fußknöchel und
Handgelenke blieben einige Zollbreit unbedeckt. An seinen Schuhen indes straften ein Paar prächtig glitzernde
Schnallen die außergewöhnliche Ärmlichkeit Lügen, die
den übrigen Teilen seiner Gewandung anhaftete. Sein
Kopf war unbedeckt und völlig kahl, mit Ausnahme des
Hinterhaupts, von dem eine *queue* von beträchtlicher Länge
herabhing. Eine grüne Brille mit Seitengläsern schützte
seine Augen vor der Einwirkung des Lichts und hinderte
zugleich unseren Helden, ihre Farbe oder Form auszumachen. Von einem Hemd war an der ganzen Person keine
Spur zu entdecken; aber eine weiße Krawatte, schmutzig
anzusehen, war mit größter Sorgfalt um den Hals geschlungen, und die Enden, korrekt nebeneinanderhängend, erinnerten (wenn auch gewiß unbeabsichtigt) an einen Geistlichen. In der Tat hätte einen noch manches andere in
seinem Äußeren wie in seinem Benehmen durchaus in
einer Vorstellung solcher Art bestärken können. Über dem
linken Ohr trug er, nach Art eines modernen Kanzlisten,
ein Gerät ähnlich dem *stylus* der Alten. In einer Brusttasche seines Rockes steckte unübersehbar ein kleiner schwarzer Band mit Stahlschließen. Dieses Buch war, ob nun zufällig oder nicht, dergestalt nach außen gekehrt, daß man
die Wörter ›Rituel Catholique‹ in weißen Lettern auf dem

Rücken lesen konnte. Die ganze Physiognomie des Fremden war seltsam verdüstert – dabei leichenblaß. Die Stirn war hoch und gefurcht von den tiefen Falten der Kontemplation. Die Mundwinkel waren nach unten gezogen, den Eindruck willfährigster Demut erweckend. Hinzu kamen die gefalteten Hände, wie er da gemessen auf unseren Helden zuschritt – ein tiefes Seufzen – und vollends eine Miene von so absoluter Frömmigkeit, daß sie ganz fraglos für ihn einnehmen mußte. Jeder Schatten von Ärger schwand aus dem Gesicht des Metaphysikers, als er nach zufriedenstellender Musterung seines Besuchers diesem herzlich die Hand schüttelte und ihn zu einem Stuhl geleitete.

Es wäre jedoch ein grundlegender Irrtum, wollte man diesen plötzlichen Gefühlsumschwung bei unserem Philosophen irgendeiner jener Ursachen zuschreiben, von denen man mit Selbstverständlichkeit annehmen könnte, sie seien im Spiel gewesen. Nein, Pierre Bon-Bon war nach allem, was ich über seine Wesensart erfahren konnte, der letzte, der sich durch den trügerischen Schein aufgesetzten Benehmens irgend hätte imponieren lassen. Unmöglich, daß ein so scharfer Beobachter von Menschen und Dingen nicht auf der Stelle den wahren Charakter der Person hätte erkennen sollen, die sich da seiner Gastfreundschaft aufgedrängt hatte. Um das mindeste zu sagen: die Form der Füße seines Besuchers war bemerkenswert genug – auf dem Kopf behielt er munter einen übermäßig hohen Hut – die Hinterfront seiner Kniehosen zeigte eine bebende Ausbuchtung – und das Vibrieren seines Rockschoßes war eine handgreifliche Tatsache. Man stelle sich also vor, mit welch tiefer Genugtuung unser Held sich so unversehens in die Gesellschaft einer Persönlichkeit versetzt sah, für die er von jeher eine ganz uneingeschränkte Hochachtung empfunden hatte. Er war jedoch zu sehr Diplomat, um sich auch nur eine Andeutung seiner Vermutungen im Hinblick auf den wahren Sachverhalt entschlüpfen zu lassen. Er ließ sich nicht einmal anmerken, daß er sich der hohen Ehre, deren er sich so unerwartet erfreute, überhaupt

bewußt war; vielmehr gedachte er, seinen Gast ins Gespräch zu ziehen und ihm einige bedeutsame moralphiloso-
phische Gedanken zu entlocken, die vielleicht, in die von
ihm beabsichtigte Publikation aufgenommen, das Menschengeschlecht erleuchten und zugleich ihn selbst unsterblich machen könnten – Gedanken, das sollte ich noch
hinzufügen, die beizusteuern sein Besucher dank seines
hohen Alters und seiner weithin bekannten Beschlagen-
heit auf dem Gebiet der Sittenlehre sehr wohl imstande
sein dürfte.

Beflügelt von diesen lichten Aussichten, nötigte unser
Held den Gentleman zum Sitzen, während er selbst es sich
angelegen sein ließ, ein paar Reisigbündel aufs Feuer zu
werfen und auf den nun wieder aufgerichteten Tisch ein
paar Flaschen *Mousseux* zu stellen. Nachdem er behende
diese Vorbereitungen getroffen hatte, zog er seinen Stuhl
heran, seinem Gefährten *vis-à-vis*, und wartete darauf, daß
letzterer die Konversation eröffne. Aber selbst die ausge-
feiltesten Pläne werden oftmals gleich zu Beginn ihrer Verwirklichung durchkreuzt – und der *restaurateur* sah sich
schon bei den allerersten Worten seines Besuchers mattge-
setzt.

»Ich sehe, Sie kennen mich, Bon-Bon«, sagte er; »ha ha
ha! – he he he! – hi hi hi! – ho ho ho! – hu hu hu!« – und
der Teufel, alle Frömmelei seines Gebarens mit einemmal
fahrenlassend, öffnete, soweit es nur ging, seinen Mund
von einem Ohr zum anderen, so daß eine Reihe ausgezack-
ter, hauerähnlicher Zähne zum Vorschein kam, und brach,
den Kopf zurückwerfend, in ein langes, lautes, boshaftes
und schallendes Gelächter aus, während der schwarze
Hund, auf seinem Hinterteil hockend, kräftig einstimmte
und die getigerte Katze mit einer Kehrtwendung davon-
stob, das Fell gesträubt, und im fernsten Winkel des Zimmers zu fauchen anhob.

Nicht so der Philosoph: er war viel zu sehr Weltmann,
um wie der Hund zu lachen oder durch Fauchen die un-
ziemliche Ängstlichkeit einer Katze zu verraten. Doch läßt
sich nicht leugnen, daß er mit gelindem Staunen sah, wie

86

die weißen Lettern, welche auf dem Buch in der Tasche seines Gastes die Wörter ›Rituel Catholique‹ gebildet hatten, ganz plötzlich sowohl Farbe wie Bedeutung wechselten und wie in wenigen Sekunden statt des ursprünglichen Titels die Wörter ›Registre des Condamnés‹ in roter Schrift aufflammten. Dieser alarmierende Umstand teilte Bon-Bons Benehmen, als er auf die Bemerkung seines Besuchers antwortete, eine gewisse Verwirrtheit mit, die man vermutlich sonst nicht an ihm hätte beobachten können.

»Nun, mein Herr«, sagte der Philosoph, »also, um offen zu reden – ich glaube, Sie sind – auf mein Wort – der verd...teste – das heißt, ich glaube – ich vermute – ich *habe* eine blasse – eine *sehr* blasse Ahnung – von der außerordentlichen Ehre ...«

»Oh! – ah! – ja! – schon gut!« unterbrach ihn Seine Majestät; »nichts weiter – ich sehe, wie es ist.« Und hierauf nahm er seine grüne Brille ab, wischte die Gläser sorgfältig mit dem Rockärmel ab und steckte sie in die Tasche.

War Bon-Bon schon bei dem Vorfall mit dem Buch erstaunt gewesen, so war seine Verwunderung nun um vieles größer angesichts des Schauspiels, das sich hier bot. Als er den Blick voller Neugier hob, um sich zu vergewissern, welche Farbe die Augen seines Gastes hatten, stellte er fest, daß sie keineswegs schwarz waren, wie erwartet – auch nicht grau, wie man hätte denken können – auch nicht haselnußbraun oder blau – noch, fürwahr, gelb oder rot – noch purpurn – noch weiß – noch grün – noch von irgendeiner anderen Farbe oben im Himmel oder unten auf Erden oder im Wasser unter der Erde. Kurzum, Bon-Bon sah nicht nur deutlich, daß Seine Majestät überhaupt keine wie auch immer gearteten Augen hatte, sondern er konnte nicht einmal Anzeichen dafür entdecken, daß sie je in einem früheren Zeitraum dagewesen waren – denn die Stelle, wo Augen natürlicherweise hingehört hätten, war, ich muß es notgedrungen sagen, nichts weiter als eine tote Partie Fleisch.

Es lag nicht in der Natur des Metaphysikers, sich eine Frage nach den Ursprüngen eines so seltsamen Phänomens zu versagen; und die Antwort Seiner Majestät war gleichermaßen prompt, würdevoll und einleuchtend.

»Augen! mein lieber Bon-Bon – Augen! sagten Sie? – oh! – ah! – ich verstehe! Die lächerlichen Drucke, eh, die da in Umlauf sind, haben Ihnen wohl eine falsche Vorstellung von meiner äußeren Erscheinung gegeben? Augen! – freilich, Augen, Pierre Bon-Bon, sind durchaus angebracht an der ihnen geziemenden Stelle – das *ist* der Kopf, würden Sie wohl sagen? – richtig – der Kopf eines Wurms. Auch für *Sie* sind diese Sehwerkzeuge unerläßlich – doch ich will Sie überzeugen, daß mein Blick tiefer dringt als der Ihre. Da ist eine Katze, wie ich sehe, dort in der Ecke – eine schmucke Katze – schauen Sie sie an – beobachten Sie sie gut! Nun, Bon-Bon, erblicken Sie die Gedanken – die Gedanken, sage ich – die Vorstellungen – die Überlegungen – die da unter ihrem Perikranium fortgesetzt erzeugt werden? Das ist es eben – Sie können es nicht! Sie glaubt, wir bewundern die Länge ihres Schwanzes und die Tiefgründigkeit ihres Verstandes. Sie ist gerade zu dem Schluß gekommen, daß ich der bemerkenswerteste aller Geistlichen bin und daß Sie der oberflächlichste aller Metaphysiker sind. Sie sehen also, daß ich durchaus nicht blind bin; doch für einen Vertreter meines Berufs wären die Augen, von denen Sie sprechen, nur eine Behinderung, da ihnen ständig die Gefahr droht, von einem Rösteisen oder einer Mistgabel ausgestochen zu werden. Zugegeben, für Sie sind diese optischen Hilfen unerläßlich. Trachten Sie danach, Bon-Bon, sie recht zu gebrauchen; *mein* Gesichtsfeld ist die Seele.«

Hierauf griff der Gast nach dem Wein auf dem Tisch, und indem er ein Glas für Bon-Bon einschenkte, ermunterte er ihn, ungeniert zu trinken und sich ganz wie zu Hause zu fühlen.

»Ein gescheites Buch, das Sie da geschrieben haben, Pierre«, fuhr Seine Majestät fort, indem er unserem Freund verständnisvoll auf die Schulter klopfte, während letzterer, nachdem er der Aufforderung seines Besuchers gründlich nachgekommen war, sein Glas absetzte. »Ein gescheites Buch, das Sie da geschrieben haben, bei meiner Ehre. Eine Arbeit ganz nach meinem Herzen. Doch meine ich, Ihre Anordnung des Stoffes könnte noch verbessert werden, und viele Ihrer Ansichten erinnern mich an Aristoteles. Dieser Philosoph war einer meiner nächsten Bekannten. Ich mochte ihn wegen seiner fürchterlichen Reizbarkeit ebensogern wie wegen seiner glücklichen Hand, einen groben Schnitzer zu machen. Es gibt nur eine einzige solide Wahrheit in allem, was er geschrieben hat, und dazu gab ich ihm aus purem Erbarmen mit seinen Ungereimtheiten den Fingerzeig. Ich nehme an, Pierre Bon-Bon, Sie wissen sehr wohl, auf welche erhabene moralische Wahrheit ich anspiele?«

»Ich wüßte nicht zu sagen, daß ich ...«

»Nicht möglich! – nun, ich war es, der dem Aristoteles offenbarte, daß die Menschen beim Niesen überflüssige Gedanken durch den Rüssel ausstoßen.«

»Was – hick! – gewiß zutrifft«, sagte der Metaphysiker, während er sich ein zweites Glas *Mousseux* einschenkte und dem Besucher seine Schnupftabaksdose vor die Finger hielt.

»Auch für Platon«, fuhr Seine Majestät fort, die Tabaksdose und das Kompliment, das sie in sich schloß, bescheiden zurückweisend – »auch für Platon empfand ich einmal die ganze Zuneigung eines Freundes. Sie haben Platon gekannt, Bon-Bon? – ah, nein, ich bitte tausendmal um Entschuldigung. Er begegnete mir eines Tages im Athen, im Parthenon, und bekannte mir, er suche verzweifelt nach einem Gedanken. Ich empfahl ihm, jenes ›ὁ νοῦς ἐστίν‹ niederzuschreiben. Er sagte, das werde er tun, und ging nach Hause, während ich meine Schritte hinüber zu den Pyramiden lenkte. Aber mein Gewissen peinigte mich, weil ich eine Wahrheit enthüllt hatte, sei es auch, um einem Freund zu helfen; so eilte ich zurück nach Athen und traf hinter dem Stuhl des Philosophen ein, als er soeben das ›αὐλός‹ niederschrieb. Dem Lambda mit dem Finger einen Stips versetzend, stellte ich es auf den Kopf. So lautet der Satz nun ›ὁ νοῦς ἐστὶν αὐγός‹ und ist, wie Sie wissen, die grundlegende Lehre in seiner Metaphysik.«

»Waren Sie je in Rom?« fragte der *restaurateur*, indem er seine zweite Flasche *Mousseux* leerte und aus dem Wandschrank einen größeren Vorrat Chambertin holte.

»Nur ein einziges Mal, Monsieur Bon-Bon, nur ein einziges Mal. Es gab eine Zeit«, sagte der Teufel, als ob er einen Passus aus einem Buch vortrüge – »es gab eine Zeit, da eine fünf Jahre während Anarchie ausbrach, in der die Republik, all ihrer Beamten beraubt, keine Obrigkeit hatte außer den Volkstribunen, und diese waren gesetzlich mit keinerlei Vollziehungsgewalt ausgestattet – zu jener Zeit, Monsieur Bon-Bon – *nur* zu jener Zeit war ich in Rom und habe infolgedessen auch nicht die geringste irdische Bekanntschaft mit der römischen Philosophie gemacht.«[1]

»Was halten Sie von – was halten Sie von – hick! – Epikur?«

»Was ich von *wem* halte?« fragte der Teufel verwundert; »Sie wollen doch nicht etwa sagen, daß Sie an Epikur etwas auszusetzen haben! Was ich von Epikur halte! Meinen Sie mich, mein Herr? – *ich* bin Epikur! Ich bin ebender Philosoph, der die ganzen dreihundert Abhandlungen schrieb, die Diogenes Laërtios der Vergessenheit entrissen hat.«

»Das ist gelogen!« sagte der Metaphysiker, denn der Wein war ihm ein wenig zu Kopf gestiegen.

»Sehr gut! – sehr gut, mein Lieber! – wirklich sehr gut!« sagte Seine Majestät, offensichtlich geschmeichelt.

»Das ist gelogen!« wiederholte der *restaurateur* gebieterisch, »das ist – hick! – gelogen!«

»Schon gut, wie Sie wollen!« sagte der Teufel friedfertig; und Bon-Bon, der Seine Majestät in diesem Wortstreit geschlagen hatte, fühlte sich bemüßigt, einer zweiten Flasche Chambertin ein Ende zu machen.

»Wie ich schon sagte«, hob der Besucher wieder an, »wie ich vor einer kleinen Weile bemerkte, haben Sie da ein paar sehr *outrierte* Ansichten in Ihrem Buch, Monsieur Bon-Bon. Was zum Beispiel wollen Sie mit diesem ganzen

---

1 *Ils écrivaient sur la Philosophie (Cicero, Lucretius, Seneca), mais c'était la Philosophie Grecque.* – Condorcet

Humbug über die Seele sagen? Ich bitte Sie, mein Lieber, was ist die Seele?«

»Die – hick! – Seele«, erwiderte der Metaphysiker, auf sein Manuskript verweisend, »ist zweifellos …«

»Nein, mein Herr!«

»Unzweifelhaft …«

»Nein, mein Herr!«

»Unbestreitbar …«

»Nein!«

»Offensichtlich …«

»Nein!«

»Unanfechtbar …«

»Nein!«

»Hick! …«

»Nein!«

»Und ohne jede Frage ein …«

»Nein, mein Herr, die Seele ist nichts dergleichen!« (Hier ergriff der Philosoph, sein Gegenüber mit den Blicken durchbohrend, die Gelegenheit, eilends einer dritten Flasche Chambertin den Garaus zu machen.)

»Aber – hick! – ich bitte Sie, mein Herr – was – was ist sie dann?«

»Das tut nichts zur Sache, Monsieur Bon-Bon«, erwiderte Seine Majestät nachdenklich. »Ich habe gekostet – will sagen, ich habe einige sehr schlechte Seelen kennengelernt und auch einige – recht gute.« Hier schmatzte er mit den Lippen; und nachdem er unwillkürlich seine Hand auf das Bändchen in seiner Rocktasche hatte fallen lassen, überkam ihn ein heftiger Niesanfall.

Er fuhr fort:

»Da war die Seele von Kratinos – passabel; Aristophanes – pikant; Platon – exquisit – nicht *Ihr* Platon, sondern Platon der Komödiendichter; bei Ihrem Platon hätte sich selbst dem Zerberus der Magen umgedreht – pfui! Dann, warten Sie! dann waren da Naevius und Andronicus und Plautus und Terenz. Ferner Lucilius und Catull und Naso und Quintus Flaccus – der liebe Quinty! – wie ich ihn nannte, als er mir zur Unterhaltung ein Säkulargedicht sang, während ich ihn in purer guter Laune an einer Gabel röstete. Aber es fehlt ihnen an *Aroma*, diesen Römern. Ein einziger fetter Grieche ist soviel wert wie ein Dutzend von ihnen, und außerdem *hält* er sich, was man von einem Quiriten nicht behaupten kann. – Doch probieren wir Ihren Sauternes!«

Bon-Bon hatte sich inzwischen zum *nil admirari* entschlossen und bemühte sich, die gewünschten Flaschen herunterzuholen. Es entging ihm jedoch nicht ein merkwürdiges Geräusch im Zimmer, ähnlich dem Wedeln eines Schwanzes. Doch war dies auch höchst unschicklich von Seiner Majestät, der Philosoph ließ es unbeachtet: er stieß nur mit dem Fuß nach dem Hund und gebot ihm Ruhe. Der Besucher fuhr fort:

»Ich fand, daß Horaz ganz ähnlich schmeckte wie Aristoteles – wissen Sie, ich bin für Abwechslung. Terenz hätte ich von Menander nicht unterscheiden können. Naso war zu meinem Erstaunen ein verkleideter Nicander. Vergil hatte einen kräftigen Beigeschmack von Theokrit. Martial erinnerte mich stark an Archilochos – und Titus Livius war schlechthin Polybios und kein anderer.«

»Hick!« erwiderte hier Bon-Bon, und Seine Majestät fuhr fort:

»Doch *wenn* ich *eine Vorliebe* habe, Monsieur Bon-Bon – *wenn* ich *eine Vorliebe* habe, dann für einen Philosophen. Doch muß ich Ihnen gestehen, mein Freund, nicht jeder Teu…, ich meine, nicht jeder Gentleman versteht sich darauf, einen Philosophen *auszuwählen*. Die langen sind *nicht* gut; und die besten, wenn man sie nicht sorgfältig enthülst, schmecken leicht ein wenig widerlich wegen der Galle.«

»Enthülst?«

»Ich meine, aus dem Kadaver entfernt.«

»Was halten Sie von – hick! – einem Arzt?«

»Schweigen Sie mir von denen! – hu hu!« (Hier würgte Seine Majestät heftig.) »Ich habe nur einen einzigen gekostet – den Schurken Hippokrates! – roch nach Asa foetida – hu hu hu! – holte mir eine gräßliche Erkältung, als ich ihn im Styx wusch – und zu guter Letzt steckte er mich noch mit der Cholera an.«

»Der – hick! – Schuft!« stieß Bon-Bon hervor, »diese – hick! – Mißgeburt von Pillenschachtel!« – und der Philosoph vergoß eine Träne.

»Letzten Endes«, fuhr der Besucher fort, »letzten Endes, wenn ein Teu…, wenn ein Gentleman *leben* möchte, muß er mehr Talente haben als der und jener; und bei uns ist ein fettes Gesicht ein Beweis für diplomatische Fähigkeiten.«

»Wie das?«

.»Nun, wir haben manchmal die größten Versorgungsschwierigkeiten. Sie müssen wissen, daß es in einem so glutheißen Klima wie dem meinen oft unmöglich ist, einen abgeschiedenen Geist länger als zwei oder drei Stunden am Leben zu erhalten; und nach dem Tode, wenn man sie nicht sofort einpökelt (und eine eingepökelte Seele schmeckt *nicht* gut), pflegen sie – zu riechen – Sie verstehen, nicht wahr? Man muß immer Verwesung befürchten, wenn die Seelen uns auf die übliche Art geliefert werden.«

»Hick! – hick! – großer Gott! wie *helfen* Sie sich denn da?«

Hier begann die eiserne Lampe mit vermehrter Heftigkeit zu schwingen, und der Teufel schreckte nahezu vom Stuhl auf; doch mit einem schwachen Seufzer gewann er seine Fassung wieder und sagte nur in leisem Ton zu unserem Helden: »Das lassen Sie sich gesagt sein, Pierre Bon-Bon, es *wird* nicht mehr geflucht!«

Der Hausherr goß ein weiteres Glas hinunter, um seine unbedingte Einsicht und Fügsamkeit darzutun, und der Besucher fuhr fort:

»Nun, es gibt *verschiedene* Möglichkeiten, sich zu helfen. Die meisten von uns verhungern; einige nehmen mit dem Eingepökelten vorlieb; ich für mein Teil erwerbe meine Seelen *vivente corpore*, in welchem Behältnis sie sich nach meiner Erfahrung sehr gut halten.«

»Aber der Leib! – hick! – der Leib!!!«

»Der Leib, der Leib – was schert uns der Leib? – oh! ah! ich verstehe. Nun, mein Freund, dem Leib schadet das Geschäft *nicht im geringsten*. Ich habe seinerzeit unzählige derartige Käufe abgeschlossen, und die Beteiligten erlebten niemals die kleinste Unannehmlichkeit. Da waren Kain und Nimrod und Nero und Caligula und Dionysios und Peisistratos und – und tausend andere, die während der letzten Spanne ihres Lebens keine Ahnung hatten, was es heißt, eine Seele zu besitzen; dennoch, mein Freund, waren diese Männer Zierden der Gesellschaft. Haben wir da nicht A., den Sie ebensogut kennen wie ich? Ist *er* nicht im Besitz aller seiner Fähigkeiten, geistig und körperlich? Wer schreibt ein schärfer geschliffenes Epigramm? Wer diskutiert geistreicher? Wer – doch halt! Ich habe seinen Vertrag in meinem Notizbuch.«

Mit diesen Worten zog er eine rotlederne Brieftasche hervor und entnahm ihr eine Anzahl Papiere. Auf einigen erhaschte Bon-Bon flüchtig die Letterngefüge *Machi* – *Maza* – *Robesp* – sowie die Wörter *Caligula, George, Elizabeth*. Seine Majestät suchte ein schmales Stück Pergament heraus und las davon die folgenden Worte ab:

»Als Entgelt für gewisse Geistesgaben, die im einzelnen zu benennen unnötig ist, und als Entgelt ferner für eintausend Louisdor übertrage ich hiermit, im Alter von einem Jahr und einem Monat, dem Inhaber dieses Vertrags all meine Rechtstitel und -ansprüche auf den Schatten, den man meine Seele nennt.« (Unterzeichnet) A.[1] (Hier wiederholte Seine Majestät einen Namen, auf den ich eindeutiger hinzuweisen ich mich nicht berechtigt fühle.)

»Ein gescheiter Bursche«, fuhr er fort; »aber wie Sie, Monsieur Bon-Bon, hatte er eine irrige Vorstellung von der Seele. Die Seele ein Schatten, unglaublich! Die Seele ein Schatten! Ha ha ha! – he he he! – hu hu hu! Man stelle sich nur einen frikassierten Schatten vor!«

»Man stelle sich – hick! – einen frikassierten Schatten vor!« rief laut unser Held, dessen Sinn durch den tiefgründigen Vortrag Seiner Majestät geradezu erleuchtet wurde.

[1] *Quere – Arouet?*

»Man stelle sich einen – hick! – frikassierten Schatten vor!! Oh, verdammt! – hick! – hm! Wenn *ich* ein solcher – hick! – Einfaltspinsel gewesen wäre! *Meine* Seele, mein Herr – hm!«

»*Ihre* Seele, Monsieur Bon-Bon?«

»Ja, mein Herr – hick! – *meine* Seele ist ...«

»Was, mein Freund?«

»*Kein* Schatten, verdammt!«

»Wollen Sie damit sagen ...«

»Ja, mein Herr, *meine* Seele ist – hick! – hm! – ja, mein Herr.«

»Habe nicht behaupten wollen ...«

»*Meine* Seele ist – hick! – besonders geeignet für – hick! – für ein ...«

»Was, mein Herr?«

»Stew.«

»Ah!«

»Soufflé.«

»Wie?«

»Frikassee.«

»Was Sie nicht sagen!«

»Ragout und Frikandeau – und, hören Sie, mein lieber Freund! Der Handel – hick! – soll gelten.« Hier klopfte der Philosoph Seiner Majestät auf den Rücken.

»Gar nicht daran zu denken«, sagte letzterer ruhig, sich gleichzeitig von seinem Platz erhebend. Der Metaphysiker machte große Augen.

»Bin im Augenblick versorgt«, sagte Seine Majestät.

»Hick! – w-ie?« sagte der Philosoph.

»Habe keine Geldmittel zur Hand.«

»Was?«

»Außerdem wär's sehr unhöflich von mir ...«

»Mein Herr!«

»... Vorteil zu ziehen aus ...«

»Hick!«

»... Ihrem derzeit befremdlichen und eines Gentlemans unwürdigen Zustand.«

Hiermit verbeugte sich der Besucher und entfernte

sich – auf welche Art und Weise, ließ sich genau nicht er-
mitteln –, doch bei einem wohlangelegten Versuch, eine
Flasche auf den ›Schurken‹ abzufeuern, wurde die dünne
Kette, die von der Decke herabhing, durchtrennt und der
Metaphysiker von der herabstürzenden Lampe zu Boden
gestreckt.

VIER TIERE IN EINEM

Der Homo-Kameleopard

Chacun a ses vertus
Crébillon, ›Xerxes‹

Antiochos Epiphanes gilt ganz allgemein als der Gog des Propheten Hesekiel. Dieser Ehrentitel gebührte jedoch eher dem Kambyses, Sohn des Kyros. Auch hat der Charakter des syrischen Monarchen wahrhaftig keine zusätzliche Ausschmückung nötig. Seine Thronbesteigung oder vielmehr seine widerrechtliche Machtergreifung hundertundeinundsiebzig Jahre vor Christi Geburt; sein Versuch, den Tempel der Diana von Ephesus zu plündern; seine unversöhnliche Feindschaft gegen die Juden; seine Schändung des Allerheiligsten; und sein kläglicher Tod in Taba nach einer tumultuarischen Regierungszeit von elf Jahren: das sind Tatbestände, die ins Auge fallen und deshalb von den Geschichtsschreibern seiner Zeit häufiger beachtet wurden als die ruchlosen, feigen, grausamen, absurden und überspannten Taten, welche die Gesamtsumme seines persönlichen Lebens und Rufes ausmachen.

Nehmen wir einmal an, geneigter Leser, wir befinden uns jetzt im Jahre der Welt dreitausendachthundertunddreißig, und versetzen wir uns im Geist ein paar Minuten lang in jene groteskeste Wohnstatt des Menschengeschlechts, die merkwürdige Stadt Antiochia. Freilich gab es in Syrien und anderen Ländern noch sechzehn weitere Städte dieses Namens, neben der einen, auf die ich hier ausführlicher eingehen will. *Unsere* Stadt aber ist die, welche unter dem Namen Antiochia Epidaphne bekannt war, so genannt wegen der Nähe zu dem kleinen Flecken Daphne, wo ein dieser Gottheit geweihter Tempel stand. Die Stadt wurde

(wenn dies auch ziemlich umstritten ist) von Seleukos Ni-
kator, dem ersten König des Landes nach Alexander dem
Großen, erbaut, zum Andenken an seinen Vater Antiochos,
und wurde sogleich die Residenz der syrischen Monarchie.
In der Blütezeit des Römischen Reichs war sie der ständige
Sitz des Statthalters der östlichen Provinzen; und viele Kaiser aus der Königin der Städte (unter denen im besonderen
Verus und Valens genannt seien) verbrachten hier den größeren Teil ihrer Regierungszeit. Aber ich merke, daß wir
schon in der Stadt selbst angekommen sind. Steigen wir
diesen Festungswall hinan und richten wir unseren Blick
auf die Stadt und das umliegende Land.

»Welch breiter und reißender Fluß ist das, der sich mit
unzähligen Wasserfällen seinen Weg bahnt, durch die ber-
gige Wildnis erst und endlich durch die Wildnis der Bauten?«

Das ist der Orontes, und er ist das einzige Gewässer in
der Nähe, mit Ausnahme des Mittelmeeres, das sich wie
ein heller Spiegel, etwa zwölf Meilen entfernt, südwärts
dehnt. Jeder hat das Mittelmeer gesehen; aber glauben Sie
mir, nur wenige sind es, die auch nur einen Blick auf Antiochia geworfen haben. Mit wenige meine ich: wenige, die
wie Sie und ich zugleich die Vorteile einer neuzeitlichen
Erziehung genossen haben. Lassen Sie deshalb ab von der
Betrachtung jenes Meeres und schenken Sie Ihre ganze
Aufmerksamkeit dem Gewirr von Häusern, die da unter
uns liegen. Sie werden sich erinnern, daß wir uns jetzt im
Jahre der Welt dreitausendachthundertunddreißig befinden. Wäre es später – wäre es beispielsweise das Jahr unseres Herrn achtzehnhundertundfünfundvierzig, so bliebe
uns dieser außerordentliche Anblick versagt. Im neunzehnten Jahrhundert ist Antiochia – das heißt, es *wird dahin
kommen* – in einem beklagenswerten Zustand des Verfalls.
Durch drei aufeinanderfolgende Erdbeben, in drei verschiedenen Epochen, wird es um diese Zeit völlig zerstört
sein. Ja, die Wahrheit zu gestehen, das bißchen von seinem
früheren Selbst, das dann vielleicht noch übrig sein mag,
wird in einem so desolaten und baufälligen Zustand sein,

daß der Patriarch seine Residenz nach Damaskus verlegt haben wird. Das ist recht: ich sehe, Sie folgen meinem Rat und nutzen Ihre Zeit aufs beste, indem Sie den erwähnten Schauplatz besichtigen – und

>Ihre Augen weiden
Mit den Denkmälern und berühmten Dingen,
So diese Stadt besitzt ...‹

Verzeihen Sie; ich hatte vergessen, daß Shakespeare in den nächsten siebzehnhundertundfünfzig Jahren noch nicht florieren wird. Aber bin ich nicht durch den Anblick Epidaphnes gerechtfertigt, wenn ich es *grotesk* nenne?

»Es ist gut befestigt und in dieser Hinsicht Natur und Kunst gleichermaßen zu Dank verpflichtet.«

Sehr richtig.

»Und die zahlreichen Tempel, prächtig und erhaben, können sich mit den berühmtesten der Antike wohl messen.«

Alles dies muß ich zugeben. Andererseits gibt es da unendlich viele Lehmhütten und abscheuliche Elendsquartiere. Nicht zu übersehen ist die Fülle von Unrat in jeder Gosse, und wären nicht die übermächtigen Duftschwaden götzendienerischen Räucherwerks, so wären wir ohne Zweifel einem ganz widerwärtigen Gestank ausgesetzt. Haben Sie je derart beklemmend enge Straßen gesehen oder so erstaunlich hohe Häuser? Welch Dunkel werfen ihre Schatten auf den Erdboden! Es ist gut, daß man die schwingenden Lampen in jenen endlosen Kolonnaden den ganzen Tag brennen läßt; sonst hätten wir die Finsternis Ägyptens in der Zeit seiner Heimsuchung.

»Es ist wirklich ein merkwürdiger Ort! Was hat das eigentümliche Gebäude dort drüben wohl zu bedeuten? Schauen Sie! Es überragt alle anderen und liegt östlich des Bauwerks, das ich für den Königspalast halte.«

Das ist der neue Tempel der Sonne, die in Syrien unter dem Namen Elagabal verehrt wird. Künftig wird ein sehr bekannter römischer Kaiser diesen Kult in Rom einführen und seinen Beinamen daraus ableiten: Heliogabalus. Gewiß würden Sie gern einen Blick auf die Gottheit des Tempels werfen. Sie brauchen nicht zum Himmel aufzuschauen; dort ist Ihre Herrlichkeit die Sonne nicht – wenigstens nicht die von den Syrern verehrte. *Diese* Gottheit befindet sich im Innern des Bauwerks dort drüben. Sie wird in der Gestalt einer großen Steinsäule angebetet, die oben in einem Kegel oder einer *Pyramide* endet, womit das Feuer versinnbildlicht wird.

»Horch! – sieh da! – *wer* nur mögen jene lächerlichen Wesen sein, halb nackt, die Gesichter bemalt, die sich da schreiend und gestikulierend gegen den Pöbel wenden?«

Einige wenige sind Marktschreier. Andere gehören eigentlich zur Kaste der Philosophen. Der größte Teil jedoch – vornehmlich diejenigen, die das Volk mit Knüppeln bearbeiten – sind die führenden Höflinge des Palastes, die pflichtschuldigst irgendeine löbliche Laune des Königs in die Tat umsetzen.

»Aber was haben wir denn hier? Himmel! die Stadt wimmelt ja von wilden Tieren! Welch fürchterlicher Anblick! – welch gefährliche Sensation!«

Fürchterlich, wenn es Ihnen beliebt; aber nicht im geringsten gefährlich. Jedes Tier, wenn Sie sich bemühen, aufmerksam hinzuschauen, folgt seinem Herrn ganz ruhig auf dem Fuße. Einige wenige freilich werden an einem Strick geführt, den sie um den Hals tragen, aber dies sind vornehmlich kleinere oder scheue Tiere. Löwe, Tiger und Leopard bewegen sich völlig frei. Ganz mühelos sind sie für ihren gegenwärtigen Beruf ausgebildet worden und dienen ihrem jeweiligen Besitzer in ihrer Eigenschaft als *valets de chambre*. Allerdings kommt es vor, daß die Natur ihren mißachteten Herrschaftsanspruch geltend macht; aber schließlich sind ein aufgefressener Krieger oder das Reißen eines heiligen Stiers so geringfügige Begebenheiten, daß sie in Epidaphne kaum auch nur erwähnt werden.

»Doch welch seltsames Getümmel höre ich da? Sicher ist dies selbst für Antiochia ein lautes Getöse! Es deutet auf einen Aufruhr von seltener Wichtigkeit.«

Ja – ganz zweifellos. Der König hat irgendein ungewöhnliches Spektakel befohlen – einen Gladiatorenschaukampf im Hippodrom – oder vielleicht das Massakrieren der skythischen Gefangenen – oder den Brand seines neuen Palastes – oder das Niederreißen eines stattlichen Tempels – oder gar ein Freudenfeuer aus ein paar Juden. Der Lärm schwillt an. Brüllendes Gelächter gellt zum Himmel. Die Luft wird durchschrillt von Blasinstrumenten und ist greulich zerrissen von dem lauten Geschrei aus Millionen Kehlen. Steigen wir doch spaßeshalber einmal hinunter und sehen wir, was da vor sich geht. Hier entlang – geben Sie acht! Da sind wir auch schon in der Hauptstraße, Straße des Timarchos geheißen. Das Meer von Menschen nimmt diesen Weg, und wir werden Mühe haben, gegen die Flut anzukämpfen. Sie strömen durch die Gasse des Herakleides, die geradewegs vom Palast ausgeht – deshalb ist höchstwahrscheinlich der König unter der entfesselten Menge. Ja – ich höre die Rufe des Herolds, der in der pomphaften Ausdrucksweise des Orients sein Kommen verkündet. Wir werden flüchtig seiner ansichtig werden, wenn er am Tempel des Asima vorüberkommt. Verbergen wir uns doch in der Vorhalle des Heiligtums; er wird gleich hier sein. Lassen Sie uns inzwischen dieses Bildwerk betrachten. Was das ist? Oh, das ist der Gott Asima in höchsteigener Person. Sie bemerken jedoch, daß er weder Lamm noch Ziege noch Satyr ist; noch hat er viel Ähnlichkeit mit dem Pan der Arkadier. Und doch sind all diese Erscheinungsformen dem Asima der Syrer zuerkannt worden – ich bitte um Verzeihung: die Gelehrten künftiger Zeiten *werden* sie ihm zuerkennen. Setzen Sie Ihre Brille auf und sagen Sie mir, was Sie sehen. Was ist das?

»Gerechter Gott! das ist ja ein Affe!«

Richtig – ein Pavian; aber nichtsdestoweniger eine Gottheit. Sein Name ist eine Ableitung des griechischen *Simia* – welch große Narren sind doch Altertumsforscher! Doch schauen Sie! – dort drüben rast ein zerlumpter kleiner Bub umher. Wo will er hin? Was brüllt er herum? Was sagt er? Oh, er sagt, daß im Triumph der König kommt; daß er in Pomp und Pracht gekleidet ist; daß er soeben erst mit eigener Hand tausend gefesselte israelitische Gefan-

gene getötet hat! Für diese Heldentat hebt ihn das Lum-
penbalg in den Himmel! Horchen Sie! Hier kommt ein
Haufe ganz ähnlichen Schlages. Sie haben eine lateinische
Hymne auf die Kühnheit des Königs verfaßt und singen
sie, während sie dahinziehen:

> Mille, mille, mille,
> Mille, mille, mille,
> Decollavimus, unus homo!
> Mille, mille, mille, mille, decollavimus!
> Mille, mille, mille!
> Vivat qui mille mille occidit!
> Tantum vini habet nemo
> Quantum sanguinis effudit![1]

Was man etwa so wiedergeben könnte:

> Tausend, tausend, tausend,
> Tausend, tausend, tausend
> Hat erschlagen ein einziger Held!
> Tausend, tausend, tausend, tausend,
> Singt es wieder und wieder der Welt!
> Oha! – singt die Weise
> Dem König zum Preise,
> Der eintausend gemetzelt so fein!
> Oha! – rühmt den Mut!
> Ganze Fässer voll Blut
> Gab er uns, rot wie Glut –
> Mehr Blut als ganz Syriens Wein!

»Hören Sie den Trompetentusch?«

Wahrlich – der König kommt! Schauen Sie nur, die
Leute sind ganz starr vor Bewunderung und heben ihre
Augen ehrfürchtig auf gen Himmel! Er naht! – Er
kommt! – Er ist da!

---

1 Bei Flavius Vopiscus heißt es, daß die hier angeführte Hymne
vom Pöbel gesungen wurde, als Aurelian im sarmatischen Krieg
neunhundertundfünfzig seiner Feinde mit eigener Hand erschlagen hatte.

»Wer? – wo? – der König? – ich sehe ihn nicht – kann ihn durchaus nicht erblicken.«

Dann müssen Sie blind sein.

»Gut möglich. Noch immer sehe ich nichts weiter als einen tobenden Haufen von Idioten und Tollen, die ganz davon besessen sind, sich vor einem riesenhaften Kameleoparden in den Staub zu werfen, nur darauf erpicht, von den Hufen des Tiers einen Kuß zu erhaschen. Schauen Sie nur! Die Bestie hat mit gutem Recht einen aus dem Pöbelhaufen niedergetreten – und noch einen – und noch einen – und wieder einen. Es ist einfach bewundernswert, welch trefflichen Gebrauch das Tier von seinen Hufen macht.«

Pöbelhaufen, was Sie nicht sagen! – Nun, dies sind die edlen und freien Bürger von Epidaphne! Bestie, sagten Sie? – Geben Sie acht, daß Sie nicht belauscht werden. Bemerken Sie denn nicht, daß das Tier das Gesicht eines Menschen hat? Ja, mein lieber Freund, dieser Kameleopard ist kein anderer als Antiochos Epiphanes – Antiochos der Erlauchte, König von Syrien und mächtigster aller Autokraten des Orients! Zwar wird er mitunter Antiochos Epimanes – Antiochos der Tolle – genannt; aber das kommt daher, daß nicht alle Leute seine Verdienste zu würdigen wissen. Sicher ist auch, daß er augenblicklich in der Haut eines Tieres verborgen ist und sein Bestes tut, die Rolle eines Kameleoparden zu spielen; aber das geschieht nur, damit er um so besser seine Königswürde wahren kann. Überdies ist der Monarch von gigantischer Statur, und das Gewand ist deshalb weder unkleidsam noch allzu groß. Wir dürfen indes annehmen, daß er es nicht angelegt hätte, wäre nicht ein Anlaß zu besonderem Gepränge gegeben. Ein solcher, das werden Sie zugeben, ist das Massakrieren von tausend Juden. Mit welch überlegener Würde stolziert der Monarch auf allen vieren! Sein Schwanz, wie Sie sehen, wird von seinen beiden Hauptkonkubinen Ellinë und Argelaïs emporgehalten; und seine ganze Erscheinung wäre ungeheuer anziehend, wenn nicht die vorquellenden Augen wären, die ihm sicher noch aus dem Kopf springen werden, und die sonderbare Farbe seines Gesichts, die durch die Menge Wein, die er hinuntergegossen, undefinierbar geworden ist. Folgen wir ihm nun zum Hippodrom, wohin er seinen Weg nimmt, und lauschen wir dem Triumphgesang, den er anstimmt:

> Wer ist König außer Epiphanes?
> Sag es, wer es weiß!
> Wer ist König außer Epiphanes?
> Heil ihm! – Ruhm und Preis!
> Keinen gibt es außer Epiphanes,
> Groß ist er allein:
> Reißt die Tempel nieder,
> Löscht der Sonne Schein!

Gut und kraftvoll gesungen! Der Pöbel umjubelt ihn als ›Dichterfürsten‹ sowie als ›Zierde des Orients‹, ›Wonne des Universums‹ und ›wunderbarsten aller Kameleoparden‹. Sie haben seinen Erguß mit Da-capo-Rufen bedacht, und – hören Sie? – er singt es noch einmal. Wenn er im Hippodrom ankommt, wird er mit dem Dichterkranz gekrönt werden, Vorschußlorbeeren für seinen Sieg bei den bevorstehenden Olympischen Spielen.

»Doch beim Jupiter! was geht denn da in der Menge hinter uns vor?«

Hinter uns, sagten Sie? – oh! ah! – ich verstehe. Mein Freund, es ist gut, daß Sie es rechtzeitig gesagt haben. Lassen Sie uns so schnell wie möglich einen sicheren Ort aufsuchen. Hier! – verbergen wir uns unter dem Bogen dieses Aquädukts, und ich will Sie sogleich über die Ursache des Tumults aufklären. Es hat sich so entwickelt, wie ich es habe kommen sehen. Das außergewöhnliche Auftreten des Kameleoparden mit dem Kopf eines Menschen hat offenbar das Schicklichkeitsgefühl beleidigt, das im allgemeinen den in der Stadt gezähmten wilden Tieren innewohnt. Eine Meuterei ist die Folge; und wie immer bei solchen Gelegenheiten werden alle menschlichen Anstrengungen, den Mob zu beschwichtigen, vergeblich sein. Mehrere Syrer sind bereits verschlungen worden; doch die Mehrheit der vierbeinigen Patrioten scheint entschlossen zu sein, den Kameleoparden selbst aufzufressen. Der ›Dichterfürst‹, aufgerichtet auf die Hinterhand, rennt deshalb um sein Leben. Seine Höflinge haben ihn im Stich gelassen, und seine Konkubinen sind einem so trefflichen Beispiel gefolgt. ›Wonne des Universums‹, du bist in einer kläglichen Lage! ›Zierde des Orients‹, du läufst Gefahr, kurz und klein gerissen zu werden! Betrachte deshalb nicht so trübselig deinen Schwanz; ohne Zweifel wird er im Schmutz besudelt werden; da hilft alles nichts. Schau also nicht hinter dich auf seine unvermeidliche Schändung, sondern fasse Mut, gebrauche mit Kraft deine Beine und eile zum Hippodrom! Vergiß nicht, daß du Antiochos Epiphanes bist, Antiochos der Erlauchte! – dazu ›Dichterfürst‹, ›Zierde des Orients‹, ›Wonne des Universums‹ und ›wunderbarster aller Kameleoparden‹! Himmel! Welche Blitzesschnelle du an den Tag legst! Welche Begabung, Fersengeld zu geben, du entfaltest! Lauf zu, Fürst! – Bravo, Epiphanes! – Gut gemacht, Kameleopard! – Ruhmreicher Antiochos! Er rennt! – er springt! – er fliegt! Pfeilgeschwind, wie von einem Katapult geschossen, naht er dem Hippodrom! Er springt! – er schreit! – er ist da! Das ist gut; denn hättest du, ›Zierde des Orients‹, auch nur eine halbe Sekunde später die Tore des Amphitheaters erreicht, noch das letzte Bärenjunge in Epidaphne hätte sich an deinem Kadaver gütlich getan. Doch gehen wir – nehmen wir Abschied! – denn unsere empfindsamen neuzeitlichen Ohren würden dem Höllenlärm nicht gewachsen sein, der nun gleich anheben wird, das Entkommen des Königs zu feiern! Hören Sie nur! es geht schon los. Da! – die ganze Stadt ist aus den Fugen.

»Bestimmt ist dies die volkreichste Stadt des Orients! Was für ein Menschengewimmel! Was für ein Wirrwarr von Ständen und Lebensaltern! Welche Vielfalt von Konfessionen und Nationen! Welche Buntheit von Gewändern! Welch Sprachenbabel! Welch Tiergeschrei! Welch Gedröhn von Instrumenten! Welche Menge von Philosophen!«

Kommen Sie, brechen wir auf!

»Noch einen Augenblick! Ich sehe einen Riesentumult im Hippodrom; ich bitte Sie, was hat das zu bedeuten?«

Das? – Oh, nichts weiter! Die edlen und freien Bürger von Epidaphne, tief überzeugt, wie sie versichern, von der Treue, Tapferkeit, Weisheit und Göttlichkeit ihres Königs und überdies noch eben Augenzeugen seiner übermenschlichen Behendigkeit, halten es schlechthin für ihre Pflicht, seine Stirn (die schon die Dichterkrone schmückt) auch noch mit dem Kranz des Siegers im Wettlauf zu krönen – einem Kranz, den er zweifellos beim Fest der nächsten Olympischen Spiele gewinnen *muß* und den sie ihm deshalb nun im voraus verleihen.

DIE FLASCHENPOST

Qui n'a plus qu'un moment à vivre
N'a plus rien à dissimuler.

Quinault, ›Atys‹

Über mein Vaterland und meine Familie kann ich nur wenig sagen. Schlechte Behandlung und der Lauf der Zeit haben mich aus dem einen fortgetrieben und mich der anderen entfremdet. Geerbter Reichtum ermöglichte mir eine
Bildung, die das gewöhnliche Maß überstieg, und tiefgründige Veranlagung befähigte mich, den durch frühe Studien
aufgespeicherten Wissensschatz methodisch zu ordnen. Vor
allem gewährten mir die Werke der deutschen Moralphilo-
sophen großen Genuß; nicht etwa wegen meiner blinden Bewunderung ihres überspannten Geschwätzes, sondern weil
meine unbestechlichen Gedanken mich ihre Fehler gewöhnlich mit Leichtigkeit aufdecken ließen. Ich bin oft wegen
der Trockenheit meines Geistes kritisiert worden; Mangel
an Phantasie hat man mir als Verbrechen angerechnet, und
für den Skeptizismus meiner Ansichten war ich schon immer
bekannt. Tatsächlich fürchte ich, daß ein großes Wohlgefallen
an der Naturwissenschaft meinen Verstand mit einem für
unsere Zeit typischen Irrtum getränkt hat – ich meine die
Gewohnheit, alle Vorkommnisse, selbst dasjenige, welches
den geringsten Bezug zuläßt, auf die Gesetze jener Wissenschaft zu beziehen. Aber alles in allem kann niemand weniger als ich geneigt sein, sich von den streng abgegrenzten Bereichen der Wahrheit durch die *ignes fatui* des Aberglaubens
hinweglocken zu lassen. Ich habe es für geziemend erachtet, soviel vorauszuschicken, damit die unwahrscheinliche
Geschichte, die ich berichten will, nicht für das Trugbild einer
primitiven Einbildungskraft gehalten wird, sondern viel-

mehr für die tatsächliche Erfahrung eines Geistes, dem die Träumereien der Phantasie nicht das geringste bedeuten.

Nachdem ich viele Jahre in der Welt herumgereist war, segelte ich im Jahre 18.. vom Hafen Batavia auf der reichen und dichtbevölkerten Insel Java nach dem Archipel der Sundainseln. Ich fuhr als Passagier – ließ ich mich doch von keinem anderen Beweggrund leiten als einer nervösen Unruhe, die mich wie ein Dämon heimsuchte.

Unser Fahrzeug war ein stattliches Frachtschiff von etwa vierhundert Tonnen, kupferbeschlagen und in Bombay aus malabarischem Teakholz gebaut. Es war mit Baumwolle und Öl von den Lakkadiven beladen. Auch hatten wir Kokosfasern, indischen Rohzucker, Butter aus Büffelmilch, Kokosnüsse und ein paar Kisten Opium an Bord. Die Ladung war ungeschickt verstaut worden, und das Schiff neigte folglich leicht zum Kentern.

Wir gingen bei kaum wahrnehmbarem Wind unter Segel und hielten uns etliche Tage vor der Ostküste Javas, ohne daß ein anderes Ereignis die Eintönigkeit unserer Fahrt unterbrochen hätte als das gelegentliche Zusammentreffen mit einigen kleinen, zweimastigen Küstenfahrern von jenem Archipel, den wir ansteuern wollten.

Eines Abends, als ich mich gerade über die Heckreling lehnte, beobachtete ich im Nordwesten eine sehr seltsame einzelne Wolke. Sie war nicht nur merkwürdig ob ihrer Färbung, sondern auch deshalb, weil sie die erste war, die wir zu sehen bekommen hatten, seit wir in Batavia aufgebrochen waren. Ich betrachtete sie aufmerksam bis Sonnenuntergang, als sie sich plötzlich nach Osten und Westen hin ausbreitete, den Horizont mit einem schmalen Dunststreifen umgab und einer langen Linie flachen Strandes ähnelte. Mein Augenmerk ward bald darauf auf den düsterrot aussehenden Mond und die sonderbare Beschaffenheit des Meeres gelenkt. Es veränderte sich überraschend schnell, und das Wasser schien ungewöhnlich durchsichtig. Obgleich ich deutlich den Boden zu erkennen vermochte, stellte ich doch mit Hilfe des Ortes fest, daß die Tiefe fünfzehn Faden betrug. Die Luft wurde auf einmal unerträglich heiß und war von spiralförmigen Dämpfen durchzogen, gleich jenen, die von glühendem Eisen ausstrahlen. Als die Nacht hereinbrach, erstarb jeglicher Hauch des Windes, und es war schier unmöglich, sich eine noch tiefere Stille vorzustellen. Die Flamme einer Kerze brannte auf dem Heck ohne die geringste sichtbare Bewegung, und ein langes, zwischen Finger und Daumen gehaltenes Haar hing ohne jede Spur einer Schwingung. Da der Kapitän jedoch behauptete, keinerlei Anzeichen für eine Gefahr zu bemerken, und da wir geradewegs auf die Küste zutrieben, befahl er, die Segel festzumachen und den Anker zu werfen. Eine Wache wurde nicht aufgestellt, und die Mannschaft, die hauptsächlich aus Malaien bestand, streckte sich bedächtig auf dem Deck aus. Ich ging nach unten – von banger, unheildrohender Ahnung erfüllt. Ja, alle Anzeichen bestärkten mich in der Annahme, daß ein Orkan zu befürchten sei. Ich sprach zu dem Kapitän von meinen Ängsten, allein er schenkte meinen Worten keinerlei Aufmerksamkeit und verließ mich, ohne sich zu einer Antwort herabzulassen. Meine Unruhe hielt mir jedoch den Schlaf fern, und um Mitternacht ging ich aufs Deck hinauf. Als ich den Fuß auf die oberste Stufe der Kajütentreppe setzte, erschreckte mich ein lautes Rauschen, wie durch die schnelle Umdrehung eines Mühlrades verursacht, und bevor ich mir noch über seine Bedeutung klarwerden konnte, spürte ich, wie das Schiff bis ins Innerste erbebte. Im nächsten Augenblick wirbelte uns eine wild schäumende Sturzwelle beiseite, rollte über uns hinweg und überspülte das Deck in seiner ganzen Länge.

Das starke Toben des Sturmes erwies sich in hohem Maße als Rettung des Schiffes. Obwohl gänzlich mit Wasser vollgesogen, erhob es sich doch, als seine Masten über Bord waren, wenig später schwerfällig aus den Meeresfluten, und eine Zeitlang unter dem gewaltigen Druck des Sturmes schwankend, richtete es sich schließlich auf.

Durch welches Wunder ich dem Untergang entging, kann ich unmöglich sagen. Zunächst betäubt vom Anprall des Wassers, fand ich mich bei wiedererlangtem Bewußtsein eingeklemmt zwischen Hintersteven und Ruder. Nur mit großer Mühe kam ich auf die Beine, und während ich mich benommen umblickte, vermeinte ich zunächst, wir befänden uns inmitten einer Brandung: so schrecklich, jede noch so phantastische Vorstellung übertreffend, schäumte der Strudel des berghohen Ozeans, in den hinein es uns gestürzt hatte. Nach einer Weile vernahm ich die Stimme eines alten Schweden, der kurz vor unserer Abfahrt an Bord gekommen war. Ich schrie aus vollem Halse nach ihm, und bald darauf kam er taumelnd nach achtern. Wir entdeckten schnell, daß wir die einzigen Überlebenden des Unglücks waren. Alle an Deck außer uns hatte es über Bord gespült; der Kapitän und die Besatzung mußten im Schlaf ums Leben gekommen sein, denn die Kajüten waren von Wasser überflutet. Ohne jede Hilfe konnten wir wohl nur wenig für die Sicherheit des Schiffes tun, und unsere Bemühungen waren anfangs dadurch gelähmt, daß wir jeden Augenblick den Untergang erwarteten. Unser Ankertau war selbstverständlich wie Bindfaden beim ersten Hauch des Hurrikans zerrissen, anderenfalls wären wir auf der Stelle gesunken.

Die Fluten trieben uns mit grausamer Schnelligkeit vor sich hin, und das Wasser stürzte in Wellenbrechern über uns hinweg. Das Sparrenwerk des Hecks war in beträchtlichem Maße zerschlagen, und wir hatten fast in jeder Hinsicht erheblichen Schaden erlitten; doch zu unserer großen Freude stellten wir fest, daß die Pumpen nicht verstopft waren und der Ballast sich kaum verschoben hatte. Die größte Wut des Sturmes hatte sich bereits gelegt, und wir fürchteten kaum Gefahr von der Gewalt des Windes, aber wir erwarteten seine totale Stille voller Bangen; waren wir doch davon überzeugt, daß wir in unserem verwüsteten Zustand unvermeidlich in der starken Dünung untergingen, die folgen würde. Aber diese nur zu berechtigte Befürchtung schien offenbar nicht so bald wahr zu werden. Fünf volle Tage und Nächte – während derer unsere einzige Nahrung aus einer kleinen Menge groben Zuckers bestand, den wir unter großen Mühen aus dem Vorderdeck beschafft hatten – flog das Wrack mit einer jeder Bemessung trotzenden Geschwindigkeit vor rasch aufeinanderfolgenden Windböen her, die zwar nicht jenem ersten Toben des Orkans glichen und dennoch fürchterlicher waren als irgendein Sturm, den ich je zuvor erlebt. Wir hielten während der ersten vier Tage mit geringen Abweichungen Kurs auf Südost und Süd und müssen die Küste von Neuholland passiert haben. Am fünften Tag wurde es erheblich kalt, obgleich der Wind sich einen Strich mehr nach Nord gedreht hatte. Die Sonne ging auf mit einem siech-gelben Schein und klomm nur wenige Grade über den Horizont – kraftvoller Stärke ermangelnd. Wolken waren nicht zu sehen, aber der Wind nahm erneut zu und tobte mit launischer und ungestümer Heftigkeit. Gegen Mittag, soweit wir dies einschätzen konnten, wurde unsere Aufmerksamkeit wieder vom Anblick der Sonne gefesselt. Sie sandte kein Licht aus, das man als solches hätte bezeichnen können, sondern ein trübes und düsteres Glühen ohne Widerschein, als seien alle ihre Strahlen polarisiert. Grad wollte sie in der aufgewühlten See versinken, als plötzlich die Feuer in ihrem Innern erloschen, wie hastig erstickt von einer unerklärlichen Macht. Nur mehr ein matter, farbloser Kranz, so tauchte sie ein in den unergründlichen Ozean.

Wir erwarteten vergebens den Anbruch des sechsten Tages – für mich ist dieser Tag noch immer nicht gekommen – für den Schweden kam er nie. Von da an blieben wir in pechschwarzes Dunkel gehüllt, so daß wir zwanzig Schritt vom Schiff keinen Gegenstand hätten erkennen können. Ewige Nacht umgab uns fernerhin, nicht einmal gemildert durch den phosphoreszierenden Glanz des Meeres, an den wir in den Tropen gewöhnt waren. Wir bemerkten auch, daß der Sturm wohl mit unverminderter Heftigkeit weitertobte, doch waren weder Brandung noch Gischt zu sehen, die uns bisher begleitet hatten. Ringsumher herrschten Grausen und tiefe Finsternis und eine schwarze sengende Leere von Ebenholz. Abergläubische Furcht kroch nach und nach ins Herz des alten Schweden, und meine Seele hüllte sich in schweigendes Staunen. Wir setzten jegliche Sorge um das Schiff hintan, sie war mehr als nutzlos, klammerten uns so fest wie möglich an den Stumpf des Besanmastes und blickten voller Bitternis hinaus auf die Welt des Ozeans. Wir hatten nichts, um die Zeit zu bestimmen, und konnten uns auch kein Bild von unserer Lage machen. Wir waren uns jedoch sehr wohl darüber im klaren, daß wir weiter gen Süden gekommen waren als alle anderen Seefahrer vor uns, und wir verwunderten uns nicht wenig, daß wir nicht auf die üblichen Hindernisse von Eis gestoßen waren. Inzwischen drohte jeder Augenblick unser letzter zu werden – jede berghohe Woge eilte, uns zu verschlingen. Der Seegang übertraf alles, was ich für möglich gehalten hatte, und daß wir nicht sogleich begraben wurden, gleicht einem Wunder. Mein Gefährte sprach vom leichten Gewicht unserer Ladung und erinnerte mich an die ausgezeichneten Eigenschaften unseres Schiffes; aber ich konnte nur die äußerste Hoffnungslosigkeit unserer Hoffnung empfinden und bereitete mich schwermütig auf jenen Tod vor, von dem ich annahm, daß er nicht einmal mehr als eine Stunde auf sich warten ließ, da mit jedem Knoten Fahrt, den das Schiff zurücklegte, die ungeheuren schwarzen Wassermassen immer entsetzlicher und wilder anschwollen. Zuweilen rangen wir in einer größeren Höhe als der Albatros nach Atem – zuweilen erfaßte uns Schwindel, so schnell schleuderte es uns in eine Wasserhölle hinab, in der die Luft drückend wurde und kein Laut den Schlummer des Kraken störte.

Wir befanden uns am Boden eines dieser Schlünde, als ein plötzlicher Schrei meines Gefährten furchtbar die Nacht zerriß. »Seht! Seht!« rief er mir gellend zu. »Allmächtiger Gott! Seht doch nur!« Während er sprach, gewahrte ich einen trüb-düstern Schein roten Lichts, der an den Seiten des ungeheuren Abgrundes herniederflutete, wo wir lagen, und einen wechselnden Glanz auf unser Deck warf. Ich schaute nach oben und erblickte ein Schauspiel, das mir das Blut in den Adern erstarren ließ. In einer schrecklichen Höhe, genau über uns und direkt am Rande des steilen Abgrunds, schwebte ein gigantisches Schiff von vielleicht viertausend Tonnen. Obgleich es auf dem Kamm einer Welle stand, die über hundertmal höher war als es selbst, übertraf seine tatsächliche Größe doch noch die eines jeden Linienschiffes oder Ostindienfahrers, den es gibt. Sein riesiger Rumpf war von einem dunklen, schmutzigen Schwarz, das auch nicht durch die üblichen Schiffsschnitzereien gemildert wurde. Eine einzige Reihe eherner Kanonen ragte aus den offenen Luken und ließ von den glänzenden Oberflächen die Feuer unzähliger Kampflaternen aufblitzen, die um die Takelage hin- und herschwangen. Doch am meisten erfüllte uns mit Entsetzen und Staunen, daß es sich unter einem Segelpreß mitten in dieser Meereshölle und bei solch einem tobenden Orkan aufrecht hielt. Als wir das Schiff zuerst entdeckten, war allein sein Bug sichtbar, während es sich langsam aus dem dunklen fürchterlichen Abgrund dahinter erhob. Einen entsetzlich schaudernden Augenblick lang verhielt es auf dem schwindelerregenden Kamm, wie in nachdenklicher Betrachtung der eigenen Größe, dann torkelte und taumelte es und – stürzte herab.

Ich weiß nicht, welch plötzliche Geistesgegenwart in diesem Augenblick meine Sinne überkam. So weit nach achtern zurückweichend, wie ich nur konnte, erwartete ich furchtlos den Untergang, dem es zu begegnen galt. Unser eigenes Schiff gab gerade den Kampf auf und sank mit dem Vorderteil ins Meer. Der heftige Aufprall der herabfallenden Masse traf es folglich auf jenen Teil des Rumpfes, der sich schon unter Wasser befand, und so wurde ich zwangsläufig mit unwiderstehlicher Gewalt zwischen die Takelage des fremden Schiffes geschleudert.

Als ich zu Boden fiel, lavierte das Schiff und ging über Stag, und dem folgenden Durcheinander schrieb ich es zu, daß ich der Aufmerksamkeit der Mannschaft entging. Mit wenig Mühe bahnte ich mir unbemerkt einen Weg zur Hauptluke, die zum Teil offenstand, und fand bald eine Gelegenheit, mich im Laderaum zu verbergen. Warum ich dies tat, kann ich kaum sagen. Ein unbestimmtes Gefühl der Furcht, das mich beim ersten Anblick der Schiffsbesatzung ergriffen hatte, war vielleicht der Grund dafür, daß ich mich versteckte. Ich war nicht willens, mich einer Schar Menschen anzuvertrauen, die meinem ersten flüchtigen Blick soviel Anlaß gegeben hatten zu unerklärlicher Fremdheit, zu Zweifel und Angst. Ich hielt es daher für angebracht, mir ein Versteck im Schiffsraum einzurichten. Das geschah, indem ich einen kleinen Teil der beweglichen Bretter so verschob, daß sich mir ein bequemer Zufluchtort zwischen den riesengroßen Planken des Schiffes bot.

Ich hatte kaum mein Werk vollendet, als Schritte im Laderaum mich zwangen, von ihm Gebrauch zu machen. Ein Mann ging an meinem Versteck vorbei mit mattem und schwankendem Gang. Ich konnte sein Gesicht nicht sehen, aber es war mir möglich, sein Äußeres ganz allgemein zu beobachten. Allem Anschein nach war er schon hochbetagt und altersschwach. Seine Knie zitterten unter der Bürde der Jahre, und seine Gestalt wankte unter dieser Last. Er murmelte etwas mit leiser, gebrochener Stimme vor sich hin, wenige Worte einer Sprache, die ich nicht verstehen konnte, und suchte tastend in einer Ecke unter einem Berg eigenartig aussehender Geräte und vergilbter Seekarten. Sein Gebaren bestand aus einer wirren Mischung von mürrischer Verdrießlichkeit der zweiten Kindheit und von feierlicher Würde eines Gottes. Schließlich begab er sich wieder an Deck, und ich sah ihn nicht mehr ...

Ein Gefühl, für das ich keinen Namen finde, hat sich meiner Seele bemächtigt – eine Empfindung, die sich nicht analysieren läßt, auf die Erfahrungen der Vergangenheit nicht zutreffen und für die, wie ich fürchte, mir selbst die Zukunft keinen Schlüssel darreichen wird. Für einen Geist, der so beschaffen wie der meine, ist letztere Erwägung ein Übel. Ich werde nie – ich weiß, ich werde nie – mit der Art meiner Empfindungen zufrieden sein. Doch ist es kein Wunder, daß diese Empfindungen unerklärlich sind, gibt es doch so völlig neuartige Gründe dafür. Ein neuer Sinn – eine neue Wesenheit ist meiner Seele beigegeben worden ...

Es ist schon lange her, daß ich das Deck dieses entsetzlichen Schiffes zum ersten Mal betrat, und die Fäden meines Schicksals, so meine ich, laufen in einem Punkt zusammen. Unbegreifliche Menschen! In tiefe Betrachtungen versunken, die ich nicht erraten kann, gehen sie, ohne mich zu bemerken, an mir vorüber. Verstecken ist geradezu töricht von mir, denn diese Menschen *wollen nicht* sehen. Eben bin ich direkt vor den Augen des Maats umhergegangen; kürzlich wagte ich mich sogar in die Privatkajüte des Kapitäns und nahm von dort die Materialien, mit denen ich jetzt schreibe und bereits geschrieben habe. Ich werde dieses Tagebuch von Zeit zu Zeit fortführen. Zwar bietet sich mir vielleicht keine Möglichkeit, es der Welt zu übermitteln, aber ich möchte nicht versäumen, den Versuch zu unternehmen. Im letzten Augenblick werde ich das Manuskript in einer Flasche verschließen und diese ins Meer werfen ...

Ein Vorfall hat sich ereignet, der mir neuen Stoff zu Überlegungen liefert. Sind solche Geschehnisse das Werk reinen Zufalls? Ich hatte mich auf Deck gewagt und mich, ohne Aufmerksamkeit zu erwecken, zwischen Haufen Webeleinen und alter Segel auf dem Boden des Beibootes ausgestreckt. Während ich über mein sonderbares Schicksal nachsann, befleckte ich unbewußt mit einem Teerpinsel den Rand eines ordentlich zusammengefalteten Beisegels, das neben mir auf einem Faß lag. Das Beisegel ist nun auf dem Schiff festgemacht, und die unbedachten Pinselstriche entfalteten sich zu dem Wort ENTDECKUNG ...

Vor kurzem stellte ich eine Vielzahl von Beobachtungen über den Aufbau des Schiffes an. Obgleich gut bewaffnet, halte ich es doch für kein Kriegsschiff. Seine Takelage, Bauart und allgemeine Ausrüstung lassen eine solche Vermutung nicht zu. Was es *nicht ist*, kann ich ohne Mühe feststellen, aber was es wirklich *ist*, fürchte ich, läßt sich unmöglich sagen. Ich weiß nicht, wie es kommt, aber wenn ich mir seine seltsame Konstruktion und die einzigartige Anlage der Spieren anschaue, seine überdimensionale Größe und die im Überfluß vorhandenen Segel, den streng einfachen Bug und das veraltete Heck, so blitzt gelegentlich ein Gefühl von etwas Vertrautem durch meinen Sinn, und stets taucht dann, verbunden mit schemenhaften Schatten der Erinnerung, ein unerklärliches Gedenken an alte, fremdländische Chroniken und längstvergangene Zeiten auf ...

Ich habe mir das Spantenwerk des Schiffes angesehen. Es ist aus einem mir unbekannten Material gebaut. Eine besondere Eigenheit umgibt das Holz, das mir als ungeeignet für den Zweck erscheint, für den es benutzt worden ist. Ich meine seine außerordentliche *Porosität*, abgesehen von seinem wurmstichigen Zustand, der eine Folge der Schifffahrt in diesen Meeren ist, und ungeachtet seiner Altersmorschheit. Es mag vielleicht als eine etwas übertriebene Beobachtung erscheinen, aber das alles könnten typische Eigenschaften Spanischer Eiche sein, wenn Spanische Eiche durch ein unnatürliches Mittel aufgequollen worden wäre.

Beim Lesen des letzten Satzes fällt mir der seltsame Sinnspruch eines alten, wetterharten holländischen Seefahrers ein. »Das stimmt so gewiß«, pflegte er immer zu sagen, sobald ein Zweifel an seiner Glaubwürdigkeit laut wurde, »so gewiß, wie es ein Meer gibt, so das Schiff selbst an Umfang zunehmen wird wie der lebendige Körper eines Seemanns ...«

Vor einer Stunde war ich so kühn, mich unter eine Schar Matrosen zu wagen. Sie schenkten mir keinerlei Aufmerksamkeit, und obgleich ich mitten unter ihnen stand, schienen sie überhaupt nichts von meiner Anwesenheit zu bemerken. Wie der eine, den ich zuerst im Laderaum gesehen hatte, wiesen sie alle Merkmale höchsten Alters auf. Ihre Knie zitterten vor Schwäche, ihre Schultern waren tief gebeugt vor Gebrechlichkeit, ihre runzlige Haut knarrte im Wind; sie sprachen leise, zittrig und gebrochen, in ihren Augen glänzte die wäßrige Flüssigkeit des Alters, und ihre grauen Haare flatterten wild im Sturm. Um sie herum lagen auf jedem Teil des Decks verstreut mathematische Instrumente von höchst seltsamer und altmodischer Konstruktion ...

Ich erwähnte unlängst, daß ein Beisegel festgemacht wurde. Seit dieser Zeit hat das vom Sturm gejagte Schiff seinen schrecklichen Kurs nach Süden weiter verfolgt, jeder Fetzen Segel vom Flaggenknopf bis zu den niedrigeren Beisegelspieren gesetzt und jeden Augenblick mit dem Bramnock in die entsetzlichste Wasserhöhle gleitend, die sich ein Mensch nur vorstellen kann. Ich habe gerade das Deck verlassen, wo ich mich nicht auf den Füßen halten kann, obgleich dies der Mannschaft nichts auszumachen scheint. Es kommt mir wie das Wunder aller Wunder vor, daß unser riesiger Schiffsrumpf nicht auf der Stelle und für immer verschlungen wird.

Wir sind sicherlich dazu verdammt, fortwährend am Rand der Ewigkeit zu schweben, ohne endgültig in den Abgrund zu stürzen. Auf tausendmal höheren Wogen, als ich sie je gesehen habe, gleiten wir mit der Leichtigkeit der pfeilschnellen Seemöwe dahin, und die riesigen Wassermengen bäumen sich über uns wie die bösen Geister der Tiefe, aber wie Geister beschränkt auf bloße Drohungen, und gehindert an der Vernichtung. Ich neige dazu, unser wiederholtes Entkommen der einzig natürlichen Ursache zuzuschreiben, die für eine solche Wirkung verantwortlich ist. Ich muß annehmen, daß sich das Schiff innerhalb des Einflußbereiches einer starken Strömung oder eines reißenden Sogs befindet ...

Ich habe den Kapitän von Angesicht zu Angesicht gesehen, und zwar in seiner Kajüte – aber wie ich erwartete, bemerkte er mich nicht. Obgleich für einen unbefangenen Beobachter an seinem Äußeren nichts festzustellen ist, was ihn mehr oder weniger als einen Menschen kennzeichnen würde, empfand ich bei seinem Anblick doch ein Gefühl nicht zu unterdrückender Achtung, Scheu und Verwunderung. Seine Gestalt ist beinahe so groß wie die meine, das heißt, etwa fünf Fuß und acht Zoll. Er hat einen wohlgebauten, kräftigen Körper, weder robust noch sonst irgendwie bemerkenswert. Aber es ist der seltsame Ausdruck, der sein Gesicht beherrscht – der starke, wunderbare, erregende Beweis seines ungemein hohen Alters, das in mir ein

Gefühl erweckt – eine unbeschreibliche Empfindung. Seine Stirn, obgleich ein wenig gerunzelt, scheint den Stempel von Myriaden Jahren zu tragen. Seine grauen Haare berichten von der Vergangenheit, und seine tiefgrauen Augen sind Sibyllen der Zukunft. Der Kajütenboden war dicht mit seltsamen, eisenbeschlagenen Foliobänden, modrigen wissenschaftlichen Instrumenten und alten, längst überholten Seekarten bedeckt. Er hielt den Kopf in die Hände gestützt und war eifrig mit brennenden, unruhigen Augen in ein Schriftstück vertieft, das ich für ein Offizierspatent hielt und das von einem Monarchen signiert war. Er murmelte etwas vor sich hin – wie schon der erste Seemann, den ich im Schiffsraum gesehen hatte –, einige leise, mißmutig klingende Silben in einer fremden Sprache; und obgleich der Sprechende sich dicht neben mir befand, schien seine Stimme aus meilenweiter Ferne an mein Ohr zu dringen ...

Das Schiff und alles, was sich auf ihm befindet, ist vom Geist des Alters erfüllt. Die Bootsleute irren hin und her wie die Geister versunkener Jahrhunderte; ihre Augen haben einen ungeduldigen und beunruhigten Ausdruck; und wenn ihre Gestalten im wilden Schein der Kampflaternen meinen Weg kreuzen, wird in mir ein nie zuvor empfundenes Gefühl wach, obwohl ich mein Leben lang mit Antiquitäten zu tun hatte und mich an den Überresten gefallener Säulen in Baalbek, Tadmor und Persepolis so berauschte, bis meine Seele selbst zu einer Ruine wurde ...

Blicke ich um mich, so schäme ich mich meiner früheren Befürchtung. Wenn ich wegen des Sturmes zitterte, der uns bis jetzt begleitet hat, werde ich dann nicht entsetzt sein über einen Kampf zwischen Wind und Ozean, bei dem die Worte Tornado und Orkan nichtssagend und unwirksam sind, um auch nur eine vage Vorstellung zu vermitteln? In nächster Nähe des Schiffes herrschen allein das Dunkel der ewigen Nacht und das wilde Toben gischtlosen Wassers; aber etwa eine Meile beiderseits kann man hier und da undeutlich riesige Eiswände sehen, die in den trüben Himmel ragen und den Mauern des Universums gleichen ...

Wie ich mir dachte, treibt das Schiff in einer Strömung – wenn diese Bezeichnung auf eine Flut paßt, die heulend und zischend neben dem weißen Eis wie ein wild herabstürzender Wasserfall nach Süden hin donnert ...

Mein Entsetzen zu begreifen ist wohl völlig unmöglich; doch die Neugierde, die Geheimnisse dieser schrecklichen Regionen zu lüften, überwiegt sogar meine Verzweiflung und wird mich mit dem schrecklichsten Ausblick auf den Tod versöhnen. Es ist offensichtlich, daß wir einer aufregenden neuen Erkenntnis entgegeneilen – einem nie zu enthüllenden Geheimnis, dessen Aufdeckung die Vernichtung bedeutet. Vielleicht führt uns diese Strömung zum Südpol selbst. Es muß zugegeben werden, daß alles für eine augenscheinlich so unsinnige Vermutung spricht ...

Die Besatzung gleitet mit unruhigen und zitternden Schritten über das Deck, aber auf ihren Gesichtern und in ihren Mienen drückt sich eher hoffnungsvoller Eifer denn teilnahmslose Verzweiflung aus.

In der Zwischenzeit steht der Wind noch immer im Heck, und bei vollem Segelwerk wird das Schiff zuweilen mit dem ganzen Rumpf aus dem Wasser gehoben! O Schrecken über Schrecken! – Plötzlich birst das Eis zur Rechten und zur Linken, und wir wirbeln blitzschnell in mächtigen konzentrischen Kreisen am Rande eines riesigen Amphitheaters, dessen höchste Wände sich in Düsterkeit und Ferne verlieren. Aber mir bleibt nur wenig Zeit, über mein Schicksal nachzugrübeln! Die Kreise werden rasch enger – wir stürzen rasend in den Sog des Strudels – und inmitten des Tosens und Brüllens und Brausens von Ozean und Sturm erbebt das Schiff – o Gott! – und versinkt!

Die ›Flaschenpost‹ wurde 1831 zum ersten Mal veröffentlicht, und erst viele Jahre später lernte ich die Landkarten von Mercator kennen, in denen der Ozean so dargestellt wird, daß er durch vier Mündungen in den (nördlichen) Polargolf strömt und dort vom Erdinneren aufgenommen wird. Der Pol selbst ist als schwarzer Felsen wiedergegeben, der in eine ungeheure Höhe emporragt.   E. A. Poe

DIE VERABREDUNG

> Erwart mich dort! Ich will dich finden,
> Dich wiedersehn in jenen Gründen.
> Henry King, Bischof von Chichester,
> auf den Tod seiner Frau

Unseliger und rätselhafter Mann! – mißleitet im gleißenden Glanz deiner eigenen Phantasie und gefallen in den Flammen deiner eigenen Jugend! Wieder erblicke ich dich im Geiste! Noch einmal ist deine Gestalt vor mir aufgestiegen! – nicht – oh, nicht so, wie du bist – im kalten Tal und im Schatten – sondern wie du *sein solltest* – ein Leben erhabener Gedankenflüge verschwendend in jener Stadt verschwommener Visionen, deinem geliebten Venedig – das ein sterngeliebtes Elysium des Meeres ist und dessen palladianische Paläste mit ihren breiten Fenstern in tiefer und schmerzlicher Bedeutsamkeit auf die Geheimnisse seiner stillen Wasser hinabschauen. Ja! ich wiederhole es – so wie du *sein solltest*. Gewiß gibt es andere Welten als diese – andere Gedanken als die Gedanken der Menge – andere Betrachtungen als die Betrachtungen des Gelehrten. Wer denn soll deinen Wandel in Frage stellen? wer dich tadeln wegen deiner visionären Stunden oder jene Beschäftigungen als Vergeudung des Lebens brandmarken, die doch nur der Überfluß deiner unverwüstlichen Energien waren?

Es geschah in Venedig, unterhalb des Bogenganges, welchen man den *Ponte di Sospiri* nennt, daß ich zum dritten oder vierten Male dem Menschen begegnete, von dem ich spreche. Verworren ist meine Erinnerung, wenn ich mir die Umstände jener Begegnung zurückrufe. Doch ich entsinne mich – ach, wie sollte ich es je vergessen? – der tiefen Mitternacht, der Seufzerbrücke, der Frauenschönheit und des

Genius einer Zauberwelt, der da den schmalen Kanal auf und nieder schritt.

Es war eine ungewöhnlich finstere Nacht. Die große Uhr der Piazza hatte die fünfte Stunde des italienischen Abends geschlagen. Der Platz am Campanile lag still und verlassen, und die Lichter im alten Dogenpalast starben rasch hinweg. Ich kehrte über den Canale Grande zu der Piazzetta zurück. Doch als meine Gondel gegenüber der Mündung des Canale San Marco anlangte, gellte plötzlich aus seiner Abgeschiedenheit eine weibliche Stimme in die Nacht, ein einziger wilder, jäher, langgezogener Schrei. Aufgeschreckt von dem Laut, sprang ich auf die Füße, während der Gondoliere sein einziges Ruder fahrenließ und in der pechschwarzen Finsternis unwiederbringlich verlor, so daß wir ganz der Strömung ausgeliefert waren, die sich hier vom größeren in den kleineren Kanal wendet. Einem riesigen schwarzgefiederten Kondor gleich, trieben wir langsam der Seufzerbrücke zu, als mit einemmal tausend Fackeln an den Fenstern und auf den Treppen des Dogenpalastes aufflackerten und das tiefe Dunkel in einen fahlen und unnatürlichen Tag verwandelten.

Ein Kind, den Armen der eigenen Mutter entgleitend, war von einem der oberen Fenster des hochragenden Gebäudes in den tiefen, düsteren Kanal gefallen. Die schweigenden Wasser hatten sich gleichmütig über ihrem Opfer geschlossen; und wenn auch meine eigene Gondel die einzige in der Nähe war, schwamm doch schon mancher wackere Schwimmer im Strom und suchte an der Oberfläche vergebens den Schatz, der, ach! nur in der unergründlichen Tiefe zu finden war. Auf den breiten schwarzen Marmorplatten am Eingang des Palastes, wenige Stufen über dem Wasser, stand eine Gestalt, die keiner, der sie so sah, je kann vergessen haben. Es war die Marchesa Aphrodite – angebetet von ganz Venedig – die heiterste der Heiteren – die Lieblichste, wo alle schön waren – und nichtsdestoweniger die junge Frau des alten intriganten Mentoni und die Mutter jenes holden Kindes, ihres ersten und einzigen, das nun tief unter der düsteren Wasserfläche in bitterem Herzweh an ihre süßen Liebkosungen dachte und sein kleines Leben in dem Bemühen erschöpfte, ihren Namen zu rufen.

Sie stand allein. Ihre schmalen, bloßen, silbrigen Füße schimmerten in dem schwarzen Marmorspiegel unter ihr. Ihr Haar, kaum halb gelöst zur Nacht der Aufputz für den Ballsaal, schmiegte sich, übersät von Diamanten, rings um ihr klassisches Haupt, in Ringeln, die den Blüten der jungen Hyazinthe glichen. Ein schneeweißer, gazedünner Überwurf schien fast die einzige Hülle für ihre zarte Gestalt; aber die hochsommerliche, mitternächtige Luft war heiß, dumpf und unbewegt, und keine Regung in der denkmalgleichen Gestalt selbst bewegte auch nur die Falten des Gewandes aus purem Dunst, das sie umgab wie der schwere Marmor die Niobe. Und doch – seltsam zu sagen! –, ihre großen glänzenden Augen hefteten sich nicht auf das Grab unter ihr, darin ihre strahlendste Hoffnung begraben lag, sondern sie blickten in eine ganz andere Richtung. Das Gefängnis der Alten Republik ist, meine ich, das stattlichste Bauwerk in ganz Venedig – wie aber konnte jene Dame es so gebannt anstarren, wenn zu ihren Füßen ihr eigenes Kind mit dem Tode rang? Zudem gähnt jene beklemmend dunkle Nische gerade gegenüber ihrem Schlafzimmerfenster – was also konnte dort in ihrem Schatten – in der Architektur – an den efeuberankten ehrwürdigen Gesimsen – zu finden sein, das die Marchesa di Mentoni nicht schon tausendmal zuvor bewundert hätte? Unsinn! – Wer erinnert sich denn nicht, daß zu solchen Zeiten das Auge, einem zerbrochenen Spiegel gleich, die Bilder des Leidens vervielfältigt und an unzähligen entlegenen Stellen das Weh sieht, das nahebei ist?

Viele Stufen über der Marchesa, innerhalb des gewölbten Wassertors, stand in Gesellschaftskleidung die satyrhafte Gestalt Mentonis selbst. Er war beiläufig damit beschäftigt, auf einer Gitarre herumzustümpern, und schien zu Tode gelangweilt, wenn er dann und wann Anweisungen zur Bergung seines Kindes erteilte. Benommen und entsetzt, hatte ich selbst nicht die Kraft, die aufrechte Stellung, die ich beim ersten Vernehmen des Schreis eingenommen hatte, zu verändern, und muß den Augen der erregten Gruppe einen gespenstischen und unheimlichen Anblick geboten haben, wie ich da mit bleichem Antlitz und erstarrten Gliedern in meiner Leichengondel mitten unter sie glitt.

Alle Mühen erwiesen sich als vergeblich. Viele der tatkräftigsten Helfer begannen in ihren Anstrengungen zu erlahmen und sich düsterem Gram zu überlassen. Nur wenig Hoffnung schien es für das Kind zu geben (wieviel weniger noch als für die Mutter!); da aber trat aus der Tiefe jener dunklen Nische, die, wie schon erwähnt, zum Gefängnis der Alten Republik gehörte und dem Gitterfenster der Marchesa gegenüberlag, eine Gestalt, eingehüllt in einen Umhang, trat hinaus in den Bannkreis des Lichtes, verharrte einen Augenblick am Rande des schwindelnden Absturzes und warf sich kopfüber in den Kanal. Als der Fremde unmittelbar darauf mit dem noch lebenden und atmenden Kind in den Armen auf den Marmorplatten neben der Marchesa stand, löste sich, schwer mit Wasser getränkt, sein Umhang und enthüllte, in Falten um seine Füße fallend, den von Staunen ergriffenen Zuschauern die anmutige Erscheinung eines sehr jungen Mannes, von dessen Namen damals der größere Teil Europas widerhallte.

Kein Wort sprach der Erretter. Aber die Marchesa! Sie will sogleich ihr Kind in die Arme nehmen – sie will es ans Herz drücken – sie will seinen kleinen Leib umklammern und ihn mit ihren Liebkosungen überschütten. Doch ach! *Andere* Arme haben es dem Fremden abgenommen – *andere* Arme haben es weggebracht und unbemerkt weit fortgetragen in den Palast! Und die Marchesa! Ihre Lippen – ihre wunderschönen Lippen beben; Tränen sammeln sich in ihren Augen – jenen Augen, die wie Plinius' Akanthus ›sanft und fast durchscheinend‹ sind. Ja! Tränen sammeln sich in jenen Augen – und sieh! die ganze Frau erschauert aus tiefster Seele, und die Statue kehrt ins Leben zurück! Die Blässe des Marmorantlitzes, die Wölbung des Marmorbusens, sogar die Reinheit der Marmorfüße sehen wir plötzlich übergossen von einer nicht aufzuhaltenden Welle tiefer Röte; und um ihre zarte Gestalt zittert ein leichter Schauder, gleichwie ein linder Lufthauch in Napoli die satten Silberlilien im Grase erbeben läßt.

Warum nur mußte jene Dame erröten? Auf diese Frage gibt es keine Antwort – nur daß sie, als sie in fieberhafter Eile und mit Todesangst im Mutterherzen die Abgeschiedenheit ihres Boudoirs verließ, es versäumt hatte, ihre winzigen Füße in Pantoffeln zu verwahren, daß sie völlig vergessen hatte, ihren venezianischen Schultern die ihnen geziemende Drapierung überzuwerfen. Welchen anderen nur erdenklichen Grund konnte es für ihr tiefes Erröten gegeben haben? – für das Aufblitzen ihrer verstörten, flehenden Augen? – für die ungewöhnliche Wallung ihres bebenden Busens? – für den krampfhaften Druck ihrer zitternden Hand? – dieser Hand, die, als Mentoni sich in den Palast zurückzog, wie von ungefähr auf die Hand des Fremden fiel. Welchen Grund konnte es gegeben haben für den leisen – den ungemein leisen Ton jener rätselhaften Worte, welche die Dame hastig zum Abschied vorbrachte? »Du hast gesiegt«, sagte sie, wenn das leise Rauschen des Wassers mich nicht täuschte; »du hast gesiegt – eine Stunde nach Sonnenaufgang – werden wir uns finden – dabei bleibe es!«

Der Aufruhr hatte sich gelegt, die Lichter im Palast waren erloschen, und der Fremde, den ich nun als einen Bekannten grüßte, stand allein auf den Marmorplatten. Er zitterte in unbegreiflicher Erregung, und unruhig hielt er Ausschau nach einer Gondel. Das mindeste, was ich tun konnte, war, ihm die Dienste meiner eigenen anzubieten, und er nahm die Gefälligkeit an. Nachdem wir uns am Wassertor ein Ruder verschafft hatten, traten wir gemeinsam die Fahrt zu seiner Wohnung an, während er rasch seine Fassung wiedergewann und mit offensichtlich großer Herzlichkeit von unserer früheren flüchtigen Bekanntschaft sprach.

Es gibt gewisse Gegenstände, über die ich mich gern ausführlicher verbreite. Die Erscheinung des Fremden –

lassen Sie mich ihn so nennen, der für alle Welt noch immer ein Fremder war –, die Erscheinung des Fremden ist einer dieser Gegenstände. Er mochte eher kleiner als mittelgroß gewesen sein: obwohl es Augenblicke leidenschaftlicher Erregung gab, da sein Körper sich buchstäblich *ausdehnte* und die Behauptung Lügen strafte. Das zarte, fast schmächtige Ebenmaß seiner Gestalt verhieß eher jene behende Tatkraft, die er an der Seufzerbrücke an den Tag gelegt, als jene Herkulesstärke, deren er sich, wie man wußte, in Situationen gefährlicher Bedrängnis mühelos bedient hatte. Mit dem Mund und Kinn einer Gottheit – einzigartigen, schweifenden, großen, klaren Augen, deren Farbtöne von reinem Haselnußbraun zu tiefem glänzendem Schwarz hinüberspielten – und einer Fülle schwarzen Lockenhaars, aus dem eine ungewöhnlich breite Stirn, ganz Licht und Elfenbein, dann und wann hervorschimmerte – waren seine Gesichtszüge von so klassischer Ausgewogenheit, wie ich sie kein zweites Mal gesehen habe, außer vielleicht die marmornen des Kaisers Commodus. Nichtsdestoweniger war sein Antlitz eines von jenen, wie alle Menschen sie zu irgendeiner Zeit ihres Lebens gesehen haben und danach niemals wieder. Es hatte keinen ihm eigenen – keinen bestimmten, vorherrschenden Ausdruck, der sich der Erinnerung einprägt; ein Antlitz, gesehen und augenblicks vergessen – doch vergessen mit einem vagen, unstillbaren Verlangen, es ins Gedächtnis zurückzurufen. Nicht daß der Dämon jeder raschen Leidenschaft es nicht immer wieder vermocht hätte, sein eigenes ausgeprägtes Bild auf den Spiegel jenes Gesichts zu werfen – nur bewahrte der Spiegel, spiegelgleich, keine Spur der Leidenschaft, wenn die Leidenschaft selbst verflogen war.

Als ich ihn in der Nacht unseres Abenteuers verließ, bat er mich mit großer Dringlichkeit, wie mir schien, ihn am nächsten Morgen in aller Frühe aufzusuchen. Kurz nach Sonnenaufgang fand ich mich denn vor seinem Palazzo ein, einem jener mächtigen Gebäude von düsterem, doch zugleich phantastischem Pomp, die in der Nähe des Rialto hoch aus den Fluten des Canale Grande ragen. Ich wurde

eine breite mosaikgeschmückte Wendeltreppe hinaufge-
führt, in ein Gemach, dessen beispiellose Pracht mit wahrhaft blendender Grelle durch die sich öffnende Tür brach
und mich blind und benommen machte vor soviel Prunkentfaltung.

Ich wußte, daß mein Bekannter wohlhabend war. Gerüchte sprachen von seinen Besitzungen in Worten, die ich
allerdings lächerlich übertrieben zu nennen gewagt hatte.
Doch wie ich jetzt staunend umherblickte, konnte ich es
einfach nicht glauben, daß der Reichtum irgendeines gewöhnlichen Sterblichen in Europa die königliche Herrlichkeit hatte herbeizaubern können, die ringsumher glänzte
und gleißte.

Obwohl, wie gesagt, die Sonne aufgegangen war, war das
Zimmer noch strahlend erleuchtet. Aus diesem Umstand
sowie aus einer gewissen Erschöpfung auf den Zügen meines Freundes schloß ich, daß er während der ganzen vergangenen Nacht nicht zu Bett gegangen war. Architektur
und Schmuck des Gemachs hatten offensichtlich den
Zweck, Verwunderung und Staunen auszulösen. Wenig
Aufmerksamkeit war an die *decora* eigentlicher Wohnlich-
keit oder an die nationalen Besonderheiten gewendet worden. Das Auge schweifte von einem Gegenstand zum anderen und verweilte bei keinem – weder bei den *Grotesken* der
griechischen Maler noch den Skulpturen der besten italienischen Zeiten noch den gewaltigen Bildwerken des urtüm-
lichen Ägypten. Prächtige Draperien bebten in allen Teilen
des Zimmers zu den Schwingungen einer leisen melancholischen Musik, deren Ursprung verborgen blieb. Die Sinne
wurden bedrängt von vielfältigen, einander widerstreitenden Wohlgerüchen, die aus seltsam gewundenen Weih-
rauchfässern aufstiegen, begleitet von unzähligen flammenden und flackernden Zungen smaragdenen und violetten
Feuers. Die Strahlen der jüngst erstandenen Sonne ergos-
sen sich über das Ganze, durch Fenster, deren jedes aus
nur einer einzigen Scheibe karmesinrotgefärbten Glases
bestand. In tausendfachem Widerschein hin und her zuk-
kend, sich brechend an Vorhängen, die wie Katarakte flüs-

sigen Silbers von ihren Deckleisten fluteten, verschmolzen die Strahlen natürlichen Glanzes schließlich, wie der Zufall es wollte, mit dem künstlichen Licht und lagen wabernd in gebändigter Fülle auf einem Teppich aus kostbarem, durchscheinend anmutendem Gewebe von Chili-Gold.

»Hahaha! – hahaha!« lachte der Herr des Hauses, indem er mich, als ich eintrat, zu einem Sitz wies und sich rücklings in voller Länge auf eine Ottomane fallen ließ. »Ich sehe«, sagte er, wohl bemerkend, daß mir die *bienséance* eines so sonderbaren Willkommensgrußes nicht sogleich einleuchten wollte – »ich sehe, Sie sind verwundert über mein Zimmer – über meine Statuen – meine Bilder – die Originalität meiner Auffassung von Architektur und Ausstattung! – völlig betrunken, wie? von aller Herrlichkeit? Doch verzeihen Sie, mein Lieber« (hier bekam der Ton seiner Stimme etwas geradezu Herzliches), »verzeihen Sie mir mein unbarmherziges Gelächter. Sie sahen so *grenzenlos* verwundert aus. Übrigens sind manche Dinge so über die Maßen drollig, daß man lachen *muß* – oder sterben. Lachend zu sterben muß der glorreichste aller glorreichen Tode sein! Sir Thomas Morus – ein ausgezeichneter Mann war Sir Thomas Morus –, Sir Thomas Morus starb lachend, wie Sie wissen. Auch in den ›Absurditäten‹ des Ravisius Textor findet sich eine lange Liste von Persönlichkeiten, die das gleiche großartige Ende fanden. Wissen Sie jedoch«, fuhr er nachdenklich fort, »daß es in Sparta (dem jetzigen Palaeochori), in Sparta, sage ich, westlich der Zitadelle, inmitten eines Wirrwarrs kaum noch erkennbarer Ruinen eine Art von *Sockel* gibt, auf dem die Buchstaben ΛΑΣΜ noch lesbar sind? Sie gehören zweifellos zu dem Wort ΓΕΛΑΣΜΑ. Nun gab es in Sparta tausend Tempel und Schreine für tausend verschiedene Gottheiten. Wie außerordentlich seltsam, daß der Altar des Lachens alle anderen überleben sollte! Aber im gegenwärtigen Fall«, fuhr er fort, in Stimme und Gebaren merkwürdig verändert, »habe ich kein Recht, mich auf Ihre Kosten zu belustigen. Mit gutem Grund mochten Sie erstaunt gewesen sein. Kann doch ganz Europa nichts so Köstliches hervorbringen wie dieses mein kleines königliches Kabinett. Meine anderen Gemächer sind durchaus nicht von gleichem Rang – bloße Auswüchse modischer Abgeschmacktheit. Dieses ist besser als Mode – nicht wahr? Doch es brauchte nur gesehen zu werden, um sogleich Schule zu machen – das heißt, bei denen, die es sich leisten können, um den Preis ihres gesamten väterlichen Erbteils. Ich habe mich jedoch vor jeder solchen Entweihung geschützt. Von nur einer Ausnahme abgesehen, sind Sie der einzige Mensch außer mir selbst und meinem Kammerdiener, dem zum Allerheiligsten dieser königlichen Stätte Zutritt gewährt worden ist, seit sie so, wie Sie sie hier sehen, herausgeputzt wurde.«

Ich verneigte mich zustimmend; denn der überwältigende Ansturm von Pracht und Wohlgeruch und Musik sowie die unerwartete Überspanntheit seiner Rede und seines Gebarens hinderten mich, meine Erkenntlichkeit für das, was ich mir sehr wohl als Kompliment hätte auslegen können, in Worte zu fassen.

»Hier«, fuhr er fort, indem er aufstand und, auf meinen Arm gestützt, im Zimmer umherschlenderte, »hier sind Gemälde von den Griechen bis zu Cimabue und von Cimabue bis zur jüngsten Gegenwart. Viele, wie Sie sehen, sind mit wenig Rücksicht auf den gängigen Kunstgeschmack ausgewählt worden. Doch alle sind sie passende Wanddekorationen für ein Zimmer wie dieses. Hier sind auch ein paar *chefs d'œuvre* der unbekannten Großen und hier einige unvollendete Entwürfe von Männern, die zu ihrer Zeit berühmt waren; doch hat der Scharfblick der Akademien selbst ihre Namen der Vergessenheit und mir anheimfallen lassen. Was halten Sie«, sagte er, sich beim Sprechen jäh abwendend – »was halten Sie von dieser Madonna della Pietà?«

»Das ist ja ein Guido!« sagte ich voller Bewunderung, denn ich hatte mich seinerzeit gründlich in die unübertreffliche Schönheit des Bildes vertieft. »Kein anderer als Guido! – Wie nur haben Sie das erwerben können? Diese Pietà ist zweifellos in der Malerei, was die Venus in der Plastik ist.«

»Ah!« sagte er gedankenvoll, »die Venus – die wunderbare Venus? – die Venus de Medici? – die mit dem winzigen Kopf und dem goldenen Haar? Ein Teil ihres linken
Armes« (hier wurde seine Stimme so leise, daß sie nur noch
mit Mühe zu verstehen war) »und der ganze rechte sind Er-
neuerungen; und in der Koketterie eben jenes rechten Armes liegt, wie ich glaube, der Schlüssel zu aller Vergötte-
rung. *Ich* lobe mir den Canova! Auch der Apollo ist eine
Kopie – daran ist nicht zu zweifeln –, ich blinder Narr,
daß ich die vielgepriesene Inspiration des Apollo nicht sehen kann! Ich kann mir nicht helfen – ich Bedauernswer-
ter –, ich kann mir nicht helfen, aber ich ziehe den Anti-
nous vor. War es nicht Sokrates, der gesagt hat, daß der
Bildhauer seine Statue im Marmorblock vorfindet? Dann
war Michelangelo keineswegs originell mit seinem Vers-
paar:

Non ha l'ottimo artista alcun concetto
Che un marmo solo in se non circonscriva.«

Es ist bemerkt worden oder sollte doch hier angemerkt werden, daß wir im Verhalten des echten Gentleman immer
einen Unterschied zum Benehmen des gemeinen Volks gewahren, ohne daß wir sogleich zu bestimmen vermögen,
was eigentlich den Unterschied ausmacht. Schien mir diese Bemerkung schon für das augenfällige Benehmen meines Bekannten in ganzer Tragweite zu gelten, so spürte
ich an jenem ereignisreichen Morgen, daß sie erst recht
auf seine sittliche Kraft und Wesensart zutraf. Auch kann
ich jene geistige Besonderheit, die ihn in so hohem Maße
von allen anderen Menschen abzugrenzen schien, nicht
besser definieren, als wenn ich sie einen *Zwang* zu ange-
spanntem und fortgesetztem Denken nenne, der selbst
seine trivialsten Tätigkeiten durchdrang – sich einmi-
schend in Augenblicken der Tändelei und sogar die
sprühenden Blitze seiner Heiterkeit durchkreuzend – den
Nattern gleich, die an den Gesimsen rund um die Tempel
von Persepolis aus den Augenhöhlen der grinsenden
Masken züngeln.

Ich konnte indes nicht umhin, hinter dem bald leichtfertigen, bald ernsten Ton, in dem er sich eilig über wenig bedeutsame Dinge ausließ, häufig eine gewisse bebende Unrast wahrzunehmen – ein eigentümliches nervöses *Pathos* in
Gebaren und Sprache – eine ruhlose Reizbarkeit in der Art,
sich zu geben, was alles mich immer wieder seltsam anmutete
und mich mitunter geradezu erschreckte. Auch schien er
des öfteren, mitten in einem Satz innehaltend, dessen Anfang er offenbar vergessen hatte, in gespanntester Aufmerksamkeit zu lauschen, als ob er entweder jeden Augenblick
einen Besuch erwartete oder auf Geräusche horchte, die
allein in seiner Vorstellung existiert haben konnten.

Während einer dieser Träumereien oder Pausen offen-
barer Geistesabwesenheit ergab es sich, daß ich beim Blättern in der herrlichen Tragödie ›Orfeo‹ des Dichters und
Gelehrten Poliziano (der ersten echten italienischen Tragödie), die nahebei auf einer Ottomane lag, eine Stelle entdeckte, die mit Bleistift unterstrichen war. Es war eine
Stelle gegen Ende des dritten Aktes – eine Stelle von herz-
ergreifender Eindringlichkeit – eine Stelle, die, wenn sie
auch den Makel der Unzüchtigkeit trägt, kein Mann ohne
einen Schauer nie gekannter Gemütsbewegung, keine Frau
ohne ein Seufzen lesen wird. Die ganze Seite war von frischen Tränen benetzt; und auf dem Durchschußblatt daneben standen die folgenden englischen Verse, in einer
Handschrift zu Papier gebracht, die sich so sehr von den
charakteristischen Schriftzügen meines Bekannten unterschied, daß ich einige Mühe hatte, sie als die seine wiederzuerkennen:

Du warst mir alles, Liebste,
   Warst Heilung aller Pein –
Im Meer ein Eiland, Liebste,
   Warst Quelle mir und Schrein,
Zaubrisch bekränzt mit Frucht und Blüten;
Und all dies Blühen war mein.

O allzu lichter Traum!
   Der Hoffnungsstern so bald entschwand,

Der noch erstrahlte kaum!
  Aus Künftigem eine Stimme mahnt:
›Voran!‹ – doch ich muß schaun
  Vergangnes, das ein Abgrund bannt –
Starr steh' ich – voller Graun!

Denn wehe mir! o weh!
  Dumpf ist die Welt und leer.
›Nie mehr – nie mehr – nie mehr‹
  (Tönts unerbittlich aus der See
Zum sandigen Strande her)
  Steigt der getroffne Aar zur Höh,
Blüht totes Holz – nie mehr!

Wie Trug verrinnt mein Leben;
  Noch jede Traumesnacht
Hat deines Schrittes Beben,
  Den dunklen Blick gebracht,
Dort in ätherischem Schweben,
  Dort in Italiens Pracht.

Weh mir! die Stunde ich beklag,
  Da sie dich mir entrissen,
Von Liebe fort zu Rang und Schmach
  Und eines Greises Kissen! –
Hinweg aus unserm Nebeltag,
  Wo die Weiden weinen müssen.

Daß diese Verse auf englisch geschrieben waren – in einer
Sprache, von der ich nicht ahnte, daß der Autor sie beherrschte –, überraschte mich kaum. Ich wußte sehr wohl
von dem Ausmaß seiner Fertigkeiten, auch, welches besondere Vergnügen es ihm bereitete, sie vor anderen zu verheimlichen, so daß mich eine derartige Entdeckung nicht
wundernahm; nur die Ortsangabe, muß ich gestehen, erstaunte mich nicht wenig. *London* hatte ursprünglich da gestanden und war später sorgfältig durchgestrichen worden – jedoch nicht gründlich genug, um das Wort vor
einem forschenden Blick zu verbergen. Das erstaunte mich,
wie gesagt, nicht wenig; denn ich erinnerte mich gut, daß

ich bei einem früheren Gespräch meinen Freund ausdrücklich gefragt hatte, ob er in London irgendwann einmal der
Marchesa di Mentoni begegnet sei (die vor ihrer Vermäh-
lung einige Jahre in dieser Stadt gewohnt hatte), und
daß seine Antwort, wenn mich nicht alles täuscht, mit zu
verstehen gab, nie habe er die Metropole Großbritanniens besucht. Auch könnte ich hier erwähnen, daß ich
mehr als einmal gehört habe (ohne freilich einem Gerücht
Glauben zu schenken, das so viel Unwahrscheinliches
in sich begriff), die Person, von der hier die Rede ist,
sei nicht nur von Geburt, sondern auch von Erziehung
Engländer.

»Ein Gemälde ist da noch«, sagte er, ohne zu gewahren,
daß die Tragödie meine Aufmerksamkeit gefesselt hatte –
»ein Gemälde ist da noch, das Sie bisher nicht gesehen haben.« Damit warf er einen Vorhang zur Seite und enthüllte
ein lebensgroßes Bildnis der Marchesa Aphrodite.

Vollkommener hätte menschliche Kunst ihre überirdi-
sche Schönheit nicht festhalten können. Dieselbe ätherische Gestalt, die in der vergangenen Nacht auf den Stufen
des Dogenpalastes vor mir gestanden hatte, stand wiederum vor mir. Aber im Ausdruck ihres Gesichts, den
strahlendes Lächeln erhellte, barg sich gleichwohl (welch
unbegreiflicher Widerspruch!) jener flüchtige Hauch von
Schwermut, den wir immer wieder untrennbar mit der
Vollkommenheit des Schönen verbunden sehen. Ihr rechter Arm lag angewinkelt über der Brust. Mit der linken
Hand wies sie nach unten auf eine seltsam geformte Vase.
Ein einziger schlanker, zauberischer Fuß, sichtbar nur der
eine, berührte kaum den Boden; und ein Paar Schwingen,
mit feinstem Zartsinn erdacht, schwebten, gerade eben erkennbar, in dem leuchtenden Strahlengrund, der ihren Liebreiz zu umrahmen und wie in einen Schrein zu fassen
schien. Mein Blick glitt von dem Bildnis zu der Gestalt
meines Freundes, und die eindringlichen Worte von Chap-
mans ›Bussy d'Ambois‹ zuckten mir unwillkürlich auf den
Lippen:

»... Unbewegt
Gleich einem römischen Standbild steht er dort,
Bis daß der Tod ihn Marmor werden läßt!«

»Kommen Sie«, sagte er endlich, sich zu einem Tisch aus
reich emailliertem Silber wendend, auf dem einige grotesk
bemalte Gläser sowie zwei große etruskische Gefäße standen, von der gleichen ungewöhnlichen Form wie die im
Vordergrund des Gemäldes und mit einem Wein gefüllt,
den ich für einen Johannisberger hielt. »Kommen Sie«,
sagte er unvermittelt, »trinken wir! Es ist früh am Tag –
aber trinken wir. Es ist *wirklich* noch früh«, fuhr er sinnend
fort, als ein Cherub mit schwerem goldenem Hammer das
Gemach vom ersten Stundenschlag nach Sonnenaufgang
widerhallen ließ; »es ist *wirklich* noch früh – aber was tut's?
Trinken wir! Schenken wir uns ein – einen Opfertrank für
die festliche Sonne dort draußen, welche die prunkenden
Lampen und Weihrauchfässer so begierig zu überwältigen
trachten!« Und nachdem er mich ermuntert hatte, ihm mit
einem vollen Glase zuzutrinken, goß er rasch hintereinander mehrere Glas Wein hinunter.

»Träumen«, fuhr er fort, wieder in den Ton seiner ziellos
schweifenden Rede verfallend, während er eine der prächtigen Vasen in das gleißende Licht eines Weihrauchfasses
emporhielt – »träumen ist der Inhalt meines Lebens gewesen. Deshalb habe ich, wie Sie sehen, für mich eine Zuflucht aus Träumen ersonnen. Hätte ich im Herzen von
Venedig eine bessere errichten können? Freilich erblicken
Sie ringsumher ein buntes Durcheinander architektoni-
schen Beiwerks. Die Reinheit Ioniens wird durch überlebte
Kunstgriffe beleidigt, und die Sphinxe Ägyptens strecken
sich auf Teppichen von Gold. Doch die Gesamtwirkung ist
unstimmig nur für den Zaghaften. Die Konventionen des
Ortes und besonders der Zeit sind die Schreckgespenster,
die der Menschheit den Blick auf das Erhabene drohend
verstellen. Früher einmal war ich selbst ein Dekorist; aber
solche Sublimierung der Narrheit war mir in der Seele zuwider. Alles dies entspricht nun um so mehr meinen Be-

dürfnissen. Gleichwie die arabesken Weihrauchfässer hier
windet sich mein Geist in Feuer, und der Wahnwitz dieses
Schauplatzes stimmt mich ein auf die wilderen Visionen jenes Landes wirklicher Träume, wohin ich nun eilends auf-
breche.« Hier verstummte er jäh, neigte sein Haupt auf die
Brust und schien einem Laut zu lauschen, den ich nicht
hören konnte. Schließlich richtete er sich hoch empor,
blickte aufwärts und stieß die Verse des Bischofs von
Chichester hervor:

> »Erwart mich dort! Ich will dich finden,
> Dich wiedersehn in jenen Gründen.«

Im nächsten Augenblick warf er sich, die Stärke des Weins
eingestehend, in ganzer Länge auf eine Ottomane.

Einen raschen Schritt hörte man jetzt auf der Treppe,
und gleich darauf klopfte es laut an die Tür. Ich beeilte
mich, einer weiteren Störung zuvorzukommen, als auch
schon ein Page aus Mentonis Dienerschaft ins Zimmer
stürzte und mit von Erregung erstickter Stimme die zusammenhanglosen Worte stammelte: »Meine Herrin! – meine
Herrin! – Vergiftet! – vergiftet! Oh, schöne – oh, wunderschöne Aphrodite!«

Verstört eilte ich zu der Ottomane und versuchte, den
Schläfer zu wecken, ihn zu erreichen mit der Schreckens-
kunde. Doch reglos waren seine Glieder – bleich waren
seine Lippen – seine eben noch leuchtenden Augen waren
erstarrt im *Tod*. Ich taumelte zurück zum Tisch – meine
Hand sank auf ein zersprungenes und schwarz verfärbtes
Glas – und die Erkenntnis der vollen furchtbaren Wahrheit fuhr mir wie ein Blitz durch die Seele.

DER LÖWE DES TAGES

... sie alle gehen,
Toll vor Bewundrung, nur noch auf den Zehen.
Bischof Hall, ›Satiren‹

Ich bin – das heißt, ich *war* – ein großer Mann; doch bin ich weder der Schöpfer des Junius noch der Mann in der Maske; denn mein Name ist, wie ich glaube, Robert Jones, und irgendwo in der Stadt Fum-Fudge bin ich zur Welt gekommen.

Die erste Tat meines Lebens war, daß ich mit beiden Händen meine Nase packte. Meine Mutter sah dies und nannte mich ein Genie; mein Vater weinte vor Freude und schenkte mir eine Abhandlung über Nasologie. Diese beherrschte ich, noch ehe man mir Hosen anzog.

Ich fing nun an, mich in der Wissenschaft vorwärtszutasten, und kam bald zu der Einsicht, daß ein Mensch, vorausgesetzt, daß er eine hinlänglich auffallende Nase besaß, einfach indem er ihr folgte, es zu Ruhm und Ansehen bringen müßte. Aber meine Aufmerksamkeit beschränkte sich nicht auf Theorien allein. Jeden Morgen zog ich ein paarmal kräftig an meinem Rüssel und schluckte ein halbes Dutzend Essenzen.

Als ich mündig wurde, bat mich mein Vater eines Tages, ihm in sein Studierzimmer zu folgen.

»Mein Sohn«, sagte er, als wir Platz genommen hatten, »was ist der Sinn und Zweck deines Daseins?«

»Mein Vater«, erwiderte ich, »es ist das Studium der Nasologie.«

»Und was, Robert«, forschte er, »ist Nasologie?«

»Sir«, sagte ich, »es ist die Wissenschaft von den Nasen.«

»Und kannst du mir sagen«, drang er in mich, »was eine Nase zu bedeuten hat?«

»Eine Nase, mein Vater«, entgegnete ich, geradezu geschmeichelt, »ist von ungefähr tausend verschiedenen Autoren auf ganz verschiedene Weise definiert worden.« (Hier zog ich meine Uhr aus der Tasche.) »Es ist jetzt ungefähr Mittag – wir haben Zeit genug, um noch vor Mitternacht mit allem durchzukommen. Um denn zu beginnen: Die Nase ist nach Bartholinus jene Protuberanz – jener Höcker – jener Auswuchs – jener ...«

»Es genügt, Robert«, unterbrach der gute alte Herr. »Das Ausmaß deines Wissens verschlägt mir schier die Sprache – absolut – bei meiner Seele!« (Hier schloß er die Augen und preßte die Hand aufs Herz.) »Komm her!« (Hier faßte er mich beim Arm.) »Deine Erziehung kann nun als beendet angesehen werden – es ist höchste Zeit, daß du dich alleine durchschlägst – und du kannst nichts Besseres tun, als einfach deiner Nase nachzugehen – so – so – so –« (Hier stieß er mich die Treppe hinunter und zur Tür hinaus.) – »so scher dich aus meinem Haus, und Gott befohlen!«

Da ich mich von göttlicher Eingebung erleuchtet fühlte, hielt ich diesen Zwischenfall eher für ein Glück als für ein Unglück. Ich beschloß, mich von dem väterlichen Rat leiten zu lassen. Ich nahm mir vor, meiner Nase zu folgen. Sogleich zog ich ein paarmal kräftig daran und schrieb unverzüglich ein Pamphlet über Nasologie.

Ganz Fum-Fudge war in Aufruhr.

»Eine wundervolle Begabung!« sagte die Quarterly.

»Brillanter Physiologe!« sagte die Westminster.

»Kluger Bursche!« sagte die Foreign.

»Ausgezeichneter Schriftsteller!« sagte die Edinburgh.

»Profunder Denker!« sagte die Dublin.

»Großer Mann!« sagte Bentley.

»Gottbegnadeter Geist!« sagte Fraser.

»Einer von uns!« sagte Blackwood.

»*Wer* mag das sein?« fragte Mrs. Bas-Bleu.

»*Was* mag er sein?« fragte die große Miss Bas-Bleu.

»*Wo* mag er sein?« fragte die kleine Miss Bas-Bleu. – Aber ich schenkte all diesen Leuten keinerlei Beachtung – sondern ging geradewegs in das Atelier eines Künstlers.

Die Herzogin von Achherrje saß gerade zu ihrem Porträt; der Marquis von Soundso hielt den Pudel der Herzogin; der Graf von Diesunddas liebäugelte mit ihrem Riechsalzfläschchen; und Seine Königliche Hoheit von Rührmichnichtan neigte sich über die Rücklehne ihres Stuhles.

Ich trat an den Künstler heran und richtete meine Nase in die Höhe.

»Oh, wunderbar!« seufzte Ihre Gnaden.

»Du meine Güte!« säuselte der Marquis.

»Oh, wie schockierend!« ächzte der Graf.

»Oh, wie abscheulich!« knurrte Seine Königliche Hoheit.

»Was wollen Sie dafür haben?« fragte der Künstler.

»Für seine *Nase*?« rief Ihre Gnaden.

»Tausend Pfund«, sagte ich, indem ich mich setzte.

»Tausend Pfund?« fragte der Künstler nachdenklich.

»Tausend Pfund«, sagte ich.

»Wunderbar!« sagte er hingerissen.

»Tausend Pfund«, sagte ich.

»Garantieren Sie dafür?« fragte er, die Nase zum Licht wendend.

»Durchaus«, sagte ich, mich tüchtig schneuzend.

»Sie ist wirklich *ganz* echt?« forschte er, indem er sie mit Ehrfurcht berührte.

»Hm!« sagte ich, sie zur Seite drehend.

»Gibt es noch *keine* Kopie?« fragte er, sie durch ein Vergrößerungsglas betrachtend.

»Nicht eine«, sagte ich und richtete sie nach oben.

»*Bewundernswert*!« rief er aus, von der Schönheit der Bewegung ganz aus der Fassung gebracht.

»Tausend Pfund«, sagte ich.

»*Tausend* Pfund?« sagte er.

»Präzise«, sagte ich.

»Tausend *Pfund*?« sagte er.

»Ganz recht«, sagte ich.

»Die sollen Sie haben«, sagte er. »Was für eine Kuriosität!« Und flugs stellte er mir einen Scheck aus und machte
eine Skizze von meiner Nase. Ich mietete eine Wohnung in
der Jermyn Street und übersandte Ihrer Majestät die neun-
undneunzigste Auflage der ›Nasologie‹ mit einem Porträt
besagten Rüssels. – Jener arge kleine Tunichtgut, der
Prince of Wales, lud mich zum Dinner ein.

Alle waren wir Löwen des Tages und *recherchés*.

Ein Neuplatoniker war darunter. Er zitierte Porphyrios,
Iamblichos, Plotinos, Proklos, Hierokles, Maximos von Ty-
ros und Syrianos.

Dann war da ein Fortschrittsgläubiger. Er zitierte Turgot, Price, Priestley, Condorcet, Madame de Staël und den
›Ehrgeizigen Gelehrten in Nöten‹.

Da war Sir Positiv Paradox. Er äußerte, daß alle Narren
Philosophen seien und alle Philosophen Narren.

Da war Ästhetikus Ethix. Er sprach von Feuer, Einheit
und Atomen; von Zweigeteiltheit und Präexistenz der
Seele; von Affinität und Diskordanz; Urerkenntnis und
Homöomerien.

Da war Theologos Theologie. Er redete von Eusebios
und Arius; von Häresie und dem Konzil von Nikäa; von
Puseyismus und Konsubstantialismus; von Homousie und
Homoiousie.

Da war Frikassee vom Rocher de Cancale. Er erwähnte
muriton aus roter Zunge; Blumenkohl mit *velouté*-Soße;
Kalbfleisch *à la* St. Menehoult; Marinade *à la* St. Florentin
und Orangengelee *en mosaïques*.

Da war Bibulus O'Becher. Er kam auf Latour und Mar-
kobrunner zu sprechen; auf Mousseux und Chambertin; auf
Richbourg und St. George; auf Haubrion, Léonville und
Medoc; auf Barac und Preignac; auf Grâve, auf Sauternes,
auf Lafitte und auf St. Péray. Er schüttelte den Kopf über
Clos de Vougeot und konnte mit geschlossenen Augen
einen Sherry von einem Amontillado unterscheiden.

Da war Signor Tintontintino aus Florenz. Er verbreitete
sich über Cimabue, Arpino, Carpaccio und Agostino –
über das Dunkel bei Caravaggio, über die Anmut bei Al-

bano, die Farben Tizians, die Frauengestalten bei Rubens und die Heiterkeit Jan Steens.

Da war der Rektor der Fum-Fudger Universität. Er vertrat die Meinung, daß der Mond in Thrakien Bendis heiße, in Ägypten Bubastis, in Rom Diana und Artemis in Griechenland.

Da war ein Großtürke aus Istanbul. Er war nicht von dem Glauben abzubringen, daß die Engel Pferde, Hähne und Stiere seien; daß irgendwer im sechsten Himmel siebzigtausend Köpfe habe und daß die Erde von einer himmelblauen Kuh mit unermeßlich vielen grünen Hörnern getragen werde.

Da war Delphinus Polyglott. Er verriet uns, was aus den dreiundachtzig verlorengegangenen Tragödien des Aischylos geworden war; aus den vierundfünfzig Reden des Isaios; aus den dreihundertundeinundneunzig des Lysias; aus den hundertundachtzig Abhandlungen des Theophrastos; aus dem achten Buch der Kegelschnitte des Apollonios; aus Pindars Hymnen und Dithyramben und aus den fünfundvierzig Tragödien Homers des Jüngeren.

Da war Ferdinand Fitz-Fossillus Feldspat. Er informierte uns erschöpfend über Feuer im Erdinnern und Tertiärformationen; über gasförmige, flüssige und feste Erscheinungsformen; über Quarz und Mergel; über Schiefer und Schörl; über Gips und Trapp; über Talk und Kalk; über Zinkblende und Hornblende; über Glimmerschiefer und Puddingstein; über Zyanit und Lepidolith; über Hämatit und Tremolit; über Antimon und Chalzedon; über Mangan und was immer Sie wollen.

Da war ich selbst. Ich sprach von mir selbst – von mir selbst, von mir selbst, von mir selbst; über Nasologie, über mein Pamphlet und von mir selbst. Ich richtete meine Nase in die Höh, und ich sprach von mir selbst.

»Unglaublich gescheiter Mann!« sagte der Prinz.

»Süperb!« sagten seine Gäste – und am nächsten Tag machte mir Ihre Gnaden von Achherrje einen Besuch.

»Kommen Sie zu Almack's, mein Schönster?« fragte sie, mich unterm Kinn tätschelnd.

»Auf mein Wort«, sagte ich.

»Nase und alles?« fragte sie.

»So wahr ich lebe«, erwiderte ich.

»Hier haben Sie eine Karte, mein Leben. Soll ich sagen, daß Sie *bestimmt* kommen?«

»Liebe Herzogin, mit Leib und Seele.«

»Papperlapapp! nicht doch! – aber mit Ihrer ganzen Nase?«

»Jedem Zoll davon, meine Liebe«, sagte ich – und ich drehte ein bißchen daran und befand mich alsbald bei Almack's.

Die Räume waren zum Ersticken voll.

»Er kommt!« sagte jemand auf der Treppe.

»Er kommt!« sagte jemand weiter oben.

»Er kommt!« sagte jemand von noch weiter her.

»Er ist da!« rief die Herzogin. »Er ist da, der kleine Liebling!« – und indem sie mich fest an beiden Händen faßte, küßte sie mich dreimal auf die Nase.

Sogleich breitete sich eine merkliche Erregung aus.

»*Diavolo!*« schrie Count Capricornutti.

»*Dios guarde!*« murmelte Don Stiletto.

»*Mille tonnerres!*« stieß der Prince de Grenouille hervor.

»*Tausend Teufel!*« knurrte der Kurfürst von Blutenström.

Es war nicht auszuhalten. Ich wurde wütend. Jäh wandte ich mich gegen Blutenström.

»Sir!« sagte ich zu ihm, »Sie sind ein Affe.«

»Sir«, erwiderte er nach einer Pause, »*Donner und Blitz!*«

Mehr konnte man nicht verlangen. Wir tauschten die Karten aus. Auf Chalk-Farm schoß ich ihm am nächsten Morgen die Nase ab – und sprach dann bei meinen Freunden vor.

»*Bête!*« sagte der erste.

»Narr!« sagte der zweite.

»Dummkopf!« sagte der dritte.

»Esel!« sagte der vierte.

»Trottel!« sagte der fünfte.

»Tölpel!« sagte der sechste.

»Mach, daß du wegkommst!« sagte der siebente.

Das alles kränkte mich tief, und so suchte ich meinen Vater auf.

»Vater«, fragte ich, »was ist der Sinn und Zweck meines Daseins?«

»Mein Sohn«, erwiderte er, »es ist nach wie vor das Studium der Nasologie; aber indem du den Kurfürsten auf die Nase trafst, hast du über dein Ziel hinausgeschossen. Du hast eine schöne Nase, ohne Zweifel; Blutenström aber hat gar keine mehr. Du bist ruiniert, und er ist zum Helden des Tages geworden. Ich gebe zu, daß in Fum-Fudge die Prominenz eines Löwen vom Ausmaß seines Rüssels abhängt – aber, du lieber Himmel!, mit einem Löwen, der überhaupt keinen Rüssel hat, kann niemand sich messen.«

SCHATTEN. EINE PARABEL

Und ob ich schon wanderte im *Schatten*tal ...
Psalm Davids

Ihr, die ihr dies lest, seid noch unter den Lebenden; ich aber, der ich dies schreibe, werde längst eingegangen sein in das Reich der Schatten. Denn wahrlich, Seltsames wird geschehen, und Geheimes wird offenbar werden, und viele Jahrhunderte werden vergehen, eh diese Aufzeichnungen von Menschen gesehen werden. Und wenn gesehen, so werden die einen nicht glauben und die anderen zweifeln, wenige aber werden in den Schriftzeichen, die hier mit einem Stylus von Eisen eingegraben sind, mancherlei finden, was sie nachdenken macht.

Es war ein Jahr des Schreckens gewesen, ein Jahr der Beängstigungen, stärker als Schrecken, für die es keinen Namen gibt auf Erden. Denn viele Warnzeichen und Wunderdinge waren geschehen, und weit und breit, über Wasser und Land, spreiteten sich die schwarzen Schwingen der Pest. Jenen freilich, die der Gestirne kundig waren, blieb nicht verborgen, daß der Himmel Schlimmes verhieß; und für mich, den Griechen Oinos, und manch anderen war offenbar, daß nun die Wende jenes siebenhundertundvierundneunzigsten Jahres angebrochen war, wo mit dem Eintreten in den Widder der Planet Jupiter mit dem roten Ring des furchtbaren Saturn zusammentrifft. Der eigentümliche Geist des Himmels offenbarte sich, wenn mich nicht alles täuschte, nicht nur im sinnlich wahrnehmbaren Erdenrund, sondern auch in den Seelen, Vorstellungen und Gedanken der Menschen.

Über einigen Flaschen roten Chios-Weines, inmitten einer prächtigen Halle, in einer düsteren Stadt namens

Ptolemaïs, saßen wir, unser sieben, des Nachts beieinander. Und keinen Zugang gab es zu unserm Gemach außer einer hohen Bronzetür; und die Tür war von dem kunstfertigen Korinnos geschaffen und war, ein Zeugnis seltener Meisterschaft, von innen verschlossen. Schwarze Vorhänge entzogen in dem dunklen Raum gleichermaßen den Mond, die bleichen Sterne und die menschenleeren Straßen unseren Blicken – aber die bösen Vorahnungen und der Gedanke an Unheil, sie ließen sich solcherart nicht aussperren. Dinge waren über und um uns, die genau zu beschreiben ich nicht vermag – sinnlich faßbare und unkörperliche Dinge – eine drückende Schwere in der Luft – etwas Atembeklemmendes – Beängstigung – und vor allem jener furchtbare Zustand, den der leicht Erregbare empfindet, wenn die Sinne hellwach und lebendig sind, während die Geisteskräfte darniederliegen. Eine bleierne Schwere lastete auf uns. Sie lastete auf unseren Gliedern – auf dem Hausrat – auf den Bechern, daraus wir tranken; und jedwedes Ding wurde davon niedergedrückt und bezwungen – alles außer allein den Flammen der sieben eisernen Lampen, die unser Gelage erhellten. Aufgereckt zu hohen schlanken Lichtsäulen, brannten sie unbeirrt weiter, bleich und regungslos; und in dem Spiegel, den ihr Schein auf den runden Ebenholztisch malte, an dem wir saßen, erblickte jeder der dort Versammelten die Bleiche seines eigenen Antlitzes und das unstete Flackern in den gesenkten Augen seiner Gefährten. Gleichwohl lachten wir und waren lustig auf unsere Weise – die hysterisch war; und wir sangen die Lieder Anakreons, die Tollheit sind, und tranken im Übermaß – obwohl der purpurne Wein uns an Blut gemahnte. Denn da war noch ein anderer im Gemach: in der Gestalt des jungen Zoilos. Tot, hingestreckt lag er da, ins Leichentuch gehüllt – der Genius und der Dämon des Schauplatzes. Doch ach! er hatte nicht teil an unserem Taumel; nur daß es schien, als zeigten sein Antlitz, von der Seuche verzerrt, und seine Augen, in denen der Tod die Fieberglut der Pest noch nicht ganz hatte auslöschen können, die Art von Teilnahme an unserer Lust, wie Tote sie vielleicht der Lust derer zeigen, die bald sterben müssen. Doch obwohl ich, Oinos, fühlte, daß die Augen des Verstorbenen auf mir ruhten, zwang ich mich doch, die Bitternis ihres Ausdrucks nicht wahrzunehmen, und beharrlich in die Tiefe des Ebenholzspiegels hinabstarrend, sang ich mit lauter und volltönender Stimme die Lieder des Sohnes von Teos. Aber meine Lieder, sie erstarben allmählich, und ihr Widerhall, weithin sich verlierend in den düsteren Draperien des Raumes, ermattete und verschwamm und schwand dahin. Und siehe! aus jenen düsteren Draperien, wo die Töne des Liedes verhauchten, tauchte ein dunkler und ungewisser Schatten hervor – ein Schatten, wie ihn der Mond, wenn er tief am Himmel steht, von der Gestalt eines Menschen formen könnte: aber es war nicht eines Menschen Schatten noch eines Gottes, noch irgendeines gewohnten Dinges. Und nachdem er eine Weile zuckend zwischen den Draperien des Zimmers gezaudert hatte, verharrte er schließlich, uns allen sichtbar, auf der Fläche der Bronzetür. Aber der Schatten war verschwommen und formlos und unbestimmt und war weder eines Menschen noch eines Gottes Schatten – weder eines Gottes der Griechen noch eines Gottes Chaldäas, noch irgendeines ägyptischen Gottes. Und der Schatten lag auf der Bronzetür, unter der Wölbung des Türgesimses, und regte sich nicht und sprach kein einziges Wort, sondern kam dort zur Ruhe und blieb. Und die Tür, darauf der Schatten lag, war, wenn ich mich recht erinnere, gegenüber den Füßen des ins Leichentuch gehüllten jungen Zoilos. Aber wir, die sieben dort Versammelten, die wir mit angesehen hatten, wie der Schatten aus den Draperien hervortrat, wir wagten es nicht, ihn ruhigen Blicks zu betrachten, sondern schlugen die Augen nieder und starrten unverwandt in die Tiefe des Ebenholzspiegels. Und endlich fragte ich, Oinos, mit wenigen leisen Worten den Schatten nach seinem Wohnort und Namen. Und der Schatten antwortete: »Ich bin Schatten, und ich wohne nahe den Katakomben von Ptolemaïs und dicht neben jenen düsteren Ebenen von Helusion, die an den modrigen Charonsfluß grenzen.« Und da sprangen wir, wir sieben, entsetzt von unseren Stühlen auf und standen zitternd und schaudernd und verstört: denn die Töne in der Stimme des Schattens waren nicht die Töne irgendeines einzelnen, sondern einer Vielzahl von Wesen, und im Tonfall sich ändernd von Silbe zu Silbe, schlugen sie dumpf an unser Ohr in den unvergessenen und vertrauten Lauten von vieltausend abgeschiedenen Freunden.

SCHWEIGEN. EINE FABEL

Ἐυδοῦσιν δ' ὀρέων κορυφαί τε καὶ φάραγγες
Πρώονές τε καὶ χαράδραι.

Alkman

Die Schroffen der Berge schlummern;
Täler, Klippen und Höhlen *schweigen*.

»Höre *mich* an«, sagte der Dämon, indem er mir die Hand
aufs Haupt legte. »Der Landstrich, von dem ich spreche,
ist ein düsterer Landstrich in Libyen, an den Ufern des
Flusses Zaïre. Und weder Ruhe ist dort noch Schweigen.

Die Wasser des Flusses sind von safrangelber und kränk-
licher Färbung; und sie fließen nicht gradwegs zum Meer,
sondern branden in aufrührerischer und zuckender Bewegung für immer und ewig unter dem roten Auge der
Sonne. Meilenweit zu beiden Seiten des schlammigen
Flußbetts dehnt sich eine bleiche Öde gigantischer Wasserlilien. Sie seufzen einander zu in jener Einsamkeit und rek-
ken ihre langen geisterbleichen Hälse zum Himmel und
nicken hierhin und dorthin mit ihren nicht müde werdenden Köpfen. Und ein dunkles Murmeln dringt aus ihrer
Mitte, gleich dem Rauschen unterirdischen Wassers. Und
sie seufzen einander zu.

Aber ihrem Reich ist eine Grenze gesetzt – die Grenze
des dunklen, schrecklichen, hochragenden Waldes. Dort
ist, gleichwie die Wellen rings um die Hebriden, das nie-
dere Unterholz in ständiger Bewegung. Doch kein Wind ist
weit und breit am Himmel. Und die hohen urzeitlichen
Bäume schwanken ohn Unterlaß mit gewaltigem Krachen
hierhin und dorthin. Und aus ihren ragenden Wipfeln fallen, Tropfen um Tropfen, nie versiegende Tränen. Und an
den Wurzeln winden sich seltsame giftige Blumen in fried-

losem Schlummer. Und droben jagen mit lautem Rauschen die grauen Wolken unablässig gen Westen, bis sie sich, Katarakten gleich, über den feurigen Wall des Horizontes wälzen. Doch kein Wind ist weit und breit am Himmel. Und an den Ufern des Flusses Zaïre ist weder Ruhe noch Schweigen.

Es war Nacht, und der Regen fiel; und fiel er, so war es Regen, doch war er gefallen, so war es Blut. Und ich stand im Morast inmitten der hohen Lilien, und der Regen fiel auf mein Haupt – und die Lilien seufzten einander zu in ihrer namenlosen Verlassenheit.

Und mit einem Male entstieg der Mond dem dünnen gespenstischen Dunst und war von karminroter Farbe. Und meine Blicke fielen auf einen riesigen grauen Fels, der am Ufer des Flusses stand und vom Licht des Mondes erhellt war. Und der Fels war grau und gespenstisch und hoch – und der Fels war grau. Auf seiner Stirnseite waren Schriftzeichen in den Stein gehauen – und ich wanderte durch das Schlammbett der Wasserlilien, bis ich dicht ans Ufer kam, um die Schriftzeichen auf dem Stein zu lesen. Aber ich konnte sie nicht entziffern. Und ich ging zurück in den Schlamm hinein, als plötzlich der Mond in satterem Rot erstrahlte; und ich kehrte mich um und blickte wiederum auf den Stein und auf die Zeichen – und die Zeichen hießen Verlassenheit.

Und ich schaute empor, und da stand ein Mann auf der Spitze des Felsens; und ich barg mich zwischen den Wasserlilien, damit ich das Tun des Mannes erspähen könnte. Und der Mann war groß und stattlich von Wuchs und war von den Schultern bis zu den Füßen in die Toga des alten Rom gehüllt. Und die Umrisse seiner Gestalt waren verschwommen – seine Gesichtszüge aber waren die Züge einer Gottheit; denn der Schutzmantel der Nacht und des Nebeldunstes und des Mondlichts und des Taus hatten die Züge seines Gesichts unverhüllt gelassen. Hoch wölbte sich seine Stirn, von Gedanken schwer, und sein Blick war von Sorge verstört; und in den wenigen Furchen auf seiner Wange las ich die Kunde von Kummer und Müdigkeit und Ekel vor den Menschen und Verlangen nach Einsamkeit.

Und der Mann saß auf dem Fels und stützte den Kopf auf die Hand und schaute hinaus in die Öde. Er blickte hinab in das niedrige ruhlose Strauchwerk und hinauf in die hohen urzeitlichen Bäume und höher empor zu dem rauschenden Himmel und in den karminroten Mond. Und ich lag nahebei im Schutz der Lilien und hatte acht auf das Tun des Mannes. Und der Mann erschauerte in der Einsamkeit; aber die Nacht schwand, und er saß auf dem Fels.

Und der Mann wandte seine Aufmerksamkeit vom Himmel ab und blickte auf den düsteren Fluß Zaïre und auf die gelben gespenstischen Wasser und auf die bleichen Legionen der Wasserlilien. Und der Mann lauschte den Seufzern der Wasserlilien und dem Murmeln, das aus ihrer Mitte aufstieg. Und ich lag nahebei in meinem Versteck und hatte acht auf das Tun des Mannes. Und der Mann erschauerte in der Einsamkeit; aber die Nacht schwand, und er saß auf dem Fels.

Dann ging ich hinab in die verborgenen Tiefen des Sumpfes und watete weit hinein in die Wildnis der Lilien und rief nach den Flußpferden, die inmitten der Fenns in den schlammigen Schlupfwinkeln leben. Und die Flußpferde hörten mein Rufen und kamen mit dem Behemoth bis an den Fuß des Felsens und brüllten laut und bedrohlich unter dem Mond. Und ich lag nahebei in meinem Versteck und hatte acht auf das Tun des Mannes. Und der Mann erschauerte in der Einsamkeit; aber die Nacht schwand, und er saß auf dem Fels.

Dann fluchte ich den Elementen mit dem Fluche des Aufruhrs; und ein furchtbares Wetter zog sich am Himmel zusammen, wo zuvor kein Lüftchen geweht hatte. Und der Himmel wurde bleigrau unter der Gewalt des Sturmes – und der Regen peitschte das Haupt des Mannes – und die Fluten des Flusses drängten meerwärts – und der Fluß wurde aufgewühlt zu Schaum – und die Wasserlilien kreischten in ihren Schlammbetten – und der Wald krümmte sich unter dem Wind – und der Donner rollte –

und Blitze zuckten – und der Fels erbebte bis zum Grunde. Und ich lag nahebei in meinem Versteck und hatte acht auf das Tun des Mannes. Und der Mann erschauerte in der Einsamkeit; aber die Nacht schwand, und er saß auf dem Fels.

Dann wurde ich zornig und fluchte mit dem Fluche des *Schweigens* dem Fluß und den Lilien und dem Wind und dem Wald und dem Himmel und dem Donner und den Seufzern der Wasserlilien. Und sie alle wurden verwünscht und *schwiegen still*. Nicht länger schwankte der Mond seine Bahn himmelan – und der Donner erstarb – und nicht mehr zuckte der Blitz – und reglos hingen die Wolken – und die Wasser ebneten sich und verharrten – und die Bäume hörten auf zu schwanken – und die Wasserlilien seufzten nicht mehr – und kein Murmeln hörte man mehr aus ihrer Mitte, nicht die Spur eines Lautes in der ganzen großen unermeßlichen Öde. Und ich blickte nach den Schriftzeichen des Felsens, und sie waren verwandelt – und die Zeichen hießen: Schweigen.

Und mein Blick fiel auf das Antlitz des Mannes, und sein Antlitz war bleich vor Entsetzen. Und hastig hob er das Haupt von der Hand und trat hervor an den Felsenrand und lauschte. Aber da war kein Laut in der weiten unermeßlichen Öde, und die Schriftzeichen auf dem Fels hießen Schweigen. Und der Mann erschauerte und wandte sein Antlitz ab, und hastend floh er hinweg und entschwand meinen Blicken.«

Wohl gibt es wunderbare Geschichten in den Büchern der Magier – in den eisenbeschlagenen, gedankenschweren Büchern der Magier. Wohl stehen darin erhabene Schilderungen vom Himmel und von der Erde und von der mächtigen See – und von den Genien, die über dem Meer und der Erde und dem hohen Himmel walteten. Auch war viel Weisheit in den Worten der Sibyllen; und heilige, heilige Dinge erfuhr man vorzeiten von den blassen Blättern, die rings um Dodona rauschten – doch, so wahr Allah lebt, jene Fabel, die der Dämon mir zutrug, als er neben mir saß im Schatten der Gruft, halte ich für die wunderbarste von allen. Und als der Dämon seine Geschichte geendet hatte, trat er zurück in die Höhlung der Gruft und lachte. Ich aber konnte nicht mit dem Dämon lachen, und er verwünschte mich, weil ich nicht lachen konnte. Und der Luchs, der allezeit in der Gruft haust, kam aus dem Dunkel hervor und legte sich zu den Füßen des Dämons nieder und sah ihm unverwandt ins Gesicht.

BERENICË

Dicebant mihi sodales, si sepulchrum amicae
visitarem, curas meas aliquantulum fore levatas.

Ebn Zaiat

Mannigfaltig ist das Elend. Vielgestaltig ist der Menschheit Jammer. Den weiten Horizont überspannend gleich
dem Regenbogen, sind seine Farben so bunt wie die Farben jenes Bogens – ebenso ausgeprägt auch, und dabei ebenso innig miteinander verschmolzen. Den weiten
Horizont überspannend gleich dem Regenbogen! Wie
geht es zu, daß mir Schönes als Muster dient für so Häß-
liches? – die Verheißung des Friedens als ein Gleichnis
des Leidens? Doch wie in der Sittenlehre das Böse eine
Folge des Guten ist, so wird in der Tat Leiden aus Freude
geboren. Entweder ist die Erinnerung an vergangene Seligkeit die Qual von heute, oder die Schmerzen, die *sind*,
haben ihren Ursprung in den Verzückungen, die *hätten sein
können*.

Mein Taufname ist Egaeus; meinen Familiennamen will
ich nicht nennen. Doch gibt es keine Türme im Land, die
altehrwürdiger sind als meine grau-düsteren angestammten
Hallen. Ein Geschlecht von Phantasten hat man unsere Familie genannt; und in vielen sprechenden Einzelheiten –
im Gepräge des Familiensitzes – in den Fresken des Fest-
saals – den Wandteppichen der Schlafgemächer – in den
Steinmetzarbeiten an einigen Strebepfeilern der Waffen-
kammer – insbesondere aber in der Galerie alter Gemälde – im Stil der Bibliothek – und schließlich in der
höchst eigentümlichen Beschaffenheit des Bibliotheksin-
halts – gibt es mehr als genug Zeugnisse, jenen Glauben
zu rechtfertigen.

Die Erinnerungen an meine frühesten Jahre sind verwoben mit jenem Gemach und mit seinen Bänden – von welch letzteren ich mehr nicht sagen will. Hier starb meine Mutter. Und hier wurde ich geboren. Aber es wäre leeres Geschwätz, zu sagen, daß ich nicht früher schon gelebt – daß die Seele nicht vorher schon existiert hätte. Sie leugnen es? – streiten wir nicht darüber. Selbst davon überzeugt, suche ich nicht zu überzeugen. Doch gibt es eine Erinnerung an ätherische Gestalten – an vergeistigte, ausdrucksvolle Augen – an Klänge, melodisch und traurig zugleich; ein Erinnern, das sich nicht verbannen läßt; ein Gedenken gleich einem Schatten – vage, wechselnd, unbestimmt, unbeständig; und auch darin einem Schatten gleich, daß ich mich nicht von ihm befreien kann, solange das Sonnenlicht meines Denkens währen wird.

In jenem Gemach wurde ich geboren. Aus der langen Nacht, die Nichtsein schien und es doch nicht war, tauchte ich plötzlich empor in ein wahres Zauberreich – in ein Schloß der Phantasie – in die unwegsamen Jagdgründe mönchischer Denkart und Gelehrsamkeit – was Wunder denn, daß ich mit staunenden, brennenden Augen um mich blickte – daß ich meine Knabenjahre in Büchern verschlenderte und meine Jugend in Träumen vertat; wohl aber *ist* es verwunderlich, daß, wie die Jahre vergingen und der Mittag des Mannesalters mich noch immer im Haus meiner Väter fand – merkwürdig *ist* es, welche Stockung da meines Lebens Quellen befiel – merkwürdig, welch völlige Umkehrung sich im Wesen meines alltäglichsten Denkens vollzog. Die Realitäten der Welt berührten mich als Visionen, und als Visionen allein, während umgekehrt die wilden Phantasien der Traumwelt nicht nur zu Bausteinen meines alltäglichen Daseins wurden, sondern wahrhaftig dieses Dasein selbst, unbedingt und ausschließlich.

Berenicë und ich waren Geschwisterkinder, und wir wuchsen miteinander im Haus meiner Väter auf. Doch verschieden wuchsen wir heran – ich von schwacher Gesundheit und in Schwermut vergraben – sie behende, anmutig, überquellend von Tatkraft; ihr war das Umherschweifen am Berghang zugemessen − mir das mönchische Studieren; ich lebte eingeschlossen in meinem eigenen Innern, mit Leib und Seele den angespanntesten und beschwerlichsten Grübeleien verschrieben − sie streifte sorglos durchs Leben, ohne einen Gedanken an die Schatten auf ihrem Pfade oder das lautlose Fliehen der rabenschwarz geflügelten Stunden. Berenicë! − ich rufe sie beim Namen − Berenicë! −, und aus den grauen Trümmern des Gedächtnisses werden tausend verworrene Erinnerungen aufgestört bei diesem Klang. Oh, so lebhaft steht ihr Bild jetzt vor mir, wie in den frühen Tagen ihres Frohsinns und Glücks! O schimmernde und doch unwirkliche Schönheit! O Sylphe inmitten der Sträucher und Büsche von Arnheim! O Najade an seinen Quellen! Und dann − dann ist alles Geheimnis und Schrecken, eine Geschichte, die nicht erzählt werden sollte. Krankheit − verhängnisvolle Krankheit fiel wie der Samum ihren Körper an; und vor meinen sehenden Augen fuhr der Geist der Verwandlung über sie hin, durchdrang ihr Gemüt, ihre Gewohnheiten und ihr Wesen, und auf die heimtückischste und entsetzlichste Weise machte er sogar die Identität ihrer Person zuschanden! Weh! − der Zerstörer kam und ging! − und das Opfer − wo ist sie? Ich kannte sie nicht − oder kannte sie doch nicht mehr als Berenicë!

In der langen Kette von Krankheiten, heraufgeführt von jenem verhängnisvollen Grundübel, das einen so grausigen Umsturz im seelischen und körperlichen Gefüge meiner Cousine bewirkte, mag als die ihrer Natur nach jammervollste und hartnäckigste eine Art von Fallsucht erwähnt werden, die nicht selten zu völliger *Starre* führte, einer Starre, die dem wirklichen Tode fast gleichkam und aus der sie in den meisten Fällen mit bestürzender Jäheit erwachte. Mittlerweile gewann meine eigene Krankheit − denn ich habe mir sagen lassen, daß sie anders nicht zu benennen ist −, gewann denn meine eigene Krankheit rasch Macht über mich und nahm schließlich die Form einer ungewöhnlichen und merkwürdigen Monomanie an, die mit jeder Stunde, ja mit jedem Augenblick heftiger wurde, bis sie am Ende die unbegreiflichste Herrschaft über mich erlangte. Diese Monomanie, wenn ich sie denn so nennen muß, äußerte sich in einer krankhaften Reizbarkeit jener Gehirnbereiche, die in der Metaphysik die *rezeptiven* genannt werden. Es ist mehr als wahrscheinlich, daß man mich nicht versteht; ja ich fürchte, daß es schlechterdings unmöglich ist, dem Verstand des ganz gewöhnlichen Lesers eine hinlängliche Vorstellung von jenem nervös *intensiven Interesse* zu vermitteln, mit dem in meinem Fall die Geisteskräfte (um Fachausdrücke zu vermeiden) sich in die Betrachtung selbst der banalsten Dinge der Außenwelt verbissen und verstrickten.

Lange Stunden unverwandt über einem Buch zu brüten, die Aufmerksamkeit gefesselt von irgendeinem nichtigen Ornament am Seitenrand oder in der Typographie; den größeren Teil eines Sommertages hingegeben einem bizarren Schatten zuzuschauen, der schräg auf den Wandteppich oder den Fußboden fiel; mich eine ganze Nacht lang zu verlieren an die Betrachtung der stetigen Flamme einer Lampe oder eines schwelenden Feuers; lange Tage zu verträumen über dem Duft einer Blume; monoton irgendein beliebiges Wort immer wieder vor mich herzusagen, bis der Klang nach endloser Wiederholung aufhörte, überhaupt noch einen Sinn zu vermitteln; jegliches Gefühl von Bewegung oder physischer Existenz preiszugeben durch absolute körperliche Ruhe, die ich lange und beharrlich durchhielt: dies waren einige der noch alltäglichsten und harmlosesten Launen, herbeigeführt durch eine Geistesverfassung, die zwar nicht gerade beispiellos ist, sich aber gewiß jedweder Zergliederung oder Erklärung entzieht.

Doch möchte ich nicht mißverstanden werden. Die unangemessene, dringliche und krankhafte Aufmerksamkeit, solcherart von Gegenständen hervorgerufen, die ihrer Natur nach nichtig sind, darf nicht verwechselt werden mit jener Neigung zum Grübeln, die allen Menschen gemeinsam ist, der sich aber vornehmlich Personen mit glühender Einbildungskraft überlassen. Es war bei mir nicht einmal, wie man zunächst annehmen könnte, eine äußerste Ausprägung oder Übersteigerung solcher Neigung, sondern nach Ursprung und Wesen etwas deutlich und abgegrenzt anderes. Im einen Fall verliert der Träumer oder Schwärmer, gefesselt von einem in der Regel *nicht* banalen Gegenstand, diesen in einer Wirrnis heraufgeführter Betrachtungen und Erwägungen unmerklich aus den Augen, bis er am Ende eines *oft schwelgerisch überschwenglichen* Tagtraums feststellen muß, daß das *incitamentum* oder die eigentliche Ursache seiner Träumereien völlig verschwunden und vergessen ist. In meinem Fall war der auslösende Gegenstand *ausnahmslos banaler* Natur, wiewohl er durch das Medium meiner verstörten Einbildungskraft eine gebrochene und wesenlose Bedeutsamkeit annahm. Wenn überhaupt, so schlossen sich nur wenige Betrachtungen an; und diese wenigen kehrten beharrlich zum Ausgangspunkt gleichwie zu ihrer Mitte zurück. *Niemals* waren die Gedankengänge wohltuend; und am Ende des Tagtraumes war der ursprüngliche Anlaß ganz und gar nicht außer Sicht geraten, sondern hatte jene übernatürlich gesteigerte Anziehungskraft erlangt, die der Grundzug der Krankheit war. Mit einem Wort, die bei mir hauptsächlich wirksamen Geisteskräfte waren, wie ich schon sagte, die *rezeptiven*, und beim Tagträumer sind es die *spekulativen.*

Wie sich zeigen wird, hatten in dieser Zeit meine Bücher, wo sie nicht gar dazu dienten, die Krankheit anzufachen, doch in ihrer Phantastik und Folgewidrigkeit viel von den charakteristischen Merkmalen der Krankheit selbst an sich. Gut erinnere ich mich zum Beispiel an die Abhandlung des berühmten Italieners Caelius Secundus Curio ›De amplitudine beati regni Dei‹, an Augustinus' großes Werk ›De civitate Dei‹ und Tertullians ›De carne Christi‹, darin der paradoxe Satz *›Mortuus est Dei filius; credibile est quia ineptum est; et sepultus resurrexit; certum est quia impossibile est‹* über viele Wochen mühseligen und fruchtlosen Grübelns meine ungeteilte Zeit beanspruchte.

So kann man füglich sagen, daß mein Verstand, nur durch nichtige Dinge aus dem Gleichgewicht gebracht, jener Klippe im Ozean glich, von der Ptolemaios Chennos berichtet, daß sie sich standhaft gegen den Ansturm von Menschengewalt und das wildere Wüten von Wasser und Winden behauptete. und allein unter der Berührung der Asphodillblüte erbebte. Und obwohl ein flüchtiger Betrachter kaum daran zweifeln wird, daß die durch ihre unselige Krankheit im *Seelen*leben Berenicës bewirkte Veränderung mir reichlich hätte Stoff bieten müssen für jene angespannten und regelwidrigen Grübeleien, deren Natur zu erhellen ich mich redlich bemüht habe, war dies doch keineswegs der Fall. In den lichten Augenblicken meiner Krankheit schmerzte mich zwar ihr Unglück, und indem ich mir die völlige Zerstörung ihres heiteren und freundlichen Lebens tief zu Herzen nahm, konnte ich nicht umhin, oft und bitter den rätselhaften Ursachen nachzusinnen, die so plötzlich einen so krassen Umsturz herbeigeführt hatten. Aber diese Betrachtungen hatten nichts von der Exzentrizität meiner Krankheit an sich und waren nicht andere, als sie sich unter ähnlichen Umständen bei den allermeisten Menschen eingestellt hätten. Getreu ihrem eigenen Gesetz, nährte sich meine Krankheit an den zwar weniger gewichtigen, aber bestürzenderen Veränderungen, die sich in Berenicës *äußerer* Erscheinung abzeichneten − an der außergewöhnlichen und so entsetzlichen Verzerrung ihrer körperlichen Identität.

In den lichtesten Tagen ihrer unvergleichlichen Schönheit hatte ich sie ganz gewiß nie geliebt. Es lag in der seltsamen Anomalie meines Wesens, daß Gefühle bei mir *niemals* aus dem Herzen gekommen waren und meine Leidenschaften *stets* aus dem Verstand. Durch das Dämmergrau des frühen Morgens − im Schattengitterwerk des mittäglichen Waldes − und in der nächtigen Stille meiner Bibliothek war sie vor meinen Augen vorübergehuscht, und ich hatte sie gesehen − nicht als die lebende und atmende Berenicë, sondern als die Berenicë eines Traumes; nicht als ein Wesen von dieser Erde, irdisch, sondern als die Abstraktion eines solchen Wesens; nicht als einen Gegenstand der Bewunderung, sondern der Analyse; nicht als ein Ziel der Liebe, sondern als das Thema der abstrusesten und zugleich ziellos schweifenden Grübeleien. *Jetzt* aber – jetzt erschauerte ich in ihrer Gegenwart und erbleichte, wenn sie sich näherte; bitter beklagte ich wohl ihren Verfall und ihr Elend, doch rief ich mir ins Gedächtnis zurück, daß sie mich lange schon liebte, und in einem schlimmen Augenblick sprach ich ihr von Ehe.

So rückte denn schließlich die Zeit unserer Hochzeit heran, und eines Nachmittags im Winter des Jahres ..., an einem jener unzeitig warmen, windstillen und dunstigen Tage, welche die Nährmutter des schönen Eisvogels sind,[1] saß ich (ganz allein, wie ich glaubte) in der Abgeschiedenheit der Bibliothek. Doch als ich die Augen aufhob, sah ich, daß Berenicë vor mir stand.

War es meine eigene erregte Vorstellungskraft – oder die dunstige Witterung draußen – oder das ungewisse Zwielicht im Zimmer – oder die grauen Gewandfalten, die ihre Gestalt umflossen – was ihre Umrisse so schwankend und verschwommen werden ließ? Ich wußte es nicht. Sie sprach kein Wort; und ich – nicht um alles in der Welt hätte ich eine Silbe hervorbringen können. Ein eisiger Schauer durchrieselte mich; unerträgliche Angst befiel mich; eine verzehrende Neugier durchdrang meine Seele; und zurücksinkend auf den Stuhl, verharrte ich einige Zeit atemlos und reglos, den Blick auf ihre Gestalt geheftet. Ach! unsäglich war ihre Ausgezehrtheit, und in keiner Umrißlinie barg sich auch nur die geringste Spur ihres früheren Selbst. Meine brennenden Blicke fielen endlich auf ihr Gesicht.

Die Stirn war hoch und sehr bleich und seltsam unbewegt; und das einst tiefschwarze Haar bedeckte sie hier und da und überschattete die hohlen Schläfen in zahllosen Ringellocken, grellgelb jetzt und in ihrer grotesken Abartigkeit ein schriller Gegensatz zu der allbeherrschenden

1 Denn da Jupiter während der Winterzeit zweimal sieben Tage der Wärme schenkt, haben die Menschen diese milde und gemäßigte Zeit die Nährmutter des schönen Eisvogels genannt. – Simonides

Melancholie des Antlitzes. Die Augen waren leblos und glanzlos und pupillenlos, wie es schien, und unwillkürlich schreckte ich vor ihrem glasigen Starren zurück und senkte meinen Blick zu den dünnen eingesunkenen Lippen. Sie öffneten sich; und in einem eigentümlich bedeutsamen Lächeln enthüllten sich *die Zähne* der verwandelten Berenicë langsam meinem Blick. Wollte Gott, ich hätte dies nie gesehen oder wäre auf der Stelle gestorben!

Das Schließen einer Tür ließ mich hochfahren, und aufschauend stellte ich fest, daß meine Cousine den Raum verlassen hatte. Aber den zerrütteten Raum meines Denkens hatte es, ach!, nicht verlassen und war nicht daraus zu vertreiben: das weiße geisterhafte *Phantom* der Zähne. Kein Flecken auf ihrer Oberfläche – kein Schatten auf ihrem Schmelz – keine Kerbe an ihren Rändern, die jener kurze Augenblick ihres Lächelns nicht unauslöschlich meinem Gedächtnis eingebrannt hätte. *Jetzt* gewahrte ich sie sogar noch deutlicher, als ich sie *in Wirklichkeit* gesehen hatte. Die Zähne! – die Zähne! – sie waren hier und dort und überall, waren sichtbar und greifbar vor mir; lang, schmal und über alle Maßen weiß, umkrampft von den bleichen Lippen, gleichwie im Augenblick ihrer ersten schrecklichen Enthüllung. Dann brach das wilde Wüten meiner *Monomanie* über mich herein, und ich kämpfte vergebens an gegen ihre groteske und unwiderstehliche Übermacht. Vor den vielfältigen Bildern der Außenwelt hatte ich keinen anderen Gedanken als den an die Zähne. Nach ihnen sehnte ich mich mit wahnwitzigem Verlangen. Alle anderen Dinge, alle sonstigen Reize wurden aufgesogen in ihrer Betrachtung allein. Sie – nur sie waren dem geistigen Auge gegenwärtig, und sie wurden mit absoluter Ausschließlichkeit der Inhalt meines inneren Lebens. Ich setzte sie jedem Licht aus. Ich wendete sie in jede Richtung. Ich studierte ihre charakteristischen Merkmale. Ich sann ihren Eigentümlichkeiten nach. Ich brütete über ihrer Gestalt. Ich grübelte über die Veränderung in ihrer Substanz. Ich schauderte, da ich ihnen insgeheim eine Kraft des Fühlens und Empfindens beimaß und, selbst ohne den Beistand der Lippen, eine Fähigkeit, Gefühltes zum Ausdruck zu bringen. Von Mademoiselle Sallé ist treffend gesagt worden, ›que tous ses pas étaient des sentiments‹, und von Berenicë glaubte ich mit vollerem Ernst, *que tous ses dents étaient des idées. Des idées!* – oh, dies war der irrsinnige Gedanke, der mich zerstörte! *Des idées!* – oh, *deshalb* allein verlangte ich so fiebernd nach ihnen! Ich fühlte, daß nichts als ihr Besitz allein mir je den Frieden wiederbringen und mich der Vernunft zurückgeben konnte.

So brach denn der Abend über mich herein – und dann kam die Dunkelheit und verweilte und schwand – und wieder dämmerte der Tag – und die Schleier einer neuen Nacht verdichteten sich rings – und noch immer saß ich reglos in jenem abgeschiedenen Raum – und noch immer saß ich versunken in tiefem Sinnen – und noch immer behauptete das *phantasma* der Zähne seine entsetzliche Vorherrschaft, wie es da mit lebhaftester und abscheulichster Deutlichkeit inmitten der wechselnden Lichter und Schatten des Gemachs umhergeisterte. Da brach in meine Träumereien mit einemmal ein Schrei, wie von Schrecken oder Entsetzen erpreßt; und ihm folgte nach einer Pause das Geräusch erregter Stimmen, untermischt vielfach mit leisem Stöhnen, Lauten des Kummers oder des Schmerzes. Ich erhob mich von meinem Platz, stieß eine der Bibliothekstüren auf und sah draußen im Vorzimmer eine Dienerin stehen, in Tränen gebadet, die mir mitteilte, daß Berenicë – nicht mehr *war*! Am frühen Morgen hatte ein Anfall sie heimgesucht, und nun, bei Einbruch der Nacht, war das Grab gerichtet für seine Bewohnerin, und alle Vorbereitungen für das Begräbnis waren getroffen.

Ich fand mich in der Bibliothek wieder, und wiederum saß ich dort allein. Mir war, als sei ich erst eben aus einem verworrenen und erregenden Traum erwacht. Ich wußte, daß jetzt Mitternacht war, und ich erinnerte mich sehr wohl, daß Berenicë seit Sonnenuntergang im Grabe lag. Aber von der düsteren Zeit, die seither vergangen, hatte ich keine bestimmte, zumindest keine klar umrissene Vorstellung. Doch war die Erinnerung daran durchtränkt von Grauen – Grauen, um so grauenhafter, als es gestaltlos war, und Schrecken, um so schrecklicher, als er viele Gesichter hatte. Es war ein furchtbares Blatt im Buch meines Lebens, über und über bedeckt mit trüben, scheußlichen und unbegreiflichen Erinnerungen. Ich mühte mich, sie zu entziffern, aber vergebens; und immer und immer wieder schien mir dabei, gleich dem Geist eines abgeschiedenen Lautes, der schrille, durchdringende Schrei einer weiblichen Stimme in den Ohren zu gellen. Ich hatte etwas Furchtbares begangen – was war es? Laut stellte ich mir die Frage, und die flüsternden Echos des Gemachs antworteten mir: *»Was war es?«*

Auf dem Tisch neben mir brannte eine Lampe, und nahebei lag ein kleiner Kasten. Es war nichts Ungewöhnliches daran, und ich hatte ihn schon oft zuvor gesehen, denn er gehörte dem Hausarzt; wie aber kam er *hierher*, auf meinen Tisch, und warum schauderte ich bei seinem Anblick? Alles dies ließ sich auf keine Weise erklären, und mein Blick fiel schließlich auf die Seiten eines aufgeschlagenen Buches und auf einen unterstrichenen Satz darin. Es waren die einzigartigen, ganz schlichten Worte des Dichters Ebn Zaiat: *›Dicebant mihi sodales, si sepulchrum amicae visitarem, curas meas aliquantulum fore levatas.‹* Warum nur, als ich diese Worte las, sträubte sich mir das Haar auf dem Kopf und erstarrte mir das Blut in den Adern?

Da pochte es leise an die Tür der Bibliothek – und bleich wie der Bewohner eines Grabes trat auf Zehenspitzen ein Diener herein. Auf seiner Miene malte sich wildes Entsetzen, und er sprach zu mir mit zitternder, heiserer und ganz leiser Stimme. Was sagte er? – Ein paar abgerissene Sätze vernahm ich. Er berichtete von einem wilden Schrei, der die Stille der Nacht zerrissen habe – vom Herbeieilen der Dienerschaft – von ihrem Suchen, in der Richtung, aus welcher der Schrei gekommen – und dann wurde seine Stimme durchdringend deutlich, und er raunte mir etwas zu von einem geschändeten Grab – von einem verunstalteten Körper, im Leichentuch, aber atmend noch – das Herz noch schlagend – *noch immer am Leben!*

Er wies auf meine Kleider; sie waren schmutzig und blutbeschmiert. Ich sagte nichts, und er faßte mich behutsam bei der Hand: sie war gezeichnet von den Abdrücken menschlicher Fingernägel. Er lenkte meine Aufmerksamkeit auf einen gegen die Wand gelehnten Gegenstand. Ich betrachtete ihn minutenlang. Es war ein Spaten. Mit einem Aufschrei stürzte ich zum Tisch und ergriff den Kasten, der dort lag. Aber ich konnte ihn, auch mit Gewalt, nicht öffnen und zitterte so, daß er meinen Händen entglitt und schwer zu Boden fiel und in Stücke brach; und heraus rollten klappernd ein paar Instrumente, wie der Zahnarzt sie braucht, dazwischen zweiunddreißig kleine weiße, elfenbeingleiche Gebilde, die sich hier und dort über den Fußboden zerstreuten.

MORELLA

Αὐτὸ καθ’ αὐτὸ μεθ’ αὐτοῦ, μόνο εἶδες αἰεί ὄν.
Selbst, für sich allein, eins und einzig für alle
Ewigkeit.

Platon, ›Symposion‹

Mit einem Gefühl tiefer, doch ganz eigentümlicher Zuneigung betrachtete ich meine Freundin Morella. Als mich
der Zufall vor vielen Jahren in ihre Gesellschaft verschlagen hatte, stand meine Seele von unserer ersten Begegnung
an in Flammen, wie ich sie nie zuvor gekannt; aber nicht
Eros hatte die Flammen entfacht, und bitter und peinigend
war mir die allmähliche Überzeugung, daß ich ihre ungewöhnliche Bedeutung auf keine Weise bestimmen, ihrer vagen Heftigkeit nicht steuern konnte. Doch trafen wir zusammen; und das Schicksal verband uns am Altar; und
niemals sprach ich ihr von Leidenschaft, noch dachte ich
an Liebe. Sie indes mied alle Gesellschaft, und indem sie
sich einzig und allein an mich anschloß, machte sie mich
glücklich. Es ist ein Glück zum Staunen – es ist ein Glück
zum Träumen.

Morellas Bildung war tiefgründig. So wahr ich zu leben
hoffe, waren ihre Gaben nicht alltäglicher Art – ihre Geisteskräfte waren gigantisch. Ich fühlte es und wurde in vielen Dingen ihr Schüler. Bald gewahrte ich jedoch, daß sie,
vielleicht wegen ihrer Preßburger Erziehung, eine Reihe jener mystischen Schriften vor mir ausbreitete, die gewöhnlich als die bloße Schlacke der frühen deutschen Literatur
angesehen werden. Diese waren, aus welchem Grunde,
ahnte ich nicht, der bevorzugte und beharrlich verfolgte
Gegenstand ihrer Studien, und daß im Lauf der Zeit auch
ich sie bevorzugte, mochte dem schlichten, aber wirksa-

men Einfluß von Gewohnheit und Beispiel zuzuschreiben sein.

Irre ich nicht, so hatte mein Verstand mit alledem wenig zu schaffen. Meine Überzeugungen, wenn ich mich recht erinnere, wurden in keiner Weise von dem Vorbild beeinflußt, noch war, wenn mich nicht alles täuscht, auch nur die geringste Spur meiner mystizistischen Lektüre in meinem Tun oder Denken zu entdecken. Davon überzeugt, überließ ich mich blindlings der Leitung meiner Frau und drang unerschrockenen Mutes in die Labyrinthe ihrer Studien ein. Und dann – wenn ich, über verbotenen Seiten brütend, fühlte, wie sich ein verbotener Geist in mir entzündete – dann legte wohl Morella ihre kalte Hand auf die meine und scharrte aus der Asche einer überlebten Philosophie ein paar leise seltsame Worte, deren dunkler Sinn sich meinem Gedächtnis einbrannte. Und dann verweilte ich wohl Stunde um Stunde an ihrer Seite und überließ mich der Musik ihrer Stimme – bis ihr Wohllaut am Ende getränkt war mit Schrecken – und ein Schatten auf meine Seele fiel – und ich erbleichte und im Innersten erschauerte vor jenen allzu unirdischen Tönen. Und so wandelte sich Glück unversehens in Grauen, und das Schönste wurde zum Häßlichsten, gleichwie aus Hinnom Gehenna wurde.

Es erübrigt sich, den eigentlichen Charakter jener Erörterungen darzulegen, die aus den erwähnten Bänden erwuchsen und über so lange Zeit fast die einzige Unterhaltung von Morella und mir bildeten. Von denen, die in der theologischen Sittenlehre, wie man es nennen könnte, bewandert sind, werden sie leicht zu begreifen sein, die Unwissenden aber würden sie gewiß kaum verstehen. Der ungezügelte Pantheismus Fichtes – die gemäßigte Παλιγγενεσία der Pythagoreer und vor allem die *Identitäts*philosophie, wie sie Schelling vertrat, waren im allgemeinen die Kernpunkte unseres Gesprächs, die für die phantasievolle Morella ein Höchstmaß an Schönheit in sich schlossen. Jene Identität, die man die personale nennt, besteht, wie es Mr. Locke, meine ich, sehr richtig definiert, in der Gleichheit eines rationalen Wesens. Und wenn wir unter Person ein mit Verstand und Vernunft begabtes Wesen verstehen, und wenn es ein Bewußtsein gibt, das stets das Denken begleitet, ist es dies, was uns alle zu dem macht, was wir *unser Selbst* nennen – was uns somit von anderen denkenden Wesen unterscheidet und uns unsere personale Identität verleiht. Nun hatte das *principium individuationis*, die Vorstellung von jener Identität, *die mit dem Tode für immer verlorengeht oder auch nicht*, für mich zu allen Zeiten eine starke Anziehungskraft, nicht so sehr wegen der verwirrenden und erregenden Natur ihrer Folgerungen als wegen der auffälligen und heftigen Bewegung, mit der Morella darüber sprach.

Doch war mittlerweile die Zeit gekommen, da die Rätselhaftigkeit ihres Gebarens mich wie ein Zauberbann beklemmte. Ich konnte die Berührung ihrer fahlen Finger nicht mehr ertragen, nicht den leisen Ton ihrer melodischen Stimme, nicht den Schimmer ihrer melancholischen Augen. Und sie wußte dies alles, aber begehrte nicht auf; sie schien meine Schwachheit oder Torheit zu kennen und nannte sie lächelnd Schicksal. Sie schien auch eine Ursache, mir selbst unbekannt, für die allmähliche Entfremdung meiner Neigung zu kennen; aber sie verriet mir mit keinem Wink, keinem Zeichen, welcherart sie war. Doch war sie Frau und schwand dahin von Tag zu Tag. Mit der Zeit setzten sich die karminroten Flecken auf ihren Wangen beharrlich fest, und auf der bleichen Stirn traten die blauen Adern hervor; und im einen Augenblick zerschmolz mein Herz in Mitleid, aber im nächsten schon begegnete ich dem bedeutsamen Blick ihrer Augen, und Abscheu überkam mich und Schwindel, ein Schwindel, wie er den ergreift, der in einen düsteren und bodenlosen Abgrund hinabstarrt.

Muß ich denn bekennen, daß ich mit inbrünstigem und verzehrendem Verlangen den Augenblick von Morellas Tod herbeisehnte? So war es; aber der matte Geist klammerte sich viele Tage lang an seine irdische Wohnstatt – über viele Wochen und quälende Monate –, bis meine gemarterten Nerven zum Herrn meines Denkens wurden und der Aufschub mich rasend machte, und wie vom Satan besessen, verfluchte ich die Tage, die Stunden und die bitteren Augenblicke, die, indem ihr sanftes Leben zur Neige ging, länger und immer länger zu werden schienen – gleichwie die Schatten des schwindenden Tages.

Doch eines Abends im Herbst, da die Winde am Himmel reglos schliefen, rief Morella mich an ihr Lager. Ein blasser Nebeldunst lag rings über der Erde und ein warmes Leuchten auf den Wassern, und mitten in das bunte Oktoberlaub des Waldes hatte sich gar ein Regenbogen vom Firmament herniedergesenkt.

»Dies ist ein Tag der Tage«, sagte sie, als ich zu ihr trat; »ein Tag aller Tage, sei es zum Leben oder Sterben. Es ist ein schöner Tag für die Söhne der Erde und des Lebens – oh, schöner noch für die Töchter des Himmels und des Todes!«

Ich küßte sie auf die Stirn, und sie fuhr fort:

»Ich sterbe nun, doch werde ich leben.«

»Morella!«

»Nie hat es die Tage gegeben, da du mich lieben konntest – aber sie, die du im Leben verabscheut hast, im Tode sollst du sie anbeten.«

»Morella!«

»Ich wiederhole es, daß ich nun sterbe. Aber in mir ist ein Unterpfand jener Zuneigung – der, ach, wie geringen! –, die du denn doch für mich, Morella, empfandest. Und wenn meine Seele dahingeht, so wird das Kind leben – dein Kind und meines, Morellas. Aber deine Tage werden Tage des Kummers sein – jenes Kummers, der die beständigste aller Empfindungen ist, gleichwie die Zypresse der ausdauerndste der Bäume. Denn die Stunden deines Glücks sind vorüber; und Freude reift nicht zweimal im Leben, wie die Rosen von Paestum zweimal im Jahr. So sollst du denn nicht länger den Tejer spielen und die Zeit vertändeln, sondern entfremdet der Myrte und dem Weinstock sollst du dein Leichentuch auf Erden mit dir umhertragen wie die Moslems zu Mekka.«

»Morella!« rief ich, »Morella, woher nur weißt du dies?« – aber sie wandte ihr Gesicht auf dem Kissen, ein flüchtiges Zittern lief über ihre Glieder, und so starb sie, und ich hörte ihre Stimme nicht mehr.

Doch wie sie es vorausgesagt hatte: ihr Kind – das sie sterbend geboren und das den ersten Atemzug tat, als die Mutter den letzten getan – ihr Kind, eine Tochter, lebte. Und sie nahm seltsam zu an Gestalt und Verstand und war das vollkommene Ebenbild der Verstorbenen, und ich liebte sie mit inbrünstiger Liebe, inniger, als ich es je für möglich gehalten hätte gegenüber irgendeinem irdischen Wesen.

Doch bald schon verdunkelte sich der Himmel dieser reinen Zuneigung, und Düsternis, Schrecken und Gram fegten in Wolken darüber hin. Ich sagte, das Kind nahm seltsam zu an Gestalt und Verstand. Seltsam in der Tat war ihr rasches körperliches Wachstum – aber schrecklich, oh, schrecklich waren die bestürzenden Gedanken, die auf mich einstürmten, wenn ich die Entfaltung ihres geistigen Seins mit ansah. Konnte es anders sein, wenn ich in den Vorstellungen des Kindes täglich die ausgereiften Geisteskräfte und Gaben der Frau entdeckte? – wenn die Lehren der Erfahrung von den Lippen der Unschuld fielen? – und wenn ich unablässig das Wissen oder die Leidenschaften der Reife in ihren großen forschenden Augen glimmen sah? Wenn denn dies alles meinen erschreckten Sinnen offenbar wurde – wenn ich es vor meiner Seele nicht länger verbergen noch es verbannen konnte aus meinem Bewußtsein, das es schaudernd aufnahm – was Wunder, daß banger, erregender Argwohn meinen Geist beschlich und daß meine Gedanken verstört zurückkehrten zu den wilden Phantastereien und schauererregenden Lehren der begrabenen Morella? Vor dem prüfenden Blick der Welt barg ich ein Geschöpf, welches anzubeten das Schicksal mich zwang, und in der strengen Abgeschiedenheit meines Hauses wachte ich mit qualvollem Zagen über allem, was meinen Abgott betraf.

Und wie nun die Jahre vergingen und ich Tag für Tag ihr reines, sanftes und beredtes Gesicht betrachtete und ihrer reifenden Gestalt nachsann, entdeckte ich Tag für Tag immer neue Ähnlichkeiten zwischen dem Kinde und seiner Mutter, der schwermütigen, toten. Und stündlich wurden diese Schatten der Gleichheit dunkler und dichter und deutlicher; immer verwirrender, immer schrecklicher drohend standen sie vor mir. Denn daß ihr Lächeln dem ihrer Mutter glich, konnte ich wohl ertragen; aber schaudern machte mich die allzu vollkommene *Identität* – daß ihre Augen denen Morellas glichen, konnte ich wohl hinnehmen; aber allzuoft blickten sie mit Morellas ureigener dringlicher und verwirrender Bedeutsamkeit hinab in die Tiefen meiner Seele. Und in den Konturen der hohen Stirn und in den Ringeln des seidigen Haars und in den fahlen Fingern, die sich darein vergruben, und in dem schwermütig-melodischen Fall ihrer Stimme und vor allem – oh, vor allem anderen – in den Worten und Wendungen der Toten auf den Lippen der geliebten Lebenden fand ich Nahrung für verzehrendes Grübeln und Grausen – für einen Wurm, der nicht sterben würde.

So vergingen zwei Lustren ihres Lebens, und noch immer war meine Tochter namenlos auf der Erde. ›Mein Kind‹ und ›mein Liebling‹ waren die Benennungen, die väterliche Zuneigung gewöhnlich bereithielt, und die strenge Abgeschirmtheit ihrer Tage schloß jeden anderen Umgang aus. Morellas Name starb mit ihr bei ihrem Tode. Nie hatte ich der Tochter von der Mutter gesprochen – ich konnte es nicht. Ja, während der kurzen Zeit seines Lebens hatte das Kind keine anderen Eindrücke von der Außenwelt empfangen, als die engen Grenzen seiner Abgeschiedenheit sie allenfalls gewähren mochten. Doch schließlich verhieß mir in meinem entnervten und überreizten Zustand die Zeremonie der Taufe eine augenblickliche Errettung aus den Schrecken meines Geschicks. Und vor dem Taufstein suchte ich zögernd nach einem Namen. Und viele Namen der Weisen und Schönen alter und neuer Zeiten, meines eigenen und fremder Länder, drängten sich mir auf die Lippen, dazu viele, viele gefällige Namen der Edlen und der Glücklichen und der Guten. Was nur bestimmte mich, die Erinnerung an die begrabene Tote zu beschwören? Welcher Dämon nötigte mich, jene Laute zu hauchen, wo allein schon das Denken daran das purpurne Blut in Stürzen von den Schläfen zum Herzen trieb? Welcher böse Feind sprach da aus den Gründen meiner Seele, als ich inmitten des düsteren Kirchenschiffs und in der Stille der Nacht dem heiligen Mann die Silben ›Morella‹ ins Ohr raunte? Welcher ärgere Feind verzerrte die Gesichtszüge meines Kindes und überzog sie mit Todesblässe, während sie, zusammenfahrend bei dem kaum hörbaren Laut, ihren starren Blick von der Erde zum Himmel aufhob und, hinstürzend auf die schwarzen Steinplatten unserer Familiengruft, zur Antwort gab: »Hier bin ich!«

Deutlich, mit gelassen kalter Deutlichkeit, fielen jene wenigen einfachen Laute in mein Ohr und rollten von dort, gleich geschmolzenem Blei, zischend in mein Hirn. Jahre – Jahre mögen vergehn, aber die Erinnerung an jene Zeit nie und nimmer. Nicht, daß die Blumen und Reben mir ganz entschwunden wären – aber Schierling und Zypresse überschatteten mich Tag und Nacht. Und ich gab mir nicht Rechenschaft über Zeit und Ort, und die Sterne meines Schicksals schwanden vom Firmament, und so wurde es dunkel auf Erden, und ihre Gestalten glitten wie huschende Schatten an mir vorüber, und unter ihnen allen erblickte ich nur – Morella. Die Winde des Himmels hauchten mir nur einen einzigen Laut ins Ohr, und das Wellengekräusel der See murmelte immerdar – Morella. Aber sie starb; und mit eigenen Händen trug ich sie zur Gruft; und ich lachte, ein langes und bitteres Lachen, als ich keine Spuren der ersten fand in der Grabstätte, darein ich sie legte, die zweite – Morella.

KÖNIG PEST

*Eine Geschichte, hinter der sich
eine Allegorie verbirgt*

Die Götter billigen bei Königen,
Was sie verabscheun, wenn's der Pöbel tut.
Lord Buckhurst,
›Tragödie von Ferrex und Porrex‹

Eines Nachts gegen zwölf Uhr im Monat Oktober, während der ritterlichen Regierungszeit des dritten Eduard, fanden sich zwei Seeleute von der Mannschaft der ›Frei und Flott‹, eines Handelsschoners, der zwischen Sluys und der Themse verkehrte und gerade in diesem Fluß vor Anker lag, zu ihrem großen Erstaunen in der Schenkstube eines Bierhauses im Kirchspiel von St. Andrew's in London wieder – welchselbiges Bierhaus das Abbild einer ›Lustigen Teerjacke‹ im Schilde führte.

Das Zimmer – mißgeformt zwar, rauchgeschwärzt, mit schräg abfallender Decke und auch sonst in jeder Hinsicht dem Charakter derartiger Lokale jener Zeit entsprechend – war nichtsdestoweniger nach der Meinung der abenteuerlichen Grüppchen, die hier und da herumsaßen, seinem Zweck hinlänglich angemessen.

Unter diesen Grüppchen stellten unsere beiden Seeleute wohl das interessanteste, wenn nicht das auffälligste dar.

Der eine, offensichtlich der ältere, den sein Gefährte mit dem bezeichnenden Namen ›Legs‹ anredete, war zudem bei weitem der größere. Er mochte sechseinhalb Fuß gemessen haben, und ein gewohnheitsmäßiges Abknicken in der Schulterlinie schien die unvermeidliche Folge solchen Riesenwuchses. Ein Zuviel an Höhe wurde indes mehr als wettgemacht durch Unzulänglichkeiten in anderer Hinsicht. Er war über die Maßen dünn und hätte, wie seine

Kameraden behaupteten, wenn er betrunken war, als Stander am Topp oder, wenn nüchtern, als Klüverbaum dienen können. Aber diese Späße und andere ähnlicher Art übten auf die Lachmuskeln der Teerjacke offenbar nie die geringste Wirkung aus. Mit hohen Backenknochen, großer Adlernase, zurückfliehendem Kinn, herabklappendem Unterkiefer und vorquellenden blassen Augen war der Ausdruck seines Gesichts, wiewohl sich eine gewisse störrische Gleichgültigkeit gegen alles und jedes darin malte, nichtsdestoweniger völlig ernst und feierlich, hoch erhaben über jeden Versuch der Nachahmung oder Beschreibung.

Der jüngere Matrose war in seiner ganzen äußeren Erscheinung das genaue Gegenteil seines Gefährten. Er könnte kaum mehr als vier Fuß gemessen haben. Ein Paar stämmige Säbelbeine trugen seine gedrungene, plumpe Gestalt, während seine ungewöhnlich kurzen und dicken Arme, an deren Enden recht unalltägliche Pranken saßen, zu beiden Seiten herabbaumelten wie die Schwimmfüße einer Seeschildkröte. Kleine Augen von unbestimmter Farbe funkelten aus tiefen Höhlen. Seine Nase war eingebettet in die Fleischmasse, die sein rundes, volles, purpurrotes Gesicht einhüllte; und seine dicke Oberlippe ruhte auf der noch dickeren unteren mit dem Anschein gesättigter Selbstzufriedenheit, ein Eindruck, der durch seine Gewohnheit, sich ab und zu die Lippen zu lecken, noch erheblich verstärkt wurde. Augenscheinlich betrachtete er seinen großen Schiffskameraden mit gemischten Gefühlen, halb bewundernd, halb spöttisch; und dann und wann starrte er in sein Gesicht empor, wie die rote untergehende Sonne zu den Schroffen des Ben Nevis hinaufstarrt.

Wechselvoll und ereignisreich waren indes in den früheren Stunden der Nacht die Streifzüge des würdigen Paars durch die verschiedenen Schenken der Umgebung gewesen. Geldmittel, selbst die stattlichsten, sind nicht immer von ewiger Dauer: und mit leeren Taschen hatten unsere Freunde sich in die jetzige Herberge gewagt.

Zu ebender Stunde nun, da diese Geschichte eigentlich anfängt, saßen Legs und sein Gefährte Hugh Tarpaulin an dem großen Eichentisch in der Mitte des Schankraums, beide Ellenbogen auf die Platte gestützt, beide Hände an die Backen gelegt. Hinter einem gewaltigen Krug unbezahlten ›Stoffs‹ hervor beäugten sie die ominösen Worte ›Keine Kreide‹, die, zu ihrer Entrüstung und Verwunderung, mit Hilfe ebendes Minerals über der Eingangstür angeschrieben waren, dessen Vorhandensein sie ausdrücklich bestritten. Nicht, daß die Gabe, Geschriebenes zu entziffern – eine Gabe, die das gemeine Volk jener Zeit kaum weniger kabbalistisch anmutete als die Kunst des Schreibens –, im strengen Sinn den beiden Jüngern des Meeres hätte zur Last gelegt werden können; aber da gab es, um die Wahrheit zu gestehen, eine gewisse Krümmung in der Anordnung der Buchstaben – ein nicht zu beschreibendes Überholen nach Lee in dem Ganzen –, was nach Ansicht der beiden Matrosen eine lange Schlechtwettersträhne prophezeite und sie sogleich veranlaßte, um es mit den allegorischen Worten von Legs selbst zu sagen, ›das Schiff leerzupumpen, alle Segel aufzugeien und vor dem Winde zu laufen‹.

Nachdem sie sich denn das restliche Ale einverleibt und ihre kurzen Jacken gerefft hatten, machten sie schließlich einen Ausfall auf die Straße. Obwohl Tarpaulin zweimal in den Kamin rollte, weil er ihn fälschlich für die Tür hielt, war ihre Flucht am Ende doch glücklich vollbracht – und eine halbe Stunde nach Mitternacht rannten unsere Helden, reif für jeden Unfug, wie ums liebe Leben eine dunkle Gasse hinunter, in Richtung der Stufen von St. Andrew's, hitzig verfolgt von der Wirtin der ›Lustigen Teerjacke‹.

Zur Zeit dieser ereignisreichen Geschichte, und immer aufs neue über viele Jahre zuvor und danach, hallte ganz England, vor allem aber die Metropole, von dem Schreckensruf ›Pest‹ wider. Die Stadt war großenteils entvölkert – und in jenen grausigen Distrikten in der Nähe der Themse, deren dunkle, enge und schmutzige Gassen und Gänge den Dämon der Krankheit, wie man glaubte, hervorgebracht hatten, geisterten nur noch Furcht, Schrecken und Aberglaube umher.

Auf Befehl des Königs war über diese Distrikte *der Bann* verhängt, und allen Personen war es bei Todesstrafe verboten, in ihre düstere Abgeschiedenheit einzudringen. Doch weder der Erlaß des Königs noch die gewaltigen Sperren, die an den Straßenzugängen errichtet waren, noch die Aussicht auf einen so grauenhaften Tod, der mit fast absoluter Sicherheit den armen Teufel überwältigte, den keine Gefahr von seinem Abenteuer abschrecken konnte, vermochte zu hindern, daß die ausgeräumten und unbewohnten Behausungen durch nächtliche Räuberei von jedwedem Ding, wie etwa Eisen, Messing oder Blei, entblößt wurden, aus dem sich irgend Nutzen oder Vorteil ziehen ließ.

Vor allem erwies es sich, wenn alljährlich im Winter die Sperren geöffnet wurden, daß Schlösser, Riegel und geheime Keller ein nur dürftiger Schutz für die reichen Wein- und Schnapsvorräte waren, die viele der zahlreichen Händler, die ihre Läden in der Gegend hatten, für die Zeit des Exils zögernd einem so unzulänglichen Gewahrsam anvertraut hatten, weil sie die Gefahren und Mühen eines Umzugs scheuten.

Doch nur sehr wenige gab es unter der schreckverstörten Menge, die solche Umtriebe dem Wirken menschlicher Hände zugeschrieben hätten. Pestgeister, Seuchenkobolde und Fieberdämonen waren die volkstümlichen Unheilstifter; und so haarsträubende Geschichten erzählte man sich tagaus, tagein, daß die ganze Region der verbotenen Häuser schließlich in Grauen eingehüllt war wie in ein Leichentuch und der Plünderer selbst oft von den Schrecken verscheucht wurde, die seine eigenen Räubereien erschaffen hatten – so daß das ganze große Areal verwehrten Geländes dem Dunkel, dem Schweigen, der Pest und dem Tode anheimfiel.

Durch eine der besagten furchterregenden Sperren, welche anzeigten, daß das jenseitige Gebiet unter dem Pestbann stand, sahen sich Legs und der wackere Hugh Tarpaulin, als sie eine Gasse hinunterjagten, plötzlich in ihrem Lauf behindert. Umkehren kam nicht in Frage, und keine Zeit war zu verlieren, da ihre Verfolger ihnen dicht auf den

Fersen waren. Für eingefleischte Seeleute war das Erklimmen des roh gezimmerten Holzwerks eine Kleinigkeit; und zwiefach erhitzt von Bewegung und Alkohol, sprangen sie ohne Zögern hinab in das verbotene Gehege und hatten sich, mit Gebrüll und Geschrei ihren schwanken Kurs haltend, alsbald verstrickt in seine übelriechenden, labyrinthischen Tiefen.

Wären sie nicht wirklich bis zur Unzurechnungsfähigkeit betrunken gewesen, so hätte das Grauen ihrer Umgebung ihre wankenden Schritte lähmen müssen. Die Luft war kalt und dunstig. Die Pflastersteine, aus ihrer Bettung gelöst, lagen in wüstem Durcheinander zwischen dem hohen geilen Gras, das sich rings um Füße und Knöchel reckte. Eingestürzte Häuser verstopften die Straßen. Die übelsten und giftigsten Gerüche durchzogen allerorten die Luft; und bei dem gespenstischen Schein, der selbst noch zur Mitternacht beharrlich von einer feuchtdunstigen und verpesteten Atmosphäre ausgeht, konnte man in den Gängen und Gassen, oder verwesend in den fensterlosen Behausungen, die Leiche manches nächtlichen Plünderers liegen sehen, dem auf frischer Tat die Hand der Pest Einhalt geboten hatte.

Aber es stand nicht in der Macht von Bildern, Sinneseindrücken oder Hindernissen wie diesen, den Lauf von Männern zu bremsen, die, unerschrocken von Natur und zu diesem Zeitpunkt obendrein voll bis zum Rande von Kühnheit und ›Stoff‹, gewiß unverzagt und so geradewegs, wie es ihr Zustand erlauben mochte, in den Rachen des Todes getorkelt wären. Weiter – immer weiter stelzte der grimmige Legs und ließ die trostlose Einsamkeit hallen und widerhallen von Schlachtrufen, die dem furchterregenden Kriegsgeheul der Indianer nicht nachstanden; und weiter – immer weiter schlingerte der rundliche Tarpaulin, der sich fest an den Jackenzipfel seines behenderen Gefährten klammerte und die überaus kraftvollen Bemühungen des letzteren um die Vokalmusik noch weit übertraf, indem er *in basso* aus den Urgründen seiner Stentorlungen wie ein Stier brüllte.

Sie hatten nun offenbar die Hochburg der Seuche erreicht. Ihr Weg wurde mit jedem Schritt oder Stolpern widerwärtiger und greulicher – die Pfade enger und verschlungener. Mächtige Steine und Balken, die alle Augenblicke von den verfallenden Dächern zu ihren Häuptern fielen, bezeugten mit ihrem dumpfen und schweren Aufprall die beträchtliche Höhe der umliegenden Häuser; und während es nun wirkliche Anstrengung kostete, sich einen Weg durch die zahllosen Unrathaufen zu bahnen, geschah es keineswegs selten, daß die Hand an ein Gerippe stieß oder einen noch fleischumhüllten Leichnam berührte.

Plötzlich, als die Seeleute gegen den Eingang eines hohen, gespenstisch anmutenden Gebäudes taumelten, wurde ein Geheul, gellender noch als zuvor, aus der Kehle des erregten Legs von innen mit einer raschen Folge wüster, teuflischer, wie Gelächter klingender Schreie beantwortet. Keineswegs eingeschüchtert von Lauten, die, von solcher Natur, zu solcher Zeit und an solchem Ort, wohl jedem nicht ganz so rettungslos Überhitzten das Blut in den Adern hätten erstarren machen, rannte das trunkene Paar mit dem Kopf voran gegen die Tür, sprengte sie auf und torkelte mit einem Hagel von Flüchen *in medias res.*

Der Raum, in dem sie sich nun befanden, war allem Anschein nach der Laden eines Leichenbestatters; doch schaute eine offene Falltür in einem Winkel des Fußbodens nahe dem Eingang auf eine lange Reihe von Weinkellern hinab, deren Tiefen, wie das gelegentliche Geräusch knallender Pfropfen verriet, wohlbestückt waren mit dem ihnen angemessenen Inhalt. In der Mitte des Zimmers stand ein Tisch, in dessen Mitte wiederum ein gewaltiges Faß aufragte, das, wie es schien, mit Punsch gefüllt war. Flaschen mit verschiedenen Weinen und Likören sowie Humpen, Krüge und Kannen von jeder Form und Beschaffenheit waren in Hülle und Fülle über die ganze Tischplatte verteilt. Ringsherum saß auf Sargschragen eine Gesellschaft von sechs Personen. Diese Gesellschaft will ich nun, einen nach dem andern, zu beschreiben versuchen.

Gegenüber dem Eingang und ein wenig über seine
Kumpane erhöht, thronte eine Persönlichkeit, die anscheinend den Vorsitz über die Tafelrunde führte. Sie war hager
und groß von Statur, und mit Bestürzung erblickte Legs
hier eine Gestalt, die noch ausgemergelter war als er selbst.
Das Gesicht war so gelb wie Safran – aber kein Merkmal
darin, von einem einzigen abgesehen, war markant genug,
um eine eingehende Beschreibung zu verdienen. Dieses war
die Stirn, so ungewöhnlich und abscheulich hochgetürmt,
daß es aussah, als habe man dem eigentlichen Kopf obendrein noch eine Haube oder Krone aus Fleisch aufgesetzt.
Der gefältelte und zugespitzte Mund verlieh dem Herrn einen
Ausdruck gespenstischer Leutseligkeit, und seine Augen,
wie freilich die Augen aller am Tisch, waren verglast von den
Nebeln des Rausches. Dieser Gentleman war von Kopf bis
Fuß in ein reichbesticktes schwarzes Bahrtuch aus Seidensamt gekleidet, das nachlässig, nach Art eines spanischen
Umhangs, seine Gestalt umhüllte. Sein Kopf war dicht bestückt mit düsteren Trauerfedern, die er mit munterer, wis-
sender Miene auf und nieder wippen ließ; und in seiner
Rechten hielt er einen gewaltigen menschlichen Schenkel-
knochen, mit dem er offenbar soeben ein Mitglied der Tafelrunde zum Singen aufgefordert hatte.

Ihm gegenüber und mit dem Rücken zur Tür saß eine
Dame, die nicht einen Deut weniger absonderlich anmutete. Obzwar genausogroß wie die eben beschriebene Person, hatte sie hingegen kein Recht, sich über abnorme Auszehrung zu beklagen. Sie befand sich offensichtlich im
letzten Stadium einer Wassersucht, und ihre Gestalt glich
nahezu dem riesigen Faß mit Oktoberbier, das mit einge-
schlagenem Deckel dicht neben ihr in einer Zimmerecke
stand. Ihr Gesicht war außerordentlich rund, rot und voll;
und die gleiche Eigentümlichkeit oder vielmehr das Fehlen
jeder Eigentümlichkeit, das ich zuvor im Falle des Präsidenten zur Sprache brachte, zeichnete auch ihr Antlitz
aus – das heißt, nur ein einziges Merkmal ihres Gesichts
war charakteristisch genug, um einer gesonderten Beschreibung zu bedürfen: ja, der scharfsichtige Tarpaulin er-

kannte sogleich, daß ebendiese Bemerkung für jeden einzelnen der Gesellschaft gelten konnte; denn ein jeder von
ihnen schien ein Monopol auf irgendein spezielles Teilstück menschlicher Physiognomie zu besitzen. Bei besagter
Dame erwies sich als dieses Teilstück der Mund. Am rechten
Ohr beginnend, erstreckte er sich als furchterregender Spalt
bis zum linken – während die kurzen Gehänge, die sie in
beiden Ohrläppchen trug, fortwährend in die Öffnung wippten. Sie gab sich jedoch alle Mühe, ihren Mund geschlossen
zu halten und würdevoll dreinzuschauen, angetan mit einem
Kleid, das aus einem frisch gestärkten und gebügelten Sterbehemd bestand und ihr bis dicht unters Kinn reichte, geziert mit einer gefältelten Halskrause aus Musselin.

Zu ihrer Rechten saß eine kleinwinzige junge Dame, die
offenbar unter dem Schutz der älteren stand. Alles an diesem zerbrechlichen Geschöpfchen, das Zittern ihrer abgezehrten Finger, die bläulich verfärbten Lippen und die
schwachen Flecken hektischer Röte, die ihren im übrigen
bleigrauen Teint tönten, deuteten unübersehbar auf eine
galoppierende Schwindsucht hin. Doch lag ein ausgesprochener *haut ton* über ihrer ganzen Erscheinung; auf anmutige und *degagierte* Weise trug sie ein großes schönes Leichentuch von feinstem indischem Batist; das Haar fiel ihr
in Ringellocken über den Nacken, ein lindes Lächeln umspielte ihren Mund; ihre Nase aber, über die Maßen lang,
dünn, gekrümmt, biegsam und picklig, hing ihr bis weit
über die Unterlippe herab und verlieh ihrem Antlitz trotz
der eleganten Art, mit der sie sie dann und wann mit der
Zunge zur einen oder anderen Seite schob, einen etwas
fragwürdigen Ausdruck.

Ihr gegenüber und zur Linken der wassersüchtigen
Dame saß ein kleiner kurzatmiger, schnaufender und gicht-
brüchiger alter Mann, dessen Backen wie zwei mächtige
Blasen mit Portwein auf den Schultern ihres Besitzers ruhten. Mit verschränkten Armen, das eine bandagierte Bein
auf dem Tisch, schien er von seinem Recht auf eine gewisse
Rücksichtnahme durchdrungen zu sein. Offenbar hielt er
sich viel auf jeden Zoll seiner äußeren Erscheinung zugute;

ganz besonderes Vergnügen aber schien es ihm zu machen, die Aufmerksamkeit auf seinen farbenprächtigen Überrock zu lenken. Dieser mußte ihn, die Wahrheit zu sagen, nicht wenig gekostet haben und war ihm außerordentlich gut angepaßt – und zwar war er aus einer der sorgsam bestickten Seidendecken gefertigt, wie sie jenen glorreichen Wappenschildern beigesellt sind, die in England und anderswo gewöhnlich an sichtbarer Stelle über die Ruhestätten der abgeschiedenen Aristokratie gehängt werden.

Neben ihm und zur Rechten des Präsidenten saß ein Herr in langen weißen Strümpfen und baumwollenen Unterhosen. Seine Gestalt schütterte auf geradezu lachhafte Weise in einem Anfall von ›Katzenjammer‹, wie Tarpaulin es nannte. Seine Kinnbacken, jüngst erst geschoren, waren mittels einer Musselinbinde fest zusammengebunden, und da seine Arme an den Handgelenken auf ähnliche Weise aneinandergefesselt waren, blieb es ihm versagt, allzu frei den Getränken auf dem Tisch zuzusprechen – eine Vorsichtsmaßnahme, die nach Legs' Meinung wegen des eigentümlich versoffenen und weingelüstigen Ausdrucks seines Gesichts unumgänglich war. Nichtsdestoweniger ragten ein Paar riesige Ohren, die zu fesseln sich zweifellos als unmöglich erwiesen hätte, frei in die Zimmerluft und richteten sich ab und zu, wann immer ein Korken knallte, krampfartig in die Höhe.

Ihm gegenüber hatte als sechster und letzter eine eigentümlich steif wirkende Persönlichkeit ihren Platz, die sich, an Paralyse leidend, ganz bestimmt sehr unbehaglich in ihrer unwirtlichen Kleidung gefühlt haben mußte. Sie war nämlich, was wohl einzig dasteht, mit einem schmucken neuen Mahagonisarg angetan. Das Oberteil oder Kopfbrett drückte auf den Schädel des so Eingekleideten, reichte darüber hinweg nach Art einer Kapuze und verlieh dem ganzen Gesicht eine unbeschreibliche Anziehungskraft. In die Seitenteile hatte man Armlöcher geschnitten, nicht so sehr um der Eleganz als um der Bequemlichkeit willen; aber das Kleid hinderte seinen Besitzer dennoch daran, so aufrecht zu sitzen wie seine Kumpane, und da er halb liegend, im

Winkel von fünfundvierzig Grad, an seinem Schragen lehnte, kehrten ein Paar gewaltige Glotzaugen, ganz bestürzt über ihre eigene Scheußlichkeit, das grauliche Weiße zur Zimmerdecke.

Vor einem jeden Teilnehmer lag ein Stück von einer Hirnschale, das als Trinkgefäß diente. Zu Häupten baumelte ein menschliches Gerippe, das eine Bein mit einem Strick umschnürt, der an einem Ring in der Decke befestigt war. Das andere Bein, von keiner solchen Fessel beengt, stak im rechten Winkel vom Rumpf ab und machte, daß das ganze wacklige und klappernde Gestell bei jedem launischen Windstoß, der dann und wann seinen Weg ins Zimmer fand, schaukelte und kreiselte. Im Schädel dieses garstigen Gebildes glomm ein Häuflein Holzkohle, das ein flackerndes, aber lebhaftes Licht über den ganzen Schauplatz warf; während Särge und andere Erzeugnisse, die zum Laden eines Leichenbestatters gehören, rings an den Zimmerwänden und vor den Fenstern aufgestapelt waren und jeden Lichtstrahl daran hinderten, auf die Straße zu entkommen.

Angesichts dieser ungewöhnlichen Versammlung und ihrer noch viel ungewöhnlicheren Ausstaffierung führten sich unsere beiden Matrosen nicht gerade mit jenem Maß von Schicklichkeit auf, das man hätte erwarten können. Legs, gegen die Wand gelehnt, in deren Nähe er zufällig stand, ließ seinen Unterkiefer noch tiefer als sonst herunterklappen und sperrte die Augen auf, so weit es nur ging; während Hugh Tarpaulin, vornübergebeugt, die Nase in Tischhöhe und die gespreizten Hände auf den Knien, in ein langes, lautes, wieherndes Gelächter ausbrach, ganz zur Unzeit und ohne jedes Maß.

Ohne indes an einem so unglaublich rüden Betragen Anstoß zu nehmen, lächelte der lange Präsident sehr gnädig über die Eindringlinge, nickte ihnen würdevoll zu mit seinem schwarzgefiederten Kopf, faßte, indem er aufstand, alle beide beim Arm und führte sie zu ihren Sitzen, die andere aus der Runde inzwischen zu ihrer Bequemlichkeit aufgestellt hatten. Legs leistete alledem nicht den geringsten Widerstand, sondern setzte sich hin wie geheißen; während der galante Hugh seinen Sargschragen vom Standort am Kopfende der Tafel in die Nähe der kleinen schwindsüchtigen Dame im Leichentuch verlegte, sich in Hochstimmung an ihrer Seite niederplumpsen ließ, eine Knochenschale mit rotem Wein vollschenkte und sie auf ihrer beider nähere Bekanntschaft leerte. Über diese Anmaßung aber schien der steife Gentleman im Sarg aufs höchste verärgert; und ernste Folgen hätten eintreten können, wenn nicht der Präsident, mit seinem Knochenknüppel auf den Tisch schlagend, die Aufmerksamkeit aller Anwesenden auf die folgende Ansprache gelenkt hätte: »Es ziemt sich für Uns bei dieser glücklichen Gelegenheit ...«

»Stopp!« unterbrach ihn Legs mit ernster Miene, »erst mal stopp, bitte sehr, und verrat uns, wer zum Kuckuck ihr alle seid und was euch einfällt, aufgetakelt wie die Teufel einfach den schönen Fusel auszusaufen, den mein ehrlicher Schiffskamerad Will Wimble, der Leichenbestatter, hier für den Winter verstaut hat!«

Bei dieser unverzeihlichen Ungezogenheit schreckten alle Stammgäste halb von ihren Sitzen auf und gaben die gleiche rasche Folge wilder teuflischer Schreie von sich, die gleich zu Anfang die Aufmerksamkeit der Matrosen gefesselt hatte. Der Präsident jedoch gewann als erster seine Fassung wieder und begann schließlich, mit großer Würde gegen Legs gewendet, seine Rede von neuem:

»Bereitwillig wollen Wir jede verständige Wißbegier von seiten so illustrer, wiewohl ungebetener Gäste befriedigen. Vernehmt denn, daß in diesen Regionen ich der Herrscher bin und mit ungeteilter Macht hier regiere unter dem Namen ›König Pest der Erste‹.

Dieses Gemach, in welchem ihr gewiß lästerlich den Laden Will Wimbles, des Leichenbestatters, vermutet – eines Mannes, den Wir nicht kennen und dessen plebejischer Name bis zu dieser Nacht noch nie an Unsere königlichen Ohren schlug –, dieses Gemach, sage ich, ist der Thronsaal Unseres Palastes, für die Sitzungen des Kronrates und andere geheiligte und erhabene Zwecke bestimmt.

Die edle Dame, die Uns gegenübersitzt, ist Königin Pest, Unsere durchlauchtige Gemahlin. Die anderen erhabenen Persönlichkeiten, die ihr seht, gehören alle zu Unserer Familie, und von ihrem königlichen Geblüt zeugen die jeweiligen Titel ›Seine Gnaden der Erzherzog Pest-Iferous‹ – ›Seine Gnaden der Herzog Pest-Ilential‹ – ›Seine Gnaden der Herzog Tem-Pest‹ und ›Ihre Durchlauchtige Hoheit die Erzherzogin Ana-Pest‹.

Was deine Frage betrifft«, fuhr er fort, »zu welchem Behufe wir hier unsere Sitzung abhalten, so möge man Uns die Antwort nachsehen, daß dies einzig und allein Unsere königliche Privatangelegenheit ist, die niemanden außer Uns selbst irgend etwas angeht. Doch in Anbetracht jener Rechtsansprüche, die ihr als Gäste und Fremde vielleicht zu haben glaubt, wollen Wir überdies erklären, daß wir heute nacht hier versammelt sind, um, vorbereitet durch tiefgründige Forschung und sorgfältige Untersuchung, den undefinierbaren Geist, die unbegreifliche Beschaffenheit und Eigenart jener unschätzbaren Gaumengenüsse, nämlich der Weine, Biere und Schnäpse dieser stattlichen Metropole, zu probieren, zu analysieren und gründlich zu klassifizieren: womit wir ebenso unseren eigenen Zwecken dienen wie der wahren Wohlfahrt jenes außerirdischen Herrschers, der über uns alle regiert, dessen Reich keine Grenzen kennt und der da heißt ›Tod‹.«

»Davy Jones heißt er!« stieß Tarpaulin hervor, indem er der Dame an seiner Seite eine Hirnschale mit Branntwein vorsetzte und sich selbst eine zweite vollschenkte.

»Lästerlicher Bube!« sagte der Präsident, seine Aufmerksamkeit nunmehr dem wackeren Hugh zuwendend, »lästerlicher und abscheulicher Wicht! – Wir haben gesagt, daß Wir Uns in Anbetracht jener Rechtsansprüche, die Wir selbst in dir schmutziger Kreatur nicht zu verletzen geneigt sind, herabgelassen haben, deine groben und unziemlichen Fragen zu beantworten. Nichtsdestoweniger hielten Wir es für Unsere Pflicht, dich und deinen Gefährten für euer ruchloses Eindringen in unsere Ratsversammlung mit je einer Gallone Portwein zu strafen; wenn ihr die auf das Ge-

deihen Unseres Königreichs – mit einem einzigen Zug –
und auf den gebeugten Knien geleert habt –, dann steht es
euch frei, entweder eurer Wege zu gehen oder zu bleiben
und zugelassen zu werden zu den Privilegien unserer Tafelrunde, ganz nach euerm jeweiligen persönlichen Belieben.«

»Es wäre ein Ding völliger Unmöglichkeit«, erwiderte
Legs, dem die Postulate und die Würde von König Pest
dem Ersten offensichtlich einen gewissen Respekt eingeflößt hatten, so daß er aufstand und beim Sprechen am
Tisch Halt suchte – »es wäre, Eure Majestät gestatten, ein
Ding völliger Unmöglichkeit, in meinem Laderaum auch
nur ein Viertel von dem Gesöff zu verstauen, das Eure Majestät soeben erwähnt haben. Abgesehen von dem Stoff,
den ich schon vormittags als Ballast an Bord genommen
habe, und ganz zu schweigen von den diversen Bieren und
Schnäpsen, die ich heut abend in diversen Seehäfen verla-
den habe, hab ich grad erst in der ›Lustigen Teerjacke‹ eine
volle Ladung Stoff eingenommen und vorschriftsmäßig bezahlt. Ihr werdet deshalb, Eure Majestät gestatten, die
Güte haben, den Willen für die Tat zu nehmen – denn auf
gar keinen Fall kann ich oder will ich auch nur noch einen
Tropfen schlucken – am allerwenigsten einen Tropfen von
dem scheußlichen Schlagwasser, das auf den Namen Portwein hört.«

»Jetzt aber Schluß!« – unterbrach ihn Tarpaulin, über
die Länge der Ansprache seines Kameraden nicht weniger
erstaunt als über die Art und Weise seiner Weigerung –
»jetzt aber Schluß, du Landratte! Hörst du, Legs, bleib mir
mit deinem Schmus vom Halse! *Mein* Schiffsrumpf ist
noch leer, wenn ich auch zugeben muß, daß du selbst mir
ein bißchen topplastig vorkommst; und was deinen Anteil
an der Ladung angeht, nun, so würde ich, eh ich eine
Sturmbö riskiere, schon selbst genug Stauraum dafür finden, aber …«

»Dieses Vorgehen«, flocht der Präsident ein, »stimmt
keineswegs mit den Bedingungen des Urteils oder Schieds-
spruchs überein, der, nach Art der Gesetze der Meder,
nicht geändert oder aufgehoben werden darf. Die von Uns

vorgeschriebenen Bedingungen müssen wortwörtlich eingehalten werden, und zwar unverzüglich – werden sie nicht
eingehalten, so verfügen Wir, daß man euch auf der Stelle
Hals und Hacken zusammenbindet und euch als Rebellen
in jenem Oxhoftfaß mit Oktoberbier ordnungsgemäß ertränkt!«

»Ein Schiedsspruch! – ein Schiedsspruch! – ein gerechter und wohlbegründeter Schiedsspruch! – ein glorreiches
Dekret! – ein überaus angemessener und mannhafter und
erhabener Urteilsspruch!« schrie die ganze Pestfamilie
durcheinander. Der König legte die Stirn in zahllose Falten; der gichtbrüchige alte Mann schnaufte wie ein Blasebalg; die Dame mit dem Leichentuch wedelte ihre Nase hin
und her; der Gentleman in den baumwollenen Unterhosen
richtete die Ohren auf; die Dame im Sterbehemd jappte
wie ein verendender Fisch; und der Herr mit dem Sarg sah
aus wie erstarrt und rollte seine Augen zur Decke.

»Huhuhu!« kicherte Tarpaulin, ohne die allgemeine
Aufregung zu beachten, »huhuhu! – huhuhuhu! – huhuhu! – ich sagte gerade«, fuhr er fort, »ich sagte gerade,
als der Herr König Pest seinen Marlspieker dazwischen-
stieß, daß es mir auf zwei oder drei Gallonen Portwein
mehr oder weniger nicht ankommt, daß sie ein Kinderspiel
sind für ein ausgepichtes, nicht eben überladenes Seeschiff
wie mich – aber wenn es darauf hinausläuft, aufs Wohl des
Teufels zu trinken (Gott sei ihm gnädig) und in die Knie
zu gehen vor Seiner garstigen Majestät, die, wie ich weiß –
so wahr ich von mir selber weiß, daß ich ein Sünder bin –,
kein anderer auf der ganzen Welt ist als Tim Hurlygurly,
der Schauspieler! – nun, dann sieht die Sache allerdings
völlig anders aus und geht mir ganz und gar über den Verstand.«

Es war ihm nicht vergönnt, seine Rede in Ruhe zu beenden. Beim Namen von Tim Hurlygurly schnellte die ganze
Versammlung von den Sitzen.

»Verrat!« schrie Seine Majestät König Pest der Erste.

»Verrat!« sagte der kleine Mann mit der Gicht.

»Verrat!« kreischte die Erzherzogin Ana-Pest.

»Verrat!« murmelte der Herr mit den gefesselten Kinnbacken.

»Verrat!« knurrte der im Sarg.

»Verrat! Verrat!« gellte Ihre Majestät aus breitem
Munde; und den unseligen Tarpaulin, der sich soeben eine
Hirnschale Branntwein einschenken wollte, am Hosenbo-
den ergreifend, hob sie ihn hoch in die Luft und ließ ihn
ohne weitere Umstände in das riesige offene Faß mit seinem geliebten Ale fallen. Nachdem er ein paar Sekunden
auf- und niedergetaucht war wie ein Apfel in einem Humpen mit Palmwein, verschwand er am Ende gänzlich inmitten des Schaumgestrudels, das seine fuchtelnden Bewegungen in dem ohnehin schon moussierenden Getränk
mühelos hatten erzeugen können.

Keineswegs eingeschüchtert sah indes der lange Matrose
die Niederlage seines Gefährten mit an. Nachdem er König
Pest durch die offene Falltür bugsiert hatte, schmetterte
der Kühne mit einem Fluch die Klappe über ihm zu und
stakte in die Mitte des Zimmers. Hier riß er das Gerippe
herunter, das über dem Tisch baumelte, und hieb damit so
kraftvoll und freigebig um sich, daß er es, während die letzten Lichtschimmer im Gemach verglommen, zuwege
brachte, dem kleinen gichtigen Herrn den Schädel einzuschlagen. Alsdann warf er sich mit aller Macht gegen das
fatale Oxhoftfaß voll von Oktoberbier und Hugh Tarpaulin und rannte es im Nu über den Haufen. Heraus
schwappte eine wahre Sintflut von Gerstensaft – so reißend, so unaufhaltsam, so überwältigend, daß der Raum
sogleich überschwemmt war von Wand zu Wand – der beladene Tisch umgestürzt – die Schragen auf die Seite ge-
kippt – der Punschkübel im Kamin – und die Damen in
hysterischen Anfällen. Sterbemobiliar schipperte massen-
weis umher. Kannen, Krüge und umflochtene Ballons vermischten sich wahllos in dem *mêlée*, und bauchige Korbflaschen nahmen es verzweifelt mit dicken grünen Porterfla-
schen auf. Der Mann mit dem Katzenjammer war auf der
Stelle ertrunken – der kleine steife Gentleman schwamm
in seinem Sarg davon – und der siegreiche Legs faßte die

dicke Dame im Sterbehemd um die Taille, stürmte mit ihr auf die Straße und steuerte schnurstracks die ›Frei und Flott‹ an, ihm nach, unter handlichen Segeln, der grimme Hugh Tarpaulin, der, nachdem er drei- oder viermal geniest hatte, nun schnaubend und schnaufend mit der Erzherzogin Ana-Pest hinterdreinstolperte.

AUTOGRAPHEN

Unser Bekannter und spezieller Freund, Joseph Miller, Esq. (der übrigens, glauben wir, mit Joseph A. Miller oder Joseph B. Miller oder zumindest Joseph C. Miller unterzeichnet), stattete uns vor ein paar Tagen einen Besuch ab. Sein Benehmen war überaus merkwürdig. Ohne ein Wort zu sagen, spazierte er in unser *sanctum*, setzte sich mit verbissener Miene in unseren einzigen höchsteigenen Lehnstuhl und musterte uns minutenlang schweigend und auf geradezu argwöhnische Weise über den Rand seiner Brille hinweg. Da lag offenbar etwas in der Luft. ›Was *kann* der Mann bloß wollen?‹ dachten wir, ohne es zu sagen.

»Das will ich Ihnen verraten«, sagte Joseph Miller, Esq. – das heißt, Joseph D. Miller, Joseph E. Miller oder vielleicht gar Joseph F. Miller, Esq. »Das will ich Ihnen verraten«, sagte er. Dabei ist es unwiderlegbar, daß keiner von uns auch nur versucht hatte, den Mund aufzutun.

»Das will ich Ihnen verraten«, sagte er, unsere Gedanken lesend.

»Oh, danke!« erwiderten wir mit mattem Lächeln und fühlten uns äußerst unbehaglich – »danke! – wir würden es gern wissen.«

»Ich glaube«, fuhr er fort – fuhr Joseph G. Miller fort –, »ich glaube, unsere Familie ist Ihnen nicht gänzlich unbekannt.«

»Nun, *gänzlich* nicht, gewiß – bitte, Sir, sprechen Sie weiter.«

»Sie ist eine der ältesten Familien in – in …«

»In Großbritannien«, warfen wir ein, da wir ihn in Verlegenheit sahen.

»In den Vereinigten Staaten«, sagte Mr. Miller – das heißt, Joseph H. Miller, Esq.

»In den Vereinigten Staaten! – aber Sir, Sie scherzen gewiß: wir dachten, die Familie Miller sei vornehmlich britisch – das Witzbuch, wie Sie wissen ...«

»Sie befinden sich im Irrtum«, unterbrach er – unterbrach Joseph I. Miller –, »wir sind britisch, aber nicht vornehmlich britisch. Sie sollten wissen, daß die Familie Miller überall beheimatet ist und kaum gebunden an Zeit oder Ort. Dies ist ein Rätsel, das Sie hernach vielleicht zu lösen vermögen. Lassen Sie es fürs erste dabei bewenden und hören Sie mir zu. Wie Sie wissen, habe ich viele originelle Vorstellungen und Ansichten – viele ungewöhnlich gescheite Einfälle, die übrigens der Pöbel Grillen, Schrullen und Marotten zu nennen geruht hat. Aber, Sir, das sind sie durchaus nicht. Sie haben von meiner Leidenschaft für Autographen gehört?«

»O ja.«

»Nun, Sir, um mich kurz zu fassen: Ist Ihnen ein gewisses niederträchtiges Machwerk im Londoner ›Athenaeum‹ vor Augen gekommen oder nicht?«

»Gut möglich«, erwiderten wir.

»Und bitte, Sir, was halten Sie davon?«

»Halten – von was?«

»Nein, Sir, nicht von *was*«, sagte er – sagte Joseph K. Miller, Esq. sehr aufgebracht, »ganz und gar nicht von *was*; sondern von jenem absurden, ruchlosen und überflüssigen autographischen Schurkenstreich darin – will sagen im Londoner ›Athenaeum‹ – vorsätzlich, fälschlich und böswillig mir zugeschrieben und zur Last gelegt – *mir* zur Last gelegt, sage ich, mir, Joseph L. Miller.« Hier erhob sich Mr. M., knöpfte sich wütend den Rock auf, holte einen Packen Manuskripte aus der Brusttasche und legte ihn emphatisch auf den Tisch.

»Aha!« sagten wir, ziemlich nervös werdend, »uns geht ein Licht auf. Wir verstehen. Nehmen Sie Platz! Sie, Joseph M. – vielmehr Joseph N. Miller, haben – vielmehr sollten gehabt haben, wie? – und das Londoner ›Athenaeum‹ ist – vielmehr ist nicht, etc. – und – und – und – oh, ganz recht!«

»Mein Verehrtester«, sagte Mr. Miller liebenswürdig, »Sie sind ein Narr – ein verdammter Narr. Schweigen Sie! Die Sache verhält sich nämlich *so*: Mir, Joseph O. Miller, der, wie alle Welt weiß, mit einer Leidenschaft für Autographen geschlagen ist, wird unterstellt, und zwar in jenem abscheulichen Artikel, auf den ich soeben anspielte und der vor einiger Zeit im Londoner ›Athenaeum‹ erschien – wird unterstellt, sage ich, verschiedene Episteln an verschiedene allbekannte literarische Persönlichkeiten in und um London verfaßt zu haben, in der heimtückischen Absicht, Hoffnung und Zuversicht, den Adressaten damit handschriftliche Antworten zu entlocken – besagte Briefe aber, angeblich von mir abgefaßt, hätten samt und sonders nicht mehr und nicht weniger als ein und dasselbe enthalten, nämlich ...«

»Ja, Sir«, sagten wir, »nämlich ...«

»Nämlich«, fuhr Mr. Joseph P. Miller fort, »gewisse törichte Erkundigungen hinsichtlich des Leumunds gewisser ...«

»Gewisser Köche, Küchenjungen und Stubenmädchen«, ergänzten wir, uns nun blaß an den besagten Artikel erinnernd.

»Ganz recht«, sagte unser Besucher – »gewisser Köche, Küchenjungen, Stubenmädchen und Stiefelputzer.«

»Um deren Leumund Sie angeblich übermäßig besorgt sind.«

»Ja, Sir – *ich* – übermäßig besorgt! – stellen Sie sich vor! – ich, Joseph Q. Miller, übermäßig besorgt!«

»Entsetzlich!« stießen wir hervor.

»Verdammungswürdig!« sagte Mr. M.

»Aber was sind *das* für Blätter?« fragten wir, uns ein Herz fassend und das Bündel Manuskripte beäugend, das unser Freund auf den Tisch geworfen hatte.

»Diese Blätter«, sagte Mr. Miller nach einer Pause mit nicht zu übersehender Würde, »diese Blätter sind, um es offen zu sagen, das Ergebnis einer – einer glücklichen Eingebung von seiten Ihres gehorsamsten Dieners. Es sind Autographen – aber es sind *amerikanische* Autographen und als solche vielleicht von einigem Wert in Ihren Augen. Bitte nehmen Sie sie freundlich an – sie stehen Ihnen ganz zur Verfügung. Doch darf ich Ihnen, mit Verlaub, versichern, daß mir keine Mühe zu groß war um der Erreichung eines so glorreichen Zieles willen. Keiner, Sir, kann *mir* – *mir*, Joseph R. Miller, Eigennützigkeit oder Oberflächlichkeit vorwerfen. Meine Briefe waren – waren ausnahmslos – will sagen, waren durchweg das, was sie sein sollten. Überdies waren sie nicht, was sie nicht sein sollten. Ich habe keine Erkundigungen über Küchenjungen eingezogen. Ich schrieb nicht an den erhabenen Mr....« (wir fühlen uns nicht ermächtigt, hier den von Mr. M. erwähnten Namen vollständiger anzugeben) »wegen eines Stubenmädchens noch an Mr.... hinsichtlich eines Leumundszeugnisses. Im Gegenteil, ich habe meine Mittel dem Zweck angepaßt. Ich habe – ich habe – kurzum, Sir, ich habe viele große und rühmliche Dinge vollbracht, was alles Sie alsobald erblicken werden.« Wir verneigten uns zustimmend, und unser Besucher fuhr fort.

»Die hierin enthaltenen Autographen sind, wie Sie bemerken werden, die Autographen unserer führenden *literati*. Es wird sich erweisen, daß sie für die Öffentlichkeit von Interesse sind. Auch täten Sie gut daran, die Briefe mitsamt den Faksimiles der Unterschriften in Ihren ›Messenger‹ einzurücken. Von meinen eigenen Briefen, die diese Antworten hervorgelockt haben, habe ich bedauerlicherweise keine Kopien aufbewahrt.« Hiermit übergab uns Mr. M. die Manuskripte.

»Mr. Joseph S. Miller ...« begannen wir, tief ergriffen von seiner Güte.

»Joseph *T.* Miller, wenn ich bitten darf«, unterbrach er, das T betonend.

»Sehr wohl, Sir«, sagten wir – »so sei es: Mr. Joseph V. Miller denn also, da Sie es so haben wollen, wir sind uns Ihrer edlen, Ihrer uneigennützigen Großmut vollauf bewußt. Wir sind ...«

»Nichts weiter«, unterbrach unser Freund mit einem Seufzer – »sagen Sie nichts weiter, ich bitte Sie dringend darum. Die Manuskripte stehen ganz zu Ihrer Verfügung. Sie waren sehr freundlich zu mir, und wenn ich je eine Freundlichkeit vergesse, so will ich nicht mehr Joseph W. Miller heißen.«

»Dann heißen Sie – heißen Sie also wirklich Joseph W. Miller?« erkundigten wir uns ein wenig zögernd.

»Ich heiße«, erwiderte er mit einem Kopfschütteln, das uns etwas anmaßend dünkte – »ich heiße – Joseph X. Miller. Doch warum fragen Sie? Guten Tag! Im Briefstil, und auch wieder nicht im Briefstil, muß ich Ihnen adieu sagen – das heißt, ich muß scheiden (und nicht verbleiben) als Ihr gehorsamer Diener Joseph Y. Miller.«

›Überaus doppelsinnig!‹ dachten wir, als er aus dem Zimmer stürmte – und »Mr. Miller! Mr. Miller!« schrien wir ihm aus vollem Halse nach. Mr. Miller kehrte auf den Ruf hin zurück, aber unglückseligerweise hatten wir vergessen, was wir so dringend hatten sagen wollen.

»Mr. Miller«, sagten wir schließlich, »sollen wir Ihnen nicht ein Heft des Magazins zuschicken, das Ihre Korrespondenz enthält?«

»Gewiß doch!« erwiderte er, »schicken Sie's mit der Post.«

»Aber, Sir«, sagten wir in größter Verlegenheit – »an welche – an welche Adresse sollen wir es richten?«

»Adresse!« stieß er hervor – »Sie erstaunen mich! Adressieren Sie, Sir, wenn ich bitten darf – an *mich*, an Joseph Z. Miller.«

Den uns von Mr. M. ausgehändigten Packen besichtigten wir mit großem Vergnügen. Die Briefe waren säuberlich geordnet, auf der Rückseite mit Vermerken versehen und von eins bis vierundzwanzig numeriert. Wir drucken sie *verbatim* ab und mit Faksimiles der Unterschriften, gemäß den Anregungen unseres Freundes. Die Daten waren sämtlich durchgestrichen, so daß wir genötigt waren, sie auszulassen. Die einem jeden Brief angefügten Bemerkungen stammen von uns.

Brief I

Philadelphia, ...

Geehrter Herr, es tut mir leid, daß Sie sich die Mühe gemacht haben, zweimal wegen der Rezension Ihrer Veröffentlichung an mich zu schreiben. Ich muß gestehen, daß
ich erst gestern Gelegenheit hatte, sie zu lesen und öffentlich Zeugnis abzulegen für ihre Verdienste. Ich glaube, die
Arbeit könnte noch mehr Verbreitung finden, wenn sie in
der nächsten Auflage *ohne* das Vorwort gedruckt würde.
Von Ihren Gaben und anderen Vorzügen hege ich seit langem eine hohe Meinung.

Hochachtungsvoll, Ihr ergebener Diener

Robert Walsh

Joseph A. Miller, Esq.

Die *äußere Beschaffenheit* dieses Briefes weist keine besonderen
Eigentümlichkeiten auf. Die Handschrift ist kühn, großzügig, ausladend und unregelmäßig. Sie ist eher gerundet als
eckig und ist keineswegs unleserlich. Man könnte annehmen,
daß der Schreiber in großer Eile war. Die t sind mit schwung-
vollem Federstrich durchkreuzt und geben dem ganzen Brief
ein seltsames Aussehen, wenn man ihn verkehrt herum oder
in eine andere als die angemessene Richtung hält. Das
ganze Gepräge des Briefes ist *diktatorisch*. Das Papier ist
von guter, aber nicht bester Qualität. Das Siegel besteht
aus braunem, mit Gold vermischtem Siegellack und trägt
eine lateinische Devise, von der nur die Wörter *trans* und
mortuus leserlich sind.

Brief II

Hartford, ...

Sehr geehrter Herr, Ihr Brief vom ... letzten Monats mit dem
beigefügten Päckchen erreichte mich wohlbehalten, und
ich danke Ihnen für diese artige Aufmerksamkeit, die um
so erfreulicher ist, als ich bisher nicht das Vergnügen hatte,
Ihre Bekanntschaft zu machen. Die sorgsame Lektüre der

Abhandlung bereitete mir große Freude, und ich meine, sie offenbart so viel gesunden Menschenverstand, gepaart mit so viel gutem Geschmack, daß sie eine willkommene Gabe selbst für die Leser abgeben dürfte, die noch anspruchsvoller sind als ich selbst. Die unverfälscht christlichen Ansichten, von denen die Arbeit voll ist, werden nicht verfehlen, sie allen Freunden der Tugend und der Wahrheit ans Herz zu legen.

Ich verbleibe hochachtungsvoll
mit dem Ausdruck meiner Wertschätzung Ihre

L. H. Sigourney.

Joseph B. Miller, Esq.

Große Sorgfalt scheint auf die Niederschrift dieses Briefes verwandt worden zu sein. Offenbar ist ein *Linienblatt* benutzt worden. Mit Akkuratesse ist durch jedes t ein Querstrich gezogen und jedes i mit einem Punkt versehen. Die Zeichensetzung ist fehlerfrei. Doch das *tout ensemble* des Briefes hat durchaus nichts Förmliches oder übertrieben Weibisches an sich. Die Schriftzeichen sind ungezwungen, von angemessener Größe und ansprechender Form und gewähren durchweg einen völlig einheitlichen und schönen Anblick, obwohl sie im allgemeinen nicht miteinander verbunden sind. Wollte man sich nach dem Charakter von Mrs. Sigourneys Handschrift ein Urteil über den Charakter ihrer Werke bilden, so käme das Urteil der Wahrheit ziemlich nahe. Freimütigkeit, Würde, Genauigkeit und Anmut des Denkens, ohne jähe oder erschreckende Übergänge, könnte man ihr füglich beimessen. Das Papier ist gediegen, das Siegel klein – aus grünem und goldgelbem Siegellack – und ohne Gepräge.

Brief III

New York, ...

Geehrter Herr, ich habe die Antwort auf Ihren Brief vom ... letzten Monats hinausgeschoben, bis ich die Zeit finden konnte, bezüglich der Umstände, auf die Sie hindeuten, die notwendigen Erkundigungen einzuziehen. Ich muß Ihnen leider mitteilen, daß diese Erkundigungen gänzlich fruchtlos gewesen sind und daß ich daher im Augenblick außerstande bin, Ihnen die gewünschte Auskunft zu geben. Falls in Zukunft irgend etwas an den Tag kommen sollte, was Ihnen bei Ihren Untersuchungen dienlich sein könnte, wird es mir ein Vergnügen sein, mich mit Ihnen dieser Sache wegen in Verbindung zu setzen.

Ich bin, geehrter Herr, Ihr Freund und ergebener Diener

Joseph C. Miller, Esq.

Die vorliegende Handschrift ist der von Mrs. Sigourney in vielem ähnlich, und doch unterscheidet sie sich, im ganzen genommen, sehr stark von ihr. Beide Manuskripte zeigen vollkommene Gleichmäßigkeit und Regelmäßigkeit, und in beiden ist der Charakter der Schrift *geformt* – das heißt entschieden *festgelegt*. Beide sind ansprechend, und beide rufen auf den ersten Blick einen annähernd gleichen *Eindruck* hervor. Aber Mrs. Sigourneys Handschrift ist eine der leserlichsten und Mr. Pauldings eine der unleserlichsten von der Welt. Seine kleinen a, t und c sind sich alle gleich, und der *Stil* der Schriftzeichen ist im allgemeinen französisch. Von Mr. Pauldings schriftstellerischen Eigenheiten könnte man sich durch Untersuchung seiner Handschrift keine genaue Vorstellung machen. Wahrscheinlich ist sie durch gewichtige Begleitumstände modifiziert worden. Das Papier ist von sehr feiner, glänzender Beschaffenheit, blau getönt und mit Goldschnitt versehen.

Brief IV

Boston, ...

Ich muß Ihnen mitteilen, daß Ihre am ... letzten Monats an mich gerichtete Nachricht auf einem Irrtum beruht. Offenbar haben Sie mich mit einer anderen Person gleichen

Familiennamens verwechselt, da mir der Sachverhalt, auf den Sie sich beziehen, durchaus unbekannt ist.

Ich bin, mein Herr, hochachtungsvoll Ihr gehorsamer Diener

JOSEPH D. MILLER, ESQ.

Die vorliegende Handschrift macht einen sonderbaren Eindruck. Die Großbuchstaben und die Ober- und Unterlängen ragen weit über oder unter die Zeile hinaus, alle übrigen Buchstaben dagegen sind gleitend und winzig klein, so daß es schwer ist, sie voneinander zu unterscheiden. Die Wortabstände sind ungewöhnlich weit, und auf breitem Raum ist nur wenig enthalten. Auf den ersten Eindruck erscheint die Handschrift flüchtig – aber bei näherem Hinsehen erweist sich schon nach wenigen Augenblicken, daß dies nicht zutrifft. Die großen I könnte man fälschlich für T halten. Das Ganze macht einen reinlichen und einheitlichen Eindruck. Das Papier ist zweitklassig und das Siegel (aus rotem Siegellack) von ovaler Form – vermutlich ein Wappenschild – die Devise unleserlich.

Brief v

St. Mark's Place, New York, …

Geehrter Herr, Ihr freundlicher Brief vom … erreichte mich nach angemessener Frist, und ich freue mich über Ihre gute Meinung. Gleichwohl machen es mir meine zahlreichen Verpflichtungen ganz unmöglich, Ihnen einen Beitrag für Ihr geschätztes Magazin ›The Humdrum‹ zu senden, zumindest in den nächsten Monaten. Ich wünsche Ihnen allen Erfolg und verbleibe, mein Herr, mit vielem Dank für Ihre Aufmerksamkeit

Ihr ergebener Diener

JOSEPH E. MILLER, ESQ.

Mr. Coopers Handschrift ist schlecht – sehr schlecht. Sie zeigt keinerlei charakteristische Eigenart und scheint *unge-formt*. Die Schrift wird vermutlich in anderen Briefen anders sein. Nachfragen haben uns dies bestätigt. In dem Brief an Mr. Miller wirkt die Handschrift *petite* und geziert und mutet an wie mit einer Stahlfeder hingekratzt – die Zeilen sind gekrümmt. Das Papier ist erstklassig und bläulich getönt. Eine Oblate ist verwendet worden.

Brief vi

New York, …

Sehr geehrter Herr, ich muß Sie untertänigst um Entschuldigung dafür bitten, daß ich Ihren schmeichelhaften Brief vom … letzten Monats nicht eher beantwortet habe. Die Wahrheit ist, daß ich verreist war, als Ihr Brief meinen Wohnsitz erreichte, so daß meine Antwort in das immer offene Grab aufgeschobener Pflichten fiel.

Was die gewünschte Auskunft anbelangt, so bedauere ich, daß ich Ihnen durchaus nicht zu helfen vermag. Meine Bemühungen und Studien haben sich in den letzten Jahren in so völlig anderen Bahnen bewegt, daß ich auf dem speziellen Gebiet, das Sie erwähnen, durchaus nicht kompetent bin. Seien Sie meiner aufrichtigen Wünsche für Ihren Erfolg versichert.

Hochachtungsvoll Ihre

Joseph F. Miller, Esq.

Die Kalligraphie von Miss Sedgwick ist vortrefflich. Die Schriftzeichen sind wohlproportioniert, deutlich, auf eine elegante, aber nicht aufdringliche Weise geformt, und bei vollkommener Ungezwungenheit sind sie doch unverkennbar weiblich. Die Haarstriche unterscheiden sich in der Dicke kaum von den übrigen Schriftzügen – was einen einheitlichen Eindruck hervorruft, der sonst kaum entstehen würde. Gesunden Menschenverstand und Verachtung überflüssigen Beiwerks könnte man, nach Miss Sedgwicks Handschrift zu urteilen, für die charakteristischen Merkmale ihres literarischen Stils halten. Das Papier ist von bester Qualität, blau getönt und maschinell liniiert. Das Siegel von rotem Siegellack, schmucklos.

Brief VII

New York, ...

Geehrter Herr, Ihr wertes Schreiben vom ... habe ich erhalten. Das Gerücht, auf das es sich bezieht, entbehrt jeder Grundlage. Niemals, auch *jetzt* nicht, habe ich die leiseste Absicht gehabt, ein Magazin herauszugeben. Die diesbezügliche Behauptung des Bookseller beruht auf einem Mißverständnis.

Ich habe bisher leider nicht das Vergnügen gehabt, Ihr Gedicht auf die ›Dinge im allgemeinen‹ zu Gesicht zu bekommen. Ich hege indessen nicht den geringsten Zweifel an seiner − an seiner − will sagen an der außergewöhnlichen Zartheit seiner Empfindung und der höchst originalen Denkart − für jetzt zu schweigen von jener − jener ungewöhnlichen und glücklichen Ausdrucksweise, die alles − alles, was mir von Ihren Werken vor Augen gekommen ist, in so besonderem Maße auszeichnet. Ich werde mich bemühen, mein Herr, mir Ihr Gedicht zu verschaffen, und verspreche mir großes Vergnügen von seiner Lektüre.

Hochachtungsvoll Ihr gehorsamer Diener

JOSEPH G. MILLER, ESQ.

Mr. Hallecks Handschrift ist eine ungezwungene Kaufmannsschrift, die eher eine Liebe zum Anmutigen als zum

Pittoresken bekundet. Auch spricht sich eine gewisse *force* darin aus. Das *tout ensemble* ist gefällig. Mr. H.s Brief ist vermutlich *currente calamo* geschrieben – aber ohne Hast. Das Papier ist sehr gediegen und bläulich – das Siegel aus rotem Siegellack.

Brief VIII

Alexandria, Red River, …, Louisiana

Geehrter Herr, Ihr verbindlicher Brief vom … liegt vor mir, und die darin zum Ausdruck gebrachte Wertschätzung, die Sie für meine armseligen Bemühungen hegen, ist in jeder Weise erfreulich. Mit dem größten Vergnügen würde ich Ihnen ein paar Kleinigkeiten für den ›Humdrum‹ schicken, der sich, wie ich nicht zweifle, als ein sehr brauchbares Magazin erweisen wird, sofern seine Absicht mit gutem Gelingen verwirklicht wird – aber, ich muß gestehen, daß meine Zeit gänzlich in Anspruch genommen ist.

Ihr

Timothy Flint

JOSEPH H. MILLER, ESQ.

Die Handschrift in diesem Brief macht einen *nervösen Eindruck* und scheint auf einen Menschen ohne feste Ziele zu deuten – ruhelos und voller Tatendrang. Nur wenige Buchstaben sind zweimal auf die gleiche Weise geschrieben, und ihre *Richtung* wechselt ständig. Manchmal stehen die Wörter senkrecht auf der Seite – dann neigen sie sich nach rechts – dann wenden sie sich jäh in die Gegenrichtung. Auch die Dicke der Schriftzüge ist schwankend – manchmal sind die Buchstaben ganz leicht und fein – manchmal übermäßig schwer. Wirft man einen nur flüchtigen Blick auf Mr. F.s Epistel, so könnte man sie fälschlich für die kindliche Nachahmung eines Briefes halten. Das Papier ist schlecht – und mit einer Oblate geschlossen.

Philadelphia, ...

Miß Leslie's Empfehlungen an Mr. Miller. Sie kennt die Person nicht, von der in Mr. Millers Zeilen die Rede ist, und ist fest überzeugt, daß die dort geäußerte Behauptung auf irgendeinem Irrtum beruhen muß.

Joseph I. Miller, Esq.

Mehrere Personen unserer Bekanntschaft, deren Geistesart nach unserem Dafürhalten eine starke Ähnlichkeit mit der von Miss Leslie hat, schreiben eine Handschrift, die fast identisch ist mit der Schrift dieser Dame – doch vermögen wir in dem Skriptum selbst kaum etwas aufzuzeigen, was mit den literarischen Eigentümlichkeiten von Miss L. in Einklang stünde. Gefälligkeit und Eleganz, ohne übertrieben weibliche Züge, sind vielleicht die einzigen Entsprechungen. Wir könnten sogar noch weiter gehen und (nach der Handschrift) mutmaßen, daß Miss L. ihr Augenmerk mehr auf *die Wirkung ihrer Schriften im ganzen* als auf das Glätten der einzelnen Bestandteile richtet. Die Kalligraphie ist abgerundet, und die Wörter werden stets mit einem einwärts gerichteten Schnörkel beendet. Das Papier ist mittelmäßig – und mit einer Oblate geschlossen.

Brief x

Boston, ...

Geehrter Herr, Ihr wertes Schreiben vom ... habe ich empfangen. Für jetzt muß ich es mir versagen, die mir von Ihnen vorgelegten Fragen zu beantworten. Nehmen Sie gütigst meinen Dank entgegen für die schmeichelhafte Art und Weise, in der Sie von meinem Vortrag sprechen.

Ich bin, geehrter Herr, Ihr sehr ergebener

Joseph K. Miller, Esq.   *Edward Everett.*

Dies ist eine noble Handschrift. Sie erweckt den Eindruck wohlüberlegter Genauigkeit, die den Staatsmann kennzeichnet, und einer mit Anmut gepaarten Gründlichkeit, die auf den Gelehrten deutet. Nichts könnte leserlicher sein. Die Abstände zwischen den Wörtern sind angemessen – auch die Zeilen haben angemessene Abstände und sind völlig gerade. Es gibt keine überflüssigen Schörkel. Ein Mann, der auf diese Weise schreibt, wird sich niemals gröblich irren, weder im Urteil noch in anderer Beziehung. Wir dürfen indes zu behaupten wagen, daß er nicht die allerhöchsten Gipfel des Ruhms erklimmen wird. Das Papier ist erstklassig – fest und doch geschmeidig – mit Goldschnitt. Das Siegel aus rotem Lack, mit einem ovalen Gepräge, das die Initialen E. E. trägt und von einem Streifen umgeben ist, auf dem nur das Wort *cum* und die Buchstaben c. o. r. d. a. auszumachen sind.

Brief xi

New York, …

Sehr geehrter Herr, ich muß Sie um Nachsicht dafür bitten, daß ich Ihr Ansuchen, Ihr Manuskript ›Abhandlung über Schweine‹ betreffend, zurückweise. Ich sah mich vor einigen Jahren genötigt, den Entschluß zu fassen, über mir zugesandte Arbeiten keinerlei Meinung mehr zu äußern. Eine offene Meinung über diejenigen Arbeiten, deren Verdienst mir gering schien, erregte Ärgernis, und ich hielt es für das beste, ein Urteil in jedem Fall zu vermeiden. Ich hoffe auf Ihr Verständnis.

Ich bin, sehr geehrter Herr, hochachtungsvoll Ihr

Joseph L. Miller, Esq.

Mr. Irvings Handschrift ist alltäglich. Nichts darin deutet auf geniale Begabung. Auch würde niemand aus solchen Schriftzügen auf eine *hohe Qualität* in den Werken des Autors schließen. Diese Art zu schreiben begegnet uns häufi-

ger als jede andere. Es ist eine ganz gewöhnliche Kanzli-
stenschrift, krakelig und *spitzig* anzusehen, die (so seltsam
es klingen mag) ein Auge verrät, dem ein angemessener
Sinn für das *Pittoreske* abgeht. Doch mag sich manches aus
dem Umstand erklären, daß der Brief an Mr. Miller offensichtlich in größter Eile geschrieben ist. Papier sehr mittelmäßig und mit einer Oblate verschlossen.

Brief XII

Boston, ...

Mein Herr, in Erwiderung Ihrer Zeilen vom ..., in welchen
Sie anfragen, ob ich ›der Autor eines gewissen skurrilen
Angriffs auf Joseph M. Miller im ‚Daily Polyglot‘ vom ...
letzten Monats‹ bin, muß ich Ihnen mitteilen, daß ich
glücklicherweise weder von dem Angriff noch vom ›Polyglot‹ noch von Ihnen selbst das geringste weiß.

JOSEPH M. MILLER

·Mr. Neals Handschrift ist überaus unleserlich und sehr
nachlässig. Es bleibt nichts anderes übrig, als seinen Brief
halb zu lesen und halb zu erraten. Die Großbuchstaben
und Ober- und Unterlängen ragen wie bei Mr. Palfrey weit
über und unter die Zeile, während die Kleinbuchstaben gewöhnlich nichts als Punkte und Kratzer sind. Viele der
Wörter fließen ineinander, so daß man das, was eigentlich
ein Satz ist, oft fälschlich für ein einziges Wort hält. Man
könnte (nach seiner Schrift) in Mr. Neal einen kühnen, außergewöhnlich rührigen, energischen und unsteten Geist
vermuten. Papier sehr gewöhnlich und mit einer Oblate
verschlossen.

Brief XIII

Baltimore, ...

Geehrter Herr, ich habe Ihr Schreiben vom ... letzten Monats erhalten, und sein Inhalt setzt mich in einige Verle-

genheit. Ich fürchte, es ist mir nicht möglich, auf einen so unverständlich gehaltenen Brief eine definitive Antwort zu geben. Bitte schreiben Sie noch einmal.

Ihr sehr ergebener

Joseph N. Miller, Esq.

Dies ist unser *beau idéal* der Schreibkunst. Der vorherrschende Zug ist das *Pittoreske*. Dieser Eindruck entsteht dadurch, daß jeder Buchstabe jäh, ohne *Verjüngung*, endet und daß es keine regelrechten Winkel gibt, zumindest keine, die nicht abgerundet wären. Große Einheitlichkeit scheint in dem ganzen Skriptum zu walten – bei großer Vielfalt in den einzelnen Bestandteilen. Jeder Buchstabe hat die Klarheit und Schwärze eines markanten Holzschnitts und scheint mit ungewöhnlicher Exaktheit *auf das Papier gebannt* zu sein. Die Ober- und Unterlängen recken sich ungebührlich weit über oder unter die Zeile. Nach dieser Probe seiner Handschrift sollten wir annehmen, daß Mr. Kennedy das Auge eines Malers besitzt, vornehmlich in Hinblick auf das Pittoreske – daß ihn auf allen Gebieten ein verfeinerter Geschmack leitet – daß er sich vollauf bewußt ist, was sich im Leben schickt – daß er Tatkraft, Entschlossenheit und großes Talent besitzt – und überdies eine Vorliebe für das *Bizarre*. Das Papier ist erlesen, glatt und weiß, mit Goldschnitt – das Siegel geschmackvoll und durchaus in Einklang stehend mit der Handschrift. Gerade genügend Siegellack und nicht mehr als genügend ist für das Gepräge verwendet worden, das nahezu quadratisch ist, mit einem Löwenkopf in kräftigem *alto relievo*, umschlossen von der Devise ›il parle par tout‹.

Brief xiv

Philadelphia, ...

Geehrter Herr, beiliegend übersende ich Ihnen Ihren Brief vom ... letzten Monats, der an Dr. Robert M. Bird, Philadelphia, adressiert ist. Aus dem Inhalt des Schreibens zu schließen, ist es offensichtlich nicht für mich bestimmt. Es gibt, glaube ich, einen Dr. Robert Bird, der irgendwo in den Northern Liberties wohnt – außerdem mehrere Robert Birds in verschiedenen Teilen der Stadt.

Hochachtungsvoll, Ihr gehorsamer und ergebener Diener

JOSEPH O. MILLER, ESQ.

Dr. Birds Handschrift ist keineswegs schlecht – doch kann sie auch nicht gut genannt werden. Sie ist sehr leserlich und hat Gewicht. Sie verrät eine gewisse Nervosität. Sie hat eine leichte Ähnlichkeit mit den Schriftzügen Miss Leslies, vornehmlich in den Schnörkeln der Endbuchstaben – ist aber großzügiger und beansprucht mehr Platz. Die Buchstaben muten an, als hätten sie nicht mit dem Denken Schritt halten können, und ein unstimmiger Mangel an Sorgfalt scheint die Folge gewesen zu sein. Eine ruhelose und lebhafte Einbildungskraft könnte man aus dieser Handschrift ablesen. Auch hat sie nicht wenig vom *Pittoresken* an sich. Das Papier gut – *mit Oblate geschlossen und gesiegelt.*

Brief XV

Oak Hill, ...

Geehrter Herr, Ihren freundlichen Brief vom ... habe ich erhalten und wüßte nichts dagegen einzuwenden, Sie mit Auskünften, wie ich sie zu bieten vermag, bei Ihrem Vorhaben zu unterstützen. Doch gibt es viele andere, die Ihnen in dieser Angelegenheit weitaus besser beistehen könnten als ich. Sobald ich ein wenig Muße habe, sollen Sie wieder von mir hören.

Ich bin, geehrter Herr, hochachtungsvoll Ihr ergebener

JOSEPH P. MILLER, ESQ.

Die Handschrift des Chief Justice ist der von Neal nicht unähnlich – aber viel gediegener und leserlicher. Die Gewohnheit, zwei Wörter ineinanderfließen zu lassen (eine Gewohnheit, die wir bei Neal bemerkt haben), läßt sich auch bei dem Chief Justice beobachten. Die Schriftzeichen sind gänzlich bar allen schmückenden Beiwerks oder überflüssiger Schnörkel und scheinen in großer Eile geschrieben zu sein. Sie sind wuchtig und schwarz, fast ohne Haarstriche. Die Zeilen sind außerordentlich krumm und laufen schräg über das Papier. Ein breiter Rand ist auf der linken Blattseite, gar keiner dagegen auf der rechten. Das ganze Schriftbild in seiner völligen Ungekünsteltheit deutet eindrucksvoll auf den Schreiber hin. Er benutzt ein halbes Blatt groben Propatriapapiers, das mit einer Oblate geschlossen ist.

Brief XVI

Baltimore, …

Geehrter Herr, ich habe Ihren Brief vom … letzten Monats erhalten, in welchem Sie mir die Ehre erweisen, mich um ein Autograph zu bitten. Hierauf möchte ich Ihnen erwidern, daß dieses Gekritzel, sofern es Ihrem Zweck entsprechen sollte, ganz zu Ihren Diensten steht.

Hochachtungsvoll Ihr

JOSEPH Q. MILLER, ESQ.

Mr. Wirts Handschrift hat starke Ähnlichkeit mit der seines Freundes John P. Kennedy – doch ist sie keineswegs so gediegen und *verjüngt* sich zu stark, als daß sie eigentlich malerisch wirken könnte. Die Schrift ist schwarz, kräftig, klar und sehr gepflegt. Im Ganzen stimmt sie wenig mit dem Wesen von Mr. W.s Schriften überein. Die Zeilen sind gekrümmt. Das Papier bläulich, englischer Fabrikation – mit einer Oblate geschlossen.

Washington, ...

Geehrter Herr, auf Ihre freundlichen Erkundigungen, meine Gesundheit betreffend, kann ich Ihnen zu meiner Freude mitteilen, daß es mir nie im Leben besser ging. Es ist mir unbegreiflich, auf welche Weise das Gerücht, auf das Sie hindeuten, hat entstehen können.

Halten Sie sich meiner vorzüglichen Hochachtung versichert. Ihr Ihnen sehr verbundener Freund und Diener

JOSEPH R. MILLER, ESQ.

Richter Storys Handschrift ist ganz vortrefflich und erweckt den Anschein, als habe er mit großer Schnelligkeit und innerem Wohlgefühl geschrieben. Sie ist gerundet und könnte als eine *rollende Schrift* gekennzeichnet werden. Die Richtung der Buchstaben wechselt gelegentlich von rechts nach links und von links nach rechts. Die gleiche Eigentümlichkeit war bei Mr. Flints Schrift zu bemerken. Richter Storys Handschrift ist ausgesprochen pittoresk. Die Zeilen halten gleichmäßige Abstände, liegen aber schräg auf der Seite. Das Papier gut, bläulich getönt und so gefalzt, daß sich eine Randlinie ergibt. Das Siegel aus rotem Lack und mit einem gewöhnlichen Bürostempel geprägt.

Brief XVIII

New York, ...

Sehr geehrter Herr, ich danke Ihnen für die Hinweise, die Sie mir freundlichst für die nächste Auflage meiner ›Reise‹ gegeben haben; da aber diese Ausgabe bereits in Druck gegeben ist, wird es mir erst bei der sechsten Auflage möglich sein, mir Ihre Gefälligkeit zunutze zu machen.

Hochachtungsvoll Ihr ergebener Diener

JOSEPH S. MILLER, ESQ.

Mr. Reynolds' Schreibkunst findet nicht sonderlich unseren Beifall. Es ist eine alltägliche Kaufmannsschrift, in der die Wörter sich von ihrem Anfang bis zum Ende immer mehr verlieren. Viel Freiheit, aber keine Kraft drückt sich darin aus. Das Papier gut und mit einer Oblate geschlossen.

Brief xix

Portland, …

Geehrter Herr, ich weiß durchaus nichts davon, daß Sie mir die kleine Summe schulden, die Sie mir in Ihrem Brief vom … übersenden, und so füge ich den Betrag wieder bei. Sie werden zweifellos in der Lage sein, den Irrtum aufzuhellen und zu korrigieren.

Ihr sehr ergebener

Joseph T. Miller, Esq.

Mr. Brooks' Handschrift ist sehr ansprechend, kraftvoll, kühn und impulsiv – äußerst bezeichnend für die charakteristischen Wesensmerkmale des Schreibers. Diese sind ein kräftiger gesunder Menschenverstand ohne Flitter oder Künstelei und eine freimütige Geradheit der Auffassung. Die Zeilen sind waagerecht und die Wortabstände angemessen. Das Papier gut – mit einer Oblate geschlossen.

Brief xx

Washington, …

Mein Herr, es wird mir eher möglich sein, Ihren Brief über ›gewisse geheimnisvolle Vorkommnisse‹, zu denen Sie eine Erklärung wünschen, zu beantworten, wenn Sie mich eindeutig davon in Kenntnis setzen (und ich ersuche Sie darum), welche denn die geheimnisvollen Vorkommnisse *sind*, auf die Sie anspielen.

Joseph V. Miller, Esq.

Die Handschrift des Ex-Präsidenten ist leserlich – macht aber einen sonderbaren Eindruck wegen der *schwankenden* Großbuchstaben und Unter- und Oberlängen. Die Schrift ist deutlich, etwas schwerfällig und *pittoresk* – ohne schmückendes Beiwerk. Offenbar ist ein Linienblatt benutzt worden. Rechts und links ist ein Rand gelassen. Das Verhältnis der Buchstaben zueinander ist durchweg beibehalten. Das Papier gewöhnlich und mit einer Oblate geschlossen.

Brief xxi

Philadelphia, ...

Geehrter Herr, ich habe soeben Ihren Brief vom ... erhalten, in welchem Sie sich beklagen, daß ich versäumt habe, Ihre geehrten Schreiben vom ... und vom ... letzten Monats zu beantworten. Ich versichere Ihnen ausdrücklich, mein Herr, daß die Briefe nie in meine Hände gekommen sind. Wenn Sie so gütig sein wollen, ihren Inhalt zu wiederholen, werde ich sie mit dem größten Vergnügen beantworten, alles und jedes. Das Postwesen ist in einem desolaten Zustand.

Hochachtungsvoll Ihr

Joseph W. Miller, Esq.

Mr. Careys Handschrift ist nicht gut leserlich – wiewohl in manch anderer Hinsicht durchaus zufriedenstellend. Sie ist der von Neal sehr ähnlich. Mehrere Wörter in dem Brief an Mr. Miller gehen ineinander über. Die i sind nur selten mit einem Punkt versehen. Die Zeilen haben gleichmäßige Abstände und sind gerade. Das Papier sehr gut – mit einer Oblate geschlossen.

Brief xxii

Boston, ...

Geehrter Herr, niemals hat eine Person namens Philip Philpot als Kutscher oder dergleichen in meinem Dienst gestanden. Der Name ist ausgefallen und läßt sich nicht so leicht vergessen. Der Mann muß mit irgendeinem anderen Dr. Channing zu tun haben. Es würde sich empfehlen, ihn genau zu befragen.

Hochachtungsvoll Ihr

JOSEPH X. MILLER, ESQ.

Dr. Channings Handschrift ist ganz vortrefflich. Die Buchstaben sind kühn, von stattlicher Größe und schön geformt. Vielleicht sind sie etwas zu dicht aneinandergepreßt. Man könnte mit ein wenig Scharfblick die hohe Qualität von Dr. Channings literarischem Stil im Charakter seiner Handschrift entdecken. In beiden verbinden sich Kühnheit und Genauigkeit mit Eleganz. Das Papier sehr gediegen und mit einer Oblate geschlossen.

Brief XXIII

Philadelphia, …

Geehrter Herr, ich muß Sie um Nachsicht dafür bitten, daß ich es ablehne, die von Ihnen erwähnten Bücher zu verleihen. Es ist leider so, daß ich auf diese Weise viele Bände eingebüßt habe – und da Sie mir persönlich unbekannt sind, werden Sie verzeihen, daß ich Ihrem Ansuchen nicht nachkomme.

Ihr etc.

JOSEPH Y. MILLER, ESQ.

Dies ist eine sehr gute Handschrift – eindrucksvoll, gepflegt, leserlich und bar allen überflüssigen Beiwerks. Einige Wörter gehen ineinander über. Die Schrift steht ziemlich schräg. Sie ist zu gleichförmig, um pittoresk zu sein. Die Zeilen halten gleiche Abstände, und auf der linken Blattseite ist ein breiter Rand gelassen. Die Schrift ist am

Ende des Briefes ebensogut wie am Anfang – ein bei Handschriften selten anzutreffender Vorzug – und bekundet ein *unermüdliches* Naturell.

Brief xxiv

Washington, ...

Mein Herr, Ihr Schreiben vom ... erreichte mich in angemessener Zeit. Ich kann Ihnen das Gewünschte nicht senden. Es ist leider so, daß ich von Bitten um mein Autograph so belästigt worden bin, daß ich mich entschlossen habe, solchem Ansinnen in gar keinem Fall zu entsprechen.

Ihr etc.

Joseph Z. Miller, Esq.

Die Schrift des Absenders ist kühn, ungestüm und großzügig – die wenigen an Mr. Miller gerichteten Worte beanspruchen eine ganze Seite. Die Zeilen haben ungleiche Abstände und laufen schräg über das Blatt. Jeder Satz wird mit einem langen Federstrich beendet – schwarz und gewichtig. Solch einen Brief könnte der Großmogul schreiben. Das Papier ist Silberpapier, wie es die Engländer nennen – sehr schön und mit einer Oblate geschlossen.

[Teil ii, August 1836]

Unser Freund, Joseph A. B. C. D. etc. Miller, hat uns wiederum aufgesucht, in heftiger Erregung. Er sagt, wir hätten uns in unserem letzten Artikel über ihn lustig gemacht – was wir mit Nachdruck zurückweisen. Er behauptet ferner, daß der größere Teil unserer Bemerkungen zu geistigen Eigenschaften, wie wir sie aus dem Charakter der Handschrift ableiteten, unhaltbar sei. Der Mann befindet sich im Irrtum. Doch um ihn zufriedenzustellen, haben wir ihn in diesem Fall selbst den Kritiker spielen lassen. Er hat uns einen zweiten Stoß Autographen gebracht und will sie uns unter keinen anderen Bedingungen überlassen. Die Wahrheit zu sagen, wir sind eher erfreut als betrübt über seinen Vorschlag. Wir werden ihm jedoch gelegentlich über die Schulter sehen. Hier folgen die Briefe.

Brief xxv

Geehrter Herr, hätten Sie wohl die Güte, mir keine weiteren törichten Briefe mehr zu schreiben? Ich habe wirklich keine Zeit, mich damit zu befassen.
Ihr ergebenster Diener *Jared Sparks*

Joseph A. Miller, Esq.

Mr. Sparks' Handschrift mutet sonderbar an. Die Buchstaben sind groß, gerundet, schwarz, unregelmäßig und senkrecht. Die Zeilen folgen dicht aufeinander, und der ganze Brief wirkt auf den ersten Blick heillos verworren – chaotisch. Doch ist er bei genauer Betrachtung nicht eben unleserlich und würde einen geübten Setzerjungen keineswegs in Verlegenheit bringen. Hinsichtlich irgendwelcher geistigen Eigentümlichkeiten können wir aus dieser Handschrift keinerlei Schlüsse ziehen. Auf Grund ihres *tout ensemble* könnten wir uns jedoch vorstellen, daß sie von jemandem geschrieben ist, der inmitten großer Stöße von Büchern und Papieren, wahllos um ihn her getürmt, sehr geschäftig bei der Arbeit war. Papier bläulich und fein – gesiegelt, mit den Initialen J. S.

Brief xxvi

Sehr geehrter Herr, es macht mir viel Vergnügen, einen Brief von Ihnen zu erhalten. Lassen Sie mich überlegen – ich glaube, ich bin Ihnen ein- oder zweimal in ... wo war es doch? – begegnet. Indes weisen Ihre Bemerkungen über ›Melanie und andere Gedichte‹ Sie als einen Mann von gesundem Urteilsvermögen aus, und es wird mich freuen, so oft wie möglich von Ihnen zu hören.

Ihr ergebener

Willis

Joseph B. Miller, Esq.

Mr. Willis' Handschrift ist sehr ansprechend. Was in der Februarnummer über die Schrift von Halleck gesagt wurde, paßt ziemlich genau auch auf diese. Sie hat die gleiche Anmut, jedoch mehr vom Pittoresken, und infolgedessen mehr Kraft. Diese Vorzüge lassen sich in seinen Schriften finden – die sehr unterschätzt werden. NB: Mr. Messenger sollte ihm Gerechtigkeit widerfahren lassen. (NB von Mr. Messenger: Das habe ich getan.) Cremefarbenes Papier – grüngoldenes Siegel – mit den Initialen N. P. W.

Brief XXVII

Geehrter Herr, ich muß Sie davon in Kenntnis setzen, daß ›das hübsche kleine Gedicht‹, auf das Sie in Ihrem Brief anspielen, nicht, wie Sie annehmen, aus meiner Feder stammt. Der Autor ist mir unbekannt. Das Gedicht ist wirklich sehr hübsch.

Ihre etc.

H. F. Gould

Joseph C. Miller

Die Handschrift von Miss Gould ist der von Miss Leslie sehr ähnlich. Sie ist eher noch *zierlicher* – ist aber ebenso gefällig, pittoresk und elegant, ohne übertrieben weiblich zu sein. Der literarische Stil eines Menschen, der so schreibt, ist zweifellos zwingend epigrammatisch – entweder in einzelnen Sentenzen oder im *tout ensemble* der Komposition. Papier erlesen – mit einer Oblate geschlossen.

Brief xxviii

Geehrter Herr, hiermit habe ich die Ehre, Ihnen das Gewünschte zu übersenden. Sollte es sich erweisen, daß der Essay Ihnen irgendeine neue Information bietet, so soll mich die Mühe, die ich an die Niederschrift wandte, nicht gereuen.

Hochachtungsvoll

Joseph D. Miller, Esq.

Die Handschrift von Professor Dew ist weitläufig, kühn, sehr gewichtig, eilig und unleserlich. Es ist möglich, daß es ihm niemals in den Sinn kommt, eine Feder zu spitzen. Zweifellos hat seine Schrift, wie die von Paulding, durch schwerwiegende äußere Umstände eine Abwandlung erfahren – denn sie scheint nur wenige seiner literarischen Eigentümlichkeiten widerzuspiegeln. Zu diesen wenigen gehören *Kühnheit* und *Gewichtigkeit*. Übereiltheit finden wir nicht in seinen Arbeiten, die vielmehr etwas weitschweifig sind. Auch läßt sich die Unleserlichkeit der Handschrift nicht zu einer Konfusion des Denkens oder des Ausdrucks in Beziehung setzen. Er ist außerordentlich klar. Was die beiden letztgenannten Eigenschaften seiner Handschrift angeht, so mag uns die Vermutung dienen, daß es seine Gewohnheit war, sehr viel zu schreiben, in großer Eile und mit einem bloßen Stummel von einer Feder. Papier gediegen – aber nur die Hälfte eines Blatts – mit einer Oblate geschlossen.

Brief xxix

Geehrter Herr, in Erwiderung Ihrer Anfrage, die ›Authentizität eines außergewöhnlichen Vorfalls‹ betreffend, der in einem meiner Gedichte geschildert wird, muß ich Ihnen mitteilen, daß der fragliche Vorfall eine völlig freie Erfindung ist.

Hochachtungsvoll Ihr ergebener Diener

Joseph E. F. Miller, Esq.

Die Handschrift von Mr. Mellen ist etwas eigentümlich und entspricht weitgehend dem Charakter des beigefügten Namenszuges. Man brauchte nicht viel Phantasie aufzubieten, um sich den Schreiber (nach dem, was wir aus seiner Schrift ablesen) als einen Mann von übertriebener, fast ins Krankhafte gesteigerter Sensibilität vorzustellen – von grenzenlosem Ehrgeiz, dem häufige Anwandlungen von Zweifel und Depression sowie ungewisse Vorstellungen vom Schönen überaus störend entgegenstehen. Allein schon die Formung des G in seinem Namenszug könnte unsere Vermutung rechtfertigen, daß sein literarisches Werk außerordentliches Gewicht hat, häufig beeinträchtigt nur durch eine übertriebene Effekthascherei. Papier vortrefflich – rotes Siegel.

Brief xxx

Geehrter Herr, ich habe nicht das Vergnügen, Sie zu kennen, danke Ihnen aber für den großen Anteil, den Sie an meinem Wohlergehen zu nehmen scheinen. Ich habe keine Verwandten namens Miller und glaube, Sie müssen sich über die verwandtschaftliche Beziehung im Irrtum befinden.

Hochachtungsvoll

Joseph G. H. Miller, Esq.

Die Handschrift von Mr. Simms ist der von Mr. Kennedy sehr ähnlich. Sie hat jedoch mehr Gefälle und weniger Pittoreskes – wenn auch immer noch genug. Wir sagten (in unserer Februarnummer) von Mr. K.s Handschrift, sie verrate ›das Auge eines Malers‹. In unserer Rezension des ›Partisan‹ erkannten wir Mr. Simms ebenfalls ›das Auge eines Malers‹ zu, und wir hatten damals seine Handschrift noch nicht gesehen. Die beiden Schriften sind verblüffend ähnlich. Das Papier ist sehr fein und mit einer Oblate geschlossen.

Brief xxxi

Geehrter Herr, ich habe Ihr wertes Schreiben vom ... dieses
Monats erhalten, und es wird mir ein Vergnügen sein,
Ihnen den kleinen Dienst zu erweisen, den Sie erwähnen.
In ein paar Tagen will ich Ihnen ausführlicher schreiben.
Hochachtungsvoll,

    Ihr ergebenster Diener

JOSEPH J. K. MILLER, ESQ.

Lieutenant Slidells Handschrift ist merkwürdig – sehr gepflegt, sehr gleichmäßig und leidlich leserlich, aber etwas
gar zu winzig. Offenbar ist ein *Linienblatt* benutzt worden.
Nur wenige Anzeichen eines bestimmten literarischen Stils
oder Gepräges sind in dieser Schrift zu finden. Die *Zierlich-
keit* indessen weist sehr überzeugend auf eine geistige Gewohnheit hin, die wir mehr als einmal deutlich in den Werken dieses Autors wahrgenommen haben – wir meinen den
Hang zu genauer Detailbeobachtung – eine Gewohnheit,
die, wenn recht gelenkt, wie im Falle von Lieutenant Slidell,
einer Lebhaftigkeit des Stils sehr dienlich ist. Papier vortrefflich – mit einer Oblate geschlossen.

Brief xxxii

Geehrter Herr, beim Nachschlagen in einigen Aufzeichnungen, die mir gerade zur Hand sind, finde ich, daß der Artikel, auf den Sie sich beziehen, zuerst im ›Journal des Sça-
vans‹ erschienen ist.

    Hochachtungsvoll

JOSEPH L. M. MILLER, ESQ.

Die Schrift von Professor Anthon ist auffallend gepflegt
und schön – sowohl in der Formung einzelner Buchstaben
wie auch im *tout ensemble*. Die vollkommene Regelmäßig-

keit der Handschrift läßt sie bei flüchtigem Hinsehen wie
einen Druck anmuten. Die Zeilen sind ganz gerade und haben gleichmäßige Abstände – doch sind sie offensichtlich
ohne irgendein Hilfsmittel geschrieben. Wir können in dieser Handschrift sogleich die peinliche Genauigkeit und
hohe Qualität erkennen – den Hang zur Eleganz – sowie
die Verachtung unnötigen schmückenden Beiwerks, was alles das gesammelte Werk des Schreibers in so hohem Maße
auszeichnet. Das Papier ist gelb, sehr gediegen und mit
grünem Lack gesiegelt, welches mit einem Cäsarenkopf geprägt ist.

Brief XXXIII

Geehrter Herr, ich habe mit großer Sorgfalt mehrere Platon-
Ausgaben durchgesehen, von denen die von Bipont,
1781–88, 12 Oktavbände; die von Ast und die von Bekker,
nachgedruckt in London, 11 Oktavbände, erwähnt seien.
Ich kann jedoch den Passus, nach dem Sie mich fragen,
nicht ausfindig machen: ›ist es nicht sehr lächerlich?‹ Sie
müssen sich im Autor geirrt haben. Bitte schreiben Sie
nochmals.

Hochachtungsvoll Ihr

Francis Lieber

Joseph N. O. Miller, Esq.

Die Handschrift von Professor Lieber weist nahezu alle die
Merkmale auf, die wir in der Schrift von Professor Dew
wahrgenommen haben – darüber hinaus die Eigentümlichkeit, am Kopf der Seite einen breiten Rand zu lassen. Das
ganze Schriftbild scheint auf Lebhaftigkeit und Kraft des
Denkens hinzudeuten – und doch setzt uns der Brief in
Verlegenheit; denn nie zuvor ist uns ein Mann von minutiöser Gelehrsamkeit begegnet (und ein solcher ist Professor Lieber), der nicht eine von dieser völlig verschiedene
Handschrift gehabt hätte. Wir hätten eine kleine und sorgfältige Schrift vermutet. Papier mittelmäßig und mit einer
Oblate geschlossen.

Brief xxxiv

Geehrter Herr, ich erlaube mir, Ihnen zu versichern, daß ich eine Abschrift von Versen mit dem so lächerlichen Titel ›Die neunundzwanzig Elstern‹ *nie* für mein Magazin erhalten habe. Im übrigen hätte ich sie, wären sie in meine Hände gelangt, bestimmt ins Feuer geworfen. Ich wollte, Sie belästigten mich nicht weiter mit dieser Angelegenheit. Die Verse stecken mit Sicherheit irgendwo zwischen Ihren Papieren. Es würde sich empfehlen, sie zu suchen – vielleicht eignen sie sich für den ›Mirror‹.

MR. JOSEPH P. Q. MILLER

Mrs. Hale schreibt weitläufiger und kühner als die meisten ihres Geschlechts. Die Schrift ist in hohem Maße der von Professor Lieber ähnlich – und ist nicht leicht zu entziffern. Das ganze Schreiben weist auf einen männlichen Verstand hin. Papier sehr gediegen und mit einer Oblate geschlossen.

Brief xxxv

Geehrter Herr, mich können Sie nicht zum besten halten. Sie glauben wohl, daß ich Ihren trefflichen Brief, der nur von den ›Dingen im allgemeinen‹ handelt, nicht zu durchschauen vermag, wie? Sie wollen ein Autograph von mir, Sie Schurke – und Sie sollen keins haben.

Hochachtungsvoll Ihr

JOSEPH R. S. MILLER, ESQ.

Mr. Noah hat eine schöne flüssige Handschrift. Die Zeilen sind jedoch nicht gerade, und die Buchstaben verjüngen sich zu stark, um das Auge eines Künstlers zu befriedigen. Die Ober- und Unterlängen und die Großbuchstaben reichen kaum über die anderen hinaus – weder nach oben noch nach unten. Der Brief erweckt den Anschein, als sei er sehr rasch geschrieben worden. Einige Schriftzeichen haben hier und da einen kleinen Schnörkel, ähnlich einem Schweineschwänzchen – was der Schrift einen kuriosen und verwegenen Zug verleiht. Papier recht gut – und mit einer Oblate geschlossen.

Brief xxxvi

Mein Herr – ich muß schon sagen – Sie hätten es sich sparen können, den Major übertölpeln zu wollen. Ihr Brief verfängt bei mir nicht. Ich bin mit allen Hunden gehetzt – oder ich heiße nicht

Jack Downing

Mr. Joseph T. V. Miller

Der Major hat wirklich eine ganz vortreffliche Handschrift. Sie ist der von Mr. Brooks so auffallend ähnlich, daß wir nichts weiter darüber sagen wollen.

Brief xxxvii

Geehrter Herr, es tut mir ganz außerordentlich und über alle Maßen leid, daß es nicht in meiner Macht steht, Ihrer vernünftigen und verständigen Bitte nachzukommen. Der von Ihnen erwähnte Gegenstand ist mir ganz und gar nicht vertraut – überdies weiß ich nur sehr wenig darüber.

Hochachtungsvoll

W. L. Stone

Joseph W. X. Miller, Esq.

Mr. Stones Handschrift hat einige sehr schöne Eigenschaften – zu denen ein gewisser malerischer Zug gehört. Im großen und ganzen ist sie schwerfällig und gespreizt – die kurzen Buchstaben laufen zu sehr ineinander. Aus der Handschrift kann man sich keine klare Meinung über

Mr. Stones literarischen Stil bilden. (Mr. Messenger behauptet, man kann sich daraus überhaupt keine Meinung bilden.) Papier sehr gediegen und mit einer Oblate geschlossen.

Brief XXXVIII

Mein lieber Freund, ich will Sie keineswegs tadeln, daß Sie sich an mich gewendet haben, obwohl wir uns nicht persönlich kennen. Ihr Schreiben (vom ... letzten Monats) findet mich im Begriff, die berühmten Küsten Italiens anzusteuern. Ich werde (ganz altmodisch) auf dem Territorium der alten Brutii landen, über die Sie sich im Lemprière unterrichten können. Es wird Ihnen (aus diesem Grunde) einleuchten, daß ich, ganz in Anspruch genommen von den sich ergebenden notwendigen und wichtigen Vorbereitungen für meine Abreise, keine Zeit erübrigen kann, mich mit Ihren Lappalien zu befassen.

Ich bin, sehr geehrter Herr, Ihr sehr ergebener

JOSEPH Y. Z. MILLER, ESQ.   *Theo. J. Fay.*

Mr. Fays Handschrift ist passabel. Ein gut Teil Geist ist darin – und eine gewisse Kraft. Sein Schreiben wirkt sehr gepflegt, und er nimmt es peinlich genau mit dem Rand. Die Schrift hat jedoch etwas *Großspuriges*, und es gibt zu viele Federstriche – auch sind die Schleifen der Ober- und Unterlängen allzu lang. (Mr. Messenger meint, ich habe recht damit, daß Mr. F. nicht versuchen sollte, sich großzutun, und daß *alle* seine Geschichten allzu lang sind. Das Großspurige, sagt er, ist aller Ehren wert und deutet auf einen Überfluß des Denkens hin.)

216

MYSTIFIKATION

Sapperlot, wenn das deine ›passados‹ und ›montantes‹
sind, dann können sie mir gestohlen bleiben.

Ned Knowles

Der Baron Ritzner von Jung entstammte einem ungarischen Adelsgeschlecht, dessen Mitglieder alle (zumindest
soweit zuverlässige Zeugnisse in die Vergangenheit zurückreichen) mehr oder weniger durch irgendeine eigentümliche Veranlagung hervorstachen – die Mehrzahl durch jene
Art von *grotesquerie* des Denkens, wofür Tieck, ein Sproß
des Hauses, einige farbige, wenn auch keineswegs übertrieben farbige Beispiele angeführt hat. Meine Bekanntschaft
mit Ritzner begann auf dem prächtigen Château Jung, in
das eine Reihe spaßiger Abenteuer, die der Öffentlichkeit
vorenthalten seien, mich während der Sommermonate des
Jahres 18 – – verschlug. Hier geschah es, daß er mir seine
Aufmerksamkeit zuwandte, und hier erlangte ich mit etwas
größerer Mühe einen partiellen Einblick in seine Geistes-
welt. In späterer Zeit wurde dieser Einblick deutlicher, da
die Vertrautheit, die ihn anfangs gewährt hatte, enger
wurde; und als wir uns nach dreijähriger Trennung in
G...n begegneten, wußte ich über den Charakter des Barons Ritzner von Jung alles, was zu wissen nötig war.

Ich erinnere mich an das Geschwirr von Neugier, das
seine Ankunft am Abend des fünfundzwanzigsten Juni im
Universitätsviertel hervorrief. Noch deutlicher erinnere ich
mich, daß er zwar von jedermann auf den ersten Blick zum
›bemerkenswertesten Menschen von der Welt‹ erklärt
wurde und daß doch keiner auch nur den Versuch machte,
diese Meinung zu begründen. Daß er *einzigartig* war, schien

so unbestreitbar, daß man es für ungehörig hielt, danach zu fragen, worin die Einzigartigkeit denn eigentlich bestand. Doch will ich diese Angelegenheit vorerst auf sich beruhen lassen und nur bemerken, daß er vom ersten Augenblick an, da er seinen Fuß in den Universitätsbezirk setze, auf die Gewohnheiten, Sitten, Personen, Geldbeutel und Neigungen des ganzen ihn umgebenden Gemeinwesens den unumschränktesten und despotischsten Einfluß auszuüben begann, der gleichwohl völlig unbestimmbar und ganz und gar unerklärlich war. So bildet der kurze Zeitraum seines Aufenthaltes an der Universität eine denkwürdige Ära in ihren Annalen und wird von Leuten jeden Ranges, die ihr oder ihren Dependenzen angehören, als ›jene ganz außerordentliche Epoche der Herrschaft des Barons Ritzner von Jung‹ gekennzeichnet.

Gleich nach seiner Ankunft in G...n spürte er mich in meiner Wohnung auf. Er war damals unbestimmbaren Alters – womit ich sagen will, daß es unmöglich war, nach irgendwelchen äußeren Anhaltspunkten sein Alter zu schätzen. Er mochte fünfzehn oder fünfzig gewesen sein und *war* einundzwanzig Jahre und sieben Monate. Er war durchaus kein schöner Mann – vielleicht das Gegenteil. Die Umrißlinie seines Gesichts war ein wenig kantig und grob. Seine Stirn war hoch und sehr klar; seine Nase stumpf; seine Augen groß, schläfrig, glasig und ausdruckslos. Über den Mund war mehr zu sagen. Die Lippen waren leicht vorgewölbt und ruhten dergestalt aufeinander, daß man sich schlechterdings keine noch so komplexe Kombination menschlicher Gesichtszüge denken kann, die so gänzlich und so autonom die Vorstellung unanfechtbarer Würde, Besonnenheit und Ruhe vermittelt hätte.

Zweifellos wird man aus dem bisher Gesagten ersehen, daß der Baron zu jenen hin und wieder vorkommenden normwidrigen Naturen gehörte, welche die Kunst der *Mystifikation* zum Sinnen und Trachten ihres Lebens machen. Für diese Kunst gab ihm eine eigentümliche Gemütsveranlagung von selbst das Stichwort, während seine äußere Erscheinung ihm ungewöhnliche Möglichkeiten bot, seine

Pläne zu verwirklichen. Ich bin überzeugt, daß kein Student in G...n während der berühmten Epoche, die so wunderlich als Herrschaftszeit des Barons Ritzner von Jung bezeichnet wird, jemals wirklich in das Geheimnis eindrang, das seine Persönlichkeit in Dunkel hüllte. Ich glaube gewiß, daß keiner an der Universität, außer mir selbst, ihn je eines Scherzes für fähig gehalten hätte, eines Wortwitzes oder eines handgreiflichen Schabernacks: eher hätte man die alte Bulldogge am Gartentor dessen bezichtigt, den Geist des Heraklit oder die Perücke des Professors emeritus der Theologie. Dabei war offenkundig, daß die unerhörtesten und unverzeihlichsten aller erdenklichen Possen, Streiche und Späße, wenn auch nicht direkt durch ihn verübt, so doch zumindest mittelbar durch seine Einwirkung oder Duldung bewerkstelligt wurden. Die Schönheit, wenn ich es so nennen darf, seiner *art mystifique* lag in jener vollendeten Fähigkeit (die einer nahezu intuitiven Kenntnis der menschlichen Natur und einer ganz erstaunlichen Selbstbeherrschung entsprang), mittels derer er unfehlbar den Anschein erweckte, daß die Possen, die er angelegentlich ins Werk setzte, teils trotz und teils infolge seiner löblichen Bemühungen ins Kraut schossen, die eben ihrer Verhütung und der Ordnung und Würde der Alma mater galten. Die tiefe, die bittere, die niederschmetternde Kränkung, die sich bei jedem derartigen Fehlschlagen seiner lobenswerten Anstrengungen in jedem Zug seines Gesichtes malte, ließ in den Gemütern selbst seiner skeptischsten Gefährten nicht den leisesten Zweifel aufkommen. Nicht weniger bemerkenswert war überdies die Gewandtheit, mit der es fertigbrachte, die Aura des Grotesken vom Schöpfer auf das Erschaffene abzuwälzen – von seiner eigenen Person auf die Abgeschmacktheiten, die er verursacht hatte. Noch nie bis zu diesem Fall, von dem hier die Rede ist, habe ich erlebt, daß der gewohnheitsmäßige Täuscher den natürlichen Folgen seiner Winkelzüge entgeht – nämlich einer Verknüpfung des Lächerlichen mit seiner eigenen Wesensart und Person. Ständig eingehüllt in eine Atmosphäre der Grillenhaftigkeit, schien mein Freund doch einzig und allein den unerbittlichen Gesetzen der Gesellschaft zu leben; und nicht einmal seine eigene Dienerschaft hat auch nur für einen Augenblick andere Vorstellungen als die des Strengen und Erhabenen mit der Erinnerung an den Baron Ritzner von Jung verknüpft.

Während der Zeit seines Aufenthaltes in G...n schien wirklich der Dämon des *dolce far niente* wie ein Alp über der Universität zu liegen. Rein gar nichts wurde getan, außer essen und trinken und feiern. Die Behausungen der Studenten verwandelten sich in die reinsten Wirtshäuser, und keines dieser Wirtshäuser war berühmter und besser besucht als das des Barons. Hier hielten wir viele Trinkgelage ab, lärmende und ausgedehnte und immer ereignisreiche.

Einmal hatten wir unsere Sitzung bis gegen Tagesanbruch ausgedehnt, und eine Unmenge Wein war getrunken worden. Die Gesellschaft bestand aus sieben oder acht Personen, außer dem Baron und mir. Zumeist waren es junge Leute mit Vermögen, vornehmen Beziehungen und großem Familienstolz, und in allen brannte ein übertriebenes Ehrgefühl. Sie schwelgten in ganz ultra-deutschen Ansichten über das *duello*. Diesen abenteuerlichen Donquichotterien hatten einige jüngst erschienene Pariser Veröffentlichungen, zu denen drei oder vier verzweifelte und verhängnisvolle Zweikämpfe in G...n den Hintergrund abgaben, neuen Antrieb und Nachdruck verliehen; und so hatte während des größten Teils der Nacht das Gespräch über dieses allbeherrschende Thema der Zeit hohe Wogen geschlagen. Der Baron, zu Beginn des Abends ungewöhnlich schweigsam und geistesabwesend, schien schließlich aus seiner Apathie zu erwachen, übernahm eine führende Rolle in dem Disput und verbreitete sich über die Wohltaten, besonders aber über die Schönheiten des allgemein anerkannten Ehrenkodex im Waffengang mit solchem Feuer, solcher Beredtheit, solcher Eindringlichkeit und solch offensichtlicher Hingabe, daß er seine Zuhörer samt und sonders in helle Begeisterung versetzte und selbst mich über die Maßen verblüffte; wußte ich doch sehr wohl, daß er ebenjene Ansichten, die er verfocht, im Grunde ins Lächerliche zog und vor allem der ganzen *fanfarronade* um das Duellieren die tiefe Verachtung zollte, die sie verdient.

Als ich während einer Pause in der Rede des Barons in die Runde blickte (einer Rede, von der meine Leser eine schwache Vorstellung gewinnen mögen, wenn ich sage, daß sie an den inbrünstigen, singenden, monotonen und doch melodischen Kanzelton von Coleridge erinnerte), bemerkte ich in der Miene eines der Anwesenden Anzeichen eines Eifers, der noch über das allgemeine Interesse hinausging. Dieser Gentleman, den ich Hermann nennen will, war in jeder Hinsicht ein Original – außer vielleicht in dem einen Punkt, daß er ein kapitaler Narr war. Er brachte es jedoch fertig, sich innerhalb einer sonderbaren Clique an der Universität einen Namen wegen tiefgründigen metaphysischen Denkens und, glaube ich, einer gewissen logischen Begabung zu machen. Als Duellant hatte er sich hohes Ansehen erworben, selbst in G...n. Ich weiß nicht mehr die genaue Zahl der Opfer, die von seiner Hand gefallen sind; aber es waren viele. Zweifellos war er ein tapferer Mann. Doch waren es die genaue Kenntnis der Etikette des *duello* und die *Empfindlichkeit* seines Ehrgefühls, deren er sich hauptsächlich rühmte. Diese Dinge waren sein Steckenpferd, das er zu Tode ritt. Ritzner, der stets nach Groteskem Ausschau hielt, boten diese Eigentümlichkeiten schon seit langer Zeit Stoff zur Mystifikation. Davon wußte ich indes nichts; obwohl ich im gegenwärtigen Fall deutlich sah, daß mein Freund irgendeine *Gaukelei* im Schilde führte und daß Hermann seine spezielle Zielscheibe war.

Indem ersterer in seinem Disput oder vielmehr seinem Monolog fortfuhr, bemerkte ich, wie die Erregung des letzteren mit jedem Augenblick zunahm. Endlich ergriff er das Wort, erhob irgendeinen Einwand gegen einen Standpunkt, den R. vertreten, und nannte im einzelnen seine Gründe. Darauf antwortete ausführlich der Baron (noch immer seinen übertrieben gefühlvollen Ton beibehaltend) und endete, wie ich fand, höchst geschmackloserweise mit einer sarkastischen Bemerkung und einem höhnischen Grinsen. Das Steckenpferd von Hermann riß nun unruhig

am Zügel. Das konnte ich an dem gesuchten, haarspalteri-
schen *fárrago* seiner Erwiderung erkennen. An seine letzten
Worte erinnere ich mich deutlich. »Ihre Ansichten, das erlauben Sie mir zu sagen, Baron von Jung, sind, obwohl in
der Hauptsache korrekt, in vielen heiklen Punkten ehren-
rührig für Sie und für die Universität, der Sie angehören.
In mancher Hinsicht sind sie nicht einmal einer ernsthaften Widerlegung wert. Ich würde mehr als dies sagen, mein
Herr, müßte ich nicht fürchten, Sie zu beleidigen« (hier lächelte der Sprecher milde); »ich würde sagen, mein Herr,
daß Ihre Ansichten nicht die Ansichten sind, die man von
einem Gentleman erwarten sollte.«

Als Hermann diesen doppelsinnigen Satz beendete, waren aller Augen auf den Baron gerichtet. Er wurde blaß,
dann übermäßig rot, dann ließ er sein Taschentuch fallen
und bückte sich, es aufzuheben, und dabei bekam ich
flüchtig sein Gesicht zu sehen, während es allen anderen
am Tisch verborgen blieb. Es war überglänzt von Spottlust,
einem Ausdruck, wie er seiner wahren Natur entsprach,
den ich aber bisher nur bei ihm wahrgenommen hatte,
wenn wir ganz allein miteinander waren und wenn er sich
ungezwungen entspannte. Gleich darauf stand er hoch aufgerichtet vor Hermann; und wahrhaftig sah ich nie zuvor
eine so totale Veränderung eines Gesichtsausdrucks in so
kurzer Zeit. Einen Augenblick glaubte ich sogar, daß ich
ihn verkannt hätte und daß er es völlig ernst meine. Flam-
mender Zorn schien ihm den Atem zu benehmen, und sein
Gesicht war leichenblaß. Eine kurze Weile verharrte er
schweigend, offensichtlich bemüht, seiner Erregung Herr
zu werden. Als ihm das, allem Anschein nach, gelungen
war, ergriff er eine Karaffe, die vor ihm stand, und sagte,
sie fest umklammernd: »Die Ausdrucksweise, Mynheer
Hermann, die Sie mir gegenüber für angebracht gehalten
haben, ist in so vielen Punkten anfechtbar, daß ich weder
Lust noch Zeit habe, im einzelnen darauf einzugehen. Die
Bemerkung jedoch, daß meine Ansichten nicht die Ansichten sind, die man von einem Gentleman erwarten sollte, ist
so unverhüllt beleidigend, daß sie nur eine einzige Reak-

tion zuläßt. Nichtsdestoweniger gebührt der hier anwesenden Gesellschaft und Ihnen selbst als meinem derzeitigen Gast eine gewisse Höflichkeit. Sie werden mir deshalb nachsehen, wenn ich unter diesen Umständen leicht abweiche von der üblichen Gepflogenheit unter Gentlemen in ähnlichen Fällen persönlichen Affronts. Sie werden mir vergeben, daß ich Ihre Phantasie auf eine bescheidene Probe stelle, und werden versuchen, das Konterfei Ihrer Person in jenem Spiegel dort als den leibhaftigen Mynheer Hermann anzusehen. Ist das geschehen, gibt es gar kein Problem mehr. Ich werde diese Weinkaraffe auf Ihr Bild in jenem Spiegel dort abfeuern und somit, vollauf dem Geist, wenn auch nicht eben dem Buchstaben des Gesetzes entsprechend, die mir zugefügte Kränkung ahnden, während die Notwendigkeit, Ihrer realen Person Gewalt anzutun, umgangen wird.«

Mit diesen Worten schleuderte er die mit Wein gefüllte Karaffe gegen den Spiegel, der Hermann genau gegenüber hing, traf das Abbild seiner Person mit großer Exaktheit und zertrümmerte natürlich das Glas. Die ganze Gesellschaft schnellte von ihren Sitzen und suchte, außer mir selbst und Ritzner, das Weite. Als Hermann hinausging, flüsterte mir der Baron zu, ich solle folgen und ihm meine Dienste anbieten. Dieser Bitte kam ich nach, nicht wissend, was ich von einem so lächerlichen Handel halten sollte.

Der Duellant akzeptierte meinen Beistand mit dem ihm eigenen Gebaren, steif und *ultra recherché*, und führte mich, meinen Arm nehmend, in seine Wohnung. Ich konnte mich kaum enthalten, ihm ins Gesicht zu lachen, während er fortgesetzt mit tiefstem Ernst das, wie er es nannte, ›vertrackt Einmalige‹ der erlittenen Beleidigung erörterte. Nach einem ermüdenden Redeschwall in seinem gewohnten Stil nahm er von seinen Bücherborden eine Anzahl verstaubter Bände über das *duello* und unterhielt mich lange Zeit mit ihrem Inhalt, indem er laut vorlas und das Gelesene eifrig erläuterte. Ich kann mich nur noch an die Titel einiger Werke erinnern. Es waren der ›Erlaß von Philip le Bel über den Zweikampf‹; ›Schauplatz der Ehre‹ von Favyn und eine Abhandlung ›Über die Zulässigkeit von Duellen‹ von

Audiguier. Er legte mir auch protzend Brantômes ›Duell-Memoiren‹ vor, einen Elzevirdruck, 1666 in Köln erschienen − einen kostbaren, einzigartigen Velineinband mit eleganter Zierleiste, von Derôme gebunden. Aber im besonderen und mit der geheimnisvollen Miene des Eingeweihten lenkte er meine Aufmerksamkeit auf einen dicken Oktavband, der in barbarischem Latein von einem gewissen Hédelin geschrieben war, einem Franzosen, und der den kuriosen Titel trug: ›Duelli Lex scripta, et non, aliter-que‹. Daraus las er mir eines der drolligsten Kapitel von der Welt vor, betreffend *›Injuriae per applicationem, per constructionem, et per se‹*, wovon die Hälfte, wie er behauptete, haargenau auf seinen eigenen ›vertrackt einmaligen‹ Fall zutreffe − wiewohl ich um alles in der Welt nicht eine Silbe von der ganzen Materie begreifen konnte. Nachdem er das Kapitel beendet hatte, klappte er das Buch zu und fragte, was denn nun nach meiner Meinung zu geschehen habe. Ich erwiderte, daß ich volles Vertrauen zu seinem ungewöhnlichen Taktgefühl hätte und mich an das halten wolle, was er vorschlage. Diese Antwort schien ihm zu schmeicheln, und er setzte sich, um dem Baron ein paar Zeilen zu schreiben. Sie lauteten folgendermaßen:

Mein Herr, mein Freund, Mr. P., wird Ihnen diese Zeilen übergeben. Ich halte es für meine Pflicht, Sie zu ersuchen, unverzüglich eine Erklärung zu den Vorfällen der vergangenen Nacht in Ihrer Wohnung abzugeben. Falls Sie diesem Ersuchen nicht nachkommen, wird Mr. P. mit irgendeinem Freund, den Sie bestimmen mögen, gern die nötigen Vorkehrungen für ein Duell treffen.

Mit dem Ausdruck meiner vorzüglichen Hochachtung,

Ihr ergebenster Diener
Johan Hermann

An den Baron Ritzner von Jung
18. August 18− −

Um einen besseren Rat verlegen, sprach ich mit dieser Epistel bei Ritzner vor. Er nahm sie mit einer Verbeugung entgegen; dann nötigte er mich mit ernster Miene zum Sitzen. Nachdem er die Herausforderung gelesen, schrieb er die folgende Antwort, die ich Hermann überbrachte:

Mein Herr,

durch unseren gemeinsamen Freund, Mr. P., habe ich Ihre Zeilen von heute nacht erhalten. Nach reiflicher Überlegung erkenne ich die Gebotenheit der mir nahegelegten Erklärung freimütig an. Dies zugegeben, finde ich es dennoch sehr schwierig (wegen der *vertrackt einmaligen* Natur unserer Meinungsverschiedenheit und des persönlichen Affronts meinerseits), das, was ich als Entschuldigung vorzubringen habe, so in Worte zu fassen, daß es all den minutiösen Erfordernissen und all den veränderlichen Schattierungen des Falls gerecht wird. Indessen vertraue ich ganz und gar auf jenes außerordentliche Fingerspitzengefühl in allen Fragen der Etikette, durch das Sie sich seit so langer Zeit in so hohem Maße auszeichnen. In der festen Überzeugung, verstanden zu werden, erlaube ich mir deshalb, statt Ihnen irgendwelche eigenen Meinungen anzubieten, Sie auf die Ansichten des Sieur Hédelin hinzuweisen, dargelegt im neunten Abschnitt des Kapitels über ›*Injuriae per applicationem, per constructionem, et per se*‹ in seinem Werk ›Duelli Lex scripta, et non, aliterque‹. Die Schärfe Ihres Urteilsvermögens in allen hier behandelten Fragen wird, wie ich nicht zweifle, hinreichen, Sie als einen Ehrenmann davon zu überzeugen, *daß allein schon die Tatsache, daß ich Sie* auf diesen bewundernswerten Abschnitt *hinweise*, Ihrem Ersuchen um eine Erklärung Genüge tun sollte.

Mit dem Ausdruck meiner größten Hochachtung,
Ihr gehorsamster Diener
von Jung

Herrn Johan Hermann
18. August 18– –

Hermann begann die Lektüre dieser Epistel mit Stirnrun-
zeln, das sich jedoch in ein Lächeln abgeschmackter Selbstgefälligkeit verwandelte, als er an die Salbaderei über
›Injuriae per applicationem, per constructionem, et per se‹
geriet. Nachdem er fertig gelesen hatte, bat er mich mit
dem denkbar mildesten Lächeln, Platz zu nehmen, während er die in Rede stehende Abhandlung zu Rate zog. Besagten Abschnitt aufschlagend, las er ihn für sich sorgfältig
durch, dann schloß er das Buch und bat mich in meiner Eigenschaft als Vertrauensperson, dem Baron von Jung seine
hohe Wertschätzung für sein ritterliches Benehmen auszu-
sprechen und ihm ferner, dies in meiner Eigenschaft als
Sekundant, zu versichern, daß die vorgebrachte Erklärung
umfassender, ehrenhafter und eindeutig überzeugender
nicht sein könne.

Ziemlich verwirrt von alledem, machte ich mich wieder
auf den Weg zum Baron. Er schien Hermanns friedliche
Botschaft als eine Selbstverständlichkeit entgegenzuneh-
men, und nach einigen Worten allgemeiner Konversation
ging er in ein angrenzendes Zimmer und holte das unsterbliche Traktat ›Duelli Lex scripta, et non, aliterque‹ herbei.
Er reichte mir den Band und forderte mich auf, irgendeinen Abschnitt daraus durchzusehen. Das tat ich, aber mit
wenig Erfolg, vermochte ich doch nicht das kleinste Fünkchen eines Sinns auszumachen. Darauf nahm er selbst
das Buch und las mir einen Absatz laut vor. Zu meinem
Erstaunen entpuppte sich das, was er las, als ein ganz
haarsträubend abgeschmackter Bericht über ein Duell
zwischen zwei Pavianen. Er erklärte mir nun das Rätsel
und offenbarte mir, daß der Band, wie es *prima facie*
schien, nach dem Muster der Nonsensverse von Du Bar-
tas geschrieben sei, das heißt, die Sprache war kunstreich so
gefügt, daß sie dem Ohr alle äußeren Merkmale der Ver-
ständlichkeit und sogar der Tiefgründigkeit bot, während
tatsächlich nicht die Spur eines Sinns vorhanden war.
Der Schlüssel zum Ganzen fand sich, wenn man abwechselnd jedes zweite und dritte Wort ausließ, wobei denn
eine Reihe lächerlicher Untersuchungen über den Zwei-

kampf, wie er in neuerer Zeit geübt wird, zum Vorschein kam.

Der Baron eröffnete mir später, er habe den Traktat zwei oder drei Wochen vor dem Abenteuer absichtlich Hermann in die Hände gespielt und an dem ganzen Tenor seiner Rede mit Befriedigung gemerkt, daß jener ihn mit größter Aufmerksamkeit studiert hatte und steif und fest für ein ungewöhnlich verdienstvolles Werk hielt. Auf diesen Wink hin handelte er. Hermann wäre lieber tausend Tode gestorben, als daß er zugegeben hätte, daß er nicht alles und jedes begriff, was auf Erden je über das *duello* geschrieben worden ist.   Littleton Barry

LIGEIA

Das aber macht den Willen aus, daß er nicht stirbt. Wer kennt die Geheimnisse des Willens und seiner Stärke? Denn Gott ist nur ein großer Wille, der alle Dinge durchdringt kraft seines Eifers. Der Mensch unterliegt nicht den Engeln und auch dem Tode nicht völlig, außer allein durch die Ohnmacht seines schwachen Willens.

Joseph Glanvill

Ich kann mich bei meiner Seele nicht erinnern, wann oder auch nur wo ich die Lady Ligeia zum ersten Male sah. Lange Jahre sind seitdem vergangen, und mein Gedächtnis ist geschwächt durch viel Leiden. Vielleicht auch kann ich mir *jetzt* diese Einzelheiten nicht mehr ins Gedächtnis zurückrufen, weil das Wesen meiner Geliebten, ihre seltene Bildung, ihre einzigartige, doch sanfte Schönheit und der erregende und bezaubernde Fluß ihrer leisen melodischen Sprache sich in Wahrheit schrittweise in mein Herz schlichen, so stetig und verstohlen, daß ich es nicht merkte noch wußte. Doch glaube ich, daß ich ihr zuerst und immer wieder in einer großen alten, verfallenden Stadt unweit des Rheins begegnete. Ihre Familie – sicherlich hat sie mir von ihr gesprochen. Daß sie weit in fernste Vergangenheit zurückreicht, ist nicht zu bezweifeln. Ligeia! Ligeia! Vergraben in Studien, die ihrer Natur nach mehr als alles andere dazu angetan sind, die Reize der Außenwelt abzutöten, vermag ich allein durch jenes süße Wort – Ligeia – mir im Geist das Bild derer vor Augen zu rufen, die nicht mehr ist. Und jetzt, da ich schreibe, wird mir plötzlich bewußt, daß ich den Vatersnamen derer *nie gekannt* habe, die mir Freundin war und Verlobte, die Teilhaberin meiner Studien wurde und schließlich die Frau in meinen Armen. War es ein mutwilliges Gebot von seiten meiner Ligeia? oder war es ein Prüfstein für die Stärke meiner Zuneigung, daß ich hiernach nicht forschen sollte? oder war es vielmehr eine Laune von mir selbst – ein verstiegen romantisches Opfer auf dem Altar der leidenschaftlichsten Hingabe? Nur undeutlich erinnere ich mich der Tatsache selbst – was Wunder, daß ich die auslösenden oder begleitenden Umstände ganz und gar vergessen habe? Und fürwahr, wenn je der Geist des *Phantastischen* – wenn jemals sie, die bleiche, die dunstgeflügelte *Aschtophet* des götzendienerischen Ägypten über unglücksschwangeren Ehen gewaltet hat, wie man ihr nachsagt – dann waltete sie ganz gewiß über der meinen.

Ein mir teures Thema gibt es jedoch, bei dem mein Gedächtnis mich nicht im Stich läßt. Es ist die *äußere Erscheinung* Ligeias. Sie war von hohem Wuchs, ziemlich schlank und in ihren späteren Tagen sogar abgezehrt. Vergebens würde ich versuchen, die Majestät, die ruhige Ungezwungenheit ihres Benehmens oder die unbegreifliche Leichtigkeit und Elastizität ihres Schrittes zu beschreiben. Sie kam und ging wie ein Schatten. Nie wurde ich ihr Eintreten in mein geschlossenes Studierzimmer anders gewahr als durch die vertraute Musik ihrer leisen, holden Stimme, wenn sie mir ihre Marmorhand auf die Schulter legte. An Schönheit des Antlitzes kam ihr kein Mädchen je gleich. Es war der strahlende Glanz eines Opiumtraums – ein ätherisches, geistbeflügelndes Wunschbild, entrückt-göttlicher als die Phantasiegebilde, welche die schlummernden Seelen der Töchter von Delos umschwebten. Doch hatten ihre Züge nicht das Ebenmaß, das in den klassischen Werken der Alten zu verehren man uns zu Unrecht gelehrt hat. ›Es gibt keine vollkommene Schönheit‹, sagt Bacon, Lord Verulam, zutreffend von allen Erscheinungsformen und *genera* des Schönen, ›ohne eine gewisse *Abweichung* vom Gleichmaß.‹ Doch obwohl ich sah, daß Ligeias Gesichtszüge nicht von klassischer Regelmäßigkeit waren – obwohl ich erkannte, daß ihr Liebreiz wirklich ›vollkommen‹ war, und fühlte, daß viel ›Abweichendes‹ ihn durchdrang, habe ich vergebens versucht, die Unregelmäßigkeit zu entdecken und dem ›Abweichenden‹, wie ich es selbst empfand, ganz auf die Spur zu kommen. Ich prüfte die Kontur der hohen blassen Stirn: sie war makellos – doch wie kalt dieses Wort, bezogen auf solch göttliche Majestät! – die Haut, die dem reinsten Elfenbein nicht nachstand, die achtunggebietende Weite und Ruhe, die sanfte Wölbung der Schläfenpartien; und dann das rabenschwarze, das schimmernde, üppige und naturgelockte Haar, das so ganz dem ausdrucksstarken homerischen Epitheton ›hyazinthen‹ entsprach. Ich betrachtete den zarten Umriß der Nase – nirgends sonst als auf den anmutigen Gedenkmünzen der Hebräer hatte ich eine ähnliche Vollkommenheit erblickt. Da waren die gleiche schwelgerische Glätte der Oberfläche, die gleiche kaum wahrnehmbare Biegung, die gleichen harmonisch geschwungenen Nüstern, die den freien Geist verrieten. Ich betrachtete den holden Mund. Hier feierte fürwahr alles Himmlische Triumphe – der prachtvolle Schwung der kurzen Oberlippe – der weiche wollüstige Schlummer der unteren – die Grübchen, die scherzten, und die Farbe, die sprach – die Zähne, die mit fast bestürzendem Glanz jeden Schimmer des heiligen Lichts zurückwarfen, der auf sie fiel bei ihrem heiteren und milden und doch so unvergleichlich strahlend frohlockenden Lächeln. Ich erforschte die Formung ihres Kinns – und auch hier fand ich die sanfte Breite, die Weichheit und die Majestät, die Fülle und die Vergeistigung der Griechen – die Kontur, die der Gott Apollon dem Kleomenes, dem Sohn des Atheners, nur im Traum offenbarte. Und dann spähte ich suchend in die großen Augen Ligeias.

Für Augen haben wir keine Vorbilder im fernen Altertum. Und es wäre wohl möglich, daß in ebendiesen Augen meiner Geliebten das Geheimnis lag, auf das Lord Verulam hindeutet. Sie waren, wie ich glauben muß, weitaus größer, als man sie gemeinhin in unserm eigenen Volk findet. Ja, sie waren voller als die vollsten Gazellenaugen des Stammes vom Tal von Nourjahad. Aber nur dann und wann – in Augenblicken starker Erregung – war diese Eigentümlichkeit an Ligeia deutlicher wahrzunehmen. Und in solchen Augenblicken war ihre Schönheit – mag sein, daß es meiner überhitzten Phantasie so erschien – die Schönheit von überirdischen oder doch dem Irdischen entrückten Wesen – die Schönheit der legendären Huris der Türken. Die Farbe der Augen war ein tief schimmerndes Schwarz, und weit auf sie nieder senkten sich pechschwarze überlange Wimpern. Die Brauen, leicht unregelmäßig gezeichnet, waren von gleicher Farbe. Das ›Abweichende‹ jedoch, das ich in den Augen fand, hatte seiner Natur nach nichts mit der Form oder Farbe oder dem Glanz der Gesichtszüge zu tun und muß wohl am Ende dem *Ausdruck* zugeschrieben werden. O Wort ohne Bedeutung!, hinter dessen ungemessener Weite leeren Schalls wir unsere Unkenntnis von soviel Geistig-Seelischem verschanzen. Der Ausdruck von Ligeias Augen! Wie viele Stunden lang habe ich darüber nachgesonnen! Wie habe ich, manch lange Mittsommernacht hindurch, mich gemüht, sie auszuloten! Was war es denn – jenes Etwas, unergründlicher als der Brunnen des Demokrit –, das tief im Innern der Pupillen meiner Geliebten lag? Was nur *war* es? Ich war besessen von dem Verlangen, es aufzuspüren. Diese Augen! – diese großen, diese schimmernden, diese göttlichen Lichter! – sie wurden mir zum Zwillingsgestirn der Leda und ich zu ihrem inbrünstigsten Sterndeuter.

Unter dem vielen unbegreiflich Sonderbaren der Seelenkunde ist nichts so tief erregend wie die Tatsache – auf den Universitäten, scheint mir, niemals auch nur beachtet –, daß wir in unserm Bemühen, uns etwas längst Vergessenes ins Gedächtnis zurückzurufen, oft *ganz dicht an die Schwelle* des Erinnerns geraten, ohne am Ende das Entfallene greifen zu können. Wie oft habe ich so bei meinem eindringlichen Forschen in Ligeias Augen gefühlt, wie mir die volle Deutung ihres Ausdrucks nahe war – zum Greifen nahe – und doch nicht ganz mein – und am Ende denn gänzlich entglitten! Und ich fand (seltsames, o seltsamstes aller Rätsel!) in den alltäglichsten Dingen der Welt einen Kranz von Analogien zu jenem Ausdruck. Ich will damit sagen, daß seit der Zeit, da Ligeias Schönheit in meine Seele einzog, dort wohnte wie in einem Heiligenschrein, viele Phänomene der realen Welt in mir eine Empfindung auslösten, wie sie immer wieder von ihren großen leuchtenden Augenbällen in mir erweckt wurde. Gleichwohl konnte ich diese Empfindung nicht näher bestimmen, nicht sie analysieren oder auch nur stetig im Auge behalten. Ich erkannte sie, das sei wiederholt, mitunter beim Anschauen einer schnell wachsenden Ranke wieder – beim Betrachten eines Nachtfalters, eines Schmetterlings, einer Larve, eines fließenden Baches. Ich habe Gleiches angesichts des Ozeans gefühlt; beim Fallen eines Meteors. Ich habe es in den Blicken sehr alter Menschen gespürt. Und es gibt ein paar Sterne am Himmel (einen vor allen anderen, einen Stern sechster Größe, doppelt und veränderlich, nahe dem großen Stern in der Leier zu finden), bei deren Betrachtung durchs Fernrohr sich das gleiche Gefühl in mir einstellte. Es überkam mich bei bestimmten Klängen von Saiteninstrumenten und nicht selten bei besonderen Passagen in Büchern. Gut erinnere ich mich, unter zahllosen anderen Beispielen, einer Stelle in einem Band von Joseph Glanvill, die (vielleicht nur wegen ihrer Seltsamkeit – wer weiß?) nie verfehlte, diese Empfindung in mir auszulösen: ›Das abér macht den Willen aus, daß er nicht stirbt. Wer kennt die Geheimnisse des Willens und seiner Stärke? Denn Gott ist nur ein großer Wille, der alle Dinge durchdringt kraft seines Eifers. Der Mensch unterliegt nicht den Engeln und auch dem Tode nicht völlig, außer allein durch die Ohnmacht seines schwachen Willens.‹

Lange Jahre und reifliche Überlegung haben mich gelehrt, wirklich eine vage Verbindung zwischen diesem Ausspruch des englischen Moralisten und einem Charakterzug Ligeias aufzuspüren. Eine *Intensität* im Denken, Handeln und Sprechen war bei ihr vielleicht eine Auswirkung oder zumindest ein Anzeichen jener ungeheuren Willenskraft, die sich während unserer langen Verbindung in anderen und augenfälligeren Zeugnissen nicht offenbarte. Von allen Frauen, die ich je gekannt, fiel keine so gewaltsam wie

sie, die nach außen ruhige, die immer sanfte Ligeia, den
gierigen Geiern unerbittlicher Leidenschaft zur Beute.
Doch konnte ich diese Leidenschaft nur an der wundersamen Ausweitung ihrer Augen ermessen, die mich gleichermaßen entzückte und erschreckte – an der fast magischen
Melodie, Modulation, Deutlichkeit und Sanftheit ihrer
sehr leisen Stimme – und an der ungestümen Kraft (doppelt wirkungsvoll durch den Gegensatz zu ihrer Sprech-
weise) der wilden Worte, die sie hervorzubringen pflegte.

Ich habe von Ligeias Bildung gesprochen: sie war unermeßlich – wie ich sie noch bei keiner anderen Frau gefunden habe. In den klassischen Sprachen war sie gründlich
bewandert, und was die neueren Sprachen Europas betrifft,
habe ich sie, soweit meine eigenen Kenntnisse reichten, nie
bei einem Fehler ertappt. Ja, habe ich Ligeia denn überhaupt je bei einem Fehler ertappt, um welchen meistbewunderten, nur weil abstrusesten Gegenstand der vielgerühmten akademischen Gelehrsamkeit es sich auch handeln
mochte? Wie eigentümlich – wie erregend hat dieser eine
Zug im Wesen meiner Frau sich erst in jüngster Zeit meiner Aufmerksamkeit aufgezwungen! Ich sagte, ihr Wissen
war so umfassend, wie ich es noch bei keiner anderen Frau
gefunden habe – wo aber atmet der Mann, der all die weiten Regionen der Sittenlehre, der Naturwissenschaften und
der Mathematik durchmessen, erfolgreich durchmessen
hat? Damals sah ich nicht, was ich jetzt klar erkenne: daß
die Kenntnisse Ligeias gigantisch, ja bestürzend waren;
doch war ich mir ihrer unendlichen Überlegenheit hinlänglich bewußt, um mich mit kindlichem Vertrauen ihrer Führung durch die chaotische Welt metaphysischer Forschungen zu überlassen, denen ich mich in den ersten Jahren
unserer Ehe mit Hingabe widmete. Mit welch schwellen-
dem Triumphgefühl – mit welch lebhaftem Entzücken –
mit wieviel Hoffnungsglück, vom Himmlischen gespeist –
fühlte ich, wenn sie sich bei meinen Studien – sonst kaum
begehrten, noch weniger bekannten – über mich beugte,
wie sich jene köstliche Lichtung langsam vor mir auftat,
auf deren langem, schimmerndem und ganz unbegange-

nem Pfad ich am Ende wandeln würde, bis zum Ziel: einer Weisheit, zu göttlich erhaben, um nicht verwehrt zu werden!

Wie tief muß daher der Schmerz gebrannt haben, als ich nach einigen Jahren sah, wie meine wohlgegründeten Erwartungen Flügel bekamen und davonflogen! Ohne Ligeia war ich nur wie ein Kind, das, von der Nacht überfallen, im Dunkel tappt. Allein ihre Gegenwart, ihre Deutungen machten die vielen Geheimnisse des Übersinnlichen, in die wir uns versenkt hatten, hell und durchscheinend. Ohne das strahlende Leuchten ihrer Augen wurden Lettern, licht und golden, blinder als saturnisches Blei. Immer seltener beschienen nun jene Augen die Seiten, in die ich vertieft war. Ligeia wurde krank. Die verstörten Augen brannten in strahlendem – allzu strahlendem Glanz; die bleichen Finger nahmen die durchscheinend wächserne Blässe des Todes an, und die blauen Adern auf der hohen Stirn schwollen jählings an und ab mit den Gezeiten jeder leisesten Erregung. Ich sah, daß sie sterben mußte – und im Geiste rang ich verzweifelt mit dem grimmigen Asrael. Doch waren die Kämpfe der leidenschaftlichen Frau zu meinem Erstaunen noch heftiger als meine eigenen. Vieles in ihrer unbeugsamen Natur hatte in mir den Glauben erweckt, zu ihr werde der Tod ohne seine Schrecken kommen – aber mitnichten. Worte vermögen nicht eine auch nur blasse Vorstellung von dem erbitterten Widerstand zu geben, mit dem sie gegen den Schatten ankämpfte. Ich stöhnte in Todesqualen bei diesem jammervollen Schauspiel. Ich hätte besänftigen – hätte gut zureden mögen; aber vor der Stärke ihres wilden Verlangens nach Leben – nach Leben – *allein* nach Leben – waren Trost und Zuspruch gleichermaßen der Gipfel der Torheit. Doch bis zum letzten Augenblick, noch unter den krampfhaftesten Zuckungen ihres aufgewühlten Geistes, war die äußerliche Gelassenheit ihres Gebarens nicht zu erschüttern. Ihre Stimme wurde immer sanfter – immer leiser – aber ich möchte es mir ersparen, bei dem wilden Sinn der ruhig geäußerten Worte zu verweilen. Mir schwindelte, wenn ich, wie in Trance, einer mehr als irdischen Melodie lauschte – Wünschen und Sehnsüchten, die kein Sterblicher je zuvor gekannt.

Daß sie mich liebte, hätte ich wohl nie bezweifelt; und leicht hätte ich mir sagen können, daß in einem Herzen wie dem ihren Liebe keine herkömmliche Leidenschaft entfachen würde. Aber im Tode erst wurde mir die Stärke ihrer Zuneigung vollauf bewußt. Lange Stunden pflegte sie, meine Hand in der ihren, ihr übervolles Herz vor mir auszuschütten, dessen mehr als leidenschaftliche Hingabe an Abgötterei grenzte. Womit hatte ich es verdient, durch solche Bekenntnisse so hoch beglückt zu werden? – womit hatte ich es verdient, so hart bestraft zu werden durch das Entschwinden meiner Geliebten in ebender Stunde, da sie sich mir offenbarte? Aber ich ertrag es nicht, bei diesem Thema länger zu verweilen. Nur das sei gesagt: daß ich in Ligeias mehr als weiblicher Hingabe an eine, ach! ganz unverdiente, einem ganz Unwürdigen geschenkte Liebe endlich den tiefsten Ursprung ihres so sehnsüchtigen, so fiebernd dringlichen Verlangens nach dem Leben erkannte, das nun so rasch entfloh. Es ist dieses fiebernde Sehnen – es ist dieses heiße inbrünstige Verlangen nach Leben – allein nach Leben –, das ich nicht zu beschreiben vermag, in Worten nicht ausdrücken kann.

Um die Mitte der Nacht, in der sie verschied, winkte sie mich gebieterisch an ihre Seite und bat mich, ihr einige Verse vorzusprechen, die sie nur wenige Tage zuvor selbst verfaßt hatte. Ich gehorchte. Sie lauteten so:

Oh, welche Galanacht
   Bricht in des Spätjahrs Einsamkeit!
Ein Engelhauf, in Flügelpracht,
   Verweint, im Schleierkleid,
Sitzt im Theater rings und schaut
   Ein Spiel von Lust und Zähren,
Und vom Orchester, schwellend, leis und laut,
   Tönt die Musik der Sphären.

Mimen, geformt nach Gott dem Herrn,
   Murmeln und munkeln leis

Und hasten nah und fern –
  Nur Puppen, fügsam dem Geheiß
Von Ungestalten, formlos, wild,
  Kulissen schiebend rings im Kreis,
Aus deren Kondorflügeln quillt
  Weh, von dem keiner weiß!

Das kunterbunte Schauspiel – ach! –
  Soll nicht vergessen sein!
Die Menge jagt ewig dem Trugbild nach
  Und holt es doch niemals ein.
Denn nur im Kreise ringsumher
  Zum Anfang geht's zurück.
Und viel Narrheit ist und Schuld noch mehr
  Und Grauen die Seele vom Stück.

Doch sieh, da dringt in der Mimen Hauf
  Eine kriechende Mißgestalt!
Blutrot entwindet sich's, ab und auf,
  Dem szenischen Hinterhalt.
Es krümmt sich – es krümmt sich! – in Todesnot
  Werden die Mimen sein Schmaus,
Und die Seraphim schluchzen: denn Menschenblut
  Träuft zum giftigen Maule heraus.   [rot

Aus – aus sind die Lichter – all aus!
  Und über die Zitternden, Zagen
Fällt nieder mit Sturmesgebraus
  Der Vorhang, ein Leichenlaken.
Und die Engel ziehn bleich sich zurück
  Und künden entfliehend der Welt:
›Mensch‹ heißt das trübselige Stück;
  Der Eroberer Wurm ist sein Held.

»O Gott!« – fast schrie es Ligeia, indem sie aufsprang und
die Arme mit einer krampfartigen Bewegung empor-
streckte, während ich diese Verse beendete – »O Gott! O
himmlischer Vater! – sollen diese Dinge unabänderlich so
sein? – soll dieser Allesbezwinger nicht ein einziges Mal
bezwungen werden? Sind wir nicht untrennbar ein Teil von

Dir? Wer – wer kennt die Geheimnisse des Willens und seiner Stärke? Der Mensch unterliegt nicht den Engeln und *auch dem Tode nicht völlig*, außer allein durch die Ohnmacht seines schwachen Willens.«

Ganz ermattet von innerer Erregung, ließ sie nun ihre weißen Arme sinken und kehrte ernst auf ihr Sterbebett zurück. Und mit ihren letzten verhauchenden Seufzern kam zugleich ein leises Flüstern von ihren Lippen. Ich beugte mich nieder, um zu hören, und vernahm wiederum die Schlußworte der Stelle im Glanvill: *»Der Mensch unterliegt nicht den Engeln und auch dem Tode nicht völlig, außer allein durch die Ohnmacht seines schwachen Willens.«*

Sie starb; und ich, ganz und gar zermalmt von Schmerz, konnte die einsame Öde meiner Behausung in der finsteren und verfallenden Stadt am Rhein nicht länger ertragen. An dem, was die Welt Reichtum nennt, fehlte es mir nicht. Ligeia hatte mir mehr, sehr viel mehr zugebracht, als Sterblichen gemeinhin zuteil wird. Nach einigen Monaten müden und ziellosen Umherschweifens erwarb ich daher in einem der wildesten und wenigst besuchten Teile des schönen England eine verlassene Abtei, deren Namen ich nicht nennen möchte, und setzte sie leidlich instand. Die düstere und schwermütige Erhabenheit des Bauwerks, die fast urtümlich anmutenden Ländereien, die vielen melancholischen und altehrwürdigen Erinnerungen, die sich mit beidem verbanden, stimmten gut zu den Gefühlen äußerster Verlassenheit, die mich in jenen fernen und unwirtlichen Landstrich verschlagen hatten. Doch obwohl das Äußere der Abtei, der grün überwucherte Verfall, Veränderungen kaum zuließ, huldigte ich innen in kindischer Launenhaftigkeit und vielleicht in der schwachen Hoffnung, meine Leiden zu lindern, einer mehr als fürstlichen Prachtentfaltung. Für derlei Narrheiten hatte ich schon als Kind eine Schwäche gehabt, und jetzt kehrten sie zu mir, dem gleichsam von Kummer Verkindeten, zurück. Ach, ich fühle wohl, wieviel gar von beginnendem Irrsinn man in den prunkvollen und phantastischen Draperien hätte aufspüren können, in den erhabenen Schnitzwerken Ägyptens, in den bizarren Gesimsen und Möbeln, in den wahnwitzigen Mustern der golddurchwirkten Teppiche! Ich war zum gefesselten Sklaven in den Fängen des Opiums geworden, und all mein Tun und Lassen und meine Anweisungen hatten etwas von der Färbung meiner Träume angenommen. Aber bei diesen Abgeschmacktheiten will ich nicht verweilen. Nur von dem einen Gemach will ich sprechen, dem ewig verfluchten, dahin ich in einem Augenblick geistiger Umnachtung meine Braut führte – vor dem Altar mir angetraut, die Nachfolgerin der unvergessenen Ligeia – die blonde und blauäugige Lady Rowena Trevanion von Tremaine.

Da ist kein Teilchen der Architektur und Ausstattung jenes Brautgemachs, das mir nicht heute noch vor Augen stünde. Wo nur waren die Herzen der stolzen Familie der Braut, als sie es in ihrer Gier nach Golde zuließen, daß eine Jungfrau, eine Tochter, so heiß geliebt, die Schwelle eines dergestalt geschmückten Zimmers überschritt? Ich habe gesagt, daß ich mich bis ins kleinste an jedes Detail des Gemaches erinnere – aber allzuleicht vergesse ich die wirklich bedeutsamen Dinge – und hier waltete kein System, keine Harmonie in der grotesken Prunkentfaltung, nichts, was sich dem Gedächtnis hätte einprägen können. Das Zimmer, in einem hohen Turm der burgartigen Abtei gelegen, war im Grundriß fünfeckig und sehr geräumig. Die ganze Südseite des Fünfecks nahm das einzige Fenster ein – eine riesengroße, nicht unterteilte Platte aus venezianischem Glas – eine einzige Scheibe von bleiernem Grau, so daß die einfallenden Strahlen der Sonne oder des Mondes einen gespenstischen Glanz über die Gegenstände im Zimmer warfen. Über den oberen Teil dieses riesigen Fensters breitete sich das Rankenwerk eines uralten Weinstocks, der an den dicken Mauern des Turmes emporkletterte. Die Decke, aus düster-dunklem Eichenholz, war übermäßig hoch, gewölbt und kunstvoll geschmückt mit dem bizarrsten und groteskesten Zierat halb gotischer, halb druidischer Herkunft. Aus der tiefsten Mitte dieser finsteren Wölbung hing an einer einzigen langgliedrigen goldenen Kette ein gewaltiger Weihrauchkessel herab, ebenfalls von Gold, nach sarazenischem Muster geformt und mit zahlreichen kleinen Löchern versehen, aus denen in ununterbrochener Folge, schlangengleich, verschiedenfarbige Flammen einwärts und auswärts züngelten.

Einige Ottomanen und goldene Kandelaber orientalischen Stils waren hier und da aufgestellt – und da war auch das Ruhelager – das Brautbett – nach indischem Muster, niedrig und aus massivem Ebenholz geschnitzt, mit einem bahrtuchähnlichen Baldachin darüber. In jeder Ecke des Gemachs stand hochkant ein riesiger Sarkophag aus schwarzem Granit, von den Königsgräbern gegenüber Luxor, die uralten Deckel überladen mit unvordenklichem Bildhauerwerk. Die ausschweifendste Phantasie aber, ach!, waltete in den Draperien des Zimmers. Die hohen Wände, gigantisch in ihrem Ausmaß, ja, jedes Maß sprengend, waren von oben bis unten, in ungeheuren Falten, mit schweren massigen Wandteppichen behängt – Behängen aus demselben Material, wie es in den Teppichen auf dem Fußboden wiederkehrte, in den Bezügen der Ottomanen und des Ebenholzbettes, im Baldachin des Bettes und in den prunkvoll gerafften Vorhängen, die das Fenster teilweise verhüllten. Das Material war kostbarstes Goldgewebe. Es war in unregelmäßigen Abständen über und über gesprenkelt mit arabesken Formen, die, etwa ein Fuß im Durchmesser, in tiefschwarzen Mustern dem Stoff eingewirkt waren. Aber diese Formen enthüllten ihren eigentlichen, arabesken Charakter nur, wenn man sie von einem ganz bestimmten Standort aus betrachtete. Ein kunstreiches Verfahren, das heute geläufig ist, sich aber tatsächlich schon in einer sehr frühen Epoche des Altertums nachweisen läßt, brachte es zuwege, daß der Anblick, den sie boten, veränderlich war. Betrat man das Zimmer, muteten sie wie harmlose Mißgestalten an; doch bei weiterer Annäherung verflüchtigte sich dieser Eindruck allmählich; und deutlicher mit jedem Schritt, je nachdem, wie er seinen Standort im Zimmer veränderte, sah sich der Besucher von einer endlosen Reihe gespenstischer Gestalten umgeben, wie sie

dem Aberglauben der Normannen angehören oder dem
sündigen Schlummer der Mönche entspringen. Die phan-
tasmagorische Wirkung wurde noch beträchtlich erhöht
durch die künstliche Zuführung eines ständigen starken
Luftzuges hinter den Draperien – was dem Ganzen eine
schreckliche und ruhelose Belebtheit verlieh.

In solcher Umgebung – in einem solchen Brautge-
mach – verbrachte ich mit der Lady von Tremaine die
ruchlosen Stunden des ersten Monats unserer Ehe – verbrachte sie in nur geringer Unruhe. Daß meine Frau die
grimmige Launenhaftigkeit meiner Gemütsart fürchtete –
daß sie mich mied und nur wenig liebte –, das konnte mir
nicht verborgen bleiben; aber es bereitete mir eher Vergnügen als Pein. Ich verabscheute sie mit einem Haß, der eher
dämonische als menschliche Züge hatte. Meine Gedanken
flohen (oh, mit welch verzehrender Trauer!) zurück zu Ligeia, der geliebten, der erhabenen, der schönen, der begrabenen. Ich schwelgte in Erinnerungen an ihre Reinheit, an
ihre Weisheit, an ihr stolzes, ihr himmlisches Wesen, an
ihre leidenschaftliche, ihre abgöttische Liebe. Nun also
brannte mein Herz denn wirklich lichterloh, in Flammen,
die heißer waren als all die ihren. In der Erregung meiner
Opiumträume (denn gewöhnlich war ich in den Banden
der Droge gefangen) pflegte ich laut ihren Namen zu rufen, durch die Stille der Nacht oder am Tage in den um-
friedeten Schlupfwinkeln der Talengen, als sei es möglich,
durch den wilden Eifer, die ernste Leidenschaft, die verzehrende Glut meines Sehnens die Verstorbene zurückzuführen auf den Erdenpfad, den sie – ach, *konnte* es denn wirklich für immer sein? – verlassen hatte.

Etwa zu Beginn des zweiten Monats unserer Ehe wurde
Lady Rowena von plötzlicher Krankheit befallen, von der
sie sich nur langsam erholte. Das Fieber, das sie verzehrte,
machte ihre Nächte unruhig; und in der Verwirrung des
Halbschlafs sprach sie von Geräuschen und Bewegungen
im Turmgemach und ringsum, die, wie ich glaubte, nur in
ihrer zerrütteten Phantasie oder vielleicht in den Trugge-
bilden des Gemaches selbst ihren Ursprung haben konn-

ten. Sie erholte sich schließlich – wurde endlich gesund. Doch nur eine kurze Spanne verstrich, bis eine zweite, heftigere Erkrankung sie wiederum auf ein Leidenslager warf; und von dieser Attacke konnte sich ihr Körper, schon immer schwächlich, nie mehr völlig erholen. Ihre Krankheiten waren fortan beängstigender Natur, beängstigender noch die ständige Wiederkehr, und sprachen dem Wissen und allen Bemühungen ihrer Ärzte gleichermaßen hohn. Je mehr sich ihr chronisches Leiden verschlimmerte, das nachgerade ihre Natur zu fest in seiner Gewalt zu haben schien, um mit menschlichen Mitteln ausgerottet zu werden, verschlimmerte sich auch, wie mir nicht verborgen bleiben konnte, die nervöse Überreizung ihres Gemüts und ihre Erregbarkeit bei den geringfügigsten Anlässen zur Furcht. Wiederum sprach sie, und häufiger nun und beharrlicher, von den Geräuschen – den leisen Geräuschen – und von den ungewöhnlichen Bewegungen inmitten der Draperien, auf die sie schon früher hingedeutet hatte.

Eines Nachts gegen Anfang September zwang sie dieses peinvolle Thema mit ganz besonderem Nachdruck meiner Aufmerksamkeit auf. Sie war eben aus unruhigem Schlummer erwacht, und ich hatte, mit Sorge halb und halb mit vagem Entsetzen, das Mienenspiel ihres ausgezehrten Gesichts beobachtet. Ich saß neben ihrem Ebenholzbett auf einer der indischen Ottomanen. Sie richtete sich halb auf und sprach in dringlich leisem Flüsterton von Geräuschen, die sie *jetzt* hörte, die aber ich nicht hören konnte – von Bewegungen, die sie *jetzt* sah, die aber ich nicht gewahren konnte. Der Wind wehte stürmisch hinter den Behängen, und gern hätte ich ihr klargemacht (was ich, offen gestanden, selbst nicht recht glaubte), daß jene kaum wahrnehmbaren Seufzer, jene ganz sachten Verwandlungen der Figuren an der Wand, nichts weiter seien als die natürlichen Auswirkungen des gewohnten Wehens des Windes. Aber die Todesblässe, die ihr Gesicht überzog, hatte mir offenbart, daß meine Bemühungen, sie zu beruhigen, vergeblich sein würden. Sie schien einer Ohnmacht nahe, und niemand von der Dienerschaft befand sich in Rufweite. Ich erinnerte mich, wo eine Karaffe mit leichtem Wein stand, den ihr die Ärzte verordnet hatten, und hastete durchs Zimmer, sie zu holen. Doch wie ich unter das Licht des Weihrauchkessels trat, fesselten zwei Umstände bestürzender Art meine Aufmerksamkeit. Ich hatte gespürt, daß irgend etwas Körperhaftes, wiewohl Unsichtbares, sacht an mir vorübergestrichen war; und ich sah, daß dort auf dem goldenen Teppich, inmitten des gleißenden Glanzes, den der Kessel verbreitete, ein Schatten lag – ein blasser unbestimmter Schatten, engelgleich – so wie man sich den Schatten einer abgeschiedenen Seele vorstellen könnte. Aber ich war übererregt von einer unmäßigen Dosis Opium und beachtete diese Dinge kaum, noch sprach ich davon zu Rowena. Nachdem ich den Wein gefunden, durchquerte ich wiederum das Gemach, schenkte einen Becher voll und führte ihn der ermattenden Lady an die Lippen. Doch sie hatte sich unterdessen ein wenig erholt und nahm selbst das Gefäß, während ich auf eine neben mir stehende Ottomane sank, den Blick fest auf die Kranke geheftet. Da geschah es, daß ich auf dem Teppich nahe dem Ruhebett deutlich einen leichten Schritt vernahm; und im nächsten Augenblick, gerade als Rowena den Wein an die Lippen setzte, sah ich, oder träumte vielleicht, es zu sehen, daß drei oder vier große Tropfen einer schimmernden rubinroten Flüssigkeit wie aus unsichtbarer Quelle inmitten der Zimmerluft in den Becher fielen. Wenn auch ich dies sah – Rowena sah es nicht. Ohne Zögern trank sie gierig den Wein, und ich ersparte es mir, ihr von einem Umstand zu sprechen, der wohl am Ende doch nur die Ausgeburt einer lebhaften Einbildungskraft gewesen sein konnte, die krankhaft überreizt war durch den Schrecken der Lady, durch das Opium und durch die nächtliche Stunde.

Doch kann ich es vor meiner eigenen Einsicht nicht verhehlen, daß sich unmittelbar nach dem Niederfallen der Rubintropfen die Krankheit meiner Frau rapide verschlimmerte, so daß in der dritten Nacht danach ihre Dienerschaft sie für das Grab bereitete und ich in der vierten, allein mit ihrem ins Bahrtuch gehüllten Leichnam, in ebendem phantastischen Gemache saß, das sie als meine Braut empfangen hatte. Wahnwitzige Traumgesichte, opium-gezeugt, huschten schattengleich an mir vorüber. Ruh-losen Blicks starrte ich auf die Sarkophage in den Zimmer-ecken, auf die sich wandelnden Gestalten der Wandverklei-dung und auf die vielfarbigen züngelnden Flammen im Weihrauchkessel zu meinen Häupten. Dann fiel mein Blick, indem ich der Vorfälle einer früheren Nacht ge-dachte, auf die Stelle im Lichtkegel des Weihrauchkessels, wo ich die blassen Konturen des Schattens gesehen hatte. Er war jedoch nicht mehr da; und freier atmend, wandte ich meine Blicke zu der bleichen und starren Gestalt auf dem Bett. Tausend Erinnerungen an Ligeia stürmten jetzt auf mich ein – und mit der ungestümen Gewalt einer stei-genden Flut brach das ganze unnennbare Weh, mit dem ich *sie* auf dem Totenbett gesehen hatte, aufs neue über mich herein. Die Nacht schwand; und noch immer starrte ich, das Herz voll schmerzlicher Erinnerung an die einzig und über alles Geliebte, unverwandt auf den Leichnam von Rowena.

Es mochte Mitternacht gewesen sein, vielleicht auch frü-her oder später – denn ich hatte der Zeit nicht geachtet –, als ein Schluchzen, leise, matt, aber ganz unverkennbar, mich aus meinen Träumen aufschreckte. Ich *fühlte*, daß es vom Ebenholzbett herkam – vom Bette des Todes. Ich lauschte, von ungläubigem Entsetzen gemartert – aber der Laut wiederholte sich nicht. Angespannt suchte ich irgend-eine Regung des Leichnams zu erspähen – aber nicht die leiseste ließ sich wahrnehmen. Und doch konnte ich mich nicht getäuscht haben. Ich *hatte* den Laut vernommen, wie schwach auch immer, und er hatte mich in tiefster Seele aufgerüttelt. Entschlossen und beharrlich hielt ich meinen Blick auf den Leichnam geheftet. Viele Minuten verstri-chen, ehe irgend etwas eintrat, was Licht auf das Geheim-nis werfen konnte. Endlich wurde offenbar, daß eine leichte, eine ganz schwache und kaum wahrnehmbare Röte auf den Wangen und längs der eingesunkenen kleinen

Adern der Augenlider erblüht war. Unsagbares Grauen und Entsetzen, wofür die Sprache der Menschen keinen adäquaten Ausdruck kennt, machte meinen Herzschlag stocken, meine Glieder erstarren, da, wo ich saß. Doch ein Gefühl der Pflicht ließ mich schließlich meine Fassung wiedergewinnen. Ich konnte nicht länger daran zweifeln, daß wir unsere Vorkehrungen übereilt getroffen hatten – daß Rowena noch lebte. Unverzüglich mußte etwas geschehen; doch lag der Turm weitab von dem Teil der Abtei, den die Dienerschaft bewohnte – niemand war durch Rufen zu erreichen – ich konnte sie auf keine Weise zu Hilfe holen, ohne das Zimmer für viele Minuten zu verlassen – und das zu wagen war unmöglich. So versuchte ich denn allein in heißem Bemühen, den noch zögernden Lebensgeist zurückzurufen. Doch schon nach kurzer Zeit war gewiß, daß ein Rückfall eingetreten war: die Farbe schwand von Augenlid und Wange und wich einer Blässe, die bleicher war als Marmor; noch welker nun und schmaler zusammengepreßt, lagen die Lippen in dem geisterhaften Totengesicht; eine abstoßende frostige Feuchte verbreitete sich rasch über den ganzen Körper; und gleich darauf stellte sich unerbittlich die wohlbekannte Starre ein. Schaudernd fiel ich zurück auf das Ruhebett, von dem der Schreck mich hochgerissen hatte, und überließ mich aufs neue in leidenschaftlichen Wachträumen dem Bilde Ligeias.

So war wohl eine Stunde verstrichen, als ich plötzlich (war es denn möglich?) zum zweiten Mal einen unbestimmten Laut aus der Richtung des Bettes vernahm. Ich lauschte – in maßlosem Entsetzen. Der Laut kam wieder – es war ein Seufzer. Hinstürzend zu dem Leichnam, sah ich – sah ich deutlich – ein Beben auf den Lippen. Im nächsten Augenblick lösten sie sich voneinander und enthüllten eine schimmernde Reihe der perlfarbenen Zähne. In meiner Brust kämpfte jetzt ungläubiges Staunen mit dem tiefen Grauen, das bisher allein dort geherrscht hatte. Ich fühlte, daß mein Blick sich trübte, daß meine Gedanken in die Irre gingen; und nur mit gewaltiger Anstrengung gelang es mir schließlich, mich der Aufgabe zu stellen, welche die Pflicht mir hier zum zweiten Male zugewiesen hatte. Ein ungewisser Schimmer lag jetzt auf Stirn und Wange und Hals; spürbare Wärme durchdrang den ganzen Körper; sogar ein matter Herzschlag war zu fühlen. Die Lady *lebte*, und mit doppeltem Eifer widmete ich mich der Aufgabe, sie vollends zurückzurufen. Ich rieb und benetzte ihr Schläfen und Hände und gebrauchte jedes Mittel, das Erfahrung und ein gut Teil medizinische Lektüre mir nahelegten. Aber vergebens. Unversehens schwand die Farbe, stockte der Pulsschlag, nahmen die Lippen wieder den Ausdruck des Todes an, und im nächsten Augenblick erlag der ganze Körper der Eiseskälte, der fahlen Blässe, der alles-umklammernden Starre, der Verfallenheit und trug all die abscheuerregenden Merkmale eines Leichnams, den schon viele Tage lang die Gruft beherbergt hat.

Und wieder versank ich in Traumgesichte von Ligeia – und wieder (was Wunder, daß ich schaudere, indem ich dies schreibe?) – *wieder* drang aus der Richtung des Eben-holzbettes ein leises Schluchzen an mein Ohr. Doch warum soll ich die unsäglichen Schrecken jener Nacht bis ins kleinste beschreiben? Warum soll ich hierbei verweilen, berichten, wie dieses scheußliche Schauspiel der Wiederbelebung sich einmal ums andere, bis gegen Morgengrauen, wiederholte; wie jeder entsetzliche Rückfall nur in einen grimmigeren und offenbar unerbittlicheren Tod mündete; wie jede Agonie ein Kampf mit irgendeinem unsichtbaren Widersacher zu sein schien; und wie jedem Kampf Gott weiß was für eine wahnwitzige Veränderung in der äußeren Erscheinung der Toten folgte? Ich möchte eilends zum Schluß kommen.

Der größere Teil der furchtbaren Nacht war vorüber, und sie, die tot gewesen, regte sich wiederum – nur kraftvoller jetzt als bisher, obwohl sie aus einem Zustand völliger Auflösung erwacht war, der in seiner äußersten Hoffnungslosigkeit entsetzlicher gewesen war als alles Bisherige. Längst hatte ich aufgehört, zu kämpfen oder mich auch nur zu rühren, und blieb starr und steif auf der Ottomane sitzen, hilfloses Opfer eines Strudels ungezügelter Gefühle, von denen ein namenloser Schauder vielleicht noch das am wenigsten Schreckliche, das am wenigsten Zerstörerische war. Der Leichnam, wiederhole ich, regte sich, und kraftvoller jetzt als zuvor. Die Farben des Lebens erblühten mit ungewohnter Frische auf dem Antlitz – die Glieder entspannten sich – und hätten die Lider nicht noch immer schwer auf den Augen gelegen, hätten die Binden und Hüllen des Grabes der Gestalt nicht noch immer ein leichenhaftes Gepräge verliehen, ich hätte wähnen können, daß Rowena nun wirklich und endgültig die Fesseln des Todes abgeschüttelt habe. War ich selbst jetzt noch nicht völlig von dieser Vorstellung durchdrungen, so konnte ich nicht länger mehr zweifeln, als die Verhüllte nun vom Bett erstand und schwankend, mit schwachen Schritten, mit geschlossenen Augen und dem Gebaren eines verstörten Traumwandlers leibhaftig und greifbar in die Mitte des Zimmers trat.

Ich erbebte nicht – ich regte mich nicht – denn ein Sturm unsäglicher Ahnungen, die mit der Miene, dem Wuchs, dem Auftreten der Erscheinung zusammenhingen und mir in wilder Hast durchs Hirn stoben, hatte mich gelähmt – mich versteinert. Ich regte mich nicht – starrte nur unverwandt auf die Erscheinung. Eine wahnwitzige Verwirrung herrschte in meinen Gedanken – ein nicht zu besänftigender Aufruhr. Konnte es denn wirklich die *lebende* Rowena sein, die da vor mir stand? Konnte es *überhaupt* Rowena sein – die blonde, die blauäugige Lady Rowena Trevanion von Tremaine? Doch warum, *warum* sollte ich daran zweifeln? Die Binde lag schwer um den Mund – aber konnte es nicht dennoch der Mund der atmenden Lady von Tremaine sein? Und die Wangen – da waren die Rosen wie in ihres Lebens Mittag – ja, dies konnten wirklich die schönen Wangen der lebenden Lady von Tremaine sein. Und das Kinn mit seinen Grübchen, wie in gesunden Zeiten, könnte es nicht das ihre sein? – aber *war sie denn gewachsen seit ihrer Krankheit?* Welch unsäglicher Wahnwitz ergriff mich bei diesem Gedanken? Ein Sprung, und ich

war zu ihren Füßen! Vor meiner Berührung zurückweichend, ließ sie die geisterhaften Leichentücher fallen, die
den Kopf umschlossen hatten, und in die windbewegte
Zimmerluft flutete in dichter Fülle ihr langes aufgelöstes
Haar; *es war schwärzer als die Schwingen der Mitternacht!* Und
nun öffneten sich langsam die Augen der Gestalt, die da vor
mir stand. »Hier denn wenigstens«, rief ich laut, »täusch
ich mich nicht – täusch ich mich nie und nimmer – das
sind die tiefen, die schwarzen, die wilden Augen meiner
verlorenen Liebe – der Lady – der Lady Ligeia!«

WIE MAN EINEN
›BLACKWOOD‹-ARTIKEL SCHREIBT

Im Namen des Propheten – Feigen!!
Ruf des türkischen Feigenhändlers

Ich nehme an, jeder hat schon von mir gehört. Ich heiße
Signora Psyche Zenobia. Das ist eine unumstößliche Tatsache. Niemand anders als meine Feinde nennt mich je Suky
Snobbs. Man hat mir versichert, daß Suky nur eine vulgäre
Verballhornung von Psyche ist, was nun wieder korrektes
Griechisch ist und ›Seele‹ bedeutet (das bin ich wirklich;
ich bin *ganz* Seele) und manchmal ›Schmetterling‹, welch
letztere Bedeutung zweifellos auf den Anblick hinweist,
den ich in meinem neuen karmesinroten Atlaskleid biete,
mit dem himmelblauen arabischen *mantelet* und dem Besatz von grünen *agraffas* und den sieben Volants von
orangefarbenen *auriculas*. Und was Snobbs anbelangt – jeder, der mich nur ansähe, müßte augenblicklich gewahr
werden, daß ich nicht Snobbs heiße. Miss Tabitha Turnip
hat dieses Gerücht aus purem Neid verbreitet. Tabitha
Turnip, du liebe Zeit! O der kleine Schlingel! Doch was
kann man von einer Rübe schon erwarten? Möcht wissen,
ob sie das alte Sprichwort vom ›Blut aus einer Rübe, usw.‹
kennt. (NB: Erinnere sie bei nächster Gelegenheit daran!)
(Wiederum NB – zieh sie an der Nase!) Wo war ich stehengeblieben? Ah! Man hat mir versichert, daß Snobbs nur
eine Verballhornung von Zenobia ist und daß Zenobia eine
Königin war – (das bin ich auch. Dr. Moneypenny nennt
mich immer die Herzkönigin) – und daß Zenobia ebenso
wie Psyche korrektes Griechisch ist und daß mein Vater
›ein Grieche‹ war und daß ich deshalb ein Recht auf unseren Familiennamen habe, der Zenobia lautet und auf gar
keinen Fall Snobbs. Niemand sonst als Tabitha Turnip

nennt mich Suky Snobbs. Ich bin die Signora Psyche Zenobia.

Wie gesagt, hat jeder schon von mir gehört. Ich bin ebendie Signora Psyche Zenobia, die mit so viel Recht gefeiert wird als korrespondierende Berichterstatterin der ›Philadelphia Regular Exchange Tea Total Young Belles Lettres Universal Experimental Bibliographical Association To Civilize Humanity‹. Dr. Moneypenny fabrizierte den Namen für uns und sagt, er habe ihn deshalb gewählt, weil er großartig klinge wie ein leeres Rumfaß. (Vulgär ist er ja mitunter – aber er ist tiefgründig.) Wir alle unterzeichnen mit den Initialen der Gesellschaft im Anschluß an unsere Namen, wie etwa R. S. A., Royal Society of Arts – S. D. U. K., Society for the Diffusion of Useful Knowledge, usw. usw. Dr. Moneypenny sagt, daß S für *stale* steht und daß D. U. K. duck bedeutet (aber das stimmt nicht) und daß S. D. U. K. für Stale Duck steht und nicht für Lord Broughams Gesellschaft – aber schließlich ist Dr. Moneypenny ein so kurioser Mensch, daß ich nie sicher bin, ob er mir die Wahrheit sagt. Auf jeden Fall setzen wir unserem Namen immer die Initialen P.R.E.T.T.Y.B.L.U.E. B.A.T.C.H. hinzu – das heißt: Philadelphia Regular Exchange Tea Total Young Belles Lettres Universal Experimental Bibliographical Association To Civilize Humanity – ein Buchstabe für jedes Wort, was entschieden eine Verbesserung gegenüber Lord Brougham ist. Dr. Moneypenny behauptet fest, daß unsere Initialen unsern wahren Charakter offenbaren – aber ich kann beim besten Willen nicht begreifen, was er meint.

Ungeachtet der guten Dienste des Doktors und der eifrigen Bemühungen der Gesellschaft, die öffentliche Aufmerksamkeit zu erregen, war ihr kein sehr großer Erfolg beschieden, bis ich ihr beitrat. Die Wahrheit zu sagen, ihre Mitglieder erlaubten sich eine allzu leichtfertige Redeweise. Die Aufsätze, die jeden Samstagabend verlesen wurden, zeichneten sich weniger durch Tiefgründigkeit als durch Allotria aus. Es war alles Schaumschlägerei. Da wurde nicht nach ersten Ursachen, nach Grundprinzipien geforscht. Da wurde überhaupt nicht geforscht, nach was auch immer. Keine Aufmerksamkeit wurde da jenem großen Kernpunkt ›Zweckmäßigkeit der Dinge‹ geschenkt. Kurzum, da wurde nichts wirklich Gutes geschrieben, wie etwa dies. Alles war seicht – unbeschreiblich seicht. Keine Tiefe, keine Belesenheit, keine Metaphysik – nichts von alledem, was die Gebildeten Vergeistigung nennen und was die Ungebildeten als Cant zu brandmarken belieben. (Dr. M. sagt, ich solle ›Cant‹ mit einem K schreiben – aber ich weiß es besser.)

Als ich der Gesellschaft beitrat, war es mein Bestreben, im Denken und Schreiben einen besseren Stil einzuführen, und alle Welt weiß, wie gut mir das gelungen ist. Wir bringen jetzt ebenso gute Abhandlungen in der P.R.E.T.T.Y. B.L.U.E.B.A.T.C.H. heraus, wie man sie sonst nur noch im ›Blackwood‹ findet. Ich nenne Blackwood, weil ich mir habe sagen lassen, das Schönste, was über jedwedes Thema je geschrieben worden ist, sei auf den Seiten jenes mit Recht so gepriesenen Magazins zu entdecken. Nun nehmen wir es uns bei allen Themen zum Vorbild und erregen infolgedessen rasch die öffentliche Aufmerksamkeit. Und am Ende ist's gar nicht mal so sehr schwierig, einen Artikel echter Blackwood-Prägung zu verfassen, wenn man nur richtig zu Werke geht. Natürlich rede ich nicht von den politischen Artikeln. Jedermann weiß, wie *die* fabriziert werden, seit Dr. Moneypenny es uns erklärt hat. Mr. Blackwood hat eine Schneiderschere und drei Lehrjungen, die auf seine Weisungen warten. Einer händigt ihm die ›Times‹ aus, ein zweiter den ›Examiner‹ und ein dritter ein Exemplar von ›Gulley's Neuem Kompendium des Slang-Whang‹. Mr. B. schneidet nur aus und fügt neu zusammen. Es ist bald getan – nichts als ›Examiner‹, ›Slang-Whang‹ und ›Times‹ – dann ›Times‹, ›Slang-Whang‹ und ›Examiner‹ – und dann ›Times‹, ›Examiner‹ und ›Slang-Whang‹.

Aber das Hauptverdienst des Magazins sind seine Miszellen; und die besten von diesen fallen unter das, was Dr. Moneypenny als *Bizarrerien* bezeichnet (was immer das nun bedeuten mag) und was jedermann sonst *Intensitäten*

nennt. Das ist eine Art zu schreiben, die ich lange zu schätzen gewußt habe, obwohl ich erst seit meinem letzten Besuch bei Mr. Blackwood (als Delegierte der Gesellschaft)
die eigentliche Methode der Komposition begreife. Diese
Methode ist sehr einfach, wenn auch nicht ganz so einfach
wie bei den politischen Artikeln. Als ich bei Mr. B. vorsprach und ihm die Wünsche der Gesellschaft unterbreitete, empfing er mich mit großer Höflichkeit, führte mich
in sein Arbeitszimmer und erklärte mir auf leicht verständliche Weise das ganze Verfahren.

»Meine Gnädigste«, sagte er, offensichtlich beeindruckt
von meiner majestätischen Erscheinung, denn ich hatte das
karmesinrote Atlaskleid an, mit den grünen *agraffas* und
den orangefarbenen *auriculas*; »meine Gnädigste«, sagte er,
»nehmen Sie Platz. Die Sache liegt so. In erster Linie muß
so ein Autor von Intensitäten sehr schwarze Tinte und eine
sehr große Feder mit sehr stumpfer Spitze haben. Und,
wohlgemerkt, Miss Psyche Zenobia«, fuhr er nach einer
Pause mit größtem Nachdruck und geradezu feierlichem
Ernst fort, »wohlgemerkt! – *diese Feder – darf – niemals ge-
spitzt werden!* Hierin, meine Gnädigste, liegt das Geheimnis, die Seele der Intensität. Ich erlaube mir zu behaupten,
daß noch keiner, wie groß auch immer seine Begabung, je
mit einer guten Feder – verstehen Sie mich recht – einen
guten Artikel geschrieben hat. Sie können sicher sein, daß
ein leserliches Manuskript niemals lesenswert ist. Das ist
ein Leitsatz unseres Glaubensbekenntnisses, und falls Sie
dem nicht auf der Stelle beipflichten können, ist unsere
Unterredung beendet.«

Er hielt inne. Und weil ich unserer Unterredung keinesfalls ein Ende setzen wollte, stimmte ich natürlich einer so
einleuchtenden Behauptung zu, deren Wahrheit mir überdies längst zur Genüge aufgegangen war. Er schien zufriedengestellt und fuhr mit seinen Belehrungen fort.

»Es mag ungehörig scheinen, Miss Psyche Zenobia,
wenn ich Ihnen irgendeinen Artikel oder eine Artikelfolge
als Vorbild oder Studienobjekt anempfehle; doch vielleicht
darf ich Ihre Aufmerksamkeit gleichwohl auf einige Bei-

spiele lenken. Wir wollen sehen. Da wäre ›Der lebende Tote‹, eine großartige Sache! – die Aufzeichnung der Sensationen eines Gentleman, den man bestattet hatte, noch ehe er seinen Geist aufgegeben – voller Geschmack, Grauen, Gefühl, Metaphysik und Gelehrsamkeit. Sie hätten geschworen, daß der Verfasser in einem Sarg geboren und aufgewachsen sei. Dann wären da die ›Bekenntnisse eines Opiumessers‹ – glänzend, wirklich glänzend! – großartige Phantasie – tiefgründige Philosophie – scharfsinnige Überlegungen – viel Feuer und Furor, und gut gewürzt mit entschieden Unverständlichem. Das war wirklich ein delikater Leckerbissen und ging den Leuten glatt ein. Sie waren fest überzeugt, daß Coleridge die Arbeit geschrieben habe – aber da irrten sie sich. Sie wurde von meinem Hauspavian Juniper verfaßt, bei einem Glase Hollandgin mit Wasser, ›heiß, ohne Zucker‹.« (Dies hätte ich schwerlich glauben können, wäre es irgendein anderer als Mr. Blackwood gewesen, der mir's versicherte.) »Ferner wäre da ›Der unfreiwillige Experimentator‹, worin es sich um einen Gentleman handelt, der in einem Backofen gebraten wird und wohl und munter wieder zum Vorschein kommt, wenn auch freilich ganz gehörig durchgebraten. Und dann wäre da ›Das Diarium eines verstorbenen Arztes‹, das sich durch viel Schwulst und mittelmäßiges Griechisch auszeichnet – zwei gewichtige Vorzüge in den Augen des Publikums. Ferner ist da noch ›Der Mann in der Glocke‹, eine Arbeit übrigens, Miss Zenobia, die ich Ihrer Aufmerksamkeit gar nicht genug empfehlen kann. Es ist die Geschichte eines jungen Mannes, der unter dem Klöppel einer Kirchenglocke einschläft und von ihrem Geläut zu einem Begräbnis jäh aufgeweckt wird. Das Gedröhn macht ihn rasend; so zieht er denn sein Notizbuch heraus und zeichnet seine Sensationen auf. Sensationen sind letzten Endes das Wesentliche. Sollten Sie je ertrinken oder gehenkt werden, so notieren Sie ja Ihre Sensationen – sie bringen Ihnen zehn Guineen pro Bogen ein. Wenn Sie überzeugend zu schreiben wünschen, Miss Zenobia, so geben Sie sorgfältig acht auf die Sensationen.«

»Das will ich gewiß, Mr. Blackwood«, sagte ich.

»Gut«, erwiderte er. »Ich sehe, Sie sind eine Schülerin nach meinem Herzen. Aber ich muß Sie mit den Einzelheiten vertraut machen, die unumgänglich sind, will man das schreiben, was man einen echten ›Blackwood‹-Artikel sensationeller Prägung nennen könnte – die Art, die ich, wenn Sie meine Worte recht verstehen wollen, praktisch genommen für die beste halte.

Die erste Vorbedingung ist, daß Sie in eine Klemme geraten, wie sie noch keiner je zuvor erlebt hat. Der Backofen zum Beispiel – das war ein Glücksfall. Aber wenn Sie keinen Backofen und auch keine große Glocke zur Hand haben und wenn Sie nicht zu gelegener Zeit aus einem Ballon fallen, von einem Erdbeben verschluckt werden oder in einem Kamin steckenbleiben können, werden Sie sich damit begnügen müssen, einfach ein ähnliches Mißgeschick zu erfinden. Ich würde es freilich lieber sehen, wenn Sie sich auf ein wirkliches Faktum stützten. Nichts ist der Phantasie so hilfreich wie die auf Erfahrung gegründete Kenntnis der jeweiligen Materie. ›Die Wahrheit ist sonderbar‹, müssen Sie wissen, ›sonderbarer denn alle Erfindung‹ – und zweckdienlicher ist sie obendrein.«

Hierauf versicherte ich ihm, ich besäße ein ausgezeichnetes Paar Strumpfbänder und wolle mich schleunigst aufmachen und mich erhängen.

»Vortrefflich!« erwiderte er, »machen Sie das – wiewohl Erhängen etwas abgedroschen ist. Vielleicht könnten Sie noch Besseres tun. Schlucken Sie eine Dosis Brandrethpillen und teilen Sie uns alsdann Ihre Sensationen mit. Doch gelten meine Instruktionen gleichermaßen für alle Spielarten des Mißgeschicks, und auf Ihrem Heimweg kann es gar leicht passieren, daß man Ihnen ein Loch in den Kopf schlägt oder daß Sie von einem Wagen überfahren oder von einem tollwütigen Hund gebissen werden oder in einer Gosse ertrinken. Aber fahren wir fort.

Nachdem Sie sich für Ihr Thema entschieden haben, müssen Sie zunächst den Ton oder Stil Ihrer Darstellung bedenken. Es gibt den didaktischen Ton, den enthusiasti-

schen Ton, den natürlichen Ton – alle einigermaßen alltäglich. Aber dann gibt es noch den lakonischen oder
Kurzstil, der in jüngster Zeit sehr in Mode gekommen ist.
Er zeichnet sich durch kurze Sätze aus, etwa so: Kann nicht
knapp genug sein. Kann nicht barsch genug sein. Ständig
ein Punkt. Und nie ein Absatz.

Dann gibt es den gehobenen, diffusen und verschachtel-
ten Stil. Einige unserer besten Romanschriftsteller bevor-
zugen ihn. Die Wörter müssen alle herumwirbeln wie ein
Brummkreisel und vollführen einen ganz ähnlichen Lärm
dabei, der bemerkenswert gut den fehlenden Sinn ersetzt.
Der beste aller möglichen Stile ist der, wo der Autor es viel
zu eilig hat, um nachzudenken.

Auch der metaphysische Stil ist zu empfehlen. Wenn Sie
irgendwelche hochtrabenden Wörter kennen, hier bietet
sich Ihnen die Gelegenheit, sie anzubringen. Sprechen Sie
von der ionischen und der eleatischen Schule – von Archy-
tas, Gorgias und Alkmaion. Sagen Sie etwas über Objekti-
vität und Subjektivität. Vergessen Sie ja nicht, einen gewissen Locke zu schmähen. Rümpfen Sie die Nase über die
Dinge im allgemeinen, und wenn Ihnen mal irgend etwas
gar zu Absurdes aus der Feder fließt, brauchen Sie sich
nicht die Mühe zu machen, es auszustreichen, sondern Sie
fügen einfach eine Fußnote bei und behaupten, daß Sie die
obenstehende tiefgründige Bemerkung der ›Kritik der reinen Vernunft‹ oder den ›Metaphysischen Anfangsgründen
der Naturwissenschaft‹ verdanken. Das sieht gelehrt aus
und – und – und aufrichtig.

Es gibt noch verschiedene andere nicht minder berühmte Stile, aber ich will nur zwei weitere erwähnen –
den transzendentalen Stil und den heterogenen Stil. Ersterer zeichnet sich dadurch aus, daß der Verfasser viel tiefer
in das Wesen der Dinge blickt als alle anderen. Diese Hell-
sichtigkeit ist sehr wirkungsvoll, wenn man richtig damit
umgeht. Die gelegentliche Lektüre des ›Dial‹ wird Ihnen
ein großes Stück weiter helfen. Vermeiden Sie in diesem
Falle große Worte; halten Sie sie so klein wie möglich und
stellen Sie sie auf den Kopf. Gehen Sie Channings Ge-

dichte durch und zitieren Sie seinen Ausspruch vom ›wohlbeleibten kleinen Mann, der mehr zur Schau stellt, als er
kann‹. Flechten Sie etwas über die himmlische Einheit ein.
Sagen Sie aber keine Silbe über die höllische Zweiheit.
Lassen Sie es vor allem nicht an Anspielungen fehlen. Deuten Sie alles an – behaupten Sie nichts. Wenn Sie sich bemüßigt fühlen, ›Brot und Butter‹ zu sagen, so sagen Sie's
auf keinen Fall geradeheraus. Sie mögen alles und jedes sagen, was ›Brot und Butter‹ nahekommt. Sie mögen auf
Buchweizenfladen hindeuten, oder Sie mögen gar soweit
gehen, auf Hafergrütze anzuspielen; aber wenn Sie wirklich
Brot und Butter im Sinn haben, dann hüten Sie sich unter
allen Umständen, meine *liebe* Miss Psyche, ›Brot und Butter‹ zu sagen!«

Ich versicherte ihm, nie wieder würde ich es sagen, solange ich lebte. Er gab mir einen Kuß und fuhr fort:

»Was den heterogenen Stil anbelangt, so ist er bloß eine
wohlüberlegte Mischung, zu gleichen Teilen, von allen Stilen der Welt, setzt sich also zusammen aus allem erdenk-
lich Tiefen, Großen, Seltsamen, Pikanten, Schicklichen
und Schönen.

Nehmen wir nun einmal an, Sie haben sich für Begebenheiten und Stil entschieden. Aber noch ist das Allerwich-
tigste – ja die Seele des Ganzen – zu berücksichtigen – ich
meine die *Anreicherung*. Man kann nicht voraussetzen, daß
eine Dame oder ein Herr das Leben eines Bücherwurms
geführt haben. Und doch ist es unumgänglich notwendig,
daß Ihr Beitrag den Schein der Gelehrsamkeit erweckt
oder zumindest Zeugnis ablegt von einer umfassenden All-
gemeinbildung. Nun will ich Ihnen verraten, wie Sie dieses
Ziel erreichen. Schauen Sie her!« (Damit holte er drei oder
vier ganz alltäglich aussehende Bände vom Bord und
schlug sie aufs Geratewohl auf.) »Sie mögen nahezu jede
beliebige Seite eines jeden beliebigen Buches auf Erden
überfliegen, und Sie entdecken mit Sicherheit sogleich eine
Unmenge kleiner Brocken entweder der Gelehrsamkeit
oder des *bel-esprit-ism*, die genau das richtige sind zum
Würzen eines ›Blackwood‹-Artikels. Am besten notieren

Sie sich gleich ein paar, während ich sie Ihnen vorlese. Ich werde sie in zwei Gruppen unterteilen; erstens: *pikante Fakten für die Verfertigung von Gleichnissen*; und zweitens: *pikante Ausdrücke, zu verwenden, wie immer es die Gelegenheit erfordert.* Schreiben Sie nun!« – und ich schrieb nach seinem Diktat.

»Pikante Fakten für Gleichnisse: ›Ursprünglich gab es nur drei Musen – Melete, Mneme und Aœde – Denken, Erinnerung und Gesang.‹ Sie können viel aus diesem kleinen Faktum machen, wenn Sie es richtig anbringen. Es ist nämlich weithin unbekannt und wirkt *recherché*. Doch müssen Sie achtgeben und die Sache ganz wie aus dem Stegreif einflechten.

Ferner: ›Der Fluß Alpheios strömte unter dem Meere hin und kam wieder zum Vorschein, ohne daß sein Wasser an Reinheit eingebüßt hätte.‹ Freilich eine ziemlich abgedroschene Sache, aber richtig zubereitet und aufgetischt, wird sie so frisch wie je wirken.

Hier ist etwas Besseres. ›Die persische Iris scheint manchen Menschen einen süßen und sehr starken Duft zu verströmen, während sie für andere völlig geruchlos ist.‹ Ausgezeichnet, und sehr delikat! Wenden Sie's ein wenig hin und her, und es wird Wunder wirken. Wir haben noch etwas anderes aus dem Reich der Botanik. Nichts geht den Leuten so glatt ein, vor allem, wenn man ein bißchen Latein zu Hilfe nimmt. Schreiben Sie!

›*Das Epidendron flos aeris* aus Java bringt eine sehr schöne Blüte hervor und bleibt lebendig, wenn man es mit den Wurzeln ausreißt. Die Eingeborenen lassen es an einer Schnur von der Decke herabhängen und erfreuen sich jahrelang an seinem Duft.‹ Das ist erstklassig! Soviel zu den Gleichnissen. Nun zu den pikanten Ausdrücken.

Pikante Ausdrücke: ›*Der preiswürdige chinesische Roman ,Yü-Kiao-li'.*‹ Vortrefflich! Indem Sie diese wenigen Wörter mit Geschick anbringen, legen Sie Ihre gründliche Bekanntschaft mit der Sprache und Literatur der Chinesen an den Tag. Mit Hilfe dieses Bruchstücks kommen Sie möglicherweise ganz ohne Arabisch, Sanskrit oder Irokesisch aus. Doch keinesfalls kann man ohne Spanisch, Italienisch, Deutsch, Latein und Griechisch bestehen. Ich muß Ihnen eine kleine Probe von jedem heraussuchen. Jeder beliebige Fetzen ist dienlich, denn um ihn in Ihren Artikel einzupassen, müssen Sie ohnehin auf Ihre eigene Geschicklichkeit vertrauen. Schreiben Sie also!

›*Aussi tendre que Zaïre*‹ – so zart wie Zaïre – Französisch. Spielt an auf die häufige Wiederholung der Wendung ›*la tendre Zaïre*‹ in dem französischen Trauerspiel dieses Namens. Verrät, richtig angebracht, nicht nur Ihre Kenntnis der Sprache, sondern auch Ihre allgemeine Belesenheit und Ihren Geist. Sie können zum Beispiel sagen, daß das Hühnchen, das Sie verspeisten (schreiben Sie einen Artikel über Ihr Ersticken an einem Hühnerknochen!), ganz und gar nicht *aussi tendre que Zaïre* gewesen sei. Schreiben Sie!

> *›Ven, muerte tan escondida,*
> *Que no te sienta venir,*
> *Porque el plazer del morir*
> *No me torne a dar la vida.‹*

Das ist Spanisch – von Miguel de Cervantes. ›Komm schnell, o Tod!, aber laß mich ja nicht sehen, daß du kommst, damit die süße Lust, die ich bei deinem Anblick verspüre, mich nicht unseligerweise wieder ins Leben ruft.‹ Das können Sie ganz *à propos* einfließen lassen, wenn Sie im Kampf mit dem Hühnerknochen in den letzten Zügen liegen. Schreiben Sie!

> *›Il pover 'huomo che non se'n era accorto,*
> *Andava combattendo, e era morto.‹*

Das ist Italienisch, wie Sie bemerkt haben werden – von Ariost. Es besagt, daß ein großer Held, in der Hitze des Gefechts nicht gewahrend, daß man ihn unbestreitbar getötet hatte, tapfer weiterfocht, so tot er auch war. Die Anwendung dieser Zeilen auf Ihren eigenen Fall bietet sich an – denn ich hoffe doch sehr, Miss Psyche, daß Sie nicht versäumen, sich noch mindestens anderthalb Stunden lang kräftig zur Wehr zu setzen, nachdem Sie an Ihrem Hühnerknochen erstickt sind. Bitte schreiben Sie weiter!

›Und sterb' ich doch, so sterb' ich denn
Durch sie – durch sie!‹

Das ist Deutsch – von Schiller. Hier ist deutlich, daß Sie die *Ursache* Ihres Mißgeschicks anreden: das Hühnchen nämlich. Denn welcher Feinschmecker (oder auch welche Feinschmeckerin), das möchte ich wissen, gäbe nicht sein Leben hin für einen gut gemästeten Kapaun aus echter Molukkenzucht, gefüllt mit Kapern und Champignons, und serviert mit Orangengallert *en mosaïques* in einer Salatschüssel. Schreiben Sie! (Auf diese Art zubereitet können Sie's bei Tortoni bekommen.) – Schreiben Sie, wenn ich bitten darf!

Hier ist eine hübsche kleine lateinische Wendung, und selten obendrein (man kann gar nicht *recherché* oder knapp genug mit seinem Latein sein; es kommt allzusehr in Mode) – *ignoratio elenchi.* Ihm ist eine *ignoratio elenchi* unterlaufen – das heißt, er hat den Wortlaut Ihrer Behauptung begriffen, nicht aber den Sinn. Der Mann war *ein Narr*, wie Sie sehen. Irgendein armer Tropf, den Sie angesprochen haben, als Sie an dem Hühnerknochen herumwürgten, und der deshalb nicht genau verstand, wovon Sie redeten. Schleudern Sie ihm die *ignoratio elenchi* ins Gesicht, und er ist sogleich vernichtet. Wenn er etwas zu erwidern wagt, können Sie ihm aus Lukan zitieren (hier ist es), daß alle Äußerungen nichts als *anemonae verborum* sind, Anemonenworte. Die Anemone hat bei großer Leuchtkraft keinen Duft. Oder wenn er anfängt zu prahlen, können Sie ihn mit *insomnia Iovis* abkanzeln, Traumgespinste Jupiters – eine Wendung, die Silius Italicus (sehen Sie, hier!) auf bombastische und aufgeblasene Gedanken anwendet. Das schneidet ihm unfehlbar ins Herz. Er kann nur noch hinstürzen und seinen Geist aufgeben. Hätten Sie die Güte weiterzuschreiben!

Auf Griechisch müssen wir etwas Hübsches haben – von Demosthenes zum Beispiel. Ἀνὴρ ὁ φευγῶν καὶ πάλιν μαχήσεται. (Aner o pheugon kai palin machesetai.) Es gibt eine leidlich gute Übersetzung im ›Hudibras‹:

Wer flieht, kann neu zum Kampf sich wagen,
Doch nimmer kann es, wer erschlagen.

Nichts nimmt sich in einem ›Blackwood‹-Artikel so prächtig aus wie Ihr Griechisch. Allein schon die Buchstaben atmen Tiefgründigkeit. Beachten Sie nur, meine Gnädigste,
den schlauen Ausdruck jenes Epsilon! Dieses Phi könnte
wahrhaftig ein Bischof sein! Und gab es je einen aufge-
weckteren Burschen als dieses Omikron? Sehen Sie doch
nur jenes Tau! Kurzum, nichts ist für einen echten Sen-
sationsbericht so brauchbar wie das Griechische. Im vorliegenden Fall ist die Anwendung das Einfachste von
der Welt. Schleudern Sie die Sentenz mit einem gewaltigen Fluch gleichsam als *Ultimatum* dem nichtsnutzigen,
schwachköpfigen Lümmel entgegen, der Ihr schlichtes
Englisch, als es um den Hühnerknochen ging, nicht begreifen konnte. Er wird den Wink verstehen und sich aus dem
Staube machen; darauf können Sie sich verlassen.«

Das waren nun alle Belehrungen, die Mr. B. zu dem in
Rede stehenden Thema zu bieten hatte, aber ich war überzeugt, daß sie völlig ausreichen würden. Endlich war ich in
der Lage, einen echten ›Blackwood‹-Artikel zu schreiben,
und beschloß, es unverzüglich zu tun. Beim Abschied trug
mir Mr. B. an, er wolle den Aufsatz erwerben, wenn er geschrieben sei; da er mir aber nur fünfzig Guineen pro
Druckbogen anbieten konnte, hielt ich es für besser, ihn
unserer Gesellschaft zu überlassen, als ihn für eine so klägliche Summe zu opfern. Ungeachtet dieser Knausrigkeit
bekundete mir der Herr jedoch sonst in jeder Hinsicht
seine Hochachtung und behandelte mich wirklich mit
größter Zuvorkommenheit. Seine Abschiedsworte hinterließen einen tiefen Eindruck in meinem Herzen, und ich
hoffe, ich werde mich immer mit Dankbarkeit ihrer erinnern.

»Meine liebe Miss Zenobia«, sagte er mit Tränen in den
Augen, »kann ich sonst noch *irgend etwas* tun, um das Gelingen Ihres löblichen Vorhabens zu fördern? Lassen Sie
mich nachdenken! Es ist durchaus möglich, daß Sie nicht

in der Lage sind, so bald, wie es wünschenswert wäre, zu – zu – ertrinken oder – an einem Hühnerknochen zu ersticken oder – oder sich aufzuhängen – oder – gebissen zu werden von einem – doch halt! Da fällt mir ein, daß ich im Hof ein Paar ganz ausgezeichnete Bulldoggen habe – feine Burschen, versichere ich Ihnen – bissig und alles, was Sie nur wünschen – gerade das richtige für Ihr Geld – die werden Sie, samt *auriculas* und allem, in weniger als fünf Minuten verspeist haben (hier ist meine Uhr!) – und bedenken Sie nur: die Sensationen! Hierher! Hört ihr – Tom! – Peter! – Dick, du Lümmel! laß sie raus ...« – aber da ich wirklich in großer Eile war und keinen Augenblick länger säumen durfte, sah ich mich widerstrebend genötigt, meinen Aufbruch zu beschleunigen, und verabschiedete mich denn *auf der Stelle* – etwas überstürzter, muß ich zugeben, als die Gebote der Höflichkeit es andernfalls gestattet haben würden.

Mein vordringliches Ziel, nachdem ich Mr. Blackwood verlassen hatte, war es, seinem Rate folgend, so schnell wie möglich in irgendein Dilemma zu geraten, und zu diesem Zweck verbrachte ich den größeren Teil des Tages damit, Edinburgh zu durchstreifen, immer auf der Suche nach verwegenen Abenteuern – Abenteuern, die meinen überhitzten Gefühlen entsprechen und sich dem himmelhohen Rang des Artikels, den ich zu schreiben gedachte, anbequemen würden. Auf diesem Streifzug begleiteten mich mein schwarzer Diener Pompeius und mein Schoßhündchen Diana, die ich aus Philadelphia mitgebracht hatte. Doch erst spät am Nachmittag war mein schwieriges Unterfangen von vollem Erfolg gekrönt. Zu diesem Zeitpunkt nämlich trat ein bedeutsames Ereignis ein, und der nachfolgende ›Blackwood‹-Artikel in heterogenem Stil ist sein Extrakt und Ergebnis.

Eine fatale Lage

Welch Schicksal, Teure, hat Euch so beraubt?
Milton, ›Comus‹

Es war ein ruhiger und stiller Nachmittag, als ich in der schönen Stadt Edina umherschlenderte. Der Tumult und der Lärm auf den Straßen waren schrecklich. Männer unterhielten sich. Frauen kreischten. Kinder versperrten den Weg. Schweine quiekten. Karren ratterten. Bullen brüllten. Kühe muhten. Pferde wieherten. Katzen jaulten. Hunde tanzten. *Tanzten!* War es denn die Möglichkeit? *Tanzten!* O weh, dachte ich, die Tage *meines* Tanzens sind vorbei. So ist es immer. Welch ein Schwarm düsterer Erinnerungen wird immer und immer wieder im Gemüt des Geist- und Phantasiebegabten auferweckt, besonders bei einem Geist, der zum Immerwährenden und Ewigen und Fortdauernden verurteilt ist und, wie man sagen könnte: zum – *Fortgesetzten* – ja, zum *Fortgesetzten* und *Immerdauernden*, dem bitteren, quälenden, störenden und, wenn ich mir den Ausdruck erlauben darf, dem *über alle Maßen* störenden Einfluß der gelassenen und göttlichen, der himmlischen und erhebenden, der erhabenen und reinigenden Wirkung dessen, was man füglich das Beneidenswerteste nennen könnte, das *wahrhaft* Beneidenswerte – ja, das gnadenreichst Schöne, das köstlichst Ätherische und gewissermaßen das *reizendste* (wenn ich einen so kühnen Ausdruck gebrauchen darf) *Ding* (verzeihen Sie mir, geneigter Leser!) von der Welt – doch meine Gefühle haben mich abschweifen lassen. In *solch* einem Gemüt, wiederhole ich – welcher Schwarm von Erinnerungen wird da von einer Kleinigkeit aufgerührt! Die Hunde tanzten! Ich – ich *konnte* es nicht! Sie tollten umher – ich aber weinte. Sie vollführten Luftsprünge – ich aber schluchzte laut. Welch ergreifende Umstände!, die nicht verfehlen können, dem klassisch gebildeten Leser jene vortreffliche Stelle in bezug auf die Zweckmäßigkeit der Dinge ins Gedächtnis zu rufen, die am Anfang des dritten Bandes des bewundernswerten und preiswürdigen chinesischen Romans ›Jo-Go-Slow‹ zu finden ist.

Auf meinem einsamen Spaziergang durch die Stadt hatte ich zwei einfältige, aber treue Gefährten. Diana, mein Pudel! herzigstes aller Geschöpfe! Ein dichtes Haarbüschel kräuselte sich über dem einen Auge, und ein blaues Band umschloß elegant ihren Hals. Diana war nicht mehr als fünf Zoll hoch, doch war ihr Kopf etwas größer als ihr Körper, und ihr Schwanz, ungemein kurz gestutzt, verlieh dem anziehenden Tier den Anschein verletzter Unschuld, der sie zum Liebling aller machte.

Und Pompeius, mein Neger! – lieber Pompeius! – wie könnte ich dich je vergessen? Ich hatte Pompeius' Arm genommen. Jener war drei Fuß hoch (ich nehme es gern genau) und ungefähr siebzig oder vielleicht achtzig Jahre alt. Er hatte Säbelbeine und war wohlbeleibt. Sein Mund war nicht eben klein zu nennen, seine Ohren nicht eben kurz. Seine Zähne jedoch glichen Perlen, und seine großen runden Augen waren von köstlichem Weiß. Einen Hals hatte die Natur ihm versagt, und seine Knöchel hatte sie (wie üblich bei dieser Rasse) in der Mitte des Fußrückens angelegt. Er war mit auffallender Schlichtheit gekleidet. Seine einzigen Kleidungsstücke waren eine neun Zoll breite Halsbinde und ein fast neuer mausgrauer Überzieher, der früher im Dienst des großen, stattlichen und berühmten Dr. Moneypenny gestanden hatte. Es war ein gediegener Überzieher. Er war gut geschnitten. Er war gut gearbeitet. Der Mantel war fast neu. Pompeius raffte ihn mit beiden Händen in die Höhe, um ihn vor Schmutz zu bewahren.

Wir waren unser drei, und von zweien davon war bereits die Rede. Es gab noch einen Dritten – diese dritte Person war ich selbst. Ich bin die Signora Psyche Zenobia. Ich bin *nicht* Suky Snobbs. Meine Erscheinung ist imponierend. Bei der denkwürdigen Gelegenheit, von der ich spreche, trug ich ein karminrotes Atlaskleid mit einem himmelblauen arabischen Überwurf. Und das Kleid war garniert mit grünen Agraffen und sieben· eleganten Volants aus orangefarbenen Aurikeln. Ich also war der Dritte im

Bunde. Da war der Pudel. Da war Pompeius. Da war ich selbst. Wir waren *drei*. So soll es ursprünglich nur drei Furien gegeben haben – Melty, Nimmy und Hetty – Denken, Erinnerung und Fiedeln.

Auf den Arm des tapferen Pompeius gestützt und in respektvollem Abstand von Diana begleitet, durchschritt ich eine der volkreichsten und sehr freundlichen Straßen der jetzt so verlassenen Stadt Edina. Plötzlich präsentierte sich eine Kirche meinem Blick – eine gotische Kathedrale – riesig, ehrwürdig und mit einem hohen Glockenturm, der in den Himmel ragte. Welcher Wahnsinn bemächtigte sich nun meiner! Warum rannte ich in mein Verderben? Ich wurde von einem unbezähmbaren Verlangen ergriffen, den schwindelerregenden Turm zu besteigen und von dort die unermeßliche Ausdehnung der Stadt zu betrachten. Die Tür zur Kathedrale stand einladend offen. Mein Schicksal nahm seinen Lauf. Ich trat in den verhängnisvollen Bogengang. Wo nur war mein Schutzengel? – wenn es wirklich solche Engel geben sollte. *Wenn!* Schmerzliches Monosyllabum! – was für eine Welt von Geheimnis und Bedeutung und Zweifel und Ungewißheit birgt sich in deinen vier Buchstaben! Ich trat in den verhängnisvollen Bogengang! Ich trat ein; und ohne meinen orangefarbenen Aurikeln Schaden zuzufügen, durchschritt ich das Portal und tauchte in der Vorhalle auf. So heißt es von dem unermeßlichen Flusse Alfred, er sei unversehrt und trockenen Fußes unter dem Meere hingeflossen.

Ich dachte, die Treppe würde nie ein Ende nehmen. *Rundherum!* Ja, sie führte rundum und höher und rundum und höher und rundum und höher, bis ich mich des Verdachts nicht erwehren konnte, einig darin mit dem scharfsinnigen Pompeius, auf dessen starken Arm ich mich mit dem ganzen Vertrauen früher Zuneigung stützte – ich mich des Verdachts nicht erwehren konnte, daß das obere Ende der nicht enden wollenden Wendelstiege zufällig oder vielleicht gar absichtlich entfernt worden sei. Ich blieb stehen, um Atem zu holen; und unterdessen trat ein Ereignis ein, das in moralischer wie auch metaphysischer Hin-

sicht viel zu gewichtiger Natur war, als daß man es stillschweigend übergehen könnte. Mir schien – ja, ich war
meiner Sache ganz sicher – ich konnte mich nicht täuschen – nein! ich hatte einige Sekunden lang sorgsam und
bang die Bewegungen meiner Diana beobachtet – ich sage,
daß *ich mich nicht täuschen konnte:* Diana *witterte eine Ratte!*
Sogleich machte ich Pompeius auf den Umstand aufmerksam, und er – er teilte meine Meinung. Es konnte denn
also keinen vernünftigen Grund geben, noch daran zu
zweifeln. Die Ratte war gewittert worden – und zwar von
Diana. Gerechter Himmel! wie sollte ich die heftige Erregung jenes Augenblicks je vergessen? Ach! was ist der vielgepriesene Verstand des Menschen! Die Ratte! – sie war
da – das heißt, sie war irgendwo. Diana witterte die Ratte.
Ich – ich *konnte* es nicht! So soll die preußische Isis für
manche Personen einen süßen und sehr starken Duft haben, während sie für andere völlig geruchlos ist.

Die Treppe war nun erklommen, und nur drei oder vier
Stufen lagen noch zwischen uns und der Turmspitze. Wir
stiegen weiter, und jetzt blieb nur noch eine einzige Stufe
übrig. Eine einzige Stufe! Eine einzige kleine, kleine Stufe!
Von einer einzigen so kleinen Stufe in der großen Treppe
des Menschenlebens – welch unermeßliche Summe
menschlichen Glücks oder Leids hängt oft von ihr ab! Ich
dachte an mich, dann an Pompeius und dann an das geheimnisvolle und unerklärliche Schicksal, das uns um-
stellte. Ich dachte an Pompeius! – und ach, ich dachte an
Liebe! Ich dachte an die vielen Fehl*tritte*, die schon begangen worden waren und wohl immer wieder begangen werden. Ich beschloß, achtsamer zu sein, zurückhaltender. Ich
ließ Pompeius' Arm los, und ohne seinen Beistand erklomm ich die eine noch verbleibende Stufe und gewann
die Glockenkammer. Mein Pudel folgte mir auf dem Fuße.
Pompeius allein blieb zurück. Ich stand auf dem oberen
Treppenabsatz und ermutigte ihn emporzusteigen. Er
streckte die Hand nach mir aus, und indem er das tat, war
er unseligerweise genötigt, den Überzieher, den er festgehalten, fahrenzulassen. Werden die Götter denn niemals

aufhören, uns zu verfolgen? Der Überzieher schleifte auf dem Boden, und mit dem einen Fuß trat Pompeius auf den langen schleppenden Saum. Er stolperte und fiel – diese Folge war unvermeidlich. Er fiel vornüber, und indem er mit seinem verwünschten Schädel voll gegen meine – meine Brust prallte, stürzte er mit mir zusammen kopfüber auf den harten, schmutzigen und verabscheuenswerten Fußboden des Glockengehäuses. Doch meine Rache war unausweichlich, prompt und perfekt. Ihn wütend mit beiden Händen an der Wolle packend, riß ich eine gewaltige Menge des schwarzen und krausen und wuscheligen Gewölles heraus und warf es mit allen Anzeichen der Verachtung von mir. Es fiel zwischen die Stricke des Glockengehäuses und blieb dort hängen. Pompeius stand auf und sagte kein Wort. Aber er blickte mich mit seinen großen Augen kläglich an und – seufzte. Ihr Götter – dieser Seufzer! Er drang mir ins Herz. Und das Haar – die Wolle! Hätte ich jenes Wollknäuel erreichen können, ich hätte es mit meinen Tränen benetzt, zum Zeichen meiner Reue. Aber ach! es war für mich nicht mehr zu erreichen. Wie es da so zwischen den Glockenstricken hing, bildete ich mir ein, es sei noch lebendig. Ich bildete mir ein, es stände ihm vor Entrüstung zu Berge. So, heißt es, soll der *Happydandy Flos Aeris* aus Java eine schöne Blüte tragen, die lebendig bleibt, wenn man sie mit den Wurzeln ausreißt. Die Eingeborenen lassen sie an einer Schnur von der Decke herabhängen und erfreuen sich jahrelang an ihrem Duft.

Unser Streit war nun beigelegt, und wir hielten in der Kammer nach einer Öffnung Ausschau, die uns einen Überblick über die Stadt Edina gewähren könnte. Fenster gab es dort nicht. Das einzige Licht, das in die düstere Kammer drang, rührte von einer quadratischen Öffnung her, etwa ein Fuß im Geviert und etwa sieben Fuß hoch über dem Boden. Doch was wüßte die Kraft wahrhafter Begnadung nicht zu vollbringen? Ich beschloß, zu diesem Loch emporzuklimmen. Eine ungeheure Menge Räder, Drehlinge und andere kabbalistisch anmutende Maschinenteile befand sich dicht vor dem Loch; und durch die Öffnung führte, vom Räderwerk ausgehend, eine Eisenstange. Zwischen dem Getriebe und der Mauer, wo sich das Loch befand, war kaum Platz genug für meinen Körper – doch ich war tollkühn und fest entschlossen, es durchzustehen. Ich rief Pompeius an meine Seite.

»Du siehst jene Öffnung, Pompeius. Ich möchte dort hinausschauen. Du stellst dich hier gerade unter das Loch – so. Jetzt streck eine deiner Hände aus, Pompeius, und laß mich darauftreten – jawohl. Jetzt die andere Hand, Pompeius, und mit ihrer Hilfe will ich auf deine Schultern steigen.«

Er tat alles, was ich wünschte, und als ich oben war, stellte ich fest, daß ich meinen Kopf und Hals mühelos durch die Öffnung schieben konnte. Die Aussicht war grandios. Nichts konnte großartiger sein. Nur einen Augenblick hielt ich mich damit auf, Diana einzuschärfen, sich gut zu benehmen, und Pompeius zu versichern, daß ich behutsam sein und mich auf seinen Schultern so leicht wie möglich machen wolle. Ich erklärte ihm, ich wolle zarte Rücksicht nehmen auf seine Gefühle – *ossi tender que beefsteak*. Nachdem ich meinem treuen Freund diese Gerechtigkeit hatte widerfahren lassen, gab ich mich mit großem Genuß und Entzücken den Reizen des Schauplatzes hin, der sich so gefällig vor meinen Augen ausbreitete.

Doch werde ich es mir versagen, mich ausführlich über dieses Thema auszulassen. Ich will nicht die Stadt Edinburgh beschreiben. Jedermann war schon in Edinburgh – im klassischen Edina. Ich will mich auf die bedeutsamen Einzelheiten meines eigenen beklagenswerten Abenteuers beschränken. Nachdem ich bis zu einem gewissen Grade meine Neugier in bezug auf Ausdehnung, Lage und Gesamteindruck der Stadt befriedigt, hatte ich Muße, die Kirche zu betrachten, in der ich mich befand, und die zierliche Architektur des Glockenturmes. Ich bemerkte, daß die Öffnung, durch die ich meinen Kopf geschoben hatte, eine Lücke im Zifferblatt der riesigen Uhr war, die von der Straße aus wie ein großes Schlüsselloch wirken mußte, wie wir es von französischen Taschenuhren kennen. Zweifellos

war ihr eigentlicher Zweck, den Arm eines Wärters hindurchzulassen, wenn es nötig war, die Zeiger von innen aus
zu verstellen. Ich gewahrte auch mit Staunen die ungeheure Größe dieser Zeiger; der längere von beiden konnte
kaum weniger als zehn Fuß in der Länge und an der breitesten Stelle acht oder neun Zoll in der Breite gemessen
haben. Sie waren augenscheinlich aus massivem Stahl, und
ihre Ränder schienen scharf zu sein. Nachdem ich diese
und einige andere Einzelheiten in mich aufgenommen
hatte, wandte ich meine Blicke wieder dem glorreichen
Panorama unter mir zu und war alsbald in tiefes Nachdenken versunken.

Daraus wurde ich nach einigen Minuten von der
Stimme Pompeius' aufgeschreckt, der mir erklärte, er
könnte es nicht länger aushalten, und mich dringlich bat,
ich möchte doch gütigst herunterkommen. Das war unein-
sichtig, und ich setzte ihm das in einer ziemlich langen
Rede auseinander. Was er erwiderte, ließ jedoch erkennen,
daß er meine Gedanken zu diesem Thema überhaupt nicht
begriffen hatte. Ich wurde daraufhin zornig und erklärte
ihm in unverblümten Worten, daß er ein Narr sei, daß ihm
ein *ignoramus ecclesia* unterlaufen sei, daß seine Ansichten
pure *Unsummen Bovis* seien und seine Worte wenig besser
als ein *animoser Verbohrer*. Damit schien er zufrieden, und
ich nahm meine Betrachtungen wieder auf.

Es mochte eine halbe Stunde nach diesem Wortwechsel
vergangen sein, als ich, noch tief versunken in die himmlische Szenerie unter mir, plötzlich von etwas sehr Kaltem
aufgeschreckt wurde, das sich mit sanftem Druck auf meinen Nacken preßte. Es erübrigt sich zu sagen, daß ich unaussprechlich bestürzt war. Ich wußte, daß Pompeius unter
meinen Füßen stand und daß Diana, meinen ausdrückli-
chen Weisungen gemäß, auf den Hinterbeinen im äußersten Winkel der Kammer saß. Was konnte es sein? Ach!
nur allzubald entdeckte ich es. Als ich meinen Kopf behutsam auf die Seite drehte, sah ich zu meinem grenzenlosen
Entsetzen, daß der riesige gleißende, einem Türkensäbel
ähnliche Minutenzeiger der Uhr im Verlauf seiner stündli-

chen Umdrehung *auf meinem Hals niedergegangen war*. Keine
Sekunde, ich wußte es, war zu verlieren. Sogleich versuchte
ich, den Kopf zurückzuziehen – aber es war zu spät. Es war
unmöglich, meinen Kopf durch den Spalt jener furchtbaren Falle zu zwängen, in der er so hoffnungslos gefangen
saß und die mit unvorstellbar grausiger Geschwindigkeit
enger und enger wurde. Die Marter jenes Augenblicks ist
nicht auszudenken. Ich hob die Hände und bemühte mich
mit aller Kraft, die schwere Eisenstange hochzustemmen.
Ich hätte genausogut versuchen können, die Kathedrale
selbst hochzuheben. Tiefer, tiefer, tiefer rückte der Zeiger,
näher und immer näher. Ich schrie nach Pompeius um Beistand: aber er sagte, ich hätte seine Gefühle verletzt, indem
ich ihn einen ›ignoranten Dreikäsehoch‹ genannt hätte. Ich
rief laut nach Diana; aber sie sagte nur ›bau-wau-wau‹ und
daß ich ihr doch eingeschärft hätte, sich auf keinen Fall aus
der Ecke wegzurühren. So hatte ich denn von meinen Gefährten keine Hilfe zu erwarten.

Unterdessen hatte die gewichtige und schreckenerregende *Sense der Zeit* (denn nunmehr erkannte ich die
eigentliche Bedeutung jener klassischen Wendung) nicht
innegehalten in ihrem Lauf und würde auch wahrscheinlich nicht innehalten. Tiefer und immer tiefer kam sie. Sie
hatte ihre scharfe Schneide bereits einen ganzen Zoll tief in
mein Fleisch gegraben, und meine Empfindungen wurden
undeutlich und verworren. Einmal wähnte ich, bei dem
stattlichen Mr. Moneypenny in Philadelphia zu sein, ein
andermal im Hinterzimmer von Mr. Blackwood, seine unschätzbaren Belehrungen empfangend. Und dann wieder
überkam mich die süße Erinnerung an frühere und bessere
Zeiten, und ich gedachte jener glücklichen Tage, da die
Welt noch nicht ganz und gar Wüste war und Pompeius
noch nicht gänzlich gefühllos.

Das Ticken des Uhrwerks ergötzte mich. *Ergötzte mich*,
sage ich, denn meine Empfindungen grenzten jetzt an vollkommenes Glück, und die geringfügigsten Umstände bereiteten mir Vergnügen. Das ewige *Ticktack, Ticktack, Ticktack* der Uhr war die melodischste Musik in meinen Ohren

und erinnerte mich sogar zuweilen an die wohltuend einschläfernden Predigten des Dr. Ollapod. Dann waren da
die großen Zahlen auf dem Zifferblatt – wie intelligent,
wie intellektuell sie alle aussahen! Und mit einemmal fingen sie an, eine Mazurka zu tanzen, und ich glaube, es war
die Ziffer V, die es mir dabei am meisten antat. Sie war offensichtlich eine wohlerzogene Dame. Nicht so ein vielge-
priesener Großtuer und nicht im geringsten unziemlich in
ihren Bewegungen. Sie tanzte die Pirouette einfach bewundernswert, indem sie auf ihrer Spitze herumkreiselte. Ich
hätte ihr gern einen Stuhl angeboten, denn ich sah, daß sie
erschöpft schien von den Anstrengungen – und erst jetzt
wurde mir meine beklagenswerte Lage vollends bewußt.
Fürwahr beklagenswert! Der Zeiger hatte sich zwei Zoll tief
in meinen Nacken gegraben. Ein außerordentlicher
Schmerz durchzuckte mich. Ich erflehte den Tod, und in
der Marter des Augenblicks mußte ich mir unwillkürlich
jene außerordentlichen Verse des Dichters Miguel de Cervantes hersagen:

> ›Vanny Buren, tan escondida
> Query no te senty venny
> Borkenplatzen, delly morry
> Nommy, torny, darry, widdy!‹

Nun aber stellte sich ein neues Schrecknis ein, wahrlich
schlimm genug, um selbst die stärksten Nerven zu zerrütten. Meine Augen wollten mir unter dem grausamen
Druck des Zeigers gänzlich aus den Höhlen quellen. Während ich noch überlegte, wie ich zur Not ohne sie auskommen könnte, sprang mir das eine tatsächlich aus dem Kopf,
rollte die steile Turmschräge hinunter und blieb in der Regenrinne liegen, die am Dach des Hauptgebäudes hinlief.
Der Verlust des Auges wog nicht so schwer wie der unverschämte Ausdruck von Unabhängigkeit und Verachtung,
mit dem es mich anschaute, nachdem es draußen war. Da
lag es nun in der Traufe gerade vor meiner Nase, und sein
anmaßendes Gebaren wäre lächerlich gewesen, hätte es
nicht solchen Abscheu erregt. So ein Zwinkern und Blin-

kern hat man noch nicht gesehen. Dieses Benehmen von seiten meines Auges in der Regenrinne war nicht nur aufreizend wegen seiner offenkundigen Überheblichkeit und schändlichen Undankbarkeit, sondern es war auch äußerst störend wegen des Einklanges, der immer zwischen zwei Augen desselben Kopfes besteht, so weit sie auch auseinander liegen. Ich war gewissermaßen gezwungen, ob ich wollte oder nicht, zu zwinkern und zu blinkern, in genauer Übereinstimmung mit dem elenden Ding, das da gerade vor meiner Nase lag. Doch brachte mir das Herausspringen des anderen Auges alsbald Erleichterung. Hinabstürzend nahm es (vielleicht ein abgekartetes Spiel) dieselbe Richtung wie sein Gefährte. Beide rollten gemeinsam aus der Traufe, und im Grunde genommen war ich sehr froh, sie los zu sein.

Der Zeiger steckte jetzt viereinhalb Zoll tief in meinem Genick, und nur ein kleines bißchen Haut war noch durchzuschneiden. Meine Empfindungen waren die vollkommenen Glücks, denn ich war überzeugt, daß ich spätestens in wenigen Minuten aus meiner unangenehmen Lage erlöst sein würde. Und in dieser Erwartung wurde ich keineswegs enttäuscht. Genau fünfundzwanzig Minuten nach fünf Uhr nachmittags war der riesige Minutenzeiger weit genug vorgerückt auf seiner schrecklichen Umlaufbahn, um den kleinen Überrest meines Halses zu durchtrennen. Es betrübte mich nicht, zu sehen, wie der Kopf, der mir am Ende doch soviel Schwierigkeiten bereitet hatte, sich endgültig von meinem Körper trennte. Zunächst stürzte er die steile Turmwand hinunter, dann blieb er ein paar Sekunden lang in der Traufe liegen, und dann landete er mit einem Satz mitten auf der Straße.

Ich will offen gestehen, daß meine Gefühle jetzt ganz eigentümlicher – ja überaus rätselhafter, überaus verwirrender und unbegreiflicher Art waren. Meine Sinne waren in ein und demselben Augenblick hier und dort. Mit meinem Kopf glaubte ich eben noch, daß ich, der Kopf, die wirkliche Signora Psyche Zenobia sei – im nächsten Augenblick war ich überzeugt, daß ich, der Körper, meine eigentliche Identität ausmache. Um meine Gedanken zu diesem Gegenstand zu klären, suchte ich in meiner Tasche nach meiner Schnupftabaksdose, doch als ich sie herausgezogen hatte und mir auf gewohnte Weise eine Prise ihres wohltuenden Inhalts zuführen wollte, gewahrte ich mit einemmal meinen seltsamen Mangel und warf die Dose schleunigst hinunter zu meinem Kopf. Der nahm mit großer Genugtuung eine Prise und dankte mir mit einem verbindlichen Lächeln. Kurz darauf hielt er mir eine Rede, die ich ohne Ohren aber nur undeutlich verstehen konnte. Immerhin erfaßte ich genug, um zu erkennen, daß er erstaunt war über mein Begehren, unter solchen Umständen noch am Leben zu bleiben. In den abschließenden Sätzen zitierte er die erhabenen Worte Ariosts:

> *Il pover hommy che non sera corty*
> *Und hat gekämpfet tenty erry morty* – ‹

mich auf diese Weise mit dem Helden vergleichend, der in der Hitze des Gefechts nicht gewahrte, daß er tot war, und mit unauslöschbarer Kühnheit fortfuhr, den Kampf auszufechten. Nichts konnte mich nunmehr hindern, aus meiner Höhe hinabzusteigen. Und das tat ich denn auch. Was Pompeius so *über alle Maßen* Merkwürdiges in meiner Erscheinung sah, das habe ich nie herausfinden können. Der Bursche öffnete den Mund von einem Ohr zum anderen und preßte die Augen zu, geradeso, als wollte er zwischen den Lidern Nüsse knacken. Schließlich machte er, seinen Überzieher abwerfend, einen großen Satz zur Treppe und verschwand. Ich schleuderte dem Schurken jene gewaltigen Worte des Demosthenes hinterdrein –

> *Andrew O'Phlegethon, weia nu bistu weg* – ‹

und wendete mich dann dem Liebling meines Herzens, der einäugigen, der wuschelhaarigen Diana zu. Doch ach! welch grausiger Anblick beleidigte meine Augen! War das *wirklich* eine Ratte, die ich da in ihr Loch huschen sah? Waren das *wirklich* die abgenagten Knochen des kleinen Engels, der von dem Ungeheuer grausam verschlungen worden war? O ihr Götter! und was erblick ich denn *da* –

ist es die abgeschiedene Seele, der Schatten, der Geist meines geliebten Hündchens, was ich da mit ach so schwermütiger Miene in der Ecke sitzen sehe? Horch! denn sie
spricht, und – Himmel! – es ist Deutsch – von Schiller:

> ›*Unt stubby duk, so stubby dun*
> *Duk sie! duk sie!*‹

Ach! und sind ihre Worte nicht allzu wahr?

> ›*Und sterb ich denn, so sterb ich doch*
> *Durch sie – durch sie.*‹

Holdes Geschöpf! *auch sie* hat sich um meinetwillen geopfert. Hundlos! negerlos! kopflos! – was nur bleibt *dann*
noch für die unselige Signora Psyche Zenobia? Weh mir –
nichts! Ich bin am Ende.

DER TEUFEL IM GLOCKENTURM

Was schlägt die Uhr?
Altes Sprichwort

Jedermann weiß so ungefähr, daß das holländische Dörfchen Vondervotteimittiss der schönste Fleck auf Erden ist – oder, leider: war. Doch da es abseits liegt von allen größeren Landstraßen, am Ende der Welt gewissermaßen, gibt es unter meinen Lesern vielleicht nur sehr wenige, die ihm je einen Besuch abgestattet haben. Zu Nutz und Frommen derer, die noch *nicht* dort gewesen sind, wird es sich deshalb nur empfehlen, es hier des näheren zu beschreiben. Ja, dies ist um so notwendiger, als ich, in der Hoffnung, die öffentliche Anteilnahme für seine Bewohner zu erwecken, hier die unseligen Ereignisse zu schildern gedenke, die sich erst vor kurzem innerhalb seiner Grenzen zugetragen haben. Keiner, der mich kennt, wird daran zweifeln, daß ich dieser selbst auferlegten Pflicht nach besten Kräften nachkommen werde, mit aller strengen Unparteilichkeit, aller Umsicht beim Untersuchen der Tatsachen und aller Sorgfalt beim Vergleichen der Zeugnisse, die einen jeden auszeichnen sollten, der den Anspruch erhebt, sich Historiker zu nennen.

Gestützt auf den vereinten Beistand von Gedenkmünzen, Urkunden und Eintragungen, vermag ich mit absoluter Sicherheit zu sagen, daß sich der Flecken Vondervotteimittiss von seiner Gründung an in genau demselben Zustand erhalten hat, den er noch heute bewahrt. Über die Zeit seiner Entstehung kann ich jedoch zu meinem Bedauern nur mit jener Art von unbestimmter Bestimmtheit sprechen, mit der Mathematiker sich mitunter bei gewissen algebraischen Formeln begnügen müssen. Der Zeitraum seit seiner Entstehung, das darf ich denn im Hinblick auf sein ehrwürdig hohes Alter mit Fug und Recht behaupten, kann nicht kürzer sein als jede nur erdenkliche bestimmbare Zeitspanne.

Was nun die Herkunft des Namens Vondervotteimittiss betrifft, so muß ich mit Betrübnis gestehen, daß ich auch hier in Verlegenheit bin. Aus einer Fülle von Meinungen zu diesem heiklen Thema − scharfsinnig manche, andere gelehrt, wieder andere das genaue Gegenteil − vermag ich rein gar nichts auszuwählen, was als befriedigend gelten dürfte. Vielleicht sollte man der Ansicht von Grogswigg − die sich nahezu deckt mit der von Kroutaplentty − mit allem Vorbehalt den Vorzug geben. Sie lautet so: ›Vondervotteimittiss − Vonder, lege Donder − Votteimittiss, quasi und Bleitziz − Bleitziz obsol.: pro Blitzen.‹ Diese Ableitung wird in der Tat noch gestützt durch einige augenfällige Spuren eines Blitzschlags an der Turmspitze des Rathauses. Ich möchte mich indessen bei einem derart bedeutsamen Gegenstand nicht festlegen und muß den wissensdurstigen Leser auf die ›Oratiunculae de Rebus Praeter-Veteris‹ von Dundergutz verweisen. Siehe auch: Blunderbuzzard, ›De Derivationibus‹, pp. 27 bis 5010, Folio, Frakturausgabe, Rot-schwarze Schrift, Kustos, keine Initialen; − worin auch zu beachten die Marginalien in der Handschrift von Stuffundpuff mit den Subkommentaren von Gruntundguzzell.

Ungeachtet des Dunkels, das also die Gründungszeit von Vondervotteimittiss und die Herkunft seines Namens einhüllt, kann, wie ich schon sagte, kein Zweifel darüber bestehen, daß es von Anbeginn in ebender Form dagewesen ist, wie wir es heutigentags finden. Der älteste Mann im Dorf erinnert sich nicht der leisesten Veränderung im Aussehen irgendeines beliebigen Teilstücks; ja allein schon die Erwägung einer solchen Möglichkeit gilt als schwere Beleidigung. Das Dorf liegt in einem völlig kreisrunden Tal von etwa einer Viertelmeile Umfang, das rings umschlossen ist von sanften Hügeln, deren Höhen die Bewohner noch nie zu übersteigen gewagt haben. Dafür geben sie den überaus triftigen Grund an, sie glaubten nicht, daß auf der anderen Seite überhaupt irgend etwas zu finden sei.

Rings am Saum des Tales (das völlig eben und ganz und gar mit flachen Steinplatten gepflastert ist) stehen in geschlossenem Rund sechzig kleine Häuser. Die Rückseite den Hügeln zugekehrt, müssen sie natürlich zum Mittelpunkt der Talfläche schauen, der genau sechzig Yards vom Eingang einer jeden Behausung entfernt ist. Vor jedem Haus befindet sich ein kleiner Garten mit einem kreisrunden Weg, einer Sonnenuhr und vierundzwanzig Kohlköpfen. Die Gebäude selbst ähneln einander aufs Haar, so daß man sie auf keine Weise unterscheiden kann. Wegen des ungeheuren Alters ist der Baustil etwas sonderbar, aber deshalb keineswegs weniger malerisch. Sie sind aus hartgebrannten kleinen Backsteinen errichtet, rot mit schwarzen Stirnseiten, so daß die Wände wie übermäßig große Schachbretter aussehen. Die Giebel blicken alle nach vorn, und Gesimse, so groß wie das ganze übrige Haus, befinden sich über den Dachtraufen und über den Haustüren. Die Fenster sind alle schmal und tief, mit winzigen Scheiben und viel Rahmenwerk. Auf dem Dach befindet sich eine Unmenge von Ziegeln mit langen gewellten Eckkröpfen. Das Holzwerk ist überall von dunkler Tönung und mit vielen Schnitzereien verziert, deren Muster allerdings kaum die geringste Abwechslung bieten; denn seit undenklichen Zeiten haben die Schnitzer von Vondervotteimittiss nie etwas anderes zuwege gebracht als zwei Gegenstände – einen Zeitmesser und einen Kohlkopf. Aber diese verfertigen sie aufs beste und fügen sie mit ungewöhnlicher Geschicklichkeit ein, wo immer sie Platz finden für den Grabstichel.

Die Behausungen gleichen sich innen ebenso wie außen, und die Einrichtung folgt überall demselben Plan. Die Fußböden sind aus quadratischen Ziegelsteinen, die Tische und Stühle aus schwärzlichem Holz, mit dünnen geschwungenen Beinen und Hundefüßchen. Die Kamineinfassungen sind breit und hoch, geschmückt nicht nur mit gemeißelten Uhren und Kohlköpfen über der Frontseite, sondern auch mit einem echten Zeitmesser oben in der

Mitte, der ein gewaltiges Ticken vollführt, und zwei Blumentöpfen mit einem Kohlkopf darin, die gleichsam als Vorreiter an den beiden Enden stehen. Zwischen den beiden Kohlköpfen und dem Zeitmesser wiederum steht jeweils ein kleiner Chinese mit einem ausladenden Bauch und einem großen runden Loch darin, durch das man das Zifferblatt einer Uhr sieht.

Die Kamine sind geräumig und tief, mit grimmigen, krumm anmutenden Feuerböcken. Da brennt unablässig ein loderndes Feuer, und darüber hängt ein riesiger Topf mit Sauerkraut und Schweinefleisch, den die ehrbare Hausfrau unermüdlich wartet. Sie ist eine kleine rundliche alte Dame, mit blauen Augen und rotem Gesicht, und trägt eine riesige Haube gleich einem Zuckerhut, geschmückt mit purpurroten und gelben Bändern. Ihr Kleid ist aus orangefarbenem grobem Halbwollstoff, hinten sehr weit geschnitten und sehr kurz in der Taille – sehr kurz erst recht in anderer Hinsicht, reicht es doch kaum bis unter die Mitte der Waden. Diese sind ziemlich dick, desgleichen die Fesseln, aber sie trägt ein Paar schöne grüne Strümpfe, sie zu bedecken. Ihre Schuhe – aus rosarotem Leder – sind beide mit einem ganzen Bausch gelber Bänder geschnürt, die kunstvoll zur Form eines Kohlkopfs geschlungen sind. In der linken Hand hält sie eine ungefüge kleine holländische Uhr; in der rechten schwingt sie den Schöpflöffel für das Sauerkraut und Schweinefleisch. Neben ihr steht eine fette getigerte Katze mit einer goldfarbenen Spielzeugrepetieruhr am Schwanz, welche ›die Jungs‹ spaßeshalber dort befestigt haben.

Die Jungs selbst sind alle drei im Garten und hüten das Schwein. Sie sind jeder zwei Fuß hoch. Sie tragen Dreispitze, purpurrote, bis zu den Oberschenkeln reichende Wämser, wildlederne Kniehosen, rotwollene Strümpfe, klobige Schuhe mit mächtigen Silberschnallen und lange Überzieher mit großen Perlmuttknöpfen. Außerdem hat jeder eine Tabakspfeife im Mund und eine kleine rundliche Uhr in der rechten Hand. Er pafft und schaut auf die Uhr; dann wieder schaut er auf die Uhr und pafft. Das

Schwein – das dick ist und träge – ist damit beschäftigt, bald die verstreuten Blätter aufzulesen, die von den Kohlköpfen abfallen, bald nach der goldglänzenden Repetieruhr auszuschlagen, welche die Knirpse auch an *seinem* Schwanz befestigt haben, damit es ebenso schmuck aussehe wie die Katze.

Dicht neben der Haustür, in einem hochlehnigen, lederbezogenen Armstuhl mit geschwungenen Beinen und Hundefüßchen wie bei den Tischen, sitzt der Herr des Hauses in Person. Er ist ein überaus wohlbeleibter kleiner alter Herr mit großen kreisrunden Augen und einem mächtigen Doppelkinn. Seine Kleidung gleicht der der Knaben, und ich brauche nichts weiter darüber zu sagen. Der einzige Unterschied ist, daß seine Pfeife etwas größer ist als die ihren und daß er mehr Qualm hervorbringen kann. Wie die Knaben hat er eine Uhr, aber er trägt sie in der Tasche. In Wahrheit erheischt etwas viel Gewichtigeres als eine Taschenuhr seine Aufmerksamkeit – und was das ist, werde ich sogleich erklären. Er sitzt da, das rechte Bein übers linke Knie geschlagen, macht eine ernste Miene und richtet zumindest eines seiner Augen unverwandt auf einen bestimmten bemerkenswerten Gegenstand in der Mitte der Talsohle.

Dieser Gegenstand befindet sich im Glockenturm des Rathauses. Der Gemeinderat besteht aus lauter sehr kleinen, rundlichen, fetten, klugen Männern mit großen Glotzaugen und dickem Doppelkinn; auch sind ihre Mäntel viel länger, ihre Schuhschnallen viel größer als bei den gewöhnlichen Einwohnern von Vondervotteimittiss. In der Zeit meines Aufenthalts im Dorf haben sie mehrere Sondersitzungen abgehalten und die folgenden drei wichtigen Beschlüsse gefaßt:

›Daß es falsch ist, den guten althergebrachten Lauf der Dinge zu verändern‹;

›Daß es nichts auch nur leidlich Gutes außerhalb von Vondervotteimittiss gibt‹; und

›Daß wir an unseren Uhren und Kohlköpfen festhalten wollen‹.

Über dem Sitzungszimmer des Rates erhebt sich der Turm, und im Turm ist das Glockengehäuse; dortselbst befindet sich seit undenklichen Zeiten der Stolz und das Wunder des Dorfes – die große Uhr der Gemeinde Vondervotteimittiss. Und ebendiese ist der Gegenstand, auf den die Augen der alten Herren, die da in den lederbezogenen Armstühlen sitzen, gerichtet sind.

Die große Uhr hat sieben Zifferblätter – in jeder der sieben Seiten des Turmes eines –, so daß die Uhr mühelos von allen Behausungen aus zu sehen ist. Die Zifferblätter sind groß und weiß und die Zeiger wuchtig und schwarz. Es gibt einen Türmer, dessen einziges Amt es ist, die Uhr zu warten; aber dieses Amt ist die trefflichste aller Sinekuren – denn nie seit Menschengedenken hat der Uhr von Vondervotteimittis das geringste gefehlt. Bis vor kurzem hielt man die pure Mutmaßung einer etwaigen Störung für Ketzerei. Seit der fernsten urkundlich belegten Vergangenheit sind die Stunden regelmäßig von der großen Glocke gekündet worden. Und das gleiche galt von allen anderen Standuhren und Taschenuhren im Dorf. Nie gab es einen besseren Ort, die rechte Zeit einzuhalten. Wenn der große Klöppel es für angemessen hielt, ›zwölf Uhr!‹ zu sagen, so erhoben all seine gehorsamen Jünger gleichzeitig ihre Stimmen und antworteten wie ein getreues Echo. Kurzum, die guten Bürger liebten ihr Sauerkraut, doch wahrhaft stolz waren sie auf ihre Uhren.

Alle Leute, die Sinekuren bekleiden, genießen mehr oder weniger hohe Achtung, und da der Türmer von Vondervotteimittiss die vollkommenste aller Sinekuren innehat, ist er der angesehenste Mann von der Welt. Er ist der Hauptwürdenträger des Dorfes, und selbst die Schweine blicken mit einem Gefühl von Verehrung zu ihm auf. Sein Rockschoß ist *sehr* viel länger, seine Pfeife, seine Schuhschnallen, seine Augen und sein Bauch sind *sehr* viel größer als die irgendeines anderen alten Herrn im Dorf; und was sein Kinn anlangt, so ist es nicht nur ein Doppel-, sondern ein Dreifachkinn.

Somit habe ich denn den glücklichen Zustand von Vondervotteimittiss beschrieben: welch Jammer, daß ein so schönes Bild sich je verkehren mußte ins Gegenteil!

Seit langem ging unter den weisesten Bewohnern die Rede, daß ›nichts Gutes von jenseits der Hügel kommen kann‹; und wirklich schien diesen Worten ein gewisser prophetischer Geist innezuwohnen. Es fehlten noch fünf Minuten an Mittag, am vorgestrigen Tage, als auf dem östlich gelegenen Hügelkamm ein sehr eigenartig aussehendes Etwas in Erscheinung trat. Solch ein Vorkommnis zog natürlich die allgemeine Aufmerksamkeit auf sich, und jeder kleine alte Herr, der da in seinem lederbezogenen Armstuhl saß, richtete das eine seiner Augen in entsetztem Starren auf die Erscheinung, während das andere nach wie vor auf die Turmuhr geheftet blieb.

Um die Zeit, da nur noch drei Minuten an Mittag fehlten, erkannte man in dem fraglichen drolligen Etwas einen winzig kleinen, fremdartig anmutenden jungen Mann. Er stieg mit großer Geschwindigkeit den Hügel hinunter, so daß jedermann ihn alsbald deutlich sehen konnte. Er war wirklich das extravaganteste Wesen, das man in Vondervotteimittiss je zu Gesicht bekommen hatte. Sein Gesicht war dunkel tabakfarben, und er hatte eine lange Hakennase, erbsengroße Augen, einen breiten Mund und zwei treffliche Reihen Zähne, welch letztere er anscheinend mit Fleiß zur Schau stellte, indem er von einem Ohr zum anderen grinste. Schnurrbart und Backenbart sorgten dafür, daß von dem übrigen Gesicht rein gar nichts zu sehen war. Sein Kopf war unbedeckt und sein Haar gefällig auf Papilloten frisiert. Seine Kleidung bestand aus einem enganliegenden schwarzen Rock mit Schwalbenschwänzen (aus dessen einer Tasche ein weißes Schnupftuch weit heraushing), schwarzen Kaschmirkniehosen, schwarzen Strümpfen und plump wirkenden Pumps mit riesigen Bauschen aus schwarzem Atlasband als Schleifen. Unter dem einen Arm trug er einen riesigen *chapeau-de-bras* und unter dem anderen eine Fiedel, fast fünfmal so groß wie er selbst. In der linken Hand hielt er eine goldene Schnupftabaksdose, aus der er sich, indem er mit den wunderlichsten Luftsprüngen den Hügel hinunterhüpfte, unaufhörlich mit der Miene unüberbietbarer Selbstzufriedenheit bediente. Gerechter Himmel! – das war ein Anblick für die biederen Bürger von Vondervotteimittiss!

Um es rundheraus zu sagen, der Bursche hatte trotz seines Grinsens ein ziemlich unverschämtes und finsteres Gesicht; und als er geradewegs ins Dorf hineinkurbettierte, erregte das seltsam plumpe Aussehen seiner Pumps nicht geringen Argwohn; und mancher Bürger, der ihn an jenem Tag sah, hätte etwas darum gegeben, unter das weiße Batisttaschentuch zu lugen, das so aufreizend aus der Tasche des Schwalbenschwanzes heraushing. Was aber eine rechtschaffene Entrüstung vor allem herausforderte, war der Umstand, daß der niederträchtige Geck, während er hier einen *fandango* tanzte und sich dort wie ein Kreisel drehte, bei seinen Schritten nicht die blasseste Ahnung von so etwas wie *Zeitmaß* und *Takthalten* zu haben schien.

Die guten Dorfbewohner hatten indes kaum Gelegenheit, die Augen richtig aufzusperren, als der Schurke auch schon, just als noch eine halbe Minute an Mittag fehlte, mitten unter sie sprang, hier einen *chassé* und dort einen *balancé* zum besten gab und sich dann, nach einer *pirouette* und einem *pas de zéphyr*, mit einem Luftsprung hinaufschwang in den Glockenturm des Rathauses, wo der verdutzte Türmer saß und rauchte, ein Bild der Würde und Bestürzung. Doch der kleine Lümmel ergriff ihn sogleich bei der Nase, drehte und zog daran; stülpte ihm den großen *chapeau-de-bras* über den Kopf, stieß ihm den Hut bis über Augen und Mund, erhob dann seine große Fiedel und schlug damit so lange und kräftig auf sein Opfer ein, daß man, fett wie der Türmer und hohl wie die Fiedel war, hätte schwören mögen, ein ganzes Regiment von Kontrabaßtrommlern schlage im Glockenstuhl des Turmes von Vondervotteimittiss den Teufelsmarsch.

Keiner weiß, zu welch verzweifeltem Racheakt dieser gewissenlose Überfall die Einwohner womöglich hingerissen hätte, wäre nicht der gewichtige Umstand gewesen, daß nunmehr bloß noch eine halbe Sekunde an Mittag fehlte.

Die Glocke schickte sich an zu schlagen, und es war eine Sache absoluter und vordringlicher Notwendigkeit, daß jedermann unbeirrt auf seine Uhr schaute. Doch war nicht zu bezweifeln, daß just in diesem Augenblick der Kerl im Turm mit der Uhr irgend etwas anstellte, wozu er keinerlei Recht hatte. Aber als sie nun zu schlagen anhob, hatte niemand Zeit, auf seine Machenschaften achtzugeben, denn alle mußten sie die Schläge der Glocke zählen, die nun erschollen.

»Eins!« sagte die Turmuhr.

»Eens!« echote jeder kleine alte Herr in jedem lederbezogenen Armstuhl in Vondervotteimittiss. »Eens!« sagte auch seine Taschenuhr; »eens!« sagte die Uhr seiner Frau, und »eens!« sagten die Uhren der Knaben und die kleinen goldglänzenden Repetieruhren an den Schwänzen von Katze und Schwein.

»Zwei!« fuhr die große Glocke fort; und

»Twee!« echoten alle Echos.

»Drei! Vier! Fünf! Sechs! Sieben! Acht! Neun! Zehn!« sagte die Glocke.

»Dree! Vier! Fif! Seß! Seeven! Acht! Negen! Tien!« antworteten die andern.

»Elf!« sagte die große.

»Elfen!« pflichteten die kleinen Gesellen bei.

»Zwölf!« sagte die Glocke.

»Twölf!« erwiderten sie tief befriedigt und senkten ihre Stimmen.

»Twölfe is et!« sagten all die kleinen Herren, indem sie ihre Uhren einsteckten. Aber die große Glocke hatte noch nicht ausgeredet.

»*Dreizehn!*« sagte sie.

»Der Teufel!« keuchten die kleinen alten Herren erbleichend, ließen ihre Pfeifen sinken und nahmen alle das rechte Bein vom linken Knie.

»Der Teufel!« ächzten sie, »Dörteen! Dörteen!! – Mein Gott, es ist dörteen Uhr!!«

Warum versuchen, das schreckliche Schauspiel zu beschreiben, das nun folgte? Ganz Vondervotteimittiss wurde unversehens in einen Strudel heillosen Durcheinanders gerissen.

»Wat is bloß in mein' Bauch gefahrn?« brüllten alle Jungen − »sonst bin ich längst hungrig um die Zeit!«

»Wat is bloß in mein Kraut gefahrn?« kreischten alle Frauen, »sonst is es schier zerkocht um die Zeit!«

»Wat is bloß in meine Pipe gefahrn?« fluchten alle kleinen alten Herren, »Donner und Blitz! sonst ist sie längst ausgeraucht um die Zeit!« − und sie stopften sie voller Empörung aufs neue und pafften, in ihre Armstühle zurückgelehnt, so rasch und grimmig drauflos, daß das ganze Tal im Nu mit undurchdringlichem Qualm erfüllt war.

Unterdessen wurden alle Kohlköpfe puterrot im Gesicht, und es schien, als hätte der Teufel selbst von allem Besitz ergriffen, was Uhrengestalt hatte. Die geschnitzten Uhren an den Möbeln fingen an zu tanzen wie behext, während die die auf den Kaminsimsen sich vor Raserei kaum zu halten wußten und so unermüdlich dreizehn schlugen und so toll mit ihren Pendeln wippten und wedelten, daß es wirklich gräßlich anzusehen war. Das Schlimmste aber war: weder die Katzen noch die Schweine konnten das Benehmen der kleinen Repetieruhren an ihren Schwänzen länger ertragen und rebellierten dagegen, indem sie kratzend und stoßend und quiekend und kreischend und mauzend und schreiend im ganzen Ort umherjagten, den Leuten ins Gesicht sprangen und unter die Röcke fuhren und alle zumal den heillosesten Lärm und Wirrwarr stifteten, den ein vernünftiger Mensch sich nur vorstellen kann. Und offensichtlich setzte der elende kleine Bösewicht im Turm alles daran, das Unheil noch zu verschlimmern. Von Zeit zu Zeit konnte man durch den Qualm einen flüchtigen Blick auf den Schurken werfen. Da saß er im Glockenturm auf dem Türmer, der flach auf dem Rücken lag. Zwischen den Zähnen hielt der Schuft den Glockenstrang, den er mit seinem Kopf ständig auf- und niederrucken ließ, und vollführte auf diese Weise einen solchen Höllenspektakel, daß mir die Ohren aufs neue dröhnen, sobald ich nur daran denke. Auf dem Schoß hielt er die große Fiedel, auf der er mit beiden Händen, ohne sich im geringsten um Takt oder Ton zu kümmern, herumkratzte, und tat sich wunder was zugute – der Einfaltspinsel! – auf seine Darbietung von ›Judy O'Flannagan‹ und ›Paddy O'Raferty‹.

Bei diesem unglückseligen Stand der Dinge verließ ich den Ort mit Grausen, und nun flehe ich alle Freunde genauer Zeit und leckeren Krautes um Beistand an. Laßt uns geschlossen zu dem Dorfe ziehen und die althergebrachte Ordnung der Dinge in Vondervotteimittiss wiederherstellen, indem wir jenen kleinen Gauner aus dem Glockenturm vertreiben.

DER MANN,
VON DEM NICHTS ÜBRIGBLIEB

Eine Geschichte aus dem letzten Feldzug
gegen die Bugaboo und Kickapoo

Pleurez, pleurez, mes yeux, et fondez-vous en eau!
La moitié de ma vie a mis l'autre au tombeau.

Corneille

Ich kann mich im Augenblick nicht erinnern, wann oder
wo ich zum erstenmal jenem wahrhaft vortrefflich aussehenden Haudegen, dem Brevet-Brigadegeneral John
A. B. C. Smith begegnete. Doch irgend jemand stellte mich
ihm vor, gewiß – bei einer öffentlichen Versammlung, ich
weiß es ganz genau – in der es um etwas sehr Wichtiges
ging, ohne Zweifel – an dem einen oder anderen Ort, wie
ich überzeugt bin – dessen Namen ich merkwürdigerweise
vergessen habe. Die Wahrheit ist, daß die Vorstellung auf
meiner Seite einherging mit einer gewissen bangen Verlegenheit, die bewirkte, daß weder Zeit noch Ort den geringsten klar umrissenen Eindruck hinterließen. Ich bin
von Natur nervös – diese Schwäche liegt bei mir in der Familie, und ich kann's nicht ändern. Vornehmlich versetzt
mich jeder leiseste Anhauch von Geheimnis – jedweder Eigentümlichkeit, die ich nicht recht begreifen kann – sogleich in einen erbarmungswürdigen Erregungszustand.
Irgend etwas Merkwürdiges – ja, *Merkwürdiges*, wenn
dies auch nur ein unzulänglicher Ausdruck ist für das, was
ich meine – lag über der ganzen Persönlichkeit des Mannes, von dem hier die Rede ist. Er war ungefähr sechs Fuß
groß und von wahrhaft imponierender Erscheinung. Den
ganzen Menschen umwitterte ein *air distingué*, das hohe
Bildung verriet und auf hohe Abkunft deutete. Bei diesem
Thema – nämlich Smith' äußerer Erscheinung – peinlich
genau zu sein bereitet mir eine Art schwermütiger Befriedigung. Sein volles Haar hätte einem Brutus zur Ehre ge-

reicht – nichts konnte üppiger wallen oder seidiger schimmern. Es war tiefschwarz – und von gleicher Farbe, oder vielmehr Nichtfarbe, war auch sein staunenswerter Backenbart. Sie bemerken, daß ich von diesem nicht ohne leidenschaftliche Bewunderung sprechen kann; es ist nicht zuviel behauptet, wenn ich sage, daß es der stattlichste Backenbart unter der Sonne war. Jedenfalls umschloß er und überschattete mitunter einen ganz unvergleichlichen Mund. Hier prangten in unübertrefflich schimmerndem Weiß die makellosesten aller nur erdenklichen Zähne. Sie entließen bei jeder angemessenen Gelegenheit eine Stimme von beispielloser Klarheit, Harmonie und Kraft. Was die Augen angeht, so war mein Bekannter auch hier über alle Maßen gut ausgestattet. Jedes einzelne wog ein ganzes Paar gewöhnlicher Sehwerkzeuge auf. Sie waren von sattem Haselnußbraun, überaus groß und leuchtend, und immer wieder gewahrte man an ihnen ebenjenen Grad von interessanter Schrägstellung, der dem Ausdruck Bedeutsamkeit verleiht.

Die Brust des Generals war unbestreitbar die schönste, die ich je gesehen habe. Ums Leben hätte man keinen Makel an ihrer wunderbaren Ausgewogenheit finden können. Diese erlesene Besonderheit ließ sehr vorteilhaft ein Paar Schultern hervortreten, die selbst dem marmornen Apoll die Schamröte eingestandener Unterlegenheit ins Antlitz getrieben hätten. Ich habe eine Vorliebe für schöne Schultern und kann wohl sagen, daß ich sie nie zuvor in solcher Vollkommenheit erblickt habe. Bewundernswert war auch die Modellierung der Arme. Und die unteren Gliedmaßen waren nicht weniger eindrucksvoll. Sie waren tatsächlich das Nonplusultra makelloser Beine. Jeder Kenner in solchen Dingen mußte ihre Makellosigkeit zugeben. Sie waren weder allzu muskulös noch allzu zart – weder robust noch fragil. Ich konnte mir keine anmutigere Rundung vorstellen als die des *os femoris*, und an der Rückseite der *fibula* spannte sich ebenjene geziemende sanfte Wölbung, die den Reiz einer wohlproportionierten Wade ausmacht. Ich wünschte zu Gott, mein talentvoller junger Freund

Chiponchipino, der Bildhauer, hätte die Beine des Brevet-Brigadegenerals John A. B. C. Smith zu Gesicht bekommen.

Doch obwohl so ausgesprochen gutaussehende Männer gewiß nicht zahlreich sind wie gute Gründe oder wie Sand am Meer, konnte ich mich doch nicht zu der Meinung bequemen, daß jenes *merkwürdige* gewisse Etwas, auf das ich soeben anspielte – jener seltsame Hauch von *je ne sais quoi*, der meinen neuen Bekannten umwitterte – ausschließlich oder auch nur zu einem Teil in der beispiellosen Vollkommenheit seiner leiblichen Vorzüge begründet sei. Vielleicht könnte man es auf sein *Benehmen* zurückführen; doch auch hier bin ich meiner Sache nicht sicher. Da war eine Förmlichkeit, um nicht zu sagen Steifheit, in seinem Betragen – eine gewisse maßvolle und, wenn ich es so ausdrücken darf, rechtwinklige Exaktheit, die jede seiner Bewegungen begleitete und die bei einer Statur kleineren Ausmaßes einen ganz leichten Beigeschmack von Affektiertheit, Großspurigkeit oder Gezwungenheit gehabt hätte, die aber bei einem Gentleman von seinen unbestrittenen Dimensionen bereitwillig als Reserviertheit, *hauteur* – in löblichem Sinne, kurzum, als alles das gedeutet wurde, was der Würde kolossalen Körperformates geziemt.

Der wohlmeinende Freund, der mich dem General Smith vorstellte, flüsterte mir ein paar erläuternde Worte zu seiner Person ins Ohr. Er sei ein *bemerkenswerter* Mann – ein *sehr* bemerkenswerter Mann – wirklich einer der *bemerkenswertesten* Männer seiner Zeit. Auch bei den Damen stehe er in besonderer Gunst – vor allem wegen seines vielgerühmten Mutes.

»In *diesem* Punkte ist er unerreicht – ja, er ist ein wahrer Desperado – der reinste Feuerfresser, ganz ohne Zweifel«, sagte mein Freund, wobei er seine Stimme zu leisem Flüstern senkte und mich durch den geheimnisvollen Klang erschauern machte.

»Der reinste Feuerfresser, *ohne* Zweifel. *Das* hat er, sollte ich meinen, im letzten furchtbaren Sumpfkrieg, weit im Süden, gegen die Bugaboo- und Kickapoo-Indianer zur Genüge bewiesen.« (Hier weiteten sich die Augen meines

Freundes.) »Du meine Güte! – Blut und Donner und was nicht alles! – *Wunder* an Kühnheit! – natürlich schon von ihm gehört? – Sie wissen doch, das ist der Mann ...«

»Menschenskind, seien Sie gegrüßt! Na, wie geht's denn? Freut mich wirklich *sehr*, Sie zu sehen!« unterbrach hier der General in eigener Person, ergriff herzutretend die Hand meines Gefährten und verbeugte sich steif, aber ausgiebig, als ich ihm vorgestellt wurde. Ich glaubte damals (und glaube es noch heute), nie eine klarere oder kräftigere Stimme gehört, nie zwei schönere Reihen Zähne erblickt zu haben: doch *muß* ich gestehen, daß ich die Unterbrechung gerade in diesem Augenblick bedauerte, denn die obenerwähnten geflüsterten Bemerkungen und Andeutungen hatten das lebhafteste Interesse für den Helden der Bugaboo- und Kickapookampagne in mir erweckt.

Indessen verscheuchte die ergötzlich brillante Unterhaltung des Brevet-Brigadegenerals John A. B. C. Smith alsbald gänzlich diesen Verdruß. Da mein Freund uns sogleich allein ließ, hatten wir ein recht langes *tête-à-tête*, und ich wurde nicht nur unterhalten, sondern *wirklich* – unterrichtet. Nie habe ich einen wortgewandteren Gesprächspartner, nie einen Mann von größerem Allgemeinwissen erlebt. Mit kleidsamer Bescheidenheit stand er jedoch davon ab, das Thema zu berühren, das mir gerade jetzt am meisten am Herzen lag – ich meine die geheimnisvollen Umstände, die mit dem Bugabookrieg einhergingen; und mir wiederum untersagte eine Regung, die ich für schickliches Taktgefühl halte, den Gegenstand zur Sprache zu bringen, obwohl ich wahrlich in größter Versuchung war, es zu tun. Ich bemerkte auch, daß der tapfere Krieger Themen von philosophischem Interesse bevorzugte und daß er vornehmlich Vergnügen daran fand, sich über den raschen Vormarsch technischer Errungenschaften auszulassen. Ja, ich mochte ihn lenken, wohin ich wollte, dies war ein Kernpunkt, zu dem er unweigerlich zurückkehrte.

»Darüber geht wirklich nichts«, sagte er wohl; »wir sind ein wunderbares Volk und leben in einer wunderbaren Zeit. Fallschirme und Eisenbahnen – Fußangeln und

Selbstschüsse! Unsere Dampfboote sind auf allen Meeren zu finden, und der Nassau-Postballon schickt sich an, regelmäßig zwischen London und Timbuktu zu verkehren (Fahrpreis für jede Strecke nur zwanzig Pfund Sterling). Und wer kann den ungeheuren Einfluß auf das öffentliche Leben – auf die Künste – den Handel – die Literatur – ermessen, der sich zwangsläufig aus den großen Gesetzen des Elektromagnetismus ergeben wird! Und das ist beileibe nicht alles, versichere ich Ihnen! Der Vormarsch der Erfindungen ist schier ohne Ende. Die wunderbarsten – die sinnreichsten – und lassen Sie mich hinzufügen, Mr. – Mr. – Thompson, glaube ich, war Ihr Name – lassen Sie mich hinzufügen, sage ich, die *nützlichsten* – die wahrhaft *nützlichsten* technischen Errungenschaften schießen täglich wie Pilze aus dem Boden, wenn ich mich so ausdrücken darf, oder noch bildhafter: wie – ja – Grashüpfer – wie Grashüpfer, Mr. Thompson – dicht neben uns und – eh – eh – rings um uns!«

Thompson heiße ich nun freilich nicht; aber es erübrigt sich zu sagen, daß ich General Smith mit gesteigertem Interesse an seiner Person verließ, mit einer hohen Meinung von seiner Rednergabe und schier überwältigt von den kostbaren Privilegien, deren wir uns erfreuen, indem wir in diesem Zeitalter technischen Fortschritts leben. Meine Neugier war indessen noch nicht ganz gestillt, und ich beschloß, unter meinen Bekannten unverzüglich Erkundigungen über den Brevet-Brigadegeneral einzuziehen, insbesondere hinsichtlich der furchtbaren Ereignisse, *quorum pars magna fuit*, während der Bugaboo- und Kickapookampagne.

Die erste Gelegenheit dazu, die zu ergreifen *(horresco referens)* ich nicht die geringsten Skrupel hatte, bot sich in der Kirche des Reverend Dr. Drummummupp, wo ich mich eines Sonntags, gerade zur Predigtzeit, nicht nur im selben Kirchenstuhl, sondern gar an der Seite meiner achtbaren und mitteilsamen kleinen Freundin Miss Tabitha T. einquartiert sah. So plaziert, beglückwünschte ich mich, und das mit gutem Grund, zu dem hocherfreulichen Stand der

Dinge. Wenn irgend jemand irgend etwas über den Brevet-Brigadegeneral John A. B. C. Smith wußte, so war dieser Jemand, das war mir klar, Miss Tabitha T. Wir gaben uns ein paar Zeichen und begannen dann, *sottovoce* ein lebhaftes *tête-à-tête*.

»Smith!« erwiderte sie auf meine sehr eindringliche Frage; »Smith! – aber doch nicht General John A. B. C.? Gerechter Himmel, ich dachte, über *den* wüßten Sie *alles*! Was für ein wunderbar erfinderisches Zeitalter! Grauenhafte Geschichte! – eine blutrünstige Rotte von Lumpen, diese Kickapoo! – kämpfte wie ein Held – Wunder an Tapferkeit – unvergänglicher Ruhm. Smith! – Brevet-Brigadegeneral John A. B. C.! – nun, Sie wissen doch, das ist der Mensch ...«

»Der Mensch«, ließ sich hier Dr. Drummummupp mit hocherhobener Stimme vernehmen und schlug dabei auf die Kanzel, als wollte er sie uns um die Ohren schlagen; »der Mensch, vom Weibe geboren, lebt nur kurze Zeit; geht auf wie eine Blume und fällt ab!« Ich reckte mich bis zum Rand des Kirchenstuhles und bemerkte an den feurigen Blicken des Gottesmannes, daß sein Ingrimm, der beinahe der Kanzel zum Verhängnis geworden wäre, von dem Geflüster zwischen der Dame und mir entfacht worden war. Da war nun nichts zu machen; so unterwarf ich mich denn mit Anstand und lauschte unter allen Marterqualen würdevollen Schweigens dem Rest jener hochbedeutenden Predigt.

Der nächste Abend sah mich als etwas verspäteten Besucher im Rantipole-Theater, wo ich meine Neugier sogleich zu befriedigen hoffte, indem ich einfach die Loge jener vortrefflichen Musterexemplare an Redseligkeit und Allwissenheit betrat: die Loge der Damen Arabella und Miranda Cognoscenti. Der glänzende Tragöde Climax spielte den Jago vor überfülltem Haus, und es bereitete mir einige Mühe, meine Wünsche verständlich zu machen, zumal unsere Loge sich dicht neben den Kulissen befand und die ganze Bühne überschaute.

»Smith?« sagte Miss Arabella, als sie endlich den Inhalt

meiner Frage begriffen hatte; »Smith? – doch nicht General John A. B. C.?«

»Smith?« fragte Miranda gedankenverloren. »Mein Gott, haben Sie je eine glänzendere Erscheinung erblickt?«

»Niemals, gnädiges Fräulein, aber bitte *sagen* Sie mir ...«

»Oder solch unnachahmliche Grazie?«

»Niemals, auf mein Wort! – aber verraten Sie mir doch bitte ...«

»Oder eine so goldrichtige Einschätzung des Bühneneffekts?«

»Mein gnädiges Fräulein!«

»Oder einen feineren Spürsinn für das wahrhaft Schöne bei Shakespeare? Schauen Sie doch nur dieses Bein an!«

»Zum Teufel!«, und ich wendete mich wieder an ihre Schwester.

»Smith?« sagte sie, »doch nicht General John A. B. C.? Schauerliche Affäre das, nicht wahr? – schlimme Lumpen, diese Bugaboo – grausam und so weiter – aber wir leben in einem wundervoll erfinderischen Zeitalter! – Smith! – O ja! großer Mann! – der reinste Desperado – unvergänglicher Ruhm – Wunder an Tapferkeit! *Nie davon gehört?«* (Dies wurde förmlich herausgeschrien.) »Gerechter Himmel! – aber das ist doch der Mann ...«

»... nicht Mandragora,
Noch alle Schlummerkräfte der Natur,
Verhelfen je dir zu dem süßen Schlaf,
Den du noch gestern hattest!« –

brüllte da Climax gerade in mein Ohr und schüttelte dabei drohend die Faust vor meinem Gesicht, auf eine Art und Weise, die ich nicht ertragen *konnte* noch *wollte*. Augenblicks verließ ich die Damen Cognoscenti, begab mich unverzüglich hinter die Kulissen und versetzte dem erbärmlichen Schurken eine Tracht Prügel, die er ganz bestimmt sein Lebtag nicht vergessen wird.

Bei der *soirée* der liebenswürdigen Witwe Mrs. Kathleen O'Trump vertraute ich darauf, nicht noch einmal eine ähnliche Enttäuschung zu erleben. Kaum saß ich also am Kartentisch, mit meiner hübschen Gastgeberin als *vis-à-vis*, brachte ich auch schon jene Fragen vor, deren Klärung so unentbehrlich für meinen Seelenfrieden geworden war.

»Smith?« sagte meine Partnerin, »doch nicht General John A.B.C.? Schauerliche Affäre das, nicht wahr? – Karo, sagten Sie? – schreckliche Lumpen, diese Kickapoo! – wir spielen *Whist*, wenn ich bitten darf, Mr. Tattle – jedenfalls: dies ist das Zeitalter der Erfindungen, ganz gewiß *das* Zeitalter schlechthin, muß man sagen – *das* Zeitalter *par excellence* – sprechen Sie Französisch? – oh, ein wahrer Held – der reinste Desperado! – *kein Herz*, Mr. Tattle? – das glaub ich nicht! – unvergänglicher Ruhm und all das – Wunder an Tapferkeit! *Nie davon gehört!!* – aber, du meine Güte, das ist doch der Mann …«

»Mann? – *Kapitän* Mann?« kreischte hier irgendein kleiner weiblicher Eindringling aus der fernsten Ecke des Salons. »Sprechen Sie von Kapitän Mann und dem Duell? – oh, das *muß* ich hören – erzählen Sie – fahren Sie fort, Mrs. O'Trump! – fahren Sie doch fort!« Und das tat denn auch Mrs. O'Trump – und es ging allein und einzig um einen gewissen Kapitän Mann, der entweder totgeschossen oder gehenkt worden war oder doch das eine wie das andere verdient hätte. O ja! Mrs. O'Trump setzte ihre Rede fort, und ich – ich setzte mich ab. Hier sah ich keine Chance, an jenem Abend noch irgend etwas Weiteres in bezug auf den Brevet-Brigadegeneral John A.B.C. Smith zu hören.

Noch tröstete ich mich mit dem Gedanken, daß die Flut des Unglücks ja nicht immer und ewig gegen mich anbranden konnte, und so beschloß ich, auf der Abendgesellschaft des betörenden kleinen Engels, der anmutigen Mrs. Pirouette, einen kühnen Versuch zu machen, das Gewünschte zu erfahren.

»Smith?« sagte Mrs. P., während wir mit einem *pas de zéphyr* herumkreiselten, »Smith? – doch nicht General John A. B. C.? Fürchterliche Geschichte, das mit den Bugaboo, nicht wahr? – schreckliche Geschöpfe, diese Indianer! – bitte stellen Sie die Zehen auswärts, ich muß mich Ihrer ja schämen – unglaublich mutiger Mann, der arme Kerl! – aber das ist ein wunderbares Zeitalter der Erfindungen! – Ach herrje, ich bin ganz außer Atem – der reinste Desperado – Wunder an Tapferkeit – *nie davon gehört!!* – nicht zu glauben – ich werde Platz nehmen müssen und Sie aufklären – Smith! das ist doch der Mann …«

»Man-*fred*, sage ich Ihnen!« schrie hier Miss Bas-Bleu, als ich Mrs. Pirouette zu einem Stuhl geleitete. »Hat man so was schon gehört? Es heißt Man-*fred*, sage ich, und auf gar keinen Fall Man-*fried*.« Hier winkte mich Miss Bas-Bleu überaus gebieterisch zu sich; und ob ich wollte oder nicht, sah ich mich genötigt, Mrs. P. zu verlassen, um einen Wortstreit zu schlichten, der über den Titel eines gewissen poetischen Dramas von Lord Byron entbrannt war. Obwohl ich ohne alle Umschweife erklärte, daß der richtige Titel Man-*fried* und keinesfalls Man-*fred* laute, war Mrs. Pirouette, als ich zurückkehrte, sie zu suchen, nirgends mehr zu entdecken, und ich verließ das Haus voller Erbitterung gegen die gesamte Sippschaft der Bas-Bleus.

Die Dinge hatten nun einen wahrhaft bedenklichen Aspekt angenommen, und ich beschloß, sogleich meinen speziellen Freund Mr. Theodore Sinivate aufzusuchen; denn ich wußte, daß ich wenigstens hier so etwas wie eine präzise Auskunft erhalten würde.

»Smith?« sagte er auf seine wohlbekannte, eigentümliche Weise, die Silben in die Länge dehnend; »Smith? – doch nicht General John A. B. C.? Grausame Affäre, das mit den Kickapo-o-o-o, nicht wahr? Sagen Sie, finden Sie nicht auch? – der reinste Despera-a-ado – ein wahrer Jammer, auf mein Wort! – wunderbar erfinderisches Zeitalter! – Wunderta-a-aten der Tapferkeit! Übrigens, haben Sie schon von Kapitän Ma-a-a-an gehört?«

»Zum Henker mit Kapitän Mann!« sagte ich, »bitte fahren Sie in Ihrer Geschichte fort.«

»Hm! – nun ja! – ganz *la même cho-o-ose*, wie wir in Frankreich sagen. Smith, wie? Brigadegeneral John A – B – C? Hören Sie mal« – (hier hielt es Mr. S. für angebracht, seinen Finger an den Nasenflügel zu legen) – »hören Sie mal, Sie wollen mir doch nicht wirklich und wahrhaftig und allen Ernstes weismachen, daß Sie nicht, so gut wie ich, all und jedes über diese Smith-Affäre wissen, wie? Smith? John A – B – C? Nun, in Gottes Namen, das ist der Ma-a-ann ...«

»*Mr.* Sinivate«, sagte ich flehentlich, »*ist* er der Mann in der Maske?«

»Nei-en!« sagte er und machte ein weises Gesicht, »auch nicht der Mann im Mo-o-ond.«

Diese Antwort nahm ich für einen ausgemachten Affront, und wutentbrannt verließ ich auf der Stelle das Haus, fest entschlossen, meinen Freund Mr. Sinivate wegen seines ungehörigen, rüpelhaften Benehmens baldigst zur Rechenschaft zu ziehen.

Einstweilen verspürte ich jedoch keine Neigung, mir meine Bemühungen um die gewünschte Aufklärung weiter durchkreuzen zu lassen. Ein einziger Ausweg blieb mir noch. Ich würde zur Quelle gehen. Ich würde unverzüglich den General selbst aufsuchen und rundheraus eine Aufklärung dieses vertrackten Geheimnisses verlangen. Hier wenigstens sollte keine Ausflucht möglich sein. Ich würde klipp und klar und gebieterisch reden – knapp wie Pastetenkruste – prägnant wie Tacitus oder Montesquieu.

Es war noch früh am Tag, als ich vorsprach, und der General war beim Ankleiden; doch ich berief mich auf dringende Geschäfte und wurde sogleich von einem alten schwarzen Kammerdiener, der auch während meines Besuchs dabeiblieb, ins Schlafzimmer geführt. Als ich das Gemach betrat, sah ich mich natürlich nach dem Bewohner um, konnte ihn aber nicht sogleich entdecken. Doch lag ein großes und ausnehmend seltsam anmutendes Bündel mit was weiß ich dicht vor meinen Füßen auf dem Boden, und da meine Laune nicht gerade die beste von der Welt war, stieß ich es mit dem Fuß aus dem Wege.

»Hem! ahem! das nenn ich aber höflich!« sagte das Bündel mit dem dünnsten und allerdrolligsten Stimmchen – einem Quieken halb und halb einem Pfeifen –, das ich all mein Lebtag gehört habe.

»Ahem! Das nenn ich wirklich höflich.«

Ich schrie förmlich vor Entsetzen und entfloh mit jäher Wendung in die äußerste Zimmerecke.

»Gerechter Himmel! mein lieber Freund«, piepste das Bündel aufs neue, »was – was – was – aber was haben Sie denn nur? Ich glaube gar, Sie kennen mich nicht mehr.«

Was konnte ich zu alledem sagen – *was* denn nur? Ich wankte zu einem Lehnstuhl und erwartete starren Blicks und offenen Mundes die Aufhellung des Wunders.

»Merkwürdig, daß Sie mich nicht trotzdem wiedererkennen, nicht wahr?« fuhr der Unbeschreibliche alsbald zu quieken fort, indem er, wie ich jetzt gewahrte, auf dem Fußboden irgendein unverständliches Manöver vollführte, ganz ähnlich dem Anziehen eines Strumpfes. Doch war nur ein einziges Bein zu sehen.

»Merkwürdig, daß Sie mich nicht trotzdem wiedererkennen, nicht wahr? Pompeius, bring mir das Bein!« Und Pompeius übergab dem Bündel ein äußerst stattliches, bereits bekleidetes Korkbein, welches das Bündel im Handumdrehen an sich festschraubte; und dann erhob es sich vor meinen staunenden Augen.

»Ja, ein blutiges Unternehmen war es schon«, fuhr das Etwas wie im Selbstgespräch fort; »aber schließlich darf man nicht gegen die Bugaboo und Kickapoo kämpfen und sich einbilden, man könne mit einem bloßen Kratzer davonkommen. Pompeius, ich möchte dich nun um den Arm dort bitten. Thomas« (zu mir gewandt) »ist entschieden der beste Meister, wenn es um Korkbeine geht; aber falls Sie je einen Arm brauchen, mein lieber Freund, möchte ich Ihnen unbedingt Bishop empfehlen.« Hier schraubte Pompeius ihm einen Arm an.

»Da ging es heiß her, kann ich Ihnen sagen. Jetzt, du Hund, streif mir die Schultern über und die Brust! Pettitt macht die besten Schultern, aber wegen einer Brust werden Sie zu Ducrow gehen müssen.«

»Brust!« sagte ich.

»Pompeius, wirst du denn *nie* mit der Perücke fertig? Skalpieren ist freilich eine rüde Prozedur; aber gegebenenfalls können Sie solch prächtige Stutzperücke bei De L'Orme erwerben.«

»Stutzperücke!«

»Nun, du Nigger, meine Zähne! Wegen eines wirklich *guten* Gebisses gehen Sie am besten gleich zu Parmly; hohe Preise, aber vorzügliche Arbeit. Ich hab nämlich ein paar ganz kapitale Dinger verschluckt, als der große Bugaboo mich mit seinem Flintenkolben niederrammte.«

»Flintenkolben! niederrammte!! bei meinen Augen!!«

»O ja, apropos, meine Augen – hier, Pompeius, schraub sie ein! Diese Kickapoo sind nicht gerade zimperlich beim Augenausquetschen; aber dieser Dr. Williams ist wirklich ein verkanntes Genie; Sie können sich nicht vorstellen, wie gut ich mit den Augen sehe, die er mir gemacht hat.«

Ich begann nun ganz deutlich zu erkennen, daß das Etwas vor mir nicht mehr und nicht weniger war als mein neuer Bekannter, der Brevet-Brigadegeneral John A. B. C. Smith. Die Manipulationen von Pompeius hatten, muß ich gestehn, eine ganz verblüffende Veränderung in der äußeren Erscheinung des Mannes bewirkt. Die Stimme allerdings verwirrte mich noch immer ungemein; aber selbst dieses Geheimnis wurde rasch erhellt.

»Pompeius, du schwarzer Gauner«, quiekte der General, »ich glaube gar, du willst mich ohne meinen Gaumen ausgehen lassen.«

Darauf trat der Neger, eine Entschuldigung brummend, dicht vor seinen Herrn, öffnete ihm mit der Kennermiene eines Pferdehändlers den Mund und paßte mit äußerst geschickten Handgriffen, die ich nicht recht durchschauen konnte, einen ziemlich seltsam anmutenden Apparat darin ein. Die Veränderung im ganzen Gesichtsausdruck des Generals war jedoch blitzartig und verblüffend. Als er wieder sprach, hatte seine Stimme alle Klangfülle und Kraft zurückgewonnen, die mir bei unserer ersten Begegnung aufgefallen war.

»Verd....e Vagabunden!« sagte er mit so klarer Stimme, daß ich förmlich zusammenfuhr ob der Verwandlung, »verd....e Vagabunden! nicht nur mein Gaumendach haben sie mir eingeschlagen, sondern sich auch noch die Mühe gemacht, mir mindestens sieben Achtel von der Zunge herauszuschneiden. Doch was wirklich gute Artikel dieser Art anbelangt, sucht Bonfanti in ganz Amerika seinesgleichen. Ich kann ihn nur wärmstens empfehlen« (hier verbeugte sich der General) »und versichere Ihnen, daß ich es mit dem größten Vergnügen tue.«

Mit allem Anstand bedankte ich mich für seine Freundlichkeit und nahm unverzüglich Abschied von ihm, nun endlich den wahren Sachverhalt gänzlich begreifend – endlich das Geheimnis durchschauend, das mich so lange gequält hatte. Es bestand kein Zweifel mehr. Es war ein klarer Fall. Brevet-Brigadegeneral John A. B. C. Smith war der Mann – war *der Mann, von dem nichts übrigblieb.*

DER UNTERGANG DES HAUSES USHER

Son cœur est un luth suspendu;
Sitôt qu'on le touche il résonne.
De Béranger

Einen dumpfen, dunklen, lautlosen Herbsttag lang, da die
Wolken beklemmend tief am Himmel hingen, war ich allein durch einen unsäglich tristen Landstrich geritten und
erblickte endlich, als die Abendschatten sich niedersenk-
ten, das schwermütige Haus Usher vor mir. Ich weiß nicht,
wie es zuging – aber schon beim ersten flüchtigen Anblick
des Gebäudes überkam mich eine Empfindung unerträglicher Melancholie. Ich sage unerträglich; denn das Gefühl
wurde durch keine jener halb angenehmen, weil poetischen
Regungen gemildert, mit denen das Gemüt gewöhnlich
selbst die finstersten Natureindrücke des Öden und
Schrecklichen aufnimmt. Ich betrachtete den Schauplatz
vor mir: das Haus selbst und die schmucklosen Züge des
Anwesens – die kahlen Mauern – die leeren, wie Augen
starrenden Fenster – ein paar geile Schilfhalme – und ein
paar bleiche Stämme abgestorbener Bäume –, und dabei
bemächtigte sich meiner eine tiefgreifende Niedergeschla-
genheit, die ich keiner irdischen Empfindung angemessener vergleichen kann als dem Erwachen des Opiumträu-
mers – dem bitteren Absturz ins Alltagsleben – dem
schrecklichen Fallen des Schleiers. Ich spürte eine Eiseskälte, ein Sinken, ein Siechen des Herzens – ein durch
nichts gemildertes Veröden des Denkens, das kein Sporn
der Einbildungskraft zu irgend etwas Erhabenem verkehren konnte. Was war es – ich hielt inne, um nachzusinnen – was war es denn, das mich beim Anblick des Hauses
Usher so erschlaffen ließ? Es war ein Rätsel, ganz und gar

unlösbar; auch konnte ich nicht der schattenhaften Vorstellungen habhaft werden, die beim Grübeln auf mich einstürmten. Ich war genötigt, mich auf den unbefriedigenden Schluß zurückzuziehen, daß es zwar ohne Zweifel Verbindungen ganz einfacher natürlicher Dinge gibt, die die Macht haben, uns derart anzugreifen, daß aber die Ergründung dieser Macht unserem Denken entzogen ist. Es war möglich, so überlegte ich, daß schon eine andere Anordnung der einzelnen Bestandteile des Schauplatzes, der Details des Bildes, ausreichen würde, seine düstere Wirkung zu mildern oder vielleicht gar zu tilgen; und dieser Eingebung folgend, lenkte ich mein Pferd zu dem abschüssigen Ufer eines schwarzen gespenstischen Weihers, der in unbewegtem Glanz neben dem Hause lag, und schaute – tiefer noch erschauernd als vorher – hinab auf die neuerschaffenen, auf den Kopf gestellten Abbilder des grauen Schilfgrases, der geisterbleichen Baumstämme und der leeren, wie Augen starrenden Fenster.

Trotz alledem gedachte ich nun einige Wochen in diesem Haus der Schwermut zu verweilen. Sein Besitzer, Roderick Usher, war einer meiner Gefährten in der Knabenzeit gewesen; doch waren viele Jahre seit unserer letzten Begegnung vergangen. Ein Brief indes hatte mich kürzlich in einem fernen Teil des Landes erreicht – ein Brief von seiner Hand –, der in seiner ungebärdig zudringenden Art keine andere als eine persönliche Antwort zuließ. Die Handschrift zeugte von nervöser Erregung. Der Schreiber sprach von heftigem körperlichem Leiden – von einer Gemütsverstimmung, die ihn niederdrücke – und von seinem dringenden Wunsch, mich als seinen besten, ja wahrhaft einzigen vertrauten Freund bei sich zu sehen, da er hoffe, durch die Heiterkeit meiner Gesellschaft eine gewisse Linderung seiner Krankheit zu erfahren. Es war die Art und Weise, in der alles dies und vieles mehr gesagt war – es war der fühlbare *Herzschlag*, der seine Bitte begleitete –, die jedes Zaudern in mir erstickten – und so folgte ich unverzüglich seiner mich gleichwohl sehr seltsam anmutenden Aufforderung.

Obschon wir als Knaben vertraute Gefährten gewesen waren, wußte ich im Grunde nur wenig von meinem Freund. Schon immer war ihm eine übertriebene, gewohnheitsmäßige Zurückhaltung eigen gewesen. Mir war jedoch bekannt, daß seine sehr alte Familie sich seit undenklichen Zeiten durch eine eigentümliche Empfindsamkeit des Gemüts ausgezeichnet hatte, die sich über Generationen in vielen Werken erhabener Kunst offenbart und in jüngster Zeit in wiederholten Beweisen einer großzügigen, aber unaufdringlichen Mildtätigkeit niedergeschlagen hatte, zudem in einer leidenschaftlichen Hingabe nicht so sehr an die herkömmlichen und leicht faßlichen Schönheiten wie an die komplizierten Feinheiten der Tonkunst. Überdies war mir die merkwürdige Tatsache bekannt, daß der Stamm der Ushers, so altehrwürdig er auch war, niemals einen einzigen fortdauernden Zweig hervorgebracht hatte; mit anderen Worten, daß das ganze Geschlecht sich immer nur in direkter Linie fortgesetzt hatte, von nur geringfügigen und vorübergehenden Abweichungen abgesehen. Dieser Mangel war es wohl, so überlegte ich, während ich mir in Gedanken den völligen Einklang zwischen dem Charakter des Besitztums und dem offenkundigen Charakter seiner Bewohner vergegenwärtigte und über den möglichen Einfluß nachsann, den im Verlauf langer Jahrhunderte eines auf das andere ausgeübt haben mochte – dieser Mangel an Seitentrieben und die sich daraus ergebende stetige Vererbung des Familiensitzes wie des Namens vom Vater auf den Sohn waren es vielleicht, was schließlich beides so miteinander verschmolzen hatte, daß der ursprüngliche Name der Besitzung in der seltsamen und doppelsinnigen Bezeichnung ›Haus Usher‹ aufging – einer Bezeichnung, welche bei den Bauern, die sie gebrauchten, sowohl die Familie als auch den Familienstammsitz in sich zu schließen schien.

Ich sagte, daß mein etwas kindisches Unterfangen – nämlich in die Tiefe des Weihers hinabzublicken – einzig und allein dazu diente, den ersten seltsamen Eindruck noch zu vertiefen. Ohne Zweifel trug das Wissen um das rasche Wuchern meines Aberglaubens – denn warum sollte ich es nicht so nennen? – vornehmlich dazu bei, solches Wuchern noch zu beschleunigen. Dies ist, wie ich seit langem weiß, das widersinnige Gesetz aller Empfindungen, die auf Angst beruhen. Und das allein mochte auch die Ursache dafür gewesen sein, daß sich, als ich meinen Blick vom Spiegelbild im Teich wieder zu dem Hause selbst erhob, eine seltsame Vorstellung meiner bemächtigte – eine in der Tat so lächerliche Vorstellung, daß ich sie nur erwähne, um die bedrängende Macht der Empfindungen zu zeigen, die auf mich einstürmten. Meine Einbildungskraft war so überreizt, daß ich wahrhaftig glaubte, über dem ganzen Haus und Anwesen hänge eine Dunsthülle, nur ihnen und ihrer unmittelbaren Umgebung eigen – eine Dunsthülle, die nichts mit der Himmelsluft gemein hatte, sondern den abgestorbenen Bäumen und den grauen Mauern und dem stillen Weiher entstiegen war – ein verderblicher und geheimnisvoller Schleier, trübe, träge, kaum wahrnehmbar und von bleiernem Grau.

Indem ich von mir abschüttelte, was nur ein Traum gewesen sein konnte, betrachtete ich das wirkliche Haus vor mir genauer. Sein Hauptmerkmal schien ein unermeßlich hohes Alter zu sein. Die Verfärbung durch die Jahrhunderte war beträchtlich. Winzige Pilze überzogen das ganze Äußere und hingen in feinem verworrenem Netzwerk von den Dachtraufen. Doch verriet sich in alledem durchaus keine außergewöhnliche Baufälligkeit. Kein Teil des Mauerwerks war eingestürzt, und ein krasser Widerspruch schien zwischen der noch immer vollkommenen Zuordnung der Teile zueinander und der bröckligen Beschaffenheit der einzelnen Steine zu bestehen. Vieles daran erinnerte mich an die trügerische Unversehrtheit alten Holzwerks, das lange Jahre in irgendeinem vergessenen Gewölbe gemodert hat, ungestört vom Hauch der Außenluft. Außer diesem einen Symptom fortschreitenden Verfalls bot das Gemäuer jedoch kaum Anzeichen von Gebrechlichkeit. Allenfalls hätte das Auge eines sorgfältigen Beobachters einen kaum wahrnehmbaren Riß entdecken können, der auf der Frontseite vom Dach aus im Zickzack über die Mauer lief, bis er sich im dunklen Wasser des Weihers verlor.

Indem ich dies alles in mich aufnahm, ritt ich über einen kurzen Dammweg zum Hause. Ein Bedienter nahm mir das Pferd ab, und ich betrat den gotischen Eingang zur Halle. Von dort führte mich, leisen Schrittes und schweigend, ein Kammerdiener durch viele dunkle und verschlungene Gänge zum Studierzimmer seines Herrn. Vieles, was mir unterwegs begegnete, trug, ich weiß nicht wie, dazu bei, die unbestimmten Empfindungen, von denen ich sprach, zu vertiefen. Obschon die Dinge um mich her – die Schnitzereien an den Decken, die dunklen Teppiche an den Wänden, die Ebenholzschwärze der Dielen und die phantasmagorischen Wappenschilde, die leise klirrten, wenn ich vorüberschritt – mir in dieser oder ähnlicher Art von Kindheit an bekannt waren – obschon ich nicht zögerte, mir einzugestehen, wie vertraut dies alles war, stellte ich doch mit Verwunderung fest, wie gänzlich unvertraut mir die Vorstellungen waren, die so alltägliche Bilder erweckten. Auf einer der Treppen begegnete ich dem Hausarzt der Familie. In seinem Gesichtsausdruck, so schien mir, mischten sich geduckte Schläue und Verlegenheit. Er grüßte mich unsicher und ging vorüber. Der Diener öffnete jetzt eine Tür und führte mich vor seinen Herrn.

Das Zimmer, in dem ich mich befand, war sehr geräumig und hoch. Die Fenster waren lang, schmal und spitzbogig und lagen so hoch über dem schwarzen Eichenfußboden, daß sie von innen völlig unerreichbar waren. Schwache Schimmer rötlichen Lichts drangen durch die vergitterten Scheiben und ließen die Haupteinrichtungsgegenstände ringsum hinlänglich deutlich erkennen; doch mühte sich das Auge vergebens, die entfernteren Winkel des Raumes oder die Vertiefungen der gewölbten, gitterartig verzierten Decke zu erreichen. Dunkle Draperien hingen an den Wänden. Das ganze Mobiliar war überladen, unbehaglich, von ehrwürdigem Alter und zerschlissen. Viele Bücher und Musikinstrumente lagen umher, ver-

mochten aber nicht, den Schauplatz im geringsten zu beleben. Ich fühlte, daß ich eine Atmosphäre des Kummers
atmete. Ein Hauch finsterer, tiefer und untilgbarer
Schwermut hing über allem und durchdrang alles.

Bei meinem Eintreten erhob sich Usher von einem Sofa,
auf dem er ausgestreckt gelegen hatte, und begrüßte mich
mit einer lebhaften Wärme, die, wie mir zuerst schien, viel
von einer übertriebenen Herzlichkeit – von der gezwunge-
nen Anstrengung des gelangweilten Weltmanns an sich
hatte. Ein flüchtiger Blick auf sein Gesicht überzeugte
mich jedoch von seiner völligen Aufrichtigkeit. Wir setzten
uns; und einige Augenblicke lang, indessen er schwieg, betrachtete ich ihn mit einem Gefühl, in dem Mitleid und
Scheu sich mischten. Gewiß hatte sich noch nie ein
Mensch in so kurzer Zeit so furchtbar verändert wie Roderick Usher. Nur mit Mühe konnte ich mich dazu verstehen,
die Identität des fahlen Geschöpfes vor mir mit dem Gefährten meiner frühen Knabenjahre anzuerkennen. Doch
war das Gepräge seines Gesichts zu allen Zeiten bemerkenswert gewesen. Eine leichenhafte Blässe; ein unvergleichlich großes, klares und leuchtendes Auge; ziemlich
dünne und sehr blasse, aber ausnehmend schön geschwun-
gene Lippen; eine Nase von zartem hebräischem Zuschnitt,
doch mit breiten Nasenflügeln, wie sie bei solcher Formung ungewöhnlich sind; ein fein modelliertes Kinn, das
aber, da es jeder Vorwölbung ermangelte, auch einen Mangel an Charakterstärke verriet; Haar von mehr als spinn-
webgleicher Weichheit und Zartheit: diese Züge, dazu eine
übermäßige Ausbuchtung oberhalb der Schläfenpartien,
machten miteinander ein Antlitz aus, das man nicht so
leicht vergißt. Und nun hatte die pure Vertiefung der vorherrschenden Merkmale dieser Züge und des Ausdrucks,
den sie gewöhnlich vermittelten, eine solche Veränderung
bewirkt, daß ich nicht sicher war, mit wem ich sprach. Die
jetzt gespenstische Blässe der Haut und der jetzt übernatürliche Glanz der Augen bestürzten, ja erschreckten mich
vor allem. Auch das seidige Haar hatte völlig ungehindert
wachsen dürfen, und wie es da, ein wirres dünnes Gespinst,

um sein Gesicht mehr waberte als wallte, konnte ich dessen arabeskenhaften Ausdruck beim besten Willen nicht mit der Vorstellung von etwas schlechthin Menschlichem in Einklang bringen.

Im Benehmen meines Freundes fiel mir sogleich eine gewisse Unstetigkeit auf, eine Sprunghaftigkeit; und ich merkte bald, daß sie von einer Reihe schwacher und zweckloser Bemühungen herrührte, eines gewohnheitsmäßigen Zitterns, einer übermäßigen nervösen Erregung Herr zu werden. Freilich war ich auf etwas Derartiges gefaßt gewesen, durch seinen Brief nicht weniger als durch Erinnerungen an gewisse Charakterzüge des Knaben und durch Schlüsse, die sich aus der ihm eigentümlichen Körperbeschaffenheit und Gemütsart herleiteten. Er gab sich abwechselnd lebhaft und verdrossen. Seine Stimme schlug jäh um von zitternder Unschlüssigkeit (wobei die Lebensgeister sich ganz verflüchtigt zu haben schienen) in jene energische Bündigkeit – jene knappe, gewichtige, gemessene und hohltönende Ausdrucksweise – jene bleierne, ausgewogene und vollkommen durchmodulierte kehlige Sprechart, wie man sie bei einem Trunksüchtigen oder einem hoffnungslos dem Opium Verfallenen in den Phasen höchster Erregung beobachten kann.

Auf diese Art sprach er von dem Zweck meines Besuches, von seinem dringenden Wunsch, mich zu sehen, und von dem Trost, den er sich von mir erhoffe. Er ließ sich ziemlich ausführlich über die Art seiner Krankheit aus, wie er sie verstand. Es sei, sagte er, ein anlagebedingtes und in seiner Familie liegendes Leiden, wofür ein Heilmittel zu finden er alle Hoffnung aufgegeben habe – nichts weiter als ein nervöser Erregungszustand, fügte er sogleich hinzu, der zweifellos bald vorübergehen werde. Er äußere sich in einem Heer abnormer Sinneswahrnehmungen. Einige davon, als er sich näher darüber ausließ, fesselten und bestürzten mich, wenn auch vielleicht die Wortwahl und die ganze Erzählweise dabei ins Gewicht fallen mochten. Er litt heftig unter einer krankhaften Verfeinerung der Sinne; die fadeste Nahrung allein war ihm erträglich; er konnte nur

Kleidung aus ganz bestimmtem Gewebe tragen; der Duft aller Blumen bedrängte ihn; seine Augen wurden selbst von schwachem Licht gemartert; und es gab nur wenige Klänge, und zwar von Saiteninstrumenten, die ihn nicht mit Grauen erfüllten.

Einer außergewöhnlichen Art des Schreckens fand ich ihn hoffnungslos preisgegeben. »Ich werde zugrunde gehen«, sagte er, »ich *muß* zugrunde gehen an dieser beklagenswerten Narrheit. So, nur so und nicht anders, werde ich umkommen. Ich fürchte die Ereignisse der Zukunft nicht an sich, wohl aber ihre Folgen. Ich schaudere bei dem Gedanken an irgendeinen, selbst den nichtigsten Vorfall, der sich auf diese unerträgliche seelische Erregbarkeit auswirken kann. Ich schrecke wirklich nicht vor Gefahr zurück, nur vor ihrer unvermeidlichen Auswirkung – dem Entsetzen. In dieser entnervten, dieser jämmerlichen Verfassung fühle ich, daß früher oder später die Zeit kommen wird, da ich Leben und Verstand zugleich fahrenlassen muß im Ringen mit dem grimmigen Phantom FURCHT.«

Überdies lernte ich nach und nach durch abgerissene und doppelsinnige Andeutungen noch einen anderen seltsamen Zug in seiner Geistesverfassung kennen. Er lebte ganz im Banne gewisser abergläubischer Vermutungen in bezug auf das Haus, das er bewohnte und aus dem er sich seit vielen Jahren nicht herausgewagt hatte; er fühlte sich einem Einfluß ausgesetzt, dessen vorgebliche Macht in allzu vagen Worten umschrieben wurde, als daß ich sie hier wiedergeben könnte – einem Einfluß, den einige Eigentümlichkeiten in der bloßen Gestalt und Materie seines Familiensitzes durch lange stillschweigende Duldung, wie er sagte, über seinen Geist erlangt hätten – einem Einfluß, den das rein *Stoffliche* der grauen Mauern und Türmchen und des düsteren Weihers, in den sie alle hinabschauten, nunmehr auf den *geistigen* Kern seines Daseins ausübte.

Er gab indessen, wenn auch unter Zögern, zu, daß viel von der eigentümlichen Schwermut, die ihn so quälte, auf einen natürlicheren und weitaus greifbareren Ursprung zurückgeführt werden könne: auf die schwere und langwie-

rige Krankheit – ja die offensichtlich herannahende Auflösung einer zärtlich geliebten Schwester – der alleinigen
Gefährtin über lange Jahre – seiner letzten und einzigen
Verwandten auf Erden. Ihr Hinscheiden, sagte er mit einer
Bitterkeit, die ich nicht vergessen kann, würde ihn (ihn,
den Hoffnungslosen und Schwachen) als Letzten des alten
Geschlechts der Ushers zurücklassen. Während er noch
sprach, ging Lady Madeline (denn das war ihr Name) langsam durch einen entfernten Teil des Raumes und verschwand, ohne meine Gegenwart bemerkt zu haben. Ich
betrachtete sie mit äußerstem Erstaunen, das nicht frei war
von Grauen, und doch wäre es mir unmöglich gewesen, solche Empfindungen zu begründen. Ein Gefühl der Erstarrung bemächtigte sich meiner, indem ich mit den Augen
ihren entweichenden Schritten folgte. Als sich schließlich
eine Tür hinter ihr schloß, suchte mein Blick unwillkürlich
und begierig die Miene des Bruders – doch er hatte das
Gesicht in den Händen vergraben, und ich konnte nur erkennen, daß eine weit mehr als gewöhnliche Blässe die abgezehrten Finger überzogen hatte, durch die viele bittere
Tränen tropften.

Die Krankheit der Lady Madeline hatte schon lange die
Kunst ihrer Ärzte genarrt. Eine tiefwurzelnde Apathie, eine
langsam fortschreitende Auszehrung des Körpers und häufige, wenn auch vorübergehende Affektionen zum Teil kataleptischen Charakters – so lautete die ungewöhnliche
Diagnose. Bisher hatte sie dem Zugriff ihrer Krankheit beharrlich Widerstand geleistet und nicht endgültig ihre Zuflucht zum Bett genommen; doch am Abend meiner Ankunft im Hause unterlag sie (wie ihr Bruder mir des Nachts
in unbeschreiblicher Erregung mitteilte) der niederzwin-
genden Macht des Zerstörers; und ich begriff, daß der
flüchtige Blick auf ihre Gestalt, den ich hatte erhaschen
können, vermutlich der letzte sein würde, der mir vergönnt
war – daß die Lady, wenigstens solange sie noch lebte, mir
nicht mehr vor Augen kommen würde.

Mehrere Tage lang wurde ihr Name weder von Usher
noch von mir erwähnt; und während dieser Zeit bemühte

ich mich ernsthaft, die Schwermut meines Freundes aufzu-
lichten. Wir malten und lasen miteinander; oder ich
lauschte, als umfinge mich ein Traum, den wilden Improvisationen seiner beredten Gitarre. Und doch, je rückhaltlo-
ser eine enge und immer engere Vertrautheit mir zu den
Tiefen seiner Seele Zutritt gewährte, desto bitterer mußte
ich erkennen, wie aussichtslos es war, einen Geist erheitern
zu wollen, aus dem wie eine ihm innewohnende faßbare
Substanz Dunkel quoll und sich in einem unaufhörlichen
Strom von Düsternis auf alle Gegenstände der geistigen
und körperlichen Welt ergoß.

Immer werde ich die Erinnerung an die vielen ernsten
Stunden mit mir herumtragen, die ich da allein mit dem
Herrn des Hauses Usher zubrachte. Doch würde mir jeder
Versuch mißlingen, eine Vorstellung von dem eigentlichen
Charakter der Studien oder Beschäftigungen zu vermitteln,
in die er mich einbezog oder zu denen er mir den Weg
wies. Eine gesteigerte und völlig überreizte Vorstellungskraft warf einen schwefeligen Schein über alles. Seine langen improvisierten Grabgesänge werden mir für alle Zeit in
den Ohren tönen. Unter anderem bewahre ich eine gewisse
eigentümliche Verkehrung und Ausweitung der wilden Melodie des letzten Walzers von Weber schmerzend im Gedächtnis. Von den Bildern, über denen seine ausschwei-
fende Phantasie brütete und die, Strich für Strich, in
Verschwommenheiten hineinwuchsen, vor denen ich
schauderte, um so tiefer schauderte, als ich nicht wußte
warum – von diesen Bildern (lebhaft, wie sie mir vor Augen
stehen) könnte ich beim besten Willen nicht mehr als
einen kleinen Teil ans Licht ziehen, der allenfalls dem bloß
geschriebenen Wort erfaßbar wäre. Durch die äußerste
Einfachheit, durch die Ungeschminktheit seiner Darstellungen fesselte er die Aufmerksamkeit und schlug sie in
Bann. Wenn je ein Sterblicher eine Idee gemalt hat, so war
dieser Sterbliche Roderick Usher. Zumindest für mich –
unter den damals obwaltenden Umständen – stieg aus den
reinen Abstraktionen, die der Hypochonder auf seine Leinwand zu bannen wußte, ein heftiger, unerträglicher Schau-

der, wie ich ihn nie auch nur im entferntesten angesichts der gewiß glühenden, aber doch allzu dinglichen Traumgebilde Fuselis empfunden habe.

Eine der phantasmagorischen Schöpfungen meines Freundes, die nicht ganz so ausschließlich den Geist der Abstraktion atmete, mag hier, wenn auch nur mangelhaft, mit Worten umrissen werden. Ein kleines Bild stellte das Innere eines ungeheuer langen rechteckigen Gewölbes oder Tunnels dar, mit niedrigen Wänden, glatt, weiß und ohne jede Unterbrechung oder Ausschmückung. Gewisse Nebensächlichkeiten der Gestaltung dienten recht dazu, die Vorstellung zu erwecken, daß diese Höhlung unermeßlich tief unter der Erdoberfläche lag. In keinem Abschnitt ihres riesigen Raumes war ein Ausgang zu sehen, und keine Fackel, keine andere künstliche Lichtquelle war erkennbar; doch wogte allenthalben eine Flut starker Strahlen und tauchte das Ganze in einen geisterhaften und unangemessenen Glanz.

Ich erwähnte zuvor jene krankhafte Überempfindlichkeit des Gehörnervs, die dem Leidenden alle Musik unerträglich machte, mit Ausnahme gewisser Klänge von Saiteninstrumenten. Vielleicht waren es gerade die engen Grenzen, die er sich deshalb auf der Gitarre auferlegte, die in hohem Maße den phantastischen Charakter seiner Darbietungen bestimmten. Doch die fiebernde *Geläufigkeit* seiner *Impromptus* ließ sich so nicht erklären. Diese mußten – und so war es auch – in den Noten wie auch Worten seiner wilden Phantasien (denn nicht selten begleitete er sich selbst zu gereimten verbalen Improvisationen) das Ergebnis jener angespannten geistigen Sammlung und Konzentration gewesen sein, von der ich zuvor andeutete, daß sie nur in seltenen Augenblicken höchster künstlerischer Erregung zu beobachten ist. Die Worte einer dieser Rhapsodien habe ich leicht im Gedächtnis behalten. Ich war vielleicht um so stärker von diesem Vortrag beeindruckt, als ich in der geheimnisvollen Unterströmung des nur Angedeuteten zum ersten Mal zu erkennen glaubte, daß sich Usher des Wankens seiner hochstrebenden Vernunft auf ihrem Thron voll-

auf bewußt war. Die Verse, die den Titel ›Das Geister-
schloß‹ trugen, lauteten ungefähr, wenn nicht gar wörtlich,
so:

I

In dem grünsten von den Gründen,
   Guten Engeln anvertraut,
Da war einst ein Schloß zu finden –
   Strahlend, prächtig, hochgebaut.
König Geist in Glanz und Schimmer
   Herrschte dort!
Seraphschwingen glitten nimmer
   Über einen schönern Ort.

II

Banner, gelb und golden, wallten
   Hoch vom Dache stolz und frei;
(Dies – all dies – war in der alten
   Zeit – längst vorbei –)
Und alle tändelnd linden Lüfte
   In jenem Tal
Verließen als beschwingte Düfte
   Den überblühten bleichen Wall.

III

Wandrer in dem seligen Grunde
   Sahen im erhellten Saal
Rhythmisch eine Geisterrunde
   Tanzen zu der Laute Schall,
Rings um einen Thron, wo prächtig,
   (Porphyrogen!)
Hocherhaben, ruhmesträchtig
   Des Reiches Herrscher war zu sehn.

IV

Ganz von Rubin und Perlen glutend
   War des Palastes Tor;
Daraus kam flutend, flutend, flutend

Ein funkelnd Heer hervor,
Ein Echochor, bestellt zu preisen
  Nahe und fern
In überirdisch schönen Weisen
  Verstand und Weisheit ihres Herrn.

V

Doch Böses griff, im Kleid der Sorgen,
  Nach des Monarchen hehrem Thron.
(O laßt uns trauern, denn kein Morgen
  Wird dem Geschlagenen zum Lohn!)
Rings um sein Heim ist einstge Glorie
  Voll Blühn und Glühn
Nur blaß erinnerte Historie
  Der Zeit, die längst dahin.

VI

Und Fremde, die sich hier ergehen
  Und durch glutrote Fenster spähn,
Sehn Schemen sich gespenstisch drehen
  Zu gellend schrillem Mißgetön.
Und eine garstige Kohorte,
  Ein wüstes Heer,
Bricht endlos durch die fahle Pforte
  Und lacht – kein Lächeln mehr.

Ich erinnere mich gut, daß Erwägungen, die sich aus dieser Ballade ergaben, uns in Gedankengänge verstrickten, in denen sich eine Überzeugung Ushers offenbarte, die ich nicht so sehr wegen ihrer Neuheit erwähne (denn schon andere haben so gedacht[1]) als wegen der Beharrlichkeit, mit der er sie verfocht. Diese Überzeugung, in ihrer herkömmlichen Form, bezog sich auf die Beseeltheit aller pflanzlichen Wesen. Doch hatte der Gedanke in seiner zerrütteten Phantasie einen verwegeneren Charakter angenommen

---

1 Watson, Dr. Percival, Spallanzani und vor allem der Bischof von Llandaff. – Siehe ›Chemical Essays‹, Bd. V.

und griff unter bestimmten Bedingungen auf das Reich des Anorganischen über. Mir fehlen die Worte, das ganze Ausmaß, die dringliche *Unbeirrbarkeit* seiner Auffassung zu beschreiben. Die Vorstellung war jedoch (wie ich schon angedeutet habe) mit den grauen Steinen des Hauses seiner Väter verbunden. Die Voraussetzungen für ein Empfindungsvermögen waren hier, so bildete er sich ein, gegeben: in der Art und Weise, wie diese Steine gefügt waren – in ihrer Anordnung wie auch in der Zuordnung der vielen Pilze, die sie überzogen, und der modernden Bäume ringsumher – vor allem aber in der langen ungestörten Dauer dieses Zusammenspiels und in seiner Wiederholung im stillen Wasser des Teiches. Den Beweis – den Beweis für die Beseeltheit –, sagte er (und hier erschauerte ich bei seiner Rede), könne man in der allmählichen, aber unleugbaren Verdichtung einer ihnen eigenen Dunsthülle sehen, die sich über Wasser und Mauern breite. Das Ergebnis zeige sich, fügte er hinzu, in jenem geräuschlosen, aber zudringenden und furchtbaren Einfluß, der jahrhundertelang die Geschicke seiner Familie geformt und ihn selbst zu dem gemacht habe, den ich nun vor mir sähe – zu dem, der er sei. Solche Überzeugungen bedürfen keines Kommentars, und ich will auch keinen geben.

Unsere Bücher – die Bücher, die jahrelang keinen geringen Teil der geistigen Existenz des Kranken ausgemacht hatten – standen, wie sich denken läßt, in vollem Einklang mit dieser Vorstellungswelt. Wir brüteten zusammen über Werken wie ›Vert-Vert‹ und ›La Chartreuse‹ von Gresset; ›Belfagor‹ von Machiavelli; ›Himmel und Hölle‹ von Swedenborg; ›Nicolai Klims unterirdischer Reise‹ von Holberg; der ›Chiromantie‹ von Robert Fludd, von Jean d'Indaginé und von de La Chambre; der ›Reise ins Blaue hinein‹ von Tieck und dem ›Sonnenstaat‹ von Campanella. Ein bevorzugter Band war eine kleine Oktavausgabe des ›Directorium inquisitorum‹ des Dominikaners Eymeric de Gironne; und es gab Passagen bei Pomponius Mela über die alten afrikanischen Satyrn und Aegipane, über denen Usher stundenlang träumend zu sitzen pflegte.

Sein Hauptvergnügen fand er jedoch in der Lektüre eines außerordentlich seltenen und merkwürdigen Quartbandes in gotischer Schrift – des Manuals einer vergessenen Kirche – der ›Vigiliae mortuorum secundum chorum ecclesiae Maguntinae‹.

Ich mußte unwillkürlich an das wirre Ritual dieses Werkes und seinen vermutlichen Einfluß auf den Hypochonder denken, als er mir eines Abends, nachdem er mir in aller Kürze mitgeteilt hatte, daß Lady Madeline nicht mehr sei, seine Absicht kundtat, ihren Leichnam für vierzehn Tage (bis zur endgültigen Bestattung) in einem der zahlreichen Gewölbe innerhalb der Grundmauern des Hauses aufzubewahren. Der weltliche Grund aber, den er für diese sonderbare Vorkehrung angab, war solcherart, daß ich mich nicht berechtigt fühlte, ihn anzufechten. Die so ungewöhnliche Art der Krankheit der Verstorbenen sowie gewisse zudringliche und wißbegierige Nachfragen von seiten ihrer Ärzte und schließlich die Entfernung und Entlegenheit des Erbbegräbnisses hatten den Bruder (wie er mir erklärte) zu diesem Entschluß gebracht. Und wenn ich mir den unheimlichen Gesichtsausdruck jener Person vergegenwärtigte, die ich am Tag meiner Ankunft im Haus auf der Treppe getroffen hatte, so verspürte ich, ich will es nicht leugnen, durchaus keine Lust, mich einer Vorsichtsmaßnahme zu widersetzen, die ich bestenfalls harmlos und keinesfalls unnatürlich fand.

Auf Ushers Bitte war ich selbst ihm behilflich bei den Vorbereitungen für die einstweilige Beisetzung. Nachdem der Leichnam eingesargt war, trugen wir beide allein ihn zu seiner Ruhestatt. Das Gewölbe, in das wir ihn brachten (und das lange verschlossen gewesen war, so daß unsere Fackeln, halb erstickt von der drückenden Luft, uns kaum Gelegenheit gaben, es zu erforschen), war klein, dumpfig und ohne jede Vorkehrung, Licht einzulassen; in großer Tiefe lag es genau unter dem Teil des Gebäudes, in dem sich mein eigenes Schlafgemach befand. In fernen Feudalzeiten hatte es offenbar zu schlimmsten Zwecken, nämlich als Burgverlies, gedient, später als Lagerraum für Pulver oder irgendeinen anderen hochentzündlichen Stoff; denn ein Teil seines Fußbodens und das ganze Innere eines langen gewölbten Ganges, durch den wir hingelangten, war sorgfältig mit Kupfer ausgekleidet. Die Tür, von massivem Eisen, war gleichermaßen gesichert. Ihr ungeheures Gewicht verursachte einen erschreckend schrillen, kreischenden Mißton, wenn sie sich in den Angeln drehte.

Nachdem wir unsere traurige Bürde in diesem Reich des Grauens auf Böcken abgesetzt hatten, schoben wir den noch unverschraubten Sargdeckel ein wenig beiseite und betrachteten das Gesicht der Eingesargten. Eine verblüffende Ähnlichkeit zwischen Bruder und Schwester bannte jetzt zum erstenmal meine Aufmerksamkeit; und Usher, der meine Gedanken erraten mochte, stieß murmelnd ein paar Worte hervor, aus denen ich erfuhr, daß die Verstorbene und er Zwillinge gewesen waren und daß zeitlebens eine kaum faßliche Seelenverwandtschaft zwischen ihnen bestanden hatte. Unsere Blicke ruhten jedoch nicht lange auf der Toten – denn wir konnten sie nicht ohne Schauder ansehen. Wie es für alle Krankheiten ausgesprochen kataleptischen Charakters typisch ist, hatte das Leiden, das die Lady so in der Blüte ihrer Jahre dahingerafft hatte, das Blendwerk einer schwachen Röte auf Busen und Antlitz zurückgelassen, und auf den Lippen spielte jenes trügerisch verweilende Lächeln, das so entsetzlich ist bei Toten. Wir schoben den Sargdeckel zu und verschraubten ihn, und nachdem wir die Eisentür verschlossen hatten, gelangten wir mit Mühe in die kaum weniger düsteren oberen Gemächer des Hauses.

Und nun, nachdem einige Tage bitteren Grams verstrichen waren, zeigte sich in den Äußerungen der seelischen Zerrüttung meines Freundes eine merkliche Veränderung. Sein gewohntes Gebaren hatte sich verloren. Seine gewohnten Beschäftigungen waren hintangesetzt oder vergessen. Mit hastigem, unstetem und ziellosem Schritt irrte er von Zimmer zu Zimmer. Die Blässe seines Gesichts hatte einen womöglich noch geisterhafteren Ton angenommen – und der Glanz seines Auges war völlig erloschen. Der früher oft rauh heisere Ton seiner Stimme war nicht mehr zu hören, und ein bebendes Vibrieren, wie in höchstem Entsetzen, kennzeichnete gewöhnlich seine Rede. Zuzeiten dachte ich wirklich, sein ständig erregtes Gemüt quäle sich mit einem niederdrückenden Geheimnis und er ringe um den nötigen Mut, es preiszugeben. Dann wieder konnte ich nicht umhin, alles nur den unerklärlichen Phantastereien des Wahnsinns zuzuschreiben; denn ich sah ihn stundenlang in der Haltung tiefster Aufmerksamkeit ins Leere starren, so als lausche er irgendeinem imaginären Laut. Kein Wunder, daß sein Zustand mich ängstigte – daß er mich ansteckte. Ich spürte, wie langsamen, aber sicheren Schrittes die wilden Auswüchse seiner eigenen überspannten und doch eindringlichen Wahnvorstellungen auch mich beschlichen.

Vornehmlich in einer Nacht, sieben oder acht Tage, nachdem wir Lady Madeline in das Verlies gebracht hatten, bekam ich nach spätem Zubettgehn die ganze Macht solcher Empfindungen zu spüren. Kein Schlaf nahte sich meinem Lager – während Stunde um Stunde verrann. Ich gab mir alle Mühe, mir die Erregung auszureden, die mich beherrschte. Ich versuchte zu glauben, daß meine Empfindungen vorwiegend, wenn nicht ganz und gar, der beklemmenden Wirkung der düsteren Zimmerausstattung zuzuschreiben seien – den dunklen und zerschlissenen Draperien, die, vom Zugwind eines aufkommenden Sturmes in Bewegung gesetzt, stoßweise an den Wänden hin- und herschwangen und ruhlos um das Schnitzwerk des Bettes raschelten. Aber meine Anstrengungen waren fruchtlos. Ein nicht zu unterdrückendes Zittern befiel allmählich meinen ganzen Körper; und schließlich saß mir der Alp einer völlig grundlosen Furcht auf dem Herzen. Keuchend und ringend schüttelte ich ihn ab, richtete mich auf in den Kissen, und angespannt ins dichte Dunkel des Gemaches spähend, lauschte ich – ich weiß nicht warum, nur daß eine instinktive innere Stimme mich nötigte – gewissen leisen und unbestimmten Geräuschen, die in den Sturmpausen in großen Abständen zu mir drangen, woher, wußte ich nicht. Äußerstes Entsetzen, unerklärlich und unerträglich, überwältigte mich; hastig warf ich mir die Kleider über (denn ich war überzeugt, daß ich diese Nacht doch nicht mehr schlafen würde) und versuchte, mich aus dem jämmerlichen Zustand, in den ich geraten war, herauszureißen, indem ich eilig im Zimmer hin- und herging.

Ich hatte den Raum erst wenige Male durchmessen, als ein leichter Schritt auf einer angrenzenden Treppe meine Aufmerksamkeit fesselte. Ich erkannte sogleich Ushers Schritt. Einen Augenblick später pochte er leise an meine Tür und trat ein, in der Hand eine Lampe. Sein Gesicht war wie gewöhnlich leichenblaß – überdies aber lag eine Art irrer Heiterkeit in seinen Augen – eine offenbar nur mühsam unterdrückte *Hysterie* in seinem ganzen Benehmen. Seine Miene erschreckte mich – aber alles war der Einsamkeit vorzuziehen, die ich so lange ertragen hatte, und so begrüßte ich selbst seine Gegenwart als Wohltat.

»Und du hast es nicht gesehen?« sagte er unvermittelt, nachdem er einige Augenblicke lang schweigend umhergestarrt hatte – »du hast es also nicht gesehen? – doch halt! du sollst es sehen!« Mit diesen Worten stürzte er, nachdem er seine Lampe sorgfältig abgeschirmt hatte, an einen der Fensterflügel und öffnete ihn weit dem Sturme.

Die ungestüme Wut des hereinfahrenden Windstoßes riß uns fast vom Boden. Es war weiß Gott eine stürmische und dabei grausam schöne Nacht, von wilder Einzigartigkeit in ihrem Grauen und ihrer Schönheit. Ein Wirbelsturm hatte sich offenbar in unserer Nähe zusammengezogen; denn der Wind blies gewaltig aus immer wieder anderen Richtungen; und die ungewöhnliche Dichte der Wolken (so tief hingen sie, daß sie auf den Zinnen des Hauses lasteten) hinderte uns nicht, die lebensprühende Schnelligkeit wahrzunehmen, mit der sie von überallher gegeneinander jagten, ohne sich in der Ferne zu verlieren. Ich sagte, daß nicht einmal ihre ungewöhnliche Dichte uns hinderte, dies wahrzunehmen – doch bekamen wir weder Mond noch Sterne auch nur flüchtig zu sehen, und nicht ein einziger Blitz durchzuckte das Dunkel. Nur glühten das

Untere der riesigen Massen brodelnden Dampfes sowie alle irdischen Dinge in unserem nächsten Umkreis in dem unnatürlichen Licht einer schwach schimmernden und deutlich erkennbaren gasartigen Ausdunstung, die um das Haus waberte und es einhüllte.

»Das sollst du − das darfst du dir nicht ansehen!« sagte ich schaudernd zu Usher, indem ich ihn mit sanfter Gewalt vom Fenster weg zu einem Stuhl führte. »Diese Erscheinungen, die dich bestürzen, sind bloß elektrische Phänomene, nichts Ungewöhnliches − oder vielleicht haben sie auch ihren gespenstischen Ursprung in dem widerlichen Miasma des Weihers. Schließen wir lieber das Fenster; die Luft ist kalt und schadet nur deiner Gesundheit. Hier ist einer deiner Lieblingsromane. Ich will dir vorlesen, und du sollst zuhören − so wollen wir diese schreckliche Nacht schon miteinander durchstehen.«

Der altertümliche Band, den ich zur Hand genommen hatte, war der ›Mad Trist‹ von Sir Launcelot Canning; doch mehr im traurigen Scherz als im Ernst hatte ich ihn ein Lieblingsbuch Ushers genannt; denn in Wahrheit bietet seine ungeschlachte und phantasielose Weitschweifigkeit nur wenig, was die hochfliegende, ätherische Vorstellungskraft meines Freundes hätte ansprechen können. Es war jedoch das einzige Buch, das gerade zur Hand war; und ich gab mich einer vagen Hoffnung hin, die Erregung, die den Hypochonder jetzt erschütterte, möchte selbst in der äußersten Narrheit, die ich ihm vorsetzen würde, Linderung finden (ist doch die Geschichte der Geistesstörungen voll von ähnlichen Abnormitäten). Nach dem Ausdruck wilder überspannter Lebhaftigkeit zu urteilen, mit der er den Worten der Erzählung lauschte − oder zu lauschen schien −, hätte ich mir zu dem Erfolg meiner Eingebung wahrhaftig gratulieren können.

Ich war in meiner Geschichte an jener wohlbekannten Stelle angelangt, wo Ethelred, der Held des ›Trist‹, nachdem er vergeblich versucht hat, friedfertig in die Behausung des Einsiedlers zu gelangen, sich anschickt, den Eintritt mit Gewalt zu erzwingen. Hier lautet, wie man sich

vielleicht erinnern wird, der Text unserer Erzählung folgendermaßen:

»Und Ethelred, beherzt von Natur und gewaltig jetzt
obendrein dank der Stärke des Weines, den er getrunken,
hielt sich nicht länger damit auf, mit dem Eremiten, einem
wahrhaft störrischen und arglistigen Gesellen, zu verhan-
deln, sondern hob, da er den Regen auf den Schultern
spürte und das Losbrechen des Sturmes fürchtete, ohne
Umschweife seine Keule und schaffte mit ein paar Schlägen gegen die Türplanken schnell Platz für seine gepan-
zerte Hand; und indem er nun kräftig rüttelte, brach und
riß und fetzte er alles in Stücke, so daß das Krachen des
trocknen, hohlklingenden Holzes durch den ganzen Wald
lärmte und widerhallte.«

Am Ende dieses Satzes fuhr ich zusammen und hielt
einen Augenblick inne; denn es schien mir (obwohl ich sogleich entschied, daß meine erregte Phantasie mich genarrt
hatte) – es schien mir, als dringe von einem weit entlegenen Teil des Hauses undeutlich ein Geräusch an mein
Ohr, in seiner Art ganz ähnlich dem oben beschriebenen,
so daß es wohl der Widerhall (ein erstickter und dumpfer
freilich) des Brechens und Reißens hätte sein können, das
Sir Launcelot so eingehend geschildert hat. Ohne Zweifel
war es nur die Gleichzeitigkeit, die meine Aufmerksamkeit
gebannt hatte; denn bei dem Geklapper der Fensterrahmen
und dem ständigen vielstimmigen Getöse des noch immer
anschwellenden Sturmes hatte jener Laut gewiß nichts an
sich, was mich hätte bannen oder beunruhigen können. So
fuhr ich denn in meiner Geschichte fort:

»Doch der wackere Kämpe Ethelred, der nun zur Tür
hineintrat, war bitter entrüstet und erstaunt, keine Spur
des arglistigen Eremiten zu entdecken; an seiner Statt aber
einen Drachen, ein schuppiges Ungeheuer mit feuriger
Zunge; der saß als Wächter vor einem Palast von Golde,
mit einem Fußboden von Silber; und an der Wand hing
ein Schild von schimmerndem Erz, auf dem geschrieben
stand:

Trittst hier du herein, wirst Sieger du sein;
Erschlägst du den Drachen, so ist der Schild dein.

Und Ethelred erhob seine Keule und hieb den Drachen
aufs Haupt, so daß er vor ihm hinschlug und seinen verpe-
stenden Atem aushauchte, mit einem so grausigen, gellenden, markerschütternden Schrei, daß Ethelred sich hätte
mit beiden Händen die Ohren zuhalten mögen vor dem
fürchterlichen Lärm, desgleichen nie zuvor ein Mensch gehört hatte.«

Hier hielt ich wiederum jäh inne, nun aber in einer Anwandlung wilder Bestürzung – denn es konnte kein Zweifel bestehen: in diesem Augenblick hörte ich tatsächlich
(nur aus welcher Richtung es kam, konnte ich unmöglich
sagen) ein leises und offenbar fernes, jedoch schrilles, langgezogenes und ganz außergewöhnliches Schreien oder
Kreischen – die genaue Entsprechung dessen, was meine
Phantasie, erregt von der Beschreibung des Dichters, bereits als den ungeheuerlichen Todesschrei des Drachen
heraufbeschworen hatte.

Obwohl ich bei diesem zweiten, ganz außerordentlichen
Zusammentreffen gewiß von tausend einander widerstreitenden Empfindungen überwältigt wurde, unter denen
Staunen und höchstes Entsetzen vorherrschten, bewahrte
ich doch noch genügend Geistesgegenwart, um an mich zu
halten und nicht durch irgendeine Bemerkung die nervöse
Reizbarkeit meines Gefährten zu schüren. Ich war keineswegs sicher, daß er die fraglichen Geräusche überhaupt
wahrgenommen hatte, wenn auch ganz gewiß während der
letzten paar Minuten eine merkwürdige Veränderung in
seinem Gebaren vorgegangen war. Nachdem er mir zuerst
gegenübergesessen, hatte er allmählich seinen Stuhl her-
umgedreht, so daß sein Gesicht nun der Zimmertür zugekehrt war; und so konnte ich seine Züge nur teilweise erkennen, doch sah ich, daß seine Lippen bebten, so als
murmele er unhörbar vor sich hin. Der Kopf war ihm auf
die Brust gesunken – aber ich wußte, daß er nicht schlief,
denn weit und starr war sein Auge geöffnet, wie ein flüchti-

ger Blick auf sein Profil mir verriet. Auch die Bewegung seines Körpers widersprach einer solchen Vermutung – denn mit sanftem, aber stetigem und gleichförmigem Schwingen wiegte er sich von einer Seite zur andern. Nachdem ich all dies eilig in mich aufgenommen hatte, nahm ich die Erzählung von Sir Launcelot wieder auf, die folgendermaßen weiterging:

»Und nun, da der Kämpe dem fürchterlichen Wüten des Drachen entronnen war, gedachte er des ehernen Schildes und des Zauberbanns, den es zu brechen galt, räumte das tote Ungeheuer aus dem Wege und schritt beherzt über den silbernen Fußboden des Palastes zu der Stelle, wo der Schild an der Wand hing, der fürwahr die Ankunft seines neuen Herrn gar nicht erst abwartete, sondern vor dessen Füßen mit großmächtigem und furchtbarem Klirren auf den Silberboden fiel.«

Kaum waren diese Worte über meine Lippen gekommen, vernahm ich deutlich – als sei in dem Augenblick wirklich ein erzener Schild mit aller Wucht auf einen Boden von Silber gefallen – einen hohlen, metallisch klirrenden, doch offenbar gedämpften Widerhall. Völlig entnervt sprang ich auf; aber die gemessene, wiegende Bewegung Ushers blieb unerschüttert. Ich stürzte zu dem Stuhl, auf dem er saß. Seine Augen blickten unverwandt geradeaus, und eine steinerne Starrheit beherrschte seine Miene. Doch als ich ihm die Hand auf die Schulter legte, lief ein heftiger Schauder über seinen ganzen Körper; ein schwaches Lächeln zuckte um seine Lippen, und ich merkte, daß er leise, hastig und rastlos vor sich hin murmelte, als sei er sich meiner Gegenwart gar nicht bewußt. Erst als ich mich über ihn beugte, ging mir endlich die schreckliche Bedeutung seiner Worte auf.

»Dies nicht hören? – ja, ich höre es und habe es längst gehört. Lange – lange – lange – viele Minuten, viele Stunden, viele Tage habe ich es gehört – doch ich wagte nicht – oh, weh über mich elenden Wicht! – ich wagte nicht – ich *wagte* nicht zu sprechen! *Wir haben sie lebendig in die Gruft gelegt!* Hab ich dir nicht gesagt, daß meine Sinne überscharf seien? *Jetzt* sage ich dir, daß ich ihre ersten schwachen Bewegungen im dumpfen Sarg gehört habe. Ich hörte sie – viele, viele Tage ist's her – doch ich wagte nicht – *wagte nicht zu sprechen!* Und jetzt – heute nacht – Ethelred – haha! – das Zerschmettern der Tür des Eremiten und der Todesschrei des Drachen und das Klirren des Schilds! – sag lieber: das Bersten ihres Sarges und das Kreischen der eisernen Türangeln ihres Kerkers und ihre Mühen im kupferbeschlagenen Gewölbegang! Oh, wohin soll ich fliehen? Wird sie nicht sogleich hiersein? Hastet sie nicht herbei, mich wegen meiner Eile zu richten? Hab ich nicht ihren Schritt auf der Treppe gehört? Erkenne ich nicht das schwere, schauerliche Schlagen ihres Herzens? Wahnsinniger!« – hier sprang er auf, wie von Sinnen, und gellte seine Worte heraus, als gebe er bei diesem Kraftaufwand seinen Geist auf – *»Wahnsinniger! Ich sage dir, jetzt steht sie vor der Tür!«*

Als habe die übermenschliche Stärke seines Wortschwalls die Kraft eines Zaubers entbunden, öffneten die mächtigen altertümlichen Türflügel, auf die der Sprecher wies, in diesem Augenblick langsam ihren gewaltigen ebenholzschwarzen Rachen. Es war das Werk des stürmenden Windes – doch gleichviel: draußen vor der Tür stand wirklich die hohe verhüllte Gestalt der Lady Madeline Usher. Blut war auf ihren weißen Gewändern, und jeder Zoll ihrer abgezehrten Erscheinung zeugte von einem erbitterten Kampf. Einen Augenblick verharrte sie zitternd und taumelnd auf der Schwelle – dann fiel sie mit einem leisen klagenden Aufschrei schwer ins Zimmer, auf ihren Bruder, und in ihrem heftigen, nun endgültigen Todeskampf riß sie ihn mit sich zu Boden als einen Leichnam und ein Opfer der Schrecken, die er vorausgeahnt hatte.

Schaudernd floh ich aus jenem Zimmer, aus jenem Hause. Der Sturm draußen wütete noch unvermindert, als ich mich anschickte, den alten Dammweg zu passieren. Plötzlich schoß ein grelles Licht über den Pfad, und ich wandte mich um, zu sehen, woher ein so ungewöhnlicher Schein kommen mochte; denn nur das große Haus und sein Dunkel waren hinter mir. Der Glanz rührte von dem vollen, blutroten sinkenden Monde her, welcher jetzt klar durch den einst kaum wahrnehmbaren Mauerriß schien, der, wie ich eingangs sagte, vom Dach des Gebäudes im Zickzack zum Grunde lief. Während ich noch starrte, wurde dieser Riß zusehends breiter – ein wütender Stoß des Wirbelsturms fuhr daher – das ganze Rund des Erdtrabanten wurde plötzlich sichtbar – schwindelnd sah ich die mächtigen Mauern auseinanderbersten – hörte ein langes lärmendes Tosen wie das Gebraus von tausend Wassern – und der tiefe dumpfige Teich zu meinen Füßen schloß sich langsam und lautlos über den Trümmern des *Hauses Usher*.

DAS GESPRÄCH ZWISCHEN EIROS
UND CHARMION

Πῦρ σοὶ προσοίσω.
Feuer will ich über dich bringen.
Euripides, ›Andromache‹

EIROS: Warum nennst du mich Eiros?

CHARMION: So wirst hinfort du immer heißen. Auch *meinen*
irdischen Namen mußt du vergessen und Charmion
mich nennen.

EIROS: Dies ist fürwahr kein Traum!

CHARMION: Nicht gibt es Träume mehr für uns – doch von
diesen Geheimnissen ein andermal. Mit Freude seh ich
dich so, lebensgetreu und verständig. Schon ist der
Schleier des Schattens von deinen Augen geschwunden.
Sei getrost und fürchte nichts. Die dir zugemessenen
Tage der Erstarrung sind vergangen; und morgen will
ich selbst dich einführen in die unermeßlichen Freuden
und Wunder deines neuen Seins.

EIROS: Wahrlich – keine Erstarrung spüre ich mehr –
nicht die geringste. Die wütende Krankheit und das
schreckliche Dunkel haben mich verlassen, und ich höre
nicht mehr jenes wahnwitzige, entsetzliche Brausen,
gleich der ›Stimme eines großen Wassers‹. Doch sind
meine Sinne verstört, Charmion, von der glasklaren
Wahrnehmung *des Neuen.*

CHARMION: Wenige Tage werden dies alles beheben; aber
ich verstehe dich ganz und fühle mit dir. Zehn Erden-
jahre ist es jetzt her, daß ich erlebte, was du erlebst –
doch die Erinnerung daran läßt mich noch immer nicht
los. Gleichwohl hast du nun allen Schmerz gelitten, den
es in Eden zu erleiden gibt.

Eiros: In Eden?

Charmion: In Eden.

Eiros: O Gott! – hab Erbarmen mit mir, Charmion! – mich überwältigt die Majestät aller Dinge – des Unbekannten, nunmehr Bekannten – der unerforschlichen Zukunft, die nun eingeschmolzen ist in die hehre und sichere Gegenwart.

Charmion: Verstricke dich jetzt nicht in solche Gedanken. Morgen wollen wir darüber sprechen. Dir schwirrt der Kopf, und dein erregter Sinn wird Linderung finden in schlichten Gedächtnisübungen. Schaue nicht umher, auch vorwärts nicht – schaue zurück. Ich fiebere danach, Näheres zu erfahren von jenem gewaltigen Vorfall, der dich in unsere Mitte geworfen hat. Sprich mir davon. Laß uns von vertrauten Dingen reden, in der altvertrauten Sprache der Welt, die auf so schreckliche Weise untergegangen ist.

Eiros: Auf die schrecklichste, die allerschrecklichste Weise! – dies ist fürwahr kein Traum.

Charmion: Nicht gibt es Träume mehr. War viel Trauer um mich, meine Eiros?

Eiros: Trauer, Charmion? – oh, inbrünstige Trauer. Bis zu jener allerletzten Stunde hing eine Wolke düsterer Schwermut und tiefen Wehs über deinem Hause.

Charmion: Und jene letzte Stunde – sprich von ihr. Bedenke, daß ich, außer der puren Tatsache der Katastrophe selbst, gar nichts weiß. Als ich, aus der Mitte der Menschen scheidend, durch das Grab einging in die Nacht – da ahnte, wenn ich mich recht erinnere, wohl nicht einer das Unheil voraus, das euch überwältigte. Doch wußte ich freilich wenig von der spekulativen Philosophie jener Tage.

Eiros: Das Unheil selbst kam, wie du sagst, ganz unvorhergesehen; aber derartige Katastrophen waren schon seit langem unter den Astronomen erörtert worden. Ich brauche dir kaum zu sagen, meine Freundin, daß man schon damals, als du von uns gingst, übereingekommen war, jene Stellen der Heiligen Schrift, die von der endli-

chen Zerstörung aller Dinge durch Feuer sprechen, allein auf das Erdenrund zu beziehen. Was aber den unmittelbaren Anstoß zum Untergang betrifft, so war die Spekulation widerlegt, seit die astronomische Wissenschaft den Kometen die Schrecken des Feuers absprach. Die nur mäßige Dichte dieser Himmelskörper war hinlänglich bewiesen worden. Man hatte beobachtet, wie sie zwischen den Satelliten des Jupiters hinzogen, ohne im Volumen oder in der Umlaufbahn dieser Trabanten eine irgend wahrnehmbare Veränderung herbeizuführen. Lange schon hatten wir die Wanderer als Dampfgebilde von unvorstellbarer Dünnheit angesehen, die unserer festgefügten Erde selbst im Falle einer Berührung nicht das geringste würden anhaben können. Auch wurde eine Berührung keineswegs gefürchtet; denn die Bestandteile aller Kometen waren genau bekannt. Die Meinung, daß man unter *ihnen* den Urheber der gefürchteten feurigen Verheerung zu suchen habe, war seit vielen Jahren als unhaltbarer Trugschluß abgetan worden. Aber befremdlich grassierten in jüngster Zeit Wundermären und wilde Phantasien unter den Menschen; und obwohl nur bei wenigen Unwissenden wirkliche Besorgnis herrschte, wurde, als die Astronomen einen *neuen* Kometen ankündigten, diese Ankündigung doch allgemein mit Gott weiß wieviel Erregung und Argwohn aufgenommen.
Die Bestandteile des unbekannten Himmelskörpers wurden sogleich berechnet, und alle Beobachter stimmten augenblicks darin überein, daß seine Bahn, im Perihelium, ihn in unmittelbare Nähe der Erde bringen werde. Es gab zwei oder drei Astronomen geringeren Ansehens, die unbeirrbar darauf bestanden, daß eine Berührung nicht ausbleiben könne. Ich kann dir schwerlich beschreiben, welche Wirkung diese Kunde auf die Menschen ausübte. Einige kurze Tage lang sträubten sie sich, einer Behauptung Glauben zu schenken, die ihr Verstand, so lange verstrickt in irdische Belange, auf keine Weise begreifen konnte. Doch eine über Leben und Tod entscheidende Wahrheit bahnt sich bald ihren Weg in

das Verständnis selbst der Stumpffesten. Schließlich sahen alle Menschen, daß die astronomische Wissenschaft nicht trog, und so erwarteten sie denn den Kometen. Zunächst schien er sich nicht sonderlich rasch zu nähern; auch bot er keinen ganz ungewohnten Anblick. Er war von stumpfem Rot, und von seinem Schweif war kaum etwas wahrzunehmen. Sieben oder acht Tage lang bemerkten wir keine wesentliche Vergrößerung seines scheinbaren Umfangs und nur eine partielle Veränderung in seiner Farbe. Mittlerweile waren die alltäglichen Belange der Menschen wie weggefegt und alle Interessen aufgesogen von einem immer stärker werdenden, von den philosophischen Köpfen heraufgeführten Disput über die Beschaffenheit des Kometen. Selbst die heillos Unwissenden rüttelten ihre trägen Geisteskräfte zu solchen Überlegungen auf. Die Kundigen aber setzten *jetzt* ihren Verstand, ihre Seele daran, nicht etwa Furcht zu lindern oder liebgewonnene Denkgebäude zu stützen; nein, sie suchten – sie dürsteten nach rechter Anschauung. Sie lechzten nach vollkommenem Wissen. *Wahrheit* erhob sich in all ihrer Reinheit und Stärke und unermeßlichen Majestät, und die Weisen verneigten sich und beteten an.

Die Meinung, daß die gefürchtete Berührung für unseren Erdball oder seine Bewohner wesentlichen Schaden zeitigen würde, verlor unter den Weisen stündlich an Boden; und den Weisen wurde jetzt willig die Herrschaft über Vernunft und Phantasie der Menge zugestanden. Es wurde dargelegt, daß die Dichte des Kometen*kerns* weitaus geringer war als die unseres dünnsten Gases; und der folgenlose Durchzug eines ähnlichen Besuchers zwischen den Trabanten des Jupiters war ein Beispiel, auf das man nachdrücklich hinwies und das beträchtlich dazu beitrug, die tödliche Angst zu beschwichtigen. Mit einem Eifer, der der Furcht entsprang, ließen sich die Theologen über die biblischen Prophezeiungen aus und erläuterten sie dem Volk mit einer Klarheit und Einfachheit, die bis dahin nicht ihresgleichen kannten. Daß die endliche Zerstörung der Erde durch Feuer bewirkt werden müsse, wurde mit einer Eindringlichkeit hervorgehoben, die allerorten Überzeugung erzwang; und daß die Kometen nicht von feuriger Beschaffenheit waren (wie inzwischen jedermann wußte), das war eine Wahrheit, die alle Menschen weitgehend von der Furcht vor dem vorausgesagten Unheil befreite. Es ist auffällig, daß die weitverbreiteten Vorurteile und gängigen Irrtümer in bezug auf Seuchen und Kriege – Irrtümer, die sich bei jedem Erscheinen eines Kometen Geltung zu verschaffen pflegten – jetzt völlig ausblieben. Wie mit einer plötzlichen jähen Anstrengung hatte die Vernunft den Aberglauben mit einemmal von seinem Thron gestürzt. Noch der schwächste Verstand hatte aus fiebernder Teilnahme Stärke gesogen.

Ausgiebig wurde erörtert, welche geringfügigeren Übel aus der Berührung erwachsen könnten. Die Gelehrten sprachen von leichten geologischen Störungen, von mutmaßlichen Veränderungen des Klimas und, daraus folgend, der Vegetation; von möglichen magnetischen und elektrischen Einflüssen. Viele vertraten die Meinung, daß jedwede sichtbare oder irgend wahrnehmbare Wirkung ausbleiben werde. Während solche Erörterungen fortdauerten, kam ihr Gegenstand mählich näher, nahm scheinbar zu an Umfang und leuchtete mit hellerem Glanz. Je näher er kam, desto bleicher wurden die Menschen. Alles irdische Tun kam zum Erliegen.

Die allgemeine Stimmung änderte sich vollends, als der Komet schließlich alle seine bis dahin bezeugten Vorgänger an Größe weit übertroffen hatte. Da ließen die Menschen jede noch glimmende Hoffnung fahren, die Astronomen könnten sich irren, und hatten nur noch das unausweichliche Unheil vor Augen. Nichts Schimärisches war mehr in ihrem Schrecken. Selbst den Kühnsten aus unseren Reihen schlug ungebärdig das Herz in der Brust. Doch reichten nur wenige Tage aus, um auch solche Empfindungen in noch unerträglichere umzuschmelzen. Wir konnten an den fremden Himmelskörper keinerlei *gewohnte* Gedanken mehr wenden. Seine Verflechtung mit *Zeit und Raum* war verlorengegangen. Er zwang unserem Fühlen etwas beklemmend *Neuartiges* auf. Wir erblickten in ihm nicht ein astronomisches Phänomen am Himmel, sondern einen Alp auf unseren Herzen und einen Schatten auf unseren Hirnen. Mit unbegreiflicher Schnelligkeit hatte er die Gestalt eines gigantischen porösen Feuermantels angenommen, der sich von Horizont zu Horizont breitete.

Noch ein Tag, und die Menschen atmeten freier. Es bestand kein Zweifel, daß wir uns schon im Wirkungsbereich des Kometen befanden; doch wir lebten. Wir fühlten sogar eine ungewöhnliche körperliche Spannkraft und geistige Regsamkeit. Die außerordentliche Dünnheit des Gegenstands unserer Furcht war offenbar; denn alle Himmelskörper waren durch ihn hindurch deutlich zu erkennen. Mittlerweile hatte sich unsere Vegetation merklich verändert; und aus diesem vorausgesagten Umstand schöpften wir Vertrauen zum Seherblick der Weisen. Üppig wucherndes Blattwerk, bis dahin völlig unbekannt, brach aus jedwedem Gewächs.

Ein weiterer Tag – und das Unheil war noch immer nicht vollends über uns hereingebrochen. Es war nun offenkundig, daß der Kern des Kometen uns zuerst erreichen würde. Ein jäher Stimmungsumschwung war über alle Menschen gekommen; und die erste Empfindung von *Schmerz* war das wilde Signal zu allgemeinem Wehklagen und Entsetzen. Diese erste Schmerzempfindung beruhte auf einer gewaltsamen Kontraktion von Brust und Lungen und einer unerträglichen Trockenheit der Haut. Es ließ sich nicht leugnen, daß unsere Atmosphäre radikal betroffen war; die neue Struktur dieser Atmosphäre und die möglichen Modifikationen, denen sie unterworfen sein mochte, waren nunmehr die Themen aller Erörterungen. Das Resultat der Untersuchung fuhr wie ein Stromschlag tödlichen Entsetzens durch jedes Menschenherz.

Längst war bekannt, daß die uns umgebende Luft ein

Gemisch aus Sauerstoff- und Stickstoffgasen war, im Verhältnis von einundzwanzig Prozent Sauerstoff zu neunundsiebzig Prozent Stickstoff. Der Sauerstoff, Grundkraft der Verbrennung und Mittler der Wärme, war unbedingt notwendig für die Erhaltung animalischen Lebens und das mächtigste und wirksamste Agens in der Natur. Der Stickstoff dagegen war unfähig, animalisches Leben oder Feuer zu unterhalten. Ein abnormes Übermaß an Sauerstoff würde, wie man festgestellt hatte, eine ebensolche Steigerung der Lebenskräfte zur Folge haben, wie wir sie jüngst erfahren. Es war das Weiterdenken, die letzte Konsequenz dieses Gedankens, die uns hatte schaudern machen. Was würde die Folge *einer totalen Extraktion des Stickstoffs sein?* Eine sofortige unaufhaltsame, alles verzehrende, allbeherrschende Feuersbrunst – in allen kleinsten, allen furchtbaren Einzelheiten die getreue Erfüllung der feurigen, grauenerregenden Drohungen in den Prophezeiungen der Heiligen Schrift.

Wozu, Charmion, soll ich den jetzt entfesselten Wahnwitz der Menschheit schildern? Eben die Dünnheit in der Beschaffenheit des Kometen, die uns zuvor mit Hoffnung erfüllt hatte, war nun die Quelle bitterer Verzweiflung. In seiner kaum merklichen Gasgestalt erkannten wir deutlich die Erfüllung des Schicksals. Mittlerweile schwand wieder ein Tag – und nahm den letzten Hoffnungsschimmer mit sich fort. Wir keuchten unter der raschen Veränderung der Luft. Das rote Blut jagte stürmisch durch seine engen Kanäle. Ein wilder Fieberwahn bemächtigte sich aller Menschen; und die Arme starr aufgereckt gegen den drohenden Himmel, zitterten sie und schrien laut. Aber der Kern des Zerstörers war jetzt über uns – selbst hier in Eden schaudere ich, indem ich spreche. Erlaub mir, daß ich eilig zum Schluß komme – wie das Verderben eilte, uns zu überwältigen. Für einen Augenblick gab es nichts als grelles geisterbleiches Licht, das alle Dinge heimsuchte und durchdrang. Dann – neigen wir uns, Charmion, vor der unermeßlichen Majestät des großen Gottes! –, dann folgte ein lauter durchdringender Schall wie vom Munde des Allerhöchsten selbst; während die ganze uns umschlie-ßende Äthermasse, in der wir lebten, mit einemmal lich-terloh aufflammte, in einem Feuer, für dessen beispiel-lose Helligkeit und allesversengende Hitze selbst die Engel im hohen Himmel reiner Erkenntnis keinen Na-men haben. So endete alles.

WILLIAM WILSON

Es sei mir für diesmal erlaubt, mich William Wilson zu
nennen. Das makellose Blatt, das hier vor mir liegt,
braucht nicht mit meinem wirklichen Namen besudelt zu
werden. Dieser ist schon allzusehr ein Gegenstand der Verachtung – des Entsetzens – des Abscheus meiner Mitmenschen gewesen. Haben die entrüsteten Winde seine beispiellose Verrufenheit nicht bis in die fernsten Landstriche
des Erdballs getragen? Oh, verworfenster Ausgestoßener
aller Ausgestoßenen! – bist du für die Welt nicht auf immer tot? – für ihre Ehren, ihre Blumen, ihre goldenen
Sehnsüchte? – und eine Wolke, dicht, düster und grenzenlos, hängt sie nicht immerdar zwischen deinen Hoffnungen
und dem Himmel?

Selbst wenn ich's könnte, würde ich hier und heute nicht
Zeugnis von meinen späteren Jahren ablegen, Jahren voll
unaussprechlichen Jammers und unsühnbaren Verbrechens. Dieser Zeitraum – diese späteren Jahre ließen
meine Schändlichkeit hitzig emporschnellen, und allein
ihrem Ursprung soll hier nachgegangen werden. In der Regel werden die Menschen allmählich schlecht. Von mir fiel,
buchstäblich einem Mantel gleich, alle Tugend auf einmal
ab. Aus vergleichsweise nichtiger Schlechtigkeit begab ich
mich mit dem Schritt eines Riesen in Ungeheuerlichkeiten,
welche die eines Elagabal weit hinter sich ließen. Welcher
Zufall – welches eine Ereignis dieses Übel herbeiführte:
leidet es mit, während ich berichte! Der Tod rückt näher;
und der Schatten, der ihm vorausgeht, hat sich sänftigend

über meinen Geist gebreitet. Beim Durchwandern des finsteren Tales sehne ich mich nach der Teilnahme – fast hätte ich gesagt nach dem Erbarmen meiner Mitmenschen. Gern würde ich sie glauben machen, daß ich gewissermaßen der Sklave von Umständen war, über die der Mensch keine Macht hat. Ich wollte, sie könnten in den Einzelheiten, die ich nun schildern werde, inmitten einer Wüste des Irrtums eine kleine Oase von *Schicksalhaftigkeit* für mich aufspüren. Ich wollte, sie gäben zu – und sie können nicht umhin, es zuzugeben –, daß noch kein Mensch, wiewohl es zuvor ebenso große Versuchung gegeben haben mag, je auf *solche* Weise versucht wurde – je auf *solche* Weise zu Fall kam. Und ist dies nicht der Grund, warum noch keiner je so gelitten hat? Habe ich nicht wahrhaft in einem Traum gelebt? Und sterbe ich nun nicht als ein Opfer des Schreckens und des Geheimnisses der wahnwitzigsten aller irdischen Visionen?

Ich bin der Sproß eines Geschlechts, das sich immer durch seine phantasiereiche und leicht erregbare Gemütsart hervorgetan hat; und schon in frühester Kindheit bewies ich, daß ich den familieneigenen Wesenszug in vollem Maße geerbt hatte. Mit den Jahren prägte er sich stärker aus und wurde aus vielerlei Gründen die Ursache ernster Besorgnis für meine Freunde und ausgemachter Unbill für mich selbst. Ich wurde eigensinnig, war den wildesten Launen unterworfen, eine Beute der zügellosesten Leidenschaften. Willensschwach und von körperlichen Leiden bedrängt, die meinen eigenen glichen, konnten meine Eltern nur wenig tun, den schlimmen Neigungen zu wehren, die mich auszeichneten. Ein paar klägliche und verfehlte Bemühungen endeten mit einem völligen Mißerfolg auf ihrer Seite und natürlich mit einem absoluten Triumph auf der meinen. Von da an war meine Stimme Gesetz im Haus; und in einem Alter, da andere Kinder kaum ihr Gängelband abgestreift haben, war ich der Führung meines eigenen Willens überlassen und wurde nahezu unumschränkter Herr meines eigenen Handelns.

Meine frühesten Erinnerungen an ein Schulleben verbinden sich mit einem großen weitläufigen elisabethanischen Haus in einem nebelverhangenen Ort in England, wo es eine Unzahl gigantischer knorriger Bäume gab und wo alle Häuser ungeheuer alt waren. Es war ein wahrhaft traumhafter und beruhigender Fleck Erde, jene ehrwürdige alte Stadt. In diesem Augenblick fühle ich im Geist wieder die erfrischende Kühle ihrer tiefschattigen Alleen, atme den Duft ihrer tausend Gesträuche, und aufs neue durchbebt mich unbeschreibliches Entzücken beim tiefen dumpfen Klang der Kirchglocke, der alle Stunden mit jähem dunklem Dröhnen die Ruhe der trüben Lufthülle durchbrach, in die der reichverzierte gotische Kirchturm sich schlummernd barg.

Es verschafft mir vielleicht das größte Vergnügen, das ich heute allenfalls noch empfinden kann, wenn ich bei geringfügigen Erinnerungen an die Schule und ihre Belange verweile. Versunken in Elend, wie ich es bin – ach, nur allzu wirkliches Elend! –, werde ich Vergebung finden, wenn ich in der Unzulänglichkeit einiger zusammenhangloser Erinnerungsfetzen eine wenn auch noch so nichtige und flüchtige Erleichterung suche. Diese Fetzen, völlig banal, ja lächerlich an sich, bekommen in meiner Vorstellung unversehens Gewicht, da sie mit einer Zeit und einer Örtlichkeit verknüpft sind, wo ich die ersten unbestimmten Warnungen des Schicksals erkenne, das mich später so völlig überschattete. So will ich mich denn erinnern.

Das Haus war, wie gesagt, alt und verwinkelt. Das Gelände war weitläufig, und eine hohe feste Backsteinmauer, gekrönt von einer Schicht Mörtel, mit Glasscherben gespickt, umschloß das Ganze. Dieser an ein Gefängnis erinnernde Wall bildete die Grenze unseres Bereichs; über ihn hinaus sahen wir nur dreimal in der Woche – einmal jeden Samstagnachmittag, wenn wir geschlossen, von zwei Hilfslehrern begleitet, kurze Spaziergänge durch die benachbarten Felder machen durften – und zweimal im Verlauf des Sonntags, wenn wir in der gleichen strengen Ordnung zum Morgen- und Abendgottesdienst in die einzige Kirche des Ortes marschierten. Der Pfarrer dieser Kirche war unser

Schulvorsteher. Mit welch tiefer Verwunderung und Verwirrung pflegte ich ihn von unserer fernen Bankreihe auf der Empore zu betrachten, wie er feierlich gesetzten Schrittes die Kanzel erstieg! Dieser ehrwürdige Mann mit der so gemessen milden Miene, mit den so schimmernden, klerikal herabwallenden Gewändern, mit der so sorgsam gepuderten, so starren und gewaltigen Perücke – konnte dies derselbe sein, der noch kurz zuvor mit grämlichem Gesicht, die Kleidung beschmutzt von Schnupftabak, mit der Rute in der Hand die drakonischen Gesetze der Anstalt verkörpert hatte? O ungeheuerlicher Widerspruch, viel zu absurd, als daß man ihn lösen könnte!

In einem Winkel der gewichtigen Mauer dräute ein noch gewichtigeres Tor. Es war mit eisernen Riegeln bestückt und versperrt und von scharfen Eisenzacken gekrönt. Welch tiefe, ehrfürchtige Scheu flößte es ein! Niemals außer bei den erwähnten drei regelmäßig wiederkehrenden Gelegenheiten wurde es geöffnet, uns hinaus- und wieder einzulassen; dann aber offenbarte sich uns in jedem Kreischen ihrer mächtigen Angeln eine Fülle von Geheimnis – eine Welt von Stoff für ernsten Kommentar oder noch ernstere Betrachtung.

Die weitläufige Einhegung war regellos angelegt und bildete viele geräumige Ausbuchtungen. Drei oder vier der größten stellten den Schulhof dar. Er war eben und mit feinem hartem Kies bedeckt. Ich erinnere mich gut, daß er weder Bäume noch Bänke oder ähnliches aufzuweisen hatte. Natürlich befand er sich hinter dem Haus. An der Vorderseite lag ein kleines Beet, mit Buchsbaum und anderem Strauchwerk bewachsen; aber diesen geheiligten Bezirk durchschritten wir nur bei seltenen Gelegenheiten – bei der ersten Ankunft in der Schule etwa oder beim endgültigen Abschied von dort, oder vielleicht, wenn wir uns, abgeholt von Eltern oder Freunden, froh zu den Weihnachts- oder Sommerferien auf den Heimweg machten.

Aber das Haus! – was für ein kurioses altes Gebäude! – und wahrlich, was für ein Zauberschloß für mich! Wirklich

endlos waren seine Windungen – seine undurchschauba-
ren Unterteilungen. Es war schwer, jeweils mit Sicherheit
zu sagen, in welchem der beiden Geschosse man sich gerade befand. Von jedem Zimmer aus führten mindestens
drei oder vier Stufen aufwärts oder abwärts zu den benachbarten Räumen. Zudem gab es unzählige Seitengänge –
unentwirrbare –, die immer wieder im Kreis herumführ-
ten, so daß selbst unsere exaktesten Vorstellungen von dem
Gebäude als Ganzem sich nicht allzusehr von denen unterschieden, die wir von der Unendlichkeit hegten. Während
der fünf Jahre, die ich dort wohnte, habe ich nie genau ausmachen können, in welchem entlegenen Gebäudeteil sich
der kleine Schlafraum befand, der mir und etwa achtzehn
oder zwanzig anderen Schülern zugewiesen war.

Das Schulzimmer war das größte im Haus – ich konnte
nicht umhin zu glauben: in der ganzen Welt. Es war sehr
lang, schmal und bedrückend niedrig, mit gotischen Spitz-
bogenfenstern und einer Eichendecke. In einem fernen
schreckeneinflößenden Winkel befand sich ein Gehäuse,
acht bis zehn Fuß im Geviert, das für die Dauer seiner Un-
terrichtsstunden das *sanctum* unseres Vorstehers, Reverend
Dr. Bransbys, umschloß. Es war ein festgefügtes Kabinett
mit wuchtiger Tür, die in Abwesenheit des Gewaltigen zu
öffnen wir uns niemals unterstanden hätten; lieber wären
wir alle durch die *peine forte et dure* zugrunde gegangen. In
zwei anderen Ecken befanden sich ähnliche Verschläge,
zwar viel geringer geachtet, aber doch auch sie Gegenstände heiliger Scheu. Einer davon war das Katheder des
›klassischen‹ Schulmeisters, der andere das des Englisch-
und Mathematiklehrers. Über den Raum verstreut, kreuz
und quer in nicht enden wollender Regellosigkeit, standen
unzählige Bänke und Pulte, schwarz, uralt und abgenutzt,
heillos überladen mit abgegriffenen Büchern und so durchfurcht von Initialen, vollen Namen, grotesken Figuren und
anderen vielfältigen Schöpfungen des Messers, daß ihnen
das bißchen, was sie an eigener Form in längst vergangenen
Zeiten besessen haben mochten, gänzlich abhanden gekommen war. Ein riesiger Eimer mit Wasser stand am

einen äußersten Ende des Zimmers und eine Uhr von gewaltigen Ausmaßen am anderen.

Eingeschlossen von den dicken Mauern dieser ehrwürdigen Bildungsanstalt, verbrachte ich, keineswegs gelangweilt oder angewidert, das dritte Lustrum meines Lebens. Der überquellende Geist des Kindes braucht nicht die Außenwelt und ihre Ereignisse zu Unterhaltung und Ergötzen; und die scheinbar düstere Monotonie einer Schule war überreich an Erregungen, nachhaltigeren, als sie meiner reiferen Jugend durch Luxus oder meinem besten Mannesalter durch Verbrechen zuteil geworden sind. Doch muß ich annehmen, daß meiner ersten geistigen Entwicklung etwas recht Ungewöhnliches, ja *Outriertes* innewohnte. Bei den meisten Menschen hinterlassen die Ereignisse der frühen Kindheit im reifen Alter kaum irgendeinen bestimmbaren Eindruck. Alles ist grauer Schatten – blasse schwankende Erinnerung – verschwommenes Aufsteigen matter Freuden und phantasmagorischer Leiden. Bei mir ist das nicht so. In der Kindheit muß ich mit der Kraft eines Mannes das gefühlt haben, was ich jetzt meinem Gedächtnis eingeprägt finde, in so kräftigen, so tiefen und dauerhaften Linien, wie die *exergues* karthagischer Gedenkmünzen.

Doch in Wirklichkeit – mit den Augen der Welt gesehen – wie wenig gab es da zu erinnern! Das morgendliche Wecken, die allabendliche Verhängung der Nachtruhe; das Pauken, die Deklamationen, die regelmäßig wiederkehrenden freien Nachmittage und Spaziergänge; der Schulhof mit seinem Zank, seiner Kurzweil, seinen Machtkämpfen – alles dies, durch eine Magie des Geistes längst vergessen, war dazu geschaffen, eine Wirrnis des Empfindens, eine Fülle bunten Geschehens, eine Welt mannigfaltigen Gefühls, leidenschaftlichster und tiefgreifender Erregung heraufzubeschwören. *›Oh, le bon temps, que ce siècle de fer!‹*

Wahrhaftig ließen die Heftigkeit, die Entflammbarkeit und Herrschsucht meines Wesens mich bald unter meinen Mitschülern herausragen und verschafften mir nach und nach, wie selbstverständlich, die Vorherrschaft über alle, die nicht sehr viel älter waren als ich – über alle, mit einer einzigen Ausnahme. Diese Ausnahme bildete ein Schüler, der, obwohl kein Verwandter, denselben Vor- und Zunamen trug wie ich selbst – ein freilich wenig bedeutsamer Umstand, denn wenn auch adliger Herkunft, trug ich doch einen jener Allerweltsnamen, die durch das Recht der Gewohnheit seit undenklichen Zeiten Gemeingut des Pöbels zu sein scheinen. In dieser Erzählung habe ich mich deshalb William Wilson genannt – ein fiktiver Name, nicht sehr verschieden von dem echten. Unter denen, die, wie es im Schuljargon heißt, ›unsere Bande‹ ausmachten, erkühnte sich einzig und allein mein Namensvetter, sich in den Unterrichtsfächern sowie bei Spiel und Streit auf dem Schulhof mit mir zu messen – den blinden Glauben an meine Behauptungen und die Unterwerfung unter meinen Willen zu verweigern – ja meine Machtvollkommenheit in jeder Hinsicht zu untergraben. Wenn es einen äußersten und unumschränkten Despotismus auf Erden gibt, so ist es der eines überlegenen Knaben über die trägeren Gemüter seiner Gefährten.

Wilsons Auflehnung war für mich eine Quelle größter Verlegenheit, um so mehr, als ich trotz der gespielten Sicherheit, mit der ich ihm und seiner Anmaßung vor anderen wohlweislich begegnete, doch insgeheim spürte, daß ich ihn fürchtete, und nicht umhin konnte, seine Gleichrangigkeit, die er so mühelos behauptete, für einen Beweis seiner wirklichen Überlegenheit zu nehmen; zudem bedurfte es unablässiger Mühe, um nicht zu unterliegen. Doch wurde diese Überlegenheit – oder auch nur Gleichrangigkeit – in Wahrheit von niemandem außer mir selbst erkannt; unsere Mitschüler schienen sie in unerklärlicher Blindheit nicht einmal zu argwöhnen. Allerdings waren seine Konkurrenz, sein Widerstand und vor allem sein dreistes und hartnäckiges Durchkreuzen meiner Absichten ebenso unauffällig wie zielsicher. Sowohl der Ehrgeiz, der mich spornte, die andern auszustechen, wie die leidenschaftliche Willenskraft, die mich dazu befähigte, schienen ihm völlig zu fehlen. Man hätte meinen können, die Triebfeder seiner Rivalität sei allein ein grillenhaftes Bedürfnis, mir in die Quere zu kommen, mich zu verblüffen oder zu kränken; doch gab es Zeiten, da ich mit einem Gefühl, in dem Erstaunen, Demütigung und Zorn sich mischten, bemerken mußte, daß er seinen Kränkungen, seinen Beleidigungen oder seinem Widerspruch eine gewisse höchst unangebrachte und sicherlich höchst unwillkommene *Zutunlichkeit* beimengte. Den Grund für dieses merkwürdige Benehmen konnte ich nur in einem übersteigerten Eigendünkel sehen, der sich in das landläufige Gebaren des Gönners und Beschützers kleidete.

Vielleicht war es ebendieser Zug in Wilsons Verhalten, neben unserer Namensgleichheit und dem zufälligen Umstand, daß wir am selben Tag in die Schule eingetreten waren, der in den oberen Klassen der Lehranstalt die Meinung aufkommen ließ, wir seien Brüder. Die älteren Schüler beschäftigten sich gewöhnlich nicht eben eingehend mit den Angelegenheiten der jüngeren. Ich sagte zuvor, oder hätte es sagen sollen, daß Wilson auch nicht im entferntesten mit meiner Familie verwandt war. *Wären* wir aber Brüder gewesen, so hätten wir zweifellos Zwillinge sein müssen; denn nachdem ich Dr. Bransbys Anstalt verlassen hatte, erfuhr ich durch Zufall, daß mein Namensvetter am neunzehnten Januar 1813 geboren wurde – ein ziemlich merkwürdiges Zusammentreffen; denn ebendieser Tag ist der meiner eigenen Geburt.

Es mag seltsam anmuten, daß ich es trotz der ständigen Beunruhigung, die mir aus Wilsons Rivalität und seinem unerträglichen Widerspruchsgeist erwuchs, nicht fertigbrachte, ihn rundheraus zu hassen. Freilich hatten wir fast jeden Tag Streit, bei dem er mir zwar öffentlich die Siegespalme überließ, es aber doch auf irgendeine Weise verstand, mich fühlen zu lassen, daß eigentlich er sie verdient habe; gleichwohl sorgten Selbstgefühl auf meiner Seite und echte Würde auf der seinen immer dafür, daß wir sozusagen miteinander auskamen, ja, die vielen verwandten Züge in unseren Naturen erweckten in mir eine Empfindung, die vielleicht unter weniger vertrackten Umständen zur Freundschaft hätte reifen können. Es ist in der Tat schwer, meine wahren Gefühle für ihn zu erklären oder auch nur zu beschreiben. Es war ein buntscheckiges und widersprüchliches Gemisch – ein bißchen verdrossene Animosität, die noch nicht Haß war, ein bißchen Achtung, mehr Respekt, viel Furcht, dazu ein reiches Maß beklommener Neugier. Dem Menschenkenner brauche ich wohl nicht obendrein zu sagen, daß Wilson und ich die unzertrennlichsten Gefährten waren.

Zweifellos war es der ungewöhnlichen Art unserer Beziehungen zuzuschreiben, daß alle meine Ausfälle gegen ihn (und es waren ihrer viele, sowohl offene als auch versteckte) eher in die Bahnen purer Neckerei oder handgreiflichen Spaßes einmündeten (verletzend, wenn auch im Gewand bloßen Scherzes) als in eine ernstere und entschiedenere Feindschaft. Aber meine Bestrebungen in dieser Hinsicht waren keineswegs immer erfolgreich, selbst wenn meine Pläne noch so geistreich ersonnen waren; denn mein Namensvetter hatte im Wesen viel von jener bescheidenen und ruhigen Unangreifbarkeit, die sich zwar der Schärfe der eigenen Späße erfreut, aber selbst keine Achillesferse aufzuweisen hat, so daß es sich schlechthin verbot, ihn auszulachen. Ich konnte tatsächlich nur eine einzige verwundbare Stelle finden, und ebendiese – eine persönliche Eigenart, die einem anlagebedingten Leiden entspringen mochte – wäre von jedem nicht so gänzlich ans Ende seiner Weisheit gelangten Widersacher verschont geblieben: mein Rivale litt an einer Schwäche der Kehl- oder Sprechorgane, die ihn hinderte, seine Stimme je *über ein sehr leises Flüstern* zu erheben. Aus diesem Defekt wußte ich soviel kümmerlichen Vorteil zu ziehen, wie immer in meiner Macht stand.

Mannigfacher Art waren Wilsons Vergeltungsmaßnahmen; und besonders eine Form seines handgreiflichen Spottes erregte mich über alle Maßen. Wie sein Scharfsinn überhaupt entdecken konnte, daß eine solche Kleinigkeit mich ärgern würde, ist mir immer ein Rätsel geblieben; doch einmal dahintergekommen, machte er sich diese Fopperei zur Gewohnheit. Schon immer hatte ich eine Abneigung gegen meinen wenig vornehmen Familiennamen und den sehr alltäglichen, wenn nicht plebejischen Vornamen gehegt. Die beiden Worte waren Gift in meinen Ohren; und als am Tage meiner Ankunft gar noch ein zweiter William Wilson die Anstalt bezog, zürnte ich ihm, weil er meinen Namen trug, und doppelt widerte mich mein Name an, weil ein Fremder ihn trug, der nun die Ursache seiner zwiefachen Wiederholung werden mußte, der ständig gegenwärtig sein würde und dessen Angelegenheiten im alltäglichen Schultrott wegen des abscheulichen Zusammentreffens unweigerlich mit meinen eigenen durcheinandergeraten mußten.

Die somit hervorgerufene Verärgerung steigerte sich mit jedem Umstand, der dazu beitrug, eine innere oder äußere Ähnlichkeit zwischen meinem Rivalen und mir an den Tag zu legen. Ich hatte damals noch nicht die bemerkenswerte Tatsache entdeckt, daß wir gleichen Alters waren; doch sah ich, daß wir gleich groß waren, und bemerkte, daß wir uns sogar in Gestalt und Gesichtszügen ungeheuer ähnelten. Auch verdroß mich das Gerücht von einer Verwandtschaft zwischen uns, das in den oberen Klassen in Umlauf gekommen war. Mit einem Wort, nichts konnte mich ernstlicher verstören (obwohl ich solche Verstörtheit heimlich verbarg) als jedwede Anspielung auf eine körperliche, geistige oder charakterliche Ähnlichkeit zwischen uns. In Wahrheit hatte ich jedoch gar keinen Grund zu glauben, daß (abgesehen von dem Verwandtschaftsgerücht und von Wilsons eigener Person) diese Ähnlichkeit überhaupt je von sich reden machte oder von unseren Mitschülern auch nur bemerkt wurde. Daß *er* sie in ihrer ganzen Tragweite erfaßte, und zwar ebenso deutlich wie ich selbst, war offensichtlich; daß er aber in solchem Tatbestand ein so fruchtbares Feld für Belästigungen entdecken konnte, kann, wie ich schon bemerkte, nur seinem außergewöhnlichen Scharfblick zugeschrieben werden.

Sein Bemühen galt einer vollkommenen Imitation meiner selbst, in Worten wie Gebaren; und wirklich bewundernswert spielte er seine Rolle. Meine Kleidung zu kopieren war leicht; mein Gang und mein ganzes Benehmen ließen sich mühelos nachahmen; ja, trotz seiner konstitutionellen Schwäche machte er sich sogar meine Stimme zu eigen. Die lauteren Töne blieben ihm freilich versagt, der Tonfall aber war der gleiche; *und sein eigentümliches Flüstern wurde zum unverkennbaren Echo meiner eigenen Stimme.*

Wie sehr mich dieses wohlgelungene Konterfei belästigte (denn eine Karikatur konnte man es gerechterweise nicht nennen), möchte ich jetzt nicht zu beschreiben versuchen. Ich hatte nur einen einzigen Trost − den nämlich, daß die Imitation augenscheinlich allein von mir bemerkt wurde und daß ich nur das wissende, sarkastische Lächeln meines Namensvetters selbst erdulden mußte. Zufrieden damit, in meinem Gemüt die gewünschte Wirkung erzielt zu haben, schien er insgeheim über den Stich, den er mir beigebracht, zu frohlocken und scherte sich bezeichnenderweise nicht um den öffentlichen Applaus, den der Erfolg seiner geistreichen Bemühungen so leicht hätte hervorlokken können. Daß die Schüler seine Absicht tatsächlich nicht spürten, die vollendete Ausführung nicht wahrnahmen und sich an seinem Spott nicht beteiligten, das war mir viele bange Monate lang ein unlösbares Rätsel. Vielleicht machte die *Abtönung* seiner Kopie sie weniger leicht durchschaubar; oder, was wahrscheinlicher ist, ich verdankte meine Sicherheit dem meisterlichen Stil des Kopisten, der Buchstabentreue verschmähte (das einzige, was der abgestumpfte Sinn in einem Gemälde zu erkennen vermag) und nur das eigentliche Wesen seines Originals wiedergab, mir allein zu Betrachtung und Verdruß.

Ich habe schon mehr als einmal von der widerwärtigen Begönnerung gesprochen, die er sich mir gegenüber anmaßte, von der Zudringlichkeit, mit der er häufig meinen Willen kreuzte. Dieser Widerspruch nahm oft die unliebsame Form eines Rates an, den er aber nicht unverblümt erteilte, sondern in die Form von Andeutungen oder versteckten Winken kleidete. Das weckte in mir einen Widerwillen, der mit den Jahren immer stärker wurde. Doch möchte ich meinem Rivalen nach so langer Zeit simple Gerechtigkeit widerfahren lassen und zugeben, daß ich mich keiner einzigen Gelegenheit erinnere, da seine Winke etwas mit jenen Irrtümern oder Torheiten gemein hatten, wie sie bei seinem unreifen Alter und seiner scheinbaren Unerfahrenheit zu erwarten gewesen wären; daß zumindest sein sittliches Empfinden, wo nicht seine Gaben schlechthin und seine Weltklugheit, viel ausgeprägter war als bei mir; und daß ich heute ein besserer und somit glücklicherer Mensch sein könnte, hätte ich nicht so oft die Ratschläge verschmäht, die sich in jene bedeutungsvollen Einflüsterungen kleideten und die ich damals nur allzu gründlich haßte und allzu bitter verachtete.

Wie die Dinge lagen, wurde ich schließlich in höchstem Maße störrisch unter seiner widerwärtigen Bevormundung, und mit jedem Tage verübelte ich ihm unverhohlener, was ich für seinen unerträglichen Dünkel hielt. Ich habe gesagt, daß meine Gefühle für ihn in den ersten Jahren unserer Schülerbeziehung leicht zur Freundschaft hätten reifen können; doch in den letzten Monaten, die ich an der Anstalt zubrachte, wuchsen sich meine Empfindungen, wiewohl sich die Zudringlichkeit seines Benehmens zweifellos bis zu einem gewissen Grade gelegt hatte, in fast gleichem Maße zu nahezu blindem Haß aus. Ich glaube, bei einer Gelegenheit bemerkte er dies, und mied mich von da ab oder gab sich jedenfalls den Anschein, mich zu meiden.

Es war etwa um dieselbe Zeit, wenn ich mich recht erinnere, daß ich bei einem heftigen Wortwechsel mit ihm, in dem er die gewohnte Gelassenheit aufgab und mit einer Freimütigkeit sprach und agierte, die eigentlich seiner Natur fremd war, plötzlich in seinem Tonfall, seiner Miene, seinem ganzen Auftreten ein gewisses Etwas entdeckte oder zu entdecken wähnte, das mich zuerst erschreckte und dann ungeheuer fesselte, weil es mir vage Traumbilder aus frühester Kindheit in den Sinn brachte – konfuse, wirre, wimmelnde Erinnerungen aus einer Zeit, da das Gedächtnis selbst noch gar nicht zum Leben erwacht war. Ich kann die Empfindung, die mich bedrängte, nicht besser beschreiben, als indem ich sage, daß ich nur mühsam den

Glauben abschütteln konnte, ich müsse das Wesen da vor mir vor sehr langer Zeit gut gekannt haben – irgendwann in einer unendlich fernen Vergangenheit. Die Wahnvorstellung verblaßte indessen so schnell, wie sie gekommen; und ich erwähne sie überhaupt nur, um den Tag des letzten Gespräches zu bezeichnen, das ich mit meinem eigentümlichen Namensvetter führte.

Das mächtige alte Haus mit seinen zahllosen Unterteilungen barg mehrere große, miteinander verbundene Räume, wo die Mehrzahl der Schüler schlief. Es gab jedoch (wie es in einem so willkürlich entworfenen Bau nicht ausbleiben konnte) viele kleine Winkel und Ausbuchtungen, sozusagen die Restchen und Abfälle des Ganzen; und diese hatte der haushälterische Sinn Dr. Bransbys ebenfalls zu Schlafräumen umgemodelt, obwohl sie, reinste Wandschränke nur, nicht mehr als eine einzige Person beherbergen konnten. Eines dieser kleinen Kämmerchen wurde von Wilson bewohnt.

Eines Nachts gegen Ende meines fünften Jahres an der Schule und unmittelbar nach dem eben erwähnten Wortwechsel verließ ich, als alles um mich her in tiefem Schlafe lag, mein Bett und stahl mich, eine Lampe in der Hand, durch eine Wirrnis enger Gänge aus meinem Schlafraum zu dem meines Rivalen. Lange hatte ich über einem jener bösartigen Streiche handfesten Spottes auf seine Kosten gebrütet, die mir bisher immer fehlgeschlagen waren. Nun beabsichtigte ich, meinen Plan in die Tat umzusetzen, und beschloß, ihn das ganze Ausmaß des gärenden Hasses fühlen zu lassen, der mich erfüllte. Nachdem ich seine Kammer erreicht hatte, ließ ich die Lampe abgeschirmt draußen stehen und trat geräuschlos ein. Ich tat einen Schritt auf ihn zu und lauschte seinen ruhigen Atemzügen. Überzeugt, daß er fest schlafe, ging ich zurück, ergriff die Lampe und näherte mich wiederum dem Bett. Dichte Vorhänge umgaben es, die ich, meinen Plan verfolgend, langsam und sachte beiseite zog, so daß die hellen Lichtstrahlen voll auf den Schläfer fielen und zugleich mein Blick auf sein Antlitz traf. Ich schaute – und plötzlich fühlte ich mich wie betäubt, von Eiseskälte durchschauert. Schwer rang ich nach Atem, meine Knie zitterten, gegenstandsloses, aber unerträgliches Entsetzen bemächtigte sich meiner. Keuchend senkte ich die Lampe noch tiefer zu seinem Gesicht herab. Waren dies – *dies* die Züge von William Wilson? Wohl sah ich, daß es seine Züge waren, aber ich schlotterte wie im Fieberfrost bei der Vorstellung, sie seien es nicht. Was in aller Welt hatten sie an sich, daß sie mich dermaßen bestürzten? Ich starrte – während mir der Kopf schwindelte unter einer Flut zusammenhangloser Gedanken. So sah er nicht aus – *so* ganz gewiß nicht – in der Lebendigkeit seiner wachen Stunden. Der gleiche Name! die gleiche Gestalt! derselbe Tag des Eintritts in die Anstalt! Und dann sein hartnäckiges und sinnloses Nachahmen meines Gangs, meiner Stimme, meiner Gewohnheiten und meines Auftretens! Lag es denn überhaupt im Bereich menschlicher Möglichkeiten, daß dies, *was ich hier sah*, nur das Ergebnis seiner immer wiederholten sarkastischen Nachahmung war? Von Schrecken übermannt, schaudernd am ganzen Leibe, löschte ich die Lampe, verließ leise die Kammer und kehrte ohne Säumen dem Gemäuer der alten Anstalt den Rücken, um sie nie wieder zu betreten.

Nach einer Zeitspanne von einigen Monaten, die ich zu Hause in purem Müßiggang zubrachte, fand ich mich als Schüler in Eton wieder. Die kurze Pause hatte genügt, meine Erinnerung an die Ereignisse in Dr.Bransbys Schule abzuschwächen oder doch wenigstens eine erhebliche Veränderung in der Art der Gefühle, mit denen ich an sie zurückdachte, zu bewirken. Die Wahrheit – die unselige Wirklichkeit des Geschauten – existierte nicht mehr. Vielmehr glaubte ich nun allen Grund zu haben, das Zeugnis meiner Sinne anzuzweifeln; und wenn ich des Vorfalls überhaupt gedachte, so wunderte ich mich über das Ausmaß menschlicher Leichtgläubigkeit und lächelte über die lebhafte Kraft der Einbildung, die mein Erbteil war. Auch war das Leben, das ich in Eton führte, kaum dazu angetan, solche Art von Skepsis zu vermindern. Der Strudel gedankenloser Torheit, in den ich mich dort so ungestüm und leichtfertig hineinstürzte, spülte bis auf den schalen Schaum meiner verflossenen Stunden alles hinweg, verschlang im Nu jeden echten oder bedeutsamen Eindruck und ließ dem Gedächtnis nur die banalsten Nichtigkeiten eines früheren Daseins.

Doch möchte ich hier nicht meinen erbärmlichen Lebenswandel nachzeichnen – einen Wandel, der den Gesetzen Hohn sprach und sich gleichwohl der Wachsamkeit der Anstalt entzog. Drei Jahre der Torheit, nutzlos vertan, hatten mir nichts weiter als tiefwurzelnde Laster eingebracht und sich in ziemlich ungewöhnlichem Maße auch in meiner leiblichen Statur niedergeschlagen, als ich, nach einer Woche seichter Zerstreuung, eine kleine Gesellschaft der zügellosesten Schüler zu einem heimlichen Trinkgelage in meine Gemächer einlud. Wir trafen uns zu später Nachtstunde; denn wir gedachten unsere Ausschweifungen standhaft bis zum Morgen auszudehnen. Der Wein floß in Strömen, und auch an anderen und vielleicht noch gefährlicheren Versuchungen fehlte es nicht, so daß die graue Dämmerung schon im Osten blaßte, als unsere rasende Lustbarkeit ihren Höhepunkt erreicht hatte. Maßlos erhitzt von Kartenspiel und Trunkenheit, war ich gerade im Begriff, einen ausnehmend lästerlichen Toast auszubringen, als meine Aufmerksamkeit plötzlich durch das heftige, wenn auch nur halbe Öffnen der Zimmertür und die eindringliche Stimme eines draußen stehenden Bedienten abgelenkt wurde. Er meldete, daß ein Fremder, offensichtlich in großer Eile, mich in der Halle zu sprechen wünsche.

Wild erregt vom Wein, war ich über die unerwartete Unterbrechung eher erfreut als entrüstet. Ich wankte sogleich hinaus, und wenige Schritte brachten mich ins Vestibül des Gebäudes. In diesem niedrigen und kleinen Raum hing keine Lampe; und keinerlei Licht fiel zu dieser Stunde hinein, außer dem unsäglich matten Dämmerschein, der durch das Halbrund des Fensters drang. Als ich meinen Fuß über die Schwelle setzte, gewahrte ich die Gestalt eines jungen Mannes etwa meiner Größe, angetan mit einem weißen, ebenso neumodisch geschnittenen Kaschmirmorgenrock, wie ich selbst ihn im Augenblick trug. Soviel vermochte ich im blassen Dämmerlicht wahrzunehmen; aber seine Gesichtszüge konnte ich nicht erkennen. Bei meinem Eintreten kam er eilig auf mich zu, faßte mich mit einer Gebärde ärgerlicher Ungeduld beim Arm und flüsterte mir die Worte »William Wilson!« ins Ohr.

Auf der Stelle war ich völlig nüchtern.

Da war etwas im Auftreten des Fremden und im bebenden Drohen seines erhobenen Fingers, wie er ihn da zwischen meine Augen und das Licht reckte, was mich mit unbegreiflicher Verwunderung erfüllte; aber nicht dies war es, was mich so heftig bewegte. Es war die Schwere eindringlichen Mahnens in der sonderbar leisen zischenden Stimme; und vor allem war es die Färbung, der Klang, *der Tonfall* jener wenigen einfachen und vertrauten, wenngleich *geflüsterten* Silben, was tausend bedrängende Erinnerungen an vergangene Tage heraufführte und wie ein galvanischer Stromstoß in meine Seele fuhr. Noch ehe ich meiner Sinne wieder mächtig werden konnte, war er gegangen.

Obwohl dieses Ereignis seine lebhafte Wirkung auf meine zerrüttete Einbildungskraft nicht verfehlte, war der Eindruck doch ebenso flüchtig wie lebhaft. Einige Wochen freilich erging ich mich in ernsten Grübeleien oder hüllte mich in eine Wolke morbider Spekulation. Ich wagte nicht, meinen Blick vor der Identität des sonderbaren Individuums zu verschließen, das so beharrlich meinen eigenen Angelegenheiten in die Quere kam und mich mit seinem geflüsterten Rat belästigte. Aber wer und was war dieser Wilson? – und wo kam er her? – und welche Zwecke verfolgte er? Auf keine dieser Fragen konnte ich eine Antwort finden – das einzige, was ich über ihn in Erfahrung brachte, war, daß ein plötzlicher Unglücksfall in seiner Familie noch am Nachmittag des Tages, an dem ich selbst entflohen war, seine Entlassung aus Dr. Bransbys Anstalt veranlaßt hatte. Doch hörte ich nach kurzer Zeit auf, über den Gegenstand nachzudenken, weil meine Aufmerksamkeit ganz von der beabsichtigten Übersiedlung nach Oxford in Anspruch genommen war. Dorthin ging ich alsbald, von der blinden Eitelkeit meiner Eltern mit einer Ausstattung und einem jährlichen Wechsel versehen, die es mir ermöglichen würden, dem mir schon so ans Herz gewachsenen Luxus auch weiterhin nach Belieben zu frönen – in verschwenderischem Aufwand mit den stolzesten Erben der reichsten Grafschaften Großbritanniens zu wetteifern.

Durch solche Hilfsmittel angereizt zum Laster, brach mein angeborenes Temperament mit verdoppelter Leidenschaft hervor, und selbst die alltäglichsten Schranken der Schicklichkeit mißachtete ich in der tollen Verblendung meiner Ausschweifungen. Aber es wäre unsinnig, bei Einzelheiten meines zügellosen Lebens zu verweilen. Es genüge zu sagen, daß ich auch den ärgsten Verschwender in den Schatten stellte und, indem ich eine Unzahl neuer Torheiten ersann, dem langen Katalog von Lastern, die damals an der liederlichsten Universität Europas gang und gäbe waren, einen keineswegs kurzen Anhang hinzufügte.

Es war indes, selbst für dortige Verhältnisse, kaum glaubhaft, daß ich mich so völlig der Würde eines Gentleman begeben und mit den gemeinsten Kniffen des professionellen Spielers Bekanntschaft schließen konnte; daß ich, eingeweiht in seine verächtliche Kunst, sie gewohnheitsmäßig ausübte, um meine ohnehin gewaltigen Einkünfte auf Kosten der Schwachköpfe unter meinen Mitstudenten zu vergrößern. Und doch war es so. Und gerade der Ungeheuerlichkeit dieses Verstoßes gegen jedes männliche und ehrenhafte Empfinden war es zweifellos vor allem, wenn nicht allein, zuzuschreiben, daß er ungestraft begangen werden konnte. Wer unter den lasterhaftesten meiner Gefährten hätte denn nicht eher dem klarsten Zeugnis seiner Sinne mißtraut, als den heiteren, den offenen, den freigebigen William Wilson solcher Machenschaften verdächtigt – den nobelsten und großzügigsten Studenten von Oxford – ihn, William Wilson, dessen Torheiten (so sagten seine Schmarotzer) nur die Torheiten der Jugend und der ungezähmten Phantasie waren – dessen Vergehen nur unnachahmliche

345

Launen – dessen schwärzestes Laster nur sorglose und ungestüme Verschwendungslust war?

Auf diese Weise hatte ich mich nunmehr zwei Jahre lang erfolgreich betätigt, als ein junger adliger Parvenü namens Glendinning an die Universität kam – reich wie Herodes Atticus, hieß es, und ebenso mühelos wie dieser zu seinem Reichtum gekommen. Ich merkte bald, daß er ein Schwachkopf war, und erkor ihn natürlich zum geeigneten Opfer für meine Kunstfertigkeit. Häufig verlockte ich ihn zum Spiel und verstand es, nach gewohnter Spielermanier, ihn beträchtliche Summen gewinnen zu lassen, um ihn dann um so erfolgreicher in meine Schlingen zu verstricken. Als meine Pläne schließlich ausgereift waren, begegnete ich ihm (fest entschlossen, daß dieses Treffen endgültig und entscheidend sein sollte) in den Räumen eines Studiengenossen (Mr. Preston), der uns beiden gleich nahestand, der aber – um ihm Gerechtigkeit widerfahren zu lassen – nicht die leiseste Ahnung von meinem Plan hatte. Um dem Ganzen einen besseren Anstrich zu geben, hatte ich es so eingerichtet, daß eine Gesellschaft von etwa acht oder zehn Leuten zusammenkam, und war sorgsam darauf bedacht, daß das Kartenspiel sich wie zufällig ergeben und daß die Anregung dazu von meinem auserwählten Opfer selbst ausgehen sollte. Um mich kurz zu fassen bei diesem schmählichen Thema: keiner der gemeinen Kniffe wurde aus dem Spiel gelassen, Kniffe, die so gebräuchlich sind, daß es wirklich kaum zu fassen ist, daß sich noch immer Narren finden, die darauf hereinfallen.

Wir hatten unsere Sitzung schon bis tief in die Nacht ausgedehnt, und ich hatte es schließlich schlau bewerkstelligt, Glendinning als einzigen Gegenspieler vor mir zu haben. Auch spielten wir das von mir bevorzugte *Ecarté*. Die übrigen Gäste, gespannt auf den Ausgang unseres Spiels, hatten die eigenen Karten aus der Hand gelegt und standen als Zuschauer um uns herum. Der Parvenü, durch meine Listen gleich zu Beginn des Abends dazu verleitet, unmäßig zu trinken, mischte, gab oder spielte jetzt mit einer wilden Nervosität, die wohl zum Teil, aber doch nicht ausschließlich, von seinem Rausch herrühren mochte. Binnen ganz kurzer Zeit war er mir eine große Summe schuldig geworden und tat nun, nachdem er einen tiefen Zug Portwein genossen, ganz genau das, was ich kühl vorausgesehen hatte: er schlug vor, unsere bereits übertrieben hohen Einsätze zu verdoppeln. Mit gut gespieltem Widerstreben, und erst nachdem meine wiederholte Weigerung ihn zu ein paar zornigen Worten hingerissen hatte, die nun meiner Einwilligung etwas *Gereiztes* beimischten, gab ich endlich nach. Das Ergebnis bewies natürlich nur, wie rettungslos die Beute mir ins Netz gegangen war: in weniger als einer Stunde hatte er seine Schulden vervierfacht. Schon vor einiger Zeit war aus seinem Gesicht der rosige Farbton gewichen, den ihm der Wein verliehen; jetzt aber bemerkte ich zu meinem Erstaunen, daß es von einer wahrhaft furchterregenden Blässe überzogen war. Ich sage, zu meinem Erstaunen. Glendinning war mir auf meine begierigen Nachfragen als unermeßlich reich hingestellt worden; und die Summen, die er bisher verloren hatte, obwohl riesig an sich, konnten ihn, wie ich glaubte, nicht ernstlich beunruhigen und erst recht nicht derart heftig erschüttern. Der Gedanke, daß der soeben hinuntergegossene Wein ihn übermannt habe, bot sich wie selbstverständlich an; und mehr in der Absicht, mein eigenes Ansehen in den Augen meiner Gefährten zu wahren, als aus irgendeinem weniger eigennützigen Beweggrund wollte ich gerade entschieden auf einem Abbruch des Spiels bestehen, als ein paar Bemerkungen aus der Gesellschaft um mich her und ein Ausruf der äußersten Verzweiflung von seiten Glendinnings mir zu verstehen gaben, daß ich seinen völligen Ruin herbeigeführt hatte, unter Umständen, die ihn für jedermann zum Gegenstand des Mitleids machten und die ihn selbst vor den bösen Machenschaften eines Teufels hätten schützen müssen.

Wie ich mich nun wohl weiter verhalten hätte, ist schwer zu sagen. Die jämmerliche Verfassung meines Opfers hatte alle in Verlegenheit und finstere Bestürzung versetzt, und für einige Augenblicke herrschte tiefes Schweigen, während mir, ich mochte wollen oder nicht, die Wangen brannten von den vielen sengenden Blicken der Verachtung oder Anklage, welche die noch nicht so tief Gesunkenen der Gesellschaft auf mich richteten. Ich will sogar gestehen, daß mir für einen kurzen Augenblick durch die plötzliche und außerordentliche Unterbrechung, die nun folgte, eine unerträgliche Last der Angst von der Seele genommen wurde. Die breiten schweren Flügeltüren des Zimmers wurden unvermittelt aufgestoßen, klaffend weit, mit einem so heftigen und gewaltsamen Ungestüm, daß wie durch Zauberkraft alle Kerzen im Raum erloschen. Ihr ersterbendes Licht erlaubte uns gerade noch zu erkennen, daß ein Fremder eingetreten war, etwa so groß wie ich und fest in einen Mantel gehüllt. Doch war es mittlerweile stockfinster, und wir konnten nur *fühlen*, daß er in unserer Mitte stand. Ehe auch nur einer von uns sich von der grenzenlosen Überraschung erholen konnte, in die sein Ungestüm uns alle gestürzt hatte, vernahmen wir die Stimme des Eindringlings.

»Meine Herren«, sagte er in leisem, deutlichem, nie zu vergessendem *Flüsterton*, der mich bis ins Mark erschauern ließ, »meine Herren, ich entschuldige mich nicht für mein Benehmen, weil ich auf diese Weise nur eine Pflicht erfülle. Sie sind zweifellos nicht unterrichtet über den wahren Charakter dieser Person, die heute nacht beim *Ecarté* dem Lord Glendinning eine große Geldsumme abgewonnen hat. Ich will Sie deshalb auf ein förderliches und sicheres Verfahren hinweisen, diese sehr notwendige Information zu erlangen. Untersuchen Sie bitte in Ruhe das Innenfutter seines linken Ärmelaufschlags und die verschiedenen kleinen Packen, die in den ziemlich geräumigen Taschen seines bestickten Morgenrocks zu finden sind.«

Während er sprach, war es totenstill, so daß man das Fallen einer Stecknadel hätte hören können. Kaum hatte er geendet, war er auch schon verschwunden, ebenso unvermittelt, wie er eingetreten war. Kann ich – soll ich meine Empfindungen beschreiben? Muß ich sagen, daß ich alle Schrecken des Verdammten fühlte? Doch gewiß hatte ich nur wenig Zeit zum Nachdenken. Auf der Stelle ergriffen mich unsanft viele Hände, und im Augenblick brannten aufs neue die Kerzen. Eine Durchsuchung folgte. Im Futter meines Ärmels fanden sich alle Bilderkarten, die beim *Ecarté* wichtig sind, und in den Taschen meines Morgenrocks eine Anzahl Kartenspiele, genaue Nachbildungen derer, die wir bei unseren Sitzungen benutzten, mit der einzigen Abweichung nur, daß die meinen zur Spezies der sogenannten *arrondées* gehörten, das heißt, die Honneurs waren oben und unten, die niedrigeren Karten an den Seiten leicht nach außen gebogen. Bei dieser Vorkehrung wird der Getäuschte, der wie gewöhnlich an der Längsseite abhebt, seinem Gegenspieler unweigerlich eine Bilderkarte abheben, während der Falschspieler, der an der Schmalseite zufaßt, seinem Opfer ebenso sicher nichts abheben wird, was im Fortgang des Spiels irgend zählen könnte.

Ein Entrüstungssturm angesichts dieser Entdeckung hätte mich weniger getroffen als die schweigende Verachtung, die sarkastische Ruhe, mit der man sie aufnahm.

»Mr. Wilson«, sagte unser Gastgeber, indem er sich bückte, um zu seinen Füßen einen ausnehmend luxuriösen Mantel aus seltenem Pelzwerk aufzuheben; »Mr. Wilson, dies ist Ihr Eigentum.« (Es war kalt, und beim Verlassen meines eigenen Zimmers hatte ich einen Mantel über meinen Morgenrock geworfen und ihn abgelegt, als ich den Schauplatz des Spiels erreicht hatte.) »Ich denke, es erübrigt sich, hier nach weiteren Beweisen Ihrer Kunstfertigkeit zu suchen.« (Damit betrachtete er die Falten des Gewands mit bitterem Lächeln.) »Es genügt uns, weiß Gott. Sie sehen, hoffe ich, die Notwendigkeit, Oxford zu verlassen – auf alle Fälle aber unverzüglich aus meiner Wohnung zu verschwinden.«

Tief erniedrigt und gedemütigt, wie ich war, hätte ich diese verletzenden Worte wahrscheinlich mit aufbrausender Gewalttätigkeit geahndet, wäre meine ganze Aufmerksamkeit nicht gerade jetzt durch einen überaus bestürzenden Umstand gebannt worden. Der Mantel, den ich getragen hatte, war aus seltenem Pelzwerk; wie selten, wie ausschweifend kostspielig, wage ich nicht zu sagen. Auch war sein Zuschnitt meine eigene verstiegene Erfindung; denn ich war bis zur Lächerlichkeit wählerisch in solch nichtigen Äußerlichkeiten. Wie mir nun Mr. Preston den Mantel reichte, den er neben der Flügeltür des Zimmers vom Boden aufgehoben hatte, grenzte meine Verwunderung an Entsetzen, als ich gewahrte, daß mein eigener bereits über meinem Arm hing (wo ich ihn zweifellos unwissentlich selber abgelegt hatte) und daß der mir überreichte nur sein genaues Abbild in jedem, auch dem allerkleinsten Detail war. Das seltsame Wesen, das mich so entsetzlich bloßgestellt hatte, war, wie ich mich wohl erinnerte, in einen Mantel eingehüllt gewesen; und bestimmt hatte keiner aus unserer Gesellschaft einen getragen außer mir selbst. Mit einem Rest von Geistesgegenwart ergriff ich den Mantel, den Preston mir reichte, legte ihn unbemerkt über meinen eigenen, verließ das Zimmer mit einem entschlossenen Blick trotziger Herausforderung und trat am nächsten Morgen vor Tagesanbruch eine überstürzte Reise von Oxford zum Festland an, bis zum äußersten gemartert von Grauen und Scham.

Ich floh vergebens. Mein böser Stern verfolgte mich wie im Triumph und bewies mir auf Schritt und Tritt, daß die Ausübung seiner geheimnisvollen Herrschaft nur erst begonnen hatte. Kaum hatte ich in Paris Fuß gefaßt, bestätigte sich mir aufs neue, welch abscheuliches Interesse dieser Wilson meinen Angelegenheiten entgegenbrachte. Jahre schwanden dahin, und doch fand ich keine Erleichterung. Schurke! – in Rom: mit welch ungelegener, doch mit welch gespenstischer Zudringlichkeit trat er dort zwischen mich und mein ehrgeiziges Streben! In Wien desgleichen – in Berlin – und in Moskau! Wo hatte ich denn *nicht* bittere Ursache, ihn aus Herzensgrund zu verfluchen? Seine unergründliche Tyrannei floh ich schließlich, von panischer Angst gejagt, wie die Pest; und bis ans äußerste Ende der Welt *floh ich vergebens.*

Und wieder und wieder pflegte ich in geheimer Absprache mit meiner Seele die Fragen zu stellen: Wer ist er? – wo kommt er her? – und welche Ziele verfolgt er? Aber eine Antwort fand ich nicht. Und nun durchspürte ich mit scharfem Forscherblick die Erscheinungsformen, die Methoden und die Hauptmerkmale seiner unverschämten Bevormundung. Aber selbst hier gab es kaum irgend etwas, worauf sich eine Vermutung gründen ließ. Es war allerdings auffällig, daß er bei keiner der zahlreichen Gelegenheiten, da er in letzter Zeit meine Wege gekreuzt, etwas anderes bewirkt hatte, als ebenjene Pläne zu vereiteln oder jene Unternehmungen zu hindern, die, wären sie ausgeführt worden, zu schlimmem Unheil hätten führen können. Wahrhaftig eine armselige Rechtfertigung für eine so selbstherrlich angemaßte Machtvollkommenheit! Eine armselige Entschädigung für die so hartnäckige, so beleidigende Leugnung des natürlichen Rechts auf Selbstbestimmung!

Auch hatte ich bemerken müssen, daß mein Peiniger (während er übergewissenhaft und mit erstaunlichem Geschick an seiner Laune festhielt, meine Kleidung zu imitieren) es doch über einen sehr langen Zeitraum fertigbrachte, daß ich bei den verschiedenen Gelegenheiten, da er meinen Willen durchkreuzte, niemals auch nur flüchtig seine Gesichtszüge sah. Wer Wilson auch immer sein mochte, dies wenigstens war nichts weiter als die reinste Ziererei oder Torheit. Konnte er denn auch nur für einen Augenblick geglaubt haben, daß ich in meinem Mahner von Eton – im Zerstörer meines Ansehens in Oxford – in ihm, der sich meinem Ehrgeiz in Rom, meiner Rache in Paris, meiner leidenschaftlichen Liebe in Neapel oder meiner Habsucht, wie er es fälschlich nannte, in Ägypten in den Weg stellte – daß ich in diesem meinem Erzfeind und bösen Geist etwa nicht den William Wilson meiner Schulzeit wiedererkannte – den Namensvetter, den Gefährten, den Rivalen – den verhaßten und gefürchteten Rivalen an Dr. Bransbys Schule? Unmöglich! – Doch lassen Sie mich zur letzten inhaltschweren Szene des Dramas eilen.

Bis jetzt war ich dieser herrischen Willkür tatenlos erlegen. Die tiefe Beklommenheit, mit der ich den vornehmen Charakter, die erhabene Weisheit und die offensichtliche Allgegenwart und Allmacht Wilsons zu betrachten pflegte, dazu ein Gefühl nackter Angst, das gewisse andere Züge seines Wesens und seine Anmaßung mir einflößten, hatten mir bisher nur meine eigene grenzenlose Schwäche und Hilflosigkeit vor Augen geführt und mich zur stillschweigenden, wenn auch bitter widerstrebenden Unterwerfung unter seinen despotischen Willen bewogen. In jüngster Zeit aber hatte ich mich ganz und gar dem Wein ergeben, und sein aufputschender Einfluß auf meine ererbte heftige Gemütsart machte mich immer unduldsamer gegen jede Bevormundung. Ich begann zu murren — zu zaudern — mich zu widersetzen. Und war es nur Einbildung, die mich glauben ließ, daß mit dem Wachsen meiner eigenen Stärke die meines Peinigers in gleichem Maße abnahm? Wie dem auch sei, ich begann nun zu spüren, wie eine brennende Hoffnung mich belebte, und schließlich nährte ich insgeheim den finsteren und verwegenen Entschluß, mich nicht länger versklaven zu lassen.

Es war in Rom, während des Karnevals 18––, als ich einen Maskenball im Palazzo des neapolitanischen Herzogs di Broglio besuchte. Ungehemmter noch als gewöhnlich hatte ich dem Weingenuß gefrönt; und in unerträglichem Maße reizte mich nun die stickige Luft der überfüllten Räume. Auch trug die Schwierigkeit, mir einen Weg durch das Labyrinth der Menge zu erzwingen, nicht wenig dazu bei, mich zu verstimmen; denn ich suchte fiebernd (aus welch unwürdigem Beweggrund, will ich verschweigen) die junge, die heitere, die schöne Gattin des bejahrten und senilen di Broglio. Mit allzu bedenkenlosem Vertrauen hatte sie mir zuvor das Geheimnis verraten, in welchem Kostüm sie erscheinen werde, und jetzt, da ich sie flüchtig erspäht hatte, versuchte ich hitzig, mir einen Weg in ihre Nähe zu bahnen. In diesem Augenblick fühlte ich eine leichte Hand auf meiner Schulter und vernahm das verfluchte, nie zu vergessende, leise *Flüstern* an meinem Ohr.

In einem wahren Taumel der Wut fuhr ich blitzschnell auf den Eindringling los, der mich so dreist aufgehalten hatte, und packte ihn ungestüm beim Kragen. Wie erwartet, war er in ein Kostüm gekleidet, das meinem eigenen aufs Haar glich: er trug einen spanischen Mantel aus blauem Samt und um die Taille einen karmesinroten Gürtel, von dem ein Rapier herabhing. Eine Maske aus schwarzer Seide verbarg gänzlich sein Gesicht.

»Schurke!« zischte ich mit von Zorn heiserer Stimme, und jede Silbe, die ich vorbrachte, schien neues Öl ins Feuer meines Grimms zu gießen; »Schurke! Betrüger! Verdammter Schuft! du sollst – du *sollst* mich nicht zu Tode hetzen! Folge mir, oder ich steche dich auf der Stelle nieder!« – und ich bahnte mir einen Weg vom Ballsaal in ein kleines angrenzendes Gemach, indem ich den nicht Widerstrebenden mit mir fortzog.

Bei unserem Eintreten stieß ich ihn blindwütig von mir. Er taumelte gegen die Wand, während ich mit einem Fluch die Tür schloß und ihm zu ziehen befahl. Er zögerte nur einen Augenblick; dann zog er schweigend, mit einem leisen Seufzer, und setzte sich zur Wehr.

Der Kampf war freilich nur kurz. Ich raste vor wilder Erregung und fühlte in meinem Arm die Kraft und Gewalt eines Heeres. In wenigen Sekunden zwang ich ihn durch pure Stärke gegen die Wandtäfelung und stieß dem mir nun Preisgegebenen in brutaler Grausamkeit wieder und wieder den Degen durch die Brust.

In diesem Augenblick versuchte jemand, die Tür aufzuklinken. Ich eilte hinzu, den Eindringling zu hindern, und kehrte sogleich zu meinem sterbenden Widersacher zurück. Doch welche menschliche Sprache reichte hin, *die* Verwunderung, *das* Grausen zu beschreiben, die mich bei dem Schauspiel packten, das sich nun meinen Blicken darbot? Die kurze Spanne, da ich mich abgewendet, hatte offenbar genügt, eine wesentliche Veränderung in der Ausstattung des hinteren, entfernteren Teils des Gemachs herbeizuführen. Ein großer Spiegel – so schien es mir zuerst in meiner Bestürzung – stand jetzt an einer Stelle, wo vorher keiner zu sehen gewesen war; und wie ich in äußerstem Entsetzen darauf zuging, kam mein eigenes Spiegelbild, leichenblaß nur und blutbespritzt die Züge, mir mit schwachen, wankenden Schritten entgegen.

So schien es, wohlgemerkt, aber so war es nicht. Es war mein Widersacher – es war Wilson, der da, mit dem Tode ringend, vor mir stand. Maske und Mantel lagen am Boden, wo er sie hingeworfen hatte. Da war nicht ein Faden in seiner ganzen Kleidung – nicht eine Linie in den ausgeprägten und unverwechselbaren Zügen seines Gesichts, die nicht bis zur völligen Identität *mein eigen* waren!

Es war Wilson; aber er sprach nicht mehr im Flüsterton, und ich hätte mir einbilden können, meine eigene Stimme zu hören, als er nun sagte: *»Du hast gesiegt, und ich ergebe mich. Doch hinfort bist auch du tot – tot für die Welt, für den Himmel und für die Hoffnung! In mir, da lebtest du; in meinem Tode aber: sieh es an diesem Abbild, das dein eignes ist, wie gänzlich du dich selbst gemordet hast.«*

WARUM DER KLEINE FRANZOSE
DIE HAND IN DER SCHLINGE TRÄGT

Wisitenkarten hab ich (alle aus rosa Satängpapier): dadrauf kann jeder Schäntlmen, wenn er will, schwarz auf
weiß die intressanten Worte lesen: ›Sir Pathrick O'Grandison, Baronet, 39 Southampton Row, Russell Square, Par-
rish o' Bloomsbury‹. Und wenn Sie dahinterkomm wolln,
wer denn nu die Krone von der Höflichkeit is und der Aus-
bund von guten Ton in ganz London – na, das bin ich selber. Und das is wahrhaftig kein Wunder nich (deshalb
rümpfen Sie gefälligst nich länger die Nase), denn jeden
Zoll von den sechs Wochen, seit ich ein Schäntlmen bin
und von den heimischen Sümpfen weg, um Baron zu werden, hat Pathrick wie der höchste Kaiser gelebt und sich
Schliff und Benimm zugelegt. Oh, das wär ne Augenweide
für Sie, wenn Se Ihre zwei Gucker mal auf Sir Pathrick
O'Grandison, Baronet, werfen könnten, wenn er tipptopp
angezogen is für die Oper oder zur Ausfahrt in den Hyde
Park in die Britschka steigt. Aber daß alle Damen verknallt
sin in mich, das is wegen meine feine stattliche Statur. Bin
ich denn nich ne tolle Erscheinung mit meinen sechs Fuß
und den drei Zoll obendrein in Strümpfen, und hab ich
nich ne Figur wie so leicht kein andrer? Is da nu nich wirklich mehr bei mir los als bei dem klein altn zugereistn
Franzosen mit sein drei Fuß und n bißchen, der grad
gegenüber wohnt und den ganzen Tag (zum Teufel mit
ihm!) nach der hübschen Witwe Mrs. Tracle (Gott segne
sie!) gafft und glotzt, die wo meine Nachbarin is und
ne ganz spezielle Freundin und Bekannte von mir? Sie
sehn, der kleine Nichtsnutz guckt ziemlich trüb aus der
Wäsche und trägt die linke Hand in der Schlinge; und
dafür will ich Ihn, wenns gestattet is, auch den Grund
sagen.

Die Wahrheit von der ganzen Geschichte is nämlich die: gleich am ersten Tag, wie ich von Connaught gekommen bin und auf der Straße meine feine Person der Witwe präsentier, die grad durchs Fenster linste, da war die hübsche Mrs. Tracle reineweg vernarrt in mich. Wissnse, ich hab das gleich aufn ersten Blick mitgekriegt und mich nich getäuscht, und das is die reine Wahrheit. Im Nu war erstmal das Fenster offen, und dann sperrte sie ihre Augen auf, so weit es ging, und dann preßte sie ein kleines goldnes Fernrohr an das eine, und der Teufel soll mich holn, wenn das nich so deutlich, wie son Auge eben reden kann, zu mir sprach; und durchs Fernrohr sagt es: ›Ah! schön gutn Morgen, Sir Pathrick O'Grandison, Baronet, Schätzchen; n feiner Schäntlmen sind Sie mir, weiß der Himmel, und ich und meine Habe, die stehn ganz zu Ihren Diensten, Liebling, zu jeder Tageszeit, wann Sie nur wolln.‹ Nu laß ich mich, wenns um Höflichkeit geht, nich lumpen; also macht ich ihr ne Verbeugung, die ein wirklich das Herz brechen konnte, und dann zog ich meinen Hut mit Schwung, und dann zwinkerte ich ihr tüchtig mit beiden Augen zu, was heißen sollte: ›Alle Wetter, Sie sind ein süßes kleines Ding, Mrs. Tracle, mein Liebling, und ich will in nem Sumpf ersäufen, wenns nich ich selber bin, Sir Pathrick O'Grandison, Baronet, der Eurer Ledischaft n Haufen Liebe schenkt, eh son Schwätzer aus Londonderry sich auch nur mucksen kann.‹

Ja, und am nächstn Morgen, wie ich noch überleg, obs nich am höflichsten wär, der Witwe was Geschriebnes, n Liebesbrief sozusagen, zu schicken, kommt doch da son Bote mit ner eleganten Wisitenkarte und erklärt mir, daß der Name dadrauf (ich konnt nämlich noch nie aus so nem Druckzeug schlau werden, weil ich Linkshänder bin) zu dem Musjöh, dem Count, August Luchesi, dem Maiter-di-dauns, gehört und daß das ganze verdammte Kauderwelsch bloß der ewig lange Name von dem klein olln Zugereisten is, dem Franzosen von da drüben.

Und da kam auch schon der kleine Halunke selber rein, und dann machte er mir wunder was für ne Verbeugung, und dann sagt er, er hätt sich nur die Freiheit genommen,

mir die Ehre seines Besuchs zu erweisn, und dann fuhr er
fort, schrecklich schnell rumzupalavern, und ich verstand
nich die Bohne, was der eigentlich von mir wollte, bloß daß
er immerzu ›pulli wu, wulli wu‹ sagte und mir mit nem
Haufen voll Lügen erklärte, zum Teufel mit ihm, daß er
ganz verrückt wär nach meiner Witwe Mrs. Tracle und daß
meine Witwe Mrs. Tracle ein Pangschang für *ihn* hätte.

Wie ich das hör, na, da könnse Gift drauf nehm, ging
ich natürlich in die Luft wien Grashüpfer, aber da fiel mir
ein, daß ich immerhin Sir Pathrick O'Grandison, Baronet,
bin und daß es die feine Art nich is, wenn die Wut die Höflichkeit unterkriegt; so schluckt ich mein Zorn runter und
ließ mir nichts anmerken und tat ganz umgänglich mit
dem Kleinen, und wies ne Weile hin is, ja da fordert er
mich doch tatsächlich auf, mit ihm zu der Witwe zu gehn;
sagt, er wollt mich ihrer Ledischaft vorstelln, wie sich das
so gehört.

›Wenn das so is‹, sag ich da zu mir, ›dann kannste dich
drauf verlassn, Pathrick, daß du der allerglücklichste Kerl
unter der Sonne bist. Wird sich ja bald rausstelln, obs
deine eigne feine Erscheinung is oder der kleine Musjöh
Maiter-di-dauns, in den Mrs. Tracle bis über die Ohren
verknallt is.‹

Damit gingen wir zum Haus der Witwe nebenan, und da
könn Se sagen was Se wolln, ein piekfeines Heim war das,
weiß Gott. N Teppich lag da, lang und breit wie der ganze
Fußboden, und in einer Ecke war n Fortepiano und ne
Maultrommel und weiß der Kuckuck was alles, und in ner
andern Ecke war ein Sofa, das schönste Ding von der Welt,
und auf dem Sofa, da saß natürlich der süße kleine Engel,
Mrs. Tracle.

»Schön gutn Morgen«, sag ich, »Mrs. Tracle«, und dann
macht ich einen derart fein Diener, daß es Ihn reineweg
den Atem verschlagen hätt.

»Wulli wu, pulli wu, ganz zu Ihren Füßen«, sagt der
kleine zugereiste Franzose, »und auf mein Wort, Mrs.
Tracle«, sagt er, jawohl, »dieser Schäntlmen hier, das is
seine Gnaden Sir Pathrick O'Grandison, Baronet – mit Ab-

357

stand der aller-allerbeste Freund und Bekannte, den ich hab auf der ganzn Welt.«

Und nu erhebt sich die Witwe vom Sofa und macht den reizendsten Knicks, den man überhaupt je gesehn hat; und dann setzt sie sich hin wien Engel; und dann, allmächtger Himmel, erlaubt sich doch der kleine Fatzke, Musjöh Maiter-di-dauns, sich mit nem Plumps einfach rechts neben sie zu pflanzen. Du Schreck! Ich dacht wirklich, die Augen springen mir mit einmal ausm Kopf, so fürchterlich wütend war ich! Aber ›Ruhig Blut!‹ sag ich mir nach ner Weile. ›So ham wir nich gewettet, Musjöh Maiter-di-dauns!‹, und damit ließ ich mich mit nem Plumps links von ihrer Ledischaft nieder, um mit dem Schurken quitt zu sein. Zum Henker! das hätt Ihn Spaß gemacht, das scharmante Doppelgezwinker zu sehn, das ich da mit beiden Augen gradwegs in ihr Gesicht geschickt hab.

Aber der kleine alte Franzose, der schöpfte überhaupt kein bißchen Verdacht nich gegen mich und legte sich ganz schön ins Zeug, wie er da Ihrer Ledischaft den Hof machte. »Wulli wu«, sagt er, »pulli wu«, sagt er, »ganz zu Ihren Füßen, ergebenster Diener«, sagt er.

›Is ja alles zwecklos, Musjöh Frosch, mein Bester‹, denk ich; und ich schwatzte die ganze Zeit drauflos, so schnell ich nur konnte, und meiner Treu, ich allein wars, der Ihre Ledischaft reineweg ergötzte mit meiner scharmanten Unterhaltung über die lieben alten Sümpfe von Connaught. Und allmählich schenkte sie mir ein so süßes Lächeln, von ein Mundwinkel bis zum andern, daß ich mir n Herz faßte und auf die delikatste Weise von der Welt die Spitze von ihrem klein Finger schnappte, während ich sie die ganze Zeit mit kugelrunden Augen anguckte.

Doch da hätten Sie die Schelmerei von dem süßen Engel sehn solln; denn kaum hatte sie gemerkt, daß ich drauf aus war, ihr die Patschhand zu drücken, da zog sie sie im Nu weg und versteckte sie hinterm Rücken, grad als wollt sie sagen: ›Aber, aber, Sir Pathrick O'Grandison, da kommt schon noch ne bessre Gelegenheit für Sie, Schätzchen, denn die feine Art is das nu nich, mir einfach die Patsche zu drückn, wo doch der kleine zugereiste Franzose, der Musjöh Maiter-di-dauns, grade zuguckt.‹

Da blinkerte ich ihr tüchtig zu, was heißen sollte: ›Das laß man Sir Pathricks Sorge sein‹, und dann ging ich eis-kalt ran, und Sie wärn gestorben vor Vergnügen, wenn Sie gesehn hätten, wie gewitzt ich mein rechtn Arm zwischen die Rücklehne vom Sofa und den Rücken von Ihrer Le-dischaft schob, und da fand ich denn auch ne süße kleine Patschhand, die nur drauf wartete zu sagen: ›Schön gutn Morgen, Sir·Pathrick O'Grandison, Baronet.‹ Und da wars natürlich an mir, das Händchen grad n ganz klein bißchen zu drückn, nur um n Anfang zu machen und ja nich allzu derb zu sein mit Ihrer Ledischaft. – Und, Himmel!, kriegt ich da nich den allerzartsten und feinsten klein Hände-druck zurück? ›Potztausend, Sir Pathrick, mein Lieber‹, denk ich bei mir, ›just deiner Mutter ihr Sohn isses und kein andrer auf der Welt nich: der schmuckste und glück-lichste junge Moortrotter, den Connaught je ausgebrütet hat!‹ Und damit drückt ich ihr kräftig das Händchen, und ein ganz schöner Druck wars, beim Himmel, den Ihre Le-dischaft mir zurückgab. Aber Se hättn sich gebogen vor Lachn, wenn Se nun mit einmal das eingebildete Getue vom Musjöh Maiter-di-dauns gesehn hättn. Sowas von Ge-quassel und Gegrinse und Parleewu, wie ers mit der Le-dischaft anfing, hat man auf Erden noch nich erlebt; und der Teufel soll mich braten, wenn ich ihn nich mit mein eignen zwei Guckern erwischt hab, wie er ihr so aus eim Auge zublinkerte. Himmelherrgott, wer da nich fuchsteu-felswild geworden wär, möcht ich wissen!

»Das lassen Sie sich gesagt sein, Musjöh Maiter-di-dauns«, sagt ich so höflich wie nur was, »das is aber gar nich die feine Art, jedenfalls nich für solche wie Sie, hier immerzu auf die Manier nach der Dame zu gaffen und zu glotzen«, und dabei drückt ich ihr die Patsche von neuem, was soviel heißen sollte wie: ›Is es nich jetzt Sir Pathrick, mein Goldstück, der das Zeug dazu hat, dich zu beschütz, mein Liebling?‹ – und gleich kam als Antwort wieder ein Händedruck zurück. ›Aber freilich, Sir Pathrick‹, sagt der

359

so deutlich, wie je auf Erdn n Händedruck geredet hat, ›aber freilich, Sir Pathrick, Schätzchen, und n piekfeiner Schäntlmen sin Sie – wahrhaftiger Gott!‹ – und damit sperrte sie ihre beiden reizenden Guckaugen auf, bis ich dacht, sie wollten ihr ganz und gar ausm Kopf springen, und erst sah sie fuchswild zu Musjöh Frosch und dann lächelnd wie eitel Sonnenschein zu mir.

»Na dann«, sagt er, der Lümmel, »auf Ehre! und wulli wu, pulli wu«, und damit zog er seine beiden Schultern hoch, bis überhaupt kein Kopf nich mehr zu sehn war, und dann ließ er das Maul hängen, und kein Sterbenswörtchen von Entschuldigung war mehr aus dem Nichtsnutz herauszubringen.

Das könn Se mir glaubn, mein Bester, ganz ungeheuer wütend war Sir Pathrick da, vor allem, weil der Franzose immer weiter der Witwe zublinkerte; und die Witwe, ›die drückte immer weiter meine Flosse, als wollt sie sagen: ›Geben Sies ihm, Sir Pathrick O'Grandison, mein Schätzchen!‹; so ließ ich einen gewaltigen Fluch vom Stapel und sag:

»Sie kleiner nichtsnutziger Froschfresser, verdammte Sumpfkröte Sie!« – und was glauben Sie, was da mit einmal Ihre Ledischaft macht? Springt sie doch vom Sofa auf wie ne Angestochne und nimmt Reißaus durch die Tür, während ich mich völlig perplex nach ihr umdreh und ihr mit mein beidn Augen folg. Sie müssen wissen, ich hatt meine Gründe, wenn ich sicher war, daß sie die Treppe ja ganz und gar nich runtergehn konnte; wußt ich doch genau, daß ich ihre Hand festhielt; nich n bißchen davon hab ich losgelassen. Und ich sag:

»Is Ihn da nich n ganz klitzekleiner Irrtum unterlaufen, Eure Ledischaft? Komm Sie nur zurück, sein Sie lieb, ich geb Ihn auch Ihre Patschhand wieder.« Aber sie flitzte die Treppe runter wien Pfeil, und da dreht ich mich um nach dem klein zugereistn Franzosen. Du liebe Zeit! wenn das nich dem seine nichtsnutzige kleine Pfote war, die ich da in der Hand hielt – dann – ja dann war sies nich – und das is alles.

Dann wars vielleicht auch nich ich, der sich fast totge-
lacht hat über den klein Kerl, wie der merkte, daß es überhaupt nich die Witwe war, die er da die ganze Zeit festhielt, sondern bloß Sir Pathrick O'Grandison. Ein ganz
langes Gesicht machte er, wie selbst der Teufel noch keins
gesehn hat! Was Sir Pathrick O'Grandison, Baronet, angeht, so wars unter seiner Würde, sich viel aus so nem klein
Irrtum zu machen. Nur das will ich noch sagen (denn es is
die reine Wahrheit): eh ich die Pfote von dem Fatzke losließ (und das war erst, als die Bedienten von Ihrer Ledischaft uns beide die Treppe runtergeschmissen hatten),
drückt ich sie nochmal so zart und fein, daß reineweg Him-
beermus draus geworden is.

»Wulli wu«, sagt er, »pulli wu«, sagt er – »verdam-
micht!«

Und das eben is der wahre Grund, warum der die linke
Hand in der Schlinge trägt.

INSTINKT CONTRA VERSTAND.
EINE SCHWARZE KATZE

Die Grenzlinie, die den Instinkt des Tieres von dem vielgerühmten Verstand des Menschen trennt, ist ohne Zweifel
höchst verschwommener und unzulänglicher Art – eine
Grenzlinie, die weitaus schwerer festzulegen ist als selbst
die nordöstliche oder die von Oregon. Die Frage, ob die
niederen Tiere denken oder nicht, wird wahrscheinlich niemals entschieden werden – bestimmt nicht von unserem
gegenwärtigen Wissensstand aus. Während die Eigenliebe
und Anmaßung des Menschen dabei beharren werden,
Tieren das Denkvermögen abzusprechen, weil ein Zugeständnis seine eigene hochgepriesene Vorherrschaft zu
schmälern scheint, findet er sich doch ständig in den Widerspruch verstrickt, einerseits den Instinkt als eine infe-
riore Gabe herabzusetzen, während er andererseits genötigt
ist, in tausend Fällen dessen unendliche Überlegenheit
über ebenden Verstand zuzugeben, den er so ausschließlich
für sich in Anspruch nimmt. Instinkt, weit davon entfernt,
ein geringwertiger Verstand zu sein, ist vielleicht der aller-
erhabenste Intellekt. Er wird dem wahrhaften Philosophen
als der göttliche Geist selbst erscheinen, der *unmittelbar* auf
seine Geschöpfe einwirkt.

Die Verhaltensweisen des Ameisenlöwen, vieler Spin-
nenarten und des Bibers haben in sich eine wunderbare
Ähnlichkeit oder gar Übereinstimmung mit den üblichen
Denkprozessen des menschlichen Verstandes – während
der Instinkt einiger anderer Geschöpfe keine solche Ähnlichkeit aufweist – und sind nur auf den Geist der Gottheit
selbst zurückzuführen, der *direkt* und durch kein körperliches Organ auf die Willensäußerung des Tieres einwirkt.
Für diese erhabene Art von Instinkt bietet das Korallentier
ein bemerkenswertes Beispiel. Dieses kleine Geschöpf, der

Erbauer von Kontinenten, ist nicht nur imstande, Bollwerke gegen das Meer zu errichten, mit einer Zielsicherheit und Exaktheit der Anpassung und Ausführung, aus denen der geschickteste Ingenieur reichstes Wissen schöpfen könnte – sondern es ist überdies mit etwas begabt, was die Menschheit nicht besitzt: mit dem untrüglichen Gespür für das Künftige. Es sieht, Monate zuvor, die bloßen Zufälle voraus, die seiner Wohnstatt widerfahren werden, und unterstützt von Myriaden seiner Brüder, die alle wie mit einem einzigen Willen zu Werke gehn (und *in der Tat* handeln sie nur nach einem einzigen – nach dem Willen des Schöpfers), müht es sich emsig, um Einflüssen entgegenzuwirken, die allein in der Zukunft existieren. Auch an die Wabe der Biene knüpfen sich die wunderbarsten Betrachtungen. Man verlange von einem Mathematiker, das Problem zu lösen, welche Form, die sowohl Stärke wie Geräumigkeit gewährleistet, sich am besten für eine Wabe eignet, wie die Biene sie braucht – und er wird sich in die verstiegensten und abstrusesten Fragen analytischer Forschung verstrickt finden. Man verlange von ihm anzugeben, wie viele Seiten der Wabe die größte Geräumigkeit und zugleich die größte Festigkeit geben, und exakt den Winkel zu bestimmen, in dem, den gleichen Zweck verfolgend, das Dach aufzusetzen hat – und er muß, um die Frage zu beantworten, ein Newton oder ein Laplace sein. Doch seit es Bienen gibt, haben sie immer aufs neue das Problem gelöst. Der Hauptunterschied zwischen Instinkt und Verstand scheint der zu sein, daß der eine unendlich viel exakter, verläßlicher und weitsichtiger innerhalb seines Wirkungsbereiches ist – während der Wirkungsbereich des anderen ein sehr viel größeres Ausmaß hat. Aber wir halten eine Predigt, wo wir doch nur eine kurze Geschichte von einer Katze erzählen wollten.

Der Verfasser dieses Artikels ist der Besitzer einer der bemerkenswertesten schwarzen Katzen von der Welt – und das will viel sagen; denn man wird sich erinnern, daß schwarze Katzen allzumal Hexen sind. Die eine, um die es hier geht, hat nicht ein einziges weißes Haar am Leibe und ist von ehrbarem und scheinheiligem Benehmen. Der Teil der Küche, den sie am häufigsten aufsucht, ist nur durch eine Tür zu erreichen, die mit einem sogenannten Schnappriegel schließt; diese Schnapper sind von grober Konstruktion, und es erfordert jedesmal einige Kraft und Geschicklichkeit, sie niederzudrücken. Aber meine Mieze pflegt Tag für Tag die Tür zu öffnen, wobei sie folgendermaßen zu Werke geht. Zuerst springt sie vom Boden auf den Bügel des Schnappers (der dem Bügel über einem Flintenabzug ähnlich sieht), und durch diesen schiebt sie ihre linke Vorderpfote, um sich festzuhalten. Jetzt preßt sie die rechte Pfote auf den Schnapper, bis er nachgibt, und hierzu sind oft mehrere Versuche nötig. Nachdem sie ihn heruntergedrückt hat, scheint sie jedoch wohl zu wissen, daß ihre Arbeit erst halb getan ist, da ja, wenn die Tür nicht aufgestoßen wird, ehe sie losläßt, der Schnapper wieder in seine Höhlung zurückschnellt. Deshalb verdreht sie ihren Körper so, daß ihre Hinterpfoten unmittelbar unter dem Schnappriegel aufliegen, und springt nun mit aller Kraft von der Tür ab – so daß die Stoßkraft des Absprungs das Öffnen der Tür erzwingt, nachdem ihre Hinterpfoten den Schnapper so lange festgehalten haben, bis diese Stoßkraft wirklich eingesetzt hat.

Wir haben dieses außergewöhnliche Kunststück mindestens hundert Mal mit angesehen, und immer drängte sich uns aufs neue die Wahrheit der Bemerkung auf, mit der wir diesen Artikel begonnen haben – daß die Grenzlinie zwischen Instinkt und Verstand sehr verschwommener Art ist. Die schwarze Katze mußte, indem sie tat, was sie tat, von all den Kräften der Wahrnehmung und Überlegung Gebrauch gemacht haben, die wir allein für die verbrieften Gaben des Verstandes zu halten pflegen.

DER GESCHÄFTSMANN

> Methode ist die Seele des Geschäfts.
> Altes Sprichwort

Ich bin Geschäftsmann. Ich bin ein methodischer Mensch. Methode ist schließlich das Wesentliche. Doch gibt es niemanden, den ich gründlicher verachte als diese übergeschnappten Narren, die von Methode schwatzen, ohne etwas davon zu verstehen; die starr an deren Buchstaben kleben und ihren Geist schänden. Diese Kerle tun ständig die abwegigsten Dinge, auf eine Art und Weise, die sie methodisch nennen. Hier aber, meine ich, klafft ein krasser Widerspruch. Wahre Methode gebührt allein dem Alltäglichen und Augenfälligen und kann nicht auf das *Outrierte* angewendet werden. Welche klare Vorstellung soll man denn auch mit Ausdrücken wie ›ein methodischer Geck‹ oder ›ein systematischer Irrwisch‹ verbinden?

Meine Ansichten über dieses Thema wären vielleicht nicht so eindeutig, wie sie es sind, gäbe es da nicht ein glückliches Ereignis, das mir widerfuhr, als ich noch ein ganz kleiner Junge war. Eine gutmütige alte irische Kinderfrau (die ich in meinem Testament nicht vergessen werde) ergriff mich eines Tages, da ich mich geräuschvoller gebärdete, als nötig war, bei den Fersen, und indem sie mich zwei- oder dreimal im Kreis herumschwang, verdammte sie mich als ›nichtsnutzigen kleinen Schreihals‹, und alsdann zerschmetterte sie fast meinen Kopf am Bettpfosten. Dies, so meine ich, entschied mein Schicksal und wurde mir zum Heil. Ein Höcker erhob sich augenblicks auf meinem Vorderhaupt und erwies sich als ein so stattliches Organ der *Ordnung*, wie es unter der Sonne seinesgleichen sucht. Daher also jenes eingewurzelte Verlangen nach System und

Regelmäßigkeit, das mich zu dem bemerkenswerten Geschäftsmann gemacht hat, der ich nun bin.

Wenn ich auf Erden irgend etwas hasse, so ist's ein Genie. Diese Genies sind allesamt ausgemachte Esel – je größer das Genie, desto größer der Esel –, und zu dieser Regel gibt es auch nicht eine einzige Ausnahme. Vor allem kann man aus einem Genie keinen Geschäftsmann machen, sowenig wie Geld aus einem Juden oder würzige Muskatnüsse aus Kiefernknorren. Solche Kreaturen schwenken immer unversehens ab in irgendeine exzentrische Beschäftigung oder unsinnige Spekulation, ganz und gar im Gegensatz zur ›Zweckmäßigkeit der Dinge‹, und haben keinerlei Beruf, den man überhaupt als Beruf ansehen könnte. So kann man diese Käuze sogleich an der Art ihrer Beschäftigung erkennen. Wann immer Sie einen Menschen erblicken, der sich als Kaufmann oder Fabrikant niederläßt; oder der sich dem Baumwoll- oder Tabakhandel oder irgendeiner dieser exzentrischen Betätigungen verschreibt; oder Kurzwarenhändler, Seifensieder oder dergleichen wird; oder sich für einen Rechtsanwalt, Grobschmied oder Arzt ausgibt – oder was Abwegiges auch immer: Sie mögen ihn getrost als Genie betrachten, und dann ist er, der Regeldetri entsprechend, ein Esel.

Ich aber bin nun in keinerlei Hinsicht ein Genie, sondern ein regulärer Geschäftsmann. Mein Journal und Hauptbuch werden dies auf den ersten Blick bestätigen. Sie sind gut geführt, auch wenn ich selbst dies sage; und in meinen Grundgewohnheiten, Genauigkeit und Pünktlichkeit, bin ich selbst von einer Uhr nicht zu schlagen. Überdies ließen sich meine Beschäftigungen stets mit den alltäglichen Gewohnheiten meiner Mitmenschen in Einklang bringen. Nicht daß ich mich in dieser Hinsicht im mindesten meinen überaus willensschwachen Eltern zu Dank verpflichtet fühlte, die zweifellos am Ende ein komplettes Genie aus mir gemacht hätten, wenn mein Schutzengel mir nicht rechtzeitig zu Hilfe gekommen wäre. In der Biographie ist Wahrheit alles, und für die Autobiographie gilt dies erst recht – doch kann ich kaum hoffen, daß man mir

Glauben schenkt, wenn ich, wie ernsthaft auch immer, versichere, daß mein armer Vater mich, als ich etwa fünfzehn Jahre alt war, in das Kontor eines, wie er sagte, ›respektablen Eisenwarenhändlers, Kommissionärs und kapitalen Geschäftemachers‹ steckte. Welch kapitaler Unsinn! Die Folge dieser Torheit war indessen, daß man mich nach zwei oder drei Tagen heimschicken mußte zu meiner schwachköpfigen Familie, hochfiebernd und mit einem äußerst heftigen und bedenklichen Schmerz im Vorderhaupt rings um mein Organ der Ordnung. Beinahe hoffnungslos stand es damals mit mir – auf Messers Schneide, sechs Wochen lang –, die Ärzte gaben mich auf und was dergleichen mehr war. Doch obwohl ich viel zu erleiden hatte, war ich in der Hauptsache des Dankes voll. War ich doch davor bewahrt worden, ein ›respektabler Eisenwarenhändler, Kommissionär und kapitaler Geschäftemacher‹ zu werden, und ich pries sowohl den Höcker, der das Werkzeug meiner Errettung gewesen war, wie das gutmütige Weibsbild, das mir dieses Werkzeug seinerzeit an die Hand gegeben hatte.

Die meisten Jungen laufen mit zehn oder zwölf Jahren von Zuhause weg, doch ich wartete, bis ich sechzehn war. Ich weiß nicht einmal, ob ich selbst dann schon gegangen wäre, wenn ich nicht zufällig meine gute Mutter davon hätte reden hören, daß man mich im Kolonialwarenhandel auf eigene Füße stellen wollte. *Kolonialwarenhandel!* – man stelle sich vor! Ich beschloß, mich unverzüglich aus dem Staube zu machen und mich in irgendeinem *ordentlichen* Beruf zu erproben und niederzulassen, ohne länger vor den Launen dieser exzentrischen alten Herrschaften zu dienern und dabei Gefahr zu laufen, am Ende doch noch zu einem Genie gemacht zu werden. Bei meinem Vorhaben war ich gleich beim ersten Versuch sehr erfolgreich, und als ich kaum achtzehn Jahre alt war, betrieb ich schon ein ausgedehntes und einträgliches Geschäft als Wanderreklame für das Schneidereigewerbe.

Ich konnte die beschwerlichen Pflichten dieses Berufs nur erfüllen, indem ich mich unerbittlich an das Prinzip der Ordnung hielt, das den Grundzug meines Denkens ausmachte. Eine peinlich genaue *Methode* kennzeichnete meine Handlungen sowie meine Rechnungen. In meinem Fall war es Methode – nicht Geld –, was den Menschen ausmachte: wenigstens alles an ihm, was nicht von dem Schneider, dem ich diente, erschaffen war. Allmorgendlich um neun sprach ich bei jenem Individuum wegen der Kleider des Tages vor. Die zehnte Stunde fand mich auf irgendeiner eleganten Promenade oder an einem anderen Ort öffentlicher Kurzweil. Die präzise Regelmäßigkeit, mit der ich meine ansehnliche Gestalt hin- und herwendete, so daß ich der Reihe nach jeden Teil des Anzugs an meinem Leibe den Blicken feilbot, war die ganze Bewunderung aller Branchenkundigen. Nie ging der Mittag vorüber, ohne daß ich meinen Brotgebern, den Herren Cut und Comeagain, einen Kunden zugeführt hätte. Ich sage dies mit Stolz, aber doch auch mit einem weinenden Auge – denn die Firma legte den schmählichsten Undank an den Tag. Die kleine Rechnung, derentwegen wir und stritten und schließlich trennten, kann von Herren, die wirklich mit der Eigenart des Geschäfts vertraut sind, wohl in keinem einzigen Posten als zu hoch angesehen werden. Doch bereitet es mir an dieser Stelle eine gewisse stolze Genugtuung, wenn ich den Leser selbst urteilen lasse. Meine Rechnung lautete so:

An die Herren Cut und Comeagain, Herrenschneider, von Peter Proffit, *Wanderreklame*

10.Juli	Promenade, wie üblich; Kundschaft zugeführt	$ 0,25
11.Juli	dito	0,25
12.Juli	Lüge zweiter Klasse: schadhaftes schwarzes Tuch als dunkles Grün verkauft	0,25
13.Juli	Lüge erster Klasse, von Extraqualität und -größe: moulinierten Baumwollsatin als feinen Wollstoff angepriesen	0,75
20.Juli	Nagelneuen Papierhemdkragen bzw.	

	Vorhemd gekauft, um grauen Flaus- rock zur Geltung zu bringen	0,02
15.Aug.	Tragen von doppelt gefüttertem Geh- rock (bei 706 Grad im Schatten)	0,25
16.Aug.	Drei Stunden auf einem Bein gestan- den, um neueste Steghose vorzufüh- ren, zu 12½ Cent pro Bein und Stunde	0,37½
17.Aug.	Promenade, wie üblich; großen Kun- den zugeführt (dicker Mann)	0,50
18.Aug.	dito (mittelgroß)	0,25
19.Aug.	dito (kleiner Mann und schäbiges Trinkgeld)	0,06
		$ 2,95½

Der meistumstrittene Posten in dieser Rechnung war der
sehr bescheidene Betrag von zwei Cent für das Vorhemd.
Auf mein Ehrenwort, das war durchaus *kein* unbilliger
Preis für das Vorhemd. Es war eins der makellosesten und
kleidsamsten kleinen Vorhemden, die mir je vor Augen gekommen sind; und ich habe guten Grund zu der Annahme,
daß es den Verkauf von drei Überziehern bewirkt hat. Der
ältere Kompagnon der Firma wollte mir jedoch nur einen
Cent von dem Betrag zugestehen und maßte sich an, mir
zu zeigen, auf welche Weise man vier solche Annehmlichkeiten gleichen Formats aus einem einzigen Bogen Propatriapapier schneiden könne. Doch erübrigt es sich zu sagen, daß ich auf dem *Grundsätzlichen* bestand. Geschäft ist
Geschäft und sollte auch geschäftsmäßig betrieben werden.
Überhaupt kein *System* lag darin, daß man mich um einen
Cent betrügen wollte – eine himmelschreiende Unter-
schlagung von fünfzig Prozent –, keine wie auch immer geartete *Methode.* Ich quittierte sogleich den Dienst bei den
Herren Cut und Comeagain und etablierte mich auf eigene
Faust in der Dorn-im-Auge-Branche – einer der einträg-
lichsten, respektabelsten und selbständigsten aller gängi-
gen Beschäftigungen.

Meine absolute Integrität und Sparsamkeit und mein
unerbittliches Geschäftsgebaren kamen hier wiederum zur

Geltung. Ich sah mich alsbald einen schwunghaften Handel betreiben und wurde ein beachteter Mann an der Börse. Die Wahrheit ist, ich stümperte niemals in gleißenden Trivialitäten herum, sondern bewegte mich unverdrossen auf der guten alten soliden Bahn des Berufes – eines Berufs, den ich ohne Zweifel bis zu dieser Stunde ausgeübt haben würde, wäre da nicht ein kleiner Unfall passiert, der mir bei der Ausführung einer der herkömmlichen geschäftlichen Unternehmungen zustieß. Wann immer ein reicher alter Geizkragen oder ein verschwenderischer Erbe oder irgendeine bankrotte Körperschaft auf den Gedanken verfällt, einen Palast zu errichten, so ist um alles in der Welt keiner von ihnen davon abzubringen, und das weiß jeder vernünftige Mensch. Auf diesen Umstand gründet sich die ganze Dorn-im-Auge-Branche. Sobald denn also das Bauvorhaben eines dieser Interessenten leidlich im Gange ist, sichern wir Geschäftsleute uns eine hübsche kleine Ecke des vorgesehenen Geländes oder ein treffliches Plätzchen gleich daneben oder gerade gegenüber. Ist das getan, so warten wir, bis der Palast halbwegs aufgemauert ist, und dann dingen wir irgendeinen Modearchitekten, der uns unmittelbar daneben eine dekorative Lehmhütte errichtet; oder eine neuenglische oder holländische Pagode; oder einen Schweinestall; oder ein kunstreiches kleines Phantasiegebilde nach Eskimo-, Kickapoo- oder Hottentottenmanier. Natürlich können wir es uns nicht leisten, diese Machwerke gegen eine geringere Entschädigung als fünfhundert Prozent unserer ursprünglichen Ausgaben für Bauplatz und Material wieder abzureißen. Können wir uns *das* leisten? Das frage ich. Ich frage es die Geschäftsleute. Anzunehmen, wir könnten es, wäre wider alle Vernunft. Und doch gab es da eine erbärmliche Körperschaft, die von mir verlangte, ebendies zu tun – *ebendies!* Ich antwortete natürlich nicht auf ihr vernunftwidriges Ansinnen; aber ich fühlte mich verpflichtet, noch in selbiger Nacht hinzugehen und ihren ganzen Palast mit Lampenruß zu schwärzen. Dafür warfen mich die hirnverbrannten Schufte ins Gefängnis; und die Herren von der Dorn-im-

Auge-Branche konnten nicht gut umhin, die Verbindung mit mir abzubrechen, als ich wieder herauskam.

Das Tätlichkeitengeschäft, an das ich mich nunmehr wagen mußte, um mir mein Brot zu verdienen, war meiner zarten Konstitution nicht recht angemessen; aber ich machte mich auch hier guten Mutes ans Werk und profitierte nach wie vor von jener strengen Gewohnheit methodischer Akkuratesse, die mir von meiner wunderbaren alten Kinderfrau eingebleut worden war – ich wäre wirklich der erbärmlichste Wicht, wenn ich sie nicht gebührend in meinem Testament bedächte. Indem ich, wie gesagt, bei allen meinen Unternehmungen das strengste System walten ließ und auf das gewissenhafteste Buch führte, gelang es mir, über so manche ernstliche Schwierigkeit hinwegzukommen und mich am Ende recht passabel in dem Beruf zu etablieren. Die Wahrheit ist, daß nur wenige Sterbliche, in welcher Branche auch immer, ein angenehmeres kleines Geschäft betrieben als ich. Ich will nur eben etwa eine Seite aus meinem Tagebuch abschreiben; und dies wird mich der Notwendigkeit entheben, mein eigenes Loblied zu singen – ein verächtlicher Brauch, dessen sich kein hochsinniger Mensch schuldig machen wird. Nun, das Tagebuch ist ein Zeugnis, das nicht trügt.

›1.Jan. – Neujahrstag. Snap auf der Straße getroffen, angetrunken. Hm – wär brauchbar. Kurz darauf Gruff getroffen, sternhagelvoll. Hm – wär auch geeignet. Beide Herren in mein Hauptbuch eingetragen und für jeden eine laufende Rechnung eröffnet.

2.Jan. – Sah Snap auf der Börse und ging hin und trat ihm auf den Zeh. Er ballte die Faust und schlug mich nieder. Gut! – stand wieder auf. Kleine Auseinandersetzung mit Bag, meinem Anwalt. Ich will als Schadenersatz Tausend verlangen, aber er sagt, einen so geringfügigen Faustschlag könne man höchstens mit Fünfhundert veranschlagen. Hm – muß Bag wieder loswerden – überhaupt kein *System.*

3.Jan. – Ging ins Theater, um nach Gruff Ausschau zu halten. Sah ihn in einer Seitenloge im zweiten Rang, zwischen einer fetten Dame und einer mageren. Beäugte die ganze Gesellschaft durch mein Opernglas, bis ich sah, wie die fette Dame errötete und mit G. flüsterte. Ging darauf hinüber in die Loge und brachte meine Nase in Reichweite seiner Hand. Aber er wollte nicht dran ziehen – biß nicht an. Schneuzte mich und versuchte es noch einmal – er biß nicht an. Nahm nun Platz und zwinkerte der mageren Dame zu, bis er mich zu meiner Genugtuung beim Kragen packte, hochhob und mich über die Brüstung ins Parterre warf. Hals verrenkt und rechtes Bein total zersplittert. Ging in Hochstimmung nach Haus, trank eine Flasche Champagner und schrieb dem jungen Mann Fünftausend zur Last. Bag sagt, das genügt.

15. Febr. – Fall Snap durch Kompromiß geregelt. Summe ins Journal eingetragen – fünfzig Cent – siehe dort.

16. Febr. – Von dem Schurken Gruff übervorteilt, der mir ganze fünf Dollar zum Geschenk machte. Kosten für Anzug vier Dollar und fünfundzwanzig Cent. Nettogewinn – siehe Journal – fünfundsiebzig Cent.‹

Nun, das ist in ganz kurzer Zeit ein Reingewinn von nicht weniger als einem Dollar und fünfundzwanzig Cent – allein in den Fällen Snap und Gruff; und ich versichere dem Leser feierlich, daß diese Auszüge aufs Geratewohl meinem Tagebuch entnommen sind.

Es ist indes ein altes Sprichwort und ein wahres obendrein, daß Geld ein Nichts ist im Vergleich zur Gesundheit. Die Anforderungen des Berufs erwiesen sich als etwas allzu hart für meine zarte Konstitution; und als ich schließlich feststellen mußte, daß ich bis zur Unkenntlichkeit verbleut war, so daß ich mir fast keinen Rat mehr wußte und meine Freunde, wenn sie mich auf der Straße trafen, nicht einmal merkten, daß ich überhaupt Peter Proffit war, kam mir der Gedanke, daß es wohl das beste für mich wäre, die Branche zu wechseln. So wendete ich meine Aufmerksamkeit denn der Schlammwühlerei zu und blieb ein paar Jahre lang dabei.

Das Schlimmste an diesem Beruf ist, daß zu viele Leute

Gefallen daran finden und die Konkurrenz infolgedessen unermeßlich groß ist. Jeder hergelaufene Ignorant, der merkt, daß er nicht genug Grips hat, um seinen Weg als Wanderreklame oder Dorn-im-Auge-Experte oder als Fachmann für tätliche Beleidigungen zu machen, glaubt natürlich, daß er vortrefflich zum Schlammwühler taugen würde. Aber nie gab es eine irrigere Annahme als die, daß man zum Schlammwühlen keinen Grips brauche. Vor allem kann man auf diesem Gebiet nichts ohne *Methode* ausrichten. Ich für meine Person betrieb nur ein Detailgeschäft, aber dank meinem altbewährten *System* hielt ich mich mühelos über Wasser. Zunächst erwählte ich mit großem Bedacht meinen Straßenübergang, und *nie* führte ich einen Besen anderswo in der Stadt als hier. Auch trug ich Sorge, eine hübsche kleine Pfütze bei der Hand zu haben, die ich im Nu erreichen konnte. Auf diese Weise war ich bald allgemein als vertrauenswürdiger Mann bekannt; und damit ist, das kann ich Ihnen versichern, in Geschäftsdingen die Sache schon halb gewonnen. Niemand versäumte je, *mir* eine Kupfermünze zuzuwerfen, und jedermann gelangte über *meinen* Übergang mit sauberen Hosen. Und da meine Geschäftsgewohnheiten in dieser Hinsicht zur Genüge begriffen wurden, erlebte ich niemals, daß einer es wagte, mich zu übervorteilen. Das hätte ich mir auch nie gefallen lassen. Da ich selber niemanden betrog, ließ ich mich auch von keinem anderen übers Ohr hauen. Die Betrügereien der Banken konnte ich freilich nicht verhindern. Ihre Zahlungseinstellung brachte mich in verhängnisvolle Schwierigkeiten. Banken sind indes keine Individuen, sondern Körperschaften; und Körperschaften, wie man sehr wohl weiß, haben weder Körper, denen man einen Fußtritt versetzen, noch Seelen, die man zum Teufel wünschen kann.

Ich verdiente ganz gut bei diesem Geschäft, und doch ließ ich mich in einem bösen Augenblick verleiten, auf das Köter-Schmutz-Gewerbe umzusteigen – einen zwar ähnlichen, aber keineswegs so respektablen Beruf. Mein Standort war natürlich vortrefflich, zentral gelegen, und ich hatte erstklassige schwarze Wichse und Bürsten. Auch war mein kleiner Hund schön fett und kannte die Kniffe. Er war schon seit langer Zeit in der Branche, und ich muß sagen, er verstand sich darauf. Wir gingen gewöhnlich folgendermaßen zu Werke: Pompeius saß, nachdem er sich gründlich im Schmutz gewälzt hatte, aufgerichtet vor der Ladentür, bis er einen Stutzer in spiegelblanken Stulpenstiefeln daherkommen sah. Alsogleich machte er sich auf, ihm zu begegnen, und fuhr mit seiner Wolle ein ums andere Mal über die Wellingtons. Darauf fluchte der Stutzer gottsjämmerlich und hielt nach einem Stiefelputzer Ausschau. Und da war ich auch schon, genau vor seinen Augen, mit Wichse und Bürsten. In kaum einer Minute war's getan, und dann kam ein Sixpence. Dies ließ sich eine Weile einigermaßen gut an; und habsüchtig war ich denn wirklich nicht, nur eben leider mein Hund. Ich billigte ihm ein Drittel des Gewinns zu, aber schlecht beraten, wie er war, bestand er auf der Hälfte. Das konnte ich mir nicht gefallen lassen – so gab es Streit, und wir trennten uns.

Danach versuchte ich es eine Zeitlang als Leierkastenmann und darf wohl sagen, daß ich es ganz schön weit brachte. Es ist ein schlichtes, unkompliziertes Geschäft, das keine besonderen Fähigkeiten erfordert. Eine Musikmühle kann man für ein Butterbrot erwerben, und um sie in Ordnung zu bringen, braucht man nur die Walzen freizulegen und ihnen drei oder vier derbe Hammerschläge zu versetzen. Das verbessert den Klang der Kiste – zu geschäftlichen Zwecken – in ungeahnter Weise. Ist dies getan, so braucht man nur, die Mühle auf dem Rücken, herumzuschlendern, bis man ausgelaugte Gerberlohe auf der Straße sieht und einen mit Wildleder umwickelten Türklopfer. Dann bleibt man stehen und leiert – und schaut drein, als wollte man bis zum Jüngsten Tage da stehen und leiern. Alsbald öffnet sich ein Fenster, und jemand wirft einen Sixpence herunter, mit der dringenden Bitte: »Still jetzt und weg da!« usw. Ich weiß wohl, daß einige Leiermänner es tatsächlich über sich gebracht haben, für diese Summe wegzugehen; doch für mein Teil fand ich die notwendige

Kapitalanlage zu groß, als daß ich mir hätte erlauben können, unter einem Shilling wegzugehen.

In diesem Beruf brachte ich es recht weit; aber irgendwie war ich nicht recht befriedigt, und so gab ich ihn schließlich auf. Die Wahrheit ist, ich litt unter dem Nachteil, keinen Affen zu haben – und außerdem sind die amerikanischen Straßen *so überaus* schmutzig, und der demokratische Pöbel ist *so überaus* zudringlich, und es wimmelt von gottverdammten boshaften kleinen Bengels.

Ich war nun ein paar Monate lang arbeitslos, doch schließlich gelang es mir vermöge meines großen Einflusses, mir eine Stelle bei der Scheinpost zu verschaffen. Die Pflichten hierbei sind einfach und durchaus nicht unrentabel. Zum Beispiel: in aller Frühe mußte ich meinen Packen Scheinbriefe zusammenstellen. Auf die Innenseite eines jeden Briefes mußte ich ein paar Zeilen kritzeln – über jedweden Gegenstand, der mich hinlänglich mysteriös dünkte –, und dann unterzeichnete ich sämtliche Episteln mit Tom Dobson oder Bobby Tompkins oder dergleichen. Nachdem ich alle gefalzt und gesiegelt und mit Scheinpoststempeln versehen hatte – New Orleans, Bengalen, Botany Bay oder sonst ein weit entfernter Ort –, begab ich mich unverzüglich auf meine Tagesroute, wie in allergrößter Eile. Ich sprach stets in den protzigen Häusern vor, um meine Briefe abzuliefern und die Postgebühr zu vereinnahmen. Niemand zögert, für einen Brief zu zahlen – noch dazu für einen Doppelbrief – die Leute sind ja *solche* Narren –, und es war nicht schwer, um die nächste Ecke zu entwischen, ehe noch Zeit war, die Episteln zu öffnen. Das Schlimmste an diesem Beruf war, daß ich so viel und so schnell laufen und so häufig meine Route ändern mußte. Außerdem hatte ich ernstliche Gewissensbisse. Ich ertrag es nicht zu hören, wie man unschuldige Personen verunglimpft – und als sich nun die ganze Stadt darauf verlegte, Tom Dobson und Bobby Tompkins zu verfluchen, war das wirklich entsetzlich anzuhören. So spülte ich mir diese Sache angewidert von den Händen.

Meine achte und letzte Spekulation galt der Katzenzucht. Diese erwies sich als ein höchst angenehmes und lukratives Geschäft und machte wirklich überhaupt keine Mühe. Im Lande herrscht, wie jedermann weiß, nachgerade eine Katzenplage – neuerlich in solchem Ausmaß, daß der gesetzgebenden Körperschaft bei ihrer letzten denkwürdigen Sitzung ein Gesuch um Abhilfe mit zahllosen und angesehenen Unterschriften vorgelegt wurde. Die Versammlung war zu diesem Zeitpunkt ungewöhnlich gut informiert, und nachdem sie manch anderes weises und wohltätiges Gesetz verabschiedet hatte, krönte sie alles mit dem Katzen-Erlaß. In seiner ursprünglichen Fassung offerierte dieses Gesetz eine Prämie für Katzen*köpfe* (vier Cent das Stück), aber dem Senat gelang es, die Hauptklausel abzuändern, indem er das Wort ›Köpfe‹ durch ›*Schwänze*‹ ersetzte. Diese Berichtigung war so überzeugend, daß das Haus *nemine contradicente* zustimmte.

Sobald der Gouverneur das Gesetz unterzeichnet hatte, legte ich mein ganzes Vermögen in Katern und Miezen an. Zuerst konnte ich es mir nur leisten, sie mit Mäusen zu füttern (die billig sind), aber sie befolgten das Gebot der Heiligen Schrift mit so märchenhafter Geschwindigkeit, daß es mir schließlich am klügsten schien, großzügig zu sein, und so verwöhnte ich sie denn mit Austern und Schildkröten. Ihre Schwänze, zum gesetzlich vorgeschriebenen Preis, verschaffen mir nun ein gutes Einkommen; denn ich habe ein Verfahren entdeckt, mit Hilfe von Makassaröl drei Ernten im Jahr zu erzielen. Auch sehe ich mit Vergnügen, daß die Tiere sich bald an die Sache gewöhnen und sich lieber die Anhängsel abschneiden lassen als etwa den Kopf. So halte ich mich denn für einen gemachten Mann und verhandele schon wegen eines Landsitzes am Hudson.

Diese normwidrigen Gefährte, von denen wir Amerikaner so wenig aus eigener Anschauung und so viel durch die Berichte der Weitgereisten und die Bücher der Romanschriftsteller wissen, sind im Begriff, sich bei uns als etwas ›Normales‹ einzubürgern. In New York gewinnen sie bereits an Boden und *rollen darüber hin.* Das eigentliche Cab, wie es in London gebräuchlich ist, ist eine Sache *sui generis* und hat kaum Ähnlichkeit mit irgend etwas sonst auf der Welt. Es läßt sich in gewisser Hinsicht mit der altertümlichen Sänfte vergleichen; es beherbergt zwei Insassen, die einander vis-à-vis sitzen, dazu den Kutscher auf dem Bock. Der Boden berührt nahezu das Pflaster, und das ganze Gefährt mutet outriert an. Die Droschken, die es jetzt in New York gibt, sind von glänzendem Schokoladenbraun und sehen sehr elegant aus. Ihre Taxe ist fünfundzwanzig Cent für jede Entfernung unter zwei Meilen. Die Einführung der Droschken wird bei uns eine besondere Menschensorte ins Leben rufen – den Droschkenkutscher. Diese Geschöpfe werden bei Buffon nicht erwähnt, und auch Cuvier hat sie völlig außer acht gelassen. Sie haben eine gewisse drollige Ähnlichkeit mit der Gattung Mensch – aber ihre Gesichter sind alle wie aus Erz gegossen, und sie tragen sowohl ihren Verstand als auch ihre Seele im Geldbeutel.

DER MANN IN DER MENGE

Ce grand malheur, de ne pouvoir être seul.
La Bruyère

Von einem gewissen deutschen Buch hat man treffend gesagt: *»Es läßt sich nicht lesen.«* So gibt es auch manche Geheimnisse, die sich nicht erzählen lassen. Menschen sterben allnächtlich in ihren Betten, pressen die Hände
gespenstischer Beichtiger und sehen ihnen flehentlich in
die Augen – sterben mit Verzweiflung im Herzen und unter Erstickungskrämpfen, gemartert von grausigen Geheimnissen, die *sich nicht enthüllen lassen*. Manchmal, ach,
lädt sich das Gewissen des Menschen eine Bürde auf, so
schwer von Schrecken, daß sie nur hinab ins Grab geworfen werden kann. Und so bleibt der Kern allen Verbrechens im Dunkel.

Vor nicht langer Zeit, eines frühen Abends im Herbst,
saß ich an dem großen Bogenfenster des D…-Kaffeehauses
in London. Einige Monate lang hatte ich gekränkelt, war
nun aber auf dem Wege der Besserung und befand mich,
mit wiederkehrenden Kräften, in einer jener glücklichen
Stimmungen, die das genaue Gegenteil von *ennui* sind –
einer Stimmung aufs höchste gesteigerter Empfänglichkeit,
da der Dunstschleier vom inneren Auge weicht – der
ἀχλὺς ὁς πρὶν ἐπῆεν – und der Geist, elektrisiert, sich so
hoch über seinen Alltagszustand erhebt wie der wache und
doch unbestechliche Verstand eines Leibniz über die wirre
und fadenscheinige Rhetorik eines Gorgias. Schon das
pure Atmen war ein Genuß; und selbst aus vielen Quellen,
denen in der Regel Leid entspringt, sog ich lautere Lust.
Ich empfand eine gelassene, aber wißbegierige Anteilnahme an all und jedem. Eine Zigarre im Mund und eine

Zeitung auf dem Schoß, hatte ich mich den größten Teil des Nachmittags damit vergnügt, bald die Zeitungsinserate zu studieren, bald die zusammengewürfelte Gesellschaft in der Gaststube zu beobachten, bald durch die rauchtrüben Scheiben auf die Straße zu spähen.

Diese ist eine der Hauptdurchgangsstraßen der Stadt und war den ganzen Tag lang voller Menschen gewesen. Als nun aber die Dunkelheit hereinbrach, nahm das Gedränge mit jedem Augenblick zu, und um die Zeit, da die Lampen hell aufleuchteten, wälzten sich zwei dichte, ununterbrochene Menschenströme an der Tür vorüber. Zu dieser Abendstunde war ich noch nie zuvor in einer ähnlichen Lage gewesen, und das wogende Meer menschlicher Köpfe erfüllte mich daher mit nie gekannten köstlichen Empfindungen. Ich wendete schließlich meine Aufmerksamkeit ganz von den Vorgängen in der Gaststube ab und überließ mich nur der Betrachtung des Schauplatzes draußen.

Anfangs hatten meine Wahrnehmungen etwas Abstraktes und Allgemeines. Ich sah die Passanten nur als Masse, ohne sie aus dem Ganzen herauslösen zu können. Bald aber fielen mir Einzelheiten auf, und ich gewahrte mit geschärftem Interesse die unzähligen Spielarten von Gestalt, Kleidung, Gebaren, Gang, Antlitz und Gesichtsausdruck.

Die weitaus größere Zahl der Vorüberströmenden machte einen zufriedenen, geschäftsmäßigen Eindruck und schien nur darauf bedacht, sich einen Weg durch das Gewühl zu bahnen. Ihre Stirnen waren in Falten gelegt und ihre Augen in ständiger rascher Bewegung; wenn andere Passanten sie anstießen, zeigten sie keinerlei Unwillen, sondern glätteten nur ihre Kleidung und eilten weiter. Andere, auch sie in großer Zahl vertreten, waren ruhelos in ihren Bewegungen, hatten gerötete Gesichter und redeten gestikulierend mit sich selbst, als fühlten sie sich gerade wegen der Dichte der sie rings umgebenden Menge völlig vereinsamt. Wenn sie in ihrem Lauf behindert wurden, so hörten diese Leute plötzlich auf zu murmeln, verstärkten aber ihr Gebärdenspiel und warteten mit einem abwesenden und übertriebenen Lächeln auf den Lippen, bis die sie behindernden Personen vorüber waren. Wurden sie angestoßen, so verbeugten sie sich ausgiebig vor den Schuldigen und schienen ganz bestürzt vor Verlegenheit. – Außer dem, was ich hier aufgezeichnet habe, war nichts besonders Auffälliges an diesen beiden großen Menschenkategorien. Ihre Kleidung war von der Art, die man treffend als dezent bezeichnet. Sie waren ohne Zweifel Adlige, Kaufleute, Anwälte, Krämer, Börsenspekulanten – die Eupatriden und die Gemeinplätze der Gesellschaft – begüterte Müßiggänger und Leute, die eifrig beschäftigt waren mit ihren eigenen Angelegenheiten – Männer, die auf eigene Verantwortung ihr Geschäft betrieben. Sie alle fesselten meine Aufmerksamkeit nur wenig.

Die Gruppe der Angestellten war deutlich herauszukennen, und hierbei unterschied ich zwei bemerkenswerte Spielarten. Da gab es einmal die Bediensteten der Gaunerspelunken – junge Herren mit knapp sitzenden Röcken, blanken Stiefeln, gut geöltem Haar und hochmütig geschürzten Lippen. Einmal abgesehen von gewissen gefälligen Umgangsformen, die man in Ermangelung eines besseren Wortes *Dienstbeflissenheit* nennen könnte, erschien mir das Gebaren dieser Leute als ein genaues Abbild dessen, was vor etwa zwölf oder achtzehn Monaten der Inbegriff des *bon ton* gewesen war. Sie trugen die abgelegten Tugenden der Gentry zur Schau – und dies, glaube ich, begreift in sich die beste Definition der Klasse.

Unverkennbar war die Kategorie der höheren Angestellten solider Firmen, der ›standfesten Alten‹. Man erkannte sie an ihren schwarzen oder braunen Röcken und Hosen von bequemem Zuschnitt, an den weißen Krawatten und Westen, den breiten, derb wirkenden Schuhen und dicken Strümpfen oder Gamaschen. – Sie hatten alle ein wenig kahle Köpfe, von denen das rechte Ohr, seit langem gewohnt, die Feder zu halten, auf kuriose Weise steil abzustehen pflegte. Ich beobachtete, daß sie ihren Hut stets mit beiden Händen abnahmen oder aufsetzten und daß sie Taschenuhren mit gediegen altväterischen kurzen Goldketten trugen. Ihre Sache war das Trachten nach Respektabilität – wenn es tatsächlich ein so ehrenwertes Trachten geben sollte.

Ferner gab es da viele verwegen aussehende Individuen, die ich gar leicht dem flotten Geschlecht der Taschendiebe zuordnen konnte, von dem alle großen Städte heimgesucht werden. Ich beobachtete diese Sippschaft mit großer Neugier und konnte mir schwerlich vorstellen, daß sie je von echten Gentlemen sollten fälschlich für Gentlemen gehalten werden. Ihre voluminöse Manschette sowie eine Miene übertriebener Offenherzigkeit dürften sie sogleich verraten.

Die Spieler, von denen ich nicht wenige ausfindig machte, waren noch leichter zu erkennen. Sie trugen alle erdenklichen Gewandungen, vom Kleid des verwegenen Taschenspielerganoven mit gelber Weste, Modehalstuch, Goldketten und Filigranknöpfen bis zum Habit des spartanisch schmucklosen Geistlichen, das wie nichts anderes über jeden Verdacht erhaben ist. Dennoch zeichneten sich alle durch einen etwas aufgedunsenen, sehr dunklen Teint aus, durch trüb verschleierte Augen und bleiche, zusammengekniffene Lippen. Und noch zwei weitere Merkmale gab es, an denen ich sie jederzeit erkennen konnte: eine wachsam gedämpfte Stimme im Gespräch und ein ganz außergewöhnlich weites, nahezu rechtwinkliges Abspreizen des Daumens von den Fingern. – Sehr oft bemerkte ich in Gesellschaft dieser Hasardeure eine Sorte Menschen, die zwar etwas anders gekleidet, aber doch unverkennbar Vögel aus demselben Nest waren. Man könnte sie als Leute bezeichnen, die in den Tag hinein leben. Sie scheinen in zwei Bataillonen der Öffentlichkeit zu Leibe zu rücken – dem Bataillon der Dandys und dem der Soldaten. Die Hauptkennzeichen der ersten Gattung sind lange Locken und ein ewiges Lächeln; die der zweiten mit Schnüren besetzte Röcke und ewig gerunzelte Stirnen.

Die Stufenleiter der sogenannten vornehmen Stände hinabsteigend, fand ich dunkleren und unergründlicheren Stoff zum Nachsinnen. Ich sah jüdische Hausierer mit Falkenaugen, die aus Gesichtern blitzten, welche in jedem an-

deren Zug nur demütige Unterwürfigkeit an den Tag legten; verdrossene professionelle Straßenbettler, die voller
Unmut die Bettler besseren Schlages musterten, die da nur
von Verzweiflung und der Sehnsucht nach Barmherzigkeit
in die Nacht hinausgetrieben worden waren; gebrechliche,
geisterhafte Invaliden, auf die der Tod schon seine unerbittliche Hand gelegt hatte und die schwankend durch die
Menge schlichen und einem jeden flehentlich ins Gesicht
sahen, als suchten sie nach irgendeinem beiläufigen Trost,
einer verlorenen Hoffnung; sittsame junge Mädchen, die
von langer, lastender Fron in ihr freudloses Heim zurückkehrten und eher traurig als entrüstet vor den Blicken junger Rohlinge zurückwichen, deren Berührung selbst sie
nicht einmal hindern konnten; Straßendirnen aller Art und
jeden Alters − die unbestrittene Schönheit in der Blüte
ihrer Jahre, die an die Statue bei Lukian gemahnte: die Au
ßenseite aus parischem Marmor und das Innere mit Unflat
gefüllt − die ekelerregende, unrettbar verlorene Aussätzige
in ihren Lumpen − die faltige, flitterbehängte und grell geschminkte alte Vettel, die eine letzte Anstrengung machte,
jung zu erscheinen − das unentwickelte Mädchen, reines
Kind noch, und doch durch langen Umgang erfahren in
den furchtbaren Künsten ihres Gewerbes und verzehrt von
brennendem Ehrgeiz, den Älteren im Laster nicht nachzustehen; Trunkenbolde, nicht zu zählen noch zu beschreiben − manche in Lappen und Lumpen, torkelnd, lallend,
mit blutunterlaufenen Gesichtern und glanzlosen Augen −
manche in heilen, wenn auch besudelten Kleidern, mit etwas unsicherem wiegendem Gang, dicken lüsternen Lippen
und wohlaussehenden rosigen Gesichtern − andere wieder,
in Stoffe gekleidet, die früher einmal gediegen gewesen
und die selbst jetzt mit Sorgfalt ausgebürstet waren − Männer, die mit unnatürlich festem und elastischem Schritt dahergingen, deren Gesichter aber erschreckend bleich, deren Augen schauderhaft stier und rot waren und die auf
ihrem Weg durch die Menge mit zitternden Fingern nach
jedem Gegenstand griffen, den sie erreichen konnten; au
ßerdem Pastetenhändler, Dienstmänner, Kohlenträger,

Straßenkehrer; Leierkastenmänner, Affenhälter und Bän-
kelsänger, von denen die einen kassierten, während die anderen sangen; zerlumpte Künstler und erschöpfte Arbeiter
jedweder Art – und alle voll lärmenden, bunten, sprühenden Lebens, das schrillend die Ohren betäubte und die
Augen schmerzte.

Sowie die Nacht nun tiefer hereinbrach, vertiefte sich
gleichermaßen meine Anteilnahme an dem Geschauten;
denn nicht nur veränderte sich das Gepräge der Menge
von Grund auf (indem die freundlicheren Züge mit dem
allmählichen Rückzug der gesitteteren Leute schwanden
und die härteren Konturen um so kühner hervortraten, da
die späte Stunde jede Art von Verrufenheit aus ihren
Schlupfwinkeln lockte), sondern auch die Strahlen der
Gaslaternen, schwächlich zuerst in ihrem Wettstreit mit
dem schwindenden Tag, hatten nun endlich die Vorherrschaft gewonnen und warfen über jedwedes Ding einen
flackernden grellen Schein. Alles war dunkel und doch in
vollen Glanz getaucht – wie das Ebenholz, mit dem man
den Stil des Tertullian verglichen hat.

Die phantastischen Effekte des Lichts machten, daß einzelne Gesichter mich in ihren Bann zogen; und wiewohl die
Flüchtigkeit, mit der die lichtdurchflirrte Menge am Fenster vorüberstob, mich hinderte, mehr als nur einen kurzen
Blick auf jedes Gesicht zu werfen, kam es mir doch so vor,
als könnte ich in meiner derzeitigen eigentümlichen Gemütsverfassung selbst in jener kurzen Spanne eines Augenblicks oft die Geschichte langer Jahre lesen.

Die Stirn an der Glasscheibe, war ich denn ganz damit
beschäftigt, die Menschenmasse zu erforschen, als mir
plötzlich ein Gesicht vor die Augen kam (das eines hinfälli-
gen alten Mannes von etwa fünfundsechzig oder siebzig
Jahren) – ein Gesicht, das wegen der unvergleichlichen Eigenart seines Ausdrucks auf der Stelle meine ganze Aufmerksamkeit bannte und fesselte. Nie zuvor hatte ich
irgend etwas gesehen, was auch nur im entferntesten diesem Gesichtsausdruck vergleichbar wäre. Wie ich mich gut
erinnere, war mein erster Gedanke bei seinem Anblick, daß

Retzsch, hätte er diesen Mann gesehen, ihn seinen eigenen bildlichen Verkörperungen des bösen Feindes bei weitem vorgezogen haben würde. Indem ich während der kurzen Spanne, da ich ihn unmittelbar vor Augen hatte, zu ergründen suchte, was sich in diesem Gesicht aussprach, drängten sich mir, verworren und paradox, die Vorstellungen von ungeheurer Geisteskraft auf, von Vorsicht, Geiz, Habsucht, von Kälte, Bosheit, Blutdurst, Triumph, von Lustbarkeit, von unermeßlichem Grauen, von tiefer – abgrundtiefer Verzweiflung. Ich war seltsam erregt, bestürzt, fasziniert. ›Welch verworrene Geschichte‹, sagte ich zu mir selbst, ›ist in dieser Brust niedergeschrieben!‹ Dann verspürte ich ein brennendes Verlangen, den Mann im Auge zu behalten – mehr von ihm zu wissen. Hastig zog ich den Mantel an, ergriff Hut und Stock, trat hinaus auf die Straße und schob mich in der Richtung, die ich ihn hatte einschlagen sehen, durch die Menge; denn er war bereits verschwunden. Mit einiger Mühe bekam ich ihn endlich wieder in den Blick, pirschte mich näher und folgte ihm auf dem Fuße, aber vorsichtig, um nicht seine Aufmerksamkeit zu erregen.

Ich hatte jetzt gute Gelegenheit, sein Äußeres zu studieren. Er war klein von Gestalt, sehr dünn und offensichtlich sehr schwach. Seine Kleidung war im ganzen schmuddelig und zerlumpt; wenn er aber dann und wann in den grellen Lichtschein einer Laterne trat, gewahrte ich, daß sein Hemd, wiewohl schmutzig, aus feinem Gewebe war; und wenn mich nicht alles täuschte, erspähte ich durch einen Riß in dem dicht geknöpften und offenbar alt erworbenen *roquelaure*, der ihn umhüllte, einen Diamanten sowie einen Dolch. Diese Entdeckungen erhöhten meine Wißbegier, und ich beschloß, dem Fremden zu folgen, wo immer er hingehen würde.

Es war nun vollends Nacht geworden, und dichter feuchter Nebel hing über der Stadt, der bald in einen heftigen Dauerregen überging. Dieser Wetterumschlag übte auf die Menge eine merkwürdige Wirkung aus; alle miteinander gerieten sogleich in neue Bewegung und waren im Nu überschattet von einem Wald von Regenschirmen. Das Ge-

woge, Gedränge, Gesumm verzehnfachte sich. Ich für mein
Teil achtete des Regens kaum – ein seit langem in mir
schwelendes Fieber machte die Feuchte zu einer freilich
nicht ungefährlichen Wohltat. Ich band mir ein Taschentuch vor den Mund und setzte meine Wanderschaft fort.
Eine halbe Stunde lang folgte der alte Mann unter Mühen
der großen Durchgangsstraße; und hier blieb ich ihm dicht
auf den Fersen, aus Furcht, ihn aus den Augen zu verlieren. Er wandte kein einziges Mal den Kopf, um zurückzu-
schauen, und so bemerkte er mich nicht. Nach geraumer
Zeit bog er in eine Querstraße ein, die zwar auch gedrängt
voller Menschen war, aber doch nicht ganz so überfüllt wie
die Hauptstraße, die er hinter sich gelassen hatte. Eine Veränderung in seinem Benehmen wurde nun offenbar. Er
ging langsamer, zielloser als zuvor – zögernder. Ein ums
andere Mal überquerte er die Straße ohne ersichtlichen
Grund; und das Gedränge war noch immer so dicht, daß
ich bei jeder Schwenkung genötigt war, ihm auf dem Fuße
zu folgen. Die Straße war eng und lang, und fast eine
Stunde hielt er diesen Kurs, während die Menschenmenge
sich allmählich lichtete und nun etwa derjenigen gleichkam, die man gewöhnlich um die Mittagstunde am Broadway, nahe dem Park, antrifft – so ungeheuer groß ist der
Unterschied zwischen der Volksmenge in London und in
der belebtesten Stadt Amerikas. Eine zweite Richtungsän-
derung führte uns auf einen hell erleuchteten Platz voll
wimmelnden Lebens. Das frühere Gebaren des Fremden
zeigte sich aufs neue. Das Kinn sank ihm auf die Brust,
während unter der gerunzelten Stirn hervor die Augen,
wild rollend, in alle Richtungen auf die ihn umzingelnde
Menschenmenge blitzten. Beharrlich und unbeirrbar verfolgte er seinen Weg. Doch sah ich zu meinem Erstaunen,
daß er, nachdem er den Platz umrundet hatte, kehrtmachte
und denselben Weg zurückging. Noch größer war meine
Verwunderung, als er ebendiesen Gang mehrmals wiederholte – wobei er mich einmal fast entdeckt hätte bei einer
allzu plötzlichen Kehrtwendung.
Mit dieser Übung verbrachte er eine weitere Stunde, an

deren Ende wir weitaus weniger von Passanten gestört wurden als anfangs. Der Regen fiel in Strömen; die Luft wurde kühl; und die Menschen zogen sich in ihre Häuser zurück. Mit einer ungeduldigen Gebärde bog der Wanderer in eine Seitenstraße ein, die vergleichsweise unbelebt war. Diese, sie mochte etwa eine Viertelmeile lang sein, eilte er mit einer Behendigkeit hinunter, die ich einem so bejahrten Mann nicht im Traume zugetraut hätte und die mich als den Verfolger in nicht geringe Verlegenheit setzte. In wenigen Minuten gelangten wir zu einem großen belebten Basar, mit dessen Örtlichkeit der Fremde wohlvertraut schien und wo sein ursprüngliches Benehmen sich wieder einstellte, während er sich ziellos inmitten des Schwarms von Käufern und Händlern einen Weg bahnte.

Während der etwa anderthalb Stunden, die wir an diesem Orte zubrachten, bedurfte es großer Vorsicht von meiner Seite, ihn im Blick zu behalten, ohne seine Aufmerksamkeit zu erregen. Glücklicherweise trug ich ein Paar Gummiüberschuhe und konnte mich völlig geräuschlos bewegen. Nicht ein einziges Mal merkte er, daß ich ihn beobachtete. Er betrat Laden um Laden, fragte nach keinem Preis, sprach kein Wort und starrte verstört und ausdruckslos auf alle Gegenstände. Ich war jetzt aufs höchste befremdet von seinem Benehmen und fest entschlossen, mich nicht eher von ihm zu trennen, als bis ich meine Neugier hinsichtlich seiner Person bis zu einem gewissen Grade befriedigt hätte.

Eine Glocke schlug dröhnend elf Uhr, und die Menge verließ eilig den Basar. Ein Händler, der seinen Laden dichtmachte, stieß gegen den Alten, und ich sah, wie diesen auf der Stelle ein heftiges Zittern überkam. Hastig lief er auf die Straße, sah sich einen Augenblick zaghaft um und eilte dann mit unglaublicher Behendigkeit durch viele gewundene und menschenleere Gassen, bis wir wiederum auf die große Durchgangsstraße gelangten, von der wir ausgegangen waren – die Straße des D...-Hotels. Sie bot indes nicht mehr den gleichen Anblick. Noch immer war sie vom Gaslicht hell erleuchtet; aber der Regen peitschte hernieder, und man sah nur noch wenige Menschen. Der Fremde erbleichte. Verdrossen ging er ein paar Schritte auf der zuvor so belebten breiten Straße, dann schlug er mit einem tiefen Seufzer die Richtung zum Flusse ein, tauchte durch ein Gewirr gewundener Gäßchen und gelangte schließlich zu einem der großen Theater. Die Vorstellung war gerade zu Ende, und das Publikum drängte aus den Türen ins Freie. Ich sah, wie der alte Mann schwer atmete, als ränge er nach Luft, während er sich mitten in die Menge stürzte; aber es schien mir, als habe sich der tiefe Leidenszug in seinem Gesicht ein klein wenig aufgelichtet. Wieder sank ihm der Kopf auf die Brust; er erweckte den gleichen Eindruck wie anfangs, da ich zum ersten Mal seiner ansichtig geworden war. Ich sah ihn nun die Richtung einschlagen, die der größere Teil des Publikums genommen hatte – doch blieb mir die Launenhaftigkeit seines Tuns im ganzen unbegreiflich.

Indem er seines Wegs zog, zerstreute sich die Gesellschaft mehr und mehr, und seine alte Verdrossenheit und Unrast kehrten wieder. Eine Weile hielt er sich dicht hinter einer Gruppe von zehn oder zwölf Zechbrüdern; aber einer nach dem andern schwenkte ab, bis schließlich in einer engen, düsteren, kaum begangenen Gasse nur noch drei davon übrig waren. Der Fremde blieb stehen und schien einen Augenblick in Gedanken verloren; dann schlug er mit allen Zeichen der Erregung hastig einen Weg ein, der uns in die Randgebiete der City brachte, in Regionen, die grundverschieden von denen waren, die wir bisher durchquert hatten. Es war das abstoßendste Viertel von ganz London, wo all und jedes den Stempel ärgster, jämmerlichster Armut und schlimmsten Verbrechens trug. Beim trüben Licht vereinzelter Laternen sah man wurmzerfressene hohe alte Holzhäuser dem Einsturz entgegenwanken. So kreuz und quer standen sie, daß kaum so etwas wie ein Durchgang zwischen ihnen zu erkennen war. Die Pflastersteine, vom geil wuchernden Gras aus ihrer Bettung verdrängt, lagen umher, wie der Zufall es wollte. Gräßlicher Unrat moderte in den aufgestauten Gossen. Die ganze Atmosphäre atmete grenzenlose Verlassenheit. Doch als wir weitergingen, erwachten unaufhaltsam die Laute menschlichen Lebens, und schließlich sah man den Abschaum des Londoner Pöbels scharenweise schwankend hin und her ziehen. Die Lebensgeister des alten Mannes flackerten auf, wie eine Lampe kurz vor dem Verlöschen. Aufs neue ging er elastischen Schritts seines Weges. Plötzlich bog er um eine Ecke: grelles Licht blendete unsere Augen, und wir standen vor einem der gewaltigen Vorstadttempel der Ausschweifung − einem der Paläste des Teufels Gin.

Schon graute der Morgen; doch noch immer drängten sich viele unselige Trunkenbolde hinein und hinaus durch die prunkende Pforte. Fast mit einem Freudenschrei bahnte sich der alte Mann einen Weg ins Innere, nahm sogleich sein ursprüngliches Gebaren wieder an und pirschte ohne erkennbares Ziel auf und ab durch die Menschenmenge. Doch war er noch nicht lange damit befaßt, als ein Sturm auf die Türen verriet, daß der Wirt sich anschickte, sie für diese Nacht zu schließen. Was ich jetzt auf den Zügen des absonderlichen Menschen gewahrte, den ich so beharrlich beobachtet hatte, war abgründiger noch als Verzweiflung. Doch zögerte er nicht in seinem Lauf, sondern lenkte seine Schritte sogleich mit wilder Unbeirrbarkeit zurück in das Herz des riesigen London. Lange, eilends floh er dahin, während ich ihm in heilloser Bestürzung folgte, fest entschlossen, nicht von meiner Fahndung abzulassen, die nachgerade mein ganzes Denken und Fühlen absorbierte. Die Sonne ging auf, während wir unseren Weg fortsetzten, und als wir wiederum jenen belebtesten Fleck der volkreichen Stadt, die Straße des D...-Hotels, erreicht hatten, bot sie ein Bild menschlicher Unrast und Geschäftigkeit, das dem Eindruck vom vergangenen Abend kaum nachstand. Auch hier blieb ich dem Fremden inmitten des mit jedem Augenblick zunehmenden Gewimmels unbeirrbar auf der Spur. Er aber ging auf und ab wie gewöhnlich, und während des ganzen Tages löste er sich nicht aus dem Tumult jener Straße. Als nun die Schatten des nächsten Abends niedersanken, war ich zu Tode erschöpft; und ich stellte mich dem Wanderer gerade in den Weg und starrte ihm unverwandt ins Gesicht. Er bemerkte mich nicht, sondern nahm seine ernste Wanderung wieder auf, während ich, ablassend von der Verfolgung, gedankenverloren zurückblieb. »Dieser alte Mann«, sagte ich schließlich, »ist die Verkörperung, der Genius tiefdunklen Verbrechens. Er schaudert vor dem Alleinsein. *Er ist der Mann in der Menge.* Es ist fruchtlos, ihm zu folgen; denn mehr werde ich nicht von ihm oder von seinen Missetaten erfahren. Das böseste Herz auf Erden ist ein ungeheuerlicheres Buch als der ›Hortulus animae‹,[1] und vielleicht ist es nur eine der großen barmherzigen Gaben Gottes, daß *›es sich nicht lesen läßt‹.*«

[1] ›Hortulus animae cum oratiunculis aliquibus superadditis‹ von Grüninger.

EDGAR ALLAN POE
SÄMTLICHE ERZÄHLUNGEN

Alphabetische Inhaltsübersicht
der vier Einzelbände

ZU DIESER AUSGABE

insel taschenbuch: Edgar Allan Poe, Der Teufel im Glockenturm und andere Erzählungen. Der Text folgt der Ausgabe im insel taschenbuch: Edgar Allan Poe, Sämtliche Erzählungen in vier Bänden. Herausgegeben von Günter Gentsch. Insel Verlag Frankfurt am Main 1993.

Ein Traum, S. 9. Originaltitel: A Dream. Erstveröffentlichung: Saturday Evening Post, Philadelphia, 13. August 1831. Textvorlage der Übersetzung von Barbara Cramer-Nauhaus: Saturday Evening Post, Philadelphia, 13. August 1831.

Der Folio-Klub, S. 13. Originaltitel: The Folio-Club. Erstveröffentlichung: The Complete Works of Edgar Allan Poe (Virginia Edition). Edited by James H. Harrison. 17 Bde. New York, 1902. Textvorlage der Übersetzung von Barbara Cramer-Nauhaus: Manuskript von 1833.

Metzengerstein, S. 17. Originaltitel: Metzengerstein. Erstveröffentlichung: Saturday Courier, Philadelphia, 14. Januar 1832. Textvorlage der Übersetzung von Erika Gröger: Collected Works of Edgar Allan Poe, New York, 1850.

Der Duc de l'Omelette, S. 28. Originaltitel: The Duc de l'Omelette. Erstveröffentlichung: Saturday Courier, Philadelphia, 3. März 1832. Textvorlage der Übersetzung von Barbara Cramer-Nauhaus: The Works of the Late Edgar Allan Poe. With a Memoir by Rufus Wilmot Griswold and Notices Office Life and Genius by N. P. Willis and J. R. Lowell. 4 Bde. New York, 1850–1856.

Eine Geschichte aus Jerusalem, S. 33. Originaltitel: A Tale of Jerusalem. Erstveröffentlichung: Saturday Courier, Philadelphia, 9. Juni 1832. Textvorlage der Übersetzung von Barbara Cramer-Nauhaus: Broadway Journal, 20. September 1845.

Ein schwerwiegender Verlust, S. 38. Originaltitel: A Decided Loss. Erstveröffentlichung: Saturday Courier, Philadelphia, 10. November 1832. Textvorlage der Übersetzung von Barbara Cramer-Nauhaus: Saturday Courier, Philadelphia, 10. November 1832.

Der verlorene Atem, S. 48. Originaltitel: Loss of Breath. Erstveröffentlichung: Southern Literary Messenger, September 1835. Textvorlage der Übersetzung von Barbara Cramer-Nauhaus: The Works of the Late Edgar Allan Poe. op. cit., Vierter Teil, New York 1856.

Der fehlgeschlagene Handel, S. 64. Originaltitel: The Bargain Lost. Erstveröffentlichung: Saturday Courier, Philadelphia, 1. Dezember 1832. Textvorlage der Übersetzung von Barbara Cramer-Nauhaus: Saturday Courier, Philadelphia, 1. Dezember 1832.

Bon-Bon, S. 76. Originaltitel: Bon-Bon. Erstveröffentlichung: Southern Literary Messenger, August 1835. Textvorlage der Übersetzung von Barbara Cramer-Nauhaus: The Works of the Late Edgar Allan Poe. Zweiter Teil, New York 1850.

Vier Tiere in einem. Der Homo-Kameleopard, S. 97. Originaltitel: Four Beasts in One. The Homo-Cameleopard. Erstveröffentlichung: Southern Literary Messenger, Juli 1835. Textvorlage der Übersetzung von Barbara Cramer-Nauhaus: The Works of the Late Edgar Allan Poe. Zweiter Teil, New York 1850.

Die Flaschenpost, S. 107. Originaltitel: MS. Found in a Bottle. Erstveröffentlichung: Baltimore Saturday Visitor, 19. Oktober 1833. Textvorlage der Übersetzung von Erika Gröger: The Works of the Late Edgar Allan Poe. Erster Teil, New York 1850.

Die Verabredung, S. 120. Originaltitel: The Assignation. Erstveröffentlichung: The Lady's Book, Januar 1834. Textvorlage der Übersetzung von Erika Gröger: Broadway Journal, New York, 7. Juni 1845.

Der Löwe des Tages, S. 135. Originaltitel: Lionizing. Erstveröffentlichung: Southern Literary Messenger, Mai 1835. Textvorlage der Übersetzung von Barbara Cramer-Nauhaus: Tales. New York 1845.

Schatten. Eine Parabel, S. 142. Originaltitel: Shadow – A Parable. Erstveröffentlichung: Southern Literary Messenger, September 1835. Textvorlage der Übersetzung von Barbara Cramer-Nauhaus: The Works of the Late Edgar Allan Poe. Zweiter Teil, New York 1850.

Schweigen. Eine Fabel, S. 146. Originaltitel: Silence – A Fable. Erstveröffentlichung unter dem Titel: Siope – A Fable, in: Baltimore Book, 1838. Textvorlage der Übersetzung von Barbara

Cramer-Nauhaus: The Works of Late Edgar Allan Poe. Zweiter Teil, New York 1850.

Berenicë, S. 151. Originaltitel: Berenicë. Erstveröffentlichung: Southern Literary Messenger, März 1835. Textvorlage der Übersetzung von Barbara Cramer-Nauhaus: The Works of the Late Edgar Allan Poe. Zweiter Teil, New York 1850.

Morella, S. 162. Originaltitel: Morella. Erstveröffentlichung: Southern Literary Messenger, April 1835. Textvorlage der Übersetzung von Barbara Cramer-Nauhaus: Broadway Journal, 21. Juni 1845. Mit den Änderungen des Autors aus dem Nachlaß von Sarah Helen Whitman.

König Pest. Eine Geschichte, hinter der sich eine Allegorie verbirgt, S. 169. Originaltitel: King Pest. A Tale Containing an Allegory. Erstveröffentlichung: Southern Literary Messenger, September 1835. Textvorlage der Übersetzung von Barbara Cramer-Nauhaus: The Works of the Late Edgar Allan Poe, Zweiter Teil, New York 1850.

Autographen, S. 185. Originaltitel: Autography. Erstveröffentlichung: Southern Literary Messenger, Februar und August 1836. Textvorlage der Übersetzung von Barbara Cramer-Nauhaus: Southern Literary Messenger, Februar und August 1836.

Mystification, S. 217. Originaltitel: Mystification. Erstveröffentlichung: American Monthly Magazine, New York, Juni 1837. Textvorlage der Übersetzung von Barbara Cramer-Nauhaus: Broadway Journal, New York, 27. Dezember 1845.

Ligeia, S. 228. Originaltitel: Ligeia. Erstveröffentlichung: American Museum, Baltimore, September 1838. Textvorlage der Übersetzung von Barbara Cramer-Nauhaus: Broadway Journal, New York, 27. September 1845. Mit Textrevisionen des Autors aus dem Nachlaß von Sarah Helen Whitman.

Wie man einen ›Blackwood‹-Artikel schreibt, S. 248. Originaltitel: How to write a ›Blackwood‹-Article. A Predicament. Erstveröffentlichung: American Museum, Baltimore, November 1883. Textvorlage der Übersetzung von Barbara Cramer-Nauhaus: Broadway Journal, 12. Juli 1845.

Der Teufel im Glockenturm, S. 273. Originaltitel: The Devil in the Belfry. Erstveröffentlichung: Saturday Chronicle and Mirror of the Times, Philadelphia, 18. Mai 1839. Textvorlage der Übersetzung von Barbara Cramer-Nauhaus: The Works of the Late Edgar Allan Poe, Zweiter Teil, New York 1850.

Der Mann, von dem nichts übrig blieb, S. 284. Originaltitel: The Man that was used up. Erstveröffentlichung: Burton's Gentleman's Magazine, August 1839. Textvorlage der Übersetzung von Barbara Cramer-Nauhaus: The Works of the Late Edgar Allan Poe, Vierter Teil, New York 1856.

Der Untergang des Hauses Usher, S. 297. Originaltitel: The Fall of the House of Usher. Erstveröffentlichung: Burton's Gentleman's Magazine, September 1839. Textvorlage der Übersetzung von Barbara Cramer-Nauhaus: Tales of the Grotesque and Arabesque. 2 Bde., Philadelphia 1840.

Das Gespräch zwischen Eiros und Charmion, S. 321. Originaltitel: The Conversation of Eiros and Charmion. Erstveröffentlichung: Burton's Gentleman's Magazine, Dezember 1839. Textvorlage der Übersetzung von Barbara Cramer-Nauhaus: Tales. New York 1845.

William Wilson, S. 329. Originaltitel: William Wilson. Erstveröffentlichung: The Gift: a Christmas and New Year's Present for 1840, 1839. Textvorlage der Übersetzung von Barbara Cramer-Nauhaus: The Works of the Late Edgar Allan Poe, Erster Teil, New York 1850.

Warum der kleine Franzose die Hand in der Schlinge trägt, S. 355. Originaltitel: Why the Little Frenchman wears his Hand in a Sling. Erstveröffentlichung: Tales of the Grotesque and Arabesque, 2 Bde., Philadelphia 1840. Textvorlage der Übersetzung von Barbara Cramer-Nauhaus: The Works of the Late Edgar Allan Poe, Erster Teil, New York 1850.

Instinkt kontra Verstand. Eine schwarze Katze, S. 362. Originaltitel: Instinct vs. Reason – A black Cat. Erstveröffentlichung: Alexander's Weekly Messenger, 29. Januar 1840. Textvorlage der Übersetzung von Barbara Cramer-Nauhaus: Alexander's Weekly Messenger, 29. Januar 1840.

Der Geschäftsmann, S. 365. Originaltitel: The Business Man. Erstveröffentlichung: Burton's Gentleman's Magazine, Februar 1840. Textvorlage der Übersetzung von Barbara Cramer-Nauhaus: The Works of the Late Edgar Allan Poe, Zweiter Teil, New York 1850.

Cabs, S.377. Originaltitel: Cabs. Erstveröffentlichung: Alexander's Weekly Messenger, 1.April 1840. Textvorlage der Übersetzung von Barbara Cramer-Nauhaus: Alexander's Weekly Messenger, 1.April 1840.

Der Mann in der Menge, S.378. Originaltitel: The Man of the Crowd. Erstveröffentlichung: The Casket, Dezember 1840. Textvorlage der Übersetzung von Barbara Cramer-Nauhaus: J.-Lorimer-Graham-Exemplar.